Brünkmans/Thole (Hrsg.)

Handbuch Insolvenz- und Restrukturierungsplan

Handbuch
Insolvenz- und Restrukturierungsplan

3., erweiterte und neu bearbeitete Auflage

herausgegeben von
Dr. Christian Brünkmans
Professor Dr. Christoph Thole

bearbeitet von
Prof. Dr. Siegfried Beck, Dr. Christian Brünkmans, Christian Clev,
Kai Dellit, Anna Gödtner, Thomas Harmann, Dr. Helge Hirschberger,
Dr. Hannah Krings, Dr. Peter Laroche, Prof. Dr. Stephan Madaus,
Dr. Ulf Pechartscheck, Dr. Jens Schmidt, Jana Sturme,
Prof. Dr. Christoph Thole, Dr. Benjamin Webel, Dr. Alexander Witfeld

RWS Verlag Kommunikationsforum GmbH & Co. KG · Köln

Die Deutsche Nationalbibliothek verzeichnet diese Publikation in der Deutschen Nationalbibliografie; detaillierte bibliografische Daten sind im Internet über http://dnb.d-nb.de abrufbar.

Postfach 27 01 25, 50508 Köln
E-Mail: info@rws-verlag.de, Internet: http://www.rws-verlag.de

Satz und Datenverarbeitung: SEUME Publishing Services GmbH, Erfurt
Druck und Verarbeitung: CPI books GmbH, Leck

Vorwort zur 3. Auflage

Nach gut fünf Jahren seit der 2. Auflage erscheint dieses Werk auf dem Stand von Frühsommer 2025.

Seit der 2. Auflage ist zum 1.1.2021 das StaRUG in Kraft getreten und damit der Restrukturierungsplan als weiteres Herzstück des deutschen Insolvenz- und Restrukturierungsrechts eingeführt worden. Das Handbuch ist vor diesem Hintergrund um zahlreiche Abschnitte zum Restrukturierungsplan des StaRUG ergänzt worden. Damit will das Werk dem Anspruch gerecht werden, für die Praxis weiterhin ein Handbuch „aus einem Guss" zu liefern, das folglich allen Planerstellern, sowohl für StaRUG-Fälle als auch im Insolvenzplanverfahren, dienlich sein kann. Folgerichtig ist der Restrukturierungsplan auch in den Titel des Werks einbezogen worden. Die erweiterte Konzeption hat zu gewissen redaktionellen Anpassungen und Neunummerierungen der Abschnitte geführt. Die neuen Abschnitte zum StaRUG finden sich gebündelt im 2. Teil des Werks. Zahlreiche Verweise auf die Abschnitte in Teil 1 zum Insolvenzplan sollen die Parallelen und etwaige Besonderheiten des Restrukturierungsplans verdeutlichen und dem Leser den Zugang zu den jeweiligen Sachfragen erleichtern. In Teil 3 sind weiterhin Querschnittsmaterien zu finden, die Insolvenz- und Restrukturierungsplan in gleicher oder ähnlicher Weise betreffen und daher gebündelt in einem Abschnitt behandelt werden. Neu sind auch die in Teil 4 eingefügten Muster-Restrukturierungspläne.

Die Erweiterung eines bereits eingeführten Handbuchs in dieser umfänglichen Form ist ein Kraftakt, der vor allem unseren Autorinnen und Autoren viel Ausdauer und insbesondere auch Geduld abverlangt hat. Wir als Herausgeber wissen dies sehr zu schätzen und freuen uns umso mehr, dass die Mühen unserer Autorinnen und Autoren nunmehr mit dem fertigen Produkt belohnt worden sind.

Danken möchten wir auch dem RWS-Verlag in Person von *Herrn Markus Sauerwald*, der das Werk gefördert und begleitet hat. *Frau Theves-Telyakar* hat erneut großartige Arbeit bei der Lektorierung geleistet, ohne die das Werk nicht hätte erscheinen können.

Autoren und Herausgeber freuen sich weiterhin über Rückmeldungen, Kritik, Verbesserungsvorschläge und selbstverständlich auch über Lob aus der Leserschaft.

Bonn/Köln, im Oktober 2025

Christian Brünkmans
Christoph Thole

Inhaltsübersicht

Teil 3
Relevante Einzelaspekte zum Insolvenzplan und Restrukturierungsplan

Teil 4
Musterpläne

Inhaltsverzeichnis

Teil 4
Musterpläne

Autorenverzeichnis

Prof. Dr. Siegfried Beck

Partner, Rechtsanwalt, Fachanwalt für Insolvenzrecht, Fachanwalt für Steuerrecht, Insolvenzverwalter — §§ 3, 4, 9, §§ 36, 37, 42

Dr. Beck & Partner, Rechtsanwälte und Insolvenzverwalter, Nürnberg

Dr. Christian Brünkmans, LL.M.

Partner, Rechtsanwalt — §§ 2, 5, 7, 8, 12, 13, §§ 29–33, 35, §§ 38–41, 45, §§ 54–56, 58, 63, 66

Flick Gocke Schaumburg, Rechtsanwälte Wirtschaftsprüfer Steuerberater, Bonn/Düsseldorf

Christian Clev

Rechtsanwalt, Steuerberater, Master of Science — § 58

Flick Gocke Schaumburg, Rechtsanwälte Wirtschaftsprüfer Steuerberater, Düsseldorf

Kai Dellit

Partner, Rechtsanwalt, Fachanwalt für Insolvenz- und Sanierungsrecht, Insolvenzverwalter — §§ 24–27, §§ 64, 67

hww herman wienberg wilhelm, Insolvenzverwalter Rechtsanwälte, Erfurt

Anna Gödtner

Rechtsanwältin — § 66

Flick Gocke Schaumburg, Rechtsanwälte Wirtschaftsprüfer Steuerberater, Bonn

Thomas Harmann

Partner, Diplom-Kaufmann, Wirtschaftsprüfer, Steuerberater — §§ 6, 13, §§ 58–59

sgpartner Rechtsanwälte Wirtschaftsprüfer, Bonn

Dr. Helge Hirschberger

Partner, Rechtsanwalt — §§ 20–22, § 52

Möhrle Happ Luther, Wirtschaftsprüfer Steuerberater Rechtsanwälte, Hamburg

Dr. Hannah Krings

Partnerin, Rechtsanwältin, Fachanwältin für Arbeitsrecht — § 61

Seitz Rechtsanwälte Steuerberater, Köln

Dr. Peter Laroche

Richter am Amtsgericht Köln — §§ 14–16, 46–48

Prof. Dr. Stephan Madaus

Martin-Luther-Universität Halle-Wittenberg §§ 23, 53

Lehrstuhl für Bürgerliches Recht, Zivilprozess- und Insolvenzrecht

Dr. Ulf Pechartscheck

Partner, Rechtsanwalt, Insolvenzverwalter, Fachanwalt für Insolvenzrecht, Insolvenzverwalter, Wirtschaftsmediator (IHK) §§ 3, 4, 9, §§ 36, 37, 42

Dr. Beck & Partner, Rechtsanwälte und Insolvenzverwalter, München

Dr. Jens Schmidt

Rechtsanwalt, Mediator, Insolvenzverwalter, Fachanwalt für Insolvenzrecht, Fachanwalt für Handels- und Gesellschaftsrecht § 10, §§ 43, 65

RUNKEL Rechtsanwälte, Wuppertal

Jana Sturme

Rechtsanwältin, Fachanwältin für Arbeitsrecht § 61

Seitz Rechtsanwälte Steuerberater, Köln

Prof. Dr. Christoph Thole

Universität zu Köln §§ 1, 11, 17–19,

Institut für Internationales und Europäisches Insolvenzrecht §§ 34, 44,

Institut für Verfahrensrecht und Insolvenzrecht §§ 49–51, 57, 62

Dr. Benjamin Webel

Richter am Amtsgericht Ulm § 28

Dr. Alexander Witfeld

Rechtsanwalt, Steuerberater § 60

Flick Gocke Schaumburg, Rechtsanwälte Wirtschaftsprüfer Steuerberater, Düsseldorf

Literaturverzeichnis

Weitere themenspezifische Literatur, Zeitschriften- und Festschriftbeiträge sind in den Literaturübersichten der jeweiligen Paragrafen aufgeführt

Adler/Düring/Schmaltz
Rechnungslegung und Prüfung der Unternehmen, hrsg. v. Forster/Goerdeler/Lanfermann/u. a., 6. Aufl., 2000 ff. (zit.: Rechnungslegung)

Ahrens/Gehrlein/Ringstmeier
Insolvenzrecht, 5. Aufl., 2025 (zit.: Ahrens/Gehrlein/Ringstmeier-*Bearbeiter*, InsR)

Altmeppen
GmbHG, Kommentar, 11. Aufl., 2023 (zit.: Alltmeppen-*Bearbeiter*, GmbHG)

Andres/Leithaus
InsO, Kommentar, 4. Aufl., 2018 (zit.: Andres/Leithaus-*Bearbeiter*, InsO)

Arens/Brand
Das arbeitsrechtliche Mandat – Arbeits- und Sozialrecht in der Insolvenz, 4. Aufl., 2019

Assmann/Schütze/Buck-Heeb
Handbuch des Kapitalanlagerechts, 6. Aufl., 2024
(zit.: *Bearbeiter* in: Assmann/Schütze/Buck-Heeb, Hdb. Kapitalanlagerecht)

Babayigit/Carl/Igl/Reher
Schlanke § 18 KWG-Prozesse, 5. Aufl., 2021
(zit.: *Bearbeiter* in: Babayigit/Carl/Igl/Reher, Schlanke § 18 KWG-Prozesse)

Baetge/Kirsch/Thiele
Bilanzen, 17. Aufl., 2024

Ballwieser/Hachmeister
Unternehmensbewertung: Prozess, Methoden und Probleme, 6. Aufl., 2021
(zit.: Unternehmensbewertung)

Balz/Landfermann
Die neuen Insolvenzgesetze, 2. Aufl., 1999

Bamberger/Roth/Hau/Poseck
Kommentar zum Bürgerlichen Gesetzbuch (BGB), Bd. 1 und Bd. 3–5: 5. Aufl., 2023; Bd. 2: 5. Aufl., 2022 (zit.: Bamberger/Roth/Hau/Poseck-*Bearbeiter*, BGB)

Beck/Depré/Ampferl
Praxis der Sanierung und Insolvenz, 4. Aufl., 2023
(zit.: *Bearbeiter* in: Beck/Depré/Ampferl, Praxis der Sanierung und Insolvenz)

Beck-online.Grosskommentar zum Aktienrecht
hrsg. v. Stilz/Veil, Stand: 2025 (zit.: *Bearbeiter* in: BeckOGK-Aktienrecht)

Beck-online.Grosskommentar zum GmbH-Recht
hrsg. v. Hensseler, Stand: 2025 (zit.: *Bearbeiter* in: BeckOGK-GmbH-Recht)

Beck-online.Grosskommentar zum Handelsrecht
hrsg. Hensseler, Stand: 2025 (zit.: *Bearbeiter* in: BeckOGK-Handelsrecht)

Beck-online.Grosskommentar SGB III
hrsg. v. Knickrehm/Deinert, Stand: 2025 (zit.: *Bearbeiter* in: BeckOGK-SGB III)

Beck-online.Grosskommentar zum Zivilrecht
hrsg. v. Gsell/Krüger/Lorenz/Reymann, Stand: 2024
(zit.: *Bearbeiter* in: BeckOGK-ZivilR)

Beck'scher Bilanz-Kommentar
hrsg. v. Grottel/Schmidt/Schubert/Winkeljohann, Handels- und Steuerbilanz, 14. Aufl., 2024 (zit.: *Bearbeiter* in: Beck'scher BilKomm)

Beck'scher Online Kommentar AO
hrsg. v. Pfirrmann/Rosenke/Wagner, Ed. 30 10/2024
(zit.: *Bearbeiter* in: BeckOK-AO)

Beck'scher Online-Kommentar BGB
hrsg. v. Hau/Poseck, Ed. 72 11/2024 (zit.: *Bearbeiter* in: BeckOK-BGB)

Beck'scher Online Kommentar EStG
hrsg, v. Kirchhof/Kulosa/Ratschow, Ed. 20 11/2024
(zit.: *Bearbeiter* in: BeckOK-EStG)

Beck'scher Online-Kommentar GG
hrsg. v. Epping/Hillgruber, Ed. 60 11/2024 (zit.: *Bearbeiter* in: BeckOK-GG)

Beck'scher Online-Kommentar GmbHG
hrsg. v. Ziemons/Jaeger/Pöschke, Ed. 62 2/2025
(zit.: *Bearbeiter* in: BeckOK-GmbHG)

Beck'scher Online-Kommentar HGB
hrsg. v. Rolfs/Giesen/Meßling/Udsching, Ed. 75 3/2025
(zit.: *Bearbeiter* in: BeckOK-HGB)

Beck'scher Online-Kommentar InsO
hrsg. v. Fridgen/Geiwitz/Göpfert, Ed. 38 2/2025 (zit.: *Bearbeiter* in: BeckOK-InsO)

Beck'scher Online-Kommentar KStG
hrsg. v. Micker/Pohl, Ed. 25 6/2025 (zit.: *Bearbeiter* in: BeckOK-KStG)

Beck'scher Online-Kommentar StaRUG
hrsg. v. Skauradszun/Fridgen, Ed. 15 1/2025 (zit.: *Bearbeiter* in: BeckOK-StaRUG)

Beck'scher Online Kommentar UStG
hrsg. v. Weymüller, Ed. 43 1/2025 (zit.: *Bearbeiter* in: BeckOK-UStG)

Beck'sches Formularbuch Bürgerliches, Handels- und Wirtschaftsrecht
hrsg. v. Gebele/Scholz, 14. Aufl., 2022 (zit.: *Bearbeiter* in: BeckFormB BHW)

Beck'sches Formularbuch GmbH-Recht
hrsg. v. Lorz/Pfisterer/Gerber, 2. Aufl., 2024
(zit.: *Bearbeiter* in: BeckFormB GmbHR)

Beck'sches Formularbuch M&A
hrsg. v. Seibt, 4. Aufl., 2025 (zit.: *Bearbeiter* in: BeckFormB M&A)

Beck'sches Formularbuch Zivil-, Wirtschafts- und Unternehmensrecht – Deutsch/Englisch
hrsg. v. Walz, 5. Aufl., 2022 (zit.: *Bearbeiter* in: BeckFormB ZivilR)

Beck'sches Handbuch der AG
hrsg. v. Drinhausen/Eckstein, 3. Aufl., 2018 (zit.: *Bearbeiter* in: Beck'sches Hdb. AG)

Beck'sches Handbuch der GmbH
hrsg. v. Prinz/Winkeljohann, 6. Aufl., 2021
(zit.: *Bearbeiter* in: Beck'sches Hdb. GmbH)

Beck'sches Mandatshandbuch Arbeitsrecht in der Insolvenz
hrsg. v. Regh/Fanselow/Jakubowski/Kreplin, 3. Aufl., 2022
(zit.: *Bearbeiter* in: Beck'sches Mandats-Hdb. ArbR in der Insolvenz)

Beck'sches Notar-Handbuch
hrsg. v. Heckschen/Herrler/Münch, 8. Aufl., 2024
(zit.: *Bearbeiter* in: Beck'sches Notar-Hdb.)

Berliner Kommentar Insolvenzrecht
hrsg. v. Blersch/Goetsch/Haas, Loseblatt, 85. EL 12/2024
(zit.: *Bearbeiter* in: BK-InsO)

Bieg/Borchardt/Frind
Unternehmenssanierung und Betriebsfortführung, 2021
(zit.: *Bearbeiter* in: Bieg/Borchardt/Frind, Unternehmenssanierung und Betriebsfortführung)

Blomeyer/Rolfs/Otto
Betriebsrentengesetz: BetrAVG, 8. Aufl., 2022
(zit.: *Bearbeiter* in: Blomeyer/Rolfs/Otto, BetrAVG)

Bordewin/Brandt
Einkommensteuergesetz, Kommentar, Loseblatt, 465. EL 1/2025

Bork/Hölzle
Handbuch Insolvenzrecht, 3. Aufl., 2024
(zit.: *Bearbeiter* in: Bork/Hölzle, Hdb. Insolvenzrecht)

Bork/Schäfer
GmbHG, Kommentar, 5. Aufl., 2022 (zit.: Bork/Schäfer-*Bearbeiter*, GmbHG)

Brandis/Heuermann
EStG, KStG, GewStG, Loseblatt, 173. EL 11/2024
(zit.: Brandis/Heuermann-*Bearbeiter*, EStG/KStG/GewStG)

Braun
InsO, Kommentar, 10. Aufl., 2024 (zit.: Braun-*Bearbeiter*, InsO)

Braun
StaRUG: Unternehmensstabilisierungs- und -restrukturierungsgesetz, 2021
(zit.: Braun-*Bearbeiter*, StaRUG)

Braun/Uhlenbruck
Unternehmensinsolvenz, Grundlagen, Gestaltungsmöglichkeiten, Sanierung mit der Insolvenzordnung, 1999 (zit.: Unternehmensinsolvenzen)

Braun/Uhlenbruck
Muster eines Insolvenzplans, 1998

Brünkmans
Die Koordinierung von Insolvenzverfahren konzernverbundener Unternehmen nach deutschem und europäischem Insolvenzrecht, 2009

Bürgers/Körber/Lieder
AktG, Kommentar, 5. Aufl., 2021 (zit.: Bürgers/Körber/Lieder-*Bearbeiter*, AktG)

Buth/Hermanns
Restrukturierung, Sanierung, Insolvenz, 5. Aufl., 2022
(zit.: *Bearbeiter* in: Buth/Hermanns, Restrukturierung, Sanierung, Insolvenz)

Calliess/Ruffert
EUV/AEUV, Kommentar, 6. Aufl., 2022
(zit.: Calliess/Ruffert-*Bearbeiter*, EUV/AEUV)

Canaris
Die Feststellung von Lücken im Gesetz, 2. Aufl., 1983

Claussen/Erne
Bank- und Kapitalmarktrecht, 6. Aufl., 2023
(zit.: *Bearbeiter* in: Claussen/Erne, Bank- und Kapitalmarktrecht)

Crone/Werner
Modernes Sanierungsmanagement, 5. Aufl., 2017
(zit.: *Bearbeiter* in: Crone/Werner, Modernes Sanierungsmanagement)

Däubler/Wroblewski
Das Insolvenzhandbuch für die Praxis, 5. Aufl., 2021
(zit.: *Bearbeiter* in: Däubler/Wroblewski, Insolvenzhdb.)

Denkhaus/Ziegenhagen
Unternehmenskauf in Krise und Insolvenz, 4. Aufl., 2022

Depré
ZVG, Kommentar, 3. Aufl., 2024 (zit.: Depré-*Bearbeiter*, ZVG)

Desch
Das neue Restrukturierungsrecht, 2021

Deubert/Förschle/Störk
Sonderbilanzen, 6. Aufl., 2021
(zit.: Bearbeiter in: Deubert/Förschle/Störk, Sonderbilanzen)

Diehm/Jahn
Acquisition Finance Agreements in Germany, 2017
(zit.: Bearbeiter in: Diem/Jahn, Acquisition Finance Agreements in Germany)

Diem/Jahn
Akquisitionsfinanzierungen, 4. Aufl., 2019

Dötsch/Pung/Möhlenbrock
Die Körperschaftsteuer, Loseblatt, 116. EL 12/2024 (zit.: KStG)

Dürig/Herzog/Scholz
Grundgesetz-Kommentar, Loseblatt, 106. EL 10/2024
(zit.: Dürig/Herzog/Scholz-*Bearbeiter*, GG)

Ebenroth/Boujong/Joost/Strohn
HGB, Kommentar, Bd. 1: 5. Aufl., 2024
(zit.: Ebenroth/Boujong/Joost/Strohn-*Bearbeiter*, HGB)

Eidenmüller
Unternehmenssanierung zwischen Markt und Gesetz, 1999

Eilers/Gleske/Hüther/Knapp
Handbuch Unternehmensfinanzierung, 2024
(zit.: *Bearbeiter* in: Eilers/Gleske/Hüther/Knapp, Hdb. Unternehmensfinanzierung)

Eilers/Koffka/Mackensen/Paul/Josenhans
Private Equity, 4. Aufl., 2022
(zit.: *Bearbeiter* in: Eilers/Koffka/Mackensen/Paul/Josenhans, Private Equity)

Eilers/Rödding/Schmalenbach
Unternehmensfinanzierung, 2. Aufl., 2014

Eilers/Schwahn
Sanierungssteuerrecht, 2. Aufl., 2020

Einsele
Bank- und Kapitalmarktrecht, 5. Aufl., 2022

Ekkenga/Schröer
Handbuch der AG-Finanzierung, 2. Aufl., 2018
(zit.: *Bearbeiter* in: Ekkenga/Schröer, Hdb. AG-Finanzierung)

Ellenberger/Bunte
Bankrechts-Handbuch, 6. Aufl., 2022
(zit.: *Bearbeiter* in: Ellenberger/Bunte, Bankrechts-Hdb.)

Emmerich/Habersack
Aktien- und GmbH-Konzernrecht, Kommentar, 10. Aufl., 2022

Emmerich/Habersack
Konzernrecht, Lehrbuch, 12. Aufl., 2023

Erfurter Kommentar zum Arbeitsrecht
hrsg. v. Müller-Glöge/Preis/Schmidt, 24. Aufl., 2024 (zit.: *Bearbeiter* in: ErfK)

Fischer/Schulte-Mattler
KWG, CRR, 6. Aufl., 2023 (zit.: Fischer/Schulte-Mattler-*Bearbeiter*, KWG/CRR)

Fleischer/Hüttemann
Rechtshandbuch Unternehmensbewertung, 3. Aufl., 2024
(zit.: *Bearbeiter* in: Fleischer/Hüttemann, Rechtshdb. Unternehmensbewertung)

Flöther
Handbuch zum Konzerninsolvenzrecht, 2. Aufl., 2018
(zit.: *Bearbeiter* in: Flöther, Hdb. Konzerninsolvenzrecht)

Flöther
StaRUG, Kommentar, 2021 (zit.: Flöther-*Bearbeiter*, StaRUG)

Frankfurter Kommentar zur Insolvenzordnung
hrsg. v. Bornemann, Bd. 1: 10. Aufl., 2025; Bd. 2: 10. Aufl., 2023
(zit.: *Bearbeiter* in: FK-InsO)

Frankfurter Kommentar zum Schuldverschreibungsgesetz
hrsg. v. Friedl/Hartwig-Jacob, 2013 (zit.: *Bearbeiter* in: FK-SchVG)

Frege/Keller/Riedel
Insolvenzrecht, Handbuch, 9. Aufl., 2022 (zit.: InsR)

Frodermann/Jannott
Handbuch des Aktienrechts, 10. Aufl., 2025
(zit.: *Bearbeiter* in: Frodermann/Jannott, Hdb. Aktienrecht)

Frotscher
Besteuerung in der Insolvenz, 9. Aufl., 2021

Fuhrmann/Kraeusel/Schiffers
360° EStG eKommentar (zit.: Fuhrmann/Kraeusel/Schiffers-*Bearbeiter*, 360° EStG)

Gehrlein/Born/Simon
GmbHG, Kommentar, 6. Aufl., 2023 (zit.: Gehrlein/Born/Simon-*Bearbeiter*, GmbHG)

Geimer
Internationales Zivilprozessrecht, IZPR, 9. Aufl., 2024 e (zit.: IZPR)

Göpfert/Schöne
Handbuch Arbeitsrecht in Restrukturierung und Insolvenz, 2. Aufl., 2019 (zit.: *Bearbeiter* in: Göpfert/Schöne, Hdb. ArbR in Restrukturierung und Insolvenz)

Gosch
AO/FGO, Kommentar, Loseblatt, 187. EL 2024

Gottwald/Haas
Insolvenzrechts-Handbuch, 6. Aufl., 2020 (zit.: *Bearbeiter* in: Gottwald/Haas, InsR-Hdb.)

Graeber, Th./Graeber, A.
InsVV, Kommentar, 4. Aufl., 2022

Graf-Schlicker
InsO, Kommentar, 6. Aufl., 2021 (zit.: Graf-Schlicker-*Bearbeiter*, InsO)

v. d. Groeben/Schwarze/Hatje
Europäisches Unionsrecht, Kommentar, 7. Aufl., 2015 (zit.: v. d. Groeben/Schwarze/Hatje-*Bearbeiter*, Europäisches Unionsrecht)

Großfeld/Egger/Tönnes
Recht der Unternehmensbewertung, 9. Aufl., 2020

Großkommentar zum Aktiengesetz
hrsg. v. Hirte/Mülbert/Roth, 5. Aufl., Bd. 1 2017: Bd. 2: 2016, Bd. 3: 2017/2021; Bd. 4: 2015; Bd. 5: 2019; Bd. 6: 2018; Bd. 7: 2018/2021; Bd. 8: 2018; Bd. 9: 2024; Bd. 12: 2020 (zit.: *Bearbeiter* in: GroßKomm-AktG)

Großkommentar GmbHG
hrsg. v. Habersack/Casper/Löbbe, Bd. I: 3. Aufl., 2019; Bd. II: 3. Aufl., 2020; Bd. III: 3. Aufl., 2021 (zit.: *Bearbeiter* in: GroßKomm-GmbHG)

Grüneberg
BGB, Kommentar, 83. Aufl., 2024 (zit.: Grüneberg-*Bearbeiter*, BGB)

Haarmeyer/Mock
Vergütung in Krise, Sanierung und Insolvenz 7. Aufl., 2024

Haarmeyer/Wutzke/Förster
Handbuch zur Insolvenzordnung: InsO/EGInsO, 3. Aufl., 2001 (zit.: Hdb. InsO)

Habersack/Mülbert/Schlitt
Unternehmensfinanzierung am Kapitalmarkt, 5. Aufl., 2025 (zit.: *Bearbeiter* in: Habersack/Mülbert/Schlitt)

Hamburger Kommentar zum Insolvenzrecht
hrsg. v. A. Schmidt, 10. Aufl., 2024 (zit.: *Bearbeiter* in: HambKomm-InsR)

Hamburger-Kommentar zum Restrukturierungsrecht
hrsg. v. A. Schmidt, 4. Aufl., 2024 (zit.: *Bearbeiter* in: HambKomm-RestruktR)

Happ
Aktienrecht, Handbuch, 5. Aufl., 2019 (zit.: *Bearbeiter* in: Happ, Aktienrecht)

Hauck/Noftz
SGB III, Kommentar, Loseblatt, Stand: 5/2020
(zit.: *Bearbeiter* in: Hauck/Noftz, SGB III)

Heidel/Schall
HGB, Kommentar, 4. Aufl., 2024 (zit.: Heidel/Schall-*Bearbeiter*, HGB)

Heidelberger Kommentar zur Insolvenzordnung
hrsg. v. Kayser/Thole, 11. Aufl., 2023 (zit.: *Bearbeiter* in: HK-InsO)

Heidenhain
Handbuch des Europäischen Beihilfenrechts, 2003
(zit.: *Bearbeiter* in: Heidenhain, Europ. Beihilfenrecht)

Henssler/Strohn
Gesellschaftsrecht, Kommentar, 6. Aufl., 2024 (zit.: GesR)

Herrmann/Heuer/Raupach
EStG/KStG, Kommentar, 326. EL 2024
(zit.: Herrmann/Heuer/Raupach-*Bearbeiter*, EStG/KStG)

Hess
Insolvenzrecht, 2. Aufl., 2013

Hess/Groß/Reill-Ruppe/Roth
Insolvenzplan, Sanierungsgewinn, Restschuldbefreiung und Verbraucherinsolvenz, Handbuch, 4. Aufl., 2014

Hess/Weis/Wienberg
InsO, Kommentar, 2. Aufl., 2001 (zit.: Hess/Weis/Wienberg-*Bearbeiter*, InsO)

Hirschberger
Die Doppeltreuhand in der Insolvenz und Zwangsvollstreckung, 2005
(zit.: Doppeltreuhand)

Hobe/Fremuth
Europarecht, 11 Aufl., 2023

Höfer/de Groot/Küpper/Reich
Betriebsrentenrecht (BetrAVG), Kommentar, Loseblatt, Bd. 1: 30. Aufl., 2024

Hölters
Handbuch Unternehmenskauf, 10. Aufl., 2022
(zit.: *Bearbeiter* in: Hölters, Hdb. Unternehmenskauf)

Hölters/Weber
Aktiengesetz, Kommentar, 5. Aufl., 2025 (zit.: Hölters/Weber-*Bearbeiter*, AktG)

Hölzle
Praxisleitfaden SanInsFoG – Restrukturierung vor und in der Insolvenz, ZRI Praxisbuch, 3. Aufl., 2022 (zit.: *Hölzle*, Praxisleitfaden SanInsFoG)

Hopt
HGB, Kommentar, 43. Aufl., 2024

Hopt/Seibt
Schuldverschreibungsrecht, Handbuch, Kommentar, 2. Aufl., 2023
(zit.: Hopt/Seibt-*Bearbeiter*, Schuldverschreibungsrecht)

Hübschmann/Hepp/Spitaler
AO/FGO, Kommentar, Loseblatt, 279. EL 5/2024
(zit.: Hübschmann/Hepp/Spitaler-*Bearbeiter*, AO/FGO)

IDW
Bewertung und Transaktionsberatung, 2018

IDW
WPH Edition, Sanierung und Insolvenz, 2. Aufl., 2022

IDW
WP-Handbuch 2014, Bd. II: 14. Aufl., 2014

Immenga/Mestmäcker
Wettbewerbsrecht, Kommentar, Bd. 5: Beihilfenrecht, 6. Aufl., 2022
(zit.: Immenga/Mestmäcker-*Bearbeiter*, Wettbewerbsrecht)

Jacoby/Thole
StaRUG, Kommentar, 2023 (zit.: Jacoby/Thole-*Bearbeiter*, StaRUG)

Jaeger
Insolvenzordnung, Großkommentar, hrsg. v. Henckel/Gerhardt, Bd. 1, 3, 5–6, 8–10: 2004 ff.; Bd. 2: 2. Aufl., 2023; Bd. 4: 2. Aufl., 2021; Bd. 7: 2. Aufl., 2022
(zit.: Jaeger-*Bearbeiter*, InsO)

Jaeger
Konkursordnung, Kommentar, 9. Aufl., 1997 (zit.: KO)

Jauernig
Bürgerliches Gesetzbuch, Kommentar, hrsg. v. Stürner, 19. Aufl., 2023
(zit.: Jauernig-*Bearbeiter*, BGB)

Jesch/Striegel/Boxberger
Rechtshandbuch Private Equity, 2. Aufl., 2020
(zit.: *Bearbeiter* in: Jesch/Striegel/Boxberger, Rechtshdb. Private Equity)

Kahlert
Restrukturierungssteuerrecht, 2022

Kallmeyer
UmwG, Kommentar, 8. Aufl., 2024 (zit.: Kallmeyer-*Bearbeiter*, UmwG)

Kanzler/Kraft/Bäuml/Marx/Hechtner/Geserich
EStG, Online-Kommentar, Stand: 2024
(zit.: Kanzler/Kraft/Bäuml/Marx/Hechtner/Geserich-*Bearbeiter*, EStG)

Kessler
Unternehmensfinanzierung Mittelstand, 2015
(zit.: *Bearbeiter* in: Kessler, Unternehmensfinanzierung Mittelstand)

Kirchhof/Seer
Einkommensteuergesetz (EStG), Kommentar, 23. Aufl., 2024
(zit.: Kirchhof/Seer-*Bearbeiter*, EStG)

Kirchhof/Söhn/Mellinghoff
EStG, Kommentar, Loseblatt, 347. EL 2024
(zit.: Kirchhof/Söhn/Mellinghoff-*Bearbeiter*, EStG)

Klein
Abgabenordnung (AO), Kommentar, 18. Aufl., 2024

Knickrehm/Kreikebohm/Waltermann
Kommentar zum Sozialrecht, 8. Aufl., 2023 (zit.: Sozialrecht)

Koch
AktG, Kommentar, 18. Aufl., 2024

Koenig
AO, Kommentar, 5. Aufl., 2024 (zit.: Koenig-*Bearbeiter*, AO)

Kölner Kommentar zum AktG
hrsg. v. Zöllner/Noack, 3. Aufl., 2004 ff. (zit.: *Bearbeiter* in: KölnKomm-AktG)

Kölner Kommentar zur-InsO
hrsg. v. Hess, Bd. 1, 2, 3: 2017; Bd. 4a, 4b: 2023; Bd. 5: 2020
(zit.: *Bearbeiter* in: KölnKomm-InsO)

Kölner Kommentar zum UmwG
hrsg. v. Dauner-Lieb/Simon, 2009 (zit.: *Bearbeiter* in: KölnKomm-UmwG)

Korn
Kommentar, EStG, 156. EL 2024

Kropholler
Internationales Zivilverfahrensrecht, 1982 (zit.: Hdb. IZVR)

Kropholler/v. Hein
Europäisches Zivilprozessrecht, Kommentar, 9. Aufl., 2011 (zit.: Hdb. EuZPR)

Kübler/Bork/Prütting
Handbuch Restrukturierung vor und in der Insolvenz, 4. Aufl., 2023
(zit.: *Bearbeiter* in: Kübler/Bork/Prütting, HRI I/II)

KPB
InsO, Kommentar, hrsg. v. Prütting/Bork/Jacoby, Loseblatt, 104. EL 6/2025
(zit.: *Bearbeiter* in: KPB, InsO)

Kuhn/Uhlenbruck
Konkursordnung 11. Aufl., 1994 (zit.: *Kuhn/Uhlenbruck*, KO)

Kümpel/Mülbert/Früh/Seyfried
Bankrecht und Kapitalmarktrecht, 7. Aufl., 2025
(zit.: *Bearbeiter* in: Kümpel/Mülbert/Früh/Seyfried, Bankrecht und Kapitalmarktrecht)

Lakies
Das Arbeitsverhältnis in der Insolvenz, 2. Aufl., 2014

Langen/Bunte
Kommentar zum deutschen und europäischen Kartellrecht, 14. Aufl., 2021
(zit.: Kartellrecht)

Langenbucher/Bliesener/Spindler
Bankrechts-Kommentar, 3. Aufl., 2020
(zit.: *Bearbeiter* in: Langenbucher/Bliesener/Spindler, Bankrechts-Kommentar)

Langohr-Plato
Betriebliche Altersversorgung, 7. Aufl., 2016

Loewenheim/Meessen/Riesenkampff/Kersting/Meyer-Lindemann
Kartellrecht, 4. Aufl., 2020
(zit.: *Loewenheim/Meessen/Riesenkampff/u. a.*, Kartellrecht)

Lutter
Umwandlungsgesetz (UmwG), Kommentar, hrsg. v. Bayer/Vetter, 7. Aufl., 2023
(zit.: Lutter-*Bearbeiter*, UmwG)

Lutter/Bayer
Holding-Handbuch, 7. Aufl., 2024 (zit.: *Bearbeiter* in: Lutter/Bayer, Holding-Hdb.)

Lutter/Hommelhoff
GmbHG, Kommentar, 21. Aufl., 2023
(zit.: Lutter/Hommelhoff-*Bearbeiter*, GmbHG)

Madaus
Der Insolvenzplan, 2011

Marsch-Barner/Schäfer
Handbuch börsennotierte AG, 5. Aufl., 2022
(zit.: *Bearbeiter* in: Marsch-Barner/Schäfer, Hdb. börsennotierte AG)

Meyer/Veil/Rönnau
Handbuch zum Marktmissbrauchsrecht, 2. Aufl., 2023
(zit.: *Bearbeiter* in: Meyer/Veil/Rönnau, Hdb. zum Marktmissbrauchsrecht)

Michalski/Heidinger/Leible/Schmidt, J.,
Kommentar zum Gesetz betreffend die Gesellschaften mit beschränkter Haftung (GmbH-Gesetz), hrsg. v. Heidinger/Leible/J. Schmidt, 4. Aufl., 2023
(zit.: Michalski/Heidinger/Leible/J. Schmidt-*Bearbeiter*, GmbHG)

Mohrbutter/Ringstmeier/Meyer
Handbuch der Insolvenzverwaltung, 10. Aufl., 2021
(zit.: *Bearbeiter* in: Mohrbutter/Ringstmeier/Meyer, Hdb. Insolvenzverwaltung)

Mönning, R.-D.
Betriebsfortführung in Restrukturierung und Insolvenz, 4. Aufl., 2023
(zit.: *Bearbeiter* in: Mönning, Betriebsfortführung in Restrukturierung und Insolvenz)

Morgen
Präventive Restrukturierung, Handbuch, Kommentar, 2019
(zit.: Morgen-*Bearbeiter*, Präventive Restrukturierung)

Morgen
StaRUG, Kommentar, 2. Aufl., 2021 (zit.: Morgen-*Bearbeiter*, StaRUG)

Mückl
Arbeitsrecht in Krise und Insolvenz, RWS-Skript 376, 2. Aufl., 2015

Münchener Anwaltshandbuch GmbH-Recht
hrsg. v. Römermann, 5. Aufl., 2023 (zit.: *Bearbeiter* in: Münch-AHB GmbHR)

Münchener Anwaltshandbuch Insolvenz und Sanierung
hrsg. v. Nerlich/Kreplin, 4. Aufl., 2023
(zit.: *Bearbeiter* in: Münch-AHB Insolvenz und Sanierung)

Münchener Handbuch zum Arbeitsrecht
hrsg. v. Kiel/Lunk/Oetker, 6. Aufl., 2024 (zit.: *Bearbeiter* in: MünchHdb. ArbR)

Münchener Handbuch des Gesellschaftsrechts
Bd. 1, 2: 6. Aufl., 2024, hrsg. v. Gummert/Weipert; Bd. 3: 6. Aufl., 2023, hrsg. v. Wicke/Bachmann; Bd. 4: 5. Aufl., 2020, hrsg. v. Hoffmann-Becking; Bd. 5: 5. Aufl., 2021, hrsg. v. Gummert/Schöpflin; Bd. 6: 5. Aufl., 2022, hrsg. v. Leible/Reichert; Bd. 7: 6. Aufl., 2020, hrsg. v. Born/Ghassemi-Tabar/Gehle; Bd. 8: 5. Aufl., 2018, hrsg. v. Lieder/Wilk/Ghassemi-Tabar; Bd. 9: 6. Aufl., 2021, hrsg. v. Bochmann/Scheller/Prütting (zit.: *Bearbeiter* in: MünchHdb. GesR)

Münchener Kommentar zum AktG
hrsg. v. Goette/Habersack, Bd. 1: 5. Aufl., 2019; Bd. 2, 5: 6. Aufl., 2023; Bd. 3: 5. Aufl., 2022; Bd. 4: 5. Aufl., 2021; Bd. 6, 7: 5. Aufl., 2021 (zit.: *Bearbeiter* in: MünchKomm-AktG)

Münchener Kommentar zum BGB
hrsg. v. Säcker/Rixecker/Oetker/Limperg, Bd. 1: 9. Aufl., 2021; Bd. 2–3: 9. Aufl., 2022; Bd. 4–5, 8, 10: 8. Aufl., 2020; Bd. 6: 8. Aufl., 2020; Bd. 7: 8. Aufl., 2020; Bd. 9: 9. Aufl., 2022; Bd. 11: 8. Aufl., 2020; Bd. 12–13: 8. Aufl., 2020 (zit.: *Bearbeiter* in: MünchKomm-BGB)

Münchener Kommentar zum GmbHG
hrsg. v. Fleischer/Goette, Bd. 1, 3: 4. Aufl., 2022; Bd. 2: 4. Aufl., 2023 (zit.: *Bearbeiter* in: MünchKomm-GmbHG)

Münchener Kommentar zum HGB
hrsg. v. K. Schmidt, Bd. 1, 3: 4. Aufl., 2016 ff.; Bd. 2: 5. Aufl., 2022; Bd. 4: 5. Aufl., 2024; Bd. 5: 6. Aufl., 2025; Bd. 6: 5. Aufl., 2024; Bd. 7: 5. Aufl., 2023 (zit.: *Bearbeiter* in: MünchKomm-HGB)

Münchener Kommentar zur InsO
hrsg. v. Kirchhof/Stürner/Eidenmüller, Bd. 1–2: 4. Aufl., 2019; Bd. 3: 4. Aufl., 2020; Bd. 4: 4. Aufl., 2021 (zit.: *Bearbeiter* in: MünchKomm-InsO)

Münchener Kommentar zum StaRUG
hrsg. v. Stürner/Eidenmüller/Schoppmeyer/Madaus, 2023 (zit.: *Bearbeiter* in: MünchKomm-StaRUG)

Münchener Kommentar zur ZPO
hrsg. v. Krüger/Rauscher, 6. Aufl., 2020 ff. (zit.: *Bearbeiter* in: MünchKomm-ZPO)

Musielak/Voit
ZPO, Kommentar, 21. Aufl., 2024

Nickert/Lamberti
Überschuldungs- und Zahlungsunfähigkeitsprüfung im Insolvenzrecht, 3. Aufl., 2015

Noack/Servatius/Haas
GmbHG, Kommentar, 23. Aufl., 2022 (zit.: Noack/Servatius/Haas-*Bearbeiter*, GmbHG)

NomosKommentar
Gesamtes Arbeitsrecht, hrsg. v. Boecken/Düwell/Diller/Hanau, 2. Aufl.; 2022 (zit.: Bearbeiter in: NK-GA)

Obermüller
Insolvenzrecht in der Bankpraxis, 10. Aufl., 2023
(zit.: *Bearbeiter* in: Obermüller, Insolvenzrecht in der Bankpraxis)

Oetker
HGB, Kommentar, 8. Aufl., 2024

von Oertzen/Loose/Stalleiken
ErbStG, Kommentar mit Bewertung und ErbSt-DBA, 3. Aufl., 2024
(zit.: *Bearbeiter* in: v: Oertzen/Loose/Stalleiken, ErbStG)

Olbing/Thierhoff/Müller
Unternehmenssanierung, 3. Aufl., 2022
(zit.: *Bearbeiter* in: Olbing/Thierhoff/Müller, Unternehmenssanierung)

Pannen
Europäische Insolvenzverordnung, Kommentar, 2007, Reprint 2011

Pannen/Riedemann/Smid
StaRUG, Kommentar, 2021 (zit.: *Bearbeiter* in: Pannen/Riedemann/Smid, StaRUG)

Pape/Opp
Sanierungsgutachten, 2017

Paulus
EuInsVO, Kommentar, 6. Aufl., 2021

Paulus/Dammann
European Preventive Restructuring, Kommentar, 2021
(zit.: *Bearbeiter* in: Pannen/Dammann, European Preventive Restructuring)

Peemöller
Praxishandbuch Unternehmensbewertung, 8. Aufl., 2023
(zit.: *Bearbeiter* in: Peemöller, Praxishdb. Unternehmensbewertung)

Perridon/Steiner/Rathgeber
Finanzwirtschaft der Unternehmung, 18. Aufl., 2022

Pletke/Schrader/Siebert/Thoms/Klagges/Teubert
Rechtshandbuch Flexible Arbeit, 2. Aufl., 2022

PräsenzKommentar zur Insolvenzordnung
hrsg. v. Haarmeyer/Wutzke/Förster, Stand: 7/2015 (zit.: *Bearbeiter* in: PK-InsO)

Preuße
SchVG, Kommentar, 2. Aufl., 2023

Prütting/Gehrlein
ZPO, Kommentar, 15. Aufl., 2023

Pühl
Der Debt Equity Swap im Insolvenzplanverfahren, Beiträge zum Insolvenzrecht, Bd. 46: 2015

Rendels/Zabel
Insolvenzplan, 2. Aufl., 2015

Reul/Heckschen/Wienberg
Insolvenzrecht in der Gestaltungspraxis, 3. Aufl., 2022
(zit.: *Bearbeiter* in: Reul/Heckschen/Wienberg, Insolvenzrecht in der Gestaltungspraxis)

Rödder/Herlinghaus/Neumann
KStG, Kommentar, 2. Aufl., 2023
(zit.: Rödder/Herlinghaus/Neumann-*Bearbeiter*, KStG)

Röger
Insolvenzarbeitsrecht, Handbuch, 2. Aufl., 2024
(zit.: *Bearbeiter* in: Röger, Insolvenzarbeitsrecht)

Römermann
Insolvenzordnung, Insolvenzrecht, Kommentar, Loseblatt, 49. EL 1/2024
(zit.: Römermann-*Bearbeiter*, InsO/InsR)

Roth
Insolvenzsteuerrecht, 3. Aufl., 2020

Runkel/Schmidt, J.
Anwalts-Handbuch Insolvenzrecht, 4. Aufl., 2022
(zit.: *Bearbeiter* in: Runkel/J. Schmidt, AHB Insolvenzrecht)

Schack
Internationales Zivilverfahrensrecht, IZVR, 8. Aufl., 2021

Schaub
Arbeitsrechts-Handbuch, 20. Aufl., 2023
(zit.: *Bearbeiter* in: Schaub, Arbeitsrechts-Hdb.)

Schaub/Koch
Arbeitsrecht von A–Z, 28. Aufl., 2024
(zit.: *Bearbeiter* in: Schaub/Koch, Arbeitsrecht von A–Z)

Schiessler
Der Insolvenzplan, 1997

Schmidt, K.
Insolvenzordnung, Kommentar, 20. Aufl., 2023 (zit.: K. Schmidt-*Bearbeiter*, InsO)

Schmidt, K./Lutter
AktG, Kommentar, hrsg. v. K. Schmidt/Bayer/Vetter, 5. Aufl., 2024
(zit.: K. Schmidt-*Bearbeiter*, AktG)

Schmidt, K./Uhlenbruck
Die GmbH in Krise, Restrukturierung und Insolvenz, 6. Aufl., 2023
(zit.: *Bearbeiter* in: K. Schmidt/Uhlenbruck, Die GmbH in Krise, Restrukturierung und Insolvenz)

Schmidt, L.
Einkommensteuergesetz (EStG), Kommentar, hrsg. v. Weber-Grellet, 43. Aufl., 2024
(zit.: L. Schmidt-*Bearbeiter*, EStG)

Schmitt/Hörtnagl
Umwandlungsgesetz, Umwandlungssteuergesetz (UmwG/UmwStG), 10. Aufl., 2024
(zit.: Schmitt/Hörtnagl-*Bearbeiter*, UmwG/UmwStG)

Schneider/Linkert/von Buchwaldt
Handbuch zum neuen Sanierungsrecht, 2021
(zit.: *Bearbeiter* in: Schneider/Linkert/v. Buchwaldt, Hdb. z. neuen Sanierungsrecht)

Scholz
GmbHG, Kommentar, Bd. I: 12. Aufl., 2018; Bd. II, III: 12. Aufl., 2021
(zit.: Scholz-*Bearbeiter*, GmbHG)

Schrader/Straube
Insolvenzarbeitsrecht, 2018

Schwark/Zimmer
Kapitalmarktrechts-Kommentar, 5. Aufl., 2020
(zit.: *Bearbeiter* in: Schwark/Zimmer, Kapitalmarktrechts-Kommentar)

Seibt/Westphal
StaRUG, Kommentar, 2023 (zit.: Seibt/Westphal-*Bearbeiter*, StaRUG)

Semler/Stengel/Leonard
UmwG, Kommentar, 5. Aufl., 2021 (zit.: Semler/Stengel/Leonard-*Bearbeiter*, UmwG)

Semler/Volhard
Arbeitshandbuch für Unternehmensübernahmen, Bd. 1: 2001

Smid/Rattunde/Martini
Der Insolvenzplan, 4. Aufl., 2015

Sonnleiter/Witfeld
Insolvenz- und Sanierungssteuerrecht, Handbuch, 2. Aufl., 2022
(zit.: *Bearbeiter* in: Sonnleiter/Witfeld, Insolvenz- und Sanierungssteuerrecht)

Spindler/Stilz
AktG, Kommentar, 5. Aufl., 2022 (zit.: Spindler/Stilz-*Bearbeiter*, AktG)

Staub
HGB, Kommentar, Bd. 3: 5. Aufl., 2009 (zit.: Staub-*Bearbeiter*, HGB)

Staudinger
BGB, Kommentar, 1993 ff. (zit.: Staudinger-*Bearbeiter*, BGB)

Stein/Jonas
Kommentar zur ZPO, 23. Aufl., 2014 ff. (zit.: Stein/Jonas-*Bearbeiter*, ZPO)

Stephan/Riedel
InsVV, Kommentar, 2. Aufl., 2021

Sternal
FamFG, Kommentar, 21. Aufl., 2023 (zit.: Sternal-*Bearbeiter*, FamFG)

Streinz
EUV/AEUV, Kommentar, 3. Aufl., 2018 (zit.: Streinz-*Bearbeiter*, EUV/AEUV)

Theiselmann
Praxishandbuch des Restrukturierungsrechts, 5. Aufl., 2024
(zit.: *Bearbeiter* in: Theiselmann, Hdb. Restrukturierungsrecht)

Thole
Gesellschaftsrechtliche Maßnahmen in der Insolvenz, ZIP Praxisbuch, 3. Aufl., 2020

Tipke/Kruse
AO, FGO, Kommentar, Loseblatt, 182. EL 2024
(zit.: Tipke/Kruse-*Bearbeiter*, AO/FGO)

Uhlenbruck
InsO, Kommentar, hrsg. v. Uhlenbruck/Hirte/Vallender, Bd. 1: 15. Aufl., 2019;
Bd. 2: 16. Aufl., 2023 (zit.: Uhlenbruck-*Bearbeiter*, InsO)

Vallender/Undritz
Praxis des Insolvenzrechts, 3. Aufl., 2022
(zit.: *Bearbeiter* in: Vallender/Undritz, Praxis des Insolvenzrechts)

Wank
Juristische Methodenlehre, 2020

Waza/Uhländer/Schmittmann
Insolvenzen und Steuern, 14. Aufl., 2024

Weitbrecht
Mittelbare Planeingriffe in Sicherungsrechte, 2019

Wendt/Suchanek/Möllmann/Heinemann
GewStG, Kommentar, 2. Aufl., 2022
(zit.: Wendt/Suchanek/Möllmann/Heinemann-*Bearbeiter*, GewStG)

Westermann/Wertenbruch
Handbuch Personengesellschaften, 90. EL 2024
(zit.: *Bearbeiter* in: Westermann/Wertenbruch, Hdb. Personengesellschaften)

Wicke
GmbHG, Kommentar, 4. Aufl., 2020

Wiedemann
Gesellschaftsrecht, Bd. 1: 1980

Widmann/Mayer
Umwandlungsrecht, Kommentar, Loseblatt, 212. EL 5/2024
(zit.: Widmann/Mayer-*Bearbeiter*, UmwG)

Wilkens/Schaumann/Zenker
Anleihen in Restrukturierung und Insolvenz, ZIP-Praxisbuch, 2. Aufl., 2017

Wöhe
Einführung in die allgemeine Betriebswirtschaftslehre, 20. Aufl., 2000

Wolgast/Grauer
StaRUG.online, Kommentar, 3. Aufl., 11/2022
(zit.: Wolgast/Grauer-*Bearbeiter*, StaRUG.online)

Wollny
Der objektivierte Unternehmenswert, 3. Aufl., 2018

Zöller
Zivilprozessordnung, Kommentar, 35. Aufl., 2024

Zwanziger
Kommentar zum Arbeitsrecht der Insolvenzordnung, 5. Aufl., 2015
(zit.: Arbeitsrecht der InsO)

Teil 1
Insolvenzplan

§ 1
Einführung in das Insolvenzplanverfahren

Übersicht

Literatur: *Bitter*, Sanierung in der Insolvenz – Der Beitrag von Treue- und Aufopferungspflichten zum Sanierungserfolg, ZGR 2010, 147; *Braun*, Die objektive Auslegung des Insolvenzplans, NZI 2019, 526; *Gaul*, Tradition, Stagnation und schrittweiser Fortschritt im Insolvenzrecht – Eine Zwischenbilanz der neuen Rechtsinstitute: Insolvenzplan, Restschuldbefreiung und Verbraucherinsolvenzverfahren, in: Liber Amicorum für Wolfram Henckel, 2015, S. 119; *Madaus*, Die zeitliche Grenze des Rechts zur Rücknahme eines Insolvenzplans durch den Planinitiator, KTS 2012, 27.

A. Einführung

Der Insolvenzplan ist in den §§ 217 ff. InsO geregelt. Bereits in der Grundregel des § 1 InsO wird darauf hingewiesen, dass die Beteiligten in einem Insolvenzplan eine von den Vorschriften des Regelverfahrens abweichende Regelung zum Erhalt des Schuldners treffen können. Das Insolvenzplanverfahren ist daher vom Gesetzgeber der InsO insbesondere als – notwendigerweise flexibles – **Instrument zur Sanierung** verstanden worden; es ist allerdings nicht darauf beschränkt. Es kann auch Liquidationspläne und verfahrensleitende Pläne geben (siehe § 2 Rz. 20 [*Brünkmans*]).[1] Demnach kann der Insolvenzplan auch eine übertragende Sanierung vorsehen (siehe § 2 Rz. 23 [*Brünkmans*]).[2] 1

Der Insolvenzplan erlaubt es, eine für den jeweiligen Schuldner maßgeschneiderte Lösung zu finden. Das Verfahren ermöglicht einen Eingriff in die Rechte der Insolvenzgläubiger, der Absonderungsberechtigten und seit dem ESUG auch einen Eingriff in die Rechte der Gesellschafter bzw. Anteilsinhaber. Der Gesetzgeber des ESUG hat insbesondere das **Blockadepotential der Gesellschafter vermindert** und damit den Ausgang des Planverfahrens kalkulierbarer gemacht (siehe Rz. 30); das war das erklärte Ziel.[3] Zugleich kann die bei der Abstimmung unterlegene Minderheit an die mit der erforderlichen Mehrheit (§ 244 InsO, siehe dazu § 16 Rz. 54 ff. [*Laroche*]) beschlossenen Planregelungen gebunden werden. Gerade diese Zwangswirkung ist das entscheidende Asset des Planverfahrens. Zwar kann außerhalb des Insolvenzverfahrens durchaus eine **Zustimmungspflicht von Gesellschaftern zu Restrukturierungsmaßnahmen** nach den gesellschaftsrechtlichen 2

---

1) Begr. RegE ESUG, BT-Drucks. 17/5712, S. 54; Uhlenbruck-*Lüer/Streit*, InsO, § 217 Rz. 21 f. Offenlassend vor dem ESUG BGH, Beschl. v. 5.2.2009 – IX ZB 230/07, Rz. 25, ZIP 2009, 480, dazu EWiR 2009, 251 *(Landry)*. Anders noch LG Frankfurt/M., Beschl. v. 29.10.2007 – 2/9 T 198/07, ZIP 2007, 2229, dazu EWiR 2008, 115 *(Hörmann)*.

2) *Eidenmüller* in: MünchKomm-InsO, § 217 Rz. 117.

3) Begr. RegE ESUG, BT-Drucks. 17/5712, S. 17.

Grundsätzen von „Sanieren oder Ausscheiden" bestehen.[4]. Eine **Zustimmungspflicht von Gläubigern zu außergerichtlichen und außerinsolvenzlichen Sanierungsversuchen** kommt aber nicht in Betracht.[5] Eine Treuepflicht von Gläubigern in Gestalt einer Pflicht, an einer außergerichtlichen Sanierung und Schuldenbereinigung mitzuwirken, ist mangels eines korporationsrechtlichen Charakters der Gläubigergemeinschaft nicht anzuerkennen.[6]

3 Änderungen haben sich insoweit durch die Umsetzung des **präventiven Restrukturierungsrahmens** und der Restrukturierungsrichtlinie[7] vom 20.6.2019 ergeben. Es gibt **deutliche Parallelen zwischen dem Restrukturierungsplan und dem Insolvenzplan** (zum Restrukturierungsplan siehe einführend § 34 [*Thole*]). Mit dem SanInsFoG zum 1.1.2021[8] sind zugleich Änderungen im Insolvenzplanrecht eingeführt worden. Dazu gehört u. a. die Ausflaggung der Vergleichsrechnung in § 220 Abs. 2 Satz 2 bis 4 InsO und die Möglichkeit, **gruppeninterne Drittsicherheiten** zu gestalten, § 217 Abs. 2 InsO i. V. m. § 223a InsO.

4 Das Insolvenzplanverfahren ist **integraler Bestandteil des Insolvenzverfahrens**; wie das Insolvenzverfahren im Allgemeinen ist es daher auf den jeweiligen Schuldner beschränkt, der auch eine natürliche Person sein kann (näher zu Plänen bei natürlichen Personen siehe § 28 [*Webel*]). Insofern gilt für die InsO das Prinzip des Einheitsverfahrens, das nicht grundsätzlich zwischen Liquidations- und Sanierungsverfahren unterscheidet. Die allgemeinen Regeln sind anwendbar. Das Insolvenzplanverfahren gehört zu den Verfahren i. S. von Art. 1 EuInsVO (siehe hierzu näher § 62 Rz. 10 f. [*Thole*]). Einen echten **Konzerninsolvenzplan** gibt es bisher nicht, was nicht ausschließt, in den Einzelverfahren einer Konzerninsolvenz die Insolvenzpläne aufeinander abzustimmen (siehe dazu § 33 [*Brünkmans*]). Seit dem Inkrafttreten des Gesetzes zur Erleichterung der Bewältigung von Konzerninsolvenzen zum 21.4.2018[9] kann es ein Koordinationsverfahren geben, in dem ein Koordinationsplan als ein kupierter Insolvenzplan für alle Konzerngesellschaften aufgestellt werden kann (§§ 269d–269i InsO); dies ändert aber nichts an der Eigenständigkeit der jeweiligen Insolvenz(plan)verfahren. Außerdem können, wie soeben bemerkt, auch gruppeninterne Drittsicherheiten gestaltet werden.

5 Das Planverfahren ist nicht zwingend mit der **Eigenverwaltung** verknüpft. Die Eigenverwaltung einschließlich der vorläufigen Eigenverwaltung und des Schutzschirmverfahren ist lediglich ein verfahrensrechtliches Instrument, das Sanierungszwecken dienlich sein soll. Der Insolvenzplan ist dagegen auf als materiell-rechtliches Instrument zu verstehen. Umgekehrt setzt § 284 InsO ausdrücklich voraus, dass auch im Falle der Eigenverwaltung

4) BGH, Urt. v. 19.10.2009 – II ZR 240/08 (Sanieren oder Ausscheiden I), BGHZ 183, 1 = ZIP 2009, 2289 = ZfIR 2010, 503, dazu EWiR 2009, 739 *(Armbrüster)*; vgl. auch BGH, Urt. v. 25.9.1986 – II ZR 262/85, BGHZ 98, 276 = ZIP 1986, 1383 = NJW 1987, 189, dazu EWiR 1986, 1107 *(Riegger)*; BGH, Urt. v. 20.3.1995 – II ZR 205/94 (Girmes), BGHZ 129, 136 = ZIP 1995, 819 = NJW 1995, 1739, dazu EWiR 1995, 525 *(Rittner)*. Einschränkend BGH, Urt. v. 25.1.2011 – II ZR 122/0, ZIP 2011, 768, 770 ff., dazu EWiR 2011, 417 *(Binkowski)*.

5) BGH, Urt. v. 12.12.1991 – IX ZR 178/91 (Akkordstörer), BGHZ 116, 319, 324 f. = NJW 1992, 967, 969 = ZIP 1992, 191, dazu EWiR 1992, 255 *(Tiedtke)*.

6) BGH, Urt. v. 12.12.1991 – IX ZR 178/91 (Akkordstörer), BGHZ 116, 319, 324 f. = NJW 1992, 967, 969 = ZIP 1992, 191. Anders *Eidenmüller*, Unternehmenssanierung zwischen Markt und Gesetz, S. 555 ff.; *Bitter*, ZGR 2010, 147, 172 ff.

7) Richtlinie (EU) 2019/1023 des Europäischen Parlaments und des Rates v. 20.6.2019 über präventive Restrukturierungsrahmen, über Entschuldung und über Tätigkeitsverbote sowie über Maßnahmen zur Steigerung der Effizienz von Restrukturierungs-, Insolvenz- und Entschuldungsverfahren und zur Änderung der Richtlinie (EU) 2017/1132 (Richtlinie über Restrukturierung und Insolvenz) – Restrukturierungsrichtlinie, ABl. (EU) L 172/18 v. 26.6.2019.

8) Gesetz zur Fortentwicklung des Sanierungs- und Insolvenzrechts (Sanierungs- und Insolvenzrechtsfortentwicklungsgesetz – SanInsFoG), v. 22.12.2020, BGBl. I 2020, 3256.

9) Gesetz zur Erleichterung der Bewältigung von Konzerninsolvenzen, v. 13.4.2017, BGBl. I 2017, 866.

ein Insolvenzplan erstellt und das Planverfahren durchgeführt werden kann. Eine Eigenverwaltung muss allerdings nicht zwingend auf die Planerstellung hinauslaufen; anders liegt es im Falle des Schutzschirmverfahrens nach § 270d InsO, das gerade auf die Vorlage eines Plans abzielt. Im Falle der Eigenverwaltung tritt der Schuldner trotz § 270 Abs. 1 Satz 2 InsO nicht vollständig an die Stelle des Insolvenzverwalters. Der von dem eigenverwaltenden Schuldner vorgelegte Plan ist also kein Verwalterplan (wichtig wegen § 231 Nr. 2 und 3 InsO). Vielmehr geht § 284 InsO insoweit vor. Die Gläubigerversammlung kann dem Schuldner das Planziel vorgeben, tut sie dies nicht, bleibt es bei § 218 Abs. 1 Satz 1 Alt. 2 InsO, d. h. der Schuldner legt den Plan kraft seines eigenen Verfahrensrechts und in seiner eigentlichen Funktion als Verfahrenssubjekt vor. Auch dem Sachwalter kann ein solcher Auftrag erteilt werden.

B. Historische Vorbilder und Regelungsziele

Das Insolvenzplanverfahren der InsO ist strukturell mit dem früheren Rechtsinstitut des Zwangsvergleichs (§§ 173–201 KO) sowie mit dem Vergleich der VerglO und nach § 16 GesO verwandt,[10] geht aber mit der Einbindung insbesondere auch der absonderungsberechtigten Gläubigern darüber hinaus.[11] Wie bei diesen Verfahren geht es beim Planverfahren um ein Akkordverfahren, bei dem mittels einer auch für die Minderheit bindenden Mehrheitsentscheidung eine Schuldenregulierung beschlossen wird. In der Sache ist die Einführung des Planverfahrens Ausdruck einer **Privatisierung der Insolvenzabwicklung.**[12] Der Gesetzgeber der InsO wollte mit dem Insolvenzplanverfahren eine marktkonforme und deregulierte Insolvenzbewältigung fördern.[13] Die Verwertungsentscheidung ist den Gläubigern überlassen; die gerichtliche Beteiligung ist eher passiver und nicht genuin hoheitlich-gestaltender Natur. Es kann einen Wettbewerb um den „besten" Plan geben. Deshalb hat nicht nur der Insolvenzverwalter das Planvorlagerecht des § 218 InsO und deshalb kann es auch mehrere Planvorlagen geben. 6

Das Insolvenzplanverfahren folgt dem **Gedanken der Pareto-Effizienz.** Der Insolvenzplan ist das Mittel der Wahl, wenn er mindestens einen Beteiligten besserstellt und alle anderen Beteiligten mindestens indifferent sind im Abgleich mit jeder anderen Lösung. Entscheidungsträger sind nicht Dritte, sondern allein diejenigen, zu deren Gunsten die Haftung des Schuldners verwirklicht werden soll, nämlich die Gläubiger (ggf. im Falle des § 225a InsO einschließlich der insoweit als nach-nachrangige Gläubiger eingebundenen Gesellschafter). Der wirtschaftliche Vorzug eines Plans gegenüber der konkursmäßigen Zwangsverwertung liegt darin, dass er es ermöglicht, die Verwertungsentscheidung diesem Pareto-Optimum anzunähern.[14] Dies bedingt eine Individualisierung des Planinhalts und zugleich eine Lockerung des Grundsatzes der Gleichbehandlung, der im Planverfahren grundsätzlich nur innerhalb der Gruppen gilt (§ 226 InsO). Zugleich dürfen aber den Beteiligten keine Vermögensopfer auferlegt werden, die nicht schon im Insolvenzverfahren selbst angelegt sind; der einzelne Beteiligte darf nicht gezwungen werden, mehr aufzugeben oder zu investieren, als es der Abwicklung im Regelverfahren entspräche.[15] 7

---

10) Näher *Schiessler*, Insolvenzplan, S. 8 ff.

11) Begr. RegE InsO, BT-Drucks. 12/2443, S. 195.

12) *Undritz* in: Kübler, HRI, 3. Aufl., 2019, § 2 Rz. 17; *Balthasar* in: Kübler/Bork/Prütting, HRI II, § 2 Rz. 9.

13) Begr. RegE InsO, BT-Drucks. 12/2443, S. 78 ff.

14) Begr. RegE InsO, BT-Drucks. 12/2443, S. 78.

15) Begr. RegE InsO, BT-Drucks. 12/2443, S. 78.

C. Rechtsvergleichende Vorbilder

8 Der Insolvenzplan hat rechtsvergleichende Vorbilder, die sich besonders im US-amerikanischen **Chapter 11-Verfahren** finden. Dort ist insbesondere das Obstruktionsverbot (Cram-down) ein zentraler Aspekt des Verfahrens;[16] auch die Gruppenbildung nach den Regeln des § 222 InsO folgt expressis verbis dem US-Vorbild.[17] Auch in anderen Rechtsordnungen sind jeweils im Kern ähnliche Verfahren eines Sanierungsvergleichs oder eines Sanierungsplans bekannt, z. B. das französische Redressement judiciaire oder das italienische Accordo di ristrutturazione und das concordato preventivo. Dabei unterscheiden sich i. E. vor allem das Maß der gerichtlichen Einbindung und die Beteiligtenstellung.

D. Der Insolvenzplan als Vertrag?

I. Rechtsnatur des Insolvenzplans

9 Bereits die Rechtsnatur des früheren (Zwangs-)Vergleichs war umstritten. Die vertretenen Auffassungen schwankten zwischen der Urteilstheorie, die auf die gerichtliche Bestätigung als prägendes Element abstellte,[18] und der Vertragstheorie, die in dem Vergleich einen bürgerlich-rechtlichen Vertrag erkannte.[19] Auch der Insolvenzplan entzieht sich insoweit einer klaren Einordnung. Teilweise wird, vor allem in der Literatur, der Plan als **Vertrag zwischen Gläubigern und Schuldner** angesehen.[20] Demgemäß schaffen die §§ 244 bis 247 InsO Zustimmungspflichten, die mittels der Fiktion des § 254 Abs. 1 Sätze 1 und 3 InsO durchgesetzt würden. Auch bei Ablehnung durch einzelne Beteiligte sei das Konsensprinzip in der Sache also gewahrt.[21] Im Einzelnen sind die Begründungsansätze unterschiedlich. Teils wird davon ausgegangen, es handele sich um einen Vergleich i. S. des § 779 InsO.[22] Teil wird ein Vertrag sui generis,[23] teils eine Doppelnatur zwischen prozessualem und materiell-rechtlichem Rechtsakt angenommen.[24]

10 Der BGH hat sich in den Urteilen vom 6.10.2005 und vom 7.5.2015 gegen diese Deutung des Insolvenzplans als Vertrag ausgesprochen.[25] Im Urteil vom 6.10.2005 führt er aus:[26]

> „Nach Auffassung des Senats ist der Insolvenzplan ein spezifisch insolvenzrechtliches Instrument, mit dem die Gläubigergesamtheit ihre Befriedigung aus dem Schuldnervermögen organisiert. Die Gläubigergemeinschaft hat nicht aus freiem Willen zusammengefunden; sie ist vielmehr eine durch die Eröffnung des Insolvenzverfahrens über das Vermögen des Schuldners zusammengefügte Schicksalsgemeinschaft. Der Wille einzelner Gläubiger kann durch Mehrheitsentscheidungen überwunden werden (§§ 244 ff. InsO). Dies zeigt, dass der Insolvenzplan, auch wenn seine Annahme weitgehend auf der Willensübereinkunft der Beteiligten beruht, kein Vertrag im herkömmlichen Sinne ist."

16) Im Einzelnen etwa *Madaus*, Insolvenzplan, S. 134 ff.

17) Begr. RegE InsO, BT-Drucks. 12/2443, S. 195.

18) *Kuhn/Uhlenbruck*, KO, 10. Aufl. 1985, § 173 Rz. 1a.

19) Jaeger-*Weber*, KO, § 173 Rz. 8.

20) *Madaus*, Insolvenzplan, S. 173 ff.; *Madaus*, KTS 2012, 27, 35 ff.; Braun-*Braun/Frank*, InsO, Vor § 217 Rz. 1; *Gaul* in: Liber Amicorum Henckel, S. 119, 125, der selbst von einem gemischt privatrechtlich-prozessualen Vertrag ausgeht.

21) *Madaus*, Insolvenzplan, S. 292.

22) *Madaus*, Insolvenzplan, S. 173 ff., 424 ff.; *Madaus*, KTS 2012, 27, 30 ff.

23) *Schiessler*, Insolvenzplan, S. 22.

24) *Eidenmüller* in: MünchKomm-InsO, § 217 Rz. 33 ff.

25) BGH, Beschl. v. 7.5.2015 – IX ZB 75/14, Rz. 26, ZIP 2015, 1346, dazu EWiR 2015, 483 *(Spliedt)*; BGH, Urt. v. 6.10.2005 – IX ZR 36/02, Rz. 15 ff., ZIP 2006, 39, dazu EWiR 2006, 87 *(Bähr/Landry)*; dem folgend *Spahlinger* in: KPB, InsO, § 217 Rz. 60; dazu auch *Gaul* in: Liber Amicorum Henckel, S. 119, 125.

26) BGH, Urt. v. 6.10.2005 – IX ZR 36/02, Rz. 15, ZIP 2006, 39.

11 Tatsächlich darf nicht ausgeklammert werden, dass der Insolvenzplan in erster Linie **ein verfahrensrechtliches, prozessrechtliches Instrument** ist, weil er in das staatliche Rechtspflegeverfahren eingebunden ist.[27] Das schließt allerdings ebenso wenig wie allgemein im Prozessrecht die Einordnung als gemischten Vertrag oder als Prozessvertrag aus. Allerdings wird dem Plan von den unterlegenen Gläubigern nicht freiwillig zugestimmt und auch §§ 244 ff. InsO begründen gerade keine Zustimmungspflicht; vielmehr wird der vermeintliche Vertrag trotz Ablehnung wirksam. Vor allem bindet und begünstigt der Insolvenzplan auch die nicht abstimmenden Gläubiger (§ 254b InsO), was sich rechtsgeschäftlich nur mit Mühe begründen lässt, weil die teilnehmenden Beteiligten kaum einen Vertrag zugunsten (bzw. zulasten) Dritter abschließen wollen. Richtig ist aber natürlich, dass nicht der Staat den Inhalt des Plans setzt, sondern der Planinhalt Ausdruck der Dispositionsmacht der Gläubiger- und Beteiligtenversammlung ist.

II. Anwendung der Regelungen über Willenserklärungen

12 In diesem Sinne erscheint gesichert, dass der Insolvenzplan gerade kein Vertrag im herkömmlichen Sinne ist. Angesichts der verfahrensrechtlichen Einbindung und genauso wie bei sonstigen Prozessverträgen muss es vielmehr darum gehen, auszuloten, inwieweit die Regeln über materiell-rechtliche Rechtsgeschäfte angewendet werden können. Das ist grundsätzlich dort der Fall, wo keine übergeordneten Interessen und zwingenden Gründe dagegen sprechen.[28] Daraus, und eben nicht aus der Vertragseinordnung bereits als solcher, erklärt sich, dass der Plan der **Auslegung entsprechend §§ 133, 157 BGB** zugänglich ist (siehe dazu gleich Rz. 13 sowie § 14 Rz. 29 [*Laroche*]).[29] Daraus folgt aber auch, dass **§ 139 BGB** mit seiner insoweit einzelfallabhängigen Zweifelsregel nicht zum Tragen kommen kann[30] und folglich eine salvatorische Klausel die Zurückweisung des unter einem Mangel leidenden Plans nicht hindert, weil insoweit die §§ 231, 248, 250, 254 ff. InsO vorgehen.[31] Zugleich kann sich ergeben, dass der Plan auch dann nicht bestätigungsfähig ist, wenn er gegen den **Insolvenzzweck** verstößt. Fälle der Nichtigkeit sind nicht etwa auf die §§ 134, 138 BGB beschränkt.[32] Enthält der Plan irrigerweise eine salvatorische Klausel, bedeutet dies aber nicht, dass dann die Planbestätigung ausscheiden muss. Es wäre kein wesentlicher Mangel; i. Ü. dürfte es dann statthaft sein, den Plan zu bestätigen mit der Maßgabe, dass (nur) die Klausel unbeachtlich bleibt.

E. Auslegung des Insolvenzplans

13 Wie bereits eben beschrieben (siehe Rz. 12), ist der Insolvenzplan in Zweifelsfällen der Auslegung zugänglich. Daraus folgt, dass im Falle einer unklar formulierten Planregelung eine Auslegung des Gewollten möglich ist. Eine vermeintlich nach dem Wortlaut eindeutige Regelung kann ggf. entgegen dem Wortlaut ausgelegt werden, wenn sich ergibt, dass etwas anderes gewollt ist. Der BGH geht davon aus, dass für die Auslegung eines Insolvenzplans **das individuelle Verständnis** derjenigen maßgebend ist, die ihn beschlossen

---

27) Vgl. auch *Spahlinger* in: KPB, InsO, § 217 Rz. 61.

28) Allgemein zu Prozessverträgen und deren Grenzen *Wagner*, Prozessverträge, S. 48 ff. et passim.

29) BGH, Beschl. v. 7.5.2015 – IX ZB 75/14, Rz. 26, ZIP 2015, 1346.

30) BGH, Beschl. v. 7.5.2015 – IX ZB 75/14, Rz. 27 ff., ZIP 2015, 1346.

31) Widersprüchlich m. E. *Madaus*, NZI 2015, 702, 703 (Anm. zu BGH, Beschl. v. 7.5.2015 – IX ZB 75/14, ZIP 2015, 1346), der meint, § 139 BGB mit seiner Vermutung für die Gesamtnichtigkeit komme gerade wegen der Rechtsnatur als Vertrag zur Anwendung und werde durch die genannten insolvenzrechtlichen Vorschriften sozusagen unwiderleglich gestellt. Damit wird ja der vermeintliche Vertragsinhalt – die salvatorische Klausel – gerade ausgeklammert.

32) Mit entsprechender Begr. ließe sich allerdings annehmen, § 1 InsO und der Verfahrenszweck bildeten ein gesetzliches Verbot i. S. des § 134 BGB.

haben.[33] Damit wird eine gewisse Annäherung an das Verständnis des Insolvenzplans als Vertrag deutlich.[34] Der BGH hat seine Auffassung in seinem Urteil vom 6.10.2005 begründet anhand einer Klausel „§ 259 Abs. 3 InsO findet Anwendung“. Der BGH erkennt darin nicht nur einen Hinweis, dass das Gesetz die Ermächtigung des Insolvenzverwalters zur Fortführung von Anfechtungsstreitigkeiten ermöglicht, sondern erkennt in der Klausel mit Recht auch die Ermächtigung selbst.[35]

14 Der Auslegung anhand des individuellen Verständnisses derjenigen, die den Plan beschlossen haben, steht eine objektive Auslegungsmethode gegenüber, die bspw. bei der Auslegung von Allgemeinen Geschäftsbedingungen und Emissionsprospekten beachtlich ist.[36] Der praktisch entscheidendste Unterschied liegt u. a. darin, dass das **Revisionsgericht** bei der individuellen Auslegung nur überprüfen darf, ob das Untergericht Denkgesetze verletzt und die Grenzen einer vertretbaren Auslegung überschritten hat. Bei der **objektiven Auslegung** kann das Revisionsgericht selbst frei auslegen. Die objektive Auslegung orientiert sich z. B. am durchschnittlichen Anleger bzw. Empfänger bzw. an der Norm (einer Satzung) selbst, nicht an dem subjektiv vom Verwender Gewollten bzw. demjenigen, was im Zeitpunkt der Erstellung des Prospekts, der Satzung etc. gewollt war. Der Hintergrund ist, dass sich derartige Klauselwerke an einen nicht abgrenzbaren und noch nicht feststehenden Personenkreis richten. Demgegenüber kommt es bei der vom BGH für den Insolvenzplan favorisierten Auslegung darauf an, was die konkret Beteiligten zum Ausdruck bringen wollten; dies ist auch dann maßgebend, wenn ein objektiver Dritter die Klausel anders verstehen würde. Freilich überlappen sich die Auslegungsmethoden deutlich, weil bei Unklarheiten dasjenige, was dem objektiven Empfängerhorizont entspricht und was ein verständiger Beteiligter unter der jeweiligen Klausel verstehen konnte, im Zweifel auch dem Gewollten entspricht. Letztlich sind die Unterschiede daher von der revisionsrechtlichen Überprüfung abgesehen meist eher gering. Es mag daher in gewisser Weise „ehrlicher“ sein, wenn man die objektive Auslegung zugrunde legen will.[37] Doch wird die Annahme der §§ 133, 157 BGB eher solchen Fällen gerecht, in denen der Adressatenkreis überschaubar ist. Richtig ist allerdings, dass der Insolvenzplan nicht schon wegen einer vermeintlichen Vertragsnatur nach den Grundsätzen der §§ 133, 157 BGB auszulegen ist (siehe Rz. 12), denn diese Vertragsnatur hat der Plan richtigerweise gerade nicht oder jedenfalls nicht in der Rigidität, mit der dies oft behauptet wird (siehe Rz. 11).

15 Es bleibt zudem auch die Frage, die Sicht welches Beteiligten maßgebend ist, wenn es auf die den Beschluss fassenden Beteiligten ankommt. Insoweit entscheidet nicht, welche Vorstellungen ein einzelner Gläubiger hatte; es kommt auch nicht auf die Abstimmungsmehrheit oder -minderheit an, sondern es ist auf einen durchschnittlichen verständigen Gläubiger abzustellen. Freilich ist zunächst entscheidend, was der Planersteller den Umständen nach mit der auslegungsbedürftigen Planregelung zum Ausdruck bringen wollte (§ 133 BGB). Dieses subjektiv Gewollte ist aber sodann nur dann maßgebend, wenn die Abstimmenden bzw. ein verständiger Abstimmender *in der konkreten Situation* und den Umständen dies auch vernünftigerweise so verstehen durfte (**objektiver Empfängerhorizont**, Gedanke des § 157 BGB). Ergibt sich, dass eine Planregelung unklar ist und das Vor-

---

33) BGH, Urt. v. 6.10.2005 – IX ZR 36/02, Rz. 16, ZIP 2006, 39; BGH, Urt. v. 7.5.2015 – IX ZB 74/14, Rz. 26, ZIP 2015, 1346, dazu EWiR 2015, 483 *(Spliedt)*.

34) *Gaul* in: Liber Amicorum Henckel, S. 119, 131.

35) BGH, Urt. v. 6.10.2005 – IX ZR 36/02, Rz. 16 ff., ZIP 2006, 39.

36) Vgl. BGH, Urt. v. 27.11.2000 – II ZR 218/00, NJW 2001, 1270, 1271 = ZIP 2001, 243 und die Nachw. bei BGH, Urt. v. 6.10.2005 – IX ZR 36/02, Rz. 16, ZIP 2006, 39. Für die objektive Auslegung *Braun*, NZI 2019, 526.

37) So *Braun*, NZI 2019, 526, 528 f.

stellungsbild eines verständigen an der Abstimmung beteiligten Gläubigers ein anderes sein durfte als dasjenige des Planerstellers, so hat die Auslegung nach dem Verständnis der abstimmenden Gläubiger und folglich nach dem Empfängerhorizont Vorrang.

Eine Ausnahme von der Maßgeblichkeit des individuellen Verständnisses der Beteiligten 16
will der BGH machen, soweit der **vollstreckbare Teil des Insolvenzplans** betroffen ist.[38] Das nimmt offenbar auf die Vollstreckung aus einem Plan nach § 257 InsO Bezug. Danach können die Insolvenzgläubiger, deren Forderungen festgestellt sind, aus dem Plan i. V. m. der Eintragung in die Tabelle vollstrecken. Dennoch ist die Einschränkung in der Rechtsprechung des BGH richtigerweise missverständlich. Denn auch die Leistungen, die den Gläubigern nach Maßgabe des Plans zugesagt sind wie z. B. die Planquote, können unter Umständen unklar sein und der Auslegung bedürfen. Es ist einzusehen, warum für die Auslegung dieser Rechte, die aus dem Plan erwachsen, andere Maßstäbe gelten sollten, als für den Plan im Allgemeinen. Anders kann dies nur sein, soweit es den Tabelleneintrag betrifft, der aber ja gerade außerhalb des Plans steht (und den eigentlichen Vollstreckungstitel begründet, § 178 Abs. 3 InsO). Richtigerweise will der BGH mit dem Hinweis auf den vollstreckbaren Teil nur zum Ausdruck bringen, dass die Auslegung des Planinhalts auf zusätzliche Schranken im Falle der Vollstreckung trifft. So kann ein Planinhalt, der nicht hinreichend bestimmt ist, nicht Grundlage der Zwangsvollstreckung sein. Auch im Zwangsvollstreckungsrecht wird freilich angenommen, dass eine Auslegung nicht ausgeschlossen ist.[39] Erforderlich ist allerdings, dass der Titel aus sich heraus für eine Auslegung genügend bestimmt ist oder doch sämtliche Voraussetzungen für seine Bestimmbarkeit klar festlegt.[40] Nur mit dieser Maßgabe lässt sich sagen, dass eine Auslegung hier nur eingeschränkt möglich ist.

Beispiel (nach OLG Dresden)[41]

Die Planklausel lautete, dass der Insolvenzverwalter „alle von ihm festgestellten Anfechtungsansprüche" weiterführen darf. Im der fraglichen Planklausel vorangehenden Abschnitt wird beschrieben, dass der Insolvenzverwalter Anfechtungsansprüche geprüft und i. H. von XY € „festgestellt" und zu einem bestimmten Stichtag Klage erhoben hat. Selbst wenn hier planerstellende Insolvenzverwalter mit der Ermächtigung auch die nach dem Stichtag noch offenbar werdenden und also später festgestellten Anfechtungsansprüche erfassen wollte, dies aber bei der Erörterung und auch sonst nicht zum Ausdruck gekommen ist, ist letztlich die verständige Sicht der abstimmenden Gläubiger maßgeblich. Diese mussten die Klausel im Zusammenhang mit dem vorherigen Abschnitt verstehen und konnten davon ausgehen, dass nur die bisher geltend gemachten Ansprüche gemeint sind. Daher entscheidet dieses Verständnis, wie das OLG mit Recht deutlich gemacht hat. In diesem Fall deckt sich das Ergebnis mit jenem nach der objektiven Auslegungsmethode. Anders wäre dies aber dann, wenn sich den Umständen nach ergibt und bei der Erörterung der konkreten Planklausel auch dargelegt wurde, dass es um sämtliche Anfechtungsansprüche gehen sollte.

38) BGH, Urt. v. 6.10.2005 – IX ZR 36/02, Rz. 16, ZIP 2006, 39; BGH, Urt. v. 7.5.2015 – IX ZB 74/14, Rz. 26, ZIP 2015, 1346.

39) BGH, Beschl. v. 7.2.2013 – VII ZB 2/12, ZfIR 2013, 301 (LS) = NJW-RR 2013, 511 m. w. N.

40) BGH, Beschl. v. 11.9.2007 – XII ZB 177/04, Rz. 22, NJW 2008, 153; KG Berlin, Beschl. v. 29.7.1988 – 1 W 2199/88, NJW-RR 1988, 1406.

41) Nach OLG Dresden, Urt. v. 15.8.2012 – 13 U 1757/11, ZInsO 2013, 996.

> **Beispiel** (nach OLG Frankfurt a. M.)[42]
>
> Im Insolvenzplan, das dem Urteil des OLG Frankfurt zugrunde liegt, fehlte eine ausdrückliche Regelung über die Verzinsung einer nach dem Plan insgesamt gestundeten Restforderung einer absonderungsberechtigten Gläubigerin. Dazu verhielt sich nur mittelbar ein – im Urteil nicht mitgeteilter – Satz in dem vorgelegten Plan, der auf Betreiben der Gläubigerin selbst in der Gläubigerversammlung wieder gestrichen wurde. Es gab Verhandlungen zwischen Planersteller und der Gläubigerin auch über die Verzinsung, die aber – offenbar – ohne klares Ergebnis endeten. Die absonderungsberechtigte Gläubigerin berief sich darauf, dass die Streichung des fraglichen Satzes gerade für den Willen der Planbeteiligten spreche, eine gesonderte Zinsvereinbarung im Plan zu treffen. Das LG und das OLG stellten aber fest, dass ein übereinstimmender Regelungswille nicht zu erkennen sei. Eine Regelung sei gerade nicht aufgenommen worden. Weder Planersteller noch die sonstigen Planbeteiligten/Gläubiger seien daher mit hinreichender Sicherheit von einer fortbestehenden Verzinsungspflicht ausgegangen bzw. hätten diese stillschweigend vorausgesetzt.

17 Schließlich wird in dem Urteil noch die Auslegung des Begriffs „Gesamtdauer des Planverfahrens" im Zusammenhang mit einer Stundungspflicht der Gläubiger thematisiert. Das OLG ist zu dem Ergebnis gekommen, dass dieser Begriff auch den Zeitraum der Planüberwachung umfasst, da der Plan bis zur Durchführung und Erfüllung verpflichtend bleibe. Das leuchtet schon deshalb ein, weil sich die Wirkungen des Plans sonst in dem Moment erledigten, in dem in die Planüberwachung einsetzen soll.

F. Wesentlicher Inhalt des Insolvenzplans

18 Der wesentliche Inhalt des Insolvenzplans ist durch die Vorschriften in §§ 218 ff. InsO vorgegeben. Die zentrale Unterscheidung ist die Unterteilung zwischen dem darstellenden und dem gestaltenden Teil (§ 219 i. V. m. §§ 220, 221 InsO). Einzelheiten zum darstellenden Teil siehe § 7 [*Brünkmans*]. Im gestaltenden Teil wird festgelegt, in welcher Weise in die Rechte der Beteiligten eingegriffen werden soll. In den §§ 223–225 InsO wird beispielhaft genannt, dass Forderungen gekürzt oder gestundet werden. Für die Eingriffe in Gesellschafterrechte ist § 225a InsO maßgeblich. Siehe hierzu näher § 29 [*Brünkmans*].

19 Zudem ist die **Gruppenbildung** zu erläutern, soweit über die Pflichtgruppen des § 222 Abs. 1 InsO hinausgegangen wird. Der BGH verlangt insoweit, dass die Kriterien für die Zuordnung der Gläubiger mit gleichartigen wirtschaftlichen Interessen im Plan angegeben werden, damit der Insolvenzrichter auf dieser Grundlage die Sachgerechtigkeit der Einteilung überprüfen kann (siehe dazu Rz. 24).[43]

20 Darüber hinaus kann der Plan etwaige **Planbedingungen** vorsehen (§ 249 InsO); siehe dazu § 18 Rz. 8 ff. [*Thole*]. Sollen die Gläubiger aus den Erträgen des vom Schuldner oder von einem Dritten fortgeführten Unternehmens befriedigt werden, so ist dem Insolvenzplan nach § 229 Satz 1 InsO eine Vermögensübersicht beizufügen, in der die Vermögensgegenstände und die Verbindlichkeiten, die sich bei einem Wirksamwerden des Plans gegenüberstünden, mit ihren Werten aufgeführt werden. Ergänzend ist nach § 229 Satz 2 ein Finanz- und Ertragsplan darzustellen. Dies wird bei § 13 [*Brünkmans*] näher erläutert.

21 Darüber hinaus können dem Plan unter Umständen **Anlagen** beizufügen sein. Dies wird in § 230 InsO beschrieben. Danach ist bei einer natürlichen Person als Schuldner oder einer Personengesellschaft und bei einer KGaA die Bereitschaftserklärung zur Fortführung der Gesellschaft der Gesellschafter bzw. des Schuldners beizufügen. Ist ein Debt-Equity-Swap vorgesehen und soll ein Gläubiger Gesellschaftsanteile übernehmen, geschieht dies im Planverfahren nur auf freiwilliger Basis, entsprechende Erklärungen sind beizufügen

42) OLG Frankfurt/M., Urt. 20.10.2014 – 23 U 1/14, BeckRS 2015, 08042.

43) BGH, Beschl. v. 7.5.2015 – IX ZB 75/14, Rz. 18 ff., ZIP 2015, 1346.

(§ 230 Abs. 2 InsO) ebenso wie Bereitschaftserklärungen Dritter, die auf der Grundlage des Plans Leistungen erbringen sollen, z. B. Kredite (§ 230 Abs. 3 InsO).

Ein Insolvenzplan wird regelmäßig auch Regelungen zur Geltendmachung von Anfechtungsansprüchen i. S. des § 259 Abs. 3 InsO treffen. Zum Verzicht auf Anfechtungs- und Haftungsansprüche, auch im Konzernverbund, siehe § 11 Rz. 8, 35 ff. [*Thole*]. 22

G. Wesentliche Prinzipien des Planverfahrens

Will man die Prinzipien des Planverfahrens herausarbeiten, so ist zu unterscheiden: 23

I. Gruppenbildung

Ein wesentliches Prinzip des Planverfahrens ist die Abstimmung in Gruppen und die Planregelbarkeit mit inhaltlicher Unterscheidung nach Gruppen. Die Pflichtgruppen des § 222 Abs. 1 InsO können nach § 222 Abs. 2 InsO in weitere Untergruppen unterteilt werden. Das erlaubt eine maßgeschneiderte Regelung im Plan, gibt aber zugleich Möglichkeiten, die Gruppen taktisch zum Zwecke einer Mehrheitssicherung zu bilden. Daher müssen gleichartige wirtschaftliche Interessen vorliegen. Der **Gleichbehandlungsgrundsatz** gilt nach § 226 InsO nur innerhalb der Gruppe. Beim Obstruktionsverbot wird diese Gruppenbetrachtung allerdings wieder aufgeweicht (siehe dazu § 17 Rz. 24 [*Thole*]). Hinsichtlich des Gruppenprinzips siehe § 9 [*Beck/Pechartscheck*] und zum Abstimmungsmodus siehe die Erläuterungen bei § 16 Rz. 41 ff. [*Laroche*]. 24

II. Wahrung der Schuldnerrechte

Auch im Planverfahren kommt zum Ausdruck, dass der Insolvenzschuldner seine Beteiligtenrechte als Subjekt des Insolvenzverfahrens wahren kann. Er ist zwar nicht berechtigt mitzustimmen, darf aber selbst einen Insolvenzplan vorlegen (§ 218 InsO), und zwar auch in Konkurrenz zu einem vom Insolvenzverwalter vorgelegten Plan. Freilich unterliegt ein vom Schuldner vorgelegter Plan einer schärferen **Vorprüfung durch das Gericht** (§ 231 Abs. 1 Nr. 2 und 3 InsO), siehe dazu § 14 Rz. 15 ff., 94 ff. [*Laroche*]. Zum Planvorlagerecht siehe § 4 Rz. 4 ff. [*Beck/Pechartscheck*]. 25

III. Gerichtliche Beteiligung

Die gerichtliche Beteiligung soll den rechtsstaatlichen Anforderungen an den Verfahrensgang Rechnung tragen und ist daher von essentieller Bedeutung für das Verfahren. Zuständig ist insoweit der **Insolvenzrichter**, nicht der Rechtspfleger (§ 18 Abs. 1 Nr. 2 RpflG). Vom Insolvenzrichter wird insoweit ein hoher Sachverstand und wirtschaftliches Verständnis verlangt; er muss insbesondere auch die zeitlichen Nöte, die mit jeder Sanierung einhergehen, berücksichtigen und darf sich dort, wo es angezeigt ist, einem pragmatischen Vorgehen nicht verschließen. Es empfiehlt sich, den Insolvenzrichter vorzeitig in die Erstellung des Insolvenzplanes einzubinden; nur mäßige Richter verweigern sich einer solchen informellen Einbindung generell. Insbesondere ist von dem Insolvenzrichter auch eine Prüfung im Hinblick auf die gesellschaftsrechtliche Zulässigkeit i. S. des § 225a Abs. 3 InsO (siehe näher § 29 Rz. 57 ff. [*Brünkmans*]) vorzunehmen. Diese Prüfung steht nicht dem Registerrichter zu, der nur eine beurkunde Funktion hat und nach erfolgter gerichtlicher Bestätigung des Insolvenzplans (§ 248 InsO) keine inhaltliche Prüfung mehr vornehmen darf (siehe dazu § 18 Rz. 31 [*Thole*]).[44] 26

44) **A. A.** AG Berlin-Charlottenburg, Beschl. v. 9.2.2015 – HRB 153203 B, ZIP 2015, 394.

27 Allerdings darf sich der Insolvenzrichter nicht an die Stelle des Planerstellers setzen. Ein *second-guessing* ist ausgeschlossen; die Fragen der wirtschaftlichen Zweckmäßigkeit sind vom Planersteller bzw. von den abstimmenden Gläubigern zu beantworten und nicht vom Richter. Der Richter ist auf die **Rechtskontrolle** beschränkt. Dazu gehört allerdings auch die Überprüfung der Sachgerechtigkeit der Gruppenbildung, indes auf der Grundlage der vom Planersteller angegebenen Abgrenzungskriterien.[45] Die Prüfungen durch das Gericht sind unten näher erläutert (siehe § 14 Rz. 15 ff. [*Laroche*] und § 18 Rz. 4 ff. [*Thole*]).

IV. Rechtsschutz der Beteiligten und wertbezogener Schutz

28 Da im Insolvenzplanverfahren das Mehrheitsprinzip gilt und die bei der Abstimmung unterlegenen Gläubiger an die Rechtswirkungen gebunden sind, sind auf verschiedener Ebene Rechtsschutzmöglichkeiten vorgesehen. Dies ist

- der Minderheitenschutzantrag nach § 251 InsO;
- die sofortige Beschwerde gegen die erfolgte Planbestätigung, § 253 InsO.

29 Der Rechtsschutz beruht auf der Prämisse, dass der Insolvenzplan die Beteiligten mindestens indifferent gegenüber der Abwicklung im Regelverfahren stellen muss. Daher gilt das **Prinzip des wertbezogenen Schutzes**: Kein Beteiligter darf sich gegenüber der Abwicklung im Regelverfahren schlechter stellen. Dies ist wertmäßig zu verstehen; der Wert der aufgrund des Plans zu erwartenden Zuwendung ist der Erwartung eines Regelverfahrens gegenüber zu stellen (also der Quotenerwartung). Das zentrale Prinzip ist verbunden mit der Einhaltung der **Vergleichsrechnung** i. S. des § 220 Abs. 2 InsO. Mit dem SanInsFoG zum 1.1.2021 hat der Gesetzgeber dessen Maßstäbe in § 220 Abs. 2 Satz 2 bis 4 InsO klarer bezeichnet. Der darstellende Teil enthält diese Vergleichsrechnung, in der die Auswirkungen des Plans auf die voraussichtliche Befriedigung der Gläubiger dargestellt werden. Sieht der Plan eine Fortführung des Unternehmens vor, ist für die Ermittlung der voraussichtlichen Befriedigung ohne Plan in der Regel zu unterstellen, dass das Unternehmen fortgeführt wird. Dies gilt nicht, wenn ein Verkauf des Unternehmens oder eine anderweitige Fortführung aussichtslos ist. Einzelheiten zum Rechtsschutz siehe §§ 20, 21 [*Hirschberger*]. Auf dem Grundsatz des wertmäßigen Schutzes beruht auch das Obstruktionsverbot des § 245 InsO (siehe dazu unten § 17 [*Thole*]).

V. Einbeziehung der Anteilsinhaber

30 Es war eine entscheidende Neuerung des ESUG, die Anteilsinhaber in das Planverfahren einzubeziehen. § 217 Satz 2 InsO erlaubt insoweit auch einen Eingriff in die Gesellschafterrechte, obwohl der Gesellschaftsanteil als solcher nicht Bestandteil der Masse ist. Auf diese Weise wird das Erpressungspotential der Altgesellschafter vermindert, das sich ergibt, wenn die für Kapitalmaßnahmen erforderlichen Beschlüsse von den Gesellschaftern vorgenommen werden müssen. Nunmehr können diese Beschlüsse im Insolvenzplan und damit durch Abstimmung unter allen Gläubigern erfolgen; die Gesellschafter werden in das Obstruktionsverbot gezwungen. Alle „gesellschaftsrechtlich zulässigen“ Maßnahmen können insoweit Bestandteil des Plans sein (§ 225a Abs. 3 InsO). Die Gesellschafter können andererseits als Beteiligte gleichfalls von den Rechtsschutzmöglichkeiten Gebrauch machen; da ihr Anteil aber regelmäßig wertlos ist, ist diese Möglichkeit im Lichte des nur wertbezogenen Schutzsystems praktisch entwertet. Dies wird an anderer Stelle ausführlich dargestellt (siehe § 29 [*Brünkmans*]).

45) BGH, Beschl. v. 7.5.2015 – IX ZB 75/14, Rz. 18 ff., ZIP 2015, 1346.

H. Überblick über den Verfahrensablauf

Das Insolvenzplanverfahren folgt einem mehrstufigen Verfahrensablauf, der allerdings 31 keine starre formale Trennung verlangt. Vorbereitungen für einen Insolvenzplan sollten sinnvollerweise schon **vor der Verfahrenseröffnung** vorgenommen werden. Das ist für das Schutzschirmverfahren in § 270b InsO sogar gesetzlich vorgesehen worden. Danach hat der vorläufig eigenverwaltende Schuldner bis zu drei Monate Zeit für die Ausarbeitung eines Insolvenzplanes.

Das eigentliche Planverfahren beginnt mit der **Einreichung bei Gericht**, die ebenfalls 32 sinnvollerweise vorher mit dem Gericht besprochen werden sollte. Es schließt sich die Vorprüfung durch das Gericht an, die mit einer Zurückweisung nach § 231 InsO enden kann; siehe i. E. § 14 Rz. 15 ff. [*Laroche*]. Hat der Plan diese erste Hürde genommen, wird der Abstimmungs- und Erörterungstermin (§ 235 InsO) vorbereitet, in dem über den Plan abgestimmt wird. Daran schließt sich als weitere Stufe das Verfahren über die eigentliche Planbestätigung (§ 248 InsO) an, das mit den Rechtsschutzmöglichkeiten nach § 251 InsO (vor der Planbestätigung) und der sofortigen Beschwerde (nach der Planbestätigung) verbunden ist. Nach erfolgter Planbestätigung und Nichteinlegung von Rechtsmitteln wird der Plan rechtskräftig und seine Wirkungen treten ein (§ 254 InsO). Zu den Wirkungen und Regelungen der §§ 254 ff. InsO siehe § 23 [*Madaus*]. Etwa erforderliche Registeranmeldungen sind noch vorzunehmen; die sachliche Prüfung ist aber bereits vom Insolvenzrichter vorzunehmen, nicht mehr vom Registerrichter (siehe § 18 Rz. 31 [*Thole*]). Sodann wird das Insolvenzverfahren grundsätzlich aufgehoben (§ 258 InsO). Es schließt sich die Phase der – fakultativen – **Planüberwachung** an (siehe § 26 [*Dellit*]).

33 **Abb. 1: Ablauf Insolvenzplanverfahren**

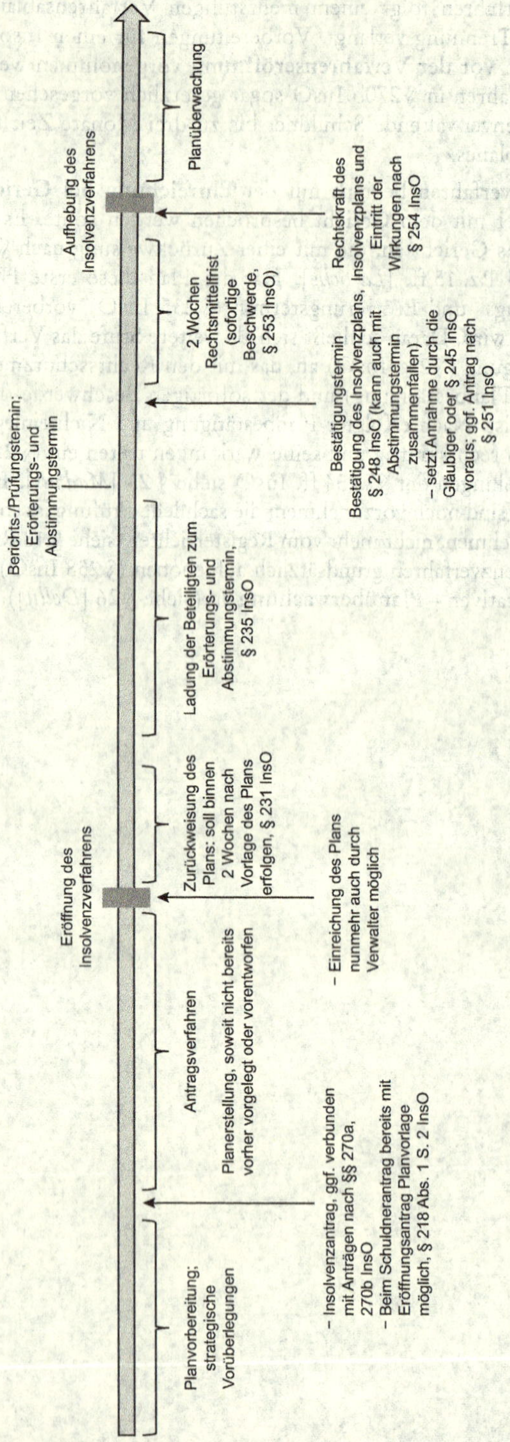

Quelle: *Dellit/Titze* in: Bork/Hölzle, Hdb. Insolvenzrecht, Kap. 13 Rz. 251.

§ 2
Strategische Überlegungen bei der Erstellung eines Insolvenzplans und Gestaltung des Insolvenzplanverfahrens

Übersicht

Literatur: *Berner/Köster/Lambrecht*, Fallstricke der vorläufigen Eigenverwaltung und des Schutzschirmverfahrens – Zugleich Plädoyer für einen differenzierten Umgang mit dem „vorgeschlagenen" Sachwalter, NZI 2018, 425; *Bitter/Laspeyres*, Rechtsträgerspezifische Berechtigungen als Hindernis übertragender Sanierung, ZIP 2010, 1157; *Bork*, Pflichten der Geschäftsführung in Krise und Sanierung, ZIP 2011, 101; *Brünkmans*, Die Einbettung eines Pre-Pack-Verfahrens in die deutsche Insolvenzordnung, ZIP 2024, 265; *Brünkmans*, Die Haftung des Geschäftsführers in der Eigenverwaltung – Status Quo und offene Fragen, in: Festschrift für Gerhard Pape, 2019, S. 15; *Brünkmans*, Präklusions- und Ausschlussklauseln in Insolvenzplänen, ZInsO 2016, 245; *Brünkmans*, Die Unternehmensakquisition über einen Kapitalschnitt im Insolvenzplanverfahren, ZIP 2014, 1857; *Brünkmans*, Die Strukturierung von Sanierungsfinanzierungen in Unternehmenskrise und Insolvenz, CFL 2012, 375; *Buchalik*, Das Schutzschirmverfahren nach § 270b InsO (incl. Musteranträge), ZInsO 2012, 349; *Buchalik*, Faktoren einer erfolgreichen Eigenverwaltung, NZI 2000, 294; *Buchalik/Schröder*, Kann der eigenverwaltende Schuldner auch gegen seinen Willen verpflichtet werden einen M&A-Prozess einzuleiten und zu finanzieren?, ZInsO 2016, 189; *Buchalik/Schröder/Ibershoff*, Die Vergleichsrechnung zwischen den Fortführungskosten in der (vorläufigen) Eigenverwaltung und im Regelinsolvenzverfahren – die Quadratur des Kreises?, ZInsO 2016, 1445; *Buchalik/Stahlschmidt*, Die neue richterliche Zuständigkeit bei Insolvenzplänen in Eigenverwaltung – ein Erfahrungsbericht, ZInsO 2014, 1144; *Classen*, Distressed M&A – Besonderheiten beim Unternehmenskauf aus der Insolvenz, BB 2010, 2898; *Commandeur/Schaumann*, Neuere Entwicklungen im Insolvenzrecht, NZG 2012, 620; *Fischer*, Das neue Rechtsmittelverfahren gegen den Beschluss, durch den der Insolvenzplan bestätigt wird, NZI 2013, 513; *Flöther*, Der vorläufige Sachwalter – Pilot, Co-Pilot oder fünftes Rad am Wagen?, ZInsO 2014, 465; *Frind*, Bedeutung und Stellenwert von Beraterkosten im Eigenverwaltungsverfahren, ZIP 2019, 1945; *Frind*, Die Sicherstellung eines nachhaltigen Sanierungsergebnisses im Insolvenzverfahren – Möglichkeiten der Insolvenzgerichte bei den verschiedenen Sanierungsvarianten (Teil 1), ZInsO 2015, 2249; *Frind*, Insolvenzgerichtliche Veröffentlichungsnotwendigkeiten bei der vorläufigen Sachwalterschaft, ZIP 2012, 1591; *Frind*, Die Begründung von Masseverbindlichkeiten im Eigenverwaltungseröffnungsverfahren – Eine Chance für das Eigenverwaltungsverfahren durch strikte Anwendung der neuen gesetzlichen Regelungen, ZInsO 2012, 1099; *Fröhlich/Eckhardt*, Bewertung insolventer Unternehmen (in Eigenverwaltungsverfahren): Rahmenbedingungen, Herausforderungen, Lösungsansätze, Würdigung, ZInsO 2015, 925; *Gehrlein*, Haftung des Insolvenzverwalters und eigenverwaltender Organe, ZInsO 2018, 2234; *Geißler*, Die Ermächtigung des Schuldners im Schutzschirmverfahren nach § 270b Abs. 3 InsO – Systematik und Auswirkungen auf die Insolvenzgeldsicherung, ZInsO 2013, 531; *Graf/Meißner/Weniger*, Betriebswirtschaftliche Sanierungsansätze innerhalb der neuen Grundsätze für Insolvenzverfahren in Eigenverwaltung, KSI 2019, 173; *Hammes*, Keine Eigenverwaltung ohne Berater? Zu Risiken und Nebenwirkungen einer scheinbaren Selbstverständlichkeit, NZI 2017, 233; *Hasbach*, Steuerfreistellung von Sanierungserträgen bei „Alt-Fällen", DB 2019, 871; *Hölzle*, Folgen der „faktischen Verwalterhaftung" für die Grundsätze ordnungsmäßiger Eigenverwaltung und den Nachteilsbegriff i. S. d. § 270 Abs. 2 Nr. 2 InsO, ZIP 2018, 1669; *Horstkotte*, Der Insolvenzplan in der gerichtlichen Vorprüfung, ZInsO 2014, 1297; *Horstkotte*, Öffentliche Bekanntmachung der vorläufigen Sachwalterschaft nach ESUG durch das Insolvenzgericht?, ZInsO 2012, 1161; *Jacoby/Madaus/Sack/Schmidt/Thole*, Evaluierung – Gesetz zur weiteren Erleichterung der Sanierung von Unternehmen (ESUG) vom 7.12.2011, Stand 10.10.2018 (zit.: ESUG-Evaluation), abrufbar unter https://www.bmj.de/SharedDocs/Downloads/DE/Themen/Nav_Themen/101018_Gesamtbericht_Evaluierung_ESUG.pdf?__blob=publicationFile&v=3 (Abrufdatum: 28.7.2025); *Keller*, Bedarf die Bestellung eines vorläufigen Sachwalters im Schutzschirmverfahren nach § 270b InsO der öffentlichen Bekanntmachung?, ZIP 2012, 1895; *Klinck*, Die Einzelermächtigung des Schuldners zur Begründung von Masseverbindlichkeiten in den Eigenverwaltungs-Eröffnungsverfahren nach §§ 270a und 270b InsO, ZInsO 2014, 365, *Klinck*, Die Begründung von Masseverbindlichkeiten durch den Schuldner im Eigenverwaltungs-Eröffnungsverfahren; ZIP 2013, 853; *Körner/Zabel/Rendels*, Insolvenzplan: (Aufhebungs-)Planung nach § 258 Abs. 2 Satz 2 InsO als Überschuldungsprüfung, ZRI 2025, 1; *Kübler/Rendels*, Aspekte des M&A-Prozesses in der (vorläufigen) Eigenverwaltung, ZIP 2018, 1369; *Laroche*, Einzelermächtigung zur Begründung von Masseverbindlichkeiten durch den „schwachen" vorläufigen Insolvenzverwalter, NZI 2010, 965; *Laroche/Pruskowski/Schöttler/Siebert/Vallender*, 30 Monate ESUG – eine Zwischenbilanz aus insolvenzrichterlicher Sicht, ZIP 2014, 2153; *Muschiol*, Insolvenzgeldvorfinanzierung – unter besonderer Würdigung der Eigenverwaltung (§ 270a InsO) und des Schutzschirmverfahrens (§ 270b InsO), ZInsO 2016, 248; *Nerlich*, Dual-Track-Verfahren – Alternativlos?, in: Festschrift für Hanns Prütting zum

70. Geburtstag, 2018, S. 717; *Pape*, Entwicklungstendenzen bei der Eigenverwaltung, ZIP 2013, 2285; *Paul*, Rechtsprechungsübersicht zum Insolvenzplanverfahren 2023, ZInsO 2024, 1081; *Piepenburg*, Faktisches Konzerninsolvenzrecht am Beispiel Babcock Borsig, NZI 2004, 231; *Pluta*, Erfolgreiche Leistungssteigerung bei Unternehmen, Handelsblatt Journal, 11/2015, Restrukturierung, S. 15; *Roth*, Insolvenzplan zur Sanierung von Immobilienprojektierern: Zur Reorganisation dinglicher Sicherheiten im Rahmen eines Insolvenzplans, ZRI 2024, 470; *Schmidt, K.*, Organverantwortlichkeit und Sanierung im Insolvenzrecht der Unternehmen, ZIP 1980, 328; *Schröder*, Keine Pflicht des eigenverwaltenden Schuldners zu Dual-Track-Prozess, ZInsO 2018, 668; *Simon/Brünkmans*, Die Ausgliederung von sanierungswürdigen Betriebsteilen mithilfe des Insolvenzplanverfahrens nach ESUG: Verdrängt die Gläubigerautonomie den institutionalisierten Gläubigerschutz des Umwandlungsgesetzes?, ZIP 2014, 657; *Spahlinger/Skauradszun*, Die Haftung des Geschäftsführers in der Eigenverwaltung – Meinungsstand, Praxisbeispiele und Handlungsempfehlungen, DB 2015, 2559; *Thole/Brünkmans*, Die Haftung des Eigenverwalters und seiner Organe, ZIP 2013, 1097.

A. Überblick

Anders als der StaRUG-Restrukturierungsplan (siehe § 39 Rz. 7 [*Brünkmans*]) muss der Insolvenzplan nicht zwingend ein Sanierungsplan sein. Sein Einsatz kann vielfältige Ziele verfolgen, wie z. B. schlicht die Verfahrensabwicklung zu erleichtern. Seit Inkrafttreten des ESUG kommt es vermehrt zu rein verfahrensbegleitenden Insolvenzplänen (siehe dazu Rz. 22). Außerhalb der klassisch finanzwirtschaftlichen Unternehmenssanierung kommt der Insolvenzplan aufgrund der aktuellen Bau- und Immobilienkrise, bedingt durch Zinsentwicklung, Nachfragerückgang und Steigerung der Baustoffpreise, häufiger auch als Instrument zur Restrukturierung von Projektentwicklungsgesellschaften zum Einsatz.[1] 1

Dieser offene, flexible Ausgangspunkt des Insolvenzplanverfahrens wird zutreffend auch als „Entdeckungsverfahren" i. S. eines rechtlich gebundenen, aber ergebnisoffenen Suchprozesses im **„Wettbewerb um die beste Verwertungsstrategie"** beschrieben.[2] Daraus wird deutlich, dass neben Fragen der rechtlichen Zulässigkeit insbesondere strategische Erwägungen des Planerstellers bei der Gestaltung von Verfahren und Inhalt von wesentlicher Bedeutung sind. Strategische Überlegungen sind insbesondere in der Vorbereitungsphase, aber auch für sämtliche zeitliche Phasen des Insolvenzplanverfahrens zu erheben. Bereits in einem frühen Krisenstadium sollte neben der außergerichtlichen Sanierung auch die Sinnhaftigkeit und Machbarkeit eines Insolvenzplans geprüft werden. 2

Das Insolvenzplanverfahren lässt sich in **folgende Phasen** einteilen (siehe auch § 1 Rz. 33 [*Thole*]):[3] 3

1. Entwurfsphase,
2. Planeinreichung bei Gericht,
3. Vorprüfung durch das Gericht,
4. Niederlegung auf der Geschäftsstelle,
5. Vorbereitung von Berichts-, Prüfungs-, Erörterungs- und Abstimmungstermin,
6. Berichts-, Prüfungs- und Erörterungs- und Abstimmungstermin,
7. Phase zwischen Annahme des Insolvenzplans und Planbestätigung,
8. Planbestätigung durch das Gericht,
9. Rechtsmittel gegen den Beschluss des Insolvenzgerichts,
10. Aufhebung des Insolvenzverfahrens,
11. ggf. Planüberwachung.

1) S. dazu ausführlich *Roth*, ZRI 2024, 470, 472.

2) *Bähr* in: Mohrbutter/Ringstmeier/Meyer, Hdb. Insolvenzverwaltung, Kap. 14 Rz. 4.

3) *Frank* in: Runkel/Schmidt, AHB Insolvenzrecht, § 3 Rz. 53.

B. Planziel

4 Im Ausgangspunkt der strategischen Vorüberlegungen bei der Erstellung eines Insolvenzplans steht das Planziel: Was soll mit einem Insolvenzplan erreicht werden? Welche Funktion übernimmt der Insolvenzplan im konkreten Insolvenzverfahren? Dabei ist zu beachten, dass das Insolvenzplanverfahren kein reines Sanierungsverfahren, sondern von der gesetzlichen Konzeption her ein „universelles Instrument der Masseverwertung" darstellt.[4] Neben der Sanierung des Rechtsträgers kann der Insolvenzplan daher auch das Ziel einer Übertragung oder Liquidation des Unternehmens anstreben oder sich auf die Regelung bloßer Teilaspekte des Insolvenzverfahrens beschränken. Die meisten in diesem Kapitel dargestellten strategischen Erwägungen betreffen jedoch den in der Praxis am häufigsten vorkommenden Sanierungsplan.

5 Jeweils abhängig vom Planziel haben sich die Plantypen

- Sanierungsplan,
- Übertragungsplan,
- verfahrensbegleitender Insolvenzplan und
- Schuldenregulierungsplan

herausgebildet.

I. Sanierungsplan

1. Funktion eines Sanierungsplans

6 Der Sanierungsplan (auch Reorganisationsplan genannt) verfolgt das Ziel der Sanierung eines notleidenden Unternehmens in der Hand des bisherigen Rechtsträgers.[5] Der Schwerpunkt eines solchen Insolvenzplans liegt in der **finanzwirtschaftlichen Sanierung**, d. h. Neuordnung der Finanzierungsbeziehungen des Rechtsträgers. Die Überschuldung bzw. Zahlungsunfähigkeit des Rechtsträgers wird durch den (teilweisen) Forderungserlass, Stundungen der Gläubiger und ggf. Eigenkapitalbeiträge beseitigt und das Unternehmen nach rechtskräftiger Bestätigung des Insolvenzplans als „entschuldeter Rechtsträger" wieder am Markt tätig.

7 Diese Sanierungsbeiträge der Gläubiger lassen sich im Insolvenzplan unmittelbar regeln und – anders als bei der außergerichtlichen Sanierung – gegen den Willen einzelner Gläubiger durchsetzen. Gleiches gilt mit Inkrafttreten des ESUG auch für Kapitalmaßnahmen wie den Einstieg eines Eigenkapitalinvestors über einen Kapitalschnitt (siehe dazu § 30 Rz. 63, § 32 Rz. 29 [*Brünkmans*]) oder die Umwandlung der Forderung in Anteilsrechte am sanierten Rechtsträger (Debt-to-Equity-Swap; siehe dazu § 30 Rz. 306 ff. [*Brünkmans*]). Auch diese gesellschaftsrechtlichen Maßnahmen lassen sich als Regelung im gestaltenden Teil des Insolvenzplans aufnehmen und damit gegen den Willen der Altgesellschafter umsetzen.

8 Sanierungsplänen liegt neben der finanzwirtschaftlichen Sanierung in der Regel auch ein **leistungswirtschaftliches Sanierungskonzept** zugrunde. Die Neuausrichtung aller die Leistungserstellung betreffenden unternehmerischen Prozesse wird für die Gläubiger in den meisten Fällen Voraussetzung für einen teilweisen Erlass ihrer Forderungen sein.

9 Der Gesetzgeber ging davon aus, dass bei einem Sanierungsplan die Befriedigung der Gläubiger typischerweise nicht aus der Verwertung des Schuldnervermögens erfolgt, sondern aus den zukünftig zu erwirtschaftenden Erträgen des sanierten Unternehmens (sog.

---

4) Begr. RegE InsO, BT-Drucks. 12/2443, S. 90; *Eidenmüller* in: MünchKomm-InsO, § 217 Rz. 171.

5) *Eidenmüller* in: MünchKomm-InsO, § 217 Rz. 176.

Earn-out-Pläne; siehe Rz. 103 f.). Ein Earn-out-Plan in Reinform ist in der Praxis jedoch eher selten anzutreffen. Gläubiger lassen sich häufig erst dann zur Zustimmung zum Insolvenzplan bewegen, wenn sie eine Vorab-Ausschüttung erhalten, welche der Quote im Regelverfahren zumindest nahekommt. Diese „Vorab-Quote" wird häufig über einen Eigenkapitalinvestor finanziert (siehe dazu Rz. 105).

2. Außergerichtliche Sanierung als Alternative zum Sanierungsplan

Wird die Sanierung des Rechtsträgers über einen Insolvenzplan angestrebt, ist eine wesentliche strategische Vorüberlegung, ob dieses Ziel nicht besser im Wege der außergerichtlichen Sanierung erreicht werden kann. Die Geschäftsführung muss dabei zunächst klären, ob sich die außergerichtliche Sanierung vor dem Hintergrund der **Insolvenzantragspflichten aus § 15a InsO** überhaupt noch realisieren lässt. Liegt bereits Überschuldung oder Zahlungsunfähigkeit vor, ist – jedenfalls für Kapitalgesellschaften – der Weg einer außergerichtlichen Sanierung versperrt. Gleiches gilt, wenn sich der unmittelbar bevorstehende Eintritt der Zahlungsunfähigkeit oder Überschuldung auch nicht über einen Brückenkredit oder Rangrücktritt kurzfristig verhindern lässt. Umgekehrt steht der Insolvenzplan als Sanierungsinstrument nicht zur Verfügung, wenn nicht wenigstens drohende Zahlungsunfähigkeit i. S. von § 18 InsO vorliegt. 10

Somit besteht ein echtes „Wahlrecht" zwischen außergerichtlicher Sanierung und Sanierung im Insolvenzplanverfahren faktisch nur dann, wenn die drohende Zahlungsunfähigkeit bejaht, Überschuldung und Zahlungsunfähigkeit aber noch verneint werden können.[6] In der mit Eintritt der Überschuldung oder Zahlungsunfähigkeit den Geschäftsführern noch nach § 15a Abs. 1 InsO verbleibenden Frist von drei Wochen lässt sich eine außergerichtliche Sanierung verbunden mit einer nachhaltigen Beseitigung der Überschuldung oder Zahlungsunfähigkeit in der Regel nicht realisieren. 11

Die Vor- und Nachteile einer außergerichtlichen Sanierung sind mit den Vor- und Nachteilen einer Sanierung im Insolvenzplanverfahren abzuwägen. Geschäftsführer sind dazu schon aufgrund ihrer allgemeinen **Geschäftsführerpflichten** gemäß § 43 GmbHG verpflichtet.[7] Folgende – nicht abschließende – **Abwägungskriterien** sind zu nennen: 12

Finanzwirtschaftliche Sanierung: 13

- **Die außergerichtliche Sanierung** gilt als schnell, still und günstig.[8] Das in der Öffentlichkeit nach wie vor vorhandene „Stigma der Insolvenz" und der damit verbundene Vertrauensverlust bei Kunden, Lieferanten und sonstigen Beteiligte werden vermieden.[9] Handelt es sich bei dem Unternehmen um eine „sensible Branche", spricht dies für eine außergerichtliche Sanierung.
- **Häufig eignet sich eine außergerichtliche Sanierung** in Fällen, in denen das Unternehmen einige wenige Großgläubiger hat, die möglicherweise sogar über eine Konsortialvereinbarung oder ein „intercreditor agreement" miteinander verbunden sind. Ein Moratorium oder die finanzwirtschaftliche Restrukturierung lässt sich in diesem Fall häufig effizient und geräuschlos über eine multilaterale Vergleichsvereinbarung zwi-

6) Ist die Zahlungsunfähigkeit bereits eingetreten, kann die Antragspflicht nach § 15a InsO nur noch dann verhindert werden, wenn die Zahlungsunfähigkeit wieder nachhaltig beseitigt wurde, BGH, Vers.-Urt. v. 12.3.2007 – II ZR 315/05, NJW 2007, 3130, 3131 = ZIP 2007, 1060; BGH, Urt. v. 24.1.1961 – 1 StR 132/60, NJW 1961, 740.

7) *Bork*, ZIP 2011, 101, 106 f.; Entsprechendes gilt nach § 93 Abs. 1 AktG für den Vorstand einer AG.

8) *Schluck-Amend* in: K. Schmidt/Uhlenbruck, Die GmbH in der Krise, Restrukturierung und Insolvenz, Rz. 9.5.

9) *Rendels/Zabel*, Insolvenzplan, Rz. 62.

schen Schuldner und Gläubigern erreichen. Dies gilt insbesondere dann, wenn über die Konsortialvereinbarung intern das Mehrheitsprinzip gilt, d. h. obstruierende Gläubiger rechtlich zum Abschluss des Sanierungsvergleiches verpflichtet sind. Finanziert sich das Unternehmen weitgehend über Anleihen, kann die Stundung und der Forderungserlass über das Schuldverschreibungsgesetz nach einem qualifizierten Mehrheitsprinzip (75 %, § 5 Abs. 4 Satz 2 SchVG) gegen obstruierende Anleihegläubiger umgesetzt werden.

- Gibt es hingegen **viele, diversifizierte Gläubiger** mit jeweils isoliert betrachtet hohen Forderungen und Besicherungen, kann eine Sanierung häufig nur über das Insolvenzplanverfahren erfolgen. Bei diesem können obstruierende Gläubiger unter Einsatz des Mehrheitsprinzips in den Grenzen der §§ 245, 251 InsO zum Konsens gezwungen werden.[10] Die Finanzverwaltung als im Einzelfall wesentlicher Gläubiger, erteilt eine Stundung oder einen Erlass hinsichtlich bestehender Steuerforderungen aus Billigkeitsgründen häufig nur bei gleichem Verhalten der anderen Gläubiger,[11] welche dazu nur über einen Insolvenzplan gezwungen werden können.
- Sind **Eigenkapitalmaßnahmen** – wie etwa Kapitalschnitt oder Debt-to-Equity-Swap – Bestandteil des finanzwirtschaftlichen Sanierungskonzepts, kommt es neben der Gläubigerstruktur auch auf die Gesellschafterstruktur an. Hat ein Hauptgesellschafter die satzungsändernde Mehrheit und ist dieser zur Sanierung bereit, können die Kapitalmaßnahmen auch außerhalb des Insolvenzplanverfahrens umgesetzt werden. Besteht ein inhomogener Gesellschafterkreis mit hohem Obstruktionspotential, kann dieses aufgelöst werden, indem die Anteilsinhaber in einen Insolvenzplan eingebunden und die Kapitalmaßnahmen im gestaltenden Teil des Insolvenzplans geregelt werden. Besteht die Eigenkapitalmaßnahme in einem Debt-to-Equity-Swap bietet der Insolvenzplan für den Inferenten den Vorteil, dass dieser unter Ausschluss der Differenzhaftung, § 254 Abs. 4 InsO, umgesetzt werden kann.
- Durch das **Amt des Sachwalters oder Insolvenzverwalters** mit gläubigerbezogenen Amtspflichten (§§ 60, 61 InsO) kann Vertrauen bei den Gläubigern in das Gelingen der Sanierung geschaffen werden. Die Rolle des Sachwalters/Insolvenzverwalters im Insolvenzplanverfahren als Moderator zwischen den Interessen der Beteiligten darf nicht unterschätzt werden.[12]
- Hat das Unternehmen hohe **Pensionsrückstellungen**, ist zu beachten, dass der Pensionssicherungsverein auf Gegenseitigkeit (PSVaG) bei einer Sanierung im Insolvenzplanverfahren für eine begrenzte Zeit die Zahlungsverpflichtungen übernimmt (siehe § 61 Rz. 20 [*Krings/Sturme*]). Außerhalb des Insolvenzplanverfahrens lassen sich Pensionsverbindlichkeiten nur schwer gestalten.[13]
- Das Insolvenzplanverfahren bietet im Vergleich zur außergerichtlichen Sanierung Rechtssicherheit hinsichtlich der **Besicherung eines Betriebsmittelkredits**. Anders als ein Brückenkredit i. R. der außergerichtlichen Sanierung kann bei einer Sanierung im Insolvenzplanverfahren eine kurzfristige Finanzierung über einen vorrangigen Massekredit abgesichert werden. Ferner können Sicherheiten mit Eröffnung des Insolvenzverfahrens anfechtungsfest begründet werden.

10) *Smid/Rattunde/Martini*, Insolvenzplan, Rz. 023; *Buchalik*, NZI 2000, 294, 295.

11) *Dellit/Titze* in: Bork/Hölzle, Hdb. Insolvenzrecht, Kap. 13 Rz. 239; vgl. zur Ermessensausübung auch Klein-*Werth*, AO, § 251 Rz. 36.

12) *Dellit/Titze* in: Bork/Hölzle, Hdb. Insolvenzrecht, Kap. 13 Rz. 239.

13) *Rendels/Zabel*, Insolvenzplan, Rz. 165.

- **Zwangsvollstreckungsmaßnahmen** können ab Insolvenzantrag eingestellt werden (§ 21 Abs. 3 InsO), ab Eröffnung des Insolvenzverfahrens gilt das automatische Vollstreckungsverbot gemäß § 89 InsO. Dadurch kann die Einzelverwertung betriebsnotwendiger Vermögensgegenstände verhindert werden. Im Eröffnungsverfahren erfolgt zudem **keine Zahlung auf Insolvenzforderungen** gemäß § 38 InsO. Die vorhandene Liquidität kann schwerpunktmäßig auf die Restrukturierung verwendet werden.

Leistungswirtschaftliche Sanierung: Im Rahmen der leistungswirtschaftlichen Sanierung bietet das Insolvenzverfahren einige Gestaltungsmittel, die im Einzelfall für eine Sanierung durch Insolvenzplan sprechen. 14

- Vorteile bestehen insbesondere beim **Abbau von Arbeitsplätzen**. Die Kündigungsfrist beträgt in der Insolvenz nach § 113 Abs. 1 InsO maximal drei Monate. Dies auch dann, wenn Mitarbeiter wegen des fortgeschrittenen Lebensalters, aus tarifvertraglichen oder gesetzlichen Gründen oder wegen einer vertraglichen Vereinbarung unter normalen Bedingungen nicht kündbar wären.[14] Betriebsvereinbarungen können gekündigt werden (§ 120 InsO). Zwar sind bei einer Betriebsänderung i. S. von § 111 BetrVG Verhandlungen mit dem Betriebsrat über einen Interessenausgleich und einen Sozialplan vorgesehen.[15] Der Höhe nach sind die Sozialplanansprüche jedoch gedeckelt auf einen Gesamtbetrag von bis zu zweieinhalb Monatsverdiensten der von einer Entlassung betroffenen Arbeitnehmer (§ 123 Abs. 1 InsO) und ein Drittel der Masse, die ohne einen Sozialplan für die Verteilung an die Insolvenzgläubiger zur Verfügung stünde (§ 123 Abs. 2 InsO); siehe auch § 61 Rz. 47 [*Krings/Sturme*]. Ferner findet eine vereinfachte Sozialauswahl bei betriebsbedingten Kündigungen statt. Betriebsrat und Insolvenzverwalter können sich in einem Interessenausgleich auf eine Namensliste der Mitarbeiter einigen, denen gekündigt werden soll. In einem anschließenden Kündigungsschutzprozess wird vermutet, dass die betrieblichen Erfordernisse zur Kündigung vorliegen und die Sozialauswahl richtig ist (§ 125 InsO). Dies gilt nach § 128 InsO auch dann, wenn die Betriebsänderung, die dem Interessenausgleich zugrunde liegt, nach einer Betriebsveräußerung durchgeführt wird (siehe § 61 Rz. 68 [*Krings/Sturme*]).
- Bei einem lohnintensiven Unternehmen ist ein Vorteil einer Sanierung im Insolvenzplanverfahren ferner das **Insolvenzgeld**, welches für die letzten drei Monate vor der Eröffnung des Insolvenzverfahrens gezahlt wird (§§ 165 ff. SGB III). Durch die in der Praxis übliche Vorfinanzierung des Insolvenzgeldes kann die Betriebsfortführung im Eröffnungsverfahren für drei Monate zu einem wesentlichen Teil finanziert werden.
- Weiter besteht die Möglichkeit der **Wahl der Nichterfüllung von nachteiligen Verträgen**, insbesondere Dauerschuldverhältnissen, § 103 InsO; dadurch können die Verträge ggf. zu besseren Konditionen neu abgeschlossen werden.
- Darüber hinaus kann die **Kündigungssperre** im Fall von **Mietrückständen** aus § 112 InsO genutzt werden, um die Herausgabe betriebsnotwendigen Vermögens zu vermeiden. Ferner besteht die Möglichkeit der vorzeitigen Beendigung von Mietverträgen gemäß § 109 InsO.

3. Übertragende Sanierung als Alternative zum Sanierungsplan

Führt die unter Rz. 10 ff. dargestellte Abwägung zu dem Ergebnis, dass eine Sanierung im Insolvenzverfahren einzige Option, oder aufgrund der oben dargestellten Gestaltungsoptionen jedenfalls gegenüber einer außergerichtlichen Sanierung vorzugswürdig ist, stellt 15

---

14) *Smid/Rattunde/Martini*, Insolvenzplan, Rz. 1.17.

15) *Smid/Rattunde/Martini*, Insolvenzplan, Rz. 1.17.

sich die Frage, ob die Sanierung des Unternehmens besser im Wege einer übertragenden Sanierung anstelle eines Sanierungsplans umgesetzt werden kann. Der Sanierungsplan steht in direktem Wettbewerb zur übertragenden Sanierung, die auch über einen **Übertragungsplan** (siehe dazu unten Rz. 23) umgesetzt werden kann.

16 Bei einer übertragenden Sanierung wird das Unternehmen als Gesamtheit oder Teile desselben an einen Dritten verkauft und im Wege der Einzelrechtsnachfolge auf den Käufer übertragen. Der Dritte saniert das Unternehmen und führt es weiter. Der aus dem Verkauf erzielte Verwertungserlös wird an die Gläubiger ausgeschüttet.[16] Es handelt sich in rechtlicher Hinsicht bezogen auf den Rechtsträger um eine Form der Liquidation mit maximaler Liquidationsintensität, nämlich den Verkauf des Unternehmens als Ganzes anstatt einer Einzelverwertung der das Unternehmen ausmachenden Vermögensgegenstände.[17]

17 Mit der **Umsetzung des leistungswirtschaftlichen Sanierungskonzepts**, insbesondere dem Abbau von Arbeitsplätzen, wird in der Regel bereits vor Übertragung im Insolvenzverfahren begonnen. Der Erwerber übernimmt nur die Betriebsteile, welche er für sein Unternehmenskonzept benötigt. Ein entsprechendes „Cherry Picking" ist im Hinblick auf die Arbeitnehmer vor dem Hintergrund des § 613a BGB nur eingeschränkt möglich (siehe § 61 Rz. 9 [*Krings/Sturme*]).

18 Der **Veräußerungserlös** fließt unmittelbar in die Insolvenzmasse und dient der Befriedigung der Gläubiger. Auf diese Weise lassen sich häufig Verbundwerte und im Vergleich zur Einzelliquidation höhere Befriedigungsquoten der Gläubiger realisieren.[18] Die übertragende Sanierung ist nicht nur im Vergleich zum sog. Verwalterplan eine echte Alternative, sondern auch zum Schuldnerplan. Ist der Schuldner eine Kapitalgesellschaft, kann die Sanierung auch dergestalt verlaufen, dass die Gesellschafter eine **Erwerbsgesellschaft** gründen, welche vom Schuldner das Unternehmen gegen Zahlung eines Kaufpreises frei von Schulden erwirbt. In der Regel wird auch ein Sanierungsplan einen nicht unwesentlichen Eigenkapitalbeitrag der Altgesellschafter fordern. Dieser kann bei einer übertragenden Sanierung auch als Kaufpreis zur Verfügung gestellt werden. Die übertragende Sanierung wird rechtstechnisch durch den Abschluss eines schuldrechtlichen Kauf- und dinglichen Übertragungsvertrages zwischen Insolvenzverwalter (§§ 80, 148 InsO) und Käufer umgesetzt, der den Verkauf und Übertragung der Aktiva des Unternehmens zum Gegenstand hat (Asset Deal). Sie kann (muss aber nicht) über einen Insolvenzplan (sog. Übertragungsplan) umgesetzt werden (siehe dazu Rz. 23).

Praxishinweis

Tendenziell ist die übertragende Sanierung vorteilhafter, wenn umfassende leistungswirtschaftliche Sanierungsmaßnahmen des Unternehmens erforderlich sind und nur einzelne Betriebsteile sanierungsfähig sind. Ein Sanierungsplan ist hingegen bei der Sanierung komplexer Unternehmen mit schwer (oder gar nicht) übertragbaren Vermögensgegenständen vorteilhafter.

19 Ob ein Sanierungsplan der übertragenden Sanierung im Einzelfall überlegen ist, ist aufgrund einer **Einzelfallabwägung** u. a. anhand folgender Kriterien zu entscheiden (siehe aus Erwerber- oder Investorensicht ausführlich § 32 Rz. 5 ff., 11 [*Brünkmans*]):

– **Die Einzelübertragung der Vermögensgegenstände ist schwer oder gar nicht möglich:** Die Umsetzung einer übertragenden Sanierung stößt häufig an ihre Grenzen,

16) *Eidenmüller* in: MünchKomm-InsO, § 217 Rz. 173; *K. Schmidt*, ZIP 1980, 328, 336.

17) *Eidenmüller* in: MünchKomm-InsO, § 217 Rz. 173.

18) *K. Schmidt*, ZIP 1980, 328, 336.

weil sich manche Vermögensgegenstände nicht oder nur schwer im Wege der Einzelrechtsnachfolge übertragen lassen, wie z. B. die Übertragung von günstigen Lieferverträgen, Kundenverträgen, betriebsnotwendigen Mietverträgen, welche der Zustimmung des Vertragspartners bedürfen.[19] Manche Vermögensgegenstände lassen sich überhaupt nicht übertragen, wie etwa Spielelizenzen bei Sportvereinen oder inhaberbezogene öffentlich-rechtliche Genehmigungen.[20] Eine übertragende Sanierung lässt sich insbesondere dann nicht umsetzen, wenn das Asset des Unternehmens aus einem ganzen Geflecht von Vertragsverhältnissen, wie etwa Service- und Wartungsverträgen[21] oder einem Filialnetz aus Mietverträgen, besteht.[22] Liegen solche Übertragungshindernisse vor, bietet sich die Sanierung des Rechtsträgers über einen Insolvenzplan an. Sollen hingegen nur einzelne, im Wege der Einzelrechtsnachfolge nicht übertragbare Betriebsteile saniert werden, kann eine Ausgliederung dieser Betriebsteile über einen verfahrensbegleitenden Insolvenzplan (siehe dazu Rz. 22) und anschließende Veräußerung der Geschäftsanteile sinnvoll sein.[23] Die Ausgliederung oder Abspaltung nach dem UmwG kann dabei die klassische übertragende Sanierung flankieren (siehe § 32 Rz. 64 und § 30 Rz. 575 ff. [*Brünkmans*]).

- **Guter Ruf der Sanierung über den Insolvenzplan:** Die Sanierung über einen Insolvenzplan – ggf. verbunden mit der Eigenverwaltung – hat häufig einen guten Ruf, insbesondere bei internationalen Geschäftspartnern aus dem angloamerikanischen Wirtschaftsraum. Die Sanierung des Unternehmens auf der Grundlage des gleichen Rechtsträgers kann Kontinuität und Vertrauen zum Ausdruck bringen.
- **Erhalt von Verlustvorträgen:** Unter Umständen kann auch der Erhalt von Verlustvorträgen ein Argument für einen Sanierungsplan sein. Dabei ist allerdings zu beachten, dass bei einem Beteiligungswechsel im Einzelfall nach § 8c KStG die Verlustvorträge verlorengehen (siehe § 60 Rz. 60 ff. [*Witfeld*]) und ggf. i. R. der Besteuerung des Sanierungsgewinns diese zunächst zu nutzen sind (siehe § 60 Rz. 51 ff., 59 [*Witfeld*]).
- **Steuerbefreiung:** Da der Sanierungsplan zwingend die Beseitigung des Insolvenzgrundes beinhaltet und dies ohne einen – teilweisen – Erlass der Forderungen nicht möglich ist, rechnet sich der Sanierungsplan in der Regel nur dann, wenn keine Besteuerung des durch den Forderungserlass eintretenden Sanierungsgewinns anfällt (siehe § 60 Rz. 7, 18 ff. [*Witfeld*]). Mit dem „Gesetz gegen schädliche Steuerpraktiken im Zusammenhang mit Rechteüberlassungen" vom 27.6.2017[24] hat sich der Gesetzgeber der einkommen-/körperschaftsteuerlichen sowie der gewerbesteuerlichen Behandlung von Sanierungserträgen angenommen und eine gesetzliche Regelung geschaffen (§§ 3a, 3c Abs. 4 EStG/§ 8 Abs. 1 KStG/§ 7b GewStG). In § 3a Abs. 1 Satz 1 EStG ist nunmehr geregelt, dass Betriebsvermögensmehrungen und Betriebseinnahmen aus einem Schuldenerlass zum Zwecke einer unternehmensbezogenen Sanierung steuerfrei sind. Eine unternehmensbezogene Sanierung liegt vor, wenn der Steuerpflichtige für den Zeitpunkt des Schuldenerlasses die Sanierungsbedürftigkeit und Sanierungsfähigkeit des Unternehmens, die Sanierungseignung des betrieblich begründeten Schuldenerlasses und die Sanierungsabsicht der Gläubiger nachweist (§ 3a EstG). Diese Re-

---

19) *Simon/Brünkmans*, ZIP 2014, 657, 658.
20) *Bitter/Laspeyres*, ZIP 2010, 1157, 1158.
21) *Piepenburg*, NZI 2004, 231, 233.
22) S. etwa zum Fall *Schlecker*: *Simon/Brünkmans*, ZIP 2014, 657, 658.
23) *Simon/Brünkmans*, ZIP 2014, 657 ff.
24) Gesetz gegen schädliche Steuerpraktiken im Zusammenhang mit Rechteüberlassungen, v. 27.6.2017, BGBl. I 2017, 2074.

gelung ist auf die Körperschaftssteuer und Gewerbesteuer entsprechend anzuwenden (§ 8 Abs. 1 KStG bzw. § 7b GewStG).

Verbunden mit der Neuregelung haben sich vor allem im Bereich der Gewerbesteuer die Zuständigkeiten grundlegend verschoben. Während bisher die Gemeinden für den sog. Sanierungserlass zuständig waren, die vor dem Hintergrund der zum Teil vertretenen EU-Beihilferechtswidrigkeit eines Steuererlasses nicht selten zögerlich waren, entscheidet mit Inkrafttreten des § 7b Abs. 1 GewStG nunmehr das zuständige Finanzamt i. R. der Ermittlung des Gewerbeertrags über das Vorliegen eines begünstigten Sanierungsertrags i. S. des § 7b Abs. 1 GewStG und damit über die sachliche Steuerpflicht.[25] Ob die Voraussetzungen für einen steuerfreien Sanierungsgewinn gemäß § 3a EStG vorliegen, ist vorab im Wege einer verbindlichen Auskunft der Finanzverwaltung zu klären. Zeitpunkt und Wahrscheinlichkeit einer verbindlichen Auskunft sind genau zu analysieren.

II. Liquidationspläne/verfahrensbegleitende Pläne

20 Der Insolvenzplan muss nicht zwingend die Sanierung des Unternehmens zum Gegenstand haben. Vielmehr kann der Insolvenzplan Regelungen zur Liquidation des Schuldnervermögens enthalten. Der Insolvenzplan kann in diesen Fällen die Liquidation des Schuldnervermögens unmittelbar zum Gegenstand haben (Liquidationsplan) oder das auf Liquidation des Rechtsträgers ausgerichtete Regelinsolvenzverfahren durch abweichende Verfahrensvorschriften (verfahrensleitender/verfahrensbegleitender Insolvenzplan) modifizieren.

21 Der **reine Liquidationsplan** kommt in der Praxis selten vor, denn für die Gestaltung der Liquidation ist das mit nicht unerheblichem Aufwand verbundene Insolvenzplanverfahren nicht zwingend durchzuführen. Eine Abweichung von dem Gebot der unverzüglichen Masseverwertung (§ 159 InsO) und Verlangsamung der Liquidationsgeschwindigkeit, etwa zur Sicherstellung einer Ausproduktion, kann bereits aufgrund eines „einfachen" Beschlusses der Gläubigerversammlung (siehe § 159 Halbs. 2 InsO „soweit die Beschlüsse der Gläubigerversammlung nicht entgegenstehen") erreicht werden.[26] Die Regelung der Liquidation in einem Insolvenzplan kommt etwa dann in Betracht, wenn Vermögensgegenstände, an denen Absonderungsrechte bestehen, in Abweichung von §§ 165 ff. InsO verwertet werden[27] oder die Gläubiger – aus verschiedensten Gründen – eine unterschiedliche Befriedigungsquote erhalten sollen, da das Gleichbehandlungsgebot im Insolvenzverfahren nur innerhalb der Gruppe (vgl. § 226 Abs. 1 InsO) gilt.

22 Ein Anwendungsbedürfnis besteht hingegen für **verfahrensleitende bzw. -begleitende** Insolvenzpläne. Diese zeichnen sich dadurch aus, dass der Insolvenzplan nur von Teilen der (disponiblen) Vorschriften des Regelverfahrens abweicht und nicht auf Aufhebung des Insolvenzverfahrens gerichtet ist (§ 258 Abs. 1 InsO). Solche Insolvenzpläne regeln nicht die Sanierung oder Liquidation des Rechtsträgers abschließend, sondern begleiten das Regelverfahren und unterstützen es, indem von einzelnen Vorschriften abgewichen wird. Bedeutung hat der verfahrensbegleitende Insolvenzplan auch i. V. m. § 225a InsO.

25) *Hasbach*, DB 2019, 871, 873.

26) Die Ausproduktion als Anwendungsbereich für einen Liquidationsplan hingegen, *Eidenmüller* in: MünchKomm-InsO, § 217 Rz. 172.

27) *Eidenmüller* in: MünchKomm-InsO, § 217 Rz. 176.

Praxishinweis

Mit Inkrafttreten des ESUG können die Anteilsinhaber in den Insolvenzplan einbezogen werden. Die für bestimmte gesellschaftsrechtliche Maßnahmen erforderlichen Beschlüsse oder Einzelerklärungen können durch eine Regelung im Insolvenzplan ersetzt werden (siehe § 29 Rz. 22, 159 ff. [*Brünkmans*]). Im Rahmen eines verfahrensbegleitenden Insolvenzplans kann daher etwa der für eine Ausgliederung nach § 13 UmwG erforderliche Zustimmungsbeschluss der Anteilsinhaber des übertragenden Rechtsträgers ersetzt werden und fortführungswürdige Betriebsteile können auf eine Auffanggesellschaft ausgegliedert werden. Die Liquidation des Restvermögens erfolgt dann nach den allgemeinen Vorschriften zum Regelverfahren (siehe § 30 Rz. 575 ff., 613 ff. [*Brünkmans*]).

III. Übertragungspläne

Die Sanierung des Unternehmens (nicht des Rechtsträgers!) kann nicht nur über einen Sanierungsplan, sondern auch durch Verkauf der Unternehmensaktiva an einen Dritten (bestehende Gesellschaft oder neu gegründete Auffanggesellschaft) im Wege der **übertragenden Sanierung** erfolgen (siehe Rz. 15 f.). Die übertragende Sanierung kann auch auf der Grundlage eines Insolvenzplans erfolgen (sog. Übertragungsplan). Bei einem Übertragungsplan werden allerdings lediglich die für die Übertragung der Vermögensgegenstände des Unternehmens erforderlichen Willenserklärungen des Schuldners durch eine Insolvenzplanregelung ersetzt (siehe § 7 Rz. 81 f., 23 f. [*Brünkmans*]). Bei einer Übertragung des Unternehmens auf der Grundlage eines Übertragungsplans handelt es sich der Rechtsnatur nach jedoch nach wie vor um eine **Einzelrechtsübertragung** und nicht etwa eine Gesamtrechtsnachfolge. Eine solche erfordert eine ausdrückliche gesetzliche Regelung, wie etwa § 20 Abs. 1 UmwG. Auch bei einem Übertragungsplan ist somit die – ggf. formbedürftige – **Annahmeerklärung des Erwerbers** (zur Formbedürftigkeit von Dritterklärungen siehe § 7 Rz. 127 f. [*Brünkmans*]) nach allgemeinen Grundsätzen erforderlich. Anders als bei der Gesamtrechtsnachfolge ersetzt der Übertragungsplan auch nicht die Zustimmung der Vertragspartner im Hinblick auf den Erwerber überzuleitende Verträge. 23

Praxishinweis

Da eine Einzelrechtsübertragung genauso gut im Regelinsolvenzverfahren durch Abschluss eines Kauf- und Übertragungsvertrages zwischen Insolvenzverwalter und Erwerber umsetzbar ist, sprechen Kosten-/Nutzenabwägungen im Einzelfall häufig gegen einen reinen Übertragungsplan (siehe aus Investorensicht § 32 Rz. 60, 63 [*Brünkmans*]).

IV. Schuldenregulierungsplan

Mit dem Sanierungsplan verwandt ist der reine Schuldenregulierungsplan natürlicher Personen. Ihm ist mit dem Sanierungsplan gemeinsam, dass er eine Neuordnung der Finanzierungsbeziehungen des Schuldners zum Gegenstand hat. Der Schuldenregulierungsplan hat ausschließlich die **finanzwirtschaftliche Restrukturierung** einer natürlichen Person, nicht jedoch die leistungswirtschaftliche Sanierung eines Unternehmens zum Gegenstand. Typischerweise sieht der Schuldenregulierungsplan Forderungserlasse und Stundungen vor und regelt die Modalitäten der Gläubigerbefriedigung aus dem Erwerbseinkommen des Schuldners.[28] 24

Durch einen Schuldenregulierungsplan kann ggf. früher oder u. a. als den in den §§ 286 ff. InsO normierten Voraussetzungen eine **schnellere Restschuldbefreiung** des Schuldners 25

28) *Eidenmüller* in: MünchKomm-InsO, § 217 Rz. 179.

erreicht werden.[29] Anders als i. R. der Restschuldbefreiung[30] können auch **deliktische Ansprüche** dem Schuldner (teilweise) erlassen werden. Im Einzelfall kann es trotz deliktischen und sogar strafbaren Verhaltens des Schuldners sinnvoll sein, den Schuldner über einen Insolvenzplan „vor dem lebenslangen Schuldturm" zu bewahren und ihn gleichzeitig dazu zu bewegen, ein eigenes Einkommen zu erwirtschaften und den Insolvenzverwalter bei der Generierung verteilungsfähiger Masse zu unterstützen (siehe ausführlich zum Insolvenzplan natürlicher Personen § 28 Rz. 25 [*Webel*]).

26 Ferner bietet sich der Schuldenregulierungsplan für **Freiberufler** an, weil bei einer schnellen Beseitigung der Insolvenz des Freiberuflers über ein Insolvenzplankonzept der Zulassungswiderruf der Kammer verhindert werden kann und damit die Existenzgrundlage des Freiberuflers erhalten bleibt.[31] Der Schuldenregulierungsplan kann jedoch gemäß § 247 Abs. 2 Nr. 1 InsO nicht zulasten des Schuldners gegen dessen Willen durchgesetzt werden.[32]

C. Vorbereitungsphase

27 Besteht Klarheit über das Planziel und sind auch die Alternativen zu einem Insolvenzplan sorgfältig abgewogen worden, kann mit der Vorbereitung des Insolvenzplans begonnen werden. Aufgrund der besonderen Bedeutung des Sanierungsplans in der Praxis im Vergleich zu den anderen Plantypen, orientieren sich die nachfolgenden Ausführungen an einer Sanierung des Rechtsträgers über einen Insolvenzplan.

28 Die frühzeitige Vorbereitung und Erarbeitung des Insolvenzplans ist der maßgebliche Faktor für eine erfolgreiche Sanierung des Unternehmens.

I. Einhaltung des gesetzlichen und faktischen Zeitrahmens

29 Ein wesentlicher Erfolgsfaktor für das Gelingen einer Sanierung im Insolvenzplanverfahren ist die Zeit. Im Rahmen der strategischen Überlegungen ist daher insbesondere zu prüfen, ob der gesetzlich und faktisch vorgegebene Zeitrahmen für die Umsetzung einer Sanierung im Insolvenzplanverfahren eingehalten werden kann.[33]

30 Neben dem rechtlich gesetzten Zeitrahmen (etwa aus § 270b Abs. 1 Satz 2 InsO: drei Monate bis zur Planvorlage im Schutzschirmverfahren; § 218 Abs. 1 Satz 3 InsO: Vorlage spätestens vor dem Schlusstermin) bestehen faktische Grenzen. Ein Insolvenzplan, der nicht spätestens bis zum Beschluss über die Eröffnung des Insolvenzverfahrens beim Insolvenzgericht eingereicht wurde, wird kaum Aussicht auf Annahme im Erörterungs- und Abstimmungstermin haben. Wird mit der Entwicklung und Erstellung eines Insolvenzplans nicht bereits vor dem Antrag auf Eröffnung des Insolvenzverfahrens begonnen, bleibt als Zeitraum für die Erstellung eines Insolvenzplans die Zeit des Insolvenzeröffnungsverfahrens, d. h. faktisch ein Zeitraum von maximal drei Monaten. Da im ersten Monat der Fokus von Geschäftsführung und Sachwalter/Insolvenzverwalter auf der Aufrechterhaltung der Betriebsfortführung liegt, sind frühzeitig Teams zu bilden, die bereits mit der Vorbereitung eines Insolvenzplans beginnen. Faktische Grenzen in zeitlicher Hinsicht werden insbesondere auch durch die Liquidität und Grenzen bei der Gewährung eines Massekredits gesetzt (siehe dazu Rz. 60 f.).

---

29) *Rendels/Zabel*, Insolvenzplan, Rz. 54.

30) Nach § 302 Nr. 1 InsO sind deliktische Ansprüche nicht von der Restschuldbefreiung erfasst.

31) *Rendels/Zabel*, Insolvenzplan, Rz. 54.

32) *Eidenmüller* in: MünchKomm-InsO, § 217 Rz. 179.

33) *Frank* in: Runkel/Schmidt, AHB Insolvenzrecht, § 3 Rz. 47.

II. Bestimmung der Verfahrensart: Schutzschirmverfahren, Eigenverwaltung, Regelverfahren

Nachdem die Sanierung über einen Insolvenzplan als einzig mögliche oder jedenfalls vorteilhaftere Sanierungsform entdeckt wurde, ist zunächst zu prüfen, welche Verfahrensform auf dem Weg zur Verabschiedung und Bestätigung des Insolvenzplans im konkreten Fall die geeignetste ist. In Betracht kommen neben dem Regelverfahren, die (vorläufige) Eigenverwaltung und das Schutzschirmverfahren. 31

Grundsätzlich kann der Schuldner auf diese Verfahrensformen i. R. des Insolvenzantrages hinwirken. Dabei ist sorgfältig zu überlegen, welche Verfahrensform besser, schneller und sicherer zum Ziel der Sanierung des Schuldners führt. Das muss nicht immer das „schuldnergesteuerte" **Schutzschirmverfahren (§ 270b InsO)** sein, wenn auch die Vorzüge dieser Verfahrensart überwiegen. Um ggf. verlorenes Vertrauen zurückzugewinnen, kann im Einzelfall auch die **(vorläufige) Eigenverwaltung (§ 270a InsO)** unter Aufsicht eines vom Insolvenzgericht oder den Gläubigern bestimmten (vorläufigen) Sachwalters vorteilhaft sein, obwohl die Voraussetzungen für einen Antrag nach § 270b InsO (insbesondere keine Zahlungsunfähigkeit) vorliegen. Dies kann im Einzelfall das Vertrauensverhältnis zum Gericht fördern, weil dieses dann Einfluss auf die Bestellung des vorläufigen Sachwalters hat (siehe dazu Rz. 42). Ist das Vertrauen in die Geschäftsführung irreparabel zerstört, kann in Absprache mit den wesentlichen Gläubigern auch das Regelverfahren unter der Regie eines Insolvenzverwalters die geeignete Verfahrensform für eine Plansanierung sein. 32

Anders als im Regelverfahren behält der Schuldner die Verwaltungs- und Verfügungsbefugnis, wenn das Insolvenzverfahren in **Eigenverwaltung nach §§ 270 ff. InsO** eingeleitet wird. Ihm wird dabei lediglich ein überwachender Sachwalter zur Seite gestellt, der jedoch nur sehr eingeschränkte Kompetenzen hat. Im Regelverfahren würde hingegen der Insolvenzverwalter spätestens mit der Eröffnung des Verfahrens die vollständige Kontrolle über das Unternehmen des Schuldners erhalten. Das Schutzschirmverfahren bietet als besondere Ausformung des Eröffnungsverfahrens in Eigenverwaltung zum einen die Möglichkeit, die Person des Sachwalters zu bestimmen, und dient zum anderen explizit der Vorbereitung eines Insolvenzplans. 33

Für die Eigenverwaltung spricht, dass in der **Geschäftsführung Kontinuität** besteht (ggf. wird der bisherigen Geschäftsführung ein insolvenzerfahrener Geschäftsführer [**Chief Restructuring Officer**] zur Seite gestellt; siehe dazu Rz. 39 f.). Dies sorgt für Vertrauen bei den Geschäftspartnern, insbesondere bei den ausländischen. Diese sind häufig verunsichert, wenn ein Insolvenzverwalter die Kontrolle über das Unternehmen erlangt, zumal häufig eine gewisse Einarbeitungszeit und damit ggf. ein Stillstand die Folge ist. Die Eigenverwaltung bringt jedoch bei einer nicht insolvenzrechtlich erfahrenen Geschäftsführung einen deutlich **erhöhten Beratungsbedarf** mit sich, der sich in erhöhten Kosten ausdrücken kann; dies wird jedoch durch geringere Verfahrenskosten (die Vergütung für den Sachwalter liegt deutlich unter derjenigen des Insolvenzverwalters) abgefedert. Übersteigen die Beraterkosten zzgl. der Kosten des Sachwalters die prognostizierten Kosten des Regelverfahrens erheblich, besteht die Gefahr, dass das Insolvenzgericht die Eigenverwaltung als für die Gläubiger nachteilhaft i. S. von § 270 Abs. 2 Nr. 2 InsO erachtet und von der Anordnung der Eigenverwaltung absieht.[34] Daher sollte der Eigenverwaltungsantrag 34

34) Vgl. AG Aachen, Beschl. v. 1.12.2017 – 92 IN 187/17, ZInsO 2018, 172, m. Anm. *Haarmeyer*; AG Hamburg, Beschl. v. 7.5.2019 – 67g IN 118/19, ZIP 2019, 980; AG Köln, Beschl. v. 15.11.2017 – 74 IN 103/16, NZI 2018, 210, 211; AG Freiburg, Beschl. v. 1.5.2015 – 58 IN 37/15, ZInsO 2015, 1167, m. Anm. *Hornung/Brechtel* = NZI 2015, 606, m. Anm. *Madaus*; weiter AG Essen, Beschl. v. 3.2.2015 – 163 IN 14/15, ZIP 2015, 841, dazu EWiR 2015, 457, m. krit. Anm. *Kraus*; ausführlich *Frind*, ZIP 2019, 1945 ff.; *Hammes*, NZI 2017, 233, 234.

eine Vergleichsrechnung durch Gegenüberstellung der Kosten in Regelverfahren und Eigenverwaltung enthalten.[35] Mit dieser „Kostenvergleichsrechnung“ sollte bereits frühzeitig begonnen werden.

35 Ein Argument **für das Regelverfahren** mag schließlich bei einem **hohen Bestand an Sicherheiten** sein, dass in diesem Fall für die Masse die Feststellungs- und Verwertungspauschale generiert werden kann. Im Fall der Eigenverwaltung können diese nicht für die Insolvenzmasse vereinnahmt werden (§ 282 Abs. 1 Sätze 2, 3 InsO).

36 Bisher bestanden Rechtsunsicherheiten bei der Finanzierung des Eröffnungsverfahrens. Zwar erkannten die meisten Insolvenzgerichte die Möglichkeit der punktuellen Begründung von **Masseverbindlichkeiten in der vorläufigen Eigenverwaltung** an. Manche Gerichte standen jedoch auf dem Standpunkt, dass der Schuldner automatisch für sämtliche im Eröffnungsverfahren entstehenden Verbindlichkeiten Masseverbindlichkeiten begründet. Andere Gerichte lehnten gar die Möglichkeit der Begründung von Masseverbindlichkeiten vollständig ab.[36] Beide Standpunkte sind als nachteilhaft gegenüber dem Regelverfahren zu werten. Der BGH[37] hat mittlerweile klargestellt, dass im Eröffnungsverfahren entstehende Verbindlichkeiten grundsätzlich nur dann Masseverbindlichkeiten darstellen, wenn sie auf der Grundlage einer vom Insolvenzgericht erteilten Ermächtigung begründet wurden. Explizit offengelassen hat der BGH bedauerlicherweise, ob neben einer punktuellen Ermächtigung auch eine globale Ermächtigung – wie in einem Schutzschirmverfahren nach § 270b InsO – zulässig ist, die nicht auf bestimmte Geschäfte beschränkt ist.[38]

37 Nach wohl überwiegender Auffassung ist die Anordnung der vorläufigen Eigenverwaltung (§ 270a InsO) und des Schutzschirmverfahrens (§ 270b InsO) als solches nicht veröffentlichungspflichtig.[39] Der Vorteil der vorläufigen Eigenverwaltung liegt dann darin, dass die **Sanierung im Eröffnungsverfahren „im Stillen“** ohne große Öffentlichkeit vorbereitet werden kann.

Praxishinweis

Die Bezahlung von Lieferanten im Eröffnungsverfahren muss eindeutig gesichert sein, weil ansonsten das Verschweigen der Insolvenz für Geschäftsführer und involvierte Mitarbeiter die Gefahr eines Eingehungsbetruges (§ 263 StGB) heraufbeschwört. Vor dem Hintergrund kann im Einzelfall die Veröffentlichung der vorläufigen Eigenverwaltung sinnvoll sein.

38 Um die Chancen auf Anordnung der (vorläufigen) Eigenverwaltung (§ 270a InsO) oder des Schutzschirmverfahrens (§ 270b InsO) zu erhöhen, ist es vorteilhaft, wenn der Schuldner seinem Antrag bereits ein **Sanierungskonzept** in Form eines Insolvenzplans beifügt.[40] Der Schuldnerplan kann bereits mit Insolvenzantrag auch offiziell vorgelegt werden (§ 218

35) So zuletzt *Frind*, ZIP 2019, 1945, 1947; *Graf/Meißner/Weniger*, KSI 2019, 173, 176; *Hammes*, NZI 2017, 233, 236; s. a. AG Hamburg, Beschl. v. 7.5.2019 – 67g IN 118/19, ZIP 2019, 980; AG Köln, Beschl. v. 15.11.2017 – 74 IN 103/16, NZI 2018, 210; AG Aachen, Beschl. v. 1.12.2017 – 92 IN 187/17, ZInsO 2018, 172, m. Anm. *Haarmeyer*; AG Freiburg, Beschl. v. 1.5.2015 – 58 IN 37/15, ZInsO 2015, 1167, m. Anm. *Hornung/Brechtel* = NZI 2015, 606, m. Anm. *Madaus*; AG Essen, Beschl. v. 3.2.2015 – 163 IN 14/15, ZIP 2015, 841, dazu EWiR 2015, 457, m. krit. Anm. *Kraus*; *Buchalik/Schröder/Ibershoff*, ZInsO 2016, 1445; *Laroche/Pruskowski/Schöttler/u. a.*, ZIP 2014, 2153, 2162.

36) S. zur unterschiedlichen Praxis der Insolvenzgerichte *Brünkmans* in: HK-InsO, § 270a Rz. 30.

37) BGH, Urt. v. 22.11.2018 – IX ZR 167/16, Rz. 8 ff., ZVI 2019, 23 = NZI 2019, 236.

38) BGH, Urt. v. 22.11.2018 – IX ZR 167/16, Rz. 17, ZVI 2019, 23 = NZI 2019, 236.

39) So Uhlenbruck-*Zipperer*, InsO, § 270b Rz. 54; *Schröder* in: HambKomm-InsR, § 23 InsO Rz. 4; *Horstkotte*, ZInsO 2012, 1161, 1162; K. Schmidt-*Undritz*, InsO, § 270a Rz. 5; *Keller*, ZIP 2012, 1895, 1899; nach a. A. steht die Veröffentlichung im pflichtgemäßen Ermessen des Gerichts, *Kern* in: MünchKomm-InsO, § 270b Rz. 75; *Commandeur/Schaumann*, NZG 2012, 620, 621; *Frind*, ZIP 2012, 1591, 1595.

40) *Dellit/Titze* in: Bork/Hölzle, Hdb. Insolvenzrecht, Kap. 13 Rz. 253.

Abs. 1 Satz 2 InsO). Häufig kann das Insolvenzeröffnungsverfahren jedoch sinnvoll zur Finalisierung des Insolvenzplans genutzt werden, sodass sich in der Regel die Beifügung des bloßen Sanierungs- bzw. Plankonzepts empfiehlt (für den Zeitpunkt der Vorlage siehe ausführlich Rz. 130 f.).

III. Bestellung eines Sanierungsgeschäftsführers oder Sanierungsberaters

Spätestens wenn feststeht, dass die Sanierung nicht außergerichtlich, sondern über einen Insolvenzplan in Eigenverwaltung angestrebt wird, sollte erwogen werden, das Geschäftsführungsorgan der Gesellschaft durch einen insolvenzerfahrenen Sanierungsgeschäftsführer oder -vorstand zu ergänzen. Dabei ist zu beachten, dass der BGH nunmehr entschieden hat, dass die Geschäftsleitungsorgane, z. B. der Geschäftsführer einer GmbH, in der Eigenverwaltung analog §§ 60, 61 InsO wie ein Insolvenzverwalter haftet.[41] Richtigerweise lassen sich in bestimmten Grenzen die insolvenzverfahrensspezifischen Pflichten durch eine Geschäftsordnung auf den Sanierungsgeschäftsführer konzentrieren, sodass den weiteren Geschäftsführern nur noch Überwachungspflichten zukommen.[42] Häufig bietet es sich an, einen solchen Sanierungsgeschäftsführer bereits i. R. außergerichtlicher Sanierungsbemühungen zu bestellen. Auch i. R. der außergerichtlichen Sanierung bedarf es fundierter Kenntnisse im Insolvenz- und Kreditsicherungsrecht. Ist die Krise des Unternehmens auf Fehler der Geschäftsführung zurückzuführen, bietet es sich ferner an, auch die operative Geschäftsführung (teilweise) neu zu besetzen. 39

Die Funktion eines Sanierungsgeschäftsführers kann auch von einem **Sanierungsberater mit entsprechenden Qualifikationen** wahrgenommen werden.[43] Die Bestellung eines Sanierungsgeschäftsführers oder zumindest Sanierungsberaters wird in der Eigenverwaltung in der Regel auch **Auflage für die Insolvenzgeldvorfinanzierung**[44] der finanzierenden Bank sein. 40

IV. Geeigneter Sachwalter bzw. Insolvenzverwalter/Kandidaten für den vorläufigen Gläubigerausschuss

Schon frühzeitig sollte der Planersteller sich Gedanken machen, welcher Sachwalter für das konkrete Verfahren geeignet ist. Dies gilt auch dann – und sogar umso mehr –, wenn das Insolvenzplanverfahren in Regelverfahren durch einen Insolvenzverwalter geführt werden soll. Als **Auswahlkriterien** kommen in Betracht: 41

- Erfahrung mit Insolvenzplanverfahren,
- Ruf als „Sanierer“ statt „Zerschlager“,
- Erfahrung mit Unternehmen der jeweiligen Größenordnung,
- Branchenkenntnisse,
- Kapazitäten,
- örtliche Nähe des Verwalterbüros zum Unternehmen,
- Akzeptanz bei den wesentlichen Gläubigern, Gesellschaftern und Arbeitnehmern,
- Akzeptanz beim Gericht: Ist der Verwalter beim zuständigen Gericht gelistet?

---

41) BGH, Urt. v. 26.4.2018 – IX ZR 238/17, ZIP 2018, 977; ausführlich *Brünkmans* in: FS Pape, S. 15 ff.

42) *Brünkmans* in: FS Pape, S. 15, 20 ff.; a. A. *Hölzle*, ZIP 2018, 1669, 1672.

43) Str., so *Brünkmans* in: FS Pape, S. 15, 27 f.; wohl auch *Gehrlein*, ZInsO 2018, 2234, 2241; dagegen *Hölzle*, ZIP 2018, 1669, 1673; vgl. *Graf/Meißner/Weniger*, KSI 2019, 173 – „nur in begründeten Ausnahmefällen“.

44) Dazu *Muschiol*, ZInsO 2016, 248 ff.

42 Die Möglichkeit der Planung und Einflussnahme auf die Bestellung des (vorläufigen) Sachwalters/Insolvenzverwalters hängt maßgeblich von der **Verfahrensart** ab:

- Im **Schutzschirmverfahren nach § 270b InsO** hat das Insolvenzgericht grundsätzlich dem Vorschlag des Schuldners zur Person des vorläufigen Sachwalters zu folgen und kann diesen Vorschlag nur ablehnen, wenn die vorgeschlagene Person offensichtlich für die Übernahme des Amtes nicht geeignet ist (§ 270b Abs. 2 Satz 2 InsO).
- Im Rahmen der **vorläufigen Eigenverwaltung (§ 270a InsO)** und des **Regelverfahrens** liegt die Auswahl des vorläufigen Sachwalters/Insolvenzverwalters grundsätzlich **im Ermessen des Insolvenzgerichts**, es sei denn ein vorläufiger Gläubigerausschuss macht einen einstimmigen Vorschlag zur Person des Sachwalters/Insolvenzverwalters. In diesem Fall kann das Gericht von dem Vorschlag nur abweichen, wenn die vorgeschlagene Person für die Übernahme des Amtes nicht geeignet ist (§ 56a Abs. 2 Satz 1 InsO). Es bietet sich daher an, frühzeitig die Zusammensetzung des **vorläufigen Gläubigerausschusses** zu planen,[45] geeignete Kandidaten anzusprechen und sich mit den präsumtiven Gläubigerausschussmitgliedern auf einen Vorschlag für einen vorläufigen Sachwalter/Insolvenzverwalter zu einigen. Dabei sollte der Schuldner oder sein Berater frühzeitig schriftliche Erklärungen der Gläubigerausschussmitglieder einholen, in welcher diese sich zur Annahme des Amtes als Mitglied des Gläubigerausschusses bereit erklären und sich für die bestimmte Person als vorläufigen Sachwalter/Insolvenzverwalter aussprechen. Diese Erklärungen sind dem Insolvenzantrag beizufügen.

> **Praxishinweis**
>
> Ist der Wunschkandidat für die Person des vorläufigen Sachwalters nicht beim örtlich zuständigen Insolvenzgericht gelistet, sind Informationen (Lebenslauf, Trackrecord etc.) einzuholen. Manche Gerichte verlangen die Beantwortung vorgefertigter Fragebögen,[46] die frühzeitig anzufordern und vom Kandidaten auszufüllen sind.

V. Frühzeitige Aufarbeitung des Datenmaterials

43 Die Ausarbeitung eines Insolvenzplans setzt voraus, dass der Planverfasser hinreichenden Zugriff auf Informationen und Datenmaterial hat. Er muss Informationen im Unternehmen einholen, Unterlagen einsehen und ggf. Analysen durchführen.

44 Folgende Unterlagen sind vom Planverfasser zu sichten und zu analysieren:

- Jahres- und Monatsabschlüsse bzw. aktuelle Daten der Finanzbuchhaltung,[47]
- aktuelle Finanz- und Liquiditätsplanung,[48]
- Gesellschaftsvertrag, Satzung der Gesellschaft,
- wesentliche Kredit-, Liefer- Kunden- und Mietverträge,
- Lizenzen und Patente,
- Übersicht Arbeitnehmer nach Funktion, Betriebszugehörigkeit, Gehalt,
- öffentlich-rechtliche Genehmigungen, Zertifizierungen,
- Sicherheiten-Spiegel (siehe dazu Rz. 48 ff.) nebst dazugehöriger Sicherheitenverträge,

---

45) Kriterien bei der Zusammensetzung der Gläubigerausschussmitglieder, s. § 67 Abs. 2 InsO; dazu auch *Schmid-Burgk* in: MünchKomm-InsO, § 67 Rz. 9 ff.

46) Vgl. *Rendels/Zabel*, Insolvenzplan, Rz. 81.

47) *Rendels/Zabel* in: Kübler/Bork/Prütting, HRI II, § 45, S. 1308.

48) IDW, Anforderungen an Insolvenzpläne (IDW S 2), Stand: 20.3.2024, Rz. 11, IDW Life 07/08.2024, 656 ff.

- Übersicht über rechtshängige Prozesse, Stellungnahme prozessführender Rechtsanwälte über die Erfolgsaussichten,
- Überschuldungsstatus,[49]
- ggf. Insolvenzgutachten (§ 22 Abs. 1 Satz 3 Nr. 3 InsO), ggf. Masseverzeichnis zu Fortführungs- und Regelabwicklungswerten (§ 151 InsO), Gläubigerverzeichnis (§ 152 InsO), Vermögensübersicht (§ 153 InsO).[50]

Die Verbindung von Insolvenzplan und Datengrundlage sollte aufgrund eines flexiblen und **integrierten Planungsinstrumentariums** erfolgen, sodass bei Veränderung der Datengrundlage im laufenden Verfahren die entsprechende Anpassung des Insolvenzplans gewährleistet ist.[51] 45

Ab einer bestimmten Größe des Unternehmens bietet es sich an, i. R. der Sortierung der einzelnen Informationen und Unterlagen einen **Datenraum** anhand des in der M&A-Praxis üblichen **Datenraum-Index**[52] zu erstellen. Insbesondere wenn der Insolvenzplan den Einstieg eines Investors vorsieht oder parallel ein **„Dual-Track-Investorenprozess"** (siehe dazu Rz. 90 f.) vorgesehen ist, sollte ein virtueller Datenraum erstellt werden. 46

Um eine effiziente Informationsverarbeitung zu gewährleisten, ist für die Aufbereitung der Informationen jeweils ein **verantwortlicher Ansprechpartner** aus dem Bereich Finanzen, Recht und ggf. sonstiger Bereiche zu benennen. Die organisatorischen Abläufe innerhalb des Unternehmens müssen gewährleisten, dass die Verantwortlichen unmittelbar gegenüber dem Sanierungsgeschäftsführer, Sanierungsberater oder Insolvenzverwalter berichten, je nachdem wer mit der Ausarbeitung des Insolvenzplans betraut ist. 47

VI. Sicherheiten-Spiegel – Identifizierung von Aus- und Absonderungsrechten

Eine hohe Bedeutung bei der vorgenannten Analyse der Unternehmensdaten für die Erstellung eines Insolvenzplans hat der **Bestand an Sicherungsrechten** im Unternehmen. Diese sollten auch außerhalb der Krise in einem gesonderten Sicherheiten-Spiegel dokumentiert werden. Ein solcher ist jedoch häufig nicht vorhanden und muss dann eigens für den Insolvenzplan erstellt werden. Unterlagen und das Wissen der Mitarbeiter im Hinblick auf bestehende Sicherheiten am Vermögen des Schuldners sind häufig nicht vollständig.[53] Dem Planersteller ist zu empfehlen, sich als erstes sämtliche Sicherungsverträge nebst Sicherungszweckerklärungen im Unternehmen zusammenstellen zu lassen. 48

Praxishinweis

Sollten Lücken bestehen, sind diese ggf. beim Vertragspartner anzufordern. Ist der (bevorstehende) Insolvenzantrag noch nicht kommuniziert, ist dabei jedoch Fingerspitzengefühl angezeigt. Die Anforderung sollte in diesem Fall durch Mitarbeiter im Unternehmen, keinesfalls durch den Sanierungsberater erfolgen.[54]

Nach Durchsicht der Sicherungsverträge bietet es sich an, den Sicherheiten-Spiegel in Form einer **Tabellenkalkulation** anzulegen. In dieser sollte der Name des Gläubigers, die Art der Sicherheit, die besicherte Forderung, der Umfang der Sicherungszweckerklärung, die Einordnung als Absonderungsrecht/Aussonderungsrecht und der Wert der Sicherheit 49

49) *Smid/Rattunde/Martini*, Insolvenzplan, Rz. 4.23.

50) Diese Verzeichnisse liegen in der Regel erst mit Eröffnung des Insolvenzverfahrens vor.

51) IDW, Anforderungen an Insolvenzpläne (IDW S 2), Stand: 20.3.2024, Rz. 15, IDW Life 07/08.2024, 656 ff.

52) S. als Beispiel *Semler/Volhard*, Arbeitshdb. für Unternehmensübernahmen, Bd. 1, § 9 Rz. 142.

53) *Rendels/Zabel*, Insolvenzplan, Rz. 63.

54) *Rendels/Zabel*, Insolvenzplan, Rz. 66.

aufgeführt werden.[55] Der **Wert ist jeweils unter Fortführungs- und Zerschlagungsgesichtspunkten** anzugeben. Im Einzelfall ist ein Bewertungsgutachten für wesentliche Vermögenpositionen einzuholen. Auf dieser Grundlage kann der voraussichtliche Ausfall bei der abgesonderten Befriedigung ermittelt werden (§ 256 Abs. 1 Satz 1 InsO).

50 Auf der Grundlage des Sicherheiten-Spiegels sollte zu einem möglichst frühen Zeitpunkt, Konsens mit den gesicherten Gläubigern darüber bestehen, welche Forderung gesichert oder ungesichert ist und welchen Wert eine Sicherung hat.[56] Streitpunkte werden so frühzeitig deutlich und sind entsprechend in der Tabelle zu vermerken.

51 Besonderes Augenmerk ist dabei auf **Aussonderungsrechte** zu richten. Die Abgrenzung zwischen Aus- und Absonderungsrecht ist insbesondere bei den verschiedenen Formen des Eigentumsvorbehaltes nicht immer eindeutig. Aussonderungsrechte sind für eine Plansanierung besonders kritisch, da weder das Insolvenzverfahren noch das Insolvenzplanrecht die Möglichkeit vorsehen, in Aussonderungsrechte einzugreifen. Anderes gilt für Absonderungsrechte. Nach § 166 Abs. 1 InsO liegt das Verwertungsrecht für bestimmte Absonderungsrechte beim Insolvenzverwalter oder eigenverwaltenden Schuldner (vgl. § 282 Abs. 1 Satz 1 InsO). Ferner kann im Insolvenzplan nach § 223 InsO umfassend in die Rechte der Absonderungsberechtigten eingegriffen werden.

52 Wurde ein **strategisch bedeutendes Aussonderungsrecht** identifiziert, wie etwa ein gekündigtes Leasingverhältnis über eine Produktionsstraße, hat eine Einigung mit der Leasinggesellschaft absolute Priorität, bevor man mit der Detailarbeit am Insolvenzplan beginnt. Ohne Einigung droht der Entzug eines überlebensnotwendigen Produktionsgegenstandes, welcher sämtliche Arbeit am Insolvenzplan ggf. überflüssig macht.[57]

VII. Ausarbeitung eines leistungswirtschaftlichen Sanierungskonzepts/ ggf. Ableitung aus einem außergerichtlichen Sanierungskonzept

53 Neben der finanzwirtschaftlichen Sanierung ist in der Regel auch eine leistungswirtschaftliche Sanierung erforderlich. Bereits frühzeitig ist für das konkrete Unternehmen aus dem Ist-Zustand ein Leitbild eines sanierten, d. h. wettbewerbs- und ertragsfähigen Unternehmens (Vision), zu identifizieren und zu entwickeln. Erst wenn die leistungswirtschaftlichen Defizite genau analysiert sind, werden Gläubiger bereit sein, einen finanzwirtschaftlichen Sanierungsbeitrag zu leisten. Bevor mit den Gläubigern in konkrete Verhandlungen über die Höhe der Planquote getreten wird, ist ein überzeugendes Leitbild eines sanierten Unternehmens zu entwickeln und erforderliche leistungswirtschaftliche Sanierungsmaßnahmen zur Verwirklichung des Leitbildes aufzuzeigen. Dabei ist zu beachten, dass die Effekte, die nach leistungswirtschaftlichen Kriterien erfolgen, sich erst später, d. h. in den folgenden Quartalen nach Bestätigung des Insolvenzplans zeigen.[58]

54 Auf die Erstellung eines überzeugenden Leitbildes und Maßnahmenkataloges kommt es insbesondere bei reinen **Earn-out-Plänen** (siehe dazu Rz. 103 f.) an, weil die zukünftige Befriedigung der Gläubiger in diesem Fall vom späteren, tatsächlichen Eintritt leistungswirtschaftlicher Effekte abhängt. Mit Hilfe eines vorhandenen Planungs-Tools und der **integrierten Unternehmensplanung** können die Effekte der angedachten Sanierungsmaßnahmen dargestellt werden.[59]

55) *Rendels/Zabel*, Insolvenzplan, Rz. 69.

56) *Rendels/Zabel*, Insolvenzplan, Rz. 69.

57) *Rendels/Zabel*, Insolvenzplan, Rz. 71.

58) *Pluta*, Handelsblatt Journal, 11/2015, Restrukturierung, S. 15.

59) *Rendels/Zabel*, Insolvenzplan, Rz. 77.

Sollte zunächst der Weg einer außergerichtlichen Sanierung beschritten worden sein, kann für die Entwicklung eines Leitbildes und Maßnahmenkataloges auf entsprechende **außergerichtliche Konzepte** aufgesetzt werden. Gute Aufsatzpunkte für die Entwicklung eines Insolvenzplans bieten dabei außergerichtliche Sanierungskonzepte, die nach dem IDW Standard (IDW S 6)[60] erstellt wurden. 55

Die außergerichtliche Sanierung und die Sanierung in der Insolvenz mittels Insolvenzplan haben als identischen Kernbestandteil ein Sanierungskonzept.[61] Darstellungen können aus dem Sanierungskonzept nach IDW S 6 in das für das Schutzschirmverfahren erforderliche Sanierungsgrobkonzept (§ 270b Abs. 1 Satz 3 InsO) übergeleitet werden. 56

Praxishinweis

Aus dem Scheitern der außergerichtlichen Sanierung ist nicht zwangsläufig abzuleiten, dass eine Umsetzung des Sanierungskonzepts im Insolvenzplanverfahren keine Aussicht auf Erfolg hat. Dies gilt insbesondere, wenn die Umsetzung des Sanierungskonzepts an der Zustimmung einzelner Gläubiger und Gesellschafter scheitert.

VIII. Unternehmensplanung

Eine valide Unternehmensplanung ist unabdingbar für die Erfolgsaussichten einer Sanierung. Der Planersteller hat von Beginn an die bereits bestehende Unternehmensplanung auf Zuverlässigkeit zu überprüfen und mit den Mitarbeitern aus dem Bereich Finanzen die besonderen Effekte des Insolvenzverfahrens frühzeitig zu besprechen und einzupflegen. Tendenziell ist eine eher konservative, nicht zu optimistische Unternehmensplanung aufzusetzen.[62] 57

Die Anforderungen an **Art und Umfang der Unternehmensplanung** hängen von dem – ggf. bereits zu diesem Zeitpunkt vorliegenden – Konzept für die Quotenfinanzierung ab. Eine **integrierte Vermögens-, Ertrags- und Finanzplanung** ist jedenfalls gesetzlich nur dann zwingend, wenn die Gläubiger aus Erträgen des vom Schuldner oder von einem Dritten fortgeführten Unternehmens befriedigt werden (§ 229 InsO; sog. **Earn-out-Plan**; siehe dazu ausführlich Rz. 103 f.). Eine integrierte Unternehmensplanung ist hingegen entbehrlich, wenn die Gläubiger aus frischem Kapital – in der Regel finanziert durch neue oder ehemalige Gesellschafter – durch Einmalzahlung vor Aufhebung des Insolvenzverfahrens befriedigt werden[63] (sog. **Cash-out-Plan**; siehe ausführlich Rz. 103 ff.). 58

Allerdings ist auch bei einem Cash-out-Plan das Gericht i. R. des Planbestätigungsverfahrens von einer nachhaltigen Beseitigung der Insolvenzgründe zu überzeugen.[64] Eine – wenn auch **grobmaschige – Liquiditäts- und Vermögensplanung** sollte daher auch bei einem Cash-out-Plan erarbeitet werden. Verdichtet sich die Form der Quotenfinanzierung im Laufe des Prozesses hin zu einem Earn-out-Plan, kann die grobmaschige Planung zu einer vollen integrierten Planung nach § 229 InsO ausgebaut werden. 59

60) IDW, Anforderungen an Sanierungskonzepte (IDW S 6), Stand: 22.6.2023, IDW Life 12/2023, 1159 ff.

61) *Rendels/Zabel*, Insolvenzplan, Rz. 62.

62) *Rendels/Zabel*, Insolvenzplan, Rz. 396.

63) So auch *Dellit/Titze* in: Bork/Hölzle, Hdb. Insolvenzrecht, Kap. 13 Rz. 236.

64) Dazu *Frind*, ZInsO 2015, 2249 ff. und 2309 ff., 2358 ff.

IX. Finanzierung der Betriebsfortführung bis zur Bestätigung des Insolvenzplans

1. Berücksichtigung eines erhöhten Liquiditätsbedarfs

60 Wird die Sanierung des Unternehmens durch einen Insolvenzplan angestrebt, ist nicht nur die Finanzierung der mittel- bis langfristigen Sanierungsmaßnahmen von Bedeutung. Im Rahmen der strategischen Erwägungen hat der Schuldner sich frühzeitig, möglichst noch vor dem Insolvenzantrag, mit der Frage auseinanderzusetzen, ob und wie die Finanzierung der Betriebsfortführung bis zur Bestätigung des Insolvenzplans durch das Insolvenzgericht (§ 252 InsO) und Aufhebung des Insolvenzverfahrens (§ 258 InsO) gesichert werden kann. Ein Liquiditätsengpass nach Insolvenzantragsstellung, der die Betriebsfortführung gefährdet, ist zwingend zu vermeiden.[65] Noch vor Stellung des Insolvenzantrages ist eine konservative Liquiditätsplanung zumindest für die nächsten drei bis sechs Monate zu erstellen.[66] Bei einem Schuldnerplan muss i. Ü. die Liquiditätsplanung die **Deckung der Massekosten** (§ 53 InsO) nachweisen.[67]

61 Dabei ist zu berücksichtigen, dass der Insolvenzantrag **negative Effekte** auslöst, die den Liquiditätsbedarf zunächst erhöhen. Banken werden mit Insolvenzantrag in der Regel ihre **Kreditlinien kündigen** und stellen ihre **Darlehen zur Rückzahlung fällig.** Andererseits werden Lieferanten das Unternehmen nur noch gegen **Vorkasse** beliefern. Wegen der Ausfallgefahr wird kein anderer Kreditgeber ohne weiteres bereit sein, einen Brückenkredit zu gewähren.[68] Banken- und Lieferantenkredite fallen somit weg. Als **positiver Effekt** ist zu berücksichtigen, dass **Arbeitnehmer** während des **Insolvenzgeldzeitraums** (drei Monate) beschäftigt werden können, ohne dass das Unternehmen hierfür eigene liquide Mittel einsetzen muss (dazu nachfolgend Rz. 69 ff.).

2. Massekredit und vorfinanziertes Insolvenzgeld

62 Die Betriebsfortführung im Insolvenzeröffnungsverfahren wird in der Regel durch einen Massekredit und die Vorfinanzierung des Insolvenzgeldes finanziert.

a) Begründung von Masseverbindlichkeiten

63 Die Möglichkeit der Begründung von Masseverbindlichkeiten bietet im Insolvenz(eröffnungs)verfahren die Option, neue Verbindlichkeiten einzugehen, da diese Gläubiger vorrangig aus der Insolvenzmasse befriedigt werden und daher eine gewisse **Sicherheit** der vollständigen Sicherheit haben. Auf dieser Grundlage können Kreditgeber Liquidität („fresh money") zur Verfügung stellen. Als **Kreditgeber** für einen Massekredit kommen insbesondere **die bisherige Hausbank, Factoring-Gesellschaft,**[69] **Lieferanten, Großkunden** oder ein zukünftiger **Eigenkapitalinvestor** in Betracht. Nicht selten ist ein Investor bereit, eine Zwischenfinanzierung in Form eines Betriebsmittelkredits bis zur Eröffnung des Insolvenzverfahrens zu gewähren, um in dieser Zeit eine Due Diligence beim Schuldner durchzuführen und sich dann für oder gegen einen Einstieg oder gar eine Übernahme des Unternehmens zu entscheiden. Entscheidet sich der Investor für den Einstieg,

---

65) S. a. *Dellit/Titze* in: Bork/Hölzle, Hdb. Insolvenzrecht, Kap. 13 Rz. 252.

66) So auch *Rendels/Zabel*, Insolvenzplan, Rz. 74.

67) LG Neubrandenburg, Beschl. v. 21.2.2002 – 4 T 361/01, ZInsO 2002, 296; *Bähr* in: Mohrbutter/Ringstmeier/Meyer, Hdb. Insolvenzverwaltung, Kap. 14 Rz. 155; dies gilt nicht für den Verwalterplan, OLG Dresden, Beschl. v. 21.6.2000 – 7 W 951/00, ZIP 2000, 1303, 1305.

68) *Brünkmans*, CFL 2012, 375 ff.

69) Einige Factoring-Gesellschaften sind bei frühzeitiger Einbindung und ordentlicher Datenlage durchaus bereit, Forderungen ab Insolvenzantrag i. R. eines Factorings aufzukaufen, s. *Rendels/Zabel*, Insolvenzplan, Rz. 76.

wird der Massekredit häufig durch einen Debt-to-Equity-Swap in Eigenkapital umgewandelt, um die Gesellschaft zu entschulden.

Sämtliche infrage kommenden Kreditgeber werden allerdings nur dann zur Gewährung einer Zwischenfinanzierung bereit sein, wenn das **Ausfallrisiko** gering ist. Grundsätzlich handelt es sich bei Forderungen, die vor Eröffnung des Insolvenzverfahrens entstanden sind, um einfache Insolvenzforderungen nach § 38 InsO. Ein Kreditgeber wird ohne besondere Sicherheiten nicht bereit sein, in der Phase des Eröffnungsverfahrens dem Schuldner einen Kredit zu gewähren, weil mit einem (teilweisen) Ausfall zu rechnen ist. 64

In Betracht kommt die **Besicherung des Brückenkredits** durch eine Bürgschaft oder dingliche Sicherheiten aus der Insolvenzmasse. Sollten dingliche Sicherheiten noch vorhanden sein, ist bei der Bestellung zu beachten, dass auch Rechtsgeschäfte im Eröffnungsverfahren grundsätzlich der **Insolvenzanfechtung** (§§ 129 ff. InsO) unterliegen, im Einzelfall selbst dann wenn diese mit Zustimmung des vorläufigen Sach- oder Insolvenzverwalters erfolgten.[70] Auch die Einhaltung der Grundsätze des Bargeschäftes (§ 142 InsO) bei der Besicherung halten potentielle Kreditgeber in der Praxis im Hinblick auf ein Restrisiko der Anfechtung nach § 133 InsO für keinen hinreichenden Schutz.[71] 65

Der Kreditgeber wird daher in der Regel auf eine **Vorrangstellung in Form eines Massekredits** drängen, auch wenn eine Besicherung des Kredits vorgesehen ist.[72] 66

Im Regelverfahren ist die Möglichkeit der **Begründung von Masseverbindlichkeiten im Eröffnungsverfahren** nicht nur für den vorläufigen starken Insolvenzverwalter (§ 55 Abs. 2 InsO) anerkannt.[73] Nach höchstrichterlicher Rechtsprechung kann der vorläufige Insolvenzverwalter über den Anwendungsbereich von § 55 Abs. 2 InsO hinaus auf der Grundlage von § 21 InsO mit ausdrücklicher gerichtlicher Ermächtigung Masseverbindlichkeiten begründen.[74] Umstritten war bisher, ob und in welchem Umfang für die **vorläufige Eigenverwaltung nach § 270a InsO a. F. (nun nach §§ 270b, 270c InsO)** Masseverbindlichkeiten begründet werden können und wer (Schuldner oder Sachwalter) dazu berechtigt ist.[75]. 67

Nachdem der BGH bestätigt hatte, dass eine Begründung von Masseverbindlichkeiten auch in der vorläufigen Eigenverwaltung nach § 270a InsO a. F. dann möglich sei, wenn der Schuldner dazu punktuell vom Insolvenzgericht ermächtigt wurde,[76] hat der Gesetzgeber mit dem SanInsFoG[77] die Möglichkeit der Begründung von Masseverbindlichkeiten in der vorläufigen Eigenverwaltung in § 270c Abs. 4 InsO nunmehr ausdrücklich geregelt. 68

---

70) Dazu BGH, Urt. v. 10.1.2013 – IX ZR 161/11, ZIP 2013, 528, dazu EWiR 2013, 389 *(Freudenberg/Wolf)*; Uhlenbruck-*Borries/Hirte*, InsO, § 129 Rz. 137 ff.; Braun-*de Bra*, InsO, § 129 Rz. 21.

71) Zur bargeschäftsähnlichen Lage als Indiz für die Beseitigung eines Gläubigerbenachteiligungsvorsatzes nach § 133 InsO s. ausführlich, BGH, Urt. v. 17.7.2014 – IX ZR 240/13, ZIP 2014, 1595, dazu EWiR 2014, 653 *(Sorg)*.

72) Dadurch wird das auch bei Einhaltung des Bargeschäfts bestehende Restrisiko einer Anfechtung der Sicherheitenbestellung ausgeschlossen.

73) BGH, Urt. v. 18.7.2002 – IX ZR 195/01, BGHZ 151, 353 ff. = ZVI 2002, 250, dazu EWiR 2002, 919 *(Spliedt)*.

74) Vgl. BGH, Urt. v. 18.7.2002 – IX ZR 195/01, BGHZ 151, 353 ff. = ZVI 2002, 250.

75) Zum Streitstand s. a. *Brünkmans* in: HK-InsO, § 270 Rz. 28 ff.

76) BGH, Urt. v. 22.11.2018 – IX ZR 167/16, Rz. 8 ff., ZVI 2019, 23 = NZI 2019, 236.

77) Gesetz zur Fortentwicklung des Sanierungs- und Insolvenzrechts (Sanierungs- und Insolvenzrechtsfortentwicklungsgesetz – SanInsFoG), v. 22.12.2020, BGBl. I 2020, 3256.

b) Insolvenzgeldvorfinanzierung

69 Die Möglichkeit, das Insolvenzgeld vorfinanzieren zu lassen,[78] bietet für die drei Monate vor Eröffnung des Insolvenzverfahrens die Möglichkeit, die Löhne der Mitarbeiter durch eine Bank finanzieren zu lassen (bis zur Beitragsbemessungsgrenze). Dadurch wird das Unternehmen für diese drei Monate von einer teils erheblichen Liquiditätsbelastung frei und kann so mit der ersparten **Liquidität** den Geschäftsbetrieb aufrechterhalten.

70 **Zuständig** für die Insolvenzgeldvorfinanzierung ist im Regelverfahren der Insolvenzverwalter und in der Eigenverwaltung die Geschäftsführung des Schuldners; häufig verlangen die Banken allerdings, dass auch der Sachwalter in die Verhandlungen aktiv eingeschaltet wird und ggf. auch als (weiterer) Vertragspartner auftritt.[79] Zur Absicherung der Finanzierung werden durch die Mitarbeiter deren (zukünftige) Ansprüche auf Insolvenzgeld gegen die Bundesagentur für Arbeit (§ 165 SGB III) abgetreten.[80]

71 Die **Bundesagentur für Arbeit**, auf die die originären Lohnforderungen der Angestellten des Schuldners nach § 169 Satz 1 SGB III übergehen, ist gemäß § 55 Abs. 3 InsO nur **Insolvenzgläubigerin.**[81] Die Lohnforderungen sind demnach nur mit der Insolvenzquote zu bedienen. Dies bedeutet im Endeffekt, dass die Entlohnung der Mitarbeiter im Insolvenzeröffnungsverfahren für den Schuldner nahezu zum Nulltarif erlangt wird.

X. Erste Kontaktaufnahme mit dem Insolvenzgericht

72 Wurde die vorzugswürdige Verfahrensart individualisiert, ein valides Konzept zur Finanzierung der Betriebsfortführung bis Planbestätigung ausgearbeitet und liegt ein Sanierungskonzept und ggf. erster Insolvenzplanentwurf vor, ist eine hinreichende Basis geschaffen, um mit dem Insolvenzgericht Kontakt aufzunehmen. Für Unternehmen, welche zwei der Kennzahlen i. H. von Umsatz, Bilanzsumme und Anzahl der Mitarbeiter aus § 22a InsO überschreiten, besteht mit Inkrafttreten des SanInsFoG ein Anspruch auf ein Vorgespräch mit dem Gericht (vgl. § 10a InsO).

73 Diese erste Kontaktaufnahme sollte vor Insolvenzantragstellung erfolgen. Das bloße „Einwerfen" eines Insolvenzantrages ohne vorherige Abstimmung mit dem Insolvenzgericht ist möglichst zu vermeiden.[82] Die meisten Insolvenzgerichte stehen solchen **„informellen Vorgesprächen"** offen gegenüber.

74 In dem Vorgespräch empfiehlt es sich, folgende Punkte mit dem Gericht zu besprechen:

- die mit dem Insolvenzantrag verfolgten Ziele, grobe Darstellung des Sanierungskonzepts,
- die Abstimmung über die Zusammensetzung des vorläufigen Gläubigerausschusses,
- die Klärung, ob der Wunschkandidat für das Amt des vorläufigen Sachwalters vom Insolvenzgericht auch als geeignet akzeptiert wird,[83]
- die weiteren Abläufe.

> **Praxishinweis**
> Das Ergebnis dieses informellen Vorgesprächs sollte im Insolvenzantrag Eingang finden.

78) *Muschiol*, ZInsO 2016, 248 ff.; *Geißler*, ZInsO 2013, 531, 533.

79) Vgl. *Flöther*, ZInsO 2014, 465, 466.

80) Vgl. *Peters-Lange* in: BeckOGK-SGB III, § 170 Rz. 31.

81) *Buchalik*, ZInsO 2012, 349, 356.

82) So auch *Rendels/Zabel*, Insolvenzplan, Rz. 81.

83) *Rendels/Zabel*, Insolvenzplan, Rz. 81.

D. Insolvenzantrag

I. Zeitpunkt

Die Vorbereitungsphase endet mit dem Insolvenzantrag. Für die Bestimmung des richtigen Zeitpunktes des Insolvenzantrages gilt als Binsenweisheit, dass je früher der Insolvenzantrag gestellt wird, desto größer sind Sanierungschancen und Sanierungsoptionen. Wird hingegen die Stellung des Insolvenzantrages zeitlich hinausgezögert, ist die zur Sanierung erforderliche Liquidität häufig aufgezehrt.[84] Idealerweise erfolgt der **Insolvenzantrag unter Beifügung eines Insolvenzplans bei drohender Zahlungsunfähigkeit.**[85] In der Praxis wird zum Zeitpunkt der Antragsstellung jedoch in den wenigsten Fällen ein „abgabereifer" Insolvenzplan vorliegen. Dies ist auch nicht zwingend erforderlich. Vielmehr genügt die Beifügung eines **Sanierungskonzepts** ggf. schon in der Form eines Planentwurfs. Dieser kann während des Eröffnungsverfahrens dann finalisiert werden, sodass der Insolvenzplan möglichst noch vor Eröffnung des Insolvenzverfahrens dem Insolvenzgericht offiziell vorgelegt werden kann. 75

Insgesamt kann der richtige Zeitpunkt für den Insolvenzantrag zur Einleitung eines Insolvenzplanverfahrens als **so früh wie möglich nach Abschluss der gebotenen Vorbereitungsmaßnahmen** beschrieben werden. 76

II. Sonstige Anträge

1. Eigenverwaltung

Soll das Insolvenzverfahren in Eigenverwaltung geführt werden, ist neben dem Antrag auf Eröffnung des Insolvenzverfahrens, der Antrag auf Eigenverwaltung (§ 270a InsO) und ggf. Schutzschirmverfahren (§ 270d InsO) zu stellen. Zu beachten ist dabei, dass der Eigenverwaltungsantrag seit Inkrafttreten des SanInsFoG nach § 270a InsO eine im Einzelfall komplexe Eigenverwaltungsplanung erfordert. 77

2. Vorläufiger Gläubigerausschuss und Sachwalter

Weiter kommt in Betracht, die Bestellung eines vorläufigen Gläubigerausschusses unter Vorschlag der Kandidaten zu beantragen (§ 22a Abs. 2 InsO) und die Bestellung einer bestimmten Person zum vorläufigen Sachwalter vorzuschlagen (§ 270b Abs. 2 Sätze 1, 2 InsO). 78

Im Rahmen der Insolvenzantragstellung bietet es sich an, dem Gericht **Anregungen** für die Besetzung eines vorläufigen Gläubigerausschusses zu geben. Bei einem **zwingenden Gläubigerausschuss** gemäß § 22a Abs. 1 InsO ist ein solcher Vorschlag dringend zu empfehlen, weil sonst das Gericht einen Gläubigerausschuss ggf. ohne Rücksprache mit dem Schuldner einsetzt (§ 22a Abs. 1 InsO). Dies ist aber auch bei einem freiwilligen Gläubigerausschuss nach § 22a Abs. 2 InsO empfehlenswert. In beiden Fällen sollte dem Gericht eine **fertige Gläubigerausschussbesetzung** präsentiert und die **Einverständniserklärungen der Kandidaten** (siehe Rz. 41) für den Gläubigerausschuss dem Insolvenzantrag beigefügt werden.[86] 79

3. Vorläufige Maßnahmen nach § 21 InsO

Darüber hinaus ist schon frühzeitig zu erwägen, ob der Schuldner einen **Antrag auf Untersagung oder Einstellung der Zwangsvollstreckung** (§ 21 Abs. 2 Nr. 3 InsO i. V. m. 80

84) S. auch *Dellit/Titze* in: Bork/Hölzle, Hdb. Insolvenzrecht, Kap. 13 Rz. 39; *Smid/Rattunde/Martini*, Insolvenzplan, Rz. 23.

85) *Dellit/Titze* in: Bork/Hölzle, Hdb. Insolvenzrecht, Kap. 13 Rz. 39.

86) *Rendels/Zabel*, Insolvenzplan, Rz. 81.

§ 270c Abs. 3 Satz 1 InsO) stellt. Ein formelles Antragsrecht steht dem Schuldner bei einem Schutzschirmverfahren zu. Das Gericht hat in diesem Fall auf Antrag des Schuldners die Zwangsvollstreckung einzustellen, § 270d Abs. 3 InsO. Im Regelverfahren oder der vorläufigen Eigenverwaltung nach § 270c Abs. 3 InsO kann der Schuldner hingegen lediglich beim Insolvenzgericht anregen, ein Vollstreckungsverbot zu erlassen. Die Entscheidung steht dabei im Ermessen des Gerichts,[87] wobei in der Praxis die Gerichte nach Anhörung des vorläufigen Sachwalters in der Regel ein entsprechendes Verbot der Zwangsvollstreckung aussprechen.

81 Im Einzelfall ist zu erwägen den **Antrag auf Begründung von Masseverbindlichkeiten** im Eröffnungsverfahren (siehe ausführlich Rz. 63 ff.) zeitlich unmittelbar nach dem Insolvenzantrag zu stellen. Zwar kann dieser bereits zusammen mit dem Insolvenzantrag gestellt werden. Das Gericht wird allerdings zunächst den vorläufigen Sachwalter dazu hören wollen, so dass sich ein entsprechender Antrag in der ersten Wochen nach Bestellung des vorläufigen Sachwalters anbietet.

III. Investorenprozess

1. Bedeutung eines Investorenprozesses für die Vergleichsrechnung und Planakzeptanz

82 Die zentrale Frage für die Annahme- und Bestätigungsfähigkeit des Insolvenzplans ist, wie die Gläubiger im Regelverfahren stehen würden. Die Gläubiger werden einem Insolvenzplan nur zustimmen, wenn der Insolvenzplan sie im Vergleich zum Regelverfahren besserstellt. Die für diesen Nachweis erforderliche Vergleichsrechnung muss im darstellenden Teil ausführlich begründet und in den Plananlagen und Planungsrechnungen unterlegt werden (vgl. nunmehr § 220 Abs. 2 Satz 2 InsO).[88]

83 Je weniger überzeugend die Besserstellung der Gläubiger im Vergleich zum Regelverfahren durch den Planersteller nachgewiesen wird, desto größer ist die Gefahr, dass der Insolvenzplan im Abstimmungstermin nicht die erforderlichen Mehrheiten der Gläubiger-Gruppen erhält, ein Minderheitenschutzantrag (§ 251 InsO) gegen die Planbestätigung Aussicht auf Erfolg hat und das Schlechterstellungsverbot aus § 245 Abs. 1 Nr. 1 InsO und damit die Voraussetzung des Obstruktionsverbotes nicht erfüllt werden.

84 Entscheidend für eine überzeugende Vergleichsrechnung ist, welche Werte für das Aktivvermögen im Regelverfahren in die Vergleichsrechnung angesetzt werden (zur Vergleichsrechnung siehe § 13 Rz. 112 ff. [*Brünkmans/Harmann*]). Einigkeit besteht nur insoweit als Maßstab für die Vergleichsrechnung nicht alternative Planszenarien, sondern vielmehr das Liquidationsszenario im Regelverfahren ist.[89] Ob dabei die Aktiva des Unternehmens zu Zerschlagungs- oder Fortführungswerten und darüber hinaus noch ggf. ein Firmenwert/Good Will anzusetzen ist, hängt maßgeblich von der Veräußerbarkeit des Unternehmens im Wege eines Asset Deals ab. § 220 Abs. 2 Satz 3 InsO in der n. F. des SanInsFoG sieht jedoch nunmehr eine Vermutung vor, dass für die Ermittlung der voraussichtlichen Befriedigung ohne Plan in der Regel Fortführungswerte anzusetzen sind, wenn der Insolvenzplan eine Fortführung des Unternehmens vorsieht.

87) *Prütting* in: KPB, InsO, § 270c Rz. 10; Römermann-*Riggert*, InsR/InsO, § 270c InsO Rz. 12; s. a. *Brünkmans*, ZIP 2024, 265, 268.

88) *Rendels/Zabel*, Insolvenzplan, Rz. 9.

89) LG Stade, Beschl. v. 29.12.2017 – 7 T 151/17, ZInsO 2018, 614; AG München, Beschl. v. 14.8.2018 – 1511 IN 2637/17, ZInsO 2018, 1925.

Nicht eindeutig beantwortet wird die Frage, wie **Wertansätze für eine Übertragungslösung** ermittelt werden können. Dabei ist zu differenzieren, was 85

- vorliegen muss (verbindliches Angebot oder Absichtserklärung), damit ein Fortführungswert und ggf. Good Will anzusetzen ist (siehe Rz. 86) und was
- der eigenverwaltende Schuldner oder Insolvenzverwalter unternehmen muss (strukturierter M&A Prozess?), damit ein solches Angebot auch tatsächlich abgegeben wird (siehe Rz. 87).

Nach einer Auffassung sind Gesamtveräußerungswerte in der Vergleichsrechnung nur dann anzusetzen, wenn ein konkretes verbindliches Angebot hierfür bei Planeinreichung vorlag und im Beurteilungszeitraum noch vorliegt.[90] Indikative Angebote oder abstrakte Übertragungs- und Gesamtverkaufsmöglichkeiten sind hingegen nicht zu berücksichtigen.[91] Andere halten es wiederum mit dem Prognosecharakter der Vergleichsrechnung unvereinbar, wenn Gesamtkaufpreisangebote von Investoren nur bei Rechtsverbindlichkeit den Vergleichsmaßstab begründen würden.[92] Hängt die Fortführung des Unternehmens an der Person des Schuldners oder Gesellschafter-Geschäftsführers, können in der Vergleichsrechnung nachvollziehbar nur Zerschlagungswerte angesetzt werden.[93] 86

Einer der **umstrittensten Fragen** seit Inkrafttreten des ESUG ist, ob der eigenverwaltende Schuldner oder Insolvenzverwalter **verpflichtet** ist, einen **strukturierten M&A-Prozess** durchzuführen, um Angebote für die Veräußerung des Unternehmens hereinzuholen. Dies wird zum Teil als zwingend erachtet.[94] Eine andere Auffassung lehnt die Pflicht zur Durchführung eines M&A-Prozesses grundsätzlich ab.[95] Vermittelnde Auffassungen halten eine solche Pflicht nur im Ausnahmefall für gegeben, etwa wenn eine Investorenlösung aufgrund der Gegebenheiten des Einzelfalles besonders sinnvoll erscheint,[96] konkrete Zweifel an der Einbringlichkeit eines Sanierungsbeitrags der Gesellschafter bestehen[97] oder sich Synergieeffekte, die Interessenten zu vergüten bereit sein könnten, nicht abschätzen lassen.[98] Teilweise wird dafür zwingend der Anstoß eines Investorenprozesses verlangt (siehe § 58 Rz. 22 [*Brünkmans/Harmann/Clev*]). Dadurch besteht jedoch die Gefahr, die Eigensanierungsbemühungen des Schuldnerunternehmens zu konterkarieren.[99] Teilweise wird daher erwogen, ein durch eine **Unternehmensbewertung ermittelter Wert** könne einen Investorenprozess ersetzen.[100] Strategische Prämien, 87

90) LG Stade, Beschl. v. 29.12.2017 – 7 T 151/17, ZInsO 2018, 614, 616.

91) LG Stade, Beschl. v. 29.12.2017 – 7 T 151/17, ZInsO 2018, 614, 616; wohl auch *Thies* in: HambKomm-InsR, § 220 InsO Rz. 7 – „konkretes, ernst zu nehmendes Angebot".

92) *J. Schmidt* in: Kübler/Bork/Prütting, HRI II, § 29 Rz. 147.

93) AG Cuxhaven, Beschl. v. 14.9.2017 – 12 IN 168/16, ZInsO 2017, 2128, 2128.

94) AG Hamburg, Beschl. v. 20.12.2013 – 67g IN 419/12, ZIP 2014, 237; *Nerlich* in: FS Prütting, S. 717, 724; *Kübler/Rendels*, ZIP 2018, 1369, 1372, die andernfalls einen Verstoß gegen § 220 Abs. 2 InsO annehmen.

95) LG Stade, Beschl. v. 29.12.2017 – 7 T 151/17, ZInsO 2018, 614, 616; *Schröder*, ZInsO 2018, 668, 670; *Buchalik/Schröder*, ZInsO 2016, 189, 191 ff.; s. de lege ferenda Bericht zur ESUG-Evaluation: Danach wird die zwingende Vorgabe eines M&A-Prozesses für zu weitgehend erachtet. Stattdessen wird vorgeschlagen, in § 220 InsO klarzustellen, dass in der Vergleichsrechnung im Zweifel kein Zerschlagungswert, sondern der Fortführungswert zugrunde zu legen ist, wenn das Unternehmen nach dem Plan fortführungsfähig ist und ein Verkauf des Unternehmens ohne den Plan nicht offensichtlich aussichtslos erscheint, *Jacoby/Madaus/Sack/u. a.*, ESUG-Evaluation, Gesamtbericht, S. 191.

96) *Berner/Köster/Lambrecht*, NZI 2018, 425, 430.

97) *Berner/Köster/Lambrecht*, NZI 2018, 425, 430.

98) K. Schmidt-*Spliedt*, InsO, § 245 Rz. 41.

99) *Buchalik/Schröder*, ZInsO 2016, 189, 190.

100) Vgl. *Fröhlich/Eckhardt*, ZInsO 2015, 925, 925, 936, i. E. aber verneinend.

die ein Investor über den eigentlichen Wert des Unternehmens zu zahlen bereit ist, werden bei einer solchen Bewertungslösung jedoch nicht hinreichend abgebildet.[101)]

88 Das Dilemma zwischen Anreiz zu frühzeitigem Insolvenzantrag einerseits und Konterkarieren der Eigensanierungsbemühungen durch Anstoß eines M&A-Prozesses gerichtet auf einen Asset Deal ist offensichtlich. Schon der InsO-Gesetzgeber wollte mit der Einführung des optionalen Insolvenzantrages wegen drohender Zahlungsunfähigkeit (§ 18 InsO) einen Anreiz dafür schaffen, frühzeitig den Weg der Eigensanierung im Insolvenzverfahren zu begehen.[102)] Es war das erklärte Ziel des ESUG, diesen Anreiz durch Schaffung einer vorläufigen Eigenverwaltung und eines Schutzschirmverfahrens zu verstärken, um das Insolvenzverfahren für den Schuldner kalkulierbarer zu machen. Vor diesem Hintergrund überzeugt es, einen durch eine Unternehmensbewertung gefundenen Wert dann als Substitut für einen M&A Prozess für ausreichend zu erachten, wenn im Zeitpunkt der Stellung des Insolvenzantrages noch keine Überschuldung oder Zahlungsunfähigkeit des Schuldners und damit **keine Insolvenzantragspflichten der Geschäftsführer (§ 15a InsO)** vorlagen.[103)] In diesem Fall für die Nachhaltigkeit der Vergleichsrechnung einen M&A-Prozess zu fordern, würde dem Anreiz der frühzeitigen Antragsstellung, obwohl noch keine gesetzliche Pflicht aus § 15a InsO dazu besteht, widersprechen (zur Einschränkung der Eingriffsbefugnisse in die Gesellschafterstellung in diesem Fall siehe § 29 Rz. 52 f. [*Brünkmans*]). Die wenigsten Schuldner wären bereit, den Weg in das Insolvenzverfahren freiwillig zu gehen, wenn sie anschließend zunächst verpflichtet wären, das Unternehmen zum Verkauf anzubieten.

89 Wird das Insolvenzverfahren hingegen unter Wahrung der strafbewehrten **Insolvenzantragspflichten aus § 15a InsO** eingeleitet, kann nicht mehr die Rede davon sein, ein M&A-Prozess verhindere den Anreiz zur frühzeitigen Antragsstellung. Die Ableitung der Werte für die Vergleichsrechnung aus der Unternehmensbewertung mag nur im Einzelfall gerechtfertigt sein.[104)] Ein **M&A-Prozess** ist ggf. auch dann **überflüssig**, wenn dieser bereits vor dem Insolvenzantrag auch für einen Asset Deal durchgeführt wurde oder aus anderen Gründen ein Fortführungswert ohne Bieterverfahren im Einzelfall hinreichend ermittelbar ist. Dann kann aus den dort abgegebenen Angeboten abgeleitet werden, dass diese im Insolvenzverfahren aller Wahrscheinlichkeit nicht höher ausfallen werden.[105)] Ein Dual-Track-Verfahren ist in diesem Fall nicht erforderlich. Gleiches gilt für **Unternehmen** mit einer **Größenordnung**, bei denen sich ein **professionelles Dual-Track-Verfahren nicht lohnen** würde. Im darstellenden Teil des Insolvenzplans ist jedoch stets anzugeben, warum man sich im Laufe des Verfahrens gegen einen strukturierten M&A-Prozess entschieden hat.

2. Ausgestaltung des Investorenprozesses als „Dual-Track“

90 Der Investorenprozess muss sich nicht ausschließlich auf die Veräußerung des Unternehmens i. R. eines Asset Deals beziehen, wenn auch die Angebotsergebnisse maßgeblich für den Vergleich zum Regelverfahren sind, denn im Regelverfahren lässt sich nur ein Asset Deal verwirklichen. Der Investorenprozess kann vielmehr auch als „Dual-Track“ ausgestaltet werden. Jedenfalls bei größeren Verfahren dürfte sich dieses mittlerweile als „Best

101) *Fröhlich/Eckhardt*, ZInsO 2015, 925, 926.

102) Begr. RegE ESUG, BT-Drucks. 17/5712, S. 1, 17.

103) *Brünkmans* in: HK-InsO, § 270 Rz. 30; dagegen *Kübler/Rendels*, ZIP 2018, 1369, 1375.

104) Wohl anders *Buchalik/Schröder*, ZInsO 2016, 189.

105) A. A. *Kübler/Rendels*, ZIP 2018, 1369, 1375.

Practice" etabliert haben.[106] Der Investorenprozess wird bei einem **Dual-Track ergebnisoffen** ausgestaltet. Potentielle Investoren werden angesprochen, entweder das Unternehmen i. R. einer **übertragenden Sanierung** zu erwerben oder i. R. einer Planoption als **Eigenkapitalinvestor** einzusteigen.

Liegen die Ergebnisse des Dual-Track-Investorenprozesses vor, ist wie folgt vorzugehen: 91

- Den Altgesellschaftern sind die Angebote zu präsentieren. Das höchste Angebot für den Erwerb des Unternehmens ist i. R. eines Asset Deals in die Vergleichsrechnung einzubeziehen. Dabei muss es sich um ein verbindliches Angebot handeln. Ein „Letter of Intent" (LOI) oder bloßes „Term Sheet" reichen regelmäßig nicht aus, um in die Vergleichsrechnung einbezogen zu werden.
- Die Planlösung muss in diesem Fall für die Gläubiger mindestens zu der gleichen Befriedigung führen. Um diese Mindestbefriedigung zu erreichen, kann den Altgesellschaftern sowohl eine Planoption ohne als auch mit einem Fremdinvestor angeboten werden, wenn i. R. des Dual-Track-Investorenprozesses Investoren ihre Bereitschaft erklärt haben, auch eine Planlösung zu unterstützen. Häufig wird in diesem Fall die Planlösung den Einstieg durch Übernahme einer wesentlichen Eigenkapitalbeteiligung im Wege eines Kapitalschnitts vorsehen (siehe § 32 Rz. 29 [*Brünkmans*]).
- Die Altgesellschafter können in Reaktion auf das Ergebnis des Investorenprozesses ihren Sanierungsbeitrag erhöhen, damit die Eigensanierung nicht an der Vergleichsrechnung scheitert. Für die gesetzlichen Einfallstore der Vergleichsrechnung (§§ 251, 245 Abs. 1 Nr. 1 InsO) ist allerdings nur entscheidend, dass die Altgesellschafter das höchste Angebot für einen Asset Deal überbieten.[107] Auf eine mögliche Quote im Insolvenzplan mit Fremdinvestorenlösung kommt es hingegen i. R. der Bestätigungsfähigkeit des Insolvenzplans nicht an. Ob die Organe des Schuldners sich bei einem bewussten Ausbooten eines Plankonzepts mit Fremdinvestorenlösung ggf. der persönlichen Haftung aussetzen, weil ihr Handeln nicht mehr auf die bestmögliche Befriedigung der Gläubiger ausgerichtet ist,[108] steht auf einem anderen Blatt.

3. Organisatorische Absicherung eines Dual-Track-Verfahrens

a) Gewährleistung eines transparenten und ergebnisoffenen Bieterverfahrens

Strebt der Schuldner eine Eigensanierung an, mag dieser im Investorenprozess geneigt sein, den Wert des Unternehmens „klein zu reden", jedenfalls den Asset Deal zu verhindern. Derjenige, der den M&A-Prozess führt, kann i. R. der Kommunikation mit den Interessenten die Höhe der Angebote und damit auch die Vergleichsrechnung beeinflussen.[109] Es besteht auch die Gefahr, dass i. R. eines „Dual-Track-Verfahrens" der Asset Deal als „Scheinoption" erscheint, mit dem Ergebnis, dass weniger Angebote auf einen Asset Deal abgegeben werden. Von strategischer Bedeutung für diese Fragen ist dabei auch, **in welchem Lager der M&A-Berater steht.**[110] In diesem Fall besteht die Gefahr, dass der **M&A-Prozess** zu einem bloßen **„Feigenblatt" für die Vergleichsrechnung** instrumentalisiert wird. 92

106) *Fröhlich/Eckhardt*, ZInsO 2015, 925; vgl. auch *J. Schmidt* in: Kübler/Bork/Prütting, HRI II, § 29 Rz. 164.

107) Wohl anders *Fröhlich/Eckhardt*, ZInsO 2015, 925.

108) Zur Bindung der Organe an den Insolvenzverfahrenszweck aus § 1 InsO in der Eigenverwaltung, s. ausführlich *Thole/Brünkmans*, ZIP 2013, 1097; *Spahlinger/Skauradszun*, DB 2015, 2559.

109) S. auch *Rendels/Zabel*, Insolvenzplan, Rz. 33.

110) *Rendels/Zabel*, Insolvenzplan, Rz. 33; s. ausführlich *Kübler/Rendels*, ZIP 2018, 1369 ff.

93 Ein **offener und transparenter M&A-Prozess** ist daher kriegsentscheidend für die Akzeptanz der dort gefundenen Werte. Auch wenn der (vorläufige) Sachwalter i. R. der Eigenverwaltung nicht befugt ist, den M&A-Prozess aktiv selbst anzustoßen und durchzuführen,[111)] ist seine intensive Einbindung im M&A-Prozess und die Einbindung des (vorläufigen) Gläubigerausschusses zwingend geboten, um die erforderliche Transparenz zu schaffen.[112)] Der BGH ist im Hinblick auf die Wahrnehmung aktiver Kompetenzen durch den (vorläufigen) Sachwalter zurückhaltend. Eine aktive Rolle, den M&A-Prozess anzustoßen, steht dem (vorläufigen) Sachwalter nach dem BGH nicht zu.[113)] Gleichwohl kann es zur Vermeidung einer Nachteilsanzeige gemäß § 274 Abs. 3 InsO geboten sein, dass der (vorläufige) Sachwalter auf die Einleitung eines M&A-Prozesses hinwirkt.[114)] Die Entscheidung des BGH darf allerdings nicht dahingehend verstanden werden, dass der (vorläufige) Sachwalter das „ob" und „wie" des M&A-Prozesses intensiv kontrollieren und überwachen darf.[115)] Selbst an den laufenden Vertragsverhandlungen mit potentiellen Investoren darf der Sachwalter teilnehmen. Mit seiner bloßen Kontroll- und Überwachungsfunktion nicht vereinbar wäre jedoch, wenn er als Vertreter des Schuldners oder als dessen Wortführer auftritt.[116)]

94 Im Rahmen der Eigenverwaltung ist die erforderliche Transparenz durch intensive **Einbindung des (vorläufigen) Sachwalters** im M&A-Prozess zu schaffen. Wird der (vorläufige) Sachwalter nicht hinreichend eingebunden, kann dies nach § 270 Abs. 2 Nr. 2 InsO i. V. m. §§ 270a Abs. 1 Satz 1,[117)] 270b Abs. 4 InsO zur Aufhebung der (vorläufigen Eigenverwaltung) führen.[118)]

95 Neben Offenheit und Transparenz muss der M&A-Prozess **strukturiert und effizient** gestaltet sein. In zeitlicher Hinsicht sollte der Prozess **unmittelbar nach Insolvenzantrag und Bestellung** eines vorläufigen Sachwalters eingeleitet werden und **bis kurz vor Planeinreichung** laufen. In der Regel kann jedenfalls die gesamte Zeit des Eröffnungsverfahrens von drei Monaten dafür genutzt werden. Für die Vorbereitung der Due Diligence bietet es sich an, auf die idealerweise bereits i. R. der Planvorbereitung zusammengestellten Datenrauminformationen aufzusetzen. Diese sind auf sensible Informationen zu überprüfen und können grundsätzlich für eine Due Diligence potentieller Bieter i. R. des Dual-Track-Verfahrens genutzt werden.[119)]

96 Die **Arbeitnehmer bzw. der Betriebsrat** sind frühzeitig einzubinden und über die Ziele eines Investors zu informieren. Im Einzelfall bietet sich eine Präsentation des Investors vor dem Gläubigerausschuss und dem Betriebsrat an. Für die **Gläubiger** sind die Ziele des Investors von Bedeutung, wenn der Insolvenzplan wenigstens auch eine starke Earn-out-Komponente hat.

97 Frühzeitig ist die **Bonität des Investors** zu überprüfen. Neben einer Finanzierungsbestätigung durch eine Bank kann die Finanzierung über eine Treuhandlösung abgesichert werden. Trägt der Investor maßgeblich zur Finanzierung eines Cash-out-Plans bei, sollte

111) Vgl. BGH, Beschl. v. 22.9.2016 – IX ZB 71/14, Rz. 62, NZI 2016, 963 = ZIP 2016, 1981; *Brünkmans* in: HK-InsO, § 274 Rz. 12.

112) *Brünkmans* in: HK-InsO, § 274 Rz. 12; *Kübler/Rendels*, ZIP 2018, 1369 ff.

113) BGH, Beschl. v. 22.9.2016 – IX ZB 71/14, Rz. 62, NZI 2016, 963 = ZIP 2016, 1981.

114) *Kübler/Rendels*, ZIP 2018, 1369, 1369; *Hofmann* in: Kübler/Bork/Prütting, HRI II, § 4 Rz. 34 ff., 108.

115) *Brünkmans* in: HK-InsO, § 274 Rz. 12.

116) BGH, Beschl. v. 22.9.2016 – IX ZB 71/14, Rz. 55 f., NZI 2016, 963 = ZIP 2016, 1981.

117) Uhlenbruck-*Zipperer*, InsO, § 270a Rz. 17.

118) *Rendels/Zabel*, Insolvenzplan, Rz. 33.

119) Zur Ausgestaltung eines M&A-Prozesses im Insolvenzverfahren s. ausführlich *Undritz* in: Runkel/J. Schmidt, AHB Insolvenzrecht, § 17 Rz. 105 ff.; *Classen*, BB 2010, 2898 ff.

darauf hingewirkt werden, dass der Investor möglichst vor Beginn des Abstimmungstermins, jedenfalls vor Bestätigung des Insolvenzplans durch das Gericht[120] die Eigenkapitaleinlage auf ein Treuhandkonto des Sachwalters einzahlt.[121]

b) Rechtzeitige Schließung des Bieterverfahrens

Ein Bieterverfahren für angeschlagene Unternehmen endet nicht selten mit einer Vielzahl von grundsätzlichen Interessenbekundungen oder unverbindlichen indikativen Angeboten. Am Ende ist dann oft keiner bereit, ein verbindliches Angebot vorzulegen. Solange ein verbindliches Angebot nicht vorliegt, empfiehlt es sich stets die Plansanierung weiterzuverfolgen. Vor Annahme des Angebotes sollten auch stets Altgesellschafter oder Eigenkapitalinvestoren eingeladen werden, ihren Sanierungsbeitrag zu überdenken und ggf. ein höheres Angebot für eine Planlösung abzugeben. 98

Unverbindliche Angebote werden hingegen nicht berücksichtigt. Der M&A-Prozess sollte auch frühzeitig in Abstimmung mit dem vorläufigen Gläubigerausschuss und dem Insolvenzgericht geschlossen werden. Nicht selten wird im Erörterungs- und Abstimmungstermin noch ein Asset-Deal-Angebot „in die Gläubigerversammlung hineingerufen“, welches angeblich die Planlösung überbietet.[122] Eine Vertagung des Abstimmungstermins ist in diesem Fall nur zu rechtfertigen, wenn das Angebot bindend ist, der Schuldner/Insolvenzverwalter das Angebot einseitig annehmen kann und dieses offensichtlich zu einer höheren Befriedigung der Gläubiger führen kann. 99

IV. Finanzierung des Insolvenzplans

Neben der Finanzierung der kurzfristigen Betriebsfortführung (siehe Rz. 60 f.) hat der Planersteller sich frühzeitig Gedanken über die Finanzierung des Insolvenzplans zu machen. Im Insolvenzplan sind die **Finanzierung der leistungswirtschaftlichen Sanierungsmaßnahmen**, der unmittelbaren Fortführung nach Aufhebung des Insolvenzverfahrens und insbesondere die **Finanzierung der Quotenausschüttung an die Gläubiger** darzustellen. 100

Anders als bei einer Verwertung im Regelverfahren kommt bei einem Fortführungsplan eine liquiditätswirksame Verwertung von betriebsnotwendigem Vermögen nur eingeschränkt in Betracht. Alternativen für die Finanzierung des Insolvenzplans sind vielmehr frühzeitig zu eruieren.[123] Dabei kommen für die Finanzierung von Sanierungsmaßnahmen und Planquote zunächst Maßnahmen der **Innenfinanzierung** in Betracht: 101

- **Verkauf nicht betriebsnotwendigen Vermögens,**
- **Sale & Lease-Back**-Transaktionen bezüglich betriebsnotwendigen Vermögens,
- aus der Betriebsfortführung während des Insolvenzverfahrens **erwirtschaftete Überschüsse**: Liquiditätsüberschüsse können insbesondere im Eröffnungsverfahren bei lohnintensiven Unternehmen durch die Einsparung von Lohnzahlungen über das vorfinanzierte Insolvenzgeld erreicht werden.
- **Liquiditätsüberschüsse** des fortgeführten Unternehmens **nach Aufhebung des Insolvenzverfahrens**: Diese lassen sich ggf. über die im Insolvenzplan vorgesehenen Sanierungsbeiträge erwirtschaften. Der Insolvenzplan kann etwa über Sanierungsbeiträge

120) Der Nachweis der Einzahlung kann als Planbestätigungsvoraussetzung nach § 249 InsO im gestaltenden Teil des Insolvenzplans geregelt werden, s. ausführlich § 8 Rz. 440 f. [*Brünkmans*].

121) *Rendels/Zabel*, Insolvenzplan, Rz. 154.

122) *Rendels/Zabel*, Insolvenzplan, Rz. 33.

123) *Dellit/Titze* in: Bork/Hölzle, Hdb. Insolvenzrecht, Kap. 13 Rz. 111.

der Stakeholder i. S. von Stundungen, Erlassen oder Konditionsanpassungen finanziert werden. In Betracht kommen zukünftige Konditionsanpassungen von Leasinggebern, Kunden, Vermietern/Verpächtern, Dienstleistern oder Lieferanten. Ferner die Einsparung zukünftiger Lohn- und Gehaltszahlungen über einen Sanierungstarifvertrag, Maßnahmen des PSVaG sowie Erlass und Stundung von Altverbindlichkeiten gegenüber den Gläubigern.

- Generierung von Liquidität durch die **Geltendmachung insolvenzspezifischer Ansprüche.**

102 In den seltensten Fällen wird eine reine Innenfinanzierung ausreichend sein. Folgende Quellen der **Außenfinanzierung** kommen in Betracht:

- **Bereitstellung liquider Mittel** durch die **Altgesellschafter** durch Kapitalerhöhung, Zuzahlung in die Kapitalrücklage, stille Beteiligung oder Gesellschafterdarlehen. Die Rückzahlung des mit einem Rangrücktritt versehenen Gesellschafterdarlehens erfolgt erst nach vollständiger Erfüllung des Insolvenzplans und Ausschüttung aller Plan-Zahlungen.[124)]
- Ein **Investor** wird in der Regel nur gegen Gewährung von Geschäftsanteilen bereit sein, Liquidität zur Finanzierung der Sanierung und Quotenzahlung zur Verfügung zu stellen. Den Erwerb einer wesentlichen Beteiligung sichert ihm die Einflussnahme auf den Sanierungsprozess ab. Der Einstieg des Investors kann über eine im Insolvenzplan geregelte Kapitalerhöhung abgesichert werden (siehe dazu § 32 Rz. 29 ff. [*Brünkmans*]).
- **Umwandlung von Forderungen** in Anteilsrechte (Debt-Equity-Swap). Dies schont die Liquidität des Unternehmens, da auf die umgewandelten Forderungen keine Quoten gezahlt werden müssen.[125)]

V. Bestimmung der Form der Quotenzahlung, Earn-out- oder Cash-out-Plan

103 Mit der Frage der Finanzierung des Insolvenzplans in unmittelbarem Zusammenhang steht die Frage, wann und unter welchen Voraussetzungen die Gläubiger ihre Planquote erhalten und aus welchen Mitteln die Quote gespeist wird. In der Praxis haben sich die Grundtypen „Earn-out-Plan“ und „Cash-out-Plan“ herausgebildet, die allerdings häufig nicht in Reinform vorkommen.

104 Bei einem **Earn-out-Plan** erfolgt die Befriedigung der Gläubiger durch den Erhalt des Unternehmens und die zukünftigen Erträge nach Abschluss des Insolvenzplanverfahrens. Die **Planquote** wird ausschließlich aus den **zukünftigen Erträgen finanziert.** Die Gläubiger, die über die Annahme des Insolvenzplans entscheiden, treffen in diesem Fall eine neue Investitionsentscheidung. Häufig lassen sich Gläubiger nur dann auf eine Earn-out-Struktur ein, wenn externe Faktoren, wie unvorhersehbare Währungsverluste, hohe Schadensersatzforderungen oder der Ausfall eines Großkunden die Insolvenz verursacht haben, das operative Geschäft als solches jedoch stabil ist.[126)]

105 Bei einem **„Cash-out-Plan“** erfolgt die Befriedigung unmittelbar nach rechtskräftiger Bestätigung des Insolvenzplans durch **Einmalzahlung einer Quote** an die Gläubiger. Die Finanzmittel für die Auszahlung der Planquote sind bereits mit Planannahme gesichert. Sie müssen nicht erst noch erwirtschaftet werden. Die Gläubiger treffen mit Ausnahme eines Cash-out-Plans damit keine neue Investitionsentscheidung. Für die Finanzierung der Quotenzahlung stehen grundsätzlich sämtliche unter Rz. 101 f. dargestellten Finan-

124) *Rendels/Zabel*, Insolvenzplan, Rz. 155.

125) *Dellit/Titze* in: Bork/Hölzle, Hdb. Insolvenzrecht, Kap. 13 Rz. 111.

126) Vgl. *Bähr* in: Mohrbutter/Ringstmeier/Meyer, Hdb. Insolvenzverwaltung, Rz. 4.

zierungswege zur Verfügung. In der Praxis ist am häufigsten die Finanzierung über einen Verkauf nicht betriebsnotwendigen Vermögens oder durch die Kapitaleinlagen eines Investors anzutreffen.

Der Planarchitekt sollte sich frühzeitig mit der Frage auseinandersetzen, ob ein Earn-out-Plan oder ein Cash-out-Plan anzustreben ist. Die **Bestätigungsfähigkeit eines Earn-out-Plans** hängt maßgeblich von der **Erstellung einer komplexen Ergebnis-, Vermögens- und Finanzplanung** ab (§ 229 InsO). Diese Planung ist bei einem Earn-out-Plan zwingend als **Anlage** dem Insolvenzplan beizufügen. Andernfalls wird das Gericht diesen i. R. der Vorprüfung nach § 231 InsO zurückweisen (zu den Zwangsanlagen des Insolvenzplans und der integrierten Planung § 13 Rz. 2 ff. [*Brünkmans/Harmann*]). Der Earn-out-Plan wird in der Regel die „zweite Wahl" darstellen, wenn sich kein Investor zur Finanzierung eines Cash-out-Plans finden lässt. 106

Praxishinweis

Investoren werden i. R. der Due Diligence neben der Businessplanung häufig zusätzlich eine integrierte Finanz-, Ertrags- und Vermögensplanung verlangen. Demnach bietet sich die sorgfältige Erstellung einer solchen integrierten Planung an. Diese kann optional auch bei einem Cash-out-Plan als Anlage zum Nachweis einer nachhaltigen Sanierung des Unternehmens und Beseitigung der Insolvenzgründe (siehe § 13 Rz. 7 [*Brünkmans/Harmann*]) dem Insolvenzplan beigefügt werden. Sollte der Investorenprozess scheitern, kann aus dieser dann eine Pflichtanlage gemäß § 229 InsO für einen Earn-out-Plan abgeleitet werden.

VI. Erstellung des Entwurfs eines Insolvenzplans

Besteht eine konkrete Vorstellung über die Finanzierung des Insolvenzplans und der Form der Quotenzahlung kann mit dem Erstellen eines ersten Entwurfs eines Insolvenzplans begonnen werden. Der **Umfang des darstellenden Teils** hängt maßgeblich von der Form der Quotenfinanzierung ab. Bei einem Cash-out-Plan kann dieser deutlicher schlanker gefasst werden als bei einem Earn-out-Plan. Bei dem Letzteren wird sich die Darstellung in der Regel an einem Sanierungskonzept nach IDW S 6 orientieren. 107

Eine erste **Vergleichsrechnung** sollte – in Abstimmung mit dem in Vorbereitung befindlichen Insolvenzgutachten – erstellt werden. Daraus entsteht ein Gefühl, welche Planquote den Gläubigern mindestens anzubieten ist. 108

Bevor auf der Grundlage des ersten Planentwurfes mit den Gläubigern und sonstigen Beteiligten in Verhandlung getreten wird, sind Möglichkeiten und Grenzen für **die Bildung von Gläubigergruppen** auszuloten, aber ggf. vor der konkreten Abstimmung mit den Gläubigern im ersten Planentwurf noch nicht zu fixieren. Für den Planersteller liegt in der Gruppenbildung ein besonderer strategischer Hebel für die spätere Durchsetzung des Insolvenzplans (zur Gruppenbildung siehe ausführlich § 9 [*Beck/Pechartscheck*]). 109

VII. Abstimmung des Insolvenzplans mit den Beteiligten

Auf der Grundlage eines ersten Planentwurfes bestehend aus Sanierungsgrobkonzept, Darstellung der Quotenfinanzierung, Vergleichsrechnung und Befriedigungsquote und ggf. Liquiditätsplanung, lassen sich effektiv die Beteiligten im Insolvenzplanverfahren, insbesondere die wesentlichen Gläubiger und ggf. Anteilsinhaber ansprechen, ob sie den Insolvenzplan unterstützen und zu den von ihnen abverlangten Sanierungsbeiträgen bereit sind. 110

Neben dem Plankonzept bietet es sich im Einzelfall an, eine Präsentation über die Eckpunkte des Insolvenzplans zu erstellen, welche etwa vor dem Betriebsrat oder Gläubigerausschuss gehalten werden kann. Je nach Verfahrensgröße bietet sich auch die Nutzung 111 eines Planungsrechnungs-Tools an, womit die Wirkungsweise alternativer Sanierungsmaßnahmen simuliert werden können, wie etwa Einspareffekte bei bestimmten Kostensenkungsmaßnahmen.[127)]

1. Abstimmung mit den wesentlichen Lieferanten und Kunden

112 Hängt die Fortführung des Unternehmens maßgeblich von strategisch bedeutenden Lieferanten und Kunden ab, ist zunächst deren Einstellung zum geplanten Sanierungskonzept und evtl. Bereitschaft zur Leistung eines Sanierungsbeitrages, etwa Anpassung vereinbarter Konditionen, auszuloten. Verhandlungen mit den Gläubigern über die Höhe der im Insolvenzplan vorgesehenen Quotenzahlung machen keinen Sinn, wenn strategische, nicht austauschbare Lieferanten und Kunden nicht ihre Bereitschaft zur Unterstützung des Insolvenzplans signalisiert haben. Verträge über eine entsprechende Anpassung von Konditionen, Laufzeitverlängerung etc. können bereits in dieser Phase aufschiebend bedingt auf die rechtskräftige Bestätigung eines Insolvenzplans geschlossen werden, um dadurch Vertrauen bei den Gläubigern in die Fortführungsfähigkeit des Unternehmens zu wecken.

2. Abstimmung mit den Anteilsinhabern und ggf. Investoren

113 Wird die Fortsetzung der Geschäftsbeziehung von den wesentlichen Kunden und Lieferanten signalisiert, sind Einzelheiten mit den Anteilsinhabern und ggf. neu hinzutretenden Investoren abzustimmen. **Art und Umfang der Abstimmung** hängt an dieser Stelle maßgeblich davon ab, ob der Insolvenzplan von den Gesellschaftern/dem Mehrheitsgesellschafter initiiert wurde oder es sich um ein vom **Insolvenzverwalter getriebenes Insolvenzplanverfahren** handelt. Im letzteren Fall kann der Insolvenzverwalter unter Nutzung der nach § 225a InsO gegebenen Möglichkeiten des Kapitalschnitts unter Ausschluss des Bezugsrechtes oder der zwangsweisen Übertragung der Geschäftsanteile auch eine Strategie des „Herausdrängens" der Altgesellschafter fahren. In diesem Fall wäre der erste Entwurf des Insolvenzplans mit dem die Altgesellschafter herausdrängenden Eigenkapitalinvestor abzustimmen, da die Sanierung von seiner verbindlichen Fortführungsbereitschaft abhängt (siehe auch § 32 Rz. 35, 37 ff. [*Brünkmans*]).[128)] Die im Planentwurf vorgesehenen Quotenzahlungen sind ggf. aufgrund des Ergebnisses der Abstimmung mit dem Investor zu justieren. In dieser Phase sollte eine **verbindliche Finanzierungszusage**, jedenfalls ein Letter of Intent (LOI) vorliegen, die im Insolvenzplan entsprechend berücksichtig wurden.

114 Wird der **Insolvenzplan aus dem Lager der Altgesellschafter** initiiert, ist in der Regel ohnehin von einer frühzeitigen und permanenten Einbindung der wesentlichen Gesellschafter bei der Planerstellung auszugehen, so dass frühzeitig Klarheit über die Höhe und Notwendigkeit eines Gesellschafterbeitrags zur Umsetzung des Plankonzepts besteht. In der Sanierungspraxis ist eine gewisse Tendenz zu sehen, dass sämtliche Beteiligten, von denen ein Sanierungsbeitrag verlangt wird, zunächst die Gesellschafter in der Pflicht sehen. Dies gilt insbesondere, wenn die Gesellschaft einen finanzstarken Hauptgesellschafter hat. Das im Planentwurf enthaltene erste Angebot für den Gesellschafterbeitrag sollte daher nicht zu hoch sein, da Gläubiger und Arbeitnehmer in der Regel Druck ausüben werden, den Beitrag zu erhöhen.[129)]

---

127) *Rendels/Zabel*, Insolvenzplan, Rz. 77.

128) Zur Absicherung der Fortführungsbereitschaft durch einen Investor s. ausführlich *Brünkmans*, ZIP 2014, 1857 ff.

129) *Rendels/Zabel*, Insolvenzplan, Rz. 79.

3. Abstimmung mit den wesentlichen Gläubigern

Im Anschluss an die Abstimmung mit den Altgesellschaftern oder Investoren sollte der Insolvenzplanentwurf den wesentlichen Gläubigern präsentiert werden und deren Bereitschaft zur Unterstützung des Plankonzepts eruiert werden. Dabei empfiehlt es sich, auch das voraussichtliche Abstimmungsverhalten ausdrücklich zu erfragen, um nachträgliche Überraschungen zu vermeiden.[130] Das Feedback kann und sollte bei der Überarbeitung der Gruppenbildung berücksichtigt werden, um die Kopf- und Summenmehrheit (§ 244 Abs. 1 InsO) in möglichst allen Gruppen gewährleisten zu können (zur Gruppenbildung siehe ausführlich § 9 [*Beck/Pechartscheck*]). 115

4. Abstimmung mit Betriebsrat und Sprecherausschuss

Bei der Aufstellung des Insolvenzplans durch den Insolvenzverwalter wirkt nach § 218 Abs. 3 InsO auch der Betriebsrat, der Sprecherausschuss der leitenden Angestellten und der Schuldner beratend mit. Beachtet der Insolvenzverwalter bei der Aufstellung des Insolvenzplans die Mitwirkungsrechte aus § 218 Abs. 3 InsO nicht, hat dies nach wohl umstrittener Auffassung zur Folge, dass das Insolvenzgericht den Insolvenzplan i. R. der Vorprüfung nach § 231 Abs. 1 Nr. 1 InsO zurückweist.[131] 116

Auch beim Schuldnerplan – wenn auch nicht rechtlich geboten – sollten die Arbeitnehmer nicht nur über den Betriebsrat frühzeitig in den Prozess bei der Erstellung eines Insolvenzplans eingebunden werden. Nur wenn die Arbeitnehmer wissen, wie es weitergeht, und sich aktiv an Lösungen beteiligen können, ist ein Klima gewährleistet, bei dem insbesondere Leistungsträger des Unternehmens nicht abwandern. Erfordert die Umsetzung des Plankonzepts Verhandlungen über einen Sanierungstarifvertrag, Interessenausgleich und Sozialplan, ist damit unverzüglich zu beginnen (siehe ausführlich § 61 Rz. 47 ff., 62 f. [*Krings/Sturme*]). 117

5. Abstimmung mit Gläubigerausschuss, Geschäftsführung oder Insolvenzverwalter/Sachwalter

Der (vorläufige) Gläubigerausschuss und vorläufige Sachwalter wird kontinuierlich im Prozess bei der Aufstellung des Insolvenzplans eingebunden. Handelt es sich um einen Verwalterplan im Regelverfahren gilt dies umgekehrt für die Geschäftsführung der Schuldnerin. Schließlich hat diese nach Bestätigung des Insolvenzplans und Aufhebung des Insolvenzverfahrens das Unternehmen fortzuführen und die im Insolvenzplan vorgesehenen leistungswirtschaftlichen Sanierungsmaßnahmen umzusetzen. 118

Das Ergebnis der ersten Kontaktaufnahme mit den Beteiligten, die nach dem Planentwurf einen Sanierungsbeitrag leisten, d. h. Gläubiger, Gesellschafter und ggf. Arbeitnehmer, Lieferanten und Kunden sollte dem Gläubigerausschuss und (vorläufigen) Sachwalter präsentiert werden. 119

6. Vorabstimmung mit dem Insolvenzgericht

Bevor der Insolvenzplan nach Konsultierung und Einbeziehung der genannten Stakeholder fertiggestellt wird, empfiehlt es sich, Kontakt mit dem Insolvenzgericht aufzunehmen. Die frühzeitige Einbeziehung des Gerichts schon vor der formellen Einreichung des In- 120

130) *Dellit/Titze* in: Bork/Hölzle, Hdb. Insolvenzrecht, Kap. 13 Rz. 287.

131) Str., wie hier *Breuer* in: MünchKomm-InsO, § 231 Rz. 10; Graf-Schlicker-*Kebekus/Handschumacher*, InsO, § 218 Rz. 6; *Thies* in: HambKomm-InsR, § 218 InsO Rz. 14; a. A. Uhlenbruck-*Lüer/Streit*, InsO, § 231 Rz. 9; *Haas* in: HK-InsO, § 231 Rz. 2; Braun-*Braun/Frank*, InsO, § 218 Rz. 10; *Spahlinger* in: KPB, InsO, § 231 Rz. 8; *Bähr* in: Mohrbutter/Ringstmeier/Meyer, Hdb. Insolvenzverwaltung, Kap. 14 Rz. 131.

solvenzplans verringert das Risiko einer Zurückweisung und beschleunigt das Insolvenzplanverfahren.[132]

121 Es bietet sich an, in einem **persönlichen Gespräch mit dem Richter** die Eckpunkte des Plankonzepts und die Resonanz der ersten Ansprache der Beteiligten zu besprechen. Viele Gerichte sind offen für ein solches Vorgespräch. Handelt es sich um einen reinen Schuldnerplan in Eigenverwaltung, nehmen an diesem Vorgespräch idealerweise die Geschäftsführer, der (vorläufige) Sachwalter und ggf. der Sanierungsberater teil. Dabei bietet es sich an, einen direkten Gesprächsfaden zwischen Schuldnerberater und dem Gericht aufzubauen, weil Einzelfragen des Gerichts dann von dem Planersteller unmittelbar beantwortet werden können. Die Bereitschaft der Gerichte hierzu ist in der Praxis unterschiedlich. Manche Gerichte bevorzugen die ausschließliche Kommunikation über den (vorläufigen) Sachwalter.[133]

122 In diesem Vorgespräch sollten auch **der Zeitpunkt für die Einreichung des finalen Insolvenzplans** als auch der Abstimmungstermin mit dem Richter besprochen werden.

123 Zur Gewährleistung eines zügigen Planverfahrens bietet es sich an, mit dem Gericht einen möglichst frühen Berichts- und Prüfungstermin zu besprechen.[134] Der Berichts- und Prüfungstermin kann frühestens zwei Wochen nach Bekanntmachung der Eröffnung des Insolvenzverfahrens stattfinden (§§ 28 Abs. 1 Satz 2, 29 Abs. 1 Nr. 2, 30, 9 Abs. 1 Satz 3 InsO). Wenn es Umfang und Komplexität des Insolvenzverfahrens erlauben, ist möglichst ein **einheitlicher Berichts-, Prüfungs-, Erörterungs- und Abstimmungstermin** anzusetzen.

124 Im Vorgespräch sollte mit dem Richter besprochen werden, ob dieser auch am Berichts- und Prüfungstermin teilnimmt. Nach § 18 Abs. 1, Abs. 2 RpflG ist für die Leitung des Berichts- und Prüfungstermins zwar nach wie vor der Rechtspfleger zuständig. Da allerdings das Ergebnis des Prüfungstermins unmittelbar Auswirkung auf das Stimmrecht der Gläubiger hat, lassen sich durch die Teilnahme des Richters am Prüfungstermin (die jederzeit möglich ist, vgl. § 18 Abs. 2 RpflG) plötzlich im Abstimmungstermin aufkommende Fragen über das Stimmrecht vermeiden.[135]

125 Schließlich gilt es im Vorgespräch zu klären, ob der Insolvenzplan nach Finalisierung **„informell" als Entwurf** eingereicht werden kann. Dadurch können Beanstandungen effizient auf kurzem Wege beseitigt und die Zurückweisung nach § 231 InsO vermieden werden. Einige Gerichte sind jedoch nur bereit, den Insolvenzplan i. R. einer „offiziellen" Einreichung zu den Gerichtsakten zu prüfen.[136]

126 Für die weitere Kommunikation im Insolvenzplanverfahren sollte dem Richter die Möglichkeit eröffnet werden, an zukünftigen **Gläubigerausschusssitzungen** teilzunehmen. Eine Einladung des Richters zur Gläubigerausschusssitzung ist jedenfalls für den Termin geboten, in dem den Mitgliedern des Gläubigerausschusses der Insolvenzplan – ggf. gemeinsam mit dem Betriebsrat – vorgestellt wird.[137] Dem Richter wird dadurch die Möglichkeit geboten, sich frühzeitig ein Bild über die Annahmefähigkeit des Insolvenzplans zu machen und den Verlauf der Planentwicklung zu verfolgen. Etwaige Hindernisse oder

---

132) *Bähr* in: Mohrbutter/Ringstmeier/Meyer, Hdb. Insolvenzverwaltung, Rz. 148; *Horstkotte*, ZInsO 2014, 1297; *Buchalik/Stahlschmidt*, ZInsO 2014, 1144, 1145.

133) *Buchalik/Stahlschmidt*, ZInsO 2014, 1144.

134) *Buchalik/Stahlschmidt*, ZInsO 2014, 1144.

135) *Buchalik/Stahlschmidt*, ZInsO 2014, 1144.

136) *Buchalik/Stahlschmidt*, ZInsO 2014, 1144.

137) *Bähr* in: Mohrbutter/Ringstmeier/Meyer, Hdb. Insolvenzverwaltung, Rz. 148; *Buchalik/Stahlschmidt*, ZInsO 2014, 1144, 1145.

Verständnisschwierigkeiten können „im Dialog“ mit dem Gläubigerausschuss ausgeräumt werden.

VIII. Fertigstellung des finalen Insolvenzplans

127 Unter Berücksichtigung der i. R. der Abstimmung des Insolvenzplans mit den Beteiligten erhaltenen Resonanz kann der finale Insolvenzplan erstellt werden.

128 Hat das Gericht i. R. des Vorgespräches die Bereitschaft erklärt, den Insolvenzplan zunächst als Entwurfsversion zur informellen Vorprüfung entgegenzunehmen (siehe Rz. 125), kann der finale Insolvenzplan dem Insolvenzgericht vorab zur Durchsicht übersandt werden.

129 § 232 InsO sieht vor, dass das Insolvenzgericht nach Einreichung und Vorprüfung dem Gläubigerausschuss, dem Betriebsrat, dem Sprecherausschuss der leitenden Angestellten und bei einem Schuldnerplan zusätzlich dem Verwalter zur Stellungnahme vorlegt.

Praxishinweis

Zur Beschleunigung des Verfahrens bietet es sich an, vor Einreichung des Insolvenzplans die Stellungnahmen einzuholen und Anlagen zum Insolvenzplan beizufügen. Das Gericht muss ergänzende Stellungnahmen in diesem Fall nur dann einholen, wenn der Insolvenzplan wegen gerichtlicher Beanstandungen geändert wurde.[138)]

E. Einreichung des Insolvenzplans beim Insolvenzgericht

I. Zeitpunkt der Planvorlage

130 Es stellt sich die Frage, welches der richtige Zeitpunkt für die Einreichung des Insolvenzplans bei Gericht ist. Von Rechts wegen werden bereits Grenzen für den frühestmöglichen Zeitpunkt gesetzt. Ein Schuldnerplan kann bereits zusammen mit dem Insolvenzeröffnungsantrag eingereicht werden (§ 218 Abs. 1 Satz 2 InsO). Ein Verwalterplan kann hingegen erst nach Eröffnung des Insolvenzverfahrens eingereicht werden, weil der vorläufige Insolvenzverwalter nach § 218 Abs. 1 Satz 1 Alt. 1 InsO nicht zur Vorlage des Insolvenzplans berechtigt ist (siehe ausführlich § 4 Rz. 19 ff. [*Beck/Pechartscheck*]).

131 Idealerweise wird ein **Schuldnerplan** kurz **vor der Entscheidung des Insolvenzgerichts über die Eröffnung des Insolvenzverfahrens** und ggf. die Anordnung der Eigenverwaltung eingereicht. Die Phase des Eröffnungsverfahrens kann einerseits genutzt werden, um den Insolvenzplan mit den wesentlichen Beteiligten abzustimmen, andererseits um die Prämissen der dem Insolvenzplan zugrunde liegenden Unternehmensplanung zu überprüfen. Stellt sich nach Einreichung des Insolvenzplans heraus, dass die Unternehmensplanung unzutreffend war, kann dies zu irreparablem Misstrauen der Gläubiger führen.[139)]

132 Eine Einreichung noch vor Eröffnungsbeschluss ermöglicht es, einen **einheitlichen Berichts-, Prüfungs-, Erörterungs- und Abstimmungstermin** im Eröffnungsbeschluss festzulegen (vgl. §§ 236 Satz 2, 29 Abs. 2 Satz 1 InsO). Dadurch kann der Schuldner auch gegenüber seinen Vertragspartnern deutlich machen, dass eine Sanierung des Unternehmens konkret eingeleitet wurde. Die Einreichung des Insolvenzplans ist dabei wesentlicher „Milestone“ im Sanierungsprozess, schafft Vertrauen in die Unternehmensfortführung und dämpft die durch die Insolvenz entstehende Unruhe.[140)]

138) K. Schmidt-*Spliedt*, InsO, § 232 Rz. 4.

139) So auch *Rendels/Zabel*, Insolvenzplan, Rz. 396.

140) *Bähr* in: Mohrbutter/Ringstmeier/Meyer, Hdb. Insolvenzverwaltung, Kap. 14 Rz. 129.

II. Einholung von Stellungnahmen und Vorprüfung durch das Insolvenzgericht

133 Nach Vorlage des Insolvenzplans leitet das Insolvenzgericht diesen zur Stellungnahme weiter oder – falls die Stellungnahmen gemäß § 232 Abs. 1 InsO bereits als Anlagen dem Insolvenzplan beigefügt wurden – verfügt unmittelbar die Niederlegung des Insolvenzplans nebst Stellungnahmen zur Einsicht der Beteiligten in der Geschäftsstelle.

134 Führt die Vorprüfung des Insolvenzplans zu **Beanstandungen** i. S. von § 231 Abs. 1 Nr. 1–3 InsO, weist das Insolvenzgericht den Insolvenzplan von Amts wegen zurück. Dem Insolvenzgericht ist die Prüfung der wirtschaftlichen Zweckmäßigkeit und der Erfolgsaussicht des vorgelegten Plans jedoch verwehrt. Die Beurteilung der **Zweckmäßigkeit ist Sache der Gläubiger**. Nach der Vorstellung des Gesetzgebers darf das Insolvenzgericht den Insolvenzplan deshalb nur in „offensichtlichen" Fällen gemäß § 231 Abs. 1 Satz 1 Nr. 2 und Nr. 3 zurückweisen. Soweit es um Ansprüche der Plangläubiger geht, entscheiden die Gläubiger, demgegenüber obliegt die Sorge um die Deckung der Verfahrenskosten vorrangig dem Insolvenzgericht und nicht den Gläubigern.[141)] Beanstandet das Insolvenzgericht inhaltliche Mängel, die behebbar sind, setzt es dem vorlegenden Schuldner oder Insolvenzverwalter unter Hinweis auf den Mangel eine Frist zur Nachbesserung des Plans (siehe ausführlich § 14 Rz. 107 [*Laroche*]). Um eine in dieser Phase des Insolvenzplans verursachte Verfahrensverzögerung zu verhindern, ist eine Vorbesprechung des Insolvenzplans und informelle Einreichung eines Entwurfs dringend zu empfehlen, falls eine solche Gerichtspraxis beim jeweiligen Gericht besteht.

III. Niederlegung (§ 234 InsO) und Antrag auf Aussetzung (§ 233 InsO)

135 Die gerichtliche Vorprüfung endet mit der Niederlegung des Insolvenzplans in der Geschäftsstelle des Gerichts zur Einsicht der Beteiligten (§ 234 InsO). Mit der Niederlegung soll den Beteiligten ermöglicht werden, sich zur Vorbereitung auf den Erörterungs- und Abstimmungstermin über den Inhalt des Insolvenzplans genau zu informieren, da mit der Ladung zu diesen Terminen in der Praxis lediglich eine Zusammenfassung des wesentlichen Inhalts übersandt wird.[142)]

136 Nach § 233 InsO kann der Schuldner nach gerichtlicher Vorprüfung des Plans die Aussetzung der Verwertung und Verteilung der Insolvenzmasse beantragen, wenn eine Fortsetzung der Verwertung und Verteilung die Durchführung des Insolvenzplans gefährden würde. Dieser Aussetzungsantrag spielt in der Praxis kaum eine Rolle. Überschreitet ein vom Schuldner vorgelegter Insolvenzplan die Hürde der Vorprüfung aus § 231 InsO, wird ein Insolvenzverwalter in den seltensten Fällen mit der Verwertung und Verteilung der Insolvenzmasse beginnen.

IV. Kontaktaufnahme mit Finanzverwaltung und Gemeinden

137 Die Rolle der Finanzverwaltung ist nicht zu unterschätzen. Enthält der Insolvenzplan umfassende Forderungserlasse der Gläubiger, steht die Frage der Besteuerung des durch den Erlass entstandenen außerordentlichen Ertrags (sog. Sanierungsgewinn) im Raum (siehe § 60 Rz. 7, 14 ff. [*Witfeld*]). Da das Sanierungskonzept in der Regel nur aufgeht, wenn eine Besteuerung des Sanierungsgewinns ausgeschlossen ist, empfiehlt es sich, frühzeitig eine **verbindlich Auskunft vom Finanzamt** einzuholen, sodass diese möglichst noch zum Abstimmungstermin vorliegen.[143)]

141) BGH, Beschl. v. 22.6.2023 – IX ZR 91/22, ZRI 2023, 410 = NZI 2023, 498; *Paul*, ZInsO 2024, 1081, 1082.

142) *Bähr* in: Mohrbutter/Ringstmeier/Meyer, Hdb. Insolvenzverwaltung, Kap. 14 Rz. 164.

143) *Buchalik/Stahlschmidt*, ZInsO 2014, 1144, 1147.

Frühzeitig sollte Kontakt zum zuständigen Finanzamt aufgenommen werden. Nach Einführung der §§ 3a, 3c Abs. 4 EStG bzw. § 8 Abs. 1 KStG und § 7b GewStG ist es nunmehr zwar nicht mehr notwendig, einen Erlass der Steuern aus Billigkeitsgründen zu erreichen, ESt, KSt und GewSt auf den Sanierungsertrag gelangen nach der neuen Rechtslage vielmehr gar nicht erst zur Entstehung.[144] 138

Um Planungssicherheit zu gewährleisten, ist allerdings möglichst noch vor dem Erörterungs- und Abstimmungstermin eine verbindliche Auskunft i. S. von § 89 Abs. 2 AO des zuständigen Finanzamtes zu erwirken, ob ein begünstigter Sanierungsertrag vorliegt (siehe § 60 Rz. 98 ff. [*Witfeld*]). Eine abschließende Beurteilung durch das Finanzamt wird in der Regel erst nach Einreichung des Insolvenzplans beim Insolvenzgericht möglich sein. Bei der Zeitplanung ist zu beachten, dass ab einem gewissen Umfang die zuständigen OFD i. R. der verbindlichen Auskunft einbezogen werden, sodass mit dieser in der Regel nicht vor Ablauf von zwei Monaten zu rechnen ist.[145] Lassen sich die verbindlichen Auskünfte des Finanzamtes nicht bis zum Abstimmungstermin einholen, ist deren Vorlage ggf. als **Bedingung für die gerichtliche Bestätigung** (§ 249 InsO) im gestaltenden Teil des Insolvenzplans aufzunehmen (siehe § 8 Rz. 422 [*Brünkmans*]). 139

Es empfiehlt sich jedoch, bereits vorher mit dem Finanzamt Kontakt aufzunehmen. Bei komplexen Sanierungsplänen macht es Sinn, dem Finanzamt vorab den Planentwurf zu übersenden und Einzelheiten in einem persönlichen Gespräch zu erläutern. Vorher sollte jedoch gewährleistet sein, dass noch ausstehende Steuererklärungen abgegeben, jedenfalls zeitnah erstellt werden.[146] 140

V. Vorbereitung des Erörterungs- und Abstimmungstermins

Auch wenn die Leitung der Gläubigerversammlung gemäß § 235 ff. InsO Aufgabe des Richters ist (§ 18 Abs. 1 Nr. 2 RPflG), sollte der Planersteller den Erörterungs- und Abstimmungstermin sorgfältig vorbereiten. 141

Besonderes Augenmerk ist auf die **Ladung zum Erörterungs- und Abstimmungstermin** zu richten. In der öffentlichen Bekanntmachung (§ 235 Abs. 2 Satz 1 InsO) und in den Ladungen zum Termin (§ 235 Abs. 3 InsO) empfiehlt es sich, besonders darauf hinzuweisen, dass dem Plan spätestens im Abstimmungstermin schriftlich oder zu Protokoll widersprochen werden und der Beteiligte im Abstimmungstermin gegen den Insolvenzplan stimmen muss, falls er sich gegen den Insolvenzplan mit der sofortigen Beschwerde zur Wehr setzen möchte. 142

Dadurch wird die Möglichkeit eines Rechtsmittels gegen den Insolvenzplan zugunsten einer zügigen Aufhebung des Insolvenzverfahrens eingeschränkt (§ 253 Abs. 3 InsO).[147] 143

Das Gericht wird nach §§ 8 Abs. 3, 253 InsO in der Regel den Sachwalter mit der Zustellung der gerichtlichen Ladung der Beteiligten zum Erörterungs- und Abstimmungstermin beauftragen. Es sollte aus Kostengründen von der Möglichkeit Gebrauch gemacht werden, anstelle des gesamten Insolvenzplans den Beteiligten eine Zusammenfassung zu übersenden (§ 235 Abs. 3 Satz 2 Alt. 2 InsO). Komplexität und rechtlich gebotene formale Darstellung des Insolvenzplans führen häufig dazu, dass dieser bei manchen Gläubigern nicht unbedingt zur Aufklärung beiträgt. Eine kurze **prägnante Zusammenfassung des Plans** wird für die meisten Beteiligten dem Informationszweck eher gerecht.[148] Der voll- 144

144) *Hasbach*, DB 2019, 871, 872 f.

145) *Buchalik/Stahlschmidt*, ZInsO 2014, 1144, 1147.

146) *Rendels/Zabel* in: Kübler/Bork/Prütting, HRI II, § 45, S. 1320.

147) *Bähr* in: Mohrbutter/Ringstmeier/Meyer, Hdb. Insolvenzverwaltung, Kap. 14 Rz. 173.

148) *Buchalik/Stahlschmidt*, ZInsO 2014, 1144, 1148.

ständige Insolvenzplan nebst Anlagen kann neben der Hinterlegung auf der Geschäftsstelle des Insolvenzgerichts zusätzlich auf die Homepage des Sachwalters oder Sanierungsberaters zur Ansicht mittels eines Passwortes eingestellt werden. Darauf und auf das Passwort ist in der Ladung hinzuweisen.[149)]

145 Nach der Ladung zum Abstimmungstermin bietet es sich an, dass Schuldner und Sanierungsberater **Kontakt zu den Gläubigern** aufnehmen. Strategisch wichtige Gläubiger sind persönlich anzusprechen und von den Vorteilen des Insolvenzplans zu überzeugen, falls diese nicht bereits in der Vorbereitungsphase angesprochen wurden (siehe Rz. 112, 115). Im Übrigen sollten alle Gläubiger nach Zustellung der gerichtlichen Ladung in einem **gemeinsamen Schreiben von Schuldner und Sanierungsberater angeschrieben** werden. Es empfiehlt sich, in diesem Anschreiben unter Angabe der Quote die Eckpunkte des Insolvenzplans zu skizzieren.

146 Insbesondere Gläubiger mit geringem Forderungsvolumen scheuen den zeitlichen Aufwand, der mit einer persönlichen Teilnahme am Abstimmungstermin verbunden ist. Kommt es für die Annahme des Insolvenzplans nach der Vorbesprechung mit den strategischen Gläubigern auch auf die Zustimmung der Gläubiger mit geringem Forderungsvolumen an, kann es sich empfehlen, bei diesen anzuregen, einen **Stimmrechtsvertreter** einzusetzen. Dem Anschreiben sollte dann eine gebundene Stimmrechtsvollmacht beiliegen, welche nur noch vom Gläubiger auszufüllen und möglichst im Original dem Stimmrechtsvertreter noch vor dem Abstimmungstermin zu übersenden ist. In der Praxis hat sich die Bevollmächtigung eines insolvenzerfahrenen Rechtsanwaltes als Stimmrechtsvertreter bewährt. Im Hinblick auf das standesrechtliche Verbot der Wahrnehmung widerstreitender Interessen (§ 43a Abs. 4 BRAO) empfiehlt es sich, dass der Stimmrechtsvertreter weder aus der Kanzlei des Sachwalters noch aus der des Sanierungsberaters stammt.[150)] Die Vollmacht sollte sich dabei auch auf etwaige im Erörterungstermin ggf. noch notwendig werdende Änderungen am Plan erstrecken.[151)]

147 Die Stimmrechtsvollmachten des Stimmrechtsvertreters sollten dem Gericht bereits vorab übersandt werden. Anhand des Rücklaufes der Vollmachten und der Resonanz der individuellen Ansprache der Gläubiger kann auf Basis einer Tabelle eine sog. „Wasserstandsliste" erstellt werden, um das **Abstimmungsergebnis zu prognostizieren.** Falls nötig, sind noch „Maßnahmen zur Mehrheitsbeschaffung", wie etwa individuelle Ansprache von Gläubigern, einzuleiten.

148 Wird ein gemeinsamer Berichts-, Prüfungs-, Erörterungs- und Abstimmungstermin anberaumt, ist eine gute Vorbereitung und straffe Versammlungsleitung dringend geboten. Insbesondere der **Umgang mit bestrittenen Forderungen** ist besonders vorzubereiten. Eine weitgehende Prüfung, ein abschließendes Bestreiten und ein kurzer Vermerk des Sachwalters für das Gericht sind hilfreich, sodass das Gericht bei fehlender Einigung (§§ 237 Abs. 1 Satz 1, 238 Abs. 1 Satz 3, 77 Abs. 2 InsO) zügig die Stimmrechte festsetzen kann. Langwierige Diskussionen über die – strategisch bedeutende – Frage der Stimmrechtsfestsetzung im Abstimmungstermin können dadurch verhindert werden.

F. Erörterungs- und Abstimmungstermin

149 Wird der Erörterungs- und Abstimmungstermin am gleichen Tag unmittelbar im Anschluss an den Berichts- und Prüfungstermin abgehalten, ist auf eine straffe Versammlungsleitung zu achten. Hier bietet sich etwa die Einteilung Berichts- und Prüfungstermin

149) *Buchalik/Stahlschmidt*, ZInsO 2014, 1144, 1149.

150) *Buchalik/Stahlschmidt*, ZInsO 2014, 1144, 1148.

151) *Bähr* in: Mohrbutter/Ringstmeier/Meyer, Hdb. Insolvenzverwaltung, Kap. 14 Rz. 203.

am Vormittag, Erörterungs- und Abstimmungstermin am Nachmittag nach einer Mittagspause an.

In großen Verfahren wird ein einheitlicher Termin schwer zu realisieren sein. Auch wird das örtliche AG häufig keine hinreichend großen **Räume** haben. Hier ist nach geeigneten Tagungssälen am Sitz der Schuldnerin oder des zuständigen Insolvenzgerichts Ausschau zu halten. Dabei hat das Insolvenzgericht zu berücksichtigen, wie groß voraussichtlich die Zahl der an dem Termin Teilnehmenden sein wird und dann einen Raum passender Größe zu beschaffen.[152] Die hierfür notwendigen Kosten sind Masseverbindlichkeiten.[153] 150

Bei größeren Verfahren bietet es sich an, sich an die „Best Practice" für die Organisation von Hauptversammlungen großer AG zu orientieren. Sachwalter und Sanierungsberater sollten i. R. eines **„GV-Leitfadens"** auf Fragen der Gläubiger und ggf. Anteilsinhaber vorbereitet sein. Im Rahmen der **Stimmabgabe** kann auf professionelle Anbieter für Hauptversammlungen zurückgegriffen werden. So können sich in der Hauptversammlung bewährte Techniken wie die Übertragungstechnik und Einlasskontrollen u. a. auch für den reibungslosen und effizienten Ablauf des Erörterungs- und Abstimmungstermin dienlich sein. 151

Praxishinweis

Der Sachwalter und sein Team sollten Gericht und Urkundsbeamte der Geschäftsstelle bei der Erstellung der Stimmliste (§ 239 InsO) bestmöglich unterstützen. Auf Grundlage der Stimmliste erfolgt die Abstimmung über den Insolvenzplan.

§ 235 Abs. 1 Satz 1 InsO sieht vor, dass unmittelbar nach Erörterung des Insolvenzplans und der Stimmrechte der Gläubiger über den Insolvenzplan im selben Termin abgestimmt wird. Die Abstimmung erfolgt in Gruppen (§ 243 InsO). Nach § 241 InsO kann das Insolvenzgericht ausnahmsweise einen gesonderten **Termin zur Abstimmung** über den Insolvenzplan bestimmen, wobei in diesem Fall das Stimmrecht schriftlich ausgeübt werden kann (§ 242 InsO). Von dieser Möglichkeit wird in der Praxis zu Recht zurückhaltend Gebrauch gemacht. Allenfalls bei sehr komplexen Insolvenzplänen oder nach kontroverser Diskussion im Erörterungstermin, kann eine Vertragung des Abstimmungstermins erwogen werden. Die Voraussetzungen hierfür richten sich nach § 4 InsO i. V. m. § 227 ZPO, es müssen also erheblich Gründe hierfür vorliegen, wie etwa eine erheblich längere Dauer des Erörterungstermins, die eine geordnete Abstimmung am selben Tage nicht mehr erlaubt. Gläubigervertretern sollte nicht die Möglichkeit gegeben werden, den einheitlichen Erörterungs- und Abstimmungstermin wegen fehlender interner Entscheidungsbefugnis, etwa wegen eines bestehenden Gremienvorbehalts oder einer internen Weisung der Finanzbehörden, verlegen zu lassen.[154] 152

Nach § 240 InsO sind **inhaltliche Änderungen** durch den Planverfasser im Abstimmungstermin möglich. Dies gilt jedoch nach § 240 InsO nur hinsichtlich einzelner Regelungen. Einzelheiten sind streitig. Jedenfalls dann, wenn die im Erörterungstermin gefundene Änderung zu einem vollständig anderen Plankonzept führt, wäre ein neuer Insolvenzplan vorzulegen. Sollte im Einzelfall die Annahmefähigkeit eines Plankonzepts un- 153

152) Jaeger-*Gerhardt*, InsO, § 74 Rz. 21; Graf-Schlicker-*Wipperfürth*, InsO, § 74 Rz. 18.

153) Jaeger-*Gerhardt*, InsO, § 74 Rz. 21.

154) *Bähr* in: Mohrbutter/Ringstmeier/Meyer, Hdb. Insolvenzverwaltung, Kap. 14 Rz. 197.

klar sein, ist die Einreichung eines Alternativplans[155] als vorab angekündigte Änderung nach § 240 InsO in Erwägung zu ziehen. Durch die Zusendung beider Konzepte i. R. der Ladung sind die Grundsätze eines fairen Verfahrens, welche § 240 InsO schützen möchte, in diesem Fall gewahrt.

G. Zwischen Annahme des Insolvenzplans und Planbestätigung

154 Wird der Insolvenzplan in den Gruppen mehrheitlich angenommen prüft das Gericht – ggf. unter Anwendung des Obstruktionsverbots aus § 245 InsO – die Bestätigungsfähigkeit des Insolvenzplans. Liegen keine Versagungsgründe nach §§ 250, 251 InsO vor, hat das Insolvenzgericht den Insolvenzplan zu bestätigen. Dies hat es nach § 252 Abs. 1 InsO im Abstimmungstermin oder in einem alsbald zu bestimmenden besonderen Termin zu verkünden.

155 In den meisten Fällen erfolgt die Bestätigung des Insolvenzplans i. R. eines gesonderten Termins, weil der Insolvenzplan noch Planbedingungen (§ 249 InsO) enthält, die nach dem Abstimmungstermin noch eintreten müssen oder ggf. ein Minderheitenschutzantrag nach § 251 InsO geprüft werden muss. Der Verkündungstermin für die Entscheidung über die Bestätigung des Insolvenzplans sollte in diesem Fall bereits im Abstimmungstermin festgelegt werden. Eine öffentliche Bekanntmachung dieses besonderen Verkündungstermins nach §§ 252 Abs. 1 Satz 2, 74 Abs. 2 Satz 2 InsO ist in diesem Fall entbehrlich.[156]

156 Die nach § 248 Abs. 2 InsO vorgesehene Anhörung von Insolvenzverwalter, Gläubigerausschuss und Schuldner sollte bereits unmittelbar nach der Abstimmung im Abstimmungstermin erfolgen, um eine verfahrensverzögernde schriftliche Anhörung zu vermeiden.[157]

157 Bei der Aufnahme von Planbedingungen nach § 249 InsO ist Zurückhaltung geboten. Andernfalls drängt sich der Eindruck auf, Probleme würden i. R. der Sanierung „nach hinten geschoben".[158] Sollte sich eine Planbedingung nicht realisieren, ist frühzeitig deren Verzicht zu erwägen und die erforderlichen Verzichtserklärungen von Schuldner, Sachwalter und ggf. Gläubigerausschuss einzuholen.[159]

H. Planbestätigung durch das Gericht, Rechtsmittel, Freigabeverfahren

158 Liegen die Voraussetzungen für die Bestätigung des Insolvenzplans durch das Insolvenzgericht vor (siehe § 18 Rz. 4 ff. [*Thole*]), bestätigt das Insolvenzgericht den Insolvenzplan durch Beschluss. Andernfalls versagt es die Bestätigung gestützt auf § 250 InsO oder § 251 InsO.

159 Wird der Insolvenzplan bestätigt, sieht § 252 Abs. 2 Satz 1 InsO vor, den Insolvenzgläubigern, die Forderungen angemeldet haben, und den absonderungsberechtigten Gläubigern unter Hinweis auf die Planbestätigung eine **Zusammenfassung des wesentlichen Inhalts zu übersenden**. Die Übersendung ist jedoch dann **bloße Förmelei**, wenn im Er-

155) Die Zulässigkeit der Vorlage konkurrierender Insolvenzpläne durch den gleichen Vorlageberechtigten ist umstritten. Gegen eine Zulässigkeit *Spahlinger* in: KPB, InsO, § 218 Rz. 37 ff.; Römermann-*Rühle*, InsO/InsR, § 218 InsO Rz. 47; differenzierend *Eidenmüller* in: MünchKomm-InsO, § 218 Rz. 119 ff.: sequentielle Planvorlage grundsätzlich zulässig, bei simultaner Planvorlage Unterscheidung zwischen Alternativ- (grundsätzlich unzulässig) und Eventualplänen (zulässig); für eine generelle Zulässigkeit *Thies* in: HambKomm-InsR, § 218 InsO Rz. 6.

156) *Buchalik/Stahlschmidt*, ZInsO 2014, 1144, 1149.

157) Vgl. *Pleister* in: KPB, InsO, § 248 Rz. 8; *Haas* in: HK-InsO, § 248 Rz. 6; *Rendels/Zabel*, Insolvenzplan, Rz. 476.

158) *Rendels/Zabel*, Insolvenzplan, Rz. 155.

159) Ein solcher Verzicht nebst den zum Verzicht berechtigten Organe ist allerdings ausdrücklich im Insolvenzplan zu regeln, s. § 8 Rz. 449 [*Brünkmans*].

örterungstermin keine wesentlichen Änderungen vorgenommen wurden. In diesem Fall wurde den Gläubigern bereits zusammen mit der Ladung eine Zusammenfassung übersandt. Entsprechend sollte von der Übersendung zur Vermeidung unnötiger Kosten abgesehen werden. Eine unterbliebene Übersendung ist mangels Beschwer nicht beschwerdefähig (§ 253 InsO).[160)]

Mit **Rechtskraft** des den Insolvenzplan bestätigenden Beschlusses treten die im gestalten- 160
den Teil des Insolvenzplans vorgesehenen Wirkungen ein (siehe § 23 Rz. 6 ff. [*Madaus*]). Der Bestätigungsbeschluss ist rechtskräftig mit Ablauf der Beschwerdefrist (zwei Wochen ab Verkündung, §§ 6, 262 Abs. 1, 4 InsO i. V. m. § 569 Abs. 1 Satz 1 InsO) oder rechtskräftiger Entscheidung über eine sofortige Beschwerde.[161)] Häufig gehen Beschwerden gegen den Bestätigungsbeschluss verspätet oder ohne den nach § 253 Abs. 2 Nr. 1 InsO für die Zulässigkeit der Beschwerde erforderlichen Widerspruch beim Insolvenzgericht ein. **Verspätete Beschwerden berühren die Rechtskraft des Insolvenzplans nicht.** In der Praxis ist dennoch zu beobachten, dass der Rechtskraftvermerk bis zur Entscheidung der Beschwerdekammer zurückgehalten wird. Enthält der Insolvenzplan Regelungen, die unverzüglich zum Handelsregister anzumelden sind, wie etwa Kapitalerhöhungen oder Abspaltungen (siehe § 30 Rz. 62 ff., 575 ff. [*Brünkmans*]), werden diese Strukturmaßnahmen unnötig verzögert. Auch erfolgt in der Regel die Aufhebung des Insolvenzverfahrens nach § 258 InsO nicht, wenn die Beschwerde nicht zurückgewiesen wurde. Die Erteilung des Rechtskraftvermerks sollte das Insolvenzgericht dennoch im Fall klar verfristeter Beschwerden gewährleisten. In den Fällen offensichtlich unzulässiger Beschwerden ist bei der Beschwerdekammer um Verständnis für die Dringlichkeit zu werben und die unverzügliche Zurückweisung der Beschwerden anzuregen.

Ist **sofortige Beschwerde** hingegen zulässig, kann auf Antrag des Insolvenzverwalters oder 161
eigenverwaltenden Schuldners[162)] das insolvenzrechtliche **Freigabeverfahren** nach § 253 Abs. 4 InsO eingeleitet werden. Das LG weist in diesem Fall die Beschwerde unverzüglich zurück, wenn das alsbaldige Wirksamwerden des Insolvenzplans vorrangig erscheint, weil die Nachteile einer Verzögerung des Planvollzugs nach freier Überzeugung des Gerichts die Nacheile für den Beschwerdeführer überwiegen (siehe § 21 Rz. 68 ff. [*Hirschberger*]).

I. Aufhebung des Insolvenzverfahrens

Sobald die Bestätigung des Insolvenzplans rechtskräftig ist und der Insolvenzplan nicht 162
etwas anderes vorsieht, beschließt das Insolvenzgericht die Aufhebung des Insolvenzverfahrens (§ 258 Abs. 1 InsO). Ein sorgfältig verfasster Insolvenzplan und eine **sorgfältig erstellte Liquiditätsplanung** gewährleisten eine zügige Aufhebung des Insolvenzverfahrens unmittelbar nach Rechtskraft des Insolvenzplans. Eine vor Aufhebung des Insolvenzverfahrens nach § 66 Abs. 1 Satz 1 InsO grundsätzlich erforderliche **Schlussrechnung** kann durch eine Regelung im Insolvenzplan ausgeschlossen werden (§ 66 Abs. 1 Satz 2 InsO; siehe ausführlich § 8 Rz. 658 ff. [*Brünkmans*]). Auch eine **verfahrensmäßige Ausschlussklausel**[163)] bezogen auf die nach dem Erörterung- und Abstimmungstermin angemeldeten Forderungen verhindert die Verzögerung der Verfahrensaufhebung. Viele Gerichte terminieren in diesem Fall trotz rechtskräftiger Bestätigung des Insolvenzplans einen erneuten Prüfungstermin, was die Aufhebung des Insolvenzverfahrens unnötig ver-

160) *Buchalik/Stahlschmidt*, ZInsO 2014, 1144, 1150.

161) *Huber/Madaus* in: MünchKomm-InsO, § 254 Rz. 9; Braun-*Braun/Frank*, InsO, § 254 Rz. 2; *Th. Schultze* in: Kübler/Bork/Prütting, HRI II, § 41 Rz. 2.

162) LG Berlin, Beschl. v. 14.4.2014 – 51 T 107/14 (Suhrkamp), Rz. 11, juris; *Fischer*, NZI 2013, 513, 516; differenzierend *Sinz* in: MünchKomm-InsO, § 253 Rz. 60.

163) S. dazu *Brünkmans*, ZInsO 2016, 245 ff.

zögert. Das BAG hat jüngst die Zulässigkeit rein verfahrensmäßiger Präklusionsklauseln bejaht (siehe ausführlich § 8 Rz. 579 f. [*Brünkmans*]).[164]

163 Vor Aufhebung des Insolvenzverfahrens sind nur die unstreitigen fälligen **Masseverbindlichkeiten** zu erfüllen (§ 258 Abs. 2 Satz 1 InsO). Je nach Geschäftsbetrieb ist der Nachweis, dass alle fälligen Verbindlichkeiten zum Zeitpunkt der Verfahrensaufhebung erfüllt wurden, häufig nicht einfach. In der Praxis kommt nicht nur für nicht fällige Masseansprüche der Liquiditätsplanung nach § 258 Abs. 2 InsO große Bedeutung zu. Einzelheiten für den Nachweis nach § 258 Abs. 2 InsO sind mit dem Insolvenzgericht rechtzeitig abzustimmen.

164 Auch sollte die Aufhebungsplanung nach § 258 Abs. 2 Satz 2 InsO eine **Fortbestehensprognose** i. S. von § 19 InsO enthalten, damit dem Gericht auch aufgezeigt werden kann, dass die Insolvenzgründe beseitigt und eine kurzfristige Folgeinsolvenz ausgeschlossen ist.[165] Nach einer Entscheidung des AG Hamburg ist in § 258 Abs. 1 InsO als ungeschriebenes Tatbestandsmerkmal die fortbestehende Durchführbarkeit des Insolvenzplans hineinzulesen.[166] Ergibt sich nach Rechtskraft des Bestätigungsbeschlusses, aber vor der Aufhebung des Verfahrens nach § 258 Abs. 1 InsO, dass die im Plan vorgesehenen Zahlungen vom Schuldner nicht geleistet werden können oder ein sonstiger Umstand die Undurchführbarkeit des Plans bedingt, ist das Insolvenzverfahren **entgegen dem Wortlaut** von § 258 Abs. 1 InsO **nicht von Amts wegen aufzuheben.**[167] Diese Rechtsprechung ist jedenfalls für juristische Personen und Personen i. S. von § 15a Abs. 2 InsO zu bejahen, weil ansonsten nach Aufhebung des Insolvenzverfahrens die Pflicht der Geschäftsleiter bestünde, erneut einen Insolvenzantrag zu stellen.

165 Cash-out-Pläne (siehe Rz. 103 f.) sehen häufig eine unmittelbare Auszahlung der Planquote an die Gläubiger nach Rechtskraft des Insolvenzplans und vor Aufhebung des Insolvenzverfahrens vor. So kann die **Auszahlung durch den amtierenden Sachwalter oder Insolvenzverwalter** erfolgen, wenn diese von den Gläubigern gegenüber dem Schuldner als vertrauenswürdiger erachtet werden. Alternativ kann die Auszahlung auch über den ehemaligen Insolvenzverwalter/Sachwalter als Treuhänder nach Aufhebung des Insolvenzverfahrens erfolgen (zu den Treuhandkonstruktionen siehe § 7 Rz. 98 f. [*Brünkmans*]). Zu den Wirkungen der Aufhebung des Insolvenzverfahrens siehe ausführlich § 24 Rz. 22 ff. [*Dellit*].

J. Planüberwachung

166 Im gestaltenden Teil des Insolvenzplans kann vorgesehen werden, dass die Erfüllung des Insolvenzplans nach Aufhebung des Insolvenzverfahrens überwacht wird (§ 260 Abs. 1 InsO).

167 Eine Planüberwachung ist in der Regel nur dann sinnvoll, wenn die Gläubiger i. R. eines sog. Earn-out-Plans (siehe Rz. 103 f.) aus den zukünftigen Erträgen des sanierten Unternehmens befriedigt werden. Kostenauslösende Planüberwachungen lassen sich hingegen bei einem Cash-out-Plan (siehe Rz. 103 f.) vermeiden, wenn die Planquoten noch im laufenden Insolvenzverfahren vom Insolvenzverwalter/Sachwalter an die Gläubiger ausgezahlt werden und nicht erst nach Verfahrensaufhebung vom Schuldner.[168]

---

164) BAG, Urt. v. 19.11.2015 – 6 AZR 559/14, ZIP 2016, 178 = ZInsO 2016, 220, dazu EWiR 2016, 179 *(Klasen)*; anders hingegen materielle Präklusionsklauseln, BGH, Urt. v. 7.5.2015 – IX ZB 75/14, ZInsO 2015, 1398, 1399 ff. = ZIP 2015, 1346, dazu EWiR 2015, 483 *(Spliedt)*; zu beiden Entscheidungen *Brünkmans*, ZInsO 2016, 245 ff.

165) Vgl. auch *Körner/Zabel/Rendels*, ZRI 2025, 1 ff.

166) AG Hamburg, Beschl. v. 3.2.2023 – 67e IN 20/13, ZRI 2023, 308 = ZVI 2023, 177.

167) AG Hamburg, Beschl. v. 3.2.2023 – 67e IN 20/13, ZRI 2023, 308 = ZVI 2023, 177; *Paul*, ZInsO 2024, 1081, 1083.

168) *Dellit/Titze* in: Bork/Hölzle, Hdb. Insolvenzrecht, Kap. 13 Rz. 394.

§ 3
Die Beteiligten im Insolvenzplanverfahren im weiteren Sinne

Übersicht

Literatur: *Böcker*, Das ESUG in der praktischen Anwendung im Fall Suhrkamp, ZInsO 2015, 773; *Brinkmann*, Der strategische Eigenantrag – Missbrauch oder kunstgerechte Handhabung des Insolvenzverfahrens?, ZIP 2014, 197; *Buchalik/Hiebert*, Insolvenzanfechtung und Insolvenzplan, ZInsO 2014, 109; *Ganter*, Paradigmenwandel bei der Insolvenzverwaltervergütung?, ZIP 2014, 2323; *Graeber*, Vergütungsbestimmung durch Vereinbarungen zwischen einem Insolvenzverwalter und den weiteren Beteiligten eines Insolvenzverfahrens, ZIP 2013, 916; *Hingerl*, Notwendigkeit einer Vergütungsbestimmung im Insolvenzplan?, ZIP 2015, 159; *Hölzle*, Insolvenzplan auf Initiative des vorläufigen Sachwalters im Schutzschirmverfahren – Oder: Wer erstellt und wer bezahlt den Insolvenzplan im Verfahren nach § 270b InsO?, ZIP 2012, 855; *Keller*, Bedarf es wirklich einer Reform des insolvenzrechtlichen Vergütungsrechts?, ZIP 2014, 2014; *Keller*, Gegenseitige Verträge im und nach dem Insolvenzplanverfahren, NZI 2022, 416; *Madaus*, Schutzschirme für streitende Gesellschafter? Die Lehren aus dem Suhrkamp-Verfahren für die Auslegung des neuen Insolvenzrechts, ZIP 2014, 500; *Mulert/Steiner*, Gesellschaftsrechtlich zulässige Regelungen im Insolvenz- und Restrukturierungsplan, NZG 2021, 673; *Paulus*, § 1 InsO und sein Insolvenzmodell, NZI 2015, 1001; *Priester*, Umwandlung im Insolvenzplan und gesellschaftsrechtliche Treuepflicht, in: Festschrift für Bruno M. Kübler, 2015, S. 557; *Reinhardt*, Zur Zulässigkeit von Vergütungsvereinbarungen im Insolvenzplan, ZInsO 2015, 943; *Schöttler*, Gerichtliche Bindung an Vergütungsvereinbarungen im Insolvenzplan?, NZI 2014, 852; *Schröder*, Die Vergleichs- und Regelungsbefugnis hinsichtlich § 44a InsO und § 254 Abs. 2 InsO im Insolvenzplan, ZInsO 2015, 1040; *Smid*, Vorprüfung des Insolvenzplans, insbesondere in Schutzschirm- und Eigenverwaltungsverfahren – Teil 2, ZInsO 2016, 128; *Stöber*, Strukturmaßnahmen im Insolvenzplanverfahren und gesellschaftsrechtliche Treuepflicht – der Fall Suhrkamp, ZInsO 2013, 2457; *Thole*, Treuepflicht-Torpedo? Die gesellschaftsrechtliche Treuepflicht im Insolvenzverfahren, ZIP 2013, 1937; *Westermann*, Der „Suhrkamp“-Gesellschafter unter dem Schutzschirm der Gesellschafterinsolvenz, NZG 2015, 134.

A. Überblick

Der Insolvenzplan betrifft alle am Insolvenzverfahren Beteiligten (Schuldner, Gesellschaftsorgane, Berater, Anteilsinhaber, Gläubiger, Investoren, Insolvenzgericht) in vielfältiger Weise; dies nicht erst mit seiner Rechtskraft, sondern bereits ab dem ersten Moment der 1

Einleitung eines Planvorhabens. Ausgehend von dem Begriff des „Beteiligten“ werden die in Betracht kommenden Personengruppen dargestellt und ihre Einbeziehung in einem Insolvenzplanverfahren erläutert.[1]

B. Die Beteiligten im weiteren Sinne

I. Beteiligtenbegriff

2 Orientiert man sich zunächst am Wortlaut des Gesetzes, um „den Beteiligten“ zu definieren, findet man diesen im 6. Teil der InsO u. a. in den §§ 217, 220, 221, 222, 226, 228, 231, 234, 235, 239, 241, 242, 243, 245, 248, 248a, 250, 251, 254, 254a, 254b InsO. Allerdings wird der „Beteiligtenbegriff“ bei den Regelungen zum Insolvenzplan nicht einheitlich verwendet.[2] Die InsO enthält keine Legaldefinition des Beteiligten, so dass eine Auslegung bezogen auf den Regelungsgehalt der jeweiligen Norm zu erfolgen hat.

II. Materiell Beteiligte

3 Regelungsgegenstand der Grundnormen des Insolvenzplans – den §§ 217, 220 und 221 InsO – ist die Veränderung von bestehenden Rechtspositionen. Hieraus wird von einem Teil der Literatur zutreffend gefolgert, dass nach dem Sinn und Zweck dieser Normen auf den Beteiligtenbegriff der freiwilligen Gerichtsbarkeit abzustellen ist.[3] Dieser nimmt auf den sog. **materiell Beteiligten** Bezug, also denjenigen, dessen Rechtsstellung – ggf. auch gegen den eigenen Willen – durch den Insolvenzplan geändert wird.[4] Jener Personenkreis ist damit kraft Gesetzes **(zwangsweise)**[5] Beteiligter im Planverfahren (siehe auch § 7 Rz. 23 ff. [*Brünkmans*]).

III. Formell Beteiligte

4 Hiervon zu unterscheiden sind **formell Beteiligte**, wie das Insolvenzgericht, der (vorläufige) Insolvenzverwalter, der (vorläufige) Sachwalter, der Betriebsrat und der Sprecherausschuss der leitenden Angestellten. Diesem Personenkreis kommen u. a. gemäß §§ 218 Abs. 1, Abs. 3, 231, 232, 248 ff. InsO Verfahrens-, Anhörungs- und Mitwirkungsrechte zu, ohne dass in dessen materielle Rechtsstellung eingegriffen wird.

IV. Freiwillig Beteiligte

5 Hinzutreten können ferner noch weitere Personen, die sich **freiwillig** den Regelungen des Plans unterwerfen.[6] Zu denken ist hierbei an Aussonderungsberechtigte und Massegläubiger, aber auch Investoren, Gesellschafter oder sonstige Dritte, die (zukünftig) in Rechtsbeziehung zum Schuldner und dessen Gläubigern stehen.[7]

---

1) Vgl. zu einzelnen Strömungen der Gesetzesentwicklung: *Ganter*, ZIP 2014, 2323.

2) *Eidenmüller* in: MünchKomm-InsO, § 217 Rz. 59 ff.; *Thies* in: HambKomm-InsR, § 217 InsO Rz. 12.

3) Uhlenbruck-*Lüer/Streit*, InsO, § 221 Rz. 2; *Thies* in: HambKomm-InsR, § 221 InsO Rz. 3; *Eidenmüller* in: MünchKomm-InsO, § 217 Rz. 60.

4) Uhlenbruck-*Lüer/Streit*, InsO, § 221 Rz. 2; *Thies* in: HambKomm-InsR, § 221 InsO Rz. 3; *Eidenmüller* in: MünchKomm-InsO, § 217 Rz. 60.

5) *Eidenmüller* in: MünchKomm-InsO, § 217 Rz. 60; *Balthasar* in: Kübler/Bork/Prütting, HRI II, § 22 Rz. 15; Uhlenbruck-*Lüer/Streit*, InsO, § 221 Rz. 2.

6) *Eidenmüller* in: MünchKomm-InsO, § 217 Rz. 60; *Balthasar* in: Kübler/Bork/Prütting, HRI II, § 26 Rz. 14; Uhlenbruck-*Lüer/Streit*, InsO, § 221 Rz. 2.

7) § 230 Abs. 3 InsO schützt die freiwillig Planunterworfenen durch deren Zustimmungserfordernis.

C. Einzelne Beteiligte

I. Beteiligte aufseiten des Schuldners

1. Schuldner

6 Der Schuldner, also derjenige über dessen Vermögen das Insolvenzverfahren eröffnet worden ist, wird in den §§ 1, 11 ff., 217 InsO ausdrücklich als Beteiligter genannt und zählt daher zu den **zwangsweise beteiligten Personen**. Auch wenn das Gesetz keine Rechtswohltat für den Schuldner bezweckt,[8] dient der Insolvenzplan in der Praxis vor allem zum Erhalt des Rechtsträgers und dessen Unternehmen. Gerade das Gesetz zur weiteren Erleichterung der Sanierung von Unternehmen – ESUG[9] wollte dieses Ziel nochmals stärken.[10] Hierin liegt kein Widerspruch zu dem grundsätzlichen Ziel der InsO,[11] die Gläubiger in ihrer Gesamtheit bestmöglich zu befriedigen. Durch die Sanierung mittels Insolvenzplan wird der sog. Fortführungsbonus,[12] also die Differenz zwischen Fortführungs- und Liquidationswert, aktiviert, wodurch den Gläubigern zusätzliches Befriedigungspotential erwächst. Die Beteiligung des Schuldners bewegt sich daher im **Spannungsfeld der Interessen** der Gläubiger an einer bestmöglichen Befriedigung einerseits und dem Interesse des Schuldners am eigenen Erhalt und der bestmöglichen Startposition für die Zeit nach der Insolvenz andererseits. Als Korrektiv hat der Gesetzgeber in mehreren Vorschriften, bspw. in den §§ 245, 251 InsO, allerdings vorgesehen, dass die Regelungen im Insolvenzplan keine Schlechterstellung gegenüber der Regelabwicklung bedeuten dürfen.

7 Der Schuldner ist gemäß § 218 Abs. 1 Satz 1 InsO **zur Planvorlage berechtigt**[13] und wird durch die in § 227 Abs. 1 InsO vorgesehene Haftungsbefreiung in Bezug auf sämtliche verbliebenen Insolvenzforderungen begünstigt. Diese Haftungsbefreiung gilt gemäß § 227 Abs. 2 InsO auch für die persönlich haftenden Gesellschafter, soweit es sich bei dem Schuldner um eine Gesellschaft ohne Rechtspersönlichkeit handelt. Wird ein Insolvenzplan zulässigerweise gegen den Willen des Schuldners aufgestellt, schützt ihn § 247 InsO durch die dort genannten Widerspruchsrechte. Mit diesem Regelungswerk hat der Gesetzgeber einen Anreiz für den Schuldner geschaffen, sich aktiv an der Erstellung des Insolvenzplans zu beteiligen.

2. Gesellschaftsorgane

8 Bei juristischen Personen tritt das jeweilige **Organ** für den Schuldner im Rechtsverkehr auf.

a) Widerstreitende Interessen

9 Neben der gesetzlichen Vertretung des Schuldners verfolgt das Organ naturgemäß auch eigene Belange, etwa den eigenen Arbeitsplatz zu erhalten oder einer zivilrechtlichen Haftung – ggf. gar einer strafrechtlichen Verfolgung – zu entgehen. Widerstreitende Interessen zwischen der Gesellschaft und ihren Organen sind daher nicht ausgeschlossen. Ist der Geschäftsführer zugleich Gesellschafter können Gesellschafts- und Gläubigerinteressen kollidieren.

8) Begr. RegE InsO, BT-Drucks. 12/2443, S. 91.

9) Gesetz zur weiteren Erleichterung der Sanierung von Unternehmen (ESUG), v. 7.12.2011, BGBl. I 2011, 2582.

10) RegE ESUG, BT-Drucks. 17/5712, S. 2; *Koch/de Bra* in: Gottwald/Haas, InsR-Hdb., § 66 Rz. 2 ff.

11) Vgl. *Paulus*, NZI 2015, 1001, 1003 f.

12) Vgl. zum Begriff: Uhlenbruck-*Pape*, InsO, § 1 Rz. 1.

13) Vgl. hierzu § 4 [*Beck/Pechartscheck*].

10 Ein solcher Interessenskonflikt tritt bspw. auch auf, wenn ein **geschäftsführender Gesellschafter** zur Absicherung eines Darlehens der Gesellschaft eine Sicherheit bei dem finanzierenden Kreditinstitut gestellt hat. Wird nun das Insolvenzverfahren über das Vermögen der Gesellschaft eröffnet und ein Insolvenzplan vorgelegt, so lässt das – mit der rechtskräftigen Bestätigung des Insolvenzplans eintretende – (teilweise) Erlöschen der gesicherten Hauptforderung (§ 227 Abs. 1 InsO) die Mithaft des Gesellschafters für die Verbindlichkeiten der Gesellschaft nicht entfallen; vgl. § 254 Abs. 2 Satz 1 InsO. Mit anderen Worten entlastet ein im Insolvenzplan geregelter Forderungserlass nur die Gesellschaft selbst, nicht jedoch die sicherungsgebenden Gesellschafter.[14] Der Gesellschafter muss damit rechnen, dass ihn der sicherungsnehmende Gläubiger nach Abschluss des Insolvenzplanverfahrens in voller Höhe der Gesellschaftersicherheit in Anspruch nimmt.[15] Der Regressanspruch des sicherungsgebenden Gesellschafters gegen den Schuldner ist nachrangig i. S. des § 39 Abs. 1 Nr. 5 InsO[16] und kann zudem gemäß § 254 Abs. 2 Satz 2 InsO ohnehin nur in der Höhe geltend gemacht werden, in der dem Gläubiger seine Forderung gemäß Insolvenzplan erhalten geblieben ist („Regresssperre").[17] Unter diesen Umständen wird ein sicherungsgebender Gesellschafter-Geschäftsführer wohl kein gesteigertes Interesse daran haben, bereits bei (nur) drohender Zahlungsunfähigkeit – also ohne eine entsprechende Antragspflicht aus § 15a Abs. 1 InsO – ein Insolvenzverfahren einzuleiten. Vielmehr steht hier sein persönliches Interesse an einem „Weiterwirtschaften" (ggf. durch die Stellung zusätzlicher, persönlicher Sicherheiten) dem Interesse der Gesellschaft an einer frühzeitigen Einleitung eines Insolvenz(plan)verfahrens zu Sanierungszwecken entgegen.

11 Dritte, die für den Schuldner eine Sicherheit gestellt haben, sind keine Beteiligten des Insolvenzplanverfahrens.[18] Von der Regelung des § 254 Abs. 2 Satz 1 InsO kann daher nur durch Individualvereinbarung mit dem jeweiligen Gläubiger oder nach dessen Zustimmung zu einem Insolvenzplan, der einen Schulderlass auch gegenüber dem Sicherungsgeber vorsieht, abgewichen werden.[19] Durch die Einführung des § 217 Abs. 2 InsO zum 1.1.2021[20] wird von dem vorgenannten Grundsatz abgewichen. Die Neuregelung soll die Sanierung von **Unternehmensgruppen** erleichtern und **gruppenintern** gestellte **Sicherheiten** in die Restrukturierung einbeziehen.[21] Der Eingriff in gruppeninterne Drittsicherheiten ist gemäß § 223a InsO angemessen zu entschädigen. Nach § 222 Abs. 1 Satz 2 Nr. 5 InsO ist für die Inhaber von Rechten aus gruppeninternen Drittsicherheiten eine eigne Gruppe zu bilden.

14) Ahrens/Gehrlein/Ringstmeier-*Silcher*, InsR, § 254 InsO Rz. 12.

15) *Schröder*, ZInsO 2015, 1040, 1042. Die sicherungsnehmende Bank kann im Insolvenzverfahren über das Vermögen der Gesellschaft gemäß § 44a InsO nur insoweit (anteilige) Befriedigung aus der Insolvenzmasse verlangen, als sie bei der Inanspruchnahme der Sicherheit ausgefallen ist (sog. Nachrangkonzept).

16) *Lüdtke* in: HambKomm-InsR, § 39 InsO Rz. 45, 50.

17) Uhlenbruck-*Lüer/Streit*, InsO, § 254 Rz. 21, wonach der Drittschuldner das Ausfallrisiko i. H. der die Planquote übersteigenden Gläubigerbefriedigung zu tragen hat.

18) OLG Dresden, Urt. v. 18.12.2012 – 13 U 1032/12, ZIP 2013, 1341.

19) OLG Dresden, Urt. v. 18.12.2012 – 13 U 1032/12, ZIP 2013, 1341, 1342; ähnlich *Thies* in: HambKomm-InsR, § 254 InsO Rz. 9, der eine „ausdrückliche Zustimmung nach Maßgabe des § 230 Abs. 3 InsO" fordert.

20) Eingeführt durch das Gesetz zur Fortentwicklung des Sanierungs- und Insolvenzrechts (Sanierungs- und Insolvenzrechtsfortentwicklungsgesetz – SanInsFoG), v. 22.12.2020, BGBl. I 2020, 3256.

21) *Geiwitz/v. Danckelmann* in: BeckOK-InsO, § 217 Rz. 35.

b) Haftungsregelung im Insolvenzplan

Ob die Haftung des Geschäftsführers (oder Gesellschafters) in einem Insolvenzplan geregelt werden kann, wurde – soweit ersichtlich – noch nicht höchstrichterlich geklärt. Allerdings sollen von einigen Insolvenzgerichten Insolvenzpläne, welche einen Verzicht auf die Geltendmachung entsprechender Ersatzansprüche vorsahen, gar nicht erst zur Abstimmung angenommen worden sein, da diese mit der Pflicht des Insolvenzverwalters zur bestmöglichen Verwertung der Insolvenzmasse kollidieren würden.[22] Dies dürfte im Ergebnis nicht richtig sein. Nach zutreffender Ansicht sind **Haftungsansprüche der Gesellschaft** gegen die Gesellschafter (z. B. nach § 64 Satz 1 GmbHG a. F. nun §§ 15a, 15b InsO) plandispositiv, so dass in einem Insolvenzplan durch Aufnahme eines Verzichts oder einer Abgeltungsklausel bestimmt werden kann, diese aus sachlichen oder wirtschaftlichen Gründen nicht geltend zu machen.[23] Ausführlich dazu siehe unten § 11 [*Thole*]. Eine solche Bestimmung in einem Insolvenzplan ist nicht insolvenzzweckwidrig, wenn die Gläubiger bei einer wirtschaftlichen Betrachtungsweise ohne Durchsetzung der Ansprüche im Ergebnis voraussichtlich besserstehen, als sie im Fall der regulären Verfahrensabwicklung samt Verwirklichung der Ansprüche stünden.[24] Ohnehin wird eine Planlösung, die einen Verzicht auf die Durchsetzung der Ansprüche des Schuldners vorsieht, in der Praxis nur dann die Zustimmung der Gemeinschaft der Gläubiger finden, wenn hiermit entsprechende wirtschaftliche Vorteile für diese verbunden sind. 12

Etwas anderes gilt für **Ansprüche Dritter** gegen die Gesellschafter des Schuldners. Diese stehen nicht zur Disposition der Gläubigergemeinschaft, so dass eine Regelung hierüber im Insolvenzplan ausscheidet. 13

c) Aufsichtsrat

Der **Aufsichtsrat**, gemäß § 111 Abs. 1 AktG Kontrollorgan der Geschäftsführung, ist im Planverfahren zu beteiligen, wenn die Handlungen der Geschäftsführung seinen Wirkungskreis berühren. Hiervon zu trennen ist die Frage, welche Auswirkung die Insolvenzeröffnung und die Rechtskraft des Insolvenzplans auf den bestehenden Aufsichtsrat haben. Insoweit kann festgehalten werden, dass allein durch die Eröffnung des Insolvenzverfahrens sowie durch die Rechtskraft des Insolvenzplans das Kontrollorgan nicht abberufen wird. 14

> **Praxishinweis**
>
> Rein tatsächlich wird ein erfolgreiches Planverfahren bei einer damit einhergehenden veränderten Gesellschafterstruktur zu einer Neubesetzung des Aufsichtsrats führen.

3. Anteilsinhaber (oder „Insolvenzrecht vs. Gesellschaftsrecht“)

War für die Einbeziehung der Anteils- und Mitgliedschaftsrechte der am Schuldner beteiligten Personen vor dem ESUG noch die Abgabe entsprechender, dem Insolvenzplan gemäß § 230 InsO beizufügender Willenserklärungen („freiwillige Planunterwerfung“) erforderlich, ist dies nun ohne oder gar gegen deren Willen möglich; vgl. § 225a Abs. 1 InsO (siehe ausführlich § 7 Rz. 32, 75 f.; § 29 Rz. 9 ff. [*Brünkmans*])[25]. Der hiermit verbundene 15

---

22) Die Zulässigkeit einer solchen Regelung bejahend: Ahrens/Gehrlein/Ringstmeier-*Silcher*, InsR, § 217 InsO Rz. 38.

23) Ebenso *Buchalik/Hiebert*, ZInsO 2014, 109, 115.

24) *Buchalik/Hiebert*, ZInsO 2014, 109, 115, wonach die Plandispositivität der Haftungsansprüche nicht dazu führen darf, dass einzelnen (Groß-)Gläubigern hierdurch unberechtigte Vorteile verschafft werden.

25) Vgl. zu den gesellschaftsrechtlich zulässigen Regelungen im Insolvenzplan auch: *Mulert/Steiner*, NZG 2021, 673.

Eingriff in die Eigentumsrechte der Anteilsinhaber soll unter Berücksichtigung der ebenfalls grundrechtlich geschützten Belange der Gläubiger und des Gemeinwohls gerechtfertigt sein.[26)] Zudem werden die bisherigen Anteilsinhaber durch die Gewährung von Mitwirkungsrechten (vgl. § 222 Abs. 1 Satz 2 Nr. 4 InsO) in das Insolvenzplanverfahren miteinbezogen und haben als Beteiligte die Möglichkeit, sich mit Rechtsmitteln (§§ 251, 253 InsO) gegen den Insolvenzplan zu wehren.[27)] Aus wirtschaftlicher Sicht sind die Anteile in der Insolvenz ohnehin regelmäßig wertlos.[28)] Durch die Aufgabe des Mitwirkungserfordernisses der am Schuldner beteiligten Personen hat der Gesetzgeber erhebliches Blockadepotential der Gesellschafter abgebaut.[29)]

16 In diesem Zusammenhang soll auch das Insolvenzverfahren über das Vermögen der *Suhrkamp Verlag GmbH & Co. KG* erwähnt werden. Hier wurde auf Grundlage des § 225a InsO die Umwandlung der Gesellschaft in eine AG unter weitgehendem Ausschluss des Minderheitengesellschafters vollzogen. Hierzu legte die KG einen Insolvenzplan vor, der u. a. den Formwechsel der KG in eine AG sowie in deren Gründungssatzung ein genehmigtes Kapital mit Bezugsrechtsausschluss vorsah. Der Insolvenzplan wurde in der Gläubigerversammlung gegen die Stimmen des Minderheitengesellschafters angenommen.

17 In der insolvenzrechtlichen Literatur wurde dieses Vorgehen zum Teil als **rechtsmissbräuchlich und Verstoß gegen die gesellschaftsrechtliche Treuepflicht**[30)] angesehen.[31)] Teilweise sah man darin aber auch einen **notwendigen Ausweg** zur Lösung eines alleine mit dem Gesellschaftsrecht nicht mehr zu bewerkstelligenden Konflikts.[32)] So sei die Einleitung eines Insolvenzverfahrens zum Zwecke der Auflösung eines Gesellschafterkonflikts jedenfalls dann nicht rechtsmissbräuchlich, wenn der Gesellschafterkonflikt schlüssig vorgetragen wurde, er die **Handlungsfähigkeit der Gesellschaft konkret gefährde** und erfolgversprechende außerinsolvenzrechtliche Maßnahmen nicht zur Verfügung stünden.[33)] Anschaulich weist *Thole* darauf hin, dass der (durch das ESUG gestärkte) Sanierungszweck eines Insolvenzverfahrens nicht durch einen „Treuepflicht-Torpedo" untergraben werden dürfe.[34)]

18 Das OLG Frankfurt a. M. stellte in der *„Causa Suhrkamp"* ebenfalls fest, dass in das mit dem ESUG geschaffene Kompetenzgefüge, welches Eingriffe in die Rechte der Anteilseigner ausdrücklich zulässt, nicht durch die Geltendmachung vermeintlicher gesellschaftsrechtlicher Treuepflichten eingegriffen werden dürfe.[35)] Ein vonseiten des Minderheitengesellschafters gestellter Antrag auf Erlass einer einstweiligen Anordnung zur vorläufigen Verhinderung des Eintritts der Wirkungen des Insolvenzplans und der Eintragung der neuen Rechtsform in das Handelsregister sowie eine Verfassungsbeschwerde wegen der treuwidrigen Herbeiführung des Insolvenzverfahrens und der Unvereinbarkeit der Einbe-

---

26) *Thies* in: HambKomm-InsR, § 225a InsO Rz. 9 m. w. N.

27) *Jaffé* in: FK-InsO, § 225a Rz. 28.

28) Begr. RegE ESUG, BT-Drucks. 17/5712, S. 32.

29) *Jaffé* in: FK-InsO, § 225a Rz. 37; *Thies* in: HambKomm-InsR, § 225a InsO Rz. 47.

30) Vgl. hierzu *Priester* in: FS Kübler, S. 557, 561 ff.

31) *Brinkmann*, ZIP 2014, 197, 200; *Stöber*, ZInsO 2013, 2457, 2460.

32) *Madaus*, ZIP 2014, 500 ff.

33) *Madaus*, ZIP 2014, 500, 508.

34) *Thole*, ZIP 2013, 1937, 1941; **a. A.** *Stöber*, ZInsO 2013, 2457, 2466, der einen (absoluten) Vorrang des Insolvenzrechts vor dem Gesellschaftsrecht – und hier insbesondere der gesellschaftsrechtlichen Treuepflicht – ablehnt.

35) OLG Frankfurt/M., Beschl. v. 1.10.2013 – 5 U 145/13, ZIP 2013, 2018, 2020, dazu EWiR 2013, 753 *(Bähr/Schwartz)*; zustimmend *Böcker*, ZInsO 2015, 773, 780: „Das Insolvenzrecht hat Vorrang"; *Westermann*, NZG 2015, 134, 141: „Insolvenzrecht bricht Gesellschaftsrecht".

ziehung gesellschaftlicher Mitgliedschaftsrechte mit den Art. 9 und 14 GG hatten vor dem BVerfG **keinen Erfolg.**[36)]

4. Berater

Für das Gelingen des Planvorhabens auf Initiative des **Schuldners** ist es regelmäßig entscheidend, dass sich der Schuldner, wenn er nicht selbst – wie in aller Regel – über die erforderlichen insolvenzrechtlichen und planspezifischen Kenntnisse verfügt, umgehend sachkundig beraten lässt.[37)] Anderenfalls droht ein erheblicher Zeitverlust oder gar ein Scheitern dieses Planvorhabens.[38)] Um den Beratungsauftrag zu erfüllen sind u. a. 19

- die notwendigen Informationen zu beschaffen,
- die erlangten Informationen zu filtern und auszuwerten,
- Besprechungen mit den Beteiligten, insbesondere Gläubigern, Gesellschaftern und der Insolvenzverwaltung abzuhalten,
- rechtliche und steuerliche Fragen zu beurteilen,
- die betriebswirtschaftliche Machbarkeit zu klären,
- den Insolvenzplan auszuarbeiten und
- die gemäß §§ 229 f. InsO erforderlichen Plananlagen (Planbilanz, Plan-GuV, Planliquiditätsrechnung) sowie
- die Vergleichsrechnung zur Regelabwicklung zu erstellen.

Den vom Schuldner ausgewählten **Beratern** kommt somit eine herausragende Rolle für den Erfolg des Planvorhabens zu. 20

Eine wichtige Rolle spielt in diesem Zusammenhang die Frage der **Kostentragung** für die Tätigkeit der Berater. Wurde keine (vorläufige) Eigenverwaltung angeordnet, verliert der Schuldner gemäß § 80 InsO die Befugnis über die Insolvenzmasse zu verfügen oder ist auf die Zustimmung des (vorläufigen) Insolvenzverwalters angewiesen. Es stellt sich dann die Frage, ob die Masse zur Kostentragung bzw. zur Erstattung verauslagter Kosten verpflichtet ist. Der **BGH** hat dies **verneint.**[39)] Dem **stimmt** die **h. M.** in der Literatur **zu**, da es Aufgabe des Insolvenzverwalters ist, die Insolvenzmasse zu mehren und nicht noch vom Schuldner ohne Zustimmung des Verwalters begründete Verbindlichkeiten aus Massemitteln zu bezahlen.[40)] Der BGH führt jedoch gleichzeitig aus, dass im Einzelfall der vorläufige Verwalter der Beauftragung und Kostentragung der Erarbeitung eines Schuldnerinsolvenzplans zustimmen darf, wenn realistische Aussichten auf eine bessere Befriedigung der Gläubiger im Planverfahren als im Wege der Regelinsolvenz bestehen.[41)] Möglich ist auch, dass die Gläubigerversammlung die Kostentragung durch die Insolvenzmasse genehmigt.[42)] Zudem ist eine Regelung im Insolvenzplan zulässig, wonach dem Schuldner 21

36) Vgl. BVerfG, Beschl. v. 18.12.2014 – 2 BvR 1978/13, ZIP 2015, 80 ff., dazu EWiR 2015, 49 *(Bähr)*.

37) Vgl. zur notwendigen Koordination der Berater: *Rendels* in: Kübler/Bork/Prütting, HRI II, § 19 Rz. 16 ff.

38) Vgl. ausführlich zu den Erfolgsfaktoren eines Insolvenzplanverfahrens *Exner/Wittmann/Ballmann/Liebthal* in: Beck/Depré/Ampferl, Praxis der Sanierung und Insolvenz, § 43 Rz. 186 ff.

39) BGH, Urt. v. 6.12.2007 – IX ZR 113/06, Rz. 21, NJW 2008, 659, 661 = ZIP 2008, 232, dazu EWiR 2008, 409 *(Freudenberg)*.

40) Uhlenbruck-*Lüer/Streit*, InsO, § 218 Rz. 50; *Eidenmüller* in: MünchKomm-InsO, § 218 Rz. 98; *Jaffé* in: FK-InsO, § 218 Rz. 22; *Thies* in: HambKomm-InsR, § 218 InsO Rz. 5.

41) BGH, Urt. v. 6.12.2007 – IX ZR 113/06, Rz. 21, NJW 2008, 659, 661 = ZIP 2008, 232, m. Verweis auf *Jaffé* in: FK-InsO, § 218 Rz. 26.

42) *Thies* in: HambKomm-InsR, § 218 InsO Rz. 4a.

die Kosten der Planerstellung bei der rechtskräftigen Annahme des Insolvenzplans erstattet werden.[43)]

22 Anders muss die Situation im Falle der **(vorläufigen) Eigenverwaltung** bzw. im **Schutzschirmverfahren** beurteilt werden. Denn in diesen Fällen behält der Schuldner die Verwaltungs- und Verfügungsbefugnis. Da der Schuldner regelmäßig nicht selbst in der Lage ist, einen Plan auszuarbeiten, dürfen Dritte beauftragt werden; denn selbst der **Insolvenzverwalter** darf grundsätzlich Dritte mit der Ausarbeitung eines Insolvenzplans beauftragen, so dass keine Schadensersatzpflicht nach § 60 InsO oder Insolvenzrechtswidrigkeit vorliegt.[44)]

23 Zudem wird noch auf die Besonderheit hingewiesen, wenn der Berater vom **Gesellschafter** oder vom **Vertretungsorgan** der Schuldnerin beauftragt wird und in einer direkten Mandatsbeziehung zu diesen Beteiligten steht. Hier muss zumindest aufseiten des Beraters geprüft werden, ob i. S. von § 43a Abs. 4 BRAO **widerstreitende Interessen** vertreten werden, wenn „für die Schuldnerin" ein Insolvenzplan ausgearbeitet werden soll.

24 Schließlich können auch die **übrigen Beteiligten**, wie bspw. Gläubiger oder Arbeitnehmervertreter, (auf eigene Kosten) einen Berater beauftragen. Da diesen Beteiligten kein Planinitiativrecht zukommt, hat die Tätigkeit dieser Berater keine direkt gestaltende, sondern eine kommentierende Funktion.

II. Beteiligte aufseiten der Gläubiger

25 Ausgehend von den Regelungen der §§ 1, 217 InsO ist an dieser Stelle deutlich zu machen, dass das Insolvenzverfahren und damit auch der Insolvenzplan vorrangig der Befriedigung der Gläubiger dient. Gerade im Insolvenzplanverfahren kommt das Prinzip der **Gläubigerautonomie** entscheidend zum Tragen.[45)] Die Gläubiger müssen dem Planvorhaben nach dem entsprechenden Abstimmungsmodus der §§ 244 f. InsO zustimmen.

1. (Nicht nachrangige) Insolvenzgläubiger

26 Gerade die Befriedigung der **Insolvenzgläubiger** kann gemäß § 217 InsO in einem Insolvenzplan abweichend geregelt werden. Dies kann, sofern keine Schlechterstellung im Vergleich zur Regelabwicklung vorliegt, auch gegen den Willen der Insolvenzgläubiger erfolgen.[46)] Damit zählen auch die Insolvenzgläubiger zu den **zwangsweise Beteiligten**.

27 Gemäß § 224 InsO ist im gestaltenden Teil des Insolvenzplans anzugeben, um welchen Bruchteil die Forderung des jeweiligen Gläubigers gekürzt (dies kann im Einzelfall auch einen vollständigen Entfall bedeuten), für welchen Zeitraum sie gestundet, wie sie gesichert oder welchen sonstigen Regelungen sie unterworfen wird. Als sonstige Regelungen kommen u. a. der Forderungsverzicht mit Besserungsschein, der Rangrücktritt oder – unter Beachtung der §§ 225a, 230 Abs. 2 InsO – die Umwandlung von Forderungen in Eigenkapital (Debt-Equity-Swap)[47)] in Betracht (siehe hierzu unten § 30 Rz. 306 ff. [*Brünkmans*]).[48)]

---

43) Uhlenbruck-*Lüer/Streit*, InsO, § 218 Rz. 50; *Jaffé* in: FK-InsO, § 218 Rz. 24.

44) Uhlenbruck-*Lüer/Streit*, InsO, § 218 Rz. 47, 49; *Körner/Rendels* in: Kübler/Bork/Prütting, HRI II, § 20 Rz. 27 ff.

45) *Jaffé* in: FK-InsO, § 217 Rz. 5.

46) *Balthasar* in: Kübler/Bork/Prütting, HRI II, § 22 Rz. 16; Uhlenbruck-*Lüer/Streit*, InsO, § 245 Rz. 1.

47) Vgl. hierzu etwa *Schlitt/Ries* in: Theiselmann, Hdb. Restrukturierungsrecht, Kap. 9 Rz. 13 ff.

48) *Breuer* in: MünchKomm-InsO, § 224 Rz. 13 ff.; *Thies* in: HambKomm-InsR, § 224 InsO Rz. 2.

Verglichen mit einem Regelinsolvenzverfahren hat der Insolvenzplan regelmäßig höhere und frühere Quotenzahlungen an die Insolvenzgläubiger zur Folge.[49] Durch den Insolvenzplan besteht der Rechtsträger fort und die für den weiteren Betrieb des Unternehmens unerlässlichen Verträge, wie bspw. Kunden-, Lieferanten-, Miet- und Lizenzverträge, aber auch Konzessionen, öffentlich-rechtliche Bewilligungen und Genehmigungen sowie eine etwaige Börsennotierung bleiben erhalten. Wirtschaftlich unerwünschte Verträge können hingegen gemäß §§ 103 ff. InsO kurzfristig beendet bzw. mit Wirkung für die Zeit nach Aufhebung des Verfahrens modifiziert werden.[50] Hierdurch erhaltene Werte können für die Befriedigung der Insolvenzgläubiger fruchtbar gemacht werden. Im Ergebnis muss sich also der Plan – auch unter Beachtung der entstehenden Kosten durch eine ggf. gemäß § 3 Abs. 1 lit. e InsVV erhöhte Verwaltervergütung sowie durch die Beauftragung von Beratern (siehe hierzu die obigen Ausführungen in Rz. 19 ff.) – für die Gläubiger „lohnen". 28

Im Abstimmungstermin (§ 235 InsO) gewähren dem Insolvenzgläubiger die Forderungen, die angemeldet und weder vom Insolvenzverwalter noch von einem stimmberechtigten Gläubiger bestritten worden sind (§ 237 Abs. 1 Satz 1 i. V. m. § 77 Abs. 1 Satz 1 InsO), Stimmrechte. Bei Gläubigern mit gruppeninternen Drittsicherheiten, in deren Rechte eingegriffen werden soll, richtet sich die Höhe des Stimmrechts nach dem Befriedigungsbeitrag, der aus der Geltendmachung der Rechte aus der Drittsicherheit mutmaßlich zu erwarten ist (§ 238b InsO). Gläubiger mit bestrittenen oder aufschiebend bedingten Forderungen sind nur stimmberechtigt, soweit in der Gläubigerversammlung eine Einigung über das Stimmrecht erfolgt oder das Insolvenzgericht das Stimmrecht feststellt, § 277 Abs. 1 Satz 1 i. V. m. § 77 Abs. 2 Sätze 1 und 2, Abs. 3 Nr. 1 InsO. Gläubiger, deren Forderungen durch den Plan nicht beeinträchtigt werden, haben kein Stimmrecht (§ 237 Abs. 2 InsO); i. S. der obigen Definition sind sie dann keine materiell Beteiligten mehr. 29

2. Gläubigerausschuss und Gläubigerversammlung

Gebündelt werden die Interessen der Gläubiger in dem **(vorläufigen) Gläubigerausschuss** und in der **Gläubigerversammlung**. So kann die Gläubigerversammlung den Insolvenzverwalter gemäß § 218 Abs. 2 InsO mit der – wenn auch nicht konkreten[51] – Ausarbeitung eines Insolvenzplans beauftragen. Bei der Aufstellung des Insolvenzplans durch den Insolvenzverwalter wirkt sodann der Gläubigerausschuss beratend mit (§ 218 Abs. 3 InsO). Weist das Insolvenzgericht den Insolvenzplan nicht von Amts wegen zurück (§ 231 InsO), ist er gemäß § 232 Abs. 1 Nr. 1 InsO schließlich dem Gläubigerausschuss zur (weiteren) Stellungnahme zuzuleiten. Ein originäres Planinitiativrecht steht den Gläubigern weder einzeln noch im Kollektiv zu.[52] 30

49) Uhlenbruck-*Lüer/Streit*, InsO, Vor §§ 217–269 Rz. 1.

50) *Thies* in: HambKomm-InsR, § 221 InsO Rz. 10; hierzu auch *Smid/Rattunde/Martini*, Insolvenzplan, Rz. 6.37 ff., wonach dem Schuldner infolge der Verfahrensaufhebung gemäß § 258 Abs. 1 InsO auch bei einer vorangegangenen Erfüllungsablehnung durch den Insolvenzverwalter ggf. analog § 103 InsO ein Wahlrecht hinsichtlich der Erfüllung gegenseitiger, beiderseitig noch nicht vollständig erfüllter Verträge zukommt. Vgl. zum Umgang mit gegenseitigen Verträgen auch: *Keller*, NZI 2022, 416.

51) *Eidenmüller* in: MünchKomm-InsO, § 218 Rz. 16 ff.; **a. A.** wonach konkrete Vorgaben gemacht werden können: *Thies* in: HambKomm-InsR, § 218 InsO Rz. 10 f.; *Spahlinger* in: KPB, InsO, § 218 Rz. 16 ff.

52) Ein eigenes Planinitiativrecht der Gläubiger fand aus Sorge um eine Verfahrensbehinderung durch eine Vielzahl eingereichter Insolvenzpläne letztlich keinen Einzug in die InsO; vgl. *Thies* in: HambKomm-InsR, § 218 InsO Rz. 11.

3. Nachrangige Insolvenzgläubiger

31 Gemäß § 225 InsO gelten die Forderungen der **nachrangigen Insolvenzgläubiger**, also jene Insolvenzgläubiger, deren Forderungen gemäß § 39 InsO nur im Rang nach den übrigen Forderungen der Insolvenzgläubiger berichtigt werden dürfen, als erlassen, sofern der Insolvenzplan nichts anderes bestimmt. Dies rechtfertigt sich aus dem Umstand, dass die Insolvenzmasse in der Regel schon nicht ausreicht, um die Ansprüche der nicht nachrangigen Insolvenzgläubiger vollständig zu befriedigen und diesen regelmäßig nur eine Insolvenzquote zugeteilt wird. Aufgrund dessen kommt den nachrangigen Insolvenzgläubigern grundsätzlich keine entscheidende Rolle im Insolvenzplanverfahren zu. Entsprechend gering ist demnach auch ihr Ansporn, sich aktiv an dem Verfahren zu beteiligen (siehe zu den Besonderheiten bei einer in der Regelabwicklung anfallenden Quotenzahlung auf nachrangige Insolvenzforderungen unten § 9 Rz. 29 [*Beck/Pechartscheck*]).

4. Absonderungsberechtigte Gläubiger

32 Die **absonderungsberechtigten Gläubiger** sind beteiligt, sofern durch den Insolvenzplan in ihre Rechte eingegriffen wird (§ 222 Abs. 1 Satz 1 Nr. 1 InsO). Ist im Insolvenzplan nichts Abweichendes bestimmt, werden die Absonderungsrechte von dem Insolvenzplan nicht berührt (§ 223 Abs. 1 Satz 1 InsO); siehe § 10 Rz. 48 [*J. Schmidt*]. Von einem Eingriff in die Rechte der absonderungsberechtigten Gläubiger ist gemäß § 223 Abs. 2 InsO jedenfalls auszugehen, wenn deren Rechte gekürzt oder die Forderungen gestundet werden oder sich die absonderungsberechtigten Gläubiger sonstigen Regelungen unterwerfen sollen. Ein Stimmrecht bei der Abstimmung über den Insolvenzplan kommt den absonderungsberechtigten Gläubigern nur zu, soweit ihre Forderungen nicht bereits im Wege der abgesonderten Befriedigung erfüllt worden sind und der Schuldner für die offenen Forderungen auch persönlich haftet (§ 237 Abs. 1 Satz 2 InsO). Zur „Doppelstellung" der absonderungsberechtigten Gläubiger mit nur teilweise gesicherten Forderungen siehe § 9 Rz. 23 ff. [*Beck/Pechartscheck*].

5. Aussonderungsberechtigte Gläubiger

33 Die **aussonderungsberechtigten Gläubiger** sind keine Beteiligten i. S. des § 217 InsO (siehe auch § 7 Rz. 33 [*Brünkmans*]).[53] Da ihre Rechtsstellung weder durch die Insolvenzabwicklung nach Gesetz, noch durch mehrheitliche Willensbildung mittels eines Insolvenzplanes einseitig geändert wird, ist eine Einbeziehung der aussonderungsberechtigten Gläubiger nicht angezeigt.[54] Eine praktische Besonderheit ergibt sich in diesem Zusammenhang für Vertragspartner, die neben ihrer schuldrechtlichen Insolvenzforderung an einem Gegenstand der Insolvenzmasse ein Aussonderungsrecht haben, der für die Betriebsfortführung bzw. Sanierung des Unternehmens unverzichtbar ist. Zu denken ist insofern an Lieferanten mit einfachem Eigentumsvorbehalt, Vermieter oder Leasinggeber. Durch die im Insolvenzplan in Bezug auf deren Insolvenzforderungen getroffenen Regelungen sowie die zwingenden Vorschriften der §§ 103 ff. InsO kann letztlich das Recht des Schuldners zum weiteren Besitz erhalten werden.[55]

6. Massegläubiger

34 Die **Massegläubiger**, deren Ansprüche gemäß § 53 InsO aus der Insolvenzmasse vorweg zu berichtigen sind, stellen freiwillig beteiligte Personen dar. Auch im Insolvenzplanver-

53) *Jaffé* in: FK-InsO, § 217 Rz. 61.

54) *Jaffé* in: FK-InsO, § 217 Rz. 62; *Smid*, ZInsO 2016, 128, 132.

55) *Smid/Rattunde/Martini*, Insolvenzplan, Rz. 6.45 ff.

fahren werden sie nicht als Gläubigergemeinschaft zusammengefasst, sondern vielmehr individuell vorab befriedigt.[56] Zum Zwecke des Sanierungserfolges können allerdings mit individualvertraglicher Zustimmung[57] der Massegläubiger Änderungen an deren Rechtspositionen vorgenommen werden. Zu denken ist bspw. an Sozialplanansprüche oder solche aus dem Steuerschuldverhältnis. Von Bedeutung ist hier insbesondere die steuerliche Behandlung sog. Sanierungsgewinne, die nach Abschaffung des § 3 Nr. 66 EStG grundsätzlich nicht mehr von der Ertragsteuer befreit sind (siehe zu dieser komplexen steuerrechtlichen Materie und den jüngsten Entwicklungen in Rechtsprechung und Gesetzgebung unten § 60 [*Witfeld*]).

Die Abwicklung eines Insolvenzverfahrens über einen Insolvenzplan ist auch nach **Anzeige der Masseunzulänglichkeit** möglich (siehe ausführlich § 12 [*Brünkmans*]).[58] Dies stellt § 210a InsO klar, wonach bei Anzeige der Masseunzulänglichkeit die Vorschriften über den Insolvenzplan mit der Maßgabe gelten, dass an die Stelle der nicht nachrangigen Insolvenzgläubiger die Massegläubiger mit dem Rang des § 209 Abs. 1 Nr. 3 InsO treten (Nr. 1) und für die Annahme des Insolvenzplans § 246 Nr. 2 InsO entsprechend Anwendung findet (Nr. 2). Im masseunzulänglichen Verfahren können die Alt-Massegläubiger nur noch quotal befriedigt werden und nehmen daher faktisch die Stellung der Insolvenzgläubiger ein. Die Alt-Massegläubiger werden dann zu zwangsweise Beteiligten (siehe hierzu auch unten § 9 Rz. 40 [*Beck/Pechartscheck*]).[59] 35

III. (Vorläufiger) Insolvenzverwalter

1. Stellung des (vorläufigen) Insolvenzverwalters

Der (vorläufige) Insolvenzverwalter hat grundsätzlich die Aufgabe, die Interessen aller Verfahrensbeteiligten bestmöglich zu wahren.[60] Dies kann – zur Herbeiführung der bestmöglichen Gläubigerbefriedigung i. S. des § 1 InsO – auch die Vorlage eines Insolvenzplans gebieten.[61] 36

Die Rechte des (vorläufigen) Insolvenzverwalters werden durch einen Insolvenzplan grundsätzlich **nicht** berührt. § 217 Satz 1 InsO sieht lediglich vor, dass die Befriedigung der Insolvenzgläubiger, die Verwertung der Insolvenzmasse, die Verfahrensabwicklung sowie die Haftung des Schuldners in einem Insolvenzplan abweichend geregelt werden können. 37

2. Regelung zur Vergütung des Insolvenzverwalters

Ein Eingriff in die Rechte des (vorläufigen) Insolvenzverwalters kann allerdings gegeben sein, wenn dessen **Vergütung** zum Planinhalt werden soll.[62] Insofern wird diskutiert, ob und inwieweit die Aufnahme entsprechender Vergütungsregelungen in den Insolvenzplan erfolgen kann, insbesondere vor dem Hintergrund, dass in § 217 Satz 1 InsO nunmehr 38

56) *Balthasar* in: Kübler/Bork/Prütting, HRI II, § 22 Rz. 35 f.; *Haas* in: HK-InsO, § 217 Rz. 11.

57) *Balthasar* in: Kübler/Bork/Prütting, HRI II, § 22 Rz. 36.

58) *Weitzmann* in: HambKomm-InsR, § 210a InsO Rz. 3; *Kießner* in: FK-InsO, § 210a Rz. 1.

59) *Eidenmüller* in: MünchKomm-InsO, § 222 Rz. 79.

60) *Frind* in: HambKomm-InsR, § 56 InsO Rz. 40.

61) *Jaffé* in: FK-InsO, § 218 Rz. 36; *Thies* in: HambKomm-InsR, § 218 InsO Rz. 5.

62) Vgl. zur Diskussion: *Graeber*, ZIP 2013, 916; *Keller*, ZIP 2014, 2014; *Hingerl*, ZIP 2015, 159; *Reinhardt*, ZInsO 2015, 943; *Schöttler*, NZI 2014, 852.

normiert ist, dass ein Insolvenzplan auch die Verfahrensabwicklung regeln kann.[63] Nach der Rechtsprechung des BGH[64] können allerdings Inhalt eines Insolvenzplans nur Regelungen sein, die plandispositiv sind. Dies ist hinsichtlich der Vergütung nicht der Fall. Denn für die Festsetzung der Vergütung ist ein besonderes Verfahren vorgesehen, dass die Festsetzung dem Insolvenzgericht zuweist (§§ 64, 65 InsO, §§ 1 ff. InsVV).[65] Die Neuregelung des § 217 Satz 1 InsO, wonach auch die Verfahrensabwicklung abweichend von der InsO erfolgen könne, habe lediglich ein klarstellendes Ziel. Es gehe lediglich darum, Zweifel an der Zulässigkeit verfahrensleitender Insolvenzpläne zu beseitigen. Hervorgehoben wird vom BGH, dass die unabhängige Stellung des Verwalters in einem staatlichen Insolvenzverfahren vor Beeinträchtigungen zu schützen sei.[66]

Praxishinweis

Für die Praxis bedeutet dies, dass entsprechende Vergütungsregelungen nicht verbindlich aufgenommen werden können und die Festsetzung durch das Insolvenzgericht zu erfolgen hat.

IV. (Vorläufiger) Sachwalter

39 Der (vorläufige) Sachwalter übt gemäß (§ 270a Abs. 1 Satz 2 InsO i. V. m.) § 274 Abs. 2 Satz 1 InsO in erster Linie die Aufsicht und Kontrolle über den eigenverwaltenden Schuldner aus. Ein eigenes Planinitiativrecht kommt dem (vorläufigen) Sachwalter nicht zu.[67] Allerdings kann die Gläubigerversammlung den Sachwalter gemäß § 284 Abs. 1 Satz 1 InsO mit der Ausarbeitung eines Insolvenzplans beauftragen („derivatives Planinitiativrecht"). Betraut die Gläubigerversammlung stattdessen den Schuldner mit der Ausarbeitung des Insolvenzplans, so wirkt der Sachwalter gemäß § 284 Abs. 1 Satz 2 InsO hierbei jedenfalls beratend mit. Die Überwachung der ordnungsgemäßen Planerfüllung ist ebenfalls Aufgabe des Sachwalters (§ 284 Abs. 2 InsO).

Praxishinweis

Ob darüber hinaus der vorläufige Sachwalter auch durch einen vorläufigen Gläubigerausschuss mit der Ausarbeitung eines Insolvenzplans beauftragt werden kann, ist umstritten,[68] sollte jedoch aus praktischen Erwägungen zur Verfahrensbeschleunigung zugelassen werden.

V. Insolvenzgericht

40 Das Insolvenzgericht ist kein Beteiligter i. S. des § 217 InsO. Seine Aufgaben bestehen im Wesentlichen in der Vorprüfung des Insolvenzplans auf von Amts wegen zu beachtende Zurückweisungsgründe (§ 231 Abs. Satz 1 Nr. 1 bis 3 InsO), der Bestimmung eines Erörterungs- und Abstimmungstermins (§ 235 InsO), der gerichtlichen Planbestätigung

63) Für eine Zulässigkeit u. a.: LG München I, Beschl. v. 2.8.2013 – 14 T 16050/13, NZI 2013, 972; *Pleister* in: KPB, InsO, § 249 Rz. 7; gegen eine Zulässigkeit: AG Köln, Beschl. v. 6.4.2016 – 74 IN 45/15, NZI 2016, 537; Uhlenbruck-*Mock*, InsO, § 63 Rz. 76; *Büttner/Forster* in: HambKomm-InsR, § 64 InsO Rz. 10; BGH, Beschl. v. 16.2.2017 – IX ZB 103/15, NZI 2017, 260; zur Rechtslage vor dem ESUG: BGH, Beschl. v. 22.2.2007 – IX ZB 106/06, ZIP 2007, 784 = NZI 2007, 341 ff., der eine Bindungswirkung des Vergütungsansatzes aus dem Plan für das Vergütungsfestsetzungsverfahren verneint hat.

64) BGH, Beschl. v. 22.2.2007 – IX ZB 106/06, ZIP 2007, 784 = NZI 2007, 341 ff.

65) BGH, Beschl. v. 16.2.2017 – IX ZB 103/15, NZI 2017, 260, der zwar die alte Rechtslage zu behandeln hatte, darin aber auch die Neuregelung des § 217 Satz 1 InsO thematisiert (vgl. dort Rz. 38); Römermann-*Stephan*, InsO/InsR, § 6 InsVV Rz. 14.

66) BGH, Beschl. v. 16.2.2017 – IX ZB 103/15, Rz. 33, NZI 2017, 260.

67) Ahrens/Gehrlein/Ringstmeier-*Ringstmeier*, InsR, § 284 InsO Rz. 3; Uhlenbruck-*Zipperer*, InsO, § 284 Rz. 1.

68) **Dafür** *Hölzle*, ZIP 2012, 855, 859; **dagegen** *Buchalik* in: PK-InsO, § 284 Rz. 7; *Wutzke/Wenzel* in: PK-InsO, § 218 Rz. 9.

nach Annahme des Insolvenzplans durch die Beteiligten (§ 248 InsO), der Aufhebung des Insolvenzverfahrens nach rechtskräftiger Bestätigung des Insolvenzplans (§ 258 InsO) sowie der Aufhebung der Überwachung der Planerfüllung (§ 268 InsO).

Dabei hat das Insolvenzgericht i. R. des § 231 Abs. 1 Satz 1 Nr. 1 InsO nicht nur offensichtliche Rechtsfehler zu beanstanden, sondern vielmehr unter Berücksichtigung sämtlicher rechtlicher Gesichtspunkte umfassend zu prüfen, ob die gesetzlichen Bestimmungen über das Planvorlagerecht und den Planinhalt beachtet wurden.[69] In Bezug auf die gerichtliche Kontrolle der Gruppenbildung wird auf die Ausführungen unten in § 9 Rz. 83 ff. [*Beck/Pechartscheck*] verwiesen. 41

VI. Investoren/Außenstehende

Der Investor oder sonstige neue Finanzierungspartner sind nicht zwangsweise Beteiligte i. S. der obigen Definition. Allerdings wird ihnen bei dem Planvorhaben eine ganz entscheidende Rolle zukommen; denn deren Investitionsentscheidung wird vielfach über den Erfolg des Sanierungsprojektes entscheiden, wenn frisches Geld oder Investitionen notwendig sind (siehe zum Investoreneinstieg ausführlich § 32 [*Brünkmans*]). Hat ein Investor oder sonstiger Dritter Verpflichtungen gegenüber den Gläubigern übernommen, so ist gemäß § 230 Abs. 3 InsO die Erklärung des Dritten dem Plan beizufügen. Dies kann bspw. durch die auf die rechtskräftige Planbestätigung aufschiebend bedingte Bürgschaft oder Garantie des Dritten erfolgen. Hinsichtlich der im Plan vorgesehenen Beteiligung eines Dritten an der Insolvenzschuldnerin und den damit einhergehenden gesellschaftsrechtlichen Strukturmaßnahmen wird auf die Ausführungen in Teil 3 §§ 29–31 [*Brünkmans*] verwiesen. 42

D. Rechtsmittelbefugnis der Beteiligten

Die InsO sieht in **§ 251 InsO** den sog. **Minderheitenschutz** vor, wodurch unbeteiligten oder widersprechenden Beteiligten die Möglichkeit gegeben wird, gerichtlich prüfen zu lassen, ob sie durch den Plan voraussichtlich schlechtergestellt werden als sie ohne Plan stünden (siehe zum Minderheitenschutzantrag eingehend unten § 20 [*Hirschberger*).[70] 43

Darüber hinaus eröffnet **§ 253 Abs. 1 InsO** den Gläubigern, dem Schuldner sowie den am Schuldner beteiligten Personen das Rechtsmittel der **sofortigen Beschwerde (§ 6 InsO)** sowohl gegen die Bestätigung des Insolvenzplans als auch gegen deren Versagung (§ 252 Abs. 1 Satz 1 InsO).[71] Das Beschwerderecht steht „den Gläubigern" zu. Umfasst sind insbesondere die von den Planwirkungen betroffenen **Insolvenzgläubiger** im Rang des § 38 InsO, auch wenn diese ihre Forderungen nicht angemeldet haben (vgl. § 254b InsO) oder wenn für diese Gläubiger i. S. eines „Sondertopfes" eine Rückstellung gebildet wurde. 44

Beschwerdebefugt sind wegen § 225 Abs. 1 InsO auch **die nachrangigen Insolvenzgläubiger** i. S. des § 39 InsO, mit Ausnahme derer nach § 39 Abs. 1 Nr. 3 InsO, da die Haftung des Schuldners für diese Verbindlichkeiten im Insolvenzplan weder ausgeschlossen noch eingeschränkt werden kann (§ 225 Abs. 3 InsO).[72] 45

Absonderungsberechtigte Gläubiger sind beschwerdeberechtigt, soweit ihre Rechte im Insolvenzplan eine Regelung erfahren.[73] Für den Fall der Planbestätigung ist eine Schlecht- 46

69) BGH, Beschl. v. 7.5.2015 – IX ZB 75/14, ZIP 2015, 1346, 1347, dazu EWiR 2015, 483 *(Spliedt)*.
70) *Jaffé* in: FK-InsO, § 251 Rz. 1 f.; *Thies* in: HambKomm-InsR, § 251 InsO Rz. 1.
71) *Sinz* in: MünchKomm-InsO, § 253 Rz. 1.
72) *Sinz* in: MünchKomm-InsO, § 253 Rz. 10.
73) *Sinz* in: MünchKomm-InsO, § 253 Rz. 12; *Wutzke/Wenzel* in: PK-InsO, § 253 Rz. 7.

erstellung gegeben, wenn bei einer Bildung von Mischgruppen mit absonderungsberechtigten Gläubigern werthaltiger und nicht werthaltiger Absonderungsrechte das Absonderungsrecht des Beschwerdeführers innerhalb dieser Mischgruppe in Relation zu den sonstigen absonderungsberechtigten Gruppenmitgliedern eine Entwertung erfährt.[74)]

47 **Massegläubiger** sind nicht beschwerdebefugt, weil sie von Gesetzes wegen den Planwirkungen nicht unterworfen sind; eine Beschwerdebefugnis kommt nur im Fall der Masseunzulänglichkeit (§ 210a InsO) in Betracht.[75)]

48 Der **Insolvenzverwalter oder Sachwalter** ist nicht beschwerdeberechtigt, auch nicht analog § 231 Abs. 3 InsO.[76)] Nachdem sich die Gläubiger den Plan durch ihr positives Votum im Abstimmungstermins zu Eigen gemacht haben, ist anders als i. R. des § 231 Abs. 3 InsO kein eigenes Verfahrensrecht des Insolvenzverwalters berührt.[77)] Richtigerweise ist es dem Insolvenzverwalter/Sachwalter aufgrund seiner gebotenen Neutralität auch nicht möglich, einen Gläubiger zur Beschwerde anzuregen.[78)]

E. Auswirkungen auf die Beteiligten bei nachträglichem Scheitern des Plans

49 Gerät der Schuldner mit der Erfüllung des rechtskräftig bestätigten Insolvenzplans erheblich in Rückstand, werden die gestundeten oder teilweise erlassenen Forderungen wieder fällig (**Wiederauflebensklausel** des § 255 Abs. 1 InsO).

50 Gemäß § 255 Abs. 1 Satz 2 InsO ist von der „Erheblichkeit" des Rückstandes erst auszugehen, wenn der Schuldner eine nach den Bestimmungen im Insolvenzplan fällige Verbindlichkeit trotz schriftlicher Mahnung und Setzung einer mindestens zweiwöchigen Nachfrist durch den jeweiligen Gläubiger nicht bezahlt hat.

Praxishinweis

Ob darüber hinaus nur Forderungen ab einer bestimmten Höhe als „erheblich" zu qualifizieren sind, wird uneinheitlich beantwortet.[79)] In der Praxis empfiehlt es sich, das Kriterium der Erheblichkeit im Insolvenzplan eindeutig zu bestimmen, um späteren Streitigkeiten bei der Auslegung zuvorzukommen.[80)]

74) BGH, Beschl. v. 7.7.2005 – IX ZB 266/04, ZIP 2005, 1648, dazu EWiR 2006, 279 *(v. Gleichenstein)*.

75) *Sinz* in: MünchKomm-InsO, § 253 Rz. 14; *Thies* in: HambKomm-InsR, § 253 InsO Rz. 6.

76) *Thies* in: HambKomm-InsR, § 253 InsO Rz. 6; BGH, Beschl. v. 5.2.2009 – IX ZB 230/07 (Phoenix), ZIP 2009, 480, 481.

77) Begr. RegE ESUG, BT-Drucks. 17/5712, S. 69.

78) *Thies* in: HambKomm-InsR, § 253 InsO Rz. 6; **a. A.** aber Begr. RegE ESUG, BT-Drucks. 17/5712, S. 69.

79) Zum Streitstand *Spahlinger* in: KPB, InsO, § 255 Rz. 16; **ablehnend die h. M.**, etwa *Thies* in: HambKomm-InsR, § 255 InsO Rz. 7; *Huber* in: MünchKomm-InsO, § 255 Rz. 17, 19; Uhlenbruck-*Lüer/Streit*, InsO, § 255 Rz. 8.

80) Ebenso Ahrens/Gehrlein/Ringstmeier-*Silcher*, InsR, § 255 InsO Rz. 9; *Jaffé* in: FK-InsO, § 255 Rz. 15.

§ 4
Planinitiativrecht

Übersicht

Literatur: *Böcker*, Das ESUG in der praktischen Anwendung im Fall Suhrkamp, ZInsO 2015, 773; *Eidenmüller*, Der Insolvenzplan als Vertrag, in: Schenk/Schmidtchen/Streit, Jahrbuch für neue politische Ökonomie, Bd. 15, 1996, S. 164; *Hölzle*, Der Insolvenzantrag als Sanierungsoption – auch gegen den Willen von Gesellschaftern?, ZIP 2013, 1846; *Hölzle*, Insolvenzplan auf Initiative des vorläufigen Sachwalters im Schutzschirmverfahren – Oder: Wer erstellt und wer bezahlt den Insolvenzplan im Verfahren nach § 270b InsO?, ZIP 2012, 855; *Hölzle*, Die „erleichterte Sanierung von Unternehmen" in der Nomenklatur der InsO – ein hehres Regelungsziel des RefE-ESUG, NZI 2011, 124; *Leinekugel*, Haftung des Geschäftsführers: Insolvenzantragstellung durch Notgeschäftsführer einer GmbH & Co. KG ohne Zustimmung der Gesellschafter, GmbHR 2013, 594; *Madaus*, Schutzschirme für streitende Gesellschafter? Die Lehren aus dem Suhrkamp-Verfahren für die Auslegung des neuen Insolvenzrechts, ZIP 2014, 500.

A. Allgemeines

Ein Insolvenzplanverfahren ermöglicht den Verfahrensbeteiligten die einvernehmliche Bewältigung der Insolvenz im Wege **privatautonomer Verständigung.**[1] 1

Ein Planvorhaben kann daher u. a. zur Sanierung des Unternehmensträgers, zur Vornahme gesellschaftsrechtlich zulässiger Maßnahmen (§ 225a Abs. 3 InsO), zur Veränderung der Gesellschafterstruktur unter Modifikation des gesellschaftsrechtlichen Minderheitenschutzes,[2] zur Anpassung von Vertragsverhältnissen oder zum Erhalt von Vertragsverhältnissen trotz eingetretener Insolvenz erwogen werden. 2

In Bezug auf den richtigen **Zeitpunkt** der Planvorlage lassen sich grundsätzlich keine pauschalen Aussagen treffen, da mit der Vorlage des Insolvenzplans je nach Einzelfall auch taktische Überlegungen der Planinitiatoren verbunden sein können. Im Kern gilt allerdings hinsichtlich des vom Gesetzgeber verfolgten Zwecks der erfolgreichen Sanierung von Unternehmen, dass die Geschwindigkeit einen entscheidenden Erfolgsfaktor darstellt. Demnach wird insbesondere bei einem Plan, den der Schuldner zum letztmöglichen Zeitpunkt (= Schlusstermin, vgl. § 218 Abs. 1 Satz 3 InsO) einreicht, zu prüfen sein, ob 3

1) *Jaffé* in: FK-InsO, Vorb. §§ 217 ff. Rz. 1.

2) Unabhängig von den gesellschaftsrechtlichen Regelungen oder den Vorgaben der Satzung ist gemäß § 244 Abs. 3 InsO für entsprechende Maßnahmen die einfache Anteilsmehrheit der Gesellschafter ausreichend.

hierdurch lediglich der Verfahrensfortgang erschwert oder verzögert werden soll und deshalb eine Zurückweisung des Plans nach § 231 Abs. 1 InsO angezeigt ist.[3)]

B. Gesetzliche Vorlageberechtigung (§ 218 InsO)

I. Schuldner

1. Allgemeines

4 Der Schuldner ist gemäß § 218 Abs. 1 Satz 1 Alt. 2 InsO zur Planvorlage berechtigt; dies gilt selbst dann, wenn er keinen eigenen Antrag auf Eröffnung eines Insolvenzverfahrens über sein Vermögen gestellt hat.[4)] Die Vorlage kann gemäß § 218 Abs. 1 Satz 2 InsO bereits mit dem Antrag auf Eröffnung des Insolvenzverfahrens verbunden werden. Dies kann dem Schuldner einen **Zeitvorteil** gegenüber einem vom Insolvenzverwalter vorgelegten Plan verschaffen, der nach der h. M. erst ab Eröffnung des Insolvenzverfahrens das Initiativrecht erhält.[5)]

5 Dadurch bieten sich dem Schuldner auch **strategische Handlungsoptionen**, vor allem dann, wenn i. R. einer sachkundigen vorinsolvenzlichen Beratung ein ggf. bereits mit den Hauptgläubigern abgestimmter und ausgearbeiteter Insolvenzplan (sog. „Prepackaged Plan") vorgelegt und gleichzeitig ein Antrag auf Anordnung der Eigenverwaltung gemäß §§ 270 Abs. 1, 270a Abs. 1 InsO gestellt wird.[6)] In Fällen der lediglich drohenden Zahlungsunfähigkeit oder Überschuldung kommt neben dem Eröffnungsverfahren nach § 270a InsO auch die vorläufige Eigenverwaltung in Form des sog. Schutzschirmverfahrens nach § 270d InsO in Betracht.[7)] Es ist allerdings zu berücksichtigen, dass die Umsetzung eines jeden Planvorhabens ein eröffnetes Insolvenzverfahren voraussetzt und hierbei bestimmte Frist- und Terminvorgaben zu beachten sind (vgl. §§ 235 f., 29 Abs. 1 Nr. 2 InsO).

2. Natürliche Person

6 Die Vorlageberechtigung der natürlichen Person ist – seit dem 1.7.2014 auch im Verbraucherinsolvenzverfahren – zulässig und unproblematisch.

3. Juristische Person und Personengesellschaften

7 Handelt es sich bei dem Schuldner um keine natürliche Person,[8)] sondern um eine **juristische Person** oder **Personengesellschaft**, stellt sich die Frage nach der **Vorlageberechtigung** für einen Insolvenzplan. Die h. M.[9)] weist die Vorlageberechtigung dem Vertretungsorgan zu und sieht keine entsprechende Kompetenz bei den Gesellschaftern.[10)] Dies soll selbst dann gelten, wenn Kapitalmaßnahmen Gegenstand des Planvorhabens sind.[11)] Einer Vorlageberechtigung der Gesellschafter – etwa im Wege einer Satzungserweiterung oder unter Heranziehung des Rechtsgedankens des § 46 GmbHG – steht der Grundsatz entgegen, dass die Vertretung der Gesellschaft im Außenverhältnis von den gesetzlich

---

3) *Koch/de Bra* in: Gottwald/Haas, InsR-Hdb., § 65 Rz. 16.

4) *Thies* in: HambKomm-InsR, § 218 InsO Rz. 4; *Koch/de Bra* in: Gottwald/Haas, InsR-Hdb., § 65 Rz. 8.

5) Vgl. zum Streitstand die nachstehenden Ausführungen zur Planvorlage durch den vorläufigen Insolvenzverwalter.

6) *Eidenmüller* in: MünchKomm-InsO, § 218 Rz. 66.

7) Vgl. zum Schutzschirmverfahren ausführlich: *Koch/Jung* in: Kübler/Bork/Prütting, HRI II, § 5.

8) Seit 1.7.2014 ist § 312 Abs. 2 InsO ersatzlos gestrichen worden, so dass nun auch in Verbraucherinsolvenzverfahren ein Insolvenzplanverfahren durchgeführt werden kann.

9) *Eidenmüller* in: MünchKomm-InsO, § 218 Rz. 71; Uhlenbruck-*Lüer/Streit*, InsO, § 218 Rz. 10 m. w. N.

10) Für viele *Thies* in: HambKomm-InsR, § 218 InsO Rz. 4.

11) *Eidenmüller* in: MünchKomm-InsO, § 218 Rz. 71.

hierzu bestimmten Geschäftsführungsorganen (Geschäftsführer, Vorstand) wahrzunehmen ist.[12]

8 Sieht man die Vorlageberechtigung bei den Geschäftsführungsorganen, stellt sich die Frage, ob **mehrere vertretungsberechtigte Mitglieder** nur gemeinschaftlich zur Vorlage berechtigt sind. Der Gesetzeswortlaut spricht in § 218 InsO nur von der Berechtigung des Schuldners. Konkretisierende Regelungen, wie bspw. in § 15 Abs. 1 oder § 18 Abs. 3 InsO enthält die Vorschrift nicht. Die Berechtigung zur Vorlage des Insolvenzplans ist jedoch vergleichbar mit dem Recht zur Stellung des Insolvenzantrages bei drohender Zahlungsunfähigkeit, so dass es auch insoweit allein auf die gesetzliche oder vertragliche Vertretungsberechtigung des vorlegenden Mitglieds des Vertretungsorgans (vgl. § 18 Abs. 3 InsO analog) ankommt.[13] Die gemeinschaftliche Vorlage des Insolvenzplans durch alle Vertretungsorgane ist daher **nicht** zu fordern.[14] Insofern ist jedoch zu berücksichtigen, dass durch die Planvorlage eines alleinvertretungsbefugten Mitglieds des Geschäftsführungsorgans weitere Planvorlagen durch andere Mitglieder des Geschäftsführungsorgans **ausgeschlossen** werden.[15]

9 In Bezug auf Personengesellschaften (GbR oder Personenhandelsgesellschaften) ist zu beachten, dass die Gesellschaft mit Eröffnung des Insolvenzverfahrens über ihr Vermögen gemäß § 728 Abs. 1 BGB bzw. § 131 Abs. 1 Nr. 3 HGB (ggf. i. V. m. § 161 Abs. 2 HGB) aufgelöst wird und der bislang geschäftsführende Gesellschafter regelmäßig gemäß § 730 Abs. 2 Satz 2 BGB bzw. § 145 Abs. 1 HGB seine Vertretungsmacht verliert.[16] Die Vertretung des Schuldners erfolgt von da an grundsätzlich gemeinschaftlich durch alle Gesellschafter. Allerdings können im Gesellschaftsvertrag andere Regelungen vorgesehen werden, wonach einzelne Gesellschafter die Geschäftsführung und Vertretung der Gesellschaft übernehmen.[17] Vorsorglich sollte daher die Vorlage des Insolvenzplans durch die vertretungsberechtigten Gesellschafter und hilfsweise durch alle Gesellschafter erfolgen.[18]

4. Legitimation der Geschäftsleitung

10 Von der Vorlageberechtigung zu unterscheiden ist die Frage, ob die Geschäftsführung vor Einreichung eines Insolvenzplans die **Zustimmung der Gesellschafter** einholen muss. Es könnte hier eine Parallele zur Notwendigkeit eines Gesellschafterbeschlusses bei einem fakultativen Eröffnungsantrag wegen drohender Zahlungsunfähigkeit[19] gesehen werden. Demnach ist die Beantragung der Eröffnung eines Insolvenzverfahrens wegen drohender Zahlungsunfähigkeit keine unternehmerische Entscheidung, sondern ein gesellschaftsrechtliches Grundlagengeschäft, das im Verantwortungsbereich der Gesellschafter liegen könnte. Werden die Gesellschafter bei der Antragstellung nicht miteinbezogen, ist eine diesbezügliche Antragsstellung im Außenverhältnis wirksam, kann jedoch zur Schadens-

12) Vgl. auch *Liebscher* in: MünchKomm-GmbHG, § 46 Rz. 8.

13) *Koch/de Bra* in: Gottwald/H, InsR-Hdb., § 65 Rz. 8; *Körner/Rendels* in: Kübler/Bork/Prütting, HRI II, § 20 Rz. 34.

14) So aber *Eidenmüller* in: MünchKomm-InsO, § 218 Rz. 76, und *Thies* in: HambKomm-InsR, § 218 InsO Rz. 4, die bei mehreren gesetzlichen Vertretern eine gemeinschaftliche Vorlageverpflichtung annehmen.

15) *Körner/Rendels* in: Kübler/Bork/Prütting, HRI II, § 20 Rz. 34.

16) *Körner/Rendels* in: Kübler/Bork/Prütting, HRI II, § 20 Rz. 35; Grüneberg-*Sprau*, BGB, § 730 Rz. 3.

17) Grüneberg-*Sprau*, BGB, § 730 Rz. 3.

18) Uhlenbruck, InsO, § 218 Rz. 12.

19) OLG München, Urt. v. 21.3.2013 – 23 U 3344/12, ZIP 2013, 1121, 1122, dazu EWiR 2013, 483 (*Jakobs/Hoffmann*); Noack/Servatius/Haas-*Haas*, GmbHG, § 60 Rz. 29; LG Frankfurt/M., Urt. v. 13.8.2013 – 3-09 O 78/13, ZInsO 2013, 1793, 1797 = ZIP 2013, 1720, dazu EWiR 2013, 581 (*v. Falkenhausen*); *Schröder* in: HambKomm-InsR, § 18 InsO Rz. 20.

ersatzpflicht des antragstellenden Organs im Innenverhältnis führen.[20] Einschränkend ist insofern festzuhalten, dass (nicht erst) durch die Regelungen in § 1 Abs. 1 StaRUG eine fortlaufende Pflicht der zur Geschäftsführung berufenen Organe besteht, über Entwicklungen zu wachen, die den Fortbestand der juristischen Person gefährden können. Werden solche Entwicklungen erkannt, sind gemäß § 1 Abs. 1 Satz 1 StaRUG Gegenmaßnahmen zu ergreifen, allerdings ist an Überwachungsorgane Bericht zu erstatten. Berühren die zu ergreifenden Maßnahmen die Zuständigkeiten anderer Organe, wirken die Geschäftsleiter unverzüglich auf deren Befassung hin (§ 1 Abs. 1 Satz 3 StaRUG).

11 Übertragen auf die Vorlage des Insolvenzplans durch den Schuldner bedeutet dies, dass es jedenfalls im Regelverfahren – in dem eine Pflicht zur Vorlage eines Insolvenzplans gerade nicht besteht – bei der Weisungsbefugnis der Gesellschafterversammlung gemäß § 37 GmbHG in Bezug auf die Planvorlage bleibt.[21] Ob darüber hinaus für die Zustimmung der Gesellschafter in analoger Anwendung des § 60 Abs. 1 Nr. 2 GmbHG eine Mehrheit von drei Vierteln der abgegebenen Stimmen gefordert werden kann,[22] ist im Hinblick auf die dann vorverlagerte Blockadeposition von mehr als 25 % der Anteilseigner zu verneinen.

12 Für das **Schutzschirmverfahren** nach § 270d InsO wird das Erfordernis der gesellschafterlichen Legitimation auf den Zeitpunkt der Antragstellung „vorverlagert".[23] Eine gesonderte Einbeziehung der Gesellschafter bei der Vorlage des Insolvenzplans ist damit entbehrlich. Vielmehr haben die Gesellschafter mit ihrer Zustimmung zur Einleitung des Schutzschirmverfahrens bereits ihr Einverständnis zur Vorlage eines Insolvenzplans gegeben. In einem Restrukturierungsverfahren nach § 270d InsO ist die Planvorlage eine Kardinalpflicht des Schuldners („[...] bestimmt das Insolvenzgericht [...] eine Frist zur Vorlage eines Insolvenzplans"); ein außerhalb des gewöhnlichen Geschäftsbetriebes des Unternehmens liegendes Grundlagengeschäft scheidet insofern aus.

13 Im Eigenverwaltungsverfahren ist zudem **§ 276a Abs. 1 Satz 1 InsO** zu beachten, der die Einflussnahme der Gesellschafterversammlung unterbindet.[24] In dieser Konstellation wird der Vorrang des Insolvenzrechts vor dem Gesellschaftsrecht deutlich.[25]

5. Bevollmächtigter Berater

14 Der Insolvenzschuldner bzw. das Organ kann sich auf Basis einer entsprechenden Vollmacht unproblematisch auch von einem anwaltlichen Berater vertreten lassen und auf diesem Wege die entsprechenden Anträge stellen.

15 Bedient sich der Schuldner bei der Ausübung seines Planinitiativrechts der Hilfe eines Beraters, hat er keinen gesetzlichen Anspruch auf Erstattung der ihm durch die anwaltliche und steuerliche Beratung bei der Aufstellung des Insolvenzplans entstandenen Kosten.[26] Allerdings ist eine Regelung im Insolvenzplan zulässig, wonach dem Schuldner die Kosten der Planerstellung bei der rechtskräftigen Annahme des Insolvenzplans (teilweise) erstattet

20) AG Mannheim, Beschl. v. 21.2.2014 – 4 IN 115/14, ZIP 2014, 484, 485, dazu EWiR 2014, 331 *(Neußner)*; OLG München, Urt. v. 21.3.2013 – 23 U 3344/12, ZIP 2013, 1121, 1122; *Madaus*, ZIP 2014, 500, 502; *Schröder* in: HambKomm-InsR, § 18 InsO Rz. 23; a. A. *Hölzle*, ZIP 2013, 1846, 1851.

21) Uhlenbruck-*Lüer/Streit*, InsO, § 218 Rz. 11.

22) So *Leinekugel*, GmbHR 2013, 594 m. w. N.

23) *Fiebig* in: HambKomm-InsR, § 270d InsO Rz. 3; LG Frankfurt/M., Urt. v. 10.9.2013 – 3-09 O 96/13, ZIP 2013, 1831, 1832, dazu EWiR 2013, 589 *(Hölzle)*.

24) Uhlenbruck-*Lüer/Streit*, InsO, § 218 Rz. 11; *Hölzle*, NZI 2011, 124, 130 f.

25) *Böcker*, ZInsO 2015, 773, 780; Uhlenbruck-*Lüer/Streit*, InsO, § 218 Rz. 11.

26) BGH, Urt. v. 6.12.2007 – IX ZR 113/06, NJW 2008, 659, 661 = ZIP 2008, 232, dazu EWiR 2008, 409 *(Freudenberg)*; *Jaffé* in: FK-InsO, § 218 Rz. 22; Braun-*Braun/Frank*, InsO, § 218 Rz. 15.

werden.[27] Zur Kostentragung für die Tätigkeit des Beraters siehe auch § 3 Rz. 21 [*Beck/Pechartscheck*].

II. (Vorläufiger) Insolvenzverwalter

1. Insolvenzverwalter

Gemäß § 218 Abs. 1 Satz 1 InsO ist der Insolvenzverwalter zur Planvorlage berechtigt und hat damit ein **eigenes Planinitiativrecht**. Dieses besteht unabhängig von einer Beauftragung durch die Gläubigerversammlung gemäß § 157 Satz 2 InsO und kann daher auch gegen deren Willen ausgeübt werden.[28] Auch wenn § 231 Abs. 1 Nr. 2 InsO – Zurückweisung des Plans wegen offensichtlicher Aussichtslosigkeit der Annahme durch die Beteiligten – auf einen vom Insolvenzverwalter vorgelegten Plan keine Anwendung findet,[29] wird ein Insolvenzverwalter in der Praxis keinen Insolvenzplan ausarbeiten, wenn keine Aussichten auf die Annahme durch die Gläubiger bestehen. Erteilt die Gläubigerversammlung einen entsprechenden Auftrag, ist der Insolvenzverwalter zur Ausarbeitung des Insolvenzplans und Einreichung beim Insolvenzgericht verpflichtet.[30] 16

Eine strittige Frage ist, ob der Insolvenzverwalter sein eigenes Initiativrecht verliert, wenn ihn die Gläubigerversammlung mit der Ausarbeitung eines Plans – ggf. unter Vorgabe des Planziels – beauftragt.[31] Im Kern geht es darum, ob dem originären oder dem derivativen Verwalterplan der Vorrang eingeräumt werden muss. 17

Teilweise wird hierzu vertreten, dass der Wortlaut des § 218 Abs. 3 InsO, wonach die dort genannten Organe bei der Aufstellung „des" Plans durch den Verwalter beratend mitwirken, die Vorlage nur *eines* Insolvenzplans durch den Verwalter zulasse und dieser somit sein originäres Planinitiativrecht im Fall der Beauftragung durch die Gläubigerversammlung verliere.[32] Hingegen argumentiert die a. A.,[33] dass durch den Wettlauf zweier Planvorhaben die in § 1 InsO geforderte bestmögliche Gläubigerbefriedigung gefördert werde, da den Gläubigern ggf. unterschiedliche Verwertungsmöglichkeiten i. R. der jeweiligen Planansätze zur Abstimmung gestellt werden. 18

Praxishinweis

In der Praxis dürfte diese Frage von untergeordneter Bedeutung sein. Im Hinblick darauf, dass der Insolvenzverwalter für kostenauslösende Maßnahmen, die aus der Insolvenzmasse zu tragen sind, der verfahrensrechtlichen Legitimation bedarf und diese bei der Aufstellung eines vom Willen der Gläubiger abweichenden Insolvenzplans fehlt, sollte der Insolvenzverwalter die Vorlage eines alternativen Plans schon aus haftungsrechtlichen Gesichtspunkten unterlassen.[34]

2. Vorläufiger Insolvenzverwalter

In den §§ 218 Abs. 1 Satz 1, 157 Satz 2 InsO spricht das Gesetz nur von der Planvorlage durch den (endgültigen) Insolvenzverwalter. Eine analoge Anwendung des § 218 Abs. 1 19

27) *Jaffé* in: FK-InsO, § 218 Rz. 24.

28) Uhlenbruck-*Lüer/Streit*, InsO, § 218 Rz. 4 f.

29) Uhlenbruck-*Lüer/Streit*, InsO, § 218 Rz. 4.

30) Uhlenbruck-*Lüer/Streit*, InsO, § 218 Rz. 3.

31) **Dafür** etwa *Jaffé* in: FK-InsO, § 218 Rz. 44; Ahrens/Gehrlein/Ringstmeier-*Silcher*, InsR, § 218 InsO Rz. 5; *Eidenmüller* in: MünchKomm-InsO, § 218 Rz. 29; *Haas* in: HK-InsO, § 218 Rz. 14; **dagegen** etwa *Thies* in: HambKomm-InsR, § 218 InsO Rz. 12; Uhlenbruck-*Lüer/Streit*, InsO, § 218 Rz. 5 f.

32) *Eidenmüller* in: Schenk/Schmidtchen/Streit, Jahrbuch für neue politische Ökonomie, S. 164, 174 f.

33) Etwa *Thies* in: HambKomm-InsR, § 218 InsO Rz. 12.

34) So auch *Jaffé* in: FK-InsO, § 218 Rz. 42.

Satz 1 InsO auch auf den vorläufigen Insolvenzverwalter ist allerdings abzulehnen, da es an einer planmäßigen Regelungslücke fehlt.[35] Denn die Rechtsstellung des vorläufigen Insolvenzverwalters ist in den §§ 21 und 22 InsO abschließend geregelt.[36] In der Praxis zeigt sich allerdings, dass der vorläufige Insolvenzverwalter häufig i. R. seiner Tätigkeit bereits einen Planentwurf erstellt,[37] um jedenfalls für diese Tätigkeiten nach Eröffnung des Verfahrens keine wertvolle Zeit zu verlieren.

20 In formaler Hinsicht ist allerdings zu beachten, dass die Vorlage eines Insolvenzplans zwingend die Eröffnung eines Insolvenzverfahrens voraussetzt.[38] Nur dann wird ein Prüfungstermin anberaumt werden können, der gemäß § 236 InsO Voraussetzung für die Durchführung des zwingenden Erörterungs- und Abstimmungstermins (§ 235 InsO) ist. Um daher einen Zeitvorteil zu erreichen, müsste der Insolvenzplan unmittelbar nach Eröffnung des Insolvenzverfahrens eingereicht werden. Dies wird in aller Regel nur möglich sein, wenn im Eröffnungsverfahren die wesentlichen Vorarbeiten erledigt sind und – ggf. durch den vorläufigen Insolvenzverwalter – bereits ein Entwurf des Insolvenzplans gefertigt worden ist. Die Ausarbeitung eines solchen Entwurfs ist dem vorläufigen Insolvenzverwalter in dieser Verfahrensphase unstreitig nicht verwehrt.[39]

III. (Vorläufiger) Sachwalter

1. Sachwalter

21 Im Eigenverwaltungsverfahren kann die Gläubigerversammlung gemäß § 284 Abs. 1 Satz 1 InsO den Sachwalter oder den Schuldner mit der Ausarbeitung des Insolvenzplans beauftragen.[40] Eine offene Frage ist, ob dem Sachwalter ein eigenes Recht zur Vorlage eines Insolvenzplans zukommt. In § 218 InsO wird der Sachwalter nicht als Planinitiator genannt. Gleichwohl wird dies unter Verweis auf eine analoge Anwendung des § 218 Abs. 1 Satz 1 InsO von einem Teil der Literatur befürwortet.[41] Die Gegner[42] dieser Ansicht argumentieren, dass der Sachwalter in § 218 InsO vom Gesetzgeber bewusst nicht genannt worden sei. Das Amt des Sachwalters sei auch mit dem Amt des Insolvenzverwalters nicht vergleichbar, um die Analogie zu begründen. Denn der Sachwalter habe nach der gesetzlichen Systematik eine reine Aufsichts- und Überwachungsfunktion, während die Verwaltungs- und Verfügungsbefugnis, anders als beim Insolvenzverwalter, beim Schuldner verbleibe.

22 Es stellt sich allerdings die Frage, ob die in der Grundkonstellation fehlende Verwaltungs- und Verfügungsbefugnis ein geeignetes Unterscheidungskriterium darstellt, um dem Sachwalter eine Vorlageberechtigung abzusprechen. Denn wenn dem Sachwalter im Falle des Auftrages durch die Gläubigerversammlung die Möglichkeit eingeräumt wird, einen Insolvenzplan vorzulegen (§ 284 Abs. 1 Satz 1 InsO), zeigt sich dadurch, dass der Gesetzgeber davon ausgeht, dass ein Sachwalter fachlich und rechtlich in der Lage ist, einen Plan auszuarbeiten. Auf die Existenz der Verwaltungs- und Verfügungsbefugnis kommt es bei dieser Tätigkeit gerade nicht an; deren Fehlen allein steht einem Planinitiativrecht

35) *Eidenmüller* in: MünchKomm-InsO, § 218 Rz. 32.
36) *Eidenmüller* in: MünchKomm-InsO, § 218 Rz. 32 f.; Uhlenbruck-*Lüer/Streit*, InsO, § 218 Rz. 7.
37) *Thies* in: HambKomm-InsR, § 218 InsO Rz. 3; Uhlenbruck-*Lüer/Streit*, InsO, § 218 Rz. 6.
38) Uhlenbruck-*Lüer/Streit*, InsO, § 218 Rz. 7.
39) Uhlenbruck-*Lüer/Streit*, InsO, § 218 Rz. 6.
40) *Hölzle*, ZIP 2012, 855.
41) *Hammes* in: KölnKomm-InsO, § 284 a. F. Rz. 20.
42) Uhlenbruck-*Lüer/Streit*, InsO, § 218 Rz. 15; Graf-Schlicker-*Graf-Schlicker*, InsO, § 284 Rz. 6; *Fiebig* in: HambKomm-InsR, § 284 InsO Rz. 1; *Kern* in: MünchKomm-InsO, § 284 Rz. 16 m. w. N.

des Sachwalters jedenfalls nicht entgegen. Für eine analoge Anwendung des § 218 Abs. 1 Satz 1 InsO fehlt es jedoch an einer planwidrigen Regelungslücke. So wurde eine Erweiterung des Vorlagerechts auf den Sachwalter im Zuge des Gesetzes zur weiteren Erleichterung der Sanierung von Unternehmen – ESUG[43] anfänglich diskutiert, vom Gesetzgeber letztlich aber bewusst nicht aufgegriffen.[44]

2. Vorläufiger Sachwalter

Ein originäres Planinitiativrecht kommt dem vorläufigen Sachwalter nicht zu, da dieser in § 218 Abs. 1 InsO nicht als Planinitiativberechtigter genannt wird.[45] Hierfür spricht auch, dass dem Sachwalter in der Eigenverwaltung nur ein derivatives Planinitiativrecht zukommt (§ 284 Abs. 1 Satz 1 Alt. 1 InsO). Dem vorläufigen Sachwalter können in der vorläufigen Eigenverwaltung/im Schutzschirmverfahren keine weiter reichenden Kompetenzen eingeräumt werden als dem Sachwalter nach Eröffnung des Verfahrens. 23

Durch die gesetzlichen Neuerungen ist inzwischen klargestellt, dass dem vorläufigen Sachwalter in einem vorläufigen Eigenverwaltungsverfahren, also auch Schutzschirmverfahren nach § 270d InsO, ein derivatives Planinitiativrecht zukommt. Denn gemäß § 284 Abs. 1 Satz 2 InsO kann auch der vorläufige Gläubigerausschuss einen Auftrag zur Ausarbeitung eines Insolvenzplans an den vorläufigen Sachwalter richten.[46] 24

IV. Gesellschafter

Auch wenn die Gesellschafter gemäß § 217 Satz 2 InsO in den Plan mit einbezogen werden können, wird ihnen in § 218 InsO kein eigenes Planinitiativrecht eingeräumt. Zwar hatte § 255 Abs. 1 Nr. 2 RegE InsO noch ein Vorlagerecht bestimmter Gesellschafter vorgesehen, jedoch ist diese Regelung später im Rechtsausschuss des Deutschen Bundestages zur Vermeidung von praktischen Schwierigkeiten gestrichen worden.[47] Dies bedeutet, dass die Gesellschafter das vertretungsberechtigte Organ des Schuldners auf gesellschaftsrechtlichem Wege veranlassen müssen, einen Plan auszuarbeiten und vorzulegen.[48] 25

V. Gläubiger

In § 218 InsO ist kein eigenes Planvorlagerecht einzelner Gläubiger oder einzelner Gläubigergruppen geregelt.[49] Der dies noch vorsehende § 255 RegE InsO wurde vom Rechtsausschuss des Deutschen Bundestages zur Vermeidung von praktischen Schwierigkeiten bei der Vorlage von konkurrierenden Insolvenzplänen einzelner Gläubigergruppen ersatzlos gestrichen.[50] Die einzelnen Gläubiger, die einen Insolvenzplan vorlegen möchten, können dies nach derzeitiger Gesetzesfassung nur mittelbar erreichen, indem sie einen Beschluss der Gläubigerversammlung herbeiführen, den Insolvenzverwalter gemäß § 157 Satz 2 InsO – ggf. unter Vorgabe eines konkreten Planziels – mit der Ausarbeitung eines Plans zu beauftragen. In qualitativer Hinsicht stellt sich insofern die Frage, ob dem Insol- 26

---

43) Gesetz zur weiteren Erleichterung der Sanierung von Unternehmen (ESUG), v. 7.12.2011, BGBl. I 2011, 2582.

44) *Wutzke/Wenzel* in: PK-InsO, § 218 Rz. 9.

45) *Jaffé* in: FK-InsO, § 218 Rz. 32.

46) Vgl. zu den Altfällen und der diesbezüglichen Diskussion die Ausführungen in der Vorauflage.

47) Begr. RegE InsO, BT-Drucks. 12/2443, S. 50; Beschlussempfehlung und Bericht d. RA z. InsO, BT-Drucks. 12/7302, S. 181 f.

48) *Eidenmüller* in: MünchKomm-InsO, § 218 Rz. 100.

49) *Eidenmüller* in: MünchKomm-InsO, § 218 Rz. 100; Uhlenbruck-*Lüer/Streit*, InsO, § 218 Rz. 14.

50) Begr. RegE InsO, BT-Drucks. 12/2443, S. 50; Beschlussempfehlung und Bericht d. RA z. InsO, BT-Drucks. 12/7302, S. 181 f.

venzverwalter ein bereits fertig ausgearbeiteter Plan von der Gläubigerversammlung vorgegeben werden kann. Mit dem Wortlaut des Gesetzes, der ausdrücklich von „ausarbeiten“ spricht und der Regelung in § 218 Abs. 3 InsO, wonach der Gläubigerausschuss „nur“ beratend mitwirkt, lässt sich eine so weitgehende „Einengung“ des Insolvenzverwalters wohl nicht vereinbaren.[51)]

> **Praxishinweis**
>
> In der Praxis dürfte diese Frage allerdings nur eine geringe Relevanz haben. Denn der Insolvenzverwalter wird sich ohnehin mit den Gläubigern über den Inhalt des Plans austauschen, da die Gläubiger dem Plan schließlich auch zustimmen müssen.

VI. Insolvenzgericht

27 Dem Insolvenzgericht kommt keine Planvorlageberechtigung gemäß § 218 InsO zu. Das Gericht hat vielmehr die Aufgabe, die Einhaltung der gesetzlichen Vorschriften zu überwachen[52)] und zu bestätigen, was auch der Rechtsnatur des Insolvenzplans als vertragliche Übereinkunft der Beteiligten untereinander entspricht.

C. Einflussnahmemöglichkeiten Dritter

28 Fraglich ist, ob sich aus dem Gesetzeszusammenhang oder den tatsächlichen Machtverhältnissen eine „faktische Vorlageberechtigung“ Dritter ergibt.

I. Arbeitnehmer

29 Zu denken ist hierbei insbesondere an die Arbeitnehmer bzw. die Arbeitnehmervertreter. In § 218 Abs. 3 InsO ist bei einem vom Verwalter aufgestellten Plan eine beratende Mitwirkung des Betriebsrats sowie des Sprecherausschusses der leitenden Angestellten vorgesehen. Gemäß § 222 Abs. 3 InsO sollen die Arbeitnehmer zudem eine besondere Gruppe bilden, wenn sie als Insolvenzgläubiger mit nicht unerheblichen Forderungen beteiligt sind. Weiter erhalten der Betriebsrat und der Sprecherausschuss der leitenden Angestellten den Insolvenzplan zur Stellungnahme zugeleitet. Hieraus ergibt sich somit an mehreren Stellen eine Möglichkeit der Einflussnahme der Arbeitnehmer bzw. der Arbeitnehmervertreter.

II. „Ein-Gläubiger-Verfahren“

30 Einzelne Gläubiger haben grundsätzlich keine Vorlageberechtigung (siehe hierzu bereits Rz. 26). Anders ist dies freilich, wenn in dem Insolvenzverfahren nur ein einziger Gläubiger vorhanden ist. In diesem Fall kommt dem einzigen Gläubiger in der vom Insolvenzgericht einzuberufenden Gläubigerversammlung gemäß § 218 Abs. 2 InsO rein faktisch das Recht zu, den Insolvenzverwalter mit der Ausarbeitung eines Insolvenzplans zu beauftragen.

D. Verfahrensfragen

I. Durchsetzungsmöglichkeiten des Auftrags zur Planerstellung

31 In den Fällen, in denen die Gläubigerversammlung den Insolvenzverwalter oder den Sachwalter gemäß § 157 Satz 2 InsO bzw. § 284 Abs. 1 InsO beauftragt, einen Insolvenzplan auszuarbeiten, kann sich die Frage stellen, wie dieser Auftrag durchgesetzt werden

51) Vgl. zur Diskussion der inhaltlichen Vorgaben durch die Gläubigerversammlung: Uhlenbruck-*Zipperer*, InsO, § 157 Rz. 12.

52) Uhlenbruck-*Lüer/Streit*, InsO, § 231 Rz. 3.

kann. Ganz allgemein gilt, dass eine Nichtdurchführung des Auftrags der Gläubiger eine Haftung nach § 60 InsO nach sich ziehen kann, wenn das Unterlassen zu einem Schaden führt. Des Weiteren steht der Insolvenzverwalter gemäß § 58 Abs. 1 Satz 1 InsO unter der Aufsicht des Insolvenzgerichts. In diesem Zusammenhang kann ggf. auch die Entlassung des Insolvenzverwalters gemäß § 59 Abs. 1 InsO in Betracht kommen, da die Nichtbefolgung des Auftrags der Gläubigerversammlung einen wichtigen Grund i. S. dieser Vorschrift darstellt.

II. Rücknahme des Insolvenzplans

Die InsO enthält keine ausdrücklichen Regelungen zur Planrücknahme. Allerdings wird **32**
diese in § 231 Abs. 2 InsO vorausgesetzt. Nach den allgemeinen verfahrensrechtlichen Regelungen steht dem Vorlegenden spiegelbildlich zum Planinitiativrecht das Recht zur Rücknahme des Plans zu. Dies kommt bspw. in Betracht, wenn die Möglichkeiten zur Planänderung nach § 240 InsO nicht ausreichend sind oder sich abzeichnet, dass das Planvorhaben scheitern wird. In zeitlicher Hinsicht dürfte die Rücknahme bis zur rechtskräftigen Entscheidung möglich sein.[53)]

53) Uhlenbruck-*Lüer/Streit*, InsO, § 218 Rz. 43; a. A. *Eidenmüller* in: MünchKomm-InsO, § 218 Rz. 150 f., wonach die Rücknahme nur bis zum Beginn der Abstimmung der Beteiligten im Abstimmungs- und Erörterungstermin möglich sein soll.

§ 5
Bestandteile des Insolvenzplans

Übersicht

Literatur: *Paul*, ZInsO 2023, 1298; *Paul*, ZInsO 2020, 941.

Die grobe Gliederung des Insolvenzplans ist in § 219 InsO geregelt. Dieser besteht gewöhnlich zwingend aus drei Teilen, namentlich einem darstellenden Teil, gestaltenden Teil (Satz 1) und ggf. den Anlagen aus § 229 InsO (Vermögenübersicht, Ergebnis- und Finanzplanung) als auch aus § 230 InsO. Diese Aufgliederung des Insolvenzplans ist zwingend. Grobe Verstöße können zur Zurückweisung des Insolvenzplans nach § 231 Abs. 1 Nr. 1 InsO führen.[1] Über diese gesetzlich vorgegebene Grobgliederung hinaus haben sich in der Praxis insbesondere die folgenden Bestandteile eines Insolvenzplans in entsprechender Reihenfolge herausgebildet: 1

A. Deckblatt

Das Deckblatt beginnt mit der Überschrift „Insolvenzplan". Es nennt die Schuldnerin mit Name und Anschrift, das Insolvenzverfahren nebst Aktenzeichen und zuständigem Insolvenzgericht, den Planvorlegenden und ggf. die Nennung der besonderen Verfahrensart (Eigenverwaltung gemäß §§ 270 ff. InsO). Siehe dazu Musterplan § 63 Abschnitt. A [*Brünkmans*]. 2

B. Einführung, Zusammenfassung (sog. Executive Summary)

Es bietet sich an, dem Volltext zum Insolvenzplan eine Einführung und eine kurze Zusammenfassung (Executive Summary) zum darstellenden und gestaltenden Teil voran zu stellen.[2] Diese Zusammenfassung ist von der mit der Ladung nach § 235 Abs. 3 Satz 2 InsO zu übersendenden Zusammenfassung zu unterscheiden (siehe § 2 Rz. 144 [*Brünkmans*]). Letztere kann jedoch aus der Executive Summary des Insolvenzplans entwickelt werden. 3

Die Einführung enthält eine kurze Zusammenfassung der Grunddaten des Insolvenzverfahrens, die Nennung des Planvorlegenden und der tatsächlichen Grundlagen, auf denen der Insolvenzplan erstellt wurde und die Standards (etwa IDW S 2, IDW S 6) die nach Auffassung des Planerstellers bei der Aufstellung des Insolvenzplans eingehalten wurden. 4

C. Darstellender Teil

Zweck des darstellenden Teils ist es, die Beteiligten hinreichend zu informieren, so dass sie in der Lage sind, über die Annahme des Insolvenzplans zu entscheiden. Der Planersteller hat – auch zur Vermeidung der eigenen Haftung – die Beteiligten im darstellenden Teil des Insolvenzplans **umfassend und vollständig** über die mit der Umsetzung des Insolvenzplans verbundenen **Risiken zu informieren.**[3] Mit dem **SanInsFoG**[4] wurde der 5

1) *Jaffé* in: FK-InsO, § 219 Rz. 2.
2) *Dellit/Titze* in: Bork/Hölzle, Hdb. Insolvenzrecht, Kap. 13 Rz. 69.
3) *Balthasar* in: Kübler/Bork/Prütting, HRI II, § 22 Rz. 282.
4) Gesetz zur Fortentwicklung des Sanierungs- und Insolvenzrechts (Sanierungs- und Insolvenzrechtsfortentwicklungsgesetz – SanInsFoG), v. 22.12.2020, BGBl. I 2020, 3256.

Wortlaut des § 220 Abs. 2 InsO verändert von einer „Sollvorschrift" in eine zwingende Inhaltsvorgabe. Bereits vor der Gesetzesänderung hat der BGH entschieden, dass trotz der Formulierung als Sollvorschrift der darstellende Teil die in § 220 Abs. 2 InsO in genannten Angaben zwingend enthalten muss.[5] Es sind all diejenigen Angaben für die Gläubiger unerlässlich, die sie für ein sachgerechtes Urteil über den Insolvenzplan, gemessen an ihren eigenen Interessen, benötigen.[6] Die Ausführungen im darstellenden Teil des Insolvenzplans sollen den Gläubiger zwar nicht mit Informationen überfrachten, wohl aber müssen die Gläubiger in die Lage versetzen werden, Nachfragen zu stellen oder selbst Nachforschungen einzuleiten, bevor sie über den Plan abstimmen.[7] Fehlen Angaben über die Beteiligung des Schuldners an Gesellschaften, ist der darstellende Teil unvollständig und der Insolvenzplan nicht bestätigungsfähig.[8]

6 Zu beachten ist, dass eine **Behebung von Mängeln** eines Plans nach Beginn des Erörterungs- und Abstimmungstermin nicht mehr in Betracht kommt. Änderungen, die den Kern des Plans betreffen, sind trotz § 240 InsO auch im Erörterungs- und Abstimmungstermin unzulässig.[9] Der Kern des ursprünglichen Insolvenzplans muss bei Änderungen stets erhalten bleiben.[10] Gläubiger müssen sich ein sachgerechtes Urteil darüber bilden können, wie sich die Befriedigungsaussichten im Fall der Annahme und Bestätigung des Plans im Vergleich zum Regelverfahren verhalten. Das macht eine Vergleichsrechnung erforderlich (siehe dazu ausführlich § 13 Rz. 112 ff. [*Brünkmans/Harmann*]).

7 Die Vergleichsrechnung bei **natürlichen Personen** ist dabei über das Ende des Regelinsolvenzverfahrens hinaus zu erstrecken.[11] In diesem Fall sind Ausführungen im darstellenden Teil des Insolvenzplans erforderlich, ob eine Nachhaftung gemäß § 201 InsO überhaupt in Betracht kommt.[12] Dazu gehört die Information, ob ein Antrag auf Restschuldbefreiung gestellt worden ist und wie ggf. der Stand des Restschuldbefreiungsverfahrens ist. Diese Informationspflicht besteht nach Auffassung des BGH nicht nur dann, wenn eine Restschuldbefreiungsantrag tatsächlich gestellt worden ist.[13] Neben den Angaben zu einem etwaigen Rechtsschuldbefreiungsantrag und ggf. zum Stand des Restschuldbefreiungsverfahrens muss der darstellende Teil eines Insolvenzplans natürlicher Personen die Gläubiger auch darüber informieren mit welchen nachinsolvenzlichen Befriedigungsaussichten zu rechnen ist. Entsprechend muss sich der darstellende Teil des Insolvenzplans zu den aktuellen Einkommens-, Vermögens- und Familienverhältnisse des Schuldners äußern und wie sich diese in Zukunft ändern können.[14] Ebenfalls wird der Insolvenzplan dem Informationsbedürfnis nicht gerecht, wenn im darstellenden Teil die vom Schuldner begangenen Insolvenzstraftaten (§§ 283 bis 283c StGB) nicht aufgenommen wurden.[15] Der darstellende Teil dient darüber hinaus

5) BGH, Beschl. v. 19.5.2009 – IX ZB 236/07, ZVI 2009, 468 = ZInsO 2009, 1252.

6) AG Köln, Beschl. v. 15.5.2019 – 72 IN 269/17, ZInsO 2019, 1754 = NZI 2019, 711.

7) *Paul*, ZInsO 2020, 941, 941.

8) AG Köln, Beschl. v. 15.5.2019 – 72 IN 269/17, ZInsO 2019, 1754 = NZI 2019, 711.

9) AG Köln, Beschl. v. 15.5.2019 – 72 IN 269/17, ZInsO 2019, 1754 = NZI 2019, 711.

10) AG Düsseldorf, Beschl. v. 8.10.2019 – 513 IK 220/17, NZI 2020, 435 = ZInsO 2020, 425, bestätigt durch LG Düsseldorf, Beschl. v. 20.12.2019 – 25 T 665/19, ZRI 2020, 199 = ZVI 2020, 190.

11) BGH, Beschl. v. 19.5.2022 – IX ZB 6/21, ZRI 2022, 644 ff. = ZVI 2022, 302; *Paul*, ZInsO 2023, 1298, 1299.

12) BGH, Beschl. v. 19.5.2022 – IX ZB 6/21, ZRI 2022, 644 ff. = ZVI 2022, 302.

13) BGH, Beschl. v. 19.5.2022 – IX ZB 6/21, ZRI 2022, 644 ff. = ZVI 2022, 302.

14) BGH, Beschl. v. 19.5.2022 – IX ZB 6/21, ZRI 2022, 644 ff. = ZVI 2022, 302; *Paul*, ZInsO 2023, 1298, 1299.

15) BGH, Beschl. v. 13.10.2011 – IX ZB 37/08, ZVI 2012, 56 = NZI 2012, 139.

auch als **Entscheidungsgrundlage für das Insolvenzgericht** i. R. der Vorprüfung nach § 231 oder der Planbestätigung (§§ 248, 250 InsO).[16)]

Die zentrale Information des darstellenden Teils ist dabei die **Vergleichsrechnung.** Mit Inkrafttreten des SanInsFoG ist die Vergleichsrechnung gemäß § 220 Abs. 2 Satz 2 InsO nunmehr ausdrücklich zwingender Bestandteil des darstellen Teils. Die Auslagerung von Berechnungen und ausführlichen Darstellungen in Anlagen zum Insolvenzplan ist allerdings nach wie vor zulässig und im Einzelfall auch sinnvoll. Entscheidend ist, dass sich die wesentlichen Aussagen zur Vergleichsrechnung im darstellenden Teil des Insolvenzplans wiederfinden (siehe auch zum Restrukturierungsplan, § 39 Rz. 40 [*Brünkmans*]). 8

In der Vergleichsrechnung wird die wirtschaftliche Stellung der Gläubiger/ggf. Anteilsinhaber im Regelverfahren mit der im Insolvenzplan gegenübergestellt. Der darstellende Teil des Insolvenzplans leidet an einem erheblichen Mangel, wenn die Vergleichsrechnung mit mehreren **Fehlern** behaftet ist, die für die Gläubigerbefriedigung von Bedeutung sind.[17)] Das Insolvenzgericht hat in diesem Fall den Insolvenzplan zu beanstanden (siehe dazu § 14 Rz. 41 [*Laroche*]). In der Praxis sind häufig zusammenfassende Ausführungen im darstellenden Teil mit Verweis auf eine ausführliche Vergleichsrechnung in den Plananlagen anzutreffen. Gläubiger werden einem Insolvenzplan nur zustimmen, wenn eine **Besserstellung** durch den Insolvenzplan im Vergleich zur Regelabwicklung nachgewiesen werden kann. 9

Die Vergleichsrechnung ist ferner Grundlage für die Entscheidung des Insolvenzgerichts über einen **Minderheitenschutzantrag** (§ 251 Abs. 1 Nr. 2 InsO, siehe dazu § 20 Rz. 44 ff. [*Hirschberger*]) und der Heranziehung des **Obstruktionsverbotes** (§ 245 InsO, siehe dazu § 17 Rz. 5 [*Thole*]). § 220 Abs. 2 macht nunmehr auch Vorgaben für Wertansätze in der Vergleichsrechnung (siehe auch zum Restrukturierungsplan § 39 Rz. 52 [*Brünkmans*]). Sieht der Plan eine Fortführung des Unternehmens vor, sind im Vergleichsszenario in der Regel Fortführungswerte zu unterstellen. Zu den Einzelheiten der inhaltlichen Anforderungen und zum Umfang des darstellenden Teils siehe bei § 6 [*Harmann*] und zur Vergleichsrechnung § 13 Rz. 112 ff. [*Brünkmans/Harmann*]. 10

Liegt dem Insolvenzplan ein komplexes betriebswirtschaftliches Sanierungskonzept zugrunde, ist eine Orientierung des darstellenden Teils am Standard IDW S 6 empfehlenswert.[18)] Der überarbeitete Standard zu den Anforderungen an Insolvenzpläne des Instituts für Wirtschaftsprüfer (IDW) verlangt nunmehr ausdrücklich ein Sanierungskonzept, welches den Kernanforderungen des IDW S 6 entspricht.[19)] 11

Die Einhaltung der inhaltlichen Vorgaben für den darstellenden Teil aus § 220 InsO wird vom **Insolvenzgericht** i. R. der Planbestätigung (§ 250 Nr. 1 InsO) geprüft. 12

Ein **wesentlicher Verstoß** gegen Vorschriften über den Inhalt des Insolvenzplans i. S. von § 250 Nr. 1 liegt vor, wenn sich der Verstoß als ein Mangel darstellt, der Einfluss auf die Annahme des Insolvenzplans gehabt haben kann. Dies ist immer dann der Fall, wenn nicht ausgeschlossen werden kann, dass die unrichtige Darstellung im Insolvenzplan eine Abstimmung beeinflusst hat.[20)] Es muss nicht feststehen, sondern lediglich ernsthaft in 13

---

16) K. Schmidt-*Spliedt*, InsO, § 219 Rz. 1.

17) BGH, Beschl. v. 26.4.2018 – IX ZB 49/17, Rz. 33, ZVI 2018, 272 = NZI 2018, 691.

18) *Rendels/Zabel* in: Kübler/Bork/Prütting, HRI II, § 45, S. 1308.

19) IDW, Anforderungen an Insolvenzpläne (IDW S 2) Stand: 20.3.2024, Rz. 30, IDW Life 07/08.2024, 656 ff.

20) BGH, Beschl. v. 19.5.2022 – IX ZB 6/21, ZRI 2022, 644 ff. = ZVI 2022, 302; AG Köln, Beschl. v. 15.5.2019 – 72 IN 269/17, ZInsO 2019, 1754 = NZI 2019, 711.

Betracht kommen, dass der Mangel tatsächlich Einfluss auf die Annahme des Plans hatte.[21] Das ist etwa in der Regel bei einer nicht vorhandenen oder unvollständigen Vergleichsrechnung der Fall.[22]

D. Gestaltender Teil

14 Der gestaltende Teil legt fest, wie die Rechtsstellung der Beteiligten geändert werden soll. Die dort geregelte Gestaltung der Rechte der Beteiligten tritt mit Rechtskraft der Bestätigung des Insolvenzplans unmittelbar für und gegen sie ein (§ 254 InsO). Funktion, zulässige Regelungsgegenstände und Grenzen der inhaltlichen Ausgestaltung werden unter § 7 [*Brünkmans*] dargestellt. § 8 [*Brünkmans*] enthält ferner einen ausführlichen Katalog möglicher und in der Praxis gängiger Regelungsgegenstände im gestaltenden Teil des Insolvenzplans. Besonderheiten für den Eingriff in Absonderungsrechte werden in § 10 [*J. Schmidt*] dargestellt. Mit Inkrafttreten des ESUG ist die Gestaltung der Rechte der Anteilsinhaber der Schuldnerin (§ 225a InsO) durch Aufnahme entsprechender Regelungen im gestaltenden Teil des Insolvenzplans möglich. Diese Regelungsoptionen werden in §§ 29–32 [*Brünkmans*], für die Regelung einer ggf. erforderlichen Abfindung der Anteilsinhaber und für den Debt-to-Equity-Swap bestehende Bewertungsfragen in § 58 [*Brünkmans/Harmann*] dargestellt.

15 Zwischen dem **darstellenden und gestaltenden Teil** des Insolvenzplans besteht eine **Wechselwirkung** ähnlich wie zwischen Tatbestand/Entscheidungsgründen und Tenor eines Urteils. Die angestrebte Rechtsänderung (wie etwa teilweiser Erlass der Forderungen, Kapitalschnitt mit Bezugsrechtsausschluss), die unmittelbar im gestaltenden Teil knapp, präzise und vollzugsfähig formuliert wird, ist im darstellenden Teil zu begründen und zu rechtfertigen.[23] Die Festlegung der Gruppen Gläubiger und ggf. Anteilsinhaber erfolgt rechtswirksam zwar im gestaltenden Teil des Insolvenzplans. Die Erwägungen des Planerstellers bei der Gruppenbildung sind ausführlich im darstellenden Teil zu erörtern (§ 222 Abs. 2 Satz 3 InsO). Anforderungen an die Gruppenbildung werden in § 9 [*Beck/Pechartscheck*] ausführlich dargestellt.

> **Praxishinweis**
>
> Widersprüche zwischen gestaltendem und darstellendem Teil oder Plananlagen sind zu vermeiden. Da sich diese im Einzelfall aufgrund des Zeitdrucks und der Fülle von Planänderungen in „letzter Minute" nicht immer vermeiden lassen, bietet sich eine Regelung im Insolvenzplan an, wonach die Regelungen des gestaltenden Teils stets Vorrang zu den Ausführungen im darstellenden Teil oder den Anlagen haben.[24]

16 Für den darstellenden Teil, den gestaltenden Teil und die Plananlagen gilt: Der Insolvenzplan ist klar, präzise und für den durchschnittlichen Leser **verständlich** zu formulieren. Dies gilt im besonderen Maße für die Formulierung des gestaltenden Teils. Hier ist der sachenrechtliche und vollstreckungsrechtliche (§ 257 InsO) Bestimmtheitsgrundsatz zu beachten. Werden Gesellschafterbeschlüsse aufgenommen, sollte sich der Planverfasser an der gängigen Praxis aus dem Gesellschaftsrecht orientieren.

E. Antrag

17 Es bietet sich an, unmittelbar nach dem gestaltenden Teil einen Beschlussantrag des Planvorlegenden für die Gläubigerversammlung zu formulieren. In der Praxis findet man diesen

21) BGH, Beschl. v. 19.5.2022 – IX ZB 6/21, ZRI 2022, 644 ff. = ZVI 2022, 302.

22) BGH, Beschl. v. 19.5.2022 – IX ZB 6/21, ZRI 2022, 644 ff. = ZVI 2022, 302.

23) *Eidenmüller* in: MünchKomm-InsO, § 221 Rz. 1.

24) So etwa vorgeschlagen von *Rendels/Zabel*, Insolvenzplan, Rz. 283.

Antrag teilweise auch unmittelbar nach dem darstellenden Teil. Unmittelbar nach dem Antrag folgen Datum und Unterschrift des Planvorlegenden.

> **Formulierungsbeispiel**
>
> „In meiner Eigenschaft als Geschäftsführer der Muster GmbH beantrage ich, im Abstimmungstermin über eine abweichende Regelung gemäß §§ 1, 217 InsO wie folgt zu beschließen: Die Beteiligten stimmen den im gestaltenden Teil des Insolvenzplans enthaltenen Regelungen zu."

F. Plananlagen

Es folgen die Plananlagen (siehe dazu ausführlich Kapitel § 13 [*Brünkmans/Harmann*]). **18** Bei mehreren Plananlagen wird der Übersicht halber ein **Anlagenverzeichnis** vorab gestellt.

Sollen die Gläubiger aus den Erträgen des vom Schuldner oder von einem Dritten fortge- **19** führten Unternehmens befriedigt werden (sog. Earn-out-Plan), so ist dem Insolvenzplan nach § 229 InsO als Anlage eine **Vermögensübersicht sowie Ergebnis- und Finanzplan** beizufügen (siehe dazu § 13 Rz. 4 ff. [*Brünkmans/Harmann*]). Weiter Pflichtanlagen sind die **Erklärungen nach § 230 InsO**, insbesondere die Fortführungserklärung bei natürlichen Personen als Schuldner und persönlich haftende Gesellschafter (siehe dazu § 13 Rz. 85 ff. [*Brünkmans/Harmann*]).

Neben diesen Pflichtanlagen aus § 229 und § 230 InsO können **weitere Anlagen** zum In- **20** solvenzplan genommen werden, wenn dies dem Informationsinteresse der Beteiligten dienlich ist (siehe dazu § 13 Rz. 101 ff. [*Brünkmans/Harmann*]). Wurden rechtsgeschäftliche Erklärungen des Schuldners im gestaltenden Teil des Insolvenzplans aufgenommen, sollte die korrespondierende Erklärung des Vertragspartners als Anlage zum Insolvenzplan beigefügt werden (siehe dazu § 13 Rz. 110 [*Brünkmans/Harmann*]).

Ferner ist zu empfehlen, eine **Vollständigkeitserklärung** der Geschäftsführung und ggf. **21** anderer Auskunftspersonen als Anlage zum Insolvenzplan beizufügen.

§ 6
Darstellender Teil

Übersicht

Literatur: *Buth/Hermanns*, Anforderungen an die Erstellung von Sanierungskonzepten nach dem neuen IDW S 6, DStR 2010, 288; *Eidenmüller*, Insolvenzbewältigung durch Reorganisation, in: Ott/Schäfer, Effiziente Verhaltenssteuerung und Kooperation im Zivilrecht, 1997; *Hess*, Vom Sanierungskonzept zum Insolvenzplan, WPg 2009, 299; *Hornig/Schienstock*, Sanierungskonzepte nach IDW S 6 – Anspruch und Wirklichkeit, KSI 5/2011, 220; *Kußmaul/Steffan*, Insolvenzplanverfahren – Der prepackaged Plan als Sanierungsalternative, DB 2000, 1849; *Maus*, Der Insolvenzplan, in: Kölner Schrift zur Insolvenzordnung, 1997, S. 707; *Paul*, Rechtsprechungsübersicht zum Insolvenzplanverfahren, ZInsO 2011, 610; *Plagens/Brunow*, Integrierte Planungsrechnung – Bestandteil des betrieblichen Rechnungswesens (Teil 1), DStR 2004, 102; *Schmidt, K.*, Organverantwortlichkeit und Sanierung im Insolvenzrecht der Unternehmen, ZIP 1980, 328; *Skauradszun*, Die Vergleichsrechnung nach § 220 Abs. 2 InsO n. F., ZIP 2021, 1091.

A. Einordnung des darstellenden Teils in den Insolvenzplan – Normzweck

1 Nach § 219 InsO besteht der Insolvenzplan aus dem darstellenden Teil und dem gestaltenden Teil. Beide Teile sind um die in § 229 InsO und § 230 InsO genannten Anlagen zu ergänzen.[1)]

„§ 220 InsO
Darstellender Teil

(1) Im darstellenden Teil des Insolvenzplans wird beschrieben, welche Maßnahmen nach der Eröffnung des Insolvenzverfahrens getroffen worden sind oder noch getroffen werden sollen, um die Grundlagen für die geplante Gestaltung der Rechte der Beteiligten zu schaffen.

(2) [1]Der darstellende Teil muss alle sonstigen Angaben zu den Grundlagen und den Auswirkungen des Plans enthalten, die für die Entscheidung der Beteiligten über die Zustimmung zum Plan und für dessen gerichtliche Bestätigung erheblich sind. […]“

2 Damit werden im darstellenden Teil die **Grundlagen und das Konzept zur Sanierung** des jeweiligen Unternehmens beschrieben und erläutert. Diese sind für die Gestaltung der Rechte der jeweiligen Beteiligten (§ 221 InsO) und der damit verbundenen Rechtsänderungen von wesentlicher Bedeutung.[2)]

3 Die Aufteilung des Insolvenzplans in einen darstellenden und gestaltenden Teil ist auf das deutsche Rechtsverständnis und der damit verbundenen Trennung zwischen Information, Begründung und Darstellung des Gesamtzusammenhangs auf der einen Seite und der stringenten rechtlichen Gestaltungsaufgabe in schuldrechtlicher, optional sachenrechtlicher Art auf der anderen Seite zurückzuführen.[3)]

4 In der Folge bildet der darstellende Teil aufgrund des hohen Informationsgehalts das Kernstück und den wesentlichen Inhalt eines Insolvenzplans.[4)] Insbesondere der **Darstel-**

1) LG München, Beschl. v. 5.9.2003 – 14 T 15659/03, ZVI 2003, 473.
2) Uhlenbruck-*Hirte*, InsO, § 11 Rz. 162; *Groß* in: Hess/Groß/Reill-Ruppe/Roth, Insolvenzplan, Sanierungsgewinn, Kap. 1 Rz. 376.
3) Römermann-*Rühle*, InsO/InsR, § 219 InsO Rz. 12.
4) *Maus* in: Kölner Schrift zur InsO, S. 707, 716.

lung der Sanierungsfähigkeit des Unternehmens kommt eine zentrale Bedeutung zu.[5] Der gestaltende Teil komplettiert den darstellenden Teil, indem er die im darstellenden Teil vorgesehenen einzelnen Rechtsänderungen darlegt, umsetzt und vollzieht.[6] Insofern kann die Trennung in einen darstellenden und einen gestaltenden Teil auch in eine Informations- und in eine Vollzugsebene unterschieden werden.[7] Mit der Aufgliederung des Insolvenzplans in einen darstellenden und in einen gestaltenden Teil unter Ergänzung der Anlagen aus §§ 229 und 230 InsO erhalten die Verfahrensbeteiligten in einer weitgehend standardisierten Form alle notwendigen Informationen. Auf diese Weise wird den Beteiligten eine Beurteilung über die Grundlagen, den Gegenstand und die Auswirkungen des Plans erleichtert.[8]

I. Funktionen des darstellenden Teils

Nach § 220 Abs. 1 InsO wird im darstellenden Teil des Insolvenzplans beschrieben, welche Maßnahmen nach der Eröffnung des Insolvenzverfahrens getroffen worden sind oder noch getroffen werden sollen, um die Grundlagen für die geplante Gestaltung der Rechte der Beteiligten zu schaffen.[9] Ferner wird Absatz 1 um Absatz 2 Satz 1 ergänzt, nach dem weitere „sonstige Angaben" zu machen sind, die „für die Entscheidung der Beteiligten […] erheblich sind." Seit dem Gesetz zur Fortentwicklung des Sanierungs- und Insolvenzrechts (SanInsFoG)[10] muss der darstellende Teil gemäß Absatz 2 Satz 2 zusätzlich zwingend eine Vergleichsrechnung hinsichtlich der Befriedigung der Gläubiger mit und ohne Plan enthalten. Sofern der Plan Eingriffe in die Rechte von Insolvenzgläubigern aus sog. gruppeninternen Drittsicherheiten gemäß § 217 Abs. 2 InsO n. F. vorsieht, muss der darstellende Teil gemäß dem neuen Absatz 3 auch die Verhältnisse des sicherungsgebenden verbundenen Unternehmens und die Auswirkungen des Plans auf dieses Unternehmen einbeziehen. Ausgehend davon lassen sich folgende Funktionen ableiten: 5

1. Informationsfunktion

Der Normzweck der Vorschrift besteht in der Aufbereitung und Darstellung von Informationen. Dabei ist im darstellenden Teil grundsätzlich über 6

- die wirtschaftliche, rechtliche und strategische Lage des Unternehmens,
- die Ursachen der Insolvenz,
- die getroffenen und noch zu treffenden Maßnahmen,
- das Leitbild und Ziele des Insolvenzplans
- die Auswirkungen des Plans auf die Befriedigungsaussichten der Gläubiger

zu informieren.[11] Bei Eingriffen in Rechte aus gruppeninternen Drittsicherheiten sind überdies Informationen über den Sicherungsgeber und die Auswirkungen des Plans er-

---

5) IDW, Anforderungen an Insolvenzpläne (IDW S 2), Stand: 20.3.2024, Rz. 31, IDW Life 07/08.2024, 656 ff.

6) *Groß* in: Hess/Groß/Reill-Ruppe/Roth, Insolvenzplan, Sanierungsgewinn, Kap. 1 Rz. 368; Römermann-*Braun*, InsO/InsR, Vor §§ 217–269 InsO Rz. 150.

7) IDW, Anforderungen an Insolvenzpläne (IDW S 2), Stand: 20.3.2024, Rz. 10, IDW Life 07/08.2024, 656 ff.; Braun-*Braun/Frank*, InsO, § 221 Rz. 3.

8) *Eilenberger* in: MünchKomm-InsO, § 219 Rz. 1.

9) *Rendels/Zabel*, Insolvenzplan, Kap. C Rz. 112.

10) Gesetz zur Fortentwicklung des Sanierungs- und Insolvenzrechts (Sanierungs- und Insolvenzrechtsfortentwicklungsgesetz – SanInsFoG), v. 22.12.2020, BGBl. I 2020, 3256.

11) *IDW*, Sanierung und Insolvenz, Kap. C Rz. 472; *Geiwitz* in: Buth/Hermanns, Restrukturierung, Sanierung, Insolvenz, § 30 Rz. 7 f.; IDW, Anforderungen an Insolvenzpläne (IDW S 2), Stand: 20.3.2024, Rz. 30–33, IDW Life 07/08.2024, 656 ff.

forderlich. Insofern kommt dem darstellenden Teil eine Informationsfunktion in Form einer Bestandsaufnahme über die aktuelle Lage des Schuldners sowie die geplante zukünftige Entwicklung unter Berücksichtigung der beabsichtigten Maßnahmen und deren Konsequenzen zu.[12)]

2. Transparenzfunktion

7 Die Beteiligten und das Insolvenzgericht sollen nicht nur über das Unternehmen sowie die angedachten Maßnahmen ausreichend informiert werden. Vielmehr soll auch aufgrund der Krisensituation und der in der Regel damit einhergehenden unübersichtlichen Lage eine ausreichende Transparenz geschaffen werden.[13)] Nur auf Basis von vollständigen, schlüssigen und detailliert dargelegten Informationen kann durch den Insolvenzplan für die Verfahrensbeteiligten eine ausreichende Transparenz der Handlungsalternativen geschaffen werden. Diese ist notwendig, um das verloren gegangene Vertrauen der Gläubiger zurückzugewinnen.[14)]

3. Entscheidungsunterstützungsfunktion

8 Nach § 220 Abs. 2 Satz 1 InsO muss der darstellende Teil alle Informationen enthalten, die für die Entscheidung und ein damit verbundenes sachgerechtes Urteil über den Plan, gemessen an den wirtschaftlichen Interessen des jeweiligen Beteiligten, erheblich sind.[15)] Die vollständig und sachgerecht aufbereiteten Informationen dienen der Vorbereitung der Entscheidungsfindung der Insolvenzplanbeteiligten.[16)] Diese müssen in die Lage versetzt werden, die wirtschaftliche Lage des Schuldnerunternehmens, die angedachten Maßnahmen des Plans sowie die Plankonsequenzen zu erkennen und zu bewerten, um auf dieser Basis ihre Entscheidung zur Zustimmung zum vorgelegten Plan bzw. ggf. zu konkurrierenden Plänen treffen zu können. Hierzu zählt auch die Entscheidung des Insolvenzgerichts über Zurückweisung (§ 231 InsO) oder Bestätigung des Insolvenzplans.[17)] Hier nimmt auch die Vergleichsrechnung eine wichtige Rolle ein, die den Gläubigern eine konkrete Übersicht über die Verwertung der Masse mit und ohne Plan bietet (näher zur Vergleichsrechnung siehe Rz. 192 ff.).[18)]

4. Dokumentationsfunktion

9 Die im darstellenden Teil gemachten Angaben dienen zudem der Dokumentation der aktuellen Lage des Unternehmens, der getroffenen und beabsichtigten Maßnahmen sowie deren Konsequenzen für die jeweils Beteiligten. Im Rahmen der Dokumentation werden die wesentlichen und entscheidungsrelevanten Daten in Form von Zahlen zusammengetragen, sachlogisch geordnet und für den Adressaten nachvollziehbar erläutert und dargestellt. Die Dokumentation ist damit Basis für die Ausgestaltung des Insolvenzplans im gestaltenden Teil.

---

12) *Eilenberger* in: MünchKomm-InsO, § 220 Rz. 1. BGH, Beschl. v. 19.5.2009 – IX ZB 236/07, Rz. 27, NZI 2009, 515.

13) *Eilenberger* in: MünchKomm-InsO, § 220 Rz. 69.

14) IDW, Anforderungen an Insolvenzpläne (IDW S 2), Stand: 20.3.2024, Rz. 29, IDW Life 07/08.2024, 656 ff.; *Kußmaul/Steffan*, DB 2000, 1849, 1851 ff.

15) *Rendels/Zabel*, Insolvenzplan, Kap. C Rz. 112; BGH, Beschl. v. 13.10.2011 – IX ZB 37/08, ZIP 2012, 187 = NZI 2012, 139, dazu EWiR 2012, 215 *(Rendels/Körner)*.

16) Uhlenbruck-*Hirte*, InsO, § 219 Rz. 1.

17) *Eilenberger* in: MünchKomm-InsO, § 220 Rz. 1.

18) Vgl. auch BGH, Beschl. v. 26.4.2018 – IV ZB 49/17, Rz. 33, NZI 2018, 691 = WM 2018, 1105; Uhlenbruck-*Lüer/Streit*, InsO, § 220 Rz. 9 m. w. N.

Darüber hinaus soll auf Basis des Insolvenzplans als Entscheidungsgrundlage ein einheitliches und gemeinsames Verständnis über die wirtschaftliche Lage, die angedachten Maßnahmen und die Wirkungen bei Planverabschiedung dokumentiert werden. Die Dokumentation stellt somit die Grundlage für die spätere mögliche Planüberwachung dar. 10

5. Kontroll- und Überwachungsfunktion

Die im darstellenden Teil transparent aufbereitete wirtschaftliche Lage sowie die zukünftige Entwicklung auf Basis der angedachten Maßnahmen dienen den Verfahrensbeteiligten darüber hinaus der Kontrolle. Dabei können auf Basis der dargestellten Vermögens-, Finanz- und Ertragslage Plausibilitätsprüfungen mit den bisher bekannten Informationen über das Unternehmen sowie über die gemachten Angaben zur zukünftigen wirtschaftlichen Entwicklung durchgeführt werden. Nur auf Basis der im darstellenden Teil aufgeführten quantitativen oder qualitativen Angaben können Inkonsistenzen in Bezug auf andere Informationsquellen zum Unternehmen oder zum Markt bzw. zur Branche ermittelt werden. 11

Ferner kommt dem darstellenden Teil insbesondere i. R. einer beschlossenen Überwachung (§ 260 InsO) oder bei Vorliegen der Voraussetzungen des § 229 InsO (Gläubiger sollen bei Fortführung aus den Erträgen befriedigt werden) auch eine Überwachungsfunktion zu.[19] Die Überwachung kann dabei nur dann erfolgen, wenn eine ausreichende Datenbasis im darstellenden Teil vorliegt, die es dem Insolvenzverwalter ermöglicht i. R. seiner jährlichen Berichterstattung eine Plan-Ist-Abweichungsanalyse durchzuführen.[20] 12

6. Exkulpationsfunktion

Unternehmen, die über einen Insolvenzplan restrukturiert werden sollen, befinden sich aufgrund des bereits eröffneten Insolvenzverfahrens unzweifelhaft in einer Krisensituation. Die im Insolvenzplan angedachten Sanierungsmaßnahmen werden zum Teil vor Bestätigung des Insolvenzplans, zum Teil mit Bestätigung des Insolvenzplans aber auch durch Maßnahmen nach Bestätigung des Insolvenzplans umgesetzt. In der Folge kann im Hinblick auf diejenigen Sanierungsmaßnahmen, die erst nach Bestätigung des Insolvenzplans noch umzusetzen sind, impliziert ein Umsetzungsrisiko bestehen. Scheitert zu einem späteren Zeitpunkt die Sanierung über den Insolvenzplan und kommt es in der Folge zu einem weiteren Insolvenzverfahren, können durch einen Insolvenzverwalter Zahlungen auf Forderungen von Insolvenzgläubigern angefochten werden, deren Forderungen durch den Insolvenzplan zwar restrukturiert, aber im Hinblick auf die verbleibende Forderung weiterhin Bestand haben. Voraussetzung für eine Anfechtung an sich ist nach § 133 Abs. 1 InsO der Benachteiligungsvorsatz des Schuldners und die Kenntnis des Gläubigers vom Benachteiligungsvorsatz. Hinweise auf einen Benachteiligungsvorsatz und Kenntnis können durch ein schlüssiges und von tatsächlichen Gegebenheiten ausgehendes Sanierungskonzept widerlegt werden.[21] 13

Insolvenzpläne, die die Sanierung des Rechtsträgers zum Ziel haben, basieren regelmäßig auf einem im darstellenden Teil implementiertes Sanierungskonzept, in dem insbesondere die Sanierungsfähigkeit des Rechtsträgers und des mit ihm verbundenen operativen Geschäfts plausibel dargestellt wird. Mit der Darstellung der Sanierungsfähigkeit im darstellenden Teil des Insolvenzplans wird impliziert eine exkulpierende Wirkung entfaltet. 14

19) *Eilenberger* in: MünchKomm-InsO, § 219 Rz. 11.

20) *Rendels/Zabel*, Insolvenzplan, Kap. C Rz. 113.

21) BGH, Urt. v. 16.10.2008 – IX 183/06, Rz. 52, NZI 2009, 171; IDW, Anforderungen an Insolvenzpläne (IDW S 2), Stand: 20.3.2024, Rz. 10 ff., IDW Life 07/08.2024, 656 ff.

7. Privilegierungsfunktion

15 Im Rahmen der Sanierung von Unternehmen durch einen Insolvenzplan ergeben sich an verschiedenen Stellen Risiken, die durch ein schlüssiges und von tatsächlichen Gegebenheiten ausgehendes Sanierungskonzept reduziert oder gänzlich vermieden werden können. Hervorzuheben sind hierbei u. a. steuerliche Sanierungsprivilegien.[22)]

16 Bei der Sanierung eines Unternehmens durch einen Insolvenzplan kann es zur Behebung einer bilanziellen oder insolvenzrechtlichen Überschuldung erforderlich sein, dass Gläubiger auf nicht unerhebliche Forderungen verzichten müssen. Diese Forderungsverzichte führen regelmäßig zu einem Ertrag des Unternehmens, der als Gewinn ertragsteuerlich Berücksichtigung finden müsste.

17 Gemäß § 3a Abs. 1 EStG sind Betriebsvermögensmehrungen oder Betriebseinnahmen aus einem Schuldenerlass zum Zweck einer unternehmensbezogenen Sanierung i. S. des § 3a Abs. 2 EStG (Sanierungsertrag) steuerfrei. Eine unternehmensbezogene Sanierung liegt gemäß § 3a Abs. 2 EStG vor, wenn der Steuerpflichtige für den Zeitpunkt des Schuldenerlasses die **Sanierungsbedürftigkeit** und die **Sanierungsfähigkeit** des Unternehmens, die Sanierungseignung des betrieblich begründeten Schuldenerlasses und die Sanierungsabsicht der Gläubiger nachweist.[23)]

18 Das Vorliegen dieser Voraussetzungen wird durch den Fiskus vermutet, wenn für das Unternehmen ein Sanierungskonzept vorliegt. Wird i. R. des Insolvenzplans im darstellenden Teil die Sanierungsfähigkeit auf Basis der Kernanforderungen an ein Sanierungskonzept dargelegt, können damit die notwendigen Nachweise für entsprechende Privilegien erfüllt werden. Insofern kommt im Insolvenzplan dem darstellenden Teil mit der Darstellung der Sanierungsfähigkeit eine zentrale Funktion zu.

II. Anforderungen an den darstellenden Teil

19 Der Aufbau und Inhalt des darstellenden Teils des Insolvenzplans folgt grundsätzlich nicht einem formaljuristischen Schema der InsO.[24)] Gleichwohl stellt § 220 InsO einige Mindestanforderungen an sowie allgemeine Grundsätze für den darstellenden Teil auf.

1. Gesetzliche Anforderungen des § 220 InsO

20 Die gesetzlichen Anforderungen an die Inhalte des darstellenden Teils des Insolvenzplans werden im Grundsatz allgemein gehalten.

- Nach § 220 Abs. 1 InsO hat der Planersteller über alle Maßnahmen zu berichten, welche nach Eröffnung des Insolvenzverfahrens getroffen worden sind oder noch getroffen werden sollen. Die Darstellung der Sanierungsmaßnahmen sollte sich im darstellenden Teil wiederfinden.
- Nach § 220 Abs. 2 InsO hat der darstellende Teil des Insolvenzplans alle Angaben zu den Grundlagen und den Auswirkungen des Plans zu enthalten, die für die Entscheidung der Gläubiger über die Zustimmung zum Plan und für dessen gerichtliche Bestätigung erheblich sind. Danach handelt es sich um eine Art Generalklausel.[25)]

21 Mit der Entscheidung für eine allgemein gehaltene Formulierung hat der Gesetzgeber bewusst von einer für alle Fälle verbindlichen Vorgabe Abstand genommen und die Entscheidung, welche Angaben die Gläubiger benötigen, in das Ermessen des Planerstellers

22) *Pape/Opp*, Sanierungsgutachten, Rz. 386 ff.

23) BFH, Beschl. v. 15.11.2018 – XI B 49/18, NZI 2019, 239; *Schmittmann*, DZWIR 2019, 151 (Urteilsanm.).

24) *Geiwitz/Danckelmann* in: Kübler/Bork/Prütting, HRI II, § 21 Rz. 3.

25) Jaeger-*Münch*, InsO, § 220 Rz. 28; Kübler/Prütting/Bork-*Spahlinger*, InsO, § 220 Rz. 6.

und des Gerichts gestellt.[26] Dies bedeutet jedoch nicht, dass der Aufbau und Inhalt des darstellenden Teils des Insolvenzplans im freien Ermessen des Planverfassers liegt.[27] Die Formulierung „soll“ in § 220 Abs. 2 InsO ist nicht fakultativ zu verstehen.[28] Vielmehr hat der Gesetzgeber bewusst auf konkrete Vorgaben verzichtet, um zum einen dem Umstand Rechnung zu tragen, dass jeder Sanierungsfall individuelle Herausforderungen in sich birgt, und zum anderen dem Planersteller Raum für kreative Lösungsvorschläge gewährt.

Diese allgemeinen Vorgaben des § 220 InsO durch den Gesetzgeber sind als generelle Leitlinien zu verstehen. Der darstellende Teil soll alle Angaben zu den Grundlagen und Auswirkungen des Insolvenzplans enthalten, die für die Entscheidung der Gläubiger über die Zustimmung zum Insolvenzplan und für dessen richterliche Bestätigung erheblich sind. 22

Im Rahmen von Insolvenzplänen, die die Fortführung des Rechtsträgers zum Ziel haben, ist die **Darstellung der Sanierungsfähigkeit** das zentrale Element für die Entscheidungsträger und bildet damit das **Kernstück des darstellenden Teils.**[29] Vor dem Hintergrund, dass die Informationen für den Adressaten klar, übersichtlich, vollständig, richtig und verständlich aufbereitet sein müssen, ergibt sich die Frage nach einer systematisierten, ziel- und adressatenorientierten Aufbereitung, um dem Informationsbedürfnis des Adressaten möglichst gerecht zu werden und damit auch das Ziel der Planzustimmung zu erreichen.[30] 23

Aus betriebswirtschaftlicher Perspektive besteht der Insolvenzplan im Kern aus einem **Sanierungskonzept**, das alle notwendigen Informationen enthält.[31] Das Institut der Wirtschaftsprüfer hat in seinem Standard 6 „Anforderungen an Sanierungskonzepte“ **(IDW S 6)**[32] die materiellen Elemente, die ein Sanierungskonzept zu enthalten hat, beschrieben.[33] Das zentrale Element, die Darstellung der Sanierungsfähigkeit, ist damit mit dem Insolvenzplan identisch.[34] 24

> **Praxishinweis**
>
> In der Folge empfiehlt es sich, die allgemeinen Anforderungen an Sanierungskonzepte für die Erstellung von Insolvenzplänen nutzbar zu machen.[35] Auf diese Weise wird sichergestellt, dass der Adressat auf Basis einer intersubjektiv nachvollziehbaren Systematik einer Unternehmenssanierung eine ziel- und adressatenorientierte Entscheidungsgrundlage erhält.

---

26) BGH, Beschl. v. 13.10.2011 – IX ZB 37/08, ZIP 2012, 187, 188 = NZI 2012, 139.

27) *Bähr* in: Mohrbutter/Ringstmeier/Meier, Hdb. Insolvenzverwaltung, Kap. 14 Rz. 20.

28) Uhlenbruck-*Lüer/Streit*, InsO, § 220 Rz. 1.

29) IDW, Anforderungen an Insolvenzpläne (IDW S 2), Stand: 20.3.2024, Rz. 30–31, IDW Life 07/08.2024, 656 ff.; *Geiwitz* in: Buth/Hermanns, Restrukturierung, Sanierung, Insolvenz, § 30 Rz. 9; *Rendels/Zabel*, Insolvenzplan, Kap. C Rz. 123 ff.; IDW, Anforderungen an Sanierungskonzepte (IDW S 6), Stand: 22.6.2023, Rz. 11, IDW Life 12/2023, 1159 ff.; *Exner/Wittmann* in: Beck/Depré/Ampferl-*Exner/Wittmann*, Praxis der Sanierung und Insolvenz, § 4 Rz. 16.

30) Römermann-*Rühle*, InsO/InsR, § 219 InsO Rz. 3; Uhlenbruck-*Lüer/Streit*, InsO, § 220 Rz. 1.

31) *Madaus*, Der Insolvenzplan, S. 56.

32) IDW, Anforderungen an Sanierungskonzepte (IDW S 6), Stand: 22.6.2023, Rz. 3, IDW Life 12/2023, 1159 ff.

33) Das Sanierungskonzept muss nach der Rspr. des BGH, Urt. v. 12.5.2016 – IX ZR 65/14, Rz. 19, NZI 2016, 636, nicht den Anforderungen des IDW S 6 entsprechen. Gleichwohl wird ausgeführt, dass ein Sanierungskonzept nach IDW S 6 den Anforderungen des BGH entspricht.

34) *Hess*, WPg 2009, 299 ff.

35) *Hess*, WPg 2009, 299 ff.; *Hornig/Schienstock*, KSI 5/2011, 220 ff.; *Buth/Hermanns*, DStR 2010, 288.

25 Aus den Anforderungen an Sanierungskonzepte ergeben sich als wesentliche Bestandteile
- die Beschreibung und Analyse insbesondere der **Krisenuraschen** des Unternehmens,
- die Strategie und das **Leitbild** sowie
- die finanzwirtschaftliche **Unternehmensentwicklung.**

26 Darüber hinaus hat das im Insolvenzplan zu implementierende Sanierungskonzept auch
- den Maßnahmenkatalog sowie
- die korrespondierenden **Planrechnungen,** in denen die Auswirkungen der angedachten Maßnahmen dargestellt werden,

zu enthalten. Insbesondere die Ausführungen der **Wirkungszusammenhänge** zwischen den **Krisenursachen** und den angedachten **Sanierungsmaßnahmen** stellen ein zentrales Element des Plans im darstellenden Teil dar, da diese die Sanierungsfähigkeit des Unternehmens begründen.

27 Zu den Anforderungen an die Erstellung eines Sanierungskonzeptes gehört auch die **Sicherstellung der Qualität der Informationen.**[36)] Vor dem Hintergrund, dass in Krisensituationen häufig die notwendige Datenqualität nicht oder nur bedingt belastbar erscheint, hat der Planersteller auf Basis geeigneter Plausibilitätsbeurteilungen zu entscheiden, ob die sich aus dem Finanz- und Rechnungswesen ergebenden Daten als Ausgangsinformation für die Ableitung der Planzahlen tauglich erscheinen. Dies beinhaltet auch die Plausibilisierung der Angaben im darstellenden Teil mit den Angaben im gestaltenden Teil. Hierbei hat der Planersteller sicherzustellen, dass die Angaben im Plan sachgerecht und vor allem widerspruchsfrei sind. Divergierende Ausführungen oder andere Ergebnisse können dazu führen, dass der Plan den hohen Anforderungen an die Erstellung eines Insolvenzplans nicht gerecht wird. Ist der darstellende Teil fehlerhaft, kann dies zu einer gerichtlichen Zurückweisung (§ 231 InsO) oder zur Versagung der Bestätigung von Amts wegen (§ 250 InsO) führen.

2. Allgemeine Grundsätze

28 Aus den gesetzlichen Anforderungen des § 220 InsO lassen sich allgemeine Grundsätze an die Erstellung des darstellenden Teils von Insolvenzplänen ableiten. Zu den wichtigsten Grundsätzen einer ordnungsgemäßen Berichterstattung im Insolvenzplanverfahren gehören die Grundsätze der Vollständigkeit, Wesentlichkeit, Verlässlichkeit, Klarheit und Übersichtlichkeit.[37)]

a) Grundsatz der Vollständigkeit

29 Der Grundsatz der Vollständigkeit soll gewährleisten, dass alle sanierungsrelevanten Sachverhalte für den Adressaten vollständig aufbereitet werden.[38)] Im Insolvenzplan soll die Vollständigkeitsbedingung verhindern, dass die Adressaten ihre Entscheidung über den Insolvenzplan auf Basis unvollständiger Datengrundlagen ableiten und deshalb möglicherweise zu einer Fehleinschätzung gelangen. Eine Schutzklausel, wonach berichts-

36) Vgl. IDW, Anforderungen an Sanierungskonzepte (IDW S 6), Stand: 22.6.2023, Rz. 46 ff., IDW Life 12/2023, 1159 ff.

37) *Groß* in: Hess/Groß/Reill-Ruppe/Roth, Insolvenzplan, Sanierungsgewinn, Kap. 1 Rz. 448 ff.

38) IDW, Anforderungen an Insolvenzpläne (IDW S 2), Stand: 20.3.2024, Rz. 2, IDW Life 07/08.2024, 656 ff.; Uhlenbruck-*Lüer/Streit*, InsO, § 220 Rz. 1; *Koch/de Bra* in: Gottwald/Haas, InsR-Hdb., § 65 Rz. 27; *Groß* in: Hess/Groß/Reill-Ruppe/Roth, Insolvenzplan, Sanierungsgewinn, Kap. 1 Rz. 448 ff.; Jaeger-*Münch*, InsO, § 220 Rz. 49.

pflichtige Angaben unterbleiben können, wenn dem Schuldnerunternehmen durch die Veröffentlichung Nachteile drohen, besteht im Insolvenzplanverfahren nicht.[39)]

30 Vor diesem Hintergrund muss der Insolvenzplan nach dem Grundsatz der Vollständigkeit alle Angaben enthalten, die für die Gesamtbeurteilung der wirtschaftlichen Verhältnisse sowie der Risiken der künftigen Entwicklung erforderlich sind. Die Angaben müssen den Adressaten ein zutreffendes Bild der rechtlichen, organisatorischen und wirtschaftlichen Lage und ihrer voraussichtlichen Entwicklung vermitteln.[40)] Hierzu zählt auch die Darstellung der Quotenhöhe, der Quotensicherheit oder Angaben zu Vorverhandlungen, die für die Zustimmung oder Ablehnung des Insolvenzplans von erheblicher Relevanz sind.[41)]

31 Um dem Schutzbedürfnis des Schuldners ausreichend gerecht zu werden, sollten nachteilige Folgen, die sich aus der Offenlegung der für die Beteiligten des Insolvenzplans erforderlichen Unternehmensdaten ergeben könnten, beachtet werden. Demzufolge kann es erforderlich sein, den Beteiligten in Abstimmung mit dem Insolvenzgericht statt des vollständigen Insolvenzplans lediglich eine Zusammenfassung seines wesentlichen Inhalts (vgl. §§ 235 Abs. 3 Satz 2, 252 Abs. 2 InsO) einschließlich der Grundzüge des Sanierungskonzepts zu übersenden.[42)]

Praxishinweis

In der Praxis werden immer wieder Befürchtungen über zu umfangreiche Pläne geäußert. Diese Kritik übersieht, dass Planadressaten in der Regel nicht durch ein Zuviel an Information, sehr wohl aber durch ein Zuwenig an Information manipuliert oder getäuscht werden können.[43)] In der Praxis empfiehlt sich überall dort der „Plan light“, wo die grundsätzlichen Zusammenhänge und wo die Alternativentscheidungen für alle Beteiligten klar und übersichtlich sind.

b) Grundsatz der Wesentlichkeit

32 Der Grundsatz der Wesentlichkeit soll die Forderung nach vollständiger Beschaffung und Offenlegung der Informationen einschränken.[44)] Nur die Informationen und Sachverhalte, die für die Lösungs- und Urteilsfindung der Adressaten über den Insolvenzplan von wesentlicher Bedeutung sind, sind im Insolvenzplan abzubilden.[45)]

39) *Groß* in: Hess/Groß/Reill-Ruppe/Roth, Insolvenzplan, Sanierungsgewinn, Kap. 1 Rz. 451 ff. i. V. m. *IDW*, WP-Handbuch 2014, Bd. II, Kap. L Rz. 550 ff.; BGH, Beschl. v. 26.4.2018 – IX ZB 49/17, Rz. 54, ZVI 2018, 272 = NZI 2018, 691.

40) BGH, Beschl. v. 7.5.2015 – IX ZB 75/14, NJW 2015, 2660 = ZIP 2015, 1346, dazu EWiR 2015, 483 *(Spliedt)*; BGH, Beschl. v. 19.5.2022 – IX ZB 6/21, Rz. 19, ZRI 2022, 644 = NZI 2022, 74; BGH, Beschl. v. 22.6.2023 – IX ZB 15/21, Rz. 10, ZRI 2023, 664 = NZI 2023, 715.

41) *J. Schmidt* in: Buth/Hermanns, Restrukturierung, Sanierung, Insolvenz, § 26 Rz. 116; Braun-*Braun/Frank*, InsO, § 221 Rz. 3, 4.

42) IDW, Anforderungen an Insolvenzpläne (IDW S 2), Stand: 20.3.2024, Rz. 16, IDW Life 07/08.2024, 656 ff.

43) LG Wuppertal, Beschl. v. 15.9.2015 – 16 T 324/14, NZI 2016, 494, zur Planmanipulation durch Verschweigen von Vermögenswerten; Braun-*Braun/Frank*, InsO, § 221 Rz. 54.

44) Jaeger-*Münch*, InsO, § 220 Rz. 51; *IDW*, WP-Handbuch 2014, Bd. II, Kap. L Rz. 554.

45) IDW, Anforderungen an Insolvenzpläne (IDW S 2), Stand: 20.3.2024, Rz. 30, IDW Life 07/08.2024, 656 ff.; BGH, Beschl. v. 15.7.2010 – IX ZB 65/10, Rz. 43, NZI 2010, 734 = ZIP 2010, 1499; BGH, Beschl. v. 3.12.2009 – IX ZB 30/09, Rz. 3, ZInsO 2010, 85 = ZIP 2010, 341.

33 Auf diese Weise wird der Insolvenzplan auf die notwendigen Informationen sinnvoll reduziert, ohne jedoch auf Darstellung der zentralen Sachverhalte und Zusammenhänge zu verzichten.[46)]

c) Grundsatz der Richtigkeit

34 Mit dem Grundsatz der Richtigkeit soll gewährleistet werden, dass Angaben und dargestellte Zusammenhänge im Insolvenzplan sachlich wahrheitsgemäß dargestellt werden.[47)] Dabei müssen Tatsachen an objektiven Verhältnissen ausgerichtet, zutreffend und nachprüfbar sein, sie dürfen weder verfälscht noch unterdrückt sein.[48)] Im Rahmen von Bewertungen sind die notwendigen Prämissen und Prognosen schlüssig und willkürfrei darzustellen. Chancen und Risiken sind ausgewogen einzubeziehen und getrennt darzustellen.[49)]

d) Grundsätze der Klarheit und Übersichtlichkeit

35 Der Grundsatz der Klarheit und Übersichtlichkeit fordert, dass die vermittelten Informationen so aufzubereiten sind, dass sie für den Adressaten des Insolvenzplans nachvollziehbar sind.[50)] Die Ausführungen müssen daher verständlich und eindeutig sein, sie dürfen weder vage oder weitschweifig sein noch an anderer Stelle des darstellenden Teils relativiert werden.[51)]

36 Die Übersichtlichkeit soll sicherstellen, dass der Informationsempfänger deutlich zwischen Tatbestand, Ermessen und Schlussfolgerung unterscheiden kann.[52)]

37 Insgesamt dient der Grundsatz der Klarheit und Übersichtlichkeit dem Erfordernis, dass der Adressat des Insolvenzplans sich in angemessener Zeit ein zutreffendes Bild von der Lage des Unternehmens und seiner geplanten Entwicklung verschaffen kann. Er soll gewährleisten, dass der Insolvenzplan eindeutig, verständlich, hinreichend und systematisch gegliedert sowie ohne Informationsverluste bereitgestellt werden kann.[53)]

3. Generalklausel (§ 220 Abs. 2 InsO)

38 Neben der Darstellung der nach der Insolvenzeröffnung getroffenen oder noch zu treffenden Maßnahmen sieht die InsO nur wenige weitere konkrete Anforderungen an den darstellenden Teil vor. Vielmehr bestimmt sich der weitere Aufbau und Inhalt im Wesentlichen nach Art einer Generalklausel.[54)] Mit der Entscheidung für eine allgemein gehaltene Formulierung hat der Gesetzgeber bewusst von einer für alle Fälle verbindlichen Vorgabe Abstand genommen und die Entscheidung, welche Angaben die Gläubiger benötigen, in

---

46) Jaeger-*Münch*, InsO, § 220 Rz. 51; *IDW*, WP-Handbuch 2014, Bd. II, Kap. L Rz. 554. *Groß* in: Hess/Groß/Reill-Ruppe/Roth, Insolvenzplan, Sanierungsgewinn, Kap. 1 Rz. 457 f.

47) Jaeger-*Münch*, InsO, § 220 Rz. 45; *Bähr* in: Mohrbutter/Ringstmeier/Meier, Hdb. Insolvenzverwaltung, Kap. 14 Rz. 25; *IDW*, WP-Handbuch 2014, Bd. II, Kap. L Rz. 554.

48) *Groß* in: Hess/Groß/Reill-Ruppe/Roth, Insolvenzplan, Sanierungsgewinn, Kap. 1 Rz. 459 ff.

49) Uhlenbruck-*Lüer/Streit*, InsO, § 220 Rz. 1; BGH, Beschl. v. 26.4.2018 – IX ZB 49/17, Rz. 54, ZVI 2018, 272 = NZI 2018, 691.

50) IDW, Anforderungen an Insolvenzpläne (IDW S 2), Stand: 20.3.2024, Rz. 2, IDW Life 07/08.2024, 656 ff.; Jaeger-*Münch* InsO, § 220 Rz. 48; Uhlenbruck-*Lüer/Streit*, InsO, § 220 Rz. 1; *IDW*, WP-Handbuch 2014, Bd. II, Kap. L Rz. 558 ff.; *Groß* in: Hess/Groß/Reill-Ruppe/Roth, Insolvenzplan, Sanierungsgewinn, Kap. 1 Rz. 462 ff.

51) Jaeger-*Münch*, InsO, § 220 Rz. 48; *IDW*, WP-Handbuch 2014, Bd. II, Kap. L Rz. 559.

52) Jaeger-*Münch*, InsO, § 220 Rz. 45; *IDW*, WP-Handbuch 2014, Bd. II, Kap. L Rz. 558 ff.

53) IDW, Anforderungen an Insolvenzpläne (IDW S 2), Stand: 20.3.2024, Rz. 30, IDW Life 07/08.2024, 656 ff.; Jaeger-*Münch*, InsO, § 220 Rz. 50, 52.

54) Jaeger-*Münch*, InsO, § 220 Rz. 28; Römermann-*Rühle*, InsO/InsR, § 220 Rz. 1; Kübler/Prütting/Bork-*Spahlinger*, InsO, § 220 Rz. 6.

das Ermessen des Planerstellers und des Gerichts gestellt.[55] Dies bedeutet jedoch nicht, dass der Aufbau und Inhalt des darstellenden Teils des Insolvenzplans im freien Ermessen des Planverfassers liegt.[56] Um dies zu verdeutlichen, hat der Gesetzgeber im Zuge des SanInsFoG die Formulierung des § 220 Abs. 2 InsO dahingehend angepasst, dass nun auch der Wortlaut den zwingenden Charakter der Vorschrift zu erkennen gibt. Dieser war bereits nach der alten Rechtslage in der Rechtsprechung anerkannt.[57] Außerdem hat er sich dazu entschieden, die bereits zum Entwurf der InsO angedachte[58] und dann verworfene[59] Pflicht zur Aufstellung einer Vergleichsrechnung zwischen dem Planverfahren und alternativen Verfahrensarten in Absatz 2 Satz 2 n. F. festzuschreiben.[60] Zur konkreten Ausgestaltung der Vergleichsrechnung siehe Rz. 192 ff.

Nach § 220 Abs. 2 Satz 1 InsO hat der darstellende Teil des Insolvenzplans alle Angaben zu den Grundlagen und den Auswirkungen des Plans zu enthalten, die für die Entscheidung der Gläubiger über die Zustimmung zum Plan und für dessen gerichtliche Bestätigung erheblich sind.[61] Erforderlich sind danach alle Informationen, die die Adressaten für ein sachgerechtes Urteil über den Insolvenzplan benötigen. 39

Adressaten des darstellenden Teils sind 40

- das Insolvenzgericht,
- die Gläubiger,
- der Schuldner,
- die Gesellschafter und
- ggf. der Betriebsrat (§ 235 Abs. 3 InsO).

Für diese Adressaten sollte der darstellende Teil aus sich heraus klar, verständlich und auf die wesentlichen Informationen fokussiert sein. Alle für die Entscheidungsfindung erforderlichen Informationen sind in einer strukturierten Form bereitzustellen.[62] Dabei ist dem Aspekt der Entscheidungserheblichkeit besondere Bedeutung beizumessen.[63] Danach sind alle diejenigen Angaben unerlässlich, welche die Gläubiger für ein sachgerechtes Urteil über den Insolvenzplan, gemessen an ihren eigenen Interessen, benötigen.[64] 41

Eine weitergehende Konkretisierung der geforderten Informationen ergibt sich weder aus dem Gesetz noch aus der Rechtsprechung. Grundsätzlich besteht aber die Auffassung, dass das **Kernstück des darstellenden Teils** in der **Darstellung der Sanierungsfähigkeit** 42

55) BGH, Beschl. v. 13.10.2011 – IX ZB 37/08, ZIP 2012, 187, 188 = NZI 2012, 139.

56) *Bähr* in: Mohrbutter/Ringstmeier/Meyer, Hdb. Insolvenzverwaltung, Kap. 14 Rz. 20.

57) Vgl. BGH, Beschl. v. 17.2.2005 – IX ZB 176/03, BGHZ 162, 181, 183 f. = NZI 2005, 271; BGH, Beschl. v. 10.2.2011 – IX ZB 237/09, WM 2011, 839; BGH, Beschl. v. 7.5.2015 – IX ZB 75/14, Rz. 29 m. w. N., NJW 2015, 2660 = ZIP 2015, 1346; BGH, Beschl. v. 19.5.2022 – IX ZB 6/21, Rz. 19, ZRI 2022, 644 = NZI 2022, 743; Uhlenbruck-*Lüer/Streit*, InsO, § 220 Rz. 1.

58) Vgl. Begr. RegE InsO, BT-Drucks. 12/2443, S. 197.

59) Vgl. Beschlussempfehlung und Bericht d. RA z. InsO, BT-Drucks. 12/7302, S. 182.

60) *Geiwitz/v. Danckelmann* in: BeckOK-InsO, § 220 Rz. 24.

61) BGH, Beschl. v. 7.5.2015 – IX ZB 75/14, Rz. 29, NJW 2015, 2660 = ZIP 2015, 1346.

62) IDW, Anforderungen an Insolvenzpläne (IDW S 2), Stand: 20.3.2024, Rz. 27, IDW Life 07/08.2024, 656 ff.; BGH, Beschl. v. 19.5.2009 – IX ZB 236/07, ZIP 2009, 1384 = WM 2009, 1336, dazu EWiR 2010, 29 *(Lau)*.

63) IDW, Anforderungen an Insolvenzpläne (IDW S 2), Stand: 20.3.2024, Rz. 27, IDW Life 07/08.2024, 656 ff.

64) BGH, Beschl. v. 3.12.2009 – IX ZB 30/09, ZInsO 2010, 85 = ZIP 2010, 341.

des Schuldnerunternehmens liegt.[65] Vor dem Hintergrund, dass die Informationen für den Adressaten klar, übersichtlich, vollständig, richtig und verständlich aufbereitet sein müssen, ergibt sich die Frage nach einer systematisierten, ziel- und adressatenorientierten Aufbereitung, um dem Informationsbedürfnis des Adressaten möglichst gerecht zu werden und damit auch das Ziel der Planzustimmung zu erreichen.[66]

43 Aus betriebswirtschaftlicher Perspektive besteht der Insolvenzplan im Kern aus einem **Sanierungskonzept**, das alle gesetzlich geforderten Informationen enthält.[67] Das Institut der Wirtschaftsprüfer hat in seinem Standard 6 „Anforderungen an Sanierungskonzepte" **(IDW S 6)** die materiellen Elemente, die ein Sanierungskonzept zu enthalten hat, beschrieben. Das zentrale Element, die Darstellung der Sanierungsfähigkeit, ist damit mit dem Insolvenzplan identisch.[68]

Praxishinweis

In der Folge empfiehlt es sich, die allgemeinen Anforderungen an Sanierungskonzepte für die Erstellung von Insolvenzplänen nutzbar zu machen.[69] Auf diese Weise wird sichergestellt, dass der Adressat auf Basis einer intersubjektiv nachvollziehbaren Systematik einer Unternehmenssanierung, eine systematische, ziel- und adressatenorientierte Entscheidungsgrundlage erhält.

44 Aus den Anforderungen an Sanierungskonzepte ergeben sich als wesentliche Bestandteile
- die Beschreibung und Analyse insbesondere der **Krisenursachen** des Unternehmens,
- die Strategie und das **Leitbild** sowie
- die finanzwirtschaftliche **Unternehmensentwicklung**.

45 Darüber hinaus hat das im Insolvenzplan zu implementierende Sanierungskonzept auch
- den Maßnahmenkatalog sowie
- die korrespondierenden **Planrechnungen**, in denen die Auswirkungen der angedachten Maßnahmen dargestellt werden,

zu enthalten. Insbesondere die Ausführungen der **Wirkungszusammenhänge** zwischen den **Krisenursachen** und den angedachten **Sanierungsmaßnahmen** stellen ein zentrales Element des Plans im darstellenden Teil dar, da diese die Sanierungsfähigkeit des Unternehmens begründen.

46 Zu den Anforderungen an Sanierungskonzepte gehört auch die **Sicherstellung der Qualität der Informationen**.[70] Vor dem Hintergrund, dass in Krisensituationen häufig die notwendige Datenqualität nicht oder nur bedingt belastbar erscheint, hat der Planersteller auf Basis geeigneter Plausibilitätsbeurteilungen zu entscheiden, ob die sich aus dem Finanz- und Rechnungswesen ergebenden Daten als Ausgangsinformation für die Ableitung der Planzahlen tauglich erscheinen. Dies beinhaltet auch die Plausibilisierung der

65) IDW, Anforderungen an Insolvenzpläne (IDW S 2), Stand: 20.3.2024, Rz. 27–29, IDW Life 07/08.2024, 656 ff.; Römermann-*Rühle*, InsO/InsR, § 220 Rz. 10; *Geiwitz* in: Buth/Hermanns, Restrukturierung, Sanierung, Insolvenz, § 30 Rz. 10; *Rendels/Zabel*, Insolvenzplan, Kap. C Rz. 123 ff.; IDW, Anforderungen an Sanierungskonzepte (IDW S 6 i. d. F. 2012), Stand: 16.5.2018, Rz. 105, IDW Life 8/2018, 813 ff.; *Exner/Wittmann/Ballmann/Liebthal* in: Beck/Depré/Ampferl, Praxis der Sanierung und Insolvenz, § 43 Rz. 16; *Dellit/Titze* in: Bork/Hölzle, Hdb. Insolvenzrecht, Kap. 13 Rz. 65 ff.

66) Römermann-*Rühle*, InsO/InsR, § 219 InsO Rz. 2; Uhlenbruck-*Lüer/Streit*, InsO, § 220 Rz. 1.

67) *Madaus*, Der Insolvenzplan, S. 56.

68) *Hess*, WPg 2009, 299 ff.

69) *Hess*, WPg 2009, 299 ff.; *Hornig/Schienstock*, KSI 5/2011, 220 ff.; *Buth/Hermanns*, DStR 2010, 288.

70) Vgl. IDW, Anforderungen an Sanierungskonzepte (IDW S 6), Stand: 16.5.2018, Rz. 35 ff., IDW Life 8/2018, 813 ff.

Angaben im darstellenden Teil mit den Angaben im gestaltenden Teil. Hierbei hat der Planersteller sicherzustellen, dass die Angaben im Plan sachgerecht und vor allem widerspruchsfrei sind. Divergierende Ausführungen oder andere Ergebnisse können dazu führen, dass der Plan den hohen Anforderungen an die Erstellung eines Insolvenzplans nicht gerecht wird. Ist der darstellende Teil fehlerhaft, kann dies von Amts wegen zu einer gerichtlichen Zurückweisung (§ 231 InsO) oder zur Versagung der Bestätigung (§ 250 InsO) führen.

B. Aufbau und Gliederung des darstellenden Teils

Der Gesetzgeber hat mit seiner weiten Formulierung zum darstellenden Teil bewusst keine konkreten Anforderungen an den Aufbau und die Gliederung des darstellenden Teils gesetzlich kodifiziert. Gleichwohl ergibt sich aus den allgemeinen Grundsätzen ein struktureller Rahmen, der sich in der Praxis durchgesetzt hat. Dieser strukturelle Rahmen findet seinen Niederschlag auch im Gliederungsvorschlag des **IDW S 2** i. d. F. 2000 (Anforderungen an Insolvenzpläne), der sich in der Praxis weitgehend durchgesetzt hat.[71] Diese Grundgliederung wird von der Praxis regelmäßig verwendet und eröffnet dem Adressaten des Plans einen Wiedererkennungswert, wodurch die Akzeptanz des Plans erhöht werden kann. Darüber hinaus wird durch die systematische Aufbereitung der Forderung nach einer vollständigen, strukturierten sowie klaren und übersichtlichen Darstellung ausreichend Rechnung getragen. Mit dem neuen IDW S 2 i. d. F. 2024[72] wurden die zwischenzeitlichen Entwicklungen aufgegriffen und führten zu einer Präzisierung und klareren Strukturierung und Darstellung von Anforderungen an einen Insolvenzplan. Im Hinblick auf den Aufbau und die Gliederung erfolgte eine deutlichere Strukturierung und Präzisierung; wesentliche Änderungen in der Gliederung ergaben sich jedoch nicht. 47

Der allgemeine Aufbau und die Gliederung des darstellenden Teils nach IDW S 2 werden insbesondere im Hinblick auf die Darstellung des Umgestaltungskonzeptes durch die Anforderungen an Sanierungskonzepte **(IDW S 6)** ergänzt.[73] Das Ziel des darstellenden Teils, die Darstellung der Sanierungsfähigkeit, ist identisch mit dem Ziel des Sanierungskonzeptes und unterscheidet sich insofern nicht. Gleichwohl ist anzumerken, dass es einen verbindlichen für alle Insolvenzpläne gültigen Aufbau nicht geben kann. Dafür sind die Unternehmensinsolvenzen zu unterschiedlich.[74] 48

Die Verlautbarungen des IDW stellen grundsätzlich die Auffassung des Berufsstandes der Wirtschaftsprüfer und keine Rechtsnorm dar. Gleichwohl zeigt sich in der Praxis, dass der Auffassung des IDW große Bedeutung beizumessen ist.[75] Insbesondere die „Anforderungen an Sanierungskonzepte (IDW S 6)“ sowie die „Anforderungen an Insolvenzpläne (IDW S 2)“ werden in der Praxis auch über den Kreis des Berufsstandes der Wirtschaftsprüfer hinaus als Grundlage herangezogen, um einheitliche Mindeststandards zu gewährleisten und gleichzeitig den Anforderungen der Rechtsprechung des BGH zu genügen.[76] 49

71) *Smid/Rattunde/Martini*, Insolvenzplan, Rz. 6.15; *Geiwitz/v. Danckelmann* in: Kübler, HRI II, § 21 Rz. 7; *Thies* in: HambKomm-InsR, § 219 InsO Rz. 3.

72) IDW, Anforderungen an Insolvenzpläne (IDW S 2), Stand: 20.3.2024, IDW Life 07/08.2024, 656 ff.

73) IDW, Anforderungen an Insolvenzpläne (IDW S 2), Stand: 20.3.2024, Rz. 30, IDW Life 07/08.2024, 656 ff.

74) *Jaffé* in: FK-InsO, § 220 Rz. 7.

75) *Smid/Rattunde/Martini*, Insolvenzplan, Rz. 6.15.

76) *Buth/Hermanns* in: Buth/Hermanns, Restrukturierung, Sanierung, Insolvenz, § 8 Rz. 1; *Hornig/Schienstock*, KSI 5/2011, 220 ff.

50 Der konkrete Aufbau von Insolvenzplänen leitet sich aus den Planzielen sowie den Planarten ab (siehe Rz. 54 ff.):

- Handelt es sich um einen Insolvenzplan mit vorwiegend leistungswirtschaftlichen Sanierungsmaßnamen, wirkt sich dies im Aufbau des Insolvenzplans aus. Dieser orientiert sich in der Struktur eher an Sanierungskonzepten, da in einem solchen Fall eine tiefergehende Analyse der Krisenursachen, der angedachten Sanierungsmaßnahmen und der korrespondierenden Wirkungszusammenhänge zwingend ist.
- Bei primär finanzwirtschaftlich geprägten Insolvenzplänen weichen Aufbau und Schwerpunktsetzung vom leistungswirtschaftlichen Sanierungskonzept eher ab.[77)] Dabei steht weniger die leistungswirtschaftliche Sanierung im Vordergrund, sondern vielmehr die Analyse über die angemessene Kapitalstruktur bzw. die Finanzierung des Working Capitals.

51 Der darstellende Teil enthält

- Angaben über grundsätzliche Ziele und Regelungsstruktur des Insolvenzplans,
- wesentliche Angaben zum Verfahren,
- Darstellung des Vermögens und der Verbindlichkeiten,
- Darstellung der Beseitigung der Insolvenzgründe,
- Ausführungen über die Gruppenbildung,
- das Sanierungskonzept und
- eine Zusammenfassung der Ergebnisse für die Gläubiger bei Annahme des Insolvenzplans.[78)]

52 Diese Inhalte werden im Folgenden näher dargestellt.

I. Management Summary

53 Der Insolvenzplan stellt in der Regel ein umfangreiches Dokument dar, indem eine Vielzahl an Informationen zusammengetragen, komplexe Sachverhalte erläutert und dargestellt werden sowie rechtliche Regelungen zwischen dem Schuldner und dem Verfahrensbeteiligten neu getroffen werden. Vor diesem Hintergrund empfiehlt es sich i. R. eines Kurzüberblicks (Executive oder Management Summary) über den Inhalt des Insolvenzplans vorab zusammenfassend zu berichten. Dies erleichtert dem Leser das Verständnis und ermöglicht einen schnellen Einstieg in die wesentlichen wirtschaftlichen Daten zur Lage des Schuldners, der Krisenursachen und angedachten ökonomischen und rechtlichen Maßnahmen zur Bewältigung der Unternehmenskrise.

II. Arten und Ziele des Insolvenzplans

54 Primäres Ziel des Insolvenzverfahrens ist die bestmögliche Befriedigung der Gläubiger. Diesem Ziel hat sich auch das Insolvenzplanverfahren unterzuordnen.[79)] Dabei kann jede vom gesetzlichen Leitbild der Regelabwicklung abweichende Vereinbarung Gegenstand von Insolvenzplänen sein. Vor diesem Hintergrund muss der darstellende Teil das Planziel für das Gericht und die Beteiligten erkennen lassen. Es bietet sich daher an, das Ziel des dann folgenden Insolvenzplans vorab an exponierter Stelle darzustellen und zu erläu-

77) IDW, Anforderungen an Insolvenzpläne (IDW S 2), Stand: 20.3.2024, Rz. 3, IDW Life 07/08.2024, 656 ff.

78) IDW, Anforderungen an Insolvenzpläne (IDW S 2), Stand: 20.3.2024, Anlage 1, IDW Life 07/08.2024, 656 ff.

79) *Dellit/Titze* in: Bork/Hölzle, Hdb. Insolvenzrecht, Kap. 13 Rz. 71.

tern. Dabei ist entscheidend, dass das Planziel klar und unmissverständlich definiert wird, um die Umsetzung sicherstellen und die Überwachung gewährleisten zu können.[80)]

1. Insolvenzplanarten

55 Der Insolvenzplan sieht grundsätzlich nicht nur die Sanierung des Unternehmens, sondern alle von den gesetzlichen Vorschriften abweichenden Formen der Regelabwicklung vor. Der Plan kann demnach unterschiedlich charakteristisch geprägt sein. In Anlehnung an *Braun/Uhlenbruck* lassen sich folgende Planarten unterscheiden:[81)]

56 **Abb. 1: Arten von Insolvenzplänen**

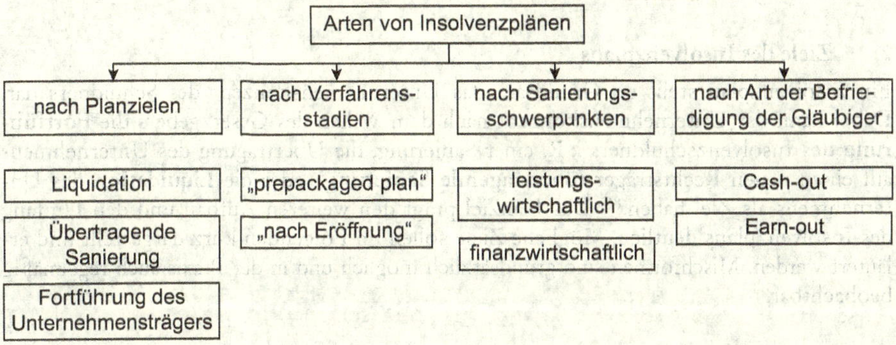

57 Insolvenzpläne lassen sich nach ihren **Planzielen** unterscheiden. Für eine nähere Erläuterung siehe ausführlich unter Rz. 62 ff.

58 Darüber hinaus können Insolvenzpläne nach dem **Verfahrensstadium** in sog. „pre-packaged-plans" und Pläne unterschieden werden, die nach Eröffnung vom Schuldner oder Insolvenzverwalter erstellt und vorgelegt werden.[82)] Die sog. „pre-packaged-plans" werden dabei durch den Schuldner vorbereitet und beim Gericht eingereicht. Ist demgegenüber das Verfahren bereits eröffnet worden, steht nur noch dem Insolvenzverwalter oder dem Schuldner ein Vorlagerecht zu.

59 In Bezug auf die **Sanierungsschwerpunkte** kann unterschieden werden zwischen leistungswirtschaftlich und finanzwirtschaftlich geprägten Plänen.[83)] Im Rahmen von leistungswirtschaftlich geprägten Plänen steht die leistungswirtschaftliche Sanierung mit Hilfe eines Sanierungskonzeptes im Fokus des Plans. Ist Gegenstand des Plans die Bereinigung der Kapitalstruktur (Bereinigung des Verschuldungsgrades und/oder Zuführung von Eigenkapital) handelt es sich um einen finanzwirtschaftlich geprägten Insolvenzplan.

60 Im Hinblick auf die **Art der Befriedigung der Gläubiger** wird unterschieden zwischen sog. **„Cash-out"** und **„Earn-out"**-Plänen. Während bei Cash-out-Plänen die Insolvenzquoten der Altgläubiger direkt aus einem aufzubringenden Cash-Bestand bedient werden,[84)]

80) Uhlenbruck-*Lüer/Streit*, InsO, § 220 Rz. 3.

81) In Anlehnung an *Braun/Uhlenbruck*, Unternehmensinsolvenzen, S. 563 ff.

82) IDW, Anforderungen an Insolvenzpläne (IDW S 2), Stand: 20.3.2024, Rz. 22, IDW Life 07/08.2024, 656 ff.

83) IDW, Anforderungen an Insolvenzpläne (IDW S 2), Stand: 20.3.2024, Rz. 34, IDW Life 07/08.2024, 656 ff.

84) *Balthasar* in: Kübler/Bork/Prütting, HRI II, § 22 Rz. 152 ff.

werden i. R. eines Earn-out-Plans die Insolvenzgläubiger aus den zukünftigen Erträgen befriedigt.[85)]

Praxishinweis

Die unterschiedlichen Insolvenzplanarten können auch in Kombination auftreten. Denkbar wäre z. B., dass ein leistungswirtschaftlicher Insolvenzplan vom Schuldner vor dem Insolvenzantrag erstellt wird, mit dem Ziel der Fortführung des Unternehmens. Dieser Insolvenzplan sieht vor, dass die Befriedigung der Gläubiger aus den zukünftigen Erträgen erfolgen soll.

61 In der Folge gestalten sich Aufbau und Inhalt des Insolvenzplans in Abhängigkeit von den Planzielen sowie Planarten.

2. Ziele des Insolvenzplans

62 Ein Insolvenzplan stellt im Grundsatz das Unternehmenskonzept des Schuldners dar. Dabei kann das Unternehmenskonzept nach dem Willen des Gesetzgebers die **Fortführung** des Insolvenzschuldners i. R. einer Sanierung, die Übertragung des Unternehmens auf einen neuen Rechtsträger **(übertragende Sanierung)** oder die **Liquidation** des Unternehmens als Ziel haben.[86)] Das Planziel prägt den weiteren Aufbau und den Umfang des Insolvenzplans deutlich. Mögliche Ziele sollen im Folgenden kurz dargestellt und erläutert werden. Mischformen sind grundsätzlich möglich und in der Praxis auch regelmäßig beobachtbar.

a) Liquidationspläne

63 Der Insolvenzplan mit dem Ziel der Liquidation des Unternehmensträgers ist auf die Verwertung der Insolvenzmasse und deren Verteilung an die Beteiligten gerichtet. Ein Liquidationsplan ist dabei nicht mit der gesetzlichen Zwangsabwicklung gleichzusetzen.[87)] Vielmehr können die Beteiligten über die **Liquidationsgeschwindigkeit und -intensität** Einfluss auf die Höhe der Verteilungserlöse nehmen, um so die Insolvenzmasse möglichst zu maximieren.[88)] Dies kann z. B. dadurch erreicht werden, dass in der Phase des Auslaufens der Produktion bewusst noch vorhandene Aufträge oder möglicherweise sogar noch neue Aufträge systematisch abgearbeitet werden, um weitere freie Masse zu generieren.

64 Im Rahmen von Liquidationsplänen stehen weniger die Entwicklung des zukünftigen Geschäftsmodells oder die Überwindung und Beseitigung der Krisenursachen im Fokus der Arbeiten. Vielmehr geht es darum, eine transparente und belastbare Entscheidungsgrundlage im Hinblick auf die **Liquidationsgeschwindigkeit** und **Liquidationsintensität** zu erarbeiten, darzustellen und zu erläutern.[89)] Hierbei ist die Angemessenheit und Sachgerechtigkeit der getroffenen Annahmen in einem ausreichenden Maße zu begründen. Wird beispielsweise unterstellt, dass ein Teil des Unternehmens noch über eine gewisse Zeit fortgeführt wird, ist dies entsprechend zu erläutern und zu begründen. Insbesondere ist darauf einzugehen, dass die **Finanzierung** dieses Unternehmensteils i. R. der Teilfortführung für den entsprechenden Zeitraum gesichert ist.

85) Römermann-*Rühle*, InsO/InsR, § 217 InsO Rz. 6; *Balthasar* in: Kübler/Bork/Prütting, HRI II, § 22 Rz. 156 ff.

86) Uhlenbruck-*Lüer/Streit*, InsO, § 220 Rz. 2.

87) *Andres/Leithaus*, InsO, § 217 Rz. 13.

88) *Jaffé* in FK-InsO, § 220 Rz. 12.

89) *Eilenberger* in: MünchKomm-InsO, § 220 Rz. 32.

Sollen in diesem Zusammenhang **Teilbetriebe veräußert** werden, sind hierzu entsprechende Angaben im Hinblick auf die grundsätzliche Veräußerbarkeit und über den Stand der Verkaufsverhandlungen sowie über die potentiellen Käufer zu machen, um dem Adressaten des Insolvenzplans eine eigene Einschätzung der Realisierbarkeit der getroffenen Annahmen zu ermöglichen (siehe auch Rz. 66 ff.). 65

b) Übertragungspläne

Unter einer übertragenden Sanierung ist die Übertragung eines Unternehmens, Betriebs 66 oder Betriebsteils von dem Insolvenzträger auf einen anderen, bereits bestehenden oder neu zu gründenden Rechtsträger zu verstehen.[90] Dabei wird in der Regel der **ertragsfähige Teil** des Schuldnerunternehmens übernommen, während der nicht-ertragsfähige Teil beim Schuldnerunternehmen verbleibt und abgewickelt wird. Ziel der übertragenden Sanierung ist es, den „gesunden", **fortführungsfähigen Teil** des Schuldnerunternehmens zu erhalten, indem dieser Teil aus dem Schuldnerunternehmen herausgelöst und fortgeführt wird.[91]

Im Fokus der Arbeiten steht dabei die Darstellung und Begründung der Aufteilung in ei- 67 nen fortführungsfähigen und nicht-fortführungsfähigen Teil des Schuldnerunternehmens, verbunden mit der Darstellung und Begründung in Bezug auf den zu schaffenden Mehrwert für die Gläubiger. Darüber hinaus ist auf die angedachte Veräußerungsstruktur und den Veräußerungsprozess sowie den Stand der Verhandlungen mit den potentiellen Käufern einzugehen.[92]

Sieht der Plan die Übertragung des vollständigen operativen Geschäfts auf einen neu zu 68 gründenden oder bestehenden Rechtsträger vor, ohne dass weitere leistungswirtschaftliche Sanierungsmaßnahmen ergriffen werden, erstrecken sich die Arbeiten auf die Darstellung und Erläuterung der finanzwirtschaftlichen Restrukturierung. Sind dagegen weitere leistungswirtschaftliche Sanierungsmaßnahmen angedacht, liegt ein weiterer Schwerpunkt in der Darstellung und Erläuterung des notwendigen Sanierungskonzeptes.

c) Fortführungspläne

Ein Fortführungsplan hat das **Ziel der Sanierung des Unternehmensträgers.**[93] Für die 69 Sanierung des Krisenunternehmens ist die Gründung einer neuen Gesellschaft nicht immer erforderlich.[94] Soll der alte Rechtsträger erhalten bleiben, ist der Insolvenzplan als Sanierungsinstrument besonders geeignet. Der Erhalt des Rechtsträgers ist insbesondere dann von zentraler Bedeutung, wenn mit dem Rechtsträger zukünftig bestehende Rechtsverhältnisse erhalten bleiben sollen oder müssen. Hierzu zählen z. B. Lizenzen oder Mietverträge, die i. R. einer übertragenden Sanierung neu abzuschließen wären, was unter Umständen zu erheblichen Problemen führen kann.[95] Häufig treten neue Gesellschafter in Form von Investoren in die Gesellschaft ein und die Alt-Gesellschafter geben einen Teil ihrer Anteile wirtschaftlich ab, bzw. scheiden vollständig aus dem Unternehmen aus. Vor dem Hintergrund, dass der Rechtsträger und das operative Geschäft erhalten bleiben, steht die Erarbeitung und Darstellung der Fortführungsfähigkeit sowie des dazu erforderlichen

---

90) *Schmidt*, ZIP 1980, 328, 337.
91) *Jaffé* in: FK-InsO, § 220 Rz. 17.
92) *Eilenberger* in: MünchKomm-InsO, § 220 Rz. 12.
93) *Rendels/Zabel*, Insolvenzplan, Kap. A Rz. 19.
94) *Jaffé* in: FK-InsO, § 220 Rz. 18 ff.
95) IDW, Anforderungen an Insolvenzpläne (IDW S 2), Stand: 20.3.2024, Rz. 7 ff., IDW Life 07/08.2024, 656 ff.

Kapitalbedarfs und weiterer Prämissen im Fokus der Arbeiten. In der Folge muss im darstellenden Teil das Sanierungskonzept entsprechend aufbereitet werden, mit dem Ziel der Darstellung der Wiederherstellung der **Wettbewerbsfähigkeit** und **Renditefähigkeit (Sanierungsfähigkeit)**.[96] Der Aufbau orientiert sich entsprechend an der Struktur von Sanierungskonzepten nach IDW S 6.

III. Basisinformationen zum Unternehmen

70 Ausgangspunkt des darstellenden Teils ist die vollständige Erfassung der für das Unternehmen wesentlichen Daten. Diese Daten sind unter Berücksichtigung ihrer Relevanz für den darstellenden Teil in einer klaren und übersichtlichen Form darzustellen. Dabei sind auch die Informationsquellen zu nennen.[97] In Abhängigkeit von ihrer Bedeutung für den Insolvenzplan gehören hierzu die wesentlichen Angaben zu den rechtlichen, organisatorischen und wirtschaftlichen Verhältnissen sowie zum Insolvenzverfahren.

1. Rechtliche und organisatorische Verhältnisse

a) Verfahrensstand und bisheriger Verfahrensverlauf

71 Zum Einstieg in die rechtlichen und organisatorischen Verhältnisse ist es zweckmäßig, kurz auf die wesentlichen Angaben zum Insolvenzverfahren einzugehen. Hierzu zählen die Nennung des Insolvenzverwalters, das zuständige Insolvenzgericht sowie die Mitglieder des Gläubigerausschusses.

72 Darüber hinaus empfiehlt es sich den Verfahrensverlauf, bestehend aus Datum des Eröffnungsbeschlusses sowie wesentlichen Anordnungen kurz darzustellen. Weitere Beschlüsse sind ggfs. ebenfalls zu nennen und zu erläutern, um dem Adressaten einen entsprechenden Überblick über das Verfahren zu verschaffen.

b) Gesellschaftsrechtliche Angaben

73 Die Darstellung der gesellschaftsrechtlichen Verhältnisse des vom Insolvenzplan betroffenen Unternehmens bildet den Ausgangspunkt des darstellenden Teils. Neben der

- Nennung der Firma,
- den Handelsregistereinträgen und
- dem Sitz der Gesellschaft

sind Angaben zu

- Niederlassungen im In- und Ausland,
- zur Höhe des Stammkapitals und ggf. zu ausstehenden Einlagen,
- zur Gesellschafterstruktur sowie
- zu den Organen der Gesellschaft (Vorstand, Geschäftsführung, Aufsichtsrat, Beitrat, Betriebsrat [sofern vorhanden])

zu machen. Hierzu zählen auch wesentliche Angaben aus Gesellschaftsvertrag und Satzung, soweit diese für den Adressaten von Bedeutung sind.[98]

74 Die umfassende und uneingeschränkte lückenlose Aufbereitung der gesellschaftsrechtlichen Verhältnisse bildet die Basis für die weiteren Überlegungen des darstellenden Teils.

96) *Rendels/Zabel*, Insolvenzplan, Kap. A Rz. 19.

97) In Anlehnung an die Anforderungen an Sanierungskonzepte, vgl. IDW, Anforderungen an Sanierungskonzepte (IDW S 6), Stand: 16.5.2018, Rz. 53, IDW Life 8/2018, 813 ff.

98) *Bähr* in: Mohrbutter/Ringstmeier/Meyer, Hdb. Insolvenzverwaltung, Kap. 14 Rz. 31.

Sofern sich weitere Konzerngesellschaften in einem Insolvenzverfahren befinden, sind diese zu nennen und deren Verfahrensstadien darzulegen und zu erläutern. Insbesondere sind etwaige Auswirkungen auf das Insolvenzplanverfahren der Schuldnerin darzulegen. Auf mögliche Rückwirkungen und Kausalitäten zwischen Konzerngesellschaften ist hinzuweisen und an anderer Stelle zu konkretisieren.[99)]

c) Organisatorische Verhältnisse

Aufbauend auf den gesellschaftsrechtlichen Verhältnissen empfiehlt sich eine Darstellung der externen und internen organisatorischen Verhältnisse des Schuldnerunternehmens. Typischerweise erfolgt dies i. R. eines Organigramms, ergänzt um weitere qualitative Erläuterungen. Sofern das Schuldnerunternehmen in einen Konzern eingebunden ist, bietet es sich an dieser Stelle an, eine organisatorische Einordnung der Gesellschaft in den Konzern vorzunehmen, um darauf aufbauend etwaige Verflechtungen aufzuzeigen. 75

Praxishinweis

Zu der Darstellung der organisatorischen Verhältnisse gehört u. a. die Beschreibung der verschiedenen Unternehmensstandorte und der dort betriebenen Geschäftsaktivitäten.

d) Vertragliche Verhältnisse/Dauerschuldverhältnisse/Haftungsverhältnisse/Rechtsstreitigkeiten

Nach §§ 220 Abs. 2 InsO muss der darstellende Teil alle Angaben enthalten, die für die Entscheidung der Gläubiger über die Zustimmung zum Plan und für dessen gerichtliche Bestätigung erheblich sind. 76

Dazu ist dem Adressaten auch ein **Überblick der wesentlichen Verträge** des Schuldners zu geben und deren Inhalte in groben Zügen darzustellen.[100)] Auf diese Weise erhält der Adressat eine aggregierte Darstellung der wirtschaftlichen Verbindungen und Abhängigkeitsverhältnisse sowie Beherrschungsverhältnisse. Insbesondere sind 77

- Cash-Pool-Verträge,
- Ergebnisabführungsverträge,
- Haftungsverhältnisse,
- Dauerschuldverhältnisse,
- Bezugsverpflichtungen,
- Energielieferverträge,
- Miet- und Pachtverträge,
- Leasingverträge,
- wichtige Kunden-und Lieferverträge,
- Bezugsverpflichtungen,
- Kredit- und Sicherungsvereinbarungen etc.

zu nennen und darzustellen.[101)] Unter Umständen bietet es sich an, diese Verträge zumindest teilweise als Anlage beizufügen.

99) *Geiwitz* in: Buth/Hermanns, Restrukturierung, Sanierung, Insolvenz, § 30 Rz. 16.

100) *Bähr* in: Mohrbutter/Ringstmeier/Meyer, Hdb. Insolvenzverwaltung, Kap. 14 Rz. 32.

101) *Groß* in: Hess/Groß/Reill-Ruppe/Roth, Insolvenzplan, Sanierungsgewinn, Kap. 1 Rz. 376; *Bähr* in: Mohrbutter/Ringstmeier/Meyer, Hdb. Insolvenzverwaltung, Kap. 14 Rz. 32.

78 Unverzichtbar ist in diesem Zusammenhang die Darstellung etwaiger Vereinbarungen zu **Stundungen, gewährten Darlehen** und weiterer **vertraglicher Beziehungen zu Verfahrensbeteiligten.**[102] Hierzu gehören nach dem BGH auch Angaben über Darlehensforderungen gegen Gesellschafter, Anfechtungsansprüche gegen Gesellschafter und Haftungsansprüche gegen Organe des Schuldnerunternehmens.[103]

79 Im darstellenden Teil des Insolvenzplans ist darüber hinaus auf anfechtungsrelevante Vorgänge einzugehen.[104] Bestehende Anfechtungsansprüche sind, wenn sie für das Insolvenzverfahren von Bedeutung sind, in den darstellenden Teil aufzunehmen.[105] Dabei ergibt sich die Schwierigkeit der zeitnahen umfassenden Aufarbeitung und Bewertung der Ansprüche. Der BGH hat dazu im Kern ausgeführt, dass es maßgeblich und ausreichend ist, dass die möglichen Ansprüche aufgeführt und erörtert werden, auch wenn zum Zeitpunkt der Planerstellung keine abschließende Beurteilung möglich ist.[106]

80 Fehlen diese Angaben, ist der Insolvenzplan in wesentlichen Punkten fehlerhaft.[107]

e) Personalwirtschaftliche Verhältnisse

81 Von besonderer Bedeutung ist die Darstellung der aktuellen Arbeitnehmersituation. Zum einen ist die Belegschaft von der Insolvenz bzw. dem Insolvenzplan in der Regel aufgrund des möglichen Arbeitsplatzverlustes sowie finanzieller Einbußen durch Gehaltskürzungen, Gehaltsverzichten oder dem Wegfall von Zuschlägen in Form von vereinbarten Bonifikationen im besonderen Maße betroffen.[108] Zum anderen handelt es sich häufig um einen Bereich, der neben den Materialaufwendungen einen **wesentlichen Posten innerhalb der Gewinn- und Verlustrechnung** darstellt. Dabei zählen die Personalkosten, aufgrund der Kündigungsfristen tendenziell eher zu den **fixen Kosten**. Im Rahmen eines Insolvenzplans können jedoch weitgehend flexible Lösungen – auch unter Mitwirkung der Arbeitnehmerschaft – erreicht werden. In der Folge wird i. R. der Restrukturierung des Schuldnerunternehmens dieser Bereich regelmäßig von zentraler Bedeutung sein, wenn es um die Eruierung von Kosteneinsparungen geht.[109]

82 Um einen Überblick über die personalwirtschaftlichen Verhältnisse zu bekommen, sollte zunächst die **Mitarbeiterstruktur** des Schuldnerunternehmens im Ist-Zustand dargestellt und erläutert werden. Hierzu gehören neben

- der quantitativen Darstellung des Managements,
- der Angestellten (ggf. Beamte) und der Auszubildenden auch
- deren organisatorische Zuordnung (Zweigniederlassungen, Betriebsstätten, Unternehmensbereiche etc.) sowie
- die Altersstruktur.
- Ferner sind Angaben zur Vergütungsstruktur,
- Tarifvereinbarungen (geltende Tarifverträge, Laufzeit) und sonstigen arbeitsrechtlichen Vereinbarungen,

102) *Paul*, ZInsO 2011, 610.
103) BGH, Beschl. v. 15.7.2010 – IX ZB 65/10, NZI 2010, 734 = ZIP 2010, 1499.
104) *Smid/Rattunde/Martini*, Insolvenzplan, Rz. 6.20; *Rendels/Zabel*, Insolvenzplan, Kap. A Rz. 171 ff.
105) *Rendels/Zabel*, Insolvenzplan, Kap. A Rz. 171 ff.
106) BGH, Beschl. v. 15.7.2010 – IX ZB 65/10, NZI 2010, 734 = ZIP 2010, 1499, dazu EWiR 2010, 681 *(Huber)*.
107) *Groß* in: Hess/Groß/Reill-Ruppe/Roth, Insolvenzplan, Sanierungsgewinn, Kap. 1 Rz. 384.
108) *Geiwitz* in: Buth/Hermanns, Restrukturierung, Sanierung, Insolvenz, § 30 Rz. 42 ff.
109) *Eilenberger* in: MünchKomm-InsO, § 220 Rz. 13.

- zu betrieblichen Sozialleistungen,
- zur betrieblichen Altersversorgung und möglichen Auswirkungen der Insolvenz auf die betriebliche Altersversorgung zu machen.

Diese Angaben sind um die betriebsverfassungsrechtliche Situation (**Betriebsrat, Wirtschaftsausschuss**) zu ergänzen.[110] 83

Sofern i. R. des Insolvenzverfahrens eine **Insolvenzgeldvorfinanzierung** erreicht werden konnte, sind dazu entsprechende Angaben zu machen. Dies betrifft die Nennung des Kreditinstituts, das Finanzierungsvolumen und sonstige wesentliche Angaben.[111] 84

Werden im Zusammenhang mit der Sanierung **Sozialpläne** oder **Interessenausgleiche** verhandelt, sind diese zu nennen sowie deren Auswirkungen darzustellen. Gleiches gilt i. R. einer beabsichtigten Implementierung von Beschäftigungs- und Qualifizierungsgesellschaften.[112] 85

Neben den Angaben zur Belegschaft ist in diesem Abschnitt auf die Struktur des **Managements**, dessen **Qualifikation** und **Zuständigkeit** im Schuldnerunternehmen einzugehen. Sofern ein Fehlverhalten i. R. der Erstellung des Insolvenzplans festgestellt wird, ist darauf entsprechend hinzuweisen und i. R. der Maßnahmen zur Überwindung der Unternehmenskrise kritisch zu diskutieren.[113] 86

f) Steuerrechtliche Verhältnisse

Für die Gewinnung eines vollständigen Bildes sind auch Angaben zu den steuerlichen Verhältnissen des Schuldnerunternehmens zu machen. Hierzu zählen neben den Angaben zu den einschlägigen Steuernummern und Finanzämtern vor und im Insolvenzverfahren auch Angaben zu möglichen steuerlichen Organschaften bzw. in Folge der Insolvenz gescheiterten Organschaften, zu außensteuerlichen Sachverhalten, zu anhängigen Besteuerungsverfahren sowie zu etwaigen Rechtsbehelfen, zu aktuellen offenen Betriebsprüfungen und zu Umsatzsteuervoranmeldungen, Lohnsteuervoranmeldungen oder Vorauszahlungen (weitergehende Ausführungen siehe § 60 [*Witfeld*]). 87

2. Wirtschaftliche Verhältnisse

a) Analyse der Unternehmenslage

Analog zu den Anforderungen an Sanierungskonzepte (IDW S 6) zeigt die Lagebeurteilung Sachverhalte und Zusammenhänge auf, die sich aus den vorliegenden Informationen nicht unmittelbar ergeben. Hierzu zählt insbesondere die Darstellung des Schuldnerunternehmens. Ohne eine fundierte Analyse der **wirtschaftlichen Gesamtverhältnisse** ist ein Sanierungskonzept mit hohen Risiken behaftet.[114] 88

Der darstellende Teil des Insolvenzplans hat die wirtschaftliche Lage des Schuldnerunternehmens und die korrespondierenden Ursachen transparent zu machen. Dabei kommt es weniger darauf an, eine detaillierte Analyse der **Vermögens-, Finanz- und Ertragslage** über die vergangenen Jahre abzubilden, als vielmehr dem Entscheidungsträger für die Entscheidungsfindung wesentliche Informationen an die Hand zu geben, die für die Gewinnung eines Verständnisses hinsichtlich der aktuellen wirtschaftlichen Situation grundlegend sind. 89

---

110) *Bähr* in: Mohrbutter/Ringstmeier/Meyer, Hdb. Insolvenzverwaltung, Kap. 14 Rz. 29.

111) *Geiwitz* in: Buth/Hermanns, Restrukturierung, Sanierung, Insolvenz, § 30 Rz. 45.

112) *Geiwitz/v. Danckelmann* in: Kübler/Bork/Prütting, HRI II, § 21 Rz. 39.

113) *Geiwitz/v. Danckelmann* in: Kübler/Bork/Prütting, HRI II, § 21 Rz. 36.

114) BGH, Urt. v. 4.12.1997 – IX ZR 47/97, ZIP 1998, 248, 251.

90 Damit ist auch auf die **wesentlichen Ursachen für die Negativentwicklung** des Schuldnerunternehmens einzugehen. Diesbezüglich ist i. R. der Darstellung des Geschäftsverlaufs auch auf alle wesentlichen Ereignisse und Entwicklungen einzugehen. Hierzu zählt z. B. die Ausgliederung von Unternehmensbereichen oder z. B. der Erwerb oder die Veräußerung von Beteiligungen, Betriebsgrößenveränderungen oder wettbewerbs- bzw. kartellrechtliche Verfahren etc.

91 Insgesamt steht die Darstellung eines den tatsächlichen Verhältnissen entsprechenden Bildes der Vermögens-, Finanz- und Ertragslage, fokussiert auf die wesentlichen Punkte der Krisenursachen der Vergangenheit sowie der aktuellen wirtschaftlichen Lage im Vordergrund.[115)]

b) Analyse der externen Unternehmensverhältnisse

92 Der Rahmen der Lagebeurteilung des sanierungsbedürftigen Unternehmens wird maßgeblich durch die externen Unternehmensverhältnisse geprägt. Hierzu zählt neben der **gesamtwirtschaftlichen Situation**, des **rechtlich-politischen**, **gesellschaftlichen** und **wissenschaftlich-technischen Umfeldes** auch die **Entwicklung der Branche.**[116)]

93 Als Informationsquellen können u. a. Gutachten des Sachverständigenrats zur Begutachtung der gesamtwirtschaftlichen Entwicklung sowie Marktstudien von Verbänden, Kreditinstituten und anderen Institutionen herangezogen werden.[117)] Hinsichtlich der Branchenentwicklung sind Angaben zur Markt- und Wettbewerbssituation, zur Branchenkonjunktur (Entwicklung von Umsatzvolumen und Ertragssituation) sowie zu Marktanteilen, Markttrends und wesentlichen Wettbewerbern darzustellen.

94 Im Fokus der Analyse steht dabei die Darstellung der **Wirkungszusammenhänge** zwischen den **externen Rahmenbedingungen** (gesamtwirtschaftlichen, rechtlich-politischen, gesellschaftlichen oder wissenschaftlich-technischen sowie den Branchenentwicklungen) und dem **Unternehmen.**[118)]

95 Auf Basis der Darstellung der externen Unternehmensverhältnisse kann sich der Adressat ein umfassendes Bild darüber verschaffen, in welchem **Spannungsfeld** sich das Unternehmen bewegt und welche **Einflussfaktoren** i. R. der Identifikation der **Krisenursachen** sowie der Restrukturierung des Unternehmens zu beachten sind. Darüber hinaus dient diese Analyse und Darstellung als Grundlage für die Ableitung und Beurteilung eines strategischen Restrukturierungsplans.

c) Analyse der internen Unternehmensverhältnisse

96 Neben den zuvor beschriebenen externen Faktoren sind die internen Faktoren (**Stärken und Schwächen** des Unternehmens) darzustellen.[119)]

97 Aufbauend auf der Vermögens-, Finanz- und Ertragslage steht im Mittelpunkt die detaillierte Analyse der **leistungswirtschaftlichen** und **finanzwirtschaftlichen Verhältnisse** der Gesellschaft.

---

115) *Frege/Keller/Riedel*, Insolvenzrecht, Teil 4 Rz. 33 ff.; *Smid/Rattunde/Martini*, Insolvenzplan, Rz. 6.13; zur betriebswirtschaftlichen Analyse s. näher unten Rz. 88 ff.

116) IDW, Anforderungen an Sanierungskonzepte (IDW S 6), Stand: 16.5.2018, Rz. 59, IDW Life 8/2018, 813 ff.; *Dellit/Titze* in: Bork/Hölzle, Hdb. Insolvenzrecht, Kap. 13 Rz. 82.

117) IDW, Anforderungen an Sanierungskonzepte (IDW S 6), Stand: 22.6.2023, Rz. 59, IDW Life 12/2023, 1159 ff. i. V. m. IDW, Fragen und Antworten zur Erstellung und Beurteilung von Sanierungskonzepten nach IDW S 6 (F&A zu IDW S 6), Stand: 13.12.2023, Abschn. 4.3.

118) *Groß* in: Hess/Groß/Reill-Ruppe/Roth, Insolvenzplan, Sanierungsgewinn, Kap. 1 Rz. 470.

119) *Dellit/Titze* in: Bork/Hölzle, Hdb. Insolvenzrecht, Kap. 13 Rz. 82.

Die **Analyse der leistungswirtschaftlichen Verhältnisse** umfasst das operative Geschäft der Gesellschaft. Hierzu zählen regelmäßig insbesondere Analysen zur Umsatzentwicklung, Ertragsentwicklung, Produktentwicklung und Auftragslage. Dabei reicht es in der Regel nicht aus, sich auf die bloße deskriptive Darstellung der wesentlichen Positionen der Bilanz, Gewinn- und Verlustrechnung sowie Kapitalflussrechnung zu beschränken. Vielmehr kann es erforderlich sein, eine tiefergehende Analyse durchzuführen. Hierzu zählen z. B. (mehrstufige) Deckungsbeitragsanalysen, Break-even-Analysen etc. anhand derer mögliche Auswirkungen von Veränderungen im Absatzgeschäft oder der Kostenstruktur auf wesentliche Kennzahlen (KPI) des Unternehmens aufgezeigt werden können. 98

Ferner ist auf die **Stärken und Schwächen** im Unternehmen einzugehen. Hierzu zählt nicht nur die Darstellung und Einschätzung der Geschäftsbereiche: Management, Entwicklung, Einkauf, Produktion, Vertrieb, Rechnungswesen/Controlling und Personal, sondern auch der Produkte, Märkte, Kunden und Zulieferer.[120] Insgesamt geht es darum, ein den tatsächlichen Verhältnissen entsprechendes Bild der internen wirtschaftlichen und strukturellen Verhältnisse sowie ein aussagekräftiges Bild vom bestehenden Geschäftsmodell zu erhalten. 99

Die **Analyse der finanzwirtschaftlichen Verhältnisse** umfasst im Kern die Fragen, ob die kurzfristige Finanzierung der Gesellschaft gesichert erscheint und die finanzielle Struktur der Gesellschaft im Einklang mit dem Geschäftsmodell steht (mittel- und langfristig). 100

Im Rahmen der ersten Frage ist zu analysieren, wie hoch der **kurzfristige Finanzierungsbedarf** ist und wie die **Finanzierungsstruktur** des Working Capital aufgebaut ist. Im Hinblick auf die zweite Frage ist von zentraler Bedeutung, ob die Gesellschaft über eine ausreichende Eigenkapitalbasis verfügt und die externen Finanzierungsquellen mittel- und langfristig angemessen ausgestaltet sind.[121] Korrespondierend dazu ist auf die wesentlichen **Investitionen** und deren Finanzierung einzugehen. Im Fokus der Darstellungen steht dabei die Analyse, inwieweit die **Kapitaldienstfähigkeit** aus dem **Geschäftsmodell** mit der Kapitalstruktur im Einklang steht. 101

Erst wenn die leistungswirtschaftliche und finanzwirtschaftliche Lage des Unternehmens analysiert und dargestellt ist, ergibt sich für den Adressaten des Insolvenzplans ein aussagekräftiges Gesamtbild des Unternehmens. Ohne eine gründliche Untersuchung der wirtschaftlichen Gesamtverhältnisse in der Vergangenheit ist ein Sanierungsplan „mit einem hohen, nicht abschätzbaren Risiko behaftet" und stellt damit für Kapitalgeber ein "unbeherrschbar(es)" Risiko dar.[122] 102

Vor dem Hintergrund, dass regelmäßig an die Kennzahlen der Vermögens-, Finanz- und Ertragslage sog. **Covenants** aus Kreditverträgen gekoppelt sind, empfiehlt es sich an dieser Stelle diese zu nennen und die möglichen Risiken aufzuzeigen. Covenants sind Verpflichtungen aus Kreditverträgen, die zwischen dem Kreditnehmer und der Bank vereinbart werden. Ziel der Bank ist dabei das Ausfallrisiko zu minimieren, indem diese möglichst frühzeitig über negative Entwicklungen informiert wird. Damit verbunden sind etwaige Kündigungsrechte der finanzierenden Bank.[123] 103

---

120) IDW, Anforderungen an Sanierungskonzepte (IDW S 6), Stand: 22.6.2023, Rz. 57, IDW Life 12/2023, 1159 ff. i. V. m. IDW, Fragen und Antworten zur Erstellung und Beurteilung von Sanierungskonzepten nach IDW S 6 (F&A zu IDW S 6), Stand: 13.12.2023, Abschn. 4.4.

121) *Eilenberger* in: MünchKomm-InsO, § 220 Rz. 8.

122) BGH, Urt. v. 15.11.2001 – 1 StR 185/01, ZIP 2002, 346, 352, dazu EWiR 2002, 307 *(Marxen/Müller)*.

123) *Groß* in: Hess/Groß/Reill-Ruppe/Roth, Insolvenzplan, Sanierungsgewinn, Kap. 1 Rz. 513 ff.

Praxishinweis

Auf festgestellte Risiken i. R. der internen Unternehmensanalyse im Zusammenspiel mit der externen Unternehmensanalyse ist i. R. des Insolvenzplans entsprechend hinzuweisen.

IV. Feststellung der Krisenursachen und Insolvenzgründe

104 Ausgehend von der Analyse der externen und internen Unternehmenslage, wird bei der Insolvenzursachenermittlung zwischen endogenen und exogenen Faktoren unterschieden.[124] **Endogene Krisenursachen** sind solche, die in dem Unternehmen selbst entstanden sind oder von Anfang an vorhanden waren und regelmäßig identifiziert werden können. Hierzu zählen insbesondere Schwächen in den Bereichen Management, Personal, Rechnungswesen, Finanzierung, Controlling, Entwicklung, Einkauf, Produktion oder Vertrieb. Regelmäßige Krisenursachen sind Fehler in der Unternehmensführung, die sich z. B. auf die interne Organisation oder Strategie niederschlagen.[125] Fehlende Managementsysteme, wie das Controlling oder die Implementierung von Frühwarnsystemen, führen regelmäßig dazu, dass das Management kein tatsächliches Bild über die Lage des Unternehmens hat und falsche Entscheidungen trifft oder zu spät auf etwaige Risiken reagiert. Auch die Vernachlässigung des Rechnungswesens ist typischerweise als eine Krisenursache auszumachen, da die Datenbasis für Managemententscheidung regelmäßig unvollständig ist.

105 **Exogene Insolvenzursachen** wirken von außen auf das Unternehmen ein und können nicht unmittelbar beeinflusst werden.[126] Hierzu zählen gesamtwirtschaftlich rückläufiges Nachfrageverhalten, Rückgang des Nachfrageverhaltens durch Substitutionsgüter, gesetzliche Veränderungen im Arbeitsrecht oder Umweltrecht, Wechselkursveränderungen, Rohstoffpreise, Streiks etc.[127]

106 Um geeignete Maßnahmen zur Sanierung des Unternehmens ergreifen zu können, müssen zunächst die Krisenstadien und die Krisenursachen festgestellt werden.[128]

107 **Unternehmen in der Krise bzw. Insolvenz durchlaufen regelmäßig verschiedene Stadien.** Hierzu zählen typisierend die Stakeholder-, die Strategie-, die Produkt- und Absatzkrise sowie die Erfolgs-, Liquiditätskrise und Insolvenzreife.[129] Die Verlaufsfolge der

124) IDW, Anforderungen an Sanierungskonzepte (IDW S 6), Stand: 22.6.2023, Rz. 61 ff., IDW Life 12/2023, 1159 ff. i. V. m. IDW, Fragen und Antworten zur Erstellung und Beurteilung von Sanierungskonzepten nach IDW S 6 (F&A zu IDW S 6), Stand: 13.12.2023, Abschn. 4.5 und 4.6.; *Wilden* in: Buth/Hermanns, Restrukturierung, Sanierung, Insolvenz, § 2 Rz. 4.

125) IDW, Anforderungen an Sanierungskonzepte (IDW S 6), Stand: 22.6.2023, Rz. 61, IDW Life 12/2023, 1159 ff. i. V. m. IDW, Fragen und Antworten zur Erstellung und Beurteilung von Sanierungskonzepten nach IDW S 6 (F&A zu IDW S 6), Stand: 13.12.2023, Abschn. 4.5 und 4.6; *Wilden* in: Buth/Hermanns, Restrukturierung, Sanierung, Insolvenz, § 2 Rz. 4.

126) IDW, Anforderungen an Sanierungskonzepte (IDW S 6), Stand: 22.6.2023, Rz. 61 ff., IDW Life 12/2023, 1159 ff. i. V. m. IDW, Fragen und Antworten zur Erstellung und Beurteilung von Sanierungskonzepten nach IDW S 6 (F&A zu IDW S 6), Stand: 13.12.2023, Abschn. 4.5 und 4.6; *Geiwitz* in: Buth/Hermanns, Restrukturierung, Sanierung, Insolvenz, § 30 Rz. 21.

127) IDW, Anforderungen an Sanierungskonzepte (IDW S 6), Stand: 22.6.2023, Rz. 61 ff., IDW Life 12/2023, 1159 ff. i. V. m. IDW, Fragen und Antworten zur Erstellung und Beurteilung von Sanierungskonzepten nach IDW S 6 (F&A zu IDW S 6), Stand: 13.12.2023, Abschn. 4.5 und 4.6; *Geiwitz* in: Buth/Hermanns, Restrukturierung, Sanierung, Insolvenz, § 30 Rz. 22.

128) *Dellit/Titze* in: Bork/Hölzle, Hdb. Insolvenzrecht, Kap. 13 Rz. 82.

129) IDW, Anforderungen an Sanierungskonzepte (IDW S 6), Stand: 22.6.2023, Rz. 61, IDW Life 12/2023, 1159 ff. i. V. m. IDW, Fragen und Antworten zur Erstellung und Beurteilung von Sanierungskonzepten nach IDW S 6 (F&A zu IDW S 6), Stand: 13.12.2023, Abschn. 4.5 und 4.6.

einzelnen Krisenstadien ist dabei nicht zwingend, sie können auch parallel, singulär oder überlappend auftreten.[130)]

108 Die folgende Übersicht zeigt beispielhaft den typisierten Krisenverlauf in Abhängigkeit vom Grad der Bedrohung sowie dem Grad der Handlungsmöglichkeiten.

109 **Abb. 2: Krisenstadien in Abhängigkeit von Bedrohung und Handlungsspielraum**

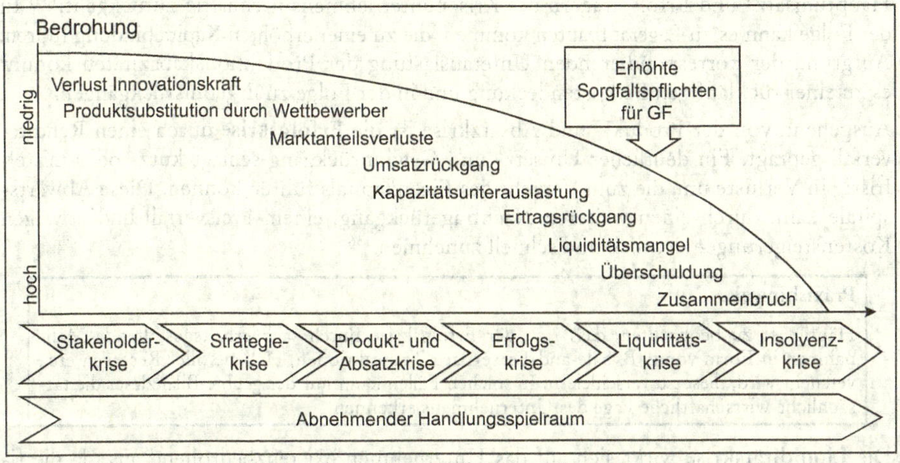

Quelle: *Steffan* in: Oppenländer/Trölitzsch, GmbH-Geschäftsführung, § 37 Rz. 36

110 In der **Stakeholderkrise** wirken sich die Konflikte zwischen den Stakeholdern, d. h. zwischen der Unternehmensleitung, den Überwachungsorganen, den Gesellschaftern, den Arbeitnehmern bzw. den Arbeitnehmervertretern, den Banken oder anderen Gläubigern auf das Schuldnerunternehmen negativ aus. In der Folge entstehen Reibungsverluste oder sogar Blockaden, die notwendige Entscheidungen verhindern. Dies kann sich entsprechend weiter auf das Leitbild des Unternehmens und die Unternehmenskultur auswirken.[131)]

111 Die **Strategiekrise** führt aufgrund einer Stakeholderkrise oder anderem Fehlverhalten (fehlende Kundenorientierung, Außerachtlassung des Wettbewerbs etc.) zu strategischen Lücken und strukturellen Defiziten. In der Folge führt die Strategiekrise regelmäßig zum Verlust von Marktanteilen, da langfristige Erfolgsfaktoren durch die fehlende strategische Ausrichtung des Unternehmens die Entwicklung beeinträchtigen.[132)] Das Unternehmen entwickelt spezifische Mängel. Die zur Aufrechterhaltung der Wettbewerbskraft notwendigen Potenziale, z. B. Entwicklung von neuen Technologien oder die Erschließung von neuen Absatzmärkten können nicht in einem ausreichenden Maße erhalten oder geschaffen werden.[133)]

130) IDW, Anforderungen an Sanierungskonzepte (IDW S 6), Stand: 22.6.2023, Rz. 61, IDW Life 12/2023, 1159 ff. i. V. m. IDW, Fragen und Antworten zur Erstellung und Beurteilung von Sanierungskonzepten nach IDW S 6 (F&A zu IDW S 6), Stand: 13.12.2023, Abschn. 4.5 und 4.6.

131) IDW, Anforderungen an Sanierungskonzepte (IDW S 6), Stand: 22.6.2023, Rz. 61 ff., IDW Life 12/2023, 1159 ff. i. V. m. IDW, Fragen und Antworten zur Erstellung und Beurteilung von Sanierungskonzepten nach IDW S 6 (F&A zu IDW S 6), Stand: 13.12.2023, Abschn. 4.5 und 4.6.

132) IDW, Anforderungen an Sanierungskonzepte (IDW S 6), Stand: 22.6.2023, Rz. 61 ff., IDW Life 12/2023, 1159 ff. i. V. m. IDW, Fragen und Antworten zur Erstellung und Beurteilung von Sanierungskonzepten nach IDW S 6 (F&A zu IDW S 6), Stand: 13.12.2023, Abschn. 4.5 und 4.6.

133) *Steffan* in: Oppenländer/Trölitzsch, GmbH-Geschäftsführung, § 37 Rz. 36.

> **Praxishinweis**
>
> Die wohl häufigste Krisenursache sind Managementfehler. Dies hängt damit zusammen, dass sich im Prinzip fast alle Krisenursachen auf Fehlverhalten oder Fehleinschätzungen des Managements zurückführen lassen.[134] In der Folge ist ein besonderes Augenmerk auch auf die Fähigkeiten des Managements zu richten.

112 Die **Produkt- und Absatzkrise** ist dadurch gekennzeichnet, dass die Nachfrage nach den Hauptumsatz- und Erfolgsträgern des Krisenunternehmens nachhaltig zurückgeht.[135] In der Folge kann es zu Lageraufbauten kommen, die zu einer erhöhten Kapitalbindung führen. Aufgrund der korrespondierenden Unterauslastung der Produktionskapazitäten kommt es zu einer rückläufigen Fixkostendeckung und in der Folge zu Ergebnisrückgängen.

113 Ausgehend von der Produkt- und Absatzkrise ist die **Erfolgskrise** durch einen Renditeverfall geprägt. Ein deutlicher Umsatz- und Gewinnrückgang schlägt kurz- oder mittelfristig in Verluste um, die zum Verzehr des Eigenkapitals führen können. Diese Abwärtsspirale kann durch einen weiteren Nachfragerückgang, einem Preisverfall und etwaigen Kostensteigerungen deutlich und schnell zunehmen.[136]

> **Praxishinweis**
>
> Häufig ist zu beobachten, dass i. R. der Erfolgskrise durch sachverhaltsgestaltende Maßnahmen in Form von z. B. Sale-and-Lease-Back Transaktionen, Heben stiller Reserven etc., versucht wird, diese zu verschleiern. In solchen Fällen kann nur der geübte Bilanzleser die tatsächliche wirtschaftliche Lage des Unternehmens erkennen.

114 Die **Liquiditätskrise** wirkt sich auf das Unternehmen existenzbedrohend aus, da die finanziellen Mittel des Unternehmens erschöpft sind und keine liquiden Mittel mehr generiert werden können.

115 Aufbauend auf der Darstellung der Krisenursachen sind anhand dieser die **Insolvenzeröffnungsgründe** darzustellen.

116 Im Rahmen der **Analyse der Krisenstadien** steht **weniger** die **exakte Zuordnung zu jeweiligen Krisenstadium** im Fokus, sondern **vielmehr** die **Vermittlung eines Gesamtbildes über die Krisenherde und Krisenursachen**. Der Adressat soll ein vollständiges Bild über die Problembereiche und deren Ursachen erhalten.

117 Krisen spitzen sich in der Regel im Zeitablauf zu. Allein auf die Behebung der finanzwirtschaftlichen Seite ausgerichtete Maßnahmen, z. B. durch Zuführung frischen Kapitals, reichen nicht aus, da mögliche leistungswirtschaftliche Problembereiche sich weiterhin negativ auf die wirtschaftliche Lage des Unternehmens auswirken.[137]

118 Die Analyse der Krisenstadien und Krisenursachen hat das Ziel, die krisenbeeinflussenden Wirkungszusammenhänge zu erkennen und darzustellen, um dem Adressaten ein vollständiges und den tatsächlichen Verhältnissen entsprechendes Bild über die Lage des Unternehmens zu vermitteln.

---

134) *Duch* in: Buth/Hermanns, Restrukturierung, Sanierung, Insolvenz, § 5 Rz. 5.

135) IDW, Anforderungen an Sanierungskonzepte (IDW S 6), Stand: 22.6.2023, Rz. 83 ff., IDW Life 12/2023, 1159 ff. i. V. m. IDW, Fragen und Antworten zur Erstellung und Beurteilung von Sanierungskonzepten nach IDW S 6 (F&A zu IDW S 6), Stand: 13.12.2023, Abschn. 4.5 und 4.6.

136) IDW, Anforderungen an Sanierungskonzepte (IDW S 6), Stand: 22.6.2023, Rz. 83 ff., IDW Life 12/2023, 1159 ff. i. V. m. IDW, Fragen und Antworten zur Erstellung und Beurteilung von Sanierungskonzepten nach IDW S 6 (F&A zu IDW S 6), Stand: 13.12.2023, Abschn. 4.5 und 4.6.

137) *Groß* in: Hess/Groß/Reill-Ruppe/Roth, Insolvenzplan, Sanierungsgewinn, Kap. 1 Rz. 524.

V. Leitbild des sanierten Unternehmens

Ausgehend von der Darstellung der wesentlichen Angaben zum Unternehmen und zum Verfahren sowie zur Lage, den Krisenursachen und dem Geschäftsmodell erfolgt die Neuausrichtung am Leitbild des Unternehmens. Das Leitbild ist Ausdruck der unternehmerischen Zielvorstellung über die neu ausgerichtete Gesellschaft. Bei dem Leitbild geht es nicht um die Entwicklung und Darstellung einer „Vision".[138] Vielmehr umfasst das Leitbild ein realisierbares Geschäftsmodell, das gemeinsame Wertvorstellungen, Grundregeln und Verhaltensweisen beinhaltet und folgende weiter Bestandteile[139] enthält: 119

- wesentliche **Geschäftsfelder** (Produkt-/Marktkombinationen),
- angestrebte **Wettbewerbsposition** und Wettbewerbsvorteile für den Kunden,
- hierfür erforderliche **Ressourcen** und **Fähigkeiten**,
- langfristige Zielvorstellung und Grundstrategien,
- gemeinsame **Wertvorstellungen, Grundregeln** und **Verhaltensweisen** zur Erreichung dieser Ziele.

Ohne ein solches Leitbild haben Unternehmen mittel- und langfristig keine Chance, am Markt zu bestehen.[140] Darüber hinaus werden die Beteiligten des Insolvenzplanverfahrens ohne die Vorlage eines in sich schlüssigen Unternehmenskonzeptes kaum von der Bewältigung der Unternehmenskrise überzeugt werden können. In der Folge darf das Leitbild nicht das Ergebnis einer bloßen Fortschreibung der gegenwärtigen Verhältnisse sein.[141] Vielmehr muss das **Leitbild ein realisierbares, zukünftiges Geschäftsmodell** enthalten. Dabei ist das Geschäftsmodell mit den wesentlichen zukünftigen (nach Abschluss des Insolvenzplanverfahrens) Unternehmensstrukturen und Potentialen zu beschreiben, wenn der Insolvenzplan eine Fortführung und Sanierung des Schuldnerunternehmens zum Ziel hat. Darüber hinaus sind die wesentlichen Wettbewerbsvorteile und Wettbewerbsstrategien zu erläutern.[142] 120

Damit kommt dem **Leitbild eine zentrale und elementare Bedeutung** zu. Das Leitbild ist damit zwingend wesentlicher Bestandteil des Umgestaltungskonzeptes.[143] In der Folge ist auf die Erstellung des Leitbildes besondere Sorgfalt zu verwenden. 121

VI. Sanierungsmaßnahmen

Im darstellenden Teil des Insolvenzplans sind die für die Realisierung des Insolvenzplans nötigen Maßnahmen zusammenfassend darzustellen.[144] Dabei sind auf Basis des zuvor entwickelten Leitbildes Sanierungsmaßnahmen zu definieren, die geeignet erscheinen, das Unternehmen zu restrukturieren. In Anlehnung an das **Zwei-Stufen-Konzept des IDW S 6**, sind zunächst kurzfristige Sanierungsmaßnahmen darzustellen, die der Sicherung der operativen Fortführung des Unternehmens dienen (i. W. Liquiditätssicherung). Weiter sind mittel- und langfristige Sanierungsmaßnahmen zu entwickeln, mit deren Hilfe die 122

---

138) *Bähr* in: Mohrbutter/Ringstmeier/Meyer, Hdb. Insolvenzverwaltung, Kap. 14 Rz. 40.

139) IDW, Anforderungen an Sanierungskonzepte (IDW S 6), Stand: 22.6.2023, Rz. 64 ff., IDW Life 12/2023, 1159 ff. i. V. m. IDW, Fragen und Antworten zur Erstellung und Beurteilung von Sanierungskonzepten nach IDW S 6 (F&A zu IDW S 6), Stand: 13.12.2023, Abschn. 5.

140) *Eidenmüller* in: Ott/Schäfer, Effiziente Verhaltenssteuerung und Kooperation im Zivilrecht, S. 145 – 172; Uhlenbruck-*Lüer/Streit*, InsO, § 220 Rz. 2.

141) Römermann-*Rühle*, InsO/InsR, § 220 InsO Rz. 10.

142) IDW, Anforderungen an Sanierungskonzepte (IDW S 6), Stand: 22.6.2023, Rz. 64 ff., IDW Life 12/2023, 1159 ff. i. V. m. IDW, Fragen und Antworten zur Erstellung und Beurteilung von Sanierungskonzepten nach IDW S 6 (F&A zu IDW S 6), Stand: 13.12.2023, Abschn. 5.6.

143) IDW, Anforderungen an Insolvenzpläne (IDW S 2), Stand: 20.3.2024, Rz. 30, IDW Life 07/08.2024, 656 ff.

144) Römermann-*Rühle*, InsO/InsR, § 220 InsO Rz. 2.

Wettbewerbs- und Renditefähigkeit wiederhergestellt werden soll.[145] Durch die Darstellung der Dringlichkeit werden die Maßnahmen in Abhängigkeit vom jeweiligen Krisenstadium priorisiert. Auf diese Weise erhält der Adressat des Plans einen Überblick, welche Maßnahmen kurz-, mittel- und langfristig für die Bewältigung des jeweiligen Krisenstadiums notwendig sind, damit das langfristig gesetzte Ziel des Leitbildes erreicht wird.[146]

123 Der Gesetzgeber verlangt darüber hinaus konkrete Angabe zu Maßnahmen, die nach Insolvenzantragstellung bereits ergriffen worden sind bzw. noch ergriffen werden. Ferner sind die Maßnahmen zu beschreiben, deren Wirkung sich auf den Zeitpunkt der Plananname beziehen, und jene Maßnahmen, die nach der Planbestätigung umgesetzt werden sollen. Für die Gewinnung eines vollständigen Bildes der Maßnahmen empfiehlt es sich, ggf. auch diejenigen Maßnahmen darzustellen, die bereits vor der Insolvenzantragstellung ergriffen worden sind.[147]

124 Die eigentlichen Maßnahmen lassen sich nach

- organisatorischen,
- personellen,
- rechtlichen,
- leistungswirtschaftlichen und
- finanzwirtschaftlichen Maßnahmen

unterscheiden.[148] Siehe hierzu ausführlich Rz. 137 ff.

125 **Abb. 3: Übersicht über die Strukturierung von Sanierungsmaßnahmen**

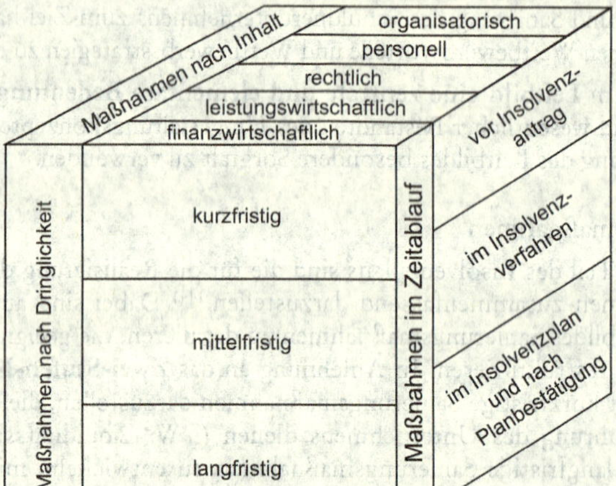

145) IDW, Anforderungen an Sanierungskonzepte (IDW S 6), Stand: 22.6.2023, Rz. 33, 70, IDW Life 12/2023, 1159 ff.

146) IDW, Anforderungen an Sanierungskonzepte (IDW S 6), Stand: 22.6.2023, Rz. 70 ff., IDW Life 12/2023, 1159 ff.

147) IDW, Anforderungen an Insolvenzpläne (IDW S 2), Stand: 20.3.2024, Rz. 26, IDW Life 07/08.2024, 656 ff.

148) *Dellit/Titze* in: Bork/Hölzle, Hdb. Insolvenzrecht, Kap. 13 Rz. 37; *Geiwitz/v. Danckelmann* in: Kübler, HRI II, § 21 Rz. 52 ff.; *Groß* in: Hess/Groß/Reill-Ruppe/Roth, Insolvenzplan, Sanierungsgewinn, Kap. 1 Rz. 846.

Insgesamt sind auf Basis der zuvor beschriebenen Krisenursachen sowie der Zielvorstellungen des Leitbildes die Sanierungsmaßnahmen darzustellen und zu erläutern. Die Ausführungen sollten alle wirtschaftlichen und rechtlichen Grundlagen enthalten, die für die Entscheidungsfindung der Adressaten zum Insolvenzplan wesentlich sind. Von zentraler Bedeutung ist dabei, dass die Wirkungszusammenhänge für den Adressaten deutlich werden. Auf diese Weise kann die Akzeptanz der angedachten Maßnahmen entsprechend erhöht werden. 126

Im Folgenden werden zunächst die (gesetzlich geforderten) Maßnahmen im Zeitablauf des Insolvenzverfahrens dargestellt. Daraufhin werden die Maßnahmen nach ihrem Inhalt entsprechend erläutert (siehe Rz. 137 ff.).[149] 127

1. Maßnahmen im Zeitablauf

a) Beschreibung der Maßnahmen vor Insolvenzantragstellung

Der Gesetzgeber fordert nicht ausdrücklich die Darstellung etwaiger bereits im Vorfeld der Insolvenzantragstellung getroffener und umgesetzter Maßnahmen. Vor dem Hintergrund, dass der Adressat ein möglichst umfassendes Bild über die Lage des Unternehmens erhalten soll, empfiehlt es sich, auch über diese Maßnahmen zumindest in Kurzform zu berichten, sofern solche Maßnahmen ergriffen worden sind. Der Adressat erhält auf diese Weise einen Einblick über mögliche gescheiterte oder erfolgreiche Sanierungsmaßnahmen vor Antragstellung und damit ggf. Informationen über die Realisierbarkeit von noch umzusetzenden Maßnahmen. 128

b) Beschreibung der getroffenen oder noch zu treffenden Maßnahmen im Insolvenzverfahren

Nach § 220 Abs. 1 InsO ist auf Maßnahmen einzugehen, die nach der Eröffnung des Insolvenzverfahrens getroffen worden sind oder die noch getroffen werden sollen. Die Beschreibung dieser Maßnahmen ist damit zwingender Bestandteil des darstellenden Teils. 129

Grundgedanke dieser Regelung ist, dass Maßnahmen, die bereits im Insolvenzverfahren vom Insolvenzverwalter getroffen worden sind oder noch getroffen werden, nicht Gegenstand des Insolvenzplans sind, und in der Folge über diese Maßnahmen i. R. der Abstimmung und Erörterung über den Insolvenzplan nicht entschieden wird. Damit sind jene (Sanierungs-)Maßnahmen gemeint, die für die Aufrechterhaltung des operativen Geschäfts des Unternehmens dringend erforderlich waren bzw. erforderlich sind.[150] Darunter fallen insbesondere wesentliche organisatorische, leistungswirtschaftliche, personelle und finanzielle Maßnahmen zur Wiedererlangung der Ertragskraft, wie z. B. die Auflösung schwebender Verträge (gemäß §§ 103 ff. InsO), die Freisetzung von Personal, die Aufnahme von Massedarlehen etc.[151] Dazu zählen auch Informationen, ob bereits Verhandlungen mit Investoren über eine Beteiligung oder den Verkauf von Betriebsteilen oder des gesamten Unternehmens geführt werden und ggf. welcher Verhandlungsstand erreicht worden ist. 130

Von besonderer Bedeutung sind regelmäßig **personelle Maßnahmen**, von denen sich für die Sanierung ein meist nicht unerhebliches Potential erschließt. Nach Möglichkeit ist bereits frühzeitig Klarheit über den Umfang entstehender Sozialplanforderungen zu vermitteln und über bereits getroffene Maßnahmen zu berichten, da insbesondere alle mit einer 131

149) Auf die Darstellung der Maßnahmen in Bezug auf deren Dringlichkeit wird an dieser Stelle verzichtet.

150) Uhlenbruck-*Lüer/Streit*, InsO, § 220 Rz. 1.

151) *Eilenberger* in: MünchKomm-InsO, § 220 Rz. 12; *Spahlinger* in: KPB, InsO, § 220 Rz. 12; IDW, Anforderungen an Insolvenzpläne (IDW S 2), Stand: 20.3.2024, Rz. 26, 32, IDW Life 07/08.2024, 656 ff.

Sanierung verbundenen Betriebsänderungen in einem Sozialplan zu berücksichtigen und Sozialplanforderungen als Massekosten vorweg zu befriedigen sind.

132 **Finanzwirtschaftliche Maßnahmen**, die bereits getroffen worden sind, werden regelmäßig in der Aufnahme von kurzfristigen (Überbrückungs-, Betriebsmittel-)Krediten oder mittelfristigen Darlehen zur vorübergehenden Fortführung durch den Verwalter bestehen. Da diese in voller Höhe aus der Insolvenzmasse zurückzuzahlen sind, bedeuten sie ein Risiko für die Befriedigung der Beteiligten, über das sie vor der Entscheidung über einen Insolvenzplan unterrichtet werden müssen.

133 Die **Darstellung** dieser Maßnahmen gibt den Beteiligten Erkenntnisse darüber, ob die ergriffenen (Sanierungs-)Maßnahmen ihre gewünschte Wirkung entfalten konnten und damit geeignet sind, oder ob eine Wirkungsverfehlung Rückschlüsse darauf zulässt, dass das gewünschte Ziel der Unternehmenssanierung nicht erreicht werden kann. Darüber hinaus dienen diese Angaben dazu, dem Adressaten ein Bild darüber zu vermitteln, wie der Insolvenzverwalter auf mögliche deutliche Veränderungen im operativen Geschäft aufgrund der Insolvenzeröffnung reagiert hat bzw. reagieren will.[152)] In der Folge ist eine chronologische Aufstellung der bislang ergriffenen Maßnahmen sowie der sich danach ergebenden Entwicklung im darstellenden Teil abzubilden.[153)] Insofern handelt es sich um alle Maßnahmen, die im Zeitraum nach der Insolvenzeröffnung durch den Insolvenzverwalter getroffen worden sind oder bis zum Erörterungs- und Abstimmungstermin (§ 235 InsO) noch getroffen werden sollen.

134 Damit schließt § 220 Abs. 1 InsO keine Maßnahmen ein, die sich bereits auf die Planrealisierung erstrecken. Eine solche **vorweggenommene Unterstellung der Planrealisierung** würde die Alleinzuständigkeit der Gläubigerversammlung unterlaufen und damit eine Verletzung der §§ 157, 235 InsO darstellen.

> **Praxishinweis**
>
> Im Rahmen eines Eigenantrags des Schuldners und einer beabsichtigten Eigenverwaltung kann ein vor Antragstellung erarbeiteter Insolvenzplan mit Antragstellung auf Verfahrenseröffnung als sog. **„pre-packaged-plan"** eingereicht werden (§ 218 Abs. 1 Satz 2 InsO). Aufgrund der vorgezogenen Planerstellung beschränken sich in einem solchen Fall die Angaben auf mögliche geplante Maßnahmen bis zum Erörterungs- und Abstimmungstermin.

c) Beschreibung der mit Bestätigung des Insolvenzplans wirksam werdenden Sanierungsmaßnahmen

135 Das Insolvenzplanverfahren verfolgt in der Regel das Ziel der Fortführung des Unternehmens bzw. von Unternehmensteilen. Grundvoraussetzung dafür ist die Beseitigung der Insolvenzreife sowie die Darstellung der Sanierungsfähigkeit. Der Adressat des Insolvenzplans hat somit ein großes Interesse zu erfahren, welche Maßnahmen neben den bereits eingeleiteten bzw. noch einzuleitenden Maßnahmen des Insolvenzverwalters, angedacht sind. Hierzu zählen neben den im Sanierungskonzept definierten leistungswirtschaftlichen Maßnahmen insbesondere die finanzwirtschaftlichen Maßnahmen, die über den gestaltenden Teil rechtlich umgesetzt werden. Hierzu zählen u. a.

- geplante Kapitalerhöhungen,
- Rangrücktritte, Forderungsverzichte,
- Änderung des Unternehmenszwecks, Betriebsänderungen,

152) Römermann-*Rühle*, InsO/InsR, § 220 InsO Rz. 10 ff.
153) Römermann-*Rühle*, InsO/InsR, § 220 InsO Rz. 43.

- bestehende Sozialplanforderungen und geplante Sozialpläne,
- Aufnahme von Darlehen,
- Vergleichsrechnung der zu erwartenden Befriedigung,
- erforderliche behördliche Genehmigungen bzw. Mitwirkungshandlungen Dritter.[154)]

Der Adressat erhält an dieser Stelle einen Überblick über den Umfang und den Zeitraum der Sanierung sowie über die Maßnahmen, die für die Bewältigung konkreter Problemfelder angedacht sind und wie diese Maßnahmen wirtschaftlich in die Position der Gläubiger und Gesellschafter eingreifen. 136

2. Inhaltliche Maßnahmen

Hinsichtlich der Maßnahmen kann in Analogie zu den rechtlichen, organisatorischen und wirtschaftlichen Verhältnissen zwischen organisatorischen, personellen, rechtlichen, steuerlichen und leistungswirtschaftlichen sowie finanzwirtschaftlichen Maßnahmen unterschieden werden. 137

Im Rahmen der Erstellung eines Insolvenzplans bietet es sich an, im Hinblick auf die Grundsätze der Klarheit und Übersichtlichkeit, einen roten Faden zu den Krisenursachen aufzunehmen. Durch einen stetigen Bezug zwischen den Krisen-/Insolvenzursachen und den Sanierungsmaßnahmen ist dem Adressaten der innere Zusammenhang transparent zu machen. Darüber hinaus ist unmittelbar nachvollziehbar, welche konkreten Maßnahmen der Planersteller zur Behebung der jeweiligen Krisen- und Insolvenzursachen zu ergreifen beabsichtigt. Schließlich kann der Adressat auch unmittelbar prüfen, ob ggf. einzelne Krisen- und Insolvenzursachen nicht mit einer gezielten Gegenmaßnahme belegt sind. Darüber hinaus kann er sich auf Basis des dargestellten roten Fadens ein eigenes Bild von der Realisierbarkeit der Sanierung machen.[155)] 138

a) Organisatorische Maßnahmen

Der Prozess der Erstellung und des Absatzes von Gütern und der Bereitstellung von Dienstleistungen und ihr Verbrauch erfolgt abstrakt formuliert in organisierten Wirtschaftseinheiten. Die Abläufe werden dabei über die Struktur **(Aufbauorganisation)**, Prozessregelungen **(Ablauforganisation)** und Selbstorganisation **(informelle Organisation)** gesteuert. 139

In Abhängigkeit vom Leitbild ist die Organisationsstruktur (Ablauf- und Aufbauorganisation) entsprechend anzupassen. Häufig findet man in krisengeschüttelten Unternehmen keine effizienten Führungs- und Entscheidungsprozesse, die jedoch für eine erfolgreiche Sanierung essentiell sind. Sie gilt es aufzubauen. Korrespondierend dazu ist zu prüfen, ob i. R. der Unternehmenssteuerung ein funktionierendes Berichtswesen besteht und ob dieses angemessen ausgestaltet ist. Häufig bestehen keine oder nicht angemessene **Reportings**, sodass die Grundlagen für einen sachgerechten und zielorientierten Entscheidungsprozess schon im Ansatz zu fehlerbehafteten Entscheidungen führen. Diesbezüglich ist ein entsprechendes Berichtswesen bzw. Reporting aufzubauen. Ein funktionierendes Berichtswesen ist auch für die Überwachung der getroffenen und noch umzusetzenden leistungs- und finanzwirtschaftlichen Maßnahmen notwendig **(Umsetzungscontrolling)**.[156)] 140

---

154) *Spahlinger* in: KPB, InsO, § 220 Rz. 12; IDW, Anforderungen an Insolvenzpläne (IDW S 2), Stand: 20.3.2024, IDW Life 07/08.2024, 656 ff.

155) In Anlehnung an *Bähr* in: Mohrbutter/Ringstmeier/Meyer, Hdb. Insolvenzverwaltung, Kap. 14 Rz. 38.

156) *Thiele/Sopp* in: Buth/Hermanns, Restrukturierung, Sanierung, Insolvenz, § 19 Rz. 37; Thierhoff/Müller/Illy/Liebscher-*Thierhoff*, Unternehmenssanierung, 2011, Kap. 6.

141 Neben dem Aufbau eines Berichtswesens kommt den aufbauorganisatorischen und ablauforganisatorischen Sanierungsmaßnahmen eine besondere Bedeutung zu.[157] Während es bei den **aufbauorganisatorischen Sanierungsmaßnahmen** um die Optimierung von Strukturen geht, zielen **ablauforganisatorische Sanierungsmaßnahmen** auf die Effizienzsteigerung bei der Auftragsabwicklung, d. h. der Optimierung des Durchlaufs von Aufträgen und Dienstleistungen.[158] Beispiele sind die Verkürzung der Umrüstzeiten von Maschinen oder die Organisation von Retouren.

b) Personelle Maßnahmen

142 Von besonderer Bedeutung sind regelmäßig personelle Maßnahmen, wenn sich dadurch für die Sanierung ein nicht unerhebliches Potential erschließen lässt.[159] Personalaufwendungen zählen regelmäßig neben den Materialaufwendungen zu den größten Aufwandsposten in der Gewinn- und Verlustrechnung.[160] Im Unterschied zum Materialaufwand ist der Personalaufwand häufig unabhängig vom Beschäftigungsgrad, d. h. er stellt einen Fixkostencharakter dar. Durch die **kapazitätsmäßige Anpassung des Personalbestandes** an die aktuelle Auslastung des Unternehmens, können im Einzelfall erhebliche Einspareffekte erzielt werden. Diese Anpassung an die wirtschaftliche Situation des Unternehmens, stellt gleichwohl eine wirtschaftlich notwendige Maßnahme dar.

143 Zur Erreichung einer neuen Personalstruktur bieten sich neben der gezielten Freisetzung von Personal auch weitere Maßnahmen an. Hierzu zählen u. a. **Einstellungsstopps, Überstundenverbote, Kurzarbeit, Zwangsurlaub** bzw. der geplante Abbau von Urlaub, die **Umwandlung von Voll- in Teilzeitverträge**, Kürzung von **Zulagen- und Sonderzahlungen** sowie **Leistungszulagen** und die Anpassung des Tariflohns.[161] Sofern das Sanierungskonzept einen **Sozialplan** vorsieht, sollte bereits frühzeitig Klarheit über den Umfang geschaffen werden. Dies gilt insbesondere vor dem Hintergrund, dass i. R. einer **Betriebsänderung** nach §§ 111, 112a Abs. 1 BetrVG, der Personalabbau interessenausgleichs- und sozialplanpflichtig ist.[162] Das Insolvenzgericht wird bei der Planbestätigung prüfen müssen, ob zumindest ein solcher vorsorglicher Sozialplan sowie ein entsprechender vorsorglicher Interessenausgleich vorliegt, anderenfalls droht die Gefahr des Scheiterns. Hinzu kommt, dass diese Sozialplankosten als Massekosten vorweg zu befriedigen sind.[163]

144 Die Anpassung der Personalstruktur ist mit dem zukünftigen Geschäftsmodell abzustimmen und muss widerspruchsfrei sein. Das Risiko in personellen Maßnahmen liegt regelmäßig darin, dass möglicherweise ungewollt Ressourcen und Fähigkeiten einzelner Mitarbeiter für das Unternehmen verloren gehen, die jedoch für die Zielerreichung und das Leitbild des Unternehmens maßgeblich sind. Insofern ist bei der Erstellung des Sanierungskonzeptes sowie des Insolvenzplans sicherzustellen, dass i. R. personeller Sanierungsmaßnahmen etwaige Inkonsistenzen vermieden werden.

---

157) *Geiwitz/v. Danckelmann* in: Kübler/Bork/Prütting, HRI II, § 21 Rz. 2 ff.

158) *Geiwitz/v. Danckelmann* in: Kübler/Bork/Prütting, HRI II, § 21 Rz. 72 ff.

159) *Groß* in: Buth/Hermanns, Restrukturierung, Sanierung, Insolvenz, § 17 Rz. 55.

160) *Groß* in: Hess/Groß/Reill-Ruppe/Roth, Insolvenzplan, Sanierungsgewinn, Kap. 1 Rz. 641.

161) *Groß* in: Buth/Hermanns, Restrukturierung, Sanierung, Insolvenz, § 17 Rz. 21 ff.; *Groß* in: Hess/Groß/Reill-Ruppe/Roth, Insolvenzplan, Sanierungsgewinn, Kap. 1 Rz. 641 ff.

162) Uhlenbruck-*Lüer/Streit*, InsO, § 220 Rz. 4.

163) *Eilenberger* in: MünchKomm-InsO, § 220 Rz. 13.

c) Rechtliche Maßnahmen

Häufig gehen mit den geplanten Sanierungsmaßnahmen auch Maßnahmen einher, die vornehmlich rechtlich geprägt sind. Hierzu zählen vor allem Änderungen in der gesellschaftsrechtlichen Struktur (z. B. Umwandlung einer Kommanditgesellschaft in eine AG)[164] sowie etwaige behördliche Genehmigungsverfahren oder Erklärungen Dritter. Ziel sollte es sein, einen Überblick über die wesentlichen rechtlichen Maßnahmen zu erhalten, sofern diese nicht anderen Maßnahmen primär zugeordnet werden können. 145

Im Fall einer übertragenden Sanierung, sollten hier die rechtlichen Grundstrukturen der Übertragung dargestellt werden, verbunden mit einem Verweis auf die detaillierten Ausführungen im gestaltenden Teil. 146

d) Leistungswirtschaftliche Maßnahmen

Die nachhaltige operative Sanierung eines Unternehmens umfasst in der Regel neben der finanzwirtschaftlichen Seite auch die leistungswirtschaftliche Seite. Häufig sind die Krisenursachen im leistungswirtschaftlichen Bereich zu finden, d. h. in der spezifischen Wertschöpfungskette des jeweiligen Unternehmens.[165] 147

Leistungswirtschaftliche Sanierungsmaßnahmen betreffen daher alle funktionalen Bereiche eines Unternehmens, die in die Wertschöpfungskette eingebunden sind. Hierzu zählen in der Regel die Bereiche 148

- Forschung & Entwicklung,
- Beschaffung/Einkauf,
- Produktion,
- Absatz/Vertrieb,
- Logistik (Wareneingang, Lager, Warenausgang),
- Personal,
- Finanzen,
- Controlling,
- Rechnungswesen und
- IT.

Die korrespondierenden Sanierungsmaßnahmen setzen entlang dieser Wertschöpfungskette an.[166] 149

Grundvoraussetzung für das nachhaltige Bestehen eines Unternehmens im Wettbewerb ist neben der Unternehmensstrategie eine funktionierende operative Struktur, die auf das Leitbild entsprechend abgestimmt sein muss. 150

Aufbauend auf der internen und externen Unternehmensanalyse sind i. R. der **kurzfristigen Sanierungsmaßnahmen** rasch wirksame Sofortmaßnahmen im Hinblick auf die Verbesserung der Liquiditätslage zu entwickeln.[167] Dazu gehört z. B., dass alle Auszahlungen in einem Zeitraum über rd. zwei bis drei Monate in Bezug auf ihre operative Notwendigkeit hin überprüft werden. Darüber hinaus kann regelmäßig durch ein effektives Working-Capital-Management Liquidität geschaffen werden. Hierzu zählen z. B. der Abbau 151

---

164) Vgl. *Suhrkamp*-Fall, AG Berlin Charlottenburg [Insolvenzgericht] – 36s IN 2196/13.

165) Crone/Werner-*Werner*, Modernes Sanierungsmanagement, S. 123.

166) *Buth/Hermanns* in: Buth/Hermanns, Restrukturierung, Sanierung, Insolvenz, § 12 Rz. 4; *Geiwitz/v. Danckelmann* in: Kübler/Bork/Prütting, HRI II, § 21 Rz. 80 ff.

167) *Groß* in: Hess/Groß/Reill-Ruppe/Roth, Insolvenzplan, Sanierungsgewinn, Kap. 1 Rz. 586.

von Lagerbeständen, das effektive Eintreiben offener Forderungen sowie die Neuverhandlung von Zahlungszielen. Die kurzfristigen Maßnahmen finden sich häufig in Prepackaged-Plänen, während in den übrigen Plänen diese Maßnahmen bereits meist durch den Insolvenzverwalter schon durchgeführt worden sind.

152 Im Rahmen der **mittelfristigen Sanierungsmaßnahmen** geht es um die Identifizierung von Optimierungspotentialen und damit verbunden um Kostenstrukturen. Dabei kommt der Analyse etwaiger Wechselwirkungen zu anderen Bereichen eine tragende Rolle zu, können sich doch geglaubte Einsparpotentiale aufgrund von Interdependenzen schnell ins Gegenteil verkehren.[168)]

153 **Langfristige Sanierungsmaßnahmen zielen** i. R. der leistungswirtschaftlichen Sanierung auf die strategische Gesamtausrichtung des Unternehmens ab, um Wettbewerbsvorteile zu entwickeln oder weiter auszubauen (Wiederherstellung der Wettbewerbsfähigkeit).[169)]

154 Neben der Senkung von Kostenstrukturen und dem Abbau von Fixkosten zur kurzfristigen Kostensenkung kommt insbesondere auch der Ertragsstruktur besondere Bedeutung zu.[170)]

155 Kurzfristig werden leistungswirtschaftliche Maßnahmen primär zur Verbesserung der Liquidität eingesetzt. Mittelfristig dienen leistungswirtschaftliche Maßnahmen zur Verbesserung der Ertragskraft, um langfristig auf Basis der strategischen Neuausrichtung des Unternehmens eine ausreichende und angemessene Rendite auf das investierte Kapital zu verdienen (Rendite- und Wettbewerbsfähigkeit).[171)]

e) Finanzwirtschaftliche Maßnahmen

156 Finanzwirtschaftliche Maßnahmen zielen grundsätzlich auf die Kapitalstruktur und die Liquidität ab. Dabei ist zwischen der Innenfinanzierung und der Außenfinanzierung zu unterscheiden.

157 **Abb. 4: Übersicht der Finanzierungsarten**

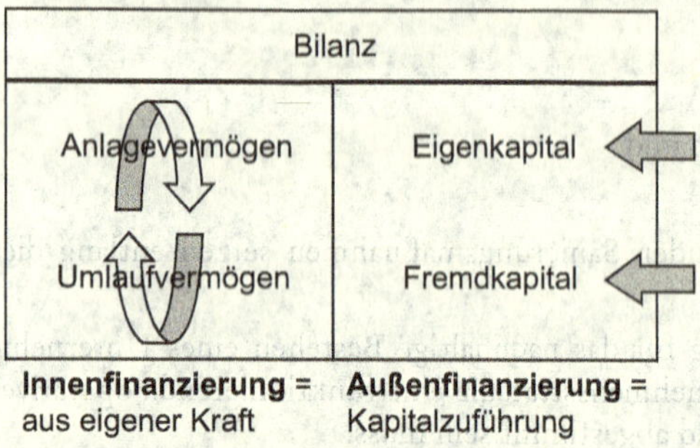

158 Bei der **Innenfinanzierung** wird – im Gegensatz zur Außenfinanzierung – kein Kapital von außen zugeführt. Im Kern geht es bei Restrukturierungsfällen um die Reduktion der Kapitalbindung, d. h. Kapitalfreisetzung. Dabei wird gebundenes Vermögen in finanzielle Mittel umgewandelt. Die einfachste Form besteht in der Veräußerung nicht-betriebs-

168) *Buth/Hermanns* in: Buth/Hermanns, Restrukturierung, Sanierung, Insolvenz, § 8 Rz. 55.

169) *Funk* in: Buth/Hermanns, Restrukturierung, Sanierung, Insolvenz § 36 Rz. 45.

170) Ausführlich zu leistungswirtschaftlichen Maßnahmen: *IDW*, Sanierung und Insolvenz, Kap. B, Rz. 137 ff.; *Buth/Hermanns* in: Buth/Hermanns, Restrukturierung, Sanierung, Insolvenz, §§ 12 ff.; *Groß* in: Hess/Groß/Reill-Ruppe/Roth, Insolvenzplan, Sanierungsgewinn, Kap. 1.

171) IDW, Anforderungen an Sanierungskonzepte (IDW S 6), Stand: 22.6.2023, IDW Life 12/2023, 1159 ff.

notwendigen Vermögens. Vermögensgegenstände, die im Eigentum des Unternehmens stehen, können kurz- oder mittelfristig veräußert werden, ohne dass die Veräußerung negative Rückwirkungen auf das operative Geschäft hat.

Beispiele

Zum Beispiel kann ein Grundstück oder ein Wertpapierdepot, welches nicht zwingend operativ benötigt wird, verkauft werden, um damit fällige oder fällig werdende Verbindlichkeiten zu bedienen. Ein weiteres Beispiel ergibt sich aus sog. Sale-and-Lease-back-Geschäften. Dabei werden Vermögensgegenstände des operativen Anlagevermögens veräußert und gleichzeitig wieder zurückgemietet. Damit können kurzfristig liquide Mittel generiert werden. Allerdings wird sich in der Krise eine Leasinggesellschaft nur unter restriktiven Bedingungen auf ein solches Geschäft einlassen, sodass im Insolvenzplan etwaige Rückkoppelungen im Vorfeld abzustimmen sind.

Im Rahmen der Kapitalfreisetzung des Umlaufvermögens geht es um die Optimierung des Working-Capital und des darin gebundenen Kapitals. 159

Beispiele

Durch einen Abbau von Lagerbeständen, dem Verkauf von *Ladenhütern* sowie der Implementierung eines effektiven Forderungsmanagements können ebenfalls liquide Mittel generiert werden. Auf der Passivseite können durch zukünftig verlängerte Zahlungsziele teilweise erhebliche Effekte erzielt werden. Ferner sind Factoring-Maßnahmen ebenfalls geeignete Mittel, um kurzfristig Liquidität generieren zu können.[172)]

Inwieweit diese Maßnahmen Gegenstand eines Insolvenzplans sind, ist im Einzelfall zu prüfen. Häufig wurden bereits durch den Insolvenzverwalter erste Maßnahmen vereinbart, sodass dargestellt werden muss, inwieweit diese noch nutzbar sind. 160

Bei der **Außenfinanzierung** werden finanzielle Mittel aus unternehmensexternen Quellen zugeführt. Dabei wird zwischen der Zuführung in Form von Eigenkapital und Fremdkapital unterschieden. Ein weiteres beliebtes Mittel sind die sog. Mezzanine-Finanzierungsformen, bei denen Elemente aus Eigen- und Fremdkapital vertraglich vereinbart werden. Hierzu zählt z. B. die stille Gesellschaft. 161

In der gerichtlichen Sanierung geht es häufig um die Beiträge, die durch Eigen- und Fremdkapitalgeber zu leisten sind. Während der **Rangrücktritt** tendenziell eher der Vermeidung der Insolvenzreife dient (Überschuldung), finden sich **Forderungsverzichte** von Eigen- und Fremdkapitalgebern häufig in Insolvenzplänen wieder, geht es doch um die Bereinigung und Entlastung des Schuldnerunternehmens von finanziellen Lasten der Vergangenheit. Der Forderungsverzicht bedeutet den endgültigen Erlass (§ 397 BGB) einer Schuld durch den Gläubiger. Der Verzicht kann vom Eintritt eines in der Zukunft liegenden Ereignisses abhängig gemacht werden (auflösende oder aufschiebende Bedingung nach § 158 BGB). Der in der Sanierungspraxis weit verbreitete Forderungsverzicht mit Besserungsschein führt handelsrechtlich dazu, dass die Verbindlichkeit in der Bilanz des Unternehmens erfolgswirksam aufzulösen ist. Sofern ein Gesellschafter verzichtet, kann die Auflösung in die Kapitalrücklage nach § 272 Abs. 2 Nr. 4 HGB auch erfolgsneutral eingestellt werden.[173)] 162

172) Ausführlich dazu: *IDW*, Sanierung und Insolvenz, Kap. B, Rz. 137 ff.; *Buth/Hermanns* in: Buth/Hermanns, Restrukturierung, Sanierung, Insolvenz, § 8 Rz. 56; *Groß* in: Hess/Groß/Reill-Ruppe/Roth, Insolvenzplan, Sanierungsgewinn, Kap. 1.

173) IDW, Anforderungen an Insolvenzpläne (IDW S 2), Stand: 20.3.2024, Rz. 44, IDW Life 07/08.2024, 656 ff. i. V. m. IDW, Bilanzierung privater Zuschüsse (IDW HFA 2/1996 i. d. F. 2013), WPg 1996, 709, FN-IDW 4/2013, 192 f., Abschn. 2.2.

163 In diesem Zusammenhang ist i. R. von Insolvenzverfahren häufig die **Stundung** zu finden. Dabei können kurzfristig liquiditätsschonend Belastungen aus der Rückführung fälliger Verbindlichkeiten auf einen späteren Zeitpunkt verschoben werden (Moratorium).

164 Eine aktuell i. R. des ESUG viel diskutierte Maßnahme ist der sog. **Debt-Equity-Swap**, bei dem schuldrechtliche Ansprüche von Gläubigern gegen das Schuldnerunternehmen in Gesellschaftsrechte umgewandelt werden (weitergehende Ausführungen siehe § 58 Rz. 88 ff. [*Brünkmans/Harmann*]). Insbesondere vor dem Hintergrund des mit dem Jahressteuergesetz 2018 modifizierten Sanierungssteuerrechts erscheint der Debt-Equity-Swap wieder eine Renaissance einer praktikablen Maßnahme zur bilanziellen Restrukturierung zu erfahren.

165 Die zuvor aufgezeigten Maßnahmen führen grundsätzlich noch nicht zu einer Zuführung von finanziellen Mitteln. Gleichwohl sind diese Maßnahmen regelmäßig die **Voraussetzung für die Zuführung von „fresh-money"**, da Investoren üblicherweise vermeiden wollen, dass die zugeführten liquiden Mittel auf wertlose Forderungen an Dritte oder in der Sanierungsphase aus dem Unternehmen wieder unmittelbar abfließen (Cashdrain-Effekt).

166 Neben diesen typischen Finanzierungsmitteln besteht darüber hinaus die klassische Form der Kapitalzuführung, die in der Regel mit einer vorhergehenden Kapitalherabsetzung (bis auf null) und einer anschließend Kapitalerhöhung einhergeht. Auf diese Weise wird das Eigenkapital zunächst buchmäßig bereinigt. Anschließend wird i. R. der Kapitalerhöhung frisches Kapital zugeführt. Sofern Alt-Gesellschafter im Unternehmen verbleiben, ist auf etwaige **Verwässerungseffekte** zu achten. Hierzu empfiehlt es sich entsprechende Bewertungsgutachten einzuholen.[174)]

167 Darüber hinaus bestehen insolvenzrechtlich bedingte Möglichkeiten der kurzfristigen Generierung finanzieller Mittel. Hierzu zählt in erster Linie das Insolvenzgeld. Durch das Insolvenzgeld wird das Schuldnerunternehmen von Lohn- und Gehaltszahlungen entlastet. Dabei zahlt die Bundesagentur für Arbeit nach §§ 183 ff. SGB III für die letzten maximal drei Monate vor Eröffnung des Insolvenzverfahrens die Lohn- und Gehaltszahlungen. Typischerweise erfolgt die Finanzierung bzw. Vorfinanzierung durch eine Bank.[175)]

f) Steuerrechtliche Effekte

168 Die durch die Restrukturierungsmaßnahmen ausgelösten steuerrechtlichen Wirkungen sind im darstellenden Teil abzubilden und zu erläutern.[176)] Sofern durch die Sanierungsmaßnahmen eine Steuerpflicht entsteht und diese nicht gestundet und erlassen wird, kann dies (nach Aufhebung des laufenden Insolvenzverfahrens) erneut den Insolvenzeröffnungsgrund der Zahlungsunfähigkeit auslösen.[177)]

169 Etwaige steuerliche Auswirkungen aus den aufgeführten und geplanten Maßnahmen sind hier darzustellen und zu beschreiben. Hierzu zählt z. B. die Nutzung von Verlustvorträgen. Dabei ist jedoch vor dem Hintergrund der restriktiven Regelungen des § 8c KStG besondere Vorsicht geboten. Zu weiteren Ausführungen siehe § 60 [*Witfeld*].

---

174) IDW, Anforderungen an Insolvenzpläne (IDW S 2), Stand: 20.3.2024, Rz. 37, IDW Life 07/08.2024, 656 ff.; ausführlich dazu: *Buth/Hermanns* in: Buth/Hermanns, Restrukturierung, Sanierung, Insolvenz, § 24 Rz. 71; *Groß* in: Hess/Groß/Reill-Ruppe/Roth, Insolvenzplan, Sanierungsgewinn, Kap. 1.

175) *Geiwitz/v. Danckelmann* in: Kübler/Bork/Prütting, HRI II, § 21 Rz. 102 f.

176) *Dellit/Titze* in: Bork/Hölzle, Hdb. Insolvenzrecht, Kap. 13 Rz. 49.

177) *Dellit/Titze* in: Bork/Hölzle, Hdb. Insolvenzrecht, Kap. 13 Rz. 49.

3. Zusammenfassung der Maßnahmen

Die zuvor beispielhaft aufgeführten Maßnahmen können zusammenfassend der folgen- 170
den Übersicht nochmals entnommen werden:[178)]

Abb. 5: Sanierungsmaßnahmen 171

Beispiele	Sanierungsmaßnahmen				
	vor Insolvenzantragstellung	im Insolvenzverfahren		im Insolvenzplan	nach Planbestätigung
		getroffene	geplante		
organisatorisch		Zusammenlegung von Abteilungen	Zusammenlegung von Abteilungen	Outscourcing Abteilungen	Optimierung von Ablaufprozessen
personell		Personalabbau Neubesetzung zentraler Funktionen	Personalabbau Neubesetzung zentraler Funktionen	Personalabbau	Personalabbau
rechtlich		Aufanahmen von Prozessen	Einführung neuer AGB	Ausscheiden Alt-Gesellschafter	Verschmelzung/Liguidation von defizitären Tochtergesellschaften
leistungswirtschaftlich	Versuch der Kündigung ungünstiger Verträge	Kündigung schwebender Verträge	Kündigung schwebender Verträge	Anpassung schwebender Verträge	Erschießung Neukunden Erschließung neuer Märkte
finanzwirtschaftlich	Versuch der Verlängerung der Zahlungsziele Passivseite Versuch der Verkürzung der Zahlungsziele Aktivseite	Insolvenzgeld	Aufnahme Massedarlehen	Hair-cut Debt-Equity-Swap Aufnahme von Investoren Kapitalherabsetzung Kapitalerhöhung	Aufnahme neuer Kredite Aufnahme neuer Investoren

VII. Integrierter Sanierungsplan

1. Funktion des integrierten Sanierungsplans

Im Rahmen des Planziels der (Teil-)Erhaltung des Schuldnerunternehmens, steht die finanz- 172
wirtschaftliche und leistungswirtschaftliche Sanierung des Unternehmens im Fokus. Korrespondierend dazu steigt das Informationsbedürfnis der Adressaten des Insolvenzplans.

Neben der qualitativen Aufzählung und Erläuterung der bislang umgesetzten Maßnahmen 173
sowie der noch umzusetzenden Maßnahmen kommt der integrierten Planungsrechnung eine besondere Bedeutung zu. Mit ihr werden die zuvor definierten strategischen und operativen sowie finanzwirtschaftlichen Sanierungsmaßnahmen quantifiziert, d. h. in monetäre Größen umgesetzt. Die Wirkungszusammenhänge der geplanten Sanierungsmaßnahmen werden dadurch sichtbar und für den Adressaten nachvollziehbar. Erst auf Basis einer integrierten Planungsrechnung, bestehend aus einer **Plan-Bilanz, Plan-Gewinn- und Verlustrechnung** sowie einer **Plan-Kapitalflussrechnung**, erhält der Adressat des Insolvenzplans ein vollständiges und aufgrund der integrierten Sichtweise ein in sich schlüssiges Bild über die zukünftig geplante Entwicklung des Unternehmens. Insofern handelt es sich um eine **Planverprobungsrechnung**, in der die rechnerische Realisierbarkeit der beabsichtigten Sanierungsmaßnahmen nachgewiesen wird.[179)] Nur auf Basis einer solchen Darstellung lässt sich die Sanierungsfähigkeit des Unternehmens und damit die Realisierbarkeit des Insolvenzplans vollständig beurteilen.[180)]

---

178) In Anlehnung an *Groß* in: Hess/Groß/Reill-Ruppe/Roth, Insolvenzplan, Sanierungsgewinn, Kap. 1 Rz. 848.

179) In der betriebswirtschaftlichen Literatur und vom Institut der Wirtschaftsprüfer (IDW) wird daher insbesondere bei Unternehmensbewertung und Sanierungskonzepten die Erstellung einer integrierten Planungsrechnung gefordert (IDW, Anforderungen an Sanierungskonzepte (IDW S 6), Stand: 22.6.2023, Rz. 74, IDW Life 12/2023, 1159 ff.).

180) *Bähr* in: Mohrbutter/Ringstmeier/Meyer, Hdb. Insolvenzverwaltung, Kap. 14 Rz. 38; IDW, Anforderungen an Sanierungskonzepte (IDW S 6), Stand: 22.6.2023, Rz. 74 ff.; IDW, Anforderungen an Insolvenzpläne (IDW S 2), Stand: 20.3.2024, Rz. 51 ff., IDW Life 07/08.2024, 656 ff.

174 Eine isolierte Beurteilung einzelner Maßnahmen ist ohne Kenntnis der Gesamtzusammenhänge nicht oder nur schwer möglich. Insbesondere ist in der Regel die mangelnde Berücksichtigung von Querbeziehungen eine Ursache für die wirtschaftliche Lage des Unternehmens. Vor diesem Hintergrund ist die transparente Darstellung und die Stimmigkeit des Zusammenspiels der einzelnen Faktoren und Sanierungsmaßnahmen notwendige Bedingung für den Erfolg des Sanierungsplans und damit wesentliche Grundlage für die Gewährleistung einer sachgerechten Entscheidungsfindung durch den Adressaten des Insolvenzplans.

2. Aufbau des integrierten Sanierungsplans

175 Eine integrierte Planungsrechnung ist dadurch geprägt, dass ausgehend von einem Unternehmenskonzept (Leitbild), betriebliche Teilpläne (Absatzplanung, Investitionsplanung, Personalplanung etc.) entwickelt werden, die dann in eine Plan-Gewinn- und Verlustrechnung und darauf aufbauend in einen Finanzplan und eine Plan-Bilanz überführt werden. Dabei sind die einzelnen Teilpläne aufeinander abgestimmt. Die Zusammenhänge können der folgenden Übersicht[181] entnommen werden:

176 **Abb. 6: Aufbau eines integrierten Sanierungsplans**

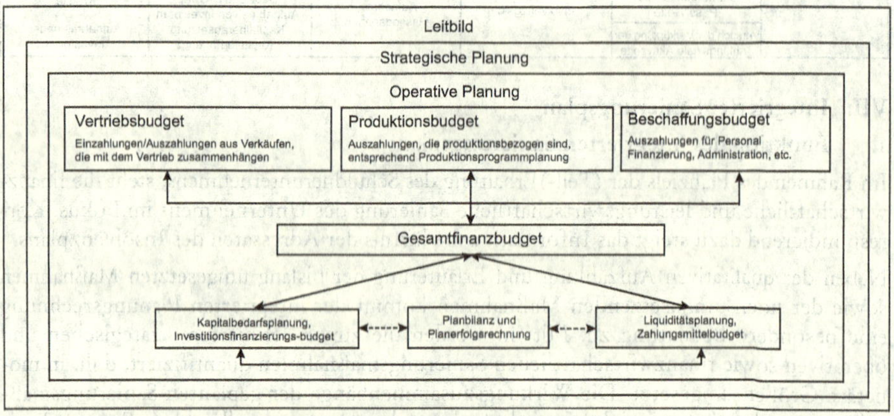

177 Die Ausgestaltung des integrierten Sanierungsplans sollte in Anlehnung an die Ausführungen des **IDW S 6** „Anforderungen an Sanierungskonzepte" erfolgen.[182] Dabei muss die integrierte Planung vollständig, rechnerisch richtig, in sich schlüssig und widerspruchsfrei sein.[183]

178 Die integrierte Planung ist auf Basis der geltenden handelsrechtlichen Vorschriften und unter Berücksichtigung steuerlicher Aspekte zu entwickeln.[184] Dazu bietet es sich an, die entsprechenden Gliederungsschemata der geltenden handelsrechtlichen Vorschriften zu berücksichtigen. Hinsichtlich der Kapitalflussrechnung empfiehlt es sich, auf die Vorgaben des DRS 21 **„Kapitalflussrechnung"** aufzusetzen. Auf diese Weise kann ein hoher

181) In Anlehnung an: *Wöhe*, Betriebswirtschaftslehre, S. 136; *Perridon/Steiner/Rathgeber*, Finanzwirtschaft der Unternehmung, S. 599, sowie *Plagens/Brunow*, DStR 2004, 102.

182) *Rendels/Zabel*, Insolvenzplan, Kap. C Rz. 135.

183) *IDW*, Sanierung und Insolvenz, Kap. B Rz. 353.

184) Uhlenbruck-*Sinz*, InsO, § 229 Rz. 4; *Sinz* in: KPB, InsO, § 229 Rz. 4.

Wiedererkennungswert geschaffen werden und die Adressaten des Insolvenzplans finden schneller in die Ausführungen zum Zahlenwerk des Insolvenzplans.

Die Ausgangsgröße bildet regelmäßig die Ist-Lage, bestehend aus der Gewinn- und Verlustrechnung, der Bilanz und der Kapitalflussrechnung, die aus dem Rechnungswesen entsprechend abzuleiten sind. Dabei ist sicherzustellen, dass die erhaltenen Daten aus dem Rechnungswesen vollständig, aktuell und belastbar sind. Sofern nicht geprüfte Zahlen vorliegen, ist anhand von Plausibilisierungsüberlegungen sicherzustellen, dass die Daten geeignet erscheinen. Die Ableitung der richtigen Startgrößen ist von zentraler Bedeutung, bilden sie doch die Ausgangsgröße für alle folgenden Daten und Überlegungen. 179

Die Planung erfolgt ausgehend von den einzelnen Teilplanungen in Abhängigkeit von den organisatorischen Verhältnissen und Verantwortlichkeiten. Darüber hinaus sind die besonderen Effekte aus dem Insolvenzplan zu berücksichtigen. Hierbei empfiehlt es sich die Maßnahmen und korrespondierenden Effekte gesondert kenntlich zu machen oder gesondert innerhalb des Planungstools zu berücksichtigen. In diesem Zusammenhang ist auf die ergebniswirksamen Effekte aus etwaigen Verzichtserklärungen der Gläubiger („hair-cut") sowie die Verfahrenskosten und korrespondierenden steuerlichen Folgen einzugehen. 180

Die einzelnen Teilpläne und quantifizierten Maßnahmeneffekte sind dann in einem integrierten Unternehmensplan zusammenzuführen. 181

Der **zeitliche Aggregationsgrad** (wöchentlich, monatlich, quartalsweise, halbjährlich oder jährlich) hängt vom Ausmaß der Krise, der unterjährigen Entwicklung wesentlicher Positionen sowie dem Aussagegehalt insgesamt ab. 182

Praxishinweis

Ist bspw. der unterjährige Anspannungsgrad der Liquidität nahezu unverändert, sinkt die Notwendigkeit einer Darstellung auf Monatsbasis. Demgegenüber dürfte die Notwendigkeit einer Darstellung auf Monatsbasis steigen, wenn unterjährig der Anspannungsgrad erheblich schwankt und ggf. in einen kritischen Bereich abzusinken droht (Zahlungsunfähigkeit). Für das laufende und folgende Jahr empfiehlt sich eine Planung auf Monats- oder Quartalsbasis, in der die einzelnen Maßnahmeneffekte beschrieben und quantifiziert werden.[185)]

Der Zeitraum, über den sich die Planungsrechnung erstrecken sollte, umfasst den Zeitraum von der Planbestätigung bis zur Wiederherstellung der Wettbewerbs- und Renditefähigkeit. Bei „Earn-out"-Plänen hat sich der Zeitraum bis zur abschließenden Gläubigerbefriedigung zu beziehen.[186)] 183

Jeder Planung liegen naturgemäß Annahmen zugrunde. Werden bei Sanierungsmaßnahmen Prämissen unterstellt, deren Eintreten für den Erfolg des Sanierungskonzeptes entscheidend sind, sind diese sog. **kritischen Prämissen** hervorzuheben. Die Angabe von Realisierungsgraden oder Härtegrade bei bereits begonnenen Sanierungsmaßnahmen ist ebenso wichtig wie die Benennung Verantwortlichkeiten.[187)] 184

Das Gesamtziel der integrierten Planungsrechnung sollte sein, dem Adressaten des Insolvenzplans anhand monetärer Größen einen sachgerechten und zutreffenden Einblick in die angedachten Maßnahmen, die geplante Entwicklung des Schuldnerunternehmens und die wirtschaftlichen Folgen für die Planbeteiligten zu gewähren. 185

185) IDW, Anforderungen an Sanierungskonzepte (IDW S 6), Stand: 22.6.2023, Rz. 76, 80, IDW Life 12/2023, 1159 ff.

186) K. Schmidt-*Spliedt*, InsO, § 229 Rz. 5; *Thies* in: HambKomm-InsR, § 229 InsO Rz. 5.

187) *Buth/Hermanns* in: Buth/Hermanns, Restrukturierung, Sanierung, Insolvenz, § 8 Rz. 32.

3. Kennzahlen

186 Das IDW fordert nach IDW S 6, dass die integrierte Planung um Kennzahlen zu ergänzen ist. Dabei handelt es sich um flankierende Informationen, die die Aussage zur Sanierungsfähigkeit stützen.[188)]

187 Kennzahlen dienen dem Planersteller dazu entscheidungsrelevante Informationen in aggregierter Form noch einmal zusammenzutragen, zu erläutern und zu plausibilisieren (Selbstkontrolle). Korrespondierend dazu erhält der Adressat des Insolvenzplans einen weiteren fokussierten Einblick in die Tragfähigkeit und Stimmigkeit des Sanierungskonzeptes. Sie dienen als Eckpunkte für die Beurteilung des Sanierungskonzeptes.

188 Im Rahmen des **Sanierungscontrollings** dienen Kennzahlen zugleich dem Planüberwacher (extern und intern) als Informationsbasis und stellen die Kontrollgröße für die Beurteilung des Grades der Zielerreichung des Sanierungskonzeptes dar.[189)]

189 Die Notwendigkeit der Entwicklung, Darstellung und Erläuterung geeigneter Kennzahlen ergibt sich auch aus der in der Regel zu beobachtenden Vereinbarung von **Covenants** i. R. der Finanzierung des Schuldnerunternehmens.

190 Das IDW nennt folgende Kennzahlen,[190)] die grundsätzlich in Betracht kommen:

191 **Abb. 7: Kennzahlen nach IDW S 6**

Liquiditätskennzahlen, insb.:	Ertragskennzahlen, insb.:	Vermögenskennzahlen, insb.:
• Liquiditätsgrade I bis III • Cashflow in % vom Umsatz Schuldentilgungsdauer in Jahren • Kapitaldienstdeckungsfähigkeit – Debt Service Coverage	• Gesamtkapitalrentabilität • Eigenkapitalrentabilität • Umsatzrentabilität • Material-/Fremdleistungsquote • Personalaufwandsquote • EBITDA in % vom Umsatz	• Eigenmittelquote • Verschuldungsgrad • Anlagendeckung • Working Capital • Laufzeiten der Debitoren und Kreditoren in Tagen • Vorratsreichweite in Tagen

VIII. Weitere Informationen

1. Behördliche Genehmigungen/Erklärungen Dritter

192 Sieht der Insolvenzplan Maßnahmen vor, die nur mit der Genehmigung einer Behörde oder mit Zustimmung eines Dritten wirksam werden können, die Genehmigungen oder Zustimmungen aber im Zeitpunkt der Abstimmung noch nicht vorliegen, sind diese entsprechend darzulegen und zu erläutern. Anderenfalls würden dem Adressaten des Insolvenzplans wesentliche Grundlagen für die Zustimmung zum Plan fehlen.[191)] Hierzu zählen z. B. kartellrechtliche Genehmigungen i. R. möglicher Fusionen oder die Genehmigung nach dem Grundstücksverkehrsgesetz wegen der Veräußerung von Grundstücken.[192)]

188) IDW, Anforderungen an Sanierungskonzepte (IDW S 6), Stand: 22.6.2023, Rz. 86 f., IDW Life 12/2023, 1159 ff.

189) IDW, Anforderungen an Sanierungskonzepte (IDW S 6), Stand: 22.6.2023, Rz. 86 f., IDW Life 12/2023, 1159 ff.

190) IDW, Anforderungen an Sanierungskonzepte (IDW S 6), Stand: 22.6.2023, Rz. 86 f., IDW Life 12/2023, 1159 ff. i. V. m. IDW, Fragen und Antworten zur Erstellung und Beurteilung von Sanierungskonzepten nach IDW S 6 (F & A zu IDW S 6), Stand: 13.12.2023, Abschn. 7.4.

191) Uhlenbruck-*Lüer/Streit*, InsO, § 220 Rz. 22.

192) *Bähr* in: Mohrbutter/Ringstmeier/Meyer, Hdb. Insolvenzverwaltung, Kap. 14 Rz. 33.

Dabei ist auf die Verbindlichkeit der Genehmigung oder Erklärung entsprechend einzugehen.[193]

In der Folge sind Erklärungen Dritter in § 230 Abs. 3 InsO als Anlagen zum Insolvenzplan ausdrücklich vorgesehen.[194] 193

2. Insolvenzstraftaten

Werden in dem darstellenden Teil des Insolvenzplans die vom Schuldner begangenen Insolvenzstraftaten (§§ 283–283c StGB) nicht aufgenommen, ist die Bestätigung des Plans nur zu versagen, wenn der Plan auf eine Unternehmensfortführung abzielt.[195] 194

Dabei ist maßgeblich, ob die Nennung der Straftaten für die Entscheidung der Beteiligten über den Insolvenzplan erheblich ist. Beabsichtigt der Schuldner nicht, das Unternehmen fortzuführen, ist es nicht geboten, etwaige Angaben aufzuführen. Die Pflicht zur Offenlegung ergibt sich daraus, wenn nach dem Plan der Schuldner selbst oder bei einer juristischen Person deren organschaftlicher Vertreter das Unternehmen fortführen soll. In einem solchen Fall könnten frühere Straftaten erhebliche Bedenken gegen seine Zuverlässigkeit wecken und zugleich Zweifel an den Erfolgsaussichten des Plans begründen.[196] 195

3. Gruppenbildung

In § 222 Abs. 1 Satz 1 InsO wird gesetzlich geregelt, dass bei der Festlegung der Rechte der Beteiligten im Insolvenzplan Gruppen zu bilden sind. Insofern ist die Gruppenbildung wesentlicher Bestandteil des Insolvenzplans. Diese Formulierung kann dahingehend verstanden werden, dass die Gruppenbildung nur den gestaltenden Teil eines Insolvenzplans berührt. Gleichwohl betrifft die Gruppenbildung auch den darstellenden Teil. Nach § 220 Abs. 2 InsO hat der darstellende Teil alle sonstigen Angaben zu den Grundlagen und Auswirkungen des Plans zu enthalten, die für die Entscheidung der Gläubiger über die Zustimmung zum Plan und für dessen gerichtliche Bestätigung erheblich sind. Die Gruppenbildung und die Zuordnung der Gläubiger zu einzelnen Gruppen stellt damit für die Gläubiger als Informationsempfänger neben den ökonomischen Planregelungen eine weitere zentrale Weichenstellung des Plans dar, da in Gruppen abgestimmt wird.[197] Danach sollen im darstellenden Teil die Bildung der Gruppen beschrieben und begründet werden.[198] Hierzu zählt z. B. die Darlegung nach welchen Vorschriften und Erwägungen die Gruppen gebildet worden sind bzw. wonach eine Abgrenzung erfolgt ist.[199] Im gestaltenden Teil werden die Gläubiger den einzelnen Gruppen zugeordnet und die Eingriffe in deren Rechtsposition geregelt. 196

---

193) Vgl. RegE z. § 272 InsO, BT-Drucks. 12/2443, S. 52.

194) IDW, Anforderungen an Insolvenzpläne (IDW S 2), Stand: 20.3.2024, Rz. 35, IDW Life 07/08.2024, 656 ff.

195) BGH, Beschl. v. 13.10.2011 – IX ZB 37/08, ZIP 2012, 187 = NZI 2012, 139; BGH, Beschl. v. 13.10.2011 – XI ZB 37/08, ZIP 2012, 187 = NJW-RR 2006, 1289 (Vorinstanz: LG Berlin, ZIP 2008, 324), Uhlenbruck-*Lüer/Streit*, InsO, § 220 Rz. 26.

196) BGH, Beschl. v. 13.10.2011 – IX ZB 37/08, ZIP 2012, 187 = NZI 2012, 139; BGH, Beschl. v. 13.10.2011 – XI ZB 37/08, ZIP 2012, 187 = NJW-RR 2006, 1289 (Vorinstanz: LG Berlin, ZIP 2008, 324); *Eilenberger* in: MünchKomm-InsO, § 220 Rz. 9; *Spahlinger* in: KPB, InsO, § 220 Rz. 12; *Bähr* in: Mohrbutter/Ringstmeier/Meyer, Hdb. Insolvenzverwaltung, Kap. 14 Rz. 19; *Jaffé* in: FK-InsO, § 220 Rz. 43; *Breutigam* in: BK-InsO, § 220 Rz. 31.

197) Römermann-*Rühle*, InsO/InsR, § 220 InsO Rz. 52.

198) IDW, Anforderungen an Insolvenzpläne (IDW S 2), Stand: 20.3.2024, Rz. 55 ff., IDW Life 07/08.2024, 656 ff.

199) BGH, Beschl. v. 7.5.2015 – IX ZB 75/14, Rz. 10, NJW 2015, 2660, 2661 = ZIP 2015, 1346.

Praxishinweis

Vor dem Hintergrund, dass der darstellende Teil die Adressaten über die geplanten Regelungen und ökonomischen Auswirkungen umfassend informieren soll, empfiehlt es sich bereits an dieser Stelle im darstellenden Teil des Insolvenzplans auf die Gruppenbildung einzugehen.[200] Dabei sollte im Anschluss an die Darstellung der Grundstruktur des Plans die prinzipielle Struktur der Gruppenbildung und die Zuordnung der Gläubiger zu den Gruppen und ihre Abgrenzung beschrieben und erläutert werden.[201] Zu weiteren Ausführungen siehe § 9 [*Beck/Pechartscheck*].

4. Regelungsansatz für absonderungsberechtigte Gläubiger, für nicht nachrangige Gläubiger und für nachrangige Gläubiger

197 Die Ergebnisse für die Gläubiger bei Annahme des Insolvenzplans sind zusammenfassend darzustellen. Dabei ist auf die Höhe und die Art der von den Gläubigern zu erbringenden Leistung (z. B. (Teil-)Verzicht, Stundung etc.), dem sich daraus ergebenden „Erfüllungsgrad des Schuldners sowie auf den Modus der Abwicklung (Fälligkeit) einzugehen".[202]

198 Der Gesetzgeber hat dazu vorgesehen, dass grundsätzlich kein am Verfahren beteiligter Gläubiger hinsichtlich seiner vermögensrechtlichen Stellung schlechter gestellt werden soll, als er im Falle der Verwertung des Schuldnervermögens nach den gesetzlichen Vorschriften stünde. Dieses Ziel kann der Plan nur erreichen, wenn er die Rechtstellung der Beteiligten im Insolvenzverfahren differenziert berücksichtigt.[203] Hierzu ist im Plan zwischen den absonderungsberechtigten Gläubigern, den nicht nachrangigen Insolvenzgläubigern und den verschiedenen Rangklassen der nachrangigen Gläubiger zu differenzieren. Darüber hinaus ist auch die Gruppe der am Krisenunternehmen beteiligten Personen sowie deren mögliche unterschiedliche Rechtstellung zu berücksichtigen.

199 Ziel der Darstellung des Regelungsansatzes für die einzelnen Gläubiger ist es, die im Plan vorgesehene (Quoten-)Befriedigung der Höhe und der zeitlichen Abfolge sowie entsprechende Bedingungen zu nennen und zu erläutern.

a) Regelungsansatz für absonderungsberechtigte Gläubiger

200 Grundsätzlich werden absonderungsberechtigte Gläubiger, z. B. aufgrund ihrer bestehenden Grundpfandsicherheiten ohne einen Plan voll befriedigt, sodass die Rechte der Absonderungsberechtigten von den im Plan vorgesehenen Änderungen der Gläubigerrechte nicht betroffen sind (§ 223 Abs. 1 Satz 1 InsO).

201 In der Realität stellt sich die Sicherheitensituation jedoch oft differenzierter dar. Liegt bspw. der Wert einer Sicherheit i. R. einer Einzelverwertung deutlich unter dem Wert, der sich i. R. einer Fortführung des Schuldnerunternehmens ergibt, dürfte der Gläubiger vor dem Hintergrund einer Aufrechterhaltung einer langfristigen Kundenbeziehung ein gesteigertes Interesse an einer Fortführung haben. In einer solchen Situation ist der Gläubiger häufig bereit, Zugeständnisse zu machen. Gleichwohl muss der Planersteller in einem solchen Fall die „Wertauswirkung" des Plans auf Absonderungsrechte im darstellenden Teil des Plans ermitteln und darlegen, um überhaupt feststellen zu können, in welchem Umfang eine Ausfallforderung besteht (und deswegen planunterworfen ist).[204] Solange

200) IDW, Anforderungen an Insolvenzpläne (IDW S 2), Stand: 20.3.2024, Rz. 54, IDW Life 07/08.2024, 656 ff.

201) Römermann-*Rühle*, InsO/InsR, § 220 InsO Rz. 82; *Geiwitz/v. Danckelmann* in: Kübler/Bork/Prütting, HRI II, § 21 Rz. 13.

202) IDW, Anforderungen an Insolvenzpläne (IDW S 2), Stand: 20.3.2024, Rz. 75 ff., IDW Life 07/08.2024, 656 ff.

203) *Groß* in: Hess/Groß/Reill-Ruppe/Roth, Insolvenzplan, Sanierungsgewinn, Kap. 1 Rz. 846 ff.

204) *Eilenberger* in: MünchKomm-InsO, § 220 Rz. 51–59.

jedem Gläubiger der Einzelveräußerungswert seiner Sicherheit erhalten bleibt, sind die Minderheitsrechte gewahrt.

Soll vom Gleichbehandlungsgrundsatz des § 226 Abs. 1 InsO abgewichen werden, sind grundsätzlich Zustimmungserklärungen der Betroffenen einzuholen. Dasselbe gilt für zulässige Barabfindungen von Gläubigern, die dem Plan voraussichtlich nicht zustimmen werden. Dabei ist § 251 InsO über den Minderheitenschutz zu beachten. Grundsätzlich besteht dabei die Gefahr, dass auf Antrag der (des) Minderheitengläubiger(s) die Bestätigung des Insolvenzplans versagt wird.[205] 202

Soweit im Plan eine abweichende Regelung getroffen wird, ist nach § 223 InsO im gestaltenden Teil für die absonderungsberechtigten Gläubiger anzugeben, um welchen Bruchteil die Rechte gekürzt, für welchen Zeitraum sie gestundet oder welchen sonstigen Regelungen sie unterworfen werden sollen. 203

b) Regelungsansatz für Insolvenzgläubiger

Im Rahmen der Darstellung der Ergebnisse für die Insolvenzgläubiger ist festzustellen bzw. zu ermitteln, wie sich die Werthaltigkeit ihrer Forderung bei Fortführung im Vergleich zur Regelverwertung entwickelt.[206] Dies schließt auch die Darstellung ein, inwieweit sich eine Verbesserung der Rechtsstellung der Insolvenzgläubiger ergeben kann. In Betracht kommen Angaben zur Höhe der Kürzung der Forderung, zum Zeitraum der Forderungsstundung, zur möglichen zukünftigen Besicherung oder zu sonstigen Regelungen und Bedingungen, die für die Forderungen zukünftig gelten (§ 224 InsO).[207] 204

Im Rahmen der Regelungen für die Gestaltung der Rechte der nicht nachrangigen Insolvenzgläubiger sind die vorgesehenen Rechtsänderungen im gestaltenden Teil genau zu bezeichnen. Dabei ist zwischen den verschiedenen Gruppen dieser Gläubiger zu unterscheiden, sofern im Plan solche Gruppen gebildet worden sind. 205

c) Regelungsansatz für nachrangige Gläubiger

Nach § 225 InsO gelten grundsätzlich Forderungen nachrangiger Insolvenzgläubiger, wenn im Insolvenzplan nichts anderes bestimmt ist, als erlassen. Dies betrifft insbesondere Gläubiger, die kapitalersetzende Gesellschafterdarlehen (§ 39 Abs. 1 Nr. 5 InsO) dem insolventen Unternehmen gewährt haben, aber auch Gläubiger von Forderungen aus Schenkungsversprechen und Zins- und Kostenforderungen.[208] Demgegenüber können nach § 225 Abs. 3 InsO Forderungen aus Geldstrafen und ihnen in § 39 Abs. 1 Nr. 3 InsO gleichgestellten Verbindlichkeiten durch einen Insolvenzplan weder ausgeschlossen noch eingeschränkt werden.[209] 206

Vor diesem Hintergrund werden wesentliche Änderungen der Rechtsstellung in der Regel die nachrangigen Insolvenzgläubiger hinzunehmen haben. Soweit im Plan eine abweichende Regelung getroffen wird, sind im gestaltenden Teil für jede Gruppe der nachrangigen Gläubiger die in § 224 InsO vorgeschriebenen Angaben zu machen. In der Folge kommen Angaben zur Höhe der Kürzung der Forderung, zum Zeitraum der Stundung der Forderung, zur möglichen zukünftigen Besicherung oder zu sonstigen Regelungen und Bedingungen, die für die Forderungen zukünftig gelten in Betracht. 207

205) *Eilenberger* in: MünchKomm-InsO, § 220 Rz. 53.
206) Braun-*Braun/Frank*, InsO, § 224 Rz. 1.
207) Braun-*Braun/Frank*, InsO, § 224 Rz. 2.
208) *Breuer* in: MünchKomm-InsO, § 225 Rz. 12.
209) *Breuer* in: MünchKomm-InsO, § 225 Rz. 18.

208 Allerdings kann es im Einzelfall naheliegend sein, dass der Insolvenzplan eine abweichende Regelung für nachrangige Gläubiger enthält. Sofern z. B. der Plan vorsieht, dass alle Insolvenzgläubiger voll befriedigt werden, verbleibt der noch verbleibende Überschuss den nachrangigen Gläubigern.

d) Regelungsansatz für Gesellschafter

209 Werden Anteilsrechte in einen Insolvenzplan einbezogen, so muss im Fall ihrer Einziehung eine finanzielle Kompensation vorgesehen werden.[210)] Dies setzt eine entsprechende Werthaltigkeit der Unternehmensanteile voraus, die i. R. einer Unternehmensbewertung zu ermitteln wären. Häufig ist jedoch festzustellen, dass die Unternehmensanteile in einem Insolvenzverfahren in der Regel als wertlos einzustufen sind.[211)]

IX. Vergleichsrechnung gemäß § 220 Abs. 2 InsO

210 Das Insolvenzplanverfahren stellt die Alternative zur Regelabwicklung des Schuldnervermögens dar. Dabei sind zwei Grundsätze von zentraler Bedeutung:[212)]

- Kein Beteiligter darf durch den Insolvenzplan unfreiwillig schlechtergestellt werden, als er ohne einen Plan i. R. der Regelabwicklung stünde (§§ 245 Abs. 1 Nr. 1, 251 Abs. 1 Nr. 2 InsO).
- Missbräuchliches Verhalten des Schuldners oder eines Beteiligten in Bezug auf die Verzögerung oder Verhinderung der Plandurchführung soll ausgeschlossen werden.

211 Vor diesem Hintergrund kommt der Vergleichsrechnung eine **besondere Bedeutung** zu. Nur auf Basis einer aussagekräftigen Vergleichsrechnung kann der Planersteller dem Informationsbedürfnis der Gläubiger und des Gerichts nachkommen und die Angemessenheit der getroffenen Regelungen als zentrale Entscheidungsgrundlage nachgewiesen werden.[213)] Aus diesem Grund hat der Gesetzgeber i. R. des Gesetzes zur Fortentwicklung des Sanierungs- und Insolvenzrechts **(SanInsFoG)**[214)] das bereits im Entwurf der InsO angedachte und sodann verworfene[215)] Erfordernis der Vergleichsrechnung in § 220 Abs. 2 Satz 2 InsO n. F. kodifiziert.[216)]

212 Aus Sicht der Gläubiger ist der Vergleich zwischen Regelabwicklung und dem vorliegenden alternativen Vorschlag des Insolvenzplans von zentraler Bedeutung. Die Gläubiger werden einem Insolvenzplan nur zustimmen, wenn sich durch die Zustimmung zum Insolvenzplan eine **Besserstellung** im Vergleich zur Regelabwicklung **ergibt**.

> **Praxishinweis**
>
> Diese Besserstellung kann im Übrigen auch dadurch bewirkt werden, dass das Insolvenzplanverfahren zu einer zügigeren Beendigung der Insolvenz als im Falle der Regelabwicklung führt.[217)]

213 Für das Gericht muss sich erkennen lassen, dass ein **missbräuchliches Verhalten** des Schuldners oder eines Beteiligten, **ausgeschlossen werden kann**, um die fehlende Zustimmung einer Gläubigergruppe ersetzen (§ 245 InsO) bzw. den Widerspruch des Schuld-

---

210) *Groß* in: Hess/Groß/Reill-Ruppe/Roth, Insolvenzplan, Sanierungsgewinn, Kap. 1 Rz. 1165.

211) *Groß* in: Hess/Groß/Reill-Ruppe/Roth, Insolvenzplan, Sanierungsgewinn, Kap. 1 Rz. 1165.

212) Uhlenbruck-*Lüer/Streit*, InsO, § 220 Rz. 4.

213) IDW, Anforderungen an Insolvenzpläne (IDW S 2), Stand: 20.3.2024, Rz. 77, IDW Life 07/08.2024, 656 ff.

214) BGBl. I 2020, 3256.

215) Vgl. Beschlussempfehlung und Bericht d. RA z. InsO, BT-Drucks. 12/7302, S. 182.

216) Vgl. Begr. RegE SanInsFoG z. StaRUG, BT-Drucks. 19/24181, S. 116.

217) *Rendels/Zabel*, Insolvenzplan, Kap. C Rz. 137.

ners als unbeachtlich übergehen (§ 247 Abs. 2 InsO) oder den Widerspruch eines Beteiligten (§§ 247, 251 InsO) zurückweisen zu können.

Die Darstellung der Vergleichsrechnung muss daher gewährleisten, dass sowohl die am Insolvenzplan Beteiligten als auch das Gericht in die Lage versetzt werden, die unterschiedlichen wirtschaftlichen Ergebnisse des Insolvenzplanverfahrens ablesen zu können. Um dem Adressaten ein vollständiges Bild zu ermöglichen, sind die Berechnungen der **unterschiedlichen wirtschaftlichen Ergebnisse** aus dem Insolvenzplan sowie der Regelabwicklung detailliert **zu erläutern.**[218] 214

Bei der Erstellung der Vergleichsrechnung i. R. der Regelabwicklung sind die Grundsätze anzuwenden, die bei der Erstellung des Schlussverzeichnisses gelten.[219] **Grundlage** für die Vergleichsrechnung sind insbesondere 215

- das Verzeichnis der Massegegenstände (§ 151 InsO),
- das Gläubigerverzeichnis (§ 152 InsO),
- die Vermögensübersicht (§ 153 InsO) und
- weitere Unterlagen (§ 154 InsO).[220]

Nach der ursprünglichen und so auch an dieser Stelle in der Vorauflage vertretenen Auffassung war das auf diese Weise gewonnene Mengengerüst zu **Liquidationswerten** zu bewerten.[221] **Seit dem 1.1.2021** schreibt § 220 Abs. 2 Satz 3 InsO nunmehr vor, dass für die Ermittlung der voraussichtlichen Befriedigung der Gläubiger **Fortführungswerte** anzusetzen sind, sofern der Plan die Fortführung des Unternehmens vorsieht. Zu diesem Zweck ist bei der Bewertung des Szenarios ohne Insolvenzplan auf die jeweiligen Fortführungswerte der einzelnen Vermögensgegenstände abzustellen, die regelmäßig bereits im Zuge des Sachverständigengutachtens zur Eröffnung des Insolvenzverfahrens ermittelt werden.[222] Dieser Betrag bildet abzüglich der vorrangigen Sicherungsrechte und der Masseverbindlichkeiten die fiktive Verteilungsmasse, die den Gläubigern ohne den Insolvenzplan zukommen würde.[223] 216

Abweichend von diesem Grundsatz kann die Vergleichsrechnung zu Liquidationswerten gemäß § 220 Abs. 2 Satz 4 InsO dann – aber auch nur dann – erfolgen, wenn der **Verkauf** des Unternehmens oder die anderweitige **Fortführung aussichtslos** ist. Die Aussichtslosigkeit der Fortführung muss jeweils vom Planaufsteller mittels einer „fundierten Begründung“[224] glaubhaft gemacht werden und liegt dann vor, wenn kein alternatives Fortführungsszenario hinreichend erfolgsversprechend ist.[225] In diesem Fall ist zunächst zu bestimmen, in welchem Zeitraum das fiktive Regelverfahren voraussichtlich beendet sein wird. Hierzu muss transparent dargelegt werden, mit welcher Liquidationsgeschwindigkeit und Liquidationsintensität die einzelnen Wirtschaftsgüter oder ggf. Unternehmensteile veräußert werden können, d. h. welche realistische Handlungsalternative zur Sanierung oder Liquidation dem Angebot nach dem Insolvenzplan gegenüber gestellt wird.[226] 217

218) *Dellit/Titze:* in: Bork/Hölzle, Hdb. Insolvenzrecht, Kap. 13 Rz. 71 f.

219) *Geiwitz/v. Danckelmann* in: Kübler/Bork/Prütting, HRI II, § 21 Rz. 21.

220) *Bähr* in: Mohrbutter/Ringstmeier/Meyer, Hdb. Insolvenzverwaltung, Kap. 14 Rz. 42.

221) Vgl. *Harmann*, in der 2. Aufl. 2020, § 6 Rz. 198 m. w. N.

222) *Geiwitz/v. Danckelmann* in: BeckOK-InsO, § 220 Rz. 25a.

223) Vgl. *Geiwitz/v. Danckelmann* in: BeckOK-InsO, § 220 Rz. 25a.

224) Begr. RegE SanInsFoG z. StaRUG, BT-Drucks. 19/24181, S. 116.

225) Vgl. *Skauradszun*, ZIP 2021, 1091 ff.; zustimmend *Geiwitz/v. Danckelmann* in: BeckOK-InsO, § 220 Rz. 25b.

226) IDW, Anforderungen an Insolvenzpläne (IDW S 2), Stand: 20.3.2024, Rz. 77, IDW Life 07/08.2024, 656 ff.

Zu berücksichtigen ist dabei, dass der Verkauf von Unternehmensteilen – z. B. i. R. eines Asset Deals – nur in Betracht kommt, wenn ernstzunehmende Angebote bestehen.[227] Anderenfalls wären Insolvenzpläne durch Scheinangebote einem erheblichen Manipulationsrisiko ausgesetzt. Dies trifft insbesondere für die Annahme zu, dass einzelne Unternehmensbereiche fortführungsfähig und veräußerbar sind. Der Grundsatz der überwiegenden Wahrscheinlichkeit ist entsprechend maßgeblich zu berücksichtigen.[228]

218 In der Folge können sich erhebliche Bewertungsspielräume i. R. der Liquidationsbewertung ergeben. Für den Verwalter sind derartige Bewertungen in der Regel mit größerem Zeitaufwand verbunden, um profunde Annahmen über die Fortführungswerte als Prognosewerte zu erhalten. Hierzu bietet es sich an Gutachten zur Wertermittlung einzuholen, um zu belastbaren Annahmen und Aussagen zu kommen.

219 Um einen Vergleich zwischen Fortführung und Liquidation zu ermöglichen, sind die ermittelten Erlöse auf den Bewertungsstichtag abzuzinsen, dies ist der Zeitpunkt des Wirksamwerdens des Insolvenzplans.[229]

220 Die ermittelte Verteilungsmasse sind den Kosten des Insolvenzverfahrens (§ 54 InsO), den Masseverbindlichkeiten (§ 55 InsO) und den Insolvenzforderungen (§ 38 InsO) gegenüberzustellen.[230] Zur konkreten Ausgestaltung siehe § 13 [*Brünkmans/Harmann*].

X. Weitere Regelungen des Insolvenzplans

1. Eingriffe in Rechte aus gruppeninternen Drittsicherheiten

221 Seit dem 1.1.2021 ist es erstmals möglich, im Insolvenzplan auch Regelungen über gruppeninterne Drittsicherheiten i. S. des § 217 Abs. 2 InsO n. F. zu treffen. Dies war zuvor noch in Anlehnung an die KO und die diesbezügliche Rechtsprechung des RG gemäß § 254 Abs. 2 Satz 1 InsO a. F. ausgeschlossen, da Drittsicherheiten kein Bestandteil der Insolvenzmasse sind.[231]

222 Soweit ein nach dem 1.1.2021 gefasster Insolvenzplan einen Eingriff in gruppeninterne Drittsicherheiten vorsieht, muss nunmehr der darstellende Teil des Plans gemäß § 220 Abs. 3 InsO auch die Verhältnisse des die Sicherheit gewährenden **verbundenen Unternehmens** und die **Auswirkungen** des Plans auf das Unternehmen einbeziehen. Aufgrund der ebenfalls eingeführten **Entschädigungspflicht** im Eingriffsfall gemäß § 223a InsO sollte auch auf die Werthaltigkeit der betroffenen Sicherheit(en) eingegangen werden.[232]

2. Festsetzung des Kreditrahmens

223 Im gestaltenden Teil des Insolvenzplans kann nach § 264 InsO vorgesehen werden, dass die Insolvenzgläubiger nachrangig sind gegenüber Gläubigern mit Forderungen aus Darlehen und sonstigen Krediten, die der Schuldner oder die Übernahmegesellschaft während der Zeit der Überwachung aufnimmt oder die ein Massegläubiger in die Zeit der Überwachung hinein stehen lässt. In diesem Fall ist zugleich ein Gesamtbetrag für derartige Kredite festzulegen (Kreditrahmen). Dieser darf den Wert der Vermögensgegenstände nicht übersteigen, die in der Vermögensübersicht des Plans (§ 229 Satz 1 InsO) aufgeführt sind.

227) *Thies* in: HambKomm-InsR, § 220 InsO Rz. 7.
228) *Thies* in: HambKomm-InsR, § 220 InsO Rz. 7.
229) Uhlenbruck-*Lüer/Streit*, InsO, § 220 Rz. 3; *Thies* in: HambKomm-InsR, § 220 InsO Rz. 7.
230) *Bähr* in: Mohrbutter/Ringstmeier/Meyer, Hdb. Insolvenzverwaltung, Kap. 14 Rz. 49.
231) Vgl. Begr. RegE SanInsFoG z. StaRUG, BT-Drucks. 19/24181, S. 199.
232) *Geiwitz/v. Danckelmann* in: BeckOK-InsO, § 220 Rz. 33b.

Ausgehend davon kann z. B. vereinbart werden, dass Gläubiger mit Forderungen aus Darlehen und sonstigen Krediten, die die Schuldnerin während der Zeit der Überwachung aufnimmt oder die ein Massegläubiger in die Zeit der Überwachung hinein stehenlässt, gegenüber den übrigen Gläubigern vorrangig sind (§ 264 InsO). Als Gesamtbetrag für derartige Kredite wird ein entsprechender Betrag festgesetzt. 224

Praxishinweis

Im darstellenden Teil ist auf diese Regelung im gestaltenden Teil entsprechend hinzuweisen.

3. Berücksichtigung nicht angemeldeter Forderungen

Nach § 229 Satz 3 InsO sind im Insolvenzplan auch Gläubiger zu berücksichtigen, die zwar ihre Forderungen nicht angemeldet haben, jedoch bei er Ausarbeitung des Plans bekannt sind. Mit der Einführung dieses Satzes durch das ESUG soll das Risiko gemindert werden, dass ein Plan nach rechtskräftiger Bestätigung durch nachträglich angemeldete Forderungen „torpediert" wird, weil keine Vorkehrungen in der Finanz- und Liquiditätsplanung getroffen worden sind.[233] 225

Die Berücksichtigung etwaiger nicht angemeldeter Forderungen im Insolvenzplan wird zwingend für den Fall vorgeschrieben, dass die Gläubiger aus den Erträgen einer Betriebsfortführung befriedigt werden sollen. Danach besteht keine Verpflichtung für den Fall bei Planerfüllung aus der Masse oder aus Drittmitteln. 226

Risiken hinsichtlich der Planerfüllung können sich aber auch bei einer Einmalzahlung ergeben. Nach § 254b InsO haben Nachzügler ebenfalls Anspruch auf eine Planquote, auch wenn sie bis zur Verfahrensbeendigung keine Forderungen angemeldet haben. Insofern ergibt sich schon aus der Generalklausel nach § 220 Abs. 2 InsO die Notwendigkeit, die bekannten Verbindlichkeiten anzugeben.[234] 227

Der Insolvenzplan sollte daher zur Risikovermeidung eine Ausschlussfrist für nachträgliche Forderungsanmeldungen vorsehen. Zur Zulässigkeit von Präklusionsklauseln siehe § 8 [*Brünkmans*]. 228

Praxishinweis

Gläubiger, bei denen lediglich die Forderungshöhe streitig ist, sollten nicht mit einem Erinnerungswert aufgenommen werden, sondern zur Vermeidung von Risiken bei der Planerfüllung besser mit dem Schätzbetrag der voraussichtlichen Inanspruchnahme.[235]

4. Planbedingungen

Der Gesetzgeber hat mit § 249 Satz 1 InsO die Möglichkeit geschaffen, in einem Insolvenzplan die Erbringung konkreter Leistungen oder anderer Maßnahmen an bestimmte Leistungen oder andere Maßnahmen zu knüpfen. Dies hat zur Folge, dass der Plan nur bestätigt werden darf, wenn die entsprechenden Voraussetzungen erfüllt sind.[236] 229

Der Erfolg eines Sanierungsvorhabens setzt regelmäßig ein koordiniertes Vorgehen auf Fremdkapitalgeberseite und Eigenkapitalgeberseite voraus. Durch die Festsetzung einer verfahrensrechtlichen Bestätigungsvoraussetzung gemäß § 249 InsO kann sichergestellt werden, dass ein Plan nicht bestätigt wird, sofern nicht vorher die festgesetzten Maßnahmen/ 230

233) Begr. RegE ESUG, BT-Drucks. 17/5712, S. 32.
234) Uhlenbruck-*Lüer/Streit*, InsO, § 259a Rz. 7.
235) Uhlenbruck-*Sinz*, InsO, § 229 Rz. 8.
236) *Eidenmüller* in: MünchKomm-InsO, § 221 Rz. 25.

Leistungen ergriffen bzw. erbracht wurden.[237] Typische Anwendungsfälle für bedingte Pläne i. S. von § 249 InsO sind neben gesellschaftsrechtlichen Regelungen auch steuerliche Regelungen. Eine entsprechende Bestimmung kann sowohl im darstellenden Teil des Plans getroffen werden als auch im gestaltenden Teil, da sie die verfahrensrechtliche Rechtsstellung der Beteiligten betrifft.[238]

5. Planüberwachung

231 Nach § 260 Abs. 2 InsO beinhaltet die Planüberwachung (siehe dazu § 25 [*Dellit*]) die Erfüllung von Ansprüchen, die den Gläubigern nach dem gestaltenden Teil des Plans gegen den Schuldner zustehen. Damit bezieht sich die Überwachung auf die Einhaltung der im gestaltenden Teil vorgesehenen Regelungen. Hierdurch würde jedoch eine Vielzahl von Maßnahmen zur Reorganisation, die im darstellenden Teil genannt sind, nicht der Überwachung unterliegen.

232 Soll dem Ziel des Gesetzgebers jedoch entsprochen werden, wird die gesetzliche Anordnung weit auszulegen sein.[239] Die Erfüllung des Plans und dessen Realisierbarkeit wird regelmäßig davon abhängen, ob der Schuldner seinen Verpflichtungen nachkommt. Dazu zählen auch die im darstellenden Teil aufgeführten Maßnahmen. Nur durch die vollständige Erfüllung der dargestellten Maßnahmen kann das zugrundeliegende Sanierungskonzept sowie die Sanierungsfähigkeit beurteilt werden. Dies entspricht den Interessen der Gläubiger, die dem Plan gerade auf dieser Basis zustimmen sollen. Insofern sollte der darstellende Teil ebenfalls in die Planüberwachung einbezogen werden.

6. Geheimhaltung

233 Der Insolvenzplan hat im darstellenden Teil grundsätzlich alle Informationen zu enthalten, die für die Entscheidung der Beteiligten über die Zustimmung zum Plan und für dessen gerichtliche Bestätigung erheblich sind (§ 220 Abs. 2 InsO). Dieses grundsätzliche Informationsrecht der Beteiligten steht dem Schutzbedürfnis des Schuldners gegenüber, der ein berechtigtes Interesse dahingehend verfolgt, möglichst wenig interne Informationen über sensible Daten zur wirtschaftlichen Entwicklung, zu Wettbewerbsstrategien, zu Kalkulationen von Produkten oder zu Kundendaten herauszugeben.[240] Darüber hinaus bestehen möglicherweise vertragliche Geheimhaltungserklärungen, die dem Planersteller eine Offenlegung untersagen könnten.

234 Dem Schutzbedürfnis des Schuldners kann insofern nachgekommen werden, als dass das Insolvenzverfahren nicht öffentlich ist. Gleichwohl kann grundsätzlich in der Praxis nicht davon ausgegangen werden, dass über den Planinhalt – nicht nur in Großverfahren,[241] sondern auch bereits bei kleineren Verfahren – nur die verfahrensrechtlich Beteiligten Kenntnisse erlangen.

235 Um dem Informationsbedürfnis der Beteiligten dennoch nachzukommen, kann es im Einzelfall sachgerecht sein,[242] im darstellenden Teil nur „das große (vollständige) Bild" über entscheidungsrelevanten Informationen aufzuzeigen. Weitere detailliertere Informationen, die einer Geheimhaltungsvorschrift unterliegen oder aus geschäftspolitischen

237) *Eidenmüller* in: MünchKomm-InsO, § 221 Rz. 25.

238) Begr. RegE InsO, BT-Drucks. 12/2443, S. 211.

239) Uhlenbruck-*Lüer/Streit*, InsO, § 260 Rz. 6.

240) *Geiwitz/v. Danckelmann* in: Kübler/Bork/Prütting, HRI II, § 21 Rz. 108.

241) *Geiwitz/v. Danckelmann* in: Kübler/Bork/Prütting, HRI II, § 21 Rz. 108.

242) *Bähr* in: Mohrbutter/Ringstmeier/Meier, Hdb. Insolvenzverwaltung, Kap. 14 Rz. 36; *Rendels/Zabel*, Insolvenzplan, Kap. C Rz. 179.

Gründen als sensibel einzustufen sind, können dann i. R. eines sog. Datenraums auf der Geschäftsstelle des Insolvenzgerichtes zur Einsichtnahme ausgelegt werden.[243] Auf diese Weise kann dem Informationsbedürfnis der Verfahrensbeteiligten auf der einen Seite und dem Schutzbedürfnis des Schuldners auf der anderen Seite Rechnung getragen werden.

Praxishinweis

Unter Umständen kann sich daraus die Notwendigkeit der Erstellung unterschiedlicher Insolvenzpläne im Hinblick auf Umfang und Detaillierungsgrad ergeben.

XI. Im Abstimmungstermin vorgesehener Beschluss

Der darstellende Teil sollte mit einem Formulierungsvorschlag für den Beschluss der Gläubiger im Abstimmungstermin schließen. Dieser könnte z. B. wie folgt lauten:[244] **236**

Formulierungsbeispiel

„Zur Abstimmung in den einzelnen Gläubigergruppen 1 bis ... wird folgender Antrag auf abweichende Regelung zur Schaffung der Voraussetzungen zur Fortführung des Unternehmens gemäß § 1 Satz 1 Halbsatz 2 InsO i. V. m. §§ 217 ff. InsO gestellt:

Die Gläubiger der Gruppen 1 bis ... im Insolvenzverfahren über das Vermögen der ... wollen beschließen:

Wir stimmen der Regelung des am ... auf der Geschäftsstelle des Amtsgerichtes ... niedergelegten Insolvenzplans zu."

243) *Geiwitz/v. Danckelmann* in: Kübler/Bork/Prütting, HRI II, § 21 Rz. 108.

244) *Bähr* in: Mohrbutter/Ringstmeier/Meier, Hdb. Insolvenzverwaltung, Kap. 14 Rz. 46.

§ 7
Gestaltender Teil: Grundlagen, Funktion, Grenzen der inhaltlichen Ausgestaltung

Übersicht

Literatur: *Brünkmans*, Reichweite der Rechtskraft von Insolvenz- und Restrukturierungsplänen, ZIP 2022, 1573; *Brünkmans*, Präklusions- und Ausschlussklauseln in Insolvenzplänen, ZInsO 2016, 245, *Brünkmans*, Sanierungstransaktionen in Insolvenzplänen – gilt die Formfiktion des § 254a InsO für Erklärungen außenstehender Dritter?, ZIP 2015, 1052; *Brünkmans*, Entwurf eines Gesetzes zur Bewältigung von Konzerninsolvenzen: Kritische Analyse und Anregungen aus der Praxis, ZIP 2013, 193; *Brünkmans/Greif-Werner*, Die Prüfung gesellschaftsrechtlicher Regelungen im Insolvenzplan durch Insolvenzgericht und Registergericht, ZInsO 2015, 1585; *Brünkmans/Uebele*, Rechtsschutz gegen missbräuchliche Insolvenzanträge und insolvenzzweckwidrige Insolvenzpläne?, ZInsO 2014, 265; *Eidenmüller*, Leveraged Buyouts und die Effizienz des deutschen Restrukturierungsrechts, ZIP 2007, 1729; *Eidenmüller*, Gesellschafterstellung und Insolvenzplan, ZGR 2001, 680; *Gutmann/Hoffmann*, Aktuelle betriebswirtschaftliche Fragen in Krise und Insolvenz, NZI 2024, 653; *Hoegen/Kranz*, Neue Möglichkeiten der Konzernsanierung durch SanInsFoG und StaRUG, NZI 2021, 105; *Horstkotte*, Der Insolvenzplan in der gerichtlichen Vorprüfung, ZInsO 2014, 1297; *Horstkotte/Martini*, Die Einbeziehung der Anteilseigner in den Insolvenzplan nach ESUG, ZInsO 2012, 557; *Kühne/Hancke*, Die einvernehmliche Beschränkung der Verfügungsbefugnis des Schuldners nach § 259 Abs. 1 Satz 2 InsO im Insolvenzplan, ZInsO 2012, 812; *Otte/Wiester*, Nachmeldungen im Planverfahren, NZI 2005, 70; *Sassenrath*, Der Eingriff in Anteilseignerrechte durch den Insolvenzplan, ZIP 2003, 1517; *Smid*, Bestimmung der gesetzlichen Anforderungen an unterschiedliche verfahrensbegleitende Insolvenzpläne, NZI 2024, 345; *Thole*, Die Disposition über Insolvenzanfechtungsansprüche im Regelverfahren und im Insolvenzplan, ZIP 2014, 1653; *Tresselt/Nagel*, Gestaltung von Insolvenzplänen, DB 2018, 1969; *Weiß/Erb*, Schriftformmangel durch Insolvenzplan?, NZM 2024, 595; *Westpfahl/Janjuah*, Zur Modernisierung des deutschen Sanierungsrechts, ZIP Beilage z. Heft 3/2008, S. 1.

A. Funktionen des gestaltenden Teils eines Insolvenzplans

I. Überblick

1 Im gestaltenden Teil des Insolvenzplans wird festgelegt, wie die Rechtsstellung der Beteiligten durch den Plan geändert werden soll (§ 221 Satz 1 InsO).

2 Während der darstellende Teil das finanz- und leistungswirtschaftliche Sanierungskonzept und allgemein die vom Regelverfahren abweichende Verfahrensabwicklung beschreibt, werden durch die Regelungen im gestaltenden Teil des Insolvenzplans die **für die Umsetzung des Sanierungs- oder Abwicklungskonzepts erforderlichen Rechtsänderungen** unmittelbar schuldrechtlich begründet und in der Regel auch dinglich vollzogen.[1] Die Regelungen im gestaltenden Teil sind wiederum im darstellenden Teil ausführlich zu begründen, weil dieser die Informations- und Entscheidungsgrundlage für die Annahme des Insolvenzplans durch die Gläubiger im Abstimmungstermin bildet.[2] Als Rechtsstellung der Beteiligten (zum Beteiligtenbegriff siehe ausführlich Rz. 23 ff.), welche durch den gestaltenden Teil des Insolvenzplans geändert werden soll, kommen insbesondere deren zivilrechtliche Rechtspositionen gegenüber dem Schuldner in Betracht. So enthält nahezu jeder Insolvenzplan die Änderung der Rechtsstellung der Insolvenzgläubiger gegenüber dem Schuldner, indem die Forderungen teilweise erlassen werden (§ 397 Abs. 1 BGB). Neben der Gestaltung der zivilrechtlichen Rechtspositionen der Beteiligten hat der gestaltende Teil des Insolvenzplans aber gerade auch verfahrensgestaltende Funktion, d. h.

1) RegE z. § 228, bei *Balz/Landfermann*, Die neuen Insolvenzgesetze, S. 333; Braun-*Braun/Frank*, InsO, § 221 Rz. 5; *Spahlinger* in: KPB, InsO, § 221 Rz. 2.

2) *Eidenmüller* in: MünchKomm-InsO, § 217 Rz. 98.

es kann die verfahrensmäßige Stellung der Beteiligten insgesamt i. S. einer Abweichung vom Regelverfahren geändert werden.

Sowohl Planregelungen mit zivilrechtsgestaltender als auch solche mit verfahrensgestaltender Wirkung müssen sich i. R. der in **§ 217 InsO** abschließend[3)] aufgeführten **Regelungszwecke** bewegen, d. h. die Rechtsgestaltung muss sich auf die Befriedigung der absonderungsberechtigten Gläubiger, der Insolvenzgläubiger, die Verwertung der Insolvenzmasse und deren Verteilung an die Beteiligten, die Verfahrensabwicklung oder die Haftung des Schuldners nach der Beendigung des Insolvenzverfahrens beziehen (siehe dazu unten Rz. 34 ff.). 3

Die **Änderung der Rechtsstellung der Beteiligten** erfolgt durch Regelungen im gestaltenden Teil, die der äußeren Form und dem Inhalt nach Vertragsregelungen entsprechen (die Rechtsnatur des Insolvenzplans ist streitig, siehe dazu § 1 Rz. 9 [*Thole*]). Ähnlich wie im Vertragsrecht werden den Beteiligten bei der inhaltlichen Ausgestaltung grundsätzlich keine Grenzen gesetzt, sofern sie sich i. R. der in § 217 InsO abschließend aufgeführten Regelungszwecke befinden. Die §§ 222 bis 228 InsO enthalten überwiegend plandispositive Vorschriften,[4)] die nur herangezogen werden, falls im Insolvenzplan keine ausdrückliche Gestaltungsregelung enthalten ist, i. Ü. aber abdingbar sind (vgl. insbesondere §§ 223 Abs. 1 Satz 1, 223a S. 1, 225 Abs. 1, 227 InsO). Zu den Grenzen der inhaltlichen Ausgestaltung siehe ausführlich unten Rz. 102 ff. 4

Die Regelungen des gestaltenden Teils werden mit Rechtskraft der Planbestätigung (§ 254 Abs. 1 InsO) wirksam. 5

II. Gestaltung der zivilrechtlichen Rechtspositionen der Beteiligten

1. Ersetzung der für die Rechtsgestaltung erforderlichen Willenserklärungen der Beteiligten

Die Veränderung der schuldrechtlichen und sachenrechtlichen Beziehung der Beteiligten zum Schuldner ist eine wesentliche Funktion des gestaltenden Teils eines Insolvenzplans. Dies wird insbesondere aus den §§ 223, 224, 225 und auch 228 InsO deutlich. Neben der Begründung einer **schuldrechtlichen Verpflichtung** zwischen den Beteiligten, wie etwa die Verpflichtung zur Freigabe einer Sicherheit durch den absonderungsberechtigten Gläubiger, kann der gestaltende Teil unmittelbar **dingliche Verfügungen,**[5)] wie etwa die Rückübereignung des Sicherungseigentums an den Schuldner, regeln. Als Verfügungen kommen gemäß § 228 Satz 1 InsO die Begründung, Aufhebung, Übertragung oder Inhaltsänderung einer Rechtsposition in Betracht. Durch die Möglichkeit, nicht nur schuldrechtliche Verpflichtungen, sondern auch sachenrechtliche Verfügungen im gestaltenden Teil des Insolvenzplans zu regeln, wird die Vereinfachungs-, Beschleunigungs- und Konzentrationsfunktion des Planverfahrens deutlich. 6

Praxishinweis

Wie in einem komplexen Vertragswerk bietet es sich an, die schuldrechtlichen von den dinglichen Regelungen optisch durch eigene Unterabschnitte klar voneinander abzugrenzen.[6)]

---

3) Nach überwiegender Auffassung stellt § 217 InsO den abschließenden Rahmen der Regelungen dar, so BGH, Beschl. v. 5.2.2009 – IX ZB 230/07 (Phoenix), Rz. 16 ff., ZIP 2009, 480 = NZI 2009, 230, dazu EWiR 2009, 251 *(Landry)*; *Eidenmüller* in: MünchKomm-InsO, § 217 Rz. 96; Braun-*Braun/Frank*, InsO, § 217 Rz. 1; K. Schmidt-*Spliedt*, InsO, § 217 Rz. 20; *Fiebig* in: HK-InsO, § 217 Rz. 2.

4) *Eidenmüller* in: MünchKomm-InsO, § 217 Rz. 95 ff.

5) *Balthasar* in: Kübler/Bork/Prütting, HRI II, § 22 Rz. 62; *Eidenmüller* in: MünchKomm-InsO, § 221 Rz. 3.

6) Vgl. *Balthasar* in: Kübler/Bork/Prütting, HRI II, § 22 Rz. 63.

7 Insolvenzpläne enthalten in der Regel viele Änderungen von zivilrechtlichen Rechtspositionen. Die häufigste Verfügungsregelung in einem Insolvenzplan ist in der Praxis der (teilweise) Erlass (§ 397 Abs. 1 BGB) der Forderungen der Insolvenzgläubiger gegen den Schuldner zur Beseitigung der Überschuldung. Zum Forderungserlass als Planregelung, siehe § 8 Rz. 79 ff. [*Brünkmans*].

8 Die Besonderheit des Insolvenzplans im Vergleich zum „normalen“ zivilrechtlichen Vertrag besteht darin, dass die Änderung der zivilrechtlichen Rechtspositionen **gegen den Willen des Rechtsinhabers durchgesetzt werden** kann, wenn dieser von den beteiligten Gläubigern und ggf. Anteilsinhabern in den Gruppen (§ 244 InsO) mehrheitlich angenommen wurde.

9 Der Umstand, dass im Hinblick auf die zwangsweise planunterworfenen Rechtspositionen den Beteiligten die Umgestaltung der Zivilrechtslage aufgezwungen werden kann, charakterisiert nach Ansicht des BGH den Insolvenzplan als **spezifisch insolvenzrechtliches Instrument sui generis**, mit dem die Gläubigergesamtheit die Befriedigung aus dem Schuldnervermögen organisiert (siehe ausführlich § 1 Rz. 10 f. [*Thole*]).[7]

10 Wegen der Vielschichtigkeit der Interessenlagen sollen Akkordstörer eine wirtschaftlich vernünftige Lösung nicht torpedieren, sondern vielmehr unter den gerichtlich überwachten Voraussetzungen des Minderheitenschutzes (§ 251 InsO) und des Obstruktionsverbotes (§ 245 InsO) zu Eingriffen in Rechtspositionen gezwungen werden können.

11 Außerhalb des Insolvenzplanverfahrens könnte eine zivilrechtliche Neuordnung der Vermögensverhältnisse des Schuldners zu seinen Gläubigern und Anteilsinhabern zur Umsetzung eines Sanierungs- und Restrukturierungskonzepts lediglich über eine Vielzahl von Willenserklärungen bzw. Rechtsgeschäften/Verträgen zwischen Schuldner, Gläubigern, Anteilsinhabern und ggf. dritten Investoren erfolgen. Da die meisten Sanierungskonzepte auch die Stärkung des Eigenkapitals zum Gegenstand haben, sind auch Gesellschafterbeschlüsse und ggf. Einzelerklärungen der Altgesellschafter für die Umsetzung des Sanierungskonzepts erforderlich. Es sind genau diese Willenserklärungen, Rechtsgeschäfte und Gesellschafterbeschlüsse (vgl. § 254a Abs. 2 Satz 2 InsO), die – mit Rechtskraft des den Insolvenzplan bestätigenden Beschlusses des Insolvenzgerichts – durch den gestaltenden Teil des Insolvenzplans ersetzt werden.[8]

12 Die **Gestaltung der zivilrechtlichen Rechtspositionen** durch den Insolvenzplan **erfolgt** dabei **gruppenbezogen**, d. h. die Rechtsgestaltung wird abstrakt generell für sämtliche Rechtspositionen, die in eine bestimmte Gruppe fallen, formuliert, es sei denn der Insolvenzplan sieht ausnahmsweise eine unterschiedliche Behandlung der Beteiligten einer Gruppe vor.[9] Nach der hier vertretenen Auffassung können rechtsgestaltende Regelungen im gestaltenden Teil des Insolvenzplans nur im Hinblick auf zwangsweise planunterworfene Rechtspositionen wie Insolvenzforderungen, Absonderungs- und Anteilsrechte sowie der Insolvenzmasse erfolgen (siehe auch unten Rz. 23 ff.).[10] Nicht zwangsweise planunterworfene Rechtspositionen wie Masseverbindlichkeiten[11] sind hingegen nur nach der allgemeinen Rechtsgeschäftslehre gestaltbar, die Änderung der Rechtsposition kann jedoch

---

7) So BGH, Urt. v. 9.1.2014 – IX ZR 209/11, ZIP 2014, 330, 332, dazu EWiR 2014, 117 *(Madaus)*; BGH, Urt. v. 6.10.2005 – IX ZR 36/02, ZIP 2006, 39, 41 dazu EWiR 2006, 87 *(Bähr/Landry)*.

8) *Eidenmüller* in: MünchKomm-InsO, § 221 Rz. 117; Braun-*Braun/Frank*, InsO, § 254a Rz. 4; *Horstkotte/Martini*, ZInsO 2012, 557, 562, dort Fn. 42.

9) Vgl. *Eidenmüller* in: MünchKomm-InsO, § 221 Rz. 14.

10) Ausführlich *Brünkmans*, ZIP 2015, 1052, 1052 ff.; anders *Eidenmüller* in: MünchKomm-InsO, § 221 Rz. 14.

11) Sofern keine Masseunzulänglichkeit vorliegt (vgl. § 210a InsO).

als echter, separater Vertrag physisch dem Insolvenzplan als Anlage beigefügt werden (siehe dazu unten Rz. 31, 84 f.).

Rechtstechnisch ersetzen die Regelungen im gestaltenden Teil des Insolvenzplans die für das jeweilige Rechtsgeschäft (schuldrechtliche Verpflichtung oder dingliche Verfügung) erforderlichen **Willenserklärungen** (vgl. § 254a Abs. 1 InsO „[…] gelten die in den Insolvenzplan aufgenommenen Willenserklärungen der Beteiligten als in vorgeschriebener Form abgegeben"). Die Frage, ob die Willenserklärungen/Rechtsgeschäfte durch eine Regelung im gestaltenden Teil ersetzt werden können, hängt maßgeblich davon ab, ob die betroffene Rechtsposition im Hinblick auf die **konkrete Regelung zwangsweise planunterworfen** ist (siehe dazu unten Rz. 23 ff.). 13

Erfolgt das Rechtsgeschäft durch Vertragsschluss zweier zwangsweise planunterworfener Beteiligter – wie etwa beim Teilerlass einer Forderung –, dann entfaltet das geregelte Rechtsgeschäft unmittelbare Rechtswirkung aus dem Insolvenzplan selbst heraus mit Rechtskraft des Bestätigungsbeschlusses durch das Insolvenzgericht (§ 254 Abs. 1 InsO).[12] Wird das Rechtsgeschäft hingegen zwischen einem zwangsweise planunterworfenen Beteiligten und einem außenstehenden Dritten abgeschlossen, so ist – ähnlich wie bei § 894 ZPO[13] – die ersetzende Erklärung vom Dritten noch nach den Regeln der allgemeinen Rechtsgeschäftslehre (§§ 104–185 BGB) anzunehmen. 14

2. Sonstige zivilrechtlich erforderliche Umsetzungsakte

Eine über die Ersetzung der erforderlichen Willenserklärungen, Rechtsgeschäfte und Gesellschafterbeschlüsse hinausgehende Gestaltungswirkung hat der Insolvenzplan indes nicht. Damit fügt sich das Insolvenzplanverfahren in die allgemeine Zivilrechtsordnung ein. Hängt der Eintritt der Rechtsänderung nach allgemeinem Zivilrecht von **zusätzlichen tatsächlichen Voraussetzungen** ab, wie etwa der **Übergabe der Sache** für eine Übereignung nach § 929 Satz 1 BGB, der **Eintragung** einer Rechtsänderung **im Grundbuch**[14] oder der **Eintragung** einer Kapitalmaßnahme **im Handelsregister**, so werden diese Akte durch die Regelung im gestaltenden Teil des Insolvenzplans **nicht ersetzt.**[15] Dieses Verständnis wird insbesondere in § 228 InsO für die Änderung sachenrechtlicher Verhältnisse und aus § 254a Abs. 2 Satz 4 InsO für eintragungspflichtige Gesellschafterbeschlüsse deutlich. 15

3. Übersicht: Gestaltung der zivilrechtlichen Rechtsposition durch Planregelung und weitere Umsetzungsakte

Der Regelungsgehalt des gestaltenden Teils des Insolvenzplans beschränkt sich auf die Ersetzung von Willenserklärungen der zwangsweise planunterworfenen Beteiligten (siehe dazu Rz. 23 ff., 32 ff.). Für die Wirkung typischer Sanierungsmaßnahmen ergibt sich daraus Folgendes: 16

Gestaltungsziel	Planregelung	Weitere Umsetzungsakte
Forderungserlass Insolvenzgläubiger	Erlassvertrag zwischen Schuldner und Insolvenzgläubiger (§ 397 Abs. 1 BGB)	Keine

12) Bei der Planbestätigung handelt es sich aus verfassungsrechtlicher Sicht um einen Akt der rechtsprechenden Gewalt, da das Planverfahren eine besondere Form der Entscheidung über zivilrechtliche Ansprüche darstellt (BVerfG, Beschl. v. 28.10.2020 – 2 BvR 765/20, Rz. 49, ZVI 2021, 17 = NZI 2020, 1112).

13) Vgl. *Smid/Rattunde/Martini*, Insolvenzplan, Rz. 19.3.

14) RegE z. § 228, bei *Balz/Landfermann*, Die neuen Insolvenzgesetze, S. 373.

15) RegE z. § 228, bei *Balz/Landfermann*, Die neuen Insolvenzgesetze, S. 342; *Madaus* in: MünchKomm-InsO, § 254a Rz. 1.

Gestaltungsziel	Planregelung	Weitere Umsetzungsakte
Verzicht auf Absonderungsrecht aus Raumsicherungsübereignung samt dinglicher Rückabwicklung gegen Einmalzahlung	– Verzicht auf Absonderungsrecht des absonderungsberechtigten Gläubigers – Dingliche Einigung hinsichtlich der Rückübereignung zwischen Schuldner und Absonderungsberechtigten i. S. von § 929 BGB – Ggf. Willenserklärung für Übergabesurrogate nach §§ 930, 931, z. B. Abtretungserklärung des Absonderungsberechtigten bzgl. Herausgabeanspruch gegen Verwahrer nach § 695 BGB	Tatsächliche Übergabe i. S. von § 929 Satz 1 BGB, wenn keine Regelung eines Übergabesurrogates im Insolvenzplan
Kapitalschnitt/Kapitalherabsetzung/Kapitalerhöhung[16)]	– Gesellschafterbeschluss bzgl. Kapitalherabsetzung oder Kapitalerhöhung – Gesellschaftsbeschluss bzgl. Zulassung der Person zur Übernahme der neuen Geschäftsanteile	– Übernahmeerklärung des zeichnenden Gesellschafters – Handelsregisteranmeldung[17)] – Eintragung der Kapitalherabsetzung/Kapitalerhöhung in das Handelsregister – Abgabe von Versicherungen (§ 57 Abs. 2 GmbHG u. Ä.)
Verzicht auf Absonderungsrecht aus Grundschuld und Aufgabe der Grundschuld	– Erklärung des Absonderungsberechtigten auf Verzicht des Absonderungsrecht i. S. von §§ 49 ff. InsO und auf Verzicht der Grundschuld i. S. von §§ 1168, 1192 Abs. 1 BGB – Antrag des Absonderungsberechtigten auf Eintragung,[18)] § 13 GBO – Eintragungsbewilligung, § 19 GBO	– Eintragung des Verzichts in das Grundbuch – Vorlage des Briefes bei einer Briefgrundschuld (§ 42 Satz 1 i. V. m. § 41 Abs. 1 GBO)
Grundstücksübertragung durch Schuldner an Dritten[19)]	– Angebot des Schuldners auf Übereignung i. S. von §§ 873, 925 BGB[20)] – Eintragungsantrag § 13 GBO – Eintragungsbewilligung § 19 GBO	– Annahmeerklärung des Dritten i. S. von §§ 873, 925 BGB – Eintragung in das Grundbuch

16) S. dazu ausführlich § 30 Rz. 62 ff. [*Brünkmans*].

17) Nach *Eidenmüller* in: MünchKomm-InsO, § 221 Rz. 112, kann die Handelsregisteranmeldung auch im Insolvenzplan geregelt werden. In der Praxis besteht dafür jedoch wohl kaum ein Regelungsbedürfnis, da gemäß § 254a Abs. 2 Satz 3 InsO die Anmeldung neben dem Geschäftsführer auch durch den Insolvenzverwalter möglich ist.

18) In der Praxis durch Antrag des Insolvenzverwalters des Schuldners (vgl. § 13 GBO).

19) Vgl. RegE z. § 228, bei *Balz/Landfermann*, Die neuen Insolvenzgesetze, S. 343.

20) Gemäß § 925 Abs. 1 Satz 3 BGB kann die Auflassung auch in einem rechtskräftig bestätigten Insolvenzplan erklärt werden. Demnach kann durch eine Planregelung die Abgabe des Angebots des Schuldners auf Übereignung formwirksam ersetzt werden. Nach der hier vertretenden Auffassung muss der Dritte, dessen Rechtsposition nicht zwangsweise planunterworfen ist, seine Auflassungserklärung weiterhin vor einer zuständigen Stelle i. S. des § 925 Abs. 1 Satz 1 BGB erklären. Die formwirksame Abgabe seiner Erklärung wird nicht ersetzt. Aus § 925 Abs. 1 Satz 3 Alt. 2 BGB folgt, dass die gleichzeitige Anwesenheit jedoch nicht erforderlich ist.

Gestaltungsziel	Planregelung	Weitere Umsetzungsakte
Kauf und Abtretung von Geschäftsanteilen an Tochtergesellschaften an Investor	Angebot des Schuldners auf Verkauf und Abtretung der Geschäftsanteile, § 15 Abs. 1, 3 und 4 GmbHG (Form der notariellen Beurkundung der Angebote aus § 15 Abs. 3 und 4 GmbHG wird nach § 254a Abs. 1 InsO fingiert)	Annahmeerklärung des Käufers. Form der notariellen Beurkundung wird nicht nach § 254a Abs. 1 InsO fingiert, da Investor als Erwerber nicht zwangsweise planunterworfen ist

III. Gestaltung der Verfahrensstellung und des Insolvenzverfahrens als hoheitliches Gesamtvollstreckungsverfahren

Aus § 217 InsO ist mittelbar zu entnehmen, dass im gestaltenden Teil des Insolvenzplans 17
neben der Umgestaltung der zwangsweise planunterworfenen zivilrechtlichen Rechtspositionen der Beteiligten auch deren verfahrensrechtliche Stellung im Insolvenzverfahren und die Abwicklung des Insolvenzverfahrens als solche geregelt werden können. Entsprechende Regelungen im gestaltenden Teil des Insolvenzplans haben verfahrensgestaltende Wirkung, indem „privatautonom" vom Prozedere des Regelverfahrens als staatlich beaufsichtigtem Gesamtvollstreckungsverfahren abgewichen werden kann.[21]

Neben verfahrensmäßigen Gestaltungen i. S. einer Abweichung vom Regelverfahren sieht 18
das Insolvenzplanverfahren selbst Gestaltungsregelungen vor, wie etwa die Bildung von Gruppen nach § 222 InsO.

Es ist kein Insolvenzplan denkbar, in dem nicht auch von den Vorschriften des Regelver- 19
fahrens abgewichen wird. Dies wird deutlich, wenn man sich die in der Praxis typischen Insolvenzpläne vor Augen hält und diese mit dem in der InsO normierten Regelverfahren vergleicht. Im Regelverfahren kann das Ziel der bestmöglichen Gläubigerbefriedigung ausschließlich über die Masseverwertung, d. h. der Umwandlung von Vermögensgegenständen in Geldmittel mit anschließender Abwicklung des Rechtsträgers, erfolgen, selbst wenn die Veräußerung im Wege einer übertragenden Sanierung angestrebt wird.[22] Die meisten Insolvenzpläne sehen jedoch die Fortführung des Unternehmens und den Erhalt des Rechtsträgers vor. Damit **weichen sie von § 159 InsO** ab, wonach der Insolvenzverwalter grundsätzlich nach dem Berichtstermin das zur Insolvenzmasse gehörende Vermögen unverzüglich zu verwerten hat. Ebenfalls eine Abweichung von den Verfahrensvorschriften und ausschließlich die Stellung der Insolvenzgläubiger im Verfahren betreffende Regelungen sind sog. **verfahrensmäßige Ausschlussklauseln.**[23] Solche verfahrensmäßigen Abweichungen vom Regelverfahren werden häufig nicht ausdrücklich im gestaltenden Teil geregelt, weil sie sich aus dem Gesamtkontext der Regelungen ergeben.

Praxishinweis

Aus Gründen der Klarheit und Vollständigkeit sollte entgegen der häufig anzutreffenden Praxis ein sorgfältiger Planersteller auch die verfahrensmäßig angestrebte Abweichung möglichst genau im gestaltenden Teil des Insolvenzplans regeln.

21) Vgl. *Eidenmüller* in: MünchKomm-InsO, § 217 Rz. 1; *Balthasar* in: Kübler/Bork/Prütting, HRI II, § 22 Rz. 7.

22) *Balthasar* in: Kübler/Bork/Prütting, HRI II, § 22 Rz. 11.

23) *Brünkmans*, ZInsO 2016, 245 ff.

20 Liegt der Schwerpunkt des gestaltenden Teils in der Abweichung des Verfahrensablaufes vom Regelverfahren und weniger in der Gestaltung der vermögensrechtlichen Beziehungen der Beteiligten zum Schuldner, spricht man auch von einem „verfahrensleitenden Insolvenzplan" (siehe dazu Rz. 70, ferner zum verfahrensbegleitenden Insolvenzplan § 2 Rz. 20 [*Brünkmans*]).

21 Bei vom Regelinsolvenzverfahren abweichenden Regelungen des Insolvenzplans ist immer **zu klären, ob die Verfahrensvorschrift**, von der abgewichen wird, auch **plandisponibel** ist (siehe ausführlich unten Rz. 37, 104).

IV. Rechtskraft von Planregelungen

22 Wurde der Insolvenzplan vom Insolvenzgericht rechtskräftig bestätigt (§ 254 Abs. 1 InsO), obwohl dieser eine rechtswidrige Regelung enthält, stellt sich die Frage, welche Rechtsfolgen dies hat. In der höchstrichterlichen Rechtsprechung wurde die Frage zwar bereits mehrfach aufgeworfen, jedoch bislang offengelassen.[24] In der Instanzrechtsprechung wird vielfach vertreten, dass **fehlerhafte Klauseln** durch den Eintritt der Rechtskraft des Insolvenzplans grundsätzlich wirksam werden.[25] Aus Gründen der Rechtssicherheit erscheint es tatsächlich vorzugswürdig, von einer grundsätzlichen Heilungswirkung auszugehen. Unbeachtlich sind demnach insbesondere Verfahrensmängel sowie Willensmängel bei der Planabstimmung sowie den im Plan enthaltenen Willenserklärungen. **Inhaltliche Mängel** werden richtigerweise allerdings nur geheilt, soweit die betroffenen Rechtspositionen nach § 217 InsO überhaupt einer Plangestaltung zugänglich sind[26] und die Klausel nicht wegen eines außerordentlich schweren Rechtsbruchs – z. B. einer Umwandlung in eine Personenhandelsgesellschaft unter vollständigem Ausschluss der Gesellschafterhaftung – nichtig ist.[27]

B. Beteiligte des Insolvenzplanverfahrens: Gegenstand zulässiger Planregelungen

I. Beteiligter als Inhaber einer zwangsweise planunterworfenen Rechtsposition

23 Nach § 221 InsO wird im gestaltenden Teil des Insolvenzplans festgelegt, wie die Rechtsstellung der **Beteiligten** durch den Insolvenzplan geändert werden soll. Mit Rechtskraft der Bestätigung des Insolvenzplans treten die im gestaltenden Teil festgelegten Wirkungen für und gegen alle **Beteiligten** ein (§ 254 Abs. 1 InsO). Zum Beteiligtenbegriff siehe auch Rz. 32.

24 Mit der Klärung des Beteiligtenbegriffs i. S. von § 221 InsO wird der **zulässige Gegenstand** einer Regelung im gestaltenden Teil des Insolvenzplans deutlich. Die **Art der zulässigen Regelungen** folgt hingegen aus § 217 InsO (siehe Rz. 34 ff.).

25 Teilweise werden als Beteiligte i. S. des Insolvenzplanverfahrens (§§ 217 ff. InsO) und damit auch i. S. von § 221 InsO alle Personen im weiteren Sinne verstanden, die in irgendeiner Form von der im Insolvenzplan angestrebten Sanierung oder Alternativabwicklung unmittelbar oder mittelbar betroffen sind, sei es auch mit unterschiedlichen Interessen-

---

24) BFH, Urt. v. 8.3.2022 – VI R 33/19, Rz. 34, BFHE 275, 493 = ZRI 2022, 652; BGH, Beschl. v. 11.11.2021 – IX ZB 19/20, Rz. 24, ZRI 2022, 34 = ZIP 2022, 135.

25) FG Köln, Urt. v. 25.6.2019 – 1 K 2623/15, Rz. 47 ff., ZIP 2020, 828.; LG Düsseldorf, Urt. v. 27.4.2017 – 14d O 10/14, Rz. 49 f., ZIP 2017, 1870; **a. A.** LAG Niedersachsen, Urt. v. 1.6.2010 – 11 Sa 1658/09, NZI 2011, 156 f.; AG Berlin-Charlottenburg, Beschl. v. 9.2.2015 – HRB 153203 B, NZG 2015, 1326 f.

26) Regelungen zur Gestaltung von Masseverbindlichkeiten sind daher nichtig und können nicht über die Rechtskraft des Bestätigungsbeschlusses geheilt werden, s. *Brünkmans*, ZIP 2022, 1573, 1575 f., 1581 in Bezug auf BGH, Beschl. v. 11.11.2021 – IX ZB 19/20, Rz. 24, ZRI 2022, 34 = ZIP 2022, 135 – zur Gestaltung der Verwaltergebühren.

27) *Brünkmans* ZIP 2022, 1573, 1579 – 1581.

lagen.[28] Unter Beteiligte in diesem **weiten Verständnis** fallen neben Insolvenzgläubigern, Absonderungsberechtigten und Gesellschaftern daher auch etwa Aussonderungsberechtigte, Geschäftsführer, Arbeitnehmer, Lieferanten und Investoren. Auch Letztere werden durch eine Sanierung oder Alternativabwicklung über den Insolvenzplan in ihren Interessen berührt. Gesellschaftsorgane sind nicht selten potenziellen Haftungsansprüchen ausgesetzt und wollen weiterhin im Amt bleiben, die Aussonderungsberechtigten ihr Aussonderungsgut abziehen, Arbeitnehmer, Lieferanten und Investoren sind in der Regel am Fortbestand des Unternehmens interessiert. Sie alle sind vom Insolvenzplan in der Regel mehr oder weniger intensiv betroffen.

Ein solch weites Verständnis des Beteiligtenbegriffs i. S. der §§ 217 ff. InsO hätte zur Folge, dass grundsätzlich sämtliche mit der Unternehmenssanierung oder Abwicklung im Zusammenhang stehenden Rechtspositionen der oben aufgeführten Betroffenen durch eine Regelung im gestaltenden Teil des Insolvenzplans geändert und gestaltet werden können (§ 221 InsO). Für die Frage, ob die Rechtspositionen auch ohne Zustimmung und gegen den Willen des Rechteinhabers im Insolvenzplan geändert und gestaltet werden können (sog. zwangsweise planunterworfene Rechtspositionen),[29] kommt es bei diesem Ansatz nur darauf an, ob der Beteiligte sich durch eine separate Zustimmungserklärung freiwillig dem Insolvenzplan unterwerfen muss oder nicht.[30] 26

Vorzuziehen ist ein **enger Beteiligtenbegriff.**[31] Eine bloße Betroffenheit vom Insolvenzplan reicht nicht aus. Beteiligte sind vielmehr bestimmte Personen (subjektive Komponente) mit ihren zwangsweise planunterworfenen Rechtspositionen (objektsbezogene Komponente). Dementsprechend sind auch **nur die zwangsweise planunterworfenen Rechtspositionen** im gestaltenden Teil des Insolvenzplans regelbar.[32] 27

Beispiel:

Eine Bank ist Inhaberin eines besicherten Rückzahlungsanspruchs im Hinblick auf ein vor Insolvenzantrag und ein nach Insolvenzeröffnung gewährtes Darlehen. Sie ist im Hinblick auf das frühere Darlehen als Insolvenzgläubigerin und als Absonderungsberechtigte Beteiligte des Insolvenzplanverfahrens i. S. der §§ 217 ff. InsO, weil diese Rechtspositionen zwangsweise planunterworfen sind. Bezüglich des späteren Darlehens ist die Bank hingegen nicht Beteiligte i. S. der §§ 217 ff. InsO, da Masseforderungen grundsätzlich[33] nicht zwangsweise planunterworfen sind.

Für eine enge Auslegung des Beteiligtenbegriffs sprechen zunächst **Systematik und Gesetzeshistorie.**[34] Außerhalb von § 221 InsO wird in den übrigen Vorschriften des 6. Teils der InsO der Begriff „Beteiligte" nur in Bezug auf zwangsweise Planunterworfene verwendet, wie etwa § 222 Abs. 1 InsO (Bildung von Gruppen der Beteiligten), § 226 InsO (Gleichbehand- 28

28) So *Thies* in: HambKomm-InsR, § 221 InsO Rz. 5; *Eidenmüller* in: MünchKomm-InsO, § 221 Rz. 20.

29) Vgl. zum Begriff *Eidenmüller* in: MünchKomm-InsO, § 217 Rz. 61.

30) So LG Düsseldorf, Beschl. v. 21.9.2015 – 25 T 404/15, ZIP 2015, 2182, 2183 = ZVI 2016, 156, dazu EWiR 2016, 119 *(Leib/Rendels)*; wohl auch LG Frankfurt/M., Beschl. v. 29.10.2007 – 2/9 T 198/07 (Phoenix), ZIP 2007, 2229, 2230, dazu EWiR 2008, 115 *(Hörmann)*; *Thies* in: HambKomm-InsR, § 221 InsO Rz. 5 f.; *Eidenmüller* in: MünchKomm-InsO, § 221 Rz. 20; Uhlenbruck-*Streit*, InsO, § 221 Rz. 2.

31) *Brünkmans*, ZIP 2015, 1052, 1054; *Rendels/Zabel*, Insolvenzplan, Rz. 284 ff.; *Fiebig* in: HK-InsO, § 221 Rz. 2; wohl auch Braun-*Braun/Frank*, InsO, § 221 Rz. 7, und Uhlenbruck-*Streit*, InsO, § 221 Rz. 2.

32) *Brünkmans*, ZIP 2015, 1052, 1054; **a. A.** LG Düsseldorf, Beschl. v. 21.9.2015 – 25 T 404/15, ZIP 2015, 2182, 2183 = ZVI 2016, 156.

33) Dies gilt, solange keine Masseunzulänglichkeit vorliegt, vgl. § 210a InsO und unten § 12 [*Brünkmans*].

34) Ausführlich *Brünkmans*, ZIP 2015, 1052, 1055.

lung der Beteiligten), § 235 InsO (Stimmrecht der Beteiligten), § 248 Abs. 1 InsO oder §§ 244 bis 246a InsO (Annahme des Insolvenzplans durch die Beteiligten).[35)]

29 Auch der **Sinn und Zweck der §§ 217 ff. InsO**, insbesondere auch der §§ 221 und 228 InsO, sprechen dafür, dass unter Beteiligten im 6. Teil der InsO nur die Personen mit zwangsweise planunterworfenen Rechtspositionen, namentlich Insolvenzforderungen, Absonderungsrechten, Anteilsrechten und Schuldnermasse zu verstehen sind.[36)] Würde man auch nicht zwangsweise Planunterworfene, die sich freiwillig an der Umsetzung des Insolvenzplans beteiligen, als Beteiligte i. S. von § 221 InsO verstehen, würden die sie betreffenden Regelungen folgerichtig an den spezifischen Planwirkungen wie Bestandskraft[37)] und Formfiktion (§ 254a Abs. 1 InsO) teilnehmen.

30 Die nicht zwangsweise Planunterworfenen von der Bestands- und Rechtskraft des gestaltenden Teils und der Formfiktion aus § 254a InsO zu erfassen, wäre indes nicht gerechtfertigt. Diese Wirkung ist vielmehr mit der gesetzlichen Zwangsunterwerfung zu erklären. Insolvenzgläubiger, absonderungsberechtigte Gläubiger, der Schuldner und die Anteilsinhaber werden gerade zugunsten einer bestmöglichen Befriedigung und einer optimalen Masseverwertung „entmündigt" und dem Mehrheitsprinzip des Planverfahrens in den §§ 235 ff. InsO unterworfen.[38)] Der Zweck der einzelnen Formvorschriften, etwa die Warn- und Beratungsfunktion bei der notariellen Beurkundung, geht für die zwangsweise Planunterworfenen ins Leere, weil sie ohnehin nicht frei über ihre Rechtsposition entscheiden und disponieren können, sondern dem Mehrheitsprinzip unterworfen sind. Da faktisch das Mehrheitsprinzip die Regelung in Kraft setzt, wird die Warn- und Beratungsfunktion der zivilrechtlichen Formvorschriften durch den Minderheitenschutz aus § 251 InsO und den Schutz des Schuldners aus § 247 InsO ersetzt, d. h. den Schutz vor von der Mehrheit aufgezwungenen, im Vergleich zur Stellung im Regelverfahren, nachteiligen Rechtshandlungen. Der Minderheitenschutz und der Schutz des Schuldners werden jedoch vom Insolvenzgericht überwacht und i. R. der Bestätigung des Insolvenzplans geprüft. Der unbeteiligte Dritte wurde hingegen nicht „entmündigt" und dem Mehrheitsprinzip des Planverfahrens in den §§ 235 ff. InsO unterworfen. Er ist hinsichtlich dieser Formwirkungen weiterhin schutzbedürftig. Da das Insolvenzplanverfahren weder eine Beratung und Belehrung noch eine Warnfunktion gewährleisten kann, darf die Willenserklärung des Dritten nicht der Formfiktion unterfallen.[39)]

31 Die in den Insolvenzplan aufgenommene Willenserklärung eines Dritten wäre zudem ein Fremdkörper im Plan. Da der gestaltende Teil des Insolvenzplans auch Titelfunktion hat (vgl. § 257 InsO), sind ihm nicht zuletzt aus Gründen der Klarstellung und Abgrenzung ausschließlich Regelungen vorbehalten, die gegen zwangsweise planunterworfene Beteiligte durchgesetzt werden können.[40)]

Praxishinweis

Neben der Gestaltung des Verfahrens sollte der gestaltende Teil ausschließlich Regelungen enthalten, welche Willenserklärungen im Hinblick auf die Gestaltung zwangsweise planunterworfener Rechtspositionen ersetzen.

35) *Brünkmans*, ZIP 2015, 1052, 1054.

36) Nach dem hier vertretenen Ansatz im begrenzten Umfang auch die Übernahmegesellschaft i. S. von § 260 Abs. 3 InsO, s. dazu ausführlich § 8 Rz. 311, 315 f. [*Brünkmans*].

37) Dazu ausführlich *Brünkmans/Greif-Werner*, ZInsO 2015, 1585, 1593 f.

38) *Brünkmans*, ZIP 2015, 1052, 1054.

39) *Brünkmans*, ZIP 2015, 1052, 1056.

40) *Brünkmans*, ZIP 2015, 1052, 1056.

Die Regelung anderer Rechtspositionen oder Dritterklärungen sollte hingegen nicht im gestaltenden Teil erfolgen, sondern optisch getrennt als Anlage zum Insolvenzplan genommen werden. Freilich kann im gestaltenden Teil auf diese „echten Willenserklärungen" gemäß Anlage zum Insolvenzplan verwiesen werden. Dadurch wird deutlich, dass es sich um echte Willenserklärungen i. S. der zivilrechtlichen Rechtsgeschäftslehre (§§ 116 ff. BGB) handelt, für welche die Formvorschriften nach allgemeinem Zivilrecht einzuhalten sind. Eine Verzahnung mit dem gestaltenden Teil erfolgt dadurch, dass das Rechtsgeschäft unter die aufschiebende Bedingung (§ 158 Abs. 1 BGB) der rechtskräftigen Bestätigung des Insolvenzplans gestellt wird.

II. Übersicht Beteiligte des Insolvenzplanverfahrens

Beteiligte des Insolvenzplanverfahrens sind nach dem hier vertretenen Ansatz (siehe dazu auch § 3 Rz. 2 ff. [*Beck/Pechartscheck*]) die Inhaber zwangsweise planunterworfener Rechtspositionen, namentlich: 32

- **Insolvenzgläubiger:** Insolvenzgläubiger sind die persönlichen Gläubiger des Schuldners, die einen zur Zeit der Eröffnung des Insolvenzverfahrens begründeten Vermögensanspruch gegen den Schuldner haben (vgl. § 38 InsO). Voraussetzung eines solchen Vermögensanspruchs ist, dass der geltend gemachte Anspruch auf Geld gerichtet ist oder sich nach §§ 45, 46 InsO zumindest in einen Geldanspruch umwandeln lässt.[41] Die Insolvenzgläubiger werden in §§ 217 Abs. 1 Satz 1, 224 InsO ausdrücklich genannt.[42] Die einfachen Insolvenzgläubiger haben nach §§ 187 ff. InsO einen Anspruch auf die sich aus der Verwertung der Masse ergebende Quote. Davon kann im gestaltenden Teil abgewichen werden, indem dem Gläubiger eine alternativ finanzierte höhere Quote unter Erlass der darüber hinausgehenden Forderung gewährt wird. Diese Abweichung kann in einer Kürzung (bis hin zum vollständigen Erlass), einer Stundung oder jeder sonstigen Regelung liegen.
- **Nachrangige Insolvenzgläubiger** i. S. von § 39 InsO: Gemäß § 225 Abs. 1 InsO gelten ihre Forderungen bereits kraft Gesetzes als erlassen, ohne dass eine Quoten- oder Erlassregelung in den gestaltenden Teil des Insolvenzplans aufgenommen werden muss. Diese schwache Stellung der nachrangigen Insolvenzgläubiger im Insolvenzplanverfahren verwundert nicht, denn nach § 174 Abs. 3 Satz 1 InsO sind ihre Forderungen schon im Regelverfahren nur anzumelden, wenn das Insolvenzgericht gesondert zur Anmeldung auffordert. Aufgrund der Erlasswirkung kraft Gesetzes ist die Bildung einer Gläubigergruppe und Aufnahme einer Erlassregelung im gestaltenden Teil des Insolvenzplans nicht erforderlich.
- **Absonderungsberechtigte Gläubiger:** In die Rechte der absonderungsberechtigten Gläubiger kann ebenfalls eingegriffen werden. Eine Rechtsgestaltung erfolgt, wenn der Insolvenzplan in einer entsprechenden Regelung dies vorsieht (vgl. §§ 217 Abs. 1 Satz 1, 224 InsO). Es handelt sich dabei um Gläubiger, die Inhaber eines Absonderungsrechtes i. S. der §§ 49 ff. InsO sind.[43] Ein Absonderungsberechtigter ist in den meisten Fällen auch Insolvenzgläubiger und im Hinblick auf seine persönliche Forderung gegen den Schuldner schon aus dieser Stellung Beteiligter des Insolvenzplanverfahrens. Dies ist jedoch nicht zwingend, etwa wenn das Absonderungsrecht an einem

41) *Behme* in: MünchKomm-InsO, § 38 Rz. 18; *Ries* in: HK-InsO, § 38 Rz. 14; Uhlenbruck-*Sinz*, InsO, § 38 Rz. 10.

42) Vgl. für die im Einzelfall schwierigen Abgrenzungsfragen zum Massegläubiger die entsprechenden Kommentierungen zu § 38 InsO.

43) Dazu gehören auch die Ersatzabsonderungsberechtigten analog § 48 InsO. Einzelheiten zur schwierigen Abgrenzung zum Aussonderungsrecht bei den verschiedenen Typen von Eigentumsvorbehalten, s. *Ganter* in: MünchKomm-InsO, § 47 Rz. 54 ff.

Massegegenstand für eine Forderung des Absonderungsberechtigten gegen einen Dritten besteht (vgl. § 52 InsO).[44)]

- **Schuldner:** Auch der Schuldner ist Beteiligter. Dies ergibt sich bereits aus der Schuldenbereinigungsfunktion des Insolvenzplanverfahrens.[45)] Dennoch wird teilweise vertreten, bei Rechtsänderungen an Massegegenständen müssten die Erklärungen des Insolvenzverwalters in den gestaltenden Teil aufgenommen werden, wenn die dinglichen Änderungen schon mit Planbestätigung wirksam werden sollen, weil die Verfügungsbefugnis erst mit der späteren Verfahrensaufhebung auf den Schuldner übergehen könne.[46)] Dies überzeugt jedoch nicht. Zwar geht mit Eröffnung des Insolvenzverfahrens die Verwaltungs- und Verfügungsbefugnis nach § 80 InsO auf den Insolvenzverwalter über. Diese Kompetenz des Insolvenzverwalters wird aber durch eine entsprechende Verfügungsregelung bzgl. Gegenständen der Insolvenzmasse als Regelung über die Verwertung der Insolvenzmasse (vgl. § 217 Abs. 1 Satz 1 Fallgruppe 2 InsO) verdrängt.[47)] Dieses Verständnis spiegelt sich auch in den Vorschriften zum Insolvenzplan wider.

  Nicht nur Verfügungserklärungen über das Schuldnervermögen, sondern auch die Zustimmung des Schuldners zum Insolvenzplan insgesamt kann nach § 247 InsO ersetzt werden, wenn der Schuldner durch den Plan voraussichtlich nicht schlechter gestellt wird, als er ohne den Plan stünde und kein Gläubiger einen wirtschaftlichen Wert erhält, der den vollen Betrag seines Anspruchs übersteigt (§ 247 Abs. 2 InsO).[48)] Auch Zwangsregelungen zulasten des Schuldners über die Beendigung des Insolvenzverfahrens hinaus sind nach §§ 259 Abs. 2, 260 Abs. 1 InsO möglich.

- **Gesellschafter/Anteilsinhaber bzgl. Geschäftsanteilen am Schuldner:** Bis zum Inkrafttreten des ESUG waren die Gesellschafter/Anteilsinhaber des sich im Insolvenzverfahren befindlichen Schuldners im Hinblick auf ihre Anteils- und Mitgliedschaftsrechte nicht Beteiligte des Insolvenzplanverfahrens. Dies wurde in der Sanierungspraxis sehr kritisiert[49)] und hielt einem internationalen Vergleich von entwickelten Sanierungsrechtsordnungen nicht stand. Die Gesellschafter konnten damit Sanierungen des Rechtsträgers verhindern und sich strategisch den „Nuisance Value" ihrer eigentlich wertlosen Geschäftsanteile teuer abkaufen lassen. Mit Einführung der §§ 217 Abs. 1 Satz 2, 225a InsO durch das ESUG werden die Gesellschafter/Anteilsinhaber des insolventen Rechtsträgers nunmehr als Beteiligte den Zwangsmechanismen des Insolvenzplanverfahrens unterworfen.

- **Gesellschafter als persönlich haftender Gesellschafter** einer rechtsfähigen Personengesellschaft oder einer Kommanditgesellschaft auf Aktien bzgl. der persönlichen Gesellschafterhaftung: Aus dem Verweis von § 227 Abs. 2 InsO auf § 227 Abs. 1 InsO kann die Schlussfolgerung gezogen werden, dass die persönliche Haftung des Gesellschafters aus § 128 HGB im gestaltenden Teil des Insolvenzplans abweichend von der Haftung der Gesellschaft geregelt werden kann (siehe dazu ausführlich § 8 Rz. 94 ff. [*Brünkmans*]).

---

44) *Balthasar* in: Kübler/Bork/Prütting, HRI II, § 22 Rz. 24.

45) Vgl. *Smid/Rattunde/Martini*, Insolvenzplan, Rz. 8.4.

46) K. Schmidt-*Spliedt*, InsO, § 228 Rz. 1; für die generelle Aufnahme der Erklärung des Insolvenzverwalters *Fiebig* in: HK-InsO, § 228 Rz. 5; *Breuer* in: MünchKomm-InsO, § 228 Rz. 4; wohl auch *Thies* in: HambKomm-InsR, § 228 InsO Rz. 5.

47) *Brünkmans*, ZIP 2015, 1052, 1053.

48) Dies gilt freilich nicht für die Fortführung eines Unternehmens durch den Schuldner als natürliche Person. In diesem Fall ist die ausdrückliche Zustimmung des Schuldners erforderlich, § 230 Abs. 1 InsO.

49) Vgl. *Westpfahl/Janjuah*, ZIP Beilage z. Heft 3/2008, S. 1, 13 ff.; *Sassenrath*, ZIP 2003, 1517 ff.; *Eidenmüller*, ZIP 2007, 1729, 1736 f.

- **Gesellschafter i. R. der Aussonderungssperre** nach § 135 Abs. 3 Satz 1 InsO bei Nutzungsüberlassung durch Gesellschafter (siehe dazu ausführlich § 8 Rz. 247 ff. [*Brünkmans*]).
- **Übernahmegesellschaft:** Eine Auffanggesellschaft, welche auf der Grundlage des Insolvenzplans das Unternehmen oder einen Betrieb des Schuldners übernimmt und die übrigen Voraussetzungen aus § 260 Abs. 3 InsO erfüllt, ist nach der hier vertretenen Auffassung ebenfalls Beteiligte des Insolvenzplanverfahrens und damit zwangsweise planunterworfen (zur Übernahmegesellschaft siehe auch § 8 Rz. 304 ff. [*Brünkmans*]).

Keine Beteiligten und damit nicht Inhaber zwangsweise planunterworfener Rechtspositionen sind hingegen: 33

- **Massegläubiger:** Sofern der Insolvenzverwalter nicht Masseunzulänglichkeit angezeigt hat. Im Fall von Masseunzulänglichkeit rücken die „sog. Altmasseverbindlichkeiten" im Rang des § 209 Abs. 1 Nr. 3 InsO im Hinblick auf die Zustimmungsfiktion des § 246 Nr. 2 InsO in die Stellung der einfachen Insolvenzgläubiger und sind gemäß § 210a Nr. 1 InsO i. V. m. § 217 Abs. 1 Satz 1 InsO (Fallgruppe 1) zwangsweise Planunterworfene (siehe dazu ausführlich § 12 Rz. 2 [*Brünkmans*]).
- **Vertragspartner:** Im Hinblick auf das gesamte Vertragsverhältnis mit dem Schuldner ist der Vertragspartner nicht Beteiligter. Bei dem Vertrag handelt es sich nicht um eine zwangsweise planunterworfene Rechtsposition (siehe dazu ausführlich unten § 8 Rz. 325 ff. [*Brünkmans*]). Allerdings kann der Vertragspartner im Hinblick auf einzelne Rechtspositionen, etwa als Insolvenzgläubiger für eine offene Forderung aus dem Vertragsverhältnis Beteiligter sein. Ferner regelt die Kündigungssperre aus § 225a Abs. 4 InsO einen insolvenzplanbedingten Eingriff in das Vertragsverhältnis, indem insbesondere ein im Insolvenzplan geregelter Gesellschafterwechsel trotz vertraglicher Regelung eines Sonderkündigungsrechtes („Change of Control" Klauseln) nicht zur Kündigung des Vertrages berechtigt (zu den Einzelheiten siehe § 29 Rz. 184 ff. [*Brünkmans*]).
- **Aussonderungsberechtigte:** Das Aussonderungsgut ist keine zwangsweise planunterworfene Rechtsposition. Die in der Praxis nicht immer leichte Abgrenzung zwischen Aussonderungsrecht und Absonderungsrecht, insbesondere bei den verschiedenen Formen des Eigentumsvorbehaltes,[50] hat daher entscheidende Bedeutung für die Frage, ob der Berechtigte Beteiligter ist oder nicht.
- Der **Verschaffungsanspruch des Vorbehaltskäufers** ist nach § 107 InsO insolvenzfest und keine zwangsweise planunterworfene Rechtsposition (siehe dazu § 8 Rz. 243 [*Brünkmans*]). Gleiches gilt für den **Inhaber eines vormerkungsgesicherten Anspruchs** (siehe dazu § 8 Rz. 245 [*Brünkmans*]).
- Mit dem Schuldner **verbundene Unternehmen** i. S. von § 15 AktG – wie etwa Tochtergesellschaften – sind keine Beteiligten des Insolvenzplanverfahrens. Wie im Regelverfahren gilt auch für das Insolvenzplanverfahren das Rechtsträgerprinzip.[51] Für jeden Rechtsträger ist ein separates Insolvenzverfahren zu eröffnen. Die Gestaltung der Rechtsverhältnisse der Gläubiger des Schuldners zu den Tochtergesellschaften hat daher „freiwillig" über rechtsgeschäftliche Vereinbarungen oder durch einen separaten Insolvenzplan im

---

50) Der einfache Eigentumsvorbehalt berechtigt etwa den Verkäufer in der Insolvenz des Käufers grds. zur Aussonderung der Kaufsache. Der erweiterte Eigentumsvorbehalt gewährt dem Verkäufer hingegen nach Eintritt des Erweiterungsfalls nur noch ein Absonderungsrecht an der Kaufsache. Gleiches gilt für den verlängerten Eigentumsvorbehalt nach Eintritt des Verlängerungsfalls. Vgl. dazu ausführlich *Ganter* in: MünchKomm-InsO, § 47 Rz. 54 ff.; Uhlenbruck-*Brinkmann*, InsO, § 47 Rz. 25 ff., 33 ff.

51) *Brünkmans*, ZIP 2013, 193; *Brünkmans* in: MünchKomm-InsO, § 269a Rz. 2 ff.

Insolvenzverfahren der Tochtergesellschaft zu erfolgen. Siehe zu den Einzelheiten § 33 [*Brünkmans*].

- Das Insolvenzgericht (siehe § 8 Rz. 358 [*Brünkmans*]).

C. § 217 InsO: Numerus Clausus zulässiger Planregelungen

I. Allgemeines

34 Nach dem hier vertretenen engen Beteiligtenbegriff ist jeder Inhaber einer zwangsweise planunterworfenen Rechtsposition im Hinblick auf diese Rechtsposition Beteiligter des Insolvenzplanverfahrens.

35 Vorgaben zum Ziel oder sachlichen Gehalt der zu gestaltenden Rechtspositionen des betroffenen Beteiligten sind aus § 217 InsO zu entnehmen. Danach können im Insolvenzplan die **Befriedigung** der absonderungsberechtigten Gläubiger und der Insolvenzgläubiger, die **Verwertung der Insolvenzmasse** und deren **Verteilung** an die Beteiligten sowie die **Verfahrensabwicklung** und die **Haftung des Schuldners** nach der Beendigung des Insolvenzverfahrens in einem Insolvenzplan **abweichend von den Vorschriften der InsO** geregelt werden (§ 217 Abs. 1 Satz 1 InsO). Ist der Schuldner keine natürliche Person, so können auch die **Anteils- oder Mitgliedschaftsrechte** der am Schuldner beteiligten Personen in den Plan einbezogen werden (§ 217 Abs. 1 Satz 2 InsO).

36 Regelungen im Insolvenzplan, welche nicht einem dieser Zwecke dienen und in keinem Zusammenhang dazu stehen, sind unzulässig. **§ 217 InsO** steckt damit **abschließend** den **Rahmen zulässiger Planregelungen** ab.[52] Die Einordnung eines konkreten Regelungsgegenstandes im gestaltenden Teil des Insolvenzplans zu einem in § 217 InsO aufgeführten Regelungszweck wird nicht immer eindeutig ausfallen können, d. h. Überschneidungen zu mehreren Fallgruppen aus § 217 InsO sind möglich. Für die Praxis kommt es jedoch lediglich darauf an, dass eine Ermächtigung zur Planregelung besteht. Die genaue Einordnung ist im Einzelfall unbeachtlich.

37 Lässt sich die konkrete Planregelung im gestaltenden Teil unter eine der in § 217 InsO aufgeführten Fallgruppen subsumieren, ist darüber hinaus zu prüfen, ob die **konkrete Norm** des Regelverfahrens, von der abgewichen wird, **dispositiv** ist oder die **konkrete Rechtsgestaltung/Verfügung rechtlich erlaubt** ist. Inwieweit die konkrete Norm zwingend oder plandispositiv ist, kann lediglich durch Auslegung im Einzelfall festgestellt werden.[53] So sind etwa diejenigen Vorschriften, die das Insolvenzplanverfahren selbst regeln nicht plandispositiv.[54] Planklauseln, welche in die nach Verfahrensaufhebung wieder auflebende Verfügungsfreiheit des Schuldners (§ 259 Abs. 1 Satz 2 InsO) – z. B. durch über § 259 Abs. 3 Satz 1 InsO hinausgehende Einziehungsbefugnisse – eingreifen, sind unzulässig.[55]

---

52) BGH, Beschl. v. 5.2.2009 – IX ZB 230/07 (Phoenix), ZIP 2009, 480, 481 f. = NZI 2009, 230; Braun-*Braun/Frank*, InsO, § 217 Rz. 1; K. Schmidt-*Spliedt*, InsO, § 217 Rz. 20; *Eidenmüller* in: MünchKomm-InsO, § 217 Rz. 96; *Thies* in: HambKomm-InsR, § 217 InsO Rz. 7; s. a. *Thole*, ZIP 2014, 1653, 1659; Uhlenbruck-*Streit*, InsO, § 217 Rz. 26; **anders** *Spahlinger* in: KPB, InsO, § 217 Rz. 40; *Frank* in: Runkel/J. Schmidt, AHB Insolvenzrecht, § 3 Rz. 8.

53) *Thies* in: HambKomm-InsR, § 217 InsO Rz. 2; *Eidenmüller* in: MünchKomm-InsO, § 217 Rz. 100 ff.; *Rendels/Zabel*, Insolvenzplan, Rz. 8.

54) BGH, Beschl. v. 26.4.2018 – IX ZB 49/17, Rz. 24, ZVI 2018, 272 = NZI 2018, 691.

55) BGH, Beschl. v. 26.4.2018 – IX ZB 49/17, Rz. 24, ZVI 2018, 272 = NZI 2018, 691; **a. A.** *Kühne/Hancke*, ZInsO 2012, 812.

II. Numerus Clausus zulässiger Plangestaltungen: Die sieben Fallgruppen in § 217 InsO

1. Fallgruppe 1: Befriedigung der absonderungsberechtigten Gläubiger und der Insolvenzgläubiger

38 In diese Fallgruppe fallen allgemein Regelungen, welche die Befriedigung der Gläubiger abweichend vom Regelverfahren festlegen. Dabei kommt es nicht auf die Bezeichnung „Befriedigung" in der konkreten Vorschrift, von der abgewichen wird, an. Vielmehr fallen unter diese Fallgruppe ausschließlich Regelungen, die sich auf das **rechtliche und wirtschaftliche Ergebnis** des Gläubigers beziehen.

39 § 187 InsO regelt hingegen die Befriedigung im „technischen Sinne" einer Ausschüttung der Barmittel der Insolvenzmasse. Dazu abweichende Regelungen fallen vielmehr unter die Fallgruppe 3 „Verteilung der Insolvenzmasse an die Beteiligten".

40 Regelungen zur Befriedigung der Gläubiger lassen sich im Hinblick auf Insolvenzgläubiger, nachrangige Gläubiger und absonderungsberechtigte Gläubiger unterteilen.

a) Regelung zur Befriedigung der Insolvenzgläubiger

41 Regelungen zur Befriedigung der Insolvenzgläubiger finden sich in nahezu allen Insolvenzplänen. Die Ermittlung und Gestaltung der Insolvenzquote ist die wichtigste Aufgabe des Planarchitekten, da die Akzeptanz und Annahmefähigkeit des Insolvenzplans damit steht und fällt.[56] Zu den einzelnen Regelungsgegenständen in der Praxis siehe § 8 Rz. 8 ff. [*Brünkmans*].

42 Die „Befriedigung der Insolvenzgläubiger" i. S. von § 217 Abs. 1 Satz 1 InsO bezieht sich auf alle Regeln der InsO, die sich auf die Höhe der Zahlungen auswirken, die Insolvenzgläubiger aus dem Schuldnervermögen erwarten können.[57]

43 Für die einfachen Insolvenzgläubiger geht es um die – in der Regel vom Regelverfahren abweichende – Festsetzung der Befriedigung der Insolvenzgläubiger im Hinblick auf **Höhe der Befriedigung** (Quote), **Zeitpunkt der Befriedigung** (Stundung u. Ä.) und unter Umständen **Art der Befriedigung**, wenn eine sog. „Befriedigung an Quote statt" etwa in Form eines Debt-to-Asset-Swaps festgesetzt wird. Zur Zulässigkeit einer Befriedigung an Quote statt siehe ausführlich § 8 Rz. 203 f. [*Brünkmans*]) sowie zum Debt-to-Asset-Swap § 30 Rz. 306 ff. [*Brünkmans*].

44 Die Regelung der Befriedigung darf hingegen **keine neuen Verpflichtungen** der Insolvenzgläubiger mit sich bringen.[58] Regelungen, welche den Insolvenzgläubigern neue Rechte oder Ansprüche – etwa i. R. einer **„Befriedigung an Quote statt"** – gewähren (siehe ausführlich § 8 Rz. 199 ff. [*Brünkmans*]), sind hingegen **zulässig.**[59] Dazu zählt etwa die Gewährung der ursprünglich vertraglich vereinbarten Gegenleistung an den Insolvenzgläubiger oder die „Begleichung" der Insolvenzquote durch die Übertragung von Wertgegenständen wie etwa Aktien börsennotierter AGs.

45 Nicht unter Befriedigung der Insolvenzgläubiger fällt hingegen die Gestaltung des zivilrechtlichen Anspruchs des Gläubigers gegen den Schuldner i. S. eines Erlasses (§ 397

56) So auch *Balthasar* in: Kübler/Bork/Prütting, HRI II, § 22 Rz. 138.

57) *Eidenmüller* in: MünchKomm-InsO, § 217 Rz. 101; **anders** *Fiebig* in: HK-InsO, § 217 Rz. 3: Der Begriff der Befriedigung sei ein Auffangtatbestand, der eine Planabweichung auch von solchen Vorschriften zulässt, die mit der Verwertung der Insolvenzmasse, deren Verteilung an die Beteiligten sowie der Haftung des Schuldners nach Beendigung des Verfahrens nichts zu tun haben, wobei nicht von **allen** Vorschriften der InsO abgewichen werden könne.

58) Begr. RegE InsO z. § 253 InsO a. F., BT-Drucks. 12/2443, S. 195.

59) *Eidenmüller* in: MünchKomm-InsO, § 217 Rz. 102.

BGB) der nach plangemäßer Befriedigung verbleibenden Forderung. Die neben der Zuteilung einer Befriedigungsquote typischerweise parallel vorzufindende Erlassregelung für den Rest der Forderung fällt vielmehr unter die Fallgruppe 4 „Haftung des Schuldners nach Beendigung des Insolvenzverfahrens" (siehe ausführlich Rz. 68 f.).

46 Nach der Entscheidung des BGH in Sachen Phoenix ist auch das in den §§ 174 ff. InsO geregelte **Forderungsfeststellungsverfahren** als „Regelung zur Befriedigung der Insolvenzgläubiger" i. S. von § 217 Abs. 1 Satz 1 Fallgruppe 1 InsO zu verstehen (siehe ausführlich § 8 Rz. 351 ff. [*Brünkmans*]). In dieser Entscheidung hat der BGH jedoch entschieden, dass Vorschriften über die Forderungsfeststellung (§§ 174 ff. InsO) nicht disponibel und damit planfest sind.[60)]

47 Unter „Befriedigung der Insolvenzgläubiger" i. S. von § 217 Abs. 1 Satz 1 InsO fallen auch die **nachrangigen Insolvenzgläubiger**. Sie spielen in der Praxis keine große Rolle. Wenn im Insolvenzplan nichts anderes geregelt ist, gelten ihre Forderungen als erlassen (§ 225 Abs. 1 InsO).

b) Regelungen zur Befriedigung absonderungsberechtigter Gläubiger

48 Nach § 217 Abs. 1 Satz 1 InsO kann auch die Befriedigung der absonderungsberechtigten Gläubiger in einem Insolvenzplan abweichend von den gesetzlichen Vorschriften geregelt werden. Zu den Absonderungsrechten im Insolvenzplan siehe ausführlich § 10 [*J. Schmidt*].

49 Ist im Insolvenzplan nichts anderes bestimmt, so wird das Recht der absonderungsberechtigten Gläubiger zur Befriedigung aus den Absonderungsrechten vom Insolvenzplan nicht berührt.

50 Als Regelungsgegenstand im Insolvenzplan kommen der **Inhalt oder die Ausübung des Absonderungsrechtes** in Abweichung zu den §§ 165 bis 173 InsO einerseits und die **unmittelbare sachenrechtliche Gestaltung des Sicherungsrechtes** andererseits in Betracht (siehe dazu § 8 Rz. 229 ff. [*Brünkmans*] und § 10 Rz. 132 [*J. Schmidt*]). Letzteres betrifft bspw. die Rückübereignung von Sicherungseigentum an den Schuldner oder der dingliche Verzicht des absonderungsberechtigten Gläubigers auf eine Grundschuld.

c) Keine Regelung von Masseverbindlichkeiten

51 Masseverbindlichkeiten können außerhalb der Masseunzulänglichkeit (§ 210a InsO) nicht Gegenstand einer Plangestaltung sein. Dies gilt insbesondere für Steuerschulden, die als Masseverbindlichkeiten einzustufen sind.[61)] Dazu gehört etwa auch die aus dem planbedingten Sanierungsgewinn resultierende Körperschaftssteuer.[62)] Dies gilt selbst dann, wenn der Massegläubiger sich freiwillig durch einseitige Erklärung in den „Rang einer einfachen Insolvenzforderung herabstuft". Eine Umqualifizierung in eine Insolvenzforderung mit der Rechtsfolge, dass den Massegläubigern auch die Verfahrensmitbestimmungsrechte als Insolvenzgläubiger zustehen, ist insolvenzzweckwidrig und mit dem dogmatischen Verständnis der InsO zur Gläubigerstruktur unvereinbar.[63)] Es besteht keine Dispositionsbefugnis des Schuldners bzw. Insolvenzverwalters sowie des Massegläubigers

---

60) BGH, Beschl. v. 5.2.2009 – IX ZB 230/07 (Phoenix), ZIP 2009, 480, 482 f. = NZI 2009, 230; zuvor LG Frankfurt/M., Beschl. v. 29.10.2007 – 2/9 T 198/07 (Phoenix), ZIP 2007, 2229 ff.

61) BFH, Urt. v. 23.10.2018 – VII R 13/17, ZVI 2019, 231 = NZI 2019, 87, dazu EWiR 2019, 83 *(de Weerth)*; FG Niedersachsen, Urt. v. 15.3.2017 – 2 K 59/16, BeckRS 2017, 127949.

62) FG Sachsen, Urt. v. 23.4.2018 – 1 K 1356/14, BeckRS 2018, 36647.

63) LG Neuruppin, Urt. v. 3.5.2018 – 1 O 74/17, Rz. 43, ZInsO 2018, 2365, m. Anm. *Smid*.

über die verfahrensrechtliche Qualifizierung und Einordnung einer Forderung.[64] Die oftmals nicht einfache Differenzierung zwischen Insolvenzforderung (§ 38 InsO) oder Masseverbindlichkeit (§ 55 InsO)[65] entscheidet im Kontext des Insolvenzplans über die Frage, ob die Forderung überhaupt über einen Insolvenzplan gestaltbar ist.

2. Fallgruppe 2: Verwertung der Insolvenzmasse

a) Überblick

Gegenstand einer Regelung im gestaltenden Teil kann auch die Verwertung der Insolvenzmasse sein. Was Gegenstand der Insolvenzmasse und damit das vom Insolvenzbeschlag und Gläubigerbefriedung erfasste Vermögen ist wird in den §§ 35 bis 37 InsO geregelt. Die Verwertung von insolvenzfreiem Vermögen des Schuldners sowie von Vermögen Dritter kann hingegen nicht Gegenstand einer Regelung im gestaltenden Teil des Insolvenzplans sein.[66] 52

Im Rahmen dieser Fallgruppe kommt zunächst die **verfahrensrechtliche Abweichung** von den in den **§§ 148 bis 173 InsO** geregelten Vorschriften über die Verwertung der Insolvenzmasse im Regelverfahren in Betracht. Ferner kommt die unmittelbare Regelung **zivilrechtlicher Masseverwertungsgeschäfte** in Betracht. Siehe ausführlich als typische Regelungsgegenstände im gestaltenden Teil § 8 Rz. 292 ff. [*Brünkmans*]. 53

b) Abweichung von den Vorschriften über die Verwertung der Insolvenzmasse (§§ 148 bis 173 InsO)

Eine Abweichung von den in den §§ 148 bis 173 InsO geregelten Vorschriften über die Verwertung der Insolvenzmasse kommt in der Praxis insbesondere im Hinblick auf die §§ 159 bis 164 InsO in Betracht. Nach § 159 InsO hat der Insolvenzverwalter nach dem Berichtstermin grundsätzlich unverzüglich das zur Insolvenzmasse gehörende Vermögen zu verwerten. Verwertung heißt, dass das Vermögen des Schuldners veräußert wird und in Geldmittel, sog. Verteilungsmasse (§ 187 InsO), umgewandelt wird.[67] Forderungen sind in diesem Rahmen grundsätzlich vom Insolvenzverwalter einzuziehen. 54

Von den plandispositiven Regelungen der §§ 159 bis 164 InsO weicht nahezu jeder Insolvenzplan zumindest teilweise ab. Insbesondere bei einem **Fortführungsplan** wird das Unternehmen vom Schuldner fortgeführt und die Befriedigung der Gläubiger erfolgt häufig nicht aus den durch Umwandlung der Vermögensgegenstände des Schuldners generierten Geldmitteln, sondern vielmehr durch den Erhalt des Unternehmens und aus den zukünftigen Erträgen nach Abschluss des Insolvenzplanverfahrens („Earn-out Plan“) oder aus Kapitaleinlagen eines Investors (siehe § 2 Rz. 103 ff. [*Brünkmans*]). In beiden Fällen wird die Verwertung der Insolvenzmasse jedenfalls größtenteils ausgeschlossen. 55

Hat der Insolvenzplan den Verkauf eines Unternehmens(teils) zum Gegenstand, enthält er in der Regel eine Abweichung von den §§ 160 bis 163 InsO. 56

Auch ein in der Praxis eher selten vorkommender **Liquidationsplan** (siehe § 2 Rz. 21 f. [*Brünkmans*]), der ausschließlich die Zerschlagung des Schuldnervermögens vorsieht, 57

64) BGH, Urt. v. 16.6.2016 – IX ZR 114/15, NZI 2016, 779; LG Neuruppin, Urt. v. 3.5.2018 – 1 O 74/17, ZInsO 2018, 2365, m. Anm. *Smid*.

65) Vgl. jüngst BGH Urt. v. 11.7.2024 – IX ZR 247/22 ZRI 2024, 695 = ZVI 2024, 396 – bzgl. Ansprüchen aus Fluggastrechte-VO.

66) *Balthasar* in: Kübler/Bork/Prütting, HRI II, § 22 Rz. 74.

67) *Ries* in: HK-InsO, § 159 Rz. 2.

enthält in der Regel eine Abweichung von der in § 159 InsO vorgesehenen, „unverzüglichen" Liquidation des gesamten Schuldnervermögens.[68]

58 Wird die Verwertung von Absonderungsrechten nach §§ 165 bis 173 InsO geregelt, kann diese im Einzelfall ebenfalls in die Fallgruppe 2 „Verwertung der Insolvenzmasse" eingeordnet werden, falls diese nicht bereits unter der Befriedigungsregelung der Fallgruppe 1 (siehe Rz. 38 ff.) fällt.[69]

c) Regelung zivilrechtlicher Masseverwertungsgeschäfte

59 Unter die Fallgruppe 2 „Verwertung der Insolvenzmasse" fällt auch die unmittelbare Regelung zivilrechtlicher Masseverwertungsgeschäfte. Dabei können die Willenserklärungen des schuldrechtlichen Kausalgeschäfts und die Willenserklärungen des dinglichen Verfügungsgeschäfts des Schuldners in den Insolvenzplan als Regelung aufgenommen und mit Rechtskraft des Insolvenzplans fingiert werden (§§ 254, 254a InsO). So lässt sich etwa die Abtretungserklärung des Schuldners bzgl. Verkauf- und Übertragung von zur Insolvenzmasse gehörenden Geschäftsanteilen an Tochtergesellschaften im gestaltenden Teil des Insolvenzplans regeln. Bezüglich der in der Praxis häufig vorkommenden Regelungen für Masseverwertungsgeschäfte siehe ausführlich Rz. 86 und § 8 Rz. 292 ff. [*Brünkmans*]).

3. Fallgruppe 3: Verteilung der Insolvenzmasse

60 Nach § 217 Abs. 1 Satz 1 InsO kann auch die Verteilung der Insolvenzmasse an die Beteiligten abweichend von den Vorschriften der InsO geregelt werden. In dieser Fallgruppe gibt es Überschneidungen zur Fallgruppe 1 „Befriedigung der Gläubiger". Während Regelungen zur Befriedigung der Gläubiger forderungsbezogen sind, also regeln, in welcher Höhe in welcher Art und Weise und zu welchem Zeitpunkt der Gläubiger die Befriedigung seiner Forderung verlangen kann, beziehen sich Regelungen zur Fallgruppe 3 „Verteilung der Insolvenzmasse" auf den **verfahrenstechnischen Vorgang** der **gerechten Verteilung der Masse auf die geprüften Forderungen**.

61 Die Verteilung der Insolvenzmasse ist im zweiten Abschnitt im fünften Teil der InsO (§§ 187 bis 206 InsO) geregelt. Dabei ist zu beachten, dass nicht sämtliche Vorschriften des zweiten Abschnittes auch tatsächlich die Verteilung der Insolvenzmasse zum Gegenstand haben. § 187 InsO (Befriedigung der Insolvenzgläubiger) dürfte entgegen der Überschrift tatsächlich die Verteilung der Insolvenzmasse betreffen, denn es geht nicht um die Bestimmung des rechtlichen und wirtschaftlichen Ergebnisses des Gläubigers. Vielmehr steht die Verteilung der zur Insolvenzmasse gehörenden Barmittel als technischer Vorgang im Vordergrund.[70] Allerdings regelt etwa § 201 InsO die Haftung des Schuldners nach Verfahrensaufhebung, ein Sachverhalt der unter § 217 Abs. 1 Satz 1 Fallgruppe 4 InsO fällt.

62 Da die Verteilung der Insolvenzmasse an die Verfahrensbeteiligten wirtschaftlich entscheidende Bedeutung hat, handelt es sich bei den einzelnen Regelungen nicht selten um fundamentale Verfahrensrechte, die als zwingende Rechtsposition nicht abdingbar sind. Vor dem Hintergrund ist im Einzelfall genau zu prüfen, ob diese **disponibel** sind.

63 Zu solchen die Verteilung der Insolvenzmasse betreffenden Regelungen dürften die in der Praxis häufig vorkommenden **verfahrensmäßigen Ausschlussklauseln**[71] gehören. Dazu ausführlich und mit Formulierungsbeispiel unter § 8 Rz. 537, 567 ff. [*Brünkmans*].

---

68) *Eidenmüller* in: MünchKomm-InsO, § 217 Rz. 116.

69) Vgl. *Eidenmüller* in: MünchKomm-InsO, § 217 Rz. 116.

70) **Anders** *Eidenmüller* in: MünchKomm-InsO, § 217 Rz. 122.

71) *Brünkmans*, ZInsO 2016, 245 f.

Danach können Insolvenzgläubiger nur an der Verteilung der Insolvenzmasse gemäß Planregelung teilnehmen, wenn sie ihre Forderung bis zum Ablauf der im Insolvenzplan geregelten Frist angemeldet haben. Gleiches gilt für widersprochene Forderungen, wenn der Gläubiger nicht innerhalb einer im Insolvenzplan bestimmten Frist Feststellungsklage erhoben hat. **Materielle Präklusionsklauseln**, wonach bei nicht rechtzeitiger Anmeldung der Insolvenzforderung diese vollständig erlischt, betreffen hingegen die Fallgruppe 4 „Haftung des Schuldners nach Beendigung des Insolvenzverfahrens". Nach der Rechtsprechung des BGH[72] sind solche materiellen Präklusionsklauseln unzulässig (siehe ausführlich § 8 Rz. 537, 551 ff. [*Brünkmans*]). 64

Ebenfalls die Verteilung der Insolvenzmasse betreffende Regelungen lassen sich für **Ausfallforderungen absonderungsberechtigter Gläubiger** in Abweichung zu § 190 InsO finden. Der Nachweis des Ausfalls ist innerhalb einer Frist ab Rechtskraft des Insolvenzplans zu erbringen, ansonsten wird die Forderung bei der Verteilung nicht berücksichtigt (siehe ausführlich § 8 Rz. 581 [*Brünkmans*]). 65

In den meisten Fällen regelt der Insolvenzplan unmittelbar die Verteilung der Insolvenzmasse ohne das Erfordernis eines für das Regelverfahren in § 188 InsO vorgesehenen **Verteilungsverzeichnisses.** § 188 InsO ist in diesem Fall abbedungen, wenn überhaupt für das Insolvenzplanverfahren anwendbar. Alternativ kann der Insolvenzplan die Erstellung eines aus dem Insolvenzplan abgeleiteten Verteilungsverzeichnisses vorsehen. Die in §§ 194 Abs. 2, 197 Abs. 3 InsO vorgesehenen Rechtsbehelfe gegen das Verteilungsverzeichnis sind dann nicht plandisponibel (siehe ausführlich § 8 Rz. 74 [*Brünkmans*]). 66

Regeln über die Nachtragsverteilung, §§ 203, 205, 206 InsO, die über die Verteilung des durch einen Anfechtungsprozess gemäß § 259 Abs. 3 InsO Erlangten hinausgehen, sind nach der Rechtsprechung unzulässig (siehe ausführlich § 8 Rz. 79 ff., 103 [*Brünkmans*]). 67

4. Fallgruppe 4: Haftung des Schuldners nach der Beendigung des Insolvenzverfahrens

Schwerpunkt eines Insolvenzplans ist in den meisten Fällen die Regelung der Haftung des Schuldners nach Beendigung des Insolvenzverfahrens durch (Teil-)Erlass und/oder Stundung der einfachen Insolvenzforderungen. Das für das Regelverfahren geltende freie Nachforderungsrecht aus §§ 201 und 202 InsO ist bereits kraft Gesetzes durch § 227 Abs. 1 InsO ausgeschlossen. Danach wird der Schuldner mit der im gestaltenden Teil vorgesehenen Befriedigung der Insolvenzgläubiger von seinen restlichen Verbindlichkeiten befreit, wenn nicht etwas anderes im Insolvenzplan bestimmt wurde. Außer § 202 InsO (Zuständigkeit bzgl. Erteilung einer Vollstreckungsklausel bei Vollstreckung aus der Insolvenztabelle) dürften alle Vorschriften betreffend die Haftung des Schuldners, §§ 201, 286 bis 303, 314 Abs. 3 InsO, **plandispositiv** sein.[73] 68

Die Forderungen nachrangiger Insolvenzgläubiger gelten, wenn im Insolvenzplan nichts anderes bestimmt ist, nach § 225 Abs. 1 InsO als erlassen. Zu den klassischen Planregelungen innerhalb der Fallgruppe 4 gehören der **Forderungserlass, die Stundung** und der **Rangrücktritt** (siehe ausführlich unten § 8 Rz. 79, 91, 103 [*Brünkmans*]). 69

5. Fallgruppe 5: Verfahrensabwicklung

Als weiterer Gegenstand wurde mit dem ESUG in § 217 InsO „die Verfahrensabwicklung" eingefügt. Da zuvor in der Rechtsprechung vereinzelt die Auffassung vertreten wurde, 70

72) BGH, Beschl. v. 7.5.2015 - IX ZB 75/14, ZIP 2015, 1346, dazu EWiR 2015, 483 (*Spliedt*).

73) *Otte/Wiester*, NZI 2005, 70, 73.

dass die Verfahrensaufhebung nach rechtskräftiger Planbestätigung gemäß § 258 Abs. 1 InsO a. F. zwingend sei,[74] wollte der Gesetzgeber mit dieser Einfügung klarstellen, dass auch **rein verfahrensbegleitende Insolvenzpläne**, die nicht auf Verfahrensbeendigung ausgerichtet sind, **zulässig** sind.[75] Soll das Insolvenzverfahren nicht unmittelbar nach Bestätigung des Insolvenzplans aufgehoben werden, so ist dies im Insolvenzplan ausdrücklich zu regeln (vgl. § 258 Abs. 1 InsO „[…] der Insolvenzplan nicht etwas anderes vorsieht“).

71 Die gesetzgeberische Anerkennung eines verfahrensbegleitenden Insolvenzplans ist jedoch nicht als eine Ermächtigung zu verstehen, von sämtlichen Verfahrensvorschriften der InsO mittels Planregelung abweichen zu dürfen.[76] Die abweichenden Regelungen im verfahrensbegleitenden Insolvenzplan müssen vielmehr den **gleichen Anforderungen eines verfahrensbeendenden Insolvenzplans** entsprechen, d. h. sie müssen unter eine der Fallgruppen 1 bis 4 oder die Fallgruppe 6 fallen. Die Zulässigkeit einer Regelung ist anhand der dort ausgeführten Kriterien zu ermitteln. Insbesondere darf die Regelung nicht von zwingendem Insolvenzrecht abweichen.[77]

72 Mit „Verfahrensabwicklung“ sind auch nicht die Vorschriften über das Verfahren zur Annahme und Bestätigung des Insolvenzplans (§§ 235 ff. InsO) gemeint. Diese können selbstverständlich nicht abweichend geregelt werden, weil eine regelkonforme Annahme und Bestätigung des Insolvenzplans eine Abweichung erst legitimiert.

73 Vor dem Hintergrund beschränkt sich die Fallgruppe 5 „Verfahrensabwicklung“ darauf, dass im gestaltenden Teil des Insolvenzplans nunmehr geregelt werden kann, dass eine Beendigung des Insolvenzverfahrens nach rechtskräftiger Planbestätigung nicht zwingend ist, der Insolvenzplan somit rein verfahrensbegleitenden Charakter hat.

74 Nach § 220 Abs. 2 Satz 2 InsO enthält der Insolvenzplan eine Vergleichsrechnung. Das gilt im Grundsatz auch für den verfahrensbegleitenden Insolvenzplan, wobei im Einzelfall eine teleologische Reduktion geboten sein kann.[78]

6. Fallgruppe 6: Rechte der Anteilsinhaber

75 Wie u. a. aus § 217 Abs. 1 Satz 2 InsO ersichtlich, sind nunmehr auch die Anteilsinhaber des Schuldners zwangsweise Planunterworfene. Die Anteilsrechte der Gesellschafter können durch eine Regelung im gestaltenden Teil des Insolvenzplans umfassend gestaltet werden.

76 Im Ausgangspunkt kann im gestaltenden Teil des Insolvenzplans jede Regelung getroffen werden, die gesellschaftsrechtlich zulässig ist, insbesondere auch die Übertragung der Geschäftsanteile und damit die vollständige Enteignung der Anteilsinhaber (§ 225a Abs. 3 InsO). Siehe ausführlich zu den Einzelheiten § 29 [*Brünkmans*].

---

74) LG Frankfurt/M., Beschl. v. 29.10.2007 – 2/9 T 198/07 (Phoenix), ZIP 2007, 2229 ff.

75) Begr. RegE ESUG, BT-Drucks. 17/5712, S. 58, und Beschlussempfehlung und Bericht d. RA z. ESUG, BT-Drucks. 17/7511, S. 35.

76) Beschlussempfehlung und Bericht d. RA z. ESUG, BT-Drucks. 17/7511, S. 35; *Eidenmüller* in: MünchKomm-InsO, § 217 Rz. 126; *Thies* in: HambKomm-InsR, § 217 InsO Rz. 9; Braun-*Braun/Frank*, InsO, § 217 Rz. 3; *Smid/Rattunde/Martini*, Insolvenzplan, Rz. 6.78.

77) Vgl. *Rendels/Zabel*, Insolvenzplan, Rz. 307.

78) S. ausführlich *Smid*, NZI 2024, 345 ff.; vgl. auch *Gutmann/Hoffmann*, NZI 2024, 653, 654.

7. Fallgruppe 7: Eingriffe in gruppeninterne Drittsicherheiten

Durch das SanInsFoG[79] fügte der Gesetzgeber mit Wirkung zum 1.1.2021 in § 217 Abs. 2 InsO eine 7. Fallgruppe hinzu, um die Sanierung von Unternehmensgruppen zu erleichtern. Ziel dieser Regelung ist, das Risiko der Folgeinsolvenz einer gruppenangehörigen Gesellschaft zu reduzieren.[80] Für die Gestaltung dieser Drittsicherheiten war bisher eine konsensuale Lösung mit den Drittsicherungsnehmern oder ein paralleles Insolvenzverfahren mit einem separaten Insolvenzplan für die Gruppengesellschaft erforderlich (vgl. § 33 Rz. 79 [*Brünkmans*]). § 217 Abs. 2 InsO gestattet nunmehr gegen angemessene Entschädigung (§ 223a InsO) Eingriffe in die Rechte aus gruppeninternen Drittsicherheiten. Dies ermöglicht insbesondere die Gestaltung von Bürgschaften, Schuldübernahmen, Patronatserklärungen oder andere Personal- bzw. Realsicherheiten, die innerhalb der Unternehmensgruppe zugunsten des Schuldnerunternehmens abgegeben wurden.[81] Voraussetzung hierfür ist, dass die Sicherheit durch ein Unternehmen gewährt wurde, das als verbundenes Unternehmen der Schuldnerin i. S. von § 15 AktG zu werten ist. Dies trifft insbesondere auf Tochterunternehmen zu, ferner auf Mutter- oder Schwestergesellschaften.[82] Die Neuregelung erleichtert den Zugriff auf Drittsicherheiten erheblich; ein paralleles Insolvenzplanverfahren oder – häufig schwierige – Verhandlungen mit den Sicherungsnehmern sind nicht mehr erforderlich.[83] Eine parallele Regelung findet sich im StaRUG[84] (siehe § 40 Rz. 73 [*Brünkmans*]). 77

Gruppeninterne Sicherheiten dürfen in gleichem Umfang gestaltet werden wie die Rechte der Absonderungsberechtigten (§§ 223 f. InsO). In Betracht kommen insbesondere der (Teil-)Verzicht, die Freigabe und die Stundung, ferner die Änderung des Sicherungszwecks sowie die Regelung der Verwertung und der Erlösverteilung (siehe dazu ausführlich § 33 Rz. 94 [*Brünkmans*]).[85] 78

Enthält der gestaltende Teil des Plans eine Regelung nach § 217 Abs. 2 InsO, sind im darstellenden Teil gemäß § 220 Abs. 3 InsO die Verhältnisse des Sicherheitengebers und die Auswirkungen des Plans auf diesen darzulegen (siehe ausführlich § 33 Rz. 86 ff. [*Brünkmans*]). 79

8. Keine sonstigen Regelungen außerhalb der Fallgruppen zulässig

Lässt sich der Regelungsgegenstand nicht einer der in § 217 InsO abschließend aufgeführten Fallgruppen zuordnen, ist die Planregelung unzulässig.[86] 80

---

79) Gesetz zur Fortentwicklung des Sanierungs- und Insolvenzrechts (Sanierungs- und Insolvenzrechtsfortentwicklungsgesetz – SanInsFoG), v. 22.12.2020, BGBl. I 2020, 3256.

80) Begr. RegE SanInsFoG, BR-Drucks. 619/20, S. 231 f.

81) Braun-*Braun/Frank*, InsO, § 223a Rz. 5 f.; *Hoegen/Kranz*, NZI 2021, 105, 107; *Pleister/Theusinger* in: Kübler/Bok/Prütting, HRI II, § 43 Rz. 112; *Spahlinger* in: KPB, InsO, § 217 Rz. 50 f.

82) Graf-Schlicker-*Kebekus/Handschumacher*, InsO, § 217 Rz. 13; *Thies* in: HambKomm-InsR, Vor §§ 217 ff. InsO Rz. 9; ein früherer Gesetzesentwurf beschränkte sich auf Sicherheiten, die von Tochterunternehmen gestellt wurden (RegE SanInsFoG, v. 9.11.2020, BT-Drucks. 19/24181, S. 60).

83) *Pleister/Theusinger* in: Kübler/Bok/Prütting, HRI II, § 43 Rz. 111; *Spahlinger* in: KPB, InsO, § 217 Rz. 50b.

84) Gesetz über den Stabilisierungs- und Restrukturierungsrahmen für Unternehmen (Unternehmensstabilisierungs- und -restrukturierungsgesetz – StaRUG), v. 22.12.2020, BGBl. I 2020, 3256 (= Art. 1 des Gesetzes zur Fortentwicklung des Sanierungs- und Insolvenzrechts [Sanierungs- und Insolvenzrechtsfortentwicklungsgesetz – SanInsFoG], v. 22.12.2020, BGBl. I 2020, 3256).

85) *Hoegen/Kranz*, NZI 2021, 105, 107; *Spahlinger* in: KPB, InsO, § 217 Rz. 50i; K. Schmidt-*Spliedt*, InsO, § 223a Rz. 3.

86) K. Schmidt-*Spliedt*, InsO, § 217 Rz. 18; Uhlenbruck-*Streit*, InsO, § 217 Rz. 12. *Eidenmüller* in: MünchKomm-InsO, § 217 Rz. 96; Braun-*Braun/Frank*, InsO, § 217 Rz. 1; *Fiebig* in: HK-InsO, § 217 Rz. 2.

D. Einbeziehung Dritter in den Insolvenzplan

I. Überblick

81 Nur zwangsweise planunterworfene Rechtspositionen der Beteiligten, namentlich Insolvenzforderungen, Absonderungsrechte, Geschäftsanteile am Schuldner und Gegenstände der Schuldnermasse können nach der hier vertretenen Auffassung über eine Regelung im gestaltenden Teil des Insolvenzplans unmittelbar umgestaltet werden (siehe dazu bereits Rz. 23 ff.). Für die Umsetzung des Sanierungskonzepts sind in der Regel auch die Umgestaltung **nicht zwangsweise planunterworfener Rechtspositionen** der Beteiligten, wie etwa Masseansprüche, Aussonderungsrechte und insbesondere auch **Rechtsgeschäfte mit außenstehenden Dritten** erforderlich.

82 Rechtsgeschäfte, die auf die Umgestaltung solcher, nicht zwangsweise planunterworfenen Rechtspositionen ausgerichtet sind (nachfolgend auch „Drittgeschäfte"), können nicht mithilfe einer Regelung im gestaltenden Teil des Insolvenzplans ersetzt werden; dies gilt selbst bei „freiwillig erklärter" Planunterwerfung, siehe dazu Rz. 29). Die Einbeziehung solcher Drittgeschäfte in eine Insolvenzplanlösung erfolgt vielmehr über eine **echte Willenserklärung des Dritten i. S. der §§ 116 ff. BGB**, welche als Anlage zum Insolvenzplan genommen und aufschiebend bedingt auf die rechtskräftige Bestätigung des Insolvenzplans abgegeben wird (siehe dazu nachfolgend Rz. 84).

83 Gerade bei komplexen Drittgeschäften, wie etwa einem Sanierungstarifvertrag, kann es im Einzelfall sinnvoll sein, das Drittgeschäft erst nach Annahme des Insolvenzplans durch die Beteiligtenversammlung im Erörterungs- und Abstimmungstermin abzuschließen. Für das Aushandeln solcher Vereinbarungen wird häufig viel Zeit benötigt. In diesem Fall kann umgekehrt der Insolvenzplan den wirksamen Abschluss des Drittgeschäfts als Bedingung für die gerichtliche Bestätigung des Insolvenzplans (bedingter Plan, § 249 InsO) enthalten (siehe dazu nachfolgend Rz. 90). Sollte das Drittgeschäft gar erst nach Beendigung des Insolvenzverfahrens abgeschlossen werden, wie etwa der Vertrag über den Verkauf nicht betriebsnotwendigen Vermögens, können diese Drittgeschäfte über Planauflagen (siehe nachfolgend Rz. 95) oder Treuhandlösungen (siehe dazu nachfolgend Rz. 98) in den Insolvenzplan einbezogen werden.

II. Willenserklärung als Anlage zum Insolvenzplan

84 Die Einbeziehung von Drittgeschäften in den Insolvenzplan erfolgt in der Regel über echte Willenserklärungen, deren Abgabe, Wirksamkeit und Bestand sich nach der allgemeinen Rechtsgeschäftslehre des BGB (§§ 104 ff. BGB) richten und die aufschiebend bedingt auf die rechtskräftige Bestätigung des Insolvenzplans abgegeben werden.

85 Um der Konzentrationsfunktion des Insolvenzplans „als zentrales Masterdokument der Sanierung" gerecht zu werden, können diese Willenserklärungen Dritter sowohl im Hinblick auf schuldrechtliche Verpflichtungserklärungen als auch für dingliche Verfügungen als **Anlage zum Insolvenzplan** genommen werden. Die Verbindung der Dritterklärung über eine Plananlage sollte nicht zuletzt erfolgen, um dem Informationsbedürfnis der Gläubiger gerecht zu werden. Andererseits sollten als Plananlagen nur solche Willenserklärungen beigefügt werden, die für die Umsetzung des Plankonzepts von Bedeutung sind. Die Gründe für die Aufnahme dieser Dritterklärungen und deren Bezug zum Plankonzept sind im darstellenden Teil des Insolvenzplans zu erörtern, um den Gläubigern und dem Insolvenzgericht eine sachkundige Prüfung des Planinhaltes zu ermöglichen.[87]

87) *Eidenmüller* in: MünchKomm-InsO, § 217 Rz. 160.

86 Ist wesentlicher Bestandteil des Plankonzepts etwa der Verkauf und die Übertragung von Geschäftsanteilen an Tochtergesellschaften, so können das notariell beurkundete Kaufangebot und die dingliche Annahmeerklärung des Investors[88] als Anlage zum Insolvenzplan genommen werden. Die Annahmeerklärungen des Schuldners können hingegen als Regelung zur Verwertung der Insolvenzmasse (§ 217 Fallgruppe 2 InsO) unmittelbar durch eine Regelung im gestaltenden Teil ersetzt werden, weil der Schuldner dahingehend zwangsweise planunterworfener Beteiligter ist.

Formulierungsbeispiel

Folgende Regelung der Annahmeerklärungen des Schuldners im gestaltenden Teil des Insolvenzplans wäre denkbar:

„Das Angebot der Investor GmbH vom […] (UR-Nr. […]/[…] des Notars […]) gerichtet auf den Kauf und die Abtretung sämtlicher, von der Schuldnerin gehaltener Geschäftsanteile an der Tochter-GmbH (Anlage 2 zum Insolvenzplan) wird angenommen."

87 Der Investor wiederum kann sich dadurch absichern, dass er seine Willenserklärungen unter die aufschiebende Bedingung der rechtskräftigen Bestätigung des Insolvenzplans stellt und/oder die Angebote zeitlich befristet. In letzterem Falle sollte allerdings die Möglichkeit vorgesehen werden, die Frist zu verlängern, da andernfalls unvorhergesehene Verzögerungen die gesamte Sanierung gefährden würden.

88 Da die Investor GmbH als Investor weder Gläubiger noch Anteilseigner der Schuldnerin oder der Tochter-GmbH und damit nicht Beteiligte ist, ist nach der hier vertretenen Auffassung für das Angebot auf Abschluss eines Anteilskauf- und Übertragungsvertrages die Formvorschrift des § 15 Abs. 3 und 4 GmbHG nicht durch einen rechtskräftig bestätigten Insolvenzplan fingierbar (siehe unten Rz. 127).[89]

89 Eine entsprechende Vorgehensweise wäre denkbar bei dem Verkauf und der Abtretung der Geschäftsanteile an der Schuldnerin selbst. Entsprechende Erklärungen auf Annahme des Kauf- und Abtretungsangebotes durch die Gesellschafter der Schuldnerin können nach § 225a Abs. 3 InsO im gestaltenden Teil des Insolvenzplans geregelt werden.[90]

Praxisbeispiele

Darüber hinaus werden Willenserklärungen folgender Drittgeschäfte in der Praxis häufig über eine Anlage mit dem Insolvenzplan verbunden:

- die Bestellung neuer Sicherheiten, insbesondere Drittsicherheiten,
- die Gewährung neuer Kredite,[91]
- der Neuabschluss/die Konditionenanpassung von Lieferverträgen oder Kundenverträgen,
- der Abschluss eines Sanierungs- und Fortführungstarifvertrages (siehe auch § 61 Rz. 62 ff. [*Krings/Sturme*]),[92]
- schließlich der Abschluss und Vollzug von Unternehmenskaufverträgen im Hinblick auf die Veräußerung von Tochtergesellschaften oder Betriebsteilen.

88) Die Formfiktion aus § 254a InsO gilt nach der hier vertretenen Auffassung nicht für Anlagen zum Insolvenzplan, s. dazu ausführlich Rz. 127 ff.

89) Vgl. auch *Horstkotte/Martini*, ZInsO 2012, 557, 573.

90) *Horstkotte/Martini*, ZInsO 2012, 557, 573.

91) *Balthasar* in: Kübler/Bork/Prütting, HRI II, § 22 Rz. 217.

92) *Balthasar* in: Kübler/Bork/Prütting, HRI II, § 22 Rz. 228 f.

III. Erklärungen Dritter als Bestätigungsvoraussetzung (§ 249 InsO)

90 Ist der Dritte nur bereit, die Verpflichtungs- und Verfügungserklärung der Sanierungstransaktion abzugeben, nachdem die Beteiligtenversammlung den Insolvenzplan angenommen hat, kann diese Annahme über einen „Bedingten Plan" nach § 249 InsO umgesetzt werden.[93)]

91 Nach § 249 InsO kann in einem Insolvenzplan vorgesehen werden, dass vor der Planbestätigung durch das Insolvenzgericht bestimmte Leistungen erbracht oder Maßnahmen verwirklicht werden sollen. Die Überschrift von § 249 InsO „Bedingter Plan" ist dabei missverständlich.[94)] Es handelt sich nicht um eine rechtsgeschäftliche Bedingung i. S. des § 158 BGB.[95)] § 249 InsO betrifft vielmehr den Fall, dass in dem Insolvenzplan eine **besondere verfahrensrechtliche Voraussetzung für seine Bestätigung** aufgestellt wird.[96)] Deshalb wird nachfolgend im Zusammenhang mit § 249 InsO auch von **„Planbestätigungsvoraussetzungen"** die Rede sein.

92 Die Vorschrift schafft die Möglichkeit, dass bestimmte Aspekte der Sanierungstransaktionen – wie etwa Anpassung von Mietkonditionen oder Verkauf und Abtretung von Geschäftsanteilen – erst dann gefasst werden müssen, wenn die Zustimmung der Insolvenzgläubiger zum Insolvenzplan feststeht.[97)] Es besteht dabei freilich die Gefahr, dass eine derartige Planbestätigungsvoraussetzung von den anderen an der Sanierung Beteiligten als Signal missverstanden wird, auch weitere offene Themen nicht im gestaltenden Teil des Insolvenzplans zu klären, sondern diese auf die Bestätigungsvoraussetzung nach § 249 InsO auszulagern (siehe auch § 2 Rz. 157 [*Brünkmans*]).[98)]

Praxishinweis

Sollen i. R. der Sanierung Dauerschuldverhältnisse geändert werden, wie etwa Konditionsanpassungen für Gewerberaummietverträge, wird die Aufnahme als Planbestätigungsvoraussetzung i. S. von § 249 InsO in der Regel der geeignetste Weg sein. Dauerschuldverhältnisse haben über den Insolvenzplan hinaus Bedeutung und erfordern häufig Nachträge für die Zukunft. Eine physische Entkoppelung vom Insolvenzplan kann im Einzelfall daher sachgerecht sein. Auch kann auf den Vermieter ein höherer Verhandlungsdruck aufgebaut werden, wenn die gerichtliche Bestätigung des Insolvenzplans und damit die Sanierung ausschließlich von der Einigung über Konditionsanpassungen mit dem Vermieter abhängt.

IV. Planbedingung (§ 158 BGB)

93 Nicht immer werden sich Drittgeschäfte oder sonstige Sanierungstransaktionen unmittelbar nach Annahme des Insolvenzplans durch die Gläubigerversammlung umsetzten lassen. Formuliert man diese dann als Planbestätigungsvoraussetzung i. S. von § 249 InsO,[99)] führt dies dazu, dass die rechtskräftige Bestätigung und damit die im Insolvenzplan vorgesehenen Planwirkungen in der Schwebe hängen.[100)] **Alternativ zur Planbestätigungsvoraussetzung** können Drittgeschäfte (zum Begriff siehe oben Rz. 83) als **echte Planbedingung i. S. von § 158 BGB** formuliert werden.

---

93) Zum bedingten Plan nach § 249 InsO als Regelungsbestandteil im gestaltenden Teil des Insolvenzplans s. ausführlich unten § 8 Rz. 404 ff. [*Brünkmans*].

94) *Brünkmans*, ZIP 2015, 1052, 1060; *Eidenmüller*, ZGR 2001, 680, 689; *Fiebig* in: HK-InsO, § 249 Rz. 4.

95) So *Eidenmüller*, ZGR 2001, 680, 689; *Eidenmüller* in: MünchKomm-InsO, § 221 InsO Rz. 25; Andres/Leithaus-*Andres*, InsO, § 249 Rz. 1 ff.; *Fiebig* in: HK-InsO, § 249 Rz. 4.

96) *Eidenmüller*, ZGR 2001, 680, 689; *Fiebig* in: HK-InsO, § 249 Rz. 4.

97) RegE InsO, *Balz/Landfermann*, Die neuen Insolvenzgesetze, 1995, S. 367.

98) *Rendels/Zabel*, Insolvenzplan, Rz. 365.

99) Zur Planbestätigungsvoraussetzung nach § 249 InsO als Regelungsbestandteil im gestaltenden Teil des Insolvenzplans s. ausführlich § 8 Rz. 408 ff. [*Brünkmans*] und § 18 Rz. 8 ff. [*Thole*].

100) *Brünkmans*, ZIP 2015, 1052, 1060.

Steht der gesamte Insolvenzplan unter einer Bedingung, ist jedoch zu bedenken, dass das Insolvenzverfahren erst mit Eintritt der Bedingung aufgehoben werden kann. Zu Zulässigkeit und Grenzen einer echten Planbedingung siehe ausführlich § 8 Rz. 454 [*Brünkmans*]. 94

V. Planüberwachung

Nicht selten besteht ein Bedürfnis, Drittgeschäfte – insbesondere Sanierungstransaktionen – noch weiter auf den Zeitraum nach Bestätigung des Insolvenzplans und Beendigung des Insolvenzverfahrens zu verlagern. Dabei geht es um Sachverhalte, bei denen zwar die Umsetzung der Sanierungstransaktion die Geschäftsgrundlage des Insolvenzplans und der Annahme desselben durch die Gläubiger darstellt, im Hinblick auf die konkrete Ausgestaltung der Sanierungstransaktion jedoch bewusst Handlungsspielraum gelassen werden soll. 95

Ein geordneter, nicht unter Zeitdruck organisierter Verkaufsprozess für Betriebsteile oder Tochtergesellschaften führt in der Regel zu besseren Verwertungsergebnissen als ein sog. „Fire-Sale". Sieht der Insolvenzplan die Befriedigung der Gläubiger aus den Erlösen eines solchen Abverkaufs von Betriebsteilen oder Tochtergesellschaften vor, so ist der Erlös nachträglich an die Gläubiger auszuschütten. 96

Es stellt sich in diesem Fall die Frage, wie über den Insolvenzplan die Umsetzung von Drittgeschäften und Sanierungstransaktionen abgesichert werden kann, weil mit Beendigung des Insolvenzverfahrens nach Planbestätigung die Verwaltungs- und Verfügungsbefugnis vom Insolvenzverwalter wieder auf den Schuldner übergeht.[101] Hierfür kommt die in den §§ 260 ff. InsO geregelte **Planüberwachung** zwar grundsätzlich in Betracht (siehe zur Planüberwachung auch § 25 [*Dellit*]). Allerdings erstreckt sich die Planüberwachung nach § 260 InsO ausschließlich auf die Erfüllung der Ansprüche, die den Gläubigern nach dem gestaltenden Teil des Insolvenzplans gegen den Schuldner zustehen.[102] Der Insolvenzverwalter kann i. R. der Planüberwachung somit **lediglich die Befriedigung der im Insolvenzplan vorgesehenen Planquoten** überwachen. Die Überwachung geschäftspolitischer Entscheidungen der Unternehmensführung, administrativer und organisatorischer Maßnahmen kann hingegen nicht über die Planüberwachung nach § 260 InsO erfolgen. Dies gilt insbesondere auch für die Umsetzung des leistungswirtschaftlichen Sanierungskonzeptes, welches häufig erst nach Abschluss der finanzwirtschaftlichen Sanierung nach rechtskräftiger Bestätigung des Insolvenzplans und Aufhebung des Insolvenzverfahrens umgesetzt werden kann. Deswegen eignet sich die Planüberwachung nur bedingt als Mittel für die Einbeziehung von Drittgeschäften in die Plangestaltung. Wenn die mangelhafte Umsetzung des Drittgeschäftes die Erfüllung der Ansprüche, die den Gläubigern nach dem gestaltenden Teil gegen den Schuldner zustehen (vgl. § 260 Abs. 2 InsO), infrage stellt, setzt die Überwachung meistens zu spät an.[103] Vor dem Hintergrund dieser **Schwächen der Planüberwachung** greift die Praxis auf **Treuhandlösungen** zurück, um den Vollzug von Drittgeschäften und Sanierungstransaktionen in der Zeit nach Aufhebung des Insolvenzverfahrens (§ 258 InsO) zu gewährleisten. 97

VI. Treuhandlösungen

Die Schwächen der Planüberwachung nach § 260 InsO lassen sich für manche Fälle über ein Treuhandmodell gestalterisch entschärfen:[104] Einem unabhängigen Treuhänder werden 98

101) *Brünkmans*, ZIP 2015, 1052, 1053 f.

102) *Stephan* in: MünchKomm-InsO, § 260 Rz. 14 f.

103) Vgl. auch *Brünkmans*, ZIP 2015, 1052, 1060 f.

104) Vgl. Sachverhalt BAG, Urt. v. 12.9.2013 – 6 AZR 907/11, ZIP 2013, 2268, dazu EWiR 2013, 783 *(Rendels)*, s. a. *Rendels/Zabel*, Insolvenzplan, Rz. 360.

danach bereits im Insolvenzplan im Wege der **Abspaltung** (siehe dazu § 30 Rz. 575 ff. [*Brünkmans*]) oder im Wege des **Asset Deals Unternehmensteile oder Geschäftsanteile übertragen.**

99 Der Treuhänder verpflichtet sich in der Treuhandabrede zur bestmöglichen Verwertung der Gegenstände. Nach Veräußerung der Vermögensgegenstände kehrt der Treuhänder den **Veräußerungserlös** (abzüglich ggf. Upside-Zahlungen an den Treuhänder selbst) **an die Gläubiger** nach den in Vertrag und Insolvenzplan näher gestalteten Modalitäten aus.

100 Der Treuhänder hat in diesem Fall die Ausschüttung des Verwertungserlöses an die Gläubiger vorzunehmen und daher vornehmlich Gläubigerinteressen zu wahren. Der vollständige Treuhandvertrag sollte vor Beginn des Erörterungs- und Abstimmungstermins dem Insolvenzplan als Anlage beigefügt sein, damit die Gläubiger hinreichend informiert werden.[105]

101 Im Insolvenzplan kann daneben bestimmt werden, dass der **Gläubigerausschuss** durch Regelung der Planüberwachung fortbesteht (vgl. § 261 Abs. 2 Satz 2 InsO) und in die Entscheidungen des Treuhänders bezüglich der Veräußerung und/oder Verteilung eingebunden wird. So kann etwa ein bestimmter Zeitrahmen, binnen dessen die Veräußerung zu erfolgen hat, mit (Mehrheits-)Entscheidung des Gläubigerausschusses verlängert werden. Dies ermöglicht es den Gläubigern (mittelbar) Einfluss auf den Veräußerungs- und Verwertungsprozess zu nehmen und sichert die „Nachverwertung" i. S. einer bestmöglichen Befriedigung der Gläubiger ab.[106]

Praxishinweis

Erfolgt der Verkauf wesentlicher Vermögensgegenstände über eine Treuhandlösung, so ist im darstellenden Teil des Insolvenzplans für die Gläubiger der Verwertungs- und Verteilungsmechanismus des Treuhandvertrages ausführlich zu beschreiben. Idealerweise sollte der Treuhandvertrag als Anlage zum Insolvenzplan genommen werden.

Im gestaltenden Teil des Insolvenzplans kann die Übertragung der Vermögensgegenstände auf den Treuhänder geregelt werden. Dies ist insbesondere dann von Vorteil, wenn bei einer börsennotierten Gesellschaft ein Teil der Forderungen der Insolvenzgläubiger zunächst über einen Treuhänder i. R. eines Debt-to-Equity-Swaps in Aktien umgewandelt werden sollen und nach Veräußerung der Aktien durch den Treuhänder der Erlös an die Gläubiger zur Befriedigung ihrer Forderungen ausgekehrt wird. Außerhalb des Insolvenzplans wären die Abtretungserklärungen der vielzähligen Gläubiger erforderlich. Im Insolvenzplan können diese Abtretungserklärungen hingegen durch eine Planregelung im gestaltenden Teil ersetzt werden, da es sich bei den Insolvenzforderungen um zwangsweise planunterworfene Rechtspositionen handelt (siehe Rz. 32, 23 ff.). Das Verteilungsverfahren ist hingegen im zwischen dem Schuldner und dem Treuhänder separat abgeschlossenen Treuhandvertrag geregelt. Die Gläubiger werden in diesen Treuhandvertrag über das Rechtsinstitut eines echten Vertrages zugunsten Dritter (§ 328 Abs. 1 BGB) einbezogen.

E. Grenzen bei der inhaltlichen Ausgestaltung

102 Auch wenn wirtschaftliche Themen wie die Höhe der Befriedigungsquote in den einzelnen Gläubigergruppen und die Finanzierung der Insolvenzquote die wesentliche Zeit des Planerstellers in Anspruch nehmen, sind die rechtlichen Grenzen bei der Aufstellung des Insolvenzplans frühzeitig zu beachten, um eine Zurückweisung des Insolvenzplans nach § 231 InsO durch das Gericht oder verzögernde Nachlassungen zu vermeiden; zur frühzeitigen Vorabstimmung mit dem Insolvenzgericht siehe § 2 Rz. 120 [*Brünkmans*]. Dabei sind folgende Grenzen der inhaltlichen Ausgestaltung der Planregelung zu beachten:

105) *Rendels/Zabel*, Insolvenzplan, Rz. 361.

106) Vgl. auch *Brünkmans*, ZIP 2015, 1052, 1061.

I. Planregelung dient einem in § 217 InsO aufgeführten Regelungszweck

Notwendige Voraussetzung für die Rechtmäßigkeit einer Planregelung ist, dass diese einem der in § 217 InsO abschließend aufgeführten Ziele dient und ausschließlich die Regelung zwangsweise planunterworfener Rechtspositionen zum Gegenstand hat (siehe dazu ausführlich Rz. 23 ff., 34 ff.).[107] 103

II. Keine Abweichung von zwingenden Vorschriften der InsO

Ferner darf die Planregelung nicht von einer zwingenden Vorschrift der InsO abweichen (siehe ausführlich oben Rz. 37). 104

III. Einhaltung der Vorschriften über den Inhalt des Insolvenzplans

Bei der Planerstellung sind insbesondere die Vorschriften über den Inhalt des Insolvenzplans zu beachten (§§ 231 Abs. 1 Nr. 1, 250 Nr. 1 InsO). 105

So ist nach § 219 InsO zwingend auf die **Gliederung des Insolvenzplans** in einen darstellenden Teil und gestaltenden Teil zu achten. Befinden sich dennoch gestaltende Regelungen im darstellenden Teil oder hat der Insolvenzplan gar keinen gliederungsmäßig abgegrenzten gestaltenden Teil, würde dieser Insolvenzplan gegen § 219 InsO verstoßen und vom Gericht bereits i. R. der Vorprüfung gemäß § 231 Abs. 1 Nr. 1 InsO zurückgewiesen.[108] 106

Auch ist bei der Formulierung der Regelung des gestaltenden Teils auf die **Mindestvorgaben** aus § 221 InsO zu achten, insbesondere muss bei der konkreten Formulierung der Rechtsänderungen der **sachenrechtliche Bestimmtheitsgrundsatz** eingehalten werden (siehe ausführlich Rz. 135). Die **Vorschriften über die Gruppenbildung** (§ 222 InsO, § 9 Abs. 4 Satz 1 BetrAVG) sind einzuhalten (zur Gruppenbildung siehe § 9 [*Beck/Pechartscheck*]). Der Planverfasser hat darauf zu achten, dass innerhalb der Gläubigergruppe der **Gleichbehandlungsgrundsatz** eingehalten wird (§ 226 InsO). Zwischen den einzelnen Gruppen ist jedoch – anders als im Regelverfahren – eine Gleichbehandlung innerhalb der gleichen Rangklasse nur dann erforderlich, wenn zu erwarten ist, dass der Insolvenzplan voraussichtlich nicht in allen Gläubigergruppen mehrheitlich angenommen wird und damit nur über das Obstruktionsverbot (§ 245 Abs. 2 Nr. 3 InsO) durchsetzbar ist. Zum Gleichbehandlungsgrundsatz siehe § 9 [*Beck/Pechartscheck*]. 107

Ferner müssen die Regelungen im Insolvenzplan mit dem **übrigen geltenden Recht vereinbar** sein. Richtigerweise erfolgt eine vollständige Überprüfung des Insolvenzplans über die in den §§ 217, 219 bis 230 InsO geregelten inhaltlichen Vorgaben hinaus durch das Insolvenzgericht i. R. der Vorprüfung (§ 231 InsO) und Bestätigung (§ 250 InsO).[109] 108

Enthält der Insolvenzplan Regelungen, welche die Anteilsinhaber der Schuldnerin betreffen, ist darauf zu achten, dass diese Regelungen **„gesellschaftsrechtlich zulässig"** sind (vgl. § 225a Abs. 3 InsO). Allerdings sind für solche, die Anteilsinhaber betreffenden Regelungen nicht sämtliche Vorschriften des einschlägigen Gesellschaftsrechts zu beachten, 109

107) **Anders** LG Düsseldorf, Beschl. v. 21.9.2015 – 25 T 404/15, ZIP 2015, 2182 = ZVI 2016, 156.

108) Uhlenbruck-*Streit*, InsO, § 219 Rz. 1; *Spahlinger* in: KPB, InsO, § 219 Rz. 1.

109) In diesem Sinne: *Brünkmans/Uebele*, ZInsO 2014, 265, 271 ff.; *Horstkotte*, ZInsO 2014, 1297, 1300; *Brünkmans/Greif-Werner*, ZInsO 2015, 1585, 1588 f.; s. a. unten *Laroche*, § 14 Rz. 66 ff.; in diesem Sinne wohl auch: BGH, Beschl. v. 7.5.2015 – IX ZB 75/14, ZIP 2015, 1346; **anders** hingegen die noch überwiegende Auffassung: *Fiebig* in: HK-InsO, § 231 Rz. 2, § 250 Rz. 2; *Spahlinger* in: KPB, InsO, § 231 Rz. 10, § 250 Rz. 7; *Sinz* in: MünchKomm-InsO, § 250 Rz. 6; *Thies* in: HambKomm-InsR, § 250 InsO Rz. 4. Vorschriften über den Inhalt des Insolvenzplans sind etwa: die zwingende Gliederung des Insolvenzplans in einen darstellenden und einen gestaltenden Teil (§ 219 InsO), den sachlichen Numerus Clausus zulässiger Regelungen im gestaltenden Teil des Insolvenzplans (§ 217 InsO), Gruppenbildung (§§ 222–225 InsO).

denn vielzählige Vorschriften des Gesellschaftsrechts werden durch das Insolvenzrecht allgemein und die speziellen Regelungen des Insolvenzplanverfahrens im Besonderen überlagert oder verdrängt. Siehe dazu ausführlich § 29 Rz. 57 ff. [*Brünkmans*].

IV. Keine AGB-Kontrolle bei Insolvenzplänen

110 Es stellt sich des Weiteren die Frage, ob die Vorschriften über die allgemeinen Geschäftsbedingungen gemäß §§ 305 ff. BGB auf die Regelungen des Insolvenzplans Anwendung finden. Dies hätte zur Folge, dass die jeweiligen Planregelungen einer AGB-Inhaltskontrolle gemäß §§ 305 ff. BGB standhalten müssten. Ein im Insolvenzplan enthaltener Erlass von Insolvenzforderungen, die auf einem Schadensersatzanspruch wegen grob fahrlässiger Pflichtverletzung des Schuldners beruhen, wäre gemäß § 309 Nr. 7 lit. b BGB möglicherweise unwirksam. Jede Insolvenzplanregelung, die eine „überraschende“ Klausel i. S. des § 305c BGB darstellen würde, wäre ebenfalls unwirksam. Da es keine näheren gesetzlichen Vorgaben über die inhaltliche Ausgestaltung i. S. eines „Muster-Insolvenzplans“ gibt, wäre bei der Einordnung als „überraschende Klausel“ auf die Abweichung zu den marktüblichen Insolvenzplanregelungen abzustellen. Ob und in welchem Umfang es überhaupt einen Marktstandard von Insolvenzplanregelungen gibt, erscheint sehr fraglich.

111 Nach der Rechtsprechung finden die §§ 305 ff. BGB auf die Regelungen des Insolvenzplans zu Recht keine Anwendung.[110)] Die Anwendung der AGB-Vorschriften scheitert bereits daran, dass der Insolvenzplan nach vorzugswürdigem Verständnis **keinen Vertrag im herkömmlichen Sinne**, sondern ein **insolvenzrechtliches Instrument sui generis** darstellt.[111)]

V. Schlechterstellungsverbot (§ 251 Abs. 1 Nr. 2 und § 245 InsO)

112 Für die Durchsetzungsfähigkeit des Insolvenzplans ist das aus § 251 InsO resultierende Schlechterstellungsverbot der Beteiligten zu beachten. Kein Beteiligter, in dessen Rechtsstellung über den gestaltenden Teil des Insolvenzplans eingegriffen wird, darf durch den Insolvenzplan voraussichtlich schlechter stehen als im Vergleich zum Regelverfahren. Andernfalls ist zu erwarten, dass sich Beteiligte gegen den Insolvenzplan über den Minderheitenschutzantrag (§ 251 InsO) und die ggf. anschließende sofortige Beschwerde (§ 253 InsO) wehren. Zu den Voraussetzungen für die Annahme einer Schlechterstellung siehe ausführlich § 20 Rz. 29 ff. [*Hirschberger*].

113 Zwar wird die Schlechterstellung im Vergleich zum Regelverfahren grundsätzlich **nicht von Amts** wegen durch das Insolvenzgericht i. R. des Planbestätigungsverfahrens geprüft (siehe dazu § 14 Rz. 40 ff. [*Laroche*]). Allerdings ist bei einer Schlechterstellung mit einem Minderheitenschutzantrag nach § 251 InsO durch einen Gläubiger oder ggf. Anteilsinhaber zu rechnen. Auch ist damit zu rechnen, dass die Gläubiger einem sie mindestens nicht schlechterstellenden Insolvenzplan nicht mehrheitlich zustimmen werden. Stimmen nicht alle Gruppen mehrheitlich zu, hat das Gericht i. R. des **Obstruktionsverbotes** (§ 245 Abs. 1 Nr. 1 InsO) die Schlechterstellung **von Amts wegen** zu prüfen (zum Obstruktionsverbot siehe § 17 Rz. 5 ff. [*Thole*]).

114 Das Gericht prüft aber bereits bei der **Vorprüfung**, ob i. R. der Vergleichsrechnung für die Gläubiger nachvollziehbar eine Gegenüberstellung zur Befriedigung im Regelverfah-

110) BGH, Urt. v. 6.10.2005 – IX ZR 36/02, ZIP 2006, 39; LAG Düsseldorf, Urt. v. 6.8.2014 – 7 Sa 1190/13, ZInsO 2014, 2378; LAG Düsseldorf, Urt. v. 3.7.2014 – 5 Sa 225/14, ZIP 2014, 1988 = ZInsO 2014, 2119.

111) BGH, Beschl. v. 7.5.2015 – IX ZB 75/14, ZIP 2015, 1346; BGH, Urt. v. 6.10.2005 – IX ZR 36/02, Rz. 15 ff., ZIP 2006, 39; s. oben § 1 Rz. 9 ff. [*Thole*].

ren erfolgte. Steht bereits im Zeitpunkt der Vorprüfung mit an Sicherheit grenzender Wahrscheinlichkeit fest, dass ein Insolvenzplan aus Gründen des Minderheitenschutzes nach § 251 InsO nicht bestätigt werden wird, kann das Insolvenzgericht einen vom Schuldner vorgelegten Insolvenzplan im Vorprüfungsverfahren zurückweisen (§ 231 Abs. 1 Satz 1 Nr. 2 InsO).[112] Zwar kann eine Zurückweisung i. R. der Vorprüfung nur in eindeutigen Fällen erfolgen, wie aus dem Wort „offensichtlich" in § 231 Abs. 1 Satz 1 Nr. 2 InsO zu entnehmen ist.[113] Allerdings kann das Insolvenzgericht bereits vorliegende Äußerungen der Gläubiger sowohl für die Frage der Annahme des Insolvenzplans durch die Gläubiger als auch für die Wahrscheinlichkeit eines Minderheitenschutzantrages berücksichtigen.[114] Ist die Vergleichsrechnung nicht überzeugend oder sogar fehlerhaft und kann den Umständen nach mit einem Minderheitenschutzantrag gerechnet werden, hat der Plan keine Aussicht auf Bestätigung durch das Gericht. Vor dem Hintergrund ist bei der inhaltlichen Ausgestaltung des Insolvenzplans darauf zu achten, dass die Gläubiger und Anteilsinhaber zumindest nicht wirtschaftlich schlechterstehen als im Regelverfahren.

Praxishinweis

Damit der Insolvenzplan auf Akzeptanz bei den Gläubigern trifft, ist diesen im Insolvenzplan eine nicht unerheblich höhere Quote zu gewähren, als die Vergleichsrechnung im darstellenden Teil oder in der Plananlage für das Regelverfahren ausweist. Die Prognose über die Befriedigung im Regelverfahren ist im Hinblick auf Verwertungsszenarien und Wertansätzen mit Unsicherheiten verbunden. Das Prognoserisiko kann durch eine erhöhte Planquote ein Stück weit abgefedert werden. Im Zweifelsfall sind im gestaltenden Teil des Insolvenzplans gesonderte Mittel für den Fall des Nachweises der Schlechterstellung auszuweisen (siehe § 8 Rz. 615 ff. [*Brünkmans*]).

VI. Gleichbehandlungsgebot (§§ 226 Abs. 1, 245 Abs. 2 Nr. 3 InsO)

Weitere Schranke bei der inhaltlichen Ausgestaltung des gestaltenden Teils des Insolvenzplans ist das Gleichbehandlungsgebot aus § 226 InsO. Innerhalb einer Gruppe sind allen Beteiligten gleiche Rechte anzubieten. Anders als im Regelinsolvenzverfahren gilt die Gläubigergleichbehandlung (par conditio creditorum) nur innerhalb der Gruppe, nicht allgemein für sämtliche Gläubiger. 115

Ist damit zu rechnen, dass der Insolvenzplan innerhalb einer Gruppe der einfachen Insolvenzgläubiger nicht die erforderlichen Mehrheiten (§ 244 InsO) erhält, so sind vor dem Hintergrund des Obstruktionsverbotes (dort § 245 Abs. 2 Nr. 3 InsO) sämtliche einfachen Insolvenzgläubiger wirtschaftlich gleichzustellen (zum Obstruktionsverbot siehe § 17 [*Thole*]). 116

VII. Verbot von Nebenabreden (§ 226 Abs. 3 InsO)

Nach § 226 Abs. 3 InsO ist jedes Abkommen unwirksam, welches einzelnen Beteiligten für ihr Verhalten bei Abstimmungen oder sonst im Zusammenhang mit dem Insolvenzplanverfahren **Sondervorteile** bietet. Sondervorteil ist gemäß § 226 Abs. 3 InsO ein „nicht im Plan vorgesehener Vorteil". Mithin kann durch Transparenz gegenüber den Gläubigern – auch in Form einer Plananlage – die Anwendung des § 226 Abs. 3 InsO vermieden werden.[115] Besonders sensibel ist mit etwaigen **Abreden zwischen Investor und Alt-** 117

112) BGH, Beschl. v. 20.7.2017 – IX ZB 13/16, ZVI 2018, 21 = ZIP 2017, 1576.

113) Begr. RegE InsO z. § 275 RegE, BT-Drucks. 12/2443, S. 204; BGH, Beschl. v. 20.7.2017 – IX ZB 13/16, Rz. 10, ZVI 2018, 21 = ZIP 2017, 1576.

114) BGH, Beschl. v. 20.7.2017 – IX ZB 13/16, ZVI 2018, 21 = ZIP 2017, 1576; zur Annahmeprognose BGH, Beschl. v. 16.12.2010 – IX ZB 21/09, Rz. 3, ZIP 2011, 340.

115) *Rendels/Zabel*, Insolvenzplan, Rz. 618.

Gesellschaftern umzugehen.[116] Es kann sich empfehlen, diese freiwillig aus Gründen der Transparenz als Anlagen zum Insolvenzplan beizufügen.[117]

118 **Abreden neben dem Insolvenzplan** haben grundsätzlich keine unmittelbaren Auswirkungen auf diesen, wenn sie nicht mittels einer Planbestätigungsvoraussetzung nach § 249 InsO oder eine aufschiebende Bedingung nach § 158 BGB mit diesem verknüpft werden. Stellt sich jedoch heraus, dass die Nebenabrede selbst unwirksam ist (was sich nach den allgemeinen Vorschriften, §§ 104 ff. BGB, richtet), so kann dies faktisch die Umsetzbarkeit des Plans beeinflussen, wenn etwa die bereits abgegebene Erklärung des Investors zur Übernahme der i. R. einer Kapitelerhöhung neu geschaffenen Geschäftsanteile unwirksam war (siehe § 30 Rz. 164 ff. [*Brünkmans*]) und aufgrund eines nicht beseitigbaren Mangels auch nicht mehr eingeholt werden kann.

VIII. Beseitigung der Insolvenzgründe mit Verfahrensaufhebung

119 Bei der Gestaltung der Rechte im Insolvenzplan hat der Planarchitekt zu beachten, dass insbesondere bei juristischen Personen und anderen nach § 15a InsO antragspflichtigen Gesellschaften auch die Insolvenzgründe der Überschuldung und Zahlungsunfähigkeit durch den Insolvenzplan jedenfalls im Zeitpunkt der Aufhebung des Insolvenzverfahrens nach § 258 Abs. 1 InsO nachhaltig beseitigt sind.[118] Der Insolvenzplan darf den Schuldner nicht wieder in die „Insolvenzreife" entlassen mit der Folge, dass nach rechtskräftiger Bestätigung des Insolvenzplans unverzüglich wieder eine Insolvenzantragspflicht der Gesellschaftsorgane aus § 15a InsO besteht.[119]

IX. Insolvenzzweckwidrige Insolvenzpläne

120 Sämtliche im Insolvenzplan enthaltenen Regelungen müssen sich am Insolvenzverfahrenszweck der bestmöglichen Befriedigung der Gläubiger aus § 1 InsO messen lassen.[120] Die Sanierung des Schuldners ist dabei lediglich ein Weg zur Erreichung dieses Insolvenzverfahrenszwecks.[121] Die klassischen Regelungen im gestaltenden Teil, die auf eine finanzwirtschaftliche Sanierung des Schuldners ausgerichtet sind, dürften dabei unproblematisch dem Insolvenzverfahrenszweck dienen. Allerdings müssen Regelungen, welche die Anteilsinhaber betreffen, nicht zwingend dem Insolvenzverfahrenszweck dienen. Regelungen, welche einen Formwechsel von einer GmbH zu einer AG vorsehen und lediglich der Schlichtung eines Gesellschafterstreites dienen, i. Ü. weder finanzwirtschaftliche Sanierungsmaßnahmen wie Stundung, Forderungsverzichte oder Kapitalmaßnahmen noch leistungswirtschaftliche Sanierungsmaßnahmen erkennbar sind, dürften in der Regel insolvenzzweckwidrig und damit nicht nach §§ 250 ff. InsO bestätigungsfähig sein. Siehe dazu ausführlich § 29 Rz. 89 ff. [*Brünkmans*].

F. Registerrechtliche Erklärungen – Ersetzung durch Regelungen im gestaltenden Teil

121 Sollen Rechte an Gegenständen begründet, geändert, übertragen oder aufgehoben werden, so können die dafür erforderlichen Willenserklärungen als Regelungen in den gestaltenden Teil des Insolvenzplans aufgenommen werden, welche dann mit Rechtskraft des Insol-

116) Vgl. *Rendels/Zabel*, Insolvenzplan, Rz. 622.

117) Vgl. *Rendels/Zabel*, Insolvenzplan, Rz. 622.

118) *Brünkmans/Greif-Werner*, ZInsO 2015, 1585, 1561; *Rendels/Zabel*, Insolvenzplan, Rz. 9.

119) *Rendels/Zabel*, Insolvenzplan, Rz. 10.

120) Dazu ausführlich *Brünkmans/Uebele*, ZInsO 2014, 265, 271 ff.

121) *Bruns* in: MünchKomm-InsO, § 1 Rz. 85 ff.

venzplans nach §§ 254 Abs. 1, 254a Abs. 1 InsO ersetzt werden. Dies gilt nach der hier vertretenen Auffassung nur für die Erklärungen der Beteiligten im Hinblick auf zwangsweise planunterworfene Rechtspositionen (siehe ausführlich oben Rz. 23 ff.). Wie § 228 Satz 2 InsO zu entnehmen ist, kann durch eine Planregelung nicht nur die auf die materielle Rechtsänderung gerichtete Willenserklärung durch eine Planregelung ersetzt werden. Vielmehr gilt dies auch für die registerverfahrensrechtlichen Erklärungen, wie etwa die Anträge auf Eintragung in ein öffentliches Register, insbesondere das Grundbuch oder Handelsregister, oder die Eintragungsbewilligung.[122)]

Nach § 13 GBO soll eine Eintragung in das Grundbuch nur auf **Antrag** erfolgen. Antragsberechtigt ist jeder, dessen Recht von der Eintragung betroffen wird oder zu dessen Gunsten die Eintragung erfolgen soll. Nach § 19 GBO gilt der **Bewilligungsgrundsatz**, d. h. eine Eintragung erfolgt nur, wenn derjenige sie bewilligt, dessen Recht von ihr betroffen wird. Beide Erklärungen (Antrag und Bewilligung) können durch eine Regelung im gestaltenden Teil des Insolvenzplans ersetzt werden. Die Formvorschrift aus § 29 GBO – Nachweis durch öffentliche oder öffentlich beglaubigte Urkunden – wird gemäß §§ 254 Abs. 1, 254a Abs. 1 InsO ersetzt. 122

Praktische Bedeutung hat die Aufnahme registerrechtlicher Erklärungen insbesondere bei der Freigabe einer Sicherheit, wenn der Insolvenzplan Eingriffe in Absonderungsrechte vorsieht. So kann etwa der Verzicht auf eine Grundschuld (§§ 1192 Abs. 1, 1168 BGB) gegen einmalige Ausgleichszahlung im Insolvenzplan geregelt werden. Für die Umsetzung kann der Eintragungsantrag gemäß § 13 GBO und die Bewilligung des Grundschuldinhabers gemäß § 19 GBO durch eine Regelung im Insolvenzplan ersetzt werden. 123

Bei der Formulierung der die Eintragungsbewilligung ersetzenden Insolvenzplanregelung ist gemäß § 228 Satz 2 InsO, § 28 GBO zu beachten, d. h. das Grundstück ist übereinstimmend mit dem Grundbuch oder durch Hinweis auf das Grundbuchblatt zu bezeichnen. Weitere, für die Rechtsänderung erforderliche Publizitätsakte, wie z. B. Grundbuch- oder Handelsregistereintragungen werden durch den Insolvenzplan hingegen nicht ersetzt (siehe dazu oben Rz. 15). 124

G. Formersetzung

I. Formfiktion für Verpflichtungs- und Verfügungserklärungen der Beteiligten (§ 254a Abs. 1, Abs. 3 InsO)

Ist das durch die Insolvenzplanregelung zu ersetzende Rechtsgeschäft nach allgemeinen zivilrechtlichen Vorschriften formbedürftig, gelten die im Insolvenzplan aufgenommenen Willenserklärungen der Beteiligten als in vorgeschriebener Form abgegeben. Diese Formfiktion gilt sowohl für **dingliche Verfügungserklärungen** (§ 254a Abs. 1 InsO) als auch für **schuldrechtliche Verpflichtungserklärungen** (§ 254a Abs. 3 InsO). Sie finden unmittelbare Anwendung nur für Willenserklärungen betreffend **zwangsweise planunterworfenen Rechtspositionen**, deren Abgabe mit rechtskräftiger Bestätigung des Insolvenzplans durch eine entsprechende Regelung im gestaltenden Teil des Insolvenzplans fingiert wird (siehe dazu Rz. 23 ff.). 125

Für die Änderung eines Mietvertrages für die Zukunft über einen Insolvenzplan fehlt es bereits an eine Ermächtigung, denn solche Vertragsänderungen sind in § 217 InsO nicht vorgesehen (siehe Rz. 33, 92). Auf die Frage, ob ein „im Insolvenzplan geregelter" Nach- 126

122) Vgl. auch *Rendels/Zabel*, Insolvenzplan, Rz. 287; K. Schmidt-*Spliedt*, InsO, § 228 Rz. 7; *Fiebig* in: HK-InsO, § 228 Rz. 6; *Thies* in: HambKomm-InsR, § 228 InsO Rz. 4.

trag zu einem Gewerbemietvertrag trotz § 254a Abs. 1 InsO mit dem Schriftformerfordernis aus § 550 BGB vereinbar ist, kommt es somit überhaupt nicht an.[123)]

II. Formfiktion auch für Dritterklärungen?

127 Nach der hier vertretenen Auffassung können sog. Dritterklärungen, d. h. Willenserklärungen bezüglich nicht zwangsweise planunterworfener Rechtspositionen, nicht als Regelung im gestaltenden Teil des Insolvenzplans aufgenommen werden. Solche Dritterklärungen sind vielmehr nach **allgemeiner Rechtsgeschäftslehre** außerhalb des Insolvenzplans zu vollziehen und können allenfalls als **Anlage** zum Insolvenzplan aufgenommen werden (siehe dazu ausführlich Rz. 23 ff., 31).

128 **Streitig** ist, ob solche in die Plananlage aufgenommenen Dritterklärungen von der Formfiktion aus § 254a InsO erfasst werden. Rechtsprechung gibt es dazu bisher – soweit ersichtlich – nicht. In der Literatur sind drei Auffassungen erkennbar:

- Nach einer Auffassung sollen sowohl die schuldrechtliche Verpflichtungserklärung als auch die dingliche Verfügungserklärung Dritter mit Einbeziehung in die Anlage zum Insolvenzplan von der Formfiktion aus § 254a InsO erfasst werden.[124)] Eine notarielle Beurkundung der Annahmeerklärung eines Investors zum Kauf und zur Übertragung von GmbH-Geschäftsanteilen wäre dann nicht erforderlich, wenn diese oder der gesamte Kauf- und Abtretungsvertrag in Form einer Anlage mit dem Insolvenzplan verbunden wird.[125)]
- Der **wohl überwiegende Teil der Literatur** hingegen will die Formfiktion von Dritterklärungen in den Anlagen zum Insolvenzplan lediglich auf die schuldrechtliche Verpflichtungserklärung, nicht jedoch auf die dingliche Verfügungserklärung, übertragen.[126)] Grund für diese merkwürdig anmutende Differenzierung soll nach dieser Auffassung der Wortlaut von § 254a Abs. 3 InsO sein, wonach allgemein von „die in den Plan aufgenommenen Verpflichtungserklärungen" die Rede ist, während der für Verfügungsgeschäfte einschlägige § 254a Abs. 1 InsO von „in den Insolvenzplan aufgenommenen Willenserklärungen *der Beteiligten*" (Hervorhebung durch d. Verf.) spricht.
- Wiederum ein anderer Teil der Literatur lehnt die Anwendung der Formfiktion aus § 254a InsO auf Dritterklärungen sowohl für Verpflichtungs- als auch Verfügungserklärungen ab, selbst wenn sie als Anlage zum Insolvenzplan genommen wurden.[127)]

129 Letztere Auffassung überzeugt. Wortlaut, Systematik und Telos sprechen gegen die Übertragung der Formfiktion aus § 254a Abs. 1, Abs. 3 InsO auf Dritterklärungen.

130 Nach dem Wortlaut von § 254a Abs. 1 InsO gelten Willenserklärungen „*der Beteiligten*" als in der vorgeschriebenen Form abgegeben.[128)] Die §§ 217 ff. InsO verwenden den Begriff Beteiligte jedoch durchweg i. S. von Personen im Hinblick auf ihre zwangsweise planunterworfene Rechtspositionen (siehe oben Rz. 23 ff.).

131 Schließlich sprechen auch Sinn und Zweck von § 254a Abs. 1, Abs. 3 InsO gegen die Übertragung der Formfiktion auf Dritterklärungen. Zwar wird häufig die Konzentrations- und

123) Vgl. aber *Weiß/Erb*, NZM 2024, 595, 596.

124) *Eidenmüller* in: MünchKomm-InsO, § 217 Rz. 161; *Thies* in: HambKomm-InsR, § 254a InsO Rz. 4.

125) Das Angebot des Schuldners ist wegen der Eigenschaft als zwangsweise Planunterworfener bereits durch die unmittelbare Anwendung von § 254a Abs. 1 und Abs. 3 nicht beurkundungsbedürftig, s. dazu Rz. 30.

126) So *Huber/Madaus* in: MünchKomm-InsO, § 254a Rz. 19; s. a. unten § 23 Rz. 72 [*Madaus*]; *Fiebig* in: HK-InsO, § 230 Rz. 7; K. Schmidt-*Spliedt*, InsO, § 254a Rz. 2; Braun-*Braun/Frank*, InsO, § 254a Rz. 6.

127) *Brünkmans*, ZIP 2015, 1052, 1056 ff.; *Horstkotte/Martini*, ZInsO 2012, 557, dort Fn. 98.

128) *Brünkmans*, ZIP 2015, 1052, 1057.

Beschleunigungsfunktion, sogar schlicht das allgemeine Prinzip der bestmöglichen Gläubigerbefriedigung aus § 1 InsO als Argument für eine solche Übertragung herangezogen.[129)] Allerdings kann der Verweis auf diese allgemeinen Prinzipien nicht die Planwirkung begründen, sondern vielmehr umgekehrt ergibt sich die Konzentrations- und Beschleunigungsfunktion gerade aus der gesetzlich normierten Planwirkung.[130)]

Die Einhaltung der Formvorschriften führt unter Rückgriff auf Bedingungsmechanismen (siehe oben Rz. 90 ff.) in der Praxis nicht zu unlösbaren Problemen. Der Sinn und Zweck der Formfiktion führt somit nicht zwingend zur Einbindung von Dritterklärungen. **Im Gegenteil!** Die Formfiktion ist logisch mit der Zwangsunterwerfung des „Erklärenden“ im Hinblick auf die konkrete Rechtsposition unter das insolvenzplanspezifische Mehrheitsprinzip zu begründen.[131)] Der außenstehende Dritte hingegen ist in seiner Erklärung frei. Diese Vertragsfreiheit wird zu Warn- und Belehrungszwecken (Warn-, Übereilungsschutz- und Belehrungsfunktion) durch die Formvorschriften eingeschränkt.[132)] Für den Dritterklärenden, der über das Insolvenzplanverfahren nicht majorisiert werden kann, besteht auch bei Insolvenzplanlösungen ein Bedürfnis nach Warnung, Übereilungsschutz und Belehrung, denn er kann sich frei entscheiden. Eine Aufopferung dieses Schutzbedürfnisses zugunsten der Konzentrations- und Beschleunigungsfunktion des Insolvenzplanverfahrens[133)] hätte einer ausdrücklichen und klaren Regelung im Gesetz bedurft.[134)] **132**

Die besseren Argumente sprechen daher gegen eine Formfiktion von Dritterklärungen. Für Willenserklärungen, die sich nicht auf zwangsweise planunterworfene Rechtspositionen beziehen, sind daher die einschlägigen Formvorschriften zu beachten. Das gilt sowohl für Verpflichtungs- als auch für Verfügungserklärungen. **133**

Praxishinweis

Aufgrund der unterschiedlichen Ansichten zur Formfiktion bei Willenserklärungen im Hinblick auf nicht zwangsweise planunterworfene Rechtspositionen führt aus dem Gesichtspunkt der sicheren Plangestaltung ohnehin kein Weg daran vorbei, die jeweilige Form des Rechtsgeschäfts zu beachten. So sind insbesondere die Willenserklärungen des Dritten, die auf den Erwerb von GmbH-Geschäftsanteilen bezogen sind, gemäß § 15 Abs. 3, Abs. 4 GmbHG zu beurkunden (siehe auch § 8 Rz. 296 [*Brünkmans*]).

H. „Handwerkliche Anforderungen“ bei der Abfassung von Regelungen des gestaltenden Teils

Bei der Formulierung der einzelnen Planregelungen des gestaltenden Teils sollte der Planverfasser im besonderen Maße sorgfältig arbeiten. Der gestaltende Teil des Insolvenzplans muss für die unmittelbare Gestaltungswirkung und die Vollstreckbarkeit bestimmt genug sein, was auch vom Insolvenzgericht i. R. der Vorprüfung (§ 231 Abs. 1 Nr. 1 InsO) und der Planbestätigung (§§ 248, 250 Nr. 1 InsO) geprüft wird. Zum Prüfungsumfang siehe auch § 14 Rz. 21 ff. [*Laroche*].[135)] **134**

Die einzelnen Regelungen des gestaltenden Teils müssen Art, Zeit und Umfang der Gläubigerbefriedigung eindeutig und umfassend festlegen.[136)] Unschädlich ist die Verwendung **135**

129) *Eidenmüller* in: MünchKomm-InsO, § 217 Rz. 161.

130) *Brünkmans*, ZIP 2015, 1052, 1057.

131) *Brünkmans*, ZIP 2015, 1052, 1058.

132) Grüneberg-*Ellenberger*, BGB, § 125 Rz. 1 ff.

133) So wohl *Eidenmüller* in: MünchKomm-InsO, § 217 Rz. 154, 161.

134) Tendenziell so auch *Horstkotte/Martini*, ZInsO 2012, 557, dort Fn. 98.

135) BGH, Beschl. v. 7.5.2015 – IX ZB 75/14, ZIP 2015, 1346, 1347.

136) BGH, Beschl. v. 26.4.2018 – IX ZB 49/17, Rz. 39, ZVI 2018, 272 = NZI 2018, 691.

genereller und abstrakter Anordnungen mit Normcharakter, sofern sie auslegungsfähig sind.[137] Ein Insolvenzplan entbehrt der erforderlichen Klarheit und Widerspruchsfreiheit, wenn zwar eine feste Insolvenzquote bestimmt wird, ihre Fälligkeit aber von aufschiebenden Bedingungen abhängt, die tatsächlich nicht eintreten können[138] (zur Zulässigkeit von aufschiebenden Bedingungen im Insolvenzplan siehe § 8 Rz. 462 [*Brünkmans*]). Planregelungen, welche die Willenserklärungen der Beteiligten ersetzen, sind besonders **präzise zu formulieren**, insbesondere, wenn sie dingliche Verfügungen beinhalten. Auf den **sachenrechtlichen Bestimmtheitsgrundsatz** ist akribisch zu achten. Sind Planregelungen Gegenstand der registerrechtlichen Eintragung wie z. B. bei der Formulierung eines Kapitalerhöhungsbeschlusses (siehe ausführlich § 30 Rz. 163 [*Brünkmans*]) oder der Aufnahme einer Auflassungserklärung ist ebenfalls besondere Sorgfalt geboten.[139] Ohne eine sorgfältige Formulierung und entsprechender Kontrolle durch das Insolvenzgericht besteht die Gefahr, dass letztlich der Vollzug der Planregelung scheitert.[140]

136 Da der Insolvenzplan i. V. m. der Insolvenztabelle nach § 257 Abs. 1 Satz 1 InsO die Funktion eines Vollstreckungstitels einnimmt, ist insbesondere auch bei der Formulierung der Insolvenzquote die hinreichende Bestimmtheit und **Vollstreckungsfähigkeit** der Regelung zu beachten (siehe in § 23 Rz. 56 ff. [*Madaus*]). Ausreichend ist, wenn die Planregelungen hinreichend bestimmbar sind.[141] Die Vollstreckbarkeit muss im Zeitpunkt der Entscheidung über die Zustimmung zum Insolvenzplan noch nicht vorliegen, sondern vielmehr erst dann, wenn die Vollstreckung aus dem Insolvenzplan i. S. von § 257 InsO erfolgen soll (siehe § 8 Rz. 20 ff. [*Brünkmans*]).

137 Die Höhe des Bruchteils, um den die Forderungen gekürzt werden, muss hingegen im Insolvenzplan nicht genau festgelegt sein. Ausreichend ist, dass der Bruchteil der Forderungskürzung bestimmbar ist.[142]

I. Rechtsfolge fehlerhafter Planregelungen

138 Rechtswidrige Planregelungen können grundsätzlich in Rechtskraft erwachsen, wenn sie vom Insolvenzgericht bestätigt werden. Ob die Regelung trotz Rechtskraft nichtig ist, hängt davon ab, ob der Fehler **schwerwiegend und offenkundig** ist.[143]

137) BGH, Beschl. v. 26.4.2018 – IX ZB 49/17, Rz. 40, ZVI 2018, 272 = NZI 2018, 691.
138) BGH, Beschl. v. 26.4.2018 – IX ZB 49/17, Rz. 41, ZVI 2018, 272 = NZI 2018, 691.
139) Vgl. Braun-*Braun/Frank*, InsO, § 228 Rz. 3; Uhlenbruck-*Streit*, InsO, § 228 Rz. 1.
140) S. auch *Rendels/Zabel*, Insolvenzplan, Rz. 287 Rz. 314.
141) *Tresselt/Nagel*, DB 2018, 1969, 1972.
142) K. Schmidt-*Spliedt*, InsO, § 224 Rz. 2.
143) *Rendels/Zabel*, Insolvenzplan, Rz. 298 f.

§ 8
Typische Regelungsgegenstände im gestaltenden Teil

Übersicht

Literatur: *Armbrüster*, Rechts- und Gestaltungsfragen der W&I-Versicherung beim Unternehmenskauf, ZIP 2023, 553; *Bärenz*, Von der Erlöschenstheorie zur Theorie der insolvenzrechtlichen Modifizierung – zur Dogmatik der neuen BGH-Rechtsprechung zu § 103 InsO, NZI 2006, 72; *Baumert/Schmitt*, Phoenix Kapitaldienst – ein Verfahren schreibt BGH-Rechtsprechung, NZI 2012, 394; *Blankenburg*, Ein vergütungsrechtlicher Bärendienst mit Folgen, ZInsO 2017, 531; *Blankenburg*, Probleme des Insolvenzplans in Kleinverfahren, ZInsO 2015, 1293; *Borchardt*, Die Rückforderung zu Unrecht gewährter staatlicher Beihilfen beim Verkauf von Vermögenswerten des Beihilfenempfängers durch den Insolvenzverwalter, ZIP 2001, 1301; *Bork*, Vorleistung des Schuldners in der Insolvenz, in: Festschrift für Jobst Wellensiek, 2011, S. 201; *Braun*, Aufrechnung mit im Insolvenzplan erlassenen Forderungen, NZI 2009, 409; *Braun/Frank*, Der Kreditrahmen gem. § 264 InsO als Finanzierungsinstrument des Sanierungsplans – Papiertiger oder weiterer „Kostenbeitrag" für absonderungsberechtigte Gläubiger?, in: Kölner Schrift zur Insolvenzordnung, 3. Aufl. 2009, S. 809; *Bremen*, Das Leitbild des sanierten Unternehmens im Schutzschirmverfahren, NZI 2014, 137; *Brete/Thomsen*, Die Auffanggesellschaft, NJOZ 2008, 4159; *Breutigam/Kahlert*, Forderungsfeststellung im Planverfahren – eine unendliche Geschichte?, ZInsO 2002, 469; *Brinkmann/Denkhaus/Horstkotte/Schmidt, A./Westphal/Wierzbinski/Ziegenhagen*, Evaluierung des ESUG, Sanierungskultur im Jahr 2017 – Zwischenbilanz und Ausblick, ZIP 2017, 2430; *Brünkmans*, Reichweite der Rechtskraft von Insolvenz- und Restrukturierungsplänen, ZIP 2022, 1573; *Brünkmans*, Präklusions- und Ausschlussklauseln in Insolvenzplänen, ZInsO 2016, 245; *Brünkmans*, Sanierungstransaktionen in Insolvenzplänen – gilt die Formfiktion des § 254a InsO für Erklärungen außenstehender Dritter?, ZIP 2015, 1052; *Brünkmans*, Rechtliche Möglichkeiten und Grenzen von Umwandlungen im Insolvenzverfahren, ZInsO 2014, 2533; *Brünkmans*, Die Unternehmensakquisition über einen Kapitalschnitt im Insolvenzplanverfahren, ZIP 2014, 1857; *Brünkmans*, Die Strukturierung von Sanierungsfinanzierungen in Unternehmenskrise und Insolvenz, CFL 2012, 375; *Brünkmans*, Koordinierung von Insolvenzverfahren konzernverbundener Unternehmen, 2009; *Brünkmans/Greif-Werner*, Die Prüfung gesellschaftsrechtlicher Regelungen im Insolvenzplan durch Insolvenzgericht und Registergericht, ZInsO 2015, 1585; *Buchalik*, Faktoren einer erfolgreichen Eigenverwaltung, NZI 2000, 294; *Commandeur/Römer*, Aktuelle Entwicklungen im Insolvenzrecht, NZG 2019, 532; *Dahl*, BGH: Aufrechnung auch noch nach Forderungserlass mittels Insolvenzplan, NJW-Spezial 2009, 309; *Dellit/Hamann*, Forderungserlass und Insolvenzplan; ZIP 2015, 308; *Eidenmüller*, Verfahrenskoordination bei Konzerninsolvenzen, ZHR 169 (2005), 528; *Eidenmüller*, Gesellschafterstellung und Insolvenzplan, ZGR 2001, 680; *Everts*, Von gesetzlichen Verboten und zwingendem Recht – zur Zulässigkeit des Nachweisverzichts im Klauselerteilungsverfahren, DNotZ 2013, 730; *Fischer*, Das neue Rechtsmittelverfahren gegen den Beschluss, durch den der Insolvenzplan bestätigt wird, NZI 2013, 513; *Flöther/Wehner*, Insolvenzplanbedingter Forderungserlass und Aufrechnungsbefugnis, ZInsO 2009, 503; *Fölsing*, Auch mit Insolvenzplan: Vorstand in der Steuerhaftung, ZInsO 2012, 1409; *Frege/Nicht/Schildt*, Die Anwendung von § 44a InsO bei der Doppelbesicherung in der Konzerninsolvenz, ZInsO 2012, 1961; *Frind*, Der „Nachzügler-Gläubiger" im Insolvenzplanverfahren – gerechtfertigter oder „zu beseitigender" Störer?, ZInsO 2019, 598; *Frind*, Die Sicherstellung eines nachhaltigen Sanierungsergebnisses im Insolvenzverfahren – Möglichkeiten der Insolvenzgerichte bei den verschiedenen Sanierungsvarianten – Teil 1, ZInsO 2015, 2249, Teil 3, ZInsO 2015, 2358; *Fritze/Heithecker*, Insolvenzplansanierung und EU-Beihilfenrecht, EuZW 2010, 817; *Ganter*, Paradigmenwandel bei der Insolvenzverwaltervergütung?, ZIP 2014, 2323; *Graeber*, Vergütungsbestimmung durch Vereinbarungen zwischen einem Insolvenzverwalter und den weiteren Beteiligten eines Insolvenzverfahrens, ZIP 2013, 916; *Gravenbrucher Kreis*, ESUG: Erfahrungen, Probleme, Änderungsnotwendigkeiten, ZIP 2015, 2159; *Grub*, Zur Beendigung des Insolvenzverfahrens bei Insolvenzplan, DZWIR 2004, 317; *Haarmeyer*, Vergütungsregelungen im Insolvenzplan, ZInsO 2016, 1622; *Haarmeyer*, Die Vergütung im Insolvenzplanverfahren, InsbürO 2015, 291; *Habersack*, Die Akzessorietät – Strukturprinzip der europäischen Zivilrechte und eines künftigen europäischen Grundpfandrechts, JZ 1997, 857; *Hageböke/Benzinger*, Nachzügler im Insolvenzplanverfahren, NZI 2024, 601; *Harbeck*, Schlussrechnung und Insolvenzpläne – Feuer und Wasser?, ZInsO 2014, 388; *Harig*, Insolvenzplan und Restschuldbefreiung, VIA 2022, 49; *Harig/Jürgens*, Aufhebung des Insolvenzverfahrens bei vermeintlicher Undurchführbarkeit des Insolvenzplans, ZRI 2024, 54; *Heerma/Bergmann*, Zur vollstreckungsrechtlichen Zulässigkeit von sog. Gesamtabgeltungsklauseln in Insolvenzplänen, ZIP 2018, 949; *Heerma/Bergmann*, Insolvenzpläne mit Gesamtabgeltungsklauseln, ZIP 2019, 2377; *Heinrich*, Insolvenzplan „reloaded" – Zu den Änderungen im Insolvenzplanverfahren durch das Gesetz zur weiteren Erleichterung der Sanierung von Unternehmen, NZI 2012, 235; *Heinrich*, Neues von „Phoenix" – Eine Anmerkung zum Insolvenzplanverfahren, NZI 2009, 546; *Hey*, Steuerbefreiung für Sanierungsgewinne und EU-Beihilfenrecht, FR 2017, 453; *Hingerl*, Notwendigkeit einer Vergütungsbestimmung im Insolvenzplan?, ZIP 2015, 159; *Hingerl*, Insolvenzplanverfahren: Schnelle Sanierung versus optimale Gläubigerbefriedigung bei fehlender Nachtragsverteilung, ZInsO 2010, 1876; *Hingerl*, Nachtragsverteilung nach Insolvenzplanverfahren, ZInsO 2007, 870; *Hingerl*, Insolvenzplan und richterliches Engagement, ZInsO 2004, 232; *Hinz*, Sanierungserträge: § 3a EStG – eine unzulässige Beihilfe?, FR 2022, 1021; *Hirte/Mock*, Vorzugsaktien im Insolvenzplanverfahren, ZInsO 2009, 1129; *Hoegen/Kranz*, Neue Möglichkeiten der Konzernsanierung durch SanInsFoG und StaRUG, NZI 2021, 105; *Hoffmann*, Hamburger-Kreis-Live am 8.12.2023 – IDW Standards „unde veniunt et quo vadunt?", DStR 2024, 1662; *Holthusen*, Die Regelung des § 7 IV BetrAVG im Insolvenzplanverfahren, NZI 2021, 705; *Horstkotte*, Der Insolvenzplan in der gerichtlichen Vorprüfung, ZInsO 2014, 1297; *Hunsalzer*, Corona-Beihilfen und KfW-Kredite in der Restrukturierungs- und Insolvenzplansanierung unter Beachtung des EU-Beihilfenrechts, ZInsO 2021, 1469; *Jacobi*, Sanierung durch Insolvenzplan versus unbegrenzte Aufrechnung, NZI 2009, 351; *Jacobi/Böhme*, Insolvenzrecht im Umbruch: Die wichtigsten Gerichtsentscheidungen des letzten Jahres, NJ 2023, 197; *Jacobi/Hözig*: Beschluss zur Restschuldbefreiung (§ 300 II InsO) im Anschluss an einen Insolvenzplan: Ja oder Nein?, VIA 2024, 25; *Jacobi/Melzer*, Der verfahrensbegleitende Insolvenzplan als Instrument vorzeitiger Restschuldbefreiung vor dem Hintergrund eines europäischen Paradigmenwechsels, VIA 2017, 65 *Jacoby/Madaus/Sack/Schmidt, H./Thole*, Evaluierung – Gesetz zur weiteren Erleichterung der Sanierung von Unternehmen (ESUG) vom 7. Dezember 2011, 4/2018 (zit.: ESUG-Evaluierung), abrufbar unter https://www.bmj.de/SharedDocs/Publikationen/DE/Fachpublikationen/2018_ESUG_Evaluierung_Sanierung_Unternehmen.pdf?__blob=publicationFile&v=2 (Abrufdatum: 25.7.2025); *Kahlert*, Rangrücktritt und (sonstiges) freies Vermögen, NWB 2015, 3018; *Keller*, Gegenseitige Verträge im und nach dem Insolvenzplanverfahren, NZI 2022, 416; *Keller*, Der Unterhaltsanspruch als Insolvenzforderung und die Stellung des Unterhaltsgläubigers im Insolvenzverfahren, NZI 2007, 143; *Kimm/Wipperfürth*, Immo-Exit oder welchen Einfluss hat die Umsetzung der auf europäischer Ebene initiierten Wohnimmobilienkreditrichtlinie auf die Gestaltungsmöglichkeiten eines Insolvenzplans mit Immobilienbezug?, ZInsO 2016, 1494; *Kirchhof*, Zwei Jahre Insolvenzordnung – ein Rückblick, ZInsO 2001, 1; *Kluth*, Auf der Suche nach dem verlorenen Partner – die merkwürdige Unternehmensveräußerung im Insolvenzplan, ZInsO 2002, 1115; *Kluth*, Die wertlosen Gesellschaftsanteile – der Stein des Anstoßes im Sanierungs-Insolvenzplan, ZInsO 2002, 258; *Kluth*, Die Rechtsstellung des Insolvenzverwalters oder die Insolvenz der Verwaltertheorien, NZI 2000, 351; *Knof*, Erfordert die Fortführungsfinanzierung (doch) einen Umverteilungstatbestand im Insolvenzrecht?, ZInsO 2010, 2004; *Koenig*, Funktionen des Bietverfahrens im EG-Beihilfenrecht, EuZW 2001, 741; *Koenig*, Bestimmung des passivlegitimierten Adressanten einer Beihilfenrückforderung nach der Veräußerung eines begünstigten „Unternehmens", EuZW 2001, 37; *Krüger*, Insolvenzsteuerrecht Update 2014, ZInsO 2014, 578; *Kühne/Hancke*, Die einvernehmliche Beschränkung der Verfügungsbefugnis des Schuldners nach § 259 Abs. 1 Satz 2 InsO im Insolvenzplan, ZInsO 2012, 812; *Kümpel*, Der Stabilisierungs- und Restrukturierungsrahmen im Lichte des europäischen Beihilferechts, ZRI 2023, 233; *Küpper/Heinze*, Die Forderungsnachmeldung von Insolvenzgläubigern i. S. des § 38 InsO beim bestätigten und durchgeführten Planverfahren – Problem gelöst durch das ESUG?, ZInsO

2013, 471; *Laroche*, Einzelermächtigung zur Begründung von Masseverbindlichkeiten durch den „schwachen" vorläufigen Insolvenzverwalter, NZI 2010, 965; *Laroche/Pruskowski/Schöttler/Siebert/Vallender*, 30 Monate ESUG – eine Zwischenbilanz aus insolvenzrichterlicher Sicht, ZIP 2014, 2153; *Laukemann*, Die Unabhängigkeit des Insolvenzverwalters, 2010; *Lauscher/Weßling*, Muster-Insolvenzplan, ZInsO 1999, 5; *Lehmann/Rühle*, Die Ausgleichsmittel gem. § 251 Abs. 3 InsO inner- und außerhalb des Insolvenzverfahrens, NZI 2015, 151; *Lettl*, Akzessorietät contra Sicherungszweck – Rechtsfragen bei der Gestaltung von Bürgschaftserklärungen, WM 2000, 1316; *Lütke*, Gemeinsamkeiten und Unterschiede der Schuldenregulierung im Regelinsolvenz- und Insolvenzplanverfahren, ZVI 2016, 297; *Madaus*, Die Bewältigung von Massenschäden über ein Planverfahren – Möglichkeiten und Grenzen des neuen Insolvenzrechts, ZIP 2014, 160; *Madaus*, Sind Vorzugsaktionärsrechte letztrangige Insolvenzforderungen?, ZIP 2010, 1214; *Madaus/Heßel*, Die Verwaltervergütung in Reorganisationsfällen – Unzulänglichkeiten und Reformansätze, ZIP 2013, 2088; *Martini/Horstkotte*, Häufige Fehler bei der Aufstellung von Insolvenzplänen und der Durchführung von Insolvenzplanverfahren, ZInsO 2017, 1913; *Medicus*, Die Akzessorietät im Zivilrecht, JuS 1971, 497; *Molle/Köster*, Gilt das Privatgläubigerprinzip bei der Beihilfenrückforderung? – Zur Frage der Anwendung des Privatgläubigerprinzips („private creditor test") im Verfahren zur Rückforderung einer rechtswidrigen Beihilfe, EuZW 2007, 534; *Noack/Bunte*, Gläubigerbeteiligung an Sanierungserträgen und Vertragsüberleitung bei übertragender Sanierung in der Gesellschafterinsolvenz, KTS 2005, 129; *Pape*, Rechtsprechungsüberblick zum Regelinsolvenzverfahren für die Jahre 2004–2006, ZInsO 2007, 337; *Pape*, Ungeschriebene Kompetenzen der Gläubigerversammlung versus Verantwortlichkeit des Insolvenzverwalters, NZI 2006, 65; *Paul*, Rechtsprechungsübersicht zum Insolvenzplanverfahren 2023, ZInsO 2024, 1081; *Paul*, Rechtsprechungsübersicht zum Insolvenzplanverfahren 2022, ZInsO 2023, 1298; *Paul*, Die Rechtsstellung des Unterhaltsgläubigers im Insolvenz(plan)verfahren, DZWIR 2009, 186; *Paulus*, Europäisches Wettbewerbsrecht und sein Verhältnis zum nationalen Insolvenzrecht, ZIP 2014, 905; *Piekenbrock*, Die Verjährung der Haftungsansprüche gegen Personengesellschafter, ZIP 2024, 425; *Prahl*, Zur Wirkung des Insolvenzplans gegen Nachzügler bei beiderseits nicht erfülltem Vertrag nach Aufhebung des Verfahrens (§ 258 Abs. 1 InsO), ZInsO 2007, 318; *Quardt*, Beihilferechtliche Risiken bei einem Verkauf aus der Insolvenz, ZInsO 2014, 20; *Quardt/Hanke*, Beihilfenrecht im Blick – Stolpersteine im Insolvenzplanverfahren, ZInsO 2022, 497; *Reimer*, Stundung, Erlass und Niederschlagung von Forderungen der öffentlichen Hand – sämtlich verbotene Beihilfen?, NVwZ 2011, 263; *Reinhardt*, Zur Zulässigkeit von Vergütungsvereinbarungen im Insolvenzplan, ZInsO 2015, 943; *Rieger*, Verpflichtungen aus betrieblicher Altersversorgung in Insolvenzplänen, NZI 2013, 671; *Rose/Tetzlaff/Wollstadt*, Die Einleitung eines Insolvenzplanverfahrens als Möglichkeit zur Bereinigung von Produkthaftungsansprüchen, ZInsO 2005, 673; *Roth*, Insolvenzplan zur Sanierung von Immobilienprojektierern: Zur Reorganisation dinglicher Sicherheiten i. R. eines Insolvenzplans, ZRI 2024, 470; *Rugullis*, Schuldenbereinigungsplan und Insolvenzplan – ein Rechtsfolgenvergleich, NZI 2013, 869; *Rugullis*, Insolvenzplan und Mehrerlangtes, NZI 2021, 663; *Schmidt, J.*, Nachzügler, in: Festschrift für Bruno M. Kübler, 2015, S. 621; *Rühle*, Gegenseitige Verträge nach Aufhebung des Insolvenzverfahrens, 2006; *Schöttler*, Gerichtliche Bindung an Vergütungsvereinbarungen im Insolvenzplan?, NZI 2014, 852; *Schreiber/Flitsch*, Geltendmachung von Forderungen nach Aufhebung des Insolvenzplanverfahrens, BB 2005, 1173; *Schröder*, Die Vergleichs- und Regelungsbefugnis hinsichtlich § 44a InsO und § 254 Abs. 2 InsO im Insolvenzplan, ZInsO 2015, 1040; *Schulte-Kaubrügger*, Nachtragsverteilung trotz Insolvenzplan für nachträglich ermittelte Gegenstände, ZInsO 2009, 1321; *Schultze/Tögel*, Der Verzicht mit Besserungsabrede in Insolvenz und Plan, ZIP 2011, 1250; *Schwarz/Lehre*, Aufrechnung mit einer Forderung trotz Insolvenzplan – Stärkung des Fiskusprivilegs, ZInsO 2011, 1540; *Simon/Brünkmans*, Die Ausgliederung von sanierungswürdigen Betriebsteilen mithilfe des Insolvenzplanverfahrens nach ESUG: Verdrängt die Gläubigerautonomie den institutionalisierten Gläubigerschutz des Umwandlungsgesetzes?, ZIP 2014, 657; *Smid*, Restschuldbefreiung, Stundung und Erlass von Forderungen im Insolvenzplan und im Restrukturierungsplan (Teil B), KSI 2020, 112; *Soltész/Wagner*, Darf der Staat bei Schuldnern Nachsicht zeigen? EU-beihilferechtliche Grenzen für Umschuldungsvereinbarungen mit der öffentlichen Hand, ZIP 2013, 2093; *Spelge*, Aktuelle insolvenzrechtlich relevante Rechtsprechung des BAG, NWB Nr. 9 v. 24.9.2024, S. 257; *Stephan*, Die „vergessenen Gläubiger" im Verbraucherinsolvenzplan, NZI 2014, 539; *Stephan*, Die Verkürzung des Restschuldbefreiungsverfahrens durch den Insolvenzplan, VIA 2014, 25; *Tresselt/Kienast*, Nachzüglerforderungen der Finanzverwaltung im Insolvenzplanverfahren, DZWIR 2023, 191; *Tresselt/Nagel*, Gestaltung von Insolvenzplänen, DB 2018, 1969; *Uhlenbruck*, Die Bedeutung des § 7 IV 5 BetrAVG im Insolvenzplanverfahren, NZI 2020, 878; *Weber*, Gesamtabgeltungsklausel auf dem Prüfstand – Zulässigkeit und Vollstreckbarkeit von Insolvenzplänen mit dynamischer Quote, ZInsO 2017, 255; *Weitbrecht*, § 254 Abs. 1, 3 InsO als abdingbares Recht? – Zur fehlenden Plantauglichkeit von „Erlöschungsklauseln" (§ 253 Abs. 3 InsO), ZIP 2019, 1849; *Wellensiek*, Übertragende Sanierung, NZI 2002, 233.

1 In diesem Kapitel werden die typischen Planregelungen des gestaltenden Teils dargestellt. Das Kapitel knüpft unmittelbar an die allgemeinen Ausführungen zu Funktion, rechtli-

chen Grenzen und der Darstellung der „handwerklichen Anforderungen" bei Abfassung von Regelungen des gestaltenden Teils in § 7 [*Brünkmans*] an. Die nachfolgende Reihenfolge der Darstellung orientiert sich an der gängigen Praxis. Die Darstellung darf allerdings nicht als „Musterinsolvenzplan Gestaltender Teil" verstanden werden. Vielmehr befinden sich in Teil 10 des Handbuchs verschiedene Muster. Nachfolgend sollen umfassend rechtliche Möglichkeiten und Grenzen von gängigen und weniger gängigen Planregelungen dargestellt werden.

Regelungen im gestaltenden Teil des Insolvenzplans sind vielgestaltig. Insgesamt sind der Kreativität des Planarchitekten keine Grenzen gesetzt. Für alle diese Regelung gilt jedoch, dass die Regelungen möglichst exakt zu formulieren sind (siehe dazu § 7 Rz. 134 ff. [*Brünkmans*]). 2

A. Einleitende Beschreibung zu Rechtskraft und Vollzug des Insolvenzplans

Zu Beginn des gestaltenden Teils bietet es sich an, nochmals eine kurze Einleitung zu den Wirkungen der im gestaltenden Teil zu treffenden Regelungen zu geben. Dabei handelt es sich streng genommen nicht um gestaltende Planregelungen, sondern um die **Darstellung** der im Dritten Abschnitt des Sechsten Teils (§§ 254 ff. InsO) geregelten **Planwirkungen**. Diese hat zwar grundsätzlich umfassend im darstellenden Teil zu erfolgen (siehe dazu § 6 [*Harmann*]). Um dem Leser vor Augen zu führen, wie die anschließend aufgeführten Planregelungen greifen, ist es jedoch förderlich, die bereits im darstellenden Teil umfassend beschriebenen allgemeinen Wirkungen des Insolvenzplans im gestaltenden Teil zusammenfassend einzuleiten. 3

Enthält der Insolvenzplan Bedingungen i. S. von § 249 InsO, kann eine Bestätigung durch das Insolvenzgericht erst erfolgen, wenn diese eingetreten sind (siehe Rz. 404). Ferner kann der Insolvenzplan aufgrund von Rechtsbehelfen „mit ungewissem Ausgang in der Schwebe hängen." Vor dem Hintergrund finden sich häufig **Fristen** im Insolvenzplan, bis wann Planbestätigungsvoraussetzungen und Rechtskraft des Insolvenzplans spätestens eingetreten sein müssen. Es bietet sich an, diese Fristen zu Beginn des gestaltenden Teils des Insolvenzplans darzustellen. 4

Formulierungsbeispiel

„Soweit in diesem gestaltenden Teil des Insolvenzplans für einzelne Maßnahmen keine ausdrückliche Regelung getroffen wird, treten die Wirkungen für und gegen alle Beteiligten mit der Rechtskraft des bestätigten Insolvenzplans ein (§ 254 InsO).

Der Insolvenzplan ist (vorbehaltlich etwaiger Verlängerung der Fristen) gescheitert, wenn

(1) die in diesem Insolvenzplan vorgesehenen Bedingungen für die Bestätigung des Insolvenzplans (vgl. Abschnitt […] [X]) nicht bis zum […] [Datum] eingetreten sind, es sei denn, die Schuldnerin hat gemäß (vgl. Abschnitt […] [Y]) mit Zustimmung des Sachwalters und des Gläubigerausschusses ganz oder teilweise durch schriftliche Anzeige gegenüber dem Insolvenzgericht auf die Bedingung verzichtet, oder

(2) das Rechtskraftzeugnis des Planbestätigungsbeschlusses nicht bis zum […] [Datum] erteilt wurde.

Die Schuldnerin ist berechtigt, alle oder einzelne Fristen mit Zustimmung des Sachwalters und des Gläubigerausschusses durch Mitteilung an das Insolvenzgericht zu verlängern. Im Falle der Aufhebung der Eigenverwaltung erfolgt die Erklärung durch den Insolvenzverwalter mit Zustimmung des Gläubigerausschusses. Ist der Insolvenzplan wegen fruchtlosen Ablaufs der Frist gescheitert, sind die Regelungen des Insolvenzplans gegenstandslos und das Insolvenzverfahren wird fortgeführt. Der Sachwalter wird dem Insolvenzgericht das Scheitern des Insolvenzplans unverzüglich mitteilen."

5 In der Einleitung zum gestaltenden Teil sollte auch die Wirkung nach § 254 InsO erwähnt werden, namentlich, dass sämtliche Regelungen auch für Gläubiger gelten, die ihre Forderung nicht angemeldet haben oder dem Insolvenzplan widersprochen haben (siehe Musterplan § 63 unter B. I. [*Brünkmans*]).

B. Gruppenbildung

6 Ein Insolvenzplan ist nach § 244 InsO angenommen, wenn die Kopf- und Summenmehrheit der Gläubiger in den einzelnen Gruppen dem Insolvenzplan zugestimmt hat. Sollte der Insolvenzplan einen Eingriff in die Rechte der Anteilsinhaber des Schuldners beinhalten, ist eine gesonderte Gruppe der Anteilsinhaber zu bilden, die ausschließlich nach Summenmehrheit entscheidet (§§ 244 Abs. 3, 238a InsO).

7 Die Realisierung eines Insolvenzplans hängt damit maßgeblich von der Gruppenbildung ab. Sie ist Herzstück der strategischen Gestaltung im Insolvenzplan (siehe dazu oben § 2 Rz. 109 [*Brünkmans*]). Die Gruppenbildung als verfahrensmäßiger Gestaltungsakt (siehe dazu oben § 7 Rz. 18 [*Brünkmans*]) erfolgt unmittelbar durch Regelungen im gestaltenden Teil. Die Gruppenbeschreibung im gestaltenden Teil des Insolvenzplans sollte möglichst präzise erfolgen, sodass alle Gläubiger des Schuldners von einer der Plangruppen erfasst werden. Dafür bietet sich die Bildung einer Sammelgruppe an. Kann ein Gläubiger aus den Regelungen des Insolvenzplans zunächst nicht eindeutig zugeordnet werden, hat die Zuordnung zunächst im Wege der Auslegung zu erfolgen.[1] Kommt auch diese zu keinem Ergebnis, kann auf die Sammelgruppe zurückgegriffen werden.[2] Die für die Rechtmäßigkeit der Gruppenbildung bedeutsame Begründung der Gruppenbildung und Darstellung der gleichartigen wirtschaftlichen Interessen der Gruppenmitglieder erfolgt hingegen im darstellenden Teil des Insolvenzplans. Zwingend geboten ist eine solche Differenzierung (Gruppenbildung im gestaltenden Teil, Erläuterung im darstellenden Teil) jedoch nicht.[3] Hinsichtlich der Einzelheiten siehe § 9 [*Beck/Pechartscheck*]. Die Regelung der Gruppenbildung ist so wesentlich, dass nach Ansicht des AG Düsseldorf bei einer Änderung der Gruppenbildung der Kern des ursprünglichen Insolvenzplans nicht mehr erhalten bleibt und somit eine Änderung der Gruppenbildung im Erörterungs- und Abstimmungstermin nicht mehr möglich ist.[4]

C. Plangestaltungen für die Gläubiger

I. Überblick

8 Schwerpunkt der Regelung im gestaltenden Teil des Insolvenzplans ist stets die Gestaltung der Rechte der Gläubiger, insbesondere der einfachen Insolvenzgläubiger (§ 38 InsO). Die Gestaltung setzt sich dabei in der Regel aus der Gewährung einer Befriedigungsquote einerseits und des Erlasses der über diese Quote hinausgehenden Forderung andererseits zusammen.

9 Der Planverfasser muss diese Rechtsänderungen juristisch präzise und Quotengewährung und Forderungserlass aufeinander abgestimmt formulieren. Wird einer Gläubigergruppe eine Quote i. H. von 20 % ihrer Forderungen gewährt, so muss sich die Erlassregelung im gestaltenden Teil des Insolvenzplans auf 80 % ihrer Forderungen beziehen.[5]

1) OLG Schleswig, Urt. v. 6.4.2017 – 11 U 96/16 (Prokon), ZIP 2017, 1075, 1076.

2) Vgl. OLG Schleswig, Urt. v. 6.4.2017 – 11 U 96/16 (Prokon), ZIP 2017, 1075, 1077.

3) AG Ludwigshafen, Beschl. v. 26.1.2021 – 3a IN 139/19, ZRI 2021, 259 = ZVI 2021, 266.

4) AG Düsseldorf, Beschl. v. 8.10.2019 – 513 IK 2020/17, NZI 2020, 435 = ZInsO 2020, 425, bestätigt durch LG Düsseldorf, Beschl. v. 20.12.2019 – 25 T 665/19, ZRI 2020, 199 = ZVI 2020, 190.

5) *Smid/Rattunde/Martini*, Insolvenzplan, Rz. 6.72.

II. Festlegung der Höhe und Fälligkeit der Befriedigungsquote

1. Feste Planquote

10 Die wirtschaftlich bedeutendste Regelung im gestaltenden Teil des Insolvenzplans dürfte stets die Festlegung der Befriedigungsquote sein. Die **Höhe der festgesetzten Befriedigungsquote** wird maßgeblich für die Entscheidung der Gläubiger sein, ob sie dem Plan zustimmen werden.

11 Der Planersteller muss sich frühzeitig einen Überblick über die Höhe der zu befriedigenden Gesamtverbindlichkeiten verschaffen und die für die Gläubigerbefriedigung vorhandene oder über einen Investor verschaffbare Liquidität bemessen. Auch sollte frühzeitig mit der sog. **„251er-Rechnung"** begonnen werden, d. h. die Quote im Regelverfahren zu berechnen, welche die Untergrenze bei der Festlegung der Planquote bildet (§ 251 InsO). Bei einem Schuldnerplan ist darauf zu achten, dass die im Insolvenzplan enthaltene Vergleichsrechnung nicht im Widerspruch zum **Insolvenzgutachten** des Insolvenzverwalters/Sachwalters für die Eröffnung des Insolvenzverfahrens steht. Die Vergleichsrechnung sollte idealerweise aus dem Insolvenzgutachten abgeleitet sein. Allerdings wird das Insolvenzgutachten in der Regel erst kurz vor Eröffnung des Insolvenzverfahrens fertiggestellt sein, sodass bei einer gut vorbereiteten Insolvenz auch umgekehrt agiert werden kann. Das Insolvenzgutachten wird aus der Vergleichsrechnung des Planentwurfs abgeleitet und ggf. wechselseitig angepasst (siehe dazu oben § 2 Rz. 108 [*Brünkmans*]).

12 Neben der Festlegung der Befriedigungsquote sollte im Insolvenzplan auch geregelt werden, **wann die Quote zur Zahlung fällig ist.** Bei durch Investoren finanzierten Cash-out-Plänen (siehe dazu § 2 Rz. 105 ff. [*Brünkmans*]) sollte die Fälligkeit an den Zeitpunkt der Einlage durch den Investor zzgl. einer Nachfrist von zwei bis vier Wochen geknüpft werden. Bei Earn-out-Plänen (siehe dazu § 2 Rz. 103 ff. [*Brünkmans*]) kann die Fälligkeit an den Zeitpunkt der Feststellung des jeweiligen Jahresabschlusses angeknüpft werden, aus dem sich die Höhe des ausschüttbaren Gewinns ergibt, verbunden mit einer entsprechenden Nachfrist.

> **Formulierungsbeispiel**
>
> „Die Gläubiger der Gruppe 1 erhalten eine Quote von 10 % auf den Betrag ihrer festgestellten Insolvenzforderung (§ 38 InsO).
>
> Die Quote ist in einer Rate fällig und zwar einen Monat nach Leistung der Einlage durch den Investor, frühestens jedoch zum 31.10.2015. Die Quote ist unabhängig von der Leistung der Einlage spätestens sechs Monate nach Aufhebung des Insolvenzverfahrens (§ 258 Abs. 1 InsO) fällig."

13 Bei der Berechnung der Planquote ist zu beachten, dass auch **nicht angemeldete**, aber bekannte **Forderungen** zu berücksichtigen sind (§ 229 Satz 3 InsO). Materielle Präklusionsklauseln, wonach nicht angemeldete Forderungen als erlassen gelten, sind unzulässig (siehe dazu ausführlich Rz. 537 ff.).

14 Der Planersteller hat sich frühzeitig einen möglichst vollständigen Überblick über den Bestand der Verbindlichkeiten des Schuldners zu verschaffen (siehe dazu oben § 2 Rz. 43 ff. [*Brünkmans*]). Sind in hohem Umfang Verbindlichkeiten des Schuldners „in der Schwebe", weil sie bestritten wurden und zunächst der Ausgang der Feststellungsklagen abzuwarten ist, kann letztlich die finale Quote nicht abschließend mit einer festen Quotenziffer im gestaltenden Teil geregelt werden.[6] Dieses Problem wird verstärkt, wenn auf der Aktiv-

6) *Rendels/Zabel* in: Kübler/Bork/Prütting, HRI II, § 52, S. 1345.

seite streitige Forderungen noch eingezogen werden müssen. In der Praxis wird dies häufig durch Regelungen mit dynamischen und variablen Planquoten gelöst.

2. Dynamische Planquoten

a) Überblick/Differenzierung nach offener Aktiv- oder Passivmasse

15 Bei der Festlegung dynamischer Planquoten kann im gestaltenden Teil des Insolvenzplans die Höhe der verteilungsfähigen Liquidität festgelegt werden, welche dann auf die noch festzustellenden nicht nachrangigen Insolvenzforderungen auszuschütten ist, sog. „dynamische Planquote mit offener Passivmasse" (siehe dazu sogleich Rz. 17).[7] Für den Schuldner und ggf. Investor, welcher die Planquote finanziert, hat eine solche dynamische Planquote den Vorteil, dass die Höhe der durch den Schuldner oder Investor aufzubringenden Mittel begrenzt ist.[8]

16 Allerdings dürfte der Insolvenzplan faktisch nur dann bestätigungsfähig sein, wenn als Mindestquote die Befriedigung im Regelverfahren gewährleistet ist. Ungewissheiten aus einem Bestreiten von Forderungen sind allerdings ebenso bei der Berechnung der Quote im Regelverfahren zu berücksichtigen, sodass auch eine Vergleichbarkeit in Form eines Befriedigungsrahmens möglich ist.[9] Einfluss auf die Vergleichsrechnung haben dynamische Planquoten nur dann, wenn aktiv die auf der Grundlage des Insolvenzplans verteilbare Liquidität noch nicht feststeht, etwa weil der Investor dies von der Einhaltung zukünftiger Kennzahlen abhängig macht (sog. „dynamische Planquoten mit offener Aktivmasse").

b) Dynamische Planquote mit „offener Passivmasse" (sog. Gesamtabgeltungsklausel)

17 Dynamische Planquoten mit „offener Passivmasse" enthalten einen fest definierten Ausschüttungstopf (z. B. 10 Mio. €), welcher an die zur Insolvenztabelle festgestellten Gläubiger auszuschütten ist. Nicht selten finden die Quotenberechnung und Ausschüttung unmittelbar nach Ablauf der Jahresfrist aus § 259b InsO statt, weil die Forderungen unbekannter bzw. nicht zur Insolvenztabelle festgestellter Gläubiger dann verjährt sind.[10] Wurden hochvolumige Forderungen bestritten, sind vielzählige Feststellungsklagen anhängig oder ist für hohe Beträge der Nachweis von Ausfallforderungen (vgl. § 256 Abs. 1 InsO) zu führen, wird die endgültige Quote noch lange Zeit nach Aufhebung des Insolvenzverfahrens nicht feststehen.[11] In diesem Fall können dynamische Planquoten mit offener Passivmasse dennoch die zügige Umsetzung des Insolvenzplans gewährleisten, ohne das Risiko einer unkalkulierbaren Belastung durch eine feste Planquote eingehen zu müssen. Präklusions- und Ausschlussklauseln helfen aufgrund ihrer eingeschränkten Zulässigkeit kaum (siehe dazu unten Rz. 537 ff.).

Formulierungsbeispiel (Dynamische Quote mit offener Passivmasse)

„(1) Im Insolvenzplan steht den Gläubigern der Gruppe 1 ein Betrag in Höhe von 600.000 € zur Verfügung („Auszahlungsbetrag"). Dieser Auszahlungsbetrag wird gleichmäßig auf die Gläubiger der Gruppe 1 mit festgestellten Forderungen oder tatsächlich festgestelltem Ausfall als Quote verteilt. Der Auszahlungsbetrag bleibt stets gleich, unabhängig davon, ob sich die zur Insolvenztabelle angemeldeten oder festgestellten Forderungen ändern.

7) *Thies* in: HambKomm-InsR, § 224 InsO Rz. 4.

8) Von einem Abwälzen des Risikos auf die Gläubiger kann indes keine Rede sein. So aber *Thies* in: HambKomm-InsR, § 224 InsO Rz. 4.

9) Wohl anders *Thies* in: HambKomm-InsR, § 224 InsO Rz. 4.

10) Vgl. *Heerma/Bergmann*, ZIP 2018, 949, 950; *Weber*, ZInsO 2017, 255, 259.

11) *Rendels/Zabel*, Insolvenzplan, Rz. 319; *Weber*, ZInsO 2017, 255, 256.

(2) Die Auszahlung der Quote erfolgt drei Monate nach der auf die rechtskräftige Bestätigung des Insolvenzplans folgenden Verfahrensaufhebung nach § 258 InsO.

(3) Soweit Feststellungsrechtsstreitigkeiten rechtshängig gemacht sind, werden für die streitbefangenen Forderungen jeweils Rückstellungen gebildet. Diese Rückstellungen werden nach Maßgabe der rechtskräftigen Entscheidung über den Feststellungsrechtsstreit aufgelöst. Obsiegt der Gläubiger ist der Betrag in Höhe des Obsiegens an den Gläubiger auszuzahlen. Andernfalls wird dieser Betrag quotal an die Gläubiger der Gruppe 1 ausgezahlt. Die verbleibenden Rückstellungen sind einen Monat nach der letzten rechtskräftigen Entscheidung in den Feststellungsrechtsstreitigkeiten aufzulösen und auszuzuzahlen.

(4) Für bekannte, aber vom Gläubiger nicht bis zum Abstimmungstermin angemeldete Forderungen sind ebenfalls Rückstellungen zu bilden. Die Rückstellungen sind aufzulösen, wenn die jeweilige Forderung mit Ablauf von einem Jahr ab der rechtskräftigen Bestätigung des Insolvenzplans nicht geltend gemacht wurde."

c) Dynamische Planquoten mit „offener Aktivmasse"

Bei einer dynamischen Planquote mit „offener Aktivmasse" stehen hingegen die zu befriedigenden Gläubiger fest, allerdings ist der an die Gläubiger auszuschüttende Betrag auf den Verwertungserlös eines bestimmten Gegenstandes beschränkt und die Verwertung muss erst noch realisiert werden. Die offene Aktivmasse kann z. B. ein nicht betriebsnotwendiges Grundstück oder ein nicht betriebsnotwendiger Unternehmensteil sein. 18

Formulierungsbeispiel (Dynamische Quote mit offener Aktivmasse)

„Die Gläubiger der Gruppe 1 erhalten die Erlöse aus der Veräußerung des Grundstücks Friedrichstraße 5, FlSt-Nr. 482 der Gemarkung B., eingetragen im Grundbuch des Amtsgerichts B., Band 396, Blatt 161."

Bei dieser Form der dynamischen Quote ist besonderes Augenmerk auf die Vergleichsrechnung zum Regelverfahren zu legen. 19

d) Vollstreckungsfähigkeit dynamischer Planquoten

Allerdings sind Planregelungen, die eine dynamische Planquote vorsehen, aus sich heraus nicht vollstreckungsfähig, sodass den Gläubigern nicht die Titulierungswirkung des Insolvenzplans verbunden mit der Insolvenztabelle (§ 257 InsO) zukommt.[12] Teilweise wird die Auffassung vertreten, der Insolvenzplan müsse zwingend einen aus sich selbst heraus vollstreckungsfähigen Inhalt haben. Andernfalls sei der Insolvenzplan nicht bestätigungsfähig und nach § 231 Abs. 1 Nr. 1 InsO zurückzuweisen.[13] Im Wesentlichen werden dafür zwei Argumente vorgetragen, nämlich 20

- der Gläubiger müsse absehen können, welche Planquote er auf der Grundlage des Insolvenzplans erhalten werde und
- ihm müsse ein Titel mit vollstreckbarem Inhalt zustehen.[14]

Der **erste Einwand** ist berechtigt, betrifft jedoch nicht die Frage der Vollstreckungsfähigkeit, sondern ob der Gläubiger sich ein hinreichendes Bild über die wirtschaftliche Auswirkung der Planlösung für ihn machen kann. Mit einer guten Darstellung der Chancen und Risiken im darstellenden Teil und einer Mindestquote, die zumindest der durch die 21

12) *Thies* in: HambKomm-InsR, § 224 InsO Rz. 4; großzügiger hingegen *Rendels/Zabel*, Insolvenzplan, Rz. 38.

13) AG Hannover, Beschl. v. 30.9.2016 – 902 IN 607/14, ZIP 2016, 2081, dazu EWiR 2017, 23 *(Körner/Rendels)*; *Blankenburg*, ZInsO 2015, 1293, 1298.

14) AG Hannover, Beschl. v. 30.9.2016 – 902 IN 607/14, ZIP 2016, 2081, dazu EWiR 2017, 23 *(Körner/Rendels)*.

Vergleichsrechnung ermittelten Quote im Regelverfahren entspricht, wird man dies bejahen können.[15]

22 Was den **vollstreckbaren Inhalt** angeht, ist zu beachten, dass mit Blick auf § 726 Abs. 1 ZPO die Vollstreckungsfähigkeit und hinreichende Bestimmtheit noch nicht im Zeitpunkt der Abstimmung über die Annahme des Insolvenzplans vorliegen muss. Erst wenn aus dem Titel vollstreckt werden soll und kann, muss der Titel für das Vollstreckungsorgan hinreichend bestimmt sein.[16] Voraussetzung dafür ist jedoch, dass der Insolvenzplan die Berechnungsgrundlage für die Planquote klar regelt (Bestimmbarkeit) und den Nachweis der Planquote im Klauselerteilungsverfahren festlegt. Da der Schuldner auf den Nachweis nach § 726 Abs. 1 ZPO vollständig verzichten kann,[17] muss es auch möglich sein die Modalitäten des Nachweises in Abweichung von § 726 Abs. 1 ZPO im Insolvenzplan zu regeln, wie etwa die Vorlage einer Quotenberechnung durch einen Wirtschaftsprüfer oder eines Schlussverteilungsverzeichnisses durch den Insolvenzverwalter oder Sachwalter.[18] Richtigerweise reicht somit die bestimmbare Regelung der Planquote im Insolvenzplan aus, sodass im Wege des (qualifizierten) Klauselerteilungsverfahrens nach § 726 ZPO die Erteilung einer Vollstreckungsklausel beantragt werden kann.[19] Für den Nachweis des Eintritts jener der Quotenberechnung zugrunde liegenden Tatsachen kann der Insolvenzplan in Abweichung zu § 726 ZPO (dort nur Beweis durch öffentliche oder öffentlich beglaubigte Urkunden) erleichternde Regelungen vorsehen.[20]

23 Ein **Bedürfnis für die Vollstreckungsfähigkeit** der Planquote besteht häufig nur bei Earn-out-Plänen. Bei Cash-out-Plänen besteht ein solches Bedürfnis nur dann, wenn die Befriedigung der Quote nicht vollständig durch den Insolvenzverwalter vor Aufhebung des Insolvenzverfahrens erfolgt.[21]

> **Praxishinweis**
>
> Die Frage der Anforderungen an die Bestimmtheit des Insolvenzplans sollte, wie sämtliche Vollstreckbarkeitsfragen, mit dem Insolvenzgericht aufgrund der aufgezeigten Unsicherheiten vorab besprochen werden.[22]

24 Ein weiteres Problem von Gesamtabgeltungsklauseln besteht darin, dass die übrigen Gläubiger keine Kontrollmöglichkeit bzgl. **Nachzüglerforderungen** haben. Schließlich besteht für die Insolvenzgläubiger lediglich i. R. eines gerichtlichen Prüfungstermins die Möglichkeit, einer von einem anderen Gläubiger angemeldeten Forderung zu widersprechen. Deshalb ordnet § 236 InsO für das Insolvenzplanverfahren an, dass der Prüfungs-

15) Vgl. auch *Martini/Horstkotte*, ZInsO 2017, 1913, 1921; *Weber*, ZInsO 2017, 255, 256.

16) *Heerma/Bergmann*, ZIP 2018, 949, 950; *Heerma/Bergmann*, ZIP 2019, 2377, 2378; *Martini/Horstkotte*, ZInsO 2017, 1913, 1921; *Weber*, ZInsO 2017, 255, 259; *Körner/Rendels*, EWiR 2017, 23, 24 (Urteilsanm.); *Tresselt/Nagel*, DB 2018, 1969, 1972; s. a. *Jacoby/Madaus/Sack/Schmidt, H./Thole*, ESUG-Evaluierung, S. 187, mit Empfehlung einer Klarstellung durch den Gesetzgeber; *Brinkmann/Denkhaus/Horstkotte/Schmidt, A./Westphal/Wierzbinski/Ziegenhagen*, ZIP 2017, 2430, 2431.

17) BGH, Urt. v. 22.7.2008 – XI ZR 389/07, Rz. 33, NJW 2008, 3208; BGH, Beschl. v. 4.10.2005 – VII ZB 54/05, NJW-RR 2006, 567; OLG München, Beschl. v. 23.6.2016 – 34 Wx 189/17, Rz. 21 ff., BeckRS 2016, 11673 = DNotZ 2017, 371; Zöller-*Seibel*, ZPO, § 726 Rz. 20; *Everts*, DNotZ 2013, 730 ff.; Musielak/Voit-*Lackmann*, ZPO, § 726 Rz. 5.

18) K. Schmidt-*Spliedt*, InsO, § 257 Rz. 8; *Weber*, ZInsO 2017, 255, 258 ff.; vgl. auch *Heerma/Bergmann*, ZIP 2018, 949, 950.

19) Vgl. K. Schmidt-*Spliedt*, InsO, § 257 Rz. 8; Uhlenbruck-*Streit*, InsO, § 257 Rz. 16.

20) K. Schmidt-*Spliedt*, InsO, § 257 Rz. 8; AG Hannover, Beschl. v. 30.9.2016 – 902 IN 607/14, ZIP 2016, 2081, dazu EWiR 2017, 23, 24 *(Körner/Rendels)*.

21) Vgl. *Thies* in: HambKomm-InsR, § 224 InsO Rz. 4.

22) S. a. *Martini/Horstkotte*, ZInsO 2017, 1913, 1921.

termin vor dem Erörterungs- und Abstimmungstermin durchgeführt werden muss.[23] Das Gesetz gibt dem Gläubiger diese Möglichkeit aber nicht mehr bezüglich der Forderungen, die erst innerhalb der Frist des § 259b InsO geltend gemacht werden, obwohl diese ebenfalls an der Verteilung nach dem Insolvenzplan teilnehmen.

Demnach dürfte der **Einwand nicht so gravierend** sein, um eine Gesamtabgeltungsklausel insgesamt als unzulässig zu werten. Insbesondere liegt kein wesentlicher Mangel des Insolvenzplans vor, welcher nach § 250 Nr. 1 InsO zur Versagung der Planbestätigung führt. Der Gesetzgeber hat durch § 259b InsO die Möglichkeit eröffnet, dass auch nachträglich Gläubiger Forderungen geltend machen können, ohne dass die übrigen Gläubiger dagegen Widerspruch erheben können.[24] Auch ein Minderheitenschutzantrag nach § 251 InsO dürfte allein wegen einer Abgeltungsklausel nicht Erfolg versprechend sein, weil der Nachweis einer Schlechterstellung im Vergleich zum Regelverfahren in der Regel nicht gelingen wird.[25] 25

Eine gewisse Absicherung vor vorschneller Anerkennung nachträglicher Gläubiger lässt sich dadurch erreichen, dass der Insolvenzplan vorsieht, dass der Schuldner eine nachträglich geltend gemachte Forderung nur mit **Zustimmung des Sachwalters** anerkennen darf.[26] 26

3. Variable Planquoten

Noch unbestimmter als dynamische sind Planquoten mit sowohl offener Aktivmasse als auch offener Passivmasse. Diese werden hier „variable Planquoten" genannt, weil die Quotenregelung letztlich nur aus einer mathematischen Berechnungsformel mit Variablen besteht. 27

Formulierungsbeispiel (Variable Planquote mit offener Aktiv- und Passivmasse)[27]

„Die Quote der Gläubiger der Gruppe 1 (in Prozent) ergibt sich aus =

$$\frac{\text{(der vier Monate nach rechtskräftiger Aufhebung des Insolvenzverfahrens realisierten freien Masse + Investorenzuschuss)}}{\text{die Summe der rechtskräftig festgestellten Insolvenzforderungen (§ 38 InsO)}} \times 100$$

die Summe der rechtskräftig festgestellten Insolvenzforderungen (§ 38 InsO)."

Die Zulässigkeit solcher variabler Planquoten ist jedoch fraglich, wenn nicht zumindest aus dem darstellenden Teil eine Größenordnung für die tatsächliche Befriedigung der Gläubiger ersichtlich ist. Andernfalls ist der Gläubiger nicht in der Lage, über den Insolvenzplan abzustimmen. Ihm fehlen die Basisinformationen. Ein solcher Insolvenzplan würde dann in der Vorprüfung nach § 231 InsO zurückgewiesen werden bzw. wäre nicht nach § 250 InsO bestätigungsfähig.[28] Im Übrigen werden die Gläubiger einem solchen Insolvenzplan nicht zustimmen, wenn sie nicht ansatzweise voraussehen können, welche Quote sie erhalten. Lassen sich dynamische oder variable Quotenregelungen aufgrund vielzählig unklarer Sachverhalte im jeweiligen Insolvenzverfahren nicht vermeiden, sollte zumindest eine **ausschüttungsfähige Mindestquote** auf der Grundlage einer „Worst-Case-Berechnung" festgelegt werden.[29] Werden weniger Forderungen zur Insolvenztabelle festgestellt oder ein höherer Wert von Masse generiert als in der „Worst-Case-Berechnung", 28

23) *Heerma/Bergmann*, ZIP 2019, 2377, 2377.

24) *Heerma/Bergmann*, ZIP 2019, 2377, 2379; vgl. auch *Hageböcke/Benzinger*, NZI 2024, 601, 603.

25) *Heerma/Bergmann*, ZIP 2019, 2377, 2379.

26) *Heerma/Bergmann*, ZIP 2019, 2377, 2379.

27) Vgl. *Rendels/Zabel*, Insolvenzplan, Rz. 39.

28) Vgl. *Horstkotte*, ZInsO 2014, 1297, 1301 f.

29) So auch *Rendels/Zabel*, Insolvenzplan, Rz. 39.

kann der darüber hinausgehende Betrag i. R. eines Besserungsscheins (siehe nachfolgend Rz. 29 ff.) an die Gläubiger ausgeschüttet werden.

4. Besserungsschein

a) Zweck eines Besserungsscheines

29 Auch bei dem in der Praxis weit verbreiteten Besserungsschein steht – ähnlich wie bei den dynamischen und variablen Quoten – die Höhe der am Ende zu erhaltenden Befriedigung nicht endgültig fest.

30 Der Unterschied besteht jedoch darin, dass bei einem Besserungsschein eine **fixe Befriedigungsquote** festgeschrieben wird und lediglich als Hoffnungswert eine zusätzliche **Befriedigungsoption im Besserungsfall**, abhängig von der wirtschaftlichen Entwicklung des Unternehmens nach Plansanierung, eröffnet wird. Darüber hinaus kann der Besserungsfall an die zusätzliche Generierung von Masse nach Aufhebung des Insolvenzverfahrens geknüpft werden, etwa die Einziehung von Schadensersatzansprüchen gegen Organe, Gesellschafter, die Geltendmachung von Anfechtungsansprüchen oder die Rückerstattung von Steuervorauszahlungen aus der Zeit vor Eröffnung des Insolvenzverfahrens. Bezüglich der Möglichkeit der Führung solcher Rechtsstreite nach Aufhebung des Insolvenzverfahrens sei an andere Stelle verwiesen (siehe dazu ausführlich Rz. 366 ff.)

31 Da das Wirksamwerden des Insolvenzplans und die Aufhebung des Insolvenzverfahrens (§ 258 InsO) meistens nicht warten kann bis liquiditätsgenerierende Rechtsstreite abgeschlossen werden, kann die Liquidität alternativ über einen Besserungsschein den Gläubigern nach Aufhebung des Verfahrens zugeführt werden.[30)]

32 Als Besserungsfall kommt in der Praxis häufig auch ein geordneter Abverkauf von nicht betriebsnotwendigen Vermögensgegenständen oder Aktien an der Schuldnerin nach Durchführung eines „treuhänderischen“ Debt-to-Equity-Swap (siehe dazu Rz. 204) in Betracht.

33 In all diesen Fällen kann über den Besserungsschein das Ziel einer für die Sanierung des Unternehmens so wichtigen **schnellen Planbestätigung und Aufhebung** des Insolvenzverfahrens erreicht werden. Ohne Besserungsschein wäre entweder eine zügige Veräußerung des nicht betriebsnotwendigen Vermögens im Insolvenzverfahrens unter Wert (Stichwort: „Firesale“) oder aber eine Schätzung des zu erwarteten Verwertungserlöses erforderlich, um bei der Befriedigungsquote Berücksichtigung zu finden. Eine Verlagerung der Verwertung und Befriedigung auf die Zeit nach Aufhebung des Insolvenzverfahrens kommt insbesondere bei Vermögensgegenständen in Betracht, die keinen Marktpreis haben oder bei denen umfangreiche Bewertungsmethoden anzuwenden oder langwierige Verkaufsverhandlungen geführt werden müssen.[31)] Nicht selten werden die von der Besserungsabrede erfassten, zur Veräußerung bestimmten Vermögensgegenstände auf einen Treuhänder übertragen, der nach Abzug von Kosten, Auslagen und Vergütung des Treuhänders den verbleibenden Restbetrag an die unter dem Besserungsschein berechtigten Gläubiger auskehrt (siehe dazu Rz. 192 ff.).

34 Die taktische Bedeutung von Besserungsscheinen, **Gläubiger zur Zustimmung zum Insolvenzplan zu gewinnen**, darf nicht unterschätzt werden. Enthält der Insolvenzplan eine fixe Befriedigungsquote, die knapp über der Quote im Fall einer Liquidation im Regelverfahren liegt, kann die Option auf eine höhere Quote über einen Besserungsschein das entscheidende Argument sein, dem Insolvenzplan zuzustimmen. Für die Durchsetzbarkeit des Insolvenzplans sollte die fixe Planquote als solche bereits eine im Vergleich zum Re-

---

30) *Balthasar* in: Kübler/Bork/Prütting, HRI II, § 22 Rz. 167.

31) *Balthasar* in: Kübler/Bork/Prütting, HRI II, § 22 Rz. 169.

gelinsolvenzverfahren mindestens gleichwertige Befriedigungsquote vorsehen, um zu vermeiden, i. R. eines Minderheitenschutzantrages (§ 251 InsO) die Besserungskomponente bewerten zu müssen, insbesondere wenn nicht nur die Höhe, sondern auch der Eintritt des Besserungsfalles überhaupt mehr als ungewiss ist.

Die Besserungskomponente muss nicht zwingend allen Gläubigern zugutekommen. Allerdings ist immer die **Gleichbehandlung** innerhalb der Gruppe (§ 226 InsO) und – falls der Insolvenzplan nur über das **Obstruktionsverbot** bestätigungsfähig ist – die wirtschaftliche Gleichbehandlung innerhalb des gleichen Ranges (§ 245 Abs. 2 Nr. 3 InsO) zu beachten (zum Obstruktionsverbot siehe § 17 [*Thole*]). Eine Differenzierung kann gerechtfertigt sein, wenn manche Gläubiger bereits über andere Umstände – etwa Lieferantenbeziehung oder Arbeitsverhältnis – am Sanierungserfolg beteiligt sind (siehe dazu § 9 Rz. 1 ff. [*Beck/Pechartscheck*]). 35

Nach verbreiteter, allerdings umstrittener Auffassung ist eine Besserungsregelung für Ansprüche des Pensions-Sicherungs-Verein aG (**PSVaG**) in Insolvenzplänen nach § 7 Abs. 4 Satz 5 BetrAVG zwingend vorzusehen (siehe dazu ausführlich Rz. 260 f. sowie § 61 Rz. 92 ff. [*Krings/Sturme*]). Fehlt eine solche Besserungsklausel, hat das Insolvenzgericht den Insolvenzplan grundsätzlich nach § 231 Abs. 1 Nr. 1 InsO von Amts wegen zurückzuweisen.[32] Eine in der Praxis nicht selten vorkommende Pauschalabfindung des Besserungsscheines in Abstimmung mit dem PSVaG ist jedoch zulässig.[33] 36

b) Rechtliche Ausgestaltung des Besserungsscheines im Insolvenzplan

aa) Planregelung, Bestandteile eines Besserungsscheins

Nach h. M. ist der Besserungsschein in rechtlicher Hinsicht ein auflösend bedingter Erlassvertrag i. S. von § 397 Abs. 1 BGB.[34] Der auflösend bedingte Erlass und die Besserungsabrede werden entsprechend als Planregelung in den gestaltenden Teil des Insolvenzplans aufgenommen. 37

bb) Auflösend bedingter Erlass

Die Forderungen der Gläubiger werden unter der auflösenden Bedingung einer Besserungsabrede, § 158 Abs. 2 BGB, erlassen. Der Erlass ist damit mit Rechtskraft des den Insolvenzplan bestätigenden Beschlusses des Insolvenzgerichts wirksam (§ 254 Abs. 1 InsO) und die Forderung existiert i. H. der Reichweite des Erlasses nicht mehr. Sie lebt allerdings mit Eintritt des in der Besserungsabrede möglichst genau definierten Besserungsfalles wieder auf. Das Wiederaufleben der Forderung und damit der frühere Rechtszustand durch nachträglichen Wegfall des Erlasses tritt ex nunc ein. Lebt die Forderung mit Eintritt des Besserungsfalles wieder auf, so war die Verjährung bis dahin entsprechend dem Zustand bei einem reinen pactum de non petendo nach § 205 BGB gehemmt.[35] 38

cc) Formulierung der Bedingung über die Besserungsabrede

Die Besserungsabrede kann alle erdenklichen Voraussetzungen für den Besserungsfall, d. h. die auflösende Bedingung für den (teilweisen) Erlass, definieren. Üblicherweise wird der Besserungsfall an die wirtschaftliche Stabilisierung des Schuldners geknüpft und an- 39

32) Begr. RegE EGInsO, BT-Drucks. 12/3803, S. 111.

33) *Rendels/Zabel*, Insolvenzplan, Rz. 230.

34) *Drukarczyk/Schöntag* in: Gottwald/Haas, Hdb. InsR, § 3 Rz. 107; *K. Schmidt* in: K. Schmidt/Uhlenbruck, Die GmbH in Krise, Restrukturierung und Insolvenz, Rz. 7.10; für möglich hält diese Auslegung auch Jaeger-*Eichel*, InsO, § 38 Rz. 13.

35) *Grothe* in: MünchKomm-BGB, § 205 Rz. 5 f.; Schulze/u. a.-*Dörner*, BGB, § 205 Rz. 2.

hand der **Einhaltung genauer wirtschaftlicher Kennzahlen** gemessen, wie etwa die Wiederherstellung des Stammkapitals der Gesellschaft, Bilanzkennzahlen, Erwirtschaften von Gewinnen oder sonstiges die Schulden übersteigendes Vermögen.[36] Auch das **Überschreiten einer bestimmten Ertragsschwelle**, Schwellenwerte für ein bestimmtes EBIT oder EBITDA ist häufig als Besserungsfall bestimmt. Auf welches wirtschaftliche Kriterium man bei der Formulierung der Besserungsrede im konkreten Fall abstellt, ist eine Frage des Einzelfalles.[37] Stellt man auf nicht zahlungswirksame Kriterien ab, ist bei der Formulierung des Besserungsfalles darauf zu achten, dass mit dem Wiederaufleben der Forderung nicht die **Zahlungsunfähigkeit** der Gesellschaft eintritt.[38]

40 Die über eine bilanz- und kennzahlenbezogene Besserungsabrede begünstigten Gläubiger müssen allerdings bedenken, dass der **Schuldner** über die sog. „Bilanzpolitik" einen gewissen **Einfluss** auf den Eintritt des Besserungsfalles hat, indem etwa bestimmte Investitionen vorgezogen oder Bewertungsspielräume im Vorratsvermögen ausgenutzt werden und dadurch das Bilanzbild verändert wird.[39] Manipulationsgefahren können durch eine möglichst genaue Formulierung des Besserungsfalles eingedämmt werden.

c) Praktikabilität

41 Ein Besserungsschein, der auf den zukünftigen wirtschaftlichen Erfolg der schuldnerischen Gesellschaft ausgerichtet ist, kann zu einem **Konflikt** mit den **Interessen eines Eigenkapitalinvestors** führen. Für seinen Eigenkapitalbeitrag erwartet er seinen „Return on Investment" kurz bis mittelfristig aus den vom Schuldner in den Folgejahren erwirtschafteten Erträgen.[40]

42 Ferner besteht das generelle Problem von unbestimmten Planquoten, namentlich, dass es im Nachhinein Streitigkeiten über die **Höhe der auszuschüttenden Quote** geben kann. Allerdings dürfte man bei gründlicher Formulierung der unbestimmten Planquote dieses Problem in den Griff bekommen.[41] Ähnlich wie bei Earn-out-Kaufpreisklauseln in Unternehmenskaufverträgen kommt es auf die genaue Formulierung und Anknüpfung an die wirtschaftlichen Kennzahlen an. Allerdings ist generell der mit flexiblen Planquoten verbundene Aufwand erst ab einer bestimmten Unternehmensgröße sinnvoll.

Formulierungsbeispiel (Besserungsschein)

„§ 5 Forderungserlass mit Besserungsschein:

(1) Sämtliche Forderungen der Gruppe 1 werden auflösend bedingt nach Maßgabe nachfolgender Regelungen in § 5 Abs. 2 und 3 erlassen (auflösend bedingter Erlass).

(2) Der Erlass der Forderung steht unter folgender auflösenden Bedingung:

Wenn und soweit sich die finanzielle Situation des Schuldners nach Rechtskraft des Insolvenzplans in der Gestalt verbessert, dass vor (i) Einstellung von Beträgen in Rücklagen, (ii) Gewinnausschüttungen und (iii) Passivierung der wieder auflebenden Forderungen im Jahresabschluss ein Jahresüberschuss in Höhe von mindestens 1 Mio. € ausgewiesen wird, leben die erlassenen Forderungen der Gruppe 1 wieder auf. Im Fall der Liquidation des Schuldners tritt an die Stelle des Jahresüberschusses ein die sonstigen Verbindlichkeiten übersteigender Liquidationserlös in Höhe von mindestens 1 Mio. €.

---

36) *Schultze/Tögel*, ZIP 2011, 1250, 1250.

37) Ausführlich dazu *Drukarczyk/Schöntag* in: Gottwald/Haas, Hdb. InsR, § 3 Rz. 108.

38) S. etwa Beispiel-Klausel (3) durch Formulierung einer Gegenausnahme „Zahlungsunfähigkeit" für das Wiederaufleben der Forderung.

39) *Rendels/Zabel*, Insolvenzplan, Rz. 325.

40) *Rendels/Zabel*, Insolvenzplan, Rz. 42.

41) Anders *Rendels/Zabel*, Insolvenzplan, Rz. 42.

> (3) Ein Wiederaufleben der Forderungen der Gruppe 1 gemäß der vorstehenden Abs. 1 und Abs. 2 findet nicht statt, wenn und soweit der Schuldner nachweisen kann, dass er (i) trotz des handelsrechtlichen Jahresüberschusses bzw. Liquidationserlöses am Bilanzstichtag überschuldet im Sinne von § 19 InsO ist und/oder (ii) durch die (teilweise) wieder auflebende Gesamtforderung zahlungsunfähig im Sinne von § 17 InsO würde."

Die auflösende Bedingung braucht sich nicht zwingend auf die gesamte Restforderung zu beziehen. Denkbar und in der Praxis häufiger ist ein **teilweises Wiederaufleben** i. H. einer bestimmten Quote. 43

d) Vorinsolvenzliche Besserungsscheine im Insolvenzplanverfahren

Sollte ein Besserungsschein i. R. einer außergerichtlichen Sanierung abgegeben worden sein und diese scheitern, besteht für den Gläubiger die Gefahr, dass er in Erwartung einer erfolgreichen außergerichtlichen Sanierung einen Teil seiner Forderung erlassen hat und nunmehr im Insolvenzverfahren nur noch mit dem verbleibenden, nicht vom Erlass erfassten Teil der Forderung eine quotale Befriedigung erhält. 44

Vor dem Hintergrund enthalten Besserungsscheine nicht selten als weitere auflösende Bedingung für den Erlass die Eröffnung des Insolvenzverfahrens über das Vermögen des Schuldners. Dies wird man in der Regel auch ohne ausdrückliche Vereinbarung im Wege ergänzender Vertragsauslegung annehmen können. Für die Planquote ist dann die volle Verbindlichkeit anzusetzen. 45

5. Kombination von Fortführungsquote mit subsidiärer Liquidationsregelung

Die Planquote kann auch als Kombination aus Fortführungsquote nebst subsidiärer Liquidationsregelung ausgestaltet werden. In diesem Fall wird den Insolvenzgläubigern zunächst die Befriedigung i. H. einer bestimmten Quote bis zu einem bestimmten Zeitpunkt zugesprochen. Lässt sich die Quote bis zu diesem Zeitpunkt nicht erfüllen, wird das Vermögen liquidiert und zur Befriedigung der Gläubiger verwendet. Der bei der Liquidation auf die Forderungen entfallende (verhältnismäßige) Tilgungsbetrag tritt dann an die Stelle der im Insolvenzplan geregelten Quote.[42] 46

Unter Geltung der Vergleichsordnung herrschte die Auffassung, dass solche Regelungen mit dem Bestimmtheitsgebot unvereinbar seien. Im Zeitpunkt der Vergleichsbestätigung stehe nicht fest, ob die vergleichsbeteiligten Forderungen i. H. des die angebotene Quote oder des den Liquidationserlös übersteigenden Betrages erlassen sein sollen.[43] Bei richtiger Formulierung der Planregelungen bestehen indes keine Probleme mit dem Bestimmtheitsgrundsatz. Die geregelte **Fortführungsquote** steht unter der **auflösenden Bedingung** (§ 158 Abs. 2 BGB) der Nichterfüllung bis zur Erfüllungsfrist. Gleiches gilt für den Forderungserlass auf den Rest. Gleichzeitig enthält die Regelung eine **aufschiebend bedingte (§ 158 Abs. 1 BGB) Planquote** i. H. des anteiligen Tilgungsbetrages aus **dem Liquidationserlös** und einen aufschiebend bedingten Forderungserlass auf die Restforderung.[44] 47

Dieses Abwicklungsmodell war unter Geltung der Vergleichsordnung beliebt, da man dadurch anstelle eines Anschlusskonkurses vielmehr automatisch in den Liquidationsvergleich überwechseln konnte. Inwieweit unter Geltung der Insolvenzordnung noch ein Anwendungsbereich besteht, bleibt offen. Eine solche subsidiäre Liquidationsregelung kommt nur dann in Betracht, wenn die vollständige Befriedigung der Neugläubiger nach Planbestätigung 48

---

42) *Eidenmüller* in: MünchKomm-InsO, § 221 Rz. 18.

43) *Eidenmüller* in: MünchKomm-InsO, § 221 Rz. 18, m. Verweis auf die Literatur zum Vergleichsverfahren.

44) Vgl. auch *Eidenmüller* in: MünchKomm-InsO, § 221 Rz. 18.

und Aufhebung des Insolvenzverfahrens gewährleistet ist. Andernfalls wäre ein erneutes Insolvenzverfahren unvermeidbar, weil Neugläubigerforderungen selbstverständlich nicht zwangsweise planunterworfen sind und vom Erlass nicht erfasst werden können.

6. Abweichung vom Prinzip der Gläubigergleichbehandlung (par conditio creditorum)

49 Anders als im Regelverfahren können im Insolvenzplan den Gläubigern in den einzelnen Gruppen **abweichende Quoten** zugeteilt werden. Innerhalb der Gläubigergruppen gilt indes nach § 226 Abs. 1 InsO der strenge Gläubigergleichbehandlungsgrundsatz. Der Grundsatz der Gläubigergleichbehandlung wird im Insolvenzplanverfahren nur **gruppenspezifisch** gewährleistet. Da die Gruppen nach homogenen wirtschaftlichen Interessen gebildet werden sollen und die Annahme des Insolvenzplans die Kopf- und Summenmehrheit in der jeweiligen Gruppe erfordert, wird die wirtschaftliche Angemessenheit und Ausgeglichenheit unterschiedlicher Quoten vermutet. Sollte der Insolvenzplan in einer Gruppe nicht angenommen worden sein, kann eine darüber hinwegsehende Bestätigung des Insolvenzplans aufgrund des Obstruktionsverbotes wegen § 245 Abs. 2 Nr. 3 InsO nur erfolgen, wenn alle Gläubiger im Rang einer einfachen Insolvenzforderung (§ 38 InsO) wirtschaftlich gleichgestellt werden.

50 Eine entsprechende Anpassung der Quoten kommt gemäß § 240 InsO noch im Erörterungstermin in Betracht.[45] Findet ein gesonderter Abstimmungstermin statt, können Änderungen richtigerweise auch noch bis zu diesem Termin vorgenommen werden.[46] Nach Beginn der Abstimmung sind Änderungen freilich nicht mehr möglich.[47]

7. Insolvenzpläne ohne Befriedigungsquote, sog. „Nullpläne"

51 Um eine frühzeitige Entschuldung bei natürlichen Personen zu erreichen, werden in der Praxis vereinzelt sog. „Nullpläne" initiiert. Dabei handelt es sich um Insolvenzpläne, die keine Quotenzahlung an die Gläubiger anbieten, sondern **lediglich eine vollständige Enthaftung des Schuldners** vorsehen. Zwar sind solche Nullpläne grundsätzlich zulässig, soweit im Regelinsolvenzverfahren die Gläubiger ebenfalls keine Befriedigung erhalten würden. Jedoch ist stets Vorsicht geboten, wenn der Insolvenzplan keine Quote vorsieht. Nicht selten verfolgen Nullpläne ausschließlich das Ziel, Anfechtungs- und Haftungsansprüche oder Schuldnervermögen zu verschleiern. Um solche Missbräuche zu verhindern, ist vom Schuldner eine Vollständigkeitserklärung zu verlangen. Ferner sind an die Vergleichsrechnung besonders hohe Anforderungen zu stellen, um sicherzustellen, dass die Gläubiger im Regelverfahren keine Aussicht auf Befriedigung haben.[48]

III. Besonderheiten für die Quotengestaltung bei Besicherung durch Gesellschafter – insbesondere Plandisponibilität von § 44a InsO

1. Überblick

52 Bei der Finanzierung einer GmbH kommt es in der Praxis sehr häufig vor, dass Bankenkredite an die Gesellschaft durch eine Bürgschaft oder einen sonstigen Vermögensgegenstand eines Gesellschafters besichert werden. Nach § 44a InsO kann die Bank als Gläubiger nur anteilsmäßige Befriedigung aus der Insolvenzmasse verlangen, soweit sie bei der

45) Vgl. *Hintzen* in: MünchKomm-InsO, § 240 Rz. 9.

46) Uhlenbruck-*Streit*, InsO, § 240 Rz. 6; Römermann-*Braun*, InsO/InsR, § 240 InsO Rz. 12; K. Schmidt-*Spliedt*, InsO, § 240 Rz. 6; a. A. *Thies* in: HambKomm-InsR, § 240 InsO Rz. 8.

47) Anders *Rendels/Zabel*, Insolvenzplan, Rz. 468.

48) *Rendels/Zabel*, Insolvenzplan, Rz. 18.

Inanspruchnahme der Sicherheit oder des Bürgen ausgefallen ist. Für die Gestaltung der Quote einer solchen gesellschafterbesicherten Forderung im Insolvenzplan sind die nachfolgenden Besonderheiten zu beachten.

Dabei stellen sich folgende Fragen: 53

- Kann entgegen § 44a InsO dem Gläubiger mit einer Gesellschaftersicherheit eine Quote angeboten werden, obwohl die Gesellschaftersicherheit nicht verwertet und der Ausfall nicht nachgewiesen wurden?
- Welche Auswirkung hat die Gestaltung der Gesellschaftersicherheit durch einen Insolvenzplan über das Vermögen des Gesellschafters im Insolvenzverfahren über das Vermögen der Gesellschaft?
- Sind in diesem Fall Erlasse vollständig als Befriedigung im Verfahren der Gesellschaft anzurechnen?

2. Insolvenzplan im Insolvenzverfahren über das Vermögen der Gesellschaft

In diesem Zusammenhang ist zunächst zu klären, ob im Insolvenzplan im Insolvenzverfahren über das Vermögen der Gesellschaft auch eine Regelung über die Haftung des Gesellschafters getroffen und ob die Befriedigung der Hauptschuld abweichend von § 44a InsO geregelt werden kann. 54

a) Praktisches Bedürfnis für eine Quotengestaltung unter Einbeziehung der Gesellschaftersicherheit im Insolvenzplan

Für die Gestaltung der Gesellschaftersicherheit in einem Insolvenzplan der Gesellschaft besteht ein hohes praktisches Bedürfnis, um die **Motivation des Gesellschafters** (der häufig auch Geschäftsführer ist) **zur Mitwirkung an der Betriebsfortführung** zu erhalten.[49] Eine solche abweichende Gestaltung mag i. E. ausschlaggebend sein, um den Gesellschafter-Geschäftsführer mit „Schlüssel-Know-how“ für eine Sanierung der Gesellschaft unter Einbeziehung eines Investors zu gewinnen. Durch eine konsensuale Regelung können unnötige Kosten, insbesondere solche der Bank für die Geltendmachung der Gesellschaftersicherheit und den Nachweis des Ausfalles im Insolvenzverfahren über das Vermögen der Gesellschaft, vermieden werden. Die dadurch eingesparten Kosten können als Sanierungsbeitrag der Gesellschaft zur Verfügung gestellt werden. Auch die abschließende Planerfüllung kann dadurch gewährleistet sein, weil der Nachweis des Ausfalles i. R. der Sicherheitenverwertung nicht erforderlich ist. 55

Zur **Verfahrensbeschleunigung** mag ein Bedürfnis bestehen, dass der Gläubiger eine feste Quote unter Berücksichtigung seines geschätzten Ausfalls erhält. 56

Die mögliche Einbeziehung der Gesellschaftersicherheit – auch zur Vermeidung der Existenzvernichtung des Gesellschafters – schafft einen Anreiz für die mit dem Schutzschirmverfahren und dem Insolvenzplanverfahren beabsichtigte frühzeitige Antragsstellung. 57

Beispiel

Die Bank B hat der Gesellschaft G einen Kredit i. H. von 1 Mio. € gewährt. Der Kredit der B wurde durch Grundschulden am Haus des alleinigen Gesellschafters A abgesichert. Aufgrund des individuellen Zuschnitts des Hauses ist der Verkehrswert schwierig zu ermitteln und wird auf zwischen 300.000 € und 600.000 € geschätzt.

Der Insolvenzplan sieht folgendes Sanierungskonzept vor:

49) Vgl. auch *Schröder*, ZInsO 2015, 1040, 1045.

Ein Eigenkapitalinvestor steigt neben dem Gesellschafter in die Gesellschaft G ein. Die Insolvenzgläubiger erhalten eine Quote i. H. von 20 % durch Einmalzahlung unmittelbar nach Rechtskraft des Insolvenzplans (Cash-out-Plan). Im Regelverfahren würden die Gläubiger höchstens eine Quote von 14 % erhalten. Für die Bank B wird im Insolvenzplan eine Regelung aufgenommen, wonach die Bank auf den vollen Betrag eine Quote von 20 % erhält. Mit A hat sich die Bank außerhalb des Insolvenzplans dahingehend geeinigt, dass mit der Zahlung eines Einmalbetrages i. H. von 300.000 € durch den Gesellschafter die Grundschulden freigegeben werden.

58 Ob eine solche Planregelung vor dem Hintergrund des § 44a InsO zulässig ist, wird nachfolgend dargestellt.

b) Gestaltung der Haftung des Gesellschafters über eine Regelung im gestaltenden Teil des Insolvenzplans im Insolvenzverfahren der Gesellschaft?

59 Der Gesellschafter kann über eine Regelung im gestaltenden Teil des Insolvenzplans im Insolvenzverfahren über das Vermögen der Gesellschaft nicht – auch nicht teilweise – aus der Mithaftung befreit werden. Dies folgt aus § 254 Abs. 2 Satz 1 InsO, wonach die Rechte der Insolvenzgläubiger gegen Mitschuldner und Bürgen des Schuldners durch den Insolvenzplan – abgesehen von Fällen gruppeninterner Drittsicherheiten i. S. von § 217 Abs. 2 InsO (siehe dazu § 33 Rz. 80 ff. [*Brünkmans*]) – nicht berührt werden.

60 Gleiches gilt nach § 254 Abs. 2 Satz 1 InsO, wenn der Gesellschafter einen Gegenstand aus seinem Vermögen als Sicherheit für einen Gesellschaftskredit zur Verfügung gestellt hat. Die Enthaftung dieser Sicherheit ist nicht durch eine Regelung im Insolvenzplan im Verfahren über das Vermögen der Gesellschaft möglich. Eine **Enthaftung und Freigabe** der Sicherheit kann lediglich **über eine individualvertragliche Vereinbarung** zwischen dem Gläubiger (im Ausgangsbeispiel, siehe Rz. 57, die Bank) und dem Gesellschafter erfolgen. Die Verknüpfung mit dem Insolvenzplan erfolgt durch die aufschiebende Bedingung der rechtskräftigen Bestätigung des Insolvenzplans in der individualvertraglichen Vereinbarung. Die Enthaftungsvereinbarung kann als Anlage dem Insolvenzplan beigefügt werden.

61 Allerdings ist zu beachten, dass eine Enthaftung oder ein Verzicht nur im Innenverhältnis zwischen Gläubiger und Gesellschafter wirkt. Im Insolvenzverfahren über das Vermögen der Gesellschaft kann ein solcher gesellschafterbesicherter Gläubiger nach § 44a InsO nur anteilsmäßige Befriedigung aus der Insolvenzmasse verlangen, **soweit er bei der Inanspruchnahme der Sicherheit oder des Bürgen ausgefallen ist.** Zur Wahrung des den §§ 44a, 135 Abs. 2, 143 Abs. 3 InsO zugrunde liegenden Vorrangs der Haftung der Gesellschaftersicherheit muss sich der Gläubiger im Verhältnis zum Schuldner so behandeln lassen, als hätte er die Gesellschaftersicherheit verwertet; ihm verbleibt die Möglichkeit, ggf. die Wertlosigkeit der Sicherheit als „Ausfall" nachweisen.[50)]

c) Regelung der Befriedigung der Hauptforderung in Abweichung zu § 44a InsO?

62 Anders als die Gesellschaftersicherheit ist eine Regelung der Befriedigung der Hauptforderung vom Umfang der Rechtskraft des Insolvenzplans erfasst (§ 254 Abs. 1 InsO). § 254 Abs. 2 InsO steht dem nicht entgegen.

63 Allerdings stellt sich die Frage, inwieweit bei einer Regelung im Insolvenzplan das aus den §§ 44a, 135 Abs. 2, 143 Abs. 3 InsO folgende **Konzept der vorrangigen Haftung der Gesellschaftersicherheit** beachtet werden muss oder ob diese Vorschriften zur **Disposition** einer abweichenden Insolvenzplanregelung stehen.

50) *Könen* in: KPB, InsO, § 44a Rz. 20; *Kleindiek* in: HK-InsO, § 44a Rz. 9.

Im Insolvenzverfahren über das Vermögen der Gesellschaft kann ein gesellschafterbesicherter Gläubiger nach § 44a InsO nur anteilsmäßige Befriedigung aus der Insolvenzmasse verlangen, soweit er bei der Inanspruchnahme der Sicherheit oder des Bürgen ausgefallen ist. Der Gläubiger kann – ähnlich wie ein Absonderungsberechtigter – nur hinsichtlich seines Ausfalls Befriedigung aus der Insolvenzmasse verlangen, wird also zunächst auf die vorherige Inanspruchnahme der Gesellschaftersicherheit verwiesen. Die Regelung der Befriedigung einer gesellschafterbesicherten Forderung gegen die Gesellschaft sieht üblicherweise eine Abweichung von § 44a InsO insoweit vor, als die Quote an den Gläubiger sofort gezahlt wird und die vom Gesellschafter gestellte Sicherheit nicht verwertet, sondern stattdessen durch **eine pauschale Einmalzahlung** abgelöst wird. 64

Analog § 190 InsO kann die Planquote grundsätzlich erst mit **Nachweis des Ausfalls** nach Durchführung der Verwertung der Gesellschaftersicherheit an den Gläubiger ausgezahlt werden.[51] Eine Teilnahme an der Verteilung kann auch nicht durch Verzicht oder Freigabe der Gesellschaftersicherheit erreicht werden (siehe dazu Rz. 60 f.). Sieht der Insolvenzplan für den Gläubiger somit eine sofortige Einmalzahlung vor und wurde individualvertraglich auf die Gesellschaftersicherheit gegen Zahlung eines Betrages durch den Gesellschafter verzichtet, so mag im Einzelfall zulasten der Insolvenzmasse eine zu hohe Zahlung unter Verstoß gegen § 44a InsO geleistet worden sein, wenn der Gläubiger mehr erhält als seinen bei Verwertung der Sicherheit zu erwartenden Ausfall.[52] 65

Fraglich ist, ob von § 44a InsO durch eine Regelung im Insolvenzplan entsprechend abgewichen werden kann. Für das **Regelverfahren** wird eine vergleichsweise Verständigung zwischen Insolvenzverwalter und Gläubiger über die Anwendung und Rechtsfolgen von § 44a InsO als **unzulässig** erachtet.[53] § 44a InsO gehöre wie die § 39 Abs. 1 Nr. 5 und § 135 InsO zu einem nicht disponiblen, geschlossenen Nachrangkonzept im Hinblick auf Gesellschafterdarlehen und gesellschafterbesicherte Drittdarlehen.[54] Im Übrigen sei ein Vergleich zwischen dem Insolvenzverwalter und einem Gläubiger, der unter den Anwendungsbereich des § 44a InsO fällt, nicht zulässig. § 44a InsO sei eine Regelung über die Verteilung der Insolvenzmasse, die nicht zur Disposition einer individualvertraglichen Regelung zwischen Gläubiger und Insolvenzverwalter stehe.[55] 66

Zum Teil wird eine zu § 44a InsO **abweichende Regelung im Insolvenzplan** hingegen für **zulässig** erachtet, da § 44a InsO systematisch zum Verteilungsverfahren gemäß §§ 187 ff. InsO gehöre und nach § 217 Abs. 1 Satz 1 Fallgruppe 3 InsO eine von den Verteilungsregeln abweichende Regelung im Insolvenzplan gerade zulässig ist.[56] 67

Zutreffend ist zwar, dass § 44a InsO systematisch zum Verteilungsverfahren gemäß §§ 187 ff. InsO gehört[57] und damit unter den Numerus Clausus der Planregelungen unter die 3. Fallgruppe aus § 217 Abs. 1 Satz 1 InsO fällt.[58] Dies ist jedoch nur eine not- 68

51) Uhlenbruck-*Hirte*, InsO, § 44a Rz. 5; Römermann-*Andres*, InsR/InsO, § 44a InsO Rz. 21.

52) Dies wird wahrscheinlich nur dann relevant, wenn man mit der h. M. die Quote nicht nur auf den Ausfall, sondern auf die volle Forderung berechnet werden und nur die Höhe der Quotenzahlung auf den Ausfall begrenzt werden soll. So *Bitter* in: MünchKomm-InsO, § 44a Rz. 22; *Lüdtke* in: HambKomm-InsR, § 44a InsO Rz. 18; Uhlenbruck-*Hirte*, InsO, § 44a Rz. 5; K. Schmidt-*K. Schmidt*, InsO, § 44a Rz. 14; *Könen* in: KPB, InsO, § 44a Rz. 16; a. A. Braun-*Bäuerle*, InsO, § 44a Rz. 5.

53) K. Schmidt-*K. Schmidt*, InsO, § 44a Rz. 15; Römermann-*Andres*, InsR/InsO, § 44a InsO Rz. 6; *Frege/Nicht/Schildt*, ZInsO 2012, 1961, 1967; differenzierend: Uhlenbruck-*Hirte*, InsO, § 44a Rz. 2.

54) *Frege/Nicht/Schildt*, ZInsO 2012, 1961, 1967.

55) *Frege/Nicht/Schildt*, ZInsO 2012, 1961, 1969.

56) *Schröder*, ZInsO 2015, 1040, 1045.

57) Vgl. ausführlich dazu *Lüdtke* in: HambKomm-InsR, § 44a InsO Rz. 19 f.

58) S. a. *Frege/Nicht/Schildt*, ZInsO 2012, 1961, 1969.

wendige, nicht jedoch hinreichende Voraussetzung für die rechtliche Zulässigkeit einer Planregelung. Die Vorschrift, von der im Einzelfall abgewichen wird, muss i. Ü. plandisponibel sein.

Praxishinweis

Dies wird man bei § 44a InsO bejahen können. Auch wenn in §§ 44a, 39 Abs. 1 Nr. 5 und 135 InsO für das Regelverfahren ein nicht disponibles, geschlossenes Vorrangkonzept der Gesellschaftersicherheit gesehen wird,[59)] kann im Insolvenzplanverfahren grundsätzlich eine andere Regelung getroffen werden. § 44a InsO bezweckt lediglich als „Verteilungsregel" den Schutz der Gläubiger im Insolvenzverfahren der Gesellschaft. Dieser Schutz wird durch die aus § 251 InsO resultierende Mindestquote entsprechend dem Regelverfahren gewährleistet. Für die Vergleichsrechnung der Befriedigung im Regelverfahren ist dann § 44a InsO vollumfänglich heranzuziehen, d. h. die vorrangige Befriedigung des gesellschafterbesicherten Gläubigers anhand der Sicherheit. Im Sinne der Gläubigerautonomie kann dann aber dem gesellschafterbesicherten Gläubiger eine Quote mit direkter Befriedigung in Abweichung zu § 44a InsO angeboten werden, wenn die Gläubiger jedenfalls eine Mindestquote unter Berücksichtigung der Verteilungsregel aus § 44a InsO erhalten, indem etwa zusätzliche Mittel durch einen Investor oder als Einlagebeitrag des Gesellschafters geleistet werden (siehe Beispiel Rz. 57).

Sollte von der vorrangigen Befriedigung des Gläubigers aus der Gesellschaftersicherheit i. S. von § 44a InsO durch eine Regelung im Insolvenzplan abgewichen werden, kommt es für die rechtliche Zulässigkeit einer solchen Planregelung entscheidend darauf an, dass die den übrigen Gläubigern angebotene Quote höher ist als im Regelverfahren. Bei der Darstellung der Quote im Regelverfahren i. R. der Vergleichsrechnung ist besonderes Augenmerk auf die vorrangige Befriedigung des besicherten Gläubigers aus der Gesellschaftersicherheit zu legen (zur Vergleichsrechnung siehe § 13 Rz. 112 ff. [*Brünkmans/Harmann*].

69 Zu beachten ist, dass § 44a InsO gemäß § 2 Abs. 1 Nr. 2 **SanInsKG** keine Anwendung auf Insolvenzverfahren findet, deren Eröffnung zwischen dem 1.3.2020 und dem 30.9.2023 beantragt wurde.

3. Insolvenzplan im Insolvenzverfahren über das Vermögen des Gesellschafters

70 Befindet sich der Gesellschafter im Insolvenzplanverfahren, so kann die Gesellschaftersicherheit im Insolvenzplan dieses Verfahrens gestaltet werden, etwa indem die Bürgschaftsforderung – teilweise – erlassen wird oder die dingliche Sicherheit – etwa gegen Zahlung – freigegeben wird. Da die Sicherheit im Verfahren des Gesellschafters als Sicherheitengeber gestaltet wird, bestimmt sich die Planwirkung für und gegen den Schuldner als zwangsweise planunterworfener Beteiligter aus § 254 Abs. 1 InsO. § 254 Abs. 2 InsO steht dem nicht entgegen. Es stellt sich die Frage, welche **Auswirkung der – teilweise – Erlass der Bürgschaftsforderung, Mithaft o. A. auf der Ebene des Gesellschafters auf die Hauptforderung hat.** Außerhalb der Insolvenz des Gesellschafters führt ein Erlass vor dem Hintergrund des den §§ 44a, 135 Abs. 2, 143 Abs. 3 InsO zugrunde liegenden Vorrangs der Haftung der Gesellschaftersicherheit dazu, dass sich der gesellschafterbesicherte Gläubiger im Insolvenzverfahren der Gesellschaft so behandeln lassen muss, als hätte er die Gesellschaftersicherheit verwertet (siehe dazu bereits Rz. 61). Er kann nur eine etwaige Wertlosigkeit der Sicherheit geltend machen (siehe dazu bereits oben Rz. 61).[60)] Der Wert der Sicherheit (Befriedigungspotential) wird somit als Befriedigung im Verfahren der Gesellschaft angerechnet. Ein – teilweiser – Erlass im Insolvenzplan des Gesellschafters führt indes im Insolvenzverfahren über das Vermögen der Gesellschaft

59) Vgl. *Bitter* in: MünchKomm-InsO, § 44a Rz. 33; *Lüdtke* in: HambKomm-InsR, § 44a InsO Rz. 4; *Frege/Nicht/Schildt*, ZInsO 2012, 1961, 1967.

60) *Könen* in: KPB, InsO, § 44a Rz. 14; *Kleindiek* in: HK-InsO, § 44a Rz. 9; *Bitter* in: MünchKomm-InsO, § 44a Rz. 35.

dann nicht zu einer Anrechnung, wenn die auf die Sicherheit gewährte Planquote im Insolvenzverfahren des Gesellschafters mindestens der Befriedigung im Regelverfahren entspricht. In diesem Fall wird der in § 44a InsO enthaltene Vorrang der Haftung der Gesellschaftersicherheit (siehe Rz. 63) gewahrt.

Es kommt daher entscheidend auf die **Vergleichsrechnung nach § 251 InsO** an. Der Gläubiger wird also im Insolvenzverfahren über das Vermögen der Gesellschaft so gestellt, als habe er die Gesellschaftersicherheit i. H. der von ihm im Insolvenzplan der Gesellschaft erlangten Quote verwertet und sei i. Ü. mit der Verwertung der Gesellschaftersicherheit ausgefallen, habe also auf den Restbetrag nicht verzichtet. Ist im Regelinsolvenzverfahren hingegen eine bessere Quote zu erwarten, ist die Differenz zwischen Planquote und fiktiver Quote im Regelverfahren auf die Befriedigung im Insolvenzverfahren der Gesellschaft anzurechnen, selbst wenn der Gläubiger gegen den Insolvenzplan gestimmt hat. Notfalls hat er die quotale Gleichbehandlung zum Regelverfahren über einen Minderheitenschutzantrag nach § 251 InsO oder die Beschwerde gegen den Insolvenzplan durchzusetzen. 71

IV. Quotenausschüttung auf der Grundlage eines Verteilungsverzeichnisses

Insolvenzpläne enthalten in der Regel eine Abweichung von § 188 InsO (Verteilungsverzeichnis), denn die Verteilung wird häufig abschließend im Insolvenzplan geregelt, sodass es der Aufstellung eines zusätzlichen Verteilungsverzeichnisses wie im Regelverfahren nicht bedarf. Ein solcher Ausschluss ist zulässig.[61] 72

Im Insolvenzplan kann jedoch auch ein **separates Verteilungsverfahren** nach Aufhebung des Insolvenzverfahrens geregelt werden.[62] 73

In diesem Fall hat der Schuldner ein aus dem Insolvenzplan abgeleitetes separates Verteilungsverzeichnis in Anlehnung an § 188 InsO zu erstellen und auf der Geschäftsstelle des Gerichts zur Einsicht der Beteiligten niederzulegen. Wie im Regelverfahren ist dann das Verteilungsverzeichnis selbst – und nicht mehr unmittelbar der Insolvenzplan, dem das Verteilungsverzeichnis lediglich zugrunde liegt – für die **Auszahlung maßgeblich**. Vor dem Hintergrund finden **Rechtsbehelfe**, mit denen Einwendungen gegen das Verteilungsverzeichnis geltend gemacht werden (§§ 194 Abs. 2, 197 Abs. 3 InsO), Anwendung. Ein solches nachgeschaltetes Verteilungsverzeichnis dient in der Regel der Umsetzung von dynamischen Planquoten (siehe oben Rz. 15 ff.). 74

Formulierungsbeispiel[63]

„Die Schuldnerin wird innerhalb von drei Wochen nach Eingang der Kaufpreiszahlung aus der Veräußerung der Anteile an der Tochter-GmbH auf der Grundlage der Insolvenztabelle ein Verteilungsverzeichnis in entsprechender Anwendung der §§ 188 ff. InsO erstellen und auf der Geschäftsstelle des Amtsgerichts – Insolvenzgericht – Berlin zur Einsicht der Beteiligten niederlegen. Das Verteilungsverzeichnis ist für die Auszahlung aufgrund des Insolvenzplans maßgeblich. An der Verteilung können ausschließlich die in dem Verteilungsverzeichnis genannten Gläubiger teilnehmen.

61) *Eidenmüller* in: MünchKomm-InsO, § 217 Rz. 122; *Fiebig* in: HK-InsO, § 217 Rz. 5.

62) Vgl. etwa BGH, Beschl. v. 15.7.2010 – IX ZB 65/10, ZIP 2010, 1499, 1500 = ZVI 2011, 20, dazu EWiR 2010, 681 *(Huber)*.

63) Dem Beispiel liegt ein Cash-out-Plan zugrunde. Die Quotenauszahlung erfolgt aus Liquidität, welche über eine Kapitalerhöhung generiert wird.

> Nach Aufhebung des Insolvenzverfahrens (§ 258 InsO) erfolgen die Forderungsprüfung und die Fortschreibung des Verteilungsverzeichnisses anstelle des Sachwalters durch die Schuldnerin. Das fortgeschriebene Verteilungsverzeichnis ist für etwaige weitere Auszahlungen maßgeblich. Die Planquote kann sich entsprechend ändern."

V. Regelungen über die Haftung des Schuldners

1. Überblick

75 Neben der Gewährung einer Quote und Regelung der Befriedigung der Gläubiger ist die Regelung der Haftung des Schuldners nach Aufhebung des Insolvenzverfahrens Kernregelung eines Insolvenzplans. Zu solchen Regelungen betreffend die Haftung des Schuldners gehören insbesondere der Forderungserlass, Rangrücktritt und die Stundung.

2. Gesetzliche Enthaftungsregelungen (§§ 227 Abs. 1, 225 Abs. 1 InsO)

76 Die Regelung der Befriedigung der Gläubiger im Insolvenzplan hat über § 227 Abs. 1 InsO auch Auswirkung auf die Haftung des Schuldners nach Aufhebung des Insolvenzverfahrens. Mit der im gestaltenden Teil vorgesehenen Befriedigung der Insolvenzgläubiger wird der Schuldner nach § 227 Abs. 1 InsO von seinen restlichen Verbindlichkeiten gegenüber diesen Gläubigern befreit. Anders als der Wortlaut vermuten lässt, tritt die Haftungsbefreiung für den Schuldner bereits **mit rechtskräftiger Bestätigung** des Insolvenzplans ein und setzt nicht die plangemäße Erbringung der im gestaltenden Teil vorgesehenen Leistung voraus, wenn im Insolvenzplan nichts anderes geregelt wird.[64)] Dies ergibt sich aus § 255 InsO, denn danach werden Erlasse und Stundungen für den Gläubiger hinfällig, wenn der Schuldner mit der Erfüllung des Plans erheblich in Rückstand gerät (§ 255 Abs. 1 InsO).

77 Die gesetzliche Enthaftung nach § 227 Abs. 1 InsO führt jedoch nicht zu einem Forderungserlass, sondern lediglich zu einer **unvollkommenen Verbindlichkeit.**[65)] Dies folgt aus einer systematischen Auslegung zu §§ 254 Abs. 3 und 255 Abs. 1 Satz 1 InsO.[66)] Das Fortbestehen als unvollkommene Verbindlichkeit bedeutet, dass eine Erfüllung der Verbindlichkeit zwar nicht mehr verlangt werden kann (Durchsetzungssperre),[67)] eine etwaige Leistung auf diese aber nicht rechtsgrundlos wäre.[68)]

78 Die Forderungen **nachrangiger Insolvenzgläubiger** gelten hingegen nach verbreiteter Auffassung **ipso iure als vollständig erlassen**, wenn im Insolvenzplan nichts anderes bestimmt ist (§ 225 Abs. 1 InsO).[69)] In letzter Konsequenz hieße dies, dass auch etwaige akzessorische Sicherheiten entgegen § 254 Abs. 3 InsO untergehen würden. Vor dem Hintergrund erscheint diese weder vom Wortlaut und Systematik noch vom Telos getragene Differenzierung sehr fraglich.

---

64) Allg. M., vgl. nur K. Schmidt-*Spliedt*, InsO, § 227 Rz. 2; *Thies* in: HambKomm-InsR, § 227 InsO Rz. 2.

65) BGH, Urt. v. 19.5.2011 – IX ZR 222/08, ZIP 2011, 1271, 1272 f. = NZI 2011, 538; Uhlenbruck-*Streit*, InsO, § 227 Rz. 6.

66) BGH, Urt. v. 19.5.2011 – IX ZR 222/08, ZIP 2011, 1271, 1272 f. = NZI 2011, 538; *Rugullis*, NZI 2021, 663.

67) OLG Schleswig, Urt. v. 6.4.2017 – 11 U 96/16 (Prokon), ZIP 2017, 1075, 1076.

68) OLG Schleswig, Urt. v. 6.4.2017 – 11 U 96/16 (Prokon), ZIP 2017, 1075, 1076; K. Schmidt-*Spliedt*, InsO, § 254 Rz. 12; **a. A.** *Dellit/Hamann*, ZIP 2015, 308, 316.

69) K. Schmidt-*Spliedt*, InsO, § 225 Rz. 1; **anders** nunmehr Uhlenbruck-*Streit*, InsO, § 225 Rz. 5: Fortbestehen als Naturalobligation sowie teleologische Reduktion der Vorschrift, wenn im Regelinsolvenzverfahren etwas auf die Forderung gezahlt werden könnte.

3. Forderungserlass

In der Praxis wird im Insolvenzplan häufig ein ausdrücklicher Erlass geregelt. 79

Formulierungsbeispiel (Erlass)

„Die Gläubiger der Gruppe 2 erhalten eine Quote in Höhe von [...] Im Übrigen werden die Insolvenzforderung sowie alle Nebenforderungen (Zinsen, Nebenleistungen, Früchte, Nutzungen und Kosten) der Gläubiger der Gruppe 2 erlassen."

Umstritten ist allerdings, ob die Naturalobligation aus §§ 255, 256 InsO überhaupt dispositiv ist. Würde man dies bejahen, könnten Forderungen über einen Insolvenzplan nur zu **unvollkommenen Verbindlichkeiten** herabgestuft werden, nicht jedoch ein (Teil-)Erlass, mit der Folge einer vollständigen Eliminierung der Forderung, geregelt werden.[70] 80

Durch die Regelung eines Erlasses im gestaltenden Teil wird der Schuldner entschuldet. 81 Mit Rechtskraft des Insolvenzplans werden die Willenserklärung von Schuldner und Insolvenzgläubiger, die für den Abschluss eines verfügenden Erlassvertrages erforderlich sind (§ 397 Abs. 1 BGB) fingiert (§§ 254, 228 InsO); siehe dazu ausführlich § 7 Rz. 14 [*Brünkmans*].

Allerdings ist bisher noch nicht abschließend geklärt, ob über die gesetzliche Enthaftungsregelung (Umgestaltung in eine unvollkommene Verbindlichkeit) hinaus, der Insolvenzplan einen **vollständigen Erlass** i. S. von § 397 BGB vorsehen kann. Die überwiegende Auffassung bejaht die Möglichkeit, einen vollständigen materillen Erlas im Insolvenzplan zu regeln.[71] Auch in der Praxis enthalten die meisten Insolvenzpläne explizit einen solchen Erlass i. S. von § 397 BGB.[72] Nach **a. A.** ist ein Erlass hingegen nicht möglich.[73] Verwiesen wird auf den für diese Frage angeblich klaren Wortlaut von § 254 Abs. 1, 3 InsO.[74] Richtigerweise ist ein Forderungserlass jedoch zulässig. Der Wortlaut aus § 254 Abs. 1, 3 InsO beantwortet noch nicht die Frage der Plandisponibilität. Der BGH bewertet vielmehr aus einem Umkehrschluss zu § 254 Abs. 3 und § 255 Abs. 1 Satz 1 InsO die Einstufung als unvollkommene Verbindlichkeit.[75] Auch aus Sicht des Gläubigerschutzes ist der Ausschluss eines materiellen Forderungserlasses nicht erforderlich, weil diese durch §§ 251, 253 InsO hinreichend geschützt sind.[76] Der Fortbestand der Sicherungsrechte i. S. von § 254 Abs. 2 Satz 1 InsO setzt nicht zwingend die Einstufung als unvollkommene Verbindlichkeit voraus.[77] Vielmehr kann § 254 Abs. 2 Satz 1 InsO auch als Durchbrechung des Akzessorietätsprinzip verstanden werden. Inwieweit im Insolvenzplan ein materieller Erlass auch für Steuerverbindlichkeiten geregelt werden kann oder hierfür Besonderheiten bestehen,[78] kann an dieser Stelle offenbleiben (siehe zur Steuerforderung § 60 Rz. 88 f., 96 f. [*Witfeld*]). 82

70) *Hoffmann*, DStR 2024, 1662, 1665; Jaeger-*Jaeger*, InsO, § 255 Rz. 9 ff.; *Balthasar* in: Kübler/Bork/Prütting, HRI II, § 22 Rz. 263 f.

71) *Fiebig* in: HK-InsO, § 254 Rz. 5; K. Schmidt-*Spliedt*, InsO, § 255 Rz. 12; *Spahlinger* in: KPB, InsO, § 254 Rz. 32; *Martini/Horstkotte*, ZInsO 2017, 1913, 1918; *Lütke*, ZVI 2016, 297, 302; *Tresselt/Kienast*, DZWIR 2023, 191, 193; jedenfalls für Steuerforderungen folgend *Smid*, KSI 2020, 112, 113.

72) S. a. die Einschätzung von *Tresselt/Kienast*, DZWIR 2023, 191, 193.

73) *Weitbrecht*, ZIP 2019, 1849, 1854; Jaeger-*Jaeger*, InsO, § 254 Rz. 44; *Huber/Madaus* in: MünchKomm-InsO, § 254 Rz. 21; Uhlenbruck-*Streit*, § 227 Rz. 13: Nur, wenn sämtliche Gläubiger zustimmen.

74) *Weitbrecht*, ZIP 2019, 1849, 1854.

75) So auch *Spahlinger* in: KPB, InsO, § 254 Rz. 32.

76) *Spahlinger* in: KPB, InsO, § 254 Rz. 32.

77) So aber *Huber/Madaus* in: MünchKomm-InsO, § 254 Rz. 21; Jaeger-*Jaeger*, InsO, § 254 Rz. 44.

78) Vgl. BFH, Urt. v. 8.3.2022 – VI R 33/19, ZRI 2022, 652 = NZI 2022, 752; s. a. *Smid*, KSI 2020, 112, 113.

83 Es stellt sich die Frage, ob auch bei der Aufnahme eines ausdrücklichen Erlasses § 254 Abs. 2 (Drittsicherheiten) und Abs. 3 (Kondiktionssperre) InsO und § 255 Abs. 1 Satz 1 InsO (Wiederauflebung) Anwendung finden. Dies ist richtigerweise für § 254 Abs. 2 InsO und § 255 Abs. 1 Satz 1 InsO zu bejahen, wobei die Wiederauflebung durch eine Planregelung ausgeschlossen werden kann. Die Kondiktionssperre aus § 254 Abs. 3 InsO gilt bei der Aufnahme einer Erlassregelung i. S. von § 397 Abs. 1 BGB hingegen nicht.[79)]

84 Beim Forderungserlass handelt es sich um das klassische Instrument der finanzwirtschaftlichen Unternehmenssanierung, insbesondere bei Kapitalgesellschaften, um die Überschuldung der Gesellschaft und damit die Insolvenzantragspflichten der Organe (§ 15a InsO) zu beseitigen. Vor dem Hintergrund ist eine Erlassregelung meistens für Fortführungspläne unabdingbar, nicht jedoch für Liquidationspläne, welche häufig als bloß verfahrensbegleitende Insolvenzpläne (siehe dazu § 2 Rz. 20 ff. [*Brünkmans*]) ausgestaltet sind. Bei reinen Liquidationsplänen liegt der Schwerpunkt der Regelung bei der Verwertung und Verteilung der Masse (2. und 3. Fallgruppe des § 217 InsO).

85 Enthält der Insolvenzplan keine Erlassregelung und wird auch die Enthaftung nach § 227 Abs. 1 InsO im Insolvenzplan ausdrücklich ausgeschlossen, besteht jedoch die Gefahr, dass der Schuldner durch **sein Widerspruchsrecht aus § 247 Abs. 1 InsO** den Plan zu Fall bringt. Ein solcher Widerspruch ist unbeachtlich, wenn der Schuldner durch den Plan voraussichtlich nicht schlechtergestellt wird, als er ohne einen Plan stünde (§ 247 Abs. 2 Nr. 1 InsO). Da dem Schuldner keine Enthaftung gewährt wird, kommt es für die Frage der Schlechterstellung wie bei § 251 InsO entscheidend darauf an, ob die Quote für Gläubiger durch die Planlösung mindestens der im Regelverfahren entspricht und damit die befriedigungsbedingte Schuldenrückführung zumindest gleich hoch ist wie im Regelverfahren. Ist das nicht der Fall, wird das Insolvenzgericht die Planbestätigung (§§ 248, 250 Nr. 1 InsO) verweigern.

86 Seit dem am 1.7.2014 in Kraft getretenen Gesetz zur Verkürzung des Restschuldbefreiungsverfahrens und zur Stärkung der Gläubigerrechte ist der Insolvenzplan auch im **Verbraucherinsolvenzverfahren möglich.**[80)] Die Schuldenregulierung in Abweichung zur Restschuldbefreiung steht bei Insolvenzplänen für Verbraucher im Mittelpunkt (siehe dazu § 28 Rz. 13 ff. [*Webel*]). In der Praxis sind bei Insolvenzplänen für natürliche Personen auch **sog. „Null-Pläne“** zu beobachten, welche eine vollständige Enthaftung des Schuldners ohne Quotenzahlung vorsehen (zur rechtlichen Zulässigkeit solcher „Null-Pläne“ siehe oben Rz. 51). Bei natürlichen Personen kann ein Forderungserlass über das Insolvenzplanverfahren sinnvoll sein, um eine **Restschuldbefreiung** unter anderen Voraussetzungen, etwa einer kürzeren Wohlverhaltensperiode und Erfassung von Ansprüchen **aus vorsätzlicher begangener unerlaubter Handlung** (vgl. § 302 Nr. 1 InsO), gewähren zu können.[81)]

87 Häufig enthalten Insolvenzpläne sog. materielle Präklusionsklauseln, welche einen vollständigen Erlass ohne Planquote für verspätet angemeldete Forderungen (Nachzügler) vorsehen. Diese **Präklusionsklauseln** regeln die Nachhaftung des Schuldners nach Aufhebung des Insolvenzverfahrens am radikalsten. Nach der Rechtsprechung des BGH sind solche materiellen Präklusionsklauseln jedoch unzulässig und führen zur Zurückweisung des Plans nach § 231 Abs. 1 Satz 1 Nr. 1 InsO; siehe dazu und zu den zulässigen verfahrensmäßigen Ausschlussklausel ausführlich unten Rz. 537 ff.

79) K. Schmidt-*Spliedt*, InsO, § 254 Rz. 12; wohl auch *Spahlinger* in: KPB, InsO, § 254 Rz. 32; wohl anders BGH, Urt. v. 19.5.2011 – IX ZR 222/08, ZIP 2011, 1271, 1272 f. = NZI 2011, 538.

80) S. dazu *Rugullis*, NZI 2013, 869, 871 ff.

81) Vgl. RegE InsO, BT-Drucks. 12/2443.

4. Regelung der Restschuldbefreiung natürlicher Personen

Mit der Restschuldbefreiung stellt die InsO natürlichen Personen ein zusätzliches Instrument zur Erlangung einer Schuldenbefreiung bereit. Die Restschuldbefreiung bietet aus Schuldnersicht insbesondere den Vorteil, dass sie stärker als der Insolvenzplan vor Nachzüglerforderungen schützt. 88

Natürliche Personen als Schuldner können **zwischen beiden Verfahren** im Grundsatz **frei wählen.** Die Voraussetzungen für die Restschuldbefreiung aus §§ 286 ff. InsO sind bei der Prüfung eines Insolvenzplans einer natürlichen Person somit nicht zu prüfen. Vielmehr obliegt die Entscheidung über die Annahme des Insolvenzplans den Gläubigern. Demnach ist nicht nur der „würdige" Schuldner berechtigt, mit dem Ziel seiner Entschuldung einen Insolvenzplan vorzulegen, sondern die in § 227 Abs. 1 InsO vorgesehene Entschuldung kann auch einem Schuldner zuteilwerden, der die **Redlichkeitsvoraussetzungen der §§ 286 ff. nicht erfüllt.**[82] 89

Ob sich beide Verfahren miteinander **kombinieren** lassen, ist noch nicht abschließend geklärt. Einigkeit besteht darüber, dass der Insolvenzplan nicht anordnen kann, dass der Schuldner **Restschuldbefreiung** erhält. Zum einen ist die Entscheidung hierüber gemäß § 300 Abs. 1 InsO dem Richter vorbehalten. Zudem würden andernfalls nicht beteiligten Gläubigern die durch §§ 259a, 259b InsO eröffneten Möglichkeiten zur Nachmeldung ihrer Forderungen genommen werden (siehe unten Rz. 553).[83] Strittig ist demgegenüber, ob der Schuldner nach Abschluss des Planverfahrens bei Gericht Restschuldbefreiung beantragen darf (siehe § 28 Rz. 62 f. [*Webel*]). Teilweise wird dies mit dem Argument abgelehnt, dass dem Schuldner insoweit das Rechtsschutzbedürfnis fehle. Das Planverfahren beanspruche mit seinen spezifischen Gläubigerschutzmechanismen Vorrang vor dem allgemeineren Restschuldbefreiungsverfahren. Daher sei für eine Restschuldbefreiung allenfalls in Bezug auf Forderungen Raum, die nicht durch den Plan gestaltet werden.[84] Nach **a. A.** lässt der Plan das Rechtsschutzbedürfnis der Restschuldbefreiung nicht entfallen, weil der Schuldner nach Abschluss eines Planverfahrens ein Interesse an den für ihn günstigeren Rechtsfolgen der Restschuldbefreiung haben kann.[85] Bei dieser Sichtweise drohen jedoch Wertungswidersprüche zwischen den einzelnen Verfahrensarten. Es würde nicht überzeugen, könnte sich der Schuldner zu seinen Gunsten die Vorteile beider Verfahren verschaffen. Dies gefährdete den Ausgleich zwischen Schuldner- und Gläubigerinteressen, den der Insolvenzplan mit seinen spezifischen und zum Teil zwingenden Gläubigerschutzbestimmungen (insbesondere § 259b InsO) herstellen soll. Vorzugswürdig ist daher die erstgenannte Auffassung. 90

5. Gestaltung der Fälligkeit, insbesondere Stundung

Typischerweise enthalten Insolvenzpläne nicht nur Eingriffe in die Forderungshöhe i. S. eines teilweisen Erlasses. Häufig besteht auch ein Bedürfnis, die Fälligkeit der Forderungen in Abweichung zur vertraglichen und gesetzlichen Lage zu regeln. 91

Insbesondere wenn das Unternehmen – etwa wegen Nichtbeachtung der Fristenkongruenz – ausschließlich ein Liquiditätsproblem hatte, ist die Wiederherstellung der Fristen- 92

82) *Paul*, ZInsO 2023, 1298 f.

83) AG Göttingen, Beschl. v. 11.12.2020 – 74 IN 76/18, Rz. 9, ZVI 2021, 236 = NZI 2021, 283; *Jacobi/Melzer*, VIA 2017, 65, 66.

84) AG Leipzig, Beschl. v. 24.11.2023 – 403 IK 748/20, Rz. 50–55, NZI 2024, 328; *Madaus*, NZI 2021, 283, 284 (Urteilsanm.); *Jacobi/Böhme*, NJ 2023, 197, 203; *Jacobi/Hölzig*, VIA 2024, 25, 27.

85) AG Göttingen, Beschl. v. 11.12.2020 – 74 IN 76/18, Rz. 13, ZVI 2021, 236 = NZI 2021, 283; *Harig*, VIA 2022, 49, 50.

kongruenz durch umfassende **Stundungsregelungen** denkbar. Als regelbare Stundungszeiträume kommen dabei nicht nur feste Laufzeiten, sondern auch die Koppelung des Fälligkeitseintritts an bestimmte Milestones in Betracht.[86)] Bei der zu stundenden Forderung muss es sich um eine planunterworfene Forderung handeln, d. h. um eine Insolvenzforderung oder bei Masseunzulänglichkeit um eine „nachrangige Masseverbindlichkeit" (vgl. § 210a InsO). Eine Stundung der Verfahrenskosten kann daher nicht im Insolvenzplan geregelt werden, auch wenn dem Schuldner die Möglichkeit der Restschuldbefreiung (§ 286 ff. InsO) zusteht.[87)]

93 Neben der umfassenden Neugestaltung der Fälligkeiten über Stundungsregelungen enthalten Insolvenzpläne häufig auch **„ungeschriebene", d. h. konkludente, Fälligkeitsregelungen** durch die Festlegung der Quotenauszahlung im Insolvenzplan. Wird die Quotenzahlung im Insolvenzplan auf einen bestimmten Zeitpunkt, etwa zwei Monate nach rechtskräftiger Bestätigung des Insolvenzplans, festgelegt, enthält diese Regelung auch eine Neufestsetzung der Fälligkeit für den nicht erlassenen Teil der Forderung auf diesen Zeitpunkt.

6. Haftung der persönlich haftenden Gesellschafter einer GbR, OHG oder KG

94 Nach § 227 InsO ist nicht nur die Haftung des Schuldners nach Aufhebung des Insolvenzverfahrens regelbar, sondern auch die persönliche Haftung der Gesellschafter, sofern es sich bei dem Schuldner um eine rechtsfähige Personengesellschaft oder eine KGaA handelt. Hiervon umfasst sind neben Außen-GbR, OHG, KG, PartG und EWIV auch die Vorgründungsgesellschaften in Form von GbR und OHG, nicht jedoch die Vor-GmbH und Vor-AG, da bei diesen keine persönliche Außenhaftung besteht.[88)]

95 Gemäß **§ 227 Abs. 2 InsO** gilt die **Enthaftungswirkung** für den die Befriedigungsquote übersteigenden Betrag der Insolvenzforderung auch für die **persönlich haftenden Gesellschafter**. Dies bildet die Folge der Akzessorietät zwischen persönlicher Haftung des Gesellschafters und Gesellschaftsverbindlichkeit gemäß §§ 128, 129, 161 HGB ab.[89)] Die Befreiung betrifft nach h. A. auch bereits **ausgeschiedene Gesellschafter**.[90)]

96 Wie eindeutig aus dem Wortlaut von § 227 Abs. 1, Abs. 2 InsO hervorgeht, kann im Insolvenzplan allerdings von der gesetzlichen Regelung abgewichen werden und hierdurch eine **differenzierte Folge** für die persönlich haftenden Gesellschafter vorgesehen werden.[91)] Es ist demnach in dem Insolvenzplan eine Regelung möglich, wonach die Gesellschafterhaftung fortbesteht, obwohl der Schuldner gemäß § 227 Abs. 1 InsO von seiner Verbindlichkeit befreit wurde.[92)] Umgekehrt kann der Insolvenzplan auch die vollständi-

86) K. Schmidt-*Spliedt*, InsO, § 224 Rz. 3.

87) LG Düsseldorf, Beschl. v. 28.11.2018 – 25 T 556/18, ZVI 2019, 198.

88) *Breuer* in: MünchKomm-InsO, § 227 Rz. 11; *Balthasar* in: Kübler/Bork/Prütting, HRI II, § 22 Rz. 130; Uhlenbruck-*Streit*, InsO, § 227 Rz. 15; *Spahlinger* in: KPB, InsO, § 227 Rz. 7; vgl. auch BFH, Beschl. v. 15.5.2013 – VII R 2/12, Rz. 19, ZInsO 2013, 1901 = ZIP 2013, 1732, dazu EWiR 2013, 691 *(Hiebert)*.

89) *Breuer* in: MünchKomm-InsO, § 227 Rz. 12; Uhlenbruck-*Streit*, InsO, § 227 Rz. 16; K. Schmidt-*Spliedt*, InsO, § 227 Rz. 5.

90) Braun-*Braun/Frank*, InsO, § 227 Rz. 8; *Balthasar* in: Kübler/Bork/Prütting, HRI II, § 22 Rz. 131; Uhlenbruck-*Streit*, InsO, § 227 Rz. 19; K. Schmidt-*Spliedt*, InsO, § 227 Rz. 5; *Spahlinger* in: KPB, InsO, § 227 Rz. 7; **a. A.** *Thies* in: HambKomm-InsR, § 227 InsO Rz. 8 – unter Verweis auf die allgemeine Nachhaftung, §§ 128, 160 HGB; *Breuer* in: MünchKomm-InsO, § 227 Rz. 13.

91) Braun-*Braun/Frank*, InsO, § 227 Rz. 8; *Eidenmüller* in: MünchKomm-InsO, § 217 Rz. 68; *Thies* in: HambKomm-InsR, § 227 InsO Rz. 9; *Spahlinger* in: KPB, InsO, § 227 Rz. 8; *Butzer/Knof* in: MünchHdb. GesR, Bd. 1, § 85 Rz. 112 ff.; **a. A.** *Fiebig* in: HK-InsO, § 227 Rz. 8.

92) *Thies* in: HambKomm-InsR, § 227 InsO Rz. 9; **a. A.** *Balthasar* in: Kübler/Bork/Prütting, HRI II, § 22 Rz. 133.

ge Enthaftung der persönlich haftenden Gesellschafter vorsehen, während die Gesellschaft i. H. der Quote verpflichtet bleibt.[93] In der **Vergleichsrechnung** nach § 251 InsO und § 245 Abs. 1 Nr. 1 InsO ist jedoch die akzessorische Haftung der Gesellschafter bis zu ihrer Realisierbarkeit zu berücksichtigen.[94] Die persönlich haftenden Gesellschafter sind über § 227 Abs. 2 InsO somit im Hinblick auf ihre akzessorische Gesellschafterhaftung (analog) § 128 HGB im Insolvenzplanverfahren der Gesellschaft zwangsweise planunterworfen (siehe dazu § 7 Rz. 32 [*Brünkmans*]). Für die betroffenen Gesellschafter ist in diesem Fall eine **eigene Gruppe** zu bilden.[95] Für die Regelung über den Fortbestand der Gesellschafterhaftung gelten die allgemeinen Vorschriften, d. h. die Zustimmung zum Insolvenzplan ist auch in dieser Gruppe nach den erforderlichen Mehrheiten (§ 244 InsO) herbeizuführen und die Zustimmung kann i. R. des Obstruktionsverbotes (§ 245 InsO) ersetzt werden. Eine ausdrückliche Zustimmung jedes einzelnen Gesellschafters ist hingegen nicht erforderlich.[96]

Wird die Haftung der persönlich haftenden Gesellschafter im Insolvenzplan in Abwei- 97
chung von § 227 Abs. 2 InsO aufrechterhalten, ist zu beachten, dass ohne ausdrückliche Verjährungsregelung im Insolvenzplan keine Verjährungserleichterungen greifen. § 739 Abs. 1 BGB (GbR) und § 151 HGB (Personenhandelsgesellschaften), wonach im Fall der Liquidation der Gesellschaft oder Erlöschen in anderer Weise Ansprüche gegen einen Gesellschafter aus Verbindlichkeiten der Gesellschaft spätestens in fünf Jahren verjähren, findet keine Anwendung, denn wird das Insolvenzverfahren durch die Bestätigung eines Insolvenzplans beendet, erlischt die Gesellschaft nicht, sondern wird vielmehr fortgesetzt.[97]

Nicht von der Regelung des § 227 Abs. 2 InsO erfasst sind von den persönlich haftenden 98
Gesellschaftern gestellte dingliche Sicherheiten[98] und die Haftung der Gesellschafter aus sonstigen Gründen wie einer **separaten Bürgschaftsvereinbarung**.[99] Solche parallele Sicherheiten kommen in der Praxis häufig vor. Insbesondere Banken verlangen von den persönlich haftenden Gesellschaftern neben der akzessorischen Haftung aus § 128 HGB zusätzlich eine Bürgschaft des Gesellschafters. Hintergrund eines solchen Bürgschaftsverlangens ist, dass aus der Bürgschaft direkt gegen den Gesellschafter vorgegangen werden kann. Ein exklusives Einziehungsrecht des Insolvenzverwalters der Gesellschaft aus § 93 InsO InsO besteht – anders als bei der persönlichen Gesellschafterhaftung – bei der Bürgschaft gerade nicht.[100]

93) Römermann-*Ober*, InsR/InsO, § 227 InsO Rz. 10; *Balthasar* in: Kübler/Bork/Prütting, HRI II, § 22 Rz. 134.

94) Da der Insolvenzverwalter im Regelverfahren nach § 93 InsO zur Geltendmachung der persönlichen Haftung verpflichtet ist.

95) *Thies* in: HambKomm-InsR, § 227 InsO Rz. 9; Uhlenbruck-*Streit*, InsO, § 227 Rz. 20; **a. A.** wohl *Balthasar* in: Kübler/Bork/Prütting, HRI II, § 22 Rz. 132 – ausdrückliche Zustimmung des Gesellschafters erforderlich.

96) **A. A.** wohl *Balthasar* in: Kübler/Bork/Prütting, HRI II, § 22 Rz. 132.

97) *Piekenbrock*, ZIP 2024, 425, 433.

98) *Breuer* in: MünchKomm-InsO, § 227 Rz. 12.

99) H. M.: *Spahlinger* in: KPB, InsO, § 227 Rz. 7; K. Schmidt-*Spliedt*, InsO, § 227 Rz. 6; Uhlenbruck-*Streit*, InsO, § 227 Rz. 18.

100) § 93 InsO findet nach h. M. keine analoge Anwendung auf Parallelsicherheiten, BGH, Urt. v. 4.7.2002 – IX ZR 265/01, ZIP 2002, 1492, 1493 f., dazu EWiR 2003, 335 *(Welzel)*; BGH, Urt. v. 9.10.2008 – IX ZR 138/06, ZIP 2008, 2224, 2226, dazu EWiR 2009, 973 *(Runkel/J. Schmidt)*; *J. Schmidt* in: HK-InsO, § 93 Rz. 16; Braun-*Kroth*, InsO, § 93 Rz. 8 f.; Uhlenbruck-*Hirte*, InsO, § 93 Rz. 18; K. Schmidt-*K. Schmidt*, InsO, § 93 Rz. 20 f.; *Gehrlein* in: MünchKomm-InsO, § 93 Rz. 21; **a. A.** *Pohlmann* in: HambKomm-InsR, § 93 InsO Rz. 10.

99 Gesellschaftersicherheiten wie Bürgschaft oder Schuldbeitritt sind allerdings einer Planregelung im Insolvenzverfahren über das Vermögen der Gesellschaft entzogen (siehe unter Einbeziehung von Drittsicherheiten Rz. 268 ff.) und müssen individualvertraglich zwischen dem Gläubiger und dem Gesellschafter geregelt werden.

Praxishinweis

Da es gerade bei der Sanierung von Personenhandelsgesellschaften maßgeblich auf das weitere persönliche Engagement der persönlich haftenden Gesellschafter ankommt und diese ihr Engagement in der Regel von einer persönlichen Enthaftung abhängig machen, sollte der Planarchitekt sich frühzeitig einen Überblick über Gesellschaftersicherheiten verschaffen und sensibilisiert sein, dass eine Enthaftung bei parallelen Personalsicherheiten nicht über eine Planregelung möglich ist. Die besicherten Gläubiger sind in diesem Fall vielmehr zur individualvertraglichen Freigabe der Sicherheit zu incentivieren (siehe dazu Rz. 531 f.).

7. Regelung der persönlichen Haftung der Ehegatten für Gesamtgutverbindlichkeiten einer Gütergemeinschaft

100 Beim Güterstand der Gütergemeinschaft wird das Vermögen der beiden Ehegatten – vorbehaltlich Sonderguts und Vorbehaltsguts (§§ 1417, 1418 BGB) – gesamthänderisch gebundenes Vermögen, § 1419 BGB. Nach § 11 Abs. 2 Nr. 2 InsO kann über das Gesamtgut der Gütergemeinschaft, das von den Ehegatten gemeinschaftlich verwaltet wird, nach Maßgabe der §§ 333, 334 InsO das Insolvenzverfahren eröffnet werden.

101 Die persönliche Haftung der Ehegatten für die Verbindlichkeiten, deren Erfüllung aus dem Gesamtgut verlangt werden kann, kann während der Dauer des Insolvenzverfahrens nur vom Insolvenzverwalter oder vom Sachwalter geltend gemacht werden (§ 334 Abs. 1 InsO).

102 Aus § 334 Abs. 2 InsO ist zu entnehmen, dass im Insolvenzverfahren über das gemeinschaftlich verwaltete Gesamtgut einer Gütergemeinschaft eine Schuldenregulierung über einen Insolvenzplan durchgeführt werden kann. Ähnlich wie § 227 Abs. 2 InsO für Personengesellschaften überträgt § 334 Abs. 2 InsO im Falle eines Insolvenzplans über das Vermögen der Gütergemeinschaft die Enthaftungswirkung auch auf die persönliche Haftung der Ehegatten. Ein die Gesamtgutsverbindlichkeiten begrenzender Insolvenzplan kommt auch den Ehegatten zugute, sofern der Insolvenzplan keine anderweitige Regelung trifft.[101)]

8. Rangrücktritt

103 Neben den klassischen Gestaltungsoptionen Verzicht und Stundung kommt als Regelungsgegenstand für die Haftung des Schuldners nach Aufhebung des Insolvenzverfahrens der Rangrücktritt in Betracht. Für die finanzwirtschaftliche Sanierung der Passivseite des Schuldners ist ein (Teil-)Erlass der Forderung nicht zwingend erforderlich. Insbesondere wenn langfristig eine Schuldendeckungsfähigkeit nicht unwahrscheinlich ist, kann über die Aufnahme eines Rangrücktritts[102)] im gestaltenden Teil des Insolvenzplans die Beseitigung der Überschuldung erreicht werden.

---

101) *Schumann* in: MünchKomm-InsO, § 334 Rz. 1, 20; K. Schmidt-*K. Schmidt*, InsO, § 334 Rz. 2; *Eidenmüller* in: MünchKomm-InsO, § 217 Rz. 149; *Holzer* in: KPB, InsO, § 334 Rz. 9; *Depré/Lambert* in: Beck/Depré/Ampferl, Praxis der Sanierung und Insolvenz, § 45 Rz. 14.

102) Zu den Voraussetzungen s. BGH, Urt. v. 5.3.2015 – IX ZR 133/14, ZIP 2015, 638, dazu EWiR 2015, 209 *(Bork)*.

Formulierungsbeispiel[103)]

„Zur Vermeidung einer zukünftigen Überschuldung erklären die Gläubiger der Gruppen 2 und 3 folgenden Rangrücktritt:

In einem etwaigen weiteren Insolvenzverfahren über das Vermögen der Schuldnerin nach Aufhebung des Insolvenzverfahrens auf der Grundlage dieses Insolvenzplans treten die Gläubiger der Gruppen 2 und 3 mit ihren Forderung einschließlich der Zinsen und sonstiger Nebenforderungen gemäß §§ 19 Abs. 2 Satz 2, 39 Abs. 2 InsO im Rang hinter die in § 39 Abs. 1 Nr. 1 bis 5 InsO bezeichneten Forderungen zurück.

Vor einem etwaigen weiteren Insolvenzverfahren über das Vermögen der Schuldnerin darf die Schuldnerin die Forderungen der Gläubiger der Gruppen 2 und 3 einschließlich der Zinsen und sonstiger Nebenforderungen nicht zurückzahlen, wenn die Schuldnerin zahlungsunfähig oder überschuldet ist oder durch die Zahlung Zahlungsunfähigkeit oder die Überschuldung der Schuldnerin eintritt oder einzutreten droht."

9. Umwandlung in Eigenkapital (Debt-to-Equity-Swap)

Als „Gegenleistung" für den Erlass der Forderung kann der Insolvenzplan die Übernahme einer Beteiligung an der Gesellschaft i. R. eines sog. Debt-to-Equity-Swaps vorsehen. Der Erlass der Forderung gegen den Schuldner stellt in diesem Fall gleichzeitig die Einbringung der Sacheinlage i. R. der Sachkapitalerhöhung dar (siehe ausführlich Rz. 287 f. und § 30 Rz. 306 ff. [*Brünkmans*]). 104

10. Regelung der fortbestehenden Haftung

Neben dem Haftungsausschluss kann im Insolvenzplan auch der Fortbestand der Haftung für bestimmte Verbindlichkeiten geregelt werden. 105

Bei Fortführungsplänen ist die Regelung des Fortbestandes der Haftung häufig für gesicherte **Kreditverbindlichkeiten** zu sehen. Die Regelung des Fortbestandes der Kreditverbindlichkeiten hat liquiditätsschonende Effekte, da auf diese Verbindlichkeit keine Quote gezahlt werden muss.[104)] Da mit dem Fortbestand der Verbindlichkeit in der Regel auch der Fortbestand der Sicherheit für einen zukünftigen Forderungsausfall geregelt wird, kann dadurch die Verwertung der Sicherheit an für die Fortführung des Unternehmens essentiellen Vermögensgegenständen verhindert werden.[105)] 106

Regelungen schlicht über die fortbestehende Haftung sind auch bei einer **Konzerninsolvenz** oder bei einer starken **Gesellschafterfremdfinanzierung** anzutreffen. Dort kann es vorkommen, dass Erlassregelungen sich lediglich auf die nachrangigen Forderungen (§ 39 Nr. 5 InsO) beziehen. Für die einfachen Insolvenzforderungen im Rang des § 38 InsO beschränkt sich die Regelung indes auf die Wiederherstellung der Fälligkeiten, wie im Zeitpunkt vor Eröffnung des Insolvenzverfahrens unter Berücksichtigung einer Schonfrist. Dabei ist zu beachten, dass gemäß § 41 Abs. 1 InsO Forderungen mit Eröffnung des Insolvenzverfahrens als fällig gelten, selbst wenn nach den allgemeinen zivilrechtlichen Voraussetzungen eigentlichen noch keine Fälligkeit vorliegen würde. Hier ist über eine entsprechende Regelung im Insolvenzplan die Forderung wieder in ihren alten – d. h. vor Eröffnung des Insolvenzverfahrens bestehenden – Zustand zurückzuversetzen[106)] und 107

103) In Anlehnung an *Kahlert*, NWB 2015, 3018.

104) *Balthasar* in: Kübler/Bork/Prütting, HRI II, § 22 Rz. 127.

105) *Balthasar* in: Kübler/Bork/Prütting, HRI II, § 22 Rz. 127 f.

106) Da § 41 Abs. 1 InsO die Fälligkeit nur fingiert („gelten als fällig"), könnte man auch vertreten, dass diese Fiktion nur während des Insolvenzverfahrens besteht und mit Aufhebung desselben die Fiktionswirkung wieder entfällt, es somit einer „rückgestaltenden Regelung" gar nicht bedarf. Aus Gründen der Rechtssicherheit ist jedoch eine ausdrückliche Regelung zu empfehlen.

ggf. ein Mindestmoratorium für eine Zeit nach Aufhebung des Insolvenzverfahrens zu regeln.

Formulierungsbeispiel

„Die Forderungen der Gläubiger der Gruppe 1 leben mit Wirksamwerden der Aufhebung des Insolvenzverfahrens in der Form wieder auf, die sie bei Eröffnung des Insolvenzverfahrens hatten. Ungeachtet der vorstehenden Regelung tritt die Fälligkeit der Forderungen der Gruppe 1 jedoch frühestens drei Monate nach Wirksamwerden der Aufhebung des Insolvenzverfahrens ein."

VI. Enthaftung des Schuldners von Unterhaltsansprüchen

108 Familienrechtliche Unterhaltsansprüche gegen den Schuldner entstehen laufend neu, da sie immer von der Bedürftigkeit des Unterhaltsgläubigers und der Leistungsfähigkeit des Unterhaltsschuldners abhängen. Im Rahmen eines Insolvenzverfahrens können demnach nur die bis spätestens **zum Zeitpunkt der Eröffnung des Verfahrens entstandenen Ansprüche** einbezogen werden. Nach der Eröffnung des Verfahrens ist der Schuldner wieder den familienrechtlichen Unterhaltsansprüchen ausgesetzt. Der Unterhaltsgläubiger wird ab diesem Zeitpunkt als Neugläubiger behandelt.[107)] Eine Ausnahme hierzu ergibt sich aus § 40 Satz 1 InsO, wonach auch die laufenden Unterhaltsforderungen gegen den Erben des Unterhaltspflichtigen als Insolvenzforderungen anzusehen sind, soweit der Schuldner als Erbe des Verpflichteten haftet.[108)]

109 In jedem Fall sind Unterhaltsforderungen, die **nach der Aufhebung des Insolvenzverfahrens** entstehen, keine Insolvenzforderungen und nehmen daher an einer Restschuldbefreiung gemäß § 286 InsO nicht teil.[109)] Da hierdurch eine erhebliche Belastung des Schuldners nach der Aufhebung des Insolvenzverfahrens entstehen kann,[110)] liegt die Überlegung nicht fern, ob nicht durch den Insolvenzplan eine Gestaltung dieser Ansprüche auch für die Zukunft in Betracht kommt.

110 So hat das OLG Düsseldorf vertreten, dass im Insolvenzplan auch die Regelung eines Erlasses fortlaufender Unterhaltsansprüche für die Zeit nach der Eröffnung des Insolvenzverfahrens möglich sei.[111)] Eine fehlende Zustimmung des Unterhaltsgläubigers zu dem Insolvenzplan könne wirksam gemäß § 245 InsO ersetzt werden.[112)]

111 Diese Auffassung wird von der h. M. zu Recht abgelehnt.[113)] Der Unterhaltsgläubiger ist nur insoweit Beteiligter des Insolvenzverfahrens, als er Insolvenzforderungen hat. Demnach handelt es sich nur bei bis zur Eröffnung des Insolvenzverfahrens entstandenen Unterhaltsansprüchen um zwangsweise planunterworfene Rechtspositionen (siehe dazu § 7

---

107) Vgl. *Schumann* in: MünchKomm-InsO, § 40 Rz. 1; *Paul*, DZWIR 2009, 186; *Keller*, NZI 2007, 143, *Stapper/Jacobi*, EWiR 2009, 191, 192 (Urteilsanm.).

108) Dazu *Schumann* in: MünchKomm-InsO, § 40 Rz. 18 ff.

109) Jaeger-*Eichel*, InsO, § 40 Rz. 10; K. Schmidt-*Thonfeld*, InsO, § 40 Rz. 17; *Lüdtke* in: HambKomm-InsR, § 40 InsO Rz. 15; Römermann-*Andres*, InsR/InsO, § 40 InsO Rz. 7; *Paul*, DZWIR 2009, 186.

110) Römermann-*Andres*, InsR/InsO, § 40 InsO Rz. 7; *Paul*, DZWIR 2009, 186.

111) OLG Düsseldorf, Urt. v. 24.9.2008 – II-8 UF 212/07, NZI 2008, 689 f.; ablehnende Besprechung *Stapper/Jacobi*, EWiR 2009, 191 f. (Urteilsanm.) – „heimtückische Kappung" von Gläubigerforderungen.

112) OLG Düsseldorf, Urt. v. 24.9.2008 – II-8 UF 212/07, NZI 2008, 689, 690.

113) Vgl. Jaeger-*Eichel*, InsO, § 40 Rz. 10; K. Schmidt-*Thonfeld*, InsO, § 40 Rz. 17; K. Schmidt-*Spliedt*, InsO, § 217 Rz. 7; *Thies* in: HambKomm-InsR, § 221 InsO Rz. 6; *Rendels/Zabel*, Insolvenzplan, Rz. 309; *Keller*, NZI 2007, 143, 147; *Stapper/Jacobi*, EWiR 2009, 191, 192 (Urteilsanm.); *Paul*, DZWIR 2009, 186, 188; letztlich auch Uhlenbruck-*Knof*, InsO, § 40 Rz. 13, der der Entscheidung des OLG Düsseldorf nur für den Fall zustimmt, dass der Unterhaltsgläubiger dem Insolvenzplan ausdrücklich zustimmt. Eine Ersetzung nach § 245 InsO komme hingegen nicht in Betracht.

Rz. 23 ff. [*Brünkmans*]). Später entstandene Unterhaltsansprüche – auch wenn sie bereits im Zeitpunkt der Eröffnung des Insolvenzverfahrens absehbar und berechenbar waren – können nicht zwangsweise gegen den Willen des Unterhaltsberechtigten gestaltet werden.

Eine entsprechende Regelung in einem Insolvenzplan wäre rechtswidrig und würde zur Zurückweisung des Plans nach § 231 InsO führen,[114] die entsprechende Regelung jedenfalls aber keine Wirkung erzielen.[115] 112

VII. Gestaltung von Bilanzrückstellungen

Nicht selten ist die bilanzielle Überschuldung der Gesellschaft auf Rückstellungen zurückzuführen. Unter Rückstellungen sind Passivposten einer Bilanz zu verstehen, die Aufwendungen, deren Existenz oder Höhe zum Bilanzstichtag noch nicht sicher sind und die erst später zur Auszahlung führen, abbilden. In der Praxis häufig anzutreffen sind hohe Rückstellungen in der Handelsbilanz für **Pensionsverbindlichkeiten** oder **Produkthaftungsrisiken**. 113

Für den Planarchitekten stellt sich dann die Frage, ob diese Rückstellungen durch Planregelungen gekürzt werden können. Dies ist im Einzelfall davon abhängig, ob die der jeweiligen Rückstellung zugrunde liegenden (potentiellen) Verbindlichkeiten bereits als **Insolvenzforderungen** einzuordnen sind oder nicht.[116] Nur in diesem Fall bildet die Rückstellung eine zwangsweise planunterworfene Rechtsposition ab. 114

Sofern es sich bei den Rückstellungen um Insolvenzforderungen handelt, erscheint eine Kürzung grundsätzlich möglich. Eine Insolvenzforderung liegt nach höchstrichterlicher Rechtsprechung vor, sofern der Rechtsgrund der Entstehung der Forderung im Augenblick vor Verfahrenseröffnung bereits gelegt war.[117] Dies wird richtigerweise so verstanden, dass vom anspruchsbegründenden Tatbestand bereits vor Verfahrenseröffnung so viele Merkmale verwirklicht sein müssen, dass die Gläubiger eine gesicherte Anwartschaft haben, der Schuldner das Entstehen der Verbindlichkeit nicht mehr einseitig verhindern kann,[118] Liegt keine Insolvenzforderung vor, scheidet eine Kürzung oder sonstige Umgestaltung hingegen aus. 115

Zu den Besonderheiten für die Gestaltung von **Pensionsverbindlichkeiten** siehe ausführlich § 61 Rz. 87 ff. [*Krings/Sturme*]. 116

VIII. Ausschluss der Aufrechnungsbefugnis aus § 94 und § 95 InsO durch Planregelung

Ist der Insolvenzgläubiger gleichzeitig auch Schuldner einer Forderung des Insolvenzschuldners, stellt sich im Insolvenzverfahren die Frage des Fortbestandes der Aufrechnungslage. Solche Aufrechnungslagen bestehen häufig gegenüber dem Fiskus, wie z. B. die Aufrechnung von Gewerbesteueransprüchen mit Steuererstattungsansprüchen für Gewerbesteuer aus dem nachfolgenden Geschäftsjahr.[119] 117

---

114) So auch *Rendels/Zabel*, Insolvenzplan, Rz. 309.

115) *Paul*, DZWIR 2009, 186, 188.

116) Ähnlich auch, *Rendels/Zabel*, Insolvenzplan, Rz. 317.

117) BGH, Urt. v. 6.11.1978 – VIII ZR 179/77, BGHZ 72, 263; BGH, Beschl. v. 22.9.2011 – IX ZB 121/11, ZVI 2011, 408 = NZI 2011, 953; BAG, Beschl. v. 13.12.1978 – GS 1/77, NJW 1979, 774, 777; BFH, Beschl. v. 25.10.1985 – V R 100/82, ZIP 1986, 316, 317; BFH, Urt. v. 11.11.1993 – XI R 73/92, ZIP 1994, 1286 f.

118) Vgl. auch zur Einordnung als Insolvenzforderung K. Schmidt-*Buteröwe*, InsO, § 38 Rz. 16; *Lüdtke* in: HambKomm-InsR, § 38 InsO Rz. 30.

119) Vgl. etwa VG Stuttgart, Urt. v. 27.7.2017 – 10 K 2902/16, NZI 2018, 30.

118 Gemäß § 94 InsO lässt das Insolvenzverfahren grundsätzlich eine bereits bei Eröffnung bestehende Aufrechnungslage unberührt. Der Insolvenzgläubiger kann sich somit auch nach Insolvenzeröffnung noch durch Aufrechnung in voller Höhe seine Insolvenzforderung befriedigen, indem er sich von seiner eigenen Schuld befreit. Die Aufrechnung steht damit wirtschaftlich einem Pfandrecht an eigener Forderung und damit auch der Geltendmachung eines Absonderungsrechtes gleich.[120)]

119 In diesem Kontext stellen sich im Wesentlichen drei Fragen, deren Beantwortung unmittelbar Auswirkung auf den Regelungsbedarf im gestaltenden Teil des Insolvenzplans hat:

- Kann der Insolvenzgläubiger nach rechtskräftiger Bestätigung des Insolvenzplans noch mit seiner (teilweise) erlassenen Forderung gegen eine Forderung des Schuldners aufrechnen?
- Wenn ja, kann im Insolvenzplan diese Aufrechnungsbefugnis i. R. einer Planregelung ausgeschlossen werden?
- Welchen Einfluss hat die Aufrechnungsbefugnis oder eine mögliche Ausschlussregelung auf die Gruppenbildung und das Stimmrecht des Gläubigers?

1. Fortbestand der Aufrechnungsbefugnis trotz Forderungserlass durch Insolvenzplan

120 Fraglich ist, ob trotz Forderungserlass durch Insolvenzplanregelung der einfache Insolvenzgläubiger mit dem vollständigen Betrag, d. h. einschließlich des erlassenen Teils der Forderung, aufrechnen kann.

121 Eine Aufrechnung mit der vollständigen Insolvenzforderung ist eindeutig nicht möglich, wenn die Aufrechnungslage nicht bereits mit Eröffnung des Insolvenzverfahrens (§ 94 InsO) bestand oder die Voraussetzungen des § 95 InsO nicht vorlagen.

122 Schwieriger ist die Frage zu beantworten, ob **nach rechtskräftiger Bestätigung** des Insolvenzplans der Insolvenzgläubiger mit der Insolvenzforderung in vollständiger Höhe – inklusive des durch Insolvenzplan erlassenen Teils – aufrechnen kann, wenn die Aufrechnungslage bereits mit Eröffnung des Insolvenzverfahrens bestand (§ 94 InsO).

123 Nach § 94 InsO wird das Recht eines Insolvenzgläubigers, der zur Zeit der Eröffnung des Insolvenzverfahrens zur Aufrechnung berechtigt ist, „durch das Verfahren nicht berührt". Das gilt nach der Rechtsprechung des BGH[121)] und Teilen der Literatur[122)] auch dann, wenn die Insolvenzforderung nach rechtskräftiger Bestätigung des Insolvenzplans (teilweise) erlassen ist. Insolvenzforderungen können dann zwar grundsätzlich nur noch in der Höhe der vereinbarten Quoten durchgesetzt werden.[123)] Dennoch bleibt die Aufrechnung gemäß § 94 InsO nach dem BGH und Teilen der Literatur weiterhin **vollumfänglich möglich**, wenn die **Aufrechnungslage bereits zur Zeit der Eröffnung des Insolvenzverfahrens bestand**. Die Aufrechnung ist somit nicht nur mit dem fortbestehenden Teil der Forderung, sondern auch mit dem durch Insolvenzplanregelung oder § 227 **Abs. 1 InsO erlassenen Teil** der Forderung möglich. Dies gilt selbst dann, wenn der

---

120) K. Schmidt-*Thole*, InsO, § 94 Rz. 1; K. Schmidt-*Spliedt*, InsO, § 254 Rz. 5.

121) BGH, Urt. v. 19.5.2011 – IX ZR 222/08, NZI 2011, 538, 539 = ZIP 2011, 1271; OLG Celle, Urt. v. 23.12.2008 – 14 U 108/08, NZI 2009, 183, 183 = ZVI 2009, 20, dazu EWiR 2009, 119 *(Schur)*; anders OLG Celle, Urt. v. 13.11.2008 – 16 U 63/08, NZI 2009, 59, 60 = ZVI 2009, 261, dazu EWiR 2009, 121 *(Pöllmann)*; vgl. auch VG Stuttgart, Urt. v. 27.7.2017 – 10 K 2902/16, NZI 2018, 30, 32 ff.

122) *Huber/Madaus* in: MünchKomm-InsO, § 254 Rz. 22; K. Schmidt-*Spliedt*, InsO, § 254 Rz. 5; *J. Schmidt* in: HK-InsO, § 94 Rz. 72, § 95 Rz. 51.

123) BGH, Urt. v. 19.5.2011 – IX ZR 222/08, NZI 2011, 538, 539 = ZIP 2011, 1271.

nachträglich aufrechnende Gläubiger dem Insolvenzplan und dem dort geregelten (teilweisen) Forderungserlass uneingeschränkt zugestimmt hat.[124)]

Nach a. A.[125)] besteht die Aufrechnungsbefugnis hingegen nur bis zur Abstimmung über den Insolvenzplan oder der rechtskräftigen Bestätigung des Insolvenzplans fort. Entziehe sich der Gläubiger dann nicht der Einbeziehung in den Insolvenzplan, indem er die Aufrechnung gegenüber dem Schuldner erklärt, sei er letztlich an die Festlegung des Insolvenzplans und der dort geregelten Erlassregelungen gebunden.[126)] Eine Aufrechnung ist nach dieser Auffassung nur i. H. des nicht vom Erlass betroffenen Teilbetrages möglich.[127)] 124

Es stellt sich die Frage, ob der Grundsatz des Fortbestandes der Aufrechnungslagen trotz Insolvenzplans nicht nur im Anwendungsbereich des § 94 InsO, sondern auch **im Anwendungsbereich des § 95 InsO** gilt. Anders als bei § 94 InsO besteht im Zeitpunkt der Eröffnung des Insolvenzverfahrens gerade noch keine Aufrechnungslage, das Gesetz lässt die Aufrechnung unter bestimmten Voraussetzungen dennoch zu, wenn ihre Voraussetzungen im Insolvenzverfahren nachträglich eintreten. 125

Das VG Stuttgart hat kürzlich die Möglichkeit der Aufrechnung gestützt auf **§ 95 InsO** abgelehnt. Die Regelung des § 254 Abs. 1 Satz 1 InsO i. V. m. einer Erlassregelung im Insolvenzplan seien gegenüber § 95 Abs. 1 Satz 1 InsO spezieller.[128)] Anders als bei § 94 InsO seien Aufrechnungsmöglichkeiten eines Insolvenzgläubigers vor der Entscheidung über die Bestätigung des Insolvenzplans nicht klar. Während im Anwendungsbereich des § 94 InsO der Gläubiger oder Insolvenzverwalter sich bereits nach Eröffnung des Insolvenzverfahrens durch Aufrechnung Klarheit verschaffen kann, bestehe diese Möglichkeit bei „Aufrechnungslagen" i. S. von § 95 Abs. 1 Satz 1 InsO gerade nicht.[129)] 126

2. Ausschluss der Aufrechnungsbefugnis durch Regelung im Insolvenzplan?

Führt der Erlass der Forderung mit Rechtskraft des Insolvenzplans nach h. M. nicht zum Verlust der Aufrechnungslage (siehe dazu Rz. 123), stellt sich die Frage, ob durch eine Regelung im Insolvenzplan der Fortbestand der Aufrechnungslage i. S. von § 94 InsO ausgeschlossen werden kann. 127

Während das OLG Celle in einer Entscheidung davon ausgeht, dass es sich bei der Regelung in § 94 InsO nicht um eine planunterworfene Rechtsposition i. S. von § 217 InsO 128

124) BGH, Urt. v. 19.5.2011 – IX ZR 222/08, NZI 2011, 538, 540 = ZIP 2011, 1271, es liegt auch kein Verstoß gegen Treu und Glauben vor.

125) OLG Celle, Urt. v. 13.11.2008 – 16 U 63/08, NZI 2009, 59, 60 = ZVI 2009, 261; *Braun*, NZI 2009, 409, 412; Uhlenbruck-*Sinz*, InsO, § 94 Rz. 84; *Jacobi*, NZI 2009, 351, 353; *Schwarz/Lehre*, ZInsO 2011, 1540, 1540; *Flöther/Wehner*, ZInsO 2009, 503, 506; *Baumert*, LMK 2011, 320965; *Dahl*, NJW-Spezial 2009, 309, 310.

126) OLG Celle, Urt. v. 13.11.2008 – 16 U 63/08, NZI 2009, 59, 60 = ZVI 2009, 261; vgl. auch *Braun*, NZI 2009, 409, 412.

127) *Braun*, NZI 2009, 409, 412.

128) VG Stuttgart, Urt. v. 27.7.2017 – 10 K 2902/16, NZI 2018, 30, 33; *J. Schmidt* in: HK-InsO, § 95 Rz. 51; *Liefke* in: BeckOK-InsO, § 94 Rz. 60; **a. A.** Römermann-*Kruth*, InsR/InsO, § 94 InsO Rz. 26; *Reichelt* in: MünchKomm-InsO, § 94 Rz. 8.

129) VG Stuttgart, Urt. v. 27.7.2017 – 10 K 2902/16, NZI 2018, 30, 33.

handelt,[130] geht der BGH offenbar von einem möglichen Ausschluss des Fortbestandes der Aufrechnungsbefugnis aus § 94 InsO durch eine Planregelung aus.[131]

129 Letztere Auffassung überzeugt. Die Gestaltung der Aufrechnungsbefugnis aus § 94 InsO regelt letztlich die Befriedigung der Insolvenzgläubiger und fällt damit unter die 1. Fallgruppe aus § 217 Abs. 1 Satz 1 InsO (siehe dazu § 7 Rz. 38 ff. [*Brünkmans*]). Den aufrechnungsberechtigten Insolvenzgläubigern ist dann eine **Quote** anzubieten, welche mindestens der Quote im Regelverfahren – unter Berücksichtigung der dort bestehenden Aufrechnungsmöglichkeit – entspricht. Ohne eine solche „erhöhte Quote" werden die Voraussetzungen des § 251 InsO im Falle des Verlusts der Aufrechnungsmöglichkeit regelmäßig gegeben sein.[132]

130 Um Planungssicherheit und Klarheit zu schaffen, kann ein solcher Ausschluss der Aufrechnung insbesondere dann hilfreich sein, wenn für den Schuldner ein **einseitiges Aufrechnungsverbot**, etwa kraft vertraglicher Vereinbarung, besteht.[133] Bestehen nach rechtskräftiger Bestätigung des Insolvenzplans und Aufhebung des Insolvenzverfahrens Aufrechnungslagen fort und bleibt offen, ob der aufrechnungsberechtigte Gläubiger aufrechnet, kann dies zu Verzögerung beim Abschluss der Quotenauszahlung führen. Enthält der Insolvenzplan einen Ausschluss der Aufrechnungsbefugnis gegen Kompensationszahlungen, ist insoweit Klarheit geschaffen worden.

131 Der Ausschluss der Aufrechnungsbefugnis kann auch an eine **Frist zur Erklärung der Aufrechnung** gebunden werden. Möglich ist eine Regelung nach welcher die Gläubiger etwa bis zur Rechtskraft des Insolvenzplans die Aufrechnung zu erklären haben, andernfalls ihnen lediglich eine Gesamtbefriedigung bestehend aus der vollen Befriedigung des aufrechenbaren Teils zzgl. einer im Vergleich zu den sonstigen Insolvenzgläubigern geringeren Quote für den nicht aufrechenbaren Teil zusteht. Der **Vergleich aus § 251 InsO** bezieht sich dann auf die Gesamtforderung zum Regelverfahren.

Formulierungsbeispiel

„Gruppe 4: Aufrechnungsberechtigte Gläubiger im Hinblick auf ihre Aufrechnungsbefugnis

Die Aufrechnung gegen Forderungen des Schuldners ist mit rechtskräftiger Bestätigung des Insolvenzplans ausgeschlossen. Gläubiger der Gruppe 4, welche bis zu diesem Zeitpunkt die Aufrechnung nicht erklärt haben, erhalten anstelle der Aufrechnungsbefugnis eine Quote in Höhe der nachweisbaren Aufrechnungslage.

Gruppe 6: Aufrechnungsberechtigte Gläubiger im Hinblick auf ihre Insolvenzforderung in Höhe des Ausfalls

130) OLG Celle, Urt. v. 23.12.2008 – 14 U 108/08, NZI 2009, 183, 184 = ZVI 2009, 20.

131) Vgl. BGH, Urt. v. 19.5.2011 – IX ZR 222/08, NZI 2011, 538, 539 = ZIP 2011, 1271: Falls ein Verzicht des Gläubigers auf die Aufrechnung nicht gelinge sei „die fortbestehende Aufrechnungsmöglichkeit bei der Gestaltung des Insolvenzplans einzubeziehen"; vgl. auch S. 540: Im Insolvenzplan müsse ein „ausdrücklicher Verzicht auf die durch § 94 InsO begründete Rechtsposition enthalten sein". Für eine Abdingbarkeit von § 94 InsO durch Planregelung auch: *Rendels/Zabel*, Insolvenzplan, Rz. 377; K. Schmidt-*Spliedt*, InsO, § 254 Rz. 5; *Spahlinger* in: KPB, InsO, § 254 Rz. 33.

132) BGH, Urt. v. 19.5.2011 – IX ZR 222/08, NZI 2011, 538, 540 = ZIP 2011, 1271.

133) Bei rechtsgeschäftlichen Aufrechnungsverboten ist durch Auslegung zu ermitteln, ob das Verbot auch in der Insolvenz beachtlich sein kann: K. Schmidt-*Thole*, InsO, § 94 Rz. 21; *Reichelt* in: MünchKomm-InsO, § 94 Rz. 39 f.

Die Gläubiger der Gruppe 6 erhalten für ihre Insolvenzforderungen in Höhe des Ausfalls eine Quote in Höhe von 20 %, sofern und soweit sie bis zur rechtskräftigen Bestätigung des Insolvenzplans nicht mit ihrer Forderung aufgerechnet haben. Sofern und soweit die Gläubiger mit ihrer Forderung aufgerechnet haben, gehören die Gläubiger zur Gruppe 7 „Sonstige einfache Insolvenzgläubiger" und ihre Befriedigung richtet sich im Hinblick auf den nicht aufrechenbaren Betrag nach der für die Gruppe 7 vorgesehenen Quote.

Gruppe 7: Sonstige einfache Insolvenzgläubiger

Die sonstigen einfachen Insolvenzgläubiger erhalten eine Quote in Höhe von 30 %."

3. Einfluss der Aufrechnungsbefugnis auf Quote, Gruppenbildung und Stimmrecht des aufrechnungsberechtigten Gläubigers

Der aufrechnungsbefugte Gläubiger ist analog § 52 InsO zur **quotengemäßen Befriedigung** nur berechtigt, soweit er auf die Aufrechnung verzichtet hat oder bei ihr ausgefallen ist. Es darf nicht zunächst auf die ungeminderte Forderung die Planquote ausgeschüttet und dann mit dem Rest aufgerechnet werden.[134] 132

Wird durch eine Insolvenzplanregelung die Aufrechnungsbefugnis des Insolvenzgläubigers ausgeschlossen, muss für die aufrechnungsberechtigten Insolvenzgläubiger eine eigene **Gruppe** gebildet werden.[135] 133

Das **Stimmrecht** richtet sich nach den Vorschriften für Absonderungsberechtigte analog § 237 Abs. 1 Satz 2 InsO, da die Aufrechnungsbefugnis nach wirtschaftlicher Betrachtungsweise ein Pfandrecht an eigener Forderung und damit wirtschaftlich auch ein Absonderungsrecht darstellt. Rechnet der Absonderungsberechtigte auf, beschränkt sich sein Stimmrecht nach dem verbleibenden, nicht durch Aufrechnung befriedigten Betrag. Bleibt dem Insolvenzgläubiger auch nach rechtskräftiger Planbestätigung seine Aufrechnungsbefugnis erhalten, ist ihm das Stimmrecht i. H. der fortbestehenden Aufrechnungslage gemäß § 237 Abs. 1 Satz 2 InsO analog zu versagen. 134

Wird im Insolvenzplan hingegen der Ausschluss seiner Aufrechnungsbefugnis geregelt, ist den Aufrechnungsberechtigten ein Stimmrecht gemäß § 238 Satz 2 InsO analog und für den über die Aufrechnungslage hinausgehenden Betrag ein Stimmrecht nach allgemeinen Grundsätzen zu gewähren. 135

Praxishinweis

Der Planersteller hat nicht nur darauf hinzuwirken, dass die Insolvenztabelle den Bestand der durch den Insolvenzplan zu befriedigenden Insolvenzforderungen möglichst vollständig abbildet. Vielmehr sind bereits frühzeitig nach §§ 94, 95 InsO insolvenzfeste Aufrechnungslagen zu ermitteln und in der weiteren Planung zu unterstellen, dass die Aufrechnung durch den Gläubiger erklärt wird. Durch Aufrechnungslagen „belastete" Forderungen des Schuldners gegen den Insolvenzgläubiger dürfen bei der Liquiditätsplanung auf keinen Fall als freie Geldmittel aus Forderungen berücksichtigt werden. Andernfalls könnte die Planerfüllung gefährdet werden. Bei einer Vielzahl von Aufrechnungslagen kann im Einzelfall ein Klarstellungsbedürfnis bestehen und über den oben dargestellten Ausschluss der Aufrechnungsbefugnis (siehe oben Rz. 127 ff.) erreicht werden.

IX. Abweichende Regelung zu den Rechtsfolgen der Schuldnerhaftung (§§ 255 Abs. 1, 257 InsO)

§ 255 Abs. 1 InsO sieht vor, dass Stundungen oder teilweise Erlasse von Forderungen hinfällig werden, wenn der Schuldner gegenüber den Gläubigern mit der Erfüllung des 136

134) K. Schmidt-*Spliedt*, InsO, § 254 Rz. 5.

135) *Fiebig* in: HK-InsO, § 254 Rz. 6; so wohl auch *Thies* in: HambKomm-InsR, § 226 InsO Rz. 2.

Plans erheblich im Rückstand ist. Auf dieses gesetzlich angeordnete Wiederaufleben der Forderung kann durch eine Regelung im Insolvenzplan verzichtet werden (vgl. § 255 Abs. 3 Satz 1 InsO).[136)]

137 Denkbar ist auch eine Regelung, wonach eine unmittelbare Zwangsvollstreckung aus dem rechtskräftig festgestellten Insolvenzplan i. V. m. der Eintragung in die Insolvenztabelle ausgeschlossen wird. § 257 InsO dürfte plandisponibel sein. In diesem Fall hat der Insolvenzplan lediglich die Wirkung eines materiellen Vergleichs (§ 779 BGB) und keine Vollstreckungsfunktion.

X. Gestaltung von Steuerforderungen des Staats

138 Der Insolvenzplan kann auch Steuerforderungen gestalten, da diese Forderungen im Insolvenzverfahren als Insolvenzforderungen anzusehen sind. Zwar wurzeln diese Forderungen im öffentlichen Abgabenrecht, jedoch regelt das Insolvenzrecht deren Behandlung in der Insolvenz als abschließende Sonderregelung. Normativ zeigt sich dies vor allem an § 251 Abs. 1 Satz 1 AO, wonach die AO die Vorschriften der InsO nicht berührt. Auch der Gestaltung von Steuerforderungen eines ausländischen Fiskus durch den Insolvenzplan kommt in Betracht (siehe zum Restrukturierungsplan § 40 Rz. 42 f. [*Brünkmans*]). Dementsprechend ist für Streitigkeiten über die Frage, ob sich der Insolvenzplan auf eine Steuerforderung auswirkt, die ordentliche Gerichtsbarkeit eröffnet.[137)] Zur Gestaltung von Steuerforderungen siehe § 60 [*Witfeld*]. Auch ist darauf Acht zu geben, dass staatliche Gläubiger nicht schlechter als vergleichbare private Gläubiger behandelt werden dürfen, da andernfalls ein Verstoß gegen das Beihilfenrecht droht. Um einen solchen Verstoß auszuschließen sind Beschränkungen von Forderungen der öffentlichen Hand am Private-Creditor-Test zu messen (siehe unten Rz. 151 ff.).

XI. Europarechtswidrigkeit von Forderungserlassen staatlicher Stellen nach Art. 107, 108 AEUV?

139 In jedem größeren Insolvenzverfahren nehmen staatliche Stellen, wie etwa der Fiskus als Gläubiger offener Steuerforderungen, die Bundesagentur für Arbeit aus der Zahlung von Insolvenzgeld[138)] oder Sozialversicherungsträger wegen offener Beitragsforderungen, die Stellung als Insolvenzgläubiger ein. Werden Forderungen staatlicher Stellen (teilweise) erlassen, stellt sich bei einer entsprechenden Regelung im Insolvenzplan die Frage, ob diese mit den europarechtlichen Beihilferegelungen i. S. von Art. 107 ff. AEUV vereinbar ist (siehe dazu sogleich unter Rz. 141 ff.). Darüber hinaus führt das Rückforderungsbegehren bezüglich europarechtswidriger Beihilfen nicht selten zur Insolvenz des Beihilfeempfängers. In diesem Fall stellt sich die Frage, ob der Insolvenzplan einen (teilweisen) Erlass dieses Rückzahlungsanspruchs vorsehen kann (siehe dazu unten Rz. 174 ff.).

140 Davon zu unterscheiden ist die Frage, ob die Steuerbefreiung für Sanierungserträge gemäß § 3a EStG gegen das Beihilfeverbot aus Art. 107 AEUV verstößt. Nach weit überwiegender Auffassung ist dies zu verneinen.[139)] Auch die Europäische Kommission hat mittels eines Comfort Letters mitgeteilt, dass die Norm europarechtskonform ist.[140)] Da

---

136) *Balthasar* in: Kübler, HRI II, § 22 Rz. 125; Uhlenbruck-*Streit*, InsO, § 227 Rz. 14.

137) BFH, Urt. v. 22.10.2014 – I R 39/13, Rz. 15, BFHE 247, 300 = NZI 2015, 292; OLG Stuttgart, Beschl. v. 9.8.2019 – 4 W 52/19, Rz. 31–39, ZIP 2019, 2169.

138) Auf diese gehen nach § 169 Satz 1 SGB III die Ansprüche der Arbeitnehmer auf Arbeitsentgelt über.

139) *Hey*, FR 2017, 453, 455 ff.; Immenga/Mestmäcker-*Thole*, Wettbewerbsrecht, Bd. 5, 2. Teil, VII. Abschn. Rz. 28; a. A. *Hinz*, FR 2022, 1021 ff.

140) *Commandeur/Römer*, NZG 2019, 532.

es sich bei dem Steueranspruch auf die Sanierungsgewinne nicht um eine Insolvenzforderung[141] handelt, wird dieser Erlass nicht im Insolvenzplan geregelt,[142] weshalb er die Wirksamkeit des Insolvenzplans unberührt lässt. Die Machbarkeit einer Sanierung durch Insolvenzplan steht und fällt jedoch häufig mit der Frage der Besteuerung des Sanierungsgewinns. Letzteres siehe § 60 Rz. 7, 18 ff. [*Witfeld*].

1. Die Regelung eines Erlasses von Forderungen staatlicher Stellen in Insolvenzplänen als Beihilfe i. S. von Art. 107 Abs. 1 AEUV

a) Vorbemerkungen

Nach Art. 107 Abs. 1 des Vertrages über die Arbeitsweise der Europäischen Union (AEUV) sind staatliche oder aus staatlichen Mitteln gewährte Beihilfen gleich welcher Art, die durch die Begünstigung bestimmter Unternehmen oder Produktionszweige den Wettbewerb verfälschen oder zu verfälschen drohen, mit dem Binnenmarkt unvereinbar, soweit sie den Handel zwischen den Mitgliedstaaten beeinträchtigen. Nach Art. 108 AEUV ist ausschließlich die Europäische Kommission dafür zuständig, zu prüfen, ob eine angemeldete oder rechtswidrige staatliche Beihilfe mit dem Binnenmarkt vereinbar ist. 141

In der Praxis der Europäischen Kommission und der Rechtsprechung der Europäischen Gerichte ist anerkannt, dass sowohl **Forderungserlasse** als auch die **Stundung von Forderungen durch staatliche Stellen** eine **Beihilfe i. S. von Art. 107 Abs. 1 AEUV** darstellen können.[143] 142

Die Gewährung staatlicher Beihilfen ist in den Art. 107–108 AEUV generell als **präventives Verbot mit Erlaubnisvorbehalt** ausgestaltet.[144] Handelt es sich bei den Forderungserlassen im Einzelfall um Beihilfen i. S. von Art. 107 Abs. 1 AEUV, so besteht nach Art. 108 Abs. 3 Satz 1 AEUV i. V. m. Art. 2 Abs. 1 Beihilfeverfahrensverordnung (BHVO)[145] die **Pflicht, die Kommission** über die beabsichtigte Gewährung der Beihilfe **zu informieren**. Bis zur abschließenden Entscheidung über die Vereinbarkeit der Beihilfe mit dem Binnenmarkt durch die Kommission darf die beabsichtigte Beihilfe nicht durchgeführt werden, Art. 108 Abs. 3 Satz 3 AEUV, Art. 3 BHVO. 143

Stellt der im Insolvenzplan geregelte Forderungserlass staatlicher Stellen – etwa der Finanzverwaltung oder der Bundesagentur für Arbeit – eine Beihilfe i. S. von Art. 107 Abs. 1 AEUV dar, so dürfte der Insolvenzplan nicht vor **Durchlaufen des Notifizierungsver-** 144

141) BFH, Beschl. v. 15.11.2018 – XI B 49/18, ZIP 2019, 951; als Neuverbindlichkeit einordnend LG Düsseldorf, Beschl. v. 21.9.2015 – 25 T 404/15, ZInsO 2015, 2186 = ZVI 2016, 156, dazu EWiR 2016, 119 (*Leib/Rendels*).

142) Anders (allerdings mit ausdrücklicher Zustimmung des Finanzamts): LG Düsseldorf, Beschl. v. 21.9.2015 – 25 T 404/15, ZInsO 2015, 2186 = ZVI 2016, 156.

143) EuG, Urt. v. 12.9.2007 - Rs. T-68/03 (Olympiaki Aeroporia Ypiresies/Kommission), Rz. 293, Slg. 2007, II-2911; Kommission, Beschl. v. 4.8.2010 – K(2010) 5406 (PZL Hydral), ABl. (EU) L 298/51 v. 16.11.2010, Rz. 169 ff.; *Reimer*, NVwZ 2011, 263, 266. Beachte im Zusammenhang mit dem europäischen Beihilferecht auch die zahlreichen Vorschriften für einzelne Wirtschaftsbereiche, Überblick bei v. d. Groeben/Schwarze/Hatje-*Mederer*, Europäisches Unionsrecht, Nach Art. 107 AEUV.

144) Calliess/Ruffert-*Cremer*, EUV/AEUV, Art. 107 AEUV Rz. 9; *Hobe/Fremuth*, Europarecht, § 23 Rz. 4.

145) Verordnung (EU) Nr. 2015/1589 des Rates v. 13.7.2015 über besondere Vorschriften für die Anwendung von Artikel 108 des Vertrags über die Arbeitsweise der Europäischen Union – BHVO, ABl. (EU) L 248/9 v. 24.9.2015.

fahrens[146] vollzogen werden. Dies könnte über eine **Planbestätigungsvoraussetzung nach § 249 InsO** sichergestellt werden. Der Insolvenzplan dürfte nach Annahme durch die Beteiligtenversammlung nur dann vom Insolvenzgericht bestätigt werden, wenn die Kommission entschieden hat, dass die Bedenken hinsichtlich der Vereinbarkeit der angemeldeten Maßnahme mit dem Gemeinsamen Markt ausgeräumt sind.[147] Die Wirkungen des Insolvenzplans würden dann möglicherweise mehrere Monate in der Schwebe hängen.[148]

145 Wird hingegen die Entscheidung der Kommission nicht abgewartet oder erfolgt keine Notifizierung bei der Kommission, besteht die Gefahr, dass die jeweilige Erlassregelung der staatlichen Stellen, ggf. sogar der gesamte Insolvenzplan, nichtig ist. Vor dem Hintergrund ist die Frage, ob und unter welchen Voraussetzungen der Forderungserlass als Beihilfe i. S. von Art. 107 AEUV zu werten ist, von besonderer Bedeutung.

b) Tatbestandsmerkmale einer Beihilfe i. S. von Art. 107 Abs. 1 AEUV

146 Sieht der Insolvenzplan die Regelung eines Forderungserlasses staatlicher Stellen vor, stellt sich die Frage, ob dieser Forderungserlass eine grundsätzlich anmeldepflichtige Beihilfe darstellt.

147 Eine solche besteht, wenn der im Insolvenzplan geregelte Forderungserlass im konkreten Fall **kumulativ** folgende Tatbestandsmerkmale des Beihilfebegriffes gemäß Art. 107 Abs. 1 AEUV erfüllt:[149]

- Staatliche Zuwendung oder Zuwendung aus staatlichen Mitteln;
- Zuwendungsempfänger ist ein bestimmtes Unternehmen oder ein bestimmter Produktionszweig;
- Zuwendungsempfänger erhält einen wirtschaftlichen Vorteil („Begünstigung");
- Zuwendung droht Wettbewerb zu verfälschen oder verfälscht Wettbewerb;
- Zuwendung beeinträchtigt den zwischenstaatlichen Handel.

148 Bei einem Forderungserlass unmittelbar durch die öffentliche Hand handelt es sich klar um eine Zuwendung staatlicher Mittel. Schwieriger gestaltet sich die Einordnung von Forderungserlassen, die von **gemischtwirtschaftlichen Unternehmen** erklärt werden. Ob Mittel als staatlich anzusehen sind, richtet sich danach, ob sie zumindest mittelbar von staatlichen Stellen kontrolliert werden.[150] Auf das Vermögen eines gemischtwirtschaftlichen

---

146) Die Beendigung erfolgt durch Beschluss der Kommission, keine Einwände zu erheben (Art. 4 Abs. 3 BHVO), Beschluss der Kommission, wonach die angemeldete Maßnahme keine Beihilfe darstellt (Art. 4 Abs. 2 bzw. 9 Abs. 2 BHVO), Ablauf der Frist nach Art. 4 Abs. 6 BHVO, Positivbeschluss der Kommission (Art. 9 Abs. 3 BHVO) oder ggf. mit Bedingungen und Auflagen verbundenen Beschluss (Art. 9 Abs. 4 BHVO).

147) Die Entscheidungen ergehen gemäß Art. 31 Abs. 2 BHVO unmittelbar gegenüber dem Mitgliedstaat.

148) Nach Art. 4 Abs. 5, 9 Abs. 6, Abs. 7 BHVO kann das Verfahren zwischen 2 und 20 Monaten seit Anmeldung in Anspruch nehmen, wobei die Frist auch verlängert werden kann, je nachdem ob ein förmliches Prüfverfahren eingeleitet wird oder nicht; vgl. auch Erwägungsgründe 7 und 17 der BHVO.

149) EuGH, Urt. v. 8.9.2011 – Rs. C-279/08 P (Kommission/Niederlande), Rz. 61, Slg. 2011, I-7671; EuGH, Urt. v. 21.10.2020 – Rs. C-556/19 (Eco TLC), Rz. 18, NVwZ 2020, 1657; Calliess/Ruffert-*Cremer*, EUV/AEUV, Art. 107 AEUV Rz. 11–42; *Soltész/Wagner*, ZIP 2013, 2093, 2094; Bekanntmachung der Kommission zum Begriff der staatlichen Beihilfe, ABl. (EU) C 262/1 v. 19.7.2016; vgl. hierzu auch die Arbeitsunterlage der Kommissionsdienststellen, Leitfaden zur beihilfenkonformen Finanzierung, Umstrukturierung und Privatisierung staatseigener Unternehmen v. 10.2.2012, S. 4 ff., abrufbar unter https://competition-policy.ec.europa.eu/document/download/a3bccb5b-4513-454c-8cbe-61c103a43e2c_en?filename=swd_guidance_paper_2012.zip (Abrufdatum: 25.7.2025).

150) EuGH, Urt. v. 19.12.2013 – Rs. C-262/12 (Association Vent De Colère), Rz. 21, BeckRS 2013, 82374; EuGH, Urt. v. 15.5.2019 – Rs. C-706/17 (Achema), Rz. 53, EuZW 2019, 616 = BeckRS 2019, 8587; EuGH, Urt. v. 7.3.2024 – Rs. C-558/22 (ARERA), Rz. 72; EuG, Urt. v. 15.12.2021 – Rs. T-565/19 (Olchtim), Rz. 147, BeckRS 2021, 38906.

Unternehmens trifft dies zu, wenn der Staat das Unternehmen dazu veranlassen kann, für den Insolvenzplan zu stimmen und die dem Staat zuzurechnenden Planbeteiligten die erforderliche Mehrheit haben, um den Plan anzunehmen oder zumindest zu blockieren. Dies verneinte das EuG bei einem ehemaligen Staatsunternehmen, in dem der Staat keinen beherrschenden Einfluss mehr ausübte, nachdem knapp über 50 % der Unternehmensanteile an Private veräußert worden waren.[151)]

Der im Insolvenzplan geregelte Forderungserlass ist auch einzelfallbezogen und bezieht sich selektiv auf bestimmte Unternehmen. Für die Annahme einer Verfälschung des Wettbewerbs und einer Beeinträchtigung des zwischenstaatlichen Handels reicht es bereits aus, dass die Position eines bestimmten Unternehmens nur gestärkt wird. Eine tatsächliche Beeinträchtigung muss nicht nachgewiesen werden.[152)] Letzteres wird man bei einem im Insolvenzplan geregelten Forderungserlass ebenfalls ohne Zweifel bejahen können.[153)] 149

Das entscheidende Tatbestandsmerkmal für die Einordnung eines Forderungserlasses einer staatlichen Stelle als Beihilfe ist, ob eine Begünstigung des Schuldners vorliegt. Nach der Rechtsprechung des EuGH ist der Beihilfebegriff weit und erfasst neben der Subvention im engeren Sinne auch andere Formen der Begünstigung.[154)] Eine Begünstigung kann auch darin bestehen, dass die **Belastungen eines Unternehmens vermindert** werden, indem der Staat auf Einnahmen etwa durch Steuern[155)] oder Sozialversicherungsbeiträge verzichtet[156)] oder auf die sofortige Durchsetzung fälliger Forderungen verzichtet.[157)] 150

c) Vergleich mit hypothetischem privaten Gläubiger (sog. „Private-Creditor-Test")

aa) Private-Creditor-Test im Allgemeinen

Bei der Beurteilung, ob die Aufgabe oder Einschränkung eines Gläubigerrechtes staatlicher Stellen eine Begünstigung i. S. von Art. 107 AEUV darstellt, ziehen die europäischen Gerichte das Kriterium des **hypothetischen privaten Vergleichsgläubigers (Private-Creditor-Test)** heran.[158)] 151

Nach diesem Private-Creditor-Test muss das Verhalten der betroffenen staatlichen Stellen mit dem eines umsichtigen privaten Gläubigers verglichen werden, der sich möglichst 152

151) EuG, Urt. v. 15.12.2021 – Rs. T-565/19 (Olchtim), Rz. 148 ff., BeckRS 2021, 38906.

152) EuGH, Urt. v. 15.12.2005 – Rs. C-148/04 (Unicredito Italiano), Slg. 2005, I-11137; Calliess/Ruffert-*Cremer*, EUV/AEUV, Art. 107 AEUV Rz. 37; *Soltész/Wagner*, ZIP 2013, 2093, 2094, dort Fn. 2; eine Ausnahme besteht nur, wenn die Beihilfe ausschließlich(!) lokale, regionale oder nationale Auswirkungen hat.

153) So auch *Kümpel*, ZRI 2023, 233, 235; *Schmittmann*, NZI 2015, 84, 85 (Anm. zu EuG, Urt. v. 12.12.2014 – Rs. T-487/11).

154) Vgl. nur EuGH, Urt. v. 24.1.2013 – Rs. C-73/11 P (Frucona Košice a.s.).

155) EuGH, Urt. v. 21.3.2013 – Rs. C-405/11 P (Buczek Automotive), EU:C:2013:186; EuGH v. 24.1.2013 – Rs. C-73/11 P (Frucona Košice a.s.); EuG, Urt. v. 12.9.2007 – Rs. T-68/03 (Olympiaki Aeroporia Ypiresies/Kommission), Slg. 2007, II-2911; EuG, Urt. v. 23.10.2002 – verb. Rs. T-269/99, T-271/99 und T-272/99 (Territorio Histórico de Guipúzcoa u. a.), Slg. 2002, II-4217; EU-Kommission, Beschl. v. 4.8.2010 – K(2010) 5406 (PZL Hydral), ABl. (EU) L 298/51 v. 16.11.2010.

156) EuGH, Urt. v. 29.6.1999 – Rs. C-256/97 (DM Transport), ZIP 1999, 1278, dazu EWiR 1999, 1115 (*Wessely*); EuG, Urt. v. 21.10.2004 – Rs. T-36/99 (Lenzing), Slg. 2004, II-3597.

157) EuG, Urt. v. 12.9.2007 – Rs. T-68/03 (Olympiaki Aeroporia Ypiresies/Kommission), Slg. 2007, II-2911; EuG, Urt. v. 23.10.2002 – verb. Rs. T-269/99, T-271/99 und T-272/99 (Territorio Histórico de Guipúzcoa u. a.), Slg. 2002, II-4217; EU-Kommission, Beschl. v. 4.8.2010 – K(2010) 5406 (PZL Hydral), ABl. (EU) L 298/51 v. 16.11.2010.

158) Zu diesem Begriff EuG, Urt. v. 29.4.1999 – Rs. C-342/96 (Tubacex), Rz. 46, Slg. 1999, I-2459; Calliess/Ruffert-*Cremer*, EUV/AEUV, Art. 107 AEUV Rz. 12; v. d. Groeben/Schwarze/Hatje-*Kliemann/Catalán*, Europäisches Unionsrecht, Art. 107 AEUV Rz. 142 ff.; *Hunsalzer*, ZInsO 2021, 1469, 1472; *Molle/Köster*, EuZW 2007, 534; *Soltész/Wagner*, ZIP 2013, 2093, 2094.

weitgehend in derselben Situation gegenüber einem Schuldner befindet wie die betroffenen staatlichen Stellen.[159] Enthält der Insolvenzplan eine Erlassregelung, die sich auch auf die Forderung einer staatlichen Stelle bezieht, stellt sich im Ausgangspunkt die Frage, ob ein privater Gläubiger dem Schuldner ebenfalls die Forderung (teilweise) erlassen hätte.

153 Wenn ein umsichtiger privater Gläubiger, der sich in einer möglichst ähnlichen Lage befindet wie der öffentliche Gläubiger, die Forderung nicht entsprechend erlassen hätte, liegt nach dem Private-Creditor-Test eine Beihilfe vor. In diesem Fall hat der Schuldner durch den Teilerlass der Forderung eine wirtschaftliche Zuwendung erhalten, die er unter normalen Marktbedingungen nicht erhalten hätte.[160]

154 Maßgeblich ist daher die Frage, **wie sich der private Gläubiger entscheiden würde**: Würde er sich für das Szenario mit oder ohne Forderungserlass entscheiden?[161] Bei dieser Abwägung dürfen **nur wirtschaftliche Vor- und Nachteile** und die damit verbundenen Risiken berücksichtigt werden. Hoheitliche oder politische Ziele, wie die Sicherung von Arbeitsplätzen, Einsparung von Arbeitslosengeld, Stärkung der regionalen Wirtschaftskraft, Erhöhung des Steueraufkommens, sonstige soziale oder regionalpolitische Erwägungen dürfen in die Abwägung nicht mit einbezogen werden.[162] Allerdings darf der Staat als Gläubiger mit der Maßnahme auch andere Motive verfolgen, wenn diese Maßnahme derer unbeschadet den Private-Creditor-Test besteht.[163]

bb) Der Private-Creditor-Test im Insolvenzplan

155 Im Hinblick auf die Zustimmung zu einem Insolvenzplan, der einen (teilweisen) Erlass einer Forderung einer staatlichen Stelle vorsieht, würde der hypothetische private Gläubiger allein zwischen den **Befriedigungsaussichten im Regelverfahren und** den Befriedigungsaussichten **im Insolvenzplan abwägen**. Bei dieser Beurteilung sind alle Kriterien einzubeziehen, die für den Entscheidungsprozess eines durchschnittlich vorsichtigen und sorgfältigen Gläubigers relevant sind.[164] Der Vergleich setzt somit eine Prognose über die wirtschaftliche Situation in zwei verschiedenen Szenarien voraus, der Befriedigungsquote im Regelverfahren und im Fall einer Plansanierung. Erst wenn die Prognosen für die beiden Szenarien vorliegen, kann ein Vergleich der Vor- und Nachteile durchgeführt werden.

156 Für den Insolvenzplan besteht die Besonderheit, dass die im darstellenden Teil vorzunehmende **Vergleichsrechnung** nach §§ 220 Abs. 2, 251 InsO bereits formalisiert die Befriedigungsquote auf der Grundlage des Insolvenzplans mit der Befriedigung im Regelverfahren vergleicht (siehe dazu ausführlich § 13 Rz. 112 ff. [*Brünkmans/Harmann*]). Weist die Vergleichsrechnung des Planarchitekten für den staatlichen Gläubiger eine Befriedigung aus, die ihn nicht schlechterstellt als im Regelverfahren, ist die Herleitung plausibel, wur-

159) EuGH, Urt. v. 21.3.2013 – Rs. C-405/11 P (Buczek Automotive), Rz. 46, EU:C:2013:186; EuGH, Urt. v. 29.6.1999 – Rs. C-256/97 (DM Transport), Rz. 25, 30, ZIP 1999, 1278; Calliess/Ruffert-*Cremer*, EUV/AEUV, Art. 107 AEUV Rz. 15; *Fritze/Heithecker*, EuZW 2010, 817, 819; *Soltész/Wagner*, ZIP 2013, 2093, 2095.

160) v. d. Groeben/Schwarze/Hatje-*Kliemann/Catalán*, Europäisches Unionsrecht, Art. 107 AEUV Rz. 143.

161) EuGH, Urt. v. 21.3.2013 – Rs. C-405/11 P (Buczek Automotive), Rz. 55 ff., EU:C:2013:186; EuGH, Urt. v. 24.1.2013 – Rs. C-73/11 P (Frucona Košice a.s.), Rz. 79 ff.; *Soltész/Wagner*, ZIP 2013, 2093, 2095; zum Insolvenzplan *Fritze/Heithecker*, EuZW 2010, 817, 819.

162) EuGH, Urt. v. 22.11.2007 – Rs. C-525/04 P (Spanien/Kommission), Slg 2007, I-9947-10004; EU-Kommission, Entsch. v. 30.6.2004 – C(2004)2212 (Herlitz), ABl. (EU) L 324/64–86 v. 10.12.2005; *Fritze/Heithecker*, EuZW 2010, 817, 819; *Soltész/Wagner*, ZIP 2013, 2093, 2095, dort Fn. 24.

163) *Soltész/Wagner*, ZIP 2013, 2093, 2095, dort Fn. 25.

164) EuGH, Urt. v. 21.3.2013 – Rs. C-405/11 P (Buczek Automotive), Rz. 45, 47, EU:C:2013:186; EuGH, Urt. v. 24.1.2013 – Rs. C-73/11 P (Frucona Košice a.s.), Rz. 73, 78; *Soltész/Wagner*, ZIP 2013, 2093, 2096.

de diese vom Sachwalter/Insolvenzverwalter mitgetragen und i. R. der Vorprüfung nach § 231 InsO[165] vom Insolvenzgericht nicht beanstandet, ist dies ein Indiz dafür, dass die Zustimmung des staatlichen Gläubigers zum Insolvenzplan als marktkonform angesehen werden kann.

Ferner ist zu beachten, dass nach Auffassung der Kommission in Sachen *Hydral* ein maßgebliches Indiz für das Handeln unter Marktbedingungen besteht, wenn im konkreten Fall **andere private Gläubiger** sich auf einen **vergleichbaren Forderungserlass** eingelassen haben.[166] Dies gilt jedoch nur, wenn sich der private Gläubiger wirtschaftlich in einer vergleichbaren Situation befindet.[167] Soweit er vergleichbare oder sogar „bessere" Sicherheiten hat, deutet seine Teilnahme am Insolvenzplan auf ein Handeln unter Marktbedingungen hin.[168] Leistet der staatliche Gläubiger hingegen einen größeren Forderungserlass als ein privater Gläubiger in demselben Insolvenzplanverfahren mit vergleichbaren Sicherheiten und liegt auch i. Ü. eine vergleichbare Interessenlage vor, spricht vieles für eine Beihilfe i. S. von Art. 107, 108 AEUV.[169] 157

Bezüglich der Abstimmung über einen Insolvenzplan, der einen Forderungserlass, eine Forderungsstundung oder eine sonstige Regelung enthält, bedeutet dies: Wird der Insolvenzplan auch von den übrigen privaten Gläubigern innerhalb der **Gläubigergruppe**, in der auch die staatliche Stelle einzuordnen ist, **mehrheitlich angenommen**, so besteht ein **Indiz der „Marktkonformität"** der Entscheidung. Erfolgt die Gruppenbildung im Insolvenzplan nicht ausschließlich anhand der unterschiedlichen Rechtsstellung (absonderungsberechtigte Gläubiger, nicht nachrangige Insolvenzgläubiger, einzelne Rangklassen der nachrangigen Insolvenzgläubiger, vgl. § 222 Abs. 1 Satz 2 InsO), ist eine über die Rechtsstellung hinausgehende Gruppenbildung anhand gleichartiger wirtschaftlicher Interessen möglich. § 222 Abs. 2 Satz 3 InsO setzt voraus, dass die Kriterien für die Abgrenzung der Gruppen und damit Darstellung der gleichartigen wirtschaftlichen Interessen erläutert werden. Ist der staatliche Gläubiger einer Gruppe zugeordnet, die anhand gleichartiger wirtschaftlicher Interessen gebildet wurde und haben die übrigen (privaten) Gläubiger dieser Gruppe dem Insolvenzplan zugestimmt, dürfte dies im Lichte der Kommissionpraxis ebenfalls ein starkes Indiz für die „Marktkonformität" der Zustimmungsentscheidung der öffentlichen Hand sein. 158

cc) Höhe der Beihilfe bei Forderungserlass

Besteht der Forderungserlass den Private-Creditor-Test nicht, so richtet sich die Höhe der Beihilfe nach dem Differenzbetrag, um den der Forderungserlass des staatlichen Gläubigers denjenigen des vergleichbaren privaten Gläubigers übersteigt.[170] 159

165) Zum Prüfungsumfang des Gerichts i. R. der Vorprüfung ausführlich *Horstkotte*, ZInsO 2014, 1297 ff.; s. dazu auch unten *Laroche*, § 14 Rz. 40 ff.

166) Vgl. EU-Kommission, Beschl. v. 4.8.2010 – K(2010) 5406 (PZL Hydral), ABl. (EU) L 298/51 v. 16.11.2010; EU-Kommission, Entsch. v. 31.1.2001 – K(2001) 324 (Fesa Enfersa), Rz. 90 ff., ABl. (EG) L 165/1 v. 24.6.2002; *Soltész/Wagner*, ZIP 2013, 2093, 2098.

167) Vgl. Calliess/Ruffert-*Cremer*, EUV/AEUV, Art. 107 AEUV Rz. 12; *Soltész/Wagner*, ZIP 2013, 2093, 2098.

168) Vgl. EU-Kommission, Beschl. v. 4.8.2010 – K(2010) 5406 (PZL Hydral), Rz. 172 ff., ABl. (EU) L 298/51 v. 16.11.2010; v. d. Groeben/Schwarze/Hatje-*Kliemann/Catalán*, Europäisches Unionsrecht, Art. 107 AEUV Rz. 145; *Soltész/Wagner*, ZIP 2013, 2093, 2098.

169) *Fritze/Heithecker*, EuZW 2010, 817, 819.

170) *Fritze/Heithecker*, EuZW 2010, 817, 819.

d) Folge der Einordnung als Beihilfe

aa) Ausnahmetatbestände: De minimis, Gruppenfreistellung?

160 Sollten die im Insolvenzplan vorgesehenen Forderungserlasse staatlicher Stellen im Einzelfall nicht den Vergleichstest mit einem entsprechenden Privatgläubiger bestehen und damit als Beihilfe zu qualifizieren sein, führt dies grundsätzlich zur **Pflicht der Einzelanmeldung** des im Insolvenzplan vorgesehenen Forderungserlasses bei der Kommission. Hiervon kann jedoch trotz des Charakters als Beihilfe dann abgesehen werden, wenn die „De minimis"- oder eine Gruppenfreistellungsverordnung einschlägig sind.

161 Grundsätzlich in Betracht kommt eine Befreiung von der Anmeldepflicht nach der sog. „De minimis"-Verordnung[171)] für **Kleinbeihilfen i. H. von bis zu 200.000 € in drei Steuerjahren** („de minimis"), wenn der Schuldner nicht den in Art. 1 Abs. 1 der „De minimis"-Verordnung genannten Branchen angehört.

162 Die allgemeine **Gruppenfreistellungsverordnung,**[172)] wonach Beihilferegelungen, die bestimmte Voraussetzungen erfüllen, als mit dem gemeinsamen Markt i. S. von Art. 107 Abs. 3 AEUV vereinbar eingestuft und von der Anmeldepflicht nach Art. 108 Abs. 3 AEUV freigestellt werden, findet hingegen auf Beihilfen an **„Unternehmen in Schwierigkeiten" keine Anwendung.**[173)] Unternehmen, die Gegenstand von Insolvenzverfahren sind, werden stets als „in Schwierigkeiten" befindlich angesehen.[174)] Daher scheidet die Anwendung der allgemeinen Gruppenfreistellungsverordnung auf Erlasse staatlicher Stellen im Insolvenzplan aus.

bb) Verfahren der Einzelanmeldung

163 Die Einzelanmeldung gemäß Art. 2 BHVO führt in zeitlicher Hinsicht zu einer erheblichen Verzögerung des Insolvenzplanverfahrens. Für die Erstellung der Anmeldung sowie Vorgespräche mit der Kommission sind üblicherweise mehrere Wochen einzuplanen. Die Beihilfeverfahren werden für Deutschland zentral im **Bundeswirtschaftsministerium** geführt, welches die Anmeldung nach Abstimmung mit der konkret beihilfegewährenden Behörde bei der Kommission einreicht.[175)] Die Kommission hat nach Einreichung einer vollständigen Anmeldung **zwei Monate Zeit für eine Vorprüfung.** Entscheidet sie sich für ein förmliches Prüfverfahren können viele Monate ins Land gehen, bevor die Kommission über die Zulässigkeit der Beihilfe entscheidet.

---

171) Verordnung (EU) Nr. 1407/2013 der Kommission v. 18.12.2013 über die Anwendung der Artikel 107 und 108 des Vertrags über die Arbeitsweise der Europäischen Union auf De-minimis-Beihilfen, ABl. (EU) L 352/1 v. 24.12.2013.

172) Verordnung (EU) Nr. 651/2014 der Kommission v. 17.6.2014 zur Feststellung der Vereinbarkeit bestimmter Gruppen von Beihilfen mit dem Binnenmarkt in Anwendung der Artikel 107 und 108 des Vertrags über die Arbeitsweise der Europäischen Union – Allgemeine Gruppenfreistellungsverordnung, ABl. (EU) L 187/1 v. 26.6.2014.

173) Vgl. Erwägungsgrund 15 der allgemeinen Gruppenfreistellungsverordnung, ABl. (EU) L 187/1 v. 26.6.2014. Auch KMU in den ersten drei Jahren nach ihrer Gründung gelten als „Unternehmen in Schwierigkeiten", wenn das Insolvenzverfahren eröffnet wurde.

174) Unternehmen in Schwierigkeiten sind nach Rz. 20 der Leitlinien der Gemeinschaft für staatliche Beihilfen zur Rettung und Umstrukturierung nichtfinanzieller Unternehmen in Schwierigkeiten, ABl. (EU) C 249/1 v. 31.7.2014, solche Unternehmen, die auf kurze oder mittlere Sicht so gut wie sicher zur Einstellung ihres Geschäftsbetriebs gezwungen sind, wenn der Staat nicht eingreift. Ein Unternehmen ist nach Rz. 20 lit. c der Leitlinien bzw. nach dem insoweit inhaltsgleichen Art. 2 Nr. 18 lit. c AGVO insbesondere dann in Schwierigkeiten, wenn es Gegenstand eines Insolvenzverfahrens ist. Diese Leitlinien werden in Deutschland speziell für KMU durch die Bundesrahmenregelung für staatliche Beihilfen zur Rettung und Umstrukturierung kleiner und mittlerer Unternehmen in Schwierigkeiten konkretisiert, die in ihrer derzeitigen Fassung bis zum 31.12.2025 gilt.

175) *Fritze/Heithecker*, EuZW 2010, 817, 819.

cc) Prüfungsmaßstab der Kommission bei Forderungserlass im Insolvenzplan

Stellt der im Insolvenzplan enthaltene Forderungserlass eine Beihilfe i. S. des Art. 107 AEUV dar, so prüft die Kommission dahingehend, ob alle **Voraussetzungen für eine Umstrukturierungsbeihilfe** gemäß den von der Kommission erlassenen „Leitlinien der Gemeinschaft für staatliche Beihilfen zur Rettung und Umstrukturierung von Unternehmen in Schwierigkeiten"[176)] erfüllt sind. Die Leitlinien gemäß Art. 171 Abs. 1, 1. Spiegelstrich AEUV legen gestützt auf Art. 107 Abs. 3 lit. c AEUV (ex. Art. 87 Abs. 1 EGV) das Vorgehen der Kommission bei staatlichen Beihilfen für Unternehmen in Schwierigkeiten fest[177)] und stellen insoweit eine Selbstbindung der Kommission bezüglich des Vorgehens bei Vorliegen solcher Beihilfen dar.[178)] 164

e) Rechtsfolge einer nachteiligen Erlassregelung im Insolvenzplan

Kommt es entgegen den soeben dargestellten Grundsätzen zur Annahme und rechtskräftigen Bestätigung eines Insolvenzplans, der eine Erlassregelung bezüglich der Forderung einer staatlichen Stelle enthält, so stellt dies grundsätzlich eine Beihilfe i. S. von Art. 107 Abs. 1 AEUV dar. Wird die als Beihilfe im Insolvenzplan identifizierte Regelung nicht vorab bei der Kommission gemäß Art. 2 BHVO angemeldet, kann die Kommission im Hinblick auf beabsichtigte oder bereits durchgeführte Beihilfen auch von Amts wegen ein Prüfverfahren einleiten, Art. 12 Abs. 2 BHVO. 165

Kommt die Kommission zu dem Ergebnis, dass die Erlassregelung im Insolvenzplan eine Beihilfe i. S. von Art. 107 Abs. 1 AEUV darstellt und i. Ü. die Voraussetzungen für eine Genehmigung als Umstrukturierungsbeihilfe nicht erfüllt sind, erlässt die Kommission einen **Negativbeschluss (Art. 9 Abs. 5 BHVO)** und fordert ggf. die Bundesrepublik Deutschland zur **Rückforderung der gewährten Beihilfen** auf. Die Umsetzung des Negativbeschlusses hat im Einklang mit dem nationalen Verfahrensrecht unter Wahrung des Effektivitätsprinzips zu erfolgen.[179)] 166

Wurde der Insolvenzplan rechtskräftig bestätigt, führt dies zur **Nichtigkeit des gesamten[180)] Insolvenzplans.** Trotz der Rechtskraftwirkung des Insolvenzplans (siehe dazu § 7 Rz. 22 [*Brünkmans*]) dürfte in diesen Fällen ein außerordentlich schwerwiegender Rechtsverstoß vorliegen, der ausnahmsweise zur Nichtigkeit und damit Durchbrechung der Rechtskraftwirkung führt. Die in der Literatur[181)] herangezogene Analogie zur Nichtigkeit von durch Vertrag gewährten rechtswidrigen Beihilfen[182)] überzeugt. Auch im Falle des Insolvenzplans muss der Beihilferückforderung die effektivste Möglichkeit der Geltendmachung verschafft werden. Dies ist dann der Fall, wenn der Forderungserlass unwirksam ist. In diesem Fall wird auch der Insolvenzplan insgesamt in sich zusammenbrechen, da die einzelnen Erlassregelungen eng aufeinander abgestimmt sind und ein Bestehen ohne Erlass der Forderungen staatlicher Stellen nicht in Betracht kommt. 167

---

176) Kommission, Leitlinien der Gemeinschaft für staatliche Beihilfen zur Rettung und Umstrukturierung von Unternehmen in Schwierigkeiten, ABl. (EU) C 244/2 v. 1.10.2004.

177) Calliess/Ruffert-*Cremer*, EUV/AEUV, Art. 107 AEUV Rz. 74.

178) Calliess/Ruffert-*Cremer*, EUV/AEUV, Art. 171 AEUV Rz. 5.

179) Calliess/Ruffert-*Cremer*, EUV/AEUV, Art. 108 AEUV Rz. 27 f.

180) Eine Teilnichtigkeit kommt nach zutreffender Sichtweise nicht in Betracht, s. *E. Mönning* in: R.-D. Mönning, Betriebsfortführung in Restrukturierung und Insolvenz, § 10 Rz. 80; *Quardt/Hanke*, ZInsO 2022, 497, 500 f.

181) So *E. Mönning* in: R.-D. Mönning, Betriebsfortführung in Restrukturierung und Insolvenz, § 10 Rz. 80; *Fritze/Heithecker*, EuZW 2010, 817, 820.

182) Nach st. Rspr. des BGH ist bei europarechtwidrigen Beihilfen, die aufgrund Vertrages gewährt wurden, der Vertrag nach § 134 BGB nichtig, vgl. nur BGH, Urt. v. 5.12.2012 – I ZR 92/11, BGHZ 196, 254; BGH, Urt. v. 24.10.2003 - V ZR 48/03, WM 2004, 693, dazu EWiR 2009, 969 *(Micklitz)*.

168 Die **staatliche Stelle kann (und muss europarechtlich!)** somit ihre Forderung wieder **ungeachtet der Insolvenzplanregelungen gegen den Schuldner vollstrecken.** Mit dem Insolvenzplan wird regelmäßig auch die Plansanierung gescheitert sein.

f) Vergleichsrechnung und Minderheitenschutz (§ 251 InsO) als formalisierter „Private-Creditor-Test"

169 Sieht der Insolvenzplan eine Regelung vor, wonach eine staatliche Stelle einen Teil ihrer Forderung erlässt, ist anhand des Private-Creditor-Tests zu fragen, ob der Forderungserlass eine Beihilfe i. S. des Art. 107 AEUV darstellt. Der Private-Creditor-Test ist dann bestanden, wenn sich aus **der Vergleichsrechnung** nach §§ 220 Abs. 2, 251 InsO ergibt, dass die **staatliche Stelle durch den Insolvenzplan nicht schlechtergestellt wird, als sie im Regelverfahren stünde.** Wie jeder private Gläubiger (und auch das Insolvenzgericht) hat die staatliche Stelle die Vergleichsrechnung auf ihre Richtigkeit zu überprüfen und kritisch zu hinterfragen. Nur auf eine zutreffende Vergleichsrechnung kann der „Private Creditor" seine Entscheidung stützen. Ein umsichtiger privater Gläubiger würde in diesem Fall für den Insolvenzplan stimmen.

170 Wird die staatliche Stelle durch den Insolvenzplan schlechtergestellt, als sie ohne diesen stünde (und wurden die Kommission nicht notifiziert und das Prüfverfahren bereits durchlaufen), so hat die staatliche Stelle einen **Minderheitenschutzantrag gemäß § 251 InsO** zu stellen und diesen ernsthaft zu verfolgen.

171 Wird der Minderheitenschutzantrag aufgrund nach § 251 Abs. 3 InsO bereitgestellter Mittel abgewiesen, so hat die staatliche Stelle ihren entsprechenden Ausgleichsanspruch auf dem Klageweg außerhalb des Insolvenzverfahrens geltend zu machen (§ 251 Abs. 3 Satz 2 InsO), wenn die Klage Aussicht auf Erfolg hat. Die staatliche Stelle trifft die europarechtlich gebotene **Pflicht, den Ausgleichsbetrag gerichtlich geltend zu machen,** da ein privater Gläubiger dies bei einer nachteilhaften Befriedigungsregelung tun würde, wenn die Klage Aussicht auf Erfolg hat.

172 Für das Gericht gilt: zunächst ist die Richtigkeit der Vergleichsrechnung zu prüfen. Wird die staatliche Stelle durch den Insolvenzplan schlechtergestellt, als sie ohne Insolvenzplan stünde und ist keine Notifizierung erfolgt und das Prüfverfahren nicht durchlaufen, so wäre der Insolvenzplan beihilferechtswidrig. In der Konsequenz wäre ihm ist gemäß § 250 InsO die Bestätigung zu versagen (siehe ausführlich zum Prüfungsumfang § 19 Rz. 12 ff. [*Thole*]).

173 Wird der Plan dennoch bestätigt, so ist er **insgesamt nichtig** (zur Rechtsfolge siehe Rz. 167).[183)]

Praxishinweis

Der Planarchitekt ist gut beraten, die Quote für öffentlich-rechtliche Gläubiger so festzulegen, dass sie ohne Zweifel über der Befriedigung im Regelverfahren liegt, da der öffentlich-rechtliche Gläubiger ansonsten kraft europäischen Beihilferechts verpflichtet ist, gegen den Insolvenzplan zu stimmen. Bestehen Zweifel bei der Bewertung, sollten auf jeden Fall hinreichende Ausgleichsmittel im Insolvenzplan i. S. von § 251 Abs. 3 Satz 2 InsO bereitgestellt werden.

---

183) Vgl. nur BGH, Urt. v. 5.12.2012 – I ZR 92/11, BGHZ 196, 254; BGH, Urt. v. 24.10.2003 – V ZR 48/03, WM 2004, 693; *Fritze/Heithecker*, EuZW 2010, 817, 820.

Will der öffentlich-rechtliche Gläubiger zu Sanierungszwecken bewusst die Forderungen in der Höhe erlassen, die im Ergebnis zu einer geringeren Befriedigungsquote als im Regelverfahren führt, und fällt der Erlass im Einzelfall nicht unter die „De minimis"-Verordnung (siehe dazu Rz. 160 ff.), so ist der Insolvenzplan unter besonderer Darstellung der Planregelung für die staatliche Stelle im Wege der Einzelanmeldung bei der europäischen Kommission zu notifizieren. Bestenfalls sind die Voraussetzungen einer Umstrukturierungsbeihilfe zu erfüllen.[184)]

Die Entscheidung der Kommission ist in diesen Fällen als Bedingung i. S. von § 249 InsO im Insolvenzplan aufzunehmen.[185)]

2. Erlass der Rückforderung einer beihilferechtswidrigen Leistung der öffentlichen Hand im Insolvenzplan

Nimmt die Kommission nach Notifizierung durch den Mitgliedstaat oder von Amts wegen die Prüfung der Beihilfe auf und kommt sie zum Ergebnis, dass eine Beihilfe mit dem Gemeinsamen Markt unvereinbar ist, so erlässt sie gegenüber dem Mitgliedstaat einen **Negativbeschluss**, Art. 9 Abs. 5 BHVO. Der Mitgliedstaat ist in diesem Fall verpflichtet, **alle geeigneten Maßnahmen zu ergreifen, um die Rückforderung der rechtswidrigen Beihilfe sicherzustellen**, Art. 16 Abs. 1 BHVO. Der Mitgliedstaat muss grundsätzlich erreichen, dass der Beihilfegeber die geschuldeten Beträge tatsächlich und unverzüglich wiedererlangt (vgl. Art. 16 Abs. 3 Satz 1 BHVO).[186)] 174

Vor dem Hintergrund stellt sich die Frage, ob im Insolvenzplan eine Regelung aufgenommen werden kann, wonach der jeweilige staatliche Beihilfegeber den **Anspruch auf Rückforderung (teilweise) erlässt**. 175

a) Das Prinzip „rückfordern oder liquidieren"

Ziel des kategorischen Rückforderungsverlangens rechtswidriger Beihilfen ist die Beseitigung der durch die Beihilfe verursachten Wettbewerbsverzerrungen.[187)] Im Fall von rechtswidrigen, mit dem gemeinsamen Markt unvereinbaren Beihilfen muss ein wirksamer Wettbewerb wiederhergestellt werden und dazu die betreffende Beihilfe unverzüglich zurückgefordert werden.[188)] Die **Wiederherstellung der wettbewerbsrechtlichen Chancengleichheit** kann nach Auffassung der Europäischen Gerichte und der Europäischen 176

---

184) Umstrukturierungsbeihilfe gemäß den von der Kommission erlassenen „Leitlinien der Gemeinschaft für staatliche Beihilfen zur Rettung und Umstrukturierung von Unternehmen in Schwierigkeiten", ABl. (EU) C 244/2 v. 1.10.2004.

185) Ist die Einzelanmeldung der konkreten Erlassregelung im Einzelfall unvermeidbar, sollte der Beschluss der Kommission, keine Einwände zu erheben (Art. 4 Abs. 3 BHVO), der Beschluss der Kommission, wonach die angemeldete Maßnahme keine Beihilfe darstellt (Art. 4 Abs. 2 bzw. Art. 9 Abs. 2 BHVO), der Ablauf der Frist nach Art. 4 Abs. 6 BHVO, der Positivbeschluss der Kommission (Art. 9 Abs. 3 BHVO) oder ggf. der mit Bedingungen und Auflagen verbundene Beschluss (Art. 9 Abs. 4 BHVO) als Planbedingung i. S. von § 249 InsO aufgenommen werden.

186) EuGH, Urt. v. 29.4.2004 – Rs. C-277/00 (Deutschland/Kommission – „SMI"), Rz. 75, ZIP 2004, 1013 = NZI 2004, 392; EuGH, Urt. v. 12.5.2005 – Rs. C-415/03 (Kommission/Griechenland), Rz. 44, EuZW 2005, 635, dazu EWiR 2005, 669 *(Wiesmann)*; EuGH, Urt. v. 5.10.2005 – Rs. C-232/05 (Kommission/Frankreich), Rz. 42, EuZW 2007, 56, 58; hierzu Streinz-*Koenig/Ghazarian*, EUV/AEUV, Art. 108 AEUV Rz. 40.

187) Vgl. EuGH, Urt. v. 11.12.2012 – Rs. C-610/10 (Kommission/Spanien), Rz. 105, EU:C:2012:781; EuGH, Urt. v. 14.4.2011 – Rs. C-331/09 (Kommission/Polen), Rz. 60, Slg. 2011, I-2933; EuGH, Urt. v. 7.4.2022 – Rs. C-102/21 (Autonome Provinz Bozen), Rz. 44; EU:C:2022:272; Mitteilung der Kommission über die Durchsetzung der Vorschriften über staatliche Beihilfen durch die nationalen Gerichte 2021/C 305/01, Rz. 45, ABl. (EU) C 305/1 v. 30.7.2021.

188) EuGH, Urt. v. 12.12.2002 – Rs. C-209/00 (Kommission/Bundesrepublik Deutschland), Rz. 35, ZIP 2003, 18 = EuZW 2003, 110.

Kommission entweder durch die **vollständige Rückzahlung der Beihilfe oder durch Liquidierung des Empfängers der Beihilfe erfolgen.**[189)]

177 Befindet sich der Beihilfeempfänger im Insolvenzverfahren, bedeutet dies jedoch nicht, dass der Rückforderungsanspruch i. S. eines absoluten Vorrangs vor den anderen Gläubigern zu bedienen ist. Nach der Rechtsprechung des EuGH genügt es vielmehr, wenn der Beihilfegeber seine **Rückerstattungsforderung als einfache Insolvenzforderung** zur Insolvenztabelle anmeldet.[190)] In diesem Fall erfolge die Wiederherstellung der Wettbewerbsverzerrung nicht durch die vollständige Rückforderung der Beihilfe, sondern durch das Insolvenzverfahren und die Liquidation des Beihilfeempfängers.[191)] Die Europäische Kommission führt in ihrer sog. „Rückforderungs-Mitteilung"[192)] wie folgt dazu aus:

> „[…] dass gegen ihn ein Insolvenzverfahren läuft, nach ständiger Rechtsprechung des EuGH nichts an seiner Verpflichtung ändert, die rechtswidrige und mit dem Gemeinsamen Markt unvereinbare Beihilfe zurückzuzahlen.
>
> In der Mehrheit der Fälle, in denen der Beihilfeempfänger zahlungsunfähig ist, wird es nicht möglich sein, die rechtswidrige und mit dem Gemeinsamen Markt unvereinbare Beihilfe in voller Höhe (einschließlich Zinsen) zurückzuerhalten, da das Vermögen des Empfängers nicht ausreichen wird, um alle Forderungen der Gläubiger zu befriedigen. Daher kann die Lage vor Gewährung der Beihilfe nicht in der üblichen Weise in vollem Umfang wiederhergestellt werden. Da die **Rückforderung letztlich auf die Beseitigung der Wettbewerbsverzerrung abzielt, hat der EuGH entschieden, dass in solchen Fällen die Liquidation des begünstigten Unternehmens als annehmbare Option zur Rückzahlung angesehen werden kann.** Daher kann nach Auffassung der Kommission davon ausgegangen werden, dass eine Entscheidung, mit der ein Mitgliedstaat zur Rückforderung einer rechtswidrigen und mit dem Gemeinsamen Markt unvereinbaren Beihilfe von einem zahlungsunfähigen Empfänger aufgefordert wird, ordnungsgemäß durchgeführt worden ist, wenn die Beihilfe in voller Höhe zurückgezahlt worden ist oder, im Falle der Rückzahlung eines Teilbetrags, wenn es zur Liquidation des Unternehmens gekommen ist und dessen Aktiva zu Marktbedingungen verkauft worden sind." (Hervorhebung durch den Verf.)

178 Vor dem Hintergrund dieses von den europäischen Institutionen verfolgten Ansatzes **„rückfordern oder liquidieren"** scheint es fraglich, ob der Gläubiger einer Beihilferückforderung einem Insolvenzplan zustimmen darf, der einen (Teil-)Erlass seiner Beihilferückforderung regelt. Zu unterscheiden ist dabei, ob der Insolvenzplan eine übertragende Sanierung oder – wie in den weit überwiegenden Fällen – eine Sanierung des Rechtsträgers zum Inhalt hat.

---

189) EuGH, Urt. v. 4.4.1995 – Rs. C-350/93 (Kommission/Italien), Rz. 22, Slg. 1995, I-699; EuGH, Urt. v. 11.12.2012 – Rs. C-610/10 (Kommission/Spanien), Rz. 104 ff., EU:C:2012:781; EuGH, Urt. v. 14.4.2011 – Rs. C-331/09 (Kommission/Polen), Rz. 56, Slg. 2011, I-2933; Mitteilung der Kommission über die Rückforderung rechtswidriger und mit dem Binnenmarkt unvereinbarer staatlicher Beihilfen, Rz. 131, ABl. (EU) C 247/1 v. 23.7.2019; v. d. Groeben/Schwarze/Hatje-*Mederer*, Europäisches Unionsrecht, Art. 108 AEUV Rz. 66; *Paulus*, ZIP 2014, 905, 906.

190) EuGH, Urt. v. 29.4.2004 – Rs. C-277/00 (Deutschland/Kommission – „SMI"), Rz. 85, ZIP 2004, 1013 = NZI 2004, 392. Nach der Rspr. des BGH soll der Nachrang wegen Gesellschafterdarlehen gemäß § 39 Abs. 1 Nr. 5 InsO zur effektiven Durchsetzung des Rückzahlungsanspruchs und Beseitigung der dadurch hervorgerufenen Wettbewerbsverzerrung ausgeschlossen sein, BGH, Beschl. v. 15.12.2005 – IX ZB 135/03, WM 2006, 778, 779 = ZIP 2006, 385; BGH, Urt. v. 5.7.2007 – IX ZR 221/05, NJW-RR 2007, 1693, 1695 = ZIP 2007, 1760, dazu EWiR 2008, 25 *(Henkel/Mock)*.

191) EuGH, Urt. v. 8.5.2003 – verb. Rs. C-328/99 u. C-399/00, Rz. 69, ZIP 2003, 995 = EuZW 2003, 368.

192) Bekanntmachung der Kommission, Rechtswidrige und mit dem Gemeinsamen Markt unvereinbare staatliche Beihilfen: Gewährleistung der Umsetzung von Rückforderungsentscheidungen der Kommission in den Mitgliedstaaten (Rückforderungs-Mitteilung) 2007/C 272/05, Rz. 60 f., ABl. (EU) C 272/4 v. 15.11.2007.

b) Übertragende Sanierung

179 Auch wenn dies in der Praxis selten vorkommt, so kann auf der Grundlage eines Insolvenzplans eine übertragende Sanierung vollzogen werden, indem die das schuldnerische Unternehmen ausmachenden Aktiva auf einen anderen Rechtsträger übertragen werden (ausführlich zur Übernahmegesellschaft siehe Rz. 305 ff.). War das schuldnerische Unternehmen Empfänger von Beihilfen, die mit dem Gemeinsamen Markt unvereinbar sind, so ist die Wettbewerbsverzerrung auszugleichen. Dies geschieht bei einer übertragenden Sanierung dann nicht auf Grundlage des Prinzips „rückfordern oder liquidieren", wenn der Veräußerungserlös – wie in den meisten Fällen – nicht ausreicht, um eine vollständige Befriedigung der Insolvenzgläubiger und damit auch der Beihilferückzahlungsansprüche zu erreichen.

180 Eine vollumfängliche Rückzahlung der Beihilfe ist erfahrungsgemäß im Insolvenzverfahren nicht zu erwarten, sondern allenfalls eine quotale Befriedigung. Europäische Kommission[193] und EuGH[194] gehen davon aus, dass deswegen der durch die rechtswidrige **Beihilfe erlangte Vorteil bei dem Erwerber des Unternehmens fortwirken kann, wenn dieser mit den übernommenen Vermögensbestandteilen die Betriebstätigkeit des Beihilfeempfängers fortsetzt.** In diesem Fall kommt auch der Erwerber oder die Übernahmegesellschaft als Adressat der Rückforderung in Betracht.[195]

181 Um festzustellen, ob der Betrieb des Beihilfeempfängers fortgesetzt wird, haben die Europäische Kommission und das EuG das **Kriterium der „wirtschaftlichen Kontinuität"** entwickelt. Wird die wirtschaftliche Kontinuität beim Erwerber bejaht, haftet auch er für die Rückforderung der Beihilfen. In diesem Fall wäre eine übertragende Sanierung auf der Grundlage eines Insolvenzplans regelmäßig ausgeschlossen, weil der Erwerber in der Regel nicht bereit sein wird, diese Haftungsgefahren zu übernehmen. Die Frage, ob wirtschaftliche Kontinuität gegeben ist, ist nach der Kommission und dem EuG[196] anhand der folgenden fünf Kriterien zu prüfen:

- **Kontinuität von Geschäftskonzept und Ausrichtung:**[197] Hierbei wird gefragt, ob der Erwerber das ursprüngliche Unternehmenskonzept des Beihilfeempfängers fortführt oder ob er vielmehr ein **eigenständiges Geschäftskonzept** verfolgt, das eine eigene Ausrichtung hat. Für die Fortführung des ursprünglichen Unternehmenskonzepts spricht eine relativ zum Unternehmen des Erwerbers große Summe der übertragenen Vermögensbestandteile und der damit verbundenen Kapazitätsübernahme und eine

---

193) Bekanntmachung der Kommission, Rechtswidrige und mit dem Gemeinsamen Markt unvereinbare staatliche Beihilfen: Gewährleistung der Umsetzung von Rückforderungsentscheidungen der Kommission in den Mitgliedstaaten (Rückforderungs-Mitteilung) 2007/C 272/05, Rz. 33, ABl. (EU) C 272/4 v. 15.11.2007.

194) EuGH, Urt. v. 29.4.2004 – Rs. C-277/00 (Deutschland/Kommission – „SMI"), Rz. 75, ZIP 2004, 1013 = NZI 2004, 392.

195) EuGH, Urt. v. 11.12.2012 – Rs. C-610/10 (Kommission/Spanien), Rz. 106, EU:C:2012:781; Bekanntmachung der Kommission, Rechtswidrige und mit dem Gemeinsamen Markt unvereinbare staatliche Beihilfen: Gewährleistung der Umsetzung von Rückforderungsentscheidungen der Kommission in den Mitgliedstaaten (Rückforderungs-Mitteilung) 2007/C 272/05, Rz. 34, 68, ABl. (EU) C 272/4 v. 15.11.2007; Calliess/Ruffert-*Cremer*, EUV/AEUV, Art. 108 AEUV Rz. 34.

196) EuG, Urt. v. 13.9.2010 – verb. Rs. T-415/05, T-416/05 und T-423/05 (Griechenland/Kommission), Rz. 135 ff., Slg. 2010, II-0000; EuG, Urt. v. 28.3.2012 – Rs. T-123/09 (Ryanair), Rz. 155; Bekanntmachung der Kommission, Rechtswidrige und mit dem Gemeinsamen Markt unvereinbare staatliche Beihilfen: Gewährleistung der Umsetzung von Rückforderungsentscheidungen der Kommission in den Mitgliedstaaten (Rückforderungs-Mitteilung), 2007/C 272/05, Rz. 68, ABl. (EU) C 272/4 v. 15.11.2007.

197) EuG, Urt. v. 28.3.2012 – Rs. T-123/09 (Ryanair), Rz. 155, 160.

große Anzahl von Arbeitnehmern, die durch den Erwerber übernommen werden.[198] Von der Kommission wird dabei auch das Unternehmenskonzept des Erwerbers geprüft.

- **Verkauf zum Marktpreis:** Zur Ablehnung der wirtschaftliche Kontinuität muss der Verkauf der Vermögenswerte zum Marktpreis erfolgen.[199] Die Feststellung, dass die Veräußerung zum Marktpreis erfolgt, kann auf zweierlei Wegen erfolgen: zum einen faktisch dadurch, dass die Vermögensgegenstände in einem **transparenten, offenen und bedingungsfreien**[200] **Bieter- oder Versteigerungsverfahren** veräußert werden[201]; zum anderen dadurch, dass der **Veräußerungspreis gutachterlich festgestellt** wurde.[202] Nach dem EuG kommt dabei freilich dem Bieterverfahren eine höhere Verbindlichkeit zu.[203]
- **Identität der Eigentümer** (Aktionäre/Gesellschafter) des erwerbenden und des ursprünglichen Unternehmens spricht für die wirtschaftliche Kontinuität. Die Veräußerung an ein ehemals verbundenes Unternehmen erhöht das Risiko der wirtschaftlichen Kontinuität.[204]
- **Zeitpunkt der Übertragung:** Je näher die Übertragung an dem Zeitpunkt einer drohenden Beihilferückforderungsentscheidung der Kommission liegt, desto höher sei die Gefahr der Umgehung. Es kommt dabei nach Auffassung des EuG nicht darauf an, ob ein Umgehungswille besteht.[205]
- **Ökonomische Folgerichtigkeit der Transaktion:**[206] Das letzte vom EuG herangezogene Kriterium stellt eine **Kontrollüberlegung** dar, ob trotz des positiven Vorliegens der übrigen Kriterien die Wettbewerbsverzerrung nicht doch fortbesteht. Es ist zu fragen, ob die Transaktion an sich der Wiederherstellung der Wettbewerbssituation in dem jeweils betroffenen Sektor entgegensteht. Zu prüfen ist dabei, ob der Staat durch die Veräußerung nur einen geringeren Teil des Rückforderungsbetrages zurückerhält oder Marktteilnehmer von den Verkaufserlösen der Vermögenswerte profitieren. Dann

---

198) EuG, Urt. v. 28.3.2012 – Rs. T-123/09 (Ryanair), Rz. 160 sowie Rz. 141, der zugrunde liegenden Entscheidung der Kommission (C(2008) 6745); Beispiele bei *Quardt*, ZInsO 2014, 20, 22. Offen ist dabei freilich, wie die Kommission mit der „Zwangsübernahme" der Arbeitnehmer nach § 613a BGB umgehen würde.

199) EuG, Urt. v. 19.6.2019 – Rs. T-373/15 (Nürburgring), Rz. 133; Calliess/Ruffert-*Cremer*, EUV/AEUV, Art. 108 AEUV Rz. 34; *Quardt*, ZInsO 2014, 20.

200) Etwa keine Bedingung zur Übernahme einer bestimmten Anzahl von Arbeitnehmern oder zu bestimmten Investitionen, vgl. hierzu auch Kommission, Arbeitsunterlage der Kommissionsdienststellen, Leitfaden zur beihilfenkonformen Finanzierung, Umstrukturierung und Privatisierung staatseigener Unternehmen, v. 10.2.2012, S. 13 ff., abrufbar unter https://competition-policy.ec.europa.eu/document/download/a3bccb5b-4513-454c-8cbe-61c103a43e2c_en?filename=swd_guidance_paper_2012.zip (Abrufdatum: 25.7.2025).

201) EuGH, Urt. v. 29.4.2004 – Rs. C-277/00 (Deutschland/Kommission – „SMI"), NZI 2004, 392, 394 f. = ZIP 2004, 1013; EuGH, Urt. v. 14.9.1994 – verb. Rs. C-278/92, C-279/92 und C-280/92 (Spanien/Kommission – „Hytasa"), Rz. 28, Slg. 1994, I-4103; vgl. zum Bieterverfahren Richtlinie 2014/24/EU des Europäischen Parlaments und des Rates v. 26.2.2014 über die öffentliche Auftragsvergabe und zur Aufhebung der Richtlinie 2004/18/EG, ABl. (EU) L 94/65 v. 28.3.2014; s. a. instruktiv *Koenig*, EuZW 2001, 741 ff.

202) EuGH, Urt. v. 13.11.2008 – Rs. C-214/07 (Kommission/Frankreich), Rz. 59 f., Slg. 2008, I-8357; EuG, Urt. v. 1.7.2009 – Rs. T-291/06 (Operator ARP), Rz. 6, Slg. 2009, II-2275.

203) EuG, Urt. v. 28.2.2012 – Rs. T-268/08 und T-281/08Rz. 72 (Land Burgenland/Kommission).

204) Calliess/Ruffert-*Cremer*, EUV/AEUV, Art. 108 AEUV Rz. 33; *Quardt*, ZInsO 2014, 20, 24.

205) EuG, Urt. v. 13.9.2010 – verb. Rs. T-415/05, T-416/05 und T-423/0 (Griechenland/Kommission), Rz. 137 ff., Slg. 2010, II-0000.

206) EuG, Urt. v. 13.9.2010 – verb. Rs. T-415/05, T-416/05 und T-423/05(Griechenland/Kommission), Rz. 148 ff., Slg. 2010, II-0000.

ist anzunehmen, dass die durch die Gewährung der rechtswidrigen Beihilfe entstandene Wettbewerbsverzerrung fortbesteht.[207)]

Können all diese **Kriterien positiv beschieden werden**, so ist davon auszugehen, dass **keine wirtschaftliche Kontinuität** zwischen dem Unternehmen des Beihilfeempfängers und dem Erwerber besteht. Die Wettbewerbsverzerrung wäre dann durch die übertragende Sanierung im Wege des Insolvenzplans beseitigt. Zur Vermeidung eines Übergangs des Beihilferückforderungsanspruchs auf den Erwerber oder die Übernahmegesellschaft sind diese Kriterien bei der Formulierung entsprechender Regelungen im Insolvenzplan daher im Auge zu behalten. 182

Es handelt sich bei den genannten Kriterien lediglich um **Indizien**,[208)] die **nicht alle kumulativ** vorliegen müssen, damit die wirtschaftliche Kontinuität von der Kommission bejaht oder verneint werden kann. Auch eine konkrete Gewichtung der Kriterien ist der Kommission nicht vorgegeben. Generell wird aber dem Kriterium der Veräußerung zum Marktpreis das stärkste Gewicht zugemessen.[209)] 183

c) Forderungserlass/Sanierung des Rechtsträgers

Zu fragen ist, ob die vorgenannten Kriterien auch dann verfangen, wenn es um die Beurteilung der Beihilferechtswidrigkeit eines Insolvenzplans geht, der eine Sanierung des Rechtsträgers und einen **teilweisen Erlass des Beihilferückforderungsanspruchs** vorsieht. Die so ausgestaltete Sanierung des Rechtsträgers hat auf den ersten Blick zur Folge, dass entgegen dem Prinzip „rückfordern oder liquidieren" weder der Beihilferückforderungsanspruch vollständig befriedigt wird noch der Beihilfeempfänger als Rechtsträger und dessen Unternehmen liquidiert wird. Verlautbarungen der Kommission oder Rechtsprechung der Europäischen Gerichte zur Sanierung des Rechtsträgers im Insolvenzplanverfahren existieren bislang nicht. 184

Soweit die Durchführung eines Insolvenzplanverfahrens nicht zu einer vollumfänglichen Rückzahlung der Beihilfe führt, darf die staatliche Stelle dem Insolvenzplan grundsätzlich nicht zustimmen.[210)] Dies hat seinen Hintergrund darin, dass die Regeln des nationalen Insolvenzrechts die Rückforderungsanordnung der EU-Kommission nicht unmöglich machen oder wesentlich erschweren dürfen. Gerade dies könnte aber der Fall sein, wenn nach dem Insolvenzplanverfahren die subventionierte wirtschaftliche Tätigkeit durch den Forderungserlass „teilweise bereinigt" am Markt weiterhin durch denselben Rechtsträger ausgeübt wird.[211)] Im Lichte der Doktrin „rückfordern oder liquidieren" findet bei der Plansanierung mit teilweisem Forderungserlass somit keine Beseitigung der durch die Beihilfen verursachten Wettbewerbsverzerrungen statt. Sieht der Insolvenzplan somit keine vollständige Rückführung der europarechtswidrig gewährten Beihilfe vor, ist vor dem Hintergrund des Prinzips „rückfordern oder liquidieren" eine entsprechende Erlassklausel im Insolvenzplan grundsätzlich unzulässig[212)] und der Insolvenzplan gemäß § 250 185

207) Vgl. *Quardt*, ZInsO 2014, 20, 24.

208) EuG, Urt. v. 13.9.2010 – verb. Rs. T-415/05, T-416/05 und T-423/05 (Griechenland/Kommission), Rz. 135 ff., Slg. 2010, II-0000; EuG, Urt. v. 7.6.2012 – Rs. T-123/09 (Ryanair), Rz. 156; *Quardt*, ZInsO 2014, 20, 22.

209) Calliess/Ruffert-*Cremer*, EUV/AEUV, Art. 108 AEUV Rz. 34; *Quardt*, ZInsO 2014, 20, 25.

210) So im Ergebnis auch *Borchardt*, ZIP 2001, 1301, 1303; *Quardt* in: Heidenhain, Europ. Beihilfenrecht, § 54 Rz. 51.

211) *Borchardt*, ZIP 2001, 1301, 1303.

212) Im Ergebnis so auch *Borchardt*, ZIP 2001, 1301, 1303; *Quardt* in: Heidenhain, Europ. Beihilfenrecht, § 54 Rz. 54.

InsO eigentlich nicht bestätigungsfähig (zum Prüfungsumfang des Insolvenzgerichts siehe § 19 Rz. 12 ff. [*Thole*]).

186 Dennoch dürfte die Regelung eines teilweisen Erlasses des Rückforderungsanspruchs im Insolvenzplan ausnahmsweise zulässig sein, wenn die **Beseitigung der Wettbewerbsverzerrung über das leistungswirtschaftliche Sanierungskonzept erreicht wird**, etwa durch Abbau von Kapazitäten und dadurch erreichte „kompetitive Restitution".[213] In Betracht kommt auch, einen teilweisen Erlass des Beihilferückforderungsanspruchs ausnahmsweise zuzulassen, wenn eine Veräußerung über den Markt erfolglos geblieben ist und sich der Insolvenzverwalter erst im Anschluss daran für die Durchführung des Insolvenzplanverfahrens entscheidet, da den Wettbewerbern in diesem Fall die Möglichkeit eröffnet worden ist, Vermögensbestandteile des Beihilfeempfängers zu erwerben.[214]

187 Darüber hinaus kommt in Betracht, die Sanierung im Wege des Insolvenzplanverfahrens mit (Teil-)Erlass eines Beihilferückforderungsanspruchs europarechtskonform auszugestalten, wenn ein **Investor** sich an dem schuldnerischen Unternehmen beteiligt. Für den Einstieg eines Investors in den Schuldner bietet das Insolvenzplanverfahren zahlreiche Möglichkeiten, vom unmittelbaren Erwerb der Geschäftsanteile/Aktien an dem Schuldner bis hin zum Einstieg im Wege des Kapitalschnitts.[215] Ebenso wie bei der übertragenden Sanierung kann vor der Entscheidung für einen konkreten Investor ein Bieterverfahren durchgeführt werden. Siehe zum sog. „Dual-Track-Investorenprozess" § 2 Rz. 90 ff. [*Brünkmans*].

188 Dabei hat marktkonform die **Entscheidung auf denjenigen Investor zu fallen, der den höchsten Einstiegspreis zu zahlen bereit ist** (etwa Kaufpreis für die Anteile an dem Schuldner bzw. Agio bei dem Einstieg im Wege des Kapitalschnitts). Der **Zeitpunkt** der Transaktion wird hingegen regelmäßig nach dem Entstehen des Rückforderungsanspruchs sein, soll dieser doch gerade durch den Insolvenzplan gekürzt werden. Werden jedoch auch die übrigen Kriterien beachtet, anhand derer die wirtschaftliche Kontinuität bei einer übertragenden Sanierung beurteilt wird (keine Kontinuität von Geschäftskonzept und Ausrichtung; keine Identität der Eigentümer und ökonomische Folgerichtigkeit der Transaktion) beachtet, so ist davon auszugehen, dass mit dem Einstieg des Investors die **wettbewerbsrechtliche Chancengleichheit wiederhergestellt** ist und daher der (Teil-)Erlass eines Rückforderungsanspruchs europarechtskonform ist. Für die Einhaltung der Kriterien der Europäischen Kommission und des EuG kommt es nicht darauf an, ob die Transaktion über eine übertagende Sanierung oder die Restrukturierung des Rechtsträgers erfolgt.

d) Verhaltensanforderungen an die staatlichen Stellen im Insolvenzplanverfahren

189 Schließlich ist die Frage zu beantworten, ob sich im Insolvenzplanverfahren für die staatlichen Stellen besondere Verhaltensanforderungen ergeben. Wie oben bereits dargestellt, geht der BGH davon aus, dass die staatliche Stelle im Insolvenzverfahren aktiv auf die Beseitigung der Wettbewerbsverzerrung durch die Beihilfe hinwirken muss.[216] Dies bedeutet, dass nach Auffassung des BGH die staatliche Stelle **alle Verfahrensmittel** ergreifen muss, um die Fortführung des Betriebs des Beihilfeempfängers zu verhindern, wenn keine vollständige Rückführung der Beihilfe erreicht werden kann. Dies bedeutet, dass die staatliche Stelle einem **Insolvenzplan**, der eine Forderungskürzung für den Beihilferückzahlungsanspruch enthält und eine Fortführung des schuldnerischen Betriebs vorsieht, grundsätzlich **nicht zustimmen** darf.

---

213) Dazu *Koenig*, EuZW 2001, 37, 43 f.

214) *Kümpel*, ZRI 2023, 233, 243; *Quardt* in: Heidenhain, Europ. Beihilfenrecht, § 54 Rz. 53.

215) Vgl. *Brünkmans*, ZIP 2014, 1857 ff.

216) BGH, Urt. v. 5.7.2007 – IX ZR 221/05, NJW-RR 2007, 1693, 1695 f. = ZIP 2007, 1760; BGH, Beschl. v. 15.12.2005 – IX ZB 135/03, WM 2006, 778, 779 = ZIP 2006, 385.

Werden jedoch in Übereinstimmung mit der Kommission und dem EuG die vorgenannten Kriterien (siehe Rz. 188 und Rz. 191) eingehalten und liegt **somit keine wirtschaftliche Kontinuität des Erwerbers/Investors** vor, so wird durch den Insolvenzplan trotz des (Teil-)Erlasses eines Beihilferückzahlungsanspruchs die Wettbewerbsverzerrung beseitigt. Dies spricht dafür, dass die staatliche Stelle in diesem Fall dem Insolvenzplan zustimmen darf, ohne ihre europarechtlichen Pflichten zu verletzen. In diesem Fall ist es auch dem Insolvenzgericht als staatlicher Stelle erlaubt, den Insolvenzplan zu bestätigen. 190

e) Zusammenfassung

In einem Insolvenzplan ist eine Regelung zulässig, wonach eine staatliche Stelle (teilweise) ihren Beihilferückzahlungsanspruch erlässt. Ein solcher Insolvenzplan ist bestätigungsfähig i. S. der §§ 248 ff. InsO, wenn durch ihn die durch die **Beihilfe erzeugte Wettbewerbsverzerrung beseitigt** wird. Es ist von einer Beseitigung der Wettbewerbsverzerrung auszugehen, wenn 191

- das Unternehmen des Rechtsträgers auf einen Dritten übertragen wird oder ein Wechsel der Beteiligungsverhältnisse zugunsten eines Dritten erfolgt, der nicht mit den bisherigen Eigentümern identisch ist,
- der Dritte für das Unternehmen/für den Erwerb der Beteiligung am Rechtsträger einen marktkonformen Preis gezahlt hat,
- mit der Akquisition über den Insolvenzplan ein eigenständiges Geschäftskonzept verfolgt wird, das eine eigene Ausrichtung hat und
- die Transaktion auch nicht an sich der Wiederherstellung der Wettbewerbssituation in dem jeweils betroffenen Sektor entgegensteht.

XII. Forderungsabtretung

Im gestaltenden Teil des Insolvenzplans kann auch die – zwangsweise – Abtretung der Insolvenzforderungen oder eines Teils derselben von den einzelnen Insolvenzgläubigern an einen Dritten – etwa einen Treuhänder – geregelt werden. 192

Im Rahmen von § 217 InsO fällt eine solche Regelung unter die Fallgruppe „Befriedigung der Insolvenzgläubiger", wenn diese Abtretung Bestandteil einer Befriedigungsregelung ist, etwa wenn gegen Abtretung der Insolvenzforderung ein substituierender Anspruch der Insolvenzgläubiger gegen einen Dritten gewährt wird (zu diesem Modell siehe Rz. 223 ff.). 193

Nach Inkrafttreten des ESUG sind vermehrt Planregelungen zu sehen, welche eine Abtretung der Insolvenzforderung der Insolvenzgläubiger an eine **Zweckgesellschaft** vorsehen, welche dann die bei ihr gebündelten Forderungen gegen die Schuldnerin über einen gleichzeitig geregelten **Debt-Equity-Swap** einbringt. Mit dem ESUG wurde die Möglichkeit eröffnet, die Umwandlung der Forderungen in Eigenkapital über eine Planregelung zwangsweise auch gegen die Altgesellschafter/Altaktionäre durchzusetzen (§ 225a Abs. 2 InsO); siehe dazu § 30 Rz. 306 ff. [*Brünkmans*]. Dies erfolgt in der Praxis häufig nicht durch eine unmittelbare Einbringung der Forderung durch den Gläubiger, weil dies nach § 225a Abs. 2 Satz 2 InsO die ausdrückliche Zustimmung des Gläubigers voraussetzen würde. Die über einen Debt-Equity-Swap zu erreichende Bilanzbereinigung wäre dann nur mit **Zustimmung der einzelnen Gläubiger** möglich und ließe sich bei großen Gesellschaften, insbesondere börsennotierten AG nur schwer umsetzen. 194

Vor diesem Hintergrund wird in der Praxis der Debt-Equity-Swap über eine Zweckgesellschaft umgesetzt. Der Insolvenzplan sieht in diesem Fall die zwangsweise Abtretung der Insolvenzforderungen an eine Zweckgesellschaft vor. 195

Formulierungsbeispiel

„Die Gläubiger der Gruppe 1 treten ihre Forderungen an die Treuhänderin ab. Die Treuhänderin hat in der als Anlage A beigefügten Treuhandvereinbarung die Annahme der Abtretung erklärt."

196 Die Zweckgesellschaft wandelt die Forderungen in Eigenkapital – etwa in Form von Aktien an einer börsennotierten AG – durch Einbringung der Forderungen als Sacheinlage um. Die Zweckgesellschaft verkauft die Aktien über den Kapitalmarkt. Der **Erlös aus der Verwertung** wird den Gläubigern zur Befriedigung ausgekehrt.

197 Die Gläubiger wandeln daher in einem ersten Schritt ihre Forderung gegen einen Ausschüttungsanspruch gegen die Zweckgesellschaft um (Abtretung der Insolvenzforderung gegen substituierenden Ausschüttungsanspruch). Dieser Ausschüttungsanspruch der Gläubiger wird in der Regel durch einen Vertrag zwischen der Schuldnerin und der Zweckgesellschaft im Wege eines echten Vertrags zugunsten Dritter (§ 328 BGB) begründet. In einem zweiten Schritt erfolgt die Befriedigung der Gläubiger durch Zahlung auf den Ausschüttungsanspruch gegen die Zweckgesellschaft nach Umwandlung der abgetretenen Forderungen in Anteilsrechte, etwa Aktien einer AG und nach Verwertung der Aktien durch die Zweckgesellschaft.

XIII. Erfüllungssurrogate: Leistung an Quote statt, Ersetzungsbefugnis, Novationen, Leistung an Dritte

198 Für die Praxis ist die Frage, ob im Insolvenzplan die Erfüllung der Insolvenzforderungen unter Rückgriff auf die Erfüllungssurrogate des allgemeinen Schuldrechts gestaltet werden kann, von Bedeutung bei der Entwicklung kreativer Planlösungen.

1. Leistung an Quote statt und Nichtbargebote

a) Wirtschaftliche Bedeutung

199 Die Insolvenzordnung sieht grundsätzlich eine Abwicklung der Forderungen durch Geldzahlungen vor. Auch Forderungen der Gläubiger, die nach dem Schuldverhältnis nicht auf Geld gerichtet sind, sind nach § 45 Satz 1 InsO in Geld umzurechnen und die Befriedigung i. R. der Schlussverteilung nach § 196 InsO erfolgt dann in entsprechender Geldzahlung.[217)]

200 Dennoch kann in der Praxis der Planarchitekt im Einzelfall ein Interesse daran haben, den Gläubigern anstelle einer Quotenzahlung in Geld Wertgegenstände des Schuldners zu übertragen.

Beispiel 1[218)]

Der Schuldner ist Großaktionär einer börsennotierten deutschen AG, die selbst nicht vom Insolvenzverfahren betroffen ist. Zur Befriedigung der Gläubiger wird im Zuge des Insolvenzplanverfahrens überlegt, jedem Gläubiger im Gegenwert von 30 % der jeweiligen Forderung **Aktien an der börsennotierten deutschen AG** zu übertragen. Auf die restliche Forderung soll dann verzichtet werden.

---

217) K. Schmidt-*Jungmann*, InsO, § 196 Rz. 2; *Kebekus/Schwarzer* in: MünchKomm-InsO, § 187 Rz. 3, § 196 Rz. 15; Uhlenbruck-*Wegener*, InsO, § 196 Rz. 28; *Preß* in: HambKomm-InsR, § 196 InsO Rz. 3.

218) Angelehnt an einen Fall aus der Praxis: Insolvenzverfahren der italienischen Muttergesellschaft, die die von einer Tochtergesellschaft gehaltenen Aktien statt einer Befriedigung an die Gläubiger auskehren wollte. Nach italienischem Recht ist die zwangsweise Übertragung von Gegenständen statt einer Quotenzahlung i. R. des Concordato Preventivo unproblematisch möglich.

Beispiel 2

Über das Vermögen eines Möbelherstellers wurde das Insolvenzverfahren eröffnet. Das Geschäftsmodell besteht in der Herstellung von Möbeln durch die Kombination verschiedener Baukastensysteme, die über das Internet vom Kunden individuell zusammengestellt werden können. Die Herstellung anhand der individuellen Vorgaben erfolgt erst nach Überweisung des vollständigen Preises durch die Kunden. Neben der pfandrechtbesicherten Hausbank und den über Eigentumsvorbehalte abgesicherten Lieferanten sind die wesentlichen Gläubiger die Bundesagentur für Arbeit und insbesondere die Kunden. Die **nach individuellen Wünschen hergestellten Möbel** sind durch den Insolvenzverwalter nur mit hohem Abschlag verwertbar. Es wird überlegt, diesen Insolvenzgläubigern (Kunden)[219)] im Insolvenzplan statt der Befriedigung in Geld die ursprünglich gekauften Möbel zu übereignen.

Über diese Beispiele hinaus, kommen als Vermögensübertragung an Quote statt auch die Übertragung von **Grundstücken**, die **Gewährung von Lizenzen** oder die **Übertragung ganzer Produktionsstandorte** in Betracht.[220)] Für **den Schuldner hat die Leistung an Quote** statt **liquiditätsschonende Wirkung**. Die vorhandenen liquiden Mittel werden dringend für die Betriebsfortführung benötigt und bleiben verschont, wenn die Befriedigung der Insolvenzgläubiger durch Gewährung von „Naturalien" erfolgt. 201

Für die Gläubiger kann die Befriedigung durch eine sonstige Leistung anstatt einer Quotenzahlung in Geld aus zwei Gründen interessant sein: Zum einen weil sich die Gläubiger versprechen, durch die Verwertung einen **höheren Erlös** erzielen oder besseren Nutzen ziehen zu können als dies der Insolvenzverwalter vermag (so im Beispiel 2); zum anderen wegen der **Aussicht, dass der Gegenstand in Zukunft an Wert gewinnen könnte**, was wiederum eine weitergehende Befriedigung der Insolvenzforderung zur Folge haben kann (*Besserungsgedanke*, so im Beispiel 1). Schließlich kann die schlichte Alternativlosigkeit aufgrund starker Abhängigkeiten vom schuldnerischen Unternehmen der Beweggrund eines Gläubigers sein.[221)] 202

b) Rechtliche Zulässigkeit der Leistung an Quote statt

Ob der Insolvenzplan mit Zwangswirkung gegen die Beteiligten eine Befriedigung vorsehen kann, die nicht aus Geld oder liquiden Mitteln i. S. von § 266 Abs. 2 B. IV. HGB besteht, ist im insolvenzrechtlichen Schrifttum umstritten. Die Rechtsprechung hat sich mit der Frage bisher noch nicht auseinandergesetzt. Bei der Frage der Zulässigkeit ist zwischen Anteilsrechten und sonstigen Gegenständen zu differenzieren. 203

aa) Anteilsrechte statt Quotenzahlung

Explizit geregelt ist insoweit nur der Fall, dass die Forderungen der Gläubiger gegen Anteile am Schuldner selbst (§ 225a Abs. 2 Satz 2 InsO, Debt-Equity-Swap; siehe näher unter § 30 Rz. 306 ff. [*Brünkmans*]) oder Anteils- und Mitgliedschaftsrechte der Insolvenzmasse (sog. Debt-to-Asset-Swap, § 230 Abs. 2 InsO)[222)] getauscht werden sollen. Hierbei ist nach §§ 225a Abs. 2 Satz 2, 230 Abs. 2 InsO die ausdrückliche Zustimmung eines jeden von der Umwandlung betroffenen Gläubigers notwendig und dem Insolvenzplan als Anlage beizufügen. Die Zustimmung eines jeden Gläubigers muss dabei bereits bei der Planvorlage dem Plan beigefügt sein.[223)] 204

219) Kaufpreis wurde von den Insolvenzgläubigern bereits geleistet aufgrund des Vorkaufsmodus.

220) *Balthasar* in: Kübler/Bork/Prütting, HRI II, § 22 Rz. 176.

221) *Balthasar* in: Kübler/Bork/Prütting, HRI II, § 22 Rz. 178.

222) § 230 Abs. 2 InsO bezieht sich sowohl auf den Debt-to-Equity-Swap als auch auf den Debt-to-Asset-Swap, s. unten § 13 Rz. 94 [*Brünkmans/Harmann*].

223) *Eidenmüller* in: MünchKomm-InsO, § 230 Rz. 44.

Praxishinweis

Spricht vieles für eine Wertsteigerung des Aktienkurses bei Rekapitalisierung und Entschuldung einer börsennotierten Gesellschaft, kann der Besserungseffekt statt über einen direkten Debt-to-Equity-Swap mittels eines Debt-to-Equity-Swaps durch einen Treuhänder erreicht werden, ohne dass es der nach §§ 225a Abs. 2 Satz 2, 230 Abs. 2 InsO erforderlichen individuellen Zustimmung der Insolvenzgläubiger bedarf. In diesem Fall werden die Insolvenzforderungen – teilweise – an einen Treuhänder durch eine Planregelung zwangsweise abgetreten (siehe dazu oben Rz. 192 ff.). Dieser wandelt die Insolvenzforderungen i. R. der Sacheinlage in Aktien an der Schuldnerin um.[224] Die Insolvenzgläubiger können ihr Optionsrecht ausüben und Aktien von dem Treuhänder an Quote statt erwerben. Sollten Gläubiger das Optionsrecht nicht ausgeübt haben, werden die verbleibenden Aktien vom Treuhänder verkauft und der Erlös als Quote an die Gläubiger ausgeschüttet, die ihr Optionsrecht nicht ausgeübt haben. Über solche Treuhandlösungen wird – unabhängig von der Zustimmung der einzelnen Gläubiger – ein vollständiger Entschuldungseffekt erreicht, da sämtliche Forderungen in Aktien umgewandelt werden.

bb) Sonstige Gegenstände

205 Es stellt sich die Frage, ob aus §§ 225a Abs. 2 Satz 2, 230 Abs. 2 InsO (siehe bereits oben Rz. 204) abgeleitet werden kann, dass über den Tausch gegen Geschäftsanteile hinaus sämtliche „Leistungen an Quote statt" als Planregelung ohne ausdrückliche Zustimmung der betroffenen Gläubiger ausgeschlossen sind.

206 Teile der Literatur[225] schließen aus §§ 225a Abs. 2 Satz 2, 230 Abs. 2 InsO, dass es **ein generelles Verbot von „Nichtbargeboten"** gebe. Das Verbot von „Nichtbargeboten" beruhe hauptsächlich auf der schwierigen Wertbestimmung der Erfüllungssubstituten.[226]

207 Die Gegenauffassung[227] sieht den Anwendungsbereich der §§ 225a Abs. 2 Satz 2, 230 Abs. 2 InsO in dem **Verbot der zustimmungsfreien Befriedigung in Form der Gewährung von Anteilsrechten** beschränkt. Die Normen schützten allein die negative Vereinigungsfreiheit nach Art. 9 Abs. 1 GG und nicht darüber hinaus auch ein „Recht auf Befriedigung in Geld".[228]

208 Die letztere Auffassung überzeugt. In der Gesetzesbegründung zu § 274 InsO (§ 230 InsO n. F.) ist nur die Rede davon, dass dem Gläubiger keine Anteils- oder Mitgliedschaftsrechte oder Beteiligungen anstelle einer Befriedigung in Geld aufgedrängt werden sollen.[229] Eine Aussage zur Befriedigung in Form anderer Gegenstände wird weder in die eine, noch in die andere Richtung getroffen. Die Regelung anderer Ausschüttungen als Geld lässt sich auf § 217 Abs. 1 Satz 1 Fallgruppe 1 InsO stützen, wonach die „Befriedigung der Gläubiger" abweichend von den Vorschriften der Insolvenzordnung geregelt werden kann.[230] Die „Befriedigung" meint dabei nicht nur das **Ob**, sondern auch das **Wie** der Befriedigung

224) Zum Debt-to-Equity Swap als besonderen Fall der Sachkapitalerhöhung s. unten § 30 Rz. 306 ff. [*Brünkmans*].

225) Römermann-*Ober*, InsR/InsO, § 230 InsO Rz. 7; *Thies* in: HambKomm-InsR, § 230 InsO Rz. 6; K. Schmidt-*Spliedt*, InsO, § 230 Rz. 5 f.; Braun-*Braun/Frank*, InsO, § 230 Rz. 9; wohl auch Uhlenbruck-*Sinz*, InsO, § 230 Rz. 4.

226) Vgl. *Balthasar* in: Kübler/Bork/Prütting, HRI II, § 22 Rz. 166 ff.; *Rendels/Zabel*, Insolvenzplan, Rz. 327.

227) *Fiebig* in: HK-InsO, § 230 Rz. 5; *Eidenmüller* in: MünchKomm-InsO, § 230 Rz. 48; *Spahlinger* in: KPB, InsO, § 230 Rz. 2; *Geiwitz* in: Buth/Hermanns Restrukturierung, Sanierung, Insolvenz, § 29 Rz. 78; *Balthasar* in: Kübler/Bork/Prütting, HRI II, § 26 Rz. 170 ff.; *Rendels/Zabel*, Insolvenzplan, Rz. 327; Andres/Leithaus-*Andres*, InsO, § 230 Rz. 8.

228) *Eidenmüller* in: MünchKomm-InsO, § 230 Rz. 48.

229) Begr. RegE InsO, BT-Drucks. 12/2443, S. 203, re. Sp. unten; ebenso Begr. RegE ESUG, BT-Drucks. 17/5712, S. 31, re. Sp. Mitte.

230) So denn auch *Spahlinger* in: KPB, InsO, § 230 Rz. 2; *Rendels/Zabel*, Insolvenzplan, Rz. 327.

der Gläubiger. Auch aus dem Umkehrschluss zu § 225a Abs. 2 InsO und § 230 Abs. 2 InsO lässt sich die grundsätzliche Zulässigkeit einer Leistung an Quote statt ableiten.

Praktisch bereitet eine Befriedigung, die nicht in Geld besteht, jedoch bei der **Gruppenbildung** Probleme. Nach § 222 Abs. 2 InsO müssen die Gruppen von den wirtschaftlichen Interessen her weitgehend homogen sein. Werden nun unterschiedliche Modi der Befriedigung gewählt – Geld für die einen, Aktien für die anderen, weitere Gegenstände für andere – so drängt es sich auf, für den jeweiligen Adressatenkreis der Befriedigung unterschiedliche Gruppen zu bilden um diese homogen zu gestalten. Dies kann im Einzelfall zu extrem zergliederten Gruppen führen, um in diesen eine Gleichartigkeit der Behandlung zu gewährleisten.[231)] 209

Daher liegt es nahe, die abweichende Befriedigung der Gläubiger regelmäßig nur in Form **gleichartiger, einfach liquidierbarer Gegenstände** vorzunehmen, wie etwa Aktien börsennotierter Gesellschaften, Gold und (Staats)Anleihen oder im Einzelfall Produkte des Schuldners. Als alternativer Gegenstand der Befriedigung der Gläubiger kommen auch **Zahlungsansprüche**[232)] gegen eine solvente dritte Person in Betracht. 210

c) Teleologische Reduktion von § 230 Abs. 2 Satz 2 InsO bei börsennotierten AG

Gegen die Möglichkeit der zustimmungslosen Gewährung von Aktien börsennotierter Gesellschaften anstelle einer Quotenzahlung spricht zunächst der Wortlaut nach § 230 Abs. 2 InsO. Anders als § 225a Abs. 2 Satz 1 InsO bezieht sich dem Wortlaut nach die Zustimmungspflicht des Gläubigers für die Übernahme von Anteils- und Mitgliedschaftsrechten oder Beteiligungen an einer juristischen Person, einem rechtsfähigen Verein oder einer rechtsfähigen Personengesellschaft nicht nur auf Anteile an der schuldnerischen Gesellschaft (Debt-to-Equity-Swap), sondern auch für den Erwerb von Geschäftsanteilen oder Aktien, die zur Insolvenzmasse des Schuldners gehören (Debt-to-Asset-Swap). 211

Die besseren Gründe sprechen jedoch dafür, § 230 Abs. 2 InsO i. R. eines Debt-to-Asset-Swaps für Aktien an börsennotierten Gesellschaften teleologisch zu reduzieren. § 230 Abs. 2 InsO dient dem Schutz der **negativen Vereinigungsfreiheit nach Art. 9 Abs. 1 GG.**[233)] Freilich ist der Eingriff in dieses Grundrecht durch die zwangsweise Zuteilung von Aktien an einer börsennotierten AG sehr gering, da sich hieraus praktisch keine Mitwirkungspflichten ergeben,[234)] die Aktien können vielmehr nahezu **wie Geld gehandelt** werden. So hat denn auch das BVerfG die Zwangszuteilung von Aktien für zulässig erklärt, da die Aktie im Wirtschaftsleben überwiegend als bloßes Vermögensrecht anzusehen sei.[235)] Anders als bei einem Debt-to-Equity-Swap wird den Gläubigern bei der Gewährung von Aktien i. R. eines Debt-to-Asset-Swaps **nicht das Sanierungsrisiko der Schuldnerin** aufgebürdet. Dies und die Gesetzgebungshistorie zu § 225a Abs. 2 Satz 2 InsO rechtfertigt eine einschränkende Auslegung von § 230 Abs. 2 InsO beim Debt-to-Asset-Swap für Aktien börsennotierter Gesellschaften. 212

---

231) K. Schmidt-*Spliedt*, InsO, § 245 Rz. 19; *Rendels/Zabel*, Insolvenzplan, Rz. 327.

232) Es ist allgemein anerkannt, dass die Leistung an Erfüllung statt auch durch die Gewährung eines – neuen – Anspruchs gegen einen Dritten erfolgen kann (vgl. § 364 Abs. 2 BGB), Grüneberg-*Grüneberg*, BGB, § 364 Rz. 6.

233) *Eidenmüller* in: MünchKomm-InsO, § 230 Rz. 48.

234) BVerfG, Entsch. v. 20.7.1954 – 1 BvR 459/52, 1 BvR 484/52, 1 BvR 548/52, u. a., Rz. 65, BVerfGE 4, 7; Dürig/Herzog/Scholz-*Scholz*, GG, Art. 9 Rz. 93.

235) BVerfG, Entsch. v. 20.7.1954 – 1 BvR 459/52, 1 BvR 484/52, 1 BvR 548/52, u. a., Rz. 65, BVerfGE 4, 7, im Fall einer potenziellen zwangsweisen Zuteilung von Aktien i. R. des Investitionshilfegesetzes; Dürig/Herzog/Scholz-*Scholz*, GG, Art. 9 Rz. 93.

d) Ausführungen von Gründen für eine Leistung an Quote statt im darstellenden Teil des Insolvenzplans

213 Mag die Gewährung der einfach liquidierbaren Gegenstände auch im Interesse der Mehrzahl der Gläubiger sein, stellt sich doch die Frage, warum diese Gegenstände nicht durch den Insolvenzverwalter verwertet werden können, zu dessen originärer Aufgabe genau dies gehört, § 159 InsO. Es ist auch in solchen Fällen im darstellenden Teil des Insolvenzplans i. E. auszuführen, warum die Verwertung den Gläubigern „aufgebürdet" werden soll, bzw. welchen Mehrwert sie hierdurch erlangen.

e) Alternative Ausgestaltung als Optionsrecht

214 Der Unsicherheit bezüglich der rechtlichen Zulässigkeit der Nichtbargebote kann durch die Ausgestaltung als Optionsrecht Rechnung getragen werden:

215 Die Gläubiger erhalten in Form einer **Ersetzungsbefugnis** (siehe dazu Rz. 217 ff.) die Option, den sonstigen Gegenstand statt der Quote anzunehmen. Die Annahme dieser Option kann dann wirtschaftlich dadurch incentiviert werden, dass statt einer geringen Quote in Geld, die eine Befriedigung entsprechend dem Regelverfahren abbildet, eine deutlich höhere Befriedigung durch den Gegenstand erreicht werden kann.

216 Bei Bedarf kann **als Planbedingung i. S. des § 249 InsO** formuliert werden, dass ein bestimmtes Quorum der Gläubiger die Option annehmen muss. Häufig wird das Quorum hoch – teilweise nahe 100 % – angesetzt, um den Druck auf die Optionsinhaber zur Annahme der Option zu erhöhen.[236)]

2. Ersetzungsbefugnis

a) Flexibilität gegenüber Planregelungen zur Leistung an Quote statt

217 Der Insolvenzplan kann unmittelbar die Regelung enthalten, dass bestimmte Gegenstände statt der gewöhnlichen Geldzahlung auf die Quote (vgl. § 45 InsO) geleistet werden (sog. „Leistung an Quote statt"); siehe oben Rz. 199 ff. In diesem Fall ist der Schuldner nach rechtskräftiger Bestätigung des Insolvenzplans verpflichtet, die Befriedigung der Gläubiger entsprechend der Regelung im Insolvenzplan vorzunehmen. Im Einzelfall kann jedoch ein Bedürfnis für eine flexiblere Regelung bestehen. Eine solche Flexibilität kann dadurch geschaffen werden, dass statt der Regelung einer Leistung an Quote statt der Insolvenzplan eine Ersetzungsbefugnis nach allgemeinem Schuldrecht regelt. Die nach § 45 InsO bestehende Geldschuld wird dann nicht im Insolvenzplan an Erfüllungs statt durch die Leistung eines anderen Gegenstandes modifiziert. Vielmehr wird dem Schuldner die Möglichkeit eingeräumt, einen bestimmten Gegenstand statt der Quote zu leisten oder umgekehrt dem Gläubiger die Möglichkeit gegeben, statt der Geldzahlung einen bestimmten Gegenstand zu verlangen.

b) Ersetzungsbefugnis des Schuldners

218 Enthält der Insolvenzplan eine Ersetzungsbefugnis zugunsten des Schuldners, wird ihm dadurch die Befugnis i. S. einer Option eingeräumt, das Schuldverhältnis durch eine andere als die eigentlich geschuldete Geldleistung zum Erlöschen zu bringen. Der Schuldner ist in diesem Fall berechtigt, anstelle der an sich geschuldeten Leistung **eine andere als Leistung an Erfüllung Statt (§ 364 BGB)** zu erbringen.[237)] Diese Befugnis kann freilich an bestimmte Voraussetzungen gebunden werden. Als ersetzende Leistungsgegenstände

---

236) *Balthasar* in: Kübler/Bork/Prütting, HRI II, § 22 Rz. 173 und Rz. 232.

237) Grüneberg-*Grüneberg*, BGB, § 262 Rz. 9.

kommen die i. R. der Leistung an Quote statt aufgeführten Gegenstände, insbesondere Aktien an börsennotierten Gesellschaften oder auch Zahlungsansprüche gegen einen solventen Dritten in Betracht (siehe oben Rz. 194 ff.).

Die nachträgliche Regelung einer Ersetzungsbefugnis oder die Leistung an Erfüllung statt bedarf nach allgemeinem Schuldrecht der **Zustimmung des Gläubigers** (vgl. § 364 Abs. 1 BGB). Diese Zustimmung der Gläubiger wird für Insolvenzforderungen oder sonstige zwangsweise planunterworfene Rechtspositionen durch eine Regelung im gestaltenden Teil des Insolvenzplans ersetzt. Die Regelung der Zustimmung zur Ersetzungsbefugnis ist nach der hier vertretenen Auffassung zur Leistung an Quote statt den allgemeinen Vorschriften (§§ 244, 245 InsO) den Gläubigern gegenüber **zwangsweise durchsetzbar.**[238] Handelt es sich bei dem ersetzenden Leistungsgegenstand um Zahlungsansprüche gegen einen solventen Dritten, ist die **Zustimmung des Dritten** als neuer Schuldner dafür nach den allgemeinen zivilrechtlichen Grundsätzen erforderlich, solange es sich bei diesem nicht ausnahmsweise um eine Übernahmegesellschaft i. S. von § 260 Abs. 3 InsO handelt (siehe unten Rz. 308 ff.). 219

c) Ersetzungsbefugnis des Gläubigers

Deutlich häufiger dürfte die Ersetzungsbefugnis in der Praxis dem Gläubiger[239] eingeräumt werden. In diesem Fall kann der **Gläubiger statt der Quotenzahlung** vom Schuldner einen in der Insolvenzplanregelung näher definierten **Gegenstand verlangen.**[240] 220

Als alternativer Erfüllungsgegenstand kommen häufig Aktien des Schuldners oder einer Tochtergesellschaft in Betracht. Anders als bei der Leistung an Quote statt und der Regelung einer Ersetzungsbefugnis des Schuldners dürfte die Ersetzungsbefugnis des Gläubigers unstreitig regelbar und auch mit § 225a Abs. 2 Satz 2 und § 230 Abs. 2 InsO vereinbar sein, da dem Gläubiger lediglich eine Option eröffnet wird. Die Möglichkeit des Gläubigers, statt einer Quotenzahlung seine Forderungen in Aktien der Schuldnerin umzutauschen, eröffnet den Gläubigern – wie bei einem Besserungsschein – die Möglichkeit, an einer erfolgreichen Sanierung der Gesellschaft zu partizipieren. 221

Die **Ausübung der Ersetzungsbefugnis kann incentiviert werden,** indem der Gegenstand einen höheren Wert als die alternative Geldquote hat. Ein Verstoß gegen § 226 InsO (Gleichbehandlung innerhalb der Gruppe) liegt dann nicht vor, wenn jedem Gläubiger die Ersetzungsbefugnis eingeräumt wird, also jeder Gläubiger innerhalb der Gruppe die Möglichkeit hat, den wertvolleren Gegenstand zu erlangen (siehe auch oben Rz. 215 zur Leistung an Quote statt). 222

3. Schuldersetzende Novation kraft Planregelung – insbesondere Begründung eines Zahlungsanspruchs gegen einen Dritten

Sowohl bei der Leistung an Quote statt als auch bei der Ersetzungsbefugnis kann der anstelle der Quotenzahlung gewährte Leistungsgegenstand ein **neuer schuldrechtlicher Anspruch gegen einen Dritten** sein. In diesem Fall handelt es sich um eine Novation der ursprünglichen Insolvenzforderung. Eine solche Regelung ist von § 217 Abs. 1 Satz 1 Fallgruppe 1 InsO (Befriedigung der Gläubiger) erfasst. Mit rechtskräftigem Inkrafttre- 223

238) Zum Streitstand zur „Leistung an Quote statt" als zwangsweise durchsetzbare Planregelung, der für die Ersetzungsbefugnis entsprechend gilt, s. oben Rz. 203 ff.

239) Zur Ersetzungsbefugnis eines Gläubigers s. allgemein Grüneberg-*Grüneberg*, BGB, § 262 Rz. 9; *Krüger* in: MünchKomm-BGB, § 262 Rz. 10.

240) Für eine Ausgestaltung der Optionsrechte außerhalb des Insolvenzplans hingegen wohl *Balthasar* in: Kübler/Bork/Prütting, HRI II, § 26 Rz. 173. In dem Insolvenzplan selbst werde die Konstruktion der Option lediglich beschrieben.

ten des Insolvenzplans kann nicht mehr die Zahlung gegen den Schuldner, sondern gegen einen Dritten verlangt werden.

224 Die Novation vereint die Aufhebung des bisherigen Schuldverhältnisses mit der Begründung eines neuen an dessen Stelle tretenden Schuldgrundes. Damit einher geht das Entstehen einer neuen Forderung, weshalb die für die alte Forderung bestellten Sicherheiten untergehen. Auch können die Einwendungen aus dem alten Schuldverhältnis der neuen Forderung nicht mehr entgegengesetzt werden.[241)]

225 Die Begründung eines neuen Zahlungsanspruchs gegen einen Dritten erfolgt in Insolvenzplänen entweder als **zwingende Regelung** in Form einer Leistung an Quote statt oder als **Option i. S. einer Ersetzungsbefugnis.**

> **Praxisbeispiel**
>
> Soll die Befriedigung der Gläubiger über den Abverkauf von Aktien der Schuldnerin über eine Zweckgesellschaft erfolgen, können die Insolvenzforderungen in einen entsprechenden Zahlungsanspruch gegen die Zweckgesellschaft „getauscht werden“, welcher fällig wird, sobald der Kaufpreis aus dem Verkauf der Aktien durch die Zweckgesellschaft generiert wurde (siehe dazu bereits Rz. 195). Über eine Regelung im gestaltenden Teil des Insolvenzplans kann der Quotenzahlungsanspruch gegen die Schuldnerin in einen Zahlungsanspruch gegen die Zweckgesellschaft umgestaltet werden.

4. Leistung an einen Dritten (§ 362 Abs. 2 BGB i. V. m. § 185 BGB)

226 Die Leistung an einen Dritten hat befreiende Wirkung, wenn der Dritte zur Entgegennahme der Leistung ermächtigt ist (§ 362 Abs. 2 BGB i. V. m. § 185 BGB). Diese Ermächtigung der Gläubiger i. S. von § 362 Abs. 2 BGB i. V. m. § 185 BGB kann durch eine Regelung im gestaltenden Teil des Insolvenzplans ersetzt werden. Eine solche Regelung wird von der Ermächtigung nach § 217 Abs. 1 Satz 1 Fallgruppe 1 InsO getragen. Eine solche Ermächtigung zur Leistung an einen Dritten ist allerdings nur dann zulässig, wenn sie **Bestandteil einer Gesamtregelung** ist, welche dem Gläubiger im Ergebnis eine Befriedigung gewährt, die ihn wirtschaftlich mindestens mit der **Befriedigung im Regelverfahren gleichstellt** (§§ 251, 245 Abs. 1 Nr. 1 InsO). Der Insolvenzplan muss daher Kompensationszahlungen oder sonstige Vermögenszuflüsse beim Gläubiger vorsehen (siehe zum Schlechterstellungsverbot als Grenze inhaltlicher Ausgestaltung ausführlich § 7 Rz. 112 ff. [*Brünkmans*]).

XIV. Debt-to-Equity-Swap

227 Bei einem Debt-to-Equity-Swap bringen die Gläubiger ihre Forderungen i. R. einer Sachkapitalerhöhung durch Verzicht oder Abtretung an die Gesellschaft ein und wandeln somit ihr Fremdkapital in Eigenkapital in Form von Geschäftsanteilen um.

228 Zwar ist nach §§ 225a Abs. 2 Satz 1, 217 Satz 2 InsO die Regelung im gestaltenden Teil des Insolvenzplans möglich. Eine zwangsweise Regelung ist allerdings nur bezüglich der Anteilsinhaber im Hinblick auf den erforderlichen Sachkapitalerhöhungsbeschluss und die Zulassung zur Übernahme der neuen Geschäftsanteile möglich. Die Übernahmeerklärung des Gläubigers, welche diesen zum Gesellschafter der Gesellschaft werden lässt, kann nach § 230 Abs. 2 InsO nicht durch eine Regelung im Insolvenzplan ersetzt werden, sondern hat vielmehr ausdrücklich von jedem Gläubiger zu erfolgen. Geschäftsanteile am Schuldner können dem Gläubiger somit nicht zwangsweise durch eine Planregelung an

241) RG, Entsch. v. 12.11.1931 – VI 246/31, RGZ 134, 154 f.; BGH, Urt. v. 9.3.2023 – IX ZR 90/22, NZI 2023, 498 Rz. 17; *Ballhaus* in: RGRK, BGB, § 305 Rz. 12; *Gehrlein* in: BeckOK-BGB, § 311 Rz. 38a.

Quote statt gewährt werden (siehe bereits oben Rz. 204). Zu den Einzelheiten des Debt-to-Equity-Swaps siehe § 30 Rz. 306 ff. [*Brünkmans*].

XV. Absonderungsberechtigte Gläubiger

1. Überblick

Nach § 217 Abs. 1 Satz 1 InsO kann auch die Befriedigung der absonderungsberechtigten Gläubiger in einem Insolvenzplan abweichend von den gesetzlichen Vorschriften geregelt werden. Zu den Absonderungsrechten im Insolvenzplan siehe ausführlich § 10 [*J. Schmidt*]. 229

§ 223 Abs. 1 InsO stellt indes klar: Ist im Insolvenzplan nichts anderes bestimmt, so wird das Recht der absonderungsberechtigten Gläubiger zur Befriedigung aus den Absonderungsrechten vom Insolvenzplan nicht berührt. Sieht der Insolvenzplan den Eingriff in Absonderungsrechte hingegen vor, so stellt § 223 Abs. 2 InsO Anforderungen an die inhaltliche Bestimmtheit der Regelung auf. Danach ist in der Regelung im gestaltenden Teil des Insolvenzplans anzugeben, um welchen Bruchteil die Rechte gekürzt werden, für welchen Zeitraum sie gestundet oder welchen sonstigen Regelungen sie unterworfen werden. Der Planverfasser hat bei der Formulierung des Eingriffs in das Absonderungsrecht besonders darauf zu achten, dass die Abweichung ausdrücklich und hinreichend bestimmt erfolgt.[242] 230

Insgesamt kommen für die absonderungsberechtigten Gläubiger **folgende Regelungen in Betracht**:[243] 231

- der teilweise oder vollständige **Verzicht auf die Sicherheit** gegen Zahlung einer Befriedigungsquote auf die gesicherte Forderung;
- die **Stundung der gesicherten Forderung** mit entsprechender Anpassung des Sicherungsfalles;
- der **Austausch der Art der Sicherheit** oder Gegenstände, an denen das Absonderungsrecht besteht; § 223 Abs. 2 InsO im Zusammenspiel mit § 228 Satz 1 InsO ermöglicht es, verschiedene Sicherheiten in einen Pool einzubringen und die Sicherungsgläubiger im Verhältnis der Werte ihrer bisherigen Sicherheiten zueinander an dem Pool zu beteiligten.[244] Denkbar ist sogar der Austausch des Absonderungsrechtes gegen eine nicht dingliche Sicherheit.[245]
- die Umwandlung der gesicherten Forderung in Eigenkapital (**Debt-to-Equity-Swap**);
- der **Verzicht**, die Herabsetzung oder die **Stundung** der **Entschädigungszahlungen** und **Zinsen** für die Nutzung des Absonderungsgegenstandes i. R. der Betriebsfortführung, sofern und soweit es sich dabei nicht um Masseverbindlichkeiten handelt.[246]

Als Regelungsgegenstand kommen der Inhalt oder die Ausübung des Absonderungsrechtes einerseits und die sachenrechtliche Gestaltung des Sicherungsrechtes andererseits in Betracht (siehe dazu § 7 Rz. 50 [*Brünkmans*] und § 10 Rz. 132 [*J. Schmidt*]). Die Verwertung von Immobiliarsicherheiten kann nach § 30d Abs. 1 Satz 1 Nr. 3 ZVG nur während des Insolvenzplanverfahrens bis zur Rechtskraft der gerichtlichen Planbestätigung verhindert werden.[247] Ab dann greifen die Regelungen des Insolvenzplans. Hindern diese – 232

242) *Balthasar* in: Kübler/Bork/Prütting, HRI II, § 22 Rz. 26.

243) S. ausführlich *Thies* in: HambKomm-InsR, § 223 InsO Rz. 4 f.

244) *Roth*, ZRI 2024, 470, 472.

245) *Roth*, ZRI 2024, 470, 472.

246) *Thies* in: HambKomm-InsR, § 223 InsO Rz. 5; *Breuer* in: MünchKomm-InsO, § 223 Rz. 22.

247) BGH, Beschl. v. 19.9.2024 – V ZB 29/23, Rz. 38, ZRI 2024, 1131; vgl. auch *Jenal*, ZIP 2025, 247, 248 (Urteilsanm.).

z. B. aufgrund eines im Insolvenzplan zeitlich beschränkten Vollstreckungsaufschubes – die Verwertung nicht (mehr), kommt eine Einstellung der Zwangsversteigerung nach § 30 Abs. 1 Satz 1 Nr. 3 ZVG nicht in Betracht.[248)]

2. Regelung des Inhaltes oder die Ausübung des Absonderungsrechtes

233 Der Eingriff in das Absonderungsrecht erfolgt zunächst durch eine Abweichung von den §§ 165 bis 173 InsO, welche im Wesentlichen die Art und den Zeitpunkt der Verwertung des mit dem Absonderungsrecht belasteten Gegenstandes und die Verteilung des Verwertungserlöses im Regelverfahren regeln. Hier liegt meistens der Schwerpunkt der Planregelung, wie etwa der **Verzicht auf das Absonderungsrecht gegen** die Einmalzahlung einer **Quote** auf den im Insolvenzplan abschließend bestimmten Betrag ihres Absonderungsrechtes.

Formulierungsbeispiel (Var. 1)

„Die Gläubiger der Gruppe 1 (absonderungsberechtigte Poolbanken) erhalten eine Quote von 91 %[249)] auf den Betrag ihres Absonderungsrechtes. Die Gläubiger der Gruppe 1 verzichten aufschiebend bedingt durch die vorgenannte Zahlung vollständig auf ihre Absonderungsrechte und auf etwaige Ansprüche wegen Verzögerung der Verwertung (insbesondere aus § 169 InsO) und Benutzung der Sicherungsgegenstände (insbesondere § 172 InsO)."

234 Soll hingegen der **besicherte Kredit** und das **Sicherungsrecht** nach Planbestätigung und Aufhebung des Insolvenzverfahrens **stehengelassen werden**, wird häufig ein Stillhalten gegen Nachteilsausgleich (Wertverzehr oder Zinsverluste) geregelt.

Formulierungsbeispiel (Var. 2)

„Eine Verwertung der Sicherheiten am Mobiliarvermögen durch die B-Bank erfolgt abweichend von §§ 165 ff. InsO nicht. Die B-Bank stellt die Sicherungsgüter weiterhin zur Fortführung des Geschäftsbetriebes zur Verfügung. Zusätzlich zu ihren bereits bestehenden Sicherheiten erhält die B-Bank die Abtretung der Forderung aus [...] als weitere Sicherheit. Die Bank nimmt die Abtretung an."

235 Die **Angemessenheit des Ausgleichs für einen Wertverzehr** ist in diesem Fall von besonderer Bedeutung, weil nur so eine Schlechterstellung des Absonderungsberechtigten i. S. von § 251 InsO vermieden werden kann. Dieser könnte im Regelverfahren unmittelbar den Wert der Sicherheit realisieren. Die Schlechterstellung würde dann in einer nachhaltigen Verschlechterung des zu erwartenden Verwertungserlöses bestehen, wenn der Insolvenzplan dafür keinen Ausgleich vorsieht. Dieser Nachteilsausgleich kann auch über Planmittel i. S. von § 251 Abs. 3 InsO abgesichert werden, sodass ein Streit über die Angemessenheit des Nachteilsausgleichs nicht die rechtskräftige Bestätigung des Insolvenzplans infrage stellt.[250)]

---

248) BGH, Beschl. v. 19.9.2024 – V ZB 29/23, Rz. 38, ZRI 2024, 1131; zustimmend *Jenal*, ZIP 2025, 247, 248 (Urteilsanm.).

249) Wird den absonderungsberechtigten Gläubigern nach dem Insolvenzplan der Erlös unter Abzug der Feststellungs- und Verwertungspauschale nach §§ 170, 171 InsO zugewiesen, so stehen sie nicht schlechter, als sie ohne den Plan stünden, weshalb die Versagung obstruktiv und damit unbeachtlich wäre. Die Voraussetzungen des § 245 Abs. 1 Nr. 1 InsO liegen in diesem Fall vor, sodass die Zustimmung der Gläubiger zu ersetzen ist, vgl. *Hölzle* in: Kübler/Bork/Prütting, HRI II, § 25 Rz. 16.

250) *Hölzle* in: Kübler/Bork/Prütting, HRI II, § 25 Rz. 42.

3. Gestaltung der Sicherungsrechte, sachenrechtliche Regelung betreffend den Vermögensgegenstand

Neben der Regelung des Inhaltes oder der Ausübung des Absonderungsrechtes abweichend von den §§ 165 bis 173 InsO kann eine Regelung im gestaltenden Teil des Insolvenzplans auch den Vermögensgegenstand selbst betreffen.[251)] In diesem Fall wird die sachenrechtliche Rechtslage unmittelbar gestaltet, wie etwa wenn der mit dem Absonderungsrecht belastete Vermögensgegenstand durch einen anderen Vermögensgegenstand ausgetauscht wird (**Sicherheitentausch**) oder wenn neben dem Verzicht auf absonderungsberechtigte Befriedigung an einem bestimmten Gegenstand auch auf das sachenrechtliche Sicherungsrecht, etwa eine Grundschuld (siehe auch § 7 Rz. 16, 32 [*Brünkmans*]).[252)] 236

Formulierungsbeispiel (Var. 3)

„Die B-Bank hebt die Raumsicherungsübereignung auf, indem das Eigentum an sämtlichen im Lager […] befindlichen Sachen auf die Schuldnerin übertragen wird (§§ 929, 931 BGB). Die Schuldnerin erklärt die Annahme der Übertragung. Anstelle dieser Sicherheit tritt die Schuldnerin der B-Bank sämtliche im Zeitpunkt der Planbestätigung bestehenden Ansprüche aus Lieferung und Leistung ab (§ 398 BGB). Die B-Bank nimmt die Abtretung an."

Enthält der Insolvenzplan keine **sachenrechtliche Regelung** betreffend den Sicherungsgegenstand, besteht je nach Klausel lediglich ein **schuldrechtlicher Anspruch** des Schuldners gegen den absonderungsberechtigten Gläubiger auf Vollzug. 237

So verhält es sich etwa im obigen Formulierungsbeispiel Var. 1. Der Schuldner hat in diesem Fall mit Planbestätigung lediglich einen schuldrechtlichen Anspruch auf Abgabe der dinglichen Erklärungen, die für die Aufhebung des Sicherungsrechtes – vorliegend Rückübereignung der zur Sicherheit übereigneten Sachen. 238

Praxishinweis

Soweit es im konkreten Fall der sachenrechtliche Bestimmtheitsgrundsatz zulässt, sollte im gestaltenden Teil des Insolvenzplans bereits eine entsprechende sachenrechtliche Regelung enthalten sein, sodass die im Insolvenzplan angestrebte Sicherheitenlage mit Rechtskraft des Insolvenzplans unmittelbar vollzogen wird.

4. Zwingende Gruppenbildung

Sieht der Insolvenzplan einen Eingriff in die Rechte der absonderungsberechtigten Gläubiger vor, so ist nach § 222 InsO Abs. 1 Nr. 1 InsO zwingend eine Gruppe von Absonderungsberechtigten zu bilden.[253)] Einzelheiten siehe in § 10 Rz. 155 ff. [*J. Schmidt*] und § 9 Rz. 20 [*Beck/Pechartscheck*]. 239

251) *Balthasar* in: Kübler/Bork/Prütting, HRI II, § 22 Rz. 28.

252) Nach §§ 875 Abs. 1 Satz 1, 876 BGB bedarf es der einseitigen Erklärung des Berechtigten (Gläubiger), dass er das Recht aufgebe, und der Löschung des Rechts im Grundbuch. Gemäß § 1183 Satz 1 BGB (bzgl. der Grundschuld i. V. m. § 1192 Abs. 1 BGB) ist zudem die Zustimmung des Eigentümers zu der Aufhebung erforderlich. Diese kann gemäß § 1183 Satz 2 BGB sowohl gegenüber dem Grundbuchamt als auch gegenüber dem Gläubiger erklärt werden. *Lieder* in: MünchKomm-BGB, § 1183 Rz. 2; Jauernig-*Berger*, BGB, § 1183 Rz. 1; *Rohe* in: BeckOK-BGB, § 1183 Rz. 3.

253) Eine einheitliche Gruppe ist nicht erforderlich. Vielmehr können nach § 222 Abs. 2 InsO bei sachgerechten Differenzierungskriterien auch mehrere Gruppen gleichen Ranges gebildet werden. Der BGH hat eine Differenzierung nach absonderungsberechtigten Gläubigern im Fortführungsbereich des Schuldners und außerhalb dieses Fortführungsbereichs zugelassen, BGH, Beschl. v. 26.4.2007 – IX ZB 5/06, Rz. 8, NZI 2007, 521; *Hölzle* in: Kübler/Bork/Prütting, HRI II, § 25 Rz. 3.

XVI. Aussonderungsrechte

240 Zu den von einer Plansanierung betroffenen Aussonderungsberechtigten gehören häufig Lieferanten, die unter einfachem Eigentumsvorbehalt[254)] geleistet haben oder Vermieter und Leasinggeber, die den Vertrag unter Vermeidung der Kündigungssperre aus § 112 InsO rechtzeitig gekündigt haben.

241 Bei Aussonderungsrechten[255)] i. S. von § 47 InsO handelt es sich nicht um zwangsweise planunterworfene Rechtsposition (siehe § 7 Rz. 33 [*Brünkmans*]). Demzufolge können Eingriffe in das Aussonderungsrecht **nur individuell durch Vertrag** – etwa einer Verwertungsvereinbarung – erfolgen.[256)] Dies sollte im Insolvenzplan in der Einleitung zum gestaltenden Teil (siehe Rz. 3 f.) klargestellt werden:

> **Formulierungsbeispiel**
>
> „Aussonderungsrechte – etwa aus einfachem Eigentumsvorbehalt – werden durch diesen Insolvenzplan nicht erfasst. Vielmehr erfolgt im Einzelfall eine Ablösung auf individualvertraglicher Basis."

242 Im Übrigen finden die für die Einbeziehung von Dritterklärungen geltenden Grundsätze Anwendung. Insbesondere können Individualvereinbarungen als Anlage zum Insolvenzplan genommen oder deren Abschluss als Planbestätigungsvoraussetzung formuliert werden (siehe § 7 Rz. 81 ff. [*Brünkmans*]).

> **Praxishinweis**
>
> Beziehen sich die Aussonderungsrechte auf für die Betriebsfortführung essentielle Gegenstände,[257)] so sollte der Planersteller zunächst versuchen, eine Vereinbarung mit dem Aussonderungsberechtigten herbeizuführen bevor er sich der Detailarbeit am Insolvenzplan zuwendet, da die Sanierung ohne rechtzeitige Einbeziehung der „strategischen Aussonderungsberechtigten" zu scheitern droht (siehe auch § 2 Rz. 52 [*Brünkmans*]).[258)]
>
> Der Aussonderungsberechtigte wird zu einer freiwilligen Vereinbarung dann bereit sein, wenn durch den Insolvenzplan eine **schnelle Realisierung seines Aussonderungsrechtes** gewährleistet ist oder er im Vergleich zum Regelverfahren durch die Vereinbarung bessergestellt wird. Anders als beim absonderungsberechtigten Gläubiger kann man allerdings in diesen Fällen nur auf die ökonomische Vernunft des Aussonderungsberechtigten hoffen und nicht diese rechtlich durch zwangsweise Planregelungen durchsetzen. Bestehen gegenüber dem Aussonderungsberechtigten i. Ü. auch keine „wirtschaftlichen Hebel", besteht ein erhebliches „Erpressungspotential", welches in den Grenzen der §§ 138, 826 BGB nicht gebändigt werden kann.

XVII. Eigentumsvorbehalt – Rechte des Vorbehaltskäufers

243 Ein Vorbehaltskäufer, der von dem Schuldner des Insolvenzverfahrens eine bewegliche Sache (vor der Eröffnung des Verfahrens) unter Eigentumsvorbehalt kauft und dem der Besitz an der Sache übertragen wurde, kann nach § 107 InsO vom Insolvenzverwalter die

---

254) Abgrenzungsschwierigkeiten bestehen in der Praxis insbesondere im Hinblick auf die verschiedenen Formen des Eigentumsvorbehaltes.

255) Gleiches gilt für die Ersatzaussonderung i. S. von § 48 InsO.

256) *Eidenmüller* in: MünchKomm-InsO, § 217 Rz. 81, § 221 Rz. 17; *Smid/Rattunde/Martini*, Insolvenzplan, Rz. 8.40; der BGH hat Vereinbarungen zwischen Aussonderungsberechtigtem und Insolvenzverwalter zur Geltendmachung und Durchsetzung von Aussonderungsrechten anerkannt, BGH, Urt. v. 15.5.2003 – IX ZR 218/02, NZI 2003, 496, 497 = ZIP 2003, 1256, dazu EWiR 2003, 799 *(Tetzlaff)*.

257) Etwa der Druckmaschinenhersteller geht aus seinem Eigentumsvorbehalt gegen eine insolvente Druckerei bzw. dessen Insolvenzverwalter vor und verlangt die Herausgabe der Druckmaschinen; vgl. *Smid/Rattunde/Martini*, Insolvenzplan, Rz. 8.36.

258) Vgl. auch *Rendels/Zabel*, Insolvenzplan, Rz. 301.

Erfüllung des Kaufvertrages verlangen.[259] § 107 Abs. 1 Satz 1 InsO schließt damit das Wahlrecht des Insolvenzverwalters aus.[260] Im Übrigen ist der Erfüllungsanspruch des Vorbehaltskäufers den Folgen der Insolvenz des Verkäufers entzogen.[261] Entsprechend handelt es sich bei dem **schuldrechtlichen Erfüllungsanspruch des Vorbehaltskäufers nicht um eine zwangsweise planunterworfene Rechtsposition**, in die durch eine Regelung im gestaltenden Teil des Insolvenzplans eingegriffen werden kann.

Zahlt der Käufer den Restpreis, tritt die Bedingung ein und er kann Aussonderung ver- 244
langen, wobei der Vorbehaltskäufer im Hinblick auf das Aussonderungsrecht ebenfalls nicht gemäß § 254 InsO den Wirkungen des Plans zwangsunterworfen ist.[262] Nach **a. A.** ist das Anwartschaftsrecht selbst planfest,[263] dies führt allerdings zu demselben Ergebnis, dass eine Gestaltung der Rechtsposition des Vorbehaltskäufers im Insolvenzplan nicht zulässig ist.

XVIII. Vormerkungsberechtigte

Ist zur Sicherung eines Anspruchs auf **Einräumung oder Aufhebung eines Rechts an einem** 245
Grundstück des Schuldners[264] eine Vormerkung im Grundbuch eingetragen, so kann der Gläubiger nach § 106 Abs. 1 InsO für seinen Anspruch Befriedigung aus der Insolvenzmasse verlangen. Bei solchen vormerkungsgesicherten Ansprüchen handelt es sich nicht um zwangsweise planunterworfene Rechtspositionen.[265]

Richtet sich der vormerkungsgesicherte Anspruch auf die **Einräumung eines Grund-** 246
pfandrechtes an einem Gegenstand der Insolvenzmasse, § 106 Abs. 1 Satz 1 Alt. 2 InsO, dann ist der betreffende Gläubiger als zukünftiger Absonderungsberechtigter zwangsweise Planunterworfener. Der vorgemerkte Anspruch muss zwar erfüllt werden, dass dadurch entstehende Absonderungsrecht (§ 49 InsO) ist jedoch einer zwangsweisen Planregelung zugänglich.[266]

XIX. Nutzungsüberlassung durch Gesellschafter

Der aussonderungsberechtigte Gesellschafter, dessen Aussonderungsrecht gemäß § 135 247
Abs. 3 Satz 1 InsO gesperrt ist, ist im Hinblick auf die Ausgestaltung dieser Aussonderungssperre zwangsweise planunterworfen. Die Ausgestaltung der Aussonderungssperre durch eine Regelung im Insolvenzplan ist daher möglich.

Wurde dem Schuldner von einem Gesellschafter ein Gegenstand zum Gebrauch oder zur 248
Ausübung überlassen, so kann der Aussonderungsanspruch gemäß § 135 Abs. 3 Satz 1 InsO während der Dauer des Insolvenzverfahrens, höchstens aber für eine Zeit von einem Jahr

259) § 107 InsO ist auch für andere Formen des Eigentumsvorbehaltes, wie etwa dem erweiterten oder verlängerten Eigentumsvorbehalt, anwendbar, s. *Vuia* in: MünchKomm-InsO, § 107 Rz. 8; Uhlenbruck-*Wegener*, InsO, § 107 Rz. 5; Braun-*Fehl-Weileder*, InsO, § 107 Rz. 3, dort Fn. 3.

260) *Eidenmüller* in: MünchKomm-InsO, § 217 Rz. 90; *Tintelnot* in: KPB, InsO, § 107 Rz. 2; *Metoja* in: Beck/Depré/Ampferl, Praxis der Sanierung und Insolvenz, § 21 Rz. 111.

261) *Metoja* in: Beck/Depré/Ampferl, Praxis der Sanierung und Insolvenz, § 21 Rz. 111.

262) *Eidenmüller* in: MünchKomm-InsO, § 217 Rz. 90; Uhlenbruck-*Streit*, InsO, § 217 Rz. 17; differenzierend *Breuer* in: MünchKomm-InsO, § 223 Rz. 24 f., der bei „längeren Zahlungszielen" dem Gläubiger entgegen der h. M. nur ein Absonderungsrecht zugesteht und damit einen Eingriff zulassen will.

263) *Marotzke* in: HK-InsO, § 107 Rz. 12.

264) Gleiches gilt nach § 106 Abs. 1 InsO für ein für den Schuldner eingetragenes Recht oder zur Sicherung eines Anspruchs auf Änderung des Inhalts oder des Rangs eines solchen Rechts.

265) BVerfG, Beschl. v. 28.10.2020 – 2 BvR 765/20, Rz. 61, ZVI 2021, 71 = NZI 2020, 1112; *Eidenmüller* in: MünchKomm-InsO, § 217 Rz. 89; *G. Schmidt* in: HK-InsO, § 106 Rz. 15.

266) *Eidenmüller* in: MünchKomm-InsO, § 217 Rz. 89; *Marotzke* in: HK-InsO, § 106 Rz. 16.

ab Eröffnung des Insolvenzverfahrens nicht geltend gemacht werden, wenn der **Gegenstand für die Fortführung des Unternehmens des Schuldners von erheblicher Bedeutung** ist. Dieses gesetzliche Nutzungsrecht des Insolvenzverwalters für die Dauer seines Bestehens ist funktional Teil der Insolvenzmasse i. S. von § 35 InsO.

249 Dementsprechend kann über die Aufhebung des Insolvenzverfahrens hinaus die Weiternutzung durch den Schuldner, aber auch die Weitervermietung oder Verpachtung an einen Dritten im Insolvenzplan geregelt werden.[267] Neben der Dauer der Weiternutzung kann insbesondere auch die Höhe des Nutzungsentgeltes geregelt werden. **Grenze der Regelung der Nutzungsüberlassung** durch den Gesellschafter ist wiederum der Vergleich zum Regelverfahren (§ 251 InsO). Dementsprechend kann die Insolvenzplanregelung dem Schuldner kein über die Höchstfrist von einem Jahr ab Eröffnung des Insolvenzverfahrens hinaus gehendes Nutzungsrecht gewähren. Auch bei der Regelung der Nutzungsentschädigung hat man sich an die für das Regelverfahren in § 135 Abs. 3 InsO vorgesehene Vergütung zu orientieren. Andernfalls kann der Gesellschafter über den Minderheitenschutzantrag gemäß § 251 InsO wegen seiner Schlechterstellung zum Regelinsolvenzverfahren den Insolvenzplan zu Fall bringen.

> **Praxishinweis**
>
> Statt eine zwangsweise Planregelung über die weitere Nutzungsmöglichkeit des Gegenstandes zu erreichen, sollte der Planersteller frühzeitig auf eine individualvertragliche Regelung mit dem Gesellschafter hinwirken. Wie auch schon § 135 Abs. 3 Satz 1 InsO für das Regelverfahren, kann die Möglichkeit der Einbindung des Nutzungsrechtes in eine Planregelung die Verhandlungsbereitschaft des Gesellschafters für eine individualvertragliche Regelung fördern.[268]

XX. Arbeitnehmer: Gestaltung von Rechten aus dem Arbeitsverhältnis

250 Regelungen im gestaltenden Teil des Insolvenzplans bezüglich der Rechtsposition von Arbeitnehmern der Schuldnerin sind lediglich im Hinblick auf **Insolvenzforderungen** oder ggf. **Absonderungsrechte** möglich. **Das Arbeitsverhältnis als solches kann über den Insolvenzplan hingegen nicht gestaltet werden.**[269]

251 Insbesondere kann eine Kürzung des Arbeitsentgelts für die Zukunft oder eine Beendigung des Arbeitsverhältnisses nicht über eine Regelung im Insolvenzplan vollzogen werden.[270] Dies ist lediglich mit den allgemeinen arbeitsrechtlichen Mitteln wie Kündigung, Aufhebungsvertrag, Änderungskündigung, Änderungsvertrag, Sanierungstarifvertrag oder Betriebsvereinbarung etc. möglich (siehe ausführlich § 61 Rz. 42 ff. [*Krings/Sturme*]). Eine Verknüpfung dieser nicht über den Insolvenzplan vollzogenen Sanierungsmaßnahmen mit dem Insolvenzplan erfolgt in der Praxis dadurch, dass diese Maßnahmen als Voraussetzungen für die Bestätigung des Insolvenzplans durch das Insolvenzgericht (§ 249 InsO) geregelt werden (siehe ausführlich Rz. 408 ff.).

---

267) *Eidenmüller* in: MünchKomm-InsO, § 217 Rz. 88.

268) Vgl. allgemein zur Funktion des § 135 Abs. 3: K. Schmidt-*K. Schmidt*, InsO, § 135 Rz. 37.

269) Ganz h. M., vgl. nur *Spahlinger* in: KPB, InsO, § 217 Rz. 33; *Jaffé* in: FK-InsO, § 221 Rz. 7; vgl. auch *Eidenmüller* in: MünchKomm-InsO, § 221 Rz. 99, wonach eine Gestaltung der Arbeitsbedingungen für die Zukunft zwar möglich ist, aber das Einverständnis der betroffenen Arbeitnehmer voraussetzt. Nach dem hier vertretenen Ansatz sind im gestaltenden Teil des Insolvenzplans nur die Erklärungen der zwangsweise Planunterworfenen bezüglich der planunterworfenen Rechtsposition regelbar, dazu oben § 7 Rz. 23 ff. [*Brünkmans*].

270) So aber eine Planregelung in dem Insolvenzverfahren über das Vermögen der *Tölzer Eissport GmbH*. Gegenstand des Insolvenzplans war u. a. eine Regelung über die Arbeitsverhältnisse verschiedener Eishockeyspieler insbesondere der Auslauf der Verträge dieser Spieler zum Ende der Saison, vgl. *Hingerl*, ZInsO 2004, 232 f.

252 Im Hinblick auf Ansprüche aus Arbeitsentgelt oder sonstige Forderungen der Arbeitnehmer gelten die allgemeinen Grundsätze für die Gestaltung von Insolvenzforderungen und Absonderungsrechte. Für die Arbeitnehmer ist nach § 222 Abs. 3 Satz 1 InsO eine **besondere Gruppe zu bilden**, wenn sie als Insolvenzgläubiger mit nicht unerheblichen Forderungen beteiligt sind (siehe ausführlich § 9 Rz. 49 ff. [*Beck/Pechartscheck*]). Nicht selten wird indes die Bundesagentur für Arbeit über den nach § 169 Satz 1 SGB III mit Zahlung des Insolvenzgeldes erfolgten Forderungsübergang die meisten Insolvenzforderungen von Arbeitnehmern bei sich vereinen (siehe ausführlich § 61 Rz. 18 ff. [*Krings/Sturme*]).

253 Ansprüche der Arbeitnehmer, die nach Eröffnung des Insolvenzverfahrens entstanden sind, sind als Masseverbindlichkeiten (§ 55 Abs. 1 Nr. 1, Nr. 2 InsO) grundsätzlich nicht über eine Regelung im Insolvenzplan gestaltbar. Etwas anderes gilt nur für Insolvenzpläne bei Masseunzulänglichkeit (§ 210a InsO); siehe § 12 Rz. 2 [*Brünkmans*].

XXI. Besonderheiten für die Gestaltung von Sozialplanansprüchen in Insolvenzplänen

254 Besteht bei dem Schuldner ein Betriebsrat, so wird es häufig zu der Frage kommen, ob ein Sozialplan im Hinblick auf die durch den Insolvenzplan und die Insolvenz verursachten Betriebsänderungen abgeschlossen werden soll. Ein Sozialplan ist gemäß § 112 Abs. 1 Satz 2 BetrVG eine Einigung zwischen dem Unternehmer und dem Betriebsrat über den Ausgleich oder die Milderung der wirtschaftlichen Nachteile, die den Arbeitnehmern infolge einer geplanten Betriebsänderung entstehen. Gemäß § 123 InsO kann ein solcher Sozialplan als Insolvenzsozialplan auch im eröffneten Insolvenzverfahren aufgestellt werden.

255 Die vorliegende Darstellung begnügt sich mit einem knappen Überblick zu den Fragen, die sich beim Sozialplan im Zusammenhang mit dem gestaltenden Teil des Insolvenzplans stellen. Zu Einzelheiten der Fragen des Sozialplans siehe § 61 Rz. 47 ff. [*Krings/Sturme*].

1. Sozialplan nach Eröffnung des Verfahrens aufgestellt (§ 123 InsO), Gestaltung durch Insolvenzplan?

256 Nach der zutreffenden h. M. sind die Gläubiger von Sozialplanforderungen nicht zwangsweise planunterworfen, da ihre Forderungen **Masseverbindlichkeiten** darstellen (§ 123 Abs. 2 Satz 1 InsO), sofern der Sozialplan nach Eröffnung des Insolvenzverfahrens aufgestellt wurde, § 123 Abs. 1 InsO.[271] In die Ansprüche der Massegläubiger kann im Insolvenzplanverfahren aber grundsätzlich (vgl. § 210a InsO) nicht eingegriffen werden. Daraus folgt, dass Ansprüche aus einem solchen Sozialplan in einem Insolvenzplan gegen den Willen der Sozialplangläubiger nicht mehr gekürzt werden können.

257 Der Gegenauffassung,[272] nach der ein Eingriff in die Sozialplanansprüche durch Insolvenzplan möglich sein soll, ist nicht beizupflichten. Der dort angeführte Wille des InsO-Gesetzgebers[273] bezieht sich ersichtlich auf die Festlegung der Höhe der im Sozialplan auszureichenden Beträge und nicht auf eine spätere Abänderung einmal festgelegter Beträge. Auch die nur begrenzte Besserstellung der Sozialplangläubiger (nämlich immer noch faktisch im Rang nach den übrigen Massegläubigern wegen der Regelung in § 123 Abs. 2

---

271) *Eidenmüller* in: MünchKomm-InsO, § 217 Rz. 76; *Spahlinger* in: KPB, InsO, § 217 Rz. 32; *Balthasar* in: Kübler/Bork/Prütting, HRI II, § 22 Rz. 37; K. Schmidt-*Spliedt*, InsO, § 217 Rz. 4; *Fiebig* in: HK-InsO, § 217 Rz. 12; *Bähr* in: Mohrbutter/Ringstmeier/Meyer, Hdb. Insolvenzverwaltung, Kap. 14 Rz. 59; *Jaffé* in: FK-InsO, § 217 Rz. 66; Uhlenbruck-*Streit*, InsO, § 221 Rz. 25; wohl auch K. Schmidt-*Ahrens*, InsO, § 123 Rz. 25.

272) Ausführlich bei Römermann-*Rühle*, InsR/InsO, § 217 InsO Rz. 30; Braun-*Braun/Frank*, InsO, § 217 Rz. 9.

273) Begr. RegE InsO z. § 141, BT-Drucks. 12/2443, S. 154.

Satz 2 InsO)[274] spricht nicht dafür, dass darüber hinaus in die Stellung der Sozialplangläubiger eingegriffen werden darf. Zudem würde mit der Gegenauffassung der eindeutige Wortlaut des § 123 Abs. 1 Satz 1 InsO umgangen.[275]

2. Sozialplan vor Eröffnung des Verfahrens aufgestellt (§ 124 InsO)

258 Wurde der Sozialplan bis zu drei Monate vor der Eröffnung des Insolvenzverfahrens aufgestellt, so gelten nach § 124 InsO **Besonderheiten im Hinblick auf den Widerruf.** Die Forderungen sind allerdings **nicht** zu **Masseverbindlichkeiten** erhoben, sodass hier – und auch bei Forderungen aus einem vor längerer Zeit aufgestellten Sozialplan – ein Eingriff durch Insolvenzplan uneingeschränkt in Betracht kommt.

3. Sozialplan im Insolvenzplanverfahren aufgestellt

259 Der Betriebsrat ist nach § 218 Abs. 3 InsO bereits bei der Aufstellung des Insolvenzplans beratend zu beteiligen. Eine echte Einwirkungsbefugnis geht damit freilich nicht einher.[276] Sieht das Sanierungskonzept des Insolvenzplans sozialplanungspflichtige Maßnahmen vor, kann eine Verknüpfung des Sozialplans mit dem Insolvenzplan im Wege einer **Planbestätigungsbedingung** nach § 249 InsO oder im Wege einer **echten aufschiebenden Bedingung** bezüglich der Planwirkungen nach § 158 Abs. 1 BGB erfolgen.[277] Eine Regelung des Sozialplans im gestaltenden Teil kommt nicht in Betracht.[278] Zum Sozialplanvolumen im Insolvenzplan siehe ausführlich § 61 Rz. 48 ff. [*Krings/Sturme*].

XXII. Sonderregelung Pensionssicherungsverein

260 Hatte die Schuldnerin ihren Arbeitnehmern eine betriebliche Altersversorgung gewährt, gehört der dafür in der Insolvenz einstehende Pensionssicherungsverein in der Regel zu den größten Insolvenzgläubigern. Zu den Gestaltungsmöglichkeiten der Rechte des Pensionssicherungsvereins im Insolvenzplan siehe ausführlich § 61 Rz. 87 ff. [*Krings/Sturme*].

261 Bei der **Ausgestaltung** ist insbesondere § 7 Abs. 4 BetrAVG zu beachten. Der Insolvenzplan muss klarstellen, ob und ab wann der Schuldner Leistungen der betrieblichen Altersvorsorge selbst zu erbringen hat (§ 7 Abs. 4 Satz 2 BetrAVG). Ferner soll nach § 7 Abs. 4 Satz 5 BetrAVG im Insolvenzplan vorgesehen werden, dass bei einer nachhaltigen Besserung der wirtschaftlichen Lage des Arbeitgebers (Schuldner) die vom Träger der Insolvenzsicherung zu erbringenden Leistungen ganz oder zum Teil vom Arbeitgeber oder sonstigen Träger der Versorgung übernommen werden. Umstritten ist, ob die Planbeteiligten verpflichtet sind, eine solche Klausel aufzunehmen. Nach verbreiteter Auffassung ist dies nicht der Fall, da § 7 Abs. 4 Satz 5 BetrAVG als Soll-Vorschrift formuliert ist.[279] Die Gegenauffassung geht demgegenüber davon aus, dass die Aufnahme einer entsprechenden Klausel zwingend ist.[280] Die Gesetzgebungsmaterialien sprechen auf den ersten

274) Vgl. nur K. Schmidt-*Ahrens*, InsO, § 123 Rz. 25.

275) *Eidenmüller* in: MünchKomm-InsO, § 217 Rz. 76.

276) *Mückl* in: K. Schmidt/Uhlenbruck, Die GmbH in Krise, Restrukturierung und Insolvenz, Rz. 32.75.

277) *Eidenmüller* in: MünchKomm-InsO, § 221 Rz. 100; Uhlenbruck-*Zobel*, InsO, § 124 Rz. 41.

278) Anders, aber vor dem Hintergrund des Verständnisses zur Funktion des gestaltenden Teils, *Eidenmüller* in: MünchKomm-InsO, § 217 Rz. 77, § 221 Rz. 100 f.; s. a. *Balthasar* in: Kübler/Bork/Prütting, HRI II, § 22 Rz. 37; zur Regelungsbegrenzung des gestaltenden Teils ausschließlich für zwangsweise Planunterworfene s. ausführlich oben Rz. 27 ff.

279) LG Potsdam, Beschl. v. 27.1.2023 – 14 T 5/23, Rz. 25, ZRI 2023, 419 = NZI 2023, 337; AG Frankfurt/M., Beschl. v. 13.3.2020 – 810 IN 1209/19 C-3-6, Rz. 7, BeckRS 2020, 27842; *Holthusen*, NZI 2021, 705, 706; *Spahlinger* in: KPB, InsO, § 222 Rz. 41; *Rieger*, NZI 2013, 671, 674.

280) Blomeyer/Rolfs/Otto-*Rolfs*, BetrAVG, § 7 Rz. 278; *Steinmeyer* in: ErfK, § 7 BetrAVG Rz. 48; *Vogt* in: NK-GA, § 7 BetrAVG Rz. 54; *Uhlenbruck*, NZI 2020, 878, 880.

Blick für die zuletzt genannte Sichtweise, da sie festhalten, dass der Plan bei Fehlen einer entsprechenden Regelung grundsätzlich zurückzuweisen ist.[281] Dem lässt sich zumindest entnehmen, dass es unzulässig wäre, sich überhaupt nicht mit der Aufnahme einer Besserungsklausel auseinanderzusetzen.[282] Zu weit geht es jedoch, von einer generellen Regelungspflicht auszugehen. Sowohl die Formulierung „soll" als auch die Bezeichnung als Grundsatz durch den Gesetzgeber lassen erkennen, dass der Gesetzgeber den Parteien Gestaltungsspielraum belassen wollte. Dies fügt sich in die Konzeptionierung des Insolvenzplanverfahrens als weitgehend privatautonomes Verfahren ein. Daher sind die Planbeteiligten lediglich dazu verpflichtet, die Aufnahme einer Besserungsklausel zu erörtern. Entscheiden sie sich indes aus plausiblen Gründen dagegen, führt dies nicht zur Rechtswidrigkeit des Plans.

XXIII. Gläubiger einer Kreditrahmenvereinbarung in der Folgeinsolvenz

Gläubiger einer Kreditrahmenvereinbarung (§§ 264 ff. InsO) sind in der Folgeinsolvenz zwangsweise planunterworfen. Bei der Ausgestaltung ihrer Rechtspositionen im Insolvenzplan einer Folgeinsolvenz ist jedoch zu beachten, dass ihnen gegenüber im Falle des § 266 InsO gemäß §§ 264, 265 InsO die Altgläubiger und die vertraglichen Neugläubigern nachrangig sind (näher siehe unten Rz. 504 ff.).[283] **262**

XXIV. Einbeziehung von Massegläubigern

Ansprüche der Massegläubiger, d. h. Ansprüche bzgl. Kosten des Insolvenzverfahrens (§ 54 InsO) und sonstiger Masseverbindlichkeiten (§ 55 InsO), sind grundsätzlich **nicht zwangsweise planunterworfen** und somit nicht über eine Regelung im Insolvenzplan gestaltbar. Etwas anderes gilt nur für Insolvenzpläne bei Masseunzulänglichkeit (§ 210a InsO); siehe § 12 Rz. 2 [*Brünkmans*]. **263**

XXV. Einbeziehung von Neugläubigern

In einem vom LG Düsseldorf entschiedenen Fall wurde ein Erlass der Finanzverwaltung auf die Besteuerung eines etwaigen Sanierungsgewinns im gestaltenden Teil des Insolvenzplans aufgenommen.[284] Das LG Düsseldorf ordnete den durch Forderungserlass kraft Insolvenzplanregelung entstehenden Sanierungsgewinn als **Neugläubigerforderung** ein.[285] **264**

Richtigerweise hat das LG Düsseldorf Neugläubigerforderungen als **nicht zwangsweise planunterworfene Rechtspositionen** eingeordnet.[286] Allerdings wurde die Möglichkeit der Regelung eines Erlasses von Neugläubigerforderungen im gestaltenden Teil für zulässig erachtet, wenn der Neugläubiger den Regelungen im Insolvenzplan analog § 230 Abs. 2 InsO ausdrücklich zustimmt.[287] **265**

---

281) Begr. RegE EGInsO, BT-Drucks. 12/3803, S. 111.

282) Zutreffend *Holthusen*, NZI 2021, 705, 707; *Uhlenbruck*, NZI 2020, 878, 880; wohl **a. A.** *Martini* in: Bieg/Borchardt/Frind, Unternehmenssanierung und Betriebsfortführung, F Rz. 68 – „steht im Belieben des Planverfassers und der abstimmenden Gläubiger".

283) *Eidenmüller* in: MünchKomm-InsO, § 217 Rz. 63; *Thies* in: HambKomm-InsR, § 266 InsO Rz. 5.

284) LG Düsseldorf, Beschl. v. 21.9.2015 – 25 T 404/15, ZInsO 2015, 2186, 2186 = ZVI 2016, 156.

285) LG Düsseldorf, Beschl. v. 21.9.2015 – 25 T 404/15, ZInsO 2015, 2186, 2187 = ZVI 2016, 156.

286) LG Düsseldorf, Beschl. v. 21.9.2015 – 25 T 404/15, ZInsO 2015, 2186, 2187 = ZVI 2016, 156; anders OLG Düsseldorf, Urt. v. 24.9.2008 – II-8 UF 212/07, ZVI 2009, 23 = NZI 2008, 689 f. – im Hinblick auf Unterhaltsansprüche; s. dazu oben Rz. 108 ff.

287) LG Düsseldorf, Beschl. v. 21.9.2015 – 25 T 404/15, ZInsO 2015, 2186, 2187 = ZVI 2016, 156; wohl auch LG Frankfurt/M., Beschl. v. 29.10.2007 – 2/9 T 198/07, NZI 2008, 110, 111 = ZIP 2007, 2229.

266 Nach dem hier vertretenen Ansatz ist eine solche Erlassregelung für Neugläubiger im gestaltenden Teil des Insolvenzplans trotz Vorbehaltes einer Zustimmungserklärung unzulässig.[288] Gesetzeshistorie, Systematik und Telos von § 221 InsO sprechen gegen die Regelung von nicht zwangsweise planunterworfenen Rechtspositionen im gestaltenden Teil des Insolvenzplans (siehe ausführlich § 7 Rz. 81 ff. [*Brünkmans*]). Ein solcher Erlass kann als Anlage dem Insolvenzplan beigefügt werden, wobei die Finanzbehörden in der Regel erst nach Annahme des Insolvenzplans über den Erlass entscheiden werden (siehe § 7 Rz. 85 f. [*Brünkmans*]). Praktisch ist eine **verbindliche Auskunft nach § 89 Abs. 2 AO**, dass die Voraussetzungen für einen Erlass der Besteuerung des Sanierungsgewinns vorliegen, als Planbestätigungsvoraussetzung nach § 249 InsO im gestaltenden Teil zu regeln (siehe Rz. 419 ff.).

XXVI. Einbeziehung gruppeninterner Drittsicherheiten

267 Hat eine Gesellschaft, die dem gleichen Konzern wie die Schuldnerin angehört, eine Personal- oder Realsicherheit für eine Forderung gegen die Schuldnerin bestellt, kann auch diese gemäß § 217 Abs. 2 InsO durch den Plan gestaltet werden (siehe § 7 Rz. 77 ff. und § 33 Rz. 79 ff. [*Brünkmans*]). In Betracht kommen hierbei alle Arten von Eingriffen, die in einem Insolvenzplan vorgenommen werden können. Hierzu zählen insbesondere der (Teil-)Verzicht, Freigaben, Stundungen, Änderung des Sicherungszwecks sowie abweichende Regelungen zur Verwertung und Erlösverteilung.[289] Ein Eingriff in eine gruppeninterne Drittsicherheiten setzt gemäß § 223a InsO eine angemessene Kompensation voraus. Diese muss dem tatsächlichen Wert der Drittsicherheit entsprechen, d. h. den Wert, der durch Verwertung wahrscheinlich realisiert werden könnte (siehe ausführlich § 33 Rz. 79 ff. [*Brünkmans*]).[290]

D. Regelungen bezogen auf Mitschuldner und Bürgen

268 Nach § 254 Abs. 2 InsO sind die Rechte der Insolvenzgläubiger gegen Mitschuldner und Bürgen des Schuldners sowie Rechte an Gegenständen, die nicht zur Insolvenzmasse gehören, ausdrücklich keine zwangsweise planunterworfenen Rechtspositionen. Entsprechend lässt sich die Gestaltung solcher „Drittsicherheiten" nicht im Insolvenzplan regeln.

269 Außerhalb des Insolvenzplanverfahrens würde der (teilweise) Erlass einer Hauptforderung dazu führen, dass auch die akzessorische Sicherheit in gleichem Maße erlischt.[291] § 254 Abs. 2 InsO **durchbricht das Akzessorietätsprinzip** bei einem ausdrücklichen Forderungserlass auf der Grundlage eines Insolvenzplans.

270 Trotz der Befreiung des Schuldners von seinen Verbindlichkeiten nach § 227 Abs. 1 InsO oder durch die Aufnahme eine Erlassregelung (§ 397 Abs. 1 BGB) im Insolvenzplan kann der Sicherungsnehmer sich somit bei dem **Drittsicherungsgeber/Bürgen in voller Höhe seiner Forderung befriedigen.** Der **Drittsicherungsgeber/Bürge** kann aber seinerseits wegen § 254 Abs. 2 Satz 2 InsO **bei dem Schuldner keinen vollen Rückgriff** mehr nehmen,

288) So auch die Vorinstanz zu LG Düsseldorf, Beschl. v. 21.9.2015 – 25 T 404/15, Rz. 7, ZInsO 2015, 2186 = ZVI 2016, 156, welche den Insolvenzplan aus diesen Gründen nach § 231 InsO zurückgewiesen hat.

289) *Spahlinger* in: KPB, InsO, § 217 Rz. 50i; *K. Schmidt-Spliedt*, InsO, § 223a Rz. 3; *Hoegen/Kranz*, NZI 2021, 105, 107.

290) *Spahlinger* in: KPB, InsO, § 223a Rz. 5.

291) *Habersack* in: MünchKomm-BGB, § 765 Rz. 50; *Spahlinger* in: KPB, InsO, § 217 Rz. 50j; *Schärtl* in: BeckOK-BGB, § 1204 Rz. 58; *Medicus*, JuS 1971, 497 ff.; *Lettl*, WM 2000, 1316 ff.; *Habersack*, JZ 1997, 857, 860 ff.

sondern nur noch in der Höhe, in der der Gläubiger seine Quote nicht in Anspruch genommen hat.[292)]

Neben der Aufrechthaltung der Sicherheit entgegen dem Akzessorietätsprinzip folgt aus § 254 Abs. 2 Satz 1 InsO auch, dass in dem Insolvenzplan des Schuldners grundsätzlich **keine Regelung bezüglich der Rechte gegen Mitschuldner und Bürgen** erfolgen kann.[293)] § 254 Abs. 2 InsO erschwert – rechtspolitisch bedenklich – solche Planlösungen, die gleichzeitig den Gesellschafter-Geschäftsführer sanieren wollen, weil dieser sich häufig für die Verbindlichkeiten der Gesellschaft verbürgt haben wird.[294)] 271

Auch i. R. der Sanierung eines konzernverbundenen Unternehmens führte § 254 Abs. 2 InsO bislang zu unbefriedigenden Ergebnissen. Häufig werden Darlehen an eine **konzernverbundene Gesellschaft** durch die Bestellung von Sicherheiten an Gegenständen einer anderen konzernverbundenen Gesellschaft gesichert (siehe dazu ausführlich § 33 Rz. 79 ff. [*Brünkmans*]). Bislang war es nicht möglich, Ansprüche gegen diese Gesellschaft, ohne einen parallelen Insolvenzplan zu gestalten. Dies änderte sich mit dem **SanInsFoG**[295)] mit Wirkung zum 1.1.2021. Seitdem gestatten §§ 217 Abs. 2, 223a InsO gegen angemessene Entschädigung Eingriffe in die Rechte aus gruppeninternen Sicherheiten, was die Sanierung von Konzerngesellschaften erleichtert. 272

Praxishinweis

Änderungen und Gestaltungen von Rechtspositionen von Bürgen und Dritten sind – mit Ausnahme gruppeninterner Sicherheiten – lediglich auf freiwilliger Basis möglich. Besteht eine Vielzahl solcher drittbesicherten Forderungen, wie etwa bei Anleihegläubigern (siehe ausführlich § 57 [*Thole*]), arbeitet die Praxis häufig mit Incentivierungsmodellen. Danach werden Gläubigern **erhöhte Quoten** angeboten, wenn sie im Gegenzug auf ihre **Sicherheiten gegen andere Gruppengesellschaften verzichten**. Hierdurch wird zwar im Regelfall keine absolute Befreiung des Gesamtkonzerns erfolgen, jedoch kommt man diesem Ziel ggf. sehr nahe.

Aus § 254 Abs. 2 InsO folgt auch, dass **Haftungsbescheide gegen die Geschäftsführung** nach §§ 34, 69, 191 AO trotz eines eventuellen Erlasses des zugrunde liegenden **Steueranspruchs** im Insolvenzplan weiter möglich bleiben.[296)] Selbst wenn der Haftungsbescheid bereits vor Rechtskraft der Planbestätigung ergangen ist,[297)] bleibt es in Bezug auf die Geschäftsführung bei der Anwendbarkeit der Haftungstatbestände der AO.[298)] 273

E. Regelungen für nachrangige Insolvenzgläubiger

I. Grundsatz der Erlassfiktion (§ 225 Abs. 1 InsO)

Unter „Befriedigung der Insolvenzgläubiger" i. S. von § 217 Abs. 1 Satz 1 InsO fallen auch die nachrangigen Insolvenzgläubiger. Wie im Regelinsolvenzverfahren spielen die 274

---

292) *Jaffé* in: FK-InsO, § 254 Rz. 14; *Eidenmüller* in: MünchKomm-InsO, § 217 Rz. 93; *Spahlinger* in: KPB, InsO, § 254 Rz. 14; *Bähr* in: Mohrbutter/Ringstmeier/Meyer, Hdb. Insolvenzverwaltung, Kap. 14 Rz. 332.

293) OLG Dresden, Urt. v. 18.12.2012 – 13 U 1032/12, ZInsO 2013, 139 f. = ZIP 2013, 1341; *Rendels/Zabel*, Insolvenzplan, Rz. 287.

294) S. a. Kritik bei *Rendels/Zabel*, Insolvenzplan, Rz. 287.

295) Gesetz zur Fortentwicklung des Sanierungs- und Insolvenzrechts (Sanierungs- und Insolvenzrechtsfortentwicklungsgesetz – SanInsFoG), v. 22.12.2020, BGBl. I 2020, 3256.

296) *Jaffé* in: FK-InsO, § 254 Rz. 13; *Rendels/Zabel*, Insolvenzplan, Rz. 287; *Bähr* in: Mohrbutter/Ringstmeier/Meyer, Hdb. Insolvenzverwaltung, Kap. 14 Rz. 323.

297) BFH, Beschl. v. 15.5.2013 – VII R 2/12, ZInsO 2013, 1901, 1902 = ZIP 2013, 1732; dazu *Krüger*, ZInsO 2014, 578, 579; FG Saarbrücken, Urt. v. 23.11.2011 – 2 K 1683/09, ZIP 2012, 1191 ff., dazu EWiR 2012, 427 f. *(Paul)*; *Fölsing*, ZInsO 2012, 1409 ff.

298) *Rendels/Zabel*, Insolvenzplan, Rz. 288.

nachrangigen Gläubiger in der Praxis keine große Rolle. Auch am Insolvenzplanverfahren nehmen die Forderungen nachrangiger Insolvenzgläubiger nur teil, wenn das Insolvenzgericht zu ihrer Anmeldung besonders auffordert (§§ 28 Abs. 1, 174 Abs. 3 Satz 1 InsO).[299] Erfolgt dies nicht und ist im Insolvenzplan nichts anderes bestimmt, gelten ihre Forderungen als erlassen (§ 225 Abs. 1 InsO); zu den Rechtsfolgen des Erlasses siehe Rz. 78 f.). Vor diesem Hintergrund finden die nachrangigen Forderungen in der Praxis im gestaltenden Teil selten Erwähnung.

Praxishinweis

Bei der Vorabstimmung des Insolvenzplans mit den wesentlichen Gläubigern wird der Insolvenzplan psychologisch eher weniger auf Widerstand stoßen, wenn im Insolvenzplan bezüglich der nachrangigen Insolvenzforderungen im darstellenden Teil schlicht auf die gesetzliche Erlasswirkung nach § 225 Abs. 1 InsO verwiesen wird, als wenn der Erlass im gestaltenden Teil ausdrücklich und an prominenter Stelle geregelt wird.

275 Nachrangige Insolvenzgläubiger i. S. von §§ 217 und 225 Abs. 1 InsO sind die in § 39 InsO aufgeführten Gläubiger.[300] Gläubiger eines Gesellschafterdarlehens (§ 39 Abs. 1 Satz 1 Nr. 5 InsO) sind allerdings gemäß § 2 Abs. 1 Nr. 2 **SanInsKG** in Verfahren, die zwischen dem 1.3.2020 und dem 30.9.2023 eröffnet wurden, nicht als nachrangig zu behandeln. Nach § 39 Abs. 2 InsO sind Forderungen, für die zwischen Gläubiger und Schuldner eine Nachrangvereinbarung für den Fall der Eröffnung des Insolvenzverfahrens vereinbart wurde, im Zweifel ebenfalls als nachrangig einzustufen und zwar nach den in § 39 Abs. 1 InsO bezeichneten Forderungen.[301]

276 Neben Ansprüchen aus **Gesellschafterdarlehen** sind in der Praxis häufig Ansprüche aus **stillen Beteiligungen** planbetroffene nachrangige Insolvenzforderungen. Auch wenn nach § 236 Abs. 1 HGB diese in der typischen Ausgestaltung als einfache Insolvenzgläubiger i. S. von § 38 InsO zu behandeln sind, enthalten sowohl atypische, aber nicht selten auch typische stille Beteiligungen häufig **Rangrücktrittsklauseln** und fallen daher kraft vertraglicher Regelung in den Rang des § 39 Abs. 2 InsO.

277 Findet der Insolvenzplan nicht in allen Gruppen die erforderlichen Mehrheiten ist für die Anwendung des **Obstruktionsverbotes** § 245 Abs. 2 Nr. 2 InsO zu beachten, wonach den nachrangigen Gläubigern nur dann eine Quote angeboten werden darf, wenn nach vollständiger Befriedigung der nicht nachrangigen Insolvenzgläubiger ein verteilungsfähiger Überschuss verbleibt.[302]

II. Sonderfall: Ansprüche von Vorzugsaktionären auf Vorzugsdividenden

278 Der BGH behandelte vor Inkrafttreten des ESUG unselbständige Ansprüche von Vorzugsaktionären auf Nachzahlung von nicht geleisteten Vorzugsdividenden wie nachrangige Insolvenzforderungen, mit der Folge, dass ohne eine entsprechende Regelung der Befriedigung dieser Nachzahlungsansprüche diese nach § 225 Abs. 1 InsO mit Rechtskraft des Insolvenzplans automatisch als erlassen gelten.[303]

---

299) *Breuer* in: MünchKomm-InsO, § 225 Rz. 2.

300) *Breuer* in: MünchKomm-InsO, § 225 Rz. 11; *Fiebig* in: HK-InsO, § 225 Rz. 1; *Thies* in: HambKomm-InsR, § 225 InsO Rz. 1.

301) *Breuer* in: MünchKomm-InsO, § 225 Rz. 11.

302) *Thies* in: HambKomm-InsR, § 225 InsO Rz. 2.

303) BGH, Urt. v. 15.4.2010 – IX ZR 188/09, ZInsO 2010, 1059, 1060 = ZIP 2010, 1039, dazu EWiR 2010, 465 *(Mock)*; dazu *Madaus*, ZIP 2010, 1214 ff.

Der Anspruch auf Vorzugsdividende der stimmrechtslosen Vorzugsaktionäre ist gemäß §§ 139 Abs. 1, 140 Abs. 1 AktG nur ein mitgliedschaftliches Recht. Dieses erstarkt zu einem selbständigen übertragbaren Anspruch erst dann, wenn ein Gewinnverwendungsbeschluss von der Hauptversammlung gefasst wurde. Das gilt auch für den Nachzahlungsanspruch, dessen fehlender Ausgleich gemäß § 140 Abs. 2 AktG zum Aufleben des Stimmrechts der Inhaber der Vorzugsaktien führt.[304] Diese mitgliedschaftlichen Rechte waren vor ESUG den Regelungen des Insolvenzplans entzogen. 279

Dies hätte jedoch zur Folge, dass bei einem Gewinnverwendungsbeschluss nach abgeschlossener Sanierung über den Insolvenzplan, der Dividendenzahlungsanspruch zu einem selbständigen übertragbaren Anspruch erstarken würde. Im Ergebnis würden Dividendenzahlungsansprüche aus der Zeit vor der Sanierung – im Rang daher auf der Stufe von § 199 InsO stehend – zulasten der Gläubiger, die in erheblichem Maße auf ihre Ansprüche im Insolvenzplan verzichtet haben, befriedigt. Um diesen Wertungswiderspruch zu vermeiden, stufte der BGH die Forderung für Zwecke des Insolvenzplanverfahrens vor dem Hintergrund der automatischen Verzichtswirkung (§ 225 Abs. 1 InsO) als nachrangige Insolvenzgläubiger ein. Ein Bedürfnis für eine solche Rechtsfortbildung besteht mit Einführung des § 225a InsO indes nicht. **Nachzahlungsrechte von Aktionären können durch Satzungsregelungen gestaltet werden.** So kann etwa auch in der Satzung festgelegt werden, dass Nachzahlungsrechte der Vorzugsaktionäre im Insolvenzfall erlöschen.[305] Das Nachzahlungsrecht der Aktionäre kann durch einen satzungsändernden Hauptversammlungsbeschluss nach §§ 179 ff. AktG und zusätzlichen qualifiziert zustimmenden Sonderbeschluss der Vorzugsaktionäre nach § 141 AktG aufgehoben werden.[306] 280

Dieser satzungsändernde Beschluss und der Sonderbeschluss der Vorzugsaktionäre **kann nunmehr durch eine Regelung im gestaltenden Teil** des Insolvenzplans ersetzt werden (§ 225a InsO); zur Regelung von Satzungsänderungen im Insolvenzplan siehe ausführlich § 30 Rz. 39 ff. [*Brünkmans*]. Zu den planunterworfenen Rechtspositionen i. S. von § 225a InsO gehören sämtliche Verwaltungs- und Vermögensrechte, die mit der Mitgliedschaft in einem Verband verbunden sind, somit auch unselbständige Ansprüche von Vorzugsaktionären auf Nachzahlung von nicht geleisteten Vorzugsdividenden. Der Einstufung als nachrangige Insolvenzforderung i. S. von § 225 InsO bedarf es folglich nicht mehr.[307] Für die Gestaltung dieser Rechtspositionen nach § 225a InsO ist jedoch eine **ausdrückliche Regelung** im Insolvenzplan **erforderlich**, mit der Folge, dass auch die Aktionäre als Beteiligte an der Abstimmung über den Insolvenzplan einzubeziehen sind (§§ 238a, 243, 244 Abs. 3 InsO). 281

F. Gesellschaftsrechtliche Regelungen: Beschlüsse und Erklärungen der Anteilsinhaber

I. Grundsätze bei der Abfassung gesellschaftsrechtlicher Regelungen

Nach den Regelungen zur Gestaltung der Rechte der Gläubiger sollten in einem **separaten Gliederungspunkt** innerhalb des gestaltenden Teils des Insolvenzplans die Regelungen im Hinblick auf die Geschäftsanteile folgen. Bei der Abfassung der den Gesellschafterbe- 282

304) BGH, Urt. v. 15.4.2010 - IX ZR 188/09, ZInsO 2010, 1059, 1060 = ZIP 2010, 1039; so schon BGH, Urt. v. 8.10.1952 – II ZR 313/51, BGHZ 7, 263, 264 f.; *G. Bezzenberger/T. Bezzenberger* in: GroßKomm-AktG, § 139 Rz. 3; vgl. auch *Hirte/Mock*, ZInsO 2009, 1129 f.

305) BGH, Urt. v. 15.4.2010 - IX ZR 188/09, ZInsO 2010, 1059, 1060 = ZIP 2010, 1039.

306) *Bormann* in: BeckOGK-Aktienrecht, § 141 Rz. 6; *Arnold* in: MünchKomm-AktG, § 141 Rz. 2 f.; *Koch*, AktG, § 141 Rz. 3.

307) So auch *Eidenmüller* in: MünchKomm-InsO, § 225a, dort Fn. 23; K. Schmidt-*Spliedt*, InsO, § 225a Rz. 18; *Thies* in: HambKomm-InsR, § 225 InsO Rz. 1; a. A. *Fiebig* in: HK-InsO, § 225 Rz. 1.

schluss sowie ggf. der Individualerklärung der Anteilsinhaber ersetzenden Regelung sollte die **gängige Praxis für die Formulierung** von Gesellschafterbeschlüssen und Erklärungen der Anteilsinhaber für die konkrete Maßnahme **außerhalb des Insolvenzplans** beachtet werden. Innerhalb des Gliederungspunktes „Gesellschaftsrechtliche Regelung" hat sich die nachfolgende Reihenfolge bei der Untergliederung bewährt:

II. Fortsetzung der Gesellschaft

283 Zunächst sollte der Fortsetzungsbeschluss der Gesellschaft geregelt werden (siehe ausführlich § 30 Rz. 4 ff. [*Brünkmans*]).

III. Übertragung von Geschäftsanteilen

284 Nach § 225a Abs. 3 InsO kann im Insolvenzplan eine Regelung getroffen werden, welche die Übertragung von Geschäftsanteilen am Schuldner vorsieht. In diesem Fall werden die **Abtretungserklärungen der Anteilsinhaber** der Gesellschaft (§ 15 Abs. 3 GmbHG) durch eine entsprechende Planregelung formwirksam ersetzt. Unter dem Gliederungspunkt „Gesellschaftsrechtliche Regelung" sollten allerdings ausschließlich Regelungen bezüglich der Abtretung von Geschäftsanteilen an der Schuldnerin geregelt werden.

285 Abtretungserklärungen von Geschäftsanteilen, welche die Schuldnerin hält, etwa Beteiligungen an Tochtergesellschaften, sind hingegen im Gliederungspunkt „Verwertung der Insolvenzmasse" aufzunehmen. In diesem Fall ersetzt die Planregelung nämlich nicht die Erklärung der Anteilsinhaber (kein Fall des § 217 Abs. 1 Satz 2 InsO!), sondern die Erklärung der Schuldnerin (§ 217 Abs. 1 Satz 1 Fallgruppe 2 InsO, „Verwertung der Insolvenzmasse"); siehe ausführlich Rz. 292 ff.

IV. Kapitalmaßnahmen

286 Als gesellschaftsrechtliche Planregelung kommt in den meisten Fällen der Kapitalschnitt, d. h. eine Kombination aus vorheriger Herabsetzung des Stammkapitals und anschließender Erhöhung desselben in Betracht (siehe ausführlich § 30 Rz. 62 ff. [*Brünkmans*]). Der Kapitalherabsetzungs- und Kapitalerhöhungsbeschluss ist in Anlehnung an das allgemeine Gesellschaftsrecht zu formulieren. Gleiches gilt für die in diesem Zusammenhang zu erfolgenden Satzungsänderungen (siehe ausführlich § 30 Rz. 39 ff. [*Brünkmans*]).

V. Debt-to-Equity-Swap

287 Als besondere Form der Sachkapitalerhöhung ist in §§ 225a Abs. 2 Satz 1, 217 Satz 2 InsO seit Einführung des ESUG ausdrücklich die Umwandlung von Forderungen in Anteils- oder Mitgliedschaftsrechte möglich.

288 Der Insolvenzplan enthält in diesem Fall – in der Regel nach vorheriger Kapitalherabsetzung – eine Sachkapitalerhöhung als Regelung, wobei als Sacheinlage die Forderungen der Gläubiger festgesetzt werden (siehe ausführlich § 30 Rz. 315 ff. [*Brünkmans*]). Die Übernahmeerklärung des Gläubigers kann nach § 230 Abs. 2 InsO jedoch nicht durch eine Regelung im Insolvenzplan ersetzt werden, sondern hat vielmehr ausdrücklich zu erfolgen und die Übernahmeerklärung eines jeden Gläubigers ist als Anlage dem Insolvenzplan beizufügen. Die Sacheinlagenleistung erfolgt durch Abtretung (mit der Folge der Konfusion der Forderung) oder durch Forderungserlass. Zu den Einzelheiten des Debt-to-Equity-Swap siehe § 30 Rz. 306 ff. [*Brünkmans*], siehe auch oben Rz. 227 f.

VI. Umwandlungsmaßnahmen

Zunehmend enthalten Insolvenzpläne auch Maßnahmen nach dem Umwandlungsgesetz. 289
Die Umwandlungsbeschlüsse und ggf. nach den UmwG erforderliche Individualerklärungen der Anteilsinhaber des übertragenden Rechtsträgers werden dann durch eine Regelung im Insolvenzplan ersetzt.

1. Umwandlungsbeschluss der Gesellschafterversammlung nach § 13 UmwG

Die Zustimmung der Gesellschafterversammlung/Hauptversammlung des übertragenden 290
Rechtsträgers zur konkreten Umwandlungsmaßnahme § 13 UmwG kann durch eine entsprechende Regelung im Insolvenzplan des übertragenden Rechtsträgers ersetzt werden (siehe ausführlich § 30 Rz. 501 ff. [*Brünkmans*]).

2. Individualerklärung der Anteilsinhaber des übertragenden Rechtsträgers

Die effektive Umsetzung von Umwandlungsmaßnahmen macht es häufig erforderlich, 291
dass die **Anteilsinhaber** der an der Umwandlung beteiligten Rechtsträger auf bestimmte **Verfahrensgarantien verzichten.** Solche Einzelerklärungen können ebenfalls nach § 225a Abs. 1, Abs. 3 InsO durch eine Regelung im Insolvenzplan ersetzt werden (siehe ausführlich § 30 Rz. 501 ff. [*Brünkmans*]). Gleiches gilt für den Verzicht der Anteilsinhaber des übertragenden Rechtsträgers auf Gewährung von Geschäftsanteilen am übernehmenden Rechtsträger (§§ 54 Abs. 1 Satz 3, 68 Abs. 1 Satz 3 UmwG); siehe ausführlich § 30 Rz. 501 ff. [*Brünkmans*].

G. Regelungen über die Verwertung der Insolvenzmasse

I. Veräußerung und Belastung von Gegenständen der Insolvenzmasse, Erwerb zur Insolvenzmasse

Nach § 228 InsO können Rechte an Gegenständen durch eine Regelung im gestaltenden 292
Teil des Insolvenzplans begründet, geändert, übertragen oder aufgehoben werden, indem die erforderlichen Willenserklärungen der Beteiligten in den gestaltenden Teil des Insolvenzplans aufgenommen werden (§ 228 InsO). Gegenstand i. S. von § 228 InsO ist alles, was Objekt von Rechten sein kann.[308)]

Erfolgt im Regelverfahren die Verwertung der Insolvenzmasse in der Form zivilrechtli- 293
cher Rechtsgeschäfte durch den Insolvenzverwalter, insbesondere durch Abschluss von Kauf- und Übereignungsverträgen, eröffnet das Insolvenzplanverfahren die Option, die **Verwertung der Insolvenzmasse unmittelbar in einem Insolvenzplan zu regeln.** Als Regelung im gestaltenden Teil kann dabei lediglich die Erklärung des Schuldners als Verkäufer aufgenommen werden, nicht hingegen die Annahmeerklärung des Käufers (siehe dazu § 7 Rz. 81 ff. [*Brünkmans*]). Teilweise wird vertreten, dass die Zustimmung des Insolvenzverwalters erforderlich ist, wenn Regelungen über die Verwertung der Insolvenzmasse schon mit rechtskräftiger Planbestätigung wirksam werden sollen. Begründet wird dies damit, dass die Verfügungsbefugnis über die Insolvenzmasse gemäß § 259 Abs. 1 Satz 2 InsO erst mit der späteren Verfahrensaufhebung auf den Schuldner übergeht.[309)] Richtigerweise ist neben der Regelung der Schuldnererklärung zum masseverwertenden Rechtsgeschäft die **zusätzliche Zustimmung des Insolvenzverwalters nicht erforderlich**, weil die Verwaltungs- und Verfügungsbefugnis des Insolvenzverwalters aus § 80 Abs. 1 InsO

308) *Breuer* in: MünchKomm-InsO, § 228 Rz. 2; *Thies* in: HambKomm-InsR, § 228 InsO Rz. 2.

309) K. Schmidt-*Spliedt*, InsO, § 228 Rz. 1; für die generelle Aufnahme der Erklärung des Insolvenzverwalters *Fiebig* in: HK-InsO, 228 Rz. 5; *Breuer* in: MünchKomm-InsO, § 228 Rz. 4; wohl auch *Thies* in: HambKomm-InsR, § 228 InsO Rz. 5.

durch eine massebezogene Planregelung verdrängt wird (siehe dazu bereits § 7 Rz. 32 [*Brünkmans*]).[310] Der Insolvenzplan übernimmt in diesem Fall die Exekutivkompetenz der Gläubigerselbstverwaltung mit Außenwirkung in Ablösung des Insolvenzverwalters als eigentlichem Exekutivorgan.[311] Enthält der Insolvenzplan etwa eine Verkaufs- und Übertragungsregelung, so ist der Insolvenzverwalter nur noch unterstützend als „Vollzugsgehilfe" tätig, wie etwa bei der Übertragung des unmittelbaren Besitzes an den im Insolvenzplan veräußerten Sachen.[312]

294 Die **Erklärung des Dritten kann nicht im Insolvenzplan geregelt werden**. Diese ist entweder als echte Willenserklärungen als Anlage zum Insolvenzplan zu nehmen oder nach rechtskräftiger Bestätigung des Insolvenzplans gegenüber dem Insolvenzverwalter oder dem Schuldner[313] zu erklären. Entsprechend greift die Formfiktion aus § 254 InsO auch nur für die Erklärungen des Schuldners, nicht hingegen für die Erklärungen der außenstehenden Käufer (siehe ausführlich § 7 Rz. 127 ff. [*Brünkmans*]).[314]

295 Vor dem Hintergrund dieser eingeschränkten Regelungsgewalt werden Rechtsgeschäfte über die Masseverwertung eher selten im Insolvenzplan geregelt, sondern wie im Regelverfahren über gewöhnliche Rechtsgeschäfte des Insolvenzverwalters oder eigenverwaltenden Schuldners – ggf. aufschiebend bedingt auf die rechtskräftige Bestätigung des Insolvenzplans – umgesetzt. Hilfreich und kostensparend kann eine Planregelung zur Masseverwertung allerdings bei formbedürftigen Rechtsgeschäften wie den Folgenden sein:

- Bestellung oder Löschung von Grundpfandrechten,
- Kauf oder Verkauf und Abtretung von Gesellschaftsanteilen,
- Kauf oder Verkauf von Grundstücken, Erklärung der Auflassung des Schuldners nach (§ 925 Abs. 1 Satz 3 BGB) bei Veräußerung eines zur Insolvenzmasse gehörenden Grundstücks oder bei einem Erwerb zur Insolvenzmasse,
- Bewilligung einer Vormerkung §§ 883, 885 BGB, § 29 GBO bei der Veräußerung eines zur Insolvenzmasse gehörenden Grundstücks.

Praxishinweis

Die im Insolvenzplan betroffenen Grundstücksrechte sind unter Beachtung von § 28 GBO so genau zu bezeichnen, dass die Eintragung der Rechtsänderung im Grundbuch keine Schwierigkeit bereitet (§ 228 Satz 2 InsO). Gleiches gilt für die Begründung einer Vormerkung, die einen Anspruch auf Eintragung oder Aufhebung eines solchen Rechts sichert.[315]

296 Die Verfügungs- und Verpflichtungserklärungen der Schuldnerin werden durch die Planregelung unter Wahrung der Formvorschriften mit rechtskräftiger Bestätigung des Insolvenzplans ersetzt (§§ 254, 254a InsO). Hängt die Wirksamkeit der Verfügung neben der Abgabe der entsprechenden Willenserklärungen des Verfügungsgeschäftes noch von **zusätzlichen tatsächlichen Voraussetzungen ab**, etwa der Übergabe einer beweglichen Sache oder der Eintragung im Grundbuch, so werden diese nicht durch den Insolvenzplan

310) S. *Brünkmans*, ZIP 2015, 1052, 1053 f.; *Rendels/Zabel*, Insolvenzplan, Rz. 363; a. A. *Spahlinger* in: KPB, InsO, § 228 Rz. 3; *Breuer* in: MünchKomm-InsO, § 228 Rz. 5; K. Schmidt-*Spliedt*, InsO, § 228 Rz. 2.

311) *Kluth*, ZInsO 2002, 1115, 1117; *Kluth*, ZInsO 2002, 258, 263 f.; *Kluth*, NZI 2000, 351, 353.

312) *Kluth*, ZInsO 2002, 1115, 1117.

313) Gegenüber dem Schuldner im Fall der Eigenverwaltung oder wenn die Erklärung nach Aufhebung des Insolvenzverfahrens abgegeben wird.

314) *Brünkmans*, ZIP 2015, 1052, 1053 f.; a. A. *Eidenmüller*, MünchKomm-InsO, § 217 Rz. 161.

315) RegE InsO z. § 228, BT-Drucks. 12/2443.

ersetzt (siehe oben § 7 Rz. 15 ff. [*Brünkmans*]). Die Verfügung wird erst mit Erfüllung der zusätzlichen Voraussetzungen nach den allgemeinen Regeln wirksam.

Praxishinweis

Da bei der Veräußerung von Gegenständen der Insolvenzmasse nur die Erklärung des Schuldners, nicht jedoch des außenstehenden Vertragspartners im gestaltenden Teil des Insolvenzplans geregelt werden können (siehe § 7 Rz. 23 ff., 81 ff. [*Brünkmans*]),[316] sollte das Angebot des außenstehenden Dritten – z. B. Kauferklärung des Investors – vorab abgegeben und ggf. beurkundet und als Anlage dem Insolvenzplan beigefügt werden. Über die Insolvenzplanregelung nimmt der Schuldner dieses Angebot dann formwirksam (§ 254a InsO) an.

Formulierungsbeispiel (Annahmeerklärung des Schuldners im gestaltenden Teil des Insolvenzplans bzgl. eines Kaufangebots für GmbH Geschäftsanteile)

„Das Angebot der Investor GmbH vom [...] (Ur-Nr. [...]/[...] des Notars [...]) gerichtet auf den Kauf und die Abtretung sämtlicher, von der Schuldnerin gehaltenen Geschäftsanteile an der Tochter-GmbH (Anlage 2 zum Insolvenzplan) wird angenommen."

II. Übertragende Sanierung

Bei der übertragenden Sanierung wird das Unternehmen der Schuldnerin als organisierte Einheit bestehend aus Sachen, Rechten (Forderungen, Beteiligungen, Vertragsrechten, gewerblichen Schutzrechten u. a.) sowie unkörperlichen Vermögenswerten wie z. B. Know-how, Goodwill, Bezugsquellen, Geschäftsbeziehungen, Kundenstamm an einen Dritten **im Wege eines Asset Deals verkauft und übertragen.** Der Vollzug des Kaufvertrages erfolgt im Wege der Einzelrechtsübertragung. Der sachenrechtliche Bestimmtheitsgrundsatz ist bei der Übertragung der Vermögensgegenstände zu beachten. Eine – wie etwa aus dem Umwandlungsrecht §§ 20 Abs. 1 Nr. 1, 131 Abs. 1 Nr. 1 UmwG bekannte – Gesamtrechtsnachfolge (Universalsukzession) findet nicht statt.[317] 297

Im Regelverfahren wird die übertragende Sanierung nach allgemeinen Grundsätzen eines Asset Deals umgesetzt. Der Insolvenzverwalter schließt einen Kaufvertrag mit dem Erwerber des Unternehmens ab und überträgt die Vermögensgegenstände durch einen dinglichen Übereignungsvertrag, der in der Regel bereits mit dem Kaufvertrag verbunden ist. Der Käufer hat den Kaufpreis an den Insolvenzverwalter zu zahlen. Der vom Insolvenzverwalter eingezogene Kaufpreis wird an die Gläubiger zur Befriedigung ihrer Forderungen ausgekehrt. 298

Die übertragende Sanierung kann über einen Insolvenzplan erfolgen. In diesem Fall können nach allgemeinen Grundsätzen über die Veräußerung von Gegenständen der Insolvenzmasse (siehe dazu Rz. 292 ff.) die Verkaufs- und Übertragungserklärungen des Schuldners bezogen auf die einzelnen Vermögensgegenstände im gestaltenden Teil des Insolvenzplans geregelt werden. Falls der Erwerber nicht ausnahmsweise die Voraussetzungen einer Übernahmegesellschaft i. S. von § 260 Abs. 3 InsO erfüllt (siehe dazu unten Rz. 308 ff.), können die Erklärungen des Erwerbers nicht im gestaltenden Teil des Insolvenzplans geregelt werden. 299

Allerdings lässt sich die übertragende Sanierung **in der Praxis** grundsätzlich **schneller und effektiver** über einen **gewöhnlichen Unternehmenskauf- und Übertragungsvertrag** zwischen Insolvenzverwalter und Käufer umsetzen.[318] 300

---

316) So auch *Rendels/Zabel*, Insolvenzplan, Rz. 363; a. A. *Eidenmüller*, ZGR 2001, 680, 694.

317) *Kluth*, ZInsO 2002, 1115.

318) S. a. *Wellensiek*, NZI 2002, 233.

301 Die isolierten „Übertragungspläne" führen zwar zur Reduzierung von Transaktionskosten, wenn der Kaufvertrag und die Übertragung der Vermögensgegenstände – etwa wegen Grundstücken oder wegen Veräußerung des gesamten Vermögens – nach § 311b BGB der notariellen Beurkundung bedürften, weil die Form bei einer Insolvenzplanregelung nach § 254a InsO ersetzt wird. Allerdings ist nach der hier vertretenen Auffassung die **Annahmeerklärung des Käufers ohnehin beurkundungspflichtig**, da mangels Beteiligteneigenschaft § 254a InsO nicht greift (siehe § 7 Rz. 127 ff. [*Brünkmans*]). Ferner wird dieser Vorteil aufgrund des Kosten- und Zeitaufwands des Insolvenzplanverfahrens weitgehend aufgewogen. Die Umsetzung einer übertragenden Sanierung über eine Insolvenzplanregelung ergibt vor dem Hintergrund des damit verbundenen Verfahrensaufwandes nur dann Sinn, wenn es sich um eine Veräußerung eines Betriebsteiles (siehe dazu nachfolgend Rz. 304 ff.) handelt, darüber hinaus das Insolvenzplanverfahren für eine Sanierung des Rechtsträgers oder eines verfahrensleitenden Insolvenzplans[319] ohnehin erforderlich ist.[320]

III. Veräußerung von nicht betriebsnotwendigem Vermögen

302 Nicht selten sieht das über den Insolvenzplan umzusetzende leistungswirtschaftliche Sanierungskonzept die Konzentration auf das Kerngeschäft und das Abstoßen unlukrativer Geschäftsbereiche vor. Dadurch wird nicht betriebsnotwendiges Vermögen freigesetzt, welches bestmöglich veräußert und schließlich für die Befriedigung der Gläubiger verwendet werden kann.

303 Um einen bestmöglichen Verwertungserlös zu erreichen, erfolgt die Verwertung des nicht betriebsnotwendigen Vermögens in der Praxis häufig i. R. von Besserungsscheinen (siehe oben Rz. 29 ff.). Das Insolvenzplanverfahren kann dann zügig zu Ende geführt werden und die nicht betriebsnotwendigen Vermögensgegenstände – entweder i. R. einer Planüberwachung gemäß §§ 260 ff. InsO oder i. R. einer Treuhandkonstruktion – bestmöglich verwertet und an die Gläubiger ausgeschüttet werden.[321] Das betriebsnotwendige Vermögen verbleibt hingegen bei der Schuldnerin oder wird (teilweise) als Sachgesamtheit i. R. einer übertragenden Sanierung auf einen Käufer oder einer Übernahmegesellschaft übertragen (siehe nachfolgend Rz. 304 ff.). Für die Übertragung der Vermögensgegenstände gelten die oben dargestellten Grundsätze, siehe Rz. 282 ff.

IV. Übertragung von Unternehmen oder Betriebsteilen auf eine Übernahmegesellschaft

1. Abgrenzung übertragende Sanierung/Übertragung auf Übernahmegesellschaft

304 Für die klassische übertragende Sanierung bietet der Insolvenzplan keine wesentlichen Vorteile, sodass sie effizienter über einen durch Insolvenzverwalter oder Schuldner in der Eigenverwaltung abgeschlossenen Kauf-und Übernahmevertrag im Regelinsolvenzverfahren/neben dem Insolvenzplan umgesetzt werden kann (siehe oben Rz. 297 ff.). Insbesondere können Erklärungen des Erwerbers oder der Erwerbsgesellschaft nicht durch eine Insolvenzplanregelung ersetzt werden (siehe ausführlich § 7 Rz. 81 ff. [*Brünkmans*]). Davon zu unterscheiden ist jedoch die Übertragung von Unternehmensteilen auf eine Übernahmegesellschaft.

305 Übernahmegesellschaften dienen nicht dem Zweck des Kaufes. Vielmehr werden das Unternehmen, Betriebe oder Betriebsteile auf die Übernahmegesellschaft übertragen, um

319) Dieser ist etwa für die Umsetzung einer Ausgliederung oder Abspaltung aus der Insolvenz erforderlich, dazu ausführlich, *Brünkmans*, ZInsO 2014, 2533 ff.; s. a. unten § 30 Rz. 484 ff. [*Brünkmans*].

320) Ähnlich *Curtze* in: Bork/Hölzle, Hdb. Insolvenzrecht, Kap. 14 Rz. 64 ff.

321) Vgl. *Balthasar* in: Kübler/Bork/Prütting, HRI II, § 22 Rz. 76.

diese dann – in der Regel entschuldet, frei von Altverbindlichkeiten – fortzuführen.[322] Durch die Übertragung der Vermögensgegenstände entstehen keine finanziellen Belastungen, da diese im Insolvenzverfahren entweder „causa societatis" oder auf der Grundlage einer speziellen insolvenzverfahrensrechtlichen Auseinandersetzungsvereinbarung[323] erfolgt. Als Gesellschafter einer Übernahmegesellschaft kommen neben den Gesellschaftern des Schuldners auch die Insolvenzgläubiger in Betracht.[324] Häufig werden die Geschäftsanteile auch vom Insolvenzverwalter treuhänderisch für die am Verfahren beteiligten Gläubiger gehalten.[325]

Die fortführungswürdigen Betriebsteile können nach Übertragung auf die Übernahmegesellschaft außerhalb des Insolvenzverfahrens saniert werden und es können im Wege eines Investorenprozesses Finanzinvestoren oder strategische Investoren gesucht werden, welche das sanierte Unternehmen durch Erwerb der Geschäftsanteile (Share Deal) übernehmen. Ein Verkauf unter Zeitdruck mit für die Masse ungünstigem Kaufpreis (Fire Sale) lässt sich durch solche Übergangslösungen vermeiden. Der Kaufpreiszahlungsanspruch fällt in die Masse und dient der Befriedigung der Gläubiger. 306

Erfüllt die Gesellschaft die besonderen Voraussetzungen einer Übernahmegesellschaft i. S. von § 260 Abs. 3 InsO, kann die vorbereitende Übertragung der Vermögensgegenstände abschließend im gestaltenden Teil des Insolvenzplans geregelt werden, weil die Übernahmegesellschaft Beteiligte des Insolvenzplanverfahrens i. S. von § 217 InsO und damit zwangsweise planunterworfen ist. 307

2. Voraussetzungen einer Übernahmegesellschaft i. S. von § 260 Abs. 3 InsO

Bei einer Übernahmegesellschaft handelt es sich gemäß § 260 Abs. 3 InsO um eine juristische Person oder rechtsfähige Personengesellschaft, die **nach der Eröffnung des Insolvenzverfahrens gegründet** worden ist, **um das Unternehmen oder einen Betrieb des Schuldners zu übernehmen und weiterzuzuführen.** 308

Dem Wortlaut des § 260 Abs. 3 InsO nach ist für die Qualifizierung als Übernahmegesellschaft wesentlich, dass der Zeitpunkt der Gründung nach Eröffnung des Insolvenzverfahrens liegt. Zweck dieser Beschränkung ist, dass sich die Personen, die sich an dem neuen Unternehmen beteiligen, von vornherein auf die mit der Planüberwachung verbundenen Einschränkungen des Geschäftsbetriebs haben einstellen können, weil sich die Planüberwachung i. S. von § 260 Abs. 1 und 2 InsO auch auf die Übernahmegesellschaft erstrecken kann.[326] Einer bereits vor Verfahrenseröffnung bestehenden Gesellschaft sowie ihren Gesellschaftern und Gläubigern mögen die aus der Planüberwachung folgenden Einschränkungen hingegen mangels Vorhersehbarkeit nicht zuzumuten sein.[327] Unter Gründung nach Eröffnung des Insolvenzverfahrens i. S. des § 260 Abs. 3 InsO wird man richtigerweise auch die **wirtschaftliche Neugründung** verstehen können. Somit kann auch die bereits vor Verfahrenseröffnung gegründete Vorratsgesellschaft eine Übernah-

322) So etwa geschehen in den öffentlichkeitswirksamen Fällen *BenQ*, *Agfa*, *Südzucker*, *Babcock Borsig* und *Karmann*, vgl. *Brete/Thomsen*, NJOZ 2008, 4159, 4159.

323) *Kluth*, ZInsO 2002, 1115, 1118.

324) *Brete/Thomsen*, NJOZ, 2008, 4159, 4159.

325) *R.-D. Mönning* in: Kübler/Bork/Prütting, HRI II, § 42 Rz. 59.

326) Begr. RegE InsO, BT-Drucks. 12/2443; *Pleister* in: KPB, InsO, § 260 Rz. 22.

327) *Pleister* in: KPB, InsO, § 260 Rz. 22.

megesellschaft sein, sofern diese Gesellschaft nicht mit Verbindlichkeiten belastet ist und alle Gesellschafter der wirtschaftlichen Neugründung zustimmen.[328)]

310 Entscheidende Voraussetzung für die Qualifizierung als Übernahmegesellschaft ist, dass die Übernahmegesellschaft **keine anderen Ziele als die Übernahme und Fortführung des insolventen Unternehmens oder einzelner seiner Betriebsteile verfolgt.**[329)] Dies sollte in der Satzung der Gesellschaft beim Unternehmensgegenstand ausdrücklich geregelt werden.

3. Regelungsoptionen für eine Übernahmegesellschaft im gestaltenden Teil des Insolvenzplans

311 Sind die oben (siehe Rz. 308 ff.) dargestellten Voraussetzungen einer Übernahmegesellschaft i. S. von § 260 Abs. 3 InsO gegeben, kann diese als zwangsweise planunterworfene Beteiligte wie folgt in den Insolvenzplan der Schuldnerin einbezogen werden:

- Das **Aktivvermögen** der Schuldnerin kann über eine Regelung im gestaltenden Teil (teilweise) auf die Übernahmegesellschaft **übertragen** werden. Für diese Vermögensübertragung können die **Willenserklärungen der Schuldnerin und der Übernahmegesellschaft (Übereignungsvertrag) durch eine Regelung im Insolvenzplan** ersetzt werden (§ 228 InsO); siehe § 7 Rz. 32 [*Brünkmans*]. Ist die Schuldnerin gleichzeitig Gesellschafterin der Übernahmegesellschaft, erfolgt die Übertragung causa societatis als Sacheinlage einer Sachkapitalerhöhung oder als sonstige Zahlung in die Kapitalrücklage. Werden die Geschäftsanteile treuhänderisch für die Gläubiger gehalten, kommt auch eine im gestaltenden Teil des Insolvenzplans geregelte insolvenzspezifische Auseinandersetzungsvereinbarung in Betracht (siehe oben Rz. 305).
- Auch die **Passiva der Schuldnerin** können durch eine Regelung im gestaltenden Teil des Insolvenzplans von der Schuldnerin auf die Übernahmegesellschaft übertragen oder i. S. eines Schuldbeitritts erweitert werden (vgl. § 260 Abs. 3 InsO).
- Für den Fall, dass für die Insolvenzgläubiger im gestaltenden Teil des Insolvenzplans Ansprüche gegen die Übernahmegesellschaft begründet wurden, kann zulasten der Übernahmegesellschaft die **Planüberwachung** mit den in § 260 InsO geregelten Einschränkungen angeordnet werden. Insbesondere kann vorgesehen werden, dass bestimmte Rechtsgeschäfte der Übernahmegesellschaft während der Zeit der Überwachung nur wirksam sind, wenn der Insolvenzverwalter ihnen zustimmt (§ 263 InsO).

312 Für sämtliche oben beschriebenen Gestaltungswirkungen ist die **Zustimmung der Übernahmegesellschaft nicht erforderlich.**[330)] Zwar können die Rechte eines außenstehenden Dritten nicht durch eine Planregelung gestaltet werden. Erfüllt die Übernahmegesellschaft die Voraussetzungen nach § 260 Abs. 3 InsO, d. h. wird die Gesellschaft gerade für den Zweck der Fortführung eines im Insolvenzverfahren befindlichen Unternehmens oder Betriebes gegründet, bleibt indes nach der Konzeption der Insolvenzordnung die Übernahmegesellschaft nicht außenstehende Dritte, sondern wird vielmehr als eine Art „Wurmfortsatz" der Insolvenzschuldnerin zwangsweise planunterworfen.[331)]

---

328) Für diese Möglichkeit: *Thies* in: HambKomm-InsR, § 260 InsO Rz. 5; Uhlenbruck-*Streit*, InsO, § 260 Rz. 14; *Stephan* in: MünchKomm-InsO, § 260 Rz. 26; dagegen: *Pleister* in: KPB, InsO, § 260 Rz. 24.

329) Uhlenbruck-*Streit*, InsO, § 260 Rz. 14.

330) A. A. *Eidenmüller* in: MünchKomm-InsO, § 217 Rz. 91.

331) Vgl. Kübler/Prütting/Noack-*Noack*, Gesellschaftsrecht, S. 58 Rz. 137; *Noack/Bunte*, KTS 2005, 129, 135.

§ 260 Abs. 3 InsO setzt voraus, dass die Begründung von Ansprüchen der Insolvenzgläubiger gegen die Übernahmegesellschaft durch eine Regelung im gestaltenden Teil des Insolvenzplans erfolgen kann 313

> „[…] Erfüllung der Ansprüche, die den Gläubigern nach dem gestaltenden Teil gegen eine juristische Person oder rechtsfähige Personengesellschaft [= Übernahmegesellschaft] zustehen […]".

Wenn schon die Passiva der Schuldnerin über eine Regelung im gestaltenden Teil des Insolvenzplans auf die Übernahmegesellschaft übertragen bzw. auf diese erstreckt werden können, dann gilt dies erst recht für die Übertragung von Aktivvermögen. 314

Für die Begründung von Ansprüchen der Insolvenzgläubiger gegen die Übernahmegesellschaft besteht in der Praxis jedoch selten ein Bedürfnis, denn die Übertragung von Unternehmen und Betriebsteilen auf eine Übernahmegesellschaft dient in der Regel der Vorbereitung eines Abverkaufes[332] nach vorheriger leistungswirtschaftlicher Sanierung. Die Übertragung auf einen anderen Rechtsträger „frei von Altverbindlichkeiten" ist gerade der Vorteil der Auffanglösung. 315

4. Wirkung einer Einzelübertragung auf Übernahmegesellschaft kraft Planregelung

Liegen die Voraussetzungen für eine Übernahmegesellschaft i. S. von § 260 Abs. 3 InsO vor, so können die Willenserklärungen für das Grundverhältnis und die dinglichen Übereignungs- und Abtretungserklärungen für die Übertragung von Vermögensgegenständen der Schuldnerin auf die Übernahmegesellschaft durch eine Regelung im gestaltenden Teil des Insolvenzplans ersetzt werden (§ 228 InsO); siehe allgemein § 7 Rz. 6 ff., 23 ff. [*Brünkmans*]). Die **Vermögensgegenstände** gehen in diesem Fall mit rechtskräftiger Bestätigung des Insolvenzplans im Wege der **Einzelrechtsnachfolge auf die Übernahmegesellschaft** über, wenn die **übrigen Übereignungstatbestände** – wie etwa Besitzübergabe i. S. von § 929 Satz 1 BGB – erfüllt sind. Für die Übertragung von Unternehmens- und Betriebsteilen auf eine Übernahmegesellschaft sind daher – wie bei einem Unternehmenskauf im Wege eines Asset Deals oder einer Ausgliederung nach UmwG – die Vermögensgegenstände, die auf die Übernahmegesellschaft übertragen werden sollen, hinreichend bestimmt aufzulisten.[333] 316

Bei **formbedürftigen Rechtsgeschäften** – wie etwa bei der Übertragung von Geschäftsanteilen (§ 15 Abs. 3 und 4 GmbHG) oder Grundstücken (§ 925 BGB Auflassung) – werden diese durch die Formfiktion aus § 254a InsO für Insolvenzplanregelungen gewahrt. Der **Bestimmtheitsgrundsatz** ist auch bei der Übertragung von Passiva durch eine Regelung im gestaltenden Teil des Insolvenzplans zu beachten. 317

Bei der Übertragung eines Unternehmens auf eine Übernahmegesellschaft ist stets die **Haftung** desselben **für Altverbindlichkeiten** nach § 25 Abs. 1 Satz 1 HGB, für Ansprüche der Arbeitnehmer aus § 613a BGB sowie für betriebsbezogene Steuerverbindlichkeiten nach § 75 AO zu beachten. Die Rechtsprechung nimmt bei einer Unternehmensveräußerung im Regelinsolvenzverfahren durch den Insolvenzverwalter eine teleologische Reduktion dieser Haftungsvorschriften an.[334] Diese telelogische Reduktion ist richtiger- 318

332) S. dazu ausführlich *Brünkmans*, ZIP 2014, 1857; *Simon/Brünkmans*, ZIP 2014, 657.

333) S. für den Asset Deal *Heckschen/Scherz* in: Beck'sches Notar-Hdb., § 25 Rz. 9 ff.; *Thurn/Ziegenhain* in: BeckFormB ZivilR, N. 4; für die Ausgliederung s. Semler/Stengel/Leonard-*Schröer/Greitemann*, UmwG, § 126 Rz. 55, 61–78; Henssler/Strohn-*Galla/Ce. Müller*, GesR, § 126 Rz. 22; Schmitt/Hörtnagl-*Hörtnagl*, UmwG/UmwStG, § 126 UmwG Rz. 60.

334) BGH, Urt. v. 4.11.1991 – II ZR 85/91, ZIP 1992, 398 = NJW1992, 911; BGH, Urt. v. 11.4.1988 – II ZR 313/87, NJW 1988, 1912 = ZIP 1988, 727; BAG, Urt. v. 20.9.2006 – 6 AZR 215/06, ZIP 2007, 386 = NJW 2007, 942, dazu EWiR 2007, 497 (*Joost*).

weise auch bei einer Übertragung auf die Übernahmegesellschaft durch einen Insolvenzplan anzunehmen.[335)]

319 Die Haftung nach § 25 HGB, § 75 AO und § 613a BGB kann i. Ü. hilfsweise durch eine entsprechende Regelung im gestaltenden Teil des Insolvenzplans ausgeschlossen werden. Ein solcher Haftungsausschluss ist auch mit § 254 Abs. 2 Satz 1 InsO vereinbar, da die Haftung der Übernahmegesellschaft erst mit Rechtskraft der Planbestätigung begründet würde.[336)]

V. Gestaltung von Forderungen des Aktivvermögens

320 Auch Forderungen des Aktivvermögens gegen Dritte – wie etwa Schadensersatzansprüche – können im gestaltenden Teil geregelt werden, insbesondere der teilweise Erlass dieser Forderung.[337)] Entsprechende Regelungen fallen unter die 2. Fallgruppe Verwertung der Insolvenzmasse. Die Verwertung von Forderungen erfolgt nämlich nicht durch Veräußerung, sondern Einziehung. Sämtliche zur Insolvenzmasse gehörenden Ansprüche – inklusive der insolvenzspezifischen – können im Insolvenzplan etwa in Form eines **Erlasses, einer Stundung** oder in anderer Weise gestaltet werden.[338)]

321 Ist für die Gestaltung des Anspruchs die Annahmeerklärung des Schuldners der Forderung (Drittschuldner) erforderlich, ersetzt die Planregelung dessen Annahmeerklärung des Drittschuldners nicht, weil der Drittschuldner im Hinblick auf die Forderung nicht zwangsweise planunterworfen ist.[339)] Die für die Gestaltung der Forderung erforderliche **Annahmeerklärung des Drittschuldners** erfolgt nach **allgemeiner Rechtsgeschäftslehre** und ist ggf. als Anlage dem Insolvenzplan beizufügen.

322 Als Regelungen kommen insbesondere in Betracht die Gestaltung von Ansprüchen aus Insolvenzanfechtung, Haftungsansprüche gegen Gesellschafter und Geschäftsführer aus der Vergangenheit, bezüglich derer ein Schlussstrich gezogen werden soll. Bei Erlassregelungen ist allerdings zu beachten, dass diese – abgesehen von fehlender Einbringlichkeit – zu einem Vermögensverlust führen. Daher ist bei einer **Erlassregelung im Insolvenzplan** stets die Frage zu stellen, ob diese ggf. mit **zwingenden Vorschriften zu vereinbaren** ist[340)] und ob der Insolvenzplan insgesamt eine **Besserstellung der Gläubiger zum Regelverfahren** (§ 251 InsO) bietet. Für die Überzeugungskraft der Vergleichsrechnung kommt es entscheidend darauf an, dass die Haftungsansprüche und Erfolgsaussichten einer klageweisen Geltendmachung im Regelverfahren und evtl. Kompensationszahlungen oder sonstige Sanierungsbeiträge der Beteiligten genau und überzeugend dargestellt werden.

323 Zur Regelung und Gestaltung von Organhaftungs-, Anfechtungs- und sonstigen Ansprüchen der Insolvenzmasse siehe ausführlich § 11 [*Thole*].

---

335) So auch *Eidenmüller* in: MünchKomm-InsO, § 217 Rz. 92.

336) So auch *Eidenmüller* in: MünchKomm-InsO, § 217 Rz. 92; entsprechend für die Haftung aus § 133 UmwG s. a. *Simon/Brünkmans*, ZIP 2014, 657, 664 ff.; *Brünkmans*, ZInsO 2014, 2533, 2552 f.; s. a. unten § 30 Rz. 516 ff. [*Brünkmans*].

337) *Eidenmüller* in: MünchKomm-InsO, § 217 Rz. 121.

338) *Eidenmüller* in: MünchKomm-InsO, § 217 Rz. 118; *Fiebig* in: HK-InsO, § 217 Rz. 4; K. Schmidt-*Spliedt*, InsO, § 217 Rz. 10.

339) **Anders** wohl *Fiebig* in: HK-InsO, § 217 Rz. 4.

340) Vgl. etwa § 93 Abs. 4 Satz 4 AktG zur Regelung der Haftung des Vorstandes gegenüber der AG bei Verstoß gegen die Geschäftsleiterpflichten aus § 93 AktG.

VI. Regelung der Einziehung von Forderungen nach Aufhebung des Insolvenzverfahrens

Neben der unmittelbaren materiell-rechtlichen Gestaltung von Forderungen der Insolvenzmasse kann im gestaltenden Teil des Insolvenzplans auch die **Einziehung der Forderung** und **Auskehrung des Erlöses an die Gläubiger nach Aufhebung des Insolvenzverfahrens** geregelt werden. Es handelt sich dabei um Regelungen der 2. Fallgruppe (Verwertung der Insolvenzmasse) und 3. Fallgruppe (Verteilung der Insolvenzmasse) aus § 217 Abs. 1 Satz 1 InsO. Im Hinblick auf die Regelung der Erlösverteilung besteht die Gestaltungsoption, den Erlös an das sanierte Unternehmen zurückfließen zu lassen oder an die Gläubiger auf der Grundlage eines sog. Besserungsscheines auszuschütten.[341] Als Einziehungsberechtigter nach Aufhebung des Insolvenzverfahrens kommt der Schuldner in Betracht. Der Insolvenzplan kann auch einen **Treuhänder zur Einziehung ermächtigen.** In diesem Fall sind die nach Aufhebung des Insolvenzverfahrens einzuziehenden Ansprüche auch an den Treuhänder über eine Planregelung abzutreten (siehe dazu oben Rz. 192 ff.). Der Insolvenzverwalter kann – abgesehen vom Sonderfall von Anfechtungsansprüchen unter den Voraussetzungen nach § 259 Abs. 3 InsO – wegen Wegfalls seiner Masseverwaltungs- und Verfügungsbefugnis nach Aufhebung des Insolvenzverfahrens (§ 259 Abs. 1 Satz 2 InsO) nicht mit der Einziehung ermächtigt werden (siehe Rz. 366 ff.). Allerdings kann die Person des Insolvenzverwalters die Funktion des Einziehungstreuhänders übernehmen. 324

Formulierungsbeispiel

„(1) Der Sachwalter prüft derzeit etwaige (Haftungs-)Ansprüche gegen die Vorstände und Aufsichtsräte der Schuldnerin unter anderem aufgrund verspäteter Insolvenzantragstellung und Zahlungen nach Eintritt der Zahlungsunfähigkeit.

(2) Die Schuldnerin tritt an den Sachwalter nicht in seiner Eigenschaft als Sachwalter über das Vermögen der Schuldnerin, sondern als Treuhänder eines separaten Treuhandverhältnisses („**Treuhänder**") sämtliche etwaigen Ansprüche der Schuldnerin gegen die (ehemaligen) Mitglieder ihres Vorstands und Aufsichtsrats ab.

(3) Der Treuhänder hat die Abtretung gemäß vorstehender Ziffer (2) bereits aufgrund der als Anlage beigefügten Erklärung angenommen.[342]

(4) Der Auftrag zur Einziehung von Forderungen der Schuldnerin beschränkt sich auf die in vorstehender Ziffer (2) abgetretenen Ansprüche der Schuldnerin.

(5) Der Treuhänder wird auf der Grundlage der als **Anlage 4** diesem Insolvenzplan anliegenden Treuhandvereinbarung („**Treuhandvereinbarung**") das Bestehen sowie ggf. eine Verfolgung der gemäß vorstehender Ziffer (2) an ihn abgetretenen (Haftungs-)Ansprüche prüfen und wird ermächtigt, diese (Haftungs-)Ansprüche nach eigenem freien Ermessen durchzusetzen oder von einer Durchsetzung Abstand zu nehmen.

(6) Der Treuhänder wird hiermit ermächtigt im Sinne der vorstehenden Ziffern (1) bis (5) und nach Maßgabe der Treuhandvereinbarung eigenverantwortlich Prozesse zu führen und Vergleiche zu schließen.

(7) Der Treuhänder handelt als Treuhänder für die Gläubiger. Der eingezogene Erlös wird durch den Treuhänder nach Maßgabe des § 3 der Treuhandvereinbarung an die Gläubiger ausgekehrt.

(8) Der Treuhänder legt einmal jährlich, erstmals zum […] Rechnung über den Stand der (Haftungs-)Ansprüche, der eingezogenen Beträge und der aufgelaufenen Kosten gemäß § 4 der Treuhandvereinbarung."

---

341) *Balthasar* in: Kübler/Bork/Prütting, HRI II, § 22 Rz. 121.

342) Der Treuhänder selbst ist nicht Beteiligter (s. hierzu § 7 Rz. 23 ff. [*Brünkmans*]), daher kann seine Annahme nicht im Insolvenzplan selbst mit Wirkung gegen ihn verortet werden.

H. Gestaltung von Vertragsverhältnissen

I. Überblick

325 Für die Fortführung des Unternehmens nach erfolgreicher Sanierung über einen Insolvenzplan ist es häufig essenziell, den **Fortbestand von Dauerschuldverhältnissen** wie Mietverträgen und Verträgen mit Lieferanten und Kunden **zu garantieren.** Häufig besteht jedoch auch umgekehrt ein Bedürfnis, zu gewährleisten, dass sich der Schuldner von schlechten Verträgen trennt und nach Aufhebung des Insolvenzverfahrens und vorausgegangener rechtskräftiger Bestätigung des Insolvenzplans von solchen nachteiligen Verträgen befreit ist.

326 Vor dem Hintergrund stellt sich die Frage, ob der **Fortbestand, die Änderung oder gar die Begründung von Dauerschuldverhältnissen** über eine Regelung im Insolvenzplan möglich ist oder in sonstiger Weise in das Insolvenzplankonzept eingebunden werden kann.

II. Regelungen bzgl. Fortbestand von Vertragsverhältnissen

1. Regelung zur Aufrechterhaltung alter Vertragsverhältnisse (§ 103 InsO)

327 Nach überwiegender Auffassung kann das Wahlrecht des Insolvenzverwalters aus § 103 InsO nicht durch eine Regelung im gestaltenden Teil ersetzt werden.[343] Die Ausübung des Wahlrechts sei dem Insolvenzverwalter und in der Eigenverwaltung nach § 279 InsO dem Schuldner vorbehalten. Diese Auffassung kann jedoch nicht überzeugen. Es ist vielmehr zu differenzieren. Die **Ausübung des Wahlrechts** in Bezug auf eine **Erfüllungsablehnung** kann als „Verwertung der Insolvenzmasse" (§ 217 Abs. 1 Satz 1 Fallgruppe 2 InsO) durchaus Regelungsbestandteil eines Insolvenzplans sein. Ob dies praktikabel ist oder sich praktisch besser als Planumsetzungsmaßnahme durch den Insolvenzverwalter umsetzen lässt, ist dabei eine andere Frage.

328 Die **Ausübung des Wahlrechts in Bezug auf eine Erfüllungswahl** muss hingegen weiterhin ausschließlich dem Insolvenzverwalter obliegen, da seine persönliche Haftung aus § 61 InsO und der damit einhergehende Vertrauensschutz des Gläubigers nicht durch den Insolvenzplan gewährleistet werden kann.[344] Ist der Fortbestand eines bestimmten Vertrages für die Umsetzung des Sanierungskonzepts erforderlich, so hat der Insolvenzverwalter entweder die Erfüllung nach § 103 InsO noch vor Aufhebung des Insolvenzverfahrens entsprechend zu erklären oder einen neuen Vertrag abzuschließen. Zur Möglichkeit der Regelung eines neuen Vertrages/Änderung der Konditionen im Insolvenzplan siehe nachfolgend Rz. 333 ff.

2. Regelung über den Ausschluss von Kündigungsrechten alter Vertragsverhältnisse

329 Ungeachtet der Vereinbarkeit sog. Lösungsklauseln mit den Grundprinzipien der §§ 103 ff. InsO werden im Kontext einer Unternehmenskrise häufig Kündigungsgründe verwirklicht, die den Vertragspartner ggf. zur Kündigung von essentiellen Dauerschuldverhältnissen wie Kredit-, Miet-, Pacht- oder Lizenzverträgen berechtigen.[345] Vor diesem Hintergrund stellt sich die Frage, ob im Insolvenzplan der Ausschluss von Kündigungs- oder Rücktrittsrechten geregelt werden kann.

---

343) Ganz h. M., vgl. nur *Eidenmüller* in: MünchKomm-InsO, § 217 Rz. 101, 121; *Thies* in: HambKomm-InsR, § 217 InsO Rz. 7; *Fiebig* in: HK-InsO, § 217 Rz. 10; *Balthasar* in: Kübler/Bork/Prütting, HRI II, § 22 Rz. 68, 79.

344) In der Eigenverwaltung gilt entsprechendes für die Ausübung durch den Schuldner.

345) So auch Beschlussempfehlung und Bericht d. RA z. RegE ESUG, BT-Drucks. 17/7511, S. 36.

a) Kündigung und Rücktritt aufgrund von Change-of-Control-Klauseln (§ 225a Abs. 4 InsO)

Häufig enthalten Dauerschuldverhältnisse sog. „Change-of-Control-Klauseln", d. h. bei einer Gesellschaft als Vertragspartner besteht ein Kündigungsrecht, wenn die Beherrschung einer solchen Gesellschaft auf eine andere Person wechselt, d. h. insbesondere bei einer GmbH die Person des Mehrheitsgesellschafters wechselt. Wird ein solcher Wechsel über eine gesellschaftsrechtliche Regelung im Insolvenzplan, etwa die zwangsweise Übertragung der Geschäftsanteile oder einen Kapitalschnitt (siehe § 30 Rz. 400 ff., 69 ff. [*Brünkmans*]) herbeigeführt, schließt § 225a Abs. 4 InsO eine solche Kündigung ausdrücklich aus. Ausgeschlossen ist damit freilich nur die Kündigung oder der Rücktritt gerade aufgrund der bezeichneten Maßnahmen, nicht auch der Rücktritt oder die Kündigung aus sonstigen Gründen.[346] Der Ausschluss der Kündigung und des Rücktritts nach § 225a Abs. 4 InsO erfolgt jedoch kraft Gesetzes. Eine gestaltende Planregelung ist dafür nicht erforderlich. 330

b) Kündigung und Rücktritt aus sonstigen Gründen

Gegen die Zulässigkeit von Planregelungen, die über den gesetzlichen Fall des § 225a Abs. 4 InsO hinaus die Kündigung, den Rücktritt oder die sonstige Beendigung von Verträgen ausschließen, spricht, dass der Gesetzgeber das Problem breitflächiger Kündigungen von Dauerschuldverhältnissen gesehen hat[347] und sich danach ausschließlich für die Regelung in § 225a Abs. 4 InsO als lex specialis entschlossen hat. Das spricht dagegen, dass über die Change-of-Control-Klauseln hinaus durch den Insolvenzplan auf die Lösungsmöglichkeiten der Vertragspartner des Schuldners eingewirkt werden können soll. § 225a Abs. 4 InsO ist vielmehr eine Ausnahmevorschrift zum Grundsatz, dass bestehende Vertragsverhältnisse des Schuldners keine zwangsweise planunterworfenen Rechtspositionen darstellen, sondern lediglich Insolvenzforderungen aus diesem Vertragsverhältnis. Demnach ist eine **Planregelung**, die den **Ausschluss einzelner oder aller Kündigungs-, Rücktritts- oder sonstiger Lösungsrechte** eines Vertragspartners vorsieht, **unzulässig.**[348] 331

Denkbar ist demnach nur ein **freiwilliger Verzicht auf das Kündigungs- oder Rücktrittsrecht**, indem eine gesonderte Einzelvereinbarung mit den betreffenden Gläubigern zur Vertragsänderung geschlossen wird (siehe nachfolgend Rz. 335). 332

3. Regelung zur Begründung neuer Vertragsverhältnisse oder Änderung alter Vertragsverhältnisse

Nicht selten leisten im Zusammenhang mit einer Plansanierung auch Kunden, Lieferanten, Lizenzgeber und Vermieter Sanierungsbeiträge, indem langfristige Dauerschuldverhältnisse zu ihren Lasten umgestaltet werden. Die Absicht, mit ihrem Vertragspartner langfristig Geschäfte machen zu können, mag ein Motiv für einen solchen Sanierungsbeitrag sein. 333

Der Neuabschluss oder die zukunftsbezogene Änderung der Bedingungen eines Langzeitvertrages, wie etwa die Herabsetzung von Miet- und Pachtzinsen oder gar arbeitsrechtliche Vereinbarungen,[349] können jedoch nicht abschließend Gegenstand einer Rege- 334

346) *Eidenmüller* in: MünchKomm-InsO, § 225a Rz. 109; Uhlenbruck-*Hirte*, InsO, § 225a Rz. 50.

347) Beschlussempfehlung und Bericht d. RA v. 26.10.2011 z. RegE ESUG, BT-Drucks. 17/7511, S. 36.

348) So auch *Eidenmüller* in: MünchKomm-InsO, § 217 Rz. 112.

349) S. ausführlich oben Rz. 250 ff. und § 61 [*Krings/Sturme*].

lung im gestaltenden Teil des Insolvenzplans sein.[350] Denkbar ist nur die Ausgestaltung als **Optionsrecht**, indem Vertragspartner berechtigt werden, den Vertrag zu näher definierten schlechteren Bedingungen fortzusetzen, andernfalls die Erfüllung des jeweiligen Vertrages nach § 103 InsO abgelehnt wird. Zur Regelung der Erfüllungsablehnung im Insolvenzplan siehe Rz. 327.

335 Auch könnte die Willenserklärung des Schuldners im Hinblick auf Vertragsänderungen als Regelung im Insolvenzplan aufgenommen werden, welche dann durch den Vertragspartner nach allgemeiner Rechtsgeschäftslehre angenommen werden müsste (siehe ausführlich § 7 Rz. 81 ff. [*Brünkmans*]). Aus Gründen der Praktikabilität wird jedoch in der Praxis **Einzelvereinbarungen mit dem Insolvenzverwalter oder eigenverwaltenden Schuldner** außerhalb des Insolvenzplans abgeschlossen, welche einen Neuabschluss oder die Änderung von Konditionen zum Inhalt haben. Diese Einzelvereinbarung wird häufig als Anlage zum Insolvenzplan genommen, aber aus Vertrauensschutzgründen nicht mit dem Insolvenzplan aus- und offengelegt.[351] In diesem Fall sind jedoch im darstellenden Teil des Insolvenzplans die Eckpunkte der jeweiligen Vereinbarung zu nennen.

336 Da in den meisten Fällen der Vertragspartner im Hinblick auf die Geschäftsbeziehung der Vergangenheit Insolvenzgläubiger oder ggf. Absonderungsberechtigter und damit für den Insolvenzplan stimmberechtigt ist, ist beim Abschluss der Einzelvereinbarungen darauf zu achten, dass die **Grenze aus § 226 Abs. 3 InsO** nicht überschritten wird. Die bloße Geneigtheit des Gläubigers, bei fortgesetzter Geschäftsverbindung dem Insolvenzplan zuzustimmen, führt jedoch nicht zur Nichtigkeit nach § 226 Abs. 3 InsO. Unwirksam sind nur solche Vereinbarungen, die zur Beeinflussung des Abstimmungsergebnisses vorgenommen werden, um damit einen Plan herbeizuführen, der an einem Obstruktionsverbot oder Minderheitenschutz scheitern würde.[352]

337 Eine Änderung des bisherigen Vertrages durch Einzelvereinbarung kann in der Form einer vorherigen Ablehnung der Erfüllung nach § 103 InsO und anschließendem Abschluss eines neuen Vertrages oder in der Form eines Änderungsvertrages erfolgen.

4. Sanierungskredite

338 Die obigen Ausführungen, siehe unter Rz. 333 ff., gelten grundsätzlich auch für Sanierungskredite. Wird dem Unternehmen frisches Geld **(Neukredit)** zur Verfügung gestellt, erfolgt dies auf der Grundlage einer **neuen Einzelvereinbarung mit dem Insolvenzverwalter**.

339 Eine Zwangsverpflichtung zur Vergabe eines Neukredits durch eine Regelung im Insolvenzplan ist nicht möglich.[353] Eine Pflicht zur Vergabe eines Neukredits besteht nur dann, wenn diese nach den allgemeinen Grundsätzen des Zivilrechts besteht.[354] Entsprechend wird in der Praxis ein Neukredit über den Abschluss eines Kreditvertrages außerhalb des Insolvenzplans gewährt, wobei die **rechtskräftige Bestätigung des Insolvenzplans und Aufhebung des Insolvenzverfahrens eine aufschiebende Bedingung** (Condition Precedent) oder Vollzugsbedingung (Closing Condition) darstellt. Im Insolvenzplan findet der Kreditvertrag dann lediglich im darstellenden Teil Erwähnung oder es werden in der Anlage die Eckpunkte des Kreditvertrages dargestellt.

350) *Eidenmüller* in: MünchKomm-InsO, § 217 Rz. 107; *Smid/Rattunde/Martini*, Insolvenzplan, Rz. 8.48 f.; *Rendels/Zabel*, Insolvenzplan, Rz. 303.

351) *Balthasar* in: Kübler/Bork/Prütting, HRI II, § 22 Rz. 180.

352) K. Schmidt-*Spliedt*, InsO, § 226 Rz. 6.

353) *Eidenmüller* in: MünchKomm-InsO, § 217 Rz. 102; so wohl auch *Kirchhof*, ZInsO 2001, 1, 8.

354) *Eidenmüller* in: MünchKomm-InsO, § 217 Rz. 106.

Besteht der Sanierungskredit **im Stehenlassen eines als Insolvenzforderung zu qualifizierenden Anspruchs, insbesondere Darlehensrückzahlungsanspruchs (Altkredit)**, kann über den gestaltenden Teil des Insolvenzplans hingegen eine vertragliche Grundlage für das Stehenlassen der Forderung, etwa durch Verweis auf den bisherigen Kreditvertrag, getroffen werden.[355] In diesem Fall handelt es sich um eine Regelung zur Befriedigung einer einfachen Insolvenzforderung (§ 217 Abs. 1 Satz 1 Fallgruppe 1 InsO) und damit um die Gestaltung einer zwangsweise planunterworfenen Rechtsposition (siehe § 7 Rz. 23 ff. [*Brünkmans*]). Durch den Fortbestand oder Neuabschluss der Darlehensverträge für einen Altkredit kann die Verwertung der vorinsolvenzlich ausgereichten Sicherheiten verhindert werden. Die Vermögensgegenstände wie Grundstücke mit Geschäfts- und Produktionsimmobilien, Geschäftsanteile an Tochtergesellschaften, der Bestand an Roh-, Hilfs- und Betriebsstoffen werden in der Regel für eine Fortführung des schuldnerischen Unternehmens benötigt.[356] Der Fortbestand des Kredits kann auch i. V. m. einem **qualifizierten Rangrücktritt** vereinbart werden, um eine potentiell erneut eintretende Überschuldung des schuldnerischen Unternehmens zu vermeiden.[357] 340

Formulierungsbeispiel (Weiterführung des alten Kreditvertrages)

„Die Gläubiger der Gruppe 1 erhalten eine Quote in Höhe von 30 %. Dieser Betrag wird nicht durch eine Einmalzahlung ausgekehrt, sondern auf der Grundlage und unter Bedingungen des Konsortialkreditvertrages vom 12.2.2012 stehengelassen. Die Kündigung des Konsortialkreditvertrages wird damit insoweit gegenstandslos. Der entsprechend modifizierte Konsortialkreditvertrag läuft bis zum 31.12.2017."

Ist der bisherige Kreditvertrag als vertragliche Grundlage für das Stehenlassen der bleibenden Forderungen nicht geeignet, kann im gestaltenden Teil des Insolvenzplans auch **ein neuer Kreditvertrag geschlossen** werden. Anders als bei Neukrediten ist dies bei der Gestaltung eines Altkredits möglich, solange es sich um die Regelung der Befriedigung von Insolvenzforderungen handelt, denen für das Stehenlassen und die Rückzahlung nach Verfahrensaufhebung eine neue Rechtsgrundlage gewährt wird (§ 217 Abs. 1 Satz 1 Fallgruppe 1 InsO) und der Gläubiger dadurch nicht schlechtergestellt wird (§ 251 InsO). Bestehen für den Altkredit keine Sicherheiten, ist jedoch das Ausfallrisiko bezüglich einer Befriedigung in der Zukunft angemessen zu berücksichtigen, was in der Praxis schwierig ist. 341

Formulierungsbeispiel

„Die Gläubiger der Gruppe 1 erhalten eine Quote in Höhe von 30 %. Der darüber hinaus gehende Betrag wird dem Schuldner erlassen. Die Gläubiger der Gruppe 1 erhalten eine Quote in Höhe von 10 % innerhalb von einem Monat nach rechtskräftiger Bestätigung des Insolvenzplans ausgezahlt. Der restliche Betrag in Höhe von 20 % wird auf der Grundlage eines Konsortialkreditvertrages mit einer Laufzeit von fünf Jahren gemäß Anlage 10 dem Schuldner zur Finanzierung der Sanierung zur Verfügung gestellt."

III. Regelungen bezüglich der Beendigung von Vertragsverhältnissen

Es stellt sich die Frage, ob im gestaltenden Teil des Insolvenzplans auch Regelungen zur Beendigung nachteiliger Verträge enthalten sein können. 342

355) *Smid/Rattunde/Martini*, Insolvenzplan, Rz. 6.70 f.; *Buchalik*, NZI 2000, 294, 301; *Kimm/Wipperfürth*, ZInsO 2016, 1494, 1499.

356) *Balthasar* in: Kübler/Bork/Prütting, HRI II, § 22 Rz. 188.

357) *Balthasar* in: Kübler/Bork/Prütting, HRI II, § 22 Rz. 188.

1. Regelung der Erfüllungsablehnung oder Kündigung

343 Nach überwiegender Auffassung kann weder das Wahlrecht aus § 103 InsO noch das Kündigungsrecht – etwa das Sonderkündigungsrecht des Mieters aus § 109 InsO – durch eine Regelung im gestaltenden Teil ersetzt werden.[358)] Die Ausübung der Wahl- und Kündigungsrechte sind dem Insolvenzverwalter und in der Eigenverwaltung nach § 279 InsO dem Schuldner vorbehalten. Nach der hier vertretenen Auffassung kann das Wahlrecht gemäß § 103 InsO **in Bezug auf eine Erfüllungsablehnung hingegen Regelungsbestandteil eines Insolvenzplans sein** (siehe Rz. 327). Ein diesbezügliches Regelungsbedürfnis ist jedoch eher gering. Selbstverständlich hat der Insolvenzverwalter die Pflicht, das im Insolvenzplan enthaltene Sanierungskonzept bestmöglich umzusetzen. Sieht das Sanierungskonzept im darstellenden Teil eine Maßnahme vor, die zwingend die Beendigung des Vertrags vorsieht, so hat der Insolvenzverwalter dies entsprechend umzusetzen und das Wahlrecht aus § 103 InsO oder etwaige Sonderkündigungsrechte **noch vor Aufhebung des Insolvenzverfahrens auszuüben**. Allerdings dürften trotz der Bedenken gegen eine Regelung der Erfüllungswahl jedenfalls subsidiäre Auffangregelungen zulässig und in der Praxis durchaus üblich sein, etwa dass die Erfüllung der Verträge nicht verlangt werden kann, wenn bis zur rechtskräftigen Bestätigung des Insolvenzplans der Insolvenzverwalter nicht die Erfüllung gewählt hat (siehe Formulierungsbeispiel Rz. 349).

2. Regelung über die Rechtsfolgen des Wahlrechts

344 Hat der Insolvenzverwalter gemäß § 103 InsO die Erfüllung des Vertrages gewählt, besteht kein Regelungsbedürfnis. Der Gläubiger ist mit seiner Forderung wie ein Massegläubiger zu behandeln, d. h. bis zur Verfahrensaufhebung hat der Insolvenzverwalter unstreitige fällige Ansprüche zu begleichen und für nicht fällige Ansprüche einen Finanzplan vorzulegen, aus dem sich ergibt, dass ihre Erfüllung gewährleistet ist (§ 258 Abs. 2 InsO).

345 Ein **praktisches Regelungsbedürfnis** besteht hingegen dann, wenn der Insolvenzverwalter i. R. seines Wahlrechtes aus § 103 InsO die **Nichterfüllung** gewählt hat. Die Erfüllungsablehnung als solche hat nach der Rechtsprechung des BGH keine rechtsgestaltende Wirkung auf den Vertrag, sondern lediglich zur Folge, dass mit der Erfüllungsablehnung die ursprünglichen Erfüllungsansprüche im Insolvenzverfahren nicht mehr durchsetzbar sind.[359)] Da das Insolvenzplanverfahren auf Aufhebung des Insolvenzverfahrens und Fortführung des Unternehmens nach Aufhebung ausgerichtet ist, stellt sich die Frage nach dem Schicksal der im Insolvenzverfahren suspendierten Ansprüche.

346 Der **Erfüllungsablehnung** als solcher kommt außerhalb des Insolvenzverfahrens grundsätzlich **keine materiell-rechtliche** Wirkung zu.[360)] Dennoch wird dem Vertragspartner nach Erfüllungsablehnung durch den Insolvenzverwalter ein Recht zugestanden, den Schwebezustand durch Rücktritt gemäß § 324 BGB bzw. außerordentliche Kündigung gemäß § 314 BGB zu beenden,[361)] welches er auch konkludent durch die Anmeldung des

358) Ganz h. M., vgl. nur *Eidenmüller* in: MünchKomm-InsO, § 217 Rz. 101, 121; *Thies* in: HambKomm-InsR, § 217 InsO Rz. 7; *Fiebig* in: HK-InsO, § 217 Rz. 10; *Balthasar* in: Kübler/Bork/Prütting, HRI II, § 22 Rz. 68, 79.

359) BGH, Urt. v. 27.5.2003 – IX ZR 51/02, ZIP 2003, 1208 = ZInsO 2003, 607, dazu EWiR 2003, 819 *(Gundlach/N. Schmidt)*; BGH, Urt. v. 14.2.2013 – IX ZR 94/12, ZIP 2013, 588 = ZInsO 2013, 494, dazu EWiR 2013, 325 *(Krüger)*.

360) BGH, Urt. v. 17.11.2005 – IX ZR 162/04, Rz. 22, ZIP 2006, 87, dazu EWiR 2006, 119 *(Bärenz)*; BGH, Urt. v. 17.1.2007 – VIII ZR 171/06, Rz. 11, ZIP 2007, 77; BFH, Urt. v. 23.11.2006 – II R 38/05, ZIP 2007, 976, 977, dazu EWiR 2007, 695 *(Dahl)*; Jaeger-*Jacoby*, InsO, § 103 Rz. 31.

361) *Ahrendt* in: HambKomm-InsR, § 103 InsO Rz. 40; *Bärenz*, NZI 2006, 72, 75; *Bork* in: FS Wellensiek, S. 201, 204.

Anspruches wegen Nichterfüllung (§ 103 Abs. 2 InsO) zur Insolvenztabelle ausüben kann.[362]

Vor dem Hintergrund der fehlenden materiellen Wirkung der Erfüllungsablehnung über das Insolvenzverfahren hinaus stellt sich für den Insolvenzplan und ein eventuelles Regelungsbedürfnis in diesem folgende Frage: Kann der Schuldner oder der Vertragspartner **nach Aufhebung des Insolvenzverfahrens** noch bzw. **wieder Rechte aus dem Vertrag geltend machen**, wenn der Verwalter bzw. der Schuldner sein Wahlrecht nicht ausgeübt oder die Erfüllung abgelehnt hatte? 347

Dies ist grundsätzlich zu bejahen, **solange der Vertrag durch den Vertragspartner nicht – durch Rücktritt, Kündigung bzw. Anmeldung von Forderungen wegen Nichterfüllung (§ 103 Abs. 2 Satz 1 InsO) – mit materieller Wirkung beendet worden ist.**[363] Teilweise wird dem Schuldner in diesem Fall über das Insolvenzverfahren hinaus nach Aufhebung des Insolvenzverfahrens ein Wahlrecht nach § 103 InsO analog eingeräumt.[364] Eine solche Analogie ist jedoch zweifelhaft. Überdies bestünde die Rechtsfolge im Falle der Erfüllungsablehnung konsequenterweise darin, dass der sanierte Rechtsträger sich einem Schadensersatzanspruch wegen Nichterfüllung aussetzt. 348

Um zu vermeiden, dass der Schuldner trotz Erfüllungsablehnung des Insolvenzverwalters – bedingt durch die fehlende materielle Wirkung der Erfüllungsablehnung – nach Aufhebung des Insolvenzverfahrens wieder vollständig den Ansprüchen des Vertragspartners ausgesetzt ist, sollte im Insolvenzplan eine vorbeugende Regelung aufgenommen werden. Nach dieser Regelung sollten Vertragspartner Erfüllungsansprüche aus gegenseitigen Verträgen gegen den Schuldner nur geltend machen können, wenn der Insolvenzverwalter die Erfüllung gewählt hat. Eine solche Regelung ist als planspezifische Ergänzung von § 103 InsO als Vorschrift über die Verwertung der Insolvenzmasse (§ 217 Abs. 1 Satz 1 Fallgruppe 2 InsO) zulässig.[365] 349

Formulierungsbeispiel

„Die Erfüllung von gegenseitigen, von keiner Seite vollständig erfüllten Verträgen im Sinne von § 103 InsO, für die die Schuldnerin bzw. der Insolvenzverwalter bis zum Zeitpunkt der Rechtskraft des Insolvenzplans keine Erfüllungswahl getroffen hat, kann nicht verlangt werden."

Praxishinweis

Eine derartig umfassende Nichterfüllungswahl birgt die Gefahr, dass auch die Nichterfüllung eines Vertrages gewählt wird, der für den Schuldner sinnvoll und nützlich ist.[366] Besteht die Gefahr, dass wichtige Verträge ggf. nicht erkannt und damit nicht die Erfüllung gewählt wurde, ist von der Aufnahme einer solchen Klausel abzusehen.

I. Verfahrensleitende Regelungen

I. Überblick

Neben der Gestaltung der Rechtspositionen der Beteiligten enthält der Insolvenzplan häufig auch rein verfahrensleitentende Regelungen, d. h. über eine Planregelung werden die dis- 350

362) BGH, Urt. v. 14.2.2013 - IX ZR 94/12, ZIP 2013, 588 = ZInsO 2013, 494; *Ahrendt* in: HambKomm-InsR, § 103 InsO Rz. 40 m. w. N.

363) *Huber* in: MünchKomm-InsO, § 103 Rz. 18 f.; *Marotzke* in: HK-InsO, § 103 Rz. 90 f.; Uhlenbruck-*Wegener*, InsO, § 103 Rz. 159.

364) K. Schmidt-*Spliedt*, InsO, § 254 Rz. 3; *Marotzke* in: HK-InsO, § 103 Rz. 90; *Rühle*, Gegenseitige Verträge nach Aufhebung des Insolvenzverfahrens, S. 154–156.

365) *Keller*, NZI 2022, 416, 419.

366) Vgl. *Thies* in: HambKomm-InsR, § 221 InsO Rz. 10.

positiven Regelungen des Insolvenzverfahrens modifiziert. Mit Inkrafttreten des ESUG lässt § 217 Abs. 1 Satz 1 Fallgruppe 5 InsO „Verfahrensabwicklung" i. Ü. ausdrücklich auch Insolvenzpläne zu, die ausschließlich die abweichende Gestaltung des Insolvenzverfahrens zum Gegenstand haben, ohne dass der Insolvenzplan über eine Gestaltung der zivilrechtlichen Rechtspositionen auf eine Beseitigung des Insolvenzgrundes und Aufhebung des Insolvenzverfahrens ausgerichtet sein muss (siehe oben § 7 Rz. 70 ff. [*Brünkmans*]).

II. Forderungsfeststellungsverfahren (§§ 174 ff. InsO)

351 Nach h. M. kann das in den §§ 174 bis 186 InsO geregelte Forderungsfeststellungsverfahren im Insolvenzplan nicht abweichend von den gesetzlichen Bestimmungen geregelt werden.[367)]

352 Dies wurde vom BGH im Insolvenzverfahren der *Phoenix Kapitaldienst GmbH* für die Forderungsanmeldung bestätigt. Die Schuldnerin hatte in diesem Fall Geld von rund 30.000 Anlegern eingesammelt, um dieses in Derivate anzulegen. 200 Mio. € sollten möglichst zügig im Wege der Abschlagsverteilung an die Gläubiger ausgekehrt werden.[368)] Aus Gründen der Verfahrensbeschleunigung sah der Insolvenzplan vor, die **Forderungen** der einzelnen Anlegergläubiger in Abweichung zu §§ 174 ff. InsO **über eine Regelung im Insolvenzplan „festzustellen"**. Danach sollten Forderungen der Anlegergläubiger verbindlich festgestellt werden indem die tatsächlichen Einzahlungen einschließlich des Agios abzüglich erhaltener Auszahlung zu berücksichtigen sind. Das auf diese Weise ermittelte Guthaben der Anleger sollte durch den Insolvenzplan abschließend als „festgestellte Forderung" festgelegt werden, da Rechtsunsicherheit über die richtige Berechnung des Beteiligungswerts der Anlegergläubiger, also der schuldrechtlichen Auszahlungsforderung herrschte.[369)] Nur durch die verbindliche Festlegung der Forderungshöhe im Insolvenzplan, hätte zu einem frühen Zeitpunkt eine rechtssichere Abschlagszahlung durchgeführt werden können.[370)]

353 Nach dem BGH war der Insolvenzplan **rechtswidrig** und daher **nicht bestätigungsfähig**, weil in einem Insolvenzplan nicht geregelt werden könne, nach welchem Modus die Forderungen der Gläubiger zu berechnen sind.[371)] Die **Vorschriften über die Feststellung** der Forderungen der Gläubiger (§§ 174 bis 186 InsO), von denen der Insolvenzplan im Fall Phoenix durch „Modifizierung der Gläubigerforderungen" abweichen wollte, **seien nicht plandisponibel**.

354 Diese Auffassung überzeugt. Die Gläubiger dürfen nicht durch Mehrheitsbeschluss bestimmen, in welchem Umfang die angemeldeten Forderungen in die Insolvenztabelle aufgenommen werden bzw. in welcher Höhe die angemeldeten Forderungen berechtigt sind. Die §§ 174 ff. InsO garantieren den Gläubigern das Recht, ihre Forderungen in einem formalisierten Prüfungsverfahren feststellen zu lassen und im Fall des Widerspruchs gerichtlich zu verfolgen.[372)] Dies gilt für angemeldete und widersprechende Gläubiger glei-

---

367) BGH, Beschl. v. 5.2.2009 – IX ZB 230/07, NZI 2009, 230, 232 = ZIP 2009, 480, dazu EWiR 2009, 251 *(Landry)*; BGH, Beschl. v. 15.7.2010 – IX ZB 65/10, ZIP 2010, 1499 = ZVI 2011, 20; *Eidenmüller* in: MünchKomm-InsO, § 217 Rz. 124; *Thies* in: HambKomm-InsR, § 217 InsO Rz. 7; *Spahlinger* in: KPB, InsO, § 217 Rz. 51; *Fiebig* in: HK-InsO, § 217 Rz. 3; **a. A.** K. Schmidt-*Spliedt*, InsO, § 217 Rz. 13, für den Fall, dass nicht einem Gläubiger die Verfahrensteilnahme verwehrt oder gegen das Gleichbehandlungsverbot verstoßen werde; ebenfalls **a. A.** *Heinrich*, NZI 2009, 546, 547 f.

368) BGH, Beschl. v. 5.2.2009 – IX ZB 230/07, NZI 2009, 230, 232 = ZIP 2009, 480.

369) *Baumert/Schmitt*, NZI 2012, 394, 397.

370) *Heinrich*, NZI 2009, 546, 546.

371) BGH, Beschl. v. 5.2.2009 – IX ZB 230/07, NZI 2009, 230, 232 = ZIP 2009, 480.

372) BGH, Beschl. v. 5.2.2009 – IX ZB 230/07, NZI 2009, 230, 232 = ZIP 2009, 480.

chermaßen. Diese rechtlichen Garantien können den Gläubigern nicht durch einen Insolvenzplan entzogen werden. Andernfalls wäre es möglich, durch Mehrheitsbeschluss einzelnen Gläubigern – oder wie vorliegend einer ganzen Gruppe von Gläubigern – ihre Forderung vollständig oder teilweise zu entziehen. Das dem Insolvenzverwalter und den anderen Gläubigern eingeräumte Widerspruchsrecht könnte nicht ausgeübt werden, weil die Regelungen des Insolvenzplans dem entgegenstehen. Dies ist mit den verfahrensrechtlichen Garantien aus §§ 174 ff. InsO nicht zu vereinbaren.[373)]

Dagegen kann auch nicht gehalten werden, die verbindliche Festlegung der angemeldeten 355
Forderung sei nichts anderes als die Gestaltung der Forderung. Die Anmeldung und individuelle Feststellung der Forderung ist Grundvoraussetzung dafür, dass überhaupt ein auf diese Weise festgestellter Forderungsbestand über das Mehrheitsprinzip gestaltet werden kann. Es ist mit rechtsstaatlichen Prinzipien nicht vereinbar, die zwangsweise Gestaltung der Gläubigerforderungen auf der Grundlage einer nicht festgestellten und ordnungsgemäß überprüften Forderungsmehrheit zu erreichen. Mit dem BGH und der h. M. ist daher **jede Regelung bezüglich des Forderungsfeststellungsverfahrens nach §§ 174 ff. InsO im Insolvenzplan unzulässig.**

III. Weisungen an den Insolvenzverwalter

Im gestaltenden Teil des Insolvenzplans kann die **ausdrückliche Zustimmung der Gläu- 356
bigerversammlung** zu Maßnahmen der Insolvenzverwaltung aufgenommen werden, die nach den §§ 157 f. InsO der Zustimmung der Gläubigerversammlung bedürfen, insbesondere die Zustimmung zu besonders bedeutsamen Rechtshandlungen wie die übertragende Sanierung, die Entlassung von Arbeitnehmern, die Kreditaufnahme, die Veräußerung oder Belastung von Grundstücken u. Ä.[374)]

Darüber hinaus kann der gestaltende Teil ergänzend zum darstellenden Teil einen Mi- 357
lestone-Plan über den Verlauf des Insolvenz(plan)verfahrens enthalten, welcher dem Insolvenzverwalter eine **Richtlinie** an die Hand gibt, an der er zukünftige Entscheidungen ausrichten kann.[375)] Wie die ungeschriebenen Kompetenzen der Gläubigerversammlung im Regelverfahren[376)] **binden diese den Insolvenzverwalter nicht**, sondern sind vielmehr nur als Vorschläge für die Ausübung der Verwaltungs- und Verfügungsbefugnis des Insolvenzverwalters zu deuten. Die Umsetzung dieser Richtlinien steht dabei im pflichtgemäßen Ermessen des Insolvenzverwalters.[377)] Dabei wird es sich häufig um die Umsetzung bestimmter Verwertungshandlungen handeln. Entscheidet sich der Insolvenzverwalter gegen die Durchführung der im gestaltenden Teil aufgeführten Maßnahmen, geht er ein erhöhtes Haftungsrisiko ein, wenn sich herausstellt, dass seine Entscheidung verfehlt war.[378)] Gleiches gilt auch für den Fall, wenn der Insolvenzplan vorsieht, dass gemäß § 259 Abs. 3 InsO bestimmte Anfechtungsprozesse zu führen sind (siehe ausführlich § 11 [*Thole*]).

---

373) BGH, Beschl. v. 5.2.2009 – IX ZB 230/07, NZI 2009, 230, 232 = ZIP 2009, 480.

374) *Smid/Rattunde/Martini*, Insolvenzplan, Rz. 6.69.

375) *Smid/Rattunde/Martini*, Insolvenzplan, Rz. 6.71.

376) Dazu ausführlich *Ahrens* in: MünchKomm-InsO, § 74 Rz. 14; *Pape*, NZI 2006, 65, 67; *Kübler* in: KPB, InsO, § 74 Rz. 6.

377) *Ahrens* in: MünchKomm-InsO, § 74 Rz. 14; *Pape*, NZI 2006, 65.

378) Vgl. allgemein für das Regelverfahren, Uhlenbruck-*Knof*, InsO, § 74 Rz. 13; *Pape*, NZI 2006, 65, 72; vgl. auch *Ahrens* in: MünchKomm-InsO, § 74 Rz. 14.

IV. Verfahrensleitende Beschlüsse und Erklärungen des Insolvenzgerichts

358 Vereinzelt wird vertreten, dass im gestaltenden Teil des Insolvenzplans auch bestimmte Erklärungen des Insolvenzgerichts aufgenommen werden könnten, wie etwa Genehmigungen, Befreiungen oder Erlaubnisse.[379] Diese Auffassung ist jedoch abzulehnen. Bei diesen verfahrensleitenden Beschlüssen und Erklärungen des Insolvenzgerichts handelt es sich nicht um zwangsweise planunterworfene Rechtspositionen i. S. der §§ 217 ff. InsO (siehe dazu bereits § 7 Rz. 33 [*Brünkmans*]).[380] Jegliche Erklärungen des Insolvenzgerichts haben auf den gesetzlich vorgesehenen Wegen zu ergehen, eine Inkorporation in den Insolvenzplan scheidet aus.

J. Nachtragsverteilung und Fortführung der Aktivlegitimation des Insolvenzverwalters nach Aufhebung des Insolvenzverfahrens (§ 258 InsO)

I. Regelungsbedürfnis

359 In der Praxis spielen Regelungen im Insolvenzplan zur Nachtragsverteilung eine ganz wesentliche Rolle. Die jeweilige Form der Ausgestaltung ist vielfältig und stößt häufig an die Grenze des rechtlich Zulässigen. Das Regelungsbedürfnis liegt im Spannungsfeld eines möglichst zügigen Abschlusses des Insolvenzplanverfahrens als wesentlichem Erfolgsfaktor für eine Sanierung einerseits und der bestmöglichen Gläubigerbefriedigung anderseits. Das Schuldnerunternehmen soll über einen Insolvenzplan schnellstmöglich saniert werden und eigenständig am Markt operieren dürfen. Über eine Nachtragsverteilung können gleichzeitig Ansprüche der Insolvenzmasse nach Aufhebung des Insolvenzverfahrens im Dienste einer bestmöglichen Gläubigerbefriedigung verwirklicht werden.[381]

360 Insbesondere Haftungsansprüche gegen ehemalige Geschäftsführer oder Gesellschafter und Anfechtungsansprüche lassen sich nur selten bis zur Aufhebung des Insolvenzverfahrens (§ 258 InsO) realisieren. Da es sich um Vorgänge aus der Vergangenheit handelt, steht der Erlös dieser Ansprüche allerdings den Insolvenzgläubigern zu. Vor dem Hintergrund besteht ein Bedürfnis, zu gewährleisten, dass nach Aufhebung des Insolvenzverfahrens diese Haftungs- und Anfechtungsansprüche realisiert und entsprechend an die Gläubiger ausgeschüttet werden.

361 Genau diesem Bedürfnis kommen Regelungen in Insolvenzplänen zur Nachtragsverteilung im weiteren Sinne nach. Sie enthalten die Ermächtigung des Insolvenzverwalters, trotz Aufhebung des Insolvenzverfahrens weiterhin über einen Teil der Insolvenzmasse die Verwaltungs- und Verfügungsbefugnis (§ 80 Abs. 1 InsO) auszuüben, indem dieser Ansprüche der Insolvenzmasse einzieht, diese verwaltet, über sie verfügt und insbesondere den Erlös an die Gläubiger verteilt.

II. Unmittelbare Anwendung von § 203 InsO im Insolvenzplanverfahren?

362 Nach § 203 InsO ordnet das Insolvenzgericht auf Antrag des Insolvenzverwalters oder eines Insolvenzgläubigers oder von Amts wegen eine Nachtragsverteilung an, wenn nach dem Schlusstermin zurückbehaltene Beträge für die Verteilung frei werden, Beträge die aus der Insolvenzmasse gezahlt sind, zurückfließen oder Gegenstände der Masse ermittelt werden. Die Aufhebung des Insolvenzverfahrens steht der Anordnung der Nachtragsverteilung nicht entgegen. Die Verwaltung, Verwertung und Verteilung der Nachtragsmasse

379) *Smid/Rattunde/Martini*, Insolvenzplan, Rz. 6.70.

380) *Laroche/Pruskowski/Schöttler/Siebert/Vallender*, ZIP 2014, 2153, 2160 f.; *Madaus/Heßel*, ZIP 2013, 2088, 2090; in sämtlichen Auflistungen der zwangsweise Planunterworfenen findet das Insolvenzgericht keine Erwähnung, vgl. exemplarisch *Eidenmüller* in: MünchKomm-InsO, § 217 Rz. 61–93.

381) *Hingerl*, ZInsO 2010, 1876.

nimmt grundsätzlich der bisherige Insolvenzverwalter vor, sein Verwaltungs- und Verfügungsrecht besteht insoweit fort.[382] Die Verteilung erfolgt aufgrund des Schlussverzeichnisses. Ein neues Verteilungsverzeichnis ist nicht zu erstellen. Die Nachtragsmasse bleibt daher etwaigen Nachzüglern verschlossen.[383]

Nach h. A. findet § 203 **InsO keine Anwendung**, wenn das Insolvenzverfahren nach 363 **rechtskräftiger Bestätigung eines Insolvenzplans gemäß § 258 Abs. 1 InsO aufgehoben** worden ist.[384] Die h. A. überzeugt. § 203 InsO geht seinem Wortlaut nach schon davon aus, dass vor der Nachtragsverteilung ein Schlusstermin und damit eine Schlussverteilung stattgefunden haben. Beides findet im Insolvenzplanverfahren indes nicht statt. Auch die systematische Stellung der Nachtragsverteilung in § 203 InsO spricht gegen eine Anwendung auf das Insolvenzplanverfahren.[385] Das Insolvenzplanverfahren ist in den abschließenden Normen des §§ 217 ff. InsO geregelt.

Eine unmittelbare Anwendung der Nachtragsverteilung wäre jedenfalls ohne Ermächti- 364 gung im Insolvenzplan mit dem Zweck des Insolvenzplanverfahrens unvereinbar, da der Schuldner nach § 259 Abs. 1 Satz 2 InsO mit Aufhebung des Insolvenzverfahrens das Recht zurückerhält, über die Insolvenzmasse frei zu verfügen. Nach Aufhebung des Insolvenzverfahrens ist allein der Schuldner verantwortlich, für die Befriedigung der Gläubiger zu sorgen.[386] Die **Nachtragsverteilung hat im gesetzlichen System des Insolvenzplans** vor diesem Hintergrund **keinen Raum.**[387] Die Freiheit der Verfügungsbefugnis des Schuldners und die „Abschlussfunktion des Insolvenzplans" dürfen durch partielle Wiederbelebung des Insolvenzverfahrens auf Antrag des Insolvenzverwalters oder eines Insolvenzgläubigers oder gar durch das Insolvenzgericht von Amts wegen (vgl. § 203 Abs. 1 InsO) nicht durchbrochen werden.

Zurückbehaltene Beträge (§ 203 Abs. 1 Nr. 1 InsO) verbleiben daher entweder beim 365 **Schuldner** oder sind – wenn dies eine **Regelung im Insolvenzplan** so **ausdrücklich** vorsieht – nachträglich vom Schuldner **an die Gläubiger auszuschütten.** Gleiches gilt für Beträge, die aus der Insolvenzmasse gezahlt werden, zurückfließen, wie etwa Steuererstattungsansprüche, wenn die Steuern aus der Masse gezahlt wurden (§ 203 Abs. 1 Nr. 2 InsO) oder nachträglich Gegenstände der Insolvenzmasse ermittelt (§ 203 Abs. 1 Nr. 3 InsO) werden. Eine andere Frage ist freilich, ob der Schuldner sich im Insolvenzplan durch eine ausdrückliche Regelung **freiwillig der Nachtragsverteilung** unterwerfen kann.

III. Planregelung über die Einziehung und Verteilung durch den Insolvenzverwalter nach Aufhebung des Insolvenzverfahrens (§ 258 InsO)

Es stellt sich die Frage, ob im Insolvenzplan der Insolvenzverwalter für eine Nachtrags- 366 verteilung nach Aufhebung des Insolvenzverfahrens ermächtigt werden kann. Die meisten Klauseln in der Praxis sehen dabei vor, dass der Insolvenzverwalter bestimmte, genau definierte Ansprüche – zumeist Haftungs- oder Anfechtungsansprüche – nach Aufhe-

382) K. Schmidt-*Jungmann*, InsO, § 205 Rz. 1.

383) K. Schmidt-*Jungmann*, InsO, § 205 Rz. 1.

384) BGH, Urt. v. 10.12.2009 - IX ZR 206/08, NZI 2010, 99, 100 = ZVI 2010, 269, dazu EWiR 2010, 193 *(Rendels/Körner)*; OLG Celle, Hinweisbeschl. v. 20.11.2006 – 4 U 166/06, ZVI 2007, 321 = ZInsO 2007, 870, dazu EWiR 2007, 87 *(Bähr/Landry)*; *Huber/Madaus* in: MünchKomm-InsO, § 259 Rz. 11; Uhlenbruck-*Streit*, InsO, § 259 Rz. 5; *Pape*, ZInsO 2007, 337, 350; **a. A.** *Hingerl*, ZInsO 2007, 870 ff.; *Schulte-Kaubrügger*, ZInsO 2009, 1321, allerdings als bloßes Verteilungsverfahren in Anlehnung an eine Liquidation.

385) *Schulte-Kaubrügger*, ZInsO 2009, 1321.

386) OLG Celle, Hinweisbeschl. v. 20.11.2006 – 4 U 166/06, ZVI 2007, 321 = ZInsO 2007, 870; *Schulte-Kaubrügger*, ZInsO 2009, 1321, dort Fn. 3.

387) OLG Celle, Hinweisbeschl. v. 20.11.2006 – 4 U 166/06, ZVI 2007, 321 = ZInsO 2007, 870.

bung des Insolvenzverfahrens im eigenen Namen geltend macht und nach Einziehung an die Gläubiger entsprechend der Quotenregelung im Insolvenzplan verteilt (siehe auch § 24 Rz. 38 [*Dellit*]). Häufig wird zusätzlich ausdrücklich geregelt, dass der für die Nachtragsverteilung definierte Gegenstand trotz Aufhebung des Insolvenzverfahrens dem Insolvenzbeschlag unterliegt.

367 Für die Frage, ob solche Einziehungs- und Nachtragsverteilungsklauseln zulässig sind, ist zwischen der Geltendmachung von Ansprüchen aus Insolvenzanfechtung und sonstigen Ansprüchen bzw. Vermögensgegenständen zu differenzieren.

1. Ansprüche aus Insolvenzanfechtung (§ 259 Abs. 3 InsO)

368 § 259 Abs. 3 InsO sieht ausdrücklich die Geltendmachung von Anfechtungsansprüchen durch den Insolvenzverwalter nach Aufhebung des Insolvenzverfahrens vor. Danach kann der Insolvenzverwalter einen „anhängigen" Rechtsstreit, der die Insolvenzanfechtung zum Gegenstand hat, auch nach der Aufhebung des Insolvenzverfahrens fortführen, wenn dies im gestaltenden Teil des Insolvenzplans vorgesehen ist (§ 259 Abs. 3 Satz 1 InsO). In diesem Fall wird der Rechtsstreit für Rechnung des Schuldners fortgeführt (§ 259 Abs. 3 Satz 2 InsO). Diese besondere Form der Prozessstandschaft kann in der Eigenverwaltung auch dem Sachwalter eingeräumt werden (§ 259 Abs. 3 i. V. m. § 270 Abs. 1 Satz 2 InsO).[388] Die Verteilung des durch den Prozess Erlangten im Falle eines Obsiegens muss im Insolvenzplan geregelt werden, andernfalls fällt das Erlangte an den Schuldner, d. h. eine Nachtragsverteilung entsprechend §§ 203 ff. InsO findet nicht statt.[389]

369 § 259 Abs. 3 sieht jedoch nur die Ermächtigung des Insolvenzverwalters vor, einen bereits „anhängigen" Anfechtungsprozess fortzusetzen, aber nicht einen neuen einzuleiten. Die h. A. versteht unter **„anhängig"** i. S. des § 259 Abs. 3 InsO die **Rechtshängigkeit** gemäß § 261 Abs. 1 ZPO, sodass im Zeitpunkt der Verfahrensaufhebung bereits die Klage zugestellt sein muss.[390]

370 Mit Hilfe dieser Regelung soll vermieden werden, dass sich der Anfechtungsprozess mit der Aufhebung des Verfahrens erledigt und der Anfechtungsgegner aus diesem Grund den gegen ihn eingeleiteten Rechtsstreit zu verschleppen versucht.[391] Der Insolvenzverwalter kann somit nach Bestätigung des Insolvenzplans und Aufhebung des Insolvenzverfahrens einen **rechtshängigen Anfechtungsrechtsstreit fortführen, wenn die Anfechtungsklage dem Anfechtungsgegner bis zur Aufhebung des Insolvenzverfahrens zugestellt worden ist.**[392] Eine Ermächtigung des Insolvenzverwalters im Insolvenzplan, erst **nach** Aufhebung des Insolvenzverfahrens eine Insolvenzanfechtungsklage zu erheben, ist nach der Rechtsprechung des BGH hingegen unzulässig.[393] Eine entsprechende Ermächtigung kann dem Insolvenzverwalter auch nicht durch eine Anordnung des Insolvenzgerichts verliehen werden.[394] Um

388) BAG, Urt. v. 22.2.2024 – 6 AZR 125/23, NZI 2024, Rn 19, 29; BGH, Urt. v. 8.2.2024 – IX ZR 194/22, Rz. 9, ZRI 2024, 146 = ZVI 2024, 217.

389) *Spelge*, NWB Nr. 9 v. 24.9.2024, S. 257.

390) BAG, Urt. v. 22.2.2024 – 6 AZR 125/23, Rz. 29; dazu *Spelge*, NWB Nr. 9 v. 24.9.2024, S. 257; BGH, Beschl. v. 26.4.2018 – IX ZB 49/17, Rz. 16, ZVI 2018, 272 = NZI 2018, 691; BGH, Urt. v. 11.4.2013 – IX ZR 122/12, ZIP 2013, 998 = DZWIR 2013, 437, dazu EWiR 2013, 557 *(Ruhe-Schweigel)*; Uhlenbruck-*Borries/Hirte*, InsO, § 129 Rz. 72; K. Schmidt-*Spliedt*, InsO, § 259 Rz. 9; *Spahlinger* in: KPB, InsO, § 259 Rz. 22; *Thole* in: HK-InsO, § 129 Rz. 109.

391) BGH, Urt. v. 10.12.2009 – IX ZR 206/08, NZI 2010, 99, 100 = ZVI 2010, 269.

392) BGH, Beschl. v. 7.5.2015 – IX ZB 75/14, Rz. 33, ZInsO 2012, 1321 = ZIP 2015, 1346, dazu EWiR 2015, 483 *(Spliedt)*; BGH, Urt. v. 11.4.2013 – IX ZR 122/12, ZIP 2013, 998 = DZWIR 2013, 437.

393) BGH, Beschl. v. 26.4.2018 – IX ZB 49/17, Rz. 16, ZVI 2018, 272 = NZI 2018, 691; s. a. LG Hamburg, Beschl. v. 18.8.2017 – 326 T 10/18, NZI 2017, 971.

394) BGH, Beschl. v. 26.4.2018 – IX ZB 49/17, Rz. 17, ZVI 2018, 272 = NZI 2018, 691; BGH, Urt. v. 10.12.2009 – IX ZR 206/08, Rz. 11 ff., NZI 2010, 99, 100 = ZVI 2010, 269.

sicherzustellen, dass bereits individualisierte Anfechtungsansprüche durch Anfechtungsklage noch rechtzeitig vor Aufhebung des Insolvenzverfahrens geltend gemacht werden können, kann im Insolvenzplan eine Regelung aufgenommen werden, wonach die Aufhebung des Insolvenzverfahrens erst erfolgen kann, sobald für diese identifizierten Anfechtungsansprüche Klagen rechtshängig gemacht worden sind.[395)]

Der Insolvenzverwalter steht dann allerdings unter hohem Zeitdruck, die Anfechtung gläubigerbenachteiligender Rechtshandlungen noch vor Aufhebung des Insolvenzverfahrens zu erheben. Häufig können in diesem Stadium die Erfolgsaussichten einer Klage noch nicht abschließend bewertet und das Beweismaterial nicht hinreichend gesichtet werden. Da eine schnellstmögliche Planbestätigung und Aufhebung des Insolvenzverfahrens für eine erfolgreiche Sanierung wesentlich ist, stehen außergerichtliche Vergleichsverhandlungen unter enormem Zeitdruck. Im Einzelfall scheint es daher auch für die Geltendmachung von Anfechtungsansprüchen nach Aufhebung des Insolvenzverfahrens geboten, auf alternative Gestaltungen zurückzugreifen (siehe unten Rz. 376 ff.). 371

Nach § 259 Abs. 3 Satz 2 InsO soll der Rechtstreit in der Regel auf Rechnung des Schuldners geführt werden. Danach trägt der Schuldner die Kostenlast, erhält aber auch etwaig Erlangtes.[396)] Im Insolvenzplan kann jedoch eine andere Regelung getroffen werden, etwa im Fall des Obsiegens eine Verteilung an die Gläubiger.[397)] 372

Um die Fortführung im Zeitpunkt der Verfahrensaufhebung rechtsanhängiger Anfechtungsprozesse zu ermöglichen, reicht eine **Planklausel aus, in der § 259 Abs. 3 InsO für anwendbar erklärt wird.**[398)] Eine genaue Aufzählung der rechtshängigen Anfechtungsprozesse ist nicht erforderlich und würde i. Ü. die Möglichkeit nehmen, Anfechtungsklagen zwischen Annahme des Insolvenzplans und Aufhebung des Insolvenzverfahrens zu erheben. Eine im Insolvenzplan enthaltene abstrakte Ermächtigung ist ausreichend.[399)] Ferner ist darauf zu achten, dass Rückstellungen für die nach Durchführung der Anfechtungsklagen wiederauflebende Gläubigerforderungen gebildet und deren Befriedigung im Insolvenzplan geregelt werden.[400)] 373

Formulierungsbeispiel

„Der Sachwalter/Insolvenzverwalter wird ermächtigt, bereits anhängige (im Sinne des § 259 Abs. 3 InsO) und bis zur Aufhebung anhängig (im Sinne des § 259 Abs. 3 InsO) gemachte Rechtsstreite, welche die Insolvenzanfechtung zum Gegenstand haben, fortzuführen."

Praxishinweis

Eine Aufzählung der Anfechtungsansprüche i. R. der Regelung im gestaltenden Teil sollte nur dann erfolgen, wenn die Ermächtigung ausnahmsweise auf bestimmte Anfechtungsansprüche beschränkt werden kann. Dann ist auf eine unmissverständliche Formulierung der entsprechenden Planregelung zu achten.[401)]

395) *Tresselt/Nagel*, DB 2018, 1969, 1971.

396) *Thies* in: HambKomm-InsR, § 259 InsO Rz. 16.

397) Begr. RegE InsO, BT-Drucks. 12/2443, S. 214; *Thies* in: HambKomm-InsR, § 259 InsO Rz. 16.

398) BGH, Beschl. v. 7.5.2015 - IX ZB 75/14, Rz. 33, ZInsO 2012, 1321 = ZIP 2015, 1346.

399) BGH, Beschl. v. 7.5.2015 - IX ZB 75/14, Rz. 33, ZInsO 2012, 1321 = ZIP 2015, 1346.

400) Vgl. LG Hamburg, Beschl. v. 18.8.2017 – 326 T 10/18, NZI 2017, 971, 971.

401) Vgl. *Thies* in: HambKomm-InsR, § 259 InsO Rz. 14, und zu den Auslegungsproblemen BGH, Urt. v. 6.10.2005 – IX ZR 36/02, ZIP 2006, 39 = NZI 2006, 100, dazu EWiR 2006, 87 *(Bähr/Landry)*; BGH, Urt. v. 9.1.2014 – IX ZR 209/11, ZInsO 2014, 295, 297 = ZIP 2014, 330, dazu EWiR 2014, 117 *(Madaus)*; BGH, Beschl. v. 7.3.2013 - IX ZR 222/12, Rz. 6, ZIP 2013, 738 = ZInsO 2013, 721.

Auch die Kostenlast und die Verteilung der eingezogenen Ansprüche sollte im Insolvenzplan ausdrücklich geregelt werden. Ohne Regelung steht dem Schuldner das durch den Anfechtungsprozess Erlangte zu und dieser trägt auch die Kosten (vgl. § 259 Abs. 3 Satz 2 InsO).[402] Dies ist in der Regel nicht sachgerecht, weil die Anfechtungsansprüche „aus der Vergangenheit" den Gläubigern zustehen sollten. Entsprechend ist eine Verteilung an die Gläubiger im Verhältnis ihrer Planquote unter Abzug der Kosten sachgerecht und in der Praxis häufig in Insolvenzplänen zu finden.

374 Der Plan kann allerdings auch vorsehen, dass der Insolvenzverwalter auf Anfechtungsansprüche verzichtet.[403]

2. Sonstige Ansprüche und Massegegenstände

375 Nach der Rechtsprechung des BGH kann der Insolvenzplan auch nicht den Insolvenzverwalter oder einen Dritten ermächtigen, sonstige Masseforderungen zum Zwecke der Nachtragsverteilung zugunsten der Gläubigergesamtheit einzuziehen und quotal an die Gläubiger auszuschütten.[404] Wie im Fall der Ermächtigung des Insolvenzverwalters zur Geltendmachung von Anfechtungsansprüchen nach Aufhebung des Insolvenzverfahrens sieht der BGH auch in der Einziehungsermächtigung für sonstige Masseforderungen einen Verstoß gegen §§ 217 Abs. 1 Satz 1, 221 Satz 1, 259 Abs. 1 Satz 2 InsO.[405] Mit der Aufhebung des Insolvenzverfahrens entfällt neben der Verwaltungs- und Verfügungsbefugnis auch die Prozessführungsbefugnis des Insolvenzverwalters. Eine entsprechende Befugnis kann angesichts des Ausnahmecharakters des § 259 Abs. 3 Satz 1 InsO der Insolvenzplan weder dem Insolvenzverwalter noch einem Dritten verleihen.[406] Vielmehr verbietet § 259 Abs. 1 Satz 2 InsO, nach Verfahrensende zugunsten der Masse jegliche – gleich ob Insolvenzanfechtung oder sonstige Ansprüche betreffende – Rechtsstreitigkeiten einzuleiten.[407]

Praxishinweis

Vor dem Hintergrund der jüngsten BGH-Rechtsprechung ist sowohl auf die Regelung von Anfechtungsermächtigungen bzgl. mit Beendigung des Verfahrens noch nicht rechtshängiger Anfechtungsklagen als auch auf die Ermächtigung des Insolvenzverwalters oder Dritter zur Einziehung von Forderungen nach Aufhebung des Insolvenzverfahrens zu verzichten. Vielmehr ist auf die nachfolgend dargestellten **alternativen Gestaltungsmöglichkeiten** zurückzugreifen.

402) *Thies* in: HambKomm-InsR, § 259 InsO Rz. 16.

403) LG Mannheim, Beschl. v. 24.7.2020 – 4 T 127/17, ZInsO 2021, 456, 458.

404) BGH, Beschl. v. 26.4.2018 – IX ZB 49/17, Rz. 21, ZVI 2018, 272 = NZI 2018, 691; BGH, Urt. v. 10.12.2009 – IX ZR 206/08, NZI 2010, 99 = ZVI 2010, 269; BGH, Urt. v. 7.1.2008 – II ZR 283/06, ZInsO 2009, 963, 964 = ZIP 2008, 546; BGH, Urt. v. 7.7.2008 – II ZR 26/07, ZInsO 2008, 1017 = ZIP 2008, 2094; OLG Celle, Beschl. v. 20.11.2006 – 4 U 166/06, ZVI 2007, 321 = ZInsO 2006, 1327; *Huber/Madaus* in: MünchKomm-InsO, § 259 Rz. 10; Römermann-*Rühle*, InsR/InsO, § 259 InsO Rz. 4; *Thies* in: HambKomm-InsR, § 259 InsO Rz. 6; Uhlenbruck-*Streit*, InsO, § 259 Rz. 10; *Spahlinger* in: KPB, InsO, § 259 Rz. 21; *Jaffé* in: FK-InsO, § 259 Rz. 5 ff.; a. A. OLG Düsseldorf, Urt. v. 22.12.2005 – I-7 U 148/05, NZI 2006, 240, 241 – grds. Zulässigkeit entsprechender Klauseln; AG Duisburg, Beschl. v. 1.4.2003 – 62 IN 187/02, NZI 2003, 447; *Hingerl*, ZInsO 2007, 870; *Kühne/Hancke*, ZInsO 2012, 812.

405) BGH, Beschl. v. 26.4.2018 – IX ZB 49/17, Rz. 21, ZVI 2018, 272 = NZI 2018, 691.

406) BGH, Beschl. v. 26.4.2018 – IX ZB 49/17, Rz. 27, ZVI 2018, 272 = NZI 2018, 691.

407) BGH, Beschl. v. 26.4.2018 – IX ZB 49/17, Rz. 27, ZVI 2018, 272 = NZI 2018, 691.

3. Alternative Gestaltungen zur Einziehung und Verteilung durch den Insolvenzverwalter

a) Bedürfnis für alternative Gestaltungen

Vor dem Hintergrund der aktuellen BGH-Rechtsprechung können Ermächtigungs- und Nachtragsverteilungsklauseln für den Insolvenzverwalter rechtssicher nur im Hinblick auf die Fortführung eines bis zur Aufhebung des Insolvenzverfahrens erhobenen Anfechtungsprozesses und anschließender Verteilung durch den Insolvenzverwalter geregelt werden. Häufig besteht jedoch das **Bedürfnis nachträglicher Einziehung und Verteilung von Ansprüchen der Insolvenzmasse über Anfechtungsansprüche hinaus,** insbesondere die Realisierung von Haftungsansprüchen gegen ehemalige Geschäftsführer bzgl. Insolvenzverschleppung oder Managementfehler sind häufig Voraussetzung dafür, dass „enttäuschte Gläubiger" dem Insolvenzplan überhaupt zustimmen. Darüber hinaus ist auch für die Geltendmachung von Anfechtungsansprüchen die zwingende Klageerhebung bis zur Aufhebung des Insolvenzverfahrens nicht immer sachgerecht (siehe dazu oben Rz. 369 ff.). 376

Da vor dem Hintergrund der oben dargestellten Rechtsprechung eine Einziehung und Nachtragsverteilung durch den Insolvenzverwalter für solche Ansprüche nicht geregelt werden kann,[408] ist diesem praktischen Bedürfnis durch alternative Gestaltungen gerecht zu werden. 377

b) Regulierte Einziehung und Nachtragsverteilung über den Schuldner unter Aufsicht des Sachwalters/Insolvenzverwalters

Zwar erhält der Schuldner mit Aufhebung des Insolvenzverfahrens die Verwaltungs- und Verfügungsbefugnis über sein Vermögen zurück (§ 259 Abs. 1 Satz 2 InsO). Der Insolvenzplan kann dennoch eine schuldrechtliche Verpflichtung des Schuldners enthalten, bestimmte Ansprüche der Insolvenzmasse nach Aufhebung des Insolvenzverfahrens geltend zu machen und im Wege einer „Nachtragsverteilung" entsprechend eines im Insolvenzplan geregelten Verteilungsschlüssels an die Gläubiger auszuschütten. 378

Diese Nachtragsverteilungsregeln sehen jedoch vor, dass der Schuldner – nicht der Insolvenzverwalter – diese Ansprüche selbst geltend macht. Bei einer solchen Regelung sind die Gläubiger auf eine plankonforme Geltendmachung dieser Ansprüche durch den Schuldner nach Aufhebung des Insolvenzverfahrens angewiesen. 379

Eine mit der Einziehung und Verteilung durch den Insolvenzverwalter vergleichbare Sicherheit besteht jedoch nicht. Praktisch wird sich die **schuldrechtliche Verpflichtung des Schuldners zur Geltendmachung dieser Ansprüche trotz Planregelung schwer durchsetzen lassen.** Ist eine Planüberwachung nach § 260 InsO angeordnet, so werden sich die Aufgaben und Befugnisse des Insolvenzverwalters aus § 261 InsO auch auf die Überwachung der Einziehung und Verteilung dieser Ansprüche an die Gläubiger erstrecken. Betreibt der Schuldner nicht aktiv die Einziehung dieser Ansprüche, kann der Insolvenzverwalter dies dem Gläubigerausschuss oder Insolvenzgericht anzeigen. Dies dürfte allerdings kaum Konsequenzen nach sich ziehen.[409] Wurden die Haftungsansprüche vom Schuldner eingezogen, allerdings trotz Fälligkeit nicht an die Gläubiger verteilt, können diese ggf. aus dem Insolvenzplan die Zwangsvollstreckung betreiben, wenn die Voraus- 380

408) Es besteht die Gefahr, dass im Einziehungsprozess nach Aufhebung des Insolvenzverfahrens (§ 258 InsO) die Prozessführungsbefugnis des Insolvenzverwalters verneint wird, vgl. BGH, Urt. v. 12.3.1986 – VIII ZR 64/85, ZIP 1986, 583 = NJW 1986, 3206; BGH, Urt. v. 15.6.1992 – II ZR 88/91, ZIP 1992, 1152 = NJW 1992, 2894.

409) Vgl. *Pleister* in: KPB, InsO, § 262 Rz. 16; *Stephan* in: MünchKomm-InsO, § 262 Rz. 12.

setzungen des § 257 Abs. 3 InsO gegeben sind.[410] Schließlich können sie einen neuen Insolvenzantrag stellen oder mit diesem Drohpotential die plankonforme Ausschüttung der Beträge beim Schuldner erwirken.

Formulierungsbeispiel (Nachtragsverteilungsklausel bezogen auf den Schuldner)

„Etwaige Zuflüsse aus der Geltendmachung/Durchsetzung von Ansprüchen gegen die ehemaligen Geschäftsführer […] [Name] und […] [Name] bzw. die D&O Versicherung bleiben einer Nachtragsverteilung vorbehalten.[411] Im Übrigen ist eine Nachtragsverteilung ausgeschlossen.

Die Nachtragsverteilung ist in Bezug auf die noch zu realisierenden Ansprüche beschränkt auf die Beträge, die der Schuldnerin tatsächlich aus der Durchsetzung der genannten Ansprüche, sei es im Rechtsweg oder durch einen etwaigen Vergleich, zufließen. Diese wird an die Gläubiger der Gruppen 1 bis 3 nach Abzug der auf die Schuldnerin fallenden Prozess- und Anwaltskosten abzüglich einer weiteren Aufwandspauschale zugunsten der Schuldnerin von 15 % verteilt. Eine Verteilung erfolgt nur, wenn für eine Verteilung insgesamt Beträge zur Verfügung stehen, die 500.000 € übersteigen oder wenn nach Einschätzung der Schuldnerin und Zustimmung des Gläubigerausschusses mit weiteren Beträgen für eine Verteilung nicht mehr zu rechnen ist. Die Auszahlung der Quote erfolgt innerhalb von sechs Wochen, nachdem auszahlbare Beträge hierfür zur Verfügung stehen im Wege der Nachtragsverteilung durch die Schuldnerin auf Grundlage des fortgeschriebenen Verteilungsverzeichnisses. Eine gesonderte Anordnung des Insolvenzgerichts für die Nachtragsverteilung ist nicht erforderlich."

c) Einziehung und Nachtragsverteilung über den Insolvenzverwalter als Treuhänder

381 Wollen die Gläubiger den Schuldner nicht mit der Geltendmachung der „sensiblen Haftungsansprüche" gegen die (ehemaligen) Geschäftsführer, Gesellschafter, Kunden oder Lieferanten nach Aufhebung des Insolvenzverfahrens betrauen, besteht die Möglichkeit, diese Ansprüche **treuhänderisch an den Insolvenzverwalter, Sachwalter oder einen Dritten abzutreten**, welcher diese dann nicht kraft Amtes, sondern persönlich als Treuhänder geltend macht und die eingezogenen Beträge dann kraft Treuhandabrede an den Schuldner oder Gläubiger verteilt (siehe auch § 24 Rz. 54 ff. [*Dellit*]).[412] Auch eine treuhänderische Abtretung an einen Dritten, etwa einen Rechtsanwalt, welcher nach Einziehung den Erlös an die Gläubiger verteilt, kommt in Betracht. Der BGH hat die Treuhandlösung jüngst in einem obiter dictum für insolvenzrechtlich zulässig und damit – anders als die Einziehungsermächtigung – nicht als unzulässige Nachtragsverteilung erachtet.[413] Da im gestaltenden Teil des Insolvenzplans gemäß § 228 Satz 1 InsO die vorgesehene Änderung der sachenrechtlichen Verhältnisse der Gegenstände der Insolvenzmasse geregelt werden könne, könne dies auch in Form einer fiduziarischen Forderungsabtretung erfolgen, die den Zessionar verpflichtet, den Erlös an die Gläubiger auszuschütten.[414] Als Vollrechtsinhaber kann der Zessionar den Einziehungsrechtsstreit noch nach Verfahrensaufhebung einleiten.[415]

382 Im gestaltenden Teil kann unmittelbar nur die Abtretungserklärung und Treuhandabrede des Schuldners geregelt werden, nicht jedoch die **korrespondierende Erklärung des Treuhänders.** Diese ist vielmehr als Anlage zum Insolvenzplan zu nehmen (siehe dazu ausführlich unter Einbeziehung von Dritterklärungen § 7 Rz. 81 ff. [*Brünkmans*]). Alternativ kann die Treuhandabrede insgesamt zwischen Schuldner, Insolvenzverwalter und

---

410) Vgl. *Stephan* in: MünchKomm-InsO, § 262 Rz. 13.

411) Die teilweise in der Praxis vorzufindende Regelung „Die bezeichneten Vermögensgegenstände unterliegen dabei unabhängig von der Aufhebung des Insolvenzverfahrens dem Insolvenzbeschlag" sollte vor dem Hintergrund des § 259 Abs. 1 Satz 2 InsO und der oben erwähnten BGH-Rspr. nicht mehr verwendet werden.

412) Vgl. *Thies* in: HambKomm-InsR, § 259 InsO Rz. 9.

413) BGH, Beschl. v. 26.4.2018 – IX ZB 49/17, Rz. 28, ZVI 2018, 272 = NZI 2018, 691; s. a. *Tresselt/Nagel*, DB 2018, 1969.

414) BGH, Beschl. v. 26.4.2018 – IX ZB 49/17, Rz. 28, ZVI 2018, 272 = NZI 2018, 691.

415) BGH, Beschl. v. 26.4.2018 – IX ZB 49/17, Rz. 28, ZVI 2018, 272 = NZI 2018, 691.

Treuhänder aufschiebend bedingt auf die Rechtskraft des Insolvenzplans als separate Vereinbarung geschlossen werden und als Anlage zum Insolvenzplan genommen werden. Dabei sind neben der Abtretungsvereinbarung weitere Regelungen aufzunehmen, wie etwa die Vergütung des Treuhänders, Nebenpflichten der Parteien, Ausschüttungsmodalitäten für die Gläubiger etc.[416] Zum Schutz der Gläubiger bietet es sich an, die Ausschüttungsansprüche als echten Vertrag zugunsten Dritter (§ 328 Abs. 1 BGB) auszugestalten.

Eine Abtretung an den Insolvenzverwalter oder Sachwalter als Treuhänder kommt auch für die Geltendmachung von Anfechtungsansprüchen in Betracht. Der BGH hat die Abtretbarkeit des Anfechtungsanspruchs generell anerkannt.[417] Offengelassen hat er jedoch, ob das **Anfechtungsrecht** auch im Falle einer zuvor erfolgten Abtretung durch die vorbehaltslose **Aufhebung oder Einstellung des Insolvenzverfahrens erlischt**. Teilweise wird dies bejaht.[418] Die wohl überwiegende Meinung[419] geht jedoch zutreffend davon aus, dass das übergangene Anfechtungsrecht durch die Verfahrensaufhebung jedenfalls dann nicht erlischt, wenn gewährleistet ist, dass der Erlös aus der Geltendmachung des Anfechtungsanspruchs den Gläubigern zugutekommt, wie etwa dann, wenn der Anfechtungsanspruch an einen Factorer abgetreten wurde und dieser an die Masse einen Kaufpreis gezahlt hat.[420] Vor dem Hintergrund dürfe eine Abtretung an den Insolvenzverwalter/Sachwalter oder Dritten als Treuhänder jedenfalls dann möglich sein, wenn die Treuhandvereinbarung vorsieht, dass der Erlös aus der Geltendmachung der Anfechtungsrechte, an die Gläubiger ausgeschüttet wird. 383

4. Zusammenfassender Überblick

Die Regelung einer Einziehungsbefugnis des Insolvenzverwalters und Nachtragsverteilung ist vor dem Hintergrund der BGH-Rechsprechung im Insolvenzplan lediglich für bis zur Aufhebung des Insolvenzverfahrens rechtshängige Anfechtungsrechtstreite möglich (siehe ausführlich oben Rz. 368 ff.). 384

Darüber hinaus können Anfechtungsansprüche an den Insolvenzverwalter/Sachwalter oder Dritten abgetreten werden, welcher diese dann als **Treuhänder** geltend macht. Zur Frage der Zulässigkeit der Abtretung von Ansprüchen aus Insolvenzanfechtung siehe oben Rz. 381. Für die Geltendmachung von Ansprüchen, die nicht auf Insolvenzanfechtung beruhen, bietet sich ebenfalls das Treuhandmodell (siehe Rz. 381) oder ggf. die Regelung der Geltendmachung und Verteilung durch die Schuldnerin (siehe Rz. 378 ff.) an. 385

Praxishinweis

Das Treuhandmodell (siehe Rz. 381 ff.) dürfte im Vergleich zur Nachtragsverteilung durch die Schuldnerin (siehe Rz. 378 ff.) und auch zur Einziehungsermächtigung (§ 259 Abs. 3 InsO) mehr den Interessen der Gläubiger an einer optimalen Einziehung und Verteilung von Anfechtungs- oder sonstigen Ansprüchen entsprechen. Darüber hinaus schützt die Treuhandlösung vor einem Vollstreckungszugriff der Neugläubiger und einer Folgeinsolvenz nach Aufhebung des Insolvenzverfahrens.[421] In der Folgeinsolvenz fällt die Forderung nicht in die „neue Insolvenzmasse“ und ist daher den Neugläubigern als Befriedigungssubstrat entzogen. Ferner kann mit dem Treuhandmodell verhindert werden, dass der Schuldner nach Aufhebung des Insolvenzverfahrens durch Abtretung wirksam über die Forderung verfügt.[422]

416) Vgl. auch *Tresselt/Nagel*, DB 2018, 1969, 1972.
417) BGH, Vers.-Urt. v. 17.2.2011 – IX ZR 91/10, NZI 2011, 486; so auch: Uhlenbruck-*Borries/Hirte*, InsO, § 143 Rz. 90; *Jacoby* in: KPB, InsO, § 143 Rz. 8; *Freudenberg* in: MünchKomm-InsO, § 129 Rz. 214.
418) *Freudenberg* in: MünchKomm-InsO, § 129 Rz. 221.
419) *Jacoby* in: KPB, InsO, § 143 Rz. 10; *Rogge/Leptien* in: HambKomm-InsR, § 143 InsO Rz. 118; K. Schmidt-*Büteröwe*, InsO, § 143 Rz. 18; wohl auch K. Schmidt-*Spliedt*, InsO, § 259 Rz. 9.
420) *Jacoby* in: KPB, InsO, § 143 Rz. 10; K. Schmidt-*Spliedt*, InsO, § 259 Rz. 9; K. Schmidt-*Büteröwe*, InsO, § 143 Rz. 18.
421) BGH, Beschl. v. 26.4.2018 – IX ZB 49/17, Rz. 28, ZVI 2018, 272 = NZI 2018, 691.
422) Vgl. BGH, Beschl. v. 26.4.2018 – IX ZB 49/17, Rz. 28, ZVI 2018, 272 = NZI 2018, 691.

K. Regelung über die Vergütung des (vorläufigen) Insolvenzverwalters/Sachwalters

I. Bedürfnis nach Klarheit über die Höhe der Verwaltervergütung

386 Eine erfolgreiche Plansanierung setzt in der Regel einen zügigen Abschluss des Insolvenzplanverfahrens und eine zeitnahe Aufhebung des Insolvenzverfahrens voraus. Dazu im Widerspruch steht das in der Praxis teilweise langwierige gerichtliche Verfahren zur Festsetzung der Vergütung des (vorläufigen) Insolvenzverwalters.[423] Das gilt für die Festsetzung der Vergütung des (vorläufigen) Sachwalters in der Eigenverwaltung gleichermaßen. Mit dem nachfolgend verwendeten Begriff der Verwaltervergütung sind beide Fälle gemeint.

387 Nicht nur die Überlastung der Gerichte, sondern auch die schwierige Bemessung von Vergütungszuschlägen wie etwa für die Unternehmensfortführung, Erstellung von Insolvenzplänen o. Ä. zieht das Verfahren über die Festsetzung der Verwaltergebühr in die Länge. Dies mag für Zuschläge wie etwa für die Erstellung von Insolvenzplänen für das Gericht noch ohne größere Nachforschungen möglich sein, weil es i. R. des Planbestätigungsverfahrens oder der Vorprüfung ohnehin frühzeitig in die Komplexität des Insolvenzplans und seiner Erstellung eingebunden ist. Bei einzelnen Vergütungszuschlägen – etwa Betreuung der Betriebsfortführung durch den (vorläufigen) Sachwalter – muss das **Gericht** hingegen häufig zunächst erst **umfangreiche Nachforschungen** machen, um sich ein Bild über gerechtfertigte Zuschläge zu verschaffen.[424]

388 Der **Gläubigerausschuss** und der Schuldner bzw. deren Geschäftsführungsorgane dürften jedenfalls in größeren Insolvenzverfahren durch die umfassende und durchgehende **Einbindung bei der Betriebsfortführung** und den wesentlichen Entscheidungen im Insolvenzverfahren einen besseren Einblick in die Komplexität einzelner gebührenerhöhender Tatbestände haben. Vor diesem Hintergrund ist festzustellen, dass im Fall der Regelung der Verwaltervergütung im gestaltenden Teil des Insolvenzplans die Sichtweisen der Insolvenzgläubiger und des Insolvenzschuldners bei der Frage, welche Vergütung angemessen ist oder nicht, in begrüßenswerter Weise einfließen. Der Insolvenzverwalter hat i. R. der Aufstellung und Verhandlung des Insolvenzplans seinen Vergütungsanspruch darzulegen und zu begründen und die Insolvenzgläubiger und den Insolvenzschuldner zu überzeugen, dass seine Forderung angemessen und sachgerecht ist.

389 Neben der großen **Sachnähe der Gläubigerorgane und der Organe des Schuldners** im Insolvenzplanverfahren besteht das Bedürfnis, die Verwaltervergütung im Insolvenzplan abschließend und verbindlich zu regeln, in dem besonderen **Bedürfnis der Klarheit und Vorhersehbarkeit über die Höhe der Verwaltervergütung**. Da das Unternehmen nach Annahme des Insolvenzplans und Aufhebung des Insolvenzverfahrens fortgeführt wird, führt die Festsetzung der Verwaltervergütung zu einer unmittelbaren Liquiditätsbelastung eines fortzuführenden Unternehmens. Die in der Regel ohnehin knappe Liquidität des Unternehmens lässt oft wenig Puffer in der Liquiditätsplanung zu. Der Betrag, um welchen die Liquidität des Unternehmens belastet wird, muss daher so genau wie möglich bestimmt und vorhersehbar sein. Bei sog. Earn-out-Plänen (siehe ausführlich § 2 Rz. 103 ff. [*Brünkmans*]) müssen darüber hinaus die zwingend zu erstellenden Bilanzen, Gewinn- und Verlustrechnungen feststehen, damit die Quotenberechnungen weitestgehend zutreffen.[425] Die zum Teil vorgeschlagene Lösung, die Verwaltervergütung i. R. der Planungsrechnungen möglichst hoch anzusetzen und anschließend über einen Besserungsschein

423) Vgl. *Haarmeyer*, ZInsO 2016, 1622, 1623.

424) *Graeber*, ZIP 2013, 916.

425) *Reinhardt*, ZInsO 2015, 943, 945.

auszuschütten,[426] lässt außer Acht, mit welcher knappen Liquidität das Unternehmen in der Sanierungsphase unmittelbar nach Abschluss des Insolvenzplanverfahrens zu kämpfen hat. Für großzügige Sicherheitszuschläge ist i. R. der Liquiditätsplanung kein Raum. Im Übrigen sind die bei Besserungsscheinen notwendigen Nachtragsausschüttungen mit nicht unbeachtlichen Kosten und hohem Aufwand verbunden, die es zu vermeiden gilt. Auch für die **Vergleichsrechnung nach § 251 InsO** sollten die Gläubiger spätestens im **Erörterungs- und Abstimmungstermin** die **genaue Höhe ihrer Quote und** die Höhe **der Gebührenbelastung** wissen.[427]

II. Rechtliche Zulässigkeit und Grenzen der Regelung der Verwaltervergütung im Insolvenzplan

1. Streitstand bis zum Beschluss des BGH v. 16.2.2017 – IX ZB 103/15

Obwohl die Sanierungspraxis schon seit Jahren ein Bedürfnis für eine verbindliche und abschließende Regelung der Verwaltervergütung im Insolvenzplan sieht, war in Rechtsprechung und Literatur bisher umstritten, ob und unter welchen Voraussetzungen dies möglich ist (siehe dazu auch § 3 Rz. 38 ff. [*Beck/Pechartscheck*]). 390

Eine Auffassung lehnt die Möglichkeit einer bindenden Regelung bezüglich der Höhe der Verwaltervergütung kategorisch ab.[428] Aus der Entscheidung des BGH aus dem Jahre 2007[429] ließ sich nur entnehmen, dass eine Vergütungsregelung[430] jedenfalls dann nicht zulässig ist, wenn der Insolvenzverwalter ihr nicht gesondert zustimmt. Inwieweit eine Regelung über die Verwaltervergütung **mit Zustimmung des Insolvenzverwalters** zulässig ist, konnte der Entscheidung des BGH hingegen nicht entnommen werden. 391

Die Unzulässigkeit wird zum einen damit begründet, dass die Vergütung des Insolvenzverwalters nicht der Dispositionsbefugnis der Gläubiger unterliege und zum anderen damit, dass **das Insolvenzgericht** – das nach § 64 InsO die Vergütung festzusetzen hat – **nicht durch den Insolvenzplan gebunden werden könne.**[431] Gegen die Zulässigkeit wird auch vorgebracht, hierdurch entstehe eine Manipulationsgefahr und die Unabhängigkeit des Insolvenzverwalters sei nicht mehr gewahrt.[432] Ein Insolvenzplan mit einer Vergütungsregelung wäre dieser Ansicht zufolge von Amts wegen nach § 231 Abs. 1 Nr. 1 InsO zurückzuweisen.[433] 392

426) *Schöttler*, NZI 2014, 852, 853.

427) *Hingerl*, ZIP 2015, 159, 162.

428) AG München, Urt. v. 21.6.2013 – 1542 IN 3485/02, BeckRS 2013, 13792; K. Schmidt-*Spliedt*, InsO, § 217 Rz. 6; *Büttner* in: HambKomm-InsR, § 63 InsO Rz. 45; *Fiebig* in: HK-InsO, § 217 Rz. 10; *Laroche/Pruskowski/Schöttler/Siebert/Vallender*, ZIP 2014, 2153, 2160 f.; *Schöttler*, NZI 2014, 852; *Madaus/Heßel*, ZIP 2013, 2088, 2090; *Ganter*, ZIP 2014, 2323, 2333; *Smid/Rattunde/Martini*, Insolvenzplan, Rz. 6.78.

429) BGH, Urt. v. 22.2.2007 – IX ZB 106/06, Rz. 7, ZIP 2007, 784 = NZI 2007, 341.

430) In der Entscheidung des BGH wurde in einen vom Schuldner vorgelegten Insolvenzplan lediglich ein überschlägiger Ansatz bzgl. der Kosten des Insolvenzverfahrens insgesamt (Gerichtskosten und Insolvenzverwaltervergütung) aufgenommen, woran sich der Insolvenzverwalter nicht gebunden fühlte. Hierin sieht das LG Heilbronn, Beschl. v. 25.3.2015 – Bm 1 T 130/15, ZInsO 2015, 910, 911, den wesentlichen Unterschied.

431) *Laroche/Pruskowski/Schöttler/Siebert/Vallender*, ZIP 2014, 2153, 2160 f.; *Schöttler*, NZI 2014, 852; *Madaus/Heßel*, ZIP 2013, 2088, 2090.

432) *Ganter*, ZIP 2014, 2323, 2333; *Schöttler*, NZI 2014, 852, 854 f.; *Laroche/Pruskowski/Schöttler/Siebert/Vallender*, ZIP 2014, 2153, 2160 f.

433) AG München, Beschl. v. 21.6.2013 – 1542 IN 3485/02, BeckRS 2013, 13792; *Schöttler*, NZI 2014, 852, 854; *Laroche/Pruskowski/Schöttler/Siebert/Vallender*, ZIP 2014, 2153, 2160.

393 **Nach a. A.**[434)] ist eine Regelung über die Höhe der Verwaltervergütung im Insolvenzplan hingegen möglich. Falls bei einer Regelung der Verwaltervergütung im Insolvenzplan überhaupt noch eine gerichtliche Festsetzung erforderlich ist,[435)] sei das Gericht jedenfalls hieran gebunden und müsse die Vergütung in entsprechender Höhe in dem Beschluss nach § 64 InsO festsetzen.

394 Innerhalb der Befürworter wurden unterschiedliche Voraussetzungen für eine Regelung der Verwaltervergütung im Insolvenzplan gefordert.

- Eine weitgehende Auffassung[436)] verlangte **lediglich eine Planregelung** über die Vergütung des Insolvenzverwalters im gestaltenden Teil des Insolvenzplans. Diese wäre dann nach den allgemeinen Regeln über die Annahme des Insolvenzplans, d. h. Zustimmungsmehrheiten in den einzelnen Gruppen und nach rechtskräftiger Bestätigung des Insolvenzplans durch das Insolvenzgericht für Insolvenzverwalter, Schuldner und Insolvenzgericht, verbindlich.
- Nach a. A.[437)] war neben der Annahme und rechtskräftigen Bestätigung eines Insolvenzplans, welcher eine Regelung über die Verwaltergebühr enthält, zusätzlich die **Zustimmung des Insolvenzverwalters bzw. Sachwalters** erforderlich. Diese ist als Anlage dem Insolvenzplan beizufügen bzw. müsse sich daraus ergeben, dass der Verwalter den Plan eingereicht habe.
- Ein enger Ansatz[438)] verlangte schließlich neben der Zustimmung des Insolvenzverwalters und Annahme des Insolvenzplans durch die Beteiligten zusätzlich, dass die **Zustimmung der Beteiligten – entgegen den allgemeinen Regeln – einstimmig erfolgt.** Das Insolvenzgericht ist bei der Festsetzung der Vergütung nach dieser Auffassung bereits beim Widerspruch auch nur eines Gläubigers nicht mehr an die Vergütungsregelung aus dem Insolvenzplan gebunden.

2. Entscheidung des BGH v. 16.2.2017 – IX ZB 103/15, bestätigt durch BGH v. 11.11.2021 – IX ZB 19/20

395 Der BGH hat in seinem Beschluss vom 16.2.2017 erstmals entschieden, dass Regelungen über die Vergütung des Insolvenzverwalters nicht Inhalt eines Insolvenzplans sein können.[439)] Dies gilt auch für die Vergütung der Planüberwachung.[440)] In seiner Entscheidung vom 11.11.2021 hat der BGH diese Rechtsprechung noch einmal bestätigt und insoweit ergänzt, dass auch Regelungen über die Fälligkeit der Vergütung des Insolvenzverwalters

434) LG München I, Beschl. v. 2.8.2013 – 14 T 16050/13, ZIP 2013, 2273 = ZInsO 2013, 1966; dem folgend AG Hannover, Beschl. v. 6.11.2015 – 908 IK 1886/13-7, ZIP 2015, 2385, dazu EWiR 2016, 85 *(Bähr)*; *Haarmeyer/Mock*, Vergütung in Krise, Sanierung und Insolvenz, § 63 InsO Rz. 77; *Prasser/Stoffler* in: KPB, InsO, § 63 Rz. 16; *Smid/Rattunde/Martini*, Insolvenzplan, Rz. 17.28.

435) Daran zweifelnd *Hingerl*, ZIP 2015, 159, 163.

436) In diesem Sinne wohl *Haarmeyer/Mock*, Vergütung in Krise, Sanierung und Insolvenz, § 63 InsO Rz. 77.

437) *Eidenmüller* in: MünchKomm-InsO, § 217 Rz. 163; *Eidenmüller* in: MünchKomm-InsO, § 221 Rz. 115, m. Fn. 162; wohl auch AG Hannover, Beschl. v. 6.11.2015 – 908 IK 1886/13-7, ZIP 2015, 2385, 2386, wo verlangt wird, dass der Plan vom Verwalter eingereicht wurde; wohl auch *Hingerl*, ZIP 2015, 159, 162, wenn er auch die Zustimmung nur als „Absicherung für den Schuldner" betrachtet.

438) LG Heilbronn, Beschl. v. 25.3.2015 – Bm 1 T 130/15, 1 T 130/15, ZInsO 2015, 910; LG Münster, Beschl. v. 1.10.2015 – 5 T 526/15, ZVI 2016, 329 = ZInsO 2016, 1662; zustimmend *Reinhardt*, ZInsO 2015, 943 (Urteilsanm.); *Stephan* in: MünchKomm-InsO, 3. Aufl., § 63 Rz. 52; Stephan/Riedel-*Stephan/Riedel*, InsVV, 1. Aufl., Einl. Rz. 32; *Graeber*, ZIP 2013, 916, 917, 919.

439) BGH, Beschl. v. 16.2.2017 – IX ZB 103/15, ZIP 2017, 482, 483 = ZVI 2017, 208 = ZInsO 2017, 538, m. Anm. *Haarmeyer*; s. a. LG Hamburg, Beschl. v. 7.2.2018 – 326 T 120/16, NZI 2018, 261, 262, m. Anm. *Madaus*.

440) LG Hamburg, Beschl. 7.2.2018 – 326 T 120/16, NZI 2018, 261, 262, m. Anm. *Madaus*.

nicht Inhalt eines Insolvenzplans sein können.[441] Der BGH begründet dies im Wesentlichen mit dem Verweis auf die Verwaltervergütung als Masseverbindlichkeit (§§ 54 Nr. 2, 53 InsO). Da Massegläubiger in § 217 InsO nicht erwähnt werden, sind Masseverbindlichkeiten außerhalb einer Masseunzulänglichkeit (vgl. § 209 Abs. 1 Nr. 1 InsO) einer Regelung durch einen Insolvenzplan nicht zugänglich.[442] Ferner sei der Insolvenzverwalter als Inhaber des Vergütungsanspruchs kein Beteiligter des Insolvenzplanverfahrens. Eine Vergütungsregelung passe daher unter keine Fallgruppe zulässiger Regelungsgegenstände (§ 217 InsO), auch nicht unter die seit dem ESUG bestehende Fallgruppe „Verfahrensabwicklung“.[443]

Ferner sieht der BGH durch die Regelung der Vergütung im Insolvenzplan die unabhängige Stellung des Insolvenzverwalters (§ 56 Abs. 1 Satz 1 InsO) und die Kontroll- und Schutzfunktion des Insolvenzgerichts aus § 64 InsO gefährdet.[444] 396

Praxishinweis

Da der BGH die Regelung der Verwaltervergütung im Insolvenzplan für unzulässig erachtet, ist von der bisherigen Praxis der Vergütungsregelung Abstand zu nehmen. Um die gebotene Planungssicherheit (siehe oben Rz. 386 ff.) zu erreichen, ist auf die nachfolgend dargestellte Gestaltungsalternative zurückzugreifen.

Können die Verfahrenskosten nur durch Drittzahlung gedeckt werden, ist das Insolvenzgericht unter diesen Gesichtspunkten verpflichtet zu prüfen, ob die insoweit zugesagten Beträge voraussichtlich eingehen werden. Erklärungen des Drittmittelgebers müssen schlüssig sein und mit einiger Sicherheit erwarten lassen, dass die Drittmittelgeber die versprochenen Zahlungen leisten können und wollen.[445] 397

III. Gestaltungsalternative: Vorzeitiger Vergütungsantrag

1. Vergütungsantrag des Insolvenzverwalters als Anlage zum Insolvenzplan

Das unter Rz. 386 ff. dargestellte Ziel einer gewissen Vorhersehbarkeit und Planungssicherheit über die Höhe der Verwaltervergütung kann auch durch einen **frühzeitigen Vergütungsantrag** des Insolvenzverwalters bzw. Sachwalters erreicht werden. Der Insolvenzverwalter erstellt in diesem Fall frühzeitig unter Berücksichtigung der nach Planannahme noch anfallenden Tätigkeiten seinen Vergütungsantrag und legt diesen den Gläubigern zum Erörterungs- und Abstimmungstermin vor.[446] Idealerweise enthält der Insolvenzplan in der Anlage bereits vom Insolvenzverwalter/Sachwalter unterschriebene Vergütungsanträge. 398

Nach Annahme des Insolvenzplans im Erörterungs- und Abstimmungstermin und damit „Billigung“ der Vergütungsanträge durch die Gläubiger reicht der Insolvenzverwalter die Vergütungsanträge bei Gericht ein. Ein solcher frühzeitiger Vergütungsantrag ist auch rechtlich zulässig. Zwar soll der Vergütungsantrag nach § 8 InsVV erst nach Übersendung 399

441) BGH, Beschl. v. 11.11.2021 – IX ZB 19/20, Rz. 23, ZRI 2022, 34 = ZIP 2022, 135.

442) BGH, Beschl. v. 16.2.2017 – IX ZB 103/15, Rz. 21, ZIP 2017, 482, 483 = ZVI 2017, 208 = ZInsO 2017, 538, m. Anm. *Haarmeyer*.

443) BGH, Beschl. v. 16.2.2017 – IX ZB 103/15, Rz. 21, 38, ZIP 2017, 482, 483 = ZVI 2017, 208 = ZInsO 2017, 538, m. Anm. *Haarmeyer*; *Brünkmans*, ZIP 2022, 1573, 1581.

444) BGH, Beschl. v. 16.2.2017 – IX ZB 103/15, Rz. 30, 35, ZIP 2017, 482, 483 = ZVI 2017, 208 = ZInsO 2017, 538, m. Anm. *Haarmeyer*.

445) BGH, Beschl. v. 22.6.2023 – IX ZR 91/22, ZRI 2023, 410 = NZI 2023, 498; *Paul*, ZInsO 2024, 1081, 1082.

446) Vgl. auch *Schöttler*, NZI 2014, 852, 853; *Laroche/Pruskowski/Schöttler/Siebert/Vallender*, ZIP 2014, 2153, 2161.

der Schlussrechnung an das Gericht erfolgen. Dies hat jedoch lediglich verfahrensökonomische Bedeutung: dem Gericht sollen alle für Unterlagen zur Verfügung stehen, die für die Entscheidung über die Festsetzung erforderlich sind.[447] Im Übrigen wird die Schlussrechnung durch eine Planregelung in der Regel ausgeschlossen (siehe dazu unten Rz. 658 ff.).

400 Wenn auch nicht mit der Regelung der Verwaltervergütung im Insolvenzplan vergleichbar kann dadurch über den Grundsatz von Treu und Glauben eine gewisse Verbindlichkeit und Vorhersehbarkeit der Höhe der Verwaltervergütung erreicht werden. Der BGH hat in seiner Entscheidung aus 2017 ein solches Vorgehen für rechtlich zulässig erachtet. Anders als bei der Regelung der Vergütung im Insolvenzplan berühre eine solche einseitige Erklärung des Insolvenzverwalters weder seine Unabhängigkeit noch die Festsetzungsbefugnis des Insolvenzgerichts.[448] Allerdings bleibt offen, ob und unter welchen Voraussetzungen sich ein Insolvenzverwalter von der Bindungswirkung seiner Erklärung wieder lösen kann.[449]

2. Bindungswirkung

401 Das Insolvenzgericht ist gemäß § 4 InsO i. V. m. § 308 ZPO an die **beantragte Höhe des Vergütungsanspruchs gebunden.**[450] Es darf in der Summe keinen höheren Betrag festsetzen.[451] Eine vom Antrag des Insolvenzverwalters nach oben hin abweichende Festsetzung der Vergütung durch das Insolvenzgericht ist somit nicht zu befürchten.

402 Die einzige Unsicherheit besteht darin, dass der **Insolvenzverwalter** sich bei dem konkret beim Gericht eingereichten Vergütungsantrag **nicht an die Vorgaben des als Anlage zum Insolvenzplan beigefügten Vergütungsantrags hält**. Allerdings ist zu bedenken, dass, selbst wenn über den Verweis auf den anliegenden Vergütungsantrag die Verwaltervergütung nicht rechtsverbindlich geregelt werden könnte, eine gewisse Bindungswirkung über den Grundsatz von **Treu und Glauben** besteht. Hat der Insolvenzverwalter selbst einen Kostenansatz zu verantworten, der bereits im Zeitpunkt der Abstimmung über den Insolvenzplan deutlich zu niedrig erscheinen musste, ist er nach der Rechtsprechung des BGH später aus Treu und Glauben gehindert, eine höhere Verwaltervergütung zu verlangen. Andernfalls würde ein im Insolvenzplan deutlich zu niedriger Ansatz der Verwaltervergütung die Willensbildung bei der Planannahme in der Beteiligtenversammlung verfälschen.[452] Eine Selbstbindung des Insolvenzverwalters an seine Vergütungsprognose und Vergütungsantrag wurde auch vom BGH anerkannt.[453]

---

447) *Haarmeyer/Mock*, InsVV, § 8 Rz. 17.

448) BGH, Beschl. v. 16.2.2017 – IX ZB 103/15, Rz. 41, ZIP 2017, 482, 483 = ZVI 2017, 208 = ZInsO 2017, 538, m. Anm. *Haarmeyer*.

449) BGH, Beschl. v. 16.2.2017 – IX ZB 103/15, ZIP 2017, 482 = ZVI 2017, 208 = ZInsO 2017, 538, 544, m. Anm. *Haarmeyer*.

450) BGH, Beschl. v. 28.9.2006 – IX ZB 108/05, NZI 2007, 45, 46 = ZIP 2006, 2186; Stephan/Riedel-*Riedel*, InsVV, § 8 Rz. 10; *Riedel* in: MünchKomm-InsO, § 64 Rz. 10; Uhlenbruck-*Mock*, InsO, § 64 Rz. 12.

451) BGH, Beschl. v. 16.2.2017 –IX ZB 103/15, Rz. 40, ZIP 2017, 482, 483 = ZVI 2017, 208 = ZInsO 2017, 538, m. Anm. *Haarmeyer*; *Riedel* in: MünchKomm-InsO, § 64 Rz. 10; Uhlenbruck-*Mock*, InsO, § 64 Rz. 12.

452) BGH, Beschl. v. 22.2.2007 – IX ZB 106/06, ZIP 2007, 784 = NZI 2007, 341.

453) BGH, Beschl. v. 16.2.2017 – IX ZB 103/15, Rz. 41, ZIP 2017, 482, 483 = ZVI 2017, 208 = ZInsO 2017, 538, m. Anm. *Haarmeyer*; *Jacoby/Madaus/Sack/Schmidt, H./Thole*, ESUG-Evaluierung, S. 147; *Madaus*, EWiR 2017, 179, 180 (Urteilsanm.); *Wozniak*, jurisPR-InsR 7/2017, Anm. 1 (Urteilsanm.); kritisch *Blankenburg*, ZInsO 2017, 531, 532, der einen Wettbewerb der Verwalter um Verfahren durch die Zusage der niedrigsten Vergütungen befürchtet.

3. Entscheidung über den Vergütungsantrag als Planbedingung i. S. von § 249 InsO

In der Rechtsprechung und Literatur war zum Teil die Entscheidung über den Vergütungsantrag als Planbedingung (§ 249 InsO) anerkannt.[454] Damit sollte der über die Plananlage den Gläubigern zugänglich gemachte Vergütungsantrag über die Selbstbindung hinaus verbindlich gemacht werden. Der BGH hat eine solche Planbedingung jedoch jüngst mit der Begründung verworfen, die verbindliche Festsetzung der Vergütung des Insolvenzverwalters sei regelmäßig erst mit Verfahrensbeendigung und damit nach Bestätigung des Insolvenzplans möglich.[455] Planbedingungen könnten jedoch nur solche Umstände sein, die vor der Bestätigung des Insolvenzplans eintreten können (vgl. § 249 InsO).[456] 403

Praxishinweis

Nach der klarstellenden Entscheidung des BGH im Jahr 2017 kann das Bedürfnis einer vorhersehbaren Verwaltervergütung nur noch durch die „Selbstbindung des Insolvenzverwalters" erreicht werden, indem der Vergütungsantrag mit einer entsprechenden Absichtserklärung des Insolvenzverwalters als Anlage zum Insolvenzplan genommen wird (siehe oben Rz. 398). Bei einer Regelung der Vergütung unmittelbar im Insolvenzplan oder der Regelung der gerichtlichen Vergütungsfestsetzung als Planbedingung droht hingegen die Zurückweisung des Insolvenzplans durch das Insolvenzgericht (§ 231 Abs. 1 Nr. 1 InsO).

L. Bedingter Plan und Planbedingungen

I. Überblick

Häufig steht und fällt die Sanierung mit Leistungen, Rechtsgeschäften oder sonstigen Maßnahmen, die nicht unmittelbar Regelungsgegenstand des gestaltenden Teils des Insolvenzplans sein können. 404

Die fehlende Planregelbarkeit kann darauf zurückzuführen sein, dass es sich bei dem betroffenen Recht um **nicht zwangsweise planunterworfene Rechtspositionen** handelt (dazu § 7 Rz. 23 ff., 81 ff.), wie etwa die Neugestaltung der Arbeitsverhältnisse über einen Sanierungstarifvertrag (siehe dazu § 61 Rz. 42 ff. [*Krings/Sturme*]), der Erlass einer Besteuerung des Sanierungsgewinns durch die Finanzbehörden etc. (siehe dazu § 60 Rz. 14 ff. [*Witfeld*]). Auch die Umsetzung **rein tatsächlicher Maßnahmen** kann Voraussetzung einer Sanierung sein. 405

Die Verknüpfung dieser über den Insolvenzplan nicht unmittelbar vollziehbaren Maßnahmen kann über die Einbeziehung von Dritterklärungen als Plananlagen auf die Rechtskraft der Bestätigung des Insolvenzplans aufschiebend bedingt abgeschlossene Verträge (§ 158 BGB) erfolgen (siehe ausführlich § 7 Rz. 81 ff. [*Brünkmans*]). In diesem Fall müssen die rechtsgeschäftlichen Erklärungen bereits vor Annahme des Insolvenzplans durch die Beteiligtenversammlung vorliegen. Sollte dies aus **zeitlichen oder verhandlungstaktischen** Gründen nicht möglich sein, besteht die Möglichkeit, dass die entsprechenden Rechtsgeschäfte **erst nach Annahme des Insolvenzplans** im Erörterungs- und Abstimmungstermin abgeschlossen werden, das Wirksamwerden des Insolvenzplans jedoch vom Abschluss dieser Rechtsgeschäfte abhängig gemacht wird. 406

---

454) LG München I, Beschl. v. 2.8.2013 – 14 T 16050/13, ZIP 2013, 2273 = ZInsO 2013, 1966; *Haarmeyer/Mock*, InsVV, § 1 Rz. 3; a. A. AG München, Beschl. v. 21.6.2013 – 1542 IN 3485/02, BeckRS 2013, 13792.

455) BGH, Beschl. v. 16.2.2017 – IX ZB 103/15, Rz. 43, ZIP 2017, 482, 483 = ZVI 2017, 208 = ZInsO 2017, 538, m. Anm. *Haarmeyer*.

456) BGH, Beschl. v. 16.2.2017 – IX ZB 103/15, Rz. 43, ZIP 2017, 482, 483 = ZVI 2017, 208 = ZInsO 2017, 538, m. Anm. *Haarmeyer*.

407 Rechtstechnisch kann die Verknüpfung solcher nachträglich abzuschließenden Rechtsgeschäfte und Maßnahmen mit dem Insolvenzplan über die Aufnahme von **Planbestätigungsvoraussetzungen** (**§ 249 InsO**) oder **einer echten Planbedingung i. S. von § 158 BGB** im gestaltenden Teil erfolgen.

II. Bedingter Plan – Planbestätigungsvoraussetzungen (§ 249 InsO)

1. Funktion des bedingten Plans

408 Nach § 249 InsO kann im Insolvenzplan geregelt werden, dass vor der Bestätigung des Insolvenzplans durch das Insolvenzgericht zunächst bestimmte Leistungen erbracht oder Maßnahmen verwirklicht werden sollen. Der Insolvenzplan darf in diesem Fall nur bestätigt werden, wenn diese Voraussetzungen erfüllt sind.

409 Durch die Aufnahme von Planbestätigungsvoraussetzungen i. S. von § 249 InsO wird der Planbeitrag **eines Dritten „Zug um Zug" gegen die im Insolvenzplan vorgesehenen Beiträge** der Beteiligten ermöglicht und bietet – anders als eine bloße schuldrechtliche Verpflichtung – Gewähr für einen gegenseitigen Vollzug der Sanierungsbeiträge.[457)]

410 Die Überschrift von § 249 InsO „Bedingter Plan" ist jedoch insoweit missverständlich.[458)] Es handelt sich nicht um eine rechtsgeschäftliche Bedingung i. S. des § 158 BGB.[459)] Eine Planregelung i. S. des § 249 InsO stellt vielmehr eine **besondere verfahrensrechtliche Voraussetzung für die Bestätigung des Insolvenzplans** durch das Insolvenzgericht auf.[460)] **Nicht** die Regelungen des Insolvenzplans stehen unter einer aufschiebenden Bedingung, sondern vielmehr die Bestätigung des Insolvenzplans durch das Insolvenzgericht, welche wiederum Voraussetzung für das Wirksamwerden der Regelungen im gestaltenden Teil ist. Erst durch die Rechtskraft des gerichtlichen Bestätigungsbeschlusses erlangen der Insolvenzplan und die im gestaltenden Teil desselben enthaltenen Regelungen Wirkung (§ 254 Abs. 1 InsO); siehe ausführlich unten *Madaus* § 23 Rz. 21 ff. Vor diesem Hintergrund wird nachfolgend im Zusammenhang mit § 249 InsO auch von „Planbestätigungsvoraussetzungen" die Rede sein.

411 Bei der Plangestaltung ist jedoch zu beachten, dass durch die Aufnahme von Planbestätigungsvoraussetzungen die Bestätigung und damit die Wirksamkeit des Insolvenzplans hinausgezögert wird. Enthält der Insolvenzplan eine Vielzahl von Planbestätigungsvoraussetzungen, kann dies ein Signal mangelnder Vorbereitung oder Ungewissheit der Plansanierung aussenden.[461)]

412 Häufig lassen sich aus Zeitgründen nicht sämtliche Sanierungstransaktionen mit Dritten in der Form rechtsverbindlicher Verträge – die freilich ihrerseits unter der aufschiebenden Bedingung der rechtskräftigen Planbestätigung stehen – vor dem Erörterungs- und Abstimmungstermin abschließen. Da der Insolvenzplan häufig ohnehin die verbindliche Auskunft der Finanzverwaltung und Kommunen als Planbestätigungsvoraussetzung enthält, kann es sinnvoll sein, einen Teil der für die Umsetzung des Sanierungskonzepts erforderlichen Maßnahmen und Vertragsschlüsse auf die Zeit nach Annahme des Insolvenzplans durch die Beteiligtenversammlung zu verschieben. Neben **zeitlichen Gründen** sprechen für die Regelung einer Planbestätigungsvoraussetzung auch **verhandlungstakti-**

457) *Pleister* in: KPB, InsO, § 249 Rz. 4.

458) *Eidenmüller*, ZGR 2001, 680, 689; *Fiebig* in: HK-InsO, § 249 Rz. 4.

459) So *Eidenmüller*, ZGR 2001, 680, 689; *Eidenmüller* in: MünchKomm-InsO, § 221 Rz. 25; Andres/Leithaus-*Andres*, InsO, § 249 Rz. 1 ff.; *Fiebig* in: HK-InsO, § 249 Rz. 4; a. A. Römermann-*Rühle*, InsR/InsO, § 249 InsO Rz. 1 ff.

460) *Eidenmüller*, ZGR 2001, 680, 689; *Fiebig* in: HK-InsO, § 249 Rz. 4.

461) *Rendels/Zabel*, Insolvenzplan, Rz. 365.

sche Vorteile. Indem der Insolvenzplan bereits durch die Beteiligtenversammlung angenommen wurde, wird Druck auf den Verhandlungspartner aufgebaut und diesem vor Augen geführt, dass die Sanierung des Unternehmens letztlich von seinen Zugeständnissen abhängt.

Vor dem ESUG gehörten zu den Planbestätigungsvoraussetzung i. S. von § 249 InsO insbesondere die gesellschaftsrechtlichen Beschlüsse, wie etwa der Fortsetzungsbeschluss, oder die Beschlüsse bzgl. der Kapitalherabsetzung und Kapitalerhöhung, die mit Einführung des § 225a InsO nunmehr direkt im gestaltenden Teil des Insolvenzplans aufgenommen werden und auch zwangsweise gegen die Gesellschafter durchgesetzt werden können (siehe Rz. 282 ff.). 413

Dennoch hat § 249 InsO mit Inkrafttreten des ESUG nicht an Bedeutung verloren.[462] In vielen Insolvenzplänen, die einen (teilweisen) Forderungserlass durch die Gläubiger vorsehen, ist die verbindliche Auskunft der Finanzverwaltung und Gemeinden zum Erlass der Gewerbe-, Einkommen- und Körperschaftssteuer als Planbestätigungsvoraussetzung i. S. von § 249 InsO enthalten (siehe dazu § 60 Rz. 98 ff. [*Witfeld*]). 414

2. Praktische Anwendungsfälle für Planbestätigungsvoraussetzungen (§ 249 InsO)

Folgende Planbestätigungsvoraussetzungen haben hohe Praxisrelevanz: 415

a) Die Gewährung neuer Kredite

Für die Finanzierung der Sanierung ist die Bereitstellung von frischem Eigenkapital durch die Gesellschafter oder einen Investor in der Regel unvermeidbar. Häufig wird aber auch die Gewährung von Fremdkapital, etwa in Form eines mittel- oder langfristigen Sanierungskredites,[463] notwendig sein. Da die finanzierende Bank ihre abschließende Kreditentscheidung nicht selten auf der Grundlage des verabschiedeten Insolvenzplans treffen will, kann der Abschluss eines langfristigen Sanierungskreditvertrages mit der finanzierenden Bank – ggf. als Kreditrahmen i. S. von § 264 InsO (siehe dazu Rz. 471 ff.) – eine denkbare Bestätigungsvoraussetzung sein.[464] 416

b) Die Bestellung neuer Sicherheiten, insbesondere Drittsicherheiten

Auch die Bestellung neuer Sicherheiten kann eine sinnvolle Planbestätigungsvoraussetzung sein. Die Bestellung der neuen Sicherheit kann im Zusammenhang mit der Ablösung von alten Sicherheiten erfolgen, etwa wenn der absonderungsberechtigte Gläubiger seine Kreditforderung gegen Austausch der Sicherheit stehenlässt. In diesem Fall könnte die Ablösung gemäß § 228 InsO alternativ auch vollständig durch eine entsprechende Regelung im gestaltenden Teil des Insolvenzplans vollzogen werden (siehe dazu Rz. 236 f.). 417

Die Bestellung der neuen Sicherheit kann ferner der Besicherung eines neuen Sanierungskredits dienen. Sie wird in diesem Fall neben dem Abschluss des Sanierungskreditvertrages Planbestätigungsvoraussetzung sein. 418

462) Anders *Sinz* in: MünchKomm-InsO, § 249 Rz. 4; *Pleister* in: KPB, InsO, § 249 Rz. 2; *Thies* in: HamKomm-InsR, § 249 InsO Rz. 2.

463) Dazu *Brünkmans*, CFL 2012, 375 ff.

464) *Balthasar* in: Kübler/Bork/Prütting, HRI II, § 22 Rz. 217.

c) Die Stundung und der Erlass von Steuerforderungen

419 Insolvenzpläne enthalten in der Regel einen (teilweisen) Erlass von Forderungen, sei es unmittelbar als Erlass auf den Teil der Forderung, der die Quote übersteigt oder i. R. eines Debt-to-Equity-Swaps nach § 225a Abs. 2 Satz 1 InsO.

420 In beiden Fällen entsteht ein Sanierungsgewinn des Schuldners, welcher unter Berücksichtigung etwaiger Verlustvorträge grundsätzlich unter die Ertragssteuer (namentlich Körperschaftssteuer, Einkommensteuer und Gewerbesteuer) fällt. Die damit einhergehende Steuerbelastung würde häufig dazu führen, dass die angestrebte Sanierung undurchführbar wird oder für einen Investor der Einstieg in das Unternehmen unwirtschaftlich wäre.

421 Gemäß § 3a Abs. 1 Satz 1 EStG sind Sanierungserträge steuerfrei (siehe dazu § 60 Rz. 18 ff. [*Witfeld*]). Bezüglich der Anwendung des Sanierungserlasses auf den konkreten Einzelfall kann gemäß § 89 Abs. 2 AO eine **verbindliche Auskunft** bei den zuständigen Finanzbehörden beantragt werden.

422 Um eine Absicherung für die Planbeteiligten und den Investor dahingehend zu bieten, dass die Umsetzung des Plans und damit die Auslösung des Sanierungsgewinnes nur dann erfolgt, wenn klar ist, dass keine Steuerforderungen ausgelöst werden, bietet es sich an, **die Abgabe der verbindlichen Auskunft der zuständigen Behörde als Planbestätigungsvoraussetzung i. S. von § 249 InsO in den Plan aufzunehmen.**[465] Teilweise wird auch vorgeschlagen, die finale Erlass- oder Stundungserklärung (§§ 222, 227 AO) der zuständigen Stellen als Planbestätigungsvoraussetzung aufzunehmen,[466] was in zeitlicher Hinsicht allerdings zu praktischen Problemen führt.

423 Insbesondere bei Unternehmen mit einer Vielzahl von Filialen (etwa bei einer Warenhauskette) ist zu beachten, dass in diesem Fall für die Stundung und den Erlass der Gewerbesteuer die jeweils betroffenen **Städte und Gemeinden** für die Erhebung der **Gewerbesteuer zuständig** sind und entsprechend viele verbindliche Auskünfte einzuholen sind. Der Insolvenzplan ist in diesen Fällen im Ergebnis von der „wohlwollenden Entscheidung“ einer Vielzahl von Städten und Gemeinden abhängig. Eine frühzeitige und transparente Kommunikation mit den betroffenen Gemeinden ist für das Gelingen des Insolvenzplans unabdingbar.

Formulierungsbeispiel

„Die Bestätigung des Insolvenzplans setzt die Erfüllung der folgenden Bedingungen gemäß § 249 Satz 1 InsO voraus:

(1) Verbindliche Auskunft durch das Finanzamt […] mit der Zusage, dass

der im Rahmen des Insolvenzplanverfahrens entstehende Ertrag ein begünstigter Sanierungsertrag i. S. von § 3a Abs. 1 EStG darstellt.“

d) Neuabschluss oder Konditionenanpassung für Lieferverträge, Kundenverträge oder Mietverträge

424 Häufig „rechnet“ sich die Sanierung des Unternehmens nur dann, wenn die Konditionen wesentlicher Verträge zugunsten des Schuldners angepasst werden. Eine solche Anpassung der Konditionen zukünftiger Leistungen kann nicht mit Zwangswirkung über den gestaltenden Teil des Insolvenzplans erfolgen (siehe dazu oben Rz. 325 ff.). Der **Sanie-**

465) *Sinz* in: MünchKomm-InsO, § 249 Rz. 11; *Bähr* in: Mohrbutter/Ringstmeier/Meyer, Hdb. Insolvenzverwaltung, Kap. 14 Rz. 263.

466) *Sinz* in: MünchKomm-InsO, § 249 Rz. 11; K. Schmidt-*Spliedt*, InsO, § 249 Rz. 1; *Thies* in: HambKomm-InsR, § 249 InsO Rz. 3; *Pleister* in: KPB, InsO, § 249 Rz. 7.

rungsbeitrag dieser Vertragspartner wird deshalb in der Regel als **Planbestätigungsvoraussetzung i. S. von § 249 InsO** aufgenommen, indem etwa ein Änderungsvertrag zum Mietvertrag ggf. unter Vorgabe der Rahmenbedingungen als Planbestätigungsvoraussetzung im gestaltenden Teil des Insolvenzplans aufgenommen wird. Der Insolvenzplan wird dann erst vom Gericht bestätigt, wenn die Verhandlungen mit dem Vermieter oder Lieferanten erfolgreich verlaufen sind.

e) Arbeitsrechtliche Maßnahmen, insbesondere Sanierungs- und Fortführungstarifvertrag

Auch von den Arbeitnehmern wird bei den meisten Unternehmenssanierungen ein Beitrag in Form eines Verzichts oder eine Stundung auf Lohn- und Gehaltsbestandteile (insbesondere Monatsgehalt, Urlaubs- und Weihnachtsgeld) gefordert. Auch Einschnitte in die betriebliche Altersvorsorge sind nicht selten notwendig. 425

Das zukünftige Arbeitsverhältnis kann über den gestaltenden Teil des Insolvenzplans jedoch **nicht zwangsweise** gegen die Zustimmung der einzelnen Arbeitnehmer **geregelt werden** (siehe oben Rz. 250 ff.). Nicht selten sind jedoch hohe Personalkosten Mitursache der Unternehmenskrise. Für die Umsetzung des Sanierungskonzeptes ist es dann unabdingbar, Gehaltsverzichte über einen Sanierungs- und Fortführungstarifvertrag umzusetzen, wobei im Gegenzug für einen bestimmten Zeitraum betriebsbedingte Kündigungen und Standortschließungen ausgeschlossen werden (siehe ausführlich § 61 Rz. 57 ff. [*Krings/Sturme*]).[467] 426

Es bietet sich an, den Abschluss entsprechender arbeitsrechtlicher Vereinbarungen, insbesondere den Sanierungs- und Fortführungstarifvertrag, als Planbestätigungsvoraussetzung im Insolvenzplan zu regeln. 427

Die Verknüpfung des Sanierungstarifvertrages mit dem Insolvenzplan kann zwar von der aufschiebenden Bedingung (§ 158 Abs. 1 BGB) der rechtskräftigen Bestätigung des Insolvenzplans abhängig gemacht werden. Allerdings nimmt der Prozess bis zum Abschluss des Sanierungs- und Fortführungstarifvertrages nicht unwesentlich Zeit in Anspruch. In der Regel wird die Gewerkschaft vor Unterzeichnung ihre Mitglieder innerhalb der Belegschaft der Schuldnerin um Zustimmung zum ausgehandelten Tarifvertrag bitten. Daher wird schon aus zeitlichen Gründen die Verlagerung des Vertragsschlusses auf die Zeit nach Annahme des Insolvenzplans durch die Beteiligtenversammlung und damit die Verknüpfung über eine Planbestätigungsvoraussetzung (§ 249 InsO) geboten sein. Hierdurch wird i. Ü. der Einigungsdruck auf Gewerkschaften und Arbeitnehmer erhöht, da die Sanierung des Unternehmens nach Annahme des Insolvenzplans durch die Beteiligtenversammlung mit dem Abschluss eines Sanierungs- und Fortführungstarifvertrages steht und fällt. 428

Neben der Verknüpfung dieser Sanierungsbeiträge mit dem Insolvenzplan über eine Planbestätigungsvoraussetzung (§ 249 InsO) kann nach Bestätigung des Insolvenzplans die **Umsetzung des Sanierungs- und Fortführungstarifvertrages über die Planüberwachung gefördert werden**. Da die Umsetzung solcher Personalmaßnahmen nicht selten emotionsgeladen ist, kann über die Planüberwachung der Insolvenzverwalter oder Sachwalter eine neutrale Vermittlerrolle einnehmen.[468] 429

Neben dem Abschluss eines Sanierungs- und Fortführungstarifvertrages kommt die Umsetzung sämtlicher zur Umsetzung des Sanierungskonzepts notwendiger arbeitsrechtli- 430

467) *Balthasar* in: Kübler/Bork/Prütting, HRI II, § 22 Rz. 190.

468) *Balthasar* in: Kübler/Bork/Prütting, HRI II, § 22 Rz. 190.

cher Maßnahmen (siehe ausführlich § 61 Rz. 57 ff. [*Krings/Sturme*]) als Planbestätigungsvoraussetzungen in Betracht.

f) Abschluss und Vollzug von Unternehmenskaufverträgen

431 Ist Bestandteil des Sanierungskonzepts der Abverkauf von nicht für die Betriebsfortführung notwendigem Vermögen, insbesondere Betriebsteilen, Tochtergesellschaften und Grundstücken, so kann der Abschluss und Vollzug von entsprechenden Unternehmenskaufverträgen eine Planbestätigungsvoraussetzung (§ 249 InsO) sein.

432 Rechtstechnisch kann die Erklärung des Schuldners bereits Bestandteil des gestaltenden Teils sein. Sollte die Erklärung formbedürftig sein, gilt diese in diesem Fall als in der vorgeschriebenen Form abgegeben (§ 254a Abs. 1 InsO); siehe ausführlich oben Rz. 132 f. Dann wird aber in der Regel bereits die Erklärung des Investors als Anlage zum Insolvenzplan vorliegen.

433 Sind Einzelheiten zum konkreten Inhalt des Unternehmenskaufvertrages noch offen, wird der Vertragsschluss auf die Zeit nach Annahme des Insolvenzplans durch die Beteiligtenversammlung verlagert und die Bestätigung des Insolvenzplans vom Vertragsschluss und ggf. Vollzug der Transaktion abhängig gemacht.

g) Besetzung der Gesellschaftsorgane

434 Auch die bestimmte Besetzung der Gesellschaftsorgane, wie etwa des Aufsichtsrates, Vorstandes oder der Geschäftsführung kann als Planbestätigungsvoraussetzung (§ 249 InsO) im Insolvenzplan aufgenommen werden.

435 Insbesondere bei einem Earn-out-Plan, bei dem die Befriedigung der Gläubiger aus den zukünftigen Erträgen erfolgen soll (siehe dazu § 2 Rz. 103 ff. [*Brünkmans*]), besteht häufig ein Bedürfnis für die Besetzung des Aufsichtsrates mit einem oder mehreren Gläubigervertretern. Die **Bestätigung des Insolvenzplans** kann in diesem Fall von der **Berufung entsprechender Gläubigervertreter in den Aufsichtsrat abhängig gemacht werden.** Gleiches gilt, wenn die **Geschäftsführung und der Vorstand** (teilweise) ausgewechselt werden sollen.

436 In beiden Fällen ist jedoch zu beachten, dass sowohl die Bestellung des Aufsichtsrates einer AG als auch des Geschäftsführers einer GmbH unmittelbar Gegenstand einer Insolvenzplanregelung sein kann (§ 225a Abs. 3 InsO);[469] siehe ausführlich § 30 Rz. 49 ff. [*Brünkmans*]. Die Regelung einer entsprechenden Planbestätigungsvoraussetzung als Alternative zur unmittelbaren Beschlussregelung kommt daher im Hinblick auf die Bestellung des Aufsichtsrates und des Geschäftsführers nur dann in Betracht, wenn die Konditionen und Einzelheiten im Zeitpunkt der Planeinreichung bzw. des Erörterungs- und Abstimmungstermins noch nicht feststehen.

h) Strukturmaßnahmen außerhalb des Insolvenzplans

437 Auch der Abschluss von Unternehmensverträgen, wie Beherrschungs- und Gewinnabführungsvertrag (§ 291 Abs. 1 Satz 1 AktG), kommt als Planbestätigungsvoraussetzung in Betracht.

438 Die nach § 293 Abs. 1 Satz 1 AktG (analog) erforderliche Zustimmung der Hauptversammlung/Gesellschafterversammlung des Schuldners – nicht jedoch des anderen beteiligten Rechtsträgers – kann durch eine Regelung im Insolvenzplan ersetzt werden (siehe ausführlich § 30 Rz. 634 ff. [*Brünkmans*]).

469) Dies gilt freilich nicht für die Arbeitnehmervertreter nach dem Mitbestimmungsgesetz.

Auch der Abschluss von Verträgen, die auf eine Umwandlungsmaßnahme gerichtet sind, wie etwa der Verschmelzungsvertrag, wird oftmals als Planbestätigungsvoraussetzung aufgenommen. Der Zustimmungsbeschluss der Gesellschafterversammlung des sich im Insolvenzplanverfahren befindlichen Rechtsträgers kann in diesem Fall ebenfalls durch eine Planregelung ersetzt werden (siehe § 30 Rz. 501 ff. [*Brünkmans*]). 439

i) Einzahlung Investorenbeitrag auf Sonderkonto

Bei sog. Cash-out-Insolvenzplänen erfolgt die Befriedung der Insolvenzgläubiger häufig über einen Beitrag eines Eigenkapitalinvestors; siehe dazu § 2 Rz. 103 ff. [*Brünkmans*]. 440

Die Gläubiger sind zu einem teilweisen Erlass ihrer Forderungen oftmals nur dann bereit, wenn die Ablösung des verbleibenden Teils unmittelbar nach Planbestätigung gewährleistet ist. Entsprechend lassen sich Planbestätigungsvoraussetzungen finden, wonach der Insolvenzplan nur dann bestätigt wird, wenn auf einem Sonderkonto des Sachwalters der für die Ablösung vorgesehene Beitrag des Investors eingezahlt wurde. 441

j) Quorum

Nach § 225a Abs. 1 Satz 1 InsO kann im gestaltenden Teil des Insolvenzplans vorgesehen werden, dass Forderungen von Gläubigern in Anteils- oder Mitgliedschaftsrechte am Schuldner umgewandelt werden. Eine Umwandlung gegen den Willen der betroffenen Gläubiger ist ausgeschlossen (§ 225a Abs. 2 Satz 2 InsO); siehe ausführlich § 30 Rz. 328 ff. [*Brünkmans*]. 442

Da der Umtausch von Forderungen in Aktien nicht gegen den Willen des Gläubigers erfolgen kann, vielmehr seine ausdrückliche Zustimmungserklärung nach §§ 230 Abs. 2, 225a Abs. 2 Satz 2 InsO vorliegen muss, arbeitet die Praxis häufig mit **sog. Incentivierungsmodellen**. Den Gläubigern wird eine Barquote angeboten, die knapp über der Befriedigung im Regelverfahren liegt, um dem Schlechterstellungsverbot aus §§ 251 InsO und 245 Abs. 1 Nr. 1 InsO zu genügen. Zusätzlich wird den Gläubigern in Form einer **Ersetzungsbefugnis** (siehe Rz. 220 f.) ein **Optionsrecht auf Aktien** am Schuldner gewährt. Ziel ist dabei, dass möglichst viele Gläubiger das Optionsrecht ausüben. Dadurch werden eine Entschuldung der Gesellschaft herbeigeführt und deren Liquidität geschont. Vor diesem Hintergrund kann der Insolvenzplan nur gelingen, wenn eine bestimmte Mindestanzahl/Mindestvolumen von Gläubigern das Optionsrecht ausüben (sog. Quorum). Die **Einhaltung eines Quorums** wird dann in der Regel **als Planbestätigungsvoraussetzung** i. S. von § 249 InsO im Insolvenzplan geregelt. Das Gericht wird in diesem Fall den Insolvenzplan nur dann bestätigen, wenn eine bestimmte Mindestanzahl/ein Mindestvolumen von Gläubigern ihr Optionsrecht ausgeübt haben. 443

k) Staatliche Beihilfen

Auch die Gewährung staatlicher Beihilfen kommt als Planbedingung in Betracht.[470] Steht und fällt die Machbarkeit der Sanierung mit der staatlichen Unterstützung, kann als Planbedingung i. S. von § 249 InsO der Erlass eines Bewilligungsbescheides der zuständigen Behörde aufgenommen werden. In diesem Fall wird man auch die Freigabe der Beihilfe durch die EU-Kommission als Planbestätigungsvoraussetzung (§ 249 InsO) im Insolvenzplan regeln. Entsprechendes gilt für den Restrukturierungsplan (siehe § 40 Rz. 173 [*Brünkmans*]).[471] Zum Notifizierungs- und Freigabeverfahren siehe oben Rz. 144, 174. 444

470) *Pleister* in: KPB, InsO, § 249 Rz. 7.
471) Zutreffend *Kümpel*, ZRI 2023, 233, 245.

l) Vorlage einer Sanierungsfähigkeitsbescheinigung

445 Bei Earn-out-Plänen erfolgt die Befriedigung der Insolvenzgläubiger durch die zukünftigen Erträge der Gesellschaft. Es kommt daher entscheidend darauf an, dass das Sanierungskonzept die an es gestellten Erwartungen erfüllt. Bestehen Zweifel an der Machbarkeit des Sanierungskonzeptes, ist denkbar, dass im Erörterungstermin die Gläubiger die Vorlage einer Sanierungsfähigkeitsbescheinigung einer unabhängigen Wirtschaftsprüfungsgesellschaft verlangen und dass diese Vorlage als Planbestätigungsvoraussetzung gemäß § 240 Satz 1 InsO als Änderung in den Insolvenzplan aufgenommen wird.[472] Notwendig ist insbesondere bei kleineren und mittelständischen Unternehmen nicht in jedem Fall ein Sanierungskonzept nach dem Standard IDW S 6.[473]

3. Prüfung des Bedingungseintritts durch das Insolvenzgericht

446 Vor Bestätigung des Insolvenzplans hat sich das Insolvenzgericht davon zu überzeugen, dass die vereinbarten Planbestätigungsvoraussetzung tatsächlich erfüllt sind.[474]

a) Delegation der Prüfung auf den Insolvenzverwalter oder Sachwalter

447 In Insolvenzplänen finden sich häufig Regelungen zum Bedingungseintritt, welche diesen von der Anzeige durch den Insolvenzverwalter/Sachwalter abhängig machen.

> **Formulierungsbeispiel**
>
> „Die Bedingungen gelten als eingetreten, wenn der Sachwalter (oder im Falle der Aufhebung der Eigenverwaltung der Insolvenzverwalter) die Erfüllung der jeweils genannten Voraussetzungen dem Insolvenzgericht anzeigt."

448 Eine solche Regelung ist zulässig. Das Insolvenzgericht ist nach Anzeige durch den Insolvenzverwalter/Sachwalter nicht mehr berechtigt, den Bedingungseintritt zu prüfen und die Planbestätigung aus Gründen fehlenden Bedingungseintritts zu verweigern. Die Beteiligten des Insolvenzplanverfahrens sind bei der Formulierung von Planbedingungen frei. Sie könnten auch einen Insolvenzplan annehmen, welcher unmittelbar die „Anzeige des Insolvenzverwalters/Sachwalters" als Planbestätigungsvoraussetzung formuliert.

b) Verzicht auf Bedingung und Fristverlängerung

449 Um flexibel auf Veränderungen im Laufe des Insolvenzplanverfahrens reagieren zu können, sieht der Insolvenzplan häufig die Möglichkeit einer **Fristverlängerung** oder eines (teilweisen) **Verzichts auf den Eintritt von Bedingungen** vor. Der Sachwalter/Insolvenzverwalter wird nach vorheriger Zustimmung des Gläubigerausschusses zum Verzicht auf die Bedingung ermächtigt. Enthält der Insolvenzplan eine Frist, bis wann der Eintritt der Bedingungen erfolgen muss, kann im Insolvenzplan vorgesehen werden, dass die Frist vom Insolvenzgericht auf Antrag des Schuldners oder Sachwalters verlängert werden kann.[475]

4. Fristen bis zum Eintritt der Bedingung/Versagung der gerichtlichen Planbestätigung

450 Die Bestätigung des Insolvenzplans ist von Amts wegen zu versagen, wenn die Voraussetzungen auch nach Ablauf einer angemessenen, vom Insolvenzgericht gesetzten Frist nicht

---

472) Vgl. auch *Rendels/Zabel*, Insolvenzplan, Rz. 366.

473) Vgl. hierzu *Frind*, ZInsO 2015, 2249, 2251 f. m. w. N.

474) *Sinz* in: MünchKomm-InsO, § 249 Rz. 23.

475) *Rendels/Zabel*, Insolvenzplan, Rz. 370.

erfüllt sind (§ 249 Satz 2 InsO). Sind die Bedingungen innerhalb einer angemessenen Frist eingetreten, hat das Insolvenzgericht den Insolvenzplan jedoch vorbehaltlich anderer Versagungsgründe zu bestätigen. Zum Prüfungsumfang und Versagungsgründen im Planbestätigungsverfahren siehe ausführlich § 18 Rz. 8 ff. [*Thole*].

Durch die Möglichkeit der Fristsetzung soll eine längere Ungewissheit über die Bestätigung des Insolvenzplans vermieden werden. Die Bestätigung eines bedingten Plans darf nur verweigert werden, falls die Bedingung auch nach ergebnislosem Ablauf einer Nachfrist nicht eingetreten ist.[476] 451

Praxishinweis

Der Insolvenzplan sollte im gestaltenden Teil eine klare Regelung vorsehen, **bis zu welchem Zeitpunkt einzelne oder alle Bedingungen erfüllt sein** müssen. Fehlt es an einer solchen Fristenregelung im Insolvenzplan, kann das Gericht unter Berücksichtigung der alsbaldigen Verkündung nach § 252 InsO die Frist schon im Abstimmungstermin setzen.[477]

Enthält der Insolvenzplan eine klare Regelung, bis wann die Planbedingungen eingetreten sein müssen, bedarf es nach Ablauf dieser Planfrist keiner erneuten Fristsetzung.[478] Tritt die Bedingung nach Verstreichen der Frist nicht ein, so ist die Bestätigung des Insolvenzplans von Amts wegen zu versagen. 452

Da die meisten Insolvenzpläne sowohl eine Frist für den Bedingungseintritt als auch eine Regelung zur Fristverlängerung enthalten, kommt der originär durch das Insolvenzgericht gesetzten Frist in der Praxis keine große Bedeutung zu. 453

Sollte im Einzelfall der Insolvenzplan **keine Fristenregelung enthalten, hat das Insolvenzgericht vor Versagung der Bestätigung eine angemessene Frist zu setzen.** Bei der Frage, welche Frist angemessen ist, ist zu berücksichtigen, um welche Bedingung es sich handelt und in welcher Zeit realistischerweise mit deren Umsetzung gerechnet werden kann.[479] Für die Frage der Angemessenheit wird in der Literatur in Anlehnung an § 252 InsO („alsbald") eine zeitliche Obergrenze von vier Wochen diskutiert.[480] Richtigerweise kann § 249 Satz 2 InsO keine starre Frist entnommen werden, sondern sie ist vielmehr den Umständen des Einzelfalles flexibel anzupassen und kann somit deutlich länger als vier Wochen betragen.[481] Bei einer verbindlichen Auskunft über die Behandlung eines Buchgewinns als Sanierungsgewinn i. S. von § 3a EStG als Planbedingung ist eine Frist von drei Monaten vor dem Hintergrund der voraussichtlichen Bearbeitungsdauer der Finanzverwaltung möglich.[482] Lässt sich frühzeitig abschätzen, wann mit dem Eintritt der Bedingung gerechnet werden kann, sollte das Insolvenzgericht bereits im Abstimmungstermin das Ende der Frist für den Bedingungseintritt festsetzen und den Termin zur Verkündung einer Entscheidung anberaumen. Im Rahmen dieses Verkündungstermins wird entweder die Bestätigung des Insolvenzplans nach § 249 Satz 2 InsO wegen fruchtlosen Verstreichens der Frist versagt oder bei Eintritt der Planbedingung der Insolvenzplan bestätigt. Das Insolvenzgericht kann die Frist nachträglich verlängern.[483] 454

---

476) *Sinz* in: MünchKomm-InsO, § 249 Rz. 24.

477) *Thies* in: HambKomm-InsR, § 249 InsO Rz. 6; *Fiebig* in: HK-InsO, § 249 Rz. 6.

478) Anders *Sinz* in: MünchKomm-InsO, § 249 Rz. 24.

479) AG Nürnberg, Beschl. v. 11.4.2025 – IN 113/20, ZIP 2025, 2139 = ZRI 2025, 928. *Sinz* in: MünchKomm-InsO, § 249 Rz. 25.

480) Braun-*Braun/Frank*, InsO, § 249 Rz. 5; Andres/Leithaus-*Andres*, InsO, § 249 Rz. 3.

481) AG Nürnberg, Beschl. v. 11.4.2025 – IN 113/20, ZIP 2025, 2139 = ZRI 2025, 928.

482) AG Nürnberg, Beschl. v. 11.4.2025 – IN 113/20, ZIP 2025, 2139 = ZRI 2025, 928.

483) Uhlenbruck-*Streit*, InsO, § 249 Rz. 14; *Thies* in: HambKomm-InsR, § 249 InsO Rz. 6; *Sinz* in: MünchKomm-InsO, § 249 Rz. 28 ff.

5. Rechtsmittel

455 Gegen die Festsetzung der Frist i. S. von § 249 Satz 2 InsO durch das Insolvenzgericht gibt es kein statthaftes Rechtsmittel (vgl. § 6 Abs. 1 InsO). Eine Überprüfung der Angemessenheit der Fristsetzung findet nur **indirekt i. R. der sofortigen Beschwerde** gegen den späteren Bestätigungs- oder Versagungsbeschluss nach § 253 InsO statt.[484)]

456 Gegen den Beschluss des Insolvenzgerichts, wegen fehlenden Bedingungseintritts die Bestätigung des Insolvenzplans zu versagen, findet das Rechtsmittel der sofortigen Beschwerde nach § 253 InsO statt. Die Beschwerde ist darauf zu stützen, das Gericht habe den Bedingungseintritt zu Unrecht verneint oder die vom Gericht gesetzte Frist sei nicht angemessen i. S. von § 249 Satz 2 InsO und die Bedingung wäre bei Setzen einer angemessenen Frist eingetreten.

457 Die sofortige Beschwerde gegen einen den Plan bestätigenden Beschluss kann hingegen nicht damit begründet werden, die Frist sei unangemessen lang gewährt worden.[485)]

III. § 158 BGB: Planbedingung und aufschiebend bedingte Erklärungen im Insolvenzplan

1. Abgrenzung zum bedingten Plan i. S. von § 249 InsO

458 § 249 InsO regelt entgegen der missverständlichen Überschrift nicht die Aufnahme materieller Bedingungen i. S. von § 158 BGB in den Insolvenzplan. Vielmehr ermächtigt § 249 InsO zur Aufnahme von Voraussetzungen für die Bestätigung des Insolvenzplans durch das Insolvenzgericht. Siehe bereits oben Rz. 408 ff.

459 Eine materielle Planbedingung i. S. von § 158 BGB stellt hingegen **den gesamten Insolvenzplan** oder auch nur einzelne Regelungen des gestaltenden Teils **unter die aufschiebende oder auflösende Bedingung**. Anders als bei den Planbestätigungsvoraussetzungen nach § 249 InsO hängt die **Wirksamkeit** des Insolvenzplans bei echten Planbedingungen trotz rechtskräftiger Bestätigung des Insolvenzplans **in der Schwebe**. Die in Insolvenzplänen häufig wiederzufindenden Formulierungen „mit Rechtskraft des Insolvenzplans" gibt hingegen nur deklaratorisch die Rechtslage aus § 254 Abs. 1 InsO wieder, nämlich dass die im gestaltenden Teil des Insolvenzplans festgelegten Wirkungen für und gegen alle Beteiligten erst mit Rechtskraft der Bestätigung des Insolvenzplans eintreten.[486)] Sie ist weder Planbestätigungsvoraussetzung i. S. von § 249 InsO noch eine echte Bedingung i. S. von § 158 BGB.

460 Die Zulässigkeit von echten Planbedingungen i. S. von § 158 BGB wird grundsätzlich bejaht.[487)] Dabei ist zwischen aufschiebenden und auflösenden Bedingungen zu differenzieren.

2. Aufschiebende Bedingung

461 Steht der gesamte Insolvenzplan unter einer aufschiebenden Bedingung, so treten die im gestaltenden Teil des Insolvenzplans geregelten Planwirkungen trotz rechtskräftiger Bestätigung des Insolvenzplans erst dann ein, wenn die Bedingung eingetreten ist. Davon zu

484) *Sinz* in: MünchKomm-InsO, § 249 Rz. 32.

485) Vgl. *Sinz* in: MünchKomm-InsO, § 249 Rz. 35.

486) Handelt es sich um Willenserklärungen nicht zwangsweise Planunterworfener, so wäre allerdings die Bedingung „Rechtskraft des Insolvenzplans" nicht nur deklaratorisch, sondern konstitutiv, s. dazu ausführlich oben § 7 Rz. 81 ff. [*Brünkmans*].

487) BGH, Beschl. v. 26.4.2018 – IX ZB 49/17, Rz. 47 ff., ZVI 2018, 272 = NZI 2018, 691; *Eidenmüller* in: MünchKomm-InsO, § 217 Rz. 44, § 221 Rz. 28; *Eidenmüller*, ZGR 2001, 680, 696; *Eidenmüller*, ZHR 169 (2005), 528, 547; *Fiebig* in: HK-InsO, § 249 Rz. 7; *Balthasar* in: Kübler/Bork/Prütting, HRI II, § 22 Rz. 209; Römermann-*Rühle*, InsR/InsO, § 249 InsO Rz. 1 f.; Andres/Leithaus-*Andres*, InsO, § 249 Rz. 5.

unterscheiden ist wiederum, dass einzelne, im Insolvenzplan geregelte Gestaltungen oder Ansprüche unter einer aufschiebenden Bedingung stehen (siehe § 7 Rz. 84 [*Brünkmans*]).

Insbesondere in **Konzernkonstellationen** sind aufschiebende Bedingungen, welche den gesamten Insolvenzplan erfassen, hilfreich. So müssen – in Ermangelung eines Konzerninsolvenzplanverfahrens[488] – die Insolvenzpläne der Einzelgesellschaften dergestalt aufeinander abgestimmt werden, dass sie nur dann Wirkung erlangen, wenn auch die anderen Pläne bestätigt wurden. Durch einen bedingten Plan nach § 249 InsO ist dies nicht möglich, da dadurch die in komplexeren Konzernen kaum lösbare Frage der Priorisierung aufgeworfen würde.[489] 462

Grundsätzlich bestehen keine Bedenken gegen die rechtliche Zulässigkeit einer aufschiebenden Planbedingung nach § 158 BGB. Steht jedoch der **gesamte Insolvenzplan unter einer aufschiebenden Bedingung**, sollte sich der Planverfasser darüber im Klaren sein, dass es in der Regel bis zum Bedingungseintritt nicht zur Aufhebung des Insolvenzverfahrens kommen kann. Das Insolvenzverfahren sollte nämlich erst dann aufgehoben werden, wenn die Insolvenz des Rechtsträgers beseitigt wurde.[490] Die Planbedingung sollte sich auch deshalb nicht auf einen Zeitpunkt nach Verfahrensaufhebung i. S. von § 258 InsO beziehen, wenn der gesamte Insolvenzplan unter einer aufschiebenden Bedingung steht oder die einzelne bedingte Gestaltungsregelung – etwa Forderungserlass – insolvenzbeseitigende Folgen hat. Der mit dem Plan angestrebte Entschuldungseffekt würde in diesem Fall nur verzögert. 463

Eine aufschiebende Bedingung ist auch dann nicht möglich, wenn das im gestaltenden Teil geregelte **Rechtsgeschäft bedingungsfeindlich** ist. Dies gilt insbesondere für die mit dem ESUG eingeführte Möglichkeit der Aufnahme gesellschaftsrechtlicher Regelungen. Hier sind die Grundsätze für Gesellschafterbeschlüsse zu beachten. Diese können nur dann aufschiebend oder auflösend bedingt getroffen werden, wenn keine schutzwürdigen Interessen Dritter berührt sind.[491] 464

3. Auflösende Bedingung

Nach verbreiteter Auffassung sollten auch sog. auflösende Bedingungen zulässig sein.[492] Als Begründung wird herangezogen, dass auch § 255 Abs. 1 InsO die Möglichkeit kenne, dass nach Planbestätigung die im Plan vorgesehenen Stundungs- und Verzichtswirkungen entfallen, wenn der Schuldner mit seinen Zahlungen in Rückstand gerate. Dies unterstreicht in der Tat, dass die Planbestätigung keine unumstößliche gerichtliche Entscheidung ist, sondern durchaus auch im Nachhinein die Planwirkungen entfallen können. 465

Wie bei der aufschiebenden Bedingung ist bei der auflösenden Bedingung jedoch im besonderen Maße die **Bedingungsfeindlichkeit der einzelnen Planregelung**, insbesondere gesellschaftsrechtlicher Art, zu beachten. So wird eine im Insolvenzplan geregelte Kapitalerhöhung nicht im Handelsregister eingetragen werden, wenn sie unter einer auflösenden Bedingung steht.[493] 466

---

488) S. ausführlich § 33 Rz. 8 ff., 31 ff. [*Brünkmans*].

489) S. § 33 Rz. 68 f. [*Brünkmans*]; *Brünkmans*, Koordinierung von Insolvenzverfahren konzernverbundener Unternehmen, S. 294 ff.

490) Zum Erfordernis einer nachhaltigen Beseitigung der Insolvenzgründe durch den Insolvenzplan s. *Brünkmans/Greif-Werner*, ZInsO 2015, 1585, 1591; vgl. auch *Frind*, ZInsO 2015, 2358, 2365.

491) BGH, Urt. v. 25.5.2009 – II ZR 259/07, NZG 2006, 62, 63 f. = ZIP 2009, 1373; Altmeppen-*Altmeppen*, GmbHG, § 38 Rz. 22; Hopt-*Roth*, HGB, § 109 Rz. 6; *Westermann* in: MünchKomm-BGB, § 158 Rz. 33.

492) Uhlenbruck-*Streit*, InsO, § 249 Rz. 3; *Pleister* in: KPB, InsO, § 249 Rz. 8; Römermann-*Rühle*, InsR/InsO, § 249 InsO Rz. 5; *Rendels/Zabel*, Insolvenzplan, Rz. 370.

493) Vgl. *Harbarth* in: MünchKomm-GmbHG, § 53 Rz. 171 ff.; Noack/Servatius/Haas-*Noack*, GmbHG, § 53 Rz. 59.

467 Steht der ganze Insolvenzplan unter einer auflösenden Bedingung, kann der Insolvenzplan jedenfalls dann nicht bestätigungsfähig sein, wenn der **Eintritt der auflösenden Bedingung überwiegend wahrscheinlich ist**, weil dann die nachhaltige Beseitigung des Insolvenzgrunds über den Insolvenzplan nicht gewährleistet ist.[494)]

468 Ungeachtet der rechtlichen Zulässigkeit von auflösenden Bedingungen dürften diese im Zweifel nicht praktikabel sein.[495)]

IV. Befristung

469 Von den soeben geschilderten Planbedingungen zu unterscheiden ist eine Befristung des Plans. Diese kommt in Betracht in der Gestalt, dass die Planwirkungen erst nach dem Ablauf einer Frist (etwa drei Monate nach Rechtskraft der Planbestätigung) eintreten sollen. Mit der h. M.[496)] bestehen hiergegen keine Bedenken.

470 Allerdings ist auch – wie bei der aufschiebenden Bedingung – zu beachten, dass die im Insolvenzplan vorgesehenen Effekte zur Beseitigung des Insolvenzgrunds erst mit Fristablauf Wirkung entfalten und somit erst mit Ablauf der Frist das Insolvenzverfahren aufgehoben werden kann.

M. Kreditrahmen (§ 264 InsO)

I. Funktion von Kreditrahmenregelungen

471 § 264 InsO ermöglicht es, im gestaltenden Teil des Insolvenzplans einen sog. Kreditrahmen zu regeln. Gläubiger mit Forderungen aus Darlehen oder sonstigen Krediten, die unter diesen Kreditrahmen fallen, sind in einer **Anschlussinsolvenz** bei Fehlschlagen der Plansanierung **vorrangig** zu befriedigen (siehe auch § 26 Rz. 77 ff. [*Dellit*]).

472 Mit Annahme des Insolvenzplans und Aufhebung des Insolvenzverfahrens ist zwar die finanzwirtschaftliche Sanierung abgeschlossen. Die kritische Phase der leistungswirtschaftlichen Sanierung des Unternehmens, d. h. die Wiederherstellung der operativen Ertragsfähigkeit, reicht jedoch in der Regel weit in den Zeitraum nach Aufhebung des Insolvenzverfahrens hinein. Häufig besteht für die Umsetzung dieser leistungswirtschaftlichen Sanierung ein hoher Finanzierungsbedarf, der neben frischem Eigenkapital auch durch frisches Geld von Fremdkreditgebern abgedeckt werden muss. Bestehen keine hinreichenden Sicherheiten, wird der Fremdkreditgeber aber in der Regel nicht bereit sein, die Sanierung in dieser kritischen Phase zu finanzieren, weil dieser zunächst einmal abwarten möchte, ob die Sanierung des Unternehmens greift und das „frische Geld" in einer erneuten Insolvenz mit in der Regel Liquidationsfolge nicht verloren geht.[497)]

473 Dieses Dilemma hohen Liquiditäts- und Finanzierungsbedarfs des Schuldners einerseits und hohen Bedürfnisses an Kreditsicherheit der Fremdkapitalgeber andererseits soll durch die Regelungen zum Kreditrahmen (§§ 264 bis 266, 267 Abs. 2 Nr. 3 InsO) aufgelöst werden, indem Neukredite oder stehengelassene Masseverbindlichkeiten für ein mögliches **Folgeinsolvenzverfahren** unter bestimmten Voraussetzungen **privilegiert** werden können.[498)] Nicht selten stellt diese Kreditrahmenprivilegierung gemäß §§ 264 ff. InsO die einzige „Kreditsicherheit" für die neuen Darlehensmittel dar.[499)] Das Rechtsinstitut des

494) Dazu ausführlich *Frind*, ZInsO 2015, 2358, 2361 ff.

495) Ähnlich *Rendels/Zabel*, Insolvenzplan, Rz. 370.

496) *Eidenmüller* in: MünchKomm-InsO, § 217 Rz. 44, § 221 Rz. 29.

497) Vgl. BMJ, 1. Bericht der Kommission für Insolvenzrecht, Leitsatz 2.3.8; *Balthasar* in: Kübler/Bork/Prütting, HRI II, § 22 Rz. 241.

498) Zum Umfang der Privilegierung in einer Folgeinsolvenz s. ausführlich unten Rz. 504 ff.

499) *Frege/Nicht* in: Kübler/Bork/Prütting, HRI II, § 27 Rz. 10.

Kreditrahmens zeigt allerdings einige Schwächen auf (siehe ausführlich unten Rz. 508), sodass diesem in der Praxis bisher eine eher geringe Bedeutung zukommt.

II. Voraussetzung für die Schaffung von privilegierten Forderungen durch Kreditrahmen

1. Überblick

Die Schaffung einer für die Anschlussinsolvenz privilegierten Forderung auf der Grundlage eines Kreditrahmens hat folgende Voraussetzung: 474

- Die Forderung muss vom sachlichen Anwendungsbereich des § 264 Abs. 1 InsO erfasst sein (siehe dazu unter Rz. 455 f.);
- im gestaltenden Teil des Insolvenzplans muss ein Kreditrahmen geregelt sein (siehe unter Rz. 488 f.);
- die Einbeziehung der Forderung in den Kreditrahmen zwischen Gläubiger und Schuldner muss individualvertraglich vereinbart sowie vom Insolvenzverwalter schriftlich bestätigt werden (siehe dazu Rz. 496 f.).

2. Sachlicher Anwendungsbereich

a) Darlehen und sonstige Kredite

Der Anwendungsbereich des § 264 InsO ist sehr weit gefasst. In den Vorrang gehoben werden können sowohl **Forderungen aus Darlehensverträgen** gemäß § 488 Abs. 1 BGB, d. h. Darlehensrückzahlungsansprüche, Ansprüche auf Zahlung von Zinsen und Kosten, als auch sonstige Kredite jeder Art. Zu letzteren gehören insbesondere Lieferantenkredite, die Stundung von Kaufpreiszahlungsansprüchen, Kredite durch Warenkreditversicherer sowie Aval- und Diskontkredite. 475

Nicht erfasst werden hingegen sämtliche **Eigenkapital- und Mezzanine-Finanzierungen. Stille Beteiligungen** oder unter den Voraussetzungen **zu § 39 Abs. 1 Nr. 5 InsO nachrangige Gesellschafterdarlehen** sind daher nicht kreditrahmenfähig (vgl. § 264 Abs. 3 InsO). 476

Letzteres ist aus § 264 Abs. 3 InsO zu entnehmen, wonach § 39 Abs. 1 Nr. 5 InsO unberührt bleibt. Demnach können vom Gesellschafter gewährte Massedarlehen, welche in die Planüberwachungsphase stehengelassen wurden, oder in dieser Phase vom Gesellschafter gewährte Neukredite nicht das Vorrangprivileg aus § 265 InsO erhalten, wenn i. Ü. die Voraussetzungen für nachrangige Gesellschafterdarlehen aus § 39 Abs. 1 Nr. 5 InsO erfüllt sind. Durch diesen Ausschluss von Gesellschafterdarlehen sollen Fehlanreize verhindert werden, dass nachrangige Gesellschafterdarlehen in eine Vorrangstellung gehoben werden, ohne dass die Gesellschafter für eine ordnungsgemäße Kapitalausstattung des sanierten Unternehmens sorgen.[500] 477

Auch **Nutzungsüberlassungen** sind grundsätzlich nicht kreditrahmenfähig, auch wenn sie kreditersetzenden Charakter vorweisen.[501] 478

b) Kredite an die Insolvenzschuldnerin oder eine Übernahmegesellschaft

Neben Krediten an die Insolvenzschuldnerin sieht § 264 Abs. 1 Satz 1 InsO auch die Möglichkeit vor, Kredite an eine Übernahmegesellschaft[502] in die Vorrangstellung i. S. von § 265 InsO zu heben. 479

500) RegE InsO z. § 265, BT-Drucks. 12/2443.

501) Uhlenbruck-*Streit*, InsO, § 264 Rz. 9.

502) Die Übernahmegesellschaft ist in § 260 Abs. 3 InsO legal definiert, s. dazu ausführlich oben Rz. 308 ff.

c) Neukredite oder stehengelassene Masseverbindlichkeit

480 Von der Privilegierung des Vorranges im Anschlussinsolvenzverfahren werden nur solche Kredite erfasst, die während der Planüberwachung aufgenommen wurden (Neukredite) oder als Masseverbindlichkeit stehengelassen werden (Altkredite).

aa) Neukredite

481 Sämtliche Neukredite, d. h. Kredite, die innerhalb des Kreditrahmens **in der Überwachungsphase gewährt werden**, können rangprivilegiert werden. Für die Frage, ob der Kredit erst in der Überwachungsphase gewährt wurde und damit als Neukredit einzuordnen ist, kommt es auf die Leistung des Gläubigers an. Dabei reicht der Abschluss einer Darlehensvereinbarung als solcher nicht aus,[503)] wohl aber der Zeitpunkt, ab dem die Darlehensvaluta dem Schuldner vorbehaltlos **zum Abruf bereitstehen.**[504)]

482 Die Aufnahme des Kredits während der Zeit der Planüberwachung erfolgt durch den Schuldner (und nicht durch den Insolvenzverwalter), da dieser mit Aufhebung des Insolvenzverfahrens die Verwaltungs- und Verfügungsbefugnis nach § 259 Abs. 1 Satz 2 InsO zurückerhält und das Amt des Insolvenzverwalters damit endet (§ 259 Abs. 1 Satz 1 InsO). Nur wenn im gestaltenden Teil des Insolvenzplans ein Zustimmungsvorbehalt für den Insolvenzverwalter vorgesehen ist (§ 263 InsO), ist für den wirksamen Vertragsschluss die Zustimmung des Insolvenzverwalters erforderlich.

483 Ungeachtet dessen ist nach § 264 Abs. 2 InsO auf jeden Fall die **schriftliche Bestätigung des Insolvenzverwalters erforderlich**, um den Neukredit in die Vorrangposition aus § 265 InsO zu bringen (siehe unten Rz. 501 f.).

bb) Altkredite/stehengelassene Masseverbindlichkeiten

484 Ebenfalls mit einem Vorrang ausgestattet werden können Kredite von Massegläubigern, die den Kredit vor der Überwachung gewährt und während der Überwachung stehengelassen haben.

485 Zu den Massegläubigern gehören neben den Krediten, die der Insolvenzverwalter nach Eröffnung des Insolvenzverfahrens aufgenommen hat, Kredite im Insolvenzeröffnungsverfahren, die der vorläufig starke Insolvenzverwalter (§ 55 Abs. 2 InsO) aufgenommen hat oder denen eine gerichtliche Ermächtigung zugrunde liegt[505)] oder Kredite, die nach Insolvenzeröffnung aufgrund eines Verwalterverlangens (§ 103 InsO) zur Auszahlung kommen.[506)]

486 Die Masseverbindlichkeit wird in einem Anschlussinsolvenzverfahren jedoch nur dann rangprivilegiert, wenn der **Massegläubiger seinen Kredit über die Aufhebung des Insolvenzverfahrens hinaus stehenlässt.** Sind die Masseansprüche bereits vor Aufhebung des Insolvenzverfahrens unstreitig und fällig, ist für das Stehenlassen eine entsprechende Stundungsvereinbarung zwischen Insolvenzverwalter und Gläubiger erforderlich, weil nach § 258 Abs. 2 InsO die Masseansprüche vor Aufhebung des Insolvenzverfahrens zu berichtigen sind.[507)]

503) K. Schmidt-*Spliedt*, InsO, § 266 Rz. 6.

504) Uhlenbruck-*Streit*, InsO, § 264 Rz. 10.

505) Dazu *Hoffmann* in: MünchKomm-InsO, Vorb. §§ 108 ff. Rz. 157 ff.; *Laroche*, NZI 2010, 965 ff.

506) Vgl. Uhlenbruck-*Streit*, InsO, § 264 Rz. 11.

507) Römermann-*Braun*, InsR/InsO, § 264 InsO Rz. 3; *Thies* in: HambKomm-InsR, § 264 InsO Rz. 6; *Pleister* in: KPB, InsO, § 264 Rz. 4.

cc) Keine Besicherung

Der über den Kreditrahmen zu privilegierende Massekredit oder stehengelassene Masseverbindlichkeiten dürfen **nicht (durch Gegenstände der Masse) anderweitig gesichert** sein. Soweit bereits ein Vorrecht durch eine Sicherheit besteht, ist eine weitere Bevorzugung durch eine Rangverbesserung nicht erforderlich. Vorrangkredite können lediglich dazu genutzt werden, Sicherheiten abzulösen, damit die Sicherungsgegenstände für nicht vorrangige Neukredite genutzt werden können.[508] 487

3. Festlegung eines Kreditrahmens im gestaltenden Teil des Insolvenzplans

Wesentliche Voraussetzung für die Schaffung von Vorrangkrediten ist eine entsprechende Regelung im gestaltenden Teil des Insolvenzplans. 488

a) Bestimmtheit der Regelung

Ausreichend ist die Festsetzung eines Gesamtbetrages für die vorrangig zu befriedigenden Ansprüche im gestaltenden Teil des Insolvenzplans.[509] In diesem Fall obliegt es Schuldner, Gläubiger und Insolvenzverwalter, i. R. der Vorrangvereinbarung im konkreten Fall den Vorrang zu bestimmen. 489

Im Einzelfall ist jedoch eine Regelung zu empfehlen, die über die Festsetzung eines Gesamtbetrages hinausgeht, etwa indem nur bestimmte Kreditarten zugelassen werden, separate Vorgaben für Altkredite und Neukredite festgesetzt oder ein bestimmtes Rangverhältnis zwischen den einzelnen Vorranganspruchen vorgegeben wird.[510] 490

b) Zulässiger Höchstbetrag für den Kreditrahmen

Der in der Planregelung für einen Kreditrahmen vorgesehene Gesamtbetrag darf den Wert der Vermögensgegenstände nicht übersteigen, die in der Vermögensübersicht des Insolvenzplans i. S. von § 229 Satz 1 InsO aufgeführt sind (§ 264 Abs. 1 Satz 3 InsO). 491

Die gesetzliche Höchstgrenze für die Festlegung des Kreditrahmens ist somit die Summe der in der Vermögensübersicht ausgewiesenen Aktiva. Die Passiva sind bei der Bestimmung der Höchstgrenze nicht zu berücksichtigen.[511] Durch die gesetzliche Vorgabe einer Höchstgrenze sollen die Gläubiger, insbesondere auch die nach § 265 InsO nachrangigen Neugläubiger, vor einer Aushöhlung des Vermögens geschützt werden.[512] 492

Da nach § 264 Abs. 1 Satz 3 InsO die Vermögensübersicht aus § 229 InsO für die Bestimmung des Höchstbetrages des Kreditrahmens entscheidend ist, sind die **Wertansätze des Aktivvermögens im Zeitpunkt des Wirksamwerdens des Insolvenzplans entscheidend.** Auf die zu erwartenden Werte in der Folgeinsolvenz kommt es hingegen vor dem Hintergrund des eindeutigen Verweises auf § 229 InsO durch § 264 Abs. 1 Satz 3 InsO nicht an, auch wenn dies sachgerechter wäre.[513] Der Verweis auf § 229 InsO führt auch dazu, dass bei angestrebter dauerhafter Fortführung für das Aktivvermögen Fortführungswerte 493

---

508) Uhlenbruck-*Streit*, InsO, § 264 Rz. 11; a. A. wohl *Fridgen* in: MünchKomm-InsO, § 264 Rz. 21.

509) *Pleister* in: KPB, InsO, § 264 Rz. 6; *Frege/Nicht* in: Kübler/Bork/Prütting, HRI II, § 27 Rz. 30.

510) Uhlenbruck-*Streit*, InsO, § 264 Rz. 12.

511) *Frege/Nicht* in: Kübler/Bork/Prütting, HRI II, § 27 Rz. 30.

512) Begr. RegE z. § 311 InsO, BT-Drucks. 12/2443, S. 216.

513) Vgl. *Thies* in: HambKomm-InsR, § 264 InsO Rz. 5; Uhlenbruck-*Streit*, InsO, § 264 Rz. 14; *Pleister* in: KPB, InsO, § 264 Rz. 6; *Frege/Nicht* in: Kübler/Bork/Prütting, HRI II, § 27 Rz. 32; anders *Knof*, ZInsO 2010, 2004.

anzusetzen sind.[514] Auch die mit einem Absonderungsrecht belasteten Gegenstände sind zu berücksichtigen.[515]

494 Diese vom Gesetzgeber vorgegebene Berechnungs- und Bewertungsmethode hat zwar den Vorteil der Vereinfachung, da die zukünftigen Zerschlagungswerte einer Folgeinsolvenz schwer zu ermitteln sind. Sie führt jedoch in der Regel zu einer nicht sachgerechten, großzügigen Bemessung des Kreditrahmens,[516] da für den Wert als Sicherheit tatsächlich das Realisierungspotential in einer Folgeinsolvenz entscheidend ist, welches in der Regel auf Liquidation gerichtet sein wird und die ursprünglichen Werte verbraucht bzw. nicht mehr realisierbar sein werden.[517]

495 Die Einhaltung des Höchstbetrages bei der Festlegung des Kreditrahmens wird vom Insolvenzgericht i. R. der Rechtmäßigkeitsprüfung (§§ 231 Abs. 1 Nr. 1, 250 Nr. 1 InsO) geprüft.[518]

4. Einbeziehung der konkreten Forderung in den Kreditrahmen

a) Funktion der Einbeziehungsvereinbarung zur Planregelung

496 Die Regelung im gestaltenden Teil des Insolvenzplans ist rechtstechnisch lediglich die Ermächtigung des Schuldners, mit den begünstigten Gläubigern eine Vorrangvereinbarung abzuschließen. Die rangmäßige Privilegierung der konkreten Kreditforderung erfolgt vielmehr erst durch die individualvertragliche Einbeziehung des in Anspruch genommenen Kredits in den Kreditrahmen und der Bestätigung der Einbeziehung durch den überwachenden Insolvenzverwalter (§ 264 Abs. 2 InsO).

497 Eine solche vertragliche Einbeziehung ist auch dann zwingend erforderlich, wenn die vom Kreditrahmen erfassten Ansprüche im gestaltenden Teil des Insolvenzplans bereits hinreichend konkret festgesetzt sind.[519]

b) Einbeziehungsvereinbarung zwischen Schuldner und privilegiertem Gläubiger

498 Die Einbeziehung in den Kreditrahmen erfolgt entweder durch eine entsprechende Rangklausel im Kreditvertrag oder durch separate Vorrang- und Einbeziehungsvereinbarung. Eine separate Vorrang- und Einbeziehungsvereinbarung kommt insbesondere dann in Betracht, wenn die Einbeziehung in den Kreditrahmen erst zu einem späteren Zeitpunkt nach Abschluss des Kreditvertrags erfolgen soll.

499 Die Einbeziehung in den Kreditrahmen kann **frühestens** mit Eintritt der Rechtskraft des gerichtlichen Aufhebungsbeschlusses gemäß § 258 Abs. 1 InsO und Übergang in die Überwachungsphase vereinbart werden.[520] Das gilt grundsätzlich auch für die Einbeziehung stehengelassener Masseansprüche in den Kreditrahmen. Da der Massegläubiger das Stehenlassen seiner Ansprüche – ggf. auf Basis einer Stundungs- oder Prolongationsvereinbarung – nicht selten von der Erhebung zur Vorrangforderung abhängig machen wird, ist

514) K. Schmidt-*Spliedt*, InsO, § 229 Rz. 4.

515) *Pleister* in: KPB, InsO, § 264 Rz. 6; K. Schmidt-*Spliedt*, InsO, § 266 Rz. 3.

516) Zu eng hingegen die im ersten Bericht der Kommission für Insolvenzrecht vorgesehene Begrenzung des Kreditrahmens auf das in der Sanierungsplanbilanz ausgewiesene Eigenkapital, vgl. BMJ, 1. Bericht der Kommission für Insolvenzrecht, Leitsatz 2.3.8 Abs. 1, S. 3.

517) *Thies* in: HambKomm-InsR, § 264 InsO Rz. 5.

518) Zur Rechtsfolge bei Bestätigung trotz Überschreitens der Höchstgrenze s. *Thies* in: HambKomm-InsR, § 264 InsO Rz. 10.

519) Uhlenbruck-*Streit*, InsO, § 264 Rz. 16.

520) Uhlenbruck-*Streit*, InsO, § 264 Rz. 18.

der Abschluss einer Einbeziehungsvereinbarung aufschiebend bedingt auf die Aufhebung des Insolvenzverfahrens zulässig und praktikabel.

Zwar besteht für die Einbeziehungsvoraussetzung **kein Schriftformgebot**. Dennoch sollte die Schrift- oder jedenfalls die Textform aus Gründen der Rechtssicherheit eingehalten werden, weil jedenfalls die Bestätigung dieser Einbeziehungsvereinbarung durch den Insolvenzverwalter nach § 264 Abs. 2 Halbs. 2 InsO schriftlich zu erfolgen hat.[521] Die Vereinbarung muss **inhaltlich die Einbeziehung in den Kreditrahmen genau regeln**, insbesondere die Höhe der Einbeziehung ist in Bezug auf Hauptforderung, Zinsen und Kosten genau festzulegen.[522] 500

c) Bestätigung der Einbeziehungsvereinbarung durch den Insolvenzverwalter

Nach § 264 Abs. 2 Halbs. 2 InsO ist für die wirksame Einbeziehung der Forderung in den vorrangigen Kreditrahmen neben der Einbeziehungsvereinbarung zwischen dem Schuldner und dem Gläubiger die Zustimmung des Insolvenzverwalters erforderlich. 501

Vor Abgabe der schriftlichen Zustimmungserklärung hat der Insolvenzverwalter zu prüfen, ob die **formalen Voraussetzungen nach § 264 InsO** für die Einbeziehung der Forderung in den Kreditrahmen vorliegen, insbesondere ob die im Insolvenzplan festgelegten Anforderungen an die einzubeziehenden Forderungen erfüllt und der festgesetzte Kreditrahmen noch nicht ausgeschöpft ist.[523] Die **Zweckmäßigkeit unternehmerischen Handelns** ist vom Verwalter hingegen **nicht zu überprüfen**, es sei denn für die Überwachungsphase wurde gemäß § 263 InsO ergänzend ein Zustimmungsvorbehalt angeordnet.[524] 502

Die Bestätigung der Einbeziehungsvereinbarung durch den Insolvenzverwalter kann erst nach Abschluss der Einbeziehungsvereinbarung erfolgen. Die einmal erfolgte Bestätigung ist **unwiderruflich**.[525] Hat der Insolvenzverwalter eine Überschreitung des Kreditrahmens zugelassen, so gilt das Prioritätsprinzip, d. h. der Gläubiger, dessen Einbeziehung zum Überschreiten des Kreditrahmens führt, ist insoweit nicht rangprivilegiert.[526] 503

III. Rechtsfolge einer Rahmenkreditregelung in der Folgeinsolvenz

Werden die Forderungen auf der Grundlage eines rechtskräftig bestätigten Insolvenzplans in den Kreditrahmen unter Einhaltung sämtlicher Formalien des § 264 InsO einbezogen, sind sie nach Maßgabe der §§ 264 ff. InsO privilegiert. 504

Diese Privilegierung hat zur Folge, dass es in einem Folgeinsolvenzverfahren zu einer besonderen Rangbildung innerhalb der Insolvenzgläubiger i. S. von § 38 InsO kommt. Die privilegierten Forderungen verlieren nicht ihren Charakter als Insolvenzforderungen i. S. von § 38 InsO, insbesondere werden sie im Folgeverfahren nicht als Masseverbindlichkeiten eingestuft.[527] Vielmehr treten durch eine Kreditrahmenregelung die Forderungen, die den Insolvenzgläubigern nach dem Plan zustehen, im Rang zurück.[528] 505

---

521) Uhlenbruck-*Streit*, InsO, § 264 Rz. 19; vgl. auch *Jaffé* in: FK-InsO, § 264 Rz. 14.

522) Begr. RegE InsO z. § 311, BT-Drucks. 12/2443.

523) *Jaffé* in: FK-InsO, § 264 Rz. 16.

524) *Pleister* in: KPB, InsO, § 264 Rz. 16.

525) Braun-*Braun/Frank*, InsO, § 264 Rz. 9.

526) Römermann-*Braun*, InsR/InsO, § 264 InsO Rz. 8; *Fridgen* in: MünchKomm-InsO, § 264 Rz. 15; Braun-*Braun/Frank*, InsO, § 264 Rz. 8; Uhlenbruck-*Streit*, InsO, § 264 Rz. 24; *Pleister* in: KPB, InsO, § 264 Rz. 15; *Thies* in: HambKomm-InsR, § 264 InsO Rz. 10; a. A. Andres/Leithaus-*Andres*, InsO, § 266 Rz. 11 – volle Privilegierung und Haftung des Insolvenzverwalters bzgl. des übersteigenden Teils.

527) *Fridgen* in: MünchKomm-InsO, § 264 Rz. 4, 11 f.; *Balthasar* in: Kübler/Bork/Prütting, HRI II, § 22 Rz. 242.

528) Begr. RegE InsO z. § 311 (= § 264 n. F.), BT-Drucks. 12/2443, S. 216; Braun-*Braun/Frank*, InsO, § 264 Rz. 10; *Fridgen* in: MünchKomm-InsO, § 264 Rz. 5, 17 f.

506 In einem späteren Insolvenzverfahren kann die Privilegierung nicht im Wege der Insolvenzanfechtung angegriffen werden.[529] Die Privilegierung wird in einem Anschlussinsolvenzverfahren nur dann berücksichtigt, wenn das Anschlussinsolvenzverfahren vor der Aufhebung der Insolvenzplanüberwachung eröffnet wird. Da nach § 268 Abs. 1 Nr. 2 InsO die Planüberwachung längstens drei Jahre dauert, wenn im Insolvenzplan keine kürzere Planüberwachungsphase geregelt wurde, erstreckt sich die Privilegierung längstens auf drei Jahre ab der Aufhebung des Insolvenzverfahrens.[530]

Überblick: Rangordnung im Folgeinsolvenzverfahren

Sollte während der Phase der Planüberwachung ein Folgeinsolvenzverfahren eröffnet werden, ergibt sich für dieses folgende Rangordnung:

Rang 1

Massekosten und Masseverbindlichkeiten gemäß §§ 53 ff. InsO im Folgeinsolvenzverfahren.

Rang 2

Rang 2a Kreditrahmenverbindlichkeiten,

Rang 2b Ehemalige Massegläubiger mit den im Finanzplan berücksichtigten Ansprüchen (§ 258 Abs. 2 InsO) und Ansprüche aus einem vor der Überwachung begründeten Dauerschuldverhältnis für die Zeit vor dem ersten Termin, zu dem der Gläubiger nach Beginn der Überwachung hätte kündigen können und nicht vertragliche Neugläubiger i. S. von § 265 InsO,

Rang 3

Weitere Insolvenzgläubiger im Rang des § 38 InsO: Zu den Insolvenzgläubigern des Folgeinsolvenzverfahrens gehören sämtliche Insolvenzgläubiger aus dem Erstverfahren, nicht wirksam in den Kreditrahmen einbezogene Massegläubiger des Erstverfahrens oder Gläubiger mit **vertraglichen Ansprüchen, die während der Zeit der Planüberwachung begründet und nicht in den Kreditrahmen einbezogen wurden (§ 265 Satz 1 InsO).** Dazu gehören auch solche Ansprüche aus einem vor der Überwachung vertraglich begründeten Dauerschuldverhältnis für die Zeit nach dem ersten Termin, zu dem der Gläubiger nach Beginn der Überwachung hätte kündigen können (§ 265 Satz 2 InsO).

Rang 4

Nachrangige Insolvenzgläubiger gemäß § 39 InsO.

507 Das Recht auf abgesonderte Befriedigung im Folgeverfahren bleibt durch Begründung von Kreditrahmenforderungen unberührt. Das gilt sowohl für Gläubiger, deren Recht auf abgesonderte Befriedigung nach Aufhebung des Insolvenzverfahrens anfechtungsfest begründet wurde, als auch für bereits im Erstverfahren begründete Absonderungsrechte, soweit der Insolvenzplan diese Rechte nicht beschnitten hat.[531]

IV. Praktikabilität/Bedeutung des Kreditrahmens für die Fortführungsfinanzierung

508 Bezüglich der Praktikabilität eines Kreditrahmens zur Absicherung einer Sanierungsfinanzierung sind folgende Schwächen zu beachten:

- **Zeitliche Begrenzung der Privilegierung:** Die Privilegierung kann nur für einen Zeitraum von drei Jahren nach Aufhebung des Insolvenzverfahrens gewährt werden. Häufig besteht für den Sanierungskredit jedoch ein Bedürfnis nach einer längeren Laufzeit. Dann ist allerdings der Vorrang nicht dauerhaft gewährleistet.[532]

529) *Pleister* in: KPB, InsO, § 264 Rz. 8.

530) AG Duisburg, Beschl. v. 1.4.2003 – 62 IN 187/02, NZI 2003, 447 f.; *Fridgen* in: MünchKomm-InsO, § 264 Rz. 1, 16; Braun-*Braun/Frank*, InsO, § 264 Rz. 8; *Pleister* in: KPB, InsO, § 264 Rz. 11.

531) K. Schmidt-*Spliedt*, InsO, § 266 Rz. 16.

532) *Frege/Nicht* in: Kübler/Bork/Prütting, HRI II, § 27 Rz. 13.

- **Kein hinreichender Haftungsfond in der Folgeinsolvenz:** Die Begrenzung des Kreditrahmens durch planbilanziell ausgewiesenes Aktivvermögen schützt die Kreditgläubiger nicht hinreichend (siehe bereits oben Rz. 491 ff.). Dabei ist zu beachten, dass **das Absonderungsrecht eines besicherten Gläubigers** durch den Kreditrahmen nach §§ 264, 265 InsO **nicht berührt wird** (siehe oben Rz. 493 und Rz. 507). Häufig bestehen kaum unbelastete Gegenstände, sodass der Haftungsfond der über den Kreditrahmen privilegierten Gläubiger durch die bestehenden dinglichen Sicherheiten ausgehöhlt sein kann. Den Rahmengläubigern würde bei Fortbestand von Absonderungsrechten lediglich das i. R. der Wertschöpfung des nach Aufhebung des Insolvenzverfahrens (§ 258 InsO) fortgeführten Unternehmens erzielte, neue, freie Vermögen zur Verfügung stehen.[533)]
- **Neubesicherung nach vorheriger Freigabe als Alternative:** Da aus den vorgenannten Gründen ohnehin eine Besicherung über einen Kreditrahmen nur bei vorheriger Aufgabe von Sicherheiten oder noch hinreichend unbesichertem Vermögen infrage kommt, steht der Kreditrahmen damit in unmittelbarer Konkurrenz zur dinglichen Besicherung des Sanierungskredits. Kreditgeber werden bei noch freiem Vermögen im Zweifel auf eine Neubesicherung drängen.[534)] Der Kreditrahmen kann sich dann als vorteilhaft erweisen, wenn zukünftig mit neu erworbenem Vermögen zu rechnen ist, die zukünftigen Vermögenspositionen aber noch nicht derart bestimmt sind, dass sie als dingliche Individualsicherheiten in Betracht kommen.

V. Umsetzung einer Kreditrahmenregelung

1. Regelung eines Kreditrahmens im Insolvenzplan

Für die Regelung eines Kreditrahmens im Insolvenzplan kommt folgende Formulierung 509
in Betracht:[535)]

> **Formulierungsbeispiel**
>
> „Es wird ein Kreditrahmen in Höhe von 5.000.000 € festgesetzt für die Gläubiger mit Forderungen aus Darlehen oder sonstigen Krediten, die die Schuldnerin während der Überwachung aufnimmt oder die ein Massegläubiger in die Zeit der Überwachung hinein stehenlässt; diese sind den übrigen Gläubigern gegenüber vorrangig (§ 264 InsO)."

2. Öffentliche Bekanntmachung des Kreditrahmens

Gemeinsam mit dem Beschluss über die Aufhebung des Insolvenzverfahrens ist öffentlich 510
bekannt zu machen, in welcher **Höhe der Insolvenzplan einen Kreditrahmen** regelt (§ 267 Abs. 2 Nr. 3 InsO). Neugläubigern, denen gegenüber die Kreditrahmengläubiger nach § 265 InsO vorrangig sind, sollen dadurch erkennen können, in welchem Umfang Bevorrechtigungen in einem Anschlussinsolvenzverfahren bestehen können. Die öffentliche Bekanntmachung über die Höhe des Kreditrahmens erfolgt gemäß § 9 Abs. 1 InsO.

N. Planüberwachung

Häufig kann die im gestaltenden Teil des Insolvenzplans vorgesehene Erfüllung der An- 511
sprüche der Gläubiger nicht vor Aufhebung des Insolvenzverfahrens umgesetzt werden. Ist die Planerfüllung zwingend in die Zeit nach Aufhebung des Insolvenzverfahrens zu verlagern, kann der Insolvenzplan die Planüberwachung regeln. Die Planüberwachung hat

533) *Braun/Frank* in: Kölner Schrift, S. 809, 818 Rz. 32 ff.

534) *Frege/Nicht* in: Kübler/Bork/Prütting, HRI II, § 27 Rz. 21.

535) Zur noch notwendigen vertraglichen Einbeziehung des Gläubigers s. oben Rz. 498 f.

das Ziel der Sicherstellung der Erfüllung dieser Ansprüche. Sie erfolgt durch den Insolvenzverwalter/Sachwalter und Gläubigerausschuss, deren Ämter zum Zwecke der Überwachung trotz Aufhebung des Insolvenzverfahrens eingeschränkt fortbestehen.

512 Die Planüberwachung mit den in §§ 260 ff. InsO vorgesehenen Rechtsfolgen setzt voraus, dass eine Regelung im gestaltenden Teil diese entsprechend anordnet (§ 260 Abs. 1 InsO).

Formulierungsbeispiel

„Die Erfüllung des Insolvenzplans wird gemäß §§ 284 Abs. 2, 260 InsO durch den Sachwalter bzw. im Falle der Aufhebung der Eigenverwaltung durch den Insolvenzverwalter überwacht. Gemäß der gesetzlichen Regelung besteht der Gläubigerausschuss fort, § 261 Abs. 1 Satz 2 InsO. Die Überwachung endet mit der Erfüllung sämtlicher Zahlungen entsprechend den Regelungen des Insolvenzplans, spätestens jedoch drei Jahre nach Aufhebung des Insolvenzverfahrens."

513 Die im gestaltenden Teil des Insolvenzplans vorgesehene Regelung der Planüberwachung hat jedoch ausschließlich den Zweck, die Erfüllung der **Ansprüche, die den Gläubigern gegen den Schuldner** zustehen, zu überwachen, § 260 Abs. 2 InsO.[536)] Eine weitergehende Funktion ist mit der Überwachung grundsätzlich nicht verbunden. Sie richtet sich insbesondere **nicht auf geschäftspolitische Entscheidungen der Unternehmensführung oder administrative und organisatorische Maßnahmen.**[537)] Auch **anderweitige Ansprüche der Gläubiger gegen Dritte**, etwa gegen Plangaranten, die sich außerhalb des Insolvenzplans zu Leistungen an einzelne Gläubiger oder Gläubigergruppen verpflichtet haben, unterliegen nicht der Überwachung.[538)]

514 Die Verwaltungs- und Verfügungsbefugnis geht nach § 259 Abs. 1 Satz 2 InsO mit Verfahrensaufhebung wieder auf den Schuldner über. § 263 InsO erlaubt es jedoch, im Insolvenzplan vorzusehen, dass bestimmte Rechtsgeschäfte des Schuldners[539)] während der Phase der Planüberwachung nur dann wirksam werden, wenn der **Insolvenzverwalter** ihnen **zustimmt.**[540)]

515 Vereinzelt wird diskutiert, die **Planüberwachung auch zulasten des Schuldners auszudehnen**, so etwa durch die zeitliche Ausdehnung der Planüberwachungsphase oder eine Erweiterung der Einflussmöglichkeiten des Insolvenzverwalters.[541)] Gegen eine Planüberwachung, die merklich über den gesetzlichen Rahmen hinausginge, wird insbesondere vorgebracht, dass hierdurch die Handlungsfreiheit des Schuldners nach Aufhebung des Insolvenzverfahrens entgegen § 259 Abs. 1 Satz 2 InsO zu stark eingeschränkt werde.[542)]

---

536) Uhlenbruck-*Streit*, InsO, § 260 Rz. 6; K. Schmidt-*Spliedt*, InsO, § 260 Rz. 6; *Fiebig* in: HK-InsO, § 260 Rz. 3; Braun-*Braun/Frank*, InsO, § 260 Rz. 4; *Pleister* in: KPB, InsO, § 260 Rz. 9; Römermann-*Braun*, InsR/InsO, § 260 InsO Rz. 3; *R.-D. Mönning* in: Kübler/Bork/Prütting, HRI II, § 42 Rz. 33; weiter offenbar *Thies* in: HambKomm-InsR, § 260 InsO Rz. 4, der sämtliche Ansprüche aus dem gestaltenden Teil als der Überwachung unterstellt ansieht.

537) *Stephan* in: MünchKomm-InsO, § 260 Rz. 23; *Pleister* in: KPB, InsO, § 260 Rz. 11; Braun-*Braun/Frank*, InsO, § 260 Rz. 4; *Fiebig* in: HK-InsO, § 260 Rz. 3; *R.-D. Mönning* in: Kübler/Bork/Prütting, HRI II, § 42 Rz. 33.

538) *Stephan* in: MünchKomm-InsO, § 260 Rz. 22; *Pleister* in: KPB, InsO, § 260 Rz. 12; *Thies* in: HambKomm-InsR, § 260 InsO Rz. 6; *R.-D. Mönning* in: Kübler/Bork/Prütting, HRI II, § 42 Rz. 33.

539) Oder solche der Übernahmegesellschaft.

540) *Balthasar* in: Kübler/Bork/Prütting, HRI II, § 22 Rz. 278.

541) *Stephan* in: MünchKomm-InsO, § 260 Rz. 13; *Eidenmüller* in: MünchKomm-InsO, § 217 Rz. 150; Braun-*Braun/Frank*, InsO, § 260 Rz. 5; *Stephan* und *Braun/Frank* allerdings ohne an die Ausdehnung auch die Rechtsfolgen der §§ 261 ff. InsO knüpfen zu wollen; *Thies* in: HambKomm-InsR, § 260 InsO Rz. 4; grundsätzlich gegen eine solche Möglichkeit zulasten des Schuldners: Uhlenbruck-*Streit*, InsO, § 260 Rz. 8.

542) Uhlenbruck-*Streit*, InsO, § 260 Rz. 8; *Pleister* in: KPB, InsO, § 260 Rz. 5.

Auch die Ausdehnung der Zustimmungspflicht des Insolvenzverwalters entgegen § 263 InsO auf alle Rechtsgeschäfte widerspräche dem Zweck des Gesetzes;[543] diese wirkt allerdings ohnehin nur passiv, kann den Schuldner also nicht zum Tätigwerden zwingen.

Diese Argumentation überzeugt. De lege lata ist eine Planüberwachung (ohne Zustimmung des Schuldners) nur insoweit möglich, als hierdurch die Erfüllung der Ansprüche der Gläubiger gegen den Schuldner überwacht wird. 516

Planüberwacher ist nach dem Gesetz in erster Linie der **Insolvenzverwalter**, § 261 Abs. 1 Satz 1 InsO. Es kommen jedoch **auch andere Personen** für diesen Posten in Betracht.[544] In seiner Reinform beschränken sich die Aufgaben des Planüberwachers auf reine Informationsbeschaffungs- und Kontrolltätigkeiten. Den Planüberwacher treffen zudem periodische Berichtspflichten gegenüber Insolvenzgericht und Gläubigerausschuss, § 261 Abs. 2 InsO.[545] 517

Praxishinweis

Die dargestellte Schwäche der Planüberwachung, dass sich nach Aufhebung des Insolvenzverfahrens eine Überwachung des Schuldners nur auf die Erfüllung der Ansprüche aus dem Insolvenzplan und nicht auf andere „Zwischenmaßnahmen", wie etwa Verwertungsmaßnahmen,[546] bezieht, lässt sich gestalterisch entschärfen:

Die Lösung führt über ein **Treuhandmodell**: Einem unabhängigen Treuhänder (also **nicht** etwa eine **„Übernahmegesellschaft"** i. S. von § 260 Abs. 3 InsO) werden bereits im Insolvenzplan im Wege der Abspaltung Unternehmensteile oder im Wege des Asset Deals sonstige Gegenstände des Schuldners übertragen. Der Treuhänder verpflichtet sich in einem Vertrag, der bereits dem Insolvenzplan beigefügt ist, gegenüber dem Schuldner zur bestmöglichen Verwertung der Gegenstände. Dieser Vertrag sollte aus Sicherheitsgründen sowohl vom Schuldner als auch vom Insolvenzverwalter gegengezeichnet werden.

Die Verwertung des übertragenden Unternehmensteils und sonstiger Vermögensgegenstände erfolgt dann durch den Treuhänder nach Aufhebung des Insolvenzverfahrens. Dieser kehrt dann den Veräußerungserlös (abzgl. ggf. Upside-Zahlungen an den Treuhänder selbst) an die Gläubiger nach den in Vertrag und Insolvenzplan näher gestalteten Modalitäten aus (siehe Rz. 33, 324 ff.).

Im Insolvenzplan kann daneben bestimmt werden, dass der Gläubigerausschuss fortbesteht (vgl. § 261 Abs. 2 Satz 2 InsO) und in die Entscheidungen des Treuhänders bezüglich der Veräußerung und/oder Verteilung eingebunden wird. So kann etwa ein bestimmter Zeitrahmen, binnen dessen die Veräußerung zu erfolgen hat, mit (Mehrheits-) Entscheidung des Gläubigerausschusses verlängert werden. Dies ermöglicht es den Gläubigern, (mittelbar) Einfluss auf den Veräußerungs- und Verwertungsprozess zu nehmen.

Die Planüberwachung endet durch Aufhebungsbeschluss, wenn die Ansprüche, deren Erfüllung überwacht wurde, befriedigt sind oder für sie Sicherheit geleistet wurde (§ 268 Abs. 1 Nr. 1 InsO). Die Aufhebung der Planüberwachung erfolgt ferner, wenn seit der Aufhebung des Insolvenzverfahrens drei Jahre verstrichen sind und kein Antrag auf Eröffnung eines neuen Insolvenzverfahrens vorliegt (§ 268 Abs. 1 Nr. 2 InsO). Siehe auch die ausführliche Darstellung der Planüberwachung in § 25 Rz. 1 ff. [*Dellit*]. 518

543) Uhlenbruck-*Streit*, InsO, § 260 Rz. 8.

544) BGH, Urt. v. 6.5.2021 – IX ZR 57/20, NZI 2021, 733 Rz. 11; *Balthasar* in: Kübler/Bork/Prütting, HRI II, § 22 Rz. 279; *Thies* in: HambKomm-InsR, § 261 InsO Rz. 5; so etwa geschehen im Insolvenzplanverfahren der *SIAG Schaaf Industrie AG*, wo im Plan ein außerstehender Dritter als Planüberwacher bestellt wurde.

545) *Balthasar* in: Kübler/Bork/Prütting, HRI II, § 22 Rz. 278.

546) Ein Bedürfnis besteht hier insbesondere für die Verwertung nicht betriebsnotwendigen Vermögens.

O. Regelungen zur Aufhebung des Insolvenzverfahrens

519 Mit rechtskräftiger Bestätigung des Insolvenzplans durch das Insolvenzgericht endet das Insolvenzverfahren nicht automatisch. Vielmehr bedarf es im Anschluss an die Planbestätigung eines gesonderten Aufhebungsbeschlusses des Insolvenzgerichts. Zur Verfahrensaufhebung siehe ausführlich § 24 Rz. 1 ff. [*Dellit*].

520 Die Aufhebung des Insolvenzverfahrens erfolgt nach § 258 Abs. 1 InsO, sobald die gerichtliche Bestätigung des Insolvenzplans rechtskräftig ist und der Insolvenzplan nicht etwas anderes vorsieht. Als ungeschriebenes Kriterium kommt hinzu, dass der Insolvenzplan durchführbar sein muss. Dies ist vor allem in Fällen relevant, in denen sich zwischen Rechtskraft des Bestätigungsbeschlusses und Verfahrensaufhebung herausstellt, dass der Schuldner die im Plan vorgesehenen Zahlungen nicht leisten kann.[547)] Die zeitliche Versetzung von Rechtskraft des Bestätigungsbeschlusses und der Aufhebungsentscheidung des Insolvenzgerichts nach § 258 Abs. 1 InsO lässt sich dadurch erklären, dass mit Wirksamwerden der Planregelungen und der Verfahrensaufhebung vom Insolvenzverwalter noch Überleitungsmaßnahmen getroffen werden müssen, wie etwa die für den **Vollzug des Plans erforderliche registerrechtliche Anmeldungen** (§ 254a Abs. 2 InsO) und die **Bezahlung von Masseschulden.**[548)] Mit Aufhebung des Insolvenzverfahrens erlischt jedoch das Verwalteramt (§ 259 Abs. 1 InsO).

521 Die Formulierung „[…] und der Insolvenzplan nicht etwas anderes vorsieht" ist mit dem ESUG in § 258 Abs. 1 eingefügt worden.[549)] Damit soll der rein verfahrensbegleitende Insolvenzplan ermöglicht werden, welcher gerade nicht auf die Sanierung der Gesellschaft und Aufhebung des Insolvenzverfahrens ausgerichtet ist (Folgeänderung zur Aufnahme des verfahrensbegleitenden Insolvenzplans in § 217 Abs. 1 Satz 1 InsO).[550)] Da der verfahrensbegleitende Insolvenzplan lediglich die Abwicklung im Regelverfahren ergänzt, erfolgt die Aufhebung des Insolvenzverfahrens nach den Vorschriften über das Regelverfahren aus § 200 InsO, d. h. sobald die Schlussverteilung vollzogen ist.

522 Demnach sollte bei einem **rein verfahrensbegleitenden Insolvenzplan** eine Regelung aufgenommen werden, wonach das Insolvenzverfahren nach rechtskräftiger Bestätigung des Insolvenzplans **fortgeführt** und nicht aufgehoben wird.

> **Formulierungsbeispiel**
>
> „Bei dem vorliegenden Insolvenzplan handelt es sich um einen rein verfahrensbegleitenden Insolvenzplan. Eine Aufhebung des Insolvenzverfahrens nach rechtskräftiger Bestätigung des Insolvenzplans (§ 258 Abs. 1 InsO) ist ausgeschlossen. Die Beendigung des Insolvenzverfahrens richtet sich nach den Bestimmungen des Regelverfahrens nach Vollzug der Schlussverteilung i. S. von § 200 InsO."

523 Neben dem vollständigen Ausschluss des Aufhebungspostulates nach rechtskräftiger Planbestätigung kann nach § 258 Abs. 1 InsO auch für einen verfahrensbeendenden Insolvenzplan von dem Grundsatz der möglichst baldigen Verfahrensaufhebung[551)] abgewichen werden. Für einen geordneten Übergang der Verwaltungs- und Verfügungsbefugnis vom Insolvenzverwalter zurück auf den Schuldner ist es sinnvoll, die **Aufhebung des In-**

547) AG Hamburg, Beschl. v. 3.2.2023 – 67e IN 20/13, Rz. 8, ZVI 2023, 177 = NZI 2023, 548; **a. A.** *Harig/Jürgens*, ZRI 2024, 54, 55 f.

548) K. Schmidt-*Spliedt*, InsO, § 258 Rz. 1.

549) Beschlussempfehlung und Bericht d. RA z. RegE ESUG, BT-Drucks. 17/7511, S. 18, 35.

550) S. zum verfahrensbegleitenden Insolvenzplan § 7 Rz. 70 f. sowie § 2 Rz. 20 f. [*Brünkmans*].

551) Gemeint ist „sobald wie möglich", nicht aber „unverzüglich" vgl. Braun-*Braun/Frank*, InsO, § 258 Rz. 10; *Huber/Madaus* in: MünchKomm-InsO, § 258 Rz. 6; Uhlenbruck-*Streit*, InsO, § 258 Rz. 3; **a. A.** *Spahlinger* in: KPB, InsO, § 258 Rz. 10.

solvenzverfahrens zum Ende des Monats zu regeln, in dem die Insolvenzgründe beseitigt wurden.[552] Auch eine simultane Aufhebung der Insolvenzverfahren über das Vermögen anderer Gruppengesellschaften kann sinnvoll sein.

> **Formulierungsbeispiel**
>
> „Die Aufhebung des Insolvenzverfahrens erfolgt, nachdem der Beschluss des Insolvenzgerichts, welcher den vorliegenden Insolvenzplan bestätigt, rechtskräftig wird. Soweit möglich soll der Beschluss, mit dem das Insolvenzverfahren aufgehoben wird, so gefasst werden, dass die Wirksamkeit des Beschlusses zum Ende des Monats eintritt, in dem die Voraussetzungen für die Aufhebung des Insolvenzverfahrens über das Vermögen der Schuldnerin und die Voraussetzungen zur Aufhebung des Insolvenzverfahrens der Tochtergesellschaft X-GmbH vorliegen.“

Darüber hinaus besteht bei sog. **Cash-out-Plänen**, d. h. Befriedigung der Gläubiger durch Einmalzahlung unmittelbar nach Planbestätigung (siehe dazu § 2 Rz. 103 ff. [*Brünkmans*]), häufig ein Bedürfnis, das Insolvenzverfahren erst nach Abschluss der Planerfüllung aufzuheben. 524

Zwar hat nach der Konzeption des Insolvenzplanverfahrens – siehe §§ 255 ff. InsO – die Planerfüllung grundsätzlich nach Aufhebung des Insolvenzverfahrens durch den Schuldner zu erfolgen. Diese gesetzlichen Regelungen passen jedoch eher auf sog. **Earn-out-Pläne** (siehe dazu § 2 Rz. 103 ff. [*Brünkmans*]), d. h. wenn die Gläubiger über die zukünftigen Erträge des Unternehmens befriedigt werden. Die Regelung der Aufhebung des Insolvenzverfahrens nach Vollzug des Cash-out-Plans soll das Vertrauen der Gläubiger und die Akzeptanz des Insolvenzplans stärken. Ferner ist dies auch für den Schuldner entlastend. Die Ausschüttung von Quoten gehört zu den Routineaufgaben eines Insolvenzverwalters, nicht jedoch zu denen des Schuldners. 525

> **Formulierungsbeispiel**
>
> „Die Aufhebung des Insolvenzverfahrens erfolgt nach Anzeige des Insolvenzverwalters beim Insolvenzgericht, dass die Gläubiger entsprechend der im Insolvenzplan vorgesehenen Einmalzahlung befriedigt wurden.“

Die unbegrenzte Ausdehnung des Zeitraums zwischen dem Eintritt der Rechtskraft und der Aufhebung des Insolvenzverfahrens wird jedoch auch kritisch betrachtet, insbesondere im Hinblick auf die dadurch entstehenden Masseverbindlichkeiten.[553] Als Alternative wird ein Vollzug des Insolvenzplans durch den Insolvenzverwalter nach Aufhebung des Insolvenzverfahrens vorgeschlagen.[554] Allerdings erlöschen mit Aufhebung des Insolvenzverfahrens die Ämter des Insolvenzverwalters und der Schuldner erhält sein Recht zurück, über die Insolvenzmasse frei zu verfügen (§ 259 Abs. 1 Satz 2 InsO). **§ 259 Abs. 1 Satz 2 InsO** wird von der Rechtsprechung des BGH **als nicht plandisponibel** erachtet, mit der Folge, dass außerhalb der Planüberwachung (§§ 260, 261 InsO) dem Insolvenzverwalter durch eine Regelung im gestaltenden Teil des Insolvenzplans über die Aufhebung des Insolvenzverfahrens hinaus keine Kompetenz zugesprochen werden kann. Ein Planvollzug durch den Insolvenzverwalter nach Aufhebung des Insolvenzverfahrens kann **rechtssicher nur über eine Treuhandlösung** erfolgen, wobei der Insolvenzverwalter die Stellung des Treuhänders einnehmen kann.[555] 526

552) So auch *Spahlinger* in: KPB, InsO, § 258 Rz. 10.

553) *Thies* in: HambKomm-InsR, § 258 InsO Rz. 5.

554) *Thies* in: HambKomm-InsR, § 258 InsO Rz. 5.

555) S. dazu ausführlich unter Rz. 366 ff. und § 259 Abs. 1 Satz 2 InsO.

P. Nachrangige Insolvenzforderungen

527 In den meisten Fällen nehmen nach § 39 InsO nachrangige Insolvenzforderungen nicht an der im Insolvenzplan vorgesehenen Befriedigung teil. Nach § 225 Abs. 1 InsO gelten die Forderungen nachrangiger Insolvenzgläubiger kraft Gesetzes als erlassen, wenn im Insolvenzplan nichts anderes bestimmt ist.

528 Diese Erlasswirkung gilt nicht für das **Absonderungsrecht**, wenn für die nachrangige Forderung eine Sicherheit bestellt wurde. Für den in der Praxis häufigsten Fall der Nachrangforderung, dem Gesellschafterdarlehen aus § 39 Abs. 1 Nr. 5 InsO, wird das Absonderungsrecht jedoch **anfechtbar** sein, wenn die Bestellung der Sicherheit in den letzten zehn Jahren vor dem Antrag auf Eröffnung des Insolvenzverfahrens erfolgt ist (§ 135 Abs. 1 Nr. 1 InsO).

529 Nehmen die nachrangigen Gläubiger ausnahmsweise an der Planbefriedigung teil, muss das Insolvenzgericht die jeweiligen Gläubiger zunächst gemäß § 174 Abs. 3 Satz 1 InsO zur Anmeldung auffordern.[556] Für die nachrangigen Insolvenzgläubiger ist dann nach § 222 Abs. 1 Nr. 3 InsO eine eigene **Gläubigergruppe** zu bilden. In diesem Fall bietet es sich der Übersichtlichkeit halber an, die Befriedigung der nachrangigen Gläubiger und Gestaltung ihrer Rechte zu Beginn des gestaltenden Teils unter dem Gliederungspunkt „Plangestaltung für die Gläubiger" zu regeln.

530 Werden – wie üblicherweise – die **nachrangigen Insolvenzgläubiger nicht mit in die Planbefriedigung einbezogen**, greift die gesetzliche Erlasswirkung aus § 225 Abs. 1 InsO. In diesem Fall reicht eine **kurze Klarstellung der Rechtsfolgen aus § 225 Abs. 1 InsO** unter dem Gliederungspunkt „Sonstige Regelungen".

Formulierungsbeispiel

„Nachrangige Insolvenzforderungen gelten nach § 225 Abs. 1 InsO als erlassen. Dies gilt nicht für nachrangige Insolvenzforderungen, für die ein insolvenzfestes Absonderungsrecht besteht."

Q. Rechte der Gläubiger mit Drittsicherheiten/Rückgriffsrechte Dritter

531 Die Rechte der Insolvenzgläubiger gegen Mitschuldner und Bürgen des Schuldners sowie die Rechte dieser Gläubiger an Gegenständen, die nicht zur Insolvenzmasse gehören, werden durch den Plan nicht berührt (§ 254 Abs. 2 Satz 1 InsO).

532 Der **Grundsatz der Akzessorietät** ist durch § 254 Abs. 2 Satz 1 InsO faktisch aufgehoben. Bürge, Mitschuldner und dingliche Sicherungsgeber massefremder Gegenstände können daher ohne Rücksicht auf die durch den Insolvenzplan erfolgte Beschränkung der gesicherten Schuld in Anspruch genommen werden. Da solche **Drittsicherheiten keine zwangsweise planunterworfenen Rechtspositionen** sind, kann ein (teilweiser) Erlass nur über ein Rechtsgeschäft außerhalb des Insolvenzplans erfolgen (siehe dazu oben Rz. 268 ff.).[557] Diese Grundsätze gelten auch für Sicherheiten, die von einer anderen Konzerngesellschaft als Sicherheit für eine Forderung gegen die Schuldnerin gewährt wurde. Die Praxis arbeitet nicht selten mit sog. **Incentivierungsmodellen**, um Gläubiger dazu zu veranlassen, ihre Drittsicherheiten gegen eine höhere Befriedigungsquote freizugeben. Siehe dazu bereits oben Rz. 268 ff. bezogen auf Mitschuldner und Bürgen; siehe auch § 33 Rz. 79 ff. [*Brünkmans*].

533 Der Schuldner wird nach § 254 Abs. 2 Satz 2 InsO durch den Insolvenzplan gegenüber dem Mitschuldner, dem Bürgen oder anderen Rückgriffsberechtigten in gleicher Weise befreit wie gegenüber dem Gläubiger.

556) K. Schmidt-*Spliedt*, InsO, § 225 Rz. 2.

557) Vgl. auch *Brünkmans*, ZIP 2015, 1052.

Diese Rechtsfolgen aus § 254 Abs. 2 InsO betreffend Drittsicherheiten sollten im Insolvenzplan in der Einleitung zum gestaltenden Teil oder vorzugswürdig unter dem Punkt „sonstige Regelungen“ klargestellt werden. 534

> **Formulierungsbeispiel**
>
> „(1) Die Rechte der Insolvenzgläubiger gegen Mitschuldner und Bürgen des Schuldners sowie die Rechte dieser Gläubiger an Gegenständen, die nicht zur Insolvenzmasse gehören, werden durch den Plan nicht berührt (§ 254 Abs. 2 Satz 1 InsO).
>
> (2) Die Rückgriffsforderungen Dritter sind nach Maßgabe des § 254 Abs. 2 Satz 2 InsO erlassen.“

R. Rechte der Absonderungsberechtigten und der Gläubiger mit Drittsicherheiten

Soweit der Insolvenzplan keine andere Regelung trifft, bleiben die Rechte der absonderungsberechtigten Gläubiger unberührt (§ 223 Abs. 1 Satz 1 InsO). 535

Enthält der Insolvenzplan Regelungen, die in die Absonderungsrechte eingreifen, sind diese unter dem Gliederungspunkt „Plangestaltungen für die Gläubiger“ darzustellen. Falls der Insolvenzplan **keine eingreifende Regelung enthält**, bietet sich eine **Klarstellung** unter dem Gliederungspunkt „Sonstige Regelungen“ an: 536

> **Formulierungsbeispiel**
>
> „Soweit der Insolvenzplan keine andere Regelung trifft, bleiben die Rechte der absonderungsberechtigten Gläubiger unberührt (§ 223 Abs. 1 Satz 1 InsO).“

S. Präklusions- und Ausschlussklauseln für Nachzügler und Ausfallgläubiger

I. Problemstellung

Schon unmittelbar nach Inkrafttreten der Insolvenzordnung offenbarte sich, dass der Umgang mit sog. Nachzüglern in der InsO nicht geregelt war.[558)] Als Nachzügler werden Gläubiger bezeichnet, die ihre Insolvenzforderung bis zum Abstimmungstermin nicht angemeldet haben **(Nachzügler im engeren Sinne)** oder ihre Forderung zwar angemeldet, aber nach deren Bestreiten keine Feststellungsklage i. S. von §§ 179, 180 InsO erhoben haben **(Nachzügler im weiteren Sinne)**. 537

Wenn diese Forderungen nach Annahme und rechtskräftiger Bestätigung des Insolvenzplans noch uneingeschränkt geltend gemacht werden können, kann die Durchführbarkeit des Insolvenzplans im Einzelfall infrage gestellt werden. Die Gläubiger haben den Insolvenzplan auf der Grundlage einer prognostizierten Quote angenommen. Tauchen nach Annahme des Insolvenzplans noch weitere, bis dahin unberücksichtigte Gläubiger auf, die entsprechend der Planquote zu befriedigen sind, kann dies im Einzelfall dazu führen, dass nicht mehr genügend Mittel zur Verfügung stehen, um die Quote auszuzahlen.[559)] 538

Zwar gelten Planregelungen, einschließlich der Kürzung der Insolvenzforderungen auf eine einheitliche Quote gemäß §§ 254, 254b InsO, auch gegenüber Gläubigern, deren Forderungen bis zum Abstimmungstermin nicht angemeldet bzw. zur Tabelle festgestellt wurden. 539

558) S. a. Änderungsvorschläge zum ESUG, *Gravenbrucher Kreis*, ZIP 2015, 2159, 2164, und *J. Schmidt* in: FS Kübler, S. 621 ff.

559) Vgl. BGH, Urt. v. 10.5.2012 – IX ZR 206/11, ZInsO 2012, 1321, 1322 = ZIP 2012, 1359, dazu EWiR 2012, 533 *(Rendels/Körner)*; BGH, Urt. v. 7.5.2015 – IX ZB 75/14, ZInsO 2015, 1398, 1400 = ZIP 2015, 1346; *Madaus* in: MünchKomm-InsO, § 254b Rz. 6; *Spahlinger* in: KPB, InsO, § 254b Rz. 6; *Bähr* in: Mohrbutter/Ringstmeier/Meyer, Hdb. Insolvenzverwaltung, Kap. 14 Rz. 334; *Rendels/Zabel*, Insolvenzplan, Rz. 334; *Küpper/Heinze*, ZInsO 2013, 471, 472; *Stephan*, VIA 2014, 25, 26; *Schreiber/Flitsch*, BB 2005, 1173, 1176; *Breutigam/Kahlert*, ZInsO 2002, 469, 471.

Es genügt dabei, dem in § 217 InsO benannten Personenkreis anzugehören und einer Plangruppe zuordenbar zu sein. **Nachzügler** werden somit wie die Gläubiger, deren Forderungen zur Insolvenztabelle festgestellt wurden, **von der Erlasswirkung für die jeweilige Gruppe**, der der Nachzügler angehört, **erfasst.**[560] Aber selbst wenn die Forderung des Nachzüglers nach rechtskräftiger Bestätigung des Insolvenzplans als teilweise erlassen gilt, kann je nach Höhe der Forderung der durch die Quotenforderung ausgelöste Liquiditätsbedarf in der kritischen Sanierungsphase nach Planbestätigung zu **Liquiditätsengpässen** führen. Können deshalb Forderungen nicht plankonform befriedigt werden, besteht i. Ü. die Gefahr des Wiederauflebens von Forderungen (§ 255 InsO) ggf. mit der Folge einer neuen Insolvenz.[561]

540 Hohe Nachzügler-Forderungen drohen dabei insbesondere bei Unternehmen, die aufgrund ihres Geschäftsmodells stets dem Risiko von hohen Gewährleistungs-, Produkthaftungs- und sonstigen Schadensersatzansprüchen ausgesetzt sind, wie etwa Bauunternehmen, Pharmaunternehmen sowie Unternehmen aus den Bereichen der Anlagentechnik und industriellen Lebensmittel- oder Verbrauchsgüterherstellung.[562] Eine fehlerhafte Konstruktion eines Produktes oder dessen unerwartete Schädlichkeit kommt häufig erst deutlich nach der Markteinführung zum Vorschein.[563] Bei derartigen Forderungen handelt es sich um Insolvenzforderungen i. S. des § 38 InsO, wenn sie vor Verfahrenseröffnung begründet wurden: sie sind damit plangestaltbar.[564]

541 Betrachtet man den Grund dafür, warum der Nachzügler mit seiner Forderung nicht Eingang in die Insolvenztabelle erhalten hat, so sind **drei** verschiedene **Kategorien** zu erkennen, deren Differenzierung bei der gestalterischen Lösung und Beurteilung der rechtlichen Zulässigkeit von Bedeutung ist:

- **Unterlassene Anmeldung** zur Insolvenztabelle trotz Kenntnis der Forderung und des Insolvenzverfahrens: Nicht selten melden Gläubiger ihre Forderungen nicht zur Insolvenztabelle an, obwohl sie ihre Forderung kennen. Das mag daran liegen, dass sie von der Eröffnung des Insolvenzverfahrens nichts mitbekommen haben oder trotz Kenntnis – aus welchen Gründen auch immer – ihre Forderung nicht oder jedenfalls nicht rechtzeitig vor Bestätigung des Insolvenzplans anmelden.
- Der Gläubiger hatte seine Forderung **zwar zur Insolvenztabelle angemeldet**. Er hat aber auf das Bestreiten des Insolvenzverwalters oder eines Gläubigers hin **nicht** bis zur rechtskräftigen Bestätigung des Insolvenzplans gemäß § 179 InsO **Feststellungsklage** erhoben. Die Forderung wurde somit nicht zur Insolvenztabelle aufgenommen.
- Schließlich kommt es vor, dass sowohl dem Gläubiger als auch dem Schuldner die nach Aufhebung des Insolvenzverfahrens geltend gemachten **Ansprüche schlicht nicht bekannt waren**. Diese Gefahr besteht insbesondere bei Gewährleistungs-, Produkthaftungs- und sonstigen Schadensersatzansprüchen.

542 Gemäß §§ 229 Satz 3, 220 Abs. 2 InsO müssen **alle bekannten – auch die nicht angemeldeten Forderungen – bei der Abfassung des Insolvenzplans berücksichtigt wer-**

---

560) BGH, Urt. v. 7.5.2015 – IX ZB 75/14, ZIP 2015, 1346 = ZInsO 2015, 1398; LAG Köln, Urt. v. 10.5.2016 – 12 Sa 864/15, ZInsO 2016, 1813.

561) BGH, Urt. v. 10.5.2012 – IX ZR 206/11, ZInsO 2012, 1321 = ZIP 2012, 1359; *Madaus* in: MünchKomm-InsO, § 254b Rz. 6; *Eidenmüller* in: MünchKomm-InsO, § 221 Rz. 55; *Schreiber/Flitsch*, BB 2005, 1173, 1176; *Breutigam/Kahlert*, ZInsO 2002, 469, 471.

562) *Eidenmüller* in: MünchKomm-InsO, § 221 Rz. 55; *Schreiber/Flitsch*, BB 2005, 1173, 1176; *Madaus*, ZIP 2014, 160; *Bähr* in: Mohrbutter/Ringstmeier/Meyer, Hdb. Insolvenzverwaltung, Kap. 14 Rz. 299; *Rose/Tetzlaff/Wollstadt*, ZInsO 2005, 673, 674.

563) § 13 ProdHaftG etwa schafft hier „Freiheit" erst zehn Jahre nach dem Inverkehrbringen des Produktes.

564) Vgl. *Rose/Tetzlaff/Wollstadt*, ZInsO 2005, 673; *Madaus*, ZIP 2014, 160, 161.

den.[565] Dies gilt erst recht für zwar angemeldete, aber bestrittene Forderungen. Für diese sind nach allgemeinen Grundsätzen Rückstellungen zu bilden. Der Planverfasser sollte deshalb bei Berechnung der im Insolvenzplan vorgesehenen Quote nach Möglichkeit die Insolvenztabelle mit der Kreditoren-Buchhaltung des Unternehmens abgleichen, um festzustellen, welche Gläubiger bislang nicht am Verfahren teilgenommen haben.[566]

Da der Insolvenzplan in der Regel unter erheblichem Zeitdruck erstellt werden muss, ist nicht auszuschließen, dass bei einem Abgleich Forderungen „durchrutschen" oder Forderungen aus den bereits genannten Gründen schlicht nicht bekannt sind. Um dieses Problems Herr zu werden, werden seit Inkrafttreten der Insolvenzordnung verschiedene Lösungsansätze diskutiert. 543

II. Lösungsansätze

1. Gesetzliche Präklusion gemäß §§ 188, 189 InsO analog?

Schon sehr früh nach Inkrafttreten der Insolvenzordnung wurde vorgeschlagen, das Nachzügler-Problem über eine Analogie zu §§ 188, 189 InsO zu lösen.[567] 544

Vergleichbar mit dem Regelverfahren sollen Gläubiger nicht mehr berücksichtigt werden, welche ihre Forderung nicht bis zum Abstimmungstermin angemeldet haben (im Regelverfahren kommt eine Anmeldung grundsätzlich bis zum Ende des Schlusstermins in Betracht[568] oder bei bestrittenen Forderungen nicht innerhalb von spätestens zwei Wochen nach der öffentlichen Bekanntmachung des Erörterungs- und Abstimmungstermins dem Insolvenzverwalter nachweisen, dass Feststellungsklage erhoben wurde. Wird der Nachweis nicht geführt, soll analog § 189 Abs. 3 InsO die Forderung bei der Verteilung nicht berücksichtigt werden. Analog zu den Vorschriften zur Restschuldbefreiung (§ 301 Abs. 1 InsO) werde der Schuldner bei unterlassener rechtzeitiger Anmeldung oder Nachweis der Klageerhebung von den Verbindlichkeiten gegenüber diesen Gläubigern frei.[569] 545

Eine solche Analogie wird man nach Inkrafttreten des ESUG nicht mehr vertreten können. Der Gesetzgeber hat auf das Problem der Nachzügler reagiert und in **§§ 259a, 259b InsO einen Lösungsansatz kombiniert aus Verjährungs- und Vollstreckungsschutz** geregelt. Mit dem neueingeführten § 259b Abs. 1 InsO verjähren alle unbekannten Forderungen (nach der Definition des Gesetzes eine „Forderung eines Insolvenzgläubigers, die nicht bis zum Abstimmungstermin angemeldet worden ist") spätestens[570] binnen eines Jahres ab Rechtskraft des Bestätigungsbeschlusses. Dies wird durch § 259a InsO flankiert, welcher die Möglichkeit der Zwangsvollstreckung von einzelnen Gläubigern, die ihre Forderungen nicht zur Insolvenztabelle angemeldet hatten, nach Aufhebung des Insolvenzverfahrens beschränkt. 546

In der Praxis werden diese Vorschriften nicht für ausreichend erachtet. Häufig ist zu hören, dass insbesondere die einjährige Verjährungsfrist unzureichend sei, weil diese nach § 259b Abs. 2 InsO nicht vor Fälligkeit der Forderung zu laufen beginnt. Für § 259b InsO kommt es auf die tatsächliche Fälligkeit des Anspruchs i. S. von § 271 Abs. 1 BGB an. 547

565) K. Schmidt-*Spliedt*, InsO, § 229 Rz. 7; Braun-*Braun/Frank*, InsO, § 229 Rz. 8; *Spahlinger* in: KPB, InsO, § 229 Rz. 1.

566) *Schreiber/Flitsch*, BB 2005, 1173, 1176.

567) *Breutigam/Kahlert*, ZInsO 2002, 469, 470.

568) *Pape/Schaltke* in: KPB, InsO, § 177 Rz. 8; Uhlenbruck-*Sinz*, InsO, § 177 Rz. 9; *Preß/Henningsmeier* in: HambKomm-InsR, § 177 InsO Rz. 3.

569) *Breutigam/Kahlert*, ZInsO 2002, 469, 472.

570) Nach § 259b Abs. 3 InsO wirkt sich die Vorschrift ausschließlich verjährungsverkürzend aus, hat aber ansonsten keinen Einfluss auf andere Verjährungsfristen.

Nach h. M. findet für den Fristbeginn somit die Fälligkeitsfiktion aus § 41 Abs. 1 InsO keine Anwendung.[571] Dies bereitet insbesondere bei solchen Schäden Probleme, die generell erst sehr spät aufzutreten pflegen, wie insbesondere die hier im Fokus stehenden Gewährleistungs-, Produkthaftungs- und sonstigen Schadensersatzansprüche.[572] Die Fälligkeit des Schadensersatzanspruchs kann insbesondere bei sog. Spätschäden[573] erst mehrere Jahre nach Bestätigung des Insolvenzplans entstehen.

2. Lösung des Nachzügler-Problems durch Planregelungen, insbesondere Ausschluss- oder Präklusionsklauseln

548 Es stellt sich die Frage, ob neben dem gesetzlichen Schutzsystem aus **§§ 259a, 259b InsO** gegen sog. Nachzügler im gestaltenden Teil des Insolvenzplans **darüber hinausgehende Präklusionswirkungen geregelt** werden können.[574]

549 In der Praxis kommen drei unterschiedliche Gestaltungsoptionen vor:

- **Materielle Präklusionsklauseln** regeln effektiv den vollständigen Verlust der Forderung der Nachzügler.
- **Separate Gruppenbildung:** Ein ähnliches Ziel verfolgt die Überlegung, für Nachzügler, d. h. Gläubiger nicht angemeldeter und bestrittener, nicht feststellungsklageweise geltend gemachter Forderungen, eine eigene Gruppe zu bilden. Für diese Gruppe wird dann ein vollständiger Erlass der Forderung geregelt.
- **Verfahrensmäßige Ausschlussklauseln:** Bei diesen Präklusionsklauseln werden nicht angemeldete und bestrittene, nicht feststellungsklageweise geltend gemachte Forderungen einzig von der **Verteilung der im Insolvenzplan vorgesehenen Ausschüttung** und sonstigen, in §§ 255 ff. InsO geregelten **prozessualen Wirkungen der Tabelleneintragung ausgenommen**. Ansonsten bleiben diese Forderungen jedoch i. H. der gruppenspezifischen Plangestaltung bestehen. Insbesondere findet kein „Totalerlass" der Forderungen statt.

550 In der Diskussion um die Zulässigkeit von Präklusions- oder Ausschlussklauseln wird häufig nicht hinreichend zwischen **der materiellen** oder **rein verfahrensmäßigen** Form differenziert.[575]

571) *Madaus* in: MünchKomm-InsO, § 259b Rz. 12; *Bitter* in: MünchKomm-InsO, § 41 Rz. 27; Uhlenbruck-*Streit*, InsO, § 259b Rz. 3; *Thies* in: HambKomm-InsR, § 259b InsO Rz. 3; *Lüdtke* in: HambKomm-InsR, § 41 InsO Rz. 14; K. Schmidt-*Thonfeld*, InsO, § 41 Rz. 13; *Spahlinger* in: KPB, InsO, § 259b Rz. 6; a. A. *J. Schmidt* in: Kübler/Bork/Prütting, HRI II, § 40 Rz. 81.

572) Nach *Madaus* in: MünchKomm-InsO, § 259b Rz. 10, m. Fn. 27, und *Madaus*, ZIP 2014, 160, 162, sollen derartige, erst sehr spät zur Kenntnis des Anspruchsinhabers gelangende Ansprüche insgesamt von den Planwirkungen ausgenommen sein, sowohl von denjenigen nach § 254b InsO, als auch von denen nach § 259b InsO. Das steht allerdings in deutlichem Widerspruch zur Konzeption des Gesetzgebers, für das zu sanierende Unternehmen Klarheit zu schaffen, ob noch „Forderungen aus der Zeit vor dem Insolvenzplanverfahren" geltend gemacht werden, selbst wenn regulär eine dreißigjährige Verjährungsfrist gelte, vgl. Begr. RegE ESUG, BT-Drucks. 17/5712, S. 38.

573) BGH, Urt. v. 3.6.1997 – VI ZR 71/96, NJW 97, 2448, 2449; Jauernig-*Mansel*, BGB, § 199 Rz. 2.

574) S. zum Folgenden auch *Brünkmans*, ZInsO 2016, 245 ff.

575) Vgl. etwa bei LAG Düsseldorf, Urt. v. 6.8.2014 – 7 Sa 1190/13, ZInsO 2014, 2378 ff.; LAG Düsseldorf, Urt. v. 3.7.2014 – 5 Sa 225/14, ZInsO 2014, 2119 = ZIP 2014, 1988; *Eidenmüller* in: MünchKomm-InsO, § 221 Rz. 56 ff.; *J. Schmidt* in: FS Kübler, S. 621, 630; differenzierend hingegen *Madaus* in: MünchKomm-InsO, § 254b Rz. 7 ff.; K. Schmidt-*Spliedt*, InsO, § 259b Rz. 6; Uhlenbruck-*Streit*, InsO, § 254b Rz. 10 ff.

a) Materielle Präklusionsklauseln

aa) Vollständiger Erlass nicht angemeldeter Forderungen

In Insolvenzplänen sind häufig Klauseln der folgenden Art anzutreffen: 551

> „Forderungen gegen die Schuldnerin, die bis zur Rechtskraft des Insolvenzplans nicht zur Insolvenztabelle angemeldet wurden, gelten mit Eintritt der Rechtskraft durch antizipierten Forderungsverzicht als erlassen."[576)]

Zum Teil werden auch nach Inkrafttreten des ESUG solche materiellen Präklusionsklauseln für zulässig erachtet.[577)] **Der BGH[578)] und die überwiegende Auffassung in der Literatur[579)] lehnen solche materiellen Präklusionsklauseln jedoch ab.** Materielle Präklusionsklauseln seien generell unzulässig und führten zur Zurückweisung des Plans nach § 231 InsO. Ob sich der Ausschluss nur auf Gläubiger bezieht, die schuldhaft – ggf. trotz Aufforderung des Insolvenzverwalters – die Anmeldung zur Insolvenztabelle unterlassen haben oder ob er auch Gläubiger erfasst, denen die Forderung unbekannt war, ist für die Frage der Zulässigkeit solcher materiellen Präklusionsklausen nicht entscheidend. Materielle Präklusionsklauseln sind auch im Insolvenzverfahren über das Vermögen natürlicher Personen unzulässig, selbst wenn der Schuldner im Regelverfahren eine vollständige Entschuldung über eine Restschuldbefreiung hätte erreichen können.[580)] 552

Gegen eine Zulässigkeit von materiellen Präklusionsklauseln sprechen sowohl die Historie des Gesetzgebungsverfahrens als auch die Systematik der §§ 259a, 259b InsO.[581)] Es ist davon auszugehen, dass der Gesetzgeber mit Einführung der §§ 259a, 259b InsO i. R. des ESUG die Wirkung des Insolvenzplans auf nicht angemeldete Forderung abschließend regeln wollte.[582)] Dafür spricht auch § 229 Satz 3 InsO.[583)] Aus dieser Vorschrift geht ausdrücklich hervor, dass Gläubiger, die bei der Ausarbeitung des Insolvenzplans bekannt sind, aber es unterlassen haben, ihre Forderungen anzumelden, in der Finanz- und Ertragsplanung zum Insolvenzplan zu berücksichtigen sind.[584)] 553

---

576) So etwa bei BAG, Urt. v. 12.9.2013 – 6 AZR 907/11, NZI 2013, 1076 = ZIP 2013, 2268, dazu EWiR 2013, 783 *(Rendels)* – Nr. 12 und 13 des dort gegenständlichen Insolvenzplans.

577) Braun-*Braun/Frank*, InsO, § 259b Rz. 14; *Bähr* in: Mohrbutter/Ringstmeier/Meyer, Hdb. Insolvenzverwaltung, Kap. 14 Rz. 346 f.; Uhlenbruck-*Streit*, InsO, § 254b Rz. 12; wohl auch *Heinrich*, NZI 2012, 235, 242 – für Zulässigkeit einer „Ausschlussfrist für nicht angemeldete als auch bestrittene Forderungen".

578) BGH, Beschl. v. 26.4.2018 – IX ZB 49/17, Rz. 50, ZVI 2018, 272 = NZI 2018, 691; BGH, Urt. v. 7.5.2015 – IX ZB 75/14, ZInsO 2015, 1398, 1399 ff. = ZIP 2015, 1346; BGH, Beschl. v. 7.5.2105 – IX ZA 32/14, ZIP 2016, 85, dazu EWiR 2016, 77 *(Bähr)*; s. a. BFH, Urt. v. 8.3.2022 – VI R 33/19, ZRI 2022, 652 ff. = NZI 2022, 752; AG Hamburg, Beschl. v. 20.5.2014 – 67c IN 232/13, ZIP 2014, 1601 = ZInsO 2014, 2530 und FG Köln, Urt. v. 25.6.2019 – 1 K 2623/15, ZIP 2020, 828; in der Tendenz auch, wenngleich ohne eine ausdrückliche Unzulässigkeit von Präklusionsklauseln festzustellen BGH, Urt. v. 10.5.2012 – IX ZR 206/11, ZInsO 2012, 1321, 1322 = ZIP 2012, 1359; offengelassen noch von BAG, Urt. v. 12.9.2013 – 6 AZR 907/11, NZI 2013, 1076 = ZIP 2013, 2268.

579) *Madaus* in: MünchKomm-InsO, § 254b Rz. 6-12; K. Schmidt-*Spliedt*, InsO, § 259b Rz. 6; *Spahlinger* in: KPB, InsO, § 254b Rz. 6; *Thies* in: HambKomm-InsR, § 254b InsO Rz. 6; *Fiebig* in: HK-InsO, § 254b Rz. 3; *Balthasar* in: Kübler/Bork/Prütting, HRI II, § 22 Rz. 268; *Th. Schultze* in: Kübler/Bork/Prütting, HRI II, § 41 Rz. 124; *Küpper/Heinze*, ZInsO 2013, 471, 476; *Bremen*, NZI 2014, 137, 142; *Schultze/Tögel*, ZIP 2011, 1250, 1251.

580) BGH, Beschl. v. 26.4.2018 – IX ZB 49/17, Rz. 50, ZVI 2018, 272 = NZI 2018, 691.

581) *Brünkmans*, ZInsO 2016, 245, 246.

582) S. Begr. RegE ESUG, BT-Drucks. 17/5712, S. 37: „Hingegen werde Vorschlägen **nicht gefolgt**, für diese Ansprüche eine **materielle Ausschlussfrist** zu schaffen. Eine solche Ausschlussfrist hätte aus verfassungsrechtlichen Gründen mit der Möglichkeit verbunden werden müssen, dass bei unverschuldeter Fristversäumnis Wiedereinsetzung verlangt werden kann." (Hervorhebungen durch den Verf.); vgl. auch *Brünkmans*, ZInsO 2016, 245, 246.

583) *Brünkmans*, ZInsO 2016, 245, 246.

584) Vgl. BGH, Urt. v. 7.5.2015 – IX ZB 75/14, ZInsO 2015, 1398, 1400 = ZIP 2015, 1346.

554 Der i. R. einer entsprechenden Erlassklausel bewirkte vollständige Verlust einer Forderung würde einen erheblichen Eingriff in das Eigentumsrecht des Gläubigers aus Art. 14 Abs. 1 GG darstellen, der einer ausdrücklichen gesetzlichen Grundlage bedurft hätte.[585)]

555 Schließlich würden materielle Präklusionsklauseln, da sie nur einen Ausschnitt der Gläubiger einer Gruppe umfassen, auch gegen § 226 Abs. 1 InsO verstoßen.[586)]

556 Wird die Präklusionsklausel durch einen rechtskräftigen Bestätigungsbeschluss bestätigt, ist sie gleichwohl wirksam, weil der Rechtsverstoß, der mit einer solchen Klausel verbunden ist, nicht derart offensichtlich und schwerwiegend ist, dass es gerechtfertigt wäre, die materielle Rechtskraft des Beschlusses zu durchbrechen (siehe ausführlich § 7 Rz. 22 [*Brünkmans*]).[587)]

Praxishinweis

Wegen der nunmehr klaren Rechtsprechung des BGH sollte von der Aufnahme materieller Präklusionsklauseln in den Insolvenzplan für nicht angemeldete Forderungen Abstand genommen werden. Andernfalls droht die Zurückweisung des Insolvenzplans nach § 231 Abs. 1 Satz 1 Nr. 1 InsO.[588)]

bb) Vollständiger Erlass von bestrittenen Forderungen, für die nicht rechtzeitig Feststellungsklage erhoben wurde

557 Materielle Präklusionsklauseln beziehen sich in der Praxis nicht nur auf nicht angemeldete Forderungen. Sie lassen sich auch – teilweise versteckt – in Regelungen über den Umgang mit zwar angemeldeten, aber bestrittenen Forderungen, finden.[589)]

558 Die materielle Präklusion tritt nach solchen Regelungen ein, wenn die Forderung bestritten wurde und der **Gläubiger nicht rechtzeitig Feststellungsklage zur Insolvenztabelle (§§ 179 Abs. 1, 180 Abs. 1 Satz 1 InsO) erhoben hat**. Zusätzlich zur prozessualen Wirkung des Ausschlusses von der Teilnahme an der planmäßigen Ausschüttung der Quote soll der Gläubiger seine Forderung vollständig verlieren und nach Planbestätigung und Aufhebung des Insolvenzverfahrens nicht mehr gegen den Schuldner geltend machen können.

559 Eine solche Verlustregelung im Insolvenzplan widerspreche auch nicht den gesetzlichen Regelungen, weil die Verjährung aus § 259b InsO sich nur auf nicht angemeldete Forderungen beziehe (siehe § 259b Abs. 1 InsO „Forderung, die nicht bis zum Abstimmungs-

585) BGH, Urt. v. 7.5.2015 – IX ZB 75/14, ZInsO 2015, 1398, 1400 = ZIP 2015, 1346; BGH, Urt. v. 10.5.2012 – IX ZR 206/11, ZInsO 2012, 1321 = ZIP 2012, 1359; *Brünkmans*, ZInsO 2016, 245, 246; vgl. auch die entsprechenden Bedenken des BAG, Urt. v. 12.9.2013 – 6 AZR 907/11, NZI 2013, 1076, 1078 = ZIP 2013, 2268; *Madaus* in: MünchKomm-InsO, § 254b Rz. 7.

586) BGH, Urt. v. 7.5.2015 – IX ZB 75/14, ZInsO 2015, 1398, 1400 = ZIP 2015, 1346; *Madaus* in: MünchKomm-InsO, § 254b Rz. 10; *Brünkmans*, ZInsO 2016, 245, 246; **a. A.** Uhlenbruck-*Streit*, InsO, § 254b Rz. 12.

587) FG Köln, Urt. v. 25.6.2019 – 1 K 2623/15, Rz. 45 ff., ZIP 2020, 828; *Brünkmans*, ZIP 2022, 1573, 1581; ausdrücklich offengelassen von BFH, Urt. v. 8.3.2022 – VI R 33/19, Rz. 33, ZRI 2022, 652 = NZI 2022, 752.

588) Vgl. BGH, Urt. v. 7.5.2015 – IX ZB 75/14, ZInsO 2015, 1398 = ZIP 2015, 1346.

589) Vgl. die Klausel in BAG, Urt. v. 12.9.2013 – 6 AZR 907/11, NZI 2013, 1076, 1076 = ZIP 2013, 2268: „Die Insolvenzgläubiger bestrittener Forderungen müssen analog § 189 InsO innerhalb von zwei Wochen ab Rechtskraft der Bestätigung des Insolvenzplans gegenüber dem Insolvenzverwalter, der insoweit über die Aufhebung des Insolvenzverfahrens hinaus als passiv legitimiert gilt, Feststellungsklage erheben, anderenfalls wird insoweit ein **Verzicht dieser Gläubiger fingiert**." (Hervorhebungen durch d. Verf.).

termin **angemeldet** worden ist, verjährt […]" [Hervorhebung durch den Verf.]).[590] Hat der Gläubiger es lediglich versäumt, innerhalb der Ausschlussfrist Feststellungsklage zu erheben, sei er gerade kein Nachzügler, auf den die Vorschriften der §§ 259a und 259b InsO Anwendung finden könnten.[591]

Diese Auffassung überzeugt nicht. Zunächst ist festzustellen, dass § 259b InsO auch für **den Fall angemeldeter, aber bestrittener Forderungen gilt, wenn keine Feststellungsklage erhoben wird.**[592] Dafür spricht, dass der Gesetzgeber allgemein eine Lösung für das Problem finden wollte, das bis zum Inkrafttreten des ESUG durch Präklusionsklauseln geregelt wurde – also auch für Gläubiger bestrittener Forderungen. Es ist demnach von einer Regelungslücke auszugehen. Auch entspricht die Interessenlage des Nachzüglers im engeren Sinne der des sich nicht rührenden Inhabers einer bestrittenen Forderung: beide müssen handeln, um an der Quote teilzuhaben. Überdies ist es dem Gläubiger der bestrittenen Forderung noch viel eher zuzumuten, dass seine Forderung verjährt: im Gegensatz zu einigen Nachzüglern im engeren Sinne weiß er ja bereits um seine Forderung und könnte diese auch einfach geltend machen.[593] 560

Neben der gesetzlichen Verjährungsregelung kommt als weiteres Argument hinzu, dass **auch im Regelverfahren die unterlassene Feststellungsklage bei bestrittenen Forderungen** lediglich **zum Ausschluss von der Verteilung, nicht jedoch zum endgültigen Erlass** der Forderung **führt,**[594] auch wenn dies üblicherweise im Regelverfahren einer Kapitalgesellschaft wirtschaftlich einem Erlass gleicht.[595] 561

Vor diesem Hintergrund ist **eine materielle Erlasswirkung für nicht im Wege der Feststellungsklage geltend gemachte Forderungen** aus den gleichen Gründen wie für nicht angemeldete Forderungen (siehe oben Rz. 551 ff.) abzulehnen.[596] 562

Praxishinweis

Auch wenn nach der hier vertretenen Auffassung § 259b InsO auch für die Verjährung bestrittener, aber nicht klageweise geltend gemachter Forderungen gilt, sollte aus Klarstellungsgründen eine ausdrückliche **Planregelung** aufgenommen werden, **wonach die Verjährung nach § 259b InsO entsprechend für solche Forderungen gilt.**

cc) Vollständiger Erlass über die Bildung einer separaten Nachzügler-Gläubigergruppe

Da Präklusionsklauseln allgemein kritisch betrachtet werden, hat die Kautelarpraxis zum Teil versucht, die gewünschte Sicherheit durch die Bildung einer separaten Gruppe für Gläubiger, die ihre Forderung bis zur Rechtskraft des Insolvenzplans nicht angemeldet haben, zu erreichen.[597] 563

Für die Gruppe der nicht anmeldeten Forderungen – ggf. zzgl. bestrittener Forderungen, für die keine Feststellungsklage erhoben wurde – sieht der Insolvenzplan dann in der Regel einen 564

590) Vgl. LAG Düsseldorf, Urt. v. 3.7.2014 – 5 Sa 225/14, ZInsO 2014, 2119, 2122 = ZIP 2014, 1988; LAG Düsseldorf, Urt. v. 6.8.2014 – 7 Sa 1190/13, ZInsO 2014, 2378, 2382.

591) Vgl. LAG Düsseldorf, Urt. v. 3.7.2014 – 5 Sa 225/14, ZInsO 2014, 2119, 2122 = ZIP 2014, 1988; LAG Düsseldorf, Urt. v. 6.8.2014 – 7 Sa 1190/13, ZInsO 2014, 2378, 2382.

592) A. A. ohne Begr. *Bähr* in: Mohrbutter/Ringstmeier/Meyer, Hdb. Insolvenzverwaltung, Kap. 14 Rz. 348.

593) *Brünkmans*, ZInsO 2016, 245, 247.

594) Vgl. *Madaus* in: MünchKomm-InsO, § 254b Rz. 13.

595) *Brünkmans*, ZInsO 2016, 245, 247.

596) Vgl. auch *Brünkmans*, ZInsO 2016, 245, 247.

597) Vgl. etwa Braun-*Braun/Frank*, § 254b Rz. 2, m. Fn. 5; *Küpper/Heinze*, ZInsO 2013, 471, 474 f.; *Stephan*, NZI 2014, 539, 540 f.; *Rose/Tetzlaff/Wollstadt*, ZInsO 2005, 673, 677; kritisch *Frind*, ZInsO 2019, 598, 599.

vollständigen oder weitestgehenden Erlass der Forderungen vor. Eine solche Gruppenbildung wird zum Teil als zulässige und valide Alternative zur Präklusionsklausel erachtet.[598]

565 Merkwürdig erscheint zunächst, dass mangels Anmeldung der Forderung allenfalls der Gläubiger bestrittener Forderungen abstimmungsberechtigt wäre, falls ein solcher vorhanden wäre und ihm das Stimmrecht nach §§ 237 Abs. 1 Satz 1, 77 Abs. 2 InsO „zugestanden" würde (zur Festsetzung des Stimmrechts streitiger Forderungen siehe § 16 Rz. 11 [*Laroche*]). Hier mag noch der Weg über das Obstruktionsverbot nach § 245 Abs. 1, Abs. 2 InsO führen, wonach „die Zustimmung einer Abstimmungsgruppe als erteilt" gilt, wenn die dortigen Voraussetzungen erfüllt sind. Eine ausdrückliche Ablehnung der Gruppe ist hierfür nicht Voraussetzung. Überlegt wird insoweit auch die Bestellung eines Repräsentanten der Gruppe in Entsprechung zu § 56 Abs. 1 ZPO i. V. m. § 4 InsO, § 1913 Satz 1 BGB.[599] Jedenfalls würde die Bildung einer solchen **Nachzügler-Sondergruppe einen Verstoß gegen das Verbot sachwidriger Gruppenbildung** darstellen.[600] Auch wenn materielle Präklusionsklauseln nach der Rechtsprechung des BGH unzulässig sind, mit der Folge, dass der Insolvenzplan vom Insolvenzgericht zurückzuweisen ist (§§ 231 Abs. 1 Nr. 1, 250 Nr. 1 InsO), entfalten sie bei einem rechtskräftig bestätigten Insolvenzplan dennoch Wirkung.[601]

566 Da es sich bei den Nachzüglern nicht um Gläubiger mit einer in § 222 Abs. 1 InsO genannten Rechtsstellung handelt, ist eine Gruppenbildung nach § 222 Abs. 2 InsO nur nach dem Kriterium gleichartiger wirtschaftlicher Interessen erlaubt (siehe zur Gruppenbildung § 9 Rz. 41 ff. [*Beck/Pechartscheck*]). Vorliegend würde das Unterscheidungskriterium allerdings eben nicht an wirtschaftliche Interessen, sondern **an das bloße Verhalten** im Insolvenzplanverfahren, namentlich die unterlassene Forderungsanmeldung oder Forderungsfeststellungsklage, anknüpfen, was kein zulässiges Kriterium i. R. des § 222 Abs. 2 InsO darstellt.[602]

b) Verfahrensmäßige Ausschlussklauseln

567 Von den materiellen Präklusionsklauseln sind die rein verfahrensmäßig wirkenden Ausschlussklauseln zu unterscheiden. Diese Differenzierung wird in der Rechtsprechung nicht immer hinreichend deutlich.[603]

aa) Inhalt verfahrensmäßiger Ausschlussklauseln

568 So lag der Entscheidung des BAG[604] die folgende, dem Wortlaut nach rein verfahrensmäßige Präklusionsklausel zugrunde:

> „b) Teilweise oder vollständig bestrittene Forderungen werden durch eine Rückstellung wie festgestellte Forderungen behandelt, soweit ein Feststellungsrechtsstreit anhängig ist. Zu berücksichtigen sind diese Forderungen nur dann, wenn die Klage innerhalb einer Ausschluss-

598) Braun-*Braun/Frank*, § 254b Rz. 2, m. Fn. 5.

599) *Madaus* in: MünchKomm-InsO, § 254b Rz. 15; *Madaus*, ZIP 2014, 160, 162 f.

600) LG Hamburg, Beschl. v. 7.2.2018 – 326 T 120/16, NZI 2018, 261, 262, m. Anm. *Madaus*.

601) LG Düsseldorf, Urt. v. 27.4.2017 – 14d O 10/14, ZIP 2017, 1870.

602) *Madaus* in: MünchKomm-InsO, § 254b Rz. 11; *Küpper/Heinze*, ZInsO 2013, 471, 474 f.; *Stephan*, NZI 2014, 539, 540 f.; *Prahl*, ZInsO 2007, 318, 321; Uhlenbruck-*Streit*, InsO, § 254b Rz. 8.

603) Unklar etwa BGH, Urt. v. 7.5.2015 – IX ZB 75/14, ZInsO 2015, 1398 = ZIP 2015, 1346; bei den Entscheidungen des LAG Düsseldorf (Urt. v. 3.7.2014 – 5 Sa 225/14, ZInsO 2014, 2119 = ZIP 2014, 1988 und Urt. v. 6.8.2014 – 7 Sa 1190/13, ZInsO 2014, 2378) lag bspw. eher eine prozessuale Präklusionsklausel vor, als die materielle, über die geurteilt wurde; so dann auch das BAG in der Revisionsinstanz, Urt. v. 19.11.2015 – 6 AZR 559/14, ZIP 2016, 178 = ZInsO 2016, 220, dazu EWiR 2016, 179 *(Klasen)*, dazu sogleich.

604) BAG, Urt. v. 19.11.2015 – 6 AZR 559/14, ZIP 2016, 178 = ZInsO 2016, 220; (Revisionsurteil zu LAG Düsseldorf, Urt. v. 3.7.2014 – 5 Sa 225/14, ZInsO 2014, 2119 = ZIP 2014, 1988 und Urt. v. 6.8.2014 – 7 Sa 1190/13, ZInsO 2014, 2378).

frist von einem Monat nach Bestandskraft des den Insolvenzplan bestätigenden Beschlusses des Amtsgerichts anhängig gemacht wird. […] Wird die Klage nicht rechtzeitig anhängig gemacht, so wird die Forderung **bei der Verteilung nicht berücksichtigt (analoge Anwendung von § 189 InsO).**

c) Für Gläubiger, die ihre Forderungen nicht bis zum Termin über die Beschlussfassung über den Insolvenzplan angemeldet haben, gilt lit. b) entsprechend."[605] (Hervorhebung durch den Verf.)

Die Regelung bestimmt, dass die Insolvenzgläubiger bestrittener Forderungen innerhalb von einem Monat ab Rechtskraft der Bestätigung des Insolvenzplans gegenüber dem Insolvenzverwalter Feststellungsklage erheben müssen. **Ansonsten werde die Forderung bei der Verteilung nicht berücksichtigt.**[606] 569

Darüber hinaus enthalten verfahrensmäßige Ausschlussklauseln – häufig versteckt oder im Wege ergänzender Auslegung – einen Ausschluss von § 256 Abs. 1 InsO.[607] Wird die Feststellungsklage für eine streitige Forderung erhoben, so soll bis zur rechtskräftigen Entscheidung über die Feststellungsklage der **Gläubiger nicht an der Planbefriedigung teilnehmen.** Eine in § 256 Abs. 1 InsO vorgesehene vorläufige Befriedigung i. H. der Stimmrechtsfestsetzung durch das Insolvenzgericht wird in der Regel ausgeschlossen. Dies ist unproblematisch, weil 256 Abs. 1 InsO jedenfalls im Hinblick auf die Wiederauflebenswirkung im Falle der Nichtbefriedigung der nach § 256 Abs. 1 Satz 2 InsO festzustellenden Forderung – wie allgemein die Wiederauflebensklausel, § 255 Abs. 3 InsO – plandisponibel ist.[608] 570

bb) Wirkung verfahrensmäßiger Ausschlussklauseln

Verfahrensmäßige Ausschlussklauseln führen dazu, dass Forderungen, die nicht zur Insolvenztabelle angemeldet wurden und Forderungen, die zwar angemeldet, bei denen aber nach Bestreiten der Forderung keine Feststellungsklage erhoben wurde, von der im Insolvenzplan vorgesehenen Verteilung der Insolvenzmasse ausgeschlossen werden. 571

Anders als materielle Präklusionsklauseln, welche die Haftung des Schuldners nach Aufhebung des Insolvenzverfahrens regeln (§ 217 Abs. 1 Satz 1 Fallgruppe 4 InsO), regeln verfahrensmäßigen Ausschlussklauseln die Gestaltung der Vorschriften über die Verteilung der Insolvenzmasse (§ 217 Abs. 1 Satz 1 Fallgruppe 5 InsO). 572

In der Rechtsfolge führen **verfahrensmäßige Ausschlussklauseln nicht zum Erlass der Forderung oder zum (antizipierten) Verzicht** auf selbige, denn dann hätten sie materielle Wirkung. Vielmehr wird der Gläubiger lediglich **bei der Planausschüttung nicht berücksichtigt.** Der Gläubiger kann seine nicht angemeldeten oder nicht i. R. der Feststellungsklage verfolgten Ansprüche nach rechtskräftiger Bestätigung des Insolvenzplans und Verfahrensaufhebung lediglich noch im Wege der Leistungsklage gegen den Schuldner geltend machen[609] und zwar der Höhe nach unter Berücksichtigung der für seine Gläubi- 573

605) BAG, Urt. v. 19.11.2015 – 6 AZR 559/14, ZIP 2016, 178 = ZInsO 2016, 220; auch die Klausel bei BGH, Beschl. v. 15.7.2010 – IX ZB 65/10, ZIP 2010, 1499 = ZVI 2011, 20, sah nur eine Pflicht zur Klageerhebung vor (Klausel ist nicht im Wortlaut wiedergegeben); anders die Klausel bei BAG, Urt. v. 12.9.2013 – 6 AZR 907/11, NZI 2013, 1076, 1077 = ZIP 2013, 2268, dort vollständiger Verzicht der Forderung.

606) S. i. E. auch *Heerma/Bergmann*, ZIP 2018, 949, 950.

607) *Eidenmüller* in: MünchKomm-InsO, § 221 Rz. 58.

608) *Eidenmüller* in: MünchKomm-InsO, § 221 Rz. 58.

609) Vgl. BAG, Urt. v. 19.11.2015 – 6 AZR 559/14, Rz. 35, ZIP 2016, 178 = ZInsO 2016, 220; BAG, Urt. v. 12.9.2013 – 6 AZR 907/11, Rz. 36 ff., NZI 2013, 1076 = ZIP 2013, 2268; BGH, Urt. v. 10.5.2012 – IX ZR 206/11, Rz. 12 ff., ZInsO 2012, 1321 = ZIP 2012, 1359.

gergruppe geregelten Erlassquote, denn nach § 254b InsO wirkt der Erlass auch gegenüber den Nachzüglern; siehe dazu Rz. 539).

574 Der Ausschluss von der Auszahlung der Planquote ist im Hinblick auf den **rechtlichen Bestand** der Forderung gegenüber dem Schuldner **ohne Bedeutung**. Ist die Forderung des Nachzüglers berechtigt, muss der Schuldner sie grundsätzlich erfüllen. Bedeutung erlangt die verfahrensmäßige Präklusionsklausel jedoch dahingehend, dass dem Nachzügler die verfahrensrechtlichen Planvorteile abgeschnitten sind, was auch die wirtschaftliche Stellung des Schuldners gegenüber dem Nachzügler verbessert.

575 **Genommen** wird dem Nachzügler zunächst insbesondere ein **Vollstreckungstitel für seine Forderung**.[610)] Da mit Fristablauf dem Nachzügler der „Weg in die Insolvenztabelle" endgültig versperrt ist, kann er auch über diesen vereinfachten Weg keinen Titel für eine Planquote erlangen.[611)] Eine Vollstreckung aus dem Insolvenzplan gegen den Schuldner ist nach § 257 Abs. 1 InsO nur i. V. m. der Eintragung in die Insolvenztabelle möglich. Die Titelwirkung greift nur für diejenigen Gläubiger, deren Forderungen als „festgestellt" in die Insolvenztabelle eingetragen wurden. Allen anderen Gläubigern bleibt diese Wirkung hingegen versagt.[612)] Auch profitiert der Inaktive nicht von der **Hemmungswirkung** des § 204 Abs. 1 Nr. 10 BGB.[613)]

576 Im Übrigen wird dem Nachzügler über eine verfahrensmäßige Präklusionsklausel auch die **Möglichkeit des vollen Wiederauflebens** seiner ursprünglichen Forderung nach § 255 InsO genommen, wenn der Schuldner gegenüber dem Gläubiger im Hinblick auf die Erfüllung der Planquote sich im Rückstand befindet. Um das Wiederaufleben bewirken zu können, muss der Nachzügler vielmehr eine Feststellungsklage anstrengen.[614)]

577 Mit dem Ausschluss des Nachzüglers von den verfahrensrechtlichen Planvorteilen erhält der Schuldner **eine taktisch und strategisch deutlich bessere Position**. Er muss nicht mit der unverzüglichen Vollstreckung durch den Nachzügler wegen der Quote aus dem Insolvenzplan rechnen und auch das gefährliche Wiederaufleben der gesamten Forderung, welches bei Plan-Quoten von nicht selten unter 10 % zu einer Verzehnfachung des fälligen Forderungsbestandes führen würde, ist unwahrscheinlich. Anders als zur Insolvenztabelle festgestellte Forderungen hat der Schuldner daher **Raum für vergleichsweise Regelungen, wie etwa Stundungen, um den Effekt auf die Liquidität abzufedern**.

578 Nicht zu unterschätzen ist die Bedeutung von rein verfahrensmäßigen Ausschlussklauseln für die **Beschleunigung der Aufhebung des Insolvenzverfahrens**. Nicht selten melden Gläubiger ihre Forderungen nach der Bestätigung des Insolvenzplans an. Gerichte sehen sich in diesem Fall gezwungen, einen **erneuten Prüfungstermin** anzuberaumen oder das schriftliche Prüfungsverfahren anzuordnen. Enthält der Insolvenzplan hingegen eine Regelung, wonach Forderungen bis zur rechtskräftigen Bestätigung des Insolvenzplans angemeldet werden müssen, ist eine Forderungsanmeldung danach unzulässig und auch **kein erneuter Prüfungstermin** festzulegen.

---

610) Streng genommen verliert der Gläubiger hier allerdings nichts durch die Klausel, sondern er gewinnt sogar noch die gesetzte Frist um seine Feststellungsklage geltend zu machen. Die Wirkung ergibt sich aus dem Gesetz.

611) *Brünkmans*, ZInsO 2016, 245, 248.

612) *Schreiber/Flitsch*, BB 2005, 1173, 1178.

613) Vgl. *Eidenmüller* in: MünchKomm-InsO, § 221 Rz. 54.

614) BAG, Urt. v. 19.11.2015 – 6 AZR 559/14, Rz. 50, ZIP 2016, 178 = ZInsO 2016, 220.

cc) Zulässigkeit verfahrensmäßiger Ausschlussklauseln

Rein verfahrensmäßige Ausschlussklauseln sind zulässig.[615] Es werden die Vorschriften über die Verteilung (§§ 187 ff. InsO) abbedungen (§ 217 Abs. 1 Satz 1 Fallgruppe 3 InsO). Der Ausschluss von den verfahrensrechtlichen Planvorteilen aus § 255 und § 257 InsO ist lediglich Rechtsfolge des „Ausschlusses" aus der Insolvenztabelle. 579

Auch besteht kein Konflikt zu §§ 259a, 259b InsO, weil diese ja auf den materiellen Bestand der Forderung gerichtet sind, d. h. die verfahrensmäßigen Ausschlussklauseln materiell ergänzen und nicht verdrängen. Mangels Erlasswirkung bestehen auch nicht die für materielle Präklusionsklauseln hervorgehobenen Bedenken im Hinblick auf die Vereinbarkeit mit dem Eigentumsschutz aus Art. 14 GG. Zur materiellen Präklusionsklausel siehe Rz. 551 ff. 580

c) Präklusion bzgl. Ausfallgläubigern

Unklarheit besteht für den Planarchitekten auch, ob und inwieweit er bei der Berechnung der durch den Insolvenzplan den Gläubigern zur Verfügung zu stellenden Quote die Gläubiger berücksichtigen muss, deren Insolvenzforderung mit einem Absonderungsrecht besichert ist. 581

Forderungen, für die gleichzeitig ein Absonderungsrecht besteht, werden „für den Ausfall" zur Insolvenztabelle festgestellt (§ 190 Abs. 1 InsO), da deren Gläubiger zur quotalen Befriedigung aus der Insolvenzmasse nur berechtigt sind, soweit sie auf eine abgesonderte Befriedigung verzichten oder bei ihr ausgefallen sind (§ 52 InsO). 582

Wird das Absonderungsrecht nicht durch eine Regelung im Insolvenzplan gestaltet oder abgefunden, hängt der Liquiditätsabfluss aus der Masse wegen Quotenzahlung somit davon ab, ob und inwieweit der Absonderungsberechtigte bei der Sicherheitenverwertung ausfällt. 583

Um Klarheit darüber zu bekommen, ob und in welcher Höhe es zu einem Ausfall kommen wird und damit ob und in welcher Höhe der Gläubiger Anspruch auf eine im Insolvenzplan vorgesehene Quotenzahlung hat, enthalten Insolvenzpläne – ähnlich wie für vom Insolvenzverwalter bestrittene Forderungen (siehe Rz. 557 f.) – häufig **Regelungen, wonach Forderungen als erlassen gelten, wenn der Ausfall nicht innerhalb eines bestimmten Zeitraums nach rechtskräftiger Bestätigung** des Insolvenzplans **nachgewiesen wird.**[616] 584

Formulierungsbeispiel

„Forderungen, die nur zum Ausfall festgestellt worden sind, werden erst berücksichtigt, wenn der Ausfall nachgewiesen worden ist oder der Gläubiger auf die Sicherheit verzichtet hat (vgl. § 190 Abs. 1 InsO). Wird der Ausfall nicht innerhalb von sechs Monaten nach rechtskräftiger Bestätigung des Insolvenzplans nachgewiesen oder wird innerhalb von sechs Monaten nach rechtskräftiger Bestätigung des Insolvenzplans nicht auf die Sicherheit verzichtet, werden die Forderungen nicht berücksichtigt und die Gläubiger erhalten insoweit keine Quote."[617]

615) BAG, Urt. v. 19.11.2015 – 6 AZR 559/14, ZIP 2016, 178 = ZInsO 2016, 220; s. Besprechung *Brünkmans*, ZInsO 2016, 245 ff.; *Madaus* in: MünchKomm-InsO, § 254b Rz. 6; vgl. auch BGH, Beschl. v. 15.7.2010 – IX ZB 65/10, ZIP 2010, 1499, 1500 = ZVI 2011, 20.

616) Vgl. *Rendels/Zabel*, Insolvenzplan, Rz. 355; *Bähr* in: Mohrbutter/Ringstmeier/Meyer, Hdb. Insolvenzverwaltung, Kap. 14 Rz. 349 a. E.

617) Beispiel nach *Bähr* in: Mohrbutter/Ringstmeier/Meyer, Hdb. Insolvenzverwaltung, Kap. 14 Rz. 349 a. E.

585 Auch insoweit ist mit den obigen Argumenten von einer **Unzulässigkeit derartiger materieller Präklusionsklauseln** auszugehen.[618] Über die oben genannten Argumente hinaus ist bei den Ausfallforderungen zu beachten, dass eine Frist von sechs Monaten zur Verwertung mancher Sicherheit absolut unangemessen kurz sein kann.[619]

586 Eine rein verfahrensmäßige Ausschlussklausel für Ausfallforderungen in dem Sinn, dass Forderungen lediglich bei der Planerfüllung nicht berücksichtigt werden, ist hingegen aus den bereits dargestellten Gründen zulässig (siehe dazu oben Rz. 579 ff.).

Formulierungsbeispiel

„Zahlungen auf Forderungen, die nur zum Ausfall festgestellt worden sind, erfolgen erst mit Nachweis des Ausfalls. Forderungen nehmen an einer Verteilung der im Insolvenzplan vorgesehenen Quote nicht mehr teil, wenn der Ausfall nicht innerhalb von sechs Monaten nach Rechtskraft des Insolvenzplans nachgewiesen wurde."

587 Solche Regelungen sind zulässig. Da die Verteilung im Insolvenzplanverfahren zeitlich in der Regel deutlich früher als im Regelverfahren erfolgt, ist bei der Festlegung der Frist, bis wann der Nachweis zu erbringen ist, großzügiger als bei § 190 Abs. 1 InsO i. V. m. § 189 InsO vorzugehen.

III. Klageart und Passivlegitimation bei Klagen nach Aufhebung des Insolvenzverfahrens

1. Problemstellung

588 Im Zusammenhang mit Präklusions- und Ausschlussklauseln enthalten Insolvenzpläne häufig auch Regelungen zur klageweisen Geltendmachung der Insolvenzquote. Es stellt sich die Frage nach Bedürfnis und Zulässigkeit solcher Regelungen. Dabei sind folgende Konstellationen zu unterscheiden:

- Die vom Gläubiger angemeldete Forderung wurde zur Insolvenztabelle vorbehaltlos festgestellt und wurde auch nicht vom Schuldner im Prüfungstermin bestritten.
- Die Forderung wurde angemeldet, aber nicht festgestellt, sondern ihr wurde vom Insolvenzverwalter oder einem Gläubiger widersprochen.
- Die Forderung wurde nicht angemeldet. Nach rechtskräftiger Bestätigung des Insolvenzplans und Aufhebung des Insolvenzverfahrens macht der Gläubiger seine Forderung geltend.

2. Forderung wurde angemeldet und vorbehaltlos zur Insolvenztabelle festgestellt

589 Für den Fall, dass die Forderung vorbehaltlos zur Insolvenztabelle festgestellt und ihr auch nicht vom Schuldner widersprochen wurde, besteht insoweit kein Regelungsbedürfnis. Das Gesetz sieht in diesem Fall vor, dass aus dem rechtskräftig bestätigten Insolvenzplan i. V. m. der Eintragung in die Insolvenztabelle die Insolvenzgläubiger wie aus einem vollstreckbaren Urteil die Zwangsvollstreckung betreiben können (§ 257 InsO).

3. Forderung wurde bestritten

590 Hat der Gläubiger seine Forderung zur Insolvenztabelle angemeldet und wurde diese bestritten, so hat der Gläubiger grundsätzlich nach §§ 179 Abs. 1, 180 Abs. 1 Satz 1 InsO Feststellungklage gegen den Bestreitenden zu führen. Da mit Aufhebung des Insolvenz-

618) Skeptisch auch *Rendels/Zabel*, Insolvenzplan, Rz. 356.

619) Vgl. *Rendels/Zabel*, Insolvenzplan, Rz. 356.

verfahrens das Amt des Insolvenzverwalters endet und auch die Aufnahme zur Insolvenztabelle grundsätzlich nicht mehr begehrt werden kann,[620] hat der Gläubiger ohne eine Planregelung die Klage gegen den Verwalter auf Feststellung zur Aufnahme in die Insolvenztabelle dann **auf eine allgemeine Leistungsklage** in Quotenhöhe gegen den Schuldner **umzustellen.**[621]

Zu überlegen wäre, ob es nicht interessengerecht ist, als Klageart **über die Aufhebung des Insolvenzverfahrens hinaus die Klage auf Feststellung zur Insolvenztabelle aufrechterhalten zu können.** Entsprechend sehen Insolvenzpläne häufig Regelungen vor, wonach der Gläubiger innerhalb einer bestimmten Frist nach rechtskräftiger Bestätigung des Insolvenzplans Feststellungsklage erheben muss, um bei der Verteilung der Planquote Berücksichtigung zu finden. Die Klage auf Feststellung zur Insolvenztabelle ist dann aber über die Aufhebung des Insolvenzverfahrens hinaus gegen den Insolvenzverwalter zu richten. Zu diesem Zwecke wird zum einen die Insolvenztabelle auch nach der Aufhebung des Verfahrens fortgeführt und zum anderen bleibt der Verwalter hierfür „im Amt".[622] 591

Das BAG hält eine solche Regelung **vor dem Hintergrund von § 259 Abs. 1 Satz 2, Abs. 3 Satz 1 InsO für bedenklich.**[623] Nach § 259 Abs. 1 Satz 2 InsO erhält der Schuldner nach Aufhebung des Insolvenzverfahrens das Recht zurück, über die Insolvenzmasse frei zu verfügen. § 259 Abs. 3 InsO mache davon nur insoweit eine Ausnahme, als das Verwalteramt für die Geltendmachung von bereits im Zeitpunkt der Aufhebung anhängigen Anfechtungsprozessen fortbestehen kann. 592

Richtigerweise stehen weder § 259 Abs. 1 noch Abs. 3 InsO einer solchen Planregelung entgegen. Es ist bereits für Aktivklagen fraglich, ob § 259 Abs. 1 InsO nicht über die Möglichkeit des § 259 Abs. 3 InsO hinaus durch eine Planregelung eingeschränkt werden kann.[624] Im Übrigen **betreffen Regelungen über den Fortbestand der Insolvenztabelle und** die damit verbundene **Passivbefugnis nicht unmittelbar die Verwaltungs- und Verfügungsbefugnis** des Schuldners **nach Aufhebung des Insolvenzverfahrens** (§ 259 Abs. 1 InsO). 593

Zusammenfassend besteht somit für die Durchsetzung bestrittener Forderungen ein Regelungsbedürfnis und diesem kann durch Regelung des Fortbestandes von Klagen auf Feststellung zur Insolvenztabelle gegen den Insolvenzverwalter nach Aufhebung des Insolvenzverfahrens nachgekommen werden. 594

4. Bei unterlassener Forderungsanmeldung

Hat der Gläubiger die Forderung bis zur Aufhebung des Insolvenzverfahrens nicht zur Insolvenztabelle angemeldet oder hat er auf Bestreiten nicht fristgerecht mit der Feststellungsklage reagiert, kann er seine Forderung entsprechend der im Insolvenzplan für seine Gläubigergruppe vorgesehenen Quote **nur noch im Wege der Leistungsklage** gegen den 595

620) Eine Anmeldung zur Insolvenztabelle ist im Regelverfahren grds. bis zum Schlusstermin möglich, vgl. *Pape/Schaltke* in: KPB, InsO, § 177 Rz. 8; Uhlenbruck-*Sinz*, InsO, § 177 Rz. 9; *Preß/Henningsmeier* in: HambKomm-InsR, § 177 InsO Rz. 3; *Schreiber/Flitsch*, BB 2005, 1173, 1176.

621) *Schreiber/Flitsch*, BB 2005, 1173, 1178; anders BAG, Urt. v. 12.9.2013 – 6 AZR 907/11, NZI 2013, 1076, 1077 = ZIP 2013, 2268, danach sei zunächst Feststellungsklage zu erheben; anders wiederum *Breutigam/Kahlert*, ZInsO 2002, 469, 471 f. – faktisch materielle Ausschlusswirkung auch ohne Klausel bei Bestrittenen, die ihre Forderung nicht rechtzeitig feststellen lassen.

622) LAG Düsseldorf, Urt. v. 6.8.2014 – 7 Sa 1190/13, ZInsO 2014, 2378, 2380; LAG Düsseldorf, Urt. v. 3.7.2014 – 5 Sa 225/14, ZInsO 2014, 2119, 2120 = ZIP 2014, 1988.

623) BAG, Urt. v. 12.9.2013 – 6 AZR 907/11, NZI 2013, 1076, 1077 f. = ZIP 2013, 2268; sehr weitgehend für den Fortbestand einer Passivlegitimation des Insolvenzverwalters (auch ohne ausdrückliche Planregelung) hingegen OLG Düsseldorf, Urt. v. 22.12.2005 – 7 U 148/05, NZI 2006, 240; **a. A.** demgegenüber OLG Celle, Beschl. v. 20.11.2006 – 4 U 166/06, ZVI 2007, 321 = ZInsO 2006, 1327.

624) Dagegen etwa der BGH im Zusammenhang der Klauseln zur Nachtragsverteilung, s. oben Rz. 359 ff.

Schuldner geltend machen,[625] da nach Aufhebung des Insolvenzverfahrens eine Anmeldung von Forderungen zur Insolvenztabelle ausgeschlossen ist. Der Schuldner ist in diesem Fall für die Leistungsklage der richtige Passivlegitimierte.[626]

IV. Schlussfolgerungen für die Plangestaltung

596 Aus der oben dargestellten rechtlichen Würdigung der unterschiedlichen Ansätze für die Lösung des Nachzügler-Problems ist für die Praxis auf folgende Regelungen für den gestaltenden Teil zu achten:

1. Klarstellung der Rücklagenbildung

597 Die Unzulässigkeit materieller Präklusionsklauseln hat zur Folge, dass mit Rechtskraft des Insolvenzplans **kein „Schlussstrich"** gezogen werden kann. Drohende Ansprüche sind daher genau zu analysieren und ggf. mit **entsprechenden Rückstellungen** abzufedern.[627] Von daher bietet es sich an, in der Einleitung zum gestaltenden Teil oder für den Fall, dass der Insolvenzplan eine verfahrensmäßige Ausschlussklausel enthält, dort auf die Rückstellung zu verweisen.

> **Formulierungsbeispiel**
>
> „Die Schuldnerin bildet für bestrittene Forderungen und für bekannte, aber nicht angemeldete Forderungen eine angemessene Rückstellung."

2. Keine Lücken bei der Gruppenbildung, ggf. Begründung einer Auffanggruppe

598 Da materielle Präklusionsklauseln unzulässig sind, ist darauf zu achten, dass der Nachzügler und der Gläubiger der bestrittenen Forderung allenfalls seine Planquote geltend machen kann. Gestalterisch ist dringend darauf zu achten, dass alle Gläubiger – auch diejenigen von bestrittenen Forderungen – unter eine Plangruppe fallen. Dies wird etwa durch die **Bildung einer Auffanggruppe „Sonstige Gläubiger" erreicht.**

3. Verfahrensrechtliche Präklusionsklausel

599 Nach der hier vertretenen und vom BAG bestätigten[628] Auffassung sind **rein verfahrensrechtliche Ausschlussklauseln zulässig** (siehe Rz. 579 ff.). Auch wenn deren Effekte im Hinblick auf die Planungssicherheit begrenzt sind, wird durch eine solche Klausel klargestellt, dass die Insolvenztabelle mit Rechtskraft des Insolvenzplans oder nach einer entsprechenden Ablauffrist „geschlossen werden" kann. Mit dem Ausschluss des Nachzüglers von der Aufnahme in die Insolvenztabelle erhält der Schuldner zwar keinen Erlass der Forderung. Mangels Titelfunktion (§ 257 InsO) und Gefahr des Wiederauflebens (§ 255 InsO) der gesamten Forderung im Hinblick auf die Nachzüglerforderung hat der Schuldner taktisch und strategisch jedoch einen gewissen Vorteil (siehe Rz. 573 ff.). Verfahrens-

625) BAG, Urt. v. 19.11.2015 – 6 AZR 559/14, ZIP 2014, 1988 = ZInsO 2016, 220; s. *Brünkmans*, ZInsO 2016, 245 ff.; LAG Düsseldorf, Urt. v. 3.7.2014 – 5 Sa 225/14, ZInsO 2014, 2119, 2122 = ZIP 2014, 1988; LAG Düsseldorf, Urt. v. 6.8.2014 – 7 Sa 1190/13, ZInsO 2014, 2378, 2380: Die Leistungsklage sei der zulässige Rechtsbehelf, nicht die Feststellungsklage; *Huber/Madaus* in: MünchKomm-InsO, § 257 Rz. 71; offengelassen bei BAG, Urt. v. 12.9.2013 – 6 AZR 907/11, NZI 2013, 1076, 1077 = ZIP 2013, 2268.

626) *Schreiber/Flitsch*, BB 2005, 1173, 1176; *Grub*, DZWiR 2004, 317, 318.

627) So auch *Thies* in: HambKomm-InsR, § 254b InsO Rz. 6; *Spahlinger* in: KPB, InsO, § 254b Rz. 7.

628) BAG, Urt. v. 19.11.2015 – 6 AZR 559/14, ZIP 2014, 1988 = ZInsO 2016, 220; s. *Brünkmans*, ZInsO 2016, 245 ff.

verzögerungen durch nachträgliche Terminierung von weiteren Prüfungsterminen werden verhindert.

> **Formulierungsbeispiel**[629)]
>
> „(1) Forderungen eines Insolvenzgläubigers gegen die Schuldnerin, die bis zur Rechtskraft des Insolvenzplans nicht zur Insolvenztabelle angemeldet wurden, nehmen an der Verteilung der Quote gemäß diesem Insolvenzplan nicht teil.
>
> (2) Forderungen eines Insolvenzgläubigers, die ganz oder teilweise bestritten wurden, werden bei der Verteilung der Quote nur dann berücksichtigt, wenn der Gläubiger
>
> (i) innerhalb einer Ausschlussfrist von zwei Wochen nach Rechtskraft der Planbestätigung gemäß § 252 Abs. 1 InsO Klage gegen den Bestreitenden erhebt, dass die bestrittene Forderung zu berücksichtigen sei und
>
> (ii) der Gläubiger die Erhebung der Klage gegenüber dem Sachwalter innerhalb dieser Frist durch Übersendung der Klageschrift nebst Sendebericht Telefax oder Eingangsprotokoll Einwurfeinschreiben nachweist.
>
> (3) Der Klage bedarf es nicht, wenn der Bestreitende innerhalb dieser Frist seinen Widerspruch zurücknimmt. Die Regelungen in §§ 179 Abs. 2 und 189 Abs. 2 InsO gelten entsprechend.
>
> (4) Die Schuldnerin bildet für bestrittene Forderungen eine angemessene Rückstellung. Wird die Klage auf Feststellung zur Aufnahme in die Insolvenztabelle rechtskräftig abgewiesen, wird die Rückstellung entsprechend aufgelöst. Obsiegt der Gläubiger im Rahmen der Feststellungsklage rechtskräftig, wird die zurückgestellte Quote an ihn ausbezahlt, wenn die übrigen Auszahlungsbedingungen aus diesem Insolvenzplan erfüllt sind."

4. Materielle Präklusionsklauseln

Da nach h. M. materielle Präklusionsklauseln unzulässig sind, verbleiben die gesetzlichen Verjährungs- und Vollstreckungsregelungen, auf die im Insolvenzplan verwiesen werden sollte und deren entsprechende Anwendbarkeit auch für bestrittene Forderung klargestellt werden sollte. 600

> **Formulierungsbeispiel**
>
> „Für Insolvenzgläubiger, die bis zum Abstimmungstermin ihre Forderungen nicht angemeldet haben, gelten die gesetzlichen Regelungen, insbesondere die §§ 259a, 259b InsO. § 259b InsO findet auch auf angemeldete, aber bestrittene Forderungen entsprechende Anwendung."

5. Verbleibende Gestaltungsoptionen zur Lösung des Nachzügler Problems außerhalb von Präklusionsklauseln

a) Rücklagen oder Gesamtabgeltungsklausel

Da jedenfalls materielle Präklusionsklauseln wegen der rechtlichen Unzulässigkeit (siehe Rz. 553) nicht zur Lösung des Nachzügler-Problems beitragen können, kommen folgende Alternativen in Betracht. 601

aa) Auflösung der Rücklagenbildung und Besserungsschein

Für bekannte, bereits fällige nicht angemeldete Forderungen wird eine Rücklage bzw. Rückstellung (§ 249 HGB) gebildet (siehe oben Rz. 597). Der Schuldner oder ein Treuhänder hält zugunsten der planbetroffenen Gläubiger einen Teil der Barmittel für mindestens 602

629) Vgl. zu einer alternativen – wenn auch stark verkürzenden – Gestaltung *Frege/Keller/Riedel*, Insolvenzrecht, Rz. 2015.

ein Jahr ab Rechtskraft der Bestätigung des Insolvenzplans zurück. Nach Ablauf der Jahresfrist aus § 259b Abs. 1, Abs. 2 InsO wird die Rückstellung aufgelöst und der Betrag an die Gläubiger als weitere Quotenzahlung ausgeschüttet (Besserungsschein).[630)]

bb) Gesamtabgeltungsklausel

603 Anstatt einer festen Planquote stellt der Insolvenzplan lediglich einen festen Haftungstopft zur Gläubigerbefriedigung zur Verfügung. Wie viele Gläubiger und in welcher Höhe an diesen Topf partizipieren, wird erst nach Ablauf der Jahresfrist nach § 259b Abs. 1, Abs. 2 festgelegt (zur Frage der Zulässigkeit von Gesamtabgeltungsklauseln oder auch dynamische Planquoten mit „offener Passivmasse" siehe oben Rz. 15 ff. [*Brünkmans*])

cc) Problem bei potenziellen überjährigen Nachzüglern

604 Für Nachzügler, deren Forderung erst nach Rechtskraft des Planbestätigungsbeschlusses fällig werden (sog. überjährige Nachzügler), lässt sich das Nachzügler-Problem, mangels einer praktikablen „Präklusionsfrist", über Rückstellungen oder Gesamtabgeltungsklauseln nicht in den Griff bekommen. Zu potenziellen überjährigen Nachzüglern zählen insbesondere Gläubiger von Gewährleistungs- oder Schadensersatzansprüchen, die erst lange nach Leistungserbringung eintreten und fällig werden können (siehe oben Rz. 540 ff.). Im Ergebnis bildet in solchen Fällen nur die allgemeine Verjährungshöchstfrist für Schadensersatzansprüche von 30 Jahren eine Obergrenze (§ 199 Abs. 2, Abs. 3 BGB).[631)]

b) Spaltung oder Ausgliederung zur Abschirmung vor überjährigen Nachzüglern

605 Da materielle Präklusionsklauseln nach der Rechtsprechung des BGH unzulässig sind (siehe oben Rz. 552), kann Rechtssicherheit vor überjährigen Nachzüglern nur durch eine übertragende Sanierung erreicht werden. Das Risiko hinzukommender überjähriger Nachzügler liegt dann bei den Gläubigern, die sich nur aus dem Vermögen des insolventen Rechtsträgers befriedigen können und nicht beim Investor.[632)] In Betracht kommt auch etwa die Ausgliederung oder Abspaltung des vom Investor zu übernehmenden Unternehmensteils auf Basis eines Insolvenzplans (siehe dazu ausführlich § 30 Rz. 575 ff. [*Brünkmans*]). Überjährige Nachzügler können auf das abgespaltene Unternehmen nicht über die Nachhaftung nach § 133 UmwG zugreifen, weil nach h. M. die Haftung aus § 133 UmwG bei einer Spaltung/Ausgliederung über das Insolvenzplanverfahren teleologisch zu reduzieren ist (siehe § 30 Rz. 519 [*Brünkmans*]), jedenfalls im Insolvenzplan ausgeschlossen werden kann (siehe § 30 Rz. 587 ff. [*Brünkmans*]).

c) Versicherung

606 Ob die in der Literatur zum Teil vorgeschlagene Absicherung vor den Folgewirkungen überjähriger Nachzügler durch eine Versicherung praktikabel ist, bleibt fraglich.[633)]

V. ESUG-Evaluation, Vorschläge de lege ferenda

607 Die ESUG-Evaluation kommt zu dem Ergebnis, dass in der Praxis ein Handlungsbedarf gesehen wird und schlägt vor, das Konzept der §§ 259a, 259b InsO zu überdenken und anstelle der Verjährung eine verfassungsrechtlich zulässige, verschuldensabhängige Aus-

630) *Hageböke/Benzinger*, NZI 2024, 601 ff.

631) *Hageböke/Benzinger*, NZI 2024, 601, 602.

632) Vgl. auch *Hageböke/Benzinger*, NZI 2024, 601, 608.

633) Allgemein *Armbrüster*, ZIP 2023, 553, 557; konkret für den Nachzügler *Hageböke/Benzinger*, NZI 2024, 601, 609.

schlussklausel in Insolvenzplänen zuzulassen.[634] Eine materielle Ausschlussklausel wäre dann möglich. Der Gläubiger, der seine Forderung nicht zur Insolvenztabelle angemeldet hat, könne dann nur noch seine Forderung i. R. eines Wiedereinsetzungsantrages geltend machen.[635]

T. Wiederaufleben von Forderungen

Die Zustimmung der Gläubiger zum Insolvenzplan basiert darauf, dass diese sich von dessen Umsetzung mehr erwarten als im Falle der Regelinsolvenz. Die Zustimmung steht daher jedenfalls unter dem inneren Vorbehalt, dass die im Plan versprochenen Zahlungen auch tatsächlich wie versprochen erfolgen. Hält der Schuldner sich hingegen nicht an die eigenen Zusagen, so wird sich auch der Gläubiger nicht mehr an seine Stundungen und Teil-Verzichte gebunden sehen wollen. 608

Entsprechend werden Stundungen von Forderungen und teilweise Forderungserlasse gegenüber einem **bestimmten** Gläubiger gemäß § 255 Abs. 1 Satz 1 InsO daher hinfällig, wenn der Schuldner mit der Erfüllung des Plans i. S. des § 255 Abs. 1 Satz 2 InsO erheblich in Rückstand gerät. 609

Nach § 255 Abs. 2 InsO **entfällt die Stundungs- oder (Teil-)Erlasswirkung des Plans** vollständig und für alle Insolvenzgläubiger, wenn und soweit deren Forderungen bisher nicht plangerecht befriedigt wurden,[636] wenn vor der vollständigen Erfüllung des Insolvenzplans ein neues Insolvenzverfahren über das Vermögen des Schuldners eröffnet wird.[637] Die vollständige Erfüllung des Plans meint dabei die Erfüllung der Quotenforderungen der Insolvenzgläubiger.[638] 610

Hiervon **kann gemäß § 255 Abs. 3 Satz 1 InsO im Insolvenzplan abgewichen werden**, von Absatz 1 jedoch nicht zulasten des Schuldners.[639] Teilweise wird zwar vertreten, eine solche Abweichung könne auch konkludent erfolgen,[640] aus Gründen der Klarheit des Plans ist es jedoch empfehlenswert, eine ausdrückliche Regelung aufzunehmen, sofern diese gewünscht ist. Nach dem klaren Wortlaut des § 255 Abs. 3 Satz 2 InsO kann von Absatz 2 auch zulasten des Schuldners abgewichen werden, etwa indem im Falle eines Folgeinsolvenzverfahrens sämtliche Planwirkungen hinfällig sein sollen, soweit diese nicht bedingungsfeindlich sind.[641] 611

Formulierungsbeispiel

„Das Wiederaufleben von Forderungen gemäß § 255 Abs. 1 InsO wird ausgeschlossen."

634) *Jacoby/Madaus/Sack/Schmidt, H./Thole*, ESUG-Evaluierung, S. 162.

635) Kritisch *Frind*, ZInsO 2019, 598, 604.

636) Braun-*Braun/Frank*, InsO, § 255 Rz. 9; *Huber/Madaus* in: MünchKomm-InsO, § 255 Rz. 29; **a. A.** *Thies* in: HambKomm-InsR, § 255 InsO Rz. 12: Auch Wiederaufleben vollständig erlassener Forderungen und von Forderungen, die planmäßig erfüllt wurden; differenzierend Uhlenbruck-*Streit*, InsO, § 255 Rz. 20.

637) *Spahlinger* in: KPB, InsO, § 255 Rz. 21, und *Thies* in: HambKomm-InsR, § 255 InsO Rz. 12; vgl. zur h. M. Uhlenbruck-*Streit*, InsO, § 255 Rz. 19; K. Schmidt-*Spliedt*, InsO, § 255 Rz. 15; wohl auch Braun-*Braun/Frank*, InsO, § 255 Rz. 8 und *Huber/Madaus* in: MünchKomm-InsO, § 255 Rz. 34.

638) *Fiebig* in: HK-InsO, § 255 Rz. 11; diff. *Huber/Madaus* in: MünchKomm-InsO, § 255 Rz. 32.

639) Vgl. *Huber/Madaus* in: MünchKomm-InsO, § 255 Rz. 38 m. w. Beispielen für unzulässige und zulässige Abweichungsmöglichkeiten.

640) Braun-*Braun/Frank*, InsO, § 255 Rz. 12.

641) Beispiel bei *Huber/Madaus* in: MünchKomm-InsO, § 255 Rz. 40; *Spahlinger* in: KPB, InsO, § 255 Rz. 26.

Praxishinweis

Im Falle eines Cash-out-Plans (siehe dazu § 2 Rz. 103 ff. [*Brünkmans*]) wird häufig vorgesehen sein, dass die Gläubiger auf Ihre Forderungen nur aufschiebend bedingt auf die Auszahlung der Quote teilweise verzichten. In diesem Fall stellt sich das Problem eines eventuellen Wiederauflebens der Forderung nicht, da es logischerweise nicht zu einem Rückstand mit der Zahlung kommen kann. Praktische Relevanz hat die obige Klausel daher im Regelfall nur bei einem Earn-out-Plan (siehe dazu § 2 Rz. 103 ff. [*Brünkmans*]), der etwa laufende Zahlungen vorsieht oder eine Zahlung zu einem erheblich späteren Zeitpunkt.

Zu beachten ist insoweit, dass die Wiederauflebensklausel für die Gläubiger ein Druckmittel bedeutet, um eine Erfüllung der Planregelungen zu erzwingen. Hierauf sollte von Gläubigerseite daher – insbesondere, wenn keine Planüberwachung nach §§ 260 ff. InsO erfolgen sollte – nicht leichtfertig verzichtet werden, sondern nur, wenn im Einzelfall sachliche Gründe für einen Ausschluss des Wiederauflebens bestehen.

U. Drittmittel

612 In der Praxis der Insolvenzplanverfahren natürlicher Personen haben sog. Drittmittel eine hohe Bedeutung. Dritte, häufig Verwandte des Schuldners, leisten einen Geldbeitrag, der an die Gläubiger zusätzlich ausgeschüttet wird. Durch die erhöhte Planquote soll für die Gläubiger die Annahme des Insolvenzplans attraktiv gemacht werden. Der Schuldner erkauft sich dadurch eine schnelle Entschuldung über das Insolvenzplanverfahren.

613 Diese Drittmittel müssen **rechtlich abgesichert** werden, etwa durch eine Plangarantie i. S. von § 257 Abs. 2 InsO.[642] Diese Vorschrift dient dem Zweck, die Insolvenzplanerfüllung durch verpflichtende Beiträge Dritter zu gewährleisten.[643] Erforderlich ist eine schriftliche, den Verzicht auf die Einrede der Vorausklage enthaltende und beim Insolvenzgericht eingereichte Erklärung, die gemäß § 230 Abs. 3 InsO dem Insolvenzplan als Anlage beigefügt sein muss.[644] Ferner muss die Erklärung einen vollstreckungsfähigen Inhalt haben, damit die Vollstreckung „aus dem Plan" erfolgen kann.[645] In der Praxis wird aber nur selten eine unmittelbare Plangarantie i. S. von § 257 Abs. 2 InsO gegenüber den Gläubigern abgegeben. Vielmehr werden Mittel in Aussicht gestellt, die der Schuldner an die Gläubiger ausschüttet. Da in diesem Fall die Gläubiger keinen unmittelbar gegen den Dritten vollstreckbaren Titel erhalten, ist die rechtliche Absicherung der Drittmittel umso wichtiger.

614 Diese Notwendigkeit der Absicherung ergibt sich bereits aus der **Validität der Vergleichsrechnung**, welche auch vom Insolvenzgericht i. R. der Vorprüfung (§ 231 InsO) überprüft wird (siehe dazu § 14 Rz. 40 ff. [*Laroche*]).[646] Allerdings ginge es zu weit, die Verfügbarkeit der Mittel bereits im Zeitpunkt der Einreichung des Insolvenzplans zu fordern. Auch hat die Werthaltigkeit der Zusage i. R. der Vorprüfung allenfalls i. S. einer Evidenzprüfung zu erfolgen. Grundsätzlich ist es den Gläubigern im Erörterungs- und Abstimmungstermin zu überlassen, die Werthaltigkeit solcher Zusagen und Solvenz des Garanten zu prüfen.[647]

---

642) LG Hamburg, Beschl. v. 18.11.2015 – 326 T 109/15, NZI 2016, 34; AG Hamburg, Beschl. v. 24.5.2017 – 67c IN 164/15, NZI 2017, 567, 569 = ZVI 2017, 304; *Blankenburg*, ZInsO 2015, 1293, 1298.

643) Uhlenbruck-*Streit*, InsO, § 257 Rz. 20.

644) K. Schmidt-*Spliedt*, InsO, § 257 Rz. 16.

645) K. Schmidt-*Spliedt*, InsO, § 257 Rz. 16.

646) AG Hamburg, Beschl. v. 24.5.2017 – 67c IN 164/15, NZI 2017, 567, 569 = ZVI 2017, 304.

647) So auch *Madaus*, NZI 2017, 751, 753 ff. (Urteilsanm.); a. A. LG Hamburg, Beschl. v. 18.11.2015 – 326 T 109/15, NZI 2016, 34, 34 f., welches eine Kontoübersicht der Drittmittelgeberin und einen Nachweis, dass der Geldbetrag von einem frei verfügbaren Girokonto angewiesen sein muss, verlangt.

V. Bereitstellen von Mitteln gemäß § 251 Abs. 3 InsO

I. Bedeutung für die Planumsetzung

615 Wenn die Beteiligten durch den Insolvenzplan schlechtergestellt werden, als sie ohne ihn stünden, können sie gemäß § 251 Abs. 1 Nr. 2 InsO beantragen, dass dem Plan die gerichtliche Bestätigung versagt wird oder bei einer wesentlichen Schlechterstellung gemäß § 253 InsO sofortige Beschwerde gegen die Bestätigung des Insolvenzplans einlegen (siehe hierzu eingehend § 20 Rz. 47 [*Hirschberger*]).

616 Stellt der gestaltende Teil des Insolvenzplans jedoch hinreichend Mittel für den Fall bereit, dass ein Beteiligter eine Schlechterstellung nachweist (sog. **Planmittel**), ist der **Minderheitenschutzantrag des Beteiligten abzuweisen.** Gleiches gilt im Ergebnis auch für eine auf eine Schlechterstellung im Vergleich zum Regelverfahren gestützte sofortige Beschwerde. Ob der Beteiligte eine Kompensation aus Planmitteln tatsächlich erhält, ist gemäß § 251 Abs. 3 Satz 2 InsO vor den ordentlichen Gerichten zu klären. Der maximal mögliche Ausgleich der Schlechtergestellten ist dabei auf die im Plan bereitgestellten Mittel beschränkt.[648)]

617 Dieser salvatorische Effekt durch den Verweis auf die Planmittel wird durch eine Regelung im gestaltenden Teil des Insolvenzplans und die tatsächliche Bereitstellung der Planmittel erreicht. Inhaltliche Anforderungen an die **Ausgestaltung der Planmittel** im gestaltenden Teil des Insolvenzplans sind der gesetzlichen Regelung aus § 251 Abs. 3 Satz 1 InsO nicht zu entnehmen. Der BGH hat in einer Entscheidung aus dem Jahre 2017, noch zur Rechtslage vor dem ESUG, die Anforderungen an die Planmittel dahingehend konkretisiert, dass

- die Finanzierung der zum Ausgleich vorgesehenen Mittel gesichert sein muss und
- durch diese zusätzlichen Mittel ein vollständiger Ausgleich der Schlechterstellung eindeutig erreicht werden kann.[649)]

618 Für eine reibungslose Umsetzung des Insolvenzplans ist die richtige Ausgestaltung der Planmittel von wesentlicher Bedeutung. Eine **schnelle Abweisung von Minderheitenschutz- oder Beschwerdeverfahren** und schnellstmögliche Herbeiführung der Rechtskraft des Insolvenzplanz ist durch die Festlegung der richtigen **Art** und **Höhe** der Planmittel im gestaltenden Teil des Insolvenzplans zu erreichen.[650)]

619 Ein Regelungsbedürfnis besteht nicht nur bei der Festlegung, sondern auch für die Geltendmachung der Planmittel, da dies in § 251 Abs. 3 Satz 2 InsO nur dürftig geregelt ist. Hier stellt sich insbesondere die Frage, ob Anforderungen an die Geltendmachung im gestaltenden Teil des Insolvenzplans näher ausgestaltet werden können, insbesondere ob diese zeitlich durch eine Ausschlussfrist beschränkt werden kann.

II. Art der Bereitstellung

1. Eigen- oder Drittmittel?

620 Im Gesetzeswortlaut wird nicht näher konkretisiert, wie die im Plan *„bereitgestellten"* Mittel beschaffen sein müssen. Der Gesetzesbegründung ist lediglich zu entnehmen, dass die Finanzierung des Ausgleichs „durch eine Rücklage, eine Bankbürgschaft oder in ähnlicher Weise **gesichert** sein muss" (Hervorhebung durch den Verf.).[651)] Nach allgemeiner Auf-

648) *Sinz* in: MünchKomm-InsO, § 251 Rz. 48; K. Schmidt-*Spliedt*, InsO, § 251 Rz. 20.

649) BGH, Beschl. v. 20.7.2017 – IX ZB 13/16, Rz. 14, ZIP 2017, 1576, 1576 = ZVI 2018, 21, dazu EWiR 2017, 601 *(Horstkotte)*.

650) S. a. *Lehmann/Rühle*, NZI 2015, 151, 152.

651) Vgl. Begr. RegE ESUG, BT-Drucks. 17/5712, S. 35.

fassung müssen **die Planmittel nicht aus der Masse stammen**, sondern können auch von Dritten bereitgestellt werden.[652)]

2. Liquiditätserfordernis?

621 Unklar ist, ob es sich bei den „bereitgestellten" Planmitteln um liquide Mittel handeln muss. Teilweise wird in der Literatur vertreten, dass die Planmittel tatsächlich vom übrigen Vermögen zu trennen und so zu verwahren sein sollen, dass sie **jederzeit** an die möglichen Anspruchsinhaber ausgekehrt werden können.[653)] Dies wird damit begründet, dass Gläubiger, die bereits in ihren Minderheitenrechten durch den Plan verletzt wurden und daher auf die Ausgleichszahlung angewiesen sind, nicht auch noch das Risiko tragen sollten, dass der Schuldner diese Zahlung tatsächlich nicht leisten kann.[654)]

622 **Ein solches Liquiditätserfordernis** ist jedoch weder aus dem Gesetzestext noch der Gesetzesbegründung zu entnehmen und ist auch für den Zweck der Regelung **nicht erforderlich.** Würde man einen „separierten Vorrat an liquiden Mitteln" verlangen, entzöge dies den für die Unternehmensfortführung zwingend benötigten Liquiditätsbedarf.

623 Für den Zweck der Regelung, Absicherung evtl. Ausgleichsansprüche,[655)] ist das Liquiditätserfordernis auch nicht erforderlich und wäre somit unverhältnismäßig. Selbstverständlich muss die Sicherheit liquidierbar, d. h. in Zahlungsmittel konvertibel sein.[656)]

3. Absicherung der Planmittel

624 Nach einer Entscheidung des BGH aus 2017, noch zur Rechtslage vor dem ESUG, müssen die Finanzierung der zum Ausgleich vorgesehenen Mittel gesichert sein und ein vollständiger Ausgleich der Schlechterstellung mittels der zusätzlichen Leistungen eindeutig erreicht werden können.[657)] Kommt es damit entscheidend auf die Absicherung möglicher Ausgleichsansprüche über die Planmittel an, stellt sich die Frage, **welche Form der Absicherung dafür erforderlich ist.** Jedenfalls müssen alle Formen der Absicherung, die nach dem allgemeinen Zivilrecht für eine materielle und prozessuale Sicherheitsleistung gemäß § 108 Satz 2 ZPO, §§ 232 ff. BGB genügen, ausreichend sein; das schließt insbesondere die Bankbürgschaft, die Hinterlegung von Geld oder Wertpapieren, die Bestellung von Hypotheken und Grundschulden und die Verpfändung beweglicher Sachen mit ein.[658)] Wird die Bürgschaft nicht durch eine Bank, sondern durch eine Gesellschaft gewährt,

652) Zur Bürgschaft und Grundschuld eines Dritten s. BGH, Beschl. v. 20.7.2017 – IX ZB 13/16, Rz. 14, ZIP 2017, 1576 = ZVI 2018, 21, der allerdings die Eignung mangels Nachweises der Werthaltigkeit verneint; *Sinz* in: MünchKomm-InsO, § 251 Rz. 37; K. Schmidt-*Spliedt*, InsO, § 251 Rz. 21; *Thies* in: HambKomm-InsR, § 251 InsO Rz. 14.

653) So: *Rendels/Zabel*, Insolvenzplan, Rz. 512; *Hölze*, Praxisleitfaden ESUG, §§ 251, 253 Rz. 23; dagegen: *Sinz* in: MünchKomm-InsO, § 251 Rz. 37; K. Schmidt-*Spliedt*, InsO, § 251 Rz. 18 f.; *Thies* in: HambKomm-InsR, § 251 InsO Rz. 15; Braun-*Braun/Frank*, InsO, § 251 Rz. 10; vgl. auch *Horstkotte*, EWiR 2017, 601, 602 (Urteilsanm.), der lediglich verlangt, dass die Sicherheit unmittelbar in Zahlungsmittel konvertierbar sein muss.

654) *Hölze*, Praxisleitfaden ESUG, §§ 251, 253 Rz. 23.

655) Vgl. Begr. RegE ESUG, BT-Drucks. 17/5712, S. 35 „durch eine Rücklage, eine Bankbürgschaft oder in ähnlicher Weise **gesichert** sein muss" (Hervorhebung durch den Verf.).

656) *Horstkotte*, EWiR 2017, 601, 602 (Urteilsanm.).

657) BGH, Beschl. v. 20.7.2017 – IX ZB 13/16, Rz. 14, ZIP 2017, 1576, 1576 = ZVI 2018, 21; s. a. *Madaus*, NZI 2017, 751, 752 (Urteilsanm.), der nach Einführung von § 251 Abs. 3 InsO eine hohe Wahrscheinlichkeit für ausreichend erachtet; strenger auch nach neuer Rechtslage wohl *Horstkotte*, EWiR 2017, 601, 602 (Urteilsanm.).

658) K. Schmidt-*Spliedt*, InsO, § 251 Rz. 18; *Sinz* in: MünchKomm-InsO, § 251 Rz. 37; *Pleister* in: KPB, InsO, § 251 Rz. 18; *Lehmann/Rühle*, NZI 2015, 151, 152 f.

muss diese bei Inanspruchnahme zahlungsfähig sein.[659] Die Abtretung einer Eigentümergrundschuld ist ungeeignet, wenn weder eine Eintragung an erster Rangstelle besteht, noch der zu erzielende Erlös sicher ist.[660]

Nicht so eindeutig bejaht werden kann die Frage, ob die Zurückbehaltung von **Mitteln in Form einer Rückstellung** möglich ist.[661] Teilweise wird dies abgelehnt. Ein reiner Buchungsposten könne alleine keine hinreichende Sicherheit gewähren.[662] Die Gegenauffassung verweist dagegen auf § 258 Abs. 2 Satz 2 InsO, wonach die Gewährleistung der Erfüllung aus einem Finanzplan für die Absicherung von **nicht fälligen** Masseverbindlichkeiten ausreicht. Was zur Absicherung der Erfüllung von **unstreitigen** Masseverbindlichkeiten ausreicht, müsse erst recht für die **streitigen** Ausgleichansprüche der Beteiligten genügen.[663] 625

Letzteres überzeugt. § 251 Abs. 3 Satz 1 InsO spricht von Bereitstellung im Plan, nicht aber von einer Sicherheitsleistung i. S. von § 108 Satz 2 ZPO oder §§ 232 ff. BGB.[664] Allerdings sind für den Nachweis hinreichender Mittel wie bei § 258 Abs. 2 Satz 2 InsO besondere Anforderungen einzuhalten. Die **Erfüllung muss sich aus einer belastbaren Liquiditätsrechnung ergeben.**[665] Handelt es sich um einen Earn-out-Plan, kann dieser Nachweis mit einer belastbaren Vermögens-, Ertrags- und Finanzplanung i. S. von § 229 InsO geführt werden. 626

Praxishinweis

Für den beschleunigten Eintritt der Rechtskraft der Planbestätigung sollten aus den genannten Unklarheiten die Planmittel **vorzugsweise in Form von Sicherheitsleistungen gemäß § 108 Satz 2 ZPO, §§ 232 ff. BGB wie Bankbürgschaft und auf Treuhandkonto hinterlegtem Geld** oder sonstiges treuhänderisches Vermögen abgesichert werden. Der Insolvenzverwalter bzw. Sachwalter bietet sich dabei als Treuhänder an.

Die Treuhandvereinbarung zwischen Schuldner und Treuhänder sollte eine Verpflichtung in Form eines echten Vertrages zugunsten Dritter enthalten, **wonach ein Auszahlungsanspruch gegenüber potentiellen Gläubigern begründet** wird, wenn diese eine Schlechterstellung im Klagewege durch rechtskräftiges Urteil nachweisen (§ 251 Abs. 3 Satz 2 InsO).

III. Höhe der Planmittel

1. Welche Beteiligten sind zu berücksichtigen?

Von wesentlicher Bedeutung ist die **Regelung der Höhe der Planmittel**. Einerseits besteht ein Bedürfnis diese möglichst gering zu halten, um nicht die ohnehin knappen Finanzressourcen der Schuldnerin unnötig zu binden. Andererseits gilt: Je höher die im Insolvenzplan festgelegte Höhe der Planmittel, desto wahrscheinlicher ist, dass Minderheitenschutzanträge oder Beschwerde (§ 253 Abs. 2 Nr. 3 InsO) gegen den Planbestätigungs- 627

659) BGH, Beschl. v. 20.7.2017 – IX ZB 13/16, Rz. 14, ZIP 2017, 1576, 1576 = ZVI 2018, 21, noch zur Rechtslage vor ESUG.

660) BGH, Beschl. v. 20.7.2017 – IX ZB 13/16, Rz. 16, ZIP 2017, 1576, 1576 = ZVI 2018, 21, noch zur Rechtslage vor ESUG.

661) Braun-*Braun/Frank*, InsO, § 251 Rz. 10; verlangt zusätzlich noch die Separierung auf einem Treuhandkonto: *Lehmann/Rühle*, NZI 2015, 151.

662) *Sinz* in: MünchKomm-InsO, § 251 Rz. 37; *Rendels/Zabel*, Insolvenzplan, Rz. 513; *Pleister* in: KPB, InsO, § 251 Rz. 18; s. a. *Horstkotte*, EWiR 2017, 601, 602 (Urteilsanm.), m. Verweis auf BGH, Beschl. v. 20.7.2017 – IX ZB 13/16, ZIP 2017, 1576 = ZVI 2018, 21, zur alten Rechtslage vor dem ESUG.

663) K. Schmidt-*Spliedt*, InsO, § 251 Rz. 19; *Sinz* in: MünchKomm-InsO, § 251 Rz. 37; *Burmeister/Tasma* in: Kübler/Bork/Prütting, HRI II, § 38 Rz. 74.

664) K. Schmidt-*Spliedt*, InsO, § 251 Rz. 18.

665) K. Schmidt-*Spliedt*, InsO, § 251 Rz. 19.

beschluss durch Verweis auf den ordentlichen Rechtsweg § 251 Abs. 3 Satz 2 InsO schnell und unbürokratisch abgewiesen werden können. Nur wenn hinreichend Planmittel zur Verfügung stehen, können die jeweiligen Rechtsmittelführer statt die Rechtskraft des Insolvenzplans zu behindern, auf die Geltendmachung durch Kompensationsklage bei gleichzeitigem Vollzug des Insolvenzplans verwiesen werden. Es sind nur Planmittel erforderlich, um Rechtsbehelfsführer auf den Zivilrechtsweg zu verweisen. Demnach **sind nur die Forderungen der Gläubiger zu berücksichtigen, die einen Minderheitenschutzantrag oder eine sofortige Beschwerde eingelegt haben** und deren Rechtsbehelfe mit Verweis auf die Möglichkeit des ordentlichen Rechtswegs abgelehnt wurden. Bei der **Berechnung, ob hinreichend Planmittel zur Verfügung gestellt wurden**, hat das Insolvenzgericht die Forderungen derjenigen Beteiligten zu berücksichtigen, deren Rechtbehelf trotz glaubhaft gemachter Schlechterstellung oder bei Offenlassen dieser Frage **gerade wegen der Ausgleichsmittel** abgewiesen wird.[666]

628 **Nicht zu berücksichtigen** sind hingegen Minderheitenschutzanträge, die bereits nach § 251 Abs. 2 InsO wegen Unzulässigkeit zurückgewiesen wurden, weil es bereits an einer Glaubhaftmachung der Schlechterstellung des Antragsstellers fehlt.[667] Sind etwa für das Regelverfahren behauptete generierungsfähige Ansprüche bereits unschlüssig oder scheidet eine Schlechterstellung evident aus,[668] so kann das Insolvenzgericht den Minderheitenantrag bereits als unschlüssig zurückweisen (siehe ausführlich § 20 Rz. 29 ff. [*Hirschberger*]).

629 Hat der Antragsteller jedoch eine Schlechterstellung[669] glaubhaft gemacht, so kann das Gericht statt einer umfassenden Begründetheitsprüfung des Minderheitenschutzantrages diesen unter Verweis auf die Planmittel und der Geltendmachung im ordentlichen Rechtsweg abweisen. Für den Antrag auf Bestätigungsversagung reicht es, dass überhaupt eine Schlechterstellung vorliegt. Auf die genaue Höhe kommt es nicht an.[670]

630 Richtigerweise können **Gläubiger nur dann eine Ausgleichsklage erheben**, wenn das Gericht den Rechtsbehelf des Beteiligten (Minderheitenschutzantrag oder sofortige Beschwerde) gerade **wegen der Ausgleichsmittel** abgewiesen hat.[671]

631 Zusammenfassend sind damit ausschließlich folgende Beteiligte bei der Berechnung der Höhe der Planmittel zu berücksichtigen:

- Gläubiger oder Anteilsinhaber, deren Minderheitenschutzantrag mit **Verweis auf einen möglichen Ausgleich abgewiesen** wurde, nicht hingegen, wenn der Minderheitenschutzantrag als unzulässig oder aus sonstigen Gründen zurückgewiesen wurde.
- Gläubiger oder Anteilsinhaber, **deren Beschwerde**[672] als unzulässig mit der Begründung **zurückgewiesen** wurde, der behauptete Nachteil könne durch eine **Ausgleichszahlung nach § 253 Abs. 2 Nr. 3 InsO kompensiert werden.**

666) *Lehmann/Rühle*, NZI 2015, 151, 153.

667) So auch *Lehmann/Rühle*, NZI 2015, 151, 153.

668) Etwa bei Minderheitenschutzanträgen von Anteilsinhabern aufgrund ihres Nachrangs aus § 199 InsO.

669) Es kommt auf die individuelle Schlechterstellung des einzelnen Beteiligten an: vgl. *Burmeister/Tasma* in: Kübler/Bork/Prütting, HRI II, § 38 Rz. 51.

670) Dies ergibt sich bereits aus dem Gegensatz zu der bei § 253 Abs. 2 Nr. 3 InsO verlangten **wesentlichen** Schlechterstellung, vgl. auch K. Schmidt-*Spliedt*, InsO, § 251 Rz. 21; *Sinz* in: MünchKomm-InsO, § 253 Rz. 33; Braun-*Braun/Frank*, InsO, § 253 Rz. 11.

671) So auch *Lehmann/Rühle*, NZI 2015, 151, 155; **anders** wohl *Sinz* in: MünchKomm-InsO, § 251 Rz. 45.

672) Da der Minderheitenschutzantrag nach der *Suhrkamp*-Entscheidung des BGH keine Zulässigkeitsvoraussetzung für die sofortige Beschwerde darstellt, BGH, Beschl. v. 17.7.2014 – IX ZB 13/14 (Suhrkamp), ZIP 2014, 1442 = NZI 2014, 751, dazu EWiR 2014, 521 *(Madaus)*, und auch die Beschwerde m. Verweis auf Planmittel zurückgewiesen werden kann (§ 253 Abs. 2 Nr. 3 InsO), sind auch potenzielle Beschwerdeführer bei der Berechnung der Höhe der Planmittel zu berücksichtigen.

Nicht bei der Berechnung der Planmittel zu berücksichtigen sind hingegen Gläubiger, deren Beschwerde als unzulässig – etwa weil verfristet oder kein Widerspruch (§ 253 Abs. 2 Nr. 1 InsO) eingelegt wurde – zurückgewiesen wurde. 632

In der Praxis dürfte die Abweisung sämtlicher Minderheitenschutzanträge gerade wegen der Ausgleichsmittel das Ziel sein, um zu vermeiden, dass eine umfangreiche Prüfung der Schlechterstellung durch das Insolvenzgericht i. R. des Planbestätigungsverfahrens überhaupt erfolgt. Dann sind sämtliche Beteiligten, die einen Minderheitenschutzantrag gestellt haben oder sofortige Beschwerde erhoben haben bei der Berechnung der Planmittel zu berücksichtigen und es ist darauf zu achten, dass die bereitgestellten Mittel jedenfalls zur Beseitigung der glaubhaft gemachten Schlechterstellung dieser Beteiligten ausreichen.[673)] 633

Falls die Ausgleichsmittel schon wegen der Abweisung von Minderheitenschutzanträgen gemäß § 251 Abs. 3 Satz 1 InsO **verbraucht** sind, kann das Beschwerdegericht weitere Beschwerden **nicht wegen der Ausgleichsmittel verwerfen**.[674)] 634

> **Praxishinweis**
>
> Da bisher noch nicht höchstrichterlich geklärt ist, ob eine Klage auf Ausgleichszahlung nach § 251 Abs. 3 Satz 2 InsO außerhalb des Insolvenzverfahrens einen vorherigen Minderheitenschutzantrag oder sofortige Beschwerde und Abweisung dieser Rechtsbehelfe **gerade wegen der Ausgleichsmittel** erfordert, ist dem Planverfasser die Aufnahme einer entsprechenden klarstellenden Regelung im Insolvenzplan zu empfehlen. Die Regelung beschränkt in diesem Fall den Anspruch auf Ausgleichszahlung aus den bereitgestellten Planmitteln auf Beteiligte, deren Rechtsbehelfe gerade wegen der Ausgleichsmittel abgewiesen wurden. Eine solche Regelung im gestaltenden Teil des Insolvenzplans ist zulässig, da der Insolvenzplan auf die Bereitstellung von Ausgleichsmitteln insgesamt verzichten kann. Dann muss aber erst recht die Möglichkeit bestehen, die Anspruchsberechtigung einzuschränken.[675)]
>
> Bei der Formulierung von Einschränkungen der Anspruchsberechtigung ist aber darauf zu achten, dass es deren Funktion ist, eine schnelle Abweisung von Minderheitenschutzanträgen und sofortige Beschwerden zu ermöglichen. Von einer über die genannte Anknüpfung hinaus gehenden Einschränkung des materiellen Ausgleichsanspruchs sollte unbedingt abgesehen werden, weil andernfalls wiederum das Insolvenzgericht oder Beschwerdegericht nicht durch Verweis auf Ausgleichszahlungen die Rechtsbehelfe zügig abweisen kann.

2. In welcher Höhe ist der behauptete Nachteil des Beteiligten zu berücksichtigen?

Da der Minderheitenschutzantrag gemäß § 251 Abs. 2 InsO nur zulässig ist, wenn der Antragsteller seine voraussichtliche Schlechterstellung durch den Plan spätestens im Abstimmungstermin glaubhaft gemacht hat, muss der Antragsteller die Höhe der angeblichen Schlechterstellung anhand einer eigenen Vergleichsrechnung grundsätzlich konkret beziffern.[676)] Entsprechendes gilt für die Glaubhaftmachung der wesentlichen Schlechterstellung durch den Plan im Beschwerdeverfahren gemäß § 253 Abs. 2 Nr. 3 InsO. **Maßstab** für den Vergleich ist die **Stellung des Beteiligten im Regelverfahren** und nicht ein alternativer ggf. für den Beteiligten günstigerer Insolvenzplan. Einzelheiten zum maßgeblichen hypothetischen Vergleichsszenario siehe § 20 Rz. 36 ff. [*Hirschberger*]. 635

Hat der opponierende Beteiligte einen konkreten Betrag seiner angeblichen Schlechterstellung glaubhaft gemacht, d. h. überwiegend wahrscheinlich gemacht, kann das Insol- 636

673) *Lehmann/Rühle*, NZI 2015, 151, 153.

674) *Lehmann/Rühle*, NZI 2015, 151, 153.

675) So auch *Lehmann/Rühle*, NZI 2015, 151, 153.

676) Falls der Beteiligte die Höhe der voraussichtlichen Schlechterstellung ausnahmsweise nicht konkret beziffern kann (z. B. wegen eines noch unklaren Ausfalls eines absonderungsberechtigten Gläubigers), hat er den möglichen Höchstbetrag seiner Schlechterstellung zu benennen, *Lehmann/Rühle*, NZI 2015, 151, 153; a. A. K. Schmidt-*Spliedt*, InsO, § 251 Rz. 20.

venzgericht diesen Betrag seiner auf die glaubhaft gemachten Tatsachen beschränkten Prüfung zugrunde legen, die untersucht, ob die im Plan bereitgestellten Mittel ausreichend sind.[677] Erklärt sich der Minderheitenschutzantrag nicht zur Höhe der angeblichen Schlechterstellung und ist dieser daher unsubstantiiert, muss das Gericht diesen gemäß § 251 Abs. 2 InsO als unzulässig verwerfen.[678] In diesem Fall steht den Beteiligten bereits deswegen **kein Ausgleichsanspruch gemäß § 251 Abs. 3 Satz 2 InsO** zu, **weil die Abweisung seines Minderheitenschutzantrages nicht auf den im Plan bereitgestellten Ausgleichsmitteln beruht.**[679]

637 Zusammenfassend gilt somit, dass für jeden Beteiligten die i. R. der Zulässigkeitsprüfung glaubhaft gemachte Schlechterstellung bei der Berechnung der Höhe der Planmittel heranzuziehen ist. Zugunsten des schutzbedürftigen Antragstellers ist der Betrag im Zweifel im oberen Bereich der wahrscheinlichen Schlechterstellung festzusetzen.[680]

3. Berücksichtigung von bestrittenen Forderungen

638 In der Praxis stellen nicht selten Gläubiger, deren Forderung (teilweise) bestritten wurde, häufig auch aus Verärgerung über das Bestreiten, einen Minderheitenschutzantrag.

639 Dabei stellt sich die Frage, ob bei der Berechnung der Höhe der Planmittel die bestrittene Forderung berücksichtigt werden muss. Einerseits darf nicht durch die Geltendmachung von überhöhten Forderungen **willkürlich die Sanierung torpediert** werden, indem für die Sanierung benötigte Werte und Liquidität unnötig blockiert oder die Planumsetzung verzögert werden.[681] Andererseits darf **dem Feststellungsrechtsstreit aber auch nicht vorgegriffen werden.** In Betracht kommt eine **Orientierung an der Prüfung der gerichtlichen Stimmrechtsfestsetzung** (siehe ausführlich zur Stimmrechtsfestsetzung § 16 Rz. 11 ff. [*Laroche*]). Bei einer solchen hat das Gericht auf die Wahrscheinlichkeit abzustellen, nach der die Forderung als Insolvenzforderung Bestand haben wird, ggf. durch eine summarische Prüfung der Forderung.[682] Im Zweifelsfalle soll dabei dem Beteiligten ein Stimmrecht zugesprochen werden.[683] Diese Kriterien sind auch bei der Berechnung der Höhe der Planmittel anzuwenden. Bestrittene Forderungen sind daher i. H. der gerichtlichen Stimmrechtsfestsetzung zu berücksichtigen. Offensichtlich unzulässige Minderheitenschutzanträge finden richtigerweise keine Berücksichtigung.

IV. Gesamtsumme oder individuelle Zuordnung der Planmittel?

640 Von Teilen der Literatur wird verlangt, dass die Planmittel im Insolvenzplan den potenziellen Antragstellern im gestaltenden Teil des Insolvenzplans individuell zugeteilt werden.[684] Welche Beteiligten einen Minderheitenschutzantrag stellen oder sofortige Beschwerde gegen die Planbestätigung einlegen, steht mit Planverabschiedung jedoch noch nicht fest. Eine individuelle Zuteilung könnte somit allenfalls nach Planannahme durch den Insolvenzverwalter über eine Planermächtigung erfolgen.

677) *Lehmann/Rühle*, NZI 2015, 151, 153.

678) *Sinz* in: MünchKomm-InsO, § 251 Rz. 22; *Lehmann/Rühle*, NZI 2015, 151, 153.

679) *Lehmann/Rühle*, NZI 2015, 151, 153.

680) K. Schmidt-*Spliedt*, InsO, § 251 Rz. 20.

681) K. Schmidt-*Spliedt*, InsO, § 251 Rz. 20.

682) K. Schmidt-*Jungmann*, InsO, § 77 Rz. 12, *Kübler* in: KPB, InsO, § 77 Rz. 19.

683) *Riedel* in: HK-InsO, § 77 Rz. 8; *Kübler* in: KPB, InsO, § 77 Rz. 20; Braun-*Herzig*, InsO, § 77 Rz. 13; **a. A.** *Preß/Henningsmeier* in: HambKomm-InsR, § 77 InsO Rz. 8.

684) K. Schmidt-*Spliedt*, InsO, § 251 Rz. 21; s. a. *Sinz* in: MünchKomm-InsO, § 251 Rz. 38: Auf eine individuelle Zuordnung könne allenfalls verzichtet werden, wenn die bereitgestellten Mittel jede denkbare Schlechterstellung sicher auszugleichen vermögen.

Eine solche **formale Zuteilung ist für den damit verfolgten Zweck, dem Antragsteller nicht das Risiko unzureichender** Planmittel aufzubürden,[685] auch **nicht erforderlich.** Damit das Gericht die Rechtsbehelfe gestützt auf die Planmittel zurückweisen kann, hat es stets zu überprüfen, ob die im Insolvenzplan vorgesehenen Mittel ausreichen und ggf. eine nachträgliche Aufstockung erforderlich ist. Dabei ist **„gedanklich" eine Zuteilung der Planmittel** auf die Beteiligten, die einen Minderheitenschutzantrag gestellt oder sofortige Beschwerde erhoben haben, freilich stets erforderlich.[686] 641

V. Aufstockungsklausel

Da Minderheitenschutzantrag und Beschwerde erst **nach Annahme des Insolvenzplans** durch die Beteiligtenversammlung erfolgen und eine Änderung des Insolvenzplans dann gemäß § 240 InsO nicht mehr zulässig ist, kann die Regelung der Höhe der Planmittel im Insolvenzplan nur auf der Grundlage einer **Prognose** erfolgen, in welchem Forderungsvolumen mit einem Minderheitenschutzantrag zu rechnen ist. 642

Wesentliche Gläubiger lassen i. R. der Verhandlungen über den Insolvenzplan nicht selten erkennen, dass sie gegen den Insolvenzplan stimmen und auch Rechtsbehelfe gegen diesen einlegen werden. 643

Dennoch lässt sich im Zeitpunkt der Plananahme in der Regel nicht genau bestimmen, welche Planmittel erforderlich sind, um eine zügige Planbestätigung unter Verweis auf die Planmittel nach § 251 Abs. 3 InsO zu ermöglichen. Daher sind sog. **Aufstockungsklauseln**, wonach der Schuldner ausdrücklich ermächtigt wird, die im Plan vorgesehenen Mittel zu erhöhen, zulässig und auch geboten.[687] Entbehrt der Insolvenzplan einer solchen Aufstockungsklausel, ist eine Korrektur allein aufgrund einer Verwaltervollmacht (§§ 221 Satz 2, 248a InsO) nicht möglich, da es sich nicht um „offensichtliche Fehler" i. S. von § 221 InsO handelt.[688] 644

Enthält der Insolvenzplan eine Aufstockungsklausel, so muss das **Gericht dem Planverfasser eine angemessene Frist setzen, um für die Aufstockung der Planmittel zu sorgen**, wenn es davon ausgeht, dass die im Plan vorgesehenen Mittel zu niedrig erscheinen.[689] 645

VI. Bereitstellungszeitpunkt

Um i. R. eines Minderheitenschutzantrages Berücksichtigung zu finden, müssen die im Insolvenzplan vorgesehenen **Planmittel** auch **tatsächlich vorliegen**, d. h. je nach konkreter Planmittelregelung das entsprechende Geld hinterlegt oder die Bürgschaft gewährt worden sein. Das Insolvenzgericht kann einen Minderheitenschutzantrag nur dann durch Verweis auf Ausgleichszahlung gemäß § 251 Abs. 3 Satz 2 InsO abweisen, wenn der Nachweis erbracht wurde, dass hinreichende Planmittel auch tatsächlich vorliegen, etwa in der Form eines Kontoauszuges nebst Treuhandabrede oder Vorlage einer Bankbürgschaft. 646

VII. Ausschlussfrist für die Geltendmachung des Ausgleichsanspruchs

Im Insolvenzplan kann eine Ausschlussfrist vorgesehen werden, binnen derer eventuelle Ausgleichsansprüche nach Rechtskraft der Planbestätigung geltend zu machen sind.[690] 647

685) Vgl. K. Schmidt-*Spliedt*, InsO, § 251 Rz. 21.

686) So auch *Thies* in: HambKomm-InsR, § 251 InsO Rz. 19; *Sinz* in: MünchKomm-InsO, § 251 Rz. 38.

687) So auch *Lehmann/Rühle*, NZI 2015, 151, 154; *Burmeister/Tasma* in: Kübler/Bork/Prütting, HRI II, § 38 Rz. 76; *Rendels/Zabel*, Insolvenzplan, Rz. 518.

688) K. Schmidt-*Spliedt*, InsO, § 251 Rz. 23.

689) *Sinz* in: MünchKomm-InsO, § 251 Rz. 40.

690) K. Schmidt-*Spliedt*, InsO, § 251 Rz. 26; *Fischer*, NZI 2013, 513, 520; *Sinz* in: MünchKomm-InsO, § 251 Rz. 46; *Thies* in: HambKomm-InsR, § 251 InsO Rz. 22; *Rendels/Zabel*, Insolvenzplan, Rz. 519.

Bezüglich der **Mindestlänge dieser Ausschlussfrist** besteht in der Literatur Uneinigkeit. Teilweise wird eine Frist von mindestens einem Jahr ab Erlangung der Rechtskraft des Bestätigungsbeschlusses des Insolvenzplans verlangt, die sich an der Frist aus § 259b Abs. 1 InsO orientiert.[691]

648 Aufgrund des starken Interesses an einer zügigen, endgültigen Klärung, ist in Anlehnung an die allgemeinen Rechtsbehelfsmittelfristen jedoch **eine Frist von mindestens einem Monat**[692] ab Erlangung der Rechtskraft des Bestätigungsbeschlusses als ausreichend zu erachten.

VIII. Zusammenfassung/Formulierungsbeispiel

649 Für die Regelung einer Planmittelklausel lassen sich folgende Grundsätze formulieren:

- Der Nachweis der Planmittel über eine **valide Liquiditätsplanung** ist ausreichend. Da diese Frage jedoch noch nicht höchstrichterlich geklärt ist, sollte möglichst eine dinglich separierte Bereitstellung der Planmittel erfolgen, wie etwa durch Barmittel auf einem Treuhandkonto (siehe dazu Rz. 626).
- Hat der Inhaber einer **bestrittenen** Forderung einen Minderheitenschutzantrag gestellt, sind für die Abweisung Planmittel einer voraussichtlichen Befriedigung im Regelverfahren unter der i. R. der Stimmrechtsfestsetzung festgelegten Höhe der Forderung zu berücksichtigen.
- Die im Insolvenzplan vorgesehenen Planmittel müssen dabei eine potentielle Schlechterstellung der Antrags- und Beschwerdeführer im Vergleich zum Regelverfahren abdecken. Will man eine möglichst **zügige Abweisung** des Minderheitenschutzantrages, sollte ein Betrag als Planmittel ausgewiesen werden, der eine **hundertprozentige Befriedigung sämtlicher Antrags- und Beschwerdeführer** ermöglicht. Das Gericht braucht in diesem Fall die Vergleichsrechnung nicht zu überprüfen, sondern kann zügig ohne sonstige Prüfung den Minderheitenschutzantrag oder die Beschwerde allein wegen der Planmittel abweisen. Werden im Minderheitenschutzantrag konkrete Angaben zur Befriedigungsquote im Regelverfahren gemacht[693] oder kommt – wie in den meisten Fällen – allenfalls eine bestimmte geringfügige Quotenerhöhung für das Regelverfahren in Betracht, kann auch diese „allenfalls denkbare“ Quotenerhöhung bei der Berechnung der Höhe der Planmittel zugrunde gelegt werden. Offensichtlich unzulässige Minderheitenschutzanträge können bei der Berechnung der Planmittel ausgenommen werden (siehe oben Rz. 638 f.).
- Der Insolvenzplan sollte einen Mindestrahmen von Planmitteln enthalten. Eine dringend aufzunehmende Aufstockungsklausel ermöglicht, die Planmittel nachträglich anhand der tatsächlich gestellten Minderheitenschutzanträge oder ggf. Beschwerden aufzustocken.
- Der Ausgleichsanspruch nach § 251 Abs. 3 Satz 2 InsO ist im Insolvenzplan auf Beteiligte zu beschränken, deren Minderheitenschutzantrag oder Beschwerde gerade wegen des möglichen Ausgleichs durch Planmittel zurückgewiesen wurde (siehe ausführlich oben Rz. 627 f.). Für die Geltendmachung dieser Ausgleichsansprüche sollte eine Ausschlussfrist im gestaltenden Teil des Insolvenzplans festgelegt werden.

---

691) K. Schmidt-*Spliedt*, InsO, § 251 Rz. 26; *Thies* in: HambKomm-InsR, § 251 InsO Rz. 22.

692) *Sinz* in: MünchKomm-InsO, § 251 Rz. 46; *Fischer*, NZI 2013, 513, 520.

693) Dies wird nur dann erforderlich sein, wenn diese Angaben von denjenigen in der Vergleichsrechnung abweichen.

Formulierungsbeispiel

„(1) Gemäß § 251 Abs. 3 Satz 1 InsO werden Mittel in Höhe von X € durch Hinterlegung auf einem Sonderkonto des Sachwalters bei der […]-Bank (IBAN/BIC) treuhänderisch für den Fall bereitgestellt, dass ein Beteiligter nachweist, dass er durch den Insolvenzplan voraussichtlich schlechtergestellt wird, als er ohne Insolvenzplan stünde („Planmittel"). Die Schuldnerin ist berechtigt, den hinterlegten Betrag zu erhöhen, falls das jeweils zuständige Gericht, d. h. das Insolvenzgericht im Falle des § 251 InsO oder das Beschwerdegericht im Falle des § 253 InsO, dies für erforderlich hält, um eine Entscheidung zugunsten der Wirksamkeit des Insolvenzplans zu treffen.

(2) Ein Anspruch auf Ausgleich wegen nachweislicher Schlechterstellung aus den Planmitteln im Sinne von § 251 Abs. 3 Satz 2 InsO steht nur den Beteiligten zu, deren Minderheitenschutzantrag gemäß § 251 Abs. 3 Satz 1 InsO oder sofortige Beschwerde gemäß § 253 Abs. 2 Nr. 3 InsO **durch Verweis auf mögliche Ausgleichszahlungen abgewiesen** werden.

(3) Die Schuldnerin und der Sachwalter in seiner Eigenschaft als Treuhänder der Planmittel sind verpflichtet, zulasten des hinterlegten Betrags aufgrund einer rechtskräftigen Entscheidung im Sinne von § 251 Abs. 3 Satz 2 InsO über Grund und Höhe oder aufgrund einer getroffenen einvernehmlichen Lösung zwischen Schuldnerin und Beteiligten, die der Zustimmung des Sachwalters bedarf, an den jeweiligen Beteiligten auszuzahlen. Der Anspruch auf Zahlung eines Ausgleichs wegen Schlechterstellung ist, soweit nicht eine einvernehmliche Lösung getroffen wird, die der Zustimmung des Sachwalters bedarf, innerhalb von einem Monat nach der rechtskräftigen Bestätigung des Insolvenzplans durch Klage gegen die Schuldnerin anhängig zu machen und dies gegenüber dem Sachwalter innerhalb einer weiteren Frist von einem Monat nachzuweisen. Soweit dies nicht erfolgt, kann der Beteiligte keinen Ausgleichsanspruch wegen Schlechterstellung mehr geltend machen. Freiwerdende Beträge stehen der Schuldnerin zu."

W. Ermächtigung zu Planberichtigungen und zur Umsetzung des Plans (§ 221 Satz 2 InsO)

I. Zweck von Planberichtigungsklauseln

Mit der Abstimmung über den Plan ist dieser grundsätzlich unveränderlich. Dennoch sind Insolvenzpläne fehleranfällig. Dass es in der häufig unter erheblichem Zeitdruck stehenden Planentwurfsphase zu Fehlern kommt, ist dabei recht wahrscheinlich.[694] Um diesem Missstand abzuhelfen, kann der Insolvenzverwalter – und im Falle der Eigenverwaltung der Sachwalter[695] – gemäß § 221 Satz 2 Fall 2 InsO im gestaltenden Teil des Insolvenzplans dazu **ermächtigt werden, offensichtliche Fehler des Plans zu berichtigen.** 650

Darüber hinaus kann der Insolvenzverwalter bevollmächtigt werden, die zur Umsetzung notwendigen Maßnahmen zu ergreifen (§ 221 Satz 2 Fall 1 InsO). Da Regelungen im Insolvenzplan häufig zukunftsbezogen sind, besteht ein Bedürfnis nach Anpassungs- und Umsetzungsmechanismen. 651

II. Berichtigung offensichtlicher Fehler (§ 221 Satz 2 Fall 2 InsO)

Die Berichtigungsbefugnis gemäß § 221 Satz 2 Fall 2 InsO bezieht sich nach dem Wortlaut jedoch nur auf offensichtliche Fehler, wie etwa Schreibfehler,[696] Rechenfehler, die offenkundig falsche Bezeichnung einer Person oder sonstige Formfehler.[697] 652

694) Braun-*Braun/Frank*, InsO, § 221 Rz. 23; *Bähr* in: Mohrbutter/Ringstmeier/Meyer, Hdb. Insolvenzverwaltung, Kap. 14 Rz. 122.

695) *Eidenmüller* in: MünchKomm-InsO, § 221 Rz. 68; *Spahlinger* in: KPB, InsO, § 221 Rz. 36.

696) *Thies* in: HambKomm-InsR, § 221 InsO Rz. 13; *Jaffé* in: FK-InsO, § 221 Rz. 14.

697) Beschlussempfehlung und Bericht d. RA z. RegE ESUG, BT-Drucks. 17/7511, S. 35 f.; *Thies* in: HambKomm-InsR, § 221 InsO Rz. 14; K. Schmidt-*Spliedt*, InsO, § 248a Rz. 3; *Jaffé* in: FK-InsO, § 221 Rz. 14; *Fiebig* in: HK-InsO, § 221 Rz. 8.

653 Es ist jedoch allgemein anerkannt, dass darüber hinaus offensichtliche Lücken im Insolvenzplan geschlossen werden können, wie etwa die unterbliebene ausdrückliche Aufnahme eines für die geplanten gesellschaftsrechtlichen Änderungen erforderlichen Beschlusses.[698] Entscheidend für das Planberichtigungsrecht des Insolvenzverwalters nach § 221 Satz 2 Fall 2 InsO ist allein **der Grad der Offensichtlichkeit des Fehlers.**[699] Die Berichtigungen müssen sich dabei jedoch i. R. dessen halten, was nach Vorstellung der Beteiligten durch den Insolvenzplan umgesetzt werden sollte, der „wahre Wille" der Beteiligten.[700]

654 Die Planberichtigung nach § 221 Satz 2 Fall 2 InsO ist nach der Planbestätigung jedenfalls bis zur Rechtskraft des Planbestätigungsbeschlusses möglich.[701] Die h. M. erstreckt die Berichtigungsbefugnis **auch auf die Phase bis zur Aufhebung des Insolvenzverfahrens, weil erst damit das Amt des Insolvenzverwalters endet.**[702] Der h. M. ist zuzustimmen: das Bedürfnis für eine Berichtigung offensichtlicher Fehler endet nicht mit Ablauf der Beschwerdefrist und tangiert – auch wegen § 248a InsO – nicht die Rechtsstellung der Beteiligten, sondern verhilft dem Mehrheitswillen zur Geltung. **Die Plankorrektur bedarf nach Bestätigung des Insolvenzplans (§ 248 InsO) der Bestätigung des Insolvenzgerichts nach § 248a InsO.** Zum Planberichtigungsbeschluss siehe § 18 Rz. 24 [*Thole*].

III. Notwendige Umsetzungsmaßnahmen (§ 221 Satz 2 Fall 1 InsO)

655 Die Umsetzungsbefugnis nach § 221 Satz 2 Fall 1 InsO gleicht der Durchführungs- und Vollzugsvollmacht, die in der Regel in Notarverträgen Verwendung findet.[703]

656 Nach h. M. ist die pauschale Ermächtigung „zur Vornahme der für die Durchführung des Plans erforderlichen Maßnahmen" zu unbestimmt.[704] Dies ist einleuchtend, denn anders **als für Maßnahmen zur offensichtlichen Fehlerbeseitigung (§ 221 Satz 2 Fall 2 InsO)** unterliegen Umsetzungsmaßnahmen **keiner nachgeschalteten gerichtlichen Kontrolle** aus § 248a InsO.[705]

657 Es sollte daher zumindest an konkrete Zwischenverfügungen oder Hinweise angeknüpft werden. Können die **Umsetzungsmaßnahmen konkreter bezeichnet** werden, so sollte dies erfolgen. Stellt sich die Beschränkung im Nachhinein als zu eng heraus, so kann dem durch das Planberichtigungsrecht wegen offensichtlicher Fehler nach § 221 Satz 2 Fall 2 InsO abgeholfen werden.[706]

Formulierungsbeispiel

„Der Sachwalter (bzw. im Falle der Aufhebung der Eigenverwaltung der Insolvenzverwalter) wird im Sinne von § 221 Satz 2 InsO ermächtigt, offensichtliche Fehler des Insolvenzplans zu berichtigen.

698) *Eidenmüller* in: MünchKomm-InsO, § 221 Rz. 63; *Thies* in: HambKomm-InsR, § 221 InsO Rz. 14; *Jaffé* in: FK-InsO, § 221 Rz. 14; *Fiebig* in: HK-InsO, § 221 Rz. 8; *Pleister/Theusinger* in: Kübler/Bork/Prütting, HRI II, § 34 Rz. 33; *Spahlinger* in: KPB, InsO, § 221 Rz. 34.

699) *Jaffé* in: FK-InsO, § 221 Rz. 14.

700) *Jaffé* in: FK-InsO, § 221 Rz. 13; *Fiebig* in: HK-InsO, § 221 Rz. 8; *Eidenmüller* in: MünchKomm-InsO, § 221 Rz. 64; K. Schmidt-*Spliedt*, InsO, § 248a Rz. 3.

701) *Jaffé* in: FK-InsO, § 221 Rz. 16.

702) K. Schmidt-*Spliedt*, InsO, § 248a Rz. 2; *Pleister/Theusinger* in: Kübler/Bork/Prütting, HRI II, § 34 Rz. 32; *Spahlinger* in: KPB, InsO, § 221 Rz. 30 – Wirkung aber auch erst ab Rechtskraft der Planbestätigung; **a. A.** *Jaffé* in: FK-InsO, § 221 Rz. 16 – nur bis zur Rechtskraft der Planbestätigung.

703) Beschlussempfehlung und Bericht d. RA z. RegE ESUG, BT-Drucks. 17/7511, S. 35; *Jaffé* in: FK-InsO, § 221 Rz. 12.

704) *Eidenmüller* in: MünchKomm-InsO, § 221 Rz. 74; *Spahlinger* in: KPB, InsO, § 221 Rz. 31.

705) *Eidenmüller* in: MünchKomm-InsO, § 221 Rz. 74.

706) *Eidenmüller* in: MünchKomm-InsO, § 221 Rz. 74.

Er wird zudem ermächtigt, die zur Umsetzung des Insolvenzplans notwendigen Maßnahmen zu ergreifen, insbesondere die Antragstellung nach § 13 GBO für das Grundstück [genaue Bezeichnung] vorzunehmen und die durch diesen Insolvenzplan ersetzten Beschlüsse und Willenserklärungen der Gesellschafter aufgrund eines gerichtlichen Hinweises oder einer Zwischenverfügung des zuständigen Registergerichts dergestalt abzuändern, dass die Umsetzung des Plans und eine Eintragung der Maßnahmen ermöglicht wird."

X. Regelung zur Schlussrechnungslegung

Grundsätzlich muss der Insolvenzverwalter gemäß § 66 Abs. 1 Satz 1 InsO vor der Beendigung seines Amtes – also auch vor der Aufhebung des Insolvenzverfahrens[707] – der Gläubigerversammlung eine Schlussrechnung[708] legen. Gemäß § 66 Abs. 2 InsO prüft vor der Gläubigerversammlung das Gericht diese Schlussrechnung. **Schlussrechnungslegung und Schlussrechnungsprüfung können die Aufhebung des Insolvenzverfahrens erheblich verzögern**, was wiederum Sanierungschancen gefährden kann, wenn der Schuldner erst spät die Verfügungsbefugnis zurückerlangt.[709] 658

Gemäß § 66 Abs. 1 Satz 2 InsO kann hiervon im Insolvenzplan eine abweichende Regelung getroffen und auf die Schlussrechnungslegung sogar **gänzlich verzichtet** werden. Der Verzicht umfasst auch die Pflicht zur Vorlage der Schlussrechnung **gegenüber dem Gericht**, es ist also ein vollständiger Verzicht auf die Schlussrechnungslegung möglich.[710] Nicht selten setzen sich die Gerichte faktisch über entsprechende Regelungen hinweg.[711] 659

Zwar bezieht sich § 66 Abs. 1 Satz 2 InsO von der unmittelbaren Systematik her nur auf den vorstehenden Satz 1, der die Rechnungslegung vor der Gläubigerversammlung festlegt. Kann allerdings auf diese Rechnungslegung wirksam verzichtet werden, so gibt es auch keinen Zeitpunkt *vor* der Schlussrechnungslegung vor der Gläubigerversammlung (§ 66 Abs. 2 Satz 1 InsO), zu dem das Gericht zur Prüfung der Schlussrechnung berufen wäre, sodass sich ein entsprechender Verzicht umfassend auswirkt.[712] Dies deckt sich auch mit den Erwägungen des ESUG-Gesetzgebers,[713] wonach auf die Schlussrechnung vollständig verzichtet werden können soll. 660

Ein entsprechender Verzicht wird daher in den meisten Fällen sinnvoll sein. Zu beachten ist jedoch, dass hierdurch **nicht die Pflicht des Insolvenzverwalters aus § 58 InsO abbedungen werden kann, gegenüber dem Insolvenzgericht Rechnung abzulegen.**[714] Diese Pflicht besteht allerdings über die Aufhebung des Insolvenzverfahrens fort, hindert also nicht die Rückerlangung der Verfügungsbefugnis durch den Schuldner.[715] 661

Formulierungsbeispiel

„Eine Schlussrechnungsprüfung nach § 66 InsO findet nicht statt."

---

707) Vgl. nur *Riedel* in: MünchKomm-InsO, § 66 Rz. 7; K. Schmidt-*Rigol*, InsO, § 66 Rz. 5.

708) Instruktiv zur Schlussrechnungslegung im Insolvenzplanverfahren: *Harbeck*, ZInsO 2014, 388 ff.

709) Vgl. Begr. RegE ESUG, BT-Drucks. 17/5712, S. 27.

710) AG Ludwigshafen, Beschl. v. 10.4.2015 – 3 f IN 27/14, NZI 2015, 469 f., dazu EWiR 2015, 523 f. *(Henkel/Kanschik)*; *Riedel* in: MünchKomm-InsO, § 66 Rz. 9; K. Schmidt-*Rigol*, InsO, § 66 Rz. 5; Uhlenbruck-*Mock*, InsO, § 66 Rz. 41 f.; a. A. *Harbeck*, ZInsO 2014, 388, 391.

711) S. *Gravenbrucher Kreis*, ZIP 2015, 2159, 2164.

712) AG Ludwigshafen, Beschl. v. 10.4.2015 – 3 f IN 27/14, NZI 2015, 469, 470.

713) Vgl. Begr. RegE ESUG, BT-Drucks. 17/5712, S. 27.

714) AG Ludwigshafen, Beschl. v. 10.4.2015 – 3 f IN 27/14, NZI 2014, 469, 470; *Riedel* in: MünchKomm-InsO, § 66 Rz. 9.

715) AG Ludwigshafen, Beschl. v. 10.4.2015 – 3 f IN 27/14, NZI 2014, 469, 470; *Riedel* in: MünchKomm-InsO, § 66 Rz. 9.

Alternative: „Auf die Schlussrechnungslegung wird verzichtet. Ein Schlusstermin findet nicht statt."

Alternative: „Gemäß § 66 Abs. 1 Satz 2 InsO wird folgende abweichende Regelung getroffen: Der vom Gläubigerausschuss eingesetzte Kassenprüfer wird beauftragt, seine Prüfung bis zum Zeitpunkt der gerichtlichen Planbestätigung fortzusetzen. Wenn diese Prüfung zu keinen Beanstandungen führt und der Gläubigerausschuss dies bestätigt, wird abweichend von § 66 Abs. 1 Satz 1 InsO auf die Schlussrechnung verzichtet. Ein Schlusstermin findet nicht statt."

Y. Salvatorische Klauseln

662 Unzulässig, da aufgrund „der Vielzahl der an einem Insolvenzverfahren Beteiligten mit unterschiedlichen Interessen" zu unbestimmt, sind nach Auffassung des BGH die in der Vertragspraxis gängigen sog. salvatorischen Klauseln etwa folgenden Inhalts:[716)]

> „Sollte eine Bestimmung des Insolvenzplans unwirksam sein oder unwirksam werden, so berührt dies die Wirksamkeit der übrigen Bestimmungen nicht. Die unwirksame Bestimmung ist durch eine wirksame zu ersetzen, die inhaltlich dem Gewollten entspricht. Dies gilt auch für eine Lücke."

663 Derartige Klauseln modifizieren § 139 BGB. Für diese Norm ist allerdings nach Auffassung des BGH aufgrund der Rechtsnatur des Insolvenzplans kein Raum.[717)] Ein infolge einer unbeabsichtigten Lücke in der Umsetzung bedrohter Insolvenzplan kann daher nur gemäß § 221 Satz 2 InsO durch das Planberichtigungsrecht des Insolvenzverwalters „gerettet" werden (siehe dazu Rz. 650 ff.).

716) BGH, Urt. v. 7.5.2015 – IX ZB 75/14, Rz. 23, ZInsO 2015, 1398 = ZIP 2015, 1346.
717) BGH, Urt. v. 7.5.2015 – IX ZB 75/14, Rz. 27, ZInsO 2015, 1398 = ZIP 2015, 1346.

§ 9
Gruppenbildung

Übersicht

Literatur: *Bremer*, Insolvenzplan: Fortführung betrieblicher Altersversorgung durch den Arbeitgeber, DB 2011, 875; *Eidenmüller/Engert*, Reformperspektiven einer Umwandlung von Fremd- in Eigenkapital (Debt-Equity-Swap) im Insolvenzplanverfahren, ZIP 2009, 541; *Gareis*, Die Auswirkungen der Umsatzsteuererhöhung zum 1.1.2007 auf bereits festgesetzte Vergütungen und insbesondere auf Vergütungen in Altverfahren, ZInsO 2007, 23; *Hingerl*, Gruppenbildung im Insolvenzplanverfahren, ZInsO 2007, 1337; *Paulsdorff/Wohlleben*, Die Rechtsstellung des Pensions-Sicherungs-Vereins, Sicherungsverein auf Gegenseitigkeit (PSVaG) nach neuem Insolvenzrecht, in: Kölner Schrift zur Insolvenzordnung, 2. Aufl. 2000, S. 1655; *Prahl*, Zur Wirkung des Insolvenzplans gegen Nachzügler bei beiderseits nicht erfülltem Vertrag nach Aufhebung des Verfahrens (§ 258 Abs. 1 InsO), ZInsO 2007, 318, *Rieger*, Verpflichtungen aus betrieblicher Altersversorgung in Insolvenzplänen, NZI 2013, 671; *Schmidt, A.*, Nachzügler in (Privat-)Insolvenzplänen, ZVI 2018, 263; *Smid*, Vorprüfung des Insolvenzplans, insbesondere in Schutzschirm- und Eigenverwaltungsverfahren, Teil 1, ZInsO

2016, 61; *Zimmer*, Insolvenzplan bei Masseunzulänglichkeit nach § 210a InsO (ESUG), ZInsO 2012, 390.

A. Grundprinzipien der Gruppenbildung im Insolvenzplan

I. Ursprung

1 Die Gruppenbildung ist Ausdruck des gesetzgeberischen Willens, den unterschiedlichen Interessen der Gläubiger i. R. einer von der Regelabwicklung abweichenden Verwertungsart Rechnung zu tragen. Die die Gruppenbildung regelnde Vorschrift des **§ 222 InsO** kann daher zu Recht als eine **Schlüsselvorschrift** des gesamten Insolvenzplanverfahrens bezeichnet werden.[1]

2 Als Vorbild für das System der Gruppenbildung diente das Recht der Vereinigten Staaten von Amerika,[2] vgl. dort insbesondere § 1122 U. S. Bankruptcy Code. Bei Auslegungsfragen können demnach hieraus – soweit entsprechende Fragestellungen nicht durch die zwischenzeitliche Rechtsprechung und Literatur beantwortet worden sind und die Zielrichtung vergleichbar ist – möglicherweise Anregungen gewonnen werden.[3]

II. Zuordnung zum gestaltenden Teil

3 Nach der gesetzgeberischen Intention soll der Plan nach Möglichkeit die vermögensrechtliche Stellung aller Beteiligten verbessern, jedenfalls aber keinen Beteiligten gegen seinen Willen wirtschaftlich schlechterstellen, als er im Falle der Verwertung des Schuldnervermögens nach den gesetzlichen Vorschriften stünde.[4]

4 Gemäß § 222 InsO sind bei der „Feststellung der Rechte" der Beteiligten Gruppen zu bilden, soweit Beteiligte mit unterschiedlicher Rechtsstellung betroffen sind. Da die Gruppenbildung Voraussetzung für die Abstimmung über den Plan sowie den Eingriff in die Rechte des jeweils betroffenen Gläubigers ist, kommt ihr **konstitutive Wirkung** zu. Die Gruppenbildung ist damit dem **gestaltenden Teil** des Insolvenzplans zuzuordnen.[5]

III. Beteiligung von Gläubigern und sonstigen Beteiligten bei der Gruppenbildung

5 Nachdem ein erfolgreiches Planvorhaben der Zustimmung der Gläubiger bedarf, stellt sich die Frage, inwieweit die Gläubiger und sonstigen Beteiligten bereits bei der Gruppenbildung in das Planvorhaben miteinzubeziehen sind.

1. Gläubigerversammlung

6 Gemäß § 157 Satz 2 InsO kann die Gläubigerversammlung den Insolvenzverwalter bzw. in der Eigenverwaltung gemäß § 284 Abs. 1 Satz 1 InsO den Schuldner oder den Sachwalter mit der **Ausarbeitung eines Insolvenzplans** beauftragen und ihm das **Ziel des Plans** vorgeben. Dieser Auftrag geht allerdings nicht so weit, dass dem Beauftragten bereits ein fertig ausgearbeiteter Insolvenzplan übergeben oder ihm eine konkrete Bildung von ein-

1) Vgl. *Jaffé* in: FK-InsO, § 222 Rz. 2.

2) Begr. RegE InsO, BT-Drucks. 12/2443, S. 195.

3) *Jaffé* in: FK-InsO, § 222 Rz. 19 f., der davon ausgeht, dass eine Übertragbarkeit des US-amerikanischen Rechts aufgrund der unterschiedlichen Zielsetzungen eher ausgeschlossen ist. Zu den Hintergründen bei Fragen der Auslegung ausführlich auch Uhlenbruck-*Lüer/Streit*, InsO, § 222 Rz. 1.

4) Begr. RegE InsO, BT-Drucks. 12/2443, S. 199.

5) *Koch/de Bra* in: Gottwald/Haas, InsR-Hdb., § 65 Rz. 65; *Haneke* in: Kübler/Bork/Prütting, HRI II, § 24 Rz. 14; *Frege/Nicht* in: Theiselmann, Hdb. Restrukturierungsrecht, Kap. 15 Rz. 163; a. A. *Eidenmüller* in: MünchKomm-InsO, § 222 Rz. 22.

zelnen Gruppen vorgeschrieben werden darf. Dies würde in den Kernbereich des Gestaltungsermessens des Planerstellers eingreifen.[6] Der Einfluss der Gläubigerversammlung „beschränkt" sich daher in der vorgenannten Beauftragung bzw. Zielvorgabe. Allerdings darf nicht vergessen werden, dass die Gläubigerversammlung im Erörterungs- und Abstimmungstermin gemäß § 235 Abs. 1 Satz 1 InsO erneut zusammenkommt und über den Plan abstimmt. Hieraus folgt die praktische Notwendigkeit, die wesentlichen Gläubiger in die Planerstellung sowie die Gruppenbildung – zumindest in Grundzügen – miteinzubeziehen und für das Planvorhaben zu gewinnen.

Praxishinweis

Dies gilt umso mehr, als in einem Insolvenzverfahren in aller Regel nicht genügend Zeit zur Verfügung steht, um mehrere Anläufe für einen erfolgreichen Insolvenzplan vorzunehmen. Ein Scheitern oder eine wesentliche Verzögerung des Planvorhabens werden daher aufgrund des Zeitverlustes auch den Spielraum für die Sanierung des Unternehmens enorm verengen.

2. Gläubigerausschuss, Betriebsrat, Sprecherausschuss und Schuldner

Gemäß § 218 Abs. 3 InsO wirkt der Gläubigerausschuss, wenn ein solcher bestellt ist, der Betriebsrat, der Sprecherausschuss der leitenden Angestellten und der Schuldner bei der Aufstellung des vom Insolvenzverwalter vorgelegten Plans **beratend** mit. Hierdurch soll dem genannten Personenkreis die Möglichkeit eingeräumt werden, auf die Plankonzeption des Verwalters Einfluss zu nehmen.[7] Vom Gesetzgeber wird allerdings nicht ausgeführt, was konkret unter „beratender Mitwirkung" zu verstehen ist und wer hieraus berechtigt und/oder verpflichtet ist. In der Gesetzesbegründung heißt es hierzu, dass der Insolvenzverwalter, insbesondere wenn der Plan die Fortführung des schuldnerischen Unternehmens vorsieht, die genannten Personen immer wieder zu konsultieren und sie über den Fortgang der Bemühungen zu unterrichten hat.[8] Hierdurch soll die Akzeptanz des vorgelegten Verwalterplans erhöht werden.[9] 7

Ob über die Möglichkeit zur beratenden Mitwirkung hinaus auch eine Mitwirkungs*pflicht* für die besonders interessierten Personen besteht, ist fraglich. Mit Ausnahme der Mitwirkungspflichten des Schuldners selbst aus den §§ 97 ff. InsO kann eine solche Pflicht für die übrigen in § 218 Abs. 3 InsO genannten Beteiligten weder der Gesetzesbegründung noch dem Wortlaut des Gesetzes entnommen werden.[10] Unklar ist zudem, ob dem Personenkreis eine Pflicht zur Stellungnahme zukommt, nachdem der Insolvenzverwalter seiner Unterrichtungspflicht nachgekommen ist.[11] Auch hierfür findet sich im Gesetz keine Stütze, was allerdings nicht ausschließt, dass es in der Sache sinnvoll ist, eine Stellungnahme abzugeben, damit der vom Gesetzgeber verfolgte Zweck, auf die Plankonzeption des Verwalters Einfluss zu nehmen, auch umgesetzt werden kann. 8

IV. Abstimmungsmethodik

Für das Planvorhaben hat die Gruppenbildung entscheidende Bedeutung, da sie – vorbehaltlich der richterlichen Kontrolle nach § 231 Abs. 1 Nr. 1 InsO bzw. §§ 248, 250 InsO – 9

6) Vgl. hierzu Uhlenbruck-*Zipperer*, InsO, § 157 Rz. 12; *Janssen* in: MünchKomm-InsO, § 157 Rz. 19.

7) *Thies* in: HambKomm-InsR, § 218 InsO Rz. 15; *Eidenmüller* in: MünchKomm-InsO, § 218 Rz. 37.

8) Begr. RegE InsO, BT-Drucks. 12/2443, S. 196.

9) *Eidenmüller* in: MünchKomm-InsO, § 218 Rz. 37.

10) Uhlenbruck-*Lüer/Streit*, InsO, § 218 Rz. 37; **a. A.** *Eidenmüller* in: MünchKomm-InsO, § 218 Rz. 48 f.; *Thies* in: HambKomm-InsR, § 218 InsO Rz. 15.

11) Dies wird von *Eidenmüller* in: MünchKomm-InsO, § 218 Rz. 52 befürwortet.

für den Planinitiator das Mittel zur **Gruppierung der unterschiedlichen Interessen** der Gläubiger sowie zur **Beschaffung der notwendigen Mehrheiten** ist bzw. sein kann.[12)]

10 Denn über den Plan wird nicht in einer Gläubigerversammlung nach Summenmehrheit (§ 76 Abs. 2 InsO), sondern in **jeder Gruppe gesondert** abgestimmt (§ 243 InsO). Anstelle einer gruppenübergreifenden Mehrheitsentscheidung aller Gläubiger hat der Gesetzgeber ein zweistufiges System der Entscheidungsfindung gewählt. Zur Annahme eines Plans ist gemäß § 244 Abs. 1 InsO erforderlich, dass in **jeder Gruppe**

- die Mehrheit der abstimmenden Gläubiger zustimmt (Kopfmehrheit) und
- die Summe der Ansprüche der zustimmenden Gläubiger mehr als die Hälfte der Summe der Ansprüche der abstimmenden Gläubiger beträgt (Summenmehrheit).[13)]

11 Sollte eine Gruppe dem Plan nicht zustimmen, so gilt gemäß § 245 Abs. 1 InsO die Zustimmung dennoch als erteilt (siehe zum sog. Obstruktionsverbot unten § 17 [*Thole*]), wenn

- die Angehörigen dieser Gruppe durch den Plan voraussichtlich nicht schlechter gestellt werden, als sie ohne ihn stünden,
- sie angemessen an dem wirtschaftlichen Wert beteiligt werden, der aufgrund des Planes den Beteiligten zufließen soll und
- die Mehrheit der Gruppen dem Plan zugestimmt hat.

Praxishinweis

Die Fiktion der Zustimmung stellt das Gericht noch im Abstimmungstermin fest; sie ist in das Protokoll mit aufzunehmen.[14)]

12 Diese Methodik verfolgt den Gedanken, dass die Legitimation von Mehrheitsentscheidungen umso stärker ist, je wahrscheinlicher es ist, dass die Entscheidung der Mehrheit auch im Interesse der überstimmten Minderheit liegt.[15)] Die Wahrscheinlichkeit steigt, wenn in den Gruppen möglichst parallele Interessen gebündelt werden und diese Gruppen jeweils gesondert abstimmen. Demgegenüber wäre die Wahrscheinlichkeit gering, wenn die Abstimmung in einem gruppenübergreifenden Verfahren erfolgen würde.[16)]

13 Aus dem Zusammenspiel der Regelungen in §§ 244 f. InsO ergibt sich somit, dass nicht die Summenmehrheit aller Gläubiger, sondern die Mehrheit der Gruppen über die Annahme des Plans entscheidet. In Extremfällen kann dies dazu führen, dass ein Großgläubiger, der insgesamt über die Summenmehrheit in einem Insolvenzverfahren verfügt, zulässigerweise durch die auf mehrere Gruppen aufgeteilten Kleingläubiger überstimmt wird.[17)]

---

12) Römermann-*Rühle*, InsO/InsR, § 222 InsO Rz. 3.

13) *Thies* in: HambKomm-InsR, 244 InsO Rz. 4 ff.; Uhlenbruck-*Lüer/Streit*, InsO, § 244 Rz. 2; *Hintzen* in: MünchKomm-InsO, § 244 Rz. 4.

14) *Haas* in: HK-InsO, § 245 Rz. 27.

15) *Eidenmüller* in: MünchKomm-InsO, § 222 Rz. 4; Begr. RegE InsO, BT-Drucks. 12/2443, S. 92.

16) Vgl. hierzu: Begr. RegE InsO, BT-Drucks. 12/2443, S. 92; *Eidenmüller* in: MünchKomm-InsO, § 222 Rz. 4 m. w. N.

17) Vgl. hierzu auch anschaulich *Hingerl*, ZInsO 2007, 1337, 1338.

B. Umsetzung im Insolvenzplan

I. Allgemeines

Die **Gruppenbildung** wird durch den **Planersteller**[18], also grundsätzlich durch den Schuldner oder den Insolvenzverwalter bzw. (vorläufigen) Sachwalter (§§ 218 Abs. 1, 284 Abs. 1 InsO), vorgenommen.[19] 14

Das Gesetz verlangt allerdings nicht zwingend die Bildung von mehreren Gruppen, auch wenn in § 222 Abs. 1 Satz 1 InsO von „Gruppen" die Rede ist. Aus der Aufzählung in § 222 Abs. 1 Satz 2 InsO wird deutlich, dass ein Plan auch mit nur **einer Gruppe**, nämlich der Gruppe der nicht nachrangigen Insolvenzgläubiger, gebildet werden kann.[20] 15

II. Anforderungen an die Gruppenbildung gemäß § 222 InsO

Bei der Gruppenbildung sind Gläubiger mit **unterschiedlicher Rechtsstellung** in unterschiedliche Gruppen einzuteilen. In Betracht kommen 16

- obligatorische Gruppen (siehe unten Rz. 19 ff.),
- fakultative Gruppen (siehe unten Rz. 41 ff.),
- Mischgruppen sowie (siehe unten § 10 [*J. Schmidt*]),
- Sondergruppen, wie etwa der Schuldverschreibungsgläubiger oder des Pensionssicherungsvereins (PSVaG) (siehe unten Rz. 58 ff.).

Gläubiger mit gleicher Rechtsstellung können nur dann in unterschiedliche Gruppen eingeteilt werden, wenn **unterschiedliche wirtschaftliche Interessen** vorliegen und diese **sachgerecht voneinander abgegrenzt** worden sind (§ 222 Abs. 2 Sätze 1, 2 InsO). 17

Praxishinweis

Hervorzuheben ist dabei, dass letztlich nicht die Gläubiger persönlich, sondern vielmehr deren **Rechte** eingeteilt werden.[21]

Zu der prinzipiellen[22] Unzulässigkeit der Bildung von Gläubigergruppen mit Forderungen unterschiedlicher Rechtsstellung[23] (sog. **Mischgruppen,**[24] bspw. einer Gruppe aus Gläubigern mit werthaltigen und nicht werthaltigen Absonderungsrechten; siehe unten § 10 [*J. Schmidt*]. 18

1. Begriff der unterschiedlichen Rechtsstellung (§ 222 Abs. 1 Satz 1 InsO)

Der Begriff der „unterschiedlichen Rechtstellung" bezieht sich auf den in § 222 Abs. 1 Satz 2 InsO genannten Katalog der Beteiligten, so dass bei der Gruppenbildung grundsätzlich zwischen den absonderungsberechtigten Gläubigern, den nicht nachrangigen In- 19

18) S. zum Planinitiativrecht oben § 4 [*Beck/Pechartscheck*].

19) Begr. RegE InsO, BT-Drucks. 12/2443, S. 93.

20) *Koch/de Bra* in: Gottwald/Haas, InsR-Hdb., § 65 Rz. 35; Uhlenbruck-*Lüer/Streit*, InsO, § 222 Rz. 8; *Thies* in: HambKomm-InsR, § 222 InsO Rz. 4; vgl. zum „Ein-Gruppen-Plan" *Haneke* in: Kübler/Bork/Prütting, HRI II, § 24 Rz. 12 f., und *Smid*, ZInsO 2016, 61, 71.

21) *Eidenmüller* in: MünchKomm-InsO, § 222 Rz. 28; Uhlenbruck-*Lüer/Streit*, InsO, § 222 Rz. 11; *Haneke* in: Kübler/Bork/Prütting, HRI II, § 24 Rz. 6; LG Berlin, Beschl. v. 20.10.2004 – 86 T 578/04, NZI 2005, 335, 337.

22) Die Regelung des § 222 Abs. 1 InsO ist nicht dispositiv, so dass von ihr auch dann nicht abgewichen werden kann, wenn die Beteiligten dies ausdrücklich verlangen, *Jaffé* in: FK-InsO, § 222 Rz. 12.

23) BGH, Beschl. v. 7.7.2005 - IX ZB 266/04, BGHZ 163, 344 = ZIP 2005, 1648, dazu EWiR 2006, 279 *(v. Gleichenstein)*; Uhlenbruck-*Lüer/Streit*, InsO, § 222 Rz. 15.

24) *Thies* in: HambKomm-InsR, § 222 InsO Rz. 16.

solvenzgläubigern, den einzelnen Rangklassen der nachrangigen Insolvenzgläubiger sowie den am Schuldner beteiligten Personen zu unterscheiden ist.[25] Es handelt sich hierbei um die sog. **obligatorische Gruppenbildung**. Auf den jeweiligen Rechtsgrund der Forderung kommt es nicht an.[26] Im Einzelnen ist bei der Bildung der genannten Pflichtgruppen Folgendes zu beachten:

a) Absonderungsberechtigte Gläubiger (§ 222 Abs. 1 Satz 2 Nr. 1 InsO)

20 Gemäß § 223 Abs. 1 Satz 1 InsO wird das Recht der **absonderungsberechtigten Gläubiger** zur Befriedigung aus den Gegenständen, an denen Absonderungsrechte bestehen, vom Plan ohne eine entsprechende Regelung nicht berührt. Es ist demnach nur dann eine separate Gruppe zu bilden, wenn in deren Rechte eingegriffen wird (§ 222 Abs. 1 Satz 2 Nr. 1 InsO).[27]

21 Ein Eingriff in die Rechte der absonderungsberechtigten Gläubiger ist gegeben, wenn die im Plan getroffenen Regelungen in Bezug auf das Absonderungsrecht von denjenigen des Regelinsolvenzverfahrens zulasten des Absonderungsberechtigten abweichen; etwaige Begünstigungen sind ohne Bedeutung.[28] Der Plan könnte bspw. Eingriffe in folgenden Bereichen vorsehen:[29]

- Veränderung des Verwertungsrechts (§ 173 Abs. 1 InsO),
- Erlösverteilung (§ 170 Abs. 1 InsO),
- Verzinsungs- und Wertersatzansprüche (§§ 169, 172 InsO),
- Veränderung der Kostenbeiträge (§ 171 InsO) oder mittelbar
- Veränderung der gesicherten persönlichen Forderung.

22 Denkbar ist auch, dass nur in eine bestimmte Art von Absonderungsrechten eingegriffen werden soll. Dann ist nur für diese Rechte eine Gruppe gemäß § 222 Abs. 1 Satz 2 Nr. 1 InsO zu bilden. Bezüglich der übrigen absonderungsberechtigten Gläubiger verbleibt es bei den Regelungen des § 223 Abs. 1 Satz 1 InsO. Eine besondere sachliche Abgrenzung oder eine Darlegung im Plan, nach welchen Kriterien und warum lediglich in bestimmte Absonderungsrechte eingegriffen wird, ist grundsätzlich nicht erforderlich.[30]

23 Bei nur **teilweise gesicherten** Forderungen ist nur der gesicherte Teil in die Gruppe der Absonderungsberechtigten aufzunehmen.[31] Mit der ungesicherten persönlichen Forderung fällt dieser Gläubiger in die Gruppe der nicht nachrangigen Insolvenzgläubiger nach § 222 Abs. 1 Satz 2 Nr. 2 InsO.[32] Hierbei stellt sich jedoch die Frage, in welcher Höhe die Rechte der absonderungsberechtigten Gläubiger in der Gruppe der nicht nachrangigen Insolvenzgläubiger zu berücksichtigen sind: in voller Höhe oder nur i. H. des vermuteten Ausfalls. Denn gemäß § 52 Satz 2 InsO sind absonderungsberechtigte Gläubiger nur soweit zur anteilsmäßigen Befriedigung aus der Insolvenzmasse berechtigt, wie sie auf eine abgesonderte Befriedigung verzichten oder bei ihr ausgefallen sind.

24 Bei der Beantwortung dieser Frage sind die Regelungen zur Gruppenbildung von den **Regelungen der Stimmrechtsgewährung** im späteren Abstimmungstermin zu unterschei-

25) *Thies* in: HambKomm-InsR, § 222 InsO Rz. 6; Uhlenbruck-*Lüer/Streit*, InsO, § 222 Rz. 11.

26) *Thies* in: HambKomm-InsR, § 222 InsO Rz. 6.

27) Uhlenbruck-*Lüer/Streit*, InsO, § 222 Rz. 13.

28) *Eidenmüller* in: MünchKomm-InsO, § 222 Rz. 53.

29) *Eidenmüller* in: MünchKomm-InsO, § 222 Rz. 53.

30) Uhlenbruck-*Lüer/Streit*, InsO, § 222 Rz. 15.

31) BGH, Beschl. v. 7.7.2005 – IX ZB 266/04, BGHZ 163, 344 = ZIP 2005, 1648.

32) *Haneke* in: Kübler/Bork/Prütting, HRI II, § 24 Rz. 55; *Eidenmüller* in: MünchKomm-InsO, § 222 Rz. 28 f.

den.[33] Ausweislich der Regelung des § 52 Satz 1 InsO sind absonderungsberechtigte Gläubiger ebenfalls Insolvenzgläubiger, soweit ihnen der Schuldner auch persönlich haftet. Erst auf der Ebene der späteren Befriedigung ist der tatsächliche Ausfall zu berücksichtigen. Diese notwendige Unterscheidung wird auch durch die Regelung des § 237 Abs. 1 Satz 2 InsO untermauert, wonach absonderungsberechtigte Gläubiger nur insoweit zur Abstimmung als Insolvenzgläubiger berechtigt sind, als Ihnen der Schuldner auch persönlich haftet und sie auf die abgesonderte Befriedigung verzichten oder bei ihr ausfallen; solange der Ausfall nicht feststeht, sind sie mit dem mutmaßlichen Ausfall zu berücksichtigen (§ 237 Abs. 1 Satz 2 Halbs. 2 InsO).

Hieraus folgt, dass der absonderungsberechtigte Gläubiger in voller Höhe seiner Forde- 25
rung sowohl der Gruppe der Absonderungsberechtigten (§ 222 Abs. 1 Satz 2 Nr. 1 InsO) als auch der Gruppe der nicht nachrangigen Insolvenzgläubiger (§ 222 Abs. 1 Satz 2 Nr. 2 InsO) zuzuteilen ist, wenn ihm der Schuldner auch persönlich haftet.[34] Das **Stimmrecht** erhält der Gläubiger in der Gruppe der Absonderungsberechtigten allerdings nur i. H. des Wertes seines Absonderungsrechtes.[35] In der Gruppe der nicht nachrangigen Insolvenzgläubiger erhält er dann gemäß § 237 Abs. 1 Satz 2 InsO ein Stimmrecht i. H. **des tatsächlichen oder vermuteten Ausfalls.**[36]

Zur Ermittlung der **Höhe des Absonderungsrechts** bzw. des mutmaßlichen Ausfalls ist 26
der Zeitpunkt der Rechtskraft des Plans maßgebend.[37] Bei der Ermittlung des Wertes des Absonderungsrechts ist des Weiteren danach zu unterscheiden, ob der Plan die Fortführung des Schuldners oder dessen Stilllegung vorsieht; je nach dem ist dann der Fortführungs- oder der Liquidationswert der Sicherheit anzusetzen.[38] Insbesondere bei Spezialmaschinen oder Vorratsvermögen können sich hierbei enorme Unterschiede ergeben.

b) Nicht nachrangige Insolvenzgläubiger (§ 222 Abs. 1 Satz 2 Nr. 2 InsO)

Gemäß § 222 Abs. 1 Satz 2 Nr. 2 InsO bilden auch die **nicht nachrangigen Insolvenz-** 27
gläubiger nach § 38 InsO eine eigene Gruppe. Zu nennen sind u. a. Dienstleister, Versorger, Lieferanten, Arbeitnehmer,[39] Kreditgeber, Verpächter und Vermieter. Aus der Regelung des § 222 Abs. 1 Satz 2 Nr. 2 InsO wird deutlich, dass die **Bildung** dieser Gruppe **zwingend** ist und ein Insolvenzplan somit **mindestens** aus **einer Gruppe** besteht. Im Unterschied zu § 222 Abs. 1 Satz 2 Nr. 1 InsO wird die Gruppenbildung hier unabhängig davon verlangt, ob in die Rechte der nicht nachrangigen Insolvenzgläubiger eingegriffen wird.

c) Nachrangige Insolvenzgläubiger (§ 222 Abs. 1 Satz 2 Nr. 3 InsO)

Im „Normalfall“ können bereits die nicht nachrangigen Insolvenzgläubiger mit keiner 28
vollständigen Befriedigung rechnen. Folglich geht der Gesetzgeber in Bezug auf die nach

33) *Eidenmüller* in: MünchKomm-InsO, § 222 Rz. 57; *Haneke* in: Kübler/Bork/Prütting, HRI II, § 24 Rz. 54, 56.

34) *Eidenmüller* in: MünchKomm-InsO, § 222 Rz. 57 ff.; *Haneke* in: Kübler/Bork/Prütting, HRI II, § 24 Rz. 50 f.

35) *Eidenmüller* in: MünchKomm-InsO, § 222 Rz. 57 ff.; *Haneke* in: Kübler/Bork/Prütting, HRI II, § 24 Rz. 50 f.

36) *Eidenmüller* in: MünchKomm-InsO, § 222 Rz. 57 ff.; *Haneke* in: Kübler/Bork/Prütting, HRI II, § 24 Rz. 50 f.

37) *Thies* in: HambKomm-InsR, § 222 InsO Rz. 10.

38) Begr. RegE InsO, BT-Drucks. 12/2443, S. 206; Uhlenbruck-*Lüer/Streit*, InsO, § 222 Rz. 16; BGH, Beschl. v. 7.7.2005 – IX ZB 266/04, BGHZ 163, 344 = ZIP 2005, 1648.

39) S. hierzu insbesondere nachfolgend Rz. 49 ff.

§ 39 InsO **nachrangigen Gläubiger** davon aus, dass deren Forderungen grundsätzlich kein wirtschaftlicher Wert beizumessen ist.[40] Ohne eine anderweitige Bestimmung im Insolvenzplan gelten diese Forderungen gemäß § 225 Abs. 1 InsO als erlassen; eine Gruppenbildung findet gemäß § 222 Abs. 1 Satz 2 Nr. 3 Halbs. 2 InsO dann nicht statt.[41]

29 Allerdings sind die nachrangigen Insolvenzgläubiger nicht schutzlos gestellt. Trotz der Erlasswirkung des § 225 Abs. 1 InsO können diese Gläubiger den **Minderheitenschutzantrag** gemäß § 251 InsO stellen.[42] Die in diesem Zusammenhang nachzuweisende Schlechterstellung gegenüber der Regelabwicklung wäre bspw. dann gegeben, wenn die nachrangigen Gläubiger im Regelverfahren mit einer Quote hätten rechnen können; dies dürfte in der Praxis allerdings die Ausnahme bleiben.

30 Sollen jedoch nachrangige Forderungen nur **teilweise erlassen** werden, bspw. weil ohne den Plan Zahlungen auf diese Forderungen erfolgt wären, ist dieser Umstand zu beachten. Da § 39 Abs. 1, 2 InsO innerhalb der nachrangigen Gläubiger eine Reihenfolge der Befriedigung vorgibt, ist bei Zuteilungen auf die einzelnen Rangklassen der Forderungen nach § 39 InsO für jede Rangklasse jeweils **eine eigene Gruppe** zu bilden.[43]

31 In der Literatur wird die Frage diskutiert, wie viele Gruppen der nachrangigen Insolvenzgläubiger zu bilden sind, wenn der Insolvenzplan lediglich in Bezug auf die nachrangigen Insolvenzforderungen einer bestimmten Rangklasse des § 39 Abs. 1 InsO eine (teilweise) Befriedigung vorsieht.[44] Praktische Relevanz erhält diese Diskussion, wenn bspw. aus dem Kreis der nachrangigen Insolvenzgläubiger ausschließlich auf Gesellschafterdarlehen nach § 39 Abs. 1 Nr. 5 InsO eine Zuteilung erfolgen soll, um den Altgesellschaftern einen Anreiz zu geben, gesellschaftsrechtlichen Maßnahmen, wie etwa einem Debt-Equity-Swap, zuzustimmen.[45]

32 Im Kern geht es dabei um die Frage, ob in einer solchen Konstellation für alle Rangklassen des § 39 Abs. 1 InsO jeweils eine Gruppe zu bilden ist oder ob die Bildung einer Gruppe nur für diejenige Rangklasse erfolgen muss, deren Forderungen nicht als erlassen gelten sollen. Die vermittelnde Ansicht vertritt, dass neben der Gruppe der nachrangigen Gläubiger, deren Forderungen nicht als erlassen gelten sollen, auch eine Gruppe der im Rang vorgehenden nachrangigen Gläubiger gebildet wird.[46] Folgt man dem Wortlaut der §§ 225 Abs. 2, 222 Abs. 1 Satz 2 Nr. 3 InsO und der vom Gesetz bezweckten flexiblen Regelungen für die einzelnen Rangklassen, ist es allerdings ausreichend, wenn **ausschließlich** für die Rangklasse der nachrangigen Gläubiger, deren Forderungen nicht als erlassen gelten sollen, eine Gruppenbildung erfolgt.[47]

33 In Bezug auf die gemäß § 39 Abs. 1 Nr. 1 InsO **nachrangigen Zinsansprüche** der **gesicherten Gläubiger** ist zu beachten, dass diese grundsätzlich ebenfalls von der Erlasswir-

40) Begr. RegE InsO, BT-Drucks. 12/2443, S. 201; Uhlenbruck-*Lüer/Streit*, InsO, § 225 Rz. 5; *Thies* in: HambKomm-InsR, § 225 InsO Rz. 1.

41) A. A. offenbar *Smid*, ZInsO 2016, 61, 71, der wegen der Erlasswirkung des § 225 Abs. 1 InsO eine zwingende Gruppenbildung der nachrangigen Insolvenzforderungen für erforderlich hält.

42) *Eidenmüller* in: MünchKomm-InsO, § 222 Rz. 65; *Haneke* in: Kübler/Bork/Prütting, HRI II, § 24 Rz. 59.

43) Uhlenbruck-*Lüer/Streit*, InsO, § 222 Rz. 18.

44) Vgl. zum Streitstand *Eidenmüller* in: MünchKomm-InsO, § 222 Rz. 66 f.; Uhlenbruck-*Lüer/Streit*, InsO, § 225 Rz. 6 f.

45) *Eidenmüller* in: MünchKomm-InsO, § 222 Rz. 66; *Haneke* in: Kübler/Bork/Prütting, HRI II, § 24 Rz. 63.

46) *Eidenmüller* in: MünchKomm-InsO, § 222 Rz. 67; Römermann-*Rühle*, InsO/InsR, § 225 InsO Rz. 6, § 222 InsO Rz. 11.

47) Uhlenbruck-*Lüer/Streit*, InsO, § 225 Rz. 7.

kung erfasst werden. Die typischen Sicherheitenverträge beziehen sich neben der Hauptforderung und den Zinsen bis zur Eröffnung des Verfahrens auch auf die ab Eröffnung des Verfahrens auflaufenden Zinsen. Würde ein Insolvenzplan diese Situation nicht aufgreifen, würde dies für die betroffenen Sicherheitengläubiger eine Schlechterstellung gegenüber der Regelabwicklung bedeuten. Durch den Erlass der entsprechenden Zinsansprüche ab Eröffnung des Insolvenzverfahrens könnte hierfür keine abgesonderte Befriedigung erlangt werden. Um einen Minderheitenschutzantrag gemäß § 251 InsO bzw. eine sofortige Beschwerde gemäß § 253 InsO zu vermeiden, ist es daher erforderlich, im Plan zu bestimmen, dass **diese Zinsansprüche nicht als erlassen** gelten.[48] Eine Zuteilung von Vermögenswerten darf hingegen nicht erfolgen, um die Anwendbarkeit des Obstruktionsverbots gemäß § 245 Abs. 2 Nr. 2 InsO nicht zu provozieren.[49] Der Forderungserhalt als solcher ist ausreichend und unschädlich; er bewahrt das Sicherungsrecht.[50] Um das Absonderungsrecht der nachrangigen Zinsgläubiger zu erhalten, ist daher für diese eine eigene Gruppe zu bilden.

Zudem soll noch auf den Ausnahmefall des § 225 Abs. 3 InsO hingewiesen werden. Für **Geldstrafen und Forderungen nach § 39 Abs. 1 Nr. 3 InsO** ist die Erlasswirkung des § 225 Abs. 1 InsO ausgeschlossen.[51] Weder die Regelung noch die Nicht-Regelung im Plan kann zu einer Einschränkung der Haftung des Schuldners führen.[52] Dies bedeutet allerdings nicht, dass für diese Forderungen eine eigene Gruppe gebildet werden muss.[53] 34

d) Am Schuldner beteiligte Personen (§ 222 Abs. 1 Satz 2 Nr. 4 InsO)

Bislang bestand für die Einbeziehung der Personen mit **Anteils- oder Mitgliedschaftsrechten** am Schuldner kein Anlass, da diese Rechte durch das Insolvenzverfahren nicht berührt wurden. Seit dem Gesetz zur weiteren Erleichterung der Sanierung von Unternehmen – ESUG[54] gilt dies jedoch nicht mehr uneingeschränkt: Gemäß § 225a Abs. 1 InsO bleiben die Anteils- oder Mitgliedschaftsrechte der am Schuldner beteiligten Personen nunmehr nur dann unberührt, wenn der Insolvenzplan nicht etwas anderes bestimmt. Zum sog. Debt-Equity-Swap siehe ausführlich § 30 Rz. 306 ff. [*Brünkmans*]. 35

Mit der Möglichkeit, durch einen Insolvenzplan in die Rechte der Anteilsinhaber einzugreifen, korrespondiert die Pflicht zur Bildung einer eigenen Abstimmungsgruppe. Denn sämtliche Beteiligte, deren Rechtsstellung durch den Plan abweichend von einem Regelinsolvenzverfahren geregelt werden soll, müssen dieselben Beteiligungs- und Schutzrechte erhalten.[55] Deshalb können nun in Bezug auf die am Schuldner beteiligten Personen eine oder mehrere Gruppen gebildet werden, wenn deren Anteils- oder Mitgliedschaftsrechte in den Plan einbezogen werden (§ 222 Abs. 1 Satz 2 Nr. 4 InsO). Eine gesonderte Gruppe der Anteilseigner ist stets zu bilden, wenn der Rechtsträger auf der Grundlage des Insolvenzplans erhalten bleiben soll, da jegliche Entscheidung über das weitere Schicksal des 36

48) *Haneke* in: Kübler/Bork/Prütting, HRI II, § 24 Rz. 61 f.

49) Römermann-*Rühle*, InsO/InsR, § 225 InsO Rz. 3 f.; *Haneke* in: Kübler/Bork/Prütting, HRI II, § 24 Rz. 62.

50) Römermann-*Rühle*, InsO/InsR, § 225 InsO Rz. 4.

51) Uhlenbruck-*Lüer/Streit*, InsO, § 225 Rz. 9.

52) *Haas* in: HK-InsO, § 225 Rz. 4.

53) *Eidenmüller* in: MünchKomm-InsO, § 222 Rz. 62.

54) Gesetz zur weiteren Erleichterung der Sanierung von Unternehmen (ESUG), v. 7.12.2011, BGBl. I 2011, 2582.

55) *Thies* in: HambKomm-InsR, § 222 InsO Rz. 1.

Unternehmens und seine – womöglich auch gleichbleibende – Zusammensetzung die Rechte der Anteilseigner berührt.[56]

37 Die Gleichstellung der Anteils- oder Mitgliedschaftsrechte mit den Gläubigerrechten dient dazu, das strategische Blockadepotential der Anteilsinhaber[57] abzubauen und den Gläubigern über einen Insolvenzplan den Zugriff auf den Fortführungswert des Unternehmens zu ermöglichen.[58] Damit steht der Gesetzgeber im Einklang mit der jüngeren Rechtsprechung des BGH, wonach die Gesellschafter als „nach-nachrangige Insolvenzgläubiger" anzusehen sind.[59]

e) Unbekannte Forderungen

38 Ein Risiko bei einem Planvorhaben stellen stets **„Nachzügler"** oder dem Planinitiator **unbekannte Forderungen** dar, wenn den Planberechnungen und Erlöszuteilungen nur die bekannten Forderungen zugrunde gelegt worden sind. Weist die Buchhaltung des Schuldners eine Lücke auf und treten nach Bestätigung des Insolvenzplans weitere, bislang unbekannte Gläubiger in Erscheinung, droht der Insolvenzplan zu scheitern. Durch die Erhöhung der Insolvenzforderungen kann die bislang bestimmte Planquote nicht mehr erreicht werden.

39 Um dieses Risiko einzudämmen, wird es teilweise für zulässig erachtet, im Insolvenzplan eine eigene Gruppe der unbekannten Forderungen zu bilden.[60] Hiergegen spricht allerdings, dass eine solche (Auffang-)Gruppe unbekannter „Nachzügler" denknotwendig nicht an der Erörterung und Abstimmung über den Insolvenzplan (§§ 235–246 InsO) teilnehmen könnte.[61] Zudem scheint der Gesetzgeber Gläubiger, die ihre Forderungen nicht angemeldet haben, bei der Gruppenbildung ganz bewusst nicht berücksichtigen zu wollen. Anderenfalls wäre nur schwer erklärbar, weshalb er mit dem ESUG in den §§ 229 Satz 3, 259a und 259b InsO, nicht jedoch in § 222 InsO, Neuregelungen zum Umgang mit derartigen Gläubigern getroffen hat.[62] Der BGH[63] hat mit seiner Entscheidung vom 7.5.2015 die Unzulässigkeit von Präklusionsklauseln festgestellt, durch die Insolvenzgläubiger, die sich am Insolvenzverfahren nicht beteiligt haben, mit ihren Forderungen auch i. H. der im Plan festgeschriebenen Quote ausgeschlossen sind.[64]

Praxishinweis

Als weitere Variante zur Entschärfung dieser Problematik kann eine Rückstellung gebildet werden, um eventuelle Nachzügler hieraus zu befriedigen.

f) Altmassegläubiger im Falle der Masseunzulänglichkeit (§ 210a InsO)

40 Der mit dem ESUG neu eingeführte **§ 210a InsO** stellt nunmehr klar, dass auch bei masseunzulänglichen Verfahren ein Insolvenzplan möglich und zulässig ist.[65] In den Fällen

---

56) *Thies* in: HambKomm-InsR, § 222 InsO Rz. 13; Uhlenbruck-*Lüer/Streit*, InsO, § 222 Rz. 18.

57) So *Eidenmüller/Engert*, ZIP 2009, 541 ff.

58) Uhlenbruck-*Hirte*, InsO, § 225a Rz. 1.

59) BGH, Urt. v. 15.4.2010 – IX ZR 188/09, ZIP 2010, 1039 ff., dazu EWiR 2010, 465 *(Mock)*; Uhlenbruck-*Hirte*, InsO, § 225a Rz. 2.

60) Römermann-*Braun*, InsO/InsR, § 222 InsO Rz. 115.

61) Vgl. auch *Prahl*, ZInsO 2007, 318, 319, wonach eine Gruppe, in der niemand abstimmen kann, gegen die zwingenden Verfahrensvorschriften der §§ 243, 244 InsO verstößt.

62) *Thies* in: HambKomm-InsR, § 222 InsO Rz. 26.

63) BGH, Urt. v. 7.5.2015 – IX ZB 75/14, ZInsO 2015, 1398, 1400.

64) Vgl. hierzu auch *A. Schmidt*, ZVI 2018, 263.

65) *Weitzmann* in: HambKomm-InsO, § 210a Rz. 1 f.; Uhlenbruck-*Ries*, InsO, § 210a Rz. 4.

der Masseunzulänglichkeit kommt somit die Gruppe der **Altmassegläubiger** gemäß § 209 Abs. 1 Nr. 3 InsO hinzu und tritt gemäß § 210a Nr. 1 InsO an die Stelle der nicht nachrangigen Insolvenzgläubiger.[66] Für die nicht nachrangigen Insolvenzgläubiger gilt § 246 Nr. 2 InsO entsprechend, wonach im Falle der fehlenden Beteiligung der Gläubiger einer Gruppe an der Abstimmung deren Zustimmung als erteilt gilt. Hieraus folgt, dass sich die vor Inkrafttreten des ESUG geführte Diskussion, ob für die nicht nachrangigen Insolvenzgläubiger überhaupt noch eine Gruppe zu bilden ist und § 225 InsO zur Anwendung kommt, erübrigt hat, da § 246 Nr. 2 InsO eine Gruppenbildung voraussetzt.[67] Für die absonderungsberechtigten Gläubiger ergeben sich durch die eingetretene Masseunzulänglichkeit keine Veränderungen; eine Gruppe ist weiterhin nur zu bilden, wenn in deren Rechte eingegriffen wird. In Bezug auf die nachrangigen Insolvenzgläubiger bleibt es erst recht bei der Anwendbarkeit von § 225 InsO.

2. Begriff der gleichartigen wirtschaftlichen Interessen und der sachgerechten Abgrenzung (§ 222 Abs. 2 Sätze 1 und 2 InsO)

Neben der vorstehend genannten obligatorischen Gruppenbildung des § 222 Abs. 1 InsO 41 sieht § 222 Abs. 2 InsO die sog. **fakultative Gruppenbildung** vor. Hierdurch sollen die **unterschiedlichen wirtschaftlichen Interessen** der Gläubiger an der Sanierung Berücksichtigung finden. Denn bei einer mit dem Plan beabsichtigten Fortführung des Schuldners müssen neben der ggf. notwendigen leistungswirtschaftlichen Reorganisation die Verbindlichkeiten so umgestaltet werden, dass dadurch die finanzwirtschaftliche Sanierung gelingen kann.[68] Diese Sanierung der Passivseite der Bilanz, die Teil des sog. „financial engineering" sein kann, wird in aller Regel Sanierungsbeiträge der Gläubiger und der Anteilsinhaber erfordern.

Die Vorschrift des § 222 Abs. 2 Satz 1 InsO gestattet es daher, dass auch aus den Beteilig- 42 ten mit gleicher Rechtsstellung einzelne Gruppen gebildet werden, in denen Beteiligte mit gleichartigen wirtschaftlichen Interessen zusammengefasst werden. Nach § 222 Abs. 2 Satz 2 InsO müssen diese Gruppen allerdings „sachgerecht voneinander abgegrenzt werden". Für eine zulässige Gruppenbildung müssen diese Voraussetzungen kumulativ gegeben sein.[69]

Je nach deren wirtschaftlichen Interessen können die Beteiligten in den unterschiedlichen 43 Gruppen etwa mit höheren oder niedrigeren Planquoten berücksichtigt werden. Lediglich innerhalb einer jeden Gruppe sind allen Beteiligten gleiche Rechte anzubieten (§ 226 Abs. 1 InsO).

Das gleichartige wirtschaftliche Interesse der Beteiligten ist nicht bereits in dem grundle- 44 genden gemeinsamen Interesse aller in einer Insolvenzsituation vereinten Beteiligten zu sehen, das haftende Schuldnervermögen zu maximieren.[70] Eine solche Sichtweise würde die gesetzlich vorgesehene fakultative Gruppenbildung schlichtweg unmöglich machen.[71] Das gleichartige wirtschaftliche Interesse bezieht sich vielmehr auf die mit dem **Plan-**

66) *Weitzmann* in: HambKomm-InsO, § 210a Rz. 7.

67) *Thies* in: HambKomm-InsR, Vorb. § 217 InsO Rz. 21; *Zimmer*, ZInsO 2012, 390; **a. A.** offenbar *Eidenmüller* in: MünchKomm-InsO, § 222 Rz. 79, der weiterhin eine Gruppenbildung der nicht nachrangigen Insolvenzgläubiger für entbehrlich hält.

68) Vgl. zu den Motiven der Gruppenbildung im Überblick: Uhlenbruck-*Lüer/Streit*, InsO, § 222 Rz. 4.

69) *Eidenmüller* in: MünchKomm-InsO, § 222 Rz. 82; *Thies* in: HambKomm-InsR, § 222 InsO Rz. 18; vgl. zu den dogmatischen Hintergründen *Eidenmüller* in: MünchKomm-InsO, § 222 Rz. 81.

70) *Eidenmüller* in: MünchKomm-InsO, § 222 Rz. 87.

71) *Eidenmüller* in: MünchKomm-InsO, § 222 Rz. 87.

ziel[72] einhergehenden Erwartungen, Handlungsspielräume, Konsequenzen und Befriedigungsaussichten des jeweiligen Beteiligten. Dies können insbesondere unmittelbare oder mittelbare, kurz- oder langfristige wirtschaftliche Vor- oder Nachteile für den jeweiligen Beteiligten sein, die sich aus dem konkreten Ziel des Planerstellers bei dessen Planvorhaben ergeben.[73] Der Gesetzgeber spricht in der Begründung bspw. von Geschäftspartnern, die aus der Fortführung des Geschäftsbetriebes Vorteile ziehen könnten oder von Absonderungsgläubigern, die nur aus erzielten Fortführungswerten des Sicherungsguts mit einer vollen Befriedigung rechnen können.[74] Aufgrund der Vielzahl der möglichen Sachverhalte ist eine weite Auslegung dieses Begriffs geboten.

45 Nach der Gesetzesbegründung sind die gleichartigen wirtschaftlichen Interessen u. a. aus dem Inhalt des Plans zu ermitteln; insbesondere sind nach der Auffassung des Gesetzgebers bei einem Sanierungsplan andere Gruppen zu bilden als bei einem Liquidationsplan.[75] Die jeweiligen Abgrenzungskriterien können daher, abhängig vom jeweiligen Plankonzept, vielfältig sein.[76] In Betracht kommen u. a.[77]

- persönliche Beziehungen,
- der Entstehungsgrund des jeweiligen Rechts,
- die geschäftlichen Erwartungen an die weitere Zusammenarbeit des betroffenen Gläubigers mit dem Schuldner oder
- das wirtschaftliche Interesse des Anteilsinhabers am Erhalt des Schuldners.

46 In Bezug auf die Abgrenzung der Gruppen von Beteiligten mit gleicher Rechtsstellung verlangt das Gesetz, dass es für die Unterscheidung dieser einzelnen gebildeten Gruppen in dem konkreten Einzelfall einen sachlich gerechtfertigten Grund gibt.[78] Dieser liegt insbesondere nicht vor, wenn die wichtigsten wirtschaftlichen Interessen derjenigen, deren Rechte in unterschiedliche Gruppen eingeordnet wurden, gleichartig sind.[79] Dies bedeutet konkret, dass

- in eine Gruppe nur solche Beteiligte aufgenommen werden **dürfen**, die gleichartige wirtschaftliche Interessen haben und andererseits
- Beteiligte mit im Wesentlichen gleichen wirtschaftlichen Interessen zwingend in einer Gruppe zusammengefasst werden **müssen**.[80]

47 Gläubiger mit im Wesentlichen **gleichen wirtschaftlichen Interessen** dürfen daher **nicht** auf verschiedene Gruppen aufgeteilt werden.[81] Denn anderenfalls könnte die Berechtigung zur fakultativen Gruppenbildung in § 222 Abs. 2 Satz 1 InsO auch dazu verwendet werden, allein deshalb eine Vielzahl an Gruppen zu bilden, um gemäß der §§ 244 f. InsO, insbesondere § 245 Abs. 1 Nr. 3 InsO, die gewünschten Abstimmungsergebnisse zu erzielen.

72) *Thies* in: HambKomm-InsR, § 222 InsO Rz. 17.

73) Vgl. auch: *Eidenmüller* in: MünchKomm-InsO, § 222 Rz. 84 f.; Uhlenbruck-*Lüer/Streit*, InsO, § 222 Rz. 5 ff.

74) Begr. RegE InsO, BT-Drucks. 12/2443, S. 199.

75) Begr. RegE InsO, BT-Drucks. 12/2443, S. 199.

76) *Thies* in: HambKomm-InsR, § 222 InsO Rz. 17 f.

77) Vgl. zu den Abgrenzungskriterien auch *Thies* in: HambKomm-InsR, § 222 InsO Rz. 17 f.

78) *Eidenmüller* in: MünchKomm-InsO, § 222 Rz. 101.

79) *Eidenmüller* in: MünchKomm-InsO, § 222 Rz. 101.

80) *Eidenmüller* in: MünchKomm-InsO, § 222 Rz. 101.

81) Begr. RegE InsO, BT-Drucks. 12/2443, S. 199 f.

Durch die Berücksichtigung gleichartiger Interessen innerhalb einer Gruppe sowie deren sachgerechter Zuteilung wird die mit dem oben beschriebenen Zustimmungsmechanismus des Insolvenzplans beabsichtigte Legitimität der Entscheidungen über den Insolvenzplan verstärkt. Denn selbst wenn ein oder mehrere Gruppenangehörige von den übrigen Gruppenangehörigen überstimmt wurden, sind deren Interessen von den übrigen Gruppenangehörigen repräsentiert worden. 48

3. Arbeitnehmer (§ 222 Abs. 3 Satz 1 InsO)

Die **Arbeitnehmer** sollen gemäß § 222 Abs. 3 Satz 1 InsO eine besondere Gruppe bilden, wenn sie als Insolvenzgläubiger mit nicht unerheblichen Forderungen beteiligt sind. Für gewöhnlich zählen die Arbeitnehmer mit ihren Ansprüchen zu der obligatorischen Gruppe der **nicht nachrangigen Insolvenzgläubiger** nach § 222 Abs. 1 Satz 2 Nr. 2 InsO. Bereits gemäß § 222 Abs. 2 Satz 1 InsO ist es dem Planinitiator nach grundsätzlich freiem Ermessen möglich, aus den Gläubigern mit gleicher Rechtsstellung weitere Gruppen zu bilden (siehe oben Rz. 42 ff.). 49

Insofern stellt § 222 Abs. 3 InsO eine **lex specialis** zu § 222 Abs. 2 Satz 1, 2 InsO dar. Nach dieser Vorschrift besteht die Pflicht zur Bildung mindestens einer Arbeitnehmergruppe, sofern nicht ausnahmsweise aufgrund von besonderen Umständen des Einzelfalls hiervon abgesehen werden kann.[82] 50

Allerdings müssen die Forderungen der Arbeitnehmer **„erheblich"** sein. Da das Gesetz den Begriff der Erheblichkeit nicht näher definiert, könnte diese am Verhältnis der Arbeitnehmerforderungen zu den Gesamtverbindlichkeiten des Schuldners gemessen werden.[83] Die Erheblichkeit könnte allerdings auch – und das legt die Gesetzesbegründung mit dem Arbeitsplatzerhaltungsinteresse des Mitarbeiters nahe[84] – anhand der Einkommensverhältnisse der Arbeitnehmer beurteilt werden.[85] Nach verschiedenen Stimmen in der Literatur[86] und Rechtsprechung[87] wird die Erheblichkeitsschwelle nach **subjektiven Kriterien** aus Arbeitnehmersicht ab einem Rückstand i. H. eines Monatsgehalts oder 10 % des Jahresgehalts erreicht. 51

4. Kleingläubiger und geringfügig Beteiligte

a) Kleingläubiger (§ 222 Abs. 3 Satz 2 Alt. 1 InsO)

Die **Kleingläubiger** zählen in aller Regel zu der Gruppe der **nicht nachrangigen Insolvenzgläubiger** (§ 222 Abs. 1 Satz 2 Nr. 2 InsO). Um die besondere Interessenlage dieser Beteiligten bzw. der übrigen „Großgläubiger" zu berücksichtigen, lässt die Regelung des § 222 Abs. 3 Satz 2 Alt. 1 InsO für Kleingläubiger die Bildung einer gesonderten Gruppe zu. Ausweislich der Gesetzesbegründung kann insbesondere die volle Befriedigung aller Kleingläubiger mit Forderungen bis zu einer bestimmten Höhe zweckmäßig sein, um die Durchführung des Verfahrens zu vereinfachen. Hierdurch kann eine Abstimmung dieser Gläubiger über den Plan überflüssig werden (§ 237 Abs. 2 InsO).[88] Denn in absoluter 52

82) *Eidenmüller* in: MünchKomm-InsO, § 222 Rz. 124, 132; Uhlenbruck-*Lüer/Streit*, InsO, § 222 Rz. 31.

83) So *Haarmeyer/Wutzke/Förster*, Hdb. InsO, Kap. 9 Rz. 76.

84) Begr. RegE InsO, BT-Drucks. 12/2443, S. 200.

85) So Uhlenbruck-*Lüer/Streit*, InsO, § 222 Rz. 34; *Thies* in: HambKomm-InsR, § 222 InsO Rz. 28; *Eidenmüller* in: MünchKomm-InsO, § 222 Rz. 129.

86) *Eidenmüller* in: MünchKomm-InsO, § 222 Rz. 129; Uhlenbruck-*Lüer/Streit*, InsO, § 222 Rz. 34; *Jaffé* in: FK-InsO, § 222 Rz. 35.

87) LG Mühlhausen, Beschl. v. 17.9.2007 – 2 T 190/06, NZI 2007, 724, 725.

88) Begr. RegE InsO, BT-Drucks. 12/2443, S. 200.

Hinsicht fällt ggf. die vollständige Befriedigung dieser Gläubiger in Bezug auf die zu verteilende Insolvenzmasse – relativ gesehen – nicht ins Gewicht. Die Schaffung dieser Abstimmungsgruppe beruht auf dem Fall *Dr. Jürgen Schneider*, bei dem der Begriff „Peanuts" geprägt wurde.[89] Für die betroffenen Kleingläubiger kann die Insolvenz des Schuldners gleichwohl ein gravierendes wirtschaftliches Problem darstellen.

53 Es handelt sich bei § 222 Abs. 3 Satz 2 Alt. 1 InsO um eine **lex specialis** zu § 222 Abs. 2 Sätze 1, 2 InsO. Hierdurch wird gesetzlich klargestellt, dass allein die Höhe der Forderung des Gläubigers ein ausreichendes Kriterium ist, um ein gleichartiges wirtschaftliches Interesse aller Kleingläubiger zu begründen.[90]

54 Allerdings machen das Gesetz und die Gesetzesbegründung keine näheren Angaben dazu, was unter einem Kleingläubiger zu verstehen ist. Dies deutet darauf hin, dass der Gesetzgeber mit dem von der Vorschrift verfolgten Zweck der **Verfahrensvereinfachung**[91] gerade **keine starre Grenze** vor Augen hatte, um Sanierungshemmnisse abzubauen. Vielmehr wird im jeweiligen Einzelfall im Verhältnis zu der Anzahl der Gläubiger und der absoluten Höhe der Gläubigerforderungen eine Eingruppierung als Kleingläubiger vorzunehmen sein.[92] Wird den Kleingläubigern eine höhere oder gar vollständige Befriedigung angeboten, muss daran gedacht werden, dass dies Gläubiger dazu veranlassen könnte durch Minderung ihrer Forderungen in die Gruppe der Kleingläubiger zu wechseln. Dies könnte den Umfang der für diese Gruppe eingeplanten Ausschüttungen unerwartet erhöhen und sollte daher berücksichtigt werden.[93]

Praxishinweis

Wird die Gruppe der Kleingläubiger benötigt, um insgesamt eine Mehrheit der abstimmenden Gruppen zu erreichen, muss darauf geachtet werden, dass dieser Gruppe nicht die volle Befriedigung angeboten wird; denn anderenfalls würde die Berechtigung zur Abstimmung gemäß § 237 Abs. 2 InsO entfallen.

55 Aufgrund des mit der Vorschrift verfolgten Zwecks der Verfahrensvereinfachung ist die Bildung einer Gruppe von Kleingläubigern nach § 222 Abs. 3 Satz 2 Alt. 1 InsO entgegen der Ansicht des LG Neuruppin[94] auch dann zulässig, wenn deren Forderungen nicht voll befriedigt werden.[95]

b) Geringfügig beteiligte Anteilsinhaber (§ 222 Abs. 3 Satz 2 Alt. 2 InsO)

56 Durch das ESUG wurde § 222 Abs. 3 Satz 2 Alt. 2 InsO eingeführt, der feststellt, dass auch für **Anteilsinhaber**, die nur mit einem geringen Anteil am Schuldner beteiligt sind und **keinerlei unternehmerischen Einfluss** haben, eine eigene Gruppe gebildet werden kann.[96] Als Grenze der Beteiligung am Haftkapital werden gemäß § 222 Abs. 3 Satz 2 InsO weniger als 1 % oder weniger als 1.000 € genannt.

89) Näher *Smid/Rattunde/Martini*, Insolvenzplan, Rz. 9.18.

90) Uhlenbruck-*Lüer/Streit*, InsO, § 222 Rz. 37; *Eidenmüller* in: MünchKomm-InsO, § 222 Rz. 134.

91) Begr. RegE InsO, BT-Drucks. 12/2443, S. 200.

92) So auch Uhlenbruck-*Lüer/Streit*, InsO, § 222 Rz. 37; *Thies* in: HambKomm-InsR, § 222 InsO Rz. 29 f.; zu den in der Literatur vorgeschlagenen Abgrenzungskriterien (z. B. 500 €; Bagatellgrenze des § 511 Abs. 2 Nr. 1 ZPO [600 €]); Status als Kleinunternehmer i. S. von § 19 UStG) vgl. *Eidenmüller* in: MünchKomm-InsO, § 222 Rz. 138 f. m. w. N.

93) Vgl. zu den damit verbundenen Schwierigkeiten *Thies* in: HambKomm-InsR, § 222 InsO Rz. 29 f.

94) LG Neuruppin, Beschl. v. 19.4.2013 – 2 T 33/13, ZIP 2013, 1541, 1542, dazu EWiR 2013, 661 *(Frind)*.

95) Uhlenbruck-*Lüer/Streit*, InsO, § 222 Rz. 39.

96) Begr. RegE ESUG, BT-Drucks. 17/5712, S. 31.

Nach der Gesetzesbegründung soll sich die Bildung einer Gruppe von geringfügig beteiligten Anteilsinhabern insbesondere dann anbieten, wenn einer Gruppe von Hauptanteilsinhabern ein Kreis von Anteilsinhabern mit Streubesitz gegenübersteht, wie es bei der börsennotierten AG öfter anzutreffen sei.[97] Die praktische Relevanz dieser Regelung ist bislang allerdings noch nicht erkennbar, da sie nur bedingt geeignet ist, bspw. gegen eine im Plan vorgesehene Abfindung die Beteiligung dieses Personenkreises an dem Schuldner zu beenden. Denn hierdurch wird die Möglichkeit der Obstruktion nach § 245 Abs. 3 Nr. 2 InsO geschaffen.[98] Kann dies durch die vorherige Einbeziehung der übrigen Anteilsinhaber ausgeschlossen werden, wird hierdurch nicht unerhebliches „Störerpotential" minimiert. 57

5. Sondergruppen

a) Pensionssicherungsverein (§ 9 Abs. 4 Satz 1 BetrAVG)

Gemäß § 9 Abs. 4 Satz 1 BetrAVG **ist inzwischen** für den Pensionssicherungsverein (PSVaG) bei einem Insolvenzplan eine eigene Gruppe gebildet werden, wenn im Plan die Fortführung des Unternehmens oder eines Betriebes vorgesehen ist und der PSVaG hierauf nicht verzichtet.[99] Es handelt sich dabei somit um eine **lex specialis** zu § 222 Abs. 2 Sätze 1, 2 InsO. 58

Mit der Bildung einer eigenen Gruppe für den PSVaG soll sichergestellt werden, dass dieser nicht zum Nachteil der von ihm vertretenen Solidargemeinschaft von anderen Gläubigern überstimmt werden kann.[100] Sieht der Insolvenzplan hingegen die Liquidation des Unternehmens vor, liegt das Interesse der Insolvenzgläubiger übereinstimmend in der Realisierung einer möglichst hohen Liquidationsquote; die Bildung einer besonderen Gruppe für den PSVaG dürfte dann regelmäßig entbehrlich sein. 59

Umstritten ist, ob der PSVaG für jede übergegangene Forderung eine Kopfstimme oder insgesamt nur eine Kopfstimme erhält. Aufgrund des Wortlauts des § 9 Abs. 4 Satz 1 BetrAVG ist der Auffassung zuzustimmen, die insgesamt nur von **einer Kopfstimme** ausgeht.[101] 60

Eine Besonderheit stellt zudem die Regelung in § 7 Abs. 4 Satz 5 BetrAVG dar, wonach im Insolvenzplan vorgesehen werden soll, dass bei einer nachhaltigen Besserung der wirtschaftlichen Lage des Arbeitgebers die vom Träger der Insolvenzsicherung gemäß § 7 Abs. 1 BetrAVG zu erbringenden Leistungen ganz oder zum Teil vom Arbeitgeber oder sonstigen Trägern der Versorgung wieder übernommen werden. Da es sich insofern um eine „Soll-Vorschrift" handelt, ist nicht eindeutig geklärt, welche Folgen die Nichtaufnahme der **Besserungsregelung** nach sich zieht. Zum Teil wird darin ein Zurückweisungsgrund i. S. des § 231 Abs. 1 Nr. 1 InsO gesehen.[102] 61

---

97) Begr. RegE ESUG, BT-Drucks. 17/5712, S. 31.

98) *Thies* in: HambKomm-InsR, § 222 InsO Rz. 31; Uhlenbruck-*Lüer/Streit*, InsO, § 222 Rz. 40.

99) *Rieger*, NZI 2013, 671, 675; durch das SanInsFoG (Sanierungs- und Insolvenzrechtsfortentwicklungsgesetz v. 22.12.2020, BGBl. I 2020, 3256) wurde die zwingende Gruppenbildung in diesen Fallgruppen eingeführt.

100) *Jaffé* in: FK-InsO, § 222 Rz. 46.

101) Vgl. hierzu *Haas* in: HK-InsO, § 244 Rz. 5; *Thies* in: HambKomm-InsR, § 222 InsO Rz. 22, § 244 InsO Rz. 6; a. A. *Paulsdorff/Wohlleben* in: Kölner Schrift zur InsO, S. 1655 Rz. 49 ff.

102) *Rolfs* in: Blomeyer/Rolfs/Otto, BetrAVG, § 7 Rz. 278; *Paulsdorff/Wohlleben* in: Kölner Schrift zur InsO, S. 1655 Rz. 45, für den Fall, dass nicht besondere Umstände das Ausbleiben einer solchen Besserungsklausel rechtfertigen; ebenso *Gareis*, ZInsO 2007, 23, 24.

Praxishinweis

Um dieses Risiko zu vermeiden, sollte daher möglichst frühzeitig in Verhandlungen mit dem PSVaG eingetreten werden, um die gesetzliche Besserungsregelung rechtssicher abzubilden. Üblich sind insofern Kompensationsmodelle für den PSVaG durch Gewährung eines Zuschlags auf die reguläre Quote. Alternativ hierzu bietet sich eine ggf. liquiditätsschonende zeitlich gestaffelte und/oder quotale Fortführung der betrieblichen Altersversorgung durch die Insolvenzschuldnerin nach Aufhebung des Insolvenzverfahrens rückwirkend auf den Zeitpunkt des Sicherungsfalls (Verfahrenseröffnung) gemäß § 7 Abs. 1 BetrAVG an.[103)]

b) Schuldverschreibungsgläubiger (§ 19 Abs. 4 SchVG)

62 Die Gläubiger einer **Schuldverschreibung** sind in einem eröffneten Insolvenzverfahren über das Vermögen der emittierenden Gesellschaft regelmäßig **nicht nachrangige Insolvenzgläubiger nach § 38 InsO**, sofern kein Nachrang i. S. von § 39 Abs. 2 InsO vereinbart und keine Sicherheiten bestellt wurden bzw. diese wertlos sind. Die Forderungen der Schuldverschreibungsgläubiger werden regelmäßig in einer Gruppe zusammengefasst, da ihnen grundsätzlich gemäß § 19 Abs. 4 SchVG gleiche Rechte anzubieten sind (siehe ausführlich zu Anleihen im Insolvenzplanverfahren unten § 57 [*Thole*]).[104)]

c) Forderungen aus vorsätzlich unerlaubter Handlung

63 Gläubiger mit Forderungen aus vorsätzlich unerlaubter Handlung gegen eine natürliche Person können – dies ist allerdings nicht zwingend notwendig – in eine eigene Gruppe eingeteilt werden.[105)] Hervorzuheben ist, dass die Planwirkungen Forderungen aus vorsätzlich unerlaubten Handlungen auch dann erfassen, wenn der Plan dies nicht ausdrücklich vorsieht.[106)]

d) Ein-Gläubiger-Gruppe

64 Diskutiert wird die Frage, ob es zulässig ist, eine Gruppe zu bilden, die nur aus einem **einzigen Gläubiger mit einer einzigen Forderung** besteht.[107)] Wie bereits zu § 9 Abs. 4 Satz 1 BetrAVG ausgeführt worden ist, sieht der Gesetzgeber eine solche Konstellation gerade vor.

65 Hervorzuheben ist insofern, dass der Zweck der Gruppenbildung darin besteht, die unterschiedlichen Interessen der Gläubiger möglichst zusammenzufassen bzw. Interessenskonflikten durch die Einteilung in unterschiedliche Gruppen zu begegnen. Die Verwirklichung dieser gesetzgeberischen Intention kann gerade nicht davon abhängen, ob im konkreten Einzelfall mehr als ein Gläubiger mit dieser Interessenlage vorhanden ist. Die Bildung einer „Ein-Gläubiger-Gruppe" ist daher zulässig. Beispielhaft lassen sich neben dem PSVaG die Einteilung des Fiskus wegen der Steuerschulden oder der Bundesagentur für Arbeit wegen der im Zusammenhang mit den Insolvenzgeldleistungen nach § 169 Satz 1 SGB III übergegangenen Ansprüche auf Arbeitsentgelt nennen. *Hingerl*[108)] weist hierbei

103) Vgl. hierzu sehr instruktiv *Bremer*, DB 2011, 875, 876.

104) *Thies* in: HambKomm-InsR, § 222 InsO Rz. 23.

105) Vgl. AG Köln, Beschl. v. 14.11.2017 – 73 IN 173/15, Rz. 31, BeckRS 2017, 135340; LG Hamburg, Beschl. v. 15.1.2018 – 326 T 40/17, Rz. 39, BeckRS 2018, 856; *Thies* in: HambKomm-InsR, § 222 InsO Rz. 21; Uhlenbruck-*Lüer/Streit*, InsO, § 222 Rz. 30.

106) Uhlenbruck-*Lüer/Streit*, InsO, § 227 Rz. 10; AG Osnabrück, Beschl. v. 12.7.2017 – 38 IN 25/15, BeckRS 2017, 118498; BGH, Beschl. v. 17.12.2009 – IX ZR 32/08.

107) Vgl. zur Diskussion: *Hingerl*, ZInsO 2007, 1337; *Haneke* in: Kübler/Bork/Prütting, HRI II, § 24 Rz. 12 f.

108) *Hingerl*, ZInsO 2007, 1337.

zu Recht auf die bestehende Missbrauchsgefahr hin. Dieser kann nur dadurch begegnet werden,

- dass das Insolvenzgericht die Kriterien der fakultativen Gruppenbildung, gleichartige wirtschaftliche Interessen und sachgerechte Abgrenzung, überprüft (siehe unten Rz. 86 ff.),
- die dissentierende Gruppe durch den Plan voraussichtlich nicht schlechtergestellt wird, als sie ohne Plan stünde und sie angemessen an dem wirtschaftlichen Wert beteiligt wird (§ 245 InsO) sowie
- ggf. der Minderheitenschutzantrag vom betroffenen Gläubiger gemäß § 251 InsO gestellt wird.

e) Massegläubiger

Die **Massegläubiger**, deren Ansprüche gemäß § 53 InsO aus der Insolvenzmasse vorweg zu berichtigen sind, stellen – wie in § 3 [*Beck/Pechartscheck*] ausgeführt – freiwillig beteiligte Personen dar. Auch im Insolvenzplanverfahren werden sie nicht als Gläubigergemeinschaft zusammengefasst, sondern individuell vorab befriedigt.[109] Die Vorschrift des § 258 Abs. 2 Satz 1 InsO ordnet daher an, dass vor der Aufhebung des Verfahrens der Insolvenzverwalter die unstreitigen und fälligen Masseansprüche zu berichtigen sowie für die streitigen oder nicht fälligen Masseansprüche Sicherheit zu leisten hat. Soll in deren Rechtsposition eingegriffen werden, kann dies nur **freiwillig** auf vertraglicher Basis geschehen.[110] Eine zwangsweise Beteiligung kann sich nur für **Altmassegläubiger** bei angezeigter Masseunzulänglichkeit nach den Regelungen des § 210a InsO ergeben (siehe hierzu oben Rz. 40). In Bezug auf die **Neumassegläubiger** bleibt es daher bei dem grundsätzlichen Gebot der vollständigen Befriedigung. 66

f) Kreditrahmengläubiger

Eine weitere Besonderheit stellen die sog. **Kreditrahmengläubiger** dar. Es handelt sich nach der Legaldefinition in § 264 Abs. 1 Sätze 1, 2 InsO um Gläubiger mit Forderungen aus Darlehen und sonstigen Krediten, die der Schuldner oder die Übernahmegesellschaft während der Zeit der Planüberwachung aufnimmt oder die ein Massegläubiger für die Zeit der Planüberwachung stehengelassen hat. 67

Solche Darlehen sollen gemäß § 264 Abs. 1 Satz 1 InsO auf Basis einer entsprechenden Regelung im gestaltenden Teil in einer Folgeinsolvenz gegenüber den übrigen Insolvenzgläubigern vorrangig sein, sofern die Planüberwachung des Vorverfahrens zum Zeitpunkt der Eröffnung des Folgeverfahrens noch nicht aufgehoben war (§ 266 Abs. 1 InsO). Hierdurch soll die Finanzierung des ersten Sanierungsplans erleichtert werden.[111] 68

In der Folgeinsolvenz ist dann dieses Rangverhältnis der §§ 264 f. InsO bei der Gruppenbildung i. R. eines ggf. zweiten Insolvenzplans zu beachten, wobei hiervon regelmäßig nur die **nicht nachrangigen Insolvenzgläubiger** betroffen sein werden.[112] Die absonderungsberechtigten Gläubiger, die nachrangigen Gläubiger sowie die Anteilsinhaber sind ohnehin nur dann zu berücksichtigen, wenn in deren Rechte eingegriffen wird bzw. deren For- 69

109) *Balthasar* in: Kübler/Bork/Prütting, HRI II, § 22 Rz. 234 ff.; *Haas* in: HK-InsO, § 217 Rz. 11.

110) *Haneke* in: Kübler, HRI II, § 24 Rz. 102; Uhlenbruck-*Lüer/Streit*, InsO, § 217 Rz. 36, wonach Neu-Massegläubiger keinesfalls beteiligt werden können.

111) *Thies* in: HambKomm-InsR, § 264 InsO Rz. 1; ausführlich auch *Haneke* in: Kübler/Bork/Prütting, HRI II, § 24 Rz. 109 f.

112) *Haneke* in: Kübler/Bork/Prütting, HRI II, § 24 Rz. 109 f.

derungen nicht als erlassen gelten sollen. Es ist allerdings davon auszugehen, dass dieser Besonderheit nur geringe praktische Relevanz zukommt.[113)]

III. Veränderung der Rechte des Beteiligten nach Zuteilung zu einer Gruppe

70 Gemäß § 226 InsO sind **innerhalb jeder Gruppe** allen Beteiligten **gleiche Rechte** anzubieten, sofern nicht alle betroffenen Beteiligten einer unterschiedlichen Behandlung zugestimmt haben (§ 226 Abs. 2 InsO). Hieraus folgt, dass in die Rechte der Gläubiger einer einzelnen Gruppe stets nur gleichermaßen eingegriffen werden darf und die Gläubiger dieser Gruppe neben § 251 InsO über die Regelungen der §§ 244 f. InsO geschützt werden. Es ist damit – wie oben (siehe Rz. 16 ff.) ausgeführt – nicht möglich, Gläubiger mit gleicher Rechtsstellung und gleichen wirtschaftlichen Interessen zum Zwecke der Überstimmung auf verschiedene Gruppen aufzuteilen. Dies bedeutet im Gegenzug, dass Gläubigern in verschiedenen Gruppen verschiedene Rechte angeboten werden dürfen.

IV. Ermessensspielraum bei der Gruppenbildung

1. Allgemeines

71 Die in **§ 222 Abs. 1 InsO** genannten Gruppen sind bei Existenz der entsprechenden Beteiligten **zwingend** zu bilden (sog. obligatorische Gruppen).[114)] Die gemäß § 222 Abs. 2 InsO **fakultative** Aufteilung der Gläubiger steht dagegen – unter Berücksichtigung der vorgenannten Grenzen – grundsätzlich im **freien Ermessen** des Planinitiators.[115)]

72 Innerhalb der in §§ 222 ff. InsO gezogenen Grenzen – das Insolvenzgericht hat dies im Vorprüfungsverfahren gemäß § 231 Abs. 1 Satz 1 Nr. 1 InsO zu kontrollieren (siehe unten Rz. 83 ff.)[116)] – ergeben sich somit **strategische Handlungsoptionen** für den Planinitiator. Dieser entscheidet folglich, abhängig vom konkreten Planziel und den sich daraus ergebenden wirtschaftlichen Interessen gemäß § 222 Abs. 2 Satz 1 InsO, welcher Gläubiger in welche Gruppe eingeordnet wird. Hierdurch kann das Ergebnis einer späteren Entscheidung über den Plan – freilich jenseits von Gestaltungsmissbrauch oder Manipulation – maßgeblich gesteuert werden. Die mit der Planerstellung einhergehende strategische Gestaltungsmöglichkeit einer abstimmungstaktischen Gruppenbildung ist nicht nur zulässig, sondern kann auch **entscheidend** für den **Erfolg des Planverfahrens** sein.[117)] Ist der Schuldner bspw. selbst der Planinitiator wird er daran interessiert sein, einen für ihn möglichst günstigen Insolvenzplan zu erreichen. Auch diese Interessenlage ist aufgrund der bewussten Entscheidung des Gesetzgebers, dem Schuldner selbst ein Planinitiativrecht einzuräumen, **zulässig.**[118)] Denn es ist der erklärte Wille des Gesetzgebers, i. R. des Insolvenzplanverfahrens die Möglichkeit unterschiedlicher, differenzierter Verwertungsstrategien bei Wahrung des Zerschlagungswertes und der Verfahrensmitwirkungsrechte der Gläubiger zu gewährleisten.[119)]

113) *Thies* in: HambKomm-InsR, § 264 InsO Rz. 1, 3.

114) Uhlenbruck-*Lüer/Streit*, InsO, § 222 Rz. 9.

115) Uhlenbruck-*Lüer/Streit*, InsO, § 222 Rz. 3 f.

116) Vgl. zu der möglicherweise zu weitgehenden Prüfungskompetenz des Insolvenzgerichts: *Eidenmüller* in: MünchKomm-InsO, § 222 Rz. 10.

117) *Thies* in: HambKomm-InsR, § 222 InsO Rz. 3; *Eidenmüller* in: MünchKomm-InsO, § 222 Rz. 9; *Haneke* in: Kübler, HRI II, § 24 Rz. 12; vgl. zu der von Teilen der Lit. vertretenen Ansicht, dass auf Basis „eines ungeschriebenen Missbrauchsverbots“ § 222 InsO einzuschränken sei *Smid/Rattunde/Martini*, Insolvenzplan, Rz. 9.24; *Jaffé* in: FK-InsO, § 231 Rz. 11 ff. m. w. N. Diese Ansicht ist abzulehnen, da der Gesetzgeber bewusst das Modell der Mehrheitsfindung durch Gruppenbildung gewählt und damit Gestaltungsspielräume eröffnet hat.

118) Römermann-*Rühle*, InsO/InsR, § 222 InsO Rz. 3.

119) Römermann-*Rühle*, InsO/InsR, § 222 InsO Rz. 3.

Um zu verhindern, dass die Einteilung der Gläubiger in einzelne Gruppen später angegriffen wird, ist eine **objektive und ausgewogene Behandlung** der Gläubiger notwendig. Die Einteilung muss transparent und anhand des jeweiligen wirtschaftlichen Interesses des Gläubigers nachvollziehbar sein. Eine willkürliche Zuteilung, bspw. um einen bestimmten Gläubiger „auszuschalten", wird dazu führen, dass das Insolvenzgericht den Plan gemäß § 231 Abs. 1 InsO zurückweist oder diesem die Bestätigung nach § 248 Abs. 1 InsO versagt. 73

2. Typische Unterscheidungskriterien i. R. der fakultativen Gruppenbildung

Aufgrund der vom Gesetzgeber bewusst offengehaltenen Unterscheidungskriterien in § 222 Abs. 2 Satz 1 und 2 InsO kann sich eine grundsätzlich unbeschränkte Anzahl von Gruppen und Untergruppen ergeben, wenn nur die gesetzlichen Vorgaben (gleiche Rechtsstellung und gleichartige wirtschaftliche Interessen) eingehalten werden. 74

Welche Differenzierungen möglich sind, kann nicht abstrakt beantwortet werden. Entscheidend sind die Umstände des Einzelfalls, wobei unterschieden nach der Rechtsstellung u. a. folgende typischen **Untergruppen** genannt werden können.[120] 75

Übersicht zu den typischen Untergruppen 76

Absonderungsberechtigte (Nr. 1)		
Rechtsstellung § 222 Abs. 1 InsO	**Differenzierung Untergruppen § 222 Abs. 2 InsO**	**Mögliches wirtschaftliches Interesse**
Grundpfandgläubiger		
	Werthaltige Sicherheit ja/nein	Verwertungserlös (nicht) abhängig von der Sanierung des Schuldners
	Betriebsnotwendige Immobilie ja/nein	Verwertungserlös (nicht) abhängig von der Sanierung des Schuldners
	Fortführungswert der Sicherheit höher als Liquidationswert ja/nein	Sanierung des schuldnerischen Unternehmens lässt (keinen) höheren Verwertungserlös erwarten
Mobiliarsicherheit		
	Werthaltige Sicherheit ja/nein	Verwertungserlös (nicht) abhängig von der Sanierung des Schuldners
	Betriebsnotwendige Sicherheit ja/nein	Verwertungserlös (nicht) abhängig von der Sanierung des Schuldners
	Unterschiedlicher Rechtsgrund der Sicherheit (z. B. verlängerter EV, Vermieterpfandrecht, Pfändungspfandrecht, Einzelsicherheitsübertragung)	Verwertungserlös ist abhängig von den formalen Anforderungen an die Verwertung; ständige Geschäftsbeziehung lässt bei der Sanierung des schuldnerischen Unternehmens zukünftige Gewinne erwarten
	Fortführungswert der Sicherheit höher als Liquidationswert ja/nein	Sanierung des schuldnerischen Unternehmens lässt (keinen) höheren Verwertungserlös erwarten

120) Vgl. auch die Darstellung bei *Haneke* in: Kübler/Bork/Prütting, HRI II, § 24 Rz. 99 f.

Zession		
	Globalzession bzgl. Forderungen aus L+L. ja/nein	Verwertungserlös hängt (nicht) von der Fortführung des Unternehmens ab
	Einzelzession ja/nein	Verwertungserlös hängt (nicht) von der Fortführung des Unternehmens ab

Nicht nachrangige Insolvenzgläubiger (Nr. 2)		
	Differenzierung Untergruppen § 222 Abs. 2 InsO	**Mögliches wirtschaftliches Interesse**
	Kleingläubiger	Verringerung der Komplexität trotz grds. geringem Einfluss auf die Entscheidungsfindung im Planverfahren
	Finanzierungsgläubiger	Interesse an Anschlussfinanzierung
	Schuldverschreibungs-/Anleihegläubiger	Trotz Stückelung auf jeweils geringe Nennwerte kommt der Gesamtheit ggf. Großgläubigerstellung zu; notwendige einheitliche Organisation dieser Gläubigergruppe
	Einzelvertrag oder (beendetes) Dauerschuldverhältnis	Ständige Geschäftsbeziehung lässt bei der Sanierung des schuldnerischen Unternehmens zukünftige Gewinne erwarten
	Ständige Geschäftspartner (z. B. Kunden, Lieferanten, Dienstleister	Ständige Geschäftsbeziehung lässt bei der Sanierung des schuldnerischen Unternehmens zukünftige Gewinne erwarten
	Arbeitnehmer/freie Mitarbeiter	Arbeitsplatzerhalt
	Fällige Forderungen ja/nein	Spätere Befriedigung der Forderung (nicht) eingeplant
	Gesetzliche Gläubiger (z. B. Fiskus, Sozialversicherungsträger; Bundesagentur für Arbeit)	Fiskalinteresse; Auftrag der sozialen Sicherung
	Gläubiger mit werthaltiger Drittsicherheit	Alternative Befriedigungsmöglichkeit
	Nahestehende Person als Gläubiger	Persönliche wirtschaftliche Interessen
	Verbundenes Unternehmen als Gläubiger	Besonderes wirtschaftliches Eigeninteresse am Konzernerhalt
	Forderung aus unerlaubter Handlung	Grds. keine Restschuldbefreiung

Nachrangige Insolvenzgläubiger (Nr. 3)		
	Differenzierung Untergruppen § 222 Abs. 2 InsO	**Mögliches wirtschaftliches Interesse**
	Verschiedene Rangklassen des § 39 InsO	Tatsächliche Befriedigungsaussichten

Am Schuldner beteiligte Personen (Nr. 4)		
	Differenzierung Untergruppen § 222 Abs. 2 InsO	Mögliches wirtschaftliches Interesse
	Geringfügige Beteiligung	Kein unternehmerischer Einfluss nach erfolgter Sanierung des Schuldners, aber strategisches Blockadepotential, z. B. bei Debt-Equity-Swap
	Wesentliche Beteiligung	Unternehmerischer Einfluss nach erfolgter Sanierung des Schuldners; strategisches Blockadepotential, z. B. bei Debt-Equity-Swap

3. Umgang mit „Störern"

Allerdings wird auch eine objektive und ausgewogene Zuteilung von einzelnen Gläubigern in die jeweilige Gruppe in einigen Fällen nicht verhindern können, dass einzelne Beteiligte mit dem Planvorhaben sowie der Gruppenbildung nicht einverstanden sind. 77

Der Planinitiator muss sich daher auf „Störfeuer" vorbereiten. Um die Risiken eines möglichen Scheiterns des Planvorhabens zu minimieren, sollte im Vorfeld der Planeinreichung mit den wesentlichen Gläubigern gesprochen, deren Interessenlage geklärt und die jeweiligen „Schmerzgrenzen" bei der gruppenbezogenen Zuteilung der Rechte ergründet werden. 78

Verbleiben dann einzelne Gläubiger, deren Widerstand gegen das Planvorhaben nicht beseitigt werden kann bzw. mit deren Gegenstimme gerechnet werden muss, ergeben sich unter Beachtung der Vorgaben der §§ 222 ff. InsO folgende Möglichkeiten: 79

- Entweder werden die opponierenden Gläubiger auf mehrere Gruppen verteilt oder
- es werden eine oder mehrere Gruppen gebildet, in der die Plangegner zusammengefasst werden.

In der ersten Variante setzt der Planinitiator darauf, dass die opponierenden Gläubiger in jeder Gruppe überstimmt werden, während sich in der zweiten Variante zwar mindestens eine Gruppe vollständig gegen den Plan entschieden hat, deren Zustimmung allerdings über das Obstruktionsverbot des § 245 InsO erreicht werden kann. In dieser Variante ist jedoch erforderlich, dass drei – bzw. eine höhere ungerade Anzahl von – Gruppen gebildet werden (können), damit die Gruppen der Planbefürworter die Mehrheit bilden. 80

V. Erläuterung der Gruppenbildung

Im gestaltenden Teil erfolgt auch die Dokumentation der Gruppenbildung. Hier ist die Bildung der Gruppen nachvollziehbar zu erläutern. Der Umfang dieser Darstellung hängt vom jeweiligen Einzelfall ab und kann daher variieren. Es empfiehlt sich allerdings, im gestaltenden Teil folgende Mindestangaben zu machen: 81

- Aufzählung der gesetzlichen Vorgaben zu den Pflichtgruppen (Katalog des § 222 Abs. 1 InsO sowie etwaige Soll-Gruppen des § 222 Abs. 2 InsO),
- konkrete Bezugnahme auf jede der vorgenannten Gruppen und konkrete Darstellung, inwieweit im konkreten Fall eine der vorgenannten Gruppen überhaupt gebildet werden kann und
- konkrete Zuordnung einzelner Forderungen der Gläubiger zu den zu bildenden Gruppen und Begründung der Zuordnung.

82 Gemäß § 222 Abs. 2 Satz 3 InsO sind ferner die Kriterien für die sachgerechte Abgrenzung der fakultativen Gruppen voneinander in Bezug auf deren jeweilige unterschiedliche wirtschaftliche Interessen im Plan anzugeben. Dabei sind die unbestimmten Rechtsbegriffe[121)] der „sachgerechten Abgrenzung" sowie der „gleichartigen wirtschaftlichen Interessen" an Hand des konkreten Einzelfalls mit Leben zu füllen.[122)]

> **Praxishinweis**
>
> Die Angabe der Kriterien ist u. a. für das Insolvenzgericht von großer Bedeutung, da hierdurch das Insolvenzgericht in die Lage versetzt wird zu prüfen, ob die gesetzlichen Vorgaben des § 222 Abs. 2. Satz 3 InsO bei der Gruppenbildung eingehalten worden sind.[123)]

VI. Überwachung der Gruppenbildung durch das Insolvenzgericht

1. Zurückweisung gemäß § 231 InsO

83 Das Insolvenzgericht ist gemäß § 231 Abs. 1 Satz 1 Nr. 1 InsO von Amts wegen verpflichtet, noch vor der späteren Erörterung und Abstimmung durch die Gläubiger einen vorgelegten Insolvenzplan zurückzuweisen, wenn die Vorschriften über das Recht zur Vorlage und den Inhalt des Plans, insbesondere zur **Bildung von Gruppen**, nicht beachtet sind und der Vorlegende den Mangel nicht beheben kann oder diesen nicht innerhalb angemessener Frist behebt (siehe zum Vorprüfungsrecht des Insolvenzgerichts ausführlich unten § 14 [*Laroche*]). Wie der Gesetzeswortlaut klarstellt, zählen die Vorschriften zur Gruppenbildung nach § 222 InsO zum Inhalt des Plans.[124)]

84 Das Ziel dieser **Vorprüfung** durch das Insolvenzgericht ist es, eine Verzögerung des Insolvenzverfahrens sowie eine Verschleppung der Masseverwertung durch fehlerhafte oder offensichtlich aussichtslose Pläne frühzeitig zu vermeiden.[125)]

85 Auch wenn in der Literatur[126)] in der Vergangenheit die Frage diskutiert wurde, ob und inwieweit das Insolvenzgericht den vorgelegten Plan auch auf eine **manipulative Gruppenbildung** prüfen darf, ist mit der durch das ESUG erfolgten Ergänzung in § 231 Abs. 1 Satz 1 Nr. 1 InsO klargestellt, dass das Insolvenzgericht die sachgerechte Gruppenbildung überprüfen muss.[127)] Dabei hat es nicht nur offensichtliche Rechtsfehler zu beanstanden.[128)] Bei einem vom Schuldner vorgelegten Plan kommt zudem in Betracht, dass sich das Insolvenzgericht eines Sachverständigen, bspw. in Form des bereits bestellten Sachwalters oder Insolvenzverwalters, bedient.[129)] Dies bedeutet in Bezug auf die **obligatorische Gruppenbildung** (§ 222 Abs. 1 InsO), dass das Gericht zu prüfen hat,

– ob die obligatorischen Gruppen gebildet wurden bzw.

121) Vgl. zur Auslegung der Begriffe *Eidenmüller* in: MünchKomm-InsO, § 222 Rz. 87 ff., 100 f., wonach als Anknüpfungspunkte für die Gleichartigkeit wirtschaftlicher Interessen etwa der Entstehungsgrund eines Rechts, seine Werthaltigkeit oder die Person des Berechtigten und seine Beziehung zum Schuldner in Frage kommen.

122) BGH, Beschl. v. 7.5.2015 – IX ZB 75/14, ZIP 2015, 1346, 1347, dazu EWiR 2015, 483 *(Spliedt)*.

123) BGH, Beschl. v. 7.5.2015 – IX ZB 75/14, ZIP 2015, 1346, 1347.

124) *Stahlschmidt* in: Kübler/Bork/Prütting, HRI II, § 30 Rz. 50; BGH, Beschl. v. 7.5.2015 – IX ZB 75/14, ZIP 2015, 1346.

125) *Breuer* in: MünchKomm-InsO, § 231 Rz. 1; *Thies* in: HambKomm-InsR, § 231 InsO Rz. 1; Uhlenbruck-*Lüer/Streit*, InsO, § 231 Rz. 1.

126) Vgl. zum Streitstand *Stahlschmidt* in: Kübler/Bork/Prütting, HRI II, § 30 Rz. 55; *Breuer* in: MünchKomm-InsO, § 231 Rz. 15.

127) Begr. RegE ESUG, BT-Drucks. 17/5712, S. 32; *Smid*, ZInsO 2016, 61, 70 ff.

128) BGH, Beschl. v. 7.5.2015 – IX ZB 75/14, ZIP 2015, 1346; ebenso AG Köln, Beschl. v. 6.4.2016 – 74 IN 45/15, NZI 2016, 537 ff., m. zust. Anm. *Madaus*.

129) *Smid*, ZInsO 2016, 61, 74.

- ob von der Bildung dieser Gruppen abgesehen werden durfte,
  - weil nicht in die Rechte der Absonderungsberechtigten eingegriffen wird (§ 222 Abs. 1 Satz 2 Nr. 1 InsO),
  - weil in Bezug auf die Forderungen der nachrangigen Gläubiger der § 225 einschlägig ist (§ 222 Abs. 1 Satz 2 Nr. 3 InsO) oder
  - weil Anteils- und Mitgliedschaftsrechte nicht in den Plan einbezogen werden (§ 222 Abs. 1 Satz 2 Nr. 4 InsO).[130)]

Hinsichtlich der **fakultativen Gruppen** (§ 222 Abs. 2 InsO) hat das Gericht zu prüfen, 86
- ob die Gruppen sachgerecht voneinander abgegrenzt und
- ob die Kriterien für die Abgrenzung im Plan angegeben sind.[131)]

Dabei ist jedoch das oben genannte **Gestaltungsermessen** des Planinitiators zu berück- 87
sichtigen.[132)] Denn es kann von einem Planersteller nicht verlangt werden, dass dieser eine Gruppenbildung in der Weise vornimmt, dass – vorhersehbar – dem Planvorhaben in der Abstimmung nicht zugestimmt wird.[133)] Die Gruppenbildung ist das entscheidende und legitime Instrument zur Mehrheitsbeschaffung. Die **Prüfungskompetenz** des Gerichts erstreckt sich demnach **nicht** darauf, ob die Einteilung der Beteiligten in die jeweilige Gruppe im vorliegenden Fall sinnvoll ist oder ob es auch andere Möglichkeiten der Einteilung gegeben hätte. Kein Prüfungspunkt ist zudem, ob die Gruppenbildung ausschließlich zum Zweck der Gewinnung einer Mehrheit für das Planvorhaben erfolgt ist.[134)]

In Bezug auf die Gruppenbildung hat das Gericht deshalb nur zu untersuchen, ob gemäß 88
§ 226 Abs. 1 InsO innerhalb jeder Gruppe allen Beteiligten gleiche Rechte angeboten werden bzw., wenn eine unterschiedliche Behandlung der Beteiligten einer Gruppe vorgesehen ist, ob die zustimmende Erklärung eines jeden betroffenen Beteiligten beigefügt ist (§ 226 Abs. 2 Satz 2 InsO).[135)]

Im Zusammenhang mit der Reichweite der Prüfungskompetenz bzw. der Prüfungspflicht 89
des Gerichts ist weiter zu beachten, dass die Gläubiger im Erörterungstermin gemäß §§ 235, 240 InsO auf die Plangestaltung Einfluss nehmen können. Über den Minderheitenschutzantrag nach § 251 InsO können sie zudem die Versagung der Planbestätigung erreichen, wenn sie durch den Plan voraussichtlich schlechtergestellt werden, als sie ohne den Plan stünden. Die beteiligten Gläubiger sind somit nicht schutzlos gestellt.[136)]

Stellt das Insolvenzgericht einen „Mangel" fest, ist die Frage zu klären, ob dieser behebbar 90
ist. Dabei ist ein Mangel nur in seltenen Fällen nicht behebbar, bspw.,
- wenn der Planinitiator hierzu rechtlich gar nicht befugt ist (fehlende Vorlageberechtigung),
- wenn das gesamte Planvorhaben auf einer Abweichung von einer nach den §§ 217 ff. InsO nicht dispositiven Vorschrift beruht oder
- wenn die Behebung des Mangels inhaltlich zu einem neuen Plan führen würde.[137)]

130) Uhlenbruck-*Lüer/Streit*, InsO, § 231 Rz. 19; Braun-*Braun/Frank*, InsO, § 222 Rz. 4.
131) Uhlenbruck-*Lüer/Streit*, InsO, § 231 Rz. 21; *Breuer* in: MünchKomm-InsO, § 231 Rz. 15.
132) *Thies* in: HambKomm-InsR, § 231 InsO Rz. 10.
133) *Breuer* in: MünchKomm-InsO, § 231 Rz. 16.
134) *Haas* in: HK-InsO, § 231 Rz. 4; Graf-Schlicker-*Kebekus/Wehler*, InsO, § 231 Rz. 3; **einschränkend:** *Jaffé* in: FK-InsO, § 231 Rz. 11; vgl. zu zulässigen strategischen Erwägungen auch LG Hamburg, Beschl. v. 15.1.2018 – 326 T 40/17, BeckRS 2018, 856.
135) *Breuer* in: MünchKomm-InsO, § 231 Rz. 15; Römermann-*Ober*, InsO/InsR, § 231 InsO Rz. 9 f.
136) *Breuer* in: MünchKomm-InsO, § 231 Rz. 16, lehnt aufgrund dieser Schutzvorschriften in diesen Fällen ein Zurückweisungsrecht des Insolvenzgerichts ab.
137) *Breuer* in: MünchKomm-InsO, § 231 Rz. 19; *Thies* in: HambKomm-InsR, § 231 InsO Rz. 15.

91 Aus § 240 InsO, der ab Vorlage des Insolvenzplans anwendbar ist,[138] ergibt sich, dass einzelne Regelungen des Plans inhaltlich geändert werden dürfen. Der Kern des Plans, wie bspw. das Planziel, darf jedoch nicht berührt werden.[139] In Bezug auf die Gruppenbildung ist anerkannt, dass Veränderungen möglich sind, bspw.[140]

- der Austausch von einzelnen Gläubigern bzw. Forderungen innerhalb der einzelnen Gruppen,
- die Unterteilung einer Gruppe in Untergruppen oder
- die Bildung einer einzigen Gruppe aus mehreren Gruppen,

sofern hierdurch nicht das ganze bisherige Plankonzept verändert wird.[141] Es muss sichergestellt sein, dass die abstimmenden Gläubiger durch die Neuerungen nicht die Übersicht über die Wirkungen, die der Plan für sie haben wird, verlieren.[142]

2. Gerichtliche Bestätigung gemäß § 248 InsO

92 Nach der Annahme des Insolvenzplans durch die Beteiligten (§§ 244 ff. InsO) und der Zustimmung des Schuldners (§ 247 InsO) bedarf der Plan gemäß § 248 InsO der **Bestätigung durch das Insolvenzgericht** (siehe hierzu ausführlich § 18 [*Thole*]). Bei Verstößen gegen Verfahrensvorschriften, insbesondere über den Inhalt des Insolvenzplans, ist gemäß § 250 Nr. 1 InsO die Bestätigung von Amts wegen zu versagen.

93 Wie bereits im Zusammenhang mit der Vorprüfung (§ 231 InsO) ausgeführt, zählen die Vorschriften über die **Gruppenbildung** zum Inhalt des Plans. Der Prüfungsgegenstand und der Prüfungsumfang bei der gerichtlichen Bestätigung decken sich damit im Wesentlichen mit der Prüfung bei § 231 Abs. 1 Nr. 1 InsO,[143] weshalb zur Vermeidung von Wiederholungen auf die vorstehenden Ausführungen, siehe Rz. 82 ff., verwiesen wird. Dies hat zur Folge, dass i. R. der gerichtlichen Prüfung nach § 248 InsO keine Pläne bestätigt werden können, welche die zwingenden Vorschriften über die Gruppenbildung verletzen. Wurden hingegen nachträgliche Änderungen der Gruppenbildung i. S. des § 240 InsO vorgenommen, erhält diese Prüfung in Bezug auf die Gruppenbildung entsprechende Relevanz.

138) *Haneke* in: Kübler/Bork/Prütting, HRI II, § 24 Rz. 26.

139) *Hintzen* in: MünchKomm-InsO, § 240 Rz. 8; *Thies* in: HambKomm-InsR, § 240 InsO Rz. 4.

140) *Haneke* in: Kübler/Bork/Prütting, HRI II, § 24 Rz. 21 f.; *Hintzen* in: MünchKomm-InsO, § 240 Rz. 9; Uhlenbruck-*Lüer/Streit*, InsO, § 240 Rz. 5.

141) *Thies* in: HambKomm-InsR, § 240 InsO Rz. 4; *Hintzen* in: MünchKomm-InsO, § 240 Rz. 9; **a. A.** *Smid/Rattunde/Martini*, Insolvenzplan, Rz. 13.40, die eine nachträgliche Veränderung der Gruppen ablehnen.

142) *Haneke* in: Kübler/Bork/Prütting, HRI II, § 24 Rz. 22; Uhlenbruck-*Lüer/Streit*, InsO, § 240 Rz. 4.

143) *Thies* in: HambKomm-InsR, § 250 InsO Rz. 4.

§ 10
Absonderungsrechte im Insolvenzplan

Übersicht

Literatur: *Braun*, Das Obstruktionsverbot in der Praxis: Ein überzeugender Start, NZI 1999, 473; *Brünkmans*, Reichweite der Rechtskraft von Insolvenz- und Restrukturierungsplänen, ZIP 2022, 1573; *Bruns*, Grundpfandrechte im Insolvenzplanverfahren – das Ende deutscher Immobiliarsicherheiten?, KTS 2004, 1; *Bultmann*, Absonderungsrechte im „schweigenden" Insolvenzplan, ZInsO 2022, 1327; *Dahl*, Aufrechnungsbedürfnis trotz rechtskräftigem Insolvenzplan?, NJW-Spezial 2009, 309; *Dellit/Hamann*, Forderungserlass und Insolvenzplan, ZIP 2015, 308; *Eidenmüller*, Obstruktionsverbot, Vorrangregel und Absonderungsrechte, in: Festschrift für Jochen Drukarczyk, 2003, S. 187; *Ganter*, Das Intercreditor Agreement im Normensystem der Insolvenzordnung, ZRI 2024, 323; *Hoegen/Kranz*, Neue Möglichkeiten der Konzernsanierung durch SanInsFoG und StaRUG, NZI 2021, 105; *Horstkotte*, Der Insolvenzplan in der gerichtlichen Vorprüfung, ZInsO 2014, 1297; *Madaus*, Möglichkeiten und Grenzen von Insolvenzplanregelungen, ZIP 2016, 1141; *Martini/Horstkotte*, Häufige Fehler bei der Aufstellung von Insolvenzplänen und der Durchführung von Insolvenzplanverfahren, ZInsO 2017, 1913; *Nicht*, Rechtsschutz gegen die Grundstücksversteigerung bei Nichterfüllung des Insolvenzplans, NZI 2025, 61; *Pleister*, Behandlung von Drittsicherheiten in der finanziellen Restrukturierung von Konzernen, ZIP 2015, 1097; *Roth*, Insolvenzplan zur Sanierung von Immobilienprojektierern: Zur Reorganisation dinglicher Sicherheiten i. R. eines Insolvenzplans, ZRI 2024, 470; *Skauradszun*, Die Vergleichsrechnung nach § 220 Abs. 2 InsO n. F., ZIP 2021, 1091; *Smid*, Bestimmung der gesetzlichen Anforderungen an unterschiedliche verfahrensbegleitende Insolvenzpläne, NZI 2024, 345; *Smid*, Voraussetzungen der sofortigen Beschwerde gegen die Bestätigung eines Insolvenzplans gemäß §§ 251, 253 InsO, NZI 2005, 296; *Smid*, Thesen zu Kreditsicherheiten in Insolvenz, übertragender Sanierung und Reorganisation, WM 2002, 1033; *Smid*, Die „cram down power" des deutschen Insolvenzgerichts, InVo 2000, 1; *Thole*, Konzernhaftungsansprüche in Insolvenz und Restrukturierung, ZRI 2024, 402; *Weitbrecht*, Über Akzessorietätsdurchbrechungen und mittelbare Planeingriffe in Sicherungsrechte, KTS 2021, 357; *Weitbrecht*, Mittelbare Planeingriffe in Sicherungsrechte, 2019, Halle-Wittenberg (Diss.); *Weitbrecht*, § 254 Abs. 1, 3 InsO als abdingbares Recht? – Zur Plantauglichkeit von „Erlöschensklauseln", ZIP 2019, 1849; *Westpfahl/Dittmar*, Die Behandlung gruppeninterner Sicherheiten im StaRUG, NZI Beilage z. Heft 5/2021, S. 46; *Zehlicke*, Grenzüberschreitende Eingriffe in Drittsicherheiten durch öffentliche Restrukturierungspläne (Teil 1): Schuldrechtliche Drittsicherheiten, ZRI 2023, 933.

A. Insolvenzplan und Absonderung

I. Allgemeines

Der Insolvenzplan eröffnet nach Maßgabe des § 1 Satz 1 InsO die Möglichkeit einer **abweichenden Regelung**, insbesondere zum Erhalt des Unternehmens. Er kann nach Maßgabe des § 217 InsO in vielfacher Weise – auch unter Beibehaltung des Verwertungsziels – von den Vorschriften der InsO abweichen.[1] So kann die Befriedigung der absonderungsberechtigten Gläubiger und der Insolvenzgläubiger, die Verwertung der Insolvenzmasse und deren Verteilung an die Beteiligten sowie die Verfahrensabwicklung und die Haftung des Schuldners nach der Beendigung des Insolvenzverfahrens in einem Insolvenzplan abweichend von den Vorschriften dieses Gesetzes geregelt werden. 1

§ 217 Abs. 1 InsO hat insoweit, personenbezogen verstanden, die Funktion, den Kreis der **Planunterworfenen** zu definieren. Dies sind 2

- die absonderungsberechtigten Gläubiger,
- die Insolvenzgläubiger sowie
- die am Schuldner beteiligten Personen.

Dieser Kreis – der zugleich die Personen umschreibt, die dem Insolvenzplan gegen ihren Willen unterworfen werden können[2] – ist abschließend. Die Bezeichnung als absonderungsberechtigte „Gläubiger" ist insofern missverständlich, als ein Absonderungsberechtigter nicht zwingend auch Inhaber einer Insolvenzforderung gegen den Schuldner sein muss; mag dies auch regelmäßig der Fall sein. Aus gegenständlicher Perspektive ist es die **Rechtsstellung** der Absonderungsberechtigten, die einer abweichenden Regelung zuge- 3

1) K. Schmidt-*K. Schmidt*, InsO, § 1 Rz. 7.

2) *Eidenmüller* in: MünchKomm-InsO, § 217 Rz. 59 ff.

führt werden kann, bzw. deren Befriedigung.[3] Die durch abweichende Regelung eines Rechts im Insolvenzplan herbeigeführte Wirkung wird gemeinhin als Eingriff (oder neutral formuliert: Gestaltung) bezeichnet.

4 Mit dem SanInsFoG[4] hat der Gesetzgeber in **§ 217 Abs. 2 InsO** die Möglichkeit aufgenommen, Inhaber sog. **gruppeninterner Drittsicherheiten** in die Plangestaltung einzubeziehen. Den Kreis der Planunterworfenen erweitert die Vorschrift indes nicht. Vielmehr ermöglicht sie den Eingriff in die Rechte der bereits in Absatz 1 genannten **Insolvenzgläubiger**, die diesen aus einer gruppeninternen Drittsicherheit gegenüber Dritten zustehen. Auch erweitert sie nicht die hier behandelten Eingriffsbefugnisse in Absonderungsrechte. Ein Insolvenzgläubiger, dessen Forderung durch einen Gegenstand aus dem Vermögen eines Dritten gesichert wird (Drittsicherheit), ist kein Absonderungsberechtigter. Denn dieser Gegenstand verschafft ihm keine vorzugsweise Befriedigung aus der schuldnerischen Insolvenzmasse, sondern aus dem Vermögen eines unbeteiligten Dritten. Damit stellt § 217 Abs. 2 InsO allein aus gegenständlicher, nicht jedoch aus personenbezogener Perspektive eine Erweiterung dar, indem nunmehr **das Recht**, (auch) aus der gruppeninternen Drittsicherheit Befriedigung zu suchen, **gestaltet werden kann.**

5 Aus Sicht der Insolvenz- und Transaktionspraxis ist die Erweiterung der Eingriffsbefugnisse begrüßenswert, insbesondere für Sanierungsgestaltungen in der Unternehmensgruppe. Ungeachtet dieser unzweifelhaften Bedeutung sind erste Anwendungsfälle rar gesät.[5]

6 Untersucht man das Spannungsfeld „Insolvenzplan und Absonderung", ist die ausdrückliche Erwähnung der absonderungsberechtigten Gläubiger (und deren Befriedigung) in § 217 Abs. 1 InsO nach alldem der einzig gebotene Einstieg. Dass die unmittelbaren ersten Worte der Gesetzesbestimmungen zum Insolvenzplanverfahren (§§ 217–269 InsO) den Absonderungsberechtigten gelten, mag Zufall sein. Aus Sicht der Insolvenzpraxis und auch der Rechtsdogmatik ist diese **Gesetzessystematik** sinnbildlich für die rechtliche und wirtschaftliche Bedeutung

– von dinglichen Sicherungsrechten und
– von Eingriffen in diese in Insolvenzverfahren und Planverfahren.

7 Denn angesichts der Handelsüblichkeit von **Geld- und Warenkreditsicherheiten** ist keine (Unternehmens-)Insolvenz vorstellbar ohne die notwendige Auseinandersetzung mit Sicherungs- bzw. Absonderungsrechten. Nicht selten ist das gesamte Anlage- und Umlaufvermögen mit dinglichen Sicherungsrechten zugunsten finanzierender Dritter belastet; mit der Konsequenz, dass der Kreis der gesicherten Gläubiger zugleich wirtschaftlicher Eigentümer des Unternehmens ist.

8 In der Projektentwicklung, insbesondere bei Konsortialfinanzierungen im Immobilien- und Infrastrukturbereich, spielen **Immobiliarsicherheiten** eine zentrale Rolle. Komplexe Finanzierungsarrangements werden in der Regel durch marktspezifische Vereinbarungen zur Kreditbesicherung, sog. Intercreditor Agreements, begleitet. Praktisch bedeutsam sind Vereinbarungen, die die Wahrnehmung der (Sicherungs-)Rechte koordinieren und etwaige Erlöse untereinander abgrenzen, etwa durch Regelungen zur Bestellung eines Treuhänders, zur Begründung von Parallelforderungen und -sicherheiten, sowie durch Wasser-

3) *Madaus*, ZIP 2016, 1141 – zur Unterscheidung zwischen subjektiv und gegenständlich beschränkter Plantauglichkeit.

4) Gesetz zur Fortentwicklung des Sanierungs- und Insolvenzrechts (Sanierungs- und Insolvenzrechtsfortentwicklungsgesetz – SanInsFoG), v. 22.12.2020, BGBl. I 2020, 3256.

5) AG Köln, Beschl. v. 3.3.2021 – 83 RES 1/21, ZRI 2021, 377 = NZI 2021, 433, m. Anm. *Thole*; AG Berlin-Charlottenburg, Beschl. v. 4.1.2024 – 36s RES 6525/23, ZRI 2014, 512 = NZI 2024, 225; AG Halle (Saale), Beschl. v. 20.12.2024 – 58 RES 1/24, ZVI 2025, 98 – jeweils zum Restrukturierungsplan.

fallregelungen.[6] Diese geraten zunehmend in den Fokus des Insolvenzrechts, da die Immobilienbranche mit wirtschaftlichen Herausforderungen konfrontiert ist, häufig als Resultat gestiegener Zinsen, Baukosten und überhöhter Erwartungen. Im Krisenfall drohen unterschiedliche **Partikularinteressen** aufeinander zu treffen. Dies betrifft bspw. das Verhältnis zwischen vorrangigen und nachrangigen Kreditgebern. Hinzu treten finanzielle Verflechtungen zwischen mehreren beteiligten Unternehmen, teils in Form einer gesamtschuldnerischen Haftung über Gesellschafts- und Grundstücksgrenzen hinweg. Es drohen Einzelvollstreckungen, die nicht nur die koordinierte Abwicklung in der Krise gefährden, sondern auch dazu führen können, dass die Erlöse aus der Sicherheitenverwertung insgesamt geringer ausfallen.

Die Marktdurchdringung alternativer Finanzierungen und ihre Bewährung in der Insol- 9
venz zeigt die **wirtschaftliche Notwendigkeit** von **Beiträgen von Sicherungsgläubigern** im Allgemeinen und **Absonderungsberechtigten** im Besonderen. Dies entspricht auch dem Grundsatzgedanken bei Einführung der InsO. Erfolgreiche Betriebsfortführungen und Sanierungen in der Insolvenz verlangen die wirtschaftliche Einbindung von Absonderungsberechtigten. Ausdruck hiervon ist die Einführung der sog. Kostenbeiträge (§§ 170 ff. InsO). Sucht man diese wirtschaftliche Einbindung, bedarf es eines rechtlichen Rahmens.

Für das **Regelverfahren** übernimmt diese Funktion in erster Linie das mit der InsO ein- 10
geführte Verwertungsrecht des Insolvenzverwalters (§§ 165 ff. InsO). Der Absonderungsberechtigte erfährt seinen Schutz durch Auskunfts-, Nutzungsentschädigungs- und Zinsansprüche (§§ 167, 169 InsO) sowie die Einbindung in Verwertungsvorgänge durch Mitteilung der Veräußerungsabsicht (§ 168 InsO) und die Möglichkeit des Selbsteintritts (§ 170 Abs. 2 InsO).

Im **Insolvenzplanverfahren** erfolgt die Einbindung der Absonderungsberechtigten durch 11
die Aufnahme derselben in den beschriebenen Kreis der Planbetroffenen (§ 217 InsO) und die hiermit eröffnete Möglichkeit eines Eingriffs in die Rechte der Absonderungsberechtigten. Hieran knüpft das Gesetz (§§ 222 Abs. 1 Satz 2 Nr. 1, 223 InsO) bestimmte Voraussetzungen, vor allem im Hinblick auf zwangsweise Eingriffe (u. a. § 245 InsO) und zeigt damit die den Absonderungsberechtigten zugewiesene besondere wirtschaftliche und rechtliche Bedeutung. In besonderer Weise bringt dies der Grundsatz des § 223 Abs. 1 InsO zum Ausdruck:

> „Ist im Insolvenzplan nichts anderes bestimmt, so wird das Recht der absonderungsberechtigten Gläubiger zur Befriedigung aus den Gegenständen, an denen Absonderungsrechte bestehen, vom Plan nicht berührt."

Die Initiative zur Einbeziehung von Absonderungsberechtigten in das Planverfahren und 12
die Definition von (Sanierungs-)Beiträgen muss mithin vom **Planverfasser** ausgehen. Diesem obliegt über die **Gestaltung einer Planregelung für Absonderungsrechte** hinaus die vorgelagerte Berichterstattung über die Existenz von Sicherungsrechten und Verhandlung von **abweichenden Regelungen** i. S. des § 217 Abs. 1 Satz 1 InsO. Planersteller sind daher gut beraten, aktiv, rechtzeitig und transparent Planregelungen zu kommunizieren und zu verhandeln. Diese Bewertung aus Sicht der Insolvenzpraxis findet ihre Bestätigung im Lichte der in den Gesetzesmaterialien formulierten Behandlung des Insolvenzplans als

> „[...] privatautonome, den gesetzlichen Vorschriften übereinstimmende Übereinkunft der mitspracheberechtigten Beteiligten über die Verwertung des haftenden Schuldnervermögens".

---

6) Vgl. Begr. RegE SanInsFoG, BT-Drucks. 19/24181, S. 111 f., auch der Gesetzgeber erkennt die wirtschaftliche und rechtliche Bedeutung solcher Finanzierungsarrangements und erklärt Einzel- und Nebenbestimmungen dieser mehrseitigen Verträge für (plan-)gestaltbar, beschränkt dies jedoch ausdrücklich auf den Stabilisierungs- und Restrukturierungsrahmen für Unternehmen (vgl. § 2 Abs. 2 Satz 1 und 3 StaRUG).

13 Aus diesem Verständnis der Rechtsnatur heraus sollte die Plansanierung stets auf die Herbeiführung eines größtmöglichen Konsenses ausgerichtet sein. Kann dieser nicht erzielt werden, zeigt der Insolvenzplan mit seinen (Eingriffs-)Möglichkeiten den ihm zugedachten (Gestaltungs-)Wert.

Praxishinweis

Dieser Ansatz muss mit den richtigen Prioritäten verfolgt werden. Oberste Priorität hierbei hat die Überprüfung der Notwendigkeit und ggf. die Definition eines Eingriffs in Absonderungsrechte. Dies gilt zur Gewährleistung der größtmöglichen Transaktionssicherheit, unabhängig von den Möglichkeiten strategischer Gruppenbildung und des Obstruktionsverbots.

II. Absonderung – Begriff und Abgrenzung zur Aussonderung

1. Begriff

14 Mit dem Begriff des „absonderungsberechtigten Gläubigers" in § 223 InsO sind die Inhaber von Absonderungsrechten nach §§ 49–51 InsO gemeint.[7] Absonderungsrechte gewähren dem Inhaber einen Anspruch auf vorzugsweise Befriedigung aus einem zur Masse gehörenden Gegenstand,[8] dessen Verwertung zuvorderst dem Insolvenzverwalter obliegt. Zur Absonderung berechtigen Allein- oder Miteigentumsrechte am beweglichen und unbeweglichen Vermögen, also

- Rechte an Grundstücken oder grundstücksgleiche Rechte (§ 49 InsO), sowie
- Rechte an eingetragenen oder eintragungsfähigen Schiffen und Schiffsbauwerken oder Luftfahrzeugen (§ 49 InsO)[9],
- rechtsgeschäftlich, gesetzlich und durch Pfändung erlangte Pfandrechte an beweglichen Sachen und Forderungen (§ 50 InsO) sowie
- die treuhänderischen Sicherungsrechte, d. h. insbesondere Sicherungsübereignung und Sicherungszession (§ 51 InsO)[10].

a) Immobiliarsicherheiten

15 Gemäß § 49 InsO berechtigten alle Rechte zur Absonderung, die ein Recht auf vorzugsweise Befriedigung aus einem solchen Gegenstand gewähren, welcher der **Zwangsvollstreckung in das unbewegliche Vermögen** unterliegt. Nach § 864 ZPO sind dies vor allem **Grundstücke**, aber auch im Schiffsregister eingetragene **Schiffe** und Schiffsbauwerke. Außerdem erstreckt sich die Zwangsvollstreckung in das unbewegliche Vermögen gemäß § 865 Abs. 2 ZPO auf **Zubehör**, das dem Haftungsverband des Grundpfandrechts nach §§ 97, 1120 BGB unterliegt.

16 Mit dem Verweis auf das Gesetz über die Zwangsversteigerung und die Zwangsverwaltung ist insbesondere auf die §§ 10–14 ZVG Bezug genommen, die in erster Linie eine Rangordnung in der Zwangsversteigerung, aber auch den Kreis der Absonderungsberechtigten definieren.[11] Dies betrifft insbesondere die Rechteinhaber aus den Rangklassen des § 10 Abs. 1 Nr. 3, Nr. 4 und Nr. 5 ZVG.

---

7) Braun-*Braun/Frank*, InsO, § 223 Rz. 3.

8) *Drees/Schmidt* in: Runkel/J. Schmidt, AHB Insolvenzrecht, § 10 Rz. 135 ff.

9) *Ganter* in: MünchKomm-InsO, § 49 Rz. 7.

10) *Drees/Schmidt* in: Runkel/J. Schmidt, AHB Insolvenzrecht, § 10 Rz. 168 ff.

11) BGH, Beschl. v. 12.2.2009 – IX ZB 112/06, Rz. 7, NZI 2009, 382 = ZIP 2009, 818; BGH, Urt. v. 21.7.2011 – IX ZR 120/10, Rz. 15, NZI 2011, 731 = ZIP 2011, 1723.

Unter die Rangklasse des § 10 Abs. 1 Nr. 3 ZVG fallen die **öffentlichen Lasten.** Hierunter werden Abgabenverpflichtungen verstanden, die durch wiederkehrende oder einmalige Geldleistung zu erfüllen sind. Die Entstehung öffentlicher Lasten richtet sich nach dem öffentlichen Recht. Praktisch relevant sind insbesondere die **Grundsteuer**, die gemäß § 12 GrStG als öffentliche Last auf dem Grundstück ruht, sowie kommunale Abgaben, wenn landesrechtliche Vorschriften dies vorsehen (Wasser-, Abwasser-, Straßenreinigungs- und Abfallgebühren). Aus dem Merkmal des „Ruhens" wird geschlussfolgert, dass das Absonderungsrecht unabhängig von eingeleiteten Verwertungsmaßnahmen entsteht.[12] Mit Blick auf die Grundsteuer und ihre Plangestaltbarkeit ist zu berücksichtigen, dass diese zu Jahresbeginn für das gesamte Kalenderjahr festgesetzt wird (§§ 9 Abs. 2, 27 GrStG). Sie ist somit für das gesamte nachfolgende Jahr verbindlich, auch wenn die Zahlungsintervalle halb- oder vierteljährlich festgelegt werden sollten. Daraus folgt, dass die gesamte Grundsteuerforderung des Eröffnungsjahres als Insolvenzforderung zu behandeln ist. Dagegen stellen die Grundsteuerforderungen der Folgejahre **Masseverbindlichkeiten** dar (§§ 55, 210a InsO), für die keine Absonderungsrechte entstehen können.[13] Ein Planeingriff ist daher weder auf Grundlage der §§ 217 Abs. 1, 224 InsO (Insolvenzforderung), noch auf Grundlage der §§ 217 Abs. 1, 223 InsO (Absonderungsrecht) möglich. 17

In die Rangklasse des § 10 Abs. 1 Nr. 4 ZVG fallen Ansprüche aus Rechten an Grundstücken, wie insbesondere **Grundschulden und Hypotheken** (§§ 1191, 1113 BGB). 18

Persönliche Gläubiger, die aufgrund eines schuldrechtlichen Anspruchs die Zwangsversteigerung vor Insolvenzeröffnung bereits eingeleitet haben, sind in der Rangklasse des § 10 Abs. 1 Nr. 5 ZVG als nunmehr Absonderungsberechtigte zur Fortsetzung des Verfahrens berechtigt. 19

Die Ränge des § 10 Abs. 1 ZVG geben im Falle der Zwangsversteigerung eine **Befriedigungsreihenfolge** vor. Der besserrangige Anspruch wird dabei stets vollständig befriedigt, bevor der nachrangige Anspruch etwas erhält. Innerhalb der Rangklasse des § 10 Abs. 1 Nr. 4 ZVG, wenn also mehrere Grundpfandrechte auf einem Grundstück lasten, gilt gemäß § 11 ZVG, §§ 879 ff. BGB grundsätzlich das Prioritätsprinzip. Auch Rangvereinbarungen sind zulässig. Dabei können Rangverhältnisse nicht nur zwischen mehreren Grundpfandrechten begründet werden, sondern auch dann, wenn ein einzelnes Grundpfandrecht zugunsten mehrerer Berechtigter bestellt wird. Im Insolvenzplan stellen derartige Vereinbarungen jedoch keine Rangfrage dar, sondern eine **Bewertungsfrage.** 20

b) Sicherheiten an beweglichen Sachen, Forderungen und Rechten

Die Absonderung beweglicher Sachen, Forderungen und Rechte ist in §§ 50 f. InsO geregelt. **Bewegliche Sachen** können zur Sicherheit übereignet (Sicherungsübereignung, § 51 Nr. 1 Alt. 1 InsO) oder verpfändet (§§ 1204 ff. BGB) werden. **Forderungen und sonstige Rechte** können zur Sicherheit abgetreten (Sicherungsabtretung, § 51 Nr. 1 Alt. 2 InsO) oder verpfändet (§§ 1273 ff. BGB) werden. Als Unterform der Sicherungsabtretung ist die Globalzession von besonderer Bedeutung, bei der die Forderung, die der Globalzession unterliegt, erst später zur Entstehung gelangt. Der Struktur des Kreditsicherungsrechts folgend, berechtigen die Verlängerungs- und Erweiterungsformen ebenfalls zur Absonderung, wohingegen der einfache Eigentumsvorbehalt zur Aussonderung berechtigt. Für die 21

12) BGH, Urt. v. 19.2.2010 – IX ZR 101/09, NZI 2010, 482 = NJW-RR 2010, 1022.

13) *Schmidberger*, NZI 2012, 953, 956; *Lohmann* in HK-InsO, § 52 Rz. 2; BGH, Urt. v. 21.7.2011 – IX ZR 120/10, NZI 2011, 731 ZIP 2011, 1723 – zu nach Insolvenzeröffnung fällig werdenden Wohngeldansprüchen, die als Masseforderungen nicht der nach § 10 Abs. 1 Nr. 2 ZVG bevorrechtigten Befriedigung unterliegen würden; a. A. *Ganter* in: MünchKomm-InsO, § 49 Rz. 53; *Ganter*, NZI 2023, 441, 445.

Reihenfolge, in der die Absonderungsberechtigten Befriedigung aus demselben Gegenstand verlangen können, gilt auch hier das **Prioritätsprinzip.** Es gibt jedoch einige Durchbrechungen des Prioritätsprinzips, teils gesetzlichen, teils richterrechtlichen Ursprungs.[14] Wiederum gilt, dass sich etwaige Rangverhältnisse bei der Planerstellung nur (aber immerhin) auf die **Bewertung des Sicherungsrechts** auswirken.

2. Abgrenzung zur Aussonderung

22 In der Insolvenzpraxis im Allgemeinen und im Recht des Insolvenzplans im Besonderen ist die Abgrenzung von Aus- und Absonderungsrechten von grundsätzlicher Bedeutung. Mit der **Aussonderung** macht der Gläubiger geltend, ein bestimmter Gegenstand gehöre nicht dem Schuldner und damit nicht zur Insolvenzmasse. Dabei handelt es sich in der Regel um das Eigentum eines Dritten, ohne dass ein Insolvenzverwalter in dieser Hinsicht verfügungs- oder verwertungsberechtigt ist.[15] Wird Aussonderung beansprucht, schuldet der Insolvenzverwalter die Herausgabe und kann diese nur einstweilen unter den Voraussetzungen des § 21 Abs. 2 Nr. 5, InsO, d. h. insbesondere bei Existenz von Sicherungsbedürfnis und Betriebsnotwendigkeit, verweigern.

23 Das **Absonderungsgut** hingegen gehört zum Vermögen des Schuldners. Über dieses Vermögen darf der Insolvenzverwalter nach Maßgabe der §§ 165 ff. InsO verfügen; aus dem (Verwertungs-)Erlös ist der Absonderungsberechtigte bis zur Höhe seiner gesicherten Forderung privilegiert zu befriedigen.[16]

24 Dieser **Wesensunterschied** setzt sich im Insolvenzplanverfahren fort. Während in Aussonderungsrechte von Gläubigern durch den Insolvenzplan nicht eingegriffen werden kann, kann die Rechtsstellung eines absonderungsberechtigten Gläubigers durch den Insolvenzplan gestaltet werden (§ 223 Abs. 1, Abs. 2 InsO). Bei Aussonderungsberechtigten bedarf es einer bilateralen Vereinbarung. Übernimmt in dieser der Aussonderungsberechtigte für den Fall der Planbestätigung eine Verpflichtung, so ist dem Plan die Erklärung des Dritten beizufügen (§ 230 Abs. 3 InsO).[17]

III. Absonderungsrecht und persönliche Forderung (§ 52 InsO)

1. Ausfallprinzip

25 Ein absonderungsberechtigter Gläubiger kann zugleich auch Insolvenzgläubiger sein, wenn ihm **der Insolvenzschuldner auch persönlich haftet** (§ 52 Satz 1 InsO).[18] Für Insolvenzforderungen der absonderungsberechtigten Gläubiger gilt zwar grundsätzlich nichts anderes als auch für sonstige (ungesicherte) Insolvenzforderungen i. S. von § 38 InsO, sie sind jedoch nur dann zur anteilmäßigen Befriedigung aus der Insolvenzmasse berechtigt, soweit sie auf eine abgesonderte Befriedigung verzichten oder bei ihr ausgefallen sind (§ 52 Satz 2 InsO).[19] Der Betrag, mit dem der Absonderungsberechtigte bei der Verwertung seines Absonderungsrechts ausfällt (Ausfallbetrag), ist typischerweise derjenige Teilbetrag der Insolvenzforderung, der nicht durch den Nominalwert des Sicherungsrechts gedeckt ist. Paradigmatisch ist die anfängliche Untersicherung.[20] Ein Ausfall

14) *Ganter* in: MünchKomm-InsO, Vorb. z. § 49 Rz. 76 ff.

15) K. Schmidt-*Thole*, InsO, § 47 Rz. 3.

16) *Ringstmeier* in: Beck/Depré/Ampferl, Praxis der Sanierung und Insolvenz, § 15 Rz. 6.

17) *Thies* in: HambKomm-InsR, § 230 InsO Rz. 9.

18) Uhlenbruck-*Brinkmann*, InsO, § 49 Rz. 3.

19) BGH, Beschl. v. 29.11.2007 – IX ZB 12/07, ZVI 2008, 13 = NZI 2008, 182, dazu EWiR 2008, 407 (*Hölzle*).

20) Exemplarisch: Der Nominalwert der gesicherten Forderung liegt bei 500 €, das Sicherungsrecht hat nur einen Wert von 300 €.

kann aber auch nachträglich dadurch auftauchen, dass der Sicherungsgegenstand Wertschwankungen unterliegt.

26 Die Regelung des § 52 Satz 2 InsO gibt insoweit der Sachhaftung den Vorrang. Der Absonderungsberechtigte muss sich im Grundsatz zunächst aus dem Gegenstand seines Absonderungsrechts befriedigen.[21] Es gilt das sog. Ausfallprinzip. Dieses steht weder der Anmeldung der persönlichen Forderung in vollem Umfang noch der Feststellung zur Insolvenztabelle in vollem Umfang entgegen.[22] Auch Zusätze wie „für den Ausfall" oder „als Ausfallforderung" stehen dem nicht entgegen und reduzieren auch nicht etwa die Rechtskraftwirkung des § 178 Abs. 3 InsO. Die Regelung des § 52 Satz 2 InsO **beschränkt** insoweit lediglich den **Anspruch auf Zuteilung der Quote** bei der Verteilung auf den nach Verwertung der dinglichen Sicherung **erlittenen und berechenbaren Ausfall** (vgl. § 190 Abs. 1 Satz 1 InsO).[23]

27 Dieser **Ausfallermittlung** bedarf es nicht, wenn der Insolvenzgläubiger auf die abgesonderte Befriedigung verzichtet. Verzicht i. S. des § 52 Satz 2 InsO ist die bindende – auch konkludente – Erklärung, die erlangte dingliche Rechtsposition aufzugeben. Mit der Konsequenz, dass der Absonderungsgegenstand für die Insolvenzmasse frei wird.[24] In der vorbehaltlosen Anmeldung der Forderung zur Tabelle ohne eine Beschränkung auf den Ausfall, liegt nicht zugleich ein Verzicht auf ein Recht zur abgesonderten Befriedigung. Der absonderungsberechtigte Gläubiger darf zunächst seine ganze Forderung anmelden und feststellen lassen. Die Beschränkung auf den Ausfall erlangt erst Bedeutung i. R. der Verteilung.[25] Diese für das Regelinsolvenzverfahren entwickelte Rechtsprechung gilt im Grundsatz auch für das Insolvenzplanverfahren. Anderes gilt nur dann, wenn der Insolvenzplan – grundsätzlich mögliche – abweichende Regelungen für Absonderungsrechte vorsieht.

28 In der betreffenden Situation sind auf der **ersten Ebene (mindestens) zwei Gruppen** zu bilden. Die gesicherte Forderung ist in der Gruppe der Insolvenzgläubiger (§§ 222 Abs. 1 Satz 2 Nr. 2, 224 InsO), das Absonderungsrecht in der Gruppe der Absonderungsberechtigten (§§ 222 Abs. 1 Satz 2 Nr. 1, 223 InsO) zu berücksichtigen. Dass dieselbe Person in zwei Gruppen auftaucht, mag verwundern, ist aber Konsequenz dessen, dass der Gläubiger Sicherungsrecht und Forderung gleichzeitig in Händen hält und die **Gruppenbildung rechts- und nicht personenbezogen** erfolgt. Unbeantwortet lässt das Gesetz dabei die Frage, ob – analog zu § 52 InsO – der Gläubiger nur mit einem beschränkten Teil, namentlich dem nicht gesicherten Teil in der Gruppe der Insolvenzgläubiger zu berücksichtigen ist. So fordert es die wohl h. M.[26] Nach a. A. sind die absonderungsberechtigten Gläubiger mit ihrer vollständigen Forderung der Gruppe der einfachen Insolvenzgläubiger zuzuordnen.[27]

29 Dass der Gläubiger nicht „zweifach" abstimmen darf, leuchtet unmittelbar ein. Jedenfalls auf der **zweiten Ebene** ist deshalb bei der **Stimmrechtsverteilung** zu berücksichtigen, dass absonderungsberechtigte Gläubiger nur insoweit zur Abstimmung als Insolvenzgläubiger berechtigt sind, als ihnen der Schuldner auch persönlich haftet und sie auf die abgesonderte Befriedigung verzichten **oder bei ihr ausfallen**. Solange der Ausfall nicht

---

21) K. Schmidt-*Thole*, InsO, § 52 Rz. 1.

22) BGH, Urt. v. 25.6.1957 – VIII ZR 251/56, WM 1957, 1225, 1226.

23) K. Schmidt-*Thole*, InsO, § 52 Rz. 8.

24) Römermann-*Andres*, InsR/InsO, § 52 InsO Rz. 6; BGH, Urt. v. 9.3.2017 – IX ZR 177/15, ZVI 2017, 234 = ZIP 2017, 686.

25) BGH, Urt. v. 9.3.2017 – IX ZR 177/15, ZVI 2017, 234 = ZIP 2017, 686.

26) Uhlenbruck-*Lüer/Streit*, InsO, § 222 Rz. 15 f.; *Fiebig* in: HK-InsO, § 222 Rz. 7; *Spahlinger* in: KPB, InsO, § 222 Rz. 15 ff.; *Weitbrecht*, Mittelbare Planeingriffe in Sicherungsrechte, S. 200.

27) *Eidenmüller* in: MünchKomm-InsO, § 222 Rz. 57; *Haneke* in: Kübler/Bork/Prütting, HRI II, § 24 Rz. 52.

feststeht, sind sie mit dem mutmaßlichen Ausfall zu berücksichtigen. § 237 Abs. 1 Satz 2 InsO enthält hierzu eine eindeutige Regelung.

30 Damit steht fest, dass die **Bestimmung des (mutmaßlichen) Ausfalls unerlässlich** ist, sei es auf der ersten Ebene bei der Gruppenbildung, sei es auf der zweiten Ebene bei der Stimmrechtszuweisung. Wer die Frage des Ausfalls schon auf der ersten Ebene berücksichtigt, der lässt § 237 Abs. 1 Satz 2 InsO in aller Konsequenz unangewendet. Wer die absonderungsberechtigten Gläubiger zunächst mit ihrer vollständigen gesicherten Forderung zuordnet, befasst sich mit der Frage des Ausfalls erst bei der Bemessung des Stimmrechts. Vorzugsweise ist die Berücksichtigung des Ausfalls bereits auf der ersten Ebene (siehe hierzu Rz. 179 ff.).

2. Vereinbarkeit des Ausfallprinzips mit dem Insolvenzplanverfahren

31 Diese für die Berücksichtigung des Absonderungsrechts notwendige Ausfallermittlung setzt eine Verwertung voraus. So kann der notwendige Nachweis i. S. des §§ 52, 190 InsO nicht etwa durch den Beweis des Verkehrswertes des Absonderungsgegenstandes ersetzt werden.[28] Der Vorrang der Sachhaftung intendiert mithin die Notwendigkeit der Vermögensverwertung. Diese aber ist nicht das grundsätzliche Ziel eines Insolvenzplanverfahrens. Gleichwohl gilt das Ausfallprinzip mangels abweichender Regelungen in den §§ 217 ff. InsO auch beim Insolvenzplan (zum Restrukturierungsplan siehe § 43 Rz. 37 f. [*J. Schmidt*]). Auf die hiermit verbundenen rechtlichen und praktischen **Schwierigkeiten** im Zusammenhang mit der **(prognostischen) Vermögensbewertung** wird nachstehend, siehe Rz. 171 ff., einzugehen sein.

32 Die beschriebene Verzichtsmöglichkeit mindert diesen **Gestaltungsbedarf** nicht. Sie besteht im Insolvenzplanverfahren in gleicher Weise, ist aufgrund des hiermit verbundenen Rechtsverlustes aber auch in der Plansanierung im Grundsatz nur dann praxisrelevant, wenn die Sicherheit wertlos ist.

33 Diese Normkonzeption und die Notwendigkeit abweichender Planregelungen zeigt die bereits eingangs ausgemachte Priorität in der Behandlung der Absonderungsrechte.

B. Wirtschaftliche Bedeutung der Absonderung im Insolvenzplanverfahren

34 Wie eingangs ausgeführt kommt den Absonderungsberechtigten regelmäßig eine große rechtliche (siehe Rz. 1 ff.) und wirtschaftliche Bedeutung zu. Bei vollumfänglicher Belastung des Anlage- und Umlaufvermögens sind die entsprechend gesicherten Gläubiger faktisch wirtschaftliche Eigentümer des Unternehmens.

Praxishinweis

Analog hierzu ist in der **Immobilienwirtschaft** zu beobachten, dass die Kreditgeber von sog. Immobilienprojektentwicklern umfassend durch Grundpfandrechte verschiedener Rangklassen gesichert sind. Dabei stellt das zunächst im Bau befindliche Grundstück zugleich Sicherungsobjekt und wesentlichen Vermögenswert der Gesellschaft dar. Gerät der Bau in Stillstand und der Projektentwickler in die Insolvenz, steht einer erfolgreichen Sanierung zumeist der ungehinderte Zugriff der Grundpfandgläubiger auf das Grundstück entgegen. Diese können ihre formale Blockadeposition ausnutzen, um das Verfahren zu verzögern. Durch einen (verfahrensbegleitenden) Insolvenzplan kann auf diese Situation reagiert und eine **Neuordnung der Grundpfandrechte** vollzogen werden, um Erwerbsinteressenten eine (lastenfreie) Investition zu ermöglichen.[29] Dies erfordert eine detaillierte Analyse der Finanzierungs- und Besicherungsstruktur.

---

28) *Holzer* in: KPB, InsO, § 190 Rz. 7.

29) Zur Sanierung von Immobilienprojektierern qua Insolvenzplan *Roth*, ZRI 2024, 470.

I. Notwendigkeit und Schwierigkeit der Neufinanzierung

Diese wirtschaftliche Bedeutung leitet sich indes nicht nur aus dem Sicherungs- und hiermit möglicherweise einhergehenden Verwertungsrecht ab, sondern auch aus dem **Leitbild des sanierten Unternehmens**. Dieses benötigt nach Abschluss der Sanierung regelmäßig eine Finanzierung. 35

Eine solche – aufschiebend bedingt durch die Plansanierung – gänzlich neu zu strukturieren, gelingt regelmäßig nur bei einem Inhaberwechsel bzw. Investoreneinstieg. Sieht die Sanierung einen solchen nicht vor oder fehlt die entsprechende Bonität für die Finanzierung durch neue, bislang unbeteiligte Kreditinstitute, kann die **Finanzierung** nur **aus dem Gläubigerkreis** erfolgen. Dies erhöht die wirtschaftliche Bedeutung der beteiligten Kreditgläubiger. 36

II. Gläubiger- und Finanzierungsstruktur/Sicherheitenspiegel

Zur notwendigen Transparenz und Identifikation von Sanierungsbeiträgen einerseits und den beschriebenen (Finanzierungs-)Abhängigkeiten andererseits bedarf es eines **vollständigen Überblicks** hinsichtlich 37

- der Existenz von Sicherungsrechten und -gütern sowie deren Verhältnis zueinander,
- der zivilrechtlichen Wirksamkeit und
- der Insolvenzfestigkeit.

Für diese Zwecke wird regelmäßig ein sog. **Sicherheitenspiegel** erstellt. Aus Sicht des Verfassers macht die Ausarbeitung eines Insolvenzplans vor der Erstellung eines Sicherheitenspiegels und der hierauf aufbauenden Sicherheitenanalyse keinen Sinn. Die hierfür erforderlichen Inhalte erstrecken sich insbesondere auf: 38

- Sicherungsgut (Grundstück, Waren, Forderungen etc.),
- Bewertung der Sicherheit, ggf. unter Berücksichtigung von Rangverhältnissen,
- Datum der Darlehens- und Sicherheitenvereinbarungen,
- Sicherungszweckabrede,
- Valuta und
- Name des Gläubigers.

Ohne diese Übersicht ist eine Analyse der Wirksamkeit und Insolvenzfestigkeit von Sicherungsrechten nicht möglich. Ohne diese wiederum kann weder eine Planstruktur noch eine Quotenerwartung formuliert und ein Gläubiger angesprochen werden.[30] Ein Sicherheitenspiegel ist in der Unternehmensinsolvenz mithin die unerlässliche Grundlage qualifizierter und substantiierter Plansanierungsbemühungen. Nicht selten gehen diese Arbeiten einher mit der Erstellung eines Sanierungskonzepts. Der Informationsbedarf eines solchen – an den sog. IDW S 6 „Anforderungen an Sanierungskonzepte“[31] – ist oft die Grundlage für die Erstellung eines Insolvenzplans.[32] 39

Die finanziellen Beziehungen **zwischen mehreren Gläubigergruppen** werden typischerweise durch komplexe Finanzierungsarrangements geregelt, wobei die Hauptlast der Finanzierung von den vorrangigen Gläubigern, den sog. **Senior-Gläubigern**, getragen wird. 40

30) Ausführlich: *Rendels/Zabel*, Insolvenzplan, S. 30 Rz. 66 ff.

31) IDW Standard, Anforderungen an die Erstellung von Sanierungskonzepten (IDW S 6), Stand: 6/2023, IDW Life 12/2023, S. 1159 ff.

32) IDW Standard, Anforderungen an Insolvenzpläne (IDW S 2), Stand: 3/2024, IDW Life 7/8/2024, S. 82 ff.

Im Gegensatz dazu stehen die nachrangigen Gläubiger, auch **Junior-Gläubiger** genannt. Solche Vereinbarungen sind zwar als solche durch den Insolvenzplan nicht gestaltbar, beeinflussen jedoch in der Regel die **Gruppenbildung** (siehe Rz. 166 ff.), das Obstruktionsverbot (siehe Rz. 234 ff.) sowie den **Wert**, der dem wirtschaftlichen Inhaber eines Sicherungsrechts i. R des nächstbesten Alternativszenarios zukommt (siehe nachfolgend Rz. 41 ff.).

III. Risiko der Vergleichsrechnung

41 Die **Bedeutung der Sicherheitenanalyse** wird besonders klar im Lichte der notwendigen Vergleichsrechnung. Diese ist gemäß § 220 Abs. 2 Satz 2 InsO neben der Gruppenbildung „Herzstück" eines jeden Insolvenzplans. Sie zielt auf die Gegenüberstellung der Befriedigungssituation in dem beabsichtigten Insolvenzplan (Planszenario) einerseits und in der Regelabwicklung (Bezugsszenario) andererseits. § 220 Abs. 2 Satz 3 InsO bestimmt für den Fortführungsplan weiter, dass für die Ermittlung der voraussichtlichen Befriedigung ohne Plan in der Regel zu unterstellen ist, dass das Unternehmen fortgeführt wird. Eine Ausnahme statuiert § 220 Abs. 2 Satz 4 InsO für den Fall, dass

- der Verkauf des Unternehmens oder
- eine anderweitige Fortführung

aussichtslos ist.

42 Kommen mehrere Szenarien **in Betracht, ist die für die Gläubiger bestmögliche** Verwertungsalternative als Vergleichsszenario maßgeblich. Das Ergebnis hierbei ist Grundlage der Schutzvorschriften im Zusammenhang mit der notwendigen Mehrheitsbildung und des Obstruktionsverbots (§ 245 Abs. 1 Nr. 1 und 2, Abs. 2 Nr. 3 und §§ 251 Abs. 1 Nr. 2, 253 Abs. 2 Nr. 3 InsO). Vor dem Hintergrund des Schlechterstellungsverbots darf das Alternativszenario demnach, wie es die Restrukturierungsrichtlinie[33] formuliert, eben nur das „nächstbeste" Alternativszenario sein, damit der Insolvenzplan eine abweichende Regelung zum Erhalt des Unternehmens treffen kann.[34] Bei dem Bezugsszenario kann es sich für den Fall des Insolvenzplans nur um ein (hypothetisches) Regelverfahren handeln, innerhalb dessen wiederum sowohl Zerschlagungs- als auch Fortführungsalternativen herangezogen werden können. Die Heranziehung von Zerschlagungswerten stellt eine Abkehr der in § 220 Abs. 2 Satz 3 und 4 InsO zum Ausdruck kommenden Fortführungsprämisse dar und ist daher stets fundiert zu begründen. Zum Restrukturierungsplan siehe § 43 Rz. 94 ff. [*J. Schmidt*]

43 Die Aufstellung einer **Vergleichsrechnung gelingt** gerichtsfest **nur** bei **vollständiger Kenntnis und Bewertung** der beschriebenen Tatsachen, die im Zusammenhang mit Sicherheiten von Bedeutung sind. Mit einer kritischen Würdigung durch das Insolvenzgericht – entweder i. R. der Vorprüfung (§ 231 InsO) oder bei der Zustimmungsersetzung (u. a. § 245 InsO) – ist insbesondere dann zu rechnen, wenn die Vergleichsrechnung „dünn" ausfällt. Da es sich bei dem Bezugsszenario um ein Regelinsolvenzverfahren handelt, muss hinterfragt und ggf. auch dargestellt werden, wie sich die Sicherheitenverwertung in einem solchen Verfahren vollziehen würde. Die Vielzahl möglicher Szenarien macht eine klare Darstellung schwierig, nachfolgende Leitlinien sind in den wahrscheinlichsten Fällen zu berücksichtigen:

---

33) Richtlinie (EU) 2019/1023 des Europäischen Parlaments und des Rates v. 20.6.2019 über präventive Restrukturierungsrahmen, über Entschuldung und über Tätigkeitsverbote sowie über Maßnahmen zur Steigerung der Effizienz von Restrukturierungs-, Insolvenz- und Entschuldungsverfahren und zur Änderung der Richtlinie (EU) 2017/1132 (Richtlinie über Restrukturierung und Insolvenz) – Restrukturierungsrichtlinie, ABl. (EU) L 172/18 v. 26.6.2019.

34) Zum Ganzen *J. Schmidt* in: Kübler/Bork/Prütting, HRI II, § 29 Rz. 9 ff.

Unbewegliche Sachen können gemäß §§ 49, 165 InsO sowohl durch den Insolvenzverwalter als auch durch den Absonderungsberechtigten im Wege der Zwangsversteigerung oder Zwangsverwaltung verwertet werden. Dabei ist zu berücksichtigen, dass ein **Zwangsversteigerungsverfahren** in der Regel zwischen 9 und 24 Monaten dauert. Ein möglicher Ausgangspunkt für die Vergleichsbetrachtung ist die Festsetzung des Verkehrswerts des Grundstücks (§ 74a Abs. 5 ZVG), wobei die tatsächlichen Gebote häufig darunter liegen. Betreibt der Verwalter die Zwangsversteigerung, tut er dies aus der Rangstellung eines persönlichen Gläubigers (§ 10 Abs. 1 Nr. 5 ZVG). Nach § 44 Abs. 1 ZVG wird ein **Gebot** nur zugelassen, wenn es die dem Anspruch des betreibenden Gläubigers vorgehenden Rechte – auch die Grundpfandrechte (§ 10 Abs. 1 Nr. 4 ZVG) – sowie die Verfahrenskosten deckt. Entscheidend ist daher, ob sich ein Bieter bereitfindet, die bestehenden Grundpfandrechte zu übernehmen oder abzulösen. Da bei einer vom Verwalter betriebenen Zwangsversteigerung fast alle Rangklassen des § 10 Abs. 1 ZVG Teil des geringsten Gebots sind, besteht eine hohe Schwelle für Gebote und damit das Risiko ausbleibender Interessenten. Nicht einmal das Mindestgebot von 70 % des festgesetzten Verkehrswertes (§ 74a Abs. 1 ZVG) scheint gesichert, da eine Unterschreitung nur die Zuschlagserteilung im ersten Termin verhindert. 44

Für den Fall, dass **Zubehör vorhanden** ist, kann der Verwalter das belastete Grundeigentum auch ohne Mitwirkung der absonderungsberechtigten Gläubiger verwerten, da er gemäß § 174a ZVG die Zwangsversteigerung auch aus dieser bevorrechtigten Rechtsstellung (§ 10 Abs. 1 Nr. 1a ZVG) betreiben kann. So kann der Verwalter das belastete Grundstück in der Zwangsversteigerung doppelt ausbieten lassen, und zwar einmal mit den Grundpfandrechten im geringsten Gebot, die beim Zuschlag bestehen bleiben (§§ 44 Abs. 1, 52 Abs. 1, 172 ff. ZVG), und einmal ohne Grundpfandrecht im geringsten Gebot (§ 174a ZVG). Im letzteren Fall umfasst das geringste Gebot nur die Kosten des Versteigerungsverfahrens und die Ansprüche der Rangklasse nach § 10 Abs. 1 Nr. 1 ZVG. Die übrigen Rechte, welche bei der Feststellung des geringsten Gebotes nicht zu berücksichtigen sind, erlöschen gemäß §§ 52 Abs. 1 Satz 2, 91 Abs. 1 ZVG. 45

Bei **beweglichen Sachen** sind etwaige Kostenpauschalen (§§ 166, 170 Abs. 1, 171 InsO) zu berücksichtigen, sowie Zeitraum und Risikodifferenzen infolge verzögerter Verwertungen. 46

Praxishinweis

Mit Blick auf die **Absonderungsberechtigten** ist zu beachten, dass diese auch im Regelinsolvenzverfahren stets **zumindest** den aktuellen **Liquidationswert** des Sicherungsgegenstandes realisieren können. Eine sich auf Absonderungsrechte beziehende Gestaltung, die sich am Schlechterstellungsverbot messen lassen kann, ist folglich ungleich schwieriger als ein Eingriff in ungesicherte Insolvenzforderungen. Praktisch durchsetzbar sind abweichende Planregelungen für Absonderungsrechte regelmäßig nur dann, wenn sich durch sie die Befriedigungschancen der Absonderungsberechtigten gegenüber dem Regelverfahren verbessern, jedenfalls aber nicht verschlechtern.[35]

C. Rechtsstellung des Absonderungsberechtigten im Insolvenzplanverfahren

I. Gesetzliche Anbindung des Absonderungsberechtigten im Insolvenzplanverfahren (§§ 217 ff. InsO)

Die §§ 217 ff. InsO enthalten nur rudimentär gesetzliche Regelungen zu Absonderungsberechtigten und deren Rechtsstellung im Insolvenzplanverfahren. Die Regelungen der §§ 222 Abs. 1 Satz 2 Nr. 1 und 223 InsO dürften hierbei zentral sein. Daneben existieren 47

35) *Bultmann*, ZInsO 2022, 1327, 1332.

mit § 235 Abs. 3 InsO („Ladung"), § 237 Abs. 1 InsO („Stimmrecht"), § 252 Abs. 2 InsO („Bekanntgabe, Bestätigung") und § 256 InsO („Ausfallforderungen") ergänzende Bestimmungen mit verfahrensrechtlicher Qualität; sie dienen in erster Linie der Berücksichtigung der Absonderungsberechtigten an Stellen, an denen das Gesetz typischerweise an (Insolvenz-)Gläubiger oder – nach Zulassung des Eingriffs in Anteils- und Mitgliedschaftsrechte – an Beteiligte anknüpft. Es handelt sich mithin um Bestimmungen, die anwendbar sein müssen, wenn der Insolvenzplan von seinem in §§ 222 Abs. 1 Satz 2 Nr. 1, 223 InsO geregelten Eingriffsrecht Gebrauch macht und Absonderungsberechtigte als Adressaten des Plans im gestaltenden Teil zu berücksichtigen sind.

II. Grundsatz des § 223 Abs. 1 Satz 1 InsO: Kein Eingriff in Absonderungsrechte ohne ausdrückliche Planbestimmung

48 Ist im Insolvenzplan nichts anderes bestimmt, erleiden Absonderungsberechtigte keinen Rechtsverlust hinsichtlich ihres dinglichen Sicherungsrechts; das Recht der absonderungsberechtigten Gläubiger zur **Befriedigung aus den Gegenständen**, an denen Absonderungsrechte bestehen, wird **vom Plan nicht berührt**. Dies ergibt sich ausdrücklich aus § 223 Abs. 1 Satz 1 InsO und mittelbar aus der Regelung des § 222 Abs. 1 Satz 2 Nr. 1 InsO, der für den Fall des Eingriffs in Absonderungsrechte eine eigene Gruppe für die betreffenden Gläubiger fordert.

49 Dieser „default-Zustand", also die Unberührtheit von Absonderungsrechten, gilt, so formuliert es § 223 Abs. 1 Satz 1 InsO, nur insoweit, als „im Insolvenzplan nichts anderes bestimmt" ist. Der Aspekt der abweichenden Regelung im Insolvenzplan wird in § 223 Abs. 2 InsO aufgegriffen und weiter konkretisiert. Danach ist, soweit denn im Plan eine abweichende Regelung getroffen wird, im gestaltenden Teil für die absonderungsberechtigten Gläubiger anzugeben, um **welchen Bruchteil** die Rechte gekürzt, für welchen **Zeitraum** sie gestundet oder welchen sonstigen Regelungen sie unterworfen werden sollen. (Ausdrückliche) Planregelungen mit Eingriffscharakter werden folglich – und hierin dürfte der eigentliche Gehalt der Vorschrift liegen – gerade ermöglicht und nicht verhindert.

50 Die Regelung des § 223 Abs. 1 Satz 1 InsO hat insoweit eine **doppelte Funktion**, nämlich dahingehend,

- dass Absonderungsrechte im Grundsatz von den Regelungen des Plans unberührt bleiben und
- dass hiervon abweichende Regelungen mit Eingriffsqualität zulässig sind.[36)]

51 Unklar ist die Reichweite dieser Regelung in Bezug auf sog. **mittelbare Eingriffe in Sicherungsrechte**. Mittelbare Eingriffe sind solche, die sich in erster Linie auf die gesicherte Forderung beziehen.[37)] Dann stellt sich die Frage, ob dies, wegen der Akzessorietätswirkung gleichsam automatisch, einen Eingriff in das Sicherungsrecht zur Folge haben kann. Ob mittelbare Planeingriffe zulässig sind, ist umstritten.[38)]

52 In aller Regel sind Sicherungsrecht und Forderung materiell-rechtlich dergestalt verknüpft, dass sich die Umgestaltung der gesicherten Forderung, insbesondere deren (voll-

36) Uhlenbruck-*Lüer/Streit*, InsO, § 223 Rz. 5.

37) Zum Begriffsverständnis *Weitbrecht*, Mittelbare Planeingriffe in Sicherungsrechte, S. 76 ff.; *Weitbrecht*, KTS 2021, 357, 360.

38) **Dafür:** s. *Madaus* unten § 23 Rz. 32; *Fiebig* in: HK-InsO, § 222 Rz. 8; Jaeger-*Jaeger*, InsO, § 222 Rz. 72; *Spahlinger* in: KPB, InsO, § 223 Rz. 12; *Eidenmüller* in: MünchKomm-InsO, § 222 Rz. 53; *Weitbrecht*, Mittelbare Planeingriffe in Sicherungsrechte, S. 76 ff.; noch Uhlenbruck-*Lüer/Streit*, InsO, 15. Aufl., 2019, § 223 Rz. 7; **dagegen:** *Bultmann*, ZInsO 2022, 1327; *Obermüller* in: Obermüller, Insolvenzrecht in der Bankpraxis, Kap. 6 Rz. 1853.

ständige) **Kürzung**, unmittelbar auf das Sicherungsrecht auswirkt. Dies ist Folge der **Akzessorietät**. Für die Hypothek folgt dies etwa aus § 1163 BGB, für das Pfandrecht aus § 1252 BGB. Dies gilt auch für deren **Stundung**. Denn neben Bestand und Höhe haftet das Sicherungsrecht für die gesicherte Forderung grundsätzlich nur, soweit diese auch durchsetzbar ist. Enthält das Gesetz zur Akzessorietät keine ausdrückliche Regelung, so wird die notwendige Verknüpfung durch die sog. **Sicherungsabrede** hergestellt, die nötigenfalls im Wege der Auslegung in den Bestellungsakt hineingelesen wird und die beschriebenen Akzessorietätswirkungen im Wesentlichen – rein schuldrechtlich – nachzeichnet. In dieser unterschiedlichen rechtlichen Konstruktion liegt der primäre Unterschied zwischen akzessorischen und fiduziarischen Sicherheiten.[39)]

- Bemisst man dem beschriebenen Automatismus zwischen Sicherungsrecht und Forderung mit der wohl **h. M.** auch im Insolvenzplanverfahren Bedeutung zu, so ist § 223 Abs. 1 InsO als rein **klarstellende Regelung** zu begreifen. So spreche die Vorschrift zwar von der Unberührtheit von Absonderungsrechten, dürfe aber keineswegs dahin missverstanden werden, dass sie für den Insolvenzplan die genannten Folgewirkungen auf das Sicherungsrecht ausschließen soll.[40)]
- Eine **a. A.** misst der Vorschrift Sperrwirkung im Hinblick auf die mittelbare Gestaltung zu. Als **rechtserhaltende Regelung** verstanden, bedinge gerade § 223 Abs. 1 InsO die Unzulässigkeit entsprechender mittelbarer Gestaltungen. Die darin zum Ausdruck kommende Wertentscheidung von der Unberührtheit von Absonderungsrechten dürfe nicht umgangen werden.[41)]

Richtigerweise ist die Antwort auf die Zulässigkeitsfrage nicht, jedenfalls nicht allein in der Formulierung des § 223 Abs. 1 InsO zu suchen. Diese ergibt sich vielmehr erst aus einer zusammenfassenden Betrachtung der insolvenzplanrechtlichen Vorschriften über den Bestimmtheitsgrundsatz (§ 223 Abs. 2 InsO), die Gruppenbildung (§ 222 InsO) und die Wirkungen des Insolvenzplans (§ 254 InsO). Die **dogmatische Einordnung von § 223 Abs. 1 InsO** als klarstellend oder rechtserhaltend ist dabei nicht Voraussetzung, sondern vielmehr ein Resultat der Anerkennung mittelbarer Plangestaltungen. Soweit dennoch in der Vorauflage für die rechtserhaltende Funktion des § 223 Abs. 1 InsO plädiert wurde, so wird dies zugunsten eines differenzierten Ansatzes aufgegeben.[42)] **53**

Der **gesetzliche Grundsatz** geht wohl dahin, dass in Absonderungsrechte nicht eingegriffen werden soll; dies ist Ausdruck und insoweit auch (insolvenzrechtliche) Fortsetzung der gebotenen Differenzierung zwischen dinglicher Rechtsposition und einfacher Forderungszuständigkeit. Beabsichtigt der Planersteller einen Eingriff in das Absonderungsrecht, so muss er hierzu im gestaltenden Teil des Insolvenzplans gemäß § 223 Abs. 2 InsO eine **eindeutige Regelung treffen** und angeben, „um welchen Bruchteil die Rechte gekürzt, für welchen Zeitraum sie gestundet oder welchen sonstigen Regelungen sie unterworfen werden soll“. In einer konkreten Regelung nur der gesicherten Forderung kann zwar mit guten Gründen zugleich eine „sonstige Regelung“ in Bezug auf das Absonderungsrecht gesehen werden. Aber auch diese sonstige Regelung muss dem Bestimmtheitsgrundsatz genügen, sonst liefe § 223 Abs. 2 InsO leer. Die Reichweite des mittelbaren Eingriffs kann daher nicht so weit gehen, dass die bloße Gestaltung der gesicherten Forderung stets, d. h. auch bei gänzlich fehlender Eingriffsabsicht, einen Eingriff in das Absonderungsrecht zur Folge hat (weiterführend siehe Rz. 65 ff.). **54**

39) *Weitbrecht*, KTS 2021, 357, 360 f.
40) *Fiebig* in: HK-InsO, § 223 Rz. 5.
41) K. Schmidt-*Spliedt*, InsO, § 223 Rz. 2.
42) Vgl. 2. Aufl., 2020, § 10 Rz. 27 [*J. Schmidt*].

III. Eingriffsverbot bei Finanzsicherheiten (§ 223 Abs. 1 Satz 2 InsO)

55 Diese grundsätzliche erkannte Eingriffsmöglichkeit gilt nicht für sog. Finanzsicherheiten i. S. von § 223 Abs. 1 Satz 2 InsO. Nach dieser Bestimmung sind abweichende Regelungen nicht zulässig für Finanzsicherheiten i. S. von § 1 Abs. 17 KWG sowie für solche Sicherheiten, die dem Betreiber oder dem Teilnehmer eines Systems nach § 1 Abs. 16 KWG zur Sicherung seiner Ansprüche aus dem System oder der Zentralbank eines Mitgliedstaats der EU oder der Europäischen Zentralbank gestellt wurden.

56 Diese Regelung ist eine **zwingende gesetzliche Ausnahme**; sie beruht auf EU-Vorgaben. Konkret forderten die Richtlinien 98/26/EG v. 19.5.1998 über die Wirksamkeit von Abrechnungen in Zahlungs- sowie Wertpapierliefer- und –abrechnungssystemen[43)] und 2002/47/EG v. 6.6.2002 über Finanzsicherheiten[44)] die Einführung dieser Bestimmung. Die Vorschrift dient dem Schutz von Sicherheiten im internationalen Zahlungsverkehr. Sie soll bei der Insolvenz eines Kreditinstituts den sog. **„Domino Effekt“ für andere Kreditinstitute** verhindern. Dies wiederum soll durch eine schnelle Verwertung ermöglicht werden.[45)] Als hiermit unvereinbar qualifiziert die EU zwar nicht den Insolvenzplan als solchen, aber die Möglichkeit eines solchen, von den Regelbestimmungen für Sicherungsrechte abzuweichen.

D. Eingriff in Absonderungsrechte („Warum“/„Ob“/„Wann“ und „Wie“)

I. Motive des Planverfassers für Eingriffe („Warum“)

57 Absonderungsrechte werden grundsätzlich ohne einen Plan uneingeschränkt berücksichtigt (vgl. §§ 49, 50 InsO). Da § 251 Abs. 1 InsO regelt, dass kein Gläubiger, der dem Plan widerspricht, schlechtergestellt werden darf, als er ohne einen Plan stünde, ist fraglich, in welchen Fällen eine Durchbrechung des Grundsatzes aus § 223 Abs. 1 Satz 1 InsO und somit ein **Eingriff in ein Absonderungsrecht überhaupt möglich ist.**

58 In diesem Zusammenhang erscheint es denkbar, dass ein Gläubiger, der bei einer Liquidation im Regelverfahren nicht mit voller Befriedigung rechnen kann, an einer Unternehmensfortführung i. R. einer Plansanierung. Interessiert ist. Bei Fortführung kann er mit einer höheren Quote rechnen, weil der Wert seiner Sicherheit bei Unternehmensfortführung höher ist (Going-Concern-Wert). In diesem Fall könnte der absonderungsberechtigte Gläubiger auch bereit sein, **Zugeständnisse i. R. eines Sanierungsplans** zu machen.[46)] Wenn im Fall der Betriebsfortführung die weitere Nutzung eines mit einem Absonderungsrecht belasteten Gegenstands benötigt wird, sind auch Eingriffe in das Absonderungsrecht durch ein Verbot der sofortigen Verwertung denkbar.

II. Grundsätzliche Möglichkeit und Zulässigkeit eines Eingriffs

59 Macht der Planverfasser von dieser im Gesetz (§§ 222 Abs. 1 Satz 2 Nr. 1, 223 InsO) angelegten Möglichkeit des Eingriffs in Absonderungsrechte Gebrauch, so ist im **gestaltenden Teil** für die Gläubiger ausdrücklich und **detailliert anzugeben**, wie genau dieses Recht durch abweichende Regelungen berührt wird. Beispielhaft als abweichende Planregelung benennt das Gesetz bruchteilhafte Kürzungen, Stundungen und sonstige Regelungen, denen absonderungsberechtigte Gläubiger unterworfen werden sollen.

---

43) Richtlinie 98/26/EG des Europäischen Parlaments und des Rates v. 19.5.1998 über die Wirksamkeit von Abrechnungen in Zahlungs- sowie Wertpapierliefer- und -abrechnungssystemen, ABl. (EG) Nr. L 166/45 v. 11.6.1998.

44) Richtlinie 2002/47/EG des Europäischen Parlaments und des Rates v. 6.6.2002 über Finanzsicherheiten, ABl. (EU) Nr. L 168/43 v. 27.6.2002.

45) *Spahlinger* in: KPB, InsO, § 223 Rz. 18.

46) Braun-*Braun/Frank*, InsO, § 223 Rz. 1.

Die in § 223 InsO zum Ausdruck kommende Möglichkeit, in Sicherheiten einzugreifen, stieß auch auf kritische Stimmen, insbesondere im Hinblick auf Immobiliarsicherheiten. Es wurde vorgebracht, dass Planersteller die Möglichkeiten geschickter Gruppenbildung ausnutzen könnten.[47] In jüngerer Zeit ist wieder zu beobachten, dass überambitionierte Immobilienfinanzierungen zu scheitern drohen und Grundpfandgläubiger um ihre Sicherheiten fürchten. 60

Die grundsätzliche Möglichkeit und Zulässigkeit eines Eingriffs in (dingliche) Rechte von Absonderungsberechtigten ist allerdings zu respektieren; sie ist Ausdruck der vom Gesetzgeber der InsO beabsichtigten Einbindung der betroffenen Sicherungsrechte in die Wirkungen des Verfahrens und in die wirtschaftliche Partizipation, die regelmäßig in den Kostenbeiträgen und dem Verwertungsrecht des Insolvenzverwalters erkannt wird. 61

Die Eingriffsmöglichkeit in Absonderungsrechte durch den Insolvenzplan ist insoweit die konsequente Fortsetzung der im Regelverfahren angelegten Systematik. Hiermit ist jedoch noch nicht die Frage der Zulässigkeit des Zwangseingriffs unter Anwendung des **Obstruktionsverbots** beantwortet (siehe Rz. 226). Zunächst geht es darum, ob überhaupt dingliche Rechtspositionen den Planwirkungen unterworfen werden können oder ob diese allein durch bilaterale (Verzichts- bzw. Verwertungs-)Vereinbarungen gestaltet werden können. 62

III. Vorliegen eines Eingriffs in Absonderungsrechte („Ob")

Erkennt der Planverfasser diese Zulässigkeit und im konkreten Einzelfall auch die Sinnhaftigkeit und Notwendigkeit, die Rechte eines absonderungsberechtigten Gläubigers Planregelungen zu unterwerfen, bedarf es zunächst der Überprüfung, **ob überhaupt eine abweichende Regelung** i. S. von § 223 Abs. 2 InsO und damit ein rechtserheblicher Eingriff i. S. von § 222 Abs. 1 Satz 2 Nr. 1 InsO **vorliegt.** 63

1. Schlechterdings kein Eingriff

Ist – in den Worten des § 223 Abs. 1 Satz 1 InsO – im Insolvenzplan nichts anderes bestimmt, so wird das Recht der absonderungsberechtigten Gläubiger zur Befriedigung aus den Gegenständen, an den Absonderungsrechte bestehen, vom Plan nicht berührt. In einem solchen Fall haben Absonderungsrechte, das jeweilige Sicherungsgut und die Befriedigungsrechte bei der Gestaltung (siehe Rz. 98 ff.) und im gerichtlichen Verfahren (siehe Rz. 213 ff.) keine besondere Aufmerksamkeit des Planverfassers zu erfahren. 64

Praxishinweis

In einem solchen Fall empfiehlt sich, zumindest aus Gründen der (vereinfachten) Darstellung, der Hinweis, dass

- kein Eingriff in Absonderungsrechte vorliegt und
- aus diesem Grund für entsprechend gesicherte Gläubiger keine eigene Gruppe i. S. von § 222 Abs. 1 Satz 2 Nr. 1 InsO gebildet wird.

Dieser Hinweis gehört systematisch zur Darstellung der Kriterien für die Bildung und Abgrenzung der Gruppen (§ 222 Abs. 2 Satz 3 InsO). Auch wenn aus dieser Norm und ihrer – soweit ersichtlich – Interpretation durch Rechtsprechung und Literatur regelmäßig nur Angaben zu existierenden, insbesondere fakultativen Gruppen gefolgert werden, empfiehlt sich der (Negativ-)Hinweis aus Gründen der Klarstellung.

47) In diese Richtung *Bruns*, KTS 2004, 1.

Sämtliche Verfahrensbeteiligten – insbesondere das Gericht i. R. der Prüfungspflicht nach § 231 Abs. 1 Nr. 1 InsO – haben hierdurch Klarheit, dass der Planverfasser die besondere Rechtsstellung der Absonderungsberechtigten erkannt, gewürdigt und sich bewusst gegen einen (mittelbaren) Eingriff entschieden hat oder solche Rechte unter Umständen gar nicht existieren.

2. Mittelbarer Planeingriff in Sicherungsrechte

65 Existieren Absonderungsrechte und nehmen Absonderungsberechtigte am Planverfahren teil, so stellt sich die Frage, ob ein Eingriff – mit der Konsequenz einer eigenen Gruppe (§ 222 Abs. 1 Satz 2 Nr. 1 InsO) – auch dann vorliegt, wenn nicht das dingliche Recht des Absonderungsgläubigers, sondern nur die persönliche Forderung planunterworfen ist. In diesem Sinne der mittelbare Eingriffsbegriff, dessen Konstruktion auf dem Gedanken fußt, dass zwischen Sicherungsrecht und der zu sichernden Forderung stets eine materiell-rechtliche Verknüpfung besteht. Grund dafür ist, dass Forderungskürzungen aufgrund der **Akzessorietät** zum Entfall des Sicherungsrechts führen oder – bei nichtakzessorischen Sicherheiten – den Sicherungsnehmer infolge der vereinbarten **Sicherungsabrede** dazu verpflichten, im Umfang der Kürzung Sicherungsgegenstände freizugeben.[48] Hinsichtlich der Stundung folgt dies aus der allgemeinen Überlegung, dass ein Sicherungsrecht nicht verwertet werden kann, wenn der Sicherungsfall in Gestalt der Nichtleistung trotz Fälligkeit nicht eintreten kann (§ 1192 Abs. 1 i. V. m. § 1157 BGB).

66 Es ist jedoch zu berücksichtigen, dass es auch **Einreden** gibt, die der Inanspruchnahme aus einem akzessorischen Sicherungsrecht **nicht entgegenstehen,** z. B. die Verjährung (vgl. § 216 BGB). Dies verdeutlicht ein Blick auf die Regelinsolvenz: Im Insolvenzverfahren berechtigt das Sicherungsrecht nach §§ 49 ff. InsO zur abgesonderten Befriedigung, obwohl die gesicherte Forderung als solche nicht mehr durchsetzbar ist, jedenfalls nicht im Wege der Einzelzwangsvollstreckung, sondern nur nach den Vorschriften der InsO (vgl. §§ 87, 89 InsO). Auch das Verfahren über die Restschuldbefreiung enthält mit § 301 Abs. 2 Satz 1 InsO eine Regelung, wonach das Recht zur abgesonderten Befriedigung unberührt bleibt, selbst wenn die gesicherte Forderung der Restschuldbefreiung unterliegt.[49]

67 Dies berücksichtigend, eröffnet der Umstand der Akzessorietät, bei dem es sich zunächst um ein materiell-rechtliches Phänomen handelt, nicht aus sich heraus die Möglichkeit der Gestaltung von Sicherungsrechten qua Insolvenzplan. Dies ist vielmehr eine Frage der §§ 217 ff. InsO. Von besonderer Relevanz ist § 254 InsO; eine Vorschrift, die die Wirkungen des bestätigten Insolvenzplans zum Gegenstand hat. Nach dessen Absatz 1 vollziehen sich die im gestaltenden Teil festgelegten Rechtsänderungen erst mit Rechtskraft der gerichtlichen Planbestätigung.

---

48) Der Sicherungsgeber hat aus dem Sicherungsvertrag typischerweise einen durch die Tilgung der gesicherten Forderungen oder sonstigen Wegfall des Sicherungszwecks aufschiebend bedingten schuldrechtlichen Anspruch auf Abtretung, Verzicht oder auf Aufhebung des nicht valutierten Teils der Grundschulden, den sog. Freigabeanspruch bzw. „Grundschuld-Rückgewähranspruch", vgl. BGH, Urt. v. 24.3.2016 – IX ZR 259/13, NZI 2016, 451 = NJW 2016, 3239. Dies gilt auch dann, wenn der Anspruch nicht ausdrücklich als solcher geregelt ist. Die Anspruchsverwirklichung des Sicherungsgebers umfasst grundsätzlich das Recht, im Wege der Vollstreckung die Erteilung einer Löschungsbewilligung zu verlangen. Zu den Akzessorietätsmechanismen *Weitbrecht*, Mittelbare Planeingriffe in Sicherungsrechte, S. 55 ff.; *Weitbrecht*, KTS 2021, 357, 360 f.

49) § 301 Abs. 2 InsO kann als akzessorietätsdurchbrechende Vorschrift begriffen werden. Dies würde allerdings voraussetzen, den Akzessorietätsmechanismus im Grundsatz anzuerkennen. Der BGH, Urt. v. 10.12.2020 – IX ZR 24/20, NZI 2021, 184 = ZIP 2021, 380, stellt primär auf § 301 Abs. 3 InsO ab, wonach die Forderung durch Erteilung der Restschuldbefreiung nicht erlischt, sondern als Naturalobligation erfüllbar bleibt. Erst dann rekurriert er auf § 301 Abs. 2 Satz 1 InsO.

Von einem **Eingriff** in die Absonderungsrechte, gleich welcher Art, kann daher erst gesprochen werden, wenn die im Plan getroffenen Regelungen **nach § 254 Abs. 1 InsO rechtswirksam werden.** Soweit nicht schon aufgrund des Charakters der Sicherheit ein automatischer Rückfall an den Schuldner erfolgt, ersetzt der rechtskräftige Plan etwa notwendige Willenserklärungen des Sicherungsnehmers zur Rückübertragung der Sicherheit. Zwar ist grundsätzlich von einer Heilungswirkung des in Rechtskraft erwachsenen Bestätigungsbeschlusses auszugehen, allerdings nur wenn die Planregelung plantauglich und nicht greifbar gesetzeswidrig, d. h. mit der geltenden Rechtsordnung schlechthin unvereinbar ist. 68

a) Kein mittelbarer Eingriff

Im Lichte dieser und auch der bereits eingangs (siehe Rz. 25) beschriebenen Differenzierung zwischen Absonderungsrecht einerseits und der gesicherten persönlichen Schuld andererseits, wird vertreten, dass eine allein auf die persönliche Schuld rekurrierende Planregelung keinen Eingriff i. S. der §§ 222 Abs. 1 Satz 2 Nr. 1, 223 Abs. 1 InsO darstellt.[50] Die Begründungsansätze sind vielgestaltig. 69

Sie fußen zum einen auf der Sorge vor **schweigenden Insolvenzplänen.**[51] Damit ist eine Situation umschrieben, in der sich ein gesicherter Gläubiger nach rechtskräftiger Bestätigung des Insolvenzplans ohne sein Sicherungsrecht wiederfindet, ohne im Verfahren als Absonderungsberechtigter ausdrücklich beteiligt gewesen zu sein. 70

So wird argumentiert, dass das schuldnerische Vermögen typischerweise zu großen Teilen mit Sicherungsrechten belastet sei. Unter Anerkennung mittelbarer Plangestaltungen sei eine Gestaltung allein der Insolvenzforderung ohne Berührung von Absonderungsrechten kaum denkbar. In der Praxis sei zu beobachten, dass Insolvenzpläne vielfach keine Regelung enthielten, was die Planersteller aber regelmäßig nicht davon abhielte, sich nach Beendigung des Verfahrens auf die **Akzessorietätswirkungen** zu berufen. Das Insolvenzgericht, das den Plan gemäß § 231 Abs. 1 Satz 1 Nr. 1 InsO auf die Einhaltung der Vorschriften über die Gruppenbildung zu überprüfen und gemäß § 248 InsO zu bestätigen habe, habe dann keinerlei Anlass, die fehlende Berücksichtigung, etwa i. R. der Gruppenbildung, überhaupt zu monieren. Mit der Folge, dass das Gericht einen Plan bestätigen würde, der **auch gegenüber solchen Absonderungsberechtigten Wirkungen zeitigte**, die weder am Verfahren teilgenommen, geschweige denn über den Plan abgestimmt hätten. Dies widerspreche der grundsätzlichen Wertentscheidung des Gesetzgebers von der Unberührtheit von Absonderungsrechten. 71

Darüber hinaus wird auf die (vermeintlich) rechtserhaltende Wirkung des § 223 Abs. 1 Satz 1 InsO Bezug genommen, wonach Absonderungsrechte durch den Insolvenzplan grundsätzlich nicht berührt würden.[52] Die erforderliche Bestimmtheit, die § 223 Abs. 2 InsO für Eingriffe in das Absonderungsrecht weiter verlange, könne nur erreicht werden, wenn der Insolvenzplan auch das Absonderungsrecht als solches **ausdrücklich** einschränke. Folglich könne mit der anderen Bestimmung i. S. von § 223 Abs. 1 Satz 1 InsO nur eine solche gemeint sein, die das Absonderungsrecht selbst regle. 72

Zuletzt wird die in **§§ 254 Abs. 1, Abs. 3, 227 InsO** angelegte Wirkung ins Feld geführt, wonach die durch den Insolvenzplan modifizierte Forderung als nicht durchsetzbare, aber 73

50) *Bultmann*, ZInsO 2022, 1327; K. Schmidt-*Spliedt*, InsO, § 223 Rz. 2; *Frank* in: Runkel/J. Schmidt, AHB Insolvenzrecht, § 3 Rz. 164; Uhlenbruck-*Streit/Bürk*, InsO, § 11 StaRUG Rz. 33 – explizit für den Insolvenzplan.

51) *Bultmann*, ZInsO 2022, 1327.

52) K. Schmidt-*Spliedt*, InsO, § 223 Rz. 2.

jederzeit erfüllbare unvollkommene Verbindlichkeit (Naturalobligation) fortbestehe. Und dadurch das akzessorische Sicherungsrecht – auch nach der Bestätigungsentscheidung – „trage".[53)]

b) Restriktiver mittelbarer Eingriff

74 Eine **vermittelnde Ansicht** vertritt einen restriktiven Eingriffsbegriff.[54)] Die grundsätzliche Unzulässigkeit mittelbarer Planeingriffe stützt sie in erster Linie auf § 254 Abs. 1, Abs. 3 InsO, wonach die zugrunde liegende Forderung als nicht durchsetzbare Naturalobligation fortbestehe. Diese bilde den Rechtsgrund für das Absonderungsrecht. Ergänzend wird aus § 254 Abs. 2 InsO geschlossen, dass Sicherungsrechte durch den Plan nicht berührt würden. Dem Planersteller sei es indes unbenommen, die Wirkungen des § 254 Abs. 1, Abs. 3 InsO dadurch auszuschließen, dass er im Insolvenzplan hinsichtlich der gesicherten Forderung einen materiell-rechtlichen (Teil-)Erlass i. S. von § 397 BGB vorsieht. Durch den Erlass würde – anders als im Regelfall der §§ 227, 254 Abs. 1, Abs. 3 InsO – die gesicherte Forderung und dem folgend die akzessorische Sicherheit untergehen. Die Rechtsfolge des § 254 Abs. 1, Abs. 3 InsO stehe nämlich zur Disposition der Beteiligten, was aus der Formulierung des § 227 InsO („ist im Insolvenzplan nichts anderes bestimmt") zu schließen sei.[55)]

c) Lehre vom mittelbaren Planeingriff

75 Die **h. M.** erachtet **mittelbare** Planeingriffe für **zulässig**. Jeder Eingriff in den gesicherten Teil der persönlichen Forderung sei demnach als Eingriff in das Absonderungsrecht zu qualifizieren.[56)] Auch wenn der Plan in solchen Fällen keinerlei Gestaltung von Sicherungsrechten vorsehe, wirke er wegen der materiell-rechtlichen Verknüpfung stets auf das Sicherungsrecht ein.

76 Die materiell-rechtlichen Wirkungen der Akzessorietät bzw. der Sicherungsabrede seien im Insolvenzplanrecht uneingeschränkt anzuerkennen. Dies gelte ohne Rücksicht darauf, ob es sich bei dem Eingriff um eine (teilweise) Umwandlung der gesicherten Forderung in eine Naturalobligation (vgl. § 254 Abs. 1, Abs. 3 InsO) oder um eine von diesem Grundsatz abweichende Regelung handle. Eine solche Differenzierung verstoße gegen die Rechtsprechung des BGH, nach der auch ein ausdrücklicher „Erlass" im Insolvenzplan nur zur Umwandlung der betroffenen Forderung in eine Naturalobligation führe.[57)]

77 Dass die gesicherte Forderung als **Naturalobligation** fortbestehe (vgl. § 254 Abs. 1, Abs. 3 InsO), habe keinerlei Auswirkung auf die **Verknüpfung zwischen Sicherungsrecht und Forderung**. Ein Vergleich zwischen nicht-akzessorischen und akzessorischen Sicherheiten soll dies belegen. Mit Blick auf die nicht-akzessorischen Sicherungsrechte sei der Wegfall

---

53) *Frank* in: Runkel/J. Schmidt, AHB Insolvenzrecht, § 3 Rz. 164; Uhlenbruck-*Streit/Bürk*, InsO, § 11 StaRUG Rz. 33 – explizit zum Insolvenzplan.

54) *Horstkotte*, ZInsO 2014, 1297, 1303; *Horstkotte/Martini*, ZInsO 2017, 1913, 1918.

55) Auch dies ist umstritten, hierzu *Weitbrecht*, ZIP 2019, 1849.

56) *Fiebig* in: HK-InsO, § 222 Rz. 8, § 223 Rz. 7; *Eidenmüller* in: MünchKomm-InsO, § 222 Rz. 53, 56; Andres/Leithaus-*Andres*, InsO, § 223 Rz. 5; s. unten § 23 Rz. 29 [*Madaus*]; *Balthasar* in: Kübler/Bork/Prütting, HRI II, § 22 Rz. 27; *Weitbrecht*, Mittelbare Planeingriffe in Sicherungsrechte, S. 136; Uhlenbruck-*Lüer/Streit*, InsO, § 223 Rz. 7; Jaeger-*Jaeger*, InsO, § 222 Rz. 72; *Spahlinger* in: KPB, InsO, § 223 Rz. 12; zum Restrukturierungsplan: *Mock* in: Kübler/Bork/Prütting, HRI I, § 24 Rz. 17; *Skauradszun* in: BeckOK-StaRUG, § 2 Rz. 63a; Flöther-*Tasma*, StaRUG, § 7 Rz. 17; *Parzinger/Knebel* in: MünchKomm-StaRUG, § 7 Rz. 87 ff.; *Madaus* in: MünchKomm-StaRUG, § 67 Rz. 45; Flöther-*Westpfahl/Dittmar*, StaRUG, § 2 Rz. 29.

57) *Weitbrecht*, Mittelbare Planeingriffe in Sicherungsrechte, S. 89, mit Verweis auf BGH, Urt. v. 10.5.2012 – IX ZR 206/11, Rz. 9, ZIP 2012, 1359, 1360.

des Sicherungsrechts bei entsprechender Kürzung der zugrunde liegenden Forderung kaum abzulehnen. Denn selbst für den Fall, dass die Forderung als Naturalobligation fortbestehe, könne der Sicherungsfall, wie er in der Sicherungsabrede typsicherweise vorausgesetzt werde, zu keinem Zeitpunkt mehr eintreten. Mit der Konsequenz, dass das Sicherungsrecht freigegeben werden müsse. In diesem Fall genüge schon die Nichtdurchsetzbarkeit der gesicherten Forderung. Mit Blick auf die akzessorischen Rechte könne a maiore ad minus kaum anderes gelten.[58)]

Auch aus **§ 254 Abs. 2 InsO** könne eine Sperrwirkung nicht hergeleitet werden. Eine Ak- 78
zessorietätsdurchbrechung regle die Vorschrift ausweislich ihres Wortlauts von vornherein **nur für Drittsicherheiten**, nicht aber für Absonderungsrechte am schuldnerischen Vermögen.[59)]

Gegen die Anerkennung mittelbarer Gestaltung spreche auch nicht die Vorschrift des 79
§ 223 Abs. 1 Satz 1 InsO, wonach „das Recht der absonderungsberechtigten Gläubiger zur Befriedigung aus den Gegenständen, an denen Absonderungsrechte bestehen, vom Plan nicht berührt“ werde. Dies gelte nur so weit, wie im Insolvenzplan nichts anderes bestimmt ist. Und durch eine Planregelung, die sich jedenfalls mittelbar auf ein Absonderungsrecht auswirke, sei etwas anderes bestimmt. § 223 Abs. 1 Satz 1 InsO stelle lediglich klar, dass die absonderungsberechtigten Gläubiger grundsätzlich auch dann Befriedigung aus der Verwertung ihrer Sicherungsrechte verlangen dürften, wenn das Schuldnerunternehmen nicht nach den Vorschriften des Regelverfahrens liquidiert werde, sondern in einem Insolvenzplan eine von den gesetzlichen Vorschriften abweichende Regelung getroffen werde. Von dieser Aussage bliebe die Möglichkeit unberührt, dass nach allgemeinen Regeln eine Einwirkung auf die gesicherte Forderung auch Folgen für das Sicherungsrechtsrecht haben könne.

d) Reichweite der Bestätigungsentscheidung in Bezug auf mittelbare Eingriffe

Die h. Lehre vom extensiven mittelbaren Planeingriff geht zu weit. In vielen Insolvenz- 80
plänen wird sich, auch unbewusst, ein Eingriff in Absonderungsrechte finden, zumal die Forderungen häufig mit beträchtlichen Teilen des schuldnerischen Vermögens besichert sind. Beschränkt sich die **Gestaltungsabsicht des Planerstellers** aber **auf die gesicherte Forderung**, hätte der Planersteller überhaupt keinen Anlass, etwaige Absonderungsrechte im Insolvenzplan zu berücksichtigen. Verweist die h. Lehre darauf, dass bei entsprechender Gestaltungsabsicht (abstrakt) eine Gruppenbildungsverpflichtung bestünde, ohne die Figur des mittelbaren Eingriffs auf bestimmte Fälle einzugrenzen, überzeugt dies nicht. Denn damit ist noch nicht gesagt, ob und wie eine **fehlende Gruppenbildung** den mittelbaren Eingriff ausschließt. In dieser Konstellation, zuweilen als „doppelt“ schweigender Insolvenzplan bezeichnet, kann die Gestaltung nur der gesicherten Forderung nicht automatisch einen Eingriff in das Sicherungsrecht zur Folge haben. Dies gebietet der **Grundsatz der Transparenz.**

Die Lehre vom **restriktiven mittelbaren Planeingriff** beschränkt die Figur des mittelbaren 81
Planeingriffs zwar auf Planregelungen, die im Insolvenzplan ausdrücklich einen Erlass regeln, geht aber in der Herleitung fehl. Es ist zweifelhaft, ob das Fortbestehen der gesicherten Forderung als Naturalobligation dazu dienen kann, Sicherungsrechte aufrechtzuerhalten. Im Übrigen ist unklar, wie eine Regelung aussehen kann, die abweichend von § 254 Abs. 1,

58) *Weitbrecht*, Mittelbare Planeingriffe in Sicherungsrechte, S. 95; **a. A.** *Frank* in: Runkel/J. Schmidt, AHB Insolvenzrecht, § 3 Rz. 164, der akzessorische und fiduziarische Sicherheiten unterschiedlich behandeln will.

59) *Weitbrecht*, Mittelbare Planeingriffe in Sicherungsrechte, S. 97.

Abs. 3 InsO nicht die Umwandlung in eine unvollkommene Verbindlichkeit, sondern abweichend hiervon den vollkommenen Erlass vorsieht.[60)]

82 Nach §§ 245 Abs. 1 Nr. 1, 251 Abs. 1 Nr. 2 InsO dürfen die Absonderungsberechtigten durch den Insolvenzplan nicht schlechterstehen als im Regelverfahren. Der Planersteller muss deshalb eine sorgsame Auswahl von Sicherungsrechten treffen können dürfen, die er als vom Plan erfasst sehen will. Daher muss es ihm möglich sein, bei Gestaltung der **zugrunde liegenden Forderungen** das Absonderungsrecht außen vor zu lassen.

83 Bei entsprechender Eingriffsabsicht des Planerstellers muss aber auch ein **mittelbarer Eingriff** zulässig sein. Jedenfalls muss er die Vorgaben an die Bestimmtheit (§ 223 Abs. 2 InsO) und Gruppenbildung (§ 222 Abs. 1 Satz 2 Nr. 1 InsO) beachten, damit eine ordnungsgemäße Beteiligung der Absonderungsberechtigten gewährleistet ist. Lässt sich keinerlei Eingriffsabsicht erkennen, so wird auch das Sicherungsrecht nicht berührt. Bei der so eröffneten Möglichkeit kann sich der Planarchitekt die **Akzessorietät zunutze machen** und nur die Forderung gestalten, sich allerdings nicht allein auf diese zurückziehen.

84 Spätestens bei Nichtberücksichtigung der Gruppenbildungsverpflichtung kann sich der Planersteller unter Vorhalt des § 254 Abs. 1 InsO nicht darauf berufen, dass er das Sicherungsrecht gleichsam „über Bande" gestaltet habe. Eine derart weitreichende Wirkung ist § 254 Abs. 1 InsO nicht zuzumessen. Die Bestätigungsentscheidung kann „rechtswidrige" Planregelungen zwar überwinden,[61)] jedoch nicht eklatante Verstöße – wie er bei **beabsichtigten Umgehungen** vorliegen dürfte – zur Wirksamkeit verhelfen. Von vornherein **nicht beabsichtigten Planwirkungen** dürfte hingegen mit einer (korrigierenden) **Auslegung** nach §§ 133, 157 BGB zu begegnen sein.

- Bei entsprechender Eingriffsabsicht des Planerstellers stellt die Nichtberücksichtigung sämtlicher den Absonderungsberechtigten schützenden Vorschriften einen unzulässigen Rechtsmissbrauch dar. Diesen vermag – trotz Anerkennung des Akzessorietätsmechanismus – auch die Wirkung der Bestätigungsentscheidung (§ 254 Abs. 1 InsO) nicht zu überwinden. Er ist mit der geltenden Rechtsordnung schlechthin unvereinbar.
- Bei fehlender Eingriffsabsicht (und der daraus zwangsläufig folgenden Nichtberücksichtigung entsprechender Schutzvorschriften) ergibt sich aus der Auslegung (§§ 133, 157 BGB), dass eine Gestaltung des Sicherungsrechts von vornherein nicht gewollt war. Dass Insolvenzpläne der Auslegung zugänglich sind, ist weitgehend anerkannt. Die Auslegung erfolgt nach Maßgabe des objektiven Empfängerhorizonts unter Berücksichtigung von Treu und Glauben. Dieses Auslegungsergebnis kann der Planersteller nicht dadurch beseitigen, dass er sich im Anschluss an die Bestätigungsentscheidung, die Akzessorietät nun erkennend, auf seine Eingriffsabsicht verweist und sich auf einen mittelbaren Eingriff beruft.

85 Erklärt man es, wie hier, zur Voraussetzung eines jeden (auch mittelbaren) Eingriffs, dass die Vorgaben über die Berücksichtigung der Absonderungsberechtigten eingehalten werden müssen, insbesondere durch

- Übersicht der Sicherungsrechte im darstellenden Teil, ggf. Negativerklärung des Schuldners,
- Planregelung im gestaltenden Teil, die auf das Absonderungsrecht Bezug nimmt, und
- Gruppenbildung,

60) So auch *Weitbrecht*, Mittelbare Planeingriffe in Sicherungsrechte, S. 89.

61) Vgl. *Brünkmans*, ZIP 2022, 1573.

so verliert das Phänomen des mittelbaren Planeingriffs seine rechtliche Brisanz. Zur **Herstellung vollständiger Transparenz**, bietet sich folgende Klarstellung an:

> **Formulierungsbeispiel**
> „Es wird davon ausgegangen, dass die vorstehende Regel akzessorische sowie nicht-akzessorische Sicherungsrechte mitumfasst."

e) Folgefrage: Mittelbarer Eingriff bei Gestaltung nur der Ausfallforderung?

Die Gestaltung nur der Ausfallforderung, d. h. des nicht gesicherten Teils, bewirkt keinen Eingriff in das Sicherungsrecht.[62] Ein absonderungsberechtigter Gläubiger wird durch einen Planeingriff in die Ausfallforderung mit seinem Absonderungsrecht bereits nicht anders gestellt als in der Regelabwicklung der §§ 165 ff. InsO. Ist die Forderung teilweise gesichert, ist im Zweifel davon auszugehen, dass zunächst der ungesicherte Teil der Forderung berührt wird. Nur eine darüberhinausgehende Kürzung stellt einen mittelbaren Eingriff in das Absonderungsrecht i. S. der §§ 222 Abs. 1 Satz 2 Nr. 1, 223 InsO dar. 86

3. Planregelung in Anlehnung an Regelverfahren – Eingriff?

Lehnt man die Bewertung bzw. die Ermittlung eines Blankoanteils als Kriterium für das Vorliegen eines Eingriffs ab, stellt sich die Frage nach anderen Kriterien. Die Erörterung dieser Frage in der Literatur hat – soweit ersichtlich – einen unstreitigen Kern: Verschlechtert sich die Rechtsposition des Absonderungsberechtigten im Vergleich zur Regelabwicklung, liegt ein Eingriff vor.[63] 87

Wird z. B. für einen im Besitz des Schuldners befindlichen Absonderungsgegenstand das Befriedigungsrecht der Regelabwicklung gewährt, d. h. der Erlös aus der unverzüglichen Verwertung abzüglich Kostenbeiträgen und ggf. Zinsen (§§ 166, 169, 171 InsO) ausgekehrt, liegt kein Eingriff vor.[64] Es fehlt an einem Nachteil im Vergleich zur Regelabwicklung. Jede **Abweichung von der Befriedigungssituation in der Regelabwicklung** würde einen Eingriff indizieren und eine eigene Gruppe erfordern. Derartige Abweichungen ergeben sich regelmäßig bereits daraus, dass es nicht zu einer Verwertung kommt und der für das Regelverfahren kennzeichnende Anspruch auf Erlösauskehr (§ 170 Satz 2 InsO) nicht entsteht und die Befriedigung aus den Fortführungserlösen erfolgen soll. Eine solche zeitlich gestreckte Auszahlung verlangt eine Stundung. Diese jedoch ist ein Eingriff. 88

So richtig der Vergleich mit der Regelabwicklung ist, so wenig lösungs- und damit praxisgerecht sind Planbestimmungen mit dem Inhalt der Regelabwicklung; es wird mithin regelmäßig selbst bei grundsätzlicher Anlehnung an die §§ 166 ff. InsO **ergänzender Regelungen** bedürfen, die dann auf eine (in aller Regel vorliegende) Verschlechterung zur Regelabwicklung zu untersuchen sind. 89

4. Verzinsung und Nutzungsentschädigung

In Fortsetzung dieser vergleichenden Betrachtung von (abweichender) Planregelung und Regelabwicklung liegt ein Eingriff auch dann vor, wenn die Plangestaltung Verzinsung und Nutzungsentschädigung (§§ 169, 172 InsO) ausschließt oder zum Nachteil des Absonderungsberechtigten abweichend regelt.[65] 90

---

62) *Weitbrecht*, Mittelbare Planeingriffe in Sicherungsrechte, S. 132; **a. A.** wohl *Rendels/Zabel*, Insolvenzplan, S. 67.

63) K. Schmidt-*Spliedt*, InsO, § 223 Rz. 1 m. w. N.

64) Braun-*Braun/Frank*, InsO, § 223 Rz. 4.

65) *Breuer* in: MünchKomm-InsO, § 223 Rz. 21.

91 Gemäß § 166 Abs. 1 InsO darf der Insolvenzverwalter eine bewegliche Sache, die er in seinem Besitz hat und an der ein Absonderungsrecht besteht, **freihändig verwerten**. Jedoch stellt § 169 Satz 1 InsO dabei sicher, dass sich diese Befugnis des Insolvenzverwalters nicht zum Nachteil des Absonderungsberechtigten auswirken darf. Um dies zu gewährleisten, ist eine **Zinszahlungspflicht des Insolvenzverwalters** aus der Insolvenzmasse vorgesehen. Die Höhe der an den absonderungsberechtigten Gläubiger zu zahlenden Zinsen richtet sich nach dem Rechtsverhältnis mit dem Schuldner. Als Planbeitrag eignet sich also entweder ein Verzicht des Gläubigers auf die Zinszahlung oder eine Stundung dieser Forderung.[66)]

92 Dieser Gedanke ist übertragbar auf den im Regelverfahren vorgesehenen Wertausgleich. Dies ist vor allem bei Betriebsfortführungen relevant. Der Insolvenzverwalter hat zwar gemäß § 172 Abs. 1 Satz 1 InsO das Recht, die in seinem Besitz stehenden und mit Absonderungsrechten belasteten Gegenstände für die Masse zu nutzen. Jedoch ist der durch die Nutzung entstehende Wertverlust dann durch Ausgleichzahlungen an den Gläubiger auszugleichen. Als **Planbeitrag** kommt dann ein **Verzicht auf Ausgleichszahlungen** sowie eine **Herabsetzung und/oder Stundung** in Betracht.[67)]

Praxishinweis

Das wirtschaftliche Gewicht solcher Zins- und insbesondere Nutzungsentschädigungsansprüche kann – insbesondere abhängig von der Dauer der Fortführung – nicht unwesentlich sein. Nicht selten rücken diese Ansprüche in gemeinsamer Verfolgung und Erwartung der Plansanierung in den Hintergrund der Verhandlungen mit dem Kreditinstitut. Dies gilt insbesondere dann, wenn der Insolvenzplan von der beschriebenen Verzichtsmöglichkeit Gebrauch macht, die Plansanierung erfolgversprechend ist und von einem gemeinsamen Willen getragen ist. Diese hindert jedoch nicht, diese – zumindest einstweilen nicht eingeforderten, aber gleichwohl existierenden – Ansprüche in der Vergleichsrechnung zu berücksichtigen. Denn in der Regelabwicklung wird die Verzichtsbereitschaft regelmäßig deutlich geringer sein.

5. Bilaterale Verwertungsvereinbarung

93 Anders stellt sich die Situation dar, wenn die Befriedigung des absonderungsberechtigten Gläubigers mit einer bilateralen Vereinbarung unterlegt ist. Dies ist regelmäßig im Verhältnis zu **Geld- und insbesondere Warenkreditgläubigern**, d. h. Lieferanten, der Fall. Schließen sich letztere zu einem sog. Lieferantenpool zusammen und treffen mit der Schuldnerin eine **Sicherheitenverwertungsvereinbarung** („Poolvertrag"), so zielt diese regelmäßig darauf, Sicherungsrechte zu definieren und abzugrenzen und die Erlösauskehr zu verabreden. Gelingt eine solche Verständigung mit den für den Insolvenzverwalter wichtigen Inhalten, so bedarf es keiner Regelung im Insolvenzplan. Etwaige **Verzichte und Stundungen** rühren dann sämtlich aus einer bilateralen Vereinbarung und sind gar nicht erst darauf zu untersuchen, ob mit ihnen eine Abweichung bzw. ein Nachteil einhergeht.

94 **Planrelevanz** besitzt dann allein der Ausfall, der durch die Sicherheitenverwertungsvereinbarung bei ordnungsgemäßer Erfüllung bezifferbar wird. In Höhe dieses Ausfalls nimmt der Absonderungsgläubiger als stimmberechtigter Insolvenzgläubiger am Planverfahren teil. Die eigentlichen Absonderungsrechte hingegen sind keinen Planregelungen unterworfen.

66) *Breuer* in: MünchKomm-InsO, § 223 Rz. 21.

67) *Breuer* in: MünchKomm-InsO, § 223 Rz. 21.

6. Zusammenfassung

Ein Eingriff in das Absonderungsrecht ist damit jede Regelung, die das Recht – auch nur mittelbar – verändert. Der Begriff des Eingriffs ist daher weit zu verstehen. Vom Grundsatz des § 223 Abs. 1 InsO abweichende Regelungen i. S. des § 223 Abs. 2 InsO können sich damit beziehen auf 95

- das dingliche Recht zur Befriedigung aus einem bestimmten Vermögensgegenstand,
- das zugrunde liegende materielle Sicherungs- oder Verwertungsrecht oder
- die gesicherte Insolvenzforderung.[68]

Dies mag gegenüber dem Wortlaut des § 223 Abs. 1 InsO („Recht der absonderungsberechtigten Gläubiger zur Befriedigung aus den Gegenständen, an denen Absonderungsrechte bestehen") eine Ausweitung darstellen. Diese aber ist wegen der beschriebenen mittelbaren Wirkung abweichender Regelungen hinsichtlich des Sicherungs- oder Verwertungsrechts oder der gesicherten Insolvenzforderung im Hinblick auf die ratio legis des § 223 Abs. 1 InsO gerechtfertigt. Der mittelbare Eingriff gilt aber nicht uneingeschränkt. Bleiben Absonderungsberechtigte im Insolvenzplan unberücksichtigt, so kann sich der Planersteller nicht im Nachhinein auf die materiell-rechtliche Akzessorietät zurückziehen. 96

IV. Wirksamkeit des Eingriffs („Wann") und Dauer („Wie lange")

Sieht der Plan in einer der beschriebenen Weisen einen Eingriff vor, so ist für die Wirksamkeit bzw. die Dauerhaftigkeit der Wirksamkeit danach zu unterscheiden, ob in das Absonderungsrecht oder die Forderung eingegriffen wird. Sieht der Plan einen Eingriff in das Absonderungsrecht selbst vor, wird dieser **mit Rechtskraft des Plans wirksam** (§ 254 Abs. 1 InsO). Die **Wiederauflebensklausel des § 255 InsO** gilt nicht für Sicherheiten. Soweit der Schuldner dem Absonderungsberechtigten auch persönlich haftet, sind solche Forderungen nach dem klaren Wortlaut des § 255 InsO erfasst und können (ungesichert) wieder aufleben.[69] 97

Praxishinweis

Sollen auch Sicherheiten bei der Nichterfüllung des Plans wieder eingeräumt werden, bedarf dies einer ausdrücklichen Regelung im Insolvenzplan. Eine solche könnte darin bestehen, dass dem Gläubiger bei Nichterfüllung des Plans ein schuldrechtlicher Anspruch auf Wiederbegründung der Sicherheit zusteht. Eine Wiedereinräumung der Sicherheit mit dinglicher Wirkung ist hingegen nicht möglich. Hiervon abzugrenzen ist indes der mögliche, lediglich auflösend bedingte Verzicht (siehe nachstehend Rz. 103 ff.) auf das Absonderungsrecht.[70]

V. Art des Eingriffs (§ 223 Abs. 2 InsO) („Wie")

Ist das „ob" eines Eingriffs geklärt, d. h. die Fallgestaltung daraufhin untersucht, ob die Rechte des Absonderungsberechtigten durch den Insolvenzplan berührt werden, so stellt sich bei der Gestaltung im nächsten Schritt die Frage nach dem „Wie" des Eingriffs. Das Gesetz formuliert in § 223 Abs. 2 InsO indes mit der 98

- „Kürzung der Rechte um einen Bruchteil" und
- „Stundung der Rechte" zwei Regelbeispiele und mit
- „sonstige Regelungen" eine Auffangklausel[71].

68) Die Figur des mittelbaren Eingriffs entlastet den Planersteller indes nicht, ausreichend konkrete Regelungen zu treffen und Absonderungsberechtigte bei der Gruppenbildung zu berücksichtigen.

69) *Spahlinger* in: KPB, InsO, § 223 Rz. 17 und § 255 Rz. 10.

70) Römermann-*Rühle*, InsO/InsR, § 255 InsO Rz. 3.

71) *Fiebig* in: HK-InsO, § 223 Rz. 5.

99 **Abweichende Regelungen** in diesem Sinne können sich dabei beziehen auf:

- das Befriedigungsrecht,
- das zugrunde liegende materielle Sicherungs- oder Verwertungsrecht oder
- die gesicherte Insolvenzforderung.[72)]

1. Gesetzliche Vorgaben und Regelbeispiele

100 Sieht der Insolvenzplan solche abweichenden Regelungen vor, sind diese im **gestaltenden Teil** für die absonderungsberechtigten Gläubiger **genau zu umschreiben**. Die Regelung des § 223 Abs. 2 InsO ist damit Ausdruck des vollstreckungs- sowie sachenrechtlichen Bestimmtheitsgebots,[73)] das angesichts der Gestaltungskraft des Insolvenzplans auch für diesen Anwendung beansprucht (§ 228 InsO).[74)] Auch wenn diese Regelung gegenüber § 221 InsO nur klarstellenden Charakter haben mag,[75)] zeigt sie zum einen das besondere Augenmerk des Gesetzgebers für Eingriffe in Absonderungsrechte. Zum anderen wird diese Regelung aber auch der aufgezeigten Vielgestaltigkeit von Regelungen mit Eingriffsqualität gerecht.

> **Praxishinweis**
>
> Nicht nur im Lichte dieser denkbaren Regelungsvielfalt, sondern auch der Rechtsprechung des BGH v. 7.5.2015[76)] ist die Insolvenzpraxis bei der Gestaltung gut beraten, eine möglichst klare, genaue und spezifizierte Regelung anzustreben.[77)] Die Spezifizierung zielt insbesondere auf die Bestimmung der Rechtsposition, in die eingegriffen werden soll.

2. Kürzung um einen Bruchteil

101 Der weitestgehende Eingriff in das Absonderungsrecht ist die Kürzung des Sicherungsrechts, d. h. der (teilweise) Verzicht auf dieses Recht. Entsprechend der weiten Eingriffsdefinition bezieht sich dieses Regelbeispiel sowohl auf das Absonderungsrecht als auch die persönliche Forderung. Eine Kürzung kann sich daher auf die

- schuldrechtliche Forderung,
- die Sicherheit oder
- die Forderung und die Sicherheit beziehen.

102 Die **Kürzung der schuldrechtlichen Forderung** hat einen (mittelbaren) Eingriff in das Sicherungsrecht zur Folge, weil wegen der Akzessorietät des Sicherungsrechts bzw. aufgrund der Sicherungsabrede im Umfang dieser Kürzung das Sicherungsrecht entfällt bzw. rückübertragen werden muss. Wenngleich ein mittelbarer Eingriff grundsätzlich für zulässig erachtet wird, negiert dies nicht die Notwendigkeit **hinreichender Bestimmtheit und Klarheit** der betreffenden Planbestimmungen. Fehlen sämtliche Anhaltspunkte dafür, dass die Forderungskürzung einen Eingriff in das Sicherungsrecht nach sich ziehen soll, kann sich der Planersteller nicht auf die Akzessorietät zurückziehen. Der Wille des Planerstellers ist anhand objektiver Kriterien unter Berücksichtigung von Treu und Glau-

---

72) *Fiebig* in: HK-InsO, § 223 Rz. 5.

73) Andres/Leithaus-*Andres*, InsO, § 223 Rz. 7.

74) K. Schmidt-*Spliedt*, InsO, § 223 Rz. 4, differenziert und sieht den Anwendungsbereich des sachenrechtlichen Bestimmtheitsgrundsatzes erst dann eröffnet, wenn der Plan dingliche Änderungen vorsieht; bei bloßen Beschränkungen sei dies nicht der Fall.

75) *Fiebig* in: HK-InsO, § 223 Rz. 5.

76) BGH, Beschl. v. 7.5.2015 – IX ZB 75/14, ZIP 2015, 1346 = NZI 2015, 697, dazu EWiR 2015, 483 *(Spliedt)*.

77) So auch der Appell von Uhlenbruck-*Lüer/Streit*, InsO, § 223 Rz. 7.

ben zu ermitteln. Wesentlich dürfte hierbei die Beachtung der Gruppenbildungsverpflichtung sein.

a) Verzicht als vollständige Kürzung

Da ein Verzicht nicht notwendigerweise nur teilweise erklärt sein muss, fällt unter das 103
vorliegende Regelbeispiel auch der vollständige Verzicht bzw. die Aufgabe einer Sicherheit, obgleich der Gesetzestext nur von einem Bruchteil spricht.[78] Während der Kommissionsbericht einen Verzicht von nur bis zu 50 % bei Zustimmung der Gruppe der Betroffenen vorgesehen hatte, gibt es in der endgültigen Gesetzesfassung keine feste Grenze für einen Eingriff in die Sicherungsrechte. Es existiert insoweit keine Höchstgrenze für einen Verzicht. Allein faktisch ergibt sich eine Grenze für den Erhalt des Absonderungsrechts aus dem Schlechterstellungsverbot.

Der Verzicht besteht aus der **endgültigen vorbehaltlosen Aufgabe der Rechtsposition,** 104
auf die sich die Verzichtserklärung bezieht.[79] Er kann auflösend oder aufschiebend bedingt sein. Sobald der Insolvenzplan durch das Insolvenzgericht bestätigt wurde, gelten die Verzichtserklärungen als abgegeben. Der Verzicht ist unwiderruflich und bleibt auch nach Aufhebung des Verfahrens nach Planbestätigung verbindlich.[80] Darüber hinaus ist ein **Verzichtswille** notwendig. Wählt der Planverfasser diesen Kürzungsansatz, so muss sich der Absonderungsberechtigte der Rechtswirkungen seines Verzichts bewusst sein.[81]

Gewisse Unklarheiten können allerdings im Wege der **Auslegung nach Maßgabe sachen-** 105
rechtlicher Grundsätze überwunden werden. Werde vollständig auf die Forderung verzichtet, gehe sie unter. Entsprechend erlösche dann auch die akzessorische Sicherheit bzw. bestehe ein Recht des Schuldners auf Rückübertragung der nicht akzessorischen Sicherheit.[82] Werde **nur auf einen Teil der Forderung verzichtet** und sichere das Absonderungsrecht wertmäßig nicht die ganze Forderung, soll der Teilverzicht als Verzicht auf den ungesicherten Teil der Forderung anzusehen sein.[83] Werde **auf das Sicherungsrecht selbst verzichtet,** werde der Gegenstand zugunsten der Insolvenzmasse frei, soweit der Verzicht reiche. Eine mögliche **persönliche Haftung** bleibe beim bloßen Verzicht auf das Sicherungsrecht unberührt und kann vom Gläubiger nach wie vor geltend gemacht werden.[84]

Der Verzicht auf ein Absonderungsrecht setzt nicht zwingend voraus, dass das Recht 106
selbst nach den Vorschriften des bürgerlichen Rechts aufgegeben wird; ein **Verzicht** auf den schuldrechtlichen **Sicherungsanspruch** aus der Sicherungszweckerklärung kann unter Umständen ausreichen.[85] Die Anmeldung einer Forderung zur Tabelle ohne eine Beschränkung auf den Ausfall bedeutet keinen Verzicht auf ein Recht zur abgesonderten Befriedigung.[86]

---

78) *Spahlinger* in: KPB, InsO, § 223 Rz. 14.
79) Uhlenbruck-*Brinkmann*, InsO, § 52 Rz. 21.
80) *Breuer* in: MünchKomm-InsO, § 223 Rz. 12.
81) Uhlenbruck-*Brinkmann*, InsO, § 52 Rz. 24.
82) *Spahlinger* in: KPB, InsO, § 223 Rz. 12.
83) Uhlenbruck-*Lüer/Streit*, InsO, § 223 Rz. 9.
84) *Breuer* in: MünchKomm-InsO, § 223 Rz. 12.
85) BGH, Urt. v. 9.3.2017 – IX ZR 177/15, ZVI 2017, 234 = ZIP 2017, 686.
86) BGH, Urt. v. 9.3.2017 – IX ZR 177/15, ZVI 2017, 234 = ZIP 2017, 686.

> **Praxishinweis**
>
> Dieses von der h. Literatur angenommene Verständnis mag im Regelfall dem Willen des betroffenen Gläubigers entsprechen, sollte aber im Plan **ausdrücklich geregelt** werden. Dies gilt auch für die mögliche Zuordnung des ungesicherten Teils der Forderung zur Gruppe der nicht nachrangigen Insolvenzforderungen. Denn ein vollständiger Verzicht auf eine Teilforderung würde die Teilhabe an dieser Gruppe unmöglich machen. Eine solche kann jedoch für die Mehrheitsbildung interessant sein. Soll sich der Verzicht auf das Absonderungsrecht und nicht die Forderung bzw. den ungesicherten Teil der Forderung beziehen, muss der Gläubiger ausdrücklich verzichten.[87)]

b) Insolvenzplanrechtlicher Verzicht auf Grundpfandrechte

107 In der Praxis kann es erforderlich sein, (nachrangige) Grundpfandgläubiger dazu zu bewegen, eine Löschungsbewilligung zu erteilen – selbst wenn ihre Forderungen aufgrund der vorrangigen Belastung des Grundstücks aktuell keine realistische Aussicht auf Befriedigung haben. Trotz dieser wirtschaftlichen Perspektivlosigkeit können sie als Grundpfandgläubiger den freihändigen Verkauf oder eine Zwangsversteigerung blockieren, insbesondere wenn der Käufer das Grundstück lastenfrei erwerben möchte. Sie können die Verwertung außerdem durch die Einleitung eigener Zwangsversteigerungsmaßnahmen verzögern. Um dieses **Blockadepotenzial** aufzulösen, werden in der Praxis Lästigkeitsprämien vereinbart, die vom vorrangigen Grundpfandgläubiger gezahlt werden. In diesen Fällen kann sich die Einreichung eines Insolvenzplans eignen, um das opponierende Verhalten des nachrangigen Grundpfandgläubigers im Wege der gruppenübergreifenden Mehrheitsentscheidung zu überwinden, indem dieser auf sein Grundpfandrecht (oder jedenfalls zeitweise auf dessen Verwertung) verzichtet.

108 Im Grundsatz ist ein Eingriff in Grundpfandrechte gleichermaßen möglich wie in sonstige Sicherungsrechte.[88)] Die faktische **Grenze** folgt auch hier aus dem Schlechterstellungsverbot, was eine Vergleichsbetrachtung zwischen Plan- und Bezugsszenario erforderlich macht. In der Praxis ist festzustellen, dass auf einem Grundstück zumeist mehrere Grundschulden in unterschiedlicher Höhe und mit unterschiedlichen Rangklassen valutieren. Im Regelfall sind dies die Rangklassen des § 10 Abs. 1 Nr. 3 und Nr. 4 ZVG. Im Rahmen des maßgeblichen Bezugsszenarios ist dann zu berücksichtigen, dass gemäß § 165 InsO die Verwertung der Grundpfandrechte durch Zwangsversteigerung und Zwangsverwaltung erfolgt. Dies läuft auf eine **Prognose der Befriedigungsaussichten** jedes einzelnen Grundpfandgläubigers unter Berücksichtigung der Rangklassen hinaus. Nach § 10 Abs. 1 ZVG gilt, dass vorrangige vor nachrangigen Grundschulden Befriedigung gewähren, bei gleichem Rang nach dem Verhältnis ihrer Beträge.

109 Für den insolvenzplanrechtlichen Verzicht gelten die §§ 1154, 1168, 1175, 1183, 875 BGB, auf die Grundschuld findet zusätzlich die Vorschrift des § 1192 BGB, auf die Rentenschuld § 1199 BGB Anwendung. Dieser Verzicht kann sich materiell-rechtlich in verschiedener Weise ausdrücken, namentlich

- durch **Rückabtretung** des Grundpfandrechts (§§ 1154 Abs. 1, 1192 Abs. 1 BGB), auch an einen Dritten;
- durch Abgabe und Eintragung einer **Verzichtserklärung** (§§ 1168 Abs. 1, 1192 Abs. 1 BGB), mit der Folge, dass der Grundstückseigentümer das Grundpfandrecht und damit die Rangstelle erhält;
- durch die eigentliche **Aufhebung** (§§ 1183, 1192 Abs. 1, 875 BGB), wodurch die Grundschuld endgültig erlischt.

---

87) Uhlenbruck-*Lüer/Streit*, InsO, § 223 Rz. 9.

88) Hierzu *Roth*, ZRI 2024, 470, 472.

Die beschriebenen Varianten erfordern unterschiedliche Erklärungen und Handlungen von verschiedenen Beteiligten (Grundpfandgläubiger, Grundstückseigentümer und sonstige Dritte). Jedenfalls die Erklärung des betroffenen Gläubigers muss im Insolvenzplan enthalten sein, da dessen Zustimmung in der Regel überwunden werden muss. 110

Um die Verpflichtung auf **Rückabtretung** (§ 1154 BGB) zu erfüllen, hat der Grundpfandgläubiger eine schriftliche Abtretungserklärung abzugeben, sowie der Schuldner eine korrespondierende **Annahmeerklärung.** Außerdem ist, sofern vorhanden (vgl. § 1154 Abs. 3 BGB), die Übergabe des Grundpfandbriefs erforderlich, andernfalls die Eintragung des Rechts im Grundbuch nach den §§ 873, 878 BGB. Die entsprechenden Einigungserklärungen sind nach § 228 InsO in den Plan aufzunehmen. 111

Formulierungsbeispiel

„Im Grundbuch des Amtsgerichts Köln, Blatt 12345, Flur 20, Flurstücke 1.000, 1.001 sind eingetragen:

- Abteilung III lfd. Nr. 6: 10.000,00 € Briefgrundschuld für den Grundpfandgläubiger
- Abteilung I: Eigentümer.

Die B-Bank hebt das vorgenannte Grundpfandrecht auf, indem sie das Grundpfandrecht an den Schuldner abtritt (§§ 1154 Abs. 1, 1192 Abs. 1, 398 BGB). Der Schuldner nimmt die Abtretung an.

Die B-Bank überträgt nach §§ 1154 Abs. 1, 1117, 1192, 929 BGB den Grundschuldbrief. Der Schuldner erklärt die Annahme der Übertragung."

Die **Verzichtserklärung** nach § 1168 Abs. 1 BGB hat als einseitige, empfangsbedürftige Willenserklärung gegenüber dem Grundbuchamt oder dem Eigentümer zu erfolgen und bedarf der Eintragung im Grundbuch. Der Verzicht bewirkt den **Rückfall des Grundpfandrechts** an den Eigentümer. Grundbuchrechtlich ist nach § 19 GBO die Eintragungsbewilligung des Verzichtenden erforderlich (sog. Löschungsbewilligung), die in der Form des § 29 GBO (öffentliche oder öffentlich beglaubigte Urkunde) gegenüber dem Grundbuchamt abzugeben ist. 112

Die **Aufhebung** nach § 1183 BGB führt zum endgültigen Wegfall des Grundpfandrechts. Konzeptionell entspricht die Aufhebung der **Löschung** des Rechts im Grundbuch. Der Grundpfandgläubiger muss nach § 875 BGB die Aufhebung erklären und grundbuchrechtlich nach §§ 19, 29 GBO die Löschung bewilligen. Laut § 1183 BGB ist für die Aufhebung (anders als für den Verzicht) die Zustimmung des Eigentümers erforderlich, die entweder gegenüber dem Grundbuchamt oder dem Gläubiger erklärt werden kann. 113

Für die **Ausgestaltung des Insolvenzplans** gilt: § 228 Satz 1 InsO sieht ausdrücklich vor, dass die Beteiligten die Änderung sachenrechtlicher Verhältnisse zum Gegenstand des Insolvenzplans machen können. Sind im Grundbuch eingetragene Rechte an einem Grundstück oder an eingetragenen Rechten betroffen, so sind diese genau, d. h. durch Hinweis auf das Grundbuchblatt (vgl. § 28 GBO), zu bezeichnen, vgl. § 228 Satz 2 InsO. Insoweit ist in § 28 GBO eine den Bestimmtheitsgrundsatz des § 223 Abs. 2 InsO konkretisierende Spezialvorschrift zu sehen. 114

Die rechtskräftige **Planbestätigung** ersetzt die materiell-rechtlichen Erklärungen, insbesondere also die Verzichts- oder die Aufhebungserklärung. Aus Schuldnersicht stehen Verzicht und Aufhebung gleichwertig nebeneinander[89)] und unterscheiden sich lediglich darin, dass er für die Aufhebung seine Zustimmung zu erteilen hat. 115

89) So das RG, Urt. v. 24.11.1917 – Rep. V. 196/17, RGZ 91, 218, 226, und BGH, Urt. v. 10.12.2020 – IX ZR 24/20, NZI 2021, 184 = ZIP 2021, 380 – zum Verhältnis von Löschungsbewilligung und Verzichtserklärung im Fall der Klage auf Abgabe einer Willenserklärung und deren Vollstreckung nach § 894 ZPO durch das stattgebende Urteil.

116 **Grundbuchrechtlich** gilt: Nach §§ 19, 39 Abs. 1 GBO soll eine Eintragung nur erfolgen, wenn die Person, deren Recht durch sie betroffen wird, als der Berechtigte eingetragen ist und die Eintragung bewilligt. Gemäß § 29 Abs. 1 GBO soll eine Eintragung nur vorgenommen werden, wenn die Eintragungsbewilligung oder die sonstigen zu der Eintragung erforderlichen Erklärungen durch öffentliche oder öffentlich beglaubigte Urkunden nachgewiesen werden. Die Erklärung der **Löschungsbewilligung** (§ 19 GBO) und Aufnahme derselben in den Insolvenzplan genügt der Formvorgabe des § 29 Abs. 1 GBO. Die **Erklärung** als solche gilt nach § 254 Abs. 1 InsO, die **Form** der notariellen Beglaubigung nach § 254a Abs. 1 InsO als bewirkt ([…] „gelten die in den Insolvenzplan aufgenommenen Willenserklärungen der Beteiligten als in der vorgeschriebenen Form abgegeben"). Der entsprechende Nachweis gegenüber dem Grundbuchamt kann durch Vorlage einer Ausfertigung des Bestätigungsbeschlusses und Insolvenzplan geführt werden.[90)]

117 Zur Aufnahme in den Insolvenzplan bietet sich außerdem die **Zustimmungserklärung des Grundstückseigentümers zur Löschung** an. Das Zustimmungserfordernis folgt materiell-rechtlich aus §§ 1183, 875 BGB und grundbuchrechtlich aus § 27 GBO. Auch die Zustimmungserklärung des Grundstückseigentümers bedarf der Form des § 29 Abs. 1 GBO und kann durch den rechtskräftigen Insolvenzplan ersetzt werden (§ 254a Abs. 1 InsO).

118 Die Löschung selbst erfolgt durch Eintragung eines Löschungsvermerks, § 46 GBO. Diesen konstitutiven Publizitätsakt kann der Insolvenzplan nicht ersetzen.

Formulierungsbeispiel

„Im Grundbuch des Amtsgerichts Köln, Blatt 12345, Flur 20, Flurstücke 1.000, 1.001 sind eingetragen:

- Abteilung III lfd. Nr. 6: 10.000,00 € Buchgrundschuld für den Grundpfandgläubiger
- Abteilung I: Eigentümer.

Die Gläubiger der Gruppe 3 erklären nach §§ 1183, 875 Abs. 1 BGB die Aufhebung der vorgenannten Grundpfandrechte und bewilligen nach § 19, 39 Abs. 1 GBO, diese in Abteilung III samt allen Nebeneinträgen und etwaigen Löschungsvormerkungen zu löschen (Löschungsbewilligung).

Die Gläubiger der Gruppe 3 bewilligen zudem, alle weiteren Rechte, die ggf. zu ihren Gunsten eingetragen werden, einschließlich eines Zwangsversteigerungsvermerks samt allen Nebeneinträgen und etwaigen Löschungsvormerkungen zu löschen.

Der Insolvenzverwalter wird ermächtigt, die Eintragung der Rechtsänderungen nach § 13 GBO zu beantragen und den oben genannten Löschungen nach § 27 GBO zuzustimmen.

Die Erklärung der Löschungsbewilligung erfolgt durch diesen Insolvenzplan in Erfüllung der Formvorgabe des § 29 Abs. 1 GBO: Nach § 254a Abs. 1 InsO gelten die in den Insolvenzplan aufgenommenen Erklärungen als in der vorgeschriebenen Form abgegeben. Der nach § 29 Abs. 1 GBO erforderliche Nachweis an das Grundbuchamt wird durch Vorlage einer Ausfertigung von Bestätigungsbeschluss und Insolvenzplan erbracht (vgl. Begründung zu § 301 RegE InsO, BT-Drucks. 12/2443, S. 213)."

119 Die Reorganisation von Grundpfandrechten, insbesondere durch Löschung und Verzicht, aber auch durch Reduzierung der im Grundbuch enthaltenen Nominalbeträge, hat in aller Regel zum Ziel, eine **Grundstücksübertragung** zu ermöglichen. Bei einer sich an den Verzicht anschließenden Grundstücksübertragung betreffen die Ersetzungsmöglichkeiten des Insolvenzplans zum einen die Auflassungserklärung nach §§ 873, 925 BGB (Verfügungsgeschäft). Hier ersetzt die Festlegung im Plan die notarielle Form, § 925 Abs. 1 Satz 3 BGB. Zum anderen kann auch die nach § 311b Abs. 1 Satz 1 BGB für den Kaufver-

90) Begr. RegE InsO z. § 301, BT-Drucks. 12/2443, S. 213.

trag (Verpflichtungsgeschäft) erforderliche notarielle Form ersetzt werden. Dies folgt aus § 254a Abs. 1 InsO.

Der Verzicht des Absonderungsberechtigten auf das Grundpfandrecht und die Grundstücksübertragung an einen Erwerbsinteressen **können im Insolvenzplan kombiniert werden.** Die Planregelungen zum Verzicht dienen dazu, das Grundstück „frei“ zu machen, um dem Erwerbsinteressenten die Investition zu ermöglichen. Dieser verpflichtet sich durch den Grundstückskaufvertrag zum Erwerb. Vollzogen wird der Erwerb durch die im Insolvenzplan enthaltene Auflassungserklärung, die mit dessen rechtskräftiger Bestätigung wirksam wird. Der Veräußerungserlös wird für die Berichtigung der Massekosten, die „Ablösung“ vorrangiger Grundpfandgläubiger und die Befriedigung der übrigen Insolvenzgläubiger eingesetzt. 120

Praxishinweis

Alternativ kann sich ein Insolvenzplan ausschließlich auf die notwendigen Regelungen zum Verzicht beschränken. Die eigentliche Grundstücksübertragung findet außerhalb des Plans vor einem Notar statt. Hier dient der Insolvenzplan nur der Vorbereitung des Erwerbs, wobei der reibungslose Verfahrensablauf durch gegenseitige Bezugnahmen von Insolvenzplan und notarieller Urkunde abgesichert werden kann.[91] Im Allgemeinen ist zu empfehlen, bei entsprechenden Fallgestaltungen Rechtsrat von Notaren einzuholen.

c) Einstellungsmöglichkeiten zur Absicherung des Verzichts

Während des Eröffnungsverfahrens hat das Insolvenzgericht keine Befugnisse, die Zwangsversteigerung in das unbewegliche Vermögen des Schuldners nach den §§ 864 ff., 869 ZPO, §§ 1 ff. ZVG zu unterbinden (arg. § 21 Abs. 2 Satz 1 Nr. 3 InsO). Während des Eröffnungsverfahrens kann Vollstreckungsschutz nur durch das Vollstreckungsgericht nach §§ 30d Abs. 4, 30e Abs. 1 Satz 2 und § 30f ZVG gewährt werden.[92] In diesem Fall muss der vorläufige Insolvenzverwalter – oder im Fall der Eigenverwaltung der Schuldner – glaubhaft machen, dass die einstweilige Einstellung zur Verhütung nachteiliger Veränderungen in der Vermögenslage des Schuldners erforderlich ist. 121

Auch die Eröffnung des Insolvenzverfahrens hindert die Grundpfandgläubiger nicht, ihrerseits die Verwertung der Immobilie durch Betreibung des Zwangsversteigerungsverfahrens zu initiieren.[93] Auch dies kann den Verkaufsprozess erschweren. Während der Planausarbeitungsphase bleiben dem Insolvenzverwalter dann nur die Möglichkeiten der einstweiligen Einstellung der Zwangsversteigerung durch das Vollstreckungsgericht nach § 30d Abs. 1 ZVG, insbesondere nach dessen Nummer 3 bei **Gefährdung der Durchführung eines vorgelegten Insolvenzplans.** Entscheidend für den Gefährdungstatbestand ist, dass der vorgelegte Insolvenzplan in Betreff des Grundstücks eine konkrete Aussage trifft. Enthält der Insolvenzplan eine plangestaltende Regelung, so ist dessen Durchführung notwendig gefährdet. Aber auch wenn andere Planregelungen von der Verfügbarkeit des Grundstücks ausgehen, ist der Plan gefährdet.[94] Unerheblich ist, ob der Insolvenzplan eine Sanierung des schuldnerischen Unternehmens vorsieht, oder es sich um einen Liquidations- oder verfahrensbegleitenden Plan handelt. In Fortführungs- und Sanierungskonstellationen ist zusätzlich an die Einstellungsmöglichkeit nach § 30d Abs. 1 Nr. 2 ZVG zu denken. 122

91) *Smid*, NZI 2024, 345, 348.
92) *Nicht*, NZI 2025, 61, 62.
93) *Drees/Schmidt* in: Runkel/J. Schmidt, AHB Insolvenzrecht, § 10 Rz. 244.
94) *Kern* in MünchKomm-InsO, § 165 Rz. 103; *Keller* in: Schneider, ZVG, § 30d Rz. 22.

123 Nach § 30d Abs. 2 ZVG ist auch der **Schuldner antragsberechtigt.** Weist das Vollstreckungsgericht die Einstellungsanträge unzulässigerweise zurück, setzt das Zwangsversteigerungsverfahren fort und erteilt den Zuschlag für das Grundstück, steht dem Insolvenzverwalter die **sofortige Beschwerde** nach §§ 83, 95, 96 ZVG zu (sog. „Zuschlagsbeschwerde"); der entscheidende Zuschlagsversagungstatbestand liegt in § 83 Nr. 6 ZVG, wonach der Zuschlag u. a. zu versagen ist, wenn die Fortsetzung des Verfahrens aus einem sonstigen Grunde unzulässig ist, was wiederum der Fall ist, wenn das Verfahren nach § 30d ZVG einzustellen war.

124 Die Regelung des § 30d Abs. 1 Satz 1 Nr. 3 ZVG über die Einstellung des Zwangsversteigerungsverfahrens wegen der Gefährdung der Durchführung des Insolvenzplans durch die Versteigerung gilt nur für den **vorgelegten und noch nicht bestätigten Insolvenzplan**; mit Eintritt der Rechtskraft der Bestätigungsentscheidung endet die zeitliche Anwendbarkeit der Norm. Der BGH[95] nimmt eine doppelte zeitliche Abgrenzung vor:

- Vor der Vorlage des Insolvenzplans findet die Norm keine Anwendung, da sie ausdrücklich nur für den bereits vorgelegten Plan gilt. „Vorlage" meint in diesem Zusammenhang die Zuleitung zur gerichtlichen Vorprüfung nach § 231 InsO.
- Nach der gerichtlichen Bestätigung des Insolvenzplans entfällt ihre Geltung, da sie sich nur auf Pläne bezieht, die noch nicht rechtskräftig bestätigt wurden. Wurde der Insolvenzplan durch das Insolvenzgericht zurückgewiesen, ist der Antrag ebenfalls unzulässig.

125 Im Fall der Zurückweisung fehlt es begrifflich an einem „vorgelegten" Plan. Im Fall der erfolgten Planbestätigung kommt der Norm aus Wertungsgesichtspunkten keine Bedeutung mehr zu. Denn ab dem Zeitpunkt der Planbestätigung sind betroffene Absonderungsrechte bereits nach §§ 217, 223 Abs. 2, 254 InsO umgestaltet. Dann braucht es keiner einstweiligen Einstellung nach § 30d Abs. 1 Satz 1 ZVG mehr.

126 Um bereits eingeleitete Vollstreckungsmaßnahmen zu verhindern, kann in den Plan eine Regelung aufgenommen werden, wonach der Grundpfandgläubiger gegenüber dem Vollstreckungsgericht die einstweilige **Einstellung der Zwangsversteigerung nach § 30 Abs. 1 ZVG bewilligt.** Die Wirkung einer solchen Bewilligung dürfte sich nicht von einer Stundung im materiellen Sinn unterscheiden, die durch eine lediglich verfahrensrechtlich wirkende Gläubigerzustimmung begleitet wird – sie ist daher ein tauglicher Plangegenstand. Die Bewilligung nach § 30 Abs. 1 ZVG wird als Verfahrenserklärung – wie eine Willenserklärung – durch die rechtskräftige Planbestätigung ersetzt.

3. Stundung für einen gewissen Zeitraum

127 Gegenstand des weiteren Regelbeispiels für einen Eingriff ist die Stundung für einen bestimmten Zeitraum. Eine solche kommt insbesondere im Fall der Unternehmensfortführung in Betracht.

128 Stundung bedeutet das **Hinausschieben der Fälligkeit** einer Forderung bei Bestehenbleiben der Erfüllbarkeit.[96] Mit Blick auf das Sicherungsrecht zielt der Begriff der Stundung in § 223 Abs. 2 InsO auf das Hinausschieben von Verwertungsakten i. S. eines *pactum de non executando*. Dies kann in erster Linie das Sicherungsrecht, etwa ein Grundpfandrecht, selbst betreffen, um zu verhindern, dass dem Insolvenzschuldner nach der Planbestätigung das Grundstück entzogen wird. Verstärkend können begleitende, rein verfahrens-

95) BGH, Beschl. v. 19.9.2024 – V ZB 29/23, ZRI 2024, 1131 = NZI 2025, 96.

96) BGH, Urt. v. 12.3.2013 – XI ZR 227/12, ZIP 2013, 766, dazu EWiR 2013, 423 *(Pannen)*; OLG Frankfurt/M., Urt. v. 25.4.2012 – 9 U 98/11, ZIP 2012, 2006, dazu EWiR 2012, 709 *(Fischer)*; Grüneberg-*Grüneberg*, BGB, § 271 Rz. 12.

rechtlich wirkende Zustimmungserklärungen aufgenommen werden, die eine einstweilige Einstellung der Zwangsversteigerung nach § 30 Abs. 1 ZVG ermöglichen.[97)] Diese bieten im Einzelfall eine eindeutigere Regelung als ein abstrakter Verwertungsverzicht.

Gleichwohl liegt ein Eingriff – in Anlehnung an die Überlegungen zur Kürzung um einen Bruchteil – auch dann vor, wenn sich die Stundung auf die **gesicherte Forderung** bezieht. Denn der persönliche Schuldner kann dem Sicherungsgläubiger die fehlende Fälligkeit der gesicherten Forderung entgegenhalten; bei akzessorischen Sicherheiten unmittelbar qua Gesetz, bei fiduziarischen Sicherheiten mittelbar mangels Möglichkeit des Eintritts des Sicherungsfalls.[98)] 129

Ungeachtet der möglichen Wirkungsweise gegenüber sämtlichen Absonderungsberechtigten, sind der **Geldkreditgeber** im Allgemeinen und die finanzierende Hausbank im Besonderen im Hauptfokus einer solchen Stundungsmöglichkeit. Durch den Fortbestand der Sicherheit bei aufgeschobener Fälligkeit der gesicherten Forderung (**„Stehenlassen"**) wird nicht nur der Rahmen für die Rückführung aus zukünftigen Erträgen geschaffen, sondern auch die Grundlage für die zukünftige Finanzierung. Dadurch, dass eine Stundung die Schuld nicht beseitigt und eine (spätere) vollständige Befriedigung möglich erscheint, ist die Eingriffsintensität geringer. Hierdurch wiederum öffnet sich Gestaltungsspielraum für die Ausgestaltung der Rückführung und der rechtlichen Qualität der gestundeten Schuld. So können vormalige **Kontokorrentkreditlinien** wieder geöffnet, aber auch in langfristige Darlehen umgeschuldet werden. 130

4. Sonstige Eingriffe („oder welchen sonstigen Regelungen sie unterworfen sind")

Neben diesen gesetzlichen Regelbeispielen der quotalen Kürzung und der Stundung sowie der regelmäßig vorliegenden **Kombination der beiden Möglichkeiten** ist es möglich, absonderungsberechtigte Gläubiger sonstigen Regelungen zu unterwerfen. Die Wahl dieser ist nahezu beliebig.[99)] Dies ist Ausdruck der Einordnung des Insolvenzplans als privatautonome Übereinkunft.[100)] 131

a) Austausch von Sicherheiten

Behandelt man den vollständigen Verzicht nicht bereits – wie oben geschehen (siehe Rz. 103 ff.) – im Zuge der quotalen Kürzung, so wäre dieser als erster Anwendungsfall einer sonstigen Regelung anzusehen. Eine solche liegt bspw. vor beim Austausch von Sicherheiten. Die Sicherungsrechte der absonderungsberechtigten Gläubiger werden dann durch andere Sicherheiten ersetzt.[101)] Um die wirtschaftlichen Interessen des betroffenen Gläubigers zu wahren, können (sollten) die bisherigen sowie die neuen Sicherheiten **durch einen Sachverständigen bewertet** werden. Alternativ ist der Wert in anderer Weise glaubhaft zu machen.[102)] Durch den Austausch der Sicherheiten verzichtet der Gläubiger auf das ursprüngliche Sicherungsrecht und es wird ein neues Recht begründet.[103)] Aufgrund dieses **Verzichtscharakters** liegt stets ein Eingriff i. S. von § 223 Abs. 2 InsO vor, auch bei Gleichwertigkeit der Neusicherheit.[104)] Eine weitere Möglichkeit besteht darin, dass die 132

97) *Nicht*, NZI 2025, 61, 63 f.

98) *Weitbrecht*, Mittelbare Planeingriffe in Sicherungsrechte, S. 58 f.

99) So ausdrücklich *Breuer* in: MünchKomm-InsO, § 223 Rz. 11.

100) Begr. RegE InsO, BT-Drucks. 12/2443, S. 91; zur Rechtsnatur des Insolvenzplans vgl. ausführlich und m. w. N. K. Schmidt-*Spliedt*, InsO, Einf. § 217 Rz. 5.

101) S. Formulierungsbeispiel in § 8 Rz. 236 [*Brünkmans*].

102) *Breuer* in: MünchKomm-InsO, § 223 Rz. 14.

103) *Breuer* in: MünchKomm-InsO, § 223 Rz. 15.

104) *Spahlinger* in: KPB, InsO, § 223 Rz. 15; a. A. Braun-*Braun/Frank*, InsO, § 223 Rz. 6.

bestehende Sicherheit nicht durch eine andere ausgetauscht wird, sondern durch eine andere Art von bevorzugter Behandlung ersetzt wird. So kann z. B. im Fall eines Sicherungsverzichts ein bestimmter Betrag der gesicherten Forderung ausbezahlt werden.[105]

b) Aufrechnungsverbot?

133 Es ist umstritten, ob eine Aufrechnungslage auch dann bestehen bleibt, wenn das Insolvenzverfahren durch einen rechtskräftig bestätigten Insolvenzplan beendet wird und ob der Insolvenzgläubiger weiterhin mit erlassenen Forderungen aufrechnen kann.[106] Der BGH hat diese Fragen bejaht und die Aufrechnungsbefugnis als fortbestehend anerkannt,[107] obwohl es sich um eine unvollkommene, rechtlich nicht durchsetzbare Forderung handelt. Der IX. Senat begründet dies damit, dass eine **vor Insolvenzeröffnung erworbene Aufrechnungsbefugnis** von der Rechtsordnung geschützt werden müsse und deshalb auch im Insolvenzverfahren uneingeschränkt gelten solle.

134 Auch die Zustimmung des aufrechnungsberechtigten Insolvenzgläubigers zum Insolvenzplan kann nicht dahingehend ausgelegt werden, dass er über den Teilerlass von Forderungen hinaus auf die Aufrechnung verzichte.[108] Hierfür bedürfe es einer ausdrücklichen Regelung, die der BGH damit für zulässig erklärt.

135 Regelt ein Insolvenzplan ein solches ausdrückliches Aufrechnungsverbot, stellt sich die Frage, ob es sich hierbei um einen **„sonstigen Eingriff"** i. S. des § 222 Abs. 1 Satz 2 Nr. 1 InsO handelt. Voraussetzung hierfür ist, dass das Recht zur abgesonderten Befriedigung berührt wird. Dies wird teilweise in der Literatur angenommen.[109] Richtigerweise berührt § 94 InsO die Rechtsstellung des Absonderungsberechtigten gerade nicht. Aus diesem Grund ist ein Aufrechnungsverbot kein Eingriff in ein Absonderungsrecht und nicht in den Zusammenhang mit den § 222 Abs. 1 Satz 2 Nr. 1 InsO zu setzen.

c) Poolbildung

136 In der Literatur wird die Bildung einer Verwertungsgemeinschaft der absonderungsberechtigten Gläubiger, z. B. zu einem Lieferantenpool, in den Zusammenhang mit abweichenden Vereinbarungen i. S. von § 223 Abs. 2 InsO gesetzt. Der Grund für diese Einordnung scheint die Annahme einer Abweichung von den §§ 166 ff. InsO zu sein. Denn i. R. entsprechender Pools bringen die Absonderungsberechtigten ihre Rechte ein und unterwerfen diese eigenständigen Regelungen, z. B. zur Abgrenzung, Verwertung und Erlösverteilung. Vor dem Hintergrund dieser zu Recht erkannten Abweichung zu den gesetzlichen Bestimmungen bestehen auch keine Bedenken, eine Poolbildung als sonstige Regelung i. S. von § 223 Abs. 2 InsO zu behandeln.

137 Dem Verfasser stellt sich die gebündelte Geltendmachung von Sicherungsrechten im Wege der Poolbildung indes vielmehr **als bilaterale Vereinbarung** dar. Absonderungsberechtigte Gläubiger suchen im Wege von (Pool-)Beitrittserklärungen den vertraglichen Zusammenschluss, um Beweis- und Abgrenzungsschwierigkeiten zu vermeiden und die Durchsetzung der Sicherungsrechte entweder überhaupt erst zu ermöglichen oder aber zumindest zu vereinfachen. Die hierfür erforderlichen Vereinbarungen sind jedoch nicht

---

105) *Breuer* in: MünchKomm-InsO, § 223 Rz. 16.

106) *Dahl*, NJW-Spezial 2009, 309; *Dellit/Hamann*, ZIP 2015, 308; der BGH erkennt die Aufrechnungsbefugnis als fortbestehend an, sie soll nur bei ausdrücklichem Verzichtswillen entfallen, BGH, Urt. v. 19.5.2011 – IX ZR 222/08, ZIP 2011, 1271 = NZI 2011, 538.

107) BGH, Urt. v. 19.5.2011 – IX ZR 222/08, ZIP 2011, 1271 f. = NZI 2011, 538.

108) Uhlenbruck-*Sinz*, InsO, § 94 Rz. 83.

109) *Lüke* in: KPB, InsO, § 94 Rz. 103; *Lohmann/Reichelt* in: MünchKomm-InsO, § 94 Rz. 6 f.

Gegenstand des Insolvenzplans, sondern der **Siche[illegible]ungsvereinbarung**. Nur durch diese und nicht durch den Insolvenzplan wer[illegible] (Vertrags-)Beteiligten die Sicherungsrechte modifiziert. Entsprechende Recht[illegible]derungsberechtigten auf Erlösauskehr finden damit (zusätzlich) eine vertraglic[illegible]ge, die aufgrund der Beteiligung des Insolvenz- bzw. Sachwalters **Masseforde[illegible]**ründet. [illegible]uf diese (dingliche) Rechtslage setzt der Insolvenzplan auf, indem e[illegible]rungsrechte als bilateral geregelt ansehen und Planregelungen für diese Gläubige[illegible]ungesicherten Teil reduzieren kann.

Vor diesem Hintergrund liegt durch die möglicherweise [illegible]teilige Berücksichtigung des Absonderungsrechts kein Eingriff vor; anders ma[illegible] (aufgrund [illegible]r Stundungswirkung gelten, so dass ein Eingriff vorliegt und die N[illegible]verg[illegible]eit für ei[illegible] neue Gruppe für sog. „Poolgläubiger" besteht. Anders liegt der Fal[illegible] [illegible] Poolvereinbarung vorsieht, dass nur der Ausfall angemeldet wird. Dann nimmt der Pool[illegible]gem Insolvenzplan jede Eingriffswirkung, da auch die Stundungswir[illegible]g bilateral und damit außerhalb des Insolvenzplans – vereinbart wird. 138

Hiervon zu unterscheiden ist die Rechtsposition solch[illegible] **Absonderun[illegible]rechtigter, die nicht dem (Lieferanten-)Pool beigetreten sind.** Die[illegible] haben sich n[illegible] den bilateralen Vereinbarungen unterworfen und stellen sich dem [illegible]nverfasser a[illegible]lche Absonderungsberechtigte dar, deren Rechte noch nicht gestaltet sind. Die hier möglichen Regelungen sind mannigfaltig. Entweder erfahren diese Absonderungsberechtigten eine eigenständige Gruppe und i. R. dieser abweichende V[illegible]einbarungen i. S. des [illegible]223 Abs. 3 InsO. Alternativ erfolgt keine Regelung und damit kei[illegible] Eingriff in di[illegible] betr[illegible]ende Rechtsposition. Dies kann entweder durch die bestehenden D[illegible]setzungsrisike[illegible] oder die Poolgestaltung zu rechtfertigen sein. Letzteres ist dann der Fall, wen[illegible] Insolvenzmasse seitens des Poolverwalters eine Freistellung auch hinsichtlich der [illegible]t beigetretenen Poolmitglieder erhält. Dies ist nicht selten der Fall. Poolverwalter sin[illegible]rzu bereit, um die Durchsetzungswahrscheinlichkeit zu erhöhen, in den Genuss d[illegible]n der Rechtsprechung erkannten Beweisanzeichens zu gelangen und letztlich de[illegible]rtschaftlichen Rahmen im Verhältnis zur freien Masse zu optimieren. 139

d) Debt-Equity-Swap

Auch die Umwandlung der gesicherten Forderung in [illegible]nkapital im Wege eines Debt-Equity-Swaps stellt einen **Eingriff in das Absonderu[illegible]recht** dar. Eine entsprechende Planklausel ist mithin eine sonstige Regelung i. S. des [illegible]223 Abs. 2 InsO. Eine solche – gemäß § 225a Abs. 2 Satz 2 InsO von der ausdrückl[illegible]en Zustimmung der betroffenen Gläubiger abhängige – Plangestaltung zielt auf die S[illegible]ffung von Eigenkapital i. R. einer Kapitalerhöhung. Wie auch bei den übrigen abwe[illegible]enden Regelungen i. S. des § 223 Abs. 2 InsO ist eine Differenzierung zwischen ges[illegible]ertem und ungesichertem Teil der Forderung möglich. Letztere kann der Gruppe der [illegible]nstigen ungesicherten Forderungen zugeordnet werden. Die gesicherte Forderung kann abhängig von der Bewertung der Sicherheit – der Kapitalmaßnahme vorbehalten werden. Wegen der Einzelheiten hierzu siehe ausführlich Rz. 206 ff. 140

E. Praktische Auswirkungen der Eingriffsabsicht auf die Vorbereitung eines Planverfahrens

Wie auch andere Grundsatzfragen im Zusammenhang mit der Planarchitektur — wie z. B. Durchführung gesellschaftsrechtlicher Maßnahmen, Finanzierung über Cash- oder Earn-out-Insolvenzplan etc., hat auch die Absicht des Planverfassers bzw. die (betriebswirtschaftliche) Notwendigkeit, in Sicherungsrechte einzugreifen richtungsweisenden Charakter. 141

Dies gilt für die (Aus-)Gestalt… enzplans als solchen (siehe Rz. 152) und die Durchführung des gerichtlich… (siehe Rz. 213), aber auch die Vorbereitungsphase.

I. Phasenorientiertes Vor… richtet am Leitbild des sanierten Unternehmens

142 Bei prozessorientierter Betrac… die Insolvenzplansanierung nach den §§ 217 ff. InsO ausgerichtet a…

- die Vorlage, Annahme u… igung des Insolvenzplans sowie
- die Aufhebung des Insol… fahrens.

143 Grundlage und Kernstück des Prozesses ist der Insolvenzplan. Dieser wiederum fußt zentral auf dem Sanierungskonzept, was seinerseits auf der Durchführung notwendiger Sanierungsmaßnahmen beruht. Die Umsetzung derselben bedarf es regelmäßig der Mitwirkung Dritter, je nach Sanierungsbeitrag nicht zwingend mit der rechtlich notwendigen Zustimmung des Dritten, im besten Fall aber schon, da der – nicht immer mögliche und auch notwendige – Konsens das beste Fundament einer jeden Sanierung ist. Das Leitbild … er hat prägenden Charakter für die (Beratungs-)Phasen der Plansanierung. Nicht … kennzeichnen … diese dur…

- den Vers… iner außergerichtlichen Sanierung
- dessen Sch… rn und
- die Überleitung in eine Plansanierung.

144 Die erfolgreiche … wältigung des … ungsfeldes „Insolvenzplan und Absonderung" gelingt nur, wenn bereits … r Annahme der außergerichtlichen Sanierung und nicht erst bei deren Scheitern und Überleitung in das mögliche Planverfahren die Beitragsnotwendigkeit und -bereitschaft … adressierten Absonderungsberechtigten überprüft wird. Und zwar nicht nur im Allgemeinen, sondern auch schon nach Maßgabe der groben Leitplanken einer nicht auszuschließenden späteren Plansanierung. Dieser Dual-Track-Ansatz zum einen und seine Berücksichtigung schon im Vorfeld der Phase der außergerichtlichen Sanierung zum anderen ist … lich nicht nur eine praktische Auswirkung des beabsichtigten Eingriffs i. S. von § 22… . 2 InsO, denn dieser erhöht noch einmal mehr die Bedeutung des vorausschauenden … senorientierten Vorgehens.

II. Definition von Sanierungsbeiträgen – Ausschluss wesentlicher Missverständnisse

145 Bezogen auf die hier in Rede … henden Absonderungsberechtigten bedeutet dies ganz konkret die Einordnung dieser … erungsgläubiger in das Sanierungskonzept: Sind Sanierungsbeiträge der Absonderungsberechtigten

- betriebswirtschaftlich erforderlich,
- rechtlich möglich und
- zuletzt unter Berücksichtigung des Geschäftsmodells und der operativen Bedeutung des Absonderungsberechtigten überhaupt vermittel- und durchsetzbar.

146 So kann die Alleinstellung eines Systemlieferanten bereits dazu führen, dass ein diesbezüglicher Eingriff in das Sicherungsrecht gar nicht als Sanierungsbeitrag definiert werden kann; nicht aus Rechts-, sondern aus faktischen, operativen Zwängen. Eine solche Position eines Stakeholders muss frühzeitig – d.h. schon bei der außergerichtlichen Sanierung (siehe zuvor Rz. 144) — identifiziert und abgegrenzt werden zur bloßen Drohung. Dies gelingt nur bei der beschriebenen rechtzeigen Definition der Sanierungsbeiträge und deren Zuordnung zu Beteiligten der Sanierung.

Ziel dieser Vorgehensweise ist nicht nur die auf diesem Wege mögliche **Identifikation von Abhängigkeiten und möglichen Akkordstörern** („Ob“ der Sanierungsbereitschaft), sondern auch der **Reichweite und Art der Sanierungsbereitschaft** („Wie“). Im Kreis der Absonderungsberechtigten gilt dies insbesondere für die beteiligten Kreditinstitute. Werden diese oder einzelne dieser für die zukünftige Sanierung benötigt, ist dem Unternehmen nicht geholfen, wenn Forderungsverzichte angeboten, aber eine Fortsetzung der Geschäftsbeziehung abgelehnt wird. Beruht die (Plan-)Sanierung mithin auf einem „Stehenlassen“ eines Kreditengagements und damit auf einem Eingriff i. S. des § 223 Abs. 2 InsO muss dies vor der Sanierung überprüft werden. 147

Praxishinweis

Nicht selten ist der Adressat dieses Sanierungsbeitrags der gesamte Finanzierungskreis der beteiligten Kreditinstitute. Der Hauptfokus gilt dem Kreditinstitut mit dem größten Engagement. Ist dieses grundsätzlich zum „Stehenlassen“ bereit, sollte vorsorglich auch die Bereitschaft zur Ablösung kleinerer Kreditengagements anderer Institute abgefragt werden. Denn die Mühewaltung im Zusammenhang mit der Plansanierung und solcher auf Umschuldung ausgerichteter Planklauseln ist nicht zu unterschätzen und für Kreditinstitute nicht selten der Anlass, sich diesem Aufwand nur ab einem bestimmten Kreditvolumen zu stellen. Abhängig von der Besicherung eines solchen Kreditinstituts und der Gefahr eines Blankoanteils kann die Ablösung mit Forderungsverzichten verbunden werden oder eben nicht.

III. Erweiterter Adressatenkreis und Kommunikation

Sind die Sanierungsbeiträge definiert und – abhängig von der jeweiligen Sanierungsphase – adressiert, zieht dies eine **besondere Kommunikation** nach sich. Anders als bei den Kreditinstituten – ob im Pool formiert oder nicht – verlangt die Kommunikation mit den absonderungsberechtigten Lieferanten größere Anstrengungen. Denn keinesfalls wird eine Kommunikation mit jedem einzelnen Lieferanten gelingen. Die Beschränkung der Kommunikation auf Systemlieferanten kann zu kurz greifen. Probat erscheint in dieser Situation – abhängig von der Sanierungsphase – die Einbindung der beteiligten **Warenkreditversicherer.** 148

Für andere Absonderungsberechtigte fällt eine solche Kanalisierung der Kommunikation schwerer. So können **Vermieter** bei einem in die Krise geratenen Filialisten nur dann kanalisiert angesprochen werden, wenn die Vermieter eine einem Pool vergleichbare Organisationsstruktur geschaffen haben. Dies ist selten der Fall, da die Sicherheiten keine Bündelung im Pool verlangen und insoweit Individualinteressen überwiegen. Aus diesem Grund, wird in der Sanierungspraxis die Kommunikation nach Maßgabe des Sanierungskonzeptes ausgerichtet. Am Beispiel des Vermieters ergibt sich hieraus die Konsequenz, solche privilegiert zu informieren, deren Mietverhältnisse fortgesetzt werden. 149

Eine Veränderung erfährt diese Situation und Kommunikation, wenn das Unternehmen freiwillig oder von Gesetzes wegen gemäß § 22a Abs. 1 InsO einen **Lenkungs- oder Gläubigerausschuss installiert.** Während das Unternehmen im Lenkungsausschuss frei in der Besetzung ist, muss sich die Einrichtung des (vorläufigen) Gläubigerausschusses an § 67 InsO messen lassen. Nach Absatz 2 dieser Norm sollen Absonderungsberechtigte vertreten sein. Innerhalb der Absonderungsberechtigten als „Sollteilnehmer“ wird regelmäßig differenziert zwischen Kreditinstituten, Lieferanten und – je nach Einzelfall – sonstigen Absonderungsberechtigten. Bei **Filialisten** führt dies regelmäßig zur Repräsentanz der Vermieter durch einen Vertreter, regelmäßig des wichtigsten Vermieters oder Vermieters mit der größten offenen Forderung. 150

IV. Notwendigkeit vorgelagerter Vereinbarungen und Vorkehrungen

151 Ausgehend von diesem Sanierungsverlauf, der bei Scheitern der außergerichtlichen Sanierung und Überleitung in das Planverfahren regelmäßig in die Poolbildung von Lieferanten und Implementierung eines vorläufigen Gläubigerausschusses mündet, kann darüber nachgedacht werden, diese Instrumentarien schon auf freiwilliger Basis zu schaffen.

F. Praktische Auswirkungen der Eingriffsabsicht auf die Plangestaltung

152 Macht der Insolvenzplan von der Möglichkeit des Eingriffs in Absonderungsrechte in einer der beschriebenen Weisen Gebrauch, so hat dies unter verschiedenen Gesichtspunkten Auswirkungen auf die Plangestaltung.

I. Erhöhte Anforderungen an den darstellenden Teil

153 Bei Eingriffen in Absonderungsrechte bestehen zunächst erhöhte Anforderungen an den darstellenden Teil des Insolvenzplans. Dies ergibt sich in erster Linie aus der Funktion des darstellenden Teils. Diese besteht darin, den rechtlichen und betriebswirtschaftlichen Status Quo, das **Leitbild des sanierten Unternehmens** und „den Weg dorthin" zu beschreiben. Der darstellende Teil ist damit die Grundlage für die geplante Gestaltung der Rechte der Beteiligten.[110] Damit ergeben sich bereits aus der Funktion des darstellenden Teils – unabhängig von den Anforderungen an die Gruppenbildung – erhöhte Anforderungen an diesen. Je größer der Gestaltungsbedarf, desto größer der Darstellungsbedarf.[111] Für die Darstellungstiefe kommt es auf die Entscheidungserheblichkeit an.[112] Im Lichte des besonderen Schutzes von Sicherungsrechten und des grundsätzlich nicht vorgesehenen Eingriffs muss diese Reflexwirkung zwischen Gestaltung und Darstellung in besonderer Weise gelten.

154 Dies gilt konkret für die Darstellung der Planinhalte „Rechtliche Verhältnisse", „Leitbild und Zielstruktur des sanierten Unternehmens", „Sanierungsmaßnahmen" und „Vergleichsrechnung". Zur Gruppenbildung siehe nachstehend Rz. 155. Diese Gliederungsziffern (siehe zu diesen die Musterpläne unten bei §§ 63 ff.) müssen eine inhaltliche Tiefe im Lichte des gestaltenden Teils erfahren. Der dort in Rede stehende Eingriff in Absonderungsrechte erfordert die besonders **sorgfältige Beschreibung**

- der als Sicherheit dienenden Vermögensgegenstände,
- der Sicherheitenverträge,
- der rechtlichen Bewertung der Wirksamkeit und Insolvenzfestigkeit der Sicherheitenverträge,
- etwaiger Sicherheitenkollisionen und deren Auflösung durch den Planverfasser,
- der Bewertung der Vermögensgegenstände unter Liquidations- und Fortführungsgesichtspunkten und
- der Bedeutung für die Sanierung.

110) Uhlenbruck-*Lüer/Streit*, InsO, § 219 Rz. 1; K. Schmidt-*Spliedt*, InsO, § 220 Rz. 1; *Fiebig* in: HK-InsO, § 220 Rz. 1; BGH, Beschl. v. 13.10.2011 – IX ZB 37/08, ZIP 2012, 187 = NZI 2012, 139, dazu EWiR 2012, 215 *(Rendels/Körner)*.

111) *Spahlinger* in: KPB, InsO, § 220 Rz. 8.

112) K. Schmidt-*Spliedt*, InsO, § 220 Rz. 6.

II. Auswirkungen auf die Gruppenbildung

Besonderer Ausdruck dieser inhaltlichen Konnexität von Gestaltungsumfang und Anforderungen an den darstellenden Teil ist die Gruppenbildung. Diese ist zwar zentrales Element des gestaltenden Teils (§§ 221, 222 InsO) und damit Grundlage der Gestaltung der Rechte der Beteiligten. Die Kriterien für die nach § 222 Abs. 2 Satz 2 InsO erforderliche **sachgerechte Abgrenzung der Gruppen** sind jedoch im darstellenden Teil anzugeben.[113)] Je differenzierter die Neugestaltung der Rechte, desto wahrscheinlicher wird die Notwendigkeit der Bildung mehrerer Gruppen. Je mehr Gruppen existieren, desto höhere Anforderungen bestehen an den darstellenden Teil, da dieser die Kriterien für die Bildung der Gruppen und deren Abgrenzung aufzeigen muss. Vor diesem Hintergrund hat die durch den Eingriff in Absonderungsrechte erforderliche **Gruppe der Absonderungsberechtigten** i. S. von § 222 Abs. 1 Satz 2 Nr. 1 InsO Auswirkungen bei der Plangestaltung sowohl hinsichtlich des darstellenden[114)] als auch des gestaltenden[115)] Teils des Insolvenzplans. 155

1. Eingriff in Absonderungsrecht zwingt zur Bildung einer eigenen Gruppe

Die Gruppenbildung und die daraus ermöglichte gruppenübergreifende Mehrheitsbildung ist das entscheidende Element bei der Erstellung eines Insolvenzplans. Nach § 222 Abs. 1 Satz 1 InsO sind Gruppen zu bilden, wenn Beteiligte mit **unterschiedlicher Rechtsstellung** betroffen sind (sog. Differenzierungsgebot).[116)] Zwischen Beteiligten mit identischer Rechtstellung ist nicht weiter zu differenzieren, sind ihre wirtschaftlichen Interessen auch noch so unterschiedlich. Die infrage kommenden Rechtsstellungen sind in § 222 Abs. 1 Satz 2 InsO abschließend aufgezählt. Gerade die Stellung als Absonderungsberechtigter begründet nach §§ 222 Abs. 1 Satz 2 Nr. 1, 223 InsO eine eigene Rechtsstellung, die bei Vorliegen eines Eingriffs zu einer eigenen Gruppe zwingt. Werden Beteiligte mit unterschiedlichen Rechtsstellungen i. S. des § 222 Abs. 1 InsO in einer Gruppe zusammengefasst, so liegt im Unterlassen der gebotenen Differenzierung ein Verstoß gegen das sog. Mischgruppenverbot.[117)] In diesem Sinne stellt das Mischgruppenverbot nichts anderes als eine Konsequenz der obligatorischen Gruppenbildung aus § 222 Abs. 1 InsO dar. 156

Teilweise wird vertreten, dass eine zulässige Differenzierung zwischen mehreren Absonderungsberechtigten (vgl. § 222 Abs. 2 InsO) auf die Behandlung ihrer ungedeckten **Ausfallforderungen** durchschlägt; mit der Folge, dass die Ausfallgläubiger in ihrer Eigenschaft als Insolvenzgläubiger zwingend differenziert werden müssten. Aus § 222 Abs. 1 InsO folgt dies jedoch nicht, denn dieser ist auf Beteiligte mit identischer Rechtsstellung (hier Insolvenzgläubiger) nicht anzuwenden. 157

2. Fakultative Bildung weiterer Untergruppen

Ob die Bildung einer Gruppe zur Regelung der Absonderungsrechte ausreicht, hängt – unabhängig von taktischen Überlegungen – von der Art des Eingriffs sowie den wirtschaftlichen Interessen der betroffenen Absonderungsberechtigten ab. Insoweit gilt die Regelung des § 222 Abs. 2 Satz 1 InsO. Nach dessen Wortlaut („[…] können Gruppen gebildet werden […]") ist es fakultativ zulässig, zusätzlich zu den obligatorischen Grup- 158

---

113) K. Schmidt-*Spliedt*, InsO, § 222 Rz. 14; vgl. auch *Frege/Keller/Riedel*, InsR, Musterinsolvenzplan Rz. 2015.

114) K. Schmidt-*Spliedt*, InsO, § 222 Rz. 14, demnach sind Erläuterungen der Gruppenbildung als Mindestangabe schon im darstellenden Teil zu erwähnen.

115) *Frege/Keller/Riedel*, InsR, Musterinsolvenzplan Rz. 2015.

116) Andres/Leithaus-*Andres*, InsO, § 222 Rz. 1.

117) *Eidenmüller* in: MünchKomm-InsO, § 222 Rz. 47.

pen weitere (Unter-)Gruppen zu bilden. Dabei können Beteiligte mit gleicher Rechtsstellung, aber **unterschiedlichen wirtschaftlichen Interessen** in separate Gruppen unterteilt werden, sofern die Unterscheidung nach sachgerechten Kriterien erfolgt, vgl. § 222 Abs. 2 Satz 2 InsO.

159 Im Unterschied zu Absatz 1, der eine zwingende Differenzierung nach der Rechtsstellung verlangt, erlaubt Absatz 2 die Bildung von **Untergruppen** anhand der **wirtschaftlichen Interessen.** *Bruns* erwägt aus teleologischen Gründen zwischen Grundpfandrechten und sonstigen Sicherungsgegenständen ein Differenzierungsgebot, um zu verhindern, dass die Inhaber von Mobilarsicherheiten die Inhaber von Immobiliarsicherheiten innerhalb der Gruppe nach § 243 Abs. 1 InsO überstimmen können.[118)] Einen Grundsatz, wonach die Einordnung gleichrangiger Rechteinhaber gegen das Mischgruppenverbot verstoßen kann, wenn unterschiedliche wirtschaftliche Interessen in einer Gruppe vereint werden, stellt der BGH nicht auf. Auch bei erheblich divergierenden Interessen besteht **kein Differenzierungsgebot.**

160 Allein wegen der flankierenden Vorschrift des § 226 Abs. 1 InsO, die das gruppeninterne Gleichbehandlungsgebot normiert, kann sich das Gruppenbildungsermessen des Planerstellers zu einer faktischen Differenzierungspflicht verdichten, wenn er Beteiligten mit **identischer Rechtsstellung unterschiedliche Rechte** anbieten will. Sind unterschiedliche Absonderungsrechte vorhanden, so dürfte eine differenzierte Behandlung unterschiedlicher Absonderungsrechte eher die Regel sein, sodass die Absonderungsberechtigten faktisch in mehrere Gruppen eingeteilt werden müssten.[119)] Mit Blick auf § 222 Abs. 2 InsO bleibt es aber bei dem gestalterischen Ermessen des Planerstellers ohne weitergehende Differenzierungsgebote. Seinem Gestaltungsspielraum sind unter Berücksichtigung des Sachgerechtigkeitskriteriums kaum Grenzen gesetzt. Jedoch ist eine manipulative Gruppenbildung, die allein das Ziel der Mehrheitsbeschaffung verfolgt, unzulässig.[120)]

161 Bei Nichtvorliegen von sachgerechten Abgrenzungskriterien, lässt sich von einem Differenzierungsverbot sprechen.[121)] Beteiligte mit im Wesentlichen gleichartigen wirtschaftlichen Interessen müssen demnach in einer Gruppe zusammengefasst werden. Umgekehrt zwingen unterschiedliche Interessen nicht dazu, die Rechteinhaber zu trennen.

162 Als Absonderungsberechtigte sind regelmäßig

- (Geld-)Kreditgeber,
- Lieferanten,
- Vermieter und
- sonstige Absonderungsberechtigte (Werkunternehmer-, Speditionspfandrecht etc.)

an Unternehmensinsolvenzen beteiligt.

163 Die **wirtschaftlichen Interessen** können sowohl **zwischen diesen** als auch **innerhalb der jeweiligen Absonderungsberechtigten unterschiedlich** sein. In diesem Rahmen erlaubt § 222 Abs. 2 Satz 2 InsO alles, was sachgerecht voneinander abgegrenzt wird. Wirtschaftliche Interessen sind alle im weitesten Sinne auf wirtschaftliche Gegenstände gerichteten

---

118) *Bruns*, KTS 2004, 1.

119) Vgl. Uhlenbruck-*Lüer/Streit*, InsO, § 222 Rz. 14, für die die Pflicht unmittelbar aus § 222 Abs. 2 InsO herrührt. Eine Pflicht zur weitergehenden Differenzierung folgt jedoch allein aus § 226 Abs. 1 InsO. K. Schmidt-*Spliedt*, InsO, § 245 Rz. 14, plädiert für eine „Durchschnittsbetrachtung", um zu berücksichtigen, dass nicht jede individuelle Besonderheit bei der Sicherheitenverwertung zu einer faktischen Gruppenbildungspflicht führt.

120) Begr. RegE InsO, BT-Drucks. 12/2443, S. 199 f.

121) AG Köln, Beschl. v. 6.4.2016 – 74 IN 45/15, NZI 2026, 537 = ZIP 2016, 1240, m. Anm. *Madaus*; *Eidenmüller* in: MünchKomm-InsO, § 222 Rz. 100.

Interessen einer bestimmten Person. Insolvenzrelevante, wirtschaftliche Interessen sind unmittelbar oder mittelbar, kurz- oder langfristig auf monetäre Zahlungen des Schuldners gerichtete Interessen.[122] Daraus ergibt sich z. B. das Interesse an einer Fortführung der Geschäftsbeziehungen oder ein Interesse an der Sanierung eines Unternehmens. Dass die fakultativ gebildeten (Unter-)Gruppen auch unterschiedlich behandelt werden, ist dabei nicht erforderlich.[123] Aus dem gruppeninternen Gleichbehandlungsgebot aus § 226 Abs. 1 InsO folgt keine korrespondierende Pflicht zur Ungleichbehandlung im Verhältnis mehrere Gruppen. In Bezug auf die **Gleichartigkeit** der wirtschaftlichen Interessen sind Gemeinsamkeiten gefordert, deren Befriedigung mittelbar die Befriedigung des ultimativen insolvenzbezogenen Interesses an möglichst hohen monetären Zahlungen beeinflusst.[124]

Die in diesem Lichte maßgeblichen **Kriterien** sind im darstellenden Teil des Insolvenz- 164
plans konkret **zu benennen**. Die im Plan anzugebenden Abgrenzungskriterien unterliegen nach § 231 Abs. 1 Nr. 1 InsO der gerichtlichen Kontrolle. Der BGH fordert die Erläuterung, aufgrund welcher gleichartigen insolvenzbezogenen wirtschaftlichen Interessen die Gruppe gebildet wurde und inwiefern alle Beteiligten deren wichtigste insolvenzbezogene, wirtschaftliche Interessen übereinstimmen, derselben Gruppe zugeordnet wurden. Für die Insolvenzpraxis kann für die Bildung von Gruppen innerhalb der Absonderungsberechtigten die Differenzierung zwischen

- Kreditinstituten und Lieferanten,
- Absonderungsberechtigten mit/ohne Interesse an der Fortführung/Fortsetzung der Geschäftsbeziehung,[125]
- Sicherungsrechten an Mobilien und Immobilien sowie
- vorrangigen und nachrangigen Grundpfandrechten,

als üblich und allgemein anerkannt angesehen werden. Einer Begründung und der Angabe der Kriterien bedarf es zur Überprüfung der sachgerechten Abgrenzung gleichwohl. Dies gilt insbesondere für das zuletzt genannte Merkmal des Fortführungsinteresses.

Für **Grundpfandrechte** wird man in aller Regel eine gesonderte Gruppe bilden können 165
(wegen § 226 Abs. 1 InsO ggf. sogar müssen), weil die Haftungsrealisierung völlig anderen Regeln folgt als bei anderen Sicherheiten.

Auch bei **Rangverhältnissen zwischen Absonderungsrechten** liegt es nahe, separate 166
Gruppen zu bilden. So können mehrere Sicherungsgeber untereinander vertraglich den Vorrang für die Durchsetzung bestimmter Rechte oder das relative Rangverhältnis der aus der Durchsetzung resultierenden Erlöse vereinbaren **(Intercreditor Agreement)**. Über das Intercreditor Agreement können sich mehrere Gläubigergruppen einen bestimmten Pool an Sicherheiten dergestalt teilen, dass die Erlöse nach Maßgabe einer Wasserfallregelung nacheinander zugeordnet werden.

Werden die Sicherheiten durch einen **Sicherheitentreuhänder** verwaltet, muss dieser auf- 167
grund seiner rein formalen Stellung keiner Gruppe zugeordnet. Betroffen i. S. des §§ 220 Abs. 1 Satz 2 Nr. 1, 223 InsO sind in aller Regel die wirtschaftlich Berechtigten. Im Fall sog. Parallelbesicherungen dürfte es hingegen vorzugswürdig sein, den Sicherheitentreuhänder zwar als Gruppenbeteiligten aufzunehmen, ihm aber kein Stimmrecht zuzuweisen.

---

122) *Eidenmüller* in: MünchKomm-InsO, § 222 Rz. 84.

123) **A. A.** AG Köln, Beschl. v. 6.4.2016 – 74 IN 45/15, NZI 2016, 537 = ZIP 2016, 1240; wie hier *Madaus*, NZI 2016, 537, 540 (Urteilsanm.).

124) *Eidenmüller* in: MünchKomm-InsO, § 222 Rz. 84.

125) *Eidenmüller* in: MünchKomm-InsO, § 222 Rz. 92; BGH, Beschl. v. 26.4.2007 – IX ZB 5/06, NZI 2007, 521 = ZInsO 2007, 713.

168 Aufgrund der Möglichkeit bzw. Gefahr der Mehrheitsbeschaffung durch Gruppenbildung, unterliegt diese der **gerichtlichen Vorprüfung** in besonderer Weise (§ 231 Abs. 1 Nr. 1 InsO).[126] Fehlen die erforderlichen Angaben im Insolvenzplan, so kann dies daher sowohl zur Zurückweisung (§ 231 Abs. 1 Nr. 1 InsO) als auch zu einem Inhaltsverstoß nach § 250 Nr. 1 InsO und zur Versagung der Bestätigung führen.

169 Der Planersteller ist jedoch nicht verpflichtet, verschiedene Gruppen zu bilden. § 222 Abs. 1 InsO sieht mit der Gruppe der nicht nachrangigen Insolvenzgläubiger mindestens eine Gruppe vor. Damit gibt es zwingend eine **Pflichtgruppe**, die in jedem Insolvenzplan gebildet werden muss. Wenn indes durch den Insolvenzplan in die Rechte der absonderungsberechtigten Gläubiger eingegriffen wird, ist der Planersteller verpflichtet, weitere Gruppen zu bilden.[127] Anders verhält es sich nur dann, wenn die Gestaltung der Absonderungsrechte Gegenstand einer **bilateralen Vereinbarung** ist (siehe oben zum Lieferantenpool Rz. 136) und der Eingriff von dieser und nicht vom Insolvenzplan ausgeht. Dann ist auch trotz der Beteiligung von Absonderungsberechtigten ein sog. **„Ein-Gruppen-Plan"** möglich und zulässig.

3. Rechtlicher und wirtschaftlicher Rahmen der Quotenbildung bei Absonderungsberechtigten

170 Über die notwendige Bildung (zumindest) einer eigenen Gruppe (§ 222 Abs. 1 Satz 2 Nr. 1 InsO) hinaus verlangt die Einordnung des Absonderungsberechtigten in die Gruppenstruktur die Festlegung einer Quote. Dies ist in erster Linie eine Frage der

- Bewertung des Sicherungsgegenstandes,
- Behandlung der Parallelität von persönlicher Forderung und Sicherheit und
- Entwicklung sachgerechter Kriterien.

a) Notwendigkeit der Bewertung: Fortführungs- oder Liquidationswert?

171 Die Bewertung des Sicherungsgegenstandes stellt regelmäßig den Ausgangspunkt dar. Der Wert des Sicherungsrechts bestimmt sich nach dem Szenario, das der Vergleichsrechnung des Plans zugrunde liegt, dem sog. **nächstbesten Alternativszenario**. Dies folgt aus der Erwägung, dass eine wirtschaftliche Betroffenheit des jeweiligen Gläubigers durch einen Eingriff in das Sicherheitsrecht nur insoweit besteht, als im maßgeblichen Bezugsszenario aus der Verwertung der Sicherheit überhaupt eine Befriedigung zu erwarten wäre. Mehr als diesen Wert kann der Absonderungsberechtigte auch im Planszenario nicht beanspruchen.

172 Maßgebliches **Bezugsszenario** im Insolvenzplanverfahren ist das **Regelverfahren** als einzig in Betracht kommende Alternative. So genannte Alternativinsolvenzpläne oder außerhalb der Insolvenz liegende Szenarien kommen nicht in Betracht.[128] Im Rahmen des Regelverfahrens sind mit der Liquidation bzw. der Zerschlagung sowie alternativen Fortführungsoptionen zwei Vergleichsmaßstäbe denkbar. Soll der mit dem Sicherungsrecht behaftete Gegenstand im Unternehmen verbleiben und dort für die Fortsetzung des Unternehmens Verwendung finden, so ist der Fortführungswert maßgeblich. Soll der Gegenstand isoliert oder als Teil einer Sachgesamtheit aus dem Unternehmensvermögen ausscheiden, also insbesondere verwertet werden, so ist der Anteil am Gesamtverwertungserlös oder der isolierte Liquidationswert maßgeblich. Generell ist die in § 220 Abs. 2 Satz 3

126) BGH, Beschl. v. 7.5.2015 – IX ZB 75/14, ZIP 2015, 1346 = NZI 2015, 697.

127) *Frank* in: Runkel/J. Schmidt, AHB Insolvenzrecht, § 3 Rz. 162 ff.

128) *Skauradszun*, ZIP 2021, 1091, 1095; *J. Schmidt* in: Kübler/Bork/Prütting, HRI II, § 29 Rz. 97.

InsO enthaltene Prämisse zu beachten, dass, sofern der Insolvenzplan die Fortführung vorsieht, auch im Bezugsszenario die Fortführung zu unterstellen ist. Nach § 220 Abs. 2 Satz 4 InsO gilt dies nicht, wenn ein Verkauf des Unternehmens oder eine anderweitige Fortführung aussichtslos ist.

Im Regelverfahren realisiert sich die vorzugsweise Befriedigung des Absonderungsberech- 173
tigten dadurch, den Erlös aus der Verwertung des Gegenstandes zuzüglich Zinsen (§ 169 InsO) und abzüglich der gesetzlichen Kostenbeiträge sowie der Umsatzsteuer beanspruchen zu können (§§ 170, 171 InsO). Zu berücksichtigen ist, dass der Insolvenzverwalter Mobiliarsicherheiten gemäß § 166 InsO freihändig verwerten kann. Demgegenüber werden Immobiliarsicherheiten gemäß § 165 InsO auf Veranlassung des Insolvenzverwalters durch Zwangsversteigerung bei dem Vollstreckungsgericht verwertet.[129)]

Im Insolvenzplanverfahren kann die vorzugsweise Befriedigung in gleicher Weise erfol- 174
gen, sofern der Sicherungsgegenstand **nicht betriebsnotwendig** ist bzw. durch die Sanierung **nicht mehr betriebsnotwendig** ist. In einem solchen Fall ist eine Verwertung unschädlich und eine Anlehnung an die gesetzlichen Verwertungs- und Verteilungsbestimmungen der §§ 166 ff. InsO naheliegend. Es bedarf insbesondere keiner Stundung. Aus diesem Grund muss kritisch geprüft werden, ob überhaupt ein Eingriff vorliegt und eine Behandlung im Insolvenzplan erforderlich ist. Da ein Stundungsbedürfnis nicht besteht, kann sich ein Eingriff nur aus einer Kürzung der Rechte um einen **Bruchteil** (Teilverzicht) ergeben. Fehlt es hieran und kann der Absonderungsberechtigte den Erlös abzüglich der benannten Kostenpositionen verlangen, so fehlt es an einem Eingriff.

Ist der Sicherungsgegenstand hingegen **betriebsnotwendig**, so muss eine Verwertung ver- 175
mieden, eine Stundung bewirkt und eine Quote angeboten werden, ohne dass sich diese aus einem Verwertungserlös heraus definiert. Es bedarf vielmehr einer Bewertung des Sicherungsguts und eine Anlehnung hieran bei der Quotenbildung. In seiner *KONSUM-Entscheidung* – in der der IX. Zivilsenat das Mischgruppenverbot statuiert hat (siehe unten Rz. 177) – hat der BGH maßgeblich zwischen Fortführung und Liquidation unterschieden.[130)]

Dieser **Wert** ist der **zentrale Ausgangspunkt** bei der Festlegung der Quote des Absonde- 176
rungsberechtigten. Abhängig hiervon zeigt sich, ob die Forderung des Absonderungsberechtigten durch werthaltige Sicherheiten gedeckt ist oder eine ungesicherte Ausfallforderung besteht. Ist letzteres der Fall, bedarf es auch hierfür einer Planregelung. Vor dem Hintergrund dieser parallelen Berechtigung des Absonderungsberechtigten und aufgrund der Maßgabe, dass Gruppen zu bilden sind, soweit Gläubiger mit unterschiedlicher Rechtsstellung betroffen sind (§ 222 Abs. 1 Satz 1 InsO), stellt sich die Frage, ob der Absonderungsberechtigte – dem der Schuldner auch persönlich haftet – auf zwei Gruppen aufgeteilt werden muss.

b) Unzulässigkeit von Mischgruppen – Grundsatzentscheidung des BGH v. 7.7.2005 *(KONSUM)*[131)]

Diese Frage hat der BGH – in Übereinstimmung mit der h. Literatur[132)] – in seiner Grund- 177
satzentscheidung vom 7.7.2005 beantwortet.[133)] Ein absonderungsberechtigter Gläubiger

129) *Drees/J. Schmidt* in: Runkel/J. Schmidt, AHB Insolvenzrecht, § 10 Rz. 244 ff.

130) BGH, Beschl. v. 7.7.2005 - IX ZB 266/04, BGHZ 36, 344 = ZIP 2005, 1648.

131) BGH, Urt. v. 19.2.1962 - III ZR 200/60, BGHZ 36, 344; BGH, Beschl. v. 7.7.2005 – IX ZB 266/04, BGHZ 36, 344 = ZIP 2005, 1648.

132) Uhlenbruck-*Lüer/Streit*, InsO, § 222 Rz. 16; *Spahlinger* in: KPB, InsO, § 222 Rz. 18, § 237 Rz. 5; K. Schmidt-*Spliedt*, InsO, § 222 Rz. 25.

133) BGH, Beschl. v. 7.7.2005 - IX ZB 266/04, BGHZ 36, 344 = ZIP 2005, 1648; Uhlenbruck-*Lüer/Streit*, InsO, § 222 Rz. 15.

ist in unterschiedliche Gruppen einzuordnen, wenn seine Forderung nicht in voller Höhe durch sein Absonderungsrecht gedeckt ist. Die Forderung ist ungeachtet ihrer rechtlichen Natur aufzuteilen in einen gesicherten und einen ungesicherten Forderungsteil:

- Mit dem **gesicherten Teil** seiner Forderung ist er gemeinsam mit dem Absonderungsrecht selbst obligatorisch in die Gruppe der absonderungsberechtigten Gläubiger (§§ 222 Abs. 1 Satz 2 Nr. 1, 223 InsO) einzugruppieren. In Bezug auf diese beiden Rechtspositionen, also Absonderungsrecht und Forderung, greift die Differenzierungsprämisse des § 222 Abs. 1 Satz 1 InsO indes nicht. Denn insoweit handelt es sich nicht um unterschiedliche Rechtsstellungen.
- Mit dem **ungesicherten Teil** seiner Forderung, d. h. seiner Ausfallforderung, ist er in der Gruppe der nicht nachrangigen Insolvenzgläubiger (§§ 222 Abs. 1 Satz 2 Nr. 2, 224 InsO) zu berücksichtigen.

178 Eine Gruppe, die Beteiligte mit **unterschiedlichen Rechtspositionen**, d. h. Ausfallforderung und gesicherten Teil der persönlichen Forderung in sich vereint, ist **unzulässig**. Denn hier handelt es sich um unterschiedliche Rechtsstellungen i. S. von § 222 Abs. 1 Satz 1 InsO. Nur so kann vermieden werden, dass Absonderungsberechtigte auch bei einem ungesicherten Anteil durch einen Insolvenzplan in vollem Umfang bedient werden.[134)]

c) Höhe der Ausfallforderung: Vollständige Forderung oder nur Ausfall?

179 Das beschriebene Mischgruppenverbot bedingt die Frage nach der zutreffenden Behandlung des absonderungsberechtigten Gläubigers bei der Gruppenbildung mit seiner Ausfallforderung, d. h. mit dem Teil seiner Forderung, der nicht durch werthaltige Absonderungsrechte gedeckt ist bzw. gedeckt zu sein scheint, sofern noch keine Verwertung stattgefunden hat und der mutmaßliche Ausfall anzusetzen ist. In welcher Höhe die gesicherte Forderung in der Gruppe nicht nachrangiger Insolvenzgläubiger (§§ 222 Abs. 1 Satz 2 Nr. 2, 224 InsO) Berücksichtigung findet, findet in der Vorschrift zur Gruppenbildung keinen ausdrücklichen Niederschlag. Erst § 237 Abs. 1 Satz 2 Halbs. 1 InsO bestimmt, dass absonderungsberechtigte Gläubiger nur insoweit zur Abstimmung als Insolvenzgläubiger berechtigt sind, als ihnen der Schuldner auch persönlich haftet.

- Nach der **wohl überwiegenden Auffassung** sind die Absonderungsberechtigten nur i. H. des prognostizierten[135)] Ausfalls in der Gruppe der nicht nachrangigen Insolvenzgläubiger (§§ 222 Abs. 1 Satz 2 Nr. 2, 224 InsO) zu berücksichtigen.[136)] § 237 Abs. 1 Satz 2 Halbs. 1 InsO, nach dem sich der Ausfall erst auf der Ebene des Stimmrechts auswirkt, hätte danach eine rein klarstellende Funktion.
- Die **Gegenauffassung** möchte die absonderungsberechtigten Gläubiger i. H. ihrer vollen Forderung der Gruppe der nicht nachrangigen Insolvenzgläubiger zuordnen. Dabei soll dann allerdings das Stimmrecht bei der Abstimmung über den Plan nach § 237 Abs. 1 Satz 2 InsO auf den Ausfall beschränkt werden.[137)] Diese vollständige Berücksichtigung sei gerechtfertigt durch den Wortlaut des § 52 Satz 1 InsO. Hiernach sind die absonderungsberechtigten Gläubiger auch in voller Höhe Insolvenz-

134) *Rendels/Zabel*, Insolvenzplan, S. 69 Rz. 201.

135) *Spahlinger* in: KPB, InsO, § 222 Rz. 17.

136) Römermann-*Rühle*, InsO/InsR, § 222 InsO Rz. 9; Uhlenbruck-*Lüer/Streit*, InsO, § 222 Rz. 20; *Thies* in: HambKomm-InsR, § 222 InsO Rz. 9; *Weitbrecht*, Mittelbare Planeingriffe in Sicherungsrechte, S. 200.

137) *Eidenmüller* in: MünchKomm-InsO, § 222 Rz. 56; Andres/Leithaus-*Andres*, InsO, § 222 Rz. 3; *Haneke* in: Kübler/Bork/Prütting, HRI II, § 24 Rz. 52; *Fiebig* in: HK-InsO, § 222 Rz. 7.

gläubiger, soweit ihnen der Schuldner persönlich haftet.[138] Weiterhin sei die Regelung des § 237 Abs. 1 Satz 2 InsO überflüssig, wenn nur die Höhe der Ausfallforderung in der Gruppe der nicht nachrangigen Gläubiger berücksichtigt werde.[139] Im Übrigen sei es praktikabler, den Prozess der Gruppenbildung von der Wertbemessung des Absonderungsrechts zunächst freizuhalten, und die Wertbemessung erst beim Stimmrecht innerhalb seiner Gruppe (§§ 237, 238 InsO) zu berücksichtigen.[140] Um den Beteiligten dennoch grundsätzlich zu ermöglichen, eine (mittelbare) Regelung hinsichtlich des Absonderungsrechts zu treffen, den gesicherten Teil der persönlichen Forderung dagegen unangetastet zu lassen, könne dies jedenfalls durch die fakultative Eingruppierung gemäß § 222 Abs. 2 Satz 1 InsO erreicht werden.[141]

Die praktische Relevanz dieser Auseinandersetzung ist gering, da beide Ansichten im Ergebnis nur Stimmrechte i. H. der Ausfallforderung zulassen. Letztlich beschränkt sie sich darauf, auf welcher Stufe die Ausfallermittlung erforderlich ist. 180

Die Einordnung der Absonderungsgläubiger mit ihren vollen Forderungen in eine Gruppe der Insolvenzgläubiger würde jedoch zwangsläufig zur Folge haben, dass sie wegen des Gleichbehandlungsgebots (§ 226 Abs. 1 InsO) die volle Quote erhalten müssten. Für die Absonderungsberechtigten gilt jedoch nicht das Prinzip der Doppelberücksichtigung (§ 44 InsO), sondern das **Ausfallprinzip** (§ 52 InsO), so dass sie in ihrer Rolle als Insolvenzgläubiger nur i. H. des Ausfalls betroffen sind.[142] Außerdem würde der Grundsatz der Unberührtheit der Absonderungsrechte (§ 223 Abs. 1 Satz 1 InsO) in sein Gegenteil verkehrt, wenn der gesicherte Teil der persönlichen Forderung grundsätzlich der Gruppe der einfachen Insolvenzgläubiger zugeordnet werden würde. Erst die separate Eingruppierung des Insolvenzgläubigers mit der Ausfallforderung in eine fakultative Gruppe nach § 222 Abs. 2 InsO würde verhindern können, dass in den ungesicherten Teil der Forderung eingegriffen wird.[143] 181

d) Ausnahmen vom Mischgruppenverbot

Hierauf kommt es lediglich dann nicht an, wenn durch die Bildung einer gemischten Gruppe überhaupt **keine Bevorzugung** der in dieser Gruppe vereinten ungesicherten Gläubiger gegenüber den anderen nicht nachrangigen Gläubigern entstehen kann.[144] Ist dies gar nicht möglich, liegt kein Verstoß gegen den Grundsatz der Gläubigergleichbehandlung aus § 226 Abs. 1 InsO vor. Ohne einen solchen kann die Unzulässigkeit einer Mischgruppe nicht angenommen werden. Insoweit besteht das Mischgruppenverbot nicht ausnahmslos. Dies sieht auch der BGH, der diese **Ausnahmekonstellation** in der Entscheidung vom 7.7.2005 prüft, aber ablehnt, da die nicht nachrangigen Insolvenzgläubiger eine deutlich geringere Quote bekommen. Dies dürfte der Regelfall sein und noch einmal den Ausnahmecharakter bestätigen. 182

e) Alternative Gestaltungsmöglichkeiten

Kommt es mithin zu einer Ungleichbehandlung in dem beschriebenen Verhältnis, lässt sich das gewünschte wirtschaftliche Ergebnis – vollständige Befriedigung des Absonde- 183

138) *Spahlinger* in: KPB, InsO, § 222 Rz. 16.

139) *Haneke* in: Kübler/Bork/Prütting, HRI II, § 24 Rz. 52.

140) *Fiebig* in: HK-InsO, § 222 Rz. 7.

141) *Eidenmüller* in: MünchKomm-InsO, § 222 Rz. 103 f.

142) K. Schmidt-*Spliedt*, InsO, § 222 Rz. 6.

143) *Weitbrecht*, Mittelbare Planeingriffe in Sicherungsrechte, S. 195.

144) Diese Ausnahme prüft der BGH in Anlehnung an *Smid*, NZI 2005, 296.

rungsberechtigten über die werthaltigen Sicherheiten hinaus – nur dann aufrechterhalten, wenn der Absonderungsberechtigte mit seiner Ausfallforderung einer anderen Gruppe als den nicht nachrangigen Insolvenzgläubigern zugeordnet werden kann. Dies ist – trotz der gleichen Rechtsstellung (§ 38 InsO) – dann möglich, **wenn die Interessen der Beteiligten nicht gleichartig sind.** Dann wäre es nach § 222 Abs. 2 InsO zu rechtfertigen, dass der Absonderungsberechtigte mit seiner Ausfallforderung einer anderen – mutmaßlich eigenen – Gruppe zugeordnet und wirtschaftlich bessergestellt wird.

184 Nicht nur aufgrund der Gefahr einer Umgehung der Rechtsprechung zum Mischgruppenverbot, sondern im Bewusstsein der strengen Anforderungen an die sachgerechte Gruppenbildung (§ 222 Abs. 2 InsO) und die Gläubigergleichbehandlung (§ 226 Abs. 1 InsO) ist der Planverfasser gut beraten, die **Gleichartigkeit der wirtschaftlichen Interessen des Ausfallgläubigers** auf der einen **und des „normalen" nicht nachrangigen Insolvenzgläubigers** auf der anderen Seite **zu widerlegen.** Ein tauglicher Ansatz hierbei ist die

- Bedeutung des Ausfallgläubigers für die Sanierung und die
- Fortsetzung der Geschäftsbeziehung.[145)]

185 Die Herausforderung besteht jedoch darin, dieses allgemeine Kriterium so konkret auszugestalten, dass es den Anforderungen der Rechtsprechung genügt und nur auf solche Gläubiger zugeschnitten ist, die der Planverfasser in der besonderen Gruppe sieht. Zu den Kriterien nach § 222 Abs. 2 InsO siehe ausführlich Rz. 59 ff.

186 Ein denkbarer und zugleich **praktisch bedeutsamer Anwendungsfall** ist die notwendige Bereitstellung neuer Kreditmittel. Unbeteiligte Kreditinstitute werden regelmäßig nicht zur Übernahme einer – auf die Verfahrensaufhebung strukturierten – Finanzierung bereit sein. Erster Ansprechpartner sind daher die bereits beteiligten Kreditinstitute, aber auch strategisch bedeutsame Lieferanten als sog. Warenkreditgläubiger. In Richtung dieser besteht ein doppeltes Beitragsbedürfnis: (i) **Stehenlassen** der bereits bestehenden Finanzierung mitsamt der Sicherheiten und (ii) **Übernahme des zusätzlichen Finanzierungsbedarfs.** Solche Sanierungsbeiträge zu adressieren, bedeutet in doppelter Hinsicht vom Gläubiger eine **Risikoerhöhung** zu verlangen. Hinsichtlich des Altengagements sollen die Gläubiger auf eine Sicherheitenverwertung und die hiermit verbundene Teilkompensation und auch Risikoreduzierung verzichten. Hinsichtlich des Neuengagements wird ein neues (Finanzierungs-)Risiko begründet.

187 Dies erfolgreich verlangen und verhandeln zu können – ohne die zusätzlichen Hürden der Zustimmungsersetzung, die ohnehin nur das „Stehenlassen" bewirken könnte und keine Finanzierung ermöglicht –, macht Anreize zugunsten des nicht vollwerthaltig gesicherten Absonderungsberechtigten erforderlich.[146)] Ein solcher Anreiz kann erfolgreich gesetzt werden hinsichtlich der ungesicherten Ausfallforderung. **Die hiermit verbundene Quotenerhöhung ist zunächst gerechtfertigt,** um (i) das „Stehenlassen" des Gesamtengagements und hiermit (ii) die Finanzierung des Unternehmens zu sichern. Sie ist weiterhin durch den beschriebenen Risikoaufbau gerechtfertigt, denn der Gläubiger wird mit dem erneuten Insolvenzrisiko des Kreditnehmers belastet.[147)]

188 In gleicher Weise kann nach Ansicht des Verfassers auch dann argumentiert werden, wenn es keiner Neufinanzierung bedarf, sondern **nur das „Stehenlassen"** benötigt wird,

145) AG Mühldorf, Beschl. v. 27.7.1999 – 1 IN 26/99, NZI 1999, 422 = Rpfleger 1999, 561.

146) *Rendels* in: Kübler/Bork/Prütting, HRI II, § 19 Rz. 29.

147) AG Mühldorf, Beschl. v. 27.7.1999 – 1 IN 26/99, NZI 1999, 422 = Rpfleger 1999, 561; *Rendels/Zabel*, Insolvenzplan, S. 153 Rz. 454; *Rendels* in: Kübler/Bork/Prütting, HRI II, § 19 Rz. 29.

um z. B. die Gesamtfinanzierung zu sichern, da der Finanzierungskreis insgesamt das „Stehenlassen" aller Kreditgläubiger verlangt.

Für die **gestalterische Umsetzung** dieser Gruppenstruktur ist es indes von entscheidender Bedeutung, dass kein Konflikt mit dem Verbot einer Mischgruppe vorliegt. Ein solcher Konflikt droht bei einer unzulässigen Umgehung. Eine solche liegt dann nicht vor, wenn die Gruppenstruktur in Anlehnung an die vom BGH in der *KONSUM*-Entscheidung[148)] selbst statuierten Ausnahmen gebildet wird. Diese findet ihren Ausgangspunkt in den wirtschaftlichen Interessen i. S. des § 222 Abs. 2 InsO und der fehlenden Gleichartigkeit solcher Interessen im Kreis der Ausfallgläubiger. 189

III. Abstimmung auf bilaterale Vereinbarungen

Mit Rücksicht auf die aufgezeigte wirtschaftliche Bedeutung von Absonderungsrechten 190
im Planverfahren (siehe oben Rz. 34) besteht mit Absonderungsberechtigten regelmäßig ein intensiverer Austausch über das gesamte Verfahren. Dies ist der operativen Bedeutung zum einen und der durch die Sicherungsrechte begründeten (besseren) Rechtsstellung zum anderen geschuldet.

Sowohl Kreditinstitute als auch Warenlieferanten verfügen aus diesem Grund regelmäßig 191
über **bilaterale Vereinbarungen**, die nicht selten bereits im Antragsverfahren getroffen werden und **Grundlage der Zusammenarbeit im Insolvenzverfahren** sind. Beispielhaft seien **echte und unechte Massekreditverträge, Sicherheitenabgrenzungsverträge sowie Verträge zur Weiterlebelieferung** genannt. Zu dem Zeitpunkt, zu dem in der Regel solche Vereinbarungen geschlossen werden, besteht naturgemäß noch keine Klarheit über das „Ob" und schon gar nicht über das „Wie" einer Plansanierung. Verdichtet sich die Plansanierungsabsicht, so stellt sich die strategisch bedeutsame Frage nach der Notwendigkeit eines Eingriffs in Absonderungsrechte. In diesem Zuge bedarf es der Berücksichtigung der beschriebenen Einzelvereinbarungen.

Beispiel

Zielt eine solche Einzelvereinbarung bspw. darauf, dass der Lieferant die gelieferte Ware bei der Schuldnerin belässt und sich mit einer Bezahlung bei Verbrauch einverstanden erklärt, so besteht aufgrund der Stundungswirkung zwar ein Eingriffsbedürfnis, dieses ist jedoch durch eine Einzelvereinbarung beherrscht. Ein Insolvenzplan müsste in die Rechte dieses Lieferanten nicht mehr eingreifen.

IV. Auswirkungen auf die Vergleichsrechnung

Neben der Gruppenbildung ist die Vergleichsrechnung (§ 220 Abs. 2 Satz 2 InsO) das 192
Herzstück eines jeden Insolvenzplans. Sie soll die bestmögliche Gläubigerbefriedigung als oberstes Verfahrensziel sicherstellen und ist zugleich (verfassungsrechtliche) Grundlage der gruppenübergreifenden Mehrheitsbildung sowie der Möglichkeit der Zustimmungsersetzung. Denn das Gesetz beruht auf dem Grundgedanken, dass kein Beteiligter durch den Plan schlechtergestellt sein darf als ohne ihn (§§ 245 Abs. 1 Nr. 1, 247 Abs. 2 Nr. 1, 251 Abs. 2 Nr. 2 InsO).[149)]

Macht ein Planverfasser von dem ihm durch die §§ 222 Abs. 1 Satz 2 Nr. 1, 223 InsO ein- 193
geräumten Recht Gebrauch und greift in Absonderungsrechte ein, so hat dies keine unmittelbaren Auswirkungen auf die Vergleichsrechnung. Diese **gewinnt jedoch an Komplexität, da die inhaltlichen Anforderungen steigen.** Anders als bei einer Vergleichsrech-

148) BGH, Beschl. v. 7.7.2005 - IX ZB 266/04, BGHZ 36, 344 = ZIP 2005, 1648.

149) K. Schmidt-*Spliedt*, InsO, § 220 Rz. 6.

nung für die nicht nachrangigen Insolvenzgläubiger bedarf es über den Quotenvergleich hinaus einer hypothetischen Betrachtung der Sicherheitenverwertung im Regelverfahren. Die von einer Vergleichsrechnung geforderte Darstellung der Maßnahmen, die – i. R. eines überwiegend wahrscheinlichen Szenarios – in der Regelabwicklung ergriffen werden würden, müsste mithin **sämtliche Sicherungsrechte** in einem Umfang erfassen, der Absonderungsberechtigte in die Lage versetzt, die Schlechterstellung zu beurteilen und abhängig hiervon zuzustimmen, Nachbesserungen zu verlangen oder – soweit rechtlich möglich – in die Sicherheitenverwertung zu gehen.[150)]

> **Praxishinweis**
>
> Wie zuvor beschrieben (siehe Rz. 153) kommt es für die Darstellungstiefe auf die Entscheidungserheblichkeit an. Besteht zwischen den entscheidenden Beteiligten Konsens über das Planergebnis, bedarf es keiner umfangreichen Erläuterungen.[151)] Anders verhält es sich, wenn das Planergebnis im Verhältnis zum Ergebnis der Regelabwicklung nur geringfügig besser ist, daher der Insolvenzplan nicht von einem allgemeinen Konsens getragen und die Zustimmungsersetzung notwendig wird. Siehe hierzu nachstehend Rz. 226 ff. bezüglich etwaiger Besonderheiten beim Zwangseingriff in Absonderungsrechte.

V. Wiederauflebensklausel (§§ 255 und 256 InsO)

194 Die Möglichkeit des Wiederauflebens von Forderungen hat der Gesetzgeber der InsO in den §§ 255 und 256 InsO geregelt. Während sich § 255 InsO ganz allgemein gestundeten oder (teilweise) erlassenen Forderungen widmet, sind Gegenstand des § 256 InsO Ausfall- und streitige Forderungen.

1. Wiederaufleben gestundeter und (teilweise) erlassener Forderung

195 Sind aufgrund des gestaltenden Teils des Insolvenzplans Forderungen von Insolvenzgläubigern gestundet oder teilweise erlassen worden, so wird die Stundung oder der Erlass für den Gläubiger hinfällig, gegenüber dem der Schuldner **mit der Erfüllung des Plans erheblich in Rückstand** gerät (§ 255 Abs. 1 Satz 1 InsO). Aus Sicht der Insolvenzpraxis wäre eine klare Definition des „erheblichen Rückstands" begrüßenswert.

196 Sieht der Plan einen Eingriff in das Absonderungsrecht selbst vor, wird dieser mit Rechtskraft des Plans wirksam (§ 254 Abs. 1 InsO). **Die Wiederauflebensklausel des § 255 InsO gilt nicht für Sicherheiten.** Soweit der Schuldner dem Absonderungsberechtigten **auch persönlich haftet**, sind solche Forderungen nach dem klaren Wortlaut des § 255 InsO erfasst und können (ungesichert) wieder aufleben.[152)] Sollen auch Sicherheiten bei der Nichterfüllung des Plans wieder eingeräumt werden, bedarf dies einer **ausdrücklichen Regelung** im Insolvenzplan. Eine solche könnte darin bestehen, dass dem Gläubiger bei Nichterfüllung des Plans ein schuldrechtlicher Anspruch auf Wiederbegründung der Sicherheit zusteht. Eine Wiedereinräumung der Sicherheit mit dinglicher Wirkung ist hingegen nicht möglich. Hiervon abzugrenzen ist der indes mögliche, lediglich auflösend bedingte Verzicht (siehe Rz. 25) auf das Absonderungsrecht.[153)]

2. Ausfall- und streitige Forderungen (§ 256 InsO)

197 Die Annahme eines Rückstands i. S. von § 255 Abs. 1 InsO fällt schwerer bei Ausfall- oder bestrittenen Forderungen. Leistet der Schuldner deshalb bis zur endgültigen Feststellung

150) BAG, Urt. v. 18.7.2013 – 6 AZR 421/12, NZA 2014, 109.

151) K. Schmidt-*Spliedt*, InsO, § 220 Rz. 6.

152) *Spahlinger* in: KPB, InsO, § 223 Rz. 17 und § 255 Rz. 10.

153) Römermann-*Rühle*, InsO/InsR, § 255 InsO Rz. 5.

keine Zahlungen, so **drohen der Wegfall von Stundung und Teilerlass** nach § 255 Abs. 1 InsO, wenn der Gläubiger nach Satz 2 dieser Bestimmung vorgeht. Wie für § 255 InsO beschrieben, findet § 256 InsO keine Anwendung auf Absonderungsrechte. Nach dem Wortlaut der Vorschrift werden nur die **der Höhe nach noch nicht feststehenden Ausfallforderungen** eines absonderungsberechtigten Gläubigers und die im Prüfungstermin bestrittenen Insolvenzforderungen erfasst.

Das **Wiederaufleben solcher Forderungen** kann der Schuldner nach § 256 InsO **vermeiden**, wenn er die streitige Forderung oder Ausfallforderung vorläufig in einem bestimmten Umfang erfüllt. Hierzu wird in Absatz 1 Satz 1 ausgeführt, dass ein Rückstand i. S. des § 255 Abs. 1 InsO nicht anzunehmen ist, wenn der Schuldner die Forderung vorläufig wenigstens i. H. des bei der Festsetzung des Stimmrechts zur Planabstimmung zugrunde gelegten Betrages erfüllt. § 256 Abs. 1 Satz 2 InsO bestimmt, wie zu verfahren ist, wenn eine solche Entscheidung nicht getroffen wurde. Demnach hat das Gericht **auf Antrag des Schuldners oder des Gläubigers** nachträglich festzustellen, in welchem Ausmaß der Schuldner vorläufig die Forderung zu berücksichtigen hat.[154] Nach endgültiger Feststellung der Ausfallforderung muss dann unterschieden werden, ob der Schuldner zu wenig geleistet hat. Dann ist er gemäß § 256 Abs. 2 InsO zur **Nachzahlung** verpflichtet. Hat er zu viel geleistet, berechtigt ihn § 256 Abs. 3 InsO in bestimmten Umfang zur Rückforderung.[155] Erst nach der endgültigen Feststellung der Forderung kommt dann unter Umständen wegen eines Rückstandes § 255 InsO zur Anwendung. Gegebenenfalls muss der Gläubiger dann eine **Überzahlung** erstatten.[156] 198

VI. Nicht mehr betriebsnotwendiges (Rest-)Vermögen

Wird das Insolvenzverfahren nach rechtskräftiger Bestätigung eines Insolvenzplans aufgehoben (§ 258 InsO), erhält der Schuldner das Recht zurück, über die Insolvenzmasse frei zu verfügen (§ 259 Abs. 1 Satz 2 InsO). Wurden im Insolvenzverfahren Vermögensgegenstände nicht verwertet, erstreckt sich die Verfügungsbefugnis des Schuldners auf diese, ohne dass die Gläubiger nach Verfahrensaufhebung Zugriff darauf haben. 199

Dies kann dann sachgerecht sein, wenn der Vermögensgegenstand wertübersteigend belastet ist. Dann wird der Absonderungsberechtigte die Verwertung betreiben und den Erlös vereinnahmen. Dieses Ergebnis kann ebenso sachgerecht sein bei einem Earn-out-Insolvenzplan, wenn die Planquote (u. a.) aus zukünftigen Erträgen erwirtschaftet werden soll und diese auf dem Einsatz von Wirtschaftsgütern beruhen, die Absonderungsrechten unterliegen, diese aber eben bewusst nicht zum Zweck der Verwertung ausgeübt worden sind. 200

Es sind jedoch auch Sachverhalte denkbar, in denen diese Vermögenssituation nach Verfahrensaufhebung **zu unangemessenen Ergebnissen führt**. Dies ist bspw. der Fall, wenn Vermögensgegenstände (z. B. Betriebsgrundstück) i. R. des Sanierungskonzepts ihre Betriebsnotwendigkeit verlieren, eine Veräußerung der betreffenden Gegenstände vor der Verfahrensaufhebung wegen eingeschränkter Verkehrsfähigkeit oder noch bestehender Betriebsnotwendigkeit aber nicht gelingt. 201

Nicht sachgerecht wäre es, wenn das schuldnerische Unternehmen nach Verfahrensaufhebung nicht mehr mit der Planquote belastet ist und die Verwertung eines nicht mehr betriebsnotwendigen Vermögensgegenstandes freie Erlöse für den Schuldner verspricht. In einem solchen Fall besteht ein Interesse an einer fortgesetzten Verfügungsbefugnis des 202

154) *Huber/Madaus* in: MünchKomm-InsO, § 256 Rz. 16.
155) *Huber/Madaus* in: MünchKomm-InsO, § 256 Rz. 26.
156) K. Schmidt-*Spliedt*, InsO, § 256 Rz. 8.

(ehemaligen) Insolvenzverwalters. Die Insolvenzpraxis war in solchen Fällen bestrebt, dem Insolvenzverwalter auch nach Verfahrensaufhebung die Möglichkeit einzuräumen, den betreffenden Gegenstand zu veräußern und die Befugnis einzuräumen, den Erlös nachträglich an die Gläubiger zu verteilen (Abwicklungstreuhand). Die Rechtsposition des (ehemaligen) Insolvenzverwalters – unter Umständen parallel zur Planüberwachung – wurde dabei regelmäßig als Abwicklungstreuhand ausgestaltet. Der Treuhänder nimmt stellvertretend für einen Auftraggeber bestimmte zugewiesene Aufgaben (z. B. die Verteilung der Vermögenswerte des Auftraggebers) wahr. Dies sollte i. R. des Insolvenzplans durch eine unwiderrufliche Bevollmächtigung des Insolvenzverwalters seitens des Schuldners ermöglicht werden.

203 Auf diese Weise sollten Werte zugunsten der Gesamtgläubigerschaft gesichert werden. Dies kann jedoch laut BGH rechtstechnisch nicht mehr (durch eine solche Abwicklungstreuhand) erreicht werden.[157)] Die Ermächtigung eines **anwaltlichen Treuhänders** eine Forderung des Schuldners nach Aufhebung des Verfahrens geltend zu machen und den Erlös auf die Gläubiger zu verteilen, ist **unzulässig**.[158)] Eine solche Bevollmächtigung über die Verfahrensaufhebung hinaus ist unvereinbar mit der Maßgabe des § 259 Abs. 1 Satz 2 InsO, wonach der Schuldner das Recht zurückerhält, über die Insolvenzmasse frei zu verfügen. Die Sperrwirkung des § 259 Abs. 1 Satz 2 InsO ist nicht auf Insolvenzverwalter beschränkt, sondern erfasst auch Abwicklungstreuhänder. § 259 InsO ist nach Maßgabe des § 217 InsO nicht dispositiv.[159)] § 217 Abs. 1 InsO legt fest, was in einem Insolvenzplan abweichend von der Regelabwicklung bestimmt werden kann. Vorschriften, welche das Insolvenzplanverfahren selbst regeln, werden von § 217 InsO nicht genannt und unterliegen deshalb nicht einer gestaltenden Regelung. Darum sind Klauseln unzulässig, die in die nach Verfahrensaufhebung wiederauflebende Verfügungsfreiheit des Schuldners durch über § 259 Abs. 3 Satz 1 InsO hinausgehende Einziehungsbefugnisse des Verwalters oder eines Dritten eingreifen.[160)] Der Ausnahmecharakter von § 259 Abs. 3 InsO steht einer analogen Anwendung auf andere als rechtshängige Anfechtungsansprüche entgegen.

204 In der **Literatur** wird die angenommene Unzulässigkeit zu Recht **kritisiert**.[161)] Nach den entsprechenden Stimmen sind Eingriffe durch Planbestimmungen in die wiedererlangte Rechtsmacht des Schuldners möglich und zulässig. Diese werden dann wiederum u. a. gerechtfertigt durch Zustimmungspflichten. Da rein materiell-rechtliche Vollmachten keine Amtsstellung begründen können und nicht aufgezwungen werden können, liege auch kein Verstoß gegen § 259 InsO vor.

Praxishinweis

Die Insolvenzpraxis wird sich ungeachtet dieser berechtigten Kritik und der plausiblen Argumentation auf die Unzulässigkeit der Abwicklungstreuhand einstellen müssen. Dass an solchen Regelungen weiterhin ein praktisches Bedürfnis besteht, erkennt auch der BGH.

205 Als Reaktion auf die Unzulässigkeit der Abwicklungstreuhand wird die **Gestaltungsmöglichkeit des § 228 InsO** nunmehr relevant. Die Bestimmung des § 228 InsO enthält die Maßgabe, dass erforderliche Willenserklärungen in den gestaltenden Teil des Insolvenzplans aufgenommen werden können, wenn Rechte an Gegenständen begründet, geändert, übertragen oder aufgehoben werden sollen. Die Änderung sachenrechtlicher Verhältnisse

157) BGH, Beschl. v. 26.4.2018 – IX ZB 49/17, ZVI 2018, 272 = ZIP 2018, 1141.

158) BGH, Beschl. v. 26.4.2018 – IX ZB 49/17, ZVI 2018, 272 = ZIP 2018, 1141.

159) BGH, Beschl. v. 26.4.2018 – IX ZB 49/17, ZVI 2018, 272 = ZIP 2018, 1141; *Marwedel*, NZI 2018, 691, 695 (Urteilsanm.).

160) BGH, Beschl. v. 26.4.2018 – IX ZB 49/17, Rz. 24, ZVI 2018, 272 = ZIP 2018, 1141.

161) *Madaus*, EWiR 2018, 401 f. (Urteilsanm.).

nach Maßgabe dieser Norm erklärt der BGH in seiner Entscheidung vom 26.4.2018 als **ausdrücklich zulässige** Gestaltung, um die mit der Abwicklungstreuhand verbundenen Motive zu erreichen:

> „Insoweit kann als eine Änderung sachenrechtlicher Verhältnisse eine fiduziarische Forderungsabtretung erfolgen, die den Zessionar verpflichtet, den Erlös an die Gläubiger auszuschütten.“[162)]

VII. Kreditrahmen (§§ 264 f. InsO)

Im gestaltenden Teil des Insolvenzplans kann vorgesehen werden, dass die Insolvenzgläubiger nachrangig sind gegenüber Gläubigern mit Forderungen aus Darlehen und sonstigen Krediten, die der Schuldner während der Zeit der Überwachung aufnimmt oder die ein Massegläubiger in die Zeit der Überwachung hinein stehenlässt (§ 264 Abs. 1 InsO). Mit dieser Bestimmung soll die Kreditfähigkeit nach der „Anlaufzeit“[163)] dadurch verbessert werden, dass Neukreditgebern für den Fall der Folgeinsolvenz Vorrang gegenüber Altgläubigern gewährt wird.[164)] Entsprechende Bestimmungen sind Ausdruck einer Sanierungskultur, die (i) Anreiz und (ii) Rechtssicherheit schaffen möchte für solche Kreditgläubiger, die aus Anlass – aber zugleich unbeeindruckt von – einer Restrukturierung zur (Neu-)Finanzierung bereit sind. 206

Ein Rahmenkredit i. S. des § 264 Abs. 1 InsO setzt eine **Vorratsermächtigung und die Angabe eines Höchstbetrages** („Kreditrahmen“) voraus. Letzterer darf den Wert der Vermögensgegenstände laut der dem Insolvenzplan beigefügten Vermögensübersicht (§ 229 InsO) nicht übersteigen. Zu diesen Vermögensgegenständen gehören auch diejenigen, die mit **Absonderungsrechten belastet** sind.[165)] Die Privilegierung des § 264 Abs. 1 InsO beschränkt sich auf Darlehen und sonstige Kredite. Die Anlehnung an § 39 Abs. 1 Nr. 5 InsO erlaubt die Einbeziehung sonstiger Forderungen, die durch ein „Stehenlassen“ **Finanzierungsfunktion** erhalten haben. Diese Kredite müssen während der Überwachung aufgenommen oder als ehemalige Masseschuld stehengelassen werden. Dem steht nicht entgegen, wenn die (Kredit-)Vereinbarung noch vor Verfahrensaufhebung geschlossen worden ist. **Massegläubiger** sind gegenüber diesen Kreditrahmen-Gläubigern auch nach der Neufassung des § 258 Abs. 2 InsO nach der h. Literatur **gleichrangig.**[166)] Es ist mithin unschädlich, dass es aufgrund der Möglichkeit des Finanzplans nach § 258 Abs. 2 Satz 2 InsO am Merkmal der Kreditaufnahme bzw. des Stehenlassens und damit an einer Entscheidung des Finanzplan-Massegläubigers fehlt. 207

Wenn entsprechend dieser Voraussetzungen des § 264 InsO eine **Rangordnung der Insolvenzgläubiger** erstellt werden soll, stellt sich die Frage, ob absonderungsberechtigte Gläubiger davon betroffen sind. Den §§ 264 ff. InsO lassen sich keine Regelungen zu Absonderungsrechten entnehmen. Es geht ausschließlich um die Rangordnung von Insolvenzforderungen in einer Folgeinsolvenz nach vorausgegangenem Planverfahren mit anschließender Überwachungsphase. **Gesetzliche Anordnungen** zu Sicherungsrechten solcher Neukreditgeber **existieren nicht.** Insoweit kann auch die Einsetzung eines Kreditrahmens im Insolvenzplan die Sicherungsrechte nicht beeinträchtigen.[167)] Soweit diese Neukreditgeber auch über Altforderungen verfügen, **steht und fällt die dingliche Absicherung mit den Regelungen im Insolvenzplan.** Fehlen solche, bleiben gemäß § 223 208

162) BGH, Beschl. v. 26.4.2018 – IX ZB 49/17, Rz. 28, ZVI 2018, 272 = ZIP 2018, 1141.

163) Begr. RegE InsO, BT-Drucks. 12/2443, S. 216.

164) K. Schmidt-*Spliedt*, InsO, § 266 Rz. 1.

165) Uhlenbruck-*Lüer/Streit*, InsO, § 264 Rz. 13.

166) *Thies* in: HambKomm-InsR, § 266 InsO Rz. 6; K. Schmidt-*Spliedt*, InsO, § 266 Rz. 7.

167) Uhlenbruck-*Lüer/Streit*, InsO, § 264 Rz. 29.

Abs. 1 InsO das Recht der absonderungsberechtigten und die Anwendung der §§ 165 ff. InsO im Folgeinsolvenzverfahren unberührt. Gleiches gilt für neue Absonderungsgläubiger im Zusammenhang mit Rahmenkrediten. Auch für diese gelten die Regelungen der §§ 166 ff. InsO im anschließenden Insolvenzverfahren. Insoweit besteht kein Nachteil für Absonderungsgläubiger.

209 Führt indes die Verwertung der Sicherheiten **im vorangegangenen Insolvenzverfahren** nur zu einer **teilweisen Befriedigung**, so ist der Vorrang der §§ 264 f. InsO insoweit nachteilig für Absonderungsgläubiger aus dem Altverfahren, dass der Ausfallforderung (siehe Rz. 25) die nach §§ 264 f. InsO privilegierten Neuforderungen vorgehen.[168] Die Erlösverteilungsansprüche nach §§ 170 f. InsO sind hiervon indes unberührt.

Praxishinweis

Etwas anderes kann sich jedoch ergeben, wenn gemäß § 223 Abs. 2 InsO die Möglichkeit genutzt und in die Rechte der Absonderungsberechtigten eingegriffen wird. Ein solcher Eingriff kann im Interesse von Neukrediten in Kombination mit einer Vorrangermächtigung sein. Insoweit kann die Eingriffsmöglichkeit nach § 223 Abs. 2 InsO ein probates Mittel zur Absicherung der Neufinanzierung sein.

VIII. Zustimmungserklärungen von Absonderungsberechtigten nach § 230 InsO

210 Nach § 230 InsO bedarf es in bestimmten Fallkonstellationen besonderer und ausdrücklicher Zustimmungserklärungen. Neben die Fortführungserklärung des Schuldners (Abs. 1) treten die notwendige Zustimmung eines Dritten, der für den Fall der Bestätigung des Insolvenzplans Verpflichtungen übernommen hat sowie die Zustimmung von Gläubigern beim Debt-Equity-Swap (Abs. 2).

211 Letztere Regelung wird analog angewandt bei anderen **Leistungen an Erfüllung statt.**[169] Hiernach ist die Zustimmung eines Gläubigers nicht nur dann erforderlich, wenn er Anteile übernehmen soll, sondern seine Forderung aufgrund anderweitiger Erfüllungssurrogate (teilweise) befriedigt werden soll. *Spliedt* denkt in diesem Zusammenhang insbesondere an die Übernahme von Sicherungsgegenständen durch einen Absonderungsberechtigten, sofern diese Regelung nicht im Zusammenhang steht mit einem Eingriff in Sicherungsrechte, z. B. einem Sicherheitentausch (siehe oben Rz. 132).[170] Im Gegensatz zu seinem Wortlaut soll § 230 Abs. 2 InsO auch für Absonderungsrechtsinhaber gelten.[171]

212 Diese analoge Anwendung des § 230 Abs. 2 InsO und die Ausweitung des § 230 Abs. 3 InsO über den Wortlaut („[…] gegenüber den Gläubigern übernommen […] “) hinaus auf sonstige Erklärungen Dritter, die *zur Realisierung des Plans erforderlich* sind, zeigt die Bedeutung von Gläubigern im Allgemeinen und Absonderungsberechtigten im Besonderen i. R. der Zustimmungserklärungen nach § 230 Abs. 2 und eben auch Absatz 3 InsO, da auch Gläubiger und Absonderungsberechtigten „Dritte“ sein können.[172] Diese Qualifikation als „Dritte“ – mit der Konsequenz der Zustimmungspflicht – stellt sogleich die notwendige Abgrenzung zu Eingriffen in das Absonderungsrecht dar.

168) Uhlenbruck-*Lüer/Streit*, InsO, § 264 Rz. 29.

169) K. Schmidt-*Spliedt*, InsO, § 230 Rz. 6; Uhlenbruck-*Sinz*, InsO, § 230 Rz. 4; **a. A.** *Eidenmüller* in: MünchKomm-InsO, § 230 Rz. 47.

170) K. Schmidt-*Spliedt*, InsO, § 230 Rz. 6.

171) Uhlenbruck-*Sinz*, InsO, § 230 Rz. 4; Braun-*Braun/Frank*, InsO, § 230 Rz. 8.

172) K. Schmidt-*Spliedt*, InsO, § 230 Rz. 8; *Eidenmüller* in: MünchKomm-InsO, § 230 Rz. 76.

G. Praktische Auswirkungen der Eingriffsabsicht auf das gerichtliche Verfahren

I. Notwendigkeit der Ladung (§ 235 Abs. 3 InsO)

Gemäß § 235 Abs. 2 InsO muss der Erörterungs- und Abstimmungstermin öffentlich mit Hinweis auf das Einsichtsrecht nach § 234 InsO **bekannt gemacht** werden.[173] Zusätzlich zu dieser öffentlichen Bekanntmachung ist eine **Ladung gemäß § 235 Abs. 3 InsO** erforderlich. Besonders geladen werden die in § 235 Abs. 3 Satz 1 InsO genannten Personen. Das sind die Insolvenzgläubiger, die eine Forderung angemeldet haben, der Insolvenzverwalter, der Schuldner, ein möglicher Betriebsrat bzw. Sprecherausschuss der leitenden Angestellten sowie die absonderungsberechtigten Gläubiger.[174] 213

Streng genommen gehört diese ausdrückliche Aufnahme der Absonderungsberechtigten als Ladungsempfänger gar nicht in den Kontext praktischer Auswirkungen **eines Eingriffs in Absonderungsrechte.** Zwar denkt man zunächst, dass es der Ladung des Absonderungsberechtigten nur dann bedürfe, wenn in dessen Rechte auch eingegriffen wird. Die Literatur wertet dies indes zutreffend anders. Denn einerseits muss dem Absonderungsberechtigten die Gelegenheit gegeben werden, zu prüfen, ob der Planverfasser von der ihm zustehenden Eingriffsmöglichkeit Gebrauch gemacht hat. Andererseits ist die Ladung aber auch dann erforderlich, **wenn der Plan offensichtlich keine Rechtsveränderung enthält.** Denn der Absonderungsberechtigte muss schlechterdings informiert sein über rechtsgestaltende Veränderungen. 214

Ist er **zugleich Insolvenzgläubiger**, so verliert sich die praktische Bedeutung der ausdrücklichen Erwähnung gänzlich. Ist er dies indes nicht, so ist der Hinweis auf die Ladungsnotwendigkeit nicht zuletzt angesichts der Rechtsprechung des BGH[175] zu den strengen Rechtsfolgen (Bestätigungsverbot nach § 250 InsO) einer unterbliebenen Ladung von großer praktischer Bedeutung. 215

Der Ladung ist gemäß Satz 2 entweder eine **vollständige Abschrift des Insolvenzplans** (Kopie) **nebst Anlagen** oder eine Zusammenfassung des wesentlichen Inhalts beizufügen.[176] Die Zusammenfassung hat nach Aufforderung des Gerichts der Planvorlegende einzureichen. Wegen der Einzelheiten (siehe Rz. 213). 216

II. Stimmrecht der absonderungsberechtigten Gläubiger (§ 238 InsO)

Größere praktische Auswirkungen hat der Eingriff in Absonderungsrechte im Zusammenhang mit Stimmrechten. Es ist zu unterscheiden zwischen dem **Stimmrecht des Gläubigers als Absonderungsberechtigtem** einerseits (siehe Rz. 14) und **als Insolvenzgläubiger** (siehe Rz. 25) andererseits. 217

1. Stimmrecht als Absonderungsberechtigter

Mit § 238 InsO existiert eine eigene Bestimmung für das „Stimmrecht der absonderungsberechtigten Gläubiger“. Hiernach sind im Erörterungs- und Abstimmungstermin die Rechte der absonderungsberechtigten Gläubiger einzeln zu erörtern, soweit im Insolvenzplan auch deren Rechtsstellung geregelt wird. Hintergrund dieser gesetzlich angeordneten Erörterung ist, dass absonderungsberechtigte Gläubiger ihr Absonderungsrecht **nicht zur Insolvenztabelle anmelden (können).** Aus diesem Grund verweist § 238 Abs. 1 Satz 3 InsO anders als § 237 Abs. 1 InsO (siehe nachstehend Rz. 223) nicht auf § 77 218

173) K. Schmidt-*Spliedt*, InsO, § 235 Rz. 3.

174) *Hintzen* in: MünchKomm-InsO, § 235 Rz. 12 f.

175) BGH, Urt. v. 13.1.2011 – IX ZB 29/10, ZIP 2011, 781.

176) Andres/Leithaus-*Andres*, InsO, § 235 Rz. 9.

Abs. 1 Satz 1 InsO. Statt der Erörterung im Prüfungstermin muss die Erörterung der Rechte der Absonderungsberechtigten einzeln im Erörterungs- und Abstimmungstermin erfolgen.

219 Dieser Erörterung bedarf es auch dann, wenn in das Absonderungsrecht gar nicht eingegriffen wird. Der Wortlaut des § 238 Abs. 1 InsO stellt bewusst allein auf die Frage ab, ob die Rechtsstellung absonderungsberechtigter Gläubiger im Plan geregelt wird. Es heißt ausdrücklich nicht – entsprechend der Formulierung in § 222 Abs. 1 Satz 2 Nr. 1 InsO –, dass eine Erörterung nur dann erfolgt, „[...] wenn durch den Plan in deren Rechte eingegriffen wird."

220 Dieses Wortlautargument findet Unterstützung in der Gesetzessystematik. So erklärt § 238 Abs. 2 InsO die Regelung des **§ 237 Abs. 2 InsO für entsprechend anwendbar.** Nach dieser lediglich klarstellenden Bestimmung haben solche Gläubiger kein Stimmrecht, deren Forderung durch den Plan nicht beeinträchtigt wird. Im Rahmen des § 238 Abs. 2 InsO heißt das, dass ein Absonderungsberechtigter dann kein Stimmrecht hat, wenn durch den Insolvenzplan nicht in sein Absonderungsrecht eingreift. Teile der Literatur werten diese Verweisung **als Redaktionsversehen**, weil die Absonderungsgläubiger ohne Rechtsbeeinträchtigung keiner Gruppe angehören.[177)]

221 Ob es sich tatsächlich um ein Redaktionsversehen handelt, ist fraglich. Unstreitig hat die Verweisung keinen eigenen Regelungsgehalt. Sie besitzt jedoch **Klarstellungsfunktion.** Denn nur, weil für Absonderungsberechtigte mangels Eingriffs keine eigene Gruppe existiert, verliert der Absonderungsberechtigte nicht seine Funktion als „Beteiligter". Dies zeigt die Regelung zur Ladung zum Erörterungs- und Abstimmungstermin (§ 235 InsO). Allein die Überprüfung der Frage, ob ein Eingriff vorliegt, kann ein Interesse des Absonderungsberechtigten darstellen, sich mit dem Verfahren intensiv zu befassen. In diesem Zusammenhang klarzustellen, dass **kein Stimmrecht besteht, wenn kein Eingriff erfolgt**, muss kein Versehen sein, sondern kann dem beschriebenen Klarstellungsinteresse geschuldet sein.

222 Weiterhin besteht **dann kein Stimmrecht**, wenn das Absonderungsrecht entweder

- vom Insolvenzverwalter oder
- von einem Absonderungsberechtigten oder
- von einem Insolvenzgläubiger

bestritten worden ist. Für das Stimmrecht bei **streitigen, aufschiebend bedingten oder nicht fälligen Rechten** gelten die § 44, 77 Abs. 2, 3 Nr. 1 InsO. Gemäß § 77 Abs. 3 Nr. 2 i. V. m Abs. 2 InsO müssen sich der Insolvenzverwalter und die anwesenden, stimmberechtigten Gläubiger über das Stimmrecht einigen, falls die Forderungen nicht festgestellt worden sind.[178)] Insoweit gelten die allgemeinen Bestimmungen.

2. Stimmrecht als Insolvenzgläubiger

223 Wie auch bei anderen Fragen im Zusammenhang mit der Beurteilung der Rechtsstellung von Absonderungsberechtigten im Planverfahren, ist sorgsam zu unterscheiden zwischen

- „reinen" Absonderungsberechtigten und
- solchen, denen der Schuldner auch persönlich haftet, d. h. diejenigen, die auch Insolvenzgläubiger sind.

177) *Pleister* in: KPB, InsO, § 238 Rz. 11.

178) Römermann-*Weiß*, InsO/InsR, § 77 InsO Rz. 6.

Zentral war diese Unterscheidung bei der Frage nach dem **Vorliegen eines (mittelbaren) Eingriffs** (siehe oben Rz. 64 ff.) sowie bei der Gruppenbildung (siehe Rz. 155). Die hierbei erforderliche Aufspaltung von „Absonderungsrecht“ und „Persönlicher Forderung“ setzt sich fort bei den Stimmrechten. Ist ein Absonderungsberechtigter nicht zugleich Insolvenzgläubiger, so richtet sich sein Stimmrecht ausschließlich nach den beschriebenen Maßstäben des § 238 InsO. Ist ein Absonderungsberechtigter zugleich Inhaber einer persönlichen Forderung, so öffnet sich der Anwendungsbereich des § 237 InsO. Hiernach sind Absonderungsberechtigte **als Insolvenzgläubiger** nur insoweit zur Abstimmung berechtigt, 224

- als sie auf die abgesondert Befriedigung verzichten oder
- bei ihr ausgefallen sind.

Solange der Ausfall nicht feststeht, sind sie mit dem **mutmaßlichen Ausfall** zu berücksichtigen. Oftmals kann nur der geschätzte Ausfall zugrunde gelegt werden, es bedarf insoweit einer Schätzung bzw. Prognose.[179] Soweit das Absonderungsrecht die gesicherte Forderung deckt, stimmen diese Gläubiger als Absonderungsberechtigte ab, hinsichtlich des Ausfalls dagegen als nicht nachrangige Insolvenzgläubiger.[180] 225

III. Anwendung Obstruktionsverbot – Möglichkeit des zwangsweisen Eingriffs, auch in Absonderungsrechte?

Zur Annahme des Insolvenzplans durch die Gläubiger ist nach § 244 Abs. 1 InsO erforderlich, dass in jeder Gruppe 226

- die Mehrheit der abstimmenden Gläubiger dem Plan zustimmt und
- die Summe der Ansprüche der zustimmenden Gläubiger mehr als die Hälfte der Summe der Ansprüche der abstimmenden Gläubiger beträgt.

Dieses **Prinzip der gruppenübergreifenden Mehrheitsbildung** ist ein Wesensmerkmal der Abstimmung über einen Insolvenzplan (siehe hierzu Rz. 156) und zeigt noch einmal die Bedeutung sachgerechter Gruppenbildung. Ein weiteres Wesensmerkmal ist die Möglichkeit der Zustimmungsersetzung, wenn die beschriebenen Mehrheiten nicht erreicht worden sind.[181] 227

1. Obstruktionsverbot

In Umsetzung dieses Obstruktionsverbots gilt nach § 245 Abs. 1 InsO die Zustimmung einer Abstimmungsgruppe als erteilt, wenn 228

- die Angehörigen dieser Gruppe durch den Insolvenzplan voraussichtlich nicht schlechtergestellt werden, als sie ohne einen Plan stünden,
- die Angehörigen dieser Gruppe angemessen an dem wirtschaftlichen Wert beteiligt werden, der auf der Grundlage des Plans den Beteiligten zufließen soll (hierzu formuliert § 245 Abs. 2 InsO weitere Vorgaben), und
- die Mehrheit der abstimmenden Gruppen dem Plan mit den erforderlichen Mehrheiten zugestimmt hat.

Diese drei Voraussetzungen müssen kumulativ vorliegen.[182] Das Obstruktionsverbot dient dem Zweck der Sanktionierung von **missbräuchlichem Abstimmungsverhalten.** So soll verhindert werden, dass durch die Ablehnung einer Gruppe der Plan blockiert wird, 229

179) K. Schmidt-*Spliedt*, InsO, § 237 Rz. 6.
180) Uhlenbruck-*Lüer/Streit*, InsO, § 238 Rz. 2.
181) K. Schmidt-*Spliedt*, InsO, § 245 Rz. 2.
182) AG Köln, Beschl. v. 14.11.2017 – 73 IN 173/15, ZVI 2018, 241 = ZIP 2018, 1405; OLG Köln, Beschl. v. 5.1.2001 – 2 W 228/00, NZI 2001, 660.

obwohl er gleichwertige oder sogar bessere Ergebnisse erzielen könnte als eine Liquidation ohne Insolvenzplan (Bezugsszenario).[183)]

2. Obstruktionsverbot und Absonderungsrechte

230 Greift der Insolvenzplan in die Rechte von Absonderungsberechtigten ein, so ist für diese nach § 222 Abs. 1 Satz 2 Nr. 1 InsO eine eigene Gruppe zu bilden (wegen der Einzelheiten siehe oben Rz. 156). Wird innerhalb dieser nicht die erforderliche Mehrheit erreicht, so kann die Zustimmung unter den Voraussetzungen des § 245 Abs. 1 InsO fingiert werden. Besondere Regelungen für Absonderungsberechtigte bestehen nicht. Es gelten insoweit die allgemeinen Grundsätze der Zustimmungsersetzung. Die betroffenen Absonderungsberechtigten dürfen durch den Insolvenzplan voraussichtlich nicht schlechtergestellt werden als ohne den Plan (Abs. 1 Nr. 1) und müssen angemessen an dem wirtschaftlichen Wert des Insolvenzplans beteiligt werden (Abs. 1 Nr. 2).

231 Das **Schlechterstellungsverbot** markiert für Absonderungsberechtigte die **Mindestgrenze** mit der Verwertung im Regelverfahren (§§ 49 ff., 165 ff. InsO). Das bedeutet, dass die Vorrangstellung, die sie sich per Kreditvertrag ausbedungen hatten, auch im Insolvenzplanverfahren in dem Maße erhalten bleibt, wie der Wert der Sicherheit ausreicht, um die gesicherten Forderungen in voller Höhe zu decken. Der Wert ermittelt sich anhand der prognostischen Sicherheitenverwertung i. R. des nächstbesten Alternativszenarios. Mindestens ist dies der aktuelle Liquidationswert. Ohne die Zustimmung der Absonderungsberechtigten ist eine Gestaltung qua Insolvenzplan daher nur in engen Grenzen möglich. Wegen der begrenzten Möglichkeit von Zwangseingriffen ist daher explizit von einem „konsensualen Eingriff" die Rede.[184)] Diese Begrifflichkeit widerspricht aber dem Konzept des § 217 InsO von einer (auch) zwangsweisen Planunterwerfung. Dass Gestaltungen auch gegen den Willen einzelner Absonderungsberechtigter möglich sind, zeigen folgende Beispiele:

- Eine Schlechterstellung liegt etwa dann nicht vor, wenn der Insolvenzplan einen bloßen **Sicherheitentausch** vorsieht, oder wenn Absonderungsberechtigte zwar ihre Rechte verlieren, aber eine Barzahlung i. H. des Verkehrswerts des Absonderungsguts erhalten sollen.[185)] Ebenso sind Plangestaltungen denkbar, die im Wesentlichen nur die Verwertungsmodalitäten der §§ 166 ff. InsO nachzeichnen.[186)]
- Eine Gestaltung ohne Verstoß gegen das Schlechterstellungsverbot kommt weiterhin in Betracht, wenn das **Absonderungsrecht nicht werthaltig** ist oder zunächst werthaltig war, und dann an Wert verloren hat. Außerdem ist an die Insolvenzanfechtung zu denken, die den Wert von Sicherheiten weiter schmälern kann. Insbesondere bei revolvierenden Kreditsicherheiten ist dies denkbar.
- Weil hinsichtlich der Wertbemessung auf das nächstbeste Alternativszenario abzustellen ist, kann es auch darauf ankommen, ob die Sicherheitenverwertung im maßgeblichen Bezugsszenario mit der erforderlichen **hinreichenden Wahrscheinlichkeit überhaupt aussichtsreich ist.** Eine Erwerbsinteressentin ist bspw. nur bereit, das Grundstück lastenfrei zu erwerben. Ist dies nicht der Fall, stellt eine Planregelung, die eine Sicherheitenverwertung erst möglich macht, von vornherein keine Schlechterstellung dar.

183) Uhlenbruck-*Lüer/Streit*, InsO, § 245 Rz. 1.
184) *Hölzle* in: Kübler/Bork/Prütting, HRI II, § 25 Rz. 14 ff.
185) Jaeger-*Jaeger*, InsO, § 245 Rz. 22.
186) *Hölzle* in: Kübler/Bork/Prütting, HRI II, § 25 Rz. 16.

– Nicht zuletzt ist die anzustellende **Prognose** naturgemäß mit **Unsicherheiten**, insbesondere Zeitraum- und Risikodifferenzen, belastet.[187] Liegt die Verwertung im maßgeblichen Alternativszenario in der Zukunft, dann ist ein etwaig gebotener Betrag eines Bieters zu diskontieren.

Eine **angemessene Beteiligung am Planwert liegt vor**, wenn nach dem Insolvenzplan 232

– kein anderer Gläubiger wirtschaftliche Werte erhält, die den vollen Betrag seines Anspruchs übersteigen (Abs. 2 Nr. 1),
– weder ein Gläubiger, der ohne einen Plan mit Nachrang gegenüber den Gläubigern der Gruppe zu befriedigen wäre, noch der Schuldner oder eine an ihm beteiligte Person einen wirtschaftlichen Wert erhält (Abs. 2 Nr. 2) und
– kein Gläubiger, der ohne einen Plan gleichrangig mit den Gläubigern der Gruppe zu befriedigen wäre, bessergestellt wird als diese Gläubiger (Abs. 2 Nr. 3).

Umstritten ist, ob Absonderungsberechtigte innerhalb von § 245 Abs. 2 Nr. 2 InsO einen **Sonderrang** und damit Vorrang gegenüber den nicht nachrangigen und nachrangigen Gläubigern haben. Die in der Vorschrift zum Ausdruck kommende Vorrangregel besagt, dass nachrangige Gläubiger nichts erhalten, bevor die vorrangigen Gläubiger zustimmen bzw. voll befriedigt sind (sog. Absolute Priority Rule). Spiegelte man diese Rangstellung auf das Verhältnis zwischen Absonderungsberechtigten und Insolvenzgläubiger, würde dies bedeuten, dass die Absonderungsberechtigten **voll befriedigt werden (oder zustimmen) müssten**, bevor den Insolvenzgläubigern ein wirtschaftlicher Wert zugewiesen werden dürfte. 233

– **Nach einer Ansicht** genießen Absonderungsberechtigte einen Vorrang vor den übrigen Gläubigern i. S. von § 245 Abs. 2 Nr. 2 InsO.[188] Dieses Rangverhältnis bringe die nummerische Aufzählung in § 222 Abs. 1 Satz 2 Nr. 1 bis 4 InsO zum Ausdruck. Dann wäre eine Zustimmungsersetzung – bei einer Quotenerwartung im Regelverfahren – nur möglich, wenn die Absonderungsrechte vollständig bedient werden. Mit diesem Verständnis sollten Absonderungsberechtigte in gleicher Weise gegen unfreiwillige Schlechterstellung geschützt sein, wie die anderen Beteiligten.
– Die **h. Literatur** geht davon aus, dass ein Rangverhältnis i. S. des § 245 Abs. 2 Nr. 2 InsO zwischen den Forderungen und Rechten i. S. des § 222 Abs. 1 Satz 2 Nr. 2, 3 und 4 InsO besteht, nicht jedoch im Verhältnis zu den absonderungsberechtigten Gläubigern.[189] Durch Abschaffung der in der Konkursordnung vorgesehenen Rangklassen kenne die InsO nach § 39 InsO nur die nachrangigen und nicht nachrangigen Insolvenzgläubiger. Dementsprechend könne das in § 245 Abs. 2 Nr. 2 InsO erwähnte Rangverhältnis auch nur zwischen nachrangigen und nicht nachrangigen Gläubigern bestehen. Absonderungsrechte stünden dazu indes in keinem Rangverhältnis.[190] Der Inhaber eines Absonderungsrechts sei im Verhältnis zum Forderungsinhaber ein rechtliches aliud.[191] Daraus ergebe sich, dass die Absonderungsrechte nicht vollständig befriedigt werden müssten, bevor Forderungen im Rang des § 38 InsO oder nachrangigen Insolvenzgläubigern quotal

187) *Roth*, ZRI 2024, 470, 474: *Drukarczyk/Schüler* in: MünchKomm-InsO, § 245 Rz. 50 ff.

188) *Fiebig* in: HK-InsO, § 245 Rz. 22; *Eidenmüller* in: FS Drukarczyk, S. 187, 194; *Smid*, InVo 2000, 1; *Smid*, WM 2002, 1033; *Pleister* in: KPB, InsO, § 245 Rz. 31.

189) K. Schmidt-*Spliedt*, InsO, § 245 Rz. 23; Uhlenbruck-*Lüer/Streit*, InsO, § 245 Rz. 24; Braun-*Braun/Frank*, InsO, § 245 Rz. 10; *Thies* in: HambKomm-InsR, § 245 InsO Rz. 12; Römermann-*Rühle*, InsO/InsR, § 245 InsO Rz. 21; Jaeger-*Jaeger*, InsO, § 245 Rz. 39.

190) Uhlenbruck-*Lüer/Streit*, InsO, § 245 Rz. 24.

191) Uhlenbruck-*Lüer/Streit*, InsO, § 245 Rz. 24.

bedient werden könnten.[192] Die Vorrangstellung an der Sicherheit werde hinreichend durch das Schlechterstellungsverbot des § 245 Abs. 1 Nr. 1 InsO geschützt.

- Die existierende **Rechtsprechung**[193] unterstützt dies und lehnt in erster Linie unter Hinweis auf den Wortlaut des § 245 Abs. 2 Nr. 2 InsO einen Sonderrang für absonderungsberechtigte Gläubiger ab; für einen solchen hätte es einer klarstellenden Anordnung bedurft. Hieran fehle es.

234 Ein **relatives Rangverhältnis** zwischen mehreren Absonderungsberechtigten ist i. R. des § 245 Abs. 2 Nr. 2 InsO ebenfalls nicht zu berücksichtigen. Zu denken ist an die Rangfolge des § 10 Abs. 1 ZVG in Bezug auf verschiedene, auf einem Grundstück lastende Absonderungsrechte oder relative Rangvereinbarungen in Bezug auf ein einzelnes Grundpfandrecht. Ein Intercreditor Agreement verzichtet regelmäßig darauf, den Rang im Verhältnis zu außenstehenden Gläubigern absolut zu regeln. So findet sich dort üblicherweise keine Regelung über einen Nachrang i. S des § 39 Abs. 1 oder Abs. 2 InsO.[194] Ein vorrangiger Absonderungsberechtigter ist daher nicht, jedenfalls nicht auf Grundlage des § 245 Abs. 2 Nr. 2 InsO vollständig zu befriedigen, bevor auch dem nachrangigen Absonderungsberechtigten ein Planwert zugewiesen wird. Das Verhältnis zwischen Absonderungsberechtigten ist somit nur eine Bewertungs- und keine Rangfrage.

3. Bewertung der Möglichkeit des Zwangseingriffs

235 Das durch die Absolute Priority Rule geschützte Rangverhältnis bezieht sich mit **der h. A. in Literatur und Rechtsprechung** nur auf §§ 38, 39 InsO bzw. § 199 InsO. § 222 InsO beschreibt nicht ein hiervon abweichendes Rangverhältnis, sondern zählt die Gruppenbeteiligung nummerisch auf. Andernfalls wäre bereits das Stehenlassen von Forderungen und der damit einhergehende Eingriff („Stundung") der Absonderungsrechte unter gleichzeitiger Quotenausschüttung nicht umsetzbar. Mit der h. Literatur und der vereinzelten Rechtsprechung wird sich die angemessene Beteiligung der obstruierenden Gruppe i. S. von § 245 Abs. 1 Nr. 2 InsO daher erfolgreich verteidigen lassen.

236 Gleiches gilt für das in § 245 Abs. 1 Nr. 1 InsO normierte **Schlechterstellungsverbot**. Dieses ist **überwindbar**, wenn in der Vergleichsrechnung sorgfältig dargetan werden kann, dass die Befriedigungsaussicht ohne Insolvenzplan, d. h. in der Regelabwicklung schlechter ist.

237 Trotz des hiernach grundsätzlich möglichen Zwangseingriffs in Absonderungsrechte bestehen praktische, aber auch rechtliche Bedenken, in dieser Möglichkeit das Fundament einer erfolgreichen Plansanierung. Diese **Bedenken** sind in erster Linie den **praktischen Erfahrungen**, in bestimmten Fallgestaltungen, aber auch rechtlichen Überlegungen, geschuldet:

- Die praktischen Bedenken ließen sich auch mit **kaufmännischen Überlegungen** umschreiben. Diese zielen auf die Bedeutung des obstruierenden Absonderungsberechtigten i. Ü. Werden dieser und die mit ihm bestehende Geschäftsbeziehung auch zukünftig benötigt? Ist die Schuldnerin an anderer Stelle auf Zugeständnisse des Gläubigers angewiesen, z. B. (Wieder-)Einräumung oder Ausweitung eines Zahlungsziels oder Konditionsvereinbarungen?
- Die rechtlichen Bedenken liegen – wie von *Rendels* sauber in der Auseinandersetzung mit dem Urteil des LG Traunstein[195] herausgearbeitet[196] – außerhalb der InsO. Die

192) Uhlenbruck-*Lüer/Streit*, InsO, § 245 Rz. 24; *Braun*, NZI 1999, 473.
193) LG Traunstein, Urt. v. 27.8.1999 – 4 T 2966/99, ZInsO 1999, 577.
194) *Ganter*, ZRI 2024, 323.
195) LG Traunstein, Urt. v. 27.8.1999 – 4 T 2966/99, ZInsO 1999, 577.
196) *Rendels/Zabel*, Insolvenzplan, S. 154 Rz. 455.

isolierte Anwendung der maßgeblichen Bestimmungen der §§ 244 f. InsO gelangt, wie aufgezeigt, zur Möglichkeit der Zustimmungsersetzung. Die von dieser ausgehende Gestaltungswirkung darf indes nicht faktisch wie eine Vertragsverlängerung wirken.[197] Denn eine solche ist durch einen Insolvenzplan nicht möglich. Durch einen Insolvenzplan können für die Zeit nach der Verfahrensaufhebung keine neuen Vertragsverhältnisse geschaffen werden. Dies zeigt gerade die Regelung des § 230 Abs. 3 InsO.

Diese **Gefahr der faktischen Vertragsverlängerung** besteht nicht in sämtlichen Fallkonstellationen des zwangsweisen Eingriffs in Absonderungsrechte. Die Wirkung der faktischen Vertragsverlängerung ist sorgsam abzugrenzen von einer bloßen Stundung, i. R. derer Sicherheitenerlöse „ausfinanziert" werden und insoweit abweichend von § 170 Abs. 1 InsO nicht „nach der Verwertung", sondern zu einem späteren Zeitpunkt ausbezahlt werden („Stehenlassen"). Diese Abgrenzung ist eine Frage des Einzelfalls. **Besonders konkret besteht die Gefahr der faktischen Vertragsverlängerung**, wenn mit der Planregelung für die obstruierende Gruppe gleichsam die zukünftige Finanzierung gestaltet werden soll, d. h. es sich um die finanzierende(n) Bank(en) handelt und die Planregelung der Finanzierung der notwendigen Liquidität gilt. Denn regelmäßig verlangt die Ausgestaltung der Finanzierung die Begründung neuer Rechte und Pflichten. Zwingend ist aber auch dies nicht. So hat das AG Mühldorf[198] in Anwendung des Obstruktionsverbots einer Plangestaltung zur Durchsetzung verholfen, mit der vorinsolvenzliche Kredite und Sicherheiten zumindest für einen vorübergehenden Zeitraum stehenblieben. Zwingend ist diese Rechtsanwendung nicht, da sie mit den beschriebenen Grenzen der Gestaltungswirkung kollidiert. Richtig ist die Ansicht des AG Mühldorf zur Ablehnung eines wirtschaftlichen Nachteils aufgrund des **fortbestehenden Insolvenzrisikos.**[199] Etwaigen Bedenken in dieser Hinsicht wird hinreichend Sorge getragen durch den Fortbestand der Sicherheiten. Diese Bewertung ist richtig und unerlässlich, um überhaupt in den Anwendungsbereich des § 245 InsO zu gelangen. 238

Die erfolgreiche Anwendung des Obstruktionsverbots entscheidet sich damit rechtlich bei der Abgrenzung zur faktischen Wirkung der Vertragsverlängerung und praktisch unter dem Gesichtspunkt der Vertrauenskrise. Letzteres betrifft kaufmännische Überlegungen, die bei einer Plansanierung sowohl für die Transaktionssicherheit als auch die Nachhaltigkeit der Sanierung mindestens genauso bedeutsam sind wie rechtliche Überlegungen. 239

H. Behandlung und Berücksichtigung von Anfechtungssachverhalten

I. Anfechtung und Insolvenzplan

Der insolvenzrechtliche Anfechtungsanspruch **entsteht mit der Verfahrenseröffnung.** 240
Da der Anspruch originär in der Person des Insolvenz- bzw. Sachwalters (§§ 129 ff., 280 InsO) entsteht, erlischt der Anspruch mit der Verfahrensaufhebung, da mit dieser das den Anspruch begründende Amt endet. Eine Verfolgung des Anfechtungsanspruchs **nach Verfahrensaufhebung** gestattet das Gesetz nur, wenn bei Verfahrensaufhebung ein Prozess bereits rechtshängig ist[200] und der gestaltende Teil des Insolvenzplans die Fortfüh-

197) *Rendels/Zabel*, Insolvenzplan, S. 154 Rz. 455.

198) AG Mühldorf, Beschl. v. 27.7.1999 – 1 IN 26/99, NZI 1999, 422 = Rpfleger 1999, 561.

199) AG Mühldorf, Beschl. v. 27.7.1999 – 1 IN 26/99, NZI 1999, 422 = Rpfleger 1999, 561.

200) K. Schmidt-*Spliedt*, InsO, § 259 Rz. 9; BGH, Urt. v. 10.12.2009 – IX ZR 206/08, ZIP 2010, 102, dazu EWiR 2010, 193 *(Rendels/Körner)*; BGH, Urt. v. 9.1.2014 – IX ZR 209/11, ZIP 2014, 330 = NZI 2014, 262, dazu EWiR 2014, 117 *(Madaus)*; *J. Schmidt/Rodine*, NZI 2014, 262 (Urteilsanm.); BGH, Beschl. v. 26.4.2018 – IX ZB 49/17, ZVI 2018, 272 = ZIP 2018, 1141.

rung des Rechtsstreits vorsieht (§ 259 Abs. 3 InsO).[201] Ermächtigungsklauseln, die den Insolvenzverwalter dazu ermächtigen, Anfechtungsklagen noch nach Aufhebung rechtshängig zu machen, sind unzulässig.[202] Wegen der weiteren Einzelheiten zur Verfolgung von Anfechtungsansprüchen i. R. von Insolvenzplanverfahren siehe Rz. 241.

II. Absonderung, Anfechtung und Insolvenzplan

1. Geltung des § 259 Abs. 3 InsO

241 Dieser Regelungsrahmen des § 259 Abs. 3 InsO gilt ebenso im Zusammenhang mit anfechtbar erworbenen Sicherungs- bzw. Absonderungsrechten. Beansprucht bspw. ein Kreditinstitut abgesonderte Befriedigung aus einer Globalzession, so stellt sich die Anfechtbarkeit des Forderungserwerbs i. R. der Globalzession auf doppelte Weise:

- **Haben Drittschuldner schon bezahlt**, so ist der Zahlungseingang beim Kreditinstitut Gegenstand der Anfechtung. Die hiermit verbundene Rückführung einer Kreditverbindlichkeit ist gläubigerbenachteiligend. Hieran fehlt es insbesondere nicht aufgrund der Globalzession. Zwar ist diese nach Maßgabe der Rechtsprechung des BGH grundsätzlich geeignet, die Gläubigerbenachteiligung auszuschließen, da das Kreditinstitut etwas erhält, was es i. R. des Insolvenzverfahrens aufgrund der abgesonderten Befriedigung auch erhalten würde. Dies gilt jedoch dann nicht, wenn der Forderungserwerb i. R. der Globalzession seinerseits anfechtbar ist. Um keinen Rechtsverlust mit Verfahrensaufhebung zu erleiden, muss der Sach- bzw. Insolvenzverwalter den Anfechtungsanspruch im Wege der Zahlungsklage verfolgen und diese bei Verfahrensaufhebung bereits rechtshängig gemacht haben.
- **Haben die Drittschuldner die Forderung des Schuldners noch nicht berichtigt** und ist der Forderungserwerb zugunsten des Kreditinstituts i. R. der Globalzession anfechtbar, so zwingt auch diese Situation zur klageweisen Geltendmachung und Sicherstellung der Rechtshängigkeit bei Verfahrensaufhebung. Eine solche Klage ist gerichtet auf die Feststellung der insolvenzrechtlichen Anfechtbarkeit des Erwerbs der jeweiligen Forderung i. R. der Globalzession.

242 Auf diese Weise sichert der Sach- und Insolvenzverwalter Einnahmen und Vermögensgegenstände zugunsten der freien Insolvenzmasse.

2. Vereinbarkeit von Insolvenzanfechtung und Sanierung?

243 So wenig sich Anfechtung und Insolvenzplan rechtlich ausschließen, so sehr können diese beiden Bereiche **wirtschaftlich kollidieren** und sich als **Sanierungshindernis** darstellen. Hierbei geht es um die zusätzliche – über den Ausfall der Forderung hinausgehende – wirtschaftliche Belastung zum einen und die Unsicherheit darüber, ob sich eine solche realisieren wird zum anderen. Sieht der Insolvenzplan den Vorbehalt nach § 259 Abs. 3 InsO vor und macht der Planverfasser den Anfechtungsanspruch rechtshängig, so muss der Gläubiger nach Verfahrensaufhebung **Rückstellungen bilden für Risiken aus dieser Anfechtungsklage**. Für Kreditgläubiger mag dies der Grund sein, dem Insolvenzplan kritisch gegenüberzustehen. Der Grund hierfür liegt weniger in der Existenz von Anfechtungsansprüchen. Das Risiko solcher Ansprüche ist jeder Insolvenzsituation immanent und darf jedenfalls den professionellen und gut beratenen Gläubiger nicht per se überraschen. Problematisch ist vielmehr die Unsicherheit über das „Ob" und „Wann" der Geltendmachung. Denn es kann nicht ernstlich über ein „Stehenlassen" oder eine „Neufinan-

---

201) BGH, Urt. v. 9.1.2014 – IX ZR 209/11, ZIP 2014, 330 = NZI 2014, 262; *J. Schmidt/Rodine*, NZI 2014, 262 (Urteilsanm.).

202) BGH, Beschl. v. 26.4.2018 – IX ZB 49/17, ZVI 2018, 272 = ZIP 2018, 1141.

zierung" finalisiert verhandelt werden, wenn durch die Anfechtung ein Gesamtengagement in einem Volumen wiederauflebt, bei dem Kreditentscheidungen schlechterdings unter anderen Prämissen getroffen werden.

3. Anfechtungsvergleiche i. R. des Insolvenzplans

In diesem Kontext haben das ESUG im Allgemeinen und die Zunahme von Plansanierungen im Besonderen aus Sicht des Verfassers zu einer positiven „kulturellen" Veränderung geführt. Anfechtungsansprüche werden **erkennbar schneller und transparenter** aufgearbeitet. Die Schnelligkeit liegt zweifelsohne an der geringen Verfahrensdauer und der Notwendigkeit der Rechtshängigkeit zum Stichtag der Verfahrensaufhebung. Dies zwingt Sach- und Insolvenzverwalter zu einer schnelleren Aufarbeitung und außergerichtlichen Klärung bzw. gerichtlichen Geltendmachung. Die erhöhte Transparenz liegt in erster Linie an der von der Eigenverwaltung noch immer ausgehenden Missbrauchsgefahr und den um Distanz und objektive Prüfung im Gläubigerinteresse bemühten Sachwaltern. Aufseiten der potentiellen Anfechtungsgegner stößt insbesondere die Schnelligkeit, in der „die Anfechtung auf den Tisch kommt" auf Zustimmung, um die beschriebene Planbarkeit zu haben und die Größe des Engagements beurteilen zu können. In diesem Zusammenspiel beobachtet der Verfasser ein wechselseitiges proaktives Klärungsinteresse, das zweifelsohne dem jeweiligen Interessenstandpunkt geschuldet ist, aber auch in Verantwortung für die Sanierung erfolgt. Denn mit dieser ist es regelmäßig unvereinbar, wenn der Bereich der Insolvenzanfechtung für einen wesentlichen Beteiligten der Sanierung (z. B. Kreditinstitut, Systemlieferant etc.) unkalkulierbar offenbleibt. Durchaus vereinbar – wenn auch in einer gewissen Weise belastend – ist die **parallele Prozessführung**, wenn außergerichtliche Lösungen gescheitert sind. 244

Gleichwohl drängt es sich durch die **Notwendigkeit einer „Verständigung"** zu den übrigen Themen i. R. des Planverfahrens geradezu auf, die Insolvenzanfechtung entweder vergleichsweise zu erledigen oder i. R. der Planregelung rechtlich und wirtschaftlich zu berücksichtigen. Denkbar erscheint es bspw. die potentielle Anfechtbarkeit **in die Bewertung des Sicherungsgutes einfließen zu lassen**. Mit der Konsequenz, dass der gesicherte Gläubiger eine geringere Quote auf sein Absonderungsrecht erhält als es der (Fortführungs-)Wert der Sicherheit zuließe und der Anteil der ungesicherten Forderung höher ist. Hierdurch erhöht sich die freie Insolvenzmasse, da diese in geringerer Weise durch Absonderungsrechte belegt ist. 245

Rendels hat zu diesem für die Praxis wichtigen Spannungsfeld vorgeschlagen, das **Anfechtungsrisiko als Sachgrund i. S. des § 222 Abs. 2 InsO zu behandeln**. Hiernach wäre innerhalb der Absonderungsrechte dahingehend eine Differenzierung möglich, ob ein Insolvenzanfechtungsrisiko besteht oder ausgeschlossen werden kann. Die mit dem Anfechtungsrisiko bedrohten Sicherheiten könnten in einer eigenen Plan-Gruppe „Insolvenzanfechtungsbedrohte Sicherheiten" zusammengefasst werden.[203] Für diese Gruppe könne eine gewisse Vergleichs- bzw. Ausgleichsrechnung dahingehend angestellt werden, dass der Absonderungsberechtigte in Bezug auf seine Sicherungsrechte im Plan „größere Opfer" erbringen müsse als andere Absonderungsberechtigte, um dadurch etwaige Insolvenzanfechtungsprozesse zu vermeiden.[204] Ein mehr als nur diskussionswürdiger Vorschlag. 246

203) *Rendels/Zabel*, Insolvenzplan, S. 70 Rz. 204a.

204) *Rendels/Zabel*, Insolvenzplan, S. 70 Rz. 204a.

III. Anfechtbarkeit von Gesellschaftersicherheiten

247 Gleiches gilt im Grundsatz auch für solche Sicherheiten, die anfechtbar Gesellschaftern eingeräumt worden sind. Auch in dieser Hinsicht bedarf es einer Ermächtigung nach § 259 Abs. 3 InsO und der Rechtshängigkeit vor Verfahrensaufhebung, um die Anfechtung auch nach dieser verfolgen zu können. Ebenso identisch ist die mögliche Kollision der durch einen Gesellschafterbeitrag ermöglichten Plansanierung einerseits und der Anfechtbarkeit andererseits.

248 Der Raum für Anfechtungsvergleiche ist indes deutlich geringer. Dies liegt in erster Linie an den **erleichterten Anfechtungsvoraussetzungen des § 135 InsO.** Hierdurch besteht schlechterdings seltener „der Streit oder die Ungewissheit der Parteien über ein Rechtsverhältnis" und das damit einhergehende Vergleichsbedürfnis. Regelmäßig gelingt daher die **Durchsetzung der Anfechtung der den Gesellschaftern eingeräumten Sicherheiten.**

249 In anders gelagerten Fällen – insbesondere außerhalb der Zehn-Jahres-Frist des § 135 Abs. 1 Nr. 1 InsO – gilt das zur Anfechtung gegenüber Dritten Gesagte (siehe Rz. 241), insbesondere zu den Vorzügen etwaiger Anfechtungsvergleiche aus Anlass oder i. R. von Plansanierungen. Denkbar ist es, in diesem Zusammenhang auch weitere – den Gesellschafter betreffende – Fragen zu regeln. Diese können vom Planbeitrag des Gesellschafters über die Behandlung von **Nachrangforderungen** (§ 39 Abs. 1 Nr. 5 InsO) bis zu einer etwaigen **Organhaftung** reichen. Siehe hierzu Rz. 98 ff.

I. Drittsicherheiten

250 Die Begrifflichkeiten „Insolvenzplan und Absonderung" reduzieren den Fokus auf Sicherheiten aus dem Vermögen des Schuldners, d. h. auf Vermögensgegenstände aus dem Vermögen des Rechtsträgers, der im Wege des Planverfahrens saniert werden soll. Sicherheiten Dritter berechtigen nicht zur abgesonderten Befriedigung, da das Sicherungsgut nicht **Bestandteil** der Insolvenz-, sondern einer **fremden Vermögensmasse** ist.[205] Paradigmatisch ist die Bürgschaft, durch die sich ein Dritter (Bürge) gegenüber dem Gläubiger des (Haupt-)Schuldners verpflichtet, für die Erfüllung der Verbindlichkeit des Gläubigers einzustehen. Ziel der Bürgschaft ist es, den Gläubiger vor dem Ausfall des Hauptschuldners zu schützen, indem sie ihm zusätzlich das Recht einräumt, auf das Vermögen des Bürgen, also auf eine fremde Vermögensmasse, zuzugreifen. § 254 Abs. 2 Satz 1 InsO gestattet es den Insolvenzgläubigern im Grundsatz, weiter unbeschränkt gegen den Dritten vorzugehen. Für sog. gruppeninterne Drittsicherheiten (§§ 217 Abs. 2, 223a InsO) enthält die InsO nunmehr eine Ausnahme, sodass es einer differenzierten Betrachtung zwischen

- nicht plantauglichen, „regulären" Drittsicherheiten, und
- plantauglichen, gruppeninternen Drittsicherheiten bedarf.

I. Drittsicherheiten (§§ 43, 254 Abs. 2 InsO)

251 Die Befriedigung aus „regulären" Drittsicherheiten erfolgt grundsätzlich außerhalb des Insolvenzverfahrens. Dies gilt sowohl für das Regel- als auch das Planinsolvenzverfahren. Für das Planverfahren folgt dies aus der Nichtaufnahme von Drittsicherheiten in den Katalog des § 217 InsO, der die Reichweite insolvenzplanrechtlicher Gestaltungen abschließend regelt. Auch ein Eingriff in die gesicherte Insolvenzforderung zieht keinen Eingriff in die Drittsicherheit nach sich. Denn § 254 Abs. 2 InsO statuiert für diesen Fall eine **Akzessorietätsdurchbrechung.** Anders als bei Absonderungsrechten sind daher bei „regulären" Drittsicherheiten mittelbare Eingriffe nicht möglich.

205) *Frank* in: Runkel/J. Schmidt, AHB Insolvenzrecht, § 3 Rz. 166.

Unabhängig von diesem isolierten Schicksal der Drittsicherheiten haben diese eine **große Bedeutung für die Durchführung eines Planverfahrens** im Allgemeinen und die schuldnerischen Sicherheiten im Besonderen. Diese Bedeutung ist wirtschaftlicher und rechtlicher Natur. Ist ein Gläubiger des Schuldners werthaltig gesichert durch Dritte, so wird das Interesse eines solchen Gläubigers zuvorderst in der Schadenskompensation durch Einsatz der Drittsicherheit sein. Diese mögliche Schadlosigkeit kann – je nach Person des Drittsicherheitengebers – die Sanierungsbereitschaft des Gläubigers im Planverfahren fördern. Ob die Insolvenzmasse durch die Befriedigung des Gläubigers aus der Drittsicherheit effektiv entlastet wird, steht und fällt mit dem Innenverhältnis.[206] **Steht dem Sicherungsgeber ein Rückgriffsanspruch zu,** so unterliegt dieser indes nach § 254 Abs. 2 InsO den Wirkungen des Plans, d. h. der übergegangene Anspruch ist auf die Planquote begrenzt.[207] Damit realisiert sich für den Drittsicherungsgeber ein Ausfallrisiko i. H. der die Planquote übersteigenden Gläubigerbefriedigung.[208] Für den Drittsicherungsgeber bedeutet dies, dass er an den Insolvenzgläubiger in voller Höhe der gesicherten Forderung leisten muss, den Insolvenzschuldner aber nur i. H. der bestätigten Planforderung in Regress nehmen kann. 252

II. Gruppeninterne Drittsicherheiten (§§ 223a, 217 Abs. 2 InsO)

Besteht zwischen Schuldner und Drittem eine **Nähebeziehung**, so ist in der Insolvenzpraxis regelmäßig der Versuch unternommen worden, auch den Anspruch des Insolvenzgläubigers gegenüber dem Dritten den Planwirkungen zu unterwerfen. Diese Nähebeziehung, wie sie typisch für den **Vertragskonzern** und dessen Finanzierungsstruktur ist, ließ zudem befürchten, dass die Insolvenzgläubiger auf die konzernverbundenen Unternehmen zurückgreifen und damit den gesamten Konzern in die Insolvenz treiben (**„Domino-Effekt"**). In vielen Fällen wurden aufwändige eigene Sanierungsverfahren bei den Tochtergesellschaften erforderlich.[209] Dies zu verhindern, verlangte bisher die ausdrückliche Zustimmung des entsprechend gesicherten Gläubigers (§ 230 Abs. 3 InsO). 253

1. Neuregelung durch das SanInsFoG

Während bislang, blickt man auf die gestaltbaren Rechte im Planverfahren, (nur) die Rechte (a) der absonderungsberechtigten Gläubiger, (b) der Insolvenzgläubiger sowie (c) der am Schuldner beteiligten Personen einer Plangestaltung zugänglich waren (vgl. § 217 Abs. 1 InsO), können nunmehr auch die Rechte der Inhaber von gruppeninternen Drittsicherheiten in die Plangestaltung einbezogen werden. Diese durch das SanInsFoG eingeführte Möglichkeit zielt auf die **Erleichterung von Gruppensanierungen.**[210] Vor der Rechtsänderung waren Dritte, auch mit dem Schuldner konzernverbundene Dritte, von einer Plangestaltung ausgenommen. Auch die Gestaltung der gesicherten Forderung hatte keine Auswirkung auf die verknüpfte Sicherheit (vgl. § 254 Abs. 2 InsO a. F.). 254

Ihren Ausgangspunkt findet die Rechtsänderung in der Grundnorm des § 217 Abs. 2 InsO, wonach die Rechte der Inhaber von Insolvenzforderungen, „die diesen (Inhabern) aus einer von einem verbundenen Unternehmen i. S. des § 15 des AktG als Bürge, Mitschuldner oder aufgrund einer anderweitig übernommenen Haftung oder an Gegenständen des 255

206) Uhlenbruck-*Lüer/Streit*, InsO, § 254 Rz. 15.

207) K. Schmidt-*Spliedt*, InsO, § 254 Rz. 9; Uhlenbruck-*Lüer/Streit*, InsO, § 254 Rz. 21.

208) Uhlenbruck-*Lüer/Streit*, InsO, § 254 Rz. 21.

209) Zu weiteren Lösungsansätzen *Pleister*, ZIP 2015, 1097.

210) Begr. RegE SanInsFoG z. InsO, BT-Drucks. 19/24181, S. 199; *Westpfahl/Dittmar*, NZI Beilage z. Heft 5/2021, S. 46.

Vermögens dieses Unternehmens zustehen", plangestaltbar sind. Dies klarstellend formuliert § 254 Abs. 2 InsO n. F., dass Rechte der Insolvenzgläubiger gegen Mitschuldner und Bürgen des Schuldners nur **mit Ausnahme der gruppeninternen Drittsicherheiten** nicht berührt werden. Planunterworfen bleibt der bereits in § 217 Abs. 1 InsO angesprochene **Insolvenzgläubiger.** Der Plan kann sich

- zum einen auf die persönliche Forderung, die dieser gegen den Schuldner hat, und
- zum anderen auf sein Recht aus der Drittsicherheit, also eine Forderung, die dieser gegen das sicherheitengebende Konzernunternehmen hat,

beziehen. Im Fall des Eingriffs in die Drittsicherheit ist der Insolvenzgläubiger durch eine angemessene Entschädigung zu kompensieren (§ 223a Satz 2 InsO).

2. Eigen- und Drittsicherheiten

256 Systematisch orientiert sich der Gesetzgeber an der zu den Absonderungsrechten bekannten Regelungstechnik und verdeutlicht damit die strukturelle Vergleichbarkeit von Eigen- und Drittsicherheiten: § 217 Abs. 1 InsO erstreckt die Regelungsbefugnis eines Insolvenzplans auf die Modifikation der Rechtsstellung der absonderungsberechtigten Gläubiger **(Plantauglichkeit).** Mit § 223 Abs. 1 InsO regelt der Gesetzgeber, dass Eingriffe in Absonderungsrechte für den Fall, dass der Insolvenzplan hierzu eine Regelung enthält, **zulässig** sind; i. Ü. bleiben Absonderungsrechte unberührt. Entscheidet sich der Planersteller für die Gestaltung von Sicherungsrechten, fordert § 223 Abs. 2 InsO eine ausdrückliche Regelung. In der Folge ist gemäß § 222 Abs. 1 Satz 2 Nr. 1 InsO eine Gruppe der absonderungsberechtigten Gläubiger zu bilden, wenn durch den Plan in deren Rechte eingegriffen wird. § 237 Abs. 1 Satz 2 Halbs. 1 InsO und § 238 InsO enthalten weitere absonderungsrechtsbezogene Vorschriften.

257 Analog hierzu hat der Gesetzgeber § 217 Abs. 2 InsO eingeführt, wonach Rechte der Inhaber von **gruppeninternen Drittsicherheiten** in die Plangestaltung einbezogen werden können (Plantauglichkeit). Ergänzend bestimmt § 223a InsO, dass Eingriffe in gruppeninterne Drittsicherheiten für den Fall, dass der Insolvenzplan hierzu eine Regelung enthält, zulässig sind; andernfalls bleiben die Sicherheiten unberührt. Durch den Verweis auf § 223 Abs. 2 InsO gilt auch bei Drittsicherheiten, dass der Plan anzugeben hat, „um welchen Bruchteil die Rechte gekürzt, für welchen Zeitraum sie gestundet oder welchen sonstigen Regelungen sie unterworfen werden". Die Folgen für die Gruppenbildung und die Stimmrechtsverteilung regeln § 222 Abs. 1 Nr. 5 InsO und § 238b InsO.

3. Erfasste Sicherheiten

258 Der Begriff der gruppeninternen Drittsicherheit ist in § 217 Abs. 2 InsO definiert als Recht des Inhabers einer Insolvenzforderung, das diesem „aus einer von einem verbundenen Unternehmen i. S. des § 15 des AktG als Bürge, Mitschuldner oder aufgrund einer anderweitig übernommenen Haftung oder an Gegenständen des Vermögens dieses Unternehmens" zusteht. Unter Mitschuld oder „einer anderweitig übernommenen Haftung" sind sämtliche Personalsicherheiten zu verstehen, bei denen ein Dritter persönlich haftet, also neben der Bürgschaft auch der Schuldbeitritt, die kumulative Schuldübernahme, die Garantie oder die harte, externe Patronatserklärung.

259 Sicherheiten, die dem Insolvenzgläubiger **„an Gegenständen" des konzernverbundenen Unternehmens** zustehen, sind sämtliche Realsicherheiten, wie z. B. Grundschuld, Hypothek, Pfandrechte an beweglichen Sachen, Pfandrechte an Gesellschaftsanteilen und Pfandrechte an sonstigen Rechten, Sicherungsübereignungen und Sicherungsabtretungen.

Besteht zwischen verbundenen Unternehmen ein **Beherrschungs- und Gewinnabführungsvertrag** gemäß §§ 291 ff. AktG, stellt sich die Frage, ob der infolge der Insolvenz der Tochtergesellschaft ggf. in einen Zahlungsanspruch umgewandelte Anspruch des (Insolvenz-)Gläubigers gegen die herrschende Gesellschaft aus § 303 Abs. 1 AktG als gruppeninterne Drittsicherheit in den Insolvenzplan der Tochtergesellschaft einbezogen werden kann. Nach § 303 Abs. 1 AktG ist das herrschende Unternehmen im Fall der Beendigung des Beherrschungs- und Gewinnabführungsvertrags verpflichtet, den Gläubigern der abhängigen Gesellschaft für solche Forderungen, die bereits begründet worden sind, Sicherheit zu leisten. Mit Eröffnung des Insolvenzverfahrens – unabhängig davon, ob dieses die herrschende oder die abhängige Gesellschaft betrifft – endet der Unternehmensvertrag. Konsequenz der Verfahrenseröffnung ist der Anspruch nach § 303 Abs. 1 AktG. Der BGH hat anerkannt, dass sich ein solcher Anspruch in einen **Zahlungsanspruch** gegen die herrschende Gesellschaft umwandelt, wenn die abhängige Gesellschaft vermögenslos ist. Das Kriterium der Vermögenslosigkeit dürfte auch bei Insolvenz der abhängigen Gesellschaft erfüllt sein.[211] In Form des Zahlungsanspruchs erwirbt der Insolvenzgläubiger demzufolge ein Recht, nicht nur gegen die Tochter-, sondern auch gegen die konzernverbundene Obergesellschaft vorzugehen – ein Recht, das dem Anspruch aus einer Garantie oder Bürgschaft entspricht (vgl. § 303 Abs. 3 AktG)[212] und konsequenterweise als gruppeninterne Drittsicherheit gestaltet werden kann. 260

Besteht kein Beherrschungs- bzw. Gewinnabführungsvertrag, stattdessen jedoch eine (harte) **Patronatserklärung**, der die Obergesellschaft verpflichtet, die Tochtergesellschaft so mit finanziellen Mitteln auszustatten, dass diese ihrer Zahlungspflicht jederzeit nachkommen kann, entstehen infolge der Insolvenzeröffnung Ansprüche der Gläubiger gegen die Obergesellschaft. Auch hier ist darüber nachzudenken, ob die Zahlungsansprüche gegen die Obergesellschaft als gruppeninterne Drittsicherheiten gestaltbar sind, um die Obergesellschaft so vor der Insolvenz der Tochtergesellschaft abzuschirmen. Die weite Definition der gruppeninternen Drittsicherheit könnte auch diese Ansprüche erfassen, denn auch sie werden auf rechtsgeschäftlicher Grundlage von der herrschenden Gesellschaft gewährt. 261

4. Verbundene Unternehmen

Nach dem RegE zum SanInsFoG[213] sollten von den gruppeninternen Drittsicherheiten lediglich die von Tochterunternehmen i. S. von § 290 HGB gestellten Sicherheiten erfasst werden. Erweiternd setzt § 217 Abs. 2 InsO nach der geltenden Fassung ein i. S. von § 15 AktG verbundenes Unternehmen voraus, worunter auch Ober- und Schwestergesellschaften fallen. Im Ergebnis ermöglicht der Verweis auf § 15 AktG daher eine weitreichende **Gestaltung von Upstream-, Downstream- und Crossstream-Sicherheiten.**[214] 262

5. Eingriff in gruppeninterne Drittsicherheiten

Als Eingriff kommen nach §§ 223a Satz 3, 223 Abs. 2 InsO insbesondere die Kürzung, Stundung oder eine „anderweitige Regelung" in Betracht. Die Kürzung einer Sicherheit bewirkt typischerweise dessen Freigabe. Mit Stundung ist die Hinausschiebung der Verwertung und damit einhergehend die zeitweilige Hemmung der Geltendmachung der 263

211) *Koch*, AktG § 303 Rz. 7; *Pleister/Theusinger* in Kübler/Bork/Prütting, HRI II, § 43 Rz. 119.

212) *Thole*, ZRI 2024, 402, 408.

213) Begr. RegE SanInsFoG, BT-Drucks. 19/24181, S. 15; RefE SanInsFoG v. 19.9.2020, S. 14, https://www.bmj.de/SharedDocs/Gesetzgebungsverfahren/DE/2020_Fortentwicklung_Insolvenzrecht.html (Abrufdatum: 25.7.2025).

214) *Hoegen/Kranz*, NZI 2021, 105, 107.

Drittsicherheit durch den Insolvenzgläubiger gemeint. Als „anderweitige Regelung" sind insbesondere Sicherheitentausch oder -neuordnung erfasst.

264 Umstritten ist, ob die materiell-rechtliche Verknüpfung zwischen Sicherungsrecht und gesicherter Forderung auf das Insolvenzplanverfahren durchschlägt. Mit der Folge, dass die Gestaltung nur der gesicherten Forderung, wegen der Akzessorietät gleichsam automatisch, einen **mittelbaren Eingriff** in die Drittsicherheit nach sich zieht. Anders als bei den Absonderungsrechten (siehe hierzu Rz. 65 ff.) plädiert die **vorherrschende Ansicht** hier **wohl gegen einen solchen** Eingriff.[215] Dies ergebe sich aus § 254 Abs. 2 Satz 1 InsO, wonach die akzessorische Verknüpfung zwischen Forderung und Drittsicherheit durchbrochen werde. Weiter wird argumentiert, dass der Kreis der Planunterworfenen durch § 217 Abs. 2 InsO gerade nicht erweitert worden sei. Adressiert würden nur die *Rechte* der bereits in § 217 Abs. 1 InsO genannten Insolvenzgläubiger. Damit sei die gesetzgeberische Wertentscheidung verbunden, dass eine einzige Planregelung nicht in zwei Rechte desselben Planunterworfenen eingreifen könne.[216] Zuletzt blieben wegen § 223a Satz 1 InsO auch gruppeninterne Drittsicherheiten von den Planregelungen *unberührt*, es sei denn der Plan enthalte hierzu ausdrückliche Bestimmungen. Ein anderes Verständnis dieses Regel-Ausnahme-Verhältnisses würde die Frage aufwerfen, ob der Forderungsschuldner als Planersteller überhaupt drittbesicherte Forderungen kürzen kann, ohne die speziell für unmittelbare Eingriffe geschaffene Entschädigungsregelung des § 223a Satz 2 InsO zu tangieren.[217]

265 Gelingt dem Planersteller die Berücksichtigung sämtlicher Schutzvorschriften, so dürfte – wie auch bei Absonderungsrechten – eine mittelbare Gestaltung möglich sein. Denn es ist kein Grund ersichtlich, Eigen- und Drittsicherheiten unterschiedlich zu behandeln. Voraussetzung ist, dass die Planregelung i. S. der §§ 223a Satz 3, 223 Abs. 2 InsO hinreichend konkret ist und der Planersteller den Sicherheiteninhaber in einer Gruppe nach § 222 Abs. 1 Satz 2 Nr. 5 InsO berücksichtigt. Die **erforderliche Bestimmtheit** kann der Planersteller bspw. dadurch **erreichen**, dass er in den Plan einen Passus aufnimmt, dass die Gestaltung ausdrücklich auch die akzessorische Drittsicherheit mitumfasst. Die vermeintlichen Gefahren einer mittelbaren Gestaltung halten sich dann in Grenzen. Insofern gelten für den Planersteller die für Absonderungsrechte aufgestellten Grundsätze: Bei fehlender Eingriffsabsicht darf dieser sich nicht auf die akzessorische Wirkung zurückziehen. Gleiches gilt bei bestehender Eingriffsabsicht unter gleichzeitiger Umgehung der Schutzvorschriften für die Inhaber solcher Drittsicherheiten. Letzteres folgt aus der begrenzten Rechtskraft der Bestätigungsentscheidung (siehe bereits Rz. 84).

6. Praktische Auswirkungen der Eingriffsabsicht auf die Plangestaltung

266 Über §§ 217 Abs. 2, 223a InsO hinaus, enthält die InsO zahlreiche flankierende Vorschriften, die den Schutz der Rechteinhaber sicherstellen sollen.

a) Gesteigerte Anforderungen an den darstellenden Teil

267 Die **Vergleichsrechnung** ist gemäß § 220 Abs. 3 InsO um solche Aspekte zu ergänzen, die die Verhältnisse des die Sicherheit gewährenden Konzernunternehmens und die Auswirkungen des Plans auf dieses Unternehmen betreffen. Diese Darstellung kann entweder in Form einer separaten oder integrierten Vergleichsrechnung erfolgen. Sie ist Grundlage für den Wert der angemessenen Entschädigung (§ 223a Satz 2 InsO) und sichert das –

215) *Weitbrecht*, KTS 2021, 357, 367 f.; *Fiebig* in: HK-InsO, § 223 Rz. 5; *Zehlicke*, ZRI 2023, 933, 935.
216) *Weitbrecht*, KTS 2021, 357, 368.
217) *Zehlicke*, ZRI 2023, 933, 935.

auch für Drittsicherheiteninhaber geltende – Schlechterstellungsverbot (§ 245 Abs. 1 Nr. 1, Abs. 2a InsO) durch das Erfordernis einer transparenten Gegenüberstellung zwischen Plan- und Alternativszenario. Auch der Wert des Stimmrechts (§ 238b InsO) hat sich an der Vergleichsrechnung zu orientieren. Zu beachten ist, dass den Wirkungen des Plans (Planszenario) die **Wirkungen einer Regelinsolvenz des schuldnerischen Unternehmens** auf die Verhältnisse des verbundenen Unternehmens (Bezugsszenario) gegenüberzustellen sind. Für das Bezugsszenario enthält § 220 Abs. 2 Satz 3 InsO die Vorgabe, dass die Fortführung des Schuldnerunternehmens zu unterstellen ist, wenn der Plan die Fortführung vorsieht.[218)]

b) Anforderungen an den gestaltenden Teil

Gemäß §§ 223a Satz 3, 223 Abs. 2 InsO ist im gestaltenden Teil anzugeben, um welchen 268 Bruchteil Sicherungsrechte gekürzt, für welchen Zeitraum sie gestundet oder welchen sonstigen Regelungen sie unterworfen werden sollen.

c) Anforderungen an die Gruppenbildung

Sieht der Insolvenzplan Eingriffe in gruppeninterne Drittsicherheiten vor, ist für die in- 269 soweit betroffenen Gläubiger gemäß § 222 Abs. 1 Satz 2 Nr. 5 InsO eine eigenständige Gruppe zu bilden. Die Zuordnung der gruppeninternen Drittsicherheiten zu einer eigenen Plangruppe soll die unterschiedliche Wirkungsweise von Dritt- und Eigensicherheiten und die unterschiedliche wirtschaftliche Stellung der durch Dritt- und Eigensicherheiten begünstigten Gläubiger widerspiegeln.[219)] Dabei können bei größeren Unternehmensgruppen durchaus verschiedene gruppeninterne Drittsicherheiten bestehen, was wiederum regelmäßig eine Aufteilung in mehrere Gruppen der drittbesicherten Gläubiger nach § 222 Abs. 2 InsO erforderlich macht, um zu sachgerechten Ergebnissen zu kommen.[220)]

d) Angemessene Entschädigung (§ 223a Satz 2 InsO)

Gemäß § 223a Satz 2 InsO ist der Eingriff angemessen zu entschädigen. Gemeint ist eine 270 Kompensation für den Verlust, die der **Insolvenzgläubiger** dadurch erlitten hat, dass er keine Befriedigung aus der Drittsicherheit mehr suchen kann, ohne dass der Sicherheitengeber („Dritter") überhaupt je drohend zahlungsunfähig oder überschuldet war. Die Höhe des Verlusts richtet sich nach dem Wert der Sicherheit bzw. der **Werteinbuße**, die der Sicherheiteninhaber durch die Kürzung, Stundung oder anderweitige Regelung erlitten hat. Bei der vollständigen Kürzung sind Sicherheit und Einbuße wertmäßig identisch. Bei der teilweisen Kürzung oder Stundung ist freilich einzupreisen, dass dem Sicherheiteninhaber ein gewisser Wert erhalten bleibt.

Im Rahmen der Wertbemessung kommt es maßgebend darauf an, welche Werte der Si- 271 cherungsnehmer durch Verwertung der Sicherheit mit überwiegender Wahrscheinlichkeit tatsächlich hätte realisieren können. Wie bei den Absonderungsrechten (Eigensicherheiten) ist die nicht auf Basis des Planszenarios, sondern auf Basis des nächstbesten **Alternativszenarios** zu ermitteln. Dies folgt aus der Erwägung, dass in beiden Fällen eine wirtschaftliche Betroffenheit des jeweiligen Gläubigers durch einen Eingriff in das Sicherheitsrecht nur insoweit besteht, als im maßgeblichen Bezugsszenario aus der Verwertung der Sicherheit überhaupt eine Befriedigung zu erwarten gewesen wäre. Dies setzt eine Prognose voraus. Vor diesem Hintergrund erscheint es sinnvoll, durch Sachverständige

---

218) *J. Schmidt* in: Kübler/Bork/Prütting, HRI II, § 29 Rz. 124 ff.

219) Begr. RegE SanInsFoG z. InsO, BT-Drucks. 19/24181, S. 200.

220) *Pleister/Theusinger* in: Kübler/Bork/Prütting, HRI II, § 43 Rz. 45.

erstellte Wertgutachten heranzuziehen. Bei **persönlichen Sicherheiten** (Bürgschaften, Schuldbeitritten, Garantien) dürfte der Nominalbetrag der Forderung als Kompensationsanspruch anzusetzen sein. Bei **dinglichen Sicherheiten** dürfte sich der Anspruch nach dem Markt- bzw. Veräußerungswert bemessen. Wie mittelbar aus § 220 Abs. 3 InsO folgt, sind vor allem die Auswirkungen des Insolvenzplans einerseits und der Regelverwertung des Schuldnerunternehmens andererseits auf das konzernverbundene Unternehmen in Blick zu nehmen.

272 Wie stets sind nur **hinreichend wahrscheinliche Szenarien** zu berücksichtigen, die in der Vergleichsrechnung (§ 220 Abs. 2 Satz 2 InsO) begründet darzustellen sind. Steht im nächstbesten Alternativszenario ein unkoordinierter Zugriff auf Sicherungsgegenstände zu befürchten, in dessen Folge auch das konzernverbundene Unternehmen in die Insolvenz gerät („Domino-Effekt"), so verringern sich die anzusetzenden Werte entsprechend; und dem folgend die Entschädigung. Dies gilt umso mehr für Personalsicherheiten, bei denen sich der Wert des Sicherungsgegenstands unmittelbar an der wirtschaftlichen Verfasstheit des sicherungsgebenden Unternehmens orientiert. Im Fall der Insolvenz bemisst sich der Wert nach der dortigen Insolvenzquote. Bei dinglichen Sicherheiten ist der Erwartungswert aus der Absonderung des betreffenden Sicherungsgegenstands anzusetzen, der sich mit der Insolvenz des konzernverbundenen Unternehmens ebenfalls, wenngleich nicht i. S. eines Automatismus, verringern kann. Auch die Verwertung beschränkende Umstände wie die Vereinbarung einer sog. Limitation Language sind in die Bewertung mit einzubeziehen.

e) Zustimmung des verbundenen Unternehmens

273 Nach § 230 Abs. 4 InsO ist die Zustimmung des verbundenen Unternehmens dem Insolvenzplan als Anlage beizufügen. Den Rechtsverlust erleidet der Insolvenzgläubiger, nicht der Dritte, sodass einer Zustimmung des verbundenen Unternehmens typischerweise nichts entgegensteht.

7. Praktische Auswirkungen der Eingriffsabsicht auf das gerichtliche Verfahren

a) Stimmrecht (§ 238b InsO)

274 Das Stimmrecht von Gläubigern, deren Rechte aus gruppeninternen Drittsicherheiten durch den Insolvenzplan gestaltet werden, regelt § 238b InsO ausdrücklich. Danach richtet sich das Stimmrecht „nach dem Befriedigungsbeitrag, der aus der Geltendmachung der Rechte aus der Drittsicherheit mutmaßlich zu erwarten ist". Eine für Absonderungsrechte parallele Regelung enthält § 238 InsO, wonach sich die Stimmrechtsgewichtung nach dem Geldwert des Absonderungsrechts bemisst. Dies ergibt sich aus dem dortigen Verweis auf § 77 Abs. 2, Abs. 3 Nr. 2 InsO.

275 Anders als § 238 InsO ordnet § 238b InsO die Erörterung der Rechte aus gruppeninternen Drittsicherheiten im Termin zwar nicht ausdrücklich an, der Sache nach gilt dies hier aber ebenso. Außerdem fehlt ein Verweis auf § 77 Abs. 2 InsO. Dieser ist bei Uneinigkeit über das Stimmrecht gleichwohl analog anwendbar, so dass eine Entscheidung des Insolvenzgerichts über das Stimmrecht auch bei Drittsicherheiten möglich ist.

276 Im Rahmen der Wertbemessung kommt es darauf an, welche Werte der Sicherungsnehmer durch Verwertung der Sicherheit mit überwiegender Wahrscheinlichkeit tatsächlich realisieren könnte. Maßgeblich ist auch hier das **nächstbeste Alternativszenario.**

b) Anwendung des Obstruktionsverbots (§ 245 Abs. 1 Nr. 1, Abs. 2a InsO)

Auch für die Inhaber von gruppeninternen Drittsicherheiten findet das Obstruktionsverbot des § 245 Abs. 1 Nr. 1 InsO Anwendung. § 245 Abs. 2a InsO formuliert ergänzend, dass eine gruppenübergreifende Mehrheitsentscheidung nur möglich ist, wenn die für den Eingriff vorgesehene Entschädigung die Inhaber der Rechte aus der gruppeninternen Drittsicherheit für den zu erleidenden Rechtsverlust **angemessen entschädigt**. Die Formulierung ist aber nicht dahin misszuverstehen, dass Gläubiger ohne angemessene Entschädigung nicht mehr Teil der Gruppe wären. Sie soll vielmehr klarstellen, dass das Erfordernis der angemessenen Entschädigung nicht durch eine Fiktion der Zustimmung dieser Gruppe umgangen werden kann.[221] 277

c) Gerichtliche Bestätigung (§ 254 Abs. 2 InsO)

Mit Rechtskraft der gerichtlichen Bestätigungsentscheidung treten die im gestaltenden Teil des Insolvenzplans festgelegten Wirkungen ein. Dies gilt allerdings nur insoweit, als ein konzernverbundenes Unternehmen i. S. des § 15 AktG die Sicherheit gestellt hat (siehe Rz. 253 ff.). Die Wirkungen des Insolvenzplan erstrecken sich hingegen nicht auf „reguläre" Drittsicherheiten (§ 254 Abs. 2 InsO) (siehe Rz. 251 f.). 278

J. Besonderheiten in der Eigenverwaltung?

In den §§ 270 ff. InsO wird dem Schuldner die Möglichkeit der Eigenverwaltung eingeräumt. Dabei wird die Verwaltungs- und Verfügungsbefugnis über das zur Insolvenzmasse gehörende Vermögen durch den Schuldner ausgeübt. Die Aufsicht obliegt einem sog. (vorläufigen) Sachwalter. Die Erwähnung etwaiger Besonderheiten in der Eigenverwaltung ist im Kontext „Insolvenzplan und Absonderung" deswegen von besonderer Bedeutung, da die Insolvenzplansanierung aufgrund ihres eigensanierenden Charakters zum Erhalt der Werthaltigkeit der Gesellschaftsanteile regelmäßig i. R. der Eigenverwaltung erfolgt und es schon allein vor diesem Hintergrund einer Identifikation etwaiger Besonderheiten und Unterschiede bedarf. 279

Denn solche existieren – wenn auch nur vereinzelt – tatsächlich. So steht etwa nach Maßgabe der gesetzlichen Aufgabenverteilung das Recht zur **Verwertung von Gegenständen, an denen Absonderungsrechte bestehen, dem Schuldner zu** (§ 282 InsO). Diese Verwertungsbefugnis des Schuldners tritt an die Stelle der Verwertungsrechte des Insolvenzverwalters nach §§ 166 ff. InsO in der Regelinsolvenz (siehe Rz. 145). Wie auch diese Bestimmungen soll § 282 InsO verhindern, dass das schuldnerische Vermögen vorzeitig auseinandergerissen wird, um damit die wirtschaftliche Einheit zu erhalten und Sanierungschancen zu erhöhen. 280

Anders als in der Regelinsolvenz ist der **Kostenerstattungsanspruch der Masse begrenzt.** So können Kosten für die Feststellung der Gegenstände und der Rechte an diesen nicht erhoben werden (§ 282 Abs. 1 Satz 2 InsO). Der Gesetzgeber ist davon ausgegangen, dass solche Kosten schlechterdings nicht anfallen.[222] Die Kosten der Verwertung können nur soweit beansprucht werden, als sie tatsächlich entstanden sind und auch erforderlich waren. Verwertungskosten können von einem Erlös nur abgezogen werden, wenn sie tatsächlich entstanden sind. Insofern gilt die 4 %-Pauschale für Feststellungskosten sowie die 5 %-Pauschale für Verwertungskosten des § 171 InsO nicht. Die Kosten dürfen nicht pau- 281

221) Begr. RegE SanInsFoG z. InsO, BT-Drucks. 19/24181, S. 201; *Fiebig* in: HK-InsO, § 245 Rz. 30.
222) Begr. RegE InsO, BT-Drucks. 12/2443, S. 226.

schaliert werden. Man könnte jedoch den tatsächlichen Aufwand für die Kosten der Verwertung ansetzen.[223)]

282 Der Schuldner soll dieses Verwertungsrecht jedoch **nicht unkontrolliert ausüben können**, sondern nur im Einvernehmen mit dem Sachwalter (§ 282 Abs. 2 InsO). Mit Rücksicht auf diese „Soll-Bestimmung" hat ein Verstoß des Schuldners – wie bei der Grundsatznorm des § 279 Satz 2 InsO – keine Außenwirkung. Eine Verwertung von Sicherungsgut bleibt wirksam, soweit das Rechtsgeschäft **nicht zustimmungspflichtig** nach § 277 InsO oder **insolvenzzweckwidrig** war. **Eigenmächtiges Handeln des Schuldners** hat der Sachwalter nach § 274 Abs. 3 InsO anzuzeigen, damit die Gläubigerversammlung über die Zustimmungsbedürftigkeit (§ 277 InsO) entscheiden oder die Aufhebung der Eigenverwaltung (§ 272 InsO) beantragen kann.[224)]

283 Darüber hinaus kann im Falle einer angeordneten **Eigenverwaltung** der Verzicht auf ein Absonderungsrecht nur gegenüber dem Schuldner erklärt werden. Aus der Zuständigkeit des Sachwalters zur Führung der Tabelle gemäß § 270f Abs. 2 Satz 2 InsO kann keine Annexkompetenz für die Entgegennahme einer Verzichtserklärung folgen, denn soweit sich die Erklärung auf das materielle Recht selbst bezieht, fehlt dem Sachwalter die Befugnis über das Vermögen des Schuldners zu verfügen. Insbesondere kann der Sachwalter einen Gegenstand aus der Masse nicht freigeben, weil er nicht verwaltungs- und verfügungsbefugt ist.[225)]

284 Abgesehen von dieser durch die Aufgabenverteilung in der Eigenverwaltung begründete Einbindung des Sachwalters (§ 282 Abs. 2 InsO), seine Unzuständigkeit zur Entgegennahme von Verzichtserklärungen und die Verlagerung des Verwertungsrechts vom Insolvenzverwalter auf den Schuldner, sind keine Besonderheiten für die Eigenverwaltung erkennbar. Insbesondere gilt das Regelungssystem der §§ 166 ff. InsO – von der Kostenerstattung abgesehen – uneingeschränkt.

223) *Bornheimer/Westkamp* in: Münch-AHB Insolvenz und Sanierung, § 29 Rz. 359.

224) K. Schmidt-*Undritz*, InsO, § 282 Rz. 2.

225) BGH, Urt. v. 9.3.2017 – IX ZR 177/15, ZVI 2017, 234 = ZIP 2017, 686.

§ 11
Disposition über Anfechtungs- und Haftungsansprüche im Insolvenz- und Restrukturierungsplan

Übersicht

Literatur: *Buchalik/Hiebert*, Insolvenzanfechtung und Insolvenzplan – Sind Insolvenzanfechtungs-, Haftungs- und Erstattungsansprüche plandispositiv?, ZInsO 2014, 109; *Pape*, Zum Verhältnis von Insolvenzanfechtung und Insolvenzplanverfahren, in: Festschrift für Bruno M. Kübler, 2015, S. 487; *Smid*, Verfügungen über den Insolvenzanfechtungsanspruch, ZInsO 2015, 1716; *Thole*, Ausländische Restschuldbefreiung und deutsche Gläubigeranfechtung nach dem AnfG, IPRax 2016, 453; *Thole*, Die Disposition über Insolvenzanfechtungsansprüche im Regelverfahren und im Insolvenzplan, ZIP 2014, 1653; *Thole*, Die Haftung des Koordinationsverwalters und der Einzelverwalter bei der koordinierten Konzerninsolvenz, Der Konzern 2013, 182; *Thole*, Konzernfinanzierung zwischen Gesellschafts- und Insolvenzrecht, ZInsO 2011, 1425; *Wollring/Quitzau*, Plandispositive Geschäftsführerhaftung? – Die Entlastung von Geschäftsführern im Insolvenz- und Restrukturierungsplan, ZRI 2021, 616; *Wollweber/Hennig*, Fortführung des Anfechtungsprozesses nach Planaufhebung – Zum Begriff des „anhängigen Rechtsstreits" i. S. d. § 259 Abs. 3 InsO, ZInsO 2013, 49.

A. Überblick[1)]

Der Insolvenzplan muss sich häufig zu der weiteren Behandlung von Aktivansprüchen der Masse verhalten. Wegen des bei Erstellung des Insolvenzplans häufig bestehenden Zeitdrucks kann es sein, dass entsprechende Ansprüche noch nicht ausreichend ermittelt oder aber noch nicht gerichtlich geltend gemacht worden sind. Es stellt sich dann die Frage, wie mit den entsprechenden Aktiven umgangen werden darf und kann. Außerdem kann generell fraglich sein, ob und in welcher Weise über Ansprüche im gestaltenden Teil des Plans disponiert werden kann, insbesondere ob auch darauf **verzichtet** werden kann. 1

Im Einzelnen geht es insoweit vor allem um 2

- Insolvenzanfechtungsansprüche (siehe Rz. 4 ff.)
- Ansprüche gegen Geschäftsführer aus § 64 GmbHG (siehe Rz. 31 ff.) und im Speziellen

1) Zum Restrukturierungsplan s. unten Rz. 47.

– konzerninterne Ansprüche bei einer Insolvenz mehrerer Konzerngesellschaften (siehe Rz. 35 ff.).

3 Für die rechtliche Beurteilung sind **mehrere Fragen** auseinanderzuhalten, nämlich die inhaltliche, materielle Planregelbarkeit von solchen Ansprüchen und prozessuale Dispositionen über die Prozessführungsbefugnis (siehe dazu sogleich Rz. 22 ff.). Besondere Schwierigkeiten werfen Anfechtungsansprüche auf. Zur nicht bestehenden **Planregelbarkeit der Vergütung des Verwalters** siehe § 23 Rz. 50 [*Madaus*].

B. Anfechtungsansprüche

4 Bei Anfechtungsansprüchen ist zunächst fraglich, ob sie überhaupt im Plan geregelt werden dürfen, weil es sich bei der Insolvenzanfechtung um eine originäre Verwalterbefugnis handelt. § 259 Abs. 3 InsO betrifft nur die Frage der Fortführung von Anfechtungsklagen, meint aber insoweit nur **die prozessuale Prozessführungsbefugnis**, nicht materielle Dispositionen wie z. B. einen Erlass oder Verzicht auf einen Anfechtungsanspruch. Daher richtet sich die Frage nach § 217 InsO. Obwohl der Anfechtungsanspruch ein Sonderaktivum ist, wird allgemein angenommen, dass auch Anfechtungsansprüche unter die Begrifflichkeiten des § 217 InsO, insbesondere unter die „Befriedigung der Insolvenzgläubiger" und die „Verwertung der Insolvenzmasse" subsumiert werden können.[2] Daher sind Anfechtungsansprüche auch materiell planregelbar. Denkbar ist insbesondere eine Abtretung oder auch ein Verzicht.

I. Abtretung an einen Forderungserwerber

5 Der Anfechtungsanspruch ist nach Auffassung des BGH grundsätzlich abtretbar.[3] Daher kann der Plan eine Abtretung vorsehen, auch als Paketlösung. Fraglich ist allein, ob der Anfechtungsanspruch nach Verfahrensaufhebung fortbesteht.[4] Das hat der BGH nicht abschließend entschieden. Er hat aber angenommen, dass man § 259 Abs. 3 InsO insoweit analog anwenden kann, also der Zessionar zur Fortführung ermächtigt werden darf (siehe näher zu § 259 Abs. 3 InsO noch Rz. 22).[5] Daraus folgt, dass der Anspruch nach Verfahrensaufhebung fortbestehen kann. Der Dritte ist dann allerdings **nicht mehr Partei kraft Amtes**. Der II. Zivilsenat des BGH hat entschieden, dass eine Abtretung an den Verwalter hinsichtlich der Geltendmachung von gesellschaftsrechtlichen Einlageansprüchen als Treuhandzessionar den Verwalter nicht als Partei kraft Amtes zur Klage befugt, also § 259 Abs. 3 InsO letztlich nicht gilt. Der Verwalter klagt dann vielmehr als Dritter und mithin als gewöhnlicher Zessionar aus dem erworbenen Recht.[6]

6 Wenn die Masse mit dem vom Zessionar gezahlten Kaufpreis den Anfechtungserlös faktisch bereits realisiert hat und nunmehr der Zessionar wie bei einer gewöhnlichen Forderung das Einbringungsrisiko trägt, bedarf es zum Fortbestehen des Anspruchs auch einer Ermächtigung analog § 259 Abs. 3 InsO richtigerweise nicht.[7] Die Frage ist aber ungeklärt; möglicherweise will der BGH auch insoweit eine Ermächtigung nach § 259 Abs. 3

2) *Fiebig* in: HK-InsO, § 217 Rz. 4; *Eidenmüller* in: MünchKomm-InsO, § 217 Rz. 120; K. Schmidt-*Spliedt*, InsO, § 217 Rz. 10; *Thole*, ZIP 2014, 1653, 1658; *Pape* in: FS Kübler, S. 487, 492 ff.

3) BGH, Urt. v. 17.2.2011 – IX ZR 91/10) , Rz. 7 ff., ZIP 2011, 1114, dazu EWiR 2011, 433 *(Huber)*; BGH, Urt. v. 10.1.2013 – IX ZR 172/11, Rz. 9, ZIP 2013, 531, dazu EWiR 2013, 329 *(Schulz)*; BGH, Beschl. v. 26.4.2018 – IX ZB 49/17, Rz. 28, ZIP 2018, 1141; a. A. *Smid*, ZInsO 2015, 1716, 1719 ff.

4) So wohl *Kayser/Freudenberg* in: MünchKomm-InsO, § 129 Rz. 221 i. V. m Rz. 210.

5) BGH, Urt. v. 17.2.2011 – IX ZR 91/10, Rz. 13, ZIP 2011, 1114.

6) BGH, Urt. v. 7.1.2008 – II ZR 283/06, ZIP 2008, 546 = NZI 2009, 340.

7) *Thole* in: HK-InsO, § 129 Rz. 113. Anders wohl BGH, Urt. v. 17.2.2011 – IX ZR 91/10, ZIP 2011, 1114.

InsO verlangen. Die Verfügung selbst, d. h. die Abtretung, hängt in ihrer Wirksamkeit grundsätzlich nicht davon ab, welchen Kaufpreis der Zessionar bezahlt, soweit es sich nicht erneut um eine evident insolvenzzweckwidrige Verfügung handelt, bei der sich ersichtlich Leistung und Gegenleistung eklatant unausgewogen gegenüberstehen.[8)]

Von der Abtretung der Ansprüche im Plan ist die **Ermächtigung eines Dritten zur Prozessführung und zur Einleitung neuer Prozesse** über Ansprüche des Schuldners nach Aufhebung des Insolvenzverfahrens zu unterscheiden. § 259 Abs. 3 InsO setzt die Rechtshängigkeit bei Verfahrensaufhebung voraus (siehe Rz. 28). Nicht möglich ist es daher nach den in der Entscheidung vom 26.4.2018 aufgestellten Maßgaben des **BGH**,[9)] einen Dritten, der nicht Zessionar ist (z. B. den anwaltlichen Treuhänder oder den Insolvenzverwalter), zur Geltendmachung des jeweiligen Anspruchs nach Verfahrensaufhebung zu ermächtigen. Das verstoße gegen § 259 Abs. 1 Satz 2, Abs. 3 InsO, denn § 259 Abs. 3 InsO sehe dies nicht vor und daher bleibe es bei der Regelung des § 259 Abs. 1 Satz 2 InsO, dass der Schuldner die volle Verfügungsmacht über noch vorhandene Ansprüche zurückerhält. Außerdem werde sonst eine Nachtragsverteilung ermöglicht, die es beim Insolvenzplan nicht geben dürfe. Insofern erlaubt mithin der BGH die Vollrechtsübertragung, nicht aber die partielle Übertragung der Verfügungsbefugnis in Gestalt einer Einziehungsbefugnis. Die Entscheidung ist **fragwürdig**. Wenn eine Abtretung und die darin liegende Verwertung des Anspruchs möglich ist und der Schuldner dies hinnehmen muss, muss dies auch für eine Erteilung der Einziehungsbefugnis als Minus zur Vollrechtsübertragung gelten. Dass damit eine Nachtragsverteilung ermöglicht wird, schadet m. E. nicht, weil es sich nicht um eine echte Nachtragsverteilung handelt; die Disposition über den Anspruch durch Übertragung der Verfügung ist bereits die noch innerhalb des Verfahrens eingeleitete Verwertungsmaßnahme. Bei Gestaltung von Plänen mit Besserungsscheinen würde man gleichermaßen darin keinen Verstoß gegen das Verbot der Nachtragsverteilung sehen. 7

II. Verzicht auf Anfechtungsansprüche

In bestimmten Situationen kann der Wunsch des Planerstellers aufkommen, auf einen Anfechtungsanspruch zu verzichten, etwa weil der Anfechtungsgegner einen bestimmten Sanierungsbeitrag davon abhängig macht oder weil es sonstige Gründe der Opportunität gibt. Dann ist fraglich, ob ein solcher Verzicht im Plan regelbar ist. 8

Diese Frage ist noch **nicht vollständig geklärt**. Es besteht, soweit ersichtlich, lediglich Einigkeit darüber, dass nicht darauf verzichtet werden darf, Anfechtungsansprüche überhaupt erst einmal zu **ermitteln**.[10)] Nur der Ermittlungsaufwand kann je nach Einzelfall unterschiedlich sein. Ferner besteht Einigkeit, dass im Grunde auch auf Anfechtungsansprüche verzichtet werden darf; nicht geklärt ist insoweit lediglich, welche Dispositionsgrenzen bestehen, insbesondere bei eindeutig bestehenden Ansprüchen. 9

Außerhalb des Planverfahrens ist ein Verzicht des Insolvenzverwalters auf Anfechtungsansprüche möglicherweise **insolvenzzweckwidrig**, wenn auf diese Weise auf einen sicheren Zufluss in die Masse verzichtet wird. Verzichtet der Insolvenzverwalter auf eine aus seiner Sicht eindeutig bestehende Forderung, ist dies allerdings dann nicht insolvenzzweckwidrig, wenn der Masse dadurch andere wirtschaftliche Vorteile zufließen, die der Insolvenzverwalter ohne den Forderungsverzicht nicht ohne Weiteres hätte realisieren 10

8) *Thole*, ZIP 2014, 1653, 1656.
9) BGH, Beschl. v. 26.4.2018 – IX ZB 49/17, Rz. 17 ff., ZIP 2018, 1141.
10) *Thole*, ZIP 2014, 1653, 1659.

können.[11] Darüber hinaus hat der Verwalter auch sonst einen gewissen Spielraum bei der Nichtgeltendmachung von Ansprüchen, insbesondere, wenn eine erfolgreiche Realisierung zweifelhaft ist.[12]

1. Formale Anforderungen an einen Verzicht im Insolvenzplan

11 Ob nun für das Planverfahren vergleichbare Maßstäbe gelten, ist wenig erörtert. Der BGH hat bisher nur zu § 220 InsO und mithin zum darstellenden Teil des Plans entschieden. Der BGH verlangt unter § 220 Abs. 2 InsO keine umfassenden Ausführungen zu **Details** oder zur genauen Bewertung der jeweiligen Posten, wenn dies im jeweiligen Fall noch nicht abschließend möglich ist.[13] Die **Plandarstellung** darf allerdings nach Auffassung des BGH nicht Anfechtungsansprüche verschweigen, um auf diese Weise einzelne Anfechtungsgegner zu schonen.[14] Darüber hinausgehende Aussagen sind der Rechtsprechung bisher nicht zu entnehmen.

12 *Buchalik/Hiebert* bejahen in recht großzügiger Weise eine Verzichtsmöglichkeit im Insolvenzplan, insbesondere auch bei Ansprüchen gegen Geschäftsführer und Gesellschafter. Es genüge im gestaltenden Teil bspw. eine Planregelung, nach der im Hinblick auf einen von den Gesellschaftern geleisteten Sanierungsbeitrag auf die im darstellenden Teil dem Grunde nach bezeichneten Anfechtungs- und Haftungsansprüche verzichtet werde. Es soll sogar in recht global formulierter Weise genügen, dass auf Anfechtungsansprüche verzichtet wird, „weil dies durch die Vorteile für die Gläubigergesamtheit im Fall der Umsetzung des Plankonzepts aufgewogen wird".[15] Voraussetzung sei insoweit allein, dass im darstellenden Teil des Plans darauf hingewiesen wird, auf welche Anfechtungsansprüche (selektiv) verzichtet werden soll; im Vordergrund sollen Ansprüche gegen Gesellschafter stehen.[16] Es wird sodann sogleich betont, dass an die Darstellung dieser Ansprüche keine zu hohen Anforderungen gestellt werden dürften, weil die Ermittlung und die Bewertung solcher Ansprüche mit Schwierigkeiten belastet seien.[17] Genaue Wertberechnungen müssten nicht angestellt werden.

13 Dies ist zu präzisieren: Soll über erfolgversprechende Anfechtungsansprüche disponiert werden, ist im darstellenden Teil anzugeben, wie der Anspruch zu bewerten ist; ist dies noch nicht abschließend möglich, können Schätzwerte und, erst soweit auch dies unmöglich ist, ggf. auch nur Merk- und Erinnerungsposten angegeben werden.[18]

14 Darüber hinaus sind in allen Fällen bei den Planerläuterungen auch Ausführungen zum Grund und zu den Umständen des Anfechtungsanspruchs zu machen. Insbesondere ist konkret zu erläutern, welche Schwierigkeiten bei der Durchsetzung des Anfechtungsanspruchs zu erwarten wären. Diese Darlegung muss über allgemeine Aussagen hinausgehen, die sich in der Sache darauf beschränken, dass Rechtsdurchsetzung immer mit Schwierigkeiten verbunden ist.

2. Materielle Schranken der Verzichtbarkeit

15 Die entscheidende Frage ist dann letztlich, ob die Darstellung für sich genommen reicht, oder ob auch eine materielle Schranke besteht, die dann bei der Prüfung durch das Gericht nach §§ 231, 250 InsO anzulegen wäre.

---

11) OLG Karlsruhe, Beschl. v. 12.8.2013 – 9 U 55/13, ZIP 2014, 530 = NZI 2014, 121, m. Anm. *Ganter*.
12) K. Schmidt-*Thole*, InsO, § 60 Rz. 11 ff.
13) BGH, Beschl. v. 15.7.2010 – IX ZB 65/10, Rz. 46, ZIP 2010, 1499, dazu EWiR 2010, 681 *(Huber)*.
14) BGH, Beschl. v. 15.7.2010 – IX ZB 65/10, Rz. 58, ZIP 2010, 1499.
15) *Buchalik/Hiebert*, ZInsO 2014, 109, 114.
16) *Buchalik/Hiebert*, ZInsO 2014, 109, 113 f.
17) *Buchalik/Hiebert*, ZInsO 2014, 109, 114.
18) *Thole*, ZIP 2014, 1653, 1659.

16 Unproblematisch sind insoweit Fälle, in denen der Anfechtungsanspruch mit einer freiwilligen, nicht rückforderbaren Leistung des Anfechtungsgegners (Sanierungsbeitrag) wertäquivalent abgegolten wird, also etwa wenn der Anfechtungsgegner die Zahlung eines Beitrags (nicht eines Darlehens) zusagt und im Gegenzug der Anfechtungsanspruch erlassen wird. Dann ist die Zahlung letztlich auch eine Zahlung auf den Anspruch selbst.

17 Problematisch und häufiger werden Fälle sein, in denen **ohne klar und quantitativ abgrenzbaren Vorteil für die Masse** auf Ansprüche verzichtet werden soll, etwa im Hinblick auf mehr oder weniger konkret benannte Mitwirkungen der Gesellschafter oder Geschäftsführer. Hier besteht insbesondere in der Eigenverwaltung die Gefahr, dass das Schutzschirmverfahren und folglich das Planverfahren „promoted" werden mit dem Argument, Anfechtungsansprüche könnten „weggebügelt" werden, eine allgemein kooperative Haltung des Geschäftsführers oder Gesellschafters würde genügen.

18 In solchen Fällen gibt es im Grunde zwei Möglichkeiten für die rechtliche Behandlung: Man kann vorbehaltlich von eklatanten Missbrauchsfällen auf eine weitere Prüfung verzichten, solange die Vergleichsrechnung (siehe dazu § 13 Rz. 112 ff. [*Brünkmans/Harmann*]) stimmt und folglich der Planwert die bei Abwicklung im Regelverfahren zu erwartende Liquidationsquote übersteigt, also trotz des Verzichts immer noch mehr herauskommt als außerhalb des Plans.

19 Denkbar ist es aber auch, eine **weitere Hürde** einzuziehen, die gerade auch Fälle erfasst, in denen die Vergleichsrechnung noch positiv ist, aber bei Geltendmachung des Anspruchs noch ein höherer Planwert erzielt worden wäre. Diese materielle Schranke läge letztlich wohl in der Insolvenzzweckwidrigkeit des Verzichts. Richtigerweise kann und muss die Insolvenzzweckwidrigkeit auch im Planverfahren geprüft werden (siehe dazu auch § 14 Rz. 88 [*Laroche*]); die Annahme des Plans durch die Gläubigermehrheit ändert daran nichts. Das liegt daran, dass ein insolvenzzweckwidriger Verzicht letztlich einen Missbrauch des Insolvenzverfahrens darstellte und das Planverfahren dann dazu utilisiert würde, um den Anfechtungsgegner zu schonen, was zwar von den Gläubigern hingenommen werden mag, aber wegen der mit der Insolvenzanfechtung verbundenen Steuerungseffekte fragwürdig wäre. Das bedeutet, dass die **positive Vergleichsrechnung nur eine notwendige Bedingung** für den Verzicht ist, keine hinreichende.

20 Daher ist zu prüfen, ob der Verzicht insolvenzzweckwidrig ist. Hier muss man allerdings die engen Maßstäbe aus dem Regelverfahren heranziehen. Grundsätzlich kann der Verzicht (soweit im darstellenden Teil hinreichend dargelegt und der Anfechtungsanspruch zuvor richtig ermittelt wurde), nur *ausnahmsweise* insolvenzzweckwidrig sein. Das kann naturgemäß nur im Einzelfall entschieden werden. Letztlich ist abzustufen. Je gesicherter es ist, dass mittels des Anfechtungsanspruchs zusätzliche verteilungsfähige Planmasse realisiert werden könnte, umso eher kann ein – insoweit unnötig erscheinender – Verzicht auf den Anfechtungsanspruch zweckwidrig sein. Ist aber die Realisierung des Anspruchs ohnedies ungewiss, kann ggf. auch verzichtet werden. Die offene und bisher nicht einmal recht erkannte Frage ist dann, ob der materiell-rechtliche Verzicht (anders als die bloße Nichtgeltendmachung) auch nach **Verfahrensaufhebung** einer **Gläubigeranfechtung nach dem AnfG** entgegensteht.[19]

21 Auf **eindeutig bestehende und realisierbare Ansprüche** kann (nur) dann verzichtet werden, wenn der damit verbundene Vorteil für die Masse ohne den Anfechtungsverzicht nicht zu erreichen ist. Das entspricht dem Regelverfahren. Insolvenzzweckwidrig kann es

19) Vgl. BGH, Urt. v. 12.11.2015 – IX ZR 301/14, ZIP 2015, 2428, dazu EWiR 2016, 149 (*Riedemann*); *Thole*, IPRax 2016, 453: Restschuldbefreiung hindert Gläubigeranfechtung nicht, wenn bereits vor Insolvenzverfahrenseröffnung Anfechtungsklage erhoben worden war.

demgegenüber sein, wenn ohne Not auf den Anfechtungsanspruch verzichtet werden soll, ohne dass damit erkennbare Vorteile für die Masse verbunden sind und es der Sache allein darum geht, den Anfechtungsgegner zu schonen.[20]

III. Anfechtungsvorbehalt im Plan gemäß § 259 Abs. 3 InsO

22 Von einer materiell-rechtlichen Disposition über den Anfechtungsanspruch zu unterscheiden ist die Ermächtigung zugunsten des Verwalters/Sachwalters, den Anfechtungsanspruch auch nach Verfahrensaufhebung noch geltend zu machen. § 259 Abs. 3 InsO lautet:

> „Einen anhängigen Rechtsstreit, der die Insolvenzanfechtung zum Gegenstand hat, kann der Verwalter auch nach der Aufhebung des Verfahrens fortführen, wenn dies im gestaltenden Teil des Plans vorgesehen ist. [2]In diesem Fall wird der Rechtsstreit für Rechnung des Schuldners geführt, wenn im Plan keine abweichende Regelung getroffen wird."

23 § 259 Abs. 3 InsO behandelt einen **Sonderfall.** In der Regelinsolvenz darf grundsätzlich keine Fortführung der Anfechtungsklage nach Aufhebung erfolgen. Es kommt aber die Anordnung einer Nachtragsverteilung in Betracht. Eine solche Nachtragsverteilung soll im Planverfahren aber nicht möglich sein,[21] daher ist § 259 Abs. 3 InsO erforderlich. Zur Ermächtigung eines Dritten oben Rz. 5.

1. Hinweis auf die Norm des § 259 Abs. 3 InsO

24 Der BGH hat zu § 259 Abs. 3 InsO mehrere maßgebliche Entscheidungen getroffen.[22] Für die Ermächtigung reicht ein **schlichter Hinweis auf die Norm** im Plan aus, also etwa die Wendung: „§ 259 Abs. 3 InsO findet Anwendung".[23] Allerdings würde dann der Rechtsstreit zugunsten des Schuldners geführt werden (§ 259 Abs. 3 Satz 2 InsO), wenn und weil keine abweichende Regelung im Plan vorgesehen ist.

25 Für Verwirrung sorgt insoweit gelegentlich eine Entscheidung des AG Hamburg, die eine Zurückweisung eines Plans nach § 231 InsO beinhaltete.[24] Das Gericht hat die Anfechtungsvorbehaltsklausel als unsubstantiiert beanstandet und Folgendes ausgeführt:

> „Die zu 2.3.4 vorgesehene Anfechtungsvorbehaltsklausel ist unsubstantiiert und geht daher – zum Nachteil einer Vergleichsrechnung – ins Leere: Um eine Vergleichsrechnung durchführen zu können, muss der Planvorlegende aufführen, welche Anfechtungsklagen noch bis zur Verfahrensaufhebung im Wege der Planbestätigung rechtshängig gemacht werden können. ... Damit besteht bei Fehlen einer eindeutigen zeitlichen oder streitgegenständlichen Regelung die Gefahr, dass nach Planaufstellung noch eine Anfechtungsklage eingereicht und zugestellt wird (Balthasar, Kübler-HRI, § 26 Rn. 89), der Anfechtungsgegner aber verabsäumt, seine evt. Rückforderung gem. § 143 InsO [gemeint § 144 InsO, d. Verf.] zur Tabelle anzumelden (*Wollweber/Hennig*, ZInsO 2013, 49). Dieses beinhaltet per se eine Schlechterstellung des Anfechtungsgegners „in spe" im Rahmen der Vergleichsrechnung."

26 Die Entscheidung ist unverständlich und abzulehnen. Eine konkrete Benennung der noch zu führenden Anfechtungsstreitigkeiten ist gerade nicht erforderlich; insoweit stimmt die Entscheidung nicht mit der BGH-Rechtsprechung überein. Es mag zwar sein, dass der

---

20) Vgl. auch BGH, Beschl. v. 15.7.2010 – IX ZB 65/10, Rz. 58, ZIP 2010, 1499.

21) BGH, Urt. v. 10.2.1982 – VIII ZR 158/80, NJW 1982, 1765, 1766 = ZIP 1982, 467; BGH, Beschl. v. 26.4.2018 – IX ZB 49/17, Rz. 29, ZIP 2018, 1141.

22) BGH, Urt. v. 11.4.2013 – IX ZR 122/12, ZIP 2013, 998 = NZI 2013, 489, dazu EWiR 2013, 557 *(Ruhe-Schweigel)*; BGH, Beschl. v. 7.3.2013 – IX ZR 222/12, Rz. 3, ZIP 2013, 738 = NZI 2013, 491; BGH, Urt. v. 9.1.2014 – IX ZR 209/11, ZIP 2014, 330 = NZI 2014, 262, dazu EWiR 2014, 117 *(Madaus)*.

23) BGH, Urt. v. 6.10.2005 – IX ZR 36/02, Rz. 21 ff., ZIP 2006, 39 = NZI 2006, 100, dazu EWiR 2006, 87 *(Bähr)*; BGH, Beschl. v. 7.5.2015 – IX ZB 75/14, Rz. 33, ZIP 2015, 1346, dazu EWiR 2015, 483 *(Spliedt)*.

24) AG Hamburg, Beschl. v. 20.5.2014 – 67c IN 232/13, ZIP 2014, 1601 = NZI 2014, 761.

Anfechtungsgegner seine wiederauflebende Forderung aus § 144 InsO nicht mehr zur Forderungstabelle anmelden kann. Das würde aber nach § 254b InsO gerade nichts daran ändern, dass er dann noch Anspruch auf die Quote hätte, wie sie andere Insolvenzgläubiger bekommen. Das Problem liegt für den Anfechtungsgegner in der **kurzen Verjährung** des § 259b InsO, wenn und weil die Anfechtungsklage erst nach Verfahrensaufhebung erfolgt. Insoweit ist zu erwägen, ob diese besondere und kenntnisunabhängige Verjährungsfrist gehemmt sein kann; die Frage ist bisher aber nicht erörtert.

2. Begrenzung auf bestimmte Anfechtungsklagen

27 Der BGH hat mit Beschluss vom 7.3.2013 mit Recht entschieden, dass die Befugnis des § 259 Abs. 3 InsO auf bestimmte Anfechtungsklagen begrenzt werden kann.[25)]

3. § 259 Abs. 3 InsO setzt Rechtshängigkeit voraus

28 Ungeklärt war bisher die im Urteil des BGH vom 11.4.2013[26)] zu entscheidende Frage, was mit dem Begriff „anhängiger Rechtsstreit" gemeint ist. Bekanntlich ist die Anhängigkeit einer Klage von der erst mit **Klagezustellung** i. S. des § 261 ZPO bewirkten Rechtshängigkeit zu unterscheiden. Trotz des Wortlauts des § 259 Abs. 3 InsO hat der IX. Zivilsenat des BGH angenommen, dass die bloße Anhängigkeit der Anfechtungsklage nicht genügt, sondern mit dem anhängigen Rechtsstreit ebenso wie in den Fällen der §§ 85, 86 InsO ein Prozessrechtsverhältnis gemeint ist, das erst mit Klagezustellung entsteht.[27)] Dieser Ansicht ist trotz mancher Bedenken im Schrifttum[28)] zu folgen.[29)]

4. Keine Fortdauer der Ermächtigung in einem zweiten Insolvenzverfahren

29 Mit Urteil vom 9.1.2014 hat der BGH seine Rechtsprechung zu § 259 Abs. 3 InsO weiter ausgebaut.[30)] Die fortdauernde Prozessführungsbefugnis wird dort eingeschränkt für Fälle, in denen die vom Insolvenzverwalter fortgeführten Anfechtungsstreitigkeiten noch nicht abgewickelt sind und es nunmehr zu **einem erneuten Insolvenzverfahren** kommt. Dann prävaliert das neue Insolvenzverfahren, dessen Masse die Ansprüche zugehörig sind und dessen Verwalter sie geltend machen darf. Die Ermächtigung des § 259 Abs. 3 InsO bricht sich gewissermaßen an einer erneuten Verfahrenseröffnung. Der neue Verwalter macht weiterhin den „alten" Anfechtungsanspruch geltend. Hat sich bspw. der alte Verwalter auf eine Deckungshandlung im Eröffnungsverfahren gestützt (§§ 130 Abs. 1 Nr. 2, 131 Abs. 1 Nr. 1 InsO), so tut dies auch der neue Verwalter, obwohl die Rechtshandlung aus Sicht des jetzigen Verfahrens deutlich vor dessen Eröffnungsverfahren erfolgte. Führt der neue Verwalter weitere Anfechtungstatbestände aus der Perspektive des neuen Verfahrens in den Prozess ein, handelt es sich richtigerweise um einen weiteren **Streitgegenstand**, weil sich der Lebenssachverhalt ändert;[31)] es geht nunmehr auch um die Anfechtung

---

25) BGH, Beschl. v. 7.3.2013 – IX ZR 222/12) , Rz. 3, ZIP 2013, 738 = NZI 2013, 491.

26) BGH, Urt. v. 11.4.2013 – IX ZR 122/12, ZIP 2013, 998 = NZI 2013, 489.

27) BGH, Urt. v. 11.4.2013 – IX ZR 122/12, Rz. 11 ff., ZIP 2013, 998 = NZI 2013, 489; ebenso *Wollweber/Hennig*, ZInsO 2013, 49, 50 ff.

28) *Kreft* in: HK-InsO, 7. Aufl. 2014, § 129 Rz. 86; wie hier jetzt *Thole* in: HK-InsO, § 129 Rz. 105.

29) *Thole*, ZIP 2014, 1653, 1658. Ebenso bestätigt bei BGH, Beschl. v. 26.4.2018 – IX ZB 49/17, Rz. 19, ZIP 2018, 1141.

30) BGH, Urt. v. 9.1.2014 – IX ZR 209/11, ZIP 2014, 330 = NZI 2014, 262.

31) Zum zweigliedrigen Streitgegenstandsbegriff statt aller Stein/Jonas-*Roth*, ZPO, Vor § 253 Rz. 18 m. Nachw.; zum anders gelagerten Problem einer Insolvenzanfechtung nach erfolgreicher Einzelgläubigeranfechtung BGH, Urt. v. 15.11.2012 – IX ZR 173/09, Rz. 20, ZIP 2013, 131 = NZI 2013, 292, dazu EWiR 2013, 327 (*Lau*).

der für die Gläubiger des zweiten Verfahrens benachteiligenden Wirkungen. Prozessual liefe dies auf eine (verdeckte) Klagehäufung hinaus, die dann als (unzulässige?) alternative Klagehäufung oder, was meist näher liegt, als Eventualklagehäufung anzusehen wäre.[32)]

5. Umfang mit wiederauflebenden Forderungen

30 Werden nach Verfahrensaufhebung Anfechtungsansprüche gemäß der Ermächtigung nach § 259 Abs. 3 InsO geltend gemacht, können bei Rückgewähr des anfechtbar erlangten Gegenstands Ansprüche nach § 144 Abs. 1 InsO wiederaufleben. Diese Ansprüche können nicht von vornherein durch den Insolvenzplan materiell ausgeschlossen werden. Eine **materielle Präklusionsklausel** ist nicht statthaft (siehe dazu § 23 Rz. 12 [*Madaus*]). Nach § 254b InsO hat der Anfechtungsgegner als Insolvenzgläubiger seiner ihm zuzuordnenden Gruppe gemäß Anspruch auf die Planzuwendung. An den Erlass im Übrigen, der zu einer unvollkommenen Verbindlichkeit führt (siehe dazu § 23 Rz. 14 [*Madaus*]), ist er aber wegen § 254b InsO gebunden. Den verbleibenden Anspruch muss er gegen den Schuldner geltend machen; dafür ist sinnvollerweise Vorsorge im Plan zu treffen.

C. Geschäftsführerhaftung nach § 15b InsO

31 Für die Geschäftsführerhaftung nach § 15b InsO, die im Kern ebenfalls ein Sonderaktivum darstellt, gelten im Ausgangspunkt vergleichbare Regelungen. Insoweit kann verwiesen werden (siehe oben Rz. 8 ff.). Insoweit ist die Planregelbarkeit unbestritten, da § 15b InsO kein originärer Anspruch des Insolvenzverwalters ist, sondern der Anspruch der Gesellschaft zusteht und bereits unabhängig von der Verfahrenseröffnung entsteht.

32 Soll auf den Anspruch verzichtet werden, muss dies ebenfalls mit hinreichender Bestimmtheit und unter Darlegung der Gründe im darstellenden Teil angegeben werden; für die Gestaltung selbst gelten ebenfalls die Grenzen der **Insolvenzzweckwidrigkeit**. Insbesondere darf das Planverfahren auch bei noch positiver Vergleichsrechnung nicht dazu benutzt werden, einen Geschäftsführer von einer eindeutig bestehenden Haftung „reinzuwaschen“, soweit dies nicht andere Vorteile für die Masse hat. Spielräume bleiben dennoch (siehe oben Rz. 14).

33 Da der Anspruch Massebestandteil ist, kann seine Verwertung im Plan geregelt werden, etwa durch Verkauf an einen Dritten. Insoweit bedarf es einer Ermächtigung nach § 259 Abs. 3 InsO nicht, weil der Anspruch von der Fortdauer des Insolvenzverfahrens unabhängig ist. Zu beachten ist allerdings, dass der Anspruch in der Höhe davon abhängen kann, ob wegen der Geschäftsführer nach Insolvenzreife veranlassten Zahlungen bereits Rückflüsse aufgrund Insolvenzanfechtung wegen einer Anfechtung dieser Zahlung gegenüber dem Empfänger erfolgt sind.

34 Neuerdings wird die Plangestaltbarkeit von (insolvenzspezifischen) **Ansprüchen gegen den Geschäftsführer** wie § 15b InsO bejaht unter der Prämisse einer entsprechenden Kompensation. Dies wird aus § 227 Abs. 2 InsO und § 11 Satz 2 und § 67 Abs. 2 StaRUG abgeleitet. Dabei wird auch ein möglicher Konflikt mit dem gesellschaftsrechtlichen Entlastungsvorbehalt adressiert, aber dieser Vorbehalt (§ 46 Nr. 5 Alt. 2 GmbHG) als verdrängt angesehen, oder aber der Entlastungsbeschluss wird wegen des Vorrangs der Gläubigerversammlung selbst zum Bestandteil des Plans als gesellschaftsrechtliche Regelung gemacht.[33)] Fraglich ist allerdings, ob es gesellschaftsrechtlich überhaupt der Entlastung bedarf, weil die Kompetenz des § 46 GmbHG generell verdrängt sein dürfte (Verdrängungsbereich). Möglich bleibt natürlich auch die Abtretung der Ansprüche.

32) *Thole*, ZIP 2014, 1653, 1658.

33) So *Wollring/Quitzau*, ZRI 2021, 616, 624 ff., m. weiteren Differenzierungen.

D. Konzerninterne Ansprüche im Insolvenzplan

I. Grundlagen

In der Konzerninsolvenz bleiben die jeweiligen Konzerngesellschaften jeweils eigenständige Subjekte eines eigenständigen Insolvenzverfahrens. Daran ändern auch das Gesetz zur Erleichterung der Bewältigung von Konzerninsolvenz und folglich §§ 269d–269i InsO[34] nichts. Die Massen werden nicht konsolidiert. Daher bestehen die im Konzernverbund bestehenden wechselseitigen Forderungen auch fort. Insbesondere konzerninterne Anfechtungsansprüche[35] können die Sanierung beeinträchtigen. Jegliche konzerninterne Leistung kann eine potentiell anfechtbare Rechtshandlung sein. Zu nennen sind in diesem Zusammenhang etwa der gruppeninterne Verkauf zu Konzernverrechnungspreisen, die Erbringung von Leistungen eines Gruppenmitglieds für ein anderes weit unterhalb der Marktpreise oder die unentgeltliche Überlassung von Produktionsmitteln oder Lizenzen.[36] Daher kann ein Bedürfnis bestehen, im Insolvenzplan eine Regelung über diese Ansprüche zu treffen, weil deren langwierige Durchsetzung und Geltendmachung den Sanierungserfolg gefährden mag, insbesondere in Fällen, in denen wechselseitig Ansprüche bestehen könnten. 35

Es bedarf einer Planregelung nicht zwingend. Die Insolvenzverwalter der beteiligten Verfahren können sich vergleichsweise über die Anfechtungsansprüche und die sonst bestehenden oder in Betracht kommenden Ansprüche einigen. Insofern besteht **kein Vorrang des Planverfahrens.** Der Insolvenzverwalter oder der Sachwalter sind originär befugt, einen Vergleich abzuschließen. Dieser **Vergleich** steht wiederum allein unter der Wirksamkeitsschranke der Insolvenzzweckwidrigkeit, die nur in Ausnahmefällen greift. Bei unsicherer Erfolgsaussicht oder sonst drohenden Nachteilen für die eigene Masse muss der Insolvenzverwalter den Anfechtungsanspruch nicht durchfechten; ihm steht insoweit auch ein Beurteilungsspielraum zu. Dabei sind alle Umstände des Einzelfalls zu würdigen und zu gewichten, insbesondere die Prozessrisiken, die zeitliche Dimension (z. B. auch Zinsvorteile), die Vollstreckungsaussichten und sonstige Vor- und Nachteile, die sich bei einem tatsächlichen Ausfechten des Streits ergäben.[37] Insoweit fließen dann auch die sich aus einer Behinderung der Gruppensanierung ergebenden Risiken ein, soweit daraus eine Masseschmälerung für das jeweilige Einzelverfahren zu erwarten wäre.[38] Ein allgemeines Konzerninteresse reicht nicht als Begründung aus, um auf einen Anfechtungsanspruch kompensationslos zu verzichten, auch nicht der Umstand, dass man den Anfechtungsgegner noch als Lieferanten benötigt, soweit Alternativen vorhanden sind.[39] Insofern gelten letztlich keine Besonderheiten. Soll im Plan auf den Anfechtungsanspruch verzichtet werden, gelten die oben gemachten Ausführungen (siehe Rz. 8 ff.). 36

Darüber hinaus können Anfechtungsansprüche i. R. einer koordinierten Konzerninsolvenz und mithin für das sog. Koordinationsverfahren beachtlich sein (siehe dazu allgemein § 33 Rz. 57 ff. [*Brünkmans*]). § 269h Abs. 2 Nr. 2 InsO sieht für das Koordinationsverfahren vor, dass der Koordinationsplan, der nur letztlich unverbindliche Vorschläge für die Einzelverfahren enthält („kupierter Plan"), auch Vorschläge zur Beilegung gruppeninterner Streitigkeiten enthalten kann. Die Entwurfsbegründung geht davon aus, es müsse etwa eine Kompensationszahlung des Anfechtungsgegners in den Plan aufgenommen 37

34) Gesetz zur Erleichterung der Bewältigung von Konzerninsolvenzen, v. 13.4.2017, BGBl. I 2017, 866.

35) Dazu ausführlich *Thole* in: Flöther, Hdb. Konzerninsolvenzrecht, § 4 Rz. 402 ff.

36) RegE Gesetz zur Erleichterung der Bewältigung von Konzerninsolvenzen, BT-Drucks. 18/407, S. 45.

37) *Thole*, Der Konzern 2013, 182, 188.

38) *Thole*, Der Konzern 2013, 182, 188.

39) *Thole*, ZIP 2014, 1653, 1661.

werden zugunsten des Anfechtungsberechtigten, der sodann auf sein Anfechtungsrecht verzichtet.[40] Faktisch bedeutet dies, dass der Streit vergleichsweise beigelegt werden soll. Die Vorschläge aus dem Koordinationsplan können daher in den Einzelverfahren umgesetzt werden, entweder durch abgestimmte Pläne oder auch außerhalb des Plans durch Vereinbarung der beteiligten Verwalter.

II. Ansprüche aufgrund Kapitalerhaltung (§§ 30, 31 GmbHG, ggf. i. V. m. § 43 Abs. 3 GmbHG/§ 93 Abs. 2 AktG

38 Im konzerninternen Verhältnis können auch Ansprüche aufgrund Kapitalerhaltung und folglich wegen Verstoßes gegen § 30 GmbHG gegeben sein. In Betracht kommt insoweit eine Haftung des Geschäftsführers gegenüber der Gesellschaft gemäß § 43 Abs. 3 GmbHG und die Haftung des die Leistung empfangenen Gesellschafters nach § 31 GmbHG, unter Umständen auch die Ausfallhaftung der Mitgesellschafter über § 31 Abs. 3 GmbHG. Das MoMiG[41] hat die früheren Versuche, die Kapitalerhaltung von der strengen bilanziellen Betrachtungsweise zu lösen, allerdings wieder zurückgestutzt.[42] § 30 GmbHG gilt nicht bei Leistungen, die durch einen vollwertigen Gegenleistungs- oder Rückgewähranspruch gegen den Gesellschafter gedeckt sind.

39 Soweit danach ein Anspruch gegen die Muttergesellschaft bzw. den Gesellschafter über § 31 GmbHG begründet ist, kann fraglich sein, ob der Anspruch im Insolvenzverfahren über das Vermögen der Gesellschaft planregelbar ist. § 31 Abs. 4 GmbHG legt nämlich fest, dass die Rückforderung den Verpflichteten nicht erlassen werden darf. Ob ein Vergleich und damit fast notwendig verbunden ein Teilverzicht möglich ist, wird teilweise ebenfalls unter Hinweis auf § 31 Abs. 4 GmbHG grundsätzlich verneint, von der Gegenansicht aber immerhin dann bejaht, wenn der Anspruch seinem Umfang nach unklar ist.[43]

40 Diese **Einschränkungen** betreffen allerdings richtigerweise **nicht den Insolvenzplan**. Denn ratio des § 31 Abs. 4 GmbHG ist der Gläubigerschutz, der (außerhalb des Insolvenzverfahren) nicht dadurch gefährdet werden soll, dass der Geschäftsführer gegenüber dem Gesellschafter auf den Anspruch verzichtet. Wenn indes der Insolvenzverwalter verzichtet (im Insolvenzregelverfahren) oder die Gläubigerversammlung im Insolvenzplan über den Anspruch disponiert, ist dies Ausdruck der Verwertungsentscheidung der geschützten Gläubigerschaft und es geht nur noch darum, eine sachgerechte und transparente Abstimmung herzustellen und eine Übervorteilung einzelner Gläubiger auf dem Rücken anderer zu verhindern. Dies wird aber durch das Insolvenzplanverfahren und seine Modalitäten gewährleistet. Insofern ist die Situation auch nicht in gleichem Maße heikel wie bei der Anfechtung, weil kein originäres Verwalterrecht beschnitten wird. Richtigerweise greifen aber die insolvenzrechtlichen Grenzen; daher kann ein Erlass eines eindeutig bestehenden Anspruchs, der nicht gerechtfertigt ist, ebenso insolvenzzweckwidrig sein wie er es außerhalb des Insolvenzverfahrens wegen § 31 Abs. 4 GmbHG unwirksam wäre und wie es vergleichbar auch der Verzicht auf den Anfechtungsanspruch wäre (siehe oben Rz. 20).

---

40) Begr. RegE Gesetz zur Erleichterung der Bewältigung von Konzerninsolvenzen, BT-Drucks. 18/407, S. 40.

41) Gesetz zur Modernisierung des GmbH-Rechts und zur Bekämpfung von Missbräuchen – MoMiG, v. 23.10.2008, BGBl. I 2008, 2026.

42) Begr. RegE MoMiG, BT-Drucks. 16/6140, S. 41; dazu auch *Thole*, ZInsO 2011, 1425 ff.

43) Zum Streitstand *Roth/Altmeppen*, GmbHG, § 31 Rz. 36 einerseits und Noack/Servatius/Haas-*Fastrich*, GmbHG, § 31 Rz. 26a andererseits, zu § 66 Abs. 1 AktG; vgl. auch BGH, Urt. v. 6.12.2011 – II ZR 149/10, Rz. 23, BGHZ 191, 364 = ZIP 2012, 73, dazu EWiR 2012, 129 *(Klawa)*.

Für § 43 Abs. 3 GmbHG gilt nichts anderes. Zwar ordnet hier der Verweis des § 43 Abs. 3 Satz 2 GmbHG auf § 9b Abs. 1 Satz 1 GmbHG ebenfalls ein Verzichts- und Vergleichsverbot an, soweit der Ersatz zur Befriedigung der Gesellschaftsgläubiger erforderlich ist. Dies gilt aber anerkanntermaßen nicht im Insolvenzplan und auch schon im Regelverfahren nicht zulasten des Insolvenzverwalters.[44] 41

Für die **AG** gelten bei der Kapitalerhaltung die Ansprüche nach §§ 57, 62 AktG sowie die korrespondierende Schadensersatzhaftung des Vorstands nach § 93 Abs. 2, Abs. 3 Nr. 1 AktG. Für die Plandispositivität gelten vergleichbare Grundsätze wie bei der AG. Es ändert sich nichts dadurch, dass nach § 62 Abs. 2 AktG unter Umständen auch die Gläubiger selbst den Ersatzanspruch geltend machen können, denn diese Überleitung der Prozessführungsbefugnis gilt ohnedies nicht im Insolvenzverfahren (§ 62 Abs. 2 Satz 2 AktG). Zudem ändert sie nichts daran, dass es sich um einen Anspruch der AG selbst handelt. 42

Für den Schadensersatzanspruch aus § 93 AktG wird die Planregelbarkeit für das Insolvenzverfahren über das Vermögen des Ersatzpflichtigen in § 93 Abs. 4 Satz 4 AktG ausdrücklich bestätigt. Für die Insolvenz der anspruchsberechtigten Gesellschaft gilt aber nichts anderes, da es sich um einen genuinen Massebestandteil handelt. 43

III. Verlustübernahmeansprüche und Ansprüche im faktischen Konzern (§§ 302, 311, 317 AktG)

Für Verlustübernahmeansprüche nach § 302 AktG ist zu beachten, dass sie ggf. auch zum Inhalt haben, den Insolvenzgrund bei der abhängigen Gesellschaft zu beseitigen.[45] Soweit die Insolvenz der abhängigen Gesellschaft dennoch eingetreten ist, können die Verlustübernahmeansprüche im Insolvenzplan der abhängigen Gesellschaft geregelt werden, weil es sich um Massebestandteile handelt. Für die Insolvenz der ausgleichspflichtigen Gesellschaft besagt schon § 302 Abs. 3 Satz 2 AktG, dass die Befriedigung der Ausgleichsforderung (wie auch sonstige gegen die Schuldnerin gerichtete Forderungen) in einem Insolvenzplan geregelt werden kann. 44

Für Schadensersatzansprüche nach § 309 AktG gilt Entsprechendes, vgl. § 309 Abs. 3 Satz 2 AktG. 45

Im faktischen Konzern sind Ansprüche der abhängigen Gesellschaft nach § 311 AktG und nach § 317 AktG denkbar. Auch insoweit besteht die Möglichkeit, diese Ansprüche in einem Insolvenzplan (in der Insolvenz der abhängigen Gesellschaft oder des Ausgleichspflichtigen, vgl. § 317 Abs. 4 i. V. m. § 309 Abs. 4 Satz 5 AktG) zu regeln. 46

> **Praxishinweis**
>
> In allen Fällen ist zu beachten, dass der Verzicht auf entsprechende Ansprüche im darstellenden Teil samt der Gründe darzulegen ist und im Einzelfall eine Insolvenzzweckwidrigkeit angenommen werden kann (siehe oben zum Anfechtungsanspruch Rz. 14 ff.).

E. Disposition über Anfechtungs- und Haftungsansprüche im Restrukturierungsplan

Eine Gestaltung von **Anfechtungsansprüchen** im Restrukturierungsplan ist schon deshalb nicht möglich, weil die Insolvenzanfechtungsansprüche nach der Rechtsprechung erst originär mit Verfahrenseröffnung entstehen. Davon zu unterscheiden ist der **Schutz vor einer späteren Anfechtung**, der über § 89 und § 90 StaRUG begründet wird. Danach 47

44) BGH, Urt. v. 14.6.2018 – IX ZR 232/17, Rz. 21, BGHZ 219, 98; *Fleischer* in: MünchKomm-GmbHG, § 43 Rz. 295; Noack/Servatius/Haas-*Zöllner*/*Noack*, GmbHG, § 43 Rz. 88.

45) Str.; *Altmeppen* in: MünchKomm-AktG, § 302 Rz. 38 m. Nachw. zum Streitstand.

sind, namentlich über § 90 StaRUG, die Planregelungen selbst und die Planvollzugshandlungen grundsätzlich nicht anfechtbar.

48 Was **andere Ansprüche** angeht, so wäre eine Gestaltung im Restrukturierungsplan grundsätzlich denkbar.[46] Allerdings sind etwa Ansprüche nach § 15b InsO tatbestandlich noch gar nicht erfüllt, wenn man davon ausgeht, dass das StaRUG-Verfahren nur bei drohender Zahlungsunfähigkeit eingeleitet werden kann. Künftige Ansprüche wegen späterer Verschleppung bzw. Masseschmälerung wird der Plan nicht regeln können.

49 Ob **allgemeine Haftungsansprüche** wie jene aus § 43 StaRUG ihrerseits weggeplant werden können, ist eher zu verneinen, wenn doch die gläubigerschädliche „Schlechtführung" der Restrukturierungssache und die Pflichtverletzung während der Restrukturierungssache typischerweise erst bekannt wird, wenn der Plan abgesegnet ist.

46) *Wollring/Quitzau*, ZRI 2021, 616 ff.

§ 12
Insolvenzplan bei Masseunzulänglichkeit (§ 210a InsO)

Übersicht

Literatur: *Frind*, Zum Diskussionsentwurf für ein „Gesetz zur weiteren Erleichterung der Sanierung von Unternehmen", ZInsO 2010, 1524; *Jacoby/Madaus/Sack/Schmidt, H./Thole*, Evaluierung – Gesetz zur weiteren Erleichterung der Sanierung von Unternehmen (ESUG) vom 7.12.2011 (zit.: ESUG-Evaluierung), abrufbar unter abrufbar unter https://www.bmjv.de/SharedDocs/Downloads/DE/News/Artikel/101018_Gesamtbericht_Evaluierung_ESUG.pdf?__blob=publicationFile&v=2 (Abrufdatum: 14.7.2025); *Klaas/Zimmer*, Zeitpunkt der Anzeige der Masseunzulänglichkeit als taugliches Qualitätsmerkmal des Insolvenzverwalters?, ZInsO 2011, 666; *Wienberg/Dellit*, Masse- sowie Planquotenunzulänglichkeit im Insolvenzplanverfahren, in: Festschrift für Bruno M. Kübler, 2015, S. 805; *Zimmer*, Insolvenzplan bei Masseunzulänglichkeit nach § 210a InsO (ESUG), ZInsO 2012, 390.

A. Überblick

Durch § 210a InsO ist klargestellt, dass das Insolvenzplanverfahren auch bei Anzeige der Masseunzulänglichkeit[1] bei (oder vor) Einreichung des Insolvenzplans **zulässig** ist, mit der Maßgabe, dass an die Stelle der nicht nachrangigen Insolvenzgläubiger die Massegläubiger mit dem Rang des § 209 Abs. 1 Nr. 3 InsO treten und für die nicht nachrangigen Insolvenzgläubiger § 246 Nr. 2 InsO entsprechend gilt. Insolvenzpläne bei Masseunzulänglichkeit sind von eher geringer praktischer Bedeutung.[2] 1

Dies bedeutet letztlich, dass gemäß § 210a InsO alle Gläubiger um eine Stufe nach unten „rutschen":[3] Die vormals voll zu befriedigenden (und daher nicht am Planverfahren zu beteiligenden) **Massegläubiger** sinken in den Rang der einfachen Insolvenzgläubiger ab und erhalten damit eine zwangsweise planunterworfene Rechtsposition. Die **einfachen Insolvenzgläubiger** haben aufgrund der Masseunzulänglichkeit keine Befriedigungsaussichten mehr und werden daher im Hinblick auf die Zustimmungsfiktion des § 246 Nr. 2 InsO wie die nachrangigen Gläubiger behandelt.[4] 2

Die Neuregelung[5] hat ihren Hintergrund darin, dass auch bei Masseunzulänglichkeit im Einzelfall der **Fortführungswert** des schuldnerischen Unternehmens größer sein kann als der Liquidationswert.[6] Die Masseunzulänglichkeit ist namentlich nicht immer zwingend auf ein gescheitertes Geschäftsmodell und einer eventuell anfänglichen Fehleinschätzung des Insolvenzverwalters im Hinblick auf die Fortführungsfähigkeit zurückzuführen, sondern kann auch aus **externen Faktoren** herrühren, welche die Fortführungsfähigkeit des 3

1) Instruktiv zur Masseunzulänglichkeit *Klaas/Zimmer*, ZInsO 2011, 666.

2) *Jacoby/Madaus/Sack/H. Schmidt/Thole*, ESUG-Evaluierung, S. 183.

3) *Weitzmann* in: HambKomm-InsR, § 210a InsO Rz. 1.

4) *Madaus* in: MünchKomm-InsO, § 210a Rz. 1; Begr. RegE ESUG, BT-Drucks. 17/5712, S. 29; *Dellit/Titze* in: Bork/Hölzle, Hdb. Insolvenzrecht, Kap. 13 Rz. 307, wollen die ehemals nicht nachrangigen Insolvenzgläubiger vollständig wie nachrangige Insolvenzgläubiger behandeln. Dem ist nicht zuzustimmen.

5) Vor dem ESUG war die Zulässigkeit von Insolvenzplänen bei Masseunzulänglichkeit umstritten und wurde von der Rspr. abgelehnt, Nachw. bei Römermann-*Westphal*, InsO/InsR, § 210a InsO Rz. 3.

6) Begr. RegE ESUG, BT-Drucks. 17/5712, S. 29.

Unternehmens an sich nicht in Frage stellen.[7] So kann die Masseunzulänglichkeit aus einem Umweltschaden, der während des Insolvenzverfahrens verursacht wurde, herrühren. Die Ertragsaussichten des operativen Geschäfts müssen dadurch nicht zwingend tangiert werden.[8] Die Betriebseinstellung vernichtet im Einzelfall Fortführungswerte und kann anderseits durch die Zerschlagung erhebliche Auslaufkosten erzeugen.[9] Dann aber ist auch eine Sanierung des Unternehmens unter Umständen sinnvoll. Auch die Massegläubiger sind daran interessiert, dass das verbleibende Vermögen des Schuldners bestmöglich verwertet wird.[10] Insgesamt erscheint es aber eher zweifelhaft, dass zukünftig eine bedeutende Anzahl derartiger Pläne zustande kommen wird.[11]

B. Regelungsgegenstände

4 Für die **Gestaltung der Forderungen** der Massegläubiger sind alle Plangestaltungen möglich, die auch außerhalb einer Masseunzulänglichkeit für Insolvenzgläubiger bestehen.[12] Im Vordergrund steht dabei die Regelung eines Forderungserlasses der Altmassegläubiger i. S. von § 209 Abs. 1 Nr. 3 InsO.

5 Nicht geregelt werden kann allerdings – wenn auch für den Insolvenzverwalter vor dem Hintergrund des § 61 InsO wünschenswert – die Frage, **wann** die Masseunzulänglichkeit eingetreten ist.[13] Hierdurch würden die Rechte der ehemaligen Massegläubiger gegenüber dem Insolvenzverwalter als schuldnerfremdem Dritten jedenfalls mittelbar gestaltet, was einer Planregelung nicht zugänglich ist.[14]

6 Da die Anzeige der Masseunzulänglichkeit bereits bei einer **drohenden** Masseunzulänglichkeit möglich ist, kann das Insolvenzplanverfahren gemäß § 210a InsO bereits in dieser Vorphase dazu genutzt werden, den Eintritt der Masseunzulänglichkeit überhaupt zu vermeiden.[15]

C. Masseunzulänglichkeit in der Masseunzulänglichkeit

7 Entsprechend der Regelung des § 210a InsO ist auch dann zu verfahren, wenn nach der Anzeige der Masseunzulänglichkeit ersichtlich wird, dass auch die **Neu-Massegläubiger** aus der verfügbaren Masse nicht mehr vollständig befriedigt werden können.[16]

8 Die Anwendung des § 210a InsO in diesem Fall bedeutet, dass alle Gläubiger wiederum um eine Stufe „nachrutschen". Freilich wird man sich in diesem Falle ganz besonders die Frage stellen müssen, ob die Durchführung eines Insolvenzplanverfahrens noch sinnvoll ist[17] oder ob nicht das Verfahren nach § 209 InsO kostengünstiger eine Befriedigung der (Neu-Masse-)Gläubiger herbeiführen kann.

---

7) *Balthasar* in: Kübler/Bork/Prütting, HRI II, § 22 Rz. 162.

8) Begr. RegE ESUG z. § 210a, BT-Drucks. 17/5712, S. 37; *Wienberg/Dellit* in: FS Kübler, S. 805, 811.

9) *Rendels/Zabel*, Insolvenzplan, Rz. 311.

10) *Haneke* in: Kübler/Bork/Prütting, HRI II, § 24 Rz. 101.

11) Römermann-*Westphal*, InsO/InsR, § 210a InsO Rz. 25. *Pape* in: KPB, InsO, § 210a Rz. 7; *Balthasar* in: Kübler/Bork/Prütting, HRI II, § 226 Rz. 190.

12) *Weitzmann* in: HambKomm-InsR, § 210a InsO Rz. 5; *Madaus* in: MünchKomm-InsO, § 210a Rz. 6; **a. A.** *Pape* in: KPB, InsO, § 210a Rz. 19, und *Zimmer*, ZInsO 2012, 390, nach deren Ansicht ein verfahrensleitender Plan oder Zerschlagungsplan ausscheide.

13) *Madaus* in: MünchKomm-InsO, § 210a Rz. 7; im Ergebnis ebenso *Zimmer*, ZInsO 2012, 390, 394.

14) *Madaus* in: MünchKomm-InsO, § 210a Rz. 7.

15) *Rendels/Zabel*, Insolvenzplan, Rz. 316.

16) Römermann-*Westphal*, InsO/InsR, § 210a InsO Rz. 7; **a. A.** *Pape* in: KPB, InsO, § 210a Rz. 15.

17) Aus diesem Grunde gegen die Zulässigkeit eines Insolvenzplanverfahrens in den genannten Fällen *Pape* in: KPB, InsO, § 210a Rz. 15.

D. Gruppenbildung

Kommt § 210a InsO zur Anwendung, so ist für die Altmassegläubiger zwingend eine eigene Gruppe zu bilden, soweit der Insolvenzplan den Eingriff in ihre Rechte vorsieht (§ 222 Abs. 1 InsO).[18] Für die Neu-Massegläubiger, die nicht in den Insolvenzplan einbezogen werden, ist keine Gruppe zu bilden.[19] 9

Es ist immer auch eine Gruppe der **nicht nachrangigen Insolvenzgläubiger** zu bilden,[20] diese Gläubiger müssen dann auch ein Stimmrecht haben.[21] Eine Gruppenbildung kann auch dann nicht unterbleiben, wenn der Plan nur eine Abwicklung entsprechend dem Verfahren bei Masseunzulänglichkeit nach §§ 208 ff. InsO vorsieht und in die Rechte der nicht nachrangigen Insolvenzgläubiger daher nicht weitergehend eingreift.[22] 10

Tatsächlich rutschen die nicht nachrangigen Insolvenzgläubiger nicht vollständig in die Rolle der nachrangigen Insolvenzgläubiger, sodass ein vollständiger Ausschluss aus der Beteiligung am Insolvenzplanverfahren nicht in Betracht kommt.[23] Dem fehlenden Interesse der nicht nachrangigen Insolvenzgläubiger an einem Insolvenzplanverfahren, durch das sie nichts zu gewinnen haben, trägt § 246 Nr. 2 InsO hinreichend Rechnung, ein darüber hinausgehender Ausschluss aus der Beteiligung am Planverfahren ist weder gesetzlich vorgesehen, noch notwendig. Der Bericht der ESUG-Evaluation schlägt vor, § 210a Nr. 2 InsO dahingehend zu ergänzen, dass für die nicht nachrangigen Insolvenzgläubiger die Verfahrensregelung der §§ 217 ff. InsO für nachrangige Insolvenzgläubiger gelten.[24] 11

Einzelheiten zur Gruppenbildung siehe § 9 [*Beck/Pechartscheck*]. 12

E. Widerruf der Anzeige der Masseunzulänglichkeit

Grundsätzlich ist der Widerruf der Anzeige der Masseunzulänglichkeit jederzeit möglich.[25] Geschieht dies, so geht das Verfahren zurück ins Regelverfahren. 13

Wird allerdings wegen § 210a InsO durch den Insolvenzplan in die Rechte der ansonsten durch das Insolvenzverfahren unberührten **Massegläubiger** eingegriffen, so ist dies bei der Frage des Austritts aus dem „Masseunzulänglichkeitsverfahren“ zu beachten. Der Widerruf der Anzeige der Masseunzulänglichkeit kann nur **vor Bestätigung** des Planes erfolgen (der Plan wäre dann wegen des Eingriffs in die Rechte der Massegläubiger nicht bestätigungsfähig) oder aber der bereits bestätigte Plan muss widerrufen werden, da es unvertretbar ist, in die an sich gesicherte Position der Massegläubiger einzugreifen, wenn genügend Mittel zur Verfügung stehen, um diese zu befriedigen.[26] 14

---

18) Römermann-*Westphal*, InsO/InsR, § 210a InsO Rz. 16; *Madaus* in: MünchKomm-InsO, § 210a Rz. 11; *Pape* in: KPB, InsO, § 210a Rz. 47.

19) *Weitzmann* in: HambKomm-InsR, § 210a InsO Rz. 7.

20) *Weitzmann* in: HambKomm-InsR, § 210a InsO Rz. 7; *Zimmer*, ZInsO 2012, 390; *Frind*, ZInsO 2010, 1524, 1525.

21) *Zimmer*, ZInsO 2012, 390; differenzierend *Weitzmann* in: HambKomm-InsR, § 210a InsO Rz. 8.

22) So aber *Weitzmann* in: HambKomm-InsR, § 210a InsO Rz. 7; *Pape* in: KPB, InsO, § 210a Rz. 34; *Dellit/Titze* in: Bork/Hölzle, Hdb. Insolvenzrecht, Kap. 13 Rz. 307.

23) Vgl. *Madaus* in: MünchKomm-InsO, § 210a Rz. 14.

24) *Jacoby/Madaus/Sack/H. Schmidt/Thole*, ESUG-Evaluierung, S. 185.

25) H. M.: ausführlich *Hinzten* in: MünchKomm-InsO, § 208 Rz. 54 f. m. w. N.; Braun-*Ludwig*, InsO, § 208 Rz. 32.

26) *Pape* in: KPB, InsO, § 210a Rz. 17.

F. Masseunzulänglichkeit nach Planbestätigung

15 Problematisch ist der Fall, wenn nach Rechtskraft des Insolvenzplans die Masseunzulänglichkeit eintritt. In diesem Fall werden die Voraussetzungen für die Aufhebung des Insolvenzverfahrens nach § 258 Abs. 2 InsO nicht erfüllt werden können. Dann besteht ein Zustand, dass einerseits der Insolvenzplan rechtskräftig ist, andererseits das Insolvenzverfahren nach § 258 InsO nicht aufgehoben werden kann. In der Literatur wird neuerdings vorgeschlagen, Insolvenzpläne enthielten eine ungeschriebene auflösende Bedingung für den Fall des nachträglichen Eintritts der Masseunzulänglichkeit.[27] Empfehlenswert ist, im Insolvenzplan eine **ausdrückliche auflösende Bedingung** für den Fall aufzunehmen, dass nach dessen Wirksamwerden Masseunzulänglichkeit eintritt.

27) *Wienberg/Dellit* in: FS Kübler, S. 805, 809, 812.

§ 13
Planangalen

Übersicht

Literatur: *Baumüller/Hartmann/Kreuzer*, Integrierte Unternehmensplanung, 2016; *Brünkmans*, Sanierungstransaktionen in Insolvenzplänen – gilt die Formfiktion des § 254a InsO für Erklärungen außenstehender Dritter?, ZIP 2015, 1052; *Brünkmans*, Insolvenzbedingte Sonderaktiva im Insolvenzgutachten für eine GmbH unter besonderer Berücksichtigung der Geschäftsführerhaftung aus § 64 Satz 1 GmbHG, ZInsO 2011, 2167; *Girotto/Czernay*, Externer Sachverstand und betriebswirtschaftliche Expertise im Kontext des StaRUG, NZI Beilage z. Heft 5/2021, S. 66; *Frind*, Die Sicherstellung eines nachhaltigen Sanierungsergebnisses im Insolvenzverfahren – Möglichkeiten der Insolvenzgerichte bei den verschiedenen Sanierungsvarianten – Teil 1, ZInsO 2015, 2249; *Hergeth/Eberl*, Wirksamkeitsvoraussetzungen des Zeichnungsvorvertrages, NZG 2003, 205; *Hergeth/Mingau*, Beteiligungsverträge bei der GmbH, DStR 2001, 1217; *Madaus*, Insolvenzpläne im Verbraucherinsolvenzverfahren – AG Hamburg, NZI 2017, 567, NZI 2017, 697; *Moxter*, Grundsätze ordnungsgemäßer Unternehmensbewertung, 2012; *Nickert/Lamberti*, Überschuldungs- und Zahlungsunfähigkeitsprüfung im Insolvenzrecht, 2. Aufl. 2011; *Plagens/Brunow*, Integrierte Planungsrechnung: Bestandteil des betrieblichen Rechnungswesens (Teil I), DStR 2004, 102 und (Teil II), DStR 2004, 151; *Skauradszun*, Die Vergleichsrechnung nach § 220 Abs. 2 InsO n. F., ZIP 2021, 1091; *Weßling*, Bonitätsnachweis bei Einzahlungsverpflichtungen Dritter nach § 230 Abs. 3 InsO?, ZInsO 2020, 714.

A. Überblick

1 Zu den **Pflichtbestandteilen** eines Insolvenzplanes gehören neben dem darstellenden Teil die in §§ 229, 230 InsO genannten Anlagen. Wie im darstellenden Teil haben die Plananlagen den Zweck, die für die Entscheidung der Gläubiger und ggf. Anteilsinhaber über die Annahme des Insolvenzplanes erforderlichen Informationen zur Verfügung zu stellen.[1] Sie ergänzen die Ausführungen im darstellenden Teil, auf die das Insolvenzgericht i. R. der Prüfung nach § 231 InsO zurückgreifen kann. Dabei ist zwischen gesetzlich gebotenen zwingenden Anlagen (**sog. Pflichtanlagen**) und den sonstigen Anlagen **(optionale Plananlagen) zu unterscheiden.** Sämtliche Plananlagen sind beim Insolvenzgericht zur Einsicht zu hinterlegen (§ 234 InsO).

B. Pflichtanlagen

I. Wesen der Pflichtanlage

2 Wie aus § 219 Satz 2 InsO ersichtlich, regeln die §§ 229 und 230 InsO Anlagen, die einem **Insolvenzplan zwingend beizufügen** sind. Die Anlage nach § 229 InsO dient als besondere **Informationsgrundlage** für sog. Earn-out-Pläne. Sollen die Gläubiger aus den Erträgen des fortgeführten Unternehmens befriedigt werden, müssen sie ihre rationale Entscheidung zwischen Planannahme und Planablehnung auf ein hinreichendes Rechenwerk stützen können.[2] Bei den **Pflichtanlagen aus § 230 InsO** handelt es sich um Willenserklärungen, welche nicht durch eine Regelung im Insolvenzplan ersetzt werden können, jedoch **für die bestimmte Form der Verfahrensgestaltung zwingend erforderlich** sind. Eine Unternehmensfortführung als Einzelschuldner oder persönlich haftender Gesellschafter ist nicht ohne Zustimmung der betroffenen Person möglich (§ 230 Abs. 2 und 3 InsO). Gleiches gilt, wenn die Quotenzahlung an die Gläubiger über einen Dritten (sog. Plangaranten) gewährleistet werden soll (§ 230 Abs. 3 InsO).

3 Sind dem Insolvenzplan die Pflichtanlagen nicht beigefügt, leidet der Insolvenzplan schon allein daraus an einem **inhaltlichen Mangel aus § 231 Abs. 1 Nr. 1 InsO** und ist vom Insolvenzgericht i. R. der Vorprüfung zurückzuweisen oder die Bestätigung nach § 250 Nr. 1 InsO zu versagen (siehe § 14 [*Laroche*]).

---

1) *Zabel* in: Kübler/Bork/Prütting, HRI II, § 23 Rz. 1.

2) *Eidenmüller* in: MünchKomm-InsO, § 230 Rz. 1.

II. Vermögensübersicht, Ergebnis- und Finanzplan (§ 229 InsO)

Wortlaut des § 229 InsO: 4

„Sollen die Gläubiger aus den Erträgen des vom Schuldner oder von einem Dritten fortgeführten Unternehmens befriedigt werden, so ist dem Insolvenzplan eine Vermögensübersicht beizufügen, in der die Vermögensgegenstände und die Verbindlichkeiten, die sich bei einem Wirksamwerden des Plans gegenüberstünden, mit ihren Werten aufgeführt werden. Ergänzend ist darzustellen, welche Aufwendungen und Erträge für den Zeitraum, während dessen die Gläubiger befriedigt werden sollen, zu erwarten sind und durch welche Abfolge von Einnahmen und Ausgaben die Zahlungsfähigkeit des Unternehmens während dieses Zeitraums gewährleistet werden soll. Dabei sind auch die Gläubiger zu berücksichtigen, die zwar ihre Forderungen nicht angemeldet haben, jedoch bei der Ausarbeitung des Plans bekannt sind."

1. Normzweck

Im Fall der Fortführung des Schuldnerunternehmens und der beabsichtigten Befriedigung der Gläubiger aus den zukünftigen Erträgen des Schuldnerunternehmens (sog. **Earn-out-Plan**; siehe dazu § 2 Rz. 103 [*Brünkmans*]) besteht für die Adressaten des Insolvenzplans ein erhöhtes Risiko hinsichtlich der **Werthaltigkeit ihrer Forderungen**. Damit einhergehend ergibt sich ein gestiegener **Informationsbedarf** über die konkrete wirtschaftliche Entwicklung sowie deren Anspannungsgrad. 5

Diesem erhöhten Informationsbedürfnis kommt der Gesetzgeber nach, indem er für diesen konkreten Fall zwingend die Aufstellung einer Vermögensübersicht sowie einer Ergebnis- und Finanzplanung vorschreibt (**Pflichtanlagen**).[3] 6

Der Zeitraum und die Höhe der Befriedigung aus zukünftigen Erträgen spielen keine Rolle.[4] Auch im Fall einer Teilfortführung ist eine solche Vermögensübersicht sowie ein Ergebnis- und Finanzplan zu erstellen. Für den Fall der Ausproduktion ist ebenfalls zwingend eine Planverprobungsrechnung aufzustellen.[5] Nur für den Fall, dass die Gläubiger durch eine unmittelbare Einmalzahlung sofort befriedigt werden (sog. **Cash-out-Plan**; siehe dazu § 2 Rz. 103 f. [*Brünkmans*]), sind weitere Informationen i. S. des § 229 InsO nicht erforderlich.[6] 7

Praxishinweis

Dennoch bietet sich auch bei reinen Cash-out-Plänen im Einzelfall zum Nachweis einer nachhaltigen Beseitigung der Insolvenzgründe und Sanierung des Unternehmens gegenüber dem Insolvenzgericht[7] an, dem Insolvenzplan entsprechende Anlagen, insbesondere eine Finanzplanung (siehe unten Rz. 76) beizufügen. Zum einen kann der Adressat sich einen besseren und eigenen Überblick über die Sanierungsfähigkeit des Unternehmens verschaffen. Zum anderen wird dadurch erst eine Beurteilung der Vorteilhaftigkeit des im Insolvenzplan abgebildeten Angebots an die Gläubigergruppen möglich. Ohne eine solche Unternehmensplanung kann das Angebot i. d. R. nicht beurteilt werden. In diesem Fall handelt es sich allerdings nicht um eine Pflichtanlage, deren Fehlen bereits ausreicht, um den Insolvenzplan wegen inhaltlicher Mängel i. R. der gerichtlichen Vorprüfung nach § 231 Abs. 1 Nr. 1 InsO zurückzuweisen (siehe oben Rz. 3).

a) Vermögensübersicht

In der **Vermögensübersicht** werden die Vermögensgegenstände und Verbindlichkeiten des Schuldners **im Zeitpunkt des Wirksamwerdens des Insolvenzplans** gegenübergestellt. Der Ansatz und die Bewertung ergeben sich dabei aus den Planprämissen, d. h. in der Regel 8

---

3) IDW, Anforderungen an Insolvenzpläne (IDW S 2), Stand: 20.3.2024, Rz. 21, IDW Life 7/8.2024, 656 ff.; *Bähr* in: Mohrbutter/Ringstmeier-*Meyer*, Hdb. Insolvenzverwaltung, Kap. 14 Rz. 128 ff.

4) *Thies* in: HambKomm-InsR, § 229 Rz. 2.

5) Uhlenbruck-*Sinz*, InsO, § 229 Rz. 1; **a. A.** Andres/Leithaus-*Andres*, InsO, § 229 Rz. 3.

6) *Eilenberger* in: MünchKomm-InsO, § 229 Rz. 4; Römermann-*Ober*, InsO/InsR, § 229 InsO Rz. 1; Graf-Schlicker-*Kebekus/Handschuhmacher*, InsO, § 229 Rz. 1.

7) S. dazu *Frind*, ZInsO 2015, 2249 ff.; IDW, Anforderungen an Insolvenzpläne (IDW S 2), Stand: 20.3.2024, Rz. 52, IDW Life 7/8.2024, 656 ff.

aus dem Erhalt des Rechtsträgers und der damit verbundenen dauerhaften Fortführung des Unternehmens.[8)]

9 Inhaltlich ist die Vermögensübersicht nach § 229 InsO eine Fortschreibung der Vermögensübersicht nach § 153 InsO, die auf den Zeitpunkt der Insolvenzeröffnung aufgestellt worden ist.[9)] Gemäß § 153 InsO ist der Verwalter zur Aufstellung einer geordneten Vermögensübersicht verpflichtet, in der Aktiva und Passiva einander gegenübergestellt werden. Die Vermögensübersicht stellt die Insolvenzeröffnungsbilanz dar, die jedoch nicht – wie die Handelsbilanz – auf die Gewinnermittlung abzielt, sondern Informationen über die zu erwartende Quote sowie über die Fremdrechte der Gläubiger enthält.[10)]

10 Insofern können die Auswirkungen der Planmaßnahmen nachvollzogen werden, soweit sich diese auf Vermögensgegenstände und Verbindlichkeiten beziehen. Die Vermögensübersicht soll damit Aufschluss über die Höhe des **Nettovermögens** der Gesellschaft im Zeitpunkt des Wirksamwerdens des Plans geben, ist jedoch in seiner **Aussagekraft begrenzt**:

- Das Nettovermögen ist für die **Beurteilung des Planerfolgs** auf Basis der Vermögensübersicht bzw. eines Vergleichs zwischen Vermögensübersicht und Verwertungserlösen i. R. einer Regelinsolvenz **nicht oder nur bedingt möglich**. Nur unter Berücksichtigung der Finanzierungsstruktur und der **Ertragskraft**, abgeleitet aus einer Finanzplanung sowie einer Plan-Gewinn- und Verlustrechnung, kann unter **Berücksichtigung von Marktentwicklungen** ein aussagekräftiges Bild über die Erfolgsaussichten des Insolvenzplans abgeleitet werden. Dies kann aus betriebswirtschaftlicher Sicht nur i. R. einer integrierten Unternehmensplanung erfolgen.
- Das Nettovermögen gibt auch **keinen Aufschluss über die Höhe des Unternehmenswertes** im Zeitpunkt des Wirksamwerdens des Plans, da sich dieser im Fall der Unternehmensfortführung grundsätzlich aus den zukünftigen Zuflüssen an die Anteilseigner ergibt.[11)] Der Unternehmenswert setzt sich daher nicht aus der Addition der Einzelwerte der Vermögensgegenstände sondern vielmehr aus dem Zusammenspiel aller funktional zusammenhängenden und betriebsnotwendigen Vermögensgegenstände zusammen. Sollte der Gesetzgeber mit der Vermögensübersicht das Ziel verfolgen, einen Unternehmenswert ausweisen zu wollen, würde dies eine Unternehmensbewertung nach IDW S 1 voraussetzen.
- Der Wert der Vermögensgegenstände (Aktiva) gibt ebenfalls **keinen Aufschluss über die Höhe etwaiger Sicherheiten** i. R. der Bemessung des Kreditrahmens i. S. des § 264 InsO i. V. m. § 229 Satz 1 InsO. Die Vermögensübersicht nach § 229 Satz 1 InsO ist eine Gegenüberstellung von Vermögen und Schulden, die zu Fortführungswerten zu bewerten ist. Diese sind jedoch für die Bemessung von Sicherheiten irrelevant, da die Liquidationswerte bzw. Beleihungswerte maßgeblich sind. Zudem wird auf Vermögensgegenstände abgestellt, die typischerweise mit Absonderungsrechten belastet sind und daher grundsätzlich nicht für Sicherungszwecke zur Verfügung stehen.

11 Insofern beschränkt sich die Aussagekraft auf die Information der bilanziellen **Abbildung der Auswirkungen der Planmaßnahmen** (d. h. unter Berücksichtigung etwaiger Forderungsverzichte) auf das Vermögen und die Schulden des Schuldnerunternehmens.[12)] Darüber hinaus dient die Vermögensübersicht nach § 229 InsO der **Überprüfung** und **Kon-**

---

8) LG Traunstein, Beschl. v. 18.8.2000 – 4 T 4212/99, ZInsO 2000, 510, 512; K. Schmidt-*Spliedt*, InsO, § 229 Rz. 4.

9) Uhlenbruck-*Sinz*, InsO, § 229 Rz. 2; IDW, Anforderungen an Insolvenzpläne (IDW S 2), Stand: 20.3.2024, Rz. 21, IDW Life 7/8.2024, 656 ff.

10) *Jaffé* in: FK-InsO, § 229 Rz. 7.

11) *Drukarczyk/Schüler* in: MünchKomm-InsO, § 245 Rz. 33.

12) *Thies* in: HambKomm-InsR, § 229 Rz. 4; Uhlenbruck-*Sinz*, InsO, § 229 Rz. 2.

trolle der Angaben im Insolvenzplan und stellt somit eine wesentliche Entscheidungshilfe für die Gläubiger dar.[13)]

Bedingt durch die Aufdeckung der stillen Reserven und Lasten ist die Vermögensübersicht nach § 229 InsO gerade nicht geeignet, einen Nachweis der Bilanzsanierung zu erbringen.[14)] Ferner wirkt sich das fehlende Ziel einer periodengerechten Gewinnermittlung ebenfalls auf die Vermögensübersicht aus. Primäres Ziel der Vermögensübersicht nach § 229 InsO ist daher die vermögensmäßige **Darstellung der Auswirkungen** der Planmaßnahmen. 12

b) Ergebnis- und Finanzplan

Ziel der Ergebnis- und Finanzplanung ist der **rechentechnische Nachweis**, dass die zuvor qualitativ entwickelten Sanierungsmaßnahmen dazu geeignet sind das Unternehmen zu sanieren und als Ausfluss dessen genügend Überschüsse zur Deckung der versprochenen Rückführung der offenen Planforderungen zu erwirtschaften. Die Aussagekraft der Ergebnis- und Finanzplanung ist in der Folge deutlich höher als die der Vermögensübersicht. Nur mit Hilfe dieser zusätzlichen Informationen können die Adressaten sich ein vollständiges Bild über die zukünftige wirtschaftliche Entwicklung des Schuldnerunternehmens machen. Insofern ergänzt bzw. erweitert § 229 InsO die Regelung des § 220 InsO.[15)] 13

Darüber hinaus soll mit der gesetzlichen Verpflichtung zur Berücksichtigung von nicht angemeldeten Forderungen in der Liquiditätsplanung sichergestellt werden, dass ein Insolvenzplan nach rechtskräftiger Bestätigung nicht durch nachträglich angemeldete Forderungen zu Fall gebracht wird, weil hierfür keine Vorkehrungen getroffen worden sind.[16)] In der Folge sind alle dem Planersteller bekannten Forderungen in der dem Insolvenzplan zugrunde liegenden Vermögensübersicht sowie im Ergebnis- und Finanzplan zu berücksichtigen. 14

Eine Pflicht zur Erstellung einer **Planverprobungsrechnung** besteht gesetzlich ausdrücklich nur für den Fall, dass das Schuldnerunternehmen fortgeführt wird und dass die Befriedigung der Gläubiger aus den zukünftigen Erträgen im Plan vorgesehen ist (sog. **Earn-out-Plan**).[17)] Für den Fall, dass die Befriedigung der Gläubiger mit ihrer Quote unmittelbar mit Planbestätigung erfolgen soll, z. B. durch Zurverfügungstellung von frischem Geld oder durch die geplante Veräußerung von Vermögensgegenständen oder Teilbetrieben, genügt die Angabe des zur Verfügung gestellten Geldes bzw. des Verwertungserlöses (sog. **Cash-out-Plan**).[18)] 15

Unabhängig von der gesetzlichen Pflicht zur Erstellung einer Planverprobungsrechnung empfiehlt es sich insbesondere aus der Situation der Krise heraus eine Planungsrechnung zu entwickeln. Nur mit einer angemessenen und vollständigen Planungsrechnung wird eine **transparente Entscheidungsgrundlage** geschaffen, auf deren Basis allen Beteiligten eine sachgerechte Entscheidung über den Insolvenzplan erst ermöglicht wird. Mit einer dadurch erhöhten Planungs- und Rechtssicherheit kann die **Akzeptanz** des Insolvenzplans deutlich **gesteigert** werden.[19)] 16

13) Römermann-*Ober*, InsO/InsR, § 229 InsO Rz. 6; IDW, Insolvenzspezifische Rechnungslegung im Insolvenzverfahren (IDW RH HFA 1.011), Stand: 13.6.2008, Rz. 69, WPg Supplement 3/2008, 49 ff. IDW Life 7–8/2025.

14) Uhlenbruck-*Sinz*, InsO, § 229 Rz. 2; a. A. Braun-*Braun/Frank*, InsO, § 229 Rz. 3.

15) *Thies* in: HambKomm-InsR, § 229 Rz. 1.

16) IDW, Anforderungen an Insolvenzpläne (IDW S 2), Stand: 20.3.2024, Rz. 45–47, IDW Life 7/8.2024, 656 ff.; *Eilenberger* in: MünchKomm-InsO, § 229 Rz. 2.

17) IDW, Anforderungen an Insolvenzpläne (IDW S 2), Stand: 20.3.2024, Rz. 21 IDW Life 7/8.2024, 656 ff.; Uhlenbruck-*Sinz*, InsO, § 229 Rz. 1.

18) *Thies* in: HambKomm-InsR, § 229 Rz. 1.

19) *Thies* in: HambKomm-InsR, § 229 Rz. 1.

2. Anforderungen an die Vermögensübersicht und den Aufbau

17 Sinn und Zweck der Vorschrift ist die vollständige Erfassung und Abbildung des Vermögens und der Schulden auf den voraussichtlichen Zeitpunkt des Wirksamwerdens des Plans. Insofern handelt es sich um ein Vermögens- und Schuldeninventar (**Ansatz**).

18 Die Vermögensübersicht nach § 229 InsO stellt inhaltlich nach h. M. eine Fortschreibung der Vermögensübersicht nach § 153 InsO dar.[20] Im Rahmen der Ableitung sowie der Fortschreibung der Vermögensübersicht nach § 153 InsO und § 229 InsO bietet es sich an, auf den handelsrechtlichen **Jahresabschlüssen** bzw. **Monatsabschlüssen** aufzusetzen. Allerdings sind die in den Jahresabschlüssen aufgeführten Vermögensgegenstände und Schulden sowohl dem Grunde als auch der Höhe nach kritisch zu hinterfragen. Dies gilt insbesondere für die Werthaltigkeit der Forderungen Warenvorräte als Ausgangsbasis für eine integrierte Bilanz-, Ergebnis- und Liquiditätsplanung.[21]

19 Der Vorteil von Jahresabschlüssen als Aufsatzpunkt besteht zunächst in einem hohen Wiedererkennungswert für den Adressaten. Die Grundstruktur der handelsrechtlichen Gliederung (aber auch der Gliederung nach IFRS) dürfte den meisten Adressaten vertraut sein. Ausgehend davon erhält der Adressat auf diese Weise auch einen Eindruck von der Entwicklung der einzelnen Posten, da die stillen Reserven und Lasten der einzelnen Buchwerte direkt zugeordnet werden können. Dies erhöht entsprechend den Informationsgehalt. Darüber hinaus ist zu berücksichtigen, dass die Daten zum Jahresabschluss im Unternehmen oder beim Steuerberater vorhanden sind, in der Regel den „vollständigsten" Stand des Datenmaterials darstellen und aufgrund der elektronischen Verfügbarkeit leicht zu verarbeiten sind. Sofern eine unterjährige Betrachtung notwendig erscheint, sind die Posten auf Basis aktuellen Datenmaterials aus dem Rechnungswesen anzupassen. Hierbei ist besonderes Augenmerk auf eine **belastbare und vollständige Datenbasis** zu legen. Sofern keine geprüften Jahresabschlüsse vorliegen, sind eigene Plausibilisierungshandlungen vorzunehmen.

20 Der **Ansatz** der Vermögensgegenstände und Schulden folgt dem **Grundsatz der Einzelbewertung**. Dies ergibt sich aus dem Wortlaut von § 229 Satz („mit ihren jeweiligen Werten"). In der Folge sind Vermögensgegenstände und Schulden, die nicht selbständig veräußerbar sind, bzw. die ihren Weg in die handelsrechtliche Bilanz aufgrund des Prinzips einer periodengerechten Gewinnermittlung gefunden haben, nicht zu berücksichtigen. Hierzu können z. B. die Bilanzierungshilfen in Form der aktivierten Kosten für die Ingangsetzung des Geschäftsbetriebs und dessen Erweiterung (§ 269 HGB), das aktivierte Disagio aus Finanzierungen (soweit nicht rückforderbar) (§ 250 Abs. 3 HGB) oder der derivative Firmenwert (§ 255 Abs. 4 HGB) zählen.[22] Abweichend hiervon ist es jedoch denkbar, dass auf der Aktivseite der Vermögensübersicht nach § 229 InsO nur noch eine Kaufpreisforderung an die Übernahmegesellschaft statt einer Vielzahl von Vermögensposten (wie noch in der Vermögensübersicht nach § 153 InsO) ausgewiesen wird, wenn ein entsprechendes Angebot vorliegen sollte.[23]

21 Die **Bewertung** der Vermögensgegenstände und Schulden erfolgt dabei mit ihren jeweiligen Werten (§ 229 Satz 1 InsO). Diese bestimmen sich nach Maßgabe der Regelungen des Insolvenzplans.[24] Danach sind im Fall der Unternehmensfortführung **Fortführungswerte** zugrunde zu legen.[25] Eine Konkretisierung der Fortführungswerte i. S. der InsO besteht

---

20) IDW, Anforderungen an Insolvenzpläne (IDW S 2), Stand: 20.3.2024, Rz. 113, IDW Life 7/8.2024, 656 ff.; *Jaffé* in: FK-InsO, § 229 Rz. 7; Uhlenbruck-*Sinz*, InsO, § 229 Rz. 2; Römermann-*Ober*, InsO/InsR, § 229 InsO Rz. 3; K. Schmidt-*Spliedt*, InsO, § 229 Rz. 4; *Eilenberger* in: MünchKomm-InsO, § 229 Rz. 5; Andres/Leithaus-*Andres*, InsO, § 229 Rz. 4.

21) IDW, Anforderungen an Insolvenzpläne (IDW S 2), Stand: 20.3.2024, Rz. 19, IDW Life 7/8.2024, 656 ff.

22) Uhlenbruck-*Sinz*, InsO, § 229 Rz. 2.

23) Uhlenbruck-*Sinz*, InsO, § 229 Rz. 2.

24) Uhlenbruck-*Sinz*, InsO, § 229 Rz. 2; *Eilenberger* in: MünchKomm-InsO, § 229 Rz. 5, 9.

25) LG Traunstein, Beschl. v. 18.8.2000 – 4 T 4212/99, ZInsO 2000, 510; *Drukarczyk/Schüler* in: MünchKomm-InsO, § 245 Rz. 32; Mohrbutter/Ringstmeier/Meyer-*Bähr*, Hdb. Insolvenzverwaltung, Kap. 14 Rz. 129; *Thies* in: HambKomm-InsR, § 229 Rz. 4; *Fiebig* in: HK-InsO, § 229 Rz. 3; Haarmeyer/Mock, InsVV, § 1 Rz. 84.

nicht. Der handelsrechtliche Begriff des Fortführungswertes ist nach h. M. nicht gemeint.[26] Dieser ist durch die **handelsrechtlichen Grundsätze** des Vorsichtsprinzips, des Imparitätsprinzips, des Realisationsprinzips sowie des Niederstwertprinzips (bei Aktiva) und des Höchstwertprinzips (bei Passiva) und des Anschaffungskostenprinzips geprägt und daher **unbeachtlich.**[27] Allerdings sind die stillen Reserven und stillen Lasten aufzudecken. Sollen Teile des Schuldnerunternehmens veräußert oder stillgelegt werden, ist dies i. R. der Bewertung der einzelnen Vermögensgegenstände entsprechend durch den Ansatz der voraussichtlichen Veräußerungserlöse (abzüglich etwaiger Veräußerungsaufwendungen) zu berücksichtigen.[28] Die Grundsätze zum Ansatz und zur Bewertung i. R. einer Überschuldungsprüfung nach IDW S 11 sind entsprechend zu beachten.[29]

Vereinzelt wird gefordert, dass die Vermögensübersicht nach § 229 Satz 1 InsO i. V. m. 22
§ 220 InsO um eine Alternativrechnung mit **Liquidationswerten** auf den Zeitpunkt des Wirksamwerdens des Insolvenzplans zu ergänzen ist.[30] Hintergrund ist die Schaffung einer notwendigen Entscheidungsgrundlage für die Beurteilung eines etwaigen Obstruktionsverbotes nach § 245 InsO bzw. einer Verletzung eines etwaigen Minderheitenschutzes nach § 251 InsO.[31] Die Aussagekraft eines solchen Vergleichs ist jedoch eingeschränkt, da dem Adressaten für die Vorteilhaftigkeit der Annahme des Insolvenzplans an dieser Stelle suggeriert wird, dass dieser Vergleich auf Basis einer Gegenüberstellung der Vermögenswerte und Schulden zu Fortführungswerten (gemäß Vermögensübersicht nach § 229 InsO) und Liquidationswerten zielführend ist. Um einen belastbaren Vergleich zwischen Fortführungswerten und Liquidationswerten zu ermöglichen ist jedoch eine sachgerechte Unternehmensbewertung für den Fortführungsfall notwendig. Der Ansatz von Unternehmenswerten scheitert an der gesetzlichen Aufforderung zur Einzelbewertung.[32] Dieser ist dem Liquidationswert gegenüberzustellen.[33] Gleichwohl ist die Darstellung der Liquidationswerte für den Adressaten eine zusätzliche und wichtige Information und sollte nach der hier vertretenen Auffassung als eigenständige Anlage dem Insolvenzplan beigefügt werden.

Ausgehend von den vorherigen Ausführungen stellt die Vermögensübersicht damit **nicht** 23
die Ausgangsgröße für die Plan-Bilanzen dar (integrierte Planungsrechnung).[34] Vielmehr handelt es sich um eine **eigenständige Übersicht**, die losgelöst von den weiteren Plananlagen zu erstellen ist.[35]

Für den **Aufbau** der Vermögensübersicht nach § 229 InsO gibt es **keine gesetzlichen Vorgaben**. Der Aufbau der Vermögensübersicht bzw. der Ausweis des bewerteten Vermögens 24

---

26) In Analogie zu IDW, Bestandsaufnahme im Insolvenzverfahren (IDW RH HFA 1.010), Stand: 13.6.2008, Rz. 37, WPg Supplement 3/2008, 37 ff.; *Drukarczyk/Schüler* in: MünchKomm-InsO, § 245 Rz. 30; Römermann-*Ober*, InsO/InsR, § 229 InsO Rz. 3.

27) *Eilenberger* in: MünchKomm-InsO, § 220 Rz. 37; IDW, Bestandsaufnahme im Insolvenzverfahren (IDW RH HFA 1.010), Stand: 13.6.2008, Rz. 37, WPg Supplement 3/2008, 37 ff.

28) Mohrbutter/Ringstmeier/Meyer-*Bähr*, Hdb. Insolvenzverwaltung, Kap. 14 Rz. 128; Braun-*Braun/Frank*, InsO, § 229 Rz. 3.

29) IDW, Anforderungen an Insolvenzpläne (IDW S 2), Stand: 20.3.2024, Rz. 113, IDW Life 7/8.2024, 656 ff. i. V. m. IDW, Beurteilung des Vorliegens von Insolvenzeröffnungsgründen (IDW S 11), Stand: 13.12.2023, IDW Life 7/8.2024, 677 ff.

30) Mohrbutter/Ringstmeier/Meyer-*Bähr*, Hdb. Insolvenzverwaltung, Kap. 14 Rz. 128; *Thies* in: HambKomm-InsR, § 229 Rz. 4; *Fiebig* in: HK-InsO, § 229 Rz. 3.

31) Mohrbutter/Ringstmeier/Meyer-*Bähr*, Hdb. Insolvenzverwaltung, Kap. 14 Rz. 128; *Thies* in: HambKomm-InsR, § 229 Rz. 4; *Fiebig* in: HK-InsO, § 229 Rz. 3.

32) Drukarczyk/Schüller in: MünchKomm-InsO, § 245 Rz. 30.

33) *Drukarczyk/Schüler* in: MünchKomm-InsO, § 245 Rz. 33; Römermann-*Ober*, InsO/InsR, § 229 InsO Rz. 6.

34) **A. A.**: *Zabel* in: Kübler/Prütting/Bork, HRI II, § 23 Rz. 153; *Eilenberger* in: MünchKomm-InsO, § 229 Rz. 6, 8.

35) Uhlenbruck-*Sinz*, InsO, § 229 Rz. 2.

und der Schulden orientiert sich zweckmäßigerweise an dem bekannten Gliederungsschema des § 153 InsO (Vermögensübersicht im Zeitpunkt der Insolvenzeröffnung).[36)]

25

Abb. 1: Vermögensübersicht nach § 229 InsO

Anlage				Vermögensübersicht nach § 229 InsO
Angaben in TEUR	handelsrechtlicher Wert	Δ	beizulegender Wert	Erläuterungen/Hinweise
Vermögensgegenstände				
A. Ausstehende Einlagen				
B. Anlagevermögen				
I. Immaterielle Vermögensgegenstände				
1. Selbst geschaffene gewerbliche Schutzrechte und ähnliche Rechte und Werte				
2. entgeltlich erworbene Konzessionen, gewerbliche Schutzrechte und ähnliche Rechte und Werte sowie Lizenzen an solchen Rechten und Werten				
3. Geschäfts- oder Firmenwert				
4. geleistete Anzahlungen				
II. Sachanlagen				
1. Grundstücke, grundstücksgleiche Rechte und Bauten einschließlich der Bauten auf fremden Grundstücken				
2. technische Anlagen und Maschinen				
3. andere Anlagen, Betriebs- und Geschäftsausstattung				
4. geleistete Anzahlungen und Anlagen im Bau				
III. Finanzanlagen				
1. Anteile an verbundenen Unternehmen				
2. Ausleihungen an verbundene Unternehmen				
3. Beteiligungen				
4. Ausleihungen an Unternehmen, mit denen ein Beteiligungsverhältnis besteht				
5. Wertpapiere				
6. sonstige Ausleihungen				
C. Umlaufvermögen				
I. Vorräte				
1. Roh-, Hilfe- und Betriebsstoffe				
2. unfertige Erzeugnisse, unfertige Leistungen				
3. fertige Erzeugnisse und Waren				
4. geleistete Anzahlungen				
II. Forderungen und sonstige Vermögensgegenstände				
1. Forderungen aus Lieferungen und Leistungen				
2. Forderungen gegen verbundene Unternehmen				
3. Forderungen gegen Unternehmen, mit denen ein Beteiligungsverhältnis besteht				
4. sonstige Vermögensgegenstände				
III. Wertpapiere				
1. Anteile an verbundenen Unternehmen				
2. sonstige Wertpapiere				
IV. Kassenbestand, Bundesbankguthaben, Guthaben bei Kreditinstituten und Schecks				
D. Rechnungsabgrenzungsposten				
E. Aktive latente Steuern				
Summe:				
Schulden				
A. Rückstellungen				
1. Pensionsrückstellungen				
2. Steuerrückstellungen				
3. Sonstige Rückstellungen				
B. Verbindlichkeiten				
1. Anleihen				
2. Verbindlichkeiten gegenüber Kreditinstituten				
3. erhaltene Anzahlungen				
4. Verbindlichkeiten aus Lieferungen und Leistungen				
5. Verbindlichkeiten aus der Annahme gezogener Wechsel und der Ausstellung eigener Wechsel				
6. Verbindlichkeiten gegenüber verbundenen Unternehmen				
7. Verbindlichkeiten gegenüber Unternehmen, mit denen ein Beteiligungsverhältnis besteht				
8. sonstige Verbindlichkeiten				
C. Rechnungsabgrenzungsposten				
D. Passive latente Steuern				
Summe:				

36) Uhlenbruck-*Sinz*, InsO, § 229 Rz. 2.

3. Anforderungen an den Ergebnis- und Finanzplan und den Aufbau

Neben der Vermögensübersicht verlangt § 229 InsO eine Ertrags- und Finanzplanung, die den Zeitraum umfasst, in dem die Gläubiger befriedigt werden sollen. Der Gesetzgeber schreibt dabei keine konkreten Anforderungen zur Ausgestaltung und zum Aufbau eines Ergebnis- und Finanzplans vor. Insbesondere wird der Aufbau einer integrierten Planungsrechnung gesetzlich nicht explizit verlangt. Nach Auffassung des BGH führt dies dazu, dass z. B. die Liquiditätsrechnung nicht zwingend in tabellarischer Form dem Insolvenzplan beizufügen ist.[37] Vielmehr kann es ausreichend sein, durch die schriftsätzlichen Ausführungen zu den Einnahmen und Ausgaben des Schuldners während des Planzeitraums den Anforderungen des § 229 InsO nachzukommen.[38] 26

Welche Anforderungen an die i. R. des Insolvenzplanverfahrens vorzulegenden Übersichten und Prognoserechnungen zu stellen sind, hängt von den Umständen des Einzelfalls ab.[39] Bindende, in allen in Betracht kommenden Planverfahren einzuhaltende Vorgaben, können schon wegen der Vielfalt der möglichen Planregelungen sowie der unterschiedlichen Vermögensstrukturen von Schuldnern nicht gemacht werden.[40] 27

Praxishinweis

Aus praktischer Sicht wird jedoch eine integrierte Planungsrechnung regelmäßig erforderlich sein.[41] Zur Gewährleistung der Vollständigkeit und der technischen Richtigkeit der gesetzlich geforderten Ertrags- und Finanzplanung ist insbesondere in größeren Verfahren auf eine Plan-Bilanz nicht zu verzichten. Nur i. R. einer integrierten Planungsrechnung, bestehend aus Plan-Bilanzen, Plan-Gewinn- und Verlustrechnung sowie Plan-Kapitalflussrechnung, kann die technische Vollständigkeit einer Planungsrechnung verprobt und gewährleistet werden.[42]

Dabei bedingen sich die drei Rechenwerke Plan-Gewinn- und Verlustrechnung, Plan-Bilanz und Plan-Kapitalflussrechnung. Diese Grundzusammenhänge können der folgenden Übersicht entnommen werden. 28

Abb. 2: Integrierte Planungsrechnung 29

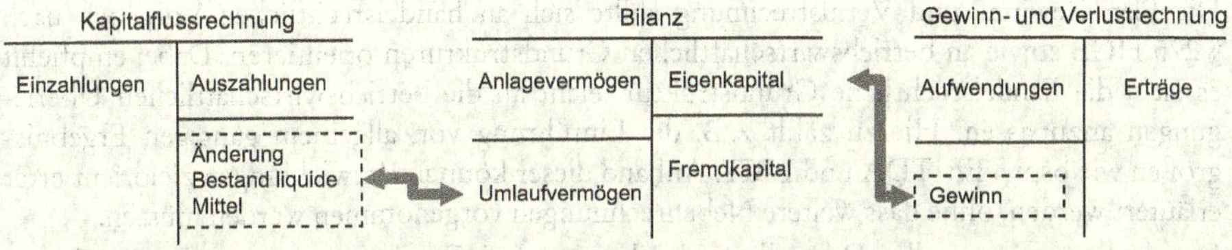

Die Zusammenhänge zwischen den drei Rechenwerken soll an einem Beispiel exemplarisch aufgezeigt werden: Die Veränderung des Bestandes an liquiden Mitteln hängt von der Höhe der Verbindlichkeiten im Startpunkt (Bilanz) sowie der weiteren Entwicklung des operativen Geschäfts (Gewinn- und Verlustrechnung) ab. Aus der Veränderung des operativen Geschäftes sowie der Veränderung der korrespondierenden Forderungen und Verbindlichkeiten aus Lieferungen und Leistungen ergeben sich Rückwirkungen auf die Finanzierungsstruktur und damit verbunden auf das Zinsergebnis. In der Folge zieht die Veränderung eines Parameters in einem Rechenwerk automatisch Veränderungen in den anderen Rechenwerken nach sich. Ausgehend davon wird deutlich, dass nur mit einer integrierten Planungsrechnung ein vollständiges und transparentes Bild gewährleistet werden 30

37) BGH, Beschl. v. 3.12.2009 - IX ZB 30/09, ZIP 2010, 341.
38) BGH, Beschl. v. 3.12.2009 - IX ZB 30/09, ZIP 2010, 341.
39) BGH, Beschl. v. 3.12.2009 - IX ZB 30/09, ZIP 2010, 341.
40) BGH, Beschl. v. 3.12.2009 - IX ZB 30/09, ZIP 2010, 341.
41) So auch *Rendels/Zabel*, Insolvenzplan, Rz. 132 ff. und Rz. 611 ff.
42) *Plagens/Brunow*, DStR 2004, 102 ff.

kann. Für den Adressaten erhöhen sich damit die Transparenz auf der einen sowie die Sicherheit im Hinblick auf die Realisierbarkeit auf der anderen Seite.

31 Diesen betriebswirtschaftlichen Grundsätzen folgt auch das Institut der Wirtschaftsprüfer in Deutschland e. V. (IDW) und fordert für die Erstellung von Unternehmensbewertungen (IDW S 1)[43], insbesondere für die Erstellung von Sanierungskonzepten (IDW S 6)[44] und für die Erstellung von Insolvenzplänen (IDW S 2)[45] integrierte Planungsmodelle. Vor diesem Hintergrund dürfte damit implizit eine Pflicht bestehen, i. R. eines Insolvenzplans die korrespondierenden Sanierungsmaßnahmen und insbesondere deren Ausschüttungen an die Eigen- und Fremdkapitalgeber i. R. einer integrierten Planungsrechnung darzustellen.[46]

32 Die Ergebnis- und Finanzplanung hat sich nach § 229 Satz 2 InsO auf den Zeitraum zu erstrecken, in dem die Gläubiger befriedigt werden sollen. Der zeitliche Aggregationsgrad (wöchentlich, monatlich, quartalsweise, halbjährlich oder jährlich) hängt vom Ausmaß der Krise sowie der unterjährigen Entwicklung wesentlicher Positionen sowie dem Aussagegehalt insgesamt ab. Ist bspw. der unterjährige Anspannungsgrad der Liquidität nahezu unverändert, sinkt die Notwendigkeit einer Darstellung auf Monatsbasis. Demgegenüber dürfte die Notwendigkeit einer monatlichen Darstellung steigen, wenn unterjährig der Anspannungsgrad erheblich schwankt und ggf. in einen kritischen Bereich abzusinken droht (Zahlungsunfähigkeit). Ziel sollte es sein, dem Adressaten einen sachgerechten und zutreffenden Einblick in die geplante Entwicklung des Schuldnerunternehmens zu gewähren.

33 Hinsichtlich des Ansatzes und der Bewertung der Planinhalte gelten die handels- und ggf. steuerrechtlichen Vorschriften.[47]

a) Plan-Gewinn- und Verlustrechnung (Ergebnisübersicht)

34 Ausgangsgröße für eine integrierte Planung bildet die Planung der Erträge und Aufwendungen, da hierüber die Geschäftsführung in der Regel konkrete Vorstellung hat.[48]

35 Nach § 229 InsO sind die Aufwendungen und Erträge für den Zeitraum darzustellen, während dessen die Gläubiger befriedigt werden sollen.

36 Die Plan-Gewinn- und Verlustrechnung sollte sich an handelsrechtlichen Vorgaben nach § 275 HGB sowie an betriebswirtschaftlichen Grundstrukturen orientieren. Dabei empfiehlt es sich, die handelsrechtliche Grundstruktur leicht an die betriebswirtschaftlichen Überlegungen anzupassen. Hierzu zählt z. B. die Einführung von allgemein gängigen Ergebnisgrößen wie bspw. EBITDA und EBIT. Anhand dieser können Entwicklungen zielorientierter erläutert werden, ohne dass weitere Nebenrechnungen vorgenommen werden müssen.

37 Durch die vorangestellte Darstellung der letzten drei Geschäftsjahre vor der Insolvenz, der Entwicklung der Gewinn- und Verlustrechnung im vorläufigen und eröffneten Insolvenzverfahren sowie der zukünftig geplanten Entwicklung der Ertragslage erhält der Leser einen guten Überblick über die Entwicklung der Erträge und Aufwendungen im Zeitablauf. Ferner sollte optional eine Spalte eingefügt werden, in der die Maßnahmen separat aufgeführt sind (Konsolidierungseffekte aus der Annahme des Insolvenzplans). Ein entsprechender Aufbau kann der folgenden Übersicht entnommen werden.[49]

---

43) IDW, Grundsätze zur Durchführung von Unternehmensbewertungen (IDW S 1 i. d. F. 2008), Stand: 4.7.2016, Rz. 81, WPg Supplement 3/2008, 68 ff., IDW Life 8/2016, 731.

44) IDW, Anforderungen an Sanierungskonzepte (IDW S 6), Stand: 22.6.2023, Rz. 74, IDW Life 12/2023, 1159 ff.

45) IDW, Anforderungen an Insolvenzpläne (IDW S 2), Stand: 20.3.2024, Rz. 113, IDW Life 7/8.2024, 656 ff.

46) *Rendels/Zabel*, Insolvenzplan, Rz. 135; IDW, Anforderungen an Insolvenzpläne (IDW S 2), Stand: 20.3.2024, Rz. 114, IDW Life 7/8.2024, 656 ff.

47) Uhlenbruck-*Sinz*, InsO, § 229 Rz. 4; Braun-*Braun/Frank*, InsO, § 229 Rz. 6; *Eilenberger* in: MünchKomm-InsO, § 229 Rz. 6.

48) So auch *Plagens/Brunow*, DStR 2004, 102 ff.

49) In Anlehnung an: *Rendels/Zabel* in: Kübler/Bork/Prütting, HRI II, § 45 Anlage 2.2.2.

Abb. 3: Plan-Gewinn- und Verlustrechnung 38

Plan-Gewinn- und Verlustrechnung																	
								Vorläufiges Insolvenzverfahren			eröffnetes Insolvenzverfahren						
Position	**31.12.13 IST**	**31.12.14 IST**	**31.1.15 IST**	**28.2.15 IST**	**31.3.15 IST**	**30.4.15 IST**	**31.5.15 IST**	**30.6.15 IST**	**31.7.15 IST**	**31.8.15 IST**	**30.9.15 IST**	**31.10.15 IST**	**Konsolidierungseffekte Annahme Insolvenzplan**	**30.11.15 PLAN**	**31.12.15 PLAN**	**31.1.16 PLAN**	**29.2.16 PLAN**
Umsatzerlöse																	
Bestandsveränderungen																	
Gesamtleistung																	
Materialaufwand																	
Rohertrag																	
Personalaufwand																	
Sonstige betriebliche Erträge																	
Sonstige betriebliche Aufwendungen																	
Sonstige Steuern																	
EBITDA																	
Abschreibungen																	
EBIT																	
Zinsertrag																	
Zinsaufwand																	
sonstiges Finanzergebnis																	
EBT vor außerordentlichem Ergebnis																	
außerordentliche Erträge																	
außerordentliche Aufwendungen																	
EBT nach außerordentlichem Ergebnis																	
Steuern vom Einkommen und Ertrag																	
Periodenüberschuss/-fehlbetrag																	

39 Die operative Planung der Gewinn- und Verlustrechnung soll im Folgenden anhand der wesentlichen Posten der Gewinn- und Verlustrechnung erläutert werden. Anzumerken ist, dass die konkrete Planung des Schuldnerunternehmens an die individuellen operativen und technischen Umstände des jeweiligen Unternehmens anzupassen ist. Insofern stellen die folgenden Ausführungen einen typisierten Ansatz dar.

aa) Umsatz, Materialaufwand und Personalaufwand

40 Die operative Planung erfolgt typischerweise **auf Basis von Markterwartungen und Marktanalysen des Vertriebs**, dem regelmäßig eine Absatzplanung folgt.[50] Diese ist in Bezug auf Produktionskapazitäten, Materialeinsatzplanung und Personalkapazitäten (Personalbedarfsplanung) abzustimmen. Aufbauend darauf ergeben sich die Umsätze, Materialaufwendungen und Personalaufwendungen. Eine bloße Fortschreibung von Quoten birgt dabei die Gefahr einer mangelnden Berücksichtigung von Wirkungszusammenhängen. Beispielsweise kann der Materialeinsatz in der Produktion unterschiedlicher Produkte erheblich differieren. Insofern ist in der kurzfristigen Sicht eine genaue Analyse der zu produzierenden Produkte erforderlich. Mittel- und langfristig bietet es sich an, auf Durchschnittswerte zu gehen und etwaige Veränderungen über den Produktmix zu verproben.

bb) Sonstige betriebliche Erträge und Aufwendungen, sonstige Steuern

41 Die sonstigen betrieblichen Erträge und Aufwendungen sind dahingehend zu analysieren, ob es sich um **einmalige oder wiederkehrende** Erträge bzw. Aufwendungen handelt. Die sonstigen betrieblichen Aufwendungen sind unter Berücksichtigung etwaiger fixer und variabler Anteile entsprechend im Detail zu planen.[51] In der bloßen Fortentwicklung der sonstigen betrieblichen Aufwendungen und Erträge anhand von Quoten liegt die Gefahr, dass Wirkungszusammenhänge nicht sachgerecht abgebildet werden, verbunden mit entsprechenden Auswirkungen auf das Ergebnis.

cc) Abschreibungen

42 Die Abschreibungen ergeben sich ausgehend von der Ist-Bilanz unter Berücksichtigung des Investitionsplans anhand der **Plan-Bilanzen**. Ausgehend von den leistungswirtschaftlichen Ausgangsdaten sind diese im Hinblick auf die Kapazitäten sowie die Absatzplanung zu konkretisieren. Im Handelsbetrieb sind dies Verkaufsflächen, im Produktionsbetrieb Produktionsflächen und Maschinenkapazitäten.[52] Das so ermittelte Bilanz-Gerüst ist mit dem Investitionsplan abzustimmen. Die Höhe der Abschreibungen ergibt sich dann auf dieser Basis (Bemessungsgrundlage) durch die sachgerechte Schätzung der handelsrechtlichen und ggf. steuerrechtlichen Nutzungsdauer.[53]

43 Sofern im Zuge der Sanierung sog. steuerliche **Sanierungsgewinne** entstehen, ist zu beachten, dass i. R. der Steuerfreiheit Rückkoppelungen auf die steuerlichen Nutzungsdauern bestehen können, sodass etwaiges zukünftiges Abschreibungspotential dadurch entfallen kann.

---

50) *Plagens/Brunow*, DStR 2004, 151 ff.

51) *Baumüller/Hartmann/Kreuzer*, Integrierte Unternehmensplanung, S. 39 ff.

52) *Plagens/Brunow*, DStR 2004, 151 ff.

53) *Zabel* in: Kübler/Bork/Prütting, HRI II, § 23 Rz. 109.

dd) Zinsergebnis

44 Das Zinsergebnis ist auf Basis der Ist-Bilanz ebenfalls in Abhängigkeit von der Entwicklung der zukünftigen Bilanzposten abzuleiten. Dabei kommt der Planung des Working Capitals eine besondere Bedeutung zu, da die Planung häufig fehleranfällig ist und gleichzeitig teilweise erhebliche Liquiditätseffekte entstehen können.

45 Sofern den Gläubigern eine Verzinsung ihrer Quotenansprüche zusteht, ist diese entsprechend im Zinsaufwand zu berücksichtigen.[54]

ee) Effekte aus dem Insolvenzplan

46 In der Regel führen Effekte aus den Maßnahmen des Insolvenzplans zu **außerordentlichen Aufwendungen und Erträgen**. Hierzu zählt z. B. der Forderungsverzicht von Gläubigern, der zu einem außerordentlichen Ertrag und korrespondierend dazu in der Bilanz zu einem Rückgang der Verbindlichkeiten führt. Diese Effekte sind entsprechend in der Plan-Gewinn- und Verlustrechnung abzubilden. Sieht der Plan einen Forderungsverzicht mit Besserungsschein vor, sind die korrespondierenden Forderungen entsprechend zunächst auszubuchen und im außerordentlichen Ergebnis zu erfassen. Sobald der Plan eine Verbesserung der wirtschaftlichen Situation in vereinbarter Höhe vorsieht, sind die entsprechenden Forderungen wieder ergebniswirksam als außerordentlicher Aufwand in der Planungsrechnung zu berücksichtigen.[55] Sofern der Gesellschafter verzichtet, kann die Auflösung durch die Einstellung in die Kapitalrücklage nach § 272 Abs. 2 Nr. 4 HGB auch erfolgsneutral abgebildet werden.[56]

47 Bei der Abbildung der Effekte aus dem Insolvenzplan ist zu beachten, dass die handelsrechtliche Gewinn- und Verlustrechnung mit der Einführung des **BilRUG** den separaten Ausweis außerordentlicher Aufwendungen und Erträge nicht mehr vorsieht. Stattdessen sind außerordentliche Aufwendungen und Erträge **im Anhang** zu erläutern. Die dem Insolvenzplan beizufügenden Plananlagen werden jedoch nicht um einen Anhang ergänzt. Aus diesem Grund empfiehlt es sich aus Gründen der Übersichtlichkeit, die außerordentlichen Aufwendungen und Erträge separat auszuweisen. Die den Plananlagen des Insolvenzplans zugrunde liegenden handelsrechtlichen Grundsätze der Erstellung der Bilanz sollten daher im Wesentlichen auf den Ansatz und die Bewertung bezogen werden. Die Frage des Ausweises sollte sich nach der hier vertretenen Auffassung an den Grundsätzen der Klarheit und Übersichtlichkeit (siehe dazu § 6 [*Harmann*]) orientieren und in der Folge Abweichungen vom handelsrechtlichen Ausweis ermöglichen.

Praxishinweis

Zum außerordentlichen Ergebnis zählen auch Aufwendungen des Insolvenzverwalters, des Sachwalters (bei Eigenverwaltung) des Gläubigerausschusses und Gerichtskosten sowie Berateraufwendungen, die es entsprechend zu berücksichtigen gilt.[57]

54) *Zabel* in: Kübler/Bork/Prütting, HRI II, § 23 Rz. 117.

55) *Baumüller/Hartmann/Kreuzer*, Integrierte Unternehmensplanung, S. 39 ff.

56) IDW, Zur Bilanzierung privater Zuschüsse (IDW HFA 2/1996 i. d. F. 2013), Abschn. 2.2. WPg 1996, 709, FN-IDW 4/2013, 192 f.

57) *Zabel* in: Kübler/Bork/Prütting, HRI, § 23 Rz. 118.

ff) Steuern vom Einkommen und Ertrag

48 Die Steuern vom Einkommen und Ertrag sind unter Beachtung der gesetzlichen Vorgaben sowie etwaiger Verlustvorträge zu berechnen.[58] Zu den steuerlichen Besonderheiten siehe § 60 [*Witfeld*].

49 Sofern sich aus den Sanierungsmaßnahmen sog. Sanierungsgewinne ergeben, können diese unter bestimmten Voraussetzungen steuerfrei gestellt werden. Dabei ist zu berücksichtigen, dass der Schuldenerlass durch die Finanzverwaltung auf Basis einer unternehmensbezogenen Sanierung zu einer Einschränkung steuerlicher Wahlrechte (Vermeidung einer Doppelbegünstigung durch Verschiebung von Steuersubstrat in den Zeitraum nach der Sanierungsphase), einer Nichtabzugsfähigkeit von Sanierungskosten sowie einer Minderung von Verlustverrechnungspotential nach sich zieht. Diese steuerlichen Folgewirkungen sind i. R. der Planung zu berücksichtigen.

Praxishinweis

Die Planung der Gewinn- und Verlustrechnung sollte anhand von intersubjektiv nachprüfbaren Kennzahlen und Quotenberechnungen erläutert werden. Dabei kommt es weniger auf die deskriptive Aufbereitung des Zahlenmaterials im Konkreten als vielmehr auf die Vermittlung eines Gesamtbildes im Zeitablauf an. Dabei sollten die wesentlichen Maßnahmen erläutert und plausibilisiert werden.

b) Plan-Bilanz

50 Ausgehend von den leistungswirtschaftlichen Teilplänen der Bereiche Absatz, Produktion und Personal, die ihren Niederschlag in der Plan-Gewinn- und Verlustrechnung gefunden haben, ist die Plan-Bilanz zu entwickeln. Startgröße bildet regelmäßig die Eröffnungsbilanz.[59] Ausgehend von der nach handelsrechtlichen Grundsätzen auf den Zeitpunkt des voraussichtlichen Wirksamwerdens des Insolvenzplans aufzustellenden Bilanz lassen sich aus dieser die zukünftig fällig werdenden und durch den Insolvenzplan ggf. bereinigten Verbindlichkeiten entnehmen, die in die Finanzplanung einzustellen sind.

51 Die Plan-Bilanz sollte sich grundsätzlich an den handelsrechtlichen Grundstrukturen[60] des § 266 HGB orientieren. Um dem Informationsbedürfnis der Insolvenzplan-Adressaten ausreichend gerecht zu werden, empfiehlt es sich, die letzten verfügbaren unbereinigten Handelsbilanzen vorab darzustellen. Auf diese Weise erhält der Adressat einen Überblick über die Entwicklung der Vermögenslage der letzten Jahre vor der Insolvenz, der Veränderung der Vermögenslage während der Insolvenz sowie über die Veränderungen der zukünftigen Vermögenslage im Hinblick auf die geplanten Veränderungen aus den Maßnahmen. Ferner sollte optional eine Spalte eingefügt werden, in der die Maßnahmen separat aufgeführt sind (Konsolidierungseffekte aus der Annahme des Insolvenzplans). Der entsprechende Aufbau kann der folgenden Übersicht entnommen werden:[61]

58) *Plagens/Brunow*, DStR 2004, 151 ff.

59) *Plagens/Brunow*, DStR 2004, 151 ff.

60) IDW, Anforderungen an Insolvenzpläne (IDW S 2), Stand: 20.3.2024, Rz. 113, IDW Life 7/8.2024, 656 ff.

61) In Anlehnung an: *Rendels/Zabel* in: Kübler/Bork/Prütting, HRI II, § 45 Anlage 2.2.1.

Abb. 4: Plan-Bilanz 52

Plan-Bilanzen

Position	31.12.13 IST	31.12.14 IST	31.1.15 IST	28.2.15 IST	31.3.15 IST	30.4.15 IST	31.5.15 IST	Vorläufiges Insolvenzverfahren 30.6.15 IST	31.7.15 IST	31.8.15 IST	eröffnetes Insolvenzverfahren 30.9.15 IST	31.10.15 IST	Konsolidierungseffekte Annahme Insolvenzplan	30.11.15 PLAN	31.12.15 PLAN	31.1.16 PLAN	29.2.16 PLAN
Immaterielle Vermögensgegenstände																	
Sachanlagevermögen																	
Finanzanlagevermögen																	
Vorräte																	
Forderungen aus Lieferungen und Leistungen																	
Sonstige Vermögensgegenstände																	
Liquide Mittel																	
Rechnungsabgrenzungsposten																	
Summe Aktiva																	

Position	31.12.13 IST	31.12.14 IST	31.1.15 IST	28.2.15 IST	31.3.15 IST	30.4.15 IST	31.5.15 IST	30.6.15 IST	31.7.15 IST	31.8.15 IST	30.9.15 IST	31.10.15 IST	Konsolidierungseffekte Annahme Insolvenzplan	30.11.15 PLAN	31.12.15 PLAN	31.1.16 PLAN	29.2.16 PLAN
Eigenkapital																	
Kapitalkonten																	
Kapitalrücklagen																	
Verlustvorträge																	
Jahresergebnis																	
Rückstellungen																	
Verbindlichkeiten																	
Verbindlichkeiten gegenüber Kreditinstituten																	
Verbindlichkeiten aus Lieferungen und Leistungen																	
Sonstige Verbindlichkeiten																	
Rechnungsabgrenzungsposten																	
Summe Passiva																	

53 Die vorangestellte Darstellung der Handelsbilanzen der letzten (in der Regel: drei) Jahre bietet sich aus mehreren Gründen an. Zum einen liegen die Daten in der Regel im Unternehmen vor, sodass keine neuen Zahlen und Strukturen geschaffen werden müssen. Voraussetzung ist allerdings, dass die Daten belastbar und vollständig sind.[62] Dies ist in Analogie zur integrierten Planung nach IDW S 6 durch den Ersteller sicherzustellen. Sofern dies der Fall ist, kann auf Basis der Ist-Bilanzen die Planung der Entwicklung der einzelnen Bilanzposten unter Berücksichtigung der Effekte aus der Insolvenz bzw. aus den Insolvenzplanmaßnahmen erfolgen. Für den Ersteller ergibt sich auf dieser Basis die Möglichkeit der Plausibilisierung der einzelnen Entwicklungen und Effekte.

54 Zum anderen bietet die Darstellung auf Basis der handelsrechtlichen Grundstruktur dem Adressaten eine gewisse Vertrautheit. Durch die vorweg dargestellte Ergänzung der Ist-Bilanzen erhält der Adressat eine aussagekräftige Entwicklung der einzelnen Bilanzpositionen. Ferner wird dem Adressaten aufgrund der transparenten Darstellung auch die Möglichkeit einer Plausibilisierung der Vollständigkeit wesentlicher Posten ermöglicht.[63]

55 Die operative Planung der Bilanz soll im Folgenden anhand der **wesentlichen Bilanzposten** erläutert werden. Anzumerken ist, dass die konkrete Planung des Schuldnerunternehmens an die individuellen operativen und technischen Umstände des jeweiligen Unternehmens anzupassen sind. Insofern stellen die folgenden Ausführungen einen typisierten Ansatz dar.

aa) Anlagevermögen

56 Dem Anlagevermögen zuzuordnen sind nach § 266 HGB
- die immateriellen Vermögensgegenstände,
- die Sachanlagen sowie
- die Finanzanlagen.

57 Die Entwicklung der einzelnen Posten erfolgt in Abhängigkeit vom Investitionsplan, den Abschreibungen sowie etwaigen Anlageverkäufen.[64] Sofern Finanzanlagen vorhanden sind, ist deren Werthaltigkeit einzuschätzen. Gegebenenfalls sind Wertberichtigungen vorzunehmen.[65]

bb) Vorräte

58 Zu unterscheiden sind nach § 266 HGB
- Roh-, Hilfs- und Betriebsstoffe,
- unfertige Erzeugnisse/Leistungen sowie
- fertige Erzeugnisse/Leistungen und
- geleistete Anzahlungen.

59 Die Planung der einzelnen Bilanzposten erfolgt in Abhängigkeit eines Preis-Mengen-Gerüstes unter Berücksichtigung
- der Umsatzentwicklung,
- der Durchlaufgeschwindigkeit der Produktion,

---

62) IDW, Anforderungen an Insolvenzpläne (IDW S 2), Stand: 20.3.2024, Rz. 19, IDW Life 7/8.2024, 656 ff.

63) Römermann-*Ober*, InsO/InsR, § 229 InsO Rz. 5.

64) *Baumüller/Hartmann/Kreuzer*, Integrierte Unternehmensplanung, S. 58 ff.

65) *Plagens/Brunow*, DStR 2004, 151 ff.

- etwaiger Ausschüsse,
- der Lagerkapazitäten und
- konkreter Auftragsbestände.

Praxishinweis
Besondere Bedeutung kommt den Bestandsveränderungen der fertigen Erzeugnisse und Waren zu, da diese nach dem Gesamtkostenverfahren innerhalb der Gewinn- und Verlustrechnung kompensatorische Wirkung entfalten und damit unmittelbaren Einfluss auf das Ergebnis haben.[66]

Hinsichtlich der geleisteten Anzahlungen sind etwaige negative Rückwirkungen aus dem Insolvenzverfahren bzw. der Entlassung aus dem Insolvenzverfahren zu berücksichtigen. Dies betrifft insbesondere die regelmäßig zu beobachtenden zunehmenden Vorkasseleistungen, die Lieferanten aufgrund möglicher fehlender Warenkreditversicherungen verlangen, bevor sie an das Schuldnerunternehmen Auslieferungen vornehmen.[67] 60

cc) Forderungen aus Lieferungen und Leistungen

Die Planung der Forderungen aus Lieferungen und Leistungen erfolgen in der Regel in Abhängigkeit von der Umsatzentwicklung unter Berücksichtigung der unterstellten Zahlungsziele.[68] Dabei ist darauf zu achten, dass die Forderungen unter Berücksichtigung von Umsatzsteuer geplant werden. Hierzu empfiehlt es sich, die geplanten Umsatzerlöse je Kunden nach Ländern zu unterteilen, um die Umsatzsteuer exakt planen zu können. Die Umsatzsteuer selbst wird losgelöst vom tatsächlichen Zahlungseingang im Regelfall bei Sollversteuerung am 10. des Folgemonats zur Zahlung fällig bzw. bei Fristverlängerung am 10. des übernächsten Monats.[69] 61

Etwaige negative Effekte aus verschlechterten Zahlungszielen sollten antizipiert werden, anderenfalls können sich aus dem Working Capital teilweise erhebliche Finanzierungseffekte ergeben. In der Bilanz-Planung werden für den zukünftigen Forderungsbestand oftmals Plan-Zahlungsziele festgelegt. In der Praxis ist zu beobachten, dass diese Ziele jedoch vielfach nicht erreicht werden, da solche Working-Capital-Maßnahmen die Kapitalbindung bei den Kunden erhöhen. Vor diesem Hintergrund sind die Zahlungsziele besonders kritisch zu hinterfragen und zu plausibilisieren. Es empfiehlt sich in diesem Zusammenhang die korrespondierenden Annahmen dazu offenzulegen. 62

dd) Sonstige Vermögensgegenstände

Die sonstigen Vermögensgegenstände enthalten alle Forderungen, die keinem anderen Forderungsposten zuzuordnen sind.[70] Dazu gehören z. B. Kautionen, Steuerforderungen, Rückforderungen gegen Sozialversicherungsträger, Forderungen aus Investitionszulagen und -zuschüssen, Versicherungserstattungen und sonstige Schadenersatzansprüche, Mietforderungen, Zinsforderungen etc. Die Planung der sonstigen Vermögensgegenstände erfolgt regelmäßig auf Basis der konkreten Einzelsachverhalte.[71] In der Regel können 63

66) *Baumüller/Hartmann/Kreuzer*, Integrierte Unternehmensplanung, S. 40 ff.

67) *Zabel* in: Kübler/Bork/Prütting, HRI II, § 23 Rz. 126.

68) *Zabel* in: Kübler/Bork/Prütting, HRI II, § 27 Rz. 127.

69) *Plagens/Brunow*, DStR 2004, 151 ff.

70) *Adler/Düring/Schmaltz*, Rechnungslegung, § 266 HGB Rz. 134; *Schubert/Berberich* in: Beck'scher BilKomm, § 247 Rz. 108.

71) *Zabel* in: Kübler/Bork/Prütting, HRI II, § 23 Rz. 128.

zur Entwicklung der einzelnen Forderungen gezielte Annahmen zur Entwicklung der Posten gemacht werden.

Beispiele

Zum Beispiel können Annahmen zu Steuerforderungen unter Rücksprache mit dem Steuerberater sowie in Abhängigkeit vom Verfahrensstand getroffen werden. Bei Kautionen handelt es sich in der Regel um einen konkreten konstanten Betrag für einen bestimmten Sachverhalt mit der Folge, dass mit keinen oder sich ausgleichenden Zu- und Abgängen zu rechnen ist. Forderungen aus Investitionszulagen oder -zuschüssen können in Abhängigkeit vom Verfahrensstand ausgeplant werden.

ee) Liquide Mittel

64 Die Planung der liquiden Mittel erfolgt nicht auf Basis der Bilanzplanung, sondern ist vielmehr Ausfluss der Kapitalflussrechnung (Liquiditätsplanung) und damit gerade Ausdruck der integrierten Planungsrechnung (siehe hierzu Rz. 76 ff.).

ff) Eigenkapital

65 Die Veränderungen des Eigenkapitals können im Wesentlichen zwei Gründe haben. Zum einen kann sich das Eigenkapital durch Kapitalherabsetzungen, Kapitalerhöhungen oder Einzahlungen in die Kapitalrücklagen etc. verändern. Zum anderen ergeben sich Veränderungen aus der Gewinn- und Verlustrechnung. Insofern ist das Eigenkapital zum Teil Ausfluss der integrierten Sicht der Planungsrechnung.

Praxishinweis

Zu berücksichtigen sind etwaige Besonderheiten, die sich aus gesellschaftsrechtlicher Sicht ergeben (z. B. Personengesellschaft vs. Kapitalgesellschaft bzw. Satzung).[72]

gg) Rückstellungen

66 Nach § 266 HGB sind zu unterscheiden:

- Rückstellungen für Pensionen und ähnliche Verpflichtungen,
- Rückstellungen für Steuern vom Einkommen und Ertrag sowie
- sonstige Rückstellungen.

67 Für jeden Posten erfolgt die Planung individuell in Abhängigkeit von den jeweiligen Treibern. Gegebenenfalls sind z. B. für Pensionsrückstellungen oder Altersteilzeitrückstellungen versicherungsmathematische Gutachten einzuholen. Hinsichtlich der Steuerrückstellungen sind unterjährige Vorauszahlungen – sofern nicht auf null herabgesetzt – sowie die Ergebnisentwicklung entsprechend zu berücksichtigen. Die sonstigen Rückstellungen sind unter den getroffenen Annahmen der Gewinn- und Verlustrechnung sowie der unterstellten Inanspruchnahme zu planen.[73]

68 § 229 Satz 3 InsO sieht vor, dass der dem Insolvenzplan zugrunde gelegte Finanzplan alle bei der Ausarbeitung bekannten Gläubiger zu berücksichtigen hat, auch wenn diese ihre Forderungen nicht angemeldet haben.[74] Vor diesem Hintergrund ist die Berücksichtigung von Mängelgewährleistungen und der Umgang mit streitigen Forderungen von zentraler Bedeutung.

---

72) *Zabel* in: Kübler/Bork/Prütting, HRI II, § 23 Rz. 132.

73) *Zabel* in: Kübler/Bork/Prütting, HRI II, § 27 Rz. 133.

74) BGH, Beschl. v. 7.5.2015 – IX ZB 75/14, Rz. 12, NZI 2015, 697.

Mängelgewährleistungen treten insbesondere im produzierenden Gewerbe auf. Sofern es sich um Ansprüche handelt, die vor der Insolvenzeröffnung begründet sind, jedoch erst nach Eröffnung des Insolvenzverfahrens entstehen, handelt es sich um Insolvenzforderungen.[75] Mit einer Geltendmachung dieser Ansprüche ist in der Regel in der Zukunft zu rechnen, sodass hierfür entsprechende Rückstellungen zu bilden sind. Die Höhe der Rückstellung bemisst sich nach der zu erwartenden Quote. Sofern dem Gläubiger die zurückgestellten finanziellen Mittel nicht zufließen sollten, kann eine Regelung vorgesehen werden, dass nach Ablauf der Frist des § 259 InsO die Mittel den andere Insolvenzgläubigern auf der Grundlage des Insolvenzplans zufließen.[76] 69

Forderungen gegen das schuldnerische Unternehmen sind nach den allgemeinen bilanzrechtlichen Regeln unter Umständen ebenfalls Rückstellungen unter Berücksichtigung der Höhe der Quote in der Gruppe zu bilden, der die Forderungen zugeordnet werden.[77] 70

hh) Verbindlichkeiten gegenüber Kreditinstituten

Die Planung der Verbindlichkeiten gegenüber Kreditinstituten erfolgt hinsichtlich der Darlehen unter Zugrundelegung der Zins- und Tilgungspläne. Die entsprechende Entwicklung sollte dabei im Einklang mit dem korrespondierenden Zinsaufwand sein.[78] Etwaige unterjährige Finanzierungsbedarfe sind gesondert i. R. der Finanzplanung zu ermitteln und entsprechend darzustellen. Dabei ist sicherzustellen, dass die Finanzierung z. B. durch das Ausschöpfen von Kontokorrentkreditlinien möglich ist. Nicht gedeckte Finanzierungsspitzen stellen Inkonsistenzen dar, die möglicherweise ein Scheitern des Insolvenzplans nach sich ziehen. 71

ii) Verbindlichkeiten aus Lieferungen und Leistungen

Die Verbindlichkeiten aus Lieferungen und Leistungen werden in Analogie zu den Forderungen aus Lieferungen und Leistungen in Abhängigkeit von der Materialaufwandsentwicklung unter Berücksichtigung der unterstellten Zahlungsziele geplant. Etwaige negative Effekte aus verschlechterten Zahlungszielen sollten entsprechend antizipiert werden, anderenfalls können sich aus dem Working Capital teilweise erhebliche Finanzierungseffekte ergeben. Es empfiehlt sich in diesem Zusammenhang die korrespondierenden Annahmen dazu offenzulegen. 72

jj) Sonstige Verbindlichkeiten

Die sonstigen Verbindlichkeiten enthalten alle Verbindlichkeiten, die keinem anderen Verbindlichkeitenposten zuzuordnen sind. Dazu gehören z. B. Steuerverbindlichkeiten, Verbindlichkeiten gegenüber Sozialversicherungsträgern, Löhne und Gehälter etc. 73

Die Planung der sonstigen Verbindlichkeiten erfolgt regelmäßig auf Basis der konkreten Einzelsachverhalte. In der Regel können zur Entwicklung der einzelnen Verbindlichkeiten gezielte Annahmen zur Zu- und Abnahme der Posten gemacht werden. Steuerverbindlichkeiten unterliegen z. B. einem konkreten Sachverhalt, dessen Steuerbelastung nach Rücksprache mit dem Steuerberater oder in Abhängigkeit vom Verfahrensstand weitgehend quantifiziert werden kann. Dies gilt auch für Berücksichtigung fester Zahltermine (Lohnsteuer, Verbindlichkeiten gegenüber Sozialversicherungsträgern etc.).[79] 74

75) BGH, Beschl. v. 22.9.2011 - IX ZB 121/11, NZI 2011, 953.

76) IDW, Anforderungen an Insolvenzpläne (IDW S 2), Stand: 20.3.2024, Rz. 47, IDW Life 7/8.2024, 656 ff.

77) IDW, Anforderungen an Insolvenzpläne (IDW S 2), Stand: 20.3.2024 Rz. 48, IDW Life 7/8.2024, 656 ff.

78) *Baumüller/Hartmann/Kreuzer*, Integrierte Unternehmensplanung, S. 61 ff.

79) *Zabel* in: Kübler/Bork/Prütting, HRI II, § 23 Rz. 136.

kk) Effekte aus dem Insolvenzplan

75 Die individuell getroffenen Maßnahmen des Insolvenzplans wirken sich auf die einzelnen Bilanzposten entsprechend aus. Zum Beispiel mindern Forderungsverzichte von Gläubigern die Verbindlichkeiten aus Lieferungen und Leistungen, führen zu einem außerordentlichen Ertrag in der Gewinn- und Verlustrechnung und können in der Folge auch zu Steuerbelastungen führen, sofern sich ein daraus möglicherweise ergebender Sanierungsgewinn i. R. einer verbindlichen Auskunft nicht gestundet bzw. erlassen wurde (siehe dazu § 60 [*Witfeld*]). Diese Effekte sind entsprechend zu berücksichtigen. Technisch empfiehlt es sich, diese separat zu planen und zu berücksichtigen.

c) Finanzplan

76 Nach § 229 Satz 2 InsO ist im Insolvenzplan darzustellen, dass die Zahlungsfähigkeit anhand der Darstellung der Einnahmen und Ausgaben des Schuldnerunternehmens für den Zeitraum der Gläubigerbefriedigung gewährleistet ist. Dabei sind auch Gläubiger zu berücksichtigen, die zwar ihre Forderung nicht angemeldet haben, jedoch bei der Ausarbeitung des Plans bekannt sind (§ 229 Satz 3 InsO); zu Präklusions- und Ausschlussklauseln siehe § 8 Rz. 537 ff. [*Brünkmans*].

77 Die Gegenüberstellung von Einnahmen und Ausgaben im Zeitablauf stellt eine Liquiditätsplanung dar. Der Aufbau und die Ausgestaltung einer Finanzplanung sind gesetzlich nicht geregelt. Vor dem Hintergrund der Notwendigkeit einer integrierten Vorgehensweise ist die Finanzplanung mit der Plan-Bilanz sowie der Plan-Gewinn- und Verlustrechnung abzustimmen. Dies erfolgt typischerweise auf Basis einer indirekten Kapitalflussrechnung. Neben der konsistenten Darstellung aller drei Rechenwerke liegt ein weiterer Vorteil der Kapitalflussrechnung gegenüber der bloßen Gegenüberstellung der Einnahmen und Ausgaben darin, einen transparenten Einblick in die Zahlungsströme aus laufendem Geschäft, Investitionen und Desinvestitionen sowie der Finanzierung des Unternehmens zu geben.

78 Das Deutsche Rechnungslegungs Standards Commitee e. V. (DRSC) hat in dem Standard DRS 21 „Kapitalflussrechnung" (Stand: 8.4.2014), die Darstellung und den Umfang einer Kapitalflussrechnung konkretisiert. Danach sind die Zahlungsströme getrennt nach Cashflows aus laufender Geschäftstätigkeit, Investitionstätigkeit und Finanzierungstätigkeit darzustellen. Die Summe dieser Cashflows entspricht der Veränderung des Finanzmittelfonds (Bestand liquider Mittel am Ende der Periode abzgl. des Bestandes liquider Mittel zu Beginn der Periode). Grundsätzlich ist zu unterscheiden zwischen einer direkten und einer indirekten Planung der Zahlungsströme. Der folgenden Übersicht kann eine Plan-Kapitalflussrechnung nach der indirekten Methode entnommen werden:[80]

80) In Anlehnung an: *Rendels/Zabel* in: Kübler/Bork/Prütting, HRI II, § 45 Anlage 2.2.3.

Abb. 5: Plan-Kapitalflussrechnung 79

Plan-Kapitalflussrechnung (indirekte Methode)

								Vorläufiges Insolvenzverfahren			eröffnetes Insolvenzverfahren						
Position	31.12.13 IST	31.12.14 IST	31.1.15 IST	28.2.15 IST	31.3.15 IST	30.4.15 IST	31.5.15 IST	30.6.15 IST	31.7.15 IST	31.8.15 IST	30.9.15 IST	31.10.15 IST	Konsolidierungseffekte Annahme Insolvenzplan	30.11.15 PLAN	31.12.15 PLAN	31.1.16 PLAN	29.2.16 PLAN
Periodenergebnis																	
+/– Abschreibungen/Zuschreibungen																	
+/– Δ Rückstellungen																	
+/– sonstige zahlungsunwirksame Aufwendungen /Erträge																	
–/+Δ Vorräte																	
–/+ Δ Forderungen aus Lieferungen und Leistungen																	
–/+ Δ sonstige Vermögensgegenstände																	
–/+ Δ andere Aktiva (nicht Investitions- oder Finanzierungstätigkeit)																	
+/– Δ Verbindlichkeiten aus Lieferungen und Leistungen																	
+/– Δ sonstige Verbindlichkeiten																	
+/– Δ andere Passiva (nicht Investitions- oder Finanzierungstätigkeit)																	
–/+ Gewinn/Verlust aus dem Abgang von Gegenständen des Anlagevermögens																	
+/– Zinsaufwendungen / Zinserträge																	
– Beteiligungserträge																	
+/– Aufwendungen / Erträge aus a.o. Posten																	
+/– Ertragsteueraufwand/-ertrag																	
+/– Ein-/Auszahlunge aus a.o. Posten																	
–/+ Ertragsteuerzahlungen																	
Cashflow aus laufender Geschäftstätigkeit																	
+ Einzahlungen aus Anlagenabgängen																	
– Auszahlungen aus Anlagenzugängen/Investitionen																	
+/– Ein-/Auszahlungen a.o. Posten																	
Cashflow aus Investitionstätigkeit																	
+ Einzahlungen aus Kapitalerhöhungen																	
– Auszahlungen aus Kapitalherabsetzungen																	
+ Einzahlungen aus Anleihebegebung/Krediten																	
– Auszahlungen aus Tilgung von Anleihen/Krediten																	
+/- Einzahlungen / Auszahlungen aus a.o. Posten																	
– gezahlte Zinsen																	
– Dividenden / Ausschüttungen / Entnahmen Gesellschafter																	
Cashflow aus Finanzierungstätigkeit																	
= Veränderung des Finanzmittelfonds																	
+ Bestand Finanzmittelfonds Anfang der Periode																	
= Bestand Finanzmittelfonds Anfang der Periode																	

80 Durch die Zerlegung der Cashflows in die Bereiche laufende Geschäftstätigkeit, Investitionstätigkeit und Finanzierungstätigkeit können weitere zentrale Informationen über die Mittelherkunft und Mittelverwendung gewonnen werden.

aa) Cashflow aus laufender Geschäftstätigkeit

81 Der Cashflow aus laufender Geschäftstätigkeit spiegelt die **Innenfinanzierung** der laufenden Geschäftsaktivitäten wider. Bei der Analyse steht im Fokus, inwieweit ein Unternehmen aus dem operativen Bereich/laufenden Geschäft genügend Einzahlungen erwirtschaften kann, um die Auszahlungen des laufenden Geschäfts zu decken. Darüber hinaus steht im Zentrum der Analyse, inwieweit der Cashflow aus laufender Geschäftstätigkeit zur Deckung der Auszahlungen für Investitionen und Finanzierung bzw. Thesaurierung herangezogen werden kann. Ein negativer operativer Cashflow würde die Bereitstellung von Zahlungsmitteln aus anderen Finanzierungsquellen erfordern (z. B. Desinvestitionen, zusätzliche Kapitalaufnahme), um die Unterdeckung der laufenden Geschäftstätigkeit mit liquiden Mitteln auszugleichen.

Praxishinweis

Allerdings muss die Beurteilung eines negativen Ergebnisses im operativen Bereich immer im Kontext mit der Branche, der Geschäftspolitik und dem Wachstum eines Unternehmens gesehen und interpretiert werden. In Wachstumsbranchen (wie Informations-, Biotechnologie oder Telekommunikation) sind z. B. operative und investive Cashflows negativ, da Produktionskapazität und Lagerbestände erst aufgebaut werden müssen (Anlauffinanzierung).

bb) Cashflow aus Investitionstätigkeit

82 Der **Cashflow aus Investitionstätigkeit** gibt Aufschluss, welche Investitionen und Desinvestitionen im Betrachtungszeitraum geplant sind. Ein negativer Cashflow aus Investitionstätigkeit besagt, dass das Unternehmen mehr investiert (z. B. Rationalisierungsinvestitionen) als desinvestiert hat.

cc) Cashflow aus Finanzierungstätigkeit

83 Der **Cashflow aus Finanzierungstätigkeit** offenbart die Außenfinanzierungstätigkeit mit den Eigen- und Fremdkapitalgebern. Er stellt dar, in welcher Höhe langfristige Finanzmittel zusätzlich aufgenommen oder an die Kapitalgeber zurückgezahlt wurden. Ein negativer Cashflow aus Finanzierungstätigkeit zeigt, welche liquiden Mittel den anderen Bereichen (Cashflows aus laufender Geschäftstätigkeit, Investitionstätigkeit) entzogen wurden (z. B. zur Tilgung von Krediten). Bei einem positiven Wert wird deutlich, in welcher Höhe Finanzierungsmittel in das laufende Geschäft bzw. in Investitionen geflossen sind.

III. Zustimmung zur Ungleichbehandlung innerhalb der Gruppe (§ 226 Abs. 2 InsO)

84 Nach § 226 Abs. 2 InsO ist eine unterschiedliche Behandlung der Beteiligten einer Gläubigergruppe zulässig, wenn jeder schlechter behandelte Beteiligte der Gruppe seine **Zustimmung zur unterschiedlichen Behandlung** innerhalb der Gruppe erklärt. Diese Erklärung ist **als Anlage dem Insolvenzplan beizufügen (§ 226 Abs. 2 Satz 2 InsO)**. Sieht der Insolvenzplan eine Ungleichbehandlung innerhalb einer Gruppe vor und liegt dem Insolvenzplan keine Erklärung der betroffenen Gläubiger an, führt dies zu einer Zurückweisung durch das Insolvenzgericht i. R. der Vorprüfung nach § 231 Abs. 1 Nr. 1 InsO.[81]

81) *Breuer* in: MünchKomm-InsO, § 226 Rz. 12; *Zabel* in: Kübler/Bork/Prütting, HRI II, § 23 Rz. 171.

IV. Weitere Pflichtanlagen nach § 230 InsO

1. Fortführungserklärung des Schuldners (§ 230 Abs. 1 Satz 1 InsO)

Ist im Insolvenzplan vorgesehen, dass der Schuldner sein Unternehmen fortführt und ist der Schuldner eine natürliche Person, so ist dem Plan die Erklärung des Schuldners beizufügen, dass er zur Fortführung des Unternehmens auf der Grundlage des Planes bereit ist (§ 230 Abs. 1 Satz 1 InsO). Mit dieser Fortführungserklärung soll die Bereitschaft des Schuldners sichergestellt werden, auf der Grundlage des Insolvenzplanes das Unternehmen fortzuführen.[82] Aus § 230 Abs. 1 InsO folgt, dass die Fortführung des Unternehmens **durch eine natürliche Person nicht erzwungen werden kann.** Die mit Unternehmensfortführung verbundenen persönlichen und unbeschränkten Haftungsrisiken können daher ebenfalls nicht gegen seinen Willen erzwungen werden. Die Zustimmung zur Unternehmensfortführung kann auch nicht unter den Voraussetzungen des § 247 Abs. 2 InsO fingiert werden. 85

Wird der **Insolvenzplan vom Schuldner selbst vorgelegt** (sog. Schuldnerplan; siehe dazu ausführlich § 4 [*Beck/Pechartscheck*]), ist eine Fortführungserklärung nach § 230 Abs. 1 Satz 3 InsO konsequenterweise nicht erforderlich, weil der Schuldner durch die Vorlage eines Fortführungsplans seine Bereitschaft zur Fortführung des Unternehmens hinreichend dokumentiert.[83] Demnach ist eine Fortführungserklärung nur dann erforderlich, wenn der Insolvenzverwalter oder der Sachwalter im Auftrag der Gläubigerversammlung den Insolvenzplan einreicht. 86

Inhaltliche Anforderungen an die Fortführungserklärung des Schuldners bestehen insoweit, als aus dieser **die verbindliche Erklärung des Schuldners hervorgehen muss, dass er zur Fortführung des Unternehmens auf der Grundlage des vorgelegten Insolvenzplanes bereit ist.** Die Fortführungserklärung kann unter einer aufschiebenden Bedingung (§ 158 BGB)[84] abgegeben werden. Spätestens im Zeitpunkt der Planbestätigung muss die Bedingung dann allerdings eingetreten sein. Andernfalls ist der Insolvenzplan nicht bestätigungsfähig, da mangels rechtswirksamer Fortführungserklärung als Pflichtanlage der Insolvenzplan an einem inhaltlichen Fehler (§ 250 Abs. 1 Nr. 1 Alt. 1 InsO) leidet. Allerdings ist er nicht zwingend bereits in der Vorprüfung nach § 231 Abs. 1 InsO zurückzuweisen, es sei denn, mit Eintritt der Bedingung kann offensichtlich nicht gerechnet werden. 87

2. Fortführungserklärung persönlich haftender Gesellschafter (§ 230 Abs. 1 Satz 2 InsO)

Nach § 230 Abs. 1 Satz 2 InsO wird die Notwendigkeit einer Fortführungserklärung auf Gesellschaften ohne Rechtspersönlichkeiten und auf die Kommanditgesellschaft auf Aktien übertragen. Danach ist eine **Fortführungserklärung** der Personen **dem Insolvenzplan** als Anlage **beizufügen**, die nach dem Insolvenzplan **zukünftig persönlich haftende Gesellschafter** des Unternehmens sein sollen. Die Fortführungserklärungen der persönlich haftenden Gesellschafter sind vom Fortsetzungsbeschluss der Gesellschaft zu unterscheiden. Nur letzterer kann durch eine Regelung im gestaltenden Teil des Insolvenzplanes ersetzt werden (siehe ausführlich § 30 Rz. 4 ff. [*Brünkmans*]). 88

Durch die Fortführungserklärung soll die Bereitschaft der persönlich haftenden Gesellschafter zur Unternehmensfortführung und Übernahme der damit verbundenen persönlichen und unbeschränkten Haftungsrisiken sichergestellt werden. Die Fortführungser- 89

82) *Eidenmüller* in: MünchKomm-InsO, § 230 Rz. 5; *Zabel* in: Kübler/Bork/Prütting, HRI II, § 23 Rz. 173.

83) *Jaffé* in: FK-InsO, § 230 Rz. 8.

84) Zweifelhaft ist, ob die Fortführungserklärung auch unter einer Befristung (§ 163 BGB) abgegeben werden kann, vgl. *Eidenmüller* in: MünchKomm-InsO, § 230 Rz. 14.

klärungen sind auch bei einem Schuldnerplan zwingend als Anlage beizufügen (Umkehrschluss zu § 230 Satz 3 InsO). Zum Inhalt der Fortführungserklärung und Bedingungen gelten die Ausführungen zur natürlichen Person als Schuldner entsprechend. Siehe ausführlich auch § 30 Rz. 26 ff. [*Brünkmans*].

3. Zustimmungserklärung zum Anteilserwerb (§ 230 Abs. 2 InsO)

90 Ist im Insolvenzplan vorgesehen, dass Gläubiger Anteils- oder Mitgliedschaftsrechte oder Beteiligungen an einer juristischen Person, einem nicht rechtsfähigen Verein oder einer Gesellschaft ohne Rechtspersönlichkeit übernehmen sollen, so ist nach § 230 Abs. 2 InsO dem Plan die zustimmende Erklärung eines jeden dieser Gläubiger beizufügen.

91 Mit dieser Zustimmungserklärung soll sichergestellt werden, dass keinem Gläubiger gegen seinen Willen Anteils- und Mitgliedschaftsrechte oder eine Beteiligung anstelle einer Befriedigung in Geld aufgezwungen werden kann.[85] In der Rechtsnatur handelt es sich um vorvertragliche Verpflichtungen.

92 Beim Debt-Equity-Swap handelt es sich um eine vorvertragliche Übernahmeverpflichtung. Eine solche vorvertragliche Verpflichtung ist grundsätzlich im GmbH-Recht[86] nicht formbedürftig und unterliegt im Aktienrecht[87] lediglich dem Schriftformerfordernis.

93 Wenn GmbH-Geschäftsanteile der Insolvenzmasse (also nicht am Schuldner selbst) gegen Erlass der Forderung übertragen werden (Debt-to-Asset-Swap) so ist hingegen eine notariell beurkundete Zustimmungserklärung erforderlich, welche bereits die Annahmeerklärung auf Übernahme der Beteiligung enthalten kann.

94 Diese Zustimmungserklärung ist zunächst erforderlich, wenn der Insolvenzplan anstelle einer Geldzahlung Gläubigern eine Befriedigung durch Geschäftsanteile, Aktien oder sonstige Anteils- und Mitgliedschaftsrechte *der Insolvenzmasse* anbietet (sog. **Debt-to-Asset-Swap**). Seine Hauptanwendung findet § 230 Abs. 2 InsO jedoch i. R. des Tausches von Forderungen gegen die Schuldnerin gegen Anteile **an der Schuldnerin** (sog. **Debt-to-Equity-Swap**); zur Zustimmungserklärung i. R. eines Debt-to-Equity-Swaps siehe ausführlich § 30 Rz. 306 ff. [*Brünkmans*], zur teleologischen Reduktion bei börsennotierten Aktien siehe § 8 Rz. 211 f. [*Brünkmans*]. Fehlt die Zustimmungserklärung nach § 230 Abs. 2 InsO oder ist diese fehlerhaft, leidet der Insolvenzplan an einem inhaltlichen Mangel, was zur Folge hat, dass der Insolvenzplan i. R. der Vorprüfung nach § 231 Abs. 1 Nr. 1 InsO zurückzuweisen ist, sofern der Mangel nicht innerhalb einer vom Insolvenzgericht festzusetzenden angemessenen Frist behoben wird.

4. Verpflichtungserklärungen Dritter gegenüber Gläubigern (§ 230 Abs. 3 InsO)

95 Hat ein Dritter für den Fall der Bestätigung des Insolvenzplanes Verpflichtungen gegenüber den Gläubigern übernommen, so ist dem Plan die Erklärung des Dritten beizufügen (§ 230 Abs. 3 InsO).

---

85) Zur Einordnung von § 230 Abs. 2 InsO als Ausnahmevorschrift und nicht generelles Verbot einer Leistung an Quote statt, s. ausführlich § 8 Rz. 205 ff. [*Brünkmans*].

86) So die inzwischen die h. A., OLG München, Urt. v. 4.5.2005 – 23 U 5121/04, AG 2005, 584 = ZIP 2005, 1070, dazu EWiR 2005, 525 *(Bayer/Lieder)*; Scholz-*Tebben*, GmbHG, § 55 Rz. 117; *Lieder* in: MünchKomm-GmbHG, § 55 Rz. 206; Lutter/Hommelhoff-*Bayer*, GmbHG, § 55 Rz. 33; *Hergeth/Mingau*, DStR 2001, 1217, 1220; Altmeppen-*Altmeppen*, GmbHG, § 55 Rz. 25. Nach a. A. bedarf die Erklärung der notariellen Beglaubigung, RG, Urt. v. 13.12.1935 – II 161/35, RGZ 149, 385, 395; Saenger/Inhester-*Inhester*, GmbHG, § 55 Rz. 48.

87) *Koch*, AktG, § 185 Rz. 31; *Schürnbrand/Verse* in: MünchKomm-AktG, § 185 Rz. 53; Hölters/Weber-*Apfelbacher/Metzner*, AktG, § 185 Rz. 12; *Hergeth/Eberl*, NZG 2003, 205, 207.

§ 230 Abs. 3 InsO gilt unmittelbar für Verpflichtungserklärungen Dritter gegenüber den Gläubigern. Erfasst werden sollten somit die Fälle, in denen die Befriedigung der Gläubiger durch einen Dritten unmittelbar gegenüber den Gläubigern verbindlich zugesagt wird (sog. **Plangarant**).[88] Ausweislich der Gesetzesmaterialien hatte der Gesetzgeber dabei Leistungen von Verwandten des Schuldners oder der Muttergesellschaft unmittelbar gegenüber den Gläubigern im Blick.[89] In diesen Fällen erfolgt die Befriedigung der Gläubiger nicht durch Beiträge der Insolvenzmasse. 96

Praxishinweis

Bei der Formulierung der Verpflichtungserklärung ist darauf achtzugeben, dass diese mit dem Planinhalt übereinstimmt. Widersprechen sich beide, droht die Zurückweisung des Planentwurfs.[90]

Umstritten war über längere Zeit, ob die Verpflichtungserklärung um einen Nachweis über die **Bonität des Dritten** zu ergänzen war. In der Instanzrechtsprechung wurden Insolvenzpläne zum Teil bei Fehlen eines entsprechenden Nachweises zurückgewiesen.[91] Diesen Streit hat der BGH vor kurzem dahingehend entschieden, dass es keines Bonitätsnachweises bedarf, weil sich diese Anforderung dem § 230 Abs. 3 InsO nicht entnehmen lasse.[92] Eine Prüfung der Bonität Dritter nimmt das Insolvenzgericht lediglich vor, wenn deren Zahlungen notwendig sind, um die Verfahrenskosten zu decken[93] (siehe auch § 8 Rz. 612 ff. [*Brünkmans*]). 97

§ 230 Abs. 3 InsO wird in der Literatur vorschnell analog auf sonstige Erklärungen Dritter angewandt, die zwar keine unmittelbaren Ansprüche der Gläubiger auslösen, aber dennoch maßgeblich für die Planerfüllung sind.[94] 98

Eine analoge Anwendung von § 230 Abs. 3 InsO auf sämtliche Verpflichtungen Dritter überzeugt jedoch nicht. Wortlaut, Gesetzesmaterialien, Systematik und Telos sprechen dafür, dass die Pflichtanlage aus § 230 Abs. 3 InsO sich ausschließlich auf Leistungen Dritter unmittelbar an die Gläubiger beschränken soll.[95] Diese verbindliche Verpflichtungserklärung muss – wie jede Pflichtanlage aus §§ 229 und 230 InsO – mit Vorlage des Insolvenzplanes verbindlich abgegeben und dem Insolvenzplan beigefügt worden sein. Hintergrund der Regelung in § 230 Abs. 3 InsO ist, dass es den Gläubigern nicht zuzumuten ist, ihre Forderungen auf Grundlage des Insolvenzplanes zu erlassen, ohne einen verbindlichen Anspruch auf das externe Erfüllungssurrogat der Drittzusage zu haben.[96] Dieses besondere Schutzbedürfnis spricht gegen eine vorschnelle Übertragung von § 230 Abs. 3 InsO auf andere Erklärungen Dritter im Kontext des Insolvenzplanes. 99

88) *Huber/Madaus* in: MünchKomm-InsO, § 257 Rz. 45.

89) Begr. RegE InsO, Drucks. 12/2443.

90) AG Hamburg, Beschl. v. 15.6.2022 – 68h IK 14/20, NZI 2023, 172.

91) LG Düsseldorf, Beschl. v. 16.4.2020 – 25 T 135/20, BeckRS 2020, 22089; LG Hamburg, Beschl. v. 18.11.2015 – 326 T 109/15, NZI 2016, 34; AG Hamburg, Beschl. v. 24.5.2017 – 67c IN 164/15, NZI 2017, 567, 569 = ZVI 2017, 304; ebenso *Dahl/Taras*, NJW-Spezial 2021, 535 (Urteilsanm.); Uhlenbruck-*Sinz*, InsO, § 230 Rz. 5.

92) BGH, Beschl. v. 22.6.2023 – IX ZB 15/21, Rz. 11–13, ZVI 2023, 364 = ZRI 2023, 664; ebenso *Horstkotte*, EWiR 2023, 527, 529 (Urteilsanm.); *Madaus*, NZI 2017, 697, 700; *Madaus* NZI 2023, 717; Jaeger-*Münch*, InsO, § 230 Rz. 40; *Spahlinger* in: KPB, InsO, § 230 Rz. 9; *Weßling*, ZInsO 2020, 714, 717 f.

93) BGH, Beschl. v. 22.6.2023 – IX ZB 15/21, Rz. 20, ZVI 2023, 364 = ZRI 2023, 664.

94) Vgl. etwa *Thies* in: HambKomm-InsR, § 230 Rz. 9; *Eidenmüller* in: MünchKomm-InsO, § 230 Rz. 80; K. Schmidt-*Spliedt*, InsO, § 230 Rz. 8.

95) Begr. RegE InsO, Drucks. 12/2443.

96) S. ausführlich *Brünkmans*, ZIP 2015, 1052, 1058 f.

100 Dieses Verständnis fügt sich auch in die Systematik zu den weiteren Pflichtanlagen aus § 229 InsO ein. Sollen die Gläubiger aus den Erträgen des durch den Schuldner – oder von einem Dritten – fortgeführten Unternehmens befriedigt werden, so ist dem Insolvenzplan nach § 229 InsO eine Vermögensübersicht beizufügen, die eine Ergebnis- und Liquiditätsplanung enthält. Auch hier gilt: Wenn die Gläubiger statt unmittelbar aus der Insolvenzmasse aus den zukünftigen Erträgen des entschuldeten Unternehmens befriedigt werden sollen, dann sind die für die Einschätzung der zukünftigen Vermögens- Ertrags- und Liquiditätsentwicklung erforderlichen Informationen dem Insolvenzplan zwingend als Anlage zum Insolvenzplan beizufügen.[97)]

Praxishinweis

Andere Erklärungen Dritter können als optionale Plananlagen dem Insolvenzplan freiwillig beigefügt werden. Über das Informationsbedürfnis der Gläubiger können sie sich im Einzelfall zu einer Pflichtanlage verdichten, wenn die Beifügung ausnahmsweise als elementar für die Entscheidung der Beteiligten über die Annahme des Insolvenzplanes zu werten ist. In der Regel reichen allerdings die Ausführungen im darstellenden Teil aus. Eine wortlautgetreue Beifügung ist rechtlich in der Regel nicht erforderlich. Eine andere Frage ist, ob die Beifügung von sonstigen Dritterklärungen zur Überzeugung der Gläubiger praktisch geboten ist.

C. Optionale Plananlagen

I. Wesen der optionalen Plananlagen

101 Insolvenzpläne können zu Informationszwecken über die Pflichtanlagen hinaus sonstige Anlagen enthalten (optionale Plananlagen). Die optionalen Plananlagen dienen in der Regel dazu, die im darstellenden Teil des Insolvenzplanes gegebenen Informationen näher auszuführen oder für die Gläubiger zu belegen (**Beweis- und Informationsfunktion**). Das Insolvenzgericht und die Gläubiger sollen über die Ausführungen im darstellenden und gestaltenden Teil hinaus informiert werden, um den Insolvenzplan wirtschaftlich und rechtlich würdigen zu können.[98)] Die optionalen Plananlagen haben vor dem Hintergrund eine Erläuterungs-, Beweis-, Ergänzungs- und Entlastungsfunktion.[99)]

102 Der Planverfasser kann grundsätzlich frei entscheiden, welche zusätzlichen Anlagen er zum Insolvenzplan nimmt. Handelt es sich dabei um beurkundungspflichtige Erklärungen Dritter, wird diese **Beurkundungspflicht** entgegen weit verbreiteter Auffassung **nicht dadurch ersetzt, dass die Erklärung als Anlage zum Insolvenzplan genommen wird.** § 254a Abs. 1 InsO findet auf zur Anlage genommenen Dritterklärungen keine Anwendung (siehe ausführlich § 7 Rz. 127 ff. [*Brünkmans*]).

103 Die **Vergleichsrechnung** ist inzwischen gemäß § 220 Abs. 2 Satz 2 InsO zwingender Bestandteil des darstellenden Teils. Sie wird aufgrund der besonderen Bedeutung für den Insolvenzplan in einem gesonderten Abschnitt dargestellt, siehe Rz. 113 ff.

II. Verzeichnis der Gruppen-Gläubiger

104 Damit die einzelnen Gläubiger zu den im Insolvenzplan vorgesehenen Gläubigergruppen präzise zugeordnet werden können, sollte der Insolvenzplan **für jede Gläubigergruppe** ein Verzeichnis aller zur jeweiligen Gruppe gehörenden Gläubiger enthalten.[100)] Es empfiehlt sich, diese aus der Insolvenztabelle abzuleiten und fortlaufend zu aktualisieren. Die

97) *Brünkmans*, ZIP 2015, 1052, 1058 f.

98) *Zabel* in: Kübler/Bork/Prütting, HRI II, § 23 Rz. 6.

99) Vgl. *Zabel* in: Kübler/Bork/Prütting, HRI II, § 23 Rz. 6.

100) IDW, Anforderungen an Insolvenzpläne (IDW S 2), Stand: 20.3.2024, Rz. 55, IDW Life 7/8.2024, 656 ff.; *Zabel* in: Kübler/Bork/Prütting, HRI II, § 23 Rz. 10.

Ergebnisse des Prüfungstermins sind entsprechend einzupflegen. Anders als das Gläubigerverzeichnis nach § 152 InsO sind im Gruppen-Gläubigerverzeichnis **nur die angemeldeten Forderungen aufzunehmen,** da nur diese an der Planausschüttung teilnehmen.[101)]

Das Verzeichnis der Gruppen-Gläubiger sollte folgenden Mindestinhalt haben:[102)] 105

- **Gläubigergruppe:** Für alle Gläubigergruppen sollte jeweils ein separates Verzeichnis erstellt werden. Entsprechend der Einteilung der Gruppen im gestaltenden Teil sollte die Gruppe der Gläubiger eine sachliche Bezeichnung und eine Nummerierung enthalten.
- **Laufende Nummer:** Die laufende Nummer der angemeldeten Forderung im Verzeichnis der Gruppen-Gläubiger sollte **identisch sein mit der laufenden Nummer aus der Insolvenztabelle.**[103)]
- **Gläubigerbezeichnung:** Gläubiger sind mit vollständigem Namen und ggf. Firmierung sowie Rechtsform zu bezeichnen. Ferner sind zustellungsfähige Anschrift und ggf. Vertretungsberechtigte anzugeben.[104)]
- **Betrag und Grund der Forderung:** Beträge sind zwischen Haupt- und Nebenforderungen zu differenzieren. Es bietet sich an, schlagwortartig den Forderungsgrund anzugeben.[105)]
- **Ergebnis der Forderungsprüfung:** Grundsätzlich nehmen nur im Prüfungstermin festgestellte Forderungen an der im Insolvenzplan vorgesehenen Verteilung auf die Quote teil. Das Ergebnis der Forderungsprüfung sollte daher im Gruppen-Gläubigerverzeichnis aufgenommen werden. Daraus wird ersichtlich, in welcher Höhe Rückstellungen zu bilden sind und ggf. die Festsetzung des Stimmrechtes erforderlich ist. Zur Festsetzung des Stimmrechtes bei bestrittenen Forderungen siehe § 16 Rz. 21 ff. [*Laroche*].
- **Quote:** Sieht der Insolvenzplan eine feste Quote vor, kann im Gruppen-Gläubigerverzeichnis die Höhe der Quotenzahlung angegeben werden. Bei einem Earn-out-Plan kann das Verzeichnis der Gruppen-Gläubiger noch um einen Tilgungsplan ergänzt werden.[106)] Werden absonderungsberechtigte Gläubiger in den Insolvenzplan eingebunden und erhalten diese eine Ablösung i. H. des Wertes ihrer Sicherheiten oder bleiben diese Sicherheiten stehen, ist der über den Wert der Sicherheit hinausgehende Betrag als Ausfallforderung anzugeben.[107)]

Beispiel: Verzeichnis der Gläubiger der Gruppe 5 – sonstige Insolvenzforderungen 106

Gruppe	Nr.	Gläubiger	Forderungsgrund	Forderungshöhe €	Ergebnis Forderungsprüfung	Quotenzahlung €
5	1	B Bank Rheinallee 6000 53121 Bonn	Darlehen	1.500.000	festgestellt	300.000
5	4	Max Müller Sonnenstraße 6002 50214 Köln	Miete Januar–März 2015	20.000	festgestellt	4.000

101) *Zabel* in: Kübler/Bork/Prütting, HRI II, § 23 Rz. 66.
102) *Zabel* in: Kübler/Bork/Prütting, HRI II, § 23 Rz. 12.
103) *Zabel* in: Kübler/Bork/Prütting, HRI II, § 23 Rz. 17.
104) *Zabel* in: Kübler/Bork/Prütting, HRI II, § 23 Rz. 19.
105) *Zabel* in: Kübler/Bork/Prütting, HRI II, § 23 Rz. 20.
106) S. Beispiel bei *Zabel* in: Kübler/Bork/Prütting, HRI II, § 23 Rz. 24 ff.
107) *Zabel* in: Kübler/Bork/Prütting, HRI II, § 23 Rz. 26.

III. Verzeichnis der Anteilsinhaber

107 Werden die Anteilsinhaber mit in den Insolvenzplan einbezogen, bietet es sich jedenfalls bei einem größeren Gesellschafterkreis an, die aktuelle Gesellschafterliste oder ggf. das Aktionärsverzeichnis als Anlage zum Insolvenzplan aufzunehmen.

IV. Bilanzen der letzten drei Geschäftsjahre

108 Dem Insolvenzplan sollten die (geprüften) Jahresabschlüsse der letzten drei Geschäftsjahre beigefügt werden.[108)]

V. Stellungnahmen zum Insolvenzplan

109 Nach § 232 Abs. 1 Nr. 1 InsO hat das Insolvenzgericht nach Abschluss der Vorprüfung des Insolvenzplanes diesen dem Gläubigerausschuss, dem Betriebsrat, dem Sprecherausschuss der leitenden Angestellten und – je nach Planerstellung – dem Insolvenzverwalter oder dem Schuldner zur Stellungnahme weiterzuleiten. Sollten diese Beteiligten dem Insolvenzplan positiv gegenüber eingestellt sein und ihn sogar aktiv unterstützen, mag es im Einzelfall sinnvoll sein, die Stellungnahmen der Beteiligten als Anlage zum Insolvenzplan zu nehmen.[109)]

Praxishinweis

Es bietet sich ferner an, die Stellungnahmen bereits im Vorfeld vor Einreichung des Insolvenzplanes einzuholen und dem Insolvenzplan als Anlage beizufügen (§ 2 Rz. 133 [*Brünkmans*]). In diesem Fall muss das Insolvenzgericht keine weiteren Stellungnahmen einholen, lediglich ergänzende Stellungnahmen, wenn der Insolvenzplan wegen gerichtlicher Beanstandung geändert wurde.[110)]

Nach dem durch das **SanInsFoG** neu eingefügten § 232 Abs. 4 Satz 1 kann auch das Gericht die Stellungnahmen schon im Vorprüfungsverfahren anfordern. Diese muss es gemäß Satz 2 nur dann an den Planvorleger und die zur Stellungnahme Berechtigten weiterleiten, wenn es seine Zurückweisungsentscheidung (§ 231 Abs. 1 InsO) auf neuen Tatsachenvortrag aus der Stellungnahme stützen will. Die Weiterleitung muss innerhalb einer Frist von höchstens einer Woche erfolgen.

VI. Rechtsgeschäftliche Erklärungen Dritter

110 Wurden rechtsgeschäftliche Erklärungen des Schuldners im gestaltenden Teil des Insolvenzplans aufgenommen,[111)] kann die **korrespondierende Vertragserklärung des Dritten** als Anlage zum Insolvenzplan aufgenommen werden.[112)] Die Aufnahme als Anlage zum Insolvenzplan ersetzt jedoch nicht ggf. erforderlich Formvorschriften. § 254a InsO findet für solche Dritterklärungen keine Anwendung, wohl aber für die im Insolvenzplan aufgenommene Schuldnererklärung. Insbesondere wird die ggf. erforderliche notarielle Beurkundung nicht durch bloße Aufnahme der Dritterklärung zur Anlage des Insolvenzplanes ersetzt (siehe § 7 Rz. 127 ff. [*Brünkmans*]).

---

108) *Zabel* in: Kübler/Bork/Prütting, HRI II, § 23 Rz. 8.

109) *Zabel* in: Kübler/Bork/Prütting, HRI II, § 23 Rz. 219.

110) K. Schmidt-*Spliedt*, InsO, § 232 Rz. 4; *Thies* in: HambKomm-InsR, § 232 Rz. 2; Braun-*Braun/Frank*, InsO, § 232 Rz. 9.

111) Zur Möglichkeit s. ausführlich § 7 Rz. 6 ff. [*Brünkmans*].

112) Sollte diese erst nach Annahme des Insolvenzplanes durch die Gläubigerversammlung rechtsverbindlich abgegeben werden, bietet sich die Aufnahme eines Entwurfes an, wobei die verbindliche Abgabe der Erklärung dann als Planbestätigungsvoraussetzung nach § 249 InsO im Insolvenzplan aufgenommen werden kann, s. dazu § 8 Rz. 408 ff. [*Brünkmans*].

VII. Sonstige Anlagen

Über die dargestellten Pflichtanlagen und dargestellten optionalen Plananlagen hinaus können **weitere Anlagen** zum Insolvenzplan genommen werden, wenn dies dem **Informationsinteresse der Beteiligten** dienlich ist (siehe dazu oben Rz. 101). Im Einzelfall kann es geboten sein, wichtige Verträge, die im Zusammenhang mit dem Insolvenzplan stehen, wie etwa eine Investorenvereinbarung oder einen Sanierungstarifvertrag als Plananlage in den Insolvenzplan aufzunehmen.[113)] 111

D. Vergleichsrechnung

In § 6 „Darstellender Teil" wurde bei Rz. 210 ff. [*Harmann*] ausführlich die Notwendigkeit der Darstellung einer Vergleichsrechnung bzw. Alternativrechnung dargelegt. Durch § 220 Abs. 2 InsO ist nun auch gesetzlich klargestellt, dass der darstellende Teil eine Vergleichsrechnung enthalten muss. Im folgenden Abschnitt soll die Ausgestaltung der Vergleichsrechnung intensiv erörtert werden. 112

I. Wesen der Vergleichsrechnung

Das Insolvenzplanverfahren stellt eine Alternative zur Verwertung und Verteilung des Schuldnervermögens nach § 1 InsO dar. Im Fokus der Überlegungen der Verfahrensbeteiligten steht der Vergleich zwischen dem Ergebnis des Insolvenzplans und einer Verwertung ohne Plan. Die Gläubiger wollen und sollen nicht schlechtergestellt werden, als sie ohne Plan stünden und das Gericht hat zu prüfen, ob eine etwaige Schlechterstellung oder etwaiges missbräuchliches Verhalten begründet ist oder nicht.[114)] 113

Die Vergleichsrechnung bildet dafür die zentrale Entscheidungsgrundlage und stellt folglich den Schwerpunkt im darstellenden Teil des Insolvenzplanes dar. Sie ist gleichzeitig Basis für die Annahme oder Ablehnung des Plans, die Beurteilung der Einhaltung des Obstruktionsverbots und den Minderheitenschutz. Folgerichtig ist sie seit den Änderungen durch das **SanInsFoG**[115)] **verpflichtend** in § 220 Abs. 2 Satz 2–4 InsO vorgesehen. Die Rechnung kann grundsätzlich in schriftsätzlicher Form unmittelbar im darstellenden Teil des Insolvenzplans vorgetragen werden. Im Interesse eines besseren Verständnisses und damit auch der Akzeptanz der über den Plan abstimmenden Gläubiger empfiehlt es sich aber eine konkrete Vergleichsrechnung als Anlage beizufügen, aus der sich in monetären Größen unmittelbar ein Vergleich zur bestmöglichen Alternativverwertung ergibt. 114

Mit der Einführung des SanInsFoG zum 1.1.2021 wurde nicht nur die Vergleichsrechnung – die bislang schon gängige Praxis war – normiert, sondern auch die der Vergleichsrechnung zugrunde liegenden **Szenarien konkretisiert**. Während in der Regel bis zur Einführung des SanInsFoG das Alternativszenario regelmäßig die Verwertung i. R. der Regelinsolvenz ermittelt und dem Insolvenzplan gegenübergestellt wurde, sieht § 220 Abs. 2 Satz 3 InsO nun vor, dass i. R. der Vergleichsrechnung für das Alternativszenario in der Regel **Fortführungswerte** anzusetzen sind, wenn der Plan eine Fortführung des Unternehmens vorsieht. Dies dürfte für die deutlich überwiegende Mehrzahl der Insolvenzpläne der Fall sein. In der Folge hat sich der Planersteller mit der Frage auseinanderzusetzen, ob es neben der Regelverwertung eine **nächstbeste Alternative** gibt und ob diese realistischerweise mit mindestens überwiegender Wahrscheinlichkeit umgesetzt werden kann. In 115

113) Dazu ausführlich Zabel in: Kübler/Bork/Prütting, HRI II, § 23 Rz. 9.

114) BGH, Beschl. v. 26.4.2018 – IX ZB 49/17, Rz. 33, ZIP 2018, 1141 = ZVI 2018, 272; Uhlenbruck-*Lüer/Streit*, InsO, § 220 Rz. 11.

115) Gesetz zur Fortentwicklung des Sanierungs- und Insolvenzrechts (Sanierungs- und Insolvenzrechtsfortentwicklungsgesetz – SanInsFoG), v. 22.12.2020, BGBl. I 2020, 3256.

der Literatur und Praxis werden regelmäßig die Notwendigkeit der Ermittlung und die Darstellung mehrerer alternativer Szenarien diskutiert. Das AG Köln hat (in Bezug auf die Vergleichsrechnung im StaRUG-Verfahren) hierzu festgestellt, dass keine Alternativpläne gerechnet werden müssen. Es ist lediglich ein anderes Szenario ohne Plan darzustellen.[116] Dies erscheint nicht nur schlüssig, sondern dürfte auch vor dem Hintergrund der regelmäßig sehr zeitkritischen Situation sowie der damit verbundenen erheblichen Kosten kaum anders darstellbar sein.

Praxishinweis

Gleichwohl empfiehlt es sich für den Planersteller denkbare Alternativszenarien zumindest in Ansätzen im Hinblick auf Machbarkeit und Wertfindung intern zu diskutieren und ggf. im Vorfeld der Planabstimmung mit den Beteiligten zu erörtern. Dies erhöht regelmäßig die Transparenz, sorgt für das notwendige Vertrauen und letztendlich auch für die erforderliche Akzeptanz des Plans.

116 Auf die Ermittlung und Darstellung eines alternativen Fortführungsszenarios kann gänzlich verzichtet werden, wenn ein Verkauf des Unternehmens oder eine anderweitige **Fortführung aussichtslos** ist. Durch die Einführung des § 220 Abs. 2 Satz 4 InsO soll verhindert werden, dass die Befriedigungsquote ohne Plan künstlich klein gerechnet wird, indem meist deutlich niedrige Liquidationswerte angesetzt werden.[117]

117 Die Norm **muss korrigierend ausgelegt werden**. Aussichtslos ist demnach die Fortführung des Unternehmens schon dann, wenn ein alternatives Fortführungsszenario nicht hinreichend bzw. überwiegend wahrscheinlich ist.[118] Den Gläubigern wäre nämlich nicht geholfen, wenn in der Vergleichsrechnung ein Vergleichswert zugrunde gelegt würde, der sich wahrscheinlich gar nicht realisieren lässt. So könnte der Sinn und Zweck der Vergleichsrechnung – der Vergleich zwischen einer Befriedigung nach dem Regelverfahren und einer nach dem Insolvenzplan – nicht erreicht werden. Insbesondere könnten die Gläubiger auf einer solchen Basis keine belastbare Bewertung durchführen, ob sie im Rahmen des Minderheitenschutzes (§ 251 Abs. 1 Nr. 2 InsO) oder des Obstruktionsverbots (§ 245 Abs. 1 Nr. 1 InsO) durch den Plan voraussichtlich schlechtergestellt würden als ohne Plan.[119] Ist eine alternative Fortführung des Unternehmens also nicht überwiegend wahrscheinlich, können als Vergleichswerte nach wie vor Liquidationswerte angesetzt werden.

118 Ob eine Fortführung im Rahmen einer übertragenden Sanierung zu erwarten ist, sowie ein möglicher Kaufpreis – der dann den Unternehmenswert widerspiegelt – kann in einem **Dual-Track-Verfahren** ermittelt werden. Zwingend durchzuführen ist ein solches aber nicht.[120] Sollte ein solches Verfahren aus sachlich nachvollziehbaren Gründen nicht durchgeführt werden können, sodass nur die Vergleichswertermittlung im Vordergrund steht, empfiehlt sich die Einholung einer unabhängigen Expertenmeinung. In der Praxis hat sich das Instrument der **Expert Opinion** oder **Fairness Opinion** (IDW S 8) etabliert.[121] Das Instrument ist hinreichend flexibel, um die besonderen Herausforderungen dieser Si-

116) AG Köln, Beschl. v. 3.3.2021 – 83 RES 1/21, Rz. 31, 32, ZRI 2021, 377 = NZI 2021, 433.

117) Begr. RegE SanInsFoG z. InsO, BT-Drucks. 19/24181, S. 200.

118) *Skauradszun*, ZIP 2021, 1091, 1093; *Spahlinger* in: KPB, InsO, § 220 Rz. 20d; *J. Schmidt* in: Kübler/Bork/Prütting, HRI II, § 29 Rz. 102; *Geiwitz/v. Danckelmann* in: BeckOK-InsO, § 220 Rz. 25b.

119) *Spahlinger* in: KPB, InsO, § 220 Rz. 20d.

120) So auch LG Köln, Beschl. v. 17.12.2020 – 1 T 440/20 – 70a IN, ZVI 2021, 264 = NZI 2021, 397, m. zust. Anm. *Madaus*; *Geiwitz/v. Danckelmann* in: BeckOK-InsO, § 220 Rz. 25b; *Spahlinger* in: KPB, InsO, § 220 Rz. 20 f.; differenzierend *J. Schmidt* in: Kübler/Bork/Prütting, HRI II, § 29 Rz. 149 ff.

121) Vgl. IDW, Grundsätze für die Erstellung von Fairness Opinions (IDW S 8), Stand: 17.1.2011, FN-IDW 3/2011, 151 ff.; Uhlenbruck-*Streit/Bürk*, InsO, § 6 Rz. 107; *Girotto/Czernay*, NZI Beilage z. Heft 5/2021, S. 66, 68; *Fröhlich*, ZInsO 2022, 186.

tuation zu erfassen. Man kann auch zum Zweck eines Restrukturierungsplans testen, ob finanzielle Angemessenheit gegeben ist und ob ein Restrukturierungsplan und wahlweise ein Asset Deal für die Bezahlung der Restrukturierungsgläubiger aussichtsreich sind.

Die oben angesprochenen **sachlich gerechtfertigten Gründe können sowohl interner als auch externer Natur sein.** Denkbar und in der Praxis beobachtbar ist z. B., dass sich bereits die Einleitung eines **Dual-Track-Verfahrens** negativ auf das Unternehmen und die Befriedigung der Gläubiger auswirken kann. Dies kann z. B. dann der Fall sein, wenn der Markt die Einleitung eines M&A-Prozesses als Unsicherheit aufnimmt und **Kunden** ihre Aufträge bei Wettbewerbern platzieren. Ferner kann die Einleitung eines M&A-Prozesses auch von der **Belegschaft** des Unternehmens als negatives Signal verstanden werden, verbunden mit der Folge, dass Mitarbeiter das Unternehmen verlassen. 119

Praxishinweis

Will der Planersteller von der Durchführung eines Dual-Track-Verfahrens absehen, so empfiehlt sich aufgrund der **erhöhten Dokumentationsanforderungen**[122] stets die frühzeitige Einbindung des Sachwalters bzw. Gläubigerausschusses, um maximale Transparenz und Akzeptanz zu schaffen. Ferner hat sich eine angemessene Dokumentation und die Einbindung unabhängiger Experten bewährt, um kritische Sachverhalte ausreichend objektiv reflektieren zu lassen.

Sollte sich allerdings herausstellen, dass das nächstbeste Alternativszenario nicht die Fortführung des Unternehmens, sondern die **Liquidation** ist, so ist diese i. R. der Vergleichsrechnung maßgeblich.[123] 120

Der **Ausgang einer Regelinsolvenz** hängt von einer Vielzahl von Parametern ab. So wirken sich insbesondere die Liquidationsgeschwindigkeit und die Liquidationsintensität deutlich auf die Wertansätze der Vermögensgegenstände aus. Ferner kann auch das Verhalten der Lieferanten sowie der Kunden einen wesentlichen Einfluss auf die Alternativrechnung haben. 121

Die Vergleichsrechnung ist **Bestandteil des darstellenden Teils.** In der Folge sind alle für die am Verfahren beteiligten Personen entscheidungserheblichen Sachverhalte i. S. des § 220 Abs. 2 InsO aufzubereiten und darzustellen. Nur auf Basis vollständiger entscheidungserheblicher Informationen können die Adressaten sich ein zutreffendes Bild über die Situation verschaffen und eine daraus abgeleitete, angemessene und sachgerechte Entscheidung herbeiführen (**Grundsatz der Vollständigkeit**), siehe § 6 [*Harmann*]. Der Grundsatz der Vollständigkeit fordert, dass auch diejenigen Gegenstände in das Verzeichnis der Massegegenstände aufzunehmen sind, die von Rechten Dritter belastet sind. In der Folge ist eine Darstellung dieser Drittrechte unter Zuordnung zu den jeweiligen Vermögensgegenständen unerlässlich.[124] Allerdings ist für die Vergleichsrechnung die Massezugehörigkeit entscheidend. Bei **Absonderungsrechten** sind für die Erlöse Kostenbeiträge i. S. der §§ 170 f. InsO zu berücksichtigen. Demgegenüber verbleibt der freien Masse bei Vermögensgegenständen, die mit **Aussonderungsrechten** belastet sind, keinerlei Zufluss. Die aufzubereitenden Informationen müssen darüber hinaus auch richtig sein (**Grundsatz der Richtigkeit**). Dazu zählt, dass die Berechnungen nicht nur rechnerisch richtig sind, sondern die Angaben sachlich wahrheitsgemäß wiedergegeben werden (siehe § 6 [*Harmann*]). 122

Darüber hinaus sind der **Grundsatz der Klarheit und Übersichtlichkeit** sowie der **Grundsatz der Wesentlichkeit** (siehe § 6 [*Harmann*]) zu beachten. Im Hinblick auf die 123

122) Vgl. *Spahlinger* in: KPB, InsO, § 220 Rz. 20f.
123) *Spahlinger* in: KPB, InsO, § 220 Rz. 20e.
124) *J. Schmidt* in: Kübler/Bork/Prütting, HRI II, § 29 Rz. 79.

Vergleichsrechnung ist zu beachten, dass grundsätzlich alle Vermögensgegenstände und Schulden einzeln in Ansatz zu bringen und zu bewerten sind. Hiervon ist in Großverfahren aus tatsächlichen Gründen abzuweichen. In diesen Fällen kann die Darstellung auch in Gruppen, Pauschalierungen oder Zusammenfassungen erfolgen.[125)]

124 Dies gilt auch für die Darstellung von **Drittrechten**. Danach sind der Gegenstand, an dem das Absonderungsrecht besteht, sowie die Höhe eines etwaigen Ausfalls darzustellen. Vor dem Hintergrund, dass des sich um prognostische Schätzelemente handelt, müssen i. R. der zugrunde liegenden Annahmen auch Vereinfachungen möglich sein.[126)]

125 Die Vermögensgegenstände sind im Hinblick auf Ansatz und Bewertung auf den Tag (**Bewertungsstichtag**) zu ermitteln, an dem der Insolvenzplan rechtskräftig durch das Gericht bestätigt wird (§ 254 Abs. 1 Satz 1 InsO). In der Folge handelt es sich um eine Prognose auf den Bewertungsstichtag. Die Prognose sollte vor dem Hintergrund der Grundsätze der Vollständigkeit, Richtigkeit und der Wesentlichkeit zeitnah zum Bewertungsstichtag erstellt werden.[127)] Vergleichsrechnungen, die auf der bloßen Übernahme der zum Stichtag der Verfahrenseröffnung beruhen droht die Zurückweisung nach § 231 Abs. 1 Nr. 1 InsO. Es empfiehlt sich einen Bezugszeitpunkt zu beachten, der nicht älter als zwei bis drei Monate ist.[128)]

126 Dem Wert von Vermögensgegenständen bei der Regelabwicklung des Unternehmens liegt das gewählte Verwertungskonzept zugrunde. Maßgeblich ist das nächstbeste Alternativszenario.[129)] Zu unterscheiden sind grundsätzlich

- Zerschlagungswerte,
- Liquidationswerte und
- Fortführungswerte.

127 Darüber hinaus sind regelmäßig auch Kombinationen aus diesen Verwertungskonzepten beobachtbar und denkbar.

128 Die **Zerschlagung** stellt die unvermeidbare sofortige Einstellung des Geschäftsbetriebs dar („Shut-down"). Ausgehend davon ist tendenziell von einer hohen Liquidationsgeschwindigkeit und Liquidationsintensität auszugehen, mit der Folge von hohen Wertverlusten. Der Zerschlagungswert stellt damit für die Vergleichsrechnung tendenziell eine Wertuntergrenze dar. Ferner sind bei einer Zerschlagung die Liquidationskosten zu berücksichtigen, die in der Regel dazu führen, dass der Zerschlagungswert deutlich niedriger als der Fortführungswert liegt.[130)]

129 Die **Liquidationswerte** sind nicht zwingend identisch mit Zerschlagungswerten. Korrespondierend dazu sind Liquidationsgeschwindigkeit und Liquidationsintensität gegenüber der Zerschlagung wenig stark ausgeprägt. Vielmehr wird eine geordnete Stilllegung des operativen Geschäfts unterstellt, die in der Regel eine Ausproduktion beinhalten kann

125) BGH, Beschl. v. 15.7.2010 – IX ZB 65/10, ZIP 2010, 1499; K. Schmidt-*Jungmann*, InsO, § 151 Rz. 12; K. Schmidt-*Spliedt*, InsO, § 220 Rz. 7.

126) *J. Schmidt* in: Kübler/Bork/Prütting, HRI II, § 29 Rz. 80.

127) *J. Schmidt* in: Kübler/Bork/Prütting, HRI II, § 34 Rz. 81.

128) *J. Schmidt* in: Kübler/Bork/Prütting, HRI II, § 34 Rz. 82.

129) Der Begriff beruht auf ErwG 49 und Art. 2 Abs. 1 Nr. 6 der Restrukturierungsrichtlinie (Richtlinie (EU) 2019/1023 des Europäischen Parlaments und des Rates v. 20.6.2019 über präventive Restrukturierungsrahmen, über Entschuldung und über Tätigkeitsverbote sowie über Maßnahmen zur Steigerung der Effizienz von Restrukturierungs-, Insolvenz- und Entschuldungsverfahren und zur Änderung der Richtlinie (EU) 2017/1132 [Richtlinie über Restrukturierung und Insolvenz] – Restrukturierungsrichtlinie, ABl. (EU) L 172/18 v. 26.6.2019); vgl. auch *Skauradszun*, ZIP 2021, 1091, 1092.

130) *Eilenberger* in: MünchKomm-InsO, § 220 Rz. 32.

(„Cool-down"). Es handelt sich daher bei Liquidationswerten um eine mildere Form der Stilllegung.[131)]

Mit Blick auf die Bandbreite von Verwertungsalternativen ist offensichtlich, dass eine Liquidation des Schuldnerunternehmens nicht im Widerspruch zu einer **Fortführung** stehen muss. Dies ist dann der Fall, wenn von der Veräußerbarkeit einer Verwertungseinheit ausgegangen werden kann. Der Wert der Vermögensgegenstände und Schulden ergibt sich dann aus dem Fortführungswert i. R. der (Teil-)Betriebsveräußerung. An eine solche Verwertung sind allerdings hohe Anforderungen zu stellen. In der Folge kommt diese Form der Regelabwicklung nur in Betracht, wenn ein konkretes, ernstzunehmendes Angebot vorliegt.[132)] Anderenfalls würden sich erhebliche Spielräume öffnen, die dazu führen, dass der Insolvenzplan manipuliert, aber auch torpediert werden kann.[133)] 130

Der beizulegende Wert der Vermögensgegenstände und Schulden ist auf Basis eines wahrscheinlichen und realistischen **Verwertungskonzeptes** zu ermitteln.[134)] Er ergibt sich aus dem Zusammenspiel von **Zerschlagungsgeschwindigkeit** und **Zerschlagungsintensität** der entsprechenden Vermögensgegenstände oder (Teil-)Betriebe. In der Regel führen Liquidationsprozesse mit hohem zeitlichem Zerschlagungsdruck zu niedrigeren Liquidationserlösen, als dies bei geringem Zeitdruck der Fall wäre. Grundsätzlich sollte der gewählte Ansatz unter Berücksichtigung des Vorsichtsprinzips beurteilt werden. Insbesondere ist im Fall der (Teil-)Betriebsveräußerung sicherzustellen, dass eine ausreichende Finanzierung gewährleistet ist. 131

Hinsichtlich der Wertansätze gilt das **Prinzip der Verwertbarkeit.**[135)] Handels- und steuerrechtliche Maßgaben sind unbeachtlich. Damit gelten im Wesentlichen die gleichen Grundsätze wie zur Ableitung einer Überschuldungsbilanz. Allerdings sind Effekte, die erst durch die Insolvenzeröffnung entstehen, entgegen der Vorgehensweise bei der Ableitung der Überschuldungsbilanz,[136)] i. R. der Vergleichsrechnung zu berücksichtigen. 132

Die Notwendigkeit einer **integrierten Planungsrechnung**, bestehend aus Plan-Bilanz, Plan-Gewinn- und Verlustrechnung sowie Plan-Kapitalflussrechnung hängt technisch im Wesentlichen von der Komplexität des Unternehmens und der Dauer der Fortführung des operativen Geschäfts ab. 133

Praxishinweis

Rechtlich besteht keine explizite Vorgabe zur Aufstellung einer integrierten Planungsrechnung. Aus praktischer Sicht hingegen dürfte eine integrierte Planungsrechnung jedenfalls umso sinnvoller und notwendiger erscheinen, je länger der Zeitraum der Unternehmensfortführung und je komplexer die wirtschaftlichen Zusammenhänge sind. Andernfalls besteht die Gefahr handwerklicher Fehler im Planungsmodell.

II. Erläuterungen wesentlicher Einzelposten

Im Folgenden werden anhand der wesentlichen Bilanzposten der Ansatz und die Bewertung kurz erläutert. Dabei werden grundsätzliche Annahmen und Vorgehensweisen zum 134

131) *Eilenberger* in: MünchKomm-InsO, § 220 Rz. 32.

132) *Thies* in: HambKomm-InsR, § 220 Rz. 7.

133) *Thies* in: HambKomm-InsR, § 220 Rz. 7.

134) IDW, Anforderungen an Insolvenzpläne (IDW S 2), Stand: 20.3.2024, Rz. 78, IDW Life 7/8.2024, 656 ff.; analog: IDW, WP-Handbuch 2014, Bd. II, Kap. S Rz. 260.

135) BGH, Urt. v. 13.7.1992 – II ZR 269/91, ZIP 1992, 1382 = NJW 1992, 2891; *Schröder* in: HambKomm-InsR, § 19 Rz. 39.

136) Analog: Deubert/Förschle/Störk-*Deubert/Meyer*, Sonderbilanzen, Kap. P Rz. 101.

Ansatz und zur Bewertung der einzelnen Vermögensgegenstände und Schulden unterstellt. Die konkrete Ausgestaltung hängt von den Umständen des Einzelfalls ab.

1. Ausstehende Einlagen

135 Der Posten ausstehende Einlagen ist rechtlich eine Forderung gegenüber den Gesellschaftern und stellt folglich Schuldendeckungspotential dar. Sofern die ausstehenden Einlagen rechtlich bestehen und tatsächlich durchsetzbar sind, ist die Werthaltigkeit gegeben. Damit können ausstehende Einlagen grundsätzlich in Ansatz gebracht werden, unabhängig davon, ob sie bereits eingefordert worden sind oder nicht.[137)]

136 Die Höhe der ausstehenden Einlagen richtet sich nach dem vereinbarten Nominalwert.

2. Bilanzierungshilfen

137 Handelsrechtliche Bilanzierungshilfen, d. h. aktivierte Aufwendungen für die Ingangsetzung und die Erweiterung des Geschäftsbetriebs i. S. des § 269 HGB sind aufgrund der regelmäßig fehlenden Verwertbarkeit nicht in Ansatz zu bringen.[138)]

3. Immaterielle Vermögensgegenstände

138 Der Ansatz von immateriellen Vermögensgegenständen hängt maßgeblich von der Verwertbarkeit dieser ab. Sind die immateriellen Vermögensgegenstände selbständig verwertbar, so kommt ein Ansatz grundsätzlich in Betracht. Hängen die immateriellen Vermögensgegenstände am operativen Geschäft (Marke, Knowhow) oder unlösbar am Rechtsträger (z. B. Lizenzen oder Konzessionen), dürfte eine Aktivierung i. R. der Liquidationsbilanz schwierig erscheinen. Bei der Darstellung von Fortführungswerten sind sie dagegen zu berücksichtigen.

139 Die Bewertung von immateriellen Vermögensgegenständen sollte auf Basis anerkannter Bewertungsverfahren erfolgen. Das IDW hat dazu im **IDW S 5** die **Grundsätze zur Bewertung immaterieller Vermögensgegenstände** festgelegt, die grundsätzlich den aktuellen Stand der Bewertung in Theorie und Praxis widerspiegeln. Sofern keine Marktwerte in Form von konkreten Angeboten vorliegen, sollten externe Gutachten zur Verwertbarkeit und zur Bewertung herangezogen werden.

140 Vor dem Hintergrund, dass immaterielle Vermögenswerte grundsätzlich einen großen Einfluss auf die Höhe der Nettomasse haben können, sind an den Ansatz und die Bewertung hohe Anforderungen zu stellen. In der Folge gelten enge Voraussetzungen, wie sie für eine Aktivierung des **Geschäfts- oder Firmenwertes** gelten.[139)]

4. Entwicklungskosten, selbsterstellte Marken, Drucktitel, Verlagsrechte, Kundenlisten

141 Entwicklungskosten dürfen nach § 248 Abs. 2 HGB grundsätzlich aktiviert werden (Wahlrecht). Im Rahmen des gewählten Verwertungsszenarios ist zu prüfen, inwieweit dieser Ansatz aufrecht erhalten bleiben kann. Darüber hinaus ist zu prüfen, ob bislang nach Handelsrecht nicht aktivierbare immaterielle Vermögensgegenstände in Ansatz zu bringen sind.

137) Analog: IDW, Sanierung und Insolvenz, Kap. C Rz. 126.

138) Analog: IDW, Sanierung und Insolvenz, Kap. C Rz. 130.

139) Analog: IDW, Sanierung und Insolvenz, Kap. C Rz. 132.

> **Beispiele**
>
> Hierzu zählen z. B. selbst geschaffene Marken, Drucktitel, Verlagsrechte, Kundenlisten oder vergleichbare immaterielle Vermögensgegenstände des Anlagevermögens.

Im Hinblick auf die Aktivierung ist sicherzustellen, dass ein Dritter in den ersparten Aufwendungen einen Wert sieht und bereit ist dafür einen Preis zu zahlen. Dies dürfte bei entsprechender Marktreife sicherlich der Fall sein.[140] Maßgeblich für den Ansatz ist der Grundsatz der Verwertbarkeit. Die Bewertung hängt vom Einzelfall ab und ist grundsätzlich analog zur Bewertung immaterieller Vermögensgegenstände durchzuführen (IDW S 5). 142

> **Praxishinweis**
>
> Vor dem Hintergrund, dass den einzelnen immateriellen Posten ein zum Teil erheblicher Wert beigemessen werden kann, sind an den Ansatz und die Bewertung hohe Anforderungen zu stellen. Sofern sich eine Bewertung als schwierig erweist, sind externe Gutachten einzuholen. Grundsätzlich gelten auch hier die engen Voraussetzungen für die Aktivierung eines Geschäfts- oder Firmenwertes.

5. Geschäfts- oder Firmenwert

Ein derivativer oder originärer Geschäfts- oder Firmenwert stellt den Mehrwert gegen- 143
über der Summe seiner Einzelvermögensgegenstände dar, der durch das Zusammenspiel der einzelnen Vermögensgegenstände und Faktoren entsteht.[141] Der Geschäfts- oder Firmenwert hängt folglich am operativen Geschäft und ist damit nicht isoliert veräußerbar. Nur i. R. einer Fortführung des Unternehmens, einer Veräußerung eines Teilbetriebs oder des gesamten Betriebs kommt eine Aktivierung in Betracht. In der Folge muss das Verwertungskonzept i. R. der Vergleichsrechnung vorsehen, dass der ganze Betrieb oder Betriebsteile veräußert werden. Sofern nur eine Veräußerung einzelner Vermögensgegenstände oder kleiner Gruppen an Vermögensgegenständen veräußert werden sollen, kommt der Ansatz eines Geschäfts- oder Firmenwertes nicht in Betracht.

Die Bedeutung des Geschäfts- oder Firmenwertes ist besonders groß, da regelmäßig dem 144
Geschäfts- oder Firmenwert hohe Werte beigemessen werden können. Entsprechend sind an den Ansatz und die Bewertung hohe Anforderungen zu stellen. Ein Geschäfts- oder Firmenwert kann nur berücksichtigt werden, wenn mit einem Käufer über den Verkauf zum Zeitpunkt der Aufstellung der Liquidationsbilanz verhandelt wird und ein Vertragsabschluss sehr wahrscheinlich ist.[142] Dies ist z. B. dann der Fall, wenn ein **Letter-of-Intent** eines solventen Erwerbers vorliegt oder wenn aussichtsreiche Verhandlungen mit einer Mehrzahl von Erwerbern geführt werden, die zu einer konkreten Preisindikation geführt haben und nachweislich kurz vor dem Abschluss stehen.[143] Ob der Insolvenzverwalter oder eigenverwaltende Schuldner verpflichtet ist, einen strukturierten Verkaufsprozess für eine (Teil-)Betriebsveräußerung durchzuführen, um einen entsprechenden Firmenwert zu ermitteln, wird gegenwärtig kontrovers diskutiert. Siehe hierzu ausführlich § 2 Rz. 82 ff. [*Brünkmans*].

---

140) Nickert/Lamberti-*Nickert*, Überschuldungs- und Zahlungsunfähigkeitsprüfung, S. 200.

141) IDW, Sanierung und Insolvenz, Kap. C Rz. 132.

142) Analog: Deubert/Förschle/Störk-*Deubert/Meyer*, Sonderbilanzen, Kap. P Rz. 111; IDW, Sanierung und Insolvenz, Kap. C Rz. 132.

143) Analog: IDW, Sanierung und Insolvenz, Kap. C Rz. 132.

6. Sachanlagen

145 Sachanlagen sind aktivierungsfähig, wenn und soweit diese verwertbar sind.[144] Die Belastung durch Kreditsicherheiten spielt dabei keine Rolle, da auf der Passivseite die korrespondierenden Verbindlichkeiten ebenfalls zu berücksichtigen sind.[145] Dienen Sachanlagen als Sicherheiten für fremde Verbindlichkeiten (Eventualverbindlichkeiten), bleiben diese Belastungen beim Wertansatz der Aktiva ebenfalls unberücksichtigt.[146]

146 Bei **Leasinggegenständen** richtet sich die Aktivierung im Grundsatz nach den handelsrechtlichen Grundsätzen. Danach ist der Leasinggegenstand dem Leasinggeber als rechtlichem Eigentümer zuzurechnen, wenn die entsprechenden Voraussetzungen der Leasingerlasse erfüllt sind. Für den Leasingnehmer handelt es sich um ein schwebendes Geschäft, für das nach den allgemeinen Grundsätzen ggf. Drohverlustrückstellungen gebildet werden müssen.[147] Aus dem Umstand, dass der Leasingvertrag im Insolvenzverfahren ggf. kurzfristig beendet werden kann, ergeben sich unter Umständen Rückstellungen für Schadenersatzverpflichtungen.

147 Liegt das wirtschaftliche Eigentum beim Leasingnehmer, ist dort der Leasinggegenstand zu aktivieren. Korrespondierend dazu sind auch die Leasingverbindlichkeiten in entsprechender Höhe zu bilanzieren.[148] Das Verwertungskonzept ist entsprechend bei der Liquidationsbilanz zu berücksichtigen. Auswirkungen aus einer möglichen vorzeitigen Beendigung aufgrund der Insolvenz sind zu berücksichtigen. Dabei sind ggf. entsprechende Rückstellungen aus Schadenersatzklagen in Ansatz zu bringen.

7. Finanzanlagen

148 Soweit Finanzanlagen verwertbar sind, sind diese mit ihrem Verkehrswert oder Kurswert zu berücksichtigen. Sind die Finanzanlagen mit Sicherungsrechten belastet, sind diese nicht wertmindernd zu berücksichtigen, da die korrespondierenden Verbindlichkeiten auf der Passivseite ebenfalls aufzuführen sind.[149]

8. Vorräte

149 Vorräte bestehen aus Roh-, Hilfs- und Betriebsstoffen, unfertigen Erzeugnissen und Leistungen sowie fertigen Erzeugnissen und Leistungen. Im Rahmen der Darstellung der Liquidation sind diese mit ihrem Verwertungserlös in Ansatz zu bringen.[150] Dieser wird maßgeblich von dem zugrunde liegenden Verwertungskonzept geprägt. Wird die sofortige Stilllegung des Betriebs unterstellt, dürften die sich aus den Vorräten ergebenden Erlöse nur noch dem Schrottwert gleichen oder ggf. sogar negativ sein (Kosten der Verwertung). Dies gilt in der Regel auch bei Halbfabrikaten sowie bei Fertigfabrikaten in Form von Einzelanfertigungen, bei denen sich in der Praxis regelmäßig relativ geringe Liquidationserlöse zeigen, sofern diese überhaupt am Markt absetzbar sind.

150 Sofern eine Ausproduktion für realistisch erachtet wird, sind diese sowie die Vorteile aus schwebenden Geschäften zu berücksichtigen.[151]

144) IDW, Sanierung und Insolvenz, Kap. C Rz. 133.

145) IDW, Sanierung und Insolvenz, Kap. C Rz. 133.

146) IDW, Sanierung und Insolvenz, Kap. C Rz. 133.

147) IDW, Sanierung und Insolvenz, Kap. C Rz. 135.

148) IDW, Sanierung und Insolvenz, Kap. C Rz. 136.

149) IDW, Sanierung und Insolvenz, Kap. C Rz. 137.

150) IDW, Sanierung und Insolvenz, Kap. C Rz. 141.

151) Zu den Vorteilen aus schwebenden Geschäften vgl. Deubert/Fröschle/Störk-*Deubert/Meyer*, Sonderbilanzen, Kap. P Rz. 113.

9. Forderungen

Forderungen sind nach ihrer Realisierbarkeit und Vollwertigkeit in Ansatz zu bringen. 151
Sofern ein entsprechender Wertberichtigungsbedarf besteht, ist dieser entsprechend zu antizipieren. Korrespondierende Kreditsicherheiten (z. B. Sicherungszession) bleiben unbeachtlich, da die entsprechenden Verbindlichkeiten auf der Passivseite ungekürzt berücksichtigt werden.[152)]

Insolvenzspezifische Ansprüche, wie z. B. Anfechtungsansprüche nach §§ 129 ff. InsO 152
und gesellschaftsrechtliche Ansprüche (§§ 30 ff., 64 GmbHG) sind zu in der Vergleichsrechnung zu berücksichtigen.

10. Aktiver Rechnungsabgrenzungsposten

Die aktiven Rechnungsabgrenzungsposten stellen vom Schuldnerunternehmen geleistete 153
Vorauszahlungen dar, die Aufwand für eine bestimmte Zeit nach dem Bewertungsstichtag darstellen. Die Aktivierung von aktiven Rechnungsabgrenzungsposten hängt maßgeblich von der unterstellten Verwertungsart ab. Wird das Unternehmen umgehend stillgelegt, kommt ein Ansatz nicht in Betracht, wenn eine vorzeitige Beendigung des Vertrages nicht möglich erscheint und daraus ein Rückzahlungsanspruch besteht.[153)] Sofern eine Rückforderung realisierbar ist, ist der entsprechende Betrag als Vermögenswert zu aktivieren.[154)]

11. Verbindlichkeiten

Verbindlichkeiten gleich welcher Art sind mit ihrem Rückzahlungsbetrag zu passivieren, 154
dabei sind unverzinsliche Verbindlichkeiten und wiederkehrende Leistungen mit ihrem Barwert anzusetzen (§ 41 Abs. 2 InsO). Bestehende Sicherheiten des Schuldners wirken sich nicht auf den Ansatz und die Bewertung der Verbindlichkeiten aus. Anders verhält es sich, wenn Drittsicherheiten bestehen. Nur wenn Dritte die Verbindlichkeit gegenüber dem Gläubiger mit befreiender Wirkung übernommen haben und keine Rückgriffsansprüche bestehen, ist wegen der schuldbefreienden Wirkung die Verbindlichkeit nicht zu berücksichtigen.[155)]

12. Pensionsverpflichtungen

Die Pensionsverpflichtungen sind vollständig mit ihrem Barwert zu passivieren. Hierzu 155
zählen auch mittelbare Pensionsverpflichtungen und Altzusagen, soweit es sich um unverfallbare Pensionsverpflichtungen handelt. Verfallbare Pensionsanwartschaften bleiben außer Ansatz. Das handelsrechtliche Wahlrecht aus Art. 28 Abs. 1 EGHGB ist dabei angesichts der Liquidation der Gesellschaft ohne Bedeutung. Die tatsächlichen Belastungen auf der Passivseite gilt es entsprechend abzubilden.[156)]

13. Rückstellungen

Rückstellungen sind grundsätzlich zu berücksichtigen, wenn und sowie mit einer Inan- 156
spruchnahme zu rechnen ist. Anstelle der vorsichtigen Schätzwerte des HGB tritt der Erwartungswert. Zusätzliche, durch die „fiktive" Liquidation ausgelöste Verpflichtungen sind ebenfalls zu passivieren. Hierzu zählen z. B. Rückstellungen für drohende Verluste

152) IDW, Sanierung und Insolvenz, Kap. C Rz. 144 ff.

153) IDW, Sanierung und Insolvenz, Kap. C Rz. 158.

154) Deubert/Förschle/Störk-*Deubert/Meyer*, Sonderbilanzen, Kap. P Rz. 115.

155) IDW, Sanierung und Insolvenz, Kap. C Rz. 163.

156) Deubert/Förschle/Störk-*Deubert/Meyer*, Sonderbilanzen, Kap. P Rz. 116.

aus schwebenden Geschäften, Steuerrückstellungen, Schadenersatzverpflichtungen, Rückstellungen aus Sozialplankosten etc.

157 Für den Fall der Ausproduktion sind die laufenden Gehälter bis zum voraussichtlichen Ausscheid im Liquidationsstatus zu passivieren.

158 Sofern Rückstellungen für Rekultivierung- oder Entsorgungsverpflichtungen sowie Rückbauverpflichtungen und drohende Abwicklungsverluste zu bilden sind und die Erfüllung rechtlich durchgesetzt werden kann, sind diese mit ihrem Erfüllungsbetrag zu passivieren.[157)]

14. Passive Rechnungsabgrenzungsposten

159 Einnahmen des Schuldnerunternehmens vor einem Stichtag, die für einen bestimmten Zeitraum nach diesem Stichtag vom Gläubiger gezahlt wurden, sind passive Rechnungsabgrenzungsposten. Damit verbunden ist die Verpflichtung des Schuldnerunternehmens in diesem Zeitraum. In der Folge stellen die passiven Rechnungsabgrenzungsposten eine noch offene Leistungsverpflichtung und damit eine Schuld dar. Damit sind passive Rechnungsabgrenzungsposten zu berücksichtigen. Sofern i. R. einer vorzeitigen Beendigung der vertraglichen Verpflichtungen Schadenersatzzahlungen zu leisten sind, sind stattdessen diese in Ansatz zu bringen.[158)]

15. Gesellschafterdarlehen

160 Gesellschafterdarlehen sind Verbindlichkeiten der Gesellschaft, die grundsätzlich unter den § 39 Abs. 1 InsO fallen (Nachrang). Unabhängig vom Nachrang hat jedoch zunächst der Ansatz der Verbindlichkeit zu erfolgen. Im Rahmen der Berechnung der quotenberechtigten Verbindlichkeiten erfolgt dann eine entsprechende Berücksichtigung des Nachrangs.

16. Eventualverbindlichkeiten

161 Soweit eine Inanspruchnahme aus gewährten Sicherheiten für fremde Verbindlichkeiten droht, ist diese entsprechend zu berücksichtigen. Ein etwaiger Rückgriffsanspruch ist dem Grunde nach in Ansatz zu bringen. Gleichwohl dürfte der Anspruch wertlos sein, so dass hier ggf. ein Erinnerungsposten anzusetzen ist.[159)]

162 Im Hinblick auf streitige Verbindlichkeiten sollten aus Vorsichtsgründen und aus Gründen der Vollständigkeit auch diese i. R. der Vergleichsrechnung Berücksichtigung finden.[160)]

17. Verwertungskosten

163 Im Rahmen von Vergleichsrechnungen sind grundsätzlich auch Verwertungskosten zu berücksichtigen.[161)] Dabei handelt es sich um jene Kosten, die im Fall der Liquidation entstehen. Nach § 171 Abs. 2 InsO betragen diese entweder pauschal 5 % oder – sofern tatsächlich erheblich höher oder niedriger entstanden – den Betrag der tatsächlichen Kosten. Eine weitere Minderung des Liquidationserlöses ist für den Fall zu berücksichtigen, dass

157) IDW, Sanierung und Insolvenz, Kap. C Rz. 166 ff.

158) IDW, Sanierung und Insolvenz, Kap. C Rz. 178 ff.; Deubert/Förschle/Störk-*Deubert/Meyer*, Sonderbilanzen, Kap. P Rz. 115.

159) Analog: IDW, Sanierung und Insolvenz, Kap. C Rz. 133.

160) *Jarchow* in: HambKomm-InsR, § 152 Rz. 4.

161) *Eilenberger* in: MünchKomm-InsO, § 220 Rz. 35.

die Verwertung zu einer Belastung der Masse mit Umsatzsteuer führt (§ 171 Abs. 2 Satz 3 InsO).[162)]

III. Aufbau und Vorgehensweise

164 Der Aufbau steht in Abhängigkeit zur gewählten Verwertungsart. Es handelt sich um einen Status, bei dem das verwertbare Vermögen den Verbindlichkeiten und Sicherungsrechten gegenübergestellt wird.

165 Zweckmäßigerweise orientiert sich der Aufbau der Vergleichsrechnung am Jahresabschluss. Alternativ bietet sich auch das Gläubiger- und Masseverzeichnis nach §§ 152 und 153 InsO an. Der Vorteil von Jahresabschlüssen besteht in einer den meisten Adressaten vertrauten Grundstruktur, so dass ein hoher Wiedererkennungswert gewährleistet werden kann. Gleichzeitig erhält der Adressat einen Überblick über die Entwicklung der einzelnen Posten sowie der stillen Reserven und Lasten. Dies erhöht entsprechend den Informationsgehalt der Alternativrechnung. Ferner bietet sich der Jahresabschluss regelmäßig an, da diese Daten im Unternehmen vorhanden sind, in der Regel den vollständigsten Stand des Datenmaterials darstellen und aufgrund der elektronischen Verfügbarkeit leicht zu verarbeiten sind. Auch ist auf dieser Basis eine weitere Aufgliederung im Zweifelsfall möglich (z. B. bei der Darstellung der historischen Anschaffungskosten). Sofern eine unterjährige Betrachtung notwendig erscheint, sind die Posten auf Basis eines aktuellen Datenmaterials aus dem Rechnungswesen zugrunde zu legen. Hierbei ist besonderes Augenmerk auf eine belastbare und vollständige Datenbasis zu legen.

1. Entwicklung der Aktiva

166 Ausgehend von den handelsrechtlichen Buchwerten sind in Abhängigkeit vom Verwertungskonzept stille Reserven sowie stille Lasten aufzudecken. Es handelt sich dabei um eine bestmögliche Schätzung. Dabei sollte der Ersteller seine Wertansätze so weit wie möglich begründen und idealer Weise anhand von Marktdaten belegen. Aufbauend auf den so gewonnenen Liquidationswerten sind die Rechte Dritter in Abzug zu bringen. Hierbei handelt es sich typischerweise um Grundpfandrechte etc., die die Nettomasse entsprechend mindern.

167 Neben der Fortentwicklung der bilanziellen Aktiva bestehen insolvenzrechtlich bedingte Vermögensgegenstände, die die Masse erhöhen. Hierzu zählen z. B.

- Ansprüche aus zivil- oder gesellschaftsrechtlichen Klagen,
- Rückgriffsrechte aus Mithaftungen,
- Ansprüche gegen Organe der Gesellschaft, etc.

168 Diese finden sich nicht in der handelsrechtlichen Bilanz wieder und sind daher gesondert zu berücksichtigen.

169 Besondere Bedeutung i. R. der Vergleichsrechnung kommen dabei insolvenzbedingten Sonderaktiva,[163)] d. h. insbesondere Ansprüche aus Insolvenzanfechtung, zu. Gleiches gilt für Haftungsansprüche gegen Geschäftsführer, insbesondere aus § 15b Abs. 4 InsO. Insbesondere Schuldnerpläne stehen häufig unter dem Verdacht, diese i. R. der Vergleichsrechnung nicht hinreichend zu würdigen.

162) *Eilenberger* in: MünchKomm-InsO, § 220 Rz. 35.

163) Dazu ausführlich *Brünkmans*, ZInsO 2011, 2167.

> **Praxishinweis**
>
> Im darstellenden Teil ist dazu ausführlich Stellung zu beziehen, um das nötige Vertrauen bei den Gläubigern zu wecken. Im Rahmen der Höhe der in der Vergleichsrechnung anzusetzenden Anfechtungs- und Haftungsansprüche kommt es auf die Erfolgsaussichten und Durchsetzbarkeit der Ansprüche an. Sie sind in besonderer Weise darzustellen.

170

Abb. 6: Aktiva Vergleichsrechnung

Anlage	Vergleichsrechnung					
	Handelsrechtlicher Wert	stille Reserven stille Lasten		Liquidations-wert	Rechte Dritter	Netto-masse
AKTIVA	in TEUR	in TEUR	in %	in TEUR	in TEUR	in TEUR
A. Ausstehende Einlagen	0					
B. Anlagevermögen						
I. Immaterielle Vermögensgegenstände	500	–250	*–50 %*	250		250
II. Sachanlagen						
1. Grundstücke, grundstücksgleiche Rechte und Bauten einschließlich der Bauten auf fremden Grundstücken	2.000	200	*10 %*	2.200	–2.200	0
2. technische Anlagen und Maschinen	1.000	–500	*–50 %*	500	–500	0
3. andere Anlagen, Betriebs- und Geschäftsausstattung	500	–375	*–75 %*	125	–125	0
III. Finanzanlagen						
1. Anteile an verbundenen Unternehmen	300	200	*67 %*	500		500
2. Beteiligungen	200	50	*25 %*	250		250
3. Wertpapiere	100	20	*20 %*	120		120
4. sonstige Ausleihungen	50	0	*0 %*	50		50
C. Umlaufvermögen						
I. Vorräte						
1. Roh-, Hilfe- und Betriebsstoffe	200	–50	*–25 %*	150		150
2. unfertige Erzeugnisse, unfertige Leistungen	100	20	*20 %*	120		120
3. fertige Erzeugnisse und Waren	50	10	*20 %*	60		60
4. geleistete Anzahlungen	75	75	*100 %*	150		150
II. Forderungen und sonstige Vermögensgegenstände						
1. Forderungen aus Lieferungen und Leistungen	200	0	*0 %*	200		200
2. Forderungen gegen verbundene Unternehmen	0	0				
3. Forderungen gegen Unternehmen, mit denen ein Beteiligungsverhältnis besteht	20	0	*0 %*	20		20
4. sonstige Vermögensgegenstände	170	–20	*–12 %*	150		150
III. Kassenbestand, Bundesbankguthaben, Guthaben bei Kreditinstituten und Schecks	140	0	*0 %*	140		140
D. Rechnungsabgrenzungsposten	20	0	*–100 %*	20		20
E. Aktive latente Steuern	0	0				
Summe Bilanzwerte	**5.625**			**5.005**	**–2.825**	**2.180**
Insolvenzbedingte Sonderaktiva:	0					
1. Ansprüche aus Insolvenzanfechtung	0					
2. Haftungsansprüche gegen Organe	40			40	0	40
3. Rückzahlung Eigenkapitalersatz	0					
4. Mithaftungsansprüche	0					
Summe Vermögenswerte	**5.665**			**5.045**	**–2.825**	**2.220**

2. Entwicklung der Passiva

171 Die Entwicklung der Passiva erfolgt analog zu den Aktiva. Ausgehend von den handelsrechtlichen Wertansätzen sind die Verbindlichkeiten und Rückstellungen weiterzuentwickeln. Dabei dürften mit Ausnahme der Rückstellungen aufgrund der handelsrechtlichen Bilanzierungsgrundsätze regelmäßig keine stillen Reserven oder Lasten vorhanden sein. Anders verhält es sich bei den Rückstellungen. Während die Rückstellungen und ähnliche Verpflichtungen in Abhängigkeit von dem zugrunde gelegten Marktzinsniveau tenden-

ziell eher stille Lasten beinhalten, fallen ggf. andere Rückstellungen weg oder sinken im Wertansatz. Hierzu zählen z. B. die Aufwendungen für unterlassene Instandhaltungen.

Von den so abgeleiteten beizulegenden Werten für die Verbindlichkeiten und Rückstellungen sind die **Rechte Dritter** (z. B. Grundpfandrechtlich besicherte Darlehen) in Abzug zu bringen. Korrespondierend dazu mindern sich die Aktiva (sofern sich die Sicherheiten auf diese beziehen). Ebenfalls nicht quotenberechtigt sind die vorrangig und nachrangig zu bedienenden Verbindlichkeiten. Während die vorrangig zu bedienenden Verbindlichkeiten aus der Masse vorab zu befriedigen sind, können die nachrangigen Verbindlichkeiten erst bedient werden, wenn sämtliche übrigen Gläubiger befriedigt worden sind. Im Ergebnis erhält man die quotenberechtigten Verbindlichkeiten. 172

Neben den bilanziellen Wertentwicklungen sind noch weitere Verbindlichkeiten außerhalb des handelsrechtlichen Mengengerüstes zu berücksichtigen. Hierzu zählen vor allem die **vorrangig zu bedienenden Verfahrenskosten,** bestehend aus den **Gerichtskosten,** den **Kosten des Insolvenzverwalters sowie des Sachwalters** und **des Gläubigerausschusses.** Daneben sind weitere Aufwendungen zu berücksichtigen, die sich i. R. der „fiktiven" Liquidation ergeben. Hierzu zählen insbesondere etwaige **Mithaftungs- und Regressansprüche** sowie Aufwendungen aus der vorzeitigen Beendigung von Verträgen i. R. der Liquidation (**Schadenersatz**) und der Freisetzung von Mitarbeitern (**Sozialplan**). Der folgenden Übersicht kann exemplarisch der Aufbau und die Zusammensetzung der Weiterentwicklung der Passiva entnommen werden: 173

Abb. 7: Passiva Vergleichsrechnung 174

Anlage	Vergleichsrechnung							
	Handelsrechtlicher Wert	stille Reserven stille Lasten		beizulegender Wert	./. Rechte Dritter	./. Vorrang-verb.	./. Nachrang-verb.	= quotenber. Verb.
PASSIVA	in TEUR	in TEUR	in %	in TEUR	in TEUR	in TEUR	in TEUR	in TEUR
A. Eigenkapital	400							
B. Rückstellungen								
1. Pensionen	150	–30	*–20 %*	120				120
2. Steuerrückstellungen	5	0	*0 %*	5				5
3. Sonstige	50	10	*20 %*	60				60
C. Verbindlichkeiten								
1. Anleihen	3.400	0	*0 %*	3.400	–2.200			1.200
2. Verbindlichkeiten gegenüber Kreditinstituten	650	0	*0 %*	650		–625		25
3. Verbindlichkeiten aus Lieferungen und Leistungen	600	0	*0 %*	600				600
4. Sonstige Verbindlichkeiten	300	0	*0 %*	300				300
D. Rechnungsabgrenzungsposten	50	0	*0 %*	50				50
E. Passive latente Steuern	20	0	*0 %*	20				20
Summe Bilanzwerte:	**5.625**			**5.205**	**–2.200**	**–625**	**0**	**2.195**
Weitere insolvenzbedingte Verbindlichkeiten								
Verfahrenskosten				200		–200		
Arbeitsverhältnisse				0				
Schadenersatz Dauerschuldverhältnisse				0				
Sonstige				500				
Summe Verbindlichkeiten				**5.905**	**–2.200**	**–825**	**0**	**2.695**

3. Quotenberechnung

Aus der Gegenüberstellung der Vermögensgegenstände und Schulden des Unternehmens zum Alternativszenario lässt sich unter Berücksichtigung von insolvenzspezifischen Besonderheiten die Insolvenzquote ableiten. Hierzu werden **geschätzte Erlöse** aus der Liquidation des Unternehmens **um die Sicherungsrechte und sonstigen Rechte Dritter gemindert.** Korrespondierend dazu mindern sich die Verbindlichkeiten gegen die Sicherungsnehmer in entsprechender Höhe. Der sich danach ergebende Wert ist um **vorrangig zu bedienende** 175

Ansprüche gegen das Schuldnerunternehmen zu kürzen. Hierzu zählen vor allem die Massekosten und -verbindlichkeiten. Danach ergibt sich die sog. freie Masse. Dabei handelt es sich um jenen Wert, der für die Befriedigung der Insolvenzforderungen zur Verfügung steht. Das Verhältnis aus freier Masse zu Insolvenzforderungen bildet dann die Insolvenzquote.

176 **Abb. 8: Quotenberechnung i. R. der Vergleichsrechnung**

Quotenberechnung	in TEUR
Liquidationserlöse	5.045
– sicherungs- und sonstige Rechte	–2.825
= Nettomasse	**2.220**
– Massekosten und Masseverbindlichkeiten	–200
= Freie Masse	**2.020**
Insolvenzforderungen nach § 38 InsO	–2.695
= Insolvenzquote	**75 %**

177 Die sich ergebende Befriedigung der Gläubiger aus der Regelverwertung (Insolvenzquote) ist in einem weiteren Schritt mit der Befriedigung der Gläubiger i. R. der geplanten Fortführung des Unternehmens (Insolvenzplan) **gegenüberzustellen.** Dabei sollte neben dem Vergleich der fiktiven Befriedigung der Gläubiger aus der Regelabwicklung im Verhältnis zur geplanten Befriedigung bei Fortführung des Unternehmens auch die Veränderung der Werthaltigkeit der Sicherheiten transparent gemacht werden. Der Wert einer Sicherheit i. R. einer angenommen Liquidation (Regelabwicklung) sinkt in der Regel deutlich (Wertvernichtung) gegenüber dem Wert einer Sicherheit i. R. einer Unternehmensfortführung (Wiedererstarken der Werthaltigkeit). Um eine Vergleichbarkeit der absoluten Befriedigungswerte darüber hinaus zu gewährleisten, sind die zeitlich unterschiedlichen Zahlungsströme i. R. der Befriedigung durch Bildung von Barwerten zu berücksichtigen.

IV. Darstellung der Vorteilhaftigkeit des Plans

178 Das Insolvenzplanverfahren stellt eine Alternative zur Verwertung und Verteilung des Schuldnervermögens nach § 1 InsO dar. Der Gläubiger hat in der Folge ein großes Interesse daran zu erfahren, wie sich seine Vermögensposition im Vergleich zur Regelabwicklung darstellt. Im Rahmen von **Cash-out-Plänen** ist dieser Vergleich in der Regel unmittelbar möglich, da die Gläubiger eine unmittelbare Befriedigung auf einen Teil ihrer Forderungen erfahren und ein Vergleich der Werte sachgerecht ist. Im Rahmen eines **Earn-out-Plans** werden die Gläubiger aus den zukünftigen Erträgen befriedigt. Ein unmittelbarer Vergleich der Summe der erwarteten Zahlungen mit dem fiktiven Wert aus der Regelabwicklung führt in der Regel zu einem nicht sachgerechten Ergebnis, da die zukünftigen Zahlungen im Bewertungszeitpunkt einen anderen Wert besitzen. Dies hängt zum einen damit zusammen, dass spätere Zahlungen im Bewertungszeitpunkt geringeren Wert besitzen, als frühere Zahlungsströme. Zum anderen dürften die Zahlungsströme auch einem unterschiedlichen Risiko unterliegen. Diese Grundzusammenhänge sollen in den folgenden Abschnitten erläutert und dargestellt werden.

1. Barwertkalkül ohne Risiko

179 Wie zuvor bereits erläutert, besitzen Zahlungsreihen mit einer unterschiedlichen Laufzeit einen im Bewertungszeitpunkt unterschiedlichen Wert. Im Folgenden Beispiel soll dies veranschaulicht werden.

Abb. 9: Darstellung der Vergleichbarkeit der Befriedigung der Gläubiger zwischen Earn-out-Insolvenzplan und Regelabwicklung ohne Barwertkalkül 180

Earn-Out-Insolvenzplan (ohne Risiko)

t =	1	2	3	4	5	6	7	8	9	10	11	12
Zahlungsreihe	100	100	100	100	100	100	100	100	100	100	100	100
Summe Zahlungsreihe	**1.200**											

Regelabwicklung (ohne Risiko)

t =	1	2	3
Zahlungsreihe	400	400	200
Summe Zahlungsreihe	**1.000**		

Die obige Abbildung zeigt zwei Zahlungsreihen (Zahlungsreihe im Earn-out-Insolvenzplan und Zahlungsreihe im Regelverfahren). Die Zahlungsreihe des Earn-out-Plans sieht eine Befriedigung der Gläubiger i. H. von 1.200 GE vor. Demgegenüber ergibt sich aus dem Regelverfahren eine Befriedigung von „nur" 1.000 GE. Auf den ersten Blick erscheint der Earn-out-Plan gegenüber der Regelabwicklung von Vorteil zu sein, da die Gläubiger eine höhere Befriedigung erhalten. 181

Unter Berücksichtigung des Barwertkalküls ergibt sich jedoch ein anderes Bild. Dazu sind die einzelnen erwarteten Zahlungen mit einem (zunächst) risikolosen Kapitalisierungszinssatz auf den Bewertungsstichtag zu diskontieren. 182

Abb. 10: Barwertermittlung im Earn-out-Plan vs. Regelabwicklung (ohne Berücksichtigung des Risikos) 183

Earn-Out-Insolvenzplan (ohne Risiko)

t =	1	2	3	4	5	6	7	8	9	10	11	12
Zahlungsreihe	100	100	100	100	100	100	100	100	100	100	100	100
Barwertfaktor (i = 2 %)	0,98	0,96	0,94	0,92	0,91	0,89	0,87	0,85	0,84	0,82	0,80	0,79
Barwert Zahlungen	98	96	94	92	91	89	87	85	84	82	80	79
Barwert Zahlungsreihe	**1.058**											

Regelabwicklung (ohne Risiko)

t =	1	2	3
Zahlungsreihe	400	400	200
Barwertfaktor (i = 2 %)	0,98	0,96	0,94
Barwert Zahlungen	392	384	188
Barwert Zahlungsreihe	**965**		

Der Barwert der Zahlungsreihe des Earn-out-Plans beläuft sich auf rd. 1.058 GE. Demgegenüber ergibt sich aus dem Regelverfahren ein Barwert von rd. 965 GE. Der sich aus dem 184

Earn-out-Plan ergebende Vorteil sinkt im Vergleich zur Regelabwicklung, bedingt durch das Barwertkalkül von 200 GE auf rd. 93 GE. Dieser Effekt ist auf das Barwertkalkül zurückzuführen, bei dem spätere Zahlungsströme einen im Bewertungszeitpunkt geringeren Wert besitzen, als frühere Zahlungsströme.

2. Berücksichtigung des Risikos im Barwertkalkül

185 Es ist naheliegend, dass die Zahlungsreihe im Earn-out-Plan aufgrund der Fortführung des Unternehmens einem anderen Risiko unterliegt, als die Zahlungsreihe, die sich i. R. einer Liquidation ergeben würde. Die Befriedigung der Gläubiger aus der Fortführung des Unternehmens hängt von dem Erfolg des zukünftigen operativen Geschäfts ab. Demgegenüber dürfte das Risiko aus einer Liquidation zwar nicht unerheblich (da der tatsächliche Liquidationserlös auch Schwankungen unterliegt), jedoch regelmäßig geringer sein. Ausgehend davon, muss für Zwecke der Vergleichbarkeit beider Zahlungsströme das Risiko im Barwertkalkül berücksichtigt werden.

186 Zur Darstellung dieses Effektes ist im folgenden Beispiel der Zinssatz „i" um einen Risikozuschlag angepasst worden, der im Earn-out-Plan aufgrund des unterschiedlichen Risikos korrespondierend höher ausfällt als im Fall der Regelabwicklung.

187 **Abb. 11: Barwertermittlung im Earn-out-Plan vs. Regelabwicklung (mit Berücksichtigung des Risikos)**

Earn-Out-Insolvenzplan (unter Berücksichtigung des Risikos)

t =	1	2	3	4	5	6	7	8	9	10	11	12
Zahlungsreihe	100	100	100	100	100	100	100	100	100	100	100	100
Barwertfaktor (i = 6 %)	0,94	0,89	0,84	0,79	0,75	0,70	0,67	0,63	0,59	0,56	0,53	0,50
Barwert Zahlungen	94	89	84	79	75	70	67	63	59	56	53	50
Barwert Zahlungsreihe	**838**											

Regelabwicklung (unter Berücksichtigung des Risikos)

t =	1	2	3
Zahlungsreihe	400	400	200
Barwertfaktor (i = 3 %)	0,97	0,94	0,92
Barwert Zahlungen	388	377	183
Barwert Zahlungsreihe	**948**		

188 Unter Berücksichtigung des Risikos zeigt sich im vereinfachten Beispiel, dass die Zahlungsreihe im Fortführungsfall (Earn-out-Plan) nicht sicher, sondern risikobehaftet ist und ausgehend davon der Barwert für die Gläubiger auf 838 GE sinkt. Demgegenüber sinkt der Barwert für die Gläubiger im Fall der Regelabwicklung aufgrund des geringeren Risikos „nur" auf 948 GE.

189 Es wird deutlich, dass unter Berücksichtigung des Barwertkalküls sowie des Risikos der sich bei oberflächlicher Betrachtung ergebende Vorteil des Earn-out-Plans **umkehren kann.** Um die Vorteilhaftigkeit eines Earn-out-Plans im Vergleich zur Regelabwicklung sachgerecht beurteilen zu können, sind die Zahlungsströme zu bewerten. Dazu sind die Zahlungsströme unter Berücksichtigung des Risikos auf den Bewertungsstichtag zu diskontieren

(Barwertkalkül). Erst auf Basis der sich danach ergebenden Barwerte können die Gläubiger sowie das Gericht eine sachgerechte Entscheidung über die Vorteilhaftigkeit des Plans treffen.

3. Kalkulationszinssatz im Barwertkalkül

Ausgehend von zuvor vereinfachend dargestellten Grundzusammenhängen zeigt sich, dass für die Bewertung der Zahlungsreihen dem Kalkulationszinssatz „i" eine erhebliche Bedeutung zukommt. Bewerten heißt Vergleichen.[164] Dabei gilt es die bewertungsrelevanten Zahlungen mit der besten alternativen Handlungsmöglichkeit zu vergleichen. Die beste alternative Handlungsmöglichkeit stellt dabei der Kalkulationszinssatz „i" dar. Der Preis der Handlungsalternative bestimmt dabei den Wert der Forderung. Um dem Opportunitätskostendilemma[165] bei der Bestimmung der besten Handlungsalternative zu entgehen, bietet die Existenz eines gut funktionierenden Kapitalmarkts einen Ausweg. Dabei wird auf **die Anlage finanzieller Mittel am Kapitalmarkt** als pauschale Annahme für die alternativen Verwendungsmöglichkeiten zurückgegriffen. Von dieser Kapitalmarktanlage wird gefordert, dass die daraus zu erwartenden Zahlungen hinsichtlich zeitlicher Struktur, Höhe, Risiko und Besteuerung den aus der Forderung zu erwartenden Zahlungen äquivalent sein müssen. Die Rendite dieser Kapitalmarktanlage determiniert den Kalkulationszinsfuß. 190

Zur **Bestimmung des Kapitalisierungszinssatzes** sind demnach am Kapitalmarkt beobachtbare vergleichbare Renditeforderungen von Fremdkapitalgebern zugrunde zu legen. Die am Kapitalmarkt beobachtbaren Renditen der Fremdkapitalgeber (Gläubiger) berücksichtigen explizit das Risiko und damit verbunden die Möglichkeit eines Ausfalls des Fremdkapitals. In der Folge setzt sich der **Fremdkapitalkostensatz** aus dem risikolosen Basiszinssatz und einem **Credit Spread** zusammen. Der Credit Spread wiederum ist zu unterteilen in eine Risikoprämie (**Risk Premium**) und eine Ausfallprämie (**Default Premium**). Vereinfachend ermittelt sie die Ausfallprämie als mit der Ausfallwahrscheinlichkeit (Probability-of-Default") gewichtetes Mittel aus Endfälligkeitsrendite (Effektivverzinsung oder Yield-to-Maturity) und Befriedigungsquote (Recovery Rate) bei Ausfall der erwarteten Zahlungen. 191

Die Ableitung und Schätzung des für die Bewertung der Forderungen zugrunde zu legenden Fremdkapitalkostensatzes ist damit von den im Einzelfall sich ergebenden Erwartungen der Gläubiger abhängig.[166] Diese hängen wiederum von den im Insolvenzplan getroffenen Annahmen und Erwartungen ab. Wird bspw. der typischerweise hohe Verschuldungsgrad i. R. des Insolvenzplans nicht auf ein „normales" bzw. „angemessenes" Niveau angepasst, wirkt sich dies auf die Renditeforderungen der Gläubiger aus. Gleiches gilt für im Plan vorgesehene Planungsrechnungen, die einem hohen Anspannungsgrad unterliegen. Dass sich daraus ergebende Risiko eines möglichen weiteren Ausfalls werden die Gläubiger antizipieren. Der sich danach abgeleitete Fremdkapitalzins steigt, bedingt durch höhere Risikoprämien und Ausfallprämien. 192

> **Praxishinweis**
>
> Insgesamt zeigt sich, dass die Bewertung von Forderungen insbesondere in der Krise von einer erheblichen Komplexität geprägt ist. In diesem Zusammenhang empfiehlt es sich für die Darstellung der Angemessenheit der im Insolvenzplan getroffenen Regelungen sachverständigen Rat einzuholen.

164) *Moxter*, Grundsätze ordnungsgemäßer Unternehmensbewertung, S. 123.

165) Für die Bestimmung der besten Handlungsalternative ist die Kenntnis des Optimums nötig. Ergebnis und Ergebnisbestimmung hängen voneinander ab (Dilemma der Opportunitätskostenbestimmung).

166) Vgl. IDW, Berücksichtigung des Verschuldungsgrads bei der Bewertung von Unternehmen (IDW Praxishinweis 2/2018), Stand: 12.9.2018, Rz. 31 ff., IDW Life 10/2018, 966 ff.

§ 14
Einreichung des Insolvenzplans, Vorprüfung

Übersicht

Literatur: *Allemand/Dobiey/Henning*, Musterinsolvenzplan, ZVI 2014, 296; *Blankenburg*, Probleme des Insolvenzplans in Kleinverfahren, ZInsO 2015, 1293; *Böcker*, Das ESUG in der praktischen Anwendung im Fall Suhrkamp, ZInsO 2015, 773; *Brünkmans/Greif-Werner*, Die Prüfung gesellschaftsrechtlicher Regelungen im Insolvenzplan durch Insolvenzgericht und Registergericht, ZInsO 2015, 1585; *Brünkmans/Uebele*, Rechtsschutz gegen missbräuchliche Insolvenzanträge und insolvenzzweckwidrige Insolvenzpläne?, ZInsO 2014, 265; *Buchalik/Hiebert*, Insolvenzanfechtung und Insolvenzplan, ZInsO 2014, 109; *Buchalik/Stahlschmidt*, Die neue richterliche Zuständigkeit bei Insolvenzplänen in Eigenverwaltung – ein Erfahrungsbericht, ZInsO 2014, 1144; *Eidenmüller*, Der Insolvenzplan als gesellschaftsrechtliches Universalwerkzeug, NJW 2014, 17; *Fölsing*, Suhrkamp: Das Machtwort des BGH, ZInsO 2014, 1591; *Frind*, Störeinflüsse im Privatinsolvenz-Planverfahren, ZInsO 2014, 280; *Horstkotte*, Der Insolvenzplan in der gerichtlichen Vorprüfung, ZInsO 2014, 1297; *Laroche/Harder*, Keine Angst vor dem Insolvenzplan!, VIA 2014, 81; *Laroche/Pruskowski/Schöttler/Siebert/Vallender*, 30 Monate ESUG – eine Zwischenbilanz aus insolvenzrichterlicher Sicht, ZIP 2014, 2153; *Madaus*, Möglichkeiten und Grenzen von Insolvenzplanregelungen, ZIP 2016, 1141; *Madaus*, Schutzschirme für streitende Gesellschafter? Die Lehren aus dem Suhrkamp-Verfahren für die Auslegung des neuen Insolvenzrechts, ZIP 2014, 500; *Meyer*, Vorrang des Insolvenzrechts vor dem Gesellschaftsrecht? – Überlegungen zur Position des Minderheitsgesellschafters im Schutzschirmverfahren, ZInsO 2013, 2361; *Pollmächer*, Anforderungen an einen Insolvenzplan einer natürlichen Person, VIA 2022, 76; *Reinhardt*, Zur Zulässigkeit von Vergütungsvereinbarungen im Insolvenzplan, ZInsO 2015, 943; *Schöttler*, Gerichtliche Bindung an Vergütungsvereinbarungen im Insolvenzplan?, NZI 2014, 852; *Stahlschmidt/Schabel*, Kann der Schuldner selbst einen zulässigen Antrag auf Aufhebung der Planvorlagefrist nach § 270b InsO stellen?, ZInsO 2019, 932; *Thole*, Gesellschafterpläne im StaRUG, ZIP 2023, 563.

A. Vorlage des Insolvenzplans (§ 218 InsO)

I. Vorlageberechtigte

1 Das Recht zur Planvorlage steht nach dem Gesetz nur bestimmten Beteiligten zu. Vorlageberechtigt sind der Insolvenzverwalter sowie der Schuldner, § 218 Abs. 1 Satz 1 InsO. Dabei wird zwischen einem **originären** Initiativrecht zur Planvorlage und einem **derivativen Initiativrecht** unterschieden, das aufgrund einer Beauftragung durch die Gläubigerversammlung besteht. In der Eigenverwaltung bestehen sowohl ein originäres als auch ein derivatives Initiativrecht des Schuldners sowie ein derivatives Vorlagerecht des Sachwalters. Der vorläufige Insolvenzverwalter hat hingegen keine Vorlagebefugnis.[1] Ebenso steht auch dem vorläufigen Sachwalter kein Recht zur Planvorlage zu, vgl. § 284 Abs. 1 InsO.[2]

2 **Gläubiger und Gesellschafter** bzw. Anteilseigner haben ebenfalls **kein eigenes Vorlagerecht**. Gläubiger und Gläubigergruppen können lediglich versuchen, einen Beschluss der Gläubigerversammlung herbeizuführen, den Insolvenzverwalter (bzw. in der Eigenverwaltung auch den Schuldner oder Sachwalter) mit einer Planvorlage zu beauftragen. Gesellschafter können lediglich ihren Einfluss auf den Schuldner ausüben und diesen zur Planvorlage veranlassen.[3]

1. Planvorlage durch den Schuldner

3 Die Vorlagebefugnis des Schuldners hängt nicht davon ab, dass er einen eigenen Insolvenzantrag gestellt hat. Das Vorlagerecht endet auch nicht, wenn der Insolvenzverwalter bereits einen Plan eingereicht hat, sondern besteht unverändert fort. Die Pläne des Schuldners und des Verwalters konkurrieren dann. Dies entspricht dem vom Gesetzgeber gewollten Wettbewerb um die beste Verwertung und damit der Funktion des Insolvenzverfahrens als eines „Entdeckungsverfahrens".[4]

4 Besteht das **Vertretungsorgan** des Schuldners aus mehreren (alleinvertretungsberechtigten) Mitgliedern, so wird teilweise vertreten, dass nur alle gemeinschaftlich vorlageberechtigt seien.[5] Nur so sei sichergestellt, dass der Schuldner keine zwei Pläne vorlegt. Hinzu komme, dass es allein Aufgabe des Schuldners (bzw. seiner Anteilseigner) sei und

1) *Eidenmüller* in: MünchKomm-InsO, § 218 Rz. 32 ff.

2) *Jaffé* in: FK-InsO, § 218 Rz. 32 m. w. N.

3) *Eidenmüller* in: MünchKomm-InsO, § 218 Rz. 100.

4) Begr. RegE InsO, BT-Drucks. 12/2443, S. 92; *Eidenmüller* in: MünchKomm-InsO, § 218 Rz. 1.

5) *Thies* in: HambKomm-InsR, § 218 InsO Rz. 4; *Eidenmüller* in: MünchKomm-InsO, § 218 Rz. 76.

in seiner Sphäre liege, die Vertretungsmacht richtig zu organisieren.[6] Nach der Gegenansicht soll sich, unbeschadet etwaiger Beschränkungen im Innenverhältnis, etwa durch die Gesellschafterversammlung, die **Vorlageberechtigung nach den allgemeinen Vertretungsregelungen** der Gesellschaft richten.[7] Die besseren Argumente sprechen für die zweite Ansicht. Es existiert kein zwingender Grund, die Vorlageberechtigung abweichend von den allgemeinen Vertretungsregelungen zu bestimmen. Eine Abweichung kann insbesondere nicht mit der Gefahr begründet werden, dass der Schuldner andernfalls widersprüchliche Erklärungen abgeben kann. Denn hierbei handelt es sich um einen Umstand, der der vom Gesellschaftsrecht eingeräumten Möglichkeit, unterschiedliche Vertretungsregeln für eine Gesellschaft vorzusehen, geschuldet ist und mit dem auch außerhalb des Insolvenzverfahrens umgegangen werden muss. Möchte man die Vorlage zweier Pläne durch den Schuldner vermeiden – was angesichts des Wettbewerbs um die beste Verwertungsmöglichkeit nicht zwingend erscheint – kann dies auch anders geregelt werden. Denkbar wäre etwa die Durchführung eines zweiten, parallelen Planverfahrens dem Rechtsgedanken des § 261 Abs. 3 Nr. 1 ZPO (anderweitige Rechtshängigkeit) folgend für unzulässig zu erklären oder aber die Zweitvorlage dahingehend auszulegen, dass gleichzeitig (konkludent) der erste Plan als zurückgenommen gilt.

Praxishinweis

Wegen der rechtlichen Unsicherheit empfiehlt es sich in jedem Falle, dass der Plan stets von allen Mitgliedern des Vertretungsorgans bzw. allen Gesellschaftern einer Personengesellschaft gemeinschaftlich eingereicht wird.[8]

5 Davon zu unterscheiden ist die Zulässigkeit der **Vorlage von mehreren Planvarianten** durch einen Vorlageberechtigten. Diese ist jedenfalls dann zulässig, wenn die Pläne in ein gestuftes Verhältnis i. S. eines innerprozessualen Vorrangs **(Eventualplan; Haupt- und Hilfsplan)** gestellt werden.[9] Das weitere Vorgehen ist dann dem bei Stellung von Haupt- und Hilfsantrag im Zivilprozess vergleichbar. Folglich kann das Gericht Haupt- und Hilfsplan zeitgleich der Vorprüfung nach § 231 InsO unterziehen und auch in einem einzigen Erörterungs- und Abstimmungstermin behandeln.

6 Da die Vorlage mehrerer Pläne durch einen Planberechtigten in der Praxis äußerst selten ist, empfiehlt es sich dringend, vor Einreichung der Pläne Kontakt zum Insolvenzgericht aufzunehmen und das weitere Vorgehen abzusprechen.

2. Planvorlage durch den Verwalter bzw. Sachwalter

7 Der Insolvenzverwalter kann einen Plan sowohl initiativ vorlegen (originäres Planinitiativrecht), als auch von der Gläubigerversammlung mit der Ausarbeitung eines Planes beauftragt werden (derivatives Planinitiativrecht). Ist letzteres der Fall, hat er den Plan innerhalb einer angemessenen Frist dem Gericht vorzulegen, § 218 Abs. 2 InsO. Die Dauer der Frist ist von den Umständen des Einzelfalles abhängig, etwa vom Buchhaltungsstand, der Größe des Unternehmens, oder etwaigen Vorarbeiten. Bei Fristversäumnis besteht keine unmittelbare Sanktionsmöglichkeit, es sind lediglich Aufsichtsmaßnahmen des Gerichts nach §§ 58 ff. InsO möglich.[10]

6) *Eidenmüller* in: MünchKomm-InsO, § 218 Rz. 76 f.
7) Uhlenbruck-*Lüer/Streit*, InsO, § 218 Rz. 10, 11.
8) Uhlenbruck-*Lüer/Streit*, InsO, § 218 Rz. 11.
9) *Eidenmüller* in: MünchKomm-InsO, § 218 Rz. 131 ff.
10) *Thies* in: HambKomm-InsR, § 218 InsO Rz. 13.

8 Die Gläubigerversammlung kann dem Verwalter allerdings lediglich eine Zielvorgabe hinsichtlich des zu erstellenden Plans machen (etwa Liquidationsplan, Reorganisationsplan, Übertragungsplan), nicht aber inhaltliche Vorgaben oder gar einen ausgearbeiteten Plan zur Vorlage aufzwingen.[11)]

9 In der **Eigenverwaltung** ist § 284 Abs. 1 InsO zu beachten. Danach kann die Gläubigerversammlung den Schuldner *oder* den Sachwalter beauftragen, einen Plan vorzulegen. Ohne Auftrag der Gläubigerversammlung ist der Sachwalter hingegen nach h. M. nicht berechtigt, einen Plan vorzulegen. Ein Initiativrecht steht in der Eigenverwaltung zwar dem Schuldner, nicht aber dem Sachwalter zu.[12)] Soweit die Gläubigerversammlung einen Auftrag zur Planvorlage erteilt, kann sie ebenfalls nur Eckpunkte der inhaltlichen Ausgestaltung des Insolvenzplans und das Ziel vorgeben.[13)] Erhält der Schuldner den Auftrag, bleibt daneben sein Initiativrecht bestehen und erlischt nicht.[14)] Wird der Schuldner beauftragt, hat der Sachwalter gemäß § 284 Abs. 1 Satz 2 InsO beratend mitzuwirken. Der durch das SanInsFoG[15)] (klarstellend) eingefügte § 284 Abs. 1 Satz 2 InsO bestimmt, dass in der vorläufigen Eigenverwaltung der vorläufige Gläubigerausschuss den vorläufigen Sachwalter oder den Schuldner mit der Ausarbeitung eines Plans beauftragen kann. Wird der Schuldner beauftragt, so wirkt der vorläufige Sachwalter beratend mit (§ 284 Abs. 1 Satz 3 InsO).

10 Im Gesetz nicht geregelt und in der Rechtsprechung noch nicht abschließend geklärt, ist die Frage, ob das Planinitiativrecht des Verwalters erlischt und der Verwalter einen eigenen Planentwurf nicht mehr weiter verfolgen darf, wenn er von der Gläubigerversammlung einen Auftrag zu Planerstellung erhalten hat.[16)] Das Gesetz gibt eine ausdrückliche Regelung nicht vor. Auch wenn gute systematische Argumente gegen das Fortbestehen des Initiativrechts des Verwalters bestehen,[17)] dürfte im Interesse des Wettbewerbs um die beste Art der Masseverwertung dem Fortbestehen des Vorlagerechts der Vorzug zu geben sein.[18)]

11 Soweit der Verwalter den Plan aufstellt, haben nach § 218 Abs. 3 InsO der Gläubigerausschuss, wenn ein solcher bestellt ist, der Betriebsrat, der Sprecherausschuss der leitenden Angestellten sowie der Schuldner beratend mitzuwirken. Inhalt und Umfang der Vorschrift, die für den Sachwalter im Eigenverwaltungsverfahren entsprechend gilt,[19)] sind umstritten. Teilweise wird vertreten, es handele sich insoweit um eine beidseitige Verpflichtung.[20)] Den Verwalter treffe die Pflicht zur Information und inhaltlichen Auseinandersetzung mit den Stellungnahmen der vorgenannten Beteiligten. Erforderlichenfalls sei sich mit ihnen im darstellenden Teil des Plan auseinanderzusetzten.[21)] Die Beteiligten

---

11) *Eidenmüller* in: MünchKomm-InsO, § 218 Rz. 16 ff., 18 ff.

12) *Kern* in: MünchKomm-InsO, § 284 Rz. 13 ff., 16 ff.; Graf-Schlicker-*Graf-Schlicker*, InsO, § 284 Rz. 6; vgl. auch Begr. RegE z. § 254 InsO, BT-Drucks. 12/2443, S. 196; Uhlenbruck-*Zipperer*, InsO, § 284 Rz. 1; Uhlenbruck-*Lüer/Streit*, InsO, § 218 Rz. 15.

13) *Kern* in: MünchKomm-InsO, § 284 Rz. 17.

14) *Kern* in: MünchKomm-InsO, § 284 Rz. 15.

15) Gesetz zur Fortentwicklung des Sanierungs- und Insolvenzrechts (Sanierungs- und Insolvenzrechtsfortentwicklungsgesetz – SanInsFoG), v. 22.12.2020, BGBl. I 2020, 3256.

16) Vgl. zum Streitstand: *Jaffé* in: FK-InsO, § 218 Rz. 38 ff.

17) *Jaffé* in: FK-InsO, § 218 Rz. 39 ff.; *Eidenmüller* in: MünchKomm-InsO, § 218 Rz. 29, der aber der Gläubigerversammlung das Recht zugestehen will, dem Verwalter die Ausarbeitung eines originären Plans neben einem derivativen zu gestatten.

18) Uhlenbruck-*Lüer/Streit*, InsO, § 218 Rz. 5.

19) *Foltis* in: FK-InsO, § 284 Rz. 11.

20) *Thies* in: HambKomm-InsR, § 218 InsO Rz. 15.

21) *Thies* in: HambKomm-InsR, § 218 InsO Rz. 15.

treffe ihrerseits eine Mitwirkungspflicht.[22] Andere Stimmen sehen einschränkend lediglich eine Mitwirkungsbefugnis der Beteiligten, ohne dass eine Pflicht bestünde. Lediglich der Schuldner soll mitwirkungsverpflichtet sein.[23]

> **Praxishinweis**
>
> Nennenswerte praktische Auswirkungen hat diese Diskussion nicht. Denn die fehlende Mitwirkung der in Absatz 3 genannten Beteiligten führt weder zur Zurückweisung des Plans noch ist sie ein Grund, die spätere Planbestätigung zu versagen.[24] Anderes soll allerdings im Einzelfall bei einer Verletzung der Pflichten durch den Verwalter gelten.[25]

II. Frist zur Planvorlage

Die Planvorlage kann bis spätestens zum Schlusstermin erfolgen. Ein erst danach bei Gericht eingegangener Plan ist nicht mehr zu berücksichtigen, § 218 Abs. 1 Satz 3 InsO. Eine zeitliche Grenze nach vorne existiert nicht. Der Plan kann vom Schuldner bereits im Eröffnungsverfahren eingereicht werden, sogar mit dem Insolvenzantrag verbunden werden (Prepackaged Plan), § 218 Abs. 1 Satz 2 InsO.[26] Da der vorläufige Insolvenzverwalter nicht zur Planvorlage berechtigt ist, kann ein Verwalterplan hingegen frühestens mit Eröffnung vorgelegt werden.[27] Im Falle der Masseunzulänglichkeit kann ein Insolvenzplan bis zur Aufhebung des Verfahrens eingereicht werden und nicht lediglich bis zu einer eventuell angeordneten letzten Gläubigerversammlung oder einer im schriftlichen Verfahren an ihre Stelle tretende Frist. Denn eine abschließende Gläubigerversammlung bei geplanter Einstellung entspricht nicht dem Schlusstermin.[28] 12

1. Vorlagefrist im Schutzschirmverfahren nach § 270d InsO

Im Schutzschirmverfahren besteht nach § 270d Abs. 1 Sätze 2, 3 InsO eine verkürzte Frist zur Einreichung des Insolvenzplans. Das Gericht hat bei Anordnung eines Schutzschirms eine Frist zur Einreichung des Plans zu setzen, die drei Monate nicht überschreitet. Bei Anordnung des Schutzschirms ist das Zeitfenster zur Einreichung des Plans also recht kurz. Allerdings sollte man sich von der Frist nicht abschrecken lassen. Denn die einzige Konsequenz der verpassten Frist ist, dass das Verfahren nicht mehr als Schutzschirmverfahren weiter geführt wird, also insbesondere die besonderen Vorschriften des § 270d Abs. 2 InsO zur Bestellung des Sachwalters, des § 270c Abs. 4 InsO über die Begründung von Masseverbindlichkeiten und des § 270d Abs. 3 InsO zur Anordnung der Einstellung der Zwangsvollstreckung auf Antrag des Schuldners nicht mehr gelten. Das Gericht hat in einem solchen Fall lediglich nach den allgemeinen Vorschriften über die Eröffnung des Insolvenzverfahrens, das nach wie vor auch als Eigenverwaltungsverfahren geführt werden kann, zu entscheiden. So kann das Gericht etwa einen anderen Sachwalter oder Insolvenzverwalter einsetzen, als vom Schuldner vorgeschlagen. Es bleibt aber die Möglichkeit, einen Insolvenzplan nach den allgemeinen Regeln einzureichen und zu beschließen.[29] 13

---

22) *Thies* in: HambKomm-InsR, § 218 InsO Rz. 15; *Eidenmüller* in: MünchKomm-InsO, § 218 Rz. 45 ff.
23) In diesem Sinne etwa Uhlenbruck-*Lüer/Streit*, InsO, § 218 Rz. 38 m. w. N.
24) Uhlenbruck-*Lüer/Streit*, InsO, § 218 Rz. 39; *Thies* in: HambKomm-InsR, § 218 InsO Rz. 15.
25) *Thies* in: HambKomm-InsR, § 218 InsO Rz. 15, § 231 Rz. 5.
26) Uhlenbruck-*Lüer/Streit*, InsO, § 218 Rz. 22.
27) Uhlenbruck-*Lüer/Streit*, InsO, § 218 Rz. 22.
28) Vgl. BGH, Beschl. v. 23.4.2022 – IX ZB 35/21, Rz. 11 ff., ZRI 2022, 518 = ZInsO 2022, 1284 – entschieden i. R. eines Versagungsantrags.
29) *Fiebig* in: HambKomm-InsO, § 270d Rz. 26; vgl auch *Stahlschmidt/Schabel*, ZInsO 2019, 932 ff.

2. Rücknahme der Planvorlage

14 Vorschriften über die Rücknahme eines eingereichten Plans sieht die InsO nicht vor. Es entspricht aber allgemeiner Ansicht, dass der Planeinreicher den Plan zurücknehmen kann. Umstritten ist lediglich der Zeitpunkt, zu dem dies spätestens geschehen kann. Die h. M. hält eine Rücknahme bis zur Rechtskraft des Planes für zulässig,[30)] während andere die Rücknahme nur bis zum Beginn der Abstimmung für zulässig erachten.[31)] Im Hinblick darauf, dass bis zur Rechtskraft noch kein Beteiligter eine geschützte Rechtsposition erlangt hat, ist die erstgenannte Auffassung vorzugswürdig. Dies gilt umso mehr, als dass anderenfalls die Gefahr bestünde, dass über einen Plan abgestimmt wird, den der Planersteller nicht mehr erfüllen kann oder will. Dies wiederum würde zu praktischen Folgeproblemen führen, die in Niemandes Interesse sein können.

B. Vorprüfung durch das Gericht (§ 231 InsO)

15 Nach Einreichung des Plans erfolgt die Vorprüfung durch das Gericht. Die gerichtliche Vorprüfung dient dazu, Pläne, welche die gesetzlichen Mindestanforderungen nicht erfüllen, offensichtlich unerfüllbar sind oder offensichtlich keine Aussicht auf Erfolg haben, von vornherein auszuscheiden und so das Insolvenzverfahren nicht unnötig mit solchen Plänen zu belasten.[32)]

16 Durch das **SanInsFoG** neu geschaffen wurde die Kompetenz des Gerichts, den Plan bereits im Vorprüfungsverfahren

- dem Gläubigerausschuss,
- dem Betriebsrat,
- dem Sprecherausschuss der leitenden Angestellten,
- dem Verwalter bzw. Schuldner, je nachdem, wer den Plan vorgelegt hat,
- der zuständigen Berufsvertretung der Industrie, des Handels, des Handwerks oder
- anderen sachkundigen Stellen

zur Stellungnahme zuzuleiten (§ 232 Abs 4 Satz 1 InsO). Diese Regelung ermöglicht es dem Gericht, möglichst frühzeitig auch auf die Expertise der Beteiligten zurückgreifen zu können, sodass Fehler oder Unzulänglichkeiten im Plan zeitnah entdeckt werden können.[33)] Die Regelung entspricht einer bereits nach bisherigem Recht **vielfach geübten Praxis**.[34)] Von ihr sollte deshalb möglichst Gebrauch gemacht werden.

17 Soweit diese Stellungnahmen **neue Tatsachen** enthalten, die das Gericht bei einer Zurückweisungsentscheidung berücksichtigen möchte, hat es zuvor den übrigen Beteiligten Gelegenheit zur Stellungnahme binnen einer Woche zu geben (§ 232 Abs. 4 Satz 2 InsO). Allerdings ist bei der Bewertung der Stellungnahmen Vorsicht walten zu lassen, da sich die Meinung der Beteiligten über den Plan noch ändern kann.[35)] Eine generelle Pflicht, eingehende Stellungnahmen weiterzuleiten, besteht nicht. Von einer derartigen Regelung wurde aufgrund des Eilcharakters des Verfahrens abgesehen.[36)]

---

30) Uhlenbruck-*Lüer/Streit*, InsO, § 218 Rz. 43; *Thies* in: HambKomm-InsR, § 218 InsO Rz. 16.

31) *Eidenmüller* in: MünchKomm-InsO, § 218 Rz. 151; *Haas* in: HK-InsO, § 240 Rz. 12.

32) *Horstkotte*, ZInsO 2014, 1297, 1298 f.; Uhlenbruck-*Lüer/Streit*, InsO, § 231 Rz. 1; *Thies* in: HambKomm-InsR, § 231 InsO Rz. 1.

33) Näher zu den Stellungnahmen nach § 232 InsO s. unten § 15 Rz. 1 ff. [*Laroche*].

34) Vgl. BGH, Beschl. v. 16.12.2010 – IX ZB 21/09, Rz. 3, ZIP 2011, 340.

35) Begr. RegE SanInsFoG z. InsO, BT-Drucks. 19/24181, S. 201 – unter Bezug auf BGH, Beschl. v. 16.12.2010 – IX ZB 21/09, Rz. 3, ZIP 2011, 340.

36) Begr. RegE SanInsFoG z. InsO, BT-Drucks. 19/24181, S. 201.

18 **Inhalt und Umfang der Vorprüfung** unterscheiden sich abhängig davon, ob der Plan vom Insolvenzverwalter oder vom Schuldner vorgelegt wurde. In allen Fällen gilt nach § 231 Abs. 1 Satz 1 Nr. 1 InsO, dass der Plan zurückzuweisen ist, wenn die **Vorschriften über das Recht zur Vorlage und den Inhalt des Plans**, insbesondere zur Gruppenbildung, nicht beachtet wurden und der Vorlegende den Mangel nicht beheben kann oder innerhalb einer angemessenen, vom Gericht gesetzten Frist nicht behoben hat.

19 Für **Schuldnerpläne** gelten **weitere Zurückweisungstatbestände**. Der Plan ist zurückzuweisen, wenn er offensichtlich keine Aussicht auf Annahme durch die Beteiligten oder auf Bestätigung durch das Gericht hat, § 231 Abs. 1 Satz 1 Nr. 2 InsO, oder wenn die Ansprüche, die den Beteiligten nach dem gestaltenden Teil zustehen, offensichtlich nicht erfüllt werden können. Schließlich ist ein Schuldnerplan auf Antrag des Verwalters zurückzuweisen, wenn bereits ein Plan des Schuldners gescheitert ist.

I. Prüfungsfrist

20 Die Entscheidung des Gerichts soll innerhalb von zwei Wochen nach Vorlage des Plans erfolgen, § 231 Abs. 1 Satz 2 InsO. Die durch das ESUG eingeführte kurze Frist dient der Verfahrensbeschleunigung und ist regelmäßig als Höchstfrist zu verstehen.[37] Überschreitungen kommen insbesondere bei besonders komplexen Plänen in Betracht. Auch im Falle der Urlaubs- oder Krankheitsvertretung des zuständigen Insolvenzrichters sind Überschreitungen denkbar. Denn im Interesse einer insgesamt zügigen und effizienten Verfahrensabwicklung ist es wenig sachgerecht, wenn ein Vertreter die Vorprüfung vornimmt und das weitere Verfahren, einschließlich der späteren Planbestätigung, von einem anderen Richter durchgeführt wird.

II. Prüfungsmaßstab und Prüfungstiefe

21 Der Maßstab und die Tiefe der gerichtlichen Vorprüfung und der dabei dem Gericht zugestandene bzw. vom Gericht verlangte Prüfungsumfang hinsichtlich inhaltlicher Mängel des Plans waren lange Zeit umstritten, wobei die vertretenen Ansichten nicht selten eher von Eigeninteressen und persönlichen Erfahrungen gelenkt zu sein schienen, als dass sie sich als Ergebnis einer juristischen Argumentation darstellten. Zwischen einer Beschränkung des Prüfungsrechts auf eine Evidenzkontrolle und einer sehr weitgehenden Prüfungsbefugnis hat sich nahezu jede Ansicht in der Literatur wiedergefunden, wobei unter Hinweis auf eine „gebotene Eile“ herrschend die Auffassung war, dass die Anforderungen an die Prüfung gering zu halten seien und nur eine summarische Prüfung stattfinde.[38] Mit seiner Entscheidung vom 7.5.2015[39] hat der BGH die wichtigsten Fragen geklärt:

22 Das Gericht prüft i. R. des § 231 Abs. 1 Satz 1 Nr. 1 InsO unter **Berücksichtigung sämtlicher rechtlicher Gesichtspunkte**, ob die gesetzlichen Bestimmungen über das Vorlagerecht und den Inhalt des Plans beachtet sind.[40] Dabei hat das Gericht nach dem eindeutigen Wortlaut des § 231 Abs. 1 Satz 1 Nr. 1 InsO anders als nach § 231 Abs. 1 Satz 1 Nr. 2 und 3 InsO nicht nur offensichtliche Rechtsfehler zu beanstanden (zum Prüfungsmaßstab bei § 231 Abs. 1 Nr. 2 und 3 InsO siehe Rz. 26 ff.).[41] Dem Gericht obliegt die Prüfung, ob die rechtlichen Rahmenbedingungen eingehalten sind. Prüfungsmaßstab ist das gesamte

---

37) Uhlenbruck-*Lüer/Streit*, InsO, § 231 Rz. 34.

38) Vgl. zum Streitstand insbesondere *Horstkotte*, ZInsO 2014, 1297, 1300 f.

39) BGH, Beschl. v. 7.5.2015 - IX ZB 75/14, ZInsO 2015, 1398 = ZIP 2015, 1346, dazu EWiR 2015, 483 *(Spliedt)*.

40) BGH, Beschl. v. 7.5.2015 - IX ZB 75/14, Rz. 8, ZInsO 2015, 1398, 1399 = ZIP 2015, 1346.

41) BGH, Beschl. v. 7.5.2015 - IX ZB 75/14, Rz. 8, ZInsO 2015, 1398, 1399 = ZIP 2015, 1346.

zwingende Recht, sowohl materieller als auch verfahrensrechtlicher Art.[42] Rechtsfragen sind, nicht zuletzt um Doppelprüfungen i. R. der erst deutlich später und nach der Beschlussfassung der Gläubigerversammlung erfolgenden Planbestätigung nach §§ 248, 251 InsO zu vermeiden, zu entscheiden.[43] Bei der Prüfung ist der gesamte Planinhalt – ergänzt um offenkundige Tatsachen i. S. des § 291 ZPO – zugrunde zu legen (modifizierter Beibringungsgrundsatz).[44]

III. Prüfung der formellen Anforderungen

23 Das Gericht hat selbstverständlich zu prüfen, ob der Plan den formellen Voraussetzungen genügt. Neben der Prüfung der Vorlageberechtigung gehört hierzu insbesondere die Gliederung des Plans in einen darstellenden und einen gestaltenden Teil. Fehlt etwa der darstellende Teil, oder genügt er nicht den Mindestanforderungen an eine Plandarstellung, so ist der Plan bereits aus diesem Grunde zurückzuweisen.[45] Auch ist zu prüfen, ob die Plananlagen vollständig und richtig sind.[46] Zu diesen formalen Voraussetzungen gehört auch das Vorliegen einer **Erklärung des Dritten nach § 230 Abs. 3 InsO**, soweit dieser für den Fall der Bestätigung des Plans Verpflichtungen gegenüber Gläubigern übernommen hat. Das Gericht ist hingegen **nicht** befugt, **Bonitätsnachweise** von diesen Drittmittelgebern, die die zugesagten Zahlungen oder Haftungsübernahmen betreffen zu verlangen, da nach dem Gesetz lediglich die Erklärung als solche beizufügen ist.[47] Anderes kann allerdings gelten, soweit die Drittmittel im Falle eines Insolvenzplans bei Masseunzulänglichkeit nach § 210a InsO die Deckung der Verfahrenskosten sicherstellen sollen. Denn die Berichtigung der Verfahrenskosten hat absoluten Vorrang und das Gericht ist von Amts wegen verpflichtet zu prüfen, ob die Verfahrenskosten gedeckt sind. In einer solchen Prüfung liegt auch keine Vorwegnahme einer Entscheidung der Gläubiger über den Plan.[48]

IV. (Eingeschränkte) Inhaltliche Prüfung des Plans

24 Da das Insolvenzverfahren der Gläubigerautonomie untersteht, hat die gerichtliche Prüfung i. R. des § 231 Abs. 1 InsO die Entscheidungskompetenz der Gläubigerversammlung bestmöglich zu wahren. Die **Zweckmäßigkeit** des Planes zu beurteilen, ist **einzig Aufgabe der Gläubiger**, die über den Plan abstimmen.[49] Es gehört deshalb nicht zu den Aufgaben des Insolvenzgerichts i. R. des § 231 Abs. 1 Nr. 1 InsO zu prüfen, ob der Plan wirtschaftlich zweckmäßig gestaltet ist und ob er voraussichtlich Erfolg haben wird (siehe aber auch unten Rz. 109 ff.),[50] oder gar auf eine auf eine ökonomische Optimierung des Plans hinzuwirken.[51]

42) *Horstkotte*, ZInsO 2014, 1297, 1300.

43) BGH, Beschl. v. 7.5.2015 – IX ZB 75/14, Rz. 8, ZInsO 2015, 1398 = ZIP 2015, 1346; *Horstkotte*, ZInsO 2014, 1297, 1301; *Buchalik/Stahlschmidt*, ZInsO 2014, 1144, 1145; K. Schmidt-*Spliedt*, InsO, § 231 Rz. 13.

44) *Horstkotte*, ZInsO 2014, 1297, 1300, 1301, 1307, 1311.

45) *Thies* in: HambKomm-InsR, § 231 InsO Rz. 7; *Jaffé* in: FK-InsO, § 231 Rz. 5.

46) BGH, Beschl. v. 7.5.2015 – IX ZB 75/14, Rz. 8, ZInsO 2015, 1398, 1399 = ZIP 2015, 1346; *Horstkotte*, ZInsO 2014, 1297, 1299.

47) BGH, Beschl. v. 22.6.2023 – IX ZB 15/21, Rz. 11 ff., ZInsO 2023, 1764, 1765 = ZRI 2023, 664.

48) Vgl. BGH, Beschl. v. 22.6.2023 – IX ZB 15/21, Rz. 17 ff., ZInsO 2023, 1764, 1765 = ZRI 2023, 664, die Frage mangels Entscheidungserheblichkeit aber i. Erg. offenlassend.

49) *Horstkotte*, ZInsO 2014, 1297, 1299; Uhlenbruck-*Lüer/Streit*, InsO, § 231 Rz. 1.

50) BGH, Beschl. v. 7.5.2015 – IX ZB 75/14, Rz. 8, ZInsO 2015, 1398, 1399 = ZIP 2015, 1346; BGH, Beschl. v. 26.4.2018 – IX ZB 49/17, Rz. 14, ZIP 2018, 1141 = ZInsO 2018, 1404.

51) *Horstkotte*, ZInsO 2014, 1297, 1299.

Gleichwohl muss das Gericht in Wahrnehmung seiner Aufgaben zwangsläufig den Plan auch **(eingeschränkt) inhaltlich prüfen.** Kommt etwa der darstellende Teil nicht seiner Informationsfunktion nach, etwa weil das Zahlenmaterial veraltet ist, so ist er nicht geeignet, eine Entscheidungsgrundlage für die Gläubiger darzustellen und deshalb zurückzuweisen, wenn der Mangel auf eine vom Gericht gesetzte Frist hin nicht behoben wird.[52] Entsprechendes gilt für den gestaltenden Teil. So ist ein Plan etwa zurückzuweisen, wenn er unzulässige Rechtsfolgen, etwa einen Verstoß gegen den gesellschaftsrechtlichen Numerus Clausus, vorsieht. 25

V. Prüfung der prognostischen Annahmefähigkeit nach § 231 Abs. 1 Nr. 2 und 3 InsO

Der Grundsatz, dass das Gericht die Zweckmäßigkeit und ökonomische Vernunft des Plans nicht zu prüfen hat, gilt nur mit zwei wichtigen Ausnahmen, nämlich den erweiterten Zurückweisungsgründen beim Schuldnerplan nach § 231 Abs. 1 Nr. 2 und Nr. 3 InsO. 26

Das Gericht hat einen **Schuldnerplan** nach Nr. 2 zurückzuweisen, wenn er **offensichtlich keine Aussicht auf Annahme** durch die Beteiligten hat. Nach Nr. 3 ist der Schuldnerplan zurückzuweisen, wenn die **Ansprüche,** die den Beteiligten nach dem gestaltenden Teil eines vom Schuldner vorgelegten Plans zustehen, **offensichtlich nicht erfüllt werden können.** Die Prüfung nach Nr. 2 setzt sowohl eine Prüfung der Zweckmäßigkeit als auch der Erfolgsaussichten voraus. Die Prüfung nach Nr. 3 setzt jedenfalls eine Prüfung der wirtschaftlichen Rahmenbedingungen voraus. 27

Allerdings gilt auch bei diesen erweiterten Zurückweisungsgründen der Vorrang der Gläubigerautonomie, weshalb das Gericht den Plan nur ausnahmsweise und bei **Evidenz** wegen offensichtlicher Aussichtslosigkeit oder Nichterfüllbarkeit zurückweisen kann.[53] Ausgehend vom Sinn und Zweck der Regelung wird in der Literatur erwogen, sie – trotz des Wortlauts der Vorschriften – in evidenten Fällen auf **Verwalterpläne** anzuwenden.[54] 28

VI. Auslegung des Plans

Bevor das Gericht zu dem Ergebnis kommt, dass eine Planregelung nichtig ist und den Plan zurückweist, hat es zu prüfen, ob die Regelung auslegungsfähig ist. Für die Auslegung des Insolvenzplans ist, soweit nicht sein vollstreckbarer Teil betroffen ist, das **individuelle Verständnis** derjenigen maßgebend, die ihn beschlossen haben.[55] Für die Auslegung sind deshalb die Regeln über die **Vertragsauslegung entsprechend** anzuwenden. Damit gelten für die Auslegung des Planinhalts die §§ 133, 157 BGB,[56] auch wenn es sich bei dem Insolvenzplan nicht um einen Vertrag im herkömmlichen Sinne handelt, sondern um eine privatautonome, den gesetzlichen Vorschriften entsprechende Übereinkunft der mitspracheberechtigten Beteiligten über die Verwertung des haftenden Schuldnervermögens unter voller Garantie des Wertes der Beteiligungsrechte[57] bzw. ein spezifisch insol- 29

52) *Thies* in: HambKomm-InsR, § 231 InsO Rz. 8; Uhlenbruck-*Lüer/Streit*, InsO, § 231 Rz. 17.

53) *Horstkotte*, ZInsO 2014, 1297, 1298 f.

54) *Horstkotte*, ZInsO 2014, 1297, 1299, m. Beispielen auf S. 1308 f.

55) BGH, Urt. v. 6.10.2005 – IX ZR 36/02, ZInsO 2006, 38, 39 = ZIP 2006, 39, dazu EWiR 2006, 87 *(Bähr/Landry)*.

56) BGH, Beschl. v. 7.5.2015 – IX ZB 75/14, Rz. 26, ZInsO 2015, 1398, 1402 = ZIP 2015, 1346.

57) BGH, Beschl. v. 26.4.2018 – IX ZB 49/17, Rz. 23, ZIP 2018, 1141 = ZInsO 2018, 1404.

venzrechtliches Instrument sui generis, mit dem die Gläubigergesamtheit ihre Befriedigung aus dem Schuldnervermögen organisiert.[58)]

30 Eine Auslegung nach dem objektiven Erklärungsbefund, wie sie etwa bei AGB, Gesellschaftsverträgen von Publikumsgesellschaften, Emissionsprospekten oder Satzungen von Körperschaften stattfindet, ist nicht zulässig. In den genannten Fällen ist die objektive Auslegung angemessen, weil die Regelungen sich an einen weiten, im Zeitpunkt der Abgabe der Willenserklärung noch gar nicht absehbaren Personenkreis wenden, dem der Wille derjenigen, welche die fraglichen Erklärungen abgegeben haben, nicht bekannt sein kann. Demgegenüber ändert sich die Zusammensetzung der von dem Insolvenzplan betroffenen Gläubigergemeinschaft jedenfalls nach dessen Annahme nicht mehr.[59)]

C. Einzelaspekte der Vorprüfung

31 Allgemeingültige Vorgaben oder gar umfassende Checklisten für die Prüfung des Insolvenzplans lassen sich kaum aufstellen, zu sehr hängt die Prüfung vom Einzelfall ab. Gleichwohl gibt es gibt eine Reihe typischer Konstellationen und Probleme, auf die bei jeder Prüfung geachtet werden sollte.

I. Prüfung des darstellenden Teils

32 Die ursprünglich knappe Formulierung über die Anforderungen an den darstellenden Teil in § 220 InsO ist **durch das SanInsFoG zum 1.1.2023 moderat erweitert** worden. Insbesondere ist nunmehr die Vergleichsrechnung „als zentrales Element des Insolvenzplans"[60)] ausdrücklich in § 220 Abs. 2 Satz 2 InsO als Gegenstand des darstellenden Teils genannt. Abgesehen von den in § 220 Abs. 2, 3 InsO nunmehr normierten Mindestinhalten hat der Gesetzgeber darauf verzichtet, eine für alle Fälle verbindliche Vorgabe zu machen und die Entscheidung, welche Angaben die Gläubiger benötigen, für jeden Einzelfall zunächst dem Planverfasser und sodann gemäß §§ 231 Abs. 1 Satz 1 Nr. 1, 250 Nr. 1 InsO dem Insolvenzgericht übertragen. Das ändert aber nichts daran, dass ein gewisser Grundbestand an Informationen im darstellenden Teil grundsätzlich enthalten sein muss und nur ausnahmsweise entfallen darf.[61)]

1. Prüfung der Mindestanforderungen an den darstellenden Teil

33 Seit dem 1.1.2023 heißt es in § 220 Abs. 2 Satz 1 InsO, dass der darstellende Teil alle sonstigen Angaben zu den Grundlagen und Auswirkungen des Plans enthalten „muss". Diese Regelung, die nach Art. 103m EGInsO für Verfahren, die ab dem 1.1.2021 beantragt wurden, gilt, hat den Wortlaut der Vorschrift an die schon bisher geltende Rechtslage angepasst.[62)] Denn auch für den bisherigen Wortlaut „soll" in § 220 **Abs. 2 Satz 1 InsO** war anerkannt, dass die Vorschrift nach ihrem Sinn und Zweck als **zwingende Regelung**

58) BGH, Urt. v. 6.10.2005 – IX ZR 36/02, ZInsO 2006, 38, 39 = ZIP 2006, 39; BGH, Beschl. v. 7.5.2015 – IX ZB 75/14, Rz. 26, ZInsO 2015, 1398, 1402 = ZIP 2015, 1346. Begründet wird diese Einordnung des Plans als Institut sui generis damit, dass sich die Gläubigergemeinschaft nicht aus freiem Willen zusammengefunden hat; sie sei vielmehr eine durch die Eröffnung des Insolvenzverfahrens über das Vermögen des Schuldners zusammengefügte Schicksalsgemeinschaft, bei der der Wille einzelner Gläubiger durch Mehrheitsentscheidungen überwunden werden könne (§§ 244 ff. InsO).

59) BGH, Beschl. v. 7.5.2015 – IX ZB 75/14, ZInsO 2015, 1398 = ZIP 2015, 1346.

60) Begr. RegE SanInsFoG z. InsO, BT-Drucks. 19/24181, S. 200.

61) BGH, Beschl. v. 13.10.2011 – IX ZB 37/08, Rz. 9, ZIP 2012, 187 = ZInsO 2012, 173 m. w. N., dazu EWiR 2012, 215 *(Rendels/Körner)*; BGH, Beschl. v. 7.5.2015 – IX ZB 75/14, Rz. 29, ZInsO 2015, 1398, 1402 = ZIP 2015, 1346.

62) Vgl. Begr. RegE SanInsFoG, BT-Drucks. 19/24181, S. 220.

zu lesen ist.[63] Es war und ist deshalb zu prüfen, ob im darstellenden Teil beschrieben wird, welche Maßnahmen nach der Eröffnung des Insolvenzverfahrens getroffen worden sind oder noch getroffen werden sollen, um die Grundlagen für die geplante Gestaltung der Rechte der Beteiligten zu schaffen.

Darüber hinaus wurde der Wortlaut des § 220 Abs. 2 InsO um **neue Sätze 2 bis 4** erweitert, die die **Vergleichsrechnung** in Übereinstimmung mit den bereits bislang geltenden Regelungen näher definieren und klarstellen, dass beim Fortführungsplan auch für die Ermittlung der voraussichtlichen Quote ohne Plan grundsätzlich ein Fortführungsszenario zu unterstellen ist. Hierdurch soll vermieden werden, dass die Befriedigungsquote ohne Vergleich künstlich klein gerechnet wird.[64] Soweit gemäß § 217 Abs. 2 InsO **gruppeninterne Drittsicherheiten** im Plan mitgestaltet werden sollen, sind gemäß § 220 Abs. 3 InsO auch die Verhältnisse des die Sicherheit gewährenden Drittunternehmens sowie die Auswirkungen des Plans auf dieses Unternehmen darzustellen. 34

Nach § 220 Abs. 2 Satz 1 InsO sind alle sonstigen **Angaben zu den Grundlagen und den Auswirkungen des Plans** zu machen, die für die Entscheidung der Beteiligten über die Zustimmung zum Plan und für dessen gerichtliche Bestätigung **erheblich** sind. Es ist die Entwicklung der betriebswirtschaftlichen Rahmendaten darzustellen. Dazu gehören die Entwicklung der Betriebsergebnisse und eine detaillierte Aufstellung der Verbindlichkeiten, insbesondere nach Art, Höhe und Fälligkeit, über Laufzeiten von Finanzierungen sowie über die Sicherheitenlage.[65] Des Weiteren sind die beabsichtigten Sanierungsmaßnahmen darzustellen, damit die Gläubiger sich ein Bild von Sanierungswürdigkeit und Sanierungsfähigkeit des Unternehmens machen können.[66] 35

Handelt es sich bei dem Schuldner um eine **natürliche Person**, hat sich der darstellende Teil des Insolvenzplans dazu zu äußern, **ob ein Antrag auf Restschuldbefreiung gestellt worden** und wie ggf. der Stand des Restschuldbefreiungsverfahrens ist; darüber hinaus sind Angaben zu den aktuellen Einkommens-, Vermögens- und Familienverhältnissen des Schuldners erforderlich sowie dazu, ob und ggf. was sich an diesen Verhältnissen mit überwiegender Wahrscheinlichkeit ändern wird.[67] Da das Restschuldbefreiungsverfahren nach den §§ 286 ff. InsO bewusst einen anderen Ansatz verfolgt, als die von § 227 Abs. 1 InsO vorgesehene Möglichkeit, den Schuldner mit der im gestaltenden Teil des Insolvenzplans vorgesehenen Befriedigung der Insolvenzgläubiger von seinen restlichen Verbindlichkeiten gegenüber diesen Gläubigern zu befreien, steht der **Zulässigkeit des Insolvenzplans nicht entgegen**, dass der Schuldner keine Restschuldbefreiung nach den gesetzlichen Bestimmungen erlangen kann, etwa weil er **keinen Antrag** auf Restschuldbefreiung nach §§ 286 ff. InsO **gestellt** hat oder ein solcher Antrag als unzulässig zurückgewiesen wurde.[68] 36

Nicht ausreichend ist es etwa, zur Quotenerwartung bei einer Abwicklung im Regelinsolvenzverfahren darauf zu verweisen, wesentlicher Vorteil des Planverfahrens sei für die Gläubiger der Erhalt des Vertragspartners und verhindere, dass unmittelbar Arbeitsplätze wegfallen, wenn der Plan keine Angaben darüber enthält, welche Maßnahmen der Insolvenzverwalter diesbezüglich im Regelverfahren ergreifen wird, oder dazu, warum es im 37

63) BGH, Beschl. v. 13.10.2011 – IX ZB 37/08, Rz. 10, ZIP 2012, 187 = ZInsO 2012, 173 m. w. N.; BGH, Beschl. v. 7.5.2015 – IX ZB 75/14, Rz. 29, ZInsO 2015, 1398, 1402 = ZIP 2015, 1346.

64) Vgl. Begr. RegE SanInsFoG, BT-Drucks. 19/24181, S. 220.

65) *Horstkotte*, ZInsO 2014, 1297, 1302, 1302; K. Schmidt-*Spliedt*, InsO, § 220 Rz. 5.

66) *Horstkotte*, ZInsO 2014, 1297, 1302.

67) BGH, Beschl. v. 19.5.2022 - IX ZB 6/21, ZRI 2022, 644 = ZVI 2022, 302.

68) Vgl. BGH, Beschl. v. 19.5.2022 – IX ZB 6/21, Rz. 22 ff., ZRI 2022, 644 = ZVI 2022, 302; mit zust. Anm. *Ahrens*, NZI 2022, 746; *Pollmächer*, VIA 2022, 76.

Regelinsolvenzverfahren zum Fortfall der Arbeitsplätze kommen würde.[69] Dies gilt umso mehr in Fällen, in denen das Unternehmen im eröffneten Verfahren zunächst vom Verwalter fortgeführt wurde.[70]

38 Ein Mangel im darstellenden Teil kann etwa auch darin liegen, dass die **Darstellung veraltet** ist, bspw. in einem Planentwurf, der im Juni eingereicht wird, Maßnahmen, die der Schuldner im vergangenen März „ergreifen will", noch dargestellt werden. Selbstverständlich muss der Plan in diesem Fall darstellen, ob und welche Maßnahmen ggf. im vergangenen März umgesetzt wurden, nicht welche für diesen Zeitpunkt lediglich geplant waren. Ist der Plan hier in wesentlichen Aspekten nicht aktuell, kann dies eine Zurückweisung nach § 231 Abs. 1 Nr. 1 InsO rechtfertigen.

2. Darstellung der Umsetzung und Umsetzbarkeit der dargestellten Maßnahmen

39 Die **Prüfung** des darstellenden Teils erstreckt sich auch auf die Frage, ob die **erläuterten Maßnahmen** im gestaltenden Teil rechtlich überhaupt **umgesetzt werden**, oder ob die Regelungen im gestaltenden Teil – absichtlich oder (wie nicht selten) versehentlich – zu anderen Rechtsfolgen führen. Dies ist insbesondere bei der Behandlung von Sicherungsrechten immer wieder festzustellen. Ein solcher perplexer Plan ist ebenfalls zurückzuweisen.[71] Es ist deshalb zu prüfen, ob das Sicherheitenlage und ihre Behandlung durch den Plan im darstellenden Teil ausreichend dargelegt ist und die im gestaltenden Teil vorgesehenen Rechtsänderungen dem entsprechen. Gegebenenfalls kann es erforderlich sein, eine gesonderte Gruppe der Absonderungsgläubiger nach § 222 Abs. 1 Satz 2 Nr. 1 InsO zu bilden, weil ein Eingriff in die Sicherungsrechte erfolgt ist.[72]

3. Prüfung der Vergleichsrechnung

40 Der Schwerpunkt der Prüfung im darstellenden Teil liegt zweifellos in der Vergleichsrechnung.[73] Es ist zu klären, ob die Informationen für die Entscheidung der Beteiligten und des Gerichts ausreichen.[74]

41 Gegenstand der Vergleichsrechnung ist der **Vergleich zwischen Planverfahren und Abwicklung ohne Plan**. Dabei sind nicht nur Zerschlagungsszenarien zu berücksichtigen, sondern auch alternative Sanierungsszenarien, etwa ein Asset Deal oder eine übertragene Sanierung.[75] Für Pläne in Verfahren, die ab dem 1.1.2021 beantragt wurden, stellt dies § 220 Abs. 2 Satz 3 und 4 InsO ausdrücklich klar. Nach Satz 3 ist beim Vergleich grundsätzlich davon auszugehen, dass das Unternehmen auch ohne Plan fortgeführt wird. Dieses alternative **Fortführungsszenario** ist in der Praxis hingegen kaum einmal realistisch darstellbar, sodass es für den Regelfall bei der Darstellung eines **Liquidationsszenarios** nach § 220 Abs. 2 Satz 4 InsO bleibt, jedenfalls wenn man auch die **übertragende Sanierung** bzw. den **Asset Deal** als Liquidationsszenario versteht.

---

69) BGH, Beschl. v. 7.5.2015 – IX ZB 75/14, Rz. 30, ZInsO 2015, 1398, 1402 = ZIP 2015, 1346.

70) Vgl. dazu BGH, Beschl. v. 7.5.2015 – IX ZB 75/14, Rz. 30, ZInsO 2015, 1398, 1402 = ZIP 2015, 1346.

71) BGH, Beschl. v. 26.4.2018 – IX ZB 49/17, Rz. 39, ZIP 2018, 1141 = ZInsO 2018, 1404; *Horstkotte*, ZInsO 2014, 1297, 1302 f., m. Beispielen aus der Praxis.

72) *Horstkotte*, ZInsO 2014, 1297, 1304.

73) *Buchalik/Stahlschmidt*, ZInsO 2014, 1144, 1145; *Horstkotte*, ZInsO 2014, 1297, 1299; *Blankenburg*, ZInsO 2015, 1293, 1294.

74) BGH, Beschl. v. 7.5.2015 – IX ZB 75/14, Rz. 8, ZInsO 2015, 1398, 1399 = ZIP 2015, 1346; BGH, Beschl. v. 26.4.2018 – IX ZB 49/17, Rz. 33 ff., ZIP 2018, 1141 = ZInsO 2018, 1404; *Horstkotte*, ZInsO 2014, 1297, 1300; *Thies* in: HambKomm-InsR, § 231 InsO Rz. 8.

75) *Horstkotte*, ZInsO 2014, 1297, 1306.

Fehlen im Plan Angaben zum realistischen Vergleichsszenario, einschließlich der Begründung, weshalb das unterstellte Vergleichsszenario das realistische und damit in den Vergleich einzustellende ist, kann die Vergleichsprüfung unvollständig und gemäß § 231 InsO zu beanstanden sein. Die faktischen Probleme, etwa dass durch bloßen Zeitablauf oder mangelnde Ernsthaftigkeit des Vorgehens alternative Sanierungsszenarien mit dem Planergebnis nicht (mehr) konkurrieren können, sind i. R. des § 231 InsO regelmäßig nicht überprüfbar.[76)] Es kommt allerdings im Einzelfall eine Versagung der Planbestätigung nach § 250 Nr. 2 InsO in Betracht. 42

a) Ausreichende Abbildung des schuldnerischen Vermögens

Erforderlich ist, dass die Angaben im Insolvenzplan das Vermögen des Schuldners ausreichend abbilden.[77)] Auch insoweit gilt, wie bei der Prüfung des Plans im Weiteren, der modifizierte Beibringungsgrundsatz (siehe bereits oben Rz. 22).[78)] Es findet insbesondere **keine umfassende gerichtliche Überprüfung** der **Richtigkeit der Einzelwerte** oder gar der **prognostischen Annahmen** statt. 43

Eine Überprüfung der Bewertung der Massegegenstände durch das Insolvenzgericht ist in der Kürze der Zeit bis zur Entscheidung über die Zurückweisung des Plans (vgl. § 231 Abs. 1 Satz 2 InsO) regelmäßig nicht leistbar.[79)] Hieraus wird zutreffend gefolgert, dass die **Bewertung von Massegegenständen** im gerichtlichen Vorprüfungsverfahren deshalb **regelmäßig nicht beanstandet** werden kann.[80)] Insoweit sind letztlich die Gläubiger gefragt, ihre eigenen Interessen zu wahren.[81)] 44

Zu prüfen ist allerdings i. R. einer **Evidenz- bzw. Plausibilitätskontrolle,**[82)] ob die Zahlenwerke in sich stimmig und nicht widersprüchlich sind, die verschiedenen Szenarien plausibel darstellen und die Alternativen berechenbar sind,[83)] denn ein Plan, der die Sanierung und Fortführung eines Unternehmens zum Ziel hat, kann sich nicht durch seine guten Absichten, sondern nur durch nachvollziehbare betriebswirtschaftliche Daten legitimieren.[84)] 45

Dabei hat das Gericht auch die rechnerische Schlussfolgerung auf ihre Richtigkeit zu überprüfen. Offenkundige Fehler sind zu beanstanden, wobei zu beachten ist, dass sich Wertansätze je nach Szenario deutlich unterscheiden können. Dies gilt bereits für die **Verfahrenskosten**, namentlich die Verwaltervergütung, die in der Regelabwicklung aufgrund anderer Erhöhungstatbestände deutlich von der Vergütung im Planverfahren abweichen kann.[85)] Gerade in Kleinverfahren kann ein Verwalterplan aufgrund des Zuschlagstatbestandes in § 3 Abs. 1 lit. e InsVV zu einer deutlich höheren **Vergütung des Verwalters** 46

---

76) Vgl. zu den Problemen des „Zeitmoments" *Horstkotte*, ZInsO 2014, 1297, 1306.

77) BGH, Beschl. v. 7.5.2015 - IX ZB 75/14, Rz. 37, ZInsO 2015, 1398, 1403 = ZIP 2015, 1346.

78) *Horstkotte*, ZInsO 2014, 1297, 1307.

79) BGH, Beschl. v. 7.5.2015 - IX ZB 75/14, Rz. 38, ZInsO 2015, 1398, 1403 = ZIP 2015, 1346; Uhlenbruck-*Lüer/Streit*, InsO, § 231 Rz. 28.

80) BGH, Beschl. v. 7.5.2015 - IX ZB 75/14, LS 4, ZInsO 2015, 1398 = ZIP 2015, 1346; vgl. auch Uhlenbruck-*Lüer/Streit*, InsO, § 231 Rz. 28; *Thies* in: HambKomm-InsR, § 231 InsO Rz. 18.

81) Vgl. Uhlenbruck-*Lüer/Streit*, InsO, § 231 Rz. 1, die insoweit die Eigenverantwortlichkeit und Beteiligtenautonomie stark hervorheben.

82) *Thies* in: HambKomm-InsR, § 231 InsO Rz. 18 – Evidenzkontrolle; Uhlenbruck-*Lüer/Streit*, InsO, § 231 Rz. 28 – Plausibilitätskontrolle. Inhaltliche Unterschiede ergeben sich aus der abweichenden Terminologie nicht.

83) *Horstkotte*, ZInsO 2014, 1297, 1307; *Jaffé* in: FK-InsO, § 229 Rz. 3.

84) So äußerst plastisch *Jaffé* in: FK-InsO, § 229 Rz. 4 ff.

85) Vgl. *Horstkotte*, ZInsO 2014, 1297, 1307.

führen als die Regelabwicklung, in der nur geringe Zuschlagstatbestände zum Tragen kommen. Für den **Schuldnerplan** gilt dies hingegen vielfach nicht, da dieser für den Verwalter jedenfalls in Kleinverfahren regelmäßig keinen Zuschlag rechtfertigt. Denn die Prüfung des Schuldnerplans gehört zu den Regelaufgaben des Insolvenzverwalters.[86)]

b) Aktualität des Zahlenwerks

47 Die Vergleichsrechnung kann ihrer Funktion als Grundlage für die Gläubigerentscheidung nur gerecht werden, wenn sie aussagekräftig ist und ihr **aktuelle Zahlen** zugrunde liegen. Nicht ausreichend ist deshalb etwa eine kritiklose Übernahme der Zahlen aus dem Eröffnungsgutachten. Dies mag nach einer Selbstverständlichkeit klingen, ist in der Praxis hingegen immer wieder anzutreffen. Erinnerungswerte sind deshalb grundsätzlich aufzulösen und durch aktualisierte Werte zu ersetzen.

48 Allerdings ergibt sich aus dem beschriebenen Prüfungsumfang ohne weiteres, dass einzelne Vermögenswerte mit einem **Erinnerungswert** von 1 € bewertet werden dürfen, wenn dadurch das Informationsbedürfnis nicht gefährdet ist.[87)] Dies ist etwa der Fall, wenn es um Fragen der Durchsetzbarkeit der Forderungen der Sicherungsnehmer und der Wirksamkeit ihrer Sicherheiten geht. Wenn der Planersteller insoweit einen höheren Abschlag vornimmt als der Insolvenzverwalter und deshalb nur einen Erinnerungswert ansetzt, ist dies rechtlich nicht zu beanstanden.[88)] Auch wenn der Wert eines einzelnen Vermögensgegenstandes nicht ins Gewicht fällt, kann es ausreichend sein, einen Erinnerungswert anzusetzen. Dies gilt insbesondere, wenn der Vermögenswert auch vom Verwalter noch nicht ermittelt wurde.[89)]

c) Berücksichtigung insolvenzspezifischer Ansprüche

49 Die Vergleichsrechnung hat sich selbstverständlich auch zu insolvenzspezifischen Ansprüchen, wie Anfechtungsansprüchen nach §§ 129 ff. InsO und gesellschaftsrechtlichen Ansprüche, wie etwa §§ 30, 31, 43 GmbHG, § 15b InsO (bzw. § 64 GmbHG a. F.), und ihrem Schicksal in Regelabwicklung und Planszenario zu verhalten. Gerade auch für insolvenzrechtlich nicht spezialisierte Beteiligte eher unbekannte Ansprüche und Rechtsfolgen, wie der Anfechtungsanspruch nach § 135 InsO gegen den von seiner Sicherheitenleistung befreiten Gesellschafter oder der steuerrechtliche Haftungsanspruch nach § 13c UStG bei Abtretung, Pfändung und Verpfändung von Forderungen, sind darzustellen. Entsprechendes gilt für den grundsätzlichen Ausschluss der Geltendmachung von Anfechtungsansprüchen nach Aufhebung des Verfahrens vorbehaltlich einer Regelung nach § 259 Abs. 3 InsO.

50 Es ist selbstverständlich möglich und nicht unlauter, wenn das Planszenario auf die Geltendmachung etwaiger Ansprüche verzichtet oder einen Haftungsanspruch des Dritten auslöst. Es ist i. R. der Vergleichsrechnung aber erforderlich, dass der Plan dies im darstellenden Teil, namentlich in der Vergleichsrechnung, offenlegt.[90)] Ersichtliche Fehler in diesem Bereich können zur Zurückweisung des Plans führen. Fallen sie erst später auf, was

86) AG Hannover, Beschl. v. 30.8.2016 – 905 IN 864/12-9, ZInsO 2016, 2107, m. Anm. *Haarmeyer* und jeweils m. w. N. auch für die Gegenansicht, die teilweise Zuschläge bis zu 100 % gewähren will, vgl. vertiefend auch *Graeber/Graeber*, InsVV, § 3 Rz. 99.

87) BGH, Beschl. v. 7.5.2015 – IX ZB 75/14, Rz. 36 ff., ZInsO 2015, 1398, 1403 = ZIP 2015, 1346.

88) BGH, Beschl. v. 7.5.2015 – IX ZB 75/14, Rz. 38, ZInsO 2015, 1398, 1403 = ZIP 2015, 1346.

89) BGH, Beschl. v. 7.5.2015 – IX ZB 75/14, Rz. 39, ZInsO 2015, 1398, 1403 = ZIP 2015, 1346 – Kunstwerk im Wert von 1.750 €.

90) Vgl. zum Ganzen *Horstkotte*, ZInsO 2014, 1297, 1307.

angesichts der Komplexität der Materie denkbar ist, kommt auch eine Zurückweisung nach § 250 Abs. 1 Nr. 2 InsO in Betracht.[91)]

II. Prüfung der Gruppenbildung

Ein weiterer Schwerpunkt der Vorprüfung ist die Gruppenbildung nach § 222 InsO.[92)] Zu beachten ist, dass das Gericht nur die Rechtmäßigkeit, nicht aber die Zweckmäßigkeit der Gruppenbildung zu prüfen hat. Es bleibt dem Planerfasser unbenommen, durch einen geschickten Zuschnitt der Gruppen die Wahrscheinlichkeit der Zustimmung zu erhöhen, solange er sich i. R. des rechtlich Zulässigen hält. 51

Ob eine missbräuchliche Gruppenbildung bereits i. R. der Vorprüfung nach § 231 InsO oder aber erst bei der Planbestätigung am Maßstab des § 250 Nr. 2 InsO zu prüfen ist, wird unterschiedlich beantwortet.[93)] Richtigerweise hat die Prüfung bereits i. R. des § 231 InsO zu erfolgen, weil die richtige Gruppenbildung die Regeln über den Inhalt des Plans betrifft.[94)] Dies ändert nichts daran, dass im Einzelfall auch eine Planbestätigung an § 250 Nr. 2 InsO scheitern kann. 52

1. Beachtung der Vorschriften zur Gruppenbildung

Das Gericht hat zu prüfen, ob die Vorschriften zur Gruppenbildung beachtet wurden.[95)] Das Insolvenzgericht untersucht, ob im Insolvenzplan die **Pflichtgruppen nach der unterschiedlichen Rechtsstellung** der Gläubiger gebildet sind, § 222 Abs. 1 InsO. Die Kontrolle ist darauf zu erstrecken, ob bei der **fakultativen Gruppenbildung** nach § 222 Abs. 2 InsO Gläubiger mit **gleicher Rechtsstellung und mit gleichartigen wirtschaftlichen Interessen** zusammengefasst und die Gruppen sachgerecht voneinander abgegrenzt sind, es also für die Unterscheidung zwischen zwei oder mehr gebildeten Gruppen einen sachlich gerechtfertigten Grund gibt.[96)] 53

Gläubiger mit insolvenzbezogen gleichen Interessen sind derselben Gruppe zuzuordnen,[97)] Es bedarf deshalb der Darlegung, dass es für die Unterscheidung von zwei oder mehr gebildeten Gruppen einen sachlich gerechtfertigten Grund gibt, so dass sich aus § 222 InsO auch ein Differenzierungsverbot ergibt.[98)] 54

Weiter prüft das Insolvenzgericht, ob die von § 222 Abs. 2 InsO abweichenden Voraussetzungen der Gruppenbildung nach § 222 Abs. 3 InsO eingehalten sind.[99)] Prüfungsgrundlage hinsichtlich der Gruppenbildung ist allein die Tragfähigkeit der im Plan angegebenen Kriterien. 55

---

91) *Buchalik/Hiebert*, ZInsO 2014, 109, 113 f.; *Horstkotte*, ZInsO 2014, 1297, 1300, 1307.

92) Uhlenbruck-*Lüer/Streit*, InsO, § 231 Rz. 19 ff.; *Thies* in: HambKomm-InsR, § 231 InsO Rz. 10.

93) *Breuer* in: MünchKomm-InsO, § 231 Rz. 16. Vgl. für Prüfung nur i. R. des § 250 InsO *Horstkotte*, ZInsO 2014, 1297, 1305 m. w. N.

94) *Eidenmüller* in: MünchKomm-InsO, § 222 Rz. 113; *Jaffé* in: FK-InsO, § 231 Rz. 11; Uhlenbruck-*Lüer/Streit*, InsO, § 231 Rz. 26.

95) BGH, Beschl. v. 7.5.2015 – IX ZB 75/14, Rz. 9, ZInsO 2015, 1398, 1399 = ZIP 2015, 1346.

96) BGH, Beschl. v. 7.5.2015 – IX ZB 75/14, Rz. 9, ZInsO 2015, 1398, 1399 = ZIP 2015, 1346; *Eidenmüller* in: MünchKomm-InsO, § 222 Rz. 100 f., 113 f.; *Haas* in: HK-InsO, § 222 Rz. 17, § 231 Rz. 4.

97) BGH, Beschl. v. 7.5.2015 – IX ZB 75/14, Rz. 38, ZInsO 2015, 1398, 1399 f. = ZIP 2015, 1346; AG Köln, Beschl. v. 6.4.2016 – 74 IN 45/15, ZInsO 2016, 1218 = ZIP 2016, 1240; AG Köln, Beschl. v. 14.11.2017 – 73 IN 173/15, ZInsO 2018, 195, 197 f. = ZVI 2018, 241; *Haas* in: HK-InsO, § 231 Rz. 4; *Thies* in: HambKomm-InsR, § 222 InsO Rz. 18.

98) AG Köln, Beschl. v. 6.4.2016 – 74 IN 45/15, ZInsO 2016, 1218 = ZIP 2016, 1240; *Eidenmüller* in: MünchKomm-InsO, § 222 Rz. 100; vgl. zur vergleichbaren Problematik bei § 9 StaRUG: AG München, Beschl. v. 15.2.2023 – 1507 RES 3229/22, ZRI 2023, 319 = ZIP 2023, 606; *Thole*, ZIP 2023, 563, 567.

99) BGH, Beschl. v. 7.5.2015 – IX ZB 75/14, Rz. 9, ZInsO 2015, 1398, 1399 f. = ZIP 2015, 1346.

56 Der so beschriebene Prüfungsmaßstab rechtfertigt sich aus der Erwägung, dass die **Gleichbehandlung der Insolvenzgläubiger** nach § 226 Abs. 1 InsO **nur noch innerhalb einer Gruppe** geboten ist und dass die Mehrheiten für die Zustimmung zum Plan sich auch nach der Zahl und dem Zuschnitt der gebildeten Gruppe richten, §§ 244, 245 InsO.[100)]

57 Bedenken gegen die Gruppenbildung, die zu einer Unzulässigkeit des Plans nach § 231 Abs. 1 Nr. 1 InsO führen können, können sich auch ergeben, wenn **Gesellschafter mit formell gleichen Rechten unterschiedliche wirtschaftliche Interessen** haben und ein Gesellschafter etwa auf seinen Gewinnanteil verzichtet.[101)]

58 Ein Verstoß gegen die Gruppenbildung liegt regelmäßig auch dann vor, wenn eine gesonderte **Gruppe für Gläubiger** gebildet wird, **die ihre Forderung nicht angemeldet haben** und für diese Gläubiger eine Quote von z. B. 1 % festgesetzt wird, in der Hoffnung, dass aus der Gruppe niemand erscheint. Vielmehr sind die Gläubiger der Gruppe zuzuordnen, die ihren Forderungen entspricht.[102)]

2. Angabe der Kriterien zur Gruppenbildung

59 Um die Prüfung der Gruppenbildung zu ermöglichen, muss sich aus dem Insolvenzplan ergeben, nach welchen Vorschriften die Gruppen gebildet worden sind. Weiter sind die **Kriterien der Abgrenzung im Plan anzugeben** und die für die Gruppenbildung nach § 222 InsO **maßgeblichen Erwägungen** zu **erläutern.**[103)] Es muss dargelegt werden, aufgrund welcher gleichartiger insolvenzbezogener wirtschaftlicher Interessen eine bestimmte Gruppe gebildet wurde und ob alle Beteiligten, deren wichtigste insolvenzbezogenen wirtschaftlichen Interessen übereinstimmen, derselben Gruppe zugeordnet wurden.[104)] Fehlen solche Erläuterungen, ist der Plan nach § 231 Abs. 1 InsO wegen eines Verstoßes gegen § 222 Abs. 2 Satz 3 InsO zurückzuweisen.[105)] Dabei spielt es keine Rolle, ob die Erläuterungen zur Gruppenbildung im darstellenden oder im gestaltenden Teil des Plans erfolgen.[106)]

60 Im Plan ist **auszuführen,** inwiefern die in **verschiedenen Gruppen** zusammengefassten Insolvenzgläubiger **unterschiedliche insolvenzbezogene wirtschaftliche Interessen** haben und sie deswegen unterschiedlichen Gruppen zuzuordnen sind. Auch ist zu erläutern, inwieweit die gewählten Abgrenzungskriterien sachgerecht sind. Eine richterliche Überprüfung der gewählten Gruppenbildung ist ohne solche Ausführungen nicht möglich.[107)]

3. Ausnahmsweise Entbehrlichkeit der Angabe der Abgrenzungskriterien

61 Die **unterlassene Begründung** ist ausnahmsweise **unschädlich,** wenn die Kriterien der Gruppenbildung auf der Hand liegen,[108)] **evident** sind.[109)] Dies gilt etwa für die Gruppe

100) BGH, Beschl. v. 7.5.2015 – IX ZB 75/14, Rz. 9, ZInsO 2015, 1398, 1400 = ZIP 2015, 1346; *Haas* in: HK-InsO, § 222 Rz. 18.

101) So zutreffend: *Fölsing,* ZInsO 2014, 1591, 1592 – zum Fall *Suhrkamp.*

102) *Madaus* in: MünchKomm-InsO, § 254b Rz. 4; *Haas* in: HK-InsO, § 254b Rz. 2; *Blankenburg,* ZInsO 2015, 1293, 1296 m. w. N., dort auch zu einem möglichen Lösungsweg: „Topfbildung".

103) BGH, Beschl. v. 7.5.2015 – IX ZB 75/14, Rz. 10, ZInsO 2015, 1398, 1400 = ZIP 2015, 1346; AG Ludwigshafen am Rhein, Beschl. v. 26.1.2021 – 3a IN 139/19 LU, ZInsO 2021, 460, bezogen auf die Gruppe der Kleingläubiger; *Eidenmüller* in: MünchKomm-InsO, § 222 Rz. 22.

104) BGH, Beschl. v. 7.5.2015 – IX ZB 75/14, Rz. 10, ZInsO 2015, 1398, 1400 = ZIP 2015, 1346; *Eidenmüller* in: MünchKomm-InsO, § 222 Rz. 107.

105) BGH, Beschl. v. 7.5.2015 – IX ZB 75/14, Rz. 10, ZInsO 2015, 1398, 1400 = ZIP 2015, 1346; *Eidenmüller* in: MünchKomm-InsO, § 222 Rz. 108.

106) BGH, Beschl. v. 7.5.2015 – IX ZB 75/14, Rz. 10, ZInsO 2015, 1398, 1400 = ZIP 2015, 1346.

107) BGH, Beschl. v. 7.5.2015 – IX ZB 75/14, Rz. 18, ZInsO 2015, 1398, 1401 = ZIP 2015, 1346.

108) BGH, Beschl. v. 7.5.2015 – IX ZB 75/14, Rz. 20 ff., ZInsO 2015, 1398, 1401 = ZIP 2015, 1346.

109) *Madaus,* NZI 2015, 697, 702, 704 (Anm. zu BGH, Beschl. v. 7.5.2015 – IX ZB 75/14, Rz. 20 ff., ZInsO 2015, 1398 = ZIP 2015, 1346).

der **Arbeitnehmer**, weil die Arbeitsverhältnisse über den Zeitpunkt der Verfahrenseröffnung fortbestehen und im Verfahren über den Erhalt der Arbeitsplätze entschieden wird.[110] Dies gilt auch, soweit die auf die **Bundesagentur für Arbeit** gemäß § 169 Satz 1 SGB III übergegangenen Ansprüche auf Arbeitsentgelt, die einen Anspruch auf Insolvenzgeld begründen, mit in die Arbeitnehmergruppe aufgenommen werden; denn auch Leistungen der Arbeitsförderung sollen dazu beitragen, dass ein hoher Beschäftigungsgrad erreicht und die Beschäftigungsstruktur ständig verbessert wird.[111] Eine Begründung ist ebenfalls entbehrlich für die **öffentlich-rechtlichen Forderungen des Fiskus und der Sozialversicherungsträger**. Diese können ebenfalls sachgerecht von anderen Forderungen abgegrenzt werden. Denn sie entstehen auf gesetzlicher Grundlage, sind der Parteidisposition nur sehr eingeschränkt zugänglich, werden öffentlich-rechtlich verfolgt und festgesetzt und sind nicht Ausdruck kaufmännischen Handelns.[112]

Ist der **Pensions-Sicherungs-Verein a. G.** (PSVaG) am Verfahren beteiligt, ist wegen des 62
Erfordernisses eines Besserungsscheines zugunsten des PSVaG gemäß § 7 Abs. 4 Satz 5 BetrAVG (Betriebsrentengesetz) für diesen regelmäßig eine eigene Gruppe zu bilden, wenngleich § 9 Abs. 4 BetrAVG als „kann"-Vorschrift ausgestaltet ist. Die Bildung einer gesonderten Gruppe ist entbehrlich, wenn der Plan auf den Besserungsschein verzichtet. Dies allerdings muss im Plan nachvollziehbar begründet werden, andernfalls ist der Plan nach § 231 Abs. 1 Satz 1 InsO zurückzuweisen.[113]

4. Sondergruppen bei natürlichen Personen

Zulässig ist die Bildung einer eigenen Gruppe für Gläubiger, deren Forderung von der 63
Restschuldbefreiung nach § 302 InsO ausgenommen ist. Eine solche Gruppe kann etwa eine Quote vorsehen, die dem entspricht, war voraussichtlich nach Erteilung der Restschuldbefreiung noch vollstreckt werden könnte.[114]

Bei natürlichen Personen ist außerdem § 245a InsO zu beachten. Danach ist im Zweifel 64
davon auszugehen, dass die Einkommens-, Vermögens- und Familienverhältnisse des Schuldners im **Zeitpunkt der Abstimmung** über den Insolvenzplan für die Verfahrensdauer und den Zeitraum, in dem die Insolvenzgläubiger ihre restlichen Forderungen gegen den Schuldner unbeschränkt geltend machen können, maßgeblich bleiben. Soweit der Schuldner einen zulässigen Antrag auf **Restschuldbefreiung** gestellt hat, ist im Zweifel zudem anzunehmen, dass die Restschuldbefreiung nach Ablauf der Abtretungsfrist des § 287 Abs. 2 InsO erteilt wird. Der Gesetzgeber hat hier für Verfahren, die ab dem 1.1.2021 beantragt wurden, die vergleichbare Regelung des § 309 Abs. 1 Satz 2 Nr. 2 Halbs. 2 InsO aus dem Schuldenbereinigungsplanverfahren übernommen, die für Altverfahren analog anwendbar sein dürfte.[115] Die Ausgestaltung als Zweifelsregelung bedeutet aber auch, dass bereits absehbare Änderungen in den Plan aufzunehmen sind.[116]

110) Begr. RegE InsO, BT-Drucks. 12/2443, S. 200; BGH, Beschl. v. 7.5.2015 – IX ZB 75/14, Rz. 20, ZInsO 2015, 1398, 1401 = ZIP 2015, 1346.

111) BGH, Beschl. v. 7.5.2015 – IX ZB 75/14, Rz. 20, ZInsO 2015, 1398, 1401 = ZIP 2015, 1346.

112) BGH, Beschl. v. 7.5.2015 – IX ZB 75/14, Rz. 21, ZInsO 2015, 1398, 1401 = ZIP 2015, 1346; vgl. auch *Eidenmüller* in: MünchKomm-InsO, § 222 Rz. 90.

113) *Buchalik/Stahlschmidt*, ZInsO 2014, 1144, 1146.

114) *Blankenburg*, ZInsO 2015, 1293, 1297.

115) Vgl. *Laroche/Harder*, VIA 2014, 81, 84.

116) BGH, Beschl. v. 19.5.2022 - IX ZB 6/21, ZRI 2022, 644 = ZVI 2022, 302; s. a. oben Rz. 35.

65 Möglich ist auch die Bildung einer Gruppe für Gläubiger, die einen **Restschuldbefreiungsversagungsantrag** gestellt haben.[117]

III. Prüfung des gestaltenden Teils

66 Maßstab der Prüfung des gestaltenden Teils ist das gesamte zwingende Recht. Entgegen bisweilen anzutreffender missverständlicher Formulierungen beschränkt sie sich nicht auf insolvenzspezifische Normen. Vielmehr sind – abhängig im Inhalt des konkreten Plans – etwa auch sachenrechtliche oder gesellschaftsrechtliche Regelungen umfassend und abschließend zu prüfen. Eine Verletzung solcher Vorschriften führt unweigerlich zur Zurückweisung des Plans nach § 231 Abs. 1 Nr. 1 InsO bzw. Versagung der Bestätigung nach § 250 Nr. 1 InsO, sofern die vorgesehene Planregelung nicht abgeändert und durch eine zulässige ersetzt bzw., soweit möglich und sinnvoll, gänzlich gestrichten wird.[118]

1. Verstoß gegen zwingendes Planrecht

67 In der InsO, namentlich in den Vorschriften über den Insolvenzplan, finden sich eine Reihe von Einzelregelungen, an denen sich der Plan messen lassen muss.

68 Eine Verletzung zwingenden Planrechts liegt vor, wenn der Plan eine **Ausschlussklausel** für Insolvenzforderungen, die nicht rechtzeitig zur Tabelle angemeldet worden sind, vorsieht. Eine solche Klausel verstößt gegen § 226 Abs. 1 InsO und greift unberechtigt in das Eigentumsrecht der Gläubigers ein (Art. 14 Abs. 1 GG).[119] Die Rechte der nicht aufgeführten Gläubiger sind vielmehr abschließend in §§ 259a, 259b InsO geregelt.[120]

69 Ein Verstoß gegen zwingendes Planrecht liegt auch vor, wenn von der **Wiederauflebensklausel** des § 255 InsO zulasten des Schuldners abgewichen wird, etwa die in § 255 Abs. 1 Satz 2 InsO vorgesehene, mindestens zweiwöchige Nachfrist nach schriftlicher Mahnung verkürzt oder abbedungen wird.[121]

70 Umgekehrt widerspricht es zwingendem Planrecht, wenn der Schuldner mit Verfahrensaufhebung **Restschuldbefreiung aufgrund eines Forderungsverzichtes** (Verzichtsvertrag, § 397 Abs. 1 BGB) erlangt. Denn nach § 227 Abs. 1 InsO wird der Schuldner mit der im gestaltenden Teil vorgesehenen Befriedigung der Insolvenzgläubiger von seinen restlichen Verbindlichkeiten gegenüber diesen Gläubigern befreit.[122] Insbesondere ist auch der in § 254 Abs. 2 InsO normierte Schutz der Drittsicherheiten zu beachten, der ebenfalls zwingendes Planrecht ist und deshalb einem unbeschränkten Verzicht entgegensteht.

Praxishinweis

Der beim 15. Deutschen Insolvenzrechtstag erarbeitete Musterinsolvenzplan Verbraucherinsolvenzverfahren empfiehlt folgende Formulierung, mit der die beschriebenen Probleme zu vermeiden sein dürften:

---

117) *Frind*, ZInsO 2014, 280, 283; *Blankenburg*, ZInsO 2015, 1293, 1296, der auf die Risiken einer solchen Gruppenbildung hinweist und als alternative Gestaltungsmöglichkeit die Bildung eines Topfes zur Nachteilsausgleichung gemäß § 251 Abs. 3 InsO vorschlägt.

118) BGH, Beschl. v. 7.5.2015 – IX ZB 75/14, Rz. 27, ZInsO 2015, 1398, 1402 = ZIP 2015, 1346.

119) BGH, Beschl. v. 7.5.2015 – IX ZB 75/14, Rz. 11 ff., ZInsO 2015, 1398, 1340 = ZIP 2015, 1346.

120) *Laroche/Pruskowski/Schöttler/Siebert/Vallender*, ZIP 2014, 2153, 2160; *Horstkotte*, ZInsO 2014, 1297, 1300; *Blankenburg*, ZInsO 2015, 1293, 1296.

121) *Horstkotte*, ZInsO 2014, 1297, 1300, 1310.

122) BGH, Beschl. v. 26.4.2018 – IX ZB 49/17, Rz. 51, ZIP 2018, 1141 = ZInsO 2018, 1404.

> „Mit der im Insolvenzplan vorgesehenen Befriedigung der Insolvenzgläubiger wird der Schuldner von seinen restlichen Verbindlichkeiten gegenüber diesen Gläubigern befreit. Es gelten insoweit die gesetzlichen Regelungen, insb. §§ 227 Abs. 1, 254 Abs. 2 InsO."[123]

Sofern im Plan der **Vorrang von Neukrediten** während der Zeit der Planüberwachung beschlossen wurde, § 264 InsO, ist auch zu überprüfen, ob die **Summenbegrenzung des § 264 Abs. 1 Satz 3 InsO** (der Wert der privilegierten Kredite darf den Wert der in der Vermögensübersicht nach § 229 Satz 1 InsO aufgeführten Vermögenswerte nicht übersteigen) im Plan eingehalten wurde.[124] 71

Wurde ein Sanierungsplan vorgelegt, ist auch § 229 Satz 3 InsO zu beachten. Nach dieser Vorschrift hat der Plan auch die **Gläubiger** zu berücksichtigen, die zwar ihre **Forderungen nicht angemeldet haben**, jedoch bei der Ausarbeitung des Plans bekannt sind. Erfolgt dies nicht, ist der Plan zurückzuweisen.[125] 72

Eine **salvatorische Klausel**, die bestimmt, dass die Wirksamkeit der übrigen Bestimmungen nicht berührt sein soll, wenn eine Bestimmung des Insolvenzplans unwirksam ist oder wird, ist ebenfalls unzulässig. Ziel einer solchen Regelung ist es, die unwirksame Bestimmung durch eine wirksame zu ersetzen, die inhaltlich dem Gewollten weitestgehend entspricht. Gleiches gilt für eine Lücke.[126] Die salvatorische Klausel soll damit die Regelung des § 139 BGB modifizieren. Da aber jeder Verstoß gegen zwingendes Planrecht die Zurückweisung des gesamten Plans nach § 231 Abs. 1 Nr. 1 InsO bzw. die Versagung der Bestätigung nach § 250 Nr. 1 InsO zur Folge hat, ist für die Anwendung des § 139 BGB im Planrecht nach Auffassung des BGH kein Raum. Folglich kann die Vorschrift des § 139 BGB auch nicht durch hierauf bezogene salvatorische Klauseln modifiziert werden.[127] 73

Unzulässig sind auch Regelungen, die nach Aufhebung des Insolvenzverfahrens die Verfügungsbefugnis des Schuldners lediglich partiell wiederherstellen. Denn die Regelung des § 259 Abs. 1 InsO ist zwingender Natur. Eine **Nachtragsverteilung** im Insolvenzplanverfahren scheidet deshalb aus. Unzulässig sind etwa Klauseln, mit denen einem Treuhänder die Geltendmachung und Einziehung einer dem Schuldner zustehenden Forderung nach Aufhebung des Insolvenzverfahrens übertragen wird.[128] Lösen lässt sich dieses Problem durch Abtretung der Forderungen an den Treuhänder im gestaltenden Teil des Insolvenzplans gemäß § 228 InsO. Der **Treuhänder** kann dann nach Verfahrensaufhebung aus dieser **fiduziarischen Forderungsabtretung** aus eigenem Recht vorgehen und den Erlös an die Gläubiger auskehren.[129] 74

2. Bestimmtheit der Planregelungen

Von erheblicher Bedeutung für die spätere Umsetzung des Plans ist die hinreichende Bestimmtheit der Planregelungen. Das Gericht prüft, ob der gestaltende Teil des Insolvenzplans für die unmittelbare Gestaltungswirkung und i. V. m. dem Tabellenauszug für die 75

123) 15. Deutscher Juristentag, Musterinsolvenzplan Verbraucherinsolvenzverfahren, v. 15.3.2018, ZInsO 2018, 1195 ff.

124) *Horstkotte*, ZInsO 2014, 1297, 1300, 1310.

125) *Blankenburg*, ZInsO 2015, 1293, 1294 f.

126) BGH, Beschl. v. 7.5.2015 - IX ZB 75/14, Rz. 23, ZInsO 2015, 1398, 1401 = ZIP 2015, 1346.

127) BGH, Beschl. v. 7.5.2015 - IX ZB 75/14, Rz. 27, ZInsO 2015, 1398, 1402 = ZIP 2015, 1346.

128) BGH, Beschl. v. 26.4.2018 - IX ZB 49/17, Rz. 29 ff., ZIP 2018, 1141 = ZInsO 2018, 1404.

129) BGH, Beschl. v. 26.4.2018 - IX ZB 49/17, Rz. 28, ZIP 2018, 1141 = ZInsO 2018, 1404.

Vollstreckbarkeit bestimmt genug ist.[130] Die Bestimmtheit ist auch im Hinblick auf die gestaltende Wirkung etwaiger Planregelungen und die Ersetzung der notariellen Form zu prüfen.[131] Soweit der Plan etwa Regelungen trifft, die der Eintragung in das Grundbuch bedürfen, muss der Plan den **sachenrechtlichen Bestimmtheitserfordernissen** des § 28 GBO entsprechen, da er nach § 228 InsO, § 925 Abs. 1 Satz 3 BGB die notarielle Form ersetzt.[132] Entsprechendes gilt für gesellschaftsrechtliche Regelungen nach § 225a Abs. 2, 3 InsO (siehe dazu näher unten Rz. 77 ff.) ebenso wie für von der gesetzlichen Grundregel abweichenden Bestimmungen über die Rechte von Absonderungsberechtigten (§ 223 InsO), oder von Drittsicherheiten (§ 223a InsO).

76 Es finden sich immer wieder Planentwürfe, denen es an hinreichender Bestimmtheit in Bezug auf die Vollstreckbarkeit fehlt. Dies gilt etwa, wenn eine Quotenberechnung auf künftige ungewisse Ereignisse für die Zeit nach der Planbestätigung abstellt. Dies kann etwa das Ergebnis einer erst noch durchzuführenden Verwertung oder eines zu führenden Feststellungsprozesses nach §§ 179 ff. InsO sein.[133]

Praxishinweis

Zu beachten ist, dass die Bestimmtheit und ggf. Vollsteckbarkeit nicht nur gegenüber dem Schuldner, sondern auch gegenüber einem **Plangaranten** i. S. des § 257 Abs. 2 InsO bestehen muss, sodass auch die Bestimmtheit von dessen Erklärung in den Plananlagen relevant und zu prüfen ist.[134]

3. Zulässigkeit gesellschaftsrechtlicher Regelungen

77 Da gemäß § 225a Abs. 3 InsO im Plan jede Regelung getroffen werden kann, die gesellschaftsrechtlich zulässig ist, insbesondere die Fortsetzung einer aufgelösten Gesellschaft oder die Übertragung von Anteils- oder Mitgliedschaftsrechten, liegt ein weiterer Schwerpunkt der gerichtlichen Vorprüfung bei der rechtlichen Zulässigkeit etwaiger gesellschaftsrechtliche Maßnahmen (siehe auch § 29 Rz. 98 ff. [*Brünkmans*]).[135] Dabei hat das Insolvenzgericht lediglich die Einhaltung zwingenden Gesellschaftsrechts zu prüfen. Von gesellschaftsrechtlich dispositiven Vorschriften kann auch in einem Insolvenzplan abgewichen werden.[136]

a) Durch das Insolvenzrecht verdrängte Vorschriften des Gesellschaftsrechts

78 Die Regelung des § 225a InsO kann nicht dahingehend verstanden werden, dass sämtliche Vorschriften des Gesellschaftsrechts eingehalten und entsprechend vom Insolvenzgericht überprüft werden müssen.[137] Dies gilt namentlich für das Verfahrensrecht. Insoweit wird

130) BGH, Beschl. v. 7.5.2015 – IX ZB 75/14, Rz. 8, ZInsO 2015, 1398, 1399 = ZIP 2015, 1346; BGH, Beschl. v. 26.4.2018 – IX ZB 49/17, Rz. 37, ZIP 2018, 1141 = ZInsO 2018, 1404; *Horstkotte*, ZInsO 2014, 1297, 1299; *Buchalik/Stahlschmidt*, ZInsO 2014, 1144, 1145; *Thies* in: HambKomm-InsR, § 231 InsO Rz. 9.

131) *Horstkotte*, ZInsO 2014, 1297, 1299, der zutreffend darauf hinweist, dass die Prüfung nicht zuletzt auch Ausfluss der gerichtlichen Hinweispflicht nach § 4 InsO, § 139 ZPO ist und der Verfahrensökonomie dient.

132) *Jaffé* in: FK-InsO, § 228 Rz. 8; K. Schmidt-*Spliedt*, InsO, § 231 Rz. 13.

133) Vgl. zu einzelnen zweifelhaften oder unzulässigen Klauseln *Blankenburg*, ZInsO 2015, 1293, 1298.

134) *Horstkotte*, ZInsO 2014, 1297, 1299.

135) Vgl. *Brünkmans/Greif-Werner*, ZInsO 2015, 1585, 1586; Uhlenbruck-*Lüer/Streit*, InsO, § 231 Rz. 18; *Thies* in: HambKomm-InsR, § 231 InsO Rz. 9; vgl. dazu auch *Horstkotte*, ZInsO 2014, 1297, 1304 f.

136) Vgl. *Brünkmans/Greif-Werner*, ZInsO 2015, 1585, 1589.

137) *Brünkmans/Greif-Werner*, ZInsO 2015, 1585, 1587; *Eidenmüller* in: MünchKomm-InsO, § 225a Rz. 76 ff.

das Gesellschaftsrecht vom Insolvenzplanverfahren überlagert und teilweise verdrängt (siehe auch § 29 Rz. 102 f. [*Brünkmans*]).[138)]

Verdrängt bzw. modifiziert werden insbesondere folgende Regelungen: 79

- § 225a Abs. 2 Satz 3 InsO bestimmt insoweit ausdrücklich, dass der Plan insbesondere eine **Kapitalherabsetzung oder -erhöhung**, die Leistung von **Sacheinlagen**, den **Ausschluss von Bezugsrechten** oder die Zahlung von **Abfindungen an ausscheidende Anteilsinhaber** vorsehen kann. Die Kapitalerhöhung, die außerhalb des Insolvenzverfahrens als Satzungsänderung eines Gesellschafterbeschlusses bedarf, §§ 53 Abs. 1, 55 GmbHG, erfolgt im Planrecht aufgrund Beschlusses der Gläubigerversammlung, an dem gemäß § 222 Abs. 1 Nr. 4 InsO auch die Anteilseigner als eigene Gruppe beteiligt sind.[139)] Diese durch das ESUG eingeführte Regelung soll sicherstellen, dass sinnvolle Kapitalmaßnahmen nicht mehr durch die Anteilsinhaber blockiert werden können, weshalb diese lediglich eine Gruppe bei der Abstimmung über den Plan bilden und es eines Gesellschafterbeschlusses über die Kapitalerhöhung gerade nicht bedarf.[140)]
- Auch die Vorschriften über die **Einberufung der Gesellschafterversammlung** (vgl. §§ 49, 51 GmbHG) werden durch insolvenzrechtliche Vorschriften über die Ladung der Anteilsinhaber zum Erörterungs- und Abstimmungstermin (§ 235 Abs. 3, § 241 Abs. 2 InsO) verdrängt.[141)]
- Nicht Gegenstand der Prüfung sind **Vorschriften über die Beschlussfassung der Gesellschafter**, weil insoweit die Regelungen zum Zustandekommen des Insolvenzplans vorrangig sind.[142)]
- Durch insolvenzrechtliche Regelungen verdrängt und deshalb nicht Gegenstand der Prüfung sind der gesellschaftsrechtliche **Gleichbehandlungsgrundsatz** (§§ 19 Abs. 1, 24, 26 Abs. 2 und Abs. 3, 29 Abs. 3, 31 Abs. 3, 47 Abs. 2 GmbHG und § 53a AktG) und der gesellschaftsrechtliche **Minderheitenschutz.**[143)] Gleichbehandlung und Minderheitenschutz werden im Insolvenzverfahren durch die Gleichbehandlungspflicht nach § 226 InsO, das Verbot der willkürlichen Gruppenbildung, § 226 Abs. 1 Nr. 1, Abs. 2 InsO[144)] und durch den insolvenzverfahrensspezifischen Minderheitenschutz aus §§ 245 Abs. 3, 251 und 253 InsO[145)] verwirklicht.

b) Prüfung von Normen, die dem Schutz des öffentlichen Interesses dienen

Die Prüfungspflicht umfasst insbesondere Normen, die das öffentliche Interesse, insbesondere den Schutz künftiger Gläubiger oder Anteilseigner, betreffen. Hierzu gehören auch die Vorschriften über die **Kapitalaufbringung** und die **Kapitalerhaltung**. Ebenfalls ist die Einhaltung des **gesellschaftsrechtlichen Numerus Clausus** zu prüfen.[146)] 80

138) *Brünkmans/Greif-Werner*, ZInsO 2015, 1585, 1590.

139) *Horstkotte*, ZInsO 2014, 1297, 1304 f.; *Brünkmans/Greif-Werner*, ZInsO 2015, 1585, 1587; wegen der Beteiligung der Anteilseigner wird teilweise – nur auf den ersten Blick genauer und zutreffend – auch der Begriff „Beteiligtenversammlung" genutzt. Tatsächlich handelt es sich bei Erörterungs- und Abstimmungstermin um Gläubigerversammlungen, deren Teilnehmerkreis erweitert ist.

140) *Brünkmans/Greif-Werner*, ZInsO 2015, 1585, 1587.

141) *Brünkmans/Greif-Werner*, ZInsO 2015, 1585, 1587 f.

142) *Brünkmans/Greif-Werner*, ZInsO 2015, 1585, 1591.

143) *Böcker*, ZInsO 2015, 773, 778; *Brünkmans/Greif-Werner*, ZInsO 2015, 1585, 1588; *Eidenmüller*, NJW 2014, 17, 18; *Madaus*, ZIP 2014, 500, 506.

144) *Böcker*, ZInsO 2015, 773, 780; *Madaus*, ZIP 2014, 500, 506.

145) *Eidenmüller*, NJW 2014, 17, 18; *Brünkmans/Greif-Werner*, ZInsO 2015, 1585, 1588.

146) *Brünkmans/Greif-Werner*, ZInsO 2015, 1585, 1591, s. a. unten § 29 Rz. 57 ff. [*Brünkmans*].

81 Für einige dieser Normen wird vertreten, dass sie im Insolvenzrecht aus materiell-rechtlichen Gründen nicht anwendbar und deshalb nicht Prüfungsmaßstab des Insolvenzgerichts sind. Dies soll etwa für Vorschriften gelten, die ausschließlich dem **Schutz der Altgesellschafter** dienen, soweit sie nicht auch den Schutz der Altgesellschafter vor der Aufbürdung neuer Lasten und Risiken bezwecken würden.[147] Beispielhaft kann **§ 237 Abs. 1 Satz 2 AktG** genannt werden. Die Vorschrift bestimmt, dass eine Zwangseinziehung von Aktien nur zulässig ist, wenn sie in der ursprünglichen Satzung oder durch eine Satzungsänderung vor Übernahme oder Zeichnung der Aktien angeordnet oder gestattet war. Da im Insolvenzverfahren die **Bestandsfestigkeit der Mitgliedschaftsrechte** aufgelöst sei und den Anteilseignern ihr Anteilsrecht auch vollständig entzogen werden könne, sei nicht einzusehen, weshalb die Einhaltung der rein aktionärsschützenden Norm i. R. einer Insolvenzplanregelung erforderlich sei.[148]

82 Die Argumente gegen die Anwendung des § 237 Abs. 1 Satz 2 AktG im Insolvenzplanverfahren mögen gute sein. Dies bedeutet aber nicht, dass dem Gericht bereits aus formellen Gründen eine Prüfung der Norm verwehrt wäre. Vielmehr wird das Gericht auf materiell-rechtlicher Ebene diskutieren müssen, ob eine teleologische Reduktion des § 237 Abs. 1 Satz 2 AktG angezeigt ist und die Norm deshalb dem Prüfungsmaßstab nicht unterfällt,[149] oder ob man auch in Insolvenzverfahren die Nichtigkeitsfolge aufrechterhalten möchte, weil der Verstoß gegen § 237 Abs. 1 Satz 2 AktG ein besonders schwerer Gesetzesverstoß i. S. von § 241 Abs. 1 Satz 3 AktG ist, der auch durch die Eintragung in das Handelsregister nicht geheilt werden kann.[150]

83 Entsprechendes gilt auch für weitere Einschränkungen, die die Literatur beim Prüfungsmaßstab vornehmen will. So soll etwa die Rechtsprechung zur sachlichen Rechtfertigung eines **Bezugsrechtsausschlusses** im Insolvenzverfahren keine Anwendung finden und folglich kein Prüfungsmaßstab sein. Es soll deshalb nicht darauf ankommen, ob außerhalb des Insolvenzverfahrens der Bezugsrechtsausschluss gesellschaftsrechtlich zulässig wäre.[151] Auch hier wird sich das Gericht also mit der Frage auseinander setzen müssen, ob die außerhalb des Insolvenzverfahrens entwickelte Rechtsprechung im Insolvenzverfahren nicht oder nur modifiziert anwendbar ist und folglich kein oder nur eingeschränkt Maßstab der Rechtmäßigkeitsprüfung ist.

c) Bindungswirkung der Prüfung gegenüber Registergericht

84 Noch nicht vollständig geklärt ist, in welchem Umfang dem Registergericht noch eine Prüfungskompetenz verbleibt, nachdem das Insolvenzgericht i. R. der §§ 231 Abs. 1 Nr. 1, 250 Nr. 1 InsO die gesellschaftsrechtliche Zulässigkeit bereits geprüft hat. Teilweise wird vertreten, das Insolvenzgericht habe abschließend und für das Registergericht bindend geprüft, ob eine in den Plan aufgenommene gesellschaftsrechtliche Maßnahmen zulässig (§ 225a Abs. 3 InsO) und eintragungsfähig sei. Begründet wird dies mit dem Umfang der Rechtskraft des Insolvenzplans.[152] Wenig konsequent wird diese Beschränkung ihrerseits wieder eingeschränkt, wenn dem Registergericht zugestanden wird, bei offensichtlich schwerwiegenden Fehlern, etwa bei einem Verstoß gegen den Numerus Clausus des Ge-

---

147) *Brünkmans/Greif-Werner*, ZInsO 2015, 1585, 1591, s. a. unten § 29 Rz. 57 ff. [*Brünkmans*].

148) *Brünkmans/Greif-Werner*, ZInsO 2015, 1585, 1589, s. a. unten § 29 Rz. 57 ff. [*Brünkmans*].

149) In diesem Sinne: *Brünkmans/Greif-Werner*, ZInsO 2015, 1585, 1589, 1591.

150) In diesem Sinne AG Charlottenburg, Beschl. v. 9.2.2015 – HRB 153203 B, ZInsO 2015, 413, 415 = ZIP 2015, 394, m. zust. Anm. *Horstkotte*, ZInsO 2015, 416 ff.

151) *Brünkmans/Greif-Werner*, ZInsO 2015, 1585, 1589, s. a. unten § 29 Rz. 178 ff. [*Brünkmans*].

152) *Brünkmans/Greif-Werner*, ZInsO 2015, 1585, 1593, s. a. § 29 Rz. 178 ff. [*Brünkmans*]; offengelassen von BGH, Beschl. v. 8.4.2020 – II ZB 3/19, Rz. 15, ZRI 2020, 297 = ZIP 2020, 1124.

sellschaftsrechts, bei einem schwerwiegenden und offensichtlichen Verstoß gegen die Grundsätze der Kapitalaufbringung oder aber der Unvereinbarkeit der Planregelung mit zwingenden Bereichen des öffentlichen Rechts, des Steuerrechts oder des Strafrechts, eine Eintragung zu versagen.[153)]

Richtigerweise dürfte der **Prüfungsmaßstab** des Registergerichts nur so weit **eingeschränkt** sein, wie das **Insolvenzrecht das Gesellschaftsrecht modifiziert.** Dies ist namentlich hinsichtlich der formellen Anforderungen, wie Ladungen, Bekanntmachungen, formelle Anforderungen an die gesellschaftsrechtliche Beschlussfassung oder eine Fingierung solcher Beschlüsse der Fall. Im Hinblick auf diese gesetzlich angeordneten Planregelungen ist der Prüfungsmaßstab beschränkt.[154)] 85

Darüber hinaus ist eine Rechtskrafterstreckung oder Tatbestandswirkung der insolvenzgerichtlichen Entscheidung und damit eine Bindung für das Registergericht zu verneinen,[155)] zumal – anders als in der Gesetzesbegründung nahegelegt – dem Registergericht nicht nur eine „beurkundende Funktion“[156)] zukommt, sondern vielfach die Eintragung konstitutiv wirkt.[157)] Außerhalb des Insolvenzverfahrens ist weitgehend ein **Vier-Augen-Prinzip** mit einer Doppelprüfung von Notar und Registergericht angelegt. Die staatlich veranlasste Prüfung bei der **notariellen Beurkundung** entbindet das Registergericht nicht von seiner Prüfungspflicht. Die notarielle Prüfung entfällt aber im Insolvenzplanverfahren und wird durch die des Insolvenzgerichts ersetzt.[158)] Das Vier-Augen-Prinzip wird im Planverfahren durch die Doppelprüfung von Insolvenz- und Registergereicht ersetzt. Es ist deshalb tatsächlich so, dass **dem Insolvenzgericht** – nicht dem Registergericht – die in der Gesetzesbegründung genannte **Beurkundungsfunktion** zukommt.[159)] Die Situation entspricht der bei Änderung sachenrechtlicher Verhältnisse nach § 228 InsO oder, außerhalb des Insolvenzrechts, der beim gerichtlichen Vergleich nach § 127a ZPO. Auch hier wird das Insolvenz- bzw. Prozessgericht beurkundend tätig, ohne dass deshalb dem Grundbuchamt oder dem Registergericht die Prüfungskompetenz abgesprochen würde. 86

Die Prüfung der Umsetzung etwaiger **Struktur- oder Kapitalmaßnahmen**, die erst **nach der Bestätigung des Insolvenzplans** erfolgen, wie etwa ordnungsgemäße Übernahmeerklärung oder Leistung von Bareinlagen oder die Werthaltigkeit der Sacheinlage im Zeitpunkt der Anmeldung, verbleibt ohnehin beim Registergericht.[160)] Da das Registergericht die Pflicht hat, darüber zu wachen, dass Eintragungen im Handelsregister den gesetzlichen Erfordernissen und der tatsächlichen Rechtslage entsprechen, besteht jedenfalls eine Kompetenz des Registergerichts zu prüfen, ob der Insolvenzplan den **Fortbestand der Gesellschaft** gemäß § 60 Abs. 1 Nr. 4 GmbHG vorsieht.[161)] Hierzu genügt bereits, wenn der Plan die Fortführung der Gesellschaft als eine Möglichkeit darstellt, die nach Aufhe- 87

153) *Brünkmans/Greif-Werner*, ZInsO 2015, 1585, 1593, s. a. § 29 Rz. 178 ff. [*Brünkmans*].

154) AG Charlottenburg, Beschl. v. 9.2.2015 – HRB 153203 B, ZInsO 2015, 413, 415 = ZIP 2015, 394, m. zust. Anm. *Horstkotte*, ZInsO 2015, 416 ff.

155) OLG Celle, Beschl. v. 8.3.2019 – 9 W 17/19, ZIP 2019, 611; *Horstkotte*, ZInsO 2015, 416, 417 (Urteilsanm.), der die Situation mit dem Verhältnis zwischen Straf- und Zivilrecht vergleicht; anders *Brünkmans*, s. unten § 29 Rz. 178 ff.

156) Begr. RegE ESUG, BT-Drucks. 17/5712, S. 37; *Böcker*, ZInsO 2015, 773, 774.

157) So zutreffend *Horstkotte*, ZInsO 2015, 416, 417 (Urteilsanm.).

158) Vgl. *Horstkotte*, ZInsO 2014, 1297, 1299.

159) Vgl. für die vergleichbare grundbuchrechtliche Problematik etwa § 228 InsO, § 925 Abs. 1 Satz 3 BGB.

160) *Brünkmans/Greif-Werner*, ZInsO 2015, 1585, 1595, die aber die Prüfung der Werthaltigkeit der Sacheinlage darauf beschränken wollen, ob es zwischen Planbestätigung und Anmeldung zu einer Wertminderung gekommen ist; s. a. unten § 29 Rz. 178 ff. [*Brünkmans*].

161) BGH, Beschl. v. 8.4.2020 – II ZB 3/19, Rz. 13, ZRI 2020, 297 = ZIP 2020, 1124; vgl. auch OLG Celle, Beschl. v. 8.3.2019 – 9 W 17/19, ZIP 2019, 611, das eine Prüfungsbefugnis offenbar unproblematisch annimmt.

bung des Insolvenzverfahrens im Ermessen der Gesellschafter steht.[162] Nicht erforderlich ist, dass im Plan bereits konkret dargelegt wird, in welcher Art und Weise die Fortsetzung der Gesellschaft erfolgen soll.[163]

Praxishinweis

Für die Praxis ist dringend eine **Abstimmung mit dem Registergericht** über die geplante gesellschaftsrechtliche Maßnahme zu empfehlen.[164] Gleichzeitig sollte auch von der Möglichkeit Gebrauch gemacht werden, den **Verwalter gemäß § 221 Satz 2 InsO** zu **bevollmächtigen, die zur Umsetzung notwendigen Maßnahmen zu ergreifen und offensichtliche Fehler des Plans zu berichtigen.** So besteht die Möglichkeit, einzelnen Beanstandungen des Registergerichts abzuhelfen, ohne dass deshalb der Plan scheitern muss. Auch insoweit ist die Situation vergleichbar mit der Situation außerhalb des Insolvenzrechts, wo regelmäßig dem Notar vergleichbare Vollmachten erteilt werden.

In der Eigenverwaltung ist diese Bevollmächtigung dem Sachwalter – nicht dem Schuldner – zu übertragen, da dieser nach § 270f Abs. 2 Satz 1 InsO an die Stelle des Insolvenzverwalters tritt, soweit „nichts anderes bestimmt ist“ (§ 270 Abs. 1 Satz 2 InsO) und eine Zuweisung dieser Aufgabe an den Schuldner nicht erfolgt ist.[165]

4. Insolvenzzweckwidrigkeit der Planregelungen

88 Prüfungsgegenstand kann im Einzelfall auch die Frage sein, ob die Planregelung **insolvenzzweckwidrig** ist.[166] Das Gericht ist deshalb auch befugt zu prüfen, ob das Planverfahren und die gesellschaftsrechtlichen Eingriffsbefugnisse nach § 225a InsO zu insolvenzfremden Zwecken instrumentalisiert werden.[167] Ist dies offensichtlich, kann dies zur Zurückweisung des Plans führen, nämlich insbesondere dann, wenn bereits bei der Vorprüfung feststeht, dass die Planbestätigung nach § 250 Nr. 2 InsO wegen Unlauterkeit versagt werden müsste.

89 Denkbar kann dies etwa sein, wenn die Planregelungen offensichtlich **andere Ziele haben, als die bestmögliche Gläubigerbefriedigung**, wie dies etwa beim geplanten „Kaltstellen“ eines Gesellschafters durch Formwechsel von einer GmbH & Co. KG in eine AG der Fall sein kann.[168] Dabei kann es sich aber nur um eng begrenzte Ausnahmefälle handeln, denn der Gesetzgeber hat sich dafür entschieden, über das Insolvenzrecht auch gesellschaftsrechtliche Maßnahmen zu ermöglichen und hat dem Insolvenzrecht insoweit einen Vorrang vor dem Gesellschaftsrecht eingeräumt.[169]

5. Kostenregelungen

90 Eine **Kostenregelung** im Plan ist grundsätzlich nicht erforderlich.[170] Gleichwohl finden sich im Plan regelmäßig, jedenfalls im darstellenden Teil Ausführungen zu Kostenfragen.

162) BGH, Beschl. v. 8.4.2020 – II ZB 3/19, Rz. 21, ZRI 2020, 297 = ZIP 2020, 1124; *Brünkmans/Brünkmans*, NZI 2019, 433 (Anm. zu OLG Celle, Beschl. v. 8.3.2019 – 9 W 17/19).

163) BGH, Beschl. v. 8.4.2020 – II ZB 3/19, Rz. 21, ZRI 2020, 297 = ZIP 2020, 1124.

164) *Horstkotte*, ZInsO 2015, 416, 418 (Urteilsanm.).

165) K. Schmidt-*Spliedt*, InsO, § 221 Rz. 7 – im „Konfliktbereich“ übernehme der Sachwalter die Aufgaben des Insolvenzverwalters, wie § 280 InsO zeige; *Eidenmüller* in: MünchKomm-InsO, § 231 Rz. 68 – aus der Norm ergebe sich, dass Ermächtigungsadressat eine neutrale Instanz bzw. Person sei; *Thies* in: HambKomm-InsR, § 221 InsO Rz. 11; *Madaus*, ZIP 2016, 1141, 1148; **a. A.** ohne nähere Begründung: Uhlenbruck-*Lüer/Streit*, InsO, § 221 Rz. 14; differenzierend: *Spahlinger* in: KPB, InsO, § 221 Rz. 36 – primär der Schuldner, aber keine Bedenken gegen Beauftragung des Sachwalters.

166) *Brünkmans/Greif-Werner*, ZInsO 2015, 1585, 1592; ebenso: *Horstkotte*, ZInsO 2014, 1297, 1302 – Prüfung der Rechtsfrage, ob der Plan noch von der Ratio des § 1 InsO getragen ist.

167) Dies wird etwa anhand des Falles *Suhrkamp* diskutiert, vgl. *Meyer*, ZInsO 2013, 2361, 2365; *Brünkmans/Uebele*, ZInsO 2014, 265, 273; *Brünkmans/Greif-Werner*, ZInsO 2015, 1585, 1592.

168) *Brünkmans/Greif-Werner*, ZInsO 2015, 1585, 1592 – zum Fall *Suhrkamp*.

169) *Böcker*, ZInsO 2015, 773, 781.

170) *Blankenburg*, ZInsO 2015, 1293, 1297.

Dies ist in aller Regel bereits deshalb erforderlich, weil die Vergütung des Verwalters im Regelverfahren vielfach von der im Planverfahren abweicht und sich dies auf die Quote auswirkt. Diese Berechnungen sind vom Gericht selbstverständlich zu überprüfen. Es gilt insoweit regelmäßig der bereits oben, siehe Rz. 43 ff., beschriebene Prüfungsmaßstab, einer Evidenz- bzw. Plausibilitätskontrolle.

Insbesondere in Stundungsfällen hat auch der **Grundsatz des absoluten Vorrangs der Kostendeckung** Relevanz, der verlangt, dass im Planverfahren die Deckung der Verfahrenskosten sichergestellt ist.[171)] Die Kostendeckung ist im Plan sicherzustellen und vom Gericht zu überprüfen.[172)] 91

a) Festsetzung der Verwaltervergütung

Die **Vergütung** des Insolvenzverwalters bzw. Sachwalters kann im Plan **nicht verbindlich festgesetzt** werden, auch wenn zweifellos ein praktisches Bedürfnis besteht, die Höhe der Verwalterkosten kalkulieren zu können. Die gesetzlichen Vorschriften über die Vergütung des Insolvenzverwalters sind **planfest.**[173)] Dies gilt auch für die **Fälligkeit** der Vergütung, die an die (vollständige) Erledigung des Geschäfts anknüpft.[174)] Es ist deshalb unzulässig, etwa in einem verfahrensleitenden Plan eine Teilvergütung für einen Zeit- oder Verfahrensabschnitt zu regeln.[175)] Es kommt in diesen Fällen aber die Festsetzung eines **Vorschusses** in Betracht.[176)] Selbstverständlich kann der Plan auch keinen Rechtsmittelverzicht gegen die erst noch festzusetzende Vergütung vorsehen. Unbenommen bleibt den Beteiligten allerdings die Möglichkeit, im Verhältnis zwischen Verwalter bzw. Sachwalter und Schuldner bzw. Gläubigern auf anderem Wege eine Deckelung der Verwalter- oder Sachwalterkosten verbindlich zu regeln, die jedenfalls über den Grundsatz **„ne ultra petita"** gegenüber dem Gericht durchgesetzt werden kann. Denn eine höhere als die vom Verwalter oder Sachwalter beantragte Vergütung kann und darf das Gericht nicht festsetzen. 92

Praxishinweis

Es empfiehlt sich in jedem Falle, wegen der Vergütung von Insolvenzverwalter bzw. Sachwalter Kontakt mit dem Insolvenzgericht aufzunehmen, um böse Überraschungen zu vermeiden.[177)] Dies gilt nicht zuletzt vor dem Hintergrund, dass die Festsetzung der Vergütung bei manchen Gerichten in Insolvenzplanverfahren vom Richter, bei anderen Gerichten hingegen vom Rechtspfleger vorgenommen wird. Gegenstand einer solchen Erörterung sollte nicht nur die voraussichtliche Höhe der Vergütung, sondern auch die Frage der Zuständigkeit für die Festsetzung sein.

171) BGH, Beschl. v. 19.11.2009 – IX ZB 261/08, Rz. 19 ff., ZInsO 2010, 63, 63 = ZVI 2010, 36, dazu EWiR 2010, 127 *(Weitzmann)*.

172) K. Schmidt-*Spliedt*, InsO, § 231 Rz. 12.

173) BGH, Beschl. v. 16.2.2017 – IX ZB 103/15, Rz. 27 ff., BGHZ 214, 78 = ZVI 2017, 208; BGH, Beschl. v. 11.11.2021 – IX ZB 19/20, Rz. 23, ZRI 2022, 34 = ZIP 2022, 135; vgl. zum Streitstand auch: *Schöttler*, NZI 2014, 852 ff.; *Blankenburg*, ZInsO 2015, 1293, 1296, 1300; s. a. oben § 3 Rz. 38 [*Beck/Pechartscheck*] und § 8 Rz. 386 ff. [*Brünkmans*].

174) BGH, Beschl. v. 11.11.2021 – IX ZB 19/20, Rz. 16 ff., 23, ZRI 2022, 34 = ZIP 2022, 135.

175) BGH, Beschl. v. 11.11.2021 – IX ZB 19/20, Rz. 16 ff., ZRI 2022, 34 = ZIP 2022, 135.

176) BGH, Beschl. v. 11.11.2021 – IX ZB 19/20, Rz. 14 f., ZRI 2022, 34 = ZIP 2022, 135.

177) Ein besonders plastisches Negativbeispiel liefert LG Heilbronn, Beschl. v. 25.3.2015 – Bm 1 T 130/15, ZInsO 2015, 910 f. Dort hatten die Beteiligten, einschließlich des Verwalters, offensichtlich mit Billigung des Insolvenzrichters, vereinbart, dass die Bruttovergütung einem pauschalen Bruttobetrag von 600.000 € betragen solle. Anschließend hat das AG – Rechtspfleger – die Vergütung auf Antrag des Verwalters auf 725.387,54 € festgesetzt, bevor das LG auf die Beschwerde die Vergütung auf die im Plan vereinbarten 600.000 € reduzierte. Vgl. zu dieser Entscheidung die Besprechung von *Reinhardt*, ZInsO 2015, 943 ff.

b) Stundungsfälle

93 Wenn bisweilen gesagt wird, im Planverfahren käme eine Stundung der Verfahrenskosten nicht in Betracht,[178] so ist dies ungenau. Die Durchführung des Planverfahrens als solches ist ein unselbstständiger Teil des eröffneten Insolvenzverfahrens und insoweit durch die Stundung für das eröffnete Verfahren gedeckt. Allerdings muss wegen des Vorrangs der Kostendeckung sichergestellt sein, dass die Verfahrenskosten beglichen werden. Sind die Verfahrenskosten gestundet und stellt der Plan nicht die Begleichung der Verfahrenskosten sicher, so ist der Plan nach § 231 InsO zurückzuweisen, weil die Gefahr der Umgehung der zwingenden Kostenregelungen der InsO, namentlich der Befriedigungsreihenfolge der §§ 53, 209 InsO, besteht.[179] Der Plan hat deshalb die Deckung der Verfahrenskosten sicherzustellen. Möglich ist dies etwa durch die unwiderrufliche Zahlung auf ein Treuhandkonto, etwa des Insolvenzverwalters, oder aber auch durch eine unwiderrufliche Bankbürgschaft auf erstes Anfordern.[180]

IV. Erweiterte Zurückweisungsgründe beim Schuldnerplan nach § 231 Abs. 1 Nr. 2 und 3 InsO

1. Zurückweisung des Schuldnerplans bei fehlender Aussicht auf Annahme und Bestätigung (§ 231 Abs. 1 Satz 1 Nr. 2 InsO)

94 Eine Zurückweisung des Schuldnerplans nach § 231 Abs. 1 Satz 1 Nr. 2 InsO wegen fehlender Aussicht auf Annahme und Bestätigung kommt nur in Evidenzfällen in Betracht. Im Zweifelsfall ist der Plan zuzustellen.[181] Es kommt nicht darauf an, dass die Annahme des Plans wenigstens wahrscheinlich ist,[182] zumal sich die Einstellung der Beteiligten ändern kann und die Gläubigerautonomie größte Zurückhaltung gebietet.[183]

95 Eine Zurückweisung nach § 231 Abs. 1 Satz 1 Nr. 2 InsO ist etwa denkbar, wenn der Plan eine geringere Befriedigungsquote vorsieht als in der Regelabwicklung bei Zugrundelegung realistischer Annahmen zu erwarten wäre.[184]

2. Zurückweisung des Schuldnerplans bei Unerfüllbarkeit (§ 231 Abs. 1 Satz 1 Nr. 3 InsO)

96 Nach § 231 Abs. 1 Satz 1 Nr. 3 InsO erfolgt eine Zurückweisung des Plans, wenn die den Beteiligten nach dem gestaltenden Teil eines vom Schuldner vorgelegten Plans zustehenden Ansprüche offensichtlich nicht erfüllt werden können. Gegenstand der Prüfung ist damit die Erfüllbarkeit des Plans.[185] Allerdings kommt eine Zurückweisung wegen Unerfüllbarkeit kommt nur bei Evidenz in Betracht. Denn auch insoweit verlangt der Grundsatz der Gläubigerautonomie nach einer **restriktiven Auslegung.**[186]

97 Das Insolvenzgericht hat eine Prognose zu treffen. Bezugspunkt der Prognose ist die nach der Annahme des Insolvenzplans durch die Beteiligten und der Zustimmung des Schuldners

---

178) *Allemand/Dobiey/Henning*, ZVI 2014, 296, 298.

179) Ähnlich *Blankenburg*, ZInsO 2015, 1293, 1298.

180) Vgl. *Blankenburg*, ZInsO 2015, 1293, 1298.

181) *Buchalik/Stahlschmidt*, ZInsO 2014, 1144, 1147; Uhlenbruck-*Lüer/Streit*, InsO, § 231 Rz. 29; *Thies* in: HambKomm-InsR, § 231 InsO Rz. 18.

182) Uhlenbruck-*Lüer/Streit*, InsO, § 231 Rz. 29; a. A. LG München I, Beschl. v. 5.10.2001 – 14 T 17126/01, ZInsO 2001, 1018.

183) *Horstkotte*, ZInsO 2014, 1297, 1298 f.; *Thies* in: HambKomm-InsR, § 231 InsO Rz. 18.

184) LG Hamburg, Beschl. v. 18.11.2015 – 326 T 109/15, ZInsO 2016, 47 f. = ZVI 2016, 155. Die geringere Befriedigungsquote wurde dort damit begründet, dass eine realistisch zu erwartende Gehaltssteigerung von 2,5 % jährlich und der mögliche künftige Wegfall einer Unterhaltspflicht nicht berücksichtigt wurden; beachte aber auch die Zweifelsregel des § 245a InsO, s. dazu oben Rz. 63.

185) Uhlenbruck-*Lüer/Streit*, InsO, § 231 Rz. 31.

186) *Horstkotte*, ZInsO 2014, 1297, 1299.

vom Gericht nach § 248 InsO zu treffende Entscheidung über die Bestätigung des Insolvenzplans. Die Prognose hat sich mithin auf die Frage zu erstrecken, ob die Bestätigung **aus einem gesetzlichen Grund zu versagen** sein wird.[187] Eine Zurückweisung i. R. der Vorprüfung kommt deshalb auch in Betracht, wenn bereits im Zeitpunkt der Vorprüfung mit an Sicherheit grenzender Wahrscheinlichkeit feststeht, dass ein Insolvenzplan aus Gründen des Minderheitenschutzes nach § 251 InsO nicht bestätigt werden wird.[188]

Zu prüfen ist dabei, ob die angebotenen **Quotenzahlungen** offensichtlich nicht erreicht werden können, wobei grundsätzlich nicht zu überprüfen ist, ob die Liquiditätsplanung oder die veranschlagten Verwertungserlöse realistisch sind.[189] Zu prüfen ist aber, ob **Masseverbindlichkeiten**, insbesondere die Massekosten, **berücksichtigt** wurden, zumal wenn der Plan eine Quotenzahlung aus der Masse vorsieht.[190] 98

Die Prüfung beschränkt sich nicht auf die Erfüllbarkeit der finanziellen Verpflichtungen, sondern es ist etwa auch zu prüfen, ob geplante **Rechtsänderungen**, z. B. Anteilsübertragungen oder Abfindungen für Altgesellschafter nach § 225a Abs. 5 InsO, **erfüllbar** sind.[191] 99

3. Zurückweisung des zweiten Schuldnerplans (§ 231 Abs. 2 InsO)

Schließlich ist die Zurückweisung eines zweiten Schuldnerplans nach § 231 Abs. 2 InsO auf Antrag des Insolvenzverwalters mit Zustimmung des Gläubigerausschusses, sofern ein solcher bestellt ist, möglich. 100

Voraussetzung dafür ist, dass der erste Plan 101

- entweder von den Gläubigern abgelehnt (§§ 244–246 InsO),
- vom **Gericht nicht bestätigt** (§ 248 InsO) oder
- vom Schuldner **nach öffentlicher Bekanntmachung des Erörterungstermins zurückgezogen** worden ist.[192]

Nach dem eindeutigen Wortlaut dieser Regelung besteht das Zurückweisungsrecht des Gerichts nur dann, wenn das Planverfahren hinsichtlich des ersten Plans mindestens bis zur (negativen) Abstimmung der Gläubiger gediehen ist.[193] 102

Stellt der Verwalter einen solchen Antrag hat das Gericht den zweiten Plan **ohne weitere Prüfung** zurückzuweisen. Dies gilt selbst dann, wenn der neue Plan vernünftig und annahmefähig scheint[194] 103

Praxishinweis

Scheitert der Plan vor der Bekanntmachung des Erörterungstermins, namentlich durch **Zurückweisung im gerichtlichen Vorprüfungsverfahren** nach § 231 Abs. 1 InsO, besteht das Zurückweisungsrecht nicht.[195] Entsprechendes gilt für eine Rücknahme des Plans vor Bekanntmachung des Erörterungstermins. In beiden Fällen besteht die Möglichkeit einer erneuten Planvorlage ohne das Risiko einer frühzeitigen Zurückweisung nach § 231 Abs. 2 InsO.

187) BGH, Beschl. v. 20.7.2017 – IX ZB 13/16, Rz. 9, ZVI 2018, 51 = ZIP 2017, 1576.
188) BGH, Beschl. v. 20.7.2017 – IX ZB 13/16, Rz. 9, ZVI 2018, 51 = ZIP 2017, 1576.
189) Uhlenbruck-*Lüer/Streit*, InsO, § 231 Rz. 31.
190) *Thies* in: HambKomm-InsR, § 231 InsO Rz. 22.
191) *Thies* in: HambKomm-InsR, § 231 InsO Rz. 21.
192) BGH, Beschl. v. 7.5.2015 – IX ZB 75/14, Rz. 42, ZInsO 2015, 1398, 1403 f. = ZIP 2015, 1346; *Breuer* in: MünchKomm-InsO, § 231 Rz. 25.
193) BGH, Beschl. v. 7.5.2015 – IX ZB 75/14, Rz. 42, ZInsO 2015, 1398, 1403 f. = ZIP 2015, 1346.
194) Uhlenbruck-*Lüer/Streit*, InsO, § 231 Rz. 40.
195) BGH, Beschl. v. 7.5.2015 – IX ZB 75/14, Rz. 42, ZInsO 2015, 1398, 1403 f. = ZIP 2015, 1346; *Thies* in: HambKomm-InsR, § 231 InsO Rz. 24; *Haas* in: HK-InsO, § 231 Rz. 10.

104 § 231 Abs. 2 InsO soll vornehmlich dazu dienen, eine **Störung des Verfahrensablaufes** durch den Schuldner und die wiederholte Vorlage von Insolvenzplänen zu vermeiden. Diesem **Ziel** kann die Vorschrift **nur teilweise gerecht** werden. In der Praxis ist es immer wieder zu beobachten, dass Schuldner meinen, mittels eines Insolvenzplans alle Probleme lösen zu können, ohne dabei die rechtlichen Rahmenbedingungen und wirtschaftlichen Realitäten anzuerkennen oder anerkennen zu wollen. Dem an der Vorprüfung nach § 231 Abs. 1 InsO gescheiterten ersten Plan folgen dann schnell ein zweiter oder dritter Plan, ohne dass diese realistische Aussichten auf eine Annahme hätten. Angesichts der klaren gesetzlichen Regelung bleibt den Gerichten in diesen Fällen nichts anderes übrig, als jeden dieser Pläne einer erneuten Prüfung nach § 231 Abs. 1 InsO zu unterziehen. Eine Ausweitung des § 231 Abs. 2 InsO auf solche Tatbestände ist de lege ferenda erwägenswert.

V. Rechtsfolgen der Vorprüfung

105 Hat das Gericht bei seiner Prüfung Mängel i. S. des § 231 Abs. 1 Nr. 1 InsO festgestellt, so hat es den Plan nur bei einem unbehebbaren Mangel zurückzuweisen. Dies ist insbesondere der Fall, wenn es am Planvorlagerecht fehlt.[196] Auch ein Plan, dessen Konzept nicht im Einklang mit zwingenden Rechtsvorschriften steht, kann ggf. der unmittelbaren Zurückweisung unterliegen.[197]

106 Inhaltliche Mängel werden aber in aller Regel behebbar sein. Das Gericht hat dem Planersteller nach § 231 Abs. 1 Nr. 1 InsO eine Frist zu setzten, innerhalb derer der Mangel zu beheben ist. Ausreichend dürfte in aller Regel eine Frist von 14 Tagen sein.[198] Benötigt der Planersteller eine längere Frist, so sollte sich das Gericht dem aus praktischen Erwägungen nicht verschließen, um unnötige Beschwerdeverfahren mit Abhilfemöglichkeit oder eine erneute Planvorlage zu vermeiden. Selbstverständlich ist bei der Fristsetzung der Mangel konkret zu benennen, damit der Planersteller weiß, wie er zu reagieren hat. Bei kleineren Mängeln, etwa fehlenden Erklärungen Dritter gemäß § 230 Abs. 3 InsO[199] oder einzelnen unklaren Formulierungen, von denen davon ausgegangen werden kann, dass diese im weiteren Planverfahren behoben werden, kann der Plan auch ohne vorherige Behebung des Mangels zugelassen werden. Eine äußerste Grenze zieht § 240 InsO, wonach lediglich einzelne Regelungen des Plans im Erörterungstermin noch geändert werden können.

107 Entsprechendes gilt für die Zurückweisungsgründe nach § 231 Abs. 1 Nr. 2 und 3 InsO. Auch hier dürfte in aller Regel erforderlich sein, zunächst einen Hinweis, versehen mit einer Nachbesserungsfrist, zu erteilen, wohingegen bei der Zurückweisung nach § 231 Abs. 2 InsO wegen der zwingenden Rechtsfolge eine unmittelbare Entscheidung möglich ist.

108 Hat der Plan die Vorprüfung hingegen erfolgreich durchlaufen, wird das Planverfahren von Amts wegen durch das Insolvenzgericht weiterbetrieben, ohne dass es eines Antrags durch den Planersteller oder sonstige Beteiligte bedarf (siehe zum weiteren Verfahrensablauf § 15 [*Laroche*]).

196) *Thies* in: HambKomm-InsR, § 231 InsO Rz. 15.
197) *Thies* in: HambKomm-InsR, § 231 InsO Rz. 15.
198) Uhlenbruck-*Lüer/Streit*, InsO, § 231 Rz. 37.
199) *Thies* in: HambKomm-InsR, § 231 InsO Rz. 16.

Praxishinweis

Für das weitere Verfahren ist zu beachten, dass die Beurteilung des Insolvenzgerichts über die Zulässigkeit des Plans **keine Bindungswirkung** entfaltet, sodass insbesondere auch die Versagung der Planbestätigung nach § 250 Nr. 1 InsO, etwa wegen zuvor übersehener Mängel oder wegen einer Änderung der rechtlichen Beurteilung, möglich bleibt.[200]

VI. Prüfungen ohne Zurückweisungsrecht

1. Informelle Vorprüfung vor Planeinreichung

109 Bereits vor der formellen Planeinreichung sind viele Gerichte bereit, den Planentwurf informell vorzuprüfen. Eine solche informelle Prüfung hat sich in vielen Fällen als sehr sinnvoll erwiesen. Planersteller sollten nicht darauf verzichten, eine solche bei Gericht anzuregen. Es ist dringend zu raten, insoweit vorab mit dem Gericht Kontakt aufzunehmen und abzuklären, ob eine informelle Prüfung möglich und evtl. sogar erwünscht ist oder nicht. Die örtliche Praxis ist hier sehr unterschiedlich.

110 Erfolgt eine **informelle Vorprüfung**, ist das Gericht bereits vor der formellen Planeinreichung mit dem Plan befasst und kann niederschwellig Hinweise geben, ohne ins formelle Beanstandungs- und Zurückweisungsverfahren nach § 231 InsO eintreten zu müssen. Gleichzeitig hat eine **frühzeitige Einbindung des Insolvenzgerichts** den Vorteil, dass die eigentliche Vorprüfung nach Planeinreichung einfacher und schneller vonstattengeht, weil sich das Gericht nicht erst mit einem gänzlich unbekannten Werk vertraut machen muss. Ergänzend kann das Gericht in planvorbereitende Entscheidungsprozesse, etwa in den Dialog mit Gläubigern, eingebunden werden, um so auch deren Argumentation und wirtschaftliche Denkweise zu kennen. Das eigentliche Vorprüfungsverfahren wird bei einer solchen Vorgehensweise deutlich verschlankt.[201]

2. Hinweise des Gerichts aufgrund Fürsorgepflicht

111 Im Rahmen seiner umfassenden **Fürsorgepflicht nach § 4 InsO, § 139 ZPO**[202] ist das Gericht zumindest befugt, den Plan auch auf eventuelle **Schwächen und inhaltliche Mängel zu prüfen, die** zwar **keine Zurückweisung nach § 231 InsO rechtfertigen**, aber dem Erfolg des Planverfahrens entgegenstehen können.

112 Auch wenn die Zweckmäßigkeit des Plans grundsätzlich nicht Gegenstand der gerichtlichen Prüfung ist (siehe oben Rz. 24 f.), kann es durchaus angezeigt sein, dass das Gericht auf sinnvolle Regelungen hinwirkt und problematische aufzeigt, die **zwar rechtmäßig, aber** nach seiner Erfahrung **unzweckmäßig** sind und etwa zu Problemen bei der Mehrheitsbeschaffung oder der Plandurchführung führen können.[203] Dies können etwa Fragen der rechtstechnischen Beteiligung Dritter am Plan oder auf der Aufnahme von Besserungsklauseln sein.

113 Auch **unklare Formulierungen**, die, solange sie die Grenze des rechtlich Zulässigen nicht verletzen, keine Zurückweisung rechtfertigen (z. B. Verzicht auf die „Schlussrechnungsprüfung" statt auf die „Schlussrechnungslegung"), sollten vom Gericht i. R. seiner Für-

---

200) Vgl. etwa: BGH, Beschl. v. 7.7.2005 – IX ZB 266/04, ZIP 2005, 1648 ff., dazu EWiR 2006, 279 *(v. Gleichenstein)*, zu einem Fall, bei dem die unzulässige Gruppenbildung erst i. R. der Prüfung nach § 250 Nr. 1 InsO bemängelt wurde; K. Schmidt-*Spliedt*, InsO, § 231 Rz. 13, § 250 Rz. 2 f.

201) Ausführlich *Buchalik/Stahlschmidt*, ZInsO 2014, 1144, 1145; vgl. auch *Horstkotte*, ZInsO 2014, 1297, 1298.

202) *Horstkotte*, ZInsO 2014, 1297, 1300, 1301, 1311; *Hintzen* in: MünchKomm-InsO, § 235 Rz. 26.

203) Vgl. *Buchalik/Stahlschmidt*, ZInsO 2014, 1144, 1145.

sorgepflicht aufgezeigt werden.[204] Immer wieder finden sich auch **„versteckte" Bedingungen** i. S. des § 249 InsO, die entweder eine Plananlage mit Erklärung eines Dritten nach § 230 Abs. 3 InsO erfordern (dann Zurückweisung bei fehlender und nicht nachgereichter Anlage) oder aber bis zu ihrer Erfüllung einer späteren Planbestätigung entgegenstehen (z. B. Verpflichtung zur Abgabe von Willenserklärungen gegenüber dem Insolvenzverwalter oder dem Schuldner).[205] Mit dem Planersteller sollte abgeklärt werden, ob eine echte Bedingung gewollt ist oder lediglich eine unklare Formulierung gewählt wurde. Gegebenenfalls ist dies klarzustellen, was aber problemlos im Verlauf des weiteren Planverfahrens über § 240 InsO möglich sein dürfte.

114 Grundsätzlich nicht Gegenstand der Vorprüfung ist die Frage, ob die tatbestandlichen **Voraussetzungen des Obstruktionsverbotes nach § 245 InsO** und des **Minderheitenschutzes nach § 251 InsO** vorliegen oder ob das Eingreifen der Regelungen von vornherein ausgeschlossen ist, etwa weil eine angemessene Beteiligung am wirtschaftlichen Wert i. S. des § 245 Abs. 1 Nr. 2 InsO nicht vorliegt oder eine Schlechterstellung i. S. des § 251 Abs. 1 Nr. 2 InsO im Plan bereits angelegt ist. Erkennt das Gericht, dass aufgrund der Planregelungen das Obstruktionsverbot für einzelne Gruppen nicht greifen kann oder aber eine Versagung der Planbestätigung auf Antrag nach § 251 InsO angelegt ist, darf es den Plan gleichwohl nicht zurückweisen. Denn Planregelungen können gerade vom Grundsatz der strikten Gläubigergleichbehandlung (par conditio creditorum) abweichen. Dies ist nicht selten ein wichtiger gestalterischer Baustein. Der Gleichbehandlungsgrundsatz ist im Plan nur nach § 226 InsO innerhalb der Gruppe umgesetzt.[206]

115 Allerdings sollte das Gericht i. R. seiner umfassenden Fürsorgepflicht zumindest abklären, ob es sich um eine bewusste Entscheidung des Planerstellers handelt, auf die Möglichkeiten der §§ 245, 251 InsO zu verzichten, oder ob es sich um eine zu behebende Unzulänglichkeit des Planentwurfs handelt.

D. Rechtsmittel (§ 231 Abs. 3 InsO)

116 Gegen die **Zurückweisung** des Insolvenzplans steht dem Planersteller die **sofortige Beschwerde** nach § 231 Abs. 3 InsO zu. Sie ist gemäß § 6 Abs. 1 Satz 2 InsO beim Insolvenzgericht innerhalb einer Notfrist von zwei Wochen ab Zustellung des Beschlusses einzulegen, § 4 InsO, § 569 Abs. 1 Satz 2 ZPO.[207] Es gelten die allgemeinen Vorschriften über die sofortige Beschwerde. Es muss eine Beschwerdeschrift eingereicht werden, die die Bezeichnung der angefochtenen Entscheidung sowie die Erklärung enthalten muss, dass Beschwerde gegen diese Entscheidung eingelegt wird, § 4 InsO, § 569 Abs. 2 ZPO. Anwaltszwang besteht nach § 4 InsO, §§ 569 Abs. 3, 78 Abs. 3 ZPO nicht. Gegen die Zurückweisung des Plans durch das Beschwerdegericht ist unter den allgemeinen Voraussetzungen die Rechtsbeschwerde zulässig, insbesondere muss sie vom LG zugelassen worden sein, § 574 Abs. 1 Satz 1 Nr. 2 ZPO.

117 Das **Insolvenzgericht hat die Möglichkeit** der Beschwerde nach § 4 InsO, § 572 Abs. 1 ZPO **abzuhelfen**. Beim Abhilfeverfahren handelt es sich um ein in seiner praktischen Relevanz nicht zu unterschätzendes Institut. Denn der Planersteller erhält hiermit eine weitere Chance, den Plan kurzfristig an die Anforderungen des Insolvenzgerichts anzupassen, wenn er mit seiner Beschwerdebegründung auf die den ablehnenden Beschluss tragenden Gründe eingeht und die vom Insolvenzgericht gerügten Mängel im Plan behebt.

---

204) *Horstkotte*, ZInsO 2014, 1297, 1300, 1309.

205) Vgl. dazu das Beispiel von *Horstkotte*, ZInsO 2014, 1297, 1300, 1309.

206) *Böcker*, ZInsO 2015, 773, 776, 779; *Madaus*, ZIP 2014, 500, 506, 508.

207) Uhlenbruck-*Lüer/Streit*, InsO, § 231 Rz. 42.

Es ist dann nur noch in den seltensten Fällen überhaupt erforderlich, eine Entscheidung des LG herbeizuführen. Da eine dem § 231 Abs. 1 Satz 2 InsO vergleichbare Frist für das Beschwerdeverfahren nicht gilt, kann das Rechtsmittel bisweilen zu einer erheblichen Zeitverzögerung führen. Es mag dann im Einzelfall sinnvoller sein, den Bedenken des Insolvenzgerichts Rechnung zu tragen, und einen neuen Plan einzureichen.

Gegen die **Zulassung des Plans** hingegen besteht **kein Rechtsmittel**. Auch gegen eine 118
Zulassung eines schuldnerischen Zweitplans trotz eines Antrags auf Nichtzulassung nach § 231 Abs. 2 InsO besteht für den Verwalter kein Rechtmittel.[208)]

208) *Thies* in: HambKomm-InsR, § 231 InsO Rz. 29.

§ 15
Das Verfahren bis zur Erörterung des Plans

Übersicht

Literatur: *Bitter*, Das Verwertungsrecht des Insolvenzverwalters bei besitzlosen Rechten und bei einer (Doppel-)Treuhand am Sicherungsgut, ZIP 2015, 2249; *Blankenburg*, Probleme des Insolvenzplans in Kleinverfahren, ZInsO 2015, 1293; *Buchalik/Stahlschmidt*, Die neue richterliche Zuständigkeit bei Insolvenzplänen in Eigenverwaltung – ein Erfahrungsbericht, ZInsO 2014, 1144; *Grote/Pape*, Das Ende der Diskussion? Die wichtigsten Neuregelungen zur Restschuldbefreiung, ZInsO 2013, 1433; *Henning*, Die aktuellen Änderungen des Insolvenzverfahrens natürlicher Personen aus Sicht des schuldnerberatenden Rechtsanwalt, ZAP 2014, 671; *Laroche/Harder*, Keine Angst vor dem Insolvenzplan!, VIA 2014, 81.

A. Stellungnahmen zum Plan (§ 232 InsO)

Hat der Insolvenzplan die Vorprüfung nach § 231 InsO erfolgreich durchlaufen, leitet das Gericht gemäß § 232 InsO den Plan einschließlich aller Anlagen von Amts wegen verschiedenen Personen und Gremien zur Stellungnahme zu.[1] **Planzusammenfassungen reichen**, anders als bei der Ladung zum Erörterungs- und Abstimmungstermin nach § 235 Abs. 3 Satz 2, **nicht aus.**[2] Durch das SanInsFoG[3] wurde § 231 Abs. 1 InsO dahingehend 1

1) Uhlenbruck-*Lüer/Streit*, InsO, § 232 Rz. 5; *Thies* in: HambKomm-InsR, § 232 InsO Rz. 2.
2) *Breuer* in: MünchKomm-InsO, § 232 Rz. 7.
3) Gesetz zur Fortentwicklung des Sanierungs- und Insolvenzrechts (Sanierungs- und Insolvenzrechtsfortentwicklungsgesetz – SanInsFoG), v. 22.12.2020, BGBl. I 2020, 3256.

ergänzt, dass die Stellungnahme insbesondere zur Vergleichsrechnung erfolgen solle. Diese Ergänzung beabsichtigt keine inhaltliche Verengung der Stellungnahmen, sondern lediglich eine Hervorhebung der **Vergleichsrechnung** als **zentralem Planelement.** Die Stellungnahmen sollen sich weiterhin mit dem gesamten Plan auseinandersetzen.[4)] Zu beachten ist die durch das SanInsFoG neue geschaffene Möglichkeit, den Plan bereits **vor der Zulassungsentscheidung** nach § 231 InsO zur Stellungnahme weiterzuleiten, um so die Expertise der zu beteiligenden Kreise möglichst frühzeitig nutzen zu können. Von dieser Möglichkeit sollte möglichst Gebrauch gemacht werden (siehe näher § 14 Rz. 15 [*Laroche*]).

2 Die Stellungnahmen sollen dazu dienen, etwaige Zustimmungshindernisse tatsächlicher oder rechtlicher Art frühzeitig aufzudecken, damit der Plan angepasst werden kann und sich die Annahmechancen erhöhen.[5)]

I. Zur Stellungnahme Berechtigte

3 § 232 InsO bestimmt, dass der Plan an den **Gläubigerausschuss**, sofern ein solcher bestellt ist, an den **Betriebsrat** und den **Sprecherausschuss der leitenden Angestellten**, falls diese Gremien existieren, zur Stellungnahme zuzuleiten ist. Handelt es sich um einen vom Insolvenzverwalter erstellten Plan, ist er dem **Schuldner** zuzuleiten. Umgekehrt ist selbstverständlich ein Schuldnerplan dem **Insolvenzverwalter** zuzuleiten, § 232 Abs. 1 InsO. Im Insolvenzverfahren über das Vermögen einer **Genossenschaft** ist darüber hinaus der **Prüfungsverband,** dem die Genossenschaft angehört, darüber zu hören, ob der Plan mit den Interessen der Mitglieder vereinbar ist (§ 116 Nr. 4 GenG).[6)]

4 Um weitere Expertise einzuholen, ist das Gericht befugt, auch den zuständigen amtlichen Berufsvertretungen der Industrie, des Handels, des Handwerks, der der Landwirtschaft oder anderen sachkundigen Stellen den Plan zuzuleiten und ihnen Gelegenheit zur Äußerung zu geben (§ 232 Abs. 2 InsO). In Betracht kommen insbesondere **IHK, Handwerkskammer,** die **Berufsverbände der Freiberufler** und der **Aufsichtsrat** des Unternehmens.[7)]

II. Fristsetzung zur Stellungnahme

5 Für die Abgabe der Stellungnahme setzt das Gericht eine Frist, die **zwei Wochen** nicht überschreiten soll, § 232 Abs. 3 InsO. Die Frist entspricht der richterlichen Vorprüfungsfrist nach § 231 Abs. 1 Satz 2 InsO. Nur im Einzelfall kann bei komplexen Plänen eine längere Frist zugestanden werden. In jedem Falle ist zu beachten, dass die Frist mit dem Erörterungstermin nach § 235 Abs. 1 Satz 2 InsO in Übereinstimmung gebracht werden muss, der seinerseits nicht über einen Monat hinaus anberaumt werden soll.[8)]

Praxishinweis

Zur Verfahrensbeschleunigung ist es zweckmäßig, mit dem Gericht abzustimmen, ob dem Plan eine genügende Anzahl an Abschriften zum Zwecke der Übersendung beifügt werden soll oder ob hierauf, insbesondere bei Einreichung des Plans auf elektronischem Wege, verzichtet werden kann.

4) Begr. RegE SanInsFoG z. InsO, BT-Drucks. 19/24181, S. 200.

5) *Breuer* in: MünchKomm-InsO, § 232 Rz. 1; Uhlenbruck-*Lüer/Streit*, InsO, § 232 Rz. 1.

6) *Breuer* in: MünchKomm-InsO, § 232 Rz. 7; Uhlenbruck-*Lüer/Streit*, InsO, § 232 Rz. 8 m. w. N.

7) *Breuer* in: MünchKomm-InsO, § 232 Rz. 12; *Thies* in: HambKomm-InsR, § 232 InsO Rz. 5.

8) Uhlenbruck-*Lüer/Streit*, InsO, § 232 Rz. 7; *Thies* in: HambKomm-InsR, § 232 InsO Rz. 6.

III. Vorwegnahme der Stellungnahme vor Planeinreichung

Es wird ganz überwiegend als zulässig erachtet, wenn der Planersteller die erforderlichen Stellungnahmen dem Plan **bei Einreichung bereits beigefügt.**[9] Ein solches Vorgehen hat sich in der Praxis als sinnvoll erwiesen, etwa um Zeit zu sparen und den weiteren Verfahrensablauf planbarer zu machen. Voraussetzung dafür, dass das Gericht die mit Planeinreichung beigefügten Stellungnahmen anerkennt, ist selbstverständlich, dass die stellungnehmenden Beteiligten den Plan in seiner aktuellsten Fassung zur Kenntnis genommen haben. 6

> **Praxishinweis**
>
> In jedem Fall ist es empfehlenswert, sich mit dem Insolvenzgericht abzustimmen, ob es sich mit einer solchen vorgezogenen Stellungnahme einverstanden erklärt, oder ob es aus formellen Gründen auf der erneuten Abgabe einer Stellungnahme nach Planübersendung besteht. Auch dies sollte der sorgsame Planersteller einkalkulieren, ggf. können die Stellungnahmen dann innerhalb kürzester Zeit zur Gerichtsakte gereicht werden.

IV. Stellungnahme zum Prepackaged Plan

Soweit ein Insolvenzplan bereits im Eröffnungsverfahren eingereicht wird, kann das Gericht den Plan auch bereits in diesem Stadium weiterleiten, um eine möglichst zügige Verfahrensabwicklung zu gewährleisten.[10] Auch hier gilt selbstverständlich, dass der vollständige Plan samt aller Anlagen zu übersenden ist und die Übersendung lediglich einer Planzusammenfassung nicht genügt. 7

V. Verfahrensrechtliches

Ein Verstoß gegen § 232 InsO begründet nach zutreffender h. M. keinen Grund, später die Planbestätigung nach § 250 Nr. 1 InsO wegen Verstoßes gegen die Verfahrensvorschriften zu versagen. Dies gilt nicht zuletzt, weil nach § 235 Abs. 3 InsO die Beteiligten den Plan bzw. eine Zusammenfassung ohnehin noch mit der Terminsladung erhalten und auch noch später Stellungnahmen abgeben können.[11] 8

Die Kosten der Stellungnahme haben die Beteiligten selbst zu tragen. Die Stellungnahme des Verwalters ist Teil seiner Vergütung und geht damit letztlich zulasten der Masse.[12] 9

B. Aussetzung der Verwertung und Verwaltung durch das Gericht (§ 233 InsO)

Um den Erfolg des eingereichten Insolvenzplanes nicht zu gefährden, besteht nach § 233 InsO die Möglichkeit, die Verwertung und Verteilung der Insolvenzmasse auf Antrag des Schuldners oder des Verwalters auszusetzen, § 233 InsO, wobei eine Identität zwischen Antragsteller und Planeinreicher nicht erforderlich ist.[13] Es kann also auch der Schuldner bei Vorliegen eines Verwalterplan den Aussetzungsantrag stellen und umgekehrt. 10

---

9) *Buchalik/Stahlschmidt*, ZInsO 2014, 1144, 1145; *Breuer* in: MünchKomm-InsO, § 232 Rz. 9; Uhlenbruck-*Lüer/Streit*, InsO, § 232 Rz. 4; *Thies* in: HambKomm-InsR, § 232 InsO Rz. 7; zweifelnd: *Blankenburg*, ZInsO 2015, 1293, 1302.

10) Uhlenbruck-*Lüer/Streit*, InsO, § 232 Rz. 4.

11) Uhlenbruck-*Lüer/Streit*, InsO, § 232 Rz. 8; *Thies* in: HambKomm-InsR, § 232 InsO Rz. 4; *Breuer* in: MünchKomm-InsO, § 232 Rz. 10.

12) *Breuer* in: MünchKomm-InsO, § 232 Rz. 18; Uhlenbruck-*Lüer/Streit*, InsO, § 232 Rz. 9.

13) *Thies* in: HambKomm-InsR, § 233 InsO Rz. 2.

I. Voraussetzung der Anordnung und ihre Aufhebung

11 Mit Ausnahme des Antragserfordernisses bestehen **keine weiteren Anordnungsvoraussetzungen.** Eine Aussetzung von Amts wegen kennt das Gesetz hingegen nicht. Allerdings hat das Gericht von der Aussetzung abzusehen, wenn mit der Aussetzung der Verwertung erhebliche Nachteile für die Masse verbunden sind, § 233 Satz 2 Alt. 1 InsO. Das Gericht hat dies von Amts wegen zu prüfen. Solche Nachteile können in einer erheblichen Reduzierung der Quote liegen. Bloße Zinsnachteile aus einem späteren Zufluss der Verwertungsquote reichen hingen nicht aus.[14] Voraussetzung ist allerdings, dass Anhaltspunkte für solche Nachteile überhaupt bestehen.[15] Treten solche Nachteile später zutage, ist die Anordnung aufzuheben, § 233 Satz 2 Alt. 2 InsO.

12 Auf Antrag des Verwalters mit Zustimmung des Gläubigerausschusses oder der Gläubigerversammlung ist die **Fortsetzung der Verwertung und Verteilung anzuordnen,** § 233 Satz 2 Alt. 3 InsO. Ein solcher Antrag bedarf keiner weiteren Rechtfertigung. Vielmehr hat das Gericht die Fortsetzung anzuordnen, auch wenn keine Nachteile drohen.[16] Ein Antrag des Verwalters ohne Zustimmung von Gläubigerausschuss oder Gläubigerversammlung ist ebenso unzulässig wie ein Antrag der Gläubigerorgane selbst, da ihnen die Antragsbefugnis fehlt.[17]

13 Ein Rechtsmittel ist weder gegen die Anordnung noch gegen die Aufhebung gegeben. Lediglich soweit der Rechtspfleger (in vor dem 1.1.2013 beantragten Verfahren, Art. 103g Satz 2 EGInsO) entschieden hat, ist die Erinnerung nach § 11 Abs. 2 Satz 1 RPflG statthaft.[18]

14 In der Eigenverwaltung ist dem Sachwalter in entsprechender Anwendung des § 233 InsO ebenfalls ein Antragsrecht zuzubilligen, jedenfalls, wenn er selbst den Plan vorgelegt hat.[19]

II. Zeitpunkt der gerichtlichen Entscheidung

15 Auch wenn der Antrag bereits mit der Planeinreichung gestellt werden kann, soll eine gerichtliche Entscheidung erst **nach erfolgter Vorprüfung** des Plans zulässig sein. Begründet wird dies mit der Systematik und der Stellung der Norm hinter § 231 InsO.[20] Diese **Einengung vermag nicht recht zu überzeugen.** Denn Sinn der Vorschrift ist es gerade, die Durchführung eingereichter Pläne sicherzustellen.[21] Die Gefahr, dass durch Verwertungshandlungen des Verwalters ein Schuldnerplan gefährdet wird, besteht aber auch in der Phase zwischen Einreichung und Zulassung des Plans.[22] Ein Grund, hier den Schutz zu verweigern, besteht nicht. Dies gilt umso mehr, als dass das Gericht unter den Voraussetzungen des § 233 Satz 2 InsO von der Aussetzung abzusehen bzw. sie aufzuheben hat. Hinzu kommt, dass für die **Zwangsversteigerung in § 30d Abs. 2 ZVG** ausdrücklich geregelt ist, dass **eine Einstellung** auf Antrag des Schuldners erst **nach Zulassung des Plans** möglich ist (siehe dazu sogleich Rz. 20 ff.). Dies zeigt, dass der Gesetzgeber sich der Problematik durchaus bewusst war, aber nur für einen eng begrenzten Ausnahmefall eine Einschränkung der Einstellungsbefugnis regeln wollte.

---

14) *Breuer* in: MünchKomm-InsO, § 233 Rz. 14; Uhlenbruck-*Streit*, InsO, § 233 Rz. 11.

15) Uhlenbruck-*Streit*, InsO, § 233 Rz. 12.

16) *Breuer* in: MünchKomm-InsO, § 233 Rz. 13; Uhlenbruck-*Streit*, InsO, § 233 Rz. 13.

17) *Breuer* in: MünchKomm-InsO, § 233 Rz. 5; Uhlenbruck-*Streit*, InsO, § 233 Rz. 14, 15.

18) *Thies* in: HambKomm-InsR, § 233 InsO Rz. 9.

19) Uhlenbruck-*Streit*, InsO, § 233 Rz. 8.

20) *Breuer* in: MünchKomm-InsO, § 233 Rz. 6; Uhlenbruck-*Streit*, InsO, § 233 Rz. 9; *Thies* in: HambKomm-InsR, § 233 InsO Rz. 2.

21) Uhlenbruck-*Streit*, InsO, § 233 Rz. 1; *Thies* in: HambKomm-InsR, § 233 InsO Rz. 1.

22) Ebenso: *Jaffé* in: FK-InsO, § 233 Rz. 13.

III. Rechtsfolge

Die Anordnung betrifft sämtliche **Vermögensgegenstände**, für die der **Verwalter nach §§ 166 ff. InsO zur Verwertung berechtigt** ist.[23] Soweit der Gläubiger nach § 173 Abs. 1 InsO selbst zur Verwertung befugt ist, greift die Anordnung nicht. Allerdings kann der Verwalter nicht die Verwertung durch den Gläubiger nach § 173 Abs. 2 InsO erzwingen.[24] Praxisrelevant wird dies etwa bei Sicherungsrechten, z. B. besitzgebundenen Pfandrechten, da auch insoweit das Verwertungsrecht den Gläubigern zusteht.[25] Nicht erfasst ist auch die Zwangsvollstreckung in das unbewegliche Vermögen nach dem ZVG. Diese richtet sich nach § 30d, 153b ZVG (siehe dazu unten Rz. 20 ff.). 16

IV. Praktische Bedeutung der Regelung

Die Aussetzungsmöglichkeit des § 233 InsO hat in der Praxis eine eher untergeordnete Bedeutung. Soweit der Plan vom Insolvenzverwalter eingereicht wird, versteht sich von selbst, dass der Verwalter zwischenzeitlich nicht weiter verwertet. Denn regelmäßig wird er davon überzeugt sein, dass der Insolvenzplan die günstigste Verwertungsmöglichkeit im Interesse der Gläubigergesamtheit ist. Andernfalls wäre er nicht befugt, den Plan einzureichen.[26] Nicht überzeugend ist dagegen, dass die Vorschrift auch dem Schutz des Verwalters vor seiner eigenen Haftung dienen würde.[27] Denn soweit ein Absehen von der Verwertung pflichtwidrig wäre, wäre auch die Stellung des Aussetzungsantrags pflichtwidrig und haftungsbegründend. 17

Praxishinweis

Gegen eine Haftung aus verzögerter Verwertung kann der Verwalter sich nur effektiv absichern, wenn er die Zustimmung von Gläubigerversammlung oder Gläubigerausschuss zur Planvorlage einholt.[28]

In der **Eigenverwaltung** ist die Situation ähnlich. Der eigenverwaltende Schuldner ist selbst zur Verwertung der Masse berechtigt. Auch er wird seinen Plan nicht durch Verwertungshandlungen selbst gefährden. 18

Von **Relevanz** ist die Regelung deshalb insbesondere dann, **wenn der Schuldner einen Insolvenzplan einreicht** und dies **nicht im Vorfeld mit dem Insolvenzverwalter abstimmt** oder es Meinungsverschiedenheiten zwischen Schuldner und Insolvenzverwalter über Sinn und Inhalt eines vorzulegenden Insolvenzplanes gibt. Diese Fälle sind in der Praxis äußerst selten, bergen dann allerdings erhebliches Konfliktpotenzial. Die Aussetzung der Verwertung durch das Gericht kann dann beruhigend wirken, um so allen Beteiligten die Möglichkeit zu geben, den Erfolg des vorgeschlagenen Planes in aller Ruhe zu prüfen. 19

---

23) *Breuer* in: MünchKomm-InsO, § 233 Rz. 9; Uhlenbruck-*Streit*, InsO, § 233 Rz. 10.

24) Uhlenbruck-*Streit*, InsO, § 233 Rz. 10.

25) Uhlenbruck-*Brinkmann*, InsO, § 173 Rz. 4; *Scholz* in: HambKomm-InsR, § 166 InsO Rz. 15, 22. Umstritten ist die Frage, wem das Verwertungsrecht für Pfandrechte an Rechten zusteht. Im Vordringen ist die Ansicht, dass hier § 166 InsO entsprechend anzuwenden sei, vgl. dazu: BGH, Urt. v. 24.9.2015 – IX ZR 272/13, ZIP 2015, 2286 ff., dazu EWiR 2015, 739 *(Jacoby)*; *Bitter*, ZIP 2015, 2249 ff.

26) Vgl. dazu ausführlich: Uhlenbruck-*Streit*, InsO, § 233 Rz. 2 ff.; *Jaffé* in: FK-InsO, § 233 Rz. 13.

27) In diesem Sinne *Thies* in: HambKomm-InsR, § 233 InsO Rz. 1; **a. A.** mit ausführlicher Begründung Uhlenbruck-*Streit*, InsO, § 233 Rz. 2 ff.

28) Uhlenbruck-*Streit*, InsO, § 233 Rz. 7.

C. Einstellung der Zwangsvollstreckung in das unbewegliche Vermögen

I. Einstellung der Zwangsversteigerung

20 Nicht von der Aussetzungsentscheidung betroffen ist die Verwertung des unbeweglichen Vermögens im Wege der **Zwangsvollstreckung nach ZVG**. Eine Einstellung der Zwangsversteigerung ist nur nach § 30d Abs. 1 Satz 1 Nr. 3 ZVG möglich.[29] Danach ist auf Antrag des Insolvenzverwalters die Zwangsversteigerung einzustellen, wenn durch die Versteigerung die Durchführung eines vorgelegten Insolvenzplans gefährdet würde. Der Antrag ist abzulehnen, wenn die einstweilige Einstellung dem Gläubiger unter Berücksichtigung seiner wirtschaftlichen Verhältnisse nicht zuzumuten ist, § 30d Abs. 1 Satz 2 ZVG. Dabei sind die weiteren Voraussetzungen der §§ 30e und 30f ZVG zu beachten. Für die Zwangsversteigerung von Schiffen, Schiffsbauwerken und Luftfahrzeuge gelten die Regelungen über §§ 162, 171a ZVG entsprechend.[30]

21 Hat der Schuldner den Plan eingereicht, kann auch der Schuldner einen Antrag auf Einstellung der Zwangsversteigerung stellen. In diesem Fall ist hingegen weitere Voraussetzung für die Einstellung der Zwangsvollstreckung, dass der Plan nicht nach § 231 InsO vom Insolvenzgericht zurückgewiesen wurde.

22 Zuständig für die Einstellungsentscheidungen nach §§ 30d Abs. 1, 162, 171a ZVG ist das **Vollstreckungsgericht**, nicht das Insolvenzgericht.

II. Einstellung der Zwangsverwaltung

23 Das Gericht hat auf Antrag des Insolvenzverwalters nach § 153b Abs. 1 ZVG die vollständige oder teilweise Einstellung der Zwangsverwaltung anzuordnen, wenn der Insolvenzverwalter glaubhaft macht, dass durch die Fortsetzung der Zwangsverwaltung eine wirtschaftlich sinnvolle Nutzung der Insolvenzmasse wesentlich erschwert wird.

24 Da nach § 153b Abs. 2 ZVG die **Einstellung mit der Auflage** anzuordnen ist, dass die Nachteile, die dem betreibenden Gläubiger aus der Einstellung erwachsen, durch **laufende Zahlungen aus der Insolvenzmasse** ausgeglichen werden, ist die praktische Relevanz gering. Gemäß § 153b Abs. 3 ZVG sind vor der Entscheidung des Gerichts der Zwangsverwalter und der betreibende Gläubiger zu hören. Anders als bei der Zwangsversteigerung ist der Schuldner mangels entsprechender Kompetenzzuweisung nicht antragsbefugt.[31]

D. Niederlegung des Insolvenzplans (§ 234 InsO)

25 Nach Eingang der Stellungnahmen ist der Insolvenzplan gemäß § 234 InsO in der Geschäftsstelle des Gerichts zur Einsicht der Beteiligten niederzulegen. Niederzulegen ist der **vollständige Plan samt allen Anlagen** und den eingegangenen Stellungnahmen nach § 232 InsO.[32] Die Niederlegung dient dem Informationsinteresse der Beteiligten über den Inhalt des Plans und damit der Gewährung rechtlichen Gehörs. Sie dient aber auch der Verfahrensvereinfachung, weil wegen der Möglichkeit der Einsichtnahme in die vollständigen Planregelungen bei Gericht eine Übersendung des vollständigen Plans an alle Beteiligten entbehrlich wird.[33]

---

29) Uhlenbruck-*Streit*, InsO, § 233 Rz. 1; *Thies* in: HambKomm-InsR, § 233 InsO Rz. 6.

30) *Breuer* in: MünchKomm-InsO, § 233 Rz. 2.

31) *Thies* in: HambKomm-InsR, § 233 InsO Rz. 6.

32) *Breuer* in: MünchKomm-InsO, § 234 Rz. 5, 6; *Thies* in: HambKomm-InsR, § 234 InsO Rz. 2.

33) Uhlenbruck-*Streit*, InsO, § 234 Rz. 1.

I. Zeitpunkt der Niederlegung

Spätester Zeitpunkt der Niederlegung ist die **Veröffentlichung des Erörterungs- und Abstimmungstermins.**[34] In der Praxis geschieht sie dadurch, dass der Insolvenzplan (regelmäßig in einem Sonderband) zur Akte genommen wird und die Akte, jedenfalls aber der Sonderband, auf der Geschäftsstelle zur Einsicht bereit liegt. Die Einsicht in den Plan ist zu Geschäftszeiten des Insolvenzgerichts gebührenfrei auf der Geschäftsstelle möglich. Die Erteilung von Abschriften ist ebenfalls möglich, aber kostenpflichtig.[35] 26

II. Zur Einsicht Berechtigte

Der Kreis der Beteiligten ist gesetzlich nicht näher definiert und aus der Norm heraus auszulegen.[36] Unzweifelhaft gehören die in § 235 Abs. 3 Satz 1 InsO genannten Personen (Anmeldegläubiger, Absonderungsgläubiger, Insolvenzverwalter, Schuldner, Betriebsrat, Sprecherausschuss der leitenden Angestellten) dazu.[37] Hierauf ist der Kreis allerdings nicht zu beschränken. Vielmehr ist **jedem ein Einsichtsrecht zuzubilligen, dessen Rechte durch den Plan tangiert sein können**, insbesondere ist auch an Insolvenzgläubiger, die ihre Forderung noch nicht angemeldet haben, an Massegläubiger und Gesellschafter, soweit ihre Anteils- oder Mitgliedschaftsrechte vom Plan betroffen sind, vgl. § 235 Abs. 3 Satz 3 InsO, zu denken.[38] Im Zweifel ist die Einsicht zu gestatten, da sie auch der Gewährung rechtlichen Gehörs dient,[39] und die rechtswidrige Verweigerung der Einsicht ein Grund sein kann, die Planbestätigung nach § 250 InsO zu verweigern,[40] während die zu Unrecht gewährte Einsicht ein Bestätigungshindernis nicht begründet.[41] Hinzu kommt, dass regelmäßig jedenfalls ein **Akteneinsichtsrecht nach § 4 InsO, § 299 ZPO** besteht, sofern ein rechtliches Interesse glaubhaft gemacht wird.[42] 27

III. Praktische Relevanz der Regelung

Auch wenn es sich um eine **zwingende Formvorschrift** handelt, die es unbedingt zu beachten gilt, ist die praktische Relevanz der Niederlegung gering. Denn dem Informationsbedürfnis der am Verfahren Beteiligten wird in aller Regel bereits durch die Übersendung des Plans oder einer Zusammenfassung seines wesentlichen Inhalts nach § 235 Abs. 3 Satz 2 InsO Genüge getan. Vielfach werden sie aufgrund der Verhandlungen im Vorfeld der Planeinreichung ohnehin Kenntnis von den Planregelungen haben. 28

Ein **Verstoß gegen das Niederlegungsgebot** des § 234 InsO führt in aller Regel dazu, dass dem Plan nach § 250 Nr. 1 InsO die Bestätigung zu versagen ist. Eine Ausnahme hiervon kann im Einzelfall gemacht werden, wenn die Niederlegung unvollständig war und nur Teile von untergeordneter Bedeutung nicht niedergelegt wurden oder wenn (ausnahmsweise) der vollständige Plan samt Anlagen und Stellungnahmen allen Beteiligten übersandt worden ist.[43] 29

---

34) *Thies* in: HambKomm-InsR, § 234 InsO Rz. 3.

35) Uhlenbruck-*Streit*, InsO, § 234 Rz. 6; *Thies* in: HambKomm-InsR, § 234 InsO Rz. 5.

36) Vgl. *Breuer* in: MünchKomm-InsO, § 234 Rz. 10 f.; *Thies* in: HambKomm-InsR, § 234 InsO Rz. 4, § 217 InsO Rz. 12.

37) *Thies* in: HambKomm-InsR, § 235 InsO Rz. 4.

38) Uhlenbruck-*Streit*, InsO, § 234 Rz. 5.

39) Uhlenbruck-*Lüer/Streit*, InsO, § 235 Rz. 1; vgl. auch *Breuer* in: MünchKomm-InsO, § 234 Rz. 2, 10.

40) *Breuer* in: MünchKomm-InsO, § 234 Rz. 12; Uhlenbruck-*Lüer/Streit*, InsO, § 250 Rz. 19 f.

41) Uhlenbruck-*Lüer/Streit*, InsO, § 250 Rz. 20.

42) Uhlenbruck-*Streit*, InsO, § 234 Rz. 6.

43) Uhlenbruck-*Lüer/Streit*, InsO, § 250 Rz. 19.

E. Terminierung

30 Hat das Gericht die Vorprüfung abgeschlossen, den Plan zugelassen und die Stellungnahmen nach § 231 InsO eingeholt, hat das Gericht einen **Termin zur Erörterung und Abstimmung** über den Insolvenzplan zu bestimmen. Die Terminierung kann auch bereits mit Einholung der Stellungnahmen erfolgen. Bei der Terminierung ist nochmals darauf zu achten, dass die Niederlegung des Plans gemäß § 234 InsO erfolgt bzw. erfolgt ist, da diese bis zur Veröffentlichung des Termins erfolgt sein muss.

31 Erörterungs- und Abstimmungstermin sind, wie jede andere Gläubigerversammlung auch, nicht öffentlich.[44] Über § 4 InsO, § 128a ZPO ist auch eine virtuelle oder teilvirtuelle (hybride) Durchführung der Gläubigerversammlung möglich.

I. Verbindung und Trennung von Erörterungs- und Abstimmungstermin

32 Bei der Terminierung hat das Gericht zu entscheiden, ob es einen gemeinsamen Erörterungs- und Abstimmungstermin bestimmt oder ob es eine getrennte Terminierung vornimmt. Aus der gesetzlichen Konzeption ergibt sich, dass es sich bei **Erörterungs- und Abstimmungstermin um zwei Termine** handelt, wobei der gemeinsame Termin der gesetzliche Regelfall ist.[45] Hiervon kann das Gericht nach seinem Ermessen abweichen und einen gesonderten Abstimmungstermin anberaumen, § 241 Abs. 1 Satz 1 InsO.

33 Weitergehend ist sogar eine **Verbindung** auch mit den anderen in der InsO vorgesehenen Terminen möglich. Dies gilt sowohl für den **Erörterungs- und Prüfungstermin** als auch für einen notwendig gewordenen **Nachprüfungstermin** (siehe dazu näher Rz. 50 ff.).

II. Frist zur Terminierung

34 Zwar hat die Terminierung unverzüglich zu erfolgen,[46] allerdings kann das Gericht mit der Terminierung warten, bis die Frist zur Abgabe der Stellungnahmen abgelaufen ist. Zur Beschleunigung des Verfahrens soll – nicht muss – der Termin jedenfalls nicht über einen Monat hinaus angeordnet werden, § 235 Abs. 1 Satz 2 InsO.[47]

III. Ladung zum Termin und Veröffentlichung des Termins

1. Ladung zum Termin

35 Die **Anmeldegläubiger**, die **absonderungsberechtigten Gläubiger**, der **Insolvenzverwalter**, der **Schuldner**, der **Betriebsrat** und der **Sprecherausschuss** der leitenden Angestellten sind nach § 235 Abs. 3 Satz 1 InsO gesondert zu laden. Ihnen ist mit der Ladung der Plan zuzustellen, wobei eine Zusammenfassung des Plans genügen kann (§ 235 Abs. 3 Satz 2 InsO).

36 Wenn in den Plan Anteils- oder Mitgliedschaftsrechte der **am Schuldner beteiligten Personen** einbezogen sind, sind auch diese Personen gesondert unter Beifügung des Plans oder einer Zusammenfassung zu laden, § 235 Abs. 3 Satz 3 InsO (siehe auch § 29 Rz. 102 ff. [*Brünkmans*]). Dies gilt nicht für Aktionäre oder Kommanditaktionäre, § 235 Abs. 3 Satz 3 Halbs. 2 InsO. Für börsennotierte Gesellschaften findet § 121 Abs. 4a AktG entsprechende Anwendung, § 235 Abs. 3 Satz 4 InsO. Sie haben, sofern sie nicht ausschließlich Namensaktien ausgegeben haben und die Einberufung den Aktionären nicht unmit-

44) Graf-Schlicker-*Kebekus/Wehler*, InsO, § 236 Rz. 1; Uhlenbruck-*Lüer/Streit*, InsO, § 235 Rz. 23; *Thies* in: HambKomm-InsR, § 235 InsO Rz. 14.

45) Vgl. Uhlenbruck-*Lüer/Streit*, InsO, § 235 Rz. 1; *Thies* in: HambKomm-InsR, § 235 InsO Rz. 2.

46) *Thies* in: HambKomm-InsR, § 235 InsO Rz. 3.

47) *Hintzen* in: MünchKomm-InsO, § 235 Rz. 8.

telbar nach § 121 Abs. 4 Sätze 2 und 3 AktG übersenden, die Einberufung spätestens zum Zeitpunkt der Bekanntmachung solchen Medien zur Veröffentlichung zuzuleiten, bei denen davon ausgegangen werden kann, dass sie die Information in der gesamten EU verbreiten. Dieser Anforderung wird durch die Internetpublikation im elektronischen Bundesanzeiger Genüge getan.[48] Schließlich haben sie eine Zusammenfassung des wesentlichen Inhalts des Plans über ihre Internetseite zugänglich zu machen (§ 235 Abs. 4 Satz 4 Halbs. 2 InsO).

2. Zustellung der Ladung und des Plans bzw. einer Zusammenfassung

Die Ladung soll nach einer in der Literatur vertretenen Ansicht keiner förmlichen Zustellung bedürfen.[49] Dies ist im Hinblick auf § 4 InsO, §§ 214, 329 Abs. 2 Satz 2 ZPO jedenfalls zweifelhaft. Regelmäßig wird, wie sonst bei gerichtlichen Ladungen,[50] auch im Insolvenzverfahren eine förmliche Zustellung angezeigt sein. Die **Ladung** kann nach h. M. gemäß § 8 Abs. 3 InsO vom Gericht auf den **Verwalter bzw. Sachwalter übertragen** werden.[51] Die Kosten der Ladung sind Verfahrenskosten. Wird der Verwalter mit der Ladung beauftragt, kann er die Kosten als Auslagen nach § 8 Abs. 3 InsVV geltend machen.[52] 37

3. Öffentliche Bekanntmachung des Termins

Der Termin ist öffentlich bekannt zu machen, wobei in der Bekanntmachung darauf hinzuweisen ist, dass der Plan auf der Geschäftsstelle eingesehen werden kann, § 235 Abs. 2 InsO. Die öffentliche Bekanntmachung richtet sich nach § 9 InsO,[53] erfolgt also ausschließlich im Internet[54] auf der Seite **www.insolvenzbekanntmachungen.de.** 38

Durch die öffentliche Bekanntmachung soll sichergestellt werden, dass auch Gläubiger, die bislang nicht bekannt waren oder ihre Forderung noch nicht angemeldet hatten und die deshalb nicht ohnehin geladen werden, vom Planverfahren Kenntnis erhalten und die Möglichkeit bekommen, nunmehr doch noch aktiv am Verfahren teilzunehmen. 39

Bei der Frage, ob mit der Ladung der vollständige Plan oder nur eine Zusammenfassung übersandt wird, sind die logistischen Vorteile einer Übersendung nur einer Zusammenfassung gegen die Informationsdefizite, die hierbei bestehen, abzuwägen.[55] Für die Übersendung einer Zusammenfassung spricht – neben dem Umstand, dass erhebliche Druckkosten entstehen können –, dass die Übersendung des vollständigen Planes aufgrund seiner komplexen juristischen Darstellung bei manchen Gläubigern eher zur Verunsicherung als zur Aufklärung beitragen kann. Eine prägnante, am Empfängerhorizont der Gläubiger orientierte Zusammenfassung, in der die Rechtsstellung der Gläubiger und die geplanten Ergebnisse erläutert werden, kann den Informationszweck möglicherweise deutlich besser erfüllen.[56] 40

---

48) *Thies* in: HambKomm-InsR, § 235 InsO Rz. 8 m. w. N.

49) Uhlenbruck-*Lüer/Streit*, InsO, § 235 Rz. 20; *Thies* in: HambKomm-InsR, § 235 InsO Rz. 10.

50) Vgl. Prütting/Gehrlein-*Kazele*, ZPO, § 214 Rz. 3.

51) Uhlenbruck-*Lüer/Streit*, InsO, § 235 Rz. 20; *Thies* in: HambKomm-InsR, § 235 InsO Rz. 10.

52) *Thies* in: HambKomm-InsR, § 235 InsO Rz. 11.

53) *Hintzen* in: MünchKomm-InsO, § 235 Rz. 10; *Thies* in: HambKomm-InsR, § 235 InsO Rz. 6.

54) *Rüther* in: HambKomm-InsR, § 9 InsO Rz. 1.

55) Uhlenbruck-*Lüer/Streit*, InsO, § 235 Rz. 16, 21.

56) *Buchalik/Stahlschmidt*, ZInsO 2014, 1144, 1148.

41 Andererseits wirft die Zusammenfassung neue Probleme auf, insbesondere kann eine **fehlerhafte Zusammenfassung** einen Ladungsmangel darstellen,[57] der im Extremfall zur Versagung der Planbestätigung führen kann.[58] Es sollte deshalb nur zurückhaltend von der Möglichkeit der Übersendung einer Zusammenfassung, die auf Aufforderung des Gerichts vom Planersteller zu fertigen ist, § 235 Abs. 3 Satz 2 InsO, Gebrauch gemacht werden.[59] Dies gilt umso mehr, als dass selbst in komplexen Fallgestaltungen Pläne kaum einmal mehr als 50 bis 70 Seiten Umfang (zuzüglich Anlagen) haben und vielfach einfach und kostengünstig elektronisch nach § 4 InsO, § 173 ZPO zustellt werden können.

> **Praxishinweis**
>
> **Inhalt der Planzusammenfassung** muss jedenfalls die Vergleichsrechnung, die Gruppenbildung, wichtige gestaltende Elemente, die Quoten, die Auszahlungsmodalitäten sowie die Auswirkungen des Plans auf die Beteiligten sein.[60] Vielfach bietet es sich an, dem vollständig übersandten Plan eine kurze Zusammenfassung beizufügen oder im darstellenden Teil voranzustellen.

4. Hinweis auf besondere Zulässigkeitsvoraussetzungen für sofortige Beschwerde

42 In der öffentlichen Bekanntmachung sowie in der Ladung zum Termin ist auf die **besonderen Zulässigkeitsvoraussetzungen für die sofortige Beschwerde** gegen die Bestätigung eines Insolvenzplans gemäß § 253 Abs. 2 Nr. 1 und 2 InsO (Widerspruch des Beschwerdeführers gegen den Plan spätestens im Abstimmungstermin schriftlich oder zu Protokoll sowie Abstimmung gegen den Plan) **hinzuweisen.** Denn diese Einschränkungen der Beschwerde gelten gemäß § 253 Abs. 3 InsO nur, wenn in der Veröffentlichung und der Ladung auf sie hingewiesen wurde.[61]

5. Folgen von Ladungs- und Veröffentlichungsfehlern

43 **Ladungsfehler** können im Einzelfall zu einer **Versagung** der Planbestätigung nach § 250 InsO führen.[62] Dies dürfte hingegen **nur in Ausnahmefällen** denkbar sein. Abgesehen von der Heilungsmöglichkeit bei Erscheinen im Termin, dürfte die ordnungsgemäße Veröffentlichung des Termins wegen § 9 Abs. 3 InsO regelmäßig genügen, um die Ladung nachzuweisen. Zwar fehlt es dann an der Übersendung des Plans an den betreffenden Beteiligten, was gegen eine Anwendung des § 9 Abs. 3 InsO spricht.[63] Allerdings ist insoweit zu beachten, dass dem Informationsbedürfnis jedenfalls durch die Niederlegung des Plans nach § 234 InsO und dem Hinweis auf diese Niederlegung in der öffentlichen Bekanntmachung des Termins Genüge getan ist. Zumindest eine versehentlich unterbliebene oder fehlgeschlagene Ladung dürfte deshalb in aller Regel einer späteren Planbestätigung nicht entgegenstehen.

44 Die **unterbliebene öffentliche Bekanntmachung** ist hingegen regelmäßig ein **schwerer Verfahrensmangel**, der die Versagung der Planbestätigung nach § 250 InsO zur Folge hat.

57) *Hintzen* in: MünchKomm-InsO, § 235 Rz. 17; Uhlenbruck-*Lüer/Streit*, InsO, § 235 Rz. 16, 17; K. Schmidt-*Spliedt*, InsO, § 235 Rz. 4.

58) Vgl. Uhlenbruck-*Lüer/Streit*, InsO, § 235 Rz. 21; K. Schmidt-*Spliedt*, InsO, § 235 Rz. 4. Einschränkend: *Hintzen* in: MünchKomm-InsO, § 235 Rz. 17 – „kann […] zu unergiebigen Diskussionen kommen".

59) Uhlenbruck-*Lüer/Streit*, InsO, § 235 Rz. 16.

60) *Buchalik/Stahlschmidt*, ZInsO 2014, 1144, 1148.

61) *Buchalik/Stahlschmidt*, ZInsO 2014, 1144, 1148.

62) Uhlenbruck-*Lüer/Streit*, InsO, § 235 Rz. 21; *Thies* in: HambKomm-InsR, § 235 InsO Rz. 12.

63) *Thies* in: HambKomm-InsR, § 235 InsO Rz. 12.

Eine Heilung ist nur möglich, wenn alle zur Teilnahme am Termin berechtigten Personen erschienen sind, was nur ausnahmsweise der Fall sein dürfte.[64)]

IV. Gesonderter Abstimmungstermin

Bei Anberaumung eines gesonderten Abstimmungstermins sind für die Ladung einige Besonderheiten zu beachten. So soll der **Zeitraum** zwischen dem Erörterungstermin und dem Abstimmungstermin **nicht mehr als einen Monat** betragen, § 241 Abs. 1 Satz 2 InsO. Darüber hinaus sind Vorschriften über die zu ladenden Beteiligten nach § 241 Abs. 2 InsO zu beachten, ist auf etwaige Planänderungen nach § 240 InsO hinzuweisen und eine schriftliche Stimmabgabe nach § 242 InsO zu ermöglichen. 45

1. Ladung der Beteiligten

Die **stimmberechtigten Beteiligten** und der **Schuldner** sind **gesondert zu laden,** § 241 Abs. 2 Satz 1 InsO. Eine Ausnahme besteht nach § 241 Abs. 2 Sätze 2–4 InsO lediglich für Aktionäre oder Kommanditaktionäre. Für diese reicht es aus, den Termin öffentlich bekannt zu machen. Für börsennotierte Gesellschaften findet wiederum § 121 Abs. 4a AktG entsprechende Anwendung (siehe oben Rz. 35 f.).[65)] 46

Eine erneute **Ladung der weiteren nach § 235 Abs. 3 InsO zu ladenden Beteiligten** (Insolvenzverwalter, Beteiligte ohne Stimmrecht, Betriebsrat und der Sprecherausschuss der leitenden Angestellten) ist nach dem eindeutigen Wortlaut des § 241 Abs. 2 InsO **nicht erforderlich.**[66)] 47

> **Praxishinweis**
>
> Im Hinblick darauf, dass vor einer Entscheidung über die Bestätigung des Insolvenzplans gemäß § 248 Abs. 2 InsO neben dem Schuldner auch der Insolvenzverwalter und der Gläubigerausschuss gehört werden sollen, **empfiehlt sich aber eine Ladung auch dieser Beteiligten** zum Termin, damit die Anhörung unmittelbar erfolgen kann.

2. Hinweis auf Planänderungen nach § 240 InsO in der Ladung

Sind im Erörterungstermin **Planänderungen nach § 240 InsO** erfolgt, ist hierauf **mit der Terminladung** besonders **hinzuweisen,** § 241 Abs. 2 Satz 5 InsO. Im Abstimmungstermin sind weitere Änderungen nicht zulässig. Auch wenn der Termin allein der Abstimmung über den Plan dient, handelt es sich gleichwohl um eine Gläubigerversammlung, sodass, wie in jedem anderen Termin auch, zur Sache erörtert werden kann.[67)] Dies kann im Einzelfall sinnvoll und hilfreich sein, etwa wenn hinsichtlich der im Erörterungstermin erfolgten Änderungen noch Erklärungsbedarf besteht.[68)] Es darf allerdings nicht dazu führen, dass sich der Abstimmungstermin zu einem zweiten Erörterungstermin auswächst.[69)] 48

3. Möglichkeit der schriftlichen Stimmabgabe

Schließlich besteht für die Beteiligten bei Anberaumung eines gesonderten Abstimmungstermins die Möglichkeit der **schriftlichen Stimmabgabe** gemäß § 242 Abs. 1 InsO, 49

---

64) *Jaffé* in: FK-InsO, § 235 Rz. 27; Uhlenbruck-*Lüer/Streit*, InsO, § 235 Rz. 11; *Thies* in: HambKomm-InsR, § 235 InsO Rz. 6.

65) *Thies* in: HambKomm-InsR, § 235 InsO Rz. 8 m. w. N.

66) *Hintzen* in: MünchKomm-InsO, § 241 Rz. 10 ff.

67) Uhlenbruck-*Lüer/Streit*, InsO, § 241 Rz. 11; *Thies* in: HambKomm-InsR, § 241 InsO Rz. 7; a. A. *Hintzen* in: MünchKomm-InsO, § 241 Rz. 14.

68) *Thies* in: HambKomm-InsR, § 241 InsO Rz. 7.

69) Uhlenbruck-*Lüer/Streit*, InsO, § 241 Rz. 11.

die das mehrfache Erscheinen vor Gericht erspart. Die weiteren Formalien ergeben sich aus § 242 Abs. 2 InsO. Das Insolvenzgericht hat den stimmberechtigten Beteiligten nach dem Erörterungstermin den **Stimmzettel zu übersenden** und teilt ihnen dabei ihr Stimmrecht mit. Zu beachten ist § 242 Abs. 2 Satz 2 InsO. Danach wird die schriftliche Stimmabgabe nur berücksichtigt, wenn sie dem Gericht spätestens am Tag vor dem Abstimmungstermin zugegangen ist; darauf ist bei der Übersendung des Stimmzettels hinzuweisen.

V. Entscheidung über Trennung und Verbindung nach Zweckmäßigkeit

1. Einheitlicher Erörterungs- und Abstimmungstermin

50 Ob ein einheitlicher Erörterungs- und Abstimmungstermin oder eine Trennung der Termine sinnvoller ist, lässt sich nur im Einzelfall entscheiden. Je **komplexer das Verfahren** und je mehr Beteiligte es hat, umso eher sollte an eine **Entzerrung der Termine** gedacht werden, schon allein damit sie praktisch handhabbar bleiben. Eine Trennung ist insbesondere bei einer hohen Gläubigerzahl und bei komplexen Planregelungen sinnvoll, die detaillierter Erörterung bedürfen.[70] Zwar erfordert die weitere Ladung und die Erstellung der Stimmzettel für die Möglichkeit der schriftlichen Stimmabgabe weiteren logistischen Aufwand, der nicht zu unterschätzen ist. Hingegen sind die hierfür notwendigen Vorarbeiten, insbesondere die genaue Feststellung des Stimmrechts, ohnehin zu leisten und erfordern bisweilen eine erhebliche und zeitaufwändige Fleißarbeit, die in der Kürze des mündlichen Termins kaum zu bewältigen wäre.

51 Ob bei **Vorlage** mehrerer **konkurrierender Pläne** (siehe zur Thematik § 14 Rz. 3 ff. und Rz. 7 ff. [*Laroche*])[71] für jeden ein einheitlicher Erörterungs- und Abstimmungstermin anberaumt wird oder ggf. mehrere Erörterungs- und Abstimmungstermine stattfinden, lässt sich ebenfalls nicht pauschal beantworten. Um allen Plänen die gleiche Chance auf Annahme zu geben, ist grundsätzlich eine gleichzeitige Terminierung vorzugswürdig.[72] Dies setzt wegen des Beschleunigungsgrundsatzes aber voraus, dass sie in einem engen zeitlichen Zusammenhang eingereicht werden.[73]

Praxishinweis

Bei Vorlage konkurrierender Pläne kann es dazu kommen, dass mehrere Pläne angenommen werden. In diesem Fall hat die Gläubigerversammlung in einem weiteren Beschluss darüber abzustimmen, welcher Plan angenommen werden soll.[74]

2. Verbindung mit Berichts- und Prüfungstermin

52 Gerade in einfachen Fällen kann es sogar sinnvoll sein, von der durch § 236 InsO eröffneten Möglichkeit Gebrauch zu machen, den Erörterungs- und Abstimmungstermin mit dem Prüfungstermin zu verbinden.

70) Vgl. *Hintzen* in: MünchKomm-InsO, § 235 Rz. 5; *Thies* in: HambKomm-InsR, § 241 InsO Rz. 3.

71) Uhlenbruck-*Lüer/Streit*, InsO, § 235 Rz. 7 – Schuldnerplan, Verwalterplan in eigener Verantwortung; Verwalterplan im Auftrag der Gläubigerversammlung.

72) *Thies* in: HambKomm-InsR, § 235 InsO Rz. 5.

73) Uhlenbruck-*Lüer/Streit*, InsO, § 235 Rz. 7.

74) *Thies* in: HambKomm-InsR, § 235 InsO Rz. 5; *Sinz* in: MünchKomm-InsO, § 248 Rz. 9; **a. A.** *Eidenmüller* in: MünchKomm-InsO, § 218 Rz. 201: Das Gericht müsse alle angenommenen Pläne bestätigen. Sobald der erste Plan rechtskräftig werde, seien alle anderen Pläne erledigt. Diese Auffassung überzeugt bereits deshalb nicht, weil es letztlich in der Hand des Gerichts liegen würde, welcher Plan rechtskräftig wird, je nachdem welchen Plan es zuerst bestätigt. Würden mehrere Pläne in einem Beschluss bestätigt, was prozessual möglich ist, käme es zu dem kuriosen Ergebnis, dass mehrere Pläne rechtskräftig sind. Es liegt auf der Hand, dass dieses Ergebnis ausgeschlossen sein muss.

Da § 29 Abs. 2 InsO eine Verbindung von Berichts- und Prüfungstermin ermöglicht, kommt sogar eine Verbindung mit dem Berichtstermin in Betracht, so dass **in einer einzigen Gläubigerversammlung das gesamte Verfahren** durchlaufen werden kann.[75] Eine Verbindung von Erörterungs- und Abstimmungstermin mit dem Berichts- und Prüfungstermin empfiehlt sich aber nur in sehr einfachen Fällen mit wenigen zu prüfenden Forderungen. Andernfalls würden die Termine zu sehr überfachtet und eine sachgerechte Abarbeitung wäre kaum mehr möglich. Es sollte deshalb die Regel sein, Berichts- und Prüfungstermin jedenfalls einige Tage vor dem Erörterungs- und Abstimmungstermin abzuhalten, zumal nach der Forderungsprüfung klarer wird, welche Gläubiger mit welchen Forderungshöhen abstimmungsberechtigt sind. 53

Unproblematisch ist die Verbindung mit einem **Nachprüfungstermin.**[76] Eine solche Verbindung ist nicht zuletzt aus Gründen der Klarheit und im Hinblick auf die erforderliche Bestimmung der Stimmrechte in aller Regel sogar angezeigt, zumindest wenn nur wenige Forderungen nachträglich zu prüfen sind. Unabhängig davon kann darüber hinaus noch ein (weiterer) gesonderter Nachprüfungstermin anberaumt werden, der auch noch nach Rechtskraft des Insolvenzplans liegen kann, solange das Insolvenzverfahren nicht aufgehoben ist.[77] 54

3. Unterbrechung und Vertagung

Von der Trennung der Termine zu unterscheiden sind die **Unterbrechung und Vertagung** eines Termins. Beides ist nach den allgemeinen Regelungen der § 4 InsO, § 227 ZPO möglich.[78] Unterbrechung meint dabei den Einschub eines (kürzeren) verhandlungsfreien Zeitraumes eines zusammenhängenden Termins, etwa für eine Mittags- oder Beratungspause, während die Vertagung die Beendigung des Termins am ursprünglichen Terminstag unter Bestimmung eines Fortsetzungstermins bedeutet. Die Vertagung erfolgt nach § 227 Abs. 1 ZPO aus wichtigem Grund. Über die Vertagung entscheidet das Gericht. Die Entscheidung, in der Regel in Beschlussform, ist kurz zu begründen und unanfechtbar, § 227 Abs. 4 ZPO. Gründe können etwa eine vorgerückte Terminstunde sein, wenn absehbar ist, dass die Verhandlung an diesem Tag nicht zu Ende geführt werden kann, das (entschuldigte, etwa krankheitsbedingte) Fehlen eines wichtigen Beteiligten, auf dessen Anhörung das Gericht nicht verzichten will, oder weiterer Klärungsbedarf, der in einer Unterbrechungspause nicht befriedigt werden kann. 55

F. Schriftliches Verfahren nach § 5 InsO

In einfach gelagerten Fällen besteht die Möglichkeit, das Planverfahren ganz (oder auch nur teilweise) schriftlich durchzuführen.[79] Verfahren und Ablauf ähneln dann dem gerichtlichen Schuldenbereinigungsplanverfahren gemäß §§ 307 ff. InsO im Verbraucherinsolvenzverfahren, das gänzlich als schriftliches Verfahren ausgestaltet ist. Der **Erörterungstermin** wird im schriftlichen Verfahren **durch** eine vom Gericht gesetzte **Stellungnahmefrist ersetzt.** Dieses Vorgehen entspricht dem auch sonst im schriftlichen Verfah- 56

75) Graf-Schlicker-*Kebekus/Wehler*, InsO, § 236 Rz. 5; Uhlenbruck-*Lüer/Streit*, InsO, § 235 Rz. 2; *Thies* in: HambKomm-InsR, § 236 InsO Rz. 3.

76) *Thies* in: HambKomm-InsR, § 236 InsO Rz. 2.

77) *Thies* in: HambKomm-InsR, § 236 InsO Rz. 2, § 258 Rz. 9, der zutreffend darauf hinweist, dass etwa bei einem verfahrensbegleitenden Plan nicht unmittelbar die Aufhebung des Verfahrens ansteht.

78) Vgl. Uhlenbruck-*Lüer/Streit*, InsO, § 236 Rz. 3; *Thies* in: HambKomm-InsR, § 241 InsO Rz. 4.

79) *Grote/Pape*, ZInsO 2013, 1433, 1437; *Henning*, ZAP 2014, 671, 673; *Laroche/Harder*, VIA 2014, 81 ff.; a. A. *Blankenburg*, ZInsO 2015, 1293, 1302, der in jedem Falle einen mündlichen Erörterungstermin für erforderlich hält.

ren üblichen Vorgehen, wie es etwa vom schriftlichen Berichts- und Prüfungstermin oder dem schriftlichen Schlusstermin bekannt ist. Die schriftliche Abstimmung erfolgt sodann entsprechend den Regelungen des § 242 InsO.

57 Abgesehen davon, dass bereits von Gesetzes wegen nur in einfach gelagerten Fällen diese Möglichkeit eröffnet ist, vgl. § 5 InsO, empfiehlt sich ein solches Vorgehen allenfalls in **Ausnahmefällen.** Voraussetzung ist, dass **faktisch kein Erörterungsbedarf** mehr besteht, etwa weil der Plan mit allen Gläubigern im Vorfeld abgestimmt worden ist und lediglich einfache Regelungen enthält. Dies mag etwa der Fall sein, wenn es sich um einen Plan mit einer Einmalzahlung und einer geringen, insbesondere einstelligen Gläubigerzahl handelt. Andernfalls ist das **schriftliche Verfahren** zu **schwerfällig** und für eine schnelle Durchführung nicht mehr geeignet. Als Vergleichsmaßstab mag auch hier das gerichtliche Schuldenbereinigungsplanverfahren in der Verbraucherinsolvenz dienen. Würde das Gericht in einer vergleichbaren Situation das schriftliche Schuldenbereinigungsplanverfahren durchführen und ihm Erfolgsaussichten zusprechen, spricht nichts gegen die Durchführung auch des Planverfahrens im Schriftwege.

G. Terminabsprache zwischen Gericht, Insolvenzverwalter/Sachwalter und Schuldner

58 Bevor das Gericht in den Termin anberaumt, ist es **sinnvoll**, dass **das Gericht sich mit** dem **Planersteller, dem Insolvenzverwalter** bzw. in der Eigenverwaltung dem **Sachwalter abstimmt,** nicht zuletzt um Verhinderungen, etwa aufgrund von Terminskollisionen oder Urlauben, zu vermeiden. Auch die Frage, ob eine einheitliche oder getrennte Terminierung erfolgt, sollte im Vorfeld geklärt werden. Schließlich sollten technische Fragen, etwa hinsichtlich der Saalgröße und etwaiger Ausstattung im Vorfeld geklärt werden, insbesondere, wenn mit einer großen Gläubigerzahl und einer entsprechend komplexen Abstimmung zu rechnen ist oder aber auch Planregelungen oder Abstimmungsergebnisse etwa mittels technischer Hilfsmittel, wie Beamer, im Saal bekannt gegeben werden sollen. In Großverfahren erfordert die Vorbereitung bisweilen besonderen Aufwand, wenn damit zu rechnen ist, dass die Teilnehmerzahl die Kapazitäten der vorhandenen Gerichtssäle übersteigen wird und deshalb externe Räumlichkeiten angemietet werden müssen.

§ 16
Vorbereitung und Ablauf des Erörterungs- und Abstimmungstermins, Feststellung von Mehrheiten

Übersicht

Literatur: *Blankenburg*, Probleme des Insolvenzplans in Kleinverfahren, ZInsO 2015, 1293; *Böcker*, Das ESUG in der praktischen Anwendung im Fall Suhrkamp, ZInsO 2015, 773; *Brünkmans/Greif-Werner*, Die Prüfung gesellschaftsrechtlicher Regelungen im Insolvenzplan durch Insolvenzgericht und Registergericht, ZInsO 2015, 1585; *Buchalik/Stahlschmidt*, Die neue richterliche Zuständigkeit bei Insolvenzplänen in Eigenverwaltung – ein Erfahrungsbericht, ZInsO 2014, 1144; *Horstkotte*, Der Insolvenzplan in der gerichtlichen Vorprüfung, ZInsO 2014, 1297.

A. Erörterungs- und Abstimmungstermin

Der Erörterungs- und Abstimmungstermin nach §§ 235 ff. InsO dient der Entscheidung über den Insolvenzplan. Der Termin wird vom Gericht festgesetzt und von diesem geleitet.[1] Formell handelt es sich um zwei Gläubigerversammlungen, weshalb das Gericht nach seinem Ermessen die Termine zusammenfassen oder getrennt abhalten kann (siehe dazu schon § 15 Rz. 50 ff. [*Laroche*]). 1

1) *Frege/Keller/Riedel*, InsR, Rz. 1967 f.

2 Im Erörterungstermin werden das Stimmrecht der Beteiligten und der Insolvenzplan erörtert. Die eigentliche Abstimmung findet dann im Abstimmungstermin statt.[2] Im Abstimmungstermin sind sodann noch etwaige Anträge der Beteiligten zur Versagung der Bestätigung des Insolvenzplans zu behandeln und die Entscheidung über die Bestätigung des Insolvenzplans zu treffen, soweit das Gericht hierzu nicht einen gesonderten Verkündungstermin anberaumt.[3]

B. Ablauf des Erörterungstermins

3 Für den Erörterungstermin ist kein festes Ablaufschema vorgesehen. Wie jeder Gerichtstermin beginnt der Erörterungstermin mit dem Aufruf der Sache und der Feststellung der Anwesenden. Erscheint der **Insolvenzverwalter nicht zum Termin**, ist grundsätzlich eine **Vertagung** erforderlich, da der Verwalter zwingend anwesend sein muss. Erscheint der Schuldner nicht, und wird er auch nicht durch einen Bevollmächtigten vertreten, dürfte in aller Regel ebenfalls eine Vertagung erforderlich sein.[4]

4 Es folgt eine **Einführung in den Sach- und Streitstand** durch das Gericht. Anschließend sollte bereits das Stimmrecht der Beteiligten erörtert und nötigenfalls festgesetzt werden.

5 Anschließend wird der Plan erörtert, § 235 Abs. 1 Satz 1 InsO. Dem Planersteller ist die Möglichkeit zu geben, den **Plan** und die ihm zugrunde liegenden Erwägungen **vorzustellen**. In welchem Umfang dies erfolgt, hängt von den Umständen des Einzelfalls ab.[5] Dabei obliegt es der Sachleitung des Gerichts zu entscheiden, in welchem Umfang es den Plan selbst vorstellt oder dies dem Planersteller überlässt. Soweit teilweise vertreten wird, dass der Planersteller den Plan verliest und erläutert,[6] handelt es sich hierbei nicht um einen zwingenden Verfahrensschritt, sondern lediglich um eine Option nach Maßgabe der gerichtlichen Prozessführungsbefugnis. Das Gericht kann den Plan auch selbst vorstellen, was in der Praxis vielfach geschieht. Selbstverständlich ist dem Planersteller dann aber das Recht einzuräumen, den Plan näher zu erläutern.[7] Der Umfang der Erörterung richtet sich stets nach dem Informationsbedürfnis der Anwesenden. Ein vollständiges Verlesen des Plans ist nicht erforderlich. Nach der Vorstellung des Plans erhalten die Anwesenden die Gelegenheit, ergänzende **Fragen** zu stellen. Soweit sich die Notwendigkeit von **Änderungen** ergibt, kann dies nach Maßgabe des § 240 InsO im Termin erfolgen. Über diese Änderungen kann sodann ebenfalls erörtert werden.[8]

I. Verhandlungsleitung

6 Die Verhandlungsleitung liegt allein beim Gericht.[9] In Verfahren, die ab dem 1.1.2013 beantragt wurden, ist gemäß § 18 Abs. 1 Nr. 2 RPflG funktional der **Richter** für das Verfahren über den Insolvenzplan nach §§ 217 bis 256 und §§ 258 bis 269 InsO **zuständig**. Für alle anderen Verfahrensteile bleibt der Rechtspfleger zuständig. Dies gilt insbesondere auch für die Durchführung des Erörterungs- und Berichtstermins (§§ 156, 176 InsO)

---

2) *Frege/Keller/Riedel*, InsR, Rz. 1966.

3) Zum Ablauf des kombinierten Erörterungs- und Abstimmungstermins mit einem ausführlichen Muster eines Terminprotokolls, vgl.: *Frege/Keller/Riedel*, InsR, Rz. 1987.

4) *Hintzen* in: MünchKomm-InsO, § 235 Rz. 25.

5) Vgl. *Hintzen* in: MünchKomm-InsO, § 235 Rz. 26.

6) Vgl. etwa *Hintzen* in: MünchKomm-InsO, § 235 Rz. 26.

7) Uhlenbruck-*Lüer/Streit*, InsO, § 235 Rz. 26; **a. A.** wohl *Jaffé* in: FK-InsO, § 235 Rz. 20 – Verlesung erforderlich, soweit die Beteiligten nicht hierauf verzichten.

8) *Frege/Keller/Riedel*, InsR, Rz. 1969.

9) *Frege/Keller/Riedel*, InsR, Rz. 1967 f.; *Hintzen* in: MünchKomm-InsO, § 235 Rz. 20, 23; Uhlenbruck-*Lüer/Streit*, InsO, § 235 Rz. 24; *Thies* in: HambKomm-InsR, § 235 InsO Rz. 13.

sowie eines etwaigen Nachprüfungstermins (§ 177 InsO) zuständig, selbst wenn diese Termine gemäß § 236 InsO mit dem Erörterungs- und Abstimmungstermin nach § 235 InsO miteinander verbunden werden. Es ist deshalb entweder erforderlich, dass sich Richter und Rechtspfleger abstimmen und den Termin gemeinsam leiten oder aber, wovon aus Gründen der Praktikabilität vermehrt Gebrauch gemacht wird, der **Richter** nach § 18 Abs. 2 Satz 3 RPflG die **Durchführung des Termins im Ganzen an sich zieht.**[10)]

In Insolvenzverfahren, die **bis zum 31.12.2012 beantragt** wurden, besteht nach der Über- 7
leitungsvorschrift des Art. 103g Satz 2 EGInsO die **Rechtspflegerzuständigkeit** für das Planverfahren fort. Es kommt insoweit nicht darauf an, wann das Verfahren eröffnet oder der Plan vorgelegt wurde. Dies schließt die Möglichkeit nicht aus, dass der Richter das Planverfahren nach § 18 Abs. 2 Satz 3 RPflG an sich zieht und selbst bearbeitet.

II. Teilnahmeberechtigung

Teilnahmeberechtigt sind zunächst **die in § 235 Abs. 3 InsO genannten Beteiligten,** also 8
Anmeldegläubiger, die absonderungsberechtigten Gläubiger, der Insolvenzverwalter, der Schuldner, der Betriebsrat und der Sprecherausschuss der leitenden Angestellten. Hierin erschöpft sich das Teilnahmerecht aber nicht. Insbesondere sind auch Anteilseigner teilnahmeberechtigt, jedenfalls wenn deren Haftung über § 227 Abs. 2 InsO betroffen sein kann.[11)] Auch Insolvenzgläubiger, die ihre Forderung noch nicht angemeldet haben, sind teilnahmeberechtigt, was insbesondere auch für **nachrangige Gläubiger**, die nach § 174 Abs. 3 InsO noch nicht zur Anmeldung aufgefordert wurden, von Relevanz ist.[12)] Im Übrigen gilt § 175 Abs. 2 GVG, wonach das Gericht in nicht öffentlichen Verhandlungen **einzelnen Personen** den **Zutritt gestatten** kann. Dies kann für Personen sinnvoll sein, die nach § 230 Abs. 3 InsO Verpflichtungen gegenüber den Gläubigern übernommen haben, gilt aber etwa auch für die Presse.[13)]

Der Kreis der Teilnahmeberechtigten unterscheidet sich insbesondere wegen der Teil- 9
nahmeberechtigung der Anteilseigner von demjenigen anderer Gläubigerversammlungen. Aus diesem Grund wird teilweise der abweichende Terminus der **Beteiligtenversammlung** genutzt.[14)] Dieser Ausdruck mag bezogen auf die einzelne Versammlung vielleicht genauer sein, führt aber seinerseits zu neuen Missverständnissen. Denn es handelt sich sowohl beim Erörterungs- als auch beim Abstimmungstermin nach wie vor um Gläubigerversammlungen mit allen Befugnissen, die das Gesetz diesen zuspricht. Würde man dies anders sehen, wäre insbesondere auch eine Verbindung mit Berichts- und Prüfungstermin nicht möglich.

Besteht **Streit über die Teilnahmeberechtigung** eines Anwesenden, **entscheidet** das **Ge-** 10
richt aufgrund seiner **Prozessleitungsbefugnis** (vgl. § 175 Abs. 2 Satz 1 GVG).[15)]

III. Festlegung der Stimmrechte

1. Allgemeines

Das Stimmrecht richtet sich nach §§ 237, 238, 238a und 238b InsO, die allerdings weitge- 11
hend auf § 77 InsO verweisen. Dabei gilt zunächst, dass **Forderungen**, die **angemeldet**

10) Uhlenbruck-*Lüer/Streit*, InsO, § 235 Rz. 24; *Thies* in: HambKomm-InsR, § 235 InsO Rz. 13, § 236 Rz. 2.

11) *Thies* in: HambKomm-InsR, § 235 InsO Rz. 14.

12) Graf-Schlicker-*Graf-Schlicker*, InsO, § 176 Rz. 2; Uhlenbruck-*Sinz*, InsO, § 176 Rz. 25; *Riedel* in: MünchKomm-InsO, § 176 Rz. 9.

13) Uhlenbruck-*Lüer/Streit*, InsO, § 235 Rz. 23; *Thies*in: HambKomm-InsR, § 235 InsO Rz. 14.

14) *Böcker*, ZInsO 2015, 773; *Brünkmans/Greif-Werner*, ZInsO 2015, 1585, 1587.

15) Vgl. *Hintzen* in: MünchKomm-InsO, § 235 Rz. 22 f.

und **weder** vom **Insolvenzverwalter noch** von einem **stimmberechtigten Gläubiger bestritten** worden sind, ein Stimmrecht gewähren (§§ 237 Abs. 1 Satz 1 InsO, 77 Abs. 1 Satz 1 InsO). Soweit der Plan Eingriffe in Rechte aus gruppeninternen **Drittsicherheiten** vorsieht, richtet sich das das Stimmrecht nach dem Befriedigungsbetrag, der aus der Geltendmachung der Rechte aus der Drittsicherheit mutmaßlich zu erwarten ist (§ 238b InsO). In der Eigenverwaltung steht das Recht zum stimmrechtsblockierenden Bestreiten dem Sachwalter zu, während ein Bestreiten des Schuldners nach § 283 Abs. 1 Satz 1 InsO sich nicht auf das Stimmrecht auswirkt, weil er weder stimmberechtigt ist noch an die Stelle des Insolvenzverwalters tritt.[16)]

12 Soweit durch den Plan in das Recht eines Gläubigers **nicht eingegriffen** wird, steht ihm ein **Stimmrecht nicht** zu, § 237 Abs. 2 InsO (für Absonderungsgläubiger i. V. m. § 238 Abs. 2 InsO). Diese Regelung kann bei der Mehrheitsbeschaffung zu taktischen Überlegungen führen. Insbesondere wenn eine Gruppe der Kleingläubiger gebildet wird und auf die Zustimmung dieser Gruppe zur Beschaffung einer Mehrheit nach § 245 Abs. 1 Nr. 3 InsO spekuliert wird, darf keine 100 %-Befriedigung angeboten werden,[17)] wie umgekehrt eine vollständige Befriedigung die Gruppe bei der Feststellung der Mehrheiten unbeachtlich machen kann.

13 Hat ein Gläubiger mehrere Forderungen, erhält er gleichwohl nur ein einziges Stimmrecht, allerdings i. H. seiner Gesamtforderungen. Relevant werden kann dies auch bei der öffentlichen Hand, wenn etwa eine Körperschaft des öffentlichen Rechts, z. B. ein Land oder eine Gemeinde als Gebietskörperschaft, durch verschiedene Behörden oder Ämter vertreten wird. Es ist dann eine Frage der Binnenorganisation der Körperschaft, durch den sie sich im konkreten Fall vertreten lässt. Können sie sich nicht einigen, gilt die als Enthaltung (siehe unten Rz. 56) Die Gewährung nur eines einzigen Stimmrechts gilt auch für Rückgriffsgläubiger, etwa den Pensions-Sicherungs-Verein (PSVaG). Dem steht nicht entgegen, dass die einzelnen Forderungen einen unterschiedlichen Verlauf nehmen können, denn dies ist stets der Fall, wenn ein Gläubiger Inhaber mehrerer Forderungen ist.[18)]

2. Splitting des Stimmrechts

14 Eine Ausnahme vom Grundsatz, dass jeder Gläubiger nur ein Stimmrecht hat, besteht, wenn die Forderungen eines Gläubigers einen unterschiedlichen Charakter haben und deshalb in verschiedene Gruppen eingeordnet sind, etwa für eine Forderung Absonderungsrechte bestehen oder lediglich eine von mehreren Forderungen deliktischen Charakter hat. Es kommt zu einem **Splitting des Stimmrechts** mit der Konsequenz, dass ein Gläubiger in verschiedenen Gruppen auch unterschiedlich abstimmen kann.[19)]

3. Stimmrecht der absonderungsberechtigten Gläubiger

15 Absonderungsberechtigten Gläubigern steht nach § 237 Abs. 1 Satz 2 InsO ein Stimmrecht als Insolvenzgläubiger zu, soweit sie **mit ihrem Absonderungsrecht ausfallen** oder auf ihre **Sicherheit verzichten**. Soweit der Ausfall noch nicht feststeht, sind sie mit ihrem mutmaßlichen Ausfall abstimmungsberechtigt. Der **Ausfall** ist der Höhe nach zu **schätzen**, wobei sich die Gläubiger über die Höhe des Stimmrechts zu einigen haben. Gelingt

16) *Ehricke/Ahrens* in: MünchKomm-InsO, § 77 Rz. 7.
17) *Thies* in: HambKomm-InsR, § 238 InsO Rz. 5.
18) *Thies* in: HambKomm-InsR, § 244 InsO Rz. 6.
19) *Horstkotte*, ZInsO 2014, 1297, 1304; *Thies* in: HambKomm-InsR, § 244 InsO Rz. 5.

dies nicht, hat das Gericht das Stimmrecht nach pflichtgemäßem Ermessen festzusetzen (siehe dazu sogleich Rz. 24).[20]

Soweit die absonderungsberechtigten Gläubiger eine eigene Gruppe bilden, weil in ihre Rechte eingegriffen wird, steht ihnen selbstverständlich auch insoweit ein (ggf. weiteres) Stimmrecht zu, § 238 InsO. Es kann deshalb sein, dass ein Absonderungsgläubiger **in zwei Gruppen mit jeweils unterschiedlichen Stimmrechten abstimmungsberechtigt** ist. Da ihre Forderungen nicht angemeldet und geprüft werden, sind im Termin die Rechte einzeln zu erörtern, § 238 Abs. 1 Satz 1 InsO. Bei streitigen, aufschiebend bedingten oder nicht fälligen Rechten gilt über die Verweisung in § 238 Abs. 1 Satz 3 InsO wiederum, dass eine Einigung der Gläubiger oder hilfsweise eine Festsetzung des Stimmrechts durch das Gericht entsprechend § 77 Abs. 2, 3 Nr. 1 InsO zu erfolgen hat.[21] 16

4. Stimmrecht der Anteilseigner (§ 238a InsO)

Für Anteilseigner gilt nach § 238a Abs. 1 InsO, dass sich ihr Stimmrecht **nur nach dem gezeichneten Kapital oder Vermögen** des Schuldners richtet. **Stimmrechtsbeschränkungen, Sonder- oder Mehrstimmrechte bleiben außer Betracht.** Stimmrechtslosen Vorzugsaktien steht deshalb dasselbe Stimmrecht zu, wie jeder anderen Aktie.[22] Es kommt auch nicht darauf an, ob die Einlage auf die Aktie voll gezahlt wurde, weil etwa fehlende Einlagebestandteile vom Insolvenzverwalter eingefordert werden können.[23] Schuldrechtliche Stimmbindungsverträge sind nicht beachtlich.[24] Auch **Stimmrechtsausschlüsse**, wie sie etwa in § 136 Abs. 1 Satz 1 AktG oder § 47 Abs. 4 GmbHG vorgesehen sind, **greifen nicht**, weil der wirtschaftlich Betroffene ja gerade an der Entscheidung über den Insolvenzplan beteiligt werden soll.[25] 17

Praxishinweis

Anders ist es, wenn das Stimmrecht aufgrund der Verletzung kapitalmarktrechtlicher Plichten ruht (vgl. § 28 WpHG; § 20 Abs. 7 AktG), da andernfalls die Sanktionswirkung der Vorschriften nicht erreicht würde.[26]

Der Nachweis des Stimmrechts bei einer GmbH richtet sich nach den **Eintragungen in der Gesellschafterliste**, § 16 Abs. 1 Satz 1 GmbH.[27] Konnte der Gesellschafter ausnahmsweise noch nicht in die Gesellschafterliste aufgenommen werden (vgl. § 16 Abs. 1 Satz 2 GmbHG), ist nötigenfalls eine Einigung über das Stimmrecht oder eine gerichtliche Festsetzung entsprechend § 237 InsO erforderlich.[28] Bei Gesellschaften ohne Rechtspersönlichkeit, etwa einer GbR oder oHG, richtet sich die Mehrheit ebenfalls nach Kapitalanteilen. Dabei sind selbstverständlich Forderungen eines Gesellschafters, die diese als „Dritter“ hat, als Insolvenzforderungen zu behandeln und geben kein Stimmrecht nach § 238a InsO.[29] 18

20) Uhlenbruck-*Lüer/Streit*, InsO, § 237 Rz. 9.
21) Uhlenbruck-*Lüer/Streit*, InsO, § 238 Rz. 2.
22) *Madaus* in: MünchKomm-InsO, § 238a Rz. 10 f.; Uhlenbruck-*Hirte*, InsO, § 238a Rz. 6.
23) Uhlenbruck-*Hirte*, InsO, § 238a Rz. 9.
24) Vgl. *Thies* in: HambKomm-InsR, § 238a InsO Rz. 30.
25) Uhlenbruck-*Hirte*, InsO, § 238a Rz. 10; *Thies* in: HambKomm-InsR, § 238a InsO Rz. 29.
26) Uhlenbruck-*Hirte*, InsO, § 238a Rz. 10.
27) *Madaus* in: MünchKomm-InsO, § 238a Rz. 10; Uhlenbruck-*Hirte*, InsO, § 238a Rz. 25.
28) *Madaus* in: MünchKomm-InsO, § 238a Rz. 10.
29) Uhlenbruck-*Hirte*, InsO, § 238a Rz. 22.

Entsprechendes gilt für einen echten stillen Gesellschafter. Auch dieser hält keinen Anteil am Handelsgewerbe und hat deshalb auch kein Stimmrecht nach § 238a InsO.[30)]

19 Für **Genossenschaften** gelten die Regelungen entsprechend. Die Regelung des § 43 Abs. 3 Satz 1 GenG (jedes Mitglied hat eine Stimme) gilt nicht.[31)] Auch hier haben Mehrstimmrechte außer Betracht zu bleiben.[32)] Für Vereine gilt in sinngemäßer Anwendung des § 238a InsO, dass jedem Mitglied eine Stimme zusteht, obgleich eine Kapitalbeteiligung der Mitglieder naturgemäß nicht besteht.[33)]

20 Soweit in die Anteils- oder Mitgliedschaftsrechte nicht eingegriffen wird, steht dem Anteilseigner auch kein Stimmrecht zu.[34)] Es gilt insoweit über die Verweisung in § 238a Abs. 2 InsO die Regelung des § 237 Abs. 2 InsO entsprechend.

> **Praxishinweis**
>
> Allerdings ist zu beachten, dass bereits eine Beeinträchtigung der Anteils- oder Mitgliedschaftsrechte vorliegt, wenn der Insolvenzplan nach § 225a Abs. 3 InsO eine Fortsetzung der Gesellschaft vorsieht, weil die Beteiligten dann in ihrem Liquidationsrecht beeinträchtigt sind.[35)]

5. Einigung über Stimmrechte

21 Ist eine Forderung bestritten oder teilweise bestritten, so haben sich zunächst die **anwesenden Gläubiger**, ggf. gemeinsam mit den abstimmungsberechtigten Anteilseignern, nach §§ 237 Abs. 1 Satz 1, 238 Abs. 1 Satz 3, 238a Abs. 2, 77 Abs. 2 InsO **über ein Stimmrecht zu einigen.**[36)]

22 Ist absehbar, dass es von der strittigen Forderung abhängt, ob dem Plan zugestimmt wird oder nicht, so sind ggf. eingehende Diskussion und eine Einigung nach sachlichen Gesichtspunkten erforderlich. Das Gericht kann hier aus seiner neutralen Position unterstützend wirken, und eine Einigung zwischen den Beteiligten fördern. Im Hinblick darauf, dass das Gericht im Streitfall das Stimmrecht ohnehin festsetzen muss, ist die Mitwirkung des Gerichts nicht nur unproblematisch, sondern sogar wünschenswert.

23 Vielfach sind pauschale Regelungen sinnvoll. Dies gilt insbesondere dann, wenn die Höhe der festzusetzenden Stimmrechte aller Voraussicht nach keinen Einfluss auf das Abstimmungsergebnis hat. Dann können alle strittigen Stimmrechte etwa mit dem vollen Nennwert der angemeldeten Forderung oder mit einem Wert von 1 € angesetzt werden. Ob die Höhe des Stimmrechts entscheidungsrelevant ist, kann etwa im Wege einer **Probeabstimmung** geklärt werden.[37)] Nicht statthaft ist hingegen, zunächst abzustimmen und sodann – ggf. abhängig vom Ergebnis der Abstimmung – das Stimmrecht festzusetzen. Dies würde vom gesetzlich vorgesehenen Ablauf des Erörterungs- und Abstimmungstermins abweichen. Die **Festsetzung des Stimmrechts erfolgt ex nunc**, eine Rückwirkung der Festsetzung und damit eine Heilung einer mangels geklärten Stimmrechts unwirksamen Abstimmung kommt nicht in Betracht.[38)]

30) Uhlenbruck-*Hirte*, InsO, § 238a Rz. 24.
31) *Madaus* in: MünchKomm-InsO, § 238a Rz. 12.
32) Uhlenbruck-*Hirte*, InsO, § 238a Rz. 14 ff.; *Thies* in: HambKomm-InsR, § 238a InsO Rz. 24 ff.
33) Uhlenbruck-*Hirte*, InsO, § 238a Rz. 17; *Thies* in: HambKomm-InsR, § 238a InsO Rz. 27.
34) Uhlenbruck-*Hirte*, InsO, § 238a Rz. 30.
35) Uhlenbruck-*Hirte*, InsO, § 238a Rz. 32, § 225a Rz. 42.
36) Uhlenbruck-*Lüer/Streit*, InsO, § 237 Rz. 8; *Thies* in: HambKomm-InsR, § 238 InsO Rz. 3.
37) BGH, Beschl. v. 17.12.2020 – IX ZB 38/18, Rz. 16, ZRI 2021, 196 = ZVI 2021, 182.
38) Vgl. BGH, Beschl. v. 17.12.2020 – IX ZB 38/18, Rz. 18 f., ZRI 2021, 196 = ZVI 2021, 182.

Praxishinweis

Eine **Festsetzung auf 0 € sollte vermieden werden**, da der Gläubiger dann gänzlich von der Abstimmung ausgeschlossen wäre und auch bei der Bestimmung der Kopfmehrheit nicht mehr zu berücksichtigen wäre.

6. Stimmrechtsfestsetzung durch das Gericht

Kommt **keine Einigung** zwischen den Gläubigern über die Höhe des Stimmrechts zustande, ist es **vom Gericht** nach §§ 237 Abs. 1 Satz 1, 238 Abs. 1 Satz 3, 238a Abs. 2, 77 Abs. 2, Abs. 3 Nr. 1 InsO **festzusetzen**, wobei die Gesamthöhe des Stimmrechts die Forderungssumme nicht übersteigen darf. 24

Praxishinweis

Die Stimmrechtsfestsetzung nach §§ 237 ff. InsO darf nicht verwechselt werden mit der Stimmrechtsfestsetzung nach § 77 InsO in einer Gläubigerversammlung (etwa im Berichts- und Erörterungstermin) für das allgemeine Stimmrecht. Die Festsetzung des Stimmrechts nach §§ 237 ff. InsO gilt nur für die Abstimmung über den Insolvenzplan und kann insbesondere von den Festsetzungen in anderen Gläubigerversammlungen nach § 77 InsO sowie von den Ergebnissen der allgemeinen Forderungsprüfung und -feststellung abweichen.[39] Zu beachten ist aber § 256 Abs. 1 Satz 1 InsO, wonach ein Rückstand mit der Planerfüllung nicht anzunehmen ist, solange die Forderung bis zur endgültigen Feststellung in der vom Gericht festgesetzten Höhe berücksichtigt wird.

Die Stimmrechtsfestsetzung durch den Richter ist **nicht angreifbar.** Bei einer Stimmrechtsfestsetzung durch den Rechtspfleger kann hingegen nach § 18 Abs. 3 RPflG ggf. eine **Neufestsetzung durch den Richter** erfolgen, wenn sich die Festsetzung auf das Ergebnis ausgewirkt hat.[40] Mit dem Übergang der Zuständigkeit für Insolvenzpläne vom Rechtspfleger auf den Richter zum 1.1.2013 hat das aus dieser Norm resultierende Problem, dass ein Abstimmungstermin wegen einer Stimmrechtsfestsetzung unterbrochen oder ausgesetzt werden muss, deutlich an Schärfe verloren, da überhaupt nur noch wenige Insolvenzpläne in die Zuständigkeit des Rechtspflegers fallen. Es kann allerdings vorkommen, dass der Richter wegen der Komplexität der Stimmrechtsfestsetzung den Termin unterbricht und evtl. sogar vertagt. Da dies zu Folgeproblemen für alle Beteiligten und einer im Einzelfall erheblichen Zeitverzögerung führen kann, gilt es, dies möglichst zu vermeiden. Auch deshalb sollte versucht werden, mögliche Streitigkeiten im Vorfeld zu lösen, jedenfalls aber das Gericht rechtzeitig zu informieren, damit es dies bei seiner Terminvorbereitung berücksichtigen kann. 25

7. Vorläufiges Bestreiten

Immer wieder kommt es vor, dass eine Forderung „vorläufig“ bestritten ist. Mit dieser Erklärung, die in der InsO nicht ausdrücklich vorgesehen ist, macht er Verwalter deutlich, dass er die Forderung nur deshalb bestreitet, weil er sich zu ihr noch nicht abschließend erklären kann.[41] Teilweise wird vertreten, § 77 Abs. 2 InsO sei auf vorläufiges Bestreiten nicht anwendbar und dem Gläubiger stehe ein Stimmrecht in voller Höhe seiner angemeldeten Forderung zu, weil dem Gläubiger durch das vorläufige Bestreiten kein Nachteil 26

39) *Hintzen* in: MünchKomm-InsO, §§ 237, 238 Rz. 24; Uhlenbruck-*Lüer/Streit*, InsO, § 237 Rz. 1.

40) Vgl. dazu näher *Laroche* in: Vallender/Undritz, Praxis des Insolvenzrechts, Kap. 2 Rz. 189.

41) BGH, Beschl. v. 14.10.2004 – IX ZB 114/04, ZInsO 2004, 1312, 1313 = ZVI 2004, 750, dazu EWiR 2005, 359 *(Gundlach/Schirrmeister)*; BGH, Beschl. v. 9.2.2006 – IX ZB 160/04, Rz. 10, ZIP 2006, 576 = NZI 2006, 295.

entstehen dürfe.[42] Da aber auch das vorläufige Bestreiten ein **vollwertiges Bestreiten** i. S. des § 179 Abs. 1 InsO ist,[43] wird man richtigerweise § 77 Abs. 2 InsO auch beim vorläufigen Bestreiten anwenden können und müssen. Allerdings ist **mit Stimmrechtseinschränkungen Zurückhaltung geboten**. Insbesondere bei nicht oder nur unzureichend begründetem Bestreiten ist im Zweifel ein volles Stimmrecht festzusetzen.[44]

IV. Führung der Stimmliste (§ 239 InsO)

27 Vom Urkundsbeamten der Geschäftsstelle ist nach § 239 InsO eine Stimmliste zu erstellen. Es handelt sich dabei um Verzeichnis, aus dem sich ergibt, welche Stimmrechte den Beteiligten nach dem Ergebnis der Erörterung im Termin zustehen. Einzutragen in die Stimmliste sind alle anwesenden Beteiligten mit den ihnen zugewiesenen Stimmrechten.

1. Führung durch anwesende Gerichtsperson

28 In der Praxis ist es häufig so, dass statt des Urkundsbeamten der Geschäftsstelle der im Termin einzig anwesende Rechtspfleger oder Richter die Stimmliste führt.[45] Im Hinblick auf § 4 InsO, § 159 ZPO ist das Tätigwerden des Richters anstelle eines Urkundsbeamten unproblematisch. Je größer und je komplexer ein Verfahren ist, umso eher ist aber auch aufseiten des Gerichts eine Arbeitsteilung erforderlich und wird die Protokollierung tatsächlich von Urkundsbeamten vorgenommen werden.

2. Form der Stimmliste

29 Eine bestimmte Form ist für die Stimmliste nicht vorgesehen. Zweckmäßigerweise ist die Stimmliste nach den Abstimmungsgruppen geordnet, so dass sich neben der Forderungshöhe bzw. der Beteiligungssumme auch die Kopfzahl schnell und einfach erfassen lässt.[46]

30 In die Stimmliste ist das **Ergebnis der Erörterung** zu jeder Forderung einzutragen. Einigungen über Stimmrechte oder Stimmrechtsentscheidungen nach § 77 Abs. 2 InsO sind zu protokollieren und zu Beweis- und Dokumentationszwecken in der Stimmliste zu erfassen.[47]

31 Nicht selten handelt es sich um Tabellen im „Excel"-Format, die auf Grundlage der bei Gericht eingegangenen Forderungsanmeldungen oder der vom Planersteller eingereichten Gruppen entwickelt wurden. Wieweit das Gericht hier auf Vorarbeiten des Insolvenzverwalters zurückgreifen will und etwa der Entwurf einer Stimmliste bereits vom Insolvenzverwalter (bzw. eigenverwaltendem Schuldner) dem Gericht zur Verfügung gestellt wird, sollte im Einzelfall mit dem Gericht im Vorfeld abgestimmt werden.[48] Gleiches gilt für die Unterstützung durch **spezialisierte Dienstleister**, auf die bisweilen in großen Verfahren zurückgegriffen wird und die das Gericht bei der Einlasskontrolle und Erfassung der Beteiligten unterstützen sowie über den Einsatz von Spezialsoftware den reibungslosen technischen Ablauf gewährleisten können.

---

42) Uhlenbruck-*Knof*, InsO, § 77 Rz. 18; BGH, Beschl. v. 14.10.2004 – IX ZB 114/04, ZInsO 2004, 1312, 1313 = ZVI 2004, 750 – zum Antragsrecht nach § 75 Abs. 1 Satz 3 InsO.

43) BGH, Beschl. v. 9.2.2006 – IX ZB 160/04, Rz. 8, ZIP 2006, 576 = NZI 2006, 295.

44) Vgl. *Ehricke/Ahrens* in: MünchKomm-InsO, § 77 Rz. 17.

45) Uhlenbruck-*Lüer/Streit*, InsO, § 239 Rz. 2.

46) Uhlenbruck-*Lüer/Streit*, InsO, § 239 Rz. 3.

47) *Hintzen* in: MünchKomm-InsO, § 239 Rz. 1; *Jaffé* in: FK-InsO, § 239 Rz. 1; Uhlenbruck-*Lüer/Streit*, InsO, § 239 Rz. 3.

48) Vgl. *Jaffé* in: FK-InsO, § 239 Rz. 5.

V. Planänderungen (§ 240 InsO)

Gemäß § 240 InsO ist der Vorlegende berechtigt, einzelne Regelungen des Insolvenzplans aufgrund der Erörterung im Termin inhaltlich zu ändern. Ziel der Vorschrift ist es, Zustimmungshindernisse zu beseitigen[49] sowie das Verfahren zu beschleunigen und effektiv zu gestalten.[50] 32

Erfolgt die **Änderung** in einem kombinierten Erörterungs- und Abstimmungstermin, kann über den geänderten Plan kann **noch im selben Termin abgestimmt** werden. Stellt sich schon vor dem Erörterungstermin heraus, dass eine Anpassung des Plans erforderlich oder sinnvoll ist, können solche Änderungen selbstverständlich auch über § 240 InsO vollzogen werden.[51] 33

Praxishinweis
Es ist in diesem Fall auch möglich, den Änderungsbedarf bereits im Vorfeld anzuzeigen und den Plan mit Änderungen dem Gericht vorzulegen. Da es sich nicht um einen neuen Plan handelt, findet eine erneute Vorprüfung nach § 231 InsO nicht statt.[52]

1. Reichweite der Änderungsbefugnis

Nach dem Wortlaut können lediglich „einzelne" Regelungen geändert werden. Hieraus folgt allerdings nur, dass der **Kern des ursprünglichen Plans erhalten** bleiben[53] und sich der Plan auch in seiner neuen Form an § 231 InsO messen lassen muss.[54] Möglich sind deshalb auch gravierende Änderungen, solange der Plan seinen Charakter nicht verliert und etwa eine gänzlich neue Zielrichtung bekommt. Die Änderungen haben sich vor allem aber in einem solchen Rahmen zu halten, dass ihre **Auswirkungen überschaubar** bleiben und den jeweils Betroffenen in die Lage versetzten, die konkreten Auswirkungen auf seine Rechtsposition nachzuvollziehen.[55] 34

2. Inhalt etwaiger Änderungen

Da das Gesetz keine Einschränkungen vorsieht, ist grundsätzlich jede Regelung des Plans änderbar.[56] Problemlos änderbar sind insbesondere Regelungen, die die Rechte der Gläubiger erweitern, etwa die zusätzliche Aufnahme von Besserungsscheinen. Auch die Änderung einzelner Klauseln, insbesondere, aber nicht nur, redaktioneller und klarstellender Art, ist problemlos möglich. Möglich sind auch Änderungen und Modifikationen bei Fälligkeiten, Stundungsvereinbarungen, Kreditrahmen, am Sicherheitenregime, Modifizierung einer beabsichtigten Grundstücksübertragung oder die Erhöhung der Eingriffe in Absonderungsrechte.[57] 35

49) Uhlenbruck-*Lüer*, InsO, § 240 Rz. 5.

50) *Thies* in: HambKomm-InsR, § 240 InsO Rz. 1.

51) Uhlenbruck-*Lüer*, InsO, § 240 Rz. 3.

52) Uhlenbruck-*Lüer*, InsO, § 240 Rz. 6; wohl auch *Thies* in: HambKomm-InsR, § 240 InsO Rz. 6.

53) Beschlussempfehlung und Bericht d. RA z. RegE InsO, BT-Drucks. 12/7302, S. 183; *Frege/Keller/Riedel*, InsR, Rz. 1969; Uhlenbruck-*Lüer*, InsO, § 240 Rz. 4; *Thies* in: HambKomm-InsR, § 240 InsO Rz. 4.

54) *Frege/Keller/Riedel*, InsR, Rz. 1969.

55) *Hintzen* in: MünchKomm-InsO, § 240 Rz. 8; Uhlenbruck-*Lüer*, InsO, § 240 Rz. 4.

56) Uhlenbruck-*Lüer*, InsO, § 240 Rz. 5.

57) *Hintzen* in: MünchKomm-InsO, § 240 Rz. 9.

36 Ebenfalls ist eine Veränderung der **Gruppenstruktur** grundsätzlich möglich, solange die Änderung nicht den Kern des Planes beeinträchtigt.[58] Selbstverständlich hat sich die neue Gruppenbildung an § 222 InsO messen zu lassen. Während die Umgruppierung einzelner Gläubiger nach § 240 InsO zumindest dann möglich ist, wenn sie keinen entscheidenden Einfluss auf die Mehrheitsverhältnisse hat, ist dies bei Bildung neuer Gruppen zweifelhaft und im Einzelfall kritisch zu prüfen, da die Gruppenbildung i. V. m. dem Obstruktionsverbot nach § 245 InsO das maßgebliche Instrument ist, um die Annahme des Plans beeinflussen zu können.[59] Je eher die Änderung das Potential hat, auf Mehrheiten Einfluss zu nehmen oder mögliche Minderheitenrechte zu beschneiden, umso kritischer ist die Änderung zu betrachten und umso näher ist sie am Kernbereich des Plans. Schließlich ist eine Erhöhung der **Quote** möglich. Eine (geringfügige) Herabsetzung ist, wenn überhaupt, allenfalls in besonderen Einzelfällen denkbar.[60]

37 Auch wenn § 240 InsO von „Regelungen" spricht, sind selbstverständlich auch **Änderungen** und Ergänzungen **des darstellenden Teils** möglich und vielfach erforderlich.[61] Hier ist insbesondere auch an eine (weitere) Aktualisierung der zugrundeliegenden Unternehmenskennzahlen und Wertansätze zu denken.

38 Nicht ohne weiteres möglich sind hingegen Änderungen, die **erstmals in Rechte von Beteiligten eingreifen.** Konnten diese Beteiligten zunächst davon ausgehen, dass ihre Rechtsstellung durch den Plan nicht beeinträchtigt wurde, hatten sie keinen Anlass, am Erörterungstermin teilzunehmen, zumal ihnen gemäß §§ 237 Abs. 2, 237 Abs. 2 InsO regelmäßig nach der bisherigen Planregelung kein Stimmrecht zustand. Es ist deshalb die Anberaumung eines neuen Erörterungstermins erforderlich, zu dem die Beteiligten nach Maßgabe des § 235 Abs. 3 InsO zu laden sind. Würde man hierauf verzichten, bestünde die Gefahr einer verfassungsrechtlich relevanten Verletzung des Anspruchs auf rechtliches Gehör und würde der Plan wie ein unzulässiger Vertrag zulasten Dritter wirken.[62] Das Gericht müsste einem solchen Plan nach § 250 InsO die Bestätigung versagen. Anderes gilt, wenn die betroffenen Beteiligten im Termin anwesend sind und auf eine gesonderte Ladung, insbesondere auch auf die Übersendung des Insolvenzplans nach § 235 Abs. 3 Satz 2 InsO, verzichten.

3. Verfahrensrechtliches

39 Die Planänderungen nach § 240 InsO sind vom Gericht **im Wortlaut zu Protokoll** zu nehmen. Da die Planänderungen nicht im Vorfeld am Maßstab des § 231 InsO geprüft werden konnten, hat die **Prüfung der Zulässigkeit** der Planänderungen i. R. der Bestätigungsentscheidung **nach § 250 InsO** zu erfolgen,[63] wobei selbstverständlich das Gericht frühzeitig auf Bedenken an der Zulässigkeit der Änderung, sei es wegen des Umfangs der Neuregelung, sei es wegen des Inhalts der Änderung, auf Bedenken hinzuweisen hat.

58) *Hintzen* in: MünchKomm-InsO, § 240 Rz. 9; *Thies* in: HambKomm-InsR, § 240 InsO Rz. 4; zust. – allerdings i. R. einer Entscheidung nach § 231 InsO – LG Hamburg, Beschl. v. 7.2.2018 – 326 T 120/16, NZI 2018, 261, 262 f., m. Anm. *Madaus*.

59) AG Düsseldorf, Beschl. v. 8.10.2019 – 513 IK 220/17, ZInsO 2020, 425 = NZI 2020, 435, bestätigt durch LG Düsseldorf, Beschl. v. 20.12.2019 – 25 T 665/19, ZRI 2020, 199 = ZInsO 2020, 840.

60) Zutreffend LG Hamburg, Beschl. v. 7.2.2018 – 326 T 120/16, NZI 2018, 261, 262 f.; weitergehend noch die 2. Aufl.; vgl. zur Frage auch *Frege/Keller/Riedel*, InsR, Rz. 1969; *Hintzen* in: MünchKomm-InsO, § 240 Rz. 9; *Thies* in: HambKomm-InsR, § 240 InsO Rz. 4.

61) Uhlenbruck-*Lüer*, InsO, § 240 Rz. 5; *Thies* in: HambKomm-InsR, § 240 InsO Rz. 3.

62) *Frege/Keller/Riedel*, InsR, Rz. 1970.

63) Uhlenbruck-*Lüer*, InsO, § 240 Rz. 6.

VI. Abschluss des Erörterungstermins

Der Erörterungstermin endet entweder mit dem unmittelbaren **Übergang in den Abstimmungstermin** oder mit der Anberaumung eines gesonderten Abstimmungstermins nach § 241 InsO. Von dem gesonderten Abstimmungstermin zu unterscheiden ist die ebenfalls mögliche Unterbrechung und Vertagung des einheitlichen Erörterungs- und Abstimmungstermins nach § 4 InsO, § 227 ZPO.[64] Selbstverständlich ist es auch möglich, einen gesonderten Abstimmungstermin nach § 241 InsO anzuberaumen, wenn zunächst ein einheitlicher Erörterungs- und Abstimmungstermin bestimmt worden war.[65] 40

C. Ablauf des Abstimmungstermins

Der Abstimmungstermin wird, wie der Erörterungstermin auch, vom Gericht geleitet. Auch er ist nicht-öffentlich. Für das Anwesenheitsrecht gelten dieselben Regeln wie für den Erörterungstermin. 41

Für den Ablauf des Termins ist es in weiten Teilen unerheblich, ob ein einheitlicher Erörterungs- und Abstimmungstermin stattfindet oder ein gesonderter Abstimmungstermin anberaumt wurde. Formalien, wie Aufruf zur Sache und Feststellung der Erschienenen, sind bei einem einheitlichen Termin allerdings nicht erneut erforderlich, wohingegen beim gesonderten Termin auf die Berücksichtigung schriftlicher Stimmabgaben nach § 242 InsO zu achten ist. 42

Bei der **Durchführung des Abstimmungstermins** ist angesichts der Bedeutung der Abstimmung und gleichzeitig der Fehleranfälligkeit **höchste Sorgfalt** geboten. Keinesfalls sollten sich die Beteiligten unter Zeitdruck setzen lassen. Der inhaltliche Teil des Termins setzt sich aus 43

- der Abstimmung über den Plan,
- etwaige Anträge zur Planbestätigung oder Versagung sowie
- der abschließenden Entscheidung des Gerichts über diese Anträge zusammen.

Praxishinweis
Letztere kann nach § 252 Abs. 1 InsO auch in einem gesonderten Verkündungstermin erfolgen.

Vielfach ist es sinnvoll, entweder im Erörterungs- oder aber im Abstimmungstermin die Beteiligten auch **zur Vergütung des Insolvenzverwalters** bzw. Sachwalters und ggf. Gläubigerausschusses **anzuhören**, soweit entweder Vergütungsanträge bereits vorliegen oder aber die Größenordnung spezifizierbar ist, was angesichts der grundsätzlichen Pflicht hierzu im darstellenden Teil des Plans Ausführungen zu machen, regelmäßig der Fall sein dürfte (siehe Rz. 73). 44

I. Abstimmung über den Plan

1. Ablauf und Form der Abstimmung

Grundlage der Abstimmung ist die im Erörterungstermin erstellte Stimmliste. 45

Jede Gruppe der stimmberechtigten Beteiligten stimmt gesondert über den Insolvenzplan ab, § 243 InsO. Die **Abstimmung** erfolgt **grundsätzlich mündlich**. Das Gericht bestimmt die Reihenfolge, in der die Gläubiger abstimmen. Üblicherweise wird es sich hierbei an seiner Stimmrechtsliste orientieren, die typischerweise entweder alphabetisch oder nach 46

64) Vgl. dazu ausführlich *Hintzen* in: MünchKomm-InsO, § 241 Rz. 3 ff.

65) Graf-Schlicker-*Kebekus*/*Wehler*, InsO, §§ 241, 242 Rz. 1.

Forderungshöhe sortiert ist. Das Gericht stellt das Abstimmungsergebnis für jede einzelne Gläubigergruppe gesondert fest.

47 Das Gericht kann im Abstimmungstermin auch eine **schriftliche Abstimmung** anordnen. Insbesondere bei einer großen Gläubigerzahl und unklaren Mehrheiten kann dies sinnvoll sein. Es ist dann darauf zu achten, dass anhand der Stimmzettel der Gläubiger genau identifiziert werden kann, da andernfalls seine Gruppenzuordnung und die Höhe des ihm zustehenden Stimmrechts nicht bestimmt werden kann.

2. Vertretung bei der Abstimmung

48 Ein Stimmrecht steht nur anwesenden Gläubigern zu. Dies bedeutet aber nicht, dass sich ein Gläubiger nicht vertreten lassen könnte. Vielmehr ist eine Vertretung im Termin ohne weiteres zulässig.[66]

49 Die Erteilung von (in der Regel, aber nicht zwangsläufig, gebundenen) **Stimmrechtsvollmachten** ist deshalb auch weit verbreitet. Als Vollmachtnehmer kommt grundsätzlich jede Person in Betracht. Zur Vermeidung von Konflikten und im Hinblick auf das Verbot der Doppelvertretung wegen widerstreitender Interessen aus § 3 BORA bzw. § 43a Abs. 4 BRAO sollte sie aber nicht in einem Abhängigkeitsverhältnis zum Schuldner oder Insolvenzverwalter stehen. Zweifelhaft ist insbesondere, ob ein **Verfahrensbevollmächtigter des Schuldners gleichzeitig auch für die Gläubiger im Termin auftreten** kann. Eine solche Doppelvertretung wird man (nur) in engen Grenzen für zulässig halten können, nämlich dann, wenn die Vollmacht darauf beschränkt ist, dem Plan zuzustimmen, ggf. mit Änderungen nach § 240 InsO. In diesem Fall sind die Interessen von Schuldner und Gläubiger gleichlaufend auf die Annahme des zur Abstimmung gestellten Insolvenzplans gerichtet.[67]

50 Im Hinblick auf § 4 InsO, § 79 Abs. 2 ZPO bietet sich vielfach die Bestellung eines Rechtsanwaltes an, der nicht aus der Kanzlei des Insolvenzverwalters bzw. Sachwalters sowie des Sanierungsberaters stammt.[68] Die Vollmacht bedarf nach § 4 InsO, § 80 ZPO grundsätzlich der Schriftform. Mängel der Vollmacht sind nach § 4 InsO, § 88 Abs. 2 ZPO von Amts wegen zu berücksichtigen, wenn nicht als Bevollmächtigter ein Rechtsanwalt auftritt. Soweit Spezialgesetze oder der Gesellschaftsvertrag abweichende Bevollmächtigungsregeln aufstellen (vgl. etwa § 134 Abs. 3 Satz 3 AktG für die Bevollmächtigung in der Hauptversammlung), sind diese auf den Erörterungs- und Abstimmungstermin nicht anwendbar, da es sich um einen Gerichtstermin und nicht um eine Gesellschafts- oder Hauptversammlung handelt.

51 Wird ein **Gläubiger** ausnahmsweise **durch den Schuldner selbst vertreten**, z. B. wenn der Schuldner sich in Privatinsolvenz befindet, aber noch Geschäftsführer einer GmbH ist, die Gläubigerin ist, so folgt hieraus weder ein Stimmverbot noch ist der Schuldner von der Vertretung der Gläubigerin ausgeschlossen, jedenfalls falls die Gläubigerin andernfalls ihre Verfahrensrechte nicht geltend machen könnte.[69]

---

66) Uhlenbruck-*Lüer/Streit*, InsO, § 235 Rz. 26; *Thies* in: HambKomm-InsR, § 235 InsO Rz. 15.

67) AG Köln, Beschl. v. 16.9.2020 – 71 IN 487/07, Rz. 22, BeckRS 2020, 58178; der Beschluss ist durch BGH, Beschl. v. 19.5.2022 – IX ZB 6/21, ZRI 2022, 644 = ZVI 2022, 302, zwar wegen eines Fehlers im darstellenden Teil aufgehoben worden, zu der hier relevanten Frage aber sowohl vom (das AG bestätigenden) LG als auch vom BGH unbeanstandet geblieben.

68) *Buchalik/Stahlschmidt*, ZInsO 2014, 1144, 1118; *Blankenburg*, ZInsO 2015, 1293, 1302.

69) Ausführlich AG Köln, Beschl. v. 16.9.2020 – 71 IN 487/07, Rz. 23 ff., BeckRS 2020, 58178; der Beschluss ist durch BGH, Beschl. v. 19.5.2022 – IX ZB 6/21, ZRI 2022, 644 = ZVI 2022, 302, zwar wegen eines Fehlers im darstellenden Teil aufgehoben worden, zu der hier relevanten Frage aber sowohl vom – das AG bestätigenden – LG als auch vom BGH unbeanstandet geblieben.

Die **Vollmacht sollte** möglichst nicht auf den Plan in einer bestimmten Fassung, etwa die nach § 235 Abs. 3 Satz 2 InsO zugestellte Fassung, beschränkt sein, sondern **auch etwaige im Termin erforderliche Planänderungen nach § 240 InsO abdecken.** Auch die Befugnis zur Erteilung von Untervollmachten und eine Befreiung von den Beschränkungen des § 181 BGB sollte vorgesehen sein.[70] 52

Für den Planersteller kann das **Einwerben und Bündeln von Vollmachten** von entscheidender Bedeutung für das Gelingen des Plans sein. Durch individuelle Ansprache der Gläubiger kann eine hohe Beteiligung der Gläubigerschaft erreicht werden, ohne dass es einer persönlichen Anwesenheit bedarf. Außerdem kann dann aufgrund der erteilten Vollmachten bereits im Vorfeld der Abstimmung ziemlich sicher das Abstimmungsergebnis vorhergesagt und auf etwaige Schwierigkeiten bei der Mehrheitsbeschaffung reagiert werden.[71] 53

Praxishinweis

Um den reibungslosen Ablauf des Erörterungs- und Abstimmungstermins zu gewährleisten, empfiehlt es sich dringend, die Vollmachten möglichst frühzeitig dem Gericht zuzuleiten, damit sie bereits im Vorfeld der Sitzung geprüft und etwaige Mängel noch moniert und behoben werden können. Entsprechendes gilt selbstverständlich auch für andere Vollmachten, etwa für die eines Rechtsanwaltes als Poolverwalter.[72] Ein weiterer positiver Effekt ist, dass auch für das Gericht der Termin leichter planbar und vorhersehbarerer (sowohl hinsichtlich des Erörterungsbedarfs als auch hinsichtlich etwaiger Abstimmungsergebnisse) wird.

II. Feststellung der Mehrheiten

1. Allgemeines

Nach Durchführung der Abstimmung wird das Gesamtergebnis der Abstimmung festgestellt. Für die Annahme des Plans ist erforderlich, dass **in jeder Gruppe sowohl eine Kopf- als auch eine Summenmehrheit** erreicht ist, § 244 Abs. 1 Nr. 1, 2 InsO. Eine Zustimmung liegt dem gemäß vor, wenn die Mehrheit der abstimmenden Köpfe dem Plan zugestimmt hat und diese Mehrheit gleichzeitig die Mehrheit der Forderungen der Gruppe repräsentiert. Es reicht somit, wenn mehr als 50 % der Anspruchssumme und der Gläubigeranzahl zustimmen.[73] 54

Bei der Mehrheitsbestimmung werden **nur tatsächlich abstimmende Gläubiger** berücksichtigt. Passives Verhalten soll keinen Einfluss auf die Mehrheitsbildung haben.[74] Andererseits muss dem Plan zugestimmt werden, sodass **zumindest „ein" stimmberechtigter Beteiligter abgestimmt** und dem Plan zugestimmt haben muss. Erforderlich für die Annahme des Plans ist somit, dass in irgendeiner Gruppe jedenfalls ein einziger Beteiligter dem Plan zugestimmt hat. Stimmt kein einziger Beteiligter zu, etwa weil niemand zum Abstimmungstermin erschienen ist, ist der Plan nicht angenommen. Die Zustimmungsfiktion des § 160 Abs. 1 Satz 3 InsO greift nicht.[75] 55

70) *Buchalik/Stahlschmidt*, ZInsO 2014, 1144, 1148 – dort auch Formulierungsvorschläge für die Vollmacht.
71) Vgl. *Buchalik/Stahlschmidt*, ZInsO 2014, 1144, 1148.
72) *Buchalik/Stahlschmidt*, ZInsO 2014, 1144, 1149.
73) *Thies* in: HambKomm-InsR, § 244 InsO Rz. 4.
74) *Blankenburg*, ZInsO 2015, 1293, 1302; *Thies* in: HambKomm-InsR, § 244 InsO Rz. 4.
75) *Blankenburg*, ZInsO 2015, 1293, 1302; *Thies* in: HambKomm-InsR, § 244 InsO Rz. 2.

2. Gläubiger gemeinschaftlicher oder einheitlicher Rechte sowie Pfandrechts- und Nießbrauchsgläubiger

56 Steht mehreren Gläubigern ein Recht nur gemeinschaftlich zu oder haben ihre Rechte bis zum Eintritt des Eröffnungsgrunds ein **einheitliches Recht** gebildet, werden sie bei der Abstimmung nach § 244 Abs. 2 Satz 1 InsO **als ein Gläubiger gerechnet**. Sie können daher ihr Stimmrecht nur einheitlich ausüben und haben nur eine Stimme. Geben die Berechtigten unterschiedliche Voten ab, gelten die Stimmabgaben als Enthaltungen.[76] Es ist hingegen nicht erforderlich, dass sich auch alle Berechtigten an der Abstimmung beteiligen. Wichtige Anwendungsfälle sind **Gesamt- und Mitgläubigerschaft**, § 428, 432 BGB. Praktisch relevant wird dies etwa für **Sicherheitenpools, GbR, OHG, KG** oder auch für **Erbengemeinschaften.**[77]

57 Entsprechendes, also gemeinschaftliche Ausübung des Stimmrechts, gilt, wenn an einem Recht ein **Pfandrecht** oder ein **Nießbrauch** besteht, § 244 Abs. 2 Satz 2 InsO, allerdings nur solange noch keine Pfandreife besteht, da mit Pfandreife der Pfandgläubiger nach § 1282 Abs. 1 BGB allein zur Einziehung berechtigt wird.[78] Auch bei einer Überweisung einer Forderung an Zahlungs statt nach § 835 Abs. 2 ZPO ist der Pfandgläubiger allein berechtigt, so dass ihm auch das Stimmrecht allein zusteht.[79]

3. Mehrheitsbestimmung in der Gruppe der Anteilseigner

58 Für die Gruppe der Anteilseigner ist bei der Summenmehrheit abweichend auf die **Summe der Beteiligungen** abzustellen, § 244 Abs. 3 InsO, was sich ohne weiteres aus ihrer Stellung erklärt. Für das Stimmrecht ist nach § 238a Abs. 1 InsO ausschließlich die Beteiligung am gezeichneten Kapital oder am Vermögen des Schuldners maßgeblich.[80]

4. Zustimmungsfiktionen

59 Um die Erfolgschancen des Insolvenzplans als Weg zur alternativen Insolvenzabwicklung zu stärken, kennt das Gesetz einzelne Regelungen, die die Feststellung der Mehrheiten erleichtern und die es vom Gericht zu beachten gilt. Neben dem Obstruktionsverbot des § 245 InsO sind dies §§ 246, 246a und § 247 InsO, die Sonderregelungen für die Zustimmung der nachrangigen Insolvenzgläubiger, der Anteilsinhaber und des Schuldners enthalten.

Praxishinweis

Zu beachten ist aber, dass eine nach diesen Vorschriften fingierte Zustimmung bei der Bestimmung etwaiger Mehrheiten nach § 245 Abs. 1 Nr. 3 InsO nach dem gesetzgeberischen Willen nicht berücksichtigt wird.[81] Die Bildung von Gruppen nachrangiger Gläubiger kann somit nicht zur Mehrheitsbeschaffung genutzt werden.

---

76) *Hintzen* in: MünchKomm-InsO, § 244 Rz. 18; Uhlenbruck-*Lüer/Streit*, InsO, § 244 Rz. 7; *Thies* in: HambKomm-InsR, § 244 InsO Rz. 10; s. a. oben Rz. 13.

77) Uhlenbruck-*Lüer/Streit*, InsO, § 244 Rz. 6; *Thies* in: HambKomm-InsR, § 244 InsO Rz. 9.

78) Uhlenbruck-*Lüer/Streit*, InsO, § 244 Rz. 7.

79) *Hintzen* in: MünchKomm-InsO, § 244 Rz. 17; Uhlenbruck-*Lüer/Streit*, InsO, § 244 Rz. 7.

80) Uhlenbruck-*Lüer/Streit*, InsO, § 244 Rz. 8; vgl. näher oben.

81) Begr. RegE z. § 291 InsO, BT-Drucks. 12/2443, S. 209 f.; *Thies* in: HambKomm-InsR, § 246 InsO Rz. 5, 6, § 246a InsO Rz. 3; Uhlenbruck-*Hirte*, InsO, § 246a Rz. 3, 4.

a) Zustimmung nachrangiger Gläubiger bei (mindestens) Gleichstellung mit Insolvenzgläubigern (§ 246 Nr. 1 InsO)

Sofern der Insolvenzplan überhaupt eine Gruppe (oder bei sachlichen Gründen ggf. auch mehrere Gruppen) der nachrangigen Insolvenzgläubiger vorsieht, gilt neben den allgemeinen Mehrheitsregelungen ergänzend eine Zustimmungsfiktion nach § 246 Nr. 1 InsO. Die Zustimmung der Gruppen mit einem Rang hinter § 39 Abs. 1 Nr. 3 InsO, also Gläubiger mit Forderungen auf unentgeltliche Leistungen, § 39 Abs. 1 Nr. 4 InsO, sowie mit Forderungen aus Gesellschafterdarlehen, § 39 Abs. 1 Nr. 5 InsO, gilt als erteilt, wenn kein Insolvenzgläubiger durch den Plan bessergestellt wird als die Gläubiger dieser Gruppen, § 246 Nr. 1 InsO. 60

Der **Anwendungsbereich** der Vorschrift **ist denkbar gering**. Zunächst setzt er voraus, dass die nachrangigen Gläubiger überhaupt eine Quote erhalten sollen und ihre Forderung nicht bereits nach § 225 Abs. 1 InsO im Plan als vollständig erlassen gilt. Darüber hinaus ist erforderlich, dass die nachrangigen Gläubiger mindestens dieselbe Quote erhalten wie einfache Insolvenzgläubiger, was in der Praxis kaum einmal vorkommen dürfte. Ist ihnen nur eine geringere Quote zugedacht, greift § 246 InsO bereits nicht mehr und ist eine Zustimmungsersetzung nur nach § 245 InsO möglich.[82] 61

Zu beachten ist schließlich, dass die Vorschrift **nicht für alle Nachranggläubiger gilt**. Weder Zins- und Kostengläubiger nach § 39 Abs. 1 Nr. 1 und 2 InsO noch Geldstrafen, Geldbußen, Ordnungsgelder und Zwangsgelder sowie solche Nebenfolgen einer Straftat oder Ordnungswidrigkeit, die zu einer Geldzahlung verpflichten – besonders praxisrelevant hier Ansprüche auf Einziehung des Wertersatzes nach § 73c StGB – nach § 39 Abs. 1 Nr. 3 InsO sind erfasst. Für die Gläubiger nach § 39 Abs. 1 Nr. 1 und 2 InsO ist, sofern sie nicht nach § 225 Abs. 1 InsO als erlassen gelten, eine Zustimmungsfiktion nur über § 245 InsO möglich, während die Gläubiger nach § 39 Abs. 1 Nr. 3 InsO (Geldstrafen, Geldbußen, Ordnungsgelder, Zwangsgelder und Nebenfolgen einer Straftat oder Ordnungswidrigkeit, die zu einer Geldzahlung verpflichten, einschließlich Einziehung von Wertersatz) nach § 225 Abs. 3 InsO durch den Plan nicht beeinträchtigt werden können.[83] 62

b) Zustimmung nachrangiger Gläubiger bei Nichtbeteiligung an der Abstimmung (§ 246 Nr. 2 InsO)

Ohne Beschränkung auf bestimmte Gruppen der Nachranggläubiger gilt hingegen die **Zustimmungsfiktion bei Nichtbeteiligung** an der Abstimmung nach § 246 Nr. 2 InsO. Beteiligt sich überhaupt kein nachrangiger Insolvenzgläubiger an der Abstimmung in seiner Gruppe, gilt die Zustimmung als erteilt (§ 246 Nr. 2 InsO). Da die Zustimmungsfiktion nicht für die Mehrheitsbeschaffung genutzt werden kann, kommt der Vorschrift lediglich **deklaratorische Bedeutung** zu.[84] 63

c) Zustimmung der Anteilsinhaber bei Nichtbeteiligung an der Abstimmung (§ 246a InsO)

Eine Zustimmungsfiktion gilt nach § 246a InsO auch für die Anteilseigner. **Beteiligt sich kein Anteilseigner** an der Abstimmung in seiner Gruppe, so gilt die **Zustimmung** der Gruppe als erteilt. Auch hier gilt selbstverständlich, dass je nach Sachlage für die Anteilseigner auch mehrere Gruppen gebildet werden können. 64

---

82) *Thies* in: HambKomm-InsR, § 246 InsO Rz. 5.

83) *Sinz* in: MünchKomm-InsO, § 246 Rz. 7; *Thies* in: HambKomm-InsR, § 246 InsO Rz. 3, 4.

84) *Thies* in: HambKomm-InsR, § 246 InsO Rz. 6.

65 Allerdings hat eine fingierte Zustimmung keine Auswirkungen auf die Berechnung der Gruppenmehrheit nach § 245 Abs. 1 Nr. 3 InsO i. R. des Obstruktionsverbotes. Desinteresse der Anteilseigner soll die Planbestätigung weder erleichtern noch erschweren. Die Vorschrift soll lediglich das Abstimmungsverfahren vereinfachen.[85)]

d) Zustimmung des Schuldners bei unterlassenem Widerspruch (§ 247 InsO)

66 Schließlich gilt eine **Fiktion der Zustimmung** des Schuldners, wenn er dem Plan **nicht** spätestens im Abstimmungstermin **schriftlich widerspricht** (§ 247 Abs. 1 InsO). Die Vorschrift ist insbesondere im Zusammenhang mit § 227 InsO zu sehen. Danach wird der Schuldner grundsätzlich mit dem Plan von seinen restlichen Verbindlichkeiten befreit, sofern der Plan nichts anderes bestimmt. § 247 InsO sichert ab, dass der Schuldner durch solche abweichende Regelungen nicht schlechtergestellt wird, als ohne Plan.[86)]

67 Zur weiteren Stärkung des Planverfahrens bestimmt § 247 Abs. 2 InsO, dass ein etwaiger **Widerspruch** des Schuldners **unbeachtlich** ist, wenn der Schuldner durch den Plan voraussichtlich nicht schlechtergestellt wird, als er ohne einen Plan stünde (§ 247 Abs. 2 Nr. 1 InsO), und (kumulativ)[87)] kein Gläubiger einen wirtschaftlichen Wert erhält, der den vollen Betrag seines Anspruchs übersteigt (§ 247 Abs. 2 Nr. 2 InsO).

68 Letzteres ist erst dann der Fall, wenn ein Gläubiger mehr erhält als seine gesamte Forderung, einschließlich der nachrangigen Kosten und Zinsen.[88)] Eine Schlechterstellung des Schuldners kann sich neben einer Abweichung von § 227 InsO insbesondere ergeben, wenn der Plan Zahlungen aus dem insolvenzfreien Vermögen des Schuldners vorsieht oder ihm ein etwaiger Übererlös verweigert wird.[89)]

69 Soweit bisweilen statuiert wird, die praktische Relevanz des Widerspruchsrechts sei gering,[90)] mag dies daran liegen, dass bereits seine bloße Existenz den gewünschten Erfolg bringt und Planersteller erst gar nicht in die Versuchung kommen, den Schuldner schlechterzustellen als er ohne Plan stünde.

5. Obstruktionsverbot des § 245 InsO

70 Zur Stärkung des Insolvenzplans als Sanierungsinstrument gilt schließlich ein Obstruktionsverbot, § 245 InsO (siehe ausführlich zum Obstruktionsverbot § 17 [*Thole*]). Dieses soll verhindern, dass Gläubiger mit sachfremden Erwägungen das Zustandekommen des Planes verhindern. Selbst wenn in einer Abstimmungsgruppe die notwendigen Mehrheiten nicht erreicht wurden, **gilt die Zustimmung der Gruppe** unter bestimmten Bedingungen als **erteilt**. Dazu müssen kumulativ die drei Voraussetzungen des § 245 Abs. 1 InsO (keine Schlechterstellung durch den Insolvenzplan; angemessene Beteiligung an dem wirtschaftlichen Wert, der auf der Grundlage des Plans den Beteiligten zufließen soll; Zustimmung durch Gruppenmehrheit) erfüllt sein.[91)]

71 Sind die Voraussetzungen des Obstruktionsverbotes erfüllt, stellt das Gericht dies fest und protokolliert seine Entscheidung. Ist eine sofortige Entscheidung nicht möglich, ist

85) Uhlenbruck-*Hirte*, InsO, § 246a Rz. 3, 4; *Thies* in: HambKomm-InsR, § 246a InsO Rz. 3.

86) Uhlenbruck-*Lüer/Streit*, InsO, § 247 Rz. 1.

87) Uhlenbruck-*Lüer/Streit*, InsO, § 247 Rz. 11.

88) *Thies* in: HambKomm-InsR, § 247 InsO Rz. 8.

89) Uhlenbruck-*Lüer/Streit*, InsO, § 247 Rz. 8.

90) *Thies* in: HambKomm-InsR, § 247 InsO Rz. 1.

91) OLG Köln, Beschl. v. 5.1.2001 – 2 W 228/00, NZI 2001, 660; LG Göttingen, Beschl. v. 7.9.2004 – 10 T 78/04, ZInsO 2004, 1318, 1320; Uhlenbruck-*Lüer/Streit*, InsO, § 245 Rz. 4; *Thies* in: HambKomm-InsR, § 245 InsO Rz. 5.

das Obstruktionsverbot inzident i. R. des im gesonderten Verkündungstermin nach § 252 Abs. 1 InsO zu verkündenden Beschlusses über die Planbestätigung zu prüfen.[92] Einer gesonderten Entscheidung über das Eingreifen des Obstruktionsverbotes bedarf es nicht, zumal ein gesondertes Rechtsmittel nicht vorgesehen ist. Die Entscheidung ist nur mit der sofortigen Beschwerde über die Planbestätigung nach § 253 InsO angreifbar.[93]

III. Abschluss des Termins

Kommt das Gericht zu dem Ergebnis, dass der Plan mit den notwendigen Mehrheiten angenommen ist, hat das Gericht über die Planbestätigung zu entscheiden. Dies ist entweder **unmittelbar im Termin** möglich **oder** aber in einem „alsbald" zu bestimmenden gesonderten **Verkündungstermin** (§ 252 Abs. 1 Satz 1 InsO). Dieser kann und sollte möglichst – wie aus dem Zivilprozess bekannt – bereits am Ende des Abstimmungstermins durch zu verkündenden Beschluss bestimmt werden. Es ist dann insbesondere keine weitere Ladung der Beteiligten mehr erforderlich, wie sich nicht nur aus allgemeinen prozessualen Grundsätzen, sondern auch ausdrücklich aus § 252 Abs. 1 Satz 2 i. V. m. § 74 Abs. 2 Satz 2 InsO ergibt.[94] 72

In jedem Falle sollte das Gericht die Gelegenheit nutzen und noch im Abstimmungstermin die nach § 248 Abs. 2 InsO regelhaft vorgesehenen („soll") Anhörungen von Insolvenzverwalter bzw. Sachwalter, Schuldner und Gläubigerausschuss durchführen.[95] Auch weitere **Anhörungen, etwa zur Vergütung** des Insolvenzverwalters bzw. Sachwalters und des Gläubigerausschusses, oder zu einer Zwischenrechnungslegung des Verwalters, falls eine solche vorgesehen oder gefordert wurde, können und sollten möglichst noch im Termin erfolgen, um einen zügigen Fortgang des Verfahrens zu ermöglichen. Insbesondere in einfach gelagerten Fällen kann auch bereits die **Festsetzung der Vergütung** erfolgen, was den weiteren Verfahrensablauf noch weiter beschleunigt. 73

Hat der Plan die notwendigen Mehrheiten nicht erreicht, endet der Abstimmungstermin mit der Feststellung, dass der Plan nicht angenommen wurde. Anschließend wird das Insolvenzverfahren ohne weiteres regulär fortgesetzt. 74

D. Koordination mit dem Insolvenzgericht

Ein wichtiger Schlüssel zum Erfolg des Insolvenzplans kann eine rechtzeitige Koordination mit dem Insolvenzgericht sein. Dabei sollte der Umstand, dass weder dem Insolvenzverwalter noch dem eigenverwaltenden Schuldner oder dem Sachwalter die Verhandlungsführung obliegt, nicht aus dem Blick geraten. Auch wenn die Gerichte selbstverständlich neutral sind, arbeiten auch hier „nur" Menschen. Art und Weise der Verhandlungsführung und das Geschick des Richters können im Einzelfall für Erfolg oder Misserfolg des Insolvenzplans eine nicht unerhebliche Rolle spielen. Ist der Richter vom Plan überzeugt, so kann er dies in der Verhandlung (mehr oder weniger deutlich) zum Ausdruck bringen und zweifelnde Gläubiger so auf die Seite des Planerstellers ziehen. Umgekehrt können ein am Plan zweifelnder Richter oder Konflikte zwischen Richter und Planersteller den Verlauf des Termins und der Abstimmung (bewusst oder unbewusst) negativ beeinflussen. Dieser psychologische Effekt sollte nicht unterschätzt werden. Schon aus diesem Grund empfiehlt es sich, das Gericht rechtzeitig von der Sinnhaftigkeit des 75

92) *Thies* in: HambKomm-InsR, § 245 InsO Rz. 25.
93) *Thies* in: HambKomm-InsR, § 245 InsO Rz. 26.
94) *Buchalik/Stahlschmidt*, ZInsO 2014, 1144, 1149 f.
95) *Buchalik/Stahlschmidt*, ZInsO 2014, 1144, 1149.

Planes und von der Qualität seines Inhaltes zu überzeugen. Das Gericht kann dann ein wichtiger Baustein eines erfolgreichen Planverfahrens werden.

Praxishinweis

Idealerweise werden diese Aspekte insbesondere in der Eigenverwaltung bereits im Zeitpunkt der Antragstellung bedacht, namentlich auch bei eventuellen Gesprächen über die Person des Sachwalters. Hat das Gericht Vertrauen in den Sachwalter, so wird es nicht nur der Eigenverwaltung und dem vom Schuldner vorgelegten Insolvenzplan offener gegenüberstehen, sondern wird auch eher geneigt sein, den Plan positiv zu begleiten und sein Zustandekommen aktiv, etwa auch durch sachliche Hinweise zu zwar zulässigen, aber wenig zweckmäßigen Regelungen, unterstützen (siehe hierzu auch § 14 Rz. 107 ff. [*Laroche*]).[96)]

96) Vgl. *Buchalik/Stahlschmidt*, ZInsO 2014, 1144, 1145.

§ 17
Das Obstruktionsverbot

Übersicht

Literatur: *Braun*, Das Obstruktionsverbot in der Praxis: Ein überzeugender Start, NZI 1999, 473; *Eidenmüller*, Obstruktionsverbot, Vorrangregel und Absonderungsrechte, in: Festschrift für Jochen Drukarczyk, 2003, S. 187; *Frind*, Insolvenzordnung 2021: Überzeugendes Sanierungsrecht oder Stückwerk?, NZI 2020, 865; *Grub*, Die angemessene Zahlungsquote im Insolvenzplan, in: Festschrift für Wilhelm Uhlenbruck, 2000, S. 501; *Harig*, Der neue § 245a InsO – Schlechterstellung in Insolvenzplänen natürlicher Personen, VIA 2021, 41; *Jungmann*, Schlechterstellungsverbot im Insolvenzplanverfahren, KTS 2006, 135; *Madaus*, Schutzschirme für streitende Gesellschafter? Die Lehren aus dem Suhrkamp-Verfahren für die Auslegung des neuen Insolvenzrechts, ZIP 2014, 500; *Schäfer*, Zur Einbeziehung der Anteilsinhaber in den Insolvenzplan, ZIP 2016, 1911; *Smid*, Stellung der Grundpfandgläubiger, Zwangsversteigerung und Schuldenreorganisation durch Insolvenzplan, in: Festschrift für Gerhardt, 2004, S. 931; *Thole*, Gesellschafterpläne im StaRUG, ZIP 2023, 563; *Thole*, Der Debt Equity Swap bei der Restrukturierung von Anleihen, ZIP 2014, 2365; *Undritz*, Restrukturierung in der Insolvenz, ZGR 2010, 201; *Wieneke/Hoffmann*, Der Erhalt der Börsennotierung beim echten und unechten Debt Equity Swap in der Insolvenz der börsennotierten AG, ZIP 2013, 697; *Wittig*, Obstruktionsverbot und Cram Down, ZInsO 1999, 373.

A. Das Obstruktionsverbot im Insolvenzplan im Überblick[1)]

1 § 245 InsO enthält das sog. Obstruktionsverbot bzw. (neudeutsch) die Möglichkeit zum Cross-Class-Cram-down (in der Diktion des StaRUG: gruppenübergreifende Mehrheitsentscheidung). Das Obstruktionsverbot kommt zum Tragen, wenn innerhalb einer oder mehrerer Gruppen die erforderlichen Mehrheiten nach § 244 InsO nicht erreicht worden sind und fingiert in diesen Fällen unter den näher definierten, kumulativen Voraussetzungen die Zustimmung der jeweiligen Abstimmungsgruppe. § 245 InsO zielt daher darauf, **missbräuchliches Stimmverhalten zu verhindern.**[2)] Missbräuchlich ist die Verweigerung der Zustimmung deshalb, weil und wenn der Plan die legitimen Interessen der jeweiligen Gruppe wahrt.[3)] Im Ergebnis wird mit § 245 InsO dasjenige erreicht, was außergerichtlich mangels vorinsolvenzlicher Treuepflichten nicht erreicht werden kann, nämlich eine Ausschaltung von Akkordstörern, die kein legitimes Interesse an der Ablehnung des Plans haben.[4)] Das Obstruktionsverbot beruht auf der **Absolute-Priority**-Regel, nach der die Ersetzung der Zustimmung nicht gerechtfertigt ist, wenn gleich- oder nachrangige Forderungen und die Anteilseigner einen Wert erhalten, bevor die Gruppe, deren fehlende Zustimmung zu ersetzen ist, voll befriedigt wird. Dadurch unterscheidet es sich von der Relative-Priority-Regel, die nach der Restrukturierungsrichtlinie[5)] die Grundregel darstellt, wenngleich § 28 StaRUG sie nur als Ausnahme zur in das StaRUG übernommenen Absolute-Priority-Regel vorsieht (siehe dazu unten § 49 [*Thole*]). In praktischer Hinsicht kommt das Obstruktionsverbot selten tatsächlich zum Einsatz. Es dient aber häufig als **Druckmittel** in den Verhandlungen vor der Planabstimmung.[6)] Außerdem müssen die Planarchitekten § 245 InsO stets im Blick haben, wenn und weil eine Mehrheit in einzelnen Gruppen nicht erreicht werden mag. Nachdem seit dem ESUG auch die Anteilseigner in Fällen des § 225a InsO zu einer eigenen Abstimmungsgruppe zusammengefasst werden, kann das Obstruktionsverbot sowohl gegenüber den Gläubigern als auch gegenüber den Anteilsinhabern (vgl. § 245 Abs. 3 InsO) in Betracht kommen. Das früher virulente Blockadepotential der Altgesellschafter kann auf diese Weise überwunden werden.

2 § 245 InsO kommt nur zum Tragen, wenn die Mehrheit der Gruppen mit den Mehrheiten des § 244 Abs. 1 Nr. 1 und 2 InsO dem Plan zugestimmt haben. Demgegenüber kommt es auf § 245 InsO von vornherein nicht an, wenn **sämtliche Gruppen zugestimmt** haben – dann ist der Plan angenommen. Hat nicht wenigstens die Mehrheit der Gruppen zugestimmt, gilt § 245 Abs. 1 Nr. 3 InsO (siehe dazu unten Rz. 49).

3 § 245 InsO steht insoweit im systematischen Zusammenhang mit § 251 InsO, als § 245 Abs. 1 Nr. 1 InsO mit dem Schlechterstellungsverbot einen gruppenbezogenen Schutz vor einer Majorisierung durch die Abstimmungsmehrheit enthält. Über § 251 InsO wird dagegen ein **Individualrechtsschutz** hergestellt (ausführlich siehe § 20 Rz. 2 ff. [*Hirschberger*]), der aber ebenfalls daran anknüpft, dass der einzelne Gläubiger oder Anteilsinhaber durch den Plan schlechtergestellt wird, als er ohne einen Plan stünde.

---

1) Zum **Restrukturierungsplan** s. unten § 49 [*Thole*].

2) Begr. RegE InsO, BT-Drucks. 12/2443, S. 208.

3) A. A. *Fiebig* in: HK-InsO, § 245 Rz. 2.

4) Zur fehlenden Treuepflicht von Gläubigern außerhalb der Insolvenz: BGH, Urt. v. 12.12.1991 – IX ZR 178/91 (co-op), BGHZ 116, 319 = ZIP 1992, 191.

5) Richtlinie (EU) 2019/1023 des Europäischen Parlaments und des Rates v. 20.6.2019 über präventive Restrukturierungsrahmen, über Entschuldung und über Tätigkeitsverbote sowie über Maßnahmen zur Steigerung der Effizienz von Restrukturierungs-, Insolvenz- und Entschuldungsverfahren und zur Änderung der Richtlinie (EU) 2017/1132 (Richtlinie über Restrukturierung und Insolvenz) – Restrukturierungsrichtlinie, ABl. (EU) L 172/18 v. 26.6.2019.

6) *Madaus*, Insolvenzplan, S. 262.

B. Voraussetzungen für eine Ersetzung der Zustimmung

Die in Absatz 1 genannten Voraussetzungen müssen **kumulativ** vorliegen. 4

I. Keine Schlechterstellung gegenüber der Regelabwicklung (§ 245 Abs. 1 Nr. 1 InsO)

1. Abgleich mit dem Regelverfahren

Nach § 245 Abs. 1 Nr. 1 InsO ist bezogen auf die jeweilige Gruppe zu prüfen, ob die Angehörigen dieser Gruppe durch den Plan voraussichtlich nicht schlechter gestellt werden, als sie ohne einen Plan stünden. 5

Der relevante Maßstab bei der Ermittlung der Schlechterstellung nach Absatz 1 Nr. 1 ist die Voraussichtlichkeit. Das ist gleichzusetzen mit einer **Prognose**, die eine überwiegende Wahrscheinlichkeit ergeben muss.[7] Dieser Maßstab gilt damit insgesamt für die Vergleichsrechnung, ist aber nicht mit mathematischer Exaktheit zu erreichen; das ist vom Richter auch nicht zu fordern.[8] 6

Das Schlechterstellungsverbot „garantiert" den Beteiligten das Ergebnis einer Regelabwicklung.[9] Es legitimiert überhaupt erst die Bindung der unterlegenen Minderheit an die Mehrheit.[10] Die damit verlangte Vergleichsrechnung muss im darstellenden Teil des Insolvenzplans aufgenommen werden (siehe näher § 6 Rz. 210 ff. [*Harmann*]). Vergleichsmaßstab ist stets die Situation „ohne (irgend)einen Plan" und damit das Ergebnis bei einer Regelinsolvenz ohne Planverfahren. Die Angehörigen der Gruppen müssen also gegenüber dem Plan mindestens indifferent sein. Die Zustimmungsersetzung ist nur dann gerechtfertigt, wenn die Angehörigen der Gruppe durch den Plan nicht schlechterstehen als ohne einen Plan. Es geht um einen Quoten- bzw. Ergebnisvergleich zum Regelverfahren. 7

Dabei ist eine **wirtschaftliche Betrachtung** anzustellen.[11] Gegenüberzustellen sind die Quote, die bei hypothetischer Abwicklung außerhalb des Planverfahrens zu erwarten wäre, sowie das Ergebnis, dass die Angehörigen nach dem Plan zu erwarten haben. Entscheidend ist das wirtschaftliche Endergebnis.[12] Daher ist eine Schlechterstellung nicht etwa deshalb gegeben, weil die Angehörigen der Gruppe in irgendeiner Hinsicht eine Beeinträchtigung erfahren, die es in einem Regelverfahren nicht gäbe; entscheidend ist, was sie im maßgeblichen Vergleichszeitpunkt (siehe dazu Rz. 12) an wirtschaftlichem Wert in den Händen halten bzw. im Regelverfahren gehalten hätten. Der in den Verwaltungsbefugnissen eines Gesellschafters liegende **Residualwert** ist grundsätzlich nicht zu berücksichtigen bzw. es darf nicht unterstellt werden, dass die Beteiligung eben wegen dieser Befugnisse nicht wertlos sein kann.[13] 8

Der Vergleich mit der Quote im Regelverfahren bedeutet nicht zwingend, dass ein Zerschlagungswert anzusetzen wäre. Richtig ist nur, dass naturgemäß in den Vergleichswert nicht der Planmehrwert einberechnet werden darf, weil dieser den Gruppen ja gerade nicht garantiert wird. Anzusetzen ist vielmehr der **Liquidationswert**. Dieser Liquidationswert bzw. Substanzwert ist allerdings mit dem Zerschlagungswert identisch, wenn eine Gesamtveräußerung des Unternehmens nicht in Betracht kommt. Dagegen kann ein höherer Wert als der reine Zerschlagungswert bzw. der Fortführungswert in Betracht kommen, 9

---

7) *Becker* in: Kübler/Bork/Prütting, HRI II, § 36 Rz. 15; a. A. *Jungmann*, KTS 2006, 135, 139 f.
8) Insoweit auch *Jungmann*, KTS 2006, 135, 141.
9) K. Schmidt-*Spliedt*, InsO, § 245 Rz. 6 m. w. N.
10) Vgl. *Grub* in: FS Uhlenbruck, S. 501, 508.
11) *Pleister* in: KPB, InsO, § 245 Rz. 11.
12) *Becker* in: Kübler/Bork/Prütting, HRI II, § 36 Rz. 13.
13) Tendenziell anders *Schäfer*, ZIP 2016, 1911, 1912 f.

wenn eine Sanierung bzw. übertragende Sanierung möglich wäre.[14] Entscheidend ist, was bei der im konkreten Einzelfall bestmöglichen und realistisch erreichbaren Verwertung im Regelverfahren herausgekommen wäre. Bei der übertragenden Sanierung wäre zu fragen, welche Quote sich für die jeweilige Gruppe aufgrund und infolge des zu zahlenden Kaufpreises ergäbe.[15] In diesem Wert wäre die Fortführung des Unternehmens folglich eingepreist. Denkbar wäre auch, auf eine sonstige Sanierung des Unternehmens im Regelverfahren abzustellen, aber dies würde bedingen, dass der Insolvenzverwalter auch ohne die flexiblen Planregelungen dazu in der Lage wäre, was nur theoretisch der Fall sein wird.

10 Fraglich ist dann, wann das Szenario einer **übertragenden Sanierung** angelegt werden darf. Hier entspricht es den Stellungnahmen im Schrifttum, dass von einer übertragenden Sanierung und folglich den im Kaufpreis reflektierten Fortführungswerten nur ausgegangen werden darf, wenn für eine Veräußerung konkrete Anhaltspunkte bestehen.[16] Das setzt voraus, dass ein Investor in konkrete Verhandlungen eingetreten ist und ein Angebot mit einem Kaufpreis auf den Tisch gelegt hat.[17] Für dieses Szenario gilt insofern auch das Gebot der Voraussichtlichkeit i. S. von Rz. 14. Es muss also nicht eine sachverständige Ertragswertberechnung bzw. Zerschlagungsberechnung zuzüglich des Firmenwerts erfolgen, wenn konkrete Kaufangebote im Raum stehen.[18] Seit das **SanInsFoG** mit § 220 Abs. 2 InsO grundsätzlich von der Fortführung ausgeht, ist allerdings die Zweifelsregelung eher umgekehrt. Nur wenn eine Verkaufsmöglichkeit aussichtslos ist, darf von der Fortführungsbewertung abgewichen werden, § 220 Abs. 2 Satz 3 InsO.

11 Der Vergleich kann es regelmäßig erforderlich machen, einen Barwert zu ermitteln, wenn insbesondere nach dem Plan Ratenzahlungen an die Gläubiger vorgesehen sind. Um hier die sichere, sofort zufließende Quote des Regelverfahrens mit den künftigen Zahlungen vergleichen zu können, müssen die künftigen Zahlungen abgezinst werden. Anzulegen ist der Wiederanlagezins und damit der marktübliche Zins,[19] der richtigerweise nicht durch einen etwaigen vereinbarten Vertragszins begrenzt ist,[20] schon weil dieser Zins unterschiedlich für die Angehörigen der Gruppe sein kann und die Maßgeblichkeit des Vertragszinses auf der verfehlten Prämisse beruhte, der Gläubiger würde die Ratenzahlungen, wenn er sie im früheren Zeitpunkt erhielte, zu diesem Zins wieder anlegen und nicht zum Marktzins. Der Zins muss folglich nicht das Risiko der Planerfüllung abgelten,[21] Letzteres wird gesondert berücksichtigt (siehe dazu unten Rz. 17 f.).

Praxishinweis

Im Übrigen ist stets zu beachten, dass auch das Regelverfahren einige Zeit bis zur Ausschüttung in Anspruch nimmt, was bei der Betrachtung der maßgeblichen Zuflusszeitpunkte zu beachten ist.[22]

14) LG Mühlhausen, Beschl. v. 17.9.2007 – 2 T 190/06, NZI 2007, 724, 726.
15) *Becker* in: Kübler/Bork/Prütting, HRI II, § 36 Rz. 21.
16) *Pleister* in: KPB, InsO, § 245 Rz. 10; *Becker* in: Kübler/Bork/Prütting, HRI II, § 36 Rz. 23; *Grub* in: FS Uhlenbruck, S. 501, 509.
17) Braun-*Braun/Frank*, InsO, § 245 Rz. 3; *Becker* in: Kübler/Bork/Prütting, HRI II, § 36 Rz. 23.
18) *Grub* in: FS Uhlenbruck, S. 501, 510.
19) *Becker* in: Kübler/Bork/Prütting, HRI II, § 36 Rz. 30.
20) *Braun*, NZI 1999, 473, 476.
21) So aber K. Schmidt-*Spliedt*, InsO, § 245 Rz. 11.
22) Vgl. auch LG Traunstein, Beschl. v. 27.8.1999 – 4 T 2966/99, NZI 1999, 461, 462.

2. Beurteilungszeitpunkt und maßgeblicher Vergleichszeitpunkt

Die Prüfung erfolgt im **Zeitpunkt der gerichtlichen Entscheidung** und folglich anhand der in diesem Zeitpunkt bestehenden Erkenntnismöglichkeiten (siehe dazu näher Rz. 14). Sind in diesem Zeitpunkt konkrete Anhaltspunkte für eine Möglichkeit zur übertragenden Sanierung entfallen, weil das Verkaufsangebot bereits zurückgezogen war, so ist regelmäßig allein von einer Liquidation durch Einzelveräußerung auszugehen. Davon zu unterscheiden ist der konkrete **Vergleichszeitpunkt**. Wenn im Falle einer hypothetischen Regelinsolvenz die Gläubiger im Zeitpunkt x die Quote erhalten hätten, muss die Planregelung ebenfalls in einen Wert auf diesen Zeitpunkt übersetzt werden, so dass ggf. bei zeitlichen Verzögerungen abzuzinsen ist. 12

3. Machbarkeit und Realisierbarkeit der Planwirkungen

Unklar ist, ob und inwieweit das Gericht i. R. des Schlechterstellungsverbots zu prüfen hat, ob der Plan machbar ist, d. h. die Planerwartungen sich überhaupt erfüllen können, so wie dies im US-amerikanischen Chapter 11-Verfahren unter dem Stichwort „feasibility" verlangt ist. Es wird vertreten, die wirtschaftliche Vergleichsrechnung setze voraus, dass die Planperspektive realisierbar sei.[23] Die Gegenauffassung geht davon aus, die Machbarkeit sei entsprechend dem Wortlaut nicht eigenständig zu prüfen.[24] 13

Richtigerweise ist die Machbarkeit **nicht als eigenständige Prüfung** verlangt, wohl aber als integraler Bestandteil der Ermittlung der Vergleichswerte. Bei dem hypothetischen Regelabwicklung wird gerade geprüft, welche Quote für den Gläubiger in diesem Fall „machbar" wäre, d. h. realistischerweise zu erwarten wäre, so dass die Machbarkeit dieser Quote gerade die ureigene Prämisse der Prüfung ist. Das kann bei der Prüfung der Planerwartung und der damit verbundenen Vorteile kaum anders sein. Zwar wird bereits bei § 231 Abs. 1 Nr. 3 InsO in sehr begrenztem Rahmen geprüft, ob der Plan erfüllbar ist. Allgemein geht es jedoch um die Stichhaltigkeit des Wertansatzes. Allein auf die geschriebene Zahl kann es bei der hier i. R. von § 245 InsO generell verlangten, wirtschaftlichen Betrachtung nicht ankommen, sondern auf die realistisch, d. h. mit dem Maßstab der Voraussichtlichkeit, zu erwartenden Zuflüsse. Ist das Scheitern überwiegend wahrscheinlich, fließt den Beteiligten „voraussichtlich" nichts zu. Sind die Planprämissen nicht mit dem Maßstab der Voraussichtlichkeit, d. h. mit überwiegender Wahrscheinlichkeit realisierbar, dürfen sie gar nicht angesetzt werden, so dass dann eine Planbestätigung ausscheidet.[25] Sind die Prämissen dagegen mit überwiegender Wahrscheinlichkeit realisierbar, verbietet sich ein Risikoabschlag oder eine eigenständige Versagung wegen verbleibender Zweifel an der Machbarkeit des Plans. Da es auf eine Prognose ankommt, kann nicht jeder Zweifel dazu führen, die Planbestätigung zu versagen. Unterhalb der überwiegenden Wahrscheinlichkeit ist daher das erhöhte Risiko des Scheiterns nicht bei dem Wertansatz einzupreisen.[26] 14

4. Von bestimmten Szenarien abhängige Ausschüttung

Davon zu unterscheiden ist die **Bewertung des Planvorteils**, wenn der Plan selbst die Ausschüttung von bestimmten Entwicklungen abhängig macht. Dann ist nach allgemeinen Bewertungsgrundsätzen eine Eintrittswahrscheinlichkeit den Szenarien zuzuordnen und 15

23) Braun-*Braun/Frank*, InsO, § 245 Rz. 4; K. Schmidt-*Spliedt*, InsO, § 245 Rz. 9.
24) Uhlenbruck-*Lüer/Streit*, InsO, § 245 Rz. 11.
25) So wohl auch K. Schmidt-*Spliedt*, InsO, § 245 Rz. 9.
26) A. A. wohl *Fiebig* in: HK-InsO, § 245 Rz. 13.

sodann ein gewichteter Durchschnittswert zu ermitteln, der dem Ergebnis einer Regelabwicklung gegenüberzustellen ist.

Praxishinweis

Auf dieses Vorgehen kann praktisch verzichtet werden, wenn alle denkbaren Szenarien zu einem Zufluss führen, der die Regelquote übersteigt.

5. Vergleichsrechnung bei Absonderungsrechten

16 Bei Absonderungsberechtigten wird es für die Vergleichsrechnung entscheidend darauf ankommen, ob die Absonderungsberechtigten so gestellt werden, wie sie im Regelverfahren stünden – dort würden sie in Fällen des § 166 InsO, wenn folglich der Insolvenzverwalter verwertungsberechtigt ist, aus dem Erlös des Sicherungsguts abzüglich der Pauschalen nach §§ 170, 171 InsO befriedigt.[27)]

17 Das LG Traunstein hat in einem Fall, dessen Kernproblem § 245 Abs. 2 Nr. 2 InsO betraf (siehe dazu gleich Rz. 24), eine Schlechterstellung für eine Situation verneint, in der ein gesicherter Kredit nach den Regelungen des Plans fortgeführt werden sollte, die Rückzahlungsforderungen nicht gekürzt, wohl aber die Rückzahlung zeitlich ausgesetzt und gestreckt werden sollte und für die Zwischenzeit eine Verzinsung anhand des vertraglich geschuldeten Zinses, der geringer als der Marktzins war, erfolgen sollte.[28)] Das LG Traunstein verneinte insoweit eine Schlechterstellung, weil der Eingriff wirtschaftlich kompensiert worden und der Kredit auch für eine Folgeinsolvenz besichert sei.

18 Dabei stand das LG vor zwei Fragen, nämlich ob der absonderungsberechtigte Gläubiger schlechtersteht, wenn ihm die situativ (zufällig) gebotene **Chance der Mehrverzinsung** am Markt genommen wird, die er bei vertragsgemäßem Verlauf gar nicht gehabt hätte.[29)] Die Verneinung dieser Frage und der damit begründete „Anspruch auf Prolongation des Kredits“[30)] erscheint deshalb fragwürdig, weil es nicht etwa darum geht, dass der Gläubiger bestenfalls so gestellt werden müsse, wie er bei vertragsgemäßer Abwicklung gestanden hätte und er dann ebenfalls nur den Vertragszins erhalten hätte.[31)] Entscheidend ist als Vergleichsmaßstab, dass der Gläubiger, der nämlich den Kredit gekündigt hatte, die Valuta im Regelverfahren früher und sofort, nämlich durch Verwertung des Absonderungsguts, erhalten hätte und er diese Valuta dann zu Marktzinsen hätte wiederanlegen können. Freilich setzt das voraus, dass die Sicherheit auch tatsächlich früher hätte verwertet werden können, was nicht in jedem Fall so ist.[32)]

19 Die zweite Frage war, ob das **Risiko einer Folgeinsolvenz**, das sich bei zeitlicher Tilgungsstreckung naturgemäß erhöht, eine Schlechterstellung begründet. Das ist richtigerweise zu verneinen, und zwar deshalb, weil die Machbarkeit des Plans bereits in die Prüfung einfließt und eine gesonderte Risikobewertung eigentlich verfehlt ist. Es werden ja gerade Barwerte verglichen für denselben Zeitpunkt. Die prognostizierte Planerwartung wird abgezinst und daher als gegenwärtiger Wert angesetzt. Es wird also unter dieser Prämisse verglichen, was der jeweilige Gläubiger *jetzt* in den Händen hält (nämlich die in Zahlen übersetzte voraussichtliche Planerwartung), mit dem hypothetischen Ergebnis der Regelabwicklung. Dann aber kann nicht noch zusätzlich gesondert durch einen weiteren

---

27) *Smid/Rattunde/Martini*, Insolvenzplan, Rz. 15.57.

28) LG Traunstein, Beschl. v. 27.8.1999 – 4 T 2966/99, NZI 1999, 461, 462.

29) *Braun*, NZI 1999, 473, 476.

30) *Braun*, NZI 1999, 473, 476.

31) So aber *Grub* in: FS Uhlenbruck, S. 501, 511.

32) *Grub* in: FS Uhlenbruck, S. 501, 511.

Abschlag das Risiko der Folgeinsolvenz berücksichtigt werden, weil die Machbarkeit bereits in die Prognose einfließt und der zukünftige Wert bereits diskontiert ist. Es liegt ja gerade in der Natur des Plans, dass die Unsicherheiten erhöht werden, weil Planregelungen ihrer Natur nach längerfristiger angelegt sind.[33)]

6. Besonderheiten bei Sozialplanansprüchen

Zu Ansprüchen aus einem Sozialplan, siehe § 61 Rz. 47 ff. [*Krings*]. 20

7. Konkurrierende Pläne

Liegen ausnahmsweise mehrere konkurrierende Pläne zur Abstimmung vor und werden sämtliche Pläne mit den Mehrheiten i. S. des § 244 i. V. m. § 245 Abs. 1 Nr. 3 InsO angenommen, sind diese Pläne gesondert zu prüfen und nicht als wechselseitige Alternativszenarien bei der Vergleichsrechnung des § 245 Abs. 1 Nr. 1 InsO anzusetzen. Da ein bestätigter Insolvenzplan alle weiteren Pläne ausschließt (zur Rechtskraftwirkung siehe § 23 Rz. 2. ff., 6 ff., 53 [*Madaus*]), sollte hier der Plan mit der größeren Gruppenmehrheit zuerst auf die Möglichkeit der Anwendung des § 245 geprüft werden.[34)] 21

II. Angemessene Beteiligung (§ 245 Abs. 1 Nr. 2 InsO i. V. m. § 245 Abs. 2 und 3 InsO)

Nach § 245 Abs. 1 Nr. 2 i. V. m. § 245 Abs. 2 und 3 InsO müssen die Angehörigen der Gruppe, deren Zustimmung fingiert werden soll, angemessen an dem wirtschaftlichen Wert beteiligt werden, der den Beteiligten „auf der Grundlage des Plans" zufließen soll. § 245 Abs. 1 Nr. 2 InsO betrifft den **Planmehrwert**, während der Liquidationswert ja bereits durch das Schlechterstellungsverbot des § 245 Abs. 1 Nr. 1 InsO garantiert und für die Gruppe gesichert ist. Bei § 245 Abs. 1 Nr. 2 und Abs. 2 InsO geht es also darum, wie der Planmehrwert verteilt werden soll. Der Planmehrwert ist daher notwendigerweise dasjenige, was über den Liquidationswert hinaus durch den Plan erhalten und insbesondere durch die Verzichte und Sanierungsbeiträge geschaffen wird, also letztlich bei den nicht nur verfahrensbegleitenden Plänen der **Fortführungswert** (davon zu unterscheiden ist aber die unten beschriebene Situation, siehe Rz. 48). In § 245 Abs. 2 und 3 InsO wird für die Gläubigergruppen und für die Anteilsinhaber definiert, was unter einer angemessenen Beteiligung zu verstehen ist. Es geht um eine **Absolute-Priority-Regel** und das Verhältnis der Gruppen zueinander. Die h. M. versteht die Absätze 2 und 3 als abschließende Konkretisierung des § 245 Abs. 1 Nr. 2 InsO.[35)] Die in den Absätzen 2 und 3 genannten Voraussetzungen müssen kumulativ vorliegen.[36)] 22

1. Angemessene Beteiligung der Gruppe der Gläubiger (§ 245 Abs. 2 InsO)

a) Keine Ausschüttung über den Nennwert der Forderung hinaus (§ 245 Abs. 2 Nr. 1 InsO)

Für die Gruppe der Gläubiger (also insoweit gruppenbezogen) setzt dies voraus, dass kein anderer (einzelner) Gläubiger wirtschaftliche Werte erhält, die den vollen Betrag seines Anspruchs übersteigen. Dies ist eine Selbstverständlichkeit und drückt aus, dass sich kein 23

33) So auch LG Traunstein, Beschl. v. 27.8.1999 – 4 T 2966/99, NZI 1999, 461, 462.

34) K. Schmidt-*Spliedt*, InsO, § 245 Rz. 4.

35) *Fiebig* in: HK-InsO, § 245 Rz. 19; Uhlenbruck-*Lüer/Streit*, InsO, § 245 Rz. 22; a. A. K. Schmidt-*Spliedt*, InsO, § 245 Rz. 15.

36) OLG Köln, Beschl. v. 5.1.2001 – 2 W 228/00, NZI 2001, 660, 661; LG Göttingen, Beschl. v. 7.9.2004 – 10 T 78/04, NZI 2005, 41, 42.

Gläubiger am Planverfahren bereichern soll.[37] Das Gericht hat zu prüfen, ob dasjenige, was dem Gläubiger auf der Grundlage des Plans zufließen soll, den Nennwert seiner (angemeldeten) Forderung übersteigt. Das kann vor allem bei **Sachleistungen** relevant werden,[38] bspw. bei Übernahme von Absonderungsgegenständen oder beim Debt-Equity-Swap, wenn der erlangte Anteil wegen Unterbewertung des schuldnerischen Vermögens die Forderung im Wert übersteigt. Meist greift in solchen Fällen bereits § 245 Abs. 1 Nr. 1 InsO, wenn die Begünstigung des einen Gläubigers zu einer Schlechterstellung der betroffenen Gruppe führt.

b) Keine Bevorteilung nachrangiger Forderungen (§ 245 Abs. 2 Nr. 2 Alt. 1 InsO)

24 § 245 Abs. 2 Nr. 2 Alt. 1 InsO ist Ausdruck des **Gleichbehandlungsgebots.** Eine angemessene Beteiligung an dem Fortführungsplanwert kann nur dann vorliegen, wenn kein Gläubiger, der ohne einen Plan, d. h. im Regelverfahren, ein gegenüber den Gläubigern der jeweiligen Gruppe nachrangiger Gläubiger wäre, einen wirtschaftlichen Wert erhält. Insoweit wird ein absoluter Vorrang der nicht nachrangigen Insolvenzgläubiger normiert. Hintergrund ist § 225 InsO, wonach Forderungen nachrangiger Gläubiger als erlassen gelten, wenn im Insolvenzplan nichts anderes bestimmt ist. Würden die in den Plan einbezogenen nachrangigen Gläubiger einen Vorteil durch den Plan erlangen, käme dies einem Stimmenkauf der nachrangigen Gläubiger gleich.[39] Letztlich soll sich das **Rangverhältnis** des Regelverfahrens auch im Planverfahren durchsetzen, selbst wenn bei einem Scheitern des Plans mangels Anwendung des Obstruktionsverbots die nicht nachrangigen Insolvenzgläubiger den Planmehrwert ebenfalls nicht realisieren könnten. Wenn die Zustimmung also nicht ersetzt werden darf, scheitert der Plan und die nicht nachrangigen Gläubiger können den Planmehrwert ebenfalls nicht realisieren. § 245 Abs. 2 Nr. 2 InsO verhindert also die im Lichte des Gleichbehandlungsgedankens unangemessene Bevorzugung der nachrangigen Gläubiger.

c) Verhältnis zwischen Absonderungsberechtigten und Insolvenzgläubigern

25 **Ungeklärt** ist, ob § 245 Abs. 2 Nr. 2 i. V. m. § 245 Abs. 1 Nr. 2 InsO auf das Verhältnis zwischen Absonderungsberechtigten und Insolvenzgläubigern anzuwenden ist. Das LG Traunstein verneint dies ebenso wie ein Teil des Schrifttums;[40] die Gegenauffassung bejaht die Frage dagegen.[41] Richtigerweise sind Absonderungsberechtigte auszunehmen. Sie sind trotz § 170 Abs. 1 InsO keine Massegläubiger, die einen echten Vorrang vor Insolvenzgläubigern bezogen auf das gesamte Vermögen des Schuldners hätten. Vielmehr liegt ihr **Vorrang** alleine darin, dass sie sich aus einem bestimmten Gegenstand befriedigen (lassen) dürfen. Insoweit haben die Absonderungsberechtigten lediglich Anspruch darauf, dass sie so gestellt werden, wie sie bei einer solchen Befriedigung stünden, und, d. h. ohne die Aufwertung des Absonderungsrechts durch den Planmehrwert.

d) Keine Bevorteilung des Schuldners (§ 245 Abs. 2 Nr. 2 Alt. 2 InsO)

26 Angemessen ist die Beteiligung der Gläubiger nach § 245 Abs. 2 Nr. 2 Alt. 2 InsO nur dann, wenn dem Schuldner **kein wirtschaftlicher Wert** zukommt. Die Regelung ist praktisch wichtig, ihre Aussagen sind aber ungeklärt. Die Begründung des RegE geht davon

---

37) Ähnlich *Smid/Rattunde/Martini*, Insolvenzplan, Rz. 15.67.

38) K. Schmidt-*Spliedt*, InsO, § 245 Rz. 19.

39) K. Schmidt-*Spliedt*, InsO, § 245 Rz. 20; *Fiebig* in: HK-InsO, § 245 Rz. 21.

40) K. Schmidt-*Spliedt*, InsO, § 245 Rz. 21; *Grub* in: FS Uhlenbruck, S. 501, 515.

41) *Fiebig* in: HK-InsO, § 245 Rz. 22; *Smid/Rattunde/Martini*, Insolvenzplan, Rz. 15.71; *Smid* in: FS Gerhardt, S. 931, 956 ff.; differenzierend *Eidenmüller* in: FS Drukarczyk, S. 187, 194 f.

aus, dem Schuldner komme, weil und wenn er nach Maßgabe des Plans das Unternehmen fortführen können, durch den Plan ein wirtschaftlicher Wert zu, wenn ein Dritter für den Erwerb des Unternehmens bessere Bedingungen als im Plan vorgesehen bieten würde.[42] Das ist wenig hilfreich. Den Gläubigern entgeht dann der im Kaufpreis einbezogene Fortführungsmehrwert; zugleich hat insoweit aber Absatz 2 Nr. 2 eigentlich keine Bedeutung, weil ein voraussichtlicher Erlös einer übertragenden Sanierung ja bereits bei § 245 Abs. 1 Nr. 1 InsO berücksichtigt wird (siehe oben Rz. 10).

Letztlich wäre nach diesem Maßstab stets von einem wirtschaftlichen Wert auszugehen, 27 weil ein fortführungsfähiges Unternehmen eben grundsätzlich einen Wert hat, der zudem in der Regel höher ist als der Liquidationswert.[43] Der Schuldner enthält mit der Fortführungsmöglichkeit zwangsläufig einen Wert, weil seine Passivseite saniert und er, für die Anteilsinhaber, die Chance erhält, wieder Gewinne zu eigenen Gunsten zu erwirtschaften. Die letztgenannten Vorteile sind aber nicht gemeint.[44] Daher ist **weiter zu differenzieren**. Besteht eine Investitionsbereitschaft eines Dritten, soll aber gerade der Schuldner fortführen, weil der Fortführungsmehrwert bei ihm höher als der Kaufpreis liegt, erscheint es zwar durchaus sachgerecht, dass der Schuldner bzw. die Anteilsinhaber den Fortführungsmehrwert vergüten müssen. Die Gläubiger können aber in solchen Fällen die Geschäftsanteile selbst übernehmen[45] (§ 225a InsO) und damit den Vorteil wieder abschöpfen. Insoweit muss der Plan wohl auch kraft § 245 Abs. 2 Nr. 2 InsO Dritten nicht ermöglichen, ein besseres Angebot zur Übernahme des Unternehmens einzuräumen und damit die Marktgängigkeit der Anteile und des Unternehmens zu testen bzw. herauszufinden, ob wirklich ein Fortführungsmehrwert entsteht.[46] Denn seit dem ESUG kann der Plan vorsehen, die Gesellschaft ohne die Alt-Gesellschafter fortzuführen.

Tut der Plan dies nicht, ist fraglich, ob der dadurch beim Schuldner bzw. den Anteilseignern verbleibende Vorteil abzuschöpfen ist. Das ist unter dem Gesichtspunkt des Gläubigerschutzes nicht geboten, wenn die Gläubiger die darin liegende Verwertungsalternative nicht gewählt haben[47] bzw. den Plan trotzdem mehrheitlich angenommen haben. Es ist eben nicht vollständig zu vermeiden, dass Schuldner und Anteilsinhaber von dem Plan ebenfalls profitieren, was schon deshalb richtig ist, weil es sonst in Eigenverwaltungssituationen kaum Anreize für den Gang in ein sanierungsorientiertes Verfahren gäbe. Wieder anders ist es, wenn der Plan die Fortführung durch einen Altgesellschafter vorsieht bzw. diesem Gesellschafter allein das Zeichnungsrecht für neue Anteile zugebilligt wird, während andere Gesellschafter über einen Kapitalschnitt herausgedrängt werden. 28

Hier kommt es darauf an, was überhaupt ein wirtschaftlicher Wert ist. Teils wird auf eine 29 vermögensbilanzielle Betrachtung abgestellt, mit der offenbar – insoweit sind die Ausführungen meist unscharf – eine Betrachtung der **Handelsbilanz** (und damit wohl letztlich der bilanziellen Wertansätze)[48] gemeint ist.[49] Entscheidend sei aber zudem nicht die Bi-

42) Begr. RegE InsO, BT-Drucks. 12/2443, S. 209; vgl. auch LG Mühlhausen, Beschl. v. 17.9.2007 – 2 T 190/06, NZI 2007, 724, 726.

43) *Grub* in: FS Uhlenbruck, S. 501, 515.

44) Uhlenbruck-*Lüer/Streit*, InsO, § 245 Rz. 27; *Wieneke/Hoffmann*, ZIP 2013, 697, 699 m. w. N.

45) K. Schmidt-*Spliedt*, InsO, § 245 Rz. 23; Braun-*Braun/Frank*, InsO, § 245 Rz. 11 f.

46) So vor dem ESUG *Wittig*, ZInsO 1999, 373, 379; wie hier K. Schmidt-*Spliedt*, InsO, § 245 Rz. 25.

47) *Becker* in: Kübler/Bork/Prütting, HRI II, § 36 Rz. 67.

48) Kritisch Uhlenbruck-*Knof*, StaRUG, § 27 Rz. 30.

49) Braun-*Herzig*, StaRUG, § 27 Rz. 9; für bilanzielle Betrachtung, aber nicht notwendigerweise nach Handelsbilanz ferner Flöther-*Knapp*, StaRUG, § 27 Rz. 15; Morgen-*Kowalewski/Praß*, StaRUG, § 27 Rz. 36 und Rz. 58; Uhlenbruck-*Lüer/Streit*, InsO, § 245 Rz. 27; *Grub* in: FS Uhlenbruck, S. 501, 515 f. S. die Darstellung bei *Herweg* in: MünchKomm-StaRUG, § 27 Rz. 32. Vermittelnd *Thies* in: HambKomm-InsR, § 245 InsO Rz. 14: Substanzwert und Ertragswert.

lanzsanierung und Beseitigung der Verbindlichkeiten an sich, sondern ob durch *Mehr*verzichte und Beiträge anderer Gruppen für die Fortführungsbilanz ein positives Eigenkapital (Vermögen abzüglich Verbindlichkeiten) geschaffen werde.[50] Dies dürfte so zu verstehen sein, dass gleichsam erst bei Null (d. h. nach der Berücksichtigung der bilanziellen Entschuldung) wieder eine neue Rechnung anfängt, von der aus wirtschaftliche Werte gegeben sein können.[51] Es wird eine statische Betrachtung angelegt, bei der künftigen Gewinne auszuklammern seien, weil sie in der erfolgreichen Sanierung automatisch immer angelegt sind und daher vom Gesetzgeber nicht gemeint sein könnten. Wenn man handelsbilanziell prüft, werden neue Anteile durch den Erwerbspreis kompensiert.

30 Indes wird zum Teil auch vertreten, es müsse eine **Unternehmensbewertung anhand des Discounted Cashflows oder der Ertragswertmethode** nach dem Barwert künftiger Einzahlungsüberschüsse erfolgen und daraus sei der wirtschaftliche Wert bzw. der Equity Value zu berechnen.[52] Eine bilanzielle Betrachtung in diesem Sinne meint also dann die Gegenüberstellung des so berechneten Unternehmenswerts vor und nach der Restrukturierung und des sich daraus ableitenden Anteils des Anteilseigners am Equity Value. Denn die Ermittlung des Unternehmenswerts sei deshalb maßgeblich, weil die reine Betrachtung der (Handels-)Bilanz unscharf bleibe und mit dem wirklichen Wert nicht übereinstimme.[53] Bei dieser Methode wird es erforderlich sein, den Diskontierungszins sachgerecht anhand der Risiken der Sanierung zu bemessen; es kann nicht um eine Standard-Unternehmensbewertung gehen.

31 Im Ergebnis ergibt sich daher bei abgeschichteter Betrachtung ein passendes Ergebnis:

- Die Fortführung beim Schuldner *als solche* genügt nicht, um von einem wirtschaftlichen Wert zu sprechen.
- Bei einem attraktiven Drittangebot ist bereits das Schlechterstellungsverbot des § 245 Abs. 1 Nr. 1 InsO tangiert. Eine darüber hinausgehende Einbeziehung in die Angemessenheitsprüfung ist nicht angezeigt.
- Die Beseitigung der Überschuldung genügt nicht. Entsteht allerdings, wie allerdings häufig, durch Verzichte der Gläubiger ein positives Kapital bzw. ein höherer Unternehmenswert, ist ein wirtschaftlicher Wert gegeben.[54] Dieser kann allerdings vom Schuldner bzw. den Anteilsinhabern kompensiert werden.[55] Es liegt also eine Wertsteigerung vor, die kompensiert wird und werden muss.

32 Zu § 245 Abs. 3 Nr. 1 InsO in diesen Fällen siehe sogleich Rz. 42.

e) Keine Bevorteilung der Anteilsinhaber (§ 245 Abs. 2 Nr. 2 Alt. 3 InsO)

33 Gemäß § 245 Abs. 2 Nr. 2 Alt. 3 InsO darf auch den Anteilseignern kein wirtschaftlicher Wert zugewendet werden. Hier gilt nichts anderes als beim Schuldnervorteil, weil ein wirtschaftlicher Wert stets über den Wert der Beteiligung am Schuldner vermittelt wird. **Vor-**

50) Morgen-*Kowalewski/Praß*, StaRUG, § 27 Rz. 58.

51) Uhlenbruck-*Lüer/Streit*, InsO, § 245 Rz. 29; vgl. auch *Rühle* in: Römermann, InsO/InsR, § 245 InsO Rz. 21.

52) *Herweg* in: MünchKomm-StaRUG, § 27 Rz. 39; Uhlenbruck-*Knof*, InsO, § 27 StaRUG Rz. 30; Seibt/Westpfahl-*Westpfahl*, StaRUG, § 27 Rz. 37; *Girotto* in: Beck/Depré/Ampferl, Praxis der Sanierung und Insolvenz, § 1 Rz. 146.

53) *Herweg* in: MünchKomm-StaRUG, § 27 Rz. 36.

54) *Becker* in: Kübler/Bork/Prütting, HRI II, § 36 Rz. 62; *Grub* in: FS Uhlenbruck, S. 501, 516; Uhlenbruck-*Lüer/Streit*, InsO, § 245 Rz. 29; *Wittig*, ZInsO 1999, 373, 377.

55) Begr. RegE InsO, BT-Drucks. 12/2443, S. 209: es kommt darauf an „[…] ob die Leistungen, die der Schuldner nach dem Plan zu erbringen hat, den noch vorhandenen Wert des Unternehmens aufwiegen."

teile außerhalb des Plans bleiben außer Betracht, ebenso richtigerweise der Fall, dass der Investor durch Zahlung eines Agio bei einer Kapitalerhöhung eine Kapitalrücklage entstehen lässt, die auch die Beteiligung der Altgesellschafter aufwertet.[56)]

f) Keine Besserstellung gleichrangiger Gläubiger (§ 245 Abs. 2 Nr. 3 InsO)

§ 245 Abs. 2 Nr. 3 InsO durchbricht i. R. der Prüfung der angemessenen Beteiligung die Gruppenbetrachtung. Die Regel sichert die Gleichbehandlung auch über die gebildeten Gruppen hinaus und schaut auf den einzelnen Gläubiger. Es geht also um eine **gruppenübergreifende Gleichbehandlung**, während § 226 InsO die Gleichbehandlung innerhalb der Gruppe sichert. Schon die Ungleichbehandlung eines Gläubigers rechtfertigt es, für die gesamte Gruppe das Obstruktionsverbot nicht anzuwenden. Die Vorschrift ist damit zugleich ein Korrektiv zur grundsätzlichen Freiheit des Planarchitekten, die Gruppen einzuteilen. Allerdings ist § 245 InsO keine Verbotsnorm für die Gruppenbildung. Die Gruppenbildung kann nicht per se mit dem Argument durch das Gericht untersagt (im Wege der Versagung der Planbestätigung) werden, es liege eine Besserstellung i. S. des § 245 Abs. 2 Nr. 3 InsO vor; das geht nur, wenn es tatsächlich auf das Obstruktionsverbot ankommt und die Zustimmung einer Gruppe ersetzt werden soll und muss. Zum **PSVaG** siehe § 61 Rz. 87 ff. [*Krings*] und insbesondere § 23 Rz. 26 [*Madaus*]. 34

§ 245 Abs. 2 Nr. 3 InsO besagt, dass gleichrangige Gläubiger nicht im Verhältnis zueinander besser- bzw. schlechtergestellt werden können. Das ist deshalb problematisch, weil der Insolvenzplan in seinem ureigenen Sinn ja gerade verlangt, unterschiedliche Gruppen auch innerhalb der Insolvenzgläubiger zu bilden (z. B. Finanzgläubiger, Lieferanten etc.) und unterschiedliche Lösungen für einzelne Gruppen anzubieten. Allerdings verlangt § 245 Abs. 2 Nr. 3 InsO keine Gleichbehandlung im engeren Sinne, sondern verbietet lediglich eine Besserstellung gleichrangiger Gläubiger. Eine Besserstellung ist **wirtschaftlich** zu verstehen. Demnach müssen die gewährten Positionen verglichen werden. Erhalten z. B. ungesicherte Finanzgläubiger (= Insolvenzgläubiger) Geschäftsanteile, Lieferanten (= Insolvenzgläubiger) dagegen eine Ausschüttung in Geld, liegt darin nur eine Besserstellung i. S. des § 245 Abs. 2 Nr. 3 InsO, wenn die beiden Positionen bei Betrachtung ihres wirtschaftlichen Werts nicht übereinstimmen.[57)] Folglich kann jede Besserstellung einer gleichrangigen Gruppe oder eines einzelnen Gläubigers die Benachteiligung der anderen Gruppe bedeuten und der Anwendung des Obstruktionsverbots entgegenstehen, etwa wenn im Ergebnis die Quote unterschiedlich ist.[58)] Die Anwendung kann grundsätzlich auch nicht mit sachlichen Gründen gerechtfertigt werden.[59)], und zwar auch nicht im Verhältnis zu Forderungen i. S. des § 302 InsO.[60)] Die bloße Einräumung der Eigenschaft als Planinvestor ist aber für sich genommen keine relevante Besserstellung (siehe auch Rz. 36). Im Übrigen kann auch bei § 245 Abs. 2 Nr. 3 InsO der Wert kompensiert werden durch den Gläubiger. 35

Nicht entgegen steht § 245 Abs. 2 Nr. 3 InsO, wenn die Gruppe im Ergebnis mit der jeweils anderen gleichrangigen Gruppe gleichbehandelt wird, ein einzelner Gläubiger aus 36

56) K. Schmidt-*Spliedt*, InsO, § 245 Rz. 28.

57) Ein Fall der Ungleichbehandlung war LG Göttingen, Beschl. v. 7.9.2004 – 10 T 78/04, ZInsO 2004, 1318, 1320.

58) AG Köln, Beschl. v. 14.11.2017 – 73 IN 173/15, ZIP 2018, 1405 = NZI 2018, 108.

59) *Becker* in: Kübler/Bork/Prütting, HRI II, § 36 Rz. 71; LG Magdeburg, Beschl. v. 25.4.2001 – 3 T 12/01, NZI 2001, 326, 327.

60) AG Köln, Beschl. v. 14.11.2017 – 73 IN 173/15, ZIP 2018, 1405 = NZI 2018, 108.

der Gruppe aber mehr erhält, weil seine Gruppe gruppenintern zu seinen Gunsten auf einen Wert verzichtet (**Fall der gruppeninternen Umverteilung**).[61]

37 Davon zu unterscheiden und ein Fall des § 245 Abs. 2 Nr. 3 InsO ist es, wenn i. R. einer **Kleingläubigerklausel** Gläubigern mit geringeren Forderungen höheren Quoten ausgeschüttet und angeboten werden als anderen Insolvenzgläubiger in anderen Gruppen. Dies ist mit § 245 Abs. 2 Nr. 3 InsO nicht vereinbar.[62] Aus § 222 Abs. 3 InsO ergibt sich richtigerweise nichts anderes und insbesondere nicht eine teleologische Reduktion.[63] Eine sozialpolitisch motivierte Begünstigung von Kleingläubigern und Arbeitnehmer ist der InsO fremd. Das Gesetz will mit § 245 Abs. 2 Nr. 3 InsO gerade verhindern, dass die Zustimmung einer Gruppe entgegen dem materiellen Gehalt des Gleichbehandlungsgrundsatzes „billig" gekauft wird.[64]

38 Kein Fall des § 245 Abs. 2 Nr. 3 InsO ist es, wenn Mittel i. S. des § 251 Abs. 3 InsO an individuelle Gläubiger ausgeschüttet werden, die im Wege des § 251 InsO ihre Schlechterstellung dargelegt haben. Das bedeutet zwar eine Ungleichbehandlung, weil andere gleichrangige Gläubiger diesen Zufluss nicht erhalten. Gleichwohl liegt darin keine Begünstigung durch den Plan, sondern außerhalb oder gar entgegen dem Plan.

39 Eine unterschiedliche **Erfüllungswahl bei gegenseitigen Verträgen** durch den Verwalter, die im Plan vorgenommen wird, d. h. die Erfüllungswahl bei einigen Verträgen, deren Ablehnung bei anderen, ist dennoch keine Begünstigung nach dem Plan.[65]

Praxishinweis

Wandlungs-Incentives: Wird bei einem „freiwilligen" Debt-Equity-Swap den Gläubigern ein Wahlrecht eingeräumt zwischen einem sofortigen Barausgleich und einer insoweit höher zu bewertenden Beteiligung, liegt darin keine Ungleichbehandlung, weil das Wahlrecht für alle Gläubiger identisch ist.[66]

2. Angemessene Entschädigung der Inhaber von Drittsicherungsrechten (§ 245 Abs. 2a InsO)

40 § 245 Abs. 2a InsO ist mit dem SanInsFoG neu eingefügt worden. Es betrifft die Situation, dass im Plan auch in die Rechte der Sicherungsnehmer bei gruppeninternen Drittsicherheiten eingegriffen wird (§ 217 Abs. 2 InsO) und gemäß § 222 Abs. 1 Nr. 5 InsO insoweit auch eine eigene Abstimmungsgruppe gebildet worden ist. Ein Cram-down zulasten der Drittsicherungsnehmer ist nur möglich, wenn die Untergrenze einer angemessenen Entschädigung für den Verlust der Drittsicherheiten eingehalten worden ist. Damit wird sichergestellt, dass das Entschädigungserfordernis nicht über den Umweg des Obstruktionsverbots unterwandert wird.

3. Angemessene Beteiligung der Anteilsinhaber (§ 245 Abs. 3 InsO)

41 Das Gebot der angemessenen Beteiligung i. S. des § 245 Abs. 1 Nr. 2 InsO wird in Absatz 3 für die Gruppe der Anteilsinhaber definiert. Es fehlt die Bezugnahme auf § 245 Abs. 2 Nr. 2 InsO, so dass sich die Anteilseigner nicht zur Abwehr des Obstruktionsver-

61) K. Schmidt-*Spliedt*, InsO, § 245 Rz. 32.

62) So auch *Grub* in: FS Uhlenbruck, S. 501, 516; *Jaffé* in: FK-InsO, § 245 Rz. 30 f. Vgl. auch AG Saarbrücken, Beschl. v. 20.4.2001 – 61 IK 177/00, ZInsO 2002, 340.

63) So aber K. Schmidt-*Spliedt*, InsO, § 245 Rz. 30; Braun-*Braun/Frank*, InsO, § 245 Rz. 36.

64) Vgl. *Jaffé* in: FK-InsO, § 245 Rz. 31.

65) *Undritz*, ZGR 2010, 201, 214; *Becker* in: Kübler/Bork/Prütting, HRI II, § 36 Rz. 78.

66) *Thole*, ZIP 2014, 2365, 2371.

bots, darauf berufen können, dass Nachranggläubiger, Schuldner und Anteilsinhaber (also sie selbst) am Planmehrwert beteiligt werden.

a) Keine Ausschüttung über den Nennwert der Forderung hinaus (§ 245 Abs. 3 Nr. 1 InsO)

Über § 245 Abs. 3 InsO werden die in Absatz 2 für die Gläubiger definierten Kriterien auf die Gruppe der Anteilsinhaber übertragen. 42

Die Anteilsinhaber werden nur dann nach § 245 Abs. 1 Nr. 2 InsO angemessen beteiligt, wenn kein Gläubiger (auch nachrangiger Gläubiger) einen den Nennwert seiner Forderung übersteigenden wirtschaftlichen Wert erhält. Hintergrund ist § 199 Satz 1 InsO, wonach die Gläubiger Vorrang vor den Anteilsinhabern haben **(Nach-Nachrang der Anteilsinhaber)**, zugleich aber nicht über diese Forderungen hinaus am Verfahren verdienen sollen, weil der Überschuss den Anteilseignern zusteht. 43

Fraglich ist, was diese Vorgaben für einen **Debt-Equity-Swap** bedeuten. Es sind verschiedene Situationen zu beurteilen: 44

- Ist auch auf der Grundlage des Plans der Fortführungswert geringer als die Summe der Verbindlichkeiten, so dass die Überschuldung nicht vollständig ausgeglichen wird, so sind die Anteilseigner nicht angemessen an dem gegenüber dem Liquidationswert höheren Fortführungswert zu beteiligen, weil ihre Anteile immer noch wertlos sind.
- Ist nach dem Regelinsolvenzszenario der Liquidationswert höher als die Verbindlichkeiten (d. h. es liegt nur Zahlungsunfähigkeit, nicht Überschuldung vor) und ist auch nach dem Plan der Fortführungswert höher als die Verbindlichkeiten, sind die Anteilseigner angemessen i. S. des § 245 Abs. 3 InsO zu beteiligen. Darauf kommt es aber nicht an, weil hier bereits das Schlechterstellungsverbot eingreift, da die Anteilseigner im Regelverfahren den Übererlös (§ 199 Satz 2 InsO) erhalten hätten.
- Liegt zunächst nach dem Maßstab des Regelverfahrens **Überschuldung** vor, schafft es der Plan aber, einen Fortführungswert zu schaffen, der die Summe der Verbindlichkeiten übersteigt, tritt eine Situation ein, die nach dem Wortlaut des § 245 Abs. 3 Nr. 1 InsO eigentlich eine solche wäre, in der die Gläubiger mehr erhalten als es dem Nennwert ihrer Forderung entspricht. Ist aber der Fortführungswert nur deshalb höher als die Verbindlichkeiten, weil der Plan einen Debt-Equity-Swap mit vorheriger Kapitalherabsetzung auf null vorsieht, liegt das Problem darin, dass der Fortführungsmehrwert erst dadurch geschaffen wird, dass die Gläubiger auf die Quotenausschüttung verzichten. Die Frage ist, ob eine angemessene Beteiligung der Anteilseigner sicherzustellen ist bzw. ob ein Fall des § 245 Abs. 3 Nr. 1 InsO vorliegt, weil die Gläubiger vermeintlich einen wirtschaftlichen Wert erhalten, der den vollen Betrag ihrer Ansprüche übersteigt.

Letztlich geht es insoweit um folgende Frage: Erhält der Gläubiger, der Anteilseigner wird, wirklich mehr als seinen Anspruch,[67] also ist dieser Anteil nach dem Maßstab vor oder nach Plan zu bemessen? Stellt man auf diese Situation nach Plan ab, hat der Gläubiger nunmehr Anteile an einem nicht mehr überschuldeten Unternehmen. Dennoch muss man m. E. in diesem Fall die Alt-Gesellschafter nicht ohne Eigenbeitrag beteiligen. Denn der Wert, der den Gläubigern „auf der Grundlage des Plans" zufließt, entspricht nicht dem Nennwert ihrer Forderung, sondern gerade dem Unternehmenswert, der vor dem Plan ermittelt wird. Insoweit muss man die Aufhebung des Insolvenzverfahrens und die 45

67) *Pleister* in: KPB, InsO, § 245 Rz. 44; Braun-*Braun/Frank*, InsO, § 245 Rz. 20 ff.

spätere Werterholung gerade ausklammern, zumal eben die Rechtsstellung als Anteilseigner für die ins Eigenkapital gegangenen Gläubiger unsicher ist.[68]

b) Keine Besserstellung gleichrangiger Anteilsinhaber (§ 245 Abs. 3 Nr. 2 InsO)

46 Praktisch bedeutsamer ist § 245 Abs. 3 Nr. 2 InsO. Die Beteiligung ist angemessen, wenn die Anteilsinhaber untereinander gleichgestellt werden, genauer: wenn kein Anteilsinhaber, der ohne einen Plan den Anteilsinhabern der Gruppe gleichgestellt wäre, bessergestellt wird als diese. Der Fall kann aktuell werden, wenn die Anteilsinhaber in verschiedene Gruppen aufgeteilt werden oder nur in die Rechte einiger Anteilsinhaber eingegriffen wird.[69] Maßgebend ist auch insoweit eine **wirtschaftliche Bewertung der Planwirkungen.**[70]

47 Das Obstruktionsverbot greift in aller Regel nicht, wenn nur einzelne Alt-Gesellschafter und deren Geschäftsanteile übernommen werden,[71] weil darin eine Ungleichbehandlung i. S. des § 245 Abs. 3 Nr. 2 InsO liegt, soweit nicht aufgrund anderer Planregelungen wirtschaftlich alle Gesellschafter gleichgestellt werden. Allerdings wird man auch bei § 245 Abs. 3 Nr. 2 InsO eine Wertkompensation zulassen können, z. B. bei Zeichnung neu geschaffener Anteile. Zudem ist die bloße Einräumung der Position als Planinvestor für einen (Alt-)Gesellschafter noch keine Besserstellung, weil dies die anderen Gesellschafter nur reflexhaft benachteiligt. Auch ein Bezugsrechtsausschluss nur zugunsten eines Gesellschafters kann unter diesem Gesichtspunkt tragfähig erscheinen, auch wenn darin eine Wertzuweisung liegen mag. Dass der Planinvestor später ein entschuldetes Unternehmen hat, beruht dann letztlich auf einer Umverteilung von den Gläubigern zum Planinvestor (dazu oben Rz. 36).

48 Fraglich ist, wie § 245 Abs. 3 Nr. 2 InsO bei Auflösungen von **Gesellschafterstreitigkeiten** über das Insolvenzverfahren (Fall *Suhrkamp*) in Betracht kommen kann.[72] Insoweit ist zu beachten, dass die Gleichbehandlung allein nach § 226 InsO zu bemessen ist, wenn die Gesellschafter eine einzige Gruppe bilden. § 245 Abs. 3 Nr. 2 InsO kommt nur in Betracht, wenn die Gesellschafter in mehrere Gruppen aufgeteilt sind (gruppenübergreifende Gleichbehandlung) und die Zustimmung einer Gruppe ersetzt werden soll.[73] Dann kann es bei wirtschaftlicher Betrachtung freilich in der Tat nicht auf die formale Rechtsposition ankommen, wenn unterschiedliche Rechte angeboten werden. Sollen allerdings gleiche Rechte angeboten werden (wie § 226 Abs. 1 InsO formuliert), z. B. eine Aktionärsstellung in einer AG nach Maßgabe der bisherigen Anteile an der KG im Falle eines Formwechsels, um damit bisherige Sonderrechte des Minderheitsgesellschafters auszuschalten, so werden den Gesellschaftern eben gleiche Rechte angeboten, so dass § 226 Abs. 1 InsO wohl gewahrt wäre. Dann kann der gruppenübergreifende Gleichbehandlungsgrundsatz eigentlich nicht verletzt sein, es sei denn man erkennt eine (kaum zu quantifizierende) Besserstellung des bisherigen Mehrheitsgesellschafters in der Beseitigung der Sonderrechte des Minderheitsgesellschafters. Damit würde aber wieder die Regelabwicklung bzw. die bisherige Rechtslage in die Betrachtung genommen, nicht die

68) *Wieneke/Hoffmann*, ZIP 2013, 697, 701.

69) *Jaffé* in: FK-InsO, § 245 Rz. 38 f.

70) *Madaus*, ZIP 2014, 500, 507; K. Schmidt-*Spliedt*, InsO, § 245 Rz. 35, der aber – was bei § 245 Abs. 1 Nr. 2 i. V. m. Abs. 3 InsO nicht passt – auf die Regelabwicklung abstellt und damit offenbar einen anderen Maßstab verfolgt; Letzteres betrifft § 245 Abs. 1 Nr. 1 InsO.

71) *Rendels/Zabel*, Insolvenzplan, Rz. 461; *Thole*, Gesellschaftsrechtliche Maßnahmen in der Insolvenz, Rz. 278.

72) Dies bejahend *Madaus*, ZIP 2014, 500, 507, der aber m. E. verkennt, dass bei *Suhrkamp* die Gesellschafter eine einzige Gruppe bildeten, es also um § 226 InsO ging, und der ferner nicht berücksichtigt, dass die Mehrheit zustimmte.

73) Dies verkennt *Madaus*, ZIP 2014, 500, 507.

Planwirkungen und die Verteilung des Planmehrwerts, um die es aber bei § 245 Abs. 1 Nr. 2 i. V. m. Abs. 3 InsO gerade geht.

Praxishinweis

Für Kleingesellschafter, die i. S. des § 222 Abs. 3 InsO eine eigene Gruppe bilden, gelten wiederum keine Ausnahmen (siehe oben Rz. 37).

III. Mehrheit der Gruppen

Nach § 245 Abs. 1 Nr. 3 InsO muss die Mehrheit der Gruppen zugestimmt haben, damit das Obstruktionsverbot in Betracht kommen kann. Es kommt auf die tatsächliche Abstimmung an; die Fälle der §§ 246, 246a InsO sind nicht gemeint.[74] Die Mehrheit ist rein zahlenmäßig zu ermitteln, d. h. bei zehn Gruppen müssen mindestens sechs dem Plan mit den erforderlichen Mehrheiten (§ 244 InsO, siehe dazu § 16 Rz. 54 ff. [*Laroche*]) zugestimmt haben. Aus § 245 Abs. 1 Nr. 3 InsO folgt, dass die Anwendung des Obstruktionsverbots – auch im Verbraucherinsolvenzverfahren – nur in Betracht kommt, wenn **mindestens drei Gruppen gebildet** worden sind.[75] 49

IV. Salvatorische Klauseln

Salvatorische Klauseln bzw. die Reservemittel sind bei § 251 Abs. 3 InsO geregelt, siehe hierzu bei § 20 Rz. 47 [*Hirschberger*]. Ob Klauseln, nach denen im Falle eines Vorliegens der Voraussetzungen des Schlechterstellungsverbots eine kompensierende Ausgleichszahlung an die Schlechtergestellten zu erfolgen hat, eine Bedeutung für § 245 InsO haben, ist ungeklärt.[76] Richtigerweise können diese Klauseln nicht dazu führen, dass das Gericht seine Prüfung einzustellen und stets das Obstruktionsverbot anzuwenden hätte. 50

Die Klausel kann ggf. ebenso wie bei § 251 Abs. 3 InsO die Schlechterstellung überwinden;[77] aber wohl nur, wenn der Ausgleich **fest zugesagt** wird und nicht erst umständlich erstritten werden muss.[78] 51

Zudem ist unklar, ob mit dieser Nachbesserungsklausel wirklich die Schlechterstellung vermieden werden kann;[79] dann müsste die Erwartung zumindest **werthaltig** sein.[80] Zudem kann eine aus der Masse zu zahlende Reserve die Werthaltigkeit der Positionen der anderen Gruppen berühren. Eine Klausel, die nur einem individuellen Gläubiger die Leistung verspricht, dürfte ebenfalls wieder wegen des Gleichbehandlungsgrundsatzes unzulässig sein.[81] 52

Schwieriger ist die Überwindung des § 245 Abs. 1 Nr. 2 InsO bei der Zuweisung von Werten und der angemessenen Beteiligung, weil Nachbesserungsklauseln in Gestalt der Kürzung der Zuweisung an andere Gruppen deren Positionen verschlechtern können mit der Folge, dass insoweit § 245 Abs. 1 Nr. 1 InsO greift. 53

Nach § 245 Abs. 1 Nr. 3 InsO muss die Mehrheit der abstimmenden Gruppen dem Plan mit den erforderlichen Mehrheiten zugestimmt haben. Für diese Mehrheit kommt es allein auf die Zahl an, also quasi die Kopfmehrheit der Gruppen. Das Gewicht der Gruppe 54

74) Begr RegE InsO, BT-Drucks. 12/2443, S. 209; *Pleister* in: KPB, InsO, § 245 Rz. 31.
75) AG Göttingen, Beschl. v. 7.6.2019 – 74 IK 271/17, ZIP 2019, 1397.
76) *Becker* in: Kübler/Bork/Prütting, HRI II, § 36 Rz. 92.
77) *Eidenmüller* in: MünchKomm-InsO, § 221 Rz. 52.
78) *Rendels/Zabel*, Insolvenzplan, Rz. 463.
79) *Rendels/Zabel*, Insolvenzplan, Rz. 463.
80) *Fiebig* in: HK-InsO, § 245 Rz. 11.
81) *Fiebig* in: HK-InsO, § 245 Rz. 12.

in Form der Forderungssumme ist unerheblich. Kopf- und Summenmehrheit sind nur innerhalb der Gruppen bei den „erforderlichen Mehrheiten“ (§ 244 InsO) relevant. Verlangt ist eine echte Zustimmung, d. h. keine Zustimmung, die sich ihrerseits aus der Anwendung der Fiktionen des §§ 246, 246a InsO ergibt.[82]

C. Sonderregeln in §§ 245a, 246, 246a, 247 InsO

55 Zu beachten ist für das **Schlechterstellungsverbot bei natürlichen Personen** als Schuldner die Regelung des § 245a InsO (siehe dazu § 28 [*Webel*]). Ist der Schuldner eine natürliche Person, ist für die Prüfung einer voraussichtlichen Schlechterstellung im Zweifel davon auszugehen, dass die Einkommens-, Vermögens- und Familienverhältnisse des Schuldners zum Zeitpunkt der Abstimmung über den Insolvenzplan für die Verfahrensdauer und den Zeitraum, in dem die Insolvenzgläubiger ihre restlichen Forderungen gegen den Schuldner unbeschränkt geltend machen können, maßgeblich bleiben. Hat der Schuldner einen zulässigen Antrag auf Restschuldbefreiung gestellt, ist im Zweifel zudem anzunehmen, dass die Restschuldbefreiung zum Ablauf der Abtretungsfrist des § 287 Satz 2 InsO erteilt wird.[83] Die Regelung dient der besseren Fixierung der künftigen Entwicklungen. Die Vermutungen sind widerleglich.[84]

56 Zu beachten sind für die **Zustimmung** der nachrangigen Insolvenzgläubiger und der Anteilsinhaber sowie des Schuldners die Vorschriften der §§ 246, 246a und § 247 InsO. Regelmäßig bereitet dies keine Probleme. § 246 Nr. 1 InsO kommt selten zur Anwendung, da er voraussetzt, dass die gewöhnlichen Insolvenzgläubiger nicht bessergestellt werden als die in § 246 InsO erfassten nachrangigen Gläubiger; das ist aber typischerweise der Fall und gerade erforderlich, um für die gewöhnlichen Insolvenzgläubiger das Obstruktionsverbot des § 245 Abs. 1 Nr. 2 i. V. m. Abs. 2 Nr. 2 InsO zu begründen.

57 Nach § 247 InsO gilt die Zustimmung des Schuldners als erteilt, wenn er nicht spätestens im Abstimmungstermin widerspricht. Sein Widerspruch ist jedoch unbeachtlich, wenn er durch den Plan voraussichtlich nicht schlechtergestellt wird als ohne den Plan und kein Gläubiger über seinen Anspruch hinaus befriedigt wird.

D. Gerichtliche Prüfung

58 § 245 InsO ist grundsätzlich nicht Gegenstand der Prüfung des Gerichts nach § 250 InsO;[85] anders ist es nur dann, wenn es gerade auf die Ersetzung der Zustimmung ankommt. Dann ist die Prüfung von Amts wegen erforderlich, die mit dem Termin zur Planbestätigung zusammenfallen kann, aber nicht muss (§ 252 InsO, siehe dazu § 18 Rz. 26 [*Thole*]). Zu den Rechtsmitteln siehe § 21 Rz. 5 [*Hirschberger*].

59 Der relevante Maßstab bei der Ermittlung der Schlechterstellung nach Abs. 1 Nr. 1 ist die Voraussichtlichkeit, d. h. eine überwiegende Wahrscheinlichkeit (siehe oben Rz. 14).[86] Dieser Maßstab gilt damit insgesamt für die Vergleichsrechnung.

60 Davon zu unterscheiden ist, dass generell für die richterliche Überzeugung auch im Insolvenzverfahren allgemeine Verfahrensgrundsätze und damit auch das **Beweismaß** des § 4 InsO i. V. m. § 286 ZPO gelten. Das Gericht muss also überzeugt sein, dass die Angehörigen der Gruppe voraussichtlich nicht schlechtergestellt werden, sie angemessen beteiligt

---

82) *Becker* in: Kübler/Bork/Prütting, HRI II, § 36 Rz. 85; *Jaffé* in: FK-InsO, § 245 Rz. 2.

83) Zu den Problemen der Norm *Frind*, NZI 2020, 865.

84) Näher *Harig*, VIA 2021, 41.

85) *Grub* in: FS Uhlenbruck, S. 501, 506.

86) *Becker* in: Kübler/Bork/Prütting, HRI II, § 36 Rz. 15; a. A. *Jungmann*, KTS 2006, 135, 139 f.

werden usw. Bei den Bewertungsfragen kann man aber entsprechend § 4 InsO i. V. m. § 287 Abs. 2 ZPO auch eine Schätzung zulassen. Auch insoweit gibt es eine Beweislast. Ein non liquet geht zugunsten der widersprechenden Gruppe.[87] Ist das Gericht von den Voraussetzungen nicht überzeugt, darf es die Zustimmung der Gruppe nicht ersetzen. Das gilt auch in den Fällen des § 245 Abs. 2a InsO.

Wiederum eine andere Frage ist jene nach der Amtsermittlung und dem Aufwand, der ge- 61
trieben werden kann und darf, um zu einer Entscheidung zu gelangen. Auch im Planverfahren und bei § 245 InsO gilt der Grundsatz der **Amtsermittlung** nach § 5 InsO (siehe § 19 Rz. 9 [*Thole*]). Eine Einschränkung aufgrund von Darlegungslasten des Planinitiators[88] ist kaum zu begründen. Das Gericht kann sich maßgeblich auf die Berichte des Insolvenzverwalters, die Plananlagen des § 229 InsO mit den Wertansätzen und Vermögensübersichten sowie weitere Stellungnahmen stützen. Folglich kann das Gericht auch ein Sachverständigengutachten einholen und Zeugen vernehmen (§ 5 Abs. 1 Satz 2 InsO). Es ist dazu allerdings nicht verpflichtet, weil für den zu betreibenden Ermittlungsaufwand ein Ermessen des Gerichts besteht, wie auch das LG Traunstein ausgesprochen hat.[89] Bei dessen Ausübung muss das Gericht beachten, dass das Verfahren auf Zügigkeit angelegt ist. Die Schlechterstellung verlangt meist einen höheren Prüfungsmaßstab als die Prüfung des § 245 Abs. 1 Nr. 2 InsO.[90]

Praxishinweis

Wenn bei der Prüfung konkrete Anhaltspunkte für eine Verkaufsmöglichkeit fehlen, muss das Gericht nicht umfassend ermitteln, ob das Unternehmen vielleicht trotzdem verkauft werden könnte.[91]

87) K. Schmidt-*Spliedt*, InsO, § 245 Rz. 43; *Fiebig* in: HK-InsO, § 245 Rz. 16.

88) *Smid/Rattunde/Martini*, Insolvenzplan, Rz. 15.45.

89) LG Traunstein, Beschl. v. 27.8.1999 – 4 T 2966/99, NZI 1999, 461, 463; K. Schmidt-*Spliedt*, InsO, § 245 Rz. 41.

90) K. Schmidt-*Spliedt*, InsO, § 245 Rz. 40.

91) Tendenziell anders K. Schmidt-*Spliedt*, InsO, § 245 Rz. 42.

§ 18
Planbestätigung (§§ 248, 248a, 249 InsO)

Übersicht

Literatur: *Becker*, Umwandlungsmaßnahmen im Insolvenzplan und die Grenzen einer Überlagerung des Gesellschaftsrechts durch das Insolvenzrecht, ZInsO 2013, 1885; *Brünkmans*, Sanierungstransaktionen in Insolvenzplänen – gilt die Formfiktion des § 254a InsO für Erklärungen außenstehender Dritter?, ZIP 2015, 1052; *Brünkmans/Greif-Werner*, Die Prüfung gesellschaftsrechtlicher Regelungen im Insolvenzplan durch Insolvenzgericht und Registergericht, ZInsO 2015, 1585; *Eidenmüller*, Gesellschafterstellung und Insolvenzplan, ZGR 2001, 680; *Horstkotte*, Der Insolvenzplan in der gerichtlichen Vorprüfung, ZInsO 2014, 1297; *Horstkotte/Martini*, Die Einbeziehung der Anteilseigner in den Insolvenzplan nach ESUG, ZInsO 2012, 557; *Spliedt*, Debt-Equity-Swap und weitere Strukturänderungen nach dem ESUG, GmbHR 2012, 462; *Thole*, Der Debt Equity Swap bei der Restrukturierung von Anleihen, ZIP 2014, 2365.

A. Allgemeines

Nach § 248 InsO bedarf der Insolvenzplan nach seiner Annahme durch die Beteiligten (§§ 244 bis 246a InsO) und der in § 247 InsO genannten Zustimmung des Schuldners der Bestätigung durch das Insolvenzgericht. Dies erfolgt durch **Beschluss.**[1] Die Bestätigung ist konstitutiv. Der Bestätigungsbeschluss ist nicht mit dem Aufhebungsbeschluss nach § 258 InsO zu verwechseln, der erst nach Rechtskraft des Bestätigungsbeschlusses erfolgen darf. 1

Der Beschluss über die Planbestätigung knüpft an die Prüfung nach § 250 InsO über die Versagungsgründe an (siehe dazu § 19 [*Thole*]). Das Gericht muss vor der Bestätigung die Versagungsgründe prüfen. Allerdings hängt die Planbestätigung nicht nur von den Gründen des § 250 InsO ab, sondern es muss u. a. auch geprüft werden, ob etwaige Planbedingungen i. S. des § 249 InsO erfüllt sind (siehe dazu Rz. 8 ff.). Auch eine Berichtigung eines bereits bestätigten Insolvenzplans bedarf der erneuten Bestätigung, § 248a InsO. Zudem muss bei einem entsprechenden Antrag geprüft werden, ob gegen den Minderheitenschutz gemäß § 251 InsO verstoßen wurde; siehe dazu § 20 Rz. 6 ff. [*Hirschberger*]. 2

Verfahrensrechtliche Modalitäten enthalten § 252 InsO (siehe Rz. 27) und § 249 Abs. 2 InsO. Das Gesetz enthält keine ausdrückliche Regelung über die Versagung der Bestätigung. Es lässt aber in § 252 Abs. 1 InsO und in § 253 Abs. 1 InsO erkennen, dass auch bei Versagung der Bestätigung ein Beschluss zu erlassen ist, der sodann auch im Wege der so- 3

1) *Smid/Rattunde/Martini*, Insolvenzplan, Rz. 17.3.

fortigen Beschwerde angreifbar ist. Gleiches gilt, wenn schon die Mehrheiten nicht erreicht wurden (siehe Rz. 29).

B. Prüfung durch das Gericht

4 Das Gericht prüft vor der Planbestätigung

- die Frage, ob der Plan überhaupt wirksam angenommen worden ist (zur Feststellung von Mehrheiten siehe § 15 Rz. 50 ff. [*Laroche*]),
- den Verstoß gegen Verfahrens- und Inhaltsvorschriften i. S. des § 250 InsO (siehe § 19 [*Thole*]; speziell zur Prüfung der gesellschaftsrechtlichen Zulässigkeit i. S. des § 225a InsO, siehe § 29 Rz. 57 ff. [*Brünkmans*]),
- auf Antrag den Minderheitenschutz des § 251 InsO (siehe § 20 Rz. 6 ff. [*Hirschberger*]),
- den Eintritt der Planbedingungen i. S. des § 249 InsO (siehe dazu Rz. 8 ff.).

I. Annahme des Plans

1. Annahme durch die Beteiligten (§§ 244 bis 246a InsO)

5 Die Annahme des Plans durch die Beteiligten folgt den Regeln der §§ 244 bis 246a InsO (siehe dazu § 15 Rz. 43 ff. [*Laroche*]). Die Zustimmung des Anteilsinhaber gilt als erteilt, wenn keines der Mitglieder dieser Gruppe an der Abstimmung teilnimmt (§ 246a InsO). Für nachrangige Insolvenzgläubiger gilt, sofern sie am Plan überhaupt beteiligt werden (§ 225 Abs. 1 und 2 InsO), die Vorschrift des § 246a InsO.

2. Zustimmung des Schuldners (§ 247 InsO)

6 Die Planbestätigung setzt auch die Zustimmung des Schuldners voraus. Das gilt ausnahmslos für alle Arten von Insolvenzplänen. Bei einem vom Schuldner vorgelegten Plan ist die Zustimmung indes immer konkludent miterteilt. Bei Sanierungs- und Fortführungsplänen hat die Zustimmung meist keine Bedeutung, da die Zustimmung als erteilt gilt, wenn der Schuldner nicht widerspricht (§ 247 Abs. 1 InsO). An einem Widerspruch hat der Schuldner aber kein Interesse, wenn er durch den Plan entschuldet wird. Jedenfalls ist der Widerspruch nach § 247 Abs. 2 InsO unbeachtlich, wenn der Schuldner durch den Plan voraussichtlich nicht schlechtergestellt wird, als er ohne einen Plan stünde und kein Gläubiger einen wirtschaftlichen Wert erhält, der den vollen Betrag seines Anspruchs übersteigt. Diese Voraussetzungen für die Unbeachtlichkeit des Widerspruchs liegen bei **Sanierungsplänen** in aller Regel vor; der Schuldner steht jedenfalls nicht schlechter als ohne den Plan, denn dann wäre das Unternehmen liquidiert und die Gesellschaft gelöscht worden.

7 Bei **Liquidationsplänen** oder sonst bei verfahrensleitenden Plänen[2] wird in der Regel nur die Verwertung der Masse modifiziert und der Schuldner dann nicht entschuldet. Daher muss bei Widerspruch des Schuldners der **Quotenvergleich** ähnlich wie bei § 245 InsO und § 251 InsO vorgenommen werden. Das gilt allerdings nur bei Widerspruch des Schuldners im Abstimmungstermin.

> **Praxishinweis**
>
> § 247 InsO ist damit kein allgemeines Prüfungsprogramm des Gerichts und auch nicht Teil der allgemeinen Rechtmäßigkeitskontrolle des § 250 InsO.

---

2) LG Frankfurt/M., Beschl. v. 29.10.2007 – 2/9 T 198/07, ZIP 2007, 2229 = NZI 2008, 110, dazu EWiR 2008, 115 *(Hörmann)*; *Fiebig* in: HK-InsO, § 217 Rz. 7; vgl. *Rendels/Zabel*, Insolvenzplan, Rz. 24.

II. Planbedingungen (§ 249 InsO)

§ 249 InsO erkennt die Möglichkeit eines bedingten Plans an. Gemeint sind aufschiebende Bedingungen dergestalt, dass vor der Bestätigung und folglich vor dem Wirksamwerden des Plans noch bestimmte Leistungen erbracht oder andere Maßnahmen verwirklicht werden sollen. In diesem Fall darf der Plan nur bestätigt werden, wenn diese Voraussetzungen erfüllt sind. Dies hat zunächst verfahrensrechtliche Bedeutung.[3] Allerdings toleriert das Insolvenzrecht **keine dauerhafte Schwebewirkung.** Daher ist nach § 249 Satz 2 InsO die Bestätigung von Amts wegen zu versagen, wenn die Bedingungen auch nach Ablauf einer angemessenen, vom Insolvenzgericht gesetzten Frist nicht erfüllt sind. 8

Davon zu unterscheiden sind aufschiebende Bedingungen i. S. des § 158 Abs. 1 BGB, also **materiell-rechtliche Bedingungen**, die einzelne Bedingungen eines bestätigten Plans oder auch den gesamten Plan von dem Eintritt einer Tatsache abhängig machen (echte, materiellrechtliche Planbedingungen).[4] Ob solche Bedingungen zulässig sind, ist fraglich (siehe dazu Rz. 23 sowie § 8 Rz. 458 ff. [*Brünkmans*]).[5] 9

§ 249 InsO war vor dem ESUG vor allem für Fälle von Bedeutung, in denen außerhalb des Planverfahrens noch der Fortsetzungsbeschluss der Gesellschafterversammlung und der Beschluss über die Kapitalerhöhung oder sonstige Kapitalmaßnahmen erfolgen mussten, etwa bei einem Debt-Equity-Swap. Seit dem ESUG ist es nicht mehr zwingend erforderlich, diese Maßnahmen über eine Planbedingung einzubinden, denn nunmehr können die Gesellschafter auch unmittelbar in den Insolvenzplan einbezogen werden und der Fortsetzungsbeschluss und die Kapitalerhöhung als Planinhalt aufgenommen werden. § 249 Satz 1 InsO sieht zwei Arten von Bedingungen vor, nämlich bestimmte Leistungen und andere Maßnahmen. 10

1. Bestimmte Leistungen

Bestimmte Leistungen sind Leistungen jeglicher Art, insbesondere Leistungen von Planbeteiligten, aber auch von Dritten.[6] Das kann z. B sein: 11

- die Prolongation eines Darlehens,
- die Bestellung neuer Sicherheiten durch den Schuldner oder Dritte,[7]
- etwaige Lieferzusagen,
- die Annahme des Kauf- und Abtretungsangebots durch den Planinvestor,[8]
- Zahlungszusagen und Einzahlung von Planzuschüssen,
- Gewährung von Beihilfen,
- die verbindliche Auskunft des Finanzamts zum Sanierungserlass und der Gemeinde zur Gewerbesteuer[9] u. A. m.

Mit der Möglichkeit entsprechender Bedingungen wird die notwendige Flexibilität geschaffen, um den längerfristigen Erfolg des Plans sichern. Zugleich können Umstände, die 12

3) *Westpfahl* in: Kübler/Bork/Prütting, HRI II, § 37 Rz. 53.

4) Deren Zulässigkeit bejahend *Eidenmüller*, ZGR 2001, 680, 696.

5) *Brünkmans*, ZIP 2015, 1052, 1060.

6) BGH, Urt. v. 15.4.2010 - IX ZR 188/09 (Vorzugsaktionäre), Rz. 23, ZIP 2010, 1039 = NZI 2010, 603, dazu EWiR 2010, 465 *(Mock)*; *Brünkmans*, ZIP 2015, 1052, 1059 f.; *Haas* in: HK-InsO, § 249 Rz. 3; K. Schmidt-*Spliedt*, InsO, § 249 Rz. 1.

7) *Westpfahl* in: Kübler/Bork/Prütting, HRI II, § 37 Rz. 54; *Eidenmüller*, ZGR 2001, 680, 696.

8) *Brünkmans*, ZIP 2015, 1052, 1059 f.

9) *Rendels/Zabel*, Insolvenzplan, Rz. 366.

sich noch nicht klären lassen, „in die Bedingungen“ geschoben werden.[10] Da über den Planinhalt hinausgehende Leistungen nicht erzwungen werden können, müssen die Leistungen freiwillig erbracht werden. Daher kann mit Bedingungen verhindert werden, dass der Plan endgültig scheitert, wenn die Leistung zunächst noch ungewiss ist.

Praxishinweis

Es ist bereits bei der Vorprüfung durch das Gericht darauf zu achten, die Bedingungen so bestimmt zu formulieren, dass das Insolvenzgericht den Bedingungseintritt prüfen kann. Zudem können Bedingungen auch zusätzliche Unsicherheiten signalisieren, zugleich aber, wenn die Bedingung sodann eintritt (wie z. B. bei Lieferzusagen), die Durchführbarkeit des Plans erhöhen.

13 Mit einer Planbedingung können auch Situationen wie jene des § 230 Abs. 3 InsO adressiert werden. Hat ein **Dritter** für den Fall der Bestätigung des Plans Verpflichtungen gegenüber den Gläubigern übernommen, so ist dem Plan die Erklärung des Dritten beizufügen, § 230 Abs. 3 InsO, ohne dass es einer Bedingung bedarf. Will der Dritte die Verpflichtungen aber erst nach Bestätigung eingehen, könnte dies über eine Planbedingung dennoch bereits zum Inhalt des Plans gemacht werden. Der BGH hat in einem etwas zweifelhaft differenzierenden Beschluss vom 22.6.2023 präzisiert, was das Gericht in Bezug auf **Plangaranten** prüfen darf. Urkunden, welche die Bonität eines Drittmittelgebers belegen, gehören nicht zu den Anlagen, welche dem Insolvenzplan notwendig beizufügen sind. Grundsätzlich soll das Gericht nicht die Bonität des Plangaranten prüfen. Anders ist es aber mit Blick auf die Verfahrenskosten. Ein verfahrensbeendender Insolvenzplan hat allerdings offensichtlich keine Aussicht auf Bestätigung durch das Gericht, wenn von Dritten versprochene Leistungen für die Befriedigung der Masseverbindlichkeiten, insbesondere der Verfahrenskosten, erforderlich sind und nicht gewährleistet ist, dass die Dritten in dem erforderlichen Umfang zu den versprochenen Leistungen bereit und in der Lage sind.[11]

2. Andere Maßnahmen

14 Andere Maßnahmen sind sämtliche sonstige Umstände, von denen der Plan abhängig sein kann, soweit sie nach allgemeinen Regeln zulässig sind. Das sind neben den genannten Kapitalmaßnahmen, soweit sie nicht im Plan gemacht werden, bspw. die Auswechselung von Organen[12] oder noch einzuholende Beschlüsse der Schuldverschreibungsgläubiger, wenn etwa ein Debt-Equity-Swap angestrebt wird. Anders als bei gewöhnlichen Gläubigern kann nämlich außerhalb des Plans durch Beschluss der Gläubiger i. S. des § 5 Abs. 3 Satz 1 Nr. 5 SchVG eine Bindungswirkung auch der unterlegenen Anleihegläubiger herbeigeführt werden.[13]

3. Kontrolle des Bedingungseintritts

15 Das Insolvenzgericht darf den Plan erst bestätigen, wenn die **Bedingungen eingetreten** sind. Diese Prüfung hat das Gericht grundsätzlich eigenverantwortlich vorzunehmen und kann sich dazu aller **Beweismittel** bedienen.

16 Beim **Fortsetzungsbeschluss** ist es gesellschaftsrechtlich zwingend, dass der Beschluss erst nach Wegfall des Auflösungsgrunds erfolgt, also erst nach Bestätigung des Plans und Auf-

10) *Rendels/Zabel*, Insolvenzplan, Rz. 365.

11) BGH, Beschl. v. 22.6.2023 – IX ZB 15/21, ZRI 2023, 664 = NZI 2023, 715.

12) *Fiebig* in: HK-InsO, § 249 Rz. 3.

13) Freilich wird in der Praxis in aller Regel ohnehin kein automatischer Debt-Equity-Swap angestrebt, sondern das Erwerbsrechte-Modell, das auf einem freiwilligen Umtausch basiert, gewählt, dazu *Thole*, ZIP 2014, 2365.

hebung des Verfahrens (§ 60 Abs. 1 Nr. 4 GmbHG, § 274 Abs. 2 Nr. 1 AktG). Dennoch konnte schon bisher der Fortsetzungsbeschluss aufschiebend bedingt durch die Bestätigung des Plans gefasst werden,[14] was für § 249 Satz 1 InsO insolvenzrechtlich genügt (die Planbedingung Beschlussfassung ist dann eingetreten). Seit dem ESUG kann der so bestimmte Fortsetzungsbeschluss auch im Plan gefasst werden (§ 225a Abs. 3 InsO), so dass es auf § 249 InsO nicht mehr ankommt. Allerdings muss die Fortsetzung auf den **Zeitpunkt der Aufhebung** des Verfahrens bezogen werden (siehe dazu § 30 Rz. 14 [*Brünkmans*]).[15]

a) Pflicht zur Setzung einer angemessenen Frist

Sind die Bedingungen noch nicht eingetreten, ergibt sich aus § 249 Satz 2 InsO die Pflicht 17 des Insolvenzgerichts, zunächst eine angemessene Frist zu setzen. Dies gilt auch dann, wenn der Plan bereits selbst eine Frist vorsieht.[16] Bei der Angemessenheit muss das Gericht die Umstände des Einzelfalls und die Komplexität in Bezug auf die jeweilige Bedingung berücksichtigen. Andererseits dürfen **keine wesentliche Verzögerung des Verfahrens** und keine lange „Hängepartie" drohen. Gewöhnlich wird insoweit auf § 252 InsO Bezug genommen,[17] der davon ausgeht, dass die Bestätigung jedenfalls in einem „alsbald" anzuberaumenden Verkündungstermin erfolgen muss. Allerdings müssen die Maßstäbe nicht kongruent sein bzw. die Fristsetzung bei § 249 InsO führt umgekehrt dazu, dass sich dann der Verkündungstermin verschiebt, aber dennoch als „alsbald" angesehen werden kann. Eine starre Höchstfrist von vier Wochen[18] gibt es nicht; freilich ist zu bedenken, dass die Ungewissheit nicht längerfristig toleriert werden kann, insbesondere dann nicht, wenn keine gesicherte Erwartung besteht, dass die Bedingung eintritt. Daher hängt es letztlich vom Einzelfall ab, was angemessen ist. Verschiebt sich der zu erwartende Bedingungseintritt aus nachvollziehbaren Gründen, kann auch eine längere Unsicherheit ausnahmsweise tolerierbar sein. Dennoch geht es insoweit eher um Tage und wenige Wochen, nicht um Monate.

Gegen die Entscheidung, eine Frist zu verlängern, und wegen der Länge der Frist gibt es 18 wegen § 6 InsO kein gesondertes Rechtsmittel.

b) Modifikationen der Bedingungskontrolle im Plan

Eine andere Frage ist, wie der Eintritt der Bedingung **nachgewiesen** wird und ob bereits 19 im Insolvenzplan eine Kontrolle des Eintritts der Planbedingungen geregelt werden kann. Häufig geschieht dies durch Klauseln im Plan, in denen der Sachwalter oder Insolvenzverwalter, ggf. im Zusammenwirken mit dem Gläubigerausschuss, ermächtigt wird, dem Insolvenzgericht zu erklären, dass die Bedingungen eingetreten sind. Das beschneidet den Kontrollspielraum des Insolvenzgerichts, ist aber zulässig. Ebenfalls zulässig ist es, den Sachwalter oder Verwalter zu ermächtigen, auf den Eintritt *einzelner* Bedingungen zu verzichten.[19] Dies kann allenfalls problematisch sein unter dem Gesichtspunkt der Transparenz, wenn und weil die Beteiligten in der Annahme abstimmen, dass der Plan und seine Wirkungen von dem Eintritt der aufschiebenden Bedingungen abhängen. Kann der Verwalter oder Sachwalter sodann voraussetzungsfrei auf den Eintritt der Bedingungen verzichten, könnten Gläubiger, die den Plan nur unter der Prämisse des Eintritts der Bedin-

14) So *Westpfahl* in: Kübler/Bork/Prütting, HRI II, § 37 Rz. 62.

15) *Horstkotte/Martini*, ZInsO 2012, 557, 562, dort Fn. 41; *Horstkotte*, ZInsO 2014, 1297, 1305; K. Schmidt-*Spliedt*, InsO, § 225a Rz. 37.

16) *Westpfahl* in: Kübler/Bork/Prütting, HRI II, § 37 Rz. 64.

17) *Sinz* in: MünchKomm-InsO, § 249 Rz. 26; *Haas* in: HK-InsO, § 249 Rz. 6.

18) Braun-*Braun/Frank*, InsO, § 249 Rz. 5.

19) *Rendels/Zabel*, Insolvenzplan, Rz. 369.

gungen wollten, in ihrem Vertrauen enttäuscht werden. Daher kann ein entsprechendes Verzichtsrecht nur sinnvoll sein, wenn die entsprechende Bedingung keine zentrale Prämisse des Plans darstellt (in einem solchen Fall dürfte ohnedies schon der Plan als ganzer fraglich sein).

Praxishinweis

Dennoch ist es sinnvoll, dem Verwalter oder Sachwalter die entsprechende Möglichkeit einzuräumen, um ein Scheitern des Plans insgesamt zu vermeiden. Aufgrund der Darstellung im Plan sind die Gläubiger insoweit auch vorgewarnt. Allerdings macht sich der Sachwalter schadensersatzpflichtig, wenn er ohne erkennbaren Grund auf eine massefördernde Leistung verzichtet.

4. Sonstige Bedingungen außerhalb § 249 InsO

20 **Keine echten Bedingungen** i. S. des § 249 InsO sind Hinweise im Plan, nach denen bestimmte Umstände dem Insolvenzgericht bis zum Erörterungstermin nachgewiesen werden müssen, denn Bedingungen i. S. des § 249 InsO liegen nur vor, wenn die Planbestätigung hinausgeschoben wird. Nicht ausgeschlossen ist, dass Fristverlängerungen bereits im Plan vorgesehen bzw. dazu die Antragsmöglichkeit vorgesehen wird.[20)] Allerdings kann dies wohl nur im Zusammenwirken mit dem Insolvenzgericht geschehen, weil die Gläubiger über die Angemessenheit der gerichtlichen Fristsetzung nicht disponieren können. Es besteht ein verfahrensrechtliches, staatliches Interesse daran, Insolvenzpläne und die Bestätigungsentscheidung und folglich die Aufhebung des Verfahrens nicht ad infinitum in der Schwebe zu lassen. **Nicht statthaft** sind Bedingungen, die auf ein Tätigwerden des Insolvenzgerichts in bestimmter Richtung abzielen, z. B. die Festsetzung der **Verwaltervergütung** in der vorgesehenen Höhe.[21)]

21 Keine verfahrensrechtlichen Bedingungen sind materiell-rechtliche Planbedingungen i. S. des § 158 BGB. Sie sind problematisch, weil sie den Inhalt einzelner Klauseln oder gar den gesamten Plan in der Schwebe halten.[22)] Richtigerweise wird man eine Bedingung in diesem Sinne für den gesamten Planinhalt nicht für zulässig erachtet dürfen, weil dann unklar sein kann, ab wann der Plan greift, insbesondere dürfte das Verfahren nicht vorab aufgehoben werden. Eine Planbedingung in einzelnen Beziehungen erscheint dagegen denkbar.[23)]

22 Ob auch **auflösende Bedingungen** zulässig sind, wird teilweise bejaht.[24)] Dies kann einerseits bedeuten, dass bei Eintritt bestimmter Umstände vor Planbestätigung die Bestätigung versagt werden müsste. Das ist zulässig, weil man die positiven Umstände auch negativ beschreiben kann und umgekehrt. Es ist eine Formulierungsfrage, ob der Plan von der Leistung abhängig sein soll, oder der Plan nicht bestätigt werden soll, wenn die Leistung nicht erfolgt. Letztlich sind damit in der Regel keine wirklichen auflösenden Bedingungen, sondern aufschiebende und verfahrensrechtliche Bedingungen gemeint. Der **BGH** hält Bedingungen grundsätzlich für zulässig.[25)] Eine unmögliche Bedingung liegt allerdings vor, wenn eine Übereinkunft mit einer Bedingung verbunden wird, von der feststeht, dass sie sich nicht verwirklichen kann. Die Unmöglichkeit des Bedingungseintritts bedeutet im Falle einer auflösenden Bedingung die unbedingte Gültigkeit des Geschäfts.

---

20) *Rendels/Zabel*, Insolvenzplan, Rz. 370.

21) BGH, Beschl. v. 16.2.2017 – IX ZB 103/15, Rz. 19 ff, ZIP 2017, 482.

22) *Brünkmans*, ZIP 2015, 1052, 1060.

23) Weitergehend *Eidenmüller*, ZGR 2001, 680, 696.

24) *Westpfahl* in: Kübler/Bork/Prütting, HRI II, § 37 Rz. 66; Römermann-*Braun*, InsO/InsR, § 249 InsO Rz. 2.

25) BGH, Beschl. v. 26.4.2018 – IX ZB 49/17, Rz. 42, ZIP 2018, 1141.

Hingegen führt die Unmöglichkeit des Bedingungseintritts bei einer aufschiebenden Bedingung zur Unwirksamkeit des Geschäfts, weil es keine Geltung erlangen kann.

Viel schwieriger sind auflösende Bedingungen für Umstände *nach der Planbestätigung*, in denen also der Planinhalt im Ganzen oder im Einzelnen hinfällig wird, wenn ein bestimmter Umstand eintritt. Das sind materielle Bedingungen i. S. des § 158 Abs. 2 BGB. Die Aufnahme solcher Bedingungen ist meist nicht sinnvoll. Außerdem sehen § 255 Abs. 2 und 3 InsO in den dort beschriebenen Grenzen auch schon gesetzlich vor, dass Forderungsverzichte hinfällig sein können. Dennoch dürfte auch hier eine auflösende Bedingung bezüglich des gesamten Plans und nicht nur in einzelnen Beziehungen problematisch sein. 23

C. Planberichtigung (§ 248a InsO)

Wird nach § 221 Satz 2 InsO – nach Bestätigung des Plans – eine Berichtigung des Insolvenzplans vorgenommen, bedarf dies nach § 248a InsO gleichfalls der Bestätigung durch das Insolvenzgericht. Das Gericht darf die Planberichtigung nicht dazu nutzen, eine umfassende Kontrolle des Insolvenzplans nachzuholen und den Plan **erneut umfassend auf den Prüfstand** zu stellen.[26] Ein Fall des § 221 Satz 2 InsO liegt vor, wenn der Insolvenzverwalter durch den Plan bevollmächtigt wird, die zur Umsetzung notwendigen Maßnahmen zu ergreifen und offensichtliche Fehler zu berichtigen. § 248a InsO meint diesen zweiten Fall einer Berichtigung. Auch in diesem Fall muss das Insolvenzgericht die Berichtigung überprüfen, vor allem darauf, ob nur ein offensichtlicher Fehler berichtigt wurde. Freilich ist unklar, wann ein offensichtlicher Fehler vorliegt, denn § 248a Abs. 3 InsO lässt darauf schließen, dass damit nicht nur reine Schreibfehler u. Ä. gemeint sein könnten, sondern auch materielle Änderungen des Plans, die zu einer Schlechterstellung der Beteiligten führen können. Dennoch kommt es – wie bei § 319 ZPO[27] – für einen offensichtlichen Fehler letztlich darauf, dass der Wille der Beteiligten nur im Plan falsch verlautbart wurde.[28] Auf dieser Grundlage ist es eigentlich kaum denkbar, dass die Planberichtigung i. S. des § 248a Abs. 3 InsO zu einer voraussichtlichen Schlechterstellung eines Beteiligten führen kann. 24

D. Entscheidung durch Beschluss; Anhörung

Die Entscheidung ergeht durch Beschluss. Eine **teilweise Planbestätigung** ist **nicht möglich.** 25

> **Praxishinweis**
>
> Das ist insbesondere bei den Planbedingungen zu beachten. Sie müssen also sämtlich eingetreten sein.

Vor der Beschlussfassung soll nach § 248 Abs. 2 InsO der Insolvenzverwalter, der etwa bestellte Gläubigerausschuss und der Schuldner gehört werden. Dies ist eine Soll-Vorschrift. Dazu ist **nicht zwingend ein eigener Termin** anzusetzen und es muss auch keine Schriftsatzfrist eingeräumt werden. Wie sich aus § 252 Abs. 1 InsO ergibt, kann die Bestätigung noch im Abstimmungstermin erfolgen. Dennoch soll auch nach der Abstimmung noch einmal Gelegenheit gegeben werden, zu etwaigen Versagungsgründen vorzutragen. Die Anhörung „muss" grundsätzlich durchgeführt werden; nur in besonderen Fällen 26

26) *Jaffé* in: FK-InsO, § 248a Rz. 6; *Fiebig* in: HK-InsO, § 248a Rz. 3. Vgl. auch AG Hamburg, Beschl. v. 19.4.2016 – 67 c IN 232/13, BeckRS 2016, 19415 = ZIP 2016, 2492 (LS), unter 1.1.1.

27) Dazu Prütting/Gehrlein-*Thole*, ZPO, § 319 Rz. 3.

28) *Jaffé* in: FK-InsO, § 221 Rz. 13.

kann davon abgewichen werden.[29] Ein Verstoß gegen die Anhörungspflicht macht die Bestätigung zwar fehlerhaft,[30] führt jedoch nicht zur Aufhebung der Planbestätigung im Rechtsmittelweg.

27 Nach § 252 Abs. 2 InsO ist den Insolvenzgläubigern, die Forderungen angemeldet haben, und den absonderungsberechtigten Gläubigern unter Hinweis auf die Bestätigung ein Abdruck des Plans oder eine **Zusammenfassung seines wesentlichen Inhalts** zu übersenden. Von einer erneuten Übersendung einer Zusammenfassung des Insolvenzplans kann das Insolvenzgericht aber absehen, wenn alle Gläubiger, die Forderungen angemeldet haben, diese bereits mit der Ladung zum Erörterungs- und Abstimmungstermin erhalten haben und der Plan danach nicht mehr geändert wurde.[31] Sind die Anteils- oder Mitgliedschaftsrechte der am Schuldner beteiligten Personen in den Plan einbezogen, so sind auch diesen die Unterlagen zu übersenden (§ 252 Abs. 2 Satz 2 InsO). Damit kann nicht der Verwalter nach § 8 Abs. 3 InsO beauftragt werden, weil § 8 InsO nur Zustellungen meint. Gleichwohl wird in der Praxis so verfahren.[32] Die Pflicht zur Übersendung gilt nicht für Aktionäre oder Kommanditaktionäre. Börsennotierte Gesellschaften haben eine Zusammenfassung des wesentlichen Inhalts des Plans über ihre Internetseite zugänglich zu machen. Das Gesetz sieht dagegen keine Einzelinformation der Aktionäre und Kommanditaktionäre vor; dies beruht darauf, dass Aktionäre wegen ihres Akteneinsichtsrechts und nach der öffentlichen Bekanntmachung des Erörterungs- und Abstimmungstermins hinreichende Möglichkeit zur Kenntnisnahme haben.[33]

E. Kein Ermessen des Gerichts

28 Liegen die Voraussetzungen für eine Bestätigung vor, so muss das Insolvenzgericht die Bestätigung erteilen. Ein Ermessen steht dem Gericht nicht zu. Ebenso wie bei § 250 InsO hat es auch **keine gesonderte Prüfung der Zweckmäßigkeit** und wirtschaftlichen Tragfähigkeit des Plans vorzunehmen. Das Insolvenzgericht muss und soll sich kein überlegenes Wissen darüber anmaßen, wie sich der vom Insolvenzschuldner bediente Markt entwickeln wird. Das Insolvenzgericht soll seine wirtschaftliche Bewertung nicht an die Stelle jener der Beteiligten setzen.[34] Daher ist dem Insolvenzgericht eine Prüfung, ob der Plan wirtschaftlich zweckmäßig gestaltet ist, versagt.[35] Davon zu unterscheiden ist m. E. die Frage, ob mittels des Insolvenzplans die Insolvenzgründe beseitigt werden. Wird die Überschuldung durch den Plan nicht beseitigt, ist wegen des zwischen der Planbestätigung und der Aufhebung des Insolvenzverfahrens (§ 258 InsO) bestehenden Zusammenhangs schon die Bestätigung des Plans zu versagen, weil der Insolvenzplan dann nicht den Grund für das Insolvenzverfahren beseitigt.[36] Anders ist dies bei einem verfahrensleitenden Plan.

F. Entscheidung bei Nichtannahme

29 Wird der Plan nicht angenommen, ist eine ausdrückliche Versagungsentscheidung nach dem Gesetz nicht zwingend vorgesehen; § 252 Abs. 1 InsO und § 253 Abs. 1 InsO haben

29) Im Ergebnis wohl auch *Jaffé* in: FK-InsO, § 248 Rz. 10; weiter *Thies* in: HambKomm-InsR, § 248a InsO Rz. 6.

30) *Smid/Rattunde/Martini*, Insolvenzplan, Rz. 17.4.

31) AG Ludwigshafen, Beschl. v. 8.7.2016 – 3e IN 380/15 Ft, ZIP 2017, 350.

32) Uhlenbruck-*Lüer/Streit*, InsO, § 252 Rz. 13.

33) RegE ESUG, BT-Drucks. 17/5712, S. 35; *Smid/Rattunde/Martini*, Insolvenzplan, Rz. 17.5.

34) Vgl. auch LG Hamburg, Beschl. v. 15.1.2018 – 326 T 40/17, ZIP 2018, 389.

35) BGH, Beschl. v. 26.4.2018 – IX ZB 49/17, Rz. 14, ZIP 2018, 1141.

36) *Brünkmans/Greif-Werner*, ZInsO 2015, 1585.

wohl eher den Fall im Blick, dass dem Plan trotz erreichter Mehrheiten aus anderen Gründen eine Bestätigung versagt wird. Dennoch wird allseits davon ausgegangen, dass in diesem Fall durch Beschluss dem zur Abstimmung gestellten Plan die Bestätigung versagt werden muss.[37] Das ist auch zu begründen. Das gilt insbesondere für den Fall, dass die Annahme daran scheitert, dass das Gericht das Obstruktionsverbot nicht anwenden möchte. Zu **salvatorischen Klauseln** siehe § 17 Rz. 50 ff. und § 19 Rz. 49 [*Thole*].

G. Planbestätigung bei mehreren Plänen

Denkbar ist es unter Umständen, dass mehrere Pläne angenommen werden oder jedenfalls zur Abstimmung gestellt werden. Zur Auflösung der Konkurrenz siehe § 14 Rz. 5 f. [*Laroche*]. 30

H. Verhältnis zur registerrechtlichen Prüfung

Die Prüfung der Rechtmäßigkeit und inhaltlichen Zulässigkeit des Plans liegt ausschließlich beim Insolvenzgericht. Das Registergericht darf sich richtigerweise keine Prüfungskompetenz anmaßen, sondern ist an den Bestätigungsbeschluss gebunden. Den Registergerichten kommt nach Rechtskraft der Planbestätigung **keine Überprüfungskompetenz** mehr zu,[38] allenfalls bei greifbarer Gesetzeswidrigkeit.[39] Sie sind entgegen der Auffassung des AG Berlin-Charlottenburg nur noch in der **Registerfunktion** tätig;[40] das gilt auch im Hinblick auf die gesellschaftsrechtliche Zulässigkeit i. S. des § 225a InsO.[41] Das bedingt ggf. Anpassungen des Planinhalts an die Usancen des Handelsregisters. Das Registergericht kann nach Rechtskraft der Planbestätigung nicht die Eintragungsfähigkeit unter Hinweis auf die inhaltliche Unzulässigkeit des Plans in Abrede stellen. Näheres siehe auch § 23 Rz. 80 ff. [*Madaus*]. 31

I. Planwirkungen

Die Planwirkungen sind bei § 23 [*Madaus*] behandelt. 32

---

37) *Fiebig* in: HK-InsO, § 249 Rz. 5; K. Schmidt-*Spliedt*, InsO, § 248 Rz. 4.

38) *Spliedt*, GmbHR 2012, 462, 470.

39) In diese Richtung *Horstkotte*, ZInsO 2015, 413, 416 (Urteilsanm.).

40) AG Charlottenburg, Beschl. v. 9.2.2015 – HRB 153203 B, ZIP 2015, 394 = NZI 2015, 415, dazu EWiR 2015, 617 *(Körner/Rendels)*. Wie hier tendenziell Begr. RegE ESUG, BT-Drucks. 17/5712, S. 37; **a. A.** *Becker*, ZInsO 2013, 1885, 1890.

41) *Thole*, Gesellschaftsrechtliche Maßnahmen in der Insolvenz, Rz. 266.

§ 19
Versagung der Planbestätigung (§ 250 InsO)

Übersicht

Literatur: *Brünkmans/Uebele*, Rechtsschutz gegen missbräuchliche Insolvenzanträge und insolvenzzweckwidrige Insolvenzpläne?, ZInsO 2014, 265; *Frind*, Die Grenze zwischen Gestaltung und Manipulation im Insolvenzplanverfahren, NZI 2007, 374; *Grub*, Die angemessene Zahlungsquote im Insolvenzplan, in: Festschrift für Wilhelm Uhlenbruck, 2000, S. 501; *Horstkotte*, Der Insolvenzplan in der gerichtlichen Vorprüfung, ZInsO 2014, 1297; *Horstkotte*, Welches sind die Rechtsgründe, die zur Versagung der Bestätigung des Insolvenzplans führen können? (Buchrezension), ZInsO 2014, 543; *Krebs*, Forderungsaufkauf durch Dritte im gerichtlichen Vergleichsverfahren, NJW 1951, 788; *Künne*, Vorschläge zur Reform der Vergleichsordnung, DB 1978, 729; *Rattunde*, Sanierung von Großunternehmen durch Insolvenzpläne – Der Fall Herlitz, ZIP 2003, 596; *Roth*, Aufnahme von Insolvenzstraftaten in den darstellenden Teil eines Insolvenzplans, ZInsO 2012, 727; *Smid*, Voraussetzungen der sofortigen Beschwerde gegen die Bestätigung eines Insolvenzplans gemäß §§ 251, 253 InsO, NZI 2005, 296; *Stapper/Jacobi*, Der Insolvenzplan – Was prüft das Gericht?, ZInsO 2014, 1821.

A. Allgemeines

Die Planbestätigung ist nach § 250 InsO **von Amts wegen** zu versagen, wenn entweder ein Mangel i. S. des § 250 Nr. 1 InsO vorliegt oder ein Fall einer unlauteren Herbeiführung der Planannahme nach § 250 Nr. 2 InsO gegeben ist. Die Entscheidung kann im Abstimmungstermin erfolgen, aber auch nach einer Vertagung oder aber in einem besonderen Termin i. S. des § 252 Abs. 1 Alt. 2 InsO erfolgen.[1] 1

1) *Rendels/Zabel*, Insolvenzplan, Rz. 482.

2 Die Vorschrift des § 250 InsO gewährleistet die Rechtsstaatlichkeit des Verfahrens sowie ein Mindestmaß an Vertrauensschutz.[2)] Die Beteiligten können sich darauf verlassen, dass der Insolvenzplan in Übereinstimmung mit den inhaltlichen[3)] und verfahrensmäßigen Vorschriften zustande gekommen ist.[4)]

3 Ungeachtet des Individualrechtsschutzes über § 251 InsO sind die Versagungsgründe gemäß § 250 Nr. 1 InsO und Nr. 2 InsO **abschließend.**[5)] Die Versagungsgründe des § 250 InsO sind nicht dispositiv; die Vorschrift kann daher durch den Plan weder ausgeschlossen noch modifiziert werden.[6)] Liegen die Voraussetzungen des § 250 InsO vor, muss das Insolvenzgericht die Bestätigung versagen. Es hat kein eigenes Ermessen.[7)] Auch die Frage der Wesentlichkeit des Verstoßes nach § 250 Nr. 1 InsO unterliegt keinem Ermessen des Insolvenzgerichts im eigentlichen Sinne, sondern ist i. R. der sofortigen Beschwerde nach § 253 Abs. 1 InsO voll überprüfbar (siehe dazu auch Rz. 33 und § 20 Rz. 30 [*Hirschberger*]).

4 Die Überprüfung durch das Gericht muss sich auf die **Rechtmäßigkeit** beschränken. Das Insolvenzgericht darf keine Zweckmäßigkeitskontrolle anstellen; es darf dem Plan nicht mit dem (alleinigen) Argument die Bestätigung versagen, die Planannahmen würden sich wirtschaftlich nicht erfüllen und die angestrebte Sanierung werde scheitern.[8)] Siehe dazu noch § 14 Rz. 24 [*Laroche*].

5 Das Gesetz geht davon aus, dass der Mangel die Ausnahme ist. Daher muss das Gericht die volle **richterliche Überzeugung** davon gewinnen, dass ein relevanter Verstoß vorliegt (§ 4 InsO i. V. m. § 286 ZPO). Hat das Gericht darüber Zweifel bzw. kann es den Verstoß in tatsächlicher Hinsicht nicht zweifelsfrei feststellen, z. B. die Unlauterkeit bei § 250 Nr. 2 InsO, so darf es die Bestätigung des Plans nicht versagen und die Entscheidung auch nicht ad infinitum vertagen, wenn keine weitere Aufklärung zu erwarten ist. Davon zu unterscheiden sind Rechtsfragen, die stets abschließend zu entscheiden sind.[9)] Auch i. Ü. muss bei § 250 InsO voll geprüft werden; es handelt sich nicht um eine lediglich summarische Prüfung oder Evidenzprüfung.[10)] Weiter zu unterscheiden ist die Frage der Wesentlichkeit des Mangels. Insoweit muss nicht feststehen, sondern lediglich ernsthaft in Betracht kommen, dass der Mangel tatsächlich Einfluss auf die Annahme des Plans hatte.[11)]

---

2) *Thies* in: HambKomm-InsR, § 250 InsO Rz. 1.

3) Was zum Inhalt i. E. gehört und inwieweit der Insolvenzrichter z. B. registerrechtliche Fragen mitprüfen muss, ist dann eine weitere Frage, s. dazu § 29 Rz. 178 ff. [*Brünkmans*].

4) *Thies* in: HambKomm-InsR, § 250 InsO Rz. 1; Römermann-*Rühle*, InsO/InsR, § 250 InsO Rz. 1; Uhlenbruck-*Lüer/Streit*, InsO, § 250 Rz. 1; Braun-*Braun/Frank*, InsO, § 250 Rz. 1; *Sinz* in: MünchKomm-InsO, § 250 Rz. 1.

5) Braun-*Braun/Frank*, InsO, § 250 Rz. 1; *Sinz* in: MünchKomm-InsO, § 250 Rz. 2; Uhlenbruck-*Lüer/Streit*, InsO, § 250 Rz. 3, 4; *Jaffé* in: FK-InsO, § 250 Rz. 1; *Westpfahl* in: Kübler/Bork/Prütting, HRI II, § 37 Rz. 21.

6) Uhlenbruck-*Lüer/Streit*, InsO, § 250 Rz. 2; *Thies* in: HambKomm-InsR, § 250 InsO Rz. 3; Andres/Leithaus-*Andres*, InsO, § 250 Rz. 1; Römermann-*Braun*, InsO/InsR, § 250 InsO Rz. 2; *Jaffé* in: FK-InsO, § 250 Rz. 1; a. A. *Rattunde*, ZIP 2003, 596, 600.

7) *Jaffé* in: FK-InsO, § 250 Rz. 1; *Sinz* in: MünchKomm-InsO, § 250 Rz. 2; Römermann-*Rühle*, InsO/InsR, § 250 InsO Rz. 1; *Westpfahl* in: Kübler/Bork/Prütting, HRI II, § 37 Rz. 19.

8) *Sinz* in: MünchKomm-InsO, § 250 Rz. 2; *Westpfahl* in: Kübler/Bork/Prütting, HRI II, § 37 Rz. 19.

9) Für § 231 InsO *Horstkotte*, ZInsO 2014, 1297, 1301.

10) So Braun-*Braun/Frank*, InsO, § 231 Rz. 3.

11) BGH, Beschl. v. 26.4.2018 – IX ZB 49/17, LS 1, ZIP 2018, 1141.

I. Verhältnis zu § 231 InsO

Die Prüfung nach § 250 InsO schließt an die gerichtliche Vorprüfung nach § 231 InsO an (siehe dazu § 14 Rz. 15 ff. [*Laroche*]). Insofern ist ihre praktische Relevanz geringer, weil häufig Mängel hinsichtlich des Inhalts des Plans bereits i. R. der Vorprüfung aufgezeigt (§ 231 Abs. 1 Nr. 1 InsO) und sodann vom Planersteller vor der Abstimmung behoben werden. Allerdings sind die Maßstäbe von § 231 InsO und § 250 Nr. 1 InsO nicht vollständig deckungsgleich. Bei § 231 Nr. 1 InsO wird lediglich das Recht zur Vorlage des Plans (§ 218 InsO) sowie der Inhalt des Plans geprüft. § 250 InsO geht darüber hinaus und bezieht die gesamte verfahrensmäßige Behandlung des Plans und den Abstimmungsprozess sowie den Fall des § 250 Nr. 2 InsO mit ein. Umgekehrt spielen die Durchführbarkeit und Erfolgsaussicht des Plans (§ 231 Abs. 1 Nr. 2 und 3 InsO) keine Rolle mehr;[12] auch eine unterlassene Prüfung der Erfolgsaussichten führt nicht zu einem versagungsrelevanten Formfehler.[13] Der Prüfungsmaßstab ist allerdings in beiden Fällen identisch, weil auch bei § 231 Abs. 1 Nr. 1 InsO nicht lediglich eine summarische oder oberflächliche Prüfung des Inhalts und des Vorlagerechts stattzufinden hat (siehe dazu § 14 Rz. 24 [*Laroche*]). 6

Teilweise wird angenommen, die Prüfung des Inhalts des Plans müsse bei § 250 Nr. 1 InsO grundsätzlich nicht erneut erfolgen und sei vom Gericht ausschließlich bei nachträglichen Planänderungen vorzunehmen.[14] Außerdem wird angenommen, eine Versagung der Planbestätigung sei dann, wenn der Mangel bei der Vorprüfung nach § 231 InsO nicht beanstandet worden ist, nur bei neuem Vorbringen zu rechtfertigen.[15] 7

Die überwiegende Auffassung geht aber mit Recht davon aus, dass das Gericht den Insolvenzplan auch dann zurückzuweisen hat, **wenn der Verstoß bereits bei der Vorprüfung** gemäß § 231 Abs. 1 Nr. 1 InsO **erkennbar war** und der Plan nicht verändert worden ist. Hat das Gericht die Vorprüfung nicht ordnungsgemäß vorgenommen und einen Mangel nicht erkannt, ist das Gericht durch die Entscheidung über die Nicht-Zurückweisung gemäß § 231 InsO folglich nicht gebunden.[16] Dieser Auffassung ist auch der **BGH** in der Entscheidung vom 16.2.2017 gefolgt.[17] Da gegen die Weiterleitung des Insolvenzplans durch das Insolvenzgericht im Vorprüfungsverfahren kein Rechtsmittel gegeben ist, besteht auch ohne Veränderung des Plans ein Bedürfnis, etwaige Fehler über § 250 Nr. 1 Alt. 1 InsO zu korrigieren.[18] Der Plan könnte sich gemäß § 240 InsO zwischenzeitlich geändert und eine schriftliche Stellungnahme (§§ 232, 248 Abs. 2 InsO) oder der Anhörungs- und Erörterungstermin (§ 235 InsO) könnten neue Erkenntnisse gebracht haben.[19] Insofern kann die bereits erfolgte gerichtliche Vorprüfung der Vorschriften über den Inhalt des Plans die anschließende Prüfung nach § 250 InsO zwar erleichtern, aber nicht ersetzen.[20] **Vorprüfungs- und Bestätigungsverfahren dienen vielmehr unterschiedlichen** 8

---

12) LG Berlin, Beschl. v. 20.10.2004 – 86 T 578/04, NZI 2005, 335, 338; *FiebigFiebig* in: HK-InsO, § 250 Rz. 1; K. Schmidt-*Spliedt*, InsO, § 250 Rz. 4; *Smid*, NZI 2005, 296, 298 f.

13) *Smid*, NZI 2005, 296, 298 f.

14) Uhlenbruck-*Lüer/Streit*, InsO, § 250 Rz. 4, 8, 14; **a. A.** *Sinz* in: MünchKomm-InsO, § 250 Rz. 20.

15) *Fiebig* in: HK-InsO, § 250 Rz. 2.

16) Braun-*Braun/Frank*, InsO, § 250 Rz. 3; *Sinz* in: MünchKomm-InsO, § 250 Rz. 5; Römermann-*Rühle*, InsO/InsR, § 250 InsO Rz. 2; *Westpfahl* in: Kübler/Bork/Prütting, HRI II, § 37 Rz. 23; *Rendels/Zabel*, Insolvenzplan, Rz. 477.

17) BGH, Beschl. v. 16.2.2017 – IX ZB 103/15, Rz. 15 f., ZIP 2017, 482.

18) *Sinz* in: MünchKomm-InsO, § 250 Rz. 16; **a. A.** Uhlenbruck-*Lüer/Streit*, InsO, § 250 Rz. 9.

19) *Sinz* in: MünchKomm-InsO, § 250 Rz. 9; Braun-*Braun/Frank*, InsO, § 250 Rz. 3; *Westpfahl* in: Kübler/Bork/Prütting, HRI II, § 37 Rz. 22.

20) Braun-*Braun/Frank*, InsO, § 250 Rz. 3.

Zwecken; der Vorprüfung kommt eine gewisse Filterfunktion zu[21] und ist deshalb wertvoll, weil § 231 InsO zeitlich früher ansetzt als § 250 InsO.[22]

> **Praxishinweis**
>
> Will das Gericht die Planbestätigung aus einem Grund versagen, der bereits bei der Vorprüfung vorlag, muss das Gericht aus Gründen des rechtlichen Gehörs (§ 4 InsO i. V. m. § 139 ZPO) die Beteiligten vor der Versagungsentscheidung allerdings darauf hinweisen und ihnen Gelegenheit zur Nachbesserung geben.[23]

II. Ermittlungspflicht

9 Versagung der Bestätigung von Amts wegen bedeutet, dass ein Versagungsantrag nicht gestellt sein muss. Die Entscheidung von Amts wegen bedeutet nicht ohne weiteres eine **Amtsermittlungspflicht** i. S. des § 5 Abs. 1 Satz 1 InsO. Ob im Insolvenzplanverfahren generell § 5 Abs. 1 InsO gilt, ist umstritten, aber zu bejahen.[24]

10 Bei § 250 InsO hat das Insolvenzgericht zur Vorbereitung seiner Entscheidung die Umstände von Amts wegen zu ermitteln.[25] Es ist nicht erkennbar, warum § 5 InsO nicht greifen sollte.[26] Dabei steht dem Gericht auch die Befugnis zu, den Gläubigern eine Erklärung abzunehmen, in der sie die Richtigkeit und Vollständigkeit ihrer Angaben an Eides Statt versichern.[27] Die Verfahrensmaxime bei § 231 InsO und bei § 250 InsO ist daher unterschiedlich, wenn man davon ausgeht, dass bei § 231 InsO wegen der damit verbundenen bloßen Filterfunktion ein **modifizierter Beibringungsgrundsatz** gilt.[28] Zu beachten ist, dass eine Amtsermittlung stets nur soweit reichen kann und darf, wie die Überprüfungsbefugnis des Gerichts reicht.

> **Beispiel**
>
> Da das Gericht die Zweckmäßigkeit des Plans nicht als solche prüfen darf (siehe Rz. 4), dürfen die vom Planverfasser zugrunde gelegten Prognosen und wirtschaftlichen Prämissen (etwa über die künftige Entwicklung des Marktes und das künftige Unternehmenswachstum) nicht (durch Sachverständigengutachten oder sonst) überprüft werden.[29] Wohl aber muss mehr geprüft werden als das bloße Vorhandensein irgendeiner Berechnung,[30] sondern es kann nachgeprüft werden, ob die auf den Prämissen beruhenden Rechnungen (§ 229 Satz 1 InsO) sodann folgerichtig sind und vor allem (weil es insoweit um eine inhaltliche Anforderung an den Plan geht), ob die Darstellung hinreichend transparent und verständlich ist, so dass die abstimmenden Gläubiger wussten oder wissen konnten, worüber sie abgestimmt haben.

---

21) LG Berlin, Beschl. v. 20.10.2004 – 86 T 578/04, NZI 2005, 335, 337; Römermann-*Rühle*, InsO/InsR, § 250 InsO Rz. 2; *Sinz* in: MünchKomm-InsO, § 250 Rz. 14.

22) *Horstkotte*, ZInsO 2014, 543.

23) *Sinz* in: MünchKomm-InsO, § 250 Rz. 16.

24) Dagegen Uhlenbruck-*Lüer/Streit*, InsO, § 231 Rz. 4; dafür *Eidenmüller* in: MünchKomm-InsO, Vor § 217 Rz. 51; *Smid/Rattunde/Martini*, Insolvenzplan, Rz. 2.46; *Rendels/Zabel*, Insolvenzplan, Rz. 485.

25) Braun-*Braun/Frank*, InsO, § 250 Rz. 1; *Sinz* in: MünchKomm-InsO, § 250 Rz. 1; Uhlenbruck-*Lüer/Streit*, InsO, § 250 Rz. 3, 4; *Jaffé* in: FK-InsO, § 250 Rz. 1; *Westpfahl* in: Kübler/Bork/Prütting, HRI II, § 37 Rz. 20, 21.

26) *Rendels/Zabel*, Insolvenzplan, Rz. 485; generell auch *Smid/Rattunde/Martini*, Insolvenzplan, Rz. 2.46.

27) AG Duisburg, Beschl. v. 14.11.2001 – 60 IN 107/00, NZI 2002, 502, 503; *Jaffé* in: FK-InsO, § 250 Rz. 2.

28) *Horstkotte*, ZInsO 2014, 1297, 1301.

29) BGH, Beschl. v. 7.7.2005 – IX ZB 266/04, BGHZ 163, 344, 351 = ZIP 2005, 1648, dazu EWiR 2006, 279 *(v. Gleichenstein)*; LG Berlin, Beschl. v. 20.10.2004 – 86 T 578/04, NZI 2005, 335, 338.

30) *Horstkotte*, ZInsO 2014, 1297, 1306 f.; a. A. *Stapper/Jacobi*, ZInsO 2014, 1821, 1826.

Im praktischen Ergebnis bedeutet dies letztlich, dass eine Schlüssigkeitsprüfung der Berechnungen erfolgen kann und muss, nicht aber eine umfassende Prüfung der wirtschaftlichen Annahmen. 11

B. Verstoß gegen Vorschriften über den Inhalt des Insolvenzplans (§ 250 Nr. 1 Alt. 1 InsO)

Die maßgeblichen Vorschriften über den Inhalt des Insolvenzplans finden sich vorrangig in §§ 217 und 219 bis 230 InsO, bei § 225a InsO gehört damit auch die „gesellschaftsrechtliche Zulässigkeit" zur Prüfung; fraglich ist insoweit allein, was mit gesellschaftsrechtlicher Zulässigkeit gemeint ist (siehe dazu § 29 Rz. 57 ff. [*Brünkmans*]). Was nicht plandispositiv ist wie z. B. die Verwaltervergütung, darf nicht zum Inhalt des Plans gemacht werden. Ein Insolvenzplan kann dem Insolvenzverwalter nicht die Befugnis verleihen, nach rechtskräftiger Bestätigung des Insolvenzplans und Verfahrensaufhebung eine Insolvenzanfechtungsklage zu erheben; ebenso wenig kann er vorsehen, dass ein anwaltlicher Treuhänder nach Verfahrensaufhebung eine Masseforderung zum Zwecke einer Nachtragsverteilung zugunsten der Gläubigergesamtheit einzieht.[31)] Das Schlechterstellungsverbot wird nicht als Teil des Inhalts angesehen;[32)] man kann eine **positive Vergleichsrechnung** aber als Erfordernis des darstellenden Teils verstehen. 12

I. Insolvenzzweckwidrigkeit

Zu den allgemeinen Rechtmäßigkeitsanforderungen an den Insolvenzplan gehört, dass der Plan nicht insolvenzzweckwidrig sein darf.[33)] Diese Vorgabe darf allerdings kein Hebel für Gerichte sein, das Verbot der Zweckmäßigkeitsprüfung zu umgehen und Pläne unter Berufung auf eine allgemeine Insolvenzzweckwidrigkeit zurückzuweisen. Ein Verstoß gegen den Insolvenzzweck kann nur ganz ausnahmsweise in Betracht kommen; das gilt auch bei der Umgestaltung von Gesellschafterrechten durch Formwechsel (Fall *Suhrkamp*; siehe § 29 Rz. 89 ff. [*Brünkmans*]).[34)] 13

II. Mängel im darstellenden Teil (§ 220 InsO) und sonstige Inhaltsmängel

Gemäß 220 Abs. 2 InsO soll der darstellende Teil alle sonstigen Angaben zu den Grundlagen und den Auswirkungen des Plans enthalten, die für die Entscheidung der Beteiligten über die Zustimmung zum Plan und für dessen gerichtliche Bestätigung erheblich sind. Erheblich i. S. des § 220 Abs. 2 InsO sind Angaben, die die Gläubiger benötigen, um unter Berücksichtigung ihrer Interessen **ein sachgerechtes Urteil** über den Insolvenzplan treffen können.[35)] Dazu gehören alle Informationen und Erklärungen, die den Beteiligten in jedem Insolvenzverfahren gegeben werden müssen.[36)] Ein Element ist insbesondere die **Vergleichsrechnung**. Das Gericht darf aber außerhalb der Prüfung nach § 245 InsO und § 251 InsO nicht prüfen, ob wirtschaftlich richtig bewertet wurde und dem eine eigene Bewertung entgegenhalten;[37)] ebenso wenig, ob der Plan langfristig zum wirtschaftlichen Erfolg beiträgt. Die Vergleichsrechnung darf aber keine Mängel aufweisen, die davon ausgehen lassen, dass die Gläubiger bei deren Erkennbarkeit den Plan nicht angenommen 14

---

31) BGH, Beschl. v. 26.4.2018 – IX ZB 49/17, Rz. 21 ff., ZIP 2018, 1141.

32) *Grub* in: FS Uhlenbruck, S. 501, 508 f.

33) *Brünkmans/Uebele*, ZInsO 2014, 265, 273.

34) *Brünkmans/Uebele*, ZInsO 2014, 265, 273.

35) AG Köln, Beschl. v. 15.5.2019 – 72 IN 269/17, NZI 2019, 711; *Sinz* in: MünchKomm-InsO, § 250 Rz. 8.

36) BGH, Beschl. v. 19.7.2012 – IX ZB 250/11, WM 2012, 1640; BGH, Beschl. v. 7.5.2015 – IX ZB 75/14, Rz. 29, ZIP 2015, 1346; *Flessner* in: HK-InsO, § 220 Rz. 7; *Sinz* in: MünchKomm-InsO, § 250 Rz. 8.

37) LG Hamburg, Beschl. v. 15.1.2018 – 326 T 40/17, ZIP 2018, 389.

hätten[38] bzw. wenn die Vergleichsrechnung mit mehreren Fehlern behaftet ist, die für die Gläubigerbefriedigung von Bedeutung sind.[39] § 220 Abs. 2 InsO ist entgegen dem Wortlaut eine zwingende Vorschrift. Die notwendigen Angaben sind **nicht fakultativ.**[40] Zu nennen ist das Verzeichnis der Massegegenstände (§ 151 InsO), das Gläubigerverzeichnis (§ 152 InsO) und die Vermögensübersicht (§ 153 InsO).[41] Es prüft, ob der gestaltende Teil des Insolvenzplans für die unmittelbare Gestaltungswirkung und die Vollstreckbarkeit bestimmt genug ist, ob die Informationen im darstellenden Teil für die Entscheidung ausreichen und ob die Plananlagen vollständig und richtig sind.[42] Außerdem leidet der Plan an einem Mangel, wenn er hinsichtlich der Fälligkeit und der **Vollstreckbarkeit** der Insolvenzquote der gebotenen **Klarheit und Widerspruchsfreiheit** entbehrt.[43] Das kann der Fall sein, wenn zwar eine feste Insolvenzquote bestimmt wird, ihre Fälligkeit aber von aufschiebenden Bedingungen abhängt, die tatsächlich nicht eintreten können und die gebotene Vollstreckungsfähigkeit infrage stellen.[44]

15 Unrichtige Angaben über Einkommen und Vermögen des Schuldners begründen einen Verstoß gegen § 220 Abs. 2 InsO. Da sie Einfluss auf die Annahme des Plans gehabt haben könnten, führen sie zu einer Versagung von Amts wegen.[45]

III. Gruppenbildung und Gleichbehandlungsgebot (§§ 222, 226 InsO)

16 §§ 222, 226 InsO stellen zwingendes Recht dar, so dass ein Verstoß gegen die darin enthaltenen Vorgaben als wesentlich anzusehen ist[46] (siehe näher zur Gruppenbildung § 9 [*Beck/Pechartscheck*]). Im Lichte des § 250 Nr. 1 InsO muss das Gericht insbesondere prüfen, ob eine auch nach Auffassung des BGH[47] unzulässige **Mischgruppe** von gesicherten und ungesicherten Gläubigern vorliegt. Wird von dem Gebot der Gleichbehandlung nach § 226 Abs. 1 InsO abgewichen, erhalten die ungesicherten Gläubiger einer „Mischgruppe" zum einen mehr, als ihnen eigentlich zustünde und zum anderen mehr als Gläubiger, die einer anderen Gruppe zugeordnet werden und nicht gefragt würden.[48] Die Annahme des Insolvenzplans durch die Gläubiger kann einen Gruppenbildungsmangel nicht heilen, da die Abstimmung gruppenbezogen vollzogen wird und daher bereits an sich mangelbehaftet ist.[49] Zum gruppenübergreifenden Gleichbehandlungsgebot bei § 245 Abs. 2 Nr. 2 InsO siehe § 17 Rz. 24 [*Thole*].

---

38) Vgl. BGH, Beschl. v. 7.5.2015 – IX ZB 75/14, Rz. 29, ZIP 2015, 1346.

39) BGH, Beschl. v. 26.4.2018 – IX ZB 49/17, Rz. 34 ff., ZIP 2018, 1141; AG Köln, Beschl. v. 15.5.2019 – 72 IN 269/17, NZI 2019, 711 – zu Beteilungen des Schuldners.

40) BGH, Beschl. v. 19.5.2009 – IX ZB 236/07, NZI 2009, 515, 517 = ZIP 2009, 1384, dazu EWiR 2010, 29 (*Lau*); *Sinz* in: MünchKomm-InsO, § 250 Rz. 8; *Roth*, ZInsO 2012, 727, 728; *Thies* in: HambKomm-InsR, § 220 InsO Rz. 5.

41) BGH, Beschl. v. 19.7.2012 – IX ZB 250/11, WM 2012, 1640.

42) BGH, Beschl. v. 7.5.2015 – IX ZB 75/14, Rz. 8., ZIP 2015, 1346.

43) BGH, Beschl. v. 26.4.2018 – IX ZB 49/17, Rz. 37 ff., ZIP 2018, 1141.

44) BGH, Beschl. v. 26.4.2018 – IX ZB 49/17, Rz. 37 ff., ZIP 2018, 1141.

45) BGH, Beschl. v. 19.7.2012 – IX ZB 250/11, WM 2012, 1640; *Jaffé* in: FK-InsO, § 250 Rz. 5; *Sinz* in: MünchKomm-InsO, § 250 Rz. 12.

46) Braun-*Braun/Frank*, InsO, § 250 Rz. 2; *Sinz* in: MünchKomm-InsO, § 250 Rz. 10; Römermann-*Rühle*, InsO/InsR, § 250 InsO Rz. 9; *Westpfahl* in: Kübler/Bork/Prütting, HRI II, § 37 Rz. 24.

47) BGH, Beschl. v. 7.7.2005 – IX ZB 266/04, BGHZ 163, 344, 351 = ZIP 2005, 1648.

48) *Frind*, NZI 2007, 374.

49) LG Berlin, Beschl. v. 20.10.2004 – 86 T 578/04, NZI 2005, 335, 337; *Sinz* in: MünchKomm-InsO, § 250 Rz. 10; *Westpfahl* in: Kübler/Bork/Prütting, HRI II, § 37 Rz. 24.

IV. Insolvenzstraftaten

Werden die vom Schuldner begangenen Insolvenzstraftaten (§§ 283 bis 283c StGB) nicht in den darstellenden Teil des Insolvenzplans aufgenommen, bestimmt sich die Versagung danach, ob diese Angaben für die Entscheidung der Gläubiger über die Zustimmung zum Plan erheblich sind.[50] Näher zu natürlichen Personen siehe § 28 [*Webel*]. Es ist daher **zu differenzieren**, ob der Plan auf eine Liquidation des Unternehmens oder übertragende Sanierung oder aber auf eine Unternehmensfortführung abzielt.[51] Bei einem wegen Insolvenzstraftaten verurteilten Unternehmer können erhebliche Bedenken gegen dessen Zuverlässigkeit bestehen.[52] Im Falle der Unternehmensfortführung durch den Schuldner, dessen bisherige organschaftlichen Vertreter insolvenzstrafrechtlich belastet sind, handelt es sich insofern um eine für die Entscheidung der Gläubiger erhebliche Angabe.[53] Beabsichtigt der Schuldner hingegen das Unternehmen nicht fortzuführen, müssen etwaige Insolvenzstraftaten nicht im Plan angegeben werden.[54] 17

V. Gesellschaftsrechtliche Maßnahmen (§ 225a InsO) und sonstige Anforderungen an den Inhalt

Die Vorgaben an den Inhalt des Insolvenzplans i. Ü. und insbesondere an gesellschaftsrechtliche Maßnahmen werden bei §§ 29 f. [*Brünkmans*] erläutert. 18

C. Verstoß gegen Verfahrensvorschriften (§ 250 Nr. 1 Alt. 2 InsO)

Zu den Verfahrensvorschriften, deren Verletzung zur Versagung der Planbestätigung führen können, gehören die §§ 218, 231, 234–236, 239–243 InsO.[55] Bei diesen Vorschriften liegt entweder ein wesentlicher Verstoß vor oder ist zumindest denkbar. Insgesamt verbietet sich eine generalisierende Betrachtung dahingehend, immer von einem wesentlichen Verstoß auszugehen.[56] 19

Umstritten und bisher nicht vollständig geklärt ist, ob auch ein allein vom Gericht verursachter wesentlicher Verfahrensmangel zur Bestätigungsversagung nach § 250 Nr. 1 InsO führt.[57] Das dürfte zu bejahen sein, kann aber wie auch sonst zur Amtshaftung führen. 20

In der InsO fehlt es, wie bereits zu Zeiten der KO, an einer ausdrücklichen gesetzlichen Ermächtigungsgrundlage, nach welcher das Gericht von Amts wegen und auf Staatskosten einen neuen Erörterungs- und Abstimmungstermin anberaumen kann. Dazu wird vertreten, es sei gleichwohl nicht ersichtlich, warum es dem Gericht nicht möglich sein sollte, 21

---

50) BGH, Beschl. v. 13.10.2011 – IX ZB 37/08, NZI 2012, 139, 140 = ZIP 2012, 187, dazu EWiR 2012, 215 *(Rendels/Körner)*.

51) BGH, Beschl. v. 13.10.2011 – IX ZB 37/08, NZI 2012, 139, 140 = ZIP 2012, 187; *Sinz* in: MünchKomm-InsO, § 250 Rz. 13; *Roth*, ZInsO 2012, 727, 728.

52) BGH, Beschl. v. 13.10.2011 – IX ZB 37/08, NZI 2012, 139, 140 = ZIP 2012, 187; *Sinz* in: MünchKomm-InsO, § 250 Rz. 13.

53) BGH, Beschl. v. 13.10.2011 – IX ZB 37/08, NZI 2012, 139, 141 = ZIP 2012, 187; BGH, Beschl. v. 19.5.2009 – IX ZB 236/07, NZI 2009, 515, 517 = ZIP 2009, 1384; Andres/Leithaus-*Andres*, InsO, § 250 Rz. 3; *Jaffé* in: FK-InsO, § 220 Rz. 40, § 250 Rz. 10; *Thies* in: HambKomm-InsR, § 250 InsO Rz. 8.

54) BGH, Beschl. v. 13.10.2011 – IX ZB 37/08, NZI 2012, 139, 140 = ZIP 2012, 187; *Sinz* in: MünchKomm-InsO, § 250 Rz. 13; *Roth*, ZInsO 2012, 727, 728.

55) Andres/Leithaus-*Andres*, InsO, § 250 Rz. 4; Braun-*Braun/Frank*, InsO, § 250 Rz. 4; *Thies* in: HambKomm-InsR, § 250 InsO Rz. 5; *Fiebig* in: HK-InsO, § 250 Rz. 3.

56) Römermann-*Rühle*, InsO/InsR, § 250 InsO Rz. 4; *Westpfahl* in: Kübler/Bork/Prütting, HRI II, § 37 Rz. 26.

57) Eine Versagungspflicht bejahend *Sinz* in: MünchKomm-InsO, § 250 Rz. 33; Uhlenbruck-*Lüer/Streit*, InsO, § 250 Rz. 7; *Westpfahl* in: Kübler/Bork/Prütting, HRI II, § 37 Rz. 45.

den selbst verursachten Verfahrensfehler beheben zu können.[58] Demnach soll das Gericht zumindest dann einen neuen Termin anberaumen dürfen, wenn ein früherer Verfahrensabschnitt nicht wiederholt werden muss.[59]

I. Verstoß gegen das Recht zur Planvorlage (§ 218 InsO)

22 Ein Verstoß gegen das Recht zur Planvorlage nach § 218 Abs. 1 und Abs. 2 InsO kann zu einer Versagung des Plans führen,[60] obwohl das Vorlagerecht auch schon bei § 231 Abs. 1 Nr. 1 InsO zu prüfen ist.[61] Da Mängel der Mitwirkung nach § 218 Abs. 3 InsO keine Zurückweisung des Plans nach § 231 Abs. 1 Nr. 1 InsO rechtfertigen, stellen sie erst recht keinen Grund für eine Versagung nach § 250 InsO dar.[62]

II. Unterlassene oder fehlerhafte Zuleitung des Planentwurfs zur Stellungnahme (§ 232 InsO)

23 Ein Verstoß gegen die Pflicht zur Zuleitung des Planentwurfs zwecks Stellungnahme i. S. des § 232 Abs. 1 InsO stellt grundsätzlich einen wesentlichen Mangel dar. Etwas anderes gilt allerdings, wenn sämtliche in § 232 Abs. 1 InsO genannten Beteiligten den Insolvenzplan bereits anderweitig erhalten hatten, da der Mangel dann keine Auswirkungen auf die Annahme des Plans gehabt haben kann und der Zweck der Zuleitung, über den Erörterungs- und Abstimmungstermin zu informieren und den Termin vorzubereiten, gewahrt wurde.[63] Näher zum Verfahren siehe § 15 Rz. 3 [*Laroche*].

III. Verstoß gegen die Pflicht zur Niederlegung des Plans zwecks Einsichtnahme (§ 234 InsO)

24 Ein Verstoß gegen die Pflicht zur Niederlegung des Plans führt dann zu einer Versagung der Bestätigung, wenn die Niederlegung gänzlich unterblieben ist oder der Niederlegungszeitraum unverhältnismäßig kurz war. Sofern die Niederlegung lediglich unvollständig erfolgt war, kommt es darauf an, welche Unterlagen nicht vorgelegt wurden.[64] Wurde die Einsichtnahme zu Unrecht verweigert und kann sie nicht nachgeholt werden, liegt ebenfalls ein wesentlicher Mangel vor.[65] Der Verstoß ist jedoch **geheilt**, wenn der vollständige Plan sämtlichen Beteiligten auf andere Weise übermittelt worden ist.[66]

IV. Fehlende oder fehlerhafte öffentliche Bekanntmachung des Erörterungs- und Abstimmungstermins (§ 235 InsO)

25 Das Unterlassen der öffentlichen Bekanntmachung des Termin (§ 235 Abs. 2 Satz 1 InsO) begründet ebenso wie ein fehlender Hinweis auf die Einsichtnahmemöglichkeit nach § 235

---

58) *Westpfahl* in: Kübler/Bork/Prütting, HRI II, § 37 Rz. 39.

59) Römermann-*Rühle*, InsO/InsR, § 250 InsO Rz. 3; *Westpfahl* in: Kübler/Bork/Prütting, HRI II, § 37 Rz. 39; im Ergebnis auch *Sinz* in: MünchKomm-InsO, § 250 Rz. 35.

60) Andres/Leithaus-*Andres*, InsO, § 218 Rz. 11; *Sinz* in: MünchKomm-InsO, § 250 Rz. 17; Römermann-*Rühle*, InsO/InsR, § 250 InsO Rz. 4; *Westpfahl* in: Kübler/Bork/Prütting, HRI II, § 37 Rz. 30.

61) *Eidenmüller* in: MünchKomm-InsO, § 218 Rz. 58.

62) *Sinz* in: MünchKomm-InsO, § 250 Rz. 19; Uhlenbruck-*Lüer/Streit*, InsO, § 250 Rz. 8; a. A. *Breuer* in: MünchKomm-InsO, § 231 Rz. 10.

63) Uhlenbruck-*Lüer/Streit*, InsO, § 250 Rz. 16; *Westpfahl* in: Kübler/Bork/Prütting, HRI II, § 37 Rz. 32.

64) *Sinz* in: MünchKomm-InsO, § 250 Rz. 22; Uhlenbruck-*Lüer/Streit*, InsO, § 250 Rz. 19; *Westpfahl* in: Kübler/Bork/Prütting, HRI II, § 37 Rz. 33.

65) *Sinz* in: MünchKomm-InsO, § 250 Rz. 22; Uhlenbruck-*Lüer/Streit*, InsO, § 250 Rz. 20; *Westpfahl* in: Kübler/Bork/Prütting, HRI II, § 37 Rz. 33.

66) *Thies* in: HambKomm-InsR, § 250 InsO Rz. 8; *Sinz* in: MünchKomm-InsO, § 250 Rz. 22.

Abs. 2 Satz 2 InsO oder die unterlassene Ladung einen wesentlichen Mangel,[67] sofern der Mangel nicht anderweitig geheilt worden ist.

V. Stimmrechtsfestsetzung (§§ 237, 238 InsO)

Die Verletzung der Stimmrechtsfestsetzung (§ 237, 238 InsO) führte nach bisheriger Auffassung nicht zu einer Versagung der Bestätigung des Plans. Vielmehr sei ein Verstoß ausschließlich nach Maßgabe der §§ 11 Abs. 3 Satz 2, 18 Abs. 3 RPflG beachtlich, welche gegenüber § 250 InsO als leges speciales vorgingen.[68] Mit Einführung des ESUG wurden die §§ 11 Abs. 3 Satz 2, 18 Abs. 3 RPflG jedoch dahingehend geändert, dass nunmehr ausschließlich das Stimmrecht nach § 77 InsO erfasst wird. Es wird deshalb angenommen, dass die Stimmrechtsfestsetzung nach §§ 237, 238 InsO auch i. R. des § 250 InsO geprüft wird und zur Versagung führt, wenn sich der Fehler auf das Ergebnis ausgewirkt hat.[69] Nach anderer Ansicht kommt nur die Wiederholung der Abstimmung nach Neufestsetzung des Stimmrechts in Betracht.[70] 26

VI. Verletzung von Verfahrensvorschriften bei Planänderungen (§ 240 InsO)

Zu einer Verletzung von Verfahrensvorschriften bei Planänderung nach § 240 InsO zählen insbesondere die Aufnahme von Planänderungen, die ohne Anhörung der Betroffenen weitere Eingriffe als der ursprüngliche Plan vorsehen.[71] Unzulässige und nicht behebbare Änderungen stehen der Bestätigung des Plans entgegen.[72] Zu Planänderungen siehe auch § 16 Rz. 32 ff. [*Laroche*]. 27

VII. Die unterbliebene Ladung zum gesonderten Abstimmungstermin (§ 241 InsO)

Das Unterlassen der Ladung zum gesonderten Abstimmungstermin sowie eine Ladung ohne Hinweis auf Änderungen oder bei Unvollständigkeit des Hinweises stellen ein **Bestätigungshindernis** dar.[73] Gleiches gilt, wenn einem Beteiligten die Teilnahme zu Unrecht verweigert wird oder abgegebene Stimmen nicht berücksichtigt werden. Je nach den Umständen ist eine Heilung möglich.[74] Ein Bestätigungshindernis liegt im Falle einer „unberechtigten" Vertagung des Termins oder des gesonderten Abstimmungstermins sowie bei Verstößen gegen die Terminierungsfrist nach § 241 Abs. 1 Satz 2 InsO nicht vor.[75] 28

---

67) BGH, Urt. v. 13.1.2011 – IX ZB 29/10, ZIP 2011, 781, 782 = ZInsO 2011, 280, 281; *Jaffé* in: FK-InsO, § 250 Rz. 8; *Sinz* in: MünchKomm-InsO, § 250 Rz. 23; Uhlenbruck-*Lüer/Streit*, InsO, § 235 Rz. 18.

68) LG Bielefeld, Beschl. v. 30.11.2001 – 23 T 365/01, ZIP 2002, 951, 952, dazu EWiR 2002, 1103 *(Olbing)*; AG Duisburg, Beschl. v. 14.11.2001 – 60 IN 107/00, NZI 2002, 502, 503; Andres/Leithaus-*Andres*, InsO, § 250 Rz. 11; Braun-*Braun/Frank*, InsO, § 250 Rz. 4; *Jaffé* in: FK-InsO, § 250 Rz. 7; *Sinz* in: MünchKomm-InsO, § 250 Rz. 31.

69) *Thies* in: HambKomm-InsR, § 250 RRz. 5; K. Schmidt-*Spliedt*, § 250 Rz. 5; a. A. *Sinz* in: MünchKomm-InsO, § 250 Rz. 31; *Fiebig* in: HK-InsO, § 250 Rz. 4.

70) *Sinz* in: MünchKomm-InsO, § 250 Rz. 31; *Fiebig* in: HK-InsO, § 250 Rz. 4.

71) *Thies* in: HambKomm-InsR, § 250 InsO Rz. 8; *Sinz* in: MünchKomm-InsO, § 250 Rz. 24.

72) *Sinz* in: MünchKomm-InsO, § 250 Rz. 24; Uhlenbruck-*Lüer/Streit*, InsO, § 250 Rz. 23; *Westpfahl* in: Kübler/Bork/Prütting, HRI II, § 37 Rz. 35.

73) *Thies* in: HambKomm-InsR, § 250 InsO Rz. 8; *Sinz* in: MünchKomm-InsO, § 250 Rz. 25; Uhlenbruck-*Lüer/Streit*, InsO, § 250 Rz. 24.

74) *Sinz* in: MünchKomm-InsO, § 250 Rz. 25; Uhlenbruck-*Lüer/Streit*, InsO, § 250 Rz. 24; *Westpfahl* in: Kübler/Bork/Prütting, HRI II, § 37 Rz. 36.

75) Uhlenbruck-*Lüer/Streit*, InsO, § 250 Rz. 24; *Westpfahl* in: Kübler/Bork/Prütting, HRI II, § 37 Rz. 36.

VIII. Fehlender Hinweis auf die Frist für die schriftliche Stimmabgabe (§ 242 InsO)

29 Ein fehlender Hinweis auf die Frist für die Stimmabgabe nach § 242 Abs. 2 Satz 2 InsO kann die Versagung der Bestätigung begründen.[76] Die „unberechtigte" Anordnung der schriftlichen Abstimmung (§ 242 Abs. 1 InsO) oder die unterbliebene Übersendung der Stimmzettel sowie die unterlassene Mitteilung des Stimmrechts (§ 242 Abs. 2 InsO) stehen einer Bestätigung des Plans dagegen nicht entgegen.[77]

IX. Gesonderte Abstimmung in Gruppen (§ 243 InsO)

30 Sofern anstatt einer Abstimmung in Gruppen eine Gesamtabstimmung durchgeführt wird, führt dies zwingend zu einer Versagung der Bestätigung des Plans.[78]

D. Verstoß gegen Vorschriften über die Annahme durch die Gläubiger

31 Ein Verstoß gegen die Vorschriften über die Annahme durch die Gläubiger (§§ 244–246a InsO) ist aufgrund des zwingenden Charakters der Vorschriften **immer wesentlich** und führt somit zu einer Bestätigungsversagung.[79] Um das Antragserfordernis des § 251 InsO nicht zu unterlaufen, ist i. R. des § 250 InsO ausschließlich die Benachteiligung ganzer Gläubigergruppen nach § 245 InsO gerichtlich zu überprüfen; einzelne Gläubiger müssen eine mögliche Benachteiligung im Wege des § 251 InsO individuell geltend machen.[80] Ein Verstoß kann in solchen Fällen nur darin liegen, dass das Gericht fälschlicherweise den Plan bestätigt oder die Bestätigung versagt. Der Verstoß liegt daher gerade in der unzutreffenden Entscheidung des Gerichts.[81] Insofern erlangt die Vorschrift erst im Beschwerdeverfahren des § 253 InsO Bedeutung.[82]

E. Verstoß gegen Vorschriften über die Zustimmung des Schuldners

32 Auch der Regelung über die Zustimmung des Schuldners kann erst im Rechtsmittelverfahren nach § 253 InsO Bedeutung zukommen, da es sich gleichermaßen wie bei Verstößen gegen das Mehrheitserfordernis gemäß § 244 InsO und die Zustimmungsfiktionen nach §§ 245–246a InsO um einen Umstand handelt, der sich erst in der Entscheidung des Insolvenzgerichts über die Bestätigung des Insolvenzplans zeigt.[83]

F. Wesentlichkeit des Mangels und fehlende Behebbarkeit

33 In allen Fällen des § 250 Nr. 1 InsO ist der Mangel nur beachtlich, wenn er wesentlich ist. Ein Mangel ist wesentlich, wenn er **Auswirkungen auf die Annahme des Insolvenzplans**

76) *Sinz* in: MünchKomm-InsO, § 250 Rz. 26; *Westpfahl* in: Kübler, HRI, § 42 Rz. 33.

77) *Sinz* in: MünchKomm-InsO, § 250 Rz. 26; Uhlenbruck-*Lüer/Streit*, InsO, § 250 Rz. 25; *Westpfahl* in: Kübler/Bork/Prütting, HRI II, § 37 Rz. 37.

78) *Sinz* in: MünchKomm-InsO, § 250 Rz. 27; Römermann-*Rühle*, InsO/InsR, § 250 InsO Rz. 4; *Westpfahl* in: Kübler/Bork/Prütting, HRI II, § 37 Rz. 38.

79) *Sinz* in: MünchKomm-InsO, § 250 Rz. 36; Römermann-*Rühle*, InsO/InsR, § 250 InsO Rz. 5; *Westpfahl* in: Kübler/Bork/Prütting, HRI II, § 37 Rz. 46.

80) *Sinz* in: MünchKomm-InsO, § 250 Rz. 37.

81) Uhlenbruck-*Lüer/Streit*, InsO, § 250 Rz. 27; *Westpfahl* in: Kübler/Bork/Prütting, HRI II, § 37 Rz. 46.

82) Braun-*Braun/Frank*, InsO, § 250 Rz. 5; *Sinz* in: MünchKomm-InsO, § 250 Rz. 36; Uhlenbruck-*Lüer/Streit*, InsO, § 250 Rz. 27; *Westpfahl* in: Kübler/Bork/Prütting, HRI II, § 37 Rz. 46.

83) Braun-*Braun/Frank*, InsO, § 250 Rz. 5; *Sinz* in: MünchKomm-InsO, § 250 Rz. 38; *Westpfahl* in: Kübler/Bork/Prütting, HRI II, § 37 Rz. 47.

gehabt haben könnte.[84] Ob der Mangel tatsächlich für die Planannahme ursächlich war, ist unerheblich.[85] Es reicht mithin die **begründete Besorgnis** aus, dass er die Annahme des Plans beeinflusst haben könnte. Dieser Maßstab ist i. R. des § 253 InsO voll überprüfbar. Bei bloßen Verfahrensverstößen verbietet sich indes – tendenziell anders als bei inhaltlichen Mängeln – die pauschale Annahme, es sei stets von einem wesentlichen Verstoß auszugehen.[86]

I. Beispiele für nicht wesentliche Verfahrensverstöße

Zu den nicht wesentlichen Verstößen gegen Vorschriften und Vorgaben des Planverfahrens gehören: 34

- Die Anordnung der **Aussetzung von Verwertung** und Verteilung (§ 233 InsO), da es sich hierbei um ein Sicherungsmittel für die Durchführung des Plans handelt und nicht um eine Verfahrensvorschrift.[87]
- Die kurzfristige **Verlegung der Örtlichkeiten** für den Erörterungs- und Abstimmungstermin (§ 235 InsO) in einen anderen Sitzungssaal, sofern der Saal durch Aushang bekannt gemacht und in kurzer Zeit unschwer zu erreichen ist.[88] Gleiches gilt für Beeinträchtigungen durch Unruhe im Sitzungssaal.
- Der Verstoß gegen die Durchführung des **Erörterungs- und Abstimmungstermin** vor dem Prüfungstermin (§ 236 InsO) führt nicht zu einer Bestätigungsversagung. Die Reihenfolge von Erörterungs- und Abstimmungstermin und Prüfungstermin dient der Erleichterung der Stimmrechtsfeststellung. Sofern bei unzutreffender Stimmrechtsfeststellung keine Versagung der Bestätigung angenommen wird (siehe Rz. 26),[89] muss dies ebenso i. R. des § 236 InsO gelten.
- Die **unterbliebene Anhörung** nach § 248 Abs. 2 InsO stellt kein Bestätigungshindernis dar. Ein Verstoß gegen die Anhörungspflicht kann lediglich Auswirkungen auf die Entscheidung über die Bestätigung des Plans haben, nicht aber auf die vorherige Annahme des Plans. § 248 Abs. 2 InsO gehört damit nicht zu den Verfahrensvorschriften i. S. des § 250 Nr. 1 InsO.[90]
- Das **Fehlen von Angaben** des Schuldners, die im Regelverfahren eine Versagung der Restschuldbefreiung begründen würden, gehört, soweit nicht die oben erörterten Fälle

84) BGH, Beschl. v. 26.4.2018 – IX ZB 49/17, Rz. 54, ZIP 2018, 1141; BGH, Beschl. v. 13.10.2011 – IX ZB 37/08, Rz. 11, NZI 2012, 139, 140 = ZIP 2012, 187; BGH, Beschl. v. 3.12.2009 – IX ZB 30/09, Rz. 3, ZIP 2010, 341 = NZI 2010, 101; BGH, Beschl. v. 15.7.2010 – IX ZB 65/10, Rz. 45, NZI 2010, 734, 737 = ZIP 2010, 1499, dazu EWiR 2010, 681 *(Huber)*; LG Berlin, Beschl. v. 20.10.2004 – 86 T 578/04, NZI 2005, 335, 337; Andres/Leithaus-*Andres*, InsO, § 250 Rz. 6; Braun-*Braun/Frank*, InsO, § 250 Rz. 6; *Jaffé* in: FK-InsO, § 250 Rz. 5; Römermann-*Rühle*, InsO/InsR, § 250 InsO Rz. 2.

85) *Sinz* in: MünchKomm-InsO, § 250 Rz. 11; Uhlenbruck-*Lüer/Streit*, InsO, § 250 Rz. 5.

86) Römermann-*Rühle*, InsO/InsR, § 250 InsO Rz. 4; *Westpfahl* in: Kübler/Bork/Prütting, HRI II, § 37 Rz. 39.

87) *Sinz* in: MünchKomm-InsO, § 250 Rz. 29; Uhlenbruck-*Lüer/Streit*, InsO, § 250 Rz. 18; *Westpfahl* in: Kübler/Bork/Prütting, HRI II, § 37 Rz. 40.

88) BGH, Beschl. v. 15.7.2010 – IX ZB 65/10, Rz. 31 ff., NZI 2010, 734, 736 = ZIP 2010, 1499; *Fiebig* in: HK-InsO, § 250 Rz. 5; *Sinz* in: MünchKomm-InsO, § 250 Rz. 30.

89) *Sinz* in: MünchKomm-InsO, § 250 Rz. 31; Uhlenbruck-*Lüer/Streit*, InsO, § 250 Rz. 21; *Westpfahl* in: Kübler/Bork/Prütting, HRI II, § 37 Rz. 41; a. A. *Thies* in: HambKomm-InsR, § 250 InsO Rz. 5; Römermann-*Rühle*, InsO/InsR, § 250 InsO Rz. 4.

90) *Sinz* in: MünchKomm-InsO, § 250 Rz. 32; Uhlenbruck-*Lüer/Streit*, InsO, § 250 Rz. 28; *Westpfahl* in: Kübler/Bork/Prütting, HRI II, § 37 Rz. 12.

betroffen sind (siehe Rz. 17), nicht zu den wesentlichen Verfahrensmängeln i. S. des § 250 Nr. 1 InsO.[91)]

II. Behebbarkeit des Mangels

35 Ein Mangel ist dann nicht behebbar, wenn die versäumte Handlung bis zur Verkündung des Bestätigungsbeschlusses nicht nachgeholt werden kann bzw. der Mangel nicht beseitigt werden kann oder ein Verfahrensabschnitt wiederholt werden müsste.[92)]

III. Salvatorische Klausel im Plan?

36 Der BGH hat in seinem Beschluss vom 7.5.2015 entschieden, dass in einem Insolvenzplan eine salvatorische Klausel, die von der Auslegungsregel des § 139 BGB abweicht, nicht statthaft ist. Konkret ging es um eine Klausel im Plan, nach der einzelne unwirksame Bestimmungen die Wirksamkeit der übrigen Bestimmungen nicht berühren solle und der unwirksame Teil durch eine wirksame zu ersetzen sei, die inhaltlich dem Gewollten entspreche. Der BGH ist dem entgegengetreten, da der Insolvenzplan kein Vertrag im herkömmlichen Sinne sei. Daher gelte die Regel des § 139 BGB nicht, und folglich könne § 139 BGB, der im Zweifel zur Gesamtnichtigkeit führt, auch nicht durch eine salvatorische Klausel abbedungen werden.[93)] Der Mangel einer einzelnen Bestimmung führt daher zur Zurückweisung des gesamten Plans.[94)] Davon zu unterscheiden ist aber der Mangel, der darin liegt, dass der Plan die nicht statthafte salvatorische Klausel enthält. Das ist kein Grund für eine Nichtbestätigung (siehe dazu oben § 1 Rz. 12 [*Thole*]).

G. Unlautere Herbeiführung der Annahme des Plans (§ 250 Nr. 2 InsO)

37 Gemäß § 250 Nr. 2 InsO ist die Bestätigung des Plans von Amts wegen zu versagen, wenn die Annahme des Plans unlauter, insbesondere durch Begünstigung eines Beteiligten, herbeigeführt worden ist. Erforderlich ist ein ursächlicher Zusammenhang zwischen dem unlauteren Verhalten und der Annahme des Plans.[95)] Das Gericht muss über diese Kausalität Gewissheit i. S. richterlicher Überzeugung haben.[96)]

I. Unlauterkeit

38 Das Zustandekommen des Plans erfolgt auf unlauterem Weg, wenn gegen den Grundsatz von Treu und Glauben verstoßen wurde.[97)] Das kann ggf. auch schon durch die Gruppenbildung erfolgen, ist dann aber bereits unter § 250 Nr. 1 InsO zu prüfen. Ob der Schuldner, ein Gläubiger, der Insolvenzverwalter oder ein Dritter gehandelt hat, ist unerheb-

---

91) BGH, Beschl. v. 19.5.2009 – IX ZB 236/07, NZI 2009, 515, 517 = ZIP 2009, 1384; *Fiebig* in: HK-InsO, § 250 Rz. 5.

92) BGH, Beschl. v. 26.4.2018 – IX ZB 49/17, Rz. 57, ZIP 2018, 1141; *Fiebig* in: HK-InsO, § 250 Rz. 5; *Sinz* in: MünchKomm-InsO, § 250 Rz. 39; Römermann-*Rühle*, InsO/InsR, § 250 InsO Rz. 3.

93) BGH, Beschl. v. 7.5.2015 – IX ZB 75/14, Rz. 23 ff., ZIP 2015, 1346, dazu EWiR 2015, 483 *(Spliedt)*.

94) BGH, Beschl. v. 7.5.2015 – IX ZB 75/14, Rz. 27, ZIP 2015, 1346.

95) BGH, Beschl. v. 3.3.2005 – IX ZB 153/04, BGHZ 162, 283, 293 = NZI 2005, 325, 328 = ZIP 2005, 719, dazu EWiR 2005, 547 *(Bähr/Landry)*; LG Berlin, Beschl. v. 8.2.2005 – 86 T 5/05, ZInsO 2005, 609, 612; Braun-*Braun/Frank*, InsO, § 250 Rz. 8; *Jaffé* in: FK-InsO, § 250 Rz. 13 f.; *Thies* in: HambKomm-InsR, § 250 InsO Rz. 12; Römermann-*Rühle*, InsO/InsR, § 250 InsO Rz. 5.

96) *Sinz* in: MünchKomm-InsO, § 250 Rz. 60; Uhlenbruck-*Lüer/Streit*, InsO, § 250 Rz. 31; *Westpfahl* in: Kübler/Bork/Prütting, HRI II, § 37 Rz. 50.

97) Andres/Leithaus-*Andres*, InsO, § 250 Rz. 8; Braun-*Braun/Frank*, InsO, § 250 Rz. 8; *Jaffé* in: FK-InsO, § 250 Rz. 11; *Thies* in: HambKomm-InsR, § 250 InsO Rz. 11; *Fiebig* in: HK-InsO, § 250 Rz. 6.

lich.[98] Erforderlich ist, dass die Beteiligten die Umstände kannten oder kennen mussten, die zur Gläubigerbenachteiligung führten.[99]

Das Gesetz führt die Begünstigung eines Beteiligten lediglich als **Beispielsfall** auf. Darüber hinaus ist insbesondere jegliche Manipulation der Abstimmung, bspw. durch 39

- Täuschung oder Drohung,
- die Anerkennung fingierter Forderungen,
- einseitig bevorzugende Nebenabreden,
- das manipulative Teilen einer Forderung zwecks Beeinflussung der Kopfmehrheit,
- der verdeckte Stimmkauf (siehe aber Rz. 41 ff.) sowie
- die Verheimlichung von Vermögenswerten

möglicherweise als unlauteres Verhalten zu beurteilen.[100] Es kommt aber auf die Umstände an.

Nicht einschlägig ist § 250 Nr. 2 InsO bei **Incentives**, die sich erst aus der Annahme des 40
Plans für eine Gruppe ergeben, z. B. sog. Wandlungsincentives bei einem Debt-Equity-Swap. Dann kann aber das Problem des gruppenübergreifenden Gleichbehandlungsgebots i. R. des Obstruktionsverbots entstehen (siehe dazu § 17 Rz. 34 [*Thole*]). Lock-up-Agreememts sind grundsätzlich nicht unlauter.

II. Forderungskauf

Umstritten ist, in welchem Umfang ein Forderungskauf, also der „Einkauf in die Gläubi- 41
gerstellung" als unlauteres Verhalten i. S. des § 250 Nr. 2 InsO anzusehen ist.[101]

Es wird zum Teil vertreten, ein Forderungskauf sei als solcher nicht als unlautere Hand- 42
lung i. S. des § 250 Nr. 2 InsO zu werten. Forderungen seien grundsätzlich frei verkäuflich. Dass die beteiligten Vertragsparteien das Ziel verfolgten, dem Plan zur Mehrheit zu verhelfen, mache dieses Vorgehen nicht unlauter.[102] Nach einer anderen Auffassung liegt ebenfalls kein unlauteres Verhalten vor, wenn ein Dritter im eigenen Interesse und auf eigene Rechnung eine Forderung eines Gläubigers erwirbt. Da in diesem Fall der bisherige Gläubiger ausscheide und an seine Stelle der neue Gläubiger trete, unterwerfe sich dieser gleichermaßen wie alle übrigen Gläubiger dem Insolvenzplan.[103] Andere verlangen zumindest eine Offenlegung.[104]

Der **BGH** geht demgegenüber in einer Entscheidung von 2005 davon aus, ein Forde- 43
rungskauf sei stets dann als **unlauter** anzusehen, wenn die Forderung zu einem höheren Preis als der im Insolvenzplan vorgesehenen Quote angekauft wird, um mit der so erlangten Abstimmungsmehrheit die Annahme des Insolvenzplans zu bewirken.[105] Ob dies of-

---

98) BGH, Beschl. v. 3.3.2005 – IX ZB 153/04, BGHZ 162, 283, 292 = NZI 2005, 325, 327 = ZIP 2005, 719; *Jaffé* in: FK-InsO, § 250 Rz. 13; differenzierend *Westpfahl* in: Kübler/Bork/Prütting, HRI II, § 37 Rz. 49.

99) LG Berlin, Beschl. v. 8.2.2005 – 86 T 5/05, ZInsO 2005, 609, 613; Uhlenbruck-*Lüer/Streit*, InsO, § 250 Rz. 30.

100) BGH, Beschl. v. 3.3.2005 – IX ZB 153/04, BGHZ 162, 283, 289 = NZI 2005, 325, 327 = ZIP 2005, 719; LG Wuppertal, Beschl. v. 15.9.2015 – 16 T 324/14, NZI 2016, 494; *Jaffé* in: FK-InsO, § 250 Rz. 12; Römermann-*Rühle*, InsO/InsR, § 250 InsO Rz. 15 ff.

101) Ausführlich dazu *Sinz* in: MünchKomm-InsO, § 250 Rz. 49 ff.

102) *Jaffé* in: FK-InsO, § 250 Rz. 15.

103) Zum Vergleichsvorschlag: *Krebs*, NJW 1951, 788, 789; *Künne*, DB 1978, 729, 730.

104) *Jaffé* in: FK-InsO, § 250 Rz. 15; a. A. Römermann-*Rühle*, InsO/InsR, § 250 InsO Rz. 13.

105) BGH, Beschl. v. 3.3.2005 – IX ZB 153/04, BGHZ 162, 283, 290 ff. = NZI 2005, 325, 327 = ZIP 2005, 719; Andres/Leithaus-*Andres*, InsO, § 250 Rz. 8; *Frind*, NZI 2007, 374, 376; *Thies* in: HambKomm-InsR, § 250 InsO Rz. 13.

fen ausgewiesen wird oder heimlich erfolgt, sei unbeachtlich.[106] Auch der Wortlaut des § 250 Nr. 2 InsO unterscheide nicht zwischen einer offenen und einer heimlichen Gläubigerbegünstigung.[107]

44 Dem BGH ist im Ausgangspunkt **nicht zu folgen.** Ein Forderungskauf von einem Gläubiger kann nicht als unlauter angesehen werden, weil es die genuine Freiheit des Gläubigers ist, über seine Forderung zu disponieren. Wenn der Zessionar bereit ist, mehr zu bezahlen als die (Quoten-)Forderung wert ist, ist das zunächst seine eigene wirtschaftliche Entscheidung. Dies ist grundsätzlich auch kein Fall des § 226 Abs. 3 InsO, solange nicht gezielt auf das Abstimmungsverhalten eingewirkt wird, etwa wenn der Kaufvertrag von dem Stimmverhalten abhängig gemacht wird oder von der Erteilung einer Stimmrechtsvollmacht an den Käufer (so im BGH-Fall).

H. Sofortige Beschwerde

45 Gegen den Versagungs- bzw. Bestätigungsbeschluss des Insolvenzgerichts ist gemäß § 253 Abs. 1 InsO das Rechtsmittel der sofortigen Beschwerde gegeben (siehe dazu § 21 Rz. 5 ff. [*Hirschberger*]).

106) BGH, Beschl. v. 3.3.2005 – IX ZB 153/04, BGHZ 162, 283, 290 = NZI 2005, 325, 327 = ZIP 2005, 719.

107) BGH, Beschl. v. 3.3.2005 – IX ZB 153/04, BGHZ 162, 283, 291 = NZI 2005, 325, 327 = ZIP 2005, 719; *Sinz* in: MünchKomm-InsO, § 250 Rz. 52.

§ 20
Minderheitenschutz (§§ 251, 248a Abs. 3 InsO)

Übersicht

Literatur: *Lehmann/Rühle*, Die Ausgleichsmittel gem. § 251 III InsO inner- und außerhalb des Insolvenzverfahrens, NZI 2015, 151; *Hirte/Knof/Mock*, Das Gesetz zur weiteren Erleichterung der Sanierung von Unternehmen (Teil I), DB 2011, 632; *Hölzle*, Überlagerung des Gesellschaftsrechts durch das Insolvenzrecht und die Schlechterstellungsprüfung zu Lasten des (Minderheits-)Gesellschafters, ZIP 2014, 1819; *Madaus*, Die Rechtsbehelfe gegen die Planbestätigung nach dem ESUG, NZI 2012, 597; *Schäfer*, Zur Einbeziehung der Anteilsinhaber in den Insolvenzplan – Warum das ESUG seine Bewährungsprobe nicht bestanden hat, ZIP 2016, 1911.

A. Einführung/Normzweck

1 Der Antrag nach § 251 InsO, die Bestätigung des Insolvenzplans zu versagen, ist das **zentrale Element des Minderheitenschutzes** gegen Insolvenzpläne. Der Minderheitenschutz ist das notwendige Korrektiv für das Mehrheitsprinzip bei der Abstimmung über den Insolvenzplan. Denn nach § 244 InsO kann die Minderheit der Beteiligten in jeder einzelnen abstimmenden Gruppe und nach § 245 InsO auch die Minderheit der abstimmenden Gruppen majorisiert werden. Die Mehrheitsentscheidung ist aber keine ausreichende Legitimation dafür, dass einem einzelnen Beteiligten gegen seinen Willen Vermögenswerte entzogen werden.[1] Der Minderheitenschutz des § 251 InsO schützt den Beteiligten daher in den folgenden drei Fallkonstellationen:

- der Beteiligte wird ohne abgestimmt zu haben benachteiligt,
- er wird innerhalb seiner Gruppe überstimmt und

1) BGH, Beschl. v. 19.7.2012 - IX ZB 250/11, Rz. 6, WM 2012, 1640.

– er wird zwar in seiner Gruppe nicht überstimmt, aber die Zustimmung seiner Gruppe wird durch das Obstruktionsverbot gemäß § 245 InsO fingiert.[2)]

2 Der Minderheitenschutz soll gewährleisten, dass kein Beteiligter durch einen Insolvenzplan schlechtergestellt wird, als er im Regelinsolvenzverfahren bei Liquidation des schuldnerischen Vermögens stünde. Die Vorschrift des § 251 InsO soll jedem Gläubiger den Wert garantieren, den seine Rechtsposition im Insolvenzverfahren noch hat.[3)]

3 Der Minderheitenschutz des § 251 InsO wird nur auf Antrag gewährt, der an formale Voraussetzungen geknüpft ist. Insbesondere muss der Antragsteller seine Schlechterstellung glaubhaft machen.

4 Im Sinne der Verfahrensbeschleunigung wurde § 251 InsO um Absatz 3 ergänzt. Danach ist der Versagungsantrag abzuweisen und der Insolvenzplan trotz eines an sich zulässigen und begründeten Minderheitenschutzantrages zu bestätigen, wenn der Insolvenzplan für die Beteiligten, die ihre Schlechterstellung nachweisen, ausreichende Mittel bereitstellt.

5 Für den seltenen Sonderfall der Berichtigung eines offensichtlich fehlerhaften Insolvenzplans durch den dazu ermächtigten Insolvenzverwalter (§ 221 Satz 2 InsO) hat der Gesetzgeber in § 248a Abs. 3 InsO ein weiteres Element des Minderheitenschutzes normiert. Danach ist die auch in diesem Fall nach § 248a Abs. 1 InsO erforderliche gerichtliche Bestätigung auf Antrag zu versagen, wenn ein Beteiligter durch die mit der Planberichtigung einhergehende Änderung voraussichtlich schlechtergestellt wird (siehe dazu unten Rz. 79 ff.).

B. Antrag auf Versagung der Planbestätigung (§ 251 InsO)

I. Zulässigkeit des Antrags/Antragsvoraussetzungen

1. Antrag

6 Für den Minderheitenschutz nach § 251 InsO gilt die Dispositionsmaxime. Anders als bei der amtswegig anzustellenden Prüfung nach § 245 InsO (siehe schon § 17 [*Thole*]),[4)] prüft das Insolvenzgericht eine Schlechterstellung i. S. des § 251 InsO **nur auf Antrag** eines Beteiligten.

Formulierungsbeispiel

„Es wird beantragt, die Bestätigung des im Abstimmungstermin von den Beteiligten angenommenen Insolvenzplans nach § 251 Abs. 1 InsO zu versagen."

2. Antragsberechtigung

7 Antragsberechtigt sind grundsätzlich die **Gläubiger** und, wenn der Schuldner keine natürliche Person ist, die am Schuldner **beteiligten Personen**. Der Insolvenzverwalter oder Sachwalter sowie der Schuldner selbst sind nicht antragsberechtigt.

a) Gläubiger

8 Der Normzweck des § 251 InsO gebietet eine teleologische Reduktion. Gläubiger, die den Rechtswirkungen des Insolvenzplans nach §§ 254 InsO bis 254b InsO nicht unterworfen sind, sind nicht antragsbefugt.[5)] Dementsprechend sind auch **Aussonderungsberechtigte,**

2) So auch *Pleister* in: KPB, InsO, § 251 Rz. 3; **a. A.** *Burmeister/Tasma* in: Kübler/Bork/Prütting, HRI II, § 38 Rz. 5; *Fiebig* in: HK-InsO, § 251 Rz. 3; *Thies* in: HambKomm-InsR, § 251 InsO Rz. 1, ihm folgend Uhlenbruck-*Lüer/Streit*, InsO, § 251 Rz. 2.

3) BGH, Beschl. v. 19.7.2012 – IX ZB 250/11, Rz. 6, WM 2012, 1640.

4) *Pleister* in: KPB, InsO, § 245 Rz. 42.

5) *Burmeister/Tasma* in: Kübler/Bork/Prütting, HRI II, § 38 Rz. 10; K. Schmidt-*Spliedt*, InsO, § 251 Rz. 4.

Massegläubiger und Neugläubiger nicht antragsbefugt, da der Insolvenzplan nach § 217 InsO in ihre Rechte nicht eingreifen kann.[6)]

Antragsberechtigt sind somit **Insolvenzgläubiger, nachrangige Gläubiger**[7)] **und absonderungsberechtigte Gläubiger.** Für ihre Antragsberechtigung ist nicht erforderlich, dass sie an der Abstimmung über den Insolvenzplan teilgenommen haben oder beim Abstimmungstermin anwesend waren.[8)] Es spielt auch keine Rolle, warum sie nicht teilgenommen haben. Auch solchen Gläubigern, die z. B. wegen § 44 InsO oder wegen verspäteter Anmeldung ihrer Forderung nicht abstimmen durften, soll die Möglichkeit offenstehen, ihre glaubhaft gemachte Schlechterstellung gerichtlich überprüfen zu lassen.[9)] 9

Es ist umstritten, ob die Antragsberechtigung dadurch entfällt, dass der Antragsteller **für den Insolvenzplan gestimmt** hat. Es wird vertreten, dass dann die Antragsbefugnis wegen des Verbots widersprüchlichen Verhaltens rechtsmissbräuchlich sei.[10)] Nach anderer Auffassung entfällt das Antragsrecht nicht schon deswegen, weil ein Gläubiger für den Plan gestimmt hat.[11)] Für die Entscheidung der Frage lässt sich nichts daraus herleiten, dass § 253 InsO – anders als § 251 InsO – als Zulässigkeitsvoraussetzung für die sofortige Beschwerde gegen die Planbestätigung erfordert, dass der Beschwerdeführer gegen den Plan gestimmt hat. Denn daraus lässt sich nur schließen, dass es keine Voraussetzung für den Minderheitenschutzantrag nach § 251 InsO ist, dass der Antragsteller gegen den Plan gestimmt hat – nicht jedoch, dass er für den Plan stimmen und dann trotzdem Minderheitenschutz beantragen darf. Es überzeugt daher vielmehr, dem Antragsteller, der für den Plan gestimmt hat, unter Verweis auf das Verbot des widersprüchlichen Verhaltens die Antragsbefugnis abzusprechen. Ein solches widersprüchliches Verhalten dürfte in der Praxis immer anzunehmen sein, denn der Antragsteller eines zulässigen Antrages nach § 251 InsO müsste im Abstimmungstermin zugleich für den Plan gestimmt und unmittelbar darauf dem Plan widersprochen und seine voraussichtliche Schlechterstellung glaubhaft gemacht haben (siehe dazu sogleich Rz. 21 ff. und 29 ff.). 10

b) Am Schuldner beteiligte Person

Auch die am Schuldner beteiligten Personen sind antragsberechtigt.[12)] Diese seit Inkrafttreten des ESUG bestehende Einbeziehung der Anteilseigner in den Minderheitenschutz des § 251 InsO war notwendig geworden, da der Gesetzgeber in § 225a Abs. 1 InsO einen Eingriff in ihre Rechte durch Insolvenzpläne eröffnet hatte. Der Gesetzgeber wollte dem verfassungsrechtlichen Gebot des Eigentumsschutzes in Art. 14 GG Rechnung tragen.[13)] 11

Das Antragsrecht der Anteilseigner besteht – wie bei den Gläubigern – indes nur, wenn durch den Insolvenzplan in ihre Rechte eingegriffen wird.[14)] Das Bestehen von Stimmrechten der Anteilseigner und ihre Teilnahme an sowie ihr Verhalten bei der Abstimmung über den Insolvenzplan hat die gleiche Bedeutung für die Antragsbefugnis wie bei den 12

6) Uhlenbruck-*Lüer/Streit*, InsO, § 251 Rz. 10; *Sinz* in: MünchKomm-InsO, § 251 Rz. 6.
7) *Sinz* in: MünchKomm-InsO, § 251 Rz. 6.
8) Uhlenbruck-*Lüer/Streit*, InsO, § 251 Rz. 13.
9) *Pleister* in: KPB, InsO, § 251 Rz. 4; *Sinz* in: MünchKomm-InsO, § 251 Rz. 6.
10) *Burmeister/Tasma* in: Kübler/Bork/Prütting, HRI II, § 38 Rz. 15; *Sinz* in: MünchKomm-InsO, § 251 Rz. 6; K. Schmidt-*Spliedt*, InsO, § 251 Rz. 4; Uhlenbruck-*Lüer/Streit*, InsO, § 251 Rz. 12.
11) *Jaffé* in: FK-InsO, § 251 Rz. 9; *Pleister* in: KPB, InsO, § 251 Rz. 4.
12) Dies gilt nur für Insolvenzplanverfahren, die ab dem 1.3.2012 beantragt worden sind und in denen § 251 InsO in der aktuellen Fassung Anwendung findet (Art. 103g EGInsO).
13) Begr. RegE ESUG, BT-Drucks. 17/5712, S. 34.
14) *Burmeister/Tasma* in: Kübler/Bork/Prütting, HRI II, § 38 Rz. 17; Uhlenbruck-*Lüer/Streit*, InsO, § 251 Rz. 16; *Sinz* in: MünchKomm-InsO, § 251 Rz. 7.

Gläubigern. Siehe dazu oben Rz. 8 ff. Siehe allgemein für Rechtsbehelfe der Anteilseigner § 31 [*Brünkmans*] und § 58 Rz. 78 ff. [*Brünkmans/Harmann*].

3. Frist und Form

13 Der Antrag kann auch durch einen Vertreter gestellt werden.[15]

a) Frist

14 Zur Frist des Antrages nach § 251 InsO enthält das **Gesetz keine Aussage**. Da Zulässigkeitsvoraussetzung der Widerspruch gegen den Insolvenzplan ist (siehe dazu sogleich Rz. 21), kann der Antrag frühestens nach dem Widerspruch gestellt werden. Vorher ist der Antrag unzulässig.[16]

15 Der Antrag auf Versagung der Bestätigung des Insolvenzplans kann **frühestens am Ende des Erörterungstermins** gestellt werden.[17] Denn nach § 240 InsO kann der Vorlegende einzelne Regelungen des Insolvenzplans aufgrund der Erörterungen im Erörterungstermin inhaltlich ändern und darüber kann noch im selben Termin abgestimmt werden. Es steht daher erst am Ende des Erörterungstermins fest, über welche Fassung des Insolvenzplans abgestimmt wird.

16 Zu diesem Zeitpunkt steht noch nicht sicher fest, ob die Gläubiger dem Insolvenzplan mit den erforderlichen Mehrheiten überhaupt zustimmen werden. Um das Abstimmungsverhalten anderer Beteiligter zu beeinflussen, kann es für Gegner des Plans dennoch nützlich sein, dem Insolvenzplan schon vor der Abstimmung zu widersprechen und den Antrag nach § 251 InsO zu stellen.

17 Umstritten ist, wann der Antrag spätestens gestellt werden muss. Nach verbreiteter Auffassung ist diese Frage durch § 251 Abs. 2 InsO geklärt worden. Danach ist der Antrag nur zulässig, wenn der Antragsteller spätestens im Abstimmungstermin glaubhaft macht, dass er durch den Insolvenzplan voraussichtlich schlechtergestellt wird. Da die Glaubhaftmachung der Schlechterstellung nicht isoliert, sondern nur mit dem Antrag zusammen erfolgen könne, könne auch der Antrag nur spätestens im Abstimmungstermin gestellt werden.[18] Nach anderer Auffassung ist die Antragstellung bis zur Verkündung der Bestätigungsentscheidung möglich.[19] Dafür spricht, dass der Gesetzgeber das Merkmal „spätestens im Abstimmungstermin" ausdrücklich nur für den Widerspruch (§ 251 Abs. 1 Nr. 1 InsO) und die Glaubhaftmachung der Schlechterstellung (§ 251 Abs. 2 InsO) normiert hat, nicht aber für den Antrag selbst, und dabei in den Motiven[20] vorsah, dass der Antrag sogar bis zur Rechtskraft der Bestätigungsentscheidung gestellt werden kann.[21]

18 Meines Erachtens sprechen aber die besseren Argumente für eine **Antragsfrist nur bis zum Ende des Abstimmungstermins**. Nach dem Wortlaut der Norm ist die Planbestätigung auf zulässigen und begründeten Antrag hin zu „versagen". Das kann sprachlogisch nur vor einer Entscheidung geschehen. Das Insolvenzgericht muss daher den Antrag

15) *Thies* in: HambKomm-InsR, § 251 InsO Rz. 5.

16) Uhlenbruck-*Lüer/Streit*, InsO, § 251 Rz. 6.

17) *Thies* in: HambKomm-InsR, § 251 InsO Rz. 4; *Pleister* in: KPB, InsO, § 251 Rz. 5.

18) *Burmeister/Tasma* in: Kübler/Bork/Prütting, HRI II, § 38 Rz. 25; Uhlenbruck-*Lüer/Streit*, InsO, § 251 Rz. 8; *Sinz* in: MünchKomm-InsO, § 251 Rz. 11; K. Schmidt-*Spliedt*, InsO, § 251 Rz. 4; *Fiebig* in: HK-InsO, § 251 Rz. 4.

19) *Pleister* in: KPB, InsO, § 251 Rz. 5; *Thies* in: HambKomm-InsR, § 251 InsO Rz. 5.

20) Begr. RegE InsO, BT-Drucks. 12/2443, S. 212.

21) LG Bielefeld, Beschl. v. 30.11.2001 – 23 T 365/01, ZIP 2002, 951, 953, dazu EWiR 2002, 1103 *(Olbing)*, und diesem wohl folgend LG Berlin, Beschl. v. 29.10.2002 – 86 T 534/02, ZInsO 2002, 1191, 1192, nehmen ohne Begründung an, dass Antrag auch noch im Beschwerdeverfahren gestellt werden kann.

schon vor seiner Entscheidung erhalten. Dafür spricht auch das Argument der Verfahrensbeschleunigung. Es ist dem Rechtsschutzsuchenden auch durchaus zuzumuten, den Antrag noch im Abstimmungstermin zu stellen. Denn den wesentlichen Teil der Begründung für seinen Antrag muss er mit der Glaubhaftmachung seiner Schlechterstellung ohnehin schon im Abstimmungstermin liefern, § 251 Abs. 2 InsO. Da der Antrag – abgesehen von dem Widerspruch – darüber hinaus an keine weiteren Voraussetzungen geknüpft ist, bedarf es im Abstimmungstermin lediglich der Formulierung des Antrages, wie oben (siehe Rz. 6) vorgeschlagen.

b) Form

Das Gesetz sieht **kein besonderes Formerfordernis** für den Antrag vor. Das in § 251 Abs. 1 Nr. 1 InsO geregelte Formerfordernis („schriftlich oder zu Protokoll") gilt nur für den Widerspruch gegen den Insolvenzplan, nicht jedoch für den Antrag auf Versagung seiner Bestätigung.[22] Der Antrag kann daher entweder **schriftlich oder mündlich im Abstimmungstermin** (zum Terminsprotokoll) erklärt werden. 19

Gemäß §§ 129a Abs. 1, 496 ZPO, § 4 InsO ist auch ein mündlicher Antrag zum Protokoll der Geschäftsstelle des Insolvenzgerichts möglich.[23] Das bietet sich in der Praxis indes nicht an, wenn man der vorstehend vertretenen Auffassung zur Frist folgt. Denn danach kann der Antrag nur bis zum Ablauf des Abstimmungstermins gestellt werden. 20

4. Widerspruch des Antragstellers (§ 251 Abs. 1 Nr. 1 InsO)

Der Antrag ist nach § 251 Abs. 1 Nr. 1 InsO nur zulässig, wenn der Antragsteller dem Insolvenzplan widersprochen hat. Trotz der Nennung des **Widerspruchs** in § 251 Abs. 1 Nr. 1 InsO neben dem einzigen Merkmal der Begründetheit (Schlechterstellung) in Nr. 2, und nicht bei der ausdrücklich als Zulässigkeitsvoraussetzung formulierten Glaubhaftmachung derselben in Absatz 2, handelt es sich nach der Vorstellung des Gesetzgebers um eine **Zulässigkeitsvoraussetzung.**[24] 21

Der Widerspruch ist eine besondere Prozesshandlung, die zu unterscheiden ist von einer ablehnenden Stellungnahme, der Gegenstimme im Abstimmungstermin, dem Antrag auf Versagung der Bestätigung selbst[25] und der Glaubhaftmachung einer Schlechterstellung. Der Widerspruch setzt kein Stimmrecht i. S. des § 77 InsO voraus.[26] Der Betroffene kann den Widerspruch vorsorglich einlegen, ohne befürchten zu müssen, daran festgehalten zu werden und konkludent einen Antrag nach § 251 Abs. 1 InsO gestellt zu haben.[27] Seine Gegenstimme ersetzt auch nicht den Widerspruch.[28] 22

---

22) *Burmeister/Tasma* in: Kübler/Bork/Prütting, HRI II, § 38 Rz. 20; Uhlenbruck-*Lüer/Streit*, InsO, § 251 Rz. 5.

23) *Burmeister/Tasma* in: Kübler/Bork/Prütting, HRI II, § 38 Rz. 22 – auch zur Möglichkeit, den Antrag zu Protokoll einer Geschäftsstelle eines unzuständigen Gerichtes zu stellen, Rz. 23; *Sinz* in: MünchKomm-InsO, § 251 Rz. 12; K. Schmidt-*Spliedt*, InsO, § 251 Rz. 3.

24) Begr. RegE InsO, BT-Drucks. 12/2443, S. 212. So auch BGH, Beschl. v. 17.12.2009 – IX ZB 124/09, Rz. 6, ZIP 2010, 226 = ZInsO 2010, 131, und die Literatur, vgl. nur *Thies* in: HambKomm-InsR, § 251 InsO Rz. 6, die dies dem eindeutigen Wortlaut der Vorschrift entnehmen möchten.

25) Uhlenbruck-*Lüer/Streit*, InsO, § 251 Rz. 18; *Thies* in: HambKomm-InsR, § 251 InsO Rz. 8; *Sinz* in: MünchKomm-InsO, § 251 Rz. 13.

26) K. Schmidt-*Spliedt*, InsO, § 253 Rz. 7.

27) *Burmeister/Tasma* in: Kübler/Bork/Prütting, HRI II, § 38 Rz. 27 f.

28) *Burmeister/Tasma* in: Kübler/Bork/Prütting, HRI II, § 38 Rz. 28; *Fiebig* in: HK-InsO, § 251 Rz. 6; *Thies* in: HambKomm-InsR, § 251 InsO Rz. 7.

Formulierungsbeispiel

„Hiermit widerspreche ich dem Insolvenzplan i. S. des § 251 Abs. 1 Nr. 1 InsO."

23 Es ist umstritten, ob der Widerspruch **ausnahmsweise entbehrlich** ist, wenn der Antrag auf Versagung der Bestätigung bereits im Abstimmungstermin gestellt wird. Nach der h. M. ist dies der Fall, weil damit den übrigen Beteiligten bewusst ist, dass der Plan daran scheitern kann. Dem Gebot der Rechtssicherheit sei damit ausreichend Genüge getan. Ein zusätzlich zu erklärender Widerspruch wäre reine Förmelei.[29] Nach a. A. ist diese, auf die Rechtsprechung des BGH[30] zu § 251 InsO in der Fassung vor dem ESUG gestützte Ausnahme nicht mehr haltbar.[31]

24 Nach der hier vertretenen Auffassung kann der Antrag auf Versagung der Bestätigung nur bis zum Ende des Abstimmungstermins – zulässig – gestellt werden (siehe oben Rz. 17 f.). Nach § 251 Abs. 2 InsO ist der Antrag nur zulässig, wenn der Antragsteller spätestens im Abstimmungstermin glaubhaft macht, dass er durch den Insolvenzplan voraussichtlich schlechtergestellt wird (siehe dazu i. E. sogleich Rz. 29 ff.). Um sich erfolgreich gegen einen Insolvenzplan zu wehren, muss der Betroffene also im Abstimmungstermin den Antrag auf Versagung der Planbestätigung stellen und seine voraussichtliche Schlechterstellung durch den Plan glaubhaft machen. Dass er zusätzlich dem Plan auch noch widersprechen soll, wird zu Recht als Förmelei empfunden. Denn die Erklärung des Widerspruchs beinhaltet keinen weitergehenden Inhalt. Da der Gesetzgeber den Widerspruch aber als formales Zulässigkeitserfordernis geregelt hat, kann darauf nicht verzichtet werden, auch wenn nicht erkennbar ist, welchen Zweck die Regelung verfolgt.[32] Jedenfalls ist der Widerspruch nach der aktuellen Gesetzeslage nicht mehr damit zu erklären, dass er erforderlich wäre, damit für die Beteiligten zum Ende des Abstimmungstermins Klarheit geschaffen ist, ob der Insolvenzplan am Widerspruch eines der Beteiligten scheitern kann.[33]

25 Eine andere Frage ist aber, ob der Widerspruch ausdrücklich erklärt werden muss oder ob eine konkludente Erklärung ausreicht und in dem Antrag auf Versagung der Planbestätigung ein konkludenter Widerspruch gesehen werden kann. Dafür könnte sprechen, dass der Wortlaut der Norm nicht fordert, dass der Antragsteller dem Plan ausdrücklich widersprochen haben muss, während die InsO an anderer Stelle ausdrückliche Erklärungen fordert.[34] Würde man aber in einem zulässigen Antrag auf Versagung der Planbestätigung immer einen konkludent erklärten Widerspruch sehen, so wäre die Regelung des § 251 Abs. 1 Nr. 2 InsO überflüssig. De lega lata kann daher auf einen ausdrücklichen Widerspruch nicht verzichtet werden.

Praxishinweis

Dem Rechtsschutzsuchenden ist in der Praxis daher anzuraten, noch im Abstimmungstermin ausdrücklich einen Widerspruch zu formulieren und zusätzlich den Antrag auf Versagung der Planbestätigung zu stellen.

29) *Pleister* in: KPB, InsO, § 251 Rz. 7; *Sinz* in: MünchKomm-InsO, § 251 Rz. 14; K. Schmidt-*Spliedt*, InsO, § 251 Rz. 5; *Thies* in: HambKomm-InsR, § 251 InsO Rz. 8.

30) BGH, Beschl. v. 22.3.2007 – IX ZB 10/06, NZI 2007, 522 = ZInsO 2007, 442.

31) *Burmeister/Tasma* in: Kübler/Bork/Prütting, HRI II, § 38 Rz. 31 ff.

32) *Burmeister/Tasma* in: Kübler/Bork/Prütting, HRI II, § 38 Rz. 33.

33) Vgl. zu § 251 i. d. F. vor ESUG: BGH, Beschl. v. 22.3.2007 – IX ZB 10/06, Rz. 8, NZI 2007, 522 = ZInsO 2007, 442.

34) Vgl. § 174 Abs. 4 und § 307 Abs. 1 InsO.

a) Form des Widerspruches

26 Der Widerspruch ist **schriftlich oder zum Terminsprotokoll des Abstimmungstermins** einzulegen.[35] Eine Erklärung zu Protokoll der Geschäftsstelle ist nicht mehr zulässig.[36]

b) Frist des Widerspruches

27 Der Widerspruch muss **spätestens im Abstimmungstermin** erklärt werden. Bei Versäumen dieser Frist ist der Antrag auf Versagung der Planbestätigung unzulässig. Vor Beendigung des Abstimmungstermins sollte das Insolvenzgericht daher ausdrücklich noch einmal Gelegenheit zur Erklärung von Widersprüchen geben.[37]

28 Eine Wiedereinsetzung in den vorigen Stand gemäß § 4 InsO i. V. m. § 233 ZPO kommt für den Beteiligten, der unverschuldet am Erscheinen im Abstimmungstermin gehindert war, nicht in Betracht. § 233 ZPO ist auf die Versäumung materiell-rechtlicher Fristen nicht analog anwendbar.[38]

5. Glaubhaftmachung der voraussichtlichen Schlechterstellung (§ 251 Abs. 2 InsO)

29 Schließlich ist Zulässigkeitsvoraussetzung, dass der Antragsteller spätestens im Abstimmungstermin glaubhaft macht, dass er **durch den Plan voraussichtlich wirtschaftlich schlechtergestellt** wird. Diese Voraussetzung soll das Insolvenzgericht davor bewahren, dass ein Antrag, der auf bloße Vermutungen gestützt wird (sog. Pauschalantrag), zu aufwendigen Ermittlungen durch das Gericht führt.[39] Die Anforderungen an die Glaubhaftmachung sind trotz des Zusatzes „voraussichtlich" hoch.[40] Der Antragsteller muss Tatsachen vortragen und glaubhaft machen, aus denen sich die überwiegende Wahrscheinlichkeit (§ 4 InsO, § 294 ZPO) seiner Schlechterstellung durch den Insolvenzplan ergibt.[41] Dazu bedarf es einer konkreten und detaillierten **Vergleichsrechnung** der wirtschaftlichen Situation des Antragstellers mit und ohne den Insolvenzplan.[42] Dabei ist der Antragsteller nicht an eine regelmäßig im Insolvenzplan enthaltene Vergleichsrechnung des Planerstellers gebunden, sondern kann eigene Berechnungen und Bewertungen vornehmen.

30 Das Erfordernis der Glaubhaftmachung kann ausnahmsweise entfallen, wenn bereits unstreitig aus dem Insolvenzplan ersichtlich wird, dass der Antragsteller durch den Plan im Vergleich zum Regelinsolvenzverfahren benachteiligt wird.[43]

---

35) BGH, Beschl. v. 17.12.2009 – IX ZB 124/09, ZIP 2010, 292 = ZInsO 2010, 131.

36) *Burmeister/Tasma* in: Kübler/Bork/Prütting, HRI II, § 38 Rz. 34; Uhlenbruck-*Lüer/Streit*, InsO, § 251 Rz. 18; *Sinz* in: MünchKomm-InsO, § 251 Rz. 15; *Thies* in: HambKomm-InsR, § 251 InsO Rz. 7.

37) *Burmeister/Tasma* in: Kübler/Bork/Prütting, HRI II, § 38 Rz. 36; Uhlenbruck-*Lüer/Streit*, InsO, § 235 Rz. 26.

38) *Burmeister/Tasma* in: Kübler/Bork/Prütting, HRI II, § 38 Rz. 83 f.; *Sinz* in: MünchKomm-InsO, § 251 Rz. 16.

39) BGH, Beschl. v. 19.7.2012 – IX ZB 250/11, Rz. 6, WM 2012, 1640; BGH, Beschl. v. 17.12.2009 – IX ZB 124/09, ZIP 2010, 292 = ZInsO 2010, 131 m. w. N.; Begr. RegE InsO, BT-Drucks. 12/2443, S. 212; *Burmeister/Tasma* in: Kübler/Bork/Prütting, HRI II, § 38 Rz. 41.

40) Uhlenbruck-*Lüer/Streit*, InsO, § 251 Rz. 19; *Thies* in: HambKomm-InsR, § 251 InsO Rz. 11.

41) BGH, Beschl. v. 24.3.2011 – IX ZB 80/11, Rz. 9, ZIP 2011, 966; BGH, Beschl. v. 17.12.2009 – IX ZB 124/09, ZIP 2010, 292 = ZInsO 2010, 131 m. w. N.

42) *Lehmann/Rühle*, NZI 2015, 151, 154; *Pleister* in: KPB, InsO, § 251 Rz. 9, a. A. K. Schmidt-*Spliedt*, InsO, § 251 Rz. 6.

43) BGH, Beschl. v. 5.2.2009 – IX ZB 230/07, Rz. 22, ZIP 2009, 480, dazu EWiR 2009, 251 *(Landry)*.

31 Die Schlechterstellung eines Gläubigers mit bestrittener Forderung kann nur glaubhaft gemacht werden, wenn der Antragsteller zugleich den Bestand und ggf. Rang seiner Forderung glaubhaft macht.[44]

32 Das Insolvenzgericht hat bei seiner Prüfung nur die vom Antragsteller vorgebrachten und glaubhaft gemachten Tatsachen und Schlussfolgerungen zu berücksichtigen. Dabei kann es **nur präsente Beweismittel** würdigen, anhand derer eine sofortige Beweisaufnahme erfolgen kann.[45] Eine Vertagung zum Zwecke der Beweisaufnahme ist ebenso wenig zulässig wie die Gewährung einer weiteren Frist zur Glaubhaftmachung.[46] Zur Glaubhaftmachung kann sich der Antragsteller der in § 4 InsO i. V. m. § 294 Abs. 1 ZPO vorgesehenen Beweismittel bedienen. Es ist daher auch eine Versicherung an Eides Statt von Dritten oder dem Antragsteller selbst zulässig.[47] Dadurch wird der ansonsten gemäß § 5 Abs. 1 InsO im Insolvenzverfahren geltende Amtsermittlungsgrundsatz zum Zwecke der Verfahrensbeschleunigung aufgehoben.[48]

33 Eine Wiedereinsetzung in den vorherigen Stand gemäß § 4 InsO i. V. m. § 233 ZPO ist bei nicht rechtzeitiger Glaubhaftmachung der Schlechterstellung nicht möglich, da es sich wie bei dem Widerspruch um eine materiell-rechtliche Frist handelt, auf die § 233 ZPO weder direkt noch analog anwendbar ist.[49]

II. Begründetheit des Antrags

34 Der Antrag nach § 251 InsO ist begründet, wenn der Antragsteller durch den Insolvenzplan **voraussichtlich schlechtergestellt** wird als im Regelinsolvenzverfahren und durch den Insolvenzplan (im gestaltenden Teil) für diesen Fall **keine ausreichenden Mittel zum Ausgleich** dieser Schlechterstellung bereitgestellt werden.

1. Voraussichtliche Schlechterstellung (§ 251 Abs. 1 Nr. 2 InsO)

35 Das Merkmal der **voraussichtlichen Schlechterstellung** muss nicht nur nach § 251 Abs. 2 InsO glaubhaft gemacht werden, damit der Antrag zulässig ist, sondern ist auch **einziges**[50] **Merkmal der Begründetheit**, § 251 Abs. 1 Nr. 2 InsO. Das Fehlen der Bereitstellung kompensierender Mittel durch den Insolvenzplan nach § 251 Abs. 3 InsO (siehe dazu unten Rz. 47 ff.) ist kein weiteres Tatbestandsmerkmal der Begründetheit neben der Schlechterstellung, sondern lässt diese nur nicht entfallen.[51]

a) Inhalt der Schlechterstellung

36 Der Antrag ist begründet, wenn der Antragsteller durch den Insolvenzplan voraussichtlich schlechtergestellt wird, **als er ohne den Plan** stünde. **Vergleichsmaßstab** ist also das

44) BGH, Beschl. v. 15.7.2010 – IX ZB 65/10, ZIP 2010, 1499, dazu EWiR 2010, 681 *(Huber)*; *Thies* in: HambKomm-InsR, § 251 InsO Rz. 11; LG Osnabrück, Beschl. v. 8.8.2017 – 8 T 444/17, Rz. 6, ZInsO 2017, 1791.

45) BGH, Beschl. v. 17.12.2009 – IX ZB 124/09, Rz. 11, ZIP 2010, 292 = ZInsO 2010, 131 m. w. N.; *Thies* in: HambKomm-InsR, § 251 InsO Rz. 10 m. w. N.

46) BGH, Beschl. v. 17.12.2009 – IX ZB 124/09, ZIP 2010, 292 = ZInsO 2010, 131 m. w. N.; *Burmeister/Tasma* in: Kübler/Bork/Prütting, HRI II, § 38 Rz. 45.

47) *Burmeister/Tasma* in: Kübler/Bork/Prütting, HRI II, § 38 Rz. 44.

48) *Burmeister/Tasma* in: Kübler/Bork/Prütting, HRI II, § 38 Rz. 41.

49) *Burmeister/Tasma* in: Kübler/Bork/Prütting, HRI II, § 38 Rz. 39; *Sinz* in: MünchKomm-InsO, § 251 Rz. 16.

50) Die Einlegung eines Widerspruches gegen den Insolvenzplan ist eine Zulässigkeitsvoraussetzung, vgl. oben Fn. 24.

51) So auch *Pleister* in: KPB, InsO, § 251 Rz. 8 und Rz. 17.

Regelinsolvenzverfahren.[52] Soweit vereinzelt ein Liquidationsszenario als Vergleichsmaßstab genannt wird,[53] ist damit nicht gemeint, dass das Vermögen des Insolvenzschuldners in der Vergleichsrechnung immer mit Liquidationswerten angesetzt werden müsste. Auch ohne Insolvenzplan kann das schuldnerische Unternehmen sanierend übertragen werden, wobei die Vermögensgegenstände zu Fortführungswerten veräußert werden und nur der Rechtsträger liquidiert wird.[54] Wenn es also ausreichende tatsächliche Anhaltspunkte für eine übertragende Sanierung im Regelinsolvenzverfahren gibt, muss die Vergleichsrechnung von der sich daraus für den Antragsteller ergebenden Insolvenzquote ausgehen.[55] Das gilt seit Inkrafttreten des StaRUG nach § 220 Abs. 2 Satz 3 InsO regelmäßig auch dann, wenn der Insolvenzplan die Fortführung des Unternehmens vorsieht. Die Vergleichsrechnung darf dann nach § 220 Abs. 2 Satz 4 InsO nur ausnahmsweise von Liquidationswerten ausgehen, wenn ein Verkauf des Unternehmens oder eine anderweitige Fortführung aussichtslos ist, was einer fundierten Begründung des Insolvenzschuldners bedarf.[56]

Streitig bleibt danach in den seltenen Fällen, dass der Insolvenzplan keine Fortführung vorsieht, ob für die Ermittlung der hypothetischen Insolvenzquote im Regelinsolvenzverfahren nur dann Fortführungswerte angesetzt werden müssen, wenn ein **konkretes Angebot** eines potenziellen Investors für das Unternehmen oder betroffene Unternehmensteile vorliegt.[57] Das bleibt auch für diese Fälle zu verneinen. Denn dadurch würde der Minderheitenschutz zu weit beschränkt. Gerade bei Abwicklungsplänen kann der Insolvenzschuldner in der Vergleichsrechnung nicht Zerschlagungswerte ansetzten, wenn eine übertragende Sanierung überwiegend wahrscheinlich ist, aber es (noch) keinen konkreten Kaufinteressenten gibt. Der Antragsteller nach § 251 InsO kann also auch, ohne dass ein konkretes Kaufangebot vorliegt, glaubhaft machen, dass im Regelinsolvenzverfahren eine übertragende Sanierung mit Verkauf der Vermögensgegenstände zu Fortführungswerten überwiegend wahrscheinlich wäre und er dabei bessergestellt werden würde.[58] 37

Praxishinweis

Wenn allerdings ein konkretes Angebot vorliegt, so ist für die Vergleichsrechnung der Betrag zugrunde zu legen, den der Interessent konkret zu zahlen bereit ist, mag dieser auch vom objektiven Wert des Unternehmens deutlich abweichen.

Selbst wenn ein alternativer Insolvenzplan vorgelegt wurde oder sogar zur Abstimmung steht, kommt es für den Vergleich nicht auf das wirtschaftliche Ergebnis dieses Plans für den Antragsteller an. Denn der Gesetzgeber hat den Vergleichsmaßstab („ohne einen Plan") eindeutig vorgegeben.[59] 38

Es kommt nur auf eine **wirtschaftliche Schlechterstellung** an.[60] Keine Schlechterstellung i. S. des § 251 Abs. 2 InsO ist daher eine Benachteiligung, die durch das Planverfahren 39

52) *Burmeister/Tasma* in: Kübler/Bork/Prütting, HRI II, § 38 Rz. 54; *Fiebig* in: HK-InsO, § 251 Rz. 7; K. Schmidt-*Spliedt*, InsO, § 251 Rz. 7.

53) *Pleister* in: KPB, InsO, § 251 Rz. 8.

54) Darauf weisen zu Recht hin: *Hirte/Knof/Mock*, DB 2011, 632, 641.

55) *Sinz* in: MünchKomm-InsO, § 251 Rz. 26.

56) Begr. RegE. SanInsFoG, BR-Drucks. 619/20, S. 130.

57) So wohl LG Stade, Beschl. v. 20.12.2017 – 7 T 151/17, Rz. 17, NZI 2019, 31.

58) So auch K. Schmidt-*Spliedt*, InsO, § 251 Rz. 9.

59) K. Schmidt-*Spliedt*, InsO, § 251 Rz. 7; *Sinz* in: MünchKomm-InsO, § 251 Rz. 26; *Burmeister/Tasma* in: Kübler/Bork/Prütting, HRI II, § 38 Rz. 62.

60) BGH, Beschl. v. 17.12.2009 – IX ZB 124/09, ZIP 2010, 292 = ZInsO 2010, 131; *Sinz* in: MünchKomm-InsO, § 251 Rz. 28; *Smid/Rattunde/Martini*, Insolvenzplan, Rz. 20.10, 20.12; K. Schmidt-*Spliedt*, InsO, § 251 Rz. 7; *Thies* in: HambKomm-InsR, § 251 InsO Rz. 9.

selbst, etwa bei der Festsetzung des Stimmrechts, ausgelöst wird.[61] Dafür spricht insbesondere der Wortlaut der Norm („durch den Plan").[62]

40 Anders als bei der sofortigen Beschwerde gegen die Planbestätigung nach § 253 InsO ist **keine wesentliche Schlechterstellung erforderlich**. Es genügt vielmehr jede Schlechterstellung.

41 Für die Prüfung eines Antrages nach § 251 InsO kommt es nur auf eine **individuelle Schlechterstellung** des Antragstellers an. Anders verhält es sich bei der Prüfung der Schlechterstellung i. R. des Obstruktionsverbots nach § 245 Abs. 1 Nr. 1 InsO. Dort ist der Prüfungsmaßstab, ob eine ganze Gruppe von Beteiligten durch den Insolvenzplan schlechtergestellt wird, als sie ohne einen Plan stünde (siehe hierzu auch § 17 [*Thole*]).[63]

42 Die voraussichtliche **Schlechterstellung eines Anteilsinhabers** dürfte seltener vorkommen als eine Schlechterstellung von Gläubigern. Denn im Regelinsolvenzverfahren wird der Unternehmensträger auch bei einer übertragenden Sanierung liquidiert und die Anteile sind regelmäßig wertlos. Nur wenn alle – auch nachrangigen – Gläubiger vollständig befriedigt sind, steht den Anteilsinhabern nach § 199 Satz 2 InsO der Überschuss zu. Der wirtschaftliche Wert ihrer Beteiligung ist im Regelinsolvenzverfahren daher regelmäßig gleich null. In Ausnahmefällen kommt aber auch eine Schlechterstellung der Anteilseigner durch einen Insolvenzplan in Betracht.[64] Das ist dann der Fall, wenn den Beteiligungen trotz der Insolvenz voraussichtlich noch ein wirtschaftlicher Wert zukommt.[65] Der BGH hat im *„Suhrkamp-Verfahren"* Anhaltspunkte für eine solche Schlechterstellung u. a. daraus hergeleitet, dass der Insolvenzplan die vollständige Befriedigung aller Insolvenzgläubiger ohne die Notwendigkeit weiterer Sanierungsmaßnahmen vorsah.[66] Für die Beurteilung einer voraussichtlichen Schlechterstellung eines Anteilsinhabers bedarf es zunächst der Ermittlung des Anteilswertes. Im Falle des Fortbestands des Unternehmens ist nicht der Regelfall gegeben, dass der Wert der Beteiligung an der insolventen Gesellschaft wirtschaftlich mit Null anzusetzen ist.[67] Der Wert des Anteils entspricht dem anteiligen Wert des von der schuldnerischen Gesellschaft betriebenen Unternehmens. Wenn dieses fortgeführt wird, so ist sein Wert nach Fortführungswerten zu bestimmen.[68] Das gilt auch dann, wenn der Rechtsträger liquidiert und das Unternehmen durch einen anderen Rechtsträger fortgeführt wird. Der Liquidationswert des Rechtsträgers entspricht dann dem Fortführungswert des Unternehmens.[69] Wenn sich die Schlechterstellung eines Anteilsinhabers nicht beziffern lässt, z. B. weil der Insolvenzplan in gesellschaftsrechtliche Mitbestimmungsrechte eingreift, so ist deswegen der vom Anteilsinhaber mit dem Antrag nach § 251 InsO zu beziffernde Nachteil nicht etwa irrelevant.[70] Vielmehr liegt dann ein der Planbestätigung entgegenstehender Nachteil vor, der einer Planbestätigung entgegen-

61) LG Berlin, Beschl. v. 29.10.2002 – 86 T 534/02, ZInsO 2002, 1191, 1192; LG Bielefeld, Beschl. v. 30.11.2001 – 23 T 365/01, ZIP 2002, 951, 953; Römermann-*Rühle*, InsO/InsR, § 251 InsO Rz. 9; *Fiebig* in: HK-InsO, § 251 Rz. 8.

62) Zutreffend *Fiebig* in: HK-InsO, § 251 Rz. 8.

63) *Burmeister/Tasma* in: Kübler/Bork/Prütting, HRI II, § 38 Rz. 52; Uhlenbruck-*Lüer/Streit*, InsO, § 251 Rz. 32.

64) *Sinz* in: MünchKomm-InsO, § 251 Rz. 34.

65) S. hierzu Begr. RegE ESUG, BT-Drucks. 17/5712, S. 34 f.

66) BGH, Beschl. v. 17.7.2014 – IX ZB 13/14, Rz. 40 ff., ZIP 2014, 1442 – zur (wesentlichen) Schlechterstellung als Zulässigkeitsvoraussetzung des § 253 InsO.

67) BGH, Beschl. v. 17.7.2014 – IX ZB 13/14, Rz. 41, ZIP 2014, 1442.

68) A. A. *Hölzle*, ZIP 2014, 1819, 1822.

69) Zum Ganzen *Schäfer*, ZIP 2016, 1911, 1912 f.

70) So aber wohl das LG Berlin, Beschl. v. 20.10.2014 – 51 T 696/14 (Suhrkamp), NZI 2015, 66.

steht, da dieser nicht bezifferbare Nachteil auch nicht durch den Insolvenzplan ausgeglichen werden kann.[71)]

b) Angemessene Beteiligung nicht erforderlich

Der Minderheitenschutz des Einzelnen in § 251 InsO reicht nicht so weit, wie der Schutz der Mehrheit einer Gruppe, deren Zustimmung durch das Obstruktionsverbot des § 245 InsO fingiert wird, obwohl sie gegen den Insolvenzplan gestimmt hat. Denn durch das Obstruktionsverbot kann die Zustimmung der Gruppe nur fingiert werden, wenn die Mitglieder der Gruppe angemessen am wirtschaftlichen Wert beteiligt werden, § 245 Abs. 1 Nr. 2, Abs. 2, 3 InsO. Der Minderheitenschutz nach § 251 InsO sieht **keine** solche **Angemessenheitsprüfung** vor. Verletzungen des Gleichbehandlungsgrundsatzes können daher mit dem Minderheitenschutzantrag nach § 251 InsO nicht gerügt werden.[72)] 43

c) Ermittlung der voraussichtlichen Schlechterstellung

Auf den Antrag nach § 251 InsO hat das Insolvenzgericht in einem ersten Prüfungsschritt zu ermitteln, ob der Antragsteller durch den Insolvenzplan voraussichtlich wirtschaftlich schlechtergestellt wird, als er ohne einen Plan stünde. Aus dem Tatbestandsmerkmal „voraussichtlich" ergibt sich, dass das Gericht eine **Prognose** anstellen muss.[73)] Dabei ist zunächst eine in dem Plan ggf. enthaltene salvatorische Klausel außer Acht zu lassen. Für seine Prüfung muss das Insolvenzgericht eine **Vergleichsrechnung** anstellen (zur Vergleichsrechnung siehe ausführlich § 6 Rz. 210 ff. [*Harmann*], § 13 Rz. 112 ff. [*Brünkmans/Harmann*]). Dazu muss es ermitteln, wie der Antragsteller durch den Insolvenzplan voraussichtlich gestellt wird und wie er in einem Regelinsolvenzverfahren voraussichtlich stünde. Ergibt der Vergleich dieser beiden wirtschaftlichen Stellungen, dass eine Schlechterstellung durch den Insolvenzplan voraussichtlich wahrscheinlicher ist, als keine Schlechterstellung,[74)] so erfolgt ein zweiter Prüfungsschritt. 44

In diesem zweiten Schritt ist zu prüfen, ob der Insolvenzplan für den Fall der Schlechterstellung eine **salvatorische Klausel** enthält und die durch den Insolvenzplan zur Kompensation bereitgestellten Mittel dafür voraussichtlich ausreichen werden (siehe dazu unten Rz. 47 ff.). Eine umgekehrte Prüfungsreihenfolge verbietet sich, da das Insolvenzgericht ohne konkret zu ermitteln, inwieweit der Antragsteller schlechtergestellt wird, nicht prüfen kann, ob die bereitgestellten Mittel die konkrete Schlechterstellung ausreichend kompensieren können. 45

Das Insolvenzgericht hat die vom Antragsteller behauptete Schlechterstellung ausschließlich **auf der Grundlage seines glaubhaft gemachten Vorbringens** zu beurteilen.[75)] Dabei trägt der Antragsteller das Risiko bestehender Ungewissheiten.[76)] Bei komplexen Sachverhalten kann das Insolvenzgericht ein Sachverständigengutachten einholen; eine Pflicht hierzu besteht jedoch nicht.[77)] 46

---

71) Zutreffend *Schäfer*, ZIP 2016, 1911, 1914.

72) *Pleister* in: KPB, InsO, § 251 Rz. 15.

73) *Burmeister/Tasma* in: Kübler/Bork/Prütting, HRI II, § 38 Rz. 53.

74) Römermann-*Rühle*, InsO/InsR, § 251 InsO Rz. 9.

75) BGH, Beschl. v. 19.7.2012 - IX ZB 250/11, Rz. 6, WM 2012, 1640.

76) Uhlenbruck-*Lüer/Streit*, InsO, § 251 Rz. 26.

77) *Burmeister/Tasma* in: Kübler/Bork/Prütting, HRI II, § 38 Rz. 53; vgl. auch LG Traunstein, Beschl. v. 27.8.1999 – 4 T 2966/99, ZInsO 1999, 577, 580 – zur Prüfung einer voraussichtlichen Schlechterstellung nach § 245 Abs. 1 Nr. 1 InsO.

2. Kein Ausgleich der Schlechterstellung durch bereitgestellte Mittel (§ 251 Abs. 3 InsO)

47 Nach der Vorstellung des Gesetzgebers liegt im Ergebnis keine Schlechterstellung vor, wenn der Insolvenzplan vorsieht, dass ein Gläubiger oder Anteilsinhaber für eine nachgewiesene Schlechterstellung einen finanziellen Ausgleich erhält.[78] Eine Regelung im gestaltenden Teil des Insolvenzplans, durch die für den Fall, dass ein Beteiligter seine Schlechterstellung nachweist, Mittel bereitgestellt werden, wird als **salvatorische Klausel** bezeichnet. Um die umstrittene Zulässigkeit solcher salvatorischer Klauseln in Insolvenzplänen zu klären und zugleich um Blockademöglichkeiten der Beteiligten abzubauen, wurde Absatz 3 des § 251 InsO durch das ESUG neu eingefügt.[79] Danach ist ein Minderheitenschutzantrag abzuweisen, wenn im gestaltenden Teil des Plans Mittel für den Fall bereitgestellt werden, dass ein Beteiligter eine Schlechterstellung nachweist.

a) Mittelbereitstellung

48 Die nach § 251 Abs. 3 InsO zur Abwehr von Minderheitenschutzanträgen (und über § 253 Abs. 2 Nr. 3 InsO auch zur Abwehr von sofortigen Beschwerden gegen die Planbestätigung) bereitgestellten Mittel werden als „Rücklagefonds"[80], „Ausgleichsfonds"[81], „Planrücklage"[82], „Mittelfonds"[83] oder auch „Topf"[84] bezeichnet.

aa) Art und Weise der Bereitstellung

49 Die Mittel sind nach dem Willen des Gesetzgebers „durch eine Rücklage, eine Bankbürgschaft oder in ähnlicher Weise" sicherzustellen.[85] Die Mittel müssen danach nicht **aus der Insolvenzmasse** stammen, sondern können auch von **Dritten zur Verfügung gestellt werden.**[86] Der Planinitiator hat daher einen weiten Gestaltungsspielraum. Nicht erforderlich, aber möglich ist eine Sicherheitsleistung i. S. der §§ 232 ff. BGB. Ausreichend ist aber auch die Separierung von Geldern auf einem Sonderkonto oder die Hinterlegung einer Bürgschaft beim Insolvenzverwalter oder Sachwalter.[87] Eine Bürgschaft oder Garantie ist nach § 230 Abs. 3 InsO dem Insolvenzplan beizufügen. Mit Rücklagen sind keine Kapital- oder der Gewinnrücklagen i. S. des § 272 Abs. 2 und 3 HGB gemeint, sondern zurückzubehaltende Beträge, die als Rückstellungen i. S. von § 249 Abs. 1 Satz 1 HGB zu bilanzieren sind.[88]

50 Ob es sich bei den Ausgleichsmitteln um **liquide Mittel** handeln muss, ist umstritten. Nach einer Ansicht reiche es nicht aus, wenn der Insolvenzplan eine Befriedigung der benachteiligten Beteiligten aus den zukünftigen Erträgen vorsieht. Vielmehr müssen die Mittel tatsächlich separiert und zur jederzeitigen Auszahlung bereitgehalten werden. Denn es sei den Gläubigern, die sich ihre Minderheitenschutzrechte im Insolvenzplanver-

---

78) So auch *Pleister* in: KPB, InsO, § 251 Rz. 17.

79) *Sinz* in: MünchKomm-InsO, § 251 Rz. 36.

80) *Hölzle*, Praxisleitfaden SanInsFoG, §§ 251, 253 InsO Rz. 20.

81) *Hölzle*, ZIP 2014, 1819, 1822.

82) *Madaus*, NZI 2012, 597, 599.

83) *Rendels/Zabel*, Insolvenzplan, Rz. 511.

84) K. Schmidt-*Spliedt*, InsO, § 251 Rz. 21.

85) Begr. RegE ESUG, BT-Drucks. 17/5712, S. 35.

86) *Sinz* in: MünchKomm-InsO, § 251 Rz. 37.

87) *Sinz* in: MünchKomm-InsO, § 251 Rz. 37.

88) *Burmeister/Tasma* in: Kübler/Bork/Prütting, HRI II, § 38 Rz. 73; A. Schmidt-*Leichtle*, Sanierungsrecht, §§ 248–253 Rz. 30; *Thies* in: HambKomm-InsR, § 251 InsO Rz. 15.

fahren zwangsweise auszahlen lassen müssen, nicht zusätzlich zuzumuten, das Liquiditätsrisiko des Schuldners zu tragen.[89] Nach a. A. können auch nicht liquide Mittel ausreichen.[90] Aus dem Wortlaut der Norm ergibt sich nicht, dass die bereitgestellten Mittel liquide sein müssten.

Die besseren Gründe sprechen dafür, auch nicht liquide Mittel genügen zu lassen. Das zeigt eine systematische Auslegung. Die vermeintlich durch den Plan schlechtergestellten Beteiligten befinden sich vor der rechtskräftigen Feststellung ihrer Schlechterstellung in einer Situation, die der der Gläubiger von streitigen Masseverbindlichkeiten ähnelt. Für Letztere sieht § 258 Abs. 2 Satz 2 InsO vor, dass vor der Aufhebung des Insolvenzverfahrens nach rechtskräftiger Bestätigung des Insolvenzplans keine Sicherheit geleistet werden muss, sondern die **Vorlage eines Finanzplans** ausreicht, aus dem sich ergibt, dass die Erfüllung gewährleistet ist. Für diese Massegläubiger muss also keine Sicherheit in Form liquider Mittel gestellt werden. Die Antragsteller eines Minderheitenschutzantrages nach § 251 InsO sind in der Regel Inhaber von Insolvenzforderungen oder auch Absonderungsberechtigte. Für sie muss daher erst recht gelten, dass eine Sicherstellung durch einen Finanzplan ausreicht.[91] Das deckt sich auch mit dem Verständnis des Gesetzgebers, der zur Sicherstellung bspw. eine Bankbürgschaft genannt hat, die keine liquiden Mittel darstellt. 51

Dafür spricht auch, dass nicht zwingend Geldmittel bereitgestellt werden müssen, um die Schlechterstellung zu kompensieren. So kann z. B. ein Insolvenzplan in einem Insolvenzverfahren über das Vermögen einer Kapitalgesellschaft einen **Debt-to-Equitiy-Swap** vorsehen und als Ausgleich für mögliche Schlechterstellungen der Anteilseigner weiteres genehmigtes Kapital vorsehen, um vom Bezugsrecht ausgeschlossenen Beteiligten Anteile zuweisen zu können.[92] 52

Da die Gläubiger den Verbleib nicht benötigter Rücklagen beim Schuldner in der Regel nicht akzeptieren dürften[93] und diese bei einer in der **Praxis** wohl meist unverhältnismäßig aufwändigen nachträglichen Verteilung wegen § 259 Abs. 1 InsO dem Zugriff der Neugläubiger ausgesetzt wären, behilft sich die Praxis überwiegend mit einer **Treuhandlösung.**[94] Dazu werden einem Treuhänder – z. B. der Insolvenzverwalter oder Sachwalter – die bereitzustellenden Mittel übertragen und der Insolvenzplan regelt, dass er diese an die Gläubiger auskehrt, die mit ihrer Klage auf Ausgleichsmittel gegen den Schuldner bzw. den Insolvenzverwalter obsiegt haben.[95] 53

Dazu ist der **Abschluss eines gesonderten Treuhandvertrages** erforderlich, da der Insolvenzverwalter oder Sachwalter als Treuhänder nicht Beteiligter des Insolvenzplans i. S. des § 254 Abs. 1 InsO ist. Der Treuhandvertrag wird zwischen dem Insolvenzschuldner und 54

89) *Hölzle*, Praxisleitfaden SanInsFoG, §§ 251, 253 InsO Rz. 25. So auch *Pleister* in: KPB, InsO, § 251 Rz. 18; *Rendels/Zabel*, Insolvenzplan, Rz. 512.

90) *Lehmann/Rühle*, NZI 2015, 151, 152; *Sinz* in: MünchKomm-InsO, § 251 Rz. 37; K. Schmidt-*Spliedt*, InsO, § 251 Rz. 19.

91) So zutreffend K. Schmidt-*Spliedt*, InsO, § 251 Rz. 19, ihm folgend: *Sinz* in: MünchKomm-InsO, § 251 Rz. 37.

92) *Hölzle*, Praxisleitfaden SanInsFoG, §§ 251, 253 InsO Rz. 22.

93) Nach *Hölzle*, Praxisleitfaden SanInsFoG, §§ 251, 253 InsO Rz. 26, wäre der Insolvenzplan dann schon nicht annahmefähig, da der Insolvenzplan nach § 217 InsO nicht regeln kann, dass dem Schuldner (versteckt) wirtschaftliche Werte zugewiesen werden. Zudem wäre das Obstruktionsverbot nicht anwendbar. **A. A.** *Sinz* in: MünchKomm-InsO, § 251 Rz. 49.

94) *Andres/Leithaus*, InsO, § 251 Rz. 7; *Thies* in: HambKomm-InsR, § 251 InsO Rz. 16. *Lehmann/Rühle*, NZI 2015, 151, 152, nehmen an, dass der Gesetzgeber mit „Rücklage" untechnisch die Separierung von Geld auf einem Treuhandkonto meint.

95) Uhlenbruck-*Lüer/Streit*, InsO, § 251 Rz. 38, unter Verweis auf: *Thies* in: HambKomm-InsR, § 251 InsO Rz. 16.

dem Treuhänder geschlossen und ist ein echter Vertrag zugunsten Dritter i. S. des § 328 BGB, namentlich derjenigen Verfahrensbeteiligten, die durch den Insolvenzplan schlechtergestellt werden und ihren durch den Insolvenzplan eingeräumten Ausgleichsanspruch durchsetzen können. Da der Treuhänder die widerstrebenden Interessen der Gläubigergesamtheit und der schlechtergestellten Gläubiger wahrzunehmen hat und der vorrangige Zweck der Treuhand die Sicherung der Ausgleichsansprüche ist, handelt es sich um eine Sicherungs-Doppeltreuhand.[96] Der Vertrag ist gemäß § 230 InsO dem Insolvenzplan beizufügen, da der Treuhänder durch den Treuhandvertrag Verpflichtungen gegenüber den Gläubigern übernimmt.

55 Nach dem Wortlaut und der Begründung des Gesetzes ist die Bereitstellung von Mitteln durch den Schuldner ohne weitergehende Sicherung grundsätzlich ausreichend, um einen Minderheitenschutzantrag abzuweisen. Denn nach § 258 Abs. 2 Satz 2 InsO kann für die Gewährleistung der Erfüllung streitiger Masseverbindlichkeiten ein Finanzplan vorgelegt werden. Das muss erst recht für Zahlungen auf streitige Insolvenzforderungen gelten.[97] Es ist nicht ersichtlich, dass der Gesetzgeber an die „Finanzierung des Ausgleichs" schlechtergestellter Gläubiger „durch eine Rücklage" mit der Formulierung „Mittel [...] bereitgestellt" in § 251 Abs. 3 InsO höhere Anforderungen stellen wollte. Es dürfte daher zur Sicherung ein (belastbarer) Finanzplan ausreichen.[98]

56 Dass der Gesetzgeber die **Bankbürgschaft** als Sicherung in den Motiven ausdrücklich genannt hat,[99] gebietet eine besondere Befassung mit dieser Möglichkeit. Durch eine Bürgschaft wird dem Gläubiger zur Sicherung seiner Forderung gegen den Hauptschuldner ein Anspruch gegen den Bürgen gewährt. Auftraggeber des Bürgen kann der Hauptschuldner oder ein Dritter sein. Es stellt sich daher die Frage, welche Forderung die Bankbürgschaft sichern soll und wer sie in Auftrag gibt.

57 Der Insolvenzschuldner, der einen Insolvenzplan vorlegt, dürfte regelmäßig nicht derart kreditwürdig sein, dass eine Bank ihm eine Bürgschaft für eine mögliche Schlechterstellung der Planbeteiligten stellt, ohne eine entsprechende Barhinterlegung zu verlangen. Sollte der Insolvenzschuldner über die liquiden Mittel für eine Barhinterlegung verfügen, dürfte es sich eher anbieten, diese einem Treuhänder zu übertragen. Daher dürften in der Praxis wohl nur besonders am Erfolg des Insolvenzplans Interessierte, wie z. B. alte oder neue Gesellschafter, Bankbürgschaften in Auftrag geben.

58 Wenn die Bankbürgschaft so ausgestaltet wird, dass sie die **Ausgleichsforderungen der Antragstellers eines Minderheitenschutzantrages** gegen den Insolvenzschuldner **sichert**, ergeben sich praktische Probleme: Zunächst ist ungewiss, welche Gläubiger Ansprüche gegen die Bank aus der Bürgschaft haben könnten. Die Bank müsste im Falle ihrer Inanspruchnahme prüfen, ob der Antragsteller tatsächlich einen zulässigen Minderheitenschutzantrag gestellt hat. Ob der Antrag auch begründet ist, der Antragsteller durch den Insolvenzplan also tatsächlich schlechtergestellt ist, kann die Bank nicht beurteilen. Das ergibt sich auch nicht aus den Akten des Insolvenzverfahrens, da diese Frage außerhalb des Insolvenzverfahrens zu klären ist, § 251 Abs. 3 Satz 2 InsO (siehe dazu unten Rz. 67). Nach § 349 HGB kann die Bank als Kaufmann dem Antragsteller auch nicht die Einrede der Vorausklage gegen den Insolvenzschuldner bzw. den Insolvenzverwalter entgegenhalten. Die Bank müsste daher an den Antragsteller zahlen. Die nach § 774 BGB auf die Bank übergegangenen Ausgleichsforderung könnte der Insolvenzschuldner entgegenhalten, dass diese

96) Vgl. *Hirschberger*, Doppeltreuhand, S. 9, 109.

97) K. Schmidt-*Spliedt*, InsO, § 251 Rz. 19.

98) *Burmeister/Tasma* in: Kübler/Bork/Prütting, HRI II, § 38 Rz. 74.

99) Begr. RegE ESUG, BT-Drucks. 17/5712, S. 35.

nicht begründet sei. Die Bank könnte sich daher nur bei dem Auftraggeber der Bürgschaft schadlos halten. Durch eine Bankbürgschaft für alle potenziell durch den Insolvenzplan schlechtergestellten Beteiligten könnten diese ohne eine gerichtliche Prüfung der Begründetheit ihres Anspruches auf die „bereitgestellten Mittel“ zugreifen. Es würden dadurch also nicht nur die Beteiligten gesichert, die ihre Schlechterstellung nachweisen. Nur für diese sollen die Mittel aber bereitgestellt werden.[100] Damit sich also eine Bankbürgschaft zur Sicherung der bereitgestellten Mittel i. S. des § 251 Abs. 3 InsO eignet, darf diese nicht den möglicherweise schlechtergestellten Beteiligten direkt eingeräumt werden.

bb) Höhe der bereitzustellenden Mittel

§ 251 InsO enthält keine Angaben darüber, in welcher Höhe Mittel für den Fall der Schlechterstellung bereitgestellt werden müssen, damit ein Minderheitenschutzantrag abzuweisen ist. Die Mittel müssen **ausreichend** sein, um eine eventuelle Schlechterstellung des jeweils antragstellenden Beteiligten durch den Plan auszugleichen.[101] Die Höhe der bereitgestellten Mittel ist dann entscheidend, wenn der Ausgleich einer Schlechterstellung auf die bereitgestellten Mittel begrenzt ist, was möglich ist[102] und regelmäßig der Fall sein wird. 59

Für den Planersteller ist es schwierig zu ermitteln, in welcher Höhe die Mittel zu bemessen sind. Er wird regelmäßig davon ausgehen, dass kein Beteiligter durch den Insolvenzplan schlechtergestellt wird und dies durch die im Plan enthaltene Vergleichsrechnung darlegen.[103] Lediglich aus Gründen der Vorsicht wird er eine salvatorische Klausel vorsehen wollen. Seine Interessen, einerseits die Quote durch den „Haftungsfonds“ nicht zu sehr zu reduzieren und andererseits den Haftungsfonds nicht zu gering auszustatten, stehen dabei im Widerstreit. 60

Es ist umstritten, ob eine **individuelle Zuordnung der Mittel** zu potenziellen Antragstellern im gestaltenden Teil des Insolvenzplans erforderlich ist. Nach einer Auffassung müsse der Planinitiator den Ausgleichsbetrag für jeden Antragsteller individuell definieren.[104] § 251 InsO stelle ein Individualrecht dar. Daher dürfe ein Antragsteller nicht das Risiko tragen, dass eine Pauschalsumme nicht ausreichend sei, um die Schlechterstellung aller Antragsteller auszugleichen. Vielmehr müsse gewährleistet werden, dass eine individuelle Absicherung der jeweiligen Schlechterstellung eines jeden Antragsstellers erfolge.[105] Da die sofortige Beschwerde nach § 253 InsO auch denen zustehe, die keinen Minderheitenschutzantrag gestellt haben, sei im Vorwege ohne individuelle Zuordnung der Ausgleichssumme nicht zu beurteilen, ob die bereitgestellten Mittel ausreichend sind, um eine Schlechterstellung zu kompensieren.[106] Außerdem helfe eine individuelle Zuweisung dem Schuldner in späteren Ausgleichprozessen. Ansonsten müsse er jedem einzelnen Antragssteller den Streit verkünden, um nicht dem Einwand ausgesetzt zu sein, er habe überhöhte Beträge an die anderen Antragsteller gezahlt.[107] 61

---

100) Das ergibt sich aus dem Wortlaut des § 251 Abs. 3 Satz 1 InsO und den Motiven zum ESUG, BT-Drucks. 17/5712, S. 35.

101) Begr. RegE ESUG, BT-Drucks. 17/5712, S. 35; BGH, Beschl. v. 20.7.2017 – IX ZB 13/16, Rz. 14 f., NZI 2017, 751; *Lehmann/Rühle*, NZI 2015, 151, 153.

102) K. Schmidt-*Spliedt*, InsO, § 251 Rz. 21, demzufolge eine unbegrenzte Ausgleichszusage nur durch Dritte möglich ist.

103) *Thies* in: HambKomm-InsR, § 251 InsO Rz. 18.

104) *Sinz* in: MünchKomm-InsO, § 251 Rz. 38; K. Schmidt-*Spliedt*, InsO, § 251 Rz. 21.

105) *Sinz* in: MünchKomm-InsO, § 251 Rz. 38; K. Schmidt-*Spliedt*, InsO, § 251 Rz. 21.

106) K. Schmidt-*Spliedt*, InsO, § 251 Rz. 21.

107) K. Schmidt-*Spliedt*, InsO, § 251 Rz. 21.

62 **Nach einer a. A.** reiche es dagegen aus, wenn im Insolvenzplan eine pauschale Summe für die Minderheitenschutzanträge bereitgestellt werde.[108] Es sei dem Planinitiator schlicht nicht möglich, einzelne Beträge bestimmten Beteiligten zuzuordnen, da noch nicht feststehe, welche Beteiligten einen Minderheitenschutzantrag stellen oder sofortige Beschwerde gegen die Planbestätigung einlegen.[109] Dem stehe auch nicht entgegen, dass § 251 Abs. 3 InsO ein Individualanspruch sei, da auch die Antragsteller diesen kaum beziffern können, sodass der Anspruch aus § 251 Abs. 3 InsO selbst mit Prognoseunsicherheiten behaftet sei. Allerdings müsse hier beachtet werden, dass das Planvollzugsinteresse es rechtfertige, entsprechende Prognoseunsicherheiten durch eine Pauschalisierung zu beseitigen.[110] In diesem Zusammenhang sei auch zu berücksichtigen, dass die Beteiligten durch einen Insolvenzplan nicht schlechtergestellt werden.[111]

cc) Prüfungsumfang des Gerichts

63 Nach dem Willen des Gesetzgebers muss das Insolvenzgericht vor der Bestätigung des Plans prüfen, ob die bereitgestellten Mittel für die Beteiligten **ausreichend** sind, um eine eventuelle Schlechterstellung des widersprechenden Beteiligten durch den Plan auszugleichen.[112] Es darf einen Minderheitenschutzantrag also nur abweisen, wenn die bereitgestellten Mittel ausreichend sind.[113] Es muss also von Amts wegen prüfen, ob die Mittel bereitgestellt sind und ausreichen, um die Schlechterstellung des Antragstellers auszugleichen.[114] Dabei kommt es nicht darauf an, ob die Mittel für alle Beteiligten ausreichen, die schlechtergestellt wurden. Es kommt nur darauf an, ob die Mittel ausreichen, um die Schlechterstellung derjenigen Beteiligten zu kompensieren, die tatsächlich einen Minderheitenschutzantrag gestellt haben.[115] Das ergibt sich schon aus dem Wortlaut des § 251 Abs. 3 Satz 2 InsO, der von „der Beteiligte" spricht und dem gesetzgeberischen Zweck, das Insolvenzplanverfahren durch die Regelung zu beschleunigen.[116]

64 Das Gericht hat also anhand einer (eigenen) Vergleichsrechnung die Summe der Schlechterstellungen aller Antragsteller von Minderheitenschutzanträgen den zum Ausgleich bereitgestellten Mitteln gegenüberzustellen. Dazu stehen dem Gericht zwei Vergleichsrechnungen zur Verfügung: Einerseits die im Insolvenzplan enthaltene Vergleichsrechnung, aus der sich keine Schlechterstellung ergeben wird und andererseits die zur Glaubhaftmachung der Schlechterstellung von den Antragstellern vorgelegten Vergleichsrechnungen.

b) Ausgleichsanspruch und -klage

65 Wird der zulässige und ansonsten begründete **Antrag auf Minderheitenschutz abgewiesen**, weil im gestaltenden Teil des Insolvenzplans hinreichende Mittel für den Fall bereitgestellt worden sind, dass ein Beteiligter eine Schlechterstellung nachweist, hat der An-

108) *Burmeister/Tasma* in: Kübler/Bork/Prütting, HRI II, § 38 Rz. 93; *Hölzle*, Praxisleitfaden SanInsFoG, §§ 251, 253 InsO Rz. 23; *Lehmann/Rühle*, NZI 2015, 151, 154; *Thies* in: HambKomm-InsR, § 251 InsO Rz. 19.

109) *Lehmann/Rühle*, NZI 2015, 151, 154.

110) *Hölzle*, Praxisleitfaden SanInsFoG, §§ 251, 253 InsO Rz. 23.

111) Vgl. *Thies* in: HambKomm-InsR, § 251 InsO Rz. 18.

112) Begr. RegE ESUG, BT-Drucks. 17/5712, S. 35.

113) *Lehmann/Rühle*, NZI 2015, 151, 153.

114) *Thies* in: HambKomm-InsR, § 251 InsO Rz. 23.

115) *Burmeister/Tasma* in: Kübler/Bork/Prütting, HRI II, § 38 Rz. 69 ff.; *Madaus*, NZI 2012, 597, 598; *Thies* in: HambKomm-InsR, § 251 InsO Rz. 23.

116) *Burmeister/Tasma* in: Kübler/Bork/Prütting, HRI II, § 38 Rz. 70 m. w. N.

tragsteller aus dem Insolvenzplan[117] oder einem Treuhandvertrag einen Anspruch auf Ausgleich seiner Schlechterstellung aus den bereitgestellten Mitteln. Der Anspruch kann auf die bereitgestellten Mittel begrenzt werden.[118] Gegen wen sich dieser Anspruch richtet, hängt davon ab, von wem und wie die Mittel bereitgestellt wurden. In den in der Praxis häufigen Fällen der treuhänderischen Hinterlegung der Mittel richtet sich der Anspruch gegen den Treuhänder. Wenn die Mittel dagegen vom Insolvenzschuldner gehalten werden, richtet sich der Ausgleichsanspruch bei angeordneter Eigenverwaltung und nach Aufhebung des Insolvenzverfahrens gegen den Insolvenzschuldner selbst; solange ein Insolvenzverwalter im Amt ist, richtet sich der Anspruch gegen diesen. Ein Anspruch gegen einen Bürgen besteht nur, wenn dieser sich gegenüber den Antragstellern direkt verbürgt hat, was selten der Fall sein dürfte (siehe dazu oben Rz. 56 ff.).

Regelmäßig dürfte eine mögliche[119] außergerichtliche Inanspruchnahme des Anspruchsgegners aussichtslos sein. Denn Insolvenzverwalter oder Insolvenzschuldner als Planersteller werden davon ausgehen, dass „ihr" Insolvenzplan den Antragsteller nicht schlechterstellt und daher den Anspruch bestreiten. Treuhänder werden das Beurteilungsrisiko, ob eine Schlechterstellung nachgewiesen ist, nicht übernehmen wollen und den Treuhandvertrag so ausgestalten, dass sie nur auf einen rechtskräftigen Titel zahlen müssen. In der Praxis muss der Antragsteller zur Durchsetzung seines Ausgleichsanspruches daher Klage erheben. Er trägt dann das Prozessrisiko.[120] 66

Nach § 251 Abs. 3 Satz 2 InsO ist die Frage, ob der Antragsteller einen Ausgleich erhält, „außerhalb des Insolvenzverfahrens zu klären". Damit wird der Antragsteller an die **ordentlichen Gerichte** verwiesen. Die ordentliche Gerichtsbarkeit ist selbst dann zuständig, wenn für die Forderung eine spezielle Gerichtsbarkeit begründet ist (z. B. die Arbeitsgerichtsbarkeit).[121] Eine analoge Anwendung des § 185 InsO ist abzulehnen, sodass hieraus nicht die Zuständigkeit einer besonderen Gerichtsbarkeit begründet werden kann.[122] 67

Die **Passivlegitimation** der Klage richtet sich danach, wer die Ausgleichsverpflichtung nach dem Insolvenzplan[123] ggf. im Zusammenhang mit einem Treuhandvertrag übernommen hat. Wenn der Insolvenzschuldner die Mittel durch einen Finanzplan „gesichert" hat und keine Eigenverwaltung angeordnet wurde, ist die Klage vor der Verfahrensaufhebung gegen den Insolvenzverwalter zu richten, da hier die Mittelbereitstellung für den Ausgleichsanspruch aus der Insolvenzmasse erfolgt und der Insolvenzverwalter über diese verfügungsbefugt ist. 68

Bei angeordneter **Eigenverwaltung** und nach der Verfahrensaufhebung ist die Klage indes gegen den Schuldner zu richten. Verwahrt der Verwalter oder ein anderer Treuhänder die bereitgestellten Mittel, so ist die Klage je nach Ausgestaltung des Insolvenzplans und des Treuhandvertrages gegen den Schuldner oder den Treuhänder zu richten. Nur in den sel- 69

117) *Madaus*, NZI 2012, 597, 598, weist zu Recht darauf hin, dass Anspruchsgrundlage nicht der Rechtsgrund für die ursprüngliche (Insolvenz)forderung ist, sondern die Regelung im Insolvenzplan.

118) K. Schmidt-*Spliedt*, InsO, § 251 Rz. 25.

119) *Thies* in: HambKomm-InsR, § 251 InsO Rz. 20.

120) *Lehmann/Rühle*, NZI 2015, 151, 155.

121) *Lehmann/Rühle*, NZI 2015, 151, 155; *Sinz* in: MünchKomm-InsO, § 251 Rz. 41; K. Schmidt-*Spliedt*, InsO, § 251 Rz. 24.

122) *Burmeister/Tasma* in: Kübler/Bork/Prütting, HRI II, § 38 Rz. 85; *Sinz* in: MünchKomm-InsO, § 251 Rz. 41; K. Schmidt-*Spliedt*, InsO, § 251 Rz. 24.

123) *Thies* in: HambKomm-InsR, § 251 InsO Rz. 21.

tenen Fällen eines Anspruchs des Antragstellers gegen einen Dritten – z. B. Bürgen oder einen Treuhänder – sind diese die richtigen Beklagten.[124)]

70 **Streitgegenstand** der Klage nach § 251 Abs. 3 Satz 2 InsO ist der prozessuale Anspruch des schlechtergestellten Beteiligten auf Ausschüttung der zur Kompensation bereitgestellten Mittel.[125)] Damit unterscheidet sich die Klage von der in § 253 Abs. 4 Satz 4 InsO geregelten Klage, die sich auf Ersatz des Schadens aus der Insolvenzmasse richtet, den ein Beteiligter dadurch erleidet, dass er durch einen zu Unrecht bestätigten Insolvenzplan wesentlich schlechtergestellt wird (siehe dazu § 21 Rz. 77 ff. [*Hirschberger*]).

aa) Zulässigkeit der Ausgleichsklage

71 Mangels abweichender Sondervorschriften richtet sich bei einer solchen Klage die **sachliche Zuständigkeit** des Gerichts nach dem Wert des Streitgegenstandes (§§ 32, 71 GVG) und die **örtliche** Zuständigkeit nach der ZPO (§§ 12 ff. ZPO).[126)]

72 Die richtige **Klageart** ist in der allgemeinen Leistungsklage zu sehen, da auf keinem anderen Wege ein Zahlungstitel erlangt werden kann. Nur wenn eine konkrete Bezifferung des Ausgleichanspruches nicht möglich ist, kommt eine Feststellungsklage in Betracht, um ggf. eine Ausschlussfrist zu wahren.[127)] Das Rechtsschutzbedürfnis einer solchen Klage besteht ab Eintritt der Rechtskraft des Bestätigungsbeschlusses über den Insolvenzplan, da ab diesem Zeitpunkt die gestaltenden Teile des Insolvenzplans Wirkung für und gegen die Verfahrensbeteiligten entfalten.[128)]

73 Die Ausgleichsklage ist an keine gesetzliche Frist gebunden. Sie kann frühestens nach Rechtskraft des den Insolvenzplan bestätigenden Beschlusses erhoben werden. Vorher fehlt dem Kläger das **Rechtsschutzinteresse**, da der Plan nach § 254 Abs. 1 InsO noch keine Wirkung entfaltet.[129)] Der Insolvenzplan kann eine Ausschlussfrist für die Geltendmachung des Ausgleichsanspruches vorsehen. Umstritten ist, wie kurz diese Frist in zulässiger Weise bemessen werden kann. Die Meinungen bewegen sich zwischen mindestens zwei Wochen,[130)] drei Wochen[131)] und einem Jahr[132)]. Vorzugswürdig erscheint die Annahme, die kürzeste Frist sei ausreichend. Diese orientiert sich an der Frist des § 189 Abs. 1 InsO, dem eine vergleichbare Interessenlage zugrunde liegt.

74 Ein erfolgloser **Minderheitenschutzantrag** nach § 251 Abs. 1 InsO ist **keine Zulässigkeitsvoraussetzung** der Ausgleichsklage.[133)] Ein durch den Plan schlechtergestellter Beteiligter kann sich also darauf beschränken, nur eine Ausgleichsklage zu erheben. Das entspricht dem Willen des Gesetzgebers, Insolvenzpläne schneller durchzuführen. Auch ist

---

124) Zur Passivlegitimation K. Schmidt-*Spliedt*, InsO, § 251 Rz. 25, und *Burmeister/Tasma* in: Kübler/Bork/Prütting, HRI II, § 38 Rz. 81 ff. Ähnlich auch *Sinz* in: MünchKomm-InsO, § 251 Rz. 43, 44, der allerdings unzutreffend darauf abstellt, wer die Mittel bereitgestellt hat und nicht, gegen wen sich der Ausgleichsanspruch richtet.

125) *Madaus*, NZI 2012, 597, 599.

126) *Burmeister/Tasma* in: Kübler/Bork/Prütting, HRI II, § 38 Rz. 89, 90; *Lehmann/Rühle*, NZI 2015, 151, 155; K. Schmidt-*Spliedt*, InsO, § 251 Rz. 24.

127) *Lehmann/Rühle*, NZI 2015, 151, 155; *Sinz* in: MünchKomm-InsO, § 251 Rz. 46.

128) *Lehmann/Rühle*, NZI 2015, 151, 155; *Sinz* in: MünchKomm-InsO, § 251 Rz. 45; K. Schmidt-*Spliedt*, InsO, § 251 Rz. 25.

129) *Sinz* in: MünchKomm-InsO, § 251 Rz. 45. Ihm folgend *Lehmann/Rühle*, NZI 2015, 151, 155.

130) *Lehmann/Rühle*, NZI 2015, 151, 155 f.

131) *Rendels/Zabel*, Insolvenzplan, Rz. 518 f.

132) K. Schmidt-*Spliedt*, InsO, § 251 Rz. 26; ihm folgend: *Thies* in: HambKomm-InsR, § 251 InsO Rz. 22; *Sinz* in: MünchKomm-InsO, § 251 Rz. 46.

133) *Thies* in: HambKomm-InsR, § 251 InsO Rz. 20.

aus dem Wortlaut des § 251 Abs. 3 InsO nicht herzuleiten, dass ein Minderheitenschutzantrag Voraussetzung der Ausgleichsklage ist.[134] Dem Beteiligten, der die bereitgestellten Mittel für den Ausgleich seiner Schlechterstellung für ausreichend erachtet, kann nicht zugemutet werden, einen unbegründeten Minderheitenschutzantrag zu stellen, um seinen Anspruch auf Ausgleich später vor den ordentlichen Gerichten geltend zu machen.

bb) Begründetheit der Ausgleichsklage

75 Die Klage ist begründet, wenn der Kläger durch den Insolvenzplan „tatsächlich“ schlechtergestellt wird, als er ohne einen Insolvenzplan stünde. Gegenüber dem Insolvenzplanverfahren, in dem die Glaubhaftmachung genügte, muss der Kläger im Prozess den Vollbeweis seiner Schlechterstellung führen. Es gilt jedoch die Beweiserleichterung des § 287 ZPO.[135] Die Höhe des Ausgleichsanspruchs ist dabei auf den im Insolvenzplan vorgesehenen Beitrag begrenzt.[136]

76 Nach einer Literaturmeinung sei die Ausgleichsklage vorbehaltlich einer anders lautenden Planregelung nur begründet, wenn das Insolvenzgericht den Minderheitenschutzantrag gerade wegen der im Plan vorgesehenen Ausgleichsmittel abgewiesen hat.[137] Dem ist nicht zuzustimmen. Der Ausgleichsanspruch ergibt sich aus dem Insolvenzplan und damit auch die Begründetheit der Ausgleichsklage zur Geltendmachung dieses Anspruchs. Nur wenn der Insolvenzplan nur denjenigen Beteiligten einen Ausgleich aus den bereitgestellten Mitteln gewährt, die einen Minderheitenschutzantrag gestellt haben, ist das auch Voraussetzung der Begründetheit der Klage. Es kommt daher ggf. auf die Auslegung der salvatorischen Klausel an.

77 Nach allgemeiner Ansicht **verjährt** der Ausgleichsanspruch nach der regelmäßigen Verjährungsfrist.[138]

III. Entscheidung des Insolvenzgerichts

78 Das Insolvenzgericht entscheidet über den Antrag nach § 251 InsO durch Beschluss. Der Beschluss kann sich nur zum Ablehnungsantrag verhalten oder zugleich die Bestätigung oder Versagung der Bestätigung des Insolvenzplans enthalten.

C. Antrag auf Versagung der Planbestätigung (§ 248a Abs. 3 InsO)

79 Nach der Vorstellung des Gesetzgebers können die Beteiligten auch dadurch schlechtergestellt werden, dass ein Insolvenzplan durch den Insolvenzverwalter zur Berichtigung offensichtliche Fehler geändert wird. Nach § 221 Satz 2 InsO kann der Insolvenzverwalter durch den Plan bevollmächtigt werden, **offensichtliche Fehler des Plans zu berichtigen**. Eine solche Planberichtigung bedarf der gerichtlichen Bestätigung nach § 248a Abs. 1 InsO. Nach Absatz 3 dieser Norm ist die Bestätigung auf Antrag zu versagen, wenn ein Beteiligter durch die mit der Berichtigung einhergehende Planänderung voraussichtlich schlechtergestellt wird, als er nach den mit dem Plan beabsichtigten Wirkungen stünde. Vergleichsmaßstab hier – anders als bei § 251 Abs. 1 InsO – nicht das Regelinsolvenzverfahren.

134) *Sinz* in: MünchKomm-InsO, § 251 Rz. 45.

135) K. Schmidt-*Spliedt*, InsO, § 251 Rz. 25.

136) *Burmeister/Tasma* in: Kübler/Bork/Prütting, HRI II, § 38 Rz. 91, 92; *Lehmann/Rühle*, NZI 2015, 151, 155; *Thies* in: HambKomm-InsR, § 251 InsO Rz. 20.

137) So *Lehmann/Rühle*, NZI 2015, 151, 155.

138) *Lehmann/Rühle*, NZI 2015, 151, 155; *Thies* in: HambKomm-InsR, § 251 InsO Rz. 22.

80 Die Regelung kann als missglückt bezeichnet werden und dürfte in der Praxis kaum Bedeutung erlangen.[139] Denn nach dem Wortlaut ist ein Vergleich zwischen der vom offensichtlich fehlerhaften Insolvenzplan beabsichtigen(!) Wirkung für die Beteiligten mit der durch den berichtigten Insolvenzplan eintretenden Wirkung anzustellen. Da der berichtigte Plan genau die Wirkungen haben dürfte, die mit dem Fehlerhaften beabsichtigt wurde, kann keine Schlechterstellung durch die Plankorrektur erfolgen.[140] Der Antrag nach § 248a Abs. 3 InsO wäre immer unbegründet. Es wird daher angenommen, es seien vielmehr die Wirkungen des korrigierten Planes mit denen des unkorrigierten Planes zu vergleichen.[141] Dem ist zuzustimmen. Der Gesetzgeber wollte ersichtlich einen Schutzmechanismus für solche Beteiligte schaffen, die erst durch eine Plankorrektur schlechtergestellt werden. Angesichts der eng begrenzten Voraussetzungen – offensichtliche Fehler und Korrekturermächtigung – und der anderen Kontrollmechanismen – gerichtliche Bestätigung der Korrektur nach Anhörung der Beteiligten gemäß § 248a Abs. 2 InsO – dürfte der praktische Anwendungsbereich aber so gering sein, dass die Regelung entbehrlich erscheint.[142]

81 **Antragsberechtigt** sind nur Beteiligte, deren materielle Rechtsstellung durch die Änderung voraussichtlich verschlechtert wird.[143] In entsprechender Anwendung des § 251 Abs. 2 InsO ist die Schlechterstellung vom Antragsteller glaubhaft zu machen. Auch hier geht es nur um eine wirtschaftliche Schlechterstellung.[144]

82 Bei einem begründeten Antrag nach § 248a Abs. 3 InsO versagt das Insolvenzgericht die Bestätigung der Plankorrektur durch Beschluss. Gegen den Beschluss, durch den die Planberichtigung dagegen bestätigt wird, steht den Gläubigern und Anteilsinhabern nach § 248a Abs. 4 InsO die sofortige Beschwerde zu.

D. Rechtsmittel gegen den Gerichtsbeschluss

83 Gegen den Beschluss des Insolvenzgerichts, mit dem dieses den Antrag auf Versagung der Planbestätigung nach § 251 Abs. 1 InsO zurückweist, steht dem Antragsteller grundsätzlich kein Rechtsmittel zu.[145] Gegen den Beschluss, mit dem das Insolvenzgericht den Insolvenzplan bestätigt, steht als Rechtsmittel die sofortige Beschwerde nach § 253 InsO offen (siehe dazu ausführlich § 21 [*Hirschberger*]).

139) *Burmeister/Tasma* in: Kübler/Bork/Prütting, HRI II, § 38 Rz. 106, sprechen von „irreführend" und „Ausnahmefällen", Rz. 111. *Hölzle*, Praxisleitfaden SanInsFoG, §§ 221, 248a InsO Rz. 8, bezeichnet die Formulierung als „etwas unklar".

140) So auch *Thies* in: HambKomm-InsR, § 248a InsO Rz. 8.

141) *Burmeister/Tasma* in: Kübler/Bork/Prütting, HRI II, § 38 Rz. 106.

142) So auch *Thies* in: HambKomm-InsR, § 248a InsO Rz. 8 – „überflüssig".

143) *Burmeister/Tasma* in: Kübler/Bork/Prütting, HRI II, § 38 Rz. 102.

144) *Burmeister/Tasma* in: Kübler/Bork/Prütting, HRI II, § 38 Rz. 109.

145) Hat in Insolvenzverfahren, die vor dem 1.1.2013 beantragt wurden, der Rechtspfleger nach § 18 Abs. 1 Nr. 2 RPflG a. F. über den Minderheitenschutzantrag entschieden, so ist die Erinnerung nach § 11 Abs. 2 Satz 1 RPflG statthaft.

§ 21
Sofortige Beschwerde und Freigabeverfahren

Übersicht

Literatur: *Brünkmans*, Der Rechtsschutz gegen den Bestätigungsbeschluss des Insolvenzplans vor dem Hintergrund des insolvenzrechtlichen Freigabeverfahrens nach § 253 Abs. 4 InsO, ZInsO 2014, 993; *Fischer*, Das neue Rechtsmittelverfahren gegen den Beschluss, durch den der Insolvenzplan bestätigt wird, NZI 2013, 513; *Harig*, Der Antrag nach § 253 IV InsO in der Praxis des Insolvenzplanverfahrens, NZI 2018, 969; *Lehmann/Rühle*, Das beschleunigte Zurückweisungsverfahren gem. § 253 IV InsO in der Praxis, NZI 2014, 889; *Pleister/Tholen*, Zum Siegeszug des insolvenzrechtlichen Freigabeverfahrens – Die extensive Auslegung des LG Berlin zu § 253 Abs. 4 InsO im Beschluss v. 20.10.2014 – 51 T 696/14, ZIP 2014, 2197 – Suhrkamp, ZIP 2015, 414; *Schäfer*, Zur Einbeziehung der Anteilsinhaber in den Insolvenzplan – Warum das ESUG seine Bewährungsprobe nicht bestanden hat, ZIP 2016, 1911; *Skauradszun*, Suhrkamp – Allgemeines Beschwerdeverfahrensrecht versus § 253 Abs. 4 InsO, DZWIR 2014, 338.

A. Einführung/Normzweck

1 § 253 Abs. 1 InsO eröffnet den Verfahrensbeteiligten das Rechtsmittel der **sofortigen Beschwerde** (§ 6 InsO) gegen die Entscheidung des Insolvenzgerichts, einen Insolvenzplan zu bestätigen oder die Bestätigung zu versagen.

2 In erster Linie steht damit den Gegnern des Insolvenzplans die sofortige **Beschwerde gegen den Bestätigungsbeschluss** des Insolvenzgerichts zu (siehe dazu Rz. 5 ff.). Da die Wirkungen des Insolvenzplans nach § 254 Abs. 1 InsO erst mit Rechtskraft der Bestätigung eintreten und die sofortige Beschwerde mittelbar aufschiebende Wirkung hat, können die Plangegner durch dieses Rechtsmittel die Umsetzung des Insolvenzplans erheblich verzögern. Um hier einen Ausgleich mit den Interessen anderer Beteiligter an der Plandurch-

führung zu schaffen, stellt § 253 Abs. 2 InsO hohe Anforderungen an die Zulässigkeit der sofortigen Beschwerde gegen die Planbestätigung auf:

- Der Beschwerdeführer muss dem Plan spätestens im Abstimmungstermin widersprochen und
- gegen ihn gestimmt haben sowie
- glaubhaft machen, dass er durch den Plan wesentlich schlechtergestellt wird, als er ohne einen Plan stünde, wobei er ggf. zusätzlich glaubhaft machen muss, dass sein Nachteil nicht durch die nach § 251 Abs. 3 InsO bereitgestellten Mittel ausgeglichen werden kann.

3 Darüber hinaus regelt § 253 Abs. 4 InsO ein **Eilverfahren**, das dem aktienrechtlichen Freigabeverfahren nach § 246a AktG nachempfunden ist: Auf Antrag des Insolvenzverwalters weist das Beschwerdegericht die sofortige Beschwerde gegen die Planbestätigung unverzüglich zurück, wenn das alsbaldige Wirksamwerden des Insolvenzplans vorrangig erscheint (siehe dazu unten Rz. 52 ff.).

4 Umgekehrt können auch die Befürworter eines Insolvenzplans sofortige Beschwerde gegen den Beschluss des Insolvenzgerichts einlegen, mit dem dieses die **Bestätigung versagt** hat (siehe dazu unten Rz. 91 ff.).

B. Sofortige Beschwerde gegen die Bestätigung des Insolvenzplans

I. Zulässigkeit

5 Auf die Zulässigkeit der sofortigen Beschwerde sind gemäß § 4 InsO die §§ 567 ff. ZPO mit den Einschränkungen der §§ 6, 253 Abs. 2, 4 InsO anwendbar. Die Zulässigkeit wird **von Amts wegen** geprüft.[1] Die **Zulässigkeitsvoraussetzungen** müssen **im Zeitpunkt des gerichtlichen Bestätigungsbeschlusses** erfüllt sein.[2]

1. Zuständigkeit

6 Die sofortige Beschwerde ist gemäß § 6 Abs. 1 Satz 2 InsO bei dem **Insolvenzgericht** einzulegen. Abweichend von § 569 Abs. 1 Satz 1 ZPO ist das Insolvenzgericht daher **ausschließlich** zuständig.

2. Beschwerdeberechtigte (§ 253 Abs. 1 InsO)

7 Beschwerdeberechtigt sind nach der enumerativen Aufzählung des § 253 Abs. 1 InsO die **Gläubiger** und der **Schuldner**, wenn dieser eine natürliche Person ist. Anderenfalls sind die **Anteilsinhaber** des Schuldners zur Einlegung der sofortigen Beschwerde berechtigt. Der Insolvenzverwalter oder Sachwalter selbst ist nicht beschwerdeberechtigt.

a) Gläubiger

8 Nach dem Wortlautes des § 253 Abs. 1 InsO sind sämtliche Gläubiger beschwerdebefugt. Wie bei § 251 InsO (siehe oben § 20 Rz. 8 [*Hirschberger*]) gebietet der Normzweck des § 253 Abs. 1 InsO aber eine teleologische Reduktion. Gläubiger, die den Rechtswirkungen des Insolvenzplans nach §§ 254 bis 254b InsO nicht unterworfen sind, sind nicht beschwerdeberechtigt.[3] Dementsprechend sind aussonderungsberechtigte Gläubiger, Massegläubiger und Neugläubiger nicht beschwerdeberechtigt, da der Insolvenzplan nach § 217 InsO in

---

1) BGH, Beschl. v. 23.10.2003 – IX ZB 369/02, ZIP 2004, 684; BGH, Beschl. v. 6.5.2004 – IX ZB 104/04, ZIP 2004, 1379, dazu EWiR 2004, 1003 *(Hintzen)*.

2) *Burmeister/Tasma* in: Kübler/Bork/Prütting, HRI II, § 38 Rz. 118.

3) *Burmeister/Tasma* in: Kübler/Bork/Prütting, HRI II, § 38 Rz. 120; *Fiebig* in: HK-InsO, § 253 Rz. 2.

ihre Rechte nicht eingreifen kann.[4] Wenn der Plan unzulässiger Weise in die Rechte dieser Gläubiger eingreift, sind diese ausnahmsweise beschwerdeberechtigt.[5]

Beschwerdeberechtigt sind somit **Insolvenzgläubiger, nachrangige Gläubiger**[6] und **absonderungsberechtigte Gläubiger**, soweit in ihre Rechte durch den Insolvenzplan eingegriffen wird.[7] 9

Aufgrund des § 254b InsO entfällt die Beschwerdeberechtigung auch nicht für die Insolvenzgläubiger, die ihre Forderungen nicht zur Insolvenztabelle angemeldet haben.[8] Auch Gläubiger mit bestrittenen Forderungen und nicht zum Erörterungs- und Abstimmungstermin geladene Gläubiger sind beschwerdeberechtigt.[9] 10

b) Schuldner und Anteilsinhaber

Für die Beschwerdeberechtigung des Schuldners gelten keine Besonderheiten. Der **Schuldner** ist uneingeschränkt beschwerdeberechtigt. Wenn der Schuldner keine natürliche Person ist, sind auch die **Anteilsinhaber** beschwerdeberechtigt, wenn der Plan in ihre Rechte eingreift (siehe auch § 31 [*Brünkmans*] und § 58 Rz. 78 ff. [*Brünkmans/Harmann*]).[10] 11

3. Beschwer (§ 253 Abs. 2 InsO)

Die Beschwerde gegen die Planbestätigung ist nur zulässig, wenn der Beschwerdeführer **formell** und **materiell beschwert** ist. 12

a) Formelle Beschwer

Die Beschwerde setzt voraus, dass der Beschwerdeführer dem **Insolvenzplan** gemäß § 253 Abs. 2 Nr. 1 InsO **spätestens im Abstimmungstermin** schriftlich oder zu Protokoll **widersprochen** und gemäß § 253 Abs. 2 Nr. 2 InsO **gegen** den **Insolvenzplan gestimmt** hat. Diese Voraussetzungen gelten nach § 253 Abs. 3 InsO nur dann, wenn in der öffentlichen Bekanntmachung des Erörterungs- und Abstimmungstermins und in der Ladung zu diesem Termin auf die Notwendigkeit des Widerspruchs und der Ablehnung des Plans besonders hingewiesen wurde.[11] Anderenfalls ist eine formelle Beschwer nicht erforderlich. 13

Das Zulässigkeitserfordernis des § 253 Abs. 2 Nr. 2 InsO – das Stimmen gegen den Insolvenzplan im Abstimmungstermin – können nur diejenigen Gläubiger und Beteiligte erfüllen, die überhaupt stimmberechtigt sind. Nach §§ 237 Abs. 1, 77 InsO sind nachrangige Gläubiger nicht und Gläubiger mit bestrittenen Forderungen grundsätzlich nicht stimmberech- 14

---

4) *Sinz* in: MünchKomm-InsO, § 253 Rz. 12 ff.; *Burmeister/Tasma* in: Kübler/Bork/Prütting, HRI II, § 38 Rz. 121.

5) Römermann-*Rühle*, InsO/InsR, § 253 InsO Rz. 8.

6) *Sinz* in: MünchKomm-InsO, § 253 Rz. 10. Nach überzeugender h. M. sind nach § 39 Abs. 1 Nr. 3 InsO nachrangige Gläubiger hiervon ausgenommen, da gemäß § 225 Abs. 3 InsO die Haftung des Schuldners für die Verbindlichkeiten gegenüber diesen Gläubigern für die Zeit nach Beendigung des Insolvenzverfahrens weder ausgeschlossen noch eingeschränkt werden kann, vgl. nur Römermann-*Rühle*, InsO/InsR, § 253 InsO Rz. 8; *Sinz* in: MünchKomm-InsO, § 253 Rz. 11 m. w. N.; a. A. Braun-*Braun/Frank*, InsO, § 253 Rz. 7, denen zufolge nachrangigen Gläubigern aufgrund des § 225 Abs. 1 InsO generell kein Beschwerderecht zustehen soll.

7) *Sinz* in: MünchKomm-InsO, § 253 Rz. 12 m. w. N.

8) So auch K. Schmidt-*Spliedt*, InsO, § 253 Rz. 6.

9) BGH, Urt. v. 13.1.2011 – IX ZB 29/10, ZIP 2011, 781; *Pleister* in: KPB, InsO, § 253 Rz. 8.

10) Begr. RegE ESUG, BT-Drucks. 17/5712, S. 35; *Burmeister/Tasma* in: Kübler/Bork/Prütting, HRI II, § 38 Rz. 123.

11) Einer zusätzlichen ausdrücklichen Belehrung über das Erfordernis des förmlichen Widerspruchs in der Gläubigerversammlung bedarf es nicht, LG Köln, Beschl. v. 18.9.2017 – 1 T 349/17, Rz. 22, ZInsO 2017, 2563.

tigt.[12] Nachrangige Gläubiger und nicht nachrangige Gläubiger, denen ein Stimmrecht zu Unrecht verweigert wurde, könnten danach keine zulässige Beschwerde gegen die Bestätigung des Insolvenzplans erheben. Das wäre mit dem Justizgewährungsanspruch des Art. 19 Abs. 4 GG nicht vereinbar, zumal den Gläubigern, denen vom Insolvenzgericht zu Unrecht ein Stimmrecht nicht gewährt wurde, auch dagegen kein Beschwerderecht zusteht.[13]

15 Aus den Gesetzesmaterialien ergibt sich weder, dass für Beteiligte ohne Stimmrechte eine Ausnahme vom Zulässigkeitserfordernis der Gegenstimme gilt, noch dass die sofortige Beschwerde gegen die Planbestätigung diesen Beteiligten nicht zustehen solle. Der Gesetzgeber hat aber zum Ausdruck gebracht, dass die Beschwerde nur dann zulässig sein soll, wenn der Beschwerdeführer zuvor seine verfahrensmäßigen Möglichkeiten ausgeschöpft hat, um die Bestätigung des Plans zu verhindern.[14] Das eröffnet den Weg zu einer teleologischen Reduktion des § 253 Abs. 2 Nr. 2 InsO für die Fälle, in denen dem Beteiligten kein Stimmrecht zusteht.[15] Die Vorschrift des **§ 253 Abs. 2 Nr. 2 InsO** findet daher **nur Anwendung auf Gläubiger oder Anteilseigner, die an der Abstimmung über den Insolvenzplan teilnehmen durften.**[16] Dafür spricht auch der Regelungsgedanke des § 253 Abs. 3 InsO, wonach der Beschwerdeführer seine verfahrensrechtlichen Möglichkeiten nur ausnutzen muss, wenn ihm dies möglich war.[17] Die teleologische Reduktion erscheint daher eher angemessen, als die Betroffenen auf den Minderheitenschutzantrag nach § 251 InsO zu verweisen und erforderlichenfalls nach dem Gesetzgeber zu rufen.[18]

16 Es ist **kein ungeschriebenes Tatbestandsmerkmal** des § 253 Abs. 2 InsO, dass der Beschwerdeführer einen **Minderheitenschutzantrag** gemäß § 251 Abs. 1 InsO gestellt hat. Das überwiegende Schrifttum sah in dem Minderheitenschutzantrag zunächst ein zusätzliches ungeschriebenes Zulässigkeitsmerkmal.[19] Diese Ansicht wurde in erster Linie damit begründet, dass der Beschwerdeführer seine verfahrensrechtlichen Möglichkeiten vollumfänglich ausschöpfen solle und das Beschwerdegericht durch die Vorprüfung des Insolvenzgerichts entlastet werden könnte.[20] Das LG Berlin folgte dieser Ansicht und hatte in dem „*Suhrkamp*-Verfahren" die Beschwerde des Minderheitsgesellschafters gegen die Planbestätigung mangels Minderheitenschutzantrages nach § 251 Abs. 1 InsO als unzulässig zurückgewiesen.[21] Durch aufhebenden Beschluss des BGH wurde höchstrichterlich entschieden, dass die sofortige Beschwerde gegen die Bestätigung eines Insolvenzplans auch ohne vorherigen Minderheitenschutzantrag nach § 251 InsO grundsätzlich zulässig ist.[22] Allerdings kann der Beschwerdeführer seine sofortige Beschwerde dann nicht mehr ausschließlich auf seine wirtschaftliche Schlechterstellung gegenüber dem Regelin-

---

12) Mit zutreffender weiterer Differenzierung *Burmeister/Tasma* in: Kübler/Bork/Prütting, HRI II, § 38 Rz. 133 und Rz. 134.

13) *Sinz* in: MünchKomm-InsO, § 253 Rz. 11.

14) Begr. RegE ESUG, BT-Drucks. 17/5712, S. 35.

15) *Pleister* in: KPB, § 253 Rz. 15.

16) *Burmeister/Tasma* in: Kübler/Bork/Prütting, HRI II, § 38 Rz. 133; Uhlenbruck-*Lüer/Streit*, InsO, § 253 Rz. 6; *Sinz* in: MünchKomm-InsO, § 253 Rz. 11; K. Schmidt-*Spliedt*, InsO, § 235 Rz. 7.

17) *Burmeister/Tasma* in: Kübler/Bork/Prütting, HRI II, § 38 Rz. 133.

18) So aber *Thies* in: HambKomm-InsR, § 253 InsO Rz. 17.

19) Braun-*Braun/Frank*, InsO, 6. Aufl., 2014, § 253 Rz. 11; *Fischer*, NZI 2013, 513, 515; *Fölsing*, EWiR 2014, 293, 294 (Urteilsanm.); *Haas* in: HK-InsO, 8. Aufl., 2016, § 253 Rz. 6; *Skauradszun*, DZWIR 2014, 338, 339.

20) Zusammenfassend *Skauradszun*, DZWIR 2014, 338, 339 ff.

21) LG Berlin, Beschl. v. 24.2.2014 – 51 T 107/14 (Suhrkamp), ZIP 2014, 893.

22) BGH, Beschl. v. 17.7.2014 – IX ZB 13/14 (Suhrkamp), ZIP 2014, 1442, dazu EWiR 2014, 521 *(Madaus)*, m. ausführl. Begr. So auch *Burmeister/Tasma* in: Kübler/Bork/Prütting, HRI II, § 38 Rz. 132; *Lehmann/Rühle*, NZI 2014, 889, 893; *Sinz* in: MünchKomm-InsO, § 251 Rz. 57; K. Schmidt-*Spliedt*, InsO, § 251 Rz. 17 und § 253 Rz. 6.

solvenzverfahren, also eine Verletzung des § 251 InsO, stützen. In diesem Fall ist der vorherige Minderheitenschutzantrag Zulässigkeitsvoraussetzung der sofortigen Beschwerde.[23]

b) Materielle Beschwer

Ferner muss der Beschwerdeführer **materiell beschwert** sein. Gemäß § 253 Abs. 2 Nr. 3 InsO muss der Beschwerdeführer[24] dazu **glaubhaft machen**, dass er durch den Insolvenzplan **wesentlich schlechtergestellt** wird, als er ohne einen Insolvenzplan stünde, und dass dieser **Nachteil nicht durch eine Zahlung** aus den in der Nachbesserungsklausel genannten Mitteln **ausgeglichen werden kann.** 17

Im Unterschied zu § 251 Abs. 1 Nr. 2 InsO begnügt sich § 253 Abs. 2 Nr. 3 InsO nicht mit jeder Schlechterstellung, sondern setzt eine **wesentliche Schlechterstellung** voraus. Abweichend von § 251 Abs. 1 Nr. 2 InsO bedarf es nicht der im Wege des Amtsermittlungsgrundsatzes zu treffenden Feststellung, ob die Schlechterstellung tatsächlich vorliegt.[25] Die sofortige Beschwerde ist bereits dann zulässig, wenn der Beschwerdeführer die wesentliche Schlechterstellung **glaubhaft** macht. 18

Nach der Gesetzesbegründung soll eine Schlechterstellung **wesentlich** sein, wenn die **Abweichung** von dem Wert, den der Beschwerdeführer voraussichtlich bei einer Verwertung ohne Insolvenzplan erhalten hätte, **mindestens 10 %** beträgt.[26] Ziel der Erheblichkeitsschwelle ist, die Beschwerden solcher Personen auszuschließen, die eine geringfügige Forderung nur zu dem Zweck erwerben, gegen den Insolvenzplan zu opponieren und damit eine Blockadestellung erhalten,[27] um den Eintritt der Wirkungen des Insolvenzplans zu verzögern bzw. zu verhindern. Neben der in der Gesetzesbegründung genannten relativen Erheblichkeitsschwelle erfordert eine wesentliche Schlechterstellung i. S. dieser Vorschrift auch, dass ein in seiner absoluten Höhe wesentlicher Nachteil glaubhaft gemacht wird. Beträge im vierstelligen Euro-Bereich sollen dafür allenfalls in Kleinverfahren ausreichen.[28] Der Ausschluss der sofortigen Beschwerde in Fällen einer unwesentlichen Schlechterstellung ist verfassungsrechtlich unbedenklich. Das BVerfG hat bekräftigt, dass weder durch den allgemeinen Justizgewährungsanspruch noch durch das in Art. 19 Abs. 4 GG enthaltene Gebot effektiven Rechtsschutzes garantiert wird, dass gegen eine richterliche Entscheidung eine zweite richterliche Instanz angerufen werden kann. Das BVerfG hat in seiner Entscheidung, die die Stimmrechtsfestsetzung im Insolvenzverfahren betraf, hervorgehoben, dass der Schutz der Rechte der Gläubiger einen zügigen und reibungslosen Ablauf des Insolvenzverfahrens verlangt.[29] 19

Im Schrifttum ist umstritten, ob für die **Wesentlichkeit der Schlechterstellung des Schuldners** bei dem Vergleich zwischen seiner Stellung im Insolvenzplan oder Regelinsolvenz- 20

23) So ausdrücklich *Brünkmans*, ZInsO 2014, 993, 997.

24) Das Zulässigkeitserfordernis des § 253 Abs. 2 Nr. 3 InsO gilt nicht nur für Gläubiger, sondern auch für den Schuldner und Anteilsinhaber, da der Sinn und Zweck der Erheblichkeitsschwelle darin besteht, eine Gefährdung des Sanierungserfolgs durch opportunistische Beschwerden zu vermeiden, Römermann-*Rühle*, InsO/InsR, § 253 InsO Rz. 22; vgl. auch *Burmeister/Tasma* in: Kübler/Bork/Prütting, HRI II, § 38 Rz. 138 und 139; *Pleister* in: KPB, InsO, § 253 Rz. 18; *Thies* in: HambKomm-InsR, § 253 InsO Rz. 18 – für Anteilsinhaber; BGH, Beschl. v. 17.7.2014 – IX ZB 13/14 (Suhrkamp), ZIP 2014, 1442, 1445 – für Kommanditisten; LG Bonn, Beschl. v. 10.7.2014 – 6 T 178/14 – für Aktionäre.

25) BGH, Beschl. v. 17.7.2014 – IX ZB 13/14 (Suhrkamp), ZIP 2014, 1442, 1445.

26) Begr. RegE ESUG, BT-Drucks. 17/5712, S. 35.

27) Begr. RegE ESUG, BT-Drucks. 17/5712, S. 35 f.

28) Uhlenbruck-*Lüer/Streit*, InsO, 253 Rz. 8. Dem hat sich LG Wuppertal, Beschl. v. 18.5.2016 – 16 T 116/16, ZInsO 2016, 1164, angeschlossen.

29) BVerfG, Beschl. v. 26.11.2009 – 1 BvR 339/09, ZIP 2010, 237.

verfahren auf wirtschaftliche Gesichtspunkte abzustellen ist.[30] Die bejahende Ansicht wird damit begründet, dass die Praktikabilität und die wirtschaftliche Ausrichtung des Insolvenzplanverfahrens eine wirtschaftliche Betrachtung gebieten.[31] Dies vermag nicht für alle Beteiligten zu überzeugen. Nur die Gläubiger verfolgen im Insolvenzverfahren rein finanzielle Interessen. Der Schuldner verfolgt hingegen andere Interessen. Denn die InsO gewährleistet dem Schuldner einen Mindeststandard an Rechten, in die gegen seinen Willen nicht eingegriffen werden kann.[32] Deshalb ist für die Schlechterstellung des Schuldners entscheidend, ob eine Verschlechterung der Rechtsstellung des Schuldners gegeben ist.

21 Eine Schlechterstellung der **Anteilsinhaber** wird hingegen regelmäßig nicht vorliegen, da ihre Beteiligungen in der Regelinsolvenz meistens wertlos sind und Überschüsse nach § 199 Satz 2 InsO dann nicht zu erwarten sind. Wenn die Anteile an der Insolvenzschuldnerin dagegen ausnahmsweise trotz der Insolvenz derart werthaltig sind, dass für die Anteilsinhaber in einem Regelinsolvenzverfahren nach Vollbefriedigung aller Gläubiger ein Überschuss verbleibt und sie nach den Regelungen des Insolvenzplans weniger erhalten würden, werden auch die Anteilsinhaber schlechtergestellt.

22 Das gilt nicht nur, wenn der Insolvenzplan eine geringere Zahlung an die Anteilsinhaber vorsieht, sondern auch, wenn in ihre Gesellschafterrechte eingegriffen wird.[33] So hat der BGH im „*Suhrkamp*-Verfahren" eine Schlechterstellung der Minderheitengesellschafterin für möglich gehalten. Dort sah der Insolvenzplan vor, dass die mit erheblichen Mitwirkungsrechten ausgestattete Kommanditbeteiligung in eine verwässerbare Aktienbeteiligung umgewandelt wird, die von der Gesellschafterin aufgrund der außerdem vorgesehenen Vinkulierung (§ 68 AktG) nur mit Zustimmung der Schuldnerin hätte veräußert werden können, obwohl alle Insolvenzgläubiger ohne die Notwendigkeit weiterer Sanierungsmaßnahmen voll befriedigt werden konnten.[34]

23 § 253 Abs. 2 Nr. 3 InsO nimmt schließlich Bezug auf die Regelung in § 251 Abs. 3 InsO. Der Beschwerdeführer muss glaubhaft machen, dass die Schlechterstellung **nicht durch eine Zahlung aus den in der Nachbesserungsklausel genannten Mitteln ausgeglichen werden kann**. Dies setzt eine nachvollziehbare Darstellung voraus, weshalb die fehlende Kompensationsmöglichkeit überwiegend wahrscheinlich ist.[35] Auf den tatsächlichen Ausgleich des Nachteils kommt es nicht an; der Beschwerdeführer muss vielmehr glaubhaft machen, dass der Nachteilsausgleichsanspruch aus den nach § 251 Abs. 3 InsO bereitgestellten Mitteln schon von vornherein nicht erfolgen kann.[36]

Praxishinweis

Das Zulässigkeitserfordernis der Glaubhaftmachung der wesentlichen Schlechterstellung entfällt auch dann nicht, wenn der Beschwerdeführer ausschließlich einen Rechtsverstoß und nicht seine wesentliche Schlechterstellung rügt.[37]

30) Dies bejahend *Jaffé* in: FK-InsO, § 247 Rz. 5; Uhlenbruck-*Lüer/Streit*, InsO, § 247 Rz. 8; *Thies* in: HambKomm-InsR, § 247 InsO Rz. 7; a. A. Braun-*Braun/Frank*, InsO, § 247 Rz. 2; *Burmeister/Tasma* in: Kübler/Bork/Prütting, HRI II, § 38 Rz. 138; Römermann-*Rühle*, InsO/InsR, § 247 InsO Rz. 4; differenzierend *Sinz* in: MünchKomm-InsO, § 247 Rz. 23.

31) *Thies* in: HambKomm-InsR, § 247 InsO Rz. 7.

32) Braun-*Braun/Frank*, InsO, § 247 Rz. 2.

33) S. dazu auch *Schäfer*, ZIP 2016, 1911 ff. und oben § 20 Rz. 42 [*Hirschberger*].

34) BGH, Beschl. v. 17.7.2014 – IX ZB 13/14 (Suhrkamp), Rz. 41, ZIP 2014, 1442.

35) *Fischer*, NZI 2013, 513, 514.

36) *Burmeister/Tasma* in: Kübler/Bork/Prütting, HRI II, § 38 Rz. 142; *Sinz* in: MünchKomm-InsO, § 253 Rz. 35.

37) BGH, Beschl. v. 17.7.2014 – IX ZB 13/14 (Suhrkamp), Rz. 26 f., ZIP 2014, 1442, 1445; zustimmend *Lehmann/Rühle*, NZI 2014, 889, 892; Römermann-*Rühle*, InsO/InsR, § 253 InsO Rz. 22; a. A. *Brünkmans*, ZInsO 2014, 993, 997.

4. Rechtsschutzinteresse

Die Beschwerde gegen die Bestätigung des Insolvenzplans ist nur zulässig, wenn der Beschwerdeführer ein Rechtsschutzinteresse an der Versagung der Planbestätigung hat. Dieses wird regelmäßig durch die Beschwer indiziert.[38] Das Rechtsschutzinteresse eines Gläubigers kann sich daraus ergeben, dass die unzulässige Bevorzugung eines anderen Gläubigers gerügt wird und bei Durchführung eines insoweit berichtigten Plans eine Besserstellung des Beschwerdeführers möglich erscheint.[39] Das Rechtsschutzinteresse entfällt nicht deswegen, weil ein Beschwerdeführer keinen Minderheitenschutzantrag nach § 251 InsO gestellt hat. Aus einer Äußerung in der Gesetzesbegründung, dass der Beschwerdeführer seine verfahrensmäßigen Rechte auszuschöpfen hat, kann eine solche Notwendigkeit nicht hergeleitet werden.[40] 24

5. Form und Frist

a) Form

Die sofortige Beschwerde wird gemäß § 4 InsO i. V. m. § 569 Abs. 2 Satz 1 ZPO durch Einreichung einer **Beschwerdeschrift** eingelegt. Die Beschwerde kann ferner gemäß § 4 InsO i. V. m. § 569 Abs. 3 Nr. 1 ZPO **durch Erklärung zu Protokoll der Geschäftsstelle** eingelegt werden, da vor dem Insolvenzgericht kein Anwaltszwang besteht. 25

Der **Mindestinhalt** der Beschwerdeschrift ergibt sich aus § 569 Abs. 2 Satz 2 ZPO. Hiernach muss die Beschwerdeschrift die Bezeichnung der angefochtenen Entscheidung sowie die Erklärung enthalten, dass Beschwerde gegen diese Entscheidung eingelegt werde. Darüber hinaus muss der Beschwerdeführer erkennbar sein, damit die Beschwerde zugeordnet werden kann.[41] Eine Begründung ist darüber hinaus nicht erforderlich, gleichsam aber empfehlenswert, um eine Präklusion zu verhindern, soweit für das Vorbringen von Angriffs- und Verteidigungsmitteln eine gerichtliche Frist gesetzt wurde. 26

Die Beschwerdeschrift kann auf dem **Postwege**, durch **Telegramm**, **Fernschreiben**, **Telefax** oder **Computerfax** mit eingescannter Unterschrift übermittelt sowie als **elektronisches Dokument** eingereicht werden.[42] 27

b) Frist

Die sofortige Beschwerde ist gemäß § 4 InsO i. V. m. § 569 Abs. 1 Satz 1 ZPO binnen einer **Notfrist von zwei Wochen** bei dem Insolvenzgericht einzulegen. Abweichend von § 569 Abs. 1 Satz 2 ZPO beginnt die Frist gemäß § 6 Abs. 2 InsO mit der Verkündung des Beschlusses, durch den der Insolvenzplan bestätigt wird. 28

Hat der Beschwerdeführer die Frist zur Einlegung der sofortigen Beschwerde versäumt, kann das Insolvenzgericht die **Wiedereinsetzung in den vorigen Stand** gewähren. Der Wiedereinsetzungsantrag kann mit der Einlegung der Beschwerde verbunden werden.[43] Für die Wiedereinsetzung gelten gemäß § 4 InsO die §§ 233 bis 238 ZPO. 29

---

38) *Burmeister/Tasma* in: Kübler/Bork/Prütting, HRI II, § 38 Rz. 118 – für das insoweit wohl synonym verwendete Rechtsschutzbedürfnis.

39) Vgl. BGH, Beschl. v. 7.7.2005 – IX ZB 266/04, ZIP 2005, 1648, dazu EWiR 2006, 279 *(v. Gleichenstein)*.

40) BGH, Beschl. v. 17.7.2014 - IX ZB 13/14 (Suhrkamp), Rz. 17 ff., ZIP 2014, 1442. In diesem Sinne aber *Fischer*, NZI 2013, 513, 515; *Fölsing*, EWiR 2014, 293 (Urteilsanm.).

41) *Hamdorf* in: MünchKomm-ZPO, § 569 Rz. 12.

42) *Hamdorf* in: MünchKomm-ZPO, § 569 Rz. 14.

43) *Hamdorf* in: MünchKomm-ZPO, § 569 Rz. 11.

II. Begründetheit

30 Die sofortige Beschwerde gegen die Bestätigung des Insolvenzplans ist begründet, soweit ein **Verstoß gegen die Vorschriften über die Planbestätigung**, die §§ 248 bis 252 InsO, vorliegt. Die Beschwerde kann daher auch begründet sein, wenn eine Vorschrift über

- den Inhalt,
- das Verfahren,
- die Annahme des Plans oder
- die Zustimmung zum Plan

verletzt wurde. Der Prüfungsumfang im Beschwerdeverfahren nach § 253 InsO entspricht demjenigen der Rechtmäßigkeitsprüfung des Insolvenzgerichts im Bestätigungsverfahren.[44]

31 Nach der Rechtsprechung des BGH ist die **wesentliche Schlechterstellung** dagegen lediglich Zulässigkeitsvoraussetzung der sofortigen Beschwerde, aber **keine Voraussetzung für die Begründetheit.**[45]

Praxishinweis

Das heißt, der Beschwerdeführer muss seine wesentliche Schlechterstellung nur glaubhaft machen, um die Zulässigkeit seiner Beschwerde zur erreichen. Hat er diese Schwelle überschritten, kann seine Beschwerde auch begründet und damit erfolgreich sein, selbst wenn eine Schlechterstellung tatsächlich nicht vorliegt.

32 Allerdings kann der Beschwerdeführer sich mit der Beschwerde dann nicht auf eine Verletzung des § 251 InsO berufen, wenn er die behauptete Schlechterstellung durch den Insolvenzplan nicht durch den Minderheitenschutzantrag nach § 251 Abs. 2 InsO glaubhaft gemacht hat. In diesem Fall kann seine Beschwerde jedoch wegen einer Verletzung des § 250 InsO begründet sein (siehe dazu oben Rz. 16).

33 Ein weiteres Merkmal der Begründetheit ergibt sich aus § 253 Abs. 4 InsO. Wenn das alsbaldige Wirksamwerden des Insolvenzplans vorrangig erscheint, weil die Nachteile einer Verzögerung des Planvollzugs die Nachteile für den Beschwerdeführer überwiegen, weist das Beschwerdegericht die Beschwerde unverzüglich als unbegründet[46] zurück.

34 Voraussetzung der Begründetheit der sofortigen Beschwerde ist also das **Fehlen eines vorrangigen Planvollzugsinteresses.** Dieses Merkmal wird indes nur auf Antrag des Insolvenzverwalters im Freigabeverfahren nach § 253 Abs. 4 InsO geprüft und ersetzt dann die Prüfung eines Verstoßes gegen die Vorschriften über die Planbestätigung (siehe dazu unten Rz. 52 ff.).

---

44) BGH, Beschl. v. 17.7.2014 – IX ZB 13/14 (Suhrkamp), Rz. 34 f., ZIP 2014, 1442; *Burmeister/Tasma* in: Kübler/Bork/Prütting, HRI II, § 38 Rz. 150; K. Schmidt-*Spliedt*, InsO, § 253 Rz. 13; *Thies* in: HambKomm-InsR, § 253 InsO Rz. 21.

45) BGH, Beschl. v. 17.7.2014 – IX ZB 13/14 (Suhrkamp), Rz. 38, ZIP 2014, 1442; *Burmeister/Tasma* in: Kübler/Bork/Prütting, HRI II, § 38 Rz. 153 ff.; K. Schmidt-*Spliedt*, InsO, § 253 Rz. 13; Römermann-*Rühle*, InsO/InsR, § 253 InsO Rz. 18 f.; *Sinz* in: MünchKomm-InsO, § 253 Rz. 55. Zu Recht kritisch zur daraus folgenden Wertung: K. Schmidt-*Spliedt*, InsO, § 253 Rz. 16.

46) *Sinz* in: MünchKomm-InsO, § 253 Rz. 84.

Praxishinweis (für den Beschwerdeführer)

Der Beschwerdeführer muss regelmäßig damit rechnen, dass das Insolvenzgericht seiner sofortigen Beschwerde nicht abhilft, sondern sie dem Beschwerdegericht vorlegt und dass der Insolvenzverwalter einen Antrag nach § 253 Abs. 4 InsO auf unverzügliche Zurückweisung der sofortigen Beschwerde stellen wird. Da das Beschwerdegericht zwar gehalten ist, dem Beschwerdeführer rechtliches Gehör zu gewähren, muss es ihm den Antrag auf unverzügliche Zurückweisung zur Stellungnahme übersenden.[47] Es kann dafür aber wegen des Eilcharakters des Freigabeverfahrens eine sehr kurze Frist setzen und wird in der Regel ohne mündliche Verhandlung entscheiden, §§ 4, 6 InsO i. V. m. §§ 572 Abs. 4, 128 Abs. 4 ZPO.

Es ist dem Beschwerdeführer daher zu empfehlen, vorsorglich schon mit der Beschwerdebegründung eine **Schutzschrift** an das LG zu richten und darin darzulegen, warum ein Antrag nach § 253 Abs. 4 InsO seiner Ansicht nach keine Aussicht auf Erfolg hätte und um Gewährung einer Stellungnahmefrist nach Erhalt eines Freigabeantrages zu bitten.

III. Suspensiveffekt der sofortigen Beschwerde

Nach § 4 InsO i. V. m. § 570 Abs. 1 ZPO hat die sofortige Beschwerde nach § 253 InsO 35
keine aufschiebende Wirkung. Über § 254 Abs. 1 InsO kommt ihr aber eine **mittelbare aufschiebende Wirkung** zu. Denn danach treten die Wirkungen des Insolvenzplans erst mit Rechtskraft der Bestätigung des Insolvenzplans ein. Solange also das Insolvenzgericht und/oder das Beschwerdegericht nicht über die sofortige Beschwerde entschieden haben, kommt ihr ein **Suspensiveffekt** zu.[48] Der Gesetzgeber hat diesen Suspensiveffekt trotz seines Zieles, Blockaden Einzelner zu verhindern, bewusst nicht aufgegeben, da das mit der Rechtsnatur des Insolvenzplans, der mit seiner Bestätigung materiell-gestaltende Wirkung entfaltet, nicht vereinbar gewesen wäre.[49]

Hat das Beschwerdegericht die Rechtsbeschwerde gegen seine Entscheidung zugelassen, 36
tritt die Rechtskraft des Bestätigungsbeschlusses erst ein, wenn die Rechtsbeschwerdefrist abgelaufen ist, ohne dass der Beschwerdeführer die Rechtsbeschwerde eingelegt hat oder wenn der BGH als Rechtsbeschwerdegericht entschieden hat.

IV. Verfahren und Entscheidung des Gerichts

1. Entscheidung des Insolvenzgerichts (Abhilfeverfahren)

Das Insolvenzgericht, bei dem die sofortige Beschwerde nach § 6 Abs. 1 Satz 2 InsO ein- 37
zulegen ist, entscheidet zunächst selbst im Abhilfeverfahren gemäß § 4 InsO i. V. m. § 572 Abs. 1 ZPO. Dabei muss es neues Vorbringen berücksichtigen.[50] Vor der Abänderung des (eigenen) angefochtenen Bestätigungsbeschlusses muss das Gericht rechtliches Gehör gewähren.

Die Entscheidung über die sofortige Beschwerde erfolgt nach § 4 InsO i. V. m. § 572 Abs. 4 38
ZPO durch Beschluss und kann nach § 128 Abs. 4 ZPO ohne mündliche Verhandlung ergehen.

Hält das Insolvenzgericht die Beschwerde für begründet, hilft es ihr durch neue Entschei- 39
dung ab. Der Beschluss ist zu begründen. Anderenfalls legt das Insolvenzgericht die Beschwerde unverzüglich dem LG als Beschwerdegericht zur Entscheidung vor, § 4 InsO i. V. m. § 572 Abs. 1 Satz 1 ZPO.

---

47) *Hamdorf* in: MünchKomm-ZPO, § 572 Rz. 18.

48) K. Schmidt-*Spliedt*, InsO, § 253 Rz. 1; *Thies* in: HambKomm-InsR, § 253 InsO Rz. 22.

49) Begr. RegE ESUG, BT-Drucks. 17/5712, S. 35.

50) K. Schmidt-*Stephan*, InsO, § 6 Rz. 17.

40 Die Abhilfebefugnis des Insolvenzgerichts entfällt nach § 253 Abs. 4 Satz 1 Halbs. 2 InsO in dem Moment, in dem beim Beschwerdegericht ein **Freigabeantrag** nach § 253 Abs. 4 Satz 1 InsO eingeht (siehe zum Freigabeantrag Rz. 53 ff.).[51] Die Sache ist dann unverzüglich an das Beschwerdegericht abzugeben.[52]

2. Entscheidung des Beschwerdegerichts

41 Das Beschwerdegericht hat als zweite Tatsacheninstanz neue Tatsachen und Beweismittel uneingeschränkt zu berücksichtigen, § 4 InsO i. V. m. § 571 Abs. 2 Satz 1 ZPO. Auch im Beschwerdeverfahren gilt der Untersuchungsgrundsatz des § 5 InsO. Das Beschwerdegericht kann wie das Insolvenzgericht ohne mündliche Verhandlung entscheiden. Regelmäßig dürfte das Beschwerdegericht dem Insolvenzverwalter und wenn der Schuldner Planverfasser ist, auch diesem Gelegenheit zur Stellungnahme geben. Der Beschwerdeführer kann sich selbst vertreten; es gilt selbst bei mündlicher Verhandlung kein Anwaltszwang.[53]

42 Unzulässige Beschwerden werden vom LG verworfen, zulässige, aber unbegründete, zurückgewiesen.

43 Ist die Beschwerde zulässig und begründet, hat das Beschwerdegericht verschiedene Möglichkeiten. In Betracht kommen

- die Rückübertragung an das Insolvenzgericht,
- die Aufhebung des Bestätigungsbeschlusses und Übertragung an das Insolvenzgericht oder
- die Aufhebung und Entscheidung des Beschwerdegerichts über die Sache selbst.[54]

44 Der Insolvenzplan muss aber nicht ersatzlos aufgehoben werden, sodass einzelne Verfahrensabschnitte wiederholt werden können.[55] Selbst die Abstimmung über den Insolvenzplan durch die Gläubiger muss nicht hinfällig geworden sein,[56] es sei denn, der Gesetzesverstoß betrifft auch die Abstimmung über den Plan, sodass das Verfahren in den Stand vor der Erörterung und Abstimmung zurückversetzt wird.[57]

45 Sobald der Insolvenzverwalter oder der eigenverwaltende Schuldner im **Freigabeverfahren** nach § 253 Abs. 4 Satz 1 InsO beantragt, die Beschwerde unverzüglich zurückzuweisen, **ändert** sich **das Prüfungsprogramm** des Beschwerdegerichts. Was das Beschwerdegericht dann zu prüfen hat, hängt von der umstrittenen Berücksichtigung der Zulässigkeit und Begründetheit der sofortigen Beschwerde im Freigabeverfahren nach § 253 Abs. 4 InsO ab (siehe dazu ausführlich Rz. 72 ff.). Je nachdem, ob Zulässigkeit und Begründetheit der sofortigen Beschwerde überhaupt noch eine Rolle spielen, darf sich das Beschwerdegericht damit noch befassen. So ist umstritten, ob das Beschwerdegericht die Zulässigkeit noch prüfen darf oder muss. Einer Auffassung zufolge müsse das Beschwerdegericht auch im Freigabeverfahren des § 253 Abs. 4 InsO zunächst die Zulässigkeit der sofortigen Beschwerde prüfen. Denn nach § 253 Abs. 4 Satz 3 InsO steht dem Beschwerdeführer ein Schadensersatzanspruch zu, wenn seine Beschwerde nach Satz 1 der Norm zurückgewiesen

---

51) *Burmeister/Tasma* in: Kübler/Bork/Prütting, HRI II, § 38 Rz. 188; Uhlenbruck-*Lüer/Streit*, InsO, § 253 Rz. 17.

52) *Burmeister/Tasma* in Kübler/Bork/Prütting, HRI II, § 38 Rz. 187; K. Schmidt-*Spliedt*, InsO, § 253 Rz. 30.

53) K. Schmidt-*Stephan*, InsO, § 6 Rz. 20.

54) Kübler/Prütting/Bork-*Pleister*, InsO, § 253 Rz. 44; *Thies* in: HambKomm-InsR, § 253 InsO Rz. 24.

55) K. Schmidt-*Spliedt*, InsO, § 253 Rz. 29.

56) *Fiebig* in: HK-InsO, § 253 Rz. 15; *Thies* in: HambKomm-InsR, § 253 InsO Rz. 24.

57) *Burmeister/Tasma* in: Kübler/Bork/Prütting, HRI II, § 38 Rz. 157; *Sinz* in: MünchKomm-InsO, § 253 Rz. 94.

wurde. Das scheide aber aus, wenn die Beschwerde schon unzulässig ist.[58] Nach a. A. bedarf es dagegen keiner Entscheidung des Beschwerdegerichts über die Zulässigkeit der sofortigen Beschwerde mehr.[59] Wieder Andere wollen die Zulässigkeit der sofortigen Beschwerde bei der Abwägung der Interessen berücksichtigen, was eine Befassung des Beschwerdegerichts damit erforderlich macht.[60]

Richtig dürfte es sein, dem Beschwerdegericht alle Möglichkeiten einzuräumen, um das Ziel, das der Gesetzgeber mit dem Freigabeverfahren erreichen wollte, zu erreichen. Erklärtes Ziel ist den Planvollzug zu beschleunigen und dazu die Rechtschutzmöglichkeiten gegen den Insolvenzplan weiter zu beschränken.[61] Wenn dieses Ziel der Beschleunigung dadurch erreicht werden kann, dass das Beschwerdegericht vorrangig eine Interessenabwägung vornimmt und die Prüfung von Zulässigkeit und Begründetheit der Beschwerde zurückstellt, so muss es so vorgehen und sich vorrangig mit der Zulässigkeit und Begründetheit des Antrages nach § 253 Abs. 4 InsO befassen. Das dürfte der Vorstellung des Gesetzgebers entsprechen. 46

Wenn das Beschwerdegericht aber ausnahmsweise schneller feststellen kann, dass die sofortige Beschwerde sicher unzulässig ist und es daher gegen eine dahingehende Entscheidung auch keine Rechtsbeschwerde zulassen müsste, muss es diesen Weg gehen und die Beschwerde trotz des Freigabeantrages als unzulässig verwerfen. Das hat auch den Vorteil, dass es so nicht mehr zu einer erfolglosen Schadensersatzklage nach § 253 Abs. 4 Satz 3 InsO[62] kommen kann. Entsprechendes gilt für den praktisch schwer vorstellbaren Fall der offensichtlich unbegründeten Beschwerde. 47

Wird der Freigabeantrag dagegen **als unzulässig verworfen** oder **als unbegründet** zurückgewiesen, so nimmt das Beschwerdegericht die Prüfung von Zulässigkeit und Begründetheit der sofortigen Beschwerde wieder auf, wenn es nach negativer Abhilfeentscheidung des Insolvenzgerichts schon mit der Sache befasst war, als der Antrag gestellt wurde. Das Beschwerdegericht sollte über die Zurückweisung des Antrages nach § 253 Abs. 4 InsO durch Beschluss entscheiden. Das gilt insbesondere in den Fällen, in denen das Insolvenzgericht zuvor nicht entschieden hat, ob es der sofortigen Beschwerde abhilft. Denn mit der Zurückweisung des Eilantrages durch das Beschwerdegericht erlangt das Insolvenzgericht seine Abhilfebefugnis wieder.[63] 48

V. Kosten des Verfahrens

Für das Beschwerdeverfahren fällt nur dann eine **Gerichtsgebühr** i. H. von 60 € an, wenn die sofortige Beschwerde verworfen oder zurückgewiesen wird.[64] Die **Rechtsanwaltsgebühren** setzten sich aus 0,5 Verfahrensgebühren für das Beschwerdeverfahren (RVG-VV Nr. 3500) und ggf. weiteren 0,5 Terminsgebühren (RVG-VV Nr. 3513) zusammen. Der **Gegenstandswert** berechnet sich nach § 4 InsO, § 3 ZPO. 49

58) K. Schmidt-*Spliedt*, InsO, § 253 Rz. 18.

59) *Burmeister/Tasma* in: Kübler/Bork/Prütting, HRI II, § 38 Rz. 190.

60) *Lehmann/Rühle*, NZI 2014, 889, 892.

61) Beschlussempfehlung und Bericht d. RA z. ESUG, BT-Drucks. 17/7511, S. 36.

62) Die Schadensersatzklage ist nur begründet, wenn die sofortige Beschwerde ohne den Freigabeantrag zulässig und begründet wäre, s. unten Rz. 78 ff.

63) *Burmeister/Tasma* in: Kübler/Bork/Prütting, HRI II, § 38 Rz. 188.

64) GKG Anlage 1, KV Nr. 2361; *Sinz* in: MünchKomm-InsO, § 253 Rz. 97.

> **Praxishinweis**
>
> Maßgeblich ist nicht der Wert der Insolvenzmasse zum Zeitpunkt der Abstimmung, sondern das Interesse des Beschwerdeführers an der Beseitigung des Bestätigungsbeschlusses.[65]

VI. Rechtsmittel

50 Gegen die gerichtliche Entscheidung über die sofortige Beschwerde findet **regelmäßig kein Rechtsmittel** statt. § 7 InsO in der bis zur Aufhebung vom 21.10.2011 geltenden Fassung sah vor, dass gegen die gerichtliche Entscheidung über die sofortige Beschwerde die Rechtsbeschwerde statthaft ist. Seither ist die Rechtsbeschwerde gemäß § 4 InsO i. V. m. § 574 Abs. 1 Nr. 2 ZPO gegen einen Beschluss nur noch statthaft, wenn das Beschwerdegericht sie in dem Beschluss zugelassen hat.

51 Eine Nichtzulassungsbeschwerde gegen die Entscheidungen der Beschwerdegerichte hat der Gesetzgeber nicht eröffnet.[66]

C. Freigabeverfahren (§ 253 Abs. 4 InsO)

I. Einleitung

52 Das in § 253 Abs. 4 InsO geregelte Freigabeverfahren ist auf Empfehlung des Rechtsausschusses mit dem **ESUG** eingeführt worden.[67] Es stellt eine weitere Maßnahme des Gesetzgebers dar, um Insolvenzplänen zum Vollzug zu verhelfen und die Rechtsmittel dagegen zu beschränken. Um den durch den Suspensiveffekt der Beschwerde (siehe dazu Rz. 35 f.) möglichen Verfahrensverzögerungen entgegenzuwirken, wurde mit dem Freigabeverfahren ein vorrangiges Eilverfahren geschaffen, das dem aktienrechtlichen Freigabeverfahren nach § 246a AktG nachempfunden ist.

53 Auf **Antrag des Insolvenzverwalters** nimmt das Beschwerdegericht eine Interessenabwägung zwischen dem Rechtsschutzinteresse des Beschwerdeführers und dem Vollzugsinteresse der übrigen Beteiligten vor und weist die Beschwerde unverzüglich zurück, wenn es das Vollzugsinteresse nach seiner freien Überzeugung überwiegt. Ausgeschlossen ist das aber, wenn ein besonders schwerer Rechtsverstoß vorliegt. Hat der Insolvenzverwalter mit seinem Antrag Erfolg, so wird dem Beschwerdeführer ein Anspruch eingeräumt, der auf finanziellen Ausgleich des Schadens gerichtet ist, der ihm durch den Planvollzug entsteht. Die Geltendmachung des Schadens erfolgt in einem abgekoppelten Zivilprozess nach Klage vor dem Beschwerdegericht.

54 Mit dem Freigabeverfahren des § 253 Abs. 4 InsO hat der Gesetzgeber dem Insolvenzverwalter oder dem eigenverwaltenden Schuldner schließlich ein derart scharfes Schwert zur Durchsetzung von Insolvenzplänen an die Hand gegeben, dass Plangegner die Durchsetzung praktisch kaum jemals werden verhindern können. Insolvenzverwalter werden auf sofortige Beschwerden gegen die Planbestätigung immer mit dem Freigabeantrag im Eilverfahren reagieren und damit in aller Regel auch Erfolg haben, so dass die Beschwerdeführer auf Ersatzansprüche verwiesen sind, die sie in anderen Verfahren durchsetzen müssen.

---

65) OLG Dresden, Beschl. v. 2.4.2008 – 13 W 1209/07, ZIP 2008, 1351; *Sinz* in: MünchKomm-InsO, § 253 Rz. 99; *Thies* in: HambKomm-InsR, § 253 InsO Rz. 31.

66) BGH, Beschl. v. 7.3.2002 – IX ZB 11/02, ZIP 2002, 959, dazu EWiR 2002, 835 *(Prütting)*.

67) S. hierzu auch die Beschlussempfehlung und Bericht d. RA z. ESUG, BT-Drucks. 17/7511, S. 36.

II. Zulässigkeit

1. Zuständigkeit

Für die Entscheidung über den Zurückweisungsantrag ist nach § 253 Abs. 4 Satz 1 InsO ausschließlich das **LG** als Beschwerdegericht zuständig. Es ist aber umstritten, ob der Antrag ausschließlich beim LG[68] oder auch beim Insolvenzgericht[69] gestellt werden kann. Die Frage kann dahin stehen. Im Interesse der Verfahrensbeschleunigung ist der antragstellende Insolvenzverwalter gut beraten, den Antrag beim LG zu stellen und dem Insolvenzgericht eine Abschrift zukommen zu lassen.[70] Denn wenn das Insolvenzgericht seine Abhilfeentscheidung noch nicht getroffen hat, wird es die Akte so schneller dem LG vorlegen und wenn das LG schon mit dem Beschwerdeverfahren befasst war, tritt keine Verzögerung dadurch ein, dass der Zurückweisungsantrag noch vom Insolvenzgericht weitergeleitet werden muss. 55

2. Antragsberechtigter

Den Abweisungsantrag nach § 253 Abs. 4 Satz 1 InsO kann nach dem Wortlaut der Norm nur der **Insolvenzverwalter** stellen. Im Falle der Eigenverwaltung ist auch der Schuldner antragsbefugt.[71] Es wird auch vertreten, zusätzlich dem Sachwalter das Antragsrecht einzuräumen[72] – jedenfalls wenn dieser von der Gläubigerversammlung beauftragt worden ist, einen Insolvenzplan zu erstellen.[73] 56

3. Form und Frist

In § 253 Abs. 4 InsO ist keine Form für den Antrag vorgegeben. Da der Antrag im Zusammenhang mit dem sofortigen Beschwerdeverfahren zu stellen ist, sind die allgemeinen Formvorschriften des § 4 InsO i. V. m. § 569 Abs. 2 und 3 ZPO anzuwenden.[74] 57

Eine Frist für den Antrag nach § 253 Abs. 4 InsO sieht das Gesetz nicht vor. Er kann 58

- aber erst gestellt werden, wenn eine sofortige Beschwerde erhoben wurde[75] und
- nur so lange, bis das Insolvenzgericht abgeholfen oder das Beschwerdegericht darüber entschieden hat.[76]

Wenn das Beschwerdegericht die sofortige Beschwerde **als unzulässig** verworfen hat, diese Entscheidung aber noch Gegenstand einer Rechtsbeschwerde ist, kann es über den späte- 59

---

68) So *Burmeister/Tasma* in: Kübler/Bork/Prütting, HRI II, § 38 Rz. 165; *Jaffé* in: FK-InsO, § 253 Rz. 22; K. Schmidt-*Spliedt*, InsO, § 253 Rz. 17; *Fischer*, NZI 2013, 513, 517.

69) *Hölzle*, Praxisleitfaden SanInsFoG, §§ 251, 253 InsO Rz. 36; *Leichtle* in: HambKomm-RestruktR, §§ 248–253 InsO Rz. 73; *Sinz* in: MünchKomm-InsO, § 253 Rz. 64; *Thies* in: HambKomm-InsR, § 253 InsO Rz. 25. Davon geht auch der Gesetzgeber aus, s. Beschlussempfehlung und Bericht d. RA z. ESUG, BT-Drucks. 17/7511, S. 36.

70) Vgl. *Thies* in: HambKomm-InsR, § 253 InsO Rz. 26.

71) LG Berlin, Beschl. v. 20.10.2014 – 51 T 696/14 (Suhrkamp), ZIP 2014, 2197, 2199, dazu EWiR 205, 23 *(Leib/Rendels)* und LG Berlin, Beschl. v. 14.4.2014 – 51 T 107/14 (Suhrkamp), ZInsO 2014, 963, 964; *Lehmann/Rühle*, NZI 2014, 889, 891; *Fischer*, NZI 2013, 513, 516; *Leichtle* in: HambKomm-RestruktR, §§ 248–253 InsO Rz. 75; *Sinz* in: MünchKomm-InsO, § 253 Rz. 60; K. Schmidt-*Spliedt*, InsO, § 253 Rz. 17.

72) *Sinz* in: MünchKomm-InsO, § 253 Rz. 60.

73) K. Schmidt-*Spliedt*, InsO, § 253 Rz. 17.

74) So auch *Leichtle* in: HambKomm-RestruktR, §§ 248–253 InsO Rz. 76.

75) *Jaffé* in: FK-InsO, § 253 Rz. 22.

76) *Lehmann/Rühle*, NZI 2014, 889, 892.

ren Antrag nach § 253 Abs. 4 InsO erst entscheiden, wenn seine Entscheidung aufgehoben wurde und es aufgrund der Zurückverweisung wieder mit der Sache befasst ist.[77)]

60 In der Literatur wird vertreten, dass der Insolvenzverwalter einen Antrag nach § 253 Abs. 4 InsO auch **hilfsweise** für den Fall stellen kann, dass die sofortige Beschwerde zulässig und begründet ist.[78)] Diese „taktische Variante" sei sinnvoll, wenn mit einer zügigen Entscheidung über die sofortige Beschwerde zu rechnen ist, deren Erfolgsaussichten aber offen sind. Dann müsse das Beschwerdegericht zunächst über die sofortige Beschwerde entscheiden. Im Falle einer erfolglosen sofortigen Beschwerde würde es den Antrag nach § 253 Abs. 4 InsO nicht mehr bescheiden und es wäre damit klargestellt, dass dem Beschwerdeführer kein Schadensersatz nach § 253 Abs. 4 Satz 3 InsO zusteht. Im Fall der erfolgreichen sofortigen Beschwerde könne es dennoch über den hilfsweise gestellten Antrag nach § 253 Abs. 4 InsO entscheiden, da die Zulässigkeit und Begründetheit der sofortigen Beschwerde eine innerprozessuale Bedingung sei. Mit dieser Vorgehensweise könnte der Insolvenzverwalter sicherstellen, den Schuldner nur dann dem Schadensersatzanspruch des Beschwerdeführers auszusetzen, wenn dies notwendig ist, um den Planvollzug sicherzustellen.

61 Gegen diese Vorgehensweise bestehen indes **praktische und rechtliche Bedenken.** In der Praxis dürfte ein Insolvenzverwalter selten einschätzen können, wie schnell über die sofortige Beschwerde entschieden werden wird und ob die Erfolgsaussichten offen sind. Zudem dürfte es dem vom Gesetzgeber verfolgten Sinn und Zweck des Freigabeverfahrens widersprechen, wenn man den Antrag nach § 253 Abs. 4 InsO als Hilfsantrag für den Fall der zulässigen und begründeten sofortigen Beschwerde zulassen würde. Denn das Freigabeverfahren wurde als vorrangiges Eilverfahren eingeführt, um möglichen Verfahrensverzögerungen durch das Beschwerdeverfahren entgegenzuwirken und so Insolvenzplänen zum Vollzug zu verhelfen (siehe dazu Rz. 52). Wenn der Insolvenzverwalter den Antrag nach § 253 Abs. 4 InsO nur hilfsweise stellt und damit die abschließende Entscheidung über die sofortige Beschwerde gerade nicht verhindert, **wiederspricht er** damit schon seinem **für die Begründetheit seines Antrages erforderlichen Vortrag**, dass das alsbaldige Wirksamwerden des Insolvenzplans vorrangig sei, weil das Vollzugsinteresse das Aufschubinteresse des Beschwerdeführers überwiege.[79)]

III. Begründetheit

62 Der Zurückweisungsantrag des Insolvenzverwalters nach § 253 Abs. 4 InsO ist begründet, wenn das Vollzugsinteresse an dem Insolvenzplan vorrangig vor dem Aussetzungsinteresse des Beschwerdeführers erscheint und kein besonders schwerer Rechtsverstoß vorliegt.

1. Kein besonders schwerer Rechtsverstoß

63 Liegt ein besonders schwerer Rechtsverstoß vor, ist eine Zurückweisung der sofortigen Beschwerde von vornherein ausgeschlossen.[80)] Daher hat das LG zunächst[81)] zu prüfen, ob das Insolvenzgericht bei der Bestätigung des Insolvenzplans einen besonders schweren Rechtsverstoß begangen hat. Auch dieser Teil der Regelung des § 253 Abs. 4 InsO ist an das aktienrechtliche Freigabeverfahren angelehnt. Als Rechtsverstoß kommt grundsätz-

77) BGH, Beschl. v. 17.7.2014 – IX ZB 13/14 (Suhrkamp), Rz. 29 ff., ZIP 2014, 1442.

78) *Harig*, NZI 2018, 969, 971.

79) Zur Begründetheit des Antrages nach § 253 Abs. 4 InsO s. insoweit unten Rz. 69.

80) *Sinz* in: MünchKomm-InsO, § 253 Rz. 66.

81) *Fischer*, NZI 2013, 513, 517; *Pleister/Tholen*, ZIP 2015, 414, 415; *Sinz* in: MünchKomm-InsO, § 253 Rz. 66. A. A. *Thies* in: HambKomm-InsR, § 253 InsO Rz. 28.

lich jeder Verstoß gegen solche Normen in Betracht, die i. R. der Begründetheitsprüfung der sofortigen Beschwerde zu prüfen sind.[82)]

Bei der Beurteilung, ob ein Rechtsverstoß besonders schwer wiegt, sei nach der Rechtsprechung zu berücksichtigen, dass die Vorschrift darauf abziele, die Rechtsschutzmöglichkeiten des Beschwerdeführers weitgehend einzuschränken. Nicht schon jeder Rechtsverstoß, der zu einer Versagung der Insolvenzplanbestätigung nach § 250 InsO hätte führen müssen, sei ein besonders schwerer Verstoß. Vielmehr müsse es sich um Fälle **greifbarer Gesetzeswidrigkeit** handeln, bei denen Verfahrensvorschriften **offensichtlich und in unerträglicher Weise verletzt** wurden.[83)] Die Anwendung sei auf **extreme Ausnahmefälle** zu beschränken, bei denen dem Insolvenzplan der „Makel der Unwirksamkeit durch diesen Verstoß quasi auf die Stirn geschrieben steht".[84)] Dazu gehören nach der Rechtsprechung 64

- Fälle der unlauteren Herbeiführung der Planannahme,
- der evidenten Ungleichbehandlung der Gruppenmitglieder und
- die vorsätzliche Nichtbeteiligung bekannter Gläubiger am Planverfahren;[85)]
- darüber hinaus sind ersatzlose Eingriffe in Absonderungsrechte oder
- ein Debt-to-Equity-Swap ohne Zustimmung des Gläubigers als besonders schwerer Rechtsverstoß anzuerkennen.[86)]

Ein Verstoß gegen die Verfahrensvorschriften des § 250 Nr. 1 InsO könnte auch nur dann einen besonders schweren Rechtsverstoß i. S. des § 253 Abs. 4 Satz 2 InsO begründen, wenn er **Einfluss auf die Annahme** des Insolvenzplans gehabt haben könnte. Es spiele keine Rolle bei der Beurteilung, ob ein besonders schwerer Rechtsverstoß vorliegt, ob die Umstände, die zu Eröffnung des Insolvenzverfahrens geführt haben, vom Insolvenzgericht richtig beurteilt wurden und welche steuerlichen Nachteile durch den Insolvenzplan ausgelöst werden. Letzteres sei nur Gegenstand der wirtschaftlichen Beurteilung, welche die Beteiligten, nicht aber das Beschwerdegericht vorzunehmen habe.[87)] 65

Die h. A. in der Literatur stellt – wie die Rechtsprechung – **hohe Anforderungen** an die Schwere eines Rechtsverstoßes, damit dieser eine unverzügliche Zurückweisung der sofortigen Beschwerde ausschließt.[88)] Dieser Maßstab ist indes zweifelhaft. Denn anders als im aktienrechtlichen Freigabeverfahren geht es hier nicht um die Überprüfung einer Rechtshandlung der AG, sondern um die Entscheidung des Insolvenzgerichts als Fachgericht.[89)] Angesichts der ohnehin schon extrem beschnittenen Rechtschutzmöglichkeiten des Beschwerdeführers erscheint es angemessen, die Prüfungsmöglichkeiten der sofortigen Beschwerde durch die Höhe der Schwelle des Rechtsverstoßes nicht noch weiter einzuschränken. Auf der anderen Seite dürfte das der Wille des Gesetzgebers gewesen sein, der auch in der Formulierung „besonders schwerer Rechtsverstoß" zum Ausdruck kommt. 66

---

82) *Burmeister/Tasma* in: Kübler/Bork/Prütting, HRI II, § 38 Rz. 171.

83) Vgl. auch LG München I, Beschl. v. 28.11.2018 – 14 T 12593/18, Rz. 22, ZInsO 2018, 2805.

84) LG Berlin, Beschl. v. 20.10.2014 – 51 T 696/14 (Suhrkamp), ZIP 2014, 2197, 2203 f.

85) LG Berlin, Beschl. v. 20.10.2014 – 51 T 696/14 (Suhrkamp), ZIP 2014, 2197, 2204, mit Verweis auf K. Schmidt-*Spliedt*, InsO, 18. Aufl. 2013, § 253 Rz. 18.

86) *Sinz* in: MünchKomm-InsO, § 253 Rz. 67; K. Schmidt-*Spliedt*, InsO, § 253 Rz. 20a.

87) LG Berlin, Beschl. v. 20.10.2014 – 51 T 696/14 (Suhrkamp), ZIP 2014, 2197, 2203 f.

88) *Brünkmans*, ZInsO 2014, 993, 998; *Fischer*, NZI 2013, 513, 518; *Fiebig* in: HK-InsO, § 253 Rz. 20; *Sinz* in: MünchKomm-InsO, § 253 Rz. 67; *Lehmann/Rühle*, NZI 2014, 889, 892.

89) Vgl. *Burmeister/Tasma* in: Kübler/Bork/Prütting, HRI II, § 38 Rz. 172 und Rz. 173.

67 Aus der Formulierung des § 253 Abs. 4 Satz 2 InsO als Ausnahmevorschrift ergibt sich, dass der Beschwerdeführer die **Darlegungs- und Glaubhaftmachungslast** für das Vorliegen eines besonders schweren Rechtsverstoßes trägt.[90)]

2. Nachteilsabwägung

68 Der Antrag nach § 253 Abs. 4 InsO ist begründet, wenn das alsbaldige Wirksamwerden des Insolvenzplans vorrangig erscheint, weil die Nachteile einer Verzögerung des Planvollzugs nach freier Überzeugung des Gerichts die Nachteile für den Beschwerdeführer überwiegen.[91)] Im Kern geht es um eine Interessensabwägung zwischen dem Aufschubinteresse des Beschwerdeführers auf der einen und dem Vollzugsinteresse der Schuldnerin und aller am Planvollzug interessierten Beteiligten auf der anderen Seite.[92)]

69 Dabei kommt es nur auf **wirtschaftliche Interessen** an.[93)] Der dem Beschwerdeführer im Falle der unverzüglichen Zurückweisung nach § 254 Abs. 4 Satz 3 InsO zu leistende Schadensersatz ist bei der Interessenabwägung mitzuberücksichtigen.[94)] Bei einem fortzuführenden Geschäftsbetrieb ist in aller Regel von einem überwiegenden Vollzugsinteresse auszugehen.[95)] Dabei gilt das Regelinsolvenzverfahren als Maßstab für die Nachteilsabwägung: Die Stellung des Beschwerdeführers durch den Insolvenzplan ist mit seiner Position im Regelinsolvenzverfahren zu vergleichen; auf einen alternativ möglichen Insolvenzplan kommt es nicht an.[96)]

70 Von der **Rechtsprechung** wurde angenommen, dass der in der Gesetzesbegründung genannte Schwellenwert für die Annahme einer wesentlichen Schlechterstellung i. S. des § 253 Abs. 2 Nr. 3 InsO von 10 % auch bei der Nachteilsabwägung nach § 253 Abs. 4 InsO zu berücksichtigen sei.[97)] Dem ist nicht zuzustimmen. Soweit dem in der Literatur gefolgt wird,[98)] ist das auf ein abweichendes Verständnis von der Berücksichtigung der Zulässigkeit der sofortigen Beschwerde bei der Prüfung des Freigabeantrages nach § 253 Abs. 4 InsO zurückzuführen (siehe dazu Rz. 72 ff.). Zutreffend ist, dass die sofortige Beschwerde schon nach § 253 Abs. 2 Nr. 3 InsO unzulässig ist, wenn der Beschwerdeführer seine Schlechterstellung von wenigstens 10 % nicht glaubhaft gemacht hat. Dann ist die sofortige Beschwerde auch bei Vorliegen eines Antrages nach § 253 Abs. 1 InsO als unzulässig zu verwerfen und es bedarf keiner Nachteilsabwägung mehr, bei der die Schwelle zu berücksichtigen wäre. Findet dagegen eine Nachteilsabwägung statt, so bedarf es keiner Prüfung, ob der Schwellenwert erreicht ist, um einen Vergleich der Nachteile ziehen zu können.

---

90) LG München I, Beschl. v. 28.11.2018 – 14 T 12593/18, Rz. 22, ZInsO 2018, 2805; *Lehmann/Rühle*, NZI 2014, 889, 892; *Sinz* in: MünchKomm-InsO, § 253 Rz. 66.

91) So auch LG Berlin, Beschl. v. 20.10.2014 – 51 T 696/14 (Suhrkamp), ZIP 2014, 2197, 2199; *Fischer*, NZI 2013, 513, 518.

92) *Burmeister/Tasma* in: Kübler/Bork/Prütting, HRI II, § 38 Rz. 176; Uhlenbruck-*Lüer/Streit*, InsO, § 253 Rz. 17.

93) LG München I, Beschl. v. 28.11.2018 – 14 T 12593/18, Rz. 34 und 35, ZInsO 2018, 2805; *Burmeister/Tasma* in: Kübler/Bork/Prütting, HRI II, § 38 Rz. 177; *Fischer*, NZI 2013, 513, 518; *Fiebig* in: HK-InsO, § 253 Rz. 19; *Lehmann/Rühle*, NZI 2014, 889, 894; *Sinz* in: MünchKomm-InsO, § 253 Rz. 68.

94) LG Berlin, Beschl. v. 20.10.2014 – 51 T 696/14 (Suhrkamp), ZIP 2014, 2197, 2199; LG München I, Beschl. v. 28.11.2018 – 14 T 12593/18, Rz. 36, ZInsO 2018, 2805; BVerfG, Beschl. v. 12.12.2018 – 2 BvR 2588/18, Rz. 19, NZI 2019, 75; *Burmeister/Tasma* in: Kübler/Bork/Prütting, HRI II, § 38 Rz. 180; *Fischer*, NZI 2013, 513, 518; *Sinz* in: MünchKomm-InsO, § 253 Rz. 68; K. Schmidt-*Spliedt*, InsO, § 253 Rz. 19a.

95) LG Berlin, Beschl. v. 20.10.2014 – 51 T 696/14 (Suhrkamp), ZIP 2014, 2197, 2199; Braun-*Braun/Frank*, InsO, § 253 Rz. 18; *Lehmann/Rühle*, NZI 2014, 889, 892.

96) LG Berlin, Beschl. v. 20.10.2014 – 51 T 696/14 (Suhrkamp), ZIP 2014, 2197, 2200; *Fiebig* in: HK-InsO, § 253 Rz. 19; *Pleister/Tholen*, ZIP 2015, 414, 415 f.

97) LG Berlin, Beschl. v. 20.10.2014 – 51 T 696/14 (Suhrkamp), ZIP 2014, 2197, 2203.

98) *Pleister/Tholen*, ZIP 2015, 414, 416.

Antragsteller und Beschwerdeführer müssen ihren Vortrag so **substantiiert** darstellen, dass die durch die Aufschiebung bzw. durch den Vollzug konkret eintretenden Nachteile für das Gericht nachvollziehbar sind. Die vorgelegten Tatsachen, die für oder gegen die Zurückweisung der sofortigen Beschwerde sprechen, sind nur glaubhaft zu machen; ein Vollbeweis ist nicht notwendig.[99)] Dieser Beweismaßstab ergibt sich aus der Natur des Freigabeverfahrens als Eilverfahren.[100)] Die Anforderungen an eine Darlegung dürfen nicht überspannt werden.[101)] 71

3. Berücksichtigung der Unzulässigkeit oder Unbegründetheit der sofortigen Beschwerde

Es ist umstritten, ob und welche Bedeutung die Zulässigkeit und Begründetheit der sofortigen Beschwerde für die Begründetheit des Zurückweisungsantrages nach § 253 Abs. 4 InsO haben. Von der **h. M.** wird vertreten, dass der Zurückweisungsantrag schon immer dann begründet sei, wenn die sofortige Beschwerde unzulässig oder offensichtlich unbegründet ist, da in diesem Fall das Vollzugsinteresse überwiege. Eine Nachteilsabwägung könne dann unterbleiben.[102)] Es wird auch vertreten, dass dem Aufschubinteresse des Beschwerdeführers jedenfalls nur dann der Vorrang eingeräumt werden könne, wenn seine Beschwerde Aussicht auf Erfolg habe.[103)] Oder umgekehrt, dass die Beschwerde nach § 253 Abs. 4 InsO zurückgewiesen werden sollte, wenn eine summarische Prüfung der Beschwerde geringe oder fehlende Erfolgsaussichten zeigen würden.[104)] 72

Nach a. A. sei eine unzulässige Beschwerde auch dann vom Beschwerdegericht als unzulässig zu verwerfen, wenn ein Zurückweisungsantrag nach § 253 Abs. 4 InsO vorliegt. Denn bei unzulässiger Beschwerde sei der Weg zur Interessenabwägung des Freigabeverfahrens versperrt.[105)] Schließlich wird auch vertreten, dass die Erfolgsaussichten der sofortigen Beschwerde bei der Interessenabwägung gänzlich unbeachtlich seien. Nur wenn die Grenze zum besonders schweren Rechtsverstoß überschritten wird, sei das im Freigabeverfahren zu berücksichtigen.[106)] Nach der Auffassung des LG München habe das Beschwerdegericht auf Antrag nach § 253 Abs. 4 InsO bei Feststellung eines vorrangigen Vollzugsinteresses die gegen den Bestätigungsbeschluss gerichtete sofortige Beschwerde selbst dann unverzüglich zurückzuweisen, wenn die Beschwerde zulässig und begründet ist.[107)] 73

Die Argumente der h. M. zur Berücksichtigung der Erfolgsaussichten der sofortigen Beschwerde bei der Interessenabwägung überzeugen nicht. Sie ist offenbar von dem aktienrechtlichen Freigabeverfahren des § 246a AktG und dem Ziel der Verfahrensbeschleunigung geprägt. Letzterem ist im Interesse des Gesetzgebers zwar zuzustimmen. Es ist rich- 74

---

99) LG Berlin, Beschl. v. 20.10.2014 – 51 T 696/14 (Suhrkamp), ZIP 2014, 2197, 2201 und 2203; *Fischer*, NZI 2013, 513, 517; *Lehmann/Rühle*, NZI 2014, 889, 894; *Sinz* in: MünchKomm-InsO, § 253 Rz. 72.

100) *Fischer*, NZI 2013, 513, 517; *Burmeister/Tasma* in: Kübler/Bork/Prütting, HRI II, § 38 Rz. 185 f.

101) *Fischer*, NZI 2013, 513, 518.

102) *Brünkmans*, ZInsO 2014, 993, 998; *Fischer*, NZI 2013, 513, 517; *Lehmann/Rühle*, NZI 2014, 889, 892; *Pleister* in: KPB, InsO, § 253 Rz. 34; *Pleister/Tholen*, ZIP 2015, 414, 415; *Sinz* in: MünchKomm-InsO, § 253 Rz. 71.

103) *Thies* in: HambKomm-InsR, § 253 InsO Rz. 27.

104) Uhlenbruck-*Lüer/Streit*, InsO, § 253 Rz. 17.

105) K. Schmidt-*Spliedt*, InsO, § 253 Rz. 18.

106) *Burmeister/Tasma* in: Kübler/Bork/Prütting, HRI II, § 38 Rz. 179.

107) LG München I, Beschl. v. 28.11.2018 – 14 T 12593/18, Rz. 36, ZInsO 2018, 2805. Das Gericht verkennt dabei aber wohl, dass *Sinz* in: MünchKomm-InsO, § 253 Rz. 66, auf den es verweist (a. a. O.), diese Auffassung nicht vertritt, sondern sich auf das Vorliegen eines besonders schweren Rechtsverstoßes nach § 253 Abs. 4 Satz 2 InsO bezieht.

tig, dass sich das Beschwerdegericht nicht lange mit einer Interessenabwägung aufhalten soll, wenn die sofortige Beschwerde z. B. offensichtlich unzulässig ist. Es erscheint aber methodisch verfehlt, wegen des Zurückweisungsantrages eine unzulässige sofortige Beschwerde als unbegründet nach § 253 Abs. 4 Satz 1 InsO zurückzuweisen, statt sie als unzulässig zu verwerfen. Eine Notwendigkeit zu einer solchen inzidenten Zulässigkeitsprüfung bei der Interessenabwägung wäre nur ersichtlich, wenn der Freigabeantrag die Zulässigkeitsprüfung und die „normale" Begründetheitsprüfung sperren würden.

75 Es erscheint aber **vorzugswürdig**, dem Beschwerdegericht im Freigabeverfahren die **freie Wahl einzuräumen**, wie es am schnellsten zu einer Entscheidung kommt: Wenn die sofortige Beschwerde offensichtlich unzulässig ist, müsste es die Beschwerde unverzüglich als unzulässig verwerfen.[108] Wenn sie dagegen offensichtlich unbegründet ist, müsste es sie unverzüglich zurückweisen. Nur wenn schneller festzustellen ist, dass ein vorrangiges Vollzugsinteresse besteht und kein besonders schwerer Rechtsverstoß vorliegt, dann muss es die Beschwerde nach § 253 Abs. 4 Satz 1 InsO zurückweisen. Meines Erachtens sprechen auch weder der Gesetzestext noch die Begründung des Gesetzgebers dafür, die Erfolgsaussichten der sofortigen Beschwerde bei der Interessenabwägung nach § 253 Abs. 4 InsO zu berücksichtigen. Der Hinweis des Gesetzgebers, dass § 253 Abs. 4 InsO „dem Vorbild des aktienrechtlichen Freigabeverfahrens (§ 246a des Aktiengesetzes)" folge,[109] bedeutet nicht, dass § 246a Abs. 2 Nr. 1 AktG i. S. der h. M. in das insolvenzrechtliche Freigabeverfahren zu übernehmen ist. Der Gesetzgeber hat sich bewusst dafür entschieden, in § 253 Abs. 4 Satz 1 InsO nur eine § 246a Abs. 2 Nr. 3 AktG entsprechende Regelung aufzunehmen, nicht aber auch eine § 246a Abs. 2 Nr. 1 AktG entsprechende. Das wäre durch den Zusatz „oder die sofortige Beschwerde unzulässig oder offensichtlich unbegründet ist" ohne weiteres möglich gewesen.

76 Auch die Erfahrungen des LG Berlin aus dem *Suhrkamp*-Verfahren sprechen nicht gegen die hier vertretene Auffassung. Wenn ein **Eilantrag** nach § 253 Abs. 4 InsO vorliegt, wäre das Beschwerdegericht bei offensichtlicher Unzulässigkeit der Beschwerde nur dann daran gehindert, die sofortige Beschwerde als unzulässig zu verwerfen, wenn es gegen seine dahingehende Entscheidung die Rechtsbeschwerde zulassen müsste. Denn dann wäre eine Verfahrensverzögerung zu erwarten, weil damit zu rechnen ist, dass der Beschwerdeführer die Entscheidung des Beschwerdegerichts überprüfen lassen wird, was ihm bei einer alternativ möglichen Entscheidung des Beschwerdegerichts über den Eilantrag nicht möglich wäre (siehe dazu Rz. 90).

77 Für die hier vertretene Auffassung spricht auch § 253 Abs. 4 Satz 3 InsO. Danach wird dem Beschwerdeführer, dessen Beschwerde nach Satz 1 zurückgewiesen wurde, ein Schadensersatzanspruch eingeräumt, wenn seine Beschwerde ansonsten Erfolg gehabt hätte, also zulässig und begründet ist (siehe dazu Rz. 78 ff.). Wenn das Beschwerdegericht in der hier vertretenen Weise vorgeht, ist aus dem Tenor seines Beschlusses schon ersichtlich, ob dem Beschwerdeführer ein Schadensersatzanspruch nach § 253 Abs. 4 Satz 3 InsO zustehen kann. So werden auch unnötige Doppelprüfungen vermieden. Denn anderenfalls könnte das Beschwerdegericht sich zunächst summarisch im Freigabeverfahren mit der Zulässigkeit und Begründetheit der Beschwerde befassen und dann erneut und abschließend im Schadensersatzverfahren, für das es nach § 253 Abs. 4 Satz 4 InsO ebenfalls zuständig ist. Die besseren Gründe sprechen daher dafür, die Zulässigkeit und Begründetheit der sofortigen Beschwerde bei der Interessenabwägung nach § 253 Abs. 4 Satz 1 InsO

108) So auch K. Schmidt-*Spliedt*, InsO, § 253 Rz. 18.

109) Beschlussempfehlung und Bericht d. RA z. ESUG, BT-Drucks. 17/7511, S. 36.

ganz außer Acht zu lassen, dem Beschwerdegericht aber deren Prüfung neben der Interessenabwägung im Freigabeverfahren nicht zu verwehren.[110)]

IV. Schadensersatz bei Zurückweisung der sofortigen Beschwerde

Weist das LG die sofortige Beschwerde gegen den Insolvenzplan aufgrund eines erfolgreichen Eilantrages nach § 253 Abs. 1 InsO zurück, ist dem Beschwerdeführer nach § 253 Abs. 4 Satz 3 InsO der **Schaden zu ersetzen**, der ihm **durch den Planvollzug** entsteht. Nach dem im Wortlaut der Norm nicht zum Ausdruck gekommenen Willen des Gesetzgebers soll der Anspruch aber nur bestehen, wenn seine sofortige Beschwerde ohne den Eilantrag Aussicht auf Erfolg gehabt hätte, also zulässig und begründet wäre.[111)] Dem ist die Literatur einhellig gefolgt.[112)] 78

Der Beschwerdeführer kann nicht die Rückgängigmachung der Wirkungen des Insolvenzplans als Schadensersatz verlangen, § 253 Abs. 4 Satz 3 Halbs. 2 InsO. Sein Anspruch richtet sich nur auf einen **Ausgleich** seiner Schlechterstellung durch eine **Geldzahlung.**[113)] Der Schaden ist durch eine Vergleichsrechnung zu ermitteln, bei der die wirtschaftliche Situation des Beschwerdeführers nach Planvollzug mit der nach Durchführung des Regelinsolvenzverfahrens gegenübergestellt wird. 79

Anders als § 251 Abs. 3 InsO, demzufolge ein Minderheitenschutzantrag nur dann abzuweisen ist, wenn der Insolvenzplan Mittel zur Kompensation der nachgewiesenen Schlechterstellung vorsieht, kann die sofortige Beschwerde nach § 253 Abs. 4 InsO auch dann unverzüglich zurückgewiesen werden, wenn der Insolvenzplan keine Mittel zur Erfüllung des deswegen nach § 253 Abs. 4 Satz 3 InsO entstehenden Schadensersatzanspruches vorsieht.[114)] Wenn der Insolvenzplan aber Mittel zur Erfüllung vorsieht, wird der Anspruch dadurch nicht seiner Höhe nach auf die bereitgestellten Mittel begrenzt.[115)] 80

Wenn der Insolvenzplan gemäß § 251 Abs. 3 InsO regelt, dass Mittel zur Kompensation der Schlechterstellung der Beteiligten bereitgestellt werden, dann sind diese bei der Ermittlung des Schadensersatzanspruches des Beschwerdeführers insoweit zu berücksichtigen, als er darauf einen Anspruch hat.[116)] Ob das der Fall ist, hängt von der individuellen Regelung im Insolvenzplan ab. 81

Praxishinweis

Es bietet sich für den Planersteller eine Regelung an, wonach die gemäß § 251 Abs. 3 InsO zur Abweisung von Minderheitenschutzanträgen bereitgestellten Mittel insoweit, als sie dafür nicht benötigt werden, auch zur Erfüllung von Schadensersatzansprüchen nach § 253 Abs. 4 Satz 3 InsO dienen.

---

110) Vgl. auch LG München I, Beschl. v. 28.11.2018 – 14 T 12593/18, Rz. 16, ZInsO 2018, 2805, demzufolge bei der Prüfung der Begründetheit des Freigabeantrags nur grundsätzlich nicht über die Begründetheit der gegen den Plan vorgebrachten Einwendungen entschieden wird, welche mit der sofortigen Beschwerde geltend gemacht wurden.

111) Begr. Beschlussempfehlung und Bericht d. RA z. ESUG, BT-Drucks. 17/7511, S. 36.

112) *Burmeister/Tasma* in: Kübler/Bork/Prütting, HRI II, § 38 Rz. 193; Uhlenbruck-*Lüer/Streit*, InsO, § 253 Rz. 18; *Pleister/Tholen*, ZIP 2015, 414, 419; *Sinz* in: MünchKomm-InsO, § 253 Rz. 74; *Thies* in: HambKomm-InsR, § 253 InsO Rz. 29.

113) *Hölzle*, Praxisleitfaden SanInsFoG, §§ 251, 253 InsO Rz. 44.

114) LG Berlin, Beschl. v. 20.10.2014 – 51 T 696/14 (Suhrkamp), ZIP 2014, 2197, 2203; Braun-*Braun/Frank*, InsO, § 253 Rz. 18; *Pleister/Tholen*, ZIP 2015, 414, 419.

115) LG Berlin, Beschl. v. 20.10.2014 – 51 T 696/14 (Suhrkamp), ZIP 2014, 2197, 2203.

116) *Burmeister/Tasma* in: Kübler/Bork/Prütting, HRI II, § 38 Rz. 194.

82 Der Schadensersatzanspruch des § 253 Abs. 4 Satz 3 InsO richtet sich gegen die Insolvenzschuldnerin. Unklar ist hingegen, was der Gesetzgeber mit der Regelung, wonach der Schaden „aus der Masse" zu ersetzen ist, anordnen wollte. Nach dem Wortlaut liegt eine Beschränkung der Haftung auf die Insolvenzmasse nahe. Die Regelung wird vielfach als irreführend oder missverständlich empfunden,[117)] da über den Anspruch erst nach Aufhebung des Insolvenzverfahrens entschieden wird, mit der das Amt des Insolvenzverwalters erlischt und der Schuldner das Recht zurückerhält, über die Insolvenzmasse frei zu verfügen.

83 Es wird daher vertreten, dass die **Haftung des Schuldners** des Schadensersatzanspruches auf den ehemals insolvenzbefangenen Teil seines Vermögens beschränkt ist, über den er die Verfügungsbefugnis zurückerlangt hat.[118)] Das kann indes zu unbilligen Ergebnissen führen. Wenn der Insolvenzplan keine Rückstellungen für Schadensersatzansprüche nach § 253 Abs. 4 Satz 3 InsO bei gleichzeitiger Verteilung der gesamten Insolvenzmasse an die Gläubiger vorsieht, ist eine Haftungsmasse nicht vorhanden, so dass der Schadensersatzanspruch leerlaufen würde. Insofern ist die Auffassung nachvollziehbar, wonach die Formulierung der Norm fehlerhaft sei und Haftungsobjekt nur das gesamte Schuldnervermögen sein könne.[119)]

84 Der Anspruch nach § 253 Abs. 4 Satz 3 InsO besteht also dem Grunde nach, wenn

- das Beschwerdegericht die sofortige Beschwerde aufgrund des vorrangigen Vollzugsinteresses unverzüglich zurückgewiesen hat,
- obwohl der Beschwerdeführer dem Insolvenzplan widersprochen,
- gegen ihn gestimmt hat und
- durch ihn gegenüber dem Regelinsolvenzverfahren wesentlich schlechtergestellt wird,
- ohne dass diese Schlechterstellung durch eine Zahlung aus dafür vorgesehenen Mitteln ausgeglichen werden kann.

85 Ein Minderheitenschutzantrag ist nicht Voraussetzung für den Schadensersatzanspruch, da er keine Zulässigkeitsvoraussetzung der sofortigen Beschwerde darstellt (siehe oben Rz. 16). Der Beschwerdeführer hat die tatbestandsbegründenden Voraussetzungen für einen solchen Anspruch darzulegen und zu beweisen.[120)] Eine substantiierte Darlegung einer Schlechterstellung setzt die Benennung konkreter einzelner Positionen höheren oder geringeren Wertes voraus, weil nur ein derart konkreter Tatsachenvortrag die Gegenseite in die Lage versetzt, konkrete Tatsachenbehauptungen zu bestreiten, und weil anschließend dem Gericht nur so eine gezielte Beweiserhebung unter Inanspruchnahme fremder Sachkunde möglich ist.[121)]

86 Nach h. M. kann der Insolvenzplan wirksam **Ausschlussfristen** für die Geltendmachung des Schadensersatzanspruches vorsehen. Eine Frist von einem Monat nach rechtskräftiger Bestätigung ist zulässig.[122)]

87 Ein **Wahlrecht des Beschwerdeführers**, ob er Ausgleichsmittel nach § 251 Abs. 3 InsO oder Schadensersatz nach § 253 Abs. 3 Satz 4 InsO verlangt, besteht wegen der unterschiedlichen

117) *Thies* in: HambKomm-InsR, § 253 InsO Rz. 29; *Fiebig* in: HK-InsO, § 253 Rz. 22.

118) *Burmeister/Tasma* in: Kübler/Bork/Prütting, HRI II, § 38 Rz. 196; Römermann-*Rühle*, InsO/InsR, § 253 InsO Rz. 52.

119) So K. Schmidt-*Spliedt*, InsO, § 253 Rz. 23.

120) *Burmeister/Tasma* in: Kübler/Bork/Prütting, HRI II, § 38 Rz. 195; *Sinz* in: MünchKomm-InsO, § 253 Rz. 76.

121) OLG Köln, Beschl. v. 18.5.2017 – 18 U 106/16, Rz. 36, juris.

122) *Fischer*, NZI 2013, 513, 520; *Sinz* in: MünchKomm-InsO, § 253 Rz. 77; *Thies* in: HambKomm-InsR, § 253 InsO Rz. 29.

Streitgegenstände regelmäßig nicht. Wenn der Plan zur Kompensation der Schlechterstellung ausreichende Mittel nach § 251 Abs. 3 InsO vorsieht, ist die sofortige Beschwerde unzulässig, so dass kein Schadensersatzanspruch besteht.[123] Wenn der Plan keine Mittel nach § 251 Abs. 3 InsO bereitstellt, bleibt nur der Anspruch auf Schadensersatz. Nur wenn durch den Insolvenzplan nur unzureichende Mittel bereitgestellt werden, kann der Beschwerdeführer diese Mittel verlangen und hinsichtlich des dadurch nicht gedeckten Teils seiner Schlechterstellung Schadensersatz nach § 253 Abs. 4 Satz 3 InsO verlangen.[124]

Nach § 253 Abs. 4 Satz 4 InsO ist das LG für die Klage auf Schadensersatz nach § 253 Abs. 4 Satz 2 InsO zuständig, das zuvor die sofortige Beschwerde zurückgewiesen hat. Eine Verbindung mit einem ggf. gleichzeitig zu führenden Prozess auf Auszahlung der Mittel nach § 251 Abs. 3 InsO ist nach § 147 ZPO nur möglich, wenn das LG auch für dieses Verfahren zuständig ist, was einen Streitwert über 5.000 € voraussetzt, § 23 Nr. 1 GVG. Anderenfalls kommt eine Aussetzung des Schadensersatzprozesses nach § 148 ZPO in Betracht.[125] 88

Die Klage nach § 253 Abs. 4 Satz 3 InsO ist gegen die vormalige Insolvenzschuldnerin als Beklagte zu richten, wenn das Insolvenzverfahren zum Zeitpunkt der Klageerhebung bereits aufgehoben wurde, was regelmäßig der Fall sein dürfte.[126] Gerade bei kurzen Ausschlussfristen für die Klage im Insolvenzplan könnte eine Klage auch schon vor Verfahrensaufhebung vorkommen. Dann ist sie gegen den Insolvenzverwalter als Beklagten zu richten. 89

V. Rechtsmittel

Weist das LG auf Antrag des Insolvenzverwalters nach § 253 Abs. 4 InsO die Beschwerde gegen die Bestätigung eines Insolvenzplans unverzüglich zurück, ist gegen die Entscheidung eine **Rechtsbeschwerde nicht statthaft**. Das gilt auch dann, wenn das Beschwerdegericht die Rechtsbeschwerde ausdrücklich zugelassen hat.[127] Denn eine Rechtsbeschwerde ist unzulässig, wenn das Gesetz eine Anfechtung der Entscheidung ausschließt. Die Anfechtbarkeit der Entscheidung über den Antrag nach § 253 Abs. 4 InsO ist nach Ansicht des BGH gesetzlich ausgeschlossen.[128] Vor der höchstrichterlichen Entscheidung dazu wurde in der Literatur auch vertreten, dass das Beschwerdegericht die Rechtsbeschwerde zulassen könne.[129] 90

D. Sofortige Beschwerde gegen die Versagung der Bestätigung des Insolvenzplans

Die sofortige Beschwerde steht den Beteiligten auch gegen den Beschluss offen, durch den die Bestätigung des Insolvenzplans versagt wird, § 253 Abs. 1 InsO. 91

---

123) *Pleister/Tholen*, ZIP 2015, 414, 419; *Thies* in: HambKomm-InsR, § 253 InsO Rz. 29.

124) Vgl. *Burmeister/Tasma* in: Kübler/Bork/Prütting, HRI II, § 38 Rz. 198, und *Madaus*, NZI 2012, 597, 599.

125) K. Schmidt-*Spliedt*, InsO, § 253 Rz. 24.

126) *Burmeister/Tasma* in: Kübler/Bork/Prütting, HRI II, § 38 Rz. 196; K. Schmidt-*Spliedt*, InsO, § 253 Rz. 24.

127) Das LG Berlin, Beschl. v. 14.4.2014 – 51 T 107/14 (Suhrkamp), ZInsO 2014, 962, hat die Rechtsbeschwerde noch zugelassen. Die Entscheidung wurde durch BGH, Beschl. v. 17.9.2014 – IX ZB 26/14 (Suhrkamp), ZIP 2014, 2040 = ZInsO 2014, 2109, dazu EWiR 2014, 685 *(Spliedt)*, aufgehoben.

128) BGH, Beschl. v. 17.9.2014 – IX ZB 26/14 (Suhrkamp), ZIP 2014, 2040 = ZInsO 2014, 2109.

129) *Burmeister/Schmidt-Hern* in: Kübler, HRI, 2. Aufl., 2015, § 43 Rz. 186; *Pleister* in: KPB, InsO, 66 EL, 2015, § 253 Rz. 43.

I. Beschwerdeberechtigte

92 Beschwerdeberechtigte sind nach dem Wortlaut der Norm die **Gläubiger**, der **Schuldner** und wenn der Schuldner keine natürliche Person ist, auch die am Schuldner **beteiligten Personen**. Der Insolvenzverwalter ist, auch wenn er den Insolvenzplan vorgelegt hat, nicht beschwerdeberechtigt, da er bewusst nicht als Beschwerdeberechtigter genannt ist.[130)]

II. Formelle und materielle Beschwer

93 Für die Beschwerdeberechtigung reicht eine formelle oder materielle Beschwer des Beschwerdeführers aus. Der Schuldner ist der einzige Beschwerdeberechtigte, der durch den Versagungsbeschluss formell beschwert sein kann. Denn nur er hat das Vorlagerecht nach § 218 Abs. 1 InsO. Wenn „sein" Insolvenzplan nicht bestätigt wird, ist er formell beschwert. Wie andere Beteiligte kann er aber auch materiell beschwert sei. Das ist z. B. der Fall, wenn einem vom Insolvenzverwalter vorgelegten Plan die Bestätigung versagt wird, wodurch der Schuldner die Schuldbefreiung des § 227 InsO nicht erlangt.[131)] Die materielle Beschwer eines Insolvenzgläubigers oder einer am Schuldner beteiligten Person ist bereits dann gegeben, wenn diesen nach dem gestaltenden Teil des Plans Leistungen erhalten sollen.[132)]

III. Begründetheit

94 Die Beschwerde gegen die Versagung ist begründet, wenn das Insolvenzgericht die Bestätigung versagt hat, obwohl die Voraussetzungen dafür nach §§ 249 Satz 2, 250, 251 InsO nicht vorlagen oder die Annahme des Plans, insbesondere das Obstruktionsverbot der §§ 244 bis 246a InsO, zu Unrecht verneint hat.[133)]

130) Vgl. Begr. RegE ESUG, BT-Drucks. 17/5712, S. 57 und S. 69. K. Schmidt-*Spliedt*, InsO, § 253 Rz. 25; *Burmeister/Tasma* in: Kübler/Bork/Prütting, HRI II, § 38 Rz. 124.

131) K. Schmidt-*Spliedt*, InsO, § 253 Rz. 25.

132) So für die Gläubiger K. Schmidt-*Spliedt*, InsO, § 253 Rz. 26.

133) *Sinz* in: MünchKomm-InsO, § 253 Rz. 90; K. Schmidt-*Spliedt*, InsO, § 253 Rz. 27.

§ 22
Einstweiliger Rechtsschutz bei Insolvenzplänen

Übersicht

Literatur: *Brünkmans/Greif-Werner*, Die Prüfung gesellschaftsrechtlicher Regelungen im Insolvenzplan durch Insolvenzgericht und Registergericht, ZInsO 2015, 1585; *Eidenmüller*, Der Insolvenzplan als gesellschaftsrechtliches Universalwerkzeug, NJW 2014, 17; *Lang/Muschalle*, Suhrkamp-Verlag – Rechtsmissbräuchlichkeit eines rechtmäßig eingeleiteten Insolvenzverfahrens?, NZI 2013, 953; *Schäfer*, Insolvenzplan als Lösungsmittel für Mehrheits-/Minderheitskonflikte? – Lehren aus dem Fall Suhrkamp, ZIP 2013, 2237; *Schäfer*, Zur Einbeziehung der Anteilsinhaber in den Insolvenzplan – Warum das ESUG seine Bewährungsprobe nicht bestanden hat, ZIP 2016, 1911; *Spliedt*, Insolvenz der Gesellschaft ohne Recht der Gesellschaft?, ZInsO 2013, 2155; *Thole*, Treuepflicht-Torpedo? Die gesellschaftsrechtliche Treuepflicht im Insolvenzverfahren, ZIP 2013, 1937.

A. Einleitung

1 Die vorstehenden Ausführungen zum Obstruktionsverbot des § 245 InsO (siehe § 17 [*Thole*]), zum Minderheitenschutz nach § 251 InsO (siehe § 20 [*Hirschberger*]) und zur sofortigen Beschwerde gegen die Planbestätigung nach § 253 InsO (siehe § 21 [*Hirschberger*]) haben gezeigt, dass der Gesetzgeber die Rechtsschutzmöglichkeiten gegen Insolvenzpläne stark beschränkt hat. Im Interesse der Sanierung des schuldnerischen Unternehmens durch einen Insolvenzplan müssen die Einzelinteressen der Verfahrensbeteiligten zurückstehen. Das Rechtsschutzsystem ist darauf ausgelegt, nur sicherzustellen, dass die Verfahrensbeteiligten wirtschaftlich nicht schlechtergestellt werden, als sie im Regelinsolvenzverfahren stünden.

2 Dieser Maßstab zieht sich wie ein roter Faden durch das Regelungssystem der InsO: Wenn der Insolvenzplan gewährleistet, dass keine solche Schlechterstellung erfolgt, kann die Zustimmung einer Gruppe fingiert werden und Minderheitenschutzanträge und sofortige Beschwerden gegen die Planbestätigung können im Ergebnis keinen Erfolg haben. Die Beschwerdeführer werden letztlich auf einen Ausgleich in Geld verwiesen, sei es aus den dafür durch den Insolvenzplan nach § 251 Abs. 3 InsO bereitgestellten Mitteln aus dem Ausgleichstopf oder im Form des Schadensersatzes nach § 253 Abs. 4 Satz 3 InsO im Freigabeverfahren. Andere als die genannten Rechtsschutzmöglichkeiten gegen Insolvenzpläne kennt die InsO nicht.

3 Dieser Maßstab und dieses Rechtsschutzsystem mögen für Gläubiger angemessen sein, da sie als Verfahrensbeteiligte regelmäßig nur ein finanzielles Interesse an einer bestmöglichen Befriedigung ihrer Forderung haben. Nunmehr können aber nach §§ 217 Satz 2, 225a InsO auch die Anteilsinhaber in den Plan einbezogen werden. Ihre Interessen weichen von denen der Gläubiger ab. In den meisten Fällen wird der Insolvenzplan regeln, dass sie Anteilsinhaber der durch den Insolvenzplan sanierten Gesellschaft bleiben oder durch andere Gesellschafter abgelöst werden. Ihr schützenswertes Interesse geht daher über das hinaus, was sie im Regelinsolvenzverfahren nach § 199 Satz 2 InsO erhalten würden. Im Regelinsolvenzverfahren ist ihre Beteiligung in den meisten – aber nicht allen – Fällen danach wertlos. Da für ihren Rechtsschutz aber der gleiche Vergleichsmaßstab gilt, erscheint das

Rechtschutzsystem der InsO nach der Einbeziehung der Anteilseigner noch nicht richtig austariert.[1]

4 Außerhalb des Insolvenzverfahrens regeln der Gesellschaftsvertrag und das Gesellschaftsrecht die Rechte und Pflichten der Gesellschafter im Verhältnis zueinander. In aller Regel bedürfen gesellschaftsrechtliche Maßnahmen wie z. B. die Übertragung von Gesellschaftsanteilen, Kapitalmaßnahmen wie ein Debt-to-Equity-Swap, Maßnahmen nach dem UmwG und Beschlüsse über die Liquidation oder Fortsetzung der Gesellschaft eines Beschlusses der Gesellschafterversammlung. Dadurch werden die Mitgliedschaftsrechte der Gesellschafter berücksichtigt.

5 Alle vorgenannten gesellschaftsrechtlichen Maßnahmen können nach § 225a Abs. 2 und 3 InsO in einem Insolvenzplan enthalten sein. Zu dessen Umsetzung bedarf es der Zustimmung der Gruppen nach dem System der InsO, wobei die Gesellschafter eine untergeordnete Rolle spielen und sogar vollständig überstimmt werden können. Der außerhalb des Insolvenzverfahrens notwendigen Mitwirkungshandlungen der Organe bedarf es dagegen nicht.[2] Nach § 254a Abs. 2 InsO gelten die im Plan enthaltenen Gesellschafterbeschlüsse und Willenserklärungen der Gesellschafter als in der vorgeschriebenen Form abgegeben, wenn der Insolvenzplan rechtskräftig bestätigt ist. Den Gesellschaftern stehen dagegen nach dem System der InsO nur der Minderheitenschutzantrag und die sofortige Beschwerde gegen die Bestätigung des Insolvenzplans zu.

6 Es wundert daher nicht, dass es der **Minderheitsgesellschafter** war, der die Grenzen des Rechtsschutzsystems gegen den Insolvenzplan (in dem Insolvenzverfahren über das Vermögen des Suhrkamp Verlages) weit über die Grenzen der InsO hinaus ausgelotete und dabei auch den ordentlichen Rechtsweg zu den Zivilgerichten beschritt.[3]

B. Mögliche Prüfungsgegenstände

7 Nach dem Rechtsmittelsystem der InsO ist selbstverständlich, dass weder Rechtshandlungen des Insolvenzverwalters, wie z. B. die Gestaltung, die Vorlage oder die Stellungnahme zu einem Insolvenzplan, noch die Entscheidungen des Insolvenzgerichts oder des Beschwerdegerichts Gegenstand einer gerichtlichen Überprüfung durch andere als die nach der InsO vorgesehenen Gerichte sein können.[4] In Betracht kommen nur Rechtshandlungen anderer Verfahrensbeteiligter, die sich auf den Insolvenzplan beziehen. Denkbar sind die **Vorlage eines Insolvenzplans** durch den Schuldner, Rechtshandlungen, die den Insolvenzplan wirksam werden lassen, die **Teilnahme an der Abstimmung** oder ein bestimmtes **Stimmverhalten**. Freilich wird die Einflussnahme auf das Stimmverhalten eines Mitgesellschafters nur in dem Ausnahmefall ausschlaggebende Bedeutung haben können, in dem ein positives Votum der Gruppe der Gesellschafter erforderlich ist, um eine Mehrheit der Abstimmungsgruppen für eine Obstruktionsentscheidung nach § 245 Abs. 1 Nr. 3 InsO zu ermöglichen.[5]

---

1) *Schäfer*, ZIP 2016, 1911 ff.; *Brünkmans/Greif-Werner*, ZInsO 2015, 1585, 1592 – „Schutz der Anteilsinhaber […] unzureichend".

2) *Burmeister/Tasma* in: Kübler/Bork/Prütting, HRI II, § 38 Rz. 228; Begr. RegE ESUG, BT-Drucks. 17/5712, S. 30.

3) *Spliedt*, ZInsO 2013, 2155. Vgl. hierzu LG Frankfurt/M., Urt. v. 10.9.2013 – 3-09 O 96/13, ZIP 2013, 1831, dazu EWiR 2013, 589 *(Hölzle)*, und OLG Frankfurt/M., Beschl. v. 1.10.2013 – 5 U 145/13, ZIP 2013, 2018, dazu EWiR 2013, 753 *(Bähr/Schwartz)*.

4) Vgl. *Burmeister/Tasma* in: Kübler/Bork/Prütting, HRI II, § 38 Rz. 229.

5) *Spliedt*, ZInsO 2013, 2155.

C. Geeignetes prozessuales Mittel

Das Beschreiten des ordentlichen Rechtsweges gegen die vorgenannten Rechtshandlungen kann überhaupt nur erfolgreich sein, wenn der Weg des vorläufigen Rechtsschutzes gewählt wird. Denn der jeweils Beklagte muss an der Rechtshandlung gehindert werden, bevor er diese im Insolvenzplanverfahren vollzieht. Einzig probates Mittel kann daher nur die **einstweilige Verfügung** nach § 935 ZPO sein. Nur in seltenen Ausnahmefällen können auch ein Antrag auf Erlass einer einstweiligen Anordnung gemäß § 32 Abs. 1 BVerfGG und eine Verfassungsbeschwerde gegen die Bestätigung des Insolvenzplans und die im Freigabeverfahren gemäß § 253 Abs. 4 Satz 1 InsO erfolgte Zurückweisung der sofortigen Beschwerde dagegen in Betracht kommen.[6] 8

D. Einstweilige Verfügung gegen Mitgesellschafter

In dem *Suhrkamp*-Fall hat das von der Minderheitsgesellschafterin angerufene LG Frankfurt a. M. der Mehrheitsgesellschafterin im Wege der einstweiligen Verfügung untersagt, für die Annahme eines Insolvenzplans zu stimmen, der die Umwandlung der Schuldnerin in eine AG vorsah.[7] Das OLG Frankfurt a. M. hat die Zwangsvollstreckung aus der vorgenannten Entscheidung einstweilen gegen Sicherheitsleistung eingestellt, weil die Berufung der Mehrheitsgesellschafterin aller Voraussicht nach Erfolg haben würde.[8] 9

I. Verfügungsanspruch

Das LG hatte den Anspruch der Minderheitsgesellschafterin auf das gefordert Stimmverhalten aus § 1004 BGB analog i. V. m. der sich aus dem Gesellschaftsvertrag ergebenden **Treuepflicht der Gesellschafter** hergeleitet und dadurch eine breite wissenschaftliche Diskussion über die gesellschaftsrechtliche Treuepflicht im Insolvenzverfahren und das Verhältnis von Gesellschafts- und Insolvenzrecht zueinander ausgelöst.[9] 10

Nach Auffassung des LG Frankfurt a. M. gelten die gesellschaftsrechtlichen Treuepflichten auch im Insolvenzverfahren weiter fort, da die Mehrheitsgesellschafterin das Insolvenzverfahren mit der beabsichtigen Umwandlung der Schuldnerin in eine AG nur betreibe, um sich von den gesellschaftsrechtlichen Bindungen aus dem Kommanditgesellschaftsvertrag und einer Gesellschaftervereinbarung zu lösen. Die Wertungen der InsO, insbesondere das Obstruktionsverbot des § 245 InsO und die Regelung des § 238a InsO stünden dem nicht entgegen. 11

Das OLG Frankfurt a. M. hat sich dagegen mit der Frage der gesellschaftsrechtlichen Treuepflichten im Insolvenzverfahren nur am Rande befasst und angedeutet, dass diese Treuepflichten wohl nur auf eine Förderung des vereinbarten Gesellschaftszweckes gerichtet seien, der durch die Insolvenzeröffnung entfalle, da die Schuldnerin dadurch – in diesem Fall – nach §§ 161 Abs. 2, 131 Abs. 1 Nr. 3 HGB aufgelöst worden sei.[10] 12

Die Argumentation überzeugt nicht einmal im Ansatz. Mit dem Insolvenzplan wird gerade nicht die Abwicklung der Gesellschaft verfolgt, an der die Gesellschafter kein Interesse mehr haben. Im Gegenteil enthält der Insolvenzplan – abgesehen vom Ausnahmefall des Liquidationsplans – einen Fortsetzungsbeschluss. Der Insolvenzplan dient dem Ziel der 13

6) Vgl. dazu BVerfG, Beschl. v. 12.12.2018 – 2 BvR 2588/18, NZI 2019, 75.
7) LG Frankfurt/M., Urt. v. 10.9.2013 – 3-09 O 96/13, ZIP 2013, 1831.
8) OLG Frankfurt/M., Beschl. v. 1.10.2013 – 5 U 145/13, ZIP 2013, 2018.
9) *Thole*, ZIP 2013, 1937; *Schäfer*, ZIP 2013, 2237; *Spliedt*, ZInsO 2013, 2155.
10) OLG Frankfurt/M., Beschl. v. 1.10.2013 – 5 U 145/13, ZIP 2013, 2018, 2020.

Sanierung. Die Treuepflicht der Gesellschafter endet daher nicht mit der Eröffnung des Insolvenzverfahrens.[11)]

14 Zutreffend ist aber, dass die gesellschaftsrechtliche Treuepflicht im Insolvenzverfahren über das Vermögen der Gesellschaft von den insolvenzrechtlichen Regelungen überlagert ist.[12)] Sie ist aber nicht gänzlich aufgehoben. Das wäre nur zu rechtfertigen, wenn die Rechtsposition der Gesellschafter im Insolvenzverfahren gänzlich wertlos wäre. Einschränkungen erfährt die Treuepflicht durch das Insolvenzverfahren nur insoweit, als der geänderte Gesellschaftszweck dies erfordert. Auch im Insolvenzverfahren ergibt sich aus der gesellschaftsrechtlichen Treuepflicht der Gesellschafter füreinander, dass ein Gesellschafter vom anderen verlangen kann, nicht für einen Insolvenzplan zu stimmen, der Elemente enthält, die Rechte des Minderheitsgesellschafters beschneiden, ohne dass diese Elemente für die Sanierung oder den Insolvenzzweck erforderlich wären, d. h. also ein alternativer Insolvenzplan ohne diese Elemente genauso möglich und erfolgversprechend wäre.[13)] Das gilt insbesondere, wenn z. B. ein Gesellschafter die Gelegenheit des Insolvenzverfahrens nutzt, um dem Mitgesellschafter vertraglich eingeräumte Sonderrechte mit Hilfe eines Insolvenzplans der von ihm beherrschten Geschäftsführung ohne Notwendigkeit zu nehmen, was ihm außerhalb der Insolvenz nicht möglich wäre.

II. Rechtsschutzbedürfnis

15 Das OLG Frankfurt a. M. hat dem Minderheitsgesellschafter dagegen das **Rechtsschutzbedürfnis** für die einstweilige Verfügung **abgesprochen** und den Antrag daher für **unzulässig** gehalten. Durch die Zulassung des Rechtsschutzbegehrens würde die InsO unterlaufen. Ein wirksamer Eröffnungsbeschluss habe zur Folge, dass das Verfahren insgesamt ausschließlich nach den Vorschriften der InsO abzuwickeln sei und sich alle mit der Insolvenz der Schuldnerin verbundenen rechtlichen Fragen – seien sie verfahrensrechtlicher oder materiell-rechtlicher Art – nach den Bestimmungen der InsO richten. In das durch das ESUG geschaffenen Kompetenzgefüge könne nicht unter Geltendmachung vermeintlicher gesellschaftsrechtlicher Treuepflichten eingegriffen werden. Dabei versteht das OLG Frankfurt a. M. unter Kompetenzgefüge das in §§ 243 ff. InsO geregelte Abstimmungssystem des Insolvenzplanverfahrens, welches vom Abstimmungssystem der Gesellschafter außerhalb der Insolvenz abweicht. Mit den insolvenzrechtlichen Regelungen sei es nicht vereinbar, es einzelnen Beteiligten zu gestatten, außerhalb des Insolvenzverfahrens Entscheidungen anderer Gerichte zu erwirken, in denen diese selbständig bestimmte Vorfragen zu klären hätten, deren Beantwortung in die Zuständigkeit des Insolvenzgerichts fällt.[14)]

16 Ein Rechtsschutzbedürfnis für einstweilige Verfügungen besteht tatsächlich dann nicht, wenn die Planbeteiligten durch das (Rechtsschutz-)System des Insolvenzplanverfahrens hinreichend geschützt sind. Das ist indes bei den Gesellschaftern nicht der Fall. Denn das Schutzsystem für die Gesellschafter ist im Insolvenzverfahren an zwei falschen Prämissen ausgerichtet:

- Erstens, dass die Gesellschaftsanteile wertlos seien (sog. Nullwertprämisse)[15)] und
- zweitens (dadurch) die gesellschaftsrechtliche Treuepflicht von dem insolvenzrechtlichen Ziel der bestmöglichen Gläubigerbefriedigung vollständig verdrängt sei.

11) *Spliedt*, ZInsO 2013, 2155, 2158 f.

12) So im Ergebnis auch *Thole*, ZIP 2013, 1937, 1942 f. (s. auch § 29 Rz. 84 [*Brünkmans*]).

13) So wohl auch *Spliedt*, ZInsO 2013, 2155, 2156.

14) OLG Frankfurt/M., Beschl. v. 1.10.2013 – 5 U 145/13, ZIP 2013, 2018, 2019 ff.

15) Zutreffend widerlegt von *Schäfer*, ZIP 2013, 2237.

Mit diesen Einwänden setzt sich das OLG Frankfurt a. M. nicht hinreichend auseinander. 17
Vielmehr begnügt es sich damit, die §§ 225a, 245, 251 und 253 InsO als abschließende Regelungen zu nennen, ohne dies freilich näher zu begründen. So kann den Gesellschaftern ein Rechtsschutzbedürfnis für einstweilige Verfügungen zum Stimmverhalten ihrer Mitgesellschafter nicht generell abgesprochen werden. Eine generelle prozessuale Sperre anderer Gerichte durch das Insolvenzplanrecht lässt sich so kaum begründen.[16)]

Die Rechtsprechung des OLG Frankfurt a. M. hat in der Literatur auch Zustimmung er- 18
fahren.[17)] Als Begründung wird überwiegend angeführt, dass es das Ziel des ESUG-Gesetzgebers, die schnelle und umfassende Restrukturierung im Planverfahren zu ermöglichen, konterkarieren würde, wenn es den Gesellschaftern möglich wäre, durch die Anrufung weiterer Gerichte die Krisenbewältigung zu blockieren.[18)] Das erhebliche Störgefühl ob der befürchteten unterschiedlichen Gerichtsentscheidungen, die auf Nebenkriegsschauplätzen getroffen werden könnten,[19)] bedarf einer kritischen Kontrolle.

Zunächst ist festzustellen, dass diese Nebenkriegsschauplätze (des ordentlichen Rechtswe- 19
ges) voraussichtlich nur in seltensten Ausnahmefällen betreten werden. Denn in aller Regel können das nur Gesellschafter, die aus den gesellschaftsrechtlichen Treuepflichten erwachsenen gegenseitigen Ansprüche haben, und zudem dürfte selbst das Stimmverhalten des Mehrheitsgesellschafters selten ausschlaggebend sein, da die Gesellschafter nach § 222 Abs. 1 Satz 2 Nr. 4 InsO in einer Gruppe zusammengefasst werden, deren negatives Votum meistens nach den Regeln des Obstruktionsverbots überwunden werden kann. Zudem ist eine Verzögerung oder Blockade des Insolvenzplanverfahrens durch die Eröffnung des Ganges zu den ordentlichen Gerichten nicht zu befürchten. Umgekehrt kann das Insolvenzgericht durch die Entscheidungen anderer Gerichte sogar entlastet werden.[20)] Das Insolvenzgericht ist nicht gehalten, das Verfahren auszusetzen und Entscheidungen anderer Gerichte abzuwarten. Auch im „*Suhrkamp*-Verfahren" hat die einstweilige Verfügung des LG zum Stimmverbot der Mehrheitsgesellschafterin das Verfahren nicht verzögert.

E. Einstweilige Verfügung gegen andere Beteiligte

Im Verhältnis anderer Beteiligter als der Gesellschafter (also der Gläubiger) im Insolvenz- 20
planverfahren zueinander wird es regelmäßig an einem Anspruch auf ein bestimmtes Stimmverhalten oder auf eine andere Rechtshandlung in Bezug auf den Insolvenzplan fehlen. Nur in seltenen Fällen sind schuldrechtliche Abreden vorstellbar, aus denen sich solche Ansprüche ergeben.[21)] Es dürfte daher schon regelmäßig an einem Verfügungsanspruch fehlen.

Für das Rechtsschutzbedürfnis dieser Beteiligten gilt das oben Ausgeführte grundsätzlich 21
entsprechend. Da ihre Interessen im Insolvenzverfahren von denen der Gesellschafter abweichen und durch das System des Insolvenzplanverfahrens – soweit bisher ersichtlich – angemessen berücksichtigt werden, erscheint die Annahme des OLG Frankfurt a. M., es würde schon am Rechtsschutzbedürfnis für eine einstweilige Verfügung fehlen, für diese Beteiligten eher vertretbar. Eine Notwendigkeit, ihnen ein Rechtsschutzbedürfnis kategorisch abzusprechen, ist aber nicht ersichtlich.

---

16) Das räumt *Thole*, ZIP 2013, 1937, 1942, ein.

17) *Burmeister/Tasma* in: Kübler/Bork/Prütting, HRI II, § 38 Rz. 232; *Eidenmüller*, NJW 2014, 17, 18; *Lang/Muschalle*, NZI 2013, 953, 957.

18) *Burmeister/Tasma* in: Kübler/Bork/Prütting, HRI II, § 38 Rz. 232; *Lang/Muschalle*, NZI 2013, 953, 957. Grundlegend schon vor der Entscheidung OLG Frankfurt/M., Beschl. v. 1.10.2013 – 5 U 145/13, ZIP 2013, 2018, ebenso *Thole*, ZIP 2013, 1937, 1941.

19) So *Thole*, ZIP 2013, 1937, 1941.

20) *Spliedt*, ZInsO 2013, 2155, 2158.

21) *Burmeister/Tasma* in: Kübler/Bork/Prütting, HRI II, § 38 Rz. 232; *Spliedt*, ZInsO 2013, 2155.

16) [illegible] ZIP 2015, 1938, 1942 [illegible]
17) [illegible] in: Kübler/Prütting/Bork, InsO, § 238 Rz. 232; [illegible] NJW 2014, 17, 18; [illegible] NZI [illegible]
18) [illegible] in: Kübler/Prütting/Bork, InsO, § 238 Rz. 232; [illegible] NZI 2015, 538, [illegible] OLG Frankfurt a. M. [illegible] ZIP 2013, 2018 [illegible]
19) [illegible] ZIP 2013, 1937, 1941.
20) [illegible] ZInsO [illegible]
21) [illegible] in: Kübler/Prütting/Bork, InsO, § 238 [illegible] ZInsO 2013, 2165.

§ 23
Wirkungen des bestätigten Plans

Übersicht

Literatur: *Blankenburg*, Probleme des Insolvenzplans in Kleinverfahren, ZInsO 2015, 1293; *Brünkmans*, Sanierungstransaktionen in Insolvenzplänen – gilt die Formfiktion des § 254a InsO für Erklärungen außenstehender Dritter?, ZIP 2015, 1052; *Brinkmann*, Wege aus der Insolvenz eines Unternehmens, WM 2011, 97; *Brünkmans/Greif-Werner*, Die Prüfung gesellschaftsrechtlicher Regelungen im Insolvenzplan durch Insolvenzgericht und Registergericht, ZInsO 2015, 1585; *Dellit/Hamann*, Forderungserlass und Insolvenzplan, ZIP 2015, 308; *Esser*, Wert und Bedeutung der Rechtsfiktionen, 2. Aufl. 1969; *Ganter*, Paradigmenwandel bei der Insolvenzverwaltervergütung?, ZIP 2014, 2323; *Hölzle*, Die „erleichterte Sanierung von Unternehmen" in der Nomenklatur der InsO – ein hehres Regelungsziel des RefE-ESUG, NZI 2011, 124; *Horstkotte*, Der Insolvenzplan in der gerichtlichen Vorprüfung, ZInsO 2014, 1297; *Horstkotte/Martini*, Die Einbeziehung der Anteilseigner in den Insolvenzplan nach ESUG, ZInsO 2012, 557; *Jacobi*, Sanierung durch Insolvenzplan versus unbegrenzte Aufrechnung, NZI 2009, 351; *Klausmann*, Gesellschaftsrechtlich zulässige Regelungen im Insolvenzplan im Sinne von § 225a Abs. 3 InsO, NZG 2015, 1300; *Madaus*, Was tun mit Mindest- oder

Flexi-Quoten?, in: Festschrift für Marie Luise Graf-Schlicker, 2018, S. 337; *Madaus*, Möglichkeiten und Grenzen von Insolvenzplanregelungen, ZIP 2016, 1141; *Madaus*, Die Bewältigung von Massenschäden über ein Planverfahren – Möglichkeiten und Grenzen des neuen Insolvenzrechts, ZIP 2014, 160; *Madaus*, Die zeitliche Grenze des Rechts zur Rücknahme eines Insolvenzplans durch den Planinitiator, KTS 2012, 27; *Müller*, Gesellschaftsrechtliche Maßnahmen im Insolvenzplan, KTS 2012, 419; *Rieger*, Verpflichtungen aus betrieblicher Altersversorgung in Insolvenzplänen, NZI 2013, 671; *Thole*, Ausgewählte Streitfragen im Recht des Insolvenzplans, in Festschrift für Klaus Pannen, 2017, S. 733; *Weitbrecht*, Über Akzessorietätsdurchbrechungen und mittelbare Planeingriffe in Sicherungsrechte, KTS 2021, 357; *Weitbrecht*, § 254 Abs. 1, 3 InsO als abdingbares Recht? – Zur fehlenden Plantauglichkeit von „Erlöschensklauseln", ZIP 2019, 1849; *Weitbrecht*, Mittelbare Planeingriffe in Sicherungsrechte, 2019.

1 Der Insolvenzplan entfaltet seine gestaltenden Wirkungen nicht schon mit seiner Annahme durch die Beteiligten, sondern erst nach seiner (rechtskräftigen) gerichtlichen Bestätigung. Er ist ein **Vertrag mit vorverlagertem Rechtsschutzverfahren.**[1] Aus diesem besonderen Umstand folgt nicht nur, dass der Insolvenzplan auch dissentierende oder passive Beteiligte binden kann (siehe Rz. 9 f.), sondern zudem, dass er neben materiellrechtlichen (siehe Rz. 6) auch verfahrensrechtliche Wirkungen (siehe Rz. 56) entfaltet.

A. Zeitpunkt des Wirkungseintritts

2 Der gestaltende Inhalt des Insolvenzplans wird gemäß § 254 Abs. 1 InsO mit Eintritt der **Rechtskraft des Bestätigungsbeschlusses** wirksam. Der damit verbundene Aufschub der Planwirkungen vom Zeitpunkt der Annahme des Plans auf den Zeitpunkt der rechtskräftigen gerichtlichen Bestätigung ist notwendig, um auch die nicht konsentierenden Beteiligten über einen gesetzlichen Kontrahierungszwang an den Plan zu binden (§ 894 ZPO analog); sie stellt zugleich über die Rechtskraftwirkungen gerichtlicher Entscheidungen sicher, dass Mängel im Planverfahren geheilt werden.[2]

3 § 254 Abs. 1 InsO trifft keine Aussage zum **Zeitpunkt**, ab dem die Planbeteiligten an ihre positiven **Erklärungen zum Insolvenzplan gebunden** sind. Stimmen etwa alle Beteiligten dem vorgelegten Insolvenzplan im Abstimmungstermin zu (konsensualer Plan), so kommt der Plan als Vertrag bereits zu diesem Zeitpunkt zustande und bindet alle Erklärenden, auch wenn seine inhaltlichen Wirkungen erst nach rechtskräftiger gerichtlicher Bestätigung eintreten.[3] Widersprechen einzelne Beteiligte dem Plan in der Abstimmung oder bleiben sie der Abstimmung fern, so kommt auch der Plan als Vertrag erst mit der rechtskräftigen gerichtlichen Entscheidung zustande (§ 894 ZPO analog). Bis dahin sind die Zustimmenden an ihre Erklärungen nicht gebunden; auch eine **Planrücknahme** durch den Planvorlegenden ist ohne weiteres möglich.[4]

4 Der Bestätigungsbeschluss des Insolvenzgerichts (§ 248 Abs. 1 InsO) kann zu unterschiedlichen Zeitpunkten rechtskräftig werden. Legt keiner der Beteiligten das ihm zustehende Rechtsmittel der sofortigen Beschwerde gegen den Beschluss über die Planbestätigung ein (vgl. § 253 Abs. 1 InsO), so wird er mit dem **erfolglosen Ablauf der Beschwerdefrist** (§ 569 Abs. 1 Satz 1 ZPO, § 4 InsO), also zwei Wochen nach Verkündung des Bestätigungsbeschlusses (§§ 252 Abs. 1, 6 Abs. 2 InsO), formell rechtskräftig. Eine verspätet

1) *Madaus*, Insolvenzplan, S. 424 f.

2) LG Düsseldorf, Schlussurt. v. 27.4.2017 – 14d O 10/14, Rz. 39, ZIP 2017, 1870 = BeckRS 2017, 109313. Ausführlich dazu *Madaus*, Insolvenzplan, S. 331 ff., 407 ff.

3) *Madaus*, KTS 2012, 27, 57.

4) Ebenso im Ergebnis *Geiwitz/von Danckelmann* in: BeckOK-InsO, § 218 Rz. 23; wohl auch BGH, Urt. v. 15.9.2009 – IX ZB 36/08, ZIP 2010, 344 = ZInsO 2009, 2113 – ohne grundsätzliche rechtliche Klärung; einschränkender etwa *Eidenmüller* in: MünchKomm-InsO, § 218 Rz. 150 f.

eingelegte sofortige Beschwerde hindert den Eintritt der Rechtskraft nur, wenn ein Wiedereinsetzungsgrund vorliegt (vgl. § 233 ZPO, § 4 InsO).

Ist eine sofortige Beschwerde fristgerecht eingelegt worden, so muss das Beschwerdegericht entscheiden. Hält es die **sofortige Beschwerde** für unzulässig, so verwirft es sie als unzulässig (vgl. § 572 Abs. 2 Satz 2 ZPO). Hält das Gericht hingegen die Beschwerde zwar für zulässig, aber für unbegründet, so weist es sie als unbegründet zurück. Und schließlich kann das Beschwerdegericht gemäß § 253 Abs. 4 Satz 1 InsO auf Antrag des Insolvenzverwalters auch unabhängig von einer rechtlichen Prüfung der Erfolgsaussichten der sofortigen Beschwerde diese auch unverzüglich zurückweisen, wenn die Nachteilsabwägung nach einer Freigabe des Insolvenzplans verlangt (siehe § 21 Rz. 52 ff. [*Hirschberger*]). In all diesen Fällen tritt mit der Verkündung der entsprechenden Beschlüsse des Beschwerdegerichts die Rechtskraft des Bestätigungsbeschlusses des Insolvenzgerichts ein, es sei denn, das Beschwerdegericht lässt zugleich die **Rechtsbeschwerde** zum BGH ausdrücklich zu (vgl. § 574 Abs. 1 Nr. 2 ZPO, § 4 InsO). Nur gegen die Freigabeentscheidung ist die Zulassung der Rechtsbeschwerde nicht möglich.[5] 5

B. Gestaltungswirkung

Der Insolvenzplan entfaltet im Zeitpunkt des § 254 Abs. 1 InsO seine Gestaltungswirkung. Er verändert unmittelbar die **materielle Rechtslage** nach Maßgabe seines gestaltenden Teils bei „allen **Beteiligten**". Der Kreis dieser Beteiligten wird durch § 217 InsO bestimmt. Die Gestaltungswirkung ist allen Insolvenzplänen eigen, auch solchen, die i. R. eines **Verbraucherinsolvenzverfahrens** vorgelegt werden; es bedarf daher keiner zusätzlichen Restschuldbefreiung nach den §§ 286 ff. InsO für Insolvenzforderungen, die bereits im Plan erlassen werden.[6] 6

I. Forderungen der Insolvenzgläubiger

Der Insolvenzplan wird in seinem gestaltenden Teil typischerweise die Rechte der Insolvenzgläubiger umgestalten. Ein Sanierungsplan wird ihnen dabei in der Regel **Sanierungsopfer**, also den **Verzicht** auf ihre Forderungen oder zumindest auf einen Teil ihrer Forderungen, abverlangen; auch eine **Stundungsregelung** ist natürlich denkbar (vgl. § 224 InsO). Hinsichtlich der Forderungen nachrangiger Insolvenzgläubiger geht § 225 Abs. 1 InsO von einer Erlasswirkung aus. Bleiben Insolvenzforderungen nach dem Plan in gewisser Höhe bestehen (**Planquote**), so ändert der Insolvenzplan den rechtlichen Grund dieser Ansprüche nicht (keine Novation).[7] Daneben ist es möglich, den Insolvenzgläubigern andere Leistungen aus der Masse zuzusagen oder ihnen die Übernahme einer Gesellschafterposition anzubieten (vgl. § 225a Abs. 2 Satz 2 InsO). 7

1. Aktive Insolvenzgläubiger

§ 254 Abs. 1 InsO bindet alle Beteiligten, also auch alle Insolvenzgläubiger an einen Insolvenzplan. Diese Rechtsfolge ist für alle am Verfahren aktiv teilnehmenden Gläubiger unproblematisch, da dieser Personenkreis **Kenntnis vom Verfahren** hatte und folglich seine Rechte im Planverfahren geltend machen konnte, selbst wenn der einzelne Insolvenz- 8

5) BGH, Beschl. v. 17.9.2014 – IX ZB 26/14, Rz. 6 ff., ZIP 2014, 2040.

6) **A. A.** AG Göttingen, Beschl. v. 11.12.2020 – 74 IN 76/18, ZVI 2021, 236 = ZInsO 2021, 403 = NZI 2021, 283, m. abl. Anm. *Madaus*. Wie hier etwa auch *Stadler* in: BeckOK-InsO, § 254 Rz. 3a.

7) Allg. M., vgl. *Jaffé* in: FK-InsO, § 254 Rz. 4 f.; Römermann-*Braun*, InsO/InsR, § 254 InsO Rz. 5; *Huber*/*Madaus* in: MünchKomm-InsO, § 254 Rz. 20.

gläubiger im Abstimmungstermin unterlag oder über das Obstruktionsverbot des § 245 Abs. 1 InsO an den Plan gebunden wird (vgl. § 254b Alt. 2 InsO).

Praxishinweis

Eine aktive Teilnahme ist vor diesem Hintergrund anzunehmen, wenn der betreffende Insolvenzgläubiger seine Forderung zur Tabelle anmeldet; eine Passivität im weiteren Verfahren, insbesondere im Abstimmungstermin, ist dann unschädlich.

2. Passive Insolvenzgläubiger

9 Die Planwirkungen erfassen über die §§ 254 Abs. 1, 254b Alt. 1 InsO aber auch Gläubiger des Schuldners, die sich nicht am Insolvenzverfahren beteiligen, also nicht einmal ihre Forderung anmelden, denn der Status eines Insolvenzgläubigers wird durch § 38 InsO jedem Gläubiger des Schuldners zugewiesen, der im Eröffnungszeitpunkt einen „begründeten Vermögensanspruch" gegen den Schuldner hat. Weder die **Kenntnis** von diesem Anspruch, die insbesondere deliktischen Gläubigern fehlen kann, noch die **Anmeldung** desselben ist also Voraussetzung einer Beteiligung am Insolvenzverfahren und damit einer Erstreckung der Planwirkungen. Folgerichtig kann eine Verfahrenspassivität nicht strategisch genutzt werden, um eventuellen Planeingriffen zu entgehen.

a) Schutz der Plangrundlagen

10 Die Erstreckung der Planwirkungen auf passive Insolvenzgläubiger ist für den sanierungswilligen Schuldner nicht nur von Vorteil (umfassende Entschuldung). Sie hat eine Kehrseite, denn sie erschwert die Kalkulation der Auswirkungen des Insolvenzplans, wenn den Insolvenzgläubigern eine Planquote oder andere **Planleistungen** zukommen sollen, da diese Zusagen auch gegenüber passiven Insolvenzgläubigern zu erfüllen sind.[8] § 229 Satz 3 InsO verlangt insofern die Plankalkulation unter Berücksichtigung aller bekannten Gläubiger inklusive derjenigen, die ihre Forderung nicht angemeldet haben.

11 Der Schutz der Planfinanzierung vor Insolvenzgläubigern, die ihre Forderungen überhaupt nicht oder erst im Angesicht der Planquote anmelden (sog. **Nachzügler**), soll nach dem Willen des ESUG-Gesetzgebers im Wege des Vollstreckungsschutzes des § 259a InsO sowie über die verkürzte Verjährung ihrer Insolvenzforderungen nach § 259b InsO erreicht werden.[9] **§ 259a InsO** erlaubt dem Insolvenzgericht, auf Antrag des Schuldners eine Zwangsvollstreckung des Nachzüglers aus dem Insolvenzplan für maximal drei Jahre zu untersagen, wenn dies die Durchführung des Insolvenzplans gefährdet. **§ 259b InsO** lässt Insolvenzforderungen von Nachzüglern, die nach dem Insolvenzplan nicht erlöschen, spätestens in einem Jahr nach Eintritt der Planwirkungen verjähren; ihnen bleibt insofern nur ein kurzes zeitliches Durchsetzungsfenster.

12 Darüber hinaus ist in der Praxis versucht worden, schon das Aufrechterhalten der Insolvenzforderungen von Nachzüglern zu vermeiden, indem in Insolvenzpläne standardmäßig Klauseln aufgenommen wurden, die alle Nachzügler von Planleistungen ausschließen (sog. **materielle Ausschlussklauseln**). Solche Klauseln sind **unzulässig.**[10] Eine Klausel, die gruppenübergreifend Nachzügler von Planleistungen ausschließt, verstößt gegen den Gleichbehandlungsgrundsatz des § 226 Abs. 1 InsO, da sie zur Ungleichbehandlung der

8) BGH, Beschl. v. 7.5.2015 – IX ZB 75/14, Rz. 12, ZIP 2015, 1346 = NZI 2015, 697, m. Anm. *Madaus*, dazu EWiR 2015, 483 *(Spliedt)*.

9) S. Begr. RegE ESUG z. §§ 259a/b InsO, BT-Drucks. 17/5712, S. 37.

10) BGH, Beschl. v. 7.5.2015 – IX ZB 75/14, Rz. 15–17, ZIP 2015, 1346 = NZI 2015, 697, m. Anm. *Madaus*; bestätigt in BGH, Beschl. v. 3.12.2015 – IX ZA 32/14, Rz. 2, ZVI 2016, 143= ZIP 2016, 85.

Gläubiger in einer Gruppe aufgrund der Nichtanmeldung führt.[11] Wird aus diesem Grund für Nachzügler eine gesonderte Gruppe gebildet, die keine Planleistungen erhalten soll, so verstößt die Gruppenbildung gegen die Differenzierungserfordernisse des § 222 Abs. 2 InsO, da das Differenzierungskriterium der rechtzeitigen Forderungsanmeldung weder eine unterschiedliche Rechtsstellung noch eine andere wirtschaftliche Interessenlage gegenüber Gläubigern mit angemeldeten Forderungen begründen kann.[12] Der Schutz vor Nachzüglern kann daher nur nach Maßgabe der §§ 259a, 259b InsO erfolgen. Zulässig sind danach rein prozessuale Ausschlussklauseln, nach denen Nachzügler analog §§ 188, 189 InsO nur von der Planausschüttung ausgeschlossen werden, indem sie für ihre Planquote auf die Leistungsklage verwiesen werden.[13]

b) Schutz unwissender Insolvenzgläubiger

Verfassungsrechtliche Bedenken ergeben sich aber auch in Fällen, in denen die kurze, 13
kenntnisunabhängige Verjährung in § 259b InsO auch solche Insolvenzgläubiger trifft, deren Passivität nicht auf einem strategischen Verhalten, sondern auf bloßer **Unkenntnis vom Anspruch** und damit von ihrer Verfahrensbetroffenheit basiert (sog. unwissende Insolvenzgläubiger). Denkbar ist dies vor allem in Fällen, in denen der Schuldner mithilfe der umfassenden Entschuldungswirkung eines Insolvenzplans versucht, existenzbedrohende Haftungsverpflichtungen aus einem Ereignis zu regeln, das **Massenschäden** verursacht hat (z. B. ein Produktfehler oder eine Umweltverschmutzung; siehe etwa Fälle schädlicher Arzneimittel, Fälle von Ölverschmutzungen oder Asbestfälle des U.S.-Insolvenzrechts). Betroffene eines solchen Verhaltens sind bereits als Insolvenzgläubiger gemäß § 38 InsO planbetroffen, wenn das schädigende Ereignis sie berührt hat, auch wenn sich die konkreten Schädigungen ihrer Rechtsgüter erst Jahre später einstellen und damit sichtbar werden. Die vorangegangene Passivität derart unwissender Gläubiger basiert folglich nicht auf einer bewussten Entscheidung bzw. einem vorwerfbaren Verhalten (Verschulden), sondern auf einer **fehlenden Erkennbarkeit der Verfahrensbeteiligung**. Da das Verfassungsrecht (Art. 14 Abs. 1 GG) eine dauerhafte Entwertung von Gläubigerforderungen verbietet, die auf einer schuldlosen Versäumung der Frist zur Verfahrensbeteiligung beruht,[14] ist § 259b InsO in solchen Fällen für unwissende Gläubiger verfassungskonform einschränkend auszulegen und nicht zur Anwendung zu bringen.

> **Praxishinweis**
>
> Eine Regelung der Ansprüche auch dieser Gläubigergruppe, die für den Schuldner in Fällen von Massenschäden von entscheidender Bedeutung ist, setzt stattdessen eine Verfahrensbeteiligung dieser Gruppe voraus, die über einen Verfahrenspfleger (§ 1882 BGB) zu erfolgen hat.[15]

3. Erlasswirkung und Wiederaufleben der Forderung

a) Besondere Erlasswirkung des Insolvenzplans

Die im gestaltenden Teil des Insolvenzplans vorgesehene Kürzung einer Insolvenzforde- 14
rung (vgl. § 224 InsO) oder auch deren vollständiger Erlass hat kein Erlöschen des Gläubigeranspruchs im entsprechenden Umfang zur Folge. Der Anspruch besteht materiell-

11) BGH, Beschl. v. 7.5.2015 - IX ZB 75/14, Rz. 15, ZIP 2015, 1346 = NZI 2015, 697, m. Anm. *Madaus*.

12) BGH, Beschl. v. 7.5.2015 - IX ZB 75/14, Rz. 15, ZIP 2015, 1346 = NZI 2015, 697, m. Anm. *Madaus*.

13) BAG, Urt. v. 19.11.2015 - 6 AZR 559/14, Rz. 22 f., ZVI 2016, 144 = ZIP 2016, 178; BGH, Beschl. v. 15.7.2010 - IX ZB 65/10, Rz. 9, ZVI 2011, 20 = ZIP 2010, 1499; *Thole* in: FS Pannen, S. 733, 737 f.

14) BVerfG, Urt. v. 26.4.1995 - 1 BvL 19/94, 1 BvR 1454/94, BVerfGE 92, 262, 274 f. = ZIP 1995, 923.

15) Eingehend *Madaus*, ZIP 2014, 160, 162 f.; für einen späteren Fristbeginn ab Kenntnis hingegen K. Schmidt-*Spliedt*, InsO, § 259b Rz. 2.

rechtlich vielmehr als **natürliche, unvollkommene Verbindlichkeiten** fort, deren Erfüllung möglich ist, aber nicht erzwungen werden kann.[16] Bei planbetroffenen Steuerforderungen führt der Planerlass also nur zu einem Vollstreckungs- und Aufrechnungsverbot im Erhebungsverfahren, nicht aber zu einem Festsetzungshindernis.[17] Auch darf der Gläubiger irrtümliche Leistungen des Schuldners (nicht aber nach § 256 Abs. 1, 3 InsO pflichtige Leistungen; siehe Rz. 20 a. E.), die er zwar nicht nach dem Plan, wohl aber nach Maßgabe der zur Tabelle festgestellten Forderung verlangen durfte, gemäß **§ 254 Abs. 3 InsO** dauerhaft behalten. Diese Regelung macht auch deutlich, dass ein vollständiger Erlass i. S. des § 397 BGB weder aus § 227 Abs. 1 InsO (oder aus § 225 Abs. 1 InsO) folgt[18] noch im Wege einer Planklausel erreicht werden kann.[19] Es bedarf insofern stets einer Individualvereinbarung.

15 Ob die insofern begrenzte Erlasswirkung genügt, um dem Gläubiger einer erlassenen Insolvenzforderung die Befugnis zu nehmen, mit dieser Forderung gegenüber dem Schuldner auch **nach Inkrafttreten des Plans weiter aufzurechnen** (vgl. §§ 387, 390 BGB), ist streitig. Bestand die Aufrechnungslage schon bei Verfahrenseröffnung, so folgt nach dem BGH aus der Insolvenzfestigkeit der Aufrechnungsmöglichkeit (**§ 94 InsO**) auch deren Planfestigkeit, weshalb der betreffende Insolvenzgläubiger trotz des Planerlasses weiter in ursprünglicher Forderungshöhe aufrechnen darf.[20] Der BGH stellt insofern primär auf den Willen des Gesetzgebers ab, die gleichlautende Rechtslage des Konkurs- und Vergleichsrechts nicht antasten zu wollen.[21] Vorzugswürdig erscheint es allerdings, die Rechtsposition des aufrechnungsbefugten Insolvenzgläubigers als plandisponibel zu bewerten und sie im Plan, insbesondere bei der Betrachtung des Schlechterstellungsverbots im Vergleich zum Regelinsolvenzverfahren, zu berücksichtigen.[22] Der Aufrechnungsbefugte steht insofern gesicherten Gläubigern gleich und sollte wie diese, nicht aber besser behandelt werden. Unstreitig ist demgegenüber, dass eine **Aufrechnung** gegen Forderungen des Schuldners, die erst nach der Verfahrenseröffnung entstanden sind (etwa Steuererstattungsansprüche während der Wohlverhaltensperiode), mit der erlassenen Forderung nicht möglich ist, da insofern § 94 InsO nicht greift.[23]

b) Das Wiederaufleben gemäß §§ 255, 256 InsO

16 Der Umstand, dass im Plan erlassene Forderungen nicht rechtlich erlöschen, erklärt auch, warum die Forderungen „wiederaufleben" können: Das mit dem Plan geschaffene **Durchsetzungshindernis entfällt.**

16) BGH, Urt. v. 10.5.2012 – IX ZR 206/11, Rz. 9, ZIP 2012, 1359 = NJW-RR 2012, 1255, dazu EWiR 2012, 533 *(Rendels/Körner)*; BGH, Urt. v. 19.5.2011 – IX ZR 222/08, Rz. 8, ZIP 2011, 1271 = NJW-RR 2011, 1142; BFH, Urt. v. 8.3.2022 – VI R 33/19, Rz. 25, 35, ZRI 2022, 652 = ZIP 2022, 1663.

17) BFH, Urt. v. 8.3.2022 – VI R 33/19, Rz. 35, ZRI 2022, 652 = ZIP 2022, 1663.

18) So aber *Dellit/Hamann*, ZIP 2015, 308, 316; entgegen der ganz h. M. – vgl. BGH, Urt. v. 10.5.2012 – IX ZR 206/11, Rz. 9, ZIP 2012, 1359 = NJW-RR 2012, 1255; BGH, Urt. v. 19.5.2011 – IX ZR 222/08, Rz. 8, NZI 2011, 538, 539 = ZIP 2011, 1271; Römermann-*Ober*, InsO/InsR, § 227 InsO Rz. 3; Uhlenbruck-*Lüer/Streit*, InsO, § 227 Rz. 6; auch K. Schmidt-*Spliedt*, InsO, § 227 Rz. 2.

19) Für eine Plandispositivität: *Spahlinger* in: KPB, InsO, § 254 Rz. 19; dagegen aber *Huber/Madaus* in: MünchKomm-InsO, § 254 Rz. 21; *Weitbrecht*, ZIP 2019, 1849; in der Sache auch BFH, Urt. v. 8.3.2022 – VI R 33/19, Rz. 27, ZRI 2022, 652 = ZIP 2022, 1663 – mit unzutreffendem Verweis auf die BGH-Rechtsprechung zu Präklusionsklauseln.

20) BGH, Urt. v. 19.5.2011 – IX ZR 222/08, Rz. 9 ff., ZIP 2011, 1271 = NJW-RR 2011, 1142.

21) BGH, Urt. v. 19.5.2011 – IX ZR 222/08, Rz. 13, ZIP 2011, 1271 = NJW-RR 2011, 1142.

22) So schon *Jacobi*, NZI 2009, 351, 354. Selbst der BGH hat für diese Sichtweise Sympathie (vgl. BGH, Urt. v. 19.5.2011 – IX ZR 222/08, Rz. 12 a. E., ZIP 2011, 1271 = NJW-RR 2011, 1142), kann sich dann aber nicht von den historischen Argumenten lösen.

23) BGH v. 29.3.2007 – IX ZB 204/05, Rz. 11, ZVI 2007, 278 = NZI 2007, 409; auch BGH, Urt. v. 19.5.2011 – IX ZR 222/08, Rz. 8, ZIP 2011, 1271 = NJW-RR 2011, 1142.

aa) Das individuelle Wiederaufleben bei Zahlungsverzug

Das individuelle Wiederaufleben gemäß § 255 Abs. 1 Satz 1 InsO setzt zunächst voraus, dass eine Forderung des Insolvenzgläubigers im Plan **nicht vollständig**, sondern nur teilweise **erlassen** oder gestundet wurde, sodass den Schuldner noch eine Leistungspflicht nach Maßgabe des Planinhalts trifft. Forderungen nachrangiger Gläubiger, die nach § 225 Abs. 1 InsO als vollständig erlassen gelten, können daher nicht wiederaufleben, solange der Insolvenzplan nicht ausnahmsweise eine Planleistung explizit vorsieht. Und auch Forderungen, die i. R. einer Forderungsumwandlung in Eigenkapital eingebracht wurden und damit auch rechtlich vollständig erfüllt worden sind, können nicht wiederaufleben.[24] 17

Gerät der Schuldner mit der Erfüllung des Plans, genauer gesagt mit der **Erfüllung der verbliebenen Leistungspflicht** aus der Insolvenzforderung, gegenüber dem jeweiligen Insolvenzgläubiger erheblich in Rückstand, so wird der Planeingriff hinfällig und die ursprüngliche Forderung des Gläubigers lebt ungekürzt wieder auf. Dies geschieht **automatisch**; einer besonderen Erklärung des Gläubigers bedarf es nicht. Der notwendige erhebliche Rückstand des Schuldners darf allerdings gemäß § 255 Abs. 1 Satz 2 InsO nur angenommen werden, wenn der Schuldner trotz einer **schriftlichen Mahnung** des Gläubigers mit **mindestens zweiwöchiger Nachfristsetzung** die fällige Verbindlichkeit nicht bedient. Es kommt für die Erheblichkeit des Leistungsrückstands also allein auf die Nichtleistung innerhalb der gesetzten Frist an, nicht aber auf die Höhe oder Erheblichkeit des Zahlungsausfalls. Ein Verschulden des Schuldners ist nicht von Belang.[25] 18

Rechtsfolge des Wiederauflebens ist die erneute Durchsetzbarkeit der nicht fristgerecht bedienten Insolvenzforderung **in ihrer ursprünglich zur Tabelle festgestellten Höhe.** Folgerichtig darf der insofern berechtigte Insolvenzgläubiger nun gemäß § 257 Abs. 3 InsO aus dem Tabelleneintrag **vollstrecken**, wenn er die Mahnung und den erfolglosen Ablauf der Nachfrist glaubhaft macht. 19

Wurde die betroffene **Insolvenzforderung** noch **nicht** zur Tabelle **festgestellt**, so ist unsicher, welcher Nominalbetrag vom Schuldner zu leisten ist, wenn der Plan eine Quote für diese Gläubigergruppe vorsieht, da der Ausgangsbetrag nicht feststeht. § 256 Abs. 1 InsO adressiert diese Unsicherheit, indem er für die Bestimmung der vorläufigen Leistungspflicht des Schuldners und die daran anknüpfende Anwendung des § 255 Abs. 1 InsO auf eine **gerichtliche Bewertung der angemeldeten Forderung** abstellt. Diese Bewertung wird für Forderungen, die schon im Abstimmungstermin streitig sind, i. R. der Stimmrechtsfestsetzung erfolgen (vgl. §§ 237 Abs. 1 Satz 1, 77 Abs. 2 InsO), weshalb § 256 Abs. 1 Satz 1 InsO auf diese Entscheidung zurückgreift. Ist im Abstimmungstermin eine gerichtliche Stimmrechtsfestsetzung unterblieben (etwa mangels rechtzeitiger Anmeldung der Forderung oder infolge einer Stimmrechtseinigung), so kann die gerichtliche Bewertung auf Antrag des Schuldners oder des Gläubigers nach § 256 Abs. 1 Satz 2 InsO auch gesondert erfolgen. Die Planquote auf den vom Gericht festgesetzten Betrag („Value at Risk") ist dann auf die Mahnung des Gläubigers hin vom Schuldner zu leisten, um ein Wiederaufleben der gesamten Forderung gemäß §§ 255 Abs. 1, 256 Abs. 1 Satz 1 InsO zu vermeiden, soweit die Planleistung auf streitige Forderungen überhaupt schon fällig ist. Übersteigt die endgültig festgestellte Forderung die gerichtliche Schätzung, so kann der Gläubiger eine Nachzahlung auf die Planquote verlangen (§ 256 Abs. 2 Satz 1 InsO). Ein erheblicher Rückstand mit der Nachzahlung i. S. des § 255 Abs. 1 Satz 2 InsO lässt auch hier noch die gesamte Insolvenzforderung wiederaufleben (§ 256 Abs. 2 Satz 2 InsO). Bleibt die endgültig festgestellte Forderung hingegen hinter der Schätzung zurück, so 20

24) *Thies* in: HambKomm-InsR, § 255 InsO Rz. 6.

25) *Huber/Madaus* in: MünchKomm-InsO, § 255 Rz. 17, 19; *Thies* in: HambKomm-InsR, § 255 InsO Rz. 9.

kann der Schuldner eine Überzahlung zurückfordern, wenn der Gläubiger den Mehrbetrag nach Maßgabe des Planinhalts nicht behalten darf (etwa aufgrund künftig fälliger Planleistungen an ihn; § 256 Abs. 3 InsO).

21 Hat ein Gläubiger mehrere Ansprüche zur Tabelle angemeldet, so gelten die Bestimmungen zum Wiederaufleben der Forderungen **für jede Forderung gesondert.** Es lebt also nur diejenige Insolvenzforderung wieder auf, mit deren Planquote der Schuldner erheblich in Rückstand gerät. Auch wenn der Wortlaut des § 255 Abs. 1 InsO insofern nicht eindeutig ist, wird aus der Gesamtschau der Regelungen in § 255 Abs. 1 Satz 2 und § 256 InsO deutlich, dass das Wiederaufleben für jede Forderung gesondert zu betrachten ist,[26] denn der Verzug mit der Leistung auf eine Planverbindlichkeit lässt weder alle Insolvenzforderungen insgesamt noch alle Insolvenzforderungen eines Gläubigers pauschal wiederaufleben.[27]

bb) Das kollektive Wiederaufleben in einer Folgeinsolvenz

22 Gerät der Schuldner nicht nur mit einzelnen Planleistungen in Verzug, sondern tritt **erneut ein Insolvenzgrund** ein, **bevor alle Planleistungen erbracht** wurden, so bestimmt § 255 Abs. 2 InsO, dass im daraufhin eröffneten Insolvenzverfahren alle materiellen Wirkungen des gescheiterten Plans entfallen und folgerichtig alle Insolvenzgläubiger mit ihren zur Tabelle festgestellten Forderungen am neuen Verfahren teilnehmen. Dies gilt auch für die Gläubiger, deren Forderungen ganz erlassen worden waren, nicht aber für durch Planleistungen vollständig erfüllte Forderungen, etwa jene, die i. R. einer Forderungsumwandlung in Eigenkapital gewandelt wurden.[28] Der **Wegfall der Planwirkungen** hat schließlich auch zur Folge, dass auch die Insolvenzgläubiger, die bis dahin nur ihre Planquote (in voller Höhe) erhalten hatten, die im Plan erlassene Restforderung nun wieder anmelden können.[29] Für den Pensions-Sicherungs-Verein (PSVaG) gilt im Fall einer Folgeinsolvenz die speziellere Wiederauflebensregelung des § 9 Abs. 4 Satz 2 BetrAVG.

23 Wird in der Folgeinsolvenz eine **Verfahrenseröffnung mangels Masse abgelehnt** (§ 26 InsO), so ist § 255 Abs. 2 InsO seinem Wortlaut nach nicht einschlägig. Die Gläubiger müssten folglich jeweils Fristen nach § 255 Abs. 1 InsO setzen, um ein Wiederaufleben ihrer Forderungen und zugleich die Vollstreckung über § 257 Abs. 3 InsO zu erreichen. Dies dürfte in der Regel ein zumutbares, effizientes Verfahren sein. Mangels eröffnetem Gesamtverfahren ist kein Raum für eine Gesamtwirkung nach § 255 Abs. 2 InsO.[30]

c) Abweichende Vereinbarungen, insbes. Besserungsklauseln und Besserungsscheine

24 Die Regelungen zum Wiederaufleben sind gemäß § 255 Abs. 3 Satz 1 InsO **plandisponibel,** soweit die Abweichung nicht zum Nachteil des Schuldners erfolgt (§ 255 Abs. 3 Satz 2 InsO). Insbesondere ein **Ausschluss jeglichen Wiederauflebens** kann daher im gestaltenden Teil des Insolvenzplans vorgesehen werden.

26) So zutreffend *Fiebig* in: HK-InsO, § 255 Rz. 9; *Huber/Madaus* in: MünchKomm-InsO, § 255 Rz. 29; Römermann-*Rühle*, InsO/InsR, § 255 InsO Rz. 10; *Schultze* in: Kübler/Bork/Prütting, HRI II, § 41 Rz. 183.

27) Für Letzteres aber *Spahlinger* in: KPB, InsO, § 255 Rz. 6.

28) Bei einer nur teilweisen Einbringung kann daher nur der nicht eingebrachte Teil der Forderung wiederaufleben; insoweit zutreffend *Thies* in: HambKomm-InsR, § 255 InsO Rz. 14 a. E.

29) Ebenso etwa *Huber/Madaus* in: MünchKomm-InsO, § 255 Rz. 36; *Thies* in: HambKomm-InsR, § 255 InsO Rz. 13; a. A. etwa Uhlenbruck-*Lüer/Streit*, InsO, § 255 Rz. 20; K. Schmidt-*Spliedt*, InsO, § 255 Rz. 14.

30) Wie hier Uhlenbruck-*Lüer/Streit*, InsO, § 255 Rz. 19; a. A. *Thies* in: HambKomm-InsR, § 255 InsO Rz. 15.

25 Das Verbot von Planregelungen zum Nachteil des Schuldners beschränkt allerdings die Möglichkeiten des Plangestalters, **Besserungsklauseln** in den Insolvenzplan aufzunehmen. Besserungsklauseln bestimmen, dass ein im Plan vereinbarter Forderungserlass nur unter der auflösenden Bedingung einer Besserung der Vermögensverhältnisse des Schuldners erfolgt. Die Gläubiger werden auf diese Weise am Sanierungserfolg beteiligt. Bei wirtschaftlicher Betrachtung lebt aber auch bei solchen Vereinbarungen ein Teil der ursprünglichen Forderungen der Gläubiger wieder auf, wenn sich die Verhältnisse beim Schuldner normalisieren. Damit kommt es zu einem Wiederaufleben i. S. des § 255 InsO, ohne dass dem Schuldner ein Zahlungsrückstand oder eine Folgeinsolvenz vorzuwerfen ist. Das **Verbot schuldnerfeindlicher Planregelungen eines Wiederauflebens** in § 255 Abs. 3 Satz 2 InsO greift ein. Besserungsvereinbarungen sind daher nur dann zulässig, wenn sie nicht zu einem Wiederaufleben der ursprünglichen Forderungen führen, sondern neue Leistungspflichten des Schuldners auf einem eigenständigen Rechtsgrund begründen. Notwendig ist also die **Begebung von Besserungsscheinen** für den Fall der Besserung der Vermögensverhältnisse, da der Schuldner seinen Gläubigern damit ein aufschiebend bedingtes, abstraktes Schuldversprechen (§§ 780, 781 BGB) auf den Besserungsfall gibt.[31]

26 Eine besondere Form der Besserungsklausel erlaubt § 7 **Abs. 4 Satz 5 BetrAVG** zugunsten des Pension-Sicherungs-Vereins (PSVaG). Danach „soll" im Insolvenzplan vorgesehen werden, dass bei einer „nachhaltigen Besserung der wirtschaftlichen Lage des Arbeitgebers" die vom PSVaG zu erbringenden Leistungen ganz oder zum Teil vom Arbeitgeber oder sonstigen Trägern der Versorgung wieder übernommen werden. Wird in den Plan eine solche **Besserungsklausel** aufgenommen, so bevorzugt diese allein den PSVaG und führt damit zu einer Besserstellung dieses Insolvenzgläubigers in seiner eigenen Gruppe gegenüber anderen Insolvenzgläubigergruppen. Die Ablehnung des Plans durch eine der anderen Gruppen kann damit nicht mehr durch das Obstruktionsverbot überwunden werden (vgl. § 245 Abs. 1 Nr. 2, Abs. 2 Nr. 3 InsO). Droht der Insolvenzplan an diesem Umstand zu scheitern, so darf auf eine Besserungsklausel zugunsten des PSVaG verzichtet werden (Soll-Vorschrift).[32]

II. Rechte gesicherter Gläubiger (Absonderungsrechte)

27 Ob und inwieweit ein Insolvenzplan auf Rechte gesicherter Gläubiger des Schuldners einwirkt, ist von **verschiedenen Faktoren** abhängig.

1. Die gesicherte Forderung

28 Zunächst ist die gesicherte Forderung (in der Regel eine Kreditforderung) zu betrachten. Richtet sich diese nicht gegen den Schuldner, sondern **gegen einen Dritten**, so richtet sich diese Forderung nicht gegen die Masse und ist nicht Teil des Insolvenzverfahrens. Folglich wird sie auch nicht von den Planwirkungen erfasst. Hat der Schuldner für diese Drittschuld eine Sicherheit gestellt, so kann diese allerdings im Insolvenzplan einer Regelung unterworfen werden (§ 223 Abs. 2 InsO, siehe § 7 Rz. 32 [*Brünkmans*]).

29 Haftet der **Schuldner** hingegen selbst für die gesicherte Forderung (etwa eine Kreditrückzahlung) persönlich, so ist diese Forderung als **Insolvenzforderung** (§ 38 InsO) grundsätzlich von den Planwirkungen betroffen (§ 224 InsO). Dies gilt auch in den Fällen, in denen dem Gläubiger als Sicherungsrecht ein Recht am Schuldnervermögen zusteht, das ihn zur abgesonderten Befriedigung berechtigt (§ 52 Satz 1 InsO). Derart gesicherte

31) Vgl. *Eidenmüller* in: MünchKomm-InsO, § 221 Rz. 31.

32) *Rieger*, NZI 2013, 671, 674; *Schultze* in: Kübler/Bork/Prütting, HRI II, § 41 Rz. 68.

Gläubiger nehmen daher nach zutreffender Ansicht[33] **sowohl als Insolvenzgläubiger** (z. B. mit der Kreditforderung) **als auch als Absonderungsberechtigte** (mit dem Sicherungsrecht) am Insolvenzverfahren und am Planverfahren teil. Ihr Sanierungsopfer wird folglich nicht nur eine Einbuße bei der gesicherten Forderung beinhalten können, sondern im Hinblick auf die Akzessorietät der Haftung bzw. auf eine Sicherungsabrede von einer entsprechenden Einbuße im Absonderungsrecht begleitet werden müssen. In der Planabstimmung sind sie in der Gruppe der Insolvenzgläubiger mit ihrer gesicherten Forderung allerdings gemäß § 237 Abs. 1 Satz 2 InsO nur insoweit stimmberechtigt, wie diese Forderung ungesichert ist (Ausfallforderung), da die Interessen des gesicherten Gläubigers nur insoweit mit denen der anderen ungesicherten Gläubiger in der Gruppe übereinstimmen. Auch eine quotale Befriedigung i. R. der allgemeinen Verteilung erhalten gesicherte Insolvenzgläubiger nur i. H. ihrer Ausfallforderung (§ 52 Satz 2 InsO), da sie sich vorrangig aus dem Sicherungsrecht befriedigen können und müssen. Die Planwirkungen erfassen hingegen die gesicherte Forderung als Insolvenzforderung nach allgemeinen Regeln (siehe Rz. 7 ff.); sie kann also – im Gegensatz zum Sicherungsrecht (siehe Rz. 33) – unter den Voraussetzungen der §§ 255, 256 InsO auch in voller Höhe wiederaufleben.[34]

2. Sicherheitsrecht am Schuldnervermögen

30 Hat der Gläubiger für eine Forderung gegen den Schuldner oder Dritte ein Sicherungsrecht am Schuldnervermögen, so wird ihn dies nur im Ausnahmefall zur **Aussonderung** (§ 47 InsO) berechtigen (z. B. der Eigentumsvorbehalt in der Käuferinsolvenz; auch gewisse Treuhandkonstruktionen). Dann allerdings wird der Sicherungsgegenstand nicht Bestandteil der Masse und ist damit weder Verfahrensbestandteil noch von den Planwirkungen erfassbar. Aussonderungsberechtigte werden nur dann plangebunden, wenn sie sich als Dritte durch besondere Verpflichtungserklärungen (§ 230 Abs. 3 InsO) zu Planleistungen verpflichten (etwa die Aufgabe oder plangesteuerte Ausübung eines Aussonderungsrechts).

31 Sicherungsrechte am Schuldnervermögen berechtigen den gesicherten Gläubiger gemäß §§ 49–51 InsO in der Regel zur **abgesonderten Befriedigung**. Der Sicherungsgegenstand bleibt Massebestandteil und das Sicherungsrecht kann folgerichtig gemäß § 223 Abs. 2 InsO durch eine Regelung im Insolvenzplan beeinträchtigt werden. Die gesetzliche Vermutung des § 223 Abs. 1 InsO geht davon aus, dass Absonderungsrechte unangetastet bleiben. Im **gestaltenden Teil des Insolvenzplans** sind daher ausdrücklich Rechtsänderungen hinsichtlich der Sicherungsrechte vorzusehen, die dann unmittelbar auf das Sicherungsrecht des oder der an der Abstimmung als Gruppe beteiligten Absonderungsberechtigten einwirken (§ 254 Abs. 1 InsO), auch wenn diese dem Plan widersprechen oder sich nicht am Verfahren beteiligen (§ 254b InsO). Werden zum Zwecke der Rechtsaufhebung oder -änderung entsprechende **Willenserklärungen** der Absonderungsberechtigten in den gestaltenden Teil des Plans aufgenommen, so gelten diese Erklärungen gemäß § 254a Abs. 1 InsO als formwirksam abgegeben (siehe Rz. 59). Bedarf die Rechtsänderung einer **Registereintragung** (etwa bei Grundpfandrechten), so kann der Plan diese nicht ersetzen; er bedarf vielmehr der Umsetzung (siehe Rz. 79).

32 Zu beachten ist, dass der Eingriff in das Sicherungsrecht sowohl isoliert als auch mittelbar erfolgen kann. Bei einem **isolierten Eingriff** bleibt die gesicherte Forderung unberührt oder wird gestundet, während der Insolvenzplan das Sicherungsrecht verändert, etwa indem er es (teilweise) freigibt. Demgegenüber ergibt sich ein **mittelbarer Planeingriff** in

33) *Eidenmüller* in: MünchKomm-InsO, § 222 Rz. 56 ff. m. w. N.

34) Vgl. *Fiebig* in: HK-InsO, § 255 Rz. 4; *Thies* in: HambKomm-InsR, § 255 InsO Rz. 13.

das Sicherungsrecht aus dem Umstand, dass die gesicherte (persönliche) Insolvenzforderung des Absonderungsberechtigten im Plan gestaltet wird, was über die materiell-rechtlichen Wirkungen der Akzessorietät oder der Sicherungsabrede auch die Rechte aus dem Sicherungsrecht verändert (mittelbarer Planeingriff in Sicherungsrechte). Die insofern zwar nur mittelbare, aber rechtlich zwingende Einwirkung auf das Sicherungsrecht und damit das Absonderungsrecht muss der Plangestalter reflektieren, indem er eine Gruppe nach §§ 222 Abs. 1 Satz 2 Nr. 1, 223 Abs. 1 InsO bildet und hinsichtlich der gesicherten Insolvenzforderung die Stimmrechtsregelung in § 237 Abs. 1 Satz 2 InsO beachtet oder aber eine gesonderte Gruppe gesicherte Insolvenzforderungen bildet.[35]

Absonderungsrechte können **nicht** über § 255 Abs. 1 oder 2 InsO **wiederaufleben**, da sich diese Vorschrift ausdrücklich nur auf Insolvenzforderungen bezieht. Liegen die Voraussetzungen eines Wiederauflebens (siehe Rz. 16 ff.) für die gesicherte Forderung als Insolvenzforderung vor, so kann sich ein durch den Plan nicht angetastetes Sicherungsrecht nach Maßgabe der ursprünglichen Sicherungsabrede auch wieder auf die gesamte Insolvenzforderung beziehen.[36] Wurde das Sicherungsrecht hingegen durch den Plan (teilweise oder vollumfänglich) aufgegeben, so bleibt diese Planwirkung bestehen, selbst wenn der Sicherungsgegenstand noch unbelastet im Eigentum des Schuldner steht.[37] 33

Praxishinweis

Zu prüfen wäre allenfalls, ob der Schuldner aufgrund der ursprünglichen Sicherungsabrede noch zur Stellung von Sicherheiten für die wiederaufgelebte Forderung verpflichtet ist. Ein automatisches Wiederaufleben ist aber selbst in diesen Fällen ausgeschlossen.

3. Sicherheit an Drittvermögen

Wird die Insolvenzforderung des Gläubigers gegen den Schuldner durch ein Sicherungsrecht an einem Gegenstand im Vermögen eines Dritten oder aber die persönliche Mithaftung eines Dritten gesichert, so wird diese Rechtsbeziehung direkt **durch das Insolvenzverfahren nicht betroffen**. Das Sicherungsrecht kann daher auch nicht über § 223 Abs. 2 InsO zum Gegenstand einer Planregelung gemacht werden. 34

a) Grundsatz: Weder unmittelbare noch mittelbare Planwirkung

Ist die gesicherte Forderung Insolvenzforderung und wird diese durch den Insolvenzplan gekürzt oder erlassen, so hat diese Planwirkung allerdings **materiell-rechtliche Folgewirkungen** auf das Sicherungsrecht des Gläubigers gegen den Dritten. Bei akzessorischen Rechten erstreckt sich die Erlasswirkung, genauer gesagt das mit den Planwirkungen einhergehende Durchsetzungshindernis (siehe Rz. 14), auch auf den Sicherungsgeber. Bei nichtakzessorischen Rechten kann sich eine vergleichbare Wirkungserstreckung aus der Sicherungsabrede ergeben. Den Eintritt solcher mittelbaren Planwirkungen auf Drittsicherheiten **verhindert** die gesetzliche Anordnung in **§ 254 Abs. 2 Satz 1 InsO**. Danach werden diese Sicherheiten durch den Plan „nicht berührt". Planwirkungen entlasten mithin nur den Schuldner, nicht aber dessen Drittsicherungsgeber. Diese gesetzgeberische Wertung wird in § 254 Abs. 2 Satz 2 InsO vervollständigt, indem auch der Regressanspruch des in Anspruch genommenen Sicherungsgebers gegen den Schuldner aus ihrem Innenverhältnis (etwa aus § 670 BGB) im gleichen Umfang gemindert wird wie die gesicherte Forderung. Der Plan vermag es also, nur den Schuldner aus dem Dreiecksverhältnis herauszulösen. 35

35) Eingehend – auch zu dem in diesem Punkt bestehenden Meinungsstreit – *Weitbrecht*, Mittelbare Planeingriffe in Sicherungsrechte, 2019, sowie *Weitbrecht*, KTS 2021, 357 ff.

36) Zutreffend *Fiebig* in: HK-InsO, § 255 Rz. 4.

37) *Thies* in: HambKomm-InsR, § 255 InsO Rz. 5.

Die damit erreichte Leistungsabwicklung entspricht der übernommenen Risikoverteilung, hat doch der sichernde Dritte gerade das Risiko der Leistungsunfähigkeit des Schuldners beim Gläubiger abgesichert, weshalb er gerade auch in diesem Fall nun weiter in vollem Umfang haftet.

b) **Ausnahme: Planwirkung zugunsten des Gesellschafters in § 227 Abs. 2 InsO**

36 Gemäß § 227 Abs. 2 InsO erstreckt sich die Erlasswirkung des Insolvenzplans bei rechtsfähigen **Personengesellschaften** und der KGaA auch auf die **Mithaftungsansprüche der Gläubiger gegen deren persönlich haftende Gesellschafter** (vgl. § 128 HGB). Die akzessorische Anknüpfung der gesellschaftsrechtlichen Mithaftung Dritter bleibt erhalten und leitet die Planwirkungen weiter. Die ganz h. A. in der Literatur sieht in **§ 227 Abs. 2 InsO** dennoch keine Ausnahme zum Grundsatz des § 254 Abs. 2 InsO, da sie die Befreiungswirkung des § 227 Abs. 2 InsO auf die Mithaftung des Gesellschafters auf **gesellschaftsrechtlicher Grundlage** beschränkt und so von der sonstigen, insbesondere der vertraglichen, Mithaftungsübernahme (Bürgschaft, Schuldbeitritt, Garantie) abgrenzt, die in § 254 Abs. 2 InsO geregelt sei. Die Entlastung der Schuldnergesellschaft durch den Plan befreit den mithaftenden Gesellschafter so allenfalls von seiner Mithaftung aus § 128 HGB, nie aber von einer (in der Praxis aus eben diesem Grund üblichen) parallelen Mithaftung aus einem anderen, nicht im Gesellschaftsrecht verankertem Rechtsgrund.[38] Überzeugen kann diese Differenzierung nicht. Der Wortlaut erlaubt die Befreiung der Gesellschafter von jeder persönlichen Haftung und der Zweck der Norm, mit der Gesellschaft auch deren Gesellschaftern einen Neuanfang zu ermöglichen, wird konterkariert, wenn man Mithaftungsverträge nur mit Hinweis auf § 254 Abs. 2 InsO von dieser Befreiung ausnimmt. § 227 Abs. 2 InsO ist daher eher als Ausnahmetatbestand zu § 254 Abs. 2 InsO zu deuten, der in seinem Anwendungsbereich (persönlich haftende Gesellschafter bei Personengesellschaften) einen Gleichlauf der Haftungsbefreiung von Gesellschafts- und Gesellschafterschuld sichert, ohne dass es dabei auf den Rechtsgrund der Mithaftung der Gesellschafter für Gesellschaftsverbindlichkeiten ankäme. Wollen die Beteiligten hingegen die Mithaftung des Gesellschafters erhalten, so ist dies im Plan vorzusehen. Die Vermutung des Gleichlaufs der Haftungsbefreiung in § 227 Abs. 2 InsO ist plandispositiv; der Gesellschafter ist dann planbetroffen.

c) **Ausnahme: Planwirkungen bei gruppeninternen Drittsicherheiten**

37 **§ 217 Abs. 2 InsO** erlaubt für Konzernsachverhalte in bewusster Abweichung vom Grundsatz des § 254 Abs. 2 InsO[39] die unmittelbare Gestaltung der (dinglichen wie persönlichen) Mithaftung von Konzerngesellschaften in dem Insolvenzplan, der die gesicherte Insolvenzforderung gestaltet. Die Freigabe oder **Anpassung von gruppeninternen Drittsicherheiten** ist nun **plandispositiv** und soll es so ermöglichen, die Sanierung einer Unternehmensgruppe idealerweise durch einen einzigen Insolvenzplan zu erreichen.

38 Aus **§ 223a Satz 1 InsO** ergibt sich dabei, dass auch für die dingliche oder persönliche Mithaftung von Sicherungsgebern, die derselben Unternehmensgruppe wie die Schuldnergesellschaft angehören, der in § 254 Abs. 2 InsO verankerte Grundsatz gilt.[40] Die für

38) Für die h. Lit.: *Breuer* in: MünchKomm-InsO, § 227 Rz. 12; *Thies* in: HambKomm-InsR, § 227 InsO Rz. 10; *Fiebig* in: HK-InsO, § 227 Rz. 7; Römermann-*Ober*, InsO/InsR, § 227 InsO Rz. 8. Der BGH hat eine solche Differenzierung nach dem Rechtsgrund bislang nur für § 93 InsO akzeptiert, vgl. BGH, Urt. v. 4.7.2002 – IX ZR 265/01, BGHZ 151, 245, 248 f. = NJW 2002, 2718, 2719, dazu EWiR 2003, 335 *(Welzel)*.

39) S. Begr. RegE SanInsFoG z. InsO, BT-Drucks. 19/24181, S. 195.

40) K. Schmidt-*Spliedt*, InsO, § 223a Rz. 2.

die Insolvenzforderung gegen die Schuldnergesellschaft im gestaltenden Teil des Insolvenzplans bestimmten Veränderungen berühren im Grundsatz die Sicherungsrechte nicht. Eine Wirkungserstreckung wird verhindert. § 223a **Satz 2** InsO stellt heraus, dass es einer **bewussten Nutzung** der in § 217 Abs. 2 InsO eröffneten Regelungsoption **im Insolvenzplan** bedarf, welcher der Sicherungsgeber ausdrücklich zustimmen muss (§ 230 Abs. 4 InsO).

Den **Inhalt** der Gestaltung gibt das Gesetz nicht vor. Wie bei Sicherungsrechten an Schuldnervermögen ist eine **Vielzahl an Optionen** vorhanden (vgl. **§§ 223a Satz 3, 223 Abs. 2 InsO**). Wurden also etwa Ansprüche gegen die insolvente Konzerngesellschaft aus Anleihen oder Konsortialkreditfinanzierungen durch Garantien, Bürgschaften anderer Konzerngesellschaften bzw. durch dingliche Sicherheiten an deren Vermögen besichert, so kann der Insolvenzplan die Finanzierungsstruktur insgesamt neu ordnen. Die **Verhandlungsposition der Sicherungsnehmer** wird dabei durch den **Wert der Sicherungsrechte** im Verwertungsfall ohne einen Plan **(Alternativszenario)** charakterisiert; dieser Liquidationswert ist im Plan angemessen zu garantieren (ggf. als Entschädigung), sofern der Sicherungsnehmer dem Plan nicht zustimmt (vgl. §§ 223a Satz 2, 245 Abs. 2a, 251 Abs. 1 Nr. 2 InsO; Schlechterstellungsverbot).[41] Zugleich sind im darstellenden Teil stets Angaben zum Liquidationswert zu machen (§ 220 Abs. 3 InsO). 39

Praxishinweis

Die neuen Regelungsoptionen erweitern den Instrumentenkasten in der insolvenznahen Konzernsanierung parallel zu entsprechenden **Regelungsmöglichkeiten in einem Restrukturierungsplan** (vgl. §§ 2 Abs. 4, 7 Abs. 2 StaRUG). Die finanzielle Restrukturierung kann daher auch in einem StaRUG-Verfahren gelingen. Sofern es für operative Sanierungsmaßnahmen der Eingriffsintensität eines Insolvenzverfahrens (ggf. in Eigenverwaltung) bedarf, etwa um Vertragsverhältnisse mithilfe der §§ 103 ff. InsO zu gestalten, lässt sich die Restrukturierung der Konzernfinanzierung in einem Insolvenzplan erfassen. Dabei bleibt genau zu prüfen, welche Konzerngesellschaften auf diese Weise mit entschuldet werden können, ohne dass es auf deren Ebene eines eigenen Verfahrens bedarf. Auch eine Kombination von StaRUG-Restrukturierung, etwa auf der Holding-Ebene, und insolvenzrechtlicher Sanierung, etwa auf der OpCo-Ebene, ist möglich.

Die Regelung in § 254 Abs. 2 InsO ist jenseits der beiden gesetzlichen Ausnahmefälle zwar nicht plandispositiv, aber keineswegs zwingender Natur. Es wird vielmehr allgemein davon ausgegangen, dass die betreffenden Insolvenzgläubiger **Individualvereinbarungen** mit ihren Sicherungsgebern treffen dürfen, in denen aus Anlass der Insolvenz des (Haupt-)Schuldners die **Mithaftung** aufgehoben oder neu geregelt wird.[42] Eine entsprechende Verzichtserklärung der Insolvenzgläubiger kann auch in die Plananlagen aufgenommen werden (§ 230 Abs. 3 InsO), und sollte unter der aufschiebenden Bedingung des Inkrafttretens des Insolvenzplans erfolgen. 40

III. Forderungen der Massegläubiger

Massegläubiger (§ 53 InsO) sind **nicht planunterworfen** (vgl. § 217 InsO) und daher von den Planwirkungen nicht betroffen.[43] Unstreitige, fällige Masseansprüche sind vielmehr gemäß § 258 Abs. 2 Satz 1 InsO noch vor der Verfahrensaufhebung zu berichtigen; für 41

41) Streitig ist, ob das Vorhandensein einer angemessenen Entschädigung von Amts wegen zu prüfen ist (so etwa *Fiebig* in: HK-InsO, § 245 Rz. 30) oder nur i. R. der Schutzvorschriften der §§ 245, 251, 253 InsO (so zu Recht etwa K. Schmidt-*Spliedt*, InsO, § 245 Rz. 34a).

42) Vgl. OLG Dresden, Urt. v. 18.12.2012 – 13 U 1032/12, ZInsO 2013, 139, 140 = ZIP 2013, 1341; *Huber/Madaus* in: MünchKomm-InsO, § 254 Rz. 31; *Thies* in: HambKomm-InsR, § 254 InsO Rz. 9 a. E.

43) BGH, Beschl. v. 16.2.2017 - IX ZB 103/15, Rz. 22, ZVI 2017, 208 = NZI 2017, 260.

nicht fällige Masseansprüche ist nach dessen Satz 2 ein Finanzplan vorzulegen, der ihre Erfüllung gewährleistet. Von diesem Grundsatz gibt es **zwei Ausnahmen.**

42 Zum einen kann gemäß § 264 Abs. 1 Satz 1 Alt. 2 InsO im gestaltenden Teil des Insolvenzplans ein **Kreditrahmen** auch zugunsten stehengelassener Massekredite vorgesehen werden. Wird aufgrund dieser Planregelung ein Massekredit in bestimmter Höhe in den Kreditrahmen aufgenommen und kommt es nachfolgend bereits im Überwachungszeitraum zu einer **Folgeinsolvenz**, so genießt der privilegierte Massegläubiger in diesem Insolvenzverfahren gemäß § 266 Abs. 2 InsO einen Vorrang gegenüber den alten Insolvenzgläubigern (§ 264 Abs. 1 InsO), aber auch den vertraglichen Neugläubigern des Schuldners (§ 265 InsO). Der Massegläubiger kann sich also auf eine Planwirkung berufen (Einzelheiten siehe § 26 Rz. 77 ff. [*Dellit*]).

43 Zum anderen erlaubt **§ 210a InsO** im Fall der **Masseunzulänglichkeit** (§ 208 InsO) die Bestätigung eines Insolvenzplans, der auch die Befriedigung der Altmasseverbindlichkeiten (§ 209 Abs. 1 Nr. 3 InsO) regelt, wozu dann die Altmassegläubiger am Verfahren zu beteiligen sind (siehe i. E. § 12 Rz. 2 [*Brünkmans*]).

IV. Rechte der Neugläubiger

44 Gläubiger, deren Forderungen erst nach der Aufhebung des Insolvenzverfahrens oder aber durch Geschäfte mit dem Schuldner als natürliche Person während des Verfahrens, also ohne Massebezug, entstehen (Neugläubiger), werden von den Planwirkungen grundsätzlich **nicht erfasst.** Der Plan kann ihre Rechtsposition allerdings in zwei Fällen mittelbar beeinflussen.

45 Zum einen hat die Ausschöpfung eines im Insolvenzplan gemäß § 264 Abs. 1 InsO vorgesehenen **Kreditrahmens** für die Neugläubiger Bedeutung. Neue Waren- oder Geldkreditgeber können ihre Kredite, die sie im Überwachungszeitraum gewähren, mit dem **Vorrang** des Kreditrahmens ausstatten lassen und damit in einer eventuellen **Folgeinsolvenz** vorrangig befriedigt werden (§ 266 Abs. 2 InsO). Nicht privilegierte Neugläubiger müssen diesen Vorrang hinnehmen.

46 Zum anderen müssen Neugläubiger beachten, dass eine Schuldnergesellschaft, die durch einen Insolvenzplan eine **finanzielle Restrukturierung** im Wege einer Forderungsumwandlung in Eigenkapital (Debt-to-Equity-Swap) durchlaufen hat, nicht zwangsläufig die gesetzliche oder satzungsmäßige Mindestkapitalisierung besitzt, da § 254 Abs. 4 InsO eine **Differenzhaftung** der Insolvenzgläubiger, die ihre Forderung in einer ex-post Betrachtung überbewertet eingebracht hatten, ausschließt.[44] Die Kreditwürdigkeit des sanierten Schuldners ist insofern besonders zu prüfen.

V. Rechte des Insolvenzverwalters

47 Der Insolvenzverwalter ist ebenso wenig wie der Sachwalter in der Eigenverwaltung materiell am Planverfahren beteiligt (vgl. § 217 InsO) und wird daher **nicht** an Planbestimmungen **gebunden.**[45] Er muss aus diesem Grund dem Plan auch nicht im Abstimmungstermin zustimmen. Im Einzelnen ist zwischen Beeinträchtigungen und Ermächtigungen des Insolvenzverwalters im Plan zu unterscheiden.

---

44) Kritisch daher etwa K. Schmidt-*Spliedt*, InsO, § 254 Rz. 18 a. E.; *Brinkmann*, WM 2011, 97, 101; *Hölzle*, NZI 2011, 124, 129.

45) Wohl allg. A.; vgl. BGH, Beschl. v. 22.2.2007 – IX ZB 106/06, Rz. 7, NZI 2007, 341 = ZIP 2007, 784.

1. Planeingriffe oder -verpflichtungen

Sind im gestaltenden Teil des Insolvenzplans Eingriffe in die Verwalterrechte vorgesehen, so haben diese mangels Planbeteiligung des Verwalters **keine bindende Wirkung**, solange der Verwalter diese Eingriffe nicht freiwillig und individuell über eine Verpflichtungserklärung gemäß **§ 230 Abs. 3 InsO** akzeptiert. Insbesondere die Verpflichtung des Verwalters zur Gründung und Geschäftsführung einer Abwicklungsgesellschaft für zur Sanierung nicht benötigte Massegegenstände (wie im *PROKON*-Fall) kann daher im Plan vereinbart werden, bedarf aber der gesonderten Bereitschafts-/Verpflichtungserklärung des Verwalters. Entsprechendes gilt für andere, über die Planüberwachung gemäß §§ 260, 261 InsO hinausgehenden Verpflichtungen des Verwalters für die Planumsetzungsphase. Dabei ist stets zu beachten, dass der BGH dem Schuldner mit der Planaufhebung umfassend die Wiedererlangung seiner Verfügungsbefugnis sichert und Plangestaltungen ablehnt, die ein Fortlaufen der Verwaltung einzelner Vermögensgegenstände durch den (ehemaligen) Verwalter zugunsten der Insolvenzgläubiger vorsieht.[46)] Der Plan wird daher stets die **Übertragung betreffender Gegenstände** aus dem Schuldnervermögen auf den Verwalter oder eine Verwaltungsgesellschaft vorsehen müssen. 48

2. Ermächtigungen

Wird der Pflichtenkreis des Verwalters im gestaltenden Teil des Insolvenzplans nicht vergrößert, sondern lediglich seine **Befugnisse erweitert**, ohne dass er zugleich zu den entsprechenden Handlungen verpflichtet wird, so kann er sich **unmittelbar** auf die Planermächtigungen berufen.[47)] So kann der Verwalter gemäß § 259 Abs. 3 InsO im Plan ermächtigt werden, Anfechtungsprozesse zugunsten des Schuldners oder auch der Insolvenzgläubiger auch nach der Verfahrensaufhebung fortzuführen.[48)] § 221 Satz 2 InsO erlaubt die Bevollmächtigung zu Umsetzungsmaßnahmen und zur Korrektur offensichtlicher Planfehler durch entsprechende Planbestimmungen. § 254a Abs. 2 Satz 3 InsO enthält für registergerichtliche Anmeldungen von Planmaßnahmen sogar eine gesetzliche Ermächtigung des Verwalters (siehe Rz. 80). § 66 Abs. 4 InsO erlaubt schließlich eine Planregelung, die Erleichterungen für die Schlussrechnungslegung des Verwalters beinhaltet. 49

3. Planregelungen zur Vergütung

a) Bindung des Verwalters

Aus diesen allgemeinen Grundsätzen folgt für Vergütungsregelungen im Insolvenzplan, dass diese **keine verbindliche Wirkung** haben, wenn sie die Verwaltervergütung begrenzen sollen, es sei denn, der Verwalter hat einem solchen Planeingriff explizit zugestimmt (vgl. **§ 230 Abs. 3 InsO**).[49)] Eine solche Zustimmung muss als Verpflichtungserklärung vorliegen; der bloße Umstand der Planerstellung, der planbefürwortenden Stellungnahme oder auch nur der Mitwirkung an der Planerstellung genügt hierfür nicht. Solche Umstände können allenfalls dazu führen, dass der Verwalter im Einzelfall einen Vertrauenstatbestand begründet, der ihn wegen des Grundsatzes von **Treu und Glauben** (§ 242 BGB) sowie wegen seiner Pflichtenbindung aus § 60 InsO an der späteren Geltendmachung einer **erheblich höheren** Vergütung hindert.[50)] 50

---

46) BGH, Beschl. v. 26.4.2018 – IX ZB 49/17, Rz. 30, ZVI 2018, 272 = ZIP 2018, 1141.

47) Ausführlich *Madaus*, ZIP 2016, 1141, 1146 ff.

48) BGH, Beschl. v. 7.5.2015 – IX ZB 75/14, Rz. 32–35, ZIP 2015, 1346 = NZI 2015, 697, m. Anm. *Madaus*.

49) BGH, Beschl. v. 16.2.2017 – IX ZB 103/15, Rz. 20 und 40, ZVI 2017, 208 = NZI 2017, 260.

50) So zutreffend BGH, Beschl. v. 22.2.2007 – IX ZB 106/06, Rz. 10 f., NZI 2007, 341, 342 = ZIP 2007, 784; ebenso BGH, Beschl. v. 16.2.2017 – IX ZB 103/15, Rz. 40, ZVI 2017, 208 = NZI 2017, 260.

b) Bindung des Insolvenzgerichts

51 Die Verwaltervergütung wird gemäß § 64 Abs. 1 InsO durch das Insolvenzgericht festgesetzt und diese Festsetzung hat nach Maßgabe der Kriterien des § 63 Abs. 1 InsO zu erfolgen, die über § 65 InsO in der InsVV konkretisiert werden. Privatautonome **Vergütungsvereinbarungen** der Insolvenzgläubiger mit dem Verwalter sind danach – gerade auch im Interesse der Unabhängigkeit des Verwalters – nicht möglich und folglich **nichtig** (§ 134 BGB).[51] Dies gilt auch in den Fällen, in denen die Vereinbarung in einen Insolvenzplan aufgenommen wird, indem dieser die Verwaltervergütung regelt und der Verwalter (siehe Rz. 50) wie auch alle Gläubiger dieser Regelung ausdrücklich zustimmen. Auch ein solcher Plan enthält einen unzulässigen Inhalt und ist gemäß § 231 Abs. 1 Nr. 1 InsO zurückzuweisen bzw. darf gemäß § 250 Nr. 1 InsO nicht bestätigt werden.[52]

52 Zulässig wäre allenfalls eine **Planregelung zu den Grundlagen der Vergütungsfestsetzung** (z. B. Zuschlagstatbestände) nach Maßgabe der InsVV. Selbst dann ist aber das Insolvenzgericht nicht plangebunden, da es nicht materiell am Insolvenzverfahren beteiligt wird. Es bleibt daher in seiner **Festsetzungsentscheidung frei** und darf eine abweichende Vergütungsgrundlage (insbesondere für Zuschlagstatbestände) annehmen und eine entsprechend abweichende Entscheidung treffen.[53] Es darf sich natürlich ebenso vom Plan leiten lassen.

VI. Rechte des Schuldners

53 Die Planwirkungen treffen den Schuldner als **Verfahrensbeteiligten** unmittelbar gemäß § 254 Abs. 1 InsO. Er wird also mit dem Eintritt der Rechtskraft des Bestätigungsbeschlusses zu den Planleistungen verpflichtet und zugleich i. H. der Planerlasse und Stundungen von Leistungspflichten befreit. Die Regelungen zum Wiederaufleben (vgl. §§ 255, 256 InsO, siehe Rz. 16 ff.) machen deutlich, dass alle den Schuldner befreienden Planwirkungen im Zweifel **unmittelbar** eintreten und nicht von der vorangehenden vollständigen Planerfüllung abhängig sind. Der Wortlaut des § 227 Abs. 1 InsO ist insofern missverständlich und nicht maßgebend.[54]

54 Der Eintritt der Planwirkungen lässt noch nicht die **Verwaltungs- und Verfügungsbefugnis** vom Verwalter auf den Schuldner zurückkehren. Hierzu bedarf es gemäß § 259 Abs. 1 Satz 2 InsO der Aufhebung des Insolvenzverfahrens. Ein im Plan enthaltener **Fortsetzungsbeschluss** entfaltet hingegen schon durch Eintritt der Planwirkungen seine Kraft und beendet damit für Schuldnergesellschaften den mit der Verfahrenseröffnung eingetretenen Auflösungszustand.

---

51) RG, Urt. v. 15.4.1935 – VI 561/34, RGZ 147, 366, 367; BGH; Urt. v. 14.10.1981 – IVa ZR 317/80, ZIP 1981, 1350, 1352; *Ganter*, ZIP 2014, 2323, 2333.

52) BGH, Beschl. v. 16.2.2017 – IX ZB 103/15, Rz. 27, ZVI 2017, 208 = NZI 2017, 260; Uhlenbruck-*Mock*, InsO, § 63 Rz. 76; *Prasser/Stoffler* in: KPB, InsO, § 63 Rz. 16; *Stephan* in: MünchKomm-InsO, § 63 Rz. 57 **a. A.** noch LG Heilbronn, Beschl. v. 25.3.2015 – Bm 1T 130/15, ZInsO 2015, 910, 911; LG München I, Beschl. v. 2.8.2013 – 14 T 16050/13, NZI 2013, 972, 973 = ZIP 2013, 2273.

53) BGH, Beschl. v. 16.2.2017 – IX ZB 103/15, Rz. 41, ZVI 2017, 208 = NZI 2017, 260; *Thies* in: HambKomm-InsR, § 254 InsO Rz. 5; auch schon LG Heilbronn, Beschl. v. 25.3.2015 – Bm 1T 130/15, ZInsO 2015, 910, 911; **a. A.** noch LG München I, Beschl. v. 2.8.2013 – 14 T 16050/13, NZI 2013, 972, 973 = ZIP 2013, 2273.

54) *Breuer* in: MünchKomm-InsO, § 227 Rz. 8; **a. A.** aber *Schultze* in: Kübler/Bork/Prütting, HRI II, § 41 Rz. 30.

VII. Rechte der Gesellschafter der Schuldnergesellschaft

Regelt der Plan auch die Anteils- und Mitgliedschaftsrechte der Gesellschafter (vgl. § 225a InsO) und wurde für diesen Personenkreis daher gemäß § 222 Abs. 1 Satz 2 Nr. 4 InsO (mindestens) eine eigene Gruppe gebildet, so sind die Gesellschafter **Planbeteiligte** (§ 217 Satz 2 InsO) und ihre Rechte sind gemäß § 254 Abs. 1 InsO **unmittelbar** von den Planwirkungen betroffen. Die im gestaltenden Teil für diese Gruppe vorgesehenen Maßnahmen, insbesondere die Abgabe bestimmter Erklärungen (etwa Abtretungserklärungen zwischen Alt- und Neugesellschaftern) oder das Zustandekommen bestimmter Gesellschafterbeschlüsse, entfalten nach Maßgabe des § 254a Abs. 2 InsO ihre Wirkung (**Fiktionswirkung**, siehe Rz. 59). 55

C. Vollstreckungswirkung

Der Insolvenzplan ist **kein Vollstreckungstitel**. Er beschränkt oder ermöglicht aber in zwei Fällen die Vollstreckung aus anderen Urkunden.[55] Im Übrigen bleibt es bei den allgemeinen Vollstreckungsvoraussetzungen. 56

I. Festgestellte Insolvenzforderung gegen den Schuldner in Planhöhe

Insolvenzgläubiger, deren Forderungen zur Tabelle festgestellt und auch vom Schuldner nicht bestritten worden sind, können gemäß § 257 Abs. 1 Satz 1 InsO aus dem **Tabelleneintrag nach Maßgabe des rechtskräftig bestätigten Insolvenzplans** gegen Schuldner „wie aus einem vollstreckbaren Urteil" die Zwangsvollstreckung betreiben. Lässt sich dem Plan keine Regelung entnehmen, die unmittelbar zu einem vollstreckbaren Leistungsinhalt führt, so ist dies kein Zurückweisungs- oder Versagungsgrund;[56] lediglich die Vollstreckungswirkung für festgestellte und nicht erlassene Insolvenzforderungen entfällt unter Umständen, worauf die Insolvenzgläubiger im Erörterungstermin hinzuweisen sind. Rein schuldrechtliche Leistungsversprechen oder Besserungsscheine des Schuldners sind möglich. Ist eine vollstreckungsfähige Planregelung gewollt, so ist zu beachten, dass es dazu keiner fixen Quote bedürfen muss. Insbesondere über § 726 ZPO kann die Vollstreckung von künftigen Ereignissen („Milestones") abhängig gemacht werden, solange diese im Plan klar und widerspruchsfrei beschreiben werden.[57] Flexible Quoten sind so denkbar. Zuständig für die Erteilung der **Vollstreckungsklausel** ist gemäß §§ 257 Abs. 1 Satz 3, 202 InsO stets das AG beim Insolvenzgericht. Für die Klauselerteilung (§§ 724 ff. ZPO, § 4 InsO) ist zu beachten, dass der Vollstreckungstitel zwar formal aus dem Tabellenauszug sowie dem gestaltenden Teil des Insolvenzplans und dem Bestätigungsbeschluss mit Rechtskraftvermerk besteht, maßgebliche Vollstreckungsgrundlage aber die festgestellte Forderung ist und daher die Klausel **auf den Tabellenauszug** zu setzen ist.[58] Macht der Gläubiger ein Wiederaufleben seiner zur Tabelle festgestellten Forderung geltend und beantragt er daher eine Vollstreckungsklausel ohne die Beschränkungen des Insolvenzplans, so hat er gemäß § 257 Abs. 3 InsO die Wiederauflebensvoraussetzungen im Klauselverfahren glaubhaft zu machen (siehe Rz. 19). 57

---

55) Insoweit wohl allg. A., vgl. *Huber/Madaus* in: MünchKomm-InsO, § 257 Rz. 19 f.; auch *Madaus*, Insolvenzplan, S. 383 ff.

56) So aber noch das AG Hannover, Beschl. v. 30.9.2016 – 902 IN 607/14, ZIP 2016, 2081, 2082; *Blankenburg*, ZInsO 2015, 1293, 1298; auch LG Hamburg, Beschl. v. 18.8.2017 – 326 T 10/17, Rz. 30, BeckRS 2017, 124499.

57) BGH, Beschl. v. 26.4.2018 – IX ZB 49/17, Rz. 47 ff., ZVI 2018, 272 = ZIP 2018, 1141; eingehend *Madaus* in: FS Graf-Schlicker, S. 337, 341 ff.

58) Allg. A.; vgl. *Huber/Madaus* in: MünchKomm-InsO, § 257 Rz. 29.

II. Ansprüche gegen Dritte (Plangaranten)

58 Haben sich Dritte zu Leistungen an Insolvenzgläubiger auf der Grundlage des Plankonzepts verpflichtet (sog. Plangaranten) **und** sind deren **schriftliche Verpflichtungserklärungen** gemäß **§ 230 Abs. 3 InsO** Teil der Plananlagen, so erlaubt § 257 Abs. 2 InsO die Zwangsvollstreckung gegen Plangaranten auf der Grundlage ihrer schriftlichen Planerklärung, sofern die Leistungspflicht selbstschuldnerisch übernommen wurde und die Verpflichtungserklärung analog § 794 Abs. 1 Nr. 5 ZPO einen vollstreckungsfähigen Inhalt hat.[59)] Wer als **Gläubiger** des Plangaranten anzusehen und damit zur Zwangsvollstreckung nach § 257 Abs. 2 InsO berechtigt ist, ergibt sich aus der Verpflichtungserklärung. Hat der Plangarant sich bestimmten oder auch allen Gläubigern gegenüber verpflichtet (vgl. § 230 Abs. 3 InsO), so kann einem die Vollstreckung betreibenden Gläubiger die Klausel nur erteilt werden, wenn er die Anforderungen des § 257 Abs. 1 InsO erfüllt, seine Forderung also zur Tabelle festgestellt wurde.[60)]

D. Fiktionswirkung

59 Der Insolvenzplan darf die Rechte der Insolvenzgläubiger und Gesellschafter, aber auch die Absonderungsrechte im gestaltenden Teil nach Maßgabe des Plankonzepts umgestalten. Dabei steht es dem Plangestalter frei, die Art der Einwirkung auf diese Rechtspositionen zu bestimmen. Die Insolvenzforderungen werden in der Regel erlassen, auf die Planquote gekürzt oder zumindest entsprechend eines Zahlungsplans gestundet (zur Erlasswirkung, siehe Rz. 14). Der Plan kann aber auch die Übertragung von (gesicherten) Insolvenzforderungen vorsehen. Auch die Übertragung von Gesellschaftsanteilen kann vorgesehen werden (vgl. § 225a Abs. 3 InsO). Soll schließlich auf dingliche Rechte eingewirkt werden, sind sachenrechtliche Verfügungen notwendig, die Publizitätsakte erfordern (Grundbucheintragung, Übergabe usw.). Der Plan kann in all diesen Fällen entweder **nur die Verpflichtung zur Rechtsänderung** vorsehen, die dann außerhalb des Plan zu vollziehen ist. Im gestaltenden Teil können aber auch schon **alle für das Verfügungsgeschäft notwendigen Willenserklärungen** der Beteiligten aufgenommen werden. Diese gelten dann gemäß § 254a Abs. 1, 2 InsO bereits mit dem Eintritt der Planwirkungen als (formwirksam) abgegeben **(Fiktionswirkung)**.

60 Der Insolvenzplan kann insofern durchaus dingliche Wirkungen erzeugen. Diese beschränken sich aber auf die Willenserklärungen des jeweiligen sachenrechtlichen Verfügungstatbestandes. Zusätzlich erforderliche **Publizitätsakte** kann der Plan nicht als vorgenommen fingieren; die Übergabe von Sachen oder die konstitutive Eintragung von Rechtsänderungen in Registern muss daher weiter **außerhalb des Plans** als Umsetzungsakt erfolgen (siehe Rz. 79 ff.).

I. Abgabe von Willenserklärungen

61 Die Fiktionswirkung des Insolvenzplans beschränkt sich auf Willenserklärungen. Die Möglichkeit einer solchen Fiktion ergibt sich aus der zwingenden Gerichtsbeteiligung und dem damit im **Gleichlauf zur Fiktion des § 894 ZPO** möglichen Verzicht auf die gesonderte Durchsetzung der Abgabe von pflichtigen **Willenserklärungen** im Wege der Handlungsvollstreckung. Hat ein Gericht die Abgabepflicht geprüft und rechtskräftig bejaht, so gilt die Willenserklärung als abgegeben (§ 894 ZPO, § 254a Abs. 1, 2 InsO); ihr Bestehen und ihre Abgabe in den Rechtsverkehr werden fingiert. **Tatsächliche Handlungen** können demgemäß **nicht** durch den Plan fingiert werden. Verfahrenseinleitende Hand-

59) Allg. A., vgl. K. Schmidt-*Spliedt*, InsO, § 257 Rz. 16.

60) Allg. A., vgl. *Huber/Madaus* in: MünchKomm-InsO, § 257 Rz. 51.

lungen (z. B. der Eintragungsantrag beim Grundbuchamt oder die Anmeldung zum Handelsregister) sind zwar keine Willenserklärungen, sondern **prozessuale Erklärungen**. Sie sind den Willenserklärungen aber so weit angenähert, dass nach ganz h. M. § 894 ZPO für sie gilt,[61] weshalb auch die wesensgleiche Fiktion des § 254a InsO solche Erklärungen umfasst und deren formgerechte (vgl. § 29 GBO) Abgabe (nicht aber deren Zugang) fingiert.[62]

1. Willenserklärungen von Beteiligten

Im gestaltenden Teil des Insolvenzplans können bereits die zur Planumsetzung notwendigen Willenserklärungen derjenigen Personen formuliert werden, die am Planverfahren beteiligt (§ 217 InsO) und daher zur Abstimmung über den Plan berufen sind. Willenserklärungen der (absonderungsberechtigten) **Insolvenzgläubiger**, aber auch der **Gesellschafter** und des Schuldners können aus diesem Grund schon in den Plan aufgenommen werden. 62

Deren Willenserklärungen können sich auf **Verfügungsgeschäfte** beziehen (§ 254a Abs. 1, 2 InsO). Sie können zudem auch die zugrunde liegenden **Verpflichtungsgeschäfte** beinhalten; auch diese sind gemäß § 254a Abs. 3 InsO planfähig. 63

a) Willenserklärungen von Insolvenzgläubigern und Absonderungsberechtigten

Einer Willenserklärung der Insolvenzgläubiger bedarf es in der Regel nicht, da die Beschränkung ihrer Forderungsrechte als solche in den gestaltenden Teil des Plans geschrieben werden kann (etwa als Planerlass, Planquote oder Zahlungsplan). Einer begleitenden Zustimmungs- oder Verzichtserklärung bedarf es nicht. Sieht der Plan hingegen vor, dass die Insolvenzgläubiger einer Gruppe nicht nur **Beschränkungen ihres Forderungsrechts** erleiden (§ 224 InsO), sondern dass sie zudem **neue oder andere Verpflichtungen** übernehmen (etwa zur Übernahme von Gesellschafteranteilen am Schuldner oder einer neuen Anleihe), so bedarf es hierzu der entsprechenden **individuellen** Verpflichtungserklärung der betroffenen Gläubiger (vgl. § 230 Abs. 2 InsO). Erst diese Erklärungen nehmen dann gemäß § 254a Abs. 2 Satz 1, Abs. 3 InsO an der Fiktionswirkung des Plans teil. Sie können mit den gesellschaftsrechtlich notwendigen Übernahmeerklärungen (§§ 56 Abs. 1, 55 Abs. 1 GmbHG; Zeichnungsschein gemäß § 185 Abs. 1 AktG) verbunden werden, die dann ebenfalls von der Fiktionswirkung profitieren. 64

Insolvenzgläubiger mit **Absonderungsrechten** müssen gemäß § 225 Abs. 2 InsO nur die im Plan beschriebenen Eingriffe in ihre Sicherungsrechte **am Schuldnervermögen** hinnehmen. Sind danach keine Eingriffe mit dinglichen Wirkungen vorgesehen (z. B. nur ein Moratorium), so kann diese Folge im Plan beschrieben werden, ohne dass er der begleitenden Aufnahme einer Willenserklärung mit entsprechendem Inhalt (etwa einer Stundungsvereinbarung) bedarf. Sieht das Plankonzept hingegen **dingliche Rechtsänderungen am Sicherungsrecht** oder den Austausch eines Sicherheitenpakets vor, so kann der Plan bereits die Willenserklärungen der Absonderungsberechtigten und des Schuldners vollumfänglich aufnehmen, soweit diese sich auf die dinglichen Rechtsänderungen am Sicherungsgut beziehen (§ 228 InsO). Im gestaltenden Teil lassen sich zudem auch Erklärungen bezüglich der **Verpflichtung** zur Aufgabe oder Anpassung bestehender Sicherungsrechte (§ 254a Abs. 3 InsO) und die entsprechende **Verzichts- oder Übertragungserklärung** des Sicherungsnehmers (vgl. etwa §§ 1168 Abs. 1, 2, 1255 Abs. 1 BGB für Verzichtserklärungen, aber etwa auch §§ 929 Satz 1, 925 Abs. 1 Satz 3, 873 Abs. 1 BGB, aber auch § 15 Abs. 3 GmbHG für Übertragungserklärungen) formulieren. Hinzu kommen 65

61) Stein/Jonas-*Bartels*, ZPO, § 894 Rz. 7 m. w. N.

62) Ebenso etwa. K. Schmidt-*Spliedt*, InsO, § 254a Rz. 1; *Schultze* in: Kübler/Bork/Prütting, HRI II, § 41 Rz. 117.

diejenigen Erklärungen, die zur **Absicherung und Umsetzung** der dinglichen Rechtsänderung notwendig sind, etwa die Bewilligung einer Vormerkung (§ 885 BGB) oder einer Grundbuchänderung (§§ 19, 29 GBO), aber auch der das Eintragungsverfahren einleitende Antrag (§ 13 GBO; für Registerverfahren siehe § 23 FamFG; siehe dazu schon Rz. 61 a. E.). Der publizitätspflichtige Vollzugsakt (Übergabe, Eintragung) muss dann im Anschluss an den Eintritt der Planwirkungen gesondert erfolgen (siehe Rz. 79).

Praxishinweis

Das Insolvenzplanrecht erlaubt nur die Anpassung von Absonderungsrechten (§ 223 Abs. 2 InsO) durch den gestaltenden Teil des Insolvenzplans. Diesbezügliche Verpflichtungen sind individuell zu erklären und dem Plan beizufügen (§ 230 Abs. 3 InsO), um mit ihnen an der Fiktionswirkung zu partizipieren (§ 254a Abs. 3 InsO). Eine Befugnis zur Umgestaltung von **Sicherungs- oder Intercreditor-Verträgen**, wie sie § 2 Abs. 2 StaRUG zum Teil erlaubt, fehlt dem Insolvenzplan. Die Anpassung von Sicherungspaketen wird daher weitgehend **außerhalb des Plans** erfolgen müssen. Vor diesem Hintergrund ist in jedem Einzelfall zu prüfen, ob es im Hinblick auf die Grenzen der Fiktionswirkung vorzugswürdig erscheint, die Umsetzung eines Tausches des Finanzinstruments (inklusive des Sicherheitenpakets) insgesamt außerhalb des gestaltenden Teils und des Plananhangs zu strukturieren. Der Plan würde dann nur den Umgang mit den Altverbindlichkeiten (und Anteilsrechten) regeln und die Option zur Beteiligung am neuen Finanzinstrument samt Sicherheiten ausweisen. Die Ausübung der Option wird erst nach dem Eintritt der Planwirkungen eingeräumt.

b) Willenserklärungen des Schuldners

66 Der Schuldner ist Planbeteiligter. Sieht der Plan die Übertragung von Massegegenständen oder sonstige Eingriffe in Schuldnerrechte an **Massegegenständen** vor, die nicht durch den Insolvenzverwalter i. R. seiner Verwaltung- und Verfügungsbefugnis (§ 80 InsO) umgesetzt werden sollen, so können auch diesbezügliche Willenserklärungen bereits in den gestaltenden Teil des Insolvenzplans aufgenommen und damit – ggf. auch gegen den Willen des Schuldners (vgl. § 247 Abs. 2 InsO) – der Abgabe- und Formfiktion des § 254a Abs. 1 InsO unterworfen werden.

67 Soll der Schuldner hingegen **neue Verpflichtungen** übernehmen, die nicht nur die zurück erlangte Masse, sondern auch den Neuerwerb nach Verfahrensaufhebung belasten, so bedarf es diesbezüglich einer ausdrücklichen **Zustimmungserklärung** des Schuldners, soweit dieser nicht den Plan selbst vorgelegt hat. Der Rechtsgedanke des § 230 Abs. 1 Satz 1, 3 InsO, der dies für die geplante Fortführung des Unternehmens durch einen persönlich haftenden Schuldner ausspricht, ist verallgemeinerungsfähig. Wird diese Schuldnererklärung dem Plan als Anlage beigefügt, so nimmt sie an der Fiktionswirkung gemäß § 254a Abs. 3 InsO teil.

c) Willenserklärungen der Gesellschafter

68 In der Gesellschaftsinsolvenz sind die Gesellschafter im Zweifel nicht unmittelbar betroffen und daher auch **nicht Planbeteiligte**. Sie werden im Liquidationsfall erst durch das Verfahrensergebnis der Vermögenslosigkeit der Gesellschaft berührt und müssen dessen Folgen (Löschung der Gesellschaft, § 394 FamFG) hinnehmen.

69 Soll die Gesellschaft hingegen durch einen Insolvenzplan fortgeführt und saniert werden, so bedarf es eines entsprechenden **Fortführungsbeschlusses** der Gesellschafter. Dieser kann nach § 225a Abs. 3 InsO in den gestaltenden Teil des Insolvenzplans aufgenommen werden, wodurch ein Fortsetzungsbeschluss der Gesellschafter außerhalb des Insolvenzverfahrens nach gesellschaftsrechtlichen Regeln entbehrlich wird.[63] Im Plan muss nicht

63) Begr. RegE ESUG z. § 225a InsO, BT-Drucks. 17/5712, S. 32.

konkret dargelegt werden, in welcher Art und Weise die Fortsetzung der Gesellschaft erfolgen soll. Ein Insolvenzplan sieht den Fortbestand der Gesellschaft bereits dann vor, wenn er die Fortführung der Gesellschaft als eine Möglichkeit darstellt, die nach Aufhebung des Insolvenzverfahrens im Ermessen der Gesellschafter steht.[64] In solchen Fällen sind die Gesellschafter zur Beschlussfassung am Planverfahren zu beteiligen, da ihre Gesellschafterrechte durch die Fortführung berührt werden (§ 225a Abs. 1 InsO).[65] Sie sind dann Planbeteiligte.[66] Im Planverfahren können sie dann zwar über die §§ 244 Abs. 3, 245 Abs. 3 InsO majorisiert werden, sodass eine Fortführung auch gegen den Willen (aller) Gesellschafter möglich ist. Sobald sich aus der Fortführung aber persönliche **Haftungsrisiken** für einzelne Gesellschafter ergeben, endet die Mehrheitsmacht. **§ 230 Abs. 1 Satz 2 InsO** ordnet daher für persönlich haftende Gesellschafter die Notwendigkeit einer individuellen Zustimmungserklärung zur Fortführung auch seiner Gesellschafterposition an. Dieser Regelung lässt sich der allgemeine Rechtsgedanke entnehmen, dass die **Übernahme neuer persönlicher Haftungsrisiken durch die Gesellschafter** im Wege einer Planbestimmung nur zulässig ist, wenn jeder betroffene Gesellschafter dem Plan explizit zustimmt, denn insoweit ist sein gesamtes Privatvermögen potenziell betroffen. Finden sich diese Zustimmungserklärungen in den Plananlagen, so nehmen sie nach § 254a Abs. 3 InsO an der Fiktionswirkung teil.

Der Insolvenzplan darf in die **Anteils- oder Mitgliedschaftsrechte** der Gesellschafter, also einen bestimmten Teil ihres Privatvermögens, gemäß §§ 217 Satz 2, 225a Abs. 1 InsO auch im Wege einer Planregelung **im gestaltenden Teil** eingreifen. Solche Eingriffe sind damit auch gegen den tatsächlichen Willen der Gesellschafter möglich, wenn der Plan rechtmäßig zustande kommt. In den gestaltenden Teil sind folgerichtig die entsprechenden **Willenserklärungen** der Gesellschafter aufzunehmen, etwa die Abtretungserklärung nach § 15 Abs. 3 GmbHG. 70

Praxishinweis

Auch die Verpflichtungserklärung zur Abtretung sollte im Plan formuliert sein, um mithilfe der Formfiktion des § 254a Abs. 2 Satz 1 InsO den Anforderungen des § 15 Abs. 4 GmbHG gerecht zu werden.

Soll sich die Änderung der Anteils- und Mitgliedschaftsrechte aus einer **Veränderung der Gesellschafter- oder Kapitalstruktur** (etwa aus einem Kapitalschnitt) ergeben, so sind die dazu notwendigen **Gesellschafterbeschlüsse** nach den inhaltlichen gesellschaftsrechtlichen Anforderungen zu formulieren (vgl. § 225a Abs. 2, 3 InsO; siehe § 8 Rz. 282 ff. [*Brünkmans*]) und gemäß § 254a Abs. 2 Satz 1 InsO in den gestaltenden Teil des Insolvenzplans aufzunehmen, damit sie als formwirksam abgegeben gelten. Das gesellschaftsrechtliche Beschlussverfahren für Satzungsänderungen wird dadurch vollständig durch das Insolvenzplanverfahren ersetzt. Ein **Beschlussmangel** kann sich folgerichtig nicht aus der Missachtung gesellschaftsrechtlicher Verfahrensregeln (Ladungsfristen, Bekanntmachungen, Versammlungsablauf) ergeben; diese sind vielmehr gemäß § 254a Abs. 2 Satz 2 InsO **unbeachtlich**. Dies gilt auch für den bloßen Fortsetzungsbeschluss der Gesellschafter. 71

64) BGH, Beschl. v. 8.4.2020 – IX ZB 3/19, Rz. 21, ZIP 2020, 1124 = NZI 2020, 635.

65) Zutreffend *Eidenmüller* in: MünchKomm-InsO, § 225a Rz. 84.

66) Allg. A.; vgl. etwa. K. Schmidt-*Spliedt*, InsO, § 254a Rz. 2; Uhlenbruck-*Lüer/Streit*, InsO, § 254a Rz. 4.

2. Willenserklärungen von Dritten (§ 230 Abs. 3 InsO)

72 Dritte sind nur dann überhaupt von den Planwirkungen betroffen, wenn sie freiwillig Verpflichtungen übernehmen **(Plangaranten)**. Werden diese **Verpflichtungserklärungen** in den Plan übernommen (§ 230 Abs. 3 InsO), so ermöglicht § 254a Abs. 3 InsO eine Teilhabe an der Fiktionswirkung.[67] Auch diese Erklärungen gelten mithin als **formwirksam** abgegeben; eine in den Plananlagen aufgeführte Bürgschaftserklärung erfüllt danach bspw. die Anforderungen des § 766 BGB. Nicht fingiert wird hingegen die Schriftlichkeit der Erklärung zum Zwecke der Vollstreckung nach § 257 Abs. 2 InsO. Die Fiktion klärt ebenso wenig den Streit, ob der Dritte die im Plan aufgeführte Erklärung überhaupt je abgegeben hat (siehe Rz. 75).

73 Die Regelung des § 230 Abs. 3 InsO erfasst nur Verpflichtungserklärungen Dritter „gegenüber den Gläubigern", also Plangaranten. Dies schließt jedoch nicht aus, dass mit der Zustimmung des betreffenden Dritten auch dessen **Verpflichtungen gegenüber anderen Planbeteiligten** in die Plananlage aufgenommen werden. Insbesondere zur Durchführung einer Kapitalerhöhung kann es sich anbieten, Kapitalinvestoren außerhalb des Gläubigerkreises zu beteiligen und deren Übernahmeerklärungen (§§ 56 Abs. 1, 55 Abs. 1 GmbHG; § 185 Abs. 1 AktG) **mit deren Zustimmung** in den **gestaltenden Teil** des Plans aufzunehmen. Sie gelten dann gemäß § 254a Abs. 3 InsO als formwirksam abgegeben.[68]

3. Fiktion der Abgabe, nicht des Zugangs

74 Die Fiktionen in § 254a Abs. 1, Abs. 2 Satz 1 InsO beschränken sich auf die Abgabe der betreffenden Erklärung („gelten als abgegeben"), erfassen also nicht deren Zugang. Auch insoweit entspricht die Regelungswirkung dem Vorbild in § 894 ZPO. Die **Abgabefiktion** bewirkt, dass die Willenserklärungen der Planbeteiligten als mit dem **Inhalt**, mit dem sie im gestaltenden Teil des Insolvenzplans formuliert wurden, von diesen Personen **erklärt** und **in den Rechtsverkehr gegeben** gelten. Der Umstand, dass diese Personen eine solche Erklärung tatsächlich nie abgegeben haben und vielleicht auch nicht erklären oder abgeben wollten, wird unbeachtlich. Der Rechtsanwender hat in der weiteren Rechtsprüfung die fingierte Tatsache zugrunde zu legen.[69]

75 Eine Einschränkung dieser weitreichenden Fiktion muss für **Verpflichtungserklärungen** nach § 254a Abs. 3 InsO gelten, die nicht von Planbeteiligten, sondern **von Dritten** stammen. Diese Personen sind am Zustandekommen des Insolvenzplans verfahrensrechtlich nicht beteiligt und der Bestätigungsbeschluss entfaltet ihnen gegenüber folglich nicht seine Rechtskraftwirkungen. Sie können daher nur aufgrund einer **materiell-rechtlich wirksamen** Verpflichtungserklärung überhaupt zu einer Leistung verpflichtet sein und folgerichtig das Fehlen oder auch die Unwirksamkeit ihrer Verpflichtungserklärung unabhängig von der Planbestätigung einwenden.[70] Eine an die Planbestätigung gebundene Fiktion aus § 254a Abs. 3 InsO hat insofern keinen Anknüpfungspunkt für die umfassende Heilung materiell-rechtlicher Erklärungsmängel und beschränkt sich daher auf die **Formfiktion** (siehe schon Rz. 72).

76 Der **Zugang** der Willenserklärungen wird von § 254a InsO **nicht fingiert**. Soweit es sich um empfangsbedürftige Willenserklärungen handelt, werden diese mithin grundsätzlich

67) *Fiebig* in: HK-InsO, § 254a Rz. 7; K. Schmidt-*Spliedt*, InsO, § 254a Rz. 2; *Thies* in: HambKomm-InsR, § 254a InsO Rz. 3; a. A. aber *Brünkmans*, ZIP 2015, 1052, 1058 f.

68) *Fiebig* in: HK-InsO, § 254a Rz. 7; Uhlenbruck-*Lüer/Streit*, InsO, § 254a Rz. 16 f.; K. Schmidt-*Spliedt*, InsO, § 254a Rz. 2; a. A. *Brünkmans*, ZIP 2015, 1052, 1058.

69) Zur Fiktionswirkung allgemein etwa *Esser*, Wert und Bedeutung der Rechtsfiktionen, S. 23.

70) Ausführlich *Madaus*, Insolvenzplan, S. 417 ff.; ebenso Braun-*Braun/Frank*, InsO, § 254a Rz. 6.

erst im Zugangszeitpunkt wirksam (vgl. § 130 Abs. 1 Satz 1 BGB); für den **tatsächlichen Zugang** der Willenserklärungen gelten die **allgemeinen Regeln.** Dennoch ist auch an dieser Stelle die Sondersituation der **Verfahrensbeteiligten** zu beachten. Diese werden durch die Informationspflichten des Planverfahrens über den Inhalt des gestaltenden Teils des Insolvenzplans umfassend informiert (vgl. §§ 229 Satz 3, 234, 235 Abs. 3 Satz 1 InsO). Enthält der Plan dann Willenserklärungen, die sich auf dieser Basis an diesen Personenkreis richten, so wäre es ein bloßer Formalismus, den tatsächlichen Zugang dieser Erklärungen nach der rechtskräftigen Planbestätigung nochmals formal zu verlangen. Richtigerweise wird man in Anwendung des Rechtsgedankens aus **§ 151 BGB** davon ausgehen dürfen, dass der (nochmalige) **Zugang** solcher Erklärungen nach der Verkehrssitte **nicht erwartet** wird.[71] Die im gestaltenden Teil des Insolvenzplans enthaltenen Erklärungen werden für anwesende wie abwesende Verfahrensbeteiligte schon mit Rechtskraft der Planbestätigung wirksam. Entsprechendes gilt für Gesellschafterbeschlüsse.

Richten sich die **Willenserklärungen** des gestaltenden Teils des Insolvenzplans hingegen **an Dritte**, so bedarf es ihres tatsächlichen Zugangs. 77

Praxishinweis

Auch prozessuale Erklärungen, die von § 254a InsO erfasst werden (siehe Rz. 61 a. E.), müssen folglich dem Empfänger zugehen, um Rechtsfolgen auszulösen. Registeranmeldungen müssen das Registergericht erreichen; Anträge auf Grundbucheintragungen das Grundbuchamt. Es bedarf insofern nicht selten eines **tatsächlichen Vollzugsakts**, um den Planerklärungen Wirkung zu verleihen (siehe Rz. 79 ff.).

4. Formfiktion

Unterliegen die im gestaltenden Teil des Insolvenzplans (schriftlich) formulierten Erklärungen einem bestimmten Formerfordernis, so fingiert § 254a Abs. 1, 2 InsO, dass die Erklärung „in der vorgeschriebenen Form" abgegeben wurde. Der **Einwand der Formnichtigkeit** wird so **ausgeschlossen.** Insbesondere die Formzwänge bei Grundstücksgeschäften (vgl. § 311b Abs. 1 BGB, § 29 GBO), Vermögensübertragungen im Ganzen (§ 311b Abs. 3 BGB), der Übertragungen von GmbH-Anteilen (§ 15 Abs. 3, 4 GmbHG) oder bei einseitigen Verpflichtungserklärungen wie in § 766 BGB können so zeit- und kostensparend überwunden werden. 78

II. Vollzugsakte

Über § 254a InsO wird weder der Zugang von Planerklärungen fingiert, noch ist der Insolvenzplan in der Lage, **tatsächliche Handlungen** vorzunehmen, die für die Veränderung dinglicher Rechte regelmäßig erforderlich sind (z. B. Übergabe von Sachen; Registereintragung). Insoweit bedarf es folglich des Vollzugs des Insolvenzplans. Diese Aufgabe obliegt nach der Aufhebung des Verfahrens wieder dem **Schuldner**, wobei er gemäß §§ 260 ff. InsO überwacht werden kann, wenn der Plan eine Planüberwachung vorsieht (siehe § 8 Rz. 511 ff. [*Brünkmans*]). Im Zeitraum zwischen der rechtskräftigen Planbestätigung und der Verfahrensaufhebung kann ausnahmsweise aber auch der Insolvenzverwalter Umsetzungsmaßnahmen vornehmen. 79

1. Registeranmeldungen

Werden durch den gestaltenden Teil des Insolvenzplans **registerpflichtige Änderungen in der Struktur der Schuldnergesellschaft** vorgenommen, so wird der Insolvenzverwal- 80

71) S. schon *Madaus*, Insolvenzplan, S. 241 f.

ter durch die Regelung in **§ 254a Abs. 2 Satz 3 InsO** gesetzlich ermächtigt, die zur Durchführung der Änderungen notwendigen Anmeldungen beim jeweiligen Registergericht vorzunehmen. Bis zur Aufhebung des Verfahrens bzw. der Planüberwachung und der damit einhergehenden Aufhebung des Verwalteramtes ist der **Insolvenzverwalter** mithin gesetzlich befugt, diese Anmeldungen für die Schuldnergesellschaft zu tätigen. Die gesellschaftsrechtliche Kompetenz der Schuldnerorgane zur Durchführung derselben Anmeldungen wird dabei nicht verdrängt, sondern abgesichert.[72)]

81 Wird das Insolvenzverfahren in **Eigenverwaltung** geführt und daher nur ein **Sachwalter** bestellt, so kann sich dieser **nicht** auf die Ermächtigung in § 254a Abs. 2 Satz 3 InsO berufen. Dies folgt schon aus dem Wortlaut der Norm, die nur den Insolvenzverwalter ermächtigt. Eine teleologische Erweiterung der Norm scheitert daran, dass der Gesetzgeber die Ermächtigung zur Anmeldung als Ausfluss der Pflicht zur ordnungsgemäßen Masseverwaltung versteht und diese Pflicht trifft nur den Insolvenzverwalter, nicht aber einen Sachwalter.[73)]

2. Sonstige Umsetzungsmaßnahmen

82 § 221 Satz 2 Alt. 1 InsO erlaubt es, den Verwalter durch eine **Bevollmächtigung im gestaltenden Teil des Insolvenzplans** zur Vornahme von Maßnahmen zu ermächtigen, die zur Umsetzung des Insolvenzplans erforderlich sind. Eine den Wortlaut des **§ 221 Satz 2 InsO** nur wiederholende Formulierung im Insolvenzplan wird allerdings in zeitlicher Hinsicht teleologisch zu reduzieren sein, da die Regelung ansonsten mit den Regeln zur Planüberwachung (§§ 260 ff. InsO) kollidiert. Die Ermächtigung des § 221 Satz 2 InsO ist während der ESUG-Reform erst durch den Rechtsausschuss empfohlen worden, der die Umsetzungsermächtigung überhaupt nicht gesondert begründete, sondern in Anlehnung an Durchführungs- und Vollzugsvollmachten der Notarpraxis eine praktikable Lösung für die Berichtigung von offensichtlichen Planfehlern einführen wollte.[74)]

83 Eine **pauschale Ermächtigung des Insolvenzverwalters** zur „Umsetzung notwendiger Planmaßnahmen" entspricht dem Wortlaut des § 221 Satz 2 Alt. 1 InsO und ist daher zulässig,[75)] zeitlich aber im Zweifel an das **Verwalteramt** gebunden, das mit der Verfahrensaufhebung erlischt. Die Ermächtigung wirkt dann lediglich im Zeitraum zwischen dem Eintritt der Planwirkungen und der Verfahrensaufhebung.[76)] Nur im Fall der Planüberwachung besteht das Verwalteramt fort (§ 261 Abs. 1 Satz 2 InsO), sodass auch seine Umsetzungsvollmacht bestehen bleiben kann.[77)] Im Anwendungsbereich der gesetzlichen Ermächtigung zur Vornahme von Registeranmeldungen (§ 254a Abs. 2 Satz 3 InsO) kommt es in dieser Zeit zu einem Nebeneinander von Planvollmacht und gesetzlicher Ermächtigung.[78)]

---

72) Begr. RegE ESUG z. §§ 254a, 254b InsO, BT-Drucks. 17/5712, S. 37; K. Schmidt-*Spliedt*, InsO, § 254a Rz. 5; Uhlenbruck-*Lüer/Streit*, InsO, § 254a Rz. 12 (allg. A.).

73) Begr. RegE ESUG z. §§ 254a, 254b InsO, BT-Drucks. 17/5712, S. 37; *Huber/Madaus* in: MünchKomm-InsO, § 257 Rz. 21; Uhlenbruck-*Lüer/Streit*, InsO, § 254a Rz. 13; *Thies* in: HambKomm-InsR, § 254a InsO Rz. 10.

74) Beschlussempfehlung und Bericht d. RA z. ESUG z. §§ 221 Satz 2, 248a InsO, BT-Drucks. 17/7511, S. 35 f.

75) A. A. *Eidenmüller* in: MünchKomm-InsO, § 221 Rz. 74; *Fiebig* in: HK-InsO, § 221 Rz. 8.

76) Ebenso *Thies* in: HambKomm-InsR, § 221 InsO Rz. 11; *Eidenmüller* in: MünchKomm-InsO, § 221 Rz. 70; a. A. zumindest für das Berichtigungsrecht in § 221 Satz 2 Alt. 2 InsO aber *Sinz* in: MünchKomm-InsO, § 248a Rz. 9 – Vollmacht ab Annahme des Plans durch die Gläubiger.

77) *Jaffé* in: FK-InsO, § 221 Rz. 17; a. A. wohl *Thies* in: HambKomm-InsR, § 221 InsO Rz. 11.

78) A. A. *Fiebig* in: HK-InsO, § 221 Rz. 8; *Thies* in: HambKomm-InsR, § 221 InsO Rz. 12 – Nachrang der Planermächtigung.

Soll der Insolvenzverwalter **auch nach dem Ende seines Amtes** in der Lage bleiben, die Planumsetzung zu begleiten, so wird die Ermächtigung seiner Person jedenfalls dann im Hinblick auf die Anforderungen an die Klarheit der Planregelungen zulässig sein, wenn eine Planklausel ihn (nur) zu einem **bestimmten Kreis von Umsetzungsmaßnahmen** ermächtigt, etwa zur Bewirkung des Zugangs von Planerklärungen gegenüber Dritten oder zur Entgegennahme von Erklärungen Dritter bzw. zur Annahme, Verwahrung und Verwendung von Leistungen der Plangaranten oder Insolvenzgläubiger.[79] In diesem Zusammenhang ist lediglich zu beachten, dass der BGH Planklauseln für unzulässig hält, die dazu führen, dass nach der Verfahrensaufhebung faktisch eine Fortführung der Fremdverwaltung von Schuldnervermögen durch den ehemaligen Verwalter stattfindet (siehe oben Rz. 48).[80] 84

Im Fall der **Eigenverwaltung** kann der Plan auch die Ermächtigung des **Sachwalters**[81] analog § 221 Satz 2 Alt. 1 InsO vorsehen. Anders als bei § 254a Abs. 2 Satz 3 InsO ist die Ermächtigung hier nicht Ausfluss der Masseverwaltungsrechte, sondern der Beteiligtenautonomie und darf daher auch den Sachwalter privilegieren. 85

3. Registereintragung

Sind Planmaßnahmen durch eine Registereintragung umzusetzen, so findet das Registerverfahren insoweit auf der Grundlage des rechtskräftig bestätigten Insolvenzplans statt. Das Recht des Registergerichts, die zur Eintragung angemeldeten Tatsachen zu prüfen, ist dann im Lichte der Rechtskraftwirkung der gerichtlichen Bestätigungsentscheidung zu bestimmen, was zum Teil dazu führen kann, dass dem **Registergericht** für eine Reihe von Umständen nur noch eine eher **beurkundende Funktion** zukommt.[82] Insbesondere das formgerechte Zustandekommen der Gesellschafterbeschlüsse und die Abgabe und Formwirksamkeit der in den Plan aufgenommenen Erklärungen (§ 254a InsO) hat das Registergericht aufgrund der Vorlage eines rechtskräftig bestätigten Insolvenzplans zu akzeptieren (siehe ausführlich § 29 Rz. 178 [*Brünkmans*]).[83] 86

Das Insolvenzgericht überprüft i. R. seiner Bestätigungsentscheidung dabei nicht nur „insolvenzrechtsspezifische" Fragen, sondern die Rechtmäßigkeit des Planinhalts insgesamt (§ 250 Nr. 1 InsO) und damit auch die gesellschaftsrechtliche Zulässigkeit von Planmaßnahmen nach § 225a Abs. 3 InsO, etwa einem Bezugsrechtsausschluss (siehe auch § 14 Rz. 77 ff. [*Laroche*] und § 29 Rz. 98 ff. [*Brünkmans*]). Diese Prüfung umfasst auch Fragen der registerrechtlichen Eintragungsfähigkeit gesellschaftsrechtlicher Maßnahmen zur Insolvenzbewältigung.[84] Sind die im Plan vorgesehenen Maßnahmen danach unzulässig und die im gestaltenden Teil formulierten Gesellschafterbeschlüsse daher rechtswidrig, so hat das Insolvenzgericht den Plan zur Nachbesserung zurückzuweisen (§ 231 Abs. 1 Satz 1 Nr. 1 InsO) bzw. ihm die Bestätigung zu versagen (§ 250 Nr. 1 InsO). Aus diesem Grunde ist aber auch die Frage, ob eine Planregelung gesellschaftsrechtlich zulässig ist, bereits insolvenzgerichtlich geprüft worden. Sie nimmt insofern an der **Präklusionswirkung** der 87

79) *Eidenmüller* in: MünchKomm-InsO, § 221 Rz. 70 a. E.; *Jaffé* in: FK-InsO, § 221 Rz. 17.

80) BGH, Beschl. v. 26.4.2018 – IX ZB 49/17, Rz. 30, ZVI 2018, 272 = ZIP 2018, 1141.

81) *Eidenmüller* in: MünchKomm-InsO, § 221 Rz. 68, 74; K. Schmidt-*Spliedt*, InsO, § 221 Rz. 7; *Madaus*, ZIP 2016, 1141, 1148; implizit auch *Thies* in: HambKomm-InsR, § 221 InsO Rz. 11; nun auch *Spahlinger* in: KPB, InsO, § 221 Rz. 36 a. E.; a. A. aber Uhlenbruck-*Lüer/Streit*, InsO, § 221 Rz. 14 – Schuldner ist zu ermächtigen.

82) Begr. RegE ESUG z. §§ 254a, 254b InsO, BT-Drucks. 17/5712, S. 37.

83) Insoweit wohl allg. A., vgl. BGH, Beschl. v. 8.4.2020 – IX ZB 3/19, Rz. 15, ZIP 2020, 1124 = NZI 2020, 635; AG Berlin-Charlottenburg, Beschl. v. 9.2.2015 – HRB 153203 B, NZI 2015, 415, 416 = ZIP 2015, 394, m. insoweit zust. Anm. *Ströhmann/Harder*; *Klausmann*, NZG 2015, 1300, 1304; *Brünkmans/Greif-Werner*, ZInsO 2015, 1585.

84) K. Schmidt-*Spliedt*, InsO, § 254a Rz. 7.

materiellen Rechtskraft des Bestätigungsbeschlusses teil, die gerade eine erneute Verhandlung über Einwendungen und Einreden, die bereits Gegenstand eines Vorprozesses waren, verhindern will.[85)] Die durch den Plan belegten Rechtstatsachen sind damit insgesamt eintragungsfähig. Nur Erklärungen und Handlungen, die nicht Teil des Plans und damit der insolvenzgerichtlichen Prüfung sind (siehe etwa die in § 188 Abs. 3 AktG genannten Anlagen zur Anmeldung, die dem Plan nicht beigefügt werden müssen), unterliegen der Prüfungskompetenz des Registergerichts.[86)] Letztere erstreckt sich insbesondere auf Umstände, zu denen der Insolvenzplan keine verbindliche Feststellung trifft, sowie auf die Frage, ob dem Insolvenzplan eine solche Feststellung zu entnehmen ist.[87)] Man darf insofern von einer **subsidiären Prüfungskompetenz des Registergerichts** sprechen.[88)]

88 Diese Rollenverteilung wird kritisch, wenn Rechtsauffassungen des Insolvenz- und des Registergerichts kollidieren, da das Insolvenzgericht einen registerrechtlichen Aspekt übersehen hat, sodass der rechtskräftig bestätigte **Insolvenzplan offensichtlich fehlerhaft oder unvollständig** ist. Eine Teilnichtigkeit rechtskräftig bestätigter Pläne sieht das Gesetz nicht vor.[89)] Stattdessen sollte das Registergericht bei offensichtlicher Fehlerhaftigkeit einer einzutragenden Planregelung die Eintragung aussetzen und eine **Planberichtigung** durch den Insolvenzverwalter nach §§ 221 Satz 2, 248a InsO bzw. durch den eigenverwaltenden Schuldner analog dieser Normen **anregen**. Der Plan wird so nach Maßgabe des Insolvenzrechts durchführbar gemacht, sodass in der Folge die Eintragung im Register erfolgen kann. Fehlt hingegen die Berichtigungskompetenz des § 221 Satz 2 InsO, etwa durch die Aufhebung des Verfahrens, so hat die Eintragung zu erfolgen und die notwendige, im Plan aber fehlende Satzungsänderung ist nachzuholen. Anders liegt der Fall, wenn der Insolvenzverwalter die offensichtliche Fehlerhaftigkeit des Plans bestreitet, etwa um eine Abwicklungsfusion plangemäß eintragen zu lassen, die das Registergericht ablehnt.[90)] Hier setzt sich die Rechtsauffassung des Insolvenzgerichts durch.

Praxishinweis

Um im Grenzbereich des Gesellschafts- und Insolvenzrechts angesichts der verbreitet abweichenden Ansichten der Registergerichte[91)] Verzögerungen bei der Registereintragung zu vermeiden, sollte der Planersteller bereits bei der Planerstellung mit dem zuständigen Registergericht Kontakt aufnehmen.

85) Vgl. allgemein zur Präklusionswirkung BGH, Urt. v. 11.11.1994 – V ZR 46/93, NJW 1995, 967, 968; Stein/Jonas-*Leipold*, ZPO, § 322 Rz. 217 f.; zur Präklusionswirkung beim Bestätigungsbeschluss *Madaus*, Insolvenzplan, S. 415 f.

86) BGH, Beschl. v. 8.4.2020 – IX ZB 3/19, Rz. 15, ZIP 2020, 1124 = NZI 2020, 635; ebenso *Eidenmüller* in: MünchKomm-InsO, § 225a Rz. 103; *Fiebig* in: HK-InsO, § 254a Rz. 6; *Jaffé* in: FK-InsO, § 254a Rz. 7; *Spahlinger* in: KPB, InsO, § 254a Rz. 7; im Grundsatz auch *Klausmann*, NZG 2015, 1300, 1305; **a. A.** AG Berlin-Charlottenburg, Beschl. v. 9.2.2015 – HRB 153203 B, NZI 2015, 415, 416 = ZIP 2015, 394, m. Anm. *Ströhmann/Harder*; a. E. auch K. Schmidt-*Spliedt*, InsO, § 254a Rz. 7.

87) BGH, Beschl. v. 8.4.2020 – IX ZB 3/19, Rz. 14 f., ZIP 2020, 1124 = NZI 2020, 635.

88) *Horstkotte/Martini*, ZInsO 2012, 557, 567 m. Fn. 67; i. E. ebenso *Haas* in: HK-InsO, § 254a Rz. 6; *Jaffé* in: FK-InsO, § 254a Rz. 7; *Spahlinger* in: KPB, InsO, § 254a Rz. 7; **a. A.** aber AG Charlottenburg, Beschl. v. 9.2.2015 – HRB 153203 B, NZI 2015, 415, 417 = ZIP 2015, 394, m. Anm. *Ströhmann/Harder*; *Horstkotte*, ZInsO 2014, 1297, 1299 ff.; *Müller*, KTS 2012, 419, 448 f.; K. Schmidt-*Spliedt*, InsO, § 254a Rz. 7.

89) So aber *Brünkmans/Greif-Werner*, ZInsO 2015, 1585, 1594.

90) S. OLG Brandenburg, Beschl. v. 27.1.2015 – 7 W 118/14, NZI 2015, 565, 566 = ZIP 2015, 929.

91) S. etwa OLG Brandenburg, Beschl. v. 27.1.2015 – 7 W 118/14, NZI 2015, 565 = ZIP 2015, 929 – Nachprüfung der Verschmelzungsfähigkeit bei Abwicklungsfusion im Plan; AG Berlin-Charlottenburg, Beschl. v. 9.2.2015 – HRB 153203 B, NZI 2015, 415, 416 f. = ZIP 2015, 394, m. Anm. *Ströhmann/Harder*, – Prüfungskompetenz bei besonders schwerem, nicht heilbarem Gesetzesverstoß i. S. des § 241 Nr. 3 AktG.

§ 24
Voraussetzungen und Wirkungen der Verfahrensaufhebung (§ 258 Abs. 1 InsO)

Übersicht

Literatur: *Braun/Heinrich*, Auf dem Weg zu einer (neuen) Insolvenzplankultur in Deutschland – Ein Beitrag zu dem Regierungsentwurf für ein Gesetz zur weiteren Erleichterung der Sanierung von Unternehmen, NZI 2011, 505; *Christoph*, Terra incognita: Die Undurchführbarkeit des rechtskräftigen Insolvenzplans, ZVG 2023, 151; *Dellit/Hamann*, Forderungserlass und Insolvenzplan, ZIP 2015, 308; *Fischer*, Die Rechtsprechung des Bundesgerichtshofs zum Insolvenzrecht im Jahr 2001, NZI 2002, 281; *Flöther/Wehner*, Insolvenzplanbedingter Forderungserlass und Aufrechnungsbefugnis, ZInsO 2009, 503; *Hingerl*, Insolvenzplanverfahren: Schnelle Sanierung versus optimale Gläubigerbefriedigung bei fehlender Nachtragsverteilung, ZInsO 2010, 1876; *Hingerl*, Nachtragsverteilung nach Insolvenzplanverfahren, ZInsO 2007, 870; *Jacobi/Vennemann*, Insolvenzplan trotz umfangreichen Forderungsbestands? Rechtlich möglich, praktisch schwierig. Vor allem eine Vertrauensfrage, VIA 2019, 89; *Keramati/Klein*, Die unterlassene Anfechtung des Insolvenzverwalters als strafbare Untreue, NZI 2017, 421; *Prahl*, Zur Bereicherung des anderen Teils aus Vorleistungen des Schuldners vor seiner Insolvenz, ZInsO 2005, 568; *Roth*, Die Nachtragsverteilung im Insolvenzplanverfahren: Es gibt sie doch!, in: Festschrift für Stefan Smid, 2022, S. 287; *Rugullis*, Aus der Vergangenheit lernen: Zum Verständnis der §§ 227, 254 und 255 InsO, KTS 2012, 269; *Wienberg/Dellit*, Masse- sowie Planquotenunzulänglichkeit im Insolvenzplanverfahren, in: Festschrift für Bruno M. Kübler, 2015, S. 805; *Wollweber/Hennig*, Fortführung des Anfechtungsprozesses nach Planaufhebung, Zum Begriff des „anhängigen Rechtsstreits" i. S. d. § 259 Abs. 3 InsO, ZInsO 2013, 49.

A. Formale Beendigung des Insolvenzverfahrens

Mit der **rechtskräftigen Bestätigung** des Insolvenzplans treten (nur) dessen materiell- 1
rechtliche und verfahrensrechtliche Wirkungen ein. Das Insolvenzverfahren endet damit

nicht.[1] Auch wenn der Insolvenzplan rechtskräftig gerichtlich bestätigt worden ist, nimmt das Insolvenzverfahren zunächst seinen Fortgang. Um es zu beenden, muss das Insolvenzgericht nach § 258 Abs. 1 InsO seine Aufhebung beschließen;[2] denn über den Zeitpunkt der Beendigung des Insolvenzverfahrens darf insbesondere wegen der Wiedererlangung der Verfügungsbefugnis durch den Schuldner (§ 259 Abs. 1 Satz 2 InsO) keine Unklarheit herrschen.

2 Die **Voraussetzungen**[3] und das **Verfahren** für den deshalb erforderlichen **Aufhebungsbeschluss** regelt § 258 InsO, dessen **Wirkungen** § 259 InsO.[4] Mit der Aufhebung endet das Insolvenzverfahren unabhängig davon, ob für die Abwicklung des Insolvenzplans eine Überwachung vorgesehen wird (siehe § 26 Rz. 1 ff. [*Dellit*]).[5]

3 Durch den Einschub in § 258 Abs. 1 InsO („[…] und der Insolvenzplan nicht etwas anderes vorsieht"), der auf Empfehlung des Rechtsausschusses mit dem Gesetz zur weiteren Erleichterung der Sanierung von Unternehmen (ESUG)[6] in die InsO aufgenommen wurde, ist klargestellt, dass die unmittelbare **Aufhebung des Insolvenzverfahrens** nach Rechtskraft der Bestätigung **abdingbar** ist.[7] Wirksamwerden des Insolvenzplans und Aufhebung des Insolvenzverfahrens müssen schon deshalb unterschieden werden.

B. Voraussetzungen der Aufhebung des Insolvenzverfahrens

I. Voraussetzungen gemäß § 258 Abs. 2 InsO

4 Der Insolvenzverwalter gemäß § 258 Abs. 2 Satz 1 InsO oder – im Fall der Eigenverwaltung – das eigenverwaltende Organ gemäß §§ 270 Abs. 1 Satz 2, 258 Abs. 2 Satz 1 InsO hat vor Aufhebung des Insolvenzverfahrens die **unstreitigen fälligen Masseansprüche** zu berichtigen, die entsprechenden Massegläubiger also voll zu befriedigen. Dies gilt auch für nach der Planbestätigung entstehende Masseverbindlichkeiten.[8] Die Mittel zur Befriedigung sind dem Barvermögen der Insolvenzmasse zu entnehmen.[9]

> **Praxishinweis**
>
> Zur Haftung des Insolvenzverwalters des eigenverwaltenden Schuldners in diesem Zusammenhang siehe § 25 Rz. 17 [*Dellit*].

5 Der Insolvenzplan kann hierzu mangels Regelungsbefugnis grundsätzlich keine abweichende Regelung treffen. Dies gilt gemäß § 210a InsO nur ausnahmsweise im Fall der Masseunzulänglichkeit (vgl. §§ 208 ff. InsO) nicht. Einen Finanzplan kann er hierfür nicht vorlegen, denn dieser ist gesetzlich für fällige Verbindlichkeiten nicht vorgesehen. Sofern der Schuldner die Voraussetzungen des § 258 Abs. 2 Satz 1 InsO nicht anderweitig

1) AG Hamburg, Beschl. v. 3.2.2023 – 67e IN 20/13, ZRI 2023, 308 = NZI 2023, 548; a. A. FG Hessen, Urt. v. 13.7.2021 – 4 K 839/19, ZRI 2021, 825 = BeckRS 2021, 21876, das hinsichtlich der Zustellung von Bescheiden auf die Rechtskraft der Bestätigung des Insolvenzplanes abstellt; weiter meint, dass die Aufhebung eines Insolvenzverfahrens mit dieser Rechtskraft eintrete und daher Bescheide bis zu diesem Zeitpunkt wirksam an den Insolvenzverwalter zugestellt werden können.

2) Uhlenbruck-*Lüer/Streit*, InsO, § 258 Rz. 1.

3) *Thies* in: HambKomm-InsR, § 258 InsO Rz. 1; Uhlenbruck-*Lüer/Streit*, InsO, § 258 Rz. 1.

4) *Huber/Madaus* in: MünchKomm-InsO, § 258 Rz. 1.

5) Uhlenbruck-*Lüer/Streit*, InsO, § 258 Rz. 1.

6) Gesetz zur weiteren Erleichterung der Sanierung von Unternehmen (ESUG), v. 7.12.2011, BGBl. I 2011, 2582.

7) *Thies* in: HambKomm-InsR, § 258 InsO Rz. 2.

8) Uhlenbruck-*Lüer/Streit*, InsO, § 258 Rz. 6.

9) *Huber/Madaus* in: MünchKomm-InsO, § 258 Rz. 10.

erfüllt (siehe unten Praxishinweis bei Rz. 7), darf das Insolvenzverfahren nicht aufgehoben werden.

Für **streitige Masseansprüche** ist der Insolvenzverwalter gemäß § 258 Abs. 2 Satz 1 InsO zur **Sicherheitsleistung** verpflichtet.[10] Dies gilt gemäß §§ 270 Abs. 1 Satz 2, § 258 Abs. 2 Satz 1 InsO auch für die eigenverwaltende Geschäftsleitung. Streitig gemäß § 258 Abs. 2 Satz 1 InsO sind die vom Insolvenzverwalter oder bei Eigenverwaltung vom Schuldner nicht anerkannten Masseansprüche. 6

Praxishinweis

Sicherheitsleistung ist durch **Hinterlegung** gemäß §§ 232 ff. BGB möglich. Die Hinterlegung richtet sich nach den Hinterlegungsgesetzen der Länder, eigentumsrechtliche Konsequenzen folgen aus den jeweiligen Nachfolgeregelungen des § 7 Abs. 1 HintO, materiell rechtliche Wirkungen der Hinterlegung ferner aus § 233 BGB.[11] Daneben kommen auch andere Formen der Sicherheitsleistung in Betracht.[12] Sicherheitsleistungen können in jeglicher Form erfolgen, die eine Separierung des Sicherungsgegenstandes von dem übrigen Vermögen des Schuldners und eine separierte Zuordnung zu den einzelnen Gläubigern gewährleistet. Auch Drittsicherheiten jeglicher Art sind denkbar. Oft bietet sich die Vereinbarung einer Doppeltreuhand durch den Verwalter an, i. R. derer diesem die den jeweils streitigen Ansprüchen der einzelnen Massegläubiger entsprechenden Beträge zur Verwahrung auf jeweils separaten Treuhandkonten übertragen werden,[13] siehe unten Rz. 54 ff.

Auch für **nicht fällige Masseansprüche** ist der Insolvenzverwalter grundsätzlich zur Sicherheitsleistung verpflichtet.[14] Für diese reicht gemäß § 258 Abs. 2 Satz 2 InsO aber auch ein **Finanzplan** aus, aus dem sich ergibt, dass ihre Erfüllung gewährleistet ist.[15] Diesen Finanzplan definiert der Gesetzgeber als belastbare Liquiditätsrechnung.[16] Der zeitliche Umfang des Finanzplans richtet sich zum einen nach dem voraussichtlichen Zeitpunkt der Aufhebung und zum anderen nach den üblichen Zahlungszielen der für diesen Zeitpunkt prognostizierten offenen Masseansprüche. Sofern bereits nach § 229 InsO ein Finanzplan aufzustellen ist, weil die Gläubiger zumindest teilweise aus den Gewinnen des fortgeführten Geschäftsbetriebes befriedigt werden sollen, sind die bei Aufhebung des Insolvenzverfahrens zu erwartenden, nicht fälligen Masseansprüche sinnvollerweise in die dortige Liquiditätsplanung zu integrieren,[17] aber gesondert darzustellen. Mit der Möglichkeit, für nicht fällige Masseverbindlichkeiten einen Finanzplan vorsehen zu können, ist ein wesentliches Hemmnis der Sanierung durch Insolvenzplanverfahren, das bis zum Inkrafttreten des ESUG[18] bestand, beseitigt. Gemäß § 258 Abs. 2 InsO a. F. war eine Voraussetzung der Aufhebung des Insolvenzverfahrens, dass für die nicht fälligen Masseverbindlichkeiten Sicherheit geleistet wurde. Dies führte zu einem erhöhten Liquiditätsbedarf am Ende des Insolvenzverfahrens, der teilweise nicht dargestellt werden konnte. 7

---

10) *Huber/Madaus* in: MünchKomm-InsO, § 258 Rz. 14.

11) *Grothe* in: MünchKomm-BGB, § 232 Rz. 5.

12) Vgl. Uhlenbruck-*Lüer/Streit*, InsO, § 258 Rz. 8, m. w. N. zu alternativen Sicherheitsleistungen, etwa Einbehalt bei der Verteilung oder durch die Bildung einer Sondermasse.

13) *Thies* in: HambKomm-InsR, § 258 InsO Rz. 11.

14) *Huber/Madaus* in: MünchKomm-InsO, § 258 Rz. 14 f.; *Thies* in: HambKomm-InsR, § 258 InsO Rz. 11.

15) Begr. RegE ESUG, BT-Drucks. 17/5712, S. 37; *Huber/Madaus* in: MünchKomm-InsO, § 258 Rz. 18.

16) *Thies* in: HambKomm-InsR, § 258 InsO Rz. 15; Begr. RegE ESUG, BT-Drucks. 17/5712, S. 37.

17) *Thies* in: HambKomm-InsR, § 258 InsO Rz. 15.

18) Gesetz zur weiteren Erleichterung der Sanierung von Unternehmen (ESUG), v. 7.12.2011, BGBl. I 2011, 2582.

Praxishinweis

Stehen nach § 258 Abs. 2 InsO die erforderlichen Mittel für die Zahlung von fälligen Masseverbindlichkeiten, die Sicherheitsleistung für streitige Masseverbindlichkeiten nicht bereit oder ergibt sich aus einem Finanzplan gemäß § 258 Abs. 2 Satz 2 InsO für nicht fällige Verbindlichkeiten nicht deren Erfüllbarkeit bei Fälligkeit, sind Maßnahmen zu ergreifen, um eine Rückkehr in das Regelverfahren zu vermeiden und eine Aufhebung des Insolvenzverfahrens doch noch zu erreichen. bspw.:

- Abschluss von bilateralen Stundungsabreden mit Massegläubigern gemäß §§ 54, 55 InsO nebst Nachweis durch Finanzplan, dass die Masseforderung im Zeitpunkt der vereinbarten (neuen) Fälligkeit beglichen werden kann;
- Zurverfügungstellung von liquiden Mitteln durch Dritte als Zuschuss;
- Zurverfügungstellung von liquiden Mitteln durch Dritte als Darlehen, deren Rückzahlungsanspruch erst nach Aufhebung des Insolvenzverfahrens fällig wird unter Nachweis durch einen Finanzplan, dass die Rückzahlung des Darlehens bei dessen Fälligkeit gewährleistet ist;
- Verpflichtung eines Dritten, dem Schuldner die erforderlichen Mittel bei jeweiliger Fälligkeit der Masseforderungen zur Verfügung zu stellen, indes sollten die Mittel bei einem Treuhänder hinterlegt werden;
- Sicherheitsleistung durch Dritte für streitige Masseforderungen.[19]

8 **Über den Tag der Verfahrensaufhebung hinaus aufschiebend bedingte und betagte Forderungen** sind nicht fällig sind und daher entsprechend zu behandeln.[20]

9 Gleiches gilt für entstandene, aber nicht fällige **Kosten eines bei Aufhebung des Insolvenzverfahrens anhängigen Anfechtungsprozesses**. Soweit solche Kosten fällig sind, müssen diese noch vor Aufhebung des Verfahrens berichtigt werden. Dies wird regelmäßig etwa für die Gebühren des Prozessgerichts der Fall sein, da der Anfechtungsanspruch noch vor Aufhebung des Insolvenzverfahrens rechtshängig sein muss (siehe Rz. 41) und die Zustellung einer Klage (damit ist diese rechtshängig) erst nach Einzahlung des Vorschusses für die Gerichtsgebühr erfolgt. Auch die Verfahrensgebühr eines beauftragten Rechtsanwalts wird gemäß § 13 RVG, Nr. 3100 VV RVG regelmäßig vor Aufhebung des Verfahrens zu entrichten sein, setzt aber Rechnungslegung und Fälligkeit voraus. Aufgrund des Prozessfortschritts noch nicht entstandene Prozesskosten sind wegen der Sonderregelung in § 259 Abs. 3 InsO gesondert zu behandeln (siehe auch Rz. 48).

II. Durchführbarkeit des Insolvenzplans

10 Ergibt sich nach Rechtskraft des Bestätigungsbeschlusses, aber vor Aufhebung des Verfahrens nach § 258 Abs. 1 InsO, dass die im Plan vorgesehenen Zahlungen vom Schuldner nicht geleistet werden können, oder liegt ein sonstiger Umstand vor, der zur Undurchführbarkeit des Plans führt, ist das Insolvenzverfahren entgegen dem Wortlaut des § 258 Abs. 1 InsO nicht von Amts wegen aufzuheben. Vielmehr ist durch deklaratorischen Beschluss auszusprechen, dass das Insolvenzverfahren nach Scheitern des Insolvenzplans fortgesetzt wird. In § 258 Abs. 1 InsO ist als ungeschriebenes Tatbestandsmerkmal die fortbestehende Durchführbarkeit des Insolvenzplans hineinzulesen.[21]

---

19) *Wienberg/Dellit* in: FS Kübler, S. 805, 808.

20) *Huber/Madaus* in: MünchKomm-InsO, § 258 Rz. 16.

21) AG Hamburg, Beschl. v. 3.2.2023 – 67e IN 20/13, ZRI 2023, 308 = NZI 2023, 548; *Christoph*, ZVG 2023, 151 ff.

III. Schlussrechnung

Der Insolvenzverwalter oder der eigenverwaltende Schuldner hat gemäß § 66 Abs. 1 InsO bzw. §§ 270 Abs. 1 Satz 2, 66 Abs. 1 InsO bei der Beendigung seines Amtes einer Gläubigerversammlung Rechnung zu legen. Wenngleich Schlussrechnungen rechtzeitig vorbereitet und auch Teilschlussrechnungen eingereicht werden können, **verzögert** deren Prüfung die Aufhebung des Insolvenzverfahrens abhängig vom Umfang teils erheblich. Um dies zu vermeiden, steht die Schlussrechnung gemäß § 66 Abs. 1 Satz 2 InsO im Insolvenzplan zur **Disposition der Planbeteiligten**; diese kann entweder ganz entfallen oder auf den Zeitraum nach Aufhebung des Insolvenzverfahrens verschoben werden.[22] Verzögerungen wegen ausstehender Schlussrechnung oder Schlussrechnungsprüfung sind bei entsprechender Planregelung ausgeschlossen. 11

Zwar kann der Insolvenzplan keine unmittelbar für das Gericht bindenden Regelungen wegen der i. R. des § 66 InsO geltenden Gläubigerautonomie und der bloßen Hilfestellungsfunktion der gerichtlichen Schlussrechnungsprüfung treffen, allerdings hat das Gericht im Fall des Verzichts der Gläubiger im Plan keinen Anspruch gegen den Verwalter auf Vorlage einer Schlussrechnungslegung.[23] 12

IV. Festsetzung der Kosten des Verfahrens gemäß § 54 InsO

Vor einer Aufhebung sollten zudem auch die **Vergütung und die Auslagen** des Verwalters sowie der Gläubigerausschussmitglieder festgesetzt sein.[24] Diese Festsetzungen gehören zu den sonstigen Geschäften, die vor Aufhebung des Insolvenzverfahrens zu erledigen sind.[25] 13

> **Praxishinweis**
>
> Mit Aufhebung des Insolvenzverfahrens ist der Insolvenzverwalter oder Sachwalter grundsätzlich nicht mehr berechtigt, seine Vergütung der Insolvenzmasse zu entnehmen, da er mit der Aufhebung des Insolvenzverfahrens die Verwaltungs- und Verfügungsbefugnis über die Insolvenzmasse verliert. Er ist dann darauf beschränkt, seine Forderung gegen den Schuldner zu realisieren, was mit wirtschaftlichen Risiken behaftet ist, sofern nicht (hinreichende) Sicherheit geleistet ist. Vergütungsanträge sollten daher rechtzeitig, spätestens aber bei Bekanntgabe der Bestätigungsentscheidung gestellt werden, auch um eine Verzögerung der Aufhebung des Insolvenzverfahrens zu vermeiden.

Beschwerden über die Festsetzung der Vergütung hindern die Verfahrensaufhebung nicht.[26] Die Forderungen des Insolvenzverwalters/Sachwalters/Gläubigerausschusses sind dann allerdings als streitig zu behandeln und es ist vor Aufhebung des Verfahrens Sicherheit zu leisten, § 258 Abs. 2 Satz 1 Alt. 2 InsO. Teilweise wird vertreten, dass der Anspruchsberechtigte in Anlehnung an § 25 Abs. 2 InsO i. R. des Aufhebungsbeschlusses berechtigt werden soll, i. H. der von ihm beantragten Vergütung einen Betrag zurückzubehalten.[27] 14

22) *Thies* in: HambKomm-InsR, § 258 InsO Rz. 8.

23) *Thies* in: HambKomm-InsR, § 258 InsO Rz. 8; AG Ludwigshafen, Beschl. v. 10.4.2015 – 3 f IN 27/14 Lu, ZVI 2015, 297 = ZInsO 2015, 859, 860.

24) *Thies* in: HambKomm-InsR, § 258 InsO Rz. 10; *J. Schmidt* in: Kübler/Bork/Prütting, HRI II, § 39 Rz. 27.

25) *Huber/Madaus* in: MünchKomm-InsO, § 258 Rz. 21.

26) *J. Schmidt* in: Kübler/Bork/Prütting, HRI II, § 39 Rz. 29; K. Schmidt-*Spliedt*, InsO, § 258 Rz. 8; *Thies* in: HambKomm-InsR, § 258 InsO Rz. 10; *Huber/Madaus* in: MünchKomm-InsO, § 258 Rz. 21.

27) *Thies* in: HambKomm-InsR, § 258 InsO Rz. 10.

V. Besonderheiten bei Planerfüllung durch den Insolvenzverwalter

15 In der Praxis sehen Insolvenzpläne nicht selten eine (teilweise) Planerfüllung durch den Insolvenzverwalter vor Aufhebung des Insolvenzverfahrens aus der Masse vor, insbesondere Einmalzahlungen, etwa aus Mitteln von Investoren bei Wechsel der Anteilsinhaber. Eine derartige Regelung wird gewählt, um das Gläubigervertrauen in den Plan zu stärken und/oder, weil der Schuldner nach Anteilsinhaberwechsel sich nicht mit der Abwicklung des Insolvenzplans befassen möchte. Hierbei ist indes darauf zu achten, dass einer solchen Lösung § 258 Abs. 1 InsO nicht entgegensteht. Dieser sieht vor, dass die Aufhebung des Insolvenzverfahrens zu beschließen ist, sobald die Bestätigung des Insolvenzplans rechtskräftig ist und der Plan nicht etwas anderes vorsieht. Sofern die Verteilung nicht unverzüglich nach rechtskräftiger Bestätigung des Insolvenzplans erfolgen kann, ist entweder eine verfahrensleitende Regelung in den Plan aufzunehmen, die die Aufhebung des Verfahrens etwa von der Ausschüttung der Planquote abhängig macht oder aber die zur Verteilung vorgesehenen Mittel/Ansprüche müssen – insbesondere bei zu erwartenden Verzögerungen der Aufhebung des Insolvenzverfahrens – auf einen Treuhänder übertragen werden (siehe unten Rz. 54 ff.). Zur Anfechtbarkeit von Planerfüllungsmaßnahmen durch den Insolvenzverwalter siehe § 25 Rz. 13 f. [*Dellit*].

Praxishinweis

Sehen Pläne die Übernahme von Anteilen am Schuldner gegen Zurverfügungstellung von Mitteln durch Investoren vor und sollen diese Mittel plangemäß durch den Insolvenzverwalter noch vor Aufhebung des Insolvenzverfahrens an die Gläubiger verteilt werden, muss deren rechtzeitige Zahlung in die Insolvenzmasse, etwa durch Hinterlegung bei einem Treuhänder mit entsprechender unwiderruflicher Auflage sichergestellt sein.

C. Aufhebungsbeschluss/Zeitpunkt der Aufhebung des Insolvenzverfahrens

I. Funktionale Zuständigkeit

16 Der **Aufhebungsbeschluss** erfolgt durch den gemäß § 18 Abs. 1 Nr. 2 RPflG **funktional zuständigen Insolvenzrichter**, sofern die Aufhebung im Anschluss an die rechtskräftige Planbestätigung und nicht aufgrund einer anderweitigen Planregelung (Fortdauer des Insolvenzverfahrens nach Planbestätigung) erst später erfolgt.[28] Erfolgt der Aufhebungsbeschluss dennoch durch den Rechtspfleger, ist dieser gemäß § 8 Abs. 4 Satz 1 RPflG unwirksam.

II. Öffentliche Bekanntmachung

17 Der Aufhebungsbeschluss, der nicht begründet werden muss, und der Hinweis, dass die Aufhebung nach rechtskräftiger Bestätigung eines Insolvenzplans erfolgt, sind gemäß § 258 Abs. 3 Satz 1 InsO öffentlich bekannt zu machen.[29] Für den Fall, dass der Insolvenzplan eine Planüberwachung gemäß §§ 260 ff. InsO vorsieht, ist diese Tatsache zusammen mit dem Beschluss über die Aufhebung des Insolvenzverfahrens zu veröffentlichen (siehe unten § 26 Rz. 6 ff. [*Dellit*]).[30] Die öffentliche Bekanntmachung erfolgt gemäß § 9 Abs. 1 Satz 1 InsO durch eine zentrale und länderübergreifende **Veröffentlichung im Internet.**[31] Darüber hinaus kann die Veröffentlichung zusätzlich in einer nach Landesrecht gemäß § 9 Abs. 2 Satz 1 InsO bestimmten Weise erfolgen.

28) Uhlenbruck-*Lüer/Streit*, InsO, § 258 Rz. 2.

29) *Huber/Madaus* in: MünchKomm-InsO, § 258 Rz. 22.

30) Braun-*Braun/Frank*, InsO, § 258 Rz. 16, Uhlenbruck-*Lüer/Streit*, InsO, § 258 Rz. 14.

31) https://neu.insolvenzbekanntmachungen.de/ap/ (Abrufdatum: 24.7.2025).

III. Bewirkung der Bekanntmachung

Die Bekanntmachung gilt als bewirkt und damit die Aufhebung des Insolvenzverfahrens als wirksam, sobald nach dem Tag der Veröffentlichung des Aufhebungsbeschlusses zwei weitere Tage verstrichen sind. Deren Berechnung erfolgt nach § 4 InsO i. V. m. § 222 Abs. 2 ZPO.[32] Das hat Relevanz etwa für die rechtzeitige Rechtshängigmachung von nach Aufhebung des Insolvenzverfahrens plangemäß fortzusetzenden Anfechtungsansprüchen durch den Insolvenzverwalter bzw. Sachwalter, siehe unten Rz. 41. 18

Praxishinweis

Der Tag der erstmaligen Einstellung in das Internet wird in die Frist nicht miteingerechnet. Ist die Bekanntmachung bspw. am 10. eines Monats im Internet erfolgt, gilt sie am 13. um 00.00 Uhr als bewirkt. Ist der zweite Tag nach dem Tag der Veröffentlichung ein Samstag, Sonntag oder ein allgemeiner Feiertag, so wird die Bekanntmachung erst wirksam mit Ablauf des nächsten Werktages.[33]

IV. Rechtsmittel

Der durch den funktional zuständigen Insolvenzrichter (siehe Rz. 16) zu erlassene Aufhebungsbeschluss ist im Hinblick auf § 6 Abs. 1 Satz 1 InsO und eine fehlende anderweitige gesetzliche Regelung **nicht anfechtbar.**[34] 19

Eine **unrichtige Bekanntmachung** ist wirkungslos. Sie löst die Zustellungswirkung des § 9 Abs. 3 InsO nicht aus.[35] Eine unvollständige Bekanntmachung kann wirksam sein, sofern wenigstens die Person des Schuldners, der bekanntzumachende Vorgang und das Insolvenzgericht deutlich werden.[36] Die Verfahrensbeteiligten müssen in die Lage versetzt werden, am angegebenen Ort und in der angegebenen Zeit ihre Verfahrensrechte wahrzunehmen.[37] Wegen des Rests ist entweder eine ergänzende Bekanntmachung oder eine neue vollständige Veröffentlichung erforderlich.[38] 20

Praxishinweis

Die fehlerfreie und vollständige öffentliche Bekanntmachung durch das Insolvenzgericht im Internet sollte geprüft werden. Der Inhalt der Bekanntmachung beschränkt sich auf die Aufhebungsformel etwa wie folgt: „Das Insolvenzverfahren über das Vermögen des/der […] wird nach rechtskräftiger Bestätigung des Insolvenzplans aufgehoben".[39] Sofern im Plan vorgesehen, bedarf es einer Ergänzung um die Planüberwachung bzw. weiterer den Schuldner einschränkender Planregelungen.

Der Schuldner, der Insolvenzverwalter und die Mitglieder des Gläubigerausschusses sind vorab über den Zeitpunkt des Wirksamwerdens der Aufhebung zu unterrichten (§ 258 Abs. 3 Satz 2 InsO). Für den Sachwalter gilt § 258 Abs. 3 Satz 2 InsO analog.[40] Diese Besonderheit des Insolvenzplanverfahrensrechts soll den Beteiligten die Möglichkeit geben, sich rechtzeitig auf die Veränderung der Umstände einzustellen, die mit den Wirkungen 21

32) *Bruns* in: MünchKomm-InsO, § 9 Rz. 20.

33) *Bruns* in: MünchKomm-InsO, § 9 Rz. 20.

34) Braun-*Braun/Frank*, InsO, § 258 Rz. 15; Uhlenbruck-*Lüer/Streit*, InsO, § 258 Rz. 1.

35) BGH, Beschl. v. 10.11.2011 – IX ZB 165/10, ZVI 2012, 471 = NZI 2011, 974.

36) *Bruns* in: MünchKomm-InsO, § 9 Rz. 17; Uhlenbruck-*Pape*, InsO, § 9 Rz. 4.

37) Uhlenbruck-*Pape*, InsO, § 9 Rz. 4.

38) *Bruns* in: MünchKomm-InsO § 9 Rz. 17.

39) *Huber/Madaus* in: MünchKomm-InsO, § 258 Rz. 9.

40) *Huber/Madaus* in: MünchKomm-InsO, § 258 Rz. 23.

der Aufhebung des Insolvenzverfahrens verbunden sind.[41] Inhalt der **Vorabinformation** ist der genaue Zeitpunkt der Verfahrensaufhebung.[42]

D. Wirkungen der Aufhebung des Insolvenzverfahrens

I. Allgemeines

22 Die InsO entfaltet grundsätzlich Wirkungen bis zur Aufhebung des Insolvenzverfahrens.[43] Mit Aufhebung erlöschen die Ämter des **Insolvenzverwalters bzw. Sachwalters** und der Mitglieder des **Gläubigerausschusses**. Der Schuldner erhält die **Verwaltungs- und Verfügungsbefugnis** über die Insolvenzmasse zurück (§ 259 Abs. 1 InsO). Die Wiedererlangung der unbeschränkten Verwaltungs- und Verfügungsbefugnis ist nicht plandispositiv. Der Insolvenzplan kann also nicht bestimmen, dass der Schuldner die Verwaltungs- und Verfügungsbefugnis nur teilweise wieder zurückerhält (siehe detailliert zur Unzulässigkeit der Nachtragserteilung unten Rz. 52 f.).[44] Dem Schuldner steht nun auch wieder die Aktivlegitimation zur Verfolgung bestehender Ansprüche aus jedwedem Rechtsgrund zu.[45] Mit Aufhebung des Insolvenzverfahrens hat der Schuldner Anspruch auf Herausgabe der Masse, aber auch der Geschäftsbücher und sonstiger Unterlagen, da die Verwaltungs- und Verfügungsbefugnis des Insolvenzverwalters endet.[46] Diesen Anspruch kann er mit gerichtlicher Hilfe durchsetzen.

> **Praxishinweis**
>
> Die Rückerlangung der Verwaltungs- und Verfügungsbefugnis bzw. das Ende der Zuständigkeit des Insolvenzverwalters bzw. Sachwalters im Eigenverwaltungsverfahren sollte den Beteiligten vom Insolvenzverwalter bzw. Sachwalter zur Kenntnis gegeben werden.

23 **Zahlungen eines Drittschuldners** auf ein nach Verfahrensaufhebung fortbestehendes Insolvenzsonderkonto des vormaligen Insolvenzverwalters haben keine schuldbefreiende Wirkung, wenn der Schuldner dem Insolvenzverwalter keine Einziehungsermächtigung erteilt hat, es sei denn, der Dritte war gutgläubig in Unkenntnis der Verfahrensaufhebung.[47] Nach § 81 Abs. 1 Satz 1 InsO **unwirksame Verfügungen des Schuldners** werden mit Aufhebung des Insolvenzverfahrens wirksam (§ 185 Abs. 2 BGB).[48] Der Schuldner ist verpflichtet, die bei Aufhebung des Insolvenzverfahrens noch offenen **Masseverbindlichkeiten** zu berichtigen (siehe zur Verpflichtung der Begleichung von Masseverbindlichkeiten oben Rz. 4 ff.).

24 Gemäß § 258 Abs. 3 Satz 3 i. V. m. § 200 Abs. 2 Satz 2 InsO gelten die §§ 31 bis 33 InsO entsprechend, so dass der **Aufhebungsbeschluss** von Amts wegen dem **Grundbuchamt,**

---

41) Uhlenbruck-*Lüer/Streit*, InsO, § 258 Rz. 15.

42) *Huber/Madaus* in: MünchKomm-InsO, § 258 Rz. 24.

43) Nur ausnahmsweise werden auch Sachverhalte nach der Aufhebung erfasst, etwa die Nachtragsverteilung gemäß § 203 InsO, die im Planverfahren unzulässig ist und die Planüberwachung gemäß §§ 260 ff. InsO.

44) BGH, Beschl. v. 26.4.2018 – IX ZB 49/17, ZVI 2018, 272 = NZI 2018, 691; BGH, Urt. v. 7.7.2008 – II ZR 26/07, Rz. 9, WM 2008, 1615 = ZIP 2008, 2094; BAG, Urt. v. 12.9.2013 – 6 AZR 907/11, Rz. 33, ZIP 2013, 2268 = NZI 2013, 1076; *Spahlinger* in: KPB, InsO, § 259 Rz. 2; Uhlenbruck-*Lüer/Streit*, InsO, § 259 Rz. 4; *Hingerl*, ZInsO 2007, 870; *Madaus/Huber* in: MünchKomm-InsO, § 259 Rz. 10.

45) *Madaus/Huber* in: MünchKomm-InsO, § 259 Rz. 12.

46) Graf-Schlicker-*Kebekus/Handschuhmacher*, InsO, § 259 Rz. 2; OLG Celle, Beschl. v. 20.11.2006 – 4 U 166/06, ZVI 2007, 321 = ZInsO 2006, 1327.

47) BGH, Urt. v. 12.5.2011 – IX ZR 133/10, ZIP 2011, 1220 ff. = NJW-RR 2011, 1349, dazu EWiR 2011, 529 *(Römermann)*.

48) *Madaus/Huber* in: MünchKomm-InsO, § 259 Rz. 13.

dem **Handelsregister** und den übrigen in §§ 31, 33 InsO genannten **Registerbehörden** mitzuteilen ist, damit dort die erforderlichen Löschungen bewirkt werden können.

> **Praxishinweis**
> Die Löschung des Insolvenzvermerks sollte vom Schuldner überwacht werden.

II. Auswirkung der Aufhebung des Insolvenzverfahrens auf gegenseitige, zur Zeit der Eröffnung des Insolvenzverfahrens vom Schuldner oder anderen Teil nicht oder nicht vollständig erfüllte Verträge (§ 103 InsO)

Die Auswirkung der Aufhebung des Insolvenzverfahrens auf gegenseitige, zur Zeit der Eröffnung des Insolvenzverfahrens vom Schuldner oder anderen Teil nicht oder nicht vollständig erfüllte Verträge kann nicht einheitlich bewertet werden, sondern ist abhängig von der Abgabe bzw. Nichtabgabe von (empfangsbedürftigen) Willenserklärungen. 25

Bei **Erfüllungswahl** des Insolvenzverwalters gemäß § 103 Abs. 1 InsO wirkt ein zur Zeit der Eröffnung des Insolvenzverfahrens vom Schuldner oder anderen Teil nicht oder nicht vollständig erfüllter Vertrag auch über die Aufhebung des Insolvenzverfahrens hinaus fort. 26

Bei **Ablehnung der Erfüllungswahl,** die durch einseitige, empfangsbedürftige Willenserklärung des Insolvenzverwalters erfolgt, steht endgültig fest, dass der Vertragspartner mangels Erfüllungsverlangens nach § 103 Abs. 1 InsO keine Erfüllung aus der Masse verlangen kann, der Verwalter auf Erfüllung nicht bestehen kann und dem Vertragspartner auch kein zur Tabelle anzumeldender Erfüllungsanspruch zusteht.[49] Gleiches gilt für die **Ablehnungsfiktion** des § 103 Abs. 2 Satz 2 InsO. Diese wirkt, wenn der andere Teil den Verwalter zur Ausübung seines Wahlrechts auffordert und der Verwalter nicht unverzüglich erklärt, ob er die Erfüllung verlangen will. 27

Folge ist, dass die gegenseitigen Erfüllungsansprüche für die **Dauer des Insolvenzverfahrens** mangels Möglichkeit der Erfüllungswahl endgültig undurchsetzbar bleiben.[50] Der Vertragspartner kann den durch die Ablehnung der Erfüllungswahl oder die Ablehnungsfiktion eingetretenen **Schwebezustand** durch **Rücktritt** gemäß § 324 BGB bzw. **Kündigung** gemäß § 314 BGB beenden.[51] Ist dem Vertragspartner ein außerordentliches Kündigungsrecht bei Vorliegen eines wichtigen Grundes vertraglich eingeräumt, berechtigt ihn die **Erfüllungsablehnung** des Insolvenzverwalters zur **fristlosen Kündigung,** weil ihm ein Festhalten am Vertrag bei dieser Fallgestaltung in der Regel nicht zumutbar ist.[52] 28

Entscheidet sich der Vertragsgegner dafür, den **Erfüllungsanspruch weiter zu verfolgen** und verzichtet er daher darauf, mit seiner Nichterfüllungsforderung am Insolvenzverfahren teilzunehmen, bleibt der Vertrag in der Lage bestehen, in der er sich bei Insolvenzeröffnung befand.[53] Die gegenseitigen Primäransprüche, die das ganze Insolvenzverfahren über unverändert materiell-rechtlich fortbestehen, werden mit der Beendigung des Verfahrens wieder durchsetzbar.[54] Der Vertrag kann in der Folge mit dem Schuldner wieder so abgewickelt werden, als sei es nie zu einem Insolvenzverfahren gekommen,[55] falls sich 29

---

49) *Lohmann/Reichelt* in: MünchKomm-InsO, § 95 Rz. 176.

50) BGH, Urt. v. 27.5.2003 – IX ZR 51/02, ZIP 2003, 1208 = NJW 2003, 2744, dazu EWiR 2003, 819 *(Gundlach/Schmidt)*; *Fischer*, NZI 2002, 281.

51) *Ahrendt* in: HambKomm-InsR, § 103 InsO Rz. 40.

52) BGH, Urt. 17.11.2005 – IX ZR 162/04, ZVI 2006, 158= NZI 2006, 229, dazu EWiR 2006, 119 *(Bärenz)*.

53) BGH, Urt. v. 7.2.2013 – IX ZR 218/11, ZVI 2013, 232 = NZI 2013, 296, dazu EWiR 2013, 351 *(Tintelnot)*.

54) BGH, Urt. v. 7.2.2013 – IX ZR 218/11 ZVI 2013, 232 = NZI 2013, 296.

55) *Huber* in: MünchKomm-InsO, § 103 Rz. 18.

keine Hindernisse aus materiellem Recht, einem Insolvenzplan (siehe hierzu unten Praxishinweis Rz. 30), einer Restschuldbefreiung des Schuldners oder einer Vollabwicklung der Schuldner-Gesellschaft ergeben.

30 Mit der Erfüllungsablehnung des Insolvenzverwalters tritt für die Dauer des Insolvenzverfahrens neben den fortbestehenden, aber nicht durchsetzbaren Erfüllungsanspruch des Vertragspartners dessen Berechtigung, eine **Forderung wegen Nichterfüllung des Vertrages** gemäß § 103 Abs. 2 Satz 1 InsO geltend zu machen.[56] Diese kann als Insolvenzforderung zur Insolvenztabelle angemeldet werden.[57] Durch die **Forderungsanmeldung** gemäß § 174 Abs. 1 Satz 1 InsO wird das Vertragsverhältnis materiell-rechtlich umgestaltet.[58] Die gegenseitigen Erfüllungsansprüche erlöschen. An deren Stelle tritt der einseitige Anspruch des Vertragspartners wegen Nichterfüllung.[59] Dieser kann den Schuldner dann (auch) nach der Beendigung des Insolvenzverfahrens nicht mehr auf Erfüllung in Anspruch nehmen.

Praxishinweis

Rechte der Vertragspartner aus § 103 InsO unterliegenden Verträgen sind auch über die Aufhebung des Insolvenzverfahrens hinaus zu beachten, wenn der Insolvenzverwalter

- Erfüllung gewählt hat,
- Nichterfüllung gewählt hat oder die Ablehnungsfiktion gemäß § 103 Abs. 2 Satz 3 InsO greift und der Vertragspartner am Vertrag festhält, also nicht die Kündigung des Vertrages erklärt oder seine Forderung wegen Nichterfüllung nicht zur Insolvenztabelle angemeldet und damit das Vertragsverhältnis materiell-rechtlich umgestaltet hat oder
- keine Erklärung nach § 103 InsO abgegeben hat und auch die Ablehnungsfiktion gemäß § 103 Abs. 2 Satz 3 InsO nicht greift.

Mindestens in den Fällen, in denen die Rechte ab Aufhebung des Insolvenzverfahrens wieder zu beachten sind und bei denen zu unterstellen ist, dass die Verträge für die Betriebsfortführung nicht zwingend sind (sonst wäre Erfüllung gewählt worden), sollten während des Insolvenzverfahrens beendet werden, wobei die Kündigungsfristen zu beachten sind.[60]

III. Zulässigkeit der Aufrechnung mit insolvenzplangemäß erlassenen oder von der Schuldbefreiung gemäß § 227 InsO erfassten Insolvenzforderungen nach Aufhebung des Insolvenzerfahrens

31 Nach § 397 Abs. 1 BGB erlischt das Schuldverhältnis (zivilrechtlich), wenn der Gläubiger dem Schuldner durch Vertrag die Schuld erlässt. Das Schuldverhältnis kann nur durch Neubegründung unter Formwahrung wieder aufleben.[61] Ein Verzicht oder Widerruf des Erlasses ist nicht möglich und kann allenfalls unter Beachtung der Formvorschriften als Angebot zur Neubegründung ausgelegt werden, was freilich der (konkludenten) Annahme durch den Vertragspartner bedarf. Der **Forderungserlass** bewirkt sowohl den irreversiblen Untergang **akzessorischer Sicherungsrechte**[62] als auch den Wegfall des Rechtsgrundes

56) Uhlenbruck-*Wegener*, InsO, § 103 Rz. 158.

57) Uhlenbruck-*Wegener*, InsO, § 103 Rz. 160; *Huber* in: MünchKomm-InsO, § 103 Rz. 193.

58) BFH, Urt. v. 23.11.2006 – II R 38/05, ZIP 2007, 976, dazu EWiR 2007, 695 *(Dahl)*.

59) *Huber* in: MünchKomm-InsO, § 103 Rz. 22; *Prahl*, ZInsO 2005, 568.

60) *Thies* in: HambKomm-InsR, § 259 InsO Rz. 21, hält hierzu Regelungen im gestaltenden Teil des Insolvenzplans für zulässig.

61) *Dennhardt* in: BeckOK-BGB, § 397 Rz. 17; *Schlüter* in: MünchKomm-BGB, § 397 Rz. 10.

62) *Dennhardt* in: BeckOK-BGB, § 397 Rz. 17.

für **fiduziarische Sicherheiten**; nach dem Erlass erfolgte Zahlungen können nach § 812 Abs. 1 Satz 1 Alt. 1 BGB kondiziert werden.[63)]

In einem Spannungsverhältnis dazu stehen die Vorschriften zur Beteiligung von Fremdkapitalgebern an der insolvenzbedingten Unternehmenssanierung, die sich vor allem in §§ 225, 227, 254, 255 InsO sowie im gestaltenden Teil von Insolvenzplänen finden.[64)] Denn einerseits gelten nach § 225 Abs. 1 InsO die Forderungen nachrangiger Insolvenzgläubiger als erlassen[65)] und wird der Schuldner von sonstigen Forderungen nach § 227 Abs. 1 InsO befreit, wenn im Insolvenzplan nichts anderes bestimmt ist,[66)] oder der Insolvenzplan sieht Erlassvereinbarungen vor. Andererseits soll der Insolvenzplan gemäß § 254 InsO weder die Rechte der Insolvenzgläubiger gegen Mitschuldner und Bürgen des Schuldners (§ 254 Abs. 2 InsO) noch die Kondiktionsfestigkeit überplanmäßiger Befriedigung (§ 254 Abs. 3 InsO) berühren. Der Forderungserlass kann nach § 255 Abs. 1 InsO sogar hinfällig werden, sofern der Schuldner mit der Erfüllung des Plans erheblich in Rückstand gerät. 32

Dieser scheinbare Widerspruch zwischen den allgemein zivilrechtlichen Rechtsfolgen eines Forderungserlasses und den Sondervorschriften der InsO ist dadurch aufzulösen, dass die insolvenzplangemäß erlassene Forderung nicht als erloschen anzusehen ist, sondern als **Naturalobligation**[67)] bzw. als **unvollkommene Verbindlichkeit**",[68)] die zwar erfüllt, nicht aber erzwungen werden kann.[69)] 33

Dies hat Konsequenz u. a. für die Frage, ob eine **Aufrechnung mit einer Forderung** möglich ist, die im Insolvenzplan (teil-)erlassen wurde bzw. von der der Schuldner gemäß § 227 InsO befreit wurde. 34

Mit gerichtlicher Bestätigung eines Insolvenzplans nach § 248 Abs. 1 InsO treten gemäß § 254 Abs. 1 Satz 1 InsO die in dessen gestaltenden Teil festgelegten materiellen Wirkungen unmittelbar für und gegen alle Beteiligten ein. Insolvenzforderungen können nur noch i. H. der Planquote durchgesetzt werden. Mit der über die Planquote hinausgehenden unvollkommenen Verbindlichkeit, deren Erfüllung möglich, aber nicht zu erzwingen, also nicht durchsetzbar ist, kann grundsätzlich nicht aufgerechnet werden.[70)] Es fehlt insofern an den allgemeinen Voraussetzungen der Aufrechnung, wonach eine zur Aufrechnung gestellte Gegenforderung voll wirksam und fällig sein, ihre Erfüllung erzwingbar sein muss[71)] und ihr keine Einrede entgegenstehen darf (§ 390 BGB). 35

Die Aufrechnung der – nicht durch die Planquote befriedigten – Forderungen vormaliger Insolvenzgläubiger bleibt dennoch möglich, wenn der vormalige Insolvenzgläubiger eine Forderung gegen den Schuldner geltend macht und die **Aufrechnungslage** bereits zur 36

63) *Dellit/Hamann*, ZIP 2015, 308.

64) *Dellit/Hamann*, ZIP 2015, 308.

65) *Dellit/Titze* in: Bork/Hölzle, Hdb. Insolvenzrecht, Kap. 13 Rz. 164 f.

66) *Dellit/Titze* in: Bork/Hölzle, Hdb. Insolvenzrecht, Kap. 13 Rz. 191 ff.

67) *Koch/de Bra* in: Gottwald/Haas, InsR-Hdb., § 67 Rz. 4 ff.

68) Zur Entbehrlichkeit der Lehre von der Naturalobligation für plangemäße Erlasse s. *Dellit/Hamann*, ZIP 2015, 308 ff.

69) BGH, Urt. v. 19.5.2011 – IX ZR 222/08, NZI 2011, 538, 539 = ZIP 2011, 1271; *Rugullis*, KTS 2012, 269, 271; Uhlenbruck-*Lüer/Streit*, InsO, § 227 Rz. 6; *Flöther/Wehner*, ZInsO 2009, 503, 505: „Ein Forderungserlass ist somit zulässiger Planinhalt."

70) BGH, Urt. v. 19.5.2011 – IX ZR 222/08, NZI 2011, 538 = ZIP 2011, 1271; BGH, Beschl. v. 29.3.2007 – IX ZB 204/05, Rz. 8, ZVI 2007, 278.

71) BGH, Urt. v. 16.3.1981 – II ZR 110/80, ZIP 1981, 721 = WM 1981, 711; BGH, Urt. v. 20.11.2008 – IX ZR 139/07, Rz. 10, WM 2009, 273; *Schlüter* in: MünchKomm-BGB, § 387 Rz. 36.

Zeit der **Eröffnung des Insolvenzverfahrens** bestand.[72] Damit werden die Rechtsfolgen des Planerlasses ebenso durch § 94 InsO beschnitten, wie durch § 254 Abs. 2 InsO.

37 Der Insolvenzverwalter bzw. der Sachwalter wird aber auch zu prüfen haben, ob die Aufrechnung gemäß § 96 Abs. 1 Nr. 3 InsO unzulässig ist. Dies muss rechtzeitig erfolgen. Gegebenenfalls ist ein Rechtsstreit zur Unzulässigkeit rechtzeitig vor Aufhebung des Insolvenzverfahrens rechtshängig zu machen und dessen Fortsetzung im Insolvenzplan zu regeln (siehe unten Rz. 38 ff.).

Praxishinweis

Im Zeitpunkt der Eröffnung des Insolvenzverfahrens bestehende Aufrechnungslagen (und nur solche sind von § 94 InsO erfasst) sollten bei Planerstellung beachtet und in der Planrechnung berücksichtigt werden. Regelmäßig kommen solche Aufrechnungslagen vor, wenn Forderungen gegen ein Bundesland bestehen, diese vor Eröffnung des Insolvenzverfahrens entstanden sind und dieses Bundesland, vertreten durch das Finanzamt, Steuerforderungen im Rang des § 38 InsO (Insolvenzforderungen) gegen den Schuldner hat. Dann haben es sowohl der Fiskus, als auch der Insolvenzverwalter bzw. das eigenverwaltende Organ in der Hand, ungeachtet der Eröffnung des Insolvenzverfahrens und vor Wirksamwerden des Insolvenzplans die Aufrechnung zu erklären, sofern die Voraussetzungen vorliegen. Erklärt der Gläubiger (etwa der Fiskus) die Aufrechnung demgegenüber erst nach Auszahlung der Planquote, erhält dieser – nachteilig für den Schuldner – eine Planquote, die die Aufrechnung nicht berücksichtigt und somit zu hoch ist. Mit der um die Quotenzahlung verringerten Insolvenzforderung vermag der Fiskus sodann gegen die (vor Eröffnung entstandene) Forderung gegen den Fiskus aufrechnen. Im Ergebnis erlangt der Fiskus hierdurch einen wirtschaftlichen Vorteil.

IV. Anfechtungsrechtstreite gemäß § 259 Abs. 3 InsO nach Verfahrensaufhebung

38 § 259 Abs. 3 InsO verleiht dem Insolvenzverwalter (§ 280 InsO dem Sachwalter) nach Bestätigung des Insolvenzplans und Aufhebung des Insolvenzverfahrens die Befugnis, einen anhängigen (siehe unten Rz. 41 zur Erforderlichkeit der Rechtshängigkeit) **Anfechtungsrechtsstreit** fortzuführen, wenn dies im gestaltenden Teil des Planes vorgesehen ist. Mit Hilfe dieser Regelung soll abweichend vom früheren Rechtszustand vermieden werden, dass sich der Anfechtungsprozess mit der Aufhebung des Verfahrens erledigt und der Anfechtungsgegner aus diesem Grund den gegen ihn eingeleiteten Rechtsstreit zu verschleppen sucht (siehe zu den entsprechenden Planregelungen § 8 Rz. 359 ff. [*Brünkmans*]).[73]

39 Gleiches gilt für Klagen, die sich gegen erklärte **Aufrechnungen** mit der Begründung richten, diese seien gemäß § 96 Abs. 1 Nr. 3 InsO insolvenzrechtlich unzulässig, so dass die Forderung nicht nach § 389 BGB erloschen ist.[74] Zwar handelt es sich um keine Anfechtungsklage im klassischen Sinn, aber für die Begründetheit der Forderung kommt es auf die Anfechtbarkeit der Herstellung der Aufrechnungsklage (nach §§ 130, 131 oder § 133 oder sogar § 134 InsO[75] an; i. Ü. kann ein Insolvenzverwalter in solchen Fällen die Wirkungen der Anfechtung auf die Herstellung der Aufrechnungslage beschränken, muss das aber nicht tun, könnte diese vielmehr auch selbständig anfechten.[76]

---

72) BGH, Urt. v. 19.5.2011 – IX ZR 222/08, ZIP 2011, 1271 = ZIP 2011, 1271.

73) Begr. RegE InsO, BT-Drucks. 12/2443, S. 214; BGH, Urt. v. 10.12.2009 – IX ZR 206/08, ZIP 2010, 102 = ZInsO 2010, 82, dazu EWiR 2010, 193 (*Rendels/Körner*).

74) BGH, Urt. v. 28.9.2006 – IX ZR 136/05, ZVI 2006, 580 = NZI 2007, 31, dazu EWiR 2007, 19 (*Wazlawik*).

75) BGH, Vers.-Urt. v. 26.4.2012 – IX ZR 149/11, ZIP 2012, 1254 = NZI 2012, 711, dazu EWiR 2012, 633 (*Dörrscheidt*).

76) BGH, Urt. v. 24.6.2010 – IX ZR 125/09, ZInsO 2010, 1378.

Die **Prozessführungsbefugnis** des Insolvenzverwalters für Anfechtungsstreitigkeiten nach Verfahrensaufhebung ist an zwei, nicht in die insolvenzgerichtliche Zuständigkeit fallende Voraussetzungen geknüpft, nämlich 40

- die **Rechtshängigkeit eines Anfechtungsprozesses** vor Aufhebung des Insolvenzverfahrens und
- eine von den Gläubigern beschlossene **Ermächtigung in dem Insolvenzplan** über die Fortführung des Prozesses.

Ein Insolvenzplan kann dem Insolvenzverwalter nicht die Befugnis verleihen, **nach** rechtskräftiger Bestätigung des Insolvenzplans und **Verfahrensaufhebung** eine Insolvenzanfechtungsklage zu erheben.[77] Der BGH verlangt zudem unter Verweis darauf, dass eine Klage erst erhoben ist, wenn sie dem Gegner zugestellt wurde (§§ 253 Abs. 1, 261 Abs. 1 ZPO), entgegen dem ausdrücklichen Wortlaut des § 259 Abs. 3 InsO („anhängig") die **Rechtshängigkeit** des Anfechtungsrechtsstreits vor Aufhebung des Insolvenzverfahrens.[78] 41

Praxishinweis

Dies kann zu einem Wettlauf zwischen Aufhebung des Insolvenzverfahrens (siehe oben Rz. 16 ff.) zum Zeitpunkt der Aufhebung) und dem nicht immer durch den Kläger beeinflussbaren Zeitpunkt der Zustellung der Anfechtungsklage (die Voraussetzung für die Rechtshängigkeit ist) führen. Denkbar ist allerdings, dass der Plan nach Maßgabe des § 258 Abs. 1 InsO etwas anderes vorsieht, nämlich die Verfahrensaufhebung erst nach Bestätigung der Zustellung aller noch rechtshängig zu machenden Anfechtungsklagen durch den Insolvenzverwalter bzw. den Sachwalter gegenüber dem Insolvenzgericht.[79] Dies kann freilich mit dem Erfordernis einer zügigen Verfahrensaufhebung kollidieren, etwa um Investitionen tätigen zu können. Eine solche Regelung wird daher auf Ausnahmen zu beschränken sein.

Zudem sollten Anfechtungsrechtsstreite möglichst frühzeitig rechtshängig gemacht werden, so dass es einer solchen verfahrensleitenden Regelung nicht bedarf.

Sind im **Insolvenzplan** und in der für die Gläubiger bestimmten **Zusammenfassung** (vgl. § 235 Abs. 3 Satz 2 InsO) des Plans widersprüchliche Regelungen zu Anfechtungsrechtsstreiten enthalten, ist der rechtskräftig bestätigte Insolvenzplan maßgeblich.[80] 42

Enthält der Plan keine eindeutige Regelung zur **Ermächtigung** gemäß § 259 Abs. 3 InsO, kann er ausgelegt werden. Die Vorschrift des § 259 Abs. 3 Satz 1 InsO erfordert nach Entstehungsgeschichte, Sinn und Zweck keine Regelung im Insolvenzplan, welche die Befugnis des Insolvenzverwalters zur Fortsetzung von Anfechtungsprozessen näher beschreibt. Die konkrete Ausgestaltung einer derartigen Regelung ist nicht erforderlich.[81] Eine Bestimmung in dem gestaltenden Teil des Insolvenzplans darf als Ermächtigung des Insolvenzverwalters zur Fortführung von Anfechtungsprozessen über die Beendigung seines Amts hinaus aber nur dann angesehen werden, wenn sie nach dem ungekünstelten Verständnis derjenigen, an die sich die Erklärung richtet – das sind die den Insolvenzplan beschließenden Gläubiger und allenfalls noch der Schuldner, der dem Insolvenzplan widersprechen kann (§ 247 Abs. 1 InsO) –, in diesem Sinne aufgefasst werden kann.[82] Ausreichend ist etwa, dass es in dem gestaltenden Teil eines Insolvenzplans heißt, „§ 259 Abs. 3 43

77) BGH, Beschl. v. 26.4.2018 - IX ZB 49/17, ZVI 2018, 272 = NZI 2018, 691.

78) BGH, Urt. v. 11.4.2013 – IX ZR 122/12, ZIP 2013, 998 = NZI 2013, 489, dazu EWiR 2013, 557 *(Ruhe-Schweigel)*.

79) *Thies* in: HambKomm-InsR, § 259 InsO Rz. 15.

80) BGH, Urt. v. 9.1.2014 – IX ZR 209/11, ZIP 2014, 330, dazu EWiR 2014, 117 *(Madaus)*.

81) BGH, Urt. v. 6.10.2005 – IX ZR 36/02, ZIP 2006, 39 = NZI 2006, 100, dazu EWiR 2006, 87 *(Bähr/Landry)*.

82) BGH, Urt. v. 6.10.2005 – IX ZR 36/02, ZIP 2006, 39 = NZI 2006, 100.

InsO findet Anwendung". Es ist den Personen, die über die Annahme des Plans zu entscheiden haben und nicht wissen, was in der genannten Gesetzesbestimmung steht, zuzumuten, diese nachzulesen.[83)]

> **Praxishinweis**
>
> Zur Meidung jeglicher Ungewissheit sollte der Insolvenzverwalter oder Sachwalter im Insolvenzplan statt einer auslegungsbedürftigen Regelung ausdrücklich ermächtigt werden, bereits rechtshängige und bis zur Aufhebung rechtshängig gemachte Klagen fortführen zu können, sofern Anfechtungsrechtstreite fortgeführt werden sollen.

44 Der Insolvenzplan kann die Befugnis des Insolvenzverwalters oder Sachwalters, **Anfechtungsklagen** fortzuführen, auf bestimmte Anfechtungsansprüche **beschränken.**[84)] Werden allerdings selektiv und ohne zwingenden Grund einzelne Anfechtungsansprüche durchgesetzt und andere nicht, kann dies zur Obstruktion der von der Anfechtung betroffenen Gläubiger führen. Es stellen sich in diesen Fällen Fragen zu deren mittelbarer individueller Benachteiligung durch den Insolvenzplan und zur Ungleichbehandlung im Verhältnis zu den von der Anfechtung verschonten Gläubigern. Zwingend sind die Sachverhalte im Darstellenden Teil des Insolvenzplans offenzulegen. Es ist umfassend zu begründen, warum einzelne Ansprüche durchgesetzt werden sollen und andere nicht.

45 Die Durchsetzung von Anfechtungsansprüchen kann auch vollständig ausgeschlossen werden, sofern dieses Ergebnis nicht im Widerspruch zu dem Ziel des Insolvenzverfahrens steht, durch das Rückgängigmachen anfechtbarer Verringerungen des Schuldnervermögens die Gläubigergesamtheit bestmöglich und gleichmäßig zu befriedigen.[85)] Verletzt die unterlassene Anfechtung die vermögenswerten Interessen der Gläubigergesamtheit in gravierender Weise, kommt (sogar) eine (Untreue-)Strafbarkeit des Insolvenzverwalters in Betracht.[86)]

46 Der Insolvenzplan soll die Gläubiger nicht schlechterstellen, als sie ohne ihn stünden (vgl. etwa §§ 245 Abs. 1 Nr. 1, 251 Abs. 1 Nr. 2, 253 Abs. 2 Nr. 3 InsO). Um feststellen zu können, ob der Insolvenzplan dies gewährleistet, bedarf es einer vergleichenden Betrachtung des Insolvenzplans mit der Regelabwicklung (etwa übertragende Sanierung oder Zerschlagung). Im Rahmen der Regelabwicklung hat der Insolvenzverwalter Anfechtungsansprüche uneingeschränkt durchzusetzen. Ist die Planquote auch ohne die Realisierung von Anfechtungsansprüchen etwa aufgrund der Zahlungen von Investoren oder durch Vermeidung von **Schadensersatzforderungen** (die etwa bei vorzeitiger Vertragsbeendigung infolge einer Betriebsstilllegung bei Regelabwicklung entstehen können) höher als die Regelabwicklungsquote, was im Plan darzustellen ist (§ 220 Abs. 2 InsO), ist die Verteilung von nach Aufhebung des Insolvenzerfahrens realisierten Anfechtungsansprüchen an die Gläubiger oder auch die Durchsetzung von Anfechtungsansprüchen nicht zwingend erforderlich. Damit kann der **Insolvenzplan** in begründeten Fällen zur **Anfechtungsvermeidung** eingesetzt werden. Das ist etwa dann sinnvoll, wenn Anfechtungsansprüche einen wichtigen Lieferanten in wirtschaftliche Schwierigkeiten bringen würden.

---

83) BGH, Urt. v. 6.10.2005 – IX ZR 36/02, ZIP 2006, 39 = NZI 2006, 100.

84) BGH, Beschl. v. 7.3.2013 – IX ZR 222/12, ZIP 2013, 738 = NZI 2013, 491.

85) Zu dem Verfahrensziel der bestmöglichen und gleichmäßigen Befriedigung vgl. *Bruns* in: MünchKomm-InsO, § 1 Rz. 20 ff., 52; *Kirchhof/Freudenberg* in: MünchKomm-InsO, Vor §§ 129–147 Rz. 1.

86) *Keramati/Klein*, NZI 2017, 421, 427.

Praxishinweis

Eine **konkrete Bezeichnung** der fortzuführenden Anfechtungsprozesse in der Ermächtigung an den Insolvenzverwalter ist nicht erforderlich, da dies zur Folge hätte, dass der Insolvenzverwalter im Zeitraum zwischen der Abstimmung über den Insolvenzplan und der Verfahrensaufhebung aufgrund erst jetzt bekannt gewordenen Tatsachen keine Anfechtungsklagen mehr erheben könnte.

Wenn die Ermächtigung im Insolvenzplan für die Fortsetzung eines Rechtsstreits über eine Insolvenzanfechtung (§ 259 Abs. 3 InsO) nicht besteht oder den konkreten Anfechtungsprozess nicht erfasst, entfällt das Anfechtungsrecht.[87] Die Prozessführungsbefugnis des Verwalters für solche Rechtsstreitigkeiten kann nicht ohne kumulatives Vorliegen der oben benannten Voraussetzungen (siehe Rz. 40) hergeleitet werden, auch nicht aus einem **Beschluss des Insolvenzgerichts**, mit dem der ehemalige Insolvenzverwalter ermächtigt wird, Anfechtungsansprüche im eigenen Namen gerichtlich und außergerichtlich geltend zu machen.[88] Räumt das Gericht dem Insolvenzverwalter gleichwohl die Befugnis zur Geltendmachung von Anfechtungsklagen ein, handelt es sich, weil das Gericht unter keinen wie auch immer gearteten Umständen mit der Sache befasst sein kann, um einen Fall der **absoluten Unzuständigkeit**, der zur **Nichtigkeit** der Anordnung führt.[89] Bei dieser Sachlage geht eine gerichtliche Anordnung über die Geltendmachung von – überdies noch gar nicht anhängigen – Anfechtungsansprüchen durch den Insolvenzverwalter mangels Eingreifens einer jeglichen Rechtsgrundlage von vornherein als nichtig ins Leere.[90] 47

Sollen etwaige **Erträge** aus vom Insolvenzverwalter nach Aufhebung des Insolvenzverfahrens erfolgreich fortgeführten Anfechtungsprozessen, ggf. nach Abzug nicht erstatteter Prozesskosten, unter den Gläubigern durch den Insolvenzverwalter oder den Schuldner **verteilt** werden, muss der Plan in seinem gestaltenden Teil eine entsprechende Regelung enthalten. Fehlt diese, wird der Rechtsstreit gemäß § 259 Abs. 3 Satz 2 InsO nicht nur für Rechnung des Schuldners geführt, sondern auch zu dessen Gunsten. **Anfechtungserlöse** stehen dann dem Schuldner vollständig zu.[91] 48

Führt der (frühere) Insolvenzverwalter oder Sachwalter anhängige Rechtsstreitigkeiten wegen Anfechtung nach §§ 129 InsO fort und sieht der Plan eine entsprechende Ermächtigung vor, handelt dieser als **gewillkürter Prozessstandschafter**.[92] Dies ist gegenüber dem Prozessgericht offenzulegen.[93] 49

Der Insolvenzverwalter darf **Anfechtungsansprüche abtreten**, sofern eine Gegenleistung in die Masse fließt.[94] Die **Abtretung** kann auch **an einen Treuhänder** erfolgen, der die 50

---

87) BGH, Urt. v. 10.12.2009 – IX ZR 206/08, ZIP 2010, 102 = ZInsO 2010, 82; BGH, Urt. v. 7.7.2008 – II ZR 26/07, WM 2008, 1615, 1617 = ZIP 2008, 2094; *Wollweber/Hennig*, ZInsO 2013, 49.

88) Vgl. BGH, Urt. v. 10.12.2009 – IX ZR 206/08, ZIP 2010, 102 = ZInsO 2010, 82.

89) BSG, Urt. v. 14.12.1965 – 2 RU 113/63, BSGE 24, 162, 168.

90) BGH, Urt. v. 10.12.2009 – IX ZR 206/08, ZIP 2010, 102 = ZInsO 2010, 82 ff.

91) *Madaus/Huber* in: MünchKomm-InsO, § 259 Rz. 21; BGH, Urt. v. 6.10.2005 – IX ZR 36/02, ZIP 2006, 39 = ZInsO 2006, 38.

92) BGH, Urt. v. 6.10.2005 – IX ZR 36/02, ZIP 2006, 39 = ZInsO 2006, 38; *Thies* in: HambKomm-InsR, § 259 InsO Rz. 13; Uhlenbruck-*Lüer/Streit*, InsO, § 259 Rz. 30; **a. A.** *Madaus/Huber* in: MünchKomm-InsO, § 259 Rz. 24, die einen Rückgriff auf die Annahme einer gewillkürten Prozessstandschaft des (früheren) Insolvenzverwalters als Privatperson nicht für erforderlich halten, sondern meinen, dass die Rechtsstellung des Insolvenzverwalters im fortzuführenden Prozess, insbesondere also auch seine Prozessführungsbefugnis, aufgrund der nach § 259 Abs. 3 InsO möglichen Planermächtigung von der Verfahrensaufhebung nicht tangiert ist.

93) BGH, Urt. v. 6.10.2005 – IX ZR 36/02, ZIP 2006, 39 = ZInsO 2006, 38; *Thies* in: HambKomm-InsR, § 259 InsO Rz. 13.

94) BGH, Urt. v. 17.2.2011 – IX ZR 91/10, NZI 2011, 486 = ZIP 2011, 1114, dazu EWiR 2011, 433 *(Huber)*.

Erlöse aus der Anfechtung an die Gläubiger verteilt. Allerdings erlischt das Anfechtungsrecht des Insolvenzverwalters grundsätzlich mit der vorbehaltlosen Aufhebung oder Einstellung des Insolvenzverfahrens (§§ 200, 207 ff., 258 ff. InsO).[95] Die Rechtsstellung des Abtretungsempfängers ist ebenso wie diejenige des Insolvenzverwalters an die Dauer des Insolvenzverfahrens geknüpft.[96] Ist eine solche (treuhänderische) Abtretung des Anspruchs im Insolvenzplan vorgesehen, kann auch der vom Zessionar vor Aufhebung des Insolvenzverfahrens rechtshängig gemachte Anfechtungsprozess anschließend analog § 259 Abs. 3 InsO fortgesetzt werden.[97]

Praxishinweis

In entsprechender Anwendung des § 259 Abs. 3 InsO sollte im Fall von abgetretenen Anfechtungsansprüchen in einen Insolvenzplan aufgenommen werden, dass ein von einem Zessionar geführter Anfechtungsprozess nach Verfahrensaufhebung fortgesetzt werden darf. Zu beachten ist aber, dass die **Ermächtigung** anderer Personen durch den Plan, Vermögen des Schuldners auch nach Verfahrensaufhebung zu verwerten, unzulässig ist.[98] Zulässig ist dagegen eine **Zession** an einen Dritten,[99] insbesondere den (ehemaligen) Insolvenzverwalter.

51 Zur Auswirkung der Eröffnung eines Folgeinsolvenzverfahrens auf nach § 259 Abs. 3 InsO fortgesetzte Anfechtungsrechtsstreite siehe unten § 25 Rz. 8 ff. [*Dellit*].

V. Unzulässigkeit der Nachtragsverteilung im Insolvenzplanverfahren nach Aufhebung des Insolvenzverfahrens

52 Mit Aufhebung des Insolvenzverfahrens verliert der Insolvenzverwalter grundsätzlich das Verwaltungs- und Verfügungsrecht über die Insolvenzmasse und die des Schuldners lebt ex nunc wieder auf (siehe oben Rz. 22). Damit entfällt auch das Recht des Insolvenzverwalters, Vermögensgegenstände zugunsten der Insolvenzmasse zu realisieren. Eine Nachtragsverteilung, während derer das Amt des Insolvenzverwalters auch nach Aufhebung des Insolvenzverfahrens fortbesteht, ist im Insolvenzplanverfahren nicht vorgesehen und außerhalb des Anwendungsbereichs von § 259 Abs. 3 InsO (siehe oben Rz. 38 ff.) kann auch nicht auf den Rechtsgedanken einer Nachtragsverteilung zurückgegriffen werden.[100] Ein Insolvenzplan kann keine Nachtragsverteilung vorsehen, da die §§ 217 ff. InsO eine derart weite Gestaltungsfreiheit nicht gewähren.[101]

53 Ist der Insolvenzplan **verfahrensleitend** (vgl. § 217 InsO), sieht er also die Aufhebung des Insolvenzverfahrens nicht vor, besteht die Verwaltungs- und Verfügungsbefugnis des

95) BGH, Beschl. v. 2.4.2009 – IX ZB 182/08, ZVI 2009, 198, dazu EWiR 2009, 415 (*Jacoby*).

96) *Kayser/Freudenberg* in: MünchKomm-InsO, § 129 Rz. 221.

97) BGH, Urt. v. 17.2.2011 – IX ZR 91/10, Rz. 13, NZI 2011, 486 = ZIP 2011, 1114; *Madaus/Huber* in: MünchKomm-InsO, § 259 Rz. 20.

98) BGH, Beschl. v. 26.4.2018 – IX ZB 49/17, Rz. 27, ZVI 2018, 272 = NZI 2018, 691.

99) BGH, Beschl. v. 26.4.2018 – IX ZB 49/17, Rz. 28, ZVI 2018, 272 = NZI 2018, 691.

100) BGH, Beschl. v. 26.4.2018 – IX ZB 49/17, ZVI 2018, 272 = NZI 2018, 691; OLG Celle, Beschl. v. 20.11.2006 – 4 U 166/06, ZVI 2007, 321 = ZInsO 2006, 1327; BGH, Urt. v. 10.12.2009 – IX ZR 206/08, ZIP 2010, 102 = ZInsO 2010, 82; *Thies* in: HambKomm-InsR, § 259 InsO Rz. 7 f.; a. A. Roth in: FS Smid, S. 287, der Regelungen zur Nachtragsverteilung im Insolvenzplan für zulässig hält: aus der Systematik der InsO und den Regelungen zum Insolvenzplans im sechsten Teil der lasse sich die Nichtanwendbarkeit von Regelungen in anderen Teilen der InsO nicht schlussfolgern; § 259 Abs. 3 InsO sei nicht für die einzige Ausnahme vom Grundsatz des Rückfalls der Verwaltungsbefugnis ab Verfahrensaufhebung an den Schuldner; aus der Zulässigkeit verfahrensbegleitender und verfahrensleitender Pläne (jedenfalls seit Inkrafttreten des ESUG am 1.3.2012) sei zu schlussfolgern, dass Pläne nicht zwingend zur Wiederherstellung der vollständigen Verfügungsbefugnis des Schuldners führen müssen; *Hingerl*, ZInsO 2007, 870 ff.; *Hingerl*, ZInsO 2010, 1876 ff., sofern die Nachtragsverteilung im Insolvenzplan geregelt ist.

101) *Thies* in: HambKomm-InsR, § 259 InsO Rz. 8.

Insolvenzverwalters im laufenden Insolvenzverfahren fort, so dass für eine Nachtragsverteilung auch in diesem Fall kein Raum ist.

VI. Verwertung und Verteilung der (ehemaligen) Insolvenzmasse nach Aufhebung des Insolvenzverfahrens aufgrund dinglicher Übertragung auf einen Treuhänder

Nach höchstrichterlicher Rechtsprechung ist eine Nachtragsverteilung im Insolvenzplanverfahren weder vorgesehen, noch kann außerhalb des Anwendungsbereichs von § 259 Abs. 3 InsO auf den Rechtsgedanken einer Nachtragsverteilung zurückgegriffen werden[102] (siehe oben Rz. 52). Um dennoch einen Zugriff der Neugläubiger auf Vermögensgegenstände der ehemaligen Insolvenzmasse und eine Schlechterstellung der Gläubiger durch den Insolvenzplan im Verhältnis zur Regelabwicklung zu vermeiden, kann der Insolvenzplan eine Treuhandlösung mit dem ehemaligen Insolvenzverwalter, Sachwalter oder einem Dritten als Treuhänder vorsehen.[103] 54

Praxishinweis

Der Ausgestaltung von Treuhandverhältnissen als Verwaltungs-, Sicherungs- oder doppel- bzw. mehrnützige Treuhandverhältnisse kommt besondere Bedeutung zu, da dies im Folgeinsolvenzverfahren Auswirkungen auf das Treugut hat (siehe unten § 25 Rz. 25 ff. [Dellit]).

Als Abtretungsempfänger bietet sich der Insolvenzverwalter bzw. Sachwalter an, der bereits in den Sachverhalt und die Rechtslage eingearbeitet ist und regelmäßig das Vertrauen der Gläubiger hat. Sofern die Gläubiger eine Treuhandlösung mit dem Insolvenzverwalter oder Sachwalter i. R. des Insolvenzplans oder einer Gläubigerversammlung beschließen, ist § 181 BGB abbedungen.[104] 55

Praxishinweis

Treuhandlösungen bieten sich etwa für Insolvenzpläne an, bei denen nicht alle Vermögensgegenstände betriebsnotwendig sind und ein Investor deren Verwertung nicht organisieren möchte.

Im Rahmen der Treuhandlösung wird der Masse zugehöriges Vermögen dinglich (etwa durch Zession oder Übereignung) an den Treuhänder übertragen (siehe auch § 8 Rz. 381 [*Brünkmans*]). Das auf den Treuhänder zu übertragende Vermögen muss aufgrund der dinglichen Wirkung allerdings bestimmt oder zumindest bestimmbar sein. 56

Praxishinweis

Die Wirkung der Abtretung bzw. der sonstigen dinglichen Übertragung muss noch vor Aufhebung des Verfahrens eintreten, da der Verwalter anschließend die Verfügungsberechtigung verliert und der Schuldner anderweitig über das Vermögen verfügen könnte. Zu achten ist darauf, dass der Treuhänder, der nicht Beteiligter des Insolvenzplanverfahrens ist (selbst bei Personenidentität mit dem Insolvenzverwalter oder Sachwalter) eine gesonderte Erklärung zur Annahme der Abtretung abgibt, die dem Insolvenzplan als Anlage beizufügen ist.

Solche Vermögensübertragungen auf einen Treuhänder dürfen aber nicht den Zweck des Insolvenzplans konterkarieren oder gar die Erfüllung des Insolvenzplans unmöglich machen, etwa bei einem Fortführungsplan die Betriebsfortführung gefährden. 57

---

102) BGH, Urt. v. 10.12.2009 – IX ZR 206/08, Rz. 9, ZIP 2010, 102 = ZInsO 2010, 82; *Thies* in: HambKomm-InsR, § 259 InsO Rz. 7 f.

103) Vgl. *Thies* in: HambKomm-InsR, § 259 InsO Rz. 9 f.; *Braun/Heinrich*, NZI 2011, 505, 509.

104) Der BGH, Urt. v. 7.1.2008 - II ZR 283/06, BGHZ 175, 86 = NZI 2009, 340, hat entschieden, dass der Insolvenzverwalter auch Treuhänder sein kann; a. A. Uhlenbruck-*Lüer/Streit*, InsO, § 259 Rz. 70, die Bedenken wegen § 181 BGB anmelden.

58 Der BGH erkennt ausdrücklich an, dass Forderungen[105] in einem Insolvenzplan auf den Insolvenzverwalter als Treuhandzessionar übertragen werden können.[106] Gemäß § 228 Satz 1 InsO können in den gestaltenden Teil des Insolvenzplans Willenserklärungen aufgenommen werden, sofern Rechte an Gegenständen begründet, geändert, übertragen oder aufgehoben werden sollen. Insoweit kann als eine Änderung sachenrechtlicher Verhältnisse[107] eine fiduziarische Forderungsabtretung erfolgen, die den Zessionar verpflichtet, den Erlös an die Gläubiger auszuschütten.[108] Als Vollrechtsinhaber kann der Zessionar den Einziehungsrechtsstreit noch nach Verfahrensaufhebung einleiten[109] (zur Ausnahme hinsichtlich insolvenzrechtlicher Anfechtung, die auch bei Abtretung vor Aufhebung des Insolvenzverfahrens rechtshängig gemacht werden muss, siehe oben Rz. 50). Nur auf diesem Wege kann nach Verfahrensaufhebung ein Vollstreckungszugriff sonstiger Gläubiger auf die betroffene, bei einer fehlenden Abtretung der wieder auflebenden Verfügungsbefugnis des Schuldners (§ 259 Abs. 1 Satz 2 InsO) unterstehende Forderung ausgeschlossen werden. Nur durch diese Gestaltung kann zuverlässig verhindert werden, dass der Schuldner nach Verfahrensaufhebung seine Verfügungsbefugnis gemäß § 259 Abs. 1 Satz 2 InsO wiedererlangt,[110] und sodann durch Abtretung wirksam über die Forderung verfügt oder diese einzieht.

59 Der Insolvenzverwalter verliert zwar sein Prozessführungsrecht als Insolvenzverwalter mit der durch rechtskräftige Bestätigung des Insolvenzplans gemäß § 254 Abs. 1 InsO wirksam gewordenen[111] Abtretung der Forderung an ihn als Treuhänder sowie mit Aufhebung des Insolvenzverfahrens (§ 258 InsO). Dieses geht aber auf ihn persönlich – als Treuhandzessionar – über.[112] Zudem kann der Plan die Verteilung des durch den Zessionar (Treuhänder) erzielten Erlöses bspw. im Wege eines Besserungsscheins regeln.[113]

60 Im Rahmen der Treuhandlösung bedarf es einer Regelung, wer das Treugut wie und an wen zu verteilen hat. Naheliegend ist, dass die Verteilung durch den Treuhänder selbst erfolgt.

61 Einer **gesonderten Zustimmung des Schuldners** zur Übertragung von Vermögen auf und Verteilung durch den Treuhänder bedarf es insofern nicht, da der Insolvenzplan sowohl die Verwertung als auch die Verteilung von Insolvenzmasse regeln darf. Zudem gilt für den Schuldner die **Zustimmungsfiktion** und die Unbeachtlichkeit seines Widerspruchs gemäß § 247 Abs. 1 InsO. Allerdings ist einem Insolvenzplan, der die Fortführung eines Unternehmens vorsieht, die Erklärung des Schuldners bzw. jeden einzelnen persönlich haftenden Gesellschafters beizufügen, dass dieser zur Fortführung auf der Grundlage des Plans bereit ist, sofern er eine natürliche Person bzw. eine Gesellschaft ohne Rechtspersönlichkeit ist, § 230 Abs. 1 InsO. In solchen Fällen kann der Schuldner den Plan insgesamt und somit auch die Treuhandlösung verhindern.

105) Die Entscheidung erging zu Schadensersatzansprüchen.

106) BGH, Urt. v. 7.1.2008 – II ZR 283/06, BGHZ 175, 86 = NZI 2009, 340.

107) Begr. RegE InsO, BT-Drucks. 12/2443, S. 202.

108) BGH, Beschl. v. 26.4.2018 – IX ZB 49/17, Rz. 28, ZVI 2018, 272 = NZI 2018, 691; BGH, Urt. v. 7.1.2008 – II ZR 283/06, BGHZ 175, 86 = NZI 2009, 340.

109) BGH, Urt. v. 15.6.1992 – II ZR 88/91, ZIP 1992, 1152 = DB 1992, 1817.

110) BGH, Urt. v. 7.1.2008 – II ZR 283/06, BGHZ 175, 86 = NZI 2009, 340, 341.

111) Begr. RegE InsO, BT-Drucks. 12/2443, S. 202.

112) BGH, Urt. v. 15.6.1992 – II ZR 88/91, ZIP 1992, 1152 = DB 1992, 1817.

113) BGH, Urt. v. 10.12.2009 – IX ZR 206/08, ZIP 2010, 102 = ZInsO 2010, 82, m. Anm. *Frank*, BeckRS 2009, 89446.

Praxishinweis

Zur Umsetzung der Treuhandlösung können Details der Treuhandabrede auch außerhalb des Insolvenzplans geregelt werden, aufschiebend bedingt mit dem Wirksamwerden des Insolvenzplans. Im gestaltenden Teil des Insolvenzplans ist sodann unter Bezugnahme auf die dem Plan als Anlage beizufügende Treuhandabrede die Verteilung der vom Treuhänder realisierten Erlöse zu regeln.

Sind die Rechte dinglich auf den Treuhänder übertragen, ist dieser in seiner Eigenschaft als Treuhänder (etwa Treuhandzessionar) klagebefugt und aktivlegitimiert.[114] 62

Praxishinweis

Der Treuhänder muss mit **hinreichenden finanziellen Mitteln** ausgestattet werden, um den Treuhandauftrag erfüllen zu können.[115] Zudem muss seine Berechtigung nach Aufhebung des Insolvenzverfahrens im Rechtsstreit **offengelegt werden.**[116] Dies ist von besonderer Bedeutung, wenn der Treuhänder Insolvenzverwalter war, da die aus der Insolvenzverwaltung abgeleitete Legitimation mit Aufhebung des Insolvenzverfahrens endet.

Zur Auswirkung der Eröffnung eines Folgeinsolvenzverfahrens auf das Treuhandverhältnis und die dem Treuhänder im ersten Insolvenzverfahrens übertragenen Vermögensgegenstände siehe unten § 25 Rz. 23 ff. [*Dellit*]. 63

VII. Betriebliche Altersversorgung

Gemäß § 7 Abs. 4 Satz 5 BetrAVG soll der Insolvenzplan eine Besserungsklausel vorsehen, wonach bei einer nachhaltigen Besserung der wirtschaftlichen Lage des Arbeitgebers die vom Pensionssicherungsverein (PSVaG) zu erbringenden Leistungen ganz oder zum Teil vom Arbeitgeber oder sonstigen Träger der Leistungen wieder übernommen werden[117] (siehe § 61 Rz. 99 [*Krings/Sturme*]). Enthält der Plan eine solche Besserungsklausel hat die Aufhebung des Insolvenzverfahrens kumulativ mit der nachhaltigen Besserung der wirtschaftlichen Lage Auswirkungen auf die betriebliche Altersvorsorge. Zur Auswirkung eines Folgeinsolvenzverfahrens siehe unten § 25 Rz. 31 [*Dellit*]. 64

E. Fortsetzungsbeschluss, Registeranmeldungen und Prüfungskompetenz des Registergerichts

I. Fortsetzungsbeschluss

Gesellschaften werden mit Eröffnung des Insolvenzverfahrens aufgelöst (§ 60 Abs. 1 Nr. 4 GmbHG, § 131 Abs. 1 Nr. 3 HGB, § 262 Abs. 1 Nr. 3 AktG). Wird das Insolvenzverfahren nach Bestätigung eines Insolvenzplans, der den Fortbestand der Gesellschaft vorsieht, aufgehoben, so kann die Fortsetzung der Gesellschaft beschlossen werden (§ 60 Abs. 1 Nr. 4 GmbHG, § 274 Abs. 1 und 2 Nr. 1 AktG, § 144 Abs. 1 HGB, § 728 Abs. 1 Satz 2 BGB bzw. § 117 GenG). 65

Praxishinweis

Der **Fortsetzungsbeschluss** für eine Gesellschaft sollte in den gestaltenden Teil des Plans aufgenommen werden, §§ 225a, 254a Abs. 2 InsO. Er ist zum Handelsregister anzumelden.

114) BGH, Urt. v. 7.1.2008 – II ZR 283/06, BGHZ 175, 86 = NZI 2009, 340.

115) *Jacobi/Vennemann*, VIA 2019, 89, 90 f.

116) BGH, Urt. v. 7.7.2008 – II ZR 26/07, WM 2008, 1615 = ZIP 2008, 2094.

117) Vgl. ausführlich *Dellit/Titze* in: Bork/Hölzle, Hdb. Insolvenzrecht, Kap. 13 Rz. 162 f.

66 Der **Fortsetzungsbeschluss** (siehe hierzu ausführlich § 30 Rz. 4 ff. [*Brünkmans*]) setzt voraus, dass der Insolvenzplan die Fortsetzung der Gesellschaft vorsieht. Ein Insolvenzplan sieht den Fortbestand einer Gesellschaft mit beschränkter Haftung bereits dann i. S. des § 60 Abs. 1 Nr. 4 GmbHG vor, wenn er die Fortsetzung der Gesellschaft als Möglichkeit darstellt.[118] Im Plan muss sich daher weder der Fortführungsbeschluss selbst (§ 225a Abs. 3 InsO) noch eine Formulierung finden, die eine Fortsetzung der Gesellschaft explizit vorsieht, um die Vorgaben des § 60 Abs. 1 Nr. 4 GmbHG zu erfüllen; notwendig ist allein die Angabe im darstellenden Teil des Plans, dass die Fortführung der Gesellschaft nach Aufhebung des Insolvenzverfahrens als eine abstrakte Handlungsoption im Ermessen der Gesellschafter steht.[119] Mit der Verteilung des Gesellschaftsvermögens unter die Gesellschafter darf allerdings noch nicht begonnen worden sein.[120]

II. Registeranmeldungen

67 **Registeranmeldungen** zu gesellschaftsrechtlichen Maßnahmen sind vom Schuldner oder, sofern dies der Insolvenzplan vorsieht, vom Insolvenzverwalter vorzunehmen (§ 254a Abs. 2 Satz 3 InsO).

68 Zur Meidung einer **wirtschaftlichen Neugründung** sollte die Anmeldung des **Fortsetzungsbeschlusses** zeitnah nach Aufhebung des Insolvenzverfahrens vorgenommen werden.

69 Sieht der Insolvenzplan eine **vereinfachte Kapitalherabsetzung** gemäß § 58a GmbHG oder § 229 AktG vor, sind die durch den Insolvenzplan ersetzten Beschlüsse nichtig, wenn sie bei einer GmbH nicht binnen drei Monaten bzw. bei der AG binnen sechs Monaten nach der Beschlussfassung (Rechtskraft der gerichtlichen Bestätigung des Insolvenzplans durch das Insolvenzgericht) in das Handelsregister eingetragen worden sind.

Praxishinweis

Für die rechtzeitige Anmeldung von Beschlüssen bzw. diese ersetzende Planregelungen sollten Fristen notiert werden.

III. Prüfungskompetenz des Registergerichts

70 Das Registergericht hat die Pflicht, darüber zu wachen, dass Eintragungen im Handelsregister **den gesetzlichen Erfordernissen** und **der tatsächlichen Rechtslage entsprechen.**[121] Eine Pflicht zur Amtsermittlung nach §§ 26, 382 FamFG besteht jedenfalls bei deklaratorischen Eintragungen nur, wenn entweder die formalen Mindestanforderungen für eine Eintragung nicht erfüllt sind oder, wenn begründete Zweifel an der Wirksamkeit der zur Eintragung angemeldeten Erklärungen oder an der Richtigkeit der mitgeteilten Tatsachen bestehen.[122] Der Umfang der Ermittlungstätigkeit steht danach grundsätzlich im pflichtgemäßen Ermessen des Registerrichters.[123]

71 Das **Vorliegen von Insolvenzgründen** hat das Registergericht allenfalls dann zu prüfen, wenn begründete Zweifel im Hinblick auf eine Insolvenzreife bestehen.[124] Die Gesellschafter einer Gesellschaft mit beschränkter Haftung dürfen deren Fortsetzung nur beschließen, wenn der ursprüngliche Grund für die Auflösung entfallen ist, mithin jedenfalls

118) BGH, Beschl. v. 8.4.2020 – II ZB 3/19, NZI 2020, 635, m. Anm. *Madaus* = ZRI 2020, 297.
119) Anm. *Madaus* zu BGH, Urt. v. 8.4.2020 – II ZB 3/19; NZI 2020, 635, 640 = ZRI 2020, 297.
120) BGH, Beschl. v. 8.4.2020 – II ZB 3/19, NZI 2020, 635, m. Anm. *Madaus* = ZRI 2020, 297.
121) BGH, Beschl. v. 8.4.2020 – II ZB 3/19, NZI 2020, 635, 636 = ZRI 2020, 297.
122) BGH, Beschl. v. 8.4.2020 – II ZB 3/19, NZI 2020, 635, 636 = ZRI 2020, 297.
123) BGH, Beschl. v. 8.4.2020 – II ZB 3/19, NZI 2020, 635, 636 = ZRI 2020, 297.
124) BGH, Beschl. v. 8.4.2020 – II ZB 3/19, NZI 2020, 635, 639 = ZRI 2020, 297.

im Fall der Fortsetzung nach Aufhebung des Insolvenzverfahrens keine Insolvenzreife mehr besteht.[125)]

Eine mit der Gründungskontrolle der Kapitalausstattung vergleichbare Prüfung bei der Eintragung der Fortsetzung der Gesellschaft durch das Registergericht findet im Gesetz keine Stütze und steht im Widerspruch zum lediglich **deklaratorischen Charakter der Eintragung** im Handelsregister. Sie würde das Registergericht überfordern und die Fortsetzung der Gesellschaft erschweren. Daher kann sich das Registergericht hinsichtlich der **Kapitalausstattung** der Gesellschaft darauf beschränken, zu prüfen, ob mit der Verteilung des Gesellschaftsvermögens bereits begonnen wurde.[126)] 72

Die **gesellschaftsrechtliche Zulässigkeit** von Regelungen im gestaltenden Teil des Insolvenzplans ist vom **Insolvenzgericht** zu prüfen, nach teilweise vertretener Auffassung aber auch vom **Registergericht**, sofern registerliche Eintragungen erforderlich sind.[127)] Das AG Charlottenburg meint, dass für den Fall der Einbeziehung der Anteilseigner in den gestaltenden Teil eines Insolvenzplans, dessen Regelungen zur Erlangung ihrer Wirksamkeit der Eintragung in das Handelsregister bedürfen, trotz Bestätigung des Plans durch das Insolvenzgericht die Befugnis und die Verpflichtung des Registergerichts besteht, die zur Eintragung angemeldeten Tatsachen auf ihre Vereinbarkeit mit anwendbarem Gesellschaftsrecht zu prüfen; wobei der Prüfungsrahmen des Registergerichts auf die spezifisch gesellschaftsrechtlich als zwingend zu beachtenden Gesichtspunkte beschränkt sein soll, formelle Aspekte, die an der Fiktionswirkung des § 254a Abs. 2 InsO teilhaben, jedoch nicht von ihm zu prüfen seien.[128)] Dies kann zu widersprechenden Entscheidungen von Insolvenzgericht und Registergericht führen. Zwar kann der Planersteller den Insolvenzplan vorab auch mit dem Registergericht abstimmen, indes ist dies nicht rechtssicher möglich. Im Ergebnis kann eine weitgehende Entscheidungskompetenz des Registergerichts zur Undurchführbarkeit von rechtskräftig bestätigten Insolvenzplänen führen, wenn das Registergericht die notwendigen Eintragungen nicht vornimmt. Im Ergebnis muss das Insolvenzgericht die umfassende Prüfungskompetenz auch für gesellschaftsrechtliche Regelungen haben, die auch die Prüfung umfasst, die außerhalb eines Insolvenzplans dem Registergericht obliegt. Beim **Registergericht** verbleibt nur noch die Prüfung auf **schwerwiegende und offensichtliche Fehler**, siehe hierzu ausführlich § 29 Rz. 178 ff. [*Brünkmans*]. 73

Praxishinweis

Bis zur abschließenden Klärung der Prüfungskompetenz des Registergerichts ist der Planersteller gut beraten, sich vor Initiierung (auch) mit dem Registergericht abzustimmen.

Beim **Registergericht** liegt jedenfalls die **Prüfungskompetenz** für Sachverhalte, die nicht Gegenstand der Prüfung des Insolvenzgerichts sind. So betrifft die registerrechtliche Prüfung, ob der Insolvenzplan den Fortbestand der Gesellschaft i. S. des § 60 Abs. 1 Nr. 4 GmbHG vorsieht, keine gesellschaftsrechtliche Maßnahme im Insolvenzplan[129)] (siehe hierzu auch Rz. 73), so dass es nicht darauf ankommt, ob die gesellschaftsrechtliche Zulässigkeit allein vom Insolvenzgericht zu prüfen ist. Die Prüfungskompetenz des Registergerichts ist allerdings darauf beschränkt, ob im eingereichten Insolvenzplan eine Fortsetzungsmöglichkeit dargestellt ist.[130)] 74

125) BGH, Beschl. v. 8.4.2020 – II ZB 3/19, NZI 2020, 635, 639 = ZRI 2020, 297.

126) BGH, Beschl. v. 8.4.2020 – II ZB 3/19, NZI 2020, 635, 639 = ZRI 2020, 297.

127) *Dellit/Titze* in: Bork/Hölzle, Hdb. Insolvenzrecht, Kap. 13 Rz. 190.

128) AG Charlottenburg, Beschl. v. 9.2.2015 – HRB 153203, ZInsO 2015, 413 = NZI 2015, 415.

129) BGH, Beschl. v. 8.4.2020 – II ZB 3/19, NZI 2020, 635, 636 = ZRI 2020, 297.

130) BGH, Beschl. v. 8.4.2020 – II ZB 3/19, NZI 2020, 635, 637 = ZRI 2020, 297.

§ 25
Wirkungen des Insolvenzplans in der Folgeinsolvenz

Übersicht

Literatur: *Bissels/Falter/Krings*, Aktuelles Arbeitsrecht in Krise und Insolvenz, NZI 2015, 693; *Bork*, Die Doppeltreuhand in der Insolvenz, NZI 1999, 337; *Thole*, Die Insolvenzanfechtung in der Folgeinsolvenz, NZI 2017, 129.

A. Wiederaufleben von Forderungen in der Folgeinsolvenz

Wird **vor vollständiger Erfüllung des Plans** über das Vermögen des Schuldners ein **neues Insolvenzverfahren** eröffnet, so ist die Stundung oder der Erlass für alle Insolvenzgläubiger hinfällig (§ 255 Abs. 2 InsO). Die Zielsetzung der Vorschrift ist offenkundig: Wird ein neues Insolvenzverfahren eröffnet, so sollen alle Insolvenzgläubiger, die bisher keine volle Befriedigung erhalten haben, auch an dem neuen Verfahren mit ihren Forderungen unbegrenzt teilnehmen können, insbesondere ohne Berücksichtigung der zunächst durch Stundung und Teilerlass erfolgten Beschränkungen.[1] Wird hingegen der Antrag auf Eröffnung des Verfahrens mangels Masse abgewiesen, so bleibt es bei den Rechtsbehelfen des § 255 Abs. 1 InsO.[2] Wenn über das Vermögen des Schuldners ein neues Insolvenzverfahren eröffnet wird, steht damit das endgültige **Scheitern der Planerfüllung** fest. Folglich ist nicht mehr zu erwarten, dass die übrigen Insolvenzgläubiger, die ebenfalls ihre Forderungen gestundet oder teilweise erlassen haben, darauf noch Befriedigung erhalten werden. Deshalb ordnet § 255 Abs. 2 InsO den **Wegfall von Stundungen und Erlasswirkungen** gegenüber allen Insolvenzgläubigern an **(Gesamtwirkung)**, um den status quo vor den Planwirkungen wiederherzustellen.[3] 1

Eine **vollständige Erfüllung des Plans** wird teilweise schon dann bejaht, wenn die im Plan mit den dortigen Beschränkungen aufrechterhaltenen Insolvenzforderungen vom Schuldner bedient, also alle Planquoten auf die Insolvenzforderungen gezahlt wurden, 2

1) Uhlenbruck-*Lüer/Streit*, InsO, § 255 Rz. 19.

2) *Huber/Madaus* in: MünchKomm-InsO, § 255 Rz. 33; **a. A.** *Thies* in: HambKomm-InsR, § 255 InsO Rz. 15, der es für sinnlos hält, in einem solchen Fall Fristsetzungen nach § 255Abs. 1 InsO durchzuführen.

3) *Huber/Madaus* in: MünchKomm-InsO, § 255 Rz. 31.

selbst wenn noch andere Planverpflichtungen offen sind.[4] Dies kann aber nur für **unwesentliche Planverpflichtungen** gelten. Sind noch wesentliche Planverpflichtungen offen, etwa die Abgeltung von Absonderungsrechten, tritt ebenfalls Gesamtwirkung ein.

3 **Rechtsfolge** ist das Wiederaufleben nicht nur der gestundeten oder teilweise erlassenen Insolvenzforderungen, sondern jeder im Plan erlassenen Insolvenzforderung.[5] Alle erlassenen Insolvenzforderungen leben daher wieder auf, soweit sie i. Ü. noch bestehen, insbesondere also nicht erfüllt wurden.[6] Dies gilt nicht nur für die durch den Plan teilweise, sondern auch für die durch den Plan vollständig erlassenen Forderungen.[7]

4 Im Übrigen bleibt aber der Insolvenzplan unberührt,[8] sofern in ihm nicht etwas anderes bestimmt ist.[9] Das kann Auswirkungen auf **Sicherungsrechte**, die mit Rechtskraft des Plans wegfallen und im Folgeinsolvenzverfahren mangels entsprechender Regelung nicht wieder aufleben (siehe § 26 Rz. 73 [*Dellit*]) und **sonstige Verfügungen** haben.

5 Der Erlass i. R. einer Forderungsumwandlung (Debt-Equity-Swap, siehe § 30 Rz. 306 ff. [*Brünkmans*]) wird in einem Folgeinsolvenzverfahren nicht hinfällig; durch die Umwandlung und den damit verbundenen Anteilserwerb wurde die Forderung plangemäß erfüllt.[10]

6 Eine Sondervorschrift findet sich für Ansprüche des Pensions-Sicherungs-Vereins (PSVaG) als Träger der betrieblichen Altersversorgung bei Eröffnung eines neuen Insolvenzverfahrens über das Vermögen des schuldnerischen Unternehmens in § 9 Abs. 4 Satz 2 BetrAVG. Erfolgt die Eröffnung innerhalb von drei Jahren nach Aufhebung des ersten Insolvenzverfahrens, so kann der PSVaG im Rang eines Insolvenzgläubigers auch die Erstattung von Leistungen aus der Insolvenzsicherung verlangen.[11]

7 Die nicht befriedigten Insolvenzgläubiger des ersten Insolvenzverfahrens sind auch Insolvenzgläubiger des neuen Insolvenzverfahrens und werden in diesem quotenmäßig befriedigt.[12]

B. Anfechtung in der Folgeinsolvenz

I. Anfechtung in der Folgeinsolvenz bei rechtshängigen Anfechtungsklagen nach § 259 Abs. 3 InsO

8 Die im Insolvenzplan nach § 259 Abs. 3 InsO begründete **gewillkürte oder gesetzliche Prozessstandschaft** des Verwalters im ersten Insolvenzverfahren (siehe § 24 Rz. 49 [*Dellit*]) erlischt nicht gemäß §§ 115, 116 InsO mit Eröffnung des **Folgeinsolvenzverfahrens**, weil der Auftrag nicht vom Schuldner erteilt wurde. Die gemäß § 259 Abs. 3 InsO geführten Klagen werden durch die Eröffnung des zweiten Insolvenzverfahrens auch nicht unzulässig,

---

4) Vgl. zum Meinungsstand: *Huber/Madaus* in: MünchKomm-InsO, § 255 Rz. 32; Andres/Leithaus-*Andres*, InsO, § 255 Rz. 5; Uhlenbruck-*Lüer/Streit*, InsO, § 255 Rz. 19.

5) *Huber/Madaus* in: MünchKomm-InsO, § 255 Rz. 36.

6) *Huber/Madaus* in: MünchKomm-InsO, § 255 Rz. 36; *Thies* in: HambKomm-InsR, § 255 InsO Rz. 13.

7) *Huber/Madaus* in: MünchKomm-InsO, § 255 Rz. 36; *Thies* in: HambKomm-InsR, § 255 InsO Rz. 13; a. A. Uhlenbruck-*Lüer/Streit*, InsO, § 255 Rz. 20, der die Vorschrift nicht auf diejenigen Gläubiger für anwendbar hält, die im vorausgegangenen Insolvenzplanverfahren ihre volle Quote erlangt haben.

8) *Huber/Madaus* in: MünchKomm-InsO, § 255 Rz. 36; *Thies* in: HambKomm-InsR, § 255 InsO Rz. 16; Ahrens/Gehrlein/Ringstmeier-*E. Silcher/O. Silcher*, InsR, § 255 Rz. 12; Uhlenbruck-*Lüer/Streit*, InsO, § 255 Rz. 21.

9) Uhlenbruck-*Lüer/Streit*, InsO, § 255 Rz. 21.

10) *Thies* in: HambKomm-InsR, § 255 InsO Rz. 14.

11) Uhlenbruck-*Lüer/Streit*, InsO, § 255 Rz. 35.

12) BGH, Urt. v. 9.1.2014 – IX ZR 209/11, NZI 2014, 262 = ZIP 2014, 330, dazu EWiR 2014, 117 (*Madaus*).

sie können nicht abgewiesen werden.[13] Der **Rechtsstreit** wird aber in entsprechender Anwendung des § 240 ZPO **unterbrochen** weil er die Insolvenzmasse dieses (neuen) Insolvenzverfahrens betrifft.[14] Dies entspricht dem Rechtsgedanken des § 17 AnfG, der für den parallel gelagerten Fall eines anhängigen Prozesses über eine Gläubigeranfechtung ausdrücklich die Unterbrechung des Prozesses anordnet, wenn das Insolvenzverfahren über das Vermögen des Schuldners eröffnet wird. Nach § 17 Abs. 1 Satz 2 AnfG kann der Insolvenzverwalter den Rechtsstreit aufnehmen.[15] Danach ist der **Insolvenzverwalter im Folgeinsolvenzverfahren** – und nur dieser – prozessführungsbefugt, soweit er den zuvor durch den vormaligen Insolvenzverwalter (bzw. Sachwalter) mit **Prozessführungsbefugnis** gemäß § 259 Abs. 3 InsO nach Aufhebung des ersten Insolvenzverfahrens geführten Anfechtungsrechtsstreit, nach dessen Unterbrechung durch die Eröffnung des zweiten Insolvenzverfahrens, als Verwalter in diesem Verfahren gemäß § 85 InsO wirksam aufnimmt.[16]

Demnach bleiben auch die **Anfechtungsmöglichkeiten** weiter bestehen, die gemäß § 259 9
Abs. 3 InsO im ersten Insolvenzverfahren aufrechterhalten wurden. Es wäre mit Sinn und Zweck der Eröffnung eines neuen Insolvenzverfahrens unvereinbar, bei Eröffnung bereits bestehende und geltend gemachte Anfechtungsmöglichkeiten entfallen zu lassen (vgl. § 17 Abs. 1 AnfG). Dass dieselben Rechtshandlungen ggf. ganz oder teilweise auch im neuen Insolvenzverfahren anfechtbar wären, ändert daran nichts.[17] Ein Nebeneinander zweier Verfahren zur Geltendmachung von Anfechtungsansprüchen und Verteilung der hieraus gewonnenen Beträge würde schließlich zu kaum lösbaren Abgrenzungsproblemen führen.[18]

Im Falle des Obsiegens fällt der Erlös aus dem Prozess in die Masse des neuen Insolvenz- 10
verfahrens und nicht allein den Gläubigern des ersten Insolvenzverfahrens zur Verteilung gemäß den Bestimmungen des Insolvenzplans zu.

Praxishinweis

Das gilt nicht bei Abtretung von Anfechtungsansprüchen an Dritte noch im ersten Insolvenzverfahren (siehe § 24 Rz. 50 [*Dellit*]).

Die Befriedigung der absonderungsberechtigten Gläubiger und der Insolvenzgläubiger, 11
die Verwertung der Insolvenzmasse und deren Verteilung an die Beteiligten sowie die Verfahrensabwicklung und die Haftung des Schuldners können zwar gemäß § 217 InsO abweichend von der InsO geregelt werden. Das gilt jedoch naturgemäß nur für das Insolvenzverfahren, in welchem der Insolvenzplan angenommen und bestätigt wird. **Regelungen für Folgeinsolvenzverfahren** desselben Schuldners können durch den **Insolvenzplan im ersten Insolvenzverfahren** nicht getroffen werden. Da die nicht befriedigten Insolvenzgläubiger des ersten Insolvenzverfahrens nunmehr auch Insolvenzgläubiger des neuen Insolvenzverfahrens sind und in diesem quotenmäßig befriedigt werden, besteht kein Grund, die Insolvenzanfechtungsansprüche aus dem ersten Insolvenzverfahren gesondert abzuwickeln und die damaligen Insolvenzgläubiger daraus gesondert zu befriedigen.[19] Dies liefe im Kern auf die Abwicklung von zwei parallelen Insolvenzverfahren in einen

---

13) BGH, Urt. v. 9.1.2014 – IX ZR 209/11, Rz. 23, NZI 2014, 262 = ZIP 2014, 330.

14) BGH, Urt. v. 9.1.2014 – IX ZR 209/11, Rz. 23, NZI 2014, 262 = ZIP 2014, 330; *Schumacher* in: MünchKomm-InsO, Vor §§ 85–87 Rz. 15.

15) BGH, Urt. v. 9.1.2014 – IX ZR 209/11, Rz. 23, NZI 2014, 262 = ZIP 2014, 330.

16) BGH, Urt. v. 9.1.2014 – IX ZR 209/11, Rz. 28 f., NZI 2014, 262 = ZIP 2014, 330.

17) BGH, Urt. v. 9.1.2014 – IX ZR 209/11, Rz. 27, NZI 2014, 262 = ZIP 2014, 330.

18) BGH, Urt. v. 9.1.2014 – IX ZR 209/11, Rz. 30, NZI 2014, 262 = ZIP 2014, 330.

19) BGH, Urt. v. 9.1.2014 – IX ZR 209/11, Rz. 29, NZI 2014, 262 = ZIP 2014, 330.

Teilbereich hinaus, die schon deshalb nicht zu rechtfertigen ist, weil es an zwei getrennten Insolvenzmassen fehlt.[20] In das neue Insolvenzverfahren sind alle Altverbindlichkeiten des Schuldners ebenso einbezogen, wie die noch nicht i. R. des § 259 Abs. 3 InsO realisierten Anfechtungsansprüche.

II. Sperrung von Anfechtungsansprüchen im Folgeinsolvenzverfahren, soweit sie im ersten Insolvenzverfahren erfolgreich durchgesetzt wurden

12 Ist ein Anfechtungsanspruch bereits i. R. des Planverfahrens erfolgreich rechtskräftig durchgesetzt worden, kommt wegen desselben Vorgangs ein neuer Anspruch gegen den Anfechtungsgegner auf Rückgewähr zur Masse im neuen Insolvenzverfahren nicht mehr in Betracht.[21] Dies gilt unabhängig davon, ob der Insolvenzverwalter oder Sachwalter die Ansprüche während des ersten Insolvenzverfahrens oder i. R. des § 259 Abs. 3 InsO realisiert.

III. Anfechtung von im Insolvenzplan getroffenen Regelungen im Folgeinsolvenzverfahren

13 Regelungen eines rechtskräftig bestätigten Insolvenzplans haben auch im Folgeinsolvenzverfahren Bestand und können insbesondere nicht über eine insolvenzrechtliche Anfechtung unwirksam werden. Die Erlasswirkung des Insolvenzplans stellt sich, bezogen auf die im ersten Verfahren eingebundenen Forderungen, in der Folgeinsolvenz schon nicht als Gläubigerbenachteiligung dar, sondern als Begünstigung des Schuldners, weil die Passivmasse geringer geworden ist. Ohnedies führt § 255 Abs. 2 InsO insoweit regelmäßig zum Wiederaufleben der Forderung. Auch Regelungen zur Aktivmasse, etwa zur Auszahlung der Planquote, unterliegen nicht der Anfechtung. Es gilt ein Vertrauensschutz.[22]

IV. Anfechtung von Handlungen des ersten Insolvenzverwalters im Folgeinsolvenzverfahren

14 Rechtshandlungen des Insolvenzverwalters des ersten Insolvenzverfahrens sind im Folgeinsolvenzverfahren nicht anfechtbar.[23] Die potentiellen Anfechtungsgegner müssen darauf vertrauen können, dass sie Leistungen des Insolvenzverwalters insolvenzfest erhalten. Der Insolvenzverwalter als unabhängiges Organ der Gläubigerselbstverwaltung darf nicht dem Schuldner gleichgesetzt werden.[24] Dies gilt insbesondere auch für Anfechtungsansprüche, über die dinglich vom Insolvenzverwalter des ersten Insolvenzverfahrens an einen Dritten verfügt wurde (siehe § 24 Rz. 50 [*Dellit*]). Das Vertrauen ist lediglich im Fall der Insolvenzzweckwidrigkeit nicht gerechtfertigt.[25] Anderenfalls würden Betriebsfortführungen und Sanierung im Allgemeinen deutlich erschwert, was mit dem Zweck des Insolvenzverfahrens (bestmögliche Befriedigung der Gläubiger) nicht vereinbar wäre.

---

20) BGH, Urt. v. 9.1.2014 – IX ZR 209/11, Rz. 29, NZI 2014, 262 = ZIP 2014, 330; BGH, Beschl. v. 9.6.2011 – IX ZB 175/10, ZVI 2011, 448 = NJW-RR 2011, 1615, dazu EWiR 2011, 751 (*Weiß/Rußwurm*).

21) BGH, Urt. v. 15.11.2012 – IX ZR 173/09, ZIP 2013, 131 = NJW-RR 2013, 419, dazu EWiR 2013, 327 (*Lau*).

22) *Thole*, NZI 2017, 129, 132.

23) Uhlenbruck-*Borries/Hirte*, InsO, § 129 Rz. 137; *Huber/Madaus* in: MünchKomm-InsO, § 255 Rz. 31; *Thole*, NZI 2017, 129, wonach dies auch für den Schuldner während angeordneter Eigenverwaltung gilt.

24) Uhlenbruck-*Borries/Hirte*, InsO, § 129 Rz. 137.

25) *Thole*, NZI 2017, 129, 131; BGH, Urt. v. 17.12.2015 – IX ZR 143/13, Rz. 24, NZI 2016, 445.

V. Anfechtung von Handlungen des Schuldners in Umsetzung eines Insolvenzplans im Folgeinsolvenzverfahren

Handlungen des Schuldners in Umsetzung eines Insolvenzplans, etwa nach Aufhebung des Insolvenzverfahrens geleistete Quotenzahlungen, unterliegen – anders als Planumsetzungsmaßnahmen des Insolvenzverwalters des ersten Insolvenzverfahrens (siehe zur Anfechtung von Handlungen des ersten Insolvenzverwalters oben Rz. 14) – der insolvenzrechtlichen Anfechtung im Folgeinsolvenzverfahren.[26] Demzufolge können Altgläubiger, soweit sie i. R. des Insolvenzplans befriedigt wurden, ihrerseits insolvenzrechtlichen Anfechtungen ausgesetzt sein. Allerdings profitieren sie umgekehrt auch aus den im ersten Insolvenzverfahren fortbestehenden Anfechtungsansprüchen, die zur Masse des neuen Insolvenzverfahrens gehören, aus dem auch die Altgläubiger (anteilig) befriedigt werden.[27] Die Insolvenzgläubiger des zweiten Verfahrens würden benachteiligt, wenn einige Gläubiger (nämlich die aus dem ersten Plan berechtigten) eine teilweise Deckung ihrer (Quoten-)Forderungen erzielen, neu hinzugetretene Gläubiger hingegen keine Befriedigung erlangen.[28] 15

> **Praxishinweis**
>
> Indizien für das Vorliegen von Insolvenzanfechtungstatbeständen können sich aus dem Bericht des den Insolvenzplan überwachenden Insolvenzverwalters bzw. Sachwalters ergeben.

Zu prüfen ist im Einzelfall, ob die Voraussetzungen der jeweiligen Anfechtungstatbestände überhaupt vorliegen. Für § 131 InsO fehlt es regelmäßig aufgrund der Planregelung an der Inkongruenz, für § 132 InsO an der unmittelbaren Benachteiligung, weil die entsprechende Forderung wegfällt; § 134 InsO scheitert an der fehlenden Unentgeltlichkeit der Leistung und § 133 InsO ist kaum denkbar, wenn im Plan vorgesehene Leistungen planmäßig vom Schuldner erfüllt werden.[29] 16

C. Masseverbindlichkeiten in der Folgeinsolvenz

Eine Fortwirkung von Masseverbindlichkeiten hinsichtlich ihres durch § 53 InsO privilegierten Status über die Verfahrensaufhebung des ersten Insolvenzverfahrens hinaus ist nicht vorgesehen, so dass diese in einem neuen Insolvenzverfahren nur Insolvenzforderungen gemäß § 38 InsO sind. 17

> **Praxishinweis**
>
> Der Insolvenzverwalter oder der eigenverwaltende Schuldner macht sich bei Nichtbeachtung der Pflicht zur Befriedigung von unstreitigen, fälligen Masseverbindlichkeiten und deren späteren Nichtbefriedigung gemäß § 61 InsO bzw. §§ 270 Abs. 1 Satz 2, 61 InsO schadensersatzpflichtig.

D. Insolvenzgeld in der Folgeinsolvenz

Grundsätzlich haben Arbeitnehmer in der Insolvenz eines Arbeitgebers gemäß §§ 165 ff. SGB III einen Anspruch auf Insolvenzgeld für die während der letzten drei Monate vor einem Insolvenzereignis entgangene Arbeitsvergütung. Solange aber die auf einem bestimmten Insolvenzereignis beruhende Zahlungsunfähigkeit des Arbeitgebers andauert, kann ein weiteres Insolvenzereignis bei demselben Arbeitgeber keinen neuen Anspruch auf Insolvenzgeld auslösen. Dies kann bei den Rechtsträger erhaltenden Insolvenzplänen 18

26) *Thole*, NZI 2017, 129, 132.
27) BGH, Urt. v. 9.1.2014 – IX ZR 209/11, Rz. 29, NZI 2014, 262 = ZIP 2014, 330.
28) *Thole*, NZI 2017, 129, 132.
29) *Thole*, NZI 2017, 129, 132.

in einer Folgeinsolvenz dazu führen, dass Arbeitnehmer keinen Anspruch auf Insolvenzgeld haben.

Praxishinweis

Dies unterscheidet den Insolvenzplan vom Asset Deal (übertragende Sanierung), bei der der Geschäftsbetrieb auf einen neuen Rechtsträger übertragen wird, mit der Folge, dass die Arbeitnehmer unter Geltung von § 613a BGB einen neuen Arbeitgeber erhalten.

19 Etwas Anderes gilt, wenn der Arbeitgeber nach dem ersten Insolvenzereignis wieder Zahlungsfähigkeit erlangt hat. Von andauernder Zahlungsunfähigkeit ist so lange auszugehen, wie der Schuldner wegen eines nicht nur vorübergehenden Mangels an Zahlungsmitteln nicht in der Lage ist, seine fälligen Geldschulden im Allgemeinen zu erfüllen. Eine einmal eingetretene Zahlungsunfähigkeit wird regelmäßig erst beseitigt, wenn die geschuldeten Zahlungen an die Gesamtheit der Gläubiger im Allgemeinen wieder aufgenommen werden können.[30] Sie endet nicht schon dann, wenn der Schuldner wieder einzelnen Zahlungsverpflichtungen nachkommt.[31] Der Nachweis der wiederverlangten Zahlungsfähigkeit kann durch Übertragung von Zahlungspflichten auf einen Treuhänder erleichtert werden (siehe unten Rz. 30).

Praxishinweis

Die Wiederherstellung der Zahlungsfähigkeit muss in Fällen, in denen ein Insolvenzplan vorausgegangen ist, sorgfältig geprüft werden, da fehlendes Insolvenzgeld in der Praxis jedenfalls dann zur Betriebseinstellung führt, wenn keine hinreichende Liquidität für die Löhne vorhanden ist bzw. aus einer Betriebsfortführung oder aus Mitteln Dritter generiert werden kann, was regelmäßig der Fall ist.

20 Allein die Annahme und **Durchführung eines Insolvenzplanes** mit **andauernder Planüberwachung** rechtfertigt nicht den Schluss, dass der Arbeitgeber wieder Zahlungsfähigkeit erlangt hat,[32] selbst wenn einzelne Zahlungsverpflichtungen erfüllt werden. Von einer Fortdauer der aus Anlass des früheren Insolvenzereignisses eingetretenen Zahlungsunfähigkeit ist auszugehen, wenn die im Insolvenzplan vorgesehene Überwachung der Planerfüllung noch andauert.[33] Der fortbestehenden Planüberwachung kommt im Regelfall eine Indizwirkung für fortbestehende Zahlungsunfähigkeit zu, die im Einzelfall anhand der tatsächlichen Umstände zu einer anderweitigen Betrachtungsweise führen kann.[34] Werden die Ansprüche der Gläubiger aus dem Plan nicht erfüllt, belegen nachfolgende Einzelzwangsvollstreckungsmaßnahmen oder auch die Einleitung eines neuen Insolvenzverfahrens die fortbestehende Zahlungsunfähigkeit.[35]

21 Die „Fachlichen Weisungen – Insolvenzgeld“ der Bundesagentur für Arbeit,[36] enthalten unter Ziff. 2.7 zu § 165 SGB III folgenden Hinweis:

„(5) Ein Insolvenzplan kann für die Beurteilung der wiederhergestellten Zahlungsfähigkeit nur ein Indiz sein. Er ist der insolvenzrechtliche Versuch die Zahlungsfähigkeit wiederher-

30) BGH, Urt. v. 20.11.2001 – IX ZR 48/01, ZIP 2002, 87 = NJW 2002, 515.

31) BSG, Urt. v. 6.12.2012 – B 11 AL 11/11 R, NZI 2013, 454; BSG, Urt. v. 21.11.2002 – B 11 AL 35/02 R, NZI 2003, 337; BGH, Urt. v. 20.11.2001 – IX ZR 48/01, ZIP 2002, 87 = NJW 2002, 515.

32) BSG, Urt. v. 17.3.2015 – B 11 AL 9/14 R, ZVI 2015, 425.

33) BSG, Urt. v. 29.5.2008 – B 11a AL 57/06 R, ZIP 2008, 1989; BSG, Urt. v. 21.11.2002 – B 11 AL 35/02 R, NZI 2003, 337; *Bissels/Falter/Krings*, NZI 2015, 693; **a. A.** *Thies* in: HambKomm-InsR, § 260 InsO Rz. 7, der u. a. darauf verweist, dass bei andauernder Zahlungsunfähigkeit das Insolvenzverfahren des ersten Insolvenzverfahrens hätte schon nicht aufgehoben werden dürfen.

34) SG Gießen, Urt. v. 15.5.2023 – S 14 AL 4/23, NZI 2023, 600.

35) *Mönning* in: Kübler/Bork/Prütting, HRI II, § 42 Rz. 210.

36) BA, Fachliche Weisungen – Insolvenzgeld, Stand: 20.12.2018, abrufbar unter https://www.arbeitsagentur.de/datei/dok_ba026820.pdf (Abrufdatum: 24.7.2025).

zustellen und eine ggfs. vorhandene Überschuldung zu beseitigen. Alleine durch seine Existenz bewirkt ein Insolvenzplan dies jedoch nicht. Insofern sind weitere Kriterien, wie z. B. das operative Betriebsergebnis, heranzuziehen.

Die Zahlungsunfähigkeit ist daher alleine durch die Annahme eines Insolvenzplanes und die Aufhebung des Insolvenzverfahrens nicht beseitigt. Die Forderungen sind nur bedingt erlassen und leben bei Eröffnung eines neuen Insolvenzverfahrens ohne vorherige Planerfüllung oder bei erheblichen Rückständen in der Planerfüllung wieder auf. In der Regel ist davon auszugehen, dass bei Nichterfüllung des Insolvenzplanes oder vor Aufhebung der Planüberwachung durchgehende Zahlungsunfähigkeit vorliegt."

Das erste und das zweite Insolvenzereignis stellen somit ein einheitliches Insolvenzereignis dar, wenn das zweite Insolvenzereignis während des überwachten Insolvenzplans eintritt. Es handelt sich insoweit um ein Gesamtverfahren i. S. der Richtlinie 2002/74/EG.[37] 22

E. Treuhandschaften in der Folgeinsolvenz

I. Dingliche Übertragung von Vermögen auf einen Treuhänder

Mit Aufhebung des Insolvenzverfahrens verliert der Insolvenzverwalter grundsätzlich das Verwaltungs- und Verfügungsrecht über die Insolvenzmasse und die des Schuldners lebt ex nunc wieder auf (siehe auch oben § 24 Rz. 22 [*Dellit*]). Damit entfällt auch das Recht des Insolvenzverwalters, Vermögensgegenstände zugunsten der Insolvenzmasse zu realisieren. Um dennoch eine Realisierung zugunsten der Gläubiger nicht dem Schuldner über Regelungen im Insolvenzplan zu überlassen (einschließlich möglichen Interessenskonflikten, etwa bei Geschäftsführerhaftungsansprüchen oder im Hinblick auf eine mangelnde Motivation zur Durchsetzung), können in Insolvenzplänen solche Ansprüche, aber auch sonstiges Vermögen wie etwa Vorräte, an einen Dritten (etwa den Insolvenzverwalter oder Sachwalter) als Treuhänder mit der Maßgabe abgetreten bzw. sonstig dinglich übertragen werden, um diese zu liquidieren und eingehende Zahlungen nach den Regelungen des Insolvenzplans an die Gläubiger (des ersten Insolvenzverfahrens) nach Aufhebung des Insolvenzverfahrens zu verteilen (siehe oben § 24 Rz. 54 ff. [*Dellit*]). 23

Zwar geht mit der durch rechtskräftige Bestätigung des Insolvenzplans gemäß § 254 Abs. 1 InsO (und Annahme durch den Treuhänder, siehe oben § 24 Rz. 56 [*Dellit*]) wirksam gewordenen[38] Abtretung der Forderung an den Insolvenzverwalter (des ersten Insolvenzverfahrens) als Treuhänder sowie mit Aufhebung des Insolvenzverfahrens (§ 258 InsO) das Prozessführungsrecht des Insolvenzverwalters des ersten Insolvenzverfahrens verloren. Allerdings geht dieses auf ihn persönlich – als **Treuhandzessionar** – über.[39] Eine solche Abtretung ist nicht deshalb unwirksam, weil § 259 Abs. 1 InsO eine nur partielle Wiedererlangung der Verfügungsbefugnis des Schuldners nach Aufhebung des Insolvenzverfahrens nicht vorsieht. Vielmehr kann gemäß § 228 InsO im gestaltenden Teil des Insolvenzplans eine Forderungsübertragung vorgenommen und dadurch verhindert werden, dass der Schuldner insoweit seine Verfügungsbefugnis gemäß § 259 Abs. 1 Satz 2 InsO wiedererlangt.[40] 24

II. Ausgestaltung der Treuhandschaften und Rechtsfolgen

Der Ausgestaltung von in Insolvenzplänen vorgesehenen Treuhandschaften (siehe oben § 24 Rz. 54 ff. [*Dellit*]) kommt insbesondere für die Beteiligten des ersten Insolvenzverfahrens im 25

37) Richtlinie 2008/94/EG des Europäischen Parlaments und des Rates v. 22.10.2008 über den Schutz der Arbeitnehmer bei Zahlungsunfähigkeit des Arbeitgebers, ABl. (EU) L 283/36 v. 28.10.2008; *Stephan* in: MünchKomm-InsO, § 260 Rz. 32.

38) Begr. RegE InsO, BT-Drucks. 12/2443, S. 202.

39) BGH, Urt. v. 15.6.1992 – II ZR 88/91, ZIP 1992, 1152 = NJW 1992, 2894.

40) BGH, Beschl. v. 26.4.2018 - IX ZB 49/17, Rz. 28, ZVI 2018, 272 = NZI 2018, 691.

Folgeinsolvenzverfahren erhebliche Bedeutung zu, da das Treugut entweder in die Insolvenzmasse des Folgeinsolvenzverfahrens fällt oder aber weiterhin (nur) für die Gläubiger des ersten Insolvenzverfahrens zur Verfügung steht. Das ist davon abhängig, ob das Treuhandverhältnis insolvenzfest ausgestaltet ist. Zu unterscheiden sind die Verwaltungstreuhand, die Sicherungstreuhand und die doppel- oder mehrnützige Treuhand.

26 In **Verwaltungstreuhandverhältnissen** handelt der Treuhänder fremdnützig für den Treugeber, etwa i. R. einer Inkassozession. Er verfolgt bei der Ausübung der ihm übertragenen Rechtsinhaberschaft keine eigenen Interessen.[41)] In der (erneuten) Insolvenz des Treugebers erlischt die Treuhandabrede gemäß §§ 115, 116 InsO und der neue Insolvenzverwalter kann gemäß § 667 BGB (i. V. m. § 675 Abs. 1 BGB) Herausgabe des Treuguts verlangen und es so zur Masse ziehen.[42)]

27 Bei der **Sicherungstreuhand** hält der Treuhänder das Treugut eigennützig und darf es nach der Sicherungsabrede bei Eintritt des Sicherungsfalls zur Deckung der gesicherten Ansprüche verwerten; im Folgeinsolvenzverfahren besteht ein Absonderungsrecht.[43)] Sie dient dem Interesse des Treuhänders und zielt u. a. auf dessen Sicherung vor dem Risiko einer Insolvenz des Treugebers ab.[44)] Die eigennützige Treuhand (Sicherungstreuhand) unterfällt nicht dem Tatbestand der Vorschrift des § 116 InsO,[45)] so dass die Sicherungstreuhand in der Insolvenz des Treugebers insolvenzfest ist. Hauptfälle sind die Sicherungsübereignung und die Sicherungsabtretung.[46)]

28 Hält ein Dritter einen Vermögensgegenstand treuhänderisch sowohl für den späteren Schuldner als auch für einen oder mehrere Drittbegünstigte, stehen die §§ 115, 116 InsO jedenfalls nicht einer vertraglich vorgesehenen Verwertung des Vermögensgegenstands durch den Treuhänder zugunsten des oder der Drittbegünstigten entgegen.[47)] Diese **doppel- oder mehrnützige Treuhandabrede** ist nach gefestigter Rechtsprechung insolvenzfest.[48)] Wird ein Nachfolgeinsolvenzverfahren eröffnet, bleibt die **dingliche Übertragung an einen Treuhänder** in diesem Fall ungeachtet der Eröffnung des zweiten Insolvenzverfahrens wirksam.[49)] Die vertraglichen Vereinbarungen bleiben wirksam, soweit dies zur Wahrung der Rechte der Drittbegünstigten erforderlich ist und zwar unabhängig davon, ob diese auf einer mehrseitigen Vereinbarung oder einem Vertrag zugunsten Dritter beruhen.[50)] Das Vertrauen der Drittbegünstigten ist in diesem Fall schutzwürdig.[51)]

29 Ist der Insolvenzverwalter des ersten Insolvenzverfahrens als Treuhänder Inhaber der fraglichen Forderung geworden, woran der fiduziarische Charakter der Abtretung und die im Insolvenzplan vorgesehene Verteilung nichts ändern,[52)] erlangt er sein Prozessfüh-

---

41) Grüneberg-*Bassenge*, BGB, § 903 Rz. 35.

42) BGH, Urt. v. 12.7.2012 – IX ZR 213/11, Rz. 12, ZVI 2012, 459 = NZI 2012, 803; *Ganter* in: MünchKomm-InsO, § 47 Rz. 371.

43) Uhlenbruck-*Brinkmann*, InsO, § 47 Rz. 84, 86.

44) BGH, Urt. v. 24.9.2015 – IX ZR 272/13, Rz. 42, NZI 2016, 21; *Vuia* in: MünchKomm-InsO, § 116 Rz. 24.

45) BGH, Urt. v. 24.9.2015 – IX ZR 272/13, Rz. 42, NZI 2016, 21; *Vuia* in: MünchKomm-InsO, § 116 Rz. 24.

46) *Ganter* in: MünchKomm-InsO, § 47 Rz. 373.

47) Vgl. BGH, Urt. v. 24.9.2015 – IX ZR 272/13, Rz. 43, NZI 2016, 21 m. w. N.; *Bork*, NZI 1999, 337, 341.

48) BGH, Urt. v. 24.9.2015 • IX ZR 272/13, Rz. 43, NZI 2016, 21.

49) BGH, Urt. v. 7.1.2008 – II ZR 283/06, ZIP 2008, 546 = NZI 2009, 340.

50) BGH, Urt. v. 24.9.2015 • IX ZR 272/13, Rz. 43, NZI 2016, 21.

51) *Dellit*, NZI 2021, 681 (Urteilsanm. zu OLG Düsseldorf, Beschl. v. 17.12.2020 – 12 U 27/20).

52) BGH, Urt. v. 7.1.2008 – II ZR 283/06, ZIP 2008, 546 = NZI 2009, 340 m. w. N.

rungsrecht als Partei kraft Amtes hinsichtlich dieser Forderung bei einer insolvenzfesten Abtretung auch nicht dadurch wieder, dass dieser erneut zum Insolvenzverwalter bestellt wird.

> **Praxishinweis**
>
> Zur Meidung des Risikos, die Prozesskosten bei einer Folgeinsolvenz persönlich zu tragen und vom Schuldner nur die Insolvenzquote als Kostenersatz zu erhalten,[53] sollte der Treuhänder unabhängig von der Ausgestaltung der Treuhandabrede insolvenzfest mit hinreichender Liquidität für die potentiell entstehenden Prozesskosten ausgestattet werden.

III. Auswirkung der Treuhand auf die Gewährung von Insolvenzgeld

Sieht der (laufende) Insolvenzplan die Ausschüttung eines festgelegten Betrags an die Insolvenzgläubiger vor und ist diese Ausschüttung mittels einer Treuhandabrede durch Zahlung des Gesamtbetrags an den Treuhänder sichergestellt, so ist für die Frage des Bestehens eines erneuten Anspruchs auf Insolvenzgeld lediglich darauf abzustellen, ob der Arbeitgeber in der Lage ist, seine fälligen Geldschulden im Allgemeinen zu erfüllen. Eine im Insolvenzplan vorgesehene Treuhandregelung ist demzufolge vorteilhaft gegenüber der gerichtlich angeordneten Planüberwachung, in der das Fortbestehen der Zahlungsunfähigkeit insgesamt, also unter Einbeziehung der Verpflichtungen gegenüber allen Gläubigern, also auch den Plangläubigern widerlegt werden muss (siehe auch Rz. 18 ff.). 30

F. Betriebliche Altersvorsorge in der Folgeinsolvenz

Fortwirkungen aus einem ersten Insolvenzverfahren ergeben sich im Falle eines gescheiterten Insolvenzplans auch für Leistungen aus der betrieblichen Altersversorgung. Wird ein neues Insolvenzverfahren innerhalb von drei Jahren nach Aufhebung des ersten Insolvenzverfahrens beantragt, kann der **PSVaG**, sofern im Insolvenzplan nichts anderes vorgesehen ist, in dem neuen Insolvenzverfahren als Insolvenzgläubiger Erstattung der von ihm erbrachten Leistungen verlangen (§ 9 Abs. 4 Satz 2 BetrAVG). Hat der PSVaG seinen Eintritt gegenüber dem Betriebsrentner angezeigt und damit den gesetzlichen Forderungsübergang erwirkt (§ 9 Abs. 1, 2 BetrAVG), nimmt er mit seinen Erstattungsansprüchen aufgrund der von ihm erbrachten Leistungen am neuen Insolvenzverfahren als Insolvenzgläubiger (§ 38 InsO) teil.[54] 31

G. Kreditrahmen in der Folgeinsolvenz

Vom Kreditrahmen gemäß §§ 264 ff. InsO erfassten Verbindlichkeiten (ausführlich siehe unten § 26 Rz. 77 ff. [*Dellit*]) wird in einem Folgeinsolvenzverfahren, das während der Planüberwachung eröffnet wird, der Vorrang vor den übrigen Insolvenzgläubigern eingeräumt.[55] 32

---

53) Vgl. BGH, Urt. v. 9.1.2014 – IX ZR 209/11, Rz. 24, NZI 2014, 262 = ZIP 2014, 330.

54) *Mönning* in: Kübler/Bork/Prütting, HRI II, § 42 Rz. 224.

55) Uhlenbruck-*Lüer/Streit*, InsO, § 264 Rz. 25.

[illegible] als Partei kraft Amtes [illegible] wurde.

---

53) Vgl. BGH [illegible] ZIP 2013 [illegible]
54) [illegible] Kübler/Bork/Prütting, InsO, § 266 Rz. 2; Uhlenbruck/Lüer/Streit, InsO, § 266 Rz. 2.

§ 26
Planüberwachung und sonstige Gläubigerrechte nach Aufhebung des Insolvenzverfahrens

Übersicht

Literatur: *Dellit/Hamann*, Forderungserlass und Insolvenzplan, ZIP 2015, 308; *Dinstühler*, Kreditrahmenabreden gem. den §§ 264 ff. InsO, ZInsO 1998, 243; *Heerma/Bergmann*, Insolvenzpläne mit Gesamtabgeltungsklauseln, ZIP 2019, 2377; *Heerma/Bergmann*, Zur vollstreckungsrechtlichen Zulässigkeit von sog. Gesamtabgeltungsklauseln in Insolvenzplänen, ZIP 2018, 949; *Knof*, Erfordert die Fortführungsfinanzierung (doch) einen Umverteilungstatbestand im Insolvenzrecht?, ZInsO 2010, 1999; *Küpper/Heinze*, Die Forderungsnachmeldung von Insolvenzgläubigern i. S. d. § 38 InsO beim bestätigten und durchgeführten Planverfahren – Problem gelöst durch das ESUG?, ZInsO 2013, 471; *Martini/Horstkotte*, Häufige Fehler bei der Aufstellung von Insolvenzplänen und der Durchführung von Insolvenzplanverfahren, ZInsO 2017, 1913.

A. Planüberwachung

I. Voraussetzung und Beginn der Planüberwachung

Der Insolvenzplan kann die Erfüllung seines gestaltenden Teils über die Aufhebung des Insolvenzverfahrens hinaus einer Überwachung unterwerfen (§ 260 Abs. 1 InsO). Dies 1 ist regelmäßig sinnvoll oder für eine Mehrheitsbeschaffung für den Insolvenzplan erforderlich, wenn der Schuldner oder eine Übernahmegesellschaft nach dem Plan das Unternehmen fortführt und die Gläubiger hieraus befriedigt werden sollen. In diesen Fällen bestehen erhöhte Risiken für die Planerfüllung, da diese von einer künftigen positiven Geschäftsentwicklung abhängt. Keiner Planüberwachung bedarf es, wenn die Berechtigten ihre Planquote vollständig noch am Ende des Insolvenzverfahrens, unmittelbar danach oder durch einen Treuhänder (siehe § 24 Rz. 54, § 25 Rz. 23 [*Dellit*]) erhalten. Dieses für Gläubiger vorzugswürdige Szenario ist möglich, wenn frisches Eigen- oder Fremdkapital, etwa durch Investoren oder die Altanteilsinhaber zur Verfügung gestellt wird.

Praxishinweis

Eine Planüberwachung sollte im Insolvenzplan immer dann geregelt werden, wenn die Gläubiger aus den Erträgen des vom Schuldner oder von einem Dritten fortgeführten Unternehmens befriedigt werden sollen (vgl. insofern auch § 229 Satz 1 InsO).

2 Das Überwachungsverfahren ist fakultativ; es greift nur ein, wenn es im gestaltenden Teil des Insolvenzplans vorgesehen ist,[1] d. h. die Gläubiger treffen mit der Abstimmung über den Insolvenzplan auch die Entscheidung, ob der Insolvenzplan überwacht wird. Die Überwachung beginnt unmittelbar nach der **rechtskräftigen Aufhebung des Insolvenzverfahrens**, eines besonderen **Beschlusses** des Gerichts bedarf es nicht.[2] Ein Beschluss des Insolvenzgerichts, der die Planüberwachung anordnet, wäre ohne Regelung im Insolvenzplan wegen absoluter Unzuständigkeit auch unwirksam (siehe oben § 24 Rz. 47 [*Dellit*] mit Verweis auf BGH-Rechtsprechung zu § 259 Abs. 3 InsO).

II. Gegenstand der Planüberwachung

1. Ansprüche gegen den Schuldner

3 Gegenstand der Planüberwachung sind die den Gläubigern nach dem gestaltenden Teil des Plans gegen den Schuldner zustehenden Ansprüche (§ 260 Abs. 2 InsO). Die Überwachung umfasst nicht nur die **Erfüllung der Forderungen der Insolvenzgläubiger**, sondern auch die Erfüllung der Ansprüche, die den **absonderungsberechtigten Gläubigern** nach dem Plan zustehen.[3] Gegenstand der Überwachung sind auch solche Ansprüche, die vom Schuldner kraft neuer Rechtsgeschäfte begründet werden, denen der Insolvenzverwalter entsprechend der Regelung im gestaltenden Teil des Insolvenzplans nach § 263 InsO zustimmt, soweit ihre Fälligkeit in den zeitlichen Rahmen der Überwachung fällt.[4] Nicht hingegen unterliegen der Überwachung Ansprüche, die den Gläubigern gegenüber Dritten zustehen, soweit nicht § 260 Abs. 3 InsO eingreift (siehe hierzu unten Rz. 4), dies gilt insbesondere für Plangaranten, gegenüber denen § 257 Abs. 2 InsO die Zwangsvollstreckung aus dem Plan eröffnet ist.[5] Ansprüche, die der Insolvenzplan nicht regelt oder regeln darf, unterliegen nicht der Überwachung. Hierzu gehören auch Masseverbindlichkeiten, es sein denn, es liegt eine Ausnahme gemäß § 210a InsO vor. Allerdings sind dies rein dogmatische Erwägungen, da die Planerfüllung regelmäßig auch gefährdet sein wird, wenn laufende Verbindlichkeiten nicht bezahlt werden können. Es besteht aber keine Verpflichtung des den Plan überwachenden Insolvenzverwalters bzw. Sachverwalters, strategische oder operative Unternehmensentscheidungen zu prüfen, die

1) Uhlenbruck-*Lüer/Streit*, InsO, § 260 Rz. 2.
2) *Thies* in: HambKomm-InsR, § 260 InsO Rz. 3; *Stephan* in: MünchKomm-InsO, § 260 Rz. 20.
3) *Stephan* in: MünchKomm-InsO, § 260 Rz. 22.
4) Uhlenbruck-*Lüer/Streit*, InsO, § 260 Rz. 7.
5) Uhlenbruck-*Lüer/Streit*, InsO, § 260 Rz. 7.

sich nicht auf die Erfüllbarkeit der Plangläubigeransprüche auswirken. Aufgrund des eindeutigen Wortlauts von § 260 Abs. 2 InsO ist die Formulierung „Erfüllung des Insolvenzplans“ i. S. von § 261 Abs. 2 Satz 1 InsO mithin restriktiv auszulegen.

2. Ansprüche gegen eine Übernahmegesellschaft

Übernimmt eine Gesellschaft (juristische Person oder Gesellschaft ohne Rechtspersönlichkeit) das schuldnerische Unternehmen und setzt dieses statt dem Schuldner die wirtschaftliche Tätigkeit fort, dann erstreckt sich die Planüberwachung auf die **Erfüllung der Ansprüche**, die den Gläubigern **gegen eine solche Übernahmegesellschaft** zustehen (§ 260 Abs. 3 InsO), wenn dies der Insolvenzplan in seinem gestaltenden Teil vorsieht und diese Gesellschaft nach der Eröffnung des Insolvenzverfahrens eigens zu dem Zweck gegründet worden ist, das Unternehmen oder Teile des Unternehmens fortzuführen. Maßgeblicher Zeitpunkt ist die Gründung der Gesellschaft, d. h. die Eintragung in das Handelsregister und nicht die Geschäftsaufnahme.[6] 4

Hat eine **bereits vor der Eröffnung** des Insolvenzverfahrens **gegründete Gesellschaft** den Betrieb des Schuldners übernommen, so erfolgt diesbezüglich keine Planüberwachung. Den Gesellschaftern einer schon vor dem Verfahren bestehenden Gesellschaft und den Gläubigern einer solchen Gesellschaft wäre eine Überwachung nicht zuzumuten.[7] 5

III. Öffentliche Bekanntmachung der Planüberwachung

Zusammen mit dem Beschluss über die Aufhebung des Insolvenzverfahrens gemäß § 267 Abs. 1 InsO ist die Überwachung der Erfüllung des Insolvenzplans nach § 260 Abs. 1 InsO **öffentlich bekannt zu machen** (zur öffentlichen Bekanntmachung siehe oben § 24 Rz. 17 [*Dellit*]). Ebenso sind, sofern der Insolvenzplan dies vorsieht, bekannt zu machen: 6

- gemäß § 267 Abs. 2 Nr. 1 InsO im Falle des § 260 Abs. 3 InsO die Erstreckung der Überwachung auf die Übernahmegesellschaft;
- gemäß § 267 Abs. 2 Nr. 2 InsO im Falle des § 263 InsO, welche Rechtsgeschäfte an die Zustimmung des Insolvenzverwalters gebunden werden und
- gemäß § 267 Abs. 2 Nr. 3 InsO im Falle des § 264 InsO, in welcher Höhe ein Kreditrahmen vorgesehen ist.

Die öffentliche Bekanntmachung ist erforderlich, weil die Planüberwachung nach §§ 260 ff. InsO die Verfügungs- und Verwaltungsbefugnis des Schuldners und somit die Wirkung der Aufhebung des Insolvenzverfahrens (§ 259 Abs. 1 InsO) eingeschränkt. Im Hinblick darauf, dass die Überwachung nach dem gestaltenden Teil des Insolvenzplans mit Beschwerungen des Schuldners und der Gläubiger verbunden sein kann, ist es geboten, zur Sicherheit des Rechtsverkehrs die Überwachung öffentlich bekannt zu machen.[8] § 267 InsO ist aufgrund des Schutzzwecks zwingend und nicht disponibel.[9] 7

---

6) *Jaffé* in: FK-InsO, § 260 Rz. 15; *Stephan* in: MünchKomm-InsO, § 260 Rz. 24.

7) *Thies* in: HambKomm-InsR, § 260 InsO Rz. 5; *Stephan* in: MünchKomm-InsO, § 260 Rz. 25.

8) Uhlenbruck-*Lüer/Streit*, InsO, § 267 Rz. 1.

9) Uhlenbruck-*Lüer/Streit*, InsO, § 267 Rz. 1.

Praxishinweis

Die Vorschriften, die die **Eintragungen** in die entsprechenden **Register** regeln (§ 32 Abs. 1 Nr. 5 HGB, § 102 GenG, § 75 BGB), ordnen nur an, dass die Überwachung bzw. Aufhebung der Überwachung einzutragen ist. Die für den Rechtsverkehr wesentlichen Informationen über die Art und den Umfang der Überwachung, deren öffentliche Bekanntmachung durch § 267 Abs. 2 InsO vorgeschrieben ist, finden sich in den Eintragungen im Register nicht wieder. Finden sich Eintragung zur Anordnung der Planüberwachung in einem Register, empfiehlt es sich, weitergehende Informationen im Registerportal) abzurufen oder Akteneinsicht beim Insolvenz- oder Registergericht zu nehmen. Zur weitergehenden Eintragungspflicht für Grundstücke und eingetragene Schiffe, Schiffsbauwerke oder Luftfahrzeuge siehe nachfolgende Rz. 8.

8 Soweit im Falle des § 263 InsO das Recht zur Verfügung über ein Grundstück, ein eingetragenes Schiff, Schiffsbauwerk oder Luftfahrzeug, ein Recht an einem solchen Gegenstand oder ein Recht an einem solchen Recht beschränkt wird, gelten die §§ 32, 33 InsO entsprechend (§ 267 Abs. 3 InsO). Unter den Voraussetzungen des § 31 InsO sind Zustimmungserfordernisse, die der gestaltende Teil des Insolvenzplans für Rechtsgeschäfte des Schuldners vorsieht, im Grundbuch (§ 32 InsO) oder im Register für Schiffe und Luftfahrzeuge (§ 33 InsO) einzutragen, sofern die Wirksamkeit von Rechtsgeschäften sich auf Verfügungen des Schuldners über Grundstücke und/oder Schiffe, Schiffsbauwerke oder Luftfahrzeuge erstreckt.[10)]

IV. Zuständigkeit

9 Die Überwachung ist grundsätzlich Aufgabe des **Insolvenzverwalters**, § 261 Abs. 1 Satz 1 InsO bzw. bei Eigenverwaltung des **Sachwalters** gemäß § 284 Abs. 2 InsO. Die Ämter des Verwalters, der Mitglieder des Gläubigerausschusses und die Aufsicht des Insolvenzgerichtes bestehen fort (§ 261 Abs. 1 Satz 2 InsO). Das **Insolvenzgericht** beaufsichtigt die Planüberwachung. Funktional zuständig ist gemäß § 18 Abs. 1 RpflG der Richter. Die Überwachung des Plans kann auch anderen Personen als dem Insolvenzverwalter bzw. Sachwalter übertragen werden, wobei zu beachten ist, dass die gesetzlichen Befugnisse der §§ 261 ff. InsO nicht gelten, so dass die Befugnisse dann durch den Insolvenzplan konkret ausgestaltet werden müssen.

V. Rechte und Pflichten des Insolvenzverwalters und des Gläubigerausschusses i. R. der Planüberwachung

1. Allgemeines

10 Mit Aufhebung des Insolvenzverfahrens erlangt der Schuldner seine Verwaltungs- und Verfügungsbefugnis zurück; die Ämter des Insolvenzverwalters und des Gläubigerausschusses erlöschen (§ 259 Abs. 1 InsO). Dies ist allerdings beschränkt durch die im Insolvenzplan vorgesehene Planüberwachung. Die Aufgaben und Befugnisse des planüberwachenden Insolvenzverwalters (§ 261 Abs. 1 InsO) richten sich nach den §§ 260 bis 266 InsO.

2. Allgemeine Rechte und Pflichten des Insolvenzverwalters

11 Während der Zeit der Überwachung hat der Verwalter insbesondere dem Gläubigerausschuss, wenn ein solcher bestellt ist, und dem Gericht jährlich über den jeweiligen Stand und die weiteren Aussichten der Erfüllung des Insolvenzplans zu berichten (§ 261 Abs. 2

10) *Mönning* in: Kübler/Bork/Prütting, HRI II, § 42 Rz. 29.

Satz 1 InsO). Die **Berichterstattung** hat regelmäßig aus Dokumentationsgründen schriftlich zu erfolgen.[11)]

Zum **Berichtsinhalt** gehören Ausführungen zur bisherigen **Erfüllung des Insolvenzplans.** Zudem hat der Bericht eine **Prognose zur künftigen Erfüllung des Plans** abzugeben und hierbei die Sachverhalte zu plausibilisieren, die i. R. der Informationspflichten bekannt geworden sind. Sind **Zustimmungsvorbehalte** gemäß § 263 InsO vorgesehen, ist zu berichten, ob und welche Zustimmungen erteilt bzw. versagt wurden. 12

Da die Ämter des Verwalters i. R. der Planüberwachung gemäß § 261 Abs. 1 Satz 2 InsO fortbestehen, hat dieser umfassende **Auskunftsansprüche** gegen den Schuldner. Die **Kontrolltätigkeit** des Insolvenzverwalters darf sich nicht auf die Entgegennahme einer turnusmäßigen Berichterstattung des Schuldners an den Insolvenzverwalter über die Erfüllungshandlungen beschränken, vielmehr hat der den Plan überwachende Insolvenzverwalter bzw. Sachwalter deren Vornahme selbst regelmäßig zu überprüfen und sich über die planerfüllungsbeeinflussenden Faktoren zu informieren.[12)] 13

Die **Intensität** der **Prüfungshandlungen** wird im Einzelfall durch die konkreten Umstände bestimmt, welche die mutmaßliche Gefährdung der verbliebenen Gläubigerforderungen verursachen. Hierzu zählen auch etwa die Verwendung des unbelasteten Vermögens, die wirtschaftliche Entwicklung des schuldnerischen Unternehmens und die Zuverlässigkeit des Schuldners.[13)] In Einzelfällen kann es erforderlich sein, die gesamte Buchhaltung darauf zu prüfen, ob die Planerfüllung beeinträchtigt sein könnte. Maßgeblich müssen daher die normativen Sorgfaltsanforderungen an ein ordentliches und gewissenhaftes Überwachungsorgan sein, die durch die Überwachungsfunktion und die gesetzlich eingeräumten Überwachungsbefugnisse bestimmt werden.[14)] Nach diesem Maßstab hat er die für die Überwachung erforderlichen Informationen und Unterlagen beim Schuldner anzufordern und deren Eingang zu prüfen. Grundsätzlich bedarf es im Wesentlichen der Vorlage 14

- eines **Finanzstatus** einschließlich GuV mit Soll/Ist-Vergleich, Liquiditätsentwicklung sowie Bilanz,
- einer fortlaufend zu aktualisierenden integrierten **Finanzplanung** (die in der Liquiditätsplanung auch die Planerfüllung abbilden muss) für die Zeit bis zur prognostizierten Aufhebung der Planüberwachung sowie
- der **Kontoauszüge und Buchhaltungsunterlagen**, die die Planerfüllung nachweisen;
- erforderlichenfalls ergänzender Buchhaltungsunterlagen zur Prüfung der Planerfüllbarkeit.

Der planüberwachende Insolvenzverwalter ist gemäß §§ 261 Abs. 1 Satz 3, 22 Abs. 3, 97 InsO berechtigt, Auskunft vom Schuldner zu verlangen, die Geschäftsräume des Schuldners zu betreten und dort Nachforschungen anzustellen sowie Einsicht in die Unterlagen der Gesellschaft zu nehmen. und das Recht, zur Durchsetzung dieser Rechte die Räume des Schuldners bzw der Übernahmegesellschaft zu betreten. 15

Erteilt der Schuldner **keine hinreichende Auskunft**, kann das aufsichtführende Insolvenzgericht gemäß §§ 261 Abs. 1 Satz 3, 22 Abs. 3, 98 InsO Maßnahmen ergreifen, bis hin zur Vorführung oder Inhaftierung. 16

---

11) Uhlenbruck-*Lüer/Streit*, InsO, § 261 Rz. 10.

12) Uhlenbruck-*Lüer/Streit*, InsO, § 261 Rz. 4; *Thies* in: HambKomm-InsR, § 261 InsO Rz. 3.

13) Uhlenbruck-*Lüer/Streit*, InsO, § 261 Rz. 4.

14) Uhlenbruck-*Lüer/Streit*, InsO, § 261 Rz. 4.

17 Aus der Verweisungskette der §§ 261 Abs. 1 Satz 3, 22 Abs. 3, 97, 98, 101 InsO ergeben sich nicht nur die Befugnisse des Insolvenzverwalters bzw. Sachwalters gegen den Schuldner, sondern in gleicher Weise auch gegen die **Übernahmegesellschaft** (siehe oben Rz. 4), die insoweit den gleichen Verpflichtungen nach §§ 97, 98, 101 InsO unterliegt wie der Schuldner selbst.[15)]

3. Rechte und Pflichten des Insolvenzverwalters bei Nichterfüllung der Ansprüche aus dem Insolvenzplan

18 Bei **Nichterfüllung** oder **zu erwartender Nichterfüllung** der Ansprüche aus dem Insolvenzplan, deren Erfüllung überwacht wird, hat der Insolvenzverwalter bzw. Sachwalter dies **unverzüglich** dem Gläubigerausschuss und dem Insolvenzgericht **anzuzeigen,** § 262 Satz 1 InsO. Ist ein Gläubigerausschuss nicht bestellt, so hat der Insolvenzverwalter bzw. Sachwalter an dessen Stelle alle Gläubiger zu unterrichten, denen nach dem gestaltenden Teil des Insolvenzplans Ansprüche gegen den Schuldner oder die Übernahmegesellschaft zustehen (§ 262 Satz 2 InsO).

19 Allerdings hat die Anzeige der Nichterfüllung oder des Unvermögens zur Erfüllung keine insolvenzrechtlichen Folgen.[16)] Es bleibt den Gläubigern überlassen, wie sie auf die mangelnde Erfüllung oder Erfüllbarkeit reagieren.[17)] In Betracht kommen

- die Zwangsvollstreckung aus dem Plan (§ 257 InsO) und
- die Mahnung mit Fristsetzung als Voraussetzung für das Wiederaufleben der Forderungen (§ 255 InsO) sowie
- bei Vorliegen der Voraussetzungen des § 14 InsO die Stellung eines Insolvenzantrags.

20 Bei erwarteter Nichterfüllung der Ansprüche hat der Verwalter i. R. seiner Überwachung eine Einschätzung dahingehend vorzunehmen, dass künftig die Ansprüche der Plangläubiger nicht erfüllt werden. Vor Publizierung solcher Einschätzungen muss er sorgfältig und fundiert geprüft haben sowie mit hinreichender Zuverlässigkeit zu dem Schluss gekommen sein, dass der Schuldner (oder die Übernahmegesellschaft) nicht in der Lage sein wird, die Planansprüche zu erfüllen. Leichtfertig erklärte oder ängstlich bestimmte Anzeigen nach § 262 InsO können den Gläubigern eher Schaden zufügen als Nutzen bringen.[18)]

Praxishinweis

Vor der Anzeige sowohl der Nichterfüllung als auch einer zu erwartenden Nichterfüllung sollte der Insolvenzverwalter bzw. Sachwalter dem Schuldner Gelegenheit zur Stellungnahme geben und eine (kurze) Frist setzen, da eine solche Anzeige das Ende der Restrukturierung für den Schuldner bedeuten kann.

4. Besondere Rechte und Pflichten des Insolvenzverwalters

21 Die Befugnisse des planüberwachenden Insolvenzverwalters bzw. Sachwalters können im gestaltenden Teil des Insolvenzplans erweitert werden, etwa durch Anordnung von **Zustimmungsvorbehalten** für bestimmte Rechtsgeschäfte des Schuldners oder der Übernahmegesellschaft während der Zeit der Überwachung (§ 263 InsO). Hierzu ist im darstellenden Teil des Plans auszuführen.

---

15) Uhlenbruck-*Lüer/Streit*, InsO, § 261 Rz. 15.

16) *Stephan* in: MünchKomm-InsO, § 262 Rz. 12; *Thies* in: HambKomm-InsR, § 262 InsO Rz. 5.

17) *Stephan* in: MünchKomm-InsO, § 262 Rz. 12; Uhlenbruck-*Lüer/Streit*, InsO, § 262 Rz. 5.

18) Uhlenbruck-*Lüer/Streit*, InsO, § 262 Rz. 3.

Praxishinweis

Vor einer Erweiterung der Befugnisse des Verwalters im Insolvenzplan sollte zwischen schützenswerten Gläubigerinteressen und Nachteilen für den Schuldner abgewogen werden, die sich daraus ergeben, dass die Gläubiger hierdurch gegenüber dem Schuldner ein Misstrauen zum Ausdruck bringen und dies infolge von Veröffentlichungspflichten (etwa für Zustimmungsvorbehalte, siehe oben Rz. 6) auch Auswirkungen auf potentielles Neugeschäft haben kann.

Zustimmungsvorbehalte können etwa geregelt werden für **Verfügungen über den Geschäftsbetrieb**, sofern hieraus die Planquote generiert wird, aber auch bei internen **buchhalterischen Defiziten** hinsichtlich der **Kündigung von bestehenden Verträgen** mit externen Buchhaltern und Steuerberatern sowie bei **kaufmännischen Defiziten** hinsichtlich bestehender Verträge mit externen Controllern. Die Regelung im Insolvenzplan sollte so gefasst sein, dass die Zustimmung erteilt werden soll, wenn die Erfüllung des Plans hierdurch nicht gefährdet wird. 22

Willenserklärungen des Schuldners bzw. der Übernahmegesellschaft sind unwirksam, wenn die Zustimmung des planüberwachenden Insolvenzverwalters bzw. Sachwalters fehlt, obwohl sie nach dem gestaltenden Teil des Insolvenzplans erforderlich ist. Ist ein **zweiseitiges Rechtsgeschäft** ohne Einwilligung des Insolvenzverwalters abgeschlossen worden, so ist es so lange schwebend unwirksam, bis sich der Insolvenzverwalter erklärt; erteilt er auf Ersuchen des Schuldners bzw. der Übernahmegesellschaft die Einwilligung nicht oder lehnt er ihre Erteilung ausdrücklich ab, so wird das Geschäft endgültig, also absolut unwirksam.[19] 23

VI. Rechte und Pflichten des Gläubigerausschusses

Die Rechtsstellung des Gläubigerausschusses während der Planüberwachung ist eher formaler Natur, da fast alle wichtigen Aufgaben, die ihm während des Hauptverfahrens zukommen, etwa die Veranlassung von Kassenprüfungen, die Genehmigung wirtschaftlich bedeutsamer Geschäfte des Insolvenzverwalters oder die Mitwirkung bei der Verteilung der Verwertungserlöse entfallen.[20] Ihm bleibt noch das Recht auf **jederzeitige Unterrichtung** durch den Verwalter (§ 69 Satz 2 InsO) und den Insolvenzschuldner (§ 97 InsO) und er hat die **Berichte** des Insolvenzverwalters zur Kenntnis zu nehmen (§ 261 Abs. 2 InsO). Erforderlichenfalls hat der Gläubigerausschuss den Insolvenzverwalter zur Einhaltung seiner Berichtspflicht anzuhalten.[21] Zudem unterstützt und überwacht er die Tätigkeit des Verwalters.[22] 24

Praxishinweis

Ist die Überwachung des Insolvenzplans dem Insolvenzverwalter übertragen worden, dann behält auch der Gläubigerausschuss trotz der Aufhebung des Insolvenzverfahrens sein Amt (§ 261 Abs. 1 Satz 2 InsO). Eine Überwachung des den Plan überwachenden Insolvenzverwalters bzw. Sachwalters durch den Gläubigerausschuss sollte in Anbetracht von dessen eingeschränkter Kompetenz und der Kosten aber die Ausnahme sein. Möglich und meist sinnvoll ist, dass das Insolvenzgericht gemäß § 70 InsO auf Antrag aller Mitglieder des Gläubigerausschusses oder auf Antrag der Gläubigerversammlung, bestenfalls im Anschluss an den Erörterungs- und Abstimmungstermin, die Entlassung der Mitglieder des Gläubigerausschusses mit Aufhebung des Insolvenzverfahrens beschließt.

19) Uhlenbruck-*Lüer/Streit*, InsO, § 263 Rz. 5.
20) Uhlenbruck-*Lüer/Streit*, InsO, § 261 Rz. 19.
21) Uhlenbruck-*Lüer/Streit*, InsO, § 261 Rz. 19.
22) *Thies* in: HambKomm-InsR, § 261 InsO Rz. 6.

VII. Kosten der Planüberwachung/Vorschuss

1. Vergütung des (planüberwachenden) Insolvenzverwalters

25 Die Überwachung der Erfüllung eines Insolvenzplans gemäß §§ 260 bis 269 InsO wird gesondert vergütet, § 6 Abs. 2 Satz 1 InsVV. Die Vergütung ist auf Antrag des planüberwachenden Insolvenzverwalters bzw. Sachwalters gemäß § 6 Abs. 2 Satz 2 InsVV unter Berücksichtigung des Umfangs der Tätigkeit nach billigem Ermessen festzusetzen.

26 Auch wenn die Vorschriften über die Überwachung der Planerfüllung keine entsprechende Verweisung enthalten, gelten die im § 64 InsO festgelegten Regelungen des Festsetzungsverfahrens auch für die Festsetzung der Überwachungsvergütung nach den §§ 6 Abs. 2 InsVV. Die Entscheidung über den Festsetzungsantrag obliegt nach § 64 Abs. 1 InsO dem Insolvenzgericht.[23] **Funktionell zuständig** ist das Gerichtsorgan, das zu diesem Zeitpunkt das Verfahren führt.[24]

27 **Vergütungserhöhend** kann sich auswirken, wenn im Insolvenzplan bestimmte Geschäfte an die Zustimmung des Verwalters gebunden werden oder ein Kreditrahmen vorgesehen ist.[25] Die Vergütung kann als **Bruchteil der Verwaltervergütung**, wie sie sich aus dem Insolvenzplan und seinen Anlagen nach § 229 InsO ergibt, ermittelt werden,[26] wobei zwischen 20–40 % des Regelsatzes nach § 2 Abs. 1 InsVV festgesetzt werden können.[27]

28 **Berechnungsgrundlage** kann die Summe der im Überwachungszeitraum zu erfüllenden Ansprüche sein.[28] Die Vergütung muss sich jedoch nicht an dem Berechnungssystem der §§ 1–5 InsVV orientieren, sondern kann auch andere Maßstäbe, z. B. Stundensätze oder Pauschalen heranziehen.[29] Bei komplexen Überwachungen für einen professionellen Insolvenzverwalter wird eine Brutto-Stundenvergütung von 400–600 € als angemessen zu betrachten sein,[30] während ansonsten Stundensätze von 150–250 € angezeigt sein dürften.[31]

Praxishinweis

Eine Regelung im gestaltenden Teil des Insolvenzplans zur Höhe der Vergütung des Verwalters ist unzulässig und kann zur Zurückweisung des Plans führen.[32] Dies gilt auch für die Vergütung i. R. der Planüberwachung. Der Plan hat weder eine Regelungsbefugnis für Masseverbindlichkeiten (Ausnahme: § 210a InsO) noch für nach Aufhebung des Insolvenzverfahrens entstehende Verbindlichkeiten.

29 Für die **Auslagen** des planüberwachenden Insolvenzverwalters gelten die §§ 4, 5, 8 InsVV, für die Umsatzsteuer auf Vergütung und Auslagen § 7 InsVV.

30 Die Vergütung wird durch das Insolvenzgericht (§ 64 Abs. 1 InsO) grundsätzlich erst nach Abschluss der Überwachung festgesetzt.[33] Da es sich bei der Vergütung für die Überwachung der Erfüllung des Insolvenzplans um eine Tätigkeitsvergütung handelt, entsteht

23) *Stephan* in: MünchKomm-InsO, § 6 InsVV Rz. 22.

24) *Stephan* in: MünchKomm-InsO, § 6 InsVV Rz. 22.

25) *Stephan* in: MünchKomm-InsO, § 6 InsVV Rz. 16.

26) *Stephan* in: MünchKomm-InsO, § 6 InsVV Rz. 17.

27) *Haarmeyer/Mock*, Vergütung in Krise, Sanierung und Insolvenz, § 6 InsVV Rz. 17; *Stephan* in: MünchKomm-InsO, § 6 InsVV Rz. 17.

28) *Haarmeyer/Mock*, Vergütung in Krise, Sanierung und Insolvenz, § 6 InsVV Rz. 17.

29) *Stephan* in: MünchKomm-InsO, § 6 InsVV Rz. 17; *Haarmeyer/Mock*, Vergütung, § 6 InsVV Rz. 17.

30) *Haarmeyer/Mock*, Vergütung in Krise, Sanierung und Insolvenz, § 6 InsVV Rz. 17; AG Braunschweig, Beschl. v. 21.6.2005 – 273 IN 211/99, ZInsO 2005, 870.

31) *Stephan* in: MünchKomm-InsO, § 6 InsVV Rz. 17; *Haarmeyer/Mock*, Vergütung in Krise, Sanierung und Insolvenz, § 6 InsVV Rz. 17.

32) BGH, Beschl. v. 16.2.2017 – IX ZB 103/15, ZVI 2017, 208 = NZI 2017, 260.

33) *Haarmeyer/Mock*, Vergütung in Krise, Sanierung und Insolvenz, § 6 InsVV Rz. 13.

der Vergütungsanspruch erst mit der Leistungserbringung und wird mit der tatsächlichen Beendigung der Tätigkeit **fällig.**[34)]

> **Praxishinweis**
>
> Teilweise wird auch die Beschlussfassung des Gerichts über diese Vergütung dem Grunde nach i. R. des § 258 InsO noch vor Aufhebung des Insolvenzverfahrens für zulässig erachtet.[35)] Mit Wirksamwerden des Insolvenzplans sind bereits Art und Umfang der Planüberwachung bekannt. In diesem Fall soll die Vergütung als Bruchteil der Verwaltervergütung festgesetzt werden. Ein entsprechender Antrag sollte aber mit dem Insolvenzgericht vorbesprochen werden.

Gemäß § 268 Abs. 1 Nr. 1 InsO ist die planüberwachende Tätigkeit häufig erst mit Ablauf von drei Jahren nach Aufhebung des Insolvenzverfahrens beendet. Scheitert der Insolvenzplan zwischenzeitlich und wird vor Realisierung der Vergütung erneut ein Insolvenzverfahren eröffnet, ist der planüberwachende Insolvenzverwalter bzw. Sachwalter mit seiner Vergütung im Folgeinsolvenzverfahren lediglich als Insolvenzgläubiger zu befriedigen. Einem Insolvenzverwalter bzw. Sachwalter sollte die Übernahme der Überwachung aber nur zugemutet werden, wenn die ihm dafür zustehende Vergütung gedeckt oder durch einen **Vorschuss** gesichert ist.[36)] Der Verwalter hat auch die Möglichkeit, monatliche und/oder vierteljährliche **Abschlagszahlungen** im Wege eines Vorschusses als bereits verdiente Teilvergütung beim Insolvenzgericht zu beantragen[37)] und nach Festsetzung beim Schuldner zu beanspruchen. 31

> **Praxishinweis**
>
> Der Verwalter sollte während der Dauer der Planüberwachung Anspruch auf vierteljährliche Festsetzung von Abschlagszahlungen geltend machen.

Die Kosten der Planüberwachung trägt gemäß § 269 Satz 1 InsO der Schuldner, bei entsprechender Planregelung die Übernahmegesellschaft. Dies gilt auch für die Auslagen sowie die Umsatzsteuer. Die Festsetzung erfolgt durch Vergütungsbeschluss des Insolvenzgerichts (§ 64 Abs. 1 InsO), der aber grundsätzlich nur eine Regelung zur **Höhe der Vergütung**, indes nicht zum Vergütungsschuldner enthält und somit nicht vollstreckungsfähig ist. Besteht Streit über die **Kostentragungspflicht**, so ist die Zahlungspflicht des § 269 InsO durch das zuständige Prozessgericht festzustellen und titulieren zu lassen, wobei hinsichtlich der Vergütungshöhe das Prozessgericht an den rechtskräftigen Festsetzungsbeschluss des Insolvenzgerichts gebunden ist. Dieser „Doppelbefassung“ der Gerichte mit dem Vergütungsanspruch des überwachenden Insolvenzverwalters könnte dadurch begegnet werden, dass bereits der Vergütungsfestsetzungsbeschluss den Vergütungsschuldner bestimmt und somit vollstreckungsfähig ist, worauf der Verwalter hinwirken sollte.[38)] Eine solche Vergütungsfestsetzung setzt allerdings zwingend voraus, dass der Vergütungsschuldner vor der Entscheidung dazu angehört worden ist.[39)] 32

Der Festsetzungsbeschluss ist gemäß § 64 Abs. 3 InsO mit der sofortigen Beschwerde anfechtbar. 33

34) *Stephan* in: MünchKomm-InsO, § 6 InsVV Rz. 19.

35) *Haarmeyer/Mock*, Vergütung in Krise, Sanierung und Insolvenz, § 6 InsVV Rz. 16.

36) *Stephan* in: MünchKomm-InsO, § 6 InsVV Rz. 20; *Haarmeyer/Mock*, Vergütung in Krise, Sanierung und Insolvenz, § 6 InsVV Rz. 15.

37) So auch *Haarmeyer/Mock*, Vergütung in Krise, Sanierung und Insolvenz, § 6 InsVV Rz. 16.

38) *Pleister* in: KPB, InsO, § 269 InsO Rz. 5; *Stephan* in: MünchKomm-InsO, § 6 InsVV Rz. 25; LG Memmingen, Beschl. v. 28.2.2011 – 44 T 207/11, ZInsO 2011, 1567.

39) *Pleister* in: KPB, InsO, § 269 InsO Rz. 5; *Stephan* in: MünchKomm-InsO, § 6 InsVV Rz. 25.

2. Vergütung eines (planüberwachenden) Dritten

34 Sieht der Insolvenzplan vor, dass die Überwachung statt dem bisherigen Insolvenzverwalter einer anderen Person übertragen wird, findet § 6 Abs. 2 InsVV keine Anwendung, so dass deren Vergütung nicht durch das Insolvenzgericht festgesetzt wird, sondern sich aus der Vereinbarung der Beteiligten ergibt.[40)]

3. Vergütung des (planüberwachenden) Gläubigerausschusses

35 Ist die Überwachung des Insolvenzplans dem Insolvenzverwalter übertragen worden und hat das Insolvenzgericht einen während des Insolvenzverfahrens bestehenden Gläubigerausschuss nicht abberufen (siehe oben Rz. 24), setzt auch der Gläubigerausschuss seine Tätigkeit fort. Dessen Mitglieder können gemäß § 73 InsO i. V. m. § 17 Abs. 1 Satz 1 InsVV eine Entschädigung für den Zeitaufwand und die Auslagen ihrer Tätigkeit beanspruchen. Der Stundensatz der Vergütung der Mitglieder des Gläubigerausschusses beträgt regelmäßig zwischen 35 € und 95 € je Stunde (§ 17 InsVV). Ausgehend von einem Durchschnitts-Stundensatz von 65 € kann sodann das Gericht die individuelle Festsetzung für die einzelnen Mitglieder aufgrund von Besonderheiten oder Erschwernissen des Verfahrens, aber auch den besonderen Tätigkeiten oder Leistungen und Fähigkeiten des Gremiummitgliedes vornehmen.[41)] So kann ein individuell angemessener Stundensatz durch Zuschläge ermittelt werden, der im Einzelfall z. B. für freiberuflich tätige, sachverständige Ausschussmitglieder, Rechtsanwälte, Wirtschaftsprüfer oder Diplomkaufleute insbesondere aber auch besonders sachkundige externe Ausschussmitglieder bis zu einem Stundensatz von 200 € oder 300 € führen kann.[42)] Pauschalvergütungen die sich an Leistungen eines Dritten, z. B. des Insolvenzverwalters orientieren, sind unzulässig.[43)]

36 Die Auslagen sind gemäß § 18 Abs. 1 InsVV einzeln anzuführen und zu belegen. Für vorsteuerabzugsberechtigte Mitglieder des Gläubigerausschusses wird auf Antrag auch die Umsatzsteuer festgesetzt, §§ 18 Abs. 2, 7 InsVV. Jedes Mitglied des Gläubigerausschusses hat für sich einen Vergütungsantrag schriftlich bei Gericht einzureichen und die von ihm beantragte Festsetzung zu begründen.[44)]

37 Die Vergütung der Mitglieder eines nach § 261 Abs. 1 Satz 2 InsO fortbestehenden Gläubigerausschusses (vgl. § 73 InsO) richtet sich jedenfalls bei Fehlen abweichender Regelungen im Insolvenzplan nach §§ 17 f. InsVV. Gemäß §§ 73 Abs. 2, 64 Abs. 1 InsO, § 8 InsVV wird sie auf Antrag vom Insolvenzgericht festgesetzt. Der Insolvenzplan kann allerdings eine **abweichende Regelung**, insbesondere eine noch zu treffende Vereinbarung vorsehen. Eine entsprechende Vergütungsvereinbarung kann dann nach der Aufhebung des Insolvenzverfahrens zwischen den Mitgliedern des Gläubigerausschusses einerseits, der Schuldnerin andererseits geschlossen werden. Die Vergütung der Mitglieder eines mit der Überwachung der Planerfüllung betrauten Gläubigerausschusses kann somit Gegenstand einer nach Aufhebung des Insolvenzverfahrens geschlossenen Vereinbarung zwischen dem Schuldner und den Ausschussmitgliedern sein.[45)]

---

40) *Stephan* in: MünchKomm-InsO, § 6 InsVV Rz. 25.

41) LG Aurich, Beschl. v. 6.3.2013 – 4 T 204/10, ZInsO 2013, 631 = ZIP 2013, 1342; AG Braunschweig, Beschl. v. 21.6.2005 – 273 IN 211/99, ZInsO 2005, 870; AG Karlsruhe, Beschl. v. 16.12.1986 – N 48/86, ZIP 1987, 124.

42) *Haarmeyer/Mock*, Vergütung in Krise, Sanierung und Insolvenz, § 17 InsVV Rz. 29.

43) LG Aurich, Beschl. v. 6.3.2013 – 4 T 204/10, ZInsO 2013, 631, 633 = ZIP 2013, 1342.

44) *Haarmeyer/Mock*, Vergütung in Krise, Sanierung und Insolvenz, § 17 InsVV Rz. 18.

45) BGH, Urt. v. 6.5.2021 – IX ZR 57/20, ZRI 2021, 532 = ZVI 2021, 341.

Der Festsetzungsbeschluss des hierfür zuständigen Insolvenzgerichts ist gemäß §§ 73 Abs. 2, 64 Abs. 3 InsO mit der sofortigen Beschwerde anfechtbar. 38

VIII. Aufhebung der Planüberwachung

Das Insolvenzgericht beschließt gemäß § 268 Abs. 1 InsO die **Aufhebung der Überwachung**, wenn die Ansprüche, deren Erfüllung überwacht wird, 39

- erfüllt sind oder
- die Erfüllung dieser Ansprüche gewährleistet ist, oder wenn
- seit der Aufhebung des Insolvenzverfahrens drei Jahre verstrichen sind und kein Antrag auf Eröffnung eines neuen Insolvenzverfahrens vorliegt.

Der Beschluss ist gemäß § 268 Abs. 2 Satz 1 InsO öffentlich bekannt zu machen. Die Überwachung endet mit Ablauf des zweiten Tages nach der Veröffentlichung des Aufhebungsbeschlusses im Internet unter www.insolvenzbekanntmachungen.de (§§ 268 Abs. 2 Satz 1, 9 Abs. 1 Satz 3 InsO).[46] Gemäß §§ 268 Abs. 2 Satz 2, 267 Abs. 3 Satz 1, 31 InsO hat die Geschäftsstelle des Insolvenzgerichts die Aufhebung der Überwachung der Planerfüllung dem Registergericht zu übermitteln. Gleiches gilt gegenüber dem Grundbuch und dem Register für Schiffe und Luftfahrzeuge. 40

Praxishinweis

Die Löschungen im Handelsregister, im Grundbuch sowie im Register für Schiffe und Luftfahrzeuge sollten überwacht werden.

Wenn seit der Aufhebung des Insolvenzverfahrens eine Frist von drei Jahren verstrichen ist, muss das Insolvenzgericht die Überwachung des Insolvenzplans aufheben. Allerdings ist in diesem Fall von Amts wegen zu prüfen, ob bereits ein Antrag auf Eröffnung eines neuen Verfahrens vorliegt. Ist ein solcher Antrag gestellt, so dauert die Überwachung an, bis ein neues Insolvenzverfahren eröffnet wird oder bis die Überwachung nach der rechtskräftigen Abweisung des Eröffnungsantrags aufgehoben wird.[47] 41

B. Sonstige Rechte der Gläubiger nach Aufhebung des Insolvenzverfahrens

I. Vollstreckung aus dem Plan

Aus dem rechtskräftig bestätigten Insolvenzplan i. V. m. der Eintragung in die Tabelle können die Insolvenzgläubiger, deren Forderungen festgestellt und nicht vom Schuldner im Prüfungstermin bestritten worden sind, wie aus einem vollstreckbaren Urteil die Zwangsvollstreckung gegen den Schuldner betreiben (§ 257 Abs. 1 Satz 1 InsO). Gleiches gilt für die Zwangsvollstreckung gegen einen Dritten, der durch eine dem Insolvenzgericht eingereichte schriftliche Erklärung für die Erfüllung des Plans neben dem Schuldner ohne Vorbehalt der Einrede der Vorausklage Verpflichtungen übernommen hat (§ 257 Abs. 2 InsO). 42

Eine unmittelbare Titelwirkung (und damit auch die Vollstreckung aus dem Plan) scheidet für Gläubiger aus, die ihre Forderungen nicht angemeldet haben.[48] Diese haben, so- 43

46) Uhlenbruck-*Pape*, InsO, § 9 Rz. 5.

47) BGH, Urt. v. 9.1.2014 – IX ZR 209/11, ZIP 2014, 330 = NZI 2014, 262, dazu EWiR 2014, 117 *(Madaus)*; *Thies* in: HambKomm-InsR, § 268 InsO Rz. 4; *Stephan* in: MünchKomm-InsO, § 268 Rz. 8.

48) *Martini/Horstkotte*, ZInsO 2017, 1913, 1920.

weit ihre Forderungen nach Maßgabe des Plans und unter Beachtung der §§ 259a ff. InsO noch bestehen, Leistungsklage nach allgemeinen Vorschriften der ZPO zu erheben.[49)]

44 Grundlage der Vollstreckung nach § 257 InsO bilden der rechtskräftig bestätigte Insolvenzplan und der Tabelleneintrag. Aus ihnen leitet sich der eigentliche Vollstreckungstitel ab, nämlich der Auszug aus der Tabelle gemäß §§ 175, 178 Abs. 2 InsO, der nach § 725 ZPO mit einer Vollstreckungsklausel zu versehen ist.[50)] Allerdings ist dieser Vollstreckungstitel nur in dem durch den gestaltenden Teil des Insolvenzplans begrenzten Umfang vollstreckbar.[51)]

45 Für die Wirkung als Titel in der Zwangsvollstreckung ordnet § 257 Abs. 1 Satz 1 InsO die Gleichstellung mit einem vollstreckbaren Urteil an. Folglich sind die allgemeinen Vorschriften des Vollstreckungsrechts (§§ 724–793 ZPO) entsprechend anzuwenden. Dies gilt insbesondere für das Klauselverfahren (§§ 724 ff. ZPO) und die allgemeinen Voraussetzungen der Zwangsvollstreckung (§§ 750 ff. ZPO) einschließlich der verfügbaren Rechtsbehelfe. Zu beachten ist für letztere allein die besondere Regelung zur Zuständigkeit des Insolvenzgerichts in §§ 257 Abs. 1 Satz 3, 202 InsO.[52)]

46 Gemäß § 224 InsO ist im gestaltenden Teil des Insolvenzplans für die nicht **nachrangigen Insolvenzgläubiger** gemäß § 38 InsO anzugeben, um welchen **Bruchteil die Forderung** der Insolvenzgläubiger gekürzt, für welchen Zeitraum sie **gestundet**, wie sie **gesichert** oder welchen **sonstigen Regelungen** sie unterworfen werden sollen, § 224 InsO.

47 Insolvenzpläne sind ihrem Inhalt nach (§§ 217 Satz 1, 221 Satz 1, 224 InsO) zu beanstanden, wenn sie hinsichtlich der Vollstreckbarkeit der Insolvenzquote der gebotenen Klarheit und Widerspruchsfreiheit entbehren.[53)] Ist das der Fall, ist der Insolvenzplan gemäß § 231 Abs. 1 Nr. 1 InsO zurückzuweisen bzw. dessen Bestätigung gemäß §§ 248, 250 Nr. 1 InsO abzulehnen.

48 Der Wortlaut des § 224 InsO i. V. m. § 257 InsO deutet darauf hin, dass die Planquote, um die Vollstreckbarkeit zu gewährleisten mit einem **Bruchteil** (Prozent) anzugeben ist. In der Praxis findet sich stattdessen häufig ein **Gesamtabgeltungsbetrag** für die nichtnachrangigen Insolvenzgläubiger, der auf die festgestellten Forderungen proportional aufgeteilt wird.[54)] Der von dem Schuldner für die Verteilung aufzuwendende Betrag bleibt in diesem Fall identisch, es verändert sich lediglich die Quote für die Gläubiger in Prozent. Als vorteilhaft wird insofern angesehen, dass sich mit dem Erfordernis genauer Planbarkeit und Allokation der meist eng begrenzten Mittel zur Plandotierung und Sanierung Vorteile ergeben, die im besten Interesse der Gläubigergemeinschaft Plansanierungen oft erst ermöglichen.[55)]

49 Der Zulässigkeit von **Gesamtabgeltungsklauseln**[56)] stehen im Hinblick auf die gebotene Klarheit und Widerspruchsfreiheit zur Vollstreckbarkeit der Insolvenzquote allerdings

49) *Martini/Horstkotte*, ZInsO 2017, 1913, 1921 unter Verweis auf BAG, Urt. v. 19.11.2015 – 6 AZR 559/14, ZVI 2016, 144 = ZInsO 2016, 220. BAG, Urt. v. 19.11.2015 – 6 AZR 559/14, ZVI 2016, 144 = ZInsO 2016, 220.

50) Uhlenbruck-*Lüer/Streit*, InsO, § 257 Rz. 5.

51) *Huber/Madaus* in: MünchKomm-InsO, § 257 Rz. 20.

52) *Huber/Madaus* in: MünchKomm-InsO, § 257 Rz. 21.

53) BGH, Beschl. v. 26.4.2018 – IX ZB 49/17, ZVI 2018, 272 = NZI 2018, 691.

54) Uhlenbruck-*Lüer/Streit*, InsO, § 224 Rz. 6; Braun-*Frank*, InsO, § 224 Rz. 3; *Breuer* in: MünchKomm-InsO, § 224 Rz. 15.

55) Uhlenbruck-*Lüer/Streit*, InsO, § 224 Rz. 6.

56) *Heerma/Bergmann*, ZIP 2019, 2377 ff.

gemäß § 257 InsO Bedenken entgegen.[57] Gemäß § 257 InsO erfolgt aus dem rechtskräftig bestätigten Insolvenzplan i. V. m. der Eintragung in die Tabelle wie aus einem vollstreckbaren Urteil die Zwangsvollstreckung gegen den Schuldner. Der für die Vollstreckung zuständige Rechtspfleger muss zur Erteilung der Vollstreckungsklausel also (ausschließlich) aus dem gestaltenden Teil des Insolvenzplans und der Insolvenztabelle den zu vollstreckenden Betrag bestimmen können. Der mit der Vollstreckungsklausel versehene Auszug aus der Tabelle unter Bezugnahme auf Planbestätigung und Planinhalt muss so eindeutig sein, dass die Zwangsvollstreckung wie nach einem auf Zahlung gerichteten Urteilstenor möglich ist. Bei Gesamtabgeltungsklauseln steht dieser Betrag auch nach Aufhebung des Insolvenzverfahrens noch nicht fest, da Gläubiger, die am Insolvenzverfahren nicht teilgenommen haben, nicht von der Verteilung aus dem Insolvenzplan ausgeschlossen werden dürfen, aber bei Ermittlung der Quote in Prozent aus dem plangemäß zur Verfügung zu stellenden Betrag und den planquotenberechtigten Gläubigern einzubeziehen sind (siehe unten Rz. 57). Selbst ein Jahr nach Rechtskraft des Beschlusses, durch den der Insolvenzplan bestätigt wird, kann die Quote nicht exakt berechnet werden, da die Sonderverjährung gemäß § 259b InsO u. a. erst mit Fälligkeit der Forderung beginnt (siehe § 27 Rz. 16 ff. [*Dellit*]).[58]

Die Grenze der **Zulässigkeit von Planklauseln** ist jedenfalls überschritten, wenn die Planquote der Höhe oder ihrem Auszahlungszeitpunkt nach in das Belieben des Planerstellers gestellt wird. 50

Praxishinweis

Mangels hinreichender Vollstreckbarkeit **unzulässig** ist etwa die folgende Planklausel:

„Auf die angemeldeten und festgestellten Forderungen aller Gläubiger wird ein der Höhe nach noch zu verhandelnder Betrag verteilt, der vom Bruder des Schuldners zur Verfügung gestellt wird."

Die Grenze der **Zulässigkeit von Planklauseln** ist zudem überschritten, wenn der Plan nicht vollstreckt werden kann, weil die Fälligkeit der an die Gläubiger zu bewirkenden Quotenzahlungen an eine aufschiebende Bedingung knüpft, deren Eintreten unmöglich ist.[59] Das Gesetz geht, wie insbesondere § 726 Abs. 1 ZPO entnommen werden kann, davon aus, dass der Bestimmtheit und Vollstreckbarkeit eines Titels genügt sein kann, wenn seine Durchsetzung vom Eintritt einer bestimmten Tatsache abhängt, wozu insbesondere der Eintritt einer aufschiebenden **Bedingung** gehört. Grundsätzlich kann eine plangemäße Herausgabe- oder Zahlungspflicht von der Rechtskraft eines in einem anderen Verfahren ergehenden Urteils abhängig gemacht werden. Eine Vollstreckung kann jedoch nur stattfinden, wenn das maßgebliche Ereignis einer aufschiebenden Bedingung zwar ungewiss ist, aber eintreten kann. Fehlt es daran, ist der Titel nicht vollstreckungsfähig.[60] Das ist bspw. der Fall, wenn der Plan bezüglich der im Prozessweg erst noch durchzusetzenden Forderungen abweichende Fälligkeitsregelungen enthält, die möglicherweise auch die Fälligkeit der Planquote insgesamt oder teilweise hinausschieben sollen. Wäre eine diesbezügliche Fälligkeitsregelung in dieser Weise zu verstehen, könnte die 51

57) Unzulässigkeit von Gesamtabgeltungsklauseln: AG Hannover, Beschl. v. 30.9.2016 – 902 IN 607/14, ZIP 2016, 2081 = ZInsO 2016, 2093.

58) *Heerma/Bergmann*, ZIP 2018, 949, halten es für vorteilhaft, im Hinblick auf nachträgliche Anmeldungen nicht am Verfahren teilnehmender Insolvenzgläubiger die Erteilung der Vollstreckungsklausel erst zuzulassen, wenn die Frist des § 259b InsO verstrichen ist, was allerdings den Wortlaut des Gesetzes und die Gläubigerinteressen missachtet.

59) BGH, Beschl. v. 26.4.2018 – IX ZB 49/17, ZVI 2018, 272 = NZI 2018, 691.

60) BGH, Beschl. v. 26.4.2018 – IX ZB 49/17, ZVI 2018, 272 = NZI 2018, 691.

Vollstreckung im Blick auf diese bedingten Ereignisse niemals eintreten. Dies gilt sowohl für nach Begleichung der Masseverbindlichkeiten zur Gläubigerbefriedigung dienende liquide Mittel als auch für die klageweise durchzusetzenden Einziehungsrechte des Insolvenzverwalters und des Treuhänders.[61)]

52 Statt einer Gesamtabgeltungsquote sollte eine **Mindestquote** auf der Grundlage der in der Buchhaltung erfassten Verbindlichkeiten (vgl. auch § 229 Satz 3 InsO) **in Prozent** angegeben werden. Zuvor ist die Buchhaltung aufgrund der durch die Forderungsanmeldungen zur Insolvenztabelle und deren Prüfung gewonnenen Erkenntnisse, soweit vorliegend, zu aktualisieren, zudem sollten Rückstellungen für ungewisse Verbindlichkeiten gebildet werden.

Praxishinweis

Da regelmäßig nicht alle in der Buchhaltung des Schuldners erfassten Gläubiger planquotenberechtigt sind, kann im Insolvenzplan eine nachträgliche Verteilung über einen Treuhänder (siehe § 24 Rz. 54 ff. [*Dellit*]) vorgesehen werden, an den der insgesamt zur Verteilung an die Gläubiger zur Verfügung stehende, aber nicht verteilte Betrag, dinglich übertragen wird. Dies führt, insbesondere bei zusätzlicher Berücksichtigung von Rückstellungen bei Bildung der Planquote, zu einer vollstreckbaren **Mindestquote** in Prozent und einer weiteren Quote aus den dem Treuhänder dinglich übertragenen Mitteln. Anlässlich der späteren Verteilung dieser weiteren Quote kann den Nachzüglern ein Vorrang eingeräumt werden, um letztlich für diese und die weiteren planquotenberechtigten Gläubiger (bis zur Grenze des nachzuverteilenden Betrages) eine identische Gesamtquote in Prozent zu gewährleisten.

53 Eine potentielle wirtschaftliche Überforderung des Schuldners wird unabhängig hiervon durch § 259a InsO (Vollstreckungsschutz; siehe unten § 27 Rz. 4 ff. [*Dellit*]), und § 259b InsO (Sonderverjährung; siehe unten § 27 Rz. 14 ff. [*Dellit*]) relativiert.

54 **§ 257 InsO** ist nicht plandispositiv: § 217 Satz 1 InsO legt allgemein fest, was in einem Insolvenzplan abweichend von der Regelabwicklung bestimmt werden kann. Dabei handelt es sich um eine gesetzgeberische Entscheidung; § 217 InsO dient dazu, die Arten von Regelungen festzulegen, die in einem Insolvenzplan getroffen werden können. Der Insolvenzplan ist mithin die privatautonome, den gesetzlichen Vorschriften entsprechende Übereinkunft der mitspracheberechtigten Beteiligten über die Verwertung des haftenden Schuldnervermögens unter voller Garantie des Werts der Beteiligungsrechte. Diejenigen Normen, welche **das Insolvenzplanverfahren selbst** regeln, werden von § 217 InsO nicht genannt. Von diesen kann nicht abgewichen werden.[62)] Hierzu gehört auch § 257 InsO.

II. Rechte der Gläubiger bei Verwendung von Präklusionsklauseln

1. Allgemeines

55 Aus der Erstreckung der Planwirkungen auf alle Personen, die als Inhaber einer Insolvenzforderung dem Beteiligtenbegriff des Planverfahrens unterfallen, ergeben sich für eine Planlösung beachtliche Probleme, wenn nach dem Abschluss des Verfahrens Personen auftauchen, die im Verfahren nicht als Insolvenzgläubiger identifiziert wurden. Sie können über § 254a InsO die Planquote beanspruchen, was zu einem erhöhten Bedarf an Liquidität und damit zu einer Liquiditätskrise beim Schuldner in der kritischen Sanierungsphase führen kann.[63)] Um dies zu vermeiden, werden in den Insolvenzplan (in dessen gestaltenden Teil) häufig Präklusionsklauseln aufgenommen, die den zulässigen **formellen Aus-**

61) BGH, Beschl. v. 26.4.2018 – IX ZB 49/17, ZVI 2018, 272 = NZI 2018, 691.

62) BGH, Beschl. v. 26.4.2018 – IX ZB 49/17, ZVI 2018, 272 = NZI 2018, 691; *Thies* in: HambKomm-InsR, § 217 InsO Rz. 7.

63) *Madaus* in: MünchKomm-InsO, § 254b Rz. 6.

schluss aus der Planverteilung (siehe Rz. 60 f.) des Insolvenzgläubigers oder dessen unzulässigen **materiellen Ausschluss** (siehe unten Rz. 57 ff.) mit seiner Forderung vorsehen.

56 Insolvenzpläne mit unzulässigen (materiellen) Ausschlussklauseln sind bereits in der gerichtlichen Vorprüfung nach § 231 Abs. 1 Satz 1 Nr. 1 InsO von Amts wegen zurückzuweisen.[64] Jedenfalls ist in diesen Fällen dem Insolvenzplan die gerichtliche Bestätigung gemäß § 248 InsO zu versagen.

2. Unzulässigkeit materieller Präklusion hinsichtlich am Verfahren nicht beteiligter Insolvenzgläubiger

57 Der Insolvenzplan darf keine **materiellen Präklusionsregeln** vorsehen, durch welche die Insolvenzgläubiger, die sich am Insolvenzverfahren nicht beteiligt haben, mit ihren Forderungen i. H. der vorgesehenen Quote ausgeschlossen sind.[65] Solche Klauseln verstoßen gegen den Grundsatz, dass **innerhalb jeder Gruppe allen Beteiligten gleiche Rechte** anzubieten sind (§ 226 Abs. 1 InsO) und sind daher **unzulässig**. Denn sie bewirken eine Ungleichbehandlung von Insolvenzgläubigern derselben Rechtsstellung allein aus dem Umstand der Rechtzeitigkeit der Forderungsanmeldung. Die Rechtsstellung der nicht (rechtzeitig) anmeldenden Insolvenzgläubiger unterscheidet sich aber nicht von jener der im Insolvenzplan berücksichtigten; ihnen entgehen lediglich Verfahrensrechte. Ebenso wenig lassen sich unterschiedliche wirtschaftliche Interessen nach § 222 Abs. 2 Satz 1 InsO allein anhand des Kriteriums der (rechtzeitigen) Forderungsanmeldung rechtfertigen. Das Versäumen einer im Plan gesetzten Anmeldefrist ist zwar ein objektives, aber kein dem § 222 InsO zugängliches Abgrenzungskriterium.[66] Der vollständige materielle Verlust einer Forderung als Folge einer Ausschlussfrist stellt zudem einen erheblichen Eingriff in das Eigentumsrecht des Gläubigers (Art. 14 Abs. 1 GG) dar, der einer ausdrücklichen gesetzlichen Grundlage bedarf.[67] Daran fehlt es jedenfalls, seitdem der Gesetzgeber mit §§ 259a, 259b InsO Sonderregelungen getroffen und eine weitergehende gesetzliche Beschränkung der Rechte nachmeldender Gläubiger ausdrücklich abgelehnt hat. Präklusionsklauseln, die den Verlust des Anspruchs gegen den Schuldner nach Maßgabe des Insolvenzplans bewirken, sind deshalb unwirksam, soweit sie über die Wirkung der Verjährungsvorschrift hinausgehen.[68]

58 Da dem Insolvenzplan demzufolge diesbezüglich keine materielle Ausschlusswirkung zukommt, können Forderungen von Gläubigern, die sich im Insolvenzverfahren nicht gemeldet haben, auch noch nach dessen Aufhebung geltend gemacht werden. So kann etwa das Finanzamt auch nach Aufhebung des Insolvenzverfahrens infolge rechtskräftiger Bestätigung eines Insolvenzplans Lohnsteuer, die es nicht zur Insolvenztabelle angemeldet hat, als Nachzügler im Wege eines Haftungs- und Nachforderungsbescheids innerhalb der Frist des § 259b InsO festsetzen.[69] Gemäß § 254 Abs. 1 InsO entfaltet der Insolvenzplan seine Wirkungen aber auch für und gegen solche Insolvenzgläubiger. Diese werden mit

64) BGH, Beschl. v. 7.5.2015 - IX ZB 75/14, Rz. 8, NZI 2015, 697, 699 = ZIP 2015, 1346.

65) BGH, Beschl. v. 7.5.2015 – IX ZB 75/14, NZI 2015, 697 = ZIP 2015, 1346, dazu EWiR 2015, 483 *(Spliedt)*; so auch BFH, Urt. v. 8.3.2022 – VI R 33/19, ZRI 2022, 652 = NZI 2022, 752.

66) BGH, Beschl. v. 7.5.2015 - IX ZB 75/14, NZI 2015, 697 = ZIP 2015, 1346.

67) BGH, Urt. v. 10.5.2012 – IX ZR 206/11, ZIP 2012, 1359 = NZI 2013, 84, dazu EWiR 2012, 533 *(Rendels/Körner)*.

68) BGH, Beschl. v. 7.5.2015 – IX ZB 75/14, NZI 2015, 697 = ZIP 2015, 1346; Begr. RegE ESUG, BT-Drucks. 17/5712.

69) BFH, Urt. v. 8.3.2022 – VI R 33/19, ZRI 2022, 652 = NZI 2022, 752, der allerdings auch meint, dass das Finanzamt bei Erlass des Haftungs-und Nachforderungsbescheids nicht auf eine Festsetzung lediglich i. H. der Planquote beschränkt sei, da dies i. R. des Erhebungsverfahrens anlässlich der Vollstreckung zu klären sei.

ihren Forderungen den Beschränkungen unterworfen, die der Plan für vergleichbare Ansprüche vorsieht.

Praxishinweis

Machen Insolvenzgläubiger ihre Forderungen erst nach Aufhebung des Insolvenzverfahrens geltend, können diese ihre Berechtigung an der Planquote durch ein **ordentliches Gericht** feststellen lassen.

3. Unzulässigkeit materieller Präklusion bei verspäteter Feststellungsklage

59 Unzulässig ist ebenso die materielle Präklusion von Gläubigern,[70] die sich am Insolvenzverfahren zwar beteiligt, also Forderungen zur Insolvenztabelle angemeldet haben, aber nicht rechtzeitig gemäß §§ 179 f. InsO die Feststellung ihrer (bestrittenen) Forderung zur Insolvenztabelle betrieben haben. Dies gilt auch, sofern der Insolvenzplan in seinem gestaltenden Teil einen diesbezüglichen materiellen Ausschluss für Insolvenzgläubiger vorsieht, die ihre bestrittenen Forderungen nicht rechtzeitig nach § 189 Abs. 1 InsO gerichtlich verfolgen.[71]

4. Zulässigkeit formeller Präklusion

60 Anders als materielle Ausschlussklauseln sind formelle Ausschlussklauseln unbedenklich. Zulässig sind daher etwa für Ausschlussfristen zur Erhebung einer Tabellenfeststellungsklage für bestrittene Forderungen von Insolvenzgläubigern, bei deren Nichteinhaltung die Forderung **bei der Verteilung nicht berücksichtigt** wird. Allerdings beginnt die Klagefrist unabhängig von den Regelungen im Insolvenzplan erst mit der Rechtskraft des Beschlusses zu laufen, der den Insolvenzplan bestätigt.[72] Sieht der gestaltende Teil eines Insolvenzplans vor, dass Gläubiger, die ihre Forderung angemeldet, aber nach Bestreiten innerhalb einer Ausschlussfrist von einem Monat nach Bestandskraft des den Insolvenzplan bestätigenden Beschlusses des Insolvenzgerichts nicht im Klagewege weiterverfolgt haben, bei der Verteilung analog § 189 InsO nicht berücksichtigt werden, lässt dies den Anspruch der Insolvenzgläubiger bei Versäumen der Frist (wegen Fehlens einer entsprechenden **Ausschlussklausel**) materiell-rechtlich unberührt. Es bleibt den Insolvenzgläubigern, die die Frist versäumt haben, unbenommen, nach Aufhebung des Insolvenzverfahrens die Planquote mit einer Leistungsklage gegenüber dem Schuldner durchzusetzen.[73]

61 Solche formellen Ausschlussklauseln sind auch für (nicht am Verfahren teilnehmende) Nachzügler zulässig, da mangels materieller Wirkung insofern der Regelungszweck der §§ 259a und 259b InsO nicht berührt wird.[74]

Praxishinweis

Der Planersteller muss im gestaltenden Teil des Insolvenzplans genau formulieren. Zu unterscheiden sind **anspruchsvernichtende (materielle Präklusion) und verteilungsregelnde (formelle Präklusion) Klauseln**. Letztere sind hinsichtlich am Verfahren teilnehmender Gläubiger zulässig.[75]

---

70) Zur Zulässigkeit von Präklusionsklauseln: *Küpper/Heinze*, ZInsO 2013, 471 ff. m. w. N.

71) *Madaus* in: MünchKomm-InsO, § 254b Rz. 10.

72) BGH, Beschl. v. 15.7.2010 – IX ZB 65/10, ZVI 2011, 20 = NZI 2010, 734; **a. A.** *Küpper/Heinze*, ZInsO 2013, 471, 476.

73) BAG, Urt. v. 19.11.2015 – 6 AZR 559/14, ZVI 2016, 144 = ZInsO 2016, 220.

74) *Huber/Madaus* in: MünchKomm-InsO, § 254b Rz. 13.

75) BGH, Beschl. v. 15.7.2010 – IX ZB 65/10, ZVI 2011, 20 = NZI 2010, 734; BAG, Urt. v. 19.11.2015 – 6 AZR 559/14, ZVI 2016, 144 = ZInsO 2016, 220.

III. Wiederaufleben von Forderungen vor Eröffnung eines Folgeinsolvenzverfahrens

1. Sanktionierung der Verletzung plangemäßer Verpflichtungen

Einen **Verstoß gegen insolvenzplangemäße Pflichten** des **Schuldners** lässt das Gesetz nicht sanktionslos. § 255 InsO regelt die Rechtsfolgen solcher Verstöße für Insolvenzpläne mit Stundungen und Teilerlassen von Insolvenzforderungen. 62

Nach § 255 Abs. 1 Satz 1 InsO muss der Schuldner selbst mit der Befriedigung des konkreten Insolvenzgläubigers in Rückstand geraten sein. Die Vorschrift greift also nicht ein, wenn nach dem Inhalt des Plans die Befriedigung des Insolvenzgläubigers – an Stelle des Schuldners – einer **Übernahmegesellschaft** (§ 260 Abs. 3 InsO) oder einem sonstigen Dritten, z. B. einem Plangaranten, obliegt und diese ihre Verpflichtungen nicht erfüllen.[76] 63

Entsprechendes gilt, wenn im Plan vorgesehen ist, dass **Zahlungen durch den Insolvenzverwalter** erfolgen sollen; dieser ist nicht Erfüllungsgehilfe des Schuldners.[77] 64

> **Praxishinweis**
>
> Gleichwohl muss dem Schutzgedanken dieser Vorschrift Rechnung getragen werden. Scheitert die Erfüllung eines derartigen Plans auch unter Berücksichtigung etwaiger Ansprüche gegen den Verwalter nach §§ 60, 61 InsO gänzlich oder in Teilen, so ist das Scheitern vom Insolvenzgericht durch Beschluss festzustellen und das noch laufende Insolvenzverfahren im Regelverfahren fortzusetzen.[78]

Die Vorschrift ist nur zugunsten des Schuldners plandispositiv (§ 255 Abs. 3 InsO). Sie kann auch vollständig ausgeschlossen werden.[79] 65

> **Praxishinweis**
>
> Zur Meidung eines (zu) schnellen Wiederauflebens von Forderungen, das regelmäßig zur erneuten Zahlungsunfähigkeit des Unternehmens führt, kann im gestaltenden Teil des Insolvenzplans der „erhebliche Rückstand" weiter gefasst werden, als dies die Legaldefinition des § 255 Abs. 1 Satz 2 InsO vorsieht, indem etwa vor der Mahnung mit Nachfrist eine weitere Mahnung vorgesehen wird. Im Fall der Planüberwachung kann vorgesehen werden, dass Mahnungen und Fristsetzungen auch dem planüberwachenden (ehemaligen) Insolvenzverwalter bzw. Sachwalter zuzustellen sind, anderenfalls der Lauf der Fristen nicht beginnt. Diesem wird damit Gelegenheit gegeben, die Gläubigerschaft insgesamt rechtzeitig zu informieren (vgl. § 262 InsO).

2. Voraussetzung des Wiederauflebens

Das Wiederaufleben von Forderungen setzt gemäß § 255 Abs. 1 InsO voraus: 66

- Forderungen von Insolvenzgläubigern, also nicht Masseverbindlichkeiten und Neuforderungen,
- die plangemäß gestundet und teilerlassen sind (bei vollständigem Erlass ist § 255 Abs. 1 InsO nicht anwendbar),[80]
- die fällig sind sowie
- keine Zahlung des Schuldners selbst (nicht ausreichend ist, dass dies hinsichtlich einer Übernahmegesellschaft, § 260 Abs. 2 InsO, der Fall ist) und

---

76) Römermann-*Rühle*, InsO/InsR, § 255 InsO Rz. 4; *Huber/Madaus* in: MünchKomm-InsO, § 255 Rz. 16.

77) Römermann-*Rühle*, InsO/InsR, § 255 InsO Rz. 4; *Huber/Madaus* in: MünchKomm-InsO, § 255 Rz. 16.

78) *Thies* in: HambKomm-InsR, § 255 InsO Rz. 4.

79) *Thies* in: HambKomm-InsR, § 255 InsO Rz. 18.

80) *Huber/Maudaus* in: MünchKomm-InsO, § 255 Rz. 11 ff.

- der Schuldner **mit einer Zahlung erheblich in Rückstand** geraten ist, was der Fall ist, wenn:
  - der Gläubiger in Schriftform (§ 126 BGB) oder nach §§ 126 Abs. 3, 126a Abs. 1 BGB in elektronischer Form gemahnt hat (nicht ausreichend ist eine Telefaxübermittlung),[81)]
  - der Gläubiger zusammen mit der Mahnung eine mindestens zweiwöchige Nachfrist gesetzt hat,
  - Mahnung und Nachfristsetzung dem Schuldner zugegangen sind,
  - die Nachfrist abgelaufen ist (für die Fristberechnung gelten §§ 187 Abs. 1, 188 Abs. 2, 193 BGB) und
  - der Schuldner bei Fristablauf nicht geleistet hat; für die Fristwahrung kommt es nach allgemeinen Regeln (Leistungsort bei Geldschulden ist der Wohnort des Schuldners, §§ 269 Abs. 1, 270 Abs. 4 BGB) nicht auf den Eingang des Geldes beim Gläubiger, sondern auf den Zeitpunkt der Absendung durch den Schuldner an.

67 Ob die Voraussetzungen vorliegen, muss für jede Forderung einzeln geprüft werden.

3. Rechtsfolge

68 Liegen die Voraussetzung des § 255 Abs. 1 InsO vor (siehe oben Rz. 66), so wird gemäß § 255 Abs. 1 Satz 1 InsO die Stundung oder der Teilerlass für den jeweiligen Insolvenzgläubiger hinfällig. Die Forderung lebt in der Höhe wieder auf, wie sie vor Planbestätigung bestand, ggf. gemindert um inzwischen vorgenommene Zahlungen.[82)] Dies gilt auch für die plangegenständlichen Nebenansprüche (z. B. nach § 225 Abs. 1 InsO als erlassen geltende Zinsen).[83)] Hat der Schuldner einheitliche Zahlungen auf mehrere nun wieder aufgelebte Forderungen geleistet, bestimmt sich deren teilweise Tilgung nach den §§ 366, 367 BGB.[84)] Ob der Gläubiger darüber hinaus einen Verzugsschaden geltend machen kann, bestimmt sich nach den allgemeinen Regeln (§§ 280 Abs. 2, 288 BGB, § 352 HGB).[85)] Der Plan bleibt aber i. Ü. bestehen.[86)]

4. Streitige Forderungen und Ausfallforderungen

69 Bei einer im Prüfungstermin **bestrittenen Forderung** oder einer der Höhe nach noch nicht feststehenden **Ausfallforderung** eines absonderungsberechtigten Gläubigers herrscht Unklarheit für den Schuldner, ob und in welchem Umfang er den entsprechenden Insolvenzgläubiger befriedigen muss. Zahlt er deshalb bis zur endgültigen Feststellung nichts, so

---

81) BGH, Urt. v. 17.6.1997 – XI ZR 239/96, ZIP 1997, 1540 = NJW 1997, 3169 f.; BGH, Urt. v. 28.1.1993 – IX ZR 259/91, BGHZ 121, 224, 228 ff. = ZIP 1993, 424; *Wendtland* in: BeckOK-BGB, § 126 Rz. 6.

82) Römermann-*Rühle*, InsO/InsR, § 255 InsO Rz. 7; *Huber/Madaus* in: MünchKomm-InsO, § 255 Rz. 26; Uhlenbruck-*Lüer/Streit*, InsO, § 255 Rz. 12.

83) Uhlenbruck-*Lüer/Streit*, InsO § 255 Rz. 12; Römermann-*Rühle*, InsO/InsR, § 255 InsO Rz. 7; *Jaffé* in: FK-InsO, § 255 Rz. 27; *Thies* in: HambKomm-InsR, § 255 InsO Rz. 10; *Spahlinger* in: KPB, InsO, § 255 Rz. 9.

84) Römermann-*Rühle*, InsO/InsR, § 255 InsO Rz. 7.

85) *Huber/Madaus* in: MünchKomm-InsO, § 255 Rz. 26.

86) *Thies* in: HambKomm-InsR, § 255 InsO Rz. 11; Römermann-*Rühle*, InsO/InsR, § 255 InsO Rz. 7; *Huber/Madaus* in: MünchKomm-InsR, § 255 InsO Rz. 28.

drohen der Wegfall von Stundungen und Teilerlass.[87] Zur Meidung der Ungewissheit über eine Leistungspflicht des Schuldners wird § 255 InsO durch § 256 InsO ergänzt.

Erfasst werden entgegen dem Wortlaut des § 256 Abs. 1 Satz 1 InsO nicht alle gemäß 70 § 176 InsO **bestrittenen Forderungen**, sondern nur die nach § 178 InsO im Prüfungstermin bestrittenen Forderungen (§ 178 Abs. 1 Satz 1 InsO); ein Bestreiten des Schuldners bleibt außer Betracht (§ 178 Abs. 1 Satz 2 InsO),[88] es sei denn, es ist die Eigenverwaltung angeordnet. Nicht unter § 256 Abs. 1 InsO fällt diejenige bestrittene Forderung, deren Feststellung der betreffende Gläubiger nicht betrieben (§§ 179 ff. InsO) oder nicht nachgewiesen hat (§ 189 Abs. 1, 3 InsO).[89] Diese braucht der Schuldner weder vorläufig zu bedienen noch durch eine negative Feststellungsklage anzugreifen; in Rückstand i. S. des § 255 Abs. 1 kann er hier nicht geraten.

Eine **Ausfallforderung** steht dann der Höhe nach noch nicht fest, wenn das **Absonderungsrecht** des betreffenden Gläubigers noch nicht verwertet ist. Ist nur der Verwalter 71 zur Verwertung berechtigt, gilt § 190 Abs. 3 InsO.[90] Im Übrigen muss der absonderungsberechtigte Gläubiger die Betreibung der Verwertung und den mutmaßlichen Ausfall gemäß § 190 Abs. 2 InsO glaubhaft machen; unterlässt er das, braucht der Schuldner die mögliche Ausfallforderung nicht vorläufig zu bedienen, in Rückstand gemäß § 255 Abs. 1 InsO kann er dadurch nicht geraten.[91] Werden die Sicherheiten nicht verwertet, ist der Wert des Absonderungsrechts und damit die Höhe des Ausfalls durch einen gesonderten Feststellungsstreit zu klären.[92]

Berücksichtigt der Schuldner die Forderung bis zur endgültigen Feststellung ihrer Höhe 72 in dem Ausmaß, das der Entscheidung des Insolvenzgerichts über das **Stimmrecht** des Gläubigers bei der Abstimmung über den Plan entspricht, ist ein Rückstand mit der Erfüllung des Insolvenzplans i. S. des § 255 Abs. 1 InsO nicht anzunehmen, § 256 Abs. 1 Satz 1 InsO. Für das Stimmrecht maßgeblich ist die Entscheidung des Insolvenzgerichts zum Stimmrecht bei der Planabstimmung für streitige Forderungen gemäß §§ 237 Abs. 1 Satz 1, 77 Abs. 2 Sätze 2, 3 InsO und für Ausfallforderungen §§ 237, 238, 77 Abs. 2 Sätze 2, 3 InsO. Die Einigung der Gläubiger und des Verwalters nach § 77 Abs. 2 InsO ist der Entscheidung des Insolvenzgerichts über das Stimmrecht (schon nach dem Wortlaut des Gesetzes) nicht gleichzusetzen, denn nur die richterliche Mitwirkung kann die hinreichende Berücksichtigung der Interessen des Schuldners gewährleisten.[93] Wurde keine Entscheidung über das Stimmrecht getroffen, so hat das Insolvenzgericht auf Antrag des Schuldners oder des Gläubigers nachträglich festzustellen, in welchem Ausmaß der Schuldner vorläufig die Forderung zu berücksichtigen hat, § 256 Abs. 1 Satz 2 InsO.

---

87) *Huber/Madaus* in: MünchKomm-InsO, § 256 Rz. 1.

88) *Huber/Madaus* in: MünchKomm-InsO, § 256 Rz. 6; *Thies* in: HambKomm-InsR, § 256 InsO Rz. 2.

89) *Huber/Madaus* in: MünchKomm-InsO, § 256 Rz. 6; BGH, Beschl. v. 15.7.2010 – IX ZB 65/10, Rz. 16, ZVI 2011, 20 = NZI 2010, 734; Uhlenbruck-*Lüer/Streit*, InsO, § 256 Rz. 2; *Thies* in: HambKomm-InsR, § 256 InsO Rz. 3; **a. A.** Römermann-*Braun*, InsO/InsR, § 256 InsO Rz. 2; *Spahlinger* in: KPB, InsO, § 256 Rz. 7.

90) *Huber/Madaus* in: MünchKomm-InsO, § 256 Rz. 8.

91) Uhlenbruck-*Lüer/Streit*, InsO, § 256 Rz. 3; **a. A.** Römermann-*Braun*, InsO/InsR, § 256 InsO Rz. 2.

92) *Spahlinger* in: KPB, InsO, § 256 Rz. 6.

93) *Thies* in: HambKomm-InsR, § 256 InsO Rz. 6; *Huber/Madaus* in: MünchKomm-InsO, § 256 Rz. 11; **a. A.** Uhlenbruck-*Lüer/Streit*, InsO, § 256 Rz. 7: Die Vorläufigkeit der Stimmrechtsfestsetzung spreche dafür, auch die Einigung unter den stimmberechtigten Gläubigern neben der richterlichen Festsetzung für die Anwendung von § 256 Abs. 1 InsO anzuerkennen, dies sei vor dem Hintergrund der Gläubigerautonomie praktikabel und sachgerecht; i. Ü. bleibe immer noch die Möglichkeit einer nachträglichen Feststellung nach § 256 Abs. 1 Satz 2 InsO.

5. Auswirkung des Wiederauflebens von Forderungen auf Sicherungsrechte

73 Sieht der Insolvenzplan vor, dass Gläubiger ganz oder teilweise auf dingliche Sicherungsrechte verzichten, so werden diese im Falle des Wiederauflebens der zugrunde liegenden Forderungen gemäß § 255 Abs. 1 InsO nicht automatisch wiederhergestellt. Ansprüche der absonderungsberechtigten Gläubiger werden von § 255 InsO nicht erfasst,[94] von deren Ausfallforderung abgesehen.[95]

> **Praxishinweis**
>
> Sieht der Insolvenzplan vor, dass Gläubiger vor vollständiger Abgeltung ganz oder teilweise auf **Sicherungsrechte** verzichten, müssen Sicherungsgläubiger zur Wahrung ihrer dinglichen Rechte darauf hinwirken, dass in den gestaltenden Teil des Insolvenzplans Regelungen aufgenommen werden, die ihnen im Falle des Wiederauflebens der zu sichernden Forderungen den Rückgriff auf solche Sicherheiten ermöglichen.[96] Sofern keine bedingungsfeindlichen Rechtsgeschäfte vorhanden sind, sollte auch eine erneute Insolvenzeröffnung oder Abweisung des entsprechenden Antrags mangels Masse als auflösende Bedingung des Verzichts auf Sicherungsrechte in den Insolvenzplan eingefügt werden.

6. Auswirkung des Wiederauflebens gemäß § 255 Abs. 1 InsO auf Zahlungsunfähigkeit und Überschuldung

74 Im **insolvenzrechtlichen Zahlungsunfähigkeitsstatus** des plansanierten Schuldners sind neben weiteren fälligen (Neu-)Verbindlichkeiten auch die fälligen Planquoten unter Beachtung der plangemäßen Stundungen zu passivieren. Gemäß § 255 Abs. 1 InsO wiederaufgelebte Forderungen sind in voller Höhe der restoffenen Forderung in den Zahlungsunfähigkeitsstatus einzustellen.

75 Im **insolvenzrechtlichen Überschuldungsstatus** des plansanierten Schuldners sind neben weiteren (Neu-)Verbindlichkeiten zunächst die Planquoten (ohne Rücksicht auf die Fälligkeit) vollständig zu passivieren. Gemäß § 255 Abs. 1 InsO wiederaufgelebte Forderungen sind in voller Höhe der restoffenen Forderung einzustellen. Liegen die Voraussetzungen des § 255 Abs. 1 InsO mit Ausnahme von Mahnung und Nachfristsetzung vor, ist in den Überschuldungsstatus eine Rückstellung aufzunehmen, sofern das Wiederaufleben (Mahnung, Nachfristsetzung sowie Nichtzahlung) überwiegend wahrscheinlich ist.

IV. Wiederaufleben von Forderungen gemäß § 255 Abs. 2 InsO

76 Wird vor vollständiger Erfüllung des Plans über das Vermögen des Schuldners ein neues Insolvenzverfahren eröffnet, so ist die Stundung oder der Erlass für alle Insolvenzgläubiger hinfällig, § 255 Abs. 2 InsO (ausführlich siehe § 25 Rz. 1 [*Dellit*]).

V. Kreditrahmen

77 Häufig verfügen plansanierte Unternehmen nicht über hinreichend fremdrechtsfreie Vermögensgegenstände für eine Besicherung neuer Kredite. Die Vorschriften der §§ 264 ff. InsO dienen dazu, die Finanzierung des Sanierungsplans zu erleichtern[97] und somit die Sanierungschancen des insolventen Unternehmens zu erhöhen.[98] Der gestaltende Teil

---

94) Uhlenbruck-*Lüer/Streit*, InsO, § 255 Rz. 2, 3; Römermann-*Braun*, InsO/InsR, § 255 InsO Rz. 9; *Thies* in: HambKomm-InsR, § 255 InsO Rz. 5.

95) Uhlenbruck-*Lüer/Streit*, InsO, § 255 Rz. 2, 3; Römermann-*Braun*, InsO/InsR, § 255 InsO Rz. 9; *Thies* in: HambKomm-InsR, § 255 InsO Rz. 5.

96) *Dellit/Hamann*, ZIP 2015, 308 ff.; *Huber/Madaus* in: MünchKomm-InsO, § 255 Rz. 15.

97) *Thies* in: HambKomm-InsR, § 264 InsO Rz. 1.

98) *Dellit/Titze* in: Bork/Hölzle, Hdb. Insolvenzrecht, Kap. 13 Rz. 1.

des Insolvenzplans kann dem zu sanierenden Schuldner und auch einer Übernahmegesellschaft ein unterstützendes **Kreditsicherungsmittel** in Gestalt des **Kreditrahmens** zur Verfügung stellen, indem Kredite mit bestimmten Wirkungen privilegiert werden, die während der Überwachung neu gewährt oder prolongiert werden. Die Privilegierung wirkt erst und nur in einem **Folgeinsolvenzverfahren** (siehe oben § 8 Rz. 471 ff. [*Brünkmans*] und § 25 Rz. 32 [*Dellit*]), das während der maximal dreijährigen **Planüberwachung** (siehe oben Rz. 1) eröffnet wird.[99] Die privilegierten Gläubiger bleiben allerdings Insolvenzgläubiger und werden im Folgeinsolvenzverfahren nicht etwa zu Massegläubigern.[100] Sie sind im Rang zwischen den Massegläubigern und den Insolvenzgläubigern zu befriedigen.

§ 265 InsO sichert die gemäß § 264 InsO privilegierten Gläubiger im Verhältnis zu **Neugläubigern** ab, die Forderungen gegen den Schuldner während der Zeit der Planüberwachung begründen. Als solche Ansprüche gelten auch Ansprüche aus einem vor der Überwachung vertraglich begründeten **Dauerschuldverhältnis** für die Zeit nach dem ersten Termin, zu dem der Gläubiger nach Beginn der Überwachung kündigen konnte, § 265 Satz 2 InsO. Der Gesetzgeber geht davon aus, dass die durch vertragliche Abreden mit dem Schuldner bzw. der Übernahmegesellschaft hinzutretenden Neugläubiger keiner Gleichstellung mit den nach § 264 InsO privilegierten Kreditgläubigern bedürfen, weil ihnen durch die öffentliche Bekanntmachung des Kreditrahmens freisteht, ob sie überhaupt neue vertragliche Forderungen begründen wollen.[101] Dies schließt nicht aus, dass solche Neugläubiger im Wege von Verhandlungen mit dem Verwalter die Aufnahme ihrer neubegründeten Forderungen in den Kreditrahmen vereinbaren.[102] 78

Nach §§ 264 ff. InsO können nur Kapitalzuführungen bevorrechtigt werden, die rechtlich **Fremdkapital** des Insolvenzschuldners bzw. der Übernahmegesellschaft bleiben; dementsprechend sind die Kapitalmaßnahmen, die rechtlich **Eigenkapital** des Schuldners bzw. der Übernahmegesellschaft werden, von der Privilegierung ausgeschlossen.[103] Ebenso können grundsätzlich Nutzungsüberlassungen (insbesondere das Finanzierungsleasing) nicht als sonstiger Kredit i. S. des § 264 Abs. 1 Satz 1 InsO behandelt werden, selbst wenn sie ganz oder teilweise die wirtschaftliche Funktion eines Kreditsubstituts haben.[104] 79

Die Kredite, die nach §§ 264 bis 266 InsO rangprivilegiert sein sollen, müssen im gestaltenden Teil des Insolvenzplans hinreichend bestimmt festgesetzt sein.[105] Als **Mindestinhalt** muss gemäß § 264 Abs. 1 Satz 2 InsO der Gesamtbetrag sämtlicher zu privilegierender Kredite festgesetzt werden **(Kreditrahmen)**. Es ist also der **Höchstbetrag der privilegierten Kredite** anzugeben.[106] 80

Es ist nicht notwendig, dass die verschiedenen Kreditarten und deren Einzelrahmen ausgewiesen werden.[107] Der gestaltende Teil des Insolvenzplans kann den Kreditrahmen **restriktiver** regeln. Er kann insbesondere nur bestimmte Arten von Krediten zulassen. Es können Einzelkreditrahmen für bestimmte Kreditarten, etwa Einzelfestlegungen bezüglich prolongierbarer Altkredite und zulässiger Neukredite, festgesetzt werden. Ebenso erscheint es möglich, den Zeitrahmen für die Inanspruchnahme bestimmter Kredite zu be- 81

99) Uhlenbruck-*Lüer/Streit*, InsO, § 264 Rz. 1.
100) Uhlenbruck-*Lüer/Streit*, InsO, § 264 Rz. 25.
101) *Dinstühler*, ZInsO 1998, 243, 248.
102) Begr. RegE z. § 312 InsO, abgedr. bei *Balz/Landfermann*, Die neuen Insolvenzgesetze, S. 384.
103) Uhlenbruck-*Lüer/Streit*, InsO, § 264 Rz. 3.
104) Uhlenbruck-*Lüer/Streit*, InsO, § 264 Rz 9.
105) Uhlenbruck-*Lüer/Streit*, InsO, § 264 Rz. 12; *Braun/Uhlenbruck*, Muster eines Insolvenzplans, S. 86.
106) *Thies* in: HambKomm-InsR, § 264 InsO Rz. 5.
107) Uhlenbruck-*Lüer/Streit*, InsO, § 264 Rz. 12.

grenzen oder ein bestimmtes Rangverhältnis zwischen den privilegierten Krediten vorzugeben. Der Gestaltungsspielraum ergibt sich daraus, dass für den Plan ein zusätzliches Sanierungsinstrument in Gestalt des Kreditrahmens gesetzlich zur Verfügung gestellt wird, das jedoch fakultativ ist, daher auch restriktiver als gesetzlich zugelassen verwendet werden kann; hierfür werden die wirtschaftlichen Umstände des Einzelfalls maßgeblich sein.[108)]

82 Der Gesamtbetrag darf indes den Wert der Vermögensgegenstände nicht übersteigen, die in der Vermögensübersicht des Plans gemäß § 229 Satz 1 InsO aufgeführt sind (§ 264 Abs. 1 Satz 3 InsO).

83 Der kreditrahmenfähige Kredit ist abzugrenzen von den nicht privilegierten Kapitalzuführungen. Gemäß § 264 Abs. 2 InsO bedarf es daher einer **ausdrücklichen vom Verwalter schriftlich bestätigten Vereinbarung** zwischen dem Schuldner bzw. der Übernahmegesellschaft und dem Gläubiger über den Vorrang der Forderung.[109)] Der Insolvenzverwalter hat vor Erteilung der Bestätigung zu überprüfen, ob die getroffene Vereinbarung über die Einbeziehung die **formal-rechtlichen Anforderungen** nach § 264 Abs. 2 InsO erfüllt.[110)] Der **Nachrang der Insolvenzgläubiger** im Folgeinsolvenzverfahren besteht nur gegenüber Gläubigern, mit denen vereinbart ist, dass und in welcher Höhe der von ihnen gewährte Kredit nach Hauptforderung, Zinsen und Kosten innerhalb des Kreditrahmens liegt und gegenüber denen der Insolvenzverwalter diese Vereinbarung schriftlich bestätigt (§ 264 Abs. 2 InsO).

84 §§ 264 ff. InsO kommen nur selten zur Anwendung. Ursächlich hierfür ist u. a. die gemäß §§ 266 Abs. 1, 268 Abs. 1 Nr. 2 InsO bewirkte zeitliche Befristung des Vorrangs auf die Planüberwachung.[111)] Zudem ist die Kreditrahmenreglung in § 264 Abs. 3 InsO unzulänglich, da der Kreditrahmen, der vom Insolvenzplanverfasser im gestaltenden Teil des Insolvenzplans betragsmäßig festgelegt werden soll, den Wert der Vermögensgegenstände nicht übersteigen darf, die in der Vermögensübersicht des Plans (§ 229 Satz 1 InsO) aufgeführt sind. Diesen Werten kommt in einem Folgeinsolvenzverfahren keine echte Aussagekraft mehr zu.[112)]

Praxishinweis

Die Sächsische Aufbaubank hat in Kenntnis der Schwierigkeiten der Finanzierung plansanierter Unternehmen das Programm „Krisenbewältigung und Neustart" aufgelegt, das für plansanierte Unternehmen in Sachsen Kredite zur Verfügung stellt.[113)]

108) Uhlenbruck-*Lüer/Streit*, InsO, § 264 Rz. 12.

109) *Thies* in: HambKomm-InsR, § 264 InsO Rz. 6.

110) Uhlenbruck-*Lüer/Streit*, InsO, § 264 Rz. 22.

111) *Knof*, ZInsO 2010, 1999, 2004.

112) *Knof*, ZInsO 2010, 1999, 2004.

113) Abrufbar unter https://www.sab.sachsen.de/programm-krisenbew%C3%A4ltigung-und-neustart-kunst (Abrufdatum: 24.7.2025).

§ 27
Schuldnerschutz nach Aufhebung des Insolvenzverfahrens

Übersicht

Literatur: *Bork*, Aufhebung und Einstellung des Insolvenzverfahrens unter Vorbehalt der Nachtragsverteilung, ZIP 2009, 2077; *Frind*, Problemanalyse zu geplanten Neuregelungen des Plan- und Eigenverwaltungsverfahrens nebst Insolvenzstatistik, ZInsO 2011, 656; *Hingerl*, Insolvenzplanverfahren: Schnelle Sanierung versus optimale Gläubigerbefriedigung bei fehlender Nachtragsverteilung, ZInsO 2010, 1876; *Hingerl*, Nachtragsverteilung nach Insolvenzplanverfahren, ZInsO 2007, 870; *Rugullis*, Neue Gesetze schaffen neue Probleme – zur Auslegung der besonderen Verjährungsfrist des § 259b InsO, NZI 2012, 825.

A. Unzulässigkeit einer Nachtragsverteilung im Insolvenzplanverfahren

1 Mit Aufhebung des Insolvenzverfahrens verliert der Insolvenzverwalter grundsätzlich das Verwaltungs- und Verfügungsrecht über die Insolvenzmasse und die des Schuldners lebt ex nunc wieder auf (siehe § 24 Rz. 22 [*Dellit*]). Damit entfällt auch das Recht des Insolvenzverwalters, Vermögensgegenstände zugunsten der Insolvenzmasse zu realisieren. Das gilt i. R. eines **Regelinsolvenzverfahrens** indes nicht für Gegenstände, für die eine **Nachtragsverteilung** vorgesehen ist (siehe auch § 8 Rz. 359 [*Brünkmans*]). Ordnet das Insolvenzgericht im Regelinsolvenzverfahren die Nachtragsverteilung gemäß § 208 Abs. 1 InsO an, steht die Aufhebung des Insolvenzverfahrens dieser nicht entgegen. Der Insolvenzverwalter ist dann auch nach Aufhebung des Insolvenzverfahrens berechtigt, die von der Nachtragsverteilung erfassten Ansprüche weiter zur Masse zu ziehen. Das gilt selbst für solche Forderungen, die noch nicht rechtshängig sind, für die also das zivilrechtliche Verfahren noch eingeleitet werden muss.[1)]

2 Diese Grundsätze des Regelinsolvenzverfahrens sind **nicht auf Insolvenzplanverfahren übertragbar**. Eine Nachtragsverteilung, während der das Amt des Insolvenzverwalters fortbesteht, ist im Insolvenzplanverfahren nicht vorgesehen und außerhalb des Anwendungsbereichs von § 259 Abs. 3 InsO kann auch nicht auf den Rechtsgedanken einer Nachtragsverteilung zurückgegriffen werden.[2)] Angesichts ihres Ausnahmecharakters kann die Vorschrift des § 259 Abs. 3 Satz 1 InsO auf andere als schwebende Insolvenzanfechtungsverfahren nicht analog angewendet werden.[3)] Ein Insolvenzplan kann keine Nachtragsverteilung vorsehen, da die §§ 217 ff. InsO eine derart weite Gestaltungsfreiheit nicht gewähren.[4)]

3 Darum sind Klauseln **unzulässig**, die in die nach Verfahrensaufhebung wieder auflebende Verfügungsfreiheit des Schuldners (§ 259 Abs. 1 Satz 2 InsO) durch über § 259 Abs. 3

1) *Bork*, ZIP 2009, 2077.

2) BGH, Beschl. v. 26.4.2018 – IX ZB 49/17, Rz. 30, ZVI 2018, 252 = NZI 2018, 691; OLG Celle, Beschl. v. 20.11.2006 – 4 U 166/06, ZVI 2007, 321 = ZInsO 2006, 1327 f., dazu EWiR 2007, 87 *(Bähr/Landry)*; BGH, Urt. v. 10.12.2009 – IX ZR 206/08, ZVI 2010, 269 = ZInsO 2010, 82; *Thies* in: HambKomm-InsR, § 259 InsO Rz. 7 f.; **a. A.** *Hingerl*, ZInsO 2007, 870 ff.; *Hingerl*, ZInsO 2010, 1876 ff., sofern die Nachtragsverteilung im Insolvenzplan geregelt ist.

3) BGH, Beschl. v. 26.4.2018 – IX ZB 49/17, Rz. 28, ZVI 2018, 252 = NZI 2018, 691; BGH, Urt. v. 7.1.2008 – II ZR 283/06, Rz. 9 f., BGHZ 175, 86 = NZI 2009, 340; BGH, Urt. v. 10.12.2009 – IX ZR 206/08, Rz. 10 a. E., ZVI 2010, 269 = ZInsO 2010, 82.

4) *Thies* in: HambKomm-InsR, § 259 InsO Rz. 8; **a. A.** *Eidenmüller* in: MünchKomm-InsO, § 217 Rz. 122, der darauf verweist, dass § 217 InsO die Verteilung regeln darf.

Satz 1 InsO hinausgehende Einziehungsbefugnisse des Verwalters oder eines Dritten eingreifen.[5] § 259 Abs. 1 Satz 2 InsO sieht nicht vor, dass der Schuldner seine Verfügungsbefugnis nach Aufhebung des Insolvenzverfahrens nur teilweise wiedererlangt.[6] Für die mit einer Nachtragsverteilung verbundene **Beschränkung der Verwaltungs- und Verfügungsbefugnis** fehlt nach der Aufhebung des Insolvenzverfahrens eine gesetzliche Grundlage.[7] Das Gesetz lässt es nicht zu, die Verfügungsbefugnis des Schuldners lediglich partiell wiederherzustellen.[8] Ferner schließt § 259 Abs. 3 Satz 1 InsO die Einleitung auf die Masse bezogener Rechtsstreitigkeiten nach Verfahrensaufhebung schlechthin aus.[9] Insoweit macht es auch keinen Unterschied, ob der Insolvenzverwalter selbst oder ein Dritter auf der Grundlage einer Einzugsermächtigung eine solche Klage erhebt.[10] Zur Möglichkeit einer dinglichen Übertragung von Insolvenzmasse auf einen Treuhänder siehe § 24 Rz. 54 ff. [*Dellit*].

B. Vollstreckungsschutz

4 Mangels Zulässigkeit eines materiellen Ausschlusses für nicht am Verfahren teilnehmende Forderungen durch einen Insolvenzplan (siehe oben § 26 Rz. 57 ff. [*Dellit*]) können sich auch noch nach dessen Wirksamwerden Gläubiger melden, mit deren Forderungen – auch in der durch den Plan reduzierten Höhe – bei der Gestaltung des Plans nicht zu rechnen war. Solche unbekannten Gläubiger können im Einzelfall, abhängig von der Höhe der Forderung, die dem Plan zugrunde liegende Finanzplanung stören.[11] Beispielhaft seien Mängelansprüche genannt, die zum Zeitpunkt der Planerstellung noch nicht bekannt waren. Für diese Fälle sieht § 259a InsO einen **Vollstreckungsschutz** vor.

5 Maßnahmen der Zwangsvollstreckung können gemäß § 259a InsO durch das Insolvenzgericht ganz oder teilweise aufgehoben oder längstens für drei Jahre untersagt werden. Dies gilt aber nicht generell (also kein allgemeiner Vollstreckungsstopp), sondern nur

- auf Antrag des Schuldners,
- gegenüber Insolvenzgläubigern, **die ihre Forderungen bis zum Abstimmungstermin** i. S. des § 235 Abs. 1 InsO **nicht angemeldet hatten (gemeint ist der Beginn des Abstimmungstermins)**[12] und
- in den Fällen und in dem Umfang, in denen nach der Auffassung des Insolvenzgerichts die **Vollstreckungsmaßnahme die Sanierung des Schuldners gefährdet.**

6 Die Tatsachen, aus denen sich die Gefährdung der Plansanierung ergibt, sind vom Schuldner bei Antragstellung **glaubhaft zu machen** (§ 4 InsO, § 294 ZPO); anderenfalls kann gemäß § 259a Abs. 1 Satz 2 InsO der Antrag als unzulässig zurückgewiesen werden.[13] Eine Antragsfrist ist nicht zu beachten.[14]

5) BGH, Beschl. v. 26.4.2018 – IX ZB 49/17, Rz. 28, ZVI 2018, 252 = NZI 2018, 691.

6) BGH, Urt. v. 7.1.2008 – II ZR 283/06, BGHZ 175, 86 = NZI 2009, 340.

7) Uhlenbruck-*Lüer/Streit*, InsO, § 259 Rz. 10; BGH, Urt. v. 10.12.2009 – IX ZR 206/08, ZVI 2010, 269 = ZInsO 2010, 82; OLG Celle, Urt. v. 20.11.2006 – 4 U 166/06, ZVI 2007, 321 = ZInsO 2006, 1327.

8) Vgl. BGH, Urt. v. 7.1.2008 – II ZR 283/06, Rz. 10, BGHZ 175, 86 = NZI 2009, 340.

9) BGH, Urt. v. 7.1.2008 – II ZR 283/06, BGHZ 175, 86 = NZI 2009, 340; BGH, Urt. v. 7.7.2008 – II ZR 26/07, Rz. 9, NZI 2008, 561; BGH, Urt. v. 10.12.2009 – IX ZR 206/08, Rz. 10, ZVI 2010, 269 = ZInsO 2010, 82; BGH, Urt. v. 11.4.2013 – IX ZR 122/12, Rz. 8, NZI 2013, 489.

10) BGH, Beschl. v. 26.4.2018 – IX ZB 49/17, Rz. 28, ZVI 2018, 252 = NZI 2018, 691.

11) Begr. RegE ESUG, BT-Drucks. 17/5712.

12) *Thies* in: HambKomm-InsR, § 259a InsO Rz. 3.

13) *Madaus* in: MünchKomm-InsO, § 259a Rz. 12; **a. A.** *Frind*, ZInsO 2011, 656, 658.

14) *Madaus* in: MünchKomm-InsO, § 259a Rz. 4.

Zuständig für die Entscheidung über den Antrag auf Vollstreckungsschutz ist nach § 259a Abs. 1 Satz 1 InsO das Insolvenzgericht, das für das vorangegangene Insolvenzverfahren über das Vermögen des Schuldners zuständig war. Maßgeblich für diese Zuständigkeitsverteilung ist die Erwägung, dass das Insolvenzgericht die für die Entscheidung über den Vollstreckungsschutz maßgebliche Unternehmenssituation aufgrund seiner Vorbefassung besser beurteilen kann als das Vollstreckungsgericht.[15] 7

Eine **Gefährdung der Plansanierung** liegt vor, wenn die Beitreibung dem Unternehmen die nach der Finanzplanung für die Fortsetzung des Unternehmens notwendige Liquidität entzieht. Insbesondere Konten- und Forderungspfändungen können diesen Tatbestand erfüllen.[16] Aber auch die Entziehung von betriebsnotwendigen Gegenständen im Wege der Sachpfändung oder die Vollstreckung in Betriebsgrundstücke nach § 864 ZPO i. V. m. dem ZVG können eine planmäßige Unternehmensgesundung vereiteln und damit dessen Sanierung gefährden.[17] Dient die Zwangsvollstreckung hingegen nur der Durchsetzung von kleineren Forderungen, so wird damit in der Regel keine Gefahr für die Sanierungsfinanzierung einhergehen, sodass ein Vollstreckungsschutzantrag keinen Erfolg haben kann.[18] Auch in den Fällen, in denen die Sanierungsbemühungen bereits erkennbar gescheitert sind, bedarf es keines Schutzes der misslungenen Plansanierung durch Vollstreckungsschutz nach § 259a InsO. Dies gilt selbst dann, wenn auf diesem Weg der Zeitraum bis zu einer erneuten Insolvenzantragstellung überbrückt werden soll, um erneut in einem Insolvenzverfahren eine Sanierung zu versuchen. Der hierzu benötigte Vollstreckungsschutz wird durch die frühzeitige Antragstellung (§ 18 InsO) und die danach (auch im Schutzschirmverfahren nach § 270b InsO) mögliche Anordnung eines Vollstreckungsverbots nach § 21 Abs. 2 Nr. 3 InsO gewährleistet.[19] 8

Ist die Gefährdung **glaubhaft** gemacht worden, so kann das Insolvenzgericht nach § 259a Abs. 2 InsO zunächst die **einstweilige Einstellung der Zwangsvollstreckung** bis zur endgültigen Entscheidung über den Vollstreckungsschutz anordnen. Für die **endgültige Entscheidung über den Vollstreckungsschutz** gilt der Untersuchungsgrundsatz des § 5 InsO,[20] weshalb es etwa zulässig ist, das zwischenzeitliche Scheitern der Plansanierung durch die Hinzuziehung eines Sachverständigen prüfen zu lassen.[21] 9

Sieht das Insolvenzgericht die Voraussetzungen des § 259a InsO als gegeben an, so hat es zunächst sein Entscheidungsermessen pflichtgemäß auszuüben. Hier sind vor allem die Gläubigerinteressen angemessen zu berücksichtigen. So darf der Vollstreckungsschutz insbesondere nicht dazu führen, dass der Gläubiger dauerhaft mit seiner Forderung ausfällt. Besteht keine begründete Aussicht, dass das sanierte Unternehmen die Forderung nach Erfüllung des Insolvenzplans und ggf. auch in Raten aus den erwirtschafteten Erträgen wird bezahlen können, so sprechen berechtigte Gläubigerinteressen gegen einen Vollstreckungsschutz.[22] 10

Das Insolvenzgericht kann alle oder aber auch nur bestimmte Vollstreckungshandlungen **bis zu einer Dauer von drei Jahren** untersagen (§ 259a Abs. 1 Satz 1 InsO). Eine derarti- 11

15) Begr. RegE ESUG, BT-Drucks. 17/5712, S. 37.
16) *Madaus* in: MünchKomm-InsO, § 259a Rz. 11.
17) Begr. RegE ESUG, BT-Drucks. 17/5712, S. 37; *Madaus* in: MünchKomm-InsO, § 259a Rz. 11.
18) Begr. RegE ESUG, BT-Drucks. 17/5712, S. 37; *Madaus* in: MünchKomm-InsO, § 259a Rz. 11.
19) *Madaus* in: MünchKomm-InsO, § 259a Rz. 11.
20) Begr. RegE ESUG, BT-Drucks 17/5712, S. 38.
21) *Madaus* in: MünchKomm-InsO, § 259a Rz. 14.
22) Begr. RegE ESUG, BT-Drucks 17/5712, S. 37.

ge Untersagung ist auch vorsorglich für **künftig drohende Vollstreckungshandlungen** zulässig.[23] Der Lauf der Untersagungsfrist beginnt mit Verkündung des Beschlusses.

12 Zulässig ist es auch, etwa nur bestimmte, zur Unternehmensfortführung essentielle Schuldnerkonten oder Forderungen von einer Pfändung ausnehmen, während die Pfändung anderer wirksam bleibt.[24]

13 Das Recht des Schuldners, **Vollstreckungsschutz nach § 765a ZPO** beim Vollstreckungsgericht zu beantragen, bleibt unberührt.[25] Die dort notwendige sittenwidrige Härte der Zwangsvollstreckungsmaßnahme gegenüber dem Schuldner zielt in der Regel auf einen Grundrechtsschutz (Menschenwürde, körperliche Unversehrtheit) des (in der Regel natürlichen) Schuldners ab. Die bloße Sanierungsgefährdung wird dort aber nicht erfasst.

C. Besondere Verjährung

14 Als den Vollstreckungsschutz gemäß § 259a InsO (siehe oben Rz. 4 ff.) ergänzende Maßnahme, die eine Gefährdung der Sanierung durch nachträglich geltend gemachte Ansprüche verhindern soll, ist eine besondere gesetzliche Verjährungsregelung geregelt.[26] Ansprüche, die nicht bis zum Abstimmungstermin angemeldet worden sind (**Nachzügler**), verjähren nach § 259b Abs. 1 InsO in einem Jahr. Diese **besondere Verjährung** geht den Verjährungsregelungen der §§ 194 ff. BGB vor und ist ihnen gegenüber als lex specialis zu qualifizieren. § 259b InsO gilt auch für **titulierte Forderungen** die nach allgemeinem Recht erst nach 30 Jahren verjähren würden.[27] Die Regelung schafft für das zu sanierende Unternehmen in angemessener Zeit Klarheit darüber, ob es noch mit weiteren Forderungen aus der Zeit vor dem Insolvenzplanverfahren konfrontiert wird, mit denen es regelmäßig nicht mehr rechnet.[28]

15 Läuft die eigentliche Verjährungsfrist nach den allgemeinen Vorschriften (§§ 194 ff. BGB) eher ab, so bleibt diese Frist gemäß § 259b Abs. 3 InsO maßgeblich. Entscheidend ist also die jeweils kürzere Frist.

16 Die besondere Verjährungsfrist beginnt gemäß § 259b Abs. 2 InsO, wenn die Forderung **fällig** (vgl. § 271 BGB) und der Planbestätigungsbeschluss **rechtskräftig** ist. Beide Voraussetzungen müssen kumulativ vorliegen.

17 Die **Fälligkeitsfiktion** gemäß § 41 Abs. 1 InsO hilft für die von § 259b InsO erfassten Forderungen nicht.[29] Demgemäß wird die Fälligkeit von Forderungen auf den Zeitpunkt der Eröffnung des Verfahrens vorverlegt. Bei Anwendbarkeit der Fälligkeitsfiktion käme es nur noch auf die Rechtskraft des Planbestätigungsbeschlusses für den Beginn der Verjährungsfrist an, so dass die Forderung ein Jahr nach diesem Termin verjährt und Rechtssicherheit für den Schuldner eintreten würde. Allerdings entfaltet § 41 Abs. 1 InsO nach h. M. seine Wirkung erst mit Feststellung zur Insolvenztabelle (§ 178 Abs. 1 InsO)[30]. Hieran wird es aber regelmäßig bei den von § 259b InsO erfassten Forderungen fehlen, für die Voraussetzung ist, dass sie nicht bis zum Abstimmungstermin angemeldet wurden.

---

23) Begr. RegE ESUG, BT-Drucks 17/5712, S. 37.

24) *Madaus* in: MünchKomm-InsO, § 259a Rz. 16.

25) Begr. RegE ESUG, BT-Drucks 17/5712, S. 37 f.

26) Begr. RegE ESUG, BT-Drucks 17/5712, S. 38.

27) Begr. RegE ESUG, BT-Drucks 17/5712, S. 38; *Thies* in: HambKomm-InsR, § 259b InsO Rz. 2.

28) Begr. RegE ESUG, BT-Drucks. 17/5712, S. 38.

29) *Thies* in: HambKomm-InsR, § 259b InsO Rz. 3; Uhlenbruck-*Lüer/Streit*, InsO, 259b Rz. 3; *Madaus* in: MünchKomm-InsO, § 259b Rz. 12; *Spahlinger* in: KPB, InsO, § 259b Rz. 6.

30) *Thies* in: HambKomm-InsR, § 259b InsO Rz. 3.

> **Praxishinweis**
>
> Teilweise setzen Insolvenzgerichte Prüfungstermine auch noch nach dem Abstimmungstermin an. Werden in diesen Prüfungsterminen Forderungen zur Tabelle festgestellt, stellt sich die Frage der Geltung der Fälligkeitsfiktion doch. Ein Prüfungstermin nach dem Abstimmungstermin führt allerdings aufgrund der zu beachtenden Fristen zu einer erheblichen Verzögerung des Verfahrens und dürfte gegen § 258 Abs. 1 InsO verstoßen, wonach das Insolvenzgericht die Aufhebung des Insolvenzverfahrens beschließt, sobald die Bestätigung des Insolvenzplans rechtskräftig ist und der Insolvenzplan nicht etwas anderes vorsieht.

Das Kriterium der **Fälligkeit** soll den Verjährungsbeginn in all den Fällen nach hinten verschieben, in denen die Insolvenzforderung auch nach Abschluss des Planverfahrens noch betagt oder nicht vollständig entstanden ist (etwa aufgrund einer aufschiebenden Bedingung oder Befristung, vgl. § 163 BGB, oder bei Spätfolgen aus einer vor Verfahrenseröffnung begangenen Verletzungshandlung des Schuldners). 18

Sind nicht andere Kriterien nach allgemeinem Zivilrecht oder spezialgesetzliche Normen (etwa § 17 Abs. 1 Satz 1 StromGVV) einschlägig, tritt **Fälligkeit** grundsätzlich dann ein, wenn der Anspruch hinsichtlich Gläubiger, Schuldner und Inhalt bestimmbar ist.[31] Die Kenntnis des Insolvenzgläubigers vom Anspruch (vgl. § 199 Abs. 1 Nr. 2 BGB) ist daneben keine Bedingung für den Fristbeginn nach § 259b Abs. 2 InsO.[32] 19

Exkurs zum Beginn der besonderen Verjährungsfrist nach § 259b Abs. 2 InsO **bei Mängelansprüchen im Kaufvertrag:** Ist eine gekaufte Sache mangelhaft, kann der Käufer, wenn die Voraussetzungen der folgenden Vorschriften vorliegen und soweit nicht ein anderes bestimmt ist, nach § 439 BGB Nacherfüllung verlangen, nach den §§ 440, 323, 326 Abs. 5 BGB von dem Vertrag zurücktreten oder nach § 441 BGB den Kaufpreis mindern und nach den §§ 440, 280, 281, 283, 311a BGB Schadensersatz oder nach § 284 BGB Ersatz vergeblicher Aufwendungen verlangen (§ 437 BGB). Die vorgenannten Ansprüche auf Nacherfüllung, Schadensersatz sowie Aufwendungen verjähren gemäß § 438 BGB, sofern der Mangel nicht arglistig verschwiegen wurde (dann Regelverjährung) in zwei Jahren. Dies gilt nicht, wenn der Mangel in einem dinglichen Recht eines Dritten, aufgrund dessen Herausgabe der Kaufsache verlangt werden kann, oder in einem sonstigen Recht, das im Grundbuch eingetragen ist, besteht (dann 30 Jahre) sowie wenn ein Bauwerk oder eine Sache, die, entsprechend ihrer üblichen Verwendungsweise, für ein Bauwerk verwendet worden ist und dessen Mangelhaftigkeit verursacht hat (dann fünf Jahre). Für das oben genannte Rücktrittsrecht gilt § 218 BGB. Die Verjährung beginnt bspw. im Fall eines Kaufvertrags, sofern nicht Grundstücke betroffen sind, mit der Ablieferung der Sache (§ 438 Abs. 2 BGB). Von diesem Beginn der Verjährung ist indes die Fälligkeit des Mängelanspruchs zu unterscheiden (vgl. auch den Wortlaut des § 259b Abs. 2 InsO). Sofern die Verjährung der Mängelansprüche, die gemäß § 438 Abs. 2 BGB beginnt, später endet als die Sonderverjährung gemäß § 259b InsO ist die Sonderverjährung maßgeblich. Bei der Berechnung der Verjährungsfristen ist zu beachten, dass diese zu unterschiedlichen Zeitpunkten beginnen. Die Verjährungsfrist gemäß § 259b InsO beginnt, anders als gemäß § 438 Abs. 2 BGB mit Rechtskraft der gerichtlichen Planbestätigung **und** Fälligkeit der Mängelansprüche. Da die einzelnen Mängelansprüche verschiedene, teilweise über die Mangelhaftigkeit zum Zeitpunkt der Übergabe hinausgehende Anspruchsvoraussetzungen aufweisen, tritt die Fälligkeit des jeweiligen Mängelanspruches in der Regel erst nach dem Verjährungsbeginn gemäß § 438 Abs. 2 BGB ein. 20

31) BGH, Urt. v. 17.7.2019 - VIII ZR 224/18, ZIP 2020, 32 – zur spezialgesetzlichen Fälligkeit einer Forderung gemäß § 17 Abs. 1 Satz 1 StromGVV; BGH, Urt. 16.4.2014 – IV ZR 153/13, NJW 2014, 2342.

32) *Madaus* in: MünchKomm-InsO, § 259b Rz. 12.

21 Werden gegen den **Bestätigungsbeschluss** keine Rechtsmittel eingelegt, so tritt die **Rechtskraft** des Planbestätigungsbeschlusses gemäß §§ 6, 4 InsO, §§ 569 Abs. 1, 705 ZPO mit Ablauf der Beschwerdefrist von zwei Wochen ab Beschlussverkündung (§§ 6 Abs. 2, 252 Abs. 1 Satz 1 InsO) ein. Bei Einlegung einer sofortigen Beschwerde tritt die Rechtskraft hingegen erst ein, wenn über die Beschwerde rechtskräftig entschieden wurde. Diese Voraussetzung ist bereits gegeben, wenn das LG die Beschwerde aufgrund eines **Freigabeantrags** des Insolvenzverwalters nach § 253 Abs. 4 Satz 1 InsO unverzüglich zurückweist. Entscheidet das Beschwerdegericht hingegen in der Sache, so ist zu beachten, dass nach der Aufhebung des § 7 InsO hiergegen eine **Rechtsbeschwerde** nur noch in Fällen ihrer besonderen Zulassung statthaft ist (§ 4 InsO, § 574 Abs. 1 Satz 1 Nr. 2 ZPO). Fehlt diese, so wird der Bestätigungsbeschluss mit Verkündung der Beschwerdeentscheidung rechtskräftig.

22 Der **Ablauf der Verjährungsfrist** unterliegt den allgemeinen Regeln der §§ 203 ff. BGB. Die Folgen einer Verjährungshemmung ergeben sich folglich aus § 209 BGB („Fortlaufshemmung"). Verhandlungen über die Forderung hemmen die Verjährung ebenso wie eine Klageerhebung (vgl. §§ 203, 204 BGB) oder höhere Gewalt (§ 206 BGB).[33] Zusätzlich stellt § 259b Abs. 4 InsO klar, dass die Insolvenzforderung solange nicht verjährt, wie sie wegen eines nach § 259a InsO angeordneten Vollstreckungsschutzes nicht vollstreckt werden kann. § 259b Abs. 4 InsO ergänzt insofern den Katalog des § 204 Abs. 1 BGB.[34] Die Hemmung endet drei Monate nach Beendigung des Vollstreckungsschutzes (§ 259b Abs. 4 Satz 2 InsO in Anlehnung an § 204 Abs. 2 BGB – dort sechs Monate). Diese zusätzliche Frist soll sicherstellen, dass dem Gläubiger auch dann noch hinreichend Zeit zur Geltendmachung seines Anspruchs zur Verfügung steht, wenn die Hemmung durch die Anordnung des Vollstreckungsschutzes erst kurz vor Ablauf der Verjährungsfrist eingetreten war.[35]

23 Die **Rechtsfolgen** der Verjährung ergeben sich aus den §§ 214 ff. BGB. Dies bedeutet insbesondere, dass die verjährte Forderung nicht erlischt, sondern nur ihre Durchsetzbarkeit verliert, § 214 Abs. 1 BGB. Sie kann daher nach Maßgabe des § 215 BGB zur Aufrechnung verwendet werden, wenn die Aufrechnungslage bereits vor Eintritt der Verjährung entstanden war.[36] Wird über das Vermögen des Schuldners in der Folge erneut ein Insolvenzverfahren eröffnet, so gilt § 255 Abs. 2 InsO auch für das Durchsetzungshindernis der Verjährung aus § 259b InsO; die Nachzügler können ihre Forderungen im neuen Verfahren anmelden.[37]

Praxishinweis

Im Insolvenzplan kann geregelt werden, dass die Verteilung der Planquote (vollständig oder teilweise) erst nach mehr als einem Jahr ab Rechtskraft des Planbestätigungsbeschlusses unter Rückstellungsbildung für in diesem Zeitpunkt anhängige Rechtstreite erfolgt und somit alle bis zu diesem Zeitpunkt planberechtigten Forderungen berücksichtigt werden können. Dies hilft freilich nicht für solche Forderungen, die aufgrund einer später eintretenden Fälligkeit selbst unter Beachtung der besonderen Verjährungsfrist des § 259b InsO später verjähren, erhöht aber dennoch die Rechtssicherheit für den Schuldner.

33) *Madaus* in: MünchKomm-InsO, § 259b Rz. 15.

34) *Rugullis*, NZI 2012, 825, 827.

35) Begr. RegE ESUG, BT-Drucks. 17/5712, S. 38; *Madaus* in: MünchKomm-InsO, § 259b Rz. 15.

36) *Madaus* in: MünchKomm-InsO, § 259b Rz. 16.

37) *Rugullis*, NZI 2012, 825, 827 f.

§ 28
Der Insolvenzplan der natürlichen Person

Übersicht

Literatur: *Blankenburg*, Probleme des Insolvenzplans in Kleinverfahren, ZInsO 2015, 1293; *Blankenburg*, Restschuldbefreiung im Insolvenzplanverfahren und bei Einstellung des Verfahrens, ZVI 2017, 89; *Frind*, Störeinflüsse im Privatinsolvenz-Planverfahren, ZInsO 2014, 280; *Madaus*, Insolvenzpläne im Verbraucherinsolvenzverfahren, NZI 2017, 697; *Rein*, Der Insolvenzplan im Verbraucherinsolvenzverfahren, ZVI 2014, 239.

A. Allgemeines

Die Insolvenz von natürlichen Personen ist von ihrer Relevanz nicht unerheblich. Auf den ersten Blick erscheinen diese zwar, was die verwertbare Masse anbelangt, weit weniger interessant zu sein als Insolvenzen von Kapitalgesellschaften. Aber nicht zuletzt die Insolvenz von *Anton Schlecker* in der Rechtsform des eingetragenen Kaufmanns hat gezeigt, dass die Insolvenz einer natürlichen Person keine Limitierungen im Hinblick auf die Mitarbeiteranzahl oder die Masse mit sich bringt, wenngleich es sich in den meisten Fällen einer Insolvenz außerhalb des Verbraucherinsolvenzrechts um die Insolvenz eines Freiberuflers handeln wird. 1

Die Besonderheit bei der Insolvenz einer natürlichen Person ist zunächst darin zu sehen, dass natürliche Personen schon per se unter einem **anderen verfassungsrechtlichen Schutz** stehen. So spielt in diesem Bereich unter anderem das allgemeine Persönlichkeitsrecht (Art. 2 GG) und auch die Menschenwürde (Art. 1 GG) eine Rolle, was sich gesetzgeberisch in der Rechtsfigur der Restschuldbefreiung in der InsO niedergeschlagen hat. Diese Aspekte spielen auch bei der Erstellung von Insolvenzplänen für natürliche Personen eine nicht unerhebliche Rolle. 2

3 Des Weiteren wurde durch das Gesetz zur Verkürzung der Restschuldbefreiung und Stärkung der Gläubigerrechte zum 1.7.2014 das vereinfachte Insolvenzverfahrens gemäß §§ 312–314 InsO a. F. gestrichen. Hierdurch wurde die Möglichkeit eröffnet in Verbraucherinsolvenzverfahren ein **Insolvenzplanverfahren** durchzuführen. Dies führt wiederum dazu, dass i. R. eines Verbraucherinsolvenzverfahrens **drei Wege zu der Entschuldung** der natürlichen Person führen:

– das Durchlaufen der Wohlverhaltensperiode,
– die Durchführung eines gerichtlichen Schuldenbereinigungsplans und
– das Durchlaufen eines Insolvenzplanverfahrens.

Praxishinweis

Nicht zuletzt deshalb hat sich in den letzten Jahren gezeigt, dass Insolvenzpläne gerade bei natürlichen Personen bereits eine größere Rolle spielen.

4 Bei selbstständigen natürlichen Personen wird allgemein bei der Vergleichsrechnung die Aufgabe der selbstständigen Tätigkeit im Regelverfahren einer Fortsetzung derselben im Falle eines Insolvenzplans gegenübergestellt werden.[1)]

B. Berufsrechtliche Besonderheiten

5 Ein großer Unterschied zwischen einer Insolvenz einer natürlichen Person im Vergleich zu einer juristischen Person sind die berufsrechtlichen Besonderheiten, die sich in diesem Bereich ergeben können. Gerade die **freien Berufe** wie Rechtsanwälte, Steuerberater, Ärzte oder Apotheker betreiben Ihre Tätigkeiten regelmäßig nicht in der Form einer juristischen Person, was nicht zuletzt der steuerrechtliche Motivation, nicht in den Anwendungsbereich der Gewerbesteuer zu fallen, geschuldet ist.

6 Im Rahmen eines Insolvenzverfahrens dieser Gruppen von Freiberuflern, treten nicht nur die originären insolvenzrechtlichen Folgen eines Insolvenzverfahrens ein, sondern haben darüber hinaus auch berufsrechtliche Folgen. Je nach Berufsfeld ergeben sich mehr oder weniger gravierende Folgen für den Berufsträger im Falle eines Insolvenzantrags. Bei den Heilberufen sind die Folgen einer Insolvenz weit weniger einschneiden als bei den rechtsberatenden Berufen.

7 So ist bei **Ärzten** allein der Vermögensverfall kein Grund für den Widerruf der Approbation. Ein Approbationswiderruf kommt nur in Betracht, wenn sich der Arzt eines Verhaltens schuldig macht, aus welchem sich Unwürdigkeit oder Unzuverlässigkeit ergeben.[2)] Das entscheidende Kriterium in diesem Berufsfeld ist die **Gefährdung des Vertrauensverhältnisses** zwischen Patient und Arzt. Dies kann bspw. bei einem Abrechnungsbetrug durch Apotheker der Fall sein.[3)] Eine Insolvenz allein gefährdet hingegen nicht die ärztliche Versorgung und beeinträchtigt nicht das Vertrauensverhältnis zwischen Arzt und Patient, weshalb auch kein Widerruf der Zulassung erfolgt. Bei **Apothekern** sind allerdings §§ 5, 7 ApoG zu beachten, die eine Fortführung durch den Insolvenzverwalter unmöglich machen. Daher sind Apotheken zumeist in Eigenverwaltung zu sanieren.

1) Vgl. *J. Schmidt* in: Kübler/Bork/Prütting, HRI II, § 29 Rz. 177 f.
2) Für die Ärzte ergibt sich dies aus § 5 Abs. 2 Satz 1 i. V. m. § 3 Abs. 1 Nr. 2 BÄO; für Apotheker aus § 6 Abs. 2 i. V. m. § 4 Abs. 1 Satz 1 Nr. 1 BapO.
3) BVerwG, Urt. v. 26.9.2002 – 3 C 37.01, NJW 2003, 913 ff.

8 In der Insolvenz eines **Rechtsanwalts** wird im Fall der Eröffnung eines Insolvenzverfahrens gemäß § 14 Abs. 2 Nr. 7 BRAO[4] der **Vermögensverfall** vermutet, was den Entzug der Zulassung zur Folge haben kann.[5] Die Zielsetzung eines mit der Verwaltung fremden Vermögens betrauten freiberuflichen Schuldners muss daher sein, so schnell als möglich diese gesetzlichen Vermutungen des Vermögensverfalls i. R. eines Insolvenzverfahrens zu wiederlegen. Der **Erhalt bzw. die Wiedererlangung** der berufsrechtlichen Zulassung kommt in der Insolvenz des Freiberuflers auch eine entscheidende Rolle zur Sanierung zu. Nur mit einer Zulassung können Mittel für die Gläubiger generiert und damit auch ein finanzieller Neustart für den Berufsträger ermöglicht werden. Solange ein Insolvenzverfahren läuft, steht das Fehlen der Befugnis des Schuldners, über sein Vermögen zu verfügen, einer Zulassung bspw. zur Rechtsanwaltschaft jedoch grundsätzlich entgegen.[6]

9 Allein der **Übergang der Verfügungsbefugnis** auf den Insolvenzverwalter führt nicht bereits dazu, dass die Vermögensverhältnisse des Rechtsanwalts bereits deshalb als wieder als „geordnet" anzusehen wären,[7] und die Zulassung wiedererlangt werden kann. Auch wenn das Insolvenzverfahren aufgehoben wird und sich der Berufsträger in der Wohlverhaltensperiode befindet hat dies nicht zwingend zur Folge, dass die Vermutung des Vermögenverfalls widerlegt wird. So reicht diese Konstellation im Fall eines **Steuerberaters** bspw. nicht aus um den Vermögenverfall zu widerlegen,[8] wohingegen beim **Rechtsanwalt** die Wiedererlangung der Zulassung jedenfalls nicht mehr mit dem Argument des Vermögensverfalls verweigert werden kann.[9]

> **Praxishinweis**
>
> Diese unterschiedliche Behandlung zeigt, dass die Abwicklung der Insolvenz eines Freiberuflers über die Wohlverhaltensperiode kaum zu empfehlen ist.

10 Streng zu unterscheiden sind außerdem die berufsrechtlichen Konsequenzen der Eröffnung eines Insolvenzverfahrens von einer **möglichen Freigabe der selbstständigen Tätigkeit** gemäß § 35 Abs. 2 InsO. Die Freigabe der selbstständigen Tätigkeit durch den Insolvenzverwalter kann nicht zur Wiedererlangung der berufsrechtlichen Zulassung führen.[10] Eine derartige Erklärung durch den Insolvenzverwalter hat keinerlei Erklärungswert zu den Vermögensverhältnissen des Schuldners und kann damit auch den Vermögensverfall nicht widerlegen. Vielmehr ist Sinn und Zweck einer Freigabe gemäß § 35 Abs. 2 InsO der Schutz der Insolvenzmasse vor erneuten Schulden durch die freigegebene Tätigkeit und damit mithin das Gegenteil von der Widerlegung des Vermögensverfalls des insolventen Freiberuflers.

11 Nach der absolut h. M.[11] wird das Ende des Vermögensverfalls **gleich welcher Gruppe der Kammerberufe** spätestens mit der **Bestätigung eines Insolvenzplans** angenommen. Damit stellt das Insolvenzplanverfahren i. R. der freien Berufe das schnellste und auch berechenbarste Instrument zur Wiedererlangung der Zulassung und damit auch der wirt-

4) Vergleichbare Regelungen gibt es auch bei Notaren (§ 50 Abs. 1 Nr. 6, 8 BNotO), Wirtschaftsprüfern (§ 20 Abs. 5 WPO) und Steuerberatern (§ 46 Abs. 2 Nr. 3 StBG).

5) Der Eröffnung gleichgestellt, wird die Eintragung des Rechtsanwalts in das vom Insolvenz- oder Vollstreckungsgericht geführte Verzeichnis.

6) BGH, Beschl. v. 13.3.2000 – AnwZ (B) 28/99, ZIP 2000, 1018 = BRAK-Mitt. 2000, 144, dazu EWiR 2000, 857 *(Römermann)*.

7) BGH, v. 18.10.2004 – AnwZ (B) 43/03, NJW 2005, 511 f.

8) BFH, Beschl. v. 20.4.2010 – VII B 235/09, ZInsO 2010, 1138–1139.

9) BGH, Beschl. v. 7.12.2004 – AnwZ (B) 40/04, Rpfleger 2005, 325.

10) BFH, Beschl. v. 20.4.2010 – VII B 235/09, ZInsO 2010, 1138–1139.

11) BGH, Beschl. v. 18.7.2011 – AnwZ (B) 28/10, ZInsO 2011, 2234–2236.

schaftlichen Basis des Berufsträgers dar, und zwar unabhängig von der konkreten Regelung bzw. Rechtsprechung in dem spezifischen Berufszweig. Nach dem BVerfG[12] reicht indes bereits die Vorlage eines Insolvenzplans für das Ende des Vermögensverfalls aus, denn regelmäßig kommt die Realisierung und Vorlage eines Insolvenzplans nur in Betracht aus den erwirtschafteten Mitteln des laufenden Betriebs des selbstständig tätigen Schuldners.[13] Deshalb sei in einem solchen Fall von geordneten Vermögensverhältnissen auszugehen.

12 Für den Berater bedeutet dies, dass der schnellste und sicherste Weg zu Sicherung der Existenzgrundlage eines Freiberuflers in der Insolvenz regelmäßig die möglichst rasche Einreichung eines Insolvenzplans ist. Auf diesem Weg kann die berufsrechtliche Zulassung mit der Bestätigung des Insolvenzplans bewahrt bzw. wiederlangt schnellstmöglich werden kann.

C. Berücksichtigung der Besonderheiten des Restschuldbefreiungsverfahrens im Insolvenzplan

13 Der augenfälligste Unterschied zwischen der Insolvenz einer juristischen und einer natürlichen Person ist die Möglichkeit der Erlangung der Restschuldbefreiung der natürlichen Person. Die Möglichkeit der Restschuldbefreiung stellt insoweit auch den größten Unterschied i. R. der Vergleichsrechnung für die alternativen Abwicklungsszenarien der Insolvenz einer natürlichen Person dar.

I. Das Restschuldbefreiungsverfahren

14 Gemäß § 1 Satz 2 InsO soll dem redlichen Schuldner die Möglichkeit gegeben werden, sich von den restlichen Verbindlichkeiten zu befreien und folglich die Chance auf einen schuldenfreien Neubeginn bekommen. Gemäß § 286 InsO ist vorgesehen, dass wenn der Schuldner eine natürliche Person ist, er nach Maßgabe der §§ 287–303 InsO die Restschuldbefreiung erhalten kann.

15 Voraussetzung hierfür ist nach dem gesetzlichen Leitbild folglich die Durchführung eines Insolvenzverfahrens und das Durchlaufen einer **mehrjährigen „Wohlverhaltensperiode“**, also der Abtretungsfrist, während derer der Insolvenzverwalter das Einkommen des Schuldners verwaltet und an die Gläubiger verteilt.[14] Diese Besonderheit beeinflusst die Erstellung eines Insolvenzplans für eine natürliche Person nicht unerheblich. Während der Wohlverhaltensperiode hat der Schuldner seine pfändbaren Einkünfte an den Insolvenzverwalter abzuführen.

16 Für einen Insolvenzplan bedeutet dies, dass i. R. der **Vergleichsrechnung** des darstellenden Teils abgebildet sein muss, in welchem Umfang eine Befriedigung der Gläubiger i. R. der Wohlverhaltensperiode erfolgt wäre, da Sinn und Zweck der Vergleichsrechnung gerade die Dokumentation ist, weshalb der einzelne Gläubiger durch den Insolvenzplan bessergestellt wird als bei Durchlaufen eines Insolvenzverfahrens ohne Insolvenzplan. Die Vergleichsrechnung ihrerseits ist ein elementarer Bestandteil des Insolvenzplans und Grundlage für die Beurteilung des Gerichts im Hinblick auf das **Obstruktionsverbot** (§ 245 InsO) und den **Minderheitenschutz** (§ 251 InsO), da keine Schlechterstellung einer Gläubigergruppe bzw. eines einzelnen Gläubigers im Vergleich zum Durchlaufen eines Insolvenzverfahrens ohne Insolvenzplan entstehen darf. Die Vergleichsrechnung ist daher eine auf den Zeitpunkt der Wirksamkeit des Insolvenzplans aufzustellende Prognoserechnung, für

12) BVerfG, Urt. v. 31.8.2005 – 1 BvR 912/04, NJW 2005, 3057.

13) BVerfG, Urt. v. 31.8.2005 – 1 BvR 912/04, NJW 2005, 3057.

14) Graf-Schlicker-*Kexel*, InsO, § 1 Rz. 4.

die alle zum Zeitpunkt der Vorlage an das Insolvenzgericht überwiegend wahrscheinlichen Sachverhalte, Tatsachen und Entwicklungen zu berücksichtigen sind.[15] Hieraus folgt zwangsläufig, dass Verbindlichkeiten, welche von der Erteilung der Restschuldbefreiung nicht umfasst sind in besonderem Maße von der Vergleichsrechnung berücksichtigt werden müssen.

II. Erforderlichkeit eines Antrags auf Erteilung der Restschuldbefreiung

Die Erteilung der Restschuldbefreiung setzt gemäß § 287 Abs. 1 Satz 1 InsO einen entsprechenden Antrag voraus, der mit dem Eigenantrags verbunden werden soll. Es besteht bei einem Eigenantrag die Pflicht einen Antrag auf Erteilung der Restschuldbefreiung zu stellen. Erfolgt i. R. eines Fremdantrags ein solcher Antrag nicht, so besteht gemäß § 20 Abs. 2 InsO für das Insolvenzgericht die Pflicht, den Schuldner auf die Möglichkeit der Stellung eines Antrags auf Erteilung der Restschuldbefreiung hinzuweisen. Hierfür wird gemäß § 287 Abs. 1 Satz 2 InsO eine nicht verlängerbare Erklärungsfrist gesetzt. Versäumt der Schuldner die Frist, ist im laufenden Verfahren keine Restschuldbefreiung mehr über die Stellung eines Antrags gemäß § 287 InsO möglich. 17

Bei der Erstellung eines Insolvenzplans einer natürlichen Person stellt sich die Frage, ob ein Antrag auf Erteilung der Restschuldbefreiung eine Voraussetzung für einen Insolvenzplan der natürlichen Person ist,[16] und wie es sich auswirkt, wenn der Schuldner, gerade in einem solchen Fall eines Fremdantrags, keinen Antrag auf Erteilung der Restschuldbefreiung stellt, dann aber trotzdem eine Entschuldung über einen Insolvenzplan anstrebt. 18

Nach der aktuellen Gesetzeslage ist die Stellung eines Antrags auf Erteilung der Restschuldbefreiung **nicht mehr notwendig**. Diese Frage ist allerdings in der Literatur[17] und Rechtsprechung[18] **umstritten**. Grundsätzlich erlangt im Falle der Vorlage eines Insolvenzplans der Schuldner durch dessen rechtskräftige Bestätigung gemäß §§ 227 Abs. 1, 254 Abs. 1 InsO im Ergebnis das gleiche Ergebnis wie bei einer Restschuldbefreiung (§ 301 InsO).[19] Nach Planbestätigung und Verfahrensaufhebung muss der Schuldner einen verbliebenen RSB-Antrag zurücknehmen, ansonsten dieser als unzulässig zurückzuweisen wäre (siehe ausführlich unten Rz. 62 ff.).[20] Auf Basis dieser Überlegungen wird teilweise[21] geschlossen, dass die Stellung eines Antrags auf Erteilung der Restschuldbefreiung „conditio sine qua non“ für eine Entschuldung über einen Insolvenzplan sei. 19

Nach der **a. A.**[22] ist die Stellung eines Restschuldbefreiungsantrags (RSB-Antrag) für die Entschuldung einer natürlichen Person über einen Insolvenzplan nicht erforderlich. Maßgeblich für die Durchführung eines Insolvenzplans sei nicht die Würdigung des Verhaltens des Schuldners durch das Gericht, sondern dessen gütliche Einigung mit den Gläubi- 20

15) *Spahlinger* in: KPB, InsO, § 220 Rz. 21.

16) Vgl. AG Hamburg, Beschl. v. 24.5.2017 – 67c IN 164/15, ZVI 2017, 304 = ZInsO 2017, 1376; LG Hamburg, Beschl. v. 15.1.2018 – 326 T 40/17, ZVI 2018, 249 = ZIP 2018, 389.

17) Uhlenbruck-*Lüer/Streit*, InsO, § 227 Rz. 1; *Blankenburg*, ZVI 2017, 89, 91; *Madaus*, NZI 2017, 697; *Madaus*, NZI 2021, 283, 284 (Urteilsanm.).

18) AG Hamburg, Beschl. v. 24.5.2017 – 67c IN 164/15, ZVI 2017, 304 = ZInsO 2017, 1376; LG Hamburg, Beschl. v. 15.1.2018 – 326 T 40/17, ZVI 2018, 249 = ZIP 2018, 389.

19) Vgl. Uhlenbruck-*Lüer/Streit*, InsO, § 227 Rz. 1; AG Hamburg, Beschl. v. 24.5.2017 – 67c IN 164/15, ZVI 2017, 304 = ZInsO 2017, 1376. Dies trifft nur zu, sofern § 227 InsO nicht im Plan abbedungen wurde, vgl. AG Göttingen, Beschl. v. 11.12.2020 – 74 IN 76/18, ZVI 2021, 236 = ZIP 2021, 1022.

20) Vgl. auch *Blankenburg*, ZVI 2017, 89, 91.

21) AG Hamburg, Beschl. v. 24.5.2017 – 67c IN 164/15, ZVI 2017, 304 = ZInsO 2017, 1376.

22) LG Hamburg, Beschl. v. 15.1.2018 – 326 T 40/17, ZVI 2018, 249 = ZIP 2018, 389; *Madaus*, NZI 2017, 697, 700; *Madaus*, NZI 2021, 283, 284 (Urteilsanm.).

gern.[23] Außerdem liege keine planwidrige Regelungslücke vor. Der Gesetzgeber sei bei der Einführung von Insolvenzplänen für Verbraucher im Jahr 2014 davon ausgegangen, dass eine zweite bzw. unter Berücksichtigung des gerichtlichen Schuldenbereinigungsplans eine dritte Option für den Schuldner neben dem Durchlaufen des Restschuldbefreiungsverfahrens gemäß §§ 286 ff. InsO geschaffen werden sollte.[24] Diese Auffassung ist inzwischen auch durch den **BGH**[25] bestätigt. Der gerichtlichen Bestätigung eines Insolvenzplans, durch den der Schuldner von seinen restlichen Verbindlichkeiten befreit werden soll, **stehe nicht entgegen, dass der Schuldner keine Restschuldbefreiung nach den gesetzlichen Bestimmungen erlangen kann.**[26]

21 Bei der Frage der Erforderlichkeit eines RSB-Antrags für die **Aufstellung eines Insolvenzplans** ist dieser Auffassung zu folgen. Grundsätzlich kann eine Entschuldung über einen Insolvenzplan auch ohne Stellung eines Antrags auf Erteilung der Restschuldbefreiung erlangt werden, da der Anknüpfungspunkt § 227 InsO und die darauf basierenden Regelungen des Insolvenzplans sind und gerade nicht die §§ 287 ff. InsO. Die Folge, dass den Gläubigern hierdurch Nachteile entstehen, da bspw. keine privilegierten Forderungen (§ 302 InsO) die Entschuldung des Schuldners überstehen können ist auch vom Gesetzgeber in Kauf genommen worden. Da es keinen RSB-Antrag gibt, bestehen weder die Obliegenheiten der §§ 290 ff. InsO noch entstehen gemäß § 302 InsO privilegierte Forderungen. Der Schutz der Gläubiger erfolgt in solchen Fällen ausschließlich über das Erfordernis der Mehrheiten in der Planabstimmung sowie die generellen Rechtsmittel gegen Insolvenzpläne. Für nicht am Plan beteiligte Gläubiger können unter den Voraussetzungen des § 259b InsO noch die Planquote erlangen.

Praxishinweis

In der Praxis ist hierbei aber trotzdem jedem Berater zu empfehlen, dass auch im Fall eines avisierten Insolvenzplans jedenfalls auch parallel ein Antrag auf Erteilung der Restschuldbefreiung gestellt wird, soweit dies noch möglich ist. Denn abschließend entschieden ist die Frage der Notwendigkeit eines RSB-Antrags im Insolvenzplanverfahren nicht, wenngleich die hier vertretene Auffassung sich als h. M.[27] herausbildet.

III. Von Restschuldbefreiung nicht umfasste Verbindlichkeiten gemäß § 302 InsO

22 Die §§ 286–303 InsO enthalten jedoch auch Ausnahmen von dem Grundsatz, dass der Schuldner nach Durchlaufen der Wohlverhaltensperiode von seinen restlichen Verbindlichkeiten befreit wird. So sind gemäß § 302 InsO **bestimmte Forderungen des Gläubigers dahingehend privilegiert**, dass sie nicht an einer Restschuldbefreiung teilnehmen. Der Grund liegt in dem Rechtsgrund der Forderung selbst, nicht jedoch, im Gegensatz zu den Versagungstatbeständen der §§ 290 ff. InsO, in der Redlichkeit des Schuldners während des Insolvenzverfahrens.

1. § 302 InsO in seinem erweiterten Anwendungsbereich

23 Aus diesem Grund muss in der Vergleichsrechnung auch dargestellt sein, in welchem Umfang Forderungen die mit einem Merkmal des § 302 InsO angemeldet worden sind, im Plan angemessen berücksichtigt werden. Dies ist kein neues Problem, da es schon im-

23) *Madaus*, NZI 2017, 697.

24) *Madaus*, NZI 2017, 697, 698.

25) BGH, Beschl. v. 19.5.2022 – IX ZB 6/21, ZRI 2022, 644–647 = NZI 2022, 743.

26) BGH, Beschl. v. 19.5.2022 – IX ZB 6/21, ZRI 2022, 644–647 = NZI 2022, 743.

27) LG Hamburg, Beschl. v. 15.1.2018 – 326 T 40/17, ZVI 2018, 249 = ZIP 2018, 389; *Madaus*, NZI 2017, 697, 700.

mer die Besonderheiten der Forderungen aus unerlaubter Handlung gemäß § 302 InsO gegeben hat, die i. R. eines Insolvenzplans zu berücksichtigen waren. Mit dem Gesetz zur Verkürzung des Restschuldbefreiungsverfahrens und zur Stärkung der Gläubigerrechte vom 16.5.2013 wurden jedoch die **Tatbestände des § 302 InsO erweitert**, da nunmehr auch Forderungen aus einer rechtskräftigen Verurteilung wegen einer **Steuerstraftat** und wegen pflichtwidrigem rückständigen **Unterhalt** von der Restschuldbefreiung ausgenommen sind.

Gemäß § 302 InsO in der neuen Fassung sind damit Verbindlichkeiten des Schuldners 24

- aus einer vorsätzlich begangenen unerlaubten Handlung
- bestimmten Unterhalts- und Steuerforderungen,
- Geldstrafen, Geldbußen,
- Ordnungsgelder, Zwangsgelder sowie
- solche Nebenforderungen einer Straftat oder Ordnungswidrigkeit, die zu einer Geldzahlung verpflichten,

von der Erteilung der Restschuldbefreiung nicht erfasst, ohne dass es insoweit einer gesetzlichen Feststellung bedarf.[28] Dem liegt die gesetzgeberische Wertung zugrunde, dass sich der Schuldner diesen besonderen Verbindlichkeiten nicht durch Erteilung der Restschuldbefreiung entziehen darf.[29] Da Verbindlichkeiten gemäß § 302 InsO nicht durch die Restschuldbefreiung erledigt werden können ist i. R. der Vergleichsrechnung eines Insolvenzplans der Vollstreckungshorizont des durch § 302 InsO privilegierten Gläubigers gesondert zu berücksichtigen.

2. Berücksichtigung von durch § 302 InsO privilegierten Verbindlichkeiten im Insolvenzplan

Grundsätzlich ergibt die Auslegung der §§ 225, 227 Abs. 1 InsO, dass Forderungen, die aus einer vorsätzlich begangenen unerlaubten Handlung, oder einem anderen Tatbestand des § 302 InsO, des Schuldners herrühren, von der Schuldbefreiung durch den erfüllten Insolvenzplan nur ausgenommen sind, wenn er dies bestimmt.[30] Das bedeutet, dass im Insolvenzplan grundsätzlich bereits dann **Regelungen über die Behandlung von Forderungen gemäß § 302 InsO** enthalten sein müssen, soweit Forderungen mit einem solchen Merkmal angemeldet worden sind. Andernfalls werden auch privilegierte Forderungen grundsätzlich von den Wirkungen des Insolvenzplans gemäß § 227 InsO erfasst und der Schuldner wäre auch von diesen privilegierten Verbindlichkeiten befreit. Hier sind folglich für die privilegierten Gläubiger in besonderem Maße gehalten, darauf zu achten, dass der Insolvenzplan entsprechende Regelungen enthält, wenn sie nicht die entsprechenden Wirkungen in Kauf nehmen wollen. Eine Ausnahme hierzu bilden Geldstrafen und diesen gemäß § 39 Abs. 1 Nr. 3 InsO gleichgestellte Forderungen. Gemäß § 225 Abs. 3 InsO verbietet sich diesbezüglich eine abweichende Haftungsregelung zugunsten des Schuldners durch den Plan, soweit dessen Haftung ausgeschlossen oder eingeschränkt werden soll. 25

28) *Wenzel* in: KPB, InsO, § 302 Rz. 1.
29) *Wenzel* in: KPB, InsO, § 302 Rz. 1.
30) BGH, Beschl. v. 17.12.2009 – IX ZR 32/08, NJW-Spezial 2010, 343.

Praxishinweis

Der Planersteller sollte darüber hinaus darauf bedacht sein, dass etwaige Steuerstraftaten gemäß § 370 ff. AO unabhängig von den Voraussetzungen des § 302 InsO in den darstellenden Teil des Insolvenzplans aufgenommen werden. Werden in den darstellenden Teil des Insolvenzplans die vom Schuldner begangenen Straftaten mit Insolvenzbezug nicht aufgenommen, kommt eine Versagung der Bestätigung des Plans gemäß § 250 InsO allein deshalb in Betracht, wenn der Plan auf eine Unternehmensfortführung abzielt.[31)]

3. Die Quote des Attributs-Gläubigers gemäß § 302 InsO

26 Problematisch an der Festlegung der Quote der Attributs-Gläubiger und damit der Vergleichsrechnung unter Berücksichtigung des § 302 InsO ist die Beurteilung der hypothetischen Vollstreckungsmöglichkeiten des Gläubigers unter Zugrundelegung der Annahme, dass seine Forderung nicht an einer möglichen Restschuldbefreiung teilnehmen würde. Auf den ersten Blick müssten privilegierte Forderungen nach erteilter Restschuldbefreiung zu einer **höheren Befriedigung des Gläubigers** führen, als dies im Insolvenzplan vorgesehen ist. Dies ist in vielen Fällen aber nicht zutreffend, da mit einem dauerhaft unpfändbaren Einkommen des Schuldners zu rechnen ist.

27 Im Rahmen dieser Erwägung ist bei der Planerstellung allerdings auch immer die **privilegierte Pfändungsgrenze gemäß § 850f Abs. 2 ZPO** zu berücksichtigten, wonach jedenfalls bei unerlaubten Handlungen auf Antrag des Gläubigers durch das Vollstreckungsgericht ein höherer pfändbarer Betrag als bei den Pfändungen von Forderungen, die nicht auf dem Merkmal der unerlaubten Handlung beruhen, festgesetzt werden kann. Im Rahmen der Einzelvollstreckung ist gemäß § 850f ZPO die Erweiterungsmöglichkeit auf Forderungen aus unerlaubten Handlungen beschränkt. Eine direkte Anwendung des § 850f ZPO auf die weiteren privilegierten Forderungen des § 302 Nr. 1 InsO aus pflichtwidrig verkürztem Unterhalt sowie aus rechtskräftig verurteilten Steuerstraftaten kommt nicht in Betracht. Allerdings kann man über eine Anwendung des § 823 Abs. 2 BGB i. V. m. § 170 StGB bei Unterhaltspflichtverletzungen ebenfalls zu einer Anwendung des § 850f ZPO kommen und unabhängig davon werden Unterhaltsforderungen über § 850d ZPO privilegiert. Damit besteht jedenfalls was Verbindlichkeiten aus Steuerstraftaten anbelangt **kein Gleichlauf zwischen Einzel- und Gesamtvollstreckung**.

28 Aber auch wenn man unabhängig hiervon von der Unpfändbarkeit des Vermögens und der Einkünfte des Schuldners ausgeht, so könnte der Gläubiger aus seinem Anspruch bis zu 30 Jahre die Zwangsvollstreckung betreiben. Dies ergibt sich bereits aus § 201 InsO. Es muss also geprüft werden, ob und in welcher Höhe der Schuldner im relevanten Zeitraum bis zur Verjährung oder Restschuldbefreiung Einkommen erzielen oder Vermögen erlangen würde. Schon alleine aufgrund dieser **langen Zeiträume** und der Tatsache, dass die weitere **Einkommens- und Vermögensentwicklung** des Schuldners auf diesen Zeitraum nur sehr schwer beurteilt werden kann, zeigen die Probleme eines Planerstellers in diesem Bereich, da die Vergleichsrechnung nur sehr schwer als rechtssicher einzustufen sein wird. Auf der anderen Seite ergeben sich für das Insolvenzgericht bzw. dessen Rechtsmittelinstanz ganz ähnliche Probleme bei der Beurteilung einer dem Plan zugrunde gelegten Quote, sofern sie höher ist als bei den nicht mit einem Merkmal des § 302 InsO angemeldeten Forderungen.

29 Zunächst einmal können als Extrempositionen diesbezüglich festgehalten werden, dass

- auf der einen Seite jedenfalls ein Gläubiger einer entsprechenden Forderung allein aufgrund des Merkmals gemäß § 302 InsO keine 100 %-Quote verlangen kann, da die hypothetischen Vollstreckungsmöglichkeiten ja gerade ungewiss sind,

31) BGH, Beschl. v. 13.10.2011 – IX ZB 37/08, ZVI 2012, 56 = ZIP 2012, 187 ff., dazu EWiR 2012, 215 *(Rendels/Körner)*.

– auf der anderen Seite überhaupt keine Privilegierung gegenüber „normalen" Insolvenzgläubigern i. R. des Obstruktionsverbots bzw. des Minderheitenschutzes als nicht ausreichend angesehen werden kann.

Wird allerdings eine **nachvollziehbare höhere Quote** im Plan eingestellt, wird die Glaubhaftmachung einer Schlechterstellung durch den Gläubiger schwerfallen, da weder er noch die Rechtsmittelgerichte andere Erkenntnisquellen haben. Eine solch höhere Quote führt entgegen einer teilweise vertretenen Auffassung[32] nicht zur Unanwendbarkeit des Obstruktionsverbots i. S. des § 245 InsO, da – wie bereits dargestellt – einer die Restschuldbefreiung überstehenden Verbindlichkeit ein höherer wirtschaftlicher Wert beizumessen ist. 30

Das Problem ist die Bewertung des **hypothetischen Liquidationsszenarios** in der Insolvenz der natürlichen Person. Insbesondere bei erwerbsfähigen Schuldnern kann Streit darüber entstehen, ob und inwieweit er in Zukunft pfändbare Einkünfte wird erzielen können oder nicht. Auch sind etwaige fatalistische Ereignisse wie Erbschaften oder Lottogewinne denkbar. Grundsätzlich ist eine derartige Bewertung mangels gesetzlicher Regelung dann eine Frage des insolvenzgerichtlichen Ermessens.[33] Dies wiederum führt zu erheblichen Unschärfen für den Planersteller, da sich grundsätzlich die Ausübung dieses Ermessens schwer prognostizieren lässt. 31

Der Gesetzgeber hat **dieses Problems i. R. des SanInsFoG**[34] durch die Einführung des **§ 245a InsO** aufgelöst,[35] wonach die zum Zeitpunkt der Planerstellung bestehenden Einkommens-, Vermögens- und Familienverhältnisse des Schuldners über die gesamte Dauer des Beurteilungszeitraums maßgebend bleiben. Eine vergleichbare Regelung existierte mit § 309 Abs. 1 Nr. 2 Satz 2 InsO schon länger i. R. des gesetzlichen Schuldenbereinigungsplanverfahrens. Diese Regelung hat der InsO-Gesetzgeber mit zu dem Zweck eingeführt, die Schlechterstellungsprüfung i. R. des gesetzlichen Schuldenbereinigungsplanverfahrens zu vereinfachen.[36] § 245a InsO wurde explizit der Regelung des § 309 Abs. 1 Nr. 2 Satz 2 InsO nachgebildet, um diese Vereinfachung auch im Insolvenzplanverfahren zu erreichen.[37] Überdies wird vermutet, dass die Restschuldbefreiung zum Ablauf der Höchstfrist eintritt. Beide Vermutungen können widerlegt werden.[38] 32

Als Folge der Einführung des § 245a InsO wird den Gläubigern die Möglichkeit gegeben, eine entsprechende Schlechterstellung durch den Insolvenzplan überhaupt erst glaubhaft zu machen,[39] da anderenfalls regelmäßig ein non liquet zulasten des Gläubigers die Folge wäre, weil ihm entsprechende Fakten für die zukünftige Entwicklung höchst selten zur Verfügung stehen werden. 33

32) AG Köln, Beschl. v. 14.11.2017 – 73 IN 173/15, ZVI 2018, 241 = NZI 2018, 108.

33) Bericht der Bundesregierung über die Erfahrungen mit der Anwendung des Gesetzes zur weiteren Erleichterung der Sanierung von Unternehmen (ESUG-Evaluation), BT-Drucks. 19/4880, S. 232.

34) Gesetz zur Fortentwicklung des Sanierungs- und Insolvenzrechts (Sanierungs- und Insolvenzrechtsfortentwicklungsgesetz – SanInsFoG), v. 22.12.2020, BGBl. I 2020, 3256.

35) RegE SanInsFoG, v. 16.10.2020, BR-Drucks. 619/20, S. 240.

36) So auch Bericht der BReg über die Erfahrungen mit der Anwendung des Gesetzes zur weiteren Erleichterung der Sanierung von Unternehmen (ESUG-Evaluation), BT-Drucks. 19/4880, S. 232, m. Hinw. auf Beschlussempfehlung und Bericht d. RA z. RegE InsO, BT-Drucks. 12/7302, S. 192.

37) RegE SanInsFoG, v. 16.10.2020, BR-Drucks. 619/20, S. 240.

38) RegE SanInsFoG, v. 16.10.2020, BR-Drucks. 619/20, S. 240.

39) RegE SanInsFoG, v. 16.10.2020, BR-Drucks. 619/20, S. 240.

Praxishinweis

Die Regelung § 245a InsO gilt bei Insolvenzplänen von Verbrauchern, als auch bei sonstigen gewerblich tätigen natürlichen Personen. Mit den darin enthaltenen Vermutungen wird die Belastbarkeit der jeweiligen Vergleichsrechnung in Insolvenzplänen erhöht, da für die Bewertung einer möglichen Schlechterstellung davon ausgegangen wird, dass die Einkommens-, Vermögens- und Familienverhältnisse des Schuldners zum Zeitpunkt der Abstimmung über den Insolvenzplan **für die Verfahrensdauer** und den **Zeitraum**, in dem die Insolvenzgläubiger ihre restlichen Forderungen gegen den Schuldner unbeschränkt geltend machen können, **maßgeblich** bleiben.

34 Hinsichtlich der Höhe der Quote, die privilegierten Gläubigern anzubieten ist, kann aus Sicht des Planerstellers eine Quote in einem **Korridor zwischen den nicht privilegierten Forderungen gemäß § 850c ZPO und den privilegierten gemäß § 850f Abs. 2 ZPO** ein gangbarer Weg sein. Aufgrund der Regelungen des § 850f Abs. 2 ZPO für unerlaubte Handlungen sowie des § 850d Abs. 1 ZPO für pflichtwidrig verkürzten Unterhalt ist dieses Vorgehen zumindest für diese Fälle ein gangbarer Weg. Dieser Weg ist nachvollziehbar und wird auch bei einer gerichtlichen Überprüfung Bestand haben.

4. Taktische Instrumente des Schuldners und des Planerstellers

35 Der Planersteller sollte darüber hinaus eine entsprechende **Gruppe der Gläubiger mit einer privilegierten Forderung** bilden,[40] wobei die Quote, welche dieser Gruppe angeboten wird, dem entspricht, was bei Zugrundelegung der eben dargestellten Grundsätze erzielt werden könnte.

36 Als weiteres taktisches Instrument kann der Planersteller darauf hinwirken, dass den entsprechenden Forderungen, die in den Anwendungsbereich des § 302 InsO fallen, gemäß § 177 Abs. 1 InsO widersprochen wird bzw. wenn ihm selbst ein **Widerspruchsrecht** zusteht, selbst widersprechen. Abhängig davon, ob die Forderung noch tituliert ist, kann sich dieser Widerspruch auf die Forderung als solche, und zwar sowohl dem Grund als auch der Höhe nach, oder auf den Rechtsgrund i. S. des § 302 InsO beziehen. Soweit eine nicht titulierte Forderung bestritten wird, obliegt es dem Gläubiger diese ggf. gemäß § 179 InsO durchzusetzen. Bei einem Widerspruch gegen die gesamte Anmeldung der Gläubiger, also sowohl hinsichtlich der Forderungen als auch dem Merkmal gemäß § 302 InsO, kann der Gläubiger auf die Feststellung gemäß § 184 InsO hinwirken.

37 Die **Folge eines entsprechenden Widerspruchs** ist aufgrund des ungewissen Ausgangs einer möglichen Feststellungklage eine weitere unbekannte Variable i. R. der Vergleichsrechnung. Denn vom Ausgang einer Feststellungsklage des Gläubigers hängen die zukünftigen Vollstreckungsmöglichkeiten ab, die in der Vergleichsrechnung abzubilden sind. Schon aus diesem Grund und mit dieser Argumentation kann eine entsprechend niedrigere Quote in den Plan eingestellt werden.

IV. Versagungsanträge im Insolvenzplanverfahren

38 Ein weiteres Problem i. R. eines Insolvenzplans für natürliche Personen stellen Anträge auf Versagung der Restschuldbefreiung dar. Hierbei ist allerdings darauf hinzuweisen, dass für den Insolvenzplan relevante Versagungstatbestände hauptsächlich solche des § 290 InsO sein können.

40) *Blankenburg*, ZInsO 2015, 1293, 1297.

1. Keine Relevanz der Obliegenheiten nach Aufhebung des Insolvenzverfahrens

Obliegenheitsverletzungen des Versagungsrechts, welche den Zeitraum der Abtretungsfrist nach Aufhebung des Insolvenzverfahrens betreffen spielen keine Rolle für die Erstellung eines Insolvenzplans, da der Plan **bis spätestens zum Schlusstermin** eingereicht werden kann (§ 218 Abs. 1 Satz 2 InsO). Zudem wird der Schuldner, wenn im Plan nichts anderes bestimmt ist, mit der im gestaltenden Teil des Insolvenzplans geregelten Befriedigung der Insolvenzgläubiger von seinen restlichen Verbindlichkeiten befreit. 39

§ 295 InsO ist i. R. der Planerstellung schon deshalb gar nicht darstellbar, da die dort konstituierten Obliegenheiten den Zeitraum nach Aufhebung des Insolvenzverfahrens während der Abtretungsfrist betreffen, den es beim Insolvenzplan gar nicht gibt. Und für eine **fiktive Wohlverhaltensperiode** können keine etwaigen Obliegenheitsverletzungen angenommen werden. 40

2. Der Versagungsantrag gemäß § 290 InsO und seine Risiken für den Insolvenzplan

Regelmäßig werden primär Versagungsanträge gemäß § 290 InsO für den Planersteller relevant sein. Diesbezüglich hat sich die Problematik für den Planersteller eines Insolvenzplans für eine natürliche Person deshalb verschärft, weil nach der Änderung des § 290 InsO durch das Gesetz zur Verkürzung des Restschuldbefreiungsverfahrens und zur Stärkung der Gläubigerrechte vom 16.5.2013 es nunmehr **bereits vor dem Schlusstermin** möglich ist, Versagungsanträge zu stellen, die beim Insolvenzgericht dann quasi auf Halde liegen. Der Hintergrund dieser Regelung ist der Wille des Gesetzgebers,[41] dass im Interesse der Justizentlastung das Insolvenzgericht über alle Anträge erst nach dem Schlusstermin zu entscheiden hat. Diese Änderung birgt für den Schuldner und den Planersteller eine **nicht unerhebliche Unsicherheit**, nämlich ob ein möglicher Insolvenzplan überhaupt Aussicht auf Erfolg haben kann, oder nicht. Die Insolvenzgläubiger können nunmehr zu jedem Zeitpunkt bis zum Schlusstermin noch einen Versagungsantrag stellen, was wiederum die gesamte Grundkonstellation des Insolvenzplans verändern kann. 41

Die **Brisanz dieses Problems** liegt hauptsächlich darin begründet, dass den anderen Gläubigern der Versagungsantrag und damit auch die Obliegenheitsverletzung vor Abstimmung über einen Insolvenzplan zur Kenntnis gelangt, da das Gericht den Insolvenzgläubigern, die Forderungen angemeldet haben, gemäß § 287 Abs. 4 InsO **zuvor rechtliches Gehör zu gewähren** hat. Dies birgt die Gefahr, dass **weitere Versagungsanträge** von den Insolvenzgläubigern gestellt werden, die Kenntnis von den Versagungsanträgen erhalten oder aufgrund der dargestellten Obliegenheitsverletzungen der Insolvenzplan abgelehnt wird. 42

Darüber hinaus kann es aus Gläubigersicht auch schon ausreichend sein, einen solchen Versagungsantrag in Aussicht zu stellen. Denn bereits die Möglichkeit eines Gläubigers einen aussichtsreichen Versagungsantrag stellen zu können, kann i. R. eines Antrags auf Minderheitenschutz gemäß § 251 InsO Berücksichtigung finden,[42] wenn der **Minderheitenschutzantrag** u. a. damit begründet wird. Dies steht natürlich unter der Prämisse, dass ein fristgemäßer Versagungsantrag gemäß § 290 InsO noch gestellt werden kann. 43

Grundsätzlich besteht **keine Pflicht zur Aufnahme eines möglichen Versagungsantrags** bzw. das Vorliegen von Obliegenheitsverletzungen in den Insolvenzplan durch den Schuldner.[43] Allerdings muss der Planersteller sich darüber im Klaren sein, dass dies nichts an 44

41) Begr. RegE Gesetz zur Verkürzung des Restschuldbefreiungsverfahrens und zur Stärkung der Gläubigerrechte, BT-Drucks. 17/11268, S. 27.

42) AG Düsseldorf, Beschl. v. 7.1.2008 – 503 IN 221/02, ZInsO 2008, 463.

43) *Frind*, ZInsO 2014, 280, 282.

der Möglichkeit ändert, einen Minderheitenschutzantrag darauf zu stützen, und führt damit nicht zu einer Entschärfung dieses Problems.

3. Die Behandlung eines Versagungsantrags gemäß § 290 InsO im Insolvenzplan

45 Die Konstellation eines im Raum stehenden Versagungsantrags mit hinreichenden Erfolgsaussichten ist durchaus vergleichbar mit der Behandlung von Forderungen gemäß § 302 InsO, da ein erfolgreicher Versagungsantrag i. R. eines Insolvenzverfahrens ohne Insolvenzplan ebenfalls dazu führt, dass keine uneingeschränkte Restschuldbefreiung erteilt wird. Der entscheidende Unterschied liegt allerdings in der absoluten Wirkung einer Versagung der Restschuldbefreiung, da die Versagung der Restschuldbefreiung im Gegensatz zu § 302 InsO für alle Gläubiger wirkt und nicht nur für den antragsstellenden. Dies hat zur Folge, dass der Lösungsansatz einer entsprechenden Gruppenbildung, welche den Versagungsantrag berücksichtigt, nicht weiterhelfen kann.

46 Auch die Berücksichtigung etwaiger **Pfändungsprivilegien** der Einzelzwangsvollstreckung i. R. der Vergleichsrechnung hilft nicht weiter, da die Sanktion von Obliegenheitsverletzungen des Schuldners, welche mit denen des § 290 InsO vergleichbar wären, in der ZPO nicht vorgesehen sind. Vielmehr handelt es sich bei den sanktionierten Obliegenheitsverletzungen um ein Spezifikum des Gesamtvollstreckungsrechts.

47 Teilweise wird deshalb befürwortet im Falle eines aussichtsreichen Versagungsantrags den antragstellenden Gläubiger, sofern dies wirtschaftlich möglich ist, **voll zu befriedigen.**[44] Dies hätte zur Folge, dass gemäß § 237 Abs. 2 InsO sein Stimmrecht ausgeschlossen wäre und damit auch keine Anträge auf Minderheitenschutz oder Planbeschwerden mehr drohen würden. Gegen diese Auffassung wird eingewandt, dass zum einen eine Ungleichbehandlung der Gläubiger vorliegt und auf der anderen Seite die übrigen Gläubiger dazu verleitet werden könnten, ebenfalls einen Versagungsantrag zu stellen.[45] Meines Erachtens stellt das Argument der **Ungleichbehandlung** zwar ein dogmatisch und von den insolvenzrechtlichen Grundsätzen ausgehend betrachtet zutreffendes dar, allerdings ist in diesem Zusammenhang zu berücksichtigen, dass überobligatorische Befriedigungen eines Gläubigers während des Insolvenzverfahrens gemäß § 254 Abs. 3 InsO behalten werden dürfen. Das bedeutet, dass im Ergebnis dieses Argument nichts an der Planumsetzung ändern könnte.

48 Ein anderer Ansatz[46] befürwortet die **Bildung von Rückstellungen** gemäß § 251 Abs. 3 InsO um dann die Begründetheit des Versagungsantrags in dem Verfahren über die Auszahlung aus den Rückstellungen zu klären. Gegen diese Auffassung spricht allerdings, dass die Versagung der Restschuldbefreiung jedoch gerade nicht nur für den antragstellenden Gläubiger wirkt, sondern für alle Gläubiger. Dies hätte wiederum zur Folge, dass jeder Gläubiger einen entsprechenden Antrag gemäß § 251 InsO stellen kann, mit der Folge dass es für jeden Planersteller unkalkulierbar wird, wie ein entsprechender Erörterungs- und Abstimmungstermin verlaufen wird.[47] Darüber hinaus ist die Anwendung des § 251 Abs. 3 InsO auf diese Fallgruppe schon deshalb fraglich, da der Nachweis einer Schlechterstellung nach dem strengen Wortlaut des § 251 Abs. 3 InsO außerhalb des Insolvenzverfahrens zu klären ist.[48] Der Versagungsantrag stellt jedoch eine Entscheidung innerhalb des Verfahrens dar.

44) *Frind*, ZInsO 2014, 280, 283.

45) *Blankenburg*, ZInsO 2015, 1293, 1296.

46) *Blankenburg*, ZInsO 2015, 1293, 1296.

47) So im Ergebnis wohl auch *Blankenburg*, ZInsO 2015, 1293, 1297.

48) *Frind*, ZInsO 2014, 280, 284.

4. Handlungsempfehlung für Planersteller

Der Berater des Schuldners, der zumeist den Plan erstellen wird, sollte verschiedene Aspekte beachten. Zum einen sollte darauf hingewirkt werden, dass der Schuldner zumindest ab Beginn der Beratung Obliegenheitsverletzungen, welche durch § 290 InsO sanktioniert sind, vermeidet. Insbesondere die **Auskunfts- und Mitwirkungspflichten** gemäß §§ 20, 97 InsO, welche durch § 290 Abs. 1 Nr. 5 InsO strafbewehrt sind, müssen zwingend eingehalten werden. Weiterhin ist der Schuldner darauf hinzuweisen, dass er seiner **Erwerbsobliegenheit** gemäß § 287b InsO, sanktioniert durch § 290 Abs. 1 Nr. 7 InsO, nachkommen muss. 49

Auch ist auf eine gewissenhafte Erstellung des Insolvenzantrags, insbesondere im Hinblick auf die **Verzeichnisse** gemäß § 305 Abs. 1 Nr. 3 InsO sowie die Erklärung gemäß § 287 Abs. 3 InsO zu achten, um nicht i. R. der schuldnerischen Beratung den Tatbestand des § 290 Abs. 1 Nr. 6 InsO zu verwirklichen. Auf die übrigen denkbaren Obliegenheitsverletzungen wird der Berater keinen Einfluss mehr haben, da sie üblicherweise vor der Mandatierung erfolgt sind. 50

Ist die Situation eingetreten, dass ein zulässiger und aussichtsreicher Versagungsantrag im Raum steht, oder gar gestellt ist, so muss versucht werden, zu einem möglichst frühen Zeitpunkt eine Einigung mit dem Schuldner herbeizuführen. Im Zweifelsfall sollte dies über eine Vollbefriedigung erfolgen, um den Gläubiger aus der Abstimmung zu nehmen (§ 237 Abs. 2 InsO). Sollte dies aufgrund der Forderungshöhe nicht darstellbar sein, ist dem Schuldner von der Einreichung eines Insolvenzplans abzuraten. 51

V. Darstellung der persönlichen Verhältnisse des Schuldners und Relevanz von Drittmitteln

Eine besondere Rolle in Insolvenzplänen einer natürlichen Person spielen die sog. Drittmittel, d. h. Zahlungen oder sonstige finanzielle Mittel durch nicht am Insolvenzverfahren beteiligte Dritte. Die **praktische Relevanz** liegt darin begründet, dass regelmäßig der Schuldner mit seinen eigenen Mitteln nicht in der Lage sein wird, den Gläubigern ein Besserstellung i. R. eines Insolvenzplans zu ermöglichen, da die Gläubiger ja gerade auch ohne Insolvenzplan auf die pfändbaren Mittel zugreifen können. 52

Daher ermöglichen die Drittmittel zumeist überhaupt erst eine Insolvenzplanlösung, da nur durch die Zurverfügungstellung von finanziellen Mitteln eine im Vergleich zum Regelverfahren **bessere Quote** angeboten werden und damit die notwendigen Mehrheiten für einen Insolvenzplan erreicht werden können. Entscheidend für den Planersteller ist damit auch, **in welchem Umfang** im darstellenden Teil **Ausführungen** zu der finanziellen Situation des Schuldners, aber auch des Dritten zu machen sind. 53

1. Anforderungen an die Ausführungen den Schuldner betreffend

Gerade was Insolvenzpläne über das Vermögen einer natürlichen Person angeht, sind besondere Ausführungen der **individuellen Situation** des Schuldners zu machen. Grundsätzlich gehören diese Ausführungen in den darstellenden Teil des Insolvenzplans. Es stellt sich dann aber die Frage, in welchem Umfang diese Darstellungen zu erfolgen haben, um aus Sicht des Planerstellers das Risiko einer Zurückweisung des Plans durch das Insolvenzgericht zu vermeiden. 54

Grundsätzlich richtet sich der Inhalt des darstellenden Teils eines Insolvenzplans – und damit auch der Vergleichsrechnung – nach § 220 InsO. Wenn und soweit die Darstellungen nicht ausreichend sind, hat das Insolvenzgericht den Insolvenzplan gemäß § 231 Abs. 1 Nr. 1 InsO zurückzuweisen. Die Maxime ist hierbei gemäß § 220 Abs. 2 InsO, 55 dass alle Angaben im darstellenden Teil enthalten sein „sollen“, die für die Beteiligten für oder gegen die **Entscheidung über die Zustimmung** für den Insolvenzplan **maßgeblich sind**. Diese Sollvorschrift ist indes, was den Mindestinhalt angeht, zwingendes Recht.[49] Danach sind alle diejenigen Angaben unerlässlich, welche die Gläubiger für ein sachgerechtes Urteil über den Insolvenzplan, gemessen an ihren eigenen Interessen, benötigen.[50] Der Gesetzgeber hat durch die weite Formulierung der Vorschrift lediglich auf eine für alle Fälle verbindliche Vorgabe verzichtet und die Entscheidung, welche Angaben die Gläubiger benötigen, für jeden Einzelfall zunächst dem Planverfasser und sodann gemäß § 231 Abs. 1 Nr. 1, § 250 Nr. 1 InsO dem Insolvenzgericht übertragen.[51] Die Verwendung des Wortes „soll“ in § 220 Abs. 2 InsO bedeutet nicht, dass die geforderten Angaben fakultativ sind, sondern diese sind vielmehr in gleichem Maße zwingendes Recht, wie die Pflichtangaben des § 220 Abs. 1 InsO.[52]

56 Daran anschließend stellt sich für den Planersteller die Frage, welche Angaben genau erforderlich sind, um den Anforderungen des § 220 Abs. 2 InsO im Falle eines Insolvenzplans einer natürlichen Person gerecht zu werden. Es muss jedenfalls eine hinreichend genaue **Umschreibung der beruflichen Tätigkeit**, die als Berechnungsgrundlage für die Vergleichsrechnung herangezogen wird, erfolgen. Hierbei ist z. B. auch anzugeben, ob der Schuldner selbstständig tätig ist und wenn ja, unter welcher Firma und ob ggf. mit einer anderen Person eine Personengesellschaft besteht.[53] Denn nur wenn dieses Angaben vorliegen, kann der abstimmende Gläubiger beurteilen, ob die Vergleichsrechnung, was die Vollstreckungsmöglichkeiten im Falle eines Regelinsolvenzverfahrens anbelangt, richtig dargestellt sind.

57 Als weiteren Anhaltspunkt für den Umfang der Ausführungen im Insolvenzplan einer natürlichen Person sind die Regelungen über die **Pfändungsbeschränkungen** der §§ 850 ff. ZPO heranzuziehen. Der Planersteller hat alles aufzunehmen, was den Gläubigern die Einschätzung ermöglicht, wie hoch das **pfändbare Einkommen** des Schuldners ohne einen Insolvenzplan wäre. Damit ist zunächst einmal die Art der Einkünfte bzw. des Arbeitseinkommens darzustellen. Dies sind ist i. S. des § 850 Abs. 2 ZPO die Dienst- und Versorgungsbezüge der Beamten, Arbeits- und Dienstlöhne, Ruhegelder und ähnliche nach dem einstweiligen oder dauernden Ausscheiden aus dem Dienst- oder Arbeitsverhältnis gewährten fortlaufenden Einkünfte, ferner Hinterbliebenenbezüge sowie sonstige Vergütungen für Dienstleistungen aller Art, die die Erwerbstätigkeit des Schuldners vollständig oder zu einem wesentlichen Teil in Anspruch nehmen. Außerdem sind erfasst alle Bezüge, die ein Arbeitnehmer zum Ausgleich für Wettbewerbsbeschränkungen für die Zeit nach Beendigung seines Dienstverhältnisses beanspruchen kann (§ 850 Abs. 3 lit. a ZPO) sowie Renten, die aufgrund von Versicherungsverträgen gewährt werden, wenn diese Verträge zur Versorgung des Versicherungsnehmers oder seiner **unterhaltsberechtigten Angehörigen** eingegangen sind (§ 850 Abs. 3 lit. a ZPO). Sollten unpfändbare Einkünfte i. S. der §§ 850a, 850b ZPO vorliegen, ist dies ebenso darzustellen, wie die **familiären Verhältnisse** die für die Pfändungsgrenzen der §§ 850c–850e ZPO relevant sind. Nur so ist eine veritable Beurteilung der Vergleichsrechnung durch die Gläubiger möglich.

49) AG Köln, Beschl. v. 15.2.2017 – 72 IN 594/13, ZVI 2017, 390 = NZI 2017, 664; BGH, Beschl. v. 13.10.2011 – IX ZB 37/08, ZVI 2012, 56 = ZIP 2012, 187.

50) BGH, Beschl. v. 13.10.2011 – IX ZB 37/08, ZVI 2012, 56 = ZIP 2012, 187.

51) BGH, Beschl. v. 13.10.2011 – IX ZB 37/08, ZVI 2012, 56 = ZIP 2012, 187, 188.

52) BGH, Beschl. v. 13.10.2011 – IX ZB 37/08, ZVI 2012, 56 = ZIP 2012, 187, 188; *Spahlinger* in: KPB, InsO, § 222 Rz. 6.

53) AG Köln, Beschl. v. 15.2.2017 – 72 IN 594/13, ZVI 2017, 390 = NZI 2017, 664.

Generell kann gesagt werden, dass alle Angaben im darstellenden Teil enthalten sein müssen, die abstrakt für die Beurteilung der Vorteilhaftigkeit des Insolvenzplans von Relevanz sein können. Dem Planersteller ist anzuraten, hier tendenziell eher zu ausführlich darzustellen als zu knapp zu bleiben, um das Risiko einer Zurückweisung des Insolvenzgerichts gemäß § 231 Abs. 1 Nr. 1 InsO zu vermeiden. 58

2. Anforderungen an die Ausführungen den Drittmittelgeber betreffend

Vom Planersteller müssen darüber hinaus auch Ausführungen zum Drittmittelgeber und dessen Liquidität gemacht werden.[54] Nur so kann regelmäßig gewährleistet werden, dass die Gläubiger in der Lage sind, die Vorteilhaftigkeit des Insolvenzplans gegenüber der Regelabwicklung zu beurteilen. Entscheidend ist hierbei die **Verfügbarkeit** der im Insolvenzplan zugrunde gelegten Mittel und insbesondere auch die alleinige Verfügungsberechtigung des Drittmittelgebers.[55] Wurde lediglich der Nachweis erbracht, dass die Gelder auf einem Konto zur Verfügung stehen, über welches die Drittmittelgeberin nur mit einer weiteren Person verfügungsbefugt war, ist dies jedenfalls nicht ausreichend für den Nachweis der Verfügbarkeit der Drittmittel für den im Insolvenzplan vorgesehenen Zweck. Regelmäßig werden Insolvenzpläne einer natürlichen Person nur erfolgversprechend sein, sofern ein Drittmittelgeber vorhanden ist. Aus diesem Grund hat das Insolvenzgericht einen Insolvenzplan gemäß § 231 Abs. 1 Nr. 1 InsO zurückzuweisen, wenn nicht die Zahlungsfähigkeit entsprechend in den Insolvenzplanunterlagen nachgewiesen ist. 59

> **Praxishinweis**
>
> In der Praxis wird dies regelmäßig so gehandhabt, dass die Drittmittel bereits beim Insolvenzverwalter treuhänderisch hinterlegt sind, um Probleme in diesem Bereich zu vermeiden. Dieses Vorgehen ist dem Planersteller zur Elimination jedweder Unschärfe in diesem Bereich zu empfehlen.

D. Besonderheiten bei der Gruppenbildung

Die Gruppenbildung ist in Insolvenzplänen ein Mittel, das dem Planersteller in bestimmten Grenzen **Gestaltungsspielräume** eröffnet. So sind grundsätzlich auch **unterschiedliche Planquoten** zwischen den verschiedenen Gruppen möglich. Lediglich innerhalb einer Gruppe dürfen die Befriedigungsquoten nicht voneinander abweichen. Die Vorgabe bei Bildung fakultativer Gruppen ist gemäß § 222 Abs. 2 InsO ein „gleichartiges wirtschaftliches Interesse". 60

Ein derartiges **gleichartiges Interesse** ist unzweifelhaft in den unterschiedlichen Wirkungen der Restschuldbefreiung bei gemäß § 302 InsO privilegierten Forderungen im Vergleich zu nicht privilegierten Forderungen zu sehen.[56] Abzulehnen ist die Auffassung, dass eine Gruppenbildung bei vorhandenen privilegierten Forderungen nicht zwingend erforderlich ist,[57] da die Nichtbildung von fakultativen Gruppen nicht per se zur Fehlerhaftigkeit der Vergleichsrechnung oder einer Zurückweisung des Insolvenzplans gemäß § 231 InsO führt. Jedenfalls Gläubiger mit Forderungen gemäß § 302 InsO sind bei einem Plan mit Restschuldbefreiungsziel insbesondere in eine gesonderte Gruppe dann aufzu- 61

54) So auch LG Hamburg, Beschl. v. 18.11.2015 – 326 T 109/15, ZVI 2016, 155 = NZI 2016, 34 f.

55) LG Hamburg, Beschl. v. 18.11.2015 – 326 T 109/15, ZVI 2016, 155 =NZI 2016, 34 f.

56) Uhlenbruck-*Lüer/Streit*, InsO, § 222 Rz. 30; AG Köln, Beschl. v. 14.11.2017 – 73 IN 173/15, ZVI 2018, 241 = ZIP 2018, 1405.

57) Uhlenbruck-*Lüer/Streit*, InsO, § 222 Rz. 30.

nehmen, wenn solche Forderungen unwidersprochen sind.[58] Es führen gerade die **unterschiedlichen Wirkungen der Restschuldbefreiung** dazu, dass bei Bestehen von privilegierten Forderungen eine separate Gruppe gebildet werden sollte. Ansonsten könnte mit Erfolg i. R. eines Minderheitenschutzantrags oder einer Planbeschwerde eine Schlechterstellung geltend gemacht werden, da die Forderungen im Falle einer hypothetischen Restschuldbefreiung gerade nicht wegfallen würden, sondern in der Regelverjährungsfrist weitere Vollstreckungsversuche unternommen werden könnten. Allerdings ergibt sich die Pflicht zu einer Gruppenbildung in der vorliegenden Konstellation nicht aus dem Umstand, dass die Nichtbildung einen Verstoß gegen den Gleichbehandlungsgrundsatz darstellen würde[59] oder aufgrund verfassungsrechtlicher Erwägungen (Art. 3 GG) eine Ermessenreduktion eintreten würde.[60] Vielmehr ergibt sich diese Verpflichtung daraus, dass anderenfalls ein nicht behebbarer Mangel der Vergleichsrechnung bestehen würde, da die unterschiedlichen materiellen Wirkungen der hypothetischen Restschuldbefreiung im Fall eines Regelinsolvenzverfahrens gerade nicht berücksichtigt wurden.

E. Rechtsfolgen eines Insolvenzplans der natürlichen Person

62 Ist im Insolvenzplan nichts anderes bestimmt, so wird der Schuldner gemäß § 227 Abs. 1 InsO mit der im gestaltenden Teil vorgesehenen Befriedigung der Insolvenzgläubiger von seinen restlichen Verbindlichkeiten gegenüber diesen Gläubigern befreit. Interessant ist hierbei die Frage, wie mit einem zulässigerweise neben dem Insolvenzplan gestellten Antrag auf Erteilung der Restschuldbefreiung umzugehen ist.

63 Wenn lediglich ein verfahrensleitender Insolvenzplan vorliegt, der gerade nicht auf die Wirkungen des § 227 InsO abzielt, bleibt ein Antrag auf Erteilung der Restschuldbefreiung zulässig.[61] Wenn und soweit die Entschuldung des Schuldners jedoch über § 227 Abs. 1 InsO oder in sonstiger Weise durch eine Planregelung erfolgt, was in der Praxis den Regelfall darstellen wird, entfällt des Rechtschutzinteresse des Antrags auf Erteilung der Restschuldbefreiung.[62] Diese Auffassung führt auch nicht zu einer Benachteiligung des Schuldners, da über § 254b InsO die Restschuldbefreiungswirkung auch die nicht beteiligten Insolvenzgläubiger erfasst und damit denselben Umfang hat wie eine Restschuldbefreiung im Regelverfahren ohne Insolvenzplan.

Praxishinweis

In der Praxis wird dann im Plan geregelt werden, dass mit Bestätigung des Insolvenzplans und Eintritt der Wirkungen des § 227 Abs. 1 InsO der Antrag durch den Schuldner zurückgenommen wird. Dogmatisch wird dies als aufschiebenden Bedingung auszugestalten sein.

F. Verfahrensrechtliche Besonderheiten

64 Seit dem 1.7.2014 können auch in Verbraucherinsolvenzverfahren Insolvenzpläne gemacht werden. Bei einem Verbraucherinsolvenzverfahren handelt es sich um ein Massenverfahren, welches durch die Insolvenzgerichte üblicherweise im schriftlichen Verfahren abgewickelt wird. In der **seit dem 1.7.2014** geltenden Fassung des § 5 Abs. 2 InsO wir das Insolvenzverfahren grundsätzlich **schriftlich** geführt, wenn die Vermögensverhältnisse des Schuld-

58) AG Hamburg, Beschl. v. 19.4.2016 – 67c IN 232/13, ZIP 2016, 2492.

59) So wohl auch *Spahlinger* in: KPB, InsO, § 222 Rz. 32.

60) *Eidenmüller* in: MünchKomm-InsO, § 222 Rz. 115.

61) *Blankenburg*, ZVI 2017, 89, 90.

62) *Blankenburg*, ZVI 2017, 89, 90.

ners überschaubar und ist die Zahl der Gläubiger oder die Höhe der Verbindlichkeiten gering sind.

Trotz dieses Umstands hat auch bei einem Verbraucherinsolvenzverfahren oder sonstigem Kleinverfahren im Falle der Einreichung eines Insolvenzplans zumindest ein **Erörterungstermin** zu erfolgen. In den §§ 235 ff. InsO ist keine Möglichkeit vorgesehen, von einem Erörterungstermin abzusehen. Lediglich unter den Voraussetzungen des § 242 InsO kann eine **Abstimmungstermin** schriftlich erfolgen, wenn gemäß § 241 InsO der Abstimmungstermin gesondert vom Erörterungstermin bestimmt wird.[63] 65

Die Regelung des § 242 InsO geht davon aus, dass im Kombinationstermin, also dem Erörterungs- und Abstimmungstermin, die persönliche **Anwesenheit** der abstimmungsberechtigten Beteiligten erforderlich ist, weil dort sowohl die Erläuterung des Insolvenzplans stattfindet als auch die Möglichkeit für Änderungsvorschläge gegeben ist und anschließend über den Plan abgestimmt wird.[64] Bei einem gesonderten Abstimmungstermin gemäß § 242 InsO wird hingegen lediglich der Insolvenzplan zur Abstimmung gestellt. Nur auf dieser Grundlage soll eine Abstimmung im schriftlichen Verfahren erfolgen können. 66

Der teilweise vertretenen Auffassung,[65] dass diese Regelungen des besonderen Teils der InsO von § 5 Satz 2 InsO überlagert werden, und daher das Verfahren immer schriftlich durchzuführen ist, wenn die Vermögensverhältnisse des Schuldners überschaubar und die Anzahl der Gläubiger überschaubar oder die Höhe der Verbindlichkeiten gering sind, kann nicht gefolgt werden. Diese Auffassung trägt dem Umstand, dass durch einen Insolvenzplan erheblich in die Rechte des Gläubigers eingegriffen werden kann, nicht entsprechend Rechnung. Gerade die **Erörterung und Plausibilisierung des Insolvenzplans** durch den Insolvenzverwalter führt oftmals zu der Akzeptanz der Eingriffe und Regelungen durch den Insolvenzplan bei den Gläubigern. Diese Eingriffe in Gläubigerrechte erfolgen **auch in Kleinverfahren**, weshalb eine Dispensierung des Erörterungstermins aus Gläubigerschutzgesichtspunkten abzulehnen ist. Dies stellt gerade auch einen großen Unterschied zum gesetzlichen Schuldenbereinigungsplanverfahren gemäß §§ 306 ff. InsO dar, welches schriftlich durchgeführt wird. Aus diesem Grund wird regelmäßig ein Abstimmungs- und Erörterungstermin auch in Kleinverfahren stattfinden. 67

Ein weiteres Problem i. R. von Insolvenzplänen bei Verbraucherinsolvenzen kann der Umstand darstellen, dass gemäß § 244 InsO ein Insolvenzplan nur als angenommen angesehen werden kann, wenn die **Mehrheit der abstimmenden Gläubiger** für den Insolvenzplan gestimmt haben. Hieraus folgt, dass überhaupt Gläubiger im Abstimmungstermin anwesend sein müssen. Eine Anwendung des § 160 Abs. 1 Satz 3 InsO, wonach eine Zustimmungsfiktion bei Beschlussunfähigkeit der Gläubigerversammlung vorliegt, scheidet im Abstimmungstermin aus.[66] Die ausdrückliche Regelung des § 244 InsO ist in diesem Falle einer „gläubigerlosen" Gläubigerversammlung für die Abstimmung über den Insolvenzplan als Spezialvorschrift anzusehen. 68

Praxishinweis

Auch dies sollte von einem Planersteller i. R. eines Insolvenzplans für einen Verbraucher berücksichtigt werden. Zumindest ein Gläubiger muss mobilisiert werden, damit der Insolvenzplan überhaupt Aussicht auf Erfolg haben kann. Darüber hinaus kann auch mit Stimmrechtsvollmachten gearbeitet werden.

63) *Blankenburg*, ZInsO 2015, 1293, 1303.

64) *Pleister* in: KPB, InsO, § 242 Rz. 2.

65) *Rein*, ZVI 2014, 239, 241.

66) *Frind*, ZInsO 2014, 280, 281.

G. Die natürliche Person im StaRUG-Verfahren

69 Die Instrumente des StaRUG können grundsätzlich von jedem insolvenzfähigen Schuldner in Anspruch genommen werden. Für natürliche Personen gilt dies gemäß § 30 Abs. 1 StaRUG nur, soweit sie **unternehmerisch tätig** sind. Damit kann sich auch eine natürliche Person über das modulare System des StaRUG sanieren, sofern eine unternehmerische Tätigkeit vorliegt.

70 Die Probleme mit der **berufsständischen Zulassung** treten bei der Sanierung nach dem StaRUG nicht auf, da in den einschlägigen Regelungen, wie etwa § 14 Abs. 2 Nr. 7 BRAO die Vermutung des Vermögensverfalls nur an die Eröffnung eines Insolvenzverfahrens anknüpft oder an die Eintragung in das Schuldnerverzeichnis (§ 882b ZPO). Im Ergebnis ist es auch richtig, dass ein StaRUG-Verfahren keine Auswirkungen auf die berufsständische Zulassung hat, da es sich gerade nicht um ein Gesamtvollstreckungsverfahren handelt, in dessen Rahmen die Fiktion des Vermögensverfalls gerechtfertigt wäre. Schon der eingeschränkte Anwendungsbereich des StaRUG legt vielmehr nahe, dass die Interessen der jeweiligen Mandanten nicht durch die finanzielle Situation des Berufsträgers gefährdet werden. Für dieses Ergebnis spricht auch, dass ein StaRUG-Verfahren nur mit einem gewissen finanziellen Aufwand betrieben werden kann, mit deren Erwirtschaftung die Vermögenverhältnisse des Schuldners nicht als ungeordnet angesehen werden können.

71 Auch Probleme mit Verbindlichkeiten aus unerlaubter Handlung bestehen nicht, da diese gemäß § 4 Nr. 2 StaRUG nicht durch einen Restrukturierungsplan gestaltet werden können. Die Fragen nach einem gestellten Restschuldbefreiungsantrag stellen sich mangels Insolvenzverfahren nicht, da die Entschuldung im StaRUG über die §§ 67 ff. StaRUG erfolgt.

72 Insgesamt kann festgehalten werden, dass sich in Verfahren nach dem StaRUG viele der streitigen Themen bei Insolvenzplänen nicht stellen. Das StaRUG kann daher bei geeigneten Fällen eine interessante Möglichkeit der Entschuldung einer natürlichen Person sein. Ein geeigneter Fall wird dann vorliegen, wenn keine ungestaltbaren Verbindlichkeiten i. S. des § 4 StaRUG vorliegen und insgesamt eine nur minimalinvasive finanzwirtschaftliche Sanierung erforderlich ist.

§ 29
Gesellschaftsrechtliche Regelungen im Insolvenzplan – Grundlagen, rechtlicher Rahmen und Rechtsfolgen

Übersicht

Literatur: *Altmeppen*, Zur Rechtsstellung der Gläubiger im Konkurs gestern und heute, in: Festschrift für Peter Hommelhoff, 2012, S. 1; *Brinkmann*, Der strategische Eigenantrag – Missbrauch oder kunstgerechte Handhabung des Insolvenzverfahrens?, ZIP 2014, 197; *Brinkmann*, Wege aus der Insolvenz eines Unternehmens, WM 2011, 97; *Brinkmann/Steinhauser*, Change of Control-Klauseln in der Insolvenzpraxis, in: Festschrift für Bruno M. Kübler, 2015, S. 87; *Brünkmans*, Sanierungstransaktionen in Insolvenzplänen – gilt die Formfiktion des § 254a InsO für Erklärungen außenstehender Dritter?, ZIP 2015, 1052; *Brünkmans*, Die Unternehmensakquisition über einen Kapitalschnitt im Insolvenzplanverfahren, ZIP 2014, 1857; *Brünkmans/Greif-Werner*, Die Prüfung gesellschaftsrechtlicher Regelungen im Insolvenzplan durch Insolvenzgericht und Registergericht, ZInsO 2015, 1585; *Brünkmans/Uebele*, Rechtsschutz gegen missbräuchliche Insolvenzanträge und insolvenzzweckwidrige Insolvenzpläne?, ZInsO 2014, 265; *Decher/Voland*, Kapitalschnitt und Bezugsrechtsausschluss im Insolvenzplan – Kalte Enteignung oder Konsequenz des ESUG?, ZIP 2013, 103; *Drinhausen/Keinath*, Regierungsentwurf eines Gesetzes zur Umsetzung der Aktionärsrechterichtlinie (ARUG) – Überblick über die Änderungen gegenüber dem Referentenentwurf, BB 2009, 64; *Eidenmüller*, Der Insolvenzplan als gesellschaftsrechtliches Universalwerkzeug, NJW 2014, 17; *Eidenmüller*, Gesellschafterstellung und Insolvenzplan, ZGR 2001, 680; *Eidenmüller/Engert*, Reformperspektiven einer Umwandlung von Fremd- in Eigenkapital (Debt-Equity-Swap) im Insolvenzplanverfahren, ZIP 2009, 541; *Grunewald*, Das Recht zu, Austritt aus der Aktiengesellschaft, in: Festschrift für Peter Claussen, 1997, S. 103; *Haas*, Mehr Gesellschaftsrecht im Insolvenzplanverfahren, NZG 2012, 961; *Harig/Stamme*, Ersetzung des Aufsichtsrats durch Insolvenz- oder Restrukturierungsplan, ZRI 2022, 814; *Hirte*, Die Insolvenz der Genossenschaft, in: Festschrift für Wilhelm Uhlenbruck, 2000, S. 637; *Hölzle*, Überlagerung des Gesellschaftsrechts durch das Insolvenzrecht und die Schlechterstellungsprüfung zu Lasten des (Minderheits-)Gesellschafters, ZIP 2014, 1819; *Horstkotte*, Der Insolvenzplan in der gerichtlichen Vorprüfung, ZInsO 2014, 1297; *Horstkotte/Martini*, Die Einbeziehung der Anteilseigner in den Insolvenzplan nach ESUG, ZInsO 2012, 557; *Jacoby/Madaus/Sack/Schmidt, H./Thole*, ESUG-Evaluierung – Gesetz zur weiteren Erleichterung der Sanierung von Unternehmen (ESUG) vom 7.12.2011 (zit.: ESUG-Evaluierung), abrufbar unter https://www.bmj.de/SharedDocs/Publikationen/DE/Fachpublikationen/2018_ESUG_Evaluierung_Sanierung_Unternehmen.pdf?__blob=publicationFile&v=2 (Abrufdatum: 25.7.2025); *Klausmann*, Gesellschaftsrechtlich zulässige Regelungen im Insolvenzplan im Sinne von § 225 a III InsO, NZG 2015, 1300; *Lang/Muschalle*, Suhrkamp-Verlag – Rechtsmissbräuchlichkeit eines rechtmäßig eingeleiteten Insolvenzverfahrens?, NZI 2013, 953; *Madaus*, Schutzschirme für streitende Gesellschafter? Die Lehren aus dem Suhrkamp-Verfahren für die Auslegung des neuen Insolvenzrechts, ZIP 2014, 500; *Madaus*, Umwandlungen als Gegenstand eines Insolvenzplans nach dem ESUG, ZIP 2012, 2133; *Madaus*, Keine Reorganisation ohne die Gesellschafter, ZGR 2011, 749; *Müller*, Entrechtung der Gesellschafter im Insolvenzverfahren?, DB 2014, 41; *Müller*, Gesellschaftsrechtliche Maßnahmen im Insolvenzplan, KTS 2012, 419; *Müller*, Die Kapitalerhöhung in der Insolvenz, ZGR 2004, 842; *Pape*, Eigenverwaltungsverfahren im Spiegel der Rechtsprechung nach Inkrafttreten des ESUG, ZInsO 2013, 2129; *Prusko*, Die Gesellschafterstellung in der Insolvenz, 2013; *Röhricht*, Zum Austritt des Gesellschafters aus der GmbH, in: Festschrift für Alfred Kellermann, 1991, S. 361; *Rollin/Mokolajczak*, Gesellschaftsrecht im Insolvenzplan – aktuelle Einzelfragen und Lösungen, ZInsO 2019, 2249; *Schäfer*, Gesellschafterrechte im Insolvenzplanverfahren – kritische Anmerkungen zum ESUG-Bericht, ZIP 2019, 1305; *Schäfer*, Insolvenzplan als Lösungsmittel für Mehrheits-/Minderheitskonflikte? – Lehren aus dem Fall Suhrkamp, ZIP 2013, 2237; *Schmidt, H.*, Verschmelzung von Personengesellschaften, in: Lutter, Kölner Umwandlungsrechtstage, 1995, S. 59; *Schmidt, K.*, Konsistenzprobleme im gesellschafts- und insolvenzrechtlichen Pflichtenkreis, ZIP 2018, 853; *Schmidt, K.*, Schöne neue Sanierungswelt: Die Gläubiger okkupieren die Burg! Recht und Realität der ESUG-Reform, ZIP 2012, 2085; *Schmidt, K.*, Debt-to-Equity-Swap bei der (GmbH & Co.-)Kommanditgesellschaft, ZGR 2012, 566; *Schmidt-Preuß*, Entschädigungspflicht für den Verlust von Anteilseigentum in der Insolvenz, NJW 2016, 1269; *Schmittmann/Hippeli*, Gerichtliche Ermächtigung einer Aktionärsminderheit zur Einberufung einer Hauptversammlung i. S. d. § 122 Abs. 3 AktG in der Insolvenz, DZWiR 2018, 501; *Schreiber*, Zu Besonderheiten beim Insolvenzplan in eingetragenen Genossenschaften, DZWIR 1999, 8; *Simon/Brünkmans*, Die Ausgliederung von sanierungswürdigen Betriebsteilen mithilfe des Insolvenzplanverfahrens nach ESUG: Verdrängt die Gläubigerautonomie den institutionalisierten Gläubigerschutz des Umwandlungsgesetzes?, ZIP 2014, 657; *Simon/Merkelbach*, Gesellschaftsrechtliche Strukturmaßnahmen im Insolvenzplanverfahren nach dem ESUG, NZG 2012, 121; *Spliedt*, Debt-Equity-Swap und weitere Strukturänderungen nach dem ESUG, GmbHR 2012, 462; *Terbrack*, Insolvenzpläne betreffend eingetragene Genossenschaften, ZInsO 2001, 1027; *Thole*, Die Einberufung einer Hauptversammlung nach Insolvenzeröffnung und die Kostenfrage, ZIP 2018, 1565; *Thole*, Treuepflicht-Torpedo? Die gesellschaftsrechtliche Treuepflicht im Insolvenzverfahren, ZIP 2013, 1937; *Verse*, Anteilseigner im Insolvenzverfahren, ZGR 2010, 299; *Weber*, Die Funktionsteilung zwischen Konkursverwalter und Gesellschaftsorganen im Konkurs der Kapitalgesellschaft, KTS 1970, 73; *Wertenbruch*, Die Personengesellschaft im Vergleich zur AG und GmbH im Insolvenzplanverfahren, ZIP 2013, 1693; *Wiedemann*, Gesellschaftsrecht, 1980; *Wieneke/Hoffmann*, Der Erhalt der Börsennotierung beim echten und unechten Debt Equity Swap in der Insolvenz der börsennotierten AG, ZIP 2013, 697; *Zetzsche*, Die nächste kleine Aktienrechtsreform: Der Referentenentwurf eines Gesetzes zur Umsetzung der Aktionärsrechterichtlinie (ARUG), Der Konzern 2008, 321.

A. Grundlagen

I. Die Stellung des Gesellschafters im Insolvenzverfahren

1 Bis zum Inkrafttreten des ESUG galt eine strikte Trennung zwischen Gesellschaftsrecht und Insolvenzrecht, die nach wie vor für das Regelinsolvenzverfahren, nicht jedoch für das Insolvenzplanverfahren gilt.

1. Klassische Kompetenztrias: Schuldnerbereich, Verdrängungsbereich und Überschneidungsbereich

2 Für die Aufteilung der Kompetenzen der Gesellschaftsorgane einerseits und der Insolvenzverfahrensorgane andererseits werden nach klassischer Lehre drei Bereiche definiert, namentlich der sog. Verdrängungsbereich, Schuldnerbereich und Überschneidungsbereich.[1)]

3 Die Verwaltungs- und Verfügungsbefugnis über das zur Insolvenzmasse gehörende Vermögen der Gesellschaft geht im Regelinsolvenzverfahren nach §§ 80, 148 InsO auf den Insolvenzverwalter (**sog. Verdrängungsbereich**) über. Sämtliche **Maßnahmen mit Massebezug** obliegen der exklusiven Entscheidung des Insolvenzverwalters und der übrigen Organe des Insolvenzverfahrens, wie dem Gläubigerausschuss, der Gläubigerversammlung und dem Insolvenzgericht. Entscheidungen der Gesellschaftsorgane, etwa der Geschäftsführer oder Gesellschafterversammlung, in diesem Verdrängungsbereich gehen ins Leere.

4 Die Gesellschaftsorgane können ihre Kompetenz hingegen uneingeschränkt im **sog. Schuldnerbereich** entfalten. Dieser Schuldnerbereich **betrifft das insolvenzfreie Vermögen und die Binnenorganisation der Gesellschaft.** Dazu gehört namentlich die Kompetenz der Gesellschafterversammlung für die Bestellung des Geschäftsführers (§ 46 Nr. 5 GmbHG) oder für die Änderung des Gesellschaftsvertrages (§ 53 GmbHG).

5 Im **sog. Überschneidungsbereich** ist zwar grundsätzlich der Schuldnerbereich betroffen. Da Gestaltungen in diesem Bereich sich jedoch nachhaltig auf die Insolvenzmasse auswirken können, müssen die Gesellschaftsorgane und der Insolvenzverwalter in diesem Bereich zusammenwirken.[2)] Dazu gehört etwa die Änderung der Gesellschaftsfirma, sofern die Firma Bestandteil der Masse ist.[3)]

6 Die Dreiteilung lässt sich gut anhand der Kapitalerhöhung im Regelinsolvenzverfahren veranschaulichen: Die vollständige Einleitung und Durchführung einer Kapitalerhöhung nach Eröffnung des Insolvenzverfahrens im Regelverfahren gehört zum Schuldnerbereich und kann ausschließlich von den Gesellschaftsorganen beschlossen werden (Schuldnerbe-

---

1) Grundlegend *Weber*, KTS 1970, 73, 77 ff.; vgl. auch *Müller*, ZGR 2004, 842; Jaeger-*Windel*, InsO, § 80 Rz. 83 f.; *Koch* in: MünchKomm-AktG, § 264 Rz. 44.

2) *Weber*, KTS 1970, 73, 77 ff.; *Vuia* in: MünchKomm-InsO, § 80 Rz. 112; *Müller*, ZGR 2004, 842.

3) OLG Karlsruhe, Beschl. v. 8.1.1993 – 4 W 28/92, ZIP 1993, 133 = NJW 1993, 1931; Jaeger-*Windel*, InsO, § 80 Rz. 73; *Koch* in: MünchKomm-AktG, § 264 Rz. 78.

reich).[4] Bei einer Kapitalerhöhung mit Sacheinlage bedarf es richtigerweise jedoch zusätzlich der Zustimmung des Verwalters, da diesem keine Gegenstände aufgedrängt werden dürfen (Überschneidungsbereich).[5] Die vor Eröffnung vollständig rechtswirksam gewordene Barkapitalerhöhung gehört im Insolvenzverfahren zum Verdrängungsbereich.[6] Der Insolvenzverwalter kann nach Eröffnung des Insolvenzverfahrens offene Bareinlageleistungen einfordern.[7]

Diese **klassische Dreiteilung** gilt für das **Regelinsolvenzverfahren auch nach Inkrafttreten des ESUG weiter.** Strukturmaßnahmen wie eine Kapitalerhöhung können im Regelverfahren ausschließlich von der Gesellschafterversammlung nach den gesellschaftsrechtlichen Regelungen beschlossen werden, was in der Praxis selten geschieht, da die für die Verfahrensaufhebung nach § 212 InsO erforderliche vollständige Beseitigung des Insolvenzgrundes in diesem Fall ohne Gläubigerbeitrag vollständig von den Altgesellschaftern gestemmt werden müsste. 7

Kapitalmaßnahmen im Insolvenzverfahren fanden vor diesem Hintergrund bereits vor ESUG nahezu ausschließlich in Kombination mit einer Bereinigung des Fremdkapitals über einen Insolvenzplan statt. Die Kapitalmaßnahme konnte jedoch nicht unmittelbar im Insolvenzplan geregelt werden. Aufgrund der strikten Trennung zwischen Insolvenzrecht und Gesellschaftsrecht erfolgte der Gläubigerbeitrag – in der Regel Forderungserlass und Stundung – über den durch die Gläubigergruppen anzunehmenden Insolvenzplan. Der Beitrag der Altgesellschafter erfolgte indes über eine nach den gesellschaftsrechtlichen Regularien und erforderlichem Quorum durchzuführenden Kapitalerhöhung. Beide Maßnahmen wurden schließlich über eine Planbedingung (§ 249 InsO) verknüpft, d. h. der Insolvenzplan wurde vom Insolvenzgericht erst bestätigt, nachdem die Kapitalerhöhung durch die Gesellschafterversammlung beschlossen wurde.[8] 8

2. Vollständige Einbeziehung der Gesellschafter in das Insolvenzplanverfahren

Bis zum Inkrafttreten des ESUG im Jahr 2012 gab es keine Möglichkeiten, die in einem Sanierungskonzept vorgesehenen Kapitalmaßnahmen wie Kapitalschnitt oder einfache Kapitalerhöhungen auch gegenüber den Gesellschaftern – nötigenfalls zwangsweise – durchzusetzen. Akkordstörer der Sanierung konnten nur gegenüber den Gläubigern auf der Ebene des Fremdkapitals, nicht jedoch gegenüber den Altgesellschaftern auf Ebene des Eigenkapitals gemaßregelt werden. Dies wurde vom Gesetzgeber als Wettbewerbsnachteil zu anderen, insbesondere angelsächsischen Insolvenzrechtsordnungen gesehen, da Gesellschafter ohne zwangsweise Einbindung nicht selten die Sanierungsbereitschaft der Gläubiger opportunistisch ausnutzen, obwohl wirtschaftlich betrachtet die Beteiligung in der Regel wertlos ist.[9] 9

Die durch ESUG erfolgte Einbeziehung der Gesellschafter in das Insolvenzplanverfahren kann als Paradigmenwechsel in Richtung eines vollwertigen Restrukturierungsverfahrens verstanden werden und ist nunmehr allgemein anerkannt.[10] Dieser Paradigmenwechsel kommt in § 225a InsO insbesondere in Absatz 3 zum Ausdruck, wonach im Insolvenzplan *jede Regelung* getroffen werden kann, die *gesellschaftsrechtlich zulässig* ist. Obwohl die 10

4) Jaeger-*Windel*, InsO, § 80 Rz. 94; *Koch* in: MünchKomm-AktG, § 264 Rz. 71, 74.
5) Jaeger-*Windel*, InsO, § 80 Rz. 94.
6) Jaeger-*Windel*, InsO, § 80 Rz. 93.
7) *Koch* in: MünchKomm-AktG, § 264 Rz. 50; Jaeger-*Windel*, InsO, § 80 Rz. 93.
8) *Sinz* in: MünchKomm-InsO, § 249 Rz. 13 f.; *Eidenmüller*, ZGR 2001, 680, 694 f.
9) Begr. RegE ESUG, BT-Drucks. 17/5712, S. 30, 32.
10) S. *Jacoby/Madaus/Sack/H. Schmidt/Thole*, ESUG-Evaluierung, S. 182 f.; *Schäfer*, ZIP 2019, 1305, 1305.

Mitgliedschaft nicht als Massebestandteil angesehen werden kann,[11] können die Anteilsrechte insoweit systemwidrig in den Insolvenzplan einbezogen werden.

11 Eine **Einbeziehung von Anteils- und Mitgliedschaftsrechten** in den Insolvenzplan liegt immer schon dann vor, **wenn** der Insolvenzplan im gestaltenden Teil eine **Regelung enthält**, die außerhalb des Insolvenzverfahrens **nur auf der Grundlage eines Gesellschafterbeschlusses**[12] **oder einer Einzelerklärung der Gesellschafter erfolgen kann.** Die Einbeziehung der Anteilseigner im Planabstimmungsverfahren setzt hingegen nicht zwingend die Regelung einer Kapital- und Strukturmaßnahme im Insolvenzplan voraus, auch wenn diese für die Sanierungspraxis zweifelsohne die höchste Bedeutung haben. Der Planarchitekt hat vor diesem Hintergrund immer dann eine **separate Gruppe der Anteilsinhaber** zu bilden, wenn durch eine Regelung im Insolvenzplan Beschlüsse und Willenserklärungen ersetzt werden, die außerhalb des Insolvenz- und Insolvenzplanverfahrens der Gesellschafterversammlung oder dem einzelnen Gesellschafter in Bezug auf seine Mitgliedschaft vorbehalten sind.[13]

12 Für die Sanierung und Rekapitalisierung einer Gesellschaft durch einen Insolvenzplan ist daher weder die Zustimmung der einzelnen Fremd- und Eigenkapitalgeber noch ein „bindender Mehrheitsbeschluss" jeweils separat für Fremd- und Eigenkapitalgeber erforderlich. Sowohl Gläubiger als auch Gesellschafter sind nunmehr zwangsweise Planunterworfene (siehe dazu § 7 Rz. 23 ff. [*Brünkmans*]), sodass eine Gesamtlösung, welche von der Mehrheit der Plangruppen getragen wird, unter Wahrung des Gebotes der wirtschaftlichen (mindestens) Gleichstellung zum Regelverfahren (vgl. § 245 InsO), gegen ihren Willen durchgesetzt werden kann.

13 Aus § 225a Abs. 3 InsO, dem Obstruktionsverbot (§ 245 Abs. 1 Nr. 1 und Abs. 3 InsO) und Minderheitenschutz (§ 251 Abs. 1 und Abs. 3 InsO) lässt sich ableiten, dass der **Schutz der Mitgliedschafts- und Gesellschaftsrechte** sich im Insolvenzplanverfahren grundsätzlich auf den **Vermögenswert der Geschäftsanteile** beschränkt.[14] Die Gesellschafter werden im Insolvenzplanverfahren lediglich in ihrer nach der für das Regelverfahren bestehenden Rangordnung (§§ 39, 199 InsO) geschützt und erhalten im Insolvenzplanverfahren Teilnahme- und Mitbestimmungsrechte als „Quasi-Gläubiger", die systematisch folgerichtig über das Obstruktionsverbot „für unbeachtlich" erklärt werden können. Rechtfertigen lässt sich dieses System durch den **Vergleich der Rechtsstellung des Gesellschafters zum Regelverfahren.** Bei der Abwicklung des Rechtsträgers würde dieser ebenfalls seiner Mitgliedschaft beraubt. Da die Gesellschafter keinen hinreichenden Beitrag zur Abwendung der Insolvenz geleistet haben, haben sie ihre mitgliedschaftlichen Rechte „verspielt".[15] Die mitgliedschaftlichen Rechte können jederzeit durch Nachschüsse wieder reanimiert werden. Solange dies nicht geschieht, gilt der Grundsatz „dulde und liquidiere" (siehe dazu § 58 Rz. 10 f. [*Brünkmans*]). Die Geschäftsanteile können grundsätzlich uneingeschränkt über eine Planregelung gestaltet werden. Für etwaige Wertverluste hat der Insolvenzplan Kompensationszahlungen vorzusehen. Von Bedeutung ist die Frage, ob diese Grundprämisse, von der sich der Gesetzgeber mit der Schaffung des § 225a InsO

---

11) *Thole*, Gesellschaftsrechtliche Maßnahmen in der Insolvenz, Rz. 210.

12) Aufgrund der praktischen Bedeutung der GmbH wird nachfolgend auf die Gesellschafterversammlung und die Gesellschafter abgestellt. Die Ausführungen gelten sinngemäß für andere Gesellschaftsformen, wie etwa bei der AG für die Hauptversammlung und Aktionäre.

13) Vgl. *Hölzle* in: Kübler/Bork/Prütting, HRI II, § 26 Rz. 4.

14) *Thole*, Gesellschaftsrechtliche Maßnahmen in der Insolvenz, Rz. 212.

15) *Eidenmüller*, NJW 2014, 17, 18; *Thole*, Gesellschaftsrechtliche Maßnahmen in der Insolvenz, Rz. 217; *Altmeppen* in: FS Hommelhoff, S. 1, 19; *Decher/Voland*, ZIP 2013, 103, 107, 110.

hat leiten lassen,[16] uneingeschränkt auch dann gilt, wenn der Schuldner wegen drohender Zahlungsunfähigkeit ohne materielle Insolvenz frühzeitig den Weg in das Insolvenzverfahren sucht (siehe dazu Rz. 51 ff.).

3. Veränderungssperre zulasten der Gesellschafterversammlung durch Vorlage eines Insolvenzplans

Liegt beim Regelinsolvenzverfahren im Schuldnerbereich und Überschneidungsbereich die Kompetenz bei der Gesellschafterversammlung (siehe oben Rz. 2 ff.), im Insolvenzplanverfahren hingegen bei der Gläubigerversammlung unter Einbeziehung der Gruppen der Anteilseigner (auch Beteiligtenversammlung genannt; siehe Rz. 9 ff.), stellt sich die Frage, ob diese Kompetenzen parallel oder exklusiv bestehen. 14

In der Literatur wird teilweise vertreten, dass mit Vorlage des Insolvenzplans nach § 218 InsO[17] oder Niederlegung (§ 234 InsO)[18] die Gesellschafterversammlung keine Beschlüsse mehr treffen kann, die zum Inhalt des Insolvenzplans im Widerspruch stehen.[19] Die **Vorlage des Insolvenzplans** führe demnach zu einer **„Sperrwirkung"** und die Beteiligtenversammlung trete umfassend an die Stelle der Gesellschafterversammlung für solche Maßnahmen, die den Inhalt des vorgelegten Insolvenzplans tangieren. Legt der Insolvenzverwalter bspw. einen Insolvenzplan vor, der eine Übertragung der Geschäftsanteile auf einen Dritten (Investor) vorsieht, könnte ab dem Zeitpunkt der Sperrwirkung die Gesellschafterversammlung keine von ihr getragene Sanierung über einen Kapitalschnitt (bestehend aus einer Bezugsrechtskapitalerhöhung) beschließen. 15

Das OLG München[20] hat eine solche Sperrwirkung durch Vorlage oder Niederlegung eines Insolvenzplans hingegen verneint. Dem lag ein Sachverhalt zugrunde, wonach eine Aktionärsminderheit (§ 122 AktG) die Einberufung einer Hauptversammlung mit (u. a.) der Beschließung einer Kapitalerhöhung verlangte, obwohl der eigenverwaltende Vorstand dem Insolvenzgericht bereits einen Insolvenzplan vorgelegt hatte, der einen Debt-to-Equity-Swap (§ 225a Abs. 2 Satz 1 InsO) vorsah.[21] Das OLG München stützt seine Auffassung im Wesentlichen mit dem Verweis auf § 254 InsO, wonach die Wirkung der Planregelungen **erst mit Rechtskraft der Planbestätigung** eingreift. Die Entscheidung ist in der Literatur zum Teil auf heftige Kritik gestoßen.[22] Die Annahme einer Sperrwirkung wird im Wesentlichen mit einem praktischen Bedürfnis nach Transaktionssicherheit begründet. Man befürchtet, dass parallele Beschlüsse der Hauptversammlung[23] die Plansanierung torpedieren. Für die potentiellen Planinvestoren bestehe ein Bedürfnis nach Transaktionssicherheit.[24] 16

Bei der Annahme einer Sperrwirkung ist, vor dem Hintergrund der durch Art. 14 Abs. 1 GG geschützten Eigentumsrechte der Gesellschafter, Vorsicht geboten.[25] Trotz allen praktischen Bedürfnissen nach Transaktionssicherheit im Insolvenzplanverfahren muss es im 17

16) Begr. RegE ESUG, BT-Drucks. 17/5712, S. 31.

17) *Thole*, Gesellschaftsrechtliche Maßnahmen in der Insolvenz, Rz. 102, 166 und 270 f.; *Thole*, ZIP 2018, 1565, 1567.

18) OLG München, Beschl. v. 14.5.2018 – 31 Wx 122/18, NZI 2018, 538 ff., m. Anm. *Sax*.

19) *Thole*, Gesellschaftsrechtliche Maßnahmen in der Insolvenz, Rz. 270; *Thole*, ZIP 2018, 1565, 1567; *Sax*, NZI 2018, 541, 542 f. (Urteilsanm.).

20) OLG München, Beschl. v. 14.5.2018 – 31 Wx 122/18, Rz. 25, NZI 2018, 538 ff., m. Anm. *Sax*.

21) OLG München, Beschl. v. 14.5.2018 – 31 Wx 122/18, Rz. 25, NZI 2018, 538 ff., m. Anm. *Sax*.

22) *Sax*, NZI 2018, 541, 542 f. (Urteilsanm.); *Thole*, ZIP 2018, 1565, 1567.

23) Die gleichen Erwägungen gelten für die Gesellschafterversammlung einer GmbH.

24) *Sax*, NZI 2018, 541, 542 f. (Urteilsanm.).

25) So auch *Schmittmann/Hippeli*, DZWIR 2018, 501, 507.

Ausgangspunkt jedem Altgesellschafter unbenommen bleiben, den Insolvenzgrund seiner Gesellschaft etwa durch eine Kapitalmaßnahme zu beseitigen, um eine Einstellung des Insolvenzverfahrens gemäß § 212 InsO zu erreichen. Da mit der Vorlage eines Insolvenzplans noch offen ist, ob der Insolvenzplan überhaupt von den Gläubigern angenommen wird, ist eine Sperrwirkung richtigerweise frühestens mit Annahme des Insolvenzplans im Abstimmungstermin (§ 235 InsO) gerechtfertigt. Eine zügige Planbestätigung durch das Insolvenzgericht und Registereintragung ggf. i. V. m. dem insolvenzrechtlichen Freigabeverfahren (§ 253 Abs. 4 InsO) kann ein missbräuchliches Begehren der Altgesellschafter eindämmen.

18 Über die Annahme einer Veränderungssperre hinaus soll die Beteiligtenversammlung Kapitalerhöhungsbeschlüsse der Gesellschafterversammlung jederzeit aufheben können.[26] Dies ist jedenfalls dann abzulehnen, wenn die Einlage durch die Gesellschafter – etwa nach den Grundsätzen der Sanierungskapitalerhöhung[27] – vorab bereits geleistet und der Insolvenzgrund beseitigt wurde.

II. Gegenstand gesellschaftsrechtlicher Regelungen im Insolvenzplan

19 Im Insolvenzplan kann nach dem durch ESUG eingefügten **§ 225a Abs. 3 InsO** jede Regelung getroffen werden, die gesellschaftsrechtlich zulässig ist, insbesondere die Fortsetzung einer aufgelösten Gesellschaft oder die Übertragung von Anteils- oder Mitgliedschaftsrechten. Diese zentrale Vorschrift des ESUG **öffnet den Insolvenzplan für Eingriffe in die Anteils- und Mitgliedschaftsrechte** durch entsprechende Regelungen im gestaltenden Teil des Insolvenzplans.

20 Von § 225a erfasst sind auch **Gesellschaften ausländischer Rechtsformen**, deren Mittelpunkt hauptsächlicher Interessen (COMI) i. S. von Art. 3 Abs. 1 EuInsVO in Deutschland liegt. Hier kann es zu Friktionen zwischen dem ausländischen Gesellschaftsrecht und dem deutschen Insolvenzrecht kommen. Auch die Rekapitalisierung einer europäischen Aktiengesellschaft (SE), etwa durch einen Kapitalschnitt (siehe Rz. 23), kommt durch gesellschaftsrechtliche Regelungen in einem Insolvenzplan in Betracht, wenn die SE ihren Mittelpunkt hauptsächlicher Interessen (COMI) i. S. von Art. 3 Abs. 1 EuInsVO in Deutschland hat.[28]

1. Aufnahme von Gesellschafterbeschlüssen und Einzelerklärungen

21 Diese Öffnung des Insolvenzplans für gesellschaftsrechtliche Regelungen erhöht die Komplexität von Insolvenzplänen deutlich. Nicht zuletzt die nunmehr möglichen gesellschaftsrechtlichen Maßnahmen haben den Gesetzgeber dazu veranlasst in § 18 Abs. 1 Nr. 2 RPflG einen gesetzlichen Richtervorbehalt für das Insolvenzplanverfahren einzuführen.[29]

22 Die **Regelung im gestaltenden Teil des Insolvenzplans ersetzt** dabei – nicht mehr aber auch nicht weniger – den für die angestrebte Maßnahme außerhalb des Insolvenzplanverfahrens erforderlichen **Gesellschafterbeschluss und ggf. sonstige Einzelerklärungen des Gesellschafters.**[30] In der Sanierungspraxis stehen dabei Kapitalmaßnahmen, wie etwa der Kapitalschnitt, oder die Übertragung von Geschäftsanteilen auf einen Investor im Vor-

---

26) So *Thole*, Gesellschaftsrechtliche Maßnahmen in der Insolvenz, Rz. 271.

27) Dazu BGH, Urt. v. 26.6.2006 – II ZR 43/05, BGHZ 168, 201 = ZIP 2006, 2214.

28) Ausführlich zur SE im Insolvenzplanverfahren s. *Harig/Lampe*, NZI 2022, 961, 963.

29) § 18 Abs. 1 Nr. 2 RPflG; Gegenäußerung der BReg, BT-Drucks 17/5712, S. 71.

30) Zur allgemeinen Funktion des gestaltenden Teils bzgl. Ersetzung der erforderlichen Willenserklärungen der Beteiligten s. § 7 Rz. 1 ff. [*Brünkmans*].

dergrund, zunehmend jedoch auch Umwandlungsmaßnahmen nach dem UmwG. Zu den einzelnen Maßnahmen siehe ausführlich § 30 [*Brünkmans*].

Der **Kapitalschnitt** erfolgt durch eine Kapitalherabsetzung mit anschließender Kapitalerhöhung, etwa im Wege der Barkapitalerhöhung oder Sachkapitalerhöhung. Die außerhalb des Insolvenzplanverfahrens erforderlichen Kapitalerhöhungsbeschlüsse werden im gestaltenden Teil des Insolvenzplans durch eine entsprechende Regelung ersetzt. Gleiches gilt für die Übertragung der Geschäftsanteile der Gesellschafter der sich im Insolvenzverfahren befindenden Gesellschaft an einen Dritten (Investor). Die außerhalb des Insolvenzplanverfahrens erforderlichen Abtretungserklärungen der Gesellschafter werden durch eine Regelung im gestaltenden Teil des Insolvenzplans ersetzt (zur besonderen Gestaltung siehe ausführlich § 30 Rz. 402 ff. [*Brünkmans*]). 23

Genau diese **Ersetzungsfunktion** ist der eigentlich **insolvenzspezifische Eingriff in die Anteils- oder Mitgliedschaftsrechte** der Gesellschafter der sich im Insolvenzverfahren befindenden Gesellschaft. Zwar stimmen die Gesellschafter über den Insolvenzplan als eigene Gruppe neben den Gläubigergruppen ab, wenn dieser entsprechende gesellschaftsrechtliche Maßnahmen enthält (§ 222 Abs. 1 Satz 2 Nr. 4 InsO). Allerdings gilt selbst bei Kapitalmaßnahmen, welche außerhalb des Insolvenzplanverfahrens einer **qualifizierten Drei-Viertel-Mehrheit** der Anteilsinhaber bedürfen (vgl. § 53 Abs. 2 Satz 1 GmbHG, § 182 Abs. 1 Satz 1, § 222 Abs. 1 AktG), die Zustimmung der Gruppe der Anteilseigner als erteilt, wenn innerhalb der Gruppe der Anteilsinhaber[31] die **Summenmehrheit der sich an der Abstimmung beteiligenden Anteilsinhaber** dem Insolvenzplan zugestimmt hat. Beteiligt sich kein Anteilsinhaber an der Abstimmung, so gilt die Zustimmung der Gruppe als erteilt (§ 246a InsO). 24

Unter den Voraussetzungen des **Obstruktionsverbotes (§ 245 InsO)** kann der Insolvenzplan und damit die gesellschaftsrechtliche Regelung selbst dann bestätigt werden, wenn sämtliche Gesellschafter gegen den Insolvenzplan gestimmt haben, solange im Ergebnis die Gesellschafter nicht schlechterstehen würden als im Regelverfahren (zu den Voraussetzungen des Obstruktionsverbotes für die Gruppe der Anteilsinhaber siehe Rz. 154 ff.). Da die Gesellschafter im Regelverfahren erst nach vollständiger Befriedigung sämtlicher – auch nachrangiger (§ 39 Abs. 1 und 2 InsO) – Gläubiger befriedigt werden (siehe § 199 InsO), sind gesellschaftsrechtliche Regelungen fast immer gegen den Willen der Anteilsinhaber durchsetzbar.[32] Selbst wenn im Regelverfahren unter Berücksichtigung der Rangfolge aus § 199 InsO ausnahmsweise eine Befriedigung des Gesellschafters zu erwarten gewesen wäre, würde die Planregelung nicht am Schlechterstellungsverbot aus § 245 Abs. 1 Nr. 1 und § 251 Abs. 1 InsO scheitern, sondern wäre bestätigungsfähig, wenn im gestaltenden Teil des Insolvenzplans Ausgleichszahlungen bereitgestellt werden. Zu der Bestimmung der Höhe der Ausgleichszahlungen siehe ausführlich auch § 58 Rz. 14 ff. [*Brünkmans/Harmann*]. 25

2. Massebezug: Zulässigkeit von Regelungen aus dem Schuldnerbereich

Zum Teil wird in der Literatur[33] vertreten, im Insolvenzplan könnten nur solche Regelungen aufgenommen und nur solche Gesellschafterbeschlüsse ersetzt werden, die einen Bezug zur Insolvenzmasse aufweisen, wie etwa Kapitalerhöhungsbeschlüsse. Rein verbandsinterne Vorgänge, die keine unmittelbaren Auswirkungen auf die Insolvenzmasse haben und im Regelverfahren dem Schuldnerbereich zuzuordnen wären (siehe oben 26

31) Die Bildung lediglich einer Gruppe der Anteilsinhaber ist nicht zwingend, s. unter Rz. 65 ff.

32) K. Schmidt-*Spliedt*, InsO, § 225a Rz. 6.

33) *Madaus*, ZIP 2012, 2133, 2137; *Madaus*, ZIP 2016, 1141, 1143 f.; *Rendels/Zabel*, Insolvenzplan, Rz. 241.

Rz. 2 ff.), wie z. B. schlichte Satzungsänderungen, können nach dieser Auffassung nicht Gegenstand einer Planregelung sein.

27 Richtigerweise sind sämtliche außerhalb des Insolvenzverfahrens in den Händen der Gesellschafterversammlung und den Gesellschaftern liegenden Kompetenzen auch durch eine Planregelung ersetzbar.[34] Der **konkrete Beschlussgegenstand braucht keinen Massebezug** zu haben. Auch wenn der Beschlussgegenstand im Regelverfahren zum Schuldnerbereich gehören würde, kann ein entsprechender Beschluss durch eine Regelung im Insolvenzplan ersetzt werden. Dies wurde vom BGH in einem *obiter dictum (Suhrkamp)* angenommen.[35] Das Erfordernis eines Massebezuges ist dem Wortlaut aus § 225a Abs. 3 InsO nicht zu entnehmen. Dem ESUG liegt vielmehr die Konzeption zugrunde, dass die Gesellschafterversammlung oder der Gesellschafter im Hinblick auf Gesellschafterbeschlüsse oder anteilsbezogene Einzelerklärungen durch die Beteiligtenversammlung ersetzt werden.[36] Dadurch wird im Insolvenzplanverfahren der Verdrängungsbereich i. S. eines „Verdrängungsbereich II" zulasten des Schuldnerbereichs erweitert.[37]

3. Der Aufgabenkreis der Gesellschafterversammlung und des Gesellschafters als Gegenstand einer Planregelung

28 Mangels des Erfordernisses eines Massebezugs (siehe oben Rz. 26 f.) kann für die GmbH somit der gesamte Aufgabenkreis der Gesellschafter Gegenstand einer Regelung im Insolvenzplan sein.[38]

29 Mit der Möglichkeit der Aufnahme und Ersetzung sämtlicher gesellschaftsrechtlich denkbarer Gesellschafterbeschlüsse und mitgliedschaftsbezogener Erklärungen hat der Gesetzgeber das Insolvenzplanverfahren zu einem „gesellschaftsrechtlichen Universalwerkzeug"[39] ausgebaut, womit die gesellschaftsrechtlichen Strukturen des Schuldners grundlegend umgestaltet werden können.[40] Der Fantasie des Planarchitekten sind bei der Entwicklung gesellschaftsrechtlicher Maßnahmen keine Grenzen gesetzt. In der Sanierungspraxis werden dabei die Aufnahme von Kapitalherabsetzungs- und Kapitalerhöhungsbeschlüssen, Abtretungserklärungen bzgl. der Übertragung von Geschäftsanteilen, Beschlüsse über die Fortsetzung der Gesellschaft (§ 225a Abs. 3 InsO), aber auch Beschlüsse und mitgliedschaftsbezogene Einzelklärungen über Formwechsel oder sonstige Umwandlungsmaßnahmen nach dem UmwG im Vordergrund stehen. Zu den einzelnen Maßnahmen siehe ausführlich § 30 [*Brünkmans*].

30 Denkbar sind aber auch Beschlüsse über die Einziehung von Geschäftsanteilen,[41] Leistung von Sacheinlagen (§ 225a Abs. 2 Satz 2 InsO), Ausschluss von Bezugsrechten (§ 225a Abs. 2 Satz 2 InsO), Abberufung und Bestellung von Organmitgliedern,[42] Ausschluss

---

34) *Harig/Stamme*, ZRI 2022, 814, 815 f.; K. Schmidt-*Spliedt*, InsO, § 225a Rz. 39; *Rollin/Mikolajczak* ZInsO 2019, 2249.

35) BGH, Urt. v. 17.7.2014 – IX ZB 13/14, ZIP 2014, 1442 = NZI 2014, 751; *Madaus*, EWiR 2014, 521 (Urteilsanm.); *Hölzle*, ZIP 2014, 1819; *Thole*, Gesellschaftsrechtliche Maßnahmen in der Insolvenz, Rz. 238.

36) So auch *Thole*, Gesellschaftsrechtliche Maßnahmen in der Insolvenz, Rz. 238; *Hölzle* in: Kübler/Bork/Prütting, HRI II, § 26 Rz. 26; s. a. *Jacoby/Madaus/Sack/H. Schmidt/Thole*, ESUG-Evaluierung, S. 167 ff.

37) S. a. *Hölzle* in: Kübler/Bork/Prütting, HRI II, § 26 Rz. 26.

38) *Hölzle* in: Kübler/Bork/Prütting, HRI II, § 26 Rz. 26.

39) *Eidenmüller*, NJW 2014, 17, 17.

40) Begr. RegE ESUG, BT-Drucks. 17/5712, S. 32.

41) AG Charlottenburg, Beschl. v. 9.2.2015 – HRB 153203 B, ZIP 2015, 394 = ZInsO 2015, 413 ff., m. Anm. *Horstkotte*, dazu EWiR 2015, 617 *(Körner/Rendels)*.

42) *Müller*, KTS 2012, 419, 422.

von Gesellschaftern, Widerruf und Erteilung von Prokura und Handlungsvollmacht, Feststellung von Jahresabschlüssen, Beschlüsse über die interne Geschäftsordnung, Teilung oder Zusammenlegung von Geschäftsanteilen, Satzungsänderungen,[43] Zustimmung zum Abschluss von Unternehmensverträgen, Einführung fakultativer Organe etc.[44] Für eine ausführliche Darstellung der praxisrelevanten Maßnahmen siehe § 30 [*Brünkmans*].

4. Abgrenzung Gesellschafterrechte und Gesellschafterforderungen

§ 225a InsO und die diesen flankierenden Vorschriften finden ausschließlich auf Planregelungen Anwendung, welche die **Mitgliedschaft des Gesellschafters** als solche berühren. Davon **zu unterscheiden** sind **Forderungen des Gesellschafters**, auch wenn sie gemäß § 39 Abs. 1 Nr. 5 InsO als nachrangige Insolvenzforderung zu qualifizieren sind. Nicht selten findet sich eine Finanzierungsstruktur wieder, in welche der Gesellschafter Inhaber einer echten Mitgliedschaft ist und darüber hinaus die Stellung als Gläubiger, etwa durch die Gewährung von Gesellschafterdarlehen oder aufgrund von Ansprüchen aus offenen Mietzahlungen bzgl. eines überlassenen Grundstücks oder bereits entstandener Ansprüche auf Gewinnausschüttung, innehat. 31

Die **Abgrenzung** zwischen der Gestaltung und dem Eingriff in die Mitgliedschaft (§ 225a InsO) einerseits und der Forderung (§§ 224, 225 InsO) andererseits ist allgemein **anhand des Abspaltungsverbotes** zu bestimmen.[45] Nicht abspaltungsfähige Rechte, d. h. sämtliche Verwaltungsrechte und Vermögensrechte, die sich auf das mit der Mitgliedschaft verbundene Stammrecht beziehen, fallen unter § 225a InsO. Die aus der Mitgliedschaft erwachsenen konkreten Ansprüche auf vermögenswerte Leistungen, z. B. auf festgestellten und verteilten Gewinnanteil, Abfindungs- und Auseinandersetzungsansprüche etc., haben hingegen schuldrechtlichen Charakter und können frei abgetreten werden.[46] Sie unterfallen den Planregelungen über die Gestaltung von Forderungen, d. h. entweder § 224 InsO oder im Fall des Nachranges § 225 InsO.[47] 32

Nicht immer wird diese Abgrenzung in der Rechtsprechung stringent durchgehalten: So etwa i. R. der **Einordnung von Nachzahlungsansprüchen von Vorzugsaktionären** wegen nicht gewährter Dividenden. Der BGH hat noch vor dem ESUG die Einstufung als nachrangige Forderung i. S. des § 39 Abs. 1 InsO angenommen und die Anwendbarkeit von § 225 Abs. 1 InsO bejaht, mit der Folge, dass entsprechende Forderungen als erlassen galten, wenn im Insolvenzplan nichts Abweichendes geregelt wurde (siehe dazu ausführlich § 8 Rz. 278 ff. [*Brünkmans*]).[48] Richtigerweise ist der Anspruch auf Vorzugsdividende der stimmrechtslosen Vorzugsaktionäre gemäß §§ 139 Abs. 1, 140 Abs. 1 AktG jedoch ein mitgliedschaftliches Recht, welches erst dann zu einem selbständigen übertragbaren Anspruch erstarkt, wenn ein Gewinnverwendungsbeschluss von der Hauptversammlung gefasst wird.[49] Mit Inkrafttreten des ESUG ist die Einordnung des Nachzahlungsanspruchs als nachrangige Forderung nicht mehr erforderlich, um einen Eingriff über den Insolvenzplan zu rechtfertigen, weil mit Einführung des § 225a InsO nunmehr auch mit- 33

---

43) *Thole*, Gesellschaftsrechtliche Maßnahmen in der Insolvenz, Rz. 231.

44) *Müller*, KTS 2012, 419, 422.

45) K. Schmidt-*Spliedt*, InsO, § 225a Rz. 18.

46) Noack/Servatius/Haas-*Fastrich*, GmbHG, § 14 Rz. 20; Altmeppen-*Altmeppen*, GmbHG, § 15 Rz. 22; Michalski/Heidinger/Leible/J. Schmidt-*Ebbing*, GmbHG, § 14 Rz. 74.

47) *Hölzle* in: Kübler/Bork/Prütting, HRI II, § 26 Rz. 35; K. Schmidt-*Spliedt*, InsO, § 225a Rz. 18.

48) BGH, Urt. v. 15.4.2010 – IX ZR 188/09, ZIP 2010, 1039 = NZG 2011, 75, dazu EWiR 2010, 465 (*Mock*).

49) Hölters/Weber-*Krebs*, AktG, § 140 Rz. 19; *Koch*, AktG, § 140 Rz. 9; *Arnold* in: MünchKomm-AktG, § 140 Rz. 16.

gliedschaftliche Rechte im Insolvenzplan gestaltbar sind, sodass vieles dafür spricht, dass der BGH die Einstufung als nachrangige Forderung i. S. von § 225 Abs. 1 InsO nicht mehr aufrechterhalten wird. Allerdings setzt § 225a InsO – anders als § 225 InsO – eine ausdrückliche Regelung voraus. Die Erlassfiktion aus § 225 Abs. 1 InsO für den Fall fehlender Regelungen findet auf § 225a InsO gerade keine Anwendung.[50)]

III. Verfassungsrechtliche Bedenken gegen die Einbeziehung der Anteilsinhaber

34 Die in den §§ 217 Abs. 1 Satz 2, 225a, 244 Abs. 3, 245 Abs. 3 InsO vorgesehene Einbindung der Mitgliedschaftsrechte in das Insolvenzplanverfahren als zwangsweise planunterworfene Rechtsposition (siehe dazu § 7 Rz. 23 ff. [*Brünkmans*]) wirft verfassungsrechtliche Bedenken auf.

1. Das Grundrecht der Eigentumsgarantie (Art. 14 GG)

35 Allgemein ist das Anteilseigentum vom Schutzbereich der Eigentumsgarantie aus Art. 14 GG erfasst. Der Schutzbereich aus Art. 14 GG erfasst dabei nicht nur die durch die Beteiligung vermittelte Vermögensposition, sondern auch die damit verbundenen Mitgliedschafts- und Teilhaberechte.[51)] Zu den von Art. 14 GG geschützten Mitgliedschafts- und Teilhaberechten gehört auch die Ausübung von Leitungsbefugnissen über die Gesellschafterversammlung als dem zentralen Organ der Gesellschaft.[52)] §§ 217 Abs. 1 Satz 2, 225a, 245 Abs. 3 InsO bilden Inhalts- und Schrankenbestimmungen[53)] der geschützten Eigentumsgarantie, da für den Fall, dass die Gruppe der Anteilsinhaber gegen den Insolvenzplan stimmt, die mehrheitliche Annahme durch die Gläubiger ausreicht, um Gesellschafterbeschlüsse zu ersetzen und damit die Anteils- und Mitgliedschaftsrechte umzugestalten.[54)] Dies kann wie etwa im Falle einer Kapitalherabsetzung bis hin zur vollständigen Vernichtung der Alt-Anteilsrechte führen.

36 Zum Teil wird bereits die bloße Möglichkeit, Gesellschafterbeschlüsse und Einzelerklärungen der Gesellschafter durch eine Planregelung zu ersetzen, als mit der Eigentumsgarantie aus Art. 14 GG unvereinbar betrachtet. Die Insolvenz der Schuldnergesellschaft als solche könne nicht einfach die Willensherrschaft der Gläubiger über die Anteilseigner hinsichtlich der Aufgabe oder Änderung ihrer Mitgliedschaft legitimieren.[55)] Auch die Entscheidung der Fortführung einer insolventen Gesellschaft (vgl. § 60 Abs. 1 Nr. 4 GmbHG, § 274 Abs. 2 Nr. 1 AktG, § 144 Abs. 1 HGB) könne allein durch die Gesellschafter getroffen werden und nicht durch ein Wirken der Gläubiger ersetzt werden,

---

50) Vgl. auch K. Schmidt-*Spliedt*, InsO, § 225a Rz. 5.

51) BVerfG, Urt. v. 1.3.1979 – 1 BvR 532/77 u. a, BVerfGE 50, 290 = NJW 1979, 699; BVerfG, Beschl. v. 20.9.1999 – 1 BvR 636/95, ZIP 1999, 1798 = NJW 2000, 349; BVerfG, Beschl. v. 23.8.2000 – 1 BvR 68/95, 1 BvR 147/97, ZIP 2000, 1670 = NJW 2001, 279, dazu EWiR 2000, 913 *(Neye)*; BVerfG, Beschl. v. 30.5.2007 – 1 BvR 1267/06, 1 BvR 1280/06, ZIP 2007, 1600 = NJW 2007, 3266; BVerfG, Beschl. v. 26.4.2011 – 1 BvR 2658/10, ZIP 2011, 1051 = NJW 2011, 2497; *Müller*, KTS 2012, 419, 425; *Hölzle* in: Kübler/Bork/Prütting, HRI II, § 26 Rz. 8; Jaeger-*Jaeger*, InsO, § 225a Rz. 80.

52) BVerfG, Beschl. v. 27.4.1999 – 1 BvR 1613/94, ZIP 1999, 1436 = NJW 1999, 3769, dazu EWiR 1999, 751 *(Neye)*; *Müller*, KTS 2012, 419, 425.

53) Die ermöglichten Eingriffe in das Eigentum stellen hingegen keine Enteignung i. S. des Art. 14 Abs. 3 GG dar, da die insolvenzrechtliche Entziehung oder Beschränkung des Anteilseigentum privaten Interessen dient. S. a. *Eidenmüller* in: MünchKomm-InsO, § 225a Rz. 44; *Decher/Voland*, ZIP 2013, 103, 109; *Schmidt-Preuß*, NJW 2016, 1269, 1271; Jaeger-*Jaeger*, InsO, § 225a Rz. 80, 81.

54) *Madaus*, ZGR 2011, 749, 750.

55) *Madaus*, ZGR 2011, 749, 750: Die kollektive Willensbildung der Gesellschafter werde wegen der stets drohenden Anwendung des Obstruktionsverbotes des facto unerheblich und zur reinen Fiktion. Ob die Gesellschafter dem Plan zustimmen oder nicht, sei eine reine Formalie im Bestätigungsverfahren.

selbst wenn das Schuldnerunternehmen über wertvolle, aber unübertragbare, weil an den jeweiligen Rechtsträger gebundene Rechtspositionen verfügt.[56)]

Eine **generelle Ablehnung der Einbeziehung der Anteilsrechte als zwangsweise planunterworfene Rechtsposition** ist jedoch vor dem Hintergrund der Eigentumsgarantie der Anteilsinhaber aus Art. 14 GG richtigerweise **nicht geboten**. Gemäß Art. 14 Abs. 1 Satz 2 GG obliegt es dem Gesetzgeber, Inhalt und Schranken des Anteilseigentums zu bestimmen. Er kann die Eigentumsposition eines Gesellschafters einschränken, wenn dies zugunsten überwiegender Belange anderer Beteiligter geboten ist.[57)] 37

Eine solche Einbindung der Geschäftsanteile als zwangsweise planunterworfene Rechtsposition **dient dem Befriedigungsinteresse der Gläubiger**, welches ebenfalls vom Schutzbereich der Eigentumsgarantie aus Art. 14 GG erfasst ist.[58)] 38

Im Rahmen der Verhältnismäßigkeit ist bei der Auflösung des Widerspruchs zwischen diesen beiden Rechtspositionen im Wege der praktischen Konkordanz zu berücksichtigen, dass mit Eröffnung des Insolvenzverfahrens die Gesellschaft automatisch aufgelöst wird (vgl. § 60 Abs. 1 Nr. 4 GmbHG, § 262 Abs. 1 Nr. 3 AktG, § 131 Abs. 1 Nr. 3 HGB). Die Eröffnung des Insolvenzverfahrens führt im Regelverfahren grundsätzlich zur Abwicklung des Rechtsträgers und zur Löschung im Register.[59)] 39

Die Anteilsinhaber würden ohne Insolvenzplan folglich sowieso ihre Anteilsrechte und die damit verbundenen korporationsrechtlichen Rechte verlieren. Die Anteilsrechte vermitteln mit Eröffnung des Insolvenzverfahrens regelmäßig auch keinen (signifikanten) Vermögenswert mehr.[60)] Den Gesellschaftern steht nach § 199 InsO nur noch der anteilige Überschuss am Erlös zu, i. Ü. haben sie „verspielt".[61)] Bei ggf. noch bestehender Werthaltigkeit der Anteile muss der Insolvenzplan, sofern in die Anteilsrechte eingegriffen wird, grundsätzlich eine angemessene Entschädigung vorsehen(siehe zur Entschädigung § 58 Rz. 78 ff. [*Brünkmans/Harmann/Clev*]).[62)] 40

Hingegen kann die bestmögliche Befriedigung der Gläubiger im Einzelfall von der Nutzung der – entwerteten – Geschäftsanteile etwa durch Übertragung der Geschäftsanteile auf einen Investor oder durch die Beschließung von Kapitalmaßnahmen abhängen. Vor diesem Hintergrund ist die grundsätzliche Möglichkeit der zwangsweisen Einbindung der Anteilsinhaber nach **§§ 217 Abs. 1 Satz 2, 225a, 245 Abs. 3 InsO als Inhalts- und Schrankenbestimmungen nicht unverhältnismäßig.** 41

Für die verfassungsrechtliche Rechtfertigung der konkreten Planregelung kommt es auf die Verhältnismäßigkeit im Einzelfall an (siehe dazu Rz. 48 ff.).[63)] 42

56) *Madaus*, ZGR 2011, 749, 753.

57) *Eidenmüller* in: MünchKomm-InsO, § 225a Rz. 44.

58) BVerfG, Beschl. v. 26.4.1995 – 1 BvL 19/94, 1 BvR 1454/94, ZIP 1995, 923 = DtZ 1995, 323; BVerfG, Beschl. v. 23.5.2006 – 1 BvR 2530/04, ZIP 2006, 1355 = NZI 2006, 453; BVerfG, Beschl. v. 26.11.2009 – 1 BvR 339/09, ZIP 2010, 237 = NJW-RR 2010, 1063; *Müller*, KTS 2012, 419, 428.

59) Vgl. dazu Begr. RegE ESUG, BT-Drucks. 17/5712, S. 18.

60) *Hölzle* in: Kübler/Bork/Prütting, HRI II, § 26 Rz. 8; *Eidenmüller* in: MünchKomm-InsO, § 225a Rz. 44.

61) *Eidenmüller*, NJW 2014, 17, 18.

62) Vgl. BVerfG, Beschl. v. 30.5.2007 – 1 BvR 390/04, ZIP 2007, 1261 = NJW 2007, 3268 zum „Squeeze-out": Minderheitsaktionären als reine Kapitalanleger müssen Umstrukturierungen und sogar einen vollständigen Ausschluss hinnehmen, sofern sie nur angemessen entschädigt werden. S. zur Bedeutung der Entschädigung für die verfassungsrechtliche Rechtfertigung für Eingriffe gestützt auf § 225a Abs. 3 InsO *Schmidt-Preuß*, NJW 2016, 1269, 1273.

63) Anders wohl *Müller*, KTS 2012, 419, 428.

2. Vereinigungsfreiheit (Art. 9 GG)

43 Nach Art. 9 GG sind sowohl die positive als auch die negative Vereinigungsfreiheit geschützt.[64] Sowohl die Mitgliedschaft des Gesellschafters in der Gesellschaft als auch der konkrete mitgliedschaftliche Bestand i. S. einer Aufnahme neuer Gesellschafter werden durch Art. 9 GG geschützt.[65] Der Schutzbereich dieses Grundrechts umfasst auch die organisatorische Selbstbestimmung, wozu auch die freie Satzungsgewalt und autonome Willensbildung der Gesellschaft durch die Gesellschafter gehört.[66]

44 Durch die **zwangsweise Einbindung der Gesellschafter** in das gläubigerdominierte Insolvenzplanverfahren liegt ein **Eingriff in den Schutzbereich der Vereinigungsfreiheit** aus Art. 9 GG vor.[67] Auch der Eingriff in die Vereinigungsfreiheit aus Art. 9 GG kann grundsätzlich durch kollidierendes Verfassungsrecht verfassungsrechtlich gerechtfertigt sein.[68] Auch hier gilt das Grundrecht der Eigentumsgarantie als eingriffsrechtfertigendes kollidierendes Verfassungsrecht, denn die Einbeziehung der Anteilsrechte in das Insolvenzplanverfahren kann im Einzelfall die Befriedigung der Gläubiger optimieren (siehe oben Rz. 41 f.).

45 Auch die Möglichkeit der **Regelung eines Fortsetzungsbeschlusses** im Insolvenzplan lässt sich vor dem Hintergrund der – ebenfalls durch Art. 9 GG geschützten – negativen Vereinigungsfreiheit verfassungsrechtlich rechtfertigen.[69] Praktisch dürften die Altgesellschafter nach Umsetzung des Insolvenzplans – etwa aufgrund einer Kapitalherabsetzung auf null – häufig ohnehin nicht mehr an der Gesellschaft beteiligt sein. Selbst wenn dies aber der Fall sein sollte, steht bei personalistisch geprägten Gesellschaften den Altgesellschaftern in der Regel ein Austrittsrechtsrecht durch Kündigung der Mitgliedschaft aus wichtigem Grund zu (vgl. § 225a Abs. 5 InsO); zum Austritt siehe ausführlich § 30 Rz. 479 ff. [*Brünkmans*]. Sofern sie weiterhin persönlich haftender Gesellschafter sind, müssen sie gemäß § 230 Abs. 1 InsO einer Fortführung sowieso zustimmen (siehe dazu § 30 Rz. 26 ff. [*Brünkmans*]).

46 Für kapitalistisch geprägte Gesellschaften, insbesondere börsennotierte AG, ist die Fortsetzung der Gesellschaft gegen den Willen der verbleibenden Altgesellschafter hingegen zumutbar.[70]

47 Wie für Art. 14 GG[71] kommt es auch bei Art. 9 GG für die verfassungsrechtliche Rechtfertigung der **konkreten Planregelung auf die Verhältnismäßigkeit im Einzelfall** an.[72]

---

64) BVerfG, Beschl. v. 19.1.2001 – 1 BvR 1759/91, NJW 2001, 2617; BVerfG, Urt. v. 10.3.1992 – 1 BvR 454/91 u. a., ZIP 1992, 514 = NJW 1992, 1373; BVerfG, Urt. v. 1.3.1979 – 1 BvR 532/77 u. a., BVerfGE 50, 290 = NJW 1979, 699; *Brinkmann*, WM 2011, 97, 100.

65) *Hölzle* in: Kübler/Bork/Prütting, HRI II, § 26 Rz. 10; *Madaus*, Insolvenzplan, S. 597.

66) BVerfG, Urt. v. 1.3.1979 – 1 BvR 532/77 u. a., BVerfGE 50, 290 = NJW 1979, 699; *Müller*, KTS 2012, 419, 426; *Hölzle* in: Kübler/Bork/Prütting, HRI II, § 26 Rz. 10.

67) So auch *Hölzle* in: Kübler/Bork/Prütting, HRI II, § 26 Rz. 10; *Müller*, KTS 2012, 419, 426, vgl. *Brinkmann*, WM 2011, 97, 100.

68) So auch *Hölzle* in: Kübler/Bork/Prütting, HRI II, § 26 Rz. 11.

69) Anders *Madaus*, ZGR 2011, 749, 755.

70) BVerfG, Beschl. v. 26.4.1995 – 1 BvL 19/94, 1 BvR 1454/94, ZIP 1995, 923 = DtZ 1995, 323; BVerfG, Beschl. v. 23.5.2006 – 1 BvR 2530/04, ZIP 2006, 1355 = NZI 2006, 453; BVerfG, Beschl. v. 26.11.2009 – 1 BvR 339/09, ZIP 2010, 237 = NJW-RR 2010, 1063.

71) S. dazu oben Rz. 42.

72) Anders wohl *Müller*, KTS 2012, 419, 428.

3. Verhältnismäßigkeitsprüfung der konkreten Planregelung im Einzelfall

Eine generelle Unvereinbarkeit der Einbindung der Anteilsrechte in das Insolvenzplanverfahren als zwangsweise planunterworfene Rechtsposition mit den Grundrechten aus Art. 14 GG und Art. 9 GG ist aus den oben genannten Gründen abzulehnen. Vielmehr kommt es auf eine **verfassungskonforme Einzelfallanwendung** an. Regelungen im Insolvenzplan, welche den Eingriff in die Mitgliedschaftsrechte der Anteilsinhaber vorsehen, können im Einzelfall für die Wahrung der Gläubigerrechte (kollidierendes Verfassungsgut) unverhältnismäßig sein, weil sie im Einzelfall nicht diesem Zweck dienen, dafür nicht geeignet oder erforderlich sind oder der Eingriff im engeren Sinne unverhältnismäßig ist.[73)] 48

Das Erfordernis, dass die Regelung dem Befriedigungsinteresse der Gläubiger als kollidierendes Verfassungsgut dienen muss, findet daneben einfach-gesetzlichen Ausdruck in § 1 InsO. Handlungen des Insolvenzverwalters und auch **Maßnahmen im Insolvenzplan müssen dem Insolvenzverfahrenszweck aus § 1 InsO der bestmöglichen Gläubigerbefriedigung dienen** (siehe ausführlich Rz. 89 f.). Dient die Insolvenzplanregelung im konkreten Fall offensichtlich nicht dem Insolvenzverfahrenszweck der bestmöglichen Gläubigerbefriedigung aus § 1 InsO, sondern sollen lediglich Mitwirkungsrechte eines Minderheitsgesellschafters eingeschränkt werden, ist der Insolvenzplan wegen insolvenzzweckwidriger Regelungen nicht bestätigungsfähig[74)] und der durch die Regelung vorgesehene Eingriff in die Grundrechte aus Art. 14 und Art. 9 GG dann auch nicht verfassungsrechtlich gerechtfertigt. 49

Im Rahmen der **Erforderlichkeit** ist dem Planersteller und der Beteiligtenversammlung hingegen eine **weite Einschätzungsprärogative** zuzugestehen. Nur wenn die gesellschaftsrechtliche Maßnahme offensichtlich nicht erforderlich ist, um das Ziel der bestmöglichen Gläubigerbefriedigung zu erreichen, ist die Planregelung nicht bestätigungsfähig.[75)] 50

Bei der **Verhältnismäßigkeit im engeren Sinne** ist zwischen der Insolvenzantragsstellung wegen Zahlungsunfähigkeit (§ 17 InsO) bzw. Überschuldung (§ 19 InsO) und drohender Zahlungsunfähigkeit (§ 18 InsO) zu differenzieren. 51

Im Falle einer Insolvenzantragstellung wegen ausschließlich **drohender Zahlungsunfähigkeit**, wenn zum Zwecke der Sanierung frühzeitig ein Insolvenzantrag gestellt wird, kann noch nicht auf den bloß vermögensmäßigen Schutz i. H. des Liquidationsüberschusses aus § 199 InsO verwiesen werden, da der Schuldner eben nicht materiell insolvent i. S. der §§ 17, 19 InsO war und auch **keine Insolvenzantragspflichten (§ 15a InsO)** bestanden, sondern die Geschäftsführung – nach Rücksprache mit den Gesellschaftern![76)] – freiwillig den Weg in das Insolvenzverfahren eingeschlagen hat. Da zu diesem Zeitpunkt auch nicht feststand, dass die Gesellschafter die materielle Insolvenz und die damit verbundene Insolvenzantragspflicht endgültig hätte nicht verhindern können, kann auch nicht darauf abgestellt werden, dass die Anteilsinhaber ohne Insolvenzplan ihre Anteilsrechte und die damit verbundenen korporationsrechtlichen Rechte sowieso automatisch verloren hätten. 52

---

73) Zum allgemeinen Verhältnismäßigkeitsgrundsatz: BVerfG, Beschl. v. 6.6.1989 – 1 BvR 921/85, BVerfGE 80, 137 = NJW 1989, 2525; *Rux* in: BeckOK-GG, Art. 20 Rz. 189 ff.; für den Eingriff in die Gesellschafterstellung durch Insolvenzplanregelung s. *Schmidt-Preuß*, NJW 2016, 1269, 1271.

74) Zum Insolvenzverfahrenszweck s. ausführlich Rz. 89 ff.

75) Vgl. Erwägungen im Kontext des „*Suhrkamp*-Falles“ *Brünkmans/Uebele*, ZInsO 2014, 265, 274.

76) Geschäftsführer haben im Innenverhältnis bei einem Insolvenzantrag wegen drohender Zahlungsunfähigkeit vorab die Gesellschafterversammlung zu befragen, OLG München, Endurt. v. 4.2.2015 – 7 U 2177/14, ZIP 2015, 826 = BeckRS 2015, 07184, dazu EWiR 2015, 439 *(Beck)*.

53 Entsprechend differenziert sind die gesellschaftsrechtlichen Maßnahmen i. R. der Planbestätigung im jeweils zu prüfenden Einzelfall zu behandeln (siehe i. E. unten Rz. 57 ff.). Im Falle der **Insolvenzantragsstellung wegen Zahlungsunfähigkeit** (§ 17 InsO) **und Überschuldung** (§ 19 InsO) wird eine Einbeziehung der Anteilsinhaber in das Planverfahren stets **verhältnismäßig im engeren Sinne** sein. Sofern hingegen eine **Insolvenzantragsstellung wegen nur drohender Zahlungsunfähigkeit** vorliegt, muss im jeweiligen **Einzelfall geprüft werden**, ob die konkrete Planregelung der Einbeziehung der Anteilsinhaber in das Planverfahren auch verhältnismäßig im engeren Sinne ist.

54 Dabei ist der im Insolvenzplan vorgesehene Eingriff in die Rechte der Anteilsinhaber im Verhältnis zu dem daraus resultierenden Vorteil für das Befriedigungsinteresse der Gläubiger zu setzten: So wird eine vollständige Entziehung sämtlicher Geschäftsanteile der Anteilsinhaber unverhältnismäßig sein, wenn dadurch nur eine geringfügige Stundung der Gläubiger vermieden wird. Auch für den Nachweis der Erforderlichkeit des Eingriffs in die Rechte der Anteilsinhaber sind bei Insolvenzanträgen wegen ausschließlich drohender Zahlungsunfähigkeit höhere Anforderungen als sonst (siehe Rz. 50) zu stellen.

IV. Vereinbarkeit mit der zweiten gesellschaftsrechtlichen Kapitalrichtlinie

55 Diskutiert wird zudem, dass die durch das ESUG ermöglichten Eingriffe in die Rechte von Aktionären im Widerspruch zu Art. 29 ff. der Kapitalrichtlinie[77] stünden.[78] In Art. 29 Abs. 1 Satz 1 der Kapitalrichtlinie ist u. a. vorgesehen, dass ausschließlich die Hauptversammlung für Kapitalmaßnahmen zuständig ist. Nach wohl h. M. überlagert allerdings das Insolvenzrecht den Regelungsgehalt der Richtlinie.[79] Dies hat zur Folge, dass die Kapitalrichtlinie nicht einer Regelung von Kapitalmaßnahmen i. R. eines Insolvenzplans entgegensteht.

B. Rechtlicher Rahmen von gesellschaftsrechtlichen Regelungen im Insolvenzplan

56 Werden gesellschaftsrechtliche Regelungen im Insolvenzplan aufgenommen, ist für deren rechtliche Zulässigkeit und damit gerichtliche Bestätigungsfähigkeit darauf zu achten, dass die materiell-rechtlichen Anforderungen über den Inhalt und die verfahrensmäßige Behandlung des Insolvenzplans sowie über die Annahme durch die Beteiligten und die Zustimmung des Schuldners (vgl. § 250 Nr. 1 InsO und § 231 Abs. 1 Nr. 1 InsO) eingehalten werden.

I. Materiell-rechtliche Anforderungen an gesellschaftsrechtliche Planregelungen

1. „Gesellschaftsrechtlich zulässige Maßnahme" (§ 225a Abs. 3 InsO)

57 Gemäß § 225a Abs. 3 InsO kann in einem Insolvenzplan grundsätzlich jede Regelung getroffen werden, die „gesellschaftsrechtlich zulässig" ist. Damit zeigt die gesellschaftsrechtliche Zulässigkeit neben **potentiellen Gestaltungsmöglichkeiten** auch die **Grenzen der inhaltlichen Ausgestaltung** einer Planregelung auf.[80]

58 Der Verweis auf § 225a Abs. 3 InsO ist jedoch nicht so zu verstehen, dass für die Rechtmäßigkeit der gesellschaftsrechtlichen Planregelung sämtliche Vorschriften des Gesell-

---

77) Richtlinie (EU) 2017/1132 des Europäischen Parlaments und des Rates v. 14.6.2017 über bestimmte Aspekte des Gesellschaftsrechts, ABl. (EU) L 169/46 v. 30.6.2017.

78) Vgl. zur Diskussion *Madaus*, ZIP 2014, 500, 506; *Thole*, Gesellschaftsrechtliche Maßnahmen in der Insolvenz, Rz. 223.

79) *Eidenmüller* in: MünchKomm-InsO, § 225a Rz. 128; *Thole*, Gesellschaftsrechtliche Maßnahmen in der Insolvenz, Rz. 223; *Mock/Haas*, in: Gottwald/Haas, Hdb. InsR, § 91 Rz. 130; *Eidenmüller/Engert*, ZIP 2009, 541, 548; *Verse*, ZGR 2010, 299, 313 f.; a. A. etwa *Madaus*, ZIP 2014, 500, 506 m. ausf. Nachw. auch zur Gegenauffassung in Fn. 59.

80) *Horstkotte*, ZInsO 2015, 416, 417 (Urteilsanm.).

schaftsrechts eingehalten werden müssen.[81] Bei vielzähligen Normen des Gesellschaftsrechts kommt es zu einer **Überlagerung und Verdrängung durch das allgemeine Insolvenzrecht und den speziellen Regelungen des Insolvenzplanverfahrens** mit der Folge, dass die jeweilige gesellschaftsrechtliche Vorschrift im Insolvenzplan keine Anwendung findet und damit auch keine Grenze der inhaltlichen Ausgestaltung bilden kann.[82]

So werden die gesellschaftsrechtlichen **Regelungen zur Beschlussfassung der Gesellschafter** (§§ 47, 48, 49, 51 GmbHG etc.) durch Regelungen zum Insolvenzplanverfahren (§§ 235, 241, 237–238a, 242–244, 246 f., 254a Abs. 2 InsO) verdrängt. Der **gesellschaftsrechtliche Minderheitenschutz** der Anteilsinhaber wird durch den insolvenzverfahrensspezifischen Minderheitenschutz (§§ 245 Abs. 3, 251 und 253 InsO) und der **gesellschaftsrechtliche Gleichbehandlungsgrundsatz** (§§ 19 Abs. 1, 24, 26 Abs. 2 und 3, 29 Abs. 3, 31 Abs. 3, 47 Abs. 2 GmbHG und § 53a AktG) durch den insolvenzplanverfahrensspezifischen Gleichbehandlungsgrundsatz innerhalb der Gruppen (§ 226 InsO) verdrängt (siehe auch Rz. 78 f.).[83] 59

Eine Überlagerung bzw. Verdrängung des Gesellschaftsrechts durch das Insolvenzrecht ergibt sich darüber hinaus auch **aus den Wertungen des Insolvenzverfahrens und dem System der – zwangsweisen – Einbindung der Anteilsinhaber und ihrer Rechte in den Insolvenzplan** (siehe bereits Rz. 19 ff.). Der Gesetzgeber hat die Grundsatzentscheidung getroffen, dass aufgrund der materiellen Insolvenz[84] der Gesellschaft in die Gesellschafterstellung ggf. gegen einen Ausgleich vollumfänglich eingegriffen werden darf.[85] Er folgt damit der Maxime „dulde und liquidiere".[86] Da dem Gesellschafter i. R. des Insolvenzplans sogar jegliche Anteile an der Gesellschaft vollständig entzogen werden können, muss auch erst recht ein geringerer Eingriff in die Anteile, also etwa die Beschneidung oder Beschränkung seiner Rechte, möglich sein.[87] 60

Vor diesem Hintergrund sind bei einer Insolvenzplanregelung, die in die Rechtsstellung der Gesellschafter eingreift, keine Vorschriften des Gesellschaftsrechts einzuhalten, die sich auf die Beschlussfassung der Gesellschafter beziehen, wie etwa die Erforderlichkeit eines notariell zu beurkundenden Gesellschafterbeschlusses mit einer Mehrheit von mindestens 75 % der abgegebenen Stimmen. § 53 GmbHG ist bei einer satzungsändernden Regelung im Insolvenzplan nicht anwendbar. 61

Auch Regelungen, die **ausschließlich dem Schutz der Altgesellschafter**[88] dienen,[89] finden jedenfalls im Falle der **Antragsstellung wegen Überschuldung und Zahlungsunfähigkeit** auf eine Insolvenzplanregelung **keine Anwendung.**[90] 62

81) So auch: *Haas*, NZG 2012, 961, 965; *Spliedt*, GmbHR 2012, 462, 466; K. Schmidt-*Spliedt*, InsO, § 225 Rz. 35; *Horstkotte/Martini*, ZInsO 2012, 557, 567; *Eidenmüller*, NJW 2014, 17, 18.

82) *Eidenmüller* in: MünchKomm-InsO, § 225a Rz. 77 f.

83) *Eidenmüller*, NJW 2014, 17, 18.

84) Zu der verfassungsrechtlich im Einzelfall gebotenen Einschätzung im Falle ausschließlich drohender Zahlungsunfähigkeit s. oben Rz. 48 ff.

85) Vgl. dazu ausführlich: *Brünkmans/Greif-Werner*, ZInsO 2015, 1585, 1588; *Eidenmüller*, NJW 2014, 17, 18 – „Die Gesellschafter haben verspielt"; *Thole*, Gesellschaftsrechtliche Maßnahmen in der Insolvenz, Rz. 212 ff.

86) *Brünkmans/Greif-Werner*, ZInsO 2015, 1585, 1588.

87) *Brünkmans/Greif-Werner*, ZInsO 2015, 1585, 1588.

88) „Altgesellschafter sind die Gesellschafter, die bereits vor Rechtskraft des Bestätigungsbeschlusses an der Gesellschaft beteiligt waren oder nachträglich derivativ von einem solchen Gesellschafter erworben haben.", *Brünkmans/Greif-Werner*, ZInsO 2015, 1585, 1588.

89) Davon ausgeschlossen sind Normen, die nicht auch den Schutz der Altgesellschafter vor der Aufbürdung neuer Lasten und Risiken bezwecken, vgl. ausführlich *Brünkmans/Greif-Werner*, ZInsO 2015, 1585, 1588.

90) *Brünkmans/Greif-Werner*, ZInsO 2015, 1585, 1588; **a. A.** AG Charlottenburg, Beschl. v. 9.2.2015 – HRB 153203 B, ZIP 2015, 394 = ZInsO 2015, 413 f., m. Anm. *Horstkotte*; *Müller*, KTS 2012, 419, 442; *Simon/Merkelbach*, NZG 2012, 121, 125.

63 So findet etwa § 237 Abs. 1 Satz 2 AktG (entsprechend § 34 GmbHG) wonach eine Zwangseinziehung der Aktien nur zulässig ist, sofern sie bereits in der ursprünglichen Satzung oder durch eine Satzungsänderung bereits vor Übernahme oder Zeichnung der Aktien angeordnet oder gestattet war, als rein die Altgesellschafter schützende Vorschrift im Insolvenzplanverfahren im Falle der materiellen Insolvenz keine Anwendung.[91)] Zu diesen rein die Altgesellschafter schützenden Normen dürfte auch die Angebotspflicht aus § 35 WpÜG gehören; siehe dazu ausführlich § 32 Rz. 52 ff. [*Brünkmans*].

64 **Abgesehen von diesen nur die Altgesellschafter schützenden Vorschriften müssen Insolvenzplanregelungen sämtliche gesellschaftsrechtlichen Vorgaben einhalten.** Insbesondere gesellschaftsrechtliche Vorschriften, die das öffentliche Interesse, das Interesse der zukünftigen Gläubiger oder zukünftigen Gesellschafter schützen bzw. den gesellschaftsrechtlichen Numerus Clausus betreffen, bilden über den Verweis des § 225a Abs. 3 InsO eine inhaltliche Ausgestaltungsgrenze.[92)] So sind insbesondere die Vorschriften über die ordnungsgemäße Kapitalaufbringung (§§ 7 Abs. 2, 9, 19, 56, 56a GmbHG, §§ 28, 36 Abs. 2, 36a, 54, 63, 64, 65, 66 AktG) und Kapitalerhaltung (§§ 30 Abs. 1, 31, 33 Abs. 2, 34 Abs. 3, 43a, 44 ff. GmbHG, §§ 57, 59, 62, 66 Abs. 2, 71 ff. AktG) einzuhalten. Enthält der Insolvenzplan etwa eine Regelung zur Sachkapitalerhöhung, ist die Werthaltigkeit der Sacheinlage nach §§ 57a, 9c Abs. 1 Satz 2 GmbHG, §§ 188 Abs. 2 Satz 1, 36a Abs. 2 AktG zu gewährleisten. Wird im Insolvenzplan der Formwechsel des Schuldners gemäß §§ 190 ff. UmwG geregelt, müssen die entsprechenden Gründungsvorschriften eingehalten werden. Dabei ist insbesondere bei den Kapitalgesellschaften zu gewährleisten, dass das Stamm- bzw. Grundkapital als Reinvermögen des Rechtsträgers vorhanden ist (vgl. §§ 220 Abs. 1, 245 Abs. 1 Satz 2, Abs. 2 Satz 2, Abs. 3 Satz 2 UmwG); siehe auch § 30 Rz. 625 ff. [*Brünkmans*]. Die Einhaltung dieser Vorschriften ist vom Insolvenzgericht i. R. der Planbestätigung zu prüfen. Zur Abgrenzung der Prüfungskompetenzen zwischen Insolvenzgericht und Registergericht siehe ausführlich Rz. 98 ff., 148, 178 ff.

Praxishinweis

Inwieweit das Gesellschaftsrecht durch die Vorschriften des Insolvenz(plan)rechts verdrängt wird, ist bis zum jetzigen Zeitpunkt noch nicht höchstrichterlich geklärt. Abgesehen von den offensichtlich durch das Insolvenzplanverfahrensrecht verdrängten Vorschriften, wie etwa solche zur Beschlussfassung (§§ 47, 48, 49, 51 GmbHG etc.), sollten aus Gründen der Rechtsicherheit auch die gesellschaftsrechtlichen Vorschriften, die ausschließlich dem Schutz der Altgesellschafter dienen, soweit wie möglich bei gesellschaftsrechtlichen Planregelungen eingehalten werden.

2. Gruppenbildung

a) Zwangsgruppe der Anteilsinhaber bei Einbeziehung der Geschäftsanteile in den Insolvenzplan (§ 222 Abs. 1 Nr. 4 InsO)

65 Nach § 222 Abs. 1 Satz 2 Nr. 4 ist für die am Schuldner beteiligten Personen zwingend eine Gruppe zu bilden, wenn deren Anteils- oder Mitgliedschaftsrechte in den Plan einbezogen werden. Eine solche Einbeziehung setzt nicht zwingend die rechtliche Gestaltung der Anteils- und Mitgliedschaftsrechte der am Schuldner beteiligten Personen voraus, sondern ist immer dann gegeben, wenn irgendein Gesellschafterbeschluss oder eine Erklärung eines Anteilsinhabers in den Insolvenzplan aufgenommen und durch eine Planrege-

91) *Brünkmans/Greif-Werner*, ZInsO 2015, 1585, 1588; **dagegen** AG Charlottenburg, Beschl. v. 9.2.2015 – HRB 153203 B, ZIP 2015, 394 = ZInsO 2015, 413 ff., m. Anm. *Horstkotte*.

92) *Brünkmans/Greif-Werner*, ZInsO 2015, 1585, 1588.

lung ersetzt werden soll. Diese Voraussetzung ist bereits dann gegeben, wenn der Fortsetzungsbeschluss als Regelung im Insolvenzplan aufgenommen wird.[93)]

b) Untergruppe der geringfügig Beteiligten (§ 222 Abs. 3 Satz 2 InsO)

Nach § 222 Abs. 3 Satz 2 InsO können für geringfügig beteiligte Anteilsinhaber mit einer Beteiligung von weniger als 1 % oder weniger als 1.000 € besondere Gruppen gebildet werden. 66

Es handelt sich dabei um eine typisierende Regelung zur Verfahrensvereinfachung. Geringfügig beteiligte Anteilsinhaber sollen unabhängig davon, ob sie im Einzelfall tatsächlich gleichartige wirtschaftliche Interessen i. S. von § 222 Abs. 2 Satz 1 InsO haben, in einer Gruppe zusammengefasst werden können.[94)] Der Status als geringfügig beteiligter Anteilsinhaber als solcher ist ausreichend, um eine separate Gruppe bilden zu können.[95)] 67

Die bei der Gruppenbildung sonst so wichtige Ausführung unterschiedlicher wirtschaftlicher Interessen im darstellenden Teil des Insolvenzplans ist für die Bildung einer Untergruppe geringfügig Beteiligter i. S. von § 222 Abs. 3 Satz 2 InsO nicht erforderlich. Zum Kriterium der Gruppenbildung siehe ausführlich § 9 [*Beck/Pechartscheck*]. 68

§ 222 Abs. 3 Satz 2 InsO ist **zugeschnitten auf Kapitalgesellschaften, bei denen einer Gruppe von Hauptanteilsinhabern ein Kreis von Anteilsinhabern mit Streubesitz gegenübersteht.**[96)] Geringfügig beteiligte Anteilsinhaber verfolgen häufig rein vermögensmäßige und keine unternehmerischen Interessen. Sie haben auch in der Regel keinerlei unternehmerischen Einfluss.[97)] Eine Anwendung dieser Vorschrift **scheidet daher für egalitäre Kooperationen** wie eingetragene Genossenschaften ober Vereine **aus.**[98)] 69

Im Übrigen steht die Gruppenbildung nach § 222 Abs. 3 Satz 2 Alt. 2 InsO im **Ermessen** des Planarchitekten. Dieses Ermessen verhärtet sich jedoch zu einer Gruppenbildungspflicht, wenn sich die wichtigsten insolvenzbezogenen wirtschaftlichen Interessen der geringfügig beteiligten Anteilsinhaber offensichtlich von denjenigen der übrigen Anteilsinhaber unterscheiden, wie etwa wenn ein beherrschender Aktionär mit mehr als 75 % am Grundkapital beteiligt ist, während sich die übrigen Aktien im Streubesitz befinden.[99)] 70

c) Bildung von Untergruppen nach allgemeinen Regeln aufgrund unterschiedlicher wirtschaftlicher Interessen (§ 222 Abs. 2 InsO)

Neben der Bildung einer gesonderten Gruppe geringfügig beteiligter Anteilsinhaber können darüber hinaus für die Gruppe der Anteilsinhaber nach der allgemeinen Vorschrift des § 222 Abs. 2 InsO Untergruppen gebildet werden,[100)] wenn die Anteilsinhaber unterschiedliche insolvenzbezogene wirtschaftliche Interessen haben.[101)] Auch die Einrichtung mehrerer 71

93) K. Schmidt-*Spliedt*, InsO, § 222 Rz. 10.

94) *Eidenmüller* in: MünchKomm-InsO, § 222 Rz. 143.

95) *Eidenmüller* in: MünchKomm-InsO, § 222 Rz. 144.

96) *Eidenmüller* in: MünchKomm-InsO, § 222 Rz. 146, m. Verweis auf Begr. RegE ESUG, BT-Drucks. 17/5712, S. 31.

97) Begr. RegE ESUG, BT-Drucks. 17/5712, S. 31.

98) *Eidenmüller* in: MünchKomm-InsO, § 222 Rz. 146.

99) *Eidenmüller* in: MünchKomm-InsO, § 222 Rz. 145.

100) *Thole*, Gesellschaftsrechtliche Maßnahmen in der Insolvenz, Rz. 252; allgemein K. Schmidt-*Spliedt*, InsO, § 222 Rz. 14.

101) Zum Kriterium der unterschiedlichen insolvenzbezogen wirtschaftliche Interessen allgemein bei der Gruppenbildung BGH, Beschl. v. 7.5.2015 – IX ZB 75/14, Rz. 10, ZIP 2015, 1346 ff. = ZInsO 2015, 1398, 1400, dazu EWiR 2015, 483 *(Spliedt)*.

Untergruppen geringfügig beteiligter Anteilsinhaber ist unter Beachtung dieser Voraussetzung zulässig.

72 Anders als bei der Bildung der Gruppe der geringfügig beteiligten Anteilsinhaber nach §°222 Abs. 3 Satz 2 Alt. 2 InsO ist in diesem Fall eine **sachgerechte Gruppenabgrenzung anhand unterschiedlicher insolvenzbezogener wirtschaftlicher Interessen erforderlich** und eine entsprechende Gruppenabgrenzung im Insolvenzplan anzugeben (siehe allgemein zur Gruppenbildung § 9 [*Beck/Pechartscheck*]).[102)]

73 Als **sachgerechte Differenzierungsmerkmale** i. S. von § 222 Abs. 2 InsO innerhalb der Gruppe der Anteilsinhaber kommen in Betracht:

- Die **Unterscheidung zwischen sanierungswilligen und sanierungsunwilligen** Gesellschaftern,[103)]
- eine **Aufteilung der Anteilsinhaber** in solche, **die zugleich Gläubiger** sind und solche, die dies nicht sind,[104)]
- nach **Art des Sanierungsbeitrages,**
- nach der **Höhe der Beteiligung** oder nach dem **strategischen Interesse.**[105)]

74 Bei der KG bietet sich aufgrund der unterschiedlichen Rechtsstellung zwischen den beschränkt haftenden **Kommanditisten** und den unbeschränkt haftenden **Komplementären** die Bildung jeweils separater Gruppen für Kommanditisten und Komplementäre an.[106)]

d) Besonderheiten bei der Genossenschaft

75 Für eingetragene Genossenschaften gilt gemäß der ausdrücklichen Regelung in § 116 Nr. 3 GenG die Besonderheit, dass bei der Bildung von Gruppen zwischen Gläubigern, die zugleich Mitglieder der Genossenschaft sind und den sonstigen Gläubigern differenziert werden kann.[107)]

76 Teilweise wird vertreten, dass sich der Regelungsgehalt der Vorschrift darin erschöpfe, die Gruppenbildungsmöglichkeit gemäß § 222 Abs. 2 Satz 1 InsO bei gleichartigen wirtschaftlichen Interessen zu wiederholen.[108)]

77 Bei einem solchen Verständnis wäre die Vorschrift jedoch obsolet.[109)] Richtigerweise ist § 116 Nr. 3 GenG als lex specialis zu der Regelung aus § 222 Abs. 2 Satz 1 und 2 InsO zu qualifizieren.[110)] Demnach besteht die Möglichkeit **Gläubiger die zugleich auch Mitglieder der Genossenschaft sind, unabhängig davon, ob sie tatsächlich gleichartige wirtschaftliche Interessen i. S. von § 222 Abs. 2 Satz 1 InsO haben, in einer Gruppen zusammen zu fassen.**[111)] Dies gilt jedenfalls insoweit diesbezüglich keine verfassungsrechtlichen Bedenken bestehen. Unterscheiden sich im Einzelfall die wichtigsten insolvenzbezogenen wirtschaftlichen Interessen der Gläubiger-Genossen offensichtlich nicht von

102) *Eidenmüller* in: MünchKomm-InsO, § 222 Rz. 149.

103) *K. Schmidt*, ZGR 2012, 566, 579; K. Schmidt-*Spliedt*, InsO, § 222 Rz. 19; kritisch hingegen *Thole*, Gesellschaftsrechtliche Maßnahmen in der Insolvenz, Rz. 253.

104) K. Schmidt-*Spliedt*, InsO, § 222 Rz. 19.

105) *Müller*, KTS 2012, 419, 422; K. Schmidt-*Spliedt*, InsO, § 222 Rz. 19.

106) *Thies* in: HambKomm-InsR, § 238a InsO Rz. 23.

107) Dazu ausführlich *Eidenmüller* in: MünchKomm-InsO, § 222 Rz. 152 f.; *Schreiber*, DZWIR 1999, 8 f.

108) *Hirte* in: FS Uhlenbruck, S. 637, 642; *Terbrack*, ZInsO 2001, 1027, 1029 f.

109) *Terbrack*, ZInsO 2001, 1027, 1029; *Eidenmüller* in: MünchKomm-InsO, § 222 Rz. 153.

110) *Haneke* in: Kübler/Bork/Prütting, HRI II, § 24 Rz. 75; *Eidenmüller* in: MünchKomm-InsO, § 222 Rz. 153.

111) *Eidenmüller* in: MünchKomm-InsO, § 222 Rz. 153.

denjenigen anderen Beteiligter, scheidet eine Gruppenbildungsbefugnis und die damit verbundene Möglichkeit der differenzierenden Gruppenbildung i. R. einer **verfassungskonformen Auslegung** aus.[112)]

3. Gleichbehandlungsgrundsatz

a) Verdrängung des gesellschaftsrechtlichen Gleichbehandlungsgrundsatzes durch das Insolvenzrecht

Werden die Anteilsinhaber im Insolvenzplan einbezogen, gilt nicht mehr der allgemein gesellschaftsrechtliche (etwa aus §§ 19 Abs. 2, 24, 26 Abs. 2 und Abs. 3, 29 Abs. 3, 31 Abs. 3, 47 Abs. 2 GmbHG, § 53a AktG)[113)], sondern der insolvenzrechtliche Gleichbehandlungsgrundsatz.[114)] Der insolvenzrechtliche Gleichbehandlungsgrundsatz nimmt dabei eine erweiterte Perspektive ein und berücksichtigt auch die Gesellschafter-Gläubigerbeziehung.[115)] 78

Der **insolvenzrechtliche Gleichbehandlungsgrundsatz** folgt **innerhalb der Gruppe** aus § 226 InsO. Den Anteilsinhabern innerhalb der gleichen Gruppe sind dieselben Rechte anzubieten (§ 226 Abs. 1 InsO). Eine **unterschiedliche Behandlung** der Anteilsinhaber **in dieser Gruppe** ist **nur mit Zustimmung** aller Betroffenen **zulässig**, wobei dann dem Insolvenzplan die Zustimmungserklärung eines jeden Betroffenen beizufügen ist (§ 226 Abs. 2 InsO). 79

b) Berechtigte Ungleichbehandlung durch Gruppenbildung

Wird eine Ungleichbehandlung von Anteilsinhabern angestrebt, dann wird man praktisch versuchen, **separate Gruppen anhand der angestrebten Ungleichbehandlung** zu bilden. Dabei ist jedoch zu beachten, dass die Begründung separater Gruppen der Anteilsinhaber sachlich gerechtfertigt sein muss. Siehe dazu oben Rz. 71 f. sowie § 9 [*Beck/Pechartscheck*]. 80

Sollten nicht alle Gruppen mehrheitlich zustimmen, was im Fall der Einbeziehung der Gesellschafter nicht selten der Fall ist, kann der Insolvenzplan vom Insolvenzgericht nur bei Einhaltung der Voraussetzungen für das Obstruktionsverbot aus § 245 InsO bestätigt werden. In diesem Fall ist der **strenge Gleichbehandlungsgrundsatz aus § 245 Abs. 3 Nr. 2 InsO** einschlägig und eine differenzierte Behandlung der Gesellschafter, sofern sie auch außerhalb des Insolvenzverfahrens gesellschaftsrechtlich unzulässig wäre, ist ausgeschlossen. Dieses Gleichbehandlungsgebot aus § 245 Abs. 3 Nr. 2 InsO ist richtigerweise lediglich i. S. einer **wirtschaftlichen Betrachtungsweise, nicht im rechtlichen Sinne** zu verstehen (siehe auch § 17 [*Thole*]).[116)] Ein Verstoß gegen die rechtliche Gleichstellung liegt daher nicht schon vor, wenn das Bezugsrecht bei einer Kapitalerhöhung für einen Teil der Gesellschafter ausgeschlossen wird und für andere nicht.[117)] 81

---

112) *Eidenmüller* in: MünchKomm-InsO, § 222 Rz. 154.

113) Zum gesellschaftsrechtlichen Gleichbehandlungsgrundsatz s. ausführlich Hopt-*Roth*, HGB, § 108 Rz. 29 f.; für die GmbH im Besonderen Michalski/Heidinger/Leible/J. Schmidt-*Lieder*, GmbHG, § 13 Rz. 108 ff., für die AG *Götze* in: MünchKomm-AktG, § 53a Rz. 1 ff.; *Koch*, AktG, § 53a Rz. 1 ff.

114) *Eidenmüller*, NJW 2014, 17, 18; *Haas*, NZG 2012, 961, 965; *Thole*, Gesellschaftsrechtliche Maßnahmen in der Insolvenz, Rz. 276.

115) *Thole*, Gesellschaftsrechtliche Maßnahmen in der Insolvenz, Rz. 276.

116) Wie hier K. Schmidt-*Spliedt*, InsO, § 245 Rz. 29; **a. A.** *Simon/Merkelbach*, NZG 2012, 121, 127 f.; *Rendels/Zabel*, Insolvenzplan, Rz. 461.

117) **A. A.** *Fiebig* in: HK-InsO, § 245 Rz. 31.

c) **Gleichbehandlungsgrundsatz und Optionsrechte**

82 In der Praxis enthalten Insolvenzpläne häufig für Gläubiger Optionsrechte (etwa Swap-Optionen), indem sich Gläubiger an der Wertsteigerung beteiligen können, ihnen also ein Wahlrecht für eine sofortige Quote oder langfristige Beteiligung angeboten wird.[118] Solche Optionen sind grundsätzlich auch auf Ebene der Gesellschafter denkbar. Eine Ungleichbehandlung und damit ein Verstoß gegen § 226 InsO oder § 245 Abs. 3 Nr. 2 InsO ist in diesem Fall jedoch zu verneinen, **wenn jedem Gesellschafter dieses Optionsrecht gewährt wird.** Die unterschiedliche Ausübung des Optionsrechtes durch die Anteilsinhaber selbst begründet keine Ungleichbehandlung.

83 Auch kann der Verbleib des Gesellschafters nach dem Prinzip „Sanieren oder Ausscheiden" abgebildet werden. In diesem Fall macht der Insolvenzplan den Verbleib der Altgesellschafter in der Gesellschaft von einem Sanierungsbeitrag – etwa Einzahlung eines bestimmten Betrages in die Kapitalrücklage – abhängig. Ohne entsprechenden Sanierungsbeitrag werden die Geschäftsanteile übertragen[119] oder eingezogen.

4. **Gesellschaftsrechtliche Treuepflichten als materielle Grenze des Planinhalts**

84 Die Treuepflichten der Gesellschafter sind bei der inhaltlichen Ausgestaltung des Insolvenzplans **grundsätzlich nicht zu berücksichtigen.** Würden die gesellschaftsrechtlichen Treuepflichten Anwendung finden, könnten diese einen Gesellschafter u. U. dazu zwingen, bei der Abstimmung über einen Insolvenzplan sein Stimmrecht in einer bestimmten Weise auszuüben.[120] So hat im Fall *Suhrkamp* der Minderheitsgesellschafter gestützt auf die gesellschaftsrechtlichen Treuepflichten versucht, dem Mehrheitsgesellschafter zu untersagen, dem vorgelegten Insolvenzplan zuzustimmen. Der Insolvenzplan sah das „Kaltstellen" des Minderheitsgesellschafters über einen Formwechsel von einer GmbH & Co. KG in eine AG vor.[121] Richtigerweise finden die gesellschaftsrechtlichen Treuepflichten im Insolvenzplanverfahren keine Anwendung.[122] Die Treuepflichten zwischen den Gesellschaftern untereinander werden **durch spezifische Schutzmechanismen des Insolvenzplanverfahrens** wie dem Schlechterstellungsverbot aus § 251 InsO, dem Gleichbehandlungsgebot aus § 226 InsO und der strickten Ausrichtung des Insolvenzplans am Insolvenzverfahrenszweck (siehe auch Rz. 89 ff.)[123] **verdrängt.** Erst recht ist der Eingriff in das Insolvenzplanverfahren und Abstimmungsverhalten im Wege einstweiliger Verfügung gestützt auf die Verletzung von Treuepflichten unzulässig (siehe ausführlich § 22 Rz. 12 ff. [*Hirschberger*]).

118) S. etwa *IVG Immobilien AG*, Az. 99 IN 153/13.

119) S. auch *Thole*, Gesellschaftsrechtliche Maßnahmen in der Insolvenz, Rz. 255; *K. Schmidt*, ZGR 2012, 566, 579.

120) So LG Frankfurt/M., Urt. v. 10.9.2013 – 3-09 O 96/13 (Suhrkamp), ZIP 2013, 1831= NZG 2013, 1315, dazu EWiR 2013, 589 *(Hölzle)*; **anders** OLG Frankfurt/M., Beschl. v. 1.10.2013 – 5 U 145/13, ZIP 2013, 2018, dazu EWiR 2013, 753 *(Bähr/Schwartz)*.

121) Ausführlich zum Sachverhalt im Fall *Suhrkamp* LG Frankfurt/M., Urt. v. 10.9.2013 – 3-09 O 96/13, ZIP 2013, 1831= NZG 2013, 1315.

122) OLG Frankfurt/M., Beschl. v. 1.10.2013 – 5 U 145/13, ZIP 2013, 2018; *Brünkmans/Uebele*, ZInsO 2014, 265, 272; *Haas*, NZG 2012, 961, 965; *Thole*, Gesellschaftsrechtliche Maßnahmen in der Insolvenz, Rz. 282; *Thole*, ZIP 2013, 1937 ff.; *Lang/Muschalle*, NZI 2013, 953; *Pape*, ZInsO 2013, 2129, 2136; *Wertenbruch*, ZIP 2013, 1693, 1700; *Eidenmüller*, NJW 2014, 17, 18; wohl auch *Brinkmann*, ZIP 2014, 197, 201; **anders** *Schäfer*, ZIP 2013, 2237 ff.; *K. Schmidt*, ZIP 2018, 853, 854; insoweit ähnlich *Müller*, DB 2014, 41, 44.

123) Dazu *Brünkmans/Uebele*, ZInsO 2014, 265, 272.

5. Schlechterstellungsverbot (§ 251 InsO)

Die zwangsweise Einbeziehung der Gesellschafter in den Insolvenzplan und die Ersetzung des Gesellschafterbeschlusses und einer Einzelerklärung des Gesellschafters durch eine Planregelung ist materiell gerechtfertigt, wenn die Gesellschafter **nicht schlechterstehen als im Regelinsolvenzverfahren.** Dabei kommt es auf eine **rein wertmäßige Gleichstellung** an, wobei im Regelverfahren die Gesellschafter aufgrund des Liquidationsbefehls ohnehin ihre Geschäftsanteile mit Löschung der Gesellschaft aus dem Handelsregister verlieren würden. Die Gesellschafter haben grundsätzlich den Eingriff in ihre Anteile und Mitgliedschaftsrechte zu „dulden", können aber unter bestimmten Voraussetzungen eine Kompensation „liquidieren" (siehe § 58 Rz. 10 ff. [*Brünkmans/Harmann*]). Der ESUG-Gesetzgeber ging davon aus, dass den Gesellschaftern nur ausnahmsweise eine Entschädigung zuzusprechen ist, weil die Anteile grundsätzlich wertlos sind.[124] 85

Auch wenn der Minderheitenschutz aus § 251 InsO nur auf Antrag eines Gesellschafters vom Insolvenzgericht im Planbestätigungsverfahren geprüft wird, hat der Planarchitekt für den Fall der Einbeziehung der Anteilsinhaber in den Insolvenzplan stets darauf zu achten, ob den Gesellschaftern nicht mindestens eine Ausschüttung zusteht, welche ihre wirtschaftliche Stellung im Regelverfahren mindestens entsprechen würde. Steht fest, dass bei einem auf Liquidation gerichteten fiktiven Regelinsolvenzverfahren die Gesellschafter einen Überschuss bei der Schlussverteilung (§ 199 InsO) erlangen würden, ist den Gesellschaftern im Insolvenzplan eine mindestens in dieser Höhe bestehende Kompensationszahlung anzubieten. 86

Enthält der Insolvenzplan weitgehende Eingriffe in die Gesellschafterrechte, werden die Anteilsinhaber den Insolvenzplan nicht selten mehrheitlich ablehnen, mit der Folge, dass der Insolvenzplan vom Insolvenzgericht nur noch bei Vorliegen der – von Amts wegen zu prüfenden – Voraussetzungen für das Obstruktionsverbot bestätigt werden kann. Das Schlechterstellungsverbot zum Regelverfahren ist auch dort in § 245 Abs. 1 Nr. 1 InsO ein maßgebliches Kriterium. 87

Die **richtige Berechnung des fiktiven Schlussverteilungsüberschusses und ggf. Bereitstellung von Kompensationszahlungen** ist für die Bestätigungsfähigkeit des Insolvenzplans essentiell (zur Prüfung der Vergleichsrechnung siehe § 14 Rz. 40 ff. [*Laroche*]). Dabei ist zu beachten, dass i. R. des Obstruktionsverbotes richtigerweise § 251 Abs. 3 InsO keine Anwendung findet, d. h. Bewertungsschwankungen können nicht durch Bereitstellen von Mitteln und Verweis auf den ordentlichen Rechtsweg ausgeglichen werden; siehe § 8 Rz. 615 ff. [*Brünkmans*]. 88

6. Insolvenzzweckwidrigkeit und Verhältnismäßigkeit der gesellschaftsrechtlichen Regelung

Der Schutz der Anteilsinhaber über § 251 InsO und § 245 Abs. 1 Nr. 1 InsO ist unzureichend. Werden die Anteilsinhaber lediglich wirtschaftlich i. H. des Anteils am Liquidationsüberschuss geschützt, besteht die Gefahr des missbräuchlichen Eingriffs in die Stellung als Anteilsinhaber. Dies steht im Widerspruch zu dem vom Gesetzgeber verfolgten Ziel, mit dem Schutzschirmverfahren einen Anreiz zur frühzeitigen Antragstellung zu geben.[125] 89

124) Begr. RegE ESUG, BT-Drucks. 17/5712, S. 32.

125) *Brünkmans/Uebele*, ZInsO 2014, 265, 271.

90 Die im Zusammenhang mit dem Fall *Suhrkamp*[126] viel diskutierte Gefahr, das Insolvenzplanverfahren zur Durchsetzung originär gesellschaftsrechtlicher Streitigkeiten zu missbrauchen, um die materiellen Hürden des Gesellschaftsrechts zu umgehen, erfordert eine Handhabe, denn der Vergleich mit der wirtschaftlichen Stellung des Gesellschafters im Regelverfahren alleine wird in der Regel die Planbestätigung wegen der Maßgeblichkeit von Liquidationswerten (siehe § 58 Rz. 28 ff. [*Brünkmans/Harmann*]) nicht versagen können. Vielmehr muss **jede Regelung im Insolvenzplan** – auch die gesellschaftsrechtlichen – **den Zielen der bestmöglichen Befriedigung der Gläubiger dienen.**[127] Stehen offensichtliche andere Ziele – wie etwa das „Kaltstellen" eines Gesellschafters durch Formwechsel von einer GmbH & Co. KG in eine AG – im Vordergrund der Planregelung, so ist diese Planregelung **insolvenzzweckwidrig** und der Insolvenzplan insgesamt vom Insolvenzgericht zurückzuweisen.

91 Der einzelne Eingriff in die Eigentumsgarantie des Gesellschafters (Art. 14 GG, Art. 9 GG) wäre i. Ü. nicht verfassungsmäßig gerechtfertigt, wenn der Eingriff in die Gesellschafterstellung nicht erforderlich und verhältnismäßig ist, wobei dem Planarchitekten und der Beteiligtenversammlung für die Frage der Erforderlichkeit eine Einschätzungsprärogative zusteht (siehe ausführlich oben Rz. 35 ff.). Bei einer **Insolvenzantragstellung wegen nur drohender Zahlungsunfähigkeit** ist im Einzelfall zu prüfen, ob die konkrete Planregelung der Einbeziehung der Anteilsinhaber in das Planverfahren auch verhältnismäßig im engeren Sinne ist (siehe oben Rz. 48 ff.).

92 Insolvenzpläne, die **ausschließlich gesellschaftsrechtliche Strukturmaßnahmen** zum Inhalt haben und eine hundertprozentige Befriedigung vorsehen, obwohl keine leistungswirtschaftliche Sanierung erfolgt,[128] sind in besonderem Maße dahingehend zu hinterfragen, ob sie die Ziele der InsO fördern oder einen unverhältnismäßigen Eingriff in die Rechte der Anteilsinhaber begründen.

93 Auch die **treuwidrige Einleitung des Insolvenzverfahrens,**[129] etwa durch Herbeiführung eines Insolvenzgrundes durch einen Gesellschafter kann ein Indiz für die Insolvenzzweckwidrigkeit des in diesem Verfahren vorgelegten Insolvenzplans sein. Ob die Maßnahme im Einzelfall geeignet ist, den Verfahrenszweck des § 1 InsO zu fördern, ist jeweils kritisch zu prüfen und ergibt sich im Regelfall aus der Erläuterung der Maßnahme im darstellenden Teil.[130]

II. Besonderheiten des Insolvenzplanverfahrens bei Einbeziehung der Anteilsinhaber

1. Überblick

94 Werden die Anteilsinhaber über eine Regelung im Insolvenzplan einbezogen, so sind für das Insolvenzplanverfahren einige Besonderheiten zu beachten. Die nachfolgenden Ausführungen beschränken sich ausschließlich auf die Darstellung der Besonderheiten bei Einbeziehung der Anteilsinhaber in den Insolvenzplan. Im Übrigen ist auf die jeweiligen Kapitel zu verweisen.

---

126) Zum Sachverhalt im Fall *Suhrkamp* s. BVerfG, Beschl. v. 18.12.2014 – 2 BvR 1978/13, ZIP 2015, 80 = NZG 2015, 98, dazu EWiR 2015, 49 *(Bähr)*; LG Frankfurt/M., Urt. v. 10.9.2013 – 3-09 O 96/13 (Suhrkamp), ZIP 2013, 1831= NZG 2013, 1315.

127) *Brünkmans/Uebele*, ZInsO 2014, 265, 271.

128) S. LG Frankfurt/M., Urt. v. 10.9.2013 – 3-09 O 96/13 (Suhrkamp), Rz. 58, ZIP 2013, 1831 = NZG 2013, 1315.

129) *Brünkmans/Uebele*, ZInsO 2014, 265, 273 und 268 ff.

130) *Brünkmans/Uebele*, ZInsO 2014, 265, 271; zur Insolvenzzweckwidrigkeit der Planregelung als Gegenstand der gerichtlichen Prüfung s. a. *Brünkmans/Greif-Werner*, ZInsO 2015, 1585, 1592.

2. Vorlage des Insolvenzplans

Zur Vorlage des Insolvenzplans an das Insolvenzgericht sind der Insolvenzverwalter und der Schuldner berechtigt (§ 218 Abs. 1 Satz 1 InsO). Enthält der Insolvenzplan eine gesellschaftsrechtliche Regelung, so gelten für die Vorlage des Insolvenzplans grundsätzlich die allgemeinen Ausführungen. Zur Vorlageberechtigung/Planinitiativrecht siehe ausführlich § 4 Rz. 4 ff. [*Beck/Pechartscheck*]. 95

Zu beachten ist, dass die **Kompetenz** des Schuldners zur Vorlage eines Insolvenzplans **zum Schuldnerbereich**[131)] gehört. Die Gesellschafterversammlung einer GmbH kann daher jederzeit den Geschäftsführer nach § 37 GmbHG die **Weisung erteilen, einen bestimmten Insolvenzplan vorzulegen.** Die Weisung zur Vorlage eines Insolvenzplans kann in den Grenzen der Wahrung der Antragspflichten der Geschäftsführer aus § 15a InsO zusammen mit der Stellung des Insolvenzantrags erfolgen. Eine Weisung der Gesellschafterversammlung ist aber auch noch im Eröffnungsverfahren und eröffneten Verfahren möglich. Dies gilt sowohl für das Regelverfahren als auch für die Eigenverwaltung. § 276a Satz 1 InsO beschneidet in der Eigenverwaltung die Möglichkeit der Einflussnahme durch die Gesellschafterversammlung auf die Geschäftsführung, nur insoweit sich die Befugnisse der Gesellschafterversammlung nicht auf den im Regelverfahren spiegelbildlichen Schuldnerbereich beziehen.[132)] Die Altgesellschafter sind somit durchweg in der Lage, den Geschäftsführern Weisungen zu erteilen, einen Insolvenzplan in der Form eines Schuldnerplans einzureichen, der einen geringstmöglichen Eingriff in ihre bestehenden Geschäftsanteile vorsieht. **Diese Weisung bindet die Geschäftsführung jedoch allenfalls im Innenverhältnis.** Die Vorlage eines von den Vorgaben der Gesellschafterversammlung abweichenden Insolvenzplans ist für das Insolvenzplanverfahren unbeachtlich. Für die Vorlageberechtigung durch den Schuldner i. S. von § 218 Abs. 1 Satz 1 InsO kommt es lediglich darauf an, dass der Insolvenzplan durch das nach allgemeinem Gesellschaftsrecht vertretungsberechtigte Organ nach den allgemeinen Vertretungsregeln der Gesellschaft dem Gericht vorgelegt wird (Einzelheiten streitig, siehe ausführlich § 4 Rz. 7 ff. [*Beck/Pechartscheck*]). 96

Das Insolvenzgericht wird bei einseitig zugunsten der Altgesellschafter entwickelten Insolvenzplänen jedoch erwägen müssen, diese von Amts wegen nach § 231 Abs. 1 Nr. 2 InsO wegen offensichtlich fehlender Aussicht auf Annahme zurückzuweisen, wenn wesentliche Gläubiger und der Insolvenz- bzw. Sachwalter bereits die Ablehnung des Insolvenzplans unmissverständlich zum Ausdruck gebracht haben.[133)] Selbst wenn das Insolvenzgericht eine Zurückweisung nach § 231 Abs. 2 Nr. 2 InsO nicht vornimmt, besteht die Gefahr, dass der Schuldner und diesen maßgeblich dominierende Gesellschafter damit ihr Planinitiativrecht „verspielen", weil bei Rücknahme des Insolvenzplans nach öffentlicher Bekanntmachung des Erörterungstermins oder Ablehnung durch die Beteiligtenversammlung ein zweiter Insolvenzplan des Schuldners auf Antrag des Insolvenzverwalters vom Insolvenzgericht zurückzuweisen ist (§ 231 Abs. 2 InsO). 97

Praxishinweis

Schuldnerpläne sollten vor Einreichung mit den wesentlichen Gläubigern und dem Sach- bzw. Insolvenzverwalter abgestimmt werden (siehe ausführlich § 2 Rz. 110 ff. [*Brünkmans*]). Die gilt insbesondere, wenn sie auf Initiative der Gesellschafter zurückzuführen sind, um den Verdacht eines unausgewogenen Insolvenzplans zulasten der Gläubiger von vornherein zu entkräften.

---

131) Zur Abgrenzung Schuldnerbereich, Verdrängungsbereich und Überschneidungsbereich s. Rz. 2 ff.

132) *Thole*, Gesellschaftsrechtliche Maßnahmen in der Insolvenz, Rz. 146; K. Schmidt-*Undritz*, InsO, § 276a Rz. 4; *Klöhn* in: MünchKomm-InsO, § 276a Rz. 23.

133) Einzelheiten zur Zurückweisung bei fehlender Aussicht auf Annahme und Bestätigung nach § 231 Abs. 1 Satz 1 Nr. 2 InsO s. § 14 Rz. 94 [*Laroche*].

3. Vorprüfung des Insolvenzgerichts nach § 231 InsO

98 Im Rahmen der Vorprüfung, d. h. unmittelbar nach Vorlage des Insolvenzplans prüft das Insolvenzgericht den Insolvenzplan anhand der Voraussetzungen aus § 231 InsO und entscheidet über die Zurückweisung oder Weiterleitung des Insolvenzplans. Neben den hier nicht relevanten Zurückweisungsgründen aus § 231 Abs. 1 Nr. 2 und Nr. 3 InsO wird der Insolvenzplan von Amts wegen zurückgewiesen, wenn „die Vorschriften" über „den Inhalt" des Plans nicht beachtet sind und der Vorlegende den Mangel nicht beheben kann oder innerhalb einer angemessenen, vom Gericht gesetzten Frist nicht behebt (vgl. § 231 Abs. 1 Nr. 1 InsO).

99 Umfang und Tiefe der inhaltlichen Prüfung des Insolvenzplans sind umstritten.

a) Umfang der Prüfung anteilsbezogener Regelungen

100 Im Hinblick auf den Umfang der Prüfung ist umstritten, ob **ausschließlich die Einhaltung der §§ 217, 219–230 InsO**[134)] geprüft **oder** eine **vollständige Rechtmäßigkeitsprüfung**[135)] des Planinhaltes vorgenommen werden muss. Letztere Auffassung überzeugt, ist jedoch für die Frage, inwieweit gesellschaftsrechtliche Planregelungen vom Insolvenzgericht anhand des Gesellschaftsrechts überprüft werden, unbeachtlich. Der Insolvenzplan darf nur solche Regelungen zum Inhalt haben, die „gesellschaftsrechtlich zulässig" sind.[136)] Die gesellschaftsrechtliche Generalermächtigung aus **§ 225a Abs. 3 InsO** ist somit als **Vorschrift über den Inhalt** des Insolvenzplans zu qualifizieren. Das Insolvenzgericht prüft daher anteilsbezogene Regelungen vollständig anhand des Gesellschaftsrechts. Im Rahmen der Prüfung ist zu beachten, dass das Gesellschaftsrecht durch das Insolvenzrecht überlagert wird und einzelne gesellschaftsrechtliche Normen auf Insolvenzplanregelungen keine Anwendung finden (siehe oben Rz. 57 ff.).

b) Tiefe der inhaltlichen Prüfung

101 Im Hinblick auf die Prüfungstiefe i. R. der Vorprüfung nach § 231 Abs. 1 Satz 1 Nr. 1 InsO hat der BGH in seiner Entscheidung[137)] vom 7.5.2015 nunmehr Klarheit geschaffen. Das Gericht prüft i. R. des § 231 Abs. 1 Satz 1 Nr. 1 InsO unter Berücksichtigung **sämtlicher rechtlicher Gesichtspunkte,** ob die gesetzlichen Bestimmungen über das Vorlagerecht und den Inhalt des Plans beachtet sind.[138)] Das Insolvenzgericht hat nach dem eindeutigen Wortlaut des § 231 Abs. 1 Satz 1 Nr. 1 InsO anders als nach § 231 Abs. 1 Satz 1 Nr. 2 und Nr. 3 InsO nicht nur offensichtliche Rechtsfehler zu beanstanden (siehe ausführlich § 14 Rz. 66 ff. [*Laroche*]).

134) So: *Spahlinger* in: KPB, InsO, § 231 Rz. 10, § 250 Rz. 7; *Fiebig* in: HK-InsO, § 231 Rz. 2, § 250 Rz. 2; *Sinz* in: MünchKomm-InsO, § 250 Rz. 6; *Thies* in: HambKomm-InsR, § 250 InsO Rz. 4. Überprüft würden demnach etwa: die zwingende Gliederung des Insolvenzplans in einen darstellenden und einen gestaltenden Teil (§ 219 InsO) oder der sachlichen Numerus Clausus zulässiger Regelungen im gestaltenden Teil des Insolvenzplans (§ 217 InsO).

135) So *Horstkotte*, ZInsO 2014, 1297, 1300; *Brünkmans/Greif-Werner*, ZInsO 2015, 1585; s. a. § 14 Rz. 66 [*Laroche*]. In diesem Sinne wohl auch BGH, Beschl. v. 7.5.2015 – IX ZB 75/14, ZIP 2015, 1346 = ZInsO 2015, 1398 = NZI 2015, 697.

136) So auch *Fiebig* in: HK-InsO, § 250 Rz. 2; *Brünkmans/Greif-Werner*, ZInsO 2015, 1585, 1587.

137) BGH, Beschl. v. 7.5.2015 – IX ZB 75/14, ZIP 2015, 1346 = ZInsO 2015, 1398 = NZI 2015, 697.

138) BGH, Beschl. v. 7.5.2015 – IX ZB 75/14, ZIP 2015, 1346 = ZInsO 2015, 1398 = NZI 2015, 697.

4. Ladung der Gesellschafter und Bekanntmachung

a) Verdrängung der gesellschaftsrechtlichen Regelungen

Enthält der Insolvenzplan eine gesellschaftsrechtliche Regelung wird diese nicht im Wege der Annahme durch die Gesellschafter- oder Hauptversammlung, sondern durch die Annahme der um den Kreis der Gesellschafter erweiterten Gläubigerversammlung, auch Beteiligtenversammlung genannt, in Kraft gesetzt. Die Anteilsinhaber bilden daher nur eine oder ggf. mehrere, aber nicht die ausschließliche Gruppe, die über die Annahme des Insolvenzplans und damit auch gesellschaftsrechtliche Regelung zu befinden hat. Da die Beteiligtenversammlung und nicht die Gesellschafterversammlung über die gesellschaftsrechtliche Regelung – etwa eine Kapitalerhöhung – entscheidet, regelt § 254a Abs. 2 Satz 2 InsO konsequenterweise, dass grundsätzlich die Einhaltung der für den Erörterungs- und Abstimmungstermin geltenden Ladungs- und Bekanntmachungsvorschriften aus §§ 235 Abs. 2 und 3, 241 Abs. 2 InsO entscheidend sind und die gesellschaftsrechtlichen Vorschriften entsprechend verdrängt werden.[139] 102

Dies hat insbesondere bei der AG nicht unerhebliche Auswirkungen, weil dort hohe formelle Anforderungen an Ladungen, Bekanntmachungen und sonstige notwendige Vorgaben und Vorbereitungshandlungen (z. B. §§ 183 Abs. 1, 186 Abs. 4 AktG) bestehen. 103

b) Einberufung der Beteiligtenversammlung durch das Insolvenzgericht

Der Erörterungs- und Abstimmungstermin stellt die zentrale Plattform für die Einbindung der Gesellschafter in das Planverfahren dar. Gemäß § 235 Abs. 1 InsO beruft das Insolvenzgericht die Beteiligtenversammlung ein. 104

c) Ort der Beteiligtenversammlung

Die Hauptversammlung (§ 121 Abs. 5 Satz 1 AktG) oder Gesellschafterversammlung (§ 121 Abs. 5 Satz 1 AktG analog) soll grundsätzlich am Sitz der Gesellschaft stattfinden. Die Satzung kann Abweichendes regeln.[140] Diese Vorschriften gelten für die Beteiligtenversammlung nicht. Auch wenn die Anteilsinhaber einbezogen wurden ist die Beteiligtenversammlung nach § 219 ZPO i. V. m. § 4 InsO **grundsätzlich an der Gerichtsstelle** abzuhalten.[141] Sollten Räumlichkeiten der Größe aufgrund der erwarteten Teilnehmerzahl nicht zur Verfügung stehen, kann das Insolvenzgericht die Beteiligtenversammlung an einen anderen Ort innerhalb des Gerichtsbezirks oder in unmittelbarer Nähe bestimmen.[142] 105

d) Form der Ladung

aa) Grundsatz: Individuelle Ladung

Die Ladung der Gesellschafter erfolgt grundsätzlich entsprechend der insbesondere für die angemeldeten Gläubiger geltenden Vorschriften aus § 235 Abs. 3 Satz 1 InsO, d. h. die Gesellschafter sind vom Insolvenzgericht gesondert – d. h. individuell – zu laden (§ 235 Abs. 3 Satz 3 Halbs. 1 InsO); allgemein zur Ladung zum Erörterungs- und Abstimmungstermin siehe § 15 Rz. 35 ff. [*Laroche*]. Mit der Ladung ist gemäß § 235 Abs. 3 Satz 2 InsO entweder ein Abdruck des Plans oder eine Zusammenfassung des wesentlichen Inhalts des 106

139) *Thole*, Gesellschaftsrechtliche Maßnahmen in der Insolvenz, Rz. 242.

140) Noack/Servatius/Haas-*Noack*, GmbHG, § 51 Rz. 15.

141) *Bruns* in: MünchKomm-InsO, § 4 Rz. 49.

142) Uhlenbruck-*Knof*, InsO, § 74 Rz. 19; *Ahrens* in: MünchKomm-InsO, § 74 Rz. 34.

Plans beizufügen. Die Gesellschafter einer GmbH können über die Gesellschafterliste nach § 40 GmbHG[143)] für das Gericht einfach ermittelt werden.

bb) Besonderheiten bei der AG

107 Bei AG oder KGaA wäre jedenfalls bei Inhaberaktien eine individuelle Ladung schwierig. Deren Aktionäre sind häufig breit gestreut. Hinzu kommt, dass Name und Anschrift der betroffenen Aktionäre meist nicht bekannt sein werden.[144)] Vor dem Hintergrund gilt der insolvenzrechtliche **Grundsatz der individuellen Ladung** nach § 235 Abs. 3 Satz 3. Halbs. 2 InsO **für Aktionäre oder Kommanditaktionäre ausdrücklich nicht**. Es stellt sich die Frage, wie diese zu laden sind. Dabei ist zwischen börsennotierten und nicht börsennotierten Gesellschaften zu unterscheiden.

(1) Börsennotierte AG und KGaA (§ 235 Abs. 3 Satz 4 InsO)

108 Für börsennotierte Gesellschaften (§ 3 Abs. 2 AktG) enthält § 235 Abs. 3 Satz 4 InsO eine eindeutige Regelung. Mit dem Verweis auf § 121 Abs. 4a AktG erfolgt die Ladung der Aktionäre oder Kommanditaktionäre zur Beteiligtenversammlung **nach den allgemeinen aktienrechtlichen Vorschriften für die Ladung zur Hauptversammlung börsennotierter Gesellschaften.**[145)] Sofern diese Gesellschaften nicht ausschließlich Namensaktien ausgegeben haben und die Aktionäre nicht unmittelbar per eingeschriebenen Brief einberufen werden, hat die Bekanntmachung der Beteiligtenversammlung über solche Medien zu erfolgen, bei denen davon ausgegangen werden kann, dass sie die Information in der gesamten EU verbreiten. Ob die Bekanntmachung im Bundesanzeiger als solche dafür ausreicht, ist im aktienrechtlichen Schrifttum umstritten.[146)] Allerdings kann über den Bundesanzeiger eine europaweite Verbreitung in Auftrag gegeben werden.[147)]

109 Sollten bei der börsennotierten AG sämtliche Aktionäre ausnahmsweise bekannt sein, wird in der Literatur vertreten, aufgrund des Eingriffs in ihre Anteils- und Mitgliedschaftsrechte und den schutzwürdigen Interessen der Aktionäre die Kann-Vorschrift des § 121 Abs. 4 Satz 2 AktG (Ladung mittels eingeschriebenen Briefes) jedenfalls dann als zwingend zu verstehen, wenn eine direkte Benachrichtigung des Aktionärs aufgrund der Kenntnis seines Namens und seiner Anschrift ohne weiteres erfolgen kann. Dann allerdings soll ein einfacher Brief ausreichen.[148)] Eine solche Einschränkung ist aufgrund des klaren gesetzlichen Verweises sehr fraglich.

110 Der wesentliche Inhalt des Insolvenzplans ist i. R. dieser Bekanntmachung nicht mitzuteilen. Gemäß § 235 Abs. 3 Satz 4 Halbs. 2 InsO ist vielmehr **eine Zusammenfassung des wesentlichen Inhalts des Insolvenzplans über die Internetseite der Gesellschaft zugänglich zu machen**; eine Zugänglichmachung über die Internetseite des Verwalters/Verwalterbüros genügt nicht.[149)] Über dieses gesetzliche Mindestmaß an Publizität ist zu empfehlen, nicht nur eine Zusammenfassung, sondern den gesamten Plan ggf. teilweise

143) In dieser ist gemäß § 40 Abs. 1 GmbHG zwingend Name und Anschrift aufzunehmen.

144) Begr. RegE ESUG v. 23.2.2011, BT-Drucks. 17/5712, S. 33.

145) Vgl. *Pleister* in: KPB, InsO, § 235 Rz. 31; *Jaffé* in: FK-InsO, § 235 Rz. 36.

146) Dafür: *Rieckers* in: BeckOGK-Aktienrecht, § 121 Rz. 78; *Koch*, AktG, § 121 Rz. 11i; *Zetsche*, Der Konzern 2008, 321, 323; a. A. *Drinhausen/Keinath*, BB 2009, 64, 66.

147) *Rieckers* in: BeckOGK-Aktienrecht, § 121 Rz. 78.

148) *Jaffé* in: FK-InsO, § 235 Rz. 36.

149) *Thole*, Gesellschaftsrechtliche Maßnahmen in der Insolvenz, Rz. 242; a. A. unter Verkennung der Gesetzesbegründung bei RegE ESUG v. 23.2.2011, BT-Drucks. 17/5712, S. 33. S. a. *Stahlschmidt* in: Kübler/Bork/Prütting, HRI II, § 32 Rz. 42.

geschwärzt, zu veröffentlichen. Damit können Fehler bei der Wiedergabe des Inhalts vermieden und das Vertrauen der Beteiligten gestärkt werden.[150)]

In der Ladung sollte jedoch auf die entsprechende Internetseite und dort erhältlichen Zusammenfassung des Insolvenzplans verwiesen werden. Wird der Insolvenzplan bestätigt, ist sodann eine Zusammenfassung des wesentlichen Inhalts des Plans über die Internetseite der Gesellschaft mit Hinweis auf die Bestätigung des Insolvenzplans zugänglich zu machen (§ 252 InsO). 111

(2) Nicht börsennotierte AG und KGaA

Bezüglich der Aktionäre/Kommanditaktionäre nicht börsennotierter Gesellschaften fehlt es an einen ausdrücklichen Verweis auf die aktienrechtlichen Vorschriften über die Ladung zur Hauptversammlung, § 121 Abs. 4 AktG. 112

Aufgrund des ausdrücklichen Verweises in § 235 Abs. 3 Satz 4 InsO für börsennotierte Gesellschaften auf § 121 Abs. 4a AktG und fehlendem Verweis auf § 121 Abs. 4 AktG für nicht börsennotierte Gesellschaften kommt eine entsprechende Anwendung auf nicht börsennotierte Gesellschaften nicht in Betracht. 113

Darüber hinaus ist der Gesetzesbegründung zu entnehmen, dass die **öffentliche Bekanntmachung des Erörterungs- und Abstimmungstermins nach § 235 Abs. 2 InsO insoweit ausreichend** sein soll.[151)] Vor dem Hintergrund hat für nicht börsennotierte AGs und KGaAs die Bekanntmachung nach § 235 Abs. 2 i. V. m. § 9 InsO durch die zentrale und länderübergreifende Veröffentlichung im Internet (www.insolvenzbekanntmachungen.de) zu erfolgen.[152)] Auch die Zusammenfassung des Insolvenzplans ist über dieses Portal bekannt zu machen. 114

> **Praxishinweis**
>
> Auch wenn für AG und KGaA nach § 235 Abs. 3 Satz 3 Halbs. 2 InsO eine besondere individuelle Ladung nicht erforderlich ist, sollte aus Gründen der Vorsicht dennoch eine solche veranlasst werden, wenn entgegen der typisierten Annahme des Gesetzgebers[153)] die Aktionäre mit Namen und Anschrift bekannt sind.

5. Verfahren bis zum Erörterungs- und Abstimmungstermin (Beteiligtenversammlung)

Nach ordnungsgemäßer Ladung auch der Gesellschafter und Bekanntmachung bestehen bis zur Abstimmung über den Insolvenzplan im Abstimmungstermin keine Besonderheiten im Fall der Einbindung der Anteilsinhaber in den Insolvenzplan. Bezüglich des Verfahrens bis zur Erörterung des Plans siehe ausführlich § 15 [*Laroche*] und zu Vorbereitung und Ablauf des Erörterungs- und Abstimmungstermins § 16 [*Laroche*]. 115

6. Abstimmung

a) Insolvenzrechtliche Sonderzuständigkeit der Beteiligtenversammlung

Die Beteiligtenversammlung tritt im Insolvenzplanverfahren im Hinblick auf zu treffende gesellschaftsrechtliche Entscheidungen i. S. einer insolvenzrechtlichen Sonderzuständigkeit an die Stelle der Haupt- bzw. Gesellschafterversammlung (siehe oben Rz. 19 ff.). Die 116

150) So auch *Jaffé* in: FK-InsO, § 235 Rz. 35.

151) Begr. RegE ESUG, BT-Drucks. 17/5712, S. 50.

152) So auch Braun-*Braun/Frank*, InsO, § 235 Rz. 6, m. Fn. 8; K. Schmidt-*Spliedt*, InsO, § 235 Rz. 5; *Thies* in: HambKomm-InsR, § 235 InsO Rz. 9.

153) Begr. RegE ESUG, BT-Drucks. 17/5712, S. 33.

Verdrängung der exklusiven Kompetenz der Haupt- bzw. Gesellschafterversammlung durch die Beteiligtenversammlung ist die konsequente Folge der Überlagerung der Gesellschaft durch den Insolvenzverfahrenszweck.[154)]

117 Gläubiger und Anteilsinhaber stimmen in der Beteiligtenversammlung in separaten Gruppen ab (§§ 243, 222 Abs. 1 Satz 2 Nr. 4 InsO).[155)] Zur Annahme des Insolvenzplans ist grundsätzlich die mehrheitliche Annahme in den einzelnen Gruppen erforderlich (§ 244 InsO); zum Obstruktionsverbot siehe § 17 [*Thole*].

b) Ablauf der Abstimmung

118 Für die **Annahme der Gruppe der Gesellschafter** ist nach § 244 Abs. 3, Abs. 1 Nr. 2 InsO erforderlich, dass **mehr als die Hälfte der Summe der Beteiligungen der abstimmenden Anteilsinhaber** dem Insolvenzplan zustimmt.

119 Die Abstimmung über den Insolvenzplan ist auch für die Anteilsinhaber eine Prozesshandlung mit der Folge, dass über § 4 InsO die Prozesshandlungsvoraussetzungen vorliegen müssen[156)] und die Vorschriften des BGB über Willensmängel nicht (analog) anwendbar sind, sodass insbesondere eine Anfechtung wegen Irrtums, Täuschung oder Drohung ausgeschlossen ist.[157)]

120 Für das Stimmgewicht der Anteilsinhaber gilt – anders als bei den Gläubigern – ausschließlich die **Summenmehrheit der Beteiligung**. Auf die Kopfmehrheit kommt es hingegen nicht an (§ 244 Abs. 3 InsO). Sollte eine Gesellschaftergruppe dem Plan nicht zugestimmt haben, kann die Zustimmung unter den Voraussetzungen des Obstruktionsverbotes (§ 245 InsO) ersetzt werden.[158)] Eine Zustimmung liegt auch dann vor, wenn sich die Gesellschafter als Gruppe gar nicht beteiligen (§ 246a InsO).

c) Höhe Stimmrechte der Anteilsinhaber

aa) Überblick

121 Das Stimmrecht der Anteilsinhaber bestimmt sich nach § 238a InsO allein nach der jeweiligen Beteiligung am gezeichneten Kapital oder Vermögen des Schuldners. Maßgeblich ist allein die **nominale Beteiligung am statutarischen Kapital** der Gesellschaft im Zeitpunkt der Abstimmung über den Insolvenzplan.[159)] Die Stimmverhältnisse nach dem einschlägigen Gesellschaftsrecht werden durch § 238a InsO außer Kraft gesetzt.[160)] Vor dem Hintergrund des Falls *Suhrkamp* hält der Bericht zur ESUG-Evaluation de lege ferenda für überlegenswert, die Willensbildung in einer Gesellschaftergruppe allein dem Gesellschaftsrecht zu überlassen.[161)]

122 § 238a InsO ist zwingend und über Art. 3 EuInsVO auch auf **ausländische Gesellschaften**, über deren Vermögen im Inland das Insolvenzverfahren eröffnet wurde, anzuwen-

---

154) *Thole*, Gesellschaftsrechtliche Maßnahmen in der Insolvenz, Rz. 242, Rz. 247; *Rendels/Zabel*, Insolvenzplan, Rz. 238; **anders** *Prusko*, Die Gesellschafterstellung in der Insolvenz, S. 176, wonach der Insolvenzplan der Gesellschafterversammlung lediglich eine Abstimmungsbindung auferlegt.

155) Zur Gruppenbildung bzgl. Anteilsinhaber s. oben Rz. 65 ff., allgemein § 9 [*Beck/Pechartscheck*].

156) *Thole*, Gesellschaftsrechtliche Maßnahmen in der Insolvenz, Rz. 261.

157) So die h. M. zu Prozesshandlungen allgemein: *Rauscher* in: MünchKomm-ZPO, 1. Buch, Allg. Vorschriften, Einl. Rz. 462; Musielak/Voit-*Musielak*, ZPO, Einl. Rz. 64; BGH, Urt. v. 27.5.1981 – IVb ZR 589/80, NJW 1981, 2193.

158) *Thole*, Gesellschaftsrechtliche Maßnahmen in der Insolvenz, Rz. 264.

159) *Hölzle* in: Kübler/Bork/Prütting, HRI II, § 26 Rz. 8; *Thies* in: HambKomm-InsR, § 238a InsO Rz. 4.

160) Uhlenbruck-*Hirte*, InsO, § 238a Rz. 1.

161) *Jacoby/Madaus/Sack/H. Schmidt/Thole*, ESUG-Evaluierung, S. 182.

den.[162] **Stimmrechtsbeschränkungen, Sonder- oder Mehrstimmrechte bleiben außer Betracht.** Satzungsmäßige oder durch Stimmbindungsvereinbarung sich ergebende Beschränkungen sind ebenfalls nicht zu berücksichtigen.[163]

Anteilsinhaber, in deren Rechte durch den Insolvenzplan nicht eingegriffen wird, haben kein Stimmrecht (vgl. § 238 Abs. 2 i. V. m. § 237 Abs. 2 InsO). 123

bb) GmbH

Bei der GmbH ist ausschließlich auf den Anteil am eingetragenen Stammkapital abzustellen.[164] Gesellschaftsvertragliche Stimmrechtsbeschränkungen, wie etwa Höchststimmrechte, bleiben außer Betracht.[165] Das Stimmrecht entspricht dem Nennbetrag des jeweiligen Geschäftsanteils. Entsprechend § 47 Abs. 2 GmbHG gewährt jeder Euro am Nennbetrag dem Gesellschafter eine Stimme.[166] Eine abweichende Stimmrechtsregelung in der Satzung ist unbeachtlich. Vom Schuldner selbst gehaltene Geschäftsanteile gewähren kein Stimmrecht.[167] 124

cc) AG

Bei der AG ist gemäß § 134 Abs. 1 Satz 1 AktG zu unterscheiden: Für Nennbetragsaktien ist entsprechend auf den Nennbetrag der Aktien und bei Stückaktien auf die Stückzahl abzustellen. 125

Vorzugsaktionäre sind wie die übrigen Aktionäre an der Abstimmung zu beteiligen, ihre etwaigen Sonderrechte sind dabei unbeachtlich.[168] Dies ist nicht zuletzt auch dadurch gerechtfertigt, dass der finanzielle Ausgleich für das fehlende Stimmrecht in Gestalt des Vorzugs obsolet geworden ist.[169] 126

Stimmrechtsbeschränkungen, aus denen sich Höchststimmrechte (§ 134 Abs. 1 Satz 2 AktG) ergeben, bleiben gemäß § 238a Satz 2 InsO bei der Abstimmung über den Insolvenzplan außer Betracht.[170] 127

Melde- oder Angebotspflichten nach WpHG oder WpÜG werden durch die über § 238a InsO möglicherweise veränderte Stimmgewichtung in einer börsennotierten AG nicht ausgelöst.[171] Anders als etwa § 140 Abs. 2 AktG betrifft § 238a InsO lediglich die Abstimmung über den Insolvenzplan und hat keine Auswirkungen auf das allgemeine Stimmrecht in der Hauptversammlung.[172] 128

Entgegen § 134 Abs. 2 Satz 1 AktG ist die **vollständige Erbringung der Einlage des Aktionärs** keine Voraussetzung für die Gewährung des Stimmrechtes, da anderenfalls die Prüfung der jeweiligen Voraussetzungen nach § 134 Abs. 2 AktG den Rahmen der Stimmrechtsfestsetzung im Planverfahren sprengen würde.[173] 129

---

162) Uhlenbruck-*Hirte*, InsO, § 238a Rz. 4; K. Schmidt-*Spliedt*, InsO, § 238a Rz. 13 f.

163) Uhlenbruck-*Hirte*, InsO, § 238a Rz. 11; K. Schmidt-*Spliedt*, InsO, § 238a Rz. 14 f.

164) Begr. RegE ESUG, BT-Drucks. 17/5712, S. 33; *Thies* in: HambKomm-InsR, § 238a InsO Rz. 7.

165) Uhlenbruck-*Hirte*, InsO, § 238a Rz. 8.

166) *Thies* in: HambKomm-InsR, § 238a InsO Rz. 7; *Pleister* in: KPB, InsO, § 238a Rz. 8.

167) *Pleister* in: KPB, InsO, § 238a Rz. 8.

168) *Thole*, Gesellschaftsrechtliche Maßnahmen in der Insolvenz, Rz. 256.

169) Begr. RegE ESUG z. § 238a Abs. 1, BT-Drucks. 17/5712, S. 33; Uhlenbruck-*Hirte*, InsO, § 238a Rz. 1.

170) Uhlenbruck-*Hirte*, InsO, § 238a Rz. 7.

171) Uhlenbruck-*Hirte*, InsO, § 238a Rz. 7; *Simon/Merkelbach*, NZG 2012, 121, 122.

172) *Simon/Merkelbach*, NZG 2012, 121, 122.

173) *Thies* in: HambKomm-InsR, § 238a InsO Rz. 9; K. Schmidt-*Spliedt*, InsO, § 238a Rz. 7; Uhlenbruck-*Hirte*, InsO, § 238a Rz. 9.

130 Vorschriften, nach denen bei **Verletzung bestimmter kapitalmarktrechtlicher Pflichten** das Stimmrecht ruht, wie etwa die unterlassene Mitteilung über Beteiligungsveränderungen (§ 28 i. V. m. §§ 21 ff. WpHG und § 20 Abs. 7 AktG) werden durch § 238a InsO nicht berührt. Die mit diesen Vorschriften bezweckte Sanktionswirkung würde andernfalls leerlaufen.[174)]

dd) Personengesellschaften

131 Im Recht der Personengesellschaften gilt als gesetzliche Leitprinzip der Willensbildung der Gesellschafter die Abstimmung nach Köpfen (vgl. § 119 HGB, § 709 BGB), auch wenn in der Praxis – insbesondere bei der GmbH & Co. KG – nicht selten vom Kopfprinzip abgewichen wird. Wie § 238a Satz 1 InsO und der Begründung zum Regierungsentwurf[175)] zu entnehmen ist, richtet sich das Stimmrecht in der Beteiligtenversammlung jedoch **ausschließlich nach der Beteiligung des Gesellschafters am Gesellschaftsvermögen.**

132 Das Verhältnis der Gesellschafter untereinander am Gesamtvermögen der Gesellschaft wird bei OHG und KG üblicherweise anhand des im Gesellschaftsvertrag festgelegten **Kapitalanteils** wiedergeben, sodass bei der Frage des Stimmrechts in der Beteiligtenversammlung auf den dort angegebenen Anteil am Kapital abgestellt werden kann.[176)] Enthält der Gesellschaftsvertrag hingegen **keine quotale Aufteilung des Gesellschaftsvermögens**, ist der **Anteil am Vermögen nach §§ 706, 733 Abs. 2 BGB zu ermitteln**, d. h. nach dem Verhältnis der geleisteten Einlagen im Zeitpunkt der Einbringung.[177)]

ee) Vereine und Genossenschaften

133 Bei Vereinen hat **jedes Mitglied** bei der Abstimmung über den Insolvenzplan **eine Stimme.**[178)]

134 Abweichend zu § 43 Abs. 3 Satz 1 GenG ist für die Festsetzung des Stimmrechtes der Genossenschaftsmitglieder nicht das Kopfprinzip entscheidend, sondern auf den Nennbetrag des Genossenschaftsanteils abzustellen.[179)]

d) Ermittlung und Nachweis des Stimmrechts der Anteilsinhaber

aa) Kein Feststellungsverfahren analog §§ 174 ff. InsO

135 Im Gegensatz zum Gläubigerstimmrecht basiert die Feststellung des Stimmrechtes des einzelnen Gesellschafters **nicht auf ein Feststellungsverfahren analog §§ 174 ff. InsO** und einer Feststellung seiner Beteiligung im Prüftermin findet nicht statt.[180)] Eine Anmeldung oder aktive Geltendmachung des Stimmrechtes des Anteilsinhabers ist nicht erforderlich. Es gelten vielmehr die **allgemeinen gesellschaftsrechtlichen Regeln für den Nachweis der Gesellschafterstellung.** Entscheidend sind die Anteilsverhältnisse im Zeitpunkt der Abstimmung über den Insolvenzplan.

---

174) So auch Uhlenbruck-*Hirte*, InsO, § 238a Rz. 10.

175) Begr. RegE ESUG, BT-Drucks. 17/5712, S. 33.

176) *Pleister* in: KPB, InsO, § 238a Rz. 12; *Thies* in: HambKomm-InsR, § 238a InsO Rz. 7.

177) *Thies* in: HambKomm-InsR, § 238a InsO Rz. 21.

178) Ausführlich dazu *Thies* in: HambKomm-InsR, § 238a InsO Rz. 27.

179) *Madaus* in: MünchKomm-InsO, § 238a Rz. 15; *Thies* in: HambKomm-InsR, § 238a InsO Rz. 24; K. Schmidt-*Spliedt*, InsO, § 238a Rz. 10; *Pleister* in: KPB, InsO, § 238a Rz. 11 f.; Uhlenbruck-*Hirte*, InsO, § 238a Rz. 15.

180) *Madaus* in: MünchKomm-InsO, § 238a Rz. 4.

bb) GmbH

Bei der GmbH ergibt sich das Stimmrecht nach § 16 Abs. 1 Satz 1 GmbHG aus der im Handelsregister aufgenommenen **Gesellschafterliste**. Der dingliche Übergang des Geschäftsanteiles auf den neuen Inhaber führt erst dann auch zum Übergang des Stimmrechtes, wenn die neue Gesellschafterliste im Handelsregister eingereicht und aufgenommen worden ist.[181)] 136

cc) AG

Bei der AG richtet sich die Legitimation der Stimmberechtigung der in den Plan einbezogenen Aktionäre entsprechend den aktienrechtlichen Regelungen für den Nachweis der Stimmberechtigung in der Hauptversammlung.[182)] 137

Namensaktionäre gelten daher gemäß §§ 123 Abs. 5, 67 Abs. 2 AktG analog durch ihre Eintragung im Aktienregister als legitimiert.[183)] 138

Bei **Inhaberaktien** an einer börsennotierten AG genügt zur Legitimation wie bei der Hauptversammlung alternativ zu den konkreten Satzungsbestimmungen ein in Textform (§ 126b BGB) aktuell erstellter besonderer Nachweis des Anteilsbesitzes durch das depotführende Kreditinstitut (§ 123 Abs. 4 Satz 1 AktG analog).[184)] Der Nachweis hat sich entsprechend § 123 Abs. 4 Satz 2 AktG auf den Beginn des 21. Tages vor der Versammlung zu beziehen. 139

Ist die AG nicht börsennotiert, richtet sich der Nachweis der Stimmberechtigung bei den Inhaberaktionären im Insolvenzplan nach den Vorgaben der Satzung.[185)] 140

dd) Personengesellschaft

Sind bei der Personengesellschaft im Gesellschaftsvertrag die Kapitalanteile geregelt, so erfolgt der Nachweis durch **Vorlage des Gesellschaftsvertrages**. Enthält der Gesellschaftsvertrag hingegen keine quotale Aufteilung des Gesellschaftsvermögens, ist das Stimmrecht anhand einer **Auseinandersetzungsbilanz nach §§ 706, 736d Abs. 5 BGB** zu ermitteln,[186)] welche im Einzelfall mit erheblichem Aufwand verbunden ist. 141

e) Stimmrechtsstreit

Anders als bei dem Stimmrecht der Insolvenzgläubiger (§ 237 InsO) und absonderungsberechtigten Gläubiger (§ 238 InsO) regelt die Vorschrift über das Stimmrecht der An- 142

---

181) *Heidinger* in: MünchKomm-GmbHG, § 16 Rz. 174 f.; Henssler/Strohn-*Verse*, GesR, § 16 GmbHG Rz. 14.

182) Vgl. auch *Wieneke/Hoffmann*, ZIP 2013, 697, 701.

183) So wohl auch *Wieneke/Hoffmann*, ZIP 2013, 697, 701; für den Nachweis der Stimmberechtigung im Aktienrecht *Koch*, AktG, § 67 Rz. 14, § 123 Rz. 14; *Rieckers* in: BeckOGK-Aktienrecht, § 123 Rz. 20; Bürgers/Körber/Lieder-*Reger*, AktG, § 123 Rz. 6; K. Schmidt/Lutter-*Ziemons*, AktG, § 123 Rz. 35; *Arnold* in: MünchKomm-AktG, § 134 Rz. 83; Hölters/Weber-*Müller*, AktG, § 123 Rz. 16 ff.

184) So im Aktienrecht Bürgers/Körber/Lieder-*Reger*, AktG, § 123 Rz. 8; *Koch*, AktG, § 123 Rz. 16; *Kubis* in: MünchKomm-AktG, § 123 Rz. 30; Hölters/Weber-*Müller*, AktG, § 123 Rz. 20; Nach **a. A.** bedarf es für den Nachweis der Stimmberechtigung im Insolvenzplanverfahren zusätzlich noch des Nachweises, dass die von dem Aktionär gehaltenen Aktien bis zum Ende des Erörterungs- und Abstimmungstermin bei der Depotbank gesperrt gehalten werden, *Wieneke/Hoffmann*, ZIP 2013, 697, 701.

185) Die Satzung kann bis zur Grenze der Beeinträchtigung des Teilnahmerechts Vorgaben bzgl. der Legitimation zur Stimmrechtsausübung machen, *Kubis* in: MünchKomm-AktG, § 123 Rz. 23; *Koch*, AktG, § 123 Rz. 14 ff.; K. Schmidt/Lutter-*Ziemons*, AktG, § 123 Rz. 43; sollte die Satzung ausnahmsweise keine Regelungen bzgl. der Legitimation enthalten vgl. K. Schmidt/Lutter-*Ziemons*, AktG, § 123 Rz. 46 f.

186) S. zur Wertermittlung *Schäfer* in: MünchKomm-BGB, § 736d Rz. 44 ff.

teilsinhaber (§ 238a InsO) nicht, wie bei einem Streit über das festzusetzende Stimmrecht zu verfahren ist. Ein Verweis auf § 77 InsO ist in dieser Vorschrift gerade nicht enthalten.

143 Vor dem Hintergrund überzeugt es nicht, § 77 Abs. 2 InsO entsprechend anzuwenden, wenn Zweifel über die Höhe der Vermögensbeteiligung bestehen.[187] Anders als bei den Gläubigern haben sich die Gesellschafter bereits vor dem Insolvenzverfahren konstituiert und es bestehen entsprechende Regeln über den Nachweis des Stimmrechts, auf die zurückgegriffen werden muss. Es ist somit vornehmlich auf die **gesellschaftsrechtliche Regelung zurückzugreifen, welche die Beschlussfähigkeit der Gesellschafterversammlung sichert**, wie etwa die Maßgeblichkeit der Gesellschafterliste (§ 16 Abs. 1 Satz 1 GmbHG).

144 Eine Regelungslücke besteht allenfalls für Gesellschaften oder Verbände, deren Gesellschafter oder Mitglieder außerhalb der Insolvenz ein nicht vermögensbezogenes Stimmrecht haben, wie etwa bei der Personengesellschaft nach Köpfen oder der Genossenschaft und damit die Ermittlung des Stimmrechts mit umfassenden Bewertungsfragen verbunden sind. Hier ist die **Festsetzung des Stimmrechts durch das Insolvenzgericht entsprechend § 77 Abs. 2 InsO im Einzelfall geboten** (zur Festlegung der Stimmrechte siehe § 16 Rz. 11 ff. [*Laroche*]).

f) Stimmrechtsausschluss

145 Gesetzliche Stimmrechtseinschränkungen aus Gründen von Interessenkollisionen, § 34 BGB, § 47 Abs. 4 GmbHG, § 136 Abs. 1 AktG, § 43 GenG, bestehen nach überwiegender Auffassung bei der Abstimmung über den Insolvenzplan nicht.[188] Interessenkonflikte sind bei der Abstimmung über den Insolvenzplan schwer vorstellbar, da dieser kaum jemals ein spezielles Rechtsverhältnis zu einem von mehreren am Schuldner beteiligten Personen zum Gegenstand haben wird.[189]

7. Planbestätigung und Obstruktionsverbot

a) Planbestätigung durch das Insolvenzgericht (§ 248 InsO)

146 Wurde der Insolvenzplan durch die Beteiligtenversammlung angenommen, so ist er noch nach § 248 InsO durch das Insolvenzgericht zu bestätigen. Das Insolvenzgericht prüft nach § 250 InsO in diesem Rahmen von Amts wegen, ob

> „[…] die Vorschriften über den **Inhalt** und die **verfahrens**mäßige Behandlung des Insolvenzplans sowie über die Annahme durch die Beteiligten und die Zustimmung des Schuldners in einem wesentlichen Punkt nicht beachtet worden sind und der Mangel nicht behoben werden kann" (§ 250 Nr. 1 InsO). (Hervorhebung durch den Verf.).

147 Zur gerichtlichen Prüfung im Planbestätigungsverfahren allgemein siehe § 19 [*Thole*].

aa) Inhaltliche Prüfung der anteilsbezogenen Planregelung

148 Die Prüfung des Inhalts nach § 250 Nr. 1 InsO ist mit der Vorprüfung nach § 231 Abs. 1 Nr. 1 InsO weitgehend identisch.[190] Das Gericht prüft die anteilsbezogene Planregelung

187) *Thies* in: HambKomm-InsR, § 238a InsO Rz. 33; wie hier: *Thole*, Gesellschaftsrechtliche Maßnahmen in der Insolvenz, Rz. 262; K. Schmidt-*Spliedt*, InsO, § 238a Rz. 17.

188) *Thole*, Gesellschaftsrechtliche Maßnahmen in der Insolvenz, Rz. 262; K. Schmidt-*Spliedt*, InsO, § 238a Rz. 15; *Kolmann* in: Kübler/Bork/Prütting, HRI II, § 35 Rz. 59; *Pleister* in: KPB, InsO, § 238a Rz. 15; *Thies* in: HambKomm-InsR, § 238a InsO Rz. 29; Uhlenbruck-*Hirte*, InsO, § 238a Rz. 10.

189) *Pleister* in: KPB, InsO, § 238a Rz. 18.

190) K. Schmidt-*Spliedt*, InsO, § 250 Rz. 1; *Thies* in: HambKomm-InsR, § 250 InsO Rz. 4; *Sinz* in: MünchKomm-InsO, § 250 Rz. 5.

daher umfassend anhand des Gesellschaftsrechts unter Beachtung der durch das Insolvenzrecht erfolgenden Überlagerungen (siehe dazu Rz. 98 ff., 57 ff.).

bb) Vorschriften über die Teilnahme der Anteilsinhaber am Insolvenzplanverfahren

Bei der Prüfung des Insolvenzgerichts gemäß § 250 InsO, ob die „verfahrensmäßige Behandlung" des Insolvenzplans eingehalten wurde, prüft das Insolvenzgericht grundsätzlich die **Wahrung der Ladungsvorschriften** (§§ 235 Abs. 2 und 3, 241 Abs. 2 InsO)[191], der Vorschriften über die **Stimmrechtsfestsetzung** (§§ 237–238a InsO)[192] und der **Vorschriften hinsichtlich des Erörterungs- und Abstimmungstermin** (§§ 235 Abs. 1, 241 Abs. 1, 242–244, 246 f. InsO); siehe auch § 19 Rz. 19 ff. [*Thole*].[193] 149

Im Zusammenhang mit der verfahrensmäßigen Einbeziehung der Anteilsinhaber im Hinblick auf gesellschaftsrechtliche Planregelungen sind dabei insbesondere die Vorschriften über die Ladung der Anteilsinhaber zum Erörterungs- und Abstimmungstermin (§ 235 Abs. 3 InsO, § 241 Abs. 2 InsO) und die Festsetzung des Stimmrechts der Anteilsinhaber bei der Abstimmung über den Insolvenzplan gemäß § 238a InsO zu beachten.[194] Eine Verletzung dieser, die Anteilseigner betreffenden Verfahrensvorschriften, rechtfertigt jedoch ausschließlich eine Versagung der Bestätigung durch das Insolvenzgericht, wenn sie in einem **wesentlichen Punkt** nicht beachtet worden sind (siehe ausführlich § 19 Rz. 19 [*Thole*]). 150

b) Versagung der Planbestätigung aufgrund des Minderheitenschutzantrags (§ 251 InsO) eines Anteilsinhabers

Weiter ist die Planbestätigung auf Antrag eines Gläubigers oder Anteilsinhabers nach § 251 InsO zu versagen, wenn der Antragsteller spätestens im Abstimmungstermin dem Plan widersprochen hat (§ 251 Abs. 1 Nr. 1 InsO) und er durch den Plan voraussichtlich schlechtergestellt wird, als er ohne Plan stünde (§ 251 Abs. 1 Nr. 1 InsO); zum Minderheitenschutzantrag allgemein siehe § 20 [*Hirschberger*]. 151

Demnach ist bei der Plangestaltung und Einbeziehung der Anteilsinhaber wie auch schon für die Gläubiger, darauf zu achten, dass die **Anteilsinhaber nicht schlechterstehen als im Regelverfahren**, d. h. ihnen mindestens der Anteil am Verwertungserlös im Rang des § 199 InsO zusteht. Vergleichsmaßstab ist dabei nach h. M. die Abwicklung des Schuldners.[195] Wäre eine übertragende Sanierung im Regelverfahren realisierbar ist bei der Vergleichsrechnung ein entsprechender Firmenwert zu berücksichtigen. 152

Jedenfalls bei Insolvenzverfahren, die auch wegen Überschuldung eröffnet wurden, wird eine Vergleichsrechnung nach § 251 InsO jedoch in der Regel zu dem Ergebnis führen, dass die Anteile wertlos sind und die Anteilsinhaber keine Zahlungen verlangen können. Die fiktive Quote im Regelverfahren als Untergrenze für die Plangestaltung ist daher in der Regel zwar für die Gestaltung der Gläubigerrechte akribisch zu bestimmen, nicht je- 153

---

191) K. Schmidt-*Spliedt*, InsO, § 250 Rz. 7; *Thies* in: HambKomm-InsR, § 250 InsO Rz. 4–6; *Sinz* in: MünchKomm-InsO, § 250 Rz. 17.

192) Für eine Prüfung durch das Insolvenzgericht jedenfalls seit Änderung des § 18 RpflG: K. Schmidt-*Spliedt*, InsO, § 250 Rz. 7; *Thies* in: HambKomm-InsR, § 250 InsO Rz. 8; Uhlenbruck-*Streit*, InsO, § 250 Rz. 13; **a. A.** ohne Berücksichtigung der Änderung des § 18 Abs. 3 RPflG: *Sinz* in: MünchKomm-InsO, § 250 Rz. 31; *Fiebig* in: HK-InsO, § 250 Rz. 4.

193) K. Schmidt-*Spliedt*, InsO, § 250 Rz. 7; *Thies* in: HambKomm-InsR, § 250 InsO Rz. 4–6; *Sinz* in: MünchKomm-InsO, § 250 Rz. 17.

194) Vgl. dazu auch *Brünkmans*/*Greif-Werner*, ZInsO 2015, 1585, 1587.

195) K. Schmidt-*Spliedt*, InsO, § 251 Rz. 7; *Fiebig* in: HK-InsO, § 251 Rz. 7; *Pleister* in: KPB, InsO, § 251 Rz. 9; *Sinz* in: MünchKomm-InsO, § 251 Rz. 26; Braun-*Braun*/*Frank*, InsO, § 251 Rz. 6.

doch für die Gesellschafter, denen nicht selten evident kein Erlös im Regelverfahren zustehen würde. Siehe ausführlich § 58 Rz. 7 ff. [*Brünkmans/Harmann*], siehe auch § 251 InsO als Grenze inhaltlicher Ausgestaltung oben Rz. 85 ff.

c) Ersetzung der Zustimmung der Anteilsinhaber über das Obstruktionsverbot

154 Die Zustimmung der jeweiligen Gesellschaftergruppe kann über das Obstruktionsverbot nach § 245 InsO ersetzt werden. Nicht selten wird bei einem Eingriff in die Rechte der Anteilsinhaber diese mehrheitlich gegen den Insolvenzplan stimmen.

155 Für die Bestätigungsfähigkeit des Insolvenzplans ist zunächst das – materiell insoweit zu § 251 InsO identische – Schlechterstellungsverbot aus § 245 Abs. 1 Nr. 1 InsO zu beachten. Das Gericht hat von Amts wegen zu prüfen und zu der Überzeugung zu gelangen, dass die Anteilsinhaber nicht schlechterstehen als im Regelverfahren (siehe dazu § 17 [*Thole*] und § 58 Rz. 27 [*Brünkmans/Harmann*]). Ferner muss die Mehrheit der Gruppen der Beteiligten dem Insolvenzplan mit den erforderlichen Mehrheiten zugestimmt haben (§ 245 Abs. 1 Nr. 3 InsO).

156 Neben diesen allgemeinen Voraussetzungen zum Obstruktionsverbot sind die für den Fall der Einbeziehung der Anteilsinhaber spezifischen Voraussetzungen nach § 245 Abs. 3 zu beachten.

157 Nach § 245 Abs. 3 Nr. 1 InsO darf kein Gläubiger wirtschaftliche Werte erhalten, die den vollen Betrag seines Anspruchs übersteigen. Darauf ist insbesondere bei einem Debt-to-Equity-Swap zu achten. Der Gläubiger darf anstelle seiner Forderung nicht eine Beteiligung erhalten, deren Wert über dem Nominalwert der Forderung liegt. Siehe ausführlich § 58 Rz. 153 ff. [*Brünkmans/Harmann*].

158 Gemäß § 245 Abs. 3 Nr. 2 InsO ist außerdem eine differenzierte Behandlung der Gesellschafter ausgeschlossen. Dies ist richtigerweise i. S. einer wirtschaftlichen Ungleichbehandlung und nicht im rechtlichen Sinne zu verstehen[196)](siehe auch Rz. 81 sowie oben *Thole*, § 17).

C. Gesellschafts- und anteilsbezogene Wirkungen des rechtskräftig bestätigten Insolvenzplans

I. Grundlagen

159 Mit der Rechtskraft der Bestätigung des Insolvenzplans treten die im gestaltenden Teil festgelegten Wirkungen für und gegen alle Beteiligten ein (§ 254 Abs. 1 InsO). Die allgemeinen Grundsätze über die Wirkungen des rechtskräftig bestätigten Insolvenzplans gelten auch für anteilsbezogene Regelungen im Insolvenzplan. Zu den Wirkungen rechtskräftiger Insolvenzpläne allgemein siehe § 23 [*Madaus*].

160 Wesentliche Wirkung von anteilsbezogenen Regelungen im gestaltenden Teil des Insolvenzplans ist jedoch die formgerechte Ersetzung von Gesellschafterbeschlüssen des Schuldners und mitgliedschaftsbezogenen Willenserklärungen der Anteilsinhaber des Schuldners (siehe dazu Rz. 161 ff.). Für die ggf. noch erforderliche Handelsregistereintragung hat die rechtskräftige Bestätigung des Insolvenzplans besondere Wirkung auf die Prüfungskompetenz und Prüfungsumfang des Registergerichts im Eintragungsverfahren (siehe dazu unten Rz. 178).

---

196) K. Schmidt-*Spliedt*, InsO, § 245 Rz. 29; a. A. *Simon/Merkelbach*, NZG 2012, 121, 127 f.; *Wertenbruch*, ZIP 2013, 1693, 1703; *Rendels/Zabel*, Insolvenzplan, Rz. 461.

II. Formgerechte Ersetzung von Gesellschafterbeschlüssen und mitgliedschaftsbezogenen Willenserklärungen

Werden die Anteils- oder Mitgliedschaftsrechte der am Schuldner beteiligten Personen in den Insolvenzplan einbezogen (§ 225a InsO), so gelten die in den Plan **aufgenommenen Beschlüsse der Anteilsinhaber oder sonstigen Willenserklärungen der Beteiligten als in der vorgeschriebenen Form abgegeben** (§ 254a Abs. 2 Satz 1 InsO). 161

§ 254a Abs. 2 Satz 1 InsO regelt dabei unmittelbar lediglich die Formersetzung für diese im Insolvenzplan aufgenommenen Beschlüsse und Erklärungen. Die eigentliche Ersetzungswirkung der im Insolvenzplan aufgenommenen Gesellschafterbeschlüsse und oder sonstigen anteilsbezogenen Willenserklärungen ist jedoch § 254 Abs. 1 InsO zu entnehmen, wonach mit Rechtskraft der Bestätigung des Insolvenzplans die im gestaltenden Teil des Insolvenzplans festgelegten Wirkungen für und gegen alle Beteiligten eintritt.[197] 162

Werden im gestaltenden Teil des Insolvenzplans Gesellschafterbeschlüsse über die Änderung der Satzung wie etwa eine Kapitalerhöhung aufgenommen, ist die nach § 53 Abs. 2 GmbHG grundsätzlich erforderliche notarielle Beurkundung für den Fall der Aufnahme des Gesellschafterbeschlusses in den Insolvenzplan nach § 254a Abs. 2 Satz 1 InsO nicht erforderlich. 163

Gleiches gilt etwa für mitgliedschaftsbezogene Einzelerklärungen der Gesellschafter, wenn diese im Insolvenzplan aufgenommen wurden, wie namentlich die Abtretungserklärungen der Gesellschafter bei einer zwangsweisen Übertragung der Geschäftsanteile an einen Beteiligten oder außenstehenden Dritten (§ 15 Abs. 3 GmbHG).[198] Die korrespondierende **Annahmeerklärung des außenstehenden Dritten**, etwa eines Investors ist allenfalls als Anlage zum Insolvenzplan aufzunehmen und **wird von der Formfiktion aus § 254a InsO hingegen nicht erfasst** (siehe dazu ausführlich § 7 Rz. 81 ff., 127 ff. [*Brünkmans*]). Auch Verzichtserklärungen der Gesellschafter i. R. von Umwandlungsmaßnahmen (etwa die Erklärung des Verzichts auf die Gewährung von Geschäftsanteilen nach §§ 54 Abs. 1 Satz 3, 68 Abs. 1 Satz 3 UmwG) werden mit rechtskräftiger Bestätigung des Insolvenzplans bei entsprechender Regelung im Insolvenzplan ersetzt, siehe dazu ausführlich unter § 30 Rz. 484 ff. [*Brünkmans*]. 164

Aus den §§ 254 Abs. 1, 254a Abs. 2 InsO wird deutlich, dass **nicht sämtliche gesellschaftsrechtlich erforderlichen Akte** für die entsprechende Maßnahme mit Eintritt der Planwirkungen als eingetreten fingiert werden. Der Insolvenzplan **ersetzt** neben den gesellschaftsrechtlich **erforderlichen Ladungen, Bekanntmachungen und sonstige Maßnahmen zur Vorbereitung von Beschlüssen der Anteilsinhaber** (§ 254a Abs. 2 Satz 2 InsO) vielmehr nur die **Beschlüsse und Erklärungen** der in den Insolvenzplan einbezogenen Anteilsinhaber (§§ 254 Abs. 1, 254a Abs. 2 Satz 1 InsO).[199] 165

Um diese beschränkte Planwirkung zu verdeutlichen sei auf die für die Sanierungspraxis bedeutsame Kapitalerhöhung verwiesen. Ersetzt werden sämtliche für die Kapitalerhöhung erforderlichen Gesellschafterbeschlüsse, namentlich Beschlüsse über die vereinfachte Kapitalherabsetzung und anschließende Kapitalerhöhung, der Bezugsrechtsausschluss und ggf. sonstige Willenserklärungen der Anteilsinhaber, die sich auf die Anteile an dem Schuldner beziehen.[200] Der Insolvenzplan ersetzt also **nicht die gesamte Strukturmaßnahme** 166

197) S. ausführlich *Brünkmans*, ZIP 2015, 1052, 1053.

198) Dazu und zur Möglichkeit der Regelung von Masseverwertungserklärungen s. ausführlich § 8 Rz. 286 ff. [*Brünkmans*].

199) Begr. RegE ESUG z. Nr. 39, BT-Drucks. 17/5712, S. 54; *Horstkotte/Martini*, ZInsO 2012, 557, 562; *Eidenmüller* in: MünchKomm-InsO, § 225a Rz. 102; *Madaus* in: MünchKomm-InsO, § 254a Rz. 1; Braun-*Braun/Frank*, InsO, § 254a Rz. 1, 4; *Spahlinger* in: KPB, InsO, § 254a Rz. 5; *Fiebig* in: HK-InsO, § 254a Rz. 4.

200) *Brünkmans*, ZIP 2014, 1857, 1861 f.; *Madaus* in: MünchKomm-InsO, § 254a Rz. 10 ff.

(Kapitalerhöhung, Abspaltung etc.). Bis auf die durch den Insolvenzplan ersetzbaren Gesellschafterbeschlüsse sowie der dafür sonst erforderlichen Ladungen, Bekanntmachungen und sonstigen Maßnahmen oder Willenserklärungen der Anteilsinhaber und des Schuldners[201] sind grundsätzlich alle darüber hinaus für die konkrete Maßnahme gesellschaftsrechtlich vorgesehenen sonstigen Akte außerhalb des Insolvenzplans umzusetzen.

> **Beispiel**
>
> So bedarf es für die Kapitalerhöhung etwa grundsätzlich noch der Übernahmeerklärung des die neuen Geschäftsanteile Übernehmenden und der Eintragung in das Handelsregister (Umkehrschluss § 254a Abs. 2 Satz 3 InsO).

167 Es ist allerdings **im Einzelfall zu prüfen,** ob eine **teleologische Reduktion der Normen** aufgrund der Besonderheit des Insolvenzplanverfahrens dazu führt, dass der gesellschaftsrechtlich vorgesehene Akt entbehrlich ist.[202]

> **Beispiel**
>
> Die nach § 126 Abs. 3 UmwG erforderliche Zuleitung des Spaltungsvertrages an den Betriebsrat des sich im Insolvenzverfahren befindlichen Rechtsträgers wird richtigerweise durch die Vorschriften über die Einbindung des Betriebsrates bei der Aufstellung und Einreichung des Insolvenzplans (§§ 218 Abs. 3, 232 Abs. 1 Nr. 1, 235 Abs. 3 Sätze 1, 2 InsO) verdrängt (siehe § 30 Rz. 557 f. [*Brünkmans*]).

D. Eintragung der Maßnahme in das Handelsregister

I. Eintragungspflicht

168 Da die Regelung im rechtskräftig bestätigten Insolvenzplan lediglich die jeweilige Erklärung/den Beschluss ersetzt (siehe Rz. 161 ff.), ist – soweit gesellschaftsrechtlich erforderlich – noch die Anmeldung und Eintragung zum Handels-, Genossenschafts-, Partnerschaft- oder Vereinsregister erforderlich.

169 Etwa für eine Kapitalerhöhung bedeutet dies, dass die Kapitalerhöhung einer GmbH oder AG zum Handelsregister angemeldet und für ihre Wirksamkeit in das Handelsregister eingetragen werden muss (§ 57 GmbHG, §§ 184, 188 AktG). Anstelle des Kapitalerhöhungsbeschlusses ist beim Handelsregister eine beglaubigte Abschrift des Insolvenzplans nebst beglaubigter Abschrift des mit Rechtskraftvermerk versehenden Bestätigungsbeschlusses einzureichen.

170 Vertrauliche Informationen sind ggf. zu schwärzen.

> **Praxishinweis**
>
> Da anstelle des Gesellschafterbeschlusses bei der Registeranmeldung eine beglaubigte Abschrift des vollständigen Insolvenzplans nebst beglaubigter Abschrift des mit Rechtskraftvermerk versehenden Bestätigungsbeschlusses einzureichen ist,[203] empfiehlt es sich aus Praktikabilitätsgründen die gesellschaftsrechtlichen Beschlüsse oder Einzelerklärungen der Anteilsinhaber in einen separaten Abschnitt des gestaltenden Teils aufzunehmen. Dadurch wird der Fokus für die registerrechtliche Kontrolle freigesetzt (siehe auch Musterplan § 63 [*Brünkmans/Harmann*]).[204]

---

201) Zu Schuldnererklärungen im Hinblick auf Verfügungen über Gegenstände der Masse als zwangsweise planunterworfene Rechtspositionen s. § 7 Rz. 32 [*Brünkmans*].

202) Dazu *Spahlinger* in: KPB, InsO, § 225a Rz. 74 ff.; *Simon/Brünkmans*, ZIP 2014, 657, 663 ff.

203) So auch *Horstkotte/Martini*, ZInsO 2012, 557, 577.

204) So auch *Hölzle* in: Kübler/Bork/Prütting, HRI II, § 26 Rz. 120.

> Da ein Insolvenzplan für das Registergericht für gewöhnlich eine nicht alltägliche Materie darstellt, empfiehlt es sich, die den Gesellschafterbeschluss und die Erklärung der Anteilsinhaber ersetzenden Regelungen im gestaltenden Teil des Insolvenzplans möglichst in Anlehnung an die gängige Praxis entsprechender Gesellschafterbeschlüsse und Einzelerklärungen zu formulieren. Aufgrund des Wiedererkennungseffektes erleichtert dies die Eintragung durch das Registergericht.[205)]
>
> Der Insolvenzverwalter sollte außerdem ermächtigt werden, den Planinhalt so zu korrigieren, wie es mit Blick auf die Registeranmeldung ggf. erforderlich ist. Diese Ermächtigung ergibt sich aus § 221 Satz 2 InsO. Offensichtliche Fehler dürfen auch ohne Ermächtigung berichtigt werden.[206)]

II. Anmeldungsbefugnis

Der Insolvenzverwalter ist bis zur Aufhebung des Insolvenzverfahrens (§ 258 InsO) berechtigt, die erforderlichen Anmeldungen beim jeweiligen Registergericht vorzunehmen (§ 254a Abs. 2 Satz 3 InsO).[207)] Dabei hat auch der Insolvenzverwalter die allgemeinen Formvorschriften aus § 12 Abs. 1 HGB zu beachten, d. h. die Anmeldung erfolgt elektronisch in öffentlich beglaubigter Form. 171

Daneben ist das vertretungsberechtigte Organ der Gesellschaft nach den handelsrechtlichen Vorschriften zur Anmeldung berechtigt.[208)] Dies gilt etwa für Handelsregisteranmeldungen zu Veränderungen der Geschäftsleitung sowie von Satzungsänderungen, die eine vereinfachte Kapitalherabsetzung zum Gegenstand haben.[209)] Die Kompetenz des Insolvenzverwalters dient dabei zum einen dem Zweck, einer Anmeldeverweigerung des vertretungsberechtigten Organs vorzubeugen und zum anderen dazu, eine Anmeldung auch dann zu ermöglichen, wenn das vertretungsberechtigte Organ an dieser tatsächlich oder rechtlich gehindert ist.[210)] 172

III. Abgabe von Versicherungen und Unterschriften i. R. der Anmeldung

Darüber hinaus ist der **Insolvenzverwalter** auch dazu **berechtigt** anstelle der vertretungsberechtigten Organe, die bei der Anmeldung **erforderlichen Versicherungen oder benötigten Unterschriften zu leisten.**[211)] 173

Die ausdrückliche Anmeldungsberechtigung des Insolvenzverwalter beim Registergericht aus § 254a Abs. 2 Satz 3 InsO dient ausweislich der Regierungsbegründung dazu „das Verfahren zu vereinfachen und Verzögerungen zu vermeiden".[212)] Um einer Handlungsverweigerung des zuständigen Organs vorzubeugen und eine Anmeldung auch dann zu ermöglichen, wenn das zuständige Organ tatsächlich oder rechtlich verhindert ist, muss 174

---

205) *Hölzle* in: Kübler/Bork/Prütting, HRI II, § 26 Rz. 120; *Thole*, Gesellschaftsrechtliche Maßnahmen in der Insolvenz, Rz. 266.

206) *Thole*, Gesellschaftsrechtliche Maßnahmen in der Insolvenz, Rz. 266.

207) *Hölzle* in: Kübler/Bork/Prütting, HRI II, § 26 Rz. 19.

208) *Thole*, Gesellschaftsrechtliche Maßnahmen in der Insolvenz, Rz. 265; Braun-*Braun/Frank*, InsO, § 254a Rz. 5; K. Schmidt-*Spliedt*, InsO, § 254a Rz. 5; *Madaus* in: MünchKomm-InsO, § 254a Rz. 21; *Fiebig* in: HK-InsO, § 254a Rz. 5; *Spahlinger* in: KPB, InsO, § 254a Rz. 7.

209) OLG Jena, Beschl. v. 9.8.2024 – 2 W 242/24, ZRI 2025, 575 = NZI 2025, 461.

210) *Thole*, Gesellschaftsrechtliche Maßnahmen in der Insolvenz, Rz. 265; *Madaus* in: MünchKomm-InsO, § 254a Rz. 21; Braun-*Braun/Frank*, InsO, § 254a Rz. 5; K. Schmidt-*Spliedt*, InsO, § 254a Rz. 6.

211) So auch *Horstkotte/Martini*, ZInsO 2012, 557, m. Fn. 64, 566, 567, 577; Für die Abgabe der Versicherungen gemäß § 57 Abs. 2, 7 GmbHG, §§ 188 Abs. 2 Satz 1, 36 Abs. 2 AktG: *Spliedt*, GmbHR 2012, 462, 470; wohl auch K. Schmidt-*Spliedt*, InsO, § 254a Rz. 5; Uhlenbruck-*Streit*, InsO, § 254a Rz. 12; **a. A.** *Thies* in: HambKomm-InsR, § 254a InsO Rz. 11.

212) Begr. RegE ESUG, BT-Drucks. 17/5712, S. 37.

der Insolvenzverwalter auch dazu berechtigt sein, die bei der Anmeldung benötigten Versicherungen bzw. die Unterschriften gemäß § 254a Abs. 2 Satz 3 InsO analog abgeben zu können. Andernfalls würden der Sinn und Zweck der Vorschrift regelmäßig leerlaufen.

175 In bestimmten Fällen ist die Abgabe von **Versicherungen** vor Aufhebung des Insolvenzverfahrens **inhaltlich zu modifizieren.** So bedarf es etwa gemäß § 57 Abs. 2 GmbHG, §§ 188 Abs. 2 Satz 1, 37 Abs. 1 Satz 1, 36 Abs. 2 AktG bei der Anmeldung einer Kapitalerhöhung, der Erklärung des Geschäftsführer oder Vorstands, dass die geleistete Einlage zu ihrer freien Verfügung steht.

176 Mit Ausnahme der Eigenverwaltung kann sich eine Einlageleistung aber vor Aufhebung des Insolvenzverfahrens nicht in ihrer „freien Verfügung" befinden, sind sie doch aufgrund des Insolvenzbeschlags gar nicht verfügungsbefugt.[213] Für den Insolvenzverwalter und die vertretungsberechtigten Organe muss die Versicherung daher insoweit modifiziert werden, dass sich die Versicherung vor Aufhebung des Insolvenzverfahrens nicht auf die freie Verfügung „der Geschäftsführer", sondern auf die freie Verfügung der „Gesellschaft" bezieht.[214]

177 Soweit der **Insolvenzverwalter** i. R. der Anmeldung Versicherungen abgibt oder Unterschriften leistet, **haftet er für die fehlerhafte Abgabe analog der zivilrechtlichen Anmelderhaftung** der sonst zuständigen Gesellschaftsorgane.[215]

IV. Prüfungsumfang und Prüfungstiefe des Registergerichts

1. Beschränkung der Prüfung der Insolvenzplanregelung auf schwerwiegende und offensichtliche Fehler

178 Der Prüfungsumfang und die Prüfungstiefe des Registergerichts im Hinblick auf anteilsbezogene Planregelungen sind umstritten und bisher höchstrichterlich nicht geklärt. Teilweise wird eine im Vergleich zum Eintragungsverfahren außerhalb des Insolvenzverfahrens identische Prüfungskompetenz des Registergerichtes angenommen.[216] In diesem Fall würde das Registergericht die anteilsbezogene Planregelung einer vollständigen Prüfung unterziehen, obwohl das Insolvenzgericht diese bereits i. R. der Vorprüfung nach § 231 Abs. 1 Nr. 1 InsO und i. R. der Planbestätigung nach § 250 Nr. 1 InsO einer vollständigen rechtlichen Überprüfung unterzogen hat. Zum Prüfungsumfang und zur Prüfungstiefe des Insolvenzgerichts siehe Rz. 98 ff. und Rz. 148.

179 Richtigerweise ist das **Registergericht an die insolvenzgerichtliche Entscheidung gebunden** und hat diesbezüglich **nur noch eine auf schwerwiegende und offensichtliche Fehler eingeschränkte Prüfungskompetenz.**[217] Dies ergibt sich daraus, dass sämtliche inhaltlichen und verfahrensrechtlichen Mängel, die vom Insolvenzgericht zu prüfen sind,

213) So auch *Spliedt*, GmbHR 2012, 462, 470 – mit Ausnahme vom Debt-Equity-Swap; Uhlenbruck-*Streit*, InsO, § 254a Rz. 12.

214) Vgl. *Horstkotte/Martini*, ZInsO 2012, 557, 567; so auch Uhlenbruck-*Streit*, InsO, § 254a Rz. 12; *Spliedt*, GmbHR 2012, 462, 470 – mit Ausnahme beim Debt-Equity-Swap, die aber auf die freie Verfügung „des Insolvenzverwalters" abstellen. Mit der freien Verfügbarkeit ist dabei ausschließlich die i. R. der insolvenzrechtlichen Gegebenheiten bestehende Verfügungsbefugnis gemeint.

215) K. Schmidt-*Spliedt*, InsO, § 254a Rz. 5; vgl. auch *Haas*, NZG 2012, 961, 967.

216) *Horstkotte/Martini*, ZInsO 2012, 557, 567, dort Fn. 67; Sternal-*Eickelberg*, FamFG, § 381 Rz. 25; AG Charlottenburg, Beschl. v. 9.2.2015 – HRB 153203 B, ZIP 2015, 394 = ZInsO 2015, 413, 415, m. Anm. *Horstkotte*.

217) S. ausführlich *Brünkmans/Greif-Werner*, ZInsO 2015, 1585, 1593 f.; ähnlich *Klausmann*, NZG 2015, 1300, 1305, gegen jegliche Prüfungskompetenz; bzgl. inhaltlicher Rechtmäßigkeit *Eidenmüller* in: MünchKomm-InsO, § 225a Rz. 103; *Thole*, Gesellschaftsrechtliche Maßnahmen in der Insolvenz, Rz. 266; *Madaus*, ZIP 2012, 2133, 2135; *Müller*, KTS 2012, 419, 448.

grundsätzlich mit der **Rechtskraft des Bestätigungsbeschlusses geheilt** werden.[218] Das Registerverfahren hat im Ausgangspunkt auf Basis des rechtskräftig festgestellten Insolvenzplans zu erfolgen.[219] Da das Insolvenzgericht im Zusammenhang mit dem Bestätigungsverfahren abschließend klären muss, ob die in den Plan aufgenommenen gesellschaftsrechtlichen Maßnahmen i. S. des § 225a Abs. 3 InsO zulässig sind (siehe ausführlich Rz. 57 ff.), erstreckt sich die Rechtskraft des Bestätigungsbeschlusses grundsätzlich auch auf diese Frage. Vor diesem Hintergrund hat das Registergericht die bereits insolvenzgerichtlich überprüfte Maßnahme grundsätzlich einzutragen.[220]

Dies gilt jedoch nicht uneingeschränkt. Die **Rechtskraft des Bestätigungsbeschlusses** muss dort **Grenzen** haben, wo der **rechtskräftig bestätigte Insolvenzplan an einem besonders schwerwiegenden Fehler leidet und dies** bei verständiger Würdigung aller in Betracht kommenden Umstände **offensichtlich ist** (vgl. § 44 Abs. 1 VwVfG zu nichtigen Verwaltungsakten).[221] Dies wäre etwa der Fall bei einem Verstoß gegen den Numerus Clausus des Gesellschaftsrechtes, namentlich einem im Insolvenzplan vorgesehenen Formwechsel in eine Personengesellschaft unter Ausschluss der persönlichen Haftung sämtlicher Gesellschafter oder bei Verstößen gegen den Grundsatz der Kapitalaufbringung, etwa bei einer Sachkapitalerhöhung, welche als Sacheinlage nicht einlagefähige Gegenstände vorsieht.[222] Das Handelsregister kann die Eintragung einer derartig fehlerhaften Planregelung verweigern. Diese auf schwerwiegende und offensichtliche Fehler reduzierte Prüfungskompetenz steht im Einklang mit der Gesetzgebungshistorie[223] und entspricht darüber hinaus dem zugrunde liegenden Verständnis des Gesetzes zur Reorganisation von Kreditinstituten (KredReorgG)[224].[225] 180

2. Vollständige Prüfung sonstiger Umsetzungsakte

Selbstredend kann sich die Rechtskraftwirkung des Planbestätigungsbeschlusses nur auf die konkrete Regelung im Insolvenzplan erstrecken. Weitere Umsetzungsakte, wie namentlich die Einhaltung der formalen Anmeldungsvoraussetzungen, die Vorlage sämtlicher in § 57 Abs. 3 GmbHG oder § 188 Abs. 3 AktG vorgesehenen Unterlagen oder die Abgabe der Versicherungen gemäß § 57 Abs. 2 Satz 1 GmbHG bzw. § 188 Abs. 2 Satz 1 AktG i. V. m. § 37 Abs. 1 Satz 1 AktG müssen weiterhin vollständig vom Registergericht überprüft werden.[226] Dies ergibt sich bereits aus der Natur der Sache, da diese Umsetzungs- 181

218) *Eidenmüller* in: MünchKomm-InsO, § 221 Rz. 132; Uhlenbruck-*Streit*, InsO, § 254 Rz. 10; vgl. auch *Madaus*, MünchKomm-InsO, § 254a Rz. 22; *Brünkmans/Greif-Werner*, ZInsO 2015, 1585, 1593.

219) *Madaus* in: MünchKomm-InsO, § 254a Rz. 22; *Brünkmans/Greif-Werner*, ZInsO 2015, 1585, 1593.

220) *Madaus*, ZIP 2012, 2133, 2138; so auch *Fiebig* in: HK-InsO, § 254a Rz. 6; *Eidenmüller* in: MünchKomm-InsO, § 225a Rz. 103; *Thole*, Gesellschaftsrechtliche Maßnahmen in der Insolvenz, Rz. 266; *Madaus* in: Kübler/Bork/Prütting, HRI II, § 28 Rz. 44; anders: K. Schmidt-*Spliedt*, InsO, § 225a Rz. 54, § 254a Rz. 7 – allerdings mit Einschränkungen beim Debt-Equity-Swap bei § 254a Rz. 19, § 225a Rz. 50. Sternal-*Eickelberg*, FamFG, § 381 Rz. 25; *Brünkmans/Greif-Werner*, ZInsO 2015, 1585, 1593.

221) Dazu ausführlich: *Brünkmans/Greif-Werner*, ZInsO 2015, 1585, 1594; ähnlich *Rendels/Zabel*, Insolvenzplan, Rz. 300; *Madaus* in: MünchKomm-InsO, § 254a Rz. 22 f.

222) Vgl. *Horstkotte*, ZInsO 2015, 416, 416 (Urteilsanm.).

223) Vgl. dazu auch die Begr. RegE ESUG, BT-Drucks. 17/5712, S. 37: „Dabei hat das Registergericht nur eine **eingeschränkte** Prüfungskompetenz, denn das wirksame Zustandekommen des Plans wird bereits durch das Insolvenzgericht überprüft. Dem Registergericht kommt hier **vor allem** eine beurkundende Funktion zu." (Hervorhebung durch d. Verf.).

224) Die im Reorganisationsplan enthaltenen eintragungspflichtigen gesellschaftsrechtlichen Maßnahmen sind nur falls sie nicht offensichtlich nichtig sind, unverzüglich im Handelsregister einzutragen (vgl. § 21 Abs. 3 Satz 2 KredReorgG).

225) *Brünkmans/Greif-Werner*, ZInsO 2015, 1585, 1594.

226) *Madaus*, ZIP 2012, 2133, 2138; *Madaus* in: MünchKomm-InsO, § 254a Rz. 22; *Madaus* in: Kübler/Bork/Prütting, HRI II, § 28 Rz. 52 f.

akte erst zeitlich nach der Beschlussfassung erfolgen können und der Beschluss gerade erst durch rechtskräftige Bestätigung des Insolvenzplans ersetzt wird.[227)]

> **Praxishinweis**
>
> Um eine reibungslose Planbestätigung und Registereintragung zu erreichen, empfiehlt es sich das Prozedere und ggf. einzelne Reglungen sowohl mit dem Insolvenzgericht als auch mit dem Registergericht frühzeitig abzustimmen.

182 Für die praxisrelevanten Strukturmaßnahmen

- Kapitalherabsetzung,
- Barkapitalerhöhung,
- Sachkapitalerhöhung, Formwechsel und
- Abspaltung nach UmwG

ergeben sich – nach der hier vertretenen Auffassung – für die nachfolgend unter Rz. 183 dargestellten einzelnen Umsetzungsschritte folgender Prüfungsumfang und Prüfungstiefe des Insolvenzgerichts und des Registergerichts.

183 **Übersicht: Gegenstand und Tiefe der Prüfung praxisrelevanter Strukturmaßnahmen durch das Insolvenzgericht und Registergericht**

Maßnahme	Prüfungsgegenstand	Prüfungstiefe	
		Insolvenzgericht	Registergericht
Kapitalherabsetzung	Ordnungsmäßigkeit der Kapitalherabsetzungsbeschlussregelung	Vollständige Prüfung	Besonders schwerwiegende und offensichtliche Fehler
	Verfolgung eines zulässigen Zwecks i. S. des § 58a Abs. 1 GmbHG oder § 229 Abs. 1 AktG	Vollständige Prüfung	Besonders schwerwiegende und offensichtliche Fehler
	Festlegung eines zulässigen Herabsetzungsbetrages	Vollständige Prüfung	Besonders schwerwiegende und offensichtliche Fehler
	Ordnungsgemäße Anpassung der Nennbeträge der einzelnen Geschäftsanteile	Vollständige Prüfung	Besonders schwerwiegende und offensichtliche Fehler
	Vorherige Auflösung von Rücklagen und des Gewinnvortrags (§ 58a Abs. 2 GmbHG; § 229 Abs. 2 AktG)	Vollständige Prüfung	Besonders schwerwiegende und offensichtliche Fehler
	Einhaltung der formellen Voraussetzungen der Handelsregisteranmeldung	Keine Prüfung	Vollständige Prüfung
Barkapitalerhöhung	Ordnungsmäßigkeit der Kapitalerhöhungsbeschlussregelung	Vollständige Prüfung	Besonders schwerwiegende und offensichtliche Fehler
	Volleinzahlung der Mindest-Bareinlage	Keine Prüfung	Vollständige Prüfung

227) *Brünkmans/Greif-Werner*, ZInsO 2015, 1585, 1594.

Maßnahme	**Prüfungsgegenstand**	**Prüfungstiefe**	
		Insolvenzgericht	**Registergericht**
	Übernahmeerklärungen/ Zeichnungsvertrag	Keine Prüfung	Vollständige Prüfung
	Einhaltung der formellen Voraussetzungen der Handelsregisteranmeldung, insbesondere die Vorlage sämtlicher in § 57 Abs. 3 GmbHG bzw. § 188 Abs. 3 AktG vorgesehen Unterlagen sowie die Abgabe der Versicherung gemäß § 57 Abs. 2 Satz 1 GmbHG bzw. § 188 Abs. 2 Satz 1 AktG i. V. m. § 37 Abs. 1 Satz 1 AktG	Keine Prüfung	Vollständige Prüfung
Sachkapitalerhöhung	Ordnungsmäßigkeit der Kapitalerhöhungsbeschlussregelung	Vollständige Prüfung	Besonders schwerwiegende und offensichtliche Fehler
	Werthaltigkeit der Sacheinlage **zum Zeitpunkt des Bestätigungsbeschlusses dahingehend,** ob der Nennbetrag der übernommenen Stammeinlage[228]) den objektiven Wert der Sacheinlage mehr als „unwesentlich“ überschreitet	Vollständige Prüfung	Besonders schwerwiegende und offensichtliche Fehler der insolvenzgerichtlichen Prüfung; Wertminderungen zwischen dem Bestätigungsbeschluss und der Anmeldung
	Übernahmeerklärungen/ Zeichnungsvertrag	Keine Prüfung	Vollständige Prüfung
	Einbringungsvertrag	Keine Prüfung	Vollständige Prüfung
	Einhaltung der formellen Eintragungsvoraussetzungen der Handelsregisteranmeldung, insbesondere die Vorlage sämtlicher in § 57 Abs. 3 GmbHG bzw. § 188 Abs. 3 AktG vorgesehen Unterlagen und die Abgabe der Versicherung gemäß § 57 Abs. 2 Satz 1 GmbHG bzw. § 188 Abs. 2 Satz 1 AktG i. V. m. § 37 Abs. 1 Satz 1 AktG	Keine Prüfung	Vollständige Prüfung
Formwechsel	Ordnungsgemäße der Umwandlungsbeschlussregelung	Vollständige Prüfung	Besonders schwerwiegende und offensichtliche Fehler
	Zulässigkeit des Formwechsels (§§ 191, 214, 225a, 226, 228, 258, 272, 273, 291, 301 UmwG)	Vollständige Prüfung	Besonders schwerwiegende und offensichtliche Fehler

228) Ggf. im Aktienrecht zusätzlich, ob dies auch für den höheren Ausgabebetrag der Aktien gilt, vgl. § 30 Rz. 269 [*Brünkmans*].

Maßnahme	Prüfungsgegenstand	Prüfungstiefe	
		Insolvenzgericht	Registergericht
	Ordnungsmäßigkeit der Errichtung des neuen Rechtsträgers, insbesondere Deckung des Stammkapitals durch das Vermögen der Gesellschaft (§ 197 UmwG)	Vollständige Prüfung	Besonders schwerwiegende und offensichtliche Fehler der insolvenzgerichtlichen Prüfung; Wertminderungen zwischen dem Bestätigungsbeschluss und der Anmeldung
	Einhaltung der formellen Voraussetzungen der Handelsregisteranmeldung, insbesondere die Vollständigkeit der Anlagen	Keine Prüfung	Vollständige Prüfung
Abspaltung	Die Wirksamkeit und der Inhalt des Spaltungsvertrags	Nur Erklärung des Schuldners, wenn Abspaltungsvertrag im Insolvenzplan geregelt[229] Ansonsten keine Prüfung	Vollständige Prüfung, es sei denn Abspaltungsvertrag ist im Insolvenzplan geregelt, dann nur Prüfung auf schwerwiegende und offensichtliche Fehler
	Ordnungsmäßigkeit der Spaltungsbeschlussregelung des sich im Insolvenzverfahren befindlichen Rechtsträgers	Vollständige Prüfung	Besonders schwerwiegende und offensichtliche Fehler
	Ordnungsmäßigkeit des Spaltungsbeschlusses des anderen Rechtsträgers	Keine Prüfung	Vollständige Prüfung
	Formelle Anforderungen an das Spaltungsverfahren (z. B. die Zuleitung an den Betriebsrat) des sich nicht im Insolvenzverfahren befindlichen Rechtsträgers	Keine Prüfung	Vollständige Prüfung
	Einhaltung der formellen Voraussetzungen der Handelsregisteranmeldung, insbesondere die Vollständigkeit der Anlagen	Keine Prüfung	Vollständige Prüfung

E. Besondere Rechtsfolgen bei gesellschaftsrechtlichen Planregelungen

I. Kündigungssperre (§ 225a Abs. 4 InsO)

1. Grundlagen

184 § 225a Abs. 4 InsO regelt, dass gesellschaftsrechtliche Maßnahmen im Insolvenzplan nicht zur Kündigung, Rücktritt oder anderweitigen Beendigung von Verträgen, an denen der Schuldner beteiligt ist, berechtigen. **Kündigungs- oder Rücktrittsrechte werden gewissermaßen im Hinblick auf Maßnahmen nach § 225a Abs. 2 und 3 InsO gesperrt.**

229) Im Insolvenzplan kann der Spaltungsvertrag nur als inhaltlich ausgestaltete Schuldnererklärung geregelt werden. Die Annahmeerklärung des sich nicht im Insolvenzverfahren befindlichen Rechtsträgers bedarf der Individualerklärung dieses Rechtsträgers (s. dazu ausführlich § 30 Rz. 593 ff., 501 ff. [*Brünkmans*]).

Gesellschaftsrechtliche Maßnahmen im Insolvenzplan entfalten dadurch eine Außenwirkung auf dritte Vertragspartner. Sonderkündigungsrechte oder Beendigungstatbestände, die zugunsten von Vertragspartnern außerhalb der Gesellschaft vertraglich vereinbart worden waren, werden kraft Gesetzes ausgeschlossen.[230)]

Zielrichtung dieser gesetzlichen Kündigungssperre soll nach Ansicht des Gesetzgebers die sog. **„Change-of-Control-Klauseln"** sein. Solche Change-of-Control-Klauseln finden sich häufig in komplexen Liefer-, Lizenz, Geschäftsführer- und Vorstandsanstellungsverträgen, Nutzungsüberlassungs- oder Finanzierungsverträgen und begründen ein Sonderkündigungs- oder -rücktrittsrecht für den Fall, dass die Eigentums- bzw. Kontrollverhältnisse bei dem jeweils anderen Vertragspartner sich ändern. Wirtschaftlicher Hintergrund für die Regelung eines solchen Sonderkündigungsrechtes ist häufig die besondere Bedeutung der Eigentümer- bzw. Kontrollstruktur eines Vertragspartners – etwa im Hinblick auf Know-how, Reputation oder Bonität – für die Abwicklung des Vertrages.[231)] 185

Findet ein Kontrollwechsel nunmehr aufgrund einer insolvenzplanbedingten Veränderung der Beteiligungsverhältnisse statt, können Vertragspartner des Schuldners den Vertrag, trotz eines im Vertrag geregelten Kündigungsrechts, wegen § 225a Abs. 4 InsO nicht kündigen. Die Vorteile der zwangsweisen Änderung der Beteiligungsmehrheiten über eine Planregelung sollen nicht durch die Beendigung wesentlicher Vertragsverhältnisse konterkariert werden.[232)] 186

Diese Kündigungssperre aus § 225a Abs. 4 InsO wird in der **Literatur** zum Teil als **ungerechtfertigter Eingriff in nicht zwangsweise planunterworfene Rechtspositionen außenstehender Dritter** scharf **kritisiert.**[233)] Sie führe zu einer Aufoktroyierung von Vertragspartnern und sei vor dem Hintergrund der in Art. 2 Abs. 1 GG gewährleisteten Privatautonomie und Vertragsfreiheit verfassungsrechtlich bedenklich.[234)] 187

Bei einem Unternehmen mit umfassenden, für die Unternehmensfortführung wesentlichen Vertragsverhältnissen kann die Kündigungssperre aus § 225a Abs. 4 InsO im Einzelfall der ausschlaggebende Grund für eine Sanierung und einen Investoreneinstieg im Insolvenzplanverfahren sein. 188

2. Voraussetzungen und Reichweite der gesetzlichen Kündigungssperre aus § 225a Abs. 4 InsO

a) Maßnahme i. S. von § 225a Abs. 2 oder Abs. 3 InsO

Wie aus dem Verweis aus § 225a Abs. 4 InsO deutlich wird, bezieht sich die Kündigungs- und Rücktrittssperre nur auf Maßnahmen nach § 225a Abs. 2 oder Abs. 3 InsO, d. h. im gestaltenden Teil des Insolvenzplans geregelte gesellschaftsrechtliche Maßnahmen. Gesperrt werden demnach nur vertragliche oder gesetzliche Kündigungs- Rücktritts- oder sonstige Beendigungsgründe für Verträge, an denen der Schuldner beteiligt ist, wenn durch die gesellschaftsrechtliche Maßnahme ein Kündigungs- oder sonstiger Beendigungstatbestand verwirklicht würde. 189

Kündigungs-, Lösungs- oder sonstige Beendigungsklauseln, die **durch andere Ereignisse als die gesellschaftsrechtliche Maßnahme** ausgelöst werden, **bleiben hingegen unbe-** 190

230) *Thies* in: HambKomm-InsR, § 225a InsO Rz. 55.

231) *Eidenmüller* in: MünchKomm-InsO, § 225a Rz. 104; *Thies* in: HambKomm-InsR, § 225a InsO Rz. 58.

232) Vgl. auch *Fiebig* in: HK-InsO, § 225a Rz. 29; *Brinkmann/Steinhauser* in: FS Kübler, S. 87, 89.

233) *Thies* in: HambKomm-InsR, § 225a InsO Rz. 61; *Fiebig* in: HK-InsO, § 225a Rz. 38; Andres/Leithaus-*Andres*, InsO, § 225a Rz. 10; s. auch *Eidenmüller* in: MünchKomm-InsO, § 225a Rz. 107.

234) *Fiebig* in: HK-InsO, § 225a Rz. 38.

rührt.[235] Dazu gehören insbesondere Vertragsregelungen, welche an eine Pflichtverletzung des Schuldners anknüpfen, sofern sich diese nicht darin erschöpft, dass eine gesellschaftsrechtliche Maßnahme nach § 225a Abs. 2 oder Abs. 3 InsO in Aussicht genommen oder durchgeführt wird (vgl. § 225a Abs. 4 Satz 4 InsO).

191 Als im gestaltenden Teil des Insolvenzplans geregelte **gesellschaftsrechtliche Maßnahmen** kommen insbesondere die **Regelung einer Kapitalerhöhung nach vorheriger Kapitalherabsetzung**[236] und **Abtretung von Geschäftsanteilen**[237] in Betracht. Je nach Umfang werden diese in der Regel **zu einem Wechsel der Mehrheitsverhältnisse** und damit Kündigungsgrund im Fall der vertraglichen Regelung einer **„Change-of-Control-Klausel"** führen. Da diese Maßnahmen frühestens mit rechtskräftiger Bestätigung des Insolvenzplans Wirkung entfalten (§§ 254, 254a, 254b InsO) sind die tatbestandlichen Voraussetzungen der Change-of-Control-Klausel auch erst frühestens mit Rechtskraft des Insolvenzplans erfüllt.[238]

b) Teleologische Reduktion?

192 Da die Kündigungssperre aus § 225a Abs. 4 InsO ein erheblicher Eingriff in die Privatautonomie bedeutet, wird in der **Literatur** eine **teleologische Reduktion von § 225a Abs. 4 InsO** vorgeschlagen.[239] In Anlehnung an § 135 Abs. 3 Satz 1 InsO soll die Kündigungs- und Beendigungssperre **nur auf solche Fälle anzuwenden** sein, in denen der **Fortbestand der Vertragsverhältnisse für die Fortführung des Unternehmens von erheblicher Bedeutung** ist und die **Kündigung ausschließlich auf einem Kontrollwechsel** und nicht auch auf anderen Erwägungen (z. B. Geheimhaltungsinteresse) beruht.[240]

193 **Dem ist nicht zu folgen.** Eine Beschränkung auf fortführungserhebliche Verträge ist § 225a Abs. 4 InsO und der Gesetzgebungshistorie nicht zu entnehmen. Dies würde Abgrenzungsprobleme heraufbeschwören, welche dem Zweck von § 225a Abs. 4 InsO zuwiderliefe. Nur in besonderen Ausnahmefällen, wenn das Festhalten an den Verträgen schlicht unzumutbar erscheint, kann im Einzelfall eine teleologische Reduktion von § 225a Abs. 4 InsO gerechtfertigt sein.[241]

3. Abdingbarkeit von § 225a Abs. 4 InsO?

a) Vertraglicher Ausschluss

194 § 225a Abs. 4 Satz 3 InsO stellt klar, dass die gesetzliche Kündigungssperre aus § 225a Abs. 4 InsO zwingend ist und entgegenstehende vertragliche Vereinbarungen unwirksam sind.

b) Abdingbarkeit durch Planregelung?

195 Nicht eindeutig beantwortet werden kann hingegen die Frage, ob die Kündigungssperre aus § 225a Abs. 4 InsO durch eine Regelung im Insolvenzplan ausgeschlossen werden

235) *Eidenmüller* in: MünchKomm-InsO, § 225a Rz. 108; K. Schmidt-*Spliedt*, InsO, § 225a Rz. 55; *Fiebig* in: HK-InsO, § 225a Rz. 36 ff.

236) S. dazu ausführlich unten § 30 Rz. 62 ff. [*Brünkmans*].

237) S. dazu ausführlich unten § 30 Rz. 400 ff. [*Brünkmans*].

238) Vgl. *Eidenmüller* in: MünchKomm-InsO, § 225a Rz. 108.

239) *Fiebig* in: HK-InsO, § 225a Rz. 38; s. auch *Eidenmüller* in: MünchKomm-InsO, § 225a Rz. 108.

240) *Fiebig* in: HK-InsO, § 225a Rz. 37 f.

241) Vgl. *Eidenmüller* in: MünchKomm-InsO, § 225a Rz. 108, welcher eine teleologische Reduktion bejaht, wenn in einem engen Markt ein maßgeblicher Wettbewerber den Schuldner übernimmt und ein anderer nun über § 225a Abs. 4 InsO zwangsweise an einen langfristigen, günstigen Liefervertrag gebunden bleiben soll.

kann. Dies wird zum Teil verneint, da ein solcher Ausschluss nicht durch einen Ermächtigungstatbestand aus § 217 InsO[242] gedeckt sei.[243] Richtigerweise ist eine solche Regelung als Maßnahme der Verwertung der Insolvenzmasse i. S. von § 217 Abs. 1 Satz 1 Fallgruppe 2 InsO zu verstehen. Für den Ausschluss durch eine Planregelung dürfte jedoch in der Praxis kaum ein Regelungsbedürfnis bestehen.

II. Austrittsrecht und Beschränkung des Abfindungsanspruchs nach § 225a Abs. 5 InsO

1. Überblick

§ 225a Abs. 5 InsO stellt besondere Regeln für die Abfindung eines Gesellschafters auf, 196
wenn dieser aus der Gesellschaft wegen einer gesellschaftsrechtlichen Maßnahme im Insolvenzplan i. S. von § 225a Abs. 2 und 3 InsO austritt. § 225a Abs. 5 Satz 1 InsO ordnet in diesem Fall an, dass für die **Berechnung des Abfindungsanspruchs Liquidationswerte anzusetzen sind.** Nach § 225a Abs. 5 Satz 2 InsO kann der Abfindungsanspruch zur Vermeidung einer unangemessenen Belastung der Finanzlage des Schuldners **über einen Zeitraum von bis zu drei Jahren gestundet werden.**

§ 225a Abs. 5 InsO will sicherstellen, dass austrittsbedinge Abfindungsansprüche, die 197
durch gesellschaftsrechtliche Maßnahmen im Insolvenzplan verursacht werden, nicht zu einer die Sanierungsabsichten gefährdenden Belastung des Schuldners führen. § 225a Abs. 5 Satz 1 InsO regelt jedoch nach überwiegender Auffassung **kein eigenes insolvenzrechtliches Austrittsrecht.**[244] Die entgegenstehende Auffassung[245] ist dem Wortlaut der Vorschrift nicht zu entnehmen. Das Gesetz legt weder fest, dass ein Gesellschafter austreten darf, noch, dass eine Maßnahme einen wichtigen Grund darstellt. Das Austrittsrecht ist vielmehr nach dem für den Schuldner anwendbaren Gesellschaftsrecht zu prüfen.[246]

Der **Austritt selbst** kann **zwar im Insolvenzplan geregelt werden** (siehe ausführlich un- 198
ten § 30 Rz. 479 ff. [*Brünkmans*]). In diesem Fall findet jedoch die **Modifikation eines evtl. Abfindungsanspruchs aus § 225a Abs. 5 InsO keine Anwendung,**[247] weil diese die **Freiwilligkeit des Austritts** durch den betroffenen Gesellschafter **voraussetzt** und bei einer Regelung im gestaltenden Teil des Insolvenzplans die Austrittserklärung des Gesellschafters zwangsweise fingiert wird (siehe dazu § 7 Rz. 23 ff. [*Brünkmans*]).

2. Austrittsrecht aus wichtigem Grund

Aus § 225a Abs. 5 Satz 1 InsO folgt, dass ein kraft Gesellschaftsrecht dem Altgesellschaf- 199
ter zustehendes Recht zum Austritt aus der Gesellschaft auch im Planverfahren grundsätzlich unberührt bleibt.[248] Dies gilt auch dann, wenn das Austrittsrecht gerade durch eine gesellschaftsrechtliche Maßnahme nach § 225a Abs. 2 oder Abs. 3 InsO ausgelöst wurde. Die aus § 225a Abs. 5 InsO folgende Einschränkung des Abfindungsanspruchs ist jedoch nur dann anwendbar, wenn ein **Austrittsrecht aus wichtigem Grund** besteht und

242) Zum „Numerus Clausus" der Ermächtigungstatbestände s. § 7 Rz. 38 ff. [*Brünkmans*].

243) *Eidenmüller* in: MünchKomm-InsO, § 225a Rz. 113.

244) *Thole*, Gesellschaftsrechtliche Maßnahmen in der Insolvenz, Rz. 289; *Schäfer*, ZIP 2013, 2237, 2242; *Eidenmüller* in: MünchKomm-InsO, § 225a Rz. 116; *K. Schmidt*, ZIP 2012, 2085, dort Fn. 9; K. Schmidt-*Spliedt*, InsO, § 225a Rz. 43.

245) So etwa *Haas*, NZG 2012, 961, 965 f.; *Müller*, KTS 2012, 419, 425.

246) *Eidenmüller* in: MünchKomm-InsO, § 225a Rz. 116; *K. Schmidt*, ZIP 2012, 2085, dort Fn. 9; K. Schmidt-*Spliedt*, InsO, § 225a Rz. 43; **a. A.** *Haas*, NZG 2012, 961, 965 f.

247) Wohl anders *Thole*, Gesellschaftsrechtliche Maßnahmen in der Insolvenz, Rz. 289.

248) *Thole*, Gesellschaftsrechtliche Maßnahmen in der Insolvenz, Rz. 288.

von diesem **Austrittsrecht auch tatsächlich Gebrauch gemacht wurde.**[249] Neben dem ungeschriebenen Austrittsrecht aus wichtigen Grund findet § 225a Abs. 5 InsO **auch auf geschriebene Austrittsrechte Anwendung,** welche darauf basieren, dass ein Verbleib des Gesellschafters in der Gesellschaft aufgrund einer bestimmten Strukturmaßnahme unzumutbar erscheinen lassen (z. B. §§ 29, 207 UmwG); siehe ausführlich § 30 Rz. 479 ff. [*Brünkmans*].

200 Sieht der Gesellschaftsvertrag ein Lösungsrecht unterhalb der Schwelle eines wichtigen Grundes vor, findet § 225a Abs. 5 InsO auf einen darauf gestützten Austritt keine Anwendung.[250]

a) Austrittsrecht bei der GmbH

201 Ein Gesellschafter einer GmbH kann außerhalb des Insolvenzverfahrens aus der Gesellschaft austreten, wenn ein wichtiger Grund vorliegt.[251] Rechtliche Grundlage des Austrittsrechts ist der allgemeine Grundsatz, dass bei Dauerschuldverhältnissen, die stark in die Lebensbetätigung des Einzelnen eingreifen und ein persönliches Vertrauen voraussetzen, ein vorzeitiges Ausscheiden möglich sein muss, wenn eine weitere Zusammenarbeit nicht mehr zumutbar ist.[252] Daneben folgt das Austrittsrecht aus einer Rechtsanalogie zu §§ 29, 36, 125, 176, 177 und 207 UmwG.[253]

202 Ein wichtiger Grund kann auch in der Änderung der rechtlichen oder wirtschaftlichen Verhältnisse der Gesellschaft liegen.[254] Ob ein solcher wichtiger Grund vorliegt, ist i. R. einer Interessenabwägung zu ermitteln. Entscheidend für das Vorliegen eines wichtigen Grundes ist, dass die von dem Austrittswilligen vorgebrachten Sachgründe bei einer Gesamtabwägung mit den Interessen der Gesellschaft einen weiteren Verbleib des Gesellschafters in der Gesellschaft unzumutbar erscheinen lassen.[255]

203 **Als wichtiger Grund anerkannt** sind etwa der Verlust einer gesicherten Mehrheit und die erhebliche Zweckänderung der Gesellschaft,[256] die grundlegende Umgestaltung der Struktur der Gesellschaft, welche die Gesellschafterstellung erheblich beeinflusst,[257] die Pflicht zur Duldung erheblicher Eingriffe in die Gesellschafterstellung, auch wenn durch Treuepflicht geboten,[258] oder der Entzug wesentlicher Sonderrechte.[259]

204 Zwar wird die **bloße Änderung der Beteiligungsstruktur** über den **Insolvenzplan noch nicht einen wichtigen Grund im vorher beschriebenen Sinne** darstellen.[260] Dennoch

---

249) *Thole*, Gesellschaftsrechtliche Maßnahmen in der Insolvenz, Rz. 288.

250) *Thole*, Gesellschaftsrechtliche Maßnahmen in der Insolvenz, Rz. 288.

251) BGH, Urt. v. 16.12.1991 – II ZR 58/91, ZIP 1992, 237 = GmbHR 1992, 257; BGH, Urt. v. 18.2.2014 – II ZR 174/11, ZIP 2014, 873 = NZG 2014, 541, dazu EWiR 2014, 581 *(Schodder)*; Noack/Servatius/Haas-*Fastrich*, GmbHG, Anh. § 34 Rz. 18; Lutter/Hommelhoff-*Kleindiek*, GmbHG, § 34 Rz. 144; *Strohn* in: MünchKomm-GmbHG, § 34 Rz. 119; Scholz-*Seibt*, GmbHG, Anh. § 34 Rz. 10.

252) *Strohn* in: MünchKomm-GmbHG, § 34 Rz. 113.

253) *Strohn* in: MünchKomm-GmbHG, § 34 Rz. 113.

254) *Haas*, NZG 2012, 961, 966; Scholz-*Seibt*, GmbHG, Anh. § 34 Rz. 13.

255) Lutter/Hommelhoff-*Kleindiek*, GmbHG, § 34 Rz. 148; Scholz-*Seibt*, GmbHG, Anh. § 34 Rz. 10.

256) Lutter/Hommelhoff-*Kleindiek*, GmbHG, § 34 Rz. 147; Scholz-*Seibt*, GmbHG, Anh. § 34 Rz. 13; s. übersichtsartig Noack/Servatius/Haas-*Kersting*, GmbHG, Anh. § 34 Rz. 20.

257) Noack/Servatius/Haas-*Kersting*, GmbHG, Anh. § 34 Rz. 20; *Röhricht* in: FS Kellermann, S. 361, 378 ff.

258) Noack/Servatius/Haas-*Kersting*, GmbHG, Anh. § 34 Rz. 20.

259) Altmeppen-*Altmeppen*, GmbHG, § 14 Rz. 21; Noack/Servatius/Haas-*Kersting*, GmbHG, Anh. § 34 Rz. 20; *Weller/Reichert* in: MünchKomm-GmbHG, § 14 Rz. 111.

260) **Anders** *Thole*, Gesellschaftsrechtliche Maßnahmen in der Insolvenz, Rz. 288; *Hölzle* in: Kübler/Bork/Prütting, HRI II, § 26 Rz. 12.

wird eine anteilsbezogene Regelung im Insolvenzplan mit dem **Verlust einer gesicherten Mehrheit des Altgesellschafters** oder mit erheblichen Eingriffen in die Gesellschafterstellung verbunden sein, welches einen Verbleib in der Gesellschaft im Einzelfall als unzumutbar erscheinen lassen kann.

b) Austrittsrecht aus wichtigem Grund bei der AG

Ob auch bei der AG ein Austrittsrecht aus wichtigem Grund besteht, ist umstritten.[261)] 205
Teilweise[262)] wird ein Austrittsrecht bei Vorliegen eines wichtigen Grundes angenommen, da der Grundgedanke, dass niemand auf unbestimmte Zeit gegen seinen Willen an der Beitrittsentscheidung festgehalten werden soll, auch im Aktienrecht gelte.[263)] Sofern man dieser Auffassung folgt, ist das Austrittsrecht im Vergleich zur GmbH jedenfalls bei börsennotierten AGs deutlich beschränkt. Die Aktionäre sind im Wesentlichen auf die Veräußerung ihrer Aktien verwiesen.[264)]

Außerhalb von börsennotierten AGs gelten jedoch die gleichen Grundsätze wie bei der 206
GmbH. Ist die Regelung im Insolvenzplan mit einem Verlust einer Mehrheit oder erheblichen Zweckänderung der Gesellschaft und Eingriff in die Aktionärsstellung verbunden, besteht ein Austrittrechts des Aktionärs, auf das mit Austritt § 225a Abs. 5 Satz 1 InsO Anwendung findet.

c) Austrittsrecht aus wichtigem Grund bei der Personengesellschaft

Da der **persönlich haftende Gesellschafter** in der Gesellschaft nach Planbestätigung nur 207
bei ausdrücklicher Zustimmung verbleibt (§ 230 Abs. 1 Satz 2 InsO), kommt ein Austritt aus wichtigem Grund im Kontext einer gesellschaftsrechtlichen Planregelung nur für den **Kommanditisten** in Betracht. Für diesen gelten die Ausführungen oben, siehe Rz. 201 ff., zum GmbH-Gesellschafter entsprechend.

d) Ausdrücklich geregelte Austrittsrechte

Neben dem ungeschriebenen allgemeinen Austrittstatbestand aus wichtigem Grund be- 208
stehen ausdrücklich geregelte Austrittsrechte, welche an der Unzumutbarkeit des Verbleibs des Gesellschafters in der Gesellschaft anknüpft, wie z. B. die Austrittsrechte nach §§ 29, 207 UmwG,[265)] bei Umwandlungen nach dem UmwG oder gemäß §§ 305 Abs. 1 AktG bei Abschluss eines Gewinnabführungs- und Beherrschungsvertrages.[266)]

Enthält der Insolvenzplan eine entsprechende Planregelung für solche Maßnahmen und 209
liegen i. Ü. die tatbestandlichen Voraussetzungen für das besondere Austrittsrecht vor, findet für die Abfindungsregelung ebenfalls § 225a Abs. 5 InsO Anwendung (siehe dazu unten § 30 Rz. 479 ff. [*Brünkmans*]).

---

261) Für ein außerordentliches Austrittsrecht etwa *Grunewald* in: FS Claussen, 103 ff.; *Koppensteiner* in: KölnKomm-AktG, § 318 Rz. 105 ff.; *Cahn* in: BeckOGK-Aktienrecht, § 68 Rz. 28; *Bayer* in: MünchKomm-AktG, § 68 Rz. 34.

262) *Grunewald* in: FS Claussen, S. 103, 111 f.; Semler/Stengel/Leonard-*Kalss*, UmwG, § 29 Rz. 20; *Wiedemann*, Gesellschaftsrecht, Bd. I, § 7 IV. 2. B), S. 401; *Koppensteiner* in: KölnKomm-AktG, § 318 Rz. 105.

263) *Grunewald* in: FS Claussen, S. 103, 112.

264) Vgl. K. Schmidt/Lutter-*Bezzenberger*, AktG, § 68 Rz. 2.

265) *Strohn* in: MünchKomm-GmbHG, § 34 Rz. 113.

266) § 305 AktG führt zur Abgabe eines Pflichtangebots und damit zur Einräumung des Austrittsrechts zugunsten der neu kontrollierten Anteilsinhaber.

e) Zeitpunkt des Austrittsrechts

210 Da die Maßnahme nach § 225a Abs. 2, 3 InsO frühestens mit Rechtskraft des Insolvenzplans Wirkung entfaltet (§§ 254, 254a InsO), besteht in der Regel erst frühestens zu diesem Zeitpunkt das Austrittsrecht.[267)]

211 Liegt der Austrittsgrund in einer Änderung der Beteiligungsverhältnisse durch einen eintragungsrelevanten Umstand, wie etwa einer kombinierten Kapitalherabsetzung/Kapitalerhöhung unter Bezugsrechtsausschluss (Kapitalschnitt), entfaltet die Maßnahme nach § 225a Abs. 2, 3 InsO erst mit der konstitutiven Eintragung der Kapitalerhöhung in das Handelsregister Rechtswirkung und nicht bereits mit Rechtskraft des Bestätigungsbeschlusses. Entsprechend besteht das Austrittsrecht des Anteilsinhabers erst mit Eintragung der Kapitalerhöhung in das Handelsregister.

3. Abfindung

212 Liegt ein Austritt aus wichtigem Grund vor und wird der Austritt durch einen Gesellschafter erklärt, macht § 225a Abs. 5 InsO Vorgaben über die Berechnung der Höhe des Abfindungsanspruchs und die Möglichkeit der zwangsweisen Stundung des Abfindungsanspruchs über eine Planregelung.

a) Liquidationswert als Grundlage für die Berechnung der Abfindung (§ 225a Abs. 5 Satz 1 InsO)

aa) Überlagerung gesellschaftsrechtlicher und gesellschaftsvertraglicher Abfindungsregeln durch § 225a Abs. 5 Satz 1 InsO

213 Scheidet der Gesellschafter aus der Gesellschaft aus wichtigem Grund aus, so hat er außerhalb des Insolvenzplanverfahrens nach ganz h. M. Anspruch auf Abfindung i. H. des wirtschaftlichen Werts seiner Beteiligung.[268)] Dies gilt auch für ein Ausscheiden aufgrund eines besonderen Austrittsrechts aus wichtigem Grund (vgl. § 30 [i. V. m. § 208] UmwG).[269)] Maßgeblich ist somit grundsätzlich der Verkehrswert, wenn der Gesellschaftsvertrag im Einzelfall nicht andere Maßstäbe festlegt.[270)]

214 Von diesen gesellschaftsrechtlichen Grundsätzen zur Berechnung des Abfindungsanspruchs wird abgewichen, indem § 225a Abs. 5 Satz 1 InsO festlegt, dass ungeachtet der gesellschaftsrechtlichen Grundsätze oder evtl. Regelungen im Gesellschaftsvertrag für die Berechnung der Abfindung des austretenden Gesellschafters zwingend auf den Liquidationswert[271)] abzustellen ist. Diese Modifizierung der Berechnung der Abfindung aus § 225a Abs. 5 InsO gilt jedoch nur dann, wenn gerade die im Insolvenzplan beschlossene

---

267) *Eidenmüller* in: MünchKomm-InsO, § 225a Rz. 116; *Haas*, NZG 2012, 961, 966; weiter *Thole*, Gesellschaftsrechtliche Maßnahmen in der Insolvenz, Rz. 288.

268) Vgl. nur Noack/Servatius/Haas-*Kersting*, GmbHG, Anh. § 34 Rz. 25; Scholz-*Seibt*, GmbHG, Anh. § 34 Rz. 22; Lutter/Hommelhoff-*Kleindiek*, GmbHG, § 34 Rz. 160.

269) Lutter-*Hoger*, UmwG, § 208 Rz. 3–4; Semler/Stengel/Leonard-*Zeidler*, UmwG, § 208 Rz. 3.

270) Durch den Gesellschaftsvertrag kann jedenfalls im GmbH-Recht für den Austritt sowohl hinsichtlich der Modalitäten der Abfindung (z. B. Ratenzahlung bzgl. der Abfindung) als auch hinsichtlich der Abfindungshöhe abgewichen werden. Scholz-*Seibt*, GmbHG, Anh. § 34 Rz. 24; *Schindler* in: BeckOK-GmbHG, § 34 Rz. 196; Noack/Servatius/Haas-*Kersting*, GmbHG, Anh. § 34 Rz. 27; BGH, Urt. v. 16.12.1991 – II ZR 58/91, ZIP 1992, 237 = GmbHR 1992, 257. Im UmwG ist der Anspruch der ausscheidewilligen Anteilsinhaber auf Zahlung einer Barabfindung nach dem vollen wirtschaftlichen Wert hingegen zwingend. Abweichungen im Gesellschaftsvertrag finden grundsätzlich keine Anwendung, vgl. dazu auch: Lutter-*Hoger*, UmwG, § 208 Rz. 4 m. w. N.; Semler/Stengel/Leonard-*Zeidler*, UmwG, § 208 Rz. 3; Schmitt/Hörtnagl-*Winter*, UmwG/UmwStG, § 30 UmwG Rz. 7.

271) Zur Berechnung des Liquidationswertes s. § 58 Rz. 74 ff. [*Brünkmans/Harmann*].

Maßnahme einen wichtigen Grund zum Austritt gibt und von dem auf dieser Grundlage entstandenen Austrittsrecht auch tatsächlich Gebrauch gemacht wird.[272)]

Enthält der Gesellschaftsvertrag eine (wirksame)[273)] Abfindungsregelung, die der Höhe nach unterhalb des nach § 225a Abs. 5 Satz 1 InsO berechneten Abfindungsanspruchs liegt, hat die Abfindung auf der Grundlage der Regelung im Gesellschaftsvertrag zu erfolgen.[274)] 215

bb) Abweichende Regelung im Insolvenzplan

§ 225a Abs. 5 Satz 1 InsO enthält für die Abfindung einen Mindeststandard, d. h. die im Insolvenzplan vorgesehene Regelung des Abfindungsanspruchs darf der Höhe nach grundsätzlich nicht unterhalb des Abfindungsanspruchs zu Liquidationswerten[275)] festgelegt werden.[276)] Dies gilt nur dann nicht, wenn eine wirksame Abfindungsregelung des Gesellschaftsvertrages ausnahmsweise eine solch niedrigere Abfindung ausdrücklich vorsieht. 216

Gleichwohl darf der Insolvenzplan eine Regelung enthalten, wonach in Abweichung zu § 225a Abs. 5 Satz 1 InsO eine höhere Abfindung zugunsten des austretenden Gesellschafters festgelegt wird. 217

b) Stundung und Verzinsung des Abfindungsanspruchs (§ 225a Abs. 5 Satz 2 und Satz 3 InsO)

Nach § 225a Abs. 5 Satz 2 InsO kann die Auszahlung des Abfindungsanspruchs zur Vermeidung einer unangemessenen Belastung der Finanzlage des Schuldners über einen Zeitraum von **bis zu drei Jahren** gestundet werden. Die Stundung erfolgt dabei über eine Regelung im gestaltenden Teil des Insolvenzplans. Enthält der **Gesellschaftsvertrag eine abweichende Regelung zulasten des Gesellschafters**, so ist diese maßgebend.[277)] 218

Nach § 225a Abs. 5 Satz 3 InsO sind gestundete Abfindungsguthaben zu verzinsen. Eine Regelung über die Höhe des für die Stundung zu zahlenden **Zinssatzes** enthält § 225a Abs. 5 Satz 3 InsO indes nicht. 219

Eine Analogie zu den aktienrechtlichen Abfindungsansprüchen aus §§ 305 Abs. 3, 320b Abs. 1, 327b Abs. 2 AktG i. H. von 5 % über dem Basiszinssatz kommt nicht in Betracht.[278)] Vielmehr ist der Zinssatz als Folge des Schlechterstellungsverbotes nach denselben Kriterien zu berechnen wie die zugunsten von Gläubigern angesetzten Zinsen bei späterer Zahlung von Planquoten.[279)] Dabei kann **im Ausgangspunkt auf den handelsrechtlichen Regelzinssatz nach § 352 Abs. 2 HGB i. H. von 5 % p. a.** zurückgegriffen werden.[280)] Da die Stundung dem austretenden Gesellschafter – anders als im Regelverfahren – das Risiko einer Folgeinsolvenz der durch den Insolvenzplan sanierten Gesell- 220

272) *Thole*, Gesellschaftsrechtliche Maßnahmen in der Insolvenz, Rz. 289.

273) Zu den Anforderungen für wirksame Abfindungsklauseln im GmbH-Recht s., BGH, Urt. v. 16.12.1991 – II ZR 58/91, ZIP 1992, 237 = GmbHR 1992, 257; Lutter/Hommelhoff-*Kleindiek*, GmbHG, § 34 Rz. 165 ff.; Scholz-*Seibt*, GmbHG, Anh. § 34 Rz. 24.

274) K. Schmidt-*Spliedt*, InsO, § 225a Rz. 58; Uhlenbruck-*Hirte*, InsO, § 225a Rz. 52.

275) Zur Wertbestimmung i. R. der Abfindung nach § 225a Abs. 5 Satz 1 InsO s. ausführlich § 58 Rz. 74 ff. [*Brünkmans*/*Harmann*].

276) So auch *Eidenmüller* in: MünchKomm-InsO, § 225a Rz. 122, wohl anders *Thole*, Gesellschaftsrechtliche Maßnahmen in der Insolvenz, Rz. 289.

277) K. Schmidt-*Spliedt*, InsO, § 225a Rz. 58.

278) K. Schmidt-*Spliedt*, InsO, § 225a Rz. 60; Uhlenbruck-*Hirte*, InsO, § 225a Rz. 54.

279) Uhlenbruck-*Hirte*, InsO, § 225a Rz. 54; K. Schmidt-*Spliedt*, InsO, § 225a Rz. 60.

280) *Eidenmüller* in: MünchKomm-InsO, § 225a Rz. 121.

schaft aufbürdet, ist dieses Risiko durch einen **angemessenen Risikozuschlag** zu berücksichtigen.[281)]

221 Ein **Anspruch auf Sicherheitsleistung** für den gestundeten Abfindungsanspruch ist – anders als etwa beim Squeeze-out (§ 327b AktG) – im Gesetz nicht geregelt und verfassungsrechtlich auch nicht geboten.[282)] Wie bei der Gewährung zukünftiger Quotenzahlungen ist das Ausfallrisiko auch bei Gesellschaftern ausschließlich in der Berechnung des Zinssatzes einzupreisen. Ein Anspruch auf Sicherheitsleistung würde das Vermögen der Schuldnerin binden, was durch § 225a Abs. 5 Satz 2 InsO gerade vermieden werden sollte. Gewährt der Schuldner freiwillig eine werthaltige Sicherheit, ist der Risikozuschlag bei der Zinsberechnung nicht zu berücksichtigen.

222 Ab **Verzug sind Verzugszinsen** nach § 288 BGB und ab **Rechtshängigkeit Prozesszinsen** nach § 291 BGB zu gewähren.[283)]

c) Auszahlungssperre durch Kapitalschutzregeln

223 Bei einer Kapitalgesellschaft darf die Abfindung nur aus einem das Nennkapital übersteigenden Vermögen gezahlt werden (§ 30 GmbHG, § 57 AktG).[284)] Dies gilt für Abfindungszahlungen nach Aufhebung des Insolvenzverfahrens gemäß § 258 InsO und richtigerweise auch bereits vorher im Insolvenzverfahren.[285)]

224 Ausscheidungswillige Gesellschafter können sich i. R. des Minderheitenschutzes gemäß § 251 InsO gegen die Bestätigung des Insolvenzplans wehren, wenn bei Austritt ein Abfindungsanspruch zu Liquidationswerten zu erwarten ist, dieser aber wegen der Auszahlungssperre aus § 30 GmbHG oder § 57 AktG nicht geleistet werden kann.[286)]

Praxishinweis

Ist im Einzelfall mit dem Austritt von Gesellschaftern und Abfindungsansprüchen zu rechnen, ist i. R. der Rekapitalisierung der Gesellschaft dies bei der Aufteilung der Kapitalerhöhungsbeträge zwischen echtem Stammkapital und Agio zu berücksichtigen. Besteht der Eigenkapitalbeitrag i. R. der finanzwirtschaftlichen Restrukturierung zu großen Teilen aus Zahlungen in die Kapitalrücklage, kann daraus die Abfindung für den austretenden Gesellschafter ohne Verstoß gegen das Kapitalerhaltungsgebot geleistet werden.

281) *Eidenmüller* in: MünchKomm-InsO, § 225a Rz. 121.

282) So auch K. Schmidt-*Spliedt*, InsO, § 225a Rz. 60; a. A. Uhlenbruck-*Hirte*, InsO, § 225a Rz. 55.

283) Uhlenbruck-*Hirte*, InsO, § 225a Rz. 54.

284) K. Schmidt-*Spliedt*, InsO, § 225a Rz. 62; *Müller*, KTS 2012, 419, 435; *Thole*, Gesellschaftsrechtliche Maßnahmen in der Insolvenz, Rz. 292.

285) So auch *Thole*, Gesellschaftsrechtliche Maßnahmen in der Insolvenz, Rz. 292; wohl auch K. Schmidt-*Spliedt*, InsO, § 225a Rz. 62; für eine Überlagerung der Kapitalschutzregeln durch das Insolvenzrecht hingegen Uhlenbruck-*Hirte*, InsO, § 225a Rz. 52; *Decher/Voland*, ZIP 2013, 103, 113.

286) So auch K. Schmidt-*Spliedt*, InsO, § 225a Rz. 62; a. A. *Thole*, Gesellschaftsrechtliche Maßnahmen in der Insolvenz, Rz. 292.

§ 30
Gestaltungsoptionen und typische gesellschaftsrechtliche Planregelungen in der Praxis

Übersicht

Literatur: *Altmeppen*, Zur Rechtsstellung der Gläubiger im Konkurs gestern und heute, in: Festschrift für Peter Hommelhoff, 2012, S. 1; *Battke*, Der Ausschluss von Gesellschaftern aus der GmbH, GmbHR 2008, 850; *Bay/Seeburg/Böhmer*, Debt-Equity-Swap nach § 225a Abs. 2 Satz 1 des geplanten Gesetzes zur weiteren Erleichterung der Sanierung von Unternehmen (ESUG), ZInsO 2011, 1927; *Becker*, Umwandlungsmaßnahmen im Insolvenzplan und die Grenzen einer Überlagerung des Gesellschaftsrechts durch das Insolvenzrecht, ZInsO 2013, 1885; *Bergmann*, Die Verwaltungsbefugnis des Insolvenzverwalters über einen zur Insolvenzmasse gehörenden GmbH-Geschäftsanteil, ZInsO 2004, 225; *Bitter*, Sanierung in der Insolvenz – Der Beitrag von Treue- und Aufopferungspflichten zum Sanierungserfolg, ZGR 2010, 147; *Brand*, Besitz an dauerglobalverbrieften Aktien – zugleich ein Beitrag zur Lehre vom Besitz, ZBB 2015, 40; *Braun/Heinrich*, Auf dem Weg zu einer (neuen) Insolvenzplankultur in Deutschland – Ein Beitrag zu dem Regierungsentwurf für ein Gesetz zur weiteren Erleichterung der Sanierung von Unternehmen, NZI 2011, 505; *Brinkmann*, Wege aus der Insolvenz eines Unternehmens, WM 2011, 97; *de Bruyn/Ehmke*, StaRUG & InsO: Sanierungswerkzeuge des Restrukturierungs- und Insolvenzverfahrens, NZG 2021, 661; *Brünkmans*, Sanierungstransaktionen in Insolvenzplänen – gilt die Formfiktion des § 254a InsO für Erklärungen außenstehender Dritter?, ZIP 2015, 1052; *Brünkmans*, Die Unternehmensakquisition über einen Kapitalschnitt im Insolvenzplanverfahren, ZIP 2014, 1857; *Brünkmans*, Der Rechtsschutz gegen den Bestätigungsbeschluss des Insolvenzplans vor dem Hintergrund des insolvenzrechtlichen Freigabeverfahrens nach § 253 Abs. 4 InsO, ZInsO 2014, 993; *Brünkmans/Greif-Werner*, Die Prüfung gesellschaftsrechtlicher Regelungen im Insolvenzplan durch Insolvenzgericht und Registergericht, ZInsO 2015, 1585; *Brünkmans/Uebele*, Rechtsschutz gegen missbräuchliche Insolvenzanträge und insolvenzzweckwidrige Insolvenzpläne?, ZInsO 2014, 265; *Drouven*, Neue Wege: „Reverse Debt-to-Equity-Swap", ZIP 2009, 1052; *Drouven/Nobiling*, Reverse Debt-Equity-Swaps – Auch steuerlich eine Alternative?, DB 2009, 1895; *Eder*, Die rechtsgeschäftliche Übertragung von Aktien, NZG 2004, 107; *Eidenmüller*, Der Insolvenzplan als gesellschaftsrechtliches Universalwerkzeug, NJW 2014, 17; *Engelmeyer*, Das Spaltungsverfahren bei der Spaltung von Aktiengesellschaften, AG 1996, 193; *Fabis*, Vereinfachte Kapitalherabsetzung bei AG und GmbH, MittRhNotK 1999, 170; *Fischer*, Der Übernahme-Swap durch Insolvenzplan – Investitionsentscheidung im Wettbewerb, NZI 2013, 823; *Fischer*, Das neue Rechtsmittelverfahren gegen den Beschluss, durch den der Insolvenzplan bestätigt wird, NZI 2013, 513; *Gehrlein*, Banken – vom Kreditgeber zum Gesellschafter – neue Haftungsfallen? (Debt-Equity-Swap nach ESUG), NZI 2012, 257; *Geißler*, Rechtliche und unternehmenspolitische Aspekte der vereinfachten Kapitalherabsetzung bei der AG, NZG 2000, 719; *Gerber/Pilz*, Die Barkapitalerhöhung um einen Rahmenbetrag bei der GmbH, GmbHR 2005, 1325; *Gerhardt*, Zur Anwendbarkeit von HGB § 25 und BGB § 419 beim Erwerb vom Sequester, JZ 1988, 976; *Göb/Nebel*, Aktuelle gesellschaftsrechtliche Fragen in Krise und Insolvenz, NZI 2021, 17; *Gutmann*, Grundsätze ordnungsgemäße Planungsrechnungen in Restrukturierung und Insolvenz, NZI 2022, 457; *Haas*, Mehr Gesellschaftsrecht im Insolvenzplanverfahren, NZG 2012, 961; *Habersack/Mayer*, Globalverbriefte Aktien als Gegenstand sachenrechtlicher Verfügungen?, WM 2000, 1678; *Harig/Lampe*, Die Europäische Aktiengesellschaft (SE) im Insolvenzplanverfahren, NZI 2022, 961; *Heckschen*, Umstrukturierung krisengeschüttelter Kapitalgesellschaften: Umwandlungsmaßnahmen nach Stellung des Insolvenzantrags, DB 2005, 2675; *Heckschen*, Umstrukturierung von Kapitalgesellschaften vor und während der Krise: Umwandlung vor dem Insolvenzeröffnungsantrag, DB 2005, 2283; *Heckschen/Gassen*, Der Verzicht auf Anteilsgewähr bei Umwandlungsvorgängen aus gesellschafts- und steuerrechtlicher Sicht, GWR 2010, 101; *Heckschen/Weitbrecht*, Überfremdungsschutz im GmbH- und Aktienrecht, NZG 2019, 721; *Heidinger/Blath*, Das Ausscheiden eines Gesellschafters aus der GmbH, GmbHR 2007, 1184; *Heinrich*, Neues von „Phoenix" – Eine Anmerkung zum Insolvenzplanverfahren, NZI 2009, 546; *Henckel*, Die Betriebsveräußerung im Konkurs, ZIP 1980, 2; *Hergeth/Eberl*, Wirksamkeitsvoraussetzungen des Zeichnungsvorvertrags, NZG 2003, 205; *Hergeht/Mingau*, Beteiligungsverträge bei der GmbH, DStR 2001, 1220; *Hirte/Knof/Mock*, Das Gesetz zur weiteren Erleichterung der Sanierung von Unternehmen (Teil I), DB 2011, 632; *Hölzle*, Die Sanierung von Unternehmen im Spiegel des Wettbewerbs der Rechtsordnungen in Europa, KTS 2011, 291; *Hoffman-Becking*, Der Einbringungsvertrag zur Sacheinlage eines Unternehmens oder Unternehmensteil in die Kapitalgesellschaft, in: Festschrift für Marcus Lutter, 2000, S. 453; *Horstkotte/Martini*, Die Einbeziehung der Anteilseigner in den Insolvenzplan nach ESUG, ZInsO 2012, 557; *Iversen*, Die außerbörsliche Übertragung von Aktien unter

Beachtung des sachenrechtlichen Bestimmtheitsgrundsatzes, AG 2008, 736; *Jacobi*, Insolvenzplan als Qualitätsmerkmal, ZInsO 2010, 2316; *Kahlert/Gehrke*, ESUG macht es möglich: Ausgliederung statt Asset Deal im Insolvenzplanverfahren, DStR 2013, 975; *Kallmeyer*, Das neue Umwandlungsgesetz, ZIP 1994, 1746; *Kanzler/Mader*, Sanierung um jeden Preis?, GmbHR 2012, 992; *Keller*, Der Gesellschafter im Insolvenzplanverfahren, BB 2020, 2435; *Kiethe*, Mezzanine-Finanzierung und Insolvenzrisiko, DStR 2006, 1763; *Klausmann*, Gesellschaftsrechtlich zulässige Regelungen im Insolvenzplan im Sinne von § 225a III InsO, NZG 2015, 1300; *Kley*, Sachkapitalerhöhung bei der Aktiengesellschaft – Einbringungsvertrag und Zeichnung neuer Aktien – Notwendigkeit und Formerfordernisse, RNotZ 2003, 17; *Kresser*, Debt-equity-swaps im Insolvenzplanverfahren de lege ferenda, ZInsO 2010, 1409; *Leuering/Dornhegge*, Geschäftsverteilung zwischen GmbH-Geschäftsführern, NZG 2010, 13; *Limmer*, Unternehmensumstrukturierungen vor und in der Insolvenz unter Einsatz des Umwandlungsrechts, in: Kölner Schrift zur Insolvenzordnung, 2. Aufl. 2000, S. 1219; *Madaus*, Umwandlungen als Gegenstand eines Insolvenzplans nach dem ESUG, ZIP 2012, 2133; *Madaus*, Keine Reorganisation ohne die Gesellschafter, ZGR 2011, 749; *Mayer/Elfring*, Das zwangsweise Ausscheiden eines Gesellschafters – Machtkämpfe in der GmbH, GmbHR 2004, 869; *Mentz/Fröhling*, Die Formen der rechtsgeschäftlichen Übertragung von Aktien, NZG 2002, 201; *Meuthen/Eickmann*, Der Debt-Equity-Swap als sanierungsbegünstigendes Rechtsinstitut, WPg 2018, 453; *Meyer/Degener*, Debt-Equity-Swap nach dem RegE-ESUG, BB 2011, 846; *Mirow*, Die Übertragung von Aktien im Aktienkaufvertrag – Formulierungshilfen für die Praxis, NZG 2008, 52; *Mulert/Steiner*, Gesellschaftsrechtlich zulässige Maßnahmen im Insolvenz- und Restrukturierungsplan, NZG 2021, 673; *Mülbert*, Anwendung der Nachgründungsvorschriften auf die Sachkapitalerhöhung?, AG 2003, 136; *Müller*, Gesellschaftsrechtliche Maßnahmen im Insolvenzplan, KTS 2012, 419; *Müller*, Gesellschaftsrechtliche Regelungen im Insolvenzplan, KTS 2002, 209; *Nawroth/Wohlleber*, Der „unechte Share-Deal" mittels Insolvenzplan – oder: zum praktischen Umgang mit der Regelung des § 225a Abs. 3 InsO, ZInsO 2013, 1022; *Nicht*, Gesellschaftsrechtliche Maßnahmen im Regelinsolvenzverfahren, RPfleger 2022, 661; *Piepenburg*, Faktisches Konzerninsolvenzrecht am Beispiel Babcock Borsig, NZI 2004, 231; *Pleister/Kindler*, Kapitalmaßnahmen in der Insolvenz börsennotierter Gesellschaften, ZIP 2010, 503; *Priester*, Umwandlung im Insolvenzplan und gesellschaftliche Treuepflicht, in: Festschrift für Bruno M. Kübler, 2015, S. 557; *Priester*, „Squeeze out" durch Herabsetzung des Stammkapitals auf Null?, DNotZ 2003, 592; *Priester*, Die GmbH-Novelle – Überblick und Schwerpunkte aus notarieller Sicht, DNotZ 1980, 526; *Rattunde*, Das neue Insolvenzplanverfahren nach dem ESUG, GmbHR 2012, 355; *Reger/Stenzel*, Der Kapitalschnitt auf Null als Mittel zur Sanierung von Unternehmen – Gesellschaftsrechtliche, börsenzulassungsrechtliche und kapitalmarktrechtliche Konsequenzen, NZG 2009, 1210; *Reymann*, Die Verpfändung von GmbH-Geschäftsanteilen, DNotZ 2005, 425; *Rollin/Mikolajczak*, Gesellschaftsrecht im Insolvenzplan – aktuelle Fragen und Lösungen, ZInsO 2019, 2249; *Römermann*, Ausschließung von GmbH-Gesellschaftern und Einziehung von Anteilen – Ein Minenfeld, NZG 2010, 96; *Rugullis*, Insolvenzplan und Mehrerlangtes, NZI 2021, 663; *Schäfer*, Gesellschafterrechte im Insolvenzplanverfahren – kritische Anmerkungen zum ESUG-Bericht, ZIP 2019, 1305; *Schmidt, H.*, Kostenrecht ist Folgerecht des materiellen Rechts – Kostenrechtliche Betrachtungen zum Gesellschaftsrecht anhand von Fällen, an denen der Jubilar beteiligt war, in: Festschrift für Hans-Joachim Priester, 2007, S. 679; *Schmidt, H.*, Verschmelzung von Personengesellschaften, in: Lutter, Kölner Umwandlungsrechtstage, 1995, S. 59; *Schmidt, K.*, Schöne neue Sanierungswelt: Die Gläubiger okkupieren die Burg! Recht und Realität der ESUG-Reform, ZIP 2012, 2085; *Schmidt, K.*, Debt-to-Equity-Swap bei der (GmbH & Co.) Kommanditgesellschaft, ZGR 2012, 566; *Schmidt, K.*, Gläubigerschutz bei Umstrukturierungen, ZGR 1993, 366; *Simon/Brünkmans*, Die Ausgliederung von sanierungswürdigen Betriebsteilen mithilfe des Insolvenzplanverfahrens nach ESUG: Verdrängt die Gläubigerautonomie den institutionalisierten Gläubigerschutz des Umwandlungsgesetzes?, ZIP 2014, 657; *Simon/Merkelbach*, Gesellschaftsrechtliche Strukturmaßnahmen im Insolvenzplanverfahren nach dem ESUG, NZG 2012, 121; *Terbrack*, Kapitalherabsetzende Maßnahmen bei Aktiengesellschaften, RNotZ 2003, 90; *Thole*, Die Restrukturierung von Schuldverschreibungen im Insolvenzverfahren, ZIP 2014, 293; *Wachter*, Umwandlung insolventer Gesellschaften, NZG 2015, 858; *Wallner*, Partielle Universalsukzession durch Insolvenzplan, ZInsO 2010, 1419; *Wertenbruch*, Die Personengesellschaft im Vergleich zur AG und GmbH im Insolvenzplanverfahren, ZIP 2013, 1693; *Westpfahl*, Debt Equity Swap von Schuldverschreibungen in der Insolvenz, in: Festschrift für Bruno M. Kübler, 2015, S. 773; *Wieneke/Hoffmann*, Der Erhalt der Börsennotierung beim echten und unechten Debt Equity Swap in der Insolvenz der börsennotierten AG, ZIP 2013, 697; *Witte/Rousseau*, Stammeinlage: Einlage auf das Stammkapital oder Nennbetrag des Geschäftsanteils, GmbHR 2009, R321; *Wuschek*, Debt-Equity-Swap – Gestaltung von Anteilsrechten im Insolvenzplanverfahren, ZInsO 2012, 1768.

A. Überblick

1 Im Insolvenzplan können grundsätzlich sämtliche Gesellschafterbeschlüsse und Einzelerklärungen der Gesellschafter geregelt und mit rechtskräftiger Bestätigung des Insolvenz-

planes ersetzt werden (siehe ausführlich unter § 29 Rz. 19 ff. [*Brünkmans*]). Entsprechend weit sind die Gestaltungsoptionen für gesellschaftsrechtliche Regelungen im Insolvenzplan. Sämtliche Maßnahmen, insbesondere Strukturmaßnahmen, welche auf eine Beschlussfassung der Gesellschafter beruhen, können entsprechend geregelt werden. Gleiches gilt für mitgliedschaftsbezogene Willenserklärungen der Gesellschafter, wie etwa der Abtretungserklärung über den Geschäftsanteil einer GmbH.

Der Kreativität des Planarchitekten sind bei der gesellschaftsrechtlichen Ausgestaltung des Insolvenzplanes kaum Grenzen gesetzt. Dennoch werden bei Sanierungen mittels Insolvenzplanverfahren Maßnahmen der finanzwirtschaftlichen Sanierung – insbesondere der Kapitalschnitt – und Maßnahmen der Vermögens- und Beteiligungsstrukturierung – etwa eine Abspaltung zur Aufnahme oder Anteilsübertragung – im Vordergrund stehen. Rein binnenorganisatorische Beschlussfassungen, wie die Abberufung und Bestellung von Geschäftsführern, die Zustimmung zum Widerruf einer Prokura, der Erlass von Geschäftsordnungen oder die Feststellung von Jahresabschlüssen stehen hingegen in der Insolvenzpraxis nicht so sehr im Fokus, weil diese Maßnahmen unschwer nach rechtskräftiger Planbestätigung implementiert werden können. 2

Die unter Abschn. B. bis O. dargestellten Maßnahmen gehören zu den praxisrelevanten Maßnahmen, wobei die Aufzählung nicht abschließend ist. 3

B. Regelungen zur Fortsetzung der Gesellschaft

I. Fortsetzungsbeschluss

1. Notwendigkeit eines Fortsetzungsbeschlusses als Folge der Auflösung des Verbandes

Gesellschaften werden mit Eröffnung des Insolvenzverfahrens aufgelöst (§ 60 Abs. 1 Nr. 4 GmbHG; § 131 Abs. 1 Nr. 3 HGB; § 262 Abs. 1 Nr. 3 AktG). Mit der Auflösung ändert sich der **Zweck der Gesellschaft** von einem werbenden zu einem **auf Abwicklung ausgerichteten.**[1] Der neue Zweck der Gesellschaft besteht darin, i. R. der Liquidation die laufenden Geschäfte zu beenden, insbesondere Forderungen einzuziehen, Vermögensgegenstände der Gesellschaft zu versilbern, die Gläubiger zu befriedigen und den verbleibenden Erlös an die Gesellschafter zu verteilen.[2] Im Insolvenzverfahren erfolgt dies durch den Insolvenzverwalter oder eigenverwaltenden Schuldner nach dem insolvenzrechtlichen Verfahrensregime. 4

Erfolgt die Sanierung des Rechtsträgers über einen Insolvenzplan und wird die Gesellschaft anschließend aus dem Insolvenzverfahren „entlassen", ist dies gesellschaftsrechtlich nachzuzeichnen, indem der Gesellschaftszweck sich von der Abwicklung wieder auf einen **werbenden Zweck** ändert. Dies setzt grundsätzlich voraus, dass ein Fortsetzungsbeschluss gefasst wird. 5

2. Regelungsmöglichkeiten des Fortsetzungsbeschlusses im Insolvenzplanverfahren

a) Fortsetzungsbeschluss als Planbedingung (§ 249 InsO)

Vor ESUG konnte ein solcher Fortsetzungsbeschluss ausschließlich von den Altgesellschaftern außerhalb des Insolvenzplanverfahrens gefasst werden. Die Abhängigkeit der Fortführung der Gesellschaft von einem Fortsetzungsbeschluss der **Gesellschafter** war 6

---

1) *Altmeppen*, GmbHG, § 60 Rz. 6; Henssler/Strohn-*Klöhn*, GesR, § 138 HGB Rz. 3; Scholz-*Scheller*, GmbHG, § 60 Rz. 5.

2) Gehrlein/Born/Simon-*Beckmann*, GmbHG, § 60 Rz. 2.

ein Hebel mit **wesentlichem Obstruktionspotential.**[3] Mit der Drohung, den Fortsetzungsbeschluss ansonsten zu verweigern, konnten die Gesellschafter trotz der Wertlosigkeit der Geschäftsanteile Zugeständnisse einfordern. Der Fortsetzungsbeschluss war **Planbedingung gemäß § 249 InsO** (siehe § 8 Rz. 408 ff. [*Brünkmans*]), d. h. dieser wurde nach Annahme des Insolvenzplanes durch die Gläubigerversammlung im Erörterungs- und Abstimmungstermin von den Gesellschaftern in einer separaten Gesellschafterversammlung/Hauptversammlung nach den gesellschaftsrechtlichen Mehrheitserfordernissen getroffen und der Insolvenzplan bei positiver Beschlussfassung der Gesellschafter erst im Anschluss daran bestätigt.

7 Dabei ist zu beachten, dass die nach § 230 Abs. 1 Satz 2 InsO erforderliche Fortführungs**erklärung** persönlich haftender Gesellschafter (siehe unten Rz. 26 ff.) ein **Aliud zum Fortsetzungsbeschluss** der Gesellschafter des Schuldners darstellt und nicht in diesem enthalten ist.[4]

b) Fortsetzungsbeschluss nach Bestätigung und Aufhebung des Insolvenzverfahrens, insbesondere Fortsetzungsoptionen

8 In der Praxis finden sich zum Teil Insolvenzpläne, welche die Fortsetzung der Gesellschaft weder als Planbedingung noch unmittelbar als Planregelung vorsehen, sondern vielmehr die Fortsetzung nach Aufhebung des Insolvenzverfahren.[5] Eine solche Verlagerung der Fortsetzung auf die Zeit nach Aufhebung des Insolvenzverfahrens macht nur Sinn, wenn die Gesellschafter sich im Zeitpunkt der Annahme des Insolvenzplanes die Entscheidung über eine Fortsetzung der Gesellschaft noch offenhalten möchten. In diesem Fall müssen die Gesellschafter, wenn sie die Option der Fortführung wahrnehmen, nach Aufhebung des Insolvenzverfahrens einen Fortsetzungsbeschluss gemäß § 60 Abs. 1 Nr. 4 Halbs. 2 Alt. 2 GmbHG treffen.

9 Das OLG Celle hat eine solche **„Fortsetzungsoption"** für unzulässig erachtet. Der Insolvenzplan müsse vielmehr eine abschließende und eindeutige Aussage zum Fortbestand der Gesellschaft treffen, um als Basis für einen Fortsetzungsbeschluss dienen zu können.[6] Dem ist der BGH zu Recht nicht gefolgt.[7] Wortlaut und Zweck des § 60 Abs. 1 Nr. 4 Halbs. 2 Alt. 2 GmbHG verlangen keine unbedingte Festlegung der Fortsetzung im Insolvenzplan.[8]

c) Ersetzung des Fortsetzungsbeschlusses über eine Insolvenzplanregelung (§ 225a Abs. 3 InsO)

10 Der Fortsetzungsbeschluss der Gesellschafterversammlung kann seit Inkrafttreten des ESUG durch eine **Regelung im Insolvenzplan ersetzt** werden (vgl. explizit § 225a Abs. 3 InsO).[9] Dies gilt auch bei Personengesellschaften. Allerdings sind bei Personengesellschaften zusätzlich für die Bestätigungsfähigkeit des Insolvenzplanes die Fortführungs-

---

3) *Hölzle* in: Kübler/Prütting/Bork, HRI II, § 26 Rz. 46.

4) LG Potsdam, Beschl. v. 14.11.2013 – 2 T 62/13, ZInsO 2013, 2566, 2566 = ZIP 2014, 641.

5) S. etwa OLG Celle, Beschl. v. 8.3.2019 – 9 W 17/19, NZI 2019, 431, m. Anm. *Brünkmans/Brünkmans*.

6) OLG Celle, Beschl. v. 8.3.2019 – 9 W 17/19, NZI 2019, 431, 433, m. krit. Anm. *Brünkmans/Brünkmans*.

7) BGH, Beschl. v. 8.4.2020 – II ZB 3/19, NZI 2020, 635 mAnm Madaus.

8) *Brünkmans/Brünkmans*, NZI 2019, 431, 433 (Urteilsanm.); vgl. auch *Commandeur/Römer*, NZG, 2019, 532, 534.

9) BGH, Beschl. v. 8.4.2020 – II ZB 3/19, NZI 2020, 635 mAnm Madaus; OLG Jena, Beschl. v. 9.8.2024 – 2 W 242/24, NZI 2025, 461.

erklärungen der persönlich haftenden Gesellschafter erforderlich, die nicht durch eine Planregelung ersetzt werden können (siehe unten Rz. 26 ff.).

Alternativ kann der Fortsetzungsbeschluss nach wie vor durch einen **echten Gesellschafterbeschluss kombiniert mit einer Planbedingung** i. S. von § 249 InsO getroffen werden (siehe oben Rz. 6 f.). 11

Wird der Fortsetzungsbeschluss als Regelung im Insolvenzplan aufgenommen und nicht separat nach gesellschaftsrechtlichen Regeln der Beschlussfassung getroffen, sind die Anteilsinhaber im Insolvenzplan „einbezogen" i. S. von § 222 Abs. 1 Nr. 4 InsO und als eigenständige Gruppe an der Abstimmung über den Insolvenzplan zu beteiligen. Zur Gruppenbildung bei Anteilsinhabern siehe § 29 Rz. 65 ff. [*Brünkmans*]. 12

Nach dem LG Potsdam ist eine **nicht vorhandene Fortsetzungsbeschlussregelung** im Insolvenzplan weder ein Grund für die Zurückweisung des Plans i. R. der gerichtlichen Vorprüfung (§ 231 InsO), noch für die Verweigerung der Planbestätigung (§ 250 Nr. 1 InsO) oder Aufhebung des Insolvenzverfahrens (§ 258 InsO).[10] 13

Praxishinweis

Die Aufnahme eines Fortsetzungsbeschlusses im gestaltenden Teil ist gegenüber einem echten Gesellschafterbeschluss verbunden mit einer Planbedingung (§ 249 InsO) grundsätzlich vorteilhaft, weil dies zu einer zügigen Aufhebung des Insolvenzverfahrens durch das Insolvenzgericht führen kann und nicht erst ein gesonderter Gesellschafterbeschluss eingeholt werden muss. Im Übrigen ist bei einer Planregelung nur eine einfache Zustimmungsmehrheit[11] der Anteilsinhaber innerhalb der Gruppe der Anteilsinhaber erforderlich (§§ 222 Abs. 1 Nr. 4, 244 Abs. 3 InsO). Diese kann sogar über das Obstruktionsverbot (§ 245 InsO) ersetzt werden, d. h. die Fortsetzung der Gesellschaft kann im Ergebnis über eine Planregelung gegen den Willen der Gesellschafter durchgesetzt werden (zu dem dann entstehenden Austrittsrecht siehe Rz. 479 ff.), solange der Gesellschafter kein persönlich haftender Gesellschafter ist (§ 230 Abs. 1 Satz 2 InsO).[12]

3. Keine Fortsetzung der Gesellschaft vor Aufhebung des Insolvenzverfahren

Die Voraussetzungen eines Fortsetzungsbeschlusses richten sich grundsätzlich nach den jeweiligen gesellschaftsrechtlichen Vorschriften (§ 60 Abs. 1 Nr. 4 GmbHG, § 144 Abs. 1 HGB, § 274 Abs. 2 Nr. 1 AktG). Danach kann bei einer Gesellschaft die aufgrund der Eröffnung des Insolvenzverfahrens aufgelöst wurde, die Fortsetzung gemäß § 60 Abs. 1 Nr. 4 GmbHG, § 144 Abs. 1 HGB, § 274 Abs. 2 Nr. 1 AktG erst wirksam beschlossen werden, nachdem das Insolvenzverfahren nach Bestätigung eines Insolvenzplans, der den Fortbestand der Gesellschaft vorsieht, aufgehoben wurde (§ 258 InsO). 14

Teilweise wird vertreten, dass mit Einführung des § 225a Abs. 3 InsO eine **insolvenzspezifische Fortsetzungsmöglichkeit** geschaffen wurde, die neben die speziell für die je- 15

10) LG Potsdam, Beschl. v. 14.11.2013 – 2 T 62/13, ZInsO 2013, 2566, 2566 = ZIP 2014, 641.

11) Grundsätzlich bedarf es bei der GmbH nach ganz h. M. – wie bei Satzungsänderungen – einer Mehrheit von ¾ der abgegebenen Stimmen, Scholz-*Scheller*, GmbHG, § 60 Rz. 88; Lutter/Hommelhoff-*Kleindiek*, GmbHG, § 60 Rz. 29; Noack/Servatius/Haas-*Haas*, GmbHG, § 60 Rz. 92a; bei der AG ist gemäß § 274 Abs. 1 Satz 2 AktG hingegen grundsätzlich eine doppelte Mehrheit, nämlich erstens die einfache Stimmenmehrheit des § 133 Abs. 1 AktG und zweitens die Mehrheit von ¾ des vertretenen Grundkapitals erforderlich, *Koch*, AktG, § 274 Rz. 3; *Koch* in: MünchKomm-AktG, § 274 Rz. 23; K. Schmidt/Lutter-*Riesenhuber*, AktG, § 274 Rz. 6.

12) Sofern der Gesellschafter nach Rechtskraft des bestätigten Insolvenzplans persönlich haftender Gesellschafter ist, bedarf es gemäß § 230 Abs. 1 Satz 2 InsO seiner ausdrücklichen Fortführungserklärung. In einem solchen Fall kann zwar der Fortsetzungsbeschluss durch eine Planregelung gegen seinen Willen ersetzt werden. Aufgrund des Erfordernisses der Fortführungserklärung ist in der Praxis aber keine Durchsetzung der Fortsetzung der Gesellschaft gegen den Willen dieses Gesellschafters möglich. Zur Abgrenzung zwischen Fortführungserklärung und Fortsetzungsbeschluss s. a. Rz. 27 f.

weilige Rechtsform vorgesehene Fortsetzungsmöglichkeit hinzutrete.[13] Demnach wäre bereits vor Aufhebung des Insolvenzverfahrens eine Fortsetzung der Gesellschaft durch eine Planregelung im Insolvenzplan möglich.

16 **Diese Auffassung ist jedoch abzulehnen.**[14] Aufgrund des Wortlauts der Vorschrift – „insbesondere" – ist davon auszugehen, dass keine (rechtsformunabhängige) insolvenzspezifische Fortsetzungsmöglichkeit geschaffen wurde, sondern § 225a Abs. 3 Alt. 1 InsO lediglich ein Beispiel der nunmehr im Plan möglichen „gesellschaftsrechtlich zulässigen" Maßnahmen darstellt.

17 Somit kann ein Fortsetzungsbeschluss im Insolvenzplanverfahren **frühestens mit Aufhebung des Verfahrens (§ 258 InsO) wirksam werden** (§ 60 Abs. 1 Nr. 4 GmbHG, § 144 Abs. 1 HGB, § 274 Abs. 2 Nr. 1 AktG). Dies ist auch interessengerecht. Vor Aufhebung des Insolvenzverfahren ist das Gesellschaftsvermögen vom Insolvenzbeschlag erfasst (§ 80 Abs. 1 InsO) und dem Zweck der bestmöglichen Gläubigerbefriedigung unterworfen. Die „freie" Ausrichtung der Gesellschaft auf einen werbenden Zweck ist damit erst mit Aufhebung des Insolvenzverfahrens gegeben.

18 Ein Fortsetzungsbeschluss der Gesellschafter kann jedoch nach h. A. bereits vor Planbestätigung gefasst werden, die Wirksamkeit steht in einem solchen Fall aber unter der **Bedingung der Aufhebung des Insolvenzverfahrens** nach rechtskräftiger Planbestätigung.[15] Gleiches gilt für die den Fortsetzungsbeschluss ersetzende Planregelung. Auch diese erlangt erst mit der Aufhebung des Insolvenzverfahrens Wirksamkeit.[16]

> **Formulierungsbeispiel (Fortsetzungsregelung im Insolvenzplan)**
>
> „Die infolge der Eröffnung des Insolvenzverfahrens über ihr Vermögen gemäß § 60 Abs. 1 Nr. 4 GmbHG aufgelöste Gesellschaft wird mit Wirkung auf den Zeitpunkt der Aufhebung des Insolvenzverfahrens fortgesetzt."

4. Voraussetzung für die Fortsetzung der Gesellschaft

19 Wird eine GmbH durch die Eröffnung des Insolvenzverfahrens über das Vermögen der Gesellschaft aufgelöst, kann sie nur in den in § 60 Abs. 1 Nr. 4 GmbHG genannten Fällen fortgesetzt werden.[17] Die Fortsetzung einer aufgelösten Gesellschaft setzt folgendes voraus:

- Gesellschaft ist aufgelöst, aber noch **nicht vollbeendet**.
- Der **Auflösungsgrund** wurde **beseitigt**.
- Es hat noch **keine Vermögensverteilung** stattgefunden.[18]

13) *Wachter*, NZG 2015, 858, 860; *Madaus* in: Kübler/Prütting/Bork, HRI II, § 28 Rz. 2 ff.; *Madaus*, NZI 2015, 566; *Becker*, ZInsO 2013, 1885, 1888.

14) So auch die h. M.: *Eidenmüller* in: MünchKomm-InsO, § 225a Rz. 84; K. Schmidt-*Spliedt*, InsO, § 225a Rz. 40; *Haas* in: HK-InsO, § 225a Rz. 8 ff.; Uhlenbruck-*Hirte*, InsO, § 225a Rz. 40 ff.

15) *Sinz* in: MünchKomm-InsO, § 249 Rz. 15; K. Schmidt-*Splidt*, InsO, § 225a Rz. 4.

16) *Eidenmüller* in: MünchKomm-InsO, § 230 Rz. 41; K. Schmidt-*Spliedt*, InsO, § 225a Rz. 40; Uhlenbruck-*Hirte*, InsO, § 225a Rz. 40.

17) BGH, Beschl. v. 28.4.2015 – II ZB 13/14, NZI 2015, 775 Rz. 7; OLG Jena, Beschl. v. 9.8.2024 – 2 W 242/24, NZI 2025, 461, Rz. 21.

18) BGH, Beschl. v. 8.4.2020 – II ZB 3/19, NZI 2020, 635 Rz. 33; OLG Jena, Beschl. v. 9.8.2024 – 2 W 242/24, NZI 2025, 461 Rz. 29.

- Es liegt **keine Überschuldung** i. S. des § 19 InsO der Gesellschaft vor.[19] Richtigerweise darf im Zeitpunkt der Fortsetzung auch keine Zahlungsunfähigkeit i. S. von § 17 InsO vorliegen.[20]

Nach dem OLG Celle setzt der Fortsetzungsbeschluss ferner voraus, dass der Insolvenzplan eine abschließende und eindeutige Aussage zum Fortbestand der Gesellschaft trifft und ein **nachvollziehbares Konzept zur Unternehmensfortführung** erkennen lässt.[21] Diese Anforderungen sind jedoch aus dem Gesetz nicht zu entnehmen. Auch die Fortsetzung der Gesellschaft als „leere Hülse" ohne Fortführung des Unternehmens, dürfte grundsätzlich zulässig sein. Ob eine solche Struktur sinnvoll ist, ist eine andere Frage. Die Einschätzung sollte aber den Gläubigern überlassen werden, die über die Annahme des Insolvenzplans entscheiden. Der Schutz der Neugläubiger erfolgt dadurch, dass die Gesellschaft im Zeitpunkt der Fortsetzung weder überschuldet noch zahlungsunfähig sein darf.[22] Es findet allerding weder im Rahmen der Aufhebung des Insolvenzverfahrens vom Insolvenzgericht noch im Eintragungsverfahren durch das Registergericht eine darüberhinausgehende Prüfung der materiellen Fortsetzungsfähigkeit der Gesellschaft statt.[23] 20

5. Anmeldung des Fortsetzungsbeschlusses zum Register

Die Fortsetzung der Gesellschaft muss beim zuständigen Register angemeldet und eingetragen werden.[24] Dabei sind die Voraussetzungen der Fortsetzung nachzuweisen.[25] Siehe zu den einzelnen Voraussetzungen der Fortsetzung Rz. 19. 21

Bei der Regelung der Fortsetzung im Insolvenzplan ist neben den berechtigten Organen auch der **Insolvenzverwalter bis zur Aufhebung des Insolvenzverfahrens** (§ 258 InsO) **zur Anmeldung berechtigt** (§ 254a Abs. 2 Satz 3 InsO).[26] Zwar steht die Wirksamkeit des Fortsetzungsregelung unter der Bedingung der Aufhebung des Insolvenzverfahrens, da die Anmeldung unter einer Rechtsbedingung[27] aber grundsätzlich zulässig ist,[28] kann sie auch bereits vor Aufhebung vorgenommen werden.[29] In einem solchen Fall ist der Beschluss über die Verfahrensaufhebung dem Registergericht zu gegebener Zeit nachzureichen.[30] 22

Bei einer insolvenzbedingten Auflösung ist davon auszugehen, dass als **Nachweis** (gemäß § 274 Abs. 3 Satz 2 AktG) **für die Nichtverteilung** eine entsprechende Versicherung des 23

---

19) Jedenfalls bei der AG und GmbH. Vgl. für die AG: *Koch* in: MünchKomm-AktG, § 274 Rz. 22; *Koch*, AktG, § 274 Rz. 4; *Bachmann* in: BeckOGK-Aktienrecht, § 274 AktG Rz. 7; Henssler/Strohn-*Drescher*, GesR, § 274 AktG Rz. 3; Hölters/Weber-*Krebs*, AktG, § 274 Rz. 2; vgl. für die GmbH: BayObLG, Beschl. v. 4.2.1998 – 3Z BR 462/97, ZIP 1998, 739 = NZG 1998, 465; *Berner* in: MünchKomm-GmbHG, § 60 Rz. 256; Scholz-*Scheller*, GmbHG, § 60 Rz. 98 f.; Noack/Servatius/Haas-*Haas*, GmbHG, § 60 Rz. 91a; Michalski/Heidinger/Leible/J. Schmidt-*Knaier*, GmbHG, § 60 Rz. 337.

20) *Brünkmans/Brünkmans*, NZI 2019, 431, 433 f. (Urteilsanm.).

21) OLG Celle, Beschl. v. 8.3.2019 – 9 W 17/19, NZI 2019, 431, 432, m. Anm. *Brünkmans/Brünkmans*.

22) S. *Brünkmans/Brünkmans*, NZI 2019, 431, 433 (Urteilsanm.).

23) OLG Jena, Beschl. v. 9.8.2024 – 2 W 242/24, NZI 2025, 461 Rz. 30; vgl. schon BGH, Beschl. v. 8.4.2020 – II ZB 3/19, NZI 2020, 635 Rz. 28, 29.

24) Scholz-*Scheller*, GmbHG, § 60 Rz. 91a; Noack/Servatius/Haas-*Haas*, GmbHG, § 60 Rz. 92a; K. Schmidt/Lutter-*Riesenhuber*, AktG, § 274 Rz. 7; *K. Schmidt* in: MünchKomm-HGB, § 144 Rz. 14; Ebenroth/Boujong/Joost/Strohn-*Lorz*, HGB, § 144 Rz. 10.

25) Scholz-*K. Schmidt/Bitter*, GmbHG, § 60 Rz. 91.

26) S. dazu auch § 29 Rz. 171 f. [*Brünkmans*].

27) Im Unterschied zur echten Bedingung, *Herrler* in: MünchKomm-GmbHG, § 7 Rz. 11; *Krafka*, Registerrecht, Rz. 78.

28) *Herrler* in: MünchKomm-GmbHG, § 7 Rz. 11; *Krafka*, Registerrecht, Rz. 78.

29) Vgl. *Horstkotte/Martini*, ZInsO 2012, 557, 567.

30) *Horstkotte/Martini*, ZInsO 2012, 557, 567.

Insolvenzverwalters, dass mit der Verteilung des Vermögens noch nicht begonnen wurde, ausreicht.[31)]

> **Formulierungsbeispiel (Versicherung als Nachweis nach § 274 Abs. 3 Satz 2 AktG bei der Anmeldung zum Handelsregister)[32)]**
>
> „Ich, der anmeldende Insolvenzverwalter, versichere hiermit in Bezug auf die angemeldete Fortsetzung der Gesellschaft, dass mit der Verteilung des Vermögens der Gesellschaft noch nicht begonnen wurde."

24 Da das Insolvenzgericht den verfahrensbeendenden Insolvenzplan nur bestätigten darf, wenn die Insolvenzgründe nach der Umsetzung des Insolvenzplanes nachhaltig beseitigt werden,[33)] sollte als Nachweis für das Nichtvorliegen der insolvenzrechtlichen Überschuldung beim Registergericht die Vorlage des rechtskräftig bestätigten Insolvenzplanes und des Aufhebungsbeschlusses genügen.

25 Bei der GmbH,[34)] OHG und KG[35)] wirkt die Eintragung grundsätzlich deklaratorisch, bei der AG hingegen konstitutiv (vgl. § 274 Abs. 4 Satz 1 AktG).

II. Fortführungserklärung persönlich haftender Gesellschafter (§ 230 Abs. 1 Satz 2 InsO)

1. Funktion der Fortführungserklärung

26 Ist der Schuldner eine Gesellschaft ohne Rechtspersönlichkeit[36)] oder eine KGaA und sieht der Insolvenzplan die Fortführung der Gesellschaft vor, so ist nach § 230 Abs. 1 Satz 2 InsO dem Plan eine Fortführungserklärung der Personen beizufügen, die nach dem Plan persönlich haftende Gesellschafter des Unternehmens sein sollen.

27 Eine solche Fortführungserklärung ist streng **von** dem – gesellschaftsrechtlich aufgrund der insolvenzbedingten Auflösung der Gesellschaft notwendigen – Fortsetzungsbeschluss zu unterscheiden (siehe ausführlich oben Rz. 4 ff.). Während der Fortsetzungsbeschluss das Mittel ist, um den Gesellschaftszweck von der Abwicklung wieder auf einen werbenden Zweck auszurichten, liegt der **Zweck einer Fortführungserklärung** nach § 230 Abs. 1 Satz 2 InsO darin, sicherzustellen, dass die persönliche Haftung der Gesellschafter aus der Fortführung nur mit deren **Einverständnis des persönlich haftenden Gesellschafters** erfolgen kann.[37)] Der Fortsetzungsbeschluss ist ein gesellschaftsrechtlicher Akt, die Fortsetzungserklärung hingegen eine **voluntative Einzelerklärung.**[38)]

28 Im Hinblick auf die Rechtsnatur ist die Fortführungserklärung eine **materielle Willenserklärung**, mit welcher die persönlich haftenden Gesellschafter ihre Fortführungsbereit-

31) *Horstkotte/Martini*, ZInsO 2012, 557, 568, Fn. 70.

32) Vgl. *Horstkotte/Martini*, ZInsO 2012, 557, 568.

33) *Brünkmans*, ZIP 2015, 1052, 1060; K. Schmidt-*Spliedt*, InsO, § 225a Rz. 32.

34) Scholz-*Scheller*, GmbHG, § 60 Rz. 91; *Berner* in: MünchKomm-GmbHG, § 60 Rz. 237; Noack/Servatius/Haas-*Haas*, GmbHG, § 60 Rz. 92a.

35) *K. Schmidt* in: MünchKomm-HGB, § 144 Rz. 14; Ebenroth/Boujong/Joost/Strohn-*Lorz*, HGB, § 144 Rz. 10.

36) Dazu gehören die OHG, die KG, die PartG, die GbR, die Partenreederei und die EWIV, vgl. § 11 Abs. 2 Nr. 1 InsO.

37) LG Potsdam, Beschl. v. 14.11.2013 – 2 T 62/13, ZInsO 2013, 2566 = ZIP 2014, 641; *Thies* in: HambKomm-InsO, § 230 Rz. 3; Braun-*Braun/Frank*, InsO, § 230 Rz. 6; anders *Eidenmüller* in: MünchKomm-InsO, § 230 Rz. 29.

38) Vgl. *Jaffé* in: FK-InsO, § 230 Rz. 4.

schaft hinsichtlich der Gesellschaft auf der Grundlage des Insolvenzplanes verbindlich erklärt.[39]

2. Sachlicher und persönlicher Anwendungsbereich

Eine Fortführungserklärung der persönlich haftenden Gesellschafter ist als Pflichtanlage nur erforderlich, wenn der Insolvenzplan die Fortführung des Unternehmens vorsieht (sog. **Fortführungsplan**). Für einen Übertragungs- oder Liquidationsplan bedarf es die einzelne Zustimmung der persönlich haftenden Gesellschafter nicht.[40] Hier besteht lediglich das Recht der Gesellschaft nach den allgemeinen gesellschaftsrechtlichen Vertretungsregeln[41] dem Insolvenzplan zu widersprechen, wobei ein solcher Widerspruch unbeachtlich ist, wenn eine Schlechterstellung im Vergleich zum Regelverfahren ausgeschlossen (§ 247 Abs. 2 Nr. 1 InsO) und kein Gläubiger einen wirtschaftlichen Wert erhält, der den vollen Betrag seines Anspruchs übersteigt (§ 247 Abs. 2 Nr. 2 InsO). 29

Eine Fortführungserklärung nach § 230 Abs. 1 Satz 2 InsO ist **nur für Gesellschaften ohne Rechtspersönlichkeit oder KGaA** erforderlich. Gesellschaften ohne Rechtspersönlichkeit sind die OHG, die KG, die PartG, die GbR, die Partenreederei sowie die Europäische Wirtschaftliche Interessenvereinigung (EWIV), vgl. § 11 Abs. 2 Nr. 1 InsO. Für Gesellschaften ausländischer Rechtsordnung, gelten die gleichen Kriterien. § 230 Abs. 1 Satz 2 InsO ist anwendbar, wenn die Gesellschaft nach ausländischem Gesellschaftsstatut mindestens einen persönlich haftenden Gesellschafter vorsieht, wie z. B. die englische Limited Partnership. 30

Nach § 230 Abs. 1 Satz 2 InsO ist eine Fortführungserklärung nur von den **zukünftig persönlich haftenden Gesellschaftern** abzugeben. Dies gilt sowohl für Altgesellschafter als auch den erst durch den Plan neu hinzutretenden persönlich haftenden Gesellschafter.[42] Von jedem persönlich haftenden Gesellschafter im Zeitpunkt der Rechtskraft des Insolvenzplans ist die individuelle Erklärung beizufügen. Dies gilt auch dann, wenn der Gesellschaftsvertrag der Schuldnerin explizit vorsieht, dass ein Fortsetzungsbeschluss auch mit Mehrheitsentscheidung – und damit unter Umständen gegen den Willen eines persönlich haftenden Gesellschafters – gefasst werden kann.[43] § 230 Abs. 1 Satz 2 InsO ist eine insolvenzrechtliche Sonderregelung. Die Entscheidung nach einer eingetretenen Insolvenz und Eröffnung des Insolvenzverfahrens dennoch die Gesellschaft als persönlich haftender Gesellschafter fortzuführen, ist besonders weitreichend. Dem persönlich haftenden Gesellschafter darf nach der Sanierung nicht unternehmerisches Risiko über ein gesellschaftsvertraglich geregeltes Mehrheitsprinzip für die Fortsetzung der Gesellschaft aufgezwungen werden.[44] Solche allgemeinen Fortsetzungsklauseln durch Mehrheitsbeschluss haben in der Regel die Fortsetzung allgemein, unabhängig vom konkreten Auflösungsgrund im Blick, sodass in dieser keine Vorabzustimmung zur Risikotragung gesehen werden kann. 31

39) *Eidenmüller* in: MünchKomm-InsO, § 230 Rz. 10.

40) *Jaffé* in: FK-InsO, § 230 Rz. 1.

41) *Sinz* in: MünchKomm-InsO, § 247 Rz. 11.

42) Begr. RegE ESUG, BT-Drucks. 17/5712, S. 32; K. Schmidt-*Spliedt*, InsO, § 230 Rz. 4; *Jaffé* in: FK-InsO, § 230 Rz. 7.

43) Anders *Eidenmüller* in: MünchKomm-InsO, § 230 Rz. 30.

44) *Jaffé* in: FK-InsO, § 230 Rz. 2.

32 Nicht notwendig ist hingegen die Zustimmungserklärung von solchen Personen, die nach dem Insolvenzplan als persönlich haftende Gesellschafter mit Rechtskraft des Insolvenzplanes ausscheiden[45] oder die Stellung als Kommanditisten übernehmen.

33 Entsprechend dem Zweck der Regelung findet § 230 Abs. 1 Satz 2 InsO dann **keine Anwendung**, wenn die **persönlich haftenden Gesellschafter keine natürliche Personen und keine Gesellschaften sind, für deren Verbindlichkeiten am Ende eine natürliche Person persönlich haftet.**[46] Hingegen ist § 230 Abs. 1 Satz 2 InsO analog auf Vorgesellschaften und Vorgründungsgesellschaften anzuwenden.[47]

34 Nach § 230 Abs. 1 Satz 3 InsO ist die Fortführungserklärung eines Schuldners nicht erforderlich, wenn dieser **selbst den Insolvenzplan vorgelegt** hat. Nach h. A. gilt diese Ausnahme für den persönlich haftenden Gesellschafter nicht.[48] Aus Gründen von Rechtssicherheit und Klarheit ist der h. A. ausnahmslos zu folgen, auch wenn im Einzelfall das Planvorlagerecht nur gemeinsam von allen persönlich haftenden Gesellschaftern wahrgenommen werden kann.[49]

3. Inhalt der Fortführungserklärung

35 Die Fortführungserklärung muss den eindeutigen Erklärungsinhalt haben, dass die erklärende Person zur Fortführung des Unternehmens in der Stellung als persönlich haftender Gesellschafter auf der Grundlage des Insolvenzplanes bereit ist. Die Fortführungserklärung sollte unter der **aufschiebenden Bedingung (§ 158 Abs. 1 BGB) einer rechtskräftigen Planbestätigung** abgegeben werden. Im Zweifel ist eine solche aufschiebende Bedingung **konkludent in der Fortführungserklärung** enthalten.[50] Darüber hinaus kann die Fortführungserklärung unter weiteren Bedingungen stehen, wenn dies durch eine Insolvenzplanregelung ausdrücklich gestattet ist.[51]

4. Keine Ersetzung der Fortführungserklärung durch Planregelung

36 Entsprechend dem Zweck der Fortführungserklärung, sicherzustellen, dass die persönliche Haftung der Gesellschafter aus der Fortführung nur mit Einverständnis der persönlich haftenden Gesellschafter erfolgen kann, ist eine **Ersetzung** durch eine Fortführungsregelung **im gestaltenden Teil ausgeschlossen.**[52] Auch gilt diese nicht unter den Voraussetzungen des § 247 InsO als erteilt. Die Zustimmungsfiktion aus § 247 InsO beruht auf den Gedanken, dass sich der Schuldner durch die Haftungsbefreiung nur verbessern kann (§ 227 Abs. 1 InsO). Die Fortführung als persönlich haftender Gesellschafter bürdet jedoch eine zusätzliche Pflicht auf.[53]

---

45) Begr. RegE ESUG, BT-Drucks. 17/5712, S. 32; K. Schmidt-*Spliedt*, InsO, § 230 Rz. 4.

46) *Eidenmüller* in: MünchKomm-InsO, § 230 Rz. 24; Römermann-*Ober*, InsO/InsR, § 230 InsO Rz. 6; *Zabel* in: Kübler/Bork/Prütting, HRI II, § 23 Rz. 184 ff.; **a. A.** *Fiebig* in: HK-InsO, § 230 Rz. 4; Uhlenbruck-*Sinz*, InsO, § 230 Rz. 2.

47) *Thies* in: HambKomm-InsO, § 230 Rz. 3.

48) Begr. RegE InsO, BT-Drucks. 12/2443, S. 203; *Jaffé* in: FK-InsO, § 230 Rz. 8; Römermann-*Ober*, InsO, § 230 Rz. 6; *Zabel* in: Kübler/Bork/Prütting, HRI II, § 23 Rz. 185; Uhlenbruck-*Sinz*, InsO, § 230 Rz. 2.

49) Ähnlich *Jaffé* in: FK-InsO, § 230 Rz. 8; **a. A.** *Eidenmüller* in: MünchKomm-InsO, § 230 Rz. 26.

50) *Eidenmüller* in: MünchKomm-InsO, § 230 Rz. 14 und Rz. 35.

51) *Thies* in: HambKomm-InsO, § 230 Rz. 2; *Eidenmüller* in: MünchKomm-InsO, § 230 Rz. 14; K. Schmidt-*Spliedt*, InsO, § 230 Rz. 2.

52) Vgl. *Eidenmüller* in: MünchKomm-InsO, § 230 Rz. 33.

53) K. Schmidt-*Spliedt*, InsO, § 230 Rz. 2.

5. Fortführungserklärungen als Pflichtanlage

Bei den Fortführungserklärungen nach § 230 Abs. 1 Satz 2 InsO handelt es sich um eine Pflichtanlage zum Insolvenzplan (siehe § 13 Rz. 88 f. [*Brünkmans/Harmann*]). Sind diese unvollständig, führt dies zur Zurückweisung des Insolvenzplanes i. R. der gerichtlichen Vorprüfung (§ 231 InsO), jedenfalls zur Versagung der gerichtlichen Bestätigung des Insolvenzplanes (§ 248 InsO).[54] 37

III. Besonderheiten bei der KG

Die Insolvenz der KG hat in der Regel auch die Insolvenz des Komplementärs zur Folge. 38
Dies gilt insbesondere für die GmbH & Co. KG, weil die Komplementär-GmbH in der Praxis kaum nennenswertes eigenes Vermögen hat. Ohne besondere Regelung scheidet die Komplementär-GmbH aus der KG aus (§ 131 Abs. 3 Nr. 2 HGB). Die Regelung eines Fortsetzungsbeschlusses setzt voraus, dass eine Komplementärin als Gesellschafterin wieder einbezogen wird. Dies kann die – ggf. ebenfalls durch Insolvenzplan sanierte Komplementär-GmbH – oder eine neu hinzutretende Komplementärin sein.[55] Der Beitritt des Komplementärs ist – wie generell die Zustimmung des persönlich haftenden Gesellschafters nach § 230 Abs. 1 Satz 2 InsO – nicht durch eine Regelung im Insolvenzplan gestützt auf § 225a Abs. 3 InsO ersetzbar (siehe bereits Rz. 36).

C. Satzungsänderungen/Änderung des Gesellschaftsvertrages

Nach § 53 GmbHG kann eine Abänderung des Gesellschaftsvertrages einer GmbH nur 39
durch einen Beschluss der Gesellschafter, eine Änderung der Satzung einer AG nach § 179 Abs. 1 AktG nur durch einen Beschluss der Hauptversammlung erfolgen. Da nach der hier vertretenen Auffassung die Ermächtigung für Planregelungen aus § 225a Abs. 3 InsO nicht nur für gesellschaftsrechtliche Maßnahmen aus dem Verdrängungs- oder Überschneidungsbereich, sondern auch für Maßnahmen aus dem Schuldnerbereich gelten (sog. Verdrängungsbereich II, siehe § 29 Rz. 26 f. [*Brünkmans*]), können durch Einbeziehung der Anteilsinhaber in das Insolvenzplanverfahren und Aufnahme einer satzungsändernden Regelung in den Insolvenzplan die Satzung/der Gesellschaftsvertrag der zu sanierenden Gesellschaft unmittelbar geändert werden.[56] Sieht der Insolvenzplan den Einstieg eines Investors vor, kann bereits über den Insolvenzplan dem Investor eine auf ihn maßgeschneiderte Satzung gewährt werden.

Bei der Ausgestaltung der zukünftigen Satzung gilt der allgemeine gesellschaftsrechtliche 40
Rahmen, d. h. bei der GmbH die weitgehende Gestaltungsfreiheit,[57] hingegen bei der AG nach § 23 Abs. 5 AktG der Grundsatz der Satzungsstrenge.

Wie außerhalb des Insolvenzplanverfahrens gibt es dabei vielzählige Gestaltungsoptionen 41
für Satzungsregelungen, die über eine entsprechende satzungsändernde Regelung im Insolvenzplan eingeführt werden kann, wie etwa die Änderung der Firma (vgl. z. B. § 3 Abs. 1 Nr. 1 GmbHG), die Verlegung des Sitzes der Gesellschaft (§ 4a GmbHG) etc. Zu den Kapitalmaßnahmen als besondere Form der Satzungsänderung siehe ausführlich Rz. 62 ff.

---

54) Vgl. LG Potsdam, Beschl. v. 14.11.2013 – 2 T 62/13, ZInsO 2013, 2566 = ZIP 2014, 641.

55) K. Schmidt-*Spliedt*, InsO, § 225a Rz. 41.

56) So auch *Hölzle* in: Kübler/Bork/Prütting, HRI II, § 26 Rz. 56; *Thole*, Gesellschaftsrechtliche Maßnahmen in der Insolvenz, Rz. 230.

57) Vgl. *Wicke*, GmbHG, § 3 Rz. 28; *Wicke* in: MünchKomm-GmbHG, § 3 Rz. 150; Noack/Servatius/Haas-*Fastrich*, GmbHG, § 3 Rz. 4.

D. Sonderrechte, insbesondere Vorzugsrechte und Sondervorteile

I. Aufhebung von Sonderrechten durch Insolvenzplanregelung

42 Häufig sehen Satzungen des Schuldners Sonderrechte vor. Dabei handelt es sich um Rechte, die ausschließlich einem bestimmten Gesellschafter gewährt wurden, wie etwa das Recht auf Geschäftsführung, Recht auf erhöhten Gewinnanteil, Belieferungs- oder Abnahmerecht, Erwerbsvorrechte, Vetorecht, Zustimmungsvorbehalt, erhöhtes Stimmrecht, Weisungsrecht etc.[58)]

43 Dabei sind zwei Formen von Sonderrechten zu unterscheiden. **Vorzugsrechte** sind mit dem Geschäftsanteil verbundene, dem jeweiligen Inhaber dieses Geschäftsanteils zustehende Rechte. **Sondervorteile** sind demgegenüber Rechte, die nicht dem jeweiligen Inhaber eines bestimmten Geschäftsanteils, sondern einem oder mehreren bestimmten Gesellschaftern gewährt werden.[59)]

44 Wird die Sanierung der Schuldnerin über einen Insolvenzplan angestrebt und sieht die Satzung der Schuldnerin entsprechende Sonderrechte vor, besteht häufig ein Bedürfnis, diese Sonderrechte zu beschneiden oder vollständig aufzuheben. Dies gilt insbesondere, wenn der Einstieg eines Eigenkapitalinvestors geplant ist. Die **Aufhebung solcher Sonderrechte** einzelner Gesellschafter ist **über eine Insolvenzplanregelung möglich.**[60)]

45 Gesellschaftsrechtlich erfordert die Aufhebung von Sonderrechten eine entsprechende Satzungsänderung nach § 53 GmbHG und die Zustimmung des betroffenen Gesellschafters.[61)] Sowohl **Satzungsänderung** (siehe bereits Rz. 39 f.) als auch die **Zustimmungserklärung des betroffenen Gesellschafters** zur Aufgabe von Sonderrechten können **im Insolvenzplan** durch eine entsprechende Regelung **ersetzt werden**, solange die materiellrechtlichen Anforderungen an gesellschaftsrechtliche Planregelungen (siehe dazu § 29 Rz. 56 f. [*Brünkmans*]), insbesondere der Gleichbehandlungsgrundsatz und das Schlechterstellungsverbot, eingehalten werden.

II. Begründung von Sonderrechten durch Insolvenzplanregelung

46 Der Insolvenzplan kann auch einzelnen Gesellschaftern Sonderrechte gewähren. Ein praktisches Bedürfnis mag hier für den neu hinzutretenden Eigenkapitalinverstor bestehen.

47 Die Begründung eines Sonderrechts bedarf der Aufnahme im Wege der Satzungsänderung.[62)] Außerhalb des Insolvenzplanverfahrens ist für die nachträgliche Aufnahme von Sonderrechten die Zustimmung aller übrigen Gesellschafter erforderlich. Diese Zustimmung kann durch eine Planregelung ersetzt werden. Bei der Begründung von Sonderrechten von Gesellschaftern durch Insolvenzplanregelungen ist danach zu unterscheiden, ob Altgesellschafter oder erst mit Rechtskraft des Insolvenzplanes neu hinzutretendem Gesellschafter ein Sonderrecht gewährt wird.

48 Für den **Altgesellschafter**, dem ein Sonderrecht gewährt wird, ist eine eigene Gruppe der Anteilsinhaber zu bilden, weil ansonsten ein Verstoß gegen das **insolvenzrechtliche Gleichbehandlungsgebot innerhalb der Gruppe** (§ 226 InsO) vorliegt (siehe ausführlich § 29 Rz. 65 ff. [*Brünkmans*]). Die Bildung einer gesonderten Gruppe der Anteilsinhaber

58) Michalski/Heidinger/Leible/J. Schmidt-*J. Schmidt*, GmbHG, § 3 Rz. 79.

59) *Harbarth* in: MünchKomm-GmbHG, § 53 Rz. 181.

60) So auch *Thole*, Gesellschaftsrechtliche Maßnahmen in der Insolvenz, Rz. 231; *Rendels/Zabel*, Insolvenzplan Rz. 242.

61) Noack/Servatius/Haas-*Fastrich*, GmbHG, § 3 Rz. 50; *Harbarth* in: MünchKomm-GmbHG, § 53 Rz. 181 ff.; Scholz-*Priester/Trebben*, GmbHG, § 53 Rz. 155.

62) *Harbarth* in: MünchKomm-GmbHG, § 53 Rz. 181; Scholz-*Priester/Trebben*, GmbHG, § 53 Rz. 155.

ist aber nicht alleine aus der Gewährung eines Sonderrechts zu rechtfertigen, sondern die besondere Gruppenbildung ist vielmehr aus anderweitigem wirtschaftlichem Interesse zu rechtfertigen, wie etwa einem über die Beteiligung hinaus gehenden Sanierungsbeitrag der Gesellschafter. Wird ausschließlich dem **neu hinzutretenden Gesellschafter**, der über eine Kapitalerhöhung der Gesellschaft beitritt, ein Sonderrecht gewährt, so ist die Bildung einer gesonderten Gruppe der Anteilsinhaber nicht zu bilden, weil dieser nicht Mitglied der Gruppe der Anteilsinhaber (Altgesellschafter) ist und auch nicht mit über den Insolvenzplan abstimmt. Dem neu hinzutretenden Gesellschafter kann über eine Insolvenzplanregelung ein Sonderrecht gewährt werden. Die Zustimmung der Altgesellschafter zur Sonderrechtsgewährung des neuen beitretenden Gesellschafters wird über die Planregelung fingiert.[63)]

E. Binnenorganisationsbeschlüsse: Bestellung, Abberufung und Begründung von Gesellschaftsorganen

I. Bestellung und Abberufung der Geschäftsführer einer GmbH

49 Nach § 46 Nr. 5 GmbHG wird der Geschäftsführer durch einen Gesellschafterbeschluss bestellt. Gleiches gilt für den Widerruf der Bestellung des Geschäftsführers (§ 38 GmbHG). Der Bestellungsbeschluss kann Gegenstand einer Regelung im Insolvenzplan sein. Die Regelungsermächtigung aus § 225a Abs. 3 InsO ist nicht nur auf den sog. Verdrängungs- oder Überschneidungsbereich beschränkt. Vielmehr können auch Gesellschafterbeschlüsse aus dem Schuldnerbereich, welche die reine Binnenorganisation der Gesellschaft betreffen, im Insolvenzplan geregelt werden (sog. Verdrängungsbereich II, siehe § 29 Rz. 26 f. [*Brünkmans*]).

50 Der designierte Geschäftsführer kann bereits die **Annahme des Geschäftsführeramtes** aufschiebend bedingt auf die rechtskräftige Bestätigung des Insolvenzplanes erklären.[64)] Der **Anstellungsvertrag** ist hingegen vor Aufhebung des Insolvenzverfahrens vom Insolvenzverwalter mit dem designierten Geschäftsführer abzuschließen.[65)]

51 Auch die Abberufung des Geschäftsführers erfolgt als actus contrarius durch die Gesellschafterversammlung (§ 46 Nr. 5 GmbHG) und kann durch eine entsprechende Regelung im Insolvenzplan ersetzt werden. Die Kündigung oder Aufhebung des Anstellungsvertrages erfolgt jedoch wiederum durch den Insolvenzverwalter.[66)]

II. Bestellung/Abberufung von Aufsichtsrat und Vorstand einer AG

52 Der Einstieg von Investoren (siehe zum Investoreneinstieg § 32 Rz. 29, 33 [*Brünkmans*]) erfordert in der Regel eine Anpassung der Besetzung des Aufsichtsrates.[67)] Auch die Mitglieder des Aufsichtsrates einer AG können über eine Regelung im Insolvenzplan bestellt werden, solange diese nach den gesellschaftsrechtlichen Vorschriften eigentlich durch die

---

63) Zwar bedarf es in diesem Fall keiner Zustimmung, da die Zustimmungspflicht als rein die Altgesellschafter schützende Vorschrift im Insolvenzplanverfahren keine Anwendung finden würde, s. dazu oben § 29 Rz. 57 ff. [*Brünkmans*]. Bis zur höchstrichterlichen Klärung bietet es sich aber zur Vermeidung von Zurückweisungen des Insolvenzplanes durch das Insolvenzgericht an, eine solche Zustimmung durch eine Planregelung im Insolvenzplan zu fingieren.

64) Diese ist nicht bedingungsfeindlich, Michalski/Heidinger/Leible/J. Schmidt-*Tebben*, GmbHG, § 6 Rz. 42; Noack/Servatius/Haas-*Beurskens*, GmbHG, § 6 Rz. 49 m. w. N.; BGH, Urt. v. 24.10.2005 – II ZR 55/04, 2. b) aa), ZIP 2005, 2255, dazu EWiR 2006, 113 (*Theusinger/Liese*).

65) Uhlenbruck-*Hirte*, InsO, § 11 Rz. 187; für die Eigenverwaltung s. *Thole*, Gesellschaftsrechtliche Maßnahmen in der Insolvenz, Rz. 180.

66) Uhlenbruck-*Hirte*, InsO, § 11 Rz. 125.

67) *Harig/Stamme*, ZRI 2022, 814, 814.

Hauptversammlung bestellt würden. Demnach können über eine Insolvenzplanregelung bei einer der Mitbestimmung unterliegenden AG lediglich die **Aufsichtsräte der Aktionärsseite, nicht jedoch die der Arbeitnehmerseite**, bestellt werden. Der Bestellungsbeschluss der Hauptversammlung wird durch eine Regelung im Insolvenzplan ersetzt.[68)]

53 Auch die Abberufung der bisherigen Aufsichtsratsmitglieder nach § 103 Abs. 1 Satz 1 AktG kann über eine Regelung im Insolvenzplan erfolgen.[69)] Die außerhalb des Insolvenzplanverfahrens für die Abberufung von Aufsichtsratsmitgliedern erforderliche Drei-Viertel-Mehrheit der abgegebenen Stimmen ist in diesem Fall nicht erforderlich. Der Insolvenzplan mit einer entsprechenden Abberufungsregelung ist innerhalb der Gruppe der Aktionäre nach den allgemeinen Vorschriften (siehe ausführlich § 29 Rz. 116 ff. [*Brünkmans*]) bei einfacher Summenmehrheit (§§ 244 Abs. 3, 238a InsO) angenommen und diese Zustimmung kann unter den Voraussetzungen des Obstruktionsverbotes (§ 245 InsO) ersetzt werden.

> **Formulierungsbeispiel**
>
> „Der bisherige Aufsichtsrat, bestehend aus A, B und C wird abberufen. Anstelle dessen werden in den Aufsichtsrat berufen: D, E und F. Die Genannten haben gegenüber der Gesellschaft erklärt, dass sie mit der Amtsübernahme einverstanden sind und dass in ihrer Person jeweils keine Bestellungshindernisse i. S. von § 100 AktG bestehen.“[70)]

54 Für die **Bestellung des Vorstandes** als Exekutivorgan bleibt es hingegen bei der rein gesellschaftsrechtlichen Kompetenz des Aufsichtsrates aus § 84 AktG. Wie aus § 254a Abs. 2 InsO und dem Grundkonzept der Einbeziehung der Anteilsinhaber in den Insolvenzplan ersichtlich, können über eine Planregelung lediglich Beschlüsse und Erklärungen der Anteilsinhaber, d. h. bei der AG Hauptversammlungsbeschlüsse und Erklärungen der Aktionäre ersetzt werden, nicht jedoch generell Beschlüsse und Willenserklärung sämtlicher Organe.

55 Die vorstehenden Grundsätze gelten auch für eine **dualistische SE**. Für die **monistische SE**, bestehend aus einem Verwaltungsrat, können die Mitglieder des Verwaltungsrates durch eine Regelung im gestaltenden Teil bestellt werden.[71)] Dies gilt auch für die geschäftsführenden Verwaltungsratsmitglieder, weil sie wie die nicht-geschäftsführenden Mitglieder gemäß Art. 43 Abs. 3 Satz 1 SE-VO von der Hauptversammlung direkt gewählt werden.

III. Geschäftsordnung

56 Die Krise einer Gesellschaft ist nicht selten auf ineffiziente Managementstrukturen und eine schlechte „Corporate Governance“ zurückzuführen. Entsprechend besteht nicht nur ein Bedürfnis nach personaler, sondern auch struktureller Neuausrichtung der Geschäftsführung und Geschäftsverteilung. Die Kompetenzverteilung zwischen den einzelnen Geschäftsführern, die Einbindung eines ggf. zu implementierenden Beirates und die Kontrolle bzw. Zustimmungsvorbehalte der Gesellschafterversammlung können entsprechend in einer Geschäftsordnung geregelt werden.

57 Für die Regelung der Geschäftsverteilung der Geschäftsführer einer GmbH ist vorrangig die Gesellschafterversammlung zuständig. Denkbar ist eine entsprechende Regelung im Gesellschaftsvertrag. Häufig und auch praktikabler ist die Begründung einer Geschäfts-

68) So auch *Horstkotte/Martini*, ZInsO 2012, 557, 564.

69) *Horstkotte/Martini*, ZInsO 2012, 557, 564.

70) Vgl. *Horstkotte/Martini*, ZInsO 2012, 557, 564.

71) *Harig/Lampe*, NZI 2022, 961, 963.

ordnung durch einfachen Gesellschafterbeschluss.[72] Da auch Regelungen aus dem Schuldnerbereich und nicht nur aus dem Verdrängungs- und Überschneidungsbereich in den Insolvenzplan aufgenommen werden können, kann auch die Geschäftsordnung als Satzungsänderung oder als – vorzugswürdige – „einfache" Geschäftsordnung implementiert werden. Erfolgt die Implementierung über eine satzungsändernde Regelung im Insolvenzplan, bedarf es der konstitutiven Eintragung in das Handelsregister (§§ 53, 54 GmbHG). Bei der Regelung einer „einfachen Geschäftsordnung" im Insolvenzplan ist dies nicht erforderlich, und diese kann nach rechtskräftiger Bestätigung des Insolvenzplanes von der Gesellschafterversammlung mit einfacher Mehrheit wieder geändert werden. Technisch bietet sich die Regelung einer schlanken gesellschafterbeschlussersetzenden Regelung im gestaltenden Teil mit Verweis auf die dem Insolvenzplan anliegende Geschäftsordnung an.

IV. Begründung eines Aufsichtsrates/Beirates bei einer GmbH

Neben der Geschäftsordnung kann auch die Implementierung eines Aufsichtsrates oder Beirates bei einer GmbH eine Maßnahme zur Beseitigung einer Führungskrise im Unternehmen sein. Insbesondere ein Investor wird seinen Einstieg nicht selten davon abhängig machen, seinen Einfluss und die Kontrolle über das operative Tagesgeschäft zu sichern. Dieses Ziel kann über die Implementierung eines Aufsichtsrates oder Beirates erreicht werden. 58

Ein Aufsichtsrat kann bei der GmbH nach § 52 Abs. 1 GmbHG durch eine Ermächtigung im Gesellschaftsvertrag begründet werden. Gleiches gilt für einen statutarischen Beirat. Entsprechend kann die Implementierung auch über eine satzungsändernde Regelung im gestaltenden Teil des Insolvenzplanes erfolgen.[73] Die Anmeldung und Eintragung der Satzungsänderung zum Handelsregister erfolgt nach allgemeinen Regeln (siehe dazu § 29 Rz. 168 ff. [*Brünkmans*]). 59

Alternativ zum Aufsichtsrat oder statutarischen Beirat kann im Einzelfall die Implementierung eines bloß beratenden Beirates ohne organschaftliche Befugnisse angemessen sein, wenn auch in der Praxis der auf „statutarischer Grundlage eingesetzte" Beirat oder Aufsichtsrat überwiegt.[74] Für die Implementierung eines beratenden Beirates ist eine Satzungsänderung nicht erforderlich. Er kann vielmehr durch einfachen Gesellschafterbeschluss begründet werden. Organschaftliche Befugnisse wie Weisungsrechte oder Befugnisse zur Überwachung, können diesem Gremium dann allerdings nicht eingeräumt werden.[75] Vor dem Hintergrund ist für die Implementierung des bloß beratenden Beirates die Aufnahme einer den einfachen Gesellschafterbeschluss ersetzenden Regelung hinreichend. 60

F. Beschlüsse bzgl. Rechnungslegung

Auch Gesellschafterbeschlüsse, die sich auf die Rechnungslegung der Gesellschaft beziehen, können durch eine Planregelung ersetzt werden, wie etwa die Feststellung des Jahresabschlusses nach § 46 Nr. 1 GmbHG, die Auflösung von Rücklagen, die Verwendung eines Gewinnvortrages etc. 61

72) *Leuering/Dornhegge*, NZG 2010, 13; *Altmeppen*, GmbHG, § 37 Rz. 33; Lutter/Hommelhoff-*Kleindiek*, GmbHG, § 37 Rz. 36; ebenso Scholz-*U. H. Schneider/S. H. Schneider*, GmbHG, § 37 Rz. 54 ff.; Noack/Servatius/Haas-*Beurskens*, GmbHG, § 37 Rz. 12 ff.

73) Zur möglichen Regelungen von Beschlussfassungen der Gesellschafterversammlung aus dem Schuldnerbereich im Insolvenzplan s. ausführlich § 29 Rz. 26 ff. [*Brünkmans*].

74) *Spindler* in: MünchKomm-GmbHG, § 52 Rz. 783.

75) *Spindler* in: MünchKomm-GmbHG, § 52 Rz. 783; Scholz-*U. H. Schneider/Seyfarth*, GmbHG, § 52 Rz. 104.

G. Kapitalherabsetzung und Kapitalerhöhung im Insolvenzplan

I. Überblick und Praxisrelevanz von Kapitalmaßnahmen durch Insolvenzpläne

62 Da im Insolvenzplan gemäß § 225a Abs. 3 InsO jede Regelung getroffen werden kann, die gesellschaftsrechtlich zulässig ist, können auch Kapitalherabsetzungen und Kapitalerhöhungen (oder in Kombination sog. Kapitalschnitt) in den Insolvenzplan aufgenommen werden.[76] Es handelt sich in der Praxis für einen der Hauptanwendungsfälle für gesellschaftsrechtliche Maßnahmen, welche sich seit Inkrafttreten des StaRUG auch auf den Restrukturierungsplan als gängige Praxis etabliert haben (siehe zum Restrukturierungsplan § 54 Rz. 157 [*Brünkmans*]). Durch diese Maßnahmen wird die **finanzwirtschaftliche Restrukturierung** der Gesellschaft auf Ebene des Eigenkapitals und der Beitrag der Gesellschafter und ggf. Investoren zur Beseitigung einer Überschuldung oder Zahlungsunfähigkeit unmittelbar umgesetzt. Zum Eintritt eines Eigenkapitalinvestors siehe § 32 [*Brünkmans*].

63 Da häufig das **Stammkapital der Gesellschaft aufgezehrt** sein wird, werden die meisten Insolvenzpläne eine **Kombination aus nomineller Kapitalherabsetzung** zum Ausgleich bestehender Verluste **und effektiver Kapitalerhöhung** (sog. Kapitalschnitt) vorsehen. Die Kapitalherabsetzung und die Kapitalerhöhung werden in § 225a Abs. 2 Satz 3 InsO ausdrücklich als zulässige Planmaßnahmen genannt.

64 Häufig wird im Zeitpunkt der Eröffnung des Insolvenzverfahrens das gesamte Stammkapital der Gesellschaft vollständig aufgebraucht sein, sodass auch eine **Kapitalherabsetzung auf null** in Betracht kommt. Diese hat zur Folge, dass sämtliche Geschäftsanteile mit der Kapitalherabsetzung vernichtet und die Altgesellschafter vollständig hinausgedrängt werden, wenn ihnen nicht neue Anteile i. R. der anschließenden Kapitalerhöhung zugesprochen werden.[77]

65 Die anschließende Kapitalerhöhung kann im Wege der Barkapitalerhöhung oder im Wege der Sachkapitalerhöhung erfolgen. Grundsätzlich können Barkapitalerhöhung und Sachkapitalerhöhung auch miteinander verbunden werden. Bei einer vorherigen Kapitalherabsetzung unter das Mindeststammkapital ist dies bei einer begehrten Sachkapitalerhöhung auch zwingend erforderlich (siehe Rz. 84).

66 Bei der Sachkapitalerhöhung kommt insbesondere die Einbringung von Unternehmen oder von Unternehmensteilen in Betracht. Bei der Sachkapitalerhöhung durch das Insolvenzplanverfahren steht jedoch der Debt-to-Equity-Swap (siehe dazu unten Rz. 306 ff.), d. h. die Einbringung von Forderungen gegen die Gesellschaft als Sacheinlage, im Vordergrund.

67 Die Barkapitalerhöhung i. R. eines Kapitalschnitts dient häufig der **Umsetzung eines sog. „Cash-out-Plans"** (siehe ausführlich § 2 Rz. 103 ff. [*Brünkmans*]). Ein solcher „Cash-out-Plan" besteht aus einer Bilanzsanierung verbunden mit einer Bareinlage, welche zu einem Teil der Finanzierung der Befriedigungsquote der Gläubiger dient und zu einem anderen Teil der Gesellschaft als für die Betriebsfortführung erforderliche Liquidität verbleibt. Da die Gläubiger gegen Quotenzahlung auf den Rest ihrer Forderungen verzichten, wird mit Rechtskraft des bestätigten Insolvenzplans die rechnerische Überschuldung beseitigt und durch die zur Betriebsfortführung belassene Liquidität die Zahlungsfähigkeit wiederhergestellt, sodass das Insolvenzverfahren aufgehoben werden kann.[78]

68 Wird ein außenstehender Dritter zur Übernahme der Geschäftsanteile zugelassen, stellt der Kapitalschnitt mit Barkapitalerhöhung eine **Alternative zum Anteilserwerb** (Share Deal) dar. Statt der (ggf. zwangsweisen, vgl. § 225a Abs. 3 InsO) Übertragung der Ge-

76) OLG Jena, Beschl. v. 9.8.2024 – 2 W 242/24, NZI 2025, 461 Rz. 32.

77) *Brünkmans*, ZIP 2014, 1857, 1861.

78) *Horstkotte/Martini*, ZInsO 2012, 557, 560.

schäftsanteile an einen Investor, werden diesem – nach vorheriger Kapitalherabsetzung und Vernichtung sämtlicher Geschäftsanteile der Altgesellschafter und unter Ausschluss des Bezugsrechtes der Altgesellschafter – die im Wege der Kapitalerhöhung neu geschaffenen Geschäftsanteile gegen Bareinlage gewährt. Zu den Vor- und Nachteilen einer Unternehmensakquisition über einen Kapitalschnitt siehe ausführlich § 32 Rz. 47 f. [*Brünkmans*].

II. Kapitalherabsetzung

1. Bedeutung der nominellen Kapitalherabsetzung im Wege des vereinfachten Kapitalherabsetzungsverfahrens (§§ 58a ff. GmbHG, §§ 229 ff. AktG)

Mit der Kapitalherabsetzung können zwei Ziele verfolgt werden, zum einen die Freisetzung von Vermögen, indem das durch die Stammkapitalziffer gebundene Vermögen ausschüttungsfähig gemacht wird (effektive Kapitalherabsetzung).[79] Zum anderen kann die Kapitalherabsetzung dazu dienen, Wertminderungen auszugleichen oder sonstige Verluste zu decken, d. h. eine bestehende Unterbilanz der Gesellschaft zu beseitigen (nominelle Kapitalherabsetzung).[80] 69

Da in der Krise und Insolvenz das Stammkapital der Gesellschaft in der Regel nicht mehr vollständig vorhanden ist, meistens sogar vollständig aufgebraucht sein wird, spielt in der Praxis des Insolvenzplanverfahrens weit überwiegend die nominelle Kapitalherabsetzung eine Rolle. 70

Eine nominelle Kapitalherabsetzung kann als vereinfachte Kapitalherabsetzung §§ 58a ff. GmbHG, §§ 229 ff. AktG durchgeführt werden. Dies ist jedoch nicht zwingend, etwa wenn die Gesellschafter die Rücklagenverwendungssperre aus § 58b Abs. 3, § 58c Satz 2 GmbHG und die Gewinnausschüttungssperre aus § 58d GmbHG vermeiden wollen, und deshalb das langwierige Verfahren aus § 58 Abs. 1 Nr. 1 bis 4 GmbHG in Kauf nehmen.[81] In Praxi passiert dies jedoch höchst selten,[82] und wegen der bei der ordentlichen Kapitalherabsetzung bestehenden Sperrfrist von einem Jahr (§ 58 Abs. 1 Nr. 3 GmbHG) ist eine Kapitalherabsetzung über eine Insolvenzplanregelung meist nur durch eine vereinfachte Kapitalherabsetzung nach §§ 58a ff. GmbHG praktikabel. 71

Vor dem Hintergrund der aufgezeigten Praxisrelevanz orientieren sich die nachfolgenden Ausführungen ausschließlich an einer nominellen Kapitalherabsetzung im Wege des Verfahrens der vereinfachten Kapitalherabsetzung (§§ 58a ff. GmbHG, §§ 229 ff. AktG). 72

2. Vereinfachte Kapitalherabsetzung bei der GmbH (§§ 58a ff. GmbHG)

a) Voraussetzung für die vereinfachte Kapitalherabsetzung

aa) Zweck der Verlustdeckung (§ 58a Abs. 1 GmbHG)

Die Herabsetzung des Stammkapitals muss nach § 58a Abs. 1 GmbHG dem Zweck dienen, Wertminderungen auszugleichen oder sonstige Verluste zu decken. Der Zweck „Wertminderungen auszugleichen“ ist dabei ein Unterfall des Ausgleichs von Verlusten.[83] 73

Verluste, gleich ob diese durch Wertminderungen (Abschreibungen oder Wertberichtigungen) oder aus sonstigen Gründen entstanden sind, die nicht durch die Auflösung von 74

---

79) Noack/Servatius/Haas-*Kersting*, GmbHG, § 58 Rz. 2; Scholz-*Priester/Tebben*, GmbHG, Vor § 58a Rz. 1.

80) Scholz-*Priester/Tebben*, GmbHG, Vor § 58a Rz. 10.

81) Scholz-*Priester/Tebben*, GmbHG, Vor § 58a Rz. 10.

82) Scholz-*Priester/Tebben*, GmbHG, Vor § 58a Rz. 10.

83) Scholz-*Priester/Tebben*, GmbHG, § 58a Rz. 3.

Rücklagen oder Gewinnvorträgen beseitigt werden können, können durch die Kapitalherabsetzung gedeckt werden.[84)]

75 Im Insolvenzplan muss nicht spezifiziert werden, ob es sich bei den Verlusten um Wertminderungen oder sonstige Verluste handelt.[85)] § 58b Abs. 2 GmbHG ermöglicht bei der GmbH als „Nebenzweck" zum Verlustausgleich die Einstellung in die Kapitalrücklage, soweit die Kapitalrücklage 10 % des Stammkapitals nicht übersteigt. Dadurch soll eine Vorsorge gegenüber künftigen Verlusten ermöglicht werden.[86)] Anders als im Aktienrecht (vgl. § 229 Abs. 1 Satz 1 AktG) ist die Einstellung in die Kapitalrücklage als ausschließlicher Zweck der Kapitalherabsetzung hingegen unzulässig.[87)]

bb) Auflösung von Eigenkapitalposten (§ 58a Abs. 2 GmbHG)

76 Neben dem eingetretenen Verlust ist zusätzliche Voraussetzung der vereinfachten Kapitalherabsetzung, dass der Verlust nicht durch Auflösung von anderen Eigenkapitalposten wie etwa durch die Verwendung eines Gewinnvortrages, Auflösung der Gewinnrücklagen (§ 272 Abs. 3 HGB) oder Kapitalrücklage (§ 272 Abs. 2 HGB) ausgeglichen werden kann. In den beiden letzten Fällen gilt dies jedoch nur, soweit sie zusammen höher sind als 10 % des herabgesetzten Stammkapitals.[88)] Sowohl die Rücklagenauflösung als auch die Verwendung des Gewinnvortrages zur Verlustdeckung bedürfen einer entsprechenden Beschlussfassung seitens der Gesellschafter.[89)] Diese lassen sich mit dem Kapitalherabsetzungsbeschluss verbinden und sind richtigerweise inzident im Kapitalherabsetzungsbeschluss enthalten.[90)]

77 Diese Auflösungsbeschlüsse können bei einer Kapitalherabsetzung über das Insolvenzplanverfahren ebenfalls als beschlussersetzende Regelung (siehe oben Rz. 61) aufgenommen werden.

cc) Feststellung des Verlustes

78 Häufig wird sich die Höhe des Verlustes aus dem letzten Jahresabschluss ergeben. Zwingend ist dies jedoch nicht. Das Gesetz verlangt auch keine besondere Verlustbilanz oder sonstigen Nachweis.[91)] Bei einer im Insolvenzplan geregelten Kapitalherabsetzung genügt es, wenn im darstellenden Teil plausibel dargelegt werden kann, dass die Verluste eingetreten und nicht nur vorläufiger Natur sind.[92)] Es gelten die Grundsätze über den Wertansatz in der Jahresbilanz (Anschaffungswertprinzip). Stille Reserven sind daher nicht zu berücksichtigen.[93)]

---

84) Lutter/Hommelhoff-*Kleindiek*, GmbHG, § 58a Rz. 8; Scholz-*Priester/Tebben*, GmbHG, § 58a Rz. 3.

85) OLG Jena, Beschl. v. 9.8.2024 – 2 W 242/24, NZI 2025, 461 Rz. 32; *Rühland* in: BeckOK-GmbH-Recht, § 58a GmbHG Rz. 31.

86) Scholz-*Priester/Tebben*, GmbHG, § 58a Rz. 6.

87) Noack/Servatius/Haas-*Kersting*, GmbHG, § 58a Rz. 7; Scholz-*Priester/Tebben*, GmbHG, § 58a Rz. 6.

88) Lutter/Hommelhoff-*Kleindiek*, GmbHG, § 58a Rz. 11.

89) Scholz-*Priester/Tebben*, GmbHG, § 58a Rz. 9; Bork/Schäfer-*Arnold/Born*, GmbHG, § 58a Rz. 16; *Wicke*, GmbHG, § 58a Rz. 3; anders Lutter/Hommelhoff-*Kleindiek*, GmbHG, § 58a Rz. 15.

90) Streitig, so Michalski/Heidinger/Leible/J. Schmidt-*Waldner*, GmbHG, § 58a Rz. 6; *J. Vetter* in: MünchKomm-GmbHG, § 58a Rz. 40; a. A. Noack/Servatius/Haas-*Kersting*, GmbHG, § 58a Rz. 12.

91) Noack/Servatius/Haas-*Kersting*, GmbHG, § 58a Rz. 10; Lutter/Hommelhoff-*Kleindiek*, GmbHG, § 58a Rz. 10; Henssler/Strohn-*Gummert*, GesR, § 58a GmbHG Rz. 2.

92) Vgl. allgemein zur Darlegung innerhalb der Gesellschafterversammlung OLG Frankfurt/M., Urt. v. 10.5.1988 – 5 U 285/86, WM 1989, 1688, 1690; *Altmeppen*, GmbHG, § 58a Rz. 2.

93) Scholz-*Priester*, GmbHG, § 58a Rz. 13; *J. Vetter* in: MünchKomm-GmbHG, § 58a Rz. 34; Lutter/Hommelhoff-*Kleindiek*, GmbHG, § 58a Rz. 14.

Praxishinweis

Für die Kapitalherabsetzung auf der Grundlage eines Insolvenzplanes kann für den Nachweis des Verlustes des Stammkapitals auf den Jahresabschluss für das Rumpfgeschäftsjahr bis Verfahrenseröffnung (§ 155 Abs. 2 InsO) abgestellt werden. Sollte dieser nicht vorliegen, kann auf der Grundlage des letzten Jahresabschlusses – verbunden mit der Darstellung der Vermögenslage im Insolvenzgutachten – der Nachweis bestehender Verluste gelingen. Dies ist frühzeitig mit dem Insolvenzgericht und Registergericht abzustimmen.

dd) Grundsätzlich keine sachliche Rechtfertigung erforderlich

Außerhalb des Insolvenzplanverfahrens ist eine besondere sachliche Rechtfertigung des Kapitalherabsetzungsbeschlusses nicht erforderlich, diese wird vielmehr grundsätzlich durch die in § 58a GmbHG formulierte Voraussetzung des Verlustausgleiches gerechtfertigt.[94] 79

Grenzen werden außerhalb des Insolvenzplanverfahrens indes durch die Treuepflichten gesetzt. Der von der Mehrheit getragene Beschluss der Kapitalherabsetzung darf nicht treuwidrig in die Position der Minderheit eingreifen, etwa wenn die Kapitalmaßnahme ohne nachvollziehbares unternehmerisches Konzept erkennbar nur zur Beseitigung der Minderheit eingesetzt wird.[95] Zum Teil wird das Erfordernis einer besonderen sachlichen Rechtfertigung bei einer isolierten Kapitalherabsetzung ohne Kapitalerhöhung angenommen, wenn durch sie die Überschuldung nicht voll beseitigt werden kann.[96] 80

Wie außerhalb des Insolvenzplanverfahrens ist auch für Kapitalherabsetzungen im Insolvenzplan grundsätzlich der Nachweis des Verlustes unter Berücksichtigung der Auflösung der Eigenkapitalposten für die Rechtfertigung derselben hinreichend. Eine besondere Rechtfertigung im Einzelfall aufgrund **gesellschaftsrechtlicher Treupflichten** besteht nicht, weil die Treuepflichten insoweit **im Insolvenzplanverfahren keine Anwendung** finden (siehe § 29 Rz. 84 [*Brünkmans*]). Allerdings darf die Kapitalherabsetzung nicht insolvenzzweckwidrig sein. Eine solche **Insolvenzzweckwidrigkeit** wäre bei einer Kapitalherabsetzung ausnahmsweise gegeben, wenn dieser kein nachvollziehbares Sanierungskonzept zugrunde läge und offensichtlich ausschließlich dem Kaltstellen eines Minderheitsgesellschafters dient (siehe § 29 Rz. 89 f. [*Brünkmans*]). Eine Insolvenzzweckwidrigkeit (Verstoß gegen § 1 InsO) wird man jedoch allenfalls bei einer isolierten Kapitalherabsetzung annehmen können. Die Kapitalherabsetzung verbunden mit einer Kapitalerhöhung stellt hingegen eine klassische Strukturmaßnahme zur Umsetzung einer finanzwirtschaftlichen Sanierung dar und wird kaum jemals als insolvenzzweckwidrig einzuschätzen sein, wenn dadurch eine Überschuldung der Gesellschaft beseitigt werden kann. 81

ee) Besondere Voraussetzungen für die Kapitalherabsetzung unter Mindeststammkapital und Kapitalherabsetzung auf null

Das Stammkapital kann unter diesen Voraussetzungen nach § 58a Abs. 4 Satz 1 GmbHG unter den in § 5 Abs. 1 GmbHG bestimmten Mindestnennbetrag i. H. von 25.000 € herabgesetzt werden, wenn dieser durch eine Kapitalerhöhung wieder erreicht wird, die zugleich mit der Kapitalherabsetzung beschlossen wird und innerhalb von drei Monaten zusammen mit der Kapitalherabsetzung im Handelsregister eingetragen wird.[97] 82

94) BGH, Urt. v. 9.2.1998 – II ZR 278/96 (Sachsenmilch), BGHZ 138, 71 = ZIP 1998, 692, dazu EWiR 1999, 49 (*Dreher*); Scholz-*Priester*, GmbHG, § 58a Rz. 16; Lutter/Hommelhoff-*Kleindiek*, GmbHG, § 58a Rz. 18; a. A. *Krieger*, ZGR 2000, 885, 893.

95) Lutter/Hommelhoff-*Kleindiek*, GmbHG, § 58a Rz. 19.

96) *Koch*, AktG, § 222 Rz. 14; *Geißler*, NZG 2000, 719, 724. Gegen ein generelles Erfordernis in diesem Fall: Scholz-*Priester/Tebben*, GmbHG, § 58a Rz. 17.

97) Lutter/Hommelhoff-*Kleindiek*, GmbHG, § 58a Rz. 24.

83 Auch eine Kapitalherabsetzung auf null wird für die GmbH nach h. M. unter diesen Voraussetzungen für zulässig erachtet. In diesem Fall bestehen jedoch außerhalb des Insolvenzplanverfahrens besonders hohe Anforderungen an den Bezugsrechtsausschluss. Zu den Anforderungen an einen Bezugsrechtsausschluss bei Kapitalherabsetzung auf null siehe ausführlich unten Rz. 285 ff.

84 Wie aus § 58a Abs. 4 Satz 1 GmbHG ersichtlich, darf der Mindestnennbetrag nur durch eine Barkapitalerhöhung, nicht hingegen über eine Sachkapitalerhöhungen aufgebracht werden. Diese Grundsätze gelten auch bei der Regelung von Kapitalerhöhungen im Insolvenzplan.

> **Praxishinweis**
>
> Entsprechend häufig findet man bei einem Debt-to-Equity-Swap auf der Grundlage des Insolvenzplanes eine Kombination aus Kapitalherabsetzung auf null, verbunden mit einer Barkapitalerhöhung auf die Mindeststamm-/Grundkapitalziffer und der eigentlichen Sachkapitalerhöhung durch Einbringung der Forderungen.

b) Inhalt der Insolvenzplanregelung zur Kapitalherabsetzung (GmbH)

85 Der Beschluss über die vereinfachte Kapitalherabsetzung ist ein satzungsändernder Beschluss i. S. von § 53 GmbHG. Es gelten daher grundsätzlich die Ausführungen zu satzungsändernden Regelungen in Insolvenzplänen entsprechend (siehe oben Rz. 39 ff.). Auf folgende Besonderheiten ist bei der Kapitalherabsetzung zu achten:

aa) Verfahrensangabe

86 Es ist in der entsprechenden Planregelung anzugeben, dass es sich um eine vereinfachte Kapitalherabsetzung handelt.[98]

bb) Angabe der zukünftigen Stammkapitalziffer

87 Die künftige Stammkapitalziffer ist in der beschlussersetzenden Regelung genau zu formulieren. Alternativ kann auch der Herabsetzungsbetrag genannt werden.[99] Siehe dazu unten Rz. 92.

cc) Angabe des Zweckes der Kapitalherabsetzung

88 Nach der h. A. ist ferner der Zweck der Kapitalherabsetzung im Beschluss anzugeben.[100] Für den Hauptanwendungsfall der Beseitigung bilanzieller Verluste ist die Angabe, dass die Kapitalherabsetzung „zur Deckung von Verlusten erfolgt" hinreichend.[101] Eine nähere Spezifizierung dahin, ob diese Verluste aus Wertminderungen resultieren oder „sonstige" sind, ist nicht erforderlich. Soll daneben ein Teil in die Kapitalrücklage eingestellt werden, ist dies zusätzlich anzugeben.[102] Diese Grundsätze sind auch bei der Formulierung der entsprechenden Regelung im Insolvenzplan zu beachten.

---

98) Vgl. für gewöhnliche Kapitalherabsetzungsbeschlüsse Lutter/Hommelhoff-*Kleindiek*, GmbHG, § 58a Rz. 22.

99) So Scholz-*Priester/Tebben*, GmbHG, § 58a Rz. 21.

100) Scholz-*Priester/Tebben*, GmbHG, § 58a Rz. 24; Lutter/Hommelhoff-*Kleindiek*, GmbHG, § 58a Rz. 22; Rowedder/Pentz-*Schnorbus*, GmbHG, § 58a Rz. 13; anders Noack/Servatius/Haas-*Kersting*, GmbHG, § 58a Rz. 19.

101) Scholz-*Priester/Tebben*, GmbHG, § 58a Rz. 24.

102) Einzelheiten für den Fall der Einstellung in die Kapitalrücklage s. Scholz-*Priester/Tebben*, GmbHG, § 58a Rz. 24; Lutter/Hommelhoff-*Kleindiek*, GmbHG, § 58a Rz. 25.

dd) Festlegung der Folgen für die Geschäftsanteile

Im Kapitalherabsetzungsbeschluss müssen die Folgen für die Geschäftsanteile, insbesondere die **Anpassung der Nennwerte der Geschäftsanteile**, festgelegt werden. Da die Summe der Geschäftsanteile immer der Ziffer des Stammkapitals entsprechen muss, müssen die Nennwerte der Geschäftsanteile der neuen Kapitalziffer angepasst werden.[103] Die neuen Nennwerte der einzelnen Geschäftsanteile müssen auf **volle Euro** lauten (§ 58 Abs. 2 Satz 2 i. V. m. § 5 Abs. 2 GmbHG). Die Nennwertherabsetzung hat grundsätzlich **streng beteiligungsproportional** zu erfolgen.[104] Führt die Herabsetzung im Einzelfall dazu, dass der Mindestnennbetrag von 1 € unterschritten wird, hat eine **Zusammenlegung der Geschäftsanteile** zu erfolgen. Die Kompetenz zur Zusammenlegung von Geschäftsanteilen liegt entsprechend der Regelung in § 46 Nr. 4 GmbHG bei den Gesellschaftern. Sie entscheiden darüber im Herabsetzungsbeschluss.[105] 89

Erfolgt die Kapitalherabsetzung i. V. m. einer Kapitalerhöhung, so können die bestehenden Geschäftsanteile nach der Herabsetzung wieder erhöht oder neue Geschäftsanteile geschaffen werden.[106] 90

Bei einer Kapitalherabsetzung auf null können die alten Geschäftsanteile erlöschen und neue ausgegeben werden, oder aber die alten Geschäftsanteile – obwohl auf null herabgesetzt – können sofort wieder in ihrem Nennwert erhöht werden.[107] Erster Fall kann jedoch im Widerspruch zu **Pflichten einzelner Gesellschafter aus Sicherungsverträgen** stehen, so etwa bei verpfändeten Geschäftsanteilen. Aus den Sicherungsverträgen kann im Einzelfall die Pflicht gegenüber dem Pfandrechtsinhaber bestehen, auf eine Aufstockung der alten Geschäftsanteile hinzuwirken.[108] Im Rahmen einer Insolvenzplanregelung wird diese Pflicht jedoch häufig ins Leere laufen, weil der einzelne Gesellschafter in der Regel keinen Einfluss auf die Formulierung der Insolvenzplanregelung hat und i. Ü. die Zustimmung des einzelnen Gesellschafters zur Kapitalerhöhung aufgrund des Obstruktionsverbotes (§ 245 InsO) ohnehin nicht erforderlich ist (siehe ausführlich § 32 Rz. 30 ff. [*Brünkmans*]). 91

ee) Beispiel Insolvenzplanklausel zur Kapitalherabsetzung

Formulierungsbeispiel 92

„Das Stammkapital der Gesellschaft i. H. von 100.000 € eingeteilt in 100.000 Geschäftsanteile, wird in vereinfachter Form nach den Vorschriften der §§ 58a ff. GmbHG um 100.000 € auf 0 € herabgesetzt. Die Kapitalherabsetzung hat den Zweck, i. H. von 100.000 € Wertminderungen auszugleichen und sonstige Verluste zu decken."

Sollte die Handelsbilanz noch Gewinnvorträge oder Rücklagen ausweisen, ist der guten Ordnung halber noch nachfolgende, zusätzliche Regelung mit aufzunehmen (siehe oben Rz. 76): 93

Formulierungsbeispiel

„Gewinnvorträge, Gewinnrücklagen (§ 272 Abs. 3 HGB) und Kapitalrücklagen (§ 272 Abs. 2 HGB) werden aufgelöst."

---

103) Lutter/Hommelhoff-*Kleindiek*, GmbHG, § 58a Rz. 23.

104) Scholz-*Priester/Tebben*, GmbHG, § 58a Rz. 27.

105) Scholz-*Priester/Tebben*, GmbHG, § 58a Rz. 28.

106) Lutter/Hommelhoff-*Kleindiek*, GmbHG, § 58a Rz. 29.

107) Lutter/Hommelhoff-*Kleindiek*, GmbHG, § 58a Rz. 29.

108) Scholz-*Priester/Tebben*, GmbHG, § 58a Rz. 31.

c) Durchführung der Kapitalherabsetzung

aa) Anmeldung der Kapitalherabsetzung zum Handelsregister

94 Nach § 58a Abs. 5 i. V. m. § 54 GmbHG ist die Kapitalherabsetzung zum Handelsregister anzumelden. Dies kann unmittelbar nach Fassung des Herabsetzungsbeschlusses erfolgen, der Einhaltung besonderer Wartefristen wie bei der gewöhnlichen Kapitalherabsetzung (vgl. § 58 Nr. 3 GmbHG) bedarf es nicht.

95 Für eine Kapitalherabsetzung im Insolvenzplan bedeutet dies, dass diese unmittelbar nach Rechtskraft des Insolvenzplans zum Handelsregister angemeldet werden kann, weil der rechtskräftig vom Insolvenzgericht bestätigte Insolvenzplan gerade den Kapitalherabsetzungsbeschluss ersetzt (siehe § 29 Rz. 21 ff. [*Brünkmans*]).

96 Es gelten die allgemeinen Voraussetzungen für die Anmeldung und Eintragung von gesellschaftsrechtlichen Regelungen im Insolvenzplan zum Handelsregister (siehe § 29 Rz. 168 ff. [*Brünkmans*]). Bis zur Aufhebung des Insolvenzverfahrens (§ 258 InsO) kann neben dem Geschäftsführer auch der Insolvenzverwalter die Anmeldung vornehmen (§ 254a Abs. 2 Satz 3 InsO). Gemäß § 254a Abs. 2 Satz 3 InsO analog ist er dabei dazu berechtigt, die im Zusammenhang mit der Anmeldung erforderlichen Dokumente zu unterzeichnen (siehe § 29 Rz. 173 ff. [*Brünkmans*]).

97 Die Handelsregisteranmeldung bedarf nach § 12 HGB der notariellen Beglaubigung der Unterschriften der Anmeldenden. Der Anmeldung ist eine beglaubigte Abschrift des Insolvenzplanes sowie eine beglaubigte Abschrift des mit Rechtskraftvermerk versehenen Beschlusses des Insolvenzgerichts beizufügen (für die weiteren erforderlichen Anlagen siehe unten Rz. 190).[109]

98 Als Formulierungsbeispiel für die Anmeldung der Kapitalherabsetzung zum Handelsregister siehe Rz. 190.

bb) Prüfung der Kapitalherabsetzung durch das Insolvenz- und Registergericht

99 Außerhalb des Insolvenzplanverfahrens prüft das Registergericht von Amts wegen, ob die Voraussetzungen der vereinfachten Kapitalherabsetzung vorliegen.[110] Diese Prüfung wird bei einer Regelung der Kapitalherabsetzung im Insolvenzplan nach der hier vertretenen Auffassung weitestgehend durch eine Prüfung des Insolvenzgerichts verdrängt.[111] Siehe dazu allgemein § 29 Rz. 178 ff. [*Brünkmans*].

100 Das Insolvenzgericht prüft, ob ein legitimer Zweck für die Kapitalherabsetzung aus § 58a Abs. 1 GmbHG verfolgt wird anhand des Insolvenzplanes, insbesondere den Angaben im darstellenden Teil und den Anlagen (siehe oben Rz. 73 ff.). Das Insolvenzgericht prüft die Höhe des auszugleichenden Verlustes überschlägig i. S. einer Plausibilitätskontrolle sowie, ob die Anpassung der Geschäftsanteile im gestaltenden Teil richtig erfolgt ist,[112] und, ob i. Ü. die notwendigen Angaben in der Planregelung zur Kapitalherabsetzung eingehalten wurden. Wie das Registergericht außerhalb des Insolvenzplanverfahrens kann das Insolvenzgericht zusätzlich entsprechende Nachweise und Erläuterungen verlangen, etwa eine ungeprüfte Zwischenbilanz.

---

109) Vgl. *Horstkotte/Martini*, ZInsO 2012, 557, 566.

110) Michalski/Heidinger/Leible/J. Schmidt-*Waldner*, GmbHG, § 58a Rz. 22; Scholz-*Priester/Tebben*, GmbHG, § 58a Rz. 34; Lutter/Hommelhoff-*Kleindiek*, GmbHG, § 58a Rz. 32.

111) *Brünkmans/Greif-Werner*, ZInsO 2015, 1585, 1590 f.

112) Vgl. Lutter/Hommelhoff-*Kleindiek*, GmbHG, § 58a Rz. 32; Gehrlein/Born/Simon-*Schulze*, GmbHG, § 58a Rz. 26; Noack/Servatius/Haas-*Kersting*, GmbHG, § 58a Rz. 31; Scholz-*Priester/Tebben*, GmbHG, § 58a Rz. 33.

Nach der hier vertretenen Auffassung ist das Registergericht aufgrund der bereits erfolgten Prüfung durch das Insolvenzgericht i. R. des Planbestätigungsverfahrens grundsätzlich an die Entscheidung des Insolvenzgerichts gebunden. Nur grobe und offensichtliche Rechtsverstöße – wie etwa die Anpassung der Geschäftsanteile auf einen Nennbetrag unter einem Euro – berechtigen zur Verweigerung der Eintragung in das Handelsregister (siehe ausführlich § 29 Rz. 178 ff. [*Brünkmans*]). 101

cc) Eintragung der Kapitalherabsetzung in das Handelsregister

Die Rechtskraft des gerichtlich bestätigten Insolvenzplanes ersetzt lediglich den Kapitalherabsetzungsbeschluss. Auch für eine Kapitalherabsetzung durch einen Insolvenzplan ist die Kapitalherabsetzung erst mit Eintragung in das Handelsregister wirksam.[113)] 102

Eine Besonderheit besteht für die **Kapitalherabsetzung unter dem Mindestnennbetrag**, d. h. insbesondere bei einer Kapitalherabsetzung auf null, kombiniert mit einer Kapitalerhöhung (§ 58a Abs. 4 GmbHG). Beide Beschlüsse müssen nach allgemeinem Gesellschaftsrecht im Dienste einer Beschleunigung der Sanierung[114)] **innerhalb von drei Monaten im Handelsregister eingetragen** sein.[115)] Die bloße Anmeldung innerhalb dieser Frist reicht nicht aus. Mit Ablauf der Frist werden die Beschlüsse nichtig und sind nicht mehr eintragungsfähig. Fraglich ist, ob diese Grundsätze auf eine im Insolvenzplan geregelte Kapitalherabsetzung Anwendung finden. Die Frist würde in diesem Fall mit Rechtskraft des bestätigten Insolvenzplanes beginnen, weil vorher keine wirksamen, die Beschlüsse ersetzende Regelungen im gestaltenden Teil des Insolvenzplanes vorliegen. Nach einer Entscheidung des OLG Jena[116)] soll die Frist des § 58a Abs. 4 Satz 2 GmbHG nicht auch auf insolvenzplangestützte Maßnahmen anzuwenden sein. Der Normzweck der Fristenregelung (Beschleunigungsgebot der Sanierung) sei i. R. eines Insolvenz(plan)verfahrens durch die insolvenzrechtlichen Vorschriften der §§ 231 Abs. 1 Satz 2, 235 Abs. 1 Satz 2, 236 InsO gewahrt, die ausdrücklich das Beschleunigungsziel zum Gegenstand hätten. Als speziellere Vorschriften verdrängten diese daher das Fristerfordernis des § 58a Abs. 4 Satz 2 GmbHG. 103

Ferner dürfen Kapitalherabsetzung und Kapitalerhöhung **nur zusammen** in das Handelsregister eingetragen werden.[117)] 104

Die entsprechenden Buchungen (Kapital gegen Verlust) sind von der Geschäftsführung vorzunehmen und im nächsten Jahresabschluss entsprechend zu berücksichtigen.[118)] 105

d) Rückwirkung

Die vereinfachte Kapitalherabsetzung und ggf. die im Anschluss zugleich durchzuführende Kapitalerhöhung kann unter den Voraussetzungen der §§ 58e, 58f GmbHG bilanziell auf den Jahresabschluss des abgelaufenen Geschäftsjahres zurückbezogen werden. 106

Durch diese Durchbrechung des Stichtagsprinzips kann die GmbH die Eigenkapitalposten, wie sie sich nach der vereinfachten Kapitalherabsetzung und ggf. anschließenden Kapitalerhöhung ergeben, bereits im Jahresabschluss für das vorhergehende Geschäftsjahr ver- 107

---

113) Ausdrücklich: Begr. RegE ESUG, BT-Drucks. 17/5712, S. 36; *Müller*, KTS 2012, 419, 424.

114) Habersack/Casper/Löbbe-*Casper*, GroßKomm-GmbHG, § 58a Rz. 51.

115) Lutter/Hommelhoff-*Kleindiek*, GmbHG, § 58a Rz. 31.

116) OLG Jena, Beschl. v. 9.8.2024 – 2 W 242/24, NZI 2025, 461, Rz. 36; mit Verweis auf *Hölzle/Beyß* ZIP 2016, 1461 (1467) mwN; *Spahlinger* in: K/P/B, InsO § 225a Rz. 13.

117) Scholz-*Priester/Tebben*, GmbHG, Vor § 58a Rz. 42.

118) Lutter/Hommelhoff-*Kleindiek*, GmbHG, § 58a Rz. 34.

wenden.[119] Dies dient der Erhaltung der Kreditfähigkeit der GmbH, weil die Rückwirkung es ihr ermöglicht, die zwischenzeitliche Verlustsituation der Gesellschaft bilanziell nicht offenbaren zu müssen.[120]

108 Ein solches Bedürfnis dürfte bei einer Kapitalherabsetzung im Insolvenzplanverfahren nicht mehr bestehen. Aufgrund eingetretener Insolvenz wird die Gesellschaft vielmehr umfassend unter Einbeziehung ihrer Kreditgeber durch ein öffentliches Verfahren saniert.

3. Vereinfachte Kapitalherabsetzung im Aktienrecht (§§ 229–236 AktG)

109 Die Vorschriften zur vereinfachten Kapitalherabsetzung bei der GmbH gemäß §§ 58a–58f GmbHG sind den aktienrechtlichen Bestimmungen der §§ 229–236 AktG nachgestaltet.[121] Daher soll nachfolgend – so weit wie möglich – auf die Ausführungen zur GmbH verwiesen werden.

a) Voraussetzung für die vereinfachte Kapitalherabsetzung

aa) Zweck der Verlustdeckung oder Einstellung in die Kapitalrücklage (§ 229 Abs. 1 AktG)

110 Nach § 229 Abs. 1 AktG muss die vereinfachte Kapitalherabsetzung dazu dienen, Wertminderungen auszugleichen, sonstige Verluste zu decken oder Beträge in die Kapitalrücklage einzustellen. Wie bei der GmbH ist typischer Anwendungsfall der vereinfachten Kapitalherabsetzung die Beseitigung einer Unterbilanz der Gesellschaft, die dann vorliegt, wenn das auf der Passivseite der Bilanz ausgewiesene Eigenkapital der Gesellschaft nicht mehr den Betrag des gezeichneten Kapitals erreicht.[122]

111 Anders als bei der GmbH ist bei der AG die Einstellung in die Kapitalrücklage als alleiniger Zweck der vereinfachten Kapitalherabsetzung möglich.[123] In der Krise und Sanierung, insbesondere im Insolvenzplanverfahren, dürfte dieser Zweck eine eher geringe Rolle spielen.

bb) Auflösung von sonstigen Eigenkapitalposten (§ 229 Abs. 2 AktG)

112 Nach § 229 Abs. 2 AktG ist die vereinfachte Kapitalherabsetzung nur zulässig, wenn die gesetzlichen Rücklagen und die Kapitalrücklage, soweit sie 10 % des herabgesetzten Grundkapitals übersteigen, vorab aufgelöst wurden. Gewinnrücklagen sind vollständig aufzulösen. Es darf kein Gewinnvortrag vorhanden sein (§ 229 Abs. 2 Satz 2 AktG).

113 Technisch erfolgt die Auflösung der Rücklagen durch entsprechende Buchung. Anders als bei der GmbH (siehe oben Rz. 76) ist ein Hauptversammlungsbeschluss grundsätzlich nicht erforderlich.[124] Die Auflösung der Rückstellung wird durch den Vorstand veranlasst.[125] Ein Hauptversammlungsbeschluss ist jedoch für die Verwendung eines Gewinnvortrags und die Auflösung von Rücklagen erforderlich, die in der Satzung vorgeschrieben

---

119) Scholz-*Priester/Tebben*, GmbHG, § 58f Rz. 1, 3; *J. Vetter* in: MünchKomm-GmbHG, § 58f Rz. 1, 2.

120) Scholz-*Priester/Tebben*, GmbHG, § 58e Rz. 1; *J. Vetter* in: MünchKomm-GmbHG, § 58e Rz. 6; Michalski/Heidinger/Leible/J. Schmidt-*Waldner*, GmbHG, § 58e Rz. 1.

121) Scholz-*Priester/Tebben*, GmbHG, Vor § 58a Rz. 6.

122) *Oechsler* in: MünchKomm-AktG, § 229 Rz. 21.

123) *Koch*, AktG, § 229 Rz. 9; *Marsch-Barner/Maul* in: BeckOGK-Aktienrecht, § 229 AktG Rz. 9.

124) *Koch*, AktG, § 229 Rz. 13; *Oechsler* in: MünchKomm-AktG, § 229 Rz. 44; *Marsch-Barner/Maul* in: BeckOGK-Aktienrecht, § 229 AktG Rz. 20.

125) *Oechsler* in: MünchKomm-AktG, § 229 Rz. 43; *Marsch-Barner/Maul* in: BeckOGK-Aktienrecht, § 229 AktG Rz. 20.

sind.[126)] Ein solcher Beschluss muss in derselben Hauptversammlung vor oder gleichzeitig mit dem Beschluss über die Kapitalherabsetzung erfolgen.[127)]

Bei einer Kapitalherabsetzung mittels Insolvenzplanes können die Rücklagen durch den Insolvenzverwalter oder Vorstand in der Eigenverwaltung (vgl. § 155 InsO) durch entsprechende Buchungen aufgelöst werden. Satzungsmäßige Rücklagen werden durch eine den Hauptversammlungsbeschluss ersetzende Regelung im gestaltenden Teil des Insolvenzplanes aufgelöst. 114

Praxishinweis

Die den Hauptversammlungsbeschluss ersetzende Regelung zur Auflösung von Rücklagen sollte „optisch" unmittelbar vor der Kapitalherabsetzungsregelung erfolgen.

cc) Feststellung des Verlustes

Der festgestellte Verlust muss sich nicht aus einer förmlich festgestellten Bilanz, wie dem letzten Jahresabschluss ergeben. Er reicht aus, dass sich der Verlust aus einer Zwischenbilanz, die weder feststellt noch geprüft oder testiert worden sein muss, ergibt.[128)] 115

Im Insolvenzplanverfahren wird sich der Verlust häufig durch den letzten Jahresabschluss verbunden mit dem Insolvenzgutachten nachweisen lassen können (siehe ausführlich Rz. 78). 116

dd) Grundsätzlich keine sachliche Rechtfertigung erforderlich

Außerhalb des Insolvenzplanverfahrens ist eine über die Voraussetzungen des § 229 AktG hinausgehende sachliche Rechtfertigung des Kapitalherabsetzungsbeschlusses nach h. A. nicht erforderlich.[129)] Für die Grenzen durch Treuepflichten gelten die Ausführungen zum GmbH-Recht entsprechend (siehe ausführlich oben Rz. 79 ff.). 117

Eine im Insolvenzplan geregelte Kapitalherabsetzung wird **nicht an den Treuepflichten gemessen**. Dient die Kapitalherabsetzung ausschließlich dem Hinausdrängen eines Minderheitenaktionärs, kann die Regelung aber insolvenzzweckwidrig und damit nicht bestätigungsfähig sein. Eine solche **Insolvenzzweckwidrigkeit** wäre bei einer Kapitalherabsetzung ausnahmsweise gegeben, wenn dieser kein nachvollziehbares Sanierungskonzept zugrunde läge und sie offensichtlich ausschließlich dem Kaltstellen eines Minderheitsaktionärs dient (siehe ausführlich § 29 Rz. 89 f. [*Brünkmans*]). Eine Insolvenzzweckwidrigkeit wird man allenfalls bei einer **isolierten** Kapitalherabsetzung annehmen können, nicht jedoch soweit sie mit einer Kapitalerhöhung verbunden ist (siehe Rz. 81). 118

ee) Besondere Voraussetzungen für die Kapitalherabsetzung unter Mindeststammkapital und Kapitalherabsetzung auf null

Das Grundkapital kann nach §§ 229 Abs. 3, 228 Abs. 1 AktG unterhalb des in § 7 AktG bestimmten Mindestnennbetrags i. H. von 50.000 € herabgesetzt werden, wenn dieser durch eine Kapitalerhöhung wieder erreicht wird, die zugleich mit der Kapitalherabset- 119

126) *Marsch-Barner/Maul* in: BeckOGK-Aktienrecht, § 229 AktG Rz. 20; *Koch*, AktG, § 229 Rz. 13; *Oechsler* in: MünchKomm-AktG, § 229 Rz. 43.

127) *Marsch-Barner/Maul* in: BeckOGK-Aktienrecht, § 229 AktG Rz. 20; *Oechsler* in: MünchKomm-AktG, § 229 Rz. 43; *Koch*, AktG, § 229 Rz. 13.

128) *Marsch-Barner/Maul* in: BeckOGK-Aktienrecht, § 229 AktG Rz. 6; K. Schmidt/Lutter-*Veil*, AktG, § 229 Rz. 6.

129) *Marsch-Barner/Maul* in: BeckOGK-Aktienrecht, § 229 AktG Rz. 21 f.; *Koch*, AktG, § 222 Rz. 14; *Geißler*, NZG 2000, 719, 724.

zung beschlossen ist und innerhalb von sechs Monaten zusammen mit der Kapitalherabsetzung im Handelsregister eingetragen wird (§ 228 Abs. 2 Satz 1 AktG). Wie aus §§ 229 Abs. 3, 228 Abs. 1 AktG ersichtlich, darf der Mindestnennbetrag nur durch eine Barkapitalerhöhung, nicht hingegen über eine Sachkapitalerhöhung aufgebracht werden. Zu der daraus folgenden kombinierten Sach- und Barkapitalerhhöhung beim Debt-Equity-Swap siehe Rz. 328.

120 Auch eine Kapitalherabsetzung auf null ist nach h. A. unter diesen Voraussetzungen zulässig.[130] Außerhalb des Insolvenzplanverfahrens bestehen dann aber besonders hohe Anforderungen an den Bezugsrechtsausschluss. Zu den Anforderungen an einen Bezugsrechtsausschluss bei einer Kapitalherabsetzung auf null im Insolvenzplan siehe ausführlich unten Rz. 285 ff.

b) Inhalt der Insolvenzplanregelung zur Kapitalherabsetzung (AG)

121 Die vereinfachte Kapitalherabsetzung bei der AG ist eine Satzungsänderung. Für die Regelung im Insolvenzplan gelten daher grundsätzlich die Ausführungen für satzungsändernde Regelungen entsprechend (siehe ausführlich Rz. 39 f.).

122 An den Inhalt der Regelung über die vereinfachte Kapitalherabsetzung im gestaltenden Teil des Insolvenzplanes sind die gleichen Anforderungen zu stellen wie bei einer Kapitalherabsetzung über die Hauptversammlung.

123 Aus dem Beschlussinhalt muss hervorgehen, dass es sich um eine vereinfachte Kapitalherabsetzung handelt.[131] Ferner muss die Regelung den Zweck der vereinfachten Kapitalherabsetzung festlegen.[132] Dies wird bei Insolvenzplanregelung weit überwiegend der Ausgleich von Wertminderung und Deckung sonstiger Verluste sein.

Formulierungsbeispiel

„Das Grundkapital der Gesellschaft i. H. von 600.000 € eingeteilt in 50.000 Inhaberaktien, wird in vereinfachter Form nach den Vorschriften der §§ 229 ff. AktG um 550.000 € auf 50.000 € herabgesetzt. Die Kapitalherabsetzung hat den Zweck i. H. von 550.000 € Wertminderungen auszugleichen und sonstige Verluste zu decken. Sie erfolgt in der Art, dass der Nennbetrag der ausgegebenen Inhaberaktien von 12 € auf 1 € herabgesetzt wird."

c) Anmeldung der Kapitalherabsetzungsbeschlussregelung zum Handelsregister

124 Der Kapitalherabsetzungsbeschluss ist zur Eintragung in das Handelsregister anzumelden (§ 223 i. V. m. § 229 Abs. 3 AktG). Dies gilt nach den allgemeinen Grundsätzen auch für eine beschlussersetzende Regelung im gestaltenden Teil des Insolvenzplanes. Siehe ausführlich zur Kapitalherabsetzung der GmbH bei Rz. 94 ff. und allgemein § 29 Rz. 168 [*Brünkmans*].

125 Es gelten die allgemeinen Voraussetzungen für die Anmeldung und Eintragung von gesellschaftsrechtlichen Regelungen im Insolvenzplan zum Handelsregister (siehe § 29 Rz. 168 ff. [*Brünkmans*]). Bis zur Aufhebung des Insolvenzverfahrens (§ 258 InsO) kann auch der Insolvenzverwalter die Anmeldung vornehmen (§ 254a Abs. 2 Satz 3 InsO). Gemäß § 254a Abs. 2 Satz 3 InsO analog ist er dabei dazu berechtigt, die im Zusammenhang mit der Anmeldung erforderlichen Dokumente zu unterzeichnen (siehe § 29 Rz. 173 ff. [*Brünkmans*]).

---

130) BGH, Urt. v. 18.4.2005 – II ZR 151/03, ZIP 2005, 985, dazu EWiR 2005, 599 (*Priester*); *Marsch-Barner/Maul* in: BeckOGK-Aktienrecht, § 228 AktG Rz. 3; *Koch*, AktG, § 228 Rz. 2; *Oechsler* in: MünchKomm-AktG, § 228 Rz. 3; Henssler/Strohn-*Gummert*, GesR, § 58a GmbHG Rz. 14.

131) *Marsch-Barner/Maul* in: BeckOGK-Aktienrecht, § 229 AktG Rz. 27; *Koch*, AktG, § 229 Rz. 18; *Oechsler* in: MünchKomm-AktG, § 229 Rz. 17; *Krafka*, Registerrecht, Rz. 1549.

132) *Marsch-Barner/Maul* in: BeckOGK-Aktienrecht, § 229 AktG Rz. 27.

Der Anmeldung ist eine beglaubigte Abschrift des Insolvenzplanes und eine beglaubigte Abschrift des mit Rechtskraftvermerk versehenen Beschlusses des Insolvenzgericht, aus dem sich ergibt, dass der Insolvenzplan rechtskräftig bestätigt wurde[133)] beizufügen.[134)] Zur Prüfung des Insolvenz- und Registergerichts siehe § 29 Rz. 98 ff., 148 ff., 178 ff. [*Brünkmans*]. 126

d) Durchführung der Kapitalherabsetzung

aa) Umsetzung der Kapitalherabsetzung

Sofern die Kapitalherabsetzung durch eine Herabsetzung der Nennbeträge (§ 222 Abs. 4 Nr. 1 AktG) erfolgt, wird mit Wirksamkeit des Kapitalherabsetzungsbeschlusses der Nennbetrag automatisch herabgesetzt.[135)] Gleiches gilt im Falle einer Kapitalherabsetzung bei Gesellschaften mit Stückaktien, da sich gemäß § 8 Abs. 3 AktG der auf die einzelne Stückaktie entfallende Betrag automatisch mit Wirksamkeit des Kapitalherabsetzungsbeschlusses vermindert.[136)] 127

Erfolgt hingegen die Kapitalherabsetzung durch Zusammenlegung von Aktien gemäß § 222 Abs. 4 Nr. 2 AktG, sind zur Durchführung der Herabsetzung noch verschiedene Maßnahmen nach Eintragung des Herabsetzungsbeschlusses erforderlich.[137)] Die eingereichten Aktien müssen grundsätzlich noch durch Zusammenlegungsentscheidung vereinigt oder abgestempelt werden.[138)] 128

bb) Anmeldung und Eintragung der Durchführung der Kapitalherabsetzung zum Handelsregister

(1) Anmeldung der Durchführung

Nach Durchführung der Kapitalherabsetzung muss auch diese zur Eintragung ins Handelsregister angemeldet werden (§ 227 Abs. 1 AktG). Dabei kann gemäß § 227 Abs. 2 AktG die Anmeldung und Eintragung der Durchführung mit der Anmeldung und Eintragung des Kapitalherabsetzungsbeschluss verbunden werden. Es gelten die allgemeinen Voraussetzungen für die Anmeldung und Eintragung von gesellschaftsrechtlichen Regelungen im Insolvenzplan zum Handelsregister (siehe § 29 Rz. 168 ff. [*Brünkmans*]). 129

(2) Prüfung der Kapitalherabsetzung durch das Insolvenz- und Registergericht

Die Rechtmäßigkeit der Kapitalherabsetzung wird vom Insolvenzgericht i. R. des Planbestätigungsverfahrens geprüft. Geprüft wird die Regelung insbesondere auf die Frage, ob ein Verlust i. H. des Herabsetzungsbetrages besteht oder zu erwarten ist.[139)] Dabei prüft das Insolvenzgericht, ob sich die Prognose nach kaufmännischen Grundsätzen ex ante als vertretbar erweist. 130

Auch die Auflösung von Eigenkapitalposten (§ 229 Abs. 2 AktG) sowie ggf. sonstige Voraussetzungen einer vereinfachten Kapitalherabsetzung werden vom Insolvenzgericht 131

---

133) Vgl. *Horstkotte/Martini*, ZInsO 2012, 557, 566.

134) S. zu den weiteren beizufügenden Anlagen Rz. 189.

135) *Marsch-Barner/Maul* in: BeckOGK-Aktienrecht, § 227 AktG Rz. 3; *Koch*, AktG, § 227 Rz. 2; *Oechsler* in: MünchKomm-AktG, § 227 Rz. 2; *Terbrack*, RNotZ 2003, 90, 93; *Fabis*, MittRhNotK 1999, 170, 180.

136) *Oechsler* in: MünchKomm-AktG, § 222 Rz. 50; *Fabis*, MittRhNotK 1999, 170, 180.

137) *Marsch-Barner/Maul* in: BeckOGK-Aktienrecht, § 227 AktG Rz. 3; *Koch*, AktG, § 227 Rz. 2; *Oechsler* in: MünchKomm-AktG, § 227 Rz. 2; *Fabis*, MittRhNotK 1999, 170, 180.

138) *Oechsler* in: MünchKomm-AktG, § 227 Rz. 2; *Koch*, AktG, § 227 Rz. 2; *Marsch-Barner/Maul* in: BeckOGK-Aktienrecht, § 227 AktG Rz. 3.

139) Zur registergerichtlichen Prüfung außerhalb des Insolvenzplanverfahrens s. K. Schmidt/Lutter-*Veil*, AktG, § 229 Rz. 15.

anhand der letzten Jahresbilanz überprüft. Bei Zweifeln gibt das Insolvenzgericht dem Vorlegenden auf, erläuternde Unterlagen vorzulegen oder spezifizierte Auskunft zu geben.[140)]

132 Das Registergericht prüft die den Kapitalherabsetzungsbeschluss ersetzende Planregelung nach dem hier vertretenen Grundsatz hingegen lediglich auf schwere und offensichtliche Fehler (siehe ausführlich zur Kapitalherabsetzung der GmbH bei Rz. 99 ff. und allgemein § 29 Rz. 178 ff. [*Brünkmans*]). Bei einer Kapitalherabsetzung unter dem Mindestnennbetrag aus § 7 AktG, verbunden mit einer Kapitalerhöhung prüft das Registergericht ferner, ob die Sechs-Monats-Frist aus § 228 Abs. 2 Satz 1 AktG eingehalten wurde. Die Frist beginnt mit Rechtskraft des bestätigten Insolvenzplanes.[141)]

(3) Eintragung der Kapitalherabsetzung in das Handelsregister

133 Die Rechtskraft des gerichtlich bestätigten Insolvenzplanes ersetzt lediglich den Kapitalherabsetzungsbeschluss. Auch bei einer Kapitalherabsetzung durch einen Insolvenzplan ist die Kapitalherabsetzung erst mit Eintragung des Beschlusses sowie der Durchführung in das Handelsregister wirksam.[142)]

134 Eine Besonderheit besteht für die Kapitalherabsetzung unter dem Mindestnennbetrag, d. h. insbesondere bei einer Kapitalherabsetzung auf null, kombiniert mit einer Kapitalerhöhung (§ 228 Abs. 1 AktG). Beide Beschlüsse und die Durchführung der Kapitalerhöhung müssen innerhalb von sechs Monaten im Handelsregister eingetragen sein (§ 228 Abs. 2 Satz 1 AktG). Die bloße Anmeldung innerhalb dieser Frist reicht nicht aus. Mit Ablauf der Frist werden die Beschlüsse nichtig und sind nicht mehr eintragungsfähig. Die Frist beginnt mit Rechtskraft des bestätigten Insolvenzplanes.[143)] Entsprechend besteht kein Bedürfnis für eine analoge Anwendung von § 228 Abs. 2 Satz 2 AktG (Ablaufhemmung der Frist für Anfechtungs- und Nichtigkeitsklagen) auf die sofortige Beschwerde gegen den gerichtlichen Bestätigungsbeschluss für den Insolvenzplan.[144)]

135 Ferner sollen der Kapitalherabsetzungs- und Kapitalerhöhungsbeschluss sowie die Durchführung der Kapitalerhöhung nur zusammen in das Handelsregister eingetragen werden (§ 228 Abs. 2 Satz 3 AktG).

e) Rückwirkung

136 Auch im Aktienrecht besteht unter den Voraussetzungen der §§ 234, 235 AktG die Möglichkeit, die vereinfachte Kapitalherabsetzung und ggf. die anschließend sogleich durchzuführende Kapitalerhöhung bilanziell auf den Jahresabschluss des abgelaufenen Geschäftsjahres zurückzubeziehen (siehe dazu auch die Ausführungen zur Rückwirkung bei der GmbH unter Rz. 106 f.). Wie bei der GmbH dürfte ein solches Bedürfnis bei einer Kapitalherabsetzung im Insolvenzplanverfahren aber auch bei der AG in der Regel nicht mehr bestehen (siehe oben Rz. 108).

---

140) Zur registergerichtlichen Prüfung außerhalb des Insolvenzplanverfahrens, s. K. Schmidt/Lutter-*Veil*, AktG, § 229 Rz. 15.

141) Da vorher keine wirksamen, die Beschlüsse ersetzenden Regelungen im gestaltenden Teil des Insolvenzplanes vorliegen; vgl. § 254 Abs. 1 InsO.

142) Ausdrücklich: Begr. RegE ESUG, BT-Drucks. 17/5712, S. 36; *Müller*, KTS 2012, 419, 424.

143) Da vorher keine wirksamen, die Beschlüsse ersetzenden Regelungen im gestaltenden Teil des Insolvenzplanes vorliegen; vgl. § 254 Abs. 1 InsO.

144) So aber *Thole*, Gesellschaftsrechtliche Maßnahmen in der Insolvenz, Rz. 267.

f) Kapitalherabsetzung durch Einziehung

Als Unterform der ordentlichen Kapitalherabsetzung sieht das Aktienrecht die Kapitalherabsetzung durch Einziehung der Aktien vor. Für die Einziehung der Aktien muss den Aktionären grundsätzlich ein Entgelt bezahlt werden.[145] 137

Im Gegensatz zur ordentlichen Kapitalherabsetzung, bei der alle Aktien von der Herabsetzung gleichmäßig berührt werden, führt die Kapitalherabsetzung durch Einziehung zur Vernichtung nur der eingezogenen Aktien. Zielrichtung einer Kapitalherabsetzung durch Einziehung ist daher zunächst die Vernichtung von bestimmten Aktien. Anders als bei der Einziehung von GmbH-Geschäftsanteilen ist die Einziehung von Aktien grundsätzlich nur i. V. m. einer Kapitalherabsetzung möglich (siehe zur Einziehung ausführlich unter Rz. 463 ff. und zu den Besonderheiten bei der AG Rz. 468). 138

III. Kapitalerhöhung

1. Formen, Bedeutung im Insolvenzplanverfahren

Die Kapitalerhöhung im betriebswirtschaftlichen Sinne beschreibt eine besondere Form der Beschaffung des im Unternehmen eingesetzten Eigenkapitals. Das Kapitalgesellschaftsrecht versteht unter einer Kapitalerhöhung hingegen ausschließlich die Erhöhung des Stamm- oder Grundkapitals als ausschüttungsgeschützter Garantiefonds, nicht jedoch sonstige Formen der Eigenkapitalfinanzierung, wie etwa die Rücklagenbildung aus thesaurierten Gewinnen oder Einlagen in die Kapitalrücklage durch Gesellschafter.[146] 139

Anders als das betriebswirtschaftliche Verständnis verlangt das Kapitalgesellschaftsrecht nicht zwingend die Zuführung neuer Mittel. Neben dem gesetzlichen Regelfall der Kapitalerhöhung gegen Einlagen (§§ 55–57a GmbHG, §§ 182–191 AktG), auch **„ordentliche Kapitalerhöhung"** genannt, sieht das Kapitalgesellschaftsrecht (§§ 57c–57o GmbHG, §§ 207–220 AktG) auch die Erhöhung des Stamm- oder Grundkapitals aus Gesellschaftsmitteln vor (sog. **nominelle Kapitalerhöhung**). In diesem Fall haben Gesellschafter keine neuen Einlagen zu leisten. Der Gesellschaft wird kein neues Eigenkapital zugeführt. Die Nennkapitalbildung erfolgt durch die Erstreckung der Bindungswirkung des Nennkapitals (§§ 30 ff. GmbHG, § 57 AktG) auf bisher ungebundene Rücklagen.[147] 140

Da in der Krise und Insolvenz das Eigenkapital der Gesellschaft, wenn nicht aufgebraucht, dann jedenfalls knapp ist, spielt **in der Sanierungs- und Insolvenzpraxis** nahezu ausschließlich die **ordentliche Kapitalerhöhung gegen Einlage** eine Rolle. Sie steht bei den nachfolgenden Ausführungen im Vordergrund. Als Einlage kommen Barmittel (Barkapitalerhöhung) oder Sachen und sonstige Gegenstände (Sachkapitalerhöhung) in Betracht. 141

Die Barkapitalerhöhung führt zu einer Bilanzsanierung und ist damit in der Regel ein wesentlicher finanzwirtschaftlicher Sanierungsbeitrag zur Beseitigung der Überschuldung der Gesellschaft. Da der Gesellschaft über die Bareinlage unmittelbar liquide Mittel zur Verfügung gestellt werden, ist die Barkapitalerhöhung gleichzeitig ein Mittel der Wiederherstellung der nachhaltigen Zahlungsfähigkeit der Gesellschaft. Zur Kapitalerhöhung im Zusammenhang mit einem Cash-out-Plan siehe Rz. 67 f. 142

Bei der **Sachkapitalerhöhung** kommt insbesondere die Einbringung von Unternehmen, Unternehmensteilen oder Forderungen gegen die Gesellschaft in Betracht. Letzteres – auch **Debt-to-Equity-Swap** genannt – erlangt im Insolvenzplanverfahren eine große Be- 143

145) BGH, Urt. v. 22.1.2013 - II ZR 80/10, ZIP 2013, 263 = NZG 2013, 220, dazu EWiR 2013, 131 *(Seibt)*; *Marsch-Barner/Maul* in: BeckOGK-Aktienrecht, § 237 AktG Rz. 16.

146) Scholz-*Priester/Tebben*, GmbHG, § 55 Rz. 4.

147) Scholz-*Priester/Tebben*, GmbHG, § 55 Rz. 4.

deutung und ist ein effektives Mittel zur Beseitigung der Überschuldung. Zum „Debt-to-Equity-Swap" siehe unten Rz. 306 ff.

144 Die Kapitalerhöhung erfolgt grundsätzlich durch satzungsändernden Kapitalerhöhungsbeschluss der Gesellschafterversammlung (§§ 53, 54 GmbHG) oder Hauptversammlung (§§ 182 ff. AktG). Gesellschaftsvertrag oder Satzung können jedoch Geschäftsführer und Vorstand ermächtigen, das Stammkapital bis zu einem bestimmten Nennbetrag zu erhöhen (sog. genehmigtes Kapital).

> **Praxishinweis**
> In der Praxis spielt das genehmigte Kapital nur bei der AG eine Rolle. Für die Sanierungs- und Insolvenzpraxis ist sie – jedenfalls bei akuter Krise und Insolvenz – von geringer Bedeutung, weil eine Kapitalerhöhung der Höhe nach nur bis zur Hälfte des Stammkapitals möglich ist (vgl. § 202 Abs. 3 Satz 1 AktG, § 55a Abs. 1 Satz 2 GmbHG). Ferner wird das genehmigte Kapital in der akuten Krise bereits vollständig in Anspruch genommen sein.[148)]

2. Kapitalerhöhung bei der GmbH (Barkapitalerhöhung)

a) Überblick

145 Für die Kapitalerhöhung gegen Bareinlagen bestehen im GmbH-Recht **keine besonderen materiellen Rechtfertigungsgründe**, solange das Bezugsrecht der Gesellschafter nicht ausgeschlossen wurde. Die Gesellschafter können daher grundsätzlich frei die Höhe des Stammkapitals der Gesellschaft mit der erforderlichen qualifizierten Mehrheit beschließen. Für die Regelung einer Kapitalerhöhung im Insolvenzplan, die zwangsweise gegen die Gesellschafter durchgesetzt werden kann, gilt dies in den **Grenzen des Schlechterstellungsverbotes aus § 251 InsO und Insolvenzzwecks** aus § 1 InsO grundsätzlich ebenfalls (siehe § 29 Rz. 85 ff., 89 ff. [*Brünkmans*]).

146 Bei der GmbH vollzieht sich die Barkapitalerhöhung in den nachfolgend aufgeführten Schritten, die unter Berücksichtigung der unter Rz. 147 ff. dargestellten Besonderheiten im Ausgangspunkt auch für eine Barkapitalerhöhung durch das Insolvenzplanverfahren gelten:[149)]

- Satzungsändernder **Erhöhungsbeschluss** unter Festlegung des Nennwertes der neuen Geschäftsanteile, ggf. Beschluss über die Zulassung bestimmter Personen zur Übernahme des erhöhten Kapitals,
- **Übernahme** der neuen Anteile,
- **Leistung der Einlage** (ganz oder teilweise, § 56a GmbHG),
- **Anmeldung der Kapitalerhöhung zum Handelsregister** (§ 57 GmbHG),
- **konstitutive Eintragung der Kapitalerhöhung** im Handelsregister.

b) Insolvenzplanregelung zur Kapitalerhöhung

aa) Kapitalerhöhungsbeschluss als besondere Form der Satzungsänderung

147 Der Kapitalerhöhungsbeschluss ist eine besondere Form der Satzungsänderung, da das Stammkapital der Gesellschaft in der Satzung geregelt ist (§ 3 Abs. 1 Nr. 3 GmbHG). Daraus folgt, dass neben den Vorschriften über die Kapitalerhöhung (§§ 55 ff. GmbHG) auch stets die Vorschriften über die Satzungsänderung (§§ 53, 54 GmbHG) zu beachten

148) K. Schmidt/Uhlenbruck-*K. Schmidt*, Die GmbH in Krise, Restrukturierung und Insolvenz, Rz. 2.31.
149) Lutter/Hommelhoff-*Bayer*, GmbHG, § 55 Rz. 3; *Lieder* in: MünchKomm-GmbHG, § 55 Rz. 13.

sind.[150)] Satzungsändernde Beschlüsse können Bestandteil einer Regelung im gestaltenden Teil des Insolvenzplanes sein (siehe oben Rz. 39 f.). Das gilt nach § 225a Abs. 2 Satz 3 InsO ausdrücklich auch für den in der Praxis bedeutsamen Kapitalerhöhungsbeschluss.

Der Kapitalerhöhungsbeschluss als solches begründet jedoch noch keine Verpflichtung 148 zur Leistung der Bareinlage. Diese erfolgt erst mit Abgabe der Übernahmeerklärung des übernehmenden Gesellschafters. Der Kapitalerhöhungsbeschluss kann daher grundsätzlich bis zur Eintragung in das Handelsregister mit einfacher Mehrheit durch die Gesellschafterversammlung aufgehoben werden, ohne dass Gesellschafter oder Dritten als Übernehmern daraus Schadensersatzansprüche erwachen würden.[151)] Bei einer im Insolvenzplan geregelten Kapitalerhöhung ist die Aufhebung durch die Gesellschafterversammlung jedoch schon aufgrund der Sperrwirkung eines beschlossenen Insolvenzplanes ausgeschlossen (siehe zur Sperrwirkung ausführlich § 29 Rz. 14 ff. [*Brünkmans*]).

bb) Notwendiger Inhalt der Insolvenzplanregelung zur Kapitalerhöhung

(1) Festlegung der Kapitalveränderung, Stammkapitalziffer und Einlagegenstand

Nach allgemeinem Gesellschaftsrecht muss der Kapitalerhöhungsbeschluss die Höhe der 149 Kapitalveränderung und die neue Stammkapitalziffer festlegen „um 10.000 € auf 40.000 €". Neben einer festen Kapitalveränderung kann das Stammkapital bis zu einer Höchstziffer erhöht und auch ein Mindestbetrag vorgesehen werden.[152)]

Ferner sollte geregelt werden, dass die Einlage als Bareinlage in Geld zu erbringen ist. 150 Zwar ist die Festlegung des Einlagegegenstandes zwingend nur bei der Sachkapitalerhöhung erforderlich (siehe § 56 Abs. 1 Satz 1 GmbHG), ohne Angaben muss der Übernehmer in Geld leisten.[153)] Dennoch sollte aus Gründen der Klarstellung die Barkapitalerhöhung ausdrücklich als solche deklariert werden.

(2) Festlegung eines Agios

Werden die Geschäftsanteile über pari ausgegeben, kann nach allgemeinem Gesellschafts- 151 recht das korporative Agio im Kapitalerhöhungsbeschluss festgelegt werden (vgl. § 3 Abs. 2 GmbHG).[154)] Das Agio ist Nebenleistung und nimmt daher nicht am Kapitalschutz teil, ist aber nach § 272 Abs. 2 Nr. 1 HGB der Kapitalrücklage zuzuführen.[155)]

Die Festlegung eines Agios ist zwingend, wenn die Differenz zwischen innerem Anteils- 152 wert und Nennbetrag des neuen Anteils erheblich ist. Das Agio ist dann entsprechend dem Wert der bisherigen Geschäftsanteile, welcher nach einem allgemein anerkannten Bewertungsverfahren ermittelt wird, festzulegen. Anderenfalls würde ein faktischer Zwang für die Altgesellschafter zur Beteiligung an der Kapitalerhöhung bestehen, welche ihnen außerhalb des Insolvenzverfahrens über das Bezugsrecht gewährleistet wird.[156)] Ein zwingendes Agio wird bei einem sich im Insolvenzverfahren befindenden Unternehmen indes

150) Scholz-*Priester/Tebben*, GmbHG, § 55 Rz. 14; *Lieder* in: MünchKomm-GmbHG, § 55 Rz. 25; Lutter/Hommelhoff-*Bayer*, GmbHG, § 55 Rz. 3.

151) Lutter/Hommelhoff-*Bayer*, GmbHG, § 55 Rz. 5.

152) Scholz-*Priester/Tebben*, GmbHG, § 55 Rz. 19.

153) Lutter/Hommelhoff-*Bayer*, GmbHG, § 55 Rz. 12; Noack/Servatius/Haas-*Servatius*, GmbHG, § 56 Rz. 15. Jedenfalls insoweit die Kapitalerhöhung eingetragen wurde: *Wicke*, GmbHG, § 56 Rz. 5; *Ziemons* in: BeckOK-GmbHG, § 56 Rz. 21.

154) Lutter/Hommelhoff-*Bayer*, GmbHG, § 55 Rz. 10; Scholz-*PriesterTebben*, GmbHG, § 55 Rz. 29.

155) BGH, Urt. v. 15.10.2007 – II ZR 216/06, WM 2007, 2378, 2380 = ZIP 2007, 2416; Lutter/Hommelhoff-*Bayer*, GmbHG, § 55 Rz. 10.

156) OLG Stuttgart, Urt. v. 1.12.1999 – 20 U 38/99, DB 2000, 135; *Gerber/Pilz*, GmbHR 2005, 1325; Lutter/Hommelhoff-*Bayer*, GmbHG, § 55 Rz. 9.

selten notwendig sein (siehe ausführlich § 58 Rz. 88 ff. [*Brünkmans/Harmann/Clev*]). Im Gegenteil wird vielmehr zum Ausgleich der Differenz zwischen innerem Wert der Beteiligung der Altgesellschafter und dem Nennbetrag eine vorherige Kapitalherabsetzung erforderlich sein.

(3) Ausgabe neuer Geschäftsanteile oder Aufstockung bestehender Geschäftsanteile

153 Wird im Beschluss keine andere Regelung getroffen, wird das Stammkapital durch Ausgabe neuer Geschäftsanteile erhöht (§ 55 Abs. 3 GmbHG).

> **Praxishinweis**
>
> Als Alternative kommt eine Aufstockung bestehender Geschäftsanteile in Betracht.[157] Die Aufstockung bestehender Geschäftsanteile muss im Erhöhungsbeschluss jedoch ausdrücklich und konkret festgesetzt werden.[158] In der entsprechenden Kapitalerhöhungsregelung im Insolvenzplan sollte klar festgelegt werden, ob die Kapitalerhöhung durch Ausgabe neuer Geschäftsanteile oder Aufstockung bestehender Geschäftsanteile erfolgen soll.

(4) Festlegung der Nennbeträge und laufende Nummern neuer Geschäftsanteile

154 Nach allgemeinem Gesellschaftsrecht muss der Kapitalerhöhungsbeschluss ferner die Zahl und die Nennbeträge der neu auszugebenden Geschäftsanteile festlegen.[159] Dies gilt grundsätzlich auch für eine entsprechende Regelung im gestaltenden Teil des Insolvenzplanes. Die neuen Geschäftsanteile müssen auf volle Euro lauten (§ 55 Abs. 4 i. V. m. § 5 Abs. 2 GmbHG).

155 Die aus der Kapitalerhöhung entstehenden neuen Geschäftsanteile müssen laufende Nummern haben bzw. erhalten, um sie individualisieren zu können. Die neuen Geschäftsanteile sollten schon im Kapitalerhöhungsbeschluss mit solchen Nummern versehen werden.[160]

156 Werden bestehende Geschäftsanteile aufgestockt, sind die erhöhenden Geschäftsanteile und Erhöhungsbeträge im Kapitalerhöhungsbeschluss anzugeben.[161]

(5) Angaben über die Person der Übernehmer

157 Nach h. A. sind nach allgemeinem Gesellschaftsrecht Angaben über die Person der Übernehmer grundsätzlich nicht erforderlich, denn die zur Übernahme Berechtigten und die Höhe bzw. Zahl ihrer neuen Geschäftsanteile ergeben sich aus dem Bezugsrecht.[162] Da ein – wenn auch stark eingeschränktes – Bezugsrecht der Altgesellschafter nach der hier vertretenen Auffassung grundsätzlich auch im Insolvenzplanverfahren besteht (siehe ausführlich Rz. 276 ff.), gilt dies auch für eine Regelung der Kapitalerhöhung im Insolvenzplan. Lediglich wenn ein außenstehender Dritter zur Übernahme der Geschäftsanteile zugelassen werden soll, was bei Kapitalerhöhungen in der Krise und Insolvenz häufig der

157) Scholz-*Priester/Tebben*, GmbHG, § 55 Rz. 24; OLG Celle, Urt. v. 13.10.1999 – 9 U 3/99, NZG 2000, 148, 149; Lutter/Hommelhoff-*Bayer*, GmbHG, § 55 Rz. 12; *Altmeppen*, GmbHG, § 55 Rz. 35.

158) Scholz-*Priester/Tebben*, GmbHG, § 55 Rz. 25; *Lieder* in: MünchKomm-GmbHG, § 55 Rz. 45; Lutter/Hommelhoff-*Bayer*, GmbHG, § 55 Rz. 25; ausführlich *Witte/Rousseau*, GmbHR 2009, R321 f.

159) Lutter/Hommelhoff-*Bayer*, GmbHG, § 55 Rz. 12; a. A. *Lieder* in: MünchKomm-GmbHG, § 55 Rz. 46.

160) Lutter/Hommelhoff-*Bayer*, GmbHG, § 55 Rz. 14.

161) *Lieder* in: MünchKomm-GmbHG, § 55 Rz. 45.

162) Lutter/Hommelhoff-*Bayer*, GmbHG, § 55 Rz. 13; *Lieder* in: MünchKomm-GmbHG, § 55 Rz. 69; *Wicke*, GmbHG, § 55 Rz. 11; a. A. *Altmeppen*, GmbHG, § 55 Rz. 20 ff.; Henssler/Strohn-*Gummert*, GesR, § 55 GmbHG Rz. 16 ff.

Fall sein wird, bedarf es eines entsprechenden Zulassungsbeschlusses der Gesellschaftsversammlung.[163)]

(6) Bezugsrechtsausschluss

Ein Ausschluss des Bezugsrechts kann nur im Kapitalerhöhungsbeschluss selbst erfolgen.[164)] 158
§ 225a Abs. 2 InsO sieht ausdrücklich die Möglichkeit der Regelung eines Bezugsrechtsausschluss im Insolvenzplan vor.[165)] Der Bezugsrechtsausschluss kann somit im Insolvenzplan unmittelbar mit der Kapitalerhöhung erfolgen. Eine andere Frage ist, ob der Bezugsrechtsausschluss auch im Insolvenzplan nach den allgemeinen gesellschaftsrechtlichen Grundsätzen gerechtfertigt sein muss (siehe ausführlich Rz. 280 ff.).

(7) Zulassung einer bestimmten Person zur Übernahme

Sollen nicht die Altgesellschafter i. R. ihres Bezugsrechts die Geschäftsanteile übernehmen, sondern ein Investor, ist dieser durch einen Gesellschafterbeschluss zuzulassen. 159

Die Zulassung einer bestimmten Person zur Übernahme der durch die Kapitalerhöhung neu geschaffenen Geschäftsanteile kann unmittelbar im Insolvenzplan geregelt werden. Die Übernahme als solche jedoch nicht. 160

(8) Ermächtigung zum Abschluss der Übernahmevereinbarung

Altgesellschafter oder zur Übernahme berechtigte Dritte erwerben nicht automatisch mit dem Kapitalerhöhungsbeschluss die Beteiligung und sind auch nicht zur Übernahme verpflichtet. Vielmehr werden diese erst mit Abschluss der Übernahmevereinbarung im Hinblick auf die neu zu schaffenden Geschäftsanteile in die Gesellschaft einbezogen. Nach h. A. vertreten die Gesellschafter und nicht die Geschäftsführer die Gesellschaft beim Abschluss der Übernahmevereinbarung.[166)] Die Gesellschafter können allerdings den Geschäftsführer oder sonstige Dritte zum Abschluss der Übernahmevereinbarung ermächtigen.[167)] Dieser Ermächtigungsbeschluss kann ebenfalls als Regelung im gestaltenden Teil des Insolvenzplanes aufgenommen werden (siehe unten Rz. 165). Als zum Abschluss der Übernahmevereinbarung zu ermächtigende Personen kommen dabei die Geschäftsführer oder der Insolvenzverwalter in Betracht. Zur Übernahmevereinbarung siehe auch unten Rz. 164 ff. 161

(9) Änderung des Satzungstextes

Aus Klarstellungsgründen empfiehlt sich, zusätzlich zur Kapitalerhöhung die Änderung des Satzungstextes als separaten Regelungsgegenstand aufzunehmen (siehe dazu die nachfolgende Musterklausel). 162

---

163) *Lieder* in: MünchKomm-GmbHG, § 55 Rz. 102; Noack/Servatius/Haas-*Servatius*, GmbHG, § 55 Rz. 28; Lutter/Hommelhoff-*Bayer*, GmbHG, § 55 Rz. 13.

164) Scholz-*Priester/Tebben*, GmbHG, § 55 Rz. 61; Noack/Servatius/Haas-*Servatius*, GmbHG, § 55 Rz. 25; Michalski/Heidinger/Leible/J. Schmidt-*Ziemons*, GmbHG, § 55 Rz. 79; und in der Satzung: Lutter/Hommelhoff-*Bayer*, § 55 Rz. 20 f.; *Lieder* in: MünchKomm-GmbHG, § 55 Rz. 104.

165) Zur Frage, ob es überhaupt ein Bezugsrecht im Insolvenzverfahren gibt und unter welchen Voraussetzungen dieses ausgeschlossen werden kann s. unten Rz. 276 ff.

166) BGH, Urt. v. 30.11.1967 – II ZR 68/65, BGHZ 49, 117 = WM 1968, 33; Scholz-*Priester/Tebben*, GmbHG, § 55 Rz. 75; *Lieder* in: MünchKomm-GmbHG, § 55 Rz. 137; Noack/Servatius/Haas-*Servatius*, GmbHG, GmbHG, § 55 Rz. 34.

167) Scholz-*Priester/Tebben*, GmbHG, § 55 Rz. 75; Noack/Servatius/Haas-*Servatius*, GmbHG, § 55 Rz. 34.

(10) Formulierungsbeispiel

163

Formulierungsbeispiel

„Das Stammkapital der Gesellschaft wird um 150.000 € von 0 €[168] auf künftig 150.000 € erhöht durch Ausgabe von 150.000 neuen Geschäftsanteilen im Nennwert von je 1 € gegen eine sofort fällige Bareinlage von 2 € pro neuem Geschäftsanteil (Agio 1 € pro Geschäftsanteil). Die neuen Geschäftsanteile tragen die Nummern 1–150.000 und nehmen ab dem ... am Gewinn der Gesellschaft teil.

Das Bezugsrecht der Altgesellschafter wird ausgeschlossen. Zur Übernahme der Geschäftsanteile wird zugelassen: I Investment GmbH mit Sitz in Frankfurt am Main, eingetragen im Handelsregister des Amtsgerichts Frankfurt am Main unter HRB 007, Geschäftsanschrift Bahnhofsallee 1a, 60000 Frankfurt am Main.

Der Geschäftsführer ist ermächtigt, den Übernahmevertrag mit dem Bezugsberechtigten für die Gesellschaft zu schließen.

§ 3 der Satzung lautet mithin künftig: Das Stammkapital der Gesellschaft beträgt 150.000 €."

c) Übernahmevereinbarung

aa) Funktion und Rechtsnatur der Übernahmevereinbarung

164 Eine Verpflichtung zur Leistung der im Kapitalerhöhungsbeschluss festgelegten Einlagen entsteht erst mit Abschluss der Übernahmevereinbarung mit dem Übernehmenden. Die endgültige Wirksamkeit hängt jedoch von der Eintragung der Kapitalerhöhung im Handelsregister ab.[169] Die Übernahmevereinbarung hat den Erwerb einer Mitgliedschaft und damit die Erweiterung der Körperschaft zum Gegenstand, sie ist somit der Rechtsnatur nach ein körperschaftsrechtlicher Vertrag.[170]

Praxishinweis

Weder für die Altgesellschafter noch für den Investor besteht aus dem bloßen Kapitalerhöhungsbeschluss die Pflicht zur Abgabe der Übernahmeerklärung, wenn nicht andere schuldrechtliche Vereinbarungen, wie etwa eine Investorenvereinbarung,[171] geschlossen wurden.

bb) Vertragsparteien, Abschlussberechtigte, Formvorschriften

165 Vertragspartner der Übernahmevereinbarung sind der Übernehmer (Gesellschafter oder zugelassener Nichtgesellschafter) und die GmbH,[172] vertreten durch die Gesellschafter.[173] Der Geschäftsführer oder Insolvenzverwalter kann jedoch von den Gesellschaftern durch Gesellschafterbeschluss zum Abschluss einer Übernahmevereinbarung ermächtigt werden.[174] Die

168) Eine Kapitalerhöhung von null ist nur im Anschluss an eine vorherige Kapitalherabsetzung auf null möglich. Im Insolvenzplan bildet dies aber gerade das häufigste Szenario ab.

169) Lutter/Hommelhoff-*Bayer*, GmbHG, § 55 Rz. 40.

170) BGH, Urt. v. 30.11.1967 – II ZR 68/65, BGHZ 49, 117, 119 = NJW 1968, 398; BGH, Urt. v. 11.1.1999 – II ZR 170/98, BGHZ 140, 258 260 = ZIP 1999, 310, dazu EWiR 1999, 323 *(Wilhelm)*; Noack/Servatius/Haas-*Servatius*, GmbHG, § 55 Rz. 31; Rowedder/Pentz-*Schnorbus* GmbHG, § 55 Rz. 46; Habersack/Casper/Löbbe-*Ulmer/Casper*, GroßKomm-GmbHG, § 55 Rz. 72; Scholz-*Priester/Tebben*, GmbHG, § 55 Rz. 73; *Lieder* in: MünchKomm-GmbHG, § 55 Rz. 110; Lutter/Hommelhoff-*Bayer*, GmbHG, § 55 Rz. 34.

171) Dazu ausführlich *Brünkmans*, ZIP 2014, 1857, 1863 f.; s. a. unten § 32 Rz. 33 ff. [*Brünkmans*].

172) Scholz-*Priester/Tebben*, GmbHG, § 55 Rz. 72; Noack/Servatius/Haas-*Servatius*, GmbHG, § 55 Rz. 31; *Altmeppen*, GmbHG, § 55 Rz. 12.

173) *Lieder* in: MünchKomm-GmbHG, § 55 Rz. 137; Michalski/Heidinger/Leible/J. Schmidt-*Ziemons*, GmbHG, § 55 Rz. 97; *Altmeppen*, GmbHG, § 55 Rz. 12.

174) Zur allgemeinen Zulässigkeit der Ermächtigung eines Dritten bei der Übernahmeerklärung *Lieder* in: MünchKomm-GmbHG, § 55 Rz. 137; *Altmeppen*, GmbHG, § 55 Rz. 12.

Ermächtigung wird – wie der Kapitalerhöhungsbeschluss – erst mit Rechtskraft des Insolvenzplanes wirksam. Die **Übernahmeerklärung der GmbH** kann **formfrei** und durch schlüssiges Verhalten erfolgen.[175] Die Erklärung **des Übernehmers** bedarf hingegen mindestens der **notariellen Beglaubigung** (§ 55 Abs. 1 GmbHG).[176]

(1) Grundsätzlich keine Ersetzung durch Regelung im gestaltenden Teil

Weder Altgesellschafter noch Dritte können zur Übernahme und zu sich der daraus ergebenden Einlagepflicht gezwungen werden. Daher kann die Übernahmeerklärung nicht im gestaltenden Teil des Insolvenzplanes geregelt werden. Zur Regelung ausschließlich zwangsweise planunterworfener Rechtspositionen im gestaltenden Teil des Insolvenzplanes siehe ausführlich § 7 Rz. 23 ff. [*Brünkmans*]. **166**

(2) Aufnahme in der Plananlage oder Regelungen außerhalb des Insolvenzplans

Die Übernahmeerklärungen können jedoch als Anlage zum Insolvenzplan genommen werden. Dabei ist die Form der notariellen Beglaubigung zu beachten (§ 55 Abs. 1 GmbHG).[177] **167**

Die Übernahmeerklärungen können auch außerhalb des Insolvenzplanes, vor oder nach rechtskräftig bestätigtem Insolvenzplan erfolgen. Auch dann muss jedoch die formwirksame Abgabe beachtet werden. **168**

Praxishinweis

Die Übernahmeerklärung eines Drittinvestors kann bereits Bestandteil einer vor Einreichung des Insolvenzplanes abgeschlossenen Investorenvereinbarung sein.[178] Zur Absicherung der Umsetzungsfähigkeit des im Insolvenzplan enthaltenen Sanierungskonzepts kann die notariell beglaubigte Übernahmeerklärung des Übernehmenden auch als Anlage zum Insolvenzplan genommen werden. Mit rechtskräftiger Bestätigung des Insolvenzplanes kann die Bareinlage dann vom Geschäftsführer oder Insolvenzverwalter verbindlich eingefordert werden.

Ist der Investor nicht dazu bereit, die Übernahmeerklärung vor Einreichen des Insolvenzplanes abzugeben, sollte der zur Übernahme berechtigte Investor im darstellenden Teil des Insolvenzplanes kurz erläutert werden und der Entwurf der Übernahmeerklärung als Anlage zum Insolvenzplan genommen werden.

cc) Inhalt des Übernahmevertrages

In der Übernahmeerklärung sollten folgende Angaben enthalten sein: **169**

- die **Person** des Übernehmers,
- die **Zahl der übernommenen Geschäftsanteile** und deren **Nennbeträge**,
- die **Bezeichnung der Gesellschaft**,[179]

---

175) Michalski/Heidinger/Leible/J. Schmidt-*Ziemons*, GmbHG, § 55 Rz. 110; *Altmeppen*, GmbHG, § 55 Rz. 13; Scholz-*Priester/Tebben*, GmbHG, § 55 Rz. 95.

176) Enthält die Übernahmeerklärung allerdings eine Verpflichtung zur Grundstückseinbringung, ist sie beurkundungspflichtig, Noack/Servatius/Haas-*Servatius*, GmbHG, § 55 Rz. 32; Scholz-*Priester/Tebben*, GmbHG, § 55 Rz. 81.

177) Die Formfiktion des § 254a InsO erstreckt sich nicht auf Plananlagen (streitig), s. § 7 Rz. 125 ff. [*Brünkmans*].

178) S. dazu ausführlich § 32 Rz. 33 ff. [*Brünkmans*].

179) Noack/Servatius/Haas-*Servatius*, GmbHG, § 55 Rz. 33.

- die **Bezeichnung des Insolvenzplanes**, welcher die einschlägige Kapitalerhöhungsregelung enthält mit dem Aktenzeichen des betroffenen Insolvenzverfahrens und – falls die Übernahmeerklärung nicht bereits vorab erklärt wird (siehe oben Rz. 168) – das Datum der Einreichung, das Datum des Bestätigungsbeschlusses des Insolvenzgerichts, den Hinweis auf die Rechtskraft des Bestätigungsbeschlusses,
- den **Ausgabebetrag** sowie **Einzahlungsbetrag**,[180)]
- die Angabe der **Geschäftsanteilnummern**.[181)]
- Bei neu beitretendem Gesellschafter muss die Übernahmeerklärung zusätzlich die **aus der Satzung** als auch im Zusammenhang mit der Kapitalerhöhung sich **ergebenden Leistungspflichten** enthalten, um dem Beitretenden die besonderen Pflichten vor Augen zu führen, namentlich Nebenleistungspflichten (§ 3 Abs. 2 GmbHG) sowie Nachschusspflichten (§ 26 GmbHG).

170 Die Übernahmeerklärung erfolgt **unter der gesetzlichen Bedingung der Eintragung des Kapitalerhöhungsbeschlusses**. Ob und in welchem Umfang darüber hinaus die Übernahmeerklärung unter einer aufschiebenden Bedingung abgegeben werden darf, ist streitig. Richtigerweise ist die Übernahmeerklärung nicht grundsätzlich bedingungsfeindlich.[182)] Aufschiebende Bedingungen und Befristungen sind grundsätzlich zulässig. Das Registergericht prüft dann den Bedingungseintritt. Kann dieser nicht bejaht werden, ist die Eintragung der Kapitalerhöhung vom Registergericht abzulehnen.[183)]

171 Bei auflösenden Bedingungen ist jedoch zu beachten, dass die Bedingung nicht dazu führt, dass gegen zwingende Vorschriften verstoßen wird. Auflösende Bedingungen, die auf eine Rückzahlung der Einlage nach Eintragung der Kapitalerhöhung gerichtet sind, sind daher unzulässig.[184)]

172 Befristungen sind hingegen nach h. A. unproblematisch. Insbesondere kann der Übernehmer in der Übernahmeerklärung eine Frist für die Annahme seitens der Gesellschaft als auch für die Eintragung der Kapitalerhöhung bestimmen.[185)]

173 Wurde keine Frist vereinbart, ist nach Annahme seitens der Gesellschaft der Übernehmer nicht unbegrenzt gebunden. Die Dauer der Bindung richtet sich nach dem normalen Verlauf einer Kapitalerhöhung. Wird diese Dauer erheblich überschritten, kann der Übernehmer analog § 723 BGB aus wichtigem Grund die Übernahmevereinbarung kündigen und bereits eingezahlte Bareinlagen gemäß §§ 812 ff. BGB zurückfordern.[186)]

---

180) Str. so Noack/Servatius/Haas-*Servatius*, GmbHG, § 55 Rz. 33; *Ziemons* in: BeckOK-GmbHG, § 55 Rz. 104; *Wicke*, GmbHG, § 55 Rz. 14; **a. A.** *Lieder* in: MünchKomm-GmbHG, § 55 Rz. 125; Scholz-*Priester/Tebben*, GmbHG, § 55 Rz. 80.

181) Wohl rechtlich grundsätzlich nicht erforderlich, aber zu empfehlen, *Lieder* in: MünchKomm-GmbHG, § 55 Rz. 125, *Wicke*, GmbHG, § 55 Rz. 14, Scholz-*Priester/Tebben*, GmbHG, § 55 Rz. 79; Noack/Servatius/Haas-*Servatius*, GmbHG, § 55 Rz. 33.

182) So auch *Lieder* in: MünchKomm-GmbHG, § 55 Rz. 134; Michalski/Heidinger/Leible/J. Schmidt-*Ziemons*, GmbHG, § 55 Rz. 117; Scholz-*Priester/Tebben*, GmbHG, § 55 Rz. 85; **a. A.** Noack/Servatius/Haas-*Servatius*, GmbHG, § 55 Rz. 33 f.; Lutter/Hommelhoff-*Lutter/Bayer*, GmbHG, § 55 Rz. 37.

183) *Lieder* in: MünchKomm-GmbHG, § 55 Rz. 134; Michalski/Heidinger/Leible/J. Schmidt-*Ziemons*, GmbHG, § 55 Rz. 117; Scholz-*Priester*, GmbHG, § 55 Rz. 85.

184) *Lieder* in: MünchKomm-GmbHG, § 55 Rz. 134; Michalski/Heidinger/Leible/J. Schmidt-*Ziemons*, GmbHG, § 55 Rz. 117.

185) Scholz-*Priester*, GmbHG, § 55 Rz. 84; *Lieder* in: MünchKomm-GmbHG, § 55 Rz. 132.

186) Scholz-*Priester*, GmbHG, § 55 Rz. 84; vgl. Lutter/Hommelhoff-*Bayer*, GmbHG, § 55 Rz. 40 – Rücktritt nach § 313 Abs. 3 BGB nach Ablauf von sechs Monaten.

Formulierungsbeispiel

„Übernahmeerklärung

(1) Über das Vermögen der X-GmbH wurde durch Beschluss des Amtsgerichts Frankfurt am Main – Insolvenzgericht – am … Az. … das Insolvenzverfahren eröffnet.

Der am … in dem Insolvenzverfahren eingereichte Insolvenzplan, wurde mit Beschluss des Amtsgerichts Frankfurt am Main – Insolvenzgericht – vom … bestätigt. Der Bestätigungsbeschluss ist seit dem … rechtskräftig.

(2) Der Insolvenzplan enthält eine den Gesellschafterversammlungsbeschluss ersetzende Regelung zur Kapitalerhöhung. Darin ist wie folgt geregelt:

Das Stammkapital der Gesellschaft wird um 150.000 € von derzeit 0 € auf künftig 150.000 € erhöht durch Ausgabe von 150.000 neuen Geschäftsanteilen im Nennwert von je 1 € gegen eine sofort fällige Bareinlage von 2 € pro neuem Geschäftsanteil (Agio 1 € pro Geschäftsanteil). Die neuen Geschäftsanteile tragen die Nummern 1–150.000 und nehmen ab dem … am Gewinn der Gesellschaft teil.

Das Bezugsrecht der Altgesellschafter wird ausgeschlossen. Zur Übernahme der Geschäftsanteile wird zugelassen: I Investment GmbH mit Sitz in Frankfurt am Main, eingetragen im Handelsregister des Amtsgerichts Frankfurt am Main unter HRB 007, Geschäftsanschrift Bahnhofsallee 1a, 60000 Frankfurt am Main.

(3) Die I Investment GmbH, mit Sitz in Frankfurt am Main, eingetragen im Handelsregister des Amtsgerichts Frankfurt am Main unter HRB 007, Geschäftsanschrift Bahnhofsallee 1a, 60000 Frankfurt am Main übernimmt hiermit 150.000 neue Geschäftsanteile im Nennbetrag von je 1 € gegen Bareinlage 2 € pro neuem Geschäftsanteil. Die I Investment GmbH verpflichtet sich die Stammeinlage auf die von ihr übernommenen Geschäftsanteile und das Agio in voller Höhe innerhalb von vierzehn Tagen auf das Konto der X-GmbH, IBAN … BIC … zu leisten.

…, den …

[Unterschrift]

[notarieller Beglaubigungsvermerk]“

d) Leistung der Einlage

Neben der rechtskräftigen Bestätigung des Insolvenzplanes und dem Übernahmevertrag bedarf es für die Durchführung der Kapitalerhöhung der Leistung der neuen Einlage.[187] 174

Bareinlagen sind gemäß § 7 Abs. 2 i. V. m. § 56a GmbHG vor Anmeldung der Kapitalerhöhung zum Handelsregister zu mindestens einem Viertel, zu leisten, wenn im Kapitalherabsetzungsbeschluss nicht eine höhere Mindesteinzahlungspflicht geregelt ist.[188] Wurden die Bareinlagen nicht entsprechend geleistet, hat das Registergericht den Eintragungsantrag abzulehnen. 175

Die anmeldenden Geschäftsführer oder der anmeldende Insolvenzverwalter (§ 254a Abs. 2 Satz 3 InsO analog) haben bei der Anmeldung die Versicherung abzugeben, dass die auf das neue Stammkapital gemachten Leistungen endgültig zur freien Verfügung der Gesellschaft (siehe dazu § 29 Rz. 173 ff. [*Brünkmans*]) stehen.[189] 176

187) Vgl. allgmein außerhalb des Insolvenzplanverfahrens, Scholz-*Priester/Tebben*, GmbHG, § 55 Rz. 119.

188) Scholz-*Priester/Tebben*, GmbHG, § 55 Rz. 119.

189) Scholz-*Priester/Tebben*, GmbHG, § 55 Rz. 119.

e) Liste der Übernehmer

177 Nach § 57 Abs. 3 Nr. 2 GmbHG ist der Handelsregisteranmeldung eine Liste der Personen, welche die neuen Geschäftsanteile übernommen haben, beizufügen.

178 In dieser Liste sind die Übernehmer mit Namen, Vornamen, Geburtsdatum und Wohnort bzw. bei juristischen Personen mit Firma und Sitz sowie die Nennbeträge der von jedem übernommenen Geschäftsanteile bzw. die Aufstockungsbeträge im Falle der Erhöhung der Nennbeträge der bestehenden Geschäftsanteile anzugeben.[190] Empfehlenswert erscheint auch die Nummerierung der neuen Geschäftsanteile (§ 8 Abs. 1 Nr. 3 GmbHG).[191] Die Liste ist von sämtlichen Geschäftsführern oder dem Insolvenzverwalter gemäß § 254a Abs. 2 Satz 3 InsO analog (siehe § 29 Rz. 173 ff. [*Brünkmans*]) zu unterzeichnen.

Formulierungsbeispiel

„Liste der Übernehmer der neuen Geschäftsanteile

Die anlässlich der Kapitalerhöhung auf der Grundlage des Insolvenzplanes vom … bei der X-GmbH neu ausgegebenen Geschäftsanteile haben übernommen:

Übernehmer:	I Investment GmbH mit Sitz in Frankfurt/M., eingetragen im Handelsregister des Amtsgerichts Frankfurt am Main unter HRB 007, Geschäftsanschrift Bahnhofsallee 1a, 60000 Frankfurt am Main.
Übernommenen Geschäftsanteile:	150.000 Geschäftsanteile, mit einem Nennbetrag von je 1 € (die Geschäftsanteile tragen die Nummern 1 – 150.000.)

Frankfurt am Main, den …

Rechtsanwalt …

– als Insolvenzverwalter über das Vermögen der X-GmbH –“

f) Anmeldung und Eintragung der Kapitalerhöhung ins Handelsregister

179 Nach rechtskräftiger Bestätigung des Insolvenzplanes, Abschluss der Übernahmevereinbarung und Leistung der Einlage ist auch eine im Insolvenzplan geregelte Kapitalerhöhung zum Handelsregister anzumelden. Die Kapitalerhöhung wird erst mit Eintragung in das Handelsregister wirksam (siehe oben Rz. 146).

aa) Anmeldung der Kapitalerhöhung

180 Bis zur Aufhebung des Insolvenzverfahrens (§ 258 InsO) ist neben den Geschäftsführern auch der Insolvenzverwalter gemäß § 254a Abs. 2 Satz 3 InsO dazu berechtigt die entsprechende Anmeldung zur Eintragung in das Handelsregister vorzunehmen.

181 Es gelten die allgemeinen Voraussetzungen für die Anmeldung und Eintragung von gesellschaftsrechtlichen Regelungen im Handelsregister. Siehe dazu § 29 Rz. 168 ff. [*Brünkmans*]. Als Formulierungsbeispiel für die Anmeldung einer Kapitalerhöhung im Insolvenzplan siehe Rz. 190.

---

190) Scholz-*Priester/Tebben*, GmbHG, § 57 Rz. 17; *Lieder* in: MünchKomm-GmbHG, § 57 Rz. 20. *Wicke*, GmbHG, § 57 Rz. 5.

191) Scholz-*Priester/Tebben*, GmbHG, § 57 Rz. 18; *Wicke*, GmbHG, § 57 Rz. 5.

bb) Prüfung der Kapitalerhöhung durch das Insolvenz- und Registergericht

Das Insolvenzgericht prüft die Regelung über die Kapitalerhöhung im Insolvenzplan abschließend, d. h. insbesondere den rechtlich notwendigen Inhalt der Kapitalerhöhungsregelung (siehe § 29 Rz. 183 [*Brünkmans*]). Die Prüfung des Registergerichts ist im Hinblick auf die Kapitalerhöhungsregelung auf schwerwiegende und offensichtliche Fehler beschränkt (siehe § 29 Rz. 178 [*Brünkmans*]). 182

Der ordnungsgemäße Abschluss der Übernahmevereinbarung und die Leistung der Einlagen werden hingegen vom Registergericht überprüft. 183

g) Erwerb der neuen Geschäftsanteile mit Eintragung der Kapitalerhöhung

Der Erwerb der neuen Geschäftsanteile tritt automatisch mit Eintragung der Kapitalerhöhung in das Handelsregister ein.[192] Ist die Kapitalerhöhung mit einer Kapitalherabsetzung verbunden (Kapitalschnitt), soll sie zusammen mit der Kapitalherabsetzung in das Handelsregister eingetragen werden (§ 58a Abs. 4 Satz 1 GmbHG). 184

Mit Eintragung der Kapitalerhöhung ist der Tatbestand für den Erwerb der neu geschaffenen Geschäftsanteile abgeschlossen, da die Eintragung sowohl Wirksamkeitsvoraussetzung für den Erhöhungsbeschluss (§ 54 Abs. 3 GmbHG) als auch gesetzliche Bedingung des Übernahmevertrages ist.[193] 185

h) Neue Gesellschafterliste

Nach allgemeinem Gesellschaftsrecht hat der den Kapitalerhöhungsbeschluss beurkundende Notar gemäß § 40 Abs. 2 GmbHG die neue Gesellschafterliste zu unterschreiben und dem Handelsregister einzureichen. Bei einer Regelung im Insolvenzplan wirkt aufgrund der Formfiktion aus § 254a InsO gerade kein Notar an dem Kapitalerhöhungsbeschluss mit. Daher haben nach § 40 Abs. 1 GmbHG die Geschäftsführer oder gemäß § 254a Abs. 2 Satz 3 InsO analog der Insolvenzverwalter die neue Gesellschafterliste unverzüglich beim Handelsregister einzureichen (siehe dazu § 29 Rz. 173 ff. [*Brünkmans*]). 186

Formulierungsbeispiel

„Liste der Gesellschafter

lfd. Nummer des Geschäftsanteils	Gesellschafter	Nennbetrag der Geschäftsanteile
lfd. Nrn. 1–150.000	I Investor GmbH mit dem Sitz in Frankfurt am Main, AG Frankfurt am Main HRB 007	1 €
Stammkapital gesamt		150.000 €

Die geänderten Eintragungen in der vorstehenden Liste entsprechen den Veränderungen, die sich aus der Kapitalherabsetzung und anschließender Kapitalerhöhung, die Regelungsbestandteil des am … rechtskräftig bestätigten Insolvenzplanes – Az. … – waren, ergeben.

…, den …

[Unterschrift Insolvenzverwalter]“

192) BGH, Urt. v. 11.1.1999 – II ZR 170/98, BGHZ 140, 258, 260 = ZIP 1999, 310, 311; OLG Düsseldorf, Urt. v. 17.12.1999 – 16 U 29/99, GmbHR 2000, 569; Scholz-*Priester/Tebben*, GmbHG, § 55 Rz. 120; Lutter/Hommelhoff-*Bayer*, GmbHG, § 55 Rz. 41.

193) Scholz-*Priester/Tebben*, GmbHG, § 55 Rz. 120.

187 Streitig ist, ob die Vorlage einer neuen Gesellschafterliste bei der Anmeldung einer Kapitalerhöhung zum Handelsregister erforderlich ist.[194] Richtigerweise ist die Vorlage einer Gesellschafterliste bei einer Kapitalerhöhung erst nach Wirksamkeit der Veränderung, also Eintragung in das Handelsregister, diesem vorzulegen.[195]

> **Praxishinweis**
>
> Ob die neue Gesellschafterliste bereits mit der Registeranmeldung einzureichen ist oder erst nach Eintragung in das Handelsregister sollte vorab mit dem Registergericht besprochen werden. Im Zweifel kann der Registeranmeldung eine entsprechende Gesellschafterliste beigefügt werden.

i) Kombination Barkapitalerhöhung und Sachkapitalerhöhung

188 Grundsätzlich können Barkapitalerhöhung und Sachkapitalerhöhung miteinander verbunden werden.[196] Dies gilt auch bei einer Kapitalerhöhung über einen Insolvenzplan.

j) Verbindung Kapitalerhöhung mit Kapitalherabsetzung

189 Kapitalerhöhungen in Krise und Insolvenz werden in der Regel mit einer vorherigen vereinfachten Kapitalherabsetzung zum Ausgleich von Verlusten verbunden. Nach allgemeinem Gesellschaftsrecht können die beiden Beschlüsse gleichzeitig gefasst werden (siehe dazu Rz. 82). Dies gilt auch bei einer Kapitalerhöhung im Insolvenzplan. Kapitalherabsetzung und Kapitalerhöhung können beide im gestaltenden Teil des Insolvenzplanes aufgenommen werden. Ferner kann im Insolvenzplan die Regelung aufgenommen werden, dass die Geschäftsführer oder der Insolvenzverwalter **nur beide Regelungen gemeinsam zum Handelsregister anzumelden** berechtigt sind und das Registergericht „anzuweisen" ist, die Eintragung der Kapitalerhöhung nur nach vorheriger oder gleichzeitiger Eintragung der Kapitalherabsetzung vorzunehmen.[197] Erfolgt eine Kapitalherabsetzung unter den Mindestnennbetrag aus § 5 Abs. 1 GmbHG (25.000 €), ergibt sich dies bereits aus § 58a Abs. 4 Satz 4 GmbHG.

k) Muster für die Anmeldung der Kapitalherabsetzung und -erhöhung

190

> **Formulierungsbeispiel**
>
> „An das
>
> Amtsgericht Frankfurt am Main
> – Handelsregister, Abt. 66 –
> Gerichtsstraße 2
> 60313 Frankfurt am Main
> HRB 345 – X GmbH
>
> I.
>
> Zum Handelsregister der X-GmbH (nachfolgend auch „Gesellschaft" genannt) melde ich als Insolvenzverwalter über das Vermögen der Gesellschaft zur Eintragung in das Handelsregister gemäß § 254a Abs. 2 Satz 3 InsO an:

194) *Gutheil* in: BeckFormB GmbHR, J. I. 4. Nr. 3.

195) So *Gutheil* in: BeckFormB GmbHR, J. I. 4. Nr. 3; *Lieder* in: MünchKomm-GmbHG, § 57 Rz. 21; Scholz-*Prieste/Tebbenr*, GmbHG, § 57 Rz. 17; Noack/Servatius/Haas-*Servatius*, GmbHG, § 57 Rz. 19; Michalski/Heidinger/Leible/J. Schmidt-*Ziemons*, GmbHG, § 57 Rz. 35; **a. A.** *Wicke*, GmbHG, § 57 Rz. 5; *Altmeppen*, GmbHG, § 57 Rz. 13.

196) *Lieder* in: MünchKomm-GmbHG, § 55 Rz. 95a.

197) Bei einer solchen Weisung handelt es sich um einen Verfahrensantrag, der dem Registergericht vorgeben kann, in welcher Reihenfolge es die angemelden Tatsachen in das Handelsregister eintragen soll. Vgl. *Horstkotte/Martini*, ZInsO 2012, 557, 568.

(1) Die infolge der Eröffnung des Insolvenzverfahrens über ihr Vermögen gemäß § 60 Abs. 1 Nr. 4 GmbHG aufgelöste Geslelschaft wird mit Wirkung auf den Zeitpunkt der Aufhebung des Insolvenzverfahrens fortgesetzt.

(2) Aufgrund des im Insolvenzverfahren über das Vermögen der X-GmbH i. R. des Erörterungs- und Abstimmungstermins vom ... beschlossenen Insolvenzplans, der durch rechtskräftigen Beschluss des AG Frankfurt am Main vom ... bestätigt wurde, ist das Stammkapital der Gesellschaft in vereinfachter Form nach den Vorschriften der §§ 58a ff. GmbHG um 100.000 € auf 0 € herabgesetzt.

(3) Aufgrund des unter (2) näher bezeichneten rechtskräftig bestätigten Insolvenzplanes wurde sodann das auf 0 € herabgesetzte Stammkapital der Gesellschaft um 150.000 € von derzeit 0 € auf künftig 150.000 € erhöht durch Ausgabe von 150.000 neuen Geschäftsanteilen im Nennwert von je 1 €.

(4) Die Satzung ist in § 3 (Stammkapital) entsprechend geändert.

II.

Ich versichere, dass die neuen Geschäftsanteile durch die I Investor GmbH übernommen und die auf die neuen Geschäftsanteile zu leistenden Bareinlagen vollständig erbracht worden sind. Es wird ferner versichert, dass sich diese Beträge endgültig in der freien Verfügung der Gesellschaft befinden und auch in der Folge nicht an die Einzahler zurückgewährt wurden. Ferner versichere ich hiermit in Bezug auf die angemeldete Fortsetzung der Gesellschaft, dass mit der Verteilung des Vermögens noch nicht begonnen wurde.

III.

Als Anlagen füge ich bei:

(1) Eine beglaubigte Abschrift des Beschlusses des AG Frankfurt am Main – Insolvenzgericht – vom ... – Az. ... –, aus dem entnommen werden kann, dass über das Vermögen der Gesellschaft das Insolvenzverfahren eröffnet und der Unterzeichner zum Insolvenzverwalter bestellt wurde.

(2) Eine beglaubigte Abschrift des Insolvenzplans vom ..., der im gestaltenden Teil die Fortsetzung der Gesellschaft, Kapitalherabsetzung und Kapitalerhöhung gegen Bareinlage beinhaltet.

(3) Eine beglaubigte Abschrift des mit Rechtskraftvermerk versehenen Beschlusses des AG Frankfurt am Main – Insolvenzgericht – vom ... – Az. ... – aus dem entnommen werden kann, dass der zu Nr. 2 benannte Insolvenzplan rechtskräftigt bestätigt wurde.

(4) Die Übernahmeerklärung.

(5) Die Übernehmerliste.

(6) Eine vom Insolvenzverwalter unterzeichnete Gesellschafterliste.

(7) Der vollständige Wortlaut der Satzung mit Notarbescheinigung gemäß § 54 Abs. 1 Satz 2 GmbHG.

Bonn, ...

[Unterschrift in notariell beglaubigter Form des Insolvenzverwalters]«[198]

3. Sachkapitalerhöhung bei der GmbH

a) Besondere Vorschriften zur Sachkapitalerhöhung

191 Für die Sachkapitalerhöhung gelten grundsätzlich die allgemeinen Vorschriften zur Kapitalerhöhung gegen Einlagen.[199] Im Ausgangspunkt ist für die Regelung der Sachkapital-

198) Es gilt § 12 HGB, da in der InsO keine besondere Regelung für die Anmeldung durch Insolvenzverwalter enthalten ist. *Horstkotte/Martini*, ZinsO 2012, 557, 568, Fn. 72.

199) *Pfisterer* in: BeckFormB GmbHR, J. IV. 1 Nr. 3; *Lieder* in: MünchKomm-GmbHG, § 56 Rz. 1.

erhöhung im Insolvenzplan auf die Darstellung zur Barkapitalerhöhung zu verweisen. Besonderheiten bestehen im Hinblick auf § 56 GmbHG für den Inhalt der Sachkapitalerhöhungsregelung im Insolvenzplan. Ferner bestehen nach § 57 Abs. 3 Nr. 3 GmbHG Besonderheiten für die Anmeldung der Kapitalerhöhung zum Handelsregister.

b) Insolvenzplanregelung zur Sachkapitalerhöhung

aa) Inhalt der Planregelung im gestaltenden Teil

192 Für die Festsetzung der Sacheinlage im Kapitalerhöhungsbeschluss und auch in der beschlussersetzenden Regelung im Insolvenzplan sind folgende Angaben erforderlich:

- **Person des Einbringenden.**[200)]
- **Gegenstand der Sacheinlage** (§ 56 GmbHG): Dieser muss vollständig und genau bezeichnet sein, sodass der Gegenstand **hinreichend deutlich** wird. Bei Leistung eines konkreten Gegenstandes muss dieser genau identifizierbar bezeichnet sein.[201)] Der Gegenstand der Sacheinlage muss **einlagefähig sein**, was sich nach den gleichen Regeln wie bei der Sachgründung bestimmt.[202)] Einlagefähig sind insbesondere bewegliche und unbewegliche Sachen, Sach- und Rechtsgesamtheiten, insbesondere Unternehmen, grundstücksgleiche Rechte, Immaterialgüterrechte und Forderungen gegen Dritte oder die Gesellschaft.[203)]
- **Nennbetrag des Geschäftsanteils,** auf den sich die Sacheinlage bezieht (§ 56 GmbHG): Darunter ist der Betrag zu verstehen, in dessen Höhe der Gegenstand auf den Geschäftsanteil angerechnet wird.[204)] Anzugeben ist somit der durch die Sacheinlage abzudeckende Geschäftsanteil.[205)] Stimmen Geschäftsanteilsbetrag und Wert der Sacheinlage überein, sind keine weiteren Angaben erforderlich. Zwar muss ein als Sacheinlage einzubringender Gegenstand so beschaffen sein, dass seine wirtschaftliche Werthaltigkeit mindestens dem auf die Stammeinlage zu leistenden Betrag entspricht.[206)] Jedoch wird dies in der Praxis kaum der Fall sein. Übersteigt der Wert der Sacheinlage die Einbringungsverpflichtung, so sollte im Insolvenzplan auch geregelt werden wie mit dem übersteigenden Sachwert zu verfahren ist, etwa als Zahlung in die Kapitalrücklage.

Formulierungsbeispiel

„I.

Das Stammkapital der X-GmbH wird von 25.000 € um 275.000 € auf 300.000 € durch Ausgabe von 275.000 neuen Geschäftsanteilen im Nennbetrag von jeweils 1 € gegen Sacheinlage erhöht. Die neuen Geschäftsanteile werden zu ihrem Nennwert ausgegeben. Sie tragen die Nummern 25.001 – 300.000.

II.

Die Kapitalerhöhung erfolgt gegen Sacheinlage.

---

200) Allg. A., selbst wenn nicht ausdrücklich in § 56 GmbHG geregelt, Scholz-*Priester/Tebben*, GmbHG, § 56 Rz. 24.

201) Noack/Servatius/Haas-*Servatius*, GmbHG, § 56 Rz. 8; *Lieder* in: MünchKomm-GmbHG, § 56 Rz. 28.

202) Lutter/Hommelhoff-*Bayer*, GmbHG, § 56 Rz. 5.

203) Scholz-*Priester/Tebben*, GmbHG, § 56 Rz. 9 f.; *Lieder* in: MünchKomm-GmbHG, § 56 Rz. 14.

204) OLG Stuttgart, Beschl. v. 19.1.1982 – 8 W 295/81, GmbHR 1982, 110; Scholz-*Priester/Tebben*, GmbHG, § 56 Rz. 26; *Lieder* in: MünchKomm-GmbHG, § 56 Rz. 17 ff.; *Pfisterer* in: BeckFormB GmbHR, J. IV. 1 Nr. 3.

205) Scholz-*Priester/Tebben*, GmbHG, § 56 Rz. 26.

206) *Pfisterer* in: BeckFormB GmbHR, J. IV. 1 Nr. 3.

Zur Übernahme der neuen Geschäftsanteile i. H. von nominal 275.000 € wird unter Ausschluss des Bezugsrechts der bisherigen Gesellschafter Herr I, geboren am 2.2.1969, wohnhaft in 53489 Sinzig, Mühlenbergweg 204, zugelassen. Die entsprechende Übernahmeerklärung hat der Gesellschaft bis spätestens 4 Wochen nach rechtskräftiger Bestätigung des Insolvenzplanes zuzugehen.[207)]

Zur Einbringung der neuen Stammeinlagen überträgt Herr I dafür mit Wirkung zum … auf die Gesellschaft als Sacheinlage sein in 53489 Sinzig, Hauptstraße 517 (Grundbuch von Sinzig, Blatt 4261, Flurstück Nr. 2671) belegenes Grundstück nebst Gebäuden und Zubehör.

Die neuen Geschäftsanteile nehmen ab dem … am Gewinn der Gesellschaft teil. Sollte der tatsächliche Wert des Grundstückes die Höhe des Ausgabebetrages übersteigen, ist der übersteigende Betrag in die Kapitalrücklage einzuzahlen.

III.

Der Insolvenzverwalter wird ermächtigt, den Übernahmevertrag mit dem Bezugsberechtigten für die Gesellschaft zu schließen.

IV.

§ 3 der Satzung lautet künftig wie folgt:

‚Das Stammkapital der Gesellschaft beträgt 300.000 €.'"

Der Insolvenzplan kann auch die Regelung einer gemischten Sacheinlage oder Mischeinlage vorsehen. 193

- Eine **gemischte Sacheinlage** liegt vor, wenn der vom Gesellschafter zu leistende Vermögensgegenstand nur zum Teil auf den Geschäftsanteil angerechnet und ihm der überschießende Teil in Geld oder anderen Vermögenswerten vergütet wird.[208)] So kann etwa bei der Einlage eines Unternehmens ein über den Nennbetrag des Geschäftsanteils hinausgehender Betrag dem Einbringenden als Darlehen gutgeschrieben werden.[209)] In diesem Fall muss der Mehrbetrag lediglich bestimmbar sein. Eine Bezifferung im Kapitalerhöhungsbeschluss oder korrespondierende Insolvenzplanregelung ist nach überwiegender Auffassung nicht erforderlich.[210)]
- Bei einer **Mischeinlage** wird die Einlage teils in Sachwerten und teils in bar erbracht (siehe dazu Rz. 188). Im Kapitalerhöhungsbeschluss oder in dieser korrespondierenden Insolvenzplanregelung sind der in Geld und der in Sachwerten zu leistende Betrag anzugeben. Es ist ausreichend, wenn die Bareinlagepflicht als Differenz zwischen dem Geschäftsanteilsbetrag und dem noch zu ermittelnden Wert der Sacheinlage angegeben wird.[211)] Der genaue Betrag ergibt sich dann aus der Handelsregisteranmeldung, welche erst erfolgen kann, wenn der Wert der Einlage feststeht.[212)] Aus Klarstellungsgründen empfiehlt sich die Änderung des Satzungstextes als separate beschlussersetzende Insolvenzplanregelung aufzunehmen. Siehe dazu den entsprechenden Klauselvorschlag zur Barkapitalerhöhung bei Rz. 163.

---

207) *Horstkotte/Martini*, ZInsO 2012, 557, 574.

208) Scholz-*Priester/Tebben*, GmbHG, § 56 Rz. 6; *Lieder* in: MünchKomm-GmbHG, § 56 Rz. 8.

209) Scholz-*Priester/Tebben*, GmbHG, § 56 Rz. 6.

210) Scholz-*Priester/Tebben*, GmbHG, § 56 Rz. 27; OLG Zweibrücken, Beschl. v. 26.11.1980 – 3 W 169/80, GmbHR 1981, 215; Noack/Servatius/Haas-*Servatius*, GmbHG, § 5 Rz. 20; *Altmeppen*, GmbHG, § 5 Rz. 53; a. A. OLG Stuttgart, Beschl. v. 19.1.1982 – 8 W 295/81, GmbHR 1982, 110 f.

211) Scholz-*Priester/Tebben*, GmbHG, § 56 Rz. 28; Roth/Altmeppen-*Roth*, GmbHG, § 5 Rz. 53.

212) Scholz-*Priester/Tebben*, GmbHG, § 56 Rz. 28; Roth/Altmeppen-*Roth*, GmbHG, § 5 Rz. 53.

bb) Sachkapitalerhöhungsbericht

194 Ein dem Sachgründungsbericht des § 5 Abs. 4 Satz 2 GmbHG entsprechender Sachkapitalerhöhungsbericht ist gesetzlich nicht vorgeschrieben. Die überwiegende Auffassung verneint eine generelle Pflicht zur Erstellung eines Sachkapitalerhöhungsberichts, billigt jedoch dem Registerrichter das Recht zu, im Einzelfall einen solchen Bericht, mindestens aber eine entsprechende Darlegung zu verlangen.[213)]

Praxishinweis

Vor dem Hintergrund der unklaren Rechtslage sollten bei einer Sachkapitalerhöhung auf der Grundlage eines Insolvenzplanes aus Gründen der Vorsicht im darstellenden Teil des Insolvenzplanes zusammenfassende Ausführungen über die Werthaltigkeit der Sacheinlage enthalten sein. Ferner ist es ratsam, einen vollständigen Sachkapitalerhöhungsbericht als Anlage zum Insolvenzplan zu nehmen. Im Rahmen der zusammenfassenden Ausführung kann dann auf den anliegenden Sachkapitalerhöhungsbericht verwiesen werden.

195 Der Sachkapitalerhöhungsbericht hat in Anlehnung an den Sachgründungsbericht die für die Angemessenheit der Leistung für Sacheinlagen **wesentlichen Umstände darzulegen** und bei einem Übergang eines Unternehmens auf die Gesellschaft die beiden letzten Geschäftsjahre anzugeben (vgl. § 5 Abs. 4 Satz 2 GmbHG).[214)] Anders als im Aktienrecht in § 32 Abs. 2 AktG vorgesehen, ist für die GmbH **kein bestimmter Mindestinhalt vorgeschrieben.**[215)] Der Umfang der Beschreibung der eingebrachten Vermögensgegenstände im Bericht richtet sich im Einzelfall danach, wie weit dies zur sachgerechten Ermittlung des Zeitwertes notwendig ist.[216)] So kann sich die Beschreibung der Gegenstände der Sacheinlage etwa auf Art und Menge, Alter, Beschaffenheit, die Herstellungskosten oder den geschätzten Nutzen der Sacheinlage beziehen.[217)] Auf beigefügte Unterlagen wie namentlich einer Einbringungsbilanz, einem Inventarverzeichnis oder Kaufverträgen mit technischen Beschreibungen kann dabei Bezug genommen werden.[218)] Im Einzelfall empfiehlt sich zusätzlich zum Sachkapitalerhöhungsbericht die **Werthaltigkeitsbestätigung eines Wirtschaftsprüfers.** Dies kann das Gericht veranlassen, auf sonstige eigene Wertermittlungsmaßnahmen zu verzichten und damit zu einer erheblichen Beschleunigung des Eintragungsverfahrens führen.[219)]

c) Übernahmeerklärung

196 Für die Übernahmeerklärung i. R. einer Sachkapitalerhöhung gelten im Ausgangspunkt die gleichen Anforderungen wie bei der Barkapitalerhöhung (siehe dazu Rz. 164 ff.). Nach § 56 Abs. 1 Satz 2 GmbHG ist bei der Übernahmeerklärung einer Sachkapitalerhöhung die Festsetzungen, die gemäß § 56 Abs. 1 Satz 1 GmbH in den Beschluss über die Sachkapitalerhöhung aufgenommen werden müssen, auch in der Übernahmeerklärung enthalten, d. h. **Person des Einbringenden, den Gegenstand der Sacheinlage und den Nennbetrag des Geschäftsanteils, auf den sich die Sacheinlage bezieht.**

213) Scholz-*Priester/Tebben*, GmbHG, § 56 Rz. 38; *Lieder* in: MünchKomm-GmbHG, § 56 Rz. 111 f.; *Altmeppen*, GmbHG, § 56 Rz. 7. Nach **a. A.** besteht eine Pflicht zur Erstellung eines Sachkapitalerhöhungsbericht: OLG Stuttgart, Beschl. v. 19.1.1982 – 8 W 295/81, BB 1982, 398; *Priester*, DNotZ 1980, 526.

214) Scholz-*Veil*, GmbHG, § 5 Rz. 103.

215) *Schwandter* in: MünchKomm-GmbHG, § 5 Rz. 248; Noack/Servatius/Haas-*Servatius*, GmbHG, § 5 Rz. 55; Scholz-*Veil*, GmbHG, § 5 Rz. 103.

216) *Schwandter* in: MünchKomm-GmbHG, § 5 Rz. 248; Scholz-*Veil*, GmbHG, § 5 Rz. 104.

217) Scholz-*Veil*, GmbHG, § 5 Rz. 104; *Schwandter* in: MünchKomm-GmbHG, § 5 Rz. 248; Noack/Servatius/Haas-*Servatius*, GmbHG, § 5 Rz. 55.

218) Scholz-*Veil*, GmbHG, § 5 Rz. 104.

219) *Veil* in: BeckFormB GmbHR, J. IV. 7 Nr. 5.

Zwar ist gemäß § 55 Abs. 1 GmbHG für die Übernahmeerklärung lediglich eine **notariell beglaubigte Erklärung** erforderlich. Nach wohl überwiegender Auffassung bedarf die Übernahmeerklärung bzw. der Übernahmevertrag jedoch zwingend der **notariellen Beurkundung**, wenn die Verpflichtung zur Übertragung des konkreten Einlagegegenstandes aufgrund allgemeiner Formvorschriften (etwa § 15 Abs. 4 Satz 1 GmbHG für GmbH-Anteile als Gegenstand der Sacheinlage) nur durch notarielle Beurkundung erfolgen kann.[220] 197

Zur allgemeinen Regelung der Übernahmevereinbarung im Insolvenzplanverfahren siehe oben Rz. 166 ff. 198

Formulierungsbeispiel

„Verhandelt in Sinzig am ...

Vor mir, dem unterzeichnenden Notar

erschienen

1. Herr X, Insolvenzverwalter über das Vermögen der X-GmbH, geb. am 28.4.1972, wohnhaft in 60307 Frankfurt, Max-Muster-Str. 167,

   handelnd nicht im eigenen Namen, sondern als vertretungsberechtigter der X-GmbH mit Sitz in Frankfurt am Main, eingetragen im Handelsregister des Amtsgerichts Frankfurt am Main unter HRB 345.

2. Herr I, geb. am 2.2.1969, wohnhaft in 53489 Sinzig, Mühlenbergweg 204, zugelassen.

Die Erschienenen erklärten:

I. Vorbemerkung

(1) Über das Vermögen der X-GmbH wurde durch Beschluss des Amtsgerichts Frankfurt am Main – Insolvenzgericht – am ... – Az. ... – das Insolvenzverfahren eröffnet.

(2) Der am ... in dem Insolvenzverfahren eingereichte Insolvenzplan, wurde mit Beschluss des Amtsgerichts Frankfurt am Main – Insolvenzgericht – vom ... bestätigt. Der Bestätigungsbeschluss ist seit dem ... rechtskräftig.

(3) Der Insolvenzplan enthält eine den Gesellschafterversammlungsbeschluss ersetzende Regelung zur Kapitalerhöhung. Darin ist wie folgt geregelt:

Das Stammkapital der X-GmbH wird von 25.000 € um 275.000 € auf 300.000 € durch Ausgabe von 275.000 neuen Geschäftsanteilen im Nennbetrag von jeweils 1 € gegen Sacheinlage erhöht. Die neuen Geschäftsanteile werden zu ihrem Nennwert ausgegeben. Sie tragen die Nummern 25.001 – 300.000.

Die Kapitalerhöhung erfolgt gegen Sacheinlagen.

Zur Übernahme der neuen Geschäftsanteile i. H. von nominal 275.000 € wird unter Ausschluss des Bezugsrechts der bisherigen Gesellschafter Herr I, geboren am 2.2.1969, wohnhaft in 53489 Sinzig, Mühlenbergweg 204, zugelassen. Die entsprechende Übernahmeerklärung hat der Gesellschaft bis spätestens 4 Wochen nach rechtskräftiger Bestätigung des Insolvenzplanes zuzugehen.

Zur Einbringung der neuen Stammeinlage überträgt Herr I mit Wirkung zum ...auf die Gesellschaft als Sacheinlage sein in 53489 Sinzig, Hauptstraße 517 (Grundbuch von Sinzig, Blatt 4261, Flurstück Nr. 2671) belegenes Grundstück nebst Gebäuden und Zubehör.

Die neuen Geschäftsanteile nehmen ab dem ... am Gewinn der Gesellschaft teil.

---

220) *Pfisterer* in: BeckFormB GmbHR, J. IV. 2 Nr. 5; so jedenfalls im Falle einer Grundstücksübertragung: *Lieder* in: MünchKomm-GmbHG, § 55 Rz. 129; Scholz-*Priester/Tebben*, GmbHG, § 55 Rz. 81; Noack/Servatius/Haas-*Servatius*, GmbHG, § 55 Rz. 32; *H. Schmidt* in: FS Priester, S. 679, 684.

> II. Übernahmeerklärung
>
> Herr I, wohnhaft in 53498 Sinzig, Mühlenbergweg 204, übernimmt hiermit 275.000 neue Geschäftsanteile zu den unter Ziffer I vorstehenden Bedingungen. Die vorstehend unter Ziffer I (3) näher bezeichnete Sacheinlage wird von Herrn I bis zum … erbracht."

d) Einbringungsvertrag und dinglicher Verzug

199 Zumindest bei der Einbringung ganzer Unternehmen oder vergleichbar ähnlich komplexen Einbringungsvorgängen, wird neben dem Übernahmevertrag und Kapitalerhöhungsbeschluss zwischen Gesellschaft und Einleger zusätzlich ein gesonderter Einbringungsvertrag geschlossen.[221)]

200 Der Einbringungsvertrag begründet – neben der Übernahmevereinbarung – einerseits die **schuldrechtliche Verpflichtung des Übernehmers** gegenüber der GmbH, **auf die übernommene Stammeinlage einen bestimmten Gegenstand einzubringen.** Andererseits regelt er die näheren Modalitäten der Einbringung und bewirkt häufig auch schon den **dinglichen Vollzug der Einbringung.**[222)]

201 Die durch die Übernahmeerklärung begründete Verpflichtung des Inferenten zur Erlangung der Sacheinlageleistung muss dinglich vollzogen werden, indem die Sachen nach den jeweils einschlägigen Regeln dinglich übertragen werden. Die Wirksamkeit der Einbringung und ihres dinglichen Vollzugs kann dabei unter die **aufschiebende Bedingung der Handelsregistereintragung der Kapitalerhöhung** gestellt werden.[223)] Kommt es – aus welchen Gründen auch immer – nicht zur Handelsregistereintragung der Kapitalerhöhung, ist damit die gesamte Einbringung noch nicht wirksam geworden und es bedarf keiner weiteren u. U. streitträchtigen Rückabwicklung.[224)]

202 Auf den Einbringungsvertrag finden die **allgemeinen Formvorschriften** Anwendung. So bedarf der Einbringungsvertrag etwa gemäß § 311b Abs. 1 BGB bzw. § 15 Abs. 3, 4 GmbHG der notariellen Beurkundung, wenn Gegenstand der Sacheinlage Grundstücke oder GmbH-Geschäftsanteile sind.[225)] Gleiches gilt für den dinglichen Vollzug.

203 Lediglich die Erklärung der Gesellschaft, nicht jedoch des Einbringenden[226)] kann im **gestaltenden Teil des Insolvenzplanes geregelt** werden. Dies gilt selbst dann, wenn der Übernehmende Beteiligter des Insolvenzplanverfahrens, etwa einfacher Insolvenzgläubiger ist, weil sich die Einbringungserklärung des Einbringenden nicht auf eine zwangsweise planunterworfene Rechtsposition bezieht (siehe ausführlich § 7 Rz. 23 ff., 81 ff. [*Brünkmans*]). Eine Regelungsmöglichkeit für den Einbringenden besteht nur ausnahmsweise dann, wenn es sich bei dem einzulegenden Gegenstand um eine zwangsweise Planunterworfene Position handelt, wie etwa bei einem Erlass (§ 397 BGB), wenn eine einfache Insolvenzforderung Gegenstand der Sacheinlage ist. Auch wenn die Einbringungserklärung als Anlage zum Insolvenzplan genommen, greift die Formfiktion aus § 254a InsO grundsätzlich nicht (siehe ausführlich § 7 Rz. 125 ff. [*Brünkmans*]).

---

221) Habersack/Casper/Löbbe-*Ulmer/Casper*, GmbHG, § 56a Rz. 34; vgl. *Hoffmann-Becking* in: FS Lutter, S. 453 f.

222) Habersack/Casper/Löbbe-*Ulmer/Casper*, GmbHG, § 5 Rz. 145 f.; *Pfisterer* in: BeckFormB GmbHR, J. IV. 3 Nr. 2.

223) Michalski/Heidinger/Leible/J. Schmidt-*Ziemons*, GmbHG, § 56a Rz. 10.

224) *Pfisterer* in: BeckFormB GmbHR, J. IV. 3 Nr. 4.

225) *Pfisterer* in: BeckFormB GmbHR, J. IV. 3 Nr. 4; *Scholz* in: MünchHdb. GesR, Bd. 4, § 57 Rz. 58; *Hoffmann-Becking* in: BeckFormB ZivilR, X. 28 Rz. 1; *Schürnbrand* in: MünchKomm-AktG, § 183 Rz. 27; *Koch*, AktG, § 183 Rz. 6; *Ziemons* in: BeckOK-GmbHG, § 5 Rz. 151.

226) Wohl anders *Horstkotte/Martini*, ZInsO 2012, 557, 566, Fn. 62.

e) Liste der Übernehmer

Auch bei der Sachkapitalerhöhung ist gemäß § 57 Abs. 3 Nr. 2 GmbHG der Handelsregisteranmeldung über die Kapitalerhöhung eine Liste der Übernehmer der neuen Geschäftsanteile beizufügen (siehe oben Rz. 177 f.). 204

f) Anmeldung und Eintragung ins Handelsregister

aa) Anmeldung zum Handelsregister

Die Handelsregisteranmeldung kann durch die Geschäftsführer oder bis zur Aufhebung des Insolvenzverfahrens (§ 258 InsO) durch den Insolvenzverwalter (§ 254a Abs. 2 Satz 3 InsO) erfolgen (siehe dazu oben Rz. 179 ff.). 205

Die Handelsregisteranmeldung der Sachkapitalerhöhung darf erst erfolgen, wenn der Insolvenzplan rechtskräftig bestätigt wurde, die Übernahmevereinbarung und Einbringungsverträge abgeschlossen wurden und damit die Sacheinlagen vollständig bewirkt und endgültig zur freien Verfügung der Gesellschaft stehen. Letztes haben die Geschäftsführer oder der Insolvenzverwalter (§ 254a Abs. 2 Satz 3 InsO analog) gemäß § 57 Abs. 2 Satz 1 GmbHG zu versichern (siehe § 29 Rz. 173 ff. [*Brünkmans*]). 206

Ungeachtet der Streitfrage, ob ein Sachkapitalerhöhungsbericht erforderlich (siehe oben Rz. 194 f.) ist, und ob, und in welchem Umfang die Werthaltigkeit der Sacheinlage vom Registergericht überhaupt noch überprüft wird (siehe § 29 Rz. 178 ff. [*Brünkmans*]), sollte vorsorglich ein solcher Bericht der Anmeldung beigefügt werden.[227] Registergerichte fordern häufig eine entsprechende Darlegung der Werthaltigkeit. 207

Da bei einer Kapitalerhöhung über eine Insolvenzplanregelung anstelle des Kapitalerhöhungsbeschlusses eine beglaubigte Abschrift des Insolvenzplans unter Hinweis auf die beschlussersetzende Regelung im gestaltenden Teil dem Registergericht vorgelegt wird, kann insoweit auf den Sachkapitalerhöhungsbericht als Anlage zum darstellenden Teil des Insolvenzplanes (siehe oben Rz. 194) verwiesen werden. 208

Formulierungsbeispiel

„An das

Amtsgericht Frankfurt am Main
– Handelsregister, Abt. 66 –
Gerichtsstraße 2
60313 Frankfurt am Main
HRB 345 – X GmbH

I.

Zum Handelsregister der X-GmbH (nachfolgend auch „Gesellschaft“ genannt) melde ich als Insolvenzverwalter über das Vermögen der Gesellschaft zur Eintragung in das Handelsregister gemäß § 254a Abs. 2 Satz 3 InsO an:

(1) Die infolge der Eröffnung des Insolvenzverfahrens über ihr Vermögen gemäß § 60 Abs. 1 Nr. 4 GmbHG aufgelöste Gesellschaft wird mit Wirkung auf den Zeitpunkt der Aufhebung des Insolvenzverfahrens fortgesetzt.

(2) Aufgrund des im Insolvenzverfahren über das Vermögen der X-GmbH i. R. des Erörterungs- und Abstimmungstermins vom … beschlossenen Insolvenzplans, der durch rechtskräftigen Beschluss des AG Frankfurt am Main vom … bestätigt wurde, ist das Stammkapital der Gesellschaft von 25.000 € um 275.000. € auf 300.000 € durch die Ausgabe von 275.000 neuen Geschäftsanteilen im Nennbetrag von jeweils 1 € gegen Sacheinlage erhöht worden.

227) *Pfisterer* in: BeckFormB GmbHR, J. IV. 7 Nr. 5.

(3) Die Satzung ist in § 4 (Stammkapital) entsprechend geändert.

II.

Ich versichere, dass das Erhöhungskapital durch Herrn I mit Geschäftsanteilen i. H. von nominal 275.000 € übernommen und die auf die neuen Geschäftsanteile zu leistende Sacheinlage entsprechend dem Kapitalerhöhungsbeschluss und der Übernahmeerklärung vollständig erbracht worden ist und sich der Gegenstand der Leistung endgültig in der freien Verfügung der Gesellschaft befindet. Ferner versichere ich hiermit in Bezug auf die angemeldete Fortsetzung der Gesellschaft, dass mit der Verteilung des Vermögens noch nicht begonnen wurde.

III.

Als Anlagen füge ich bei:

(1) Eine beglaubigte Abschrift des Beschlusses des AG Frankfurt am Main – Insolvenzgericht – vom … – Az. … –, aus dem entnommen werden kann, dass über das Vermögen der Gesellschaft das Insolvenzverfahren eröffnet und der Unterzeichner zum Insolvenzverwalter bestellt wurde.

(2) Eine beglaubigte Abschrift des Insolvenzplans vom …, der im gestaltenden Teil des Plans die Fortsetzung der Gesellschaft und Kapitalerhöhung gegen Sacheinlage beinhaltet.

(3) Eine beglaubigte Abschrift des mit Rechtskraftvermerk versehenen Beschlusses des AG Frankfurt am Main – Insolvenzgericht – vom … – Az. … – aus dem entnommen werden kann, dass der zu Nr. 2 benannte Insolvenzplan rechtskräftig bestätigt wurde.

(4) Die Übernahmeerklärungen.

(5) Den Einbringungsvertrag.

(6) Den Sachkapitalerhöhungsbericht (Anlage X zum Insolvenzplan).

(7) Die Bestätigung des Wirtschaftsprüfers Müller, Bonn, über die Werthaltigkeit des eingebrachten Grundstücks (Anlage zum Insolvenzplan).

(8) Übernehmerliste.

(9) Gesellschafterliste.

(10) Der vollständige Wortlaut der Satzung mit Notarbescheinigung gemäß § 54 Abs. 1 Satz 2 GmbHG.

[Unterschrift in notariell beglaubigter Form des Insolvenzverwalters][228)]«

bb) Prüfung der Kapitalerhöhung durch Insolvenz- und Registergericht

209 Das Insolvenzgericht prüft die Regelung über die Sachkapitalerhöhung im Insolvenzplan abschließend, d. h. insbesondere den rechtlich notwendigen Inhalt der Kapitalerhöhungsregelung (siehe § 29 Rz. 178 ff. [*Brünkmans*]). Im Rahmen der Sachkapitalerhöhung prüft nach dem hier vertretenen Ansatz bereits das **Insolvenzgericht** die **Werthaltigkeit der Sacheinlage** vollumfänglich (siehe § 29 Rz. 183 [*Brünkmans*]). Das Registergericht prüft lediglich, ob eine negative Abweichung zwischen der Werthaltigkeit zum Zeitpunkt des Bestätigungsbeschlusses und der Anmeldung vorliegt, wenn Anlass für die Annahme einer Wertminderung zwischen dem Bestätigungszeitpunkt und der Handelsregisteranmeldung besteht. Davon abgesehen ist die Prüfung des Registergerichts im Hinblick auf die Kapitalerhöhungsregelung auf schwerwiegende und offensichtliche Fehler beschränkt (siehe dazu § 29 Rz. 179 f. [*Brünkmans*]).

228) Es gilt § 12 HGB, da in der InsO keine besondere Regelung für die Anmeldung durch Insolvenzverwalter enthalten ist, *Horstkotte/Martini*, ZInsO 2012, 557, 568, Fn. 72.

Der ordnungsgemäße Abschluss der Übernahmevereinbarung[229)] und die Leistung der Einlagen werden hingegen vom Registergericht überprüft. 210

g) Liste der Gesellschafter

Spätestens mit Eintragung der Kapitalerhöhung in das Handelsregister haben der Geschäftsführer oder der Insolvenzverwalter die neue Gesellschafterliste zum Handelsregister einzureichen (siehe dazu oben Rz. 186 ff.). 211

4. Kapitalerhöhung bei der AG (Barkapitalerhöhung)

a) Überblick

Die einfache Kapitalerhöhung erfolgt bei der AG in zwei Verfahrensschritten, dem **Kapitalerhöhungsbeschluss** einerseits (§§ 182 ff. AktG) und der **Durchführung der Kapitalerhöhung** (§§ 185 ff. AktG) andererseits.[230)] Wirksamkeit erlangten die Kapitalerhöhung und die damit verbundene Satzungsänderung mit der Eintragung der Durchführung der Erhöhung des Grundkapitals in das Handelsregister (§ 189 AktG). Im Anschluss daran kann die Ausgabe der neuen Aktien an die Aktionäre erfolgen.[231)] 212

Bei der AG vollzieht sich die Barkapitalerhöhung in den nachfolgend aufgeführten Schritten,[232)] die unter Berücksichtigung der unter Rz. 214 ff. dargestellten Besonderheiten im Ausgangspunkt auch für eine Barkapitalerhöhung durch das Insolvenzplanverfahren gelten: 213

- **Satzungsändernder Erhöhungsbeschluss**, ggf. Beschluss über die Zulassung bestimmter Personen zur Übernahme des erhöhten Kapitals,
- **Anmeldung des Kapitalerhöhungsbeschlusses** zum Handelsregister (siehe zur Praxis Rz. 244),
- **Zeichnung der Aktien**,
- **Leistung der Einlage** (zur Mindesteinlage siehe §§ 188, 36a Abs. 1 AktG),
- **Anmeldung und Eintragung der Durchführung** der Kapitalerhöhung in das Handelsregister (Wirksamkeit der Kapitalerhöhung siehe § 189 AktG),
- **Ausgabe der neuen Aktien.**

b) Zulässigkeitsvoraussetzungen, insbesondere Subsidiarität der Kapitalerhöhung (§ 182 Abs. 4 AktG)

Für die Kapitalerhöhung gegen Bareinlagen bestehen im Aktienrecht keine besonderen materiellen Rechtfertigungsgründe, solange das Bezugsrecht der Gesellschafter nicht ausgeschlossen wurde.[233)] Die Aktionäre können daher grundsätzlich frei das Grundkapital der Gesellschaft mit der erforderlichen qualifizierten Mehrheit beschließen. 214

Allerdings können Beschlusshindernisse bestehen, die einem solchen Beschluss ggf. im Wege stehen. So regelt § 182 Abs. 4 Satz 1 AktG die **Subsidiarität der Kapitalerhöhung**. Das Grundkapital der AG soll nicht erhöht werden, solange ausstehende Einlagen auf das 215

---

229) Sofern die Übernahmeerklärungen nicht Teil des gestaltenden Teils sind.

230) *Koch*, AktG, § 182 Rz. 4; *Schürnbrand* in: MünchKomm-AktG, § 182 Rz. 4.

231) *Koch*, AktG, § 182 Rz. 4.

232) K. Schmidt/Lutter-*Veil*, AktG, § 182 Rz. 6; *Koch*, AktG, § 182 Rz. 4.

233) *Schürnbrand* in: MünchKomm-AktG, § 182 Rz. 28.

bisherige Grundkapital oder ausstehenden Beträge für noch nicht gezahltes korporatives Aufgeld[234] noch erlangt werden können.

216 Hintergrund der Regelung ist, dass das Grundkapital einer AG nicht erhöht werden soll, wenn hierzu kein Bedürfnis besteht, weil das Grundkapital wegen ausstehender Einlagen gegenüber den Aktionären noch nicht effektiv erbracht ist.[235] Die durch eine Kapitalerhöhung erzeugten Kosten für die Gesellschaft und Gefahr der Verwässerung von Altanteilen soll nicht unnötig erfolgen. Ferner soll verhindert werden, dass die Gesellschaft ein größeres Grundkapital publiziert als tatsächlich von ihren Aktionären aufgebracht wurde.[236]

217 Das Subsidiaritätsprinzip (§ 182 Abs. 4 Satz 1 AktG) steht der Kapitalerhöhung dann nicht im Wege, wenn die ausstehende Einlage weder von dem betroffenen Aktionär beigetrieben noch nach Kaduzierung von einem seiner Vormänner hereingeholt (§ 65 Abs. 1 Satz 1 AktG) oder im Wege des Verkaufs (§ 65 Abs. 3 AktG) beschafft werden kann.[237]

218 Außerhalb des Insolvenzverfahrens wird dabei nach wohl h. A. **keine endgültige Nichterlangbarkeit** verlangt.[238] Es reicht vielmehr aus, dass die Einlage aus tatsächlichen oder rechtlichen Gründen (etwa vorübergehende Leistungsunfähigkeit der Einlageleistung des säumigen Aktionärs) nur vorläufig nicht und daher nicht so rechtzeitig erlangt werden kann, dass die Kapitalerhöhung überflüssig wird.[239]

219 Übertragen auf das Insolvenzplanverfahren scheidet eine Anwendung des § 182 Abs. 4 Satz 1 AktG daher dann aus, wenn zur Sanierung des Unternehmens i. R. eines Insolvenzplans eine zügige Sanierungskapitalerhöhung **zwingend erforderlich** ist und die **ausstehende Einlage nicht rechtzeitig erlangt** werden kann um die Sanierung zu ermöglichen.

220 Darüber hinaus ist nach § 182 Abs. 4 Satz 3 AktG eine Kapitalerhöhung auch dann nicht gehindert, wenn nur Sach- oder Bareinlagen „in verhältnismäßig unerheblichem Umfang" ausstehen. Entscheidend ist die **Summe der ausstehenden Einlagen im Verhältnis zur geplanten Kapitalerhöhung.**[240]

c) Insolvenzplanregelung zur Kapitalerhöhung

221 Die Kapitalerhöhung ist immer zugleich auch eine Satzungsänderung.[241] Nach § 23 Abs. 3 Nr. 3 AktG muss die Regelung zur Kapitalerhöhung daher grundsätzlich den genauen Kapitalerhöhungsbetrag festlegen.

---

234) *Schürnbrand* in: MünchKomm-AktG, § 182 Rz. 65; K. Schmidt/Lutter-*Veil*, AktG, § 182 Rz. 35; Henssler/Strohn-*Hermanns*, GesR, § 186 AktG Rz. 12; *Koch*, AktG, § 182 Rz. 27; unberücksichtigt soll hingegen ein schuldrechtliches Agio bleiben, s. *Schürnbrand* in: MünchKomm-AktG, § 182 Rz. 65.

235) *Schürnbrand* in: MünchKomm-AktG, § 182 Rz. 64.

236) K. Schmidt/Lutter-*Veil*, AktG, § 182 Rz. 5; *Wiedemann* in: GroßKomm-AktG, § 182 Rz. 80; kritisch *Schürnbrand* in: MünchKomm-AktG, § 182 Rz. 64.

237) *Schürnbrand* in: MünchKomm-AktG, § 182 Rz. 67; *Wiedemann* in: GroßKomm-AktG, § 182 Rz. 12; *Servatius* in: BeckOGK-Aktienrecht, § 182 AktG Rz. 61.

238) *Scholz* in: MünchHdb. GesR, Bd. 4, § 57 Rz. 5; *Servatius* in: BeckOGK-Aktienrecht, § 182 AktG Rz. 61; K. Schmidt/Lutter-*Veil*, AktG, § 182 Rz. 37; *Schürnbrand* in: MünchKomm-AktG, § 182 Rz. 67.

239) *Scholz* in: MünchHdb. GesR, Bd. 4, § 57 Rz. 5; *Servatius* in: BeckOGK-Aktienrecht, § 182 AktG Rz. 61; *Schürnbrand* in: MünchKomm-AktG, § 182 Rz. 67; vgl. auch K. Schmidt/Lutter-*Veil*, AktG, § 182 Rz. 37.

240) *Schürnbrand* in: MünchKomm-AktG, § 182 Rz. 69; *Servatius* in: BeckOGK-Aktienrecht, § 182 AktG Rz. 62; Wachter-*Dürr*, AktG, § 182 Rz. 37; *Ekkenga/Jaspers* in: Ekkenga/Schröer, Hdb. AG-Finanzierung, Kap. 4 Rz. 59; anders *Krieger* in: MünchHdb. GesR, § 56 Rz. 5; *Koch*, AktG, § 182 Rz. 28, die auf das Verhältnis zum Grundkapital abstellen.

241) *Koch*, AktG, § 179 Rz. 10; *Schürnbrand* in: MünchKomm-AktG, § 186 Rz. 74; Henssler/Strohn-*Hermanns*, GesR, § 186 AktG Rz. 8.

Die Festlegung eines Höchstbetrages oder eines Mindest- und Höchstbetrages für die Ausgabe der Aktien reicht jedoch aus.[242] Eine Unterpari-Emission ist unzulässig.[243] 222

Auch die Art der neuen Aktien, d. h. Stück- oder Nennbetragsaktien, ist in der Regelung zur Kapitalerhöhung im Insolvenzplan anzugeben (§ 23 Abs. 3 Nr. 4 AktG). Bei Stückaktien ist lediglich deren Anzahl anzugeben, da die Zahl der Aktien in demselben Umfang wie das Grundkapital erhöht wird (§ 182 Abs. 1 Satz 5 AktG). Bei Nennbetragsaktien sind die Anzahl der Aktien und deren Nennbeträge festzulegen. 223

Sofern das Bezugsrecht ganz oder teilweise ausgeschlossen werden soll, muss der Bezugsrechtausschluss im Kapitalerhöhungsbeschluss aufgenommen werden (§ 186 Abs. 3 Satz 1 AktG).[244] Im Falle des Bezugsrechtsausschluss und für den Fall nicht ausgeübter Bezugsrechte kann im Beschluss festgelegt werden, wer zur Zeichnung berechtigt sein soll.[245] 224

Die sog. inhaltlichen Anforderungen an den Kapitalerhöhungsbeschluss gelten entsprechend für die Kapitalerhöhungsregelung im Insolvenzplan. 225

Formulierungsbeispiel

„(1) Das Grundkapital der Gesellschaft i. H. von 20.000.000 € eingeteilt in 20.000.000 Stückaktien, wird in vereinfachter Form nach den Vorschriften der §§ 229 ff. AktG um 20.000.000 € auf 0 € herabgesetzt. Die Kapitalherabsetzung hat den Zweck, i. H. von 20.000.000 € Wertminderungen auszugleichen und sonstige Verluste zu decken.[246]

(2) Zugleich wird das auf 0 € herabgesetzte Grundkapital um insgesamt 5.000.000 € gegen Bareinlagen[247] auf 5.000.000 € erhöht, durch Ausgabe von 5.000.000 € auf den Inhaber lautenden Stückaktien.

Der Ausgabepreis der neuen Aktie beträgt 3 € pro Aktie (Ausgabekurs von 300 %).

Das Bezugsrecht der Altaktionäre wird ausgeschlossen. Zur Zeichnung zugelassen ist ausschließlich die im Handelsregister des Amtsgerichts Frankfurt am Main unter HRB 123 eingetragene Investor I-GmbH.

Die aus der Kapitalerhöhung hervorgehenden Aktien sind ab Beginn des Kalenderjahres, in dem die gerichtliche Bestätigung des Insolvenzplans Rechtskraft erlangt, gewinnbezugsberechtigt.[248]

(3) § 4 der Satzung (Grundkapital) der Schuldnerin wird wie folgt neu gefasst:

‚Das Grundkapital der Gesellschaft beträgt 5.000.000 € und ist eingeteilt in 5.000.000 auf den Inhaber lautenden Stückaktien.'"

---

242) S. Einzelheiten bei *Frodermann/Becker* in: Frodermann/Jannott, Hdb. Aktienrecht, Kap. 5 Rz. 21; *Koch*, AktG, § 182 Rz. 12; *Schürnbrand* in: MünchKomm-AktG, § 182 Rz. 42; OLG Hamburg, Urt. v. 29.10.1999 – 11 U 71/99, NZG 2000, 549.

243) OLG Hamburg, Urt. v. 29.10.1999 – 11 U 71/99, NZG 2000, 549; *Frodermann/Becker* in: Frodermann/Jannott, Hdb. Aktienrecht, Kap. 5 Rz. 23; *Koch*, AktG, § 182 Rz. 23.

244) *Koch*, AktG, § 186 Rz. 20; *Schürnbrand* in: MünchKomm-AktG, § 186 Rz. 74; Henssler/Strohn-*Hermanns*, GesR, § 186 AktG Rz. 8; Hölters/Weber-*Apfelbacher/Metzner*, AktG, § 186 Rz. 52.

245) *Servatius* in: BeckOGK-Aktienrecht, § 185 AktG Rz. 7; K. Schmidt/Lutter-*Veil*, AktG, § 182 Rz. 25.

246) Eine Zusammenlegung der Aktien bedarf es bei Stückaktien grundsätzlich nicht. Vielmehr ermäßigt sich ihr „virtueller Nennwert", also der Betrag, den jede Stückaktie am Grundkapital repräsentiert. Eine Zusammenlegung ist jedoch grundsätzlich erforderlich, wenn bei einer Herabsetzung der „virtuelle Nennwert" jeder Stückaktie nicht mindestens 1 € entspricht. Gleichwohl wird eine vereinfachte Kapitalherabsetzung auf 0 € bei einer unmittelbar anschließenden Kapitalerhöhung (Kapitalschnitt) für zulässig erachtet (BGH, Urt. v. 5.10.1992 – II ZR 172/91, BGHZ 119, 305, 319 = ZIP 1992, 1542); *Horstkotte/Martini*, ZInsO 2012, 557, 562.

247) § 228 AktG ist zu beachten, wonach bei einem Kapitalschnitt die Erhöhung des Grundkapitals gegen Bareinlage zu erfolgen hat. Allerdings gilt dies nur bis zur Erreichung einer Grundkapitalziffer von 50.000 €, *Horstkotte/Martini*, ZInsO 2012, 557, 563.

248) Vgl. zur Regelung des Gewinnbezugsrechts im Insolvenzplan *Horstkotte/Martini*, ZInsO 2012, 557, 563.

d) Bericht über den Bezugsrechtsausschluss (§ 186 Abs. 4 Satz 2 AktG) nicht erforderlich

226 Ein im Aktienrecht in § 186 Abs. 4 Satz 2 AktG vorgesehener besonderer Bericht über den Ausschluss des Bezugsrechtes ist bei der Regelung eines Bezugsrechtsausschlusses im Insolvenzplan nicht erforderlich. Gesellschaftsrechtliche gebotene Maßnahmen zur Vorbereitung der Beschlüsse der Anteilsinhaber gelten nach § 254a Abs. 2 Satz 2 InsO als in der vorgeschriebenen Form abgegeben (siehe ausführlich Rz. 304 f.).

e) Anmeldung und Eintragung des Kapitalerhöhungsbeschlusses

227 Gemäß § 184 Abs. 1 AktG haben grundsätzlich der Vorstand und der Vorsitzende des Aufsichtsrates den Beschluss über die Erhöhung des Grundkapitals zur Eintragung in das Handelsregister anzumelden.

228 Bis zur Aufhebung des Insolvenzverfahrens (§ 258 InsO) kann daneben auch der Insolvenzverwalter die Anmeldung vornehmen (§ 254a Abs. 2 Satz 3 InsO). Gemäß § 254a Abs. 2 Satz 3 InsO analog ist er dabei dazu berechtigt, die im Zusammenhang mit der Anmeldung erforderlichen Dokumente zu unterzeichnen bzw. die benötigten Versicherungen abzugeben (siehe ausführlich § 29 Rz. 176 ff. [*Brünkmans*]).

229 Die Handelsregisteranmeldung bedarf nach § 12 HGB der notariellen Beglaubigung der Unterschriften der Anmeldenden. In der Anmeldung ist anzugeben, welche Einlagen auf das bisherige Grundkapital noch nicht geleistet wurden und warum sie nicht erlangt werden können (§ 184 Abs. 1 Satz 2 AktG); siehe oben Rz. 214 ff.

230 Der Kapitalerhöhungsbeschluss kann frühestens nach Eintritt seiner Wirksamkeit angemeldet werden, d. h. bei einer beschlussersetzenden Regelung im Insolvenzplan erst nach rechtskräftiger Bestätigung des Insolvenzplanes durch das Insolvenzgericht.

231 Es gelten die allgemeinen Voraussetzungen für die Anmeldung und Eintragung von gesellschaftsrechtlichen Regelungen im Insolvenzplan zum Handelsregister (siehe § 29 Rz. 168 ff. [*Brünkmans*]).

232 Nach § 188 Abs. 4 AktG können die Anmeldungen des Kapitalerhöhungsbeschlusses und die Eintragung der Durchführung miteinander verbunden werden, was in der Praxis meistens auch geschieht.[249)] Zur Prüfung durch das Registergericht siehe § 29 Rz. 178 ff. [*Brünkmans*].

f) Zeichnung der Aktien

233 Gemäß §§ 182 Abs. 1 Satz 4, 185 Abs. 1 Satz 1 AktG erfolgt die Teilnahme an einer Kapitalerhöhung gegen Einlagen ausschließlich durch Zeichnung, d. h. Abschluss des Zeichnungsvertrages zwischen Aktionär und Gesellschaft. Beim Zeichnungsvertrag handelt es sich nach h. M. sowohl um einen korporationsrechtlichen als auch einen schuldrechtlichen Vertrag (Doppelnatur).[250)]

aa) Vertragsparteien, Verpflichtungen und Formvorschriften

234 Der Zeichnungsvertrag wird zwischen der Gesellschaft und dem Zeichner geschlossen.[251)]

---

249) K. Schmidt/Lutter-*Veil*, AktG, § 188 Rz. 32; *Frodermann/Becker* in: Frodermann/Jannott, Hdb. Aktienrecht, Kap. 5 Rz. 159.

250) K. Schmidt/Lutter-*Veil*, AktG, § 185 Rz. 4; *Koch*, AktG, § 185 Rz. 4.

251) *Schürnbrand* in: MünchKomm-AktG, § 185 Rz. 33; *Servatius* in: BeckOGK-Aktienrecht, § 185 AktG Rz. 12; K. Schmidt/Lutter-*Veil*, AktG, § 185 Rz. 1; im Unterschied zur GmbH wird die AG dabei nicht durch die Gesellschafter, sondern den Vorstand vertreten (§ 78 AktG), *Servatius* in: BeckOGK-Aktienrecht, § 185 AktG Rz. 10; *Schürnbrand* in: MünchKomm-AktG, § 185 Rz. 32; *Hopt/Wiedemann* in: GroßKomm-AktG, § 185 Rz. 31.

Die **Zeichnungserklärung des Aktionärs** wird im Zeichnungsschein verkörpert, welcher den in § 185 Abs. 1 Satz 1 und Satz 3 AktG genannten Inhalt haben muss.[252)] Sie bedarf gemäß § 185 Abs. 1 Satz 1 AktG **mindestens der Schriftform.**[253)] Der Zeichner verpflichtet sich durch die Zeichnung, die im Zeichnungsschein festgelegte Menge Aktien der Gesellschaft zu übernehmen und die damit verbundene Mindesteinlage zu erbringen.[254)] Der Zeichner wird nicht bereits durch die Unterzeichnung des Zeichnungsvertrages Aktionär der AG, sondern erst mit der Eintragung der Durchführung der Kapitalerhöhung in das Handelsregister.[255)] 235

Die **AG** verpflichtet sich durch den Zeichnungsvertrag dazu, dem Zeichner die im Zeichnungsvertrag angegebene Menge an neuen Aktien zuzuteilen, sofern die Kapitalerhöhung durchgeführt wird.[256)] Sie wird nicht dazu verpflichtet die Kapitalerhöhung auch tatsächlich durchzuführen.[257)] Die Zeichnungserklärung der AG ist **nicht formbedürftig,** sie kann auch durch **schlüssiges Verhalten** erfolgen.[258)] 236

bb) Abschluss des Zeichnungsvertrages im Insolvenzplanverfahren

Im Insolvenzplanverfahren wird der Zeichnungsvertrag für die AG vom Insolvenzverwalter geschlossen.[259)] 237

Die Zeichnungserklärung kann **nicht durch eine Regelung im gestaltenden Teil des Insolvenzplanes ersetzt werden** (siehe dazu Rz. 166). Vielmehr haben die Zeichnungsberechtigten nach allgemeinen aktienrechtlichen Regeln ihre Zeichnungserklärung abzugeben. Fraglich ist, ob die Zeichnungserklärung antizipiert bereits vor dem Kapitalerhöhungsbeschluss abgegeben werden kann. Insbesondere bei einem Debt-to-Equity-Swap kann hierfür ein Bedürfnis bestehen, weil dem Insolvenzplan die Zustimmung der umwandlungsbereiten Gläubiger nach § 230 Abs. 2 InsO als Anlage grundsätzlich beigefügt werden müssten. Aus Gründen der Effizienz würde sich in diesem Fall eine kombinierte Zustimmungs- und Zeichnungserklärung anbieten (siehe dazu Rz. 342 f.). 238

Zwar kann nach wohl überwiegender Auffassung auch die Zeichnungserklärung des Zeichners bereits erfolgen, wenn der Kapitalerhöhungsbeschluss noch nicht vorliegt, also zeitlich vor Rechtskraft des bestätigten Insolvenzplanes,[260)] aus der Pflichtangabe nach § 185 Abs. 1 Nr. 1 AktG folgt jedoch, dass im Moment der Zeichnungserklärung wenigstens der Tag der geplanten Beschlussfassung, d. h. übertragen auf den Insolvenzplan der 239

252) Ausführlich zum Inhalt des Zeichnungsscheines K. Schmidt/Lutter-*Veil*, AktG, § 185 Rz. 10 ff.; zur Funktion des Zeichnungsscheines s. *Schürnbrand* in: MünchKomm-AktG, § 185 Rz. 3.

253) Eine weitere Formpflichtigkeit des Zeichnungserklärung kann sich indes aus den allgemeinen Vorschriften ergeben (z. B. § 311b BGB), *Koch*, AktG, § 185 Rz. 23; Hölters/Weber-*Apfelbacher/Metzner*, AktG, § 185 Rz. 9; *Schürnbrand* in: MünchKomm-AktG, § 185 Rz. 33.

254) *Hopt/Wiedemann* in: GroßKomm-AktG, § 185 Rz. 34.

255) *Hopt/Wiedemann* in: GroßKomm-AktG, § 185 Rz. 34; *Koch*, AktG, § 185 Rz. 4; *Schürnbrand* in: MünchKomm-AktG, § 185 Rz. 2.

256) *Koch*, AktG, § 185 Rz. 24; *Hopt/Wiedemann* in: GroßKomm-AktG, § 185 Rz. 35.

257) *Koch*, AktG, § 185 Rz. 4; *Schürnbrand* in: MünchKomm-AktG, § 185 Rz. 34; *Hopt/Wiedemann* in: GroßKomm-AktG, § 185 Rz. 35; *Frodermann/Becker* in: Frodermann/Jannott, Hdb. Aktienrecht, Kap. 5 Rz. 138.

258) *Schürnbrand* in: MünchKomm-AktG, § 185 Rz. 33; *Hopt/Wiedemann* in: GroßKomm-AktG, § 185 Rz. 31.

259) *Pleister/Kindler*, ZIP 2010, 503, 509.

260) *Schürnbrand* in: MünchKomm-AktG, § 185 Rz. 33; *Koch*, AktG, § 185 Rz. 6; Henssler/Strohn-*Hermanns*, GesR, § 185 AktG Rz. 4; K. Schmidt/Lutter-*Veil*, AktG, § 185 Rz. 6; *Hopt/Wiedemann* in: GroßKomm-AktG, § 185 Rz. 18; *Kley*, RNotZ 2003, 17, 30; Bürgers/Körber-*Marsch-Barner*, AktG, § 185 Rz. 12; jedenfalls im Sanierungsfalle möglich, *Servatius* in: BeckOGK-Aktienrecht, § 185 AktG Rz. 11; **a. A.** Hölters/Weber-*Apfelbacher/Metzner*, AktG, § 185 Rz. 10.

Tag der Rechtskraft des Bestätigungsbeschlusses, feststehen muss.[261] Der Eintritt der Rechtskraft hängt von dem schwer vorhersehbaren Umstand ab, ob ein Beteiligter sofortige Beschwerde gegen den Insolvenzplan erhoben hat, sodass bei Einreichung des Insolvenzplanes der Tag der „Beschlussfassung" und damit die Pflichtangabe im Zeichnungsvertrag grundsätzlich nicht feststehen.

240 Eine Aufnahme der Zeichnungserklärungen in der Plananlage ist somit ausgeschlossen.

241 Anders als bei der GmbH muss die Zeichnung der neuen Aktien daher **zwingend außerhalb des Insolvenzplanes nach Rechtskraft des den Insolvenzplan bestätigenden Beschlusses** erfolgen (siehe oben Rz. 167 f.).

> **Praxishinweis**
>
> Die Annahme der Zeichnungserklärung durch die Gesellschaft ist hingegen nicht formbedürftig und braucht dem Zeichner auch nicht zuzugehen (§ 151 Satz 1 BGB). Sie erfolgt konkludent typischerweise durch Aufnahme des Zeichners in das Verzeichnis der Zeichner (§ 188 Abs. 3 Nr. 1 AktG).[262] Aus Gründen der Vorsicht sollte dies durch den Insolvenzverwalter und den Vorstand gemeinsam erfolgen.

g) Leistung der Einlage

242 Mit der Zeichnung der neuen Aktien hat sich der Zeichner zur Erbringung der Einlage verpflichtet.[263] Bei einer Bareinlage ist der Zeichner nach §§ 188 Abs. 2 Satz 1, 36a Abs. 1 AktG verpflichtet, auf jede Aktie mindestens 25 % des geringsten Ausgabebetrages (§ 9 Abs. 1 AktG) sowie das ggf. vereinbarte Agio (anders bei der GmbH, siehe dazu Rz. 174 f.) in voller Höhe an die AG zu zahlen.[264] Die Zahlung kann dabei ausschließlich durch Barzahlung oder Überweisung auf ein Konto der Gesellschaft bei einem Kreditinstitut oder einem nach § 53 Abs. 1 Satz 1 oder § 53b Abs. 1 oder Abs. 7 KWG tätigen Unternehmen erfolgen.[265]

h) Bestätigung des Kreditinstituts (§ 235 Abs. 1 Sätze 2, 3, §§ 188 Abs. 2, 37 Abs. 1 Sätze 3, 4 AktG)

243 Bei der Anmeldung zum Handelsregister bedarf es gemäß § 188 Abs. 2 i. V. m. § 37 Abs. 1 Sätze 3, 4 AktG der Vorlage einer Bestätigung durch das kontoführende Institut, dass die eingezahlten Beträge endgültig zur freien Verfügung der Gesellschaft stehen.[266]

i) Anmeldung und Eintragung der Durchführung der Kapitalerhöhung ins Handelsregister

aa) Anmeldung zum Handelsregister

244 Gemäß §§ 184, 188 AktG ist sowohl der Kapitalerhöhungsbeschluss als auch die Durchführung der Kapitalerhöhung zur Eintragung in das Handelsregister anzumelden.[267] Zwar

261) Henssler/Strohn-*Hermanns*, GesR, § 185 AktG Rz. 4; K. Schmidt/Lutter-*Veil*, AktG, § 185 Rz. 6; Bürgers/Körber-*Marsch-Barner*, AktG, § 185 Rz. 12; *Hopt/Wiedemann* in: GroßKomm-AktG, § 185 Rz. 18; Datum des geplanten Kapitalerhöhungsbeschlusses muss nicht feststehen *Schürnbrand* in: MünchKomm-AktG, § 185 Rz. 33; *Koch*, AktG, § 185 Rz. 6.

262) *Schürnbrand* in: MünchKomm-AktG, § 188 Rz. 40.

263) *Frodermann/Becker* in: Frodermann/Jannott, Hdb. Aktienrecht, Kap. 5 Rz. 139; *Hopt/Wiedemann* in: GroßKomm-AktG, § 185 Rz. 34.

264) *Koch*, AktG, § 188 Rz. 5; *Schürnbrand* in: MünchKomm-AktG, § 188 Rz. 13.

265) *Schürnbrand* in: MünchKomm-AktG, § 188 Rz. 14; *Veil* in: K. Schmidt/Lutter, AktG, § 188 Rz. 7; *Koch*, AktG, § 188 Rz. 5.

266) K. Schmidt/Lutter-*Veil*, AktG, § 188 Rz. 23; *Hopt/Wiedemann* in: GroßKomm-AktG, § 188 Rz. 62.

267) *Frodermann/Becker* in: Frodermann/Jannott, Hdb. Aktienrecht, Kap. 5 Rz. 159.

sieht das Aktienrecht grundsätzlich ein gestuftes Verfahren vor, in der Praxis werden beide Anmeldungen jedoch üblicherweise gleichzeitig vorgenommen.[268)]

Beide Anmeldungen sind vom Vorstand der AG (in vertretungsberechtigter Zahl)[269)] und 245
vom Aufsichtsratsvorsitzenden zu unterzeichnen (§§ 184 Abs. 1 Satz 1, 188 Abs. 1 Satz 1 AktG). Bis zur Aufhebung des Insolvenzverfahrens (§ 258 InsO) kann daneben auch der Insolvenzverwalter die Anmeldung vornehmen (§ 254a Abs. 2 Satz 3 InsO). Siehe dazu auch oben Rz. 179 f., ausführlich § 29 Rz. 171 ff. [*Brünkmans*].

Nach § 188 Abs. 3 Nr. 1 AktG ist der Handelsregisteranmeldung eine Liste der Personen, 246
welche die neuen Aktien übernommen haben, beizufügen. In dieser Liste sind die Übernehmer mit Namen, Vornamen, Geburtsdatum und Wohnort bzw. bei juristischen Personen mit Firma und Sitz sowie die auf jeden entfallenden Aktien und die auf sie geleisteten Einzahlungen anzugeben.[270)] Die Liste ist gemäß § 188 Abs. 3 Nr. 1 AktG vom Vorstand oder Insolvenzverwalter (siehe oben Rz. 186) zu unterzeichnen. Siehe auch das Muster zur Anmeldung der Kapitalerhöhung unter Rz. 356.

bb) Prüfung der Kapitalerhöhung durch das Insolvenz- und Registergericht

Nach h. A. hat das Registergericht außerhalb des Insolvenzplanverfahrens den gesamten 247
Vorgang der Kapitalerhöhung auf seine formelle und materielle Ordnungsmäßigkeit hin zu überprüfen.[271)]

Im Insolvenzplanverfahren prüft das Insolvenzgericht nach der hier vertretenen Auffas- 248
sung die ordnungsgemäße Kapitalerhöhungsbeschlussregelung bereits abschließend. Die Prüfung des Registergerichts ist in diesem Hinblick auf schwerwiegende und offensichtliche Fehler beschränkt. Das Registergericht prüft darüber hinaus aber insbesondere die Einhaltung der formellen Anmeldungsvoraussetzungen und die ordnungsmäßen Zeichnungserklärungen (siehe § 29 Rz. 183 [*Brünkmans*]).

j) Wirksamwerden der Kapitalerhöhung

Mit der Eintragung der Durchführung der Kapitalerhöhung ist das Grundkapital erhöht 249
(§ 189 AktG). Die Eintragung in das Handelsregister hat konstitutive Wirkung.[272)]

k) Entstehung der neuen Anteilsrechte

Mit der wirksamen Eintragung der Durchführung entstehen die neuen Mitgliedschafts- 250
rechte in der Person der Zeichner und die Zeichner werden vollberechtigte Aktionäre.[273)] Die neuen Mitgliedschaftsrechte entstehen als unverkörperte Aktien, so lange die Aktienurkunden noch nicht ausgegeben sind.[274)] Den Aktionären steht ab dem Zeitpunkt der

---

268) K. Schmidt/Lutter-*Veil*, AktG, § 188 Rz. 32; *Frodermann/Becker* in: Frodermann/Jannott, Hdb. Aktienrecht, Kap. 5 Rz. 159.

269) *Koch*, AktG, § 184 Rz. 3.

270) *Servatius* in: BeckOGK-Aktienrecht, § 188 AktG Rz. 25; *Koch*, AktG, § 188 Rz. 13; *Schürnbrand* in: MünchKomm-AktG, § 188 Rz. 40.

271) BayObLG, Beschl. v. 9.4.2002 – 3Z BR 39/02, ZIP 2002, 1398 = AG 2002, 397, 398; BayObLG, Beschl. v. 27.2.2002 – 3Z BR 35/02, ZIP 2002, 1484 = AG 2002, 510; *Koch*, AktG, § 188 Rz. 20; *Schürnbrand* in: MünchKomm-AktG, § 188 Rz. 47; K. Schmidt/Lutter-*Veil*, AktG, § 188 Rz. 34; *Servatius* in: BeckOGK-Aktienrecht, § 188 AktG Rz. 33.

272) *Koch*, AktG, § 189 Rz. 2.

273) *Koch*, AktG, § 189 Rz. 2; *Servatius* in: BeckOGK-Aktienrecht, § 189 AktG Rz. 3; *Schürnbrand* in: MünchKomm-AktG, § 189 Rz. 6.

274) *Servatius* in: BeckOGK-Aktienrecht, § 189 AktG Rz. 3; *Koch*, AktG, § 189 Rz. 2; *Schürnbrand* in: MünchKomm-AktG, § 189 Rz. 6.

Eintragung ein Anspruch auf Verbriefung des bereits existierenden Mitgliedschaftsrechts zu, wenn der Anspruch auf Verbriefung nicht gemäß § 10 Abs. 5 AktG ausgeschlossen ist.[275)]

5. Sachkapitalerhöhung bei der AG

a) Überblick

251 Im Unterschied zur Barkapitalerhöhung wird bei einer Kapitalerhöhung mit Sacheinlagen gemäß § 183 AktG die Einlage nicht durch Bareinzahlung erbracht, sondern durch die Übertragung eines anderen Vermögensgegenstandes auf die AG (§ 27 Abs. 1 Satz 2 AktG).[276)] Es gelten dabei die allgemeinen Grundsätze über die Kapitalerhöhung der AG. Besonderheiten bestehen insbesondere aufgrund der gebotenen Sachprüfung, siehe Rz. 257 ff.

b) Zulässigkeit, insbesondere Subsidiarität der Kapitalerhöhung

252 Der Grundsatz der Subsidiarität gemäß § 182 Abs. 4 AktG gilt ungeachtet seiner systematischen Stellung auch bei einer Sachkapitalerhöhung.[277)] Im Rahmen eines Insolvenzplanes gelten die hier für die Barkapitalerhöhungen aufgeführten Einschränkungen entsprechend (siehe oben Rz. 214 ff.).

c) Insolvenzplanregelung zur Sachkapitalerhöhung

253 Für den Inhalt der Planregelung über die Kapitalerhöhung ist § 183 Abs. 1 AktG zu beachten. Danach muss bei der Einbringung der Sacheinlage im Kapitalerhöhungsbeschluss und auch in der beschlussersetzenden Regelung im Insolvenzplan Folgendes festgesetzt werden (vgl. § 27 Abs. 1 und Abs. 2 AktG):

- **Person des Einbringenden,**
- **Gegenstand der Sacheinlage** (der einzulegende Gegenstand muss sacheinlagefähig sein; siehe zur GmbH Rz. 192),
- Bei Nennbetragsaktien der **Nennbetrag der Aktien**, bei Stückaktien die **Zahl der bei der Sacheinlage zu gewährenden Aktien.**

254 Umstritten ist, ob im Kapitalerhöhungsbeschluss auch der **Mindestausgabebetrag** geregelt werden muss. Die wohl h. M. lehnt dies ab.[278)]

255 Der Kapitalerhöhungsbeschluss darf nach allgemeinem Aktienrecht gemäß § 183 Abs. 1 Satz 2 AktG nur gefasst werden, wenn die Absicht zur Zulassung von Sacheinlagen und die vorgenannten Festsetzungen aus § 183 Abs. 1 Satz 1 AktG ausdrücklich und ordnungsgemäß nach § 124 AktG bekannt gemacht worden sind.[279)] Diese Vorschrift wird jedoch bei der Regelung einer Sachkapitalerhöhung im Insolvenzplan durch § 254a Abs. 2 Satz 2 InsO verdrängt.[280)]

---

275) *Schürnbrand* in: MünchKomm-AktG, § 189 Rz. 6; *Servatius* in: BeckOGK-Aktienrecht, § 189 AktG Rz. 3; *Koch*, AktG, § 189 Rz. 2.

276) *Koch*, AktG, § 183 Rz. 2.

277) So Hölters/Weber-*Apfelbacher/Metzner*, AktG, § 182 Rz. 64; *Koch*, AktG, § 182 Rz. 26; *Servatius* in: BeckOGK-Aktienrecht, § 182 AktG Rz. 59; K. Schmidt/Lutter-*Veil*, AktG, § 182 Rz. 36; **a. A.** *Winner* in: MünchKomm-AktG, § 182 Rz. 122.

278) BGH, Urt. v. 13.3.1978 – II ZR 142/76, NJW 1978, 1316; *Koch*, AktG, § 183 Rz. 9; *Schürnbrand* in: MünchKomm-AktG, § 183 Rz. 37; Hölters/Weber-*Apfelbacher/Metzner*, AktG, § 183 Rz. 24; **a. A.** *Servatius* in: BeckOGK-Aktienrecht, § 183 AktG Rz. 19; Henssler/Strohn-*Hermanns*, GesR, § 183 AktG Rz. 17; K. Schmidt/Lutter-*Veil*, AktG, § 183 Rz. 15.

279) K. Schmidt/Lutter-*Veil*, AktG, § 183 Rz. 18; *Koch*, AktG, § 183 Rz. 10.

280) Begr. RegE ESUG, BT-Drucks. 17/5712, S. 36; Uhlenbruck-*Lüer/Streit*, InsO, § 254a Rz. 8.

Formulierungsbeispiel

„(1) Das Grundkapital der Gesellschaft wird von 50.000 € um 200.000 € auf 250.000 € durch Ausgabe von 200.000 neuen, auf den Inhaber lautenden Stückaktien, mit einem Anteil am Grundkapital von jeweils 1 € je Stückaktie erhöht. Der Ausgabebetrag der neuen Aktien wird auf 1 € festgesetzt. Die neuen Aktien sind ab dem … gewinnberechtigt. Die Kapitalerhöhung erfolgt gegen Sacheinlagen.

Das gesetzliche Bezugsrecht der Aktionäre ist ausgeschlossen.

Die neuen Aktien werden an die im Handelsregister der am AG Frankfurt am Main unter HRB 123 eingetragenen I-GmbH, Frankfurt am Main, ausgegeben. Die I-GmbH überträgt dafür mit Wirkung zum … auf die Gesellschaft als Sacheinlage ihre Geschäftsanteile im Nennbetrag von 100.000 € an der X-GmbH, eingetragen in das Handelsregister des Amtsgerichts Frankfurt am Main unter HRB 234 in 60308 Frankfurt am Main, Max-Mustermann-Str. 24, die das gesamte Stammkapital der X-GmbH repräsentieren.

Soweit der Einbringungswert der vorgenannten Geschäftsanteile den Ausgabebetrag der hierfür gewährten Aktien übersteigt, ist die Differenz in die Kapitalrücklage der Gesellschaft einzustellen."

(2) § 4 Abs. 1 der Satzung (Grundkapital) wird in Anpassung an die Kapitalerhöhung wie folgt neu gefasst:

‚Das Grundkapital der Gesellschaft beträgt 250.000 € und ist eingeteilt in 250.000 auf den Inhaber lautenden Stückaktien.'"

d) Bericht über den Bezugsrechtsausschluss (§ 186 Abs. 4 Satz 2 AktG) nicht erforderlich

256 Der gemäß § 186 Abs. 4 Satz 2 AktG im Aktienrecht grundsätzlich erforderliche Bericht über den Ausschluss des Bezugsrechts ist bei der Regelung eines Bezugsrechtsausschlusses im Insolvenzplan gemäß § 254a Abs. 2 Satz 2 InsO nicht erforderlich. Siehe dazu oben Rz. 226.

e) Sacheinlageprüfung

257 Nach § 183 Abs. 3 Satz 1 AktG hat bei der Kapitalerhöhung mit Sacheinlagen eine Prüfung durch einen oder mehrere Prüfer stattzufinden.

258 Die Prüfung muss bereits vor der Anmeldung des Beschlusses stattfinden.[281] Grundsätzlich stellt der Vorstand den Antrag auf Sacherhöhungsprüfung beim Registergericht.[282] Im Insolvenzplanverfahren wird jedoch aus der Kompetenz des Insolvenzverwalters zur Handelsregisteranmeldung nach § 254a Abs. 2 Satz 3 InsO als „Annexkompetenz" auch die Einleitung vorbereitender Schritte – wie dem Antrag auf Sacherhöhungsprüfung – geschlossen.[283] Der Prüfer wird im Anschluss an den Antrag der AG vom Registergericht des Satzungssitzes bestellt.

259 Die Werthaltigkeitsprüfung erfolgt nach den Vorschriften über die Gründungsprüfung (§ 183 Abs. 3 Satz 2, §§ 33 ff. AktG).[284] Sie erstreckt sich dabei nach h. M. nicht nur auf den geringsten Ausgabebetrag der zu gewährenden Aktien – den Nennbetrag –, sondern auch auf das korporationsrechtliche Agio.[285]

---

281) Dies folgt aus § 184 Abs. 2 AktG, der verlangt, dass der Bericht über die Prüfung bei der Anmeldung beigefügt wird; *Schürnbrand* in: MünchKomm-AktG, § 183 Rz. 59.

282) *Koch*, AktG, § 183 Rz. 17; *Schürnbrand* in: MünchKomm-AktG, § 183 Rz. 59.

283) *Horstkotte/Martini*, ZInsO 2012, 557, Fn. 59.

284) *Frodermann/Becker* in: Frodermann/Jannott, Hdb. Aktienrecht, Kap. 5 Rz. 49.

285) So *Koch*, AktG, § 183 Rz. 16; *Schürnbrand* in: MünchKomm-AktG, § 183 Rz. 63; K. Schmidt/Lutter-*Veil*, AktG, § 183 Rz. 26; *Servatius* in: BeckOGK-Aktienrecht, § 183 AktG Rz. 41; *Wiedemann* in: GroßKomm-AktG, § 183 Rz. 82.

Formulierungsbeispiel (Antrag auf Bestellung der Prüfer der Sacheinlage gemäß § 183 Abs. 3 AktG)

„An das

Amtsgericht Frankfurt am Main
– Handelsregister, Abt. 66 –
Gerichtsstraße 2
60313 Frankfurt am Main
HRB 345 – X AG

mit Beschluss des Amtsgerichts Bonn vom … – Az. … – wurde das Insolvenzverfahren über das Vermögen der X AG (nachfolgend „Gesellschaft") eröffnet und der Unterzeichner zum Insolvenzverwalter bestellt.

Die Gesellschaft soll über einen Insolvenzplan saniert werden.

Der gestaltende Teil des Insolvenzplans wird eine Sachkapitalerhöhung enthalten. Die Sacheinlage wird erbracht, indem die Investor I-GmbH ihre Geschäftsanteile im Nennbetrag von 100.000 € an der X-GmbH, eingetragen in das Handelsregister des Amtsgerichts Frankfurt am Main unter HRB 234 in 60308 Frankfurt am Main, Max-Mustermann-Str. 24, die das gesamte Stammkapital der X-GmbH repräsentieren mit Wirkung zum … auf die Gesellschaft überträgt. Im Gegenzug erhält die Investor I-GmbH 200.000 Stückaktien von nominal 1 € je Stückaktie.

Ich beantrage für diese Kapitalerhöhung gegen Sacheinlage gemäß §§ 183 Abs. 3, 33 ff. AktG einen Prüfer zu bestellen.

Ich rege an,

Herrn Wirtschaftsprüfer Müller, Köln, zum Prüfer zu bestellen. Weiter füge ich eine Erklärung des Wirtschaftsprüfers Müller bei, in welchem dieser seine Bereitschaft zur Übernahme der Prüfung erklärt.

Mit freundlichen Grüßen

[Unterschrift Insolvenzverwalter]"

Formulierungsbeispiel (Bericht der Prüfer der Sacheinlage, §§ 183 Abs. 3, 34 Abs. 2 AktG)

„Bericht

I. Prüfungsauftrag

Durch Beschluss des Amtsgerichts Frankfurt am Main vom … – Az. … –, wurde ich gemäß § 183 Abs. 3 Satz 2 i. V. m. § 33 Abs. 3 AktG zum Sachkapitalerhöhungsprüfer bei der X-AG mit dem Sitz in Frankfurt am Main bestellt.

Die Prüfung hatte stattzufinden, da im Insolvenzverfahren über das Vermögen der X-AG – Az. … – ein im Erörterungs- und Abstimmungstermin von der Beteiligtenversammlung angenommener Insolvenzplan vorliegt, der eine Erhöhung des Grundkapitals der Gesellschaft gegen Sacheinlagen vorsieht.

Die Prüfung haben wir im … durchgeführt. Von den Beteiligten wurden alle erwünschten Auskünfte umgehend erteilt und alle erforderlichen Nachweise vollständig erbracht.

Bei der Prüfung lagen uns vor:

(1) im Erörterungs- und Abstimmungstermin von der Beteiligtenversammlung angenommener Insolvenzplan, der die den Kapitalerhöhungsbeschluss ersetzende Regelung enthält.

(2) Einbringungsvertrag zwischen der X-AG und der I-GmbH vom …

(3) Jahresabschluss der X-GmbH zum …

II. Prüfungsgrundlage

(1) Im gestaltenden Teil des im Erörterungs- und Abstimmungstermin von der Beteiligtenversammlung angenommenen Insolvenzplanes bestehen Regelungen zur Erhöhung des Grundkapitals der Gesellschaft und der Ausgabe neuer Aktien, die bei rechtskräftige Bestätigung des Insolvenzplans einen Hauptversammlungsbeschluss der X-AG ersetzen würden.

Darin ist wie folgt geregelt:

Das Grundkapital der Gesellschaft wird von 50.000 € um 200.000 € auf 250.000 € durch Ausgabe von 200.000 neuen, auf den Inhaber lautenden Stückaktien, mit einem Anteil am Grundkapital von jeweils 1 € je Stückaktie erhöht. Der Ausgabebetrag der neuen Aktien wird auf 1 € festgesetzt. Die neuen Aktien sind ab dem … gewinnberechtigt. Die Kapitalerhöhung erfolgt gegen Sacheinlagen.

Das gesetzliche Bezugsrecht der Aktionäre ist ausgeschlossen.

Die neuen Aktien werden an die im Handelsregister der am AG Frankfurt am Main unter HRB 123 eingetragenen I-GmbH, Frankfurt am Main, ausgegeben. Die I-GmbH überträgt dafür mit Wirkung zum … auf die Gesellschaft als Sacheinlage ihre Geschäftsanteile im Nennbetrag von 100.000 € an der X-GmbH, eingetragen in das Handelsregister des Amtsgerichts Frankfurt am Main unter HRB 234 in 60308 Frankfurt am Main, Max-Mustermann-Str. 24, die das gesamte Stammkapital der X-GmbH repräsentieren.

Soweit der Einbringungswert der vorgenannten Geschäftsanteile den Ausgabebetrag der hierfür gewährten Aktien übersteigt, ist die Differenz in die Kapitalrücklage der Gesellschaft einzustellen.

(2) Die I-GmbH und die X-AG haben am … einen Einbringungsvertrag geschlossen, mit welchem die in der vorgenannten kapitalerhöhungsbeschlussersetzenden Regelung des Insolvenzplans aufgeführten Geschäftsanteile von der I-GmbH in die X-AG eingebracht und an letztere abgetreten wurden. Die Einbringung wurde hierbei unter die aufschiebende Wirksamkeitsbedingung gestellt, dass der Insolvenzplan rechtskräftig bestätigt wird. Die Abtretung der Geschäftsanteile wurde unter die zusätzliche aufschiebende Wirksamkeitsbedingung gestellt, dass die im Insolvenzplan geregelte Kapitalerhöhung und ihre Durchführung in das Handelsregister eingetragen werden.

Der Vertrag wurde vereinbart zur Erfüllung der Einbringungsverpflichtung, die durch die Zeichnung der neuen Aktien nach Eintritt der Wirksamkeit der kapitalerhöhungsersetzenden Regelung im Insolvenzplan begründet wird, und dient der Erbringung der auf die gezeichneten Aktien geschuldeten Sacheinlagen.

III. Prüfungsergebnis

Wie die nachfolgenden Ausführungen darlegen, erreicht der Wert der Sacheinlagen der I-GmbH mindestens den geringsten Ausgabebetrag von 200.000 € der ihr i. R. der im Insolvenzplan geregelten Kapitalerhöhung zu gewährenden Aktien:

[Es folgen Ausführungen i. R. einer detaillierte Bewertung des Unternehmenswerts unter Darlegung der bei der Bewertung angewandten Methodik, die belegen, dass die Geschäftsanteile an der X-GmbH mindestens den geringsten Ausgabebetrag von 200.000 € der der I-GmbH aus der Sachkapitalerhöhung zu gewährenden Aktien erreicht.].

IV. Prüfungsbestätigung

Zusammenfassend wird daher Folgendes festgestellt:

Nach dem abschließenden Ergebnis unserer pflichtgemäßen Prüfung der Kapitalerhöhung gegen Sacheinlagen gemäß § 183 Abs. 3 Satz 2 i. V. m. § 34 Abs. 2, 3 AktG bestätigen wir hiermit auf Grundlage der uns vorgelegten Urkunden, Bücher und Schriften sowie der uns erteilten Aufklärungen und Nachweise, dass der Wert der Sacheinlagen der Investor I-GmbH mindestens den geringsten Ausgabebetrag von 200.000 € der ihr i. R. der durch den rechtskräftig bestätigen Insolvenzplan beschlossenen Sachkapitalerhöhung zu gewährenden Stück 200.000 Aktien erreicht.

…, den …

[Unterschriften Wirtschaftsprüfer/Steuerberater]"

f) Anmeldung des Kapitalerhöhungsbeschlusses

260 Gemäß §§ 184, 188 AktG ist sowohl der Kapitalerhöhungsbeschluss als auch die Durchführung der Kapitalerhöhung zur Eintragung in das Handelsregister anzumelden. Üblicherweise werden beide Anmeldungen gleichzeitig vorgenommen.[286)]

261 Es gelten die allgemeinen Voraussetzungen für die Anmeldung und Eintragung von gesellschaftsrechtlichen Regelungen im Insolvenzplan zum Handelsregister.[287)] Zur Prüfung des Registergerichts siehe Rz. 247, 209 f., 182 f.

g) Zeichnung der Aktien

262 Siehe zur Zeichnung der Aktien oben Rz. 233.

Formulierungsbeispiel (Zeichnungsschein für die Sacheinlage, §§ 185, 183 AktG)

„An die

X-AG
Max-Mustermann-Str. 12
60308 Frankfurt

Frankfurt am Main, den …

Zeichnungsschein

Über das Vermögen der X-AG wurde durch Beschluss des Amtsgerichts Frankfurt am Main – Insolvenzgericht – am … – Az. … – das Insolvenzverfahren eröffnet. Der am … in dem Insolvenzverfahren eingereichte Insolvenzplan wurde mit Beschluss des Amtsgerichts Frankfurt am Main – Insolvenzgericht – vom … bestätigt. Der Bestätigungsbeschluss ist seit dem … rechtskräftig.

Der Insolvenzplan enthält eine den Hauptversammlungsbeschluss ersetzende Regelung zur Kapitalerhöhung. Darin ist wie folgt geregelt:

Das Grundkapital der Gesellschaft wird von 50.000 € um 200.000 € auf 250.000 € durch Ausgabe von 200.000 neuen, auf den Inhaber lautenden Stückaktien, mit einem Anteil am Grundkapital von jeweils 1 € je Stückaktie erhöht. Der Ausgabebetrag der neuen Aktien wird auf 1 € festgesetzt. Die neuen Aktien sind ab dem … gewinnberechtigt. Die Kapitalerhöhung erfolgt gegen Sacheinlagen.

Das gesetzliche Bezugsrecht der Aktionäre ist ausgeschlossen.

Die neuen Aktien werden an die im Handelsregister der am AG Frankfurt am Main unter HRB 123 eingetragene I-GmbH, Frankfurt am Main, ausgegeben. Die I-GmbH überträgt dafür mit Wirkung zum … auf die Gesellschaft als Sacheinlage ihre Geschäftsanteile im Nennbetrag von 100.000 € an der X-GmbH, eingetragen in das Handelsregister des Amtsgerichts Frankfurt am Main unter HRB 234 in 60308 Frankfurt am Main, Max-Mustermann-Str. 24, die das gesamte Stammkapital der X-GmbH repräsentieren.

Wir zeichnen und übernehmen hiermit 200.000 neue, auf den Inhaber lautende Stückaktien gegen Einbringung der vorstehend genannten Geschäftsanteile zum Ausgabebetrag von insgesamt 200.000 €.

Unsere Zeichnung wird unverbindlich, wenn die Durchführung der Erhöhung des Grundkapitals nicht bis zum … in das Handelsregister eingetragen worden ist.

[Unterschriften]"

286) K. Schmidt/Lutter-*Veil*, AktG, § 188 Rz. 32; *Frodermann/Becker* in: Frodermann/Jannott, Hdb. Aktienrecht, Kap. 5 Rz. 159.

287) S. dazu oben Rz. 244 f., ausführlich auch § 29 Rz. 168 ff. [*Brünkmans*]; s. zur Anmeldung des Sachkapitalerhöhungsbeschluss im Insolvenzplanverfahren auch das Muster Rz. 356.

h) Einbringungsvertrag

Der Einbringungsvertrag enthält die dingliche Verfügung/Übertragung auf die Gesellschaft und je nach Sacheinlagegegenstand auch die Konkretisierung der Einlageverpflichtung (sog. Sacheinlagevereinbarung; siehe Rz. 199 ff.). Teilweise wird vertreten, dass zur Durchführung der Sachkapitalerhöhung eine solche zwingend sei, da der Kapitalerhöhungsbeschluss selbst den Einleger noch nicht zur Leistung der Sacheinlage verpflichte.[288] Nach wohl überwiegender Auffassung ist der Abschluss hingegen fakultativ.[289] 263

In der Regel wird der Einbringungsvertrag vor dem Kapitalerhöhungsbeschluss geschlossen.[290] In diesem Fall steht die Wirksamkeit unter der aufschiebenden Bedingung (§ 158 BGB), dass eine Kapitalerhöhung mit entsprechender Sacheinlage geschlossen wird.[291] Möglich ist aber auch den Einbringungsvertrag erst nach dem Kapitalerhöhungsbeschluss mit dem Einleger abzuschließen.[292] 264

Der Einbringungsvertrag muss mindestens[293] schriftlich[294] geschlossen werden und hat wenigstens die in § 183 Abs. 1 Satz 1 AktG für den Kapitalerhöhungsbeschluss notwendigen Angaben zu enthalten.[295] 265

i) Anmeldung und Eintragung der Durchführung ins Handelsregister

aa) Anmeldung zum Handelsregister

Neben dem Kapitalerhöhungsbeschluss muss auch die Durchführung der Kapitalerhöhung gemäß §§ 184, 188 AktG zur Eintragung im Handelsregister angemeldet werden. Üblicherweise werden in der Praxis beide Anmeldungen gleichzeitig vorgenommen.[296] 266

Es gelten die allgemeinen Voraussetzungen für die Anmeldung und Eintragung von gesellschaftsrechtlichen Regelungen im Insolvenzplan zum Handelsregister (siehe ausführlich § 29 Rz. 168 ff. [*Brünkmans*]). Als Muster zur Anmeldung der Durchführung der Kapitalerhöhung siehe Rz. 356. 267

bb) Prüfung durch das Insolvenz- und Registergericht

Außerhalb des Insolvenzplanverfahrens muss das Registergericht nach h. A. den gesamten Vorgang der Kapitalerhöhung auf seine formelle und materielle Ordnungsmäßigkeit hin überprüfen.[297] 268

Das Registergericht kann die Eintragung des Kapitalerhöhungsbeschlusses (§ 184 Abs. 3 AktG) und die Eintragung der Durchführung[298] grundsätzlich ablehnen, wenn der Wert 269

---

288) *Wiedemann* in: GroßKomm-AktG, § 183 Rz. 73.

289) *Koch*, AktG, § 183 Rz. 6; *Schürnbrand* in: MünchKomm-AktG, § 183 Rz. 25; *Servatius* in: BeckOGK-Aktienrecht, § 183 AktG Rz. 68; *Kley*, RNotZ 2003, 17, 20 f.; *Mülbert*, AG 2003, 136, 138.

290) *Schürnbrand* in: MünchKomm-AktG, § 183 Rz. 27; K. Schmidt/Lutter-*Veil*, AktG, § 183 Rz. 20.

291) *Koch*, AktG, § 183 Rz. 6; *Schürnbrand* in: MünchKomm-AktG, § 183 Rz. 27; K. Schmidt/Lutter-*Veil*, AktG, § 183 Rz. 20.

292) K. Schmidt/Lutter-*Veil*, AktG, § 183 Rz. 20; *Koch*, AktG, § 183 Rz. 6.

293) Soweit sich nicht aus den allg. Vorschriften noch ein weitergehendes Formerfordernis ergeben sollte, *Schürnbrand* in: MünchKomm-AktG, § 183 Rz. 27.

294) Hölters/Weber-*Apfelbacher*/*Metzner*, AktG, § 183 Rz. 30; jedenfalls wenn sich der Inferent zur Zeichnung von Aktien verpflichtet, *Schürnbrand* in: MünchKomm-AktG, § 183 Rz. 27.

295) *Koch*, AktG, § 183 Rz. 6; Hölters/Weber-*Apfelbacher*/*Metzner*, AktG, § 183 Rz. 28.

296) K. Schmidt/Lutter-*Veil*, AktG, § 188 Rz. 32.

297) BayObLG, Beschl. v. 9.4.2002 – 3Z BR 39/02, ZIP 2002, 1398 = AG 2002, 397, 398; BayObLG, Beschl. v. 27.2.2002 – 3Z BR 35/02, ZIP 2002, 1484 = AG 2002, 510; *Koch*, AktG, § 188 Rz. 20; *Schürnbrand* in: MünchKomm-AktG, 188 Rz. 47; K. Schmidt/Lutter-*Veil*, AktG, § 188 Rz. 34; *Servatius* in: BeckOGK-Aktienrecht, § 188 AktG Rz. 33.

298) *Koch*, AktG, § 188 Rz. 21; *Schürnbrand* in: MünchKomm-AktG, § 188 Rz. 52.

der Sacheinlage nicht unwesentlich hinter dem geringsten Ausgabebetrag der dafür vorgesehenen Aktien zurückbleibt. Es hat bei seiner Prüfung **keinen Ermessensspielraum** und muss die Eintragung ablehnen, wenn der Wert der Sacheinlage den geringsten Ausgabebetrag nicht erreicht.[299)] Bei seiner Prüfung ist es nicht an die von den Prüfern getroffenen Feststellungen gebunden.[300)] Umstritten ist, ob sich die gerichtliche Prüfung auch auf das **korporationsrechtliche Agio** erstreckt,[301)] oder lediglich die Einhaltung des geringsten Ausgabebetrages der zu gewährenden Aktien geprüft wird.[302)]

270 Im Insolvenzplanverfahren hat das **Registergericht** nur noch ein **eingeschränktes Prüfungsrecht** (siehe dazu auch § 29 Rz. 178 ff. [*Brünkmans*]).

271 Die ordnungsgemäße Kapitalerhöhungsbeschlussregelung wird vom Insolvenzgericht bereits abschließend geprüft. Das Insolvenzgericht prüft auch, ob der Wert der Sacheinlage nicht unwesentlich hinter dem geringsten Ausgabebetrag der dafür vorgesehenen Aktien zum **Zeitpunkt des Bestätigungsbeschlusses** zurückbleibt (§ 184 Abs. 3 AktG).

272 Die Prüfung des Registergerichts ist in diesem Hinblick auf **schwerwiegende und offensichtliche Fehler** beschränkt. In Bezug auf die Werthaltigkeit der Sacheinlage, prüft es nur, ob eine negative Abweichung zwischen der Werthaltigkeit zum Zeitpunkt des Bestätigungsbeschlusses und der Anmeldung vorliegt (siehe dazu § 29 Rz. 186 [*Brünkmans*]).[303)]

273 Das Registergericht prüft darüber hinaus die Einhaltung der formellen Anmeldungsvoraussetzungen und die ordnungsgemäße Zeichnung der Aktien (siehe § 29 Rz. 186 [*Brünkmans*]).

j) Differenzhaftung

274 Soweit der Wert der Sacheinlage hinter dem geringsten Ausgabebetrag der dafür ausgegeben Aktien zurückbleibt und die Kapitalerhöhung durch Eintragung wirksam geworden ist, haftet der Einleger verschuldensunabhängig auf Wertdifferenz in Geld (Differenzhaftung).[304)] Die Pflicht zur Bardeckung erstreckt sich dabei auch auf das korporative Agio.[305)]

275 Diese Grundsätze gelten auch bei einer Sachkapitalerhöhung über eine Insolvenzplanregelung. Lediglich für den Debt-to-Equity Swap ist die Differenzhaftung nach § 254 Abs. 4 InsO ausgeschlossen (siehe dazu Rz. 357 ff.), wenn Sacheinlagegenstand eine Forderung gegen die Gesellschaft ist.

H. Bezugsrechtsausschluss

I. Bedeutung/Regelung im Insolvenzplan

276 Grundsätzlich steht Aktionären einer AG (§ 186 AktG) und Gesellschaftern einer GmbH[306)] bei einer Kapitalerhöhung ein Bezugsrecht zu. Danach muss jedem Aktionär/Gesellschafter auf sein Verlangen ein seinem Anteil an dem bisherigen Grundkapital entsprechender Teil

---

299) *Koch*, AktG, § 184 Rz. 6; *Schürnbrand* in: MünchKomm-AktG, § 184 Rz. 33; Hölters/Weber-*Apfelbacher/Metzner*, AktG, § 184 Rz. 14; a. A. *Servatius* in: BeckOGK-Aktienrecht, § 183 AktG Rz. 66.

300) K. Schmidt/Lutter-*Veil*, AktG, § 184 Rz. 12; *Schürnbrand* in: MünchKomm-AktG, § 184 Rz. 32.

301) So *Schürnbrand* in: MünchKomm-AktG, § 184 Rz. 30; *Koch*, AktG, § 184 AktG Rz. 6.

302) So K. Schmidt/Lutter-*Veil*, AktG, § 184 Rz. 11; *Servatius* in: BeckOGK-Aktienrecht, § 183 AktG Rz. 61.

303) *Brünkmans/Greif-Werner*, ZIP 2015, 1585, 1594.

304) *Koch*, AktG, § 183 Rz. 21; *Schürnbrand* in: MünchKomm-AktG, § 183 Rz. 69.

305) BGH, Urt. v. 6.12.2011 – II ZR 149/10, BGHZ 191, 364 = ZIP 2012, 73, dazu EWiR 2012, 129 (*Vosberg/Klawa*); *Schürnbrand* in: MünchKomm-AktG, § 183 Rz. 71; *Koch*, AktG, § 183 Rz. 21; K. Schmidt/Lutter-*Veil*, AktG, § 183 Rz. 8.

306) So für die GmbH auch die ganz h. A., vgl. *Merkt* in: MünchKomm-GmbHG, § 13 Rz. 150; Scholz-*Priester/Tebben*, GmbHG, § 55 Rz. 55 f.; *Lieder* in: MünchKomm-GmbHG, § 55 Rz. 70.

der durch die Kapitalerhöhung neuen Aktien/Geschäftsanteile zugeteilt werden (§ 186 Abs. 1 Satz 1 AktG).

277 Nach allgemeinem Gesellschaftsrecht kann das Bezugsrecht der Gesellschafter ganz oder zum Teil durch Beschluss über die Erhöhung des Grundkapitals ausgeschlossen werden (§ 186 Abs. 1 Satz 1 AktG). § 225a Abs. 2 Satz 3 InsO sieht ausdrücklich vor, dass der Bezugsrechtsausschluss auch Gegenstand einer Regelung im gestaltenden Teil des Insolvenzplanes sein kann.

278 Der Bezugsrechtsausschluss ist für die Effektivität des Insolvenzplanverfahrens von wesentlicher Bedeutung. Eine finanzwirtschaftliche Sanierung der Gesellschaft wird in den meisten Fällen nur gelingen, wenn ein Eigenkapitalinvestor gefunden wird (siehe ausführlich § 32 Rz. 2 f. [*Brünkmans*]). Steigt dieser über eine Kapitalerhöhung ein oder erklärt sich ein wesentlicher Gläubiger bereit, seine Forderung in Eigenkapital umzuwandeln, kommt es für die Umsetzung maßgeblich darauf an, ob das Bezugsrecht der Altgesellschafter mit hinreichender Rechtssicherheit ausgeschlossen werden kann.

279 Auch eine Sachkapitalerhöhung – insbesondere die Entschuldung im Wege eines Debt-to-Equity-Swaps – lässt sich regelmäßig nur über einen Bezugsrechtsausschluss verwirklichen.[307] Auf der anderen Seite ist das Bezugsrecht der Altgesellschafter ein wesentlicher Bestandteil der Mitgliedschaft. Zum verfassungsrechtlich garantierten Schutz der Mitgliedschaft siehe § 29 Rz. 37 ff. [*Brünkmans*].

II. Voraussetzungen für einen Bezugsrechtsausschluss

1. Keine gesetzliche Regelung für den Bezugsrechtsausschluss im Insolvenzplan

280 § 225a Abs. 2 Satz 3 InsO sieht zwar die Möglichkeit vor, dass das Bezugsrecht der Altgesellschafter durch eine Insolvenzplanregelung ausgeschlossen werden kann. Nicht geregelt sind in § 225a Abs. 2 Satz 3 InsO jedoch die materiellen Voraussetzungen eines solchen Bezugsrechtsausschlusses.

2. Gesellschaftsrechtliche Voraussetzungen für einen Bezugsrechtsausschluss

281 Bei einer gewöhnlichen Kapitalerhöhung außerhalb des Insolvenzverfahrens ist anerkannt, dass für die Rechtmäßigkeit eines Ausschlusses des Bezugsrechtes der Anteilsinhaber dieser sachlich gerechtfertigt sein muss.[308]

a) Allgemeine Voraussetzungen

282 Die Rechtsprechung fordert dabei mit Rücksicht auf der Beeinträchtigung des Eigentumsgrundrechts (Art. 14 GG) der Altaktionäre und des Grundrechts auf Vereinigungsfreiheit (Art. 9 GG), dass der Bezugsrechtsausschluss **im Interesse der Gesellschaft liegt**, zur Erreichung des angestrebten Zweckes **erforderlich** und auch **verhältnismäßig** ist.[309]

283 Nach allgemeinem Gesellschaftsrecht außerhalb des Insolvenzplanverfahrens ist bei einer Barkapitalerhöhung der Bezugsrechtsausschluss schwer zu rechtfertigen. Für **Sanierungsfälle** ist der Bezugsrechtsausschluss jedoch anerkannt, wenn ein **Investor seinen Einstieg gerade**

307) *Decher/Voland*, ZIP 2013, 103, 104.

308) St. Rspr., BGH, Urt. v. 13.3.1978 – II ZR 142/76, BGHZ 71, 40, 44 = NJW 1978, 1316; BGH, Urt. v. 19.4.1982 – II ZR 55/81, BGHZ 83, 319, 321 = ZIP 1982, 689; BGH, Urt. v. 9.11.1992 – II ZR 230/91, BGHZ 120, 141, 145 = ZIP 1992, 1728; BGH, Urt. v. 7.3.1994 – II ZR 52/93, BGHZ 125, 239, 241 = ZIP 1994, 529; BGH, Urt. v. 23.6.1997 – II ZR 132/93, BGHZ 136, 133, 139 = ZIP 1997, 1499; *Koch*, AktG, § 186 Rz. 25.

309) BGH, Urt. v. 19.4.1982 – II ZR 55/81, BGHZ 83, 319 = ZIP 1982, 689; BGH, Urt. v. 13.3.1978 – II ZR 142/76, BGHZ 71, 40 = NJW 1978, 1316.

davon abhängig macht, dass er eine bedeutende Beteiligung an dem zu sanierenden Unternehmen erhält.[310] Dies ist dem Umstand geschuldet, dass ein Unternehmen in der Krise gegenüber einem potentiellen Geldgeber in der Regel keine starke Verhandlungsposition besitzt wie ein wirtschaftlich gesundes Unternehmen, anderseits mit dem Investorenbeitrag der Fortbestand und die Überlebensfähigkeit der Gesellschaft einhergeht.[311]

284 Ferner ist in der Krise der Gesellschaft nach h. M. ein Bezugsrechtsausschluss bei einer **Sachkapitalerhöhung gegen Einbringung von Forderungen** gegen die Gesellschaft in der Regel gerechtfertigt.[312] Allerdings wird im letzteren Fall zum Teil verlangt, dass begleitend zu der Sachkapitalerhöhung eine Barkapitalerhöhung unter Wahrung des Bezugsrechts der Altgesellschafter geboten ist, um deren Verwässerung abzumildern.[313]

b) Kapitalherabsetzung auf null

285 Für den rein gesellschaftsrechtlichen Bezugsrechtsausschluss werden besonders hohe Anforderungen an die Rechtfertigung gestellt, wenn im Anschluss an einen Kapitalschnitt auf null ein vollständiger Ausschluss des Bezugsrechts der Altgesellschafter erfolgen soll.[314] Die Kapitalherabsetzung auf null ist ein schwerwiegender Eingriff in die Anteilsrechte der Gesellschafter, denn sie beseitigt alle bisher vorhandenen Geschäftsanteile.[315] Vor dem Hintergrund hält ein großer Teil der gesellschaftsrechtlichen Literatur bei einer Kapitalherabsetzung auf null einen Bezugsrechtsausschluss nur in extremen Ausnahmesituationen für gerechtfertigt.[316]

286 Ein Bezugsrechtsausschluss sei nur dann gerechtfertigt, wenn der Bezugsrechtsausschluss zur Sanierung der Gesellschaft erforderlich ist, eine Alternative ausscheidet und die erfolgreiche Sanierung bei Ausschluss des Bezugsrechts gewährleistet ist sowie die völlige Wertlosigkeit der bestehenden Beteiligungen zweifelsfrei feststeht.[317] In der Praxis von Sanierungskapitalerhöhungen außerhalb einer Insolvenz ist angesichts dieser strengen Anforderungen ein vollständiger Ausschluss des Bezugsrechts der Altaktionäre selten.[318] Häufig wird das Modell einer Barkapitalerhöhung mit vollem Bezugsrecht bzw. die Kombination von Barkapitalerhöhung und Sachkapitalerhöhung bevorzugt, um den Altaktionären damit die Gelegenheit zu geben, am zukünftigen Wertsteigerungspotential zu partizipieren.

310) LG Heidelberg, Urt. v. 16.3.1988 – O 6/88 KfH II, ZIP 1988, 1257, 1258; *Decher/Voland*, ZIP 2013, 103, 105.

311) LG Heidelberg, Urt. v. 16.3.1988 – O 6/88 KfH II, ZIP 1988, 1257, 1258.

312) *Koch*, AktG, § 186 Rz. 35; vgl. auch Theiselmann-*Schlitt*, Hdb. Restrukturierungsrecht, Kap. 9 Rz. 24.

313) *Koch*, AktG, § 186 Rz. 28; *Schürnbrand* in: MünchKomm-AktG, § 186 Rz. 107, 123.

314) *Decher/Voland*, ZIP 2013, 103, 105.

315) Scholz-*Priester/Tebben*, GmbHG, § 58a Rz. 41; *Priester*, DNotZ 2003, 592, 595; *Reger/Stenzel*, NZG 2009, 1210, 1213.

316) *Krieger* in: MünchHdb. GesR, § 60 Rz. 16; *Priester*, DNotZ 2003, 592, 598; *Koch*, AktG, § 228 Rz. 2a; *Reger/Stenzel*, NZG 2009, 1210, 1211.

317) So *Krieger* in: MünchHdb. GesR, § 60 Rz. 16; *Priester*, DNotZ 2003, 592, 598; *Koch*, AktG, § 228 Rz. 2a; *Reger/Stenzel*, NZG 2009, 1210, 1211; gegen die Möglichkeit des Bezugsrechtsausschluss bei einer Kapitalherabsetzung auf null jedenfalls bei personalistischer Struktur vgl. *K. Schmidt*, ZIP 2012, 2085, 2086; *K. Schmidt*, ZGR 2012, 566, 578; vgl. auch *Decher/Voland*, ZIP 2013, 103, 106, der diese Auffassung als Mindermeinung in der Literatur bezeichnet.

318) *Decher/Voland*, ZIP 2013, 103, 105.

3. Bezugsrechtsausschluss im Insolvenzplan

Die Frage unter welchen Voraussetzungen die Altgesellschafter bei einer im Insolvenzplan geregelten Kapitalerhöhung von ihrem Bezugsrecht ausgeschlossen werden können, ist umstritten. 287

a) 1. Auffassung: Keine Rechtfertigung erforderlich

Nach überwiegender Auffassung bedarf es für den Bezugsrechtsausschluss im Insolvenzplan keiner materiellen Rechtfertigung.[319] Der Schutz der Anteilsinhaber im Insolvenzplanverfahren beschränke sich auf die Möglichkeit der Mitwirkung an dem Zustandekommen eines Insolvenzplans im Abstimmungstermin unter Einhaltung verfassungsrechtlicher Mindestgarantien, insbesondere dem Minderheitenschutz aus § 251 InsO. Anders als außerhalb des Insolvenzverfahrens sei in der materiellen Insolvenz (Überschuldung und/oder [drohender] Zahlungsunfähigkeit) dem Altgesellschafter über das Obstruktionsverbot lediglich der Wert der Anteile und dann ggf. Wertersatz zugestanden, da die Gesellschafter „verspielt" hätten.[320] 288

b) 2. Auffassung: Rechtfertigung des Bezugsrechtsausschlusses

Andere Autoren in der Literatur fordern hingegen auch beim Bezugsrechtsausschluss im Insolvenzplan eine materielle Rechtfertigung. 289

Innerhalb dieser Meinungsgruppe will ein Teil dieser Autoren die gleichen Kriterien wie beim Bezugsrechtsausschluss außerhalb des Insolvenzverfahrens anwenden.[321] Dies hätte zur Folge, dass ein Bezugsrechtsausschluss im Insolvenzplan nur rechtlich zulässig ist, wenn dieser nach den unter Rz. 281 ff. ausgeführten Grundsätzen gerechtfertigt ist. 290

Ein differenzierter Ansatz fordert zwar im Ausgangspunkt eine Rechtfertigung des Bezugsrechtsausschluss, geht allerdings davon aus, dass diese im Insolvenzplanverfahren in der Regel vorliegt.[322] 291

c) Stellungnahme

aa) Rechtfertigung grundsätzlich erforderlich

Den Bezugsrechtsausschluss vollständig einer materiellen Rechtfertigungsprüfung zu entziehen überzeugt nicht. Wortlaut, Systematik und der gesetzgeberische Wille sprechen für die Notwendigkeit einer Rechtfertigung. 292

§ 225a Abs. 2 InsO geht wie selbstverständlich davon aus, dass bei Kapitalerhöhungen das Bezugsrecht der Altgesellschafter erst ausgeschlossen werden muss. Wäre der Gesetzgeber davon ausgegangen, dass es im Insolvenzverfahren kein Bezugsrecht der Gesellschafter gibt, hätte man schlicht den Normbefehl regeln können, dass ein Bezugsrecht der Altgesellschafter nicht bestehe. 293

319) *Eidenmüller* in: MünchKomm-InsO, § 225a Rz. 50; Römermann-*Rühle/Ober*, InsO/InsR, § 225a InsO Rz. 39; Jaeger-*Jaeger*, InsO § 225a Rz. 69 f.; *Geiwitz/von Danckelmann*, in: BeckOK InsO § 225a Rz. 8; *Eidenmüller*, NJW 2014, 17, 18; K. Schmidt-*Spliedt*, InsO, § 225a Rz. 14; *Altmeppen* in: FS Hommelhoff, S. 1, 19; *Bitter*, ZGR 2010, 147, 191 ff.; *Decher/Voland*, ZIP 2013, 103, 106 f., 110; *Fischer*, NZI 2013, 823, 827; *Gehrlein*, NZI 2012, 257, 261; *Thole*, Gesellschaftsrechtliche Maßnahmen in der Insolvenz, Rz. 322; vgl. auch *Jacoby/Madaus/Sack/H. Schmidt/Thole*, ESUG-Evaluierung, S. 183.

320) S. etwa *Eidenmüller* in: MünchKomm-InsO, § 225a Rz. 50.

321) *K. Schmidt*, ZGR 2012, 566, 580; *Simon/Merkelbach*, NZG 2012, 121, 125 f.; *Brinkmann*, WM 2011, 97, 101; *Hölzle* in: Kübler/Bork/Prütting, HRI II, § 26 Rz. 41; *Schäfer*, ZIP 2019, 1305, 1309.

322) *Madaus*, ZIP 2012, 2133, 2137, Fn. 33; wohl auch *Hölzle*, KTS 2011, 291, 321 f.; *Horstkotte/Martini*, ZInsO 2012, 557, 563, Fn. 45; wohl auch Kübler/Prütting/Bork-*Spahlinger*, InsO, § 225a Rz. 24a.

bb) Berücksichtigung der insolvenzrechtlichen Besonderheiten

294 Richtig ist jedoch, dass bei der Frage der materiellen Rechtfertigung die Besonderheit der Insolvenz zu berücksichtigen ist und deshalb die Anforderungen an eine materielle Rechtfertigung gering sein werden und sich auf eine reine Missbrauchskontrolle beschränken.[323)]

(1) Earn-out-Plan

295 Neben den bereits genannten, außerhalb des Insolvenzverfahrens anerkannten Rechtfertigungsgründen für einen Bezugsrechtsausschluss in Sanierungssituationen wird dieser immer dann gerechtfertigt sein, wenn **Gläubiger** einen **wesentlichen Sanierungsbeitrag** durch Forderungsverzichte leisten und der Insolvenzplan **keine vollständige Ablösung** der Insolvenzgläubiger vorsieht. Sofern die Insolvenzgläubiger ihre Forderung stehen lassen und die Befriedigung aus zukünftigen Erträgen des Unternehmens erst verdient werden muss (sog. Earn-out-Insolvenzplan), treffen die Gläubiger eine neue Investitionsentscheidung, die jedenfalls bei personalistischer Gesellschafterstruktur wesentlich von der Frage abhängt, wer zukünftig Gesellschafter sein wird.[324)] In einem solchen Fall ist den Gläubigern im Hinblick auf den Bezugsrechtsausschluss zum Zwecke der bestmöglichen Befriedigung der Gläubiger eine weitgehende Gestaltungs- und Entscheidungsfreiheit zuzugestehen. Sie sind über das Bezugsrecht nicht verpflichtet, ihre Befriedigung aus den zukünftigen Erträgen in „die Hände der Altgesellschafter" zu legen.

(2) Cash-out-Plan

296 In vielen Fällen werden die Gläubiger jedoch unmittelbar nach Planbestätigung (Cash-out-Plan) etwa über eine i. R. der Kapitalerhöhung erbrachte Einlage oder Zuzahlungen in die Kapitalrücklage abgelöst. In diesem Fall wäre ein Bezugsrechtsausschluss nur nach den allgemeinen Grundsätzen gerechtfertigt, insbesondere wenn der **Investor seinen Einstieg von einer Mindestbeteiligungshöhe abhängig macht** und die **Altgesellschafter nicht willig und/oder fähig sind**, diesen Beitrag zu leisten.

297 Dabei ist zu bedenken, dass die Altgesellschafter bis zur Eröffnung des Insolvenzverfahrens – und sogar noch im Verfahren unter den Voraussetzungen nach § 212 InsO – die Möglichkeit hatten, durch finanzielle Beiträge und Kapitalerhöhungen die Insolvenzgründe zu beseitigen und das Insolvenzverfahren abzuwenden. Tun sie das nicht, ist es ihnen eher zuzumuten, den Bezugsrechtsausschluss im Insolvenzplan hinzunehmen, als dies außerhalb der Insolvenz der Fall ist.[325)] Dies gilt jedenfalls, wenn die Gesellschaft überschuldet oder im Zeitpunkt des Insolvenzantrages zahlungsunfähig war.

(3) Bezugsrechtsausschluss als Bedingung des Investors

298 Sind Investoren zur Finanzierung der Gesellschaft nur bei Ausscheiden der Altgesellschafter bereit, darf den Gläubigern diese Befriedigungschance nicht genommen werden, indem die Investoren durch eine Verpflichtung zur Mitnahme der unliebsamen Altgesellschafter abgeschreckt werden.[326)] Gesellschafter können nur bis zur Sperrwirkung[327)] des Insolvenzplans auf der Grundlage einer rein gesellschaftsrechtlichen Kapitalerhöhung verhindern, dass Dritte die Gesellschaft mit Rückendeckung der Gläubiger übernehmen, wenn die gesellschaftsrechtliche Kapitalerhöhung zur vollständigen Befriedigung der Gläubiger führt.

323) Vgl. dazu auch *Brünkmans/Uebele*, ZinsO 2014, 265, 272 ff.

324) Ähnlich Kübler/Prütting/Bork-*Pleister*, InsO, § 225a Rz. 25, Fn. 35.

325) Kübler/Prütting/Bork-*Pleister*, InsO, § 225a Rz. 29.

326) K. Schmidt-*Spliedt*, InsO, § 225a Rz. 36.

327) Zur Sperrwirkung s. § 29 Rz. 14 f. [*Brünkmans*].

(4) Wertung aus der Möglichkeit der zwangsweisen Übertragung sämtlicher Geschäftsanteile

§ 225a Abs. 3 InsO lässt grundsätzlich sogar die zwangsweise Übertragung der Geschäftsanteile zu. Im Übrigen ist Art. 14 GG grundsätzlich nicht verletzt, solange der volle wirtschaftliche Wert entschädigt wird (siehe § 29 Rz. 35 ff. [*Brünkmans*]). 299

(5) Bezugsrechtsausschluss im Insolvenzplan ausnahmsweise unzulässig

Die Unzulässigkeit eines Bezugsrechtsrechtsausschluss der Altgesellschafter kommt daher praktisch nur in Betracht, wenn die Gesellschaft zum Zeitpunkt der Insolvenzantragstellung lediglich drohend zahlungsunfähig[328] war, keine Überschuldung der Gesellschaft vorliegt und die Befriedigung der Gläubiger unmittelbar erfolgt (Cash-out-Plan). Ferner muss ein wesentlicher Anteil von Altgesellschafter bereits vorab die Ausübung ihres Bezugsrechtes und die Finanzierung der Kapitaleinlage glaubhaft gemacht haben. 300

Praxishinweis

In den meisten praktischen Anwendungsfällen eines Bezugsrechtsausschlusses im Insolvenzplanverfahren lässt sich dieser bereits anhand der allgemeinen gesellschaftsrechtlichen Grundsätze rechtfertigen. Dies gilt insbesondere für den Debt-to-Equity-Swap als besondere Form der Sachkapitalerhöhung, aber auch für die Barkapitalerhöhung durch einen Investor, wenn der Investor seinen Einstieg von dem Erhalt einer bedeutenden Beteiligung abhängig macht. Bis zur höchstrichterlichen Entscheidung über die Voraussetzungen des Bezugsrechtsausschlusses im Insolvenzplan sollten die einschlägigen gesellschaftsrechtlichen Rechtfertigungsgründe sorgfältig im darstellenden Teil und ggf. Anlagen zum Insolvenzplan dargestellt.

4. Teilweise Bezugsrechtsausschluss

Ein nicht alle Gesellschafter gleichermaßen treffender Bezugsrechtsausschluss ist in den Grenzen des Minderheitenschutzes und des gruppeninternen Gleichbehandlungsgrundsatzes zulässig.[329] In diesem Fall ist die Gruppe der Anteilsinhaber in zwei Untergruppen einzuteilen, wobei für eine Untergruppe das Bezugsrecht ausgeschlossen wird, für die Mitglieder der anderen Untergruppe hingegen bestehen bleibt. 301

Ohne eine entsprechende Bildung von Untergruppen würde der Insolvenzplan gegen § 226 InsO verstoßen. Dementsprechend ist ein sachlicher Grund für die Bildung einer Untergruppe zur Gewährung eines Bezugsrechts dieser Gruppenmitglieder erforderlich.[330] Als sachlicher Grund kommt dabei die Bereitschaft zur Leistung von Sanierungsbeiträgen in Betracht.[331] 302

Darüber hinaus kann ein selektiver Bezugsrechtsausschluss gegen das Verbot der Ungleichbehandlung i. R. des Obstruktionsverbots (§ 245 Abs. 3 Nr. 2 InsO) verstoßen.[332] Zum wirtschaftlichen Verständnis der Ungleichbehandlung siehe § 17 Rz. 46 [*Thole*]. 303

---

328) Zur der notwendigen Verhältnismäßigkeitsprüfung im Einzelfall für die konkrete Planregelung s. ausführlich § 29 Rz. 48 f. [*Brünkmans*].

329) K. Schmidt-*Spliedt*, InsO, § 225a Rz. 30.

330) Zur sachlichen Rechtfertigung bei der Bildung von Untergruppen der Anteilsinhaber siehe § 29 Rz. 71 f. [*Brünkmans*].

331) Kübler/Prütting/Bork-*Pleister*, InsO, § 225a Rz. 30.

332) Vgl. auch Kübler/Prütting/Bork-*Pleister*, InsO, § 225a Rz. 30.

III. Formelle Voraussetzungen an den Bezugsrechtsausschluss bei der AG

304 Bei der AG regelt § 186 Abs. 4 AktG formelle Voraussetzungen an einen Bezugsrechtsausschluss. Nach Satz 1 darf der Hauptversammlungsbeschluss zum Bezugsrechtsausschluss nur gefasst werden, wenn die Ausschließungsabsicht ausdrücklich und ordnungsgemäß in der Tagesordnung bekannt gemacht worden ist. Zwar findet § 186 Abs. 4 AktG bei einem Bezugsrechtsausschluss im Insolvenzplan keine Anwendung, denn gesellschaftsrechtliche erforderliche Ladungen, Bekanntmachungen und sonstige Maßnahmen zur Vorbereitung von Beschlüssen der Anteilsinhaber sind im Insolvenzplanverfahren nicht zu beachten (vgl. § 254a Abs. 2 Satz 2 InsO).[333)] Auf den Bezugsrechtsausschluss sollte jedoch in der mit der Ladung zum Erörterungs- und Abstimmungstermin zu übersendenden Zusammenfassung des Insolvenzplanes ausdrücklich und eindeutig hingewiesen werden (§ 235 Abs. 3 Satz 2 InsO).

305 § 186 Abs. 4 AktG sieht ferner in Satz 2 vor, dass der Vorstand der Hauptversammlung einen schriftlichen Bericht über den Grund für den teilweisen oder vollständigen Ausschluss des Bezugsrechts zu erstellen hat. In dem Bericht ist ferner der vorgeschlagene Ausgabebetrag zu begründen. Dabei dürfte es sich um eine Maßnahme zur Vorbereitung von Beschlüssen der Anteilsinhaber i. S. von § 254a Abs. 2 Satz 2 InsO handeln, so dass Satz 2 für das Insolvenzplanverfahren keine Anwendung findet.

> **Praxishinweis**
>
> Auch wenn das Bezugsrecht im Insolvenzplan nach überwiegender Auffassung stark eingeschränkt ist, bietet es sich bei der AG an, eine kurze Zusammenfassung der Gründe im darstellenden Teil des Insolvenzplanes aufzunehmen und den ausführlicheren Bericht in Anlehnung an die gängige Praxis zu § 186 Abs. 4 Satz 2 AktG in eine Anlage zum Insolvenzplan zu nehmen.

I. Debt-to-Equity-Swap

I. Überblick und Praxisrelevanz

1. Debt-to-Equity-Swap als besonderer Fall der Sachkapitalerhöhung

306 In der Sanierungspraxis ist der Debt-to-Equity-Swap als besonderer Fall der Sachkapitalerhöhung von hoher Bedeutung. Der Debt-to-Equity-Swap stand i. R. des Gesetzgebungsverfahrens zum ESUG als Hauptanwendungsfall gesellschaftsrechtlicher Strukturmaßnahmen im Fokus. § 225a Abs. 2 Satz 1 InsO enthält daher eine ausdrückliche Ermächtigung für die Regelung des Debt-to-Equity-Swaps im gestaltenden Teil des Insolvenzplanes.

307 Wirtschaftlich werden bei einem Debt-to-Equity-Swap eine oder mehrere Forderungen von Gläubigern des Schuldners (Fremdkapital) in Anteile an der schuldnerischen Gesellschaft (Eigenkapital) „getauscht". Die Gläubiger können ihre Forderungen freiwillig durch Erlass oder Abtretung an die Gesellschaft mit Konfusionsfolge einbringen, wenn es der Insolvenzplan vorsieht. Anders als in manch anderen Rechtsordnungen ist eine zwangsweise Umwandlung der Forderungen gegen den Willen der Gläubiger in Geschäftsanteile auch auf der Grundlage eines Insolvenzplanes nicht möglich, vgl. § 230 Abs. 2 InsO und § 225a Abs. 2 Satz 2 InsO (siehe ausführlich Rz. 328 ff. sowie § 13 Rz. 90 [*Brünkmans/Harmann*]). Insoweit hat das ESUG keine Änderung gebracht. Allerdings kann die Umwandlung seit Inkrafttreten des ESUG nunmehr gegen den Willen der Altgesellschafter durchgesetzt werden, indem die für die Umsetzung des Debt-to-Equity-Swap erforderlichen

333) Begr. RegE ESUG, BT-Drucks. 17/5712, S. 36; Uhlenbruck-*Lüer/Streit*, InsO, § 254a Rz. 7; so auch *Horstkotte/Martini*, ZinsO 2012, 557, 563.

Kapitalmaßnahmen im Insolvenzplan geregelt werden können und nicht von der Gesellschafterversammlung/Hauptversammlung beschlossen werden müssen.

Für eine Umwandlung von Fremd- in Eigenkapital kommt grundsätzlich jede Fremdkapitalposition in Betracht. In der Praxis stehen insbesondere 308
- langfristige Verbindlichkeiten gegenüber Kreditinstituten,
- Anleihegläubigern aber auch
- Verbindlichkeiten aus Lieferung und Leistung

im Vordergrund.[334)]

2. Sanierungseffekte des Debt-to-Equity-Swap

Der Debt-to-Equity-Swap hat für den Schuldner erhebliche Sanierungseffekte. Verbindlichkeiten werden reduziert und damit das Eigenkapital gestärkt. In der Insolvenzplansanierung ist der Debt-to-Equity-Swap nicht selten ein maßgebliches Instrument zur Beseitigung der bilanziellen Überschuldung des Schuldners. Daneben hat der Debt-to-Equity-Swap auch liquiditätsschonende Wirkung. Die Zinszahlungs- und Tilgungslast und damit der **Abfluss liquider Mittel** werden dadurch **verringert.** 309

Für den Gläubiger besteht die Möglichkeit, anstelle einer geringen Quote über die umgewandelte Geschäftsbeteiligung an den Chancen einer erfolgreichen Sanierung des Schuldners zu partizipieren. Der Debt-to-Equity-Swap hat daher eine ähnliche Funktion wie ein **Besserungsschein** für die Insolvenzgläubiger zur Befriedigung ihrer Forderung nach Überwindung der Unternehmenskrise.[335)] Ferner eröffnet er dem Gläubiger die Möglichkeit, gesellschaftsrechtlichen Einfluss auf das schuldnerische Unternehmen zu erlangen und damit den Fortgang der Sanierung aktiv zu gestalten.[336)] 310

3. Bereitschaft zum Debt-to-Equity-Swap

Trotz der im Einzelfall auch für den Gläubiger bestehenden Vorzüge ist zu beachten, dass manche Gläubiger aufgrund interner Bindungen nicht an einem Debt-to-Equity-Swap teilnehmen können, wie z. B. die öffentliche Hand (Agentur für Arbeit, Finanzämter), aufgrund öffentlich-rechtlicher Vorschriften.[337)] Anderen Gläubigern mag der Aufwand der Beteiligungsverwaltung und ggf. aktiven Gestaltung der Sanierung und die damit verbundenen Haftungsgefahren zu groß sein.[338)] 311

Vor dem Hintergrund wird ein Debt-to-Equity-Swap außerhalb von kapitalmarktorientierten Gesellschaften wirtschaftlich nur für **institutionelle Kreditgeber, Kunden und Abnehmer,** für die der Gemeinschuldner eine **strategische Stellung in der Lieferkette** einnimmt, interessant sein. Auch für **Anleihegläubiger börsennotierter AG** mag der Debt-to-Equity-Swap eine wirtschaftlich interessante Option sein. Deutsche Banken ziehen es jedoch vor, zweifelhafte Forderungen zunächst mit einem Abschlag an einen **Finanzinvestor** weiterzuverkaufen.[339)] Der Finanzinvestor erwirbt Forderungen in hinreichender Höhe, um i. R. einer „Loan-to-own-Strategie" nach Umsetzung des Debt-to-Equity-Swap eine hohe Beteiligung zu erwerben. Banken erhalten mit der Veräußerung 312

334) Uhlenbruck-*Hirte*, InsO, § 225a Rz. 18.

335) *Wieneke/Hoffmann*, ZIP 2013, 697.

336) Begr. RegE ESUG z. § 225a, BT-Drucks. 17/5712, S. 31; Uhlenbruck-*Hirte*, InsO, § 225a Rz. 18.

337) Gegenäußerung der Breg zur Stellungnahme des BR z. RegE ESUG, BT-Drucks. 17/5712, S. 68; s. a. Kübler/Prütting/Bork-*Pleister*, InsO, § 225a Rz. 11.

338) Kübler/Prütting/Bork-*Pleister*, InsO, § 225a Rz. 11.

339) *Wuschek*, ZinsO 2012, 1768.

„fauler Kredite" die Gelegenheit zur schnellen Beendigung eines notleidenden Engagements. Für Finanzinvestoren bietet sich im Fall einer erfolgversprechenden Sanierung die Aussicht auf hohe Rendite bei einer späteren Veräußerung des Unternehmens.[340)]

313 Da es sich beim Debt-to-Equity-Swap um einen besonderen Fall der Sachkapitalerhöhung handelt, werden im vorliegenden Abschnitt nur die Besonderheiten des Debt-to-Equity-Swap dargestellt. Soweit allgemeine Themen der Regelung einer Sachkapitalerhöhung betroffen sind, wird auf die Abschnitte zur Sachkapitalerhöhung verwiesen.

II. Regelungsinhalt eines Debt-to-Equity-Swap im gestaltenden Teil des Insolvenzplanes

1. Kapitalherabsetzung

314 Die Sachkapitalerhöhung mit der zu wandelnden Forderung als Einlagegegenstand erfolgt in der Regel nach oder gleichzeitig mit einer vereinfachten Kapitalherabsetzung (Kapitalschnitt), weil das Eigenkapital in der Krise und Insolvenz in der Regel aufgebraucht ist. Ohne eine solche Kapitalherabsetzung würde die Umwandlung den Altgesellschaftern unberechtigterweise zugutekommen. Im gestaltenden Teil des Insolvenzplanes ist daher in den meisten Fällen eine Kapitalherabsetzung zu regeln. Es gelten die unter Rz. 69 ff. dargestellten Grundsätze.

2. Sachkapitalerhöhung

a) Bezeichnung von Forderung und Nennbetrag

315 Die Regelung zur Kapitalerhöhung muss die Forderung als Sacheinlage genau bezeichnen, die Person, von der die Gesellschaft die Forderung erwirbt, und bei Nennbetragsaktien den Nennbetrag. Bei Stückaktien ist die Zahl der zu gewährenden Aktien anzugeben (§§ 27 Abs. 1 und Abs. 2, 183 Abs. 1 AktG, § 56 GmbHG).

316 Forderungen von Dritten gegen die Schuldnerin sind einlagefähige Gegenstände. Umwandlungsfähig sind daher sämtliche **(nachrangigen) Insolvenzgläubigerforderungen, Masseforderungen** sowie die **Rechte der Absonderungsberechtigten.**[341)] Dies gilt sowohl für **Forderungen auf Geld** als auch **auf Sachleistungen.**[342)] Der Wert einer solchen Forderung liegt in der Befreiung der Schuldnerin von ihrer Verbindlichkeit (siehe ausführlich § 58 Rz. 88 ff. [*Brünkmans/Harmann/Clev*]). Da somit kein Geld eingebracht wird, können Forderungen nicht als Bar-, sondern nur als Sacheinlage erbracht werden.[343)]

317 Auch **Forderungen von Gesellschaftern** gegen die Schuldnerin sind einlagefähig. Dies gilt selbst dann, wenn die Forderung als Gesellschafterdarlehen nachrangig nach § 39 Abs. 1 Nr. 5 InsO[344)] ist und nach § 225 InsO grundsätzlich als erlassen gilt. In der Regel scheitert ein Debt-to-Equity-Swap jedoch an der nach h. M. erforderlichen Werthaltigkeit der Forderung. Nur wenn ausnahmsweise eine Quote für die nachrangigen Gläubiger zu erwarten ist oder die Forderung anfechtungsfest besichert ist, ist die Gesellschafterforderung als werthaltiger Gegenstand einer Sacheinlage geeignet (zum Bewertungsmaßstab siehe ausführlich § 58 Rz. 170 [*Brünkmans/Harmann/Clev*]).[345)] Sollte dies ausnahmsweise

340) *Wuschek*, ZinsO 2012, 1768, 1771.

341) *Eidenmüller* in: MünchKomm-InsO, § 225a Rz. 30.

342) Ganz h. M. s. Lutter/Hommelhoff-*Bayer*, GmbHG, § 56 Rz. 9 m. w. N.

343) BGH, Urt. v. 13.10.1954 – II ZR 182/53, BGHZ 15, 52, 60; BGH, Urt. v. 21.2.1994 – II ZR 60/93, BGHZ 125, 149 f. = ZIP 1994, 701; Lutter/Hommelhoff-*Bayer*, GmbHG, § 56 Rz. 9.

344) K. Schmidt-*Spliedt*, InsO, § 225a Rz. 20; *K. Schmidt*, ZGR 2012, 566, 580 f.; *Thole*, Gesellschaftsrechtliche Maßnahmen in der Insolvenz, Rz. 338.

345) K. Schmidt-*Spliedt*, InsO, § 225a Rz. 20.

der Fall sein, kann ihre Einlage in einem Folgeinsolvenzverfahren nicht wie eine Rückzahlung gemäß § 135 Abs. 1 Nr. 2 InsO angefochten werden, weil die bloße Umwandlung in Eigenkapital keine Gläubigerbenachteiligung darstellt.[346)]

b) Ausschluss des Bezugsrechts

Für die Umsetzung des Debt-to-Equity-Swap muss das Bezugsrecht der Altgesellschafter wenigstens teilweise ausgeschlossen werden. Im Ausgangspunkt gelten die allgemeinen Ausführungen zum Bezugsrechtsausschluss im Insolvenzplanverfahren bei Sachkapitalerhöhungen (siehe Rz. 287 ff.) und damit grundsätzlich keine Besonderheiten für den Debt-to-Equity-Swap als spezielle Form der Sachkapitalerhöhung.[347)] 318

c) Zulassung zur Übernahme der Geschäftsanteile oder Zeichnung der Aktien

Zur Übernahme der Geschäftsanteile oder Zeichnung der Aktien muss der jeweilige Gläubiger oder die jeweilige Gläubigergruppe in der beschlussersetzenden Regelung im gestaltenden Teil des Insolvenzplans zugelassen werden. Soll nur ein bestimmter Gläubiger zur Übernahme von Geschäftsanteilen berechtigt werden, ist für diesen eine separate Gruppe zu bilden.[348)] 319

Für den Planarchitekten ist es häufig sinnvoll, nur bestimmte Gläubiger oder Gläubigergruppen zum Debt-to-Equity-Swap zuzulassen, weil ansonsten eine **inhomogene Zusammensetzung des Gesellschafterkreises** zu befürchten ist oder bestimmte Gläubiger nicht willens oder in der Lage sind, die Position eines Gesellschafters einzunehmen.[349)] Auch steigen die **Kosten des Verfahrens**, wenn selbst Kleingläubigern die Position als Anteilsinhaber angeboten werden muss. In den meisten Fällen sieht daher der Insolvenzplan vor, dass **nur bestimmte Gläubiger oder Gläubigergruppen** zur Umwandlung ihrer Forderung in Eigenkapital berechtigt sind. Rechtstechnisch erfolgt dies indem in der den Zulassungsbeschluss ersetzenden Regelung nur bestimmte Gläubiger oder Gläubigergruppen zur Übernahme von Geschäftsanteilen oder Zeichnung von Aktien berechtigt werden. 320

Gläubiger haben grundsätzlich keinen Anspruch auf Zulassung zur Übernahme von Geschäftsanteilen gegen Einbringung ihre Forderungen. Ihnen steht auch im Insolvenzplan kein Bezugsrecht zu.[350)] Sie haben selbst dann keinen Anspruch auf Beteiligung an einem Debt-to-Equity-Swap, wenn für andere vergleichbare Gläubiger eine solche Umwandlung vorgesehen ist.[351)] Innerhalb der Gläubigergruppe ist allerdings das **Gleichbehandlungsgebot aus § 226 Abs. 1 InsO** und damit jedem Gläubiger oder keinem die Möglichkeit der Teilnahme am Debt-to-Equity-Swap zu eröffnen. Die Zulassung nur eines Gläubigers innerhalb der Gruppe wäre nur mit Zustimmung aller Gläubiger dieser Gruppe zulässig.[352)] 321

346) K. Schmidt-*Spliedt*, InsO, § 225a Rz. 20; so allgemein auch Lutter/Hommelhoff-*Bayer*, GmbHG, § 56 Rz. 10; Scholz-*Priester/Tebben*, GmbHG, § 56 Rz. 13b; *Servatius* in: BeckOGK-Aktienrecht, § 185 AktG Rz. 47; **a. A.** *Müller*, KTS 2012, 419, 449.

347) So aucht K. Schmidt-*Spliedt*, InsO, § 225a Rz. 30.

348) *Eidenmüller* in: MünchKomm-InsO, § 230 Rz. 50.

349) Kübler/Prütting/Bork-*Pleister*, InsO, § 225a Rz. 56.

350) K. Schmidt-*Spliedt*, InsO, § 225a Rz. 31.

351) K. Schmidt-*Spliedt*, InsO, § 225a Rz. 31; *Simon/Merkelbach*, NZG 2012, 121, 126; *Fiebig* in: HK-InsO, § 225a Rz. 26; *Thole*, Gesellschaftsrechtliche Maßnahmen in der Insolvenz, Rz. 323.

352) Kübler/Prütting/Bork-*Pleister*, InsO, § 225a Rz. 57.

322 Das Gleichbehandlungsgebot gilt jedoch nur gruppenintern. Es gibt auch keine Pflicht zur Zusammenfassung aller investitionswilligen Gläubiger in einer Gruppe.[353)] Welche Gläubigergruppe zur Umwandlung ihrer Forderung in Geschäftsanteile zugelassen wird, liegt grundsätzlich im Ermessen des Planverfassers.[354)] Allerdings ist bei der Gruppenbildung darauf zu achten, dass Gläubiger mit gleichartigen wirtschaftlichen Interessen zusammengefasst werden (§ 222 Abs. 2 InsO); siehe ausführlich § 9 Rz. 41 ff. [*Beck/Pechartscheck*]). Die Gewährung einer Beteiligung i. R. eines Debt-to-Equity-Swap allein ist dabei kein sachgerechtes Kriterium zur Gruppenabgrenzung (siehe § 29 Rz. 71 f. [*Brünkmans*]).

323 Zur Überwindung des **Obstruktionsverbotes** ist hingegen nicht erforderlich, sämtlichen Gläubigern die Möglichkeit eines Debt-to-Equity-Swap zu eröffnen. Anders als beim gruppenspezifischen Gleichbehandlungsgebot aus § 226 InsO bedarf es nach § 245 Abs. 2 Nr. 3 InsO keiner rechtlichen, sondern lediglich wirtschaftlichen Gleichbehandlung innerhalb gleichrangiger Gläubiger.[355)]

324 Auch Gesellschafter dürfen sich grundsätzlich mit evtl. bestehenden Forderungen gegen ihre Gesellschaft am Debt-to-Equity-Swap beteiligen. Handelt es sich bei der einzulegenden Forderung um ein Gesellschafterdarlehen oder diesem wirtschaftlich entsprechende und damit um eine nachrangige (§ 39 Abs. 1 Nr. 3 InsO) Forderung, muss der Insolvenzplan in diesem Fall die Gesellschafter als wandelberechtigte Gläubiger ausdrücklich zulassen.[356)] Wenn der Insolvenzplan aufgrund des Nachranges und damit grundsätzlicher Wertlosigkeit überhaupt einen Debt-to-Equity-Swap von Gesellschaftsdarlehen zulässt, wird der Insolvenzplan im Vergleich zu den Insolvenzforderungen ein geringeres Umtauschverhältnis vorsehen. Da in diesem Fall eine eigene Gruppe der nachrangigen Insolvenzgläubiger gebildet werden muss (§ 222 Nr. 3 InsO), ist ein Konflikt mit dem gruppeninternen Gleichheitsgebot ausgeschlossen.

d) Festlegung des Nennbetrages oder Zahl der zu gewährenden Stückaktien

325 Bei der Festlegung der Höhe des Nennbetrages oder der Zahl der zu gewährenden Stückaktien kommt es entscheidend auf den Wert der einzulegenden Forderung an. Dieser darf nicht unter den Nennbetrag der neuen Geschäftsanteile oder Aktien liegen. Nach dem im Kapitalgesellschaftsrecht verankerten **Grundsatz der realen Kapitalaufbringung** (vgl. etwa § 9 Abs. 1 Satz 1 GmbHG) dürfen Sacheinlagen nur mit ihrem Wert auf den Nennbetrag des dafür übernommenen Geschäftsanteils angerechnet werden. Enthält der Insolvenzplan daher eine Regelung zur Sachkapitalerhöhung, bei welchem der Wert der Sache nicht mindestens die Nennbeträge der neuen Anteile erreicht, ist die Planregelung nicht **gesellschaftsrechtlich zulässig i. S. von § 225a Abs. 3 InsO**. Der Insolvenzplan ist dann vom Insolvenzgericht nach § 231 Abs. 1 Nr. 1 InsO zurückzuweisen oder die Bestätigung gemäß § 250 Nr. 1 InsO zu versagen.[357)] Siehe auch § 58 Rz. 93 ff. [*Brünkmans/Harmann/Clev*].

326 Der Maßstab für die Bewertung der einzulegenden Forderungen hängt nicht zuletzt davon ab, ob eine Masseverbindlichkeit, einfache Insolvenzforderung (§ 38 InsO), mit einem Absonderungsrecht besicherte Forderung oder nachrangige Forderung (etwa gemäß § 39 Abs. 1 Abs. 5 InsO) eingelegt wird, und ist umstritten. Siehe zum **Bewertungsmaßstab** ausführlich § 58 Rz. 88 ff. [*Brünkmans/Harmann/Clev*].

---

353) K. Schmidt-*Spliedt*, InsO, § 225a Rz. 31.

354) Kübler/Prütting/Bork-*Spahlinger*, InsO, § 225a Rz. 58.

355) K. Schmidt-*Spliedt*, InsO, § 225a Rz. 29; Uhlenbruck-*Lüer/streit*, InsO, § 245, Rz. 23.

356) *Thole*, Gesellschaftsrechtliche Maßnahmen in der Insolvenz, Rz. 338.

357) K. Schmidt-*Spliedt*, InsO, § 225a Rz. 21; *Haas*, NZG 2012, 961, 967.

e) Formulierungsbeispiele

Formulierungsbeispiel (für den Fall der Einbringung einer Insolvenzforderung) 327

„(1) Das Grundkapital der Gesellschaft i. H. von 20.000.000 € eingeteilt in 20.000.000 Stückaktien, wird in vereinfachter Form nach den Vorschriften der §§ 229 ff. AktG um 20.000.000 € auf 0 € herabgesetzt. Die Kapitalherabsetzung hat den Zweck, i. H. von 20.000.000 € Wertminderungen auszugleichen und sonstige Verluste zu decken.[358)]

(2) Zugleich wird das auf 0 € herabgesetzte Grundkapital um insgesamt 550.000 € auf 550.000 € wie folgt erhöht:

a) Um 50.000 € gegen Bareinlagen[359)] durch Ausgabe von 50.000 auf den Inhaber lautenden Stückaktien. Der Ausgabepreis der neuen Aktie beträgt 1 € pro Aktie (Ausgabekurs von 100 %). Das Bezugsrecht der Altaktionäre wird ausgeschlossen. Zur Zeichnung zugelassen ist ausschließlich der im Handelsregister des Amtsgerichts Frankfurt am Main unter HRB 123 eingetragene Investor I. Die Bareinlage ist sofort und nebst Aufgeld in voller Höhe zu leisten.[360)]

b) Um weitere 500.000 € gegen Sacheinlage durch Ausgabe von 500.000 neuen, auf den Inhaber lautenden Stückaktien, mit einem Anteil am Grundkapital von jeweils 1 € je Stückaktie.

(3) Das Bezugsrecht der Altaktionäre wird ausgeschlossen. Zur Zeichnung zugelassen ist ausschließlich der im Handelsregister des Amtsgerichts Frankfurt am Main unter HRB 123 eingetragenen Investor I.

Die Sacheinlage besteht in der Einbringung eines valutierten Darlehensrückzahlungsanspruchs i. H. von 2.000.000 €[361)] aus dem zwischen der Schuldnerin und der B-Bank AG bestehenden Darlehensvertrages vom 11.11.2011, der an den Investor I mit Abtretungsvertrag vom 2.2.2012 an diesen abgetreten wurde. Die Einbringung erfolgt aufgrund der nachstehenden Regelung unter Nr. 5.[362)]

(4) Der Gesellschaftsvertrag der Schuldnerin wird in § 3 (Stammkapital) wie folgt geändert:

‚§ 3 Das Stammkapital der Gesellschaft beträgt 550.000 €.'

(5) Zum Zwecke der Erfüllung der Einbringungsverpflichtung erlässt der Gläubiger der Gruppe 4 hiermit der dies annehmenden Schuldnerin seine Forderung."

358) Eine Zusammenlegung der Aktien bedarf es bei Stückaktien nicht mehr. Vielmehr ermäßigt sich ihr „virtueller Nennwert", also der Betrag, den jede Stückaktie am Grundkapital repräsentiert, entsprechend, was ggf. bei einer Mehrheit von Aktionären zur Bildung von Teilrechten führt. Allerdings wäre bei einer Herabsetzung auf null § 8 Abs. 3 Satz 2 AktG verletzt, wonach der „virtuelle Nennwert" jeder Stückaktie mindestens 1 € zu entsprechen hat. Gleichwohl wird eine vereinfachte Kapitalherabsetzung auf 0 € i. R. eines Kapitalschnitts für zulässig erachtet (BGH, Urt. v. 5.10.1992 – II ZR 172/91, BGHZ 119, 305, 319 = ZIP 1992, 1542), sodass hier eine eigentlich gemäß § 222 Abs. 4 Satz 3 AktG erforderliche Festsetzung der Art der Kapitalherabsetzung unterbleibt, *Horstkotte/Martini*, ZInsO 2012, 557, 562.

359) § 228 AktG erfordert bei einem Kapitalschnitt die Erhöhung des Grundkapitals gegen Bareinlage, allerdings nur bis zur Erreichung einer Grundkapitalziffer von 50.000 €. S. dazu oben Rz. 120.

360) Vgl. *Tielmann* in: Happ, Aktienrecht, Rz. 14.03.

361) Zur umstrittenen Bewertung der einzulegenden Forderung ausführlich s. ausführlich § 58 Rz. 88 ff. [*Brünkmans/Harmann/Clev*]); s. auch oben Rz. 325 f.

362) Der Forderungserlass als Einbringungsvertrag kann auch Bestandteil des gestaltenden Teils des Insolvenzplanes sein, wenn es sich bei der Forderung um eine zwangsweise planunterworfene Rechtsposition handelt (s. dazu § 7 Rz. 23 ff. [*Brünkmans*]). Dies gilt bei dem praktisch häufigsten Fall der Einlage einer Insolvenzforderung, nicht jedoch bei der Einlage von Masseverbindlichkeiten.

Formulierungsbeispiel (für den Fall der Einbringung von Masseverbindlichkeiten)

„(1) Das Stammkapital der Schuldnerin wird von gegenwärtig 200.000 € um insgesamt 350.000 € auf 550.000 € wie folgt erhöht:

a) Um 250.000 € durch Sacheinlage mittels teilweiser Einbringung des Rückzahlungsanspruchs aus dem zwischen der Schuldnerin und der Inferentin bestehenden Massekreditvertrag[363] vom … gegen Ausgabe eines neuen Geschäftsanteils im Nennwert von 250.000 € zu einem Ausgabebetrag in gleicher Höhe nach näherer Maßgabe des gesondert abzuschließenden Einbringungs- und Erlassvertrags.[364]

b) Um weitere 100.000 € durch Bareinlage gegen Ausgabe eines weiteren Geschäftsanteils im Nennwert von 100.000 €.

(2) Zur Übernahme der Geschäftsanteile wird unter Ausschluss des Bezugsrechts der bisherigen Gesellschafter allein die I-GmbH zugelassen. Die entsprechende Übernahmeerklärung hat der Gesellschaft, vertreten durch ihre Geschäftsführung bis spätestens drei Wochen nach rechtskräftiger Bestätigung des Insolvenzplans zuzugehen.[365]

(3) Der Gesellschaftsvertrag der Schuldnerin wird in § 3 (Stammkapital) wie folgt geändert:

‚§ 3 Das Stammkapital der Gesellschaft beträgt 550.000 €.'"

3. Zustimmung des Gläubigers (§§ 225a Abs. 2 Satz 2, 230 Abs. 2 InsO)

328 Eine Umwandlung von Fremdkapital in Eigenkapital im Insolvenzplanverfahren kann zwar notfalls gegen den Willen der Altgesellschafter durchgesetzt werden, nicht aber gegen den Willen des betroffenen Gläubigers (§ 225a Abs. 2 Satz 2 InsO). Eine Umwandlung setzt vielmehr die ausdrückliche Zustimmung des betroffenen Gläubigers voraus. Sieht der Insolvenzplan einen Debt-to-Equity-Swap vor, ist daher nach § 230 Abs. 2 InsO dem Insolvenzplan zwingend die Zustimmungserklärung eines jeden betroffenen Gläubigers beizufügen.

a) Sinn und Zweck des Zustimmungserfordernisses

329 Keinem Gläubiger dürfen gegen seinen Willen Anteils- oder Mitgliedschaftsrechte oder Beteiligungen anstelle einer Befriedigung in Geld aufgedrängt werden.[366] Das Recht, der Umwandlung einer Forderung nicht zuzustimmen, stellt vielmehr ein Individualrecht jedes einzelnen Gläubigers dar.[367] Dies wird vor dem Hintergrund der negativen Vereinigungsfreiheit aus Art. 9 GG für geboten erachtet.[368] Die Unvereinbarkeit einer Zwangsmitgliedschaft in einem privatrechtlichen Verband mit der negativen Vereinigungsfreiheit aus Art. 9 GG lässt sich insbesondere dadurch erklären, dass mit einer entsprechenden Beteiligung nicht nur Rechte, sondern regelmäßig auch Pflichten i. S. von Beitrags- und Treuepflichten sowie ggf. auch Haftungsrisiken verbunden sind.[369]

---

363) Zur Bewertung von Masseverbindlichkeiten/Forderungen i. R. der Einbringung, s. ausführlich § 58 Rz. 170 f. [*Brünkmans/Harmann/Clev*]).

364) Bei der Einbringung von Masseverbindlichkeiten ist ein separater Erlassvertrag außerhalb des Insolvenzplanes zwingend erforderlich, da es sich um keine zwangsweise planunterworfene Rechtsposition handelt, s. dazu § 7 Rz. 23 ff. [*Brünkmans*]).

365) Der Übernahmevertrag kommt bei der GmbH zustande durch Übernahmeerklärung des Inferenten (= Offerte) und Annahme desselben durch die Gesellschafter (nicht Geschäftsführer). Allerdings kann die Geschäftsführung zur Annahme ermächtigt werden (*Horstkotte/Martini*, ZInsO 2012, 557, 574, Fn. 105).

366) Begr. RegE InsO, BT-Drucks. 12/2443, S. 203.

367) Begr. RegE InsO, BT-Drucks. 12/2443, S. 31.

368) K. Schmidt-*Spliedt*, InsO, § 225a Rz. 27; *Eidenmüller* in: MünchKomm-InsO, § 230 Rz. 48.

369) *Eidenmüller* in: MünchKomm-InsO, § 230 Rz. 48.

b) Ausnahme für die börsennotierte AG?

Letzteres Argument greift bei der Umwandlung von Forderungen in Aktien einer börsennotierten AG jedoch nicht. Mit der Übernahme der Aktien entstehen keine nennenswerten Pflichten oder gar Haftungsrisiken. Wirtschaftlich ist ein Debt-to-Equity-Swap bei einer börsennotierten AG vergleichbar mit einer – zwangsweise gegen den einzelnen betroffenen Gläubiger durchsetzbaren – Stundung verbunden mit einem Tilgungsplan. Die Befriedigung hängt in beiden Fällen von der zukünftigen Ertragfähigkeit des Unternehmens ab, wobei im Fall der Umwandlung in Aktien für den Gläubiger als Vorteil die Fungibilität der Aktien über den Kapitalmarkt hinzukommt.[370)] Eine teleologische Reduktion von § 230 Abs. 2 InsO und § 225a Abs. 2 Satz 2 InsO bei börsennotierten AG ist vor dem Hintergrund der Gesetzgebungshistorie jedoch fraglich (siehe dazu § 8 Rz. 211 ff. [*Brünkmans*]). 330

c) Reichweite der Zustimmungspflicht

Die Zustimmungspflicht aus §§ 225a Abs. 2 Satz 2, 230 Abs. 2 InsO gilt auch für Gesellschafter bzgl. der Umwandlung ihrer Forderung gegen die Gesellschaft in Geschäftsanteile.[371)] 331

> **Praxishinweis**
>
> Öffentlich-rechtliche Körperschaften als Gläubiger haben die für sie geltenden Vorgaben der jeweiligen Landeshaushaltsordnung bzw. Bundeshaushaltsordnung zu beachten.[372)]

Für die Zustimmungspflicht aus § 230 Abs. 2 InsO kommt es nicht darauf an, ob Gläubiger Anteils- oder Mitgliedschaftsrechte an der Schuldnerin oder an einer **anderen Gesellschaft** erhalten. § 230 Abs. 2 InsO findet daher auch bei einer im Insolvenzplan vorgesehenen Beteiligung an einer Übernahme- oder Auffanggesellschaft, etwa i. R. eines sog. „Reverse-Debt-to-Equity-Swaps" Anwendung.[373)] 332

Gleiches gilt, wenn nur mittelbar eine Beteiligung erworben werden soll – wie etwa **bei Nießbrauch, Treuhand, Innengesellschaft.**[374)] 333

Nicht von § 230 Abs. 2 InsO erfasst ist jedoch die Umwandlung in rein schuldrechtliche **Gewinnverschreibungen oder Genussrechte.**[375)] Wirtschaftlich und rechtlich sind diese vergleichbar mit im Insolvenzplan geregelten erfolgsabhängigen Quotenzahlungen (Cash-out-Plan). 334

§ 230 Abs. 2 InsO findet auch dann keine Anwendung, wenn der Insolvenzplan den Gläubigern eine **Option** auf eine Beteiligung oder aber die Einräumung eines Wahlrechts zwischen einer Beteiligung und einer Geldzahlung auf die Quote gewährt.[376)] Die bloße Optionsgewährung bedarf keiner Zustimmung des jeweiligen Gläubigers, wohl aber die Ausübung der Optionsrechte. Die Geldzahlungsvariante muss aber mindestens der Quote im Regelverfahren entsprechen (vgl. § 251 InsO). Nur die Geldzahlungsvariante ist 335

370) Ähnlich *Eidenmüller* in: MünchKomm-InsO, § 230 Rz. 48.

371) *Eidenmüller* in: MünchKomm-InsO, § 230 Rz. 51.

372) Begr. RegE ESUG z. § 225a Abs. 2 Satz 2, BT-Drucks. 17/5712, S. 31; Uhlenbruck-*Hirte*, InsO, § 225a Rz. 28.

373) K. Schmidt-*Spliedt*, InsO, § 225a Rz. 5; *Eidenmüller* in: MünchKomm-InsO, § 230 Rz. 51.

374) *Eidenmüller* in: MünchKomm-InsO, § 230 Rz. 56.

375) *Eidenmüller* in: MünchKomm-InsO, § 230 Rz. 57.

376) *Eidenmüller* in: MünchKomm-InsO, § 230 Rz. 57.

wegen der Wertung aus § 230 Abs. 2 InsO i. R. der Vergleichsrechnung zu berücksichtigen, nicht hingegen die Beteiligungsoption.[377)]

d) Besonderheit bei der Zustimmungspflicht für Anleihegläubiger

336 Besonderheiten bestehen bei der Zustimmung von Anleihegläubigern (siehe i. E. § 57 Rz. 11 ff. [*Thole*]). Wenn die Anleihebedingungen dies vorsehen, können Anleihegläubiger bereits außerhalb des Insolvenzplanverfahrens nach § 5 Abs. 3 Nr. 3 SchVG[378)] **mehrheitlich mit Wirkung gegenüber allen Anleihegläubigern** die Umwandlung von Schuldverschreibungen in Gesellschaftsanteile beschließen. Es gilt dabei die **qualifizierte Mehrheit von 75 %** aus § 5 Abs. 4 Satz 2 SchVG.

337 Diese Grundsätze gelten für die Schuldverschreibungsgläubiger grundsätzlich **auch bei einer Umwandlung in Gesellschaftsanteile auf der Grundlage eines Insolvenzplanes.**

338 Zwar verweist § 19 Abs. 1 SchVG für den Fall der Insolvenz des Emittenten auf die Vorschriften der InsO, sofern nicht in § 19 Abs. 2–5 SchVG etwas anderes geregelt ist. Für den Debt-to-Equity-Swap findet sich in § 19 Abs. 2–5 SchVG jedoch gerade keine andere Regelung.[379)] Der Gesetzesbegründung zum ESUG ist ausdrücklich zu entnehmen, dass der Gesetzgeber den Widerspruch zwischen § 5 Abs. 3 SchvG und § 225a InsO zugunsten einer Zwangsumwandlung auf der Grundlage eines qualifizierten Mehrheitsbeschlusses nach dem SchVG lösen wollte.[380)]

339 Für die praktische Umsetzung eines Debt-to-Equity-Swap ist zu beachten, dass in der Literatur teilweise vertreten wird, dass die **Zustimmung i. S. des § 230 Abs. 2 InsO vom gemeinsamen Vertreter abgegeben wird.** Der Beschluss der Schuldverschreibungsgläubiger mit qualifizierter Mehrheit i. S. des § 5 Abs. 4 Satz 1 SchVG hat nach diesem Ansatz nur interne Ermächtigungsfunktion.[381)]

340 Richtigerweise wird die **Zustimmung des einzelnen Gläubigers** nach § 230 Abs. 2 InsO schon alleine **durch einen qualifizierten Mehrheitsbeschluss nach § 5 Abs. 4 Satz 2 SchVG ersetzt.**[382)] Dieser qualifizierte Mehrheitsbeschluss ist dem Insolvenzplan als **Pflichtanlage** i. S. des § 230 Abs. 2 InsO beizufügen (zu den Pflichtanlagen siehe § 13 Rz. 2 ff. [*Brünkmans/Harmann*]).

341 Wird der umwandelnde Beschluss der Anleihegläubiger durch dissentierende Anleihegläubiger im Wege der **Beschlussmängelklage** angefochten, so liegen vor einer rechtskräftigen Entscheidung des Gerichts die Voraussetzungen nach § 230 Abs. 2 InsO vor, wenn das Gericht den Vollzug im Wege des Freigabeverfahrens nach § 20 Abs. 3 SchVG i. V. m. § 246a AktG freigibt.[383)]

Praxishinweis

Um die Gefahr einer Zurückweisung des Insolvenzplanes nach § 230 Abs. 1 Nr. 1 InsO zu vermeiden, sollte sowohl der Beschluss der Anleihegläubiger als auch die Erklärung des besonderen Vertreters der Anleihegläubiger als Anlage zum Insolvenzplan beigefügt werden.

---

377) *Eidenmüller* in: MünchKomm-InsO, § 230 Rz. 57, Fn. 42; *Müller*, KTS 2002, 209, 234 f.

378) Vgl. zur Diskussion über die Verfassungsmäßigkeit der Vorschrift *Westpfahl* in: FS Kübler, S. 773, 776 m. w. N.

379) *Westpfahl* in: FS Kübler, S. 773, 775.

380) Vgl. Begr. RegE ESUG, BT-Drucks. 17/5712, S. 31; so auch *Westpfahl* in: FS Kübler, S. 773, 776.

381) *Thole*, ZIP 2014, 293, 300; *Westpfahl* in: FS Kübler, S. 773, 777; nach Kübler/Prütting/Bork-*Spahlinger*, InsO, § 225a Rz. 32, bedarf es lediglich einer einfachen Mehrheit für die Bevollmächtigung.

382) So auch die Begr. RegE ESUG, BT-Drucks. 17/5712, S. 31; *Eidenmüller* in: MünchKomm-InsO, § 230 Rz. 58; *Thies* in: HambKommInsO, § 230 Rz. 5.

383) *Eidenmüller* in: MünchKomm-InsO, § 230 Rz. 58.

e) Einordnung der Zustimmungserklärung als vorvertragliche Übernahmeverpflichtung oder Zeichnungsverpflichtung

Mit der Zustimmungserklärung aus § 230 Abs. 2 InsO soll bereits in einem frühen Stadium des Insolvenzplanverfahrens Klarheit darüber geschaffen werden, ob Gläubiger zur Übernahme von Geschäftsanteilen bereit sind. Streng davon zu unterscheiden ist die gesellschaftsrechtlich erforderliche Übernahme- oder Zeichnungserklärung (siehe Rz. 354, 164 f., 233 f.). 342

§ 230 Abs. 2 InsO beinhaltet eine materielle Willenserklärung, mit welcher sich der betroffene Gläubiger zur Übernahme der Geschäftsanteile i. S. einer „vorvertraglichen Übernahmeverpflichtung"[384] verbindlich verpflichtet.[385] 343

f) Abgrenzung zur Übernahme- oder Zeichnungserklärung

Die eigentliche Übernahme der nach der Kapitalerhöhung geschaffenen Geschäftsanteile einer GmbH erfolgt nach den zusätzlich erforderlichen Übernahmeerklärungen. Bei der AG erfolgt dies durch die Abgabe der Zeichnungserklärungen. 344

Die Übernahmeerklärungen der Übernehmer können zusammen mit der Zustimmung nach § 230 Abs. 2 InsO als Anlage zum Insolvenzplan genommen werden. Die Zeichnungserklärungen können hingegen nur nach rechtskräftiger Bestätigung abgegeben werden (siehe Rz. 233 f.). 345

g) Unwirksame oder fehlende Zustimmungserklärung

Fehlt es an einer wirksamen Zustimmungserklärung nach § 230 Abs. 2 InsO, so ist der Insolvenzplan fehlerhaft. Da es sich grundsätzlich um einen **behebbaren inhaltlichen Mangel** des Insolvenzplanes handelt, wird das Gericht den Insolvenzplan erst dann nach § 231 Abs. 1 Satz 1 Nr. 1 InsO zurückweisen, wenn er durch den Vorlegenden nicht innerhalb einer angemessenen, vom Gericht gesetzten Frist behoben wird. Wird der Insolvenzplan trotzdem zur Abstimmung gestellt und **stimmt der jeweilige Gläubiger dem Insolvenzplan** im Erörterungs- und Abstimmungstermin **ausdrücklich zu,** kann diese Zustimmung **nicht als Zustimmungserklärung gemäß § 230 Abs. 2 InsO gewertet werden,** da der Gesetzgeber über die Regelung zur Pflichtanlage einen formalisierten Ansatz gewählt hat.[386] Allerdings kann die Zustimmungserklärung in der Form des § 230 Abs. 2 InsO dann noch bis zur Entscheidung über die Planbestätigung nachgereicht werden, wenn die Übernahme der Geschäftsanteile durch den betroffenen Gläubiger aus dem darstellenden oder gestaltenden Teil des Insolvenzplans hinreichend deutlich wird und der Insolvenzverwalter nach § 221 Satz 2 InsO im Insolvenzplan ermächtigt wurde, offensichtliche Fehler des Insolvenzplanes zu berichtigen.[387] 346

Wird der Insolvenzplan vom Insolvenzgericht **trotz Fehlens der Anlage dennoch bestätigt,** ist der inhaltliche Mangel „fehlende Zustimmungserklärung nach § 230 Abs. 2 InsO" **geheilt.**[388] Das heißt jedoch nicht, dass die gesellschaftsrechtlich für die Anmeldung der (Durchführung) der Kapitalerhöhung erforderliche Übernahme- oder Zeichnungserklä- 347

384) Zur Zulässigkeit von vorvertraglichen Übernahmeverpflichtungen *Lieder* in: MünchKomm-GmbHG, § 55 Rz. 159 f.; Scholz-*Priester*, GmbHG, § 55 Rz. 117 f.; zur Zulässigkeit von Zeichnungsvorverträgen, als einseitige Verpflichtung der Zeichner *Hergeth/Eberl*, NZG 2003, 205; *Hopt/Wiedemann* in: GroßKomm-AktG, § 185 Rz. 82; Hölters/Weber-*Apfelbacher/Metzner*, AktG, § 185 Rz. 10.

385) Begr. RegE InsO, BT-Drucks. 12/2443, S. 203.

386) A. A. *Eidenmüller* in: MünchKomm-InsO, § 230 Rz. 65.

387) A. A. *Eidenmüller* in: MünchKomm-InsO, § 230 Rz. 65.

388) So auch *Eidenmüller* in: MünchKomm-InsO, § 230 Rz. 65.

rung mit Bestätigung des Insolvenzplans obsolet geworden ist.[389] Diese kann vom wandelungsberechtigen Gläubiger noch bis zur Anmeldung der Sachkapitalerhöhung zum Handelsregister abgegeben werden.

> **Praxishinweis**
>
> Häufig wollen Gläubiger nicht selbst unmittelbar an der Schuldnerin beteiligt sein, aber dennoch an den Sanierungschancen partizipieren. In diesem Fall bietet sich die Einschaltung einer Treuhandgesellschaft an.[390] Gläubiger treten dabei ihre Insolvenzforderungen kraft einer Abtretungsregelung im gestaltenden Teil des Insolvenzplanes[391] an eine Treuhandgesellschaft ab. Diese führt den Debt-to-Equity-Swap durch und erwirbt die Geschäftsanteile an der Schuldnerin. Entsprechend ist lediglich die Zustimmung der Treuhandgesellschaft nach § 230 Abs. 2 InsO erforderlich, nicht jedoch der einzelnen Gläubiger. Die Befriedigung der Gläubiger erfolgt dann über einen strukturierten Verkauf der von der Treuhandgesellschaft über den Debt-to-Equity-Swap erworbenen Beteiligung nach Abschluss der Sanierungsphase. Ein strukturierter Verkauf kommt dabei insbesondere für Aktien einer börsennotierten AG in Betracht.[392]

4. Einbringungs- und Erlassvertrag

348 Die Erfüllung der Sacheinlageverpflichtung seitens des Inferenten erfolgt im Wege der Einbringung der Forderung. Diese erfolgt entweder durch **Abtretung der Forderung** an die Schuldnerin, wobei die Forderung dann durch Konfusion erlischt, oder durch den **Erlass der einzubringenden Forderung.**[393] Inhaberpapiere, die Forderungen gegen den Schuldner verbriefen, sind an diesen zu übertragen.[394]

349 Der Erlassvertrag kann unmittelbar im gestaltenden Teil des Insolvenzplanes geregelt werden, wenn es sich bei der einzulegenden Forderung um eine Insolvenzforderung handelt.[395] Dies dürfte bei einem Debt-to-Equity-Swap auf der Grundlage eines Insolvenzplanes die Regel sein. Bei Insolvenzforderungen handelt es sich um zwangsweise planunterworfene Rechtspositionen, deren Erlass im gestaltenden Teil des Insolvenzplanes geregelt werden kann (siehe dazu § 7 Rz. 23 ff. [*Brünkmans*] sowie § 8 Rz. 79 ff. [*Brünkmans*]). Davon zu unterscheiden ist, dass eine Umwandlung der Forderung in Eigenkapital gegen den Willen der betroffenen Gläubiger nach § 225a Abs. 2 Satz 2 InsO nicht möglich ist. Dies wird dadurch abgesichert, dass nach § 230 Abs. 2 InsO die Gläubiger ihre ausdrückliche Zustimmung zur Übernahme der Geschäftsanteile erteilen müssen (siehe ausführlich Rz. 328 f.).

> **Formulierungsbeispiel (Erlassregelung im Insolvenzplan)**
>
> „Zum Zwecke der Erfüllung der Einbringungsverpflichtung erlassen die Gläubiger der Gruppe 4 hiermit der dies annehmenden Schuldnerin ihre Forderungen."

350 Ist die Forderung mit einem Absonderungsrecht besichert und soll auch diese **dingliche Sicherheit** als Einlage eingebracht werden, kann auch diese Einbringung etwa in Form einer

389) A. A. *Eidenmüller* in: MünchKomm-InsO, § 230 Rz. 65.

390) So geschehen etwa im Fall *Centroterm*.

391) S. dazu ausführlich § 8 Rz. 204 [*Brünkmans*].

392) *Wieneke/Hoffmann*, ZIP 2013, 697, 698.

393) Begr. RegE ESUG z. § 225a Abs. 2 Satz 2, BT-Drucks. 17/5712, S. 31; Uhlenbruck-*Hirte*, InsO, § 225a Rz. 20; zum allgemeinen Gesellschaftsrecht BGH, Urt. v. 15.1.1990 – II ZR 164/88 (IBH/Lemmerz), BGHZ 110, 47, 60 = ZIP 1990, 156; Lutter/Hommelhoff-*Bayer*, GmbHG, § 56 Rz. 12.

394) Uhlenbruck-*Hirte*, InsO, § 225a Rz. 20.

395) Vgl. auch *Horstkotte/Martini*, ZInsO 2012, 557, 564.

Rückübereignungsregelung bzgl. einer Sicherungsübereignung im Insolvenzplan geregelt werden (siehe dazu § 8 Rz. 236 ff. [*Brünkmans*]).

Ist Gegenstand der Sacheinlage ausnahmsweise eine **Masseverbindlichkeit**, ist jedoch ein **separater Erlassvertrag** erforderlich, da es sich bei Masseverbindlichkeiten nicht um eine zwangsweise planunterworfene Rechtsposition handelt § 7 Rz. 23 ff. [*Brünkmans*]. 351

Für den Erlassvertrag bzgl. der einzubringenden Masseverbindlichkeit besteht dabei folgende Besonderheit: Da der Insolvenzverwalter mit dem durch ihn verwalteten Sondervermögen zur Rückzahlung des Massekredits verhaftet ist und unter den Voraussetzungen des § 61 InsO dafür auch persönlich haftet, sollte der Einbringungs- und Erlassvertrag sowohl vom Schuldner als auch vom Insolvenzverwalter abgeschlossen werden.[396] 352

Formulierungsbeispiel (separater Erlassvertrag)

„Der Massekreditgeber erlässt die Rückzahlung des Massekredits. Die Schuldnerin und der Insolvenzverwalter nehmen diesen Erlass an."

5. Sacherhöhungsprüfung

Da es sich beim Debt-to-Equity-Swap um eine besondere Form der Sachkapitalerhöhung handelt, ist bei einer AG eine Sacherhöhungsprüfung nach § 184 Abs. 3 AktG erforderlich, in welcher die Werthaltigkeit der Sacheinlage (hier Forderungen) überprüft wird. Zur Forderungsbewertung siehe § 58 Rz. 88 ff. [*Brünkmans/Harmann/Clev*]. Zur Sacherhöhungsprüfung siehe oben Rz. 257 ff. Für den Antrag auf Sacherhöhungsprüfung, die Erklärung des Prüfers und den Prüfungsbericht sei auf die Ausführungen unter Rz. 258 ff. und das Muster unter Rz. 259 verwiesen. 353

6. Übernahmevereinbarung und Zeichnungsvertrag

Siehe bezüglich der Übernahmevereinbarung und dem Zeichnungsvertrag die Ausführungen bei Rz. 164 f., 233 f. 354

7. Anmeldung der Kapitalerhöhung

Zur Anmeldung der Kapitalerhöhung bei der GmbH siehe Rz. 179 ff. und 205 ff. Zur Anmeldung der Kapitalerhöhungsbeschlussregelung und der Durchführung bei der AG siehe Rz. 244 ff. und Rz. 266 ff. 355

Geht der Sachkapitalerhöhung eine Kapitalherabsetzung unter dem Mindestnennbetrag voraus ist § 58a Abs. 1 GmbHG bzw. § 228 Abs. 2 Satz 1 AktG zu beachten. Die Kapitalerhöhung und ihre Durchführung müssen binnen drei bzw. sechs Monaten in das Handelsregister eingetragen werden. Die Frist beginnt erst mit Rechtskraft des bestätigten Insolvenzplanes zu laufen.[397] Eine analoge Anwendung von § 58a Abs. 4 Satz 3 GmbHG bzw. § 228 Abs. 2 Satz 1 AktG ist nicht erforderlich. Für eine Hemmung der Frist während des Beschwerdeverfahrens gegen den Planbestätigungsbeschluss besteht kein Bedürfnis, da solange das Beschwerdeverfahren gegen den Insolvenzplan läuft, mangels Rechtskraft nach § 254 Abs. 1 InsO noch keine den Kapitalherabsetzungs- und Kapitalerhöhungsbeschluss ersetzende Regelung existiert. 356

396) *Horstkotte/Martini*, ZInsO 2012, 557, 578, Fn. 120.

397) A. A. *Horstkotte/Martini*, ZInsO 2012, 557, 562, Fn. 40.

Formulierungsbeispiel (Anmeldung zum Handelsregister)

„An das

Amtsgericht Frankfurt am Main
– Handelsregister, Abt. 66 –
Gerichtsstraße 2
60313 Frankfurt am Main
HRB 345 – X-AG

I.

Zum Handelsregister der X-AG (nachfolgend auch „Gesellschaft" genannt) melde ich als Insolvenzverwalter über das Vermögen der Gesellschaft zur Eintragung in das Handelsregister gemäß § 254a Abs. 2 Satz 3 InsO an:

(1) Die infolge der Eröffnung des Insolvenzverfahrens über ihr Vermögen gemäß § 262 Abs. 1 Nr. 3 AktG aufgelöste Gesellschaft wird mit Wirkung auf den Zeitpunkt der Aufhebung des Insolvenzverfahrens fortgesetzt.

(2) Aufgrund des im Insolvenzverfahren über das Vermögen der Gesellschaft i. R. des Erörterungs- und Abstimmungstermins vom … beschlossenen Insolvenzplans, der durch rechtskräftigen Beschluss des AG Frankfurt am Main vom … bestätigt wurde, ist das Grundkapital der Gesellschaft i. H. von 20.000.000 € in vereinfachter Form nach den Vorschriften der §§ 229 ff. AktG um 20.000.000 € auf 0 € herabgesetzt. Die Kapitalherabsetzung hat den Zweck i. H. von 20.000.000 € Wertminderungen auszugleichen und Verluste zu decken.

Die Kapitalherabsetzung ist durchgeführt.

Bezüglich der für die vereinfachte Kapitalherabsetzung zu berücksichtigenden Voraussetzungen verweise ich auf die handelsbilanzielle Vermögenslage der Gesellschaft im darstellenden Teil des Insolvenzplans unter dortiger Bezugnahme auf den letzten geprüften und den handelsbilanziellen Anforderungen genügenden Jahresabschluss per …[398]

(3) Aufgrund des unter (2) näher bezeichneten, rechtskräftig bestätigten Insolvenzplanes wurde sodann das auf 0 € herabgesetzte Grundkapital der Gesellschaft um 550.000 € von derzeit 0 € auf künftig 550.000 € erhöht durch Ausgabe von 550.000 neuen, auf den Inhaber lautenden Stückaktien.

Die Erhöhung des Grundkapitals ist durchgeführt:

Um 50.000 € erfolgt die Kapitalerhöhung gegen Bareinlage durch die Ausgabe von 50.000 auf den Inhaber lautenden Stückaktien zu einem Ausgabepreis von 1 € je Stückaktie.

Um zusätzliche 500.000 € erfolgt die Kapitalerhöhung gegen Sacheinlage durch die Ausgabe von 500.000 neuen, auf den Inhaber lautenden Stückaktien, mit einem Anteil am Grundkapital von jeweils 1 € je Stückaktie.

Die Sacheinlage erfolgt über den Erlass des durch die Investor I GmbH fällig gestellten und per heute i. H. von 2.000.000 € einschließlich aufgelaufener Zinsen valutierenden Rückzahlungsanspruch aus dem zwischen der Gesellschaft und der B-Bank AG bestehenden Darlehensvertrags vom …, abgetreten an die Investor I GmbH gemäß Abtretungsvertrag vom … nach näherer Maßgabe des zwischen der Gesellschaft und der Investor I-GmbH abgeschlossenen Einbringungsvertrages vom …

(4) Der Gesellschaftsvertrag der Schuldnerin wird in § 3 (Stammkapital) wie folgt geändert:

‚§ 3 Das Stammkapital der Gesellschaft beträgt 550.000 €.'

II.

Ich, der die Kapitalmaßnahmen und die Änderung der Satzung anmeldende Insolvenzverwalter, versichere, dass das bisherige Grundkapital voll eingezahlt ist.[399] Die auf jede Aktie zu leistende Bareinlage ist durch Einzahlung durch Gutschrift i. H. von … € auf das zur Zeit

398) *Horstkotte/Martini*, ZInsO 2012, 557, 567.
399) *Horstkotte/Martini*, ZInsO 2012, 557, 567.

noch meiner Verwaltung unterliegende Konto der Gesellschaft bei der B-Bank AG erfolgt.[400)] Der eingezahlte Betrag steht zur endgültigen freien Verfügung der Gesellschaft. Eine Rückzahlung erfolgte nicht und wird nicht erfolgen.[401)] Hinsichtlich der zu leistenden Sacheinlage versichere ich, dass deren Gegenstand nach Maßgabe der Festsetzungen im Insolvenzplan und Zeichnungsschein endgültig zur freien Verfügung der Gesellschaft steht.[402)] Ferner versichere ich hiermit in Bezug auf die angemeldete Fortsetzung der Gesellschaft, dass mit der Verteilung des Vermögens noch nicht begonnen wurde.

Die Voraussetzungen der §§ 188 Abs. 2, 36 Abs. 2, 36a AktG sind daher erfüllt.

III.

Als Anlagen füge ich bei:

(1) Eine beglaubigte Abschrift des Beschlusses des AG Frankfurt am Main – Insolvenzgericht – vom ... – Az. ... –, aus dem entnommen werden kann, dass über das Vermögen der Gesellschaft das Insolvenzverfahren eröffnet und der Unterzeichner zum Insolvenzverwalter bestellt wurde.

(2) Eine beglaubigte Abschrift des Insolvenzplans vom ..., der im gestaltenden Teil des Plans die Fortsetzung der Gesellschaft sowie die Kapitalherabsetzung und Kapitalerhöhung gegen Sacheinlage beinhaltet.

(3) Eine beglaubigte Abschrift des mit Rechtskraftvermerk versehenen Beschlusses des AG Frankfurt am Main – Insolvenzgericht – vom ... – Az. ... – aus dem entnommen werden kann, dass der zu Nr. 2 benannte Insolvenzplan rechtskräftigt bestätigt wurde.

(4) Die Zweitschrift des Zeichnungsscheins.

(5) Ein vom Insolvenzverwalter unterschriebenes Verzeichnis der Zeichner.

(6) Die Berechnung der für die Gesellschaft durch die Ausgabe der neuen Aktien entstehenden Kosten.

(7) Der vollständige Wortlaut der geänderten Satzung mit der Bescheinigung des Notars gemäß § 181 Abs. 1 Satz 2 AktG.

Bonn, den ...

[Unterschrift in notariell beglaubigter Form des Insolvenzverwalters]“[403)]

III. Rechtsfolgen des Debt-to-Equity-Swap aufgrund Insolvenzplanregelung

1. Haftungsrisiken bei Überbewertung der eingebrachten Forderungen

Nach § 254 Abs. 4 InsO können bei einem Debt-to-Equity-Swap im Insolvenzplan keine Ansprüche mehr wegen einer Überbewertung der Forderung gegen den bisherigen Gläubiger erhoben werden. Erreicht der Wert der Sacheinlage im Zeitpunkt der Anmeldung der Kapitalerhöhung zum Handelsregister nicht den Nennbetrag des dafür übernommenen Geschäftsanteils, hat außerhalb des Insolvenzplanverfahrens der Gesellschafter grundsätzlich i. H. des Fehlbetrages eine Einlage in Geld zu leisten (§ 56 Abs. 2 i. V. m. § 9 GmbHG). Diese sog. **Differenzhaftung** ist im Insolvenzplanverfahren **ausgeschlossen**, wenn Gegenstand der Sacheinlage Forderungen von Gläubigern gegen die Gesellschaft sind (§ 254 Abs. 4 InsO). Dem umwandelnden Gläubiger sollte dadurch Planungssicherheit zugestanden und das Bewertungsrisiko für die einzulegende Forderung genommen werden.[404)] 357

400) *Horstkotte/Martini*, ZInsO 2012, 557, 567.

401) *Horstkotte/Martini*, ZInsO 2012, 557, 567.

402) *Horstkotte/Martini*, ZInsO 2012, 557, 567.

403) Es gilt § 12 HGB, da in der InsO keine besondere Regelung für die Anmeldung durch Insolvenzverwalter enthalten ist. *Horstkotte/Martini*, ZInsO 2012, 557, 568, Fn. 72.

404) Begr. RegE ESUG, BT-Drucks. 17/5712, S. 36.

358 Trotz Ausschlusses der Differenzhaftung kann eine Überbewertung der einzulegenden Forderung für die Beteiligten im Insolvenzplanverfahren erhebliche Haftungsfolgen haben. Für den Gläubiger, der seine Forderung einbringt, wohlwissend oder billigend in Kauf nehmend, dass der Wert der Forderung nicht den Wert des i. R. der Kapitalerhöhung ausgewiesenen Kapitalerhöhungsbetrages entspricht, kommt eine **Haftung aus § 826 BGB** in Betracht.[405)]

359 Ferner haben sowohl der **Insolvenzverwalter i. R. seiner Prüfungspflicht** als auch das **Insolvenzgericht bei der Planbestätigung** die Werthaltigkeit der Sacheinlage haftungsbewehrt zu prüfen. Das Insolvenzgericht ist verpflichtet, den Insolvenzplan nach § 231 Abs. 1 Nr. 1 InsO zurückzuweisen bzw. die Bestätigung wegen eines wesentlichen Mangels zu versagen (§ 250 Nr. 1 InsO), wenn eine Überbewertung erkennbar ist.[406)]

360 Streitig ist, ob § 254 Abs. 4 InsO auch eine Haftung des anmeldenden Geschäftsführers und der handelnden Vorstandsmitglieder für **falsche Angaben bei der Anmeldung zum Handelsregister auf Grundlage** des § 9a Abs. 1 und 3 i. V. m. § 57 Abs. 4 GmbHG bzw. § 93 AktG, § 823 Abs. 2 BGB i. V. m. § 82 Abs. 1 Nr. 3 GmbHG bzw. § 823 Abs. 2 BGB i. V. m. § 399 Abs. 1 Nr. 4 AktG, § 826 BGB und § 823 Abs. 2 BGB i. V. m. § 263 StGB ausschließt. Zum Teil wird eine solche Haftung entsprechend § 254 Abs. 4 InsO abgelehnt.[407)] Dieser Ansatz überzeugt indes nicht. § 254 Abs. 4 InsO nimmt lediglich den Investor aus der Haftungspflicht im Fall von Unterbewertungen.[408)] Ein darüber hinausgehender Haftungsausschluss ist weder den Gesetzgebungsmaterialien noch dem Zweck der Regelung zu entnehmen.

361 Meldet anstelle des Geschäftsführers der Insolvenzverwalter die Kapitalerhöhung an, haftet dieser für Bewertungsfehler entsprechend der Anmelderhaftung des Geschäftsführers, etwa gemäß § 9a GmbHG analog.[409)]

2. Sanierungsprivileg (§ 39 Abs. 4 InsO)

362 Dem Gläubiger kommt bei einem Debt-to-Equity-Swap auch das Sanierungsprivileg des § 39 Abs. 4 InsO und ggf. das Kleinbeteiligtenprivileg des § 39 Abs. 5 InsO zugute.[410)]

363 Das Sanierungsprivileg kann Bedeutung erlangen, wenn der Gläubiger nicht seine gesamte Forderung als Gesellschaftsanteil einbringt oder der Gesellschaft nach dem Anteilserwerb ein Darlehen gewährt.[411)]

364 Mit Anwendung des Sanierungsprivilegs wären in einem Folgeinsolvenzverfahren diese Forderungen dann wegen des Sanierungsprivilegs nicht nachrangig und bereits geleistete Rückzahlungen nicht nach den Vorschriften der §§ 135 Abs. 1 Nr. 2, Abs. 4, 39 Abs. 4 InsO anfechtbar.

365 Allgemeine **Voraussetzung** für die Inanspruchnahme des Sanierungsprivilegs ist, dass der Gläubiger bei **drohender oder eingetretener Zahlungsunfähigkeit oder Überschuldung** der Gesellschaft Geschäftsanteile **„zum Zwecke der Sanierung“ erwirbt**. Die Regierungsbegründung zum ESUG geht davon aus, dass die Anteilsrechte bei einem Debt-to-Equity-

405) *Gehrlein*, NZI 2012, 257, 261; *Kanzler/Mader*, GmbHR 2012, 992, 996; *Thole*, Gesellschaftsrechtliche Maßnahmen in der Insolvenz, Rz. 327.

406) *Thole*, Gesellschaftsrechtliche Maßnahmen in der Insolvenz, Rz. 328; *Haas*, NZG 2012, 961, 967.

407) K. Schmidt-*Spliedt*, InsO, § 254 Rz. 14; Kübler/Prütting/Bork-*Spahlinger*, InsO, § 254 Rz. 38.

408) So auch *Thole*, Gesellschaftsrechtliche Maßnahmen in der Insolvenz, Rz. 334; a. A. *Haas*, NZG 2012, 961, 967.

409) K. Schmidt-*Spliedt*, InsO, § 254a Rz. 5; *Haas*, NZG 2012, 961, 967.

410) *Gehrlein*, NZI 2012, 257, 261.

411) *Gehrlein*, NZI 2012, 257, 261.

Swap zum Zwecke der Sanierung erworben wurden und damit das Sanierungsprivileg greift.[412] Daraus kann jedoch nicht gefolgert werden, dass nicht auch die allgemeinen Voraussetzungen zum Sanierungsprivileg im Einzelfall nachzuweisen sind.

Neben dem **subjektiven Willen des Erwerbers** ist für die Verwirklichung dieses Tatbestandsmerkmals insbesondere erforderlich, dass die Gesellschaft aus der Sicht eines objektiven Dritten sanierungsfähig sein muss und dies eine **nachhaltige Überwindung der Krise in überschaubarer Zeit ermöglicht.**[413] 366

Die Aufhebung des Insolvenzverfahrens nach Bestätigung des Insolvenzplanes (§ 258 InsO) – nicht hingegen bereits die Bestätigung des Insolvenzplanes[414] – ist dabei ein wesentliches Indiz für die Sanierungseignung des Debt-to-Equity-Swap, da eine Aufhebung des Insolvenzverfahrens nur bei nachhaltiger Beseitigung des Insolvenzgrundes zulässig ist.[415] 367

Das **Sanierungsprivileg gilt** jedoch **nur so lange bis eine nachhaltige Sanierung erreicht wurde.** Ein Teil der Literatur stellt dabei in Anlehnung an § 135 Abs. 1 Nr. 2 InsO auf eine Jahresfrist ab. Eine nachhaltige Sanierung läge dann vor, wenn nach Beseitigung der Insolvenzgründe für den **Zeitraum von einem Jahr kein neuer Insolvenzgrund vorliegt.**[416] Speziell für das Insolvenzplanverfahren wird vereinzelnd die **Drei-Jahres-Frist** über die Planüberwachung gemäß § 268 Abs. 1 Nr. 2 herangezogen.[417] Nach **a. A.** komme es auf die Wiederherstellung der **Kreditwürdigkeit für mindestens ein Jahr** an.[418] Andere stellen wiederum auf die **Wiederherstellung der positiven Fortbestehensprognose für ein Jahr** ab.[419] 368

Richtigerweise ist auf den im Insolvenzplan enthaltenen Zeitrahmen abzustellen. Der Gesetzgeber hat bewusst keine feste Frist für die Dauer des Sanierungsprivilegs eingeführt. Das Sanierungsprivileg endet daher **frühestens mit Abschluss der Umsetzung des im Insolvenzplan festgelegten Sanierungskonzepts.** Mit Abschluss des Sanierungskonzepts muss dann allerdings ein gewisser Zustand der Stabilität eingreifen, d. h. **für mindestens ein Jahr die Folgeinsolvenz ausgeschlossen** sein.[420] 369

3. Auswirkung des Debt-to-Equity Swap auf Mitschuldner oder Bürgen

In den meisten Fällen regelt der Insolvenzplan ein Erlöschen der Hauptforderung über die Insolvenzplanquote hinaus. Aus § 254 Abs. 2 Satz 1 InsO folgt, dass der Insolvenzgläubiger den Mitschuldner oder Bürgen – in Abweichung vom Akzessorietätsprinzip – trotz Erlöschen der Hauptforderung bis zur vollständigen Befriedigung seiner Forderung in Anspruch nehmen kann.[421] Dies gilt richtigerweise nicht nur für den Erlass der Forderung,[422] sondern auch dann, wenn die Forderung durch Konfusion im Wege der Einbringung erlischt.[423] 370

412) Begr. RegE ESUG, BT-Drucks. 17/5712, S. 31 f.

413) BGH, Urt. v. 17.7.2006 – II ZR 106/05, ZIP 2006, 2130 = DStR 2006, 2140, dazu EWiR 2007, 107 (*Thonfeld*); Uhlenbruck-*Hirte*, InsO, § 39 Rz. 63.

414) So aber *Meyer/Degener*, BB 2011, 846, 848; vgl. auch *Bay/Seeburg/Böhmer*, ZInsO 2011, 1927, 1932; kritisch bzgl. der Planbestätigung als Indiz hingegen *Gehrlein*, NZI 2012, 257, 261.

415) So auch K. Schmidt-*Spliedt*, InsO, § 225a Rz. 32.

416) *Haas*, ZInsO 2007, 617, 625; *Lüdtke* in: HambKomm-InsO, § 39 Rz. 61.

417) K. Schmidt-*Spliedt*, InsO, § 225a Rz. 32.

418) *Gehrlein*, WM 2011, 577, 584 f.

419) *Hirte/Knof/Mock*, DB 2011, 632, 643.

420) Ähnlich Kübler/Prütting/Bork-*Spahlinger*, InsO, § 225a Rz. 51.

421) Uhlenbruck-*Hirte*, InsO, § 225a Rz. 22; *Huber/Madaus* in: MünchKomm-InsO, § 254 Rz. 25, 28.

422) § 254 Abs. 2 InsO gilt sowohl für den ausdrücklichen Erlass als auch für den Fortbestand als Naturalobligation mangels anderweitiger Planregelung (§ 227 Abs. 1 InsO) vgl. K. Schmidt-*Spliedt*, InsO, § 254 Rz. 8.

423) Uhlenbruck-*Hirte*, InsO, § 225a Rz. 22; K. Schmidt-*Spliedt*, InsO, § 225a Rz. 29.

4. Verdeckter Debt-to-Equity-Swap

371 Auch bei einer Barkapitalerhöhung auf der Grundlage eines Insolvenzplanes sind die Grundsätze der verdeckten Sacheinlage zu beachten. Beteiligt sich ein Insolvenzgläubiger an einer Barkapitalerhöhung und erhält im unmittelbar zeitlichen Zusammenhang eine Quotenzahlung, so kann darin eine verdeckte Sacheinlage liegen.[424)]

5. Kapitalmarkt- und aktienrechtliche Pflichten durch Beteiligungswechsel, Fusionskontrolle

372 Für den Erwerb von Aktien i. R. eines Debt-to-Equity-Swap gelten die allgemeinen durch die Änderung der Beteiligungsverhältnisse ausgelösten kapitalmarkt- und aktienrechtlichen Pflichten sowie der Fusionskontrolle, sofern sie nicht durch die Vorschriften und Wertungen des Insolvenz(plan)verfahrens überlagert werden (siehe ausführlich § 32 Rz. 49 ff. [*Brünkmans*]).

6. Steuerrechtliche Folgen

373 Durch die Einbringung von Forderungen als Sacheinlage unter ihrem Nominalwert entstehen grundsätzlich zu versteuernde Erträge. Sanierungserträge i. S. von § 3a Abs. 1 Satz 1 EStG sind allerdings von der Steuer befreit. Ferner können durch den Beteiligungswechsel Verlustvorträge nach § 8c Abs. 1 KStG verlorengehen. Siehe ausführlich § 60 Rz. 60 [*Witfeld*].

IV. Debt-to-Mezzanine-Swap

374 Alternativ zum Debt-to-Equity-Swap kann der Insolvenzplan auch einen Debt-Mezzanine-Swap regeln.[425)] Bei einem Debt-Mezzanine-Swap werden **Forderungen** nicht in echte Geschäftsanteile am Schuldner, sondern **in Mezzanine-Kapital umgewandelt**. Bei Mezzanine-Kapital handelt es sich nach deutschem Recht in der Regel um Genussrechte oder stille Beteiligungen.[426)] Sowohl Genussrechte als auch stille Beteiligungen sind jedoch **keine Verbandsmitgliedschaften**, sondern **rein schuldrechtliche Ansprüche**. Wie beim Debt-to-Equity-Swap wird auch beim Debt-Mezzanine-Swap die Bilanz der Gesellschaft von Verbindlichkeiten entlastet, ohne dass die Gläubiger eine Gesellschafterfunktion übernehmen,[427)] denn sowohl Genussrechte als auch stille Beteiligungen können unter bestimmten Voraussetzungen als Eigenkapital bilanziert werden. Die Ausweisung als Eigenkapital setzt die erfolgsabhängige Vergütung, die Teilnahme am Verlust bis zur vollen Höhe, die Längerfristigkeit der Kapitalüberlassung sowie die Nachrangigkeit der Forderungen im Insolvenz- oder Liquidationsfall gegenüber allen Gläubigern voraus.[428)]

375 Für die Umsetzung i. R. des Insolvenzplanverfahrens liegt der **wesentliche Vorteil des Debt-Mezzanine-Swap** zum Debt-to-Equity-Swap darin, dass die Umwandlung der Forderungen in Mezzanine-Kapital auch **gegen den Willen der Gläubiger** erfolgen kann. Für die Umwandlung der – grundsätzlich zwangsweise planunterworfenen Rechtsposition der Insolvenzforderung[429)] – sehen § 225a Abs. 2 und § 230 Abs. 2 InsO in Ausnahme zum allgemeinen Grundsatz die ausdrückliche und individuelle Zustimmung des Gläubigers

---

424) K. Schmidt-*Spliedt*, InsO, § 225a Rz. 33; Uhlenbruck-*Hirte*, InsO, § 225a Rz. 25.

425) Kübler/Prütting/Bork-*Spahlinger*, InsO, § 225a Rz. 86; *Madaus*, ZGR 2011, 749, 772.

426) *Kiethe*, DStR 2006, 1763, 1764; Oetker-*Wedemann*, HGB, § 230 Rz. 11.

427) Kübler/Prütting/Bork-*Spahlinger*, InsO, § 225a Rz. 86.

428) IDW-HFA 1/94, WPg 1994, 419; Ebenroth/Boujong/Joost/Strohn-*Böcking/Gros*, HGB, § 266 Rz. 47; Baumbach/Hopt-*Merkt*, HGB, § 266 Rz. 16.

429) S. dazu ausführlich § 7 Rz. 23 ff. [*Brünkmans*].

zur Umwandlung der Forderung in Anteils- oder Mitgliedschaftsrechte vor. Diese Zustimmungspflicht bezieht sich im Lichte der negativen Vereinigungsfreiheit (siehe Rz. 329) nur auf die Umwandlung in echte Anteils- und Mitgliedschaftsrechte, nicht hingegen auf die Umwandlung in schuldrechtliche Genussrechte oder stille Beteiligungen. Es gelten vielmehr die allgemeinen Grundsätze zur Regelung von „Leistungen an Quote statt" in Insolvenzplänen (siehe § 8 Rz. 199 ff. [*Brünkmans*]). Allerdings ist das Risiko aufgrund der Nachrangigkeit und Verlustabhängigkeit des Mezzanine-Kapitals i. R. des **Minderheitenschutzes aus § 251 InsO** genau zu berechnen und darzulegen. Im Ergebnis wird sich die zwangsweise Umwandlung nur dann rechtfertigen lassen, wenn die Gläubiger im Regelverfahren mit ihrer Forderung vollständig ausfallen würden oder das Mezzanine-Kapital zusätzlich zur festen Quote „X" im Regelverfahren erhalten.

Wird ein Teil der Forderungen nicht in Mezzanine-Kapital umgewandelt, besteht i. Ü. **376** nicht die Gefahr, dass die verbleibende Forderung nach § 39 Abs. 1 Nr. 5 InsO nachrangig wird.[430] Die mit der Berufung auf das Sanierungsprivileg aus § 39 Abs. 4 Satz 2 InsO beim Debt-to-Equity Swap verbleibenden Unsicherheiten bestehen daher nicht.[431]

Der Debt-Mezzanine-Swap ist eine echte Alternative, um die Gewährung einer zusätzli- **377** chen **Besserungskomponente** – ähnlich einem Besserungsschein – umzusetzen. Hingegen wird ein Investor, welcher die vollständigen Chancen einer Sanierung der Gesellschaft durch die Umwandlung nutzen möchte, in der Regel auf den Erwerb einer wesentlichen echten Beteiligung bestehen, um maßgeblichen Einfluss auf die Gesellschaft und den Sanierungsprozess zu haben.

V. Gestaltungsalternativen

1. Unechter Debt-to-Equity-Swap

a) Überblick

Als Alternative zum echten Debt-to-Equity-Swap kommt ein sog. unechter Debt-to- **378** Equity-Swap in Betracht.[432] Dabei werden die bestehenden Geschäftsanteile auf Gläubiger übertragen, wobei die Gläubiger im Gegenzug die Forderung erlassen. Das wirtschaftliche Ergebnis entspricht dem eines echten Debt-to-Equity-Swap.[433]

b) Regelung des unechten Debt-to-Equity-Swap im Insolvenzplan

Die Abtretungserklärung der Altgesellschafter bzgl. der Anteilsrechte am Schuldner kann **379** über eine Regelung im Insolvenzplan auch zwangsweise gegen den Willen der Anteilsinhaber erfolgen, § 225a Abs. 3 Halbs. 2 Alt. 2 InsO (siehe Rz. 401 ff.). Die Annahmeerklärung der Gläubiger bzgl. der Abtretung der Anteilsrechte kann hingegen nicht durch eine Insolvenzplanregelung formwirksam ersetzt werden, da die Gläubiger der Anteilsübernahme gemäß § 230 Abs. 2 InsO ausdrücklich zustimmen müssen und somit nicht zwangsweise planunterworfen sind. Eine Umwandlung von Forderungen von Gläubigern

430) § 39 Abs. 1 Nr. 5 InsO ist bei bloßen Mezzanine-Kapital-Beteiligungen grundsätzlich nicht anwendbar, es sei denn, dass das Mezzanine-Kapital (etwa in Form stiller Beteiligung) eine Mitwirkungs- und Kontrollbefugnis gewährt, die ähnlich eines Gesellschafters die Geschicke der Gesellschaft, *Kleindiek* in: HK-InsO, § 39 Rz. 49; BGH, Urt. v. 28.6.2012 – IX ZR 191/11, Rz. 41 ff., ZIP 2012, 1869.

431) Kübler/Prütting/Bork-*Spahlinger*, InsO, § 225a Rz. 87.

432) Darüber hinaus kennt die Praxis auch den sog. Reverse-Debt-Equity-Swap, der für die Insolvenzplanpraxis keine große Bedeutung hat, s. dazu *Drouven*, ZIP 2009, 1052, 1053; *Drouven/Nobiling*, DB 2009, 1895; *Wallner*, ZInsO 2010, 1419, 1422; kritisch *Kresser*, ZInsO 2010, 1409, 1413; *Thole*, Gesellschaftsrechtliche Maßnahmen in der Insolvenz, Rz. 324.

433) *Wieneke/Hoffmann*, ZIP 2013, 697.

in Anteils- oder Mitgliedschaftsrechte gegen den Willen der Gläubiger ist nach § 225a Abs. 2 Satz 2 InsO ausgeschlossen.

380 Bei börsennotierten AG erfolgt der unechte Debt-to-Equity-Swap in der Praxis über eine Treuhand- oder Verwaltungsgesellschaft.[434)]

381 Auch der Erlass der Forderung kann grundsätzlich über eine Planregelung erfolgen, wenn es sich dabei um eine Insolvenzforderung handelt. Da der Forderungserlass gegen Übertragung eines wertäquivalenten Anteilsrechts erfolgt, darf sich die erlassende Planregelung nur auf Gläubiger beziehen, welche ihre Zustimmung zum Erwerb der Geschäftsanteile nach § 230 Abs. 2 InsO erklärt haben. Alternativ kann der Erlass als individuelle Willenserklärung in der Erklärung bezüglich der Annahme der Geschäftsanteile i. S. von § 230 Abs. 2 InsO enthalten sein. Wird eine Masseverbindlichkeit i. R. eines unechten Debt-to-Equity-Swap in Geschäftsanteile gewandelt, ist der Erlass hingegen zwingend individuell zu erklären, weil es sich bei der Masseverbindlichkeit nicht um eine zwangsweise planunterworfene Rechtsposition handelt (siehe dazu § 7 Rz. 23 ff. [*Brünkmans*]).

c) Vor- und Nachteile des unechten Debt-to-Equity-Swap

aa) Vorteil: Keine Forderungsbewertung erforderlich

382 Zwar erwirbt der Gläubiger Gesellschaftsanteile gegen Forderungserlass, insoweit wirtschaftlich identisch mit dem Debt-to-Equity-Swap. Allerdings dient der Forderungserlass nicht der Sacheinlage. Vielmehr ist der unechte Debt-to-Equity-Swap als „Tauschgeschäft" konzipiert, ohne dass es einer Kapitalerhöhung bedarf. Im Einzelfall möglicherweise aufwändige Forderungsbewertungen zur Gewährleistung der realen Kapitalaufbringung i. R. der Sachkapitalerhöhung sind nicht erforderlich. Siehe dazu § 58 Rz. 89 ff. [*Brünkmans/Harmann/Clev*] und zu Sacheinlageprüfungen bei Rz. 353.

383 Die **mit der Werthaltigkeitsprüfung verbundenen Unwägbarkeiten** und trotz Ausschluss der Differenzhaftung (§ 254 Abs. 4 InsO) bestehenden **Haftungsgefahren** (siehe Rz. 357 ff.) **werden vermieden.**[435)] Dabei ist allerdings zu bedenken, dass zwar der Kapitalaufbringungsgrundsatz beim unechten Debt-to-Equity-Swap mangels Kapitalerhöhung keine Anwendung findet. Allerdings ist zur Wahrung der **Gläubigergleichbehandlung (§ 245 Abs. 2 Nr. 3 InsO)** oder ggf. **Verteilungsgerechtigkeit** gegenüber den Altgesellschaftern (siehe § 58 Rz. 151 ff. [*Brünkmans/Harmann/Clev*]) auch für die Festlegung des Umtauschverhältnisses bei einem unechten Debt-to-Equity-Swap eine **grobe Bewertung der Forderung erforderlich.**

bb) Vorteil: Fortbestand der Börsennotierung

384 Zur Vermeidung des Verlustes der Börsennotierung insgesamt und der kostenaufwendigen Erstellung eines Wertpapierprospektes für die i. R. der Kapitalerhöhung neu geschaffenen Aktien kann der unechte Debt-to-Equity-Swap gegenüber dem echten Debt-to-Equity-Swap Vorteile haben.

385 Ist ein Freefloat auch nach Übertragung der Aktien noch vorhanden, bleibt die Börsennotierung der Gesellschaft insgesamt erhalten. Auch die auf die Gläubiger übertragenen Aktien bleiben zum Börsenhandel zugelassen (siehe ausführlich § 32 Rz. 28 [*Brünkmans*]). Durch den fortbestehenden Börsenhandel wird eine wesentliche Verwertungsoption für die umgewandelten Aktien erhalten. Es besteht die Möglichkeit, die zur Befriedigung der Gläubiger zur Verfügung stehenden Aktien verhältnismäßig einfach und kostengünstig

434) S. dazu Muster für eine Planregelung bei *Wieneke/Hoffmann*, ZIP 2013, 697, 708.

435) Ausführlich *Wieneke/Hoffmann*, ZIP 2013, 697, 699, 704.

durch Platzierung bei strategischen Investoren oder über den Kapitalmarkt bei institutionellen und privaten Finanzanlegern zu verwerten.[436]

Hingegen sind die beim echten Debt-to-Equity-Swap durch die Kapitalerhöhung neu geschaffenen Aktien nicht automatisch zum Börsenhandel zugelassen. Sollen die neu ausgegebenen Aktien im regulierten Markt einer Börse gehandelt werden, bedürfen diese gemäß § 32 Abs. 1 BörsG der Zulassung, was wiederum gemäß § 3 WpPG einen von der BaFin zu billigenden Wertpapierprospekt erfordert (siehe auch Rz. 33).[437] 386

cc) Nachteil: Kein lastfreier Erwerb garantiert

Ein wesentlicher Nachteil des unechten Debt-to-Equity-Swap gegenüber dem echten Debt-to-Equity-Swap besteht jedoch darin, dass die Anteilsrechte nicht rechtslastenfrei auf den Gläubiger übertragen werden können.[438] Nicht selten sind GmbH-Geschäftsanteile verpfändet und bei Aktien ist zu beachten, dass regelmäßig ein AGB-Depotpfandrecht nach Nr. 14 Abs. 1 AGB-Banken/Nr. 21 Abs. 1 AGB-Sparkassen besteht.[439] Eine individuelle Freigabe durch Drittgläubiger ist dabei im Freefloat praktisch nicht umsetzbar. 387

J. Beitritt und Debt-to-Equity-Swap bei Personengesellschaften

I. Überblick

Im Gegensatz zu Kapitalgesellschaften verfügen Personengesellschaften über kein satzungsmäßiges Stamm- und Grundkapital, das in einem gesetzlich geregelten Verfahren herabgesetzt oder erhöht werden kann.[440] Anstelle der Kapitalerhöhung erfolgt der originäre Eintritt in eine Personengesellschaft vielmehr über eine **Änderung des Gesellschaftsvertrages**, welcher den Beitritt eines neuen Gesellschafters gegen Einlage vorsieht. Als Einlage kommt grundsätzlich auch eine Forderung gegen die Gesellschaft in Betracht. Entsprechend erfolgt auch der „Debt-to-Equity-Swap" bei einer Gesellschaft über eine Änderung des Gesellschaftsvertrages der Personengesellschaft. 388

II. Eintritt in die Personengesellschaft

Eines der Grundprinzipien im Personengesellschaftsrecht ist das Einstimmigkeitsprinzip für die Aufnahme neuer Gesellschafter.[441] Der Eintritt des neuen Gesellschafters zur Personengesellschaft vollzieht sich rechtstechnisch durch einen Vertrag zwischen dem Eintretenden und den vorhandenen Gesellschaftern. Dieser Vertrag ist ein Beitrittsvertrag für den neu eintretenden Gesellschafter und zugleich für die der Gesellschaft bereits angehörenden Gesellschafter eine Vertragsänderung.[442] 389

Im Insolvenzplan erfolgt dies durch eine Insolvenzplanregelung zur Vertragsänderung. 390

Formulierungsbeispiel

„Der Gesellschafter G tritt der O-KG als persönlich haftender Gesellschafter mit der als Anlage 1 beigefügten Beitrittserklärung bei. Die Gesellschafter A, B, C und D stimmen der Aufnahme des Gesellschafters G zu."

---

436) *Wieneke/Hoffmann*, ZIP 2013, 697, 698.

437) Ausführlich *Wieneke/Hoffmann*, ZIP 2013, 697, 699, 704.

438) Zur Frage der lastenfreien Übertragung von Anteilsrechten kraft Planregelung s. ausführlich Rz. 436 ff.

439) *Wieneke/Hoffmann*, ZIP 2013, 697, 705.

440) Kübler/Prütting/Bork-*Spahlinger*, InsO, § 225a Rz. 38.

441) Ebenroth/Boujong-*Wertenbruch*, HGB, § 105 Rz. 403.

442) *K. Schmidt* in: MünchKomm-HGB, § 105 Rz. 206; Ebenroth/Boujong-*Wertenbruch*, HGB, § 105 Rz. 405.

391 Die **Beitrittserklärung** des neuen Gesellschafters ist nur dann **formbedürftig**, wenn damit die Verpflichtung zu einem formbedürftigen Rechtsgeschäft verbunden ist, wie etwa die Einbringung eines Grundstücks (§ 311b Abs. 1 BGB).[443] Da der Beitritt des neuen Gesellschafters zur Gesellschaft nicht zwangsweise erfolgt, greift die Formfiktion aus § 254a InsO in einem solchen Fall nicht (siehe dazu ausführlich § 7 Rz. 127 ff. [*Brünkmans*]).

392 Wird die Aufnahme eines neuen Gesellschafters im Insolvenzplan geregelt, ist die **Zustimmung der Altgesellschafter** zu der damit verbundenen Änderung des Gesellschaftsvertrages nicht erforderlich. Ihre Zustimmung zur Änderung des Gesellschaftsvertrages wird in diesem Fall mit Rechtskraft des bestätigten Insolvenzplanes ersetzt, selbst wenn die Altgesellschafter gegen den Insolvenzplan gestimmt und sich gegen die Aufnahme ausgesprochen haben sollten (siehe § 29 Rz. 21 ff. [*Brünkmans*]).

393 Allerdings müssen nach § 230 Abs. 1 Satz 2 InsO sämtliche Gesellschafter, welche nach dem Insolvenzplan **persönlich haftende Gesellschafter der Gesellschaft bleiben sollen**, ihre Bereitschaft zur Fortführung der Gesellschaft auf der Grundlage des Insolvenzplans erklären (siehe ausführlich Rz. 26 ff.). Vorbehalte gegen die Aufnahme eines neuen Gesellschafters können die Altgesellschafter daher über die Verweigerung der Erklärung ihrer Fortführungsbereitschaft durchsetzen. Dies gilt selbst dann, wenn der **Gesellschaftsvertrag** ursprünglich für die Aufnahme neuer Gesellschafter eine **Mehrheitsentscheidung** zulässt.[444] Die Notwendigkeit der Zustimmung zur Fortführung aus § 230 Abs. 1 Satz 2 InsO ist der Besonderheit der persönlichen Haftung der Gesellschafter einer Personengesellschaft geschuldet. Diese sollen generell aus der Insolvenz heraus nicht zur Fortführung des Unternehmens und Übernahme des persönlichen Haftungsrisikos gezwungen werden können (siehe oben Rz. 26 ff.).

394 Handelt es sich bei den verbleibenden Altgesellschaftern hingegen um **Kommanditisten** oder wird ihre **Beteiligung in eine Kommanditeinlage gewandelt**, ist die Zustimmung der Altgesellschafter zur Fortführung der Gesellschaft gemäß § 230 Abs. 1 Satz 2 InsO nicht erforderlich. Altgesellschafter können in diesem Fall ggf. aus wichtigem Grund aus der Gesellschaft ausscheiden und eine nach § 225a Abs. 5 InsO zu bestimmende Abfindung verlangen, siehe dazu § 39 Rz. 22 ff. [*Brünkmans*].

III. Debt-to-Equity-Swap bei Personengesellschaften

395 Auch wenn der Debt-to-Equity-Swap sich in der Sanierungspraxis als wesentliches Sanierungsinstrument für Kapitalgesellschaften entwickelt hat, sind vergleichbare Gestaltungen auch für Personengesellschaften denkbar.[445] § 225a Abs. 2 InsO ist auch auf Personengesellschaften anwendbar.[446]

1. Umsetzung im Insolvenzplan

396 Der Debt-to-Equity-Swap bei Personengesellschaften erfolgt durch eine bloße **Änderung des Gesellschaftsvertrags** des Schuldners.

397 Diese Änderung besteht in der Regel aus dem Eintritt des Gläubigers und der Einbringung der Forderung durch Abtretung oder Erlass sowie dem Austritt der Altgesellschafter. Die entsprechende Änderung des Gesellschaftsvertrages kann unmittelbarer Gegenstand einer Regelung im Insolvenzplan sein (siehe zum Eintritt unter Rz. 389).

---

443) Ebenroth/Boujon-*Wertenbruch*, HGB, § 105 Rz. 405; *K. Schmidt* in: MünchKomm-HGB, § 105 Rz. 206.

444) **Anders** Kübler/Prütting/Bork-*Spahlinger*, InsO, § 225a Rz. 41.

445) Kübler/Prütting/Bork-*Spahlinger*, InsO, § 225a Rz. 38.

446) *Eidenmüller* in: MünchKomm-InsO, § 225a Rz. 70.

Gläubiger und Altgesellschafter erhalten die in der, den Gesellschaftervertrag ändernden Insolvenzplanregelung zugewiesenen Beteiligungsverhältnisse.[447)] Ein Ausscheiden der Altgesellschafter muss im Insolvenzplan explizit geregelt werden. Sofern der Gesellschaftsvertrag einer KG **Festkapitalkonten** enthält, kann der Debt-to-Equity-Swap in Anlehnung an das Verfahren für Kapitalgesellschaften umgesetzt werden. In einem solchen Fall kann der gestaltende Teil des Insolvenzplans eine Änderung der gesellschaftsvertraglichen Regelung zu den Festkapitalkonten und dem Haftkapital (§ 172 HGB) der Altgesellschafter, welches herabgesetzt wird, vorsehen. Der Gläubiger, welcher seine Forderung in Eigenkapital wandelt, erhält ein Festkapitalkonto und Haftkapital in festgelegter Höhe. Die Einbringung der Sacheinlage durch den Gläubiger erfolgt dann wie beim Debt-to-Equity-Swap für Kapitalgesellschaften durch Abtretung der Forderung oder Erlass.[448)] 398

2. Haftungsrisiken der Gläubiger/Neu-Gesellschafter

Eine Differenzhaftung gibt es im Personengesellschaftsrecht nicht.[449)] Gegenüber den Gesellschaftsgläubigern haftet ein Neu-Gesellschafter bei der KG aber, sofern er als Kommanditist eintritt, wenn und soweit seine Einlage nicht werthaltig ist § 171 Abs. 1 HGB.[450)] § 254 Abs. 4 InsO ist analog anzuwenden, weil es sich um eine verschuldensunabhängige Haftung handelt, welcher der Differenzzahlungshaftung im Kapitalgesellschaftsrecht gleicht.[451)] Der neu eintretende Gesellschafter haftet gemäß §§ 128, 130 HGB analog auch für Altverbindlichkeiten der Gesellschaft. Allerdings greift die Entschuldung aufgrund von Erlassregelungen im Insolvenzplan oder aufgrund von § 227 Abs. 1 InsO[452)] auch gegenüber den persönlich haftenden Neu-Anteilsinhabern.[453)] 399

K. Übertragung von Anteils- und Mitgliedschaftsrechten am Schuldner

I. Überblick

Nach § 225a Abs. 3 InsO kann im Insolvenzplan die Übertragung von Anteils- und Mitgliedschaftsrechten geregelt werden. Damit ist nicht die Übertragung von Beteiligungen des Schuldners an Gesellschaften, insbesondere Tochtergesellschaften, gemeint. Beteiligungen des Schuldners sind ohnehin Bestandteil der Insolvenzmasse und unterliegen damit nach § 80 InsO der allgemeinen Verwaltungs- und Verfügungsbefugnis des Insolvenzverwalters. Für den Zugriff auf diese Beteiligungen der Insolvenzmasse bedarf es somit nicht zwingend eines Insolvenzplanes.[454)] 400

Die Einführung des § 225a Abs. 3 InsO ermöglicht vielmehr darüber hinaus auf der Grundlage eines Insolvenzplanes die Übertragung der Geschäftsanteile am Schuldner selbst auch gegen den Willen des betroffenen Gesellschafters umzusetzen.[455)] Damit wer- 401

447) *Eidenmüller* in: MünchKomm-InsO, § 225a Rz. 71; wohl enger *Wertenbruch*, ZIP 2013, 1693, 1696 ff.; a. A. wohl *K. Schmidt*, ZGR 2012, 566, 580.

448) Kübler/Prütting/Bork-*Spahlinger*, InsO, § 225a Rz. 39.

449) *Eidenmüller* in: MünchKomm-InsO, § 225a Rz. 71.

450) *Eidenmüller* in: MünchKomm-InsO, § 225a Rz. 71; *K. Schmidt*, ZGR 2012, 566, 575.

451) *Eidenmüller* in: MünchKomm-InsO, § 225a Rz. 71; *K. Schmidt*, ZGR 2012, 566, 582 f.; *Wertenbruch*, ZIP 2013, 1693, 1699 f.

452) S. dazu § 8 Rz. 76 ff. [*Brünkmans*].

453) *Eidenmüller* in: MünchKomm-InsO, § 225a Rz. 71.

454) So bereits vor ESUG; zur Regelung über die Verfügung von Gegenständen der Insolvenzmasse s. § 8 Rz. 292 ff. [*Brünkmans*].

455) K. Schmidt-*Spliedt*, InsO, § 225a Rz. 43; Braun-*Braun/Frank*, InsO, § 225a Rz. 1; Kübler/Prütting/Bork-*Spahlinger*, InsO, § 225a Rz. 1; Andres/Leithaus-*Andres*, InsO, § 225a Rz. 8; *Thole*, Gesellschaftsrechtliche Maßnahmen in der Insolvenz, Rz. 302.

den bisherige Störungspotentiale der Altgesellschafter bei der Umsetzung von Sanierungskonzepten aufgelöst. Dies lag in der Vergangenheit nicht nur in der Verweigerung der Beschlussfassung über notwendige Kapitalherabsetzung- und Kapitalerhöhungsbeschlüsse im Zusammenhang der finanzwirtschaftlichen Rekapitalisierung der Gesellschaft. Vielmehr lassen sich nunmehr vorbereitende Übertragungen von Geschäftsanteilen, etwa auf eine Treuhandgesellschaft oder eine unmittelbare Veräußerung im Wege eines Share Deal umsetzen. Schon die bloße Möglichkeit der zwangsweisen Übertragung der Geschäftsanteile am Schuldner mag Altgesellschafter i. Ü. dazu veranlassen, i. R. der Sanierung zu kooperieren.

II. Regelung der Anteilsübertragung im gestaltenden Teil des Insolvenzplanes

1. Grundlagen

402 Rechtstechnisch erfolgt die Übertragung der Gesellschaftsanteile über eine Regelung im gestaltenden Teil des Insolvenzplanes, welche die für den Übertragungsakt nach allgemeinem Zivilrecht erforderlichen Willenserklärungen der Anteilsinhaber ersetzt.

403 Neben den Willenserklärungen der Planbeteiligten über dingliche Rechtsänderungen können auch die diesen zugrunde liegenden schuldrechtlichen Verpflichtungserklärungen im Insolvenzplan aufgenommen werden.[456] Werden die Geschäftsanteile durch eine Regelung im gestaltenden Teil des Insolvenzplans übertragen, ist eine korrespondierende schuldrechtliche Verpflichtung jedoch nicht erforderlich, da der Rechtsgrund für die Übertragung in der Insolvenzplanregelung liegt.[457] Über die reine Übertragung der Geschäftsanteile hinausgehende Verpflichtungen der Altgesellschafter – etwa Garantien und Freistellungsvereinbarungen – können indes nicht im gestaltenden Teil des Insolvenzplanes aufgenommen werden.[458]

2. GmbH-Geschäftsanteile

404 Für die GmbH ist somit eine die **Abtretungserklärung** (§ 15 GmbHG) **des Altgesellschafters** ersetzende Regelung im Insolvenzplan aufzunehmen. Mit rechtskräftiger Bestätigung des Insolvenzplanes wird dann die formwirksame Abgabe der Abtretungserklärung fingiert (§§ 254, 254a InsO). Eine für gewöhnlich erforderliche notarielle Beurkundung der Abtretungserklärung (§ 15 Abs. 3 GmbHG) ist nicht erforderlich.[459]

405 Die **Annahmeerklärung des Erwerbers** wird jedoch gerade nicht über eine Planregelung ersetzt, mit der Folge, dass nach der hier vertretenen Auffassung[460] für diese dann auch nicht die Formfiktion aus § 254a InsO greift. Eine notarielle Beurkundung (§ 15 Abs. 3 GmbHG) der Annahmeerklärung des Erwerbers der Geschäftsanteile ist somit erforderlich. Zur Ausgestaltung siehe § 32 Rz. 13 ff. [*Brünkmans*]

Formulierungsbeispiel

„Das Angebot der Investor GmbH vom (UR-Nr. …/… des Notars …) bezogen auf die Abtretung sämtlicher, an der Schuldnerin gehaltenen Geschäftsanteile wird angenommen."

456) *Brünkmans*, ZIP 2015, 1052, 1053.

457) Wohl anders *Madaus* in: MünchKomm-InsO, § 254a Rz. 17.

458) *Brünkmans*, ZIP 2014, 1857, 1859.

459) *Heckschen/Weitbrecht*, NZG 2019, 721, 733.

460) S. dazu § 7 Rz. 127 ff. [*Brünkmans*]; a. A. § 23 Rz. 72 [*Madaus*].

3. Aktien

Bei Aktien ist der jeweilige Übertragungstatbestand davon abhängig, ob es sich um Inhaber- oder Namensaktien handelt und wie die Art der Verwahrung und die Form der Verbriefung ausgestaltet wurden.[461)] 406

> **Praxishinweis**
>
> Bei der Regelung der Übertragung von Aktien im Insolvenzplan ist mit besonderer Sorgfalt die die Einhaltung des **sachenrechtlichen Bestimmtheitsgebots**[462)] zu beachten.

a) Verbriefte Inhaberaktien

Verbriefte[463)] Inhaberaktien können durch **Einigung und Übergabe gemäß §§ 929 ff.** BGB übertragen werden.[464)] 407

Im Insolvenzplanverfahren kann die erforderliche **sachenrechtliche Einigungserklärung des Altaktionärs** nach § 929 Satz 1 BGB durch eine Insolvenzplanregelung ersetzt werden. Die für den Übertragungstatbestand nach § 929 Satz 1 BGB zusätzlich erforderliche Übergabe der Aktien wird als Realakt durch den Insolvenzplan freilich nicht ersetzt.[465)] Allerdings kann im Einzelfall die physische Übergabe der Aktien durch eines der **Übergabesurrogate** gemäß §§ 929 Satz 2, 930 oder 931 BGB ersetzt werden. Falls ein Dritter im Besitz der Aktien ist, kann der Herausgabeanspruch gegen diesen abgetreten werden (§ 931 BGB).[466)] Aufgrund des unmittelbaren Bezugs zu den Aktien ist auch der Herausgabeanspruch, wie die Aktien am Schuldner, eine zwangsweise planunterworfene Rechtsposition (siehe dazu § 7 Rz. 23 ff. [*Brünkmans*]). Die Abtretungserklärung i. S. des § 931 InsO kann somit auch unmittelbar im gestaltenden Teil des Insolvenzplans geregelt werden. 408

Darüber hinaus wird im allgemeinen Aktienrecht nach h. M. auch eine Übertragung durch **Abtretung des Mitgliedschaftsrechts nach §§ 398, 413 BGB** für zulässig erachtet.[467)] Das Eigentum an der Aktienurkunde geht in diesem Fall auf den neuen Inhaber des Rechts über (§ 952 Abs. 2 BGB).[468)] 409

Die erforderliche **Abtretungserklärung des Altaktionärs** kann durch eine Regelung im Insolvenzplan ersetzt werden, sodass sie mit rechtskräftiger Planbestätigung als abgegeben gilt. Die **Annahmeerklärung des Erwerbers** muss hingegen grundsätzlich nach allgemeiner Rechtsgeschäftslehre außerhalb des Insolvenzplanverfahrens erfolgen (siehe dazu § 7 Rz. 23 ff., 81 ff. [*Brünkmans*]). 410

---

461) *Mirow*, NZG 2008, 52, 52.

462) Dazu ausführlich im allgemeinen Aktienrecht *Iversen*, AG 2008, 736 f.

463) Die Übertragung von unverbrieften Aktien erfolgt durch formlose Abtretungsvereinbarungen (§§ 398, 413 BGB), so BGH, Urt. v. 5.4.1993 – II ZR 195/91, NJW 1993, 1983, 1987 = ZIP 1993, 667; K. Schmidt/Lutter-*Bezzenberger*, AktG, § 68 Rz. 5; *Eder*, NZG 2004, 107, 108; Spindler/Stilz-*Vatter*, AktG, § 10 Rz. 55; *Koch*, AktG, § 10 Rz. 2; *Wieneke/Hoffmann*, ZIP 2013, 697, 707.

464) K. Schmidt/Lutter-*Bezzenberger*, AktG, § 68 Rz. 6; *Maul* in: Beck'sches Hdb. AG, § 3 Rz. 111; *Vatter* in: BeckOGK-Aktienrecht, § 10 AktG Rz. 55; *Heider* in: MünchKomm-AktG, § 10 Rz. 37; *Iversen*, AG 2008, 736 ff.; *Mentz/Fröhling*, NZG 2002, 201, 202.

465) K. Schmidt-*Spliedt*, InsO, § 225a Rz. 46; wohl auch *Wieneke/Hoffmann*, ZIP 2013, 697, 707.

466) K. Schmidt-*Spliedt*, InsO, § 225a Rz. 46; wohl auch *Wieneke/Hoffmann*, ZIP 2013, 697, 707.

467) *Maul* in: Beck'sches Hdb. AG, § 3 Rz. 111; *Vatter* in: BeckOGK-Aktienrecht, § 10 AktG Rz. 53; *Mentz/Fröhling*, NZG 2002, 201, 202; *Iversen*, AG 2008, 736 ff.

468) K. Schmidt/Lutter-*Bezzenberger*, AktG, § 68 Rz. 6.

Praxishinweis

Sofern nicht rechtssicher ausgeschlossen werden kann, dass die Verbriefung der Aktien unwirksam ist, sollte bei der Regelung einer Übertragung der Inhaberaktien gemäß §§ 929 ff. BGB im Insolvenzplan hilfsweise zusätzlich auch die Abtretung geregelt werden.[469)]

b) Verbriefte Namensaktien

aa) Übertragung durch Indossament/Einigung und Übergabe

411 Verbriefte[470)] Namensaktien können gemäß § 68 Abs. 1 Satz 1 AktG durch Indossament übertragen werden. Dies setzt bei einem Vollindossament nach allgemeinem Aktienrecht eine schriftliche Übertragungserklärung auf der Urkunde oder einem fest mit ihr verbundenen Anhang voraus (vgl. § 68 Abs. 1 Satz 2 AktG i. V. m. Art. 13 Abs. 1 WechselG).[471)] Dieses Formerfordernis wird auch durch eine rechtskräftige Insolvenzplanregelung gemäß § 254a Abs. 1 InsO formwirksam ersetzt.

412 Zusätzlich muss stets das Eigentum an der indossierten Urkunde gemäß §§ 929 ff. BGB übertragen werden.[472)] Soweit Namensaktien blanko indossiert sind, können sie auch wie verbriefte Inhaberaktien nur durch einfache Übereignung der Aktienurkunde gemäß §§ 929 ff. BGB weiterübertragen werden.[473)] Zur Regelung der Eigentumsübertragung an der Urkunde im Insolvenzplan siehe die Ausführungen zu Inhaberaktien unter Rz. 407 ff.

bb) Übertragung durch Abtretung des Mitgliedschaftsrechts

413 Darüber hinaus kann die Übertragung der Namensaktien nach h. A. auch durch Abtretung nach §§ 398, 413 BGB erfolgen.[474)] Das Eigentum an der Aktienurkunde folgt dabei entsprechend § 952 BGB dem Mitgliedschaftsrecht.[475)] Einzelne Gerichtsentscheidungen verlangen als zusätzlichen Publizitätsakt für eine wirksame Übertragung, dass auch die Urkunde übergeben wird.[476)] Die h. A. lehnt ein solches Erfordernis hingegen ab.[477)]

414 Zur Regelung der Abtretungserklärungen im Insolvenzplan siehe Rz. 410, zur Regelung der Übergabe Rz. 408.

---

469) Vgl. dazu *Iversen*, AG 2008, 736, 738.

470) Die Übertragung von unverbrieften Aktien erfolgt durch formlose Abtretungsvereinbarungen (§§ 398, 413 BGB), so BGH, Urt. v. 5.4.1993 – II ZR 195/91, NJW 1993, 1983, 1987 = ZIP 1993, 667; K. Schmidt/Lutter-*Bezzenberger*, AktG, § 68 Rz. 5; *Eder*, NZG 2004, 107, 108; *Vatter* in: BeckOGK-Aktienrecht, § 10 AktG Rz. 55; *Koch*, AktG, § 10 Rz. 2; *Wieneke/Hoffmann*, ZIP 2013, 697, 707.

471) *Cahn* in: BeckOGK-Aktienrecht, § 68 AktG Rz. 4; *Bayer* in: MünchKomm-AktG, § 68 Rz. 3; *Maul* in: Beck'sches Hdb. AG, § 3 Rz. 112; *Koch*, AktG, § 68 Rz. 4.

472) *Maul* in: Beck'sches Hdb. AG, § 3 Rz. 112; *Cahn* in: BeckOGK-Aktienrecht, § 68 AktG Rz. 4; *Koch*, AktG, § 68 Rz. 4; *Mentz/Fröhling*, NZG 2002, 201, 202; *Bayer* in: MünchKomm-AktG, § 68 Rz. 3.

473) K. Schmidt/Lutter-*Bezzenberger*, AktG, § 68 Rz. 9; *Bayer* in: MünchKomm-AktG, § 68 Rz. 12; *Mentz/Fröhling*, NZG 2002, 201, 202; *Eder*, NZG 2004, 107, 108.

474) *Koch*, AktG, § 68 Rz. 3; Hölters-*Laubert*, AktG, § 68 Rz. 2; *Cahn* in: BeckOGK-Aktienrecht, § 68 AktG Rz. 24; *Bayer* in: MünchKomm-AktG, § 68 Rz. 30; *Mentz/Fröhling*, NZG 2002, 201, 202.

475) *Bayer* in: MünchKomm-AktG, § 68 Rz. 30; *Koch*, AktG, § 68 Rz. 3; *Mentz/Fröhling*, NZG 2002, 201, 203.

476) KG, Urt. v. 20.12.2002 – 14 U 5141/00, NZG 2003, 226; noch zum Wechselrecht RG, Urt. v. 6.6.1916 – II 62/15, RGZ 88, 290; BGH, Urt. v. 12.12.1957 – II ZR 43/57, NJW 1958, 302.

477) *Bayer* in: MünchKomm-AktG, § 68 Rz. 30; *Cahn* in: BeckOGK-Aktienrecht, § 68 AktG Rz. 24; *Koch*, AktG, § 68 Rz. 3; Hölters-*Solveen*, AktG, § 10 Rz. 14; K. Schmidt/Lutter-*Bezzenberger*, AktG, § 68 Rz. 8.

Praxishinweis

Da die Gerichte vereinzelnd eine Übergabe oder ein Übergabesurrogat nach §§ 929 ff. BGB als Publizitätsakt fordern, sollte aus Gründen der Vorsicht bei der Regelung der Übertragung von Namensaktien nach §§ 398, 413 BGB im Insolvenzplan auch die Regelung eines Übergabesurrogates gemäß § 930 oder § 931 BGB aufgenommen werden.

cc) Vinkulierte Namensaktien

Bei **vinkulierten** Namensaktien bedarf es außerhalb der Insolvenz zur wirksamen Übertragung zusätzlich der Zustimmung des Vorstandes bzw. bei entsprechender Satzungsregelung des Aufsichtsrates oder der Hauptversammlung.[478)] **415**

Sieht der Insolvenzplan im gestaltenden Teil die Übertragung vinkulierter Anteile an der Schuldnergesellschaft vor, gelten die Beschränkungen aus der Vinkulierung nicht, d. h. weder die Zustimmung der Hauptversammlung noch die des Vorstandes bzw. des Aufsichtsrates ist erforderlich.[479)] **416**

c) Verbriefte Aktien in Sammelverwahrung

Bei der in § 5 Abs. 1 Satz 1 DepotG vorgesehenen Sammelverwahrung von Inhaber- und blankoindossierten Namensaktien handelt es sich um den Regelfall der Aktienverwahrung.[480)] Die hinterlegenden Aktionäre werden Miteigentümer nach Bruchteilen an den zum Sammelbestand gehörenden Aktien derselben Art bzw. der Globalurkunde.[481)] Die Übertragung erfolgt nach den sachenrechtlichen Grundsätzen §§ 929 ff. BGB.[482)] Alternativ kann die Mitgliedschaft auch nach §§ 413, 398 BGB abgetreten werden.[483)] **417**

Die Eigentumsübertragung erfolgt durch eine Einigung zwischen Veräußerer und Erwerber.[484)] Die Übertragung des Besitzes kann vollzogen werden, indem die Wertpapiersammelbank durch den Veräußerer angewiesen wird, als unmittelbare Besitzerin fortan für den Erwerber zu besitzen (§ 929 Satz 1 BGB), sofern zugleich ein entsprechendes Besitzmittlungsverhältnis zwischen der Wertpapierbank und der Depotbank des Erwerbers zustande kommt.[485)] In Betracht kommt auch die Abtretung des gegen die Wertpapiersammelbank gerichteten Herausgabeanspruchs des Hinterlegers gemäß § 931 BGB, wodurch der Erwerber zum mittelbaren Besitzer wird.[486)] **418**

Im Insolvenzplanverfahren kann die sachenrechtliche Übertragungserklärung des Altgesellschafters durch eine Planregelung ersetzt werden. Die Erklärung des Erwerbers muss außerhalb des Insolvenzplans abgegeben werden. Die Anweisung an die Bank, fortan für den Erwerber zu besitzen, kann durch eine Insolvenzplanregelung ersetzt werden, da es sich wegen des unmittelbaren Bezugs zu den Aktien, wie bei den Aktien selbst, um eine **419**

---

478) *Koch*, AktG, § 68 Rz. 14; *Bayer* in: MünchKomm-AktG, § 68 Rz. 65.

479) *Heckschen/Weitbrecht*, NZG 2019, 721, 733.

480) *Mirow*, NZG 2008, 52, 55.

481) K. Schmidt/Lutter-*Bezzenberger*, AktG, § 68 Rz. 11; *Mirow*, NZG 2008, 52, 55.

482) *Cahn* in: BeckOGK-Aktienrecht, § 68 AktG Rz. 24; *Mentz/Fröhling*, NZG 2002, 201, 205; K. Schmidt/Lutter-*Bezzenberger*, AktG, § 68 Rz. 13.

483) *Eder*, NZG 2004, 107, 111; vgl. auch *Mirow*, NZG 2008, 52, 55.

484) *Mentz/Fröhling*, NZG 2002, 201, 207; *Eder*, NZG 2004, 107, 111; zu den Besonderheiten bei der Übertragung innerhalb des Effektengiroverkehrs, vgl. ausführlich *Mentz/Fröhling*, NZG 2002, 201, 206 f.

485) *Mentz/Fröhling*, NZG 2002, 201, 207; *Eder*, NZG 2004, 107, 111.

486) *Mentz/Fröhling*, NZG 2002, 201, 207; *Eder*, NZG 2004, 107, 111. Alternativ kann auch ein Besitzkonstitut gemäß § 930 BGB vereinbart werden, sofern der veräußernde Depotkunde weiterhin als zwischenverwahrender Besitzmittler fungieren soll. Diese Möglichkeit wird im Falle der Insolvenz jedoch keine Relevanz haben.

zwangsweise planunterworfene Rechtsposition handelt (dazu § 7 Rz. 23 ff. [*Brünkmans*]). Der neue Gesellschafter muss hingegen außerhalb des Insolvenzplanes dafür Sorge tragen, dass ein entsprechendes Besitzmittlungsverhältnis zustande kommt. Auch die Abtretungserklärung des Herausgabeanspruchs des Altaktionärs kann als Regelung im Insolvenzplan aufgenommen werden. Zur Regelung der Abtretung im Insolvenzplan siehe Rz. 410.

Formulierungsbeispiel (Planregelung)

„(1) Die gegenwärtigen Aktionäre übertragen an den Investor I gemäß § 929 Satz 1 BGB ihre sämtlichen Miteigentumsanteile nach Bruchteilen an der die Aktien der Gesellschaft verbriefenden Globalurkunde, welche bei der XY Banking AG Frankfurt girosammelverwahrt ist. Die B-Bank wird von den gegenwärtigen beteiligten Aktionären dazu angewiesen, die Umbuchung sämtlicher Aktien auf das Depot des Investors I bei der B-Bank zu veranlassen und damit dem Investor I den Besitz unter Ausschluss jeglichen Besitzes der gegenwärtig beteiligten Aktionäre zu verschaffen.

(2) Hilfsweise und unter der Bedingung, dass die unter (1) geregelte Übertragung des Miteigentums an der Globalurkunde nicht zum Übergang sämtlicher Aktien auf den Investor I führt, treten die gegenwärtig beteiligten Aktionäre eine solche Anzahl an Aktien an den Investor I ab, dass der Investor I durch die vorgenannte Übertragung von Miteigentum an der Globalurkunde und dieser Abtretung sämtliche Aktien der Gesellschaft erhält."

d) Besonderheit bei der Übertragung von Miteigentumsanteilen an Dauerglobalurkunden

420 Im allgemeinen Aktienrecht ist höchst umstritten, wie die Übertragung von Miteigentumsanteilen an Dauerglobalaktien[487] zu erfolgen hat.

421 Teilweise wird vertreten, dass die Übereignung nur durch eine bloße dingliche Einigung stattfindet.[488] Nach **a. A.** hat die Übereignung gemäß §§ 929 ff. BGB zu erfolgen.[489]

422 Andere schließen die Möglichkeit einer Übertragung nach sachenrechtlichen Grundsätzen gänzlich aus.[490] Möglich wäre dann lediglich eine Übertragung der Mitgliedschaft nach §§ 398 ff. BGB. Entsprechend § 952 Abs. 2 BGB ginge das Bruchteilseigentum an der Globalurkunde über.

Praxishinweis

Angesichts des Meinungsstreits sollte im Insolvenzplan aus Gründen der Vorsicht zusätzlich auch die Abtretung der Mitgliedschaftsrechte gemäß §§ 413, 398 BGB geregelt werden.

4. Personengesellschaften

423 Auch bei Personengesellschaften ist die Übertragung von Gesellschaftsanteilen möglich. Sie muss in rechtlicher Hinsicht vom Eintritt und Austritt unterschieden werden.[491] Die Übertragung ist ein Verfügungsgeschäft zwischen dem Altgesellschafter und dem Neugesellschafter, kraft dessen der Altgesellschafter seine bestehende Mitgliedschaft auf den

487) Bei solchen Globalaktien besteht die Besonderheit, dass der Anspruch auf Einzelverbriefung nach § 10 Abs. 5 AktG auf Dauer ausgeschlossen ist. Da es somit an depot- bzw. verwahrungsrechtlichen Herausgabeansprüchen fehlt, wird von Stimmen in der Literatur die Annahme eines Besitzmittlungsverhältnisses abgelehnt. So etwa *Mentz/Fröhling*, NZG 2002, 201, 208 m. w. N.

488) Vgl. *Vatter* in: BeckOGK-Aktienrecht, § 10 AktG Rz. 60, der davon ausgeht, dass die Übertragung ein schlichter Buchungsvorgang sei, der auf der Grundlage einer dinglichen Einigung erfolge.

489) *Mentz/Fröhling*, NZG 2002, 201, 210; *Eder*, NZG 2004, 107, 113 f.; *Brand*, ZBB 2015, 40, 47.

490) *Habersack/Mayer*, WM 2000, 1678, 1681 f.

491) *Fleischer* in: MünchKomm-HGB, § 105 Rz. 455 m. w. N.

Neugesellschafter überträgt.[492] Das Kapitalkonto der Gesellschaft wird lediglich auf den Erwerber umgebucht.[493]

Die Abtretungserklärung des Altgesellschafters (§§ 398, 413 BGB) kann über eine Regelung im Insolvenzplan ersetzt werden. Die Annahmeerklärung des Erwerbers ist nach allgemeiner Rechtsgeschäftslehre abzugeben (siehe entsprechend bei der GmbH Rz. 404 f.). 424

Nach allgemeinem Personengesellschaftsrecht ist die Übertragung von Anteilen an einer Personengesellschaft nur zulässig, wenn sie im Gesellschaftsvertrag zugelassen ist oder wenn alle Gesellschafter zustimmen.[494] Diese Zustimmung der Gesellschafter kann grundsätzlich ebenfalls durch eine Regelung im Insolvenzplan ersetzt werden. Der Schutz der Altgesellschafter, nicht mit einem „aufgezwungenen Gesellschafter“ die Gesellschaft fortzuführen, erfolgt nach § 230 Abs. 1 Satz 2 InsO indem Gesellschafter, welche nach dem Insolvenzplan persönlich haftende Gesellschafter des Unternehmens sein sollen, ihre ausdrückliche Fortführungsbereitschaft erklären müssen und diese Erklärung als Anlage zum Insolvenzplan genommen werden muss.[495] Ohne solche Erklärungen ist der Insolvenzplan nach § 231 Abs. 1 Nr. 1 InsO zurückzuweisen. 425

III. Materielle Voraussetzungen für die Regelung eine Übertragung von Gesellschaftsanteilen

Die Regelung zur Übertragung der Gesellschaftsanteile der Altgesellschafter im Insolvenzplan bedarf grundsätzlich keiner besonderen materiellen Rechtfertigung. Altgesellschafter haben keinen Anspruch darauf, dass eine Übertragung unterbleibt, auch wenn sie sanierungsbereit sind und selbst maßgebliche Sanierungsbeiträge aufbringen können.[496] 426

1. Verhältnismäßigkeit, Insolvenzzweck als Gestaltungsgrenze

Wie bei der Frage des Bezugsrechtsausschlusses darf jedoch die zwangsweise Übertragung der Geschäftsanteile **nicht als willkürlich und offensichtlich unverhältnismäßig** erscheinen (siehe unten Rz. 432 f.). Jede gesellschaftsrechtliche Regelung im Insolvenzplan muss dem **Insolvenzverfahrenszweck** der bestmöglichen Gläubigerbefriedigung aus § 1 InsO dienen. Anteilsübertragungen, die nach den Umständen ausschließlich dazu dienen, einen Minderheitsgesellschafter auszuschließen und nicht plausibler Bestandteil eines finanz- oder leistungswirtschaftlichen Sanierungskonzepts sind, sind wegen Insolvenzzweckwidrigkeit unzulässig (siehe § 29 Rz. 89 f. [*Brünkmans*]). 427

Ferner kann in engen Ausnahmefällen die zwangsweise Übertragung der Geschäftsanteile gegen den Willen der Anteilsinhaber **unverhältnismäßig** sein. Dies kommt etwa dann in Betracht, wenn die Gesellschaft zum Zeitpunkt der Insolvenzantragstellung lediglich drohend zahlungsunfähig war, keine Überschuldung der Gesellschaft vorliegt, die Befriedigung der Gläubiger unmittelbar nach Planbestätigung erfolgt (Cash-out-Plan) und die Altgesellschafter den Betrag für die Ablösung der Gläubiger aufbringen. Siehe zu den Erwägungen allgemein § 29 Rz. 48 f. [*Brünkmans*]. 428

492) *Fleischer* in: MünchKomm-HGB, § 105 Rz. 454; Henssler/Strohn-*Henssler*, GesR, § 105 HGB Rz. 118.

493) *Fleischer* in: MünchKomm-HGB, § 105 Rz. 471.

494) *Fleischer* in: MünchKomm-HGB, § 105 Rz. 461; Baumbach/Hopt-*Roth*, HGB, § 105 Rz. 70; Henssler/Strohn-*Henssler*, GesR, § 105 HGB Rz. 118 f.

495) S. bereits zum Eintritt eines neuen Gesellschafters durch Planregelung Rz. 389 f.

496) So auch *Eidenmüller* in: MünchKomm-InsO, § 225a Rz. 87; *Nawroth/Wohlleber*, ZInsO 2013, 1022, 1023; *Rattunde*, GmbHR 2012, 355, 459; a. A. *Simon/Merkelbach*, NZG 2012, 121, 127.

2. Gegebenenfalls Abfindungsregelung

429 Darüber hinaus besteht im Ergebnis lediglich der **vermögensrechtliche Schutz aus § 251 InsO oder § 245 Abs. 1 Nr. 1 InsO**, d. h. die Regelung der zwangsweisen Übertragung der Geschäftsanteile im gestaltenden Teil des Insolvenzplans ist nur dann rechtswidrig, wenn die Altgesellschafter im Regelinsolvenzverfahren besserstehen würden. Da im Regelverfahren der Rechtsträger abgewickelt wird, für eine Ausschüttung an die Gesellschafter (§ 199 InsO) selten etwas übrig bleibt und i. Ü. dann im Plan Kompensationszahlungen bereitgestellt werden können und müssen(!), wird der Vorwurf der vermögensmäßigen Schlechterstellung eine Planregelung mit zwangsweiser Abtretung der Geschäftsanteile in der Regel nicht zu Fall bringen können.

430 Bei Fortführung des Unternehmens kann unter bestimmten Voraussetzungen über die Gewährung einer Abfindung über den fiktiven Ausschüttungsbetrag im Regelverfahren hinaus eine **Abfindung zu Fortführungswerten** geboten sein (siehe ausführlich § 58 Rz. 14 ff. [*Brünkmans/Harmann/Clev*]).

431 Gesellschafter können sich gegen die entschädigungslose oder in ihren Augen nicht hinreichend kompensierte Zwangsabtretung im Wege eines Minderheitenschutzantrages wehren. Sieht der Insolvenzplan zusätzliche Mittel für Kompensationszahlungen vor, können die betroffenen Gesellschafter eine unzureichende Entschädigung nur außerhalb des Insolvenzplanverfahrens geltend machen (§ 251 Abs. 3 Satz 2 InsO) und damit die Umsetzung des Insolvenzplans und den wirksamen Vollzug der Abtretung nicht verhindern.[497)]

3. Voraussetzungen selektiver Übertragung von Geschäftsanteilen durch Insolvenzplanregelung

432 Die Übertragung der Geschäftsanteile kann i. R. des gruppeninternen Gleichbehandlungsgebotes (§ 226 InsO) auf einzelne oder gar auf nur einen Altgesellschafter beschränkt werden, wenn diese einer gesonderten Gruppe der Anteilsinhaber[498)] angehören und alle Gruppenmitglieder im gleichen Verhältnis gezwungen werden, ihre Geschäftsanteile zu übertragen.[499)] Ein zwingender Konflikt zum Obstruktionsverbot besteht bei der Anteilsübertragung selektiv beschränkt auf einzelne Gesellschafter hingegen nicht, weil richtigerweise der Gleichbehandlungsgrundsatz aus § 245 Abs. 3 Nr. 2 InsO nur im wirtschaftlichen, nicht im rechtlichen Sinne zu verstehen ist.[500)]

433 Allerdings ist zu beachten, dass, abgesehen von der Bildung einer Gruppe der Kleinbeteiligten, die Bildung einer weiteren Gruppe der Anteilsinhaber anhand gleicher wirtschaftlicher Interessen (§ 222 Abs. 1 Satz 2 Nr. 4, Abs. 2 InsO) zu erfolgen hat. Die bloße Ermöglichung einer selektiven Übertragung der Geschäftsanteile reicht dafür selbstredend nicht aus. Denkbar ist allerdings die Einteilung der Gruppe der Anteilsinhaber in zwei „Untergruppen" anhand der Bereitschaft der Anteilsinhaber, einen Sanierungsbeitrag zu leisten. Hält die Bildung dieser Untergruppe den rechtlichen Anforderungen aus § 222 Abs. 2 InsO stand,[501)] kann auch die Regelung zur zwangsweisen Übertragung der Ge-

497) *Hölzle* in: Kübler/Prütting/Bork, HRI II, § 26 Rz. 39.

498) Zur Bildung von Untergruppen innerhalb der Gruppe der Anteilsinhaber s. unten § 29 Rz. 71 f. [*Brünkmans*].

499) *Eidenmüller* in: MünchKomm-InsO, § 225a Rz. 87.

500) Wie hier K. Schmidt-*Spliedt*, InsO, § 245 Rz. 35; s. a. *Thole*, oben § 17 Rz. 43 ff.; wohl anders *Hölzle* in: Kübler/Prütting/Bork, HRI II, § 26 Rz. 39; *Simon/Merkelbach*, NZG 2012, 121, 127 f.; *Rendels/Zabel*, Insolvenzplan, Rz. 461.

501) S. dazu ausführlich § 29 Rz. 65 ff. und 73 [*Brünkmans*].

schäftsanteile im Insolvenzplan auf die Gruppe der nicht sanierungsbereiten Gesellschafter beschränkt werden.

4. Besonderheiten bei der Doppelinsolvenz?

Fraglich ist, ob bei gleichzeitiger Insolvenz des Gesellschafters eine Zwangsübertragung möglich ist (sog. Doppelinsolvenz). Die Zwangsübertragung ginge dann zulasten der Insolvenzmasse des Gesellschafters. Diese Konstellation dürfte in Konzerninsolvenzen häufig vorkommen (siehe dazu ausführlich § 33 [*Brünkmans*]). Soweit überhaupt diskutiert, wird die Möglichkeit der zwangsweisen Übertragung der Geschäftsanteile durch den Insolvenzplan auch bei der Doppelinsolvenz bejaht.[502] 434

IV. Wirkung der Planregelung nach rechtskräftiger Bestätigung des Insolvenzplans

Mit Rechtskraft der Bestätigung des Insolvenzplans treten die im gestaltenden Teil festgelegten Wirkungen für und gegen alle Beteiligten ein (§ 254 Abs. 1 InsO). Die für die Übertragung notwendigen rechtsgeschäftlichen Erklärungen der Altgesellschafter werden mit Rechtskraft der Bestätigung des Insolvenzplanes formwirksam ersetzt (§§ 254, 254a InsO), selbst wenn diese gegen den Insolvenzplan gestimmt oder an der Planabstimmung gar nicht teilgenommen haben (siehe allgemein § 29 Rz. 21 ff. [*Brünkmans*]).[503] Der schuldrechtliche Rechtsgrund für die Übertragung der Anteilsrechte liegt in der Insolvenzplanregelung selbst, welcher ebenfalls mit Rechtskraft des Insolvenzplans Wirkung entfaltet. 435

V. Rechtsfolgen bei Anteilsübertragung durch Insolvenzplan

1. Keine Regelung des lastenfreien Erwerbs möglich

Aktien und GmbH-Geschäftsanteile dienen häufig als Kreditsicherheiten und werden zugunsten eines Kreditgebers des Gesellschafters oder als flankierende Sicherheit eines Kredits an die Gesellschaft verpfändet.[504] Bei einer zwangsweisen Übertragung durch eine Planregelung stellt sich indes die Frage, ob nicht auch die lastenfreie Übertragung der Geschäftsanteile im gestaltenden Teil des Insolvenzplans geregelt werden kann.[505] 436

Dies wird in der Literatur unter Heranziehung der wirtschaftlichen Vergleichbarkeit zu einem Kapitalschnitt[506] vertreten. Der Verlust des Sicherungsrechtes erfolgt beim Kapitalschnitt ipso iure durch die Vernichtung der Geschäftsanteile im Wege der Kapitalherabsetzung. Bei der Übertragung der Geschäftsanteile werden – anders als beim Kapitalschnitt – gerade keine neuen Gesellschaftsanteile geschaffen, sondern diese vielmehr in der bestehenden Identität der Mitgliedschaft übertragen. Ein Verlust des Sicherungsrechtes kann daher nur durch den Eingriff in die Rechtsposition des Sicherungsnehmers erklärt werden. 437

Richtigerweise ist daher zu differenzieren: **Dient das Sicherungsrecht an den Geschäftsanteilen der Sicherung einer Forderung gegen den insolventen Schuldner**, so ist ein Eingriff in das Sicherungsrecht entsprechend der Absonderungsrechte möglich. **Dient das** 438

502) *Thole*, Gesellschaftsrechtliche Maßnahmen in der Insolvenz, Rz. 303.

503) Begr. RegE ESUG, BT-Drucks. 17/5712, S. 47; *Eidenmüller* in: MünchKomm-InsO, § 225a Rz. 87; *Simon/Merkelbach*, NZG 2012, 121, 127; Kübler/Prütting/Bork-*Spahlinger*, InsO, § 225a Rz. 71; *Nawroth/Wohlleber*, ZInsO 2013, 1022, 1023; *Thies* in: HambKomm-InsO, § 225a Rz. 9.; *Hölzle* in: Kübler/Prütting/Bork, HRI II, § 26 Rz. 39.

504) Vgl. *Reymann*, DNotZ 2005, 425.

505) Dazu ausführlich *Brünkmans*, ZIP 2014, 1857, 1859.

506) *Wieneke/Hoffmann*, ZIP 2013, 697, 706.

Sicherungsrecht hingegen der Sicherung eines Anspruchs gegen den Gesellschafter oder einen sonstigen Dritten, ist der Sicherungsnehmer nicht den Regelungen des Plans unterworfen und entsprechend scheidet eine lastenfreie Übertragung aus.[507] Für den Eingriff in die Sicherungsrechte Dritter, nicht am Plan Beteiligter, fehlt es grundsätzlich an einer rechtlichen Grundlage.[508] Bezöge man für diese Fälle das Sicherungsrecht mit ein, würde der Insolvenzplan eine unzulässige Regelung zulasten Dritter darstellen. Anders als der Anteilseigner oder der – in diesem Fall durch die Geschäftsanteile besicherte – Gläubiger des Schuldners kann ein Dritter nicht als zwangsweise Planunterworfener am Planverfahren teilnehmen. Ihm käme auch nicht der Schutz der §§ 245 Abs. 3, 251, 253 InsO zugute.[509]

2. Rechtsnachfolgehaftung für Kapitalaufbringung

439 Der Rechtsnachfolger haften nach § 16 Abs. 2 GmbHG für nicht erbrachte Einlageverpflichtungen und Einstandspflichten für Kapitalaufbringung und Kapitalerhaltung (§§ 24, 31 GmbHG) sowie für Nachschüsse und Nebenleistungsverpflichtungen[510] auch bei einer Übertragung der Geschäftsanteile kraft Insolvenzplanregelung.[511] Zu der Gestaltbarkeit solcher Ansprüche siehe ausführlich § 11 [*Thole*].

3. Insolvenzanfechtung

440 Es stellt sich die Frage, ob in der Insolvenz des Altgesellschafters die Übertragung der Geschäftsanteile durch Insolvenzplanregelung vom Insolvenzverwalter des Altgesellschafters angefochten werden kann. In den meisten Fällen wird die Insolvenzanfechtung bereits an einer objektiven Gläubigerbenachteiligung scheitern, weil die Geschäftsanteile keinen Wert hatten oder der Insolvenzplan jedenfalls eine hinreichende Kompensationszahlung vorsah. Die gefährlichen Anfechtungstatbestände aus §§ 132, 133 und 134 InsO greifen bei einer Zwangsabtretung kraft Insolvenzplanregelung schon deshalb nicht, weil diese Anfechtungstatbestände eine Rechtshandlung des Schuldners erfordern. In diesem Fall beschränkt sich die Anfechtungsgefahr auf § 130 InsO (kongruente Deckung).[512]

4. Erhalt der Börsennotierung

441 Auch bei einer Übertragung von börsennotierten Aktien aufgrund einer Insolvenzplanregelung erwirbt der Investor derivativ bereits bestehende Aktien. Anders als bei einem Neuerwerb von Aktien über einen Kapitalschnitt sind die erworbenen Aktien zum Börsenhandel zugelassen und das mit erheblichem Aufwand verbundene Prozedere zur Zulassung zum Börsenhandel nicht erforderlich.[513]

L. Pfandrechtsbestellung

442 Wenn der Insolvenzplan Regelungen aufnehmen kann, welche die Abtretungserklärung ersetzen, so können auch andere, den Geschäftsanteil verändernde oder belastende Erklä-

---

507) So auch Kübler/Prütting/Bork-*Spahlinger*, InsO, § 225a Rz. 72; generell gegen Eingriff in Drittrechte *Eidenmüller* in: MünchKomm-InsO, § 225a Rz. 88.

508) *Eidenmüller* in: MünchKomm-InsO, § 225a Rz. 88; Kübler/Prütting/Bork-*Spahlinger*, InsO, § 225a Rz. 72; *Brünkmans*, ZIP 2014, 1857, 1860.

509) *Brünkmans*, ZIP 2014, 1857, 1860; ähnlich Kübler/Prütting/Bork-*Spahlinger*, InsO, § 225a Rz. 73.

510) Noack/Servatius/Haas-*Servatius*, GmbHG, § 16 Rz. 23; *Altmeppen*, GmbHG, § 16 Rz. 28; *Wicke*, GmbHG, § 16 Rz. 12; Bork/Schäfer-*Brandes*, GmbHG, § 16 Rz. 12.

511) *Brünkmans*, ZIP 2014, 1857, 1860; K. Schmidt-*Spliedt*, InsO, § 225a Rz. 47.

512) Ausführlich *Brünkmans*, ZIP 2014, 1857, 1860.

513) *Wieneke/Hoffmann*, ZIP 2013, 697, 705, s. dazu auch § 32 Rz. 32 [*Brünkmans*].

rungen im gestaltenden Teil als Regelung aufgenommen werden, wie z. B. Pfandrechtsbestellungen. Es gelten die unter Rz. 60 ff. dargestellten Grundsätze entsprechend.

M. Ausschluss, Austritt von Gesellschaftern und Einziehung von Geschäftsanteilen

I. Überblick

Das Gesellschaftsrecht sieht die Möglichkeit des Ausschlusses einzelner Gesellschafter aus wichtigem Grund oder unter den im Gesellschaftsvertrag näher geregelten Voraussetzungen vor.[514] Anders als der Austritt (siehe dazu Rz. 479 ff.) erfolgt der Ausschluss gegen den Willen des auszuschließenden Gesellschafters durch die übrigen Gesellschafter. 443

Bei Kapitalgesellschaften ist neben dem Ausschluss des einzelnen Gesellschafters als Person der Ausschluss noch in besonderer Weise zu vollziehen. Vollzogen wird der Ausschluss entweder durch Einziehung oder Übertragung der Geschäftsanteile.[515] Die Einziehung ist dabei in der Praxis das weit überwiegende Vollzugsmittel. Die Entscheidung über Ausschluss und Einziehung und die Mitteilung dieser Maßnahmen an den Betroffenen werden häufig in einem Akt zusammengefasst, sodass deren Konturen in der praktischen Umsetzung häufig verlaufen.[516] 444

Sowohl der Ausschluss als auch ggf. sein Vollzug durch Einziehung oder Abtretung können auf der Grundlage eines Insolvenzplans erfolgen.[517] 445

II. Ausschluss bei Kapitalgesellschaften

1. Rechtsgrundlage nach allgemeinem Gesellschaftsrecht

Der Ausschluss von Gesellschaftern ist – anders als die Einziehung des Geschäftsanteils – nicht unmittelbar im GmbHG oder AktG geregelt. Dennoch ist anerkannt, dass ein Ausschlussrecht aus wichtigem Grund als notwendiger Bestandteil jedes personalen Dauerschuldverhältnisses auch bei der GmbH[518] und wohl auch bei der AG[519] besteht. Dadurch wird ermöglicht, sich von einem Gesellschafter zu trennen, ohne den Weg der vollständigen Auflösung der Gesellschaft gehen zu müssen.[520] 446

Nach allgemeinem Gesellschaftsrecht ist ein Ausschluss entweder aus wichtigem Grund oder unter den im Gesellschaftsvertrag näher geregelten Voraussetzungen möglich. Sollen diese besonderen Ausschlusstatbestände durch nachträgliche Satzungsänderung aufgenommen werden, ist dies grundsätzlich nur möglich, wenn alle Gesellschafter dem zustimmen.[521] 447

---

514) Noack/Servatius/Haas-*Kersting*, GmbHG, Anh. § 34 Rz. 1 f.; Michalski/Heidinger/Leible/J. Schmidt-*Sosnitza*, GmbHG, Anh. § 34 Rz. 6 f.; *Strohn* in: MünchKomm-GmbHG, § 34 Rz. 101 f.; *Scholz* in: MünchHdb. GesR, Bd. 4, § 63 Rz. 56 f.

515) BGH, Urt. v. 19.9.1977 – II ZR 11/76, NJW 1977, 2316, 2316.

516) BGH, Urt. v. 19.9.1977 – II ZR 11/76, NJW 1977, 2316, 2316.

517) So auch *Hölzle* in: Kübler/Prütting/Bork, HRI II, § 26 Rz. 41; *Thies* in: HambKomm-InsO, § 225a Rz. 16 ff.; K. Schmidt-*Spliedt*, InsO, § 225a Rz. 42, 45.

518) BGH, Urt. v. 1.4.1953 – II ZR 235/52, NJW 1953, 780; BGH, Urt. v. 20.9.1999 – II ZR 345/97, ZIP 1999, 1843 = NJW 1999, 3779, dazu EWiR 1999, 1125 *(Kort)*; *Altmeppen*, GmbHG, § 34 Rz. 61.

519) *Lutter* in: KölnKomm-AktG, § 237 Rz. 118 ff.; *Becker*, ZGR 1986, 383; vgl. auch *Oechsler* in: MünchKomm-AktG, § 237 Rz. 56 ff.

520) *Altmeppen*, GmbHG, § 34 Rz. 61.

521) BGH, Urt. v. 19.9.1977 – II ZR 11/76, NJW 1977, 2316, 2316; *Strohn* in: MünchKomm-GmbHG, § 34 Rz. 194; *Altmeppen*, GmbHG, § 60 Rz. 71.

2. Rechtsgrundlage bei einem Ausschluss kraft Insolvenzplanregelung

448 Für die Regelung eines Ausschlusses eines Gesellschafters auf der Grundlage eines Insolvenzplanes gilt dies richtigerweise nicht. Die Ermächtigung für einen solchen Ausschluss ist unmittelbar in § 225a Abs. 3 und Abs. 2 Satz 2 InsO zu sehen. Nach § 225a Abs. 2 Satz 2 InsO kann der Insolvenzplan eine Abfindung an ausscheidende Anteilsinhaber vorsehen. Die Regelung des Ausschlusses als solche im Insolvenzplan liegt dann auf der Hand. § 225a Abs. 3 InsO ermöglicht die zwangsweise Übertragung der Geschäftsanteile gegen den Willen des Altgesellschafter, d. h. den vollständigen Verlust seiner Mitgliedschaft.[522] Dann muss auch der Ausschluss grundsätzlich zulässig sein. Die außerhalb des Insolvenzplanes geforderte Voraussetzung eines wichtigen Grundes oder vorherige Satzungsermächtigung dient ausschließlich den Schutz der Altgesellschafter. Ausschließlich die Altgesellschafter schützende Normen des Gesellschaftsrechts finden i. R. einer Insolvenzplanregelung jedoch grundsätzlich keine Anwendung.[523]

3. Voraussetzung eines Ausschlusses kraft Insolvenzplanregelung

449 Wird der Ausschluss eines Gesellschafters im Insolvenzplan geregelt, bedarf es zwar nicht eines wichtigen Grundes oder der Einhaltung der satzungsmäßigen Ausschließungsgründe, allerdings sind die **insolvenzplanspezifischen Voraussetzungen**, insbesondere der gruppenspezifische Gleichheitsgrundsatz, der Insolvenzverfahrenszweck und der Verhältnismäßigkeitsgrundsatz einzuhalten.

450 Der Ausschluss aus der Gesellschaft kann sich i. R. des **gruppeninternen Gleichbehandlungsgebotes (§ 226 InsO)** ausschließlich auf einzelne oder gar auf nur einen Altgesellschafter beziehen, wenn für diese eine gesonderte Untergruppe innerhalb der Anteilsinhaber[524] gebildet wird. Ein zwingender Konflikt zum Obstruktionsverbot besteht nicht, weil der Gleichbehandlungsgrundsatz aus § 245 Abs. 3 Nr. 2 InsO richtigerweise nur im wirtschaftlichen, nicht im rechtlichen Sinne zu verstehen ist und damit auch über Kompensationszahlungen erreicht werden kann.[525]

451 Allerdings ist zu beachten, dass, abgesehen von der Bildung einer Gruppe der Kleinbeteiligten, die Bildung einer weiteren Gruppe der Anteilsinhaber anhand gleicher wirtschaftlicher Interessen (§ 222 Abs. 1 Satz 2 Nr. 4, Abs. 2 InsO) zu erfolgen hat. Die bloße Ermöglichung eines selektiven Ausschlusses einzelner Gesellschafter reicht dafür selbstredend nicht aus. Denkbar ist allerdings die Einteilung der Gruppe der Anteilsinhaber in zwei „Untergruppen" anhand der Bereitschaft der Anteilsinhaber, einen Sanierungsbeitrag zu leisten (siehe schon zur Anteilsübertragung bei Rz. 433), eine Aufteilung der Anteilsinhaber in solche, die zugleich Gläubiger sind und solche, die dies nicht sind,[526] nach Art des Sanierungsbeitrages, nach der Höhe der Beteiligung, nach dem strategischen Interesse etc.[527]

452 Der Ausschluss des Gesellschafters oder der Gesellschaftergruppe muss ferner dem **Insolvenzverfahrenszweck dienen** und **verhältnismäßig** sein (siehe § 29 Rz. 89 f. [*Brünkmans*]). Ist alleiniger Zweck des Ausschlusses des Gesellschafters, einen „lästigen Mitgesellschafter" loszuwerden, dient dies nicht dem Zweck des Insolvenzverfahrens der bestmöglichen

522) Begr. RegE ESUG, BT-Drucks. 17/5712, S. 32.

523) Dazu und zur Einschränkung im Falle eines Insolvenzantrages wegen bloß drohender Zahlungsunfähigkeit ausführlich § 29 Rz. 57 f. [*Brünkmans*].

524) Zur Bildung von Untergruppen innerhalb der Gruppe der Anteilsinhaber, s. § 29 Rz. 80 f. [*Brünkmans*].

525) Wie hier K. Schmidt-*Spliedt*, InsO, § 245 Rz. 35; s. auch oben *Thole*, § 17 Rz. 43 f.; wohl anders *Hölzle* in: Kübler/Prütting/Bork, HRI II, § 26 Rz. 39; *Simon/Merkelbach*, NZG 2012, 121, 127 f.; *Rendels/Zabel*, Insolvenzplan, Rz. 461.

526) K. Schmidt-*Spliedt*, InsO, § 222 Rz. 16.

527) *Müller*, KTS 2012, 419, 422; K. Schmidt-*Spliedt*, InsO, § 222 Rz. 16.

Gläubigerbefriedigung. Dem Zweck der bestmöglichen Gläubigerbefriedigung dienlich kann hingegen sein, wenn Gesellschafter mit geringen Beteiligungen ausgeschlossen werden, um über eine stabile Gesellschafterstruktur der Gesellschaft den Einstieg eines für die nachhaltige Sanierung erforderlichen Investors zu ermöglichen.

4. Inhalt der Ausschlussregelung im Insolvenzplan

Außerhalb des Insolvenzplanverfahrens erfolgt der Ausschluss durch Gestaltungsurteil auf Grund einer Ausschlussklage der Gesellschafter oder durch einen rechtsgestaltenden Gesellschafterbeschluss.[528] 453

Im Insolvenzplanverfahren kann der Ausschluss eines Anteilsinhabers über eine Regelung im Insolvenzplan erfolgen. In diesem Fall wird der rechtsgestaltende Gesellschafterbeschluss durch eine Regelung im Insolvenzplan ersetzt (zur beschlussersetzenden Funktion von anteilsbezogenen Planregelungen siehe § 29 Rz. 21 f. [*Brünkmans*]). Die Regelung eines Gesellschafterausschlusses ist auch dann möglich, wenn die bisherige Satzung einen Ausschluss durch Gesellschafterbeschluss nicht vorsieht (siehe oben Rz. 448). 454

5. Wirkung der Ausschließung

Im allgemeinen Gesellschaftsrecht ist umstritten, ob bei fehlender Satzungsregelung mit Wirkung des Gesellschafterbeschlusses die Gesellschafter bereits durch den Beschluss ihre Gesellschafterstellung verlieren[529] oder ob der Ausschließungsbeschluss durch die Abfindungszahlung bedingt ist.[530] Die wohl überwiegende Auffassung geht grundsätzlich[531] davon aus, dass die Gesellschafter bereits durch den Ausschließungsbeschluss unabhängig von der erfolgten Abfindungsausschüttung ihren Anteil verlieren.[532] Im Insolvenzplanverfahren wird dieser Streit in der Regel unbeachtlich sein, da die Gesellschaftsanteile ohnehin regelmäßig wertlos[533] sind, mit der Folge, dass auch eine Abfindung entfällt. 455

Sollte den Gesellschaftern ausnahmsweise dennoch eine Abfindung zustehen, ist mit der h. A. davon auszugehen, dass sie bei einer Ausschlussregelung im Insolvenzplan bereits mit Rechtskraft des den Insolvenzplan bestätigenden Beschluss ausscheiden (§§ 254 Abs. 1, 456

528) Noack/Servatius/Haas-*Kersting*, GmbHG, Anh. § 34 Rz. 16; *Altmeppen*, GmbHG, § 60 Rz. 72; die klageweise Geltendmachung ist nur zulässig, wenn die Satzung keine Ermächtigung zum Ausschluss vorsieht, ansonsten ist die Ausschlussklage unstatthaft, *Altmeppen*, GmbHG, § 60 Rz. 85 m. w. N.

529) BGH, Urt. v. 25.1.1960 – II ZR 22/59, NJW 1960, 866; Scholz-*Veil*, GmbHG, Anh. § 34 Rz. 58; *Strohn* in: MünchKomm-GmbHG, § 34 Rz. 176; *Battke*, GmbHR 2008, 850, 854; *Heidinger/Blath*, GmbHR 2007, 1184, 1187; *Mayer/Elfring*, GmbHR 2004, 869, 879; Noack/Servatius/Haas-*Kersting*, GmbHG, Anh. § 34 Rz. 16; in diese Richtung auch BGH, Urt. v. 24.1.2012 – II ZR 109/11, ZIP 2012, 422 = NZG 2012, 259, dazu EWiR 2012, 177 (*Lutter*).

530) Michalski/Heidinger/Leible/J. Schmidt-*Sosnitza*, GmbHG, Anh. § 34 Rz. 42; *Schindler* in: BeckOK-GmbHG, § 34 Rz. 148.

531) Teilweise wird vertreten, dass dies dann nicht gelte, wenn bereits bei der Beschlussfassung festehe, dass für eine Abfindung kein freies, nicht durch §§ 30, 64 Satz 3 GmbHG gebundenes Vermögen vorhanden sein wird. Vgl. dazu Scholz-*Veil*, GmbHG, Anh. § 34 Rz. 58; *Strohn* in: MünchKomm-GmbHG, § 34 Rz. 176l.

532) BGH, Urt. v. 25.1.1960 – II ZR 22/59, NJW 1960, 866; Scholz-*Veil*, GmbHG, Anh. § 34 Rz. 58; *Strohn* in: MünchKomm-GmbHG, § 34 Rz. 176; *Battke*, GmbHR 2008, 850, 854; *Heidinger/Blath*, GmbHR 2007, 1184, 1187; *Mayer/Elfring*, GmbHR 2004, 869, 879; Noack/Servatius/Haas-*Kersting*, GmbHG, Anh. § 34 Rz. 16; In diese Richtung auch BGH, Urt. v. 24.1.2012 – II ZR 109/11, ZIP 2012, 422 = NZG 2012, 259.

533) Zu der Ermittlung der Abfindungshöhe s. ausführlich § 58 Rz. 14 ff. [*Brünkmans/Harmann/Clev*].

254a Abs. 2 InsO).[534] Mit Ausschluss des Gesellschafters werden die Geschäftsanteile des Gesellschafters trägerlos.[535] Nur bei einer gleichzeitigen Einziehung gehen diese unter.[536]

6. Hinterlegung der neuen Gesellschafterliste

457 Die Ausschließung als solche ist nicht in das Handelsregister einzutragen. Vielmehr haben die Geschäftsführer oder der Insolvenzverwalter[537] (§ 254a Abs. 2 Satz 3 InsO analog) nach dem Ausscheiden des Gesellschafters gemäß § 40 Abs. 1 Satz 1 GmbHG unverzüglich eine neue Gesellschafterliste zum Handelsregister einzureichen, auch wenn für den ausgeschiedenen Gesellschafter kein neuer Gesellschafter eintritt.[538]

7. Verwertung der Geschäftsanteile des ausgeschlossenen Gesellschafters

458 Da der Ausschluss nicht unmittelbar gegen den Geschäftsanteil gerichtet ist, ist eine Regelung über die Disposition des Geschäftsanteils des ausgeschlossenen Gesellschafters erforderlich.[539] Dabei steht die Entscheidung über die Art der Verwertung des trägerlosen Geschäftsanteils der Gesellschafterversammlung zu (§ 46 Nr. 4 GmbHG analog).[540] In Betracht kommen die Übertragung des Geschäftsanteils sowie die Einziehung.[541]

a) Übertragung Geschäftsanteil

459 Die Gesellschaft allein – ohne Beteiligung des ausgeschlossenen Gesellschafters – kann den trägerlos gewordenen Geschäftsanteil an sich, einen verbliebenen Gesellschafter oder einen von der Gesellschaft ausgewählten Dritten übertragen.[542]

460 Die Mitwirkung des ausgeschlossenen Gesellschafters bei der Übertragung des trägerlosen Geschäftsanteils ist nicht erforderlich, weil die Gesellschaft selbst zur Verfügung über den Geschäftsanteil berechtigt ist.[543] Die Übertragung des Geschäftsanteils kann bereits im Insolvenzplan geregelt werden. Da die zwangsweise Übertragung der Geschäftsanteile nach § 225a Abs. 3 InsO ohnehin im Insolvenzplan geregelt werden kann, bedarf es – anders als außerhalb des Insolvenzplanverfahrens – keiner vorherigen Ausschließung. Denkbar ist jedoch eine isolierte Ausschließung über eine Planregelung und Verwertung nach allgemeinen gesellschaftsrechtlichen Vorschriften. So kann nach Aufhebung des Insolvenzverfahrens der Geschäftsanteil nach Abschluss der akuten Sanierungsphase an einen

---

534) So auch Uhlenbruck-*Hirte*, InsO, § 225a Rz. 56; K. Schmidt-*Spliedt*, InsO, § 225a Rz. 59.

535) OLG Düsseldorf, Urt. v. 20.12.2006 – 15 U 39/06, DB 2007, 848; Scholz-*Seibt*, GmbHG, Anh. § 34 Rz. 52; *Strohn* in: MünchKomm-GmbHG, § 34 Rz. 118; Ulmer/Habersack/Löbbe-*Ulmer/Habersack*, GroßKomm-GmbHG, Anh. § 34 Rz. 39; *Altmeppen*, GmbHG, § 60 Rz. 97; Henssler/Strohn-*Fleischer*, GesR, § 34 GmbHG Rz. 33; **a. A.** Noack/Servatius/Haas-*Kersting*, GmbHG, Anh. § 34 Rz. 15.

536) Noack/Servatius/Haas-*Kersting*, GmbHG, Anh. § 34 Rz. 15; *Heidinger/Blath*, GmbHR 2007, 1184, 1186.

537) S. dazu § 29 Rz. 173 ff. [*Brünkmans*].

538) *Strohn* in: MünchKomm-GmbHG, § 34 Rz. 121; Scholz-*Seibt*, GmbHG, § 40 Rz. 33.

539) Michalski/Heidinger/Leible/J. Schmidt-*Sosnitza*, GmbHG, Anh. § 34 Rz. 39.

540) Scholz-*Seibt*, GmbHG, Anh. § 34 Rz. 52; *Strohn* in: MünchKomm-GmbHG, § 34 Rz. 118; Michalski/Heidinger/Leible/J. Schmidt-*Sosnitza*, GmbHG, Anh. § 34 Rz. 40; *Römermann*, NZG 2010, 96, 98.

541) Scholz-*Seibt*, GmbHG, Anh. § 34 Rz. 52.

542) *Strohn* in: MünchKomm-GmbHG, § 34 Rz. 118; Scholz-*Seibt*, GmbHG, Anh. § 34 Rz. 52.

543) Michalski/Heidinger/Leible/J. Schmidt-*Sosnitza*, GmbHG, Anh. § 34 Rz. 42; *Battke*, GmbHR 2008, 850, 854; Scholz-*Seibt*, GmbHG, Anh. § 34 Rz. 52; so wohl auch *Strohn* in: MünchKomm-GmbHG, § 34 Rz. 118.

Investor verkauft und übertragen werden. In diesem Fall schließt die Gesellschaft dann mit dem Erwerber den der Übertragung zugrunde liegenden schuldrechtlichen Vertrag.[544)]

b) Einziehung

Sollte die Gesellschaft keinen Erwerber finden, können die Geschäftsanteile eingezogen werden. Dies kann durch einen Gesellschafterbeschluss ohne Zustimmung des bereits ausgeschlossenen Gesellschafters erfolgen.[545)] 461

> **Praxishinweis**
>
> In den meisten Fällen wird sich eine kombinierte Ausschluss- und Einziehungsregelung im Insolvenzplan anbieten. Der im Insolvenzplan geregelte Ausschluss wird dann mit einer Einziehungsregelung verbunden. Mit Rechtskraft des Insolvenzplanes ist der Gesellschafter ausgeschlossen und seine Geschäftsanteile gleichzeitig[546)] eingezogen (siehe dazu Rz. 463 ff.).

8. Abfindung

Die Frage, ob und in welcher Höhe der Ausschluss eines Gesellschafters kraft Insolvenzplanregelung einen Anspruch auf eine Abfindung begründet, ist anhand der allgemeinen Grundsätze für die Abfindung der in den Insolvenzplan einbezogenen Anteilsinhaber zu beantworten. Dem ausgeschlossenen Anteilsinhaber ist mindestens der Geldbetrag als Abfindung zu gewähren, den der Anteilsinhaber im Regelverfahren gemäß § 199 InsO erhalten hätte (§ 251 InsO). In Ausnahmefällen ist bei der Bestimmung des Abfindungsanspruches der insolvenzsspezifische Fortführungswert zu berücksichtigen (siehe ausführlich § 58 Rz. 14 ff. [*Brünkmans/Harmann/Clev*]). 462

III. Einziehung

1. Überblick – Wesen der Einziehung

Durch die Einziehung eines Geschäftsanteils werden dieser und die mit ihm verbundenen Mitgliedschaftsrechte vernichtet.[547)] Anders als bei der Ausschließung richtet sich die Einziehung nicht gegen einen bestimmten Gesellschafter, sondern gegen den zu vernichtenden Geschäftsanteil.[548)] Die Einziehung ist vielmehr – neben der Übertragung des Geschäftsanteils – ein Mittel, die Ausschließung des Gesellschafters aus der Gesellschaft zu vollziehen. 463

a) Allgemeine Voraussetzungen

Außerhalb gesellschaftsrechtlicher Insolvenzplanregelungen ist grundsätzliche Voraussetzung für die Einziehung, dass diese in der Satzung der Gesellschaft vorgesehen ist (§ 34 Abs. 1 GmbHG, § 237 Abs. 1 Satz 2 AktG). Für die Zwangseinziehung der Anteile ohne 464

---

544) *Strohn* in: MünchKomm-GmbHG, § 34 Rz. 118.

545) Ohne Zustimmung des Gesellschafters ist die Einziehung bei einem gerechtfertigten Ausschluss des Gesellschafters nach ganz h. M. auch dann zulässig, wenn die Einziehung als solche in der Satzung nicht vorgesehen ist, BGH, Urt. v. 1.4.1953 – II ZR 235/52, BGHZ 9, 157, 168; BGH, Urt. v. 19.9.1977 – II ZR 11/76, NJW 1977, 2316; Noack/Servatius/Haas-*Kersting*, GmbHG, Anh. § 34 Rz. 10; Michalski/Heidinger/Leible/J. Schmidt-*Sosnitza*, GmbHG, Anh. § 34 Rz. 40; Scholz-*Seibt*, GmbHG, Anh. § 34 Rz. 52; *Schindler* in: BeckOK-GmbHG, § 34 Rz. 146; a. A. *Soufleros*, Ausschließung und Abfindung eines GmbH-Gesellschafters, S. 133.

546) Im Gesellschaftsrecht ist anerkannt, dass der Ausschluss mit der Einziehung zu einem Akt verbunden werden kann, BGH, Urt. v. 19.1.1983 – IVa ZR 225/81, NJW 1983, 2881; Noack/Servatius/Haas-*Kersting*, GmbHG, Anh. § 34 Rz. 17.

547) *Schindler* in: BeckOK-GmbHG, § 34 Rz. 1.

548) *Altmeppen*, GmbHG, § 34 Rz. 1.

Zustimmung des betroffenen Gesellschafters ist zwingende Voraussetzung, dass im Zeitpunkt, in dem der Berechtigte den Geschäftsanteil erworben hat, die Gründe für die Einziehung bereits in der Satzung hinreichend bestimmt festgelegt worden sind (§ 34 Abs. 2 GmbHG).[549] Damit wird ein Vertrauensschutz zugunsten des beitretenden Gesellschafters geschaffen, der sich im Vorhinein darauf einstellen kann, unter welchen Voraussetzungen ihm seine Mitgliedschaft gegen seinen Willen wieder entzogen werden kann und nicht damit rechnen muss, dass im Nachhinein noch weitere Gründe gegen seinen Willen geschaffen werden.[550] Eine Ermächtigung in der Satzung bedarf es nach h. M. für die Einziehung indes nicht, wenn der Gesellschafter aus wichtigem Grund aus der Gesellschaft ausgeschlossen wird und der Ausschluss über eine Einziehung der Mitgliedschaft vollzogen werden soll.[551]

465 Für die Einziehung auf der Grundlage einer Insolvenzplanregelung ist weder eine grundsätzliche Satzungsermächtigung noch die Erfüllung eines in der Satzung geregelten Einziehungsgrundes erforderlich.[552] § 34 Abs. 1 GmbHG und § 237 Abs. 1 Satz 2 AktG schützen ausschließlich die Altgesellschafter im Hinblick auf den Bestand ihrer Geschäftsanteile.[553] Gesellschaftsrechtliche Vorschriften, welche ausschließlich diesen Schutzzweck haben, werden im Insolvenzplanverfahren grundsätzlich[554] insolvenzrechtlich überlagert. Die Zulässigkeit der Einziehung bei einer Insolvenzplanregelung verlangt in einem solchen Fall daher nicht die Einhaltung von § 34 GmbHG oder § 237 Abs. 1 Satz 2 AktG und die Verwirklichung eines satzungsmäßigen Einziehungstatbestandes.[555] Für die Einziehung bestimmter Geschäftsanteile durch eine Insolvenzplanregelung sind allerdings die insolvenzspezifischen Voraussetzungen für gesellschaftsrechtliche Maßnahmen, namentlich das gruppenspezifische Gleichbehandlungsgebot aus § 226 InsO, die sachgerechte Gruppenbildung (§ 222 Abs. 2 InsO), die Einhaltung des Insolvenzzwecks und Verhältnismäßigkeitsgrundsatzes, zu beachten. (siehe zum Ausschluss oben Rz. 449 ff.; siehe i. Ü. zu gesellschaftsrechtlichen Maßnahmen § 29 Rz. 56 ff. [*Brünkmans*]).

b) Besondere Voraussetzungen für die Einziehung bei der AG

466 Während das GmbH-Recht die Einziehung als eigene Maßnahme der Amortisation kennt, regelt das AktG die Einziehung von Aktien als Unterfall der Kapitalherabsetzung.[556] Die Einziehung von Aktien nach § 237 AktG hat folglich außerhalb von § 237 Abs. 3 Nr. 3

549) Eine einstimmige Festlegung der Voraussetzungen der Zwangseinziehung ist jedoch auch nachträglich möglich, *Schindler* in: BeckOK-GmbHG, § 34 Rz. 27.

550) BGH, Urt. v. 19.9.1977 – II ZR 11/76, NJW 1977, 2316; BayObLG, Beschl. v. 18.3.2003 – 3Z BR 246/02, NZG 2004, 98, 99 = ZIP 2003, 1942; Noack/Servatius/Haas-*Kersting*, GmbHG, § 34 Rz. 7; *Schindler* in: BeckOK-GmbHG, § 34 Rz. 24. *Oechsler* in: MünchKomm-AktG, § 237 Rz. 28.

551) BGH, Urt. v. 1.4.1953 – II ZR 235/52, BGHZ 9, 157, 168; BGH, Urt. v. 19.9.1977 – II ZR 11/76, NJW 1977, 2316; Noack/Servatius/Haas-*Kersting*, GmbHG, Anh. § 34 Rz. 10, Michalski/Heidinger/Leible/J. Schmidt-*Sosnitza*, GmbHG, Anh. § 34 Rz. 40; Scholz-*Seibt*, GmbHG, Anh. § 34 Rz. 52; *Schindler* in: BeckOK-GmbHG, § 34 Rz. 146; a. A. *Soufleros*, Ausschließung und Abfindung eines GmbH-Gesellschafters, S. 133.

552) S. *Brünkmans/Greif-Werner*, ZInsO 2015, 1585, 1589; a. A. AG Charlottenburg, Beschl. v. 9.2.2015 – HRB 153203 B, ZIP 2015, 394 = ZInsO 2015, 413, m. Anm. *Horstkotte* NZG 2015, 1326 f.

553) *Koch*, AktG, § 237 Rz. 1; dies gilt jedenfalls insoweit der Geschäftsanteil nicht durch eine dingliche Belastung zugunsten eines Dritten belastet wurde. Dann wird teilweise vertreten, die Vorschrift diene auch dem Schutz des Dritten. So etwa *Oechsler* in: MünchKomm-AktG, § 237 Rz. 24.

554) S. dazu und zu der Einschränkung bei Antragsstellung wegen lediglich drohender Zahlungsunfähigkeit, § 29 Rz. 57 ff. [*Brünkmans*].

555) S. *Brünkmans/Greif-Werner*, ZInsO 2015, 1585, 1589; a. A. AG Charlottenburg, Beschl. v. 9.2.2015 – HRB 153203 B, ZIP 2015, 394 = ZInsO 2015, 413, m. Anm. *Horstkotte*, NZG 2015, 1326 f.

556) *Oechsler* in: MünchKomm-AktG, § 237 Rz. 1; *Marsch-Barner/Maul* in: BeckOGK-Aktienrecht, § 237 AktG Rz. 1; *Koch*, AktG, § 237 Rz. 1.

AktG eine Doppelnatur. Sie ist zum einen Instrument des Aktienrechts zur Vernichtung von Mitgliedschaftsrechten und damit zum Ausschluss von Gesellschaftern, jedoch **gleichzeitig** ein **Sonderfall der Kapitalherabsetzung.**[557)] Demnach müssen für die Einziehung gemäß § 237 Abs. 2 AktG grundsätzlich auch die **Voraussetzungen einer ordentlichen Kapitalherabsetzung** erfüllt sein. Die Gläubigerschutzvorschriften aus § 225 Abs. 2 und 3 i. V. m. § 237 Abs. 2 Satz 1 AktG dürften jedoch bei einer Regelung der Einziehung im Insolvenzplan keine Anwendung finden. Der aktienrechtliche institutionalisierte Gläubigerschutz durch **Sicherheitsleistung** und der **Sperrmonate** (§ 225 Abs. 2 InsO) wird durch die Autonomie der Gläubiger bei der Entscheidung über die Annahme des Insolvenzplanes verdrängt.

Ferner wird in den meisten Fällen eine der drei **Ausnahme nach § 237 Abs. 3 AktG** vorliegen. Danach brauchen die Vorschriften über die ordentliche Kapitalherabsetzung bereits aktienrechtlich nicht befolgt werden, wenn Aktien, auf die der Ausgabebetrag voll geleistet ist, der Gesellschaft unentgeltlich zur Verfügung gestellt (§ 237 Abs. 3 Nr. 1 AktG)[558)] oder zu Lasten des Bilanzgewinns oder einer anderen Gewinnrücklage eingezogen werden (§ 237 Abs. 3 Nr. 2 AktG) oder es sich um Stückaktien handelt (§ 237 Abs. 3 Nr. 3 AktG). Eine Einziehung zu Lasten des Bilanzgewinns oder einer anderen Gewinnrücklage wird aufgrund Überschuldung oder (drohender) Zahlungsunfähigkeit der AG bei einer im Insolvenzplan geregelten Einziehung kaum möglich sein. Allerdings werden bei einer Einziehung im Insolvenzplan die Voraussetzungen für eine **unentgeltliche Einziehung (§ 237 Abs. 3 Nr. 1 AktG)** häufig vorliegen, weil die Aktien im Insolvenzverfahren meistens keinen Wert haben (siehe dazu § 58 Rz. 7 ff. [*Brünkmans/Harmann/Clev*]). Handelt es sich im konkreten Fall um Stückaktien, kommt eine Einziehung ohne Kapitalherabsetzung nach § 237 Abs. 3 Nr. 3 AktG in Betracht. 467

2. Mitteilung der Einziehung an den betroffenen Gesellschafter

Nach allgemeinem Gesellschaftsrecht bewirkt der Einziehungsbeschluss nicht bereits als solcher die Einziehung des Anteils. Es bedarf vielmehr einer besonderen Gestaltungserklärung in Form der Mitteilung der Entscheidung gegenüber dem betroffenen Gesellschafter.[559)] Die Mitteilung ist eine einseitige, empfangsbedürftige Willenserklärung, die lediglich entbehrlich ist, wenn der betroffene Gesellschafter bei der Beschlussfassung anwesend ist.[560)] Da die den Gesellschafterbeschluss ersetzende Regelung erst mit rechtskräftiger Bestätigung des Insolvenzplanes ihre Rechtswirkung entfalten kann, ist der Ausschluss den betroffenen Gesellschafter durch Übersendung des mit Rechtskraftvermerk versehenen Bestätigungsbeschlusses nebst Auszug aus dem Insolvenzplan[561)] bekannt zu geben. 468

3. Wirkung

Mit Wirksamwerden der Einziehung nach rechtskräftiger Bestätigung des Insolvenzplanes und Mitteilung der Einziehung gegenüber dem betroffenen Gesellschafter geht der Ge- 469

557) *Oechsler* in: MünchKomm-AktG, § 237 Rz. 1.

558) Unter „zur Verfügung gestellt im Sinne von § 237 Abs. 3 Nr. 3 AktG wir auch eine Zwangseinziehung ohne Festsetzung eines Einziehungsentgeltes verstanden", Oechsler, in: MünchKommAktG, § 237 Rz. 95; *Koch*, AktG, § 237 Rz. 32.

559) *Schindler* in: BeckOK-GmbHG, § 34 Rz. 44.

560) *Strohn* in: MünchKomm-GmbHG, § 34 Rz. 33; Michalski/Heidinger/Leible/J. Schmidt-*Sosnitza*, GmbHG, § 34 Rz. 111.

561) Der Auszug muss die Ausschließungsklausel enthalten, ggf. ist der gesamte Insolvenzplan zu übersenden.

schäftsanteil unter und der Betroffene verliert seine Gesellschafterstellung.[562] Die Wirksamkeit des Insolvenzplans tritt **nicht** erst dann ein, wenn die Abfindung gezahlt wird.[563] Ohne gleichzeitige Kapitalherabsetzung bleibt das Stammkapital der Gesellschaft unverändert.[564] Die dadurch entstehende Diskrepanz zwischen dem Stammkapital und der Summe der Nennwerte der Geschäftsanteile, kann[565] durch folgende Maßnahmen beseitigt werden:

- **Aufstockung der Nennwerte der verbliebenen Geschäftsanteile** durch einen mit einfacher Mehrheit zu fassenden sog. Aufstockungsbeschluss zur Angleichung des Stammkapitals (Einziehung gegen Aufstockung).[566] Dabei handelt es sich nicht um eine Satzungsänderung.[567] Der Aufstockungsbeschluss kann wie die Einziehung ebenfalls als Regelung in den Insolvenzplan aufgenommen werden. In diesem Fall ist für die in der Gesellschaft verbleibenden Altgesellschafter der gruppeninterne Gleichbehandlungsgrundsatz aus § 226 InsO zu beachten und die Beteiligung grundsätzlich verhältniswahrend aufzustocken.
- Anstelle des eingezogenen Geschäftsanteils ohne Kapitalerhöhung kann **ein neuer Anteil gebildet werden, der der Gesellschaft zusteht.**
- Die Diskrepanz zwischen Stammkapital und der Summe der Nennbeträge kann ferner durch eine **Kapitalherabsetzung** unter Beachtung der Voraussetzungen der §§ 58, 58a ff. GmbHG ausgeglichen werden.[568] Da bei einer Einziehung im Insolvenzplanverfahren das Stammkapital häufig angegriffen sein wird und damit die Voraussetzungen für eine vereinfachte Kapitalherabsetzung in der Regel gegeben sein werden, bietet sich diese Vorgehensweise bei der GmbH an.

4. Inhalt der Einziehungsregelung im Insolvenzplan

470 Die Einziehung eines Geschäftsanteils erfolgt bei der GmbH aufgrund eines entsprechenden Beschlusses der Gesellschafterversammlung.[569] Dieser Einziehungsbeschluss kann durch eine entsprechende Regelung im gestaltenden Teil des Insolvenzplanes ersetzt werden. Auch der Aufstockungsbeschluss bei einer Einziehung gegen Aufstockung, die Bildung eines neuen von der Gesellschaft gehaltenen Geschäftsanteils bei einer Einziehung gegen Neubildung und ggf. die Kapitalherabsetzung bei einer Einziehung gegen Kapitalherabsetzung können in der Insolvenzplanregelung aufgenommen werden.

---

562) *Haasen* in: BeckFormB GmbHR, C.I.3., Nr. 38.

563) Uhlenbruck-*Hirte*, InsO, § 225a Rz. 56; K. Schmidt-*Spliedt*, InsO, § 225a Rz. 59; vgl. allgemein zur Wirksamkeit des Ausschließungsbeschlusses BGH, Urt. v. 24.1.2012 – II ZR 109/11, Rz. 13 ff., ZIP 2012, 422 = NZG 2012, 259.

564) *Haasen* in: BeckFormB GmbHR, C.I.3., Nr. 38; Noack/Servatius/Haas-*Kersting*, GmbHG, § 34 Rz. 20; *Kort* in: MünchHdb. GesR, Bd. 3, § 28 Rz. 41 ff.; *Strohn* in: MünchKomm-GmbHG, § 34 Rz. 64; *Altmeppen*, GmbHG, § 34 Rz. 78.

565) So BGH, Vers.-Urt. v. 2.12.2014 – II ZR 322/13, ZIP 2015, 579 = NZG 2015, 429, dazu EWiR 2015, 169 *(Römermann)*; bis zu diesem Urteil war streitig, ob zwingend Maßnahmen zur Anpassung der Summe der Nennbeträge zum Stammkapital erforderlich ist, s. Streitstand bei *Altmeppen*, GmbHG, § 34 Rz. 78 f.

566) BayObLG, Beschl. v. 25.10.1991 – BReg. 3 Z 125/91, WM 1992, 227.

567) BGH, v. 6.6.1988 – II ZR 318/87, NJW 1989, 168, 169 = ZIP 1988, 1046; OLG Karlsruhe, Urt. v. 16.10.2003 – 12 U 63/03, GmbHR 2003, 1482; BayObLG, Beschl. v. 25.10.1991 – BReg. 3 Z 125/91, DB 1991, 2537; Noack/Servatius/Haas-*Kersting*, GmbHG, § 34 Rz. 20.

568) Noack/Servatius/Haas-*Kersting*, GmbHG, § 34 Rz. 20.

569) *Schindler* in: BeckOK-GmbHG, § 34 Rz. 25.

5. Formulierungsbeispiele

Formulierungsbeispiel (für eine Einziehung gegen Aufstockung oder alternativ Neubildung) 471

„(1) Die Geschäftsanteile der Gesellschafter der Gruppe 6[570)], namentlich der Geschäftsanteil mit der laufenden Nr. 3 mit einem Nennwert von 10.000 € und der Geschäftsanteil der laufenden Nr. 5 mit einem Nennwert von 20.000 € werden eingezogen. Der Insolvenzverwalter wird beauftragt, den Gesellschaftern der Gruppe 6, namentlich Gesellschafter … und Gesellschafter …, die Einziehung unverzüglich schriftlich zu erklären, sobald der den Insolvenzplan bestätigende Beschluss des Insolvenzgerichts rechtskräftig ist.

(2) Die Nennbeträge der nach der Einziehung verbleibenden Geschäftsanteile werden anteilig um die Nennbeträge der eingezogenen Geschäftsanteile im Verhältnis der Nennbeträge der verbleibenden Geschäftsanteile zum Stammkapital erhöht. [Einzahlung gegen Aufstockung]

[Alternativ:] Anstelle der eingezogenen Geschäftsanteile werden neue Geschäftsanteile im gleichen Nennbetrag gebildet. Der neue Geschäftsanteil steht der Gesellschaft zu. [Einzahlung gegen neue Geschäftsanteile]

Die Gesellschafter der Gruppe 6 erhalten eine Abfindung i. H. ihres Anteils am Schlussverteilungsüberschuss (§ 199 InsO) eines fiktiven Regelinsolvenzverfahrens."

Formulierungsbeispiel (für eine Einziehung gegen vereinfachte Kapitalherabsetzung)

„(1) Das Stammkapital der Gesellschaft wird von 200.000 € um 150.000 € im Wege der vereinfachten Kapitalherabsetzung (§§ 58a ff. GmbHG) auf 50.000 € herabgesetzt. Die Kapitalherabsetzung hat den Zweck i. H. von 150.000 € Wertminderungen auszugleichen und sonstige Verluste zu decken.

(2) Der Anteil mit der laufenden Nr. 1 des Anteilsinhabers der Gruppe 4 (namentlich Gesellschafter …) mit dem Nennwert von 150.000 € wird eingezogen. Der Gesellschafter erhält eine Abfindung i. H. seines Anteils am Schlussverteilungsüberschuss (§ 199 InsO) eines fiktiven Regelinsolvenzverfahrens

(3) § 3 der Satzung der Gesellschaft wird wie folgt gefasst:

‚Das Stammkapital der Gesellschaft beträgt 50.000 € (in Worten: fünfzigtausend Euro).'"

6. Insolvenzspezifische Abfindung – Vereinbarkeit mit Kapitalerhaltung (§ 34 Abs. 3 i. V. m. § 30 Abs. 1 GmbHG)

Obwohl weder § 34 GmbHG noch § 237 AktG eine Regelung darüber enthält, ob dem Anteilsinhaber für die Einziehung eine Abfindung zu zahlen ist und wie hoch diese sein soll, geht die h. M. davon aus, dass der von einer Einziehung betroffene Aktionär grundsätzlich Anspruch auf eine Abfindung hat (Art. 14 Abs. 1 GG).[571)] Der Anspruch auf Abfindung bestimmt sich bei einer Einziehung auf der Grundlage einer Insolvenzplanregelung jedoch nach den allgemeinen Abfindungsgrundsätzen im Insolvenzplan, selbst wenn die Abfindung auf der Grundlage der Satzung geringer ausgefallen wäre. Die Abfindung im Hinblick auf den eingezogenen Geschäftsanteil/Aktie bemisst sich somit nach dem Anteil am Schlussverteilungsüberschuss in einem fiktiven Regelinsolvenzverfahren, der in der Regel null sein wird. Unter bestimmten Voraussetzungen ist darüber hinaus eine Abfindung zu insolvenzplanspezifischen Fortführungswerten geboten (siehe bereits unter Rz. 462 und ausführlich *Brünkmans/Harmann/Clev*, § 58 Rz. 15 ff.). 472

Die Abfindung darf bei einer Kapitalgesellschaft nur aus einem das Nennkapital übersteigenden Vermögen gezahlt werden (§ 30 GmbHG, § 57 AktG).[572)] Dabei ist zu beachten, 473

570) Zur Wahrung der Bestimmtheit der Einziehung sind bei der Gruppenbildung die einzelnen Gesellschafter mit ihren Geschäftsanteilen, der laufenden Nummer und dem Nennwert aufzuführen.

571) *Marsch-Barner/Maul* in: BeckOGK-Aktienrecht, § 237 AktG Rz. 16 m. w. N.

572) K. Schmidt-*Spliedt*, InsO, § 225a Rz. 62.

dass die Abfindung nach insolvenzrechtlichen Grundsätzen, die sich grundsätzlich am Schlussverteilungsüberschuss im fiktiven Regelverfahren orientiert (siehe vorstehend Rz. 472), nicht identisch mit einem das Nennkapital übersteigenden Vermögensüberschuss ist, es somit zu einer Kollision zwischen Abfindungsanspruch und Kapitalerhaltungsgrundsatz kommen kann.[573)] Sollte im Einzelfall der eingezogene Geschäftsanteil noch einen Wert haben und damit ein Anspruch des Altgesellschafters auf Abfindung bestehen, darf die Abfindung nach § 34 Abs. 3 i. V. m. § 30 Abs. 1 GmbHG nur gezahlt werden, ohne das Stammkapital zu beeinträchtigen (§ 34 Abs. 3 i. V. m. § 30 Abs. 1 GmbHG). Dies sollte in der entsprechenden Abfindungsregelung des Insolvenzplanes klargestellt werden, da ansonsten die Gefahr einer Nichtigkeit der Einziehungsregelung nicht ausgeschlossen werden kann.[574)]

474 Nach der Rechtsprechung des BGH haften jedoch die Gesellschafter, dem ausgeschiedenen Gesellschafter anteilig, wenn sie nicht dafür sorgen, dass die Abfindung aus dem ungebundenen Vermögen der Gesellschaft geleistet werden kann.[575)] Diese Grundsätze gelten im Insolvenzplan jedoch nicht. Kann ein ausnahmsweise bestehender Abfindungsanspruch nicht aus dem ungebundenen Vermögen aufgebracht werden, besteht die Gefahr, dass der Altgesellschafter den Insolvenzplan durch einen Antrag nach § 251 InsO zu Fall bringt. Der Insolvenzplan muss in diesem Fall entweder eine flankierende vereinfachte Kapitalherabsetzung enthalten oder der Abfindungsbetrag ist durch einen Eigenkapitalbeitrag eines Investors oder verbleibenden Altgesellschafters aufzubringen.

IV. Ausschluss aus einer Personengesellschaften

475 Auch bei Personengesellschaften ist der Ausschluss eines Gesellschafters durch Gesellschafterbeschluss möglich.[576)] Anders als im Kapitalgesellschaftsrecht bedarf es für den Ausschluss keines besonderen Vollzugs durch Übertragung der Geschäftsanteile oder Einziehung. Der Ausschluss ist nach allgemeinem Gesellschaftsrecht auch ohne wichtigen Grund möglich, wenn der Gesellschaftsvertrag dies zulässt.[577)] Wie im Kapitalgesellschaftsrecht kann dieser Gesellschafterbeschluss mit dem Gegenstand der Ausschließung eines Gesellschafters als Regelung im gestaltenden Teil des Insolvenzplanes aufgenommen werden (siehe oben Rz. 454). Aus den auch für Kapitalgesellschaften geltenden Gründen, ist ein **wichtiger Grund** oder die Verwirklichung eines satzungsmäßigen Ausschließungsgrundes für die Ausschließung aufgrund einer Insolvenzplanregelung **nicht erforderlich** (siehe oben Rz. 448). Es sind allerdings die insolvenzspezifischen Voraussetzungen für gesellschaftsrechtliche Maßnahmen, namentlich das gruppenspezifische **Gleichbehandlungsgebot aus § 226 InsO, sachgerechte Gruppenbildung** (§ 222 Abs. 2 InsO), **Insolvenzzweck und Verhältnismäßigkeitsgrund-**

573) K. Schmidt-*Spliedt*, InsO, § 225a Rz. 62.

574) Im Gesellschaftsrecht wird ein Gesellschafterbeschluss als nichtig erachtet, wenn bereits bei Beschlussfassung feststeht, dass die Abfindung ganz oder teilweise nur aus gebundenem Vermögen bezahlt werden kann, BGH, Urt. v. 24.1.2012 – II ZR 109/11, ZIP 2012, 422 = NZG 2012, 259; BGH, Teilurt. v. 5.4.2011 – II ZR 263/08 ZIP 2011, 1104 = NJW 2011, 2294, dazu EWiR 2011, 537 *(Schult/Wahl)*; BGH, Beschl. v. 8.12.2008 – II ZR 263/07, ZIP 2009, 314 = NZG 2009, 221, dazu EWiR 2009, 267 *(Schodder)*; BGH, Urt. v. 19.6.2000 – II ZR 73/99, NZG 2000, 1027, 1028 = ZIP 2000, 1294, dazu EWiR 2000, 943 *(Casper)*; Baumbach/Hueck-*Fastrich*, GmbHG, § 34 Rz. 40a.

575) BGH, Urt. v. 24.1.2012 – II ZR 109/11, ZIP 2012, 422 = NZG 2012, 259.

576) Neben der Ausschließungsklage aus wichtigem Grund nach § 140 HGB ist allgemein anerkannt, dass der Gesellschaftsvertrag einer Personengesellschaft die Ausschließung durch Gesellschafterbeschluss vorsehen muss, BGH, Urt. v. 21.6.2011 – II ZR 262/09, ZIP 2011, 1508 = NJW 2011, 2648, dazu EWiR 2011, 813 *(Gehling)*; Henssler/Strohn-*Klöhn*, GesR, § 140 HGB Rz. 40. Für die GbR gilt dies jedoch nur, wenn der Gesellschaftsvertrag eine sog. Fortsetzungsklausel enthält (§ 737 BGB).

577) BGH, Urt. v. 25.1.2011 – II ZR 122/09, NJW 2011, 1667, 1669 = ZIP 2011, 768, dazu EWiR 2011, 417 *(Binkowski)*; BGH, Urt. v. 26.1.1961 – II ZR 240/59, NJW 1961, 724.

satz, zu beachten. Siehe zu Kapitalgesellschaften oben Rz. 449 ff.; i. Ü. siehe allgemein zu gesellschaftsrechtlichen Maßnahmen § 29 Rz. 56 [*Brünkmans*].

476 Mit Zugang des Beschlusses beim Betroffenen wird die Ausschließung wirksam mit der Folge, dass der Betroffene aus der Gesellschaft ausscheidet und der Abfindungsanspruch nach § 738 Abs. 1 Satz 2 BGB entsteht.[578] Die **Abfindung** richtet sich bei einem Ausschluss kraft Insolvenzplanregelung nach den allgemeinen insolvenzrechtlichen Grundsätzen (siehe dazu oben Rz. 462 sowie § 58 Rz. 14 ff. [*Brünkmans/Harmann/Clev*]).

477 Die nach dem Ausschluss verbleibenden Gesellschafter sind nach den allgemeinen Grundsätzen nicht verpflichtet, die Gesellschaft als **persönlich haftende Gesellschafter** fortzuführen. Gesellschafter, welche nach dem Insolvenzplan die Gesellschaft als persönlich haftende Gesellschafter fortführen sollen, haben nach § 230 Abs. 1 Satz 2 InsO vielmehr ihre Fortführungsbereitschaft ausdrücklich zu erklären (siehe dazu ausführlich Rz. 26 ff.).

478 Das Ausscheiden des Gesellschafters ist nach § 143 Abs. 2 HGB für die OHG und KG (i. V. m. § 161 Abs. 2 HGB) zum **Handelsregister** anzumelden. Die Eintragung hat nur deklaratorische Wirkung. Mit dem Ausscheiden wächst das Vermögen auf die verbleibenden Gesellschafter gemäß (§ 105 Abs. 3 i. V. m. § 738 Abs. 1 Satz 1 HGB) an.[579] Anders als bei Kapitalgesellschaften ist mit dem wirksamen Ausschluss dieser auch vollzogen. Ein Vollzug über die Einziehung oder Übertragung der Geschäftsanteile ist nicht vorgesehen.

V. Austritt

479 Der Austritt eines Gesellschafters unterscheidet sich vom Ausschluss dadurch, dass beim Austritt die Initiative vom ausscheidungswilligen Gesellschafter ausgeht.[580]

480 Der Austritt erfolgt durch **einseitige Erklärung** des austrittswilligen Gesellschafters gegenüber der Gesellschaft[581] und bedarf eines **wichtigen Grundes oder besonderen Austrittstatbestandes.**[582] Mit wirksamer Austrittserklärung wird ein Anspruch des Gesellschafters gegen die Gesellschaft auf Abnahme des Geschäftsanteils gegen Abfindung begründet.[583] Die Gesellschaft ist berechtigt, wahlweise unter Beachtung des Grundsatzes der Kapitalaufbringung und -erhaltung gegen Zahlung der Abfindung den Geschäftsanteil einzuziehen oder die Übertragung auf sich, Mitgesellschafter oder Dritten zu verlangen.[584] Die Einziehung ist in diesem Fall auch ohne entsprechende Satzungsregelung oder Zustimmung des Betroffenen zulässig.[585] Durch den Austritt geht der Geschäftsanteil nicht unter. Der Inhaber bleibt Gesellschafter bis zu dessen Verwertung nach Wahl der Gesellschaft. Bis zum Verlust des Geschäftsanteils durch Abtretung oder Einziehung verbleiben dem Austretenden alle Gesellschafterrechte grundsätzlich in vollem Umfang, allerdings mit der Situation entsprechender Bindung für die Ausübung des Stimmrechtes, dass noch insoweit ausgeübt werden kann, als das Abfindungsinteresse betroffen ist.[586]

---

578) Henssler/Strohn-*Kilian*, GesR, § 737 BGB Rz. 12.

579) Ebenroth/Boujong/Joost/Strohn-*Wertenbruch*, HGB, § 105 Rz. 212.

580) *Altmeppen*, GmbHG, § 34 Rz. 65.

581) RG, Urt. v. 7.2.1930 – II 247/29, RGZ 128, 1, 17; Noack/Servatius/Haas-*Kersting*, GmbHG, Anh. § 34 Rz. 24; Lutter/Hommelhoff-*Bayer*, GmbHG, § 34 Rz. 75; *Altmeppen*, GmbHG, § 60 Rz. 114.

582) S. zum Ausschluss ausführlich oben Rz. 446 ff.

583) BayObLG, Beschl. v. 9.12.1974 – BReg 2 Z 57/74, BB 1975, 249, 250; OLG Köln, Urt. v. 19.12.1997 – 4 U 31/97, GmbHR 1998, 641; Noack/Servatius/Haas-*Kersting*, GmbHG, Anh. § 34 Rz. 24.

584) Noack/Servatius/Haas-*Kersting*, GmbHG, Anh. § 34 Rz. 25.

585) Noack/Servatius/Haas-*Kersting*, GmbHG, Anh. § 34 Rz. 26; Scholz-*Seibt*, GmbHG, Anh. § 34 Rz. 19; Michalski/Heidinger/Leible/J. Schmidt-*Sosnitza*, GmbHG, Anh. § 34 Rz. 59.

586) BGH, Urt. v. 30.11.2009 – II ZR 208/08, ZIP 2010, 324 = NJW 2010, 1206, dazu EWiR 2010, 405 *(Podewils)*; Noack/Servatius/Haas-*Kersting*, GmbHG, Anh. § 34 Rz. 26; Scholz-*Seibt*, GmbHG, Anh. § 34 Rz. 17.

481 Wie § 225a Abs. 5 InsO zu entnehmen ist, kann auch eine im Insolvenzplan geregelte **gesellschaftsrechtliche Maßnahme nach § 225a Abs. 2 und Abs. 3 InsO** ein **wichtiger Grund** zum Austritt aus einer juristischen Person oder Gesellschaft ohne Rechtspersönlichkeit darstellen.

482 Dabei ist zu unterscheiden: Der Insolvenzplan kann grundsätzlich den **Austritt eines Gesellschafters im gestaltenden Teil des Insolvenzplan regeln**, da es sich bei der Gesellschafterstellung um eine zwangsweise planunterworfene Rechtsposition handelt. Die Austrittserklärung kann durch eine Regelung im gestaltenden Teil ersetzt und damit gegen den Gesellschafter durchgesetzt werden. In diesem Fall kommt die **Austrittsregelung aber einem Ausschluss gleich**, weil sie im Ergebnis gegen den Willen des Gesellschafters erfolgt. In Voraussetzung und Rechtsfolge wären Austritts und Ausschlussregelungen im gestaltenden Teil des Insolvenzplanes identisch. Vor dem Hintergrund kommt der Regelung des Austritts im Insolvenzplan keine große Bedeutung zu.[587)]

483 Bedeutung erlangt der Austritt hingegen, wenn dieser vom **Gesellschafter freiwillig im Kontext eines Insolvenzplanes** und dort enthaltenen Regelungen erklärt wird. Rechtfertigt eine gesellschaftsrechtliche Planregelung nach § 225a Abs. 2 oder Abs. 3 InsO den wichtigen Grund für den Austritt und erklärt der Gesellschafter daraufhin den Austritt, bestehen nach § 225a Abs. 5 InsO Einschränkungen im Hinblick auf den Abfindungsanspruch des Gesellschafters. Dieser ist auf den Liquidationswert beschränkt und der Insolvenzplan kann entsprechend der Vorgaben aus § 225a Abs. 5 Satz 2 InsO eine Stundung des Abfindungsanspruchs vorsehen (siehe ausführlich § 29 Rz. 212 ff. [*Brünkmans*]). Diese **Einschränkung des Abfindungsanspruchs aus § 225a Abs. 5 InsO** besteht hingegen nicht, wenn der Austritt nicht tatsächlich vom Gesellschafter erklärt, sondern kraft Planregelung zwangsweise fingiert wird. Rechtfertigung für die Einschränkung des Abfindungsanspruchs nach § 225a Abs. 5 InsO ist das freiwillige Ausscheiden aus der Gesellschaft,[588)] welches bei einer Planregelung nicht ohne weiteres erfolgt.

N. Maßnahmen nach dem UmwG

I. Einführung

484 Im Insolvenzplan kann gemäß § 225a Abs. 3 InsO jede Regelung getroffen werden, die gesellschaftsrechtlich zulässig ist. Da das Umwandlungsrecht Teil des Gesellschaftsrechts ist, können auch Maßnahmen nach dem UmwG wie etwa die Abspaltung, der Formwechsel oder die Verschmelzung im Insolvenzplan geregelt werden.[589)] In der Sanierungs- und Insolvenzabwicklungspraxis haben dabei insbesondere die Abspaltung[590)] und der Formwechsel[591)] Bedeutung gewonnen.

---

587) Wohl anders *Thole*, Gesellschaftsrechtliche Maßnahmen in der Insolvenz, Rz. 289; K. Schmidt-*Spliedt*, InsO, § 225a Rz. 40.

588) Beschlussempfehlung und Bericht d. RA z. RegE ESUG, BT-Drucks. 17/7511, S. 36; *Eidenmüller* in: MünchKomm-InsO, § 225a Rz. 119–120; Uhlenbruck-*Hirte*, InsO, § 225a Rz. 52; Braun-*Braun/Frank*, InsO, § 225a Rz. 30.

589) BGH, Beschl. v. 17.7.2014 – IX ZB 13/14, Rz. 42, ZIP 2014, 1442 = NZI 2014, 751, dazu EWiR 2014, 521 *(Madaus)*, in Sachen *Suhrkamp* – Zulässigkeit des Formwechsels) LG Berlin, Beschl. v. 20.10.2014 – 51 T 696/14, Rz. 7, ZIP 2014, 2197 = NZI 2015, 66, dazu EwiR 2015, 23 *(Leib/Rendels)* – Zulässigkeit von Umwandlungen; *Brünkmans*, ZinsO 2014, 2533 ff.; *Becker*, ZinsO 2013, 1885; *Simon/Brünkmans*, ZIP 2014, 657 ff.; *Madaus*, ZIP 2012, 2133, 2138; *Madaus* in: Kübler/Prütting/Bork, HRI II, § 28 Rz. 1 ff.; *Madaus*, NZI 2015, 566; K. Schmidt-*Spliedt*, InsO, § 225a Rz. 48; *Kahlert/Gehrke*, DStR 2013, 975 ff.; Kübler/Prütting/Bork-*Spahlinger*, InsO, § 225a Rz. 74, 78; *Thole*, Gesellschaftsrechtliche Maßnahmen in der Insolvenz, Rz. 349 ff.; Uhlenbruck-*Hirte*, InsO, § 225a Rz. 44; *Wachter*, NZG 2015, 858, 860; *Priester* in: FS Kübler, S. 557, 559; *Eidenmüller* in: MünchKomm-InsO, § 225a Rz. 97 ff.

590) Vgl. etwa *LOEWE Opta GmbH*, AG Coburg, Az. 1 IN 259/13.

591) *Suhrkamp GmbH & Co. KG*, AG Berlin Charlottenburg, Az. 36s IN 2196/13.

Die Vorteile solcher Umwandlungsmaßnahmen liegen in der Nutzung der Gesamtrechtsnachfolge, die der klassischen übertragenden Sanierung durch Einzelrechtsnachfolge überlegen ist, wenn rechtsträgerspezifische Berechtigungen, wie bspw. Lizenzen, langfristige Verträge des Schuldners oder öffentlich-rechtliche Genehmigungen, einen wesentlichen Bestandteil des Unternehmens darstellen[592] und das Sanierungskonzept eine Übertragung dieser Rechtspositionen auf einen anderen Rechtsträger als den Schuldner vorsehen. Im Rahmen von Abspaltungen und Ausgliederungen können fortführungswürdige Betriebsteile im Wege der Gesamtrechtsnachfolge auf eine Erwerbs- oder Fortführungsgesellschaft übertragen werden.[593] 485

Grundsätzlich stehen dem Planarchitekten über § 225a Abs. 3 InsO alle im UmwG geregelten Umwandlungsmaßnahmen zur Verfügung. Insbesondere die Nutzung des umwandlungsrechtlichen Konzepts der Gesamtrechtsnachfolge birgt für eine Plansanierung erhebliche Potentiale.[594] Im Rahmen der ESUG-Evaluierung wurde vor diesem Hintergrund die Harmonisierung von Umwandlungs- und Planrecht gefordert.[595] 486

II. Grundlagen

1. Umwandlungsfähigkeit eines im Insolvenzverfahren befindlichen Rechtsträgers

Die **materielle** Insolvenzreife eines beteiligten Rechtsträgers schließt die Umwandlungsfähigkeit als solche nicht aus.[596] Allerdings sind dabei stets Haftungs- und Strafbarkeitsrisiken, etwa wegen Insolvenzverschleppung, Bankrott oder existenzvernichtenden Eingriffs zu beachten.[597] Von dieser Frage zu unterscheiden ist, ob sich ein im Insolvenzverfahren befindlicher Rechtsträger an einer Umwandlung beteiligen kann. **Vor Inkrafttreten des ESUG** war dies nach h. M. ausgeschlossen.[598] Dies wurde mit der **Unvereinbarkeit von Umwandlung und Insolvenzverfahrenszweck** begründet.[599] Die mangelnde Vereinbarkeit beruhte offensichtlich auf der Vorstellung, der Insolvenzverwalter wäre verpflichtet, das Vermögen des sich im Insolvenzverfahren befindlichen Rechtsträgers zu verwerten und den Rechtsträger abzuwickeln. Eine auf Fortführung ausgerichtete Umwandlung ließe sich damit nicht vereinbaren.[600] Mag dieses Argument zur auf Liquidation gerichteten KO noch Geltung gehabt haben, ist dies jedoch bereits mit Inkrafttreten der InsO zum 1.1.1999 überkommen. Mit Eröffnung des Insolvenzverfahrens muss das vom Insolvenzbeschlag erfasste Vermögen des Rechtsträgers nicht zwingend liquidiert werden.[601] 487

---

592) S. auch § 32 Rz. 64 [*Brünkmans*].

593) *Brünkmans*, ZInsO 2014, 2533.

594) *Jacoby/Madaus/Sack/H. Schmidt/Thole*, ESUG-Evaluierung, S. 182.

595) *Jacoby/Madaus/Sack/H. Schmidt/Thole*, ESUG-Evaluierung, S. 182.

596) OLG Stuttgart, Beschl. 4.10.2005 – 8 W 426/05, ZIP 2005, 2066 = DStR 2006, 338; LG Leipzig, Beschl. v. 18.1.2006 – 01HK T 7414/04, DB 2006, 885; *Thole*, Gesellschaftsrechtliche Maßnahmen, Rz. 476, Fn. 620; *Brünkmans* in: MünchHdb. GesR, Bd. 8, § 45 Rz. 8; Lutter-*Drygala*, UmwG, § 3 Rz. 24.

597) S. zuletzt BGH, Urt. v. 6.11.2018 – II ZR 199/17, NZG 2019, 187, Haftung wegen existenzvernichtenden Eingriffs, wenn durch die Verschmelzung eines insolventen übertragenden Rechtsträgers die Insolvenz des übernehmenden Rechtsträgers verursacht oder vertieft wird; ausführlich zu den Haftungs- und Strafbarkeitsrisiken, *Brünkmans* in: MünchHdb. GesR, Bd. 8, § 45 Rz. 42 ff., 137 ff.

598) *Simon* in: KölnKomm-UmwG, § 3 Rz. 54; *Heckschen*, DB 2005, 2283; Semler/Stengel/Leonard-*Stengel*, UmwG, § 3 Rz. 44; *H. Schmidt* in: Kölner Umwandlungsrechtstage, S. 59, 70.

599) Semler/Stengel/Leonard-*Stengel*, UmwG, § 3 Rz. 44; *Heckschen*, DB 2005, 2283, 2283.

600) *Heckschen*, DB 2005, 2283, 2284; Lutter-*Lutter/Drygala*, UmwG, 3. Aufl., § 3 Rz. 10.

601) Vgl. Parallelen zur Frage der automatischen Beendigung des Beherrschungs- und Gewinnabführungsvertrages, *Brünkmans*, Die Koordinierung von Insolvenzverfahren konzernverbundener Unternehmen, S. 251 ff.

488 Begründet wurde dies ferner aber auch mit einem **umwandlungsrechtlichen Einwand aus § 3 Abs. 3 (i. V. m. § 124 Abs. 2), § 191 Abs. 3 UmwG.** So führt die Eröffnung des Insolvenzverfahrens nach § 262 Abs. 1 Nr. 3 AktG, § 60 Abs. 1 Nr. 4 GmbHG, § 131 Abs. 1 Nr. 3 HGB automatisch zur Auflösung der Gesellschaft. Aufgelöste Rechtsträger können gemäß § 3 Abs. 3 (i. V. m. § 124 Abs. 2) UmwG nur als übertragende Rechtsträger an einer Verschmelzung bzw. Spaltung beteiligt sein, „wenn die Fortsetzung dieser Rechtsträger beschlossen werden könnte". Ähnliches gilt für den Formwechsel, der gemäß § 191 Abs. 3 UmwG bei aufgelösten Rechtsträgern möglich ist, „wenn ihre Fortsetzung in der bisherigen Rechtsform beschlossen werden könnte". Vor dem ESUG konnte eine solche Fortsetzung erst nach Inkrafttreten des Insolvenzplanes und nur durch einen Beschluss der Anteilseigner gefasst werden. Seit Inkrafttreten des ESUG kann der Fortsetzungsbeschluss des aufgelösten Rechtsträgers nunmehr durch eine Regelung im Insolvenzplan ersetzt werden.[602)]

489 Vor diesem Hintergrund kann ein sich im Insolvenzverfahren befindlicher Rechtsträger **seit Inkrafttreten des ESUG** an einem **Formwechsel** und als **übertragender Rechtsträger an einer Spaltung und Verschmelzung** beteiligt sein.

490 Aus dem Umkehrschluss zu § 3 Abs. 3 (i. V. m. § 124 Abs. 2) UmwG ergibt sich nach h. M., dass die **Verschmelzung und Spaltung auf einen aufgelösten Rechtsträger** grundsätzlich ausgeschlossen ist.[603)] Allerdings reicht nach wohl überwiegender Auffassung für die Bejahung der Verschmelzungs- und Spaltungsfähigkeit eines aufgelösten übernehmenden Rechtsträgers aus, dass spätestens **zeitgleich mit dem Umwandlungsbeschluss auch ein Fortsetzungsbeschluss verabschiedet** wird.[604)] Im Insolvenzplan kann dies dadurch erreicht werden, dass im gestaltenden Teil beide Beschlüsse enthalten sind, so dass beide Beschlüsse gemäß §§ 254 Abs. 1, 254a InsO mit Rechtskraft des bestätigten Insolvenzplan zeitgleich wirksam werden.[605)]

> **Praxishinweis**
> Der Anwendungsbereich für eine solche Zielrichtung der Umwandlungsmaßnahme erscheint in der Praxis jedoch gering. Den nachfolgenden Ausführungen zur Verschmelzung und Spaltung liegt daher die praxisrelevante Variante zugrunde, dass sich der **übertragende Rechtsträger** im Insolvenzplanverfahren befindet.

2. Umwandlung durch verfahrensbegleitenden oder -beendenden Insolvenzplan

a) Überblick und praktisches Bedürfnis

491 Der verfahrensbegleitende Insolvenzplan zeichnet sich dadurch aus, dass er **keine Regelungen zur Beseitigung der Insolvenzgründe** wie einen Forderungserlass beinhaltet und damit keine Beendigung des Insolvenzverfahrens vorsieht, sondern lediglich einen Teilas-

602) Begr. RegE ESUG, BT-Drucks. 17/5712, S. 32; *Madaus*, ZIP 2012, 2133, 2134; ausführlich *Greif-Werner*, Umwandlungen im Insolvenzplanverfahren, S. 71 ff.

603) OlG Brandenburg, Beschl. v. 27.1.2015 – 7 W 118/14, NZI 2015, 565, 566 = ZIP 2015, 929; Semler/Stengel/Leonard-*Stengel*, UmwG, § 3 Rz. 46; *Simon* in: KölnKomm-UmwG, § 3 Rz. 58; Lutter-*Lutter/Drygala*, UmwG, § 3 Rz. 23; *Heckschen*, Rpfleger 1999, 357, 359; **anders** *Madaus*, ZIP 2012, 2133, 2135, der § 3 Abs. 3 UmwG sanierungs- und praxisfreundlich teleologisch erweitern möchte.

604) AG Erfurt, Beschl. v. 25.10.1995 – HRB 1870, Rpfleger 1996, 163; Semler/Stengel/Leonard-*Stengel*, UmwG, § 3 Rz. 46; Kallmeyer-*Marsch-Barner*, UmwG, § 3 Rz. 26; *Madaus*, NZI 2015, 565, 567 (Urteilsanm.); *Madaus* in: Kübler/Prütting/Bork, HRI II, § 28 Rz. 10; wohl auch Schmitt/Hörtnagl/Stratz-*Stratz*, UmwG/UmwStG, § 3 UmwG Rz. 48.

605) *Madaus*, NZI 2015, 565, 567 (Urteilsanm.); *Madaus* in: Kübler/Prütting/Bork, HRI II, § 28 Rz. 10. Da bei der AG die Eintragung des Fortsetzungsbeschluss konstitutiv wirkt, muss bei der Anmeldung ggf. noch zusätzlich beantragt werden, dass zunächst der angemeldete Fortsetzungsbeschluss und im Anschluss erst die Umwandlungsmaßnahme eingetragen wird.

pekt der Verfahrensabwicklung gläubigerautonom regelt.[606] Das Insolvenzverfahren wird in diesem Fall nach rechtskräftiger Bestätigung des Insolvenzplanes nicht aufgehoben, sondern nach Maßgabe der im Insolvenzplan enthaltenen Regelungen fortgeführt.

Im Kontext einer im Insolvenzplan geregelten Umwandlung kann der verfahrensbegleitende Insolvenzplan optimal sein, wenn lediglich der auf den übernehmenden Rechtsträger **übergegangene Betrieb fortgeführt**, das beim übertragenden Rechtsträger **verbleibende Vermögen hingegen liquidiert werden soll.** 492

Die Fortführung des Insolvenzverfahrens auf Ebene des übertragenden Rechtsträgers kann etwa sinnvoll sein, damit **insolvenzverfahrensspezifische Abwicklungsmechanismen** wie z. B. das Wahlrecht aus § 103 InsO **für die Liquidation des Restvermögens zur Verfügung steht.** Das Insolvenzverfahren wird dann auf der Ebene des übertragenden Rechtsträgers fortgesetzt und abgewickelt. 493

Die **Haftungsgefahren** des übernehmenden **Rechtsträgers aus § 133 UmwG** können in diesem Fall jedoch nicht mit entsprechender Rechtssicherheit begrenzt werden, solange neben der Spaltung nicht gleichzeitig eine Entschuldung des übertragenden Rechtsträgers durch entsprechende Erlasse im Insolvenzplan geregelt werden.[607] Sieht der Insolvenzplan Forderungserlasse zur Entschuldung des übertragenden Rechtsträgers vor, beschränkt sich die gesamtschuldnerische Haftung nur auf den nach plangemäßem Erlass verbleibenden Teil der Verbindlichkeiten. 494

b) Regelungsmöglichkeit im verfahrensbegleitenden Plan?

Bei einem mit Eröffnung des Insolvenzverfahrens aufgelösten Rechtsträger kann die Fortsetzung gemäß § 60 Abs. 1 Nr. 4 GmbHG, § 144 Abs. 1 HGB, § 274 Abs. 2 Nr. 1 AktG erst beschlossen werden, wenn das Verfahren auf Antrag des Schuldners eingestellt oder nach der Bestätigung eines Insolvenzplans, der den Fortbestand der Gesellschaft vorsieht, **aufgehoben** worden ist.[608] Da gemäß § 3 Abs. 3 (i. V. m. § 124 Abs. 2), § 191 Abs. 3 UmwG an der Umwandlung nur solche aufgelösten Rechtsträger beteiligt sein können, deren „Fortsetzung beschlossen werden könnte", hätte dies zur Folge, dass die **Umwandlung bis zur Aufhebung des Insolvenzverfahren ausgeschlossen** wäre und damit eine Umwandlungsmaßnahme als Regelungsbestandteil eines verfahrensbegleitenden Insolvenzplanes, der gerade nicht auf Aufhebung des Insolvenzverfahrens ausgerichtet ist, ausscheiden würde. 495

Die Beseitigung der Auflösungsgründe als Voraussetzung der Umwandlungsfähigkeit eines aufgelösten Rechtsträgers soll jedoch allenfalls davor schützten, dass die Auflösungsgründe und ihre Wirkung durch das Umwandlungsverfahren nicht konterkariert werden. 496

Die insolvenzbedingte Auflösung der Gesellschaft dient ausschließlich dem Zweck des Insolvenzverfahrens, namentlich der bestmöglichen gleichmäßigen Befriedigung der Gläubiger.[609] Werden die Gläubiger, wie im Insolvenzplanverfahren i. R. der Abstimmung aktiv in die Entscheidung über die Umwandlungsmaßnahme miteinbezogen, ist davon auszugehen, dass diese ihren Interessen und damit ihrer bestmöglichen Befriedigung jedenfalls nicht entgegensteht.[610] Im Gegenteil, teilweise wird erst die bestmöglichste Befriedigung 497

---

606) Ausführlich dazu s. a. § 2 Rz. 22 [*Brünkmans*]; *Braun/Heinrich*, NZI 2011, 505, 515 f.; *Heinrich*, NZI 2009, 546, 549; *Jacobi*, ZInsO 2010, 2316, 2319.

607) *Brünkmans*, ZInsO 2014, 2533, 2546.

608) S. zum Fortsetzungsbeschluss im Insolvenzplanverfahren oben Rz. 4 ff.

609) Noack/Servatius/Haas-*Haas*, GmbHG, § 60 Rz. 42; *Koch* in: MünchKomm-AktG, § 262 Rz. 50; *Koch*, AktG, § 262 Rz. 1; K. Schmidt/Lutter-*Riesenhuber*, AktG, § 262 Rz. 13.

610) S. zur teleologischen Reduktion der gläubigerschützenden Vorschriften unten Rz. 506 ff.

durch eine Umwandlungsmaßnahme i. R. eines verfahrensbegleitenden Insolvenzplanes zu erzielen sein, etwa durch die die Ermöglichung einer zügigen Ausgliederung von fortführungswürdigen Betriebsteilen.

498 Vor diesem Hintergrund sind die **§§ 3 Abs. 3, 191 Abs. 3 UmwG teleologisch zu reduzieren**, sodass es auf die **Aufhebung des Insolvenzverfahrens für die Umwandlungsmaßnahme auf Grundlage eines Insolvenzplanes nicht ankommt.** Sämtliche Formen der Spaltung, insbesondere die Ausgliederung, können somit auch durch einen verfahrensbegleitenden Insolvenzplan erfolgen.

c) Verfahrensbeendender Insolvenzplan mit Anschlussliquidation als Gestaltungsalternative?

499 Um den Entschuldungseffekt und die Reduzierung der Haftungsgefahren aus § 133 UmwG auch bei einer Abwicklung des Restvermögens des übertragenden Rechtsträgers zu erreichen und einen bloß verfahrensbegleitenden Insolvenzplan aufgrund der vorgenannten Rechtsunsicherheiten zu vermeiden, wird in der Praxis zum Teil eine Liquidation nach gesellschaftsrechtlichem Regime (§§ 66 ff. GmbHG) im Anschluss an die Bestätigung eines verfahrensbeendenden Insolvenzplanes und Aufhebung des Insolvenzverfahrens nachgeschaltet.[611)] Der Insolvenzplan enthält in diesem Fall einen Fortsetzungsbeschluss mit Wirkung ab dem Zeitpunkt der Aufhebung des Insolvenzverfahrens und einen Auflösungsbeschluss (§ 60 Abs. 1 Nr. 2 GmbHG), der unter bestimmten aufschiebenden Bedingungen für den Zeitraum frühestens ab Aufhebung des Insolvenzverfahrens steht. Die Quote wird in diesem Fall aus dem Verkauf des abgespaltenen Unternehmensteils generiert, die an die Gläubiger des übertragenden Rechtsträgers zunächst als feste Quote ausgeschüttet wird. Nach Aufhebung des Insolvenzverfahrens folgt die gesellschaftsrechtliche Liquidation der Gesellschaft (§§ 66 ff. GmbHG). Mit Abschluss der Liquidation werden dann sämtliche Erlösüberschüsse an die Insolvenzgläubiger auf der Grundlage eines Besserungsscheines (siehe dazu § 8 Rz. 29 ff. [*Brünkmans*]) ausgekehrt.

500 Diese Vorgehensweise stößt allerdings dann an ihre Grenzen, wenn insolvenzspezifische Rechte, wie etwa das Wahlrecht aus § 103 InsO für die Abwicklung noch benötigt werden. Sie finden im gesellschaftsrechtlichen Liquidationsverfahren nach §§ 66 ff. GmbHG keine Anwendung. Insolvenzanfechtungsansprüche können in den Grenzen des § 259 Abs. 3 InsO durch Ermächtigung des Insolvenzverwalters oder sonst üblichen Gestaltungsoptionen (siehe dazu § 8 Rz. 368 ff. [*Brünkmans*]) in die Zeit nach Beendigung des Insolvenzverfahrens transformiert werden.

III. Umwandlungsmaßnahmen als Bestandteil eines Insolvenzplanes

1. Funktion des Insolvenzplans im Umwandlungsverfahren

501 Bevor die für die Sanierungspraxis bedeutsamen Umwandlungsmaßnahmen dargestellt werden, ist zunächst klarzustellen, welche Funktion der Insolvenzplan überhaupt i. R. des Umwandlungsverfahrens einnimmt. Mit Ausnahme des Formwechsels (§§ 190 ff. UmwG) ist an der Umwandlung neben dem Schuldner stets noch mindestens ein weiterer Rechtsträger beteiligt. Vor dem Hintergrund leuchtet ein, dass die Umwandlungsmaßnahme in der Regel nicht abschließend im gestaltenden Teil des Insolvenzplanes geregelt werden kann.

502 Für den Schuldner können über § 225a Abs. 3 InsO die nach § 13 (i. V. m. § 125), § 193 UmwG erforderlichen **Zustimmungsbeschlüsse der Anteilsinhaber** ersetzt werden. Diese Beschlüsse werden nach §§ 254, 254a InsO mit Rechtskraft des Insolvenzplanes als form-

611) So etwa im Insolvenzplan der *LOEWE Opta GmbH*, AG Coburg, Az. 1 IN 259/13, vorgesehen.

wirksam abgegeben fingiert, wenn eine entsprechende beschlussersetzende Regelung im gestaltenden Teil des Insolvenzplans aufgenommen wurde (siehe dazu ausführlich § 29 Rz. 21 ff. [*Brünkmans*]). Gleiches gilt für **etwaige Individualerklärungen der Anteilsinhaber** des Schuldners, die im Umwandlungsrecht hohe Bedeutung haben, insbesondere wenn es um den Verzicht auf materielle Rechtspositionen etwa dem Verzicht auf Anteilsgewährung am übernehmenden Rechtsträger (vgl. §§ 54 Abs. 1 Satz 3, 68 Abs. 1 Satz 3 UmwG) geht. Mit rechtskräftiger Bestätigung des Insolvenzplanes werden auch diese Individualerklärungen der Anteilsinhaber der Schuldnerin als formwirksam abgegeben fingiert.

Der nach §§ 13, 125 i. V. m. § 13 UmwG erforderliche Zustimmungsbeschluss der Anteilsinhaber des übernehmenden Rechtsträgers[612] oder entsprechende Individualerklärungen der Anteilsinhaber können hingegen selbstredend nicht durch eine Regelung im Insolvenzplan des übertragenden Rechtsträgers ersetzt werden. Diese haben vielmehr nach den allgemeinen umwandlungs- und gesellschaftsrechtlichen Vorgaben zu erfolgen. 503

Insbesondere haben die beteiligten Rechtsträger auch die für die jeweilige Maßnahme **erforderlichen Verträge** – wie etwa den Abspaltungsvertrag – nach den allgemeinen umwandlungsrechtlichen Regeln abzuschließen. Für den Schuldner als übertragenden Rechtsträger[613] kann das jeweilige Vertragsangebot auch als Regelung im Insolvenzplan aufgenommen werden.[614] Die korrespondierende Erklärung des übernehmenden Rechtsträgers zum Abspaltungsvertrag kann hingegen nicht durch eine Regelung im gestaltenden Teil des Insolvenzplanes formwirksam ersetzt werden. Sie bedarf weiterhin der notariellen Beurkundung gemäß § 6 i. V. m. § 125 UmwG. Die formwirksame Abgabe wird für diese Dritterklärung nicht durch § 254a InsO fingiert, auch nicht wenn die Erklärung als Anlage zum Insolvenzplan genommen wird. Siehe dazu ausführlich § 7 Rz. 127 ff. [*Brünkmans*]. 504

Sonstige, i. R. der Umwandlung erforderlichen Verfahrensschritte, wie z. B. die Übersendungspflichten an den Betriebsrat (§§ 5 Abs. 3, 126 Abs. 3, 194 Abs. 2 UmwG) werden durch den Insolvenzplan grundsätzlich nicht ersetzt. Allerdings gelten gemäß § 254a Abs. 2 Satz 2 InsO „sonstige Maßnahmen zur Vorbereitung von Beschlüssen der Anteilsinhaber" als in der vorgeschriebenen Form bewirkt, sodass für den sich im Insolvenzverfahren befindlichen Rechtsträger auch **Umwandlungsberichte, die Prüfung und Prüfungsberichte** entbehrlich sein können (siehe dazu unten Rz. 551 ff.). Darüber hinaus können im Einzelfall nach dem UmwG erforderliche Verfahrensschritte – etwa die **Übersendungspflichten an den Betriebsrat** – durch besondere Vorschriften des Insolvenzplanverfahrens verdrängt werden (siehe unten Rz. 557 ff.). Schließlich ist die **Eintragung der Umwandlungsmaßnahme in das Handelsregister** der beteiligten Rechtsträger auch im Insolvenzplanverfahren konstitutiv. 505

2. Teleologische Reduktion der gläubigerschützenden Vorschriften des UmwG

a) Gläubigerautonomie statt institutionalisierter Gläubigerschutz des UmwG

Charakteristisch für Umwandlungen ist, dass Aktiva und Passiva von Unternehmen neu geordnet werden.[615] Durch diese Neuordnung von Aktiva und Passiva entsteht die Ge- 506

612) Den Ausführungen liegt zugrunde, dass sich ausschließlich der übertragende Rechtsträger im Insolvenzplanverfahren befindet; s. dazu oben Rz. 490.

613) Den Ausführungen liegt zugrunde, dass sich ausschließlich der übertragende Rechtsträger im Insolvenzplanverfahren befindet; s. dazu oben Rz. 490.

614) Zu der möglichen Aufnahme von Schuldnererklärungen bei Massebezug, s. ausführlich § 29 Rz. 26 ff. [*Brünkmans*]. Die getrennte Beurkundung von Angebot und Annahme (sog. Sukzessivbeurkundung) ist beim Verschmelzungs- bzw- Spaltungsvertrag zulässig, vgl. § 6 UmwG i. V. m. § 128 BGB. S. dazu auch Fn. 665.

615) *Simon/Brünkmans*, ZIP 2014, 657.

fahr der Verwässerung der Werthaltigkeit der Beteiligung der Anteilseigner und der Entwertung des haftungsrechtlichen Besitzstandes der Gläubiger.[616)]

507 Das Umwandlungsrecht bietet eigene Schutzmechanismen zur Eindämmung dieser Gefahren. Die Anteilseigner werden primär durch die Einbindung in die Entscheidung über die Durchführung der Umwandlungsmaßnahme geschützt (vgl. etwa §§ 43 Abs. 1 und 2, 45d, 50 Abs. 1, 65, 78, 84, 112 UmwG „Umwandlungsbeschluss"). Der haftungsrechtliche Besitzstand der Gläubiger wird hingegen durch spezielle Vorschriften des UmwG (insbesondere §§ 133 und 22 UmwG), den handelsrechtlichen, (§§ 25 ff. HGB), arbeitsrechtlichen (§ 613a BGB) und steuerrechtlichen (§ 75 AO) Schutzvorschriften gewahrt.[617)]

508 Dieses umwandlungsrechtliche Schutzsystem wird im Insolvenzplanverfahren gewissermaßen „auf den Kopf gestellt". Für den übertragenden Rechtsträger erfolgt die Zustimmung zur Umwandlung nicht mehr autonom durch die Gesellschafter. Vielmehr entscheiden die Gläubiger im Erörterungs- und Abstimmungstermin über die Annahme des Insolvenzplanes und damit die dort geregelte Zustimmung zur Umwandlung. Die Anteilsinhaber bilden lediglich eine gegenüber mehreren Gläubigergruppen. Ihre Zustimmung kann unter den Voraussetzungen des Obstruktionsverbotes § 245 InsO ersetzt werden. Der Gläubigerschutz erfolgt im Insolvenzplan unmittelbar über die Gläubigerautonomie. Haben sich die Gläubiger für eine Umwandlungsmaßnahme mehrheitlich entschieden, weil es ihrer Auffassung nach der bestmöglichen Gläubigerbefriedigung am dienlichsten ist, kann der starre institutionalisierte Gläubigerschutz des UmwG dieser Entscheidung nicht im Wege stehen. Die institutionalisiert gläubigerschützenden Vorschriften sind in diesem Fall teleologisch zu reduzieren.

b) Anspruch auf Sicherheitsleistung (§ 22 UmwG)

509 Den Gläubigern der an der Umwandlung beteiligten Rechtsträger ist gemäß § 22 Abs. 1 Satz 1 UmwG Sicherheit zu leisten, soweit sie nicht Befriedigung verlangen können, wenn sie binnen sechs Monaten ihren Anspruch nach Grund und Höhe schriftlich anmelden. Der Gläubiger, der eine Sicherheit verlangt, muss glaubhaft machen, dass durch die Umwandlung die Erfüllung seiner Forderung gefährdet wird (§ 22 Abs. 1 Satz 2 UmwG). Die Gefährdung muss gerade durch die Umwandlung verursacht worden sein, wie etwa bei der Verschmelzung eines solventen Rechtsträgers auf einen insolventen Rechtsträger.[618)] Der Anspruch auf Sicherungsleistung setzt eine konkrete Gefährdung voraus, an dessen Nachweis die Praxis hohe Anforderungen stellt.[619)]

510 Die Gläubiger des übertragenden Rechtsträgers werden durch die Umwandlung in der Regel jedoch nicht benachteiligt, sondern als Bestandteil der Sanierung wird ihre Befriedigungsposition in der Regel verbessert. Für Insolvenzgläubiger kommt es ohnehin auf den Vergleich zur Quote im Regelverfahren an. Für Massegläubiger ist die Sicherung und Befriedigung nicht zuletzt vor dem Hintergrund des § 258 Abs. 2 InsO grundsätzlich gewährleistet.

511 Für die Gläubiger des übernehmenden Rechtsträgers käme eine Sicherheitsleistung hingegen nur dann in Betracht, wenn durch die Übertragung des Vermögens auf den übernehmenden Rechtsträger die Position desselben sich derart verschlechtert, dass mit einem

616) *K. Schmidt*, ZGR 1993, 366, 367.

617) Vgl. *Simon* in: KölnKomm-UmwG, § 133 Rz. 69 ff.

618) Semler/Stengel/Leonard-*Seulen*, UmwG, § 22 Rz. 20.

619) BGH, Urt. v. 26.4.2002 – LwZR 20/01, NJW 2002, 2168, 2169 = ZIP 2002, 1490, dazu EWiR 2003, 255 *(Blaurock)*; Semler/Stengel/Leonard-*Seulen*, UmwG, § 22 Rz. 32; Kallmeyer-*Marsch-Barner*, UmwG, § 22 Rz. 7; *Simon* in: KölnKomm-UmwG, § 22 Rz. 7; Henssler/Strohn-*Müller*, GesR, § 22 UmwG Rz. 10.

Ausfall des Gläubigers zu rechnen ist. Jedenfalls wenn die Verschmelzung des insolventen Rechtsträgers mit einem gleichzeitig im Insolvenzplan geregelten Schuldenschnitt[620] verbunden wird,[621] kann eine durch die Verschmelzung ausgelöste konkrete Gefährdung der Gläubiger des übernehmenden Rechtsträgers in der Regel ausgeschlossen werden. Entsprechendes gilt für die Spaltung und Ausgliederung.[622]

c) Haftung nach § 25 HGB, § 613a Abs. 2 BGB, § 75 AO

Wird durch die Spaltung oder Ausgliederung ein Handelsgeschäft i. S. von § 25 HGB auf den übernehmenden Rechtsträger übertragen und unter der bisherigen Firma fortgeführt, findet grundsätzlich § 25 HGB Anwendung (siehe Verweis in § 133 Abs. 1 Satz 2 UmwG). Der übernehmende Rechtsträger haftet für alle im Betriebe des Handelsgeschäfts begründeten Verbindlichkeiten des übertragenden Rechtsträgers. 512

Nach ganz h. M. findet § 25 HGB beim Erwerb eines Handelsgeschäfts aus dem Insolvenzverfahren keine Anwendung,[623] da eine Haftungsübernahme im Fall des Erwerbes aus dem Insolvenzverfahren im Widerspruch zu den bestimmenden Grundsätzen des Insolvenzverfahrens stünde. Die Überleitung der Haftung bei einem Erwerb aus dem Insolvenzverfahren würde die Verwertung eines Unternehmens unmöglich machen, weil ein Käufer in der Regel den Preis der Gesamthaftung nicht zu zahlen bereit wäre.[624] 513

Ebenfalls im Insolvenzverfahren nicht anwendbar ist die Haftung des Erwerbers im Fall eines Betriebsübergangs nach § 613a Abs. 2 BGB[625] und für betriebsbezogene Steuern nach § 75 AO. 514

Diese, für das Insolvenzverfahren geltende Einschränkung der Haftung aus § 25 HGB, § 613a Abs. 2 BGB, § 75 AO gilt mit der gleichen Begründung auch, wenn das Handelsgeschäft/der Betrieb durch Spaltung oder Ausgliederung im Insolvenzplan auf einen anderen Rechtsträger übergeht.[626] 515

d) § 133 UmwG

Für die Verbindlichkeiten des übertragenden Rechtsträgers, die vor dem Wirksamwerden der Spaltung begründet worden sind, haften die an der Spaltung beteiligten Rechtsträger als Gesamtschuldner (§ 133 Abs. 1 UmwG). 516

Sinn und Zweck der Einbeziehung des übernehmenden Rechtsträgers in eine gesamtschuldnerische Haftung nach § 133 Abs. 1 Satz 1 UmwG ist es, die Gläubiger des übertra- 517

620) Vgl. dazu *Brünkmans*, ZIP 2014, 1857.

621) Eine insolvenzverursachende Verschmelzung würden die Anteilsinhaber des übernehmenden Rechtsträgers schon nicht dulden und würde gegenüber einem Minderheitsgesellschafter u. U. auch eine Verletzung der gesellschaftlichen Treuepflichten begründen, Theiselmann-*Simon*, Hdb. Restrukturierungsrecht, Kap. 7 Rz. 61.

622) S. ausführlich *Brünkmans*, ZInsO 2014, 2533, 2551.

623) BGH, Urt. v. 11.4.1988 – II ZR 313/87, BGHZ 104, 151, 153 f. = ZIP 1988, 727; BGH, Urt. v. 4.11.1991 – II ZR 85/91, ZIP 1992, 398 = NJW 1992, 911; BAG, Urt. v. 15.2.1990 – 6 AZR 381/88, DB 1990, 1416; BAG, Urt. v. 20.9.2006 – 6 AZR 215/06, ZIP 2007, 386 = NJW 2007, 942, dazu EWiR 2007, 497 (*Joost*); LAG Hamm, Urt. v. 17.12.1981 – 10 Sa 1381/80, NJW 1983, 242, 243 = ZIP 1982, 991; *Gerhardt*, JZ 1988, 976 f.; *Henckel*, ZIP 1980, 2, 5; *K. Schmidt*, HandelsR, § 8 II. 3. b), S. 254 f.; Jaeger-*Gerhardt*, InsO, § 22 Rz. 92 ff.

624) Ausführlich *Simon/Brünkmans*, ZIP 2014, 657, 663; *Brünkmans*, ZInsO 2014, 2533, 2551.

625) BAG, Urt. v. 26.5.1983 – 2 AZR 477/81, BAGE 43, 13 = ZIP 1983, 1377; BAG, Urt. v. 29.10.1985 – 3 AZR 485/83, BAGE 50, 62 = ZIP 1986, 1001; BAG, Urt. v. 21.2.1990 – 5 AZR 160/89, ZIP 1990, 662 = NZA 1990, 522.

626) *Simon/Brünkmans*, ZIP 2014, 657, 663; *Brünkmans*, ZInsO 2014, 2533, 2551.

genden (nicht des übernehmenden!)[627] Rechtsträgers zeitlich befristet so zu stellen, als hätte keine Spaltung stattgefunden. Sie wird als zwingender Ausgleich der grundsätzlich zulässigen disproportionalen Verteilung von Verbindlichkeiten und haftendem Vermögen bis zur vollständigen Trennung derselben (Grundsatz der Spaltungsfreiheit) verstanden.[628]

518 Eine uneingeschränkte Anwendung von § 133 UmwG hätte zur Folge, dass der übernehmende Rechtsträger für sämtliche Verbindlichkeiten des insolventen Rechtsträgers haftet. Wie bei der übertragenden Sanierung die uneingeschränkte Anwendung der Haftungsübertragung nach § 25 HGB, § 613a Abs. 2 BGB, § 75 AO dazu führen würde, dass der Erwerb eines Handelsgeschäfts aus der Insolvenz faktisch unmöglich wird, gilt dies gleichfalls für die uneingeschränkte gesamtschuldnerische Haftung nach § 133 UmwG bei der Spaltung und Ausgliederung im Insolvenzplan. Die Gesellschafter des übernehmenden Rechtsträgers wären nicht bereit, der Übernahme der Gesamthaftung zuzustimmen. Bei einer Ausgliederung oder Abspaltung auf eine vermögenslose Zweckgesellschaft würde diese zwingend zur Überschuldung und Zahlungsunfähigkeit derselben führen.[629]

519 Richtigerweise ist daher auch die gesamtschuldnerische Haftung aus § 133 UmwG – wie für § 25 HGB, § 613a Abs. 2 BGB und § 75 AO allgemein anerkannt – **im Insolvenzverfahren teleologisch zu reduzieren.**[630] Die uneingeschränkte Anwendung von § 133 UmwG im Fall eines sich im Insolvenzverfahren befindlichen übertragenden Rechtsträgers stünde im Zielkonflikt mit der **bestmöglichen** Befriedigung der Insolvenzgläubiger (§ 1 InsO), weil dadurch im Einzelfall optimale Verwertungsoptionen[631] zugunsten der Gläubiger verhindert werden.[632]

Praxishinweis

Bis zur höchstrichterlichen Klärung der Frage einer teleologischen Reduktion der gesamtschuldnerischen Haftung aus § 133 UmwG erscheint es geboten, diese hilfsweise über eine entsprechende Regelung im gestaltenden Teil des Insolvenzplanes auszuschließen (siehe unten Rz. 587 f.). Der sicherste Weg zur Vermeidung der Haftung des übernehmenden Rechtsträgers aus § 133 UmwG dürfte hingegen die vollständige Entschuldung des übertragenden Rechtsträgers durch einen verfahrensbeendenden Insolvenzplan und anschließendem Liquidationsverfahren nach Aufhebung des Insolvenzverfahrens sein (siehe Rz. 499 f.).

3. Erklärung nach § 140 UmwG

520 Gemäß § 140 UmwG haben die Geschäftsführer des übertragenden Rechtsträgers bei der Anmeldung der Abspaltung oder der Ausgliederung zur Eintragung in das Handelsregister die Erklärung abzugeben, dass die durch Gesetz und Gesellschaftsvertrag vorgesehenen Voraussetzungen für die Gründung dieser Gesellschaft unter Berücksichtigung der Ab-

627) Gläubiger des übernehmenden Rechtsträgers können eine spaltungsbedingte Ausfallgefahr lediglich durch Sicherheitsleistung nach § 22 i. V. m. § 125 UmwG abwehren, vgl. *Simon* in: KölnKomm-UmwG, § 133 Rz. 2.

628) Semler/Stengel/Leonard-*Seulen*, UmwG, § 133 Rz. 1; Kallmeyer-*Kallmeyer/Sickinger*, UmwG, § 133 Rz. 1; Lutter-*Schwab*, UmwG, § 133 Rz. 12.

629) *Brünkmans*, ZInsO 2014, 2533, 2552.

630) *Kahlert/Gehrke*, DStR 2013, 975, 977 f.; *Becker*, ZInsO 2013, 1885, 1890 f.; *Brünkmans*, ZInsO 2014, 2533, 2552; Kübler/Prütting/Bork-*Spahlinger*, InsO, § 225a Rz. 84; *Simon/Brünkmans*, ZIP 2014, 657, 664; *Madaus* in: Kübler/Prütting/Bork, HRI II, § 28 Rz. 23 f.; wohl auch *Thole*, Gesellschaftsrechtliche Maßnahmen in der Insolvenz, Rz. 359; ausführlich *Greif-Werner*, Umwandlungen im Insolvenzplanverfahren, S. 268 ff.; tendenziell, aber im Ergebnis offengelassen OLG Hamburg, Urt. v. 24.11.2022 – 15 U 103/21, BeckRS 2022, 32901 Rz. 110; a. A. *Madaus*, ZIP 2012, 2133; *Priester* in: FS Kübler, S. 557, 560; *Eidenmüller* in: MünchKomm-InsO, § 225a Rz. 100.

631) Zu den Vorteilen durch Nutzung der Gesamtrechtsnachfolge, s. oben Rz. 485.

632) Ausführlich *Brünkmans*, ZInsO 2014, 2533, 2552 f.; *Simon/Brünkmans*, ZIP 2014, 657, 664 f.

spaltung oder Ausgliederung im Zeitpunkt der Anmeldung vorliegen. Im Insolvenzverfahren kann gemäß § 254a Abs. 2 Satz 3 InsO analog eine solche Erklärung bis zur Aufhebung (§ 258 InsO) auch **durch den Insolvenzverwalter abgegeben werden** (siehe § 29 Rz. 173 ff. [*Brünkmans*]).

Mit dieser Erklärung soll gewährleistet sein, dass das satzungsgemäße Stammkapital durch das nach Vollzug der Spaltung verbleibende Nettobuchvermögen weiter gedeckt ist und eine spaltungsbedingte Unterbilanz vermieden wird.[633] 521

Eine Erklärung nach § 140 UmwG ist lediglich bei einer **Spaltung/Ausgliederung über einen verfahrensbeendenden Insolvenzplan** erforderlich. Bei einer **Spaltung/Ausgliederung über einen verfahrensbegleitenden Insolvenzplan** wird der übertragende Rechtsträger hingegen im Insolvenzverfahren abgewickelt und tritt nicht mehr als werbende Gesellschaft auf. Eine Erklärung nach § 140 UmwG ist in diesem Fall nicht geboten.[634] 522

IV. Rechtmäßigkeit von Umwandlungsmaßnahmen im Insolvenzplan

Werden die Zustimmungsbeschlüsse und ggf. erforderlichen Verzichtserklärungen durch eine Regelung im gestaltenden Teil des Insolvenzplanes ersetzt, ist die Rechtmäßigkeit dieser Regelung grundsätzlich an den Anforderungen, die das UmwG an die jeweilige Umwandlungsmaßnahme stellt, zu messen. Sämtliche Vorschriften des UmwG sind jedoch darauf hin zu überprüfen, ob sie **durch die besonderen Vorschriften des Insolvenzplanverfahrens verdrängt** werden, wie etwa die vorherige Zuleitung des Umwandlungsbeschlusses an den Betriebsrat. Darüber hinaus sind die allgemeinen Anforderungen an die Anteilsinhaber betreffende Regelungen im Insolvenzplan einzuhalten, d. h. durch die Umwandlungsmaßnahme dürfen die Anteilsinhaber nicht schlechtergestellt werden und die Regelung muss dem Insolvenzverfahrenszweck dienen und **verhältnismäßig** sein (siehe dazu allgemein § 29 Rz. 57 ff. [*Brünkmans*]). 523

Die Prüfung der **voraussichtlichen Schlechterstellung** erfolgt anhand einer ausschließlich wirtschaftlichen Betrachtungsweise mithilfe eines Vergleiches zwischen dem Planergebnis und dem hypothetischen Ergebnis der Regelabwicklung.[635] Ein alternativer Insolvenzplan ist hingegen nicht Vergleichsmaßstab i. R. dieser Prüfung. Ein **Minderheitenschutzantrag** eines Anteilsinhabers gegen einen Insolvenzplan, der eine Umwandlungsmaßnahme zum Gegenstand hat, wird daher in der Regel keine Aussicht auf Erfolg haben, selbst wenn der Insolvenzplan einen Verzicht auf die Gewährung von Geschäftsanteilen am übernehmenden Rechtsträger enthält.[636] 524

Hingegen ist der Insolvenzplan rechtswidrig und nach § 250 Nr. 1 InsO nicht bestätigungsfähig, wenn die Umwandlungsmaßnahme evident nicht dem **Insolvenzverfahrenszweck** aus § 1 InsO dient, etwa weil der Formwechsel in eine AG ausschließlich der Entmachtung des Minderheitsgesellschafters dient und in keinem Zusammenhang zu einer Sanierung des Unternehmens steht.[637] 525

V. Verschmelzung

1. Wesen der Verschmelzung/Bedeutung für die Sanierungspraxis

Die Verschmelzung i. S. von §§ 2 ff. UmwG zeichnet sich durch Übertragung des gesamten Vermögens eines oder mehrerer Rechtsträger (übertragende Rechtsträger) auf einen 526

633) *Simon/Nießen* in: KölnKomm-UmwG, § 140 Rz. 2; Semler/Stengel/Leonard-*Reichert*, UmwG, § 140 Rz. 2.

634) *Brünkmans*, ZInsO 2014, 2533, 2553; *Simon/Brünkmans*, ZIP 2014, 657, 666.

635) *Brünkmans*, ZInsO 2014, 993, 995; K. Schmidt-*Spliedt*, InsO, § 251 Rz. 6.

636) *Brünkmans*, ZInsO 2014, 2533, 2549.

637) *Brünkmans/Uebele*, ZInsO 2014, 265 ff.

anderen (übernehmender Rechtsträger), bereits bestehenden Rechtsträger (Verschmelzung zur Aufnahme) oder neu gegründeten Rechtsträger (Verschmelzung durch Neugründung) aus.[638)]

527 Die Übertragung des Vermögens und der Verbindlichkeiten erfolgt im Wege der **Gesamtrechtsnachfolge,** welche die Notwendigkeit von Einzelübertragungsakten entfallen lässt.[639)] Genau darin liegen die **Vorteile einer Verschmelzung im Vergleich zur Übertragung des gesamten Vermögens im Wege der Einzelübertragung.** Der übertragende Rechtsträger wird bei der Verschmelzung i. Ü. ohne Abwicklung aufgelöst.[640)] Die Anteilsinhaber des übertragenden Rechtsträgers erhalten im Gegenzug zur Übertragung des gesamten Vermögens Anteile an dem übernehmenden Rechtsträger.[641)]

528 Die Verschmelzung dürfte in der Praxis als unmittelbar im Insolvenzplan geregelte Maßnahme eher eine geringe Bedeutung haben. Da die Verschmelzung nach der Systematik des UmwG allerdings der Grundfall für Maßnahmen nach dem UmwG darstellt, sind rechtliche Fragen im Zusammenhang mit der Verschmelzung von allgemeiner Bedeutung.

529 Die Verschmelzung kann im Einzelfall eine **alternative Akquisitionsstruktur für einen strategischen Investor** darstellen.[642)] Anders als bei einem Kauf aus der Insolvenz ist die Verschmelzung für den Investor **liquiditätsschonend,** da der Investor die Verbindlichkeiten des übertragenden Rechtsträgers aufgrund der Verschmelzung mit übernimmt und damit Liquidität zur Befriedigung oder Ablösung der Insolvenzgläubiger grundsätzlich nicht erforderlich ist.[643)] Da der Investor in der Regel nicht bereit sein wird, ein „negatives Vermögen" aufzunehmen, wird eine im Insolvenzplan vorgesehene Verschmelzung nur zusammen mit einem – für den Insolvenzplan üblichen – Teilerlass der Insolvenzforderungen verbunden sein.

530 Handelt es sich bei dem übernehmenden Rechtsträger nicht um eine Zweckgesellschaft, sondern um eine operative Gesellschaft mit unterschiedlichen Gesellschaftern, lassen sich die formellen Voraussetzungen des Umwandlungsverfahrens mit dem Insolvenzplanverfahren häufig nur schwer koordinieren. In diesem Fall kann der Insolvenzplan alternativ die Entschuldung und zwangsweise Übertragung der Geschäftsanteile auf den Investor vorsehen. Die Verschmelzung kann dann nach Aufhebung des Insolvenzverfahrens außerhalb des Insolvenzplanverfahrens durchgeführt werden.[644)]

Praxishinweis

Für Gläubiger besteht dann allerdings die Gefahr, dass die Verschmelzung nicht vollzogen wird und diese ihre Forderung zwar teilweise erlassen, ihnen aber nicht der Haftungsfonds des übernehmenden Rechtsträgers zusteht. Dieses Risiko kann allerdings durch eine Erfüllungsgarantie des übernehmenden Rechtsträgers ausgeschlossen werden.[645)]

531 Neben der alternativen Akquisitionsstruktur für einen strategischen Investor kann die Verschmelzung auf eine Zweckgesellschaft im Einzelfall auch ein **hilfreicher Zwischenschritt oder eine Vorbereitungsmaßnahme einer Unternehmensakquisition aus der**

638) *Brünkmans,* ZInsO 2014, 2533, 2534.

639) Vgl. dazu ausführlich *Simon* in: KölnKomm-UmwG, § 2 Rz. 32.

640) *Simon* in: KölnKomm-UmwG, § 2 Rz. 74; Semler/Stengel/Leonard-*Stengel,* UmwG, § 2 Rz. 27 f.; Henssler/Strohn-*Heidinger,* GesR, § 2 UmwG Rz. 7.

641) Kallmeyer-*Marsch-Barner,* UmwG, § 2 Rz. 12; Schmitt/Hörtnagl/Stratz-*Winter,* UmwG/UmwStG, § 2 UmwG Rz. 15; Henssler/Strohn-*Heidinger,* GesR, § 2 UmwG Rz. 8.

642) *Brünkmans,* ZInsO 2014, 2533, 2534.

643) *Brünkmans,* ZInsO 2014, 2533, 2534.

644) S. auch K. Schmidt-*Spliedt,* InsO, § 225a Rz. 48.

645) K. Schmidt-*Spliedt,* InsO, § 225a Rz. 48.

Insolvenz sein.[646] In diesem Fall dürfte aber die Abspaltung der fortführungswürdigen Betriebsteile zur Aufnahme auf eine Zweckgesellschaft der Verschmelzung überlegen sein.[647]

2. Regelung der Verschmelzung im gestaltenden Teil des Insolvenzplanes

a) Ersetzung der Beschlüsse, Erklärungen der Anteilsinhaber und des Schuldners

532 Der gestaltende Teil des Insolvenzplans kann durch die Aufnahme einer entsprechenden Regelung die Gesellschafterbeschlüsse und sonstigen nach dem UmwG für die Verschmelzung erforderlichen Erklärungen der Anteilsinhaber und des Schuldners ersetzen (siehe dazu allgemein Rz. 501 ff.). Dies gilt für den sich im Insolvenzverfahren befindlichen Rechtsträger und dessen Anteilsinhaber, d. h. in der Praxis in der Regel für den übertragenden Rechtsträger (siehe Rz. 490). Der Verschmelzungsbeschluss kann sich dabei auf einen bereits zwischen der Schuldnerin und dem übernehmenden Rechtsträger notariell beurkundeten Verschmelzungsvertrags beziehen (§ 13 Abs. 1 UmwG). Alternativ können die an der Verschmelzung beteiligten Rechtsträger ihre Zustimmung auch zu dem Entwurf eines Verschmelzungsvertrages gewähren (§ 4 Abs. 2 UmwG).[648] In beiden Fällen ist der Verschmelzungsvertrag grundsätzlich als Anlage zum Insolvenzplan zu nehmen.

b) Verzicht auf Anteilsgewährung

533 Für die meisten Kapitalgesellschaften wird die Aufnahme einer Regelung zum Verzicht auf Anteilsgewährung am übernehmenden Rechtsträger (§§ 54 Abs. 1 Satz 3, 68 Abs. 1 Satz 3 UmwG) geboten sein, weil aufgrund der Überschuldung der Schuldnerin als übertragender Rechtsträger ihr Vermögen sich nicht als Einlage i. R. einer Sachkapitalerhöhung eignet und auf diesem Wege keine neuen Geschäftsanteile geschaffen werden können.[649]

534 Die insolvenzrechtliche Überschuldung des übertragenden Rechtsträgers ist als solche kein Hinderungsgrund für eine Verschmelzung, solange nicht Kapitalaufbringungs- und Kapitalerhaltungsgrundsätze bei der übernehmenden Kapitalgesellschaft entgegenstehen.[650] Unvereinbar mit dem **Grundsatz der realen Kapitalaufbringung** ist jedoch, wenn i. R. einer Sachkapitalerhöhung ein negatives Vermögen eingebracht wird.[651] Ein Konflikt mit dem Grundsatz der Kapitalerhaltung ist von vornherein ausgeschlossen, wenn in Abweichung vom umwandlungsrechtlichen Grundsatz der Mitgliedschaftsperpetuierung[652] die Anteilsinhaber des übertragenden Rechtsträgers auf die Anteilsgewährung am übernehmenden Rechtsträger verzichten. Dies ist nach §§ 54 Abs. 1 Satz 3, 68 Abs. 1 Satz 3 UmwG jedenfalls bei Kapitalgesellschaften möglich.[653] Eine flankierende Kapitalerhöhung – mit u. U. aufwendiger Prüfung

646) *Brünkmans*, ZInsO 2014, 2533, 2535.

647) *Brünkmans*, ZInsO 2014, 2533, 2535.

648) *Simon* in: KölnKomm-UmwG, § 13 Rz. 30.

649) *Brünkmans*, ZInsO 2014, 2533, 2535.

650) OLG Stuttgart, Beschl. v. 4.10.2005 – 8 W 426/05, ZIP 2005, 2066 = DStR 2006, 338, dazu EWiR 2005, 839 *(Heckschen)*; *Brünkmans* in: MünchHdb. GesR, Bd. 8, § 45 Rz. 15 ff.; *Heckschen*, DB 2005, 2675; aufgrund der gesellschaftsrechtlichen Treuepflichten der Anteilsinhaber untereinander ist in diesen Fällen in der Regel ein einstimmiger Gesellschafterbeschluss des übernehmenden Rechtsträgers erforderlich, Theiselmann-*Simon*, Hdb. Restrukturierungsrecht, Kap. 7 Rz. 63.

651) *Brünkmans* in: MünchHdb. GesR, Bd. 8, § 45 Rz. 15 ff.

652) Nach dem in §§ 2, 20 UmwG festgeschriebenen Grundsatz der Mitgliedschaftsperpetuierung erhalten die Anteilsinhaber des übertragenden Rechtsträgers für den verschmelzungsbedingten Untergang ihrer Mitgliedschaften am übertragenden Rechtsträger grundsätzlich wertäquivalente Mitgliedschaftsrechte am übernehmenden Rechtsträger. Dieser Erwerb vollzieht sich automatisch kraft Gesetzes, eines besonderen Übertragungsaktes bedarf es nicht, vgl. *Simon* in: KölnKomm-UmwG, § 2 Rz. 78 ff., § 20 Rz. 39 f.

653) Unklar ist, ob diese systematisch nur für die GmbH, AG oder KGaA geltende Verzichtsmöglichkeitsregelung auch für Rechtsträger anderer Rechtsformen, insbesondere Personengesellschaften gilt. Vgl. dazu *Heckschen/Gassen*, GWR 2010, 101, 102.

der Kapitalaufbringung seitens des Registergerichts[654]) – beim übernehmenden Rechtsträger ist in diesem Fall nicht erforderlich. Werden diese **Einzelerklärungen der Anteilsinhaber** der Schuldnerin **im Insolvenzplan aufgenommen**, gelten diese Erklärungen mit Rechtskraft des Insolvenzplanes als **formwirksam ersetzt** (§§ 254, 254a InsO). Da der Rechtsträger und die Geschäftsanteile mit Eintragung der Verschmelzung im Handelsregister kompensationslos untergehen, ist ein solcher zwangsweiser Verzicht kraft Insolvenzplan jedoch nur möglich, wenn der Insolvenzplan eine **Abfindung** für die Anteilsinhaber vorsieht, welche der Höhe nach ihrem Anteil am Überschuss bei der Schlussverteilung (§ 199 InsO) eines fiktiven Regelverfahrens entspricht (§ 251 InsO).[655])

535 Findet eine Anteilsgewährung statt, muss berücksichtigt werden, dass sich bei einer Belastung der Gesellschaftsanteile der Anteilsinhaber des übertragenden Rechtsträgers mit Rechten Dritter, die **Rechte Dritter** grundsätzlich an den neu gewährten Anteilen des übernehmenden Rechtsträgers gemäß § 20 Abs. 1 Nr. 2 Satz 2 UmwG fortsetzen.[656]) Eine für den Untergang der Rechte Dritter notariell zu beurkundende erforderliche Verzichtserklärung (§§ 54 Abs. 1 Satz 3 Halbs. 2, 68 Abs. 1 Satz 3 Halbs. 2 UmwG) kann jedenfalls dann nicht durch eine Insolvenzplanregelung ersetzt werden, wenn das Recht des Dritten nicht der Sicherung einer Forderung gegen die Gesellschaft dient (siehe dazu bereits ausführlich Rz. 437 ff.). Sofern keine Anteilsgewährung stattfindet, gehen die Rechte Dritte unter.[657]) Teilweise wird vertreten, dass in einem solchen Fall jedoch Schadensersatzforderungen der Dritten gegen den übernehmenden Rechtsträger geltend gemacht werden können.[658])

Praxishinweis

Als Alternative zum Verzicht auf die Gewährung von Anteilen am übernehmenden Rechtsträger kommt eine Kapitalerhöhung zu einem geringen – symbolischen – Betrag in Betracht. Dies kann steuerrechtlich geboten sein.[659])

536 Sind die Geschäftsanteile der Schuldnerin zugunsten eines bestimmten Anteilsinhabers vinkuliert, ist die Zustimmung des begünstigten Anteilsinhabers erforderlich (§ 13 Abs. 2 UmwG). Eine solche Zustimmung des vinkulierungsbegünstigten Anteilsinhabers wird durch die Aufnahme im gestaltenden Teil des Insolvenzplanes ebenfalls ersetzt, wenn die allgemeinen materiellen Voraussetzungen für die Einbeziehung von Anteilsinhabern erfüllt sind (siehe ausführlich § 29 Rz. 57 ff. [*Brünkmans*]).

c) Austrittsrecht und Abfindungsangebot

537 Bei der Verschmelzung hat der übernehmende Rechtsträger, sofern die weiteren Voraussetzungen des § 29 Abs. 1 UmwG vorliegen, im Verschmelzungsvertrag oder in seinem Entwurf jedem Anteilsinhaber, der gegen den Verschmelzungsbeschluss des übertragenden Rechtsträgers Widerspruch zur Niederschrift erklärt,[660]) den Erwerb seiner umgewandelten Anteile oder Mitgliedschaften gegen eine angemessene Barabfindung anzubieten.[661])

---

654) Theiselmann-*Simon*, Hdb. Restrukturierungsrecht, Kap. 7 Rz. 49.

655) *Brünkmans*, ZInsO 2014, 2533, 2535.

656) Semler/Stengel/Leonard-*Leonard*, UmwG, § 20 Rz. 80; Kallmeyer-*Marsch-Barner*, UmwG, § 20 Rz. 31.

657) *Simon* in: KölnKomm-UmwG, § 20 Rz. 40; Semler/Stengel/Leonard-*Leonard*, UmwG, § 20 Rz. 80; Lutter-*Grunewald*, UmwG, § 20 Rz. 71.

658) *Simon* in: KölnKomm-UmwG, § 20 Rz. 40; a. A. Semler/Stengel/Leonard-*Leonard*, UmwG, § 20 Rz. 80.

659) Vgl. §§ 20, 21, 24 UmwStG dazu Schmitt/Hörtnagl/Stratz-*Hörtnagl*, UmwG/UmwStG, § 126 UmwG Rz. 47.

660) Im Insolvenzplanverfahren kommt es darauf an, ob der Anteilsinhaber dem Plan spätestens im Abstimmungstermin schriftlich oder zu Protokoll widersprochen hat.

661) Vgl. dazu ausführlich *Simon* in: KölnKomm-UmwG, § 29 Rz. 11 ff.

538 Daraus folgt ein **Austrittsrecht der Altgesellschafter** gegen eine Abfindung. Diesem Austrittsrecht liegt der allgemeine Rechtsgedanke zu Grunde, dass bei gewissen nachteiligen Veränderungen den Anteilsinhabern die Fortführung ihrer Mitgliedschaft unzumutbar ist.[662] Eine solche Wertung muss insbesondere vor dem Hintergrund von Art. 9 GG **auch im Insolvenzplanverfahren gelten**, sodass den Gesellschaftern unter den Voraussetzungen des § 29 Abs. 1 UmwG eine **Austrittsmöglichkeit zwingend zuzugestehen** ist.[663]

539 Sofern die Verschmelzung über eine Insolvenzplanregelung erfolgt und der Austritt aus der Gesellschaft mit der Verschmelzung begründet wird, bemisst sich die **Höhe der Abfindung nach § 225a Abs. 5 InsO.**[664] Die Auszahlung des Abfindungsanspruchs kann zur Vermeidung einer unangemessenen Belastung der Finanzlage des Schuldners im Insolvenzplan über einen Zeitraum von bis zu drei Jahren gestundet werden (§ 225a Abs. 5 Satz 2 InsO).[665]

540 Auf die **Unterbreitung eines Abfindungsangebotes** können die Anteilsinhaber nach allgemeinem Umwandlungsrecht **verzichten.**[666] Eine solche Verzichtserklärung kann durch eine Insolvenzplanregelung auch gegen den Willen der Anteilsinhaber ersetzt werden. Allerdings muss den austretenden Anteilsinhabern dann bei noch bestehender Werthaltigkeit ihrer Anteilsrechte vor dem Hintergrund des § 251 InsO ein **Entschädigungsanspruch** zustehen, der sich **der Höhe nach ebenfalls nach § 225a Abs. 5 InsO** richtet (siehe dazu ausführlich § 29 Rz. 212 ff. [*Brünkmans*]).

d) Muster einer Planregelung zur Verschmelzung

541 **Formulierungsbeispiel**

„Die Investor GmbH (übernehmende Gesellschaft) hat mit der Schuldnerin (übertragende Gesellschaft) am 24.1.2019 einen Verschmelzungsvertrag (UR. Nr. 1 des Notars Dr. Fleißig in Bonn) abgeschlossen. Eine beglaubigte Abschrift des Verschmelzungsvertrages ist dem Insolvenzplan als **Anlage 3** beigefügt.

Dem Verschmelzungsvertrag wird zugestimmt.

Ferner wird auf folgende Maßnahmen verzichtet:

(1) Auf die Einhaltung aller Frist- und Formvorschriften sowie Informationsrechte insbesondere auf die Übersendung der in § 47 UmwG genannten Unterlagen sowie die Auslegung der in § 49 Abs. 2 UmwG genannten Unterlagen.

(2) Auf die Erstattung eines Verschmelzungsberichts sowie auf eine Prüfung der Verschmelzung und die Erstattung eines Verschmelzungsprüfungsberichts.

(3) Auf die Gewährung von Anteilen an der Investor GmbH als übernehmendem Rechtsträger gemäß § 54 Abs. 1 Satz 3 UmwG.

Der nach § 13 Abs. 1 Satz 1 UmwG erforderliche Verschmelzungsbeschluss der Gesellschafterversammlung der Schuldnerin sowie alle weiteren erforderlichen Zustimmungen und Verzichte seitens der Gesellschafter der Schuldnerin werden hiermit gemäß § 225a Abs. 3 InsO ersetzt.

662) Semler/Stengel/Leonard-*Kalss*, UmwG, § 29 Rz. 20.

663) Vgl. dazu *Brünkmans*, ZInsO 2014, 2533, 2548.

664) S. bzgl. des Abfindungsanspruches beim Formwechsel: *Brünkmans*, ZInsO 2014, 2533, 2548.

665) S. dazu ausführlich § 29 Rz. 212 ff. [*Brünkmans*]; s. auch § 58 Rz. 77 [*Brünkmans/Harmann/Clev*].

666) *Simon* in: KölnKomm-UmwG, § 29 Rz. 39; Lutter-*Grunewald*, UmwG, § 29 Rz. 19; Kallmeyer-*Marsch-Barner*, UmwG, § 29 Rz. 17; Henssler/Strohn-*Müller*, GesR, § 29 UmwG Rz. 16.

> Die Gesellschafterversammlung der Investor GmbH hat mit dem als **Anlage 4** beigefügtem notariell beurkundeten Beschluss (UR. Nr. 2 des Notars Dr. Fleißig in Bonn) vom 24.1.2019 ihre Zustimmung zum Abschluss des Verschmelzungsvertrages erklärt."

3. Ablauf einer Verschmelzung im Insolvenzplanverfahren

542 Der Ablauf einer Verschmelzung auf der Grundlage eines Insolvenzplanes richtet sich grundsätzlich nach den allgemeinen umwandlungsrechtlichen Vorschriften. Manche nach dem UmwG vorgesehenen Einzelschritte werden jedoch durch die insolvenzplanrechtlichen Vorschriften überlagert und sind i. Ü. durch die Regelung eines Verzichts im gestaltenden Teil des Insolvenzplanes abdingbar.[667)]

a) Verschmelzungsvertrag zwischen den beteiligten Rechtsträgern

543 Der übertragende und der übernehmende Rechtsträger schließen in der Regel zunächst einen Verschmelzungsvertrag ab.[668)] Der sich im Insolvenzverfahren befindliche übernehmende Rechtsträger wird dabei grundsätzlich **durch den Insolvenzverwalter vertreten**, da es sich bei der Verschmelzung um ein Rechtsgeschäft aus dem sog. Verdrängungsbereich und nicht dem originären Schuldnerbereich handelt.[669)] Für den übernehmenden Rechtsträger, der sich nicht im Insolvenzverfahren befindet, schließen die vertretungsberechtigten Organe in vertretungsberechtigter Zahl den Verschmelzungsvertrag ab.[670)]

544 Der Verschmelzungsvertrag muss den in §§ 5, 29 Abs. 1 Satz 1, 35, 36, 37 UmwG (für die GmbH: §§ 46, 56 UmwG) vorgesehenen **Mindestinhalt** enthalten.[671)] Sofern die Verschmelzung unter Verzicht auf die Gewährung von Anteilen am übernehmenden Rechtsträger erfolgen soll, entfällt eine Regelung der Umtauschverhältnisse für die Geschäftsanteile (siehe dazu Rz. 533 f.).

545 Der Verschmelzungsvertag bedarf grundsätzlich der **notariell beurkundeten Form** (§§ 6, 36 Abs. 1 UmwG).

546 Die Erklärung des sich im Insolvenzverfahren befindlichen Rechtsträgers kann – alternativ zur Abgabe durch den Insolvenzverwalter – als **Regelung im Insolvenzplan aufgenommen werden.**[672)] Mit rechtskräftiger Bestätigung des Insolvenzplanes würde die Vertragserklärung des sich im Insolvenzplanverfahren befindlichen Rechtsträgers unter Wahrung der Formvorschrift aus §§ 6, 36 Abs. 1 UmwG fingiert (§§ 254, 254a InsO).[673)] Die Erklärung des übernehmenden Rechtsträgers, der sich nicht im Insolvenzverfahren befindet, muss jedoch weiterhin außerhalb des Insolvenzplanverfahrens formwirksam abgegeben werden.

---

667) *Brünkmans*, ZInsO 2014, 2533, 2536.

668) Alternative: Parteien einigen sich auf einen Entwurf, anschließend werden die Zustimmungsbeschlüsse der Anteilsinhaber eingeholt und dann der Verschmelzungsvertrag beurkundet, § 4 Abs. 2 UmwG.

669) Vgl. *Thole*, Gesellschaftsrechtliche Maßnahmen in der Insolvenz, Rz. 82, 102; *Brünkmans*, ZInsO 2014, 2533, 2536.

670) Semler/Stengel/Leonard-*Schröer*, UmwG, § 4 Rz. 8; Lutter-*Drygala*, UmwG, § 4 Rz. 7; Kallmeyer-*Marsch-Barner*, UmwG, § 4 Rz. 4; Schmitt/Hörtnagl/Stratz-*Winter*, UmwG/UmwStG, § 4 UmwG Rz. 13.

671) *Simon* in: KölnKomm-UmwG, § 5 Rz. 1 ff.; *Brünkmans*, ZInsO 2014, 2533, 2536; Zur Bestimmbarkeit des Verschmelzungsstichtags vgl. OLG Bremen, Beschl. v. 2.5.2016 – 2 W 23/16, ZIP 2016, 1480.

672) So wohl auch OLG Bremen, Beschl. v. 2.5.2016 – 2 W 23/16, ZIP 2016, 1480.

673) Die getrennte Beurkundung von Angebot und Annahme (sog. Sukzessivbeurkundung) ist beim Verschmelzungsvertrag zulässig (§ 6 UmwG i. V. m. § 128 BGB). Dies gilt auch dann, wenn das Vermögen des übertragenden Rechtsträgers Grundstücke umfasst, da eine Auflassung, die gemäß § 925 BGB die gleichzeitige Anwesenheit beider Parteien fordern würde, gar nicht erfolgt, sondern die Grundstücke im Wege der Gesamtrechtsnachfolge übergehen. Semler/Stengel/Leonard-*Schröer*, UmwG, § 6 Rz. 14.

Der Verschmelzungsvertrag oder sein Entwurf sind als **Anlage zum Insolvenzplan** zu nehmen.[674] 547

b) **Verschmelzungsbericht, Prüfung und Prüfungsbericht**

Außerhalb des Insolvenzplanverfahrens haben die Vertretungsorgane der an der Verschmelzung beteiligten Rechtsträger gemäß §§ 8 Abs. 3 Satz 2, 9 Abs. 3 UmwG einen schriftlichen Verschmelzungsbericht anzufertigen, in dem die Verschmelzung und der Verschmelzungsvertrag bzw. sein Entwurf i. E. rechtlich und wirtschaftlich erläutert und begründet werden.[675] § 60 UmwG fordert bei der AG[676] zusätzlich eine Verschmelzungsprüfung durchzuführen und einen Prüfungsbericht zu erstellen. 548

Verschmelzungsbericht, Prüfung und Prüfungsbericht dienen ausschließlich dem **Zweck der Information der Anteilsinhaber**, nicht jedoch dem Gläubigerschutz oder der Information der Arbeitnehmer.[677] 549

Für den sich im Insolvenzverfahren befindlichen Rechtsträger dürfte der Verschmelzungsbericht, die Prüfung und der Prüfungsbericht bei der Ersetzung des Verschmelzungsbeschlusses durch eine Insolvenzplanregelung daher bereits **nach § 254a Abs. 2 Satz 2 InsO entbehrlich** sein. Danach gelten „Gesellschaftsrechtlich erforderliche Ladungen, Bekanntmachungen und **sonstige Maßnahmen zur Vorbereitung von Beschlüssen** der Anteilsinhaber" **als in der vorgeschriebenen Form bewirkt**. Als Entscheidungsgrundlage für das Abstimmungsverhalten im Erörterungs- und Abstimmungstermin dienen den Anteilsinhabern stattdessen die aus dem darstellenden Teil und den Anlagen zu entnehmenden Informationen. 550

Im Übrigen sind Verschmelzungsbericht, Verschmelzungsprüfung und Verschmelzungsprüfungsbericht mit Zustimmung aller Anteilsinhaber aller an der Verschmelzung beteiligten Rechtsträger durch notariell beurkundende **Verzichtserklärungen** (§§ 8 Abs. 3, 9 Abs. 3 und § 12 Abs. 3 UmwG) abdingbar. 551

Für den übertragenden Rechtsträger kann dieser Verzicht im Insolvenzplan geregelt und damit gegen den Willen der Anteilsinhaber des übertragenden Rechtsträgers durchgesetzt werden (siehe Rz. 501 ff.). Allerdings müssen für einen wirksamen Verzicht zusätzlich auch die Verzichtserklärungen der Anteilsinhaber des übernehmenden Rechtsträgers vorliegen, die ausschließlich außerhalb des Insolvenzplanverfahrens formwirksam abgegeben werden. 552

Praxishinweis

Die wesentlichen Informationen zur Verschmelzung sind für die Anteilsinhaber im darstellenden Teil des Insolvenzplanes zu gewähren. Im Einzelfall kann ein ausführlicher Verschmelzungsbericht geboten sein und als Anlage zum Insolvenzplan genommen werden.

Ungeachtet des bereits nach § 254a Abs. 2 Satz 2 InsO fehlenden Erfordernisses sollte aus Gründen der Rechtsicherheit bis zur höchstrichterlichen Klärung durch die Aufnahme einer entsprechenden Regelung im Insolvenzplan der Verzicht auf Verschmelzungsbericht, Verschmelzungsprüfung und Prüfungsbericht erklärt werden. Für die Wirksamkeit des Verzichts bedarf es dafür zusätzlich auch der notariell zu beurkundenden Verzichtserklärungen (§§ 8 Abs. 3, 9 Abs. 3 und 12 Abs. 3 UmwG) aller Anteilsinhaber des übernehmenden Rechtsträgers.[678]

674) *Brünkmans*, ZInsO 2014, 2533, 2537.

675) *Brünkmans*, ZInsO 2014, 2533, 2537.

676) Bei der GmbH ist dies gemäß § 48 UmwG nur auf Antrag erforderlich.

677) BGH, Beschl. v. 2.7.1990 – II ZB 1/90, ZIP 1990, 985 = NJW 1990, 2747; Semler/Stengel/Leonard-*Gehling*, UmwG, § 8 Rz. 2; Lutter-*Drygala*, UmwG, § 8 Rz. 3; Semler/Stengel/Leonard-*Zeidler*, UmwG, § 9 Rz. 2 f.; *Simon* in: KölnKomm-UmwG, § 9 Rz. 2, § 12 Rz. 2.

678) Bei einer 100 %igen Zweckgesellschaft als übernehmenden Rechtsträger können diese mit dem Verschmelzungsvertrag beurkundet werden.

c) Unterrichtung der Gesellschafter

553 **Bei der GmbH** ist nach **§ 47 UmwG** der Verschmelzungsvertrag oder sein Entwurf und der Verschmelzungsbericht den Gesellschaftern spätestens zusammen mit der Einberufung der Gesellschafterversammlung, die gemäß § 13 Abs. 1 UmwG über die Zustimmung beschließen soll, zu übersenden. Gemäß **§ 49 Abs. 2 UmwG** sind in dem Geschäftsraum der Gesellschaft von der Einberufung an die Jahresabschlüsse und die Lageberichte der an der Verschmelzung beteiligten Rechtsträger für die letzten drei Geschäftsjahre zur Einsicht durch die Gesellschafter auszulegen.

554 **Für die AG** ist der Verschmelzungsvertrag vor der Einberufung der Hauptversammlung zum Handelsregister einzureichen (**§ 61 UmwG**). Ferner sind von der Einberufung der Hauptversammlung an in dem Geschäftsraum der Gesellschaft gemäß **§ 63 Abs. 1 Nrn. 1–5 UmwG** zur Einsicht der Aktionäre Unterlagen auszulegen oder über die Internetseite der Gesellschaft (**§ 63 Abs. 4 UmwG**) zugänglich zu machen. Gemäß **§ 254a Abs. 2 Satz 2 InsO** finden diese Vorschriften für den sich **im Insolvenzplanverfahren** befindlichen, übertragenden Rechtsträger **keine Anwendung.**

555 Die Informations- und Publizitätsvorschriften werden bei einer Verschmelzung auf der Grundlage eines Insolvenzplanes für die Schuldnerin vielmehr durch die Vorschriften über die Niederlegung des Insolvenzplanes (§ 234 InsO) ersetzt.[679] Der Verschmelzungsvertrag ist als Anlage zum Insolvenzplan zu nehmen (siehe oben Rz. 547). Entscheidungsgrundlage für das Abstimmungsverhalten der Anteilsinhaber im Erörterungs- und Abstimmungstermin sind die aus dem darstellenden Teil und dessen Anlagen zu erhaltenden Informationen.

556 Darüber hinaus können Gesellschafter auf die Einhaltung der Übermittlungsvorschriften verzichten, indem sie den Verschmelzungsbeschluss unter **Verzicht auf alle gesetzlichen und statutarischen Regelungen über Formen und Fristen** wirksam beschließen.[680] Dieser allseitige Verzicht soll im notariellen Protokoll über die Verschmelzungsversammlung ausdrücklich festgehalten werden.[681]

> **Praxishinweis**
>
> Ungeachtet des bereits nach § 254a Abs. 2 Satz 2 InsO fehlenden Erfordernisses sollte der Verzicht für die Schuldnerin zusätzlich aus Gründen der Vorsicht als Regelung im gestaltenden Teil des Insolvenzplanes aufgenommen werden, sodass die Verzichterklärungen mit rechtskräftiger Bestätigung des Insolvenzplanes formwirksam fingiert werden.

d) Einbindung des Betriebsrates

557 Nach § 5 Abs. 3 UmwG ist der Verschmelzungsvertrag oder sein Entwurf **einen Monat vor der Versammlung** der Anteilsinhaber **zur Fassung des Beschlusses** über die Verschmelzung den Betriebsräten jedes beteiligten Rechtsträgers **zuzuleiten.**

558 Zweck der Regelung ist, die Arbeitnehmer über die für sie relevanten Folgen der geplanten Verschmelzung rechtzeitig zu informieren.[682] Dieser **Zweck** wird **im Insolvenzplanverfahren** jedoch durch die gesetzlich gebotene Einbindung des Betriebsrates bei der Aufstellung und Verabschiedung des Insolvenzplanes **erreicht.**[683] Bei einem „Verwalterplan"

679) *Brünkmans*, ZInsO 2014, 2533, 2538.

680) Semler/Stengel/Leonard-*Reichert*, UmwG, § 47 Rz. 5; Lutter-*M. Winter/J. Vetter*, UmwG, § 47 Rz. 7.

681) Semler/Stengel/Leonard-*Reichert*, UmwG, § 47 Rz. 5; Lutter-*M. Winter/J. Vetter*, UmwG, § 47 Rz. 7.

682) *Hohenstatt/Schramm* in: KölnKomm-UmwG, § 5 Rz. 246; Semler/Stengel/Leonard-*Schröer/Greitemann*, UmwG, § 5 Rz. 140; *Kallmeyer*, ZIP 1994, 1746, 1754.

683) *Brünkmans*, ZInsO 2014, 2533, 2538.

wirkt der Betriebsrat bereits bei der Aufstellung des Insolvenzplans beratend mit (§ 218 Abs. 3 InsO). Darüber hinaus sind sowohl Schuldnerpläne als auch Verwalterpläne unmittelbar nach Einreichung des Insolvenzplanes bei Gericht an den Betriebsrat zur Stellungnahme weiterzuleiten (§ 232 Abs. 1 Nr. 1 InsO). Der Betriebsrat hat i. Ü. ein Recht auf Teilnahme am Erörterungs- und Abstimmungstermin über den Insolvenzplan (§ 235 Abs. 3 Sätze 1, 2 InsO).

Die umwandlungsrechtliche **Beteiligung des Betriebsrates der Schuldnerin** aus § 5 Abs. 3 559
UmwG **wird durch die** vorgenannte **insolvenzrechtliche Beteiligung überlagert.**[684]

Für den **Betriebsrat des übernehmenden Rechtsträgers** gelten jedoch die **allgemeinen** 560
umwandlungsrechtlichen Vorschriften. Die Zuleitung des Verschmelzungsvertrages ist zwingend. Auch der Betriebsrat kann auf die Zuleitung nicht verzichten, wohl jedoch nach überwiegender Auffassung auf die Einhaltung der Monatsfrist aus § 5 Abs. 3 UmwG.[685]

> **Praxishinweis**
>
> Aus Gründen der Vorsicht sollte ungeachtet der insolvenzrechtlichen Überlagerung des § 5 Abs. 3 UmwG auch dem Betriebsrat des übertragenden Rechtsträger der Verschmelzungsvertrag oder sein Entwurf zugesendet werden. Ferner ist bei Nichteinhaltung der Monatsfrist ein Verzicht des Betriebsrates auf die Einhaltung der Monatsfrist einzuholen.

e) Verschmelzungsbeschlüsse und Einzelerklärungen der Anteilsinhaber

Für den sich im Insolvenzverfahren befindlichen Rechtsträger gelten bei der Ersetzung 561
des Verschmelzungsbeschlusses durch eine Insolvenzplanregelung anstelle der gesellschaftsrechtlichen Einberufungsvorschriften die Vorschriften über die Einberufung zum Erörterungs- und Abstimmungstermin (§§ 235 ff. InsO).[686]

Die **gesellschaftsrechtlichen Einberufungsvorschriften** und auch die **erforderliche no-** 562
tarielle Form des Beschlusses werden durch die Vorschriften des Insolvenzplanverfahrens **ersetzt** (vgl. § 254a Abs. 2 Satz 1 InsO). Der im Insolvenzplan aufgenommene Verschmelzungsbeschluss – ebenso wie ggf. erforderliche Individualerklärungen der Anteilsinhaber[687] – werden mit rechtskräftiger Bestätigung des Insolvenzplanes wirksam (§§ 254 Abs. 1, 254a Abs. 1 InsO).[688] Die Anteilsinhaber stimmen als separate **Gruppe** zusammen mit den Gläubigergruppen über die Annahme des Insolvenzplanes ab, wobei die Zustimmung der Gruppe der Anteilsinhaber unter den Voraussetzungen des **Obstruktionsverbotes** (§ 245 InsO) ersetzt werden kann (siehe ausführlich § 29 Rz. 154 ff. [*Brünkmans*] sowie § 17 [*Thole*]).

Für andere, sich **nicht im Insolvenzverfahren befindliche Rechtsträger gelten** die **all-** 563
gemeinen gesetzlichen und satzungsmäßigen Vorschriften über die Einberufung der Versammlung der Anteilsinhaber und der Beschlussfassung über die Zustimmung zum Verschmelzungsvertrag oder dem Entwurf (§ 13 Abs. 1 UmwG). Der Verschmelzungsbeschluss der Anteilsinhaber ist notariell zu beurkunden (§ 13 Abs. 3 Satz 1 UmwG) und bedarf einer Mehrheit von mindestens drei Viertel der abgegebenen Stimmen (§ 50 Abs. 1

684) *Becker*, ZinsO 2013, 1885, 1889; *Brünkmans*, ZinsO 2014, 2533, 2538.

685) So h. M., LG Gießen, Beschl. v. 14.4.2004 – 6 T 12/04, Der Konzern 2004, 622, 623; OLG Naumburg, Beschl. v. 17.3.2003 – 7 Wx 6/02, GmbHR 2003, 1433; *Hohenstatt/Schramm* in: KölnKomm-UmwG, § 5 Rz. 256; Lutter-*Drygala*, UmwG, § 5 Rz. 148; Semler/Stengel/Leonard-*Schröer/Greitemann*, UmwG, § 5 Rz. 145.

686) *Brünkmans*, ZInsO 2014, 2533, 2538; s. ausführlich § 29 Rz. 102 ff. [*Brünkmans*].

687) Dies gilt insbesondere für den Verzicht auf den Erwerb von Geschäftsanteilen am übernehmenden Rechtsträger nach §§ 54 Abs. 1 Satz 3, 68 Abs. 1 Satz 3, s. dazu oben Rz. 533 ff.

688) So nach der hier vertretenen Auffassung, s. Rz. 495.

UmwG). Sieht der Verschmelzungsvertrag die Gewährung neuer Geschäftsanteile der Anteilsinhaber des übertragenden Rechtsträgers am übernehmenden Rechtsträger vor, ist zusätzlich eine **Sachkapitalerhöhung** zu beschließen.

f) Rechtsmittel

564 Die **Anteilsinhaber des sich im Insolvenzverfahren befindlichen Rechtsträgers** können sich gegen die Verschmelzung **ausschließlich** im Wege der insolvenzrechtlichen Rechtsbehelfe, namentlich dem **Minderheitenschutzantrag** (**§ 251 InsO**) und der **sofortigen Beschwerde** (**§ 253 InsO**) wehren (siehe § 31 Rz. 2, 4 [*Brünkmans*] und § 20 [*Hirschberger*]).

565 Für den übernehmenden **Rechtsträger, der sich nicht im Insolvenzverfahren befindet,** gelten die **allgemeinen umwandlungsrechtlichen Grundsätze**, d. h. die Anteilsinhaber haben binnen eines Monats Anfechtungs- oder Nichtigkeitsklage[689] gegen den Verschmelzungsbeschluss zu erheben (§ 14 Abs. 1 UmwG). Die Anteilsinhaber können durch notariell beurkundete **Verzichtserklärungen** auf eine Klage gegen die Wirksamkeit des Verschmelzungsbeschlusses verzichten (§ 16 Abs. 2 Satz 2 UmwG).

> **Praxishinweis**
>
> Zur Gewährleistung einer zügigen Eintragung der Verschmelzung in die Handelsregister ist die Verzichtserklärung auf eine Klage gegen die Wirksamkeit des Verschmelzungsbeschlusses des übernehmenden Rechtsträgers zu empfehlen.[690]

g) Handelsregister: Anmeldung und Eintragung der Verschmelzung

566 Die Verschmelzung ist zum Handelsregister der beteiligten Rechtsträger anzumelden und die in § 17 UmwG vorgesehenen Anlagen, d. h. u. a. der Verschmelzungsvertrag, die Niederschriften der Verschmelzungsbeschlüsse sind mit der Anmeldung einzureichen (vgl. § 16 UmwG).

567 Der **Insolvenzverwalter** ist neben dem **vertretungsberechtigten Organ** bis zur Aufhebung des Insolvenzverfahrens (§ 258 InsO) dazu berechtigt,[691] die **erforderlichen Anmeldungen beim jeweiligen Registergericht vorzunehmen,** § 254a Abs. 2 Satz 3 InsO (siehe dazu ausführlich § 29 Rz. 173 ff. [*Brünkmans*]). Anstelle des Verschmelzungsbeschlusses der Anteilsinhaber des übertragenden Rechtsträgers ist der rechtskräftig[692] bestätigte Insolvenzplan, d. h. eine beglaubigte Abschrift des rechtskräftig bestätigten Insolvenzplanes sowie eine beglaubigte Abschrift des mit Rechtskraftvermerk versehenen Bestätigungsbeschlusses, einzureichen. Dieser ersetzt auch die Negativerklärung nach (§§ 16 Abs. 2, 36 Abs. 1 UmwG).[693]

568 Das **Insolvenzgericht prüft** die **Rechtmäßigkeit** der **Verschmelzungsbeschluss**regelung und der Regelungen der **Einzelerklärungen der Anteilsinhaber** umfassend, insbesondere ob die insolvenzrechtlichen Voraussetzungen – Ausrichtung am **Insolvenzverfahrens-**

689) *Simon* in: KölnKomm-UmwG, § 14 Rz. 11 ff.

690) *Brünkmans*, ZinsO 2014, 2533, 2540, s. dort auch zum Freigabeverfahren nach § 16 Abs. 3 UmwG.

691) *Thole*, Gesellschaftsrechtliche Maßnahmen in der Insolvenz, Rz. 265; Braun-*Braun*/*Frank*, InsO, § 254a Rz. 5; K. Schmidt-*Spliedt*, InsO, § 254a Rz. 5; *Madaus* in: MünchKomm-InsO, § 254a Rz. 21; *Haas* in: HK-InsO, § 254a Rz. 6; Kübler/Prütting/Bork-*Spahlinger*, InsO, § 254a Rz. 7; *Horstkotte*/*Martini*, ZinsO 2012, 557, 566, Fn. 61.

692) Trotz Beschwerde gegen den Insolvenzplan kann die Eintragung in das Handelsregister des übertragenden Rechtsträgers auf Antrag des Insolvenzverwalters oder Schuldners durch das insolvenzrechtliches Freigabeverfahren nach § 253 Abs. 4 InsO erreicht werden, wenn die entsprechenden Voraussetzungen erfüllt sind, dazu *Fischer*, NZI 2013, 513, 517 ff.; *Brünkmans*, ZinsO 2014, 993.

693) *Brünkmans*, ZinsO 2014, 2533, 2540.

zweck, Verhältnismäßigkeit und auf Antrag eines Anteilsinhabers das **Schlechterstellungsverbot** (§ 251 InsO)[694] – eingehalten wurden. Den **Verschmelzungsvertrag** prüft es, soweit die Erklärung des sich im Insolvenzplanverfahren befindlichen Rechtsträgers durch eine Insolvenzplanregelung ersetzt wurde.

Das **Registergericht prüft** hingegen die Wirksamkeit des **Verschmelzungsbeschlusses des sich nicht im Insolvenzplanverfahren befindlichen**, übernehmenden **Rechtsträgers** sowie die Wirksamkeit möglicherweise erforderlicher **Zustimmungen** und **Genehmigungen** und den **Verschmelzungsvertrag**, sofern dieser nicht bereits vom Insolvenzgericht geprüft wurde.[695] Den Verschmelzungsbeschluss des sich im Insolvenzplanverfahren befindlichen Rechtsträgers und die Einzelerklärungen der Anteilsinhaber sowie einen vom Insolvenzgericht geprüften Verschmelzungsvertrag hat es aufgrund der bereits erfolgten Prüfung durch das Insolvenzgericht als wirksam (abgegeben) zu unterstellen, es sei denn die Regelungen im Insolvenzplan leiden an einem **offensichtlichen und schwerwiegenden Rechtsfehler.**[696] 569

Die Verschmelzung ist zunächst in das Handelsregister des übertragenden Rechtsträgers einzutragen. Im Anschluss erfolgt die Eintragung in das Handelsregister des übernehmenden Rechtsträgers, wodurch die Verschmelzung wirksam wird (§ 20 UmwG). Eine Kapitalerhöhung zur Durchführung der Verschmelzung muss vor der Eintragung der Verschmelzung im Handelsregister des übernehmenden Rechtsträgers eingetragen werden.[697] Das Registergericht des übernehmenden Rechtsträgers prüft die **Sachkapitalerhöhung** nach den allgemeinen Vorschriften, insbesondere die Werthaltigkeit der Sacheinlage.[698] 570

h) Vollzug der Verschmelzung

Das Vermögen des übertragenden Rechtsträgers geht mit Eintragung der Verschmelzung im Handelsregister des übernehmenden Rechtsträgers auf den übernehmenden Rechtsträger einschließlich der Verbindlichkeiten über (§ 20 Abs. 1 Nr. 1 UmwG).[699] 571

In diesem Zeitpunkt liegt bereits die rechtskräftige Bestätigung des Insolvenzplanes des übertragenden Rechtsträgers vor, weil der Insolvenzplan den Verschmelzungsbeschluss des übertragenden Rechtsträgers ersetzt. 572

Enthält der Insolvenzplan – wie üblich – einen nicht unerheblichen Erlass der Forderungen der Schuldnerin, geht der Forderungsbestand mit Eintragung der Verschmelzung im Handelsregister des übernehmenden Rechtsträgers in entsprechend durch den Insolvenzplan gekürzter Form über. Dies gilt auch für Gläubiger, die ihre Forderung nicht zur Insolvenztabelle im Insolvenzverfahren angemeldet haben (siehe § 8 Rz. 539 [*Brünkmans*]). Für sie gelten i. Ü. die Verjährungsfristen aus § 259b InsO auch nach Vollzug der Verschmelzung gegenüber dem übernehmenden Rechtsträger. 573

Die auf den übertragenden Rechtsträger übergehenden Vermögensgegenstände können zu Anschaffungskosten oder zu Buchwerten in der Schlussbilanz und in dem Jahresab- 574

694) S. dazu ausführlich § 29 Rz. 85 ff. [*Brünkmans*].

695) Semler/Stengel/Leonard-*Schwanna*, UmwG, § 19 Rz. 5; Lutter-*Decher*, UmwG, § 19 Rz. 4; Henssler/Strohn-*Heidinger*, GesR, § 19 UmwG Rz. 13; s. a. *Brünkmans*, ZInsO 2014, 2533, 2540 f.

696) So auch *Madaus*, ZIP 2012, 2133, 2138; anders *Becker*, ZinsO 2013, 1885, 1890; s. dazu ausführlich § 29 Rz. 178 ff. [*Brünkmans*].

697) Semler/Stengel/Leonard-*Schwanna*, UmwG, § 19 Rz. 9.

698) Lutter-*M. Winter*/*J. Vetter*, UmwG, § 55 Rz. 68; *Simon*/*Nießen* in KölnKomm-UmwG, § 55 Rz. 38; Semler/Stengel/Leonard-*Reichert*, UmwG, § 55 Rz. 24; *Brünkmans*, ZInsO 2014, 2533, 2541.

699) *Brünkmans*, ZInsO 2014, 2533, 2541.

schluss des übernehmenden Rechtsträgers angesetzt werden (§ 24 UmwG).[700] Geht mit der Verschmelzung ein Betrieb i. S. von § 613a BGB auf den übernehmenden Rechtsträger mit über, gelten die Folgen aus § 613a BGB, mit Ausnahme der Haftung für Altverbindlichkeiten nach § 613 Abs. 2 BGB,[701] entsprechend (§ 324 UmwG).[702]

VI. Spaltungen, insbesondere Abspaltung und Ausgliederung zur Aufnahme

1. Wesen der Spaltung, Bedeutung für die Sanierungspraxis

575 Die Spaltung zeichnet sich durch die vollständige oder teilweise Aufteilung des Gesellschaftsvermögens auf eine oder mehrere andere Gesellschaften im Wege der partiellen Gesamtrechtsnachfolge aus.[703] Wie bei der Verschmelzung sind die einzelnen Vermögensgegenstände und Verbindlichkeiten **nicht durch Einzelübertragung** auf den übernehmenden Rechtsträger zu übertragen.[704] Genau darin liegen die Stärken der Spaltung auch für die Insolvenz- und Sanierungspraxis.

576 § 123 UmwG sieht drei Arten von Spaltungsarten vor, namentlich die

- Aufspaltung,
- Abspaltung und
- Ausgliederung.

577 Die **Aufspaltung** zeichnet sich durch die Übertragung des **gesamten Vermögens** eines Rechtsträgers auf mehrere neue oder bereits bestehende übernehmende Rechtsträger **unter Auflösung des übertragenden Rechtsträgers** aus. Bei der **Abspaltung** erfolgt die Übertragung lediglich **einzelner Vermögensteile** des übertragenden Rechtsträgers auf einen oder mehrere neue übernehmende Rechtsträger.[705] Im Unterschied zur Aufspaltung bleibt bei der Abspaltung der **übertragende Rechtsträger erhalten** (§ 123 Abs. 2 UmwG).[706] Aufspaltung und Abspaltung ist gemeinsam, dass den **Anteilsinhabern** des übertragenden Rechtsträgers im Gegenzug **Anteile an den neuen übernehmenden Rechtsträgern gewährt** werden (§ 123 Abs. 1 UmwG).[707]

578 Bei der **Ausgliederung** werden hingegen Vermögensteile des übertragenden Rechtsträgers an einen oder mehrere übernehmende/n Rechtsträger unter **Gewährung von Anteilen an** diesem, d. h. den übertragenden Rechtsträger, selbst übertragen. Anders als bei Auf- und Abspaltung werden bei der Ausgliederung die Anteilsrechte an dem übernehmenden Rechtsträger dem **übertragenden Rechtsträger als solchem – nicht dessen Anteilsinhabern – gewährt** (§ 123 Abs. 3 UmwG).[708]

579 Für die Sanierungs- und Insolvenzabwicklungspraxis haben insbesondere Abspaltung und Ausgliederung zur Aufnahme Bedeutung.[709]

580 Im Wege der **partiellen Gesamtrechtsnachfolge** lassen sich fortführungswürdige Unternehmensteile – die u. U. aus vielzähligen Vertragsbeziehungen bestehen – effektiv auf eine

---

700) *Brünkmans*, ZInsO 2014, 2533, 2541.

701) S. dazu oben Rz. 512 ff.

702) *Brünkmans*, ZInsO 2014, 2533, 2541.

703) *Simon* in: KölnKomm-UmwG, § 123 Rz. 7; Semler/Stengel/Leonard-*Schwanna*, UmwG, § 123 Rz. 6; Lutter-*Teichmann*, UmwG, § 123 Rz. 6.

704) *Brünkmans*, ZInsO 2014, 2533, 2541.

705) *Brünkmans*, ZInsO 2014, 2533, 2541.

706) *Brünkmans*, ZInsO 2014, 2533, 2541.

707) Schmitt/Hörtnagl-*Hörtnagl*, UmwG/UmwStG, § 123 UmwG Rz. 9; *Brünkmans*, ZInsO 2014, 2533, 2541.

708) *Simon* in: KölnKomm-UmwG, § 123 Rz. 27.

709) S. *Simon*/*Brünkmans*, ZIP 2014, 657; K. Schmidt-*Spliedt*, InsO, § 225a Rz. 49.

Erwerbs- oder Fortführungsgesellschaft übertragen. Eine Abspaltung über einen Insolvenzplan kommt auch parallel zu einer klassischen übertragenden Sanierung in Betracht. In diesem Fall beschränkt sich die Funktion der Abspaltung darin, einzeln schwer übertragbare Gegenstände, wie etwa Lizenz- und Produktionsverträge, übertragen zu können.[710)]

2. Regelung der Abspaltung im gestaltenden Teil des Insolvenzplanes

a) Spaltungsbeschluss

Der gestaltende Teil des Insolvenzplans kann durch die Aufnahme einer entsprechenden Regelung die Gesellschafterbeschlüsse des sich im Insolvenzverfahren befindlichen Rechtsträgers und sonstige nach dem UmwG für die Abspaltung erforderlichen Erklärungen seiner Anteilsinhaber ersetzen (siehe dazu allgemein oben Rz. 501 ff.). 581

Der Spaltungsbeschluss kann sich dabei auf einen bereits zwischen der Schuldnerin und dem übernehmenden Rechtsträger notariell beurkundeten Abspaltungsvertrag (§ 125 i. V. m. § 13 UmwG) oder einen Entwurf (§ 125 i. V. m. § 4 Abs. 2 UmwG) beziehen. In beiden Fällen ist der Abspaltungsvertrag als Anlage zum Insolvenzplan zu nehmen. 582

b) Verzicht auf Anteilsgewährung

Bei der Abspaltung von Vermögen vom sich im Insolvenzverfahren befindlichen Rechtsträger wird in der Regel ein Verzicht von dessen Anteilsinhabern auf Gewährung von Geschäftsanteilen am übernehmenden Rechtsträger geboten sein, weil die Geschäftsanteile des übertragenden Rechtsträgers jedenfalls bei einer Überschuldung desselben im Regelinsolvenzverfahren keinen Wert mehr haben (vgl. § 199 InsO).[711)] Die Gewährung von Geschäftsanteilen am übernehmenden Rechtsträger würde die Altgesellschafter in ungerechtfertigter Weise begünstigen.[712)] Der Verzicht auf Anteilsgewährung erfolgt jedenfalls bei Kapitalgesellschaften[713)] durch notariell zu beurkundende Verzichtserklärung sämtlicher Anteilsinhaber (§§ 54 Abs. 1 Satz 3, 68 Abs. 1 Satz 3 UmwG), welche durch eine entsprechende Regelung im gestaltenden Teil des Insolvenzplans mit rechtskräftiger Bestätigung des Insolvenzplanes formwirksam ersetzt werden kann (§§ 254a, 254 Abs. 1 InsO); siehe zur Verschmelzung Rz. 533 ff. 583

c) Muster einer Planregelung für eine Abspaltung

Bei der Gestaltung der Abspaltung im Insolvenzplan ist zwischen den Regelungen zu unterscheiden, welche den Spaltungsbeschluss nach § 13 Abs. 1 Satz 1 i. V. m. § 125 UmwG und ggf. Individualerklärungen der Anteilsinhaber ersetzen und der haftungsausschließenden Regelung bzgl. § 133 UmwG. 584

710) So etwa vorgesehen im Insolvenzplan der *Loewe Opta GmbH*. Dort wurden wesentliche Lizenz- und Produktionsverträge von der *Loewe Opta GmbH* auf eine gesonderte Lizenzgesellschaft abgespalten. Die sonstigen Vermögengegenstände des operativen Geschäfts wurden hingegen an eine Erwerbsgesellschaft (Schwestergesellschaft der Erwerbsgesellschaft) verkauft und übertragen, s. zum Fall *Loewe Opta*: *Brünkmans*, ZInsO 2014, 2533, 2542.

711) *Brünkmans*, ZInsO 2014, 2533, 2542.

712) Die Schaffung von Geschäftsanteilen am übernehmenden Rechtsträger im Wege der Sachkapitalerhöhung ist bei der Ausgliederung jedoch unproblematisch, s. *Brünkmans*, ZInsO 2014, 2533, 2542.

713) Unklar ist, ob diese systematisch nur für die GmbH, AG oder KGaA geltende Verzichtsmöglichkeitsregelung auch für Rechtsträger anderer Rechtsformen, insbesondere Personengesellschaften gilt. *Heckschen/Gassen*, GWR 2010, 101, 102.

Formulierungsbeispiel

„Zum Zwecke der Übertragung des Geschäftsbereichs „Service- und Wartung" der Schuldnerin auf die Investor GmbH haben die Schuldnerin (übertragende Gesellschaft) und die Investor GmbH (übernehmende Gesellschaft) am 24.1.2019 einen Abspaltungsvertrag (UR. Nr. 1 des Notars Dr. Fleißig in Bonn) abgeschlossen. Eine beglaubigte Abschrift des Abspaltungsvertrages ist dem Insolvenzplan als **Anlage 3** beigefügt.

Diesem Abspaltungsvertrag wird zugestimmt.

Ferner wird auf folgende Maßnahmen verzichtet:

(1) Auf die Einhaltung aller Frist- und Formvorschriften sowie Informationsrechte.

(2) Die Erstattung eines Spaltungsberichts sowie auf eine Prüfung der Spaltung und die Erstattung eines Spaltungsprüfungsberichts.

(3) Die Gewährung von Anteilen an der Investor GmbH als übernehmendem Rechtsträger (§ 54 Abs. 1 Satz 3 i. V. m. § 125 UmwG).

Der nach § 13 Abs. 1 Satz 1 i. V. m. § 125 Satz 1 UmwG erforderliche Spaltungsbeschluss der Gesellschafterversammlung der Schuldnerin sowie alle weiteren erforderlichen Zustimmungen und Verzichte seitens der Gesellschafter der Schuldnerin werden hiermit gemäß § 225a Abs. 3 InsO ersetzt.

Die Gesellschafterversammlung der Investor GmbH hat mit dem als Anlage 3 beigefügtem notariell beurkundeten Beschluss (UR. Nr. 2 des Notars Dr. Fleißig in Bonn) vom 24.1.2019 ihre Zustimmung zum Abschluss des Abspaltungsvertrages erklärt."

d) Ausschluss der Haftung nach § 133 UmwG

585 Bei der Abspaltung von Vermögen eines insolventen Rechtsträgers besteht ein Bedürfnis die gesamtschuldnerische Haftung aus § 133 UmwG auszuschließen. Gemäß § 133 Abs. 1 UmwG haften die an der Spaltung beteiligten Rechtsträger für die Verbindlichkeiten des übertragenden Rechtsträgers, die vor dem Wirksamwerden der Spaltung begründet worden sind bis zu fünf Jahre. Ungeachtet der Frage, welche Vermögensgegenstände und Verbindlichkeiten dem übernehmenden Rechtsträger nach dem Spaltungsvertrag zustehen sollen, würde die in § 133 UmwG gesetzlich angeordnete gesamtschuldnerische Haftung im Ergebnis zur Übernahme von negativem Vermögen führen (siehe dazu oben Rz. 516 ff.).

aa) Teleologische Reduktion (§ 133 UmwG)

586 Richtigerweise wird die gesamtschuldnerische Haftung nach § 133 UmwG bei einer Spaltung aus dem Insolvenzplanverfahren aufgrund der überlagernden Gläubigerautonomie des Insolvenzverfahrens teleologisch verdrängt (siehe dazu Rz. 516 ff.).[714)]

bb) Ausschluss der Haftung aus § 133 UmwG kraft Planregelung

587 Bis zur höchstrichterlichen Klärung dieser Frage, besteht ein Bedürfnis, die gesamtschuldnerische Haftung des übernehmenden Rechtsträgers für Verbindlichkeiten des übertragenden Rechtsträgers aus § 133 UmwG durch eine Regelung im gestaltenden Teil des Insolvenzplanes auszuschließen. Ob – wenn nicht schon von Gesetzes wegen ausgeschlossen – die

714) S. a. *Brünkmans*, ZInsO 2014, 2533, 2544; *Simon/Brünkmans*, ZIP 2014, 657, 664; *Kahlert/Gehrke*, DStR 2013, 975, 977 f.; *Becker*, ZInsO 2013, 1885, 1890 f.; Kübler/Prütting/Bork-*Spahlinger*, InsO, § 225a Rz. 84; *Madaus* in: Kübler/Prütting/Bork, HRI II, § 28 Rz. 22 ff.; wohl auch *Thole*, Gesellschaftsrechtliche Maßnahmen in der Insolvenz, Rz. 359; **a. A.** *Madaus*, ZIP 2012, 2133; *Priester* in: FS Kübler, S. 557, 560; *Eidenmüller* in: MünchKomm-InsO, § 225a Rz. 100.

gesamtschuldnerische Haftung aus § 133 UmwG wenigstens zur Disposition einer gläubigerautonomen Regelung im Insolvenzplan steht, wird ebenfalls nicht einhellig bejaht.[715)]

Richtigerweise kann die Haftung aus § 133 UmwG – wenn sie denn überhaupt besteht[716)] 588
– durch eine Planregelung ausgeschlossen werden. Im Umwandlungsrecht ist anerkannt, dass § 133 UmwG individualvertraglich mit einem Gläubiger vollständig disponibel ist.[717)] Dann muss dies für Insolvenzforderungen als zwangsweise planunterworfene Rechtsposition[718)] auch über eine entsprechende Gestaltungsregelung im Insolvenzplan möglich sein, denn grundsätzlich ist jede Gestaltung der Insolvenzforderung möglich, die auch individualvertraglich mit dem Gläubiger vereinbart werden kann.[719)]

Auch § 254 Abs. 2 Satz 1 InsO steht dem nicht entgegen. Es geht um die Frage, ob eine 589
Regelung im Insolvenzplan (nämlich die Spaltung) zu einer Haftungserweiterung eines bisher unbeteiligten Rechtsträgers führen soll. Es geht gerade nicht um die Gestaltung bereits bestehender Ansprüche der Insolvenzgläubiger gegen Mitschuldner.[720)]

Für Masseverbindlichkeiten lässt sich der Ausschluss der Haftung nach § 133 UmwG 590
hingegen nicht regeln, weil es sich dabei – abgesehen vom Ausnahmefall der Masseunzulänglichkeit – nicht um eine zwangsweise planunterworfene Rechtsposition handelt (siehe dazu § 7 Rz. 23 ff. und Rz. 33 [*Brünkmans*]).

Praxishinweis

Bis zur höchstrichterlichen Klärung sollte aus Gründen der Vorsicht der Ausschluss der gesamtschuldnerischen Haftung aus § 133 UmwG stets als Regelung im Insolvenzplan aufgenommen werden. Soll der übertragende Rechtsträger nicht fortgeführt werden, kann sich zur Begrenzung der Haftung des übernehmenden Rechtsträgers aus § 133 UmwG die umfassende Entschuldung des übertragenden Rechtsträgers und anschließende Abwicklung außerhalb des Insolvenzverfahrens anbieten (siehe ausführlich Rz. 499 ff.).

Der Ausschluss der gesamtschuldnerischen Haftung nach § 133 UmwG durch die Insol- 591
venzgläubiger ist systematisch im Insolvenzplan unter dem Punkt „Gestaltung der Insolvenzforderungen" und nicht unter dem Punkt „Beschlüsse und Erklärungen der Anteilsinhaber" zu platzieren (siehe dazu § 8 Rz. 10 ff. und 279 ff. [*Brünkmans*]).

Formulierungsbeispiel

„Nach § 133 Abs. 1 UmwG haften die an der Spaltung beteiligten Rechtsträger für die Verbindlichkeiten des übertragenden Rechtsträgers, die vor dem Wirksamwerden der Spaltung begründet worden sind bis zu fünf Jahre. Nach herrschender Auffassung in der Literatur findet diese gesamtschuldnerische Haftung bei einer Spaltung aus dem Insolvenzplanverfahren aufgrund einer teleologischen Reduktion von § 133 UmwG keine Anwendung (*Brünkmans*, ZInsO 2014, 2533, 2544; *Simon/Brünkmans*, ZIP 2014, 657, 664; *Kahlert/Gehrke*, DStR 2013, 975, 977 f.; *Becker*, ZInsO 2013, 1885, 1890 f.; Kübler/Prütting/Bork-*Spahlinger*, InsO, 56. EL 11/2013, § 225a Rz. 84; *Madaus* in: Kübler, HRI, § 33 Rz. 22; wohl auch *Thole*, Gesellschaftsrechtliche Maßnahmen in der Insolvenz, Rz. 359; a. A. *Priester* in: FS Kübler, S. 557, 560; *Eidenmüller* in: MünchKomm-InsO, § 225a Rz. 100.). Eine klarstellende Rechtsprechung existiert soweit ersichtlich nicht. Hilfsweise und aus Gründen der Vorsicht verzichten die Gläubiger sämtlicher Gruppen auf eine Haftung des übernehmenden Rechtsträgers für ihre Forderungen gegen die Schuldnerin."

715) Für einen Ausschluss kraft Planregelung, OLG Hamburg, Urt. v. 24.11.2022 – 15 U 103/21, BeckRS 2022, 32901 Rz. 11; *Kahlert/Gehrke*, DStR 2013, 975, 978; *Thole*, Gesellschaftsrechtliche Maßnahmen in der Insolvenz, Rz. 359; *Becker*, ZInsO 2013, 1885; *Brünkmans*, ZinsO 2014, 2533, 2553.

716) Zur teleologischen Reduktion von § 133 UmwG s. oben Rz. 516 ff.

717) Semler/Stengel/Leonard-*Seulen*, UmwG, § 133 Rz. 124; Kallmeyer-*Dirksen*, UmwG, § 224 Rz. 12; *Becker*, ZinsO 2013, 1885, 1891.

718) S. dazu § 7 Rz. 23 ff., 32 [*Brünkmans*].

719) *Haas* in: HK-InsO, § 224 Rz. 4.

720) *Brünkmans*, ZinsO 2014, 2533, 2553.

3. Ablauf einer Abspaltung zur Aufnahme im Insolvenzplanverfahren

592 Die Abspaltung zur Aufnahme erfolgt in folgenden Schritten:

a) Spaltungs- und Übernahmevertrag zwischen den beteiligten Rechtsträgern

593 Der übertragende und der übernehmende Rechtsträger schließen bei der Abspaltung zur Aufnahme zunächst einen Spaltungsvertrag ab (§ 13 i. V. m. § 125 UmwG).[721)]

594 Die **Abschlusserklärung** des **sich im Insolvenzverfahren befindlichen Rechtsträgers** kann – alternativ zur Abgabe durch den Insolvenzverwalter – durch eine Regelung im Insolvenzplan ersetzt werden (siehe Rz. 504).

595 Für den **sich nicht im Insolvenzverfahren befindlichen übernehmenden Rechtsträger**, schließen die statutarisch vertretungsberechtigten Organen in vertretungsberechtigter Zahl den Abspaltungsvertrag ab.[722)] Die Abschlusserklärung des übernehmenden Rechtsträger hat nach der hier vertretenen Auffassung nach allgemeinen umwandlungsrechtlichen Vorschriften zu erfolgen und ist neben den gesamten Vertragstext des Abspaltungsvertrages als **Anlage zum Insolvenzplan** zu nehmen. Sie bedarf auch dann der **notariellen Beurkundung** nach § 6 i. V. m. § 125 UmwG. Siehe dazu ausführlich § 7 Rz. 127 f. [*Brünkmans*].

596 Im Abspaltungsvertrag ist gemäß § 126 Abs. 1 Nr. 2 und 9 UmwG die **Aufteilung der Gegenstände des Aktiv- und Passivvermögens** und deren **Zuordnung** zum übernehmenden Rechtsträger genau und hinreichend bestimmt zu bezeichnen. Inhaltliche Einschränkungen bestehen bei dieser Aufteilung grundsätzlich nicht (sog. Spaltungsfreiheit).[723)] Auch eine vollständige Trennung des Aktivvermögens von den Verbindlichkeiten ist grundsätzlich möglich.[724)]

597 Bei der Zuordnung von Passiva im Spaltungsvertrag auf den übernehmenden Rechtsträger ist für einfache Insolvenzgläubiger (§ 38 InsO) des übertragenden Rechtsträgers der Grundsatz der **Gläubigergleichbehandlung** zu beachten,[725)] der allerdings im Insolvenzplan grundsätzlich nur gruppenintern gilt (§ 226 InsO).[726)] Denkbar wäre somit, dass für eine bestimmte Gläubigergruppe diese anstelle einer Planquote, mit dem übernehmenden Rechtsträger einen solventen Gläubiger für ihre – kraft Insolvenzplan – (teilweise) erlassene Forderung erhalten. Masseverbindlichkeiten können dem übernehmenden Rechtsträger grundsätzlich frei zugeordnet werden, solange keine Masseunzulänglichkeit vorliegt und deren Erfüllung nach Aufhebung des Insolvenzverfahrens gewährleistet ist (§ 258 Abs. 2 Satz 2 InsO).[727)]

598 Bezüglich des **Austrittsrechts und Abfindungsgebots** gelten die Ausführungen zur Verschmelzung entsprechend (siehe dazu Rz. 537 ff.).

---

721) Alternative: Parteien einigen sich auf einen Entwurf, anschließend werden die Zustimmungsbeschlüsse der Anteilsinhaber eingeholt und dann der Abspaltungs- und Übernahmevertrag beurkundet, § 125 i. V. m. § 4 Abs. 2 UmwG.

722) Semler/Stengel/Leonard-*Schröer/Greitemann*, UmwG, § 126 Rz. 7; Lutter-*Priester*, UmwG, § 126 Rz. 11.

723) So h. M. OLG Karlsruhe, Urt. v. 19.8.2008 – 1 U 108/08s, NZG 2009, 315; Lutter-*Priester*, UmwG, § 126 Rz. 59; Semler/Stengel/Leonard-*Schröer/Greitermann*, UmwG, § 126 Rz. 28; *Simon* in: KölnKomm-UmwG, § 126 Rz. 62.

724) *Simon* in: KölnKomm-UmwG, § 133 Rz. 25; Semler/Stengel/Leonard-*Seulen*, UmwG, § 133 Rz. 10; *Limmer* in: Kölner Schrift zur InsO, S. 1219, 1237; *Heckschen*, DB 2005, 2283, 2288; *Brünkmans*, ZInsO 2014, 2533, 2543.

725) *Brünkmans*, ZInsO 2014, 2533, 2543; *Simon/Brünkmans*, ZIP 2014, 657.

726) Ist die Anwendung des Obstruktionsverbotes erforderlich, ist allerdings eine wirtschaftliche Gleichbehandlung zu gewährleisten, streitig s. § 29 Rz. 154 [*Brünkmans*].

727) *Brünkmans*, ZInsO 2014, 2533, 2543; *Simon/Brünkmans*, ZIP 2014, 657.

b) Spaltungsbericht, Prüfung und Prüfungsbericht

Die Vertretungsorgane jedes der an der Spaltung beteiligten Rechtsträgers haben nach § 127 UmwG einen ausführlichen schriftlichen Bericht zu erstatten, in dem die Spaltung, der Spaltungsvertrag oder sein Entwurf i. E. und das Umtauschverhältnis der Anteile rechtlich und wirtschaftlich erläutert und begründet werden (Spaltungsbericht). Bei der AG ist zusätzlich eine Spaltungsprüfung und der Spaltungsprüfungsbericht erforderlich (§ 125 Satz 1 i. V. m. § 60 UmwG). 599

Für den sich im Insolvenzplanverfahren befindlichen Rechtsträger dürfte der Spaltungsbericht, die Prüfung und der Prüfungsbericht bereits **nach § 254a Abs. 2 Satz 2 InsO entbehrlich** sein (siehe oben Rz. 551). Im Übrigen kann durch Erklärung der Anteilsinhaber aller beteiligten Rechtsträger auf die Erstattung des Spaltungsberichts (§ 8 Abs. 3 i. V. m. § 127 Satz 2 UmwG) und auch auf die Spaltungsprüfung und den Spaltungsprüfungsbericht (§ 125 Satz 1 i. V. m. §§ 9 Abs. 3, 12 Abs. 3, 8 Abs. 3 UmwG) verzichtet werden. Für die Schuldnerin als übertragender Rechtsträger können die **Verzichtserklärungen** der Anteilsinhaber durch eine Regelung im Insolvenzplan ersetzt werden (siehe Rz. 552). Die Erklärungen der Anteilsinhaber des aufnehmenden, sich nicht im Insolvenzverfahren befindlichen Rechtsträgers müssen hingegen außerhalb des Insolvenzplanverfahrens formwirksam abgegeben werden. 600

c) Unterrichtung der Anteilsinhaber

Die Anteilsinhaber der GmbH sind nach § 125 Satz 1 i. V. m. §§ 47, 49 Abs. 2 UmwG über die Umwandlung zu unterrichten. Bei der AG ist der Spaltungsvertrag vor Einberufung der Hauptversammlung zum Handelsregister einzureichen (§ 125 Satz 1 i. V. m. § 61 UmwG) und gemäß § 125 Satz 1 i. V. m. § 63 Abs. 1 Nr. 1–5 Abs. 4 UmwG zur Einsicht der Aktionäre Unterlagen auszulegen 601

Diese Informations- und Publizitätsvorschriften sind für die Schuldnerin **nach § 254a Abs. 2 Satz 2 InsO nicht zu beachten** und werden durch die Vorschriften über die Niederlegung des Insolvenzplanes (§ 234 InsO) ersetzt. Es gelten die Ausführungen zur Verschmelzung entsprechend (siehe dazu Rz. 553 ff.). 602

d) Einbindung des Betriebsrates

Der Spaltungs- und Übernahmevertrag oder sein Entwurf ist dem zuständigen Betriebsrat jedes beteiligten Rechtsträgers spätestens einen Monat vor dem Tag des beabsichtigten Spaltungsbeschlusses zuzuleiten (§ 126 Abs. 3 UmwG). Für den Betriebsrat der Schuldnerin wird § 126 Abs. 3 UmwG **durch die Vorschriften über die Einbindung des Betriebsrates bei der Aufstellung und Einreichung des Insolvenzplanes** (§§ 218 Abs. 3, 232 Abs. 1 Nr. 1, 235 Abs. 3 Sätze 1, 2 InsO) **ersetzt** (siehe ausführlich Rz. 557 ff.). Der Betriebsrat kann i. Ü. auf die Einhaltung der Monatsfrist, nicht jedoch auf die Zuleitung als solche, verzichten.[728] 603

e) Spaltungsbeschlüsse, Verzichtserklärungen und Kapitalherabsetzung

Der nach § 13 Abs. 1 i. V. m. § 125 UmwG erforderliche Spaltungsbeschluss der Anteilsinhaber zum Spaltungsvertrag der Schuldnerin und ggf. erforderliche Verzichtserklärungen (bzgl. der Gewährung von Anteilen am übernehmenden Rechtsträger, Spaltungsbericht etc.) werden durch Regelungen im gestaltenden Teil des Insolvenzplanes aufgenommen und 604

---

728) So die h. A.: LG Gießen, Beschl. v. 14.4.2004 – 6 T 12/04, Der Konzern 2004, 622, 623; OLG Naumburg, Beschl. v. 17.3.2003 – 7 Wx 6/02, GmbHR 2003, 1433; *Hohenstatt/Schramm* in: KölnKomm-UmwG, § 5 Rz. 256; Henssler/Strohn-*Galla/Cé. Müller*, GesR, § 126 UmwG Rz. 54.

mit dessen rechtskräftiger Bestätigung formwirksam ersetzt. Die Anteilsinhaber der Schuldnerin beschließen als separate Gruppe zusammen mit den übrigen Gläubigergruppen über den Insolvenzplan insgesamt (siehe dazu und zur Einberufung ausführlich Rz. 561 ff.).

605 Für den übernehmenden Rechtsträger gelten die allgemeinen gesellschaftsrechtlichen und satzungsmäßigen Voraussetzungen.[729)]

606 Soll die Schuldnerin fortgeführt werden, kann der Insolvenzplan zusätzlich eine Kapitalherabsetzung nach den Grundsätzen der vereinfachten Kapitalherabsetzung (§§ 58a ff. GmbHG, §§ 229 ff. AktG) regeln (siehe dazu allgemein Rz. 73 ff.).

f) Rechtsmittel

607 Die Anteilsinhaber der Schuldnerin können sich gegen die Spaltung mit den allgemeinen Rechtsmitteln des Insolvenzplanverfahrens, namentlich dem **Minderheitenschutzantrag** (§ 251 InsO) und der **sofortigen Beschwerde** (§ 253 InsO) wehren. Insolvenzgericht und Beschwerdegericht prüfen die Rechtmäßigkeit der die Zustimmung der Anteilsinhaber ersetzenden Planregelungen nach dem allgemeinen Prüfungsmaßstab für gesellschaftsrechtliche Regelungen im Insolvenzplan (siehe dazu § 31 Rz. 2, 4 [*Brünkmans*]). Für die anderen Rechtsträger gelten die allgemeinen Regeln, d. h. eine Klage gegen die Wirksamkeit des Spaltungsbeschlusses muss binnen eines Monats nach der Beschlussfassung erhoben werden (§ 14 Abs. 1 UmwG). Es gelten die Ausführungen zur Verschmelzung entsprechend (siehe Rz. 564).

g) Handelsregister: Anmeldung/Eintragung der Spaltung

608 Die Spaltung ist zum Handelsregister der beteiligten Rechtsträger anzumelden (§§ 129, 125 i. V. m. §§ 16 ff. UmwG.

609 Für die **Anmeldung und Prüfung durch das Registergericht** gelten die Ausführungen zur Verschmelzung entsprechend (siehe Rz. 563 ff.). Die Spaltung darf in das Register des Sitzes des übertragenden Rechtsträgers erst dann eingetragen werden, wenn sie bereits im Register des Sitzes des übernehmenden Rechtsträgers eingetragen worden ist (§ 130 Abs. 1 Satz 1 UmwG). Mit Eintragung in das Register des übertragenden Rechtsträgers wird die Spaltung wirksam (§ 131 UmwG). Wird das Nennkapital des übernehmenden Rechtsträgers zur Durchführung der Spaltung erhöht, ist die Kapitalerhöhung vor der Spaltung ins Handelsregister einzutragen.[730)] Gleiches gilt für eine vereinfachte Kapitalherabsetzung (§§ 58a ff. GmbHG) beim übertragenden Rechtsträger.[731)]

610 Der Geschäftsführer des übertragenden Rechtsträgers hat jedenfalls bei einem verfahrensbeendenden Insolvenzplan eine **Erklärung nach § 140 UmwG** abzugeben (siehe oben Rz. 520 ff.). Eine solche Erklärung kann auch gemäß § 254a Abs. 2 Satz 3 InsO analog bis zur Verfahrensaufhebung (§ 258 InsO) vom **Insolvenzverwalter** abgegeben werden (siehe dazu § 29 Rz. 173 ff. [*Brünkmans*]).

h) Vollzug der Abspaltung

611 Der abgespaltene Teil des Vermögens einschließlich der Verbindlichkeiten geht bei der Abspaltung entsprechend der im Spaltungs- und Übernahmevertrag vorgesehenen Auftei-

---

729) *Brünkmans*, ZInsO 2014, 2533, 2544.

730) *Simon* in: KölnKomm-UmwG, § 130 Rz. 14; Semler/Stengel/Leonard-*Schwanna*, UmwG, § 130 Rz. 9; Schmitt/Hörtnagl-*Hörtnagl*, UmwG/UmwStG, § 130 UmwG Rz. 5.

731) Semler/Stengel/Leonard-*Schwanna*, UmwG, § 130 Rz. 11; *Simon* in: KölnKomm-UmwG, § 130 Rz. 15; Schmitt/Hörtnagl-*Hörtnagl*, UmwG/UmwStG, § 130 UmwG Rz. 5; *Engelmeyer*, AG 1996, 193, 208.

lung mit Eintragung der Spaltung in das Handelsregister des übertragenden Rechtsträgers jeweils als Gesamtheit auf den übernehmenden Rechtsträger über (§ 131 Nr. 1 UmwG).

Die gesamtschuldnerische Haftung aus § 133 UmwG und sonstige spaltungsbedingte Haftungsverpflichtungen sind nach dem hier vertretenen Ansatz aufgrund einer teleologischen Reduktion ausgeschlossen (siehe dazu Rz. 516 ff.). 612

4. Besonderheiten bei der Ausgliederung sanierungswürdiger Betriebsteile

a) Wesen der Ausgliederung, Bedeutung für die Sanierungspraxis

Die Ausgliederung unterscheidet sich zur Ab- oder Aufspaltung dadurch, dass die Geschäftsanteile an dem übernehmenden Rechtsträger nicht den Gesellschaftern des übertragenden Rechtsträgers, sondern dem übertragenden Rechtsträger selbst gewährt werden (§ 123 Abs. 3 UmwG); siehe oben Rz. 575 ff. 613

Mit der Ausgliederung können ebenfalls **fortführungswürdige Betriebsteile vom insolventen Rechtsträger getrennt** und auf eine Fortführungsgesellschaft übertragen werden.[732] Sie eignet sich als **Vorbereitungsmaßnahme zu einem Verkaufsprozess.**[733] 614

Der fortführungswürdige Teil kann dann außerhalb des Insolvenzverfahrens durch eine Fortführungsgesellschaft isoliert fortgeführt werden. Da der insolvente übertragende Rechtsträger eine „Gegenleistung" zur Übertragung des fortführungswürdigen Vermögens erhält, können die **Geschäftsanteile später zum bestmöglichen Preis veräußert** und der Kaufpreis zur Insolvenzmasse liquidiert werden.[734] 615

> **Praxishinweis**
>
> In vielen Fällen – wie etwa bei einem großen Filialnetz – ist die Ausgliederung unter Nutzung der partiellen Gesamtrechtsnachfolge[735] die einzige Möglichkeit, fortführungswürdige Teile von den übrigen zu separieren.[736]

b) Regelung im Insolvenzplan

Der Spaltungsbeschluss der Anteilsinhaber des übertragenden Rechtsträgers wird durch eine Regelung im gestaltenden Teil des Insolvenzplanes ersetzt. Es gelten die Ausführungen zur Abspaltung entsprechend (siehe Rz. 581 f.). Die Möglichkeit des Verzichts auf Gewährung von neuen Geschäftsanteilen durch die Anteilsinhaber ist jedoch bei der Ausgliederung umstritten.[737] Die Gewährung von „symbolischen" neuen Geschäftsanteilen mit geringem Nennwert ist zur Vermeidung von Unsicherheiten üblich.[738] 616

c) Verfahren und Wirkung der Ausgliederung

Für die Ausgliederung gilt das für die Abspaltung dargestellte Verfahren (siehe oben Rz. 592 ff.) entsprechend, mit den nachfolgenden Besonderheiten: 617

Die Ausgliederung im Insolvenzplanverfahren erfolgt in der Regel zur Aufnahme auf eine 100 %ige Vorratsgesellschaft, wobei sämtliche Geschäftsanteile an der Vorratsgesellschaft 618

---

732) *Brünkmans*, ZInsO 2014, 2533, 2545.

733) *Brünkmans*, ZInsO 2014, 2533, 2545.

734) *Piepenburg*, NZI 2004, 231, 233.

735) S. dazu Rz. 575.

736) S. etwa zum Fall *Schlecker*: *Brünkmans*, ZInsO 2014, 2533, 2545.

737) S. Übersicht zum Streitstand bei Schmitt/Hörtnagl-*Hörtnagl*, UmwG/UmwStG, § 126 UmwG Rz. 47; Lutter-*Priester*, UmwG, § 126 Rz. 26.

738) *Brünkmans*, ZInsO 2014, 2533, 2546.

zur Insolvenzmasse gehören. Dafür kann eine in der Masse bereits vorhandene Vorratsgesellschaft oder eine vom Insolvenzverwalter eigens dafür erworbene Vorratsgesellschaft verwendet werden. Der Insolvenzverwalter[739] übt als Inhaber der Verwaltungs- und Verfügungsbefugnis (§§ 80, 148 InsO) der zur Insolvenzmasse gehörenden Gegenstände das Stimmrecht aus.[740] Die für die Ausgliederung erforderlichen Gesellschafterbeschlüsse und Verzichtserklärungen des übernehmenden Rechtsträgers werden bei der Ausgliederung zur Aufnahme vom Insolvenzverwalter des übertragenden Rechtsträgers abgegeben.[741] Dies gilt ebenfalls für die Beschlüsse der Sachkapitalerhöhung des übernehmenden Rechtsträges, wenn neue Geschäftsanteile am übernehmenden Rechtsträger durch die Kapitalerhöhung geschaffen werden sollen.[742] Sofern der Insolvenzverwalter der Ersteller des Insolvenzplanes auf der Ebene des übertragenden Rechtsträgers ist, besteht mit dem Inhaber der Verwaltungs- und Verfügungsbefugnis der Anteile am übernehmenden Rechtsträger Personenidentität. Dies gewährleistet eine abgestimmte und effektive Umsetzung des Insolvenzplanes einerseits und der für die Ausgliederung erforderlichen Beschlüsse und Einzelerklärungen des übernehmenden Rechtsträgers andererseits.

619 Mit Eintragung der Ausgliederung in das Handelsregister des übertragenden Rechtsträgers geht der ausgegliederte Teil des Vermögens samt der Verbindlichkeiten entsprechend der im Ausgliederungsvertrag vorgesehenen Aufteilung auf den übernehmenden Rechtsträger über (§ 131 Nr. 1 UmwG).[743]

620 Zur Haftung aus § 133 UmwG gelten die gleichen Grundsätze wie bei der Spaltung (siehe Rz. 585).

d) Ausgliederungsverbot für überschuldete Einzelkaufleute (§ 152 Satz 2 UmwG)

621 Bei Einzelkaufleuten ist die – nach §§ 124 Abs. 1, 152 Satz 2 UmwG grundsätzlich zulässige – Ausgliederung häufig die einzige Möglichkeit, das Unternehmen veräußerbar zu machen, wenn das Unternehmen aus umfassenden Vertragsverhältnissen besteht.[744]

622 Nach § 152 Satz 2 UmwG ist eine Ausgliederung von Vermögensteilen von Einzelkaufleuten jedoch ausgeschlossen, wenn diese überschuldet sind. Hintergrund dieses Ausgliederungsverbotes ist nach h. M. die eingeschränkte Rechnungslegungspflicht von Einzelkaufleuten. Der aufnehmende Rechtsträger soll vor den **Gefahren einer unentdeckten Überschuldung** geschützt werden.[745] Teilweise wird auch vertreten, die Norm diene zusätzlich noch dem **Schutz der Gläubiger des Einzelkaufmannes vor einer Vermögensverlagerung.**[746]

623 **Für beide Schutzzwecke besteht im Insolvenzverfahren eines Einzelkaufmanns kein Bedürfnis.**[747] Die Insolvenz des Einzelkaufmannes ist in diesem aufgedeckt und die fi-

739) Gleiches gilt nach § 270 Abs. 1 Satz 1 InsO für den eigenverwaltenden Schuldner.

740) *Bergmann*, ZInsO 2004, 225 ff.

741) Eine diesbezügliche Regelung im Insolvenzplan scheidet aufgrund des rechtsträgerorientierten Ansatzes des deutschen Insolvenzverfahrens aus.

742) *Brünkmans*, ZInsO 2014, 2533, 2547.

743) *Brünkmans*, ZInsO 2014, 2533, 2547.

744) S. etwa im Fall *Anton Schlecker e. K.*, dort bestand ein umfassendes Vertragsgeflecht insbesondere bzgl. der Mietverträge für das Filialnetz, ausführlich *Brünkmans*, ZInsO 2014, 2533, 2545.

745) Semler/Stengel/Leonard-*Seulen*, UmwG, § 152 Rz. 74; Hessler/Strohn-*Büteröwe*, GesR, § 154 UmwG Rz. 2; *Simon* in: KölnKomm-UmwG, § 152 Rz. 40; Lutter-*Karollus*, UmwG, § 152 Rz. 43; Widmann/Mayer-*Mayer*, Umwandlungsrecht, § 152 UmwG Rz. 73 ff.

746) So Schmitt/Hörtnagl-*Hörtnagl*, UmwG/UmwStG, § 152 UmwG Rz. 24; Lutter-*Karollus*, UmwG, § 152 Rz. 43; Widmann/Mayer-*Mayer*, Umwandlungsrecht, § 152 UmwG Rz. 73 ff.

747) AG Norderstedt, Beschl. v. 7.11.2016 – 66 IN 226/15, ZIP 2017, 586; *Brünkmans*, ZInsO 2014, 2533, 2554.

nanzielle Lage des übertragenden Rechtsträgers durch die insolvenzspezifische Rechnungslegung und Berichtspflicht des Insolvenzverwalters hinreichend offengelegt.[748] Die Gefahr der Vermögensverlagerung wird im Insolvenzplanverfahren durch den Insolvenzbeschlag nach § 80 InsO und die aktive Einbindung der Gläubiger über die Annahme des Insolvenzplans, welcher die Ausgliederung enthält, gebannt (siehe dazu oben Rz. 506 ff.).

Vor diesem Hintergrund findet das Ausgliederungsverbot bei der Einbindung der Ausgliederung im Insolvenzplan keine Anwendung. 624

VII. Formwechsel

1. Wesen, Bedeutung für die Sanierungspraxis

Bei einem Formwechsel ändert der Schuldner unter Beibehaltung seiner rechtlichen Identität seine Rechtsform.[749] Anders als bei den anderen Umwandlungsmaßnahmen findet eine Vermögensübertragung nicht statt.[750] 625

Der Formwechsel hat als gesellschaftsrechtliche Regelung im Insolvenzplan eine hohe Bedeutung.[751] Nicht selten ist die wirtschaftliche Krise auch auf schlechte Führungsstrukturen zurückzuführen und die Neuordnung der Corporate Governance Teil des Sanierungskonzepts.[752] Der Fall „*Suhrkamp*" hat die Frage aufgeworfen, ob der Formwechsel durch den Insolvenzplan auch für die Beilegung eines möglicherweise existenzgefährdenden Gesellschafterstreits geeignet und zulässig ist. 626

Der Formwechsel in eine AG kann Zwischenschritt auf dem Weg zur Umstellung der Unternehmensfinanzierung über den Kapitalmarkt und ebenfalls Teil eines dem Insolvenzplan zugrunde liegenden Sanierungskonzepts sein.[753] Auch der umkehrte Fall des Formwechsels von der AG in eine andere Rechtsform mittels Insolvenzplans kann im Einzelfall sinnvoll sein, um die Gesellschaft durch ein sog. „kaltes Delisting" von der Börse zu nehmen.[754] 627

2. Regelung des Formwechsels im gestaltenden Teil des Insolvenzplanes

a) Umwandlungsbeschluss

Der Formwechsel erfolgt durch Beschluss der Anteilsinhaber des formwechselnden Rechtsträgers (§ 193 Satz 1 UmwG). Der Umwandlungsbeschluss kann durch eine entsprechende Regelung im gestaltenden Teil des Insolvenzplanes ersetzt werden (§ 193 Abs. 1 Satz 2 InsO für den Umwandlungsbeschluss wird durch § 225a Abs. 3 InsO verdrängt). Die Insolvenzplanregelung muss den nach § 194 UmwG gebotenen Inhalt enthalten, insbesondere sind die neue Rechtsform, die Firma und die Beteiligung der bisheri- 628

---

748) So auch *Madaus*, ZIP 2012, 2133, 2134; *Brünkmans*, ZInsO 2014, 2533, 2554; *Simon/Brünkmans*, ZIP 2014, 657, 666; *Thole*, Gesellschaftsrechtliche Maßnahmen in der Insolvenz, Rz. 361.

749) Lutter-*Decher/Hoger*, UmwG, § 190 Rz. 1; Semler/Stengel/Leonard-*Schwanna*, UmwG, § 190 Rz. 4; Schmitt/Hörtnagl-*Winter*, UmwG/UmwStG, § 190 UmwG Rz. 6; *Madaus*, ZIP 2012, 2133, 2135.

750) Lutter-*Decher/Hoger*, UmwG, § 190 Rz. 1; Semler/Stengel/Leonard-*Schwanna*, UmwG, § 190 Rz. 4; Schmitt/Hörtnagl-*Winter*, UmwG/UmwStG, § 190 UmwG Rz. 6.

751) So auch *Madaus*, ZIP 2012, 2133, 2135; *Thole*, Gesellschaftsrechtliche Maßnahmen in der Insolvenz, Rz. 344; vgl. so im Fall *Suhrkamp*, LG Frankfurt/M., Urt. v. 13.8.2013 – 9 O 78/13, ZIP 2013, 1720; OLG Frankfurt/M., Beschl. v. 1.10.2013 – 5 U 145/13, ZIP 2013, 2018, dazu EWiR 2013, 753 *(Bäher/Schwartz)*; BGH, Beschl. v. 17.7.2014 – IX ZB 13/14 (Suhrkamp), ZIP 2014, 1442 = NZI 2014, 751.

752) Vgl. *Simon/Merkelbach*, NZG 2012, 121, 128; *Becker*, ZinsO 2013, 1885.

753) *Brünkmans*, ZinsO 2014, 2533, 2547.

754) BGH, Beschl. v. 8.10.2013 – II ZB 26/12, ZIP 2013, 2254 = NZG 2013, 1342, dazu EwiR 2014, 3 *(Bungert/Wettich)*; *Brünkmans*, ZinsO 2014, 2533, 2547.

gen Anteilsinhaber an dem Rechtsträger nach den für die neue Rechtform geltenden Vorschriften anzugeben (§ 194 Abs. 1 Nr. 1–3 UmwG).

Praxishinweis

Aus Gründen der Übersichtlichkeit bietet es sich an, die den Umwandlungsbeschluss ersetzende Planregelung entsprechend § 194 Abs. 1 UmwG durchzunummerieren.

Zwar besteht nach der hier vertretenen Auffassung die Umwandlungsfähigkeit bereits vor Aufhebung des Insolvenzverfahrens und somit auch bevor die Gesellschaft fortgesetzt werden kann. Aus Gründen der Rechtsicherheit sollte bis zur höchstrichterlichen Klärung jedoch im Umwandlungsbeschluss auf die „fortgesetzte" Gesellschaft abgestellt werden.

b) Austrittsrecht und Abfindungsangebot

629 Der formwechselnde Rechtsträger hat gemäß § 207 UmwG jedem Anteilsinhaber, der gegen den Umwandlungsbeschluss Widerspruch zur Niederschrift erklärt, den Erwerb seiner umgewandelten Anteile oder Mitgliedschaften gegen eine angemessene Barabfindung anzubieten. Dieses **Austrittsrecht** ist den **Anteilsinhabern auch bei einem Formwechsel im Insolvenzplanverfahren zwingend zuzugestehen** (siehe dazu oben Rz. 537 ff.).

630 Ist der Formwechsel im Insolvenzplan geregelt, kommt es für den **Anspruch auf Barabfindung** darauf an, ob der Anteilsinhaber dem Plan spätestens im Abstimmungstermin schriftlich oder zu Protokoll widersprochen hat.[755)] Das Barabfindungsangebot muss in der beschlussersetzenden Regelung im Insolvenzplan enthalten sein (§ 194 Abs. 1 Nr. 6 UmwG) und dabei die Höhe der angebotenen Abfindung pro Anteil genau bezeichnen.[756)] Für die Bemessung der Abfindungshöhe wird auf die Ausführungen zur Verschmelzung verwiesen (siehe dazu Rz. 539 f.).

631 Nach allgemeinem Umwandlungsrecht können die Anteilsinhaber sowohl auf die Unterbreitung eines solchen Abfindungsangebotes gemäß § 194 Abs. 1 Nr. 6 UmwG als auch auf den aus § 207 UmwG resultierenden, bedingten Anspruch verzichten.[757)] Der **Verzicht** auf die Abgabe eines Abfindungsangebotes bedarf zur Wirksamkeit der notariellen Beurkundung der Verzichtserklärungen aller Anteilsinhaber.[758)] Der Verzicht auf den aus § 207 UmwG resultierenden, bedingten Anspruch ist hingegen formfrei möglich.[759)]

632 Im Insolvenzplanverfahren kann die Verzichtserklärung auf die Abgabe des Abfindungsangebots[760)] der Anteilsinhaber durch eine Insolvenzplanregelung formwirksam ersetzt werden. Gleiches gilt für den Verzicht bzgl. des aus § 207 UmwG resultierenden, bedingten Anspruchs. Auch bei einer Verzichtsregelung auf die Abgabe eines Abfindungsangebotes oder den Abfindungsanspruch muss den austretenden Anteilsinhabern vor dem Hintergrund des § 251 InsO jedoch bei noch bestehender Werthaltigkeit ihres Anteils ein

755) *Brünkmans*, ZinsO 2014, 2533, 2548.

756) Semler/Stengel/Leonard-*Bärwaldt*, UmwG, § 194 Rz. 28; Lutter-*Decher*, UmwG, § 194 Rz. 21.

757) Semler/Stengel/Leonard-*Kalss*, UmwG, § 207 Rz. 17; Lutter-*Decher/Hoger*, UmwG, § 207 Rz. 22; Schmitt/Hörtnagl-*Winter*, UmwG/UmwStG, § 207 UmwG Rz. 2.

758) Lutter-*Decher/Hoger*, UmwG, § 207 Rz. 22; Semler/Stengel/Leonard-*Kalss*, UmwG, § 207 Rz. 17; Henssler/Strohn-*Drinhausen/Keinath*, GesR, § 207 UmwG Rz. 6.

759) Lutter-*Decher/Hoger*, UmwG, § 207 Rz. 22.

760) Teilweise wird vertreten, dass der Verzicht auf die Abgabe eines Abfindungsangebotes bereits vor der Beschlussfassung wirksam sein müsste, da nur dann feststehen könne, dass die Formalien des § 194 Abs. 1 Nr. 6 UmwG eingehalten werden, so Semler/Stengel/Leonard-*Kalss*, UmwG, § 207 Rz. 17; die Aufnahme beider Regelungen im Insolvenzplan müsste jedoch auch nach dieser Auffassung genügen, da damit sichergestellt wird, dass Verzicht und Umwandlungsbeschluss ausschließlich gemeinsam Wirksamkeit erzielen können.

Entschädigungsanspruch zustehen, der sich der Höhe nach ebenfalls nach § 225a Abs. 5 InsO richtet.

c) Formulierungsbeispiel

Formulierungsbeispiel 633

„§ 3 Formwechsel in eine GmbH

Es wird folgender Beschluss zur Umwandlung der Gesellschaft in eine GmbH gefasst:

I.

Die fortgesetzte Gesellschaft wird durch Formwechsel gemäß §§ 190 ff., 226, 238 ff. UmwG in eine GmbH umgewandelt. Sitz und Gegenstand der Gesellschaft bleiben unverändert.

II.

Die Firma der Gesellschaft in der Rechtsform der GmbH lautet

‚ABCD GmbH'.

III.

Das Stammkapital der GmbH beträgt 50.000 €. Es ist eingeteilt in 50.000 Geschäftsanteile zu nominal je 1 €. Die bisherigen Aktionäre der Gesellschaft erhalten je 12.500 Geschäftsanteile im Nennbetrag von jeweils insgesamt 12.500 €. d. h.:

a) A-GmbH mit Sitz in Düsseldorf, AG Düsseldorf HRB 007	12.500 Geschäftsanteile im Nennbetrag von je 1 €.
b) B-AG mit Sitz in Frankfurt/M., Handelsregister Frankfurt am Main, HRB 007	12.500 Geschäftsanteile im Nennbetrag von je 1 €.
c) Christian Carl, wohnhaft in Liese Lotte Str. 3, 53100 Bonn	12.500 Geschäftsanteile im Nennbetrag von je 1 €.
d) David Domhagen, wohnhaft in Peter Lang Str. 24a, 53100 Bonn	12.500 Geschäftsanteile im Nennbetrag von je 1 €.

IV.

Das bisherige Grundkapital der Gesellschaft wird zum Stammkapital der GmbH.

V.

Die Gesellschaft erhält die Satzung, deren Wortlaut als **Anlage 4** dem Insolvenzplan beigefügt ist und wesentlicher Bestandteil des Umwandlungsbeschlusses ist.

VI.

Besondere Rechte wie Anteile ohne Stimmrechte, Vorzugsaktien, Mehrstimmrechtsaktien, Schuldverschreibungen oder Genussrechte bestehen bei der Gesellschaft nicht. Einzelnen Gesellschaftern werden keine Sonder- oder Vorzugsrechte in der GmbH gewährt und es sind keine Maßnahmen für diese Personen vorgesehen.

VII.

Die Gesellschaft bietet jedem Anteilsinhaber, der gegen den Insolvenzplan spätestens im Abstimmungstermin schriftlich oder zu Protokoll Widerspruch erhoben hat, den Erwerb seiner in GmbH-Geschäftsanteile umgewandelten Aktien gegen Bezahlung einer Barabfindung i. H. von 1 € pro Geschäftsanteil an. Sollte der Erwerb der in GmbH-Geschäftsanteile umgewandelten Aktien unzulässig sein, so wird dem Anteilsinhaber angeboten, seine GmbH-Geschäftsanteile gegen

Bezahlung eines Betrags i. H. des Betrags der Barabfindung nach VII. Satz 1 an einen von der Gesellschaft zu benennenden Dritten zu übertragen. Das Angebot auf Erwerb der Aktien durch die Gesellschaft oder einen von ihr zu benennenden Dritten kann nur innerhalb von zwei Wochen ab dem Zeitpunkt der Rechtskraft der Bestätigung des Insolvenzplans durch Erklärung gegenüber der Gesellschaft angenommen werden. Die Auszahlung des Abfindungsanspruchs kann durch Erklärung der Gesellschaft zur Vermeidung einer unangemessenen Belastung der Finanzlage der Gesellschaft über einen Zeitraum von bis zu drei Jahren gegen Zahlung von Zinsen i. H. von zwei Prozentpunkten über dem Basiszinssatz gestundet werden (§ 225a Abs. 5 Satz 2 InsO).

VIII.

Die Rechte und Pflichten aus den bestehenden Arbeitsverhältnissen bleiben durch den Formwechsel unberührt, insbesondere gelten die bisherigen tarifvertraglichen und betriebsverfassungsrechtlichen Regelungen unverändert fort. Der Betriebsrat bleibt weiter im Amt. Ihm ist der Entwurf des Umwandlungsbeschlusses als Bestandteil des vorliegenden Insolvenzplans rechtzeitig vor der Abstimmung der Beteiligtenversammlung über diesen Insolvenzplan zugeleitet worden.[761)]

IX.

Der bisherige Aufsichtsrat der Gesellschaft entfällt, die Amtszeit der bisherigen Aufsichtsratsmitglieder endet. Bei der GmbH ist kein neuer Aufsichtsrat zu bilden, da die formwechselnde Gesellschaft regelmäßig weniger als 500 Arbeitnehmer beschäftigt und somit nicht dem Drittelbeteiligungsgesetz unterliegt. Es besteht somit keine gesetzliche Verpflichtung zur Bildung eines Aufsichtsrates.

X.

Zum Geschäftsführer der ABCD GmbH wird Herr B, wohnhaft Mühlenstraße 204 in 52112 Bonn, bestellt. Er vertritt die Gesellschaft stets einzeln und ist befugt, die Gesellschaft bei der Vornahme von Rechtsgeschäften mit sich selbst oder als Vertreter eines Dritten uneingeschränkt zu vertreten.

XI.

Auf eine über die Erläuterungen im darstellenden Teil des Insolvenzplanes hinausgehenden Umwandungsbericht wird, soweit erforderlich, verzichtet (§ 192 Abs. 2 UmwG).[762)]

XII.

Der nach § 193 UmwG erforderliche Umwandlungsbeschluss der Hauptversammlung der Schuldnerin sowie alle weiteren erforderlichen Zustimmungen und Verzichte seitens der Gesellschafter der Schuldnerin werden hiermit gemäß § 225a Abs. 3 InsO ersetzt."

3. Umsetzung eines Formwechsels im Insolvenzplanverfahren

634 Für die Umsetzung eines Formwechsels sind neben den umwandlungsrechtlichen Vorgaben die für die neue Rechtsform geltenden **Gründungsvorschriften einzuhalten** (§ 197 Satz 1 UmwG). Bei einem Formwechsel in eine Kapitalgesellschaft ist insbesondere die Deckung des im Gesellschaftsvertrag bzw. der Satzung festgesetzten Stamm- bzw. Grundkapitals als Reinvermögen des Rechtsträgers zu gewährleisten (vgl. §§ 220 Abs. 1, 245 Abs. 1 Satz 2, Abs. 2 Satz 2, Abs. 3 Satz 2 UmwG).[763)]

761) S. dazu nachfolgend unter Rz. 635.

762) S. dazu nachfolgend unter Rz. 635.

763) Lutter-*Bayer/Vetter*, UmwG, § 197 Rz. 13; Schmitt/Hörtnagl-*Westerburg*, UmwG/UmwStG, § 220 UmwG Rz. 1.

Der Formwechsel als Regelungsbestandteil eines Insolvenzplans vollzieht sich in folgenden Schritten: 635

- **Einreichung des Insolvenzplanes beim Insolvenzgericht**, welcher im gestaltenden Teil eine den Umwandlungsbeschluss ersetzende Regelung (Einzelheiten siehe Rz. 632) sowie eine beschlussersetzende Regelung über die neue Satzung (Anlage zum Insolvenzplan) enthält.
- Aufgrund der gesetzlich vorgesehenen Einbindung des Betriebsrates bei der Aufstellung und Verabschiedung des Insolvenzplanes ist die nach § 194 Abs. 2 UmwG grundsätzlich **erforderliche vorherige Zuleitung des Entwurfes des Umwandlungsbeschlusses an den Betriebsrat nicht erforderlich.**[764] Aus Gründen der Vorsicht sollte aber die Zustimmung zum Verzicht auf Einhaltung der Monatsfrist eingeholt werden, falls der Insolvenzplan aus Zeitgründen nicht einen Monat vor dem Erörterungs- und Abstimmungstermin dem Betriebsrat zugeleitet werden kann.[765]
- Der nach § 192 UmwG **erforderliche Umwandlungsbericht** ist bei einem Formwechsel im Insolvenzplanverfahren gemäß § 254a Abs. 2 Satz 2 InsO **entbehrlich**. Hilfsweise kann ein Verzicht der Anteilseigner auf Erstattung eines Umwandlungsberichts (§ 192 Abs. 2 UmwG) als Regelung im Insolvenzplan aufgenommen werden (siehe oben Rz. 548 ff.).
- Aufgrund des Verweises des § 197 Satz 1 UmwG auf die Gründungsvorschriften ist bei dem Formwechsel in eine Kapitalgesellschaft in der Regel[766] ein **Gründungsbericht zu erstellen.**[767] Anders als beim Umwandlungsbericht kann auf diesen nach allgemeinem Umwandlungsrecht **nicht verzichtet werden.**[768] Beim Formwechsel in eine AG bzw. KGaA ist darüber hinaus gemäß § 245 Abs. 1, 2 i. V. m. § 220 Abs. 2 Satz 1 UmwG eine **Gründungsprüfung durchzuführen und ggf. hierüber schriftlich zu berichten.** Gründungsbericht, Gründungsprüfung und Gründungsprüfungsbericht **müssen auch** bei einem Formwechsel **im Insolvenzplanverfahren erstellt werden.** Anders als der Umwandlungsbericht stellen sie keine Maßnahme zur Vorbereitung von Beschlüssen i. S. des § 254a Abs. 2 Satz 2 InsO dar, sondern dienen der Sicherstellung der Kapitalaufbringung.
- Die den **Umwandlungs- und die Satzungsänderungsbeschluss ersetzenden Regelungen werden als Teil des Insolvenzplans** von der Beteiligtenversammlung **im Erörterungs- und Abstimmungstermin (§§ 235 ff. InsO) angenommen.**[769] Dabei kann die Bestätigung des Insolvenzplans und die damit verbundene Durchsetzung des Formwechsel den Anteilsinhabern auch gegen ihren mehrheitlichen Willen durch das Obstruktionsverbot aufgezwungen (§ 245 InsO) werden.[770]
- Die Anteilsinhaber können sich **gegen den Formwechsel** ausschließlich im Wege des **Minderheitenschutzantrages** (§ 251 InsO) oder der **sofortigen Beschwerde** (§ 253

764) *Brünkmans*, ZInsO 2014, 2533, 2548.

765) Da der Betriebsrat alleiniger Schutzadressat der Vorschrift ist, kann er nach wohl h. A. jedenfalls auf die Einhaltung der Monatsfrist verzichten (so: Henssler/Strohn-*Drinhausen/Keinath*, GesR, § 194 UmwG Rz. 14; Henssler/Strohn-*Galla/Cé. Müller*, GesR, § 126 UmwG Rz. 54; LG Gießen, Beschl. v. 14.4.2004 – 6 T 12/04, Der Konzern 2004, 622, 623; OLG Naumburg, Beschl. v. 17.3.2003 – 7 WX 6/02, GmbHR 2003, 1433).

766) Eine Ausnahme stellt der Formwechsel einer AG/KGaA in eine GmbH dar, vgl. § 245 Abs. 4 UmwG.

767) Vgl. dazu § 220 Abs. UmwG, § 5 Abs. 4 Satz 2 GmbHG, § 32 AktG; so auch Lutter-*Bayer/Vetter*, UmwG, § 197 Rz. 24.

768) Lutter-*Bayer/Vetter*, UmwG, § 197 Rz. 24.

769) *Brünkmans*, ZInsO 2014, 2533, 2548.

770) *Brünkmans*, ZInsO 2014, 2533, 2548; s. ausführlich zur Verschmelzung Rz. 562.

InsO) wenden. Eine Klage gegen den Umwandlungsbeschluss nach § 195 UmwG bei einem im Insolvenzplan vorgesehenen Formwechsel ist unzulässig.[771)]

- Der Formwechsel ist durch das vertretungsberechtigte Organ oder bis zur Aufhebung des Insolvenzverfahrens (§ 258 InsO) durch den Insolvenzverwalter (§ 254a Abs. 2 Satz 3 InsO) zum **Handelsregister anzumelden**, nachdem der Beschluss des Insolvenzgerichts über die Bestätigung des Insolvenzplans rechtskräftig geworden ist.
- Die Rechtmäßigkeit des Rechtsformwechsels wird vollständig vom **Insolvenzgericht** i. R. der Vorprüfung (§ 231 Abs. 1 Nr. 1 InsO) und Planbestätigung (§ 250 Abs. 1 Nr. 1 InsO) **geprüft.**[772)] Dazu gehört insbesondere die Einhaltung der inhaltlichen Vorgaben aus § 194 Abs. 1 UmwG für die den Umwandlungsbeschluss ersetzende Planregelung und die Einhaltung der Gründungsvorschriften nach § 197 UmwG zum Zeitpunkt des Bestätigungsbeschlusses. Der **Registerrichter prüft** hingegen, ob aufgrund von Veränderungen zwischen dem Bestätigungsbeschluss und der Anmeldung gegen die gebotene Einhaltung der Gründungsvorschriften verstoßen wurde. Bezüglich der bereits von Insolvenzgericht geprüften Regelungen beschränkt sich die registerrichterlicher Prüfungspflicht auf **offensichtliche und schwerwiegende Fehler** (siehe § 29 Rz. 178 ff. [*Brünkmans*]). Der Formwechsel wird mit Eintragung der neuen Rechtsform in das Handelsregister vollzogen (§ 202 Abs. 1 Nr. 1 UmwG).

O. Unternehmensverträge, insbesondere Beherrschungs- und Gewinnabführungsverträge

636 Die Grundsätze für eine Umwandlung auf der Grundlage eines Insolvenzplanes gelten auch für den Abschluss von Unternehmensverträgen nach §§ 291 ff. AktG, insbesondere den Abschluss eines Beherrschungs- und Gewinnabführungsvertrages.

637 Hier mag ein praktisches Bedürfnis bestehen, weil nach herkömmlicher Auffassung mit Eröffnung des Insolvenzverfahrens über das Vermögen der Obergesellschaft oder Untergesellschaft Beherrschungs- und Gewinnabführungsverträge automatisch enden,[773)] in der Praxis können zur Vermeidung von Verlustausgleichsansprüchen nach § 302 AktG Beherrschungs- und Gewinnabführungsvertrag jedenfalls hilfsweise gekündigt werden.

638 Der für den (Neu-)abschluss eines Beherrschungs- und Gewinnabführungsvertrag erforderliche Umwandlungsbeschluss der Anteilsinhaber (§ 293 AktG) kann für den insolventen Rechtsträger durch eine Regelung im gestaltenden Teil des Insolvenzplans mit Rechtskraft des bestätigten Insolvenzplanes ersetzt werden.

639 Für den Abschluss des Beherrschungs- und Gewinnabführungsvertrages gelten die Ausführungen zur Verschmelzung und Spaltung entsprechend (siehe Rz. 504). Für den Schuldner kann die Erklärung zum Vertragsschluss als Regelung im Insolvenzplan aufgenommen werden oder der Vertragsschluss erfolgt durch den Insolvenzverwalter. Die Annahme des anderen Rechtsträgers erfolgt nach den allgemeinen Regeln außerhalb des Insolvenzplanverfahrens.

640 Der Beherrschungs- und Gewinnabführungsvertrag ist zum Handelsregister des beherrschten Unternehmens vom vertretungsberechtigten Organ oder nach § 254a Abs. 2 Satz 2 InsO bis zur Aufhebung des Insolvenzverfahrens (§ 258 InsO) vom Insolvenzverwalter anzumelden. Mit Eintragung in das Handelsregister der beherrschten Gesellschaft wird der Beherrschungs- und Gewinnabführungsvertrag wirksam (§ 294 AktG).

---

771) *Brünkmans*, ZInsO 2014, 2533, 2549.

772) S. dazu auch ausführlich § 29 Rz. 183 [*Brünkmans*]; zum allgemeinen Prüfungsrecht § 14 Rz. 21 [*Laroche*].

773) Emmerich/Habersack-*Emmerich*, Aktien- und GmbH-Konzernrecht, 2013, § 297 AktG Rz. 52 ff.; *Altmeppen* in: MünchKomm-AktG, § 297 Rz. 106 ff.; *Koch*, AktG, § 297 Rz. 22a; *Veil/Walla* in: BeckOGK-Aktienrecht, § 297 AktG Rz. 38.

§ 31
Rechtsschutz der Anteilsinhaber gegen gesellschaftsrechtliche Planregelungen

Übersicht

Literatur: *Brinkmann*, Verfahrensrechtlicher Schutz gegen die Eröffnung des Insolvenzverfahrens, in: Festschrift für Eberhard Schilken zum 70. Geburtstag, 2015, S. 631; *Brinkmann*, Der strategische Eigenantrag – Missbrauch oder kunstgerechter Handhabung des Insolvenzverfahrens, ZIP 2014, 197; *Brünkmans*, Der Rechtsschutz gegen den Bestätigungsbeschluss des Insolvenzplans vor dem Hintergrund des insolvenzrechtlichen Freigabeverfahrens nach § 253 Abs. 4 InsO, ZInsO 2014, 993; *Brünkmans/Uebele*, Rechtsschutz gegen missbräuchliche Insolvenzanträge und insolvenzzweckwidrige Insolvenzpläne?, ZInsO 2014, 256; *Fischer*, Das neue Rechtsmittelverfahren gegen den Beschluss, durch den der Insolvenzplan bestätigt wird, NZI 2013, 513.

1 Das Gesellschaftsrecht wird nicht nur im Hinblick auf Beschlussfassung und materiellrechtliche Anforderungen durch das Insolvenzrecht überlagert. Regelt der Insolvenzplan eine gesellschaftsrechtliche Maßnahme unter Einbeziehung der Anteilsinhaber, werden die gesellschaftsrechtlichen Rechtsbehelfe vollständig verdrängt. Das Insolvenzplanrecht setzt für die Anteilsinhaber anstelle der sonst üblichen gesellschaftsrechtlichen Rechtsbehelfe ein eigenes Rechtsschutzregime. Anstelle einer Anfechtungs-, Feststellungs- oder Nichtigkeitsklage[1)] gegen den Beschluss der Anteilsinhaber werden diese auf den Minderheitenschutzantrag (§ 251 InsO) und die sofortige Beschwerde (§ 253 InsO) verwiesen. Von den insolvenzplanrechtlichen Rechtschutzmitteln der Gesellschafter gegen Insolvenzpläne, welche gesellschaftsrechtliche Regelungen enthalten, ist die Frage nach den Rechtschutzmitteln von Minderheitsgesellschaftern gegen missbräuchliche Insolvenzanträge zu unterscheiden.[2)] In Bezug auf die Rechtschutzmittel gegen den Planbestätigungsbeschluss des Insolvenzgerichts wird auf die ausführliche Darstellung in § 20 und § 21 [*Hirschberger*] verwiesen. Die folgenden Ausführungen beschränken sich daher auf die Besonderheiten des Rechtsschutzes im Hinblick auf die Rechte der Anteilsinhaber und deren potentielle Verletzung durch Maßnahmen nach § 225a InsO.

A. Minderheitenschutzantrag (§ 251 InsO)

2 Mit dem Minderheitenschutzantrag können Anteilsinhaber ausschließlich ihre wirtschaftliche Schlechterstellung im Vergleich zum Regelverfahren geltend machen. Maßgeblich ist ein Vergleich der im Insolvenzplan vorgesehenen wirtschaftlichen Stellung der Anteilsin-

1) §§ 241 ff. AktG, zur analogen Anwendung bei der GmbH, s. Henssler/Strohn-*Hillmann*, GesR, Anh. § 47 GmbHG Rz. 1 f., und Henssler/Strohn-*Servatius*, GesR, § 714 BGB Rz. 17; Michalski/Heidinger/Leible/J. Schmidt-*Römermann*, GmbHG, Anh. § 47 Rz. 1 f.; *Wicke*, GmbHG, Anh. § 47 Rz. 1 f.; zur Möglichkeit einer Feststellungsklage bei Personengesellschaften auch nach Inkrafttreten des MoPeG Hopt-*Roth*, HGB, § 110 Rz. 20.

2) S. dazu *Brinkmann*, ZIP 2014, 197; *Brünkmans/Uebele*, ZInsO 2014, 256.

haber im Vergleich zum Regelverfahren (siehe dazu § 20 Rz. 35 ff. [*Hirschberger*]).[3] Die wirtschaftliche Stellung im Regelverfahren ist grundsätzlich anhand von § 199 InsO zu bewerten, d. h. anhand der Vergleichsrechnung ist der Anteil des jeweiligen Anteilsinhabers am fiktiven Schlussverteilungsüberschuss nach § 199 InsO zu ermitteln. Ist dieser – wie dies insolvenzbedingt häufig der Fall sein wird – evident mit null zu bewerten, wird dem Anteilsinhaber bereits die Glaubhaftmachung der Schlechterstellung misslingen, sodass der Minderheitenschutzantrag vom Insolvenzgericht als unzulässig zurückgewiesen wird (zur Glaubhaftmachung der Schlechterstellung i. R. der Zulässigkeitsprüfung siehe ausführlich § 20 Rz. 29 ff. [*Hirschberger*]). Wäre für die Anteilsinhaber in einem fiktiven Regelverfahren noch eine Auskehrung gemäß § 199 InsO zu erwarten, muss die im Insolvenzplan dem Anteilsinhaber gewährte Position diesem Betrag wirtschaftlich zumindest entsprechen. Hat der Anteilsinhaber darüber hinaus ausnahmsweise einen Anspruch auf Abfindung des insolvenzplanspezifischen Fortführungswertes seiner Anteilsrechte, kann dieser durch den Gesellschafter ebenfalls durch den Minderheitenschutzantrag gemäß § 251 InsO geltend gemacht werden (siehe dazu § 58 Rz. 85 ff. [*Brünkmans/Harmann/Clev*]). Der Minderheitenschutzantrag ist abzuweisen und der Anteilsinhaber auf den ordentlichen Rechtsweg zu verweisen, wenn im gestaltenden Teil hinreichende Mittel für den Fall des Nachweises der Schlechterstellung bereitgestellt werden (siehe dazu § 8 Rz. 615 ff. [*Brünkmans*], § 20 Rz. 47 ff. [*Hirschberger*]).

B. Anregung der Zurückweisung des Insolvenzplans durch das Insolvenzgericht i. R. der Vorprüfung (§ 231 InsO) und Planbestätigung (§ 230 InsO)

3 Die Rechtswidrigkeit der Planregelung, insbesondere der Verstoß gegen Gesellschaftsrecht, kann über einen Minderheitenschutzantrag hingegen nicht gerügt werden, weil das Insolvenzgericht diese von Amts wegen i. R. des Planbestätigungsverfahrens nach § 250 Nr. 1 InsO zu prüfen hat.[4] Rügt ein Minderheitsgesellschafter bspw., dass die Voraussetzungen für eine vereinfachte Kapitalherabsetzung nach § 58a Abs. 1 GmbHG nicht erfüllt sind,[5] der Insolvenzplan aber eine Kapitalherabsetzung auf null regelt, so ist der Verstoß gegen § 58a Abs. 1 GmbHG von Amts wegen vom Insolvenzgericht i. R. der Vorprüfung (§ 231 InsO) und des Planbestätigungsverfahrens (§ 250 InsO) zu prüfen.[6] Gleiches gilt etwa bei einem im Insolvenzplan geregelten Formwechsel der Gesellschaft von einer GmbH & Co. KG in eine AG, wenn der Anteilsinhaber rügt, diese diene ausschließlich dem Zweck, den Minderheitsgesellschafter von seinen Mitverwaltungsrechten auszuschließen.[7] Wendet sich der Anteilsinhaber gegen solche Rechtsverstöße kann er lediglich „anregen", das Insolvenzgericht möge den Insolvenzplan bereits in der Phase der Vorprüfung nach § 231 Abs. 1 Nr. 1 InsO zurückweisen oder dem Insolvenzplan die Bestätigung nach § 248 InsO wegen Verstoß gegen Vorschriften über den Inhalt des Plans (§ 250 Nr. 1 InsO) versagen.[8] Bestätigt das Gericht dennoch den Insolvenzplan, so kann der Anteilsinhaber den gerügten Rechtsverstoß im Wege der sofortigen Beschwerde geltend machen (siehe nachfolgend Rz. 4 ff.).

---

3) K. Schmidt-*Spliedt*, InsO, § 251 Rz. 7; Uhlenbruck-*Lüer/Streit*, InsO, § 251 Rz. 25.

4) S. dazu *Brünkmans*, ZInsO 2014, 993, 996 (Anm. zu LG Berlin, Beschl. v. 24.2.2014 – 51 T 107/14, ZIP 2014, 893 = ZInsO 2014, 962, und LG Berlin, Beschl. v. 14.4.2014 – 51 T 107/14, ZIP 2014, 893 = ZInsO 2014, 963).

5) Zu diesen Voraussetzungen s. im Einzelnen § 30 Rz. 73 ff. [*Brünkmans*].

6) S. dazu ausführlich § 18 [*Thole*]; zur Vorprüfung gesellschaftsrechtlicher Regelungen § 14 [*Laroche*].

7) S. im Fall *Suhrkamp*, BGH, Beschl. v. 17.7.2014 – IX ZB 13/14 (Suhrkamp), ZIP 2014, 1442 = NZI 2014, 751, dazu EWiR 2014, 521 *(Madaus)*.

8) Insbesondere kann der Anteilsinhaber nicht auf dem ordentlichen Rechtsweg die Einreichung des Insolvenzplanes und Abstimmung über diesen untersagen; s. dazu ausführlich § 22 [*Hirschberger*].

C. Sofortige Beschwerde (§ 253 InsO)

Mit der sofortigen Beschwerde können sowohl Rechtsverstöße als auch die wirtschaftliche Schlechterstellung des Anteilsinhabers geltend gemacht werden. Insoweit bestehen grundsätzlich keine Unterschiede zur sofortigen Beschwerde gegen den Planbestätigungsbeschluss des Insolvenzgerichts durch Gläubiger (siehe dazu ausführlich § 21 [*Hirschberger*]). Anders als beim Minderheitenschutzantrag muss die **wirtschaftliche Schlechterstellung wesentlich** sein. Dies und der Umstand, dass ein Nachteil nicht durch eine Zahlung aus den Planmitteln nach § 251 Abs. 3 InsO ausgeglichen werden kann,[9] ist vom Anteilsinhaber glaubhaft zu machen. Andernfalls ist die sofortige Beschwerde bereits unzulässig. 4

Neben der wirtschaftlichen Schlechterstellung kann der Anteilsinhaber mit der sofortigen Beschwerde auch sonstige Rechtsverstöße, insbesondere einen Verstoß der Planregelung gegen – soweit anwendbar – Gesellschaftsrecht, rügen. Zur Verdrängung des Gesellschaftsrechts durch das Insolvenzrecht siehe ausführlich § 29 Rz. 57 ff. [*Brünkmans*] und im Einzelfall bei den entsprechenden Maßnahmen (siehe § 30 [*Brünkmans*]). 5

Die Zulässigkeit der Beschwerde setzt voraus, dass der Anteilsinhaber den Insolvenzplan spätestens im Abstimmungstermin schriftlich oder zu Protokoll widersprochen und gegen den Plan gestimmt hat. Ein vorheriger Minderheitenschutzantrag (§ 251 InsO) ist weder für die Geltendmachung der wesentlichen Schlechterstellung noch für die Rüge des sonstigen Rechtsverstoßes erforderlich (siehe dazu ausführlich § 21 [*Hirschberger*]).[10] 6

Im Rahmen der Begründetheit prüft das Beschwerdegericht umfassend, ob der Anteilsinhaber durch den Insolvenzplan unter Berücksichtigung der Planmittel nach § 251 Abs. 3 InsO im Vergleich zum Regelverfahren wirtschaftlich wesentlich schlechtergestellt wird oder ihm ein Anspruch auf Abfindung des insolvenzplanspezifischen Fortführungswertes zusteht (siehe Rz. 2). Für die Prüfung der Begründetheit gilt der Amtsermittlungsgrundsatz (siehe dazu § 21 Rz. 62 ff. [*Hirschberger*]).[11] 7

Rügt der Anteilsinhaber nicht die wirtschaftliche Schlechterstellung, sondern einen Rechtsverstoß hat das Beschwerdegericht – wie bereits das Insolvenzgericht – die Rechtmäßigkeit des Insolvenzplans umfassend zu prüfen. Liegt etwa für die Kapitalherabsetzung ein Verstoß gegen § 58a Abs. 1 GmbHG vor, hat das Beschwerdegericht verschiedene Möglichkeiten. In Betracht kommen 8

- die Aufhebung des Bestätigungsbeschlusses und Entscheidung des Beschwerdegerichts über die Sache selbst,
- die Aufhebung des Bestätigungsbeschlusses und Rückverweisung an das Insolvenzgericht oder
- die Aufhebung des Bestätigungsbeschlusses, Rückverweisung an das Insolvenzgericht und Übertragung etwa erforderlicher Anordnungen (siehe auch § 21 Rz. 43 [*Hirschberger*]).[12]

Das Beschwerdegericht kann auf Antrag des Insolvenzverwalters die Beschwerde zurückweisen, wenn die Nachteile einer Verzögerung des Planvollzugs nach freier Überzeugung des Gerichts die Nachteile für den Beschwerdeführer überwiegen.[13] Eine solche Folgenabwägung findet nicht statt, wenn ein besonders schwerer Rechtsverstoß vorliegt (§ 253 Abs. 4 Satz 2 InsO). Nach dem LG München I[14] liegt ein besonders schwerer Rechtsverstoß 9

9) S. dazu bereits oben Rz. 2; ausführlich s. a. § 8 Rz. 615 ff. [*Brünkmans*] sowie § 21 Rz. 23 [*Hirschberger*].

10) BGH, Beschl. v. 17.7.2014 – IX ZB 13/14 (Suhrkamp), ZIP 2014, 1442 = NZI 2014, 751.

11) BGH, Beschl. v. 11.9.2003 – IX ZB 37/03, NZI 2003, 662; K. Schmidt-*Spliedt*, InsO, § 254 Rz. 21.

12) *Thies* in: HambKomm-InsR, § 253 InsO Rz. 24; *Pleister* in: KPB, InsO, § 253 Rz. 48; *Hamdorf* in: MünchKomm-ZPO, § 572 Rz. 30 ff.

13) Vgl. *Fischer*, NZI 2013, 513, 515 ff.

14) LG München I, Beschl. v. 28.11.2018 – 14 T 12593/18, ZIP 2018, 2426, dazu EWiR 2019, 55 (*Frind*).

nur dann vor, wenn die Rechtsverletzung ohne vertiefte Prüfung sofort als schwere erkennbar ist. Dies sei bei einer entschädigungslosen Entziehung der Aktionärsrechte nicht der Fall, wenn von drei vorgelegten Bewertungsgutachten zwei Gutachten den Anteilsrechten keinen Wert mehr zu schreiben und es sich bei einem der wertverneinenden Gutachten um das vom Sachwalter beauftragte unabhängige Gutachten handelt.[15)]

10 Dieses sog. „insolvenzrechtliche Freigabeverfahren“ verdrängt bei einer gesellschaftsrechtlichen Regelung im Insolvenzplan das gesellschaftsrechtliche Freigabeverfahren nach § 246a AktG.[16)]

D. Verfassungsbeschwerde, einstweilige Anordnung (§ 32 Abs. 1 BVerfGG)

11 Dass die Einbindung der Anteilsinhaber in das Insolvenzplanverfahren deren Grundrechte aus Art. 14 GG (Eigentumsgarantie) und Art. 9 GG (Vereinigungsfreiheit) berührt, wurde bereits an anderer Stelle dargelegt (siehe § 29 Rz. 34 ff. [*Brünkmans*]).

12 Vor dem Hintergrund ist nicht verwunderlich, dass seit Inkrafttreten des ESUG das BVerfG bereits vermehrt von Anteilsinhabern aufgesucht wurde, um die Umsetzung eines Insolvenzplanes mit gesellschaftsrechtlichen Regelungen mit Verweis auf eine Grundrechtsverletzung zu stoppen.[17)]

13 Da die rechtskräftige Bestätigung des Insolvenzplans und anschließende Eintragung der gesellschaftsrechtlichen Maßnahmen in das Handelsregister „vollendete Tatsachen“ schafft, wird die Verfassungsbeschwerde stets mit einem **Antrag nach § 32 BVerfGG** verbunden, den Eintritt der Wirkungen des Insolvenzplans und die Eintragung der Maßnahme in das Handelsregister vorläufig zu untersagen.[18)] Eine entsprechende einstweilige Anordnung setzt nicht nur voraus, dass der Anteilsinhaber einen **Grundrechtsverstoß**, sondern insbesondere einen **schweren Nachteil** hieraus darlegt (vgl. § 32 Abs. 1 BVerfGG). Dem Anteilsinhaber müssen aus einem zwischenzeitlichen Planvollzug Nachteile drohen, die schwerwiegend und irreversibel sind.[19)] Die Irreversibilität ergibt sich in der Regel aus der Rechtskraftwirkung des bestätigten Insolvenzplanes und der Eintragung der gesellschaftsrechtlichen Maßnahme in das Handelsregister, denn die Verfassungsbeschwerde gegen die Bestätigung des Insolvenzplanes hindert die Rechtskraft desselben nicht.[20)] Das BVerfG verlangt dennoch Ausführungen zur Irreversibilität im Einzelfall.[21)] Weitere Voraussetzung für die vorläufige Untersagung der Umsetzung des Insolvenzplanes ist die Darlegung eines schwerwiegenden Nachteils. Dabei kommt es auf eine Folgenabwägung an, d. h. die Nachteile eines Vollzuges des Insolvenzplanes sind mit den Folgen der einstweiligen Aussetzung der Rechtskraft für die Beteiligten i. w. S. (siehe § 29 Rz. 34 ff. [*Brünkmans*], insbesondere für die Schuldnerin, ihre Arbeitnehmer, ihre Gläubiger und sonstige Anteilseigner, abzuwägen. Im Rahmen der Folgenabwägung ist zu beachten, dass der Anteileigner bei der Durchführung des Regelinsolvenzverfahrens ebenfalls keine Zahlungen aus der Masse zu erwarten hätte, sodass die Darstellung eines schwerwiegenden Nachteils für den Anteilseigner schwierig sein wird.[22)]

15) LG München I, Beschl. v. 28.11.2018 – 14 T 12593/18, ZIP 2018, 2426, kritisch dazu EWiR 2019, 55 (*Frind*).

16) Dazu ausführlich *Brünkmans*, ZInsO 2014, 993, 997.

17) BVerfG, Beschl. v. 12.12.2018 – 2 BvR 2588/18, NZI 2019, 75, m. Anm. *Madaus*; BVerfG, Beschl. v. 18.12.2014 – 2 BvR 1978/13, NJW 2015, 465 = ZIP 2015, 80, m. Anm. *Hölzle*.

18) So in den Fällen BVerfG, Beschl. v. 12.12.2018 – 2 BvR 2588/18, NZI 2019, 75; BVerfG, Beschl. v. 18.12.2014 – 2 BvR 1978/13, NJW 2015, 465 = ZIP 2015, 80, m. Anm. *Hölzle*.

19) BVerfG, Beschl. v. 12.12.2018 – 2 BvR 2588/18, NZI 2019, 75 ff., m. Anm. *Madaus*.

20) *Madaus*, NZI 2019, 75, 77 (Urteilsanm.).

21) BVerfG, Beschl. v. 12.12.2018 – 2 BvR 2588/18, Rz. 19, NZI 2019, 75.

22) BVerfG, Beschl. v. 12.12.2018 – 2 BvR 2588/18, Rz. 20, NZI 2019, 75.

Im **Hauptsacheverfahren** prüft das BVerfG, ob durch den Insolvenzplan die Grundrechte des Anteilsinhabers verletzt wurden. Hat die Verfassungsbeschwerde in der Hauptsache Erfolg, so wird das BVerfG den rechtskräftigen Bestätigungsbeschluss gemäß § 95 Abs. 2 BVerfGG aufheben.[23] 14

E. Beschwerde der Gesellschafter gegen die Eröffnung des Insolvenzverfahrens als vorgelagerte „Eingangskontrolle"

Häufig wird von einer Gruppe von Gesellschaftern, in der Regel Minderheitsgesellschafter ohne Einfluss auf die Geschäftsleitung, ein Antrag auf Eröffnung des Insolvenzverfahrens – ggf. kombiniert mit einen Antrag auf Eigenverwaltung (§ 270a InsO) oder Schutzschirmverfahren (§ 270d InsO) als **rechtsmissbräuchlich** empfunden. Dies sind häufig Fälle, bei denen Gesellschafter einerseits von einer etwaigen finanziellen Krise der Gesellschaft überrascht werden und andererseits der Gesellschafterkreis seit längerem zerstritten ist. Die **Krise** (mindestens drohende Zahlungsunfähigkeit) der Gesellschaft wirkt dann für manche Gesellschafter **konstruiert**, insbesondere wenn der von der Geschäftsführung – ggf. in Abstimmung mit dem Mehrheitsgesellschafter – vorgelegte Insolvenzplan die Kapitalherabsetzung auf null oder ein „Kaltstellen" durch Formwechsel in eine AG[24] vorsieht, mit dem Ergebnis, dass die Minderheitsgesellschafter „aus der Gesellschaft geworfen werden". Nicht selten ist der Insolvenzgrund (auch) gestützt auf eine (streitige) Forderung eines Gesellschafters oder einer ihm nahestehenden Person.[25] Sieht der Insolvenzplan den Ausschluss der Gesellschafter vor oder ist ein solcher Insolvenzplan zu erwarten, kommt der Minderheitenschutzantrag nach § 251 InsO **möglicherweise zu spät**, weil sich dann das Insolvenzverfahren nicht mehr abwenden lässt. 15

Zum Teil wird daher den Gesellschaftern analog § 34 Abs. 2 InsO ein **Recht zur sofortigen Beschwerde** gegen den Insolvenzeröffnungsbeschluss zugestanden.[26] Mit dem Insolvenzplan könne massiv in Rechte der Anteilseigner eingegriffen werden, sodass zur Wahrung effektiven Rechtsschutzes i. S. des Art. 103 Abs. 1 GG in einem möglichst frühen Stadium des Insolvenzverfahrens Rechtsschutzmöglichkeiten gewährleistet sein müssen.[27] Das **LG Regensburg** hat in einer jüngsten Entscheidung eine sofortige Beschwerde analog § 34 Abs. 2 InsO **abgelehnt**. Die in § 34 Abs. 2 InsO geregelten Beschwerdeberechtigten seien vom Gesetzgeber abschließend geregelt.[28] Ein Übergang auf die Gesellschafter sei gemäß § 10 Abs. 2 Satz 2 InsO nur bei Führungslosigkeit denkbar. Der Entscheidung des LG Regensburg ist zuzustimmen. Für das Insolvenzverfahren und einer dort angestrebten Sanierung wäre es kontraproduktiv, wenn der Eröffnungsbeschluss über einen längeren Zeitraum wegen eines Streits über diverse Wertansätze ausgesetzt ist.[29] Völlig schutzlos ist der Gesellschafter auch in diesem Verfahrensstadium nicht, weil er das Insolvenzgericht durch **Schutzschrift oder andere Eingaben** von dem Nichtvorliegen eines Eröffnungsgrundes überzeugen kann. 16

---

23) *Madaus*, NZI 2019, 75, 77 (Urteilsanm.).

24) Vgl. den Fall *Suhrkamp*, *Brünkmans/Uebele*, ZInsO 2014, 256.

25) So im Fall LG Regensburg, Beschl. v. 19.3.2024 – 64 T 65/24, SanB 2024, 85, 89; vgl. auch Vorinstanz AG Straubing, Beschl. v. 22.2.2024 – IN 139/23, SanB 2024, 91.

26) AG Straubing, Beschl. v. 22.2.2024 – IN 139/23, SanB 2024, 91, 91; *Brinkmann* in: FS Schilken, S. 631, 632 ff.

27) AG Straubing, Beschl. v. 22.2.2024 – IN 139/23, SanB 2024, 91; *Brinkmann* in: FS Schilken, S. 631, 632 ff.

28) LG Regensburg, Beschl. v. 19.3.2024 – 64 T 65/24, SanB 2024, 85, 90; *Farin* in: BeckOK-InsO, § 34 Rz. 12; *Busch* in: MünchKomm-InsO, § 34 Rz. 55; K. Schmidt-*Keller*, InsO, § 34 Rz. 12; Uhlenbruck-*Pape*, InsO, § 34 Rz. 11; Graf-Schlicker-*Kexel*, InsO, § 34 Rz. 20.

29) So auch *Braun*, SanB 2024, 98, 99 (Urteilsanm.).

---

23 Schäfer NZI 2019, 23, 27 (Grundlagen).

24 Vgl. Kerkhof/Lukonka [illegible] ZInsO 2024, 55.

26 AG Straubing, Beschl. v. 22.2.2024 – IN 159/23, SanB 2024, 91 [illegible] Schäfer, Kolb, [illegible]

29 [illegible] SanB 2024, 85, 89 ([illegible]).

§ 32
Unternehmensakquisition und Investoreneinstieg durch Insolvenzplan

Übersicht

Literatur: *Anzinger*, Die normative Reichweite des Transparenzgebots für Beteiligungen an börsennotierten Kapitalgesellschaften – Plädoyer für einen Paradigmenwechsel im Melderegime, WM 2011, 391; *Baranowski/Glaßl*, M&A im Internet: Transaktionen von Daten und Content, BB 2017, 199; *Bauer/Dimmling*, Endlich im (Gesetz)entwurf: Der Debt-Equity-Swap, NZI 2011, 517; *Bitter/Laspeyres*, Rechtsträgerspezifische Berechtigungen als Hindernis übertragender Sanierung, ZIP 2010, 1157; *Brinkmann/Richter*, Minderheiten- und Gläubigerschutz nach dem Vorschlag der Insolvency III-Richtlinie – Unternehmensübernahmen mittels Pre-pack?, NZI Beilage 1 z. Heft 16–17/2023, S. 68; *Brünkmans*, Die Einbettung eines Pre-Pack-Verfahrens in die deutsche Insolvenzordnung, ZIP 2024, 265; *Brünkmans*, Das Pre-Pack-Verfahren nach dem EU-Richtlinienentwurf, ZIP 2023, 2547; *Brünkmans*, Sanierungstransaktionen in Insolvenzplänen – gilt die Formfiktion des § 254a InsO für Erklärungen außenstehender Dritter?, ZIP 2015, 1052; *Brünkmans*, Rechtliche Möglichkeiten und Grenzen von Umwandlungen im Insolvenzverfahren, ZInsO 2014, 2533; *Brünkmans*, Die Unternehmensakquisition über einen Kapitalschnitt im Insolvenzplanverfahren, ZIP 2014, 1857; *Decker/Schäfer*, Die Unternehmensinsolvenz aus Investorensicht, BB 2015, 198; *Ehlke*, Vorausgezahlte Stammeinlage – ein Fall fehlerhafter Kapitalaufbringung in der GmbH?, ZGR 1995, 426; *Harig/Kay*, Der Insolvenzplan als Lösung für datenschutzrechtliche Probleme beim Verkauf aus der Insolvenz, NZI 2020, 96; *Hergeth/Mingau*, Beteiligungsverträge bei der GmbH, DStR 2001, 1220; *Horstkotte/Martini*, Die Einbeziehung der Anteilseigner in den Insolvenzplan nach ESUG, ZInsO 2012, 557; *Kocher*, Die Sanierungsbefreiung vom Pflichtangebot, ZInsO 2010, 2125; *Moshäuser/Falkner*, Unternehmenskauf aus der Insolvenz, NZG 2010, 881; *Nawroth/Wohlleber*, Der „unechte Share-Deal" mittels Insolvenzplan – oder: zum praktischen Umgang mit der Regelung des § 225a Abs. 3 InsO, ZInsO 2013, 1022; *Piepenburg*, Faktisches Konzerninsolvenzrecht am Beispiel Babcock Borsig, NZI 2004, 231; *Simon/Brünkmans*, Die Ausgliederung von sanierungswürdigen Betriebsteilen mithilfe des Insolvenzplanverfahrens nach ESUG: Verdrängt die Gläubigerautonomie den institutionalisierten Gläubigerschutz des Umwandlungsgesetzes?, ZIP 2014, 657; *Thole*, Der Kommissionsvorschlag für eine Richtlinie zur Harmonisierung bestimmter Aspekte des Insolvenzrechts, COM(2022) 702, ZIP 2023, 389; *Weber/Schneider*, Die nach dem Gesetz zur weiteren Erleichterung der Sanierung von Unternehmen (ESUG) vorgesehene Umwandlung von Forderungen in Anteils- bzw. Mitgliedschaftsrechte (Debt-Equity-Swap), ZInsO 2012, 374; *Wieneke/Hoffmann*, Der Erhalt der Börsennotierung beim echten und unechten Debt Equity Swap in der Insolvenz der börsennotierten AG, ZIP 2013, 697; *Wuschek*, Debt-Equity-Swap – Gestaltung von Anteilsrechten im Insolvenzplanverfahren, ZInsO 2012, 1768.

A. Grundlagen

I. Unternehmensakquisitionen oder Investoreneinstieg als häufiger Bestandteil eines Insolvenzplans

1 Der Gesetzgeber hatte mit Einführung des Insolvenzplanverfahrens als Bestandteil der neuen InsO im Jahre 1999 vornehmlich die Reorganisation des Rechtsträgers durch sog. Earn-out-Insolvenzpläne (siehe dazu auch § 2 Rz. 103 ff. [*Brünkmans*]) im Blick.[1] Ungeachtet möglicher Zuschüsse der Altgesellschafter sollte die Tilgung der Forderungen der Gläubiger vornehmlich aus zukünftigen Erträgen erfolgen, nachdem der Schuldner aufgrund finanz- und insbesondere leistungswirtschaftlicher Sanierung wieder ertragsfähig geworden ist (vgl. § 229 InsO).

2 Es hat sich jedoch gezeigt, dass Gläubiger regelmäßig nicht zu einem teilweisen Erlass oder einer Stundung ihrer Forderungen bereit sind, wenn die Tilgung des Restbetrages wiederum von zukünftig ungewissen Ereignissen abhängt. Das Risiko einer erfolgreichen Sanierung wollen sie selten tragen. Häufig lässt sich eine Sanierung über einen Insolvenzplan nur im Wege einer unverzüglichen Ablösung der Gläubiger über einen sog. Cash-out-Plan erreichen (siehe auch § 2 Rz. 103 ff. und Muster-Insolvenzplan § 63 [*Brünkmans*]). Neben der Mittel für die Umsetzung der Sanierung sind dann zusätzlich Mittel für die Ablösung der Gläubiger bereitzustellen. Da Altgesellschafter dazu in der Regel nicht in der Lage oder willens sind, sehen Insolvenzplan Lösungen häufig eine vollständige Übernahme des Unternehmens durch einen Investor oder jedenfalls einen Einstieg mit einer

1) Begr. RegE InsO, BT-Drucks. 12/2443, S. 195.

wesentlichen Beteiligung vor. Durch den Eigenkapitalbeitrag des Investors kann frische Liquidität zur Betriebsfortführung und Ablösung der Gläubiger i. H. der Planquote eingebracht werden. Das Zahlungsunfähigkeits- und Überschuldungsproblem kann auf diesem Wege gelöst und eine gesunde Bilanzstruktur geschaffen werden. Der Investor erwirbt aufgrund der Enthaftungswirkung aus § 227 Abs. 1 InsO dann ein nahezu schuldenfreies Unternehmen.

Die Übernahme durch einen Investor oder Einstieg als Co-Partner hat häufig positive 3
Signalwirkung gegenüber Geschäftspartnern. Nicht nur die Altgesellschafter glauben noch an die Zukunftsfähigkeit des Unternehmens, sondern bisher unbeteiligte Dritte sind sogar bereit, dem Unternehmen frisches Geld als Eigenkapital zur Verfügung zu stellen. Strategische Investoren bringen in der Regel branchenspezifischen Know-how mit. Finanzinvestoren können über finanztechnisches Know-how und Erfahrungen zur Verbesserung von Corporate-Governance-Strukturen über den finanziellen Beitrag hinaus zur Sanierung des Unternehmens beitragen.[2)]

Vor diesem Hintergrund hat die Gestaltung einer Unternehmensakquisition oder des 4
Einstiegs eines Eigenkapitalinvestors über einen Insolvenzplan große praktische Bedeutung.

II. Share Deal oder Asset Deal als Transaktionsstruktur im Insolvenzplan

Als Grundtransaktionsstruktur einer Unternehmensakquisition kommen der Erwerb der 5
Vermögensgegenstände des Unternehmens (Asset Deal) und der Erwerb von Anteilsrechten am Zielunternehmen (Share Deal) in Betracht.

Die **klassische Transaktionsstruktur** für die Akquisition eines insolventen Unterneh- 6
mens ist der **Asset Deal**, welcher im Insolvenzverfahren auch übertragende Sanierung genannt wird.[3)] Die rechtliche Umsetzung des Asset Deals erfolgt in den meisten Fällen über einen Unternehmenskauf- und Übertragungsvertrag, welcher bereits im Eröffnungsverfahren mit dem vorläufigen Insolvenzverwalter ausgehandelt und nach Eröffnung des Insolvenzverfahrens unverzüglich verbindlich mit dem Insolvenzverwalter abgeschlossen und vollzogen wird.[4)] Der Kaufpreis fließt unmittelbar in die Insolvenzmasse.

Der **Vorteil des Asset Deals** lag in der Möglichkeit des schuldenfreien Erwerbs. Ferner 7
konnte nur der Asset Deal vom Insolvenzverwalter allein (§ 80 InsO) durchgeführt werden, denn nur die einzelnen Vermögensgegenstände der Schuldnerin gehören zur Insolvenzmasse i. S. von § 35 InsO, nicht hingegen die Geschäftsanteile an der Schuldnerin (siehe dazu § 29 Rz. 9 ff. [*Brünkmans*]). Eine einfache Umsetzung der Transaktion allein über den Insolvenzverwalter ohne Einbindung der Altgesellschafter war nur über den Asset Deal möglich.

Mit Inkrafttreten des ESUG sind diese Vorteile des Asset Deals aus folgenden Gründen 8
verschwommen:

– Der Insolvenzplan ermöglicht eine weitreichende Entschuldung des insolventen Rechtsträgers, welche im Hinblick auf unbekannte Verbindlichkeiten des Schuldners durch die Einführung von § 259b InsO verbessert worden ist (siehe dazu § 8 Rz. 546 [*Brünkmans*]; § 27 Rz. 10 ff., § 26 Rz. 38 f. [*Dellit*]).

2) *Wuschek*, ZInsO 2012, 1768.

3) *Brünkmans*, ZIP 2014, 1857; *Decker/Schäfer*, BB 2015, 198.

4) Gleiches gilt grundsätzlich für den Einstieg eines Investors. Die Erwerbsgesellschaft wird in diesem Fall von Altgesellschaftern zusammen mit dem Investor gegründet.

- Die Übertragung der Anteilsrechte oder wirtschaftlich vergleichbare Maßnahmen wie der Kapitalschnitt mit Bezugsrechtsausschluss können mit Einführung des § 225a Abs. 3 InsO nunmehr unmittelbar im Insolvenzplan geregelt und auch gegen den Willen der Altgesellschafter durchgesetzt werden (siehe dazu § 29 Rz. 1 ff. [*Brünkmans*]).

9 Relevante Unterschiede bestehen jedoch nach wie vor im Hinblick auf das **Datenschutzrecht.** Datenschutzrechtliche Fragen stellen sich, sobald Daten mit Bezug zu einer natürlichen Person verarbeitet werden. So verhält es sich häufig, wenn der Erwerber Rechtsbeziehungen der Schuldnerin übernehmen soll; genannt seien etwa Arbeitsverhältnisse, Lieferverträge und der Kundenstamm. Die Verarbeitung personenbezogener Daten erfordert gemäß Art. 6 Abs. 1 lit. a DSGVO[5] grundsätzlich die **Einwilligung** der betroffenen Person. Da die Einwilligung im Zweifel lediglich der Schuldnerin erteilt worden ist, können Erwerber von dieser nicht ohne weiteres Gebrauch machen. Dies kann sich vor allem beim **Asset Deal** als Hindernis erweisen: Um einen übernommenen Betriebsteil in ökonomisch zweckmäßiger Weise fortführen zu können, ist der Erwerber in der Regel darauf angewiesen, in Rechtsbeziehungen der Schuldnerin einzutreten. Ein erneutes Einholen der Einwilligungen der betroffenen Personen wäre i. R. des Planverfahrens jedoch in aller Regel zu aufwändig, um praxistauglich zu sein.[6] Ohne eine Einwilligung kommt die Weitergabe personenbezogener Daten jedoch nur in den gesetzlich geregelten Ausnahmekonstellationen in Frage, was jeweils eine individuelle Prüfung aller betroffenen Daten erfordert.[7] Datenschutzrechtlich einfacher ist der **Share Deal**, da der Erwerber mit dem Rechtsträger auch die Einwilligungen übernimmt, die diesem erteilt wurden. Jedoch bestehen auch beim Share Deal datenschutzrechtliche Risiken, die sich insbesondere bei der Due Diligence[8] und dem Einsichtsrecht des Erwerbers[9] zeigen.[10]

Praxishinweis

Unabhängig davon, ob sich die Beteiligten für einen Asset Deal oder einen Share Deal entscheiden, sollten sie darauf verzichten, personenbezogene Daten in den Insolvenzplan aufzunehmen.[11]

10 Vor diesem Hintergrund sind bei der Bestimmung der Akquisitionsstruktur im Insolvenzverfahren jeweils die Vor- und Nachteile von Asset Deal und Share Deal gegeneinander abzuwägen. Dabei ist zu beachten, dass bei einem Share Deal fast immer auch zwingend ein entschuldender Insolvenzplan erforderlich ist (siehe ausführlich unten Rz. 13 ff.). Der Asset Deal kommt hingegen in der Regel ohne einen Insolvenzplan aus. Dieser kann in

5) Verordnung (EU) 2016/679 des Europäischen Parlaments und des Rates v. 27.4.2016 zum Schutz natürlicher Personen bei der Verarbeitung personenbezogener Daten, zum freien Datenverkehr und zur Aufhebung der Richtlinie 95/46/EG (Datenschutz-Grundverordnung – DSGVO), ABl. (EU) L 119/1 v. 4.5.2016.

6) *Harig/Kay*, NZI 2020, 96; vgl. auch *Baranowski/Glaßl*, BB 2017, 199, 201.

7) Vgl. *Harig/Kay*, NZI 2020, 96, 97, die insoweit auf Art. 6 Abs. 1 lit. b DSGVO verweisen, der bei der Unternehmensübernahme am ehesten einschlägig sein dürfte.

8) Hier sollten die den Erwerbsinteressenten zur Verfügung gestellten Unterlagen von personenbezogenen Daten bereinigt werden.

9) Der Erwerber muss das datenschutzrechtliche Prinzip der Zweckbindung beachten, wonach Daten grundsätzlich nur zu den Zwecken verwendet werden dürfen, zu denen sie erhoben wurden. Daher wäre es etwa unzulässig, dass ein Erwerber das Schuldnerunternehmen auflöst und dessen Daten auf andere Unternehmen überträgt.

10) *Harig/Kay*, NZI 2020, 96, 98.

11) *Harig/Kay*, NZI 2020, 96, 98.

besonderen Einzelfällen jedoch für die Umsetzung der Transaktion hilfreich sein (siehe unten Rz. 58 ff.).

Checkliste: Asset Deal versus Share Deal 11

Gegenstand	Asset Deal	Share Deal
Verfahrenskosten- und Aufwand, Komplexität des Insolvenzverfahrens	Lässt sich rechtlich leicht umsetzen durch einen Kauf- und Übertragungsvertrag zwischen Erwerber und Insolvenzverwalter.	Ein Insolvenzplan ist erforderlich, Insolvenzplanverfahren sind i. d. R. komplexer als der bloße Abschluss eines Kauf- und Übertragungsvertrages.
Betriebsnotwendige Vertragsbeziehungen zu Lieferanten, Kunden und ggf. Lizenzgeber	Einzelübertragung durch Zustimmung sämtlicher Vertragspartner erforderlich. Besteht das Unternehmen aus einer Vielzahl von Vertragsgeflechten[12)] lassen sich diese schwer einholen.	Durch Erwerb der Geschäftsanteile ist eine Zustimmung der Vertragspartner i. R. der Akquisition nicht erforderlich. Auch Kündigungsrechte der Vertragspartner nach sog. „Change-of-Control-Klauseln“ greifen in der Insolvenz nicht, wenn die Anteilsübertragung auf der Grundlage einer Insolvenzplanregelung erfolgt (vgl. § 225a Abs. 4 InsO); siehe ausführlich § 29 Rz. 184 ff. [*Brünkmans*].
Arbeitnehmer	Übergang der Arbeitsverhältnisse nach § 613a BGB, ggf. Nutzung der Vorteile des Insolvenzarbeitsrechts.	Arbeitsverhältnisse, Betriebsvereinbarungen, Tarifbindungen bleiben grds. unberührt, aber Nutzung des Vorteils des Insolvenzarbeitsrechts.
Öffentlich-rechtliche Genehmigungen	Nicht rechtsträgerbezogene öffentlich-rechtliche Genehmigungen wie etwa Baugenehmigungen, Anlagegenehmigungen nach dem BImSchG bleiben erhalten. An den Rechtsträger gekoppelte öffentlich-rechtliche Genehmigungen bleiben hingegen **nicht** erhalten, d. h. erneute Genehmigungsverfahren mit evtl. offenem Ausgang für den Erwerber erforderlich.	Auch rechtsträgerbezogene öffentlich-rechtliche Genehmigungen bleiben grds. erhalten, wie z. B. die Genehmigung zur Personenbeförderung i. S. von § 2 PBefG, die Einfuhrgenehmigung nach § 12 Abs. 1 AWG, die Genehmigung zur Errichtung und zum Betrieb gentechnischer Anlagen (§ 11 Abs. 1 GenTG).
Zertifizierungen, Subventionszusagen[13)]	Müssen in der Regel erneut eingeholt werden.	Bleiben bestehen, können auch nach Vollzug der Akquisition genutzt werden.

12) S. zu *Babcock Borsig*, *Piepenburg*, NZI 2004, 231, 233.

13) S. *Bauer/Dimmling*, NZI 2011, 517, 518; *Moshäuser/Falkner*, NZG 2010, 881, 883; *Bitter/Laspeyres*, ZIP 2010, 1157; *Simon/Brünkmans*, ZIP 2014, 657.

Gegenstand	Asset Deal	Share Deal
Ausschreibungsverfahren öffentlicher Auftraggeber[14)]	Müssen in der Regel wiederholt werden.	Können in der Regel fortgesetzt werden, Zusagen bleiben bestehen.
Umgang mit personenbezogenen Daten	Einwilligungen zur Verwendung personenbezogener Daten wurden dem Rechtsträger erteilt. Der Erwerber muss diese eigenständig einholen.	Mit der Übertragung des Rechtsträgers gehen auch die diesem erteilten Einwilligungen über.
Steuerrecht	Vorteil: Verbindliche Auskunft über die Voraussetzungen von § 3a EStG ist **nicht** erforderlich. Nachteil: Verlustvorträge können nicht gemacht werden.	Vorteil: (Teilweise) Erhalt von Verlustvorträgen, aber nach § 8c KStG nur, wenn Altgesellschafter mindestens 50 % der Geschäftsanteile behalten.
	Nachteil: Grunderwerbsteuern fallen an, wenn das Unternehmen Grundvermögen hat.	Keine Grunderwerbssteuer, solange unter 90 % der Anteile übertragen werden (§ 1 Abs. 3 bzw. 3a GrEStG) Nachteil: Möglicherweise steuerbarer Ertrag. Allerdings sind Sanierungserträge i. S. von § 3a Abs. 1 Satz 1 EStG steuerfrei; siehe ausführlich § 60 Rz. 18 ff. [*Witfeld*].
Working-Capital-Finanzierung[15)]	Muss neu aufgebaut werden.	Bestehende Working-Capital-Finanzierung kann genutzt werden.

12 Die vorstehend aufgezeigten Konturen zwischen Asset und Share Deal werden in Zukunft möglicherweise noch mehr verblassen, wenn die Europäische Richtlinie zur Harmonisierung bestimmter Aspekte des Insolvenzrechts (sog. **Insolvency III**) in Kraft treten wird. Am 7.12.2022 hat die EU-Kommission den Entwurf einer Richtlinie[16)] zur Harmonisierung des Insolvenzrechts in Europa vorgelegt. In den Art. 19 ff. sind Vorgaben für die Einführung eines sog. **Prepack-Verfahrens** vorgesehen.[17)] Dabei handelt es sich um ein auf einen Unternehmensverkauf im Wege eines Asset Deal ausgerichtetes Verfahren, welches sich in Anlehnung an die Erfahrungen im angelsächsischen Rechtskreis durch **zwei besondere Verfahrensabschnitte** kennzeichnet. In einem „stillen Vorverfahren" wird ein M&A-Prozess unter Beobachtung eines Sachwalters durchgeführt und ein Investor auserkoren. Im Anschluss wird der Unternehmenskauf durch den Investor dem Gericht vorgeschlagen und kurze Zeit nach Eröffnung des Insolvenzverfahrens der Unternehmenskauf vom Gericht genehmigt und zeitnah vollzogen. Art. 27 der Richtlinie sieht vor, dass in diesem Verfahren auch **Verträge ohne Zustimmung des Vertragspartners auf den Investor übergeleitet werden** können. Sollte eine konsensuale Ver-

14) S. etwa bei *Nawroth/Wohlleber*, ZInsO 2013, 1022, 1023: Ausschreibungsverfahren öffentlicher Auftraggeber häufig rechtsträgerbezogen.

15) S. dazu *Brünkmans*, ZIP 2014, 1857, 1858.

16) Vorschlag für eine Richtlinie des Europäischen Parlaments und des Rates zur Harmonisierung bestimmter Aspekte des Insolvenzrechts, COM(2022) 702 final v. 7.12.2022.

17) S. dazu *Brünkmans*, ZIP 2023, 2547 ff.; *Brünkmans*, ZIP 2024, 265 ff.; *Brinkmann/Richter*, NZI Beilage 1 z. Heft 16–17/2023, S. 68 ff.; *Thole*, ZIP 2023, 389 ff.

tragsüberleitung aufgrund der Vielzahl an Verträgen oder Widerstand einzelner Vertragspartner schwierig sein, führt dies bisher dazu, von einem Asset Deals Abstand zu nehmen und stattdessen das Unternehmen über einen Share Deal im Wege eines Insolvenzplans zu erwerben (siehe Rz. 13 ff.). Sollte der Richtlinienentwurf tatsächlich in Kraft treten und ein solches Prepack-Verfahren inklusive eines Vertragsüberleitungsmechanismus in Deutschland umgesetzt werden,[18] würde dies in Wettbewerb zu den bisherigen Insolvenzplan-Lösungen treten.

B. Share Deal

I. Überblick Gestaltungsoptionen für den Share Deal im Insolvenzplanverfahren

Bei einem Share Deal im weiteren Sinne übernimmt der Erwerber entweder die Geschäftsanteile der Altgesellschafter oder i. R. einer Kapitalerhöhung neu geschaffene Geschäftsanteile. 13

Da der Investor damit das Unternehmen ohne weitere Maßnahmen nicht frei von Schulden erwirbt, setzt der Share Deal im Insolvenzverfahren nicht nur eine operative, sondern eine umfassende finanzwirtschaftliche Sanierung und Schuldenbereinigung des Rechtsträgers voraus. Auch bei überschaubarer Unternehmensgröße wird eine rechtssichere Entschuldung ohne einen Insolvenzplan kaum möglich sein. 14

Praxishinweis

Nur bei Unternehmen mit einigen wenigen Gläubigern mag eine Entschuldung durch bilaterale Vereinbarung und anschließender Einstellung des Insolvenzverfahrens wegen Wegfall des Eröffnungsgrundes (§ 212 InsO) oder mit Zustimmung aller Insolvenzgläubiger (§ 213 InsO) realisierbar sein.

Für die Umsetzung des Share Deals ist daher ein **Insolvenzplan zwingend erforderlich.** 15
Der Share Deal als Akquisitionsstruktur im Insolvenzplanverfahren kann im Hinblick auf den Erwerbsgegenstand unterschiedlich ausgestaltet werden. In Betracht kommt der **Erwerb der bestehenden Geschäftsanteile** der Altgesellschafter (Share Deal i. e. S.) (siehe ausführlich Rz. 16 ff.) oder der **Erwerb neuer, i. R. einer Kapitalerhöhung geschaffener Geschäftsanteile** (siehe ausführlich Rz. 29 ff.), nachdem die Anteile der Altgesellschafter durch vorherige Kapitalherabsetzung teilweise oder vollständig[19] vernichtet wurden (Unternehmensakquisition durch Kapitalschnitt). Die Vor- und Nachteile dieser Gestaltungsoptionen werden an anderer Stelle ausführlich gegenübergestellt (siehe ausführlich Rz. 47 f.). Ferner sind bei einer börsennotierten AG die kapitalmarktrechtlichen Pflichten für den Beteiligungswechsel zu beachten (siehe unter Rz. 49 ff.).

II. Erwerb der Geschäftsanteile der Altgesellschafter

1. Synchroner Insolvenzplan zum Anteilskauf- und Übertragungsvertrag (Share-Deal-Struktur 1)

Die Übernahme des Unternehmens durch einen Share Deal kann im Insolvenzverfahren zunächst durch einen Anteilskauf- und -abtretungsvertrag mit synchronem Insolvenzplan erfolgen.[20] 16

18) S. zur möglichen Umsetzung, *Brünkmans*, ZIP 2024, 265.

19) So bei einer Kapitalherabsetzung auf null, s. dazu § 30 Rz. 82 ff. [*Brünkmans*].

20) *Brünkmans*, ZIP 2014, 1857, 1858; vgl. auch *Meyer-Sparenberg* in: BeckFormB BHW, III. A. Nr. 22.

17 Die Geschäftsanteile werden bei diesen Transaktionsstrukturen durch einen **Anteilskauf- und -abtretungsvertrag** zwischen den Altgesellschaftern und den neuen Investoren übertragen. Die **Entschuldung des Zielunternehmens** erfolgt hingegen über den **Insolvenzplan.**[21] Die beiden Regelwerke werden durch eine **Vollzugsbedingung** im Kauf- und Abtretungsvertrag miteinander **verknüpft**, indem zum Vollzugzeitpunkt der Transaktion (Closing) die rechtskräftige Bestätigung des Insolvenzplans durch das Insolvenzgericht und Aufhebung des Insolvenzverfahrens vorliegen muss.[22] Bei einem synchronen Insolvenzplan kommt dem Anteilskauf- und Abtretungsvertrag eine hohe Bedeutung zu. Entsprechend ist der Regelungsgehalt dieses Vertrages vom Insolvenzplan zu unterscheiden.

a) Regelungsgehalt des Anteilskauf- und abtretungsvertrages

18 Der synchron zum Insolvenzplan aufzustellende Anteilskauf- und -abtretungsvertrag enthält üblicherweise folgende Regelungen[23]:

1. **Vertragspartner:** Altgesellschafter, Investor, ggf. Gesellschaft, Insolvenzverwalter oder Geschäftsführer.
2. **Präambel und Regelungen zur Verknüpfung des Vertrages mit dem Insolvenzplan:** In der Präambel des Anteils- und Kaufvertrages wird die Verknüpfung mit dem synchronen Insolvenzplan dargestellt. Wurde der Insolvenzplan bereits beim Insolvenzgericht eingereicht und niedergelegt (§ 234 InsO), ist dieser Geschäftsgrundlage für den Anteilskauf- und -abtretungsvertrag.

   Bei wesentlichen Änderungen des Insolvenzplanes im Erörterungs- und Abstimmungstermin ist dem Käufer ein Rücktrittsrecht zu gewähren. Wurde der Insolvenzplan noch nicht bei Gericht eingereicht, ist dem Kauf- und Abtretungsvertrag der Insolvenzplan als Anlage beizufügen und eine Verpflichtung der Gesellschaft aufzunehmen, den anliegenden Insolvenzplan beim Insolvenzgericht einzureichen. Denkbar – aber nicht unbedingt empfehlenswert – ist auch, die Eckpunkte des Insolvenzplanes in der Anlage zum Kauf- und Abtretungsvertrag aufzunehmen und den Kauf unter die Vollzugsbedingung der rechtskräftigen Bestätigung des Insolvenzplanes unter Beachtung der fixierten Eckpunkte zu stellen.
3. **Hauptregelungsgegenstand:** Hauptregelungsgegenstand des Kauf- und Abtretungsvertrages ist der Verkauf und die Abtretung der Geschäftsanteile an den Investor durch die Altgesellschafter. Die Abtretung der Geschäftsanteile durch die Altgesellschafter steht dabei unter folgenden aufschiebenden Bedingungen:
   - Eingang des Kaufpreises und der Planmittel auf einem Treuhandkonto
   - Rechtskräftige Bestätigung des Insolvenzplanes
   - Aufhebung des Insolvenzverfahrens[24]
4. **Hauptpflichten:** Als Hauptpflichten des Investors regelt der Kauf- und Abtretungsvertrag insbesondere den Kaufpreis und die Verpflichtung zur Leistung von Planmitteln (Investorenbeitrag). Gegebenenfalls kann auch zusätzlich die Gewährung eines Massekredits vereinbart werden. Der Investorenbeitrag ist nach Abschluss des Kauf- und Abtretungsvertrages und Annahme des Insolvenzplanes durch die Gläubigerver-

21) Vgl. etwa *Meyer-Sparenberg* in: BeckFormB BHW, III. A. Nr. 22.

22) *Brünkmans*, ZIP 2014, 1857, 1858.

23) S. i. E. auch Muster *Meyer-Sparenberg* in: BeckFormB BHW, III. A. Nr. 22.

24) S. i. E. auch Muster *Meyer-Sparenberg* in: BeckFormB BHW, III. A. Nr. 22.

sammlung auf ein Treuhandkonto des Sachwalters zu überweisen, welcher die Mittel treuhänderisch verwaltet.[25] Der Investorenbeitrag ist vom Treuhänder wie folgt auszuzahlen:

- Der Kaufpreis[26] ist mit Aufhebung des Insolvenzverfahrens (§ 258 InsO) an die Altgesellschafter auszuzahlen.
- Kurz vor Aufhebung des Insolvenzverfahrens zahlt der Sachwalter auf der Grundlage der Insolvenztabelle die auf dem Treuhandkonto sich befindlichen Planmittel entsprechend der im Insolvenzplan vorgesehenen Befriedigungsquote an die Gläubiger aus.

5. **Garantieerklärungen:** Garantieerklärungen der Altgesellschafter sind denkbar, wenn diese für ihre Geschäftsanteile noch einen bedeutenden Kaufpreis erhalten. Anderenfalls werden diese kaum bereit sein, eine Garantieerklärung abzugeben. In begrenztem Umfang sind auch Garantieerklärungen des Insolvenzverwalters oder in der Eigenverwaltung des Geschäftsführers denkbar.[27]
6. **Pre-Closing Convenants:** Da der Vollzug der Anteilsübertragung (Closing) vom Abschluss des Anteilskauf- und Übertragungsvertrages (Signing) aufgrund der Verknüpfung mit der Rechtskraft des Insolvenzplanes zeitlich nachgeschaltet ist, enthält der Anteilskauf- und Übertragungsvertrag üblicherweise besondere Verhaltenspflichten des Geschäftsführers für die Zeit zwischen Signing und Closing (sog. Pre-Closing Convenants). Dazu gehören etwa, dass bestimmte wesentliche Rechtsgeschäfte bis zum Vollzug der Übertragung nicht ohne vorherige Zustimmung des Käufers durchgeführt werden dürfen, soweit diese im Insolvenzplan oder Kauf- und Abtretungsvertrag nicht ausdrücklich vorgesehen sind. Ferner besteht die Verpflichtung des Verkäufers, die Vollzugsbedingungen herbeizuführen.[28] Von entscheidender Bedeutung für den Vollzug des Kaufvertrages ist aufgrund der Verknüpfung mit dem Insolvenzplan die rechtskräftige Bestätigung desselben. Entsprechend bietet sich als besondere insolvenzplanspezifische Verhaltenspflicht an, dass Verkäufer, Geschäftsführer und ggf. Insolvenzverwalter sich verpflichten, die Rechtskraft des bestätigten Insolvenzplans herbeizuführen, etwa durch die Beantragung eines insolvenzrechtlichen Freigabeverfahrens nach § 253 Abs. 4 InsO.
7. **Vergleichsregelung:** Nicht selten bestehen Ansprüche aus Insolvenzanfechtung oder sonstige Haftungsansprüche gegen Altgesellschafter. Um eine Gesamtbereinigung mit dem Altgesellschafter herbeizuführen, kann der Anteilskauf- und Abtretungsvertrag eine diesbezügliche Vergleichsregelung vorsehen.[29] Da es sich dabei um eine wesentliche Information für die Gläubiger handelt, sollte diese Vergleichsregelung auch als Anlage zum Insolvenzplan genommen werden.[30]
8. **Rücktrittsrecht:** Der Kauf- und Abtretungsvertrag enthält häufig ein Rücktrittsrecht, wenn die Vollzugsbedingungen, insbesondere die rechtskräftige Bestätigung des Insolvenzplanes und Aufhebung des Insolvenzverfahrens (§ 258 InsO) bis zu einem be-

25) S. i. E. auch Muster *Meyer-Sparenberg* in: BeckFormB BHW, III. A. Nr. 22.

26) Je nach Grad der Insolvenz wird dieser in der Regel nur einen symbolischen Betrag von 1 € haben. Den Lästigkeitswert wird sich der Altgesellschafter mit Einführung des § 225a Abs. 3 InsO durch das ESUG nicht mehr abkaufen lassen können, s. dazu § 29 Rz. 9 ff. [*Brünkmans*].

27) S. i. E. auch Muster *Meyer-Sparenberg* in: BeckFormB BHW, III. A. Nr. 22.

28) S. i. E. auch Muster *Meyer-Sparenberg* in: BeckFormB BHW, III. A. Nr. 22.

29) S. *Meyer-Sparenberg* in: BeckFormB BHW, III. A. Nr. 22.

30) Zu den Plananlagen s. § 13 Rz. 112 ff. [*Brünkmans/Harmann*].

stimmten Zeitpunkt nicht eingetreten sind. Käuferfreundliche Rücktrittsrechte für den Fall nachträglicher Anmeldung von Forderungen durch Nachzügler (siehe dazu § 8 Rz. 537 ff. [*Brünkmans*]) in einer bestimmten Höhe sind denkbar, werden sich allerdings schwer durchsetzen lassen.[31)]

b) Regelungsgehalt des Insolvenzplans

19 Der Insolvenzplan sollte im darstellenden Teil umfassend über den Verkauf der Geschäftsanteile informieren. Vergleichsvereinbarungen mit den Altgesellschaftern und der Gesellschaft bezüglich Ansprüchen aus Insolvenzanfechtung oder anderen Haftungsansprüchen sind im darstellenden Teil zu beschreiben und möglichst auch als Anlage zum Insolvenzplan offenzulegen. Der **eigentliche Verkauf und die Abtretung der Geschäftsanteile** der Altgesellschafter ist bei einem synchronen Insolvenzplan **nicht unmittelbarer Regelungsgegenstand des Insolvenzplans.** Er vollzieht sich allein auf der Grundlage des Anteilskauf- und -abtretungsvertrages. Der Insolvenzplan enthält daher keine entsprechenden Regelungen im gestaltenden Teil. Gegen den Willen der Altgesellschafter kann ein solcher Insolvenzplan daher nicht umgesetzt werden. Darin liegt ein wesentlicher Nachteil zu nachfolgend darzustellender Übertragung der Anteile unmittelbar im Insolvenzplan.

2. Unmittelbare Anteilsübertragung durch Insolvenzplanregelung (Share-Deal-Struktur 2)

a) Regelungsgehalt des Insolvenzplanes

20 Alternativ zum synchronen Anteilskauf- und Übertragungsvertrag kann die Übertragung der Geschäftsanteile der Altgesellschafter auf den Investor unmittelbar Gegenstand des Insolvenzplans sein. In diesem Fall wird die **Abtretungserklärung der Altgesellschafter** durch eine entsprechende **Regelung im Insolvenzplan ersetzt** (§ 225a Abs. 3 InsO) und die Abtretungserklärung im Hinblick auf die Übertragung der Geschäftsanteile der Altgesellschafter der Schuldnerin wird mit Rechtskraft des Insolvenzplans als **formwirksam** (vgl. § 15 Abs. 3 GmbHG) abgegeben **fingiert** (§ 254a InsO); siehe dazu § 29 Rz. 161 ff. [*Brünkmans*]. Die **Annahmeerklärung des Investors** bedarf hingegen der **notariellen Beurkundung** nach § 15 Abs. 3 GmbHG. Sie ist als Anlage zum Insolvenzplan zu nehmen oder bei nachträglicher Annahme als Planbestätigungsbedingung (§ 249 InsO) aufzunehmen[32)] (siehe dazu § 29 Rz. 161 ff. sowie § 7 Rz. 127 ff. [*Brünkmans*]).

> **Formulierungsbeispiel**
> „Die Anteilseigner (Gruppe 5) nehmen das Angebot der Erwerbs-GmbH vom (UR-Nr. […]/[…] des Notars […]) gerichtet auf die Abtretung[33)] sämtlicher, an der Schuldnerin gehaltener Geschäftsanteile an."

21 Ein Kaufvertrag bzw. eine **schuldrechtliche Verpflichtung zur Abtretung** bzgl. der Geschäftsanteile mit den Altgesellschaftern ist **nicht erforderlich.** Die Übertragung der Geschäftsanteile erfolgt über eine Regelung im gestaltenden Teil des Insolvenzplans. Der Rechtsgrund für die Übertragung der Geschäftsanteile liegt in der Regelung im Insolvenzplan selbst.[34)] Anstelle des Kaufpreises muss der Insolvenzplan eine Abfindungszah-

31) *Meyer-Sparenberg* in: BeckFormB BHW, III. A. Nr. 22.

32) *Brünkmans*, ZIP 2014, 1052, 1059.

33) Vgl. auch *Horstkotte/Martini*, ZInsO 2012, 557, 574.

34) *Brünkmans*, ZIP 2014, 1857, 1859; vgl. auch *Madaus* in: MünchKomm-InsO, § 254a Rz. 17.

lung vorsehen, wenn die Geschäftsanteile der Altgesellschafter noch einen Wert haben (siehe dazu § 58 Rz. 7 ff. [*Brünkmans/Harmann/Clev*]).

b) Regelungsgehalt der Investorenvereinbarung

22 Über die reine Übertragungsverpflichtung hinaus darf der Insolvenzplan jedoch keine weiteren Verpflichtungen der Altgesellschafter – wie etwa Garantieerklärungen – enthalten. Entsprechende Regelungen zu Garantieerklärungen gingen über die Gestaltung der zwangsweise planunterworfenen Rechtsposition der Altgesellschafter hinaus (siehe dazu § 29 Rz. 57 ff. [*Brünkmans*]). Wird der Altgesellschafter über eine Planregelung gezwungen, die Geschäftsanteile auf einen Investor zu übertragen, wird er kaum bereit sein, selbständige Garantieerklärungen im Hinblick auf seine Geschäftsanteile abzugeben. Denkbar sind Garantieerklärungen zum Unternehmenszustand durch die Geschäftsleitung der Gesellschaft/Sachwalter oder Insolvenzverwalter i. R. einer den Insolvenzplan flankierenden Investorenvereinbarung (siehe dazu ausführlich Rz. 29 ff.). Da es sich dann um persönliche Garantieerklärungen handelt, lassen sich diese in der Praxis wenn überhaupt nur eingeschränkt durchsetzen.[35]

23 Stellt der Investor Liquidität zur Betriebsfortführung und für die – ggf. nur teilweise – Ablösung der Gläubiger (Cash-out-Plan; siehe dazu § 2 Rz. 103 ff. [*Brünkmans*]) zur Verfügung, hängt die Durchführbarkeit des Insolvenzplans maßgeblich vom Finanzierungsbeitrag des Investors ab. Der Insolvenzverwalter/eigenverwaltende Geschäftsführer schafft in diesem Fall Transaktionssicherheit mit dem Abschluss einer Investorenvereinbarung. In dieser verpflichtet sich der Investor, aufschiebend bedingt auf die rechtskräftige Bestätigung des Insolvenzplans die Finanzierungsbeiträge zur Betriebsfortführung und Ablösung der Gläubiger zu leisten. Einzelheiten zur Investorenvereinbarung siehe Rz. 33.

c) Besondere Rechtsfolgen bei der Anteilsübertragung durch Planregelung

aa) Lastenfreie Übertragung der Geschäftsanteile durch Planregelung?

24 Für eine Unternehmensakquisition über einen Share Deal ist für den Investor von Bedeutung, ob der Insolvenzplan auch die lastenfreie Übertragung der Geschäftsanteile im gestaltenden Teil des Insolvenzplans regeln kann. Häufig verpfänden Gesellschafter ihre Geschäftsanteile in der Krise. Die Möglichkeit einer lastenfreien Übertragung wird in der Literatur teilweise mit Verweis auf die wirtschaftliche Vergleichbarkeit mit dem Kapitalschnitt bejaht.[36]

25 Dies überzeugt jedoch nicht. Die Geschäftsanteile an der Schuldnerin sind nicht Bestandteile der Insolvenzmasse der Schuldnerin. Vielmehr können die Geschäftsanteile über §§ 217 Satz 2, 225a InsO einbezogen werden, was zur Folge hat, dass die Anteilsinhaber stimmberechtigte Beteiligte des Insolvenzplanverfahren werden (§ 244 Abs. 3 InsO). Der Pfandgläubiger des Gesellschafters ist grundsätzlich jedoch nicht Beteiligter des Insolvenzplanverfahrens und ihm kommt auch nicht der Schutz vor Eingriffen durch den Insolvenzplan nach §§ 245 Abs. 3, 251, 253 InsO zugute. Entsprechend kann sein Pfandrecht an den Geschäftsanteilen auch nicht durch eine Regelung im Insolvenzplan aufgehoben werden. Dient das Pfandrecht an den Geschäftsanteilen hingegen der Sicherung einer Forderung gegen den insolventen Schuldner, so ist ein Eingriff in das Pfandrecht entsprechend der Absonderungsrechte möglich.[37] Siehe ausführlich § 30 Rz. 436 ff. [*Brünkmans*].

35) *Brünkmans*, ZIP 2014, 1857, 1859.

36) *Wieneke/Hoffmann*, ZIP 2013, 697, 706.

37) Ausführlich *Brünkmans*, ZIP 2014, 1857, 1859; s. a. *Spahlinger* in: KPB, InsO, § 225a Rz. 72; anders *Eidenmüller* in: MünchKomm-InsO, § 225a Rz. 88.

Neben § 225a Abs. 3, § 217 Abs. 1 Satz 2 InsO ermächtigen auch § 223, § 217 Abs. 2 InsO einen solchen Eingriff in Pfandrechte an Geschäftsanteilen der Schuldnerin, wenn der Gesellschafter die Voraussetzungen eines verbundenen Unternehmens i. S. von § 15 AktG erfüllt (siehe dazu § 7 Rz. 77 ff., § 8 Rz. 267, § 33 Rz. 70 ff. [*Brünkmans*]).

Praxishinweis

Sollte tatsächlich die Gefahr von Pfandrechtsbelastungen und rückständigen Einlageverpflichtungen nicht auszuschließen sein, sollte ein originärer Anteilserwerb neu geschaffener Anteile durch einen Kapitalschnitt in Erwägung gezogen werden.[38)]

bb) Ausschluss der Rechtsnachfolgehaftung?

26 Neben der Frage des lastenfreien Erwerbs spielt bei der Unternehmensakquisition auch die Haftung des Erwerbers für vergangene Fehler des Altgesellschafters bei der Kapitalaufbringung und -erhaltung eine Rolle. Auch bei einer Regelung der Übertragung der Geschäftsanteile im Insolvenzplan bleiben diese Haftungsgefahren wie bei einer rechtsgeschäftlichen Übertragung bestehen.[39)] Der Erwerber haftet nach § 16 Abs. 2 GmbHG für nicht erbrachte Einlageverpflichtungen der veräußerten Geschäftsanteile und auch für Einstandspflichten für Kapitalaufbringung und Kapitalerhaltung (§§ 24, 31 GmbHG) sowie die Haftung für Nachschüsse und Nebenleistungsverpflichtungen.[40)]

cc) Anfechtbarkeit der Anteilsübertragung?

27 Erfolgt die Übertragung der Anteilsrechte über eine Regelung im gestaltenden Teil des Insolvenzplans, greifen die gefährlichen Anfechtungstatbestände aus §§ 132, 133 und 134 InsO nicht. Diese erfordern nämlich eine Rechtshandlung des Schuldners, welche in einer die Erklärung des Gesellschafters ersetzenden Insolvenzplanregelung kaum gesehen werden kann. In diesem Fall beschränkt sich die Anfechtungsgefahr auf § 130 InsO (kongruente Deckung).[41)]

dd) Börsennotierung

28 Handelt es sich bei den zu übertragenden Anteilen um börsennotierte Aktien, bleibt die Börsennotierung grundsätzlich auch nach Übertragung der Aktien auf den Investor bestehen.[42)]

III. Unternehmensakquisition durch einen im Insolvenzplan geregelten Kapitalschnitt (Share-Deal-Struktur 3)

1. Regelungsgehalt im Insolvenzplan

29 Neben der Übertragung der Geschäftsanteile der Altgesellschafter durch Rechtsgeschäft (siehe Rz. 16 ff.) oder durch Planregelung (siehe Rz. 20 ff.) kann der Erwerb der Geschäftsanteile durch den Investor auch über einen Kapitalschnitt erfolgen. In diesem Fall werden das Stammkapital in der Regel auf null herabgesetzt und dadurch die Geschäftsan-

38) *Brünkmans*, ZIP 2014, 1857, 1862; *Thole*, Gesellschaftsrechtliche Maßnahmen in der Insolvenz, Rz. 303.

39) *Brünkmans*, ZIP 2014, 1857, 1860.

40) Noack/Servatius/Haas-*Fastrich*, GmbHG, § 16 Rz. 23; *Altmeppen*, GmbHG, § 16 Rz. 31; *Wicke*, GmbHG, § 16 Rz. 12.

41) *Brünkmans*, ZIP 2014, 1857, 1860.

42) *Wieneke/Hoffmann*, ZIP 2013, 697, 705; *Brünkmans*, ZIP 2014, 1857, 1860.

teile der Altgesellschafter vollständig vernichtet und i. R. der Kapitalerhöhung neue Geschäftsanteile geschaffen, die vom Investor übernommen werden. Kapitalherabsetzungsbeschluss, Kapitalerhöhungsbeschluss, Bezugsrechtsausschluss der Altgesellschafter und die Zulassung des Investors zur Übernahme der neu geschaffenen Anteilsrechte können unmittelbar im gestaltenden Teil des Insolvenzplan geregelt werden (siehe dazu § 29 Rz. 159 ff. [*Brünkmans*]). Mit Eintragung der Kapitalerhöhung in das Handelsregister nach rechtskräftiger Bestätigung des Insolvenzplans erwirbt der Investor die neuen Geschäftsanteile an der Zielgesellschaft und die Altgesellschafter verlieren ihre Geschäftsanteile.

2. Rechtsfolge mit Rechtskraft des Insolvenzplanes und Eintragung der Kapitalerhöhung

a) Lastenfreier Erwerb der Geschäftsanteile durch den Investor

Übernimmt der Investor Geschäftsanteile i. R. einer Kapitalerhöhung, so erwirbt er neu geschaffene Geschäftsanteile. Sollten die Geschäftsanteile der Altgesellschafter verpfändet worden sein, setzt sich das Pfandrecht nicht an den neu geschaffenen Geschäftsanteilen fort. Das Pfandrecht geht aufgrund der vorherigen Kapitalherabsetzung auf null vielmehr unter.[43) 30

b) Insolvenzanfechtung und Haftungsnachfolge (§ 16 Abs. 2 GmbHG)

Der Erwerb der neuen Geschäftsanteile des Investors über einen Kapitalschnitt ist bei einer Insolvenz des Altgesellschafters nicht im Wege der Insolvenzanfechtung angreifbar.[44)] Da der Investor in diesem Fall originär neue Geschäftsanteile erwirbt, scheidet auch die Rechtsnachfolgehaftung aus § 16 Abs. 2 GmbHG aus. Die subsidiäre Ausfallhaftung aus § 24 GmbHG findet jedoch auch bei einem Erwerb neuer Geschäftsanteile i. R. einer Kapitalerhöhung Anwendung.[45)] 31

c) Börsennotierung

Die durch die Kapitalerhöhung neu geschaffenen Aktien sind nicht automatisch zum Börsenhandel zugelassen, sondern bedürfen gemäß § 32 Abs. 1 BörsG der Zulassung. Für die neuen vom Investor zu übernehmenden Aktien ist die Erstellung eines Wertpapierprospekts erforderlich, um diese handelbar zu machen.[46)] 32

3. Regelung in Investorenvereinbarung

a) Rechtsverbindliche Regelung der Transaktion durch Investorenvereinbarung

Im Fall eines synchronen Insolvenzplans wird die Unternehmensakquisition konsensual mit Einbindung von Altgesellschaftern, Geschäftsführer und Sachwalter im Anteilskauf- und Abtretungsvertrag geregelt. Die **Umsetzung der Transaktion** hängt dann im Wesentlichen nur noch von der **aufschiebenden Bedingung** der **Annahme des Insolvenzplans** durch die Gläubiger und **Bestätigung** desselben durch das Insolvenzgericht ab. Für Investor und Insolvenzverwalter (Geschäftsführer und Sachwalter bei der Eigenverwaltung) 33

43) Zum möglichen Zustimmungsverbot des Altgesellschafters bei der Abstimmung über den Insolvenzplan aus Sicherungsverträgen s. *Brünkmans*, ZIP 2014, 1857, 1862.

44) S. ausführlich *Brünkmans*, ZIP 2014, 1857, 1862.

45) *Brünkmans*, ZIP 2014, 1857, 1863.

46) Ausführlich *Wieneke/Hoffmann*, ZIP 2013, 697, 699, 704; *Weber/Schneider*, ZInsO 2012, 374, 377 ff.; *Wuschek*, ZInsO 2012, 1768.

besteht eine gewisse Transaktionssicherheit auf der Grundlage des vorab geschlossenen Anteilskauf- und -abtretungsvertrages.

34 Bei einem Kapitalschnitt wird die Akquisition grundsätzlich durch den Insolvenzplan selbst geregelt und erst mit Eintragung der Kapitalerhöhung in das Handelsregister vollzogen. Ein rechtssicherer Erwerb der neu geschaffenen Geschäftsanteile erfolgt daher ohne gesonderte Vereinbarung erst am Ende nach Abschluss des Insolvenzplanverfahrens.

35 Sowohl für Investor als auch Insolvenzverwalter/Schuldner und Sachwalter besteht indes im Einzelfall ein **Bedürfnis**, die Unternehmensakquisition im Vorfeld des Insolvenzplanverfahrens – soweit es geht – **verbindlich zur regeln.** Zur Aufrechterhaltung der Betriebsfortführung werden vom Investor häufig bereits im Vorfeld Zwischenfinanzierungen zur Verfügung gestellt. Insolvenzverwalter, Sachwalter und Schuldner gehen nicht selten mit Einreichung eines auf den Investor zugeschnitten Insolvenzplans „in Vorleistung". Für den Investor besteht daher bereits vor Eintragung der Kapitalerhöhung in das Handelsregister ein Bedürfnis auf verbindliche Erwerbsaussicht. Für den Insolvenzverwalter und Schuldner besteht ein Bedürfnis auf rechtsverbindliche Einhaltung der Finanzierungszusagen, insbesondere wenn der Insolvenzplan auf den Investor maßgeschneidert ist und andere Veräußerungsoptionen ggf. verlorengehen.

36 Zur Schaffung von Rechts- und Transaktionssicherheit bietet sich im Einzelfall der Abschluss einer Investorenvereinbarung zwischen Investor und Insolvenzverwalter oder Schuldner in der Eigenverwaltung an, bevor der Insolvenzplan dem Gericht offiziell vorgelegt wird. Diese Investorenvereinbarung verpflichtet die Gesellschaft – soweit rechtlich möglich – zur Verschaffung der Geschäftsanteile i. R. der Kapitalerhöhung und regelt die Eckpunkte des einzureichenden Insolvenzplans. Für den Investor sind die Übernahmeverpflichtung der neu geschaffen Geschäftsanteile und ggf. sonstige Finanzierungs- und Sanierungsbeiträge in der Investorenvereinbarung festgelegt.[47)]

b) Regelungsgehalt der Investorenvereinbarung

aa) Pflichten des Investors

37 Die Verpflichtung zur Leistung der Einlageleistung entsteht i. R. der Kapitalerhöhung für den Investor erst durch Übernahme des ihm zugewiesenen Geschäftsanteils durch Übernahmeerklärung (§ 55 GmbHG). Möglich ist auch die schuldrechtliche Verpflichtung auf Abgabe einer formgültigen Übernahmeerklärung (Übernahmeverpflichtungsvertrag oder auch Vorvertrag).[48)] Dieser Übernahmeverpflichtungsvertrag ist nach wohl inzwischen h. M. nicht formbedürftig.[49)]

38 Die Übernahmeerklärung selbst kann ohne weiteres schon vor dem Kapitalerhöhungsbeschluss abgegeben werden (sog. vorgezogene Übernahmeerklärung).[50)] Es bietet sich daher an, die Übernahmeerklärung unter der aufschiebenden Bedingung der rechtskräftigen Bestätigung des Insolvenzplanes bereits in der Investorenvereinbarung abzugeben.[51)] Wird

---

47) *Brünkmans*, ZIP 2014, 1857, 1863 f.

48) Scholz-*Tebben*, GmbHG, § 55 Rz. 117; *Lieder* in: MünchKomm-GmbHG, § 55 Rz. 159.

49) OLG München, Urt. v. 4.5.2005 – 23 U 5121/04, ZIP 2005, 1070 = AG 2005, 585, dazu EWiR 2005, 525 *(Bayer/Lieder)*; Scholz-*Tebben*, GmbHG, § 55 Rz. 117; *Ulmer/Casper* in: GroßKomm-GmbHG, § 55 Rz. 99; *Hergeth/Mingau*, DStR 2001, 1220; Altmeppen-*Roth*, GmbHG, 9. Aufl., § 55 Rz. 19; *Lieder* in: MünchKomm-GmbHG, § 55 Rz. 160; a. A. RG, Urt. v. 13.12.1935 – II 161/35, RGZ 149, 395.

50) BGH, Urt. v. 7.11.1966 – II ZR 136/64, NJW 1967, 44; Scholz-*Tebben*, GmbHG, § 55 Rz. 117; *Lieder* in: MünchKomm-GmbHG, § 55 Rz. 160; *Ulmer/Casper* in: GroßKomm-GmbHG, § 55 Rz. 89; *Ehlke*, ZGR 1995, 426, 428.

51) *Brünkmans*, ZIP 2014, 1857, 1863 f.

der Insolvenzplan, welcher die Kapitalerhöhung vorsieht, nicht rechtskräftig durch das Insolvenzgericht bestätigt, scheitert die Kapitalerhöhung und macht den von der Gesellschaft im Übernahmevertrag zugesagten Erwerb eines Geschäftsanteils unmöglich. Der Investor wird dann seinerseits von der Pflicht zur Übernahme frei und kann bereits geleistete Einlageleistungen zurückfordern.[52)]

Die Investorenvereinbarung kann ebenfalls vorsehen, dass die Mittel zur Einlageleistung auf ein Treuhandkonto gestellt werden. Der Treuhänder erhält die Anweisung, die Einlagen und ggf. weitere Beträge in die Kapitalrücklage erst dann zu leisten, sobald die rechtskräftige Bestätigung des Insolvenzplanes und Beendigung des Insolvenzverfahrens nachgewiesen wurde.[53)] 39

Neben der Übernahmeverpflichtung kann die Investorenvereinbarung weitere Finanzierungsbeiträge vorsehen, wie etwa die Verpflichtung zur Gewährung eines Massekredits (siehe dazu schon Rz. 22 ff.). 40

bb) Verschaffungspflicht der Gesellschaft

Der Investor hat ein Interesse daran, möglichst frühzeitig die neu zu schaffenden Geschäftsanteile zugesichert zu bekommen. Eine Verpflichtung der Gesellschaft kann jedoch nur vorbehaltlich des Kapitalerhöhungsbeschlusses und der Zulassung des Investors zur Übernahme durch eine entsprechende Regelung in einem rechtskräftigen Insolvenzplan erfolgen. Der Investor kann die Kapitalerhöhung aber auch dann nicht erzwingen, weil diese unter dem Vorbehalt der Eintragung in das Handelsregister steht. Scheitert die Kapitalerhöhung, kann die Gesellschaft jedoch dem Investor gegenüber schadensersatzpflichtig sein.[54)] Die Investorenvereinbarung sollte daher Regelungen über die Rückabwicklung von Einlagen bei Scheitern der Kapitalmaßnahme vorsehen.[55)] 41

cc) Vollzugsbedingungen

Die Verpflichtungen stehen unter der Bedingung, dass der von den Gläubigern angenommene Insolvenzplan – ggf. in der Fassung als Anlage zur Investorenvereinbarung – vom Insolvenzgericht bestätigt wurde, die Bestätigung rechtskräftig ist und das Insolvenzgericht die Aufhebung des Insolvenzverfahrens über das Vermögen der Gesellschaft (§ 258 Abs. 1 InsO) beschlossen hat.[56)] Weitere Vollzugsbedingungen sind denkbar. 42

dd) Garantien

In der Investorenvereinbarung können Insolvenzverwalter, Sachwalter, Schuldner oder die Geschäftsführungsorgane im Einzelfall unternehmensbezogene Garantien abgeben. Insgesamt sind Garantieerklärungen im Insolvenzverfahren schwer durchsetzbar. Für die beim Share Deal eine besondere Rolle spielenden sog. „Legal-Title-Garantien" besteht bei einem Anteilserwerb über einen Kapitalschnitt auch kein Bedürfnis, weil der Investor neu geschaffene und damit unbelastete Geschäftsanteile erwirbt.[57)] 43

52) *Ulmer/Casper* in: GroßKomm-GmbHG, § 55 Rz. 90.
53) *Brünkmans*, ZIP 2014, 1857, 1863 f.
54) Noack/Servatius/Haas-*Zöllner/Fastrich*, GmbHG, § 55 Rz. 40.
55) *Brünkmans*, ZIP 2014, 1857, 1865.
56) *Brünkmans*, ZIP 2014, 1857, 1865.
57) *Brünkmans*, ZIP 2014, 1857, 1865.

ee) Verpflichtungen/Covenants/Rücktrittsrecht

44 Wie beim Anteilskauf- und -abtretungsvertrag ist die Regelung von Verhaltenspflichten in der Zeit zwischen dem Abschluss der Investorenvereinbarung und dem Vollzugsdatum, d. h. vorliegend die Eintragung der Kapitalerhöhung in das Handelsregister, sinnvoll (sog. Pre-Closing Covenants). Ein Rücktritt vom Vertrag sollte grundsätzlich nur bis zum Vollzug möglich sein (siehe dazu insgesamt Rz. 18 ff.).

c) Verknüpfung Insolvenzplan mit Investorenvereinbarung

45 Der Insolvenzplan kann als Bedingung für die Bestätigung des Insolvenzplans durch das Insolvenzgericht (§ 249 InsO) vorsehen, dass der Investor die in der Investorenvereinbarung vorgesehenen Leistungen erbracht hat, etwa dass der Gesellschaft für die Barkapitalerhöhung nebst Agio vorgesehener Betrag auf ein Treuhandkonto eingegangen ist.

d) Vollzug

46 Nach rechtskräftiger Bestätigung des Insolvenzplanes und Eintragung der Kapitelerhöhung in das Handelsregister erwirbt der Investor die neuen Geschäftsanteile (siehe dazu § 30 Rz. 179 ff. [*Brünkmans*]).

IV. Checkliste: Anteilsübertragung versus Kapitalschnitt

47 Nachfolgend sollen die drei Grundtransaktionsstrukturen eines Share Deals durch Insolvenzplan, mit ihren Vor- und Nachteilen in Form einer Checkliste dargestellt werden.

48 **Checkliste: Grundtransaktionsstrukturen eines Share Deals**

	Anteilskauf und Übertragungsvertrag (Share-Deal-Struktur 1, Rz. 16 ff.)	**Übertragung durch Planregelung (Share-Deal-Struktur 2, Rz. 20 ff.)**	**Kapitelschnitt (Share-Deal-Struktur 3, Rz. 29 ff.)**
Notwendige Verträge, Erklärungen über den Insolvenzplan hinaus	Kauf- und Abtretungsvertrag zwischen Altgesellschafter und Investor	Annahmeerklärung des Investors bezüglich Übertragung Geschäftsanteile, optional Investorenvereinbarung; siehe ausführlich Rz. 20 ff.	Übernahmeerklärung des Investors bzgl. der i. R. der Kapitalerhöhung neu geschaffenen Geschäftsanteile, optional Investorenvereinbarung
Notarielle Beurkundung	Für Käufer- und Verkäufererklärung erforderlich	Nur für Erklärung des Investors, Erklärungen der Altgesellschafter werden als formwirksam fingiert (§ 254a Abs. 1 InsO); siehe oben Rz. 20 ff.	Keine notarielle Beurkundung erforderlich (§ 254a InsO)[58]
Belastung der Geschäftsanteile mit Pfandrechten	Grds. kein lastenfreier Erwerb möglich	Lastenfreier Erwerb nur eingeschränkt möglich; siehe ausführlich Rz. 24	Vollständig lastenfreier Erwerb, da Investor neue Geschäftsanteile erwirbt

58) Im Insolvenzplan geregelte Kapitalherabsetzungs- und -erhöhungsbeschlüsse werden als formwirksam abgegeben fingiert. Für die Übernahmeerklärung des Investors ist die notarielle Beglaubigung hinreichend (s. ausführlich § 30 Rz. 159 ff. [*Brünkmans*]).

	Anteilskauf und Übertragungsvertrag (Share-Deal-Struktur 1, Rz. 16 ff.)	Übertragung durch Planregelung (Share-Deal-Struktur 2, Rz. 20 ff.)	Kapitelschnitt (Share-Deal-Struktur 3, Rz. 29 ff.)
Kündigungen von Vertragsverhältnissen wegen Change-of-Control	Es gelten die vertraglich vereinbarten Kündigungsrechte	Gemäß § 225a Abs. 4 InsO ausgeschlossen	Gemäß § 225a Abs. 4 InsO ausgeschlossen
Anfechtungsgefahr im Fall der Insolvenz des Altgesellschafters	Sämtliche Anfechtungstatbestände (§§ 130, 131, 132, 133, 134 InsO) sind anwendbar	Nur Deckungsanfechtung (§§ 130, 131 InsO denkbar, da nicht durch Rechtshandlung des Schuldners übertragen); siehe ausführlich Rz. 27	Keine Anfechtungsgefahr
Rechtsnachfolgehaftung wegen Verletzung von Kapitalaufbringung und Kapitalerhaltung (§ 16 Abs. 2 GmbHG)	Anwendbar	Anwendbar	Nicht anwendbar; siehe oben Rz. 31
Ausfallhaftung (§ 24 GmbHG)	Anwendbar	Anwendbar	Anwendbar
Börsennotierung	Bleibt erhalten, Aktien brauchen nicht zugelassen werden	Bleibt erhalten, Aktien brauchen nicht zugelassen werden	Geht bei Kapitelherabsetzung auf null verloren. Neue Aktien müssen zugelassen werden (Prospektpflicht); siehe oben Rz. 32
Mitteilungspflicht nach § 20 AktG	Anwendbar	Anwendbar	Anwendbar
Mitteilungspflicht nach §§ 33 ff. WpHG	Anwendbar	Anwendbar	Grds. anwendbar, allerdings nicht bei Kapitalherabsetzung auf null (siehe Rz. 49)
Pflichtangebot nach § 35 WpÜG beim Erwerb von 30 % einer börsennotierten AG; siehe ausführlich Rz. 50 ff.	Ja, aber Sanierungsbefreiung durch BaFin möglich	Nein	Nein

V. Kapitalmarkt- und aktienrechtliche Pflichten durch Beteiligungswechsel

1. Mitteilungspflichten nach § 20 AktG, §§ 33 ff. WpHG

Enthält der Insolvenzplan eine Regelung, die zu einem Wechsel der Anteilsinhaber der Schuldnerin führt, sind bei einem Schuldner in der Rechtsform einer AG die aktienrechtlichen Mitteilungs- und Bekanntmachungspflichten zu beachten (§ 20 AktG).[59] Diese Mit- 49

59) *Spahlinger* in: KPB, InsO, § 225a Rz. 61.

teilungspflichten dienen dem **Zweck**, die Gesellschaft, die übrigen Aktionäre, die Gläubiger und die sonstige Öffentlichkeit über bestehende oder entstehende Konzernbildungen zu **informieren** und die vielfach auch für die Unternehmensleitung selbst nicht erkennbaren wahren Machtverhältnisse in der Gesellschaft deutlicher hervortreten zu lassen.[60] Bei börsennotierten AG dienen außerdem die Mitteilungs- und Veröffentlichungspflichten gemäß §§ 33 ff. WpHG dem **Anlegerschutz** durch Transparenz.[61] Diese Zwecke werden durch einen Beteiligungswechsel infolge des Erwerbs von Geschäftsanteilen **durch** den **Insolvenzverfahrenszweck nicht überlagert**. Die Meldepflichten sind daher grundsätzlich auch bei einem Beteiligungswechsel durch Insolvenzplanregelung anwendbar. Die kapitalmarktrechtlichen Meldepflichten aus §§ 33 ff. WpHG entfallen jedoch, wenn die im Insolvenzplan vorgesehenen Maßnahmen zum Verlust der Börsennotierung führen, wie etwa wenn der im Insolvenzplan geregelte Kapitalschnitt eine vorherige Kapitalherabsetzung auf null und damit vollständige Vernichtung der zum Handel zugelassenen Aktien vorsieht.[62]

2. Pflichtangebot nach § 35 WpÜG

a) Kontrollerwerb durch Planregelung

50 Bei einer börsennotierten AG ist stets die Verpflichtung zur Veröffentlichung und zur Abgabe eines Angebots nach § 35 WpÜG zu beachten. Führt die im Insolvenzplan geregelte Kapitalerhöhung oder Zwangsübertragung der Aktien auf einen Erwerber dazu, dass der Erwerber unmittelbar oder mittelbar die Kontrolle über die Schuldnerin erlangt, ist dieser grundsätzlich verpflichtet, den übrigen Aktionären ein Übernahmeangebot zu unterbreiten. Ein Kontrollerwerb liegt nach § 29 Abs. 2 WpÜG bereits beim Erwerb von 30 % der Stimmrechte an der Schuldnerin vor.

51 Die Pflicht, zur Abgabe eines Angebots nach § 35 WpÜG bedeutet, dass der Erwerber eine von der BaFin vorab genehmigte Angebotsunterlage zu veröffentlichen hat (§ 14 WpÜG) und die Finanzierung dieses Angebotes durch eine Finanzierungsbestätigung zu belegen hat (§ 13 WpÜG). Die Angebotspflicht führt in der Krise der Gesellschaft allerdings häufig zu unangemessenen Ergebnissen. Nach § 5 WpÜG-AngebotsVO ist als Mindestpreis in der Regel der gewichtige Drei-Monats-Börsenkurs anzusetzen. Bei einer sich im Insolvenzverfahren befindlichen AG mag der Börsenkurs jedoch lediglich einen Spekulationswert, nicht jedoch den wahren Wert der Aktien widerspiegeln, der in der Regel bei null oder nahe null liegt.[63]

b) Teleologische Reduktion

52 In der Literatur wird vornehmlich im Zusammenhang mit der Regelung eines Debt-to-Equity-Swaps im Insolvenzplan (siehe ausführlich § 30 Rz. 306 ff. [*Brünkmans*]) vertreten, dass die Vorschriften über das WpÜG bei einem Anteilswechsel auf der Grundlage eines Insolvenzplans keine Anwendung findet.[64] Das WpÜG diene dem **Schutz der**

60) Begr. RegE AktG, BT-Drucks. IV/171, S. 104; s. a. Spindler/Stilz-*Petersen*, AktG, Vorb. §§ 20–21 Rz. 5.

61) Begr. RegE Zweites Finanzmarktförderungsgesetz, BT-Drucks. 12/6679, S. 52; *Anzinger*, WM 2011, 391 ff.

62) *Eidenmüller* in: MünchKomm-InsO, § 225a Rz. 62; Braun-*Braun/Frank*, InsO, § 225a Rz. 17; das WpHG setzt in § 2 Abs. 6 Nr. 1 lit. a WpHG eine Gesellschaft voraus, dessen Wertpapiere zum Handel an einem organisierten Markt zugelassen sind.

63) *Kocher*, ZInsO 2010, 2125, 2126.

64) *Hölzle* in: Kübler/Bork/Prütting, HRI II, § 26 Rz. 61; *Thies* in: HambKomm-InsR, § 225a InsO Rz. 47; wohl auch *Bauer/Dimmling*, NZI 2011, 517, 519.

Kleinaktionäre. Deren **Schutzinteressen** müssten vor den Zielen des **Insolvenz- und des Insolvenzplanverfahrens zurücktreten.** Der Minderheitenschutz werde i. Ü. durch §§ 251, 253 InsO abschließend geregelt.[65)]

Diese Auffassung ist im Ergebnis überzeugend. Die Verpflichtung zur Abgabe eines Angebots gegenüber den übrigen Aktionären schützt das Vertrauen der Altaktionäre in der Kontinuität der bisherigen Mehrheitsverhältnisse in der börsennotierten AG.[66)] Der Gesetzgeber sieht die Investitionsentscheidung des Altaktionärs mit der Kontrollerlangung eines Erwerbers als gestört an.[67)] Ein Aktionär, der in eine Gesellschaft ohne Großaktionär investiert hat, soll sich im Fall eines Kontrollerwerbes über das Pflichtangebot zurückziehen können.[68)] Der Schutz der Altaktionäre ist im Insolvenzplanverfahren indes eingeschränkt. Das Insolvenzplanverfahren ermöglicht über § 225a InsO zugunsten einer bestmöglichen Befriedigung der Gläubiger einen umfassenden Eingriff in die Anteilsrechte der Altaktionäre, bis hin zum zwangsweisen Entzug derselben (siehe dazu allgemein § 29 Rz. 19 ff. [*Brünkmans*]). Den Altaktionären andererseits aber über § 35 WpÜG bei bloßem Mehrheitswechsel eine generelle „Austrittsmöglichkeit" durch Verkauf zu gewähren, würde im Wertungswiderspruch zu dem umfassenden Eingriffsrecht stehen. Ein Wertungswiderspruch wäre i. Ü. auch im Hinblick auf § 225a Abs. 5 Satz 1 InsO gegeben. Stellt der im Insolvenzplan geregelte Mehrheitswechsel einen wichtigen Grund für ein Austrittsrecht dar, steht dem Altgesellschafter lediglich der Liquidationswert als Abfindungsanspruch zu (siehe dazu § 29 Rz. 212 ff. [*Brünkmans*]) und nicht der nach § 5 WpÜG-AngebotsVO für das Pflichtangebot relevante gewichtige Drei-Monats-Börsenkurs. 53

Eine solche **Verdrängung von § 35 WpÜG** besteht jedoch nur, wenn der Erwerb der Aktien unmittelbar über eine Insolvenzplanregelung erfolgt, d. h. **nur für die Share-Deal-Strukturen 2 und 3.** Nur in diesen Fällen sind die §§ 251, 245 InsO als Schutzvorschriften anwendbar. Auch nur für diese Fälle besteht ein Wertungswiderspruch zu § 225a Abs. 5 Satz 1 InsO, weil dieser eine unmittelbar im Insolvenzplan geregelte gesellschaftsrechtliche Maßnahme (§ 225a Abs. 2 oder 3 InsO) voraussetzt. Für die **Share-Deal-Struktur 1** besteht ein entsprechender Wertungswiderspruch nicht und **§ 35 WpÜG ist damit grundsätzlich anwendbar.** 54

3. Befreiungsantrag

Auch wenn gute Gründe für eine Verdrängung der Angebotspflicht aus § 35 WpÜG sprechen, sollte in der Praxis aus Gründen der Vorsicht stets bei der BaFin ein Antrag auf Befreiung von der Angebotspflicht gestellt werden.[69)] Erfolgt die Übertragung der Aktien durch Kauf- und Abtretungsvertrag (Share-Deal-Struktur 1) findet § 35 WpÜG nach der hier vertretenen Auffassung ohnehin grundsätzlich Anwendung, so dass eine Sanierungs- 55

65) *Hölzle* in: Kübler/Bork/Prütting, HRI II, § 26 Rz. 56; *Thies* in: HambKomm-InsR, § 225a InsO Rz. 47.

66) Schwark/Zimmer-*Noack/Zetzsche*, Kapitalmarktrecht, § 35 WpÜG Rz. 4.

67) Nach dem Willen des Gesetzgebers dient dies dazu, einem Minderheitsaktionär im Falle einer Unternehmensübernahme, der kein Übernahmeangebot vorausgegangen ist (§ 35 Abs. 3 WpÜG), die Möglichkeit zu geben, seine Aktien zu einem von der Übernahme nicht negativ beeinflussten Preis zu veräußern (**Minderheitenschutz**), s. Begr. RegE Gesetz zur Regelung von öffentlichen Angeboten zum Erwerb von Wertpapieren und von Unternehmensübernahmen, BT-Drucks. 14/7034, S. 30. **Gleichbehandlung** der Aktionäre: Dem liegt der Gedanke zugrunde, dass es nach einem Kontrollerwerb zu einem Kursverfall der Aktien kommen könnte und mithin zu einer Ungleichbehandlung der verbleibenden Aktionäre gegenüber denjenigen, die i. R. des Kontrollerwerbs ihre Aktien veräußert haben.

68) Schwark/Zimmer-*Noack/Zetzsche*, Kapitalmarktrecht, § 35 WpÜG Rz. 4.

69) *Hölzle* in: Kübler/Bork/Prütting, HRI II, § 26 Rz. 61; *Bauer/Dimmling*, NZI 2011, 517, 519; *Spahlinger* in: KPB, InsO, § 225a Rz. 59 f; *Wieneke/Hoffmann*, ZIP 2013, 697, 702 ff.

befreiung vom Pflichtangebot durch die BaFin auf jeden Fall erforderlich ist. In der Regel wird der Befreiungstatbestand aus § 37 Abs. 2 WpÜG i. V. m. § 9 Satz 1 Nr. 3 der WpÜG-AngebotsVO einschlägig sein.[70)] Danach könnte die BaFin auf der Grundlage dieser Normkette eine Befreiung von der Angebotspflicht erteilen, wenn der Kontrollerwerb „im Zusammenhang mit der Sanierung der Zielgesellschaft" erfolgt ist.[71)] **Voraussetzungen für eine Sanierungsbefreiung** sind im Zeitpunkt der Kontrollerlangung[72)] die **Sanierungsbedürftigkeit der Schuldnerin, ein Sanierungskonzept und der Sanierungsbeitrag des Erwerbers.**[73)] Die Sanierungsbedürftigkeit eines im Insolvenzverfahren sich befindlichen Unternehmens dürfte außer Frage stehen. Das Sanierungskonzept und der Sanierungsbeitrag des Erwerbers sollte im darstellenden Teil des Insolvenzplans ausführlich beschrieben werden. Auch wenn bei einer Plansanierung die Voraussetzungen für eine – im Ermessen der BaFin stehende – Sanierungsbefreiung nicht selten evident vorliegen, darf der zeitliche Aufwand für die Erstellung der Befreiungsanträge und das Verfahren der BaFin bis zum Befreiungsbescheid nicht unterschätzt werden. Häufig lässt sich der Befreiungsbescheid nicht bis zum Erörterungs- und Abstimmungstermin erreichen, sodass dieser als Planbedingung (§ 249) (siehe § 8 Rz. 404 ff. [*Brünkmans*]) im gestaltenden Teil aufzunehmen ist.[74)]

4. Plangestaltungen zur Vermeidung eines Pflichtangebotes aus § 35 WpÜG

56 Besteht der Erwerb des Investors über eine Kapitalerhöhung, so wird in vielen Fällen eine Kapitalherabsetzung auf null und damit vollständiges Hinausdrängen der Altaktionäre gerechtfertigt sein. Die Kapitalherabsetzung auf null hat zur Folge, dass keine Wertpapiere, die zum Handel an einem organisierten Markt zugelassen sind, mehr bestehen und damit die Voraussetzungen für die Anwendbarkeit des WpÜG (siehe § 1 WpÜG) nicht erfüllt sind.[75)] Entsprechend ist den Altaktionären auch kein Pflichtangebot nach § 35 WpÜG für die über die anschließende Kapitalerhöhung herbeigeführte Kontrollerlangung zu machen.

57 Sollte eine Kapitalherabsetzung auf null aufgrund des noch bestehenden Wertes der Aktien nicht gerechtfertigt sein, kann der Insolvenzplan indes eine vollständige Übertragung der Aktien gegen Abfindung vorsehen (siehe dazu § 30 Rz. 400 ff. [*Brünkmans*]). Die Höhe der Abfindung bestimmt sich in diesem Fall nach allgemeinen insolvenzrechtlichen Maßstäben der §§ 251, 245 InsO und nicht nach den für die Festsetzung des Kaufpreises maßgeblichen kapitalmarktrechtlichen Maßstäben des § 5 WpÜG-AngebotsVO.

C. Asset Deal – übertragende Sanierung mithilfe eines Insolvenzplanes

I. Bedeutung des Asset Deals für die Unternehmensakquisition aus einem Insolvenzverfahren

58 Der Asset Deal im Insolvenzverfahren in der Form der übertragenden Sanierung ist die häufigste Transaktionsstruktur (siehe oben Rz. 5 ff.). Danach werden betriebsnotwendige Vermögensgegenstände durch den Insolvenzverwalter mit Eröffnung des Insolvenzver-

70) *Spahlinger* in: KPB, InsO, § 225a Rz. 60.

71) Ausführlich zur Sanierungsbefreiung vom Pflichtangebot, *Kocher*, ZInsO 2010, 2125, 2126 ff.

72) Das heißt, bei einem Mehrheitswechsel durch eine Insolvenzplanregelung der Zeitpunkt der rechtskräftigen Bestätigung des Insolvenzplanes oder Eintragung der Kapitalerhöhung im Handelsregister, s. dazu § 29 [*Brünkmans*].

73) *BaFin*, Jahresbericht 2009, S. 205; *Kocher*, ZInsO 2010, 2125, 2126.

74) *Spahlinger* in: KPB, InsO, § 225a Rz. 60.

75) *Eidenmüller* in: MünchKomm-InsO, § 225a Rz. 62.

fahrens im Wege der Einzelrechtsnachfolge auf den Käufer, meist eine Erwerbsgesellschaft in der Rechtsform einer GmbH, übertragen und der Kaufpreis fließt unmittelbar in die Masse zur Ausschüttung an die Gläubiger. Sicherungsrechte an betriebsnotwendigen Assets werden dabei vom Käufer abgelöst. Diese Veräußerung des Unternehmens oder Unternehmensteile kann für die Gläubiger des Insolvenzverfahrens gegenüber der Liquidation im Einzelfall vorteilhaft sein, weil im Unternehmen trotz Insolvenz nicht selten noch Verbund- und Fortführungswerte stecken und durch die Veräußerung des Unternehmens als Ganzes Schließungskosten eingespart werden können. Letztere belasten die Masse häufig in Form von Masseverbindlichkeiten, wie etwa Sozialplanansprüche und Gehaltsfortzahlungen für Arbeitnehmer. Mit dem Asset Deal kann das Unternehmen schnell frei von Schulden verkauft und übertragen werden.[76)]

Da die Schulden – wenn nicht ausdrücklich mit auf den Erwerber übertragen – beim Schuldner verbleiben, lässt sich das aus einer Überschuldung des Unternehmens resultierende Risiko über einen Asset Deal eindämmen. Dies wird noch dadurch verschärft, dass die außerhalb des Insolvenzverfahren bestehenden Haftungstatbestände aus §§ 613a, 25 HGB und § 75 AO bei einem Kauf aus dem Insolvenzverfahren keine oder nur eingeschränkte Anwendung finden.[77)] 59

Da der Asset Deal sich leicht über das Regelverfahren umsetzen lässt, ist dieser selten Gegenstand einer Insolvenzplanregelung. Anders als beim Share Deal ist der Insolvenzplan kein zwingender Bestandteil einer Unternehmensakquisition. Dennoch kann die Vermögensübertragung auch vollständig in einem Insolvenzplan geregelt werden (sog. Übertragungsplan, siehe dazu Rz. 61 ff.) oder der gewöhnliche Asset Deal im Wege der übertragenden Sanierung durch den Insolvenzverwalter wird für schwer übertragbare Vermögensgegenstände durch einen Insolvenzplan flankiert (sog. „flankierender Insolvenzplan" siehe dazu Rz. 64 ff.). 60

II. Übertragungsplan

Im Rahmen eines Übertragungsplanes werden im gestaltenden Teil des Insolvenzplans Verkauf und dingliche Übertragung unmittelbar geregelt. 61

Regelungsgegenstand sind in diesem Fall die Willenserklärungen des Schuldners auf Verpflichtung zur Übertragung der näher aufgeführten Vermögensgegenstände. Ferner werden auch die Willenserklärungen des Schuldners zur dinglichen Übertragung der Vermögensgegenstände durch eine entsprechende Planregelung ersetzt (siehe ausführlich § 7 Rz. 6 ff. [*Brünkmans*]). Sollte nach allgemeinen zivilrechtlichen Grundsätzen die Verpflichtung oder dingliche Übertragungserklärung formbedürftig sein, etwa nach § 311b Abs. 1 und § 925 Abs. 1 Satz 1 BGB, wenn ein Grundstück mitveräußert wird, so wird die Einhaltung der Form nach § 254a Abs. 1 und 3 InsO fingiert. Mit rechtskräftiger Bestätigung des Insolvenzplans gelten die im Insolvenzplan enthaltende Kauf- und Übertragungsangebote des Schuldners als formwirksam abgeben. 62

Die Annahmeerklärung des Schuldners für den schuldrechtlichen Kauf- und dinglichen Übertragungsvertrag folgt auch bei einem Übertragungsplan nach allgemeinen zivilrechtlichen Grundsätzen. Entweder wurde die Kauf- und Übertragungserklärung des Erwerbers bereits vorab, aufschiebend bedingt auf die rechtskräftige Bestätigung des Insolvenzplans, abgeben und als Anlage dem Insolvenzplan beigefügt oder diese Erklärungen sind 63

76) *Brünkmans*, ZIP 2014, 1857, 1857.

77) *Brünkmans*, ZInsO 2014, 2533, 2551 f.

als Planbestätigungsbedingung (§ 249 InsO) formuliert, sodass das Insolvenzgericht den Insolvenzplan erst nach Abgabe der entsprechenden Erklärung durch den Erwerber bestätigt. Für die Erklärungen des Erwerbers greift die Formfiktion aus § 254a InsO im Fall der Formbedürftigkeit des Rechtsgeschäftes nicht. Dies gilt auch dann nicht, wenn die Erklärung des Erwerbers als Anlage zum Insolvenzplan genommen wurde (siehe ausführlich § 7 Rz. 127 ff. [*Brünkmans*]).

Praxishinweis

Da der Asset Deal leicht auch ohne Insolvenzplan im Insolvenzverfahren umgesetzt werden kann und das Insolvenzplanverfahren mit nicht unerheblichem Aufwand verbunden ist, kommt in der Praxis der Übertragungsplan insbesondere dann in Betracht, wenn die Schuldnerin grundsätzlich über den Insolvenzplan saniert, bestimmte Betriebsteile jedoch i. R. eines Asset Deals an einen Erwerber veräußert werden sollen. Dann ist für die Sanierung des Rechtsträgers ohnehin das Insolvenzplanverfahren zu durchlaufen.

III. Zum Unternehmenskauf- und Übertragungsvertrag flankierender Insolvenzplan mit Umwandlungsmaßnahmen nach dem UmwG

64 Neben der Übertragung des Unternehmens oder einzelner Betriebsteile ausschließlich über einen Insolvenzplan kann der Insolvenzplan im Einzelfall die durch Rechtsgeschäft des Insolvenzverwalters umgesetzte übertragende Sanierung flankieren. Eine solche kommt etwa dann in Betracht, wenn schwer übertragbare Vermögensgegenstände durch eine im Insolvenzplan geregelte Abspaltung (siehe dazu § 30 Rz. 575 ff. [*Brünkmans*]) übertragen werden.[78] Dies kann etwa dann gegeben sein, wenn das Unternehmen aus vielzähligen Vertragsverhältnissen besteht, der Investor aber nicht bereit ist, das sanierte Unternehmen im Wege eines Share Deals zu übernehmen oder nur einzelne Bestandteile des Unternehmens erworben werden sollen, i. Ü. die Schuldnerin jedoch liquidiert werden soll.

D. Fusionskontrolle

65 Bei der Unternehmensakquisition über den Insolvenzplan sind die allgemeinen Vorschriften zur Fusionskontrolle nach GWB und der europäischen Fusionskontrollverordnung (VO Nr. 139/2004) „FKVO" zu beachten. Sowohl der Erwerb des Vermögens eines anderen Unternehmens ganz oder zu einem wesentlichen Teil (§ 37 Abs. 1 Nr. 1 GWB, Art. 3 Abs. 1 lit. b FKVO) als auch der Erwerb von Geschäftsanteilen in bestimmter Beteiligungshöhe (vgl. § 37 Abs. 1 Nr. 3 GWB, Art. 3 Abs. 1 lit. b FKVO) können Anmeldepflichten gemäß § 39 Abs. 1 GWB und Art. 4 Abs. 1 FKVO auslösen.

66 Ein Zusammenschlussvorhaben kann jedenfalls dann angemeldet werden, wenn eine grundsätzliche Einigung über den Zusammenschluss vorliegt.[79] Dies wird man bei einer Unternehmensakquisition über einen Insolvenzplan richtigerweise jedenfalls dann annehmen können, wenn der Insolvenzplan durch die Gläubigerversammlung im Erörterungs- und Abstimmungstermin angenommen wurde und der Investor mindestens seine Erwerbsabsicht etwa über einen Letter-of-Intent zum Ausdruck gebracht hat.[80]

78) So etwa im Insolvenzplan der Fall *Loewe Opta GmbH*, AG Coburg, Beschl. v. 27.7.2015 – 1 IN 259/13 n. v.

79) Langen/Bunte-*Kallfaß*, Kartellrecht, Bd. 1, § 39 GWB Rz. 4; Immenga/Mestmäcker-*Thomas*, Wettbewerbsrecht, § 39 GWB Rz. 30; weiter Loewenheim/Meessen/Riesenkampff/u. a.-*Riesenkampff/Steinbarth*, Kartellrecht, § 39 GWB Rz. 13; zum Zeitpunkt frühestmöglicher Anmeldung i. R. der Europäischen Fusionskontrolle s. Loewenheim/Meessen/Riesenkampff/u. a.-*Ablasser-Neuhuber*, Kartellrecht, Art. 4 FKVO Rz. 10 f.

80) Vgl. *Eidenmüller* in: MünchKomm-InsO, § 225a Rz. 63.

Bis zur Genehmigung gilt das Vollzugsverbot aus § 41 Abs. 1 GWB/Art. 7 Abs. 1 FKVO. Regelt der Insolvenzplan die Anteilsübertragung, Kapitalerhöhung oder Unternehmensübertragung unmittelbar, darf der Insolvenzplan nicht vor Genehmigung des Insolvenzplans durch die zuständige Kartellbehörde bestätigt werden, weil mit Rechtskraft der Planbestätigung gemäß § 254 Abs. 1 InsO[81] die Planregelung Wirksamkeit entfaltet.[82] Ist die Übernahme nach den allgemeinen kartellrechtlichen Vorschriften meldepflichtig, sind die aus den Unternehmenskaufverträgen üblichen Vollzugsbedingungen (Closing Conditions)[83] als Planbedingung i. S. von § 249 InsO im gestaltenden Teil des Insolvenzplans aufzunehmen. 67

81) Bei einer Unternehmensakquisition über einen Kapitalschnitt ist ferner die Eintragung der Kapitalerhöhung im Handelsregister erforderlich, s. dazu § 30 Rz. 179 ff., 244 ff. [*Brünkmans*].

82) *Eidenmüller* in: MünchKomm-InsO, § 225a Rz. 63.

83) S. Klauselbeispiel *Schrader* in: BeckFormB M&A, C. II. 1. 6.2.2.

§ 33
Der Konzern im Insolvenzplanverfahren

Übersicht

Literatur: *Adenauer/Becker*, Änderungen durch das Gesetz zur Modernisierung des Personengesellschaftsrechts (MoPeG) – Ein gesellschaftsrechtlicher Überblick, Stbg 2024, 29; *Bergmann*, Die Verwaltungsbefugnis des Insolvenzverwalters über einen zur Insolvenzmasse gehörenden GmbH-Geschäftsanteil, ZInsO 2004, 225; *Bork/Jacoby*, Das Ausscheiden des einzigen Komplementärs nach § 131 Abs. 3 HGB, ZGR 2005, 611; *Brünkmans*, Das neue Konzerninsolvenzrecht, Der Konzern 2017, 518; *Brünkmans*, Die Unternehmensakquisition über einen Kapitalschnitt im Insolvenzplanverfahren, ZIP 2014, 1857; *Brünkmans*, Auf dem Weg zu einem europäischen Konzerninsolvenzrecht, ZInsO 2013, 797; *Brünkmans*, Die Sanierung von Konzernen in Europa, Der Konzern 2013, 234; *Brünkmans*, Entwurf eines Gesetzes zur Erleichterung der Bewältigung von Konzerninsolvenzen: Kritische Analyse und Anregungen aus der Praxis, ZIP 2013, 193; *Brünkmans*, Die Renaissance der Sitztheorie im europäischen Insolvenzrecht, KSzW 2012, 319; *Brünkmans/Clev*, Grundsätze für die Ermittlung der Zahlungsunfähigkeit und Besonderheiten bei konzernverbundenen Unternehmen, ZInsO 2022, 2272; *Dahl/Taras*, Simultaninsolvenz in der GmbH & Co. KG, NJW-Spezial 2015, 21; *Dellit*, Entwurf eines Gesetzes zur Erleichterung der Bewältigung von Konzerninsolvenzen: Der Konzerninsolvenzplan, Der Konzern 2013, 190; *Eble*, Der Gruppenkoordinator in der reformierten EuInsVO, ZIP 2016, 1619; *Ehricke*, Zur gemeinschaftlichen Sanierung insolventer Unternehmen eines Konzerns, ZInsO 2002, 393; *Eidenmüller*, Der nationale und der internationale Insolvenzverwaltungsvertrag, ZZP 114 (2001), 3; *Flaschen/Silverman*, Cross-Border Insolvency Cooperation Protocols, Texas International Law Journal 1998, 587; *Flaschen/Smits/Plank*, Foreign Representatives in U.S. Chapter 11 Cases: Filling the Void in the Law of Multinational Insolvencies, 17 Conn. J. Int'l L. 3 (2001); *Fletcher*, International Insolvency: A Case Study and Treatment, 27 Int'l Law 429 (1993); *Göpfert*, In re Maxwell Communications – ein Beispiel einer „koordinierten" Insolvenzverwaltung in parallelen Verfahren, ZZPInt 1 (1996), 269; *Hoegen/Kranz*, Neue Möglichkeiten der Konzernsanierung durch SanInsFoG und StaRUG, NZI 2021, 105; *Kirchner*, Ökonomische Überlegungen zum Konzernrecht, ZGR 1985, 214; *Madaus*, Insolvency proceedings for corporate groups under the new Insolvency Regulation, IILR 2015, 235; *Paulus*, „Protokolle" – ein anderer Zugang zur Abwicklung grenzüberschreitender Insolvenzen, ZIP 1998, 977; *Prager/Keller*, Der Entwicklungsstand des Europäischen Insolvenzrechts, WM 2015, 805; *Ring*, Die große Reform des Personengesellschaftsrechts (MoPeG) zum 1.1.2024 (Teil 2), ZAP 2023, 533; *Schmidt, K.*, Der Verwaltungsrechtsstreit in der Simultaninsolvenz einer Kapitalgesellschaft & Co. – ein chaotischer Fall und ein nachdenkenswertes Urteil, ZIP 2010, 1621; *Schmidt, K.*, Insolvenz und Insolvenzabwicklung bei der typischen GmbH & Co. KG; GmbHR 2002, 1209; *Schneider/Höpfner*, Die Sanierung von Konzernen durch Eigenverwaltung und Insolvenzplan; BB 2012, 87; *Siemon/Frind*, Der Konzern in der Insolvenz, NZI 2013, 1; *Vallender*, Der deutsche Motor stockt, aber Europa drückt aufs Gas, ZInsO 2015, 57; *Werner*, Die simultane Insolvenz einer GmbH & Co. KG und ihre Gesellschafter, NZI 2014, 895; *Wieneke/Hoffmann*, Der Erhalt der Börsennotierung beim echten und unechten Debt Equity Swap in der Insolvenz der börsennotierten AG, ZIP 2013, 697; *Wittinghofer*, Der nationale und internationale Insolvenzverwaltungsvertrag, 2004.

A. Der Konzern im Insolvenzverfahren

Der Konzern selbst ist weder Rechtsträger noch juristische Person. Er zeichnet sich vielmehr durch rechtliche Vielfalt bei betriebswirtschaftlicher Einheit aus.[1] Dabei kann es vorkommen, dass sich der Konzern als Konstrukt mehrerer Gesellschaften kaum von dem von ihm geführten Unternehmen unterscheidet. Folge dieser wirtschaftlichen Verflechtung ist, dass die Insolvenz im Konzern in aller Regel nicht nur bei einer einzelnen Konzerngesellschaft aufritt, sondern im gesamten Konzern (sog. **„Domino-Effekt“**).[2] 1

Die InsO sah bis zum Inkrafttreten des Gesetzes zur Erleichterung der Bewältigung von Konzerninsolvenzen[3] am 21.4.2018[4] trotz der erheblichen Bedeutung von Konzernen im Wirtschaftsleben und deren ökonomischer Verflechtung keine besonderen Regeln für Konzerne vor. Selbst mit Inkrafttreten des Gesetzes zur Erleichterung der Bewältigung von Konzerninsolvenzen gilt nach wie vor das **Rechtsträgerprinzip**, d. h. eine juristische Person, ein Vermögen, ein Insolvenzverfahren. 2

Das hat zur Folge, dass im Ausgangspunkt für jede Konzerngesellschaft die **Zuständigkeit** des Insolvenzgerichts **jeweils gesondert zu bestimmen** ist. Allerdings sieht der mit dem Gesetz zur Erleichterung der Bewältigung von Konzerninsolvenzen in Kraft getretene § 3a InsO nunmehr die Möglichkeit der Begründung eines Gruppen-Gerichtsstandes vor, an dem sämtliche Insolvenzverfahren gruppenangehöriger Schuldner geführt werden können. 3

Die Insolvenz eines Konzernunternehmens kann zudem **Ansprüche gegen die Obergesellschaft** auslösen. Zu denken ist insoweit zunächst im Vertragskonzern an die Verlustausgleichspflicht gemäß § 302 AktG hinsichtlich des aufgrund von § 155 Abs. 2 Satz 1 InsO auf den Stichtag der Insolvenzeröffnung zu erstellenden und die Wirkungen der Insolvenz schon abbildenden Jahresabschlusses.[5] Weiter in Betracht kommen auch innerhalb des Konzerns Insolvenzanfechtungsansprüche nach §§ 129 ff. InsO aufgrund eines konzerninternen Leistungsaustausches. 4

Aufgrund der Verzahnung der einzelnen Konzernglieder kann häufig der Austritt aus der Insolvenz über eine Sanierung durch Insolvenzplan nur durch eine koordinierte Verfahrensbewältigung erfolgen. Für eine solche koordinierte Verfahrensbewältigung stehen nach Inkrafttreten des neuen Konzerninsolvenzrechts diverse **Koordinationsmechanismen** zur Verfügung, die nachfolgend im Kontext des Insolvenzplanverfahrens näher erläutert werden. Trotz der neuen Regelungen bleibt es dabei, dass für jede Konzerngesellschaft 5

1) Eingehend zum Konzernbegriff *Brünkmans*, Koordinierung von Insolvenzverfahren konzernverbundener Unternehmen, S. 25 ff.; *Kirchner*, ZGR 1985, 214, 216 f.; *Thole* in: Flöther, Hdb. Konzerninsolvenzrecht, § 2 Rz. 1.

2) Ausführlich s. *Brünkmans*, Koordinierung von Insolvenzverfahren konzernverbundener Unternehmen, S. 69 ff.; s. a. *Siemon/Frind*, NZI 2013, 1 ff.

3) Gesetzes zur Erleichterung der Bewältigung von Konzerninsolvenzen, v. 13.4.2017, BGBl. I 2017, 866.

4) Zum „Entwurf eines Gesetzes zur Erleichterung der Bewältigung von Konzerninsolvenzen“, RegE, BT-Drucks. 18/407, s. ausführlich *Brünkmans*, Der Konzern 2017, 518 ff.

5) *Pleister/Theusinger* in: Kübler/Bork/Prütting, HRI II, § 43 Rz. 9.

das Insolvenzverfahren zu eröffnen und in den einzelnen Verfahren jeweils ein Insolvenzplan einzureichen und das Insolvenzplanverfahren durchzuführen ist.

6 Vor diesem Hintergrund ist für die erfolgreiche Sanierung des Konzerns im Insolvenzplanverfahren einerseits die **inhaltliche Abstimmung** der Insolvenzpläne der einzelnen Konzerngesellschaften (siehe sogleich unter Rz. 8 ff.) und zum anderen die **verfahrensmäßige Koordinierung** der einzelnen Insolvenzverfahren und Insolvenzplanverfahren (siehe unten Rz. 35 ff.) erforderlich. Ein besonderes, insolvenzplanspezifisches Instrument zur Bewältigung (drohender) Konzerninsolvenzen stellt die InsO in §§ 217 Abs. 2, 220 Abs. 2, 223a, 230 Abs. 1, 245 Abs. 1 InsO zur Verfügung, die mit Inkrafttreten des **SanInsFoG zum 1.1.2021 neu eingeführt** wurden. Danach sind nunmehr Eingriffe in **gruppeninterne Drittsicherheiten** über den Insolvenzplan des Hauptschuldners möglich. Insbesondere wenn der Gestaltungsbedarf gegenüber der Gruppengesellschaft sich ausschließlich auf die verwertungsreifen Drittsicherheiten bezieht, ist die nunmehr mögliche Einbeziehung der gruppeninternen Drittsicherheiten im Insolvenzplan des Schuldners eine effektive Alternative zu mehreren koordinierten Insolvenzplänen (ausführlich zu gruppeninternen Drittsicherheiten siehe Rz. 79 ff.).

7 Einzelfragen stellen sich dabei im Hinblick auf die **Bestätigung der Insolvenzpläne** in den Einzelverfahren (siehe Rz. 65 ff.), im Insolvenzplanverfahren der **GmbH & Co. KG** (siehe bei Rz. 70 ff.) und bei Insolvenzplanverfahren für **grenzüberschreitende Konzerne** (siehe Rz. 100 ff.).

B. Inhaltliche Abstimmung der Insolvenzpläne

8 Die erfolgreiche Sanierung des Konzerns im Insolvenzplanverfahren setzt eine detaillierte inhaltliche Abstimmung der Insolvenzpläne der einzelnen Konzerngesellschaften voraus. Es gibt **kein Konzerninsolvenzplanverfahren**, auch nicht nach dem RegE zum Gesetz zur Erleichterung von Konzerninsolvenzen.[6] Der dort unter § 269h InsO vorgesehene Koordinationsplan hat keine konzernumfassende Gestaltungswirkung, sondern ist nur ein auf einen darstellenden Teil beschränkter Insolvenzplan.[7]

9 Ein Konzerninsolvenzplan existiert de lege lata nicht. Entsprechende Anregungen wurden vom Gesetzgeber i. R. der Verabschiedung des Gesetzes zur Erleichterung von Konzerninsolvenzen abgelehnt, da ein solcher dem Rechtsträgerprinzip widerspreche.[8] Das Konzerninsolvenzrecht sieht in §§ 269a ff. InsO zwar eine Vertiefung der Kooperation zwischen den Insolvenzorganen der einzelnen Konzerngesellschaften vor, erteilt aber – um die Probleme der Sanierung von Konzernen wissend – dem Konzerninsolvenzplan eine Absage. Dadurch kommt auch eine entsprechend extendierende Auslegung der §§ 217 ff. InsO auch nach Inkrafttreten des Gesetzes zur Erleichterung der Bewältigung von Konzerninsolvenzen nicht in Betracht.[9]

10 Eine sog. Substantive Consolidation, die materielle Konsolidierung des Konzerns durch Zusammenfassung der Einzelmassen der Konzernglieder, ist daher auf diesem Wege nicht möglich.[10] Eine **Konsolidierung** kann jedoch **auf dem Wege des Insolvenzplans** erreicht werden, wenn sichergestellt ist, dass die Gläubiger der jeweiligen Einzelgesellschaften

6) *Madaus* in: Flöther, Hdb. Konzerninsolvenzrecht, § 5 Rz. 112.

7) *Thole* in: KPB, InsO, § 269h Rz. 1; *Eidenmüller/Frobenius* in: MünchKomm-InsO, § 269h Rz. 1.

8) Begr. RegE Gesetz zur Erleichterung der Bewältigung von Konzerninsolvenzen, BT-Drucks. 18/407, S. 38; s. a. *Madaus* in: Flöther, Hdb. Konzerninsolvenzrecht, § 5 Rz. 112.

9) *Madaus* in: Flöther, Hdb. Konzerninsolvenzrecht, § 5 Rz. 113.

10) Hierzu *Brünkmans* in: MünchKomm-InsO, § 269f Rz. 16; *v. Wilcken* in: Flöther, Hdb. Konzerninsolvenzrecht, § 4 Rz. 33.

durch die abgestimmten Insolvenzpläne nicht schlechtergestellt werden, als sie ohne Plan stünden.[11)]

Die inhaltliche Abstimmung der einzelnen Insolvenzpläne erfordert ein bereits detailliert ausgearbeitetes **Konzerngesamtsanierungskonzept**. Dieses bietet sich als Grundlage für den darstellenden Teil sämtlicher Insolvenzpläne der einzelnen Gruppengesellschaften an. Das Grobkonzept sollte nach Möglichkeit bereits bei Insolvenzantragstellung vorliegen und dem Insolvenzantrag beigefügt werden.[12)] 11

> **Praxishinweis**
> Äußerst hilfreich für die inhaltliche Abstimmung der einzelnen Insolvenzpläne ist es, wenn die Insolvenzverfahren der einzelnen Konzerngesellschaften durch personenidentische Insolvenzverwalter bzw. Geschäftsführungsorgane der Schuldner in Eigenverwaltung geführt werden.[13)] Dadurch wird die ohnehin schwierige Koordinierung um ein Element erforderlicher Abstimmung zwischen mehreren Personen vereinfacht.

Die Insolvenzpläne müssen dabei nicht nur aufeinander abgestimmt werden, sondern auch inhaltlich dergestalt miteinander verknüpft werden, dass ausgeschlossen ist, dass ein Plan rechtskräftig bestätigt wird, während den anderen Plänen die Bestätigung versagt wird. Dies kann im Wege einer Planbedingung i. S. von § 158 BGB ermöglicht werden (siehe dazu Rz. 31 ff.) 12

I. Darstellender Teil des Insolvenzplans in der Konzerninsolvenz

Im darstellenden Teil des jeweiligen Insolvenzplans, der mit den Insolvenzplänen für die anderen Konzerngesellschaften abzustimmen ist, sind Aussagen über den gesamten Konzern sowie über das jeweilige Konzernunternehmen selbst zu treffen.[14)] 13

1. Darstellender Teil der Muttergesellschaft als „Masterplan"

Gewissermaßen als „Grobkonzept", in das sich die einzelnen Insolvenzpläne einfügen müssen, um eine größtmögliche Übereinstimmung zu erreichen, empfiehlt es sich, zunächst einen vollständig ausformulierten „Masterplan" zu erstellen. Dieser Masterplan nimmt die ökonomische Sicht einer konzernweiten Sanierung ein. 14

Dieser **„Masterplan"** dürfte nahezu identisch mit dem darstellenden Teil des Insolvenzplans der Konzernmutter sein, da alle Einzelmaßnahmen auf Ebene der Konzernglieder Auswirkungen auf Ebene der Konzernmutter zeigen.[15)] Da es i. R. der Vergleichsrechnung nach § 251 Abs. 3 InsO im Insolvenzverfahren der Muttergesellschaft auf die Veränderungen in den Tochtergesellschaften durch deren Insolvenz(plan)verfahren entscheidend ankommt, ist im darstellenden Teil des Insolvenzplans der Muttergesellschaft umfassend auf die Konzernstruktur einzugehen. 15

Der **leitende Insolvenzplan** sollte i. R. des Sanierungskonzepts auf die unterschiedlichen Möglichkeiten der Sanierung des Gesamtkonzerns oder ggf. einzelner, abtrennbarer Teilbereiche eingehen.[16)] Auch bei der Gegenüberstellung der zu erwartenden Quote bei der 16

---

11) *Brünkmans*, Koordinierung von Insolvenzverfahren konzernverbundener Unternehmen, S. 296 ff.

12) *Brünkmans* in: Runkel/J. Schmidt, AHB Insolvenzrecht, § 4 Rz. 165.

13) Dazu *Brünkmans* in: Runkel/J. Schmidt, AHB Insolvenzrecht, § 4 Rz. 73 ff.; *Pleister* in: Flöther, Hdb. Konzerninsolvenzrecht, § 5 Rz. 57.

14) *Pleister/Theusinger* in: Kübler/Bork/Prütting, HRI II, § 43 Rz. 52.

15) *Pleister* in: Flöther, Hdb. Konzerninsolvenzrecht, § 5 Rz. 61 ff.

16) *Pleister/Theusinger* in: Kübler/Bork/Prütting, HRI II, § 43 Rz. 52; vgl. auch ausführlich *Schneider/Höpfner*, BB 2012, 87, 89 ff.

Liquidation der Gesellschaft und der Lage bei Planerfüllung ist im leitenden Insolvenzplan vom Gesamtkonzern auszugehen, da die Werte der Beteiligungen an den Tochterunternehmen hier grundsätzlich vollständig zu berücksichtigen sind.[17)]

2. Besondere Anforderungen an die Einzelpläne

17 Bei der Gliederung des darstellenden Teils der einzelnen Insolvenzpläne bietet es sich an, in der Einleitung auch die Konzernstruktur zu erläutern, und dies im Anschluss durch die Darstellung der jeweiligen Einzelgesellschaft zu ergänzen. Um den darstellenden Teil nicht zu überfrachten, können detailliertere Darstellungen zur Konzerngesamtstruktur und des Konzerngesamtsanierungskonzepts den Insolvenzplänen der Tochtergesellschaften in Form einer Anlage beigefügt werden.[18)]

18 Da es sich bei den Insolvenzplänen der Einzelgesellschaften jeweils um grundsätzlich **selbstständige Insolvenzpläne** handelt, ist das im darstellenden Teil unterzubringen, was auch sonst in einem Insolvenzplan Erwähnung finden muss. Es ist daher zu beschreiben, welche Maßnahmen nach der Eröffnung des Insolvenzverfahrens getroffen worden sind oder noch getroffen werden sollen, um die Grundlage für die geplante Gestaltung der Rechte der Beteiligten zu schaffen (§ 220 Abs. 1 InsO). Ferner soll der darstellende Teil alle sonstigen Angaben zu den Grundlagen und den Auswirkungen des Plans enthalten, die für die Entscheidung der Beteiligten über die Zustimmung zum Plan und für dessen gerichtliche Bestätigung erheblich sind (§ 220 Abs. 2 InsO).[19)] Insbesondere bei einer zentralisierten Verfahrensbewältigung durch personenidentische Insolvenzverwalter (siehe Rz. 51 f.) sind im besonderen Maße die Rechtsbeziehungen zwischen den einzelnen Konzerngliedern darzustellen, damit die Gläubiger einen **Eindruck von den konzerninternen Verflechtungen** und möglichen Interessendivergenzen i. R. einer konzernweiten Planlösung erkennen können. Auch die steuerlichen Verhältnisse i. R. der gewerbesteuerlichen und körperschaftssteuerlichen Organschaften zwischen den Tochtergesellschaften und der Muttergesellschaft sollten dargestellt werden.[20)]

3. Vergleichsrechnung

19 Die Vergleichsrechnung nach § 251 Abs. 3 InsO hat im Insolvenzplanverfahren in Konzernkonstellationen besondere Bedeutung für den **Minderheitenschutz**. Es ist die hypothetische Lage der Insolvenzabwicklung ohne Insolvenzplan zu ermitteln. Gerade dies stellt sich allerdings im Konzernkontext sehr kompliziert dar: Konzerngesellschaften sind oft eng miteinander verflochten. Die Eröffnung des Insolvenzverfahrens und dessen Abwicklung im Regelverfahren haben beinahe immer einen Einfluss auf andere Konzerngesellschaften, etwa durch die Ausübung des „Wahlrechts" nach § 103 InsO oder die Insolvenzanfechtung zwischen den Konzerngesellschaften.[21)] Die Folge sind erhebliche Unsicherheiten und Risiken, die einen Einfluss darauf haben, welcher Erlös im Regelverfahren zu erwarten wäre.

20 Auch im Konzernkontext ist i. R. der Vergleichsrechnung nach § 251 InsO nur der Vergleich zwischen der Abwicklung im Regelverfahren der Einzelgesellschaft und dem konkret eingebrachten Insolvenzplan vorzunehmen. Ein Vergleich zwischen dem konkret

17) *Pleister/Theusinger* in: Kübler/Bork/Prütting, HRI II, § 43 Rz. 52.

18) *Pleister* in: Flöther, Hdb. Konzerninsolvenzrecht, § 5 Rz. 59; *Pleister/Theusinger* in: Kübler/Bork/Prütting, HRI II, § 43 Rz. 52.

19) *Brünkmans* in: Runkel/J. Schmidt, AHB Insolvenzrecht, § 4, Rz. 166.

20) *Pleister/Theusinger* in: Kübler/Bork/Prütting, HRI II, § 43 Rz. 52.

21) *Pleister/Theusinger* in: Kübler/Bork/Prütting, HRI II, § 43 Rz. 44.

eingebrachten Insolvenzplan, welcher eine Konzerngesamtsanierungsstrategie verfolgt, und einem fiktiven Insolvenzplan „stand alone“ findet nicht statt. Im Rahmen des Koordinationsplanes kann man dies mit guten Gründen anders sehen, siehe dazu Rz. 57 ff.

II. Gestaltender Teil

1. Grundsatz der Rechtsträgerbezogenheit des gestaltenden Teils

21 Anders als der darstellende Teil sind die Regelungen im gestaltenden Teil **ausschließlich auf den jeweiligen Rechtsträger bezogen**. Es können nur die Rechtspositionen der Beteiligten an dem Insolvenzplan im Insolvenzverfahren über das Vermögen des jeweiligen Rechtsträgers durch entsprechende Regelungen im gestaltenden Teil des Insolvenzplans gestaltet werden. Wie sich diese Regelungen auf die anderen Konzerngesellschaften **auswirken** und welchen Stellenwert sie im Konzernkontext haben, ist bereits im darstellenden Teil darzulegen.

Praxishinweis

Der Konzernkontext wird sich im gestaltenden Teil allenfalls bei der Gruppenbildung widerspiegeln: Die jeweils anderen Konzernunternehmen sollten als eigene Gläubigergruppe(n) berücksichtigt werden.[22)]

2. Besondere Regelungsgegenstände im gestaltenden Teil des Insolvenzplans von konzernverbundenen Gesellschaften

a) Regelung von konzerninternen Ansprüchen

22 Eine wesentliche Rolle für die Regelungen im gestaltenden Teil des Insolvenzplans ist die Gestaltung von Ansprüchen von und gegen andere Konzerngesellschaften, seien sie im Insolvenzverfahren oder nicht.

23 Auch nach Inkrafttreten des Gesetzes zur Erleichterung der Bewältigung von Konzerninsolvenzen gibt es keine materielle Konsolidierung der Insolvenzmassen der einzelnen Konzernglieder. Diese aus dem US-amerikanischen Recht als „Substantive Consolidation“ bekannte Form der Bewältigung von Konzerninsolvenzen würde zu einer Konfusion der konzerninternen Ansprüche und Verbindlichkeiten führen. Deshalb sind die konzerninternen Verbindlichkeiten genau zu bewerten und über eine Regelung im Insolvenzplan zu gestalten. Häufig können nur so für die einzelnen Konzernglieder die Insolvenzgründe beseitigt und die einzelnen Gesellschaften rekapitalisiert werden.

24 Zu den Grenzen der Disposition über konzerninterne Ansprüche im Insolvenzplan siehe ausführlich § 11 [*Thole*].

b) Debt-Equity-Swap mit konzerninternen Ansprüchen?

25 Eine wirksame Form der finanzwirtschaftlichen Sanierung ist der Debt-Equity-Swap (siehe hierzu § 30 Rz. 306 ff. [*Brünkmans*]). Dabei kommt im Grundsatz auch ein Debt-Equity-Swap mit Forderungen verbundener Unternehmen auf der Grundlage eines Insolvenzplans in Betracht. Aus § 225a Abs. 2 Satz 1 InsO ist keine Beschränkung auf außenstehende Gläubiger zu entnehmen.

26 Sollte es sich bei den konzerninternen Forderungen jedoch um nachrangige Forderungen i. S. von § 39 Abs. 1 Nr. 5 InsO handeln, ist dies bei der Bewertung der Forderungen zu beachten. Da der Verkehrswert dieser nachrangigen Forderungen in der Regel null sein

22) *Pleister/Theusinger* in: Kübler/Bork/Prütting, HRI II, § 43 Rz. 44; zur Gruppenbildung s. näher Rz. 27 ff.

wird,[23] können Forderungen der Gesellschafter und insbesondere der Konzernmuttergesellschaft aus Gesellschafterdarlehen häufig mangels Werthaltigkeit nicht im Wege des Debt-Equity-Swaps gewandelt werden. Das Kleinbeteiligten- oder das Sanierungsprivileg aus § 39 Abs. 5, Abs. 4 Satz 1 InsO dürften in den seltensten Fällen greifen.

c) Gruppenbildung

27 Eine Besonderheit i. R. der Konzerninsolvenz bildet die Frage, in welche Gruppen die einzelnen Konzernunternehmen einzuordnen sind.[24]

28 Die **Gruppe der Anteilsinhaber** ist zu bilden, wenn in deren Rechte durch den Insolvenzplan eingegriffen werden soll (vgl. § 222 Abs. 1 Satz 2 Nr. 4 InsO), wie etwa bei einer Kapitalmaßnahme oder wenn ein Fortsetzungsbeschluss ersetzt werden soll.[25] Aus taktischen Gründen bietet es sich an, die Kapitalerhöhung auf jeden Fall im Insolvenzplan zu regeln, selbst wenn sich diese aufgrund der Stellung als alleinige Gesellschafterin auch außerhalb des Insolvenzverfahrens nach allgemeinen gesellschaftsrechtlichen Regeln umsetzen ließe. Da die Anteilsinhaber im Fall einer gesellschaftsrechtlichen Regelung im Insolvenzplan zwingend eine separate Gruppe bilden, kann für den Fall, dass nicht alle Gläubigergruppen dem Insolvenzplan zustimmen, die zusätzliche Gruppe der Anteilsinhaber ggf. für die i. R. des Obstruktionsverbots erforderliche Mehrheit (§ 245 Abs. 1 Nr. 3 InsO) entscheidend sein.

29 Konzerngesellschaften und Anteilsinhaber können ferner als **einfache Insolvenzgläubiger** einer Gruppe zugewiesen werden, soweit die Forderungen nicht nach § 39 Abs. 1 Nr. 5 InsO nachrangig sind. Häufig bietet sich eine Gruppe „Insolvenzforderungen verbundener Unternehmen" an. Da verbundene Unternehmen in der Regel in wirtschaftlicher Hinsicht anders betroffen sind als Fremdgläubiger, ist die Gruppenbildung nach § 222 Abs. 2 InsO auch sachlich gerechtfertigt.

30 Sind die Forderungen als **Gesellschafterdarlehen** oder wirtschaftlich entsprechenden Rechtshandlungen nachrangig i. S. von § 39 Abs. 1 Nr. 5 InsO, ist nur ausnahmsweise eine Gruppe zu bilden, wenn deren Forderungen nicht nach § 225 InsO als erlassen gelten. Das kann etwa dann der Fall sein, wenn das Gesellschafterdarlehen teilweise zurückgeführt werden soll, um den Gesellschaftern einen Anreiz zu bieten, sich weiter in der Gesellschaft zu engagieren.[26]

3. Verknüpfung der einzelnen Insolvenzpläne über Regelungen im gestaltenden Teil

31 Eine konzernweite Sanierung oder Gesamtverwertungsstrategie erfordert einen konzernweiten Masterplan, welcher dann durch die einzelnen Insolvenzpläne umgesetzt wird. Entsprechend hängen die einzelnen Insolvenzpläne voneinander ab. Die Zugeständnisse der Gläubiger in einem Insolvenzverfahren hängen wiederum von den Zugeständnissen der Gläubiger im anderen Verfahren ab. Daher sollten die Insolvenzpläne in aller Regel nur gemeinsam Wirkung erhalten.

32 Grundsätzlich treten die Planwirkungen allerdings gemäß § 254 InsO mit **Rechtskraft** des gerichtlichen Planbestätigungsbeschlusses ein. Der Zeitpunkt des Planbestätigungsbeschlusses und erst recht die Rechtskraft desselben lassen sich oft nicht voraussehen. Vor dem Hintergrund besteht bei der Umsetzung konzernweiter Gesamtsanierungs- oder

23) S. zur Bewertung ausführlich § 58 Rz. 88 ff. [*Brünkmans/Harmann/Clev*].

24) *Pleister/Theusinger* in: Kübler/Bork/Prütting, HRI II, § 43 Rz. 44.

25) K. Schmidt-*Spliedt*, InsO, § 222 Rz. 10; *Thies* in: HambKomm-InsR, § 222 InsO Rz. 13.

26) *Eidenmüller* in: MünchKomm-InsO, § 222 Rz. 66; Uhlenbruck-*Lüer/Streit*, InsO, § 222 Rz. 18.

Verwertungsstrategien ein praktisches Bedürfnis die Rechtswirkungen der einzelnen Insolvenzpläne miteinander zu verknüpfen.

Diese Verknüpfung kann einerseits durch eine Bestätigungsvoraussetzung nach § 249 InsO erfolgen, siehe dazu § 8 Rz. 408 ff. [*Brünkmans*]. Diese wäre dann so zu formulieren, dass ein Insolvenzplan nur dann bestätigt werden soll, wenn ein anderer Insolvenzplan bereits bestätigt wurde. Das Problem besteht aber darin, dass man einen Insolvenzplan bestimmen müsste, der als erster zu bestätigen wäre.[27] Das ist aber oft nicht sinnvoll möglich. 33

Die Lösung liegt vielmehr in der Regelung einer „echten“ **Planbedingung i. S. von § 158 BGB** im gestaltenden Teil des Insolvenzplans (zu deren Zulässigkeit siehe § 8 Rz. 458 ff. [*Brünkmans*]). Danach werden die Wirkungen der Einzelpläne i. S. von § 254 InsO unter die aufschiebende Bedingung gestellt, dass auch die Insolvenzpläne der (genau zu bezeichnenden!) anderen Konzerngesellschaften rechtskräftig bestätigt wurden (zur Planbedingung siehe ausführlich Rz. 68 f.). Dadurch wird gewährleistet, dass die einzelnen Insolvenzpläne nur in ihrer Gesamtheit in Kraft treten. 34

C. Verfahrensmäßige Gewährleistung der inhaltlichen Abstimmung der Insolvenzpläne

Damit frühzeitig wertoptimierende Konzerngesamtsanierungs- oder Verwertungsoptionen erkannt werden und die Insolvenzpläne in den einzelnen Verfahren bestmöglich inhaltlich aufeinander abgestimmt werden können, sind auch die Insolvenzverfahren verfahrensmäßig aufeinander abzustimmen. Nur wenn die Verfahren aufeinander abgestimmt sind, ist gewährleistet, dass am Ende inhaltlich aufeinander abgestimmte Insolvenzpläne eingereicht, verabschiedet und bestätigt werden. 35

Gegenwärtig bietet das Insolvenzrecht bei sorgfältiger Vorbereitung die Möglichkeit einer Verfahrenszentralisierung und Koordinierung, die durch Inkrafttreten des Gesetzes zur Erleichterung der Bewältigung von Konzerninsolvenzen[28] rechtssicher installiert und ausgebaut werden kann. 36

I. Schaffung einer Verfahrenszentralisierung im Insolvenzplanverfahren

1. Einheitliche gerichtliche Zuständigkeit für alle Konzerngesellschaften

Zur Umsetzung konzernweiter Gesamtsanierungs- oder Verwertungsstrategien ist zunächst eine einheitliche gerichtliche Zuständigkeit erstrebenswert. Zeichnen sich mehrere Insolvenzgerichte für die Insolvenzverfahren der einzelnen Konzernglieder verantwortlich, führt dies nicht nur zu Konkurrenzproblemen, sondern auch zu einem erheblich gesteigerten Abstimmungsbedarf mit Reibungsverlusten. 37

a) Vorteile einer einheitlichen Zuständigkeit für die Umsetzung aufeinander abgestimmter Insolvenzpläne

Die Zuständigkeit eines einzigen Insolvenzgerichts (und Insolvenzrichters) für alle Insolvenzpläne der Konzerngesellschaften bietet zunächst den Vorteil, dass auch nur eine Person die Insolvenzpläne gemäß §§ 231, 248 ff. InsO prüft. Die Regelungen in den Plänen werden damit einheitlich ausgelegt und es kommt nicht zu dem Fall, dass ein Plan nach § 231 InsO zurückgewiesen oder nach §§ 248 ff. InsO nicht bestätigt wird, aus Gründen bei denen in den übrigen Plänen kein Problem gesehen wird. Ferner können bei der exklusiven Zuständigkeit eines Gerichts die **Planverfahren zügiger abgeschlossen** werden, 38

27) Hierzu *Brünkmans*, Koordinierung von Insolvenzverfahren konzernverbundener Unternehmen, S. 294 ff.

28) Gesetz zur Erleichterung der Bewältigung von Konzerninsolvenzen, v. 13.4.2017, BGBl. I 2017, 866.

weil nur ein Richter sich in den Konzernsachverhalt einarbeiten muss. Bei unterschiedlicher Zuständigkeit müsste jeder einzelne Richter sich zunächst in den Sachverhalt einarbeiten.

39 Die Zuständigkeit eines einzigen Gerichts bietet auch bei den **Terminfragen** eine einheitliche Behandlung. Es bietet sich an, den Erörterungstermin für sämtliche gruppenangehörige Schuldner „physisch" in eine Versammlung zu legen. Der Abstimmungstermin kann dann für die einzelnen Gruppen-Gesellschaften unmittelbar – ggf. im Minutentakt – hintereinander terminiert werden.[29)]

b) Möglichkeiten der richterlichen Konzentration nach Inkrafttreten des Gesetzes zur Erleichterung der Bewältigung von Konzerninsolvenzen

40 Mit Inkrafttreten des Gesetzes zur Erleichterung der Bewältigung von Konzerninsolvenzen ist die Begründung einer einheitlichen gerichtlichen Zuständigkeit deutlich einfacher und rechtssicherer geworden. Nach § 3a Abs. 1 InsO besteht grundsätzlich die Möglichkeit, auf Antrag des Schuldners oder Insolvenzverwalters am allgemeinen Insolvenzgerichtsstand i. S. von § 3 Abs. 1 InsO einen **Gruppen-Gerichtsstand** (§§ 3a–3d InsO) für alle konzernangehörigen Gesellschaften zu begründen. Der Gruppen-Gerichtsstand nach § 3a InsO ist nicht zwingend am Sitz der Konzernmutter zu begründen. Die Konzerngesellschaft, an deren Insolvenz-Gerichtsstand der Gruppen-Gerichtsstand begründet werden soll, darf lediglich nicht von untergeordneter Bedeutung für die gesamte Unternehmensgruppe sein (§ 3a Abs. 1 Satz 1 InsO). Wann eine untergeordnete Bedeutung vorliegt, ist in § 3a Abs. 1 Satz 2 InsO näher geregelt.

41 Mit dem Gruppen-Gerichtsstand besteht die Möglichkeit, die Insolvenzverfahren der einzelnen Gruppenmitglieder **bei einem einzigen örtlich zuständigen Gericht** zu konzentrieren. § 3c Abs. 1 InsO sichert zusätzlich ab, dass die Insolvenzverfahren in diesem Fall auch bei dem gleichen Richter des zentral zuständigen Insolvenzgerichts geführt werden.[30)] Der Gruppen-Gerichtsstand ist dabei als zusätzlicher Wahlgerichtsstand neben dem ggf. hiervon abweichenden allgemeinen Insolvenzgerichtsstand der einzelnen Gesellschaften nach § 3 InsO zu verstehen.[31)]

2. Erhalt des Konzerns bei der operativen Betriebsfortführung bis zur Beendigung des Planverfahrens

a) Personenidentischer Insolvenzverwalter

42 Zur Vermeidung von Reibungsverlusten bei der Erstellung des Insolvenzplans und der operativen Betriebsfortführung bis zur Beendigung des Insolvenzplanverfahrens ergibt es insbesondere bei zentral geführten und funktional integrierten Konzernen Sinn, auf die Bestellung eines personenidentischen Insolvenzverwalters für alle Einzelverfahren hinzuwirken. Dies gewährleistet eine **abgestimmte operative Betriebsfortführung** der betriebswirtschaftlich verzahnten Unternehmenseinheiten und fördert wertmaximierende konzernübergreifende Sanierungsansätze.[32)]

43 Der häufig vorgebrachte Einwand, die Bestellung eines einzigen Insolvenzverwalters in allen Insolvenzverfahren der Konzerngesellschaften führe schon allein wegen der gesellschafts-

29) *Brünkmans* in: Runkel/J. Schmidt, AHB Insolvenzrecht, § 4 Rz. 172.

30) *Prütting* in: KPB, InsO, § 3c Rz. 2.

31) *v. Wilcken* in: Flöther, Hdb. Konzerninsolvenzrecht, § 4 Rz. 50; *Prütting* in: KPB, InsO, § 3a Rz. 5; *Brünkmans*, ZIP 2013, 193, 196.

32) *Brünkmans* in: MünchKomm-InsO, § 269a Rz. 8; *v. Wilcken* in: Flöther, Hdb. Konzerninsolvenzrecht, § 4 Rz. 31.

rechtlichen und wirtschaftlichen Verflechtungen zu **Interessenkonflikten**, kann dadurch entschärft werden, dass insbesondere für die Prüfung von Anfechtungsansprüchen gegen eine andere Konzerngesellschaft ein Sonderinsolvenzverwalter bestellt wird und i. Ü. besonders strenge Dokumentationspflichten beachtet werden.[33)]

Die Bestellung eines personenidentischen Insolvenzverwalters wird in § 56b InsO als Option für die Zentralisierung der Insolvenzverfahren von Gruppen-Gesellschaften ausdrücklich anerkannt. Diese Verfahrenszentralisierung kann durch die Bestellung eines Gruppen-Gläubigerausschusses, in dem die Gläubigerausschüsse der gruppenangehörigen Schuldner durch jeweils eine Person vertreten sind, noch verstärkt werden (§ 269c Abs. 1 InsO).[34)] 44

b) Eigenverwaltung/personenidentischer Sachwalter

Die Eigenverwaltung nach §§ 270 ff. InsO hat für die Bewältigung von Konzerninsolvenzen gewisse Vorzüge, welche mit der Besetzung eines personenidentischen Sachwalters noch verstärkt werden.[35)] 45

Die Eigenverwaltung erlaubt eine **Kontinuität in der Geschäftsführung** der Konzerngesellschaften durch alle Sanierungsphasen hinweg. Erfahrungen des Managements und eingespielte Entscheidungsprozesse können faktisch die Leitungsmacht der Konzernmutter, i. R. der Insolvenzzwecke des § 1 Abs. 1 InsO, aufrechterhalten. Die „Konzernführungsebene" kann i. R. der Vorbereitungsphase für den Insolvenzantrag – wenn nicht bereits vorher i. R. dann gescheiterter außergerichtlicher Sanierungsversuche – neu besetzt oder ergänzt werden und während des Insolvenz(eröffnungs-)verfahrens und nach Beendigung des Insolvenzverfahrens die Sanierungsmaßnahmen ohne Unterbrechung fortsetzen. Da die Umsetzung leistungswirtschaftlicher Sanierungsmaßnahmen häufig bis weit in die Zeit nach Aufhebung des Insolvenzverfahrens reicht und mit Aufhebung des Insolvenzverfahrens die Ämter des Insolvenzverwalters erlöschen (§ 259 Abs. 1 Satz 1 InsO), kann über die Eigenverwaltung im Vergleich zum Regelverfahren eine reibungslosere Umsetzung der Sanierungsmaßnahmen bewerkstelligt werden. 46

Praxishinweis

Ebenso wie im Regelverfahren sollte auf die Bestellung eines personenidentischen Sachwalters in allen Einzelverfahren hingewirkt werden, wenngleich hier aufgrund der beschränkten Kompetenzen des Sachwalters keine ebenso große Dringlichkeit besteht.

II. Einreichen koordinierter Insolvenzpläne beim Insolvenzgericht

Wichtig bei einem konzernweiten Insolvenzplanverfahren ist weiter, dass der Initiator des Konzerngesamtsanierungskonzeptes entweder das Recht hat, die Insolvenzpläne in den Einzelverfahren einzubringen, oder hinreichenden Einfluss auf den formell Einbringungsberechtigten hat. Ist dies nicht gewährleistet, besteht die Gefahr, dass in den Einzelverfahren isolierte Insolvenzpläne eingebracht werden, die nicht mit dem Konzerngesamtsanierungskonzept übereinstimmen oder mit diesem gar konkurrieren. 47

33) *Brünkmans* in: Runkel/J. Schmidt, AHB Insolvenzrecht, § 4 Rz. 83.

34) Einzelheiten bei *Brünkmans* in: MünchKomm-InsO, § 269c Rz. 4 f.

35) *Brünkmans*, Koordinierung von Insolvenzverfahren konzernverbundener Unternehmen, S. 198 ff.; *Ehricke*, ZInsO 2002, 393 ff.

1. Schuldnerplan: Gewährleistung über die Konzernleitungsmacht

48 Nach § 218 Abs. 1 Satz 1 Fall 2 InsO hat der Schuldner das Recht, beim Gericht einen Insolvenzplan einzureichen und zur Abstimmung zu stellen. Einzelheiten siehe oben § 4 Rz. 4 ff. [*Beck/Pechartscheck*].

49 Bei juristischen Personen wie der GmbH und AG wird dieses Recht von den vertretungsberechtigten Organen (Geschäftsführer oder Vorstand) wahrgenommen, welche gemeinsam den Insolvenzplan im Namen des Schuldners beim Insolvenzgericht einreichen.[36] Im Innenverhältnis unterliegen die vertretungsberechtigten Organe den **allgemeinen gesellschaftsrechtlichen Bindungen und Weisungen**. Die Einreichung des Insolvenzplans betrifft namentlich den sog. Schuldnerbereich und nicht den sog. Verdrängungsbereich, dessen Aufgaben ausschließlich dem Insolvenzverwalter zugewiesen sind.[37] Daher besteht das aus der Konzernleitungsmacht abgeleitete Weisungsrecht im Hinblick auf die Ausfertigung und Einreichung eines Insolvenzplans fort. Aufgrund des Weisungsrechtes können detaillierte Vorgaben gemacht werden, wie der Insolvenzplan der Einzelgesellschaften auszugestalten ist. Dies kann auch in Gestalt der Übersendung eines (weitgehend vorgefertigten) Entwurfes geschehen.

50 Befindet sich der Gesellschafter der jeweiligen Einzelgesellschaft im Regelverfahren, ist der Insolvenzverwalter über das Vermögen des Gesellschafters weisungsbefugt; im Eigenverwaltungsverfahren liegt die Weisungsbefugnis bei der Geschäftsführung des Gesellschafters.[38]

2. Verwalterplan: Gewährleistung über personenidentischen Insolvenzverwalter

51 Nach § 218 Abs. 1 Satz 1 Fall 1 InsO steht neben dem Schuldner auch dem Insolvenzverwalter das Recht zu, einen Insolvenzplan einzureichen. Sofern und soweit die Insolvenzpläne der Einzelgesellschaften durch deren Insolvenzverwalter erstellt werden, besteht – anders als bei einem Schuldnerplan (siehe oben Rz. 48 ff.) – kein Weisungsrecht aus der Konzernleitungsmacht.

52 Hier kann die Koordinierung (abgesehen von informellen Absprachen) nur dadurch erfolgen, dass ein personenidentischer Insolvenzverwalter in den Einzelverfahren eingesetzt wurde. Dabei stellen sich besondere **Synergieeffekte** dann heraus, wenn der personenidentische Insolvenzverwalter auch bereits für die Ausarbeitung des „Masterplanes" verantwortlich zeichnete und daher bereits mit den Verflechtungen des Konzerns vertraut ist.

53 Der personenidentische Insolvenzverwalter ist dabei den **Interessen der Gläubiger der jeweiligen Einzelgesellschaft** verpflichtet, für die der Insolvenzplan ausgearbeitet wird.[39] Dies ist bei der Erstellung der Einzelinsolvenzpläne angemessen zu berücksichtigen.

3. Koordinierte Planeinreichung verschiedener Insolvenzverwalter (Kooperationspflichten)

54 Werden personenverschiedene Insolvenzverwalter in den einzelnen Insolvenzverfahren der Gruppen-Gesellschaften bestellt, hat dies möglichst kooperativ und abgestimmt zu erfolgen, wenn eine konzerneinheitliche Lösung zur bestmöglichen Befriedigung der

36) Auch wenn mehrere Organe einzelvertretungsbefugt sind, vgl. K. Schmidt-*Spliedt*, InsO, § 218 Rz. 6; *Eidenmüller* in: MünchKomm-InsO, § 218 Rz. 75, 81.

37) *Thole*, Gesellschaftsrechtliche Maßnahmen in der Insolvenz, Rz. 97.

38) *Bergmann*, ZInsO 2004, 225 ff.; *Brünkmans*, Koordinierung von Insolvenzverfahren konzernverbundener Unternehmen, S. 244; *Ehricke*, ZInsO 2002, 393, 395.

39) *Pleister* in: Flöther, Hdb. Konzerninsolvenzrecht, § 5 Rz. 42.

Gläubiger angestrebt wird. Durch Inkrafttreten des Gesetzes zur Erleichterung der Bewältigung von Konzerninsolvenzen sind die Kooperationspflichten zwischen den Insolvenzverwaltern gruppenangehöriger Schuldner in § 269a InsO ausdrücklich geregelt.

Sofern sich aus einer zwischen den Einzelverfahren abgestimmten Gesamtsanierungs- oder Verwertungsstrategie ein Mehrwert für die Gläubiger im jeweiligen Einzelverfahren ergibt, ist der betroffene Insolvenzverwalter zur **Kooperation mit seinem Amtskollegen** verpflichtet.[40] Dies bedeutet zunächst eine Pflicht, sich mit den Insolvenzverwaltern über das Vermögen der anderen Konzerngesellschaften über die Option der Sanierung oder sonstige Gesamtverwertungsstrategien im Konzernverbund auszutauschen. Durch die haftungsbewehrte Kooperationspflicht wird die Gefahr von Alleingängen in einzelnen Konzerngesellschaften – die gravierende Folgen für den gesamten Konzern haben können – minimiert. 55

Eine entsprechende Kooperationspflicht wird in § 269b InsO auch für die betroffenen Insolvenzgerichte geregelt, falls nicht von der nach § 3a InsO möglichen Begründung eines Gruppen-Gerichtsstandes Gebrauch gemacht wird. § 269b Nr. 6 InsO hebt ausdrücklich hervor, dass die Kooperationspflichten zwischen den Insolvenzgerichten gruppenangehöriger Schuldner insbesondere im Zusammenhang mit der Vorlage von Insolvenzplänen sowie sonstigen Maßnahmen zur Beendigung des Insolvenzverfahrens gelten. 56

III. Koordinationsplan nach § 269h InsO als institutionalisierter Masterplan für die Insolvenzpläne in den Einzelverfahren

1. Zweck des Koordinationsplans

Da ein Konzerninsolvenzplanverfahren mit einem Gruppen-Insolvenzplan[41] de lege lata nicht existiert, müssen Konzerngesamtsanierungs- oder -verwertungsstrategien i. R. eines „informellen Masterplans", entwickelt und in den Einzelplänen umgesetzt werden. 57

Auch mit Inkrafttreten des Gesetzes zur Erleichterung der Bewältigung von Konzerninsolvenzen[42] gibt es keinen Gruppen-Insolvenzplan, der für alle gruppenangehörigen Schuldner verbindlich die Rechtsposition der Gläubiger und Anteilsinhaber unmittelbar gestalten kann.[43] Es ist nach wie vor erforderlich, für jede Gruppen-Gesellschaft einen Insolvenzplan einzureichen und ein Insolvenzplanverfahren durchzuführen. Das Konzerngesamtsanierungskonzept, aus dem die einzelnen Insolvenzpläne abzuleiten sind, kann jedoch mit Inkrafttreten des neuen Konzerninsolvenzrechts über einen Koordinationsplan (nach § 269h InsO) eine gewisse Verbindlichkeit erhalten. 58

Der Koordinationsplan hat überwiegend die **Funktion eines Referenz- oder „Masterplanes"**[44] in den einzelnen Verfahren der gruppenangehörigen Schuldner (vgl. § 269h Abs. 2 Nr. 1 InsO).[45] Auch wenn in dem Koordinationsplan bereits detailliert die vorzu- 59

---

40) S. dazu: *Brünkmans* in: MünchKomm-InsO, § 269a Rz. 9 ff.

41) So der Vorschlag auf europäischer Ebene, INSOL Europe, Revision of the European Insolvency Regulation, dazu *Brünkmans*, Der Konzern 2013, 234, 247 f.

42) RegE Gesetz zur Erleichterung der Bewältigung von Konzerninsolvenzen, BT-Drucks. 18/407.

43) Für die Einführung eines Gruppeninsolvenzplanverfahrens *Brünkmans* in: MünchKomm-InsO, 3. Aufl. 2014, Konzerninsolvenzrecht, Rz. 118 ff.

44) Freilich ohne den gestaltenden Teil, den eine solche „Vorlage" de lege lata zu haben pflegt, s. oben Rz. 14 ff. und *Pleister* in: Flöther, Hdb. Konzerninsolvenzrecht, § 5 Rz. 52; *Eidenmüller/Frobenius* in: MünchKomm-InsO, § 269h Rz. 1; *Madaus* in: Flöther, Hdb. Konzerninsolvenzrecht, § 5 Rz. 69, 94, 110.

45) Begr. RegE Gesetz zur Erleichterung der Bewältigung von Konzerninsolvenzen, BT-Drucks. 18/407, S. 18; *Dellit*, Der Konzern 2013, 190, 192; zu den Einzelheiten des Koordinationsplans vgl. *Brünkmans* in: Runkel/J. Schmidt, AHB Insolvenzrecht, § 4 Rz. 175 ff., und *Madaus* in: Flöther, Hdb. Konzerninsolvenzrecht, § 5 Rz. 68 ff.

nehmenden finanz- und leistungswirtschaftlichen Sanierungsmaßnahmen dargestellt werden können, verbleibt es doch bei einem rein darstellenden Teil. Die Umsetzung erfolgt durch die Insolvenzpläne in den Einzelverfahren. Eine gewisse Bindungswirkung für den Insolvenzverwalter in den Einzelverfahren kann durch das Votum der Gläubigerversammlung in den Einzelverfahren für die Umsetzung des Kooperationsplans erfolgen (zur Bindungswirkung des Koordinationsplanes siehe Rz. 62 f.).

2. Zustandekommen eines Koordinationsplans

60 Berechtigt zur Vorlage eines Koordinationsplans ist ausschließlich der Koordinationsverwalter, wenn ein solcher bestellt ist. Andernfalls ist der Koordinationsplan von den Insolvenzverwaltern der gruppenangehörigen Schuldner gemeinsam dem Koordinationsgericht am Gruppen-Gerichtsstand (§ 3a InsO) vorzulegen.

61 Wurde ein **Gruppen-Gläubigerausschuss** (siehe dazu oben Rz. 44) bestellt, bedarf der Koordinationsplan der Zustimmung desselben. Das für Gruppen-Folgeverfahren zuständige Gericht (Koordinationsgericht, siehe § 269d Abs. 1 InsO) bestätigt nach Prüfung, ob für den Koordinationsplan die Vorschriften über das Recht zur Vorlage, den Inhalt des Plans oder über die verfahrensmäßige Behandlung beachten worden sind, den Koordinationsplan durch Beschluss (§ 269h Abs. 1 Satz 2 InsO). Andernfalls versagt das Gericht die Bestätigung durch Beschluss (§ 269h Abs. 3 Satz 1 InsO).

3. Bindungswirkung des Koordinationsplans in den Einzelverfahren

62 Der Koordinationsplan hat auch nach Bestätigung durch das Koordinationsgericht keine unmittelbare Bindungswirkung für die Einzelverfahren. § 269i Abs. 1 Satz 1 InsO lässt Abweichungen vom Koordinationsplan durch den Insolvenzverwalter im Einzelverfahren ausdrücklich zu, wenn der **Insolvenzverwalter begründet**, von welchen im Insolvenzplan beschriebenen Maßnahmen er abweichen will (§ 269i Abs. 1 InsO, Prinzip des „comply or explain"). Diese Begründungspflicht für Abweichungen vom Koordinationsplan führt zu einer gewissen faktischen Bindungswirkung des Koordinationsplans für die Insolvenzverwalter in den Einzelverfahren.

63 Eine rechtliche Bindung des Insolvenzverwalters in den Einzelverfahren an die Vorgaben des Koordinationsplans kann durch Beschluss der Gläubigerversammlung in den Einzelverfahren erreicht werden. Auf Beschluss der Gläubigerversammlung hat der Insolvenzverwalter einen **aus dem Koordinationsplan abgeleiteten Insolvenzplan** auszuarbeiten (§ 269i Abs. 2 InsO). § 269f Abs. 1 Satz 2 InsO gibt dem Koordinationsverwalter ein Teilnahmerecht für die Gläubigerversammlungen in den einzelnen Verfahren der gruppenangehörigen Schuldner. Dies ermöglicht es ihm, für eine entsprechende Beschlussfassung zu werben.[46)]

4. Bedeutung des Koordinationsplans i. R. der Vorprüfung

64 Sollte ein Koordinationsplan bestätigt worden sein, prüft das Insolvenzgericht nur dann, ob der Insolvenzplan mit den Vorgaben im Koordinationsplan übereinstimmt, wenn die Gläubigerversammlung durch Beschluss den Insolvenzverwalter beauftragt hat, einen Insolvenzplan unter Zugrundelegung des Koordinationsplans auszuarbeiten (§ 269i Abs. 2 InsO). Weicht der Insolvenzplan im Einzelverfahren vom Koordinationsplan ab, etwa indem der Plan eine Einzelverwertungsstrategie verfolgt, verstößt der Inhalt des Insolvenz-

46) *Brünkmans* in: MünchKomm-InsO, § 269f Rz. 10.

plans gegen § 269i Abs. 2 InsO. Das Insolvenzgericht hat in diesem Fall den Insolvenzplan nach § 231 Abs. 1 Satz 1 Nr. 1 Fall 2 InsO zurückzuweisen.

D. Bestätigung der Insolvenzpläne

I. Minderheitenschutz

Beim Minderheitenschutz i. S. des § 251 InsO ist die hypothetische Lage der Insolvenzabwicklung ohne Insolvenzplan im Vergleich zur Lage mit Insolvenzplan zu ermitteln. Diese Ermittlung birgt, ob der hohen Zahl der Beteiligungsverflechtungen und der Wechselwirkungen von Insolvenzen der einzelnen Gesellschaften im Konzern,[47] Risiken und Unsicherheiten bei der Bestimmung des zu erwartenden Liquidationserlöses. 65

Die Vergleichsrechnung erfolgt dabei in den Einzelverfahren nur durch den Vergleich der Lage mit Insolvenzplan und der Lage ohne Insolvenzplan.[48] Ein Vergleich mit einem Alternativplan findet nicht statt. 66

II. Abweichung vom Koordinationsplan

Anders als i. R. der Vorprüfung nach § 231 InsO prüft das Insolvenzgericht nicht, ob der Insolvenzplan die Vorgaben aus dem Koordinationsplan umsetzt, selbst dann, wenn ein entsprechender Beschluss der Gläubigerversammlung nach § 269i Abs. 2 InsO vorliegt. Der Gläubigerversammlung steht es frei, im Erörterungs- und Abstimmungstermin einen Insolvenzplan anzunehmen, der sich nicht an die Vorgaben im Koordinationsplan und damit die vorherige Beschlussfassung der Gläubigerversammlung hält. Mit der Annahme des Insolvenzplans ist der Beschluss der Gläubigerversammlung nach § 269i Abs. 2 InsO außer Kraft gesetzt. 67

III. Beachtung der Bestätigungsreihenfolge

Der Insolvenzplan kann als Voraussetzung für seine Bestätigung (§ 249 InsO) vorsehen, dass zunächst der Insolvenzplan eines anderen Konzerngliedes rechtskräftig bestätigt sein muss. 68

Enthält der Insolvenzplan eine aufschiebende Bedingung der rechtskräftigen Bestätigung der Insolvenzpläne anderer – genau definierter – Gruppengesellschaften (siehe dazu oben Rz. 34), so ist zu beachten, dass die im gestaltenden Teil des Insolvenzplans enthaltenen Regelungen erst mit Eintritt der Bedingungen Wirkung entfalten. Im Hinblick auf Forderungserlass und sonstige finanzwirtschaftliche Sanierungsmaßnahmen ist zu beachten, dass der Insolvenzgrund in der Regel erst mit Bedingungseintritt beseitigt ist und auch erst dann das Insolvenzverfahren nach § 258 InsO aufgehoben werden kann. Siehe dazu ausführlich § 8 Rz. 462 [*Brünkmans*]. 69

E. Das Insolvenzplanverfahren bei der GmbH & Co. KG

I. Die GmbH & Co. KG in der Insolvenz

Die GmbH & Co. KG unterliegt grundsätzlich demselben Insolvenzregime wie „einfache" Kapitalgesellschaften, sofern keine natürliche Person voll haftet, vgl. § 15a Abs. 2 InsO. Die **Insolvenzgründe** sind dabei separat für jede Gesellschaft einzeln zu prüfen. Zu beachten ist insoweit insbesondere, dass eine Überschuldung der KG häufig auch eine **Über-** 70

47) Man denke nur an die Nichterfüllungswahl gemäß §§ 103 ff. InsO hinsichtlich von Liefer- und Leistungsbeziehungen im Konzern und die dadurch ausgelösten Schadensersatzforderungen.

48) LG Hamburg, Beschl. v. 10.12.2014 – 326 T 163/14, ZInsO 2015, 159, 161; *Sinz* in: MünchKomm-InsO, § 251 Rz. 26; K. Schmidt-*Spliedt*, InsO, § 251 Rz. 6.

schuldung der Komplementär-GmbH zur Folge haben wird, da die Komplementärin gemäß § 161 Abs. 1 und 2 i. V. m. § 126 Satz 1 HGB unbeschränkt für die Passivposten der KG haftet, dem aber spätestens mit Eintritt der Überschuldung der KG kein gegenüber dieser vollständig realisierbarer Freistellungsanspruch (§ 105 Abs. 3 HGB i. V. m. § 716 Abs. 1 BGB) mehr aktiviert werden kann und das Vermögen der GmbH aus diesem Grunde unter die Ziffer des Stammkapitals herabsinken wird.[49] Eine Überschuldung der Komplementärin droht auch dann, wenn diese wertmäßig an der KG beteiligt ist und durch die Insolvenz der KG eine erhebliche Wertminderung dieser Beteiligung eintritt.

71 Die Eröffnung des Insolvenzverfahrens über das Vermögen der Komplementärin hat – vorbehaltlich einer anderweitigen Regelung im Gesellschaftsvertrag der KG – grundsätzlich zur Folge, dass diese gemäß § 161 Abs. 2 i. V. m. § 130 Abs. 1 Nr. 3 HGB **als Gesellschafterin der KG ausscheidet**.[50] Da dies insbesondere in Fällen sog. Simultaninsolvenzen (gleichzeitiger Insolvenz von Komplementär-GmbH und KG) aufgrund der mit dem Ausscheiden der Komplementär-GmbH regelmäßig verbundenen Auflösung der KG zu nachteiligen Folgen für die Insolvenzverfahren führen konnte, erwog die Literatur eine teleologische Reduktion des § 131 Abs. 3 Satz 1 Nr. 2 HGB a. F. zur Ermöglichung einer Rechtsträgersanierung.[51]

72 Durch das **MoPeG**[52] ist jedoch § 179 HGB n. F. eingeführt worden, welcher in Satz 1 bestimmt, dass § 130 Abs. 1 Nr. 3 HGB **keine Anwendung findet**, wenn der Gesellschafter, über dessen Vermögen das Insolvenzverfahren eröffnet worden ist, der **einzige persönlich haftende Gesellschafter der KG** ist. Dies setzt voraus, dass entweder auch über das Vermögen der KG das Insolvenzverfahren eröffnet wurde (Nr. 1) oder bei Vorliegen der Voraussetzungen zumindest ein Antrag auf Eröffnung eines Insolvenzverfahrens über die KG gestellt wurde (Nr. 2). Damit soll eine einheitliche Abwicklung oder Sanierung im Falle der Simultaninsolvenz sichergestellt werden.[53]

73 Für die Anwendbarkeit des § 179 HGB kommt es nicht darauf an, ob der einzige Komplementär eine natürliche oder juristische Person oder eine sonstige rechtsfähige Vereinigung ist.[54] Auch wenn die Norm explizit von dem einzigen Komplementär der KG spricht, deutet viel darauf hin, dass eine **entsprechende Anwendung** auch dann in Betracht kommt, **wenn die KG über mehrere Komplementäre verfügt**, sofern nur über das Vermögen aller Komplementäre das Insolvenzverfahren eröffnet worden ist.[55]

49) BGH, Urt. v. 29.3.1973 – II ZR 25/70, BGHZ 60, 324 = NJW 1973, 1036, 1038; OLG Celle, Urt. v. 18.6.2003 – 9 U 2/03, NJW-RR 2004, 1040, 1041 = GmbHR 2003, 900; Michalski/Heidinger/Leible/J. Schmidt-*Heidinger*, GmbHG, § 30 Rz. 161; Noack/Servatius/Haas-*Servatius*, GmbHG, § 30 Rz. 68; Ebenroth/Boujong-*v. Selle*, HGB, § 179 Rz. 1; *Ekkenga* in: MünchKomm-GmbHG, § 30 Rz. 194; *K. Schmidt*, GmbHR 2002, 1209, 211.

50) BVerwG, Urt. v. 13.7.2011 – 8 C 10/10, NJW 2011, 3671 f.; vgl. zu den Folgen der Simultaninsolvenz mit Darstellung des Meinungsbildes *Werner*, NZI 2014, 895 ff.; *Dahl/Taras*, NJW-Spezial 2015, 21 f.; für eine Nichtanwendung des § 131 Abs. 3 Satz 1 Nr. 2 HGB in den Fällen der Simultaninsolvenz *K. Schmidt* in: MünchKomm-HGB, § 131 Rz. 76a; *K. Schmidt*, GmbHR 2002, 1209, 1214; *K. Schmidt*, ZIP 2010, 1621 ff.

51) S. dazu *Beyer* in: BeckOK-HGB, § 179 Rz. 2 f.; Oetker-*Oetker*, HGB, § 179 Rz. 1 f.; Heidel/Schall-*Baumert*, HGB, § 179 Rz. 2 ff.; *K. Schmidt* in: MünchKomm-HGB, § 131 Rz. 77; *K. Schmidt*, GmbHR 2002, 1209, 1214; Staub-*Schäfer*, HGB, § 131 Rz. 92; ebenso für den Fall der Insolvenz **aller** Gesellschafter: *Bork/Jacoby*, ZGR 2005, 611, 650 ff.

52) Gesetz zur Modernisierung des Personengesellschaftsrechts (Personengesellschaftsrechtsmodernisierungsgesetz – MoPeG), v. 10.8.2021, BGBl. I 2021, 3436.

53) *Beyer* in: BeckOK-HGB, § 179 Rz. 4; Ebenroth/Boujong-*v. Selle*, HGB, § 179 Rz. 1; Hopt-*Roth*, HGB, § 179 Rz. 1; *Adenauer/Becker*, Stbg 2024, 29, 34; *Ring*, ZAP 2023, 533, 536.

54) *Beyer* in: BeckOK-HGB, § 179 Rz. 7; Oetker-*Oetker*, HGB § 179 Rz. 5; *Michel* in: BeckOGK-HGB, § 179 Rz. 4.

55) *Beyer* in: BeckOK-HGB, § 179 Rz. 7.

Im Falle des § 179 Abs. 1 Satz 1 Nr. 2 **HGB entfällt die Anwendbarkeit des § 179 HGB nachträglich**, sobald der Antrag auf Eröffnung des Insolvenzverfahrens über die KG mangels Masse rechtskräftig abgewiesen wird (§ 179 Abs. 1 Satz 2 HGB). Auch wenn die Gesetzesmaterialien und der Wortlaut des § 179 HGB zu seiner Abdingbarkeit schweigen, so streitet dafür, dass auch die Auflösungsgründe zur Disposition der Gesellschafter stehen und mit § 179 HGB vorwiegend die Interessen der KG und ihrer Komplementärin selbst geschützt werden sollen.[56) 74

II. Erfordernis eines abgestimmten Insolvenzplanverfahrens

Aus der engen Verzahnung zwischen KG und der Komplementär-GmbH folgt, dass wie i. R. der Konzerninsolvenz beide Insolvenzverfahren, d. h. das der KG und das der Komplementär-GmbH, möglichst zentralisiert und koordiniert abzuwickeln sind. Für das Insolvenzplanverfahren sind die für Konzernkonstellationen dargestellten Besonderheiten der inhaltlichen und verfahrensmäßigen Abstimmung möglichst einzuhalten (siehe dazu oben Rz. 8 ff., 27 ff.). 75

Praxishinweis

Bereits in den Insolvenzanträgen sollte auf die Verzahnung der beiden Gesellschaften hingewiesen und die Bestellung personenidentischer Insolvenzverwalter/Sachwalter für die GmbH und für die KG angeregt werden. Die oft weitgehend identische Gläubigerstruktur erlaubt es zudem häufig, auch einen personenidentischen Gläubigerausschuss einzusetzen, wenn die Einsetzung eines Gläubigerausschusses auf Ebene der GmbH überhaupt sinnvoll erscheint (siehe dazu oben Rz. 42).[57)]

Ferner empfiehlt sich die Verknüpfung der beiden Insolvenzpläne über eine aufschiebende Bedingung der rechtskräftigen Bestätigung des Insolvenzplans. Siehe dazu oben Rz. 68 ff. sowie ausführlich § 8 Rz. 458 ff. [*Brünkmans*].

III. Auswirkungen des neuen Konzerninsolvenzrechts

Zwar stellt die GmbH & Co. KG nach h. M. wegen der Unternehmenseinheit keinen „Konzern" gemäß § 18 AktG dar.[58)] Nach § 3e InsO findet das neue Konzerninsolvenzrecht allerdings Anwendung auf eine *Unternehmensgruppe*, diese wird wie folgt definiert: 76

> „[...] rechtlich selbständig[e] Unternehmen, die den Mittelpunkt ihrer hauptsächlichen Interessen im Inland haben und die unmittelbar oder mittelbar miteinander verbunden sind durch 1. die Möglichkeit der Ausübung eines beherrschenden Einflusses oder 2. eine Zusammenfassung unter einheitlicher Leitung."

Es stellt sich die Frage, ob auch eine GmbH & Co. KG unter diesen Begriff zu subsumieren ist und daher die Regelungen des neuen Konzerninsolvenzrechts auch auf eine solche Anwendung finden. 77

Während die Frage mit einem klaren „Ja" zu beantworten ist, wenn die GmbH & Co. KG vielgliedrig ist und/oder die GmbH Leitungsaufgaben auch in weiteren Gesellschaften wahrnimmt, ist sie für die **eingliedrige**, für sich stehende GmbH & Co. KG schwerer zu beantworten, aber **im Ergebnis zu bejahen.** In der Praxis wird diese Frage ohne große Bedeutung sein, da bei der für sich stehenden GmbH & Co. KG der Gerichtsstand der KG und der GmbH bereits nach den allgemeinen Regeln der örtlichen Zuständigkeit nach 78

---

56) *Beyer* in: BeckOK-HGB, § 179 Rz. 10; Heidel/Schall-*Baumert*, HGB, § 179 Rz. 12; wohl auch Oetker-*Oetker*, HGB, § 179 Rz. 3.

57) Dies entspricht im Insolvenzverfahren der GmbH & Co. KG auch gängiger Praxis, vgl. Begr. RegE Gesetz zur Erleichterung der Bewältigung von Konzerninsolvenzen, BR-Drucks. 663/13, S. 29.

58) Vgl. instruktiv *K. Schmidt*, GmbHR 2002, 1209 m. w. N.; Spindler/Stilz-*Schall*, AktG, § 15 Rz. 16; vgl. auch OLG Celle, Beschl. v. 9.10.2014 – 9 W 116/14, ZIP 2015, 123.

§ 3 Abs. 1 InsO identisch sein wird, die Begründung eines Gruppen-Gerichtsstandes daher nicht erforderlich ist. Die Bestellung personenidentischer Insolvenzverwalter/Sachwalter entspricht bei der GmbH & Co. KG ohnehin gängiger Praxis.[59] Dadurch entfällt im Regelfall auch das Erfordernis eines weitergehenden Koordinationsverfahrens.

F. Einbeziehung gruppeninterner Drittsicherheiten

I. Problem

79 Hat eine Tochtergesellschaft Sicherheiten für das Darlehen eines Dritten an eine Gesellschafterin oder die Konzernmutter gestellt, stellt sich die Frage, wie mit der Sicherheit i. R. des Insolvenzplanverfahrens umzugehen ist. Problematisch ist dabei, dass der Darlehensgeber zwar an dem Insolvenzplanverfahren der Darlehensnehmerin beteiligt ist, sich eine etwaige Forderungskürzung jedoch nach § 254 Abs. 2 Satz 1 InsO nicht auf den Bestand seiner Sicherheit auswirkt (siehe dazu § 8 Rz. 531 ff. [*Brünkmans*]). Die Folge war bisher, dass eine Sanierung der Tochtergesellschaften durch Freigabe der Sicherheiten bzw. Enthaftung nicht auf der Grundlage des Insolvenzplans der Muttergesellschaft erfolgen konnte.[60]

80 Die Sicherungsrechte der Gläubiger gegenüber Tochtergesellschaften bestehen parallel zu der gesicherten Forderung im Insolvenzplan fort, unabhängig von einer eventuellen Veränderung durch den Insolvenzplan. Das führt dazu, dass Gläubiger ungeachtet etwaiger Kürzungen der Hauptforderung gegen die Muttergesellschaft (Darlehensnehmerin) ungestört und **in voller Höhe Befriedigung aus der von der Tochter gestellten Sicherheit** erlangen können.[61] Gleichzeitig gilt im Verhältnis zur Muttergesellschaft die Regresssperre aus § 254 Abs. 2 Satz 2 InsO, d. h. die Tochtergesellschaft kann ihre Regressforderung nur in der Höhe durchsetzen, die dem Gläubiger (Darlehensgeber) gemäß dem besstätigten Insolvenzplan erhalten geblieben ist. Die Insolvenz der Tochtergesellschaft und ein paralleles Insolvenzplanverfahren auf der Ebene der Tochter war häufig unvermeidbare Folge.

II. Bisherige Lösungsansätze in der Praxis

81 Bisher konnte ein kostenaufwändiges paralleles Insolvenzplanverfahren durch bilaterale Enthaftungsvereinbarungen vermieden werden. Bezieht sich die Mithaft allerdings auf eine Vielzahl von Gläubigern, etwa unter Einbeziehung von Anleihegläubigern, war eine Enthaftungsvereinbarung nur mit komplexen (und ergebnisoffenen!) „Incentivierungsmodellen" denkbar. Solche Modelle sehen vor, Gläubiger, die eine Sicherheit gegen eine andere Konzerngesellschaft haben, über eine erhöhte Planquote im Insolvenzverfahren der Muttergesellschaft wirtschaftlich zu veranlassen, auf diese Sicherheit zu verzichten.

III. Gestaltung gruppeninterner Drittsicherheiten über den Insolvenzplan des Hauptschuldners (§ 217 Abs. 2 InsO)

1. Überblick

82 Durch das **SanInsFoG**[62] wurde die Möglichkeit geschaffen im Insolvenzplan des Hauptschuldners in **gruppeninterne Drittsicherheiten** einzugreifen. Dies soll Gruppensanie-

59) Vgl. Begr. RegE Gesetz zur Erleichterung der Bewältigung von Konzerninsolvenzen, BR-Drucks. 663/13, S. 29.

60) *Brünkmans* in: Runkel/Schmidt, AHB Insolvenzrecht, § 1 Rz. 365.

61) *Huber/Madaus* in: MünchKomm-InsO, § 254 Rz. 32 f.

62) Gesetz zur Fortentwicklung des Sanierungs- und Insolvenzrechts (Sanierungs- und Insolvenzrechtsfortentwicklungsgesetz – SanInsFoG), v. 22.12.2020, BGBl. I 2020, 3256.

rungen erleichtern und verhindern, dass ein Scheitern konsensualer Lösungen mit den Drittsicherungsgebern zur Folgeinsolvenz der Gruppengesellschaften führt.[63)]

Zentrale Vorschrift für den Eingriff in gruppeninterne Drittsicherheiten ist **§ 217 Abs. 2,** welcher durch § 220 Abs. 3 (Ausführungen im darstellenden Teil), § 222 Abs. 1 Satz 2 Nr. 5 (eigene Gruppe), § 223a (Ausgleichsanspruch), § 230 Abs. 4 (Zustimmung der verbundenen Unternehmen als Plananlage), § 238b (Stimmrechtsfestsetzung), §§ 245 Abs. 2a und 254 Abs. 2 Satz 1 InsO flankiert wird. 83

Einen potentiellen Streitpunkt der Neuregelung sehen manche in der **Entschädigungspflicht**, deren zutreffende Bezifferung aufwändig und konfliktanfällig sein kann.[64)] 84

Für den Eingriff in gruppeninterne Drittsicherheiten über einen Insolvenzplan gelten im **Wesentlichen die gleichen Grundsätze wie für den Restrukturierungsplan** nach StaRUG. Das StaRUG sieht in § 2 Abs. 4 Satz 1 StaRUG ebenfalls den Eingriff in gruppeninterne Drittsicherheiten vor (siehe zum Restrukturierungsplan und zu gruppeninternen Drittsicherheiten ausführlich § 56 Rz. 30 ff. [*Brünkmans*]). Die praktische Umsetzung eines Eingriffs in gruppeninterne Drittsicherheiten gestaltet sich beim Insolvenzplan jedoch schwerer, weil die **Verwertungsmöglichkeit** drittbesicherter Gläubiger bis zur rechtskräftigen Planbestätigung **fortbesteht.** Anders als das StaRUG (§ 49 Abs. 3 StaRUG) sieht die InsO nicht die Möglichkeit vor, dass das Gericht eine vorübergehende Durchsetzungssperre anordnet. In Betracht gezogen wird daher sowohl eine analoge Anwendung des § 49 Abs. 3 StaRUG[65)] als auch des § 233 InsO.[66)] 85

2. Besonderheiten für den darstellenden Teil (§ 220 Abs. 3 InsO)

Greift der Plan in gruppeninterne Sicherheiten ein, sind gemäß § 220 Abs. 3 InsO im darstellenden Teil des Insolvenzplans zusätzlich zur Perspektive des Schuldners auch die Verhältnisse des Sicherungsgebers und die Auswirkungen des Plans auf diesen auszuführen. 86

Insbesondere ist die **Werthaltigkeit der Sicherheit** zu erläutern, die für die Bemessung der leistenden angemessenen Entschädigung (§ 223a Satz 2 InsO) von Bedeutung ist.[67)] Die Entschädigung muss dem tatsächlichen Wert der Drittsicherheit entsprechen, d. h. den Wert, den der Sicherungsnehmer **durch Verwertung mit überwiegender Wahrscheinlichkeit realisieren könnte.**[68)] Bei Personalsicherheiten ist für die Bewertung maßgeblich, inwieweit das Vermögen des gruppeninternen Drittsicherungsgebers für die Erfüllung der Verpflichtung des jeweiligen Gläubigers herangezogen werden kann (Schuldendeckungsfähigkeit) (siehe ausführlich zum Restrukturierungsplan § 56 Rz. 38 [*Brünkmans*]). Bei dinglichen Sicherheiten kommt es hingegen auf den tatsächlichen Wert des Sicherungsguts an.[69)] 87

Im Zusammenhang mit der Entschädigungspflicht können sich Probleme ergeben, wenn die Entschädigung aus dem Vermögen des Insolvenzschuldners (zur alternativen Entschädigung durch Dritte siehe Rz. 95) zu leisten ist. Da der Verzicht auf die Verwertung 88

---

63) Vgl. Begr. RegE SanInsFoG z. InsO, BT-Drucks. 19/24181, S. 199.

64) *Spahlinger* in: KPB, InsO, § 217 Rz. 50c.

65) *Pleister/Theusinger* in: HRI II, § 43 Rz. 114; *Geiwitz/v. Danckelmann* in: BeckOK-InsO, § 223a Rz. 4; ablehnend *Braun-Braun/Frank*, InsO, § 223a Rz. 17.

66) *K. Schmidt-Spliedt*, InsO, § 223a Rz. 9; *Geiwitz/v. Danckelmann* in: BeckOK-InsO, § 223a Rz. 4; *Braun-Braun/Frank*, InsO, § 223a Rz. 17.

67) *Spahlinger* in: KPB, InsO, § 220 Rz. 23a; *Geiwitz/v. Danckelmann* in: BeckOK-InsO, § 220 Rz. 33b.

68) *Spahlinger* in: KPB, InsO, § 223a Rz. 5; vgl. auch *Pleister/Theusinger* in: Kübler, HRI II, § 43 Rz. 113; *Fiebig* in: HK-InsO, § 223a Rz. 7.

69) *Pleister/Theusinger* in: Kübler, HRI II, § 43 Rz. 113; *Fiebig* in: HK-InsO, § 223a Rz. 7.

der Sicherheit vermögensrechtlich unmittelbar allein dem verbundenen Unternehmen zugutekommt, kann sich hierdurch die **Befriedigungsaussicht** der Insolvenzgläubiger **verschlechtern.**[70] Vor diesem Hintergrund sollte der darstellende Teile in nachvollziehbarer Weise **erläutern**, dass sich entweder die Verwertung der Sicherheit negativ auf die Insolvenzmasse auswirkte[71] oder der Nachteil durch entsprechende wirtschaftliche Vorteile kompensiert wird – so z. B., wenn nur so Produktions- und Lieferantenketten aufrechterhalten werden können.[72]

3. Gestaltender Teil

a) Adressat und Gegenstand der Eingriffsregelung

89 Adressat des Eingriffs kann nur eine mit dem Schuldner verbundenes Unternehmen i. S. von § 15 AktG sein. Als verbunden gelten Unternehmen, die

- im Verhältnis zueinander in Mehrheitsbesitz stehende Unternehmen und mit Mehrheit beteiligte Unternehmen (§ 16 AktG),
- abhängige und herrschende Unternehmen (§ 17 AktG),
- Konzernunternehmen (§ 18 AktG),
- wechselseitig beteiligte Unternehmen (§ 19 AktG) oder
- Vertragsteile eines Unternehmensvertrags (§§ 291 f. AktG) sind.

90 Zu den verbundenen Unternehmen zählen **auch ausländische Unternehmen**, da sich eine Beschränkung auf deutsche Gruppengesellschaften weder aus dem Wortlaut noch dem Sinn und Zweck des § 217 Abs. 2 InsO ergibt.[73] Allerdings kann die Anerkennung und die Durchsetzung der Einbeziehung im Ausland herausfordernd sein (siehe dazu auch § 62 Rz. 43 ff. [*Thole*]).[74] **Keine gruppeninterne Drittsicherheiten** sind Sicherheiten, die Geschäftsführer, nicht unternehmerisch Tätige oder die Verbundvoraussetzungen des § 15 AktG nicht erfüllende Gesellschafter eingeräumt haben.[75]

91 Was den Gegenstand des Eingriffs angeht, kann der gestaltende Teil sowohl **Personal-** (insb. Bürgschaften, Garantien und Schuldbeitritte) **als auch Realsicherheiten** (insb. Grundschulden und Sicherungsübereignungen) gestalten.[76] Es gelten die Ausführungen zum Restrukturierungsplan (siehe § 56 Rz. 52 ff. [*Brünkmans*]) entsprechend.

92 § 217 Abs. 2 InsO ermächtigt ferner auch, die Rechte der Insolvenzgläubiger an den **Anteils- oder Mitgliedschaftsrechten am Schuldner** zu gestalten. Der Insolvenzplan kann somit die Anteilsrechte am Schuldner lastenfrei übertragen, obwohl die Anteilsrechte zugunsten von Gläubigern des Schuldners verpfändet sind. Auf die bisher streitige Frage, ob § 225a InsO dafür eine hinreichende Ermächtigung darstellt (siehe dazu § 30 Rz. 436 ff. [*Brünkmans*]),[77] kommt es mit Einführung des § 217 Abs. 2 InsO durch das SanInsFoG

70) *Hölzle* in: Kübler/Bork/Prütting, HRI II, § 25 Rz. 70; *Fiebig* in: HK-InsO, § 223a Rz. 9.

71) *Fiebig* in: HK-InsO, § 223a Rz. 9.

72) *Hölzle* in: Kübler/Bork/Prütting, HRI II, § 25 Rz. 70.

73) *Pleister/Theusinger* in: Kübler, HRI II, § 43 Rz. 112; *Spahlinger* in: KPB, InsO, § 217 Rz. 50g; *K. Schmidt-Spliedt*, InsO, § 217 Rz. 6a; *Braun-Braun/Frank*, InsO, § 223a Rz. 7.

74) *Spahlinger* in: KPB, InsO, § 217 Rz. 50g.

75) K. Schmidt-*Spliedt*, InsO, § 217 Rz. 6a.

76) *Hoegen/Kranz*, NZI 2021, 105, 107; *Pleister/Theusinger* in: Kübler/Bork/Prütting, HRI II, § 43 Rz. 112; *Spahlinger* in: KPB, InsO, § 217 Rz. 50f; *Braun-Braun/Frank*, InsO, § 223a Rz. 5 f.; ähnlich *Geiwitz/v. Danckelmann* in: BeckOK-InsO, § 217 Rz. 38 f.; *Kebekus/Handschumacher* in: Graf-Schlicker, InsO, § 217 Rz. 13.

77) Dazu *Brünkmans*, ZIP 2014, 1857, 1859 f.; *Eidenmüller* in: MünchKomm-InsO, § 225a Rz. 88; *Wieneke/Hoffmann*, ZIP 2013, 697, 705 f.

daher nicht mehr an.[78] Verfahrenstechnisch ist es erforderlich die entsprechenden Pfandrechtsgläubiger als Inhaber der Rechte aus Drittsicherheiten **in den Plan einzubeziehen**, was u. a. bei der Gruppenbildung zu beachten ist.[79]

Wie sich aus § 223a Satz 3 i. V. m. § 223 Abs. 1 Satz 2 InsO ergibt, sind **Finanzsicherheiten** und Sicherheiten im Zusammenhang mit Zahlungssystemen und Zentralbanken vom Anwendungsbereich ausgeschlossen. 93

§ 217 Abs. 2 InsO gestattet in Bezug auf Gruppensicherheiten **alle Eingriffe**, die in einem Insolvenzplan vorgenommen werden können.[80] Ein Eingriff ist jede Veränderung des Rechts selbst sowie jede Einschränkung des Verwertungsrechts.[81] Dies schließt insbesondere den (Teil-)Verzicht, die Freigabe, die Stundung sowie abweichende Regelungen zur Verwertung und Erlösverteilung ein.[82] 94

b) Regelung einer angemessenen Entschädigung (§ 223a Satz 2 InsO)

Der Eingriff in eine gruppeninterne Drittsicherheit setzt zum Schutz der Sicherungsnehmer eine angemessene Entschädigung voraus (§ 223a Satz 2 InsO). Geleistet werden kann die Entschädigung durch den Schuldner, aber auch vom gruppeninternen Drittsicherungsgeber oder einen anderen Dritten[83] (siehe zum Restrukturierungsplan § 56 Rz. 46 f. [*Brünkmans*]). Bei einer GmbH kann i. R. der allgemeinen Grenzen (insbesondere Treuepflichten, Kapitalerhaltung und Existenzvernichtungshaftung) die Konzernspitze die Geschäftsführung des gruppeninternen Drittsicherungsgebers zur Abgabe einer entsprechenden Verpflichtungserklärung anweisen (siehe auch zum Restrukturierungsplan § 56 Rz. 47 [*Brünkmans*]). 95

Die **Entschädigung** ist **im gestaltenden Teil** des Insolvenzplans zu regeln, wenn sie aus dem Vermögen des Schuldners aufgebracht wird.[84] Erfolgt die Entschädigung durch die gruppeninterne Sicherungsgeberin, ist eine entsprechende **rechtsverbindliche Verpflichtungserklärung** als Anlage zum Insolvenzplan zu nehmen. 96

c) Gruppenbildung (§ 222 Abs. 1 Satz 2 Nr. 5 InsO)

Wird in die Rechte drittbesicherter Insolvenzgläubiger eingegriffen, ist gemäß § 222 Abs. 1 Satz 2 Nr. 5 InsO zwingend eine eigene Gruppe von Inhabern von Rechten aus gruppeninternen Drittsicherheiten zu bilden. 97

4. Anlage: Zustimmung des verbundenen Unternehmens

Sieht der Insolvenzplan Eingriffe in die Rechte von Gläubigern aus gruppeninternen Drittsicherheiten vor, ist dem Insolvenzplan die Zustimmung des verbundenen Unternehmens beizufügen, das **die Sicherheit gestellt hat** (§ 230 Abs. 4 InsO). Dies ist Voraussetzung dafür, dass die Wirkung der Rechtsänderung mit der Planbestätigung eintritt (§ 254 Abs. 1 InsO).[85] Die Vorschrift soll die wirtschaftliche Freiheit des verbundenen Unternehmens schützen, das entscheiden darf, ob es die Gläubiger des Schuldners voll 98

78) Vgl. auch *Spahlinger* in: KPB, InsO, § 217 Rz. 50k.

79) *Spahlinger* in: KPB, InsO, § 217 Rz. 50k.

80) *Hoegen/Kranz*, NZI 2021, 105, 107.

81) *Fiebig* in: HK-InsO, § 222 Rz. 13; *Spahlinger* in: KPB, InsO, § 217 Rz. 50i.

82) *Spahlinger* in: KPB, InsO, § 217 Rz. 50i; K. Schmidt-*Spliedt*, InsO, § 223a Rz. 3; *Hoegen/Kranz*, NZI 2021, 105, 107.

83) Braun-*Braun/Frank*, InsO, § 223a Rz. 15; *Spahlinger* in: KPB, InsO, § 223a Rz. 12; *Fiebig* in: HK-InsO, § 223a Rz. 9. A. A. *Hoegen/Kranz*, NZI 2021, 105, 108.

84) *Geiwitz/v. Danckelmann* in: Kübler/Bork/Prütting, HRI II, § 21 Rz. 15 f.

85) *K. Schmidt-Spliedt*, InsO, § 230 Rz. 12.

befriedigt.[86] Teilweise wird die Norm dahingehend reduziert, dass es lediglich in solchen Fällen einer Zustimmung bedarf, in denen die Gestaltung für den Sicherungsgeber mit Nachteilen verbunden ist.[87] Im Rahmen des rechtlich Zulässigen kann die Schuldnerin über eine etwaige Konzernleitungsmacht (siehe Rz. 48 ff.) den Drittsicherungsgeber anweisen, eine solche Zustimmungserklärung abzugeben (siehe zum Restrukturierungsplan § 56 Rz. 50 [*Brünkmans*]).

5. Stimmrecht drittbesicherter Gläubiger (§ 238b InsO)

99 Das Stimmrecht der Berechtigten aus gruppeninternen Drittsicherheiten richtet sich nach dem **Befriedigungsbeitrag**, der aus der Geltendmachung der Rechte aus der Drittsicherheit mutmaßlich zu erwarten ist (§ 238b InsO). Entscheidend ist somit der **prognostizierte Realisationswert** der Sicherheit. Der jeweilige Wert ist zwischen den Beteiligten möglichst einvernehmlich festzulegen. Andernfalls hat das Insolvenzgericht das Stimmrecht festzusetzen. Zwar verweist § 238a InsO – anders als für absonderungsberechtigte Gläubiger in § 238 Abs. 1 InsO – nicht auf § 77 InsO. Dabei dürfte es sich jedoch aufgrund der gleichen Verfahrenssituation lediglich um ein Redaktionsversehen handeln.[88]

G. Insolvenzpläne im grenzüberschreitenden Konzern

I. Erhöhung der Komplexität

100 Die Komplexität der Sanierung eines Konzerns über das Insolvenzplanverfahren wird noch erhöht, wenn es sich um einen grenzüberschreitenden Konzern mit Gesellschaften in verschiedenen Staaten handelt, der allerdings betriebswirtschaftlich stark integriert und zentralisiert ist. Die ohnehin durch das Insolvenzverfahren entstehenden Zentrifugalkräfte werden bei grenzüberschreitenden Sachverhalten noch verstärkt.[89] Eine erhöhte Komplexität tritt insbesondere durch die **Anwendung unterschiedlicher Rechtsordnungen** ein. Dabei ist zwischen europäischen und außereuropäischen Auslandsgesellschaften zu differenzieren.

101 Liegt der Mittelpunkt der hauptsächlichen Interessen einer Tochtergesellschaft im europäischen Ausland und ist für diese ebenfalls ein Insolvenzverfahren zu eröffnen, so ist nach Art. 3 ff. i. V. m. Art. 7 EuInsVO[90] das ausländische Gericht für die Eröffnung eines Hauptinsolvenzverfahrens zuständig und das materielle Insolvenzrecht dieses Mitgliedstaates anwendbar (siehe dazu ausführlich § 62 Rz. 19 [*Thole*]). Eine Sanierung der ausländischen Tochter nach dem deutschen Insolvenzplanverfahren ist in diesem Fall nicht möglich. Sollte die Tochtergesellschaft von strategischer Bedeutung und deren Erhalt für die Sanierung der deutschen Mutter zwingend erforderlich sein, kommt entweder eine außergerichtliche Sanierung oder eine Sanierung nach der ausländischen Insolvenzrechtsordnung des Eröffnungsstaates in Betracht, etwa dem französischen „Sauvegarde" bei französischen Tochtergesellschaften und dem englischen „Administration/Voluntary Arrangement" bei englischen Tochtergesellschaften.

102 Die Verschiedenartigkeit der Sanierungsverfahren, mit denen die einzelnen grenzüberschreitenden Rechtsträger saniert werden, kann zu erheblichen Friktionen führen. Natur-

86) Begr. RegE SanInsFoG z. InsO, BT-Drucks. 19/24181, S. 200.

87) *Spahlinger* in: KPB, InsO, § 217 Rz. 50h.

88) *Fiebig* in: HK-InsO, § 238b Rz. 3; K. Schmidt-*Spliedt*, InsO, § 238b Rz. 2.

89) *Brünkmans*, Koordinierung von Insolvenzverfahren konzernverbundener Unternehmen, S. 312; *Pleister/Theusinger* in: Kübler/Bork/Prütting, HRI II, § 44 Rz. 1.

90) Verordnung (EU) 2015/848 des Europäischen Parlaments und des Rates v. 20.5.2015 über Insolvenzverfahren (EuInsVO), ABl. (EU) L 141/19 v. 5.6.2015.

gemäß besteht hier ein hoher Abstimmungsbedarf zwischen Insolvenzplänen und den vergleichbaren ausländischen Regelungen. Außerhalb des Anwendungsbereichs der EuInsVO kommt noch das Problem der **Anerkennungsfähigkeit der einzelnen Planwirkungen** hinzu. Siehe dazu ausführlich § 62 Rz. 43 ff. [*Thole*].

Die Anerkennung der Verfahrenseröffnung und Wirkungen des Insolvenzplans im Ausland sind gründlich vorzubereiten und bei der Planung einer gerichtlichen Sanierung eines internationalen Konzerns zu bedenken. Im Anwendungsbereich der EuInsVO werden die im gestaltenden Teil des Insolvenzplans vorgenommenen Rechtsgestaltungen, insbesondere Forderungserlasse, nach Art. 20 EuInsVO (Art. 17 Abs. 1 EuInsVO a. F.) automatisch anerkannt (siehe dazu ausführlich § 62 Rz. 47 ff. [*Thole*]). Im außereuropäischen Ausland sind stets im Einzelfall die Anerkennung und das ggf. notwendige Durchlaufen von Exequaturverfahren vorab zu prüfen. Ohne eine entsprechend frühzeitige Verfahrensvorbereitung und Abstimmung wird ein Insolvenzplan wegen des vorherigen **Zerfalls des Konzernverbunds durch separate unkoordinierte Insolvenzverfahren** scheitern.[91] Für die Lösung dieses Problems stehen auf internationaler Ebene grundsätzlich die gleichen Koordinationsmechanismen der Verfahrenszentralisierung und Verfahrenskoordinierung zur Verfügung, die sich allerdings noch schwieriger auf rechtssicherer Grundlage vollziehen lassen (siehe hierzu nachfolgend Rz. 104 ff.). 103

II. Koordinationsmechanismen zur Umsetzung einer Plansanierung eines grenzüberschreitenden Konzerns

Wie im rein nationalen Konzern, sind grundsätzlich auch bei grenzüberschreitenden Konzernen die Verfahrenszentralisierung und die Verfahrenskoordinierung denkbar, um Reibungsverluste bei der Sanierung eines Konzerns zu minimieren.[92] Dies gilt jedenfalls für die Einbeziehung europäischer Konzerngesellschaften, die ihren Mittelpunkt hauptsächlicher Interessen (Art. 3 Abs. 1 EuInsVO) im Anwendungsbereich der EuInsVO haben. 104

1. Einbeziehung europäischer Konzerngesellschaften in die Plansanierung

Zum 26.6.2017 ist die neue EuInsVO in Kraft getreten. Sie löst die alte Verordnung (EG) Nr. 1346/2000[93] des Rates vom 29.5.2000 ab (im Folgenden EuInsVO a. F.). Die EuInsVO wird erstmals in Kapitel V einen Abschnitt zur Konzerninsolvenz enthalten, welcher auch sachrechtliche Koordinationsmechanismen zur Verfügung stellt, die für eine Konzernsanierung über einen Insolvenzplan nützlich sein können. Die nachfolgenden Ausführungen haben die Sanierung einer deutschen Konzernmutter über einen Insolvenzplan unter Einbeziehung europäischer Tochtergesellschaften im Blick. 105

a) Verfahrenszentralisierung am Sitz der Mutter nach der EuInsVO

aa) Einheitliche gerichtliche Zuständigkeit (Art. 3 EuInsVO)

Bereits nach der bisherigen Rechtslage unter Berücksichtigung der Rechtsprechung des EuGH zur internationalen Zuständigkeit bei zentral und funktional integrierten Konzernen,[94] besteht auch bei grenzüberschreitenden Konzernen die Möglichkeit, einen **ein-** 106

91) *Pleister/Theusinger* in: Kübler/Bork/Prütting, HRI II, § 44 Rz. 1.

92) *Pleister/Theusinger* in: Kübler/Bork/Prütting, HRI II, § 44 Rz. 8.

93) Verordnung (EU) Nr. 1346/2000 des Rates v. 29.5.2000 über Insolvenzverfahren (EuInsVO a. F.), ABl. (EU) L 160/1 v. 30.6.2000.

94) EuGH, Urt. v. 2.5.2006 – Rs. C-341/04 (Eurofood), ZIP 2006, 907 = NZI 2006, 360; EuGH, Urt. v. 20.10.2011 – Rs. C-396/09 (Interedil), ZIP 2011, 2153 = NZI 2011, 990, dazu EWiR 2011, 745 *(Paulus)*; EuGH, Urt. v. 15.12.2011 – Rs. C-191/10 (Rastelli), ZIP 2012, 183 = NZI 2012, 147, dazu EWiR 2012, 87 *(Paulus)*; *Brünkmans*, KSzW 2012, 319 ff.

heitlichen Gerichtsstand für sämtliche Konzerngesellschaften zu begründen. Die Verfahrensabwicklung in der Hand eines zuständigen Richters hat für das Gelingen einer konzernweiten Plansanierung erhebliche Vorteile und gewährleistet die Effektivität des Verfahrens (siehe für den nationalen Konzern bereits oben Rz. 37 ff.). Hinzu kommt, dass bei einer einheitlichen internationalen Zuständigkeit aus Art. 3 EuInsVO auch das gleiche Insolvenzverfahrensrecht Anwendung findet (Art. 7 EuInsVO = Art. 4 EuInsVO a. F.). Für eine konzernweite Sanierung bedeutet dies, dass auch die Sanierung der europäischen Tochtergesellschaften nach dem Sanierungsverfahren und der Rechtsordnung der Muttergesellschaft erfolgt. Im Falle einer deutschen Konzernmutter wäre somit eine Sanierung der europäischen Tochtergesellschaften nach dem Insolvenzplanverfahren gemäß §§ 217 ff. InsO möglich.

107 Einen **Gruppen-Gerichtsstand** entsprechend § 3a InsO kennt die EuInsVO nicht und auch mit der am 26.6.2017 in Kraft getretenen neuen Fassung wird ein solcher nicht eingeführt. Die internationale Zuständigkeit bei konzernverbundenen Unternehmen hat vielmehr anhand der Bestimmung des **Mittelpunktes hauptsächlicher Interessen (COMI)** i. S. von Art. 3 Abs. 1 Satz 1 EuInsVO für jede Konzerngesellschaft isoliert zu erfolgen. Nach Art. 3 Abs. 1 Satz 1 EuInsVO sind für die Eröffnung des Insolvenzverfahrens die Gerichte des Mitgliedstaates zuständig, in dessen Hoheitsgebiet der Schuldner den Mittelpunkt seiner hauptsächlichen Interessen hat. Mittelpunkt der hauptsächlichen Interessen ist der Ort, an dem der Schuldner gewöhnlich der Verwaltung seiner Interessen nachgeht und der für Dritte feststellbar ist (Art. 3 Abs. 1 Satz 1 EuInsVO). Siehe ausführlich § 62 Rz. 4 ff. [*Thole*].

108 Bei einem zentralen Konzernaufbau wird im Einzelfall der Mittelpunkt der hauptsächlichen Interessen für Gläubiger erkennbar nicht am Ort der Inkorporation, sondern **am Ort der Konzernzentrale** am tatsächlichen Sitz der Konzernmutter liegen.[95] In der Rechtsprechung zur EuInsVO in der Fassung Verordnung EG Nr. 1346/2000 hatten sich dafür mittlerweile folgende Kriterien herauskristallisiert:[96]

- die Finanzierung erfolgt zentral durch die Muttergesellschaft;
- die Muttergesellschaft kontrolliert das operative Geschäft;[97]
- die Muttergesellschaft ist für die Personaleinstellung zuständig oder übernimmt sonstige Managementfunktionen;[98]
- visuelle Identität durch Konzernlabel;[99]
- Geschäftsführer der Tochtergesellschaften agieren von der Konzernzentrale aus.[100]

109 Ausweislich des ErwG 53 der EuInsVO soll diese Praxis bei stark integrierten Unternehmensgruppen auch unter Geltung der neuen Fassung der EuInsVO aufrechterhalten bleiben.

---

95) *Brünkmans*, ZInsO 2013, 797, 806.

96) Dazu ausführlich *Brünkmans*, KSzW 2012, 319, 323 ff.

97) AG München, Beschl. v. 4.5.2004 – 1501 IE 1276/04, ZIP 2004, 962, 963, dazu EWiR 2004, 493 *(Paulus)*.

98) High Court of Justice Birmingham, Beschl. v. 18.4.2005 – 2375 bis 2382/05, 2375/05, 2376/05, 2377/05, 2378/05, 2379/05, 2380/05, 2381/05, 2382/05, NZI 2005, 467, 468.

99) Bericht der EU-Kommission (Report of the Commission to the European Parliament, the Council and the European Economic and Social Committee), COM/2012/0743 final, S. 15.

100) AG Siegen, Beschl. v. 1.7.2004 – 25 IN 154/04, NZI 2004, 673, 674, dazu EWiR 2005, 175 *(Mankowski)*; AG Offenburg, Beschl. v. 2.8.2004 – 2 IN 133/04, NZI 2004, 673, dazu EWiR 2005, 73 *(Pannen/Riedemann)*.

Praxishinweis

Ist die Zentralisierung der Insolvenzverfahren an einem Gerichtstand möglich, sollten frühzeitig für die einzelnen ausländischen Tochtergesellschaften Indizien gesammelt werden, welche den Gerichtsstand dieser ausländischen Tochtergesellschaften am Sitz der deutschen Konzernmutter begründen.

Im Insolvenzantrag der ausländischen Tochtergesellschaften sollte eine ausführliche Begründung mit umfassendem Beleg der Tatsachen enthalten sein.

Eine in der Vergangenheit teilweise zu beobachtende Praxis vorheriger Sitzverlegung von Tochtergesellschaften, um die Vermutungswirkung des Sitzes aus Art. 3 Abs. 1 Satz 2 EuInsVO a. F. (entspricht Art. 3 Abs. 1 Unterabs. 2 Satz 2 EuInsVO) nutzbar zu machen, verlor mit dem Inkrafttreten von Art. 3 Abs. 1 Unterabs. 2 Satz 2 EuInsVO an Bedeutung. Danach greift die Vermutung nicht, wenn der Sitz in einem Zeitraum von drei Monaten vor dem Insolvenzantrag in einen anderen Mitgliedstaat verlegt wurde.

bb) Bestellung eines personenidentischen Insolvenzverwalters

Die Bestellung eines personenidentischen Insolvenzverwalters für die Verfahren der ausländischen Töchter und damit die verfahrensmäßige Zentralisierung der Verfahren bietet auch bei grenzüberschreitenden Konzernen dieselben Vorteile wie bei rein nationalen Konzernen (siehe dazu Rz. 42 f.). Der Insolvenzplan kann in diesem Fall „aus einer Hand" geschrieben werden und als Verwalterplan eingebracht werden. 110

Allerdings wird sich die Bestellung personenidentischer Insolvenzverwalter in der Praxis nur durchsetzen lassen, wenn sich nach Art. 3 EuInsVO eine einheitliche internationale Zuständigkeit in einem Mitgliedstaat begründen lässt, weil die Gerichte in den Mitgliedstaaten bei der Bestellung ausländischer Insolvenzverwalter zögerlich sind. 111

b) Verfahrenskoordinierung nach der EuInsVO

aa) Anwendungsbereich der Koordinationsmechanismen nach der EuInsVO

Die EuInsVO stellt mit Inkrafttreten in Art. 56 ff. EuInsVO besondere Mechanismen zur Koordinierung der einzelnen Insolvenzverfahren in den Mitgliedstaaten zur Verfügung. Zu fragen ist, in welchen Konstellationen diese Vorschriften zur Verfahrenskoordinierung Anwendung finden. Eine Regelung hierzu findet sich in der EuInsVO nicht. 112

Grundsätzlich ist für die Anwendbarkeit der EuInsVO erforderlich, dass sich der **COMI in einem EU-Mitgliedstaat** befindet und dass dem Insolvenzverfahren ein grenzüberschreitender Sachverhalt zugrunde liegt.[101] Grenzüberschreitend ist ein Sachverhalt dann, wenn Vermögen, das zur Insolvenzmasse gehört, in anderen EU-Mitgliedstaaten belegen ist, Vertragsbeziehungen des Schuldners bestehen, die die Grenzen von Mitgliedstaaten überschreiten oder ausländische Gläubiger, die ihren Sitz oder Wohnsitz in einem anderen Mitgliedstaat haben, vorhanden sind. Insolvenzverfahren, die sich nur auf das Gebiet eines Mitgliedstaats erstrecken, fallen nicht in den Anwendungsbereich der Verordnung.[102] 113

Für den Anwendungsbereich der Kooperationsvorschriften nach Art. 56 ff. EuInsVO ist richtigerweise darüber hinaus ein **gruppenspezifischer grenzüberschreitender Bezug** zu fordern, der dann gegeben ist, wenn mindestens zwei Gruppenmitglieder, die sich im Insolvenz(eröffnungs)verfahren befinden, den COMI in mindestens zwei unterschiedlichen Mitgliedstaaten haben.[103] In diesem Fall finden die Vorschriften zur Verfahrenskoordinierung nach Art. 56 ff. EuInsVO auch unter den Mitgliedern der Unternehmensgruppe 114

101) *Brünkmans*, KSzW 2012, 319, 323 ff.

102) *Brünkmans*, ZInsO 2013, 797, 806.

103) *Brünkmans* in: MünchKomm-InsO, § 269a Rz. 23; *Brünkmans*, ZInsO 2013, 797, 806.

Anwendung, die den COMI in demselben Mitgliedstaat haben, sofern und soweit nicht das nationale Recht eine abschließende Regelung vorsieht.[104)]

bb) Kooperationspflichten zur Ermöglichung einer Plansanierung

115 Wie auch § 269a InsO enthält Art. 56 EuInsVO allgemeine Kooperationspflichten zwischen den Insolvenzverwaltern in Verfahren von zwei oder mehr Mitgliedern derselben Unternehmensgruppe.

116 Die Zusammenarbeit ist insbesondere dann erforderlich, wenn aufgrund der Konzernstruktur eine Verfahrensbewältigung der europäischen Tochtergesellschaften am Sitz der Konzernmutter ohne ein Überstrapazieren von Art. 3 EuInsVO nicht möglich erscheint (siehe oben Rz. 106 ff.). Sind unterschiedliche Insolvenzverwalter in den verschiedenen Verfahren der Mitgliedstaaten eingesetzt, kann eine Plansanierung – etwa der deutschen Muttergesellschaft – nur durch eine umfassende Kooperation zwischen den Insolvenzverwaltern in den einzelnen Verfahren erfolgen. Dazu besteht auf europäischer Ebene nach Art. 56 Abs. 1 EuInsVO nunmehr eine ausdrückliche Verpflichtung.

117 Bei der Durchführung dieser Zusammenarbeit nach Art. 56 Abs. 1 EuInsVO obliegt es den Insolvenzverwaltern insbesondere auch, Sanierungsoptionen gemeinsam auszuloten und ggf. sich über den Vorschlag für einen koordinierten Sanierungsplan und dazu, wie dieser ausgehandelt werden soll, abzustimmen (Art. 56 Abs. 2 lit. c EuInsVO).

cc) Anhörung/Aussetzungsantrag gemäß Art. 60 Abs. 1 EuInsVO

118 Häufig lässt sich die Sanierung über einen Insolvenzplan nur unter Einbeziehung von strategisch wichtigen ausländischen Tochtergesellschaften erreichen. Um zu vermeiden, dass in den Insolvenzverfahren der Gruppen-Gesellschaften vollendete Tatsachen geschaffen werden, eröffnet Art. 60 Abs. 1 EuInsVO dem Insolvenzverwalter die Möglichkeit, im Insolvenzverfahren einer anderen Gruppen-Gesellschaft gehört zu werden (Art. 60 Abs. 1 lit. a EuInsVO). Ferner kann der Insolvenzverwalter versuchen, über einen Aussetzungsantrag die Verwertung des – für die Realisierung des Insolvenzplans notwendigen – Vermögens der ausländischen Gruppen-Gesellschaften zu verhindern (Art. 60 Abs. 1 lit. b EuInsVO).

(1) Voraussetzungen für einen Aussetzungsantrag

119 Der Antrag auf Aussetzung ist beim für das Insolvenzverfahren der anderen Gruppen-Gesellschaft zuständigen Gericht zu stellen. Bei einer zentralen Sanierung von der Muttergesellschaft aus ist dies das für die ausländische Tochtergesellschaft zuständige Insolvenzgericht.

120 Dieses setzt die Verwertungsmaßnahme im Verfahren der ausländischen Tochtergesellschaft aus, wenn folgende Voraussetzungen vorliegen:

- ein Insolvenzplan wurde im Verfahren anderer Mitglieder der Unternehmensgruppe vorgeschlagen, der hinreichende Aussicht auf Erfolg hat;
- die Aussetzung der Verwertung ist notwendig, um die ordnungsgemäße Durchführung des Insolvenzplans herzustellen;
- der Insolvenzplan käme den Gläubigern im Insolvenzverfahren der Tochtergesellschaft, für das die Aussetzung beantragt wird, zugute und

104) Etwa der Fall bei der Regelung des Gruppen-Gerichtsstandes nach § 3a InsO; das Koordinationsverfahren nach §§ 269d–269i InsO ist gegenüber den Regelungen der EuInsVO als zusätzliche Option anzusehen. Dazu ausführlich: *Brünkmans*, ZInsO 2013, 797, 807.

- die Insolvenzverfahren sind nicht in einem Koordinationsverfahren (siehe unten Rz. 123 ff.) gemäß Art. 61 ff. EuInsVO eingebunden.

Praxishinweis

Entscheidend für die Begründung eines Aussetzungsantrages ist die Darlegung, dass der Insolvenzplan den Gläubigern im Insolvenzverfahren der Tochtergesellschaft, für das die Aussetzung beantragt wird, zugutekäme.[105)]

Ähnlich wie im darstellenden Teil eines Insolvenzplans eine Vergleichsrechnung zwischen Planquote und Regelverfahren erforderlich ist, sollte bei einer konzernweiten Sanierung das Sanierungskonzept eine Vergleichsrechnung in Anlehnung an eine „251er-Rechnung“ enthalten. Dabei sind die erwarteten Quoten auf der Grundlage des konzernweiten Sanierungskonzepts mit den voraussichtlichen Quoten in den Einzelverfahrens zu vergleichen („Einzelbetrachtung“). Diese Einzelbetrachtung darf dabei nur dann ein Fortführungsszenario berücksichtigen, wenn eine Fortführung der Konzerngesellschaft „stand alone“ außerhalb des Konzernverbundes möglich ist.

Auf der Grundlage einer solchen validen Vergleichsrechnung können einerseits die Gläubiger überzeugt werden und andererseits der Nachweis für einen Aussetzungsantrag nach Art. 60 Abs. 1 EuInsVO erbracht werden, dass der Insolvenzplan den Gläubigern im Insolvenzverfahren der Tochtergesellschaft, für das die Aussetzung beantragt wird, zugutekäme.

(2) Aussetzungsentscheidung des Gerichts

Das Gericht, das das Verfahren eröffnet hat, setzt alle Maßnahmen im Zusammenhang 121
mit der Verwertung der Insolvenzmasse in dem Verfahren ganz oder teilweise aus, wenn es sich überzeugt hat, dass die Voraussetzungen nach Art. 60 Abs. 1 lit. b EuInsVO erfüllt sind (Art. 60 Abs. 2 Unterabs. 1 EuInsVO). Vor Anordnung der Aussetzung hört das Gericht den Verwalter des Insolvenzverfahrens, für das die Aussetzung beantragt wird (Art. 60 Abs. 2 Unterabs. 2 Satz 1 EuInsVO).

Die Aussetzung kann für jeden Zeitraum bis zu drei Monaten angeordnet werden, den 122
das Gericht für angemessen hält und der mit den für das Verfahren geltenden nationalen Vorschriften vereinbar ist. Das Gericht kann die Dauer der Aussetzung um einen weiteren Zeitraum oder mehrere weitere Zeiträume verlängern, die es für angemessen hält und die mit den für das Verfahren geltenden Vorschriften vereinbar sind, sofern die in Art. 60 Abs. 1 lit. b EuInsVO genannten Voraussetzungen weiterhin erfüllt sind und die Gesamtdauer der Aussetzung (die anfängliche Dauer zuzüglich aller Verlängerungen) sechs Monate nicht überschreitet.

dd) Gruppen-Koordinationsverfahren/Koordinationsplan (Art. 61 ff. EuInsVO)

Mit Inkrafttreten der EuInsVO wurde – ähnlich wie nach Inkrafttreten des Gesetzes zur 123
Erleichterung der Bewältigung von Konzerninsolvenzen in der InsO unter §§ 269d–269i InsO – in Abschnitt 2 zu Kapitel V (Art. 61 ff. EuInsVO) ein besonderes Koordinationsverfahren eingeführt. Ziel dieses Koordinationsverfahrens ist, eine koordinierte Sanierung der Gruppe zu ermöglichen.[106)] Es handelt sich bei dem Koordinationsverfahren um ein spezielles Mediationsverfahren,[107)] das aufgrund seiner zusätzlichen Kosten voraussichtlich nicht häufig Anwendung finden wird.[108)]

105) Vgl. zum Sekundärinsolvenzverfahren nach EuInsVO a. F.: LG Leoben, Beschl. v. 1.12.2005 – 17 S 56/05m, NZI 2006, 663; OLG Graz, Beschl. v. 20.10.2005 – 3 R 149/05i, NZI 2006, 660.

106) ErwG 54 EuInsVO.

107) *Madaus*, IILR 2015, 235, 235.

108) *Madaus*, IILR 2015, 235, 235.

(1) Antrag auf Eröffnung eines Gruppen-Koordinationsverfahrens

124 Antragsberechtigt ist gemäß Art. 61 Abs. 1 EuInsVO jeder Verwalter, der in einem Insolvenzverfahren über das Vermögen eines Mitglieds der Gruppe bestellt worden ist.

125 Im Antrag sollten Angaben zu den wesentlichen Elementen der Koordinierung gemacht werden, insbesondere eine Darstellung des Koordinationsplans, ein Vorschlag für die als Koordinator zu bestellende Person und eine Übersicht der geschätzten Kosten für die Koordinierung (Art. 61 Abs. 3 lit. d EuInsVO).

126 Der Antrag auf Eröffnung eines Gruppen-Koordinationsverfahrens kann bei jedem Gericht, das für Insolvenzverfahren eines Mitglieds der Gruppe zuständig ist, beantragt werden (Art. 61 Abs. 1 EuInsVO). Sind sich mindestens zwei Drittel aller Verwalter, die für Insolvenzverfahren über das Vermögen der Mitglieder der Gruppe bestellt wurden, darüber einig, dass ein zuständiges Gericht eines anderen Mitgliedstaates am besten für die Eröffnung eines Gruppen-Koordinationsverfahrens geeignet ist, so ist dieses Gericht ausschließlich zuständig (Art. 66 Abs. 1 EuInsVO).

(2) Einbeziehung in das Gruppen-Koordinationsverfahren

127 Der Verwalter einer Gruppengesellschaft hat das Recht, gegen die Unterstellung seines Verfahrens unter das Koordinationsverfahren oder gegen die Person des vorgeschlagenen Koordinators innerhalb einer Frist von 30 Tagen nach Erhalt der Information über den Eingang eines Antrags auf Eröffnung eines Koordinationsverfahrens Widerspruch zu erheben (Art. 63, 64 Abs. 2 Satz 1 EuInsVO). Der Widerspruch muss keine Begründung enthalten und kann anhand eines Standardformulars erhoben werden (Art. 64 EuInsVO). Er ist bei dem Gericht einzulegen, das mit dem Antrag auf Eröffnung eines Koordinationsverfahrens befasst ist (Art. 64 Abs. 2 Satz 1 EuInsVO).

128 Aufgrund der weitreichenden Bedeutung des Widerspruchs (insbesondere Ausscheiden des betreffenden Insolvenzverfahrens aus dem Kreis der koordinierten Verfahren), sollte der Insolvenzverwalter sich bezüglich des Widerspruchs durch ein Votum des Gläubigerausschusses oder der Gläubigerversammlung gemäß § 160 Abs. 1 Satz 1 InsO absichern.[109)]

129 Unter den Voraussetzungen von Art. 69 EuInsVO ist darüber hinaus ein nachträglicher Beitritt in das Koordinationsverfahren durch ein Opt-in des Insolvenzverwalters möglich.

(3) Entscheidung zur Eröffnung eines Gruppen-Koordinationsverfahren

130 International zuständig für die Eröffnung des Koordinationsverfahrens ist nach Art. 61 Abs. 1 EuInsVO jedes Insolvenzgericht, das für das Insolvenzverfahren einer gruppenangehörigen Gesellschaft zuständig ist.[110)]

131 Werden Anträge auf Eröffnung eines Koordinationsverfahrens bei mehreren dafür zuständigen Gerichten gestellt, so gilt der auf den Zeitpunkt des Eingangs des Antrags bei Gericht bezogene **Prioritätsgrundsatz** Art. 62 EuInsVO. Nach Art. 66 EuInsVO können die Insolvenzverwalter über das Vermögen gruppenangehöriger Gesellschaften mit Zweidrittelmehrheit das Gericht eines bestimmten Mitgliedstaats als ausschließlich zuständig für die Eröffnung eines Koordinationsverfahrens bestimmen.[111)]

132 Die Entscheidung über die Eröffnung des Gruppen-Koordinationsverfahrens ergeht nach Art. 68 EuInsVO durch Beschluss des mit dem Antrag auf Eröffnung eines Gruppen-Koordinationsverfahrens befassten Gerichts. Das Gericht hat in dem Beschluss einen Ko-

109) *Prager/Keller*, WM 2015, 805, 810.

110) *Prager/Keller*, WM 2015, 805, 810.

111) *Prager/Keller*, WM 2015, 805, 810.

ordinator zu bestellen und über den Entwurf der Koordination, über die Kostenschätzung und den Anteil, der von den Mitgliedern der Gruppe zu tragen ist, zu entscheiden (Art. 68 Abs. 1 Satz 2 EuInsVO). Die Entscheidung zur Eröffnung eines Gruppen-Koordinationsverfahrens ist den beteiligten Verwaltern und dem Koordinator mitzuteilen.

(4) Aufgaben und Rechte des Koordinators

Die Aufgaben und Rechte des Koordinators sind in Art. 72 EuInsVO beschrieben. Der Koordinator übt seine Pflichten unparteiisch und mit der gebotenen Sorgfalt aus (Art. 72 Abs. 5 EuInsVO).[112] 133

Der Koordinator legt zunächst Empfehlungen für die koordinierte Durchführung der einzelnen Insolvenzverfahren fest und stellt diese dar, Art. 72 Abs. 1 lit. a EuInsVO. Er kann zudem nach Art. 72 Abs. 1 lit. b EuInsVO einen Gruppen-Koordinationsplan vorschlagen (siehe sogleich Rz. 136 ff.). 134

Nach Art. 72 Abs. 2 EuInsVO hat der Koordinator zudem weitreichende Mitwirkungs- und Informationsrechte in den Insolvenzverfahren der Gruppen-Gesellschaften. Er ist nach Art. 72 Abs. 2 lit. c EuInsVO dazu auserkoren, bei Streitigkeiten zwischen den Verwaltern der Einzelverfahren als Vermittler aufzutreten. 135

(5) Gruppen-Koordinationsplan

Nach Art. 72 Abs. 1 lit. b EuInsVO kann der Koordinator einen Gruppen-Koordinationsplan vorschlagen, der einen umfassenden Katalog geeigneter Maßnahmen für einen integrierten Ansatz zur Bewältigung der Insolvenz der Gruppenmitglieder festlegt, beschreibt und empfiehlt. Der Gruppen-Koordinationsplan kann insbesondere Vorschläge enthalten zu den **Maßnahmen**, die zur Wiederherstellung der wirtschaftlichen Leistungsfähigkeit und der Solvenz der Gruppe oder einzelner Mitglieder zu ergreifen sind (Art. 72 Abs. 1 lit. b Ziff. i EuInsVO). Er kann aber auch zur Beilegung gruppeninterner Streitigkeiten in Bezug auf gruppeninterne Transaktionen und Anfechtungsklagen beitragen und Vereinbarungen zwischen den Verwaltern der insolventen Gruppenmitglieder vorbereiten. Empfehlungen zur Konsolidierung von Verfahren oder Insolvenzmassen darf der Gruppen-Koordinationsplan hingegen nach Art. 72 Abs. 4 EuInsVO nicht umfassen. 136

Um einen Gruppen-Koordinationsplan zu entwickeln, ist es erforderlich, dass der Koordinator an die wesentlichen Informationen aus allen Gruppen-Gesellschaften gelangen kann. Daher hat er nach Art. 72 Abs. 2 lit. d EuInsVO das Recht, von jedem Verwalter Informationen in Bezug auf jedes Gruppenmitglied anzufordern, wenn diese Informationen bei der Festlegung und Darstellung von Strategien und Maßnahmen zur Koordinierung der Verfahren von Nutzen sind oder sein könnten. 137

Der Gruppen-Koordinationsplan kann – vergleichbar dem Koordinationsplan nach § 269h InsO – als **Grundlage für die Insolvenzpläne in den Einzelverfahren** dienen. Er „legt fest, beschreibt und empfiehlt" bestimmte Maßnahmen für die Sanierung der Gruppe, kann aber keine Regelungen für die Einzelverfahren treffen, sondern nur Vorschläge hierfür unterbreiten. Daher ist davon auszugehen, dass der Gruppen-Koordinationsplan sich in einer Beschreibung der Situation der Gruppe und der möglichen Lösungen für die Sanierung der Gruppe erschöpft. Dies kann freilich, vergleichbar zum darstellenden Teil des Insolvenzplans nach deutschem Recht, eine erhebliche Detailtiefe erreichen, die es erlaubt, unmittelbar aus dem Gruppen-Koordinationsplan die Insolvenzpläne in den Einzelverfahren abzuleiten und zu entwickeln. 138

112) Zur Frage der Bestellung, Abberufung und Haftung des Koordinators s. *Eble*, ZIP 2016, 1619 ff.

139 Es bestehen gewisse Verfahrensvorkehrungen, die gewährleisten, dass sich die Verwalter mit dem Gruppen-Koordinationsplan und den übrigen Vorschlägen des Koordinators auseinandersetzen müssen,[113] es gilt der Grundsatz „comply or explain", vgl. insbesondere Art. 70 Abs. 1 EuInsVO. Folglich sind die Insolvenzverwalter in den Insolvenzverfahren über das Vermögen der Gruppengesellschaften zur Prüfung der Frage angehalten, ob die i. R. des Koordinationsverfahrens vorgeschlagenen Maßnahmen die Gläubiger ihres Verfahrens voraussichtlich **besserstellen als alternative Verwertungsstrategien**. Folgt ein Insolvenzverwalter den Empfehlungen des Koordinators oder dem Gruppen-Koordinationsplan nicht, so hat er den nach nationalem Recht zuständigen Organen (in Deutschland: Insolvenzgericht, Gläubigerausschuss und Gläubigerversammlung) Bericht zu erstatten, sowie den Koordinator über die Gründe dafür zu informieren.[114]

140 Einen Haftungstatbestand für eine Verletzung dieser Pflicht enthält die EuInsVO nicht. Eine Haftung kann sich jedoch aus den Vorschriften des Insolvenzrechts des Staates ergeben, in dem das Koordinationsverfahren anhängig ist.[115]

141 Über die Pflicht der Insolvenzverwalter, den Gruppen-Koordinationsplan zu beachten, hinaus, hat der Koordinator nach Art. 72 Abs. 2 EuInsVO auch Möglichkeiten, aktiv für den Koordinationsplan zu werben. Dies kann insbesondere dadurch geschehen, dass er an den **Gläubigerversammlungen der Gruppengesellschaften** teilnimmt und dort das Sanierungskonzept dem Gruppen-Koordinationsplan zugrunde liegende Sanierungskonzept erläutert.[116] Weiter wird ihm nach Art. 72 Abs. 2 lit. e EuInsVO die Option gegeben, eine Aussetzung von Verfahren über das Vermögen jedes Mitglieds der Gruppe für bis zu sechs Monate zu beantragen, sofern die Aussetzung notwendig ist, um die ordnungsgemäße Durchführung des Gruppen-Koordinationsplans sicherzustellen, und dieser den Gläubigern des Verfahrens, für das die Aussetzung beantragt wird, zugutekäme. Der Koordinator kann zudem die Aufhebung jeder bestehenden Aussetzung beantragen, um so die Umsetzung des Gruppen-Koordinationsplans zu befördern. Ein derartiger Antrag ist bei dem Gericht zu stellen, das das Verfahren eröffnet hat, für das die Aussetzung beantragt wird.

2. Einbeziehung außereuropäischer Konzerngesellschaften in die Plansanierung

142 Die in der EuInsVO vorgesehenen Koordinationsmechanismen finden auf Konzerngesellschafen, deren COMI (Art. 3 EuInsVO) sich nicht auf dem Territorium eines Mitgliedstaates der EU befindet, keine Anwendung. Eine Koordinierung des Insolvenzplanverfahrens mit Insolvenzverfahren über das Vermögen außereuropäischer Konzerngesellschaften kann daher grundsätzlich nur „formlos" erfolgen. Strategisch wichtige Tochter- oder sonstige Gliedgesellschaften können letztlich nur durch **freiwillige und formlose Kooperation** zwischen dem Insolvenzverwalter oder eigenverwaltenden Schuldner und den ausländischen Insolvenzverwaltern erfolgen. Hier kann in der Regel die Sanierung des ausländischen Rechtsträgers nach einem ausländischen Sanierungsverfahren oder die übertragende Sanierung auf eine Zweckgesellschaft angestrebt werden.

143 Eine gewisse „Verbindlichkeit" kann dabei über Vereinbarungen oder sog. Protokolle erreicht werden. Diese **Protokolle** stammen aus der US-amerikanischen Praxis („order and protocol") zur koordinierten Bewältigung mehrerer grenzüberschreitender Insolvenzverfahren. Parallele Insolvenzverfahren über wirtschaftlich verzahnte, zusammenhängende

113) *Vallender*, ZInsO 2015, 57, 62.

114) *Vallender*, ZInsO 2015, 57, 62.

115) *Prager/Keller*, WM 2015, 805, 811.

116) *Madaus*, IILR 2015, 235.

Insolvenzmassen werden durch ad-hoc-Vereinbarungen koordiniert.[117] Auch die EuInsVO sieht den Abschluss solcher Vereinbarungen durch die Verwalter in Art. 41 Abs. 1 Satz 2, 56 Abs. 1 Satz 2 EuInsVO und durch den Koordinator in Art. 71 Abs. 1 lit. b Ziff. iii EuInsVO vor.

Die Kooperationsabkommen über eine abgestimmte Verfahrensbewältigung – etwa eine konzernweite Sanierung – werden schriftlich fixiert, von den Verwaltern unterzeichnet und durch einen Beschluss der Insolvenzgerichte bestätigt. **144**

Der Inhalt der Regelung solcher Protokolle ist sehr unterschiedlich.[118] Neben allgemeinen Zielvorstellungen für die gemeinsame Abwicklung der Verfahren werden in den Protokollen häufig gegenseitige **Zustimmungsvorbehalte für wesentliche Verfahrensschritte** formuliert, insbesondere aber auch die Eckpunkte einer konzernweiten Sanierung, die dann durch Insolvenzpläne o. A. in den einzelnen Jurisdiktionen umgesetzt werden müssen. **145**

Bei der vertraglichen Ausgestaltung solcher Insolvenzverfahrensvereinbarungen werden insbesondere die nationalen Vorschriften Grenzen ziehen.[119] Die Umsetzung des Gesamtsanierungskonzepts in den Sanierungsverfahren der ausländischen Konzerngesellschaften wird sich auch über solche Protokolle nicht im Rechtswege erzwingen lassen. Denkbar wäre jedoch eine Absicherung über sekundäre Schadensersatzansprüche bei Nichteinhaltung der Absprachen.[120] **146**

---

117) *Flaschen/Silverman*, Texas International Law Journal 1998, 587, 588, 599 f.; *Flaschen/Smits/Plank*, 17 Conn. J. Int'l L. 3 (2001); *Fletcher*, 27 Int'l Law 429 (1993); *Göpfert*, ZZPInt 1 (1996), 269, 275; im deutschen Schrifttum *Paulus*, ZIP 1998, 977 ff.; *Eidenmüller*, ZZP 114 (2001), 3, 5; *Brünkmans*, Koordinierung von Insolvenzverfahren konzernverbundener Unternehmen, S. 159 ff.; *Wittinghofer*, Der nationale und internationale Insolvenzverwaltungsvertrag, S. 31.

118) *Brünkmans*, ZInsO 2013, 797, 800.

119) *Brünkmans*, ZInsO 2013, 797, 800.

120) Dazu *Brünkmans*, Koordinierung von Insolvenzverfahren konzernverbundener Unternehmen, S. 191.

147 Vgl. *Wessels*, Texas International Law Journal 1998, 943, [illegible]; [illegible] 2001; *Paulus*, ZIP [illegible]; *Wimmer*, ZIP 1998, 982; *Eidenmüller*, ZHR [illegible]; [illegible] differenzierte [illegible] Unternehmen, [illegible] nationale und internationale Insolvenzverwaltungsverträge.

Teil 2
Restrukturierungsplan

§ 34
Einführung zum Restrukturierungsplan nach dem StaRUG

Übersicht

Literatur: *Bork*, Neue Grundfragen des Restrukturierungsrechts, ZRI 2021, 345; *Desch*, Der neue Stabilisierungs- und Restrukturierungsrahmen nach dem Regierungsentwurf StaRUG in der Praxis, BB 2020, 2498; *Gehrlein*, Das Gesetz über den Stabilisierungs- und Restrukturierungsrahmen für Unternehmen (StaRUG) – ein Überblick, BB 2021, 66; *Naujoks/Schönen*, Die Anpassung von Einzelbestimmungen in Finanzierungsverträgen nach dem StaRUG, ZRI 2021, 43; *Ringelspacher/Fehl-Weileder*, Die Vergleichsrechnung: Streitfragen und Erfahrungen oder Business as usual, ZRI 2022, 210; *Schönfelder*, Konsortialkredite in der Plangestaltung nach dem StaRUG: Alles im Plan?, NZI 2023, 1; *Skauradszun*, Die Vergleichsrechnung nach § 220 Abs. 2 InsO n. F., ZIP 2021, 1091; *Skauradszun*, Grundfragen zum StaRUG – Ziele, Rechtsnatur, Rechtfertigung, Schutzinstrumente, KTS 2021, 1; *Thole*, Der Entwurf des Unternehmensstabiliserungs- und restrukturierungsgesetzes (StaRUG-RefE), ZIP 2020, 1985; *Vallender*, Das Sanierungs- und Insolvenzrechtsfortentwicklungsgesetz (SanInsFoG), MDR 2021, 201.

A. Allgemeines

Der **Restrukturierungsplan ist das zentrale Element der Richtlinie** 2019/1023 des Europäischen Parlaments und der Kommission über präventive Restrukturierungsrahmen (im Folgenden: Restrukturierungsrichtlinie).[1] Die Restrukturierungsrichtlinie hat in Deutschland zur Einführung des StaRUG zum 1.1.2021 geführt.[2] Innerhalb des StaRUG bilden die Vorschriften des Teil 2 über den „Stabilisierungs- und Restrukturierungsrahmen" das Herzstück. Der Restrukturierungsplan ist in großen Teilen einem Insolvenzplan nachgebildet, weist aber durchaus beachtliche Unterschiede auf (siehe unten Rz. 10 ff). Die Abstimmung über und die Herbeiführung der Wirkungen eines Restrukturierungsplans kann sowohl „privatautonom", d. h. ohne gerichtliche Beteiligung, als auch in einem gerichtlich durchgeführten und mit der gerichtlichen Bestätigung endenden Verfahren erfolgen, wobei das Gesetz insoweit von der „Restrukturierungssache" (§ 31 StaRUG) spricht. Sie stellt deshalb kein echtes *Verfahren* dar, weil das Gericht nicht laufend beteiligt sein muss, sondern nur dann eingebunden wird, wenn es i. R. eines sog. Instruments (§ 29 StaRUG) – wie bei der Planbestätigung – benötigt wird. 1

Bei dem Restrukturierungsrahmen handelt es sich um ein **teilkollektives Verfahren.** Eine Fremdverwaltung erfolgt nicht. Als mögliche Überwachungsperson fungiert der **Restrukturierungsbeauftragte,** der entweder von Amts wegen (§ 73 StaRUG) oder auf Antrag (§ 77 StaRUG) eingesetzt wird; seine Befugnisse sind aber geringer als jene eines Sach- 2

1) Richtlinie (EU) 2019/1023 des Europäischen Parlaments und des Rates v. 20.6.2019 über präventive Restrukturierungsrahmen, über Entschuldung und über Tätigkeitsverbote sowie über Maßnahmen zur Steigerung der Effizienz von Restrukturierungs-, Insolvenz- und Entschuldungsverfahren und zur Änderung der Richtlinie (EU) 2017/1132 (Richtlinie über Restrukturierung und Insolvenz) – Restrukturierungsrichtlinie, ABl. (EU) L 172/18 v. 26.6.2019.

2) Gesetz über den Stabilisierungs- und Restrukturierungsrahmen für Unternehmen (Unternehmensstabilisierungs- und -restrukturierungsgesetz – StaRUG), v. 22.12.2020, BGBl. I 2020, 3256 (= Art. 1 des Gesetzes zur Fortentwicklung des Sanierungs- und Insolvenzrechts [Sanierungs- und Insolvenzrechtsfortentwicklungsgesetz – SanInsFoG], v. 22.12.2020, BGBl. I 2020, 3256).

walters. § 8 StaRUG erlaubt es dem Planersteller, d. h. dem Schuldner, die „Planbetroffenen" nach sachgerechten Kriterien auszuwählen. Demnach sind nicht notwendigerweise alle Gläubiger an der Sache beteiligt, sondern nur diejenigen, von denen ein Sanierungsbeitrag erforderlich ist. Das betrifft insbesondere Fälle, in denen eine (nur) finanzielle Restrukturierung im Vordergrund steht. Insoweit kann der Schuldner unter den Planbetroffenen Gruppen bilden (§ 9 StaRUG), wobei wie bei § 226 InsO innerhalb der Gruppe Gleichbehandlung erforderlich ist. § 4 StaRUG schließt Eingriffe in Forderungen von Arbeitnehmern, aus vorsätzlich begangenen unerlaubten Handlungen und aus Geldstrafen und Ähnlichem aus.

B. Der grundsätzliche Ablauf bis zu den Wirkungen des Restrukturierungsplans

3 Ist nicht damit zu rechnen, dass alle Planbetroffenen zustimmen werden, wird das „Instrument" der **gerichtlichen Bestätigung** nach §§ 60 ff. StaRUG benötigt werden, um die Wirkungen des Plans nach § 67 Abs. 1 StaRUG auch gegenüber den unterlegenen Gläubigern eintreten zu lassen. Für die Inanspruchnahme von Instrumenten bedarf es nach § 31 Abs. 1 StaRUG der **Anzeige des Restrukturierungsvorhabens bei dem zuständigen Restrukturierungsgericht.** Daher wird dies in der Regel der Beginn des „Verfahrens" sein, obwohl das StaRUG keine durchgängige gerichtliche Beteiligung vorsieht und daher eigentlich kein echtes Verfahren darstellt. Die Anzeige begründet die Rechtshängigkeit der Restrukturierungssache (§ 31 Abs. 3 StaRUG).

4 Der Anzeige sind beizufügen:

- Entwurf des Plans oder jedenfalls der Stand des Vorhabens und das Restrukturierungskonzept (§ 31 Abs. 2 Nr. 1 StaRUG);
- Darstellung des Stands der Verhandlungen mit Gläubigern, Anteilsinhabern und Dritten (§ 31 Abs. 2 Nr. 2 StaRUG);
- Darstellung der Vorkehrungen zur Sicherstellung der Pflichtenerfüllung (§ 31 Abs. 2 Nr. 3 StaRUG);
- Angaben zur Betroffenheit von Rechten von Verbrauchern und KMU und zum zu erwartenden Widerstand oder früheren Restrukturierungssachen (§ 31 Abs. 2 Satz 2–4 StaRUG).

5 **Formelle Mängel** der Anzeige und mithin auch nicht beigefügte Anlagen ändern an der Rechtshängigkeit nichts, solange es nicht zur Aufhebung, z. B. über § 33 StaRUG, kommt (vgl. § 31 Abs. 4 StaRUG) (ebenso wenig wie formelle Mängel einer Klage deren Rechtshängigkeit entfallen ließe). Das Gericht kann zwar auf fehlende Angaben hinweisen, aber es bedarf keiner Zulassung der Anzeige durch das Gericht. Ein genuines Zurückweisungsrecht hat das Gericht nicht. Soweit einzelne Gericht ein solches Zurückweisungsrecht eigenmächtig aus dem StaRUG ableiten wollen, ist dies verfehlt.[3] Nur dann, wenn erkennbar Pflichten nach dem StaRUG nicht erfüllt werden oder das Konzept auf der Grundlage der Unterlagen keine Aussicht auf Umsetzung hat, kann das Gericht die Sache wieder aufheben (§ 33 Abs. 1 Nr. 3, Abs. 2 Nr. 2 oder Nr. 3 StaRUG).[4]

6 Was dann das weitere **Abstimmungsverfahren** angeht, gilt Folgendes:

- Das StaRUG legt als Regelfall zugrunde, dass der Schuldner selbst ohne gerichtliche Beteiligung die Abstimmung über das von ihm vorgelegte Planangebot orchestriert (§§ 17 ff. StaRUG). Zur Annahme des Plans kann der Schuldner eine Frist setzen von mindestens 14 Tagen (§ 19 Satz 1 StaRUG). Die Annahme des Plans kann erfolgen

3) AG Hamburg, Beschl. v. 4.11.2024 – 61h RES 1/24, ZRI 2024, 1154 = NZI 2025, 421.

4) AG Hamburg, Beschl. v. 4.11.2024 – 61h RES 1/24, ZRI 2024, 1154 = NZI 2025, 421.

durch (in der Regel) schriftliche Annahme gegenüber dem Schuldner ohne die Notwendigkeit eines eigenen Abstimmungstermins (§ 17 Abs. 3, Abs. 4 StaRUG). Alternativ kann der Schuldner aber auch die Abstimmung i. R. einer Versammlung der Planbetroffenen herbeiführen (§ 20 StaRUG), wobei diese Abstimmung – nicht notwendigerweise – auch der vorherigen Erörterung des Plans dienen kann; zudem kann auf Verlangen der Planbetroffenen eine reine Erörterungsversammlung einberufen werden (§ 21 StaRUG), wenn keine Abstimmungsversammlung, sondern schriftliche Annahme vorgesehen ist.

– Die Abstimmung kann auch i. R. eines „Instruments" durch das Gericht geleitet werden (§§ 29 Abs. 2 Nr. 1, 45 StaRUG). Sobald gerichtliche Instrumente in Anspruch genommen werden sollen, ist die Anzeige des Restrukturierungsvorhabens bei dem Restrukturierungsgericht (primär am COMI des Schuldners, § 35 StaRUG) erforderlich. Diese Anzeige, die den Vorgaben des § 31 Abs. 2 StaRUG genügen muss, führt die Rechtshängigkeit der Restrukturierungssache herbei (§ 31 Abs. 3 StaRUG), die wiederum u. a. die Wirkung hat, die Insolvenzantragspflicht zu suspendieren (§ 42 Abs. 1 StaRUG). Freilich tritt an die Stelle der Insolvenzantragspflicht die Pflicht, die eingetretene Insolvenzreife anzuzeigen (§ 42 Abs. 1 Satz 2 StaRUG), was – grundsätzlich, aber mit bedeutsamen Ausnahmen – zur Aufhebung der Restrukturierungssache führt (§ 33 Abs. 2 Nr. 1 StaRUG mit Ausnahmen in Halbs. 2 und Halbs. 3).

Ein weiteres Instrument, das ebenfalls der Planabstimmung und Bestätigung vorangehen 7 kann, ist die sog. **Stabilisierungsanordnung** (§§ 49 ff. StaRUG). Sie gewährt eine Vollstreckungssperre und Verwertungssperre in Bezug auf Sicherungsgegenstände und soll insbesondere „widerspenstige" Gläubiger im Zaum halten. Die Sicherungsgegenstände können, soweit von erheblicher Bedeutung für die Fortführung des Unternehmens, weiter eingesetzt werden (§ 49 Abs. 1 Nr. 2 StaRUG); eine Verwertung durch den Schuldner ist damit aber nicht ohne weiteres gestattet, weil dies ausweislich § 54 StaRUG von den vertraglichen Vereinbarungen abhängt und i. Ü. nur bei Erlösseparierung zugunsten des Gläubigers denkbar ist. Die Stabilisierungsanordnung ist auch mit einer **Kündigungssperre** verbunden, die allerdings nur solche Kündigungen und Fälligstellungen betrifft, die „allein" wegen der rückständigen Leistung erfolgen (§ 55 StaRUG).

Praxishinweis

Davon unberührt bleibt das Lösungsklauselverbot des § 44 StaRUG, das aber ebenfalls begrenzt ist und bspw. Rücktrittsrechte wegen Nichterfüllung nach Verzug nicht ausschließt (siehe den Wortlaut „ohne Weiteres kein Grund").

Ist der Plan angenommen, wofür die **Mehrheitserfordernisse** des § 25 StaRUG von mindestens 75 % der Stimmrechte (nicht der abgegebenen Stimmen) in jeder Gruppe gelten (vorbehaltlich des Cross-Class-Cram-down, siehe dazu Rz. 10), wird in der Regel eine gerichtliche Bestätigung erfolgen müssen, um dem Plan allseitige Wirkungen zu verleihen. Das ist nur dann nicht erforderlich, wenn ausnahmslos *alle* Gläubiger dem Plan zugestimmt haben (vgl. § 67 Abs. 1 Satz 2 StaRUG). Anders als im Insolvenzplanrecht treten die **Wirkungen** der Planbestätigung bereits mit der Bestätigungsentscheidung ein (§ 67 Abs. 1 Satz 1 StaRUG), sofern nicht das Gericht die aufschiebende Wirkung der sofortigen Beschwerde nach § 66 Abs. 4 StaRUG angeordnet hat. 8

Eine **Planüberwachung** durch den Restrukturierungsbeauftragten kann vorgesehen werden (§ 72 StaRUG). Der Plan kann nach Rechtskraft der Bestätigung auch Grundlage für die Vollstreckung sein (§ 71 StaRUG). 9

C. Restrukturierungsplan

10 Der Restrukturierungsplan ist §§ 2 ff. StaRUG geregelt. Die Vorschriften gehen auf Kapitel 3 der Restrukturierungsrichtlinie (Art. 8–16) zurück. Die Regelungen folgen in ihren wesentlichen Grundzügen dem Konzept des Insolvenzplans. Der Restrukturierungsplan bindet auch die bei der Abstimmung unterlegenen Gläubiger. Denkbar ist auch eine **„gruppenübergreifende Mehrheitsentscheidung"** (Cross-Class-Cram-down). Das entspricht dem, was bei § 245 InsO als Obstruktionsverbot bezeichnet ist. Damit wird insbesondere die **Akkordstörerproblematik** adressiert. Anders als im Insolvenzverfahren kann sich der Restrukturierungsplan aber auch auf ausgewählte Gruppen beschränken. Er erlaubt also selektive Eingriffe in Rechte einzelner Gruppen (§§ 8, 9 StaRUG).

11 Der Restrukturierungsplan ermöglicht Eingriffe in **„Restrukturierungsforderungen"**. Das entspricht dem Begriff der Insolvenzforderungen insoweit, als es um Forderungen geht, die zum Zeitpunkt des § 2 Abs. 5 StaRUG bereits „begründet" (nicht zwingend fällig, vgl. auch § 3 StaRUG) sind. Ebenfalls können nach § 2 Abs. 1 Nr. 2 StaRUG Eingriffe in „Absonderungsanwartschaften" erfolgen; das ist das Pendant zu den Absonderungsrechten des Insolvenzverfahrens.

12 Ebenso denkbar sind Eingriffe in **gruppeninterne Drittsicherheiten** (§ 2 Abs. 4 StaRUG) und in **Anteils- und Mitgliedschaftsrechte** (§ 2 Abs. 3 StaRUG). Das entspricht § 217 Abs. 1 Satz 2 und § 217 Abs. 2 InsO.

13 Besonders hervorzuheben ist die Möglichkeit, **Covenants** und sonstige Einzelbestimmungen **mehrseitiger Rechtsverhältnisse** (z. B. bei Konsortialkreditverträgen) zu gestalten, wenn Restrukturierungsforderungen oder Absonderungsanwartschaften darauf beruhen (§ 2 Abs. 2 Satz 1 StaRUG). Insofern erlaubt das StaRUG die Anpassung der Vertragsbedingungen. Das gilt auch dann, wenn die Forderungen auf unterschiedlichen Rechtsverhältnissen beruhen, aber Intercreditor-Agreements bestehen, an denen der Schuldner beteiligt ist (§ 2 Abs. 2 Satz 3 StaRUG). Die Reichweite des § 2 Abs. 2 StaRUG ist nicht vollständig geklärt, etwa was Nebenabreden und Nebenlinien zu Konsortialverträgen („ancillary") angeht.[5] Eine Verpflichtung zu zusätzlichen, das bisherige Risiko übersteigenden Neuausreichungen von Krediten dürfte nicht statthaft sein.

I. Inhalt des Restrukturierungsplans

14 Der Restrukturierungsplan ist wie ein Insolvenzplan in einen darstellenden und gestaltenden Teil gegliedert; Anlagen nach §§ 14, 15 StaRUG sind beizufügen (§ 5 StaRUG). Wie bei § 220 InsO enthält der Plan einen darstellenden Teil (§ 6 StaRUG). Das dient der sachgerechten Information der Gläubigergruppen. Von zentraler Bedeutung für diesen **darstellenden Teil des Restrukturierungsplans** sind u. a. die Angaben zu den Vermögenswerten und Verbindlichkeiten einschließlich der Bewertung der Vermögenswerte und zu der Beschreibung der wirtschaftlichen Situation und den Schwierigkeiten und ihren Ursachen (vgl. schon Art. 8 Abs. 1 lit. b Restrukturierungsrichtlinie). Zentral ist die **Vergleichsrechnung** nach § 6 Abs. 2 StaRUG. Hier stellt sich das Problem, was das Vergleichsszenario ist.[6] Es ist jedenfalls nicht ein alternativer Restrukturierungsplan.[7] Grundsätzlich sind Fortführungswerte anzusetzen. Wenn aber das Insolvenzverfahren, wie häufig, das einzig realistische Alternativszenario ist, mag dies anders aussehen, soweit übertragende Sanierungen nicht zu erwarten sind.

5) *Schönfelder*, NZI 2023, 1, 3.

6) *Ringelspacher/Fehl-Weileder*, ZRI 2022, 210; für § 220 InsO *Skauradszun*, ZIP 2021, 1091.

7) *Thole*, NZI 2021, 436, 437 (Urteilsanm.).

Der **gestaltende Teil** ist in § 7 StaRUG normiert und entspricht weitgehend den Regelungen zum Insolvenzplan. 15

Zu den **beizufügenden Unterlagen** gehört insbesondere auch eine Erklärung zur Bestandsfähigkeit nach § 14 Abs. 1 StaRUG und eine Vermögensübersicht (§ 14 Abs. 2 StaRUG). Vgl. auch die Anlage zu § 5 Satz 2 StaRUG. 16

II. Die Abstimmung über den Plan bzw. die Planannahme

Das StaRUG kennt verschiedene Möglichkeiten, wie über den Plan abgestimmt wird. Vom Gesetz als Regelfall vorausgesetzt wird eine **privatautonome Gestaltung** des Abstimmungsverfahrens (siehe dazu bereits oben Rz. 1, 3). Der Schuldner legt den Planbetroffenen das Planangebot vor (§ 17 StaRUG). Die Planbetroffenen können das Planangebot gegenüber dem Schuldner annehmen (§ 17 Abs. 4 StaRUG). Denkbar ist auch, eine Abstimmung i. R. einer Versammlung der Planbetroffenen herbeizuführen (§ 20 StaRUG). Will der Schuldner keine solche Abstimmungsversammlung durchführen, muss allerdings auf Verlangen eine Erörterungsversammlung stattfinden (§ 17 Abs. 3, § 21 StaRUG). 17

Praxishinweis

Möglich ist es auch, nach Anzeige des Restrukturierungsvorhabens und der damit bewirkten Rechtshängigkeit eine gerichtliche Planabstimmung durchführen zu lassen (§§ 23, 45 StaRUG). Das kann deshalb empfehlenswert sein, weil andernfalls **Fehler während des Abstimmungsprozesses** und Unklarheiten zulasten des um Bestätigung des Planes nachsuchenden Schuldners gehen (§ 63 Abs. 4 Satz 1 StaRUG).

Für die **Planannahme** sieht das StaRUG in jeder Gruppe ein Mehrheitserfordernis von 75 % der Stimmrechte vor. Es kommt auf die Stimmrechte und nicht auf die abstimmenden Gläubiger an. Zum Stimmgewicht vgl. § 24 StaRUG. Allerdings ermöglicht § 26 StaRUG ähnlich wie § 245 InsO ebenso eine **gruppenübergreifende Mehrheitsentscheidung** hier ist maßgebend die Frage, ob für die Frage, ob die Mitglieder der zu überstimmen Gruppe angemessen an dem wirtschaftlichen Wert beteiligt werden, der Grundsatz der absoluten Priorität oder der relativen Priorität gilt. Das Gesetz geht grundsätzlich von einer absoluten Priorität aus, wie § 27 StaRUG dann näher festlegt. Insofern darf man grundsätzlich im Hinblick auf die Nutzung des gruppenübergreifenden Mehrheitsentscheids eine nachrangige Gläubigergruppe erst dann beteiligen, wenn die vorrangigen Gruppen vollständig befriedigt werden. 18

Dieser Grundsatz ist aber in **§ 28 StaRUG** durchbrochen. Dazu gehört nach § 28 Abs. 2 StaRUG insbesondere der Fall, dass eine Beteiligung am Planwert zugunsten des Schuldners oder einer am Schuldner beteiligten Person **für die Fortführung des Unternehmens unerlässlich** ist, wie dann § 28 Abs. 2 Nr. 1 StaRUG näher definiert. Auch bei geringfügigen Eingriffen in die Rechte der Gläubiger ist der **Grundsatz der absoluten Priorität durchbrochen** (§ 28 Abs. 2 Nr. 2 StaRUG). § 28 Abs. 1 StaRUG ermöglicht auch dann ein Absehen von der absoluten Priorität, wenn die Besserstellung der anderen Gläubiger trotz eines insolvenzrechtlichen Gleichrangs nach der Art der zu bewältigenden wirtschaftlichen Schwierigkeiten und nach den Umständen sachgerecht ist. Diese Regelung trägt dem Umstand Rechnung, dass i. R. des Restrukturierungsplans von vornherein nicht sämtliche Gläubigergruppen und damit nicht alle im Insolvenzverfahren beteiligten Gläubiger auch beteiligt werden müssen. 19

Werden die Mehrheiten bei der Abstimmung erreicht und kommt es nicht auf die gruppenübergreifende Mehrheitsentscheidung an, kann die **Bestätigung des Planes** beantragt werden (§ 60 StaRUG). Die Bestätigung wird versagt, wenn die Voraussetzungen des § 63 StaRUG vorliegen. Die Vorschrift ist § 250 InsO nachgebildet. Die Wirkungen der Bestä- 20 tigung treten nach § 67 StaRUG auch gegenüber den unterlegenen Gläubigern ein. Wird die Bestätigung versagt, gilt der Plan im Zweifel auch nicht gegenüber den Gläubigern, die zugestimmt hatten (§ 18 StaRUG).

III. Der Rechtsschutz

21 Auch der Rechtsschutz ist ähnlich des Insolvenzplans strukturiert. § 64 StaRUG sieht zunächst einen **Minderheitenschutz** vor. Er entspricht strukturell den Regelungen des § 251 InsO. Gegen die Planbestätigung steht dem Betrieb jedem Planbetroffenen die **sofortige Beschwerde** zu (§ 66 Abs. 1 Satz 1 StaRUG). Der Unterschied zum Insolvenzplan liegt darin, dass die Planbestätigung ohne weiteres Wirkungen entfaltet und die sofortige Beschwerde grundsätzlich **keine aufschiebende Wirkung** hat. Allerdings kann nach § 66 Abs. 4 StaRUG das Gericht die aufschiebende Wirkung wiederherstellen bzw. anordnen. Eine dem § 253 Abs. 4 InsO entsprechende **Freigabemöglichkeit** ist in § 66 Abs. 5 vorgesehen.

IV. Weitergehende Pflichten während der Rechtshängigkeit der Restrukturierungssache

22 Während der (erst) mit der Anzeige des Restrukturierungsvorhabens eintretenden Rechtshängigkeit der Restrukturierungssache gelten für das Pflichtengefüge der Geschäftsleitung und des Schuldners weitere spezielle Vorgaben. Die während der Rechtshängigkeit **eintretende Zahlungsunfähigkeit oder Überschuldung** ist nach § 42 Abs. 1 Satz 2 StaRUG gegenüber dem Restrukturierungsgericht anzuzeigen. Dies führt möglicherweise zur Aufhebung der Restrukturierungssache nach § 33 Abs. 1, Abs. 2 Nr. 1 Halbs. 2 StaRUG. Allerdings kann davon unter bestimmten Voraussetzungen abgesehen werden, was auch in der Praxis bereits passiert ist.[8] Auch die Restrukturierungssache ist kein allein auf Schuldner- und Gesellschafterinteressen ausgelegtes Verfahren. Nach § 32 StaRUG hat der Schuldner die Restrukturierungssache mit der Sorgfalt eines **ordentlichen und gewissenhaften Sanierungsgeschäftsführers** zu führen und dabei die Interessen der Gesamtheit der Gläubiger zu wahren. Insofern trifft den Geschäftsführer auch eine mögliche Haftung über § 43 StaRUG.

8) AG Dresden, Beschl. v. 7.6.2021 – 574 RES 2/21, NZI 2021, 893, 894; AG Karlsruhe, Beschl. v. 25.3.2022 – 102 RES 2/21, ZIP 2023, 651, 655.

§ 35
Strategische Erwägungen bei der Erstellung und Umsetzung eines Restrukturierungsplans

Übersicht

Literatur: *Bernsau/Beyer*, Sanieren mit dem StaRUG: von der Regelung einer finanziellen Schieflage bis zur Durchsetzung eines Gesellschafterwechsels – ein Praxisbericht, BB 2022, 1090; *Cranshaw/Portisch*, Paradigmen des Unternehmensstabilisierungs- und -restrukturierungsgesetzes (StaRUG) nach dem Regierungsentwurf aus Gläubigersicht (Teil 2), ZInsO 2020, 2617; *Desch*, Der neue Stabilisierungs- und Restrukturierungsrahmen nach dem Regierungsentwurf StaRUG in der Praxis, BB 2020, 2498; *Kührt*, Die Insolvenz als veröffentlichungspflichtige Insiderinformation, BKR 2022, 502; *Schönfelder*, Die Bedeutung der Fortführungsprognose für das StaRUG-Verfahren – auf todenden Wellen zwischen Skylla und Charybdis, NZI 2022, 49; *Stahlschmidt*, Die Möglichkeiten des neuen Sanierungsrechts anhand eines Fallbeispiels, ZInsO 2021 205; *Thole*, Neuerungen des IDW S 11 bei der Beurteilung von Insolvenzeröffnungsgründen, GmbHR 2022, R 52; *Thole*, Der Entwurf des Unternehmensstabilisierungs- und -restrukturierungsgesetzes (StaRUG-RefE), ZIP 2020, 1985; *Undritz*, Betriebsfortführung nach Anzeige der Restrukturierungssache und Erlass einer Stabilisierungsanordnung nach dem StaRUG, ZRI 2024, 1012.

A. Überblick

Wie beim Insolvenzplan (siehe dort § 2 Rz. 2 ff. [*Brünkmans*]) hat der Schuldner als Architekt des Restrukturierungsplans im zeitlichen Verlauf eines StaRUG-getriebenen Sanierungsprozesses diverse strategische Erwägungen und auf dieser Grundlage strategische Entscheidungen zu treffen. Die Phasen lassen sich grob gliedern in eine Vorbereitungsphase, die Auswahl der Planbetroffenen und Gruppenbildung, die Anzeige der Restrukturierung, den Abstimmungstermin, die Planbestätigung und die Einlegung von Rechtsmittel. 1

B. Strategische Erwägungen in der Vorbereitungsphase

I. Ist der Restrukturierungsplan nach StaRUG im konkreten Fall das geeignete Sanierungsinstrument?

1. Vergleich mit alternativen Sanierungsinstrumenten

Am Anfang steht stets die bedeutendste strategische Erwägung, nämlich die Frage, ob der Restrukturierungsplan nach StaRUG[1)] im konkreten Fall das ideale Sanierungsinstrument darstellt. Bei der Beantwortung dieser Frage ist ein Blick auf die Alternativen, namentlich 2

1) Gesetz über den Stabilisierungs- und Restrukturierungsrahmen für Unternehmen (Unternehmensstabilisierungs- und -restrukturierungsgesetz – StaRUG), v. 22.12.2020, BGBl. I 2020, 3256 (= Art. 1 des Gesetzes zur Fortentwicklung des Sanierungs- und Insolvenzrechts [Sanierungs- und Insolvenzrechtsfortentwicklungsgesetz – SanInsFoG], v. 22.12.2020, BGBl. I 2020, 3256).

die außergerichtliche Sanierung und Sanierung im Insolvenzplanverfahren zu werfen. Grundsätzlich steht es der Gesellschaft frei, welchen Weg der Sanierung sie wählt.[2)]

3 Allerdings ist stets auch vorab zu prüfen, ob das StaRUG-Verfahren dem Schuldner überhaupt zur Verfügung steht, bevor man sich mit den Vor- und Nachteilen auseinandersetzt. Neben einer **drohenden Zahlungsunfähigkeit** als wesentliche materielle Zugangsvoraussetzung zum StaRUG ist stets auch die **Restrukturierungsfähigkeit** des Schuldners nach § 30 StaRUG zu klären. § 30 Abs. 1 Satz 1 StaRUG verweist für den sachlichen Anwendungsbereich auf die Insolvenzfähigkeit nach § 11 InsO. Für natürliche Personen ist die Besonderheit in § 30 Abs. 1 Satz 2 StaRUG zu beachten. Der Restrukturierungsplan kann als Gestaltungsinstrument nur herangezogen werden, soweit der Schuldner **unternehmerisch tätig** ist. Das Halten von Gesellschaftsanteilen durch eine natürliche Person an einer operativ tätigen GmbH genügt dabei für sich genommen nicht, um eine unternehmerische Tätigkeit anzunehmen.[3)] Nach Art. 2 Abs. 1 Nr. 9 der Restrukturierungsrichtlinie[4)] ist eine natürliche Person dann unternehmerisch tätig, wenn sie eine gewerbliche, geschäftliche, handwerkliche oder freiberufliche Tätigkeit ausübt. Hält der Schuldner lediglich Geschäftsanteile, kann eine Entschuldung nur über den Insolvenzplan erfolgen.

2. Vergleich zum Insolvenzplan

4 Alternativ zum Restrukturierungsplan kann der Schuldner auch die Sanierung über einen Insolvenzplan – z. B. kombiniert mit Eigenverwaltung oder Schutzschirmverfahren – anstreben. Die drohende Zahlungsunfähigkeit ist Zugangsvoraussetzung für das StaRUG (siehe § 50 Rz. 4 [*Thole*]), eröffnet nach §§ 16, 18 InsO aber auch die Möglichkeit, **freiwillig** einen Insolvenzantrag zu stellen, um eine Sanierung über das Insolvenzplanverfahren umzusetzen. Eingriffsrechte, insbesondere die Rechte der Anteilsinhaber, werden nicht zuletzt aufgrund dieser parallelen Möglichkeit, Insolvenzantrag einerseits und StaRUG-Restrukturierungsplan andererseits gerechtfertigt.[5)]

5 Bei einer Sanierung durch einen Insolvenzplan kann zunächst auf die **weitreichenden Sanierungsinstrumente** des Insolvenzverfahrens zurückgegriffen werden. Dazu gehören insbesondere:

- Das **Insolvenzgeld**, verbunden mit einer Insolvenzgeldvorfinanzierung, führt zu einer Liquiditätsspritze.
- **Beendigung langfristiger, nachteiliger Verträge** über das Wahlrecht aus § 103 InsO. Die Möglichkeit der vorzeitigen Beendigung von gegenseitigen Verträgen war im RefE[6)] und RegE[7)] zum StaRUG noch vorgesehen. Zur Wahrung des Abstandsgebotes zum Insolvenzverfahren, wurde der Abschnitt im StaRUG zur vorzeitigen Beendigung gegenseitiger Verträge schließlich nicht Gesetz. Nach der Restrukturierungs-

---

2) AG Stuttgart, Beschl. v. 11.12.2024 – 6 RES 1243/24 (VARTA), Rz. 73, ZRI 2025, 149, m. Anm. *Kümpel* = BeckRS 2024, 37304.

3) AG Köln, Beschl. v. 14.3.2024 – 83 RES 1/24, ZRI 2024, 1156 = ZVI 2025, 103.

4) Richtlinie (EU) 2019/1023 des Europäischen Parlaments und des Rates v. 20.6.2019 über präventive Restrukturierungsrahmen, über Entschuldung und über Tätigkeitsverbote sowie über Maßnahmen zur Steigerung der Effizienz von Restrukturierungs-, Insolvenz- und Entschuldungsverfahren und zur Änderung der Richtlinie (EU) 2017/1132 (Richtlinie über Restrukturierung und Insolvenz) – Restrukturierungsrichtlinie, ABl. (EU) L 172/18 v. 26.6.2019.

5) Begr. RegE SanInsFoG z. § 2 Abs. 3, § 7 Abs. 4 StaRUG, BT-Drucks. 19/24181, S. 130, 135.

6) S. dazu RefE SanInsFoG z. §§ 51 ff. StaRUG, v. 19.9.2020, S. 32, abrufbar unter https://www.bmj.de/SharedDocs/Gesetzgebungsverfahren/DE/2020_Fortentwicklung_Insolvenzrecht.html (Abrufdatum: 25.7.2025).

7) S. dazu RegE SanInsFoG z. §§ 51 ff. StaRUG, BT-Drucks. 19/24181, S. 32.

richtlinie (s. ErwG 41) können (nicht müssen) die Mitgliedstaaten Regelungen zur vorzeitigen Vertragsbeendigung in das vorinsolvenzliche Sanierungsverfahren aufnehmen. Andere Länder haben von der Möglichkeit Gebrauch gemacht, z. B. das niederländische WHO.[8)] Ist wesentliche Voraussetzung für das Gelingen der Sanierung, dass wirtschaftlich nachteilige Verträge neu verhandelt oder gar vollständig beendet werden müssen, stellen die Wahl- und Sonderkündigungsrechte der §§ 103 ff. InsO ein effektives Sanierungsinstrument zur Verfügung. Eine Sanierung über einen StaRUG-Restrukturierungsplan kann hingegen im Hinblick auf die zukünftige Gestaltung gegenseitiger Verträge **nur konsensual** – ohne dass der Schuldner das Druckmittel einer vorzeitigen Beendigung in der Hand hält – gelingen.

- **Abbau von Arbeitsplätzen:** Die verkürzten Kündigungsfristen (§ 113 InsO) und die Sozialplandeckelung (§ 123 InsO) ermöglichen in der Insolvenz einen kostengünstigeren Abbau von Arbeitsplätzen. Das StaRUG stellt solche Instrumente nicht zur Verfügung. Im Gegenteil werden nach § 4 Satz 1 Nr. 1 StaRUG sogar Forderungen aus einem Arbeitsverhältnis ausdrücklich aus der Gestaltungsbefugnis eines Restrukturierungsplans herausgenommen.

Die **Vorteile des StaRUG-Verfahrens** sind: 6

- Der StaRUG-Restrukturierungsplan ermöglicht zunächst eine **„leise" Restrukturierung.** Die Veröffentlichung erfolgt nach § 84 Abs. 1 StaRUG nur auf Antrag des Schuldners. Eine öffentliche Restrukturierungssache ist Voraussetzung für diverse Rechtsfolgen, insbesondere, um in den Anwendungsbereich der EuInsVO zu gelangen und die Anerkennung der Planwirkungen innerhalb der EU-Mitgliedstaaten zu gewährleisten (siehe § 62 [*Thole*]).
- Auch wenn das StaRUG-Verfahren auf Antrag des Schuldners **öffentlich geführt** wird, besteht weniger die Gefahr, dass diese Verfahrensart die als „Insolvenzstigma" bezeichneten Effekte auslöst. Dazu gehören das „Abwandern" von Schlüsselpersonal, das Umstellen von Lieferanten auf Vorkasse etc. Die gerichtliche Bestätigung eines Restrukturierungsplans setzt nicht voraus, dass die Schuldnerin zuvor das Restrukturierungsvorhaben den Planbetroffenen angekündigt und mit ihnen erfolglos nach Alternativlösung gesucht hat.[9)] Soweit gemäß § 31 Abs. 2 Nr. 2 StaRUG der Anzeige des Restrukturierungsvorhabens eine Darstellung des Standes von Verhandlungen mit Gläubigern, an dem Schuldner beteiligten Personen und Dritten beigefügt werden soll, hat diese Vorschrift nur Informationscharakter.[10)] Daher kann ein vorbereitetes StaRUG-Verfahren auch in der Variante eines öffentlichen Verfahrens schnell und relativ geräuschlos umgesetzt werden.
- Der Restrukturierungsplan nach dem StaRUG kann wie der Insolvenzplan umfassend in die Rechte von Gläubigern und Anteilsinhabern eingreifen. Zwar setzt die Annahme des Restrukturierungsplans in den Gruppen gemäß § 25 StaRUG eine Zustimmung von 75 % der Planbetroffenen in den Gruppen voraus (siehe dazu § 48 Rz. 20 [*Laroche*]); für die Annahme des Insolvenzplans kommt es nur auf die einfache Kopf- und Summenmehrheit der **abstimmenden Gläubiger** bzw. für die Gruppe der Anteilsinhaber

---

8) Niederländisches Gesetz über private Zwangsvergleiche „Wet Homologatie Onderhands Akkoord" (WHOA).

9) AG Bremen, Beschl. v. 13.9.2024 – 531 RES 1/24, ZRI 2025, 92 = BeckRS 2024, 34422; AG Hamburg, Beschl. v. 12.4.2021 – 61a RES 1/21, juris Rz. 19 = ZRI 2021, 473; AG Stuttgart, Beschl. v. 11.12.2024 – 6 RES 1243/24 (VARTA), Rz. 7, ZRI 2025, 149, m. Anm. *Kümpel* = BeckRS 2024, 37304; AG Charlottenburg, Beschl. v. 4.1.2024 – 36s RES 6525/23 (Spark Networks), ZRI 2024, 512.

10) AG Stuttgart, Beschl. v. 11.12.2024 – 6 RES 1243/24 (VARTA), Rz. 73, ZRI 2025, 149, m. Anm. *Kümpel* = BeckRS 2024, 37304; AG Hamburg, Beschl. v. 12.4.2021 – 61a RES 1/21, ZRI 2021, 473.

auf die einfache Beteiligungsmehrheit der abstimmenden Anteilsinhaber an (§ 244 InsO). Die Hürden, um in den Gruppen eine Zustimmung zum Restrukturierungsplan zu erreichen, sind somit **beim StaRUG-Restrukturierungsplan deutlich höher** als beim Insolvenzplan. Jedoch steht mit dem Instrument einer gruppenübergreifenden Mehrheitsentscheidung nach §§ 26 ff. StaRUG für den Restrukturierungsplan ein dem Obstruktionsverbot nach § 245 InsO ähnlich effektives Instrumentarium zur Verfügung, um eine ablehnende Gläubigergruppe oder Gruppe der Anteilsinhaber zu „overrulen". Indem der Gesetzgeber sich für die Einbeziehung der Anteilsinhaber in den Restrukturierungsplan entschieden hat, bietet das StaRUG auch effektive Instrumentarien zur Auflösung von Blockaden der Anteilsinhaber.

– Anders als der Insolvenzplan bietet der Restrukturierungsplan die Möglichkeit, für bestimmte mehrseitige (§ 2 Abs. 2 Satz 1 und Satz 3 StaRUG) oder mehrfache (§ 2 Abs. 2 Satz 2 StaRUG) Vertragsverhältnisse, nicht nur die **Hauptforderung**, sondern auch **vertragliche Nebenbestimmungen** zwangsweise zu gestalten. Dazu gehören insbesondere Konsortialkreditverträge sowie Schuldscheindarlehen (siehe ausführlich § 41 Rz. 57 ff. [*Brünkmans*]).

7 Auch wenn die vorstehende Skizzierung der jeweiligen Vor- und Nachteile einer Sanierung durch Insolvenzplan oder Restrukturierungsplan nicht als abschließend verstanden werden kann, lässt sich allerdings folgende „Daumenregel" erkennen: Erfordert das Sanierungskonzept die Umsetzung operativer Sanierungsmaßnahmen, wie Abbau von Arbeitsplätzen, Standortschließungen, Beendigung von Kunden- und Lieferverträge etc., bietet die InsO erhebliche Vorteile. Liegt der Schwerpunkt indes in der **finanzwirtschaftlichen Sanierung**, d. h. in der Anpassung der Kapitalstruktur, sind die Vorteile des StaRUG-Restrukturierungsplans, insbesondere durch die Vermeidung des Insolvenzstigmas und der weitreichenden Möglichkeit der Gestaltung komplexer Kreditverhältnisse, deutlich zu erkennen.

8 Wenn beim Schuldner bereits die **Zahlungsunfähigkeit** (§ 17 InsO) oder **Überschuldung** (§ 19 InsO) eingetreten ist und dem Restrukturierungsgericht noch nicht die Restrukturierungssache angezeigt wurde (siehe unten Rz. 18), steht dem Schuldner nur noch das Insolvenzplanverfahren zur Verfügung.

3. Außergerichtliche Sanierung

9 Neben einem StaRUG-Restrukturierungsplan kommt die außergerichtliche Sanierung als Alternative in Betracht. In diesem Fall werden die im Sanierungskonzept (in der Regel Sanierungsgutachten nach IDW S 6) herausgearbeiteten Sanierungsmaßnahmen konsensual umgesetzt. Anstelle des vom Gericht zu bestätigenden Restrukturierungsplans und dem dortigen gestaltenden Teil, erfolgt die Restrukturierung im Wesentlichen auf der Basis von Verträgen wie etwa einer Sanierungsvereinbarung oder Restrukturierungsrahmenvereinbarung. Sanierungsbeiträge der Gläubiger, wie etwa Forderungserlasse oder Stundungen/Prolongationen erfolgen in diesem Fall auf freiwilliger Basis, d. h. **jeder Gläubiger muss dem Vertrag zustimmen.** Für die Anteilsinhaber erfolgt die Beschlussfassung bei einer außergerichtlichen Sanierung nach den allgemeinen gesellschaftsrechtlichen Regeln, etwa bei einem Kapitalschnitt über einen Beschluss der Gesellschafterversammlung (§§ 53 ff. GmbHG) oder Hauptversammlung (§§ 179 ff. AktG). Hier ist in der Regel eine qualifizierte Mehrheit von 75 % erforderlich.

10 Der Restrukturierungsplan kann auf Antrag des Schuldners durch das Gericht bestätigt werden und in diesem Fall können Sanierungsbeiträge der Gläubiger über das – in der außergerichtlichen Sanierung grundsätzlich nicht geltende – Mehrheitsprinzip sowie für

Gläubiger und Anteilsinhaber noch verstärkt durch eine **gruppenübergreifenden Mehrheitsentscheidung** (§§ 26 ff. StaRUG) erzwungen werden. Vor diesem Hintergrund kommt der Restrukturierungsplan nach dem StaRUG insbesondere als Instrument bei wegen vereinzelter Obstruktionen gescheiterten Sanierungsvergleichen in Betracht.

> **Praxishinweis**
>
> Der Restrukturierungsplan stellt in diesem Fall eine **weitere „Eskalationsstufe"** dar. Sollte sich i. R. der außergerichtlichen Sanierung herausstellen, dass einzelne Gläubiger[11] trotz dargestellter Vorteile, keinen Sanierungsbeitrag leisten wollen, kann der gescheiterte außergerichtliche Sanierungsvergleich dennoch gegen den Widerstand vereinzelter Gläubiger umgesetzt werden, indem aus dem Sanierungsgutachten und der beabsichtigten Sanierungsvereinbarung ein Restrukturierungsplan „gegossen wird".

Andererseits sind in der Praxis auch Fälle erkennbar, die sich von vornherein nicht (oder nur äußerst schwer) i. R. einer außergerichtlichen Sanierung umsetzen lassen. Dies gilt insbesondere dann, wenn das Unternehmen über **Schuldscheindarlehen** finanziert wurde. In diesem Fall lässt sich eine konsensuale Lösung, bei der – in der Regel – Vielzahl von Schuldscheingläubigern nicht erreichen. Anders als für Anleihen (vgl. SchVG) steht für Schuldscheine auch kein spezifisches Sanierungsinstrument zur Verfügung. 11

Liegt der Schwerpunkt der Sanierung in der Restrukturierung der **Eigenkapitalseite**, etwa auf der Grundlage eines Kapitalschnitts (siehe dazu § 54 Rz. 157 ff. [*Brünkmans*]), wird sich dies häufig ebenfalls von vornherein nur über eine gruppenübergreifende Mehrheitsentscheidung nach §§ 26 ff. StaRUG gegen den Willen der Anteilsinhaber umsetzen lassen. 12

II. Isolierte oder kombinierte Fremd- und Eigenkapitalrestrukturierung

Seit Inkrafttreten des StaRUG lag der Fokus der Berichterstattung über dieses neue Gesetz in der Wirtschaftspresse auf Fällen einer kombinierten Fremd- und Eigenkapitalrestrukturierung. Über spektakuläre Fälle wie die Restrukturierung der *VARTA AG*[12] oder der *Leoni AG*[13] wurde in der Wirtschaftspresse umfassend, insbesondere im Hinblick auf die Auswirkungen für die Aktionäre berichtet. 13

Der Restrukturierungsplan erweist sich allerdings auch als vergleichsweise geräuschloses Instrument einer **reinen Fremdkapitalrestrukturierung.**[14] Hierfür bietet § 28 Abs. 2 Nr. 2 StaRUG die Möglichkeit, reine „Amend-and-Extend"-Restrukturierungen[15] – zur Not auch durch eine gruppenübergreifende Mehrheitsentscheidung – über einen Restrukturierungsplan durchzusetzen. Der Grundsatz der absoluten Priorität ist nach § 28 Abs. 2 Nr. 2 StaRUG gegenüber den Anteilsinhabern bei reinen Stundungs- und Prolongationsplänen ausgesetzt, wenn diese nicht mehr als 18 Monate beträgt. 14

---

11) Vgl. etwa BayWa AG, Pressemitteilung zu „StaRUG light" v. 31.1.2025, abrufbar unter https://www.baywa.com/presseinformationen/00525_baywa_sichert_durchfinanzierung (Abrufdatum: 25.7.2025).

12) AG Stuttgart, Beschl. v. 11.12.2024 – 6 RES 1243/24 (VARTA), ZRI 2025, 149, m. Anm. *Kümpel* = BeckRS 2024, 37304.

13) AG Nürnberg, Beschl. v. 21.6.2023 – RES 397/23 (LEONI), ZRI 2023, 629 = NZI 2023, 881.

14) *Zehlicke*, FD-InsR 2024, 809575 (Urteilsanm. z. AG Frankfurt/M., Beschl. v. 26.3.2024 – 810 RES 3/24 B [Branicks], ZRI 2024, 814 = BeckRS 2024, 6363).

15) Vgl. etwa AG Frankfurt/M., Beschl. v. 26.3.2024 – 810 RES 3/24 B (Branicks), ZRI 2024, 814 = BeckRS 2024, 6363; BayWa AG, Pressemitteilung v. 31.1.2025, abrufbar unter https://www.baywa.com/presseinformationen/00525_baywa_sichert_durchfinanzierung (Abrufdatum: 25.7.2025).

15 Aber auch **isolierte Eigenkapitalrestrukturierungen** über „reine Gesellschafterpläne" sind denkbar (siehe dazu ausführlich § 54 Rz. 80 ff. [*Brünkmans*]). Erste Fälle in der Praxis sind bekannt, wie etwa Ende 2023 die Sache *Softline AG*[16].

C. Zeitpunkt der Restrukturierungsanzeige

16 Neben der Frage, ob der StaRUG-Restrukturierungsplan überhaupt der richtige Weg zum Ziel einer effektiven Sanierung ist, stellt sich als wesentliche strategische Frage, wann der richtige Zeitpunkt für die Anzeige eines Restrukturierungsvorhabens (§ 31 StaRUG) ist. Auch hier gilt der Grundsatz **„Sorgfalt geht vor Schnelligkeit"**. Ein Restrukturierungsverfahren nach dem StaRUG sollte gut vorbereitet sein.

17 Es sind Fälle bekannt, bei denen zwischen der Anzeige der Restrukturierungssache und der gerichtlichen Planbestätigung lediglich 21 Tage lagen.[17] Eine noch kürzere Zeitspanne ist zwar denkbar, wenn die Anzeige der Restrukturierungssache unmittelbar dem Antrag auf Planbestätigung vorgeschaltet wird, insbesondere wenn der Schuldner die Abstimmung über den Restrukturierungsplan bereits außergerichtlich durchgeführt hat (§§ 17 ff. StaRUG), scheint aber kaum praktikabel.[18] Andererseits gibt es auch Fälle, bei denen zwischen der Restrukturierungsanzeige und der Planbestätigung mehrere Monate lagen.[19] Der Weg der Wahl hängt stets von den Umständen des Einzelfalles ab.

18 Der zeitliche Druck kommt häufig über die **Insolvenzgründe** und **Insolvenzantragspflichten** (§ 15a InsO) der vertretungsberechtigten Organe. Mit Eintritt der Zahlungsunfähigkeit (§ 17 InsO) oder Überschuldung (§ 19 InsO) werden einerseits Insolvenzantragspflichten ausgelöst, andererseits aber auch das StaRUG als Sanierungsverfahren gesperrt.

19 Lag im Zeitpunkt der Anzeige des Restrukturierungsvorhabens bereits eine Zahlungsunfähigkeit oder Überschuldung vor, ist eine Anzeige des Restrukturierungsvorhabens unzulässig.[20] Tritt die **Zahlungsunfähigkeit oder Überschuldung nach Anzeige des Restrukturierungsvorhabens** ein, hebt das Restrukturierungsgericht die Restrukturierungssache auf, es sei denn, die Eröffnung des Insolvenzverfahrens ist mit Blick auf den erreichten Stand in der Restrukturierungssache offensichtlich nicht im Interesse der Gesamtheit der Gläubiger (§ 33 Abs. 2 Nr. 1 Alt. 1 StaRUG). Das Gericht kann ferner von der Aufhebung der Restrukturierungssache absehen, wenn die Zahlungsunfähigkeit oder Überschuldung aus der Kündigung oder sonstigen Fälligstellung einer Forderung resultiert, die nach dem angezeigten Restrukturierungskonzept einer Gestaltung durch den Restrukturierungsplan unterworfen werden soll, sofern die Erreichung des Restrukturierungsziels überwiegend wahrscheinlich ist (§ 33 Abs. 2 Nr. 1 Alt. 2 StaRUG).

20 **Drohen** i. R. der außergerichtlichen Sanierungsverhandlungen **einzelne Gläubiger mit einer Kündigung des Kredits**, besteht die Gefahr, dass durch die Kündigung des Gläubigers die

16) AG Dresden, Hinweisbeschl. v. 22.11.2023 – 572 RES 1/23 (Softline), ZRI 2024, 34 = BeckRS 2023, 39348; vgl. auch AG München, Beschl. v. 21.10.2021 – 1542 RES 2180/21, NZI 2022, 31.

17) AG Frankfurt/M., Beschl. v. 26.3.2024 – 810 RES 3/24 B (Branicks), ZRI 2024, 814 = BeckRS 2024, 6363.

18) *Zehlicke*, FD-InsR 2024, 809575 (Urteilsanm. z. AG Frankfurt/M., Beschl. v. 26.3.2024 – 810 RES 3/24 B [Branicks], ZRI 2024, 814 = BeckRS 2024, 6363).

19) Vgl. „VARTA", Restrukturierungsanzeige am 21.7.2024; Erörterungs- und Abstimmungstermin am 25.11.2024; Planbestätigung am 11.12.2024, AG Stuttgart, Beschl. v. 11.12.2024 – 6 RES 1243/24 (VARTA), ZRI 2025, 149, m. Anm. *Kümpel* = BeckRS 2024, 37304.

20) Vgl. zur „materiellen Zugangsvoraussetzung" *Kramer* in: BeckOK-StaRUG, § 29 Rz. 8; Jacoby/Thole-*Schluck-Amend*, StaRUG, § 29 Rz. 14; AG Hannover, Beschl. v. 14.3.2023 – 951 RES 1/23 – 1, Rz. 31, ZRI 2023, 312 = BeckRS 2023, 4559.

Zahlungsunfähigkeit der Schuldnerin ausgelöst wird und damit der Weg in das StaRUG-Verfahren wegen Eintritt der Zahlungsunfähigkeit (§ 17 InsO) versperrt wird.

> **Praxishinweis**
>
> In diesem Fall ist eine frühzeitige Anzeige des Restrukturierungsvorhabens geboten, um noch in den Anwendungsbereich des StaRUG zu gelangen und bei einer nachträglichen Kündigung das Restrukturierungsgericht davon zu überzeugen, von der Aufhebung der Restrukturierungssache gemäß § 33 Abs. 2 Nr. 1 Alt. 2 StaRUG abzusehen. Wichtig ist hierfür, den **Verhandlungsstand mit den Gläubigern hinreichend zu dokumentieren.**

Eine solche Dokumentation des Verhandlungsstandes ist auch für die Darstellung der **Fortbestehensprognose** wichtig, denn auch die Überschuldung i. S. von § 19 InsO würde das StaRUG-Verfahren sperren. Hier ist zu berücksichtigen, dass für die Fortbestehensprognose auch die Sanierung über den Restrukturierungsplan unterstellt werden kann, wenn der Schuldner nach dem dokumentierten Verhandlungsstand mit überwiegender Wahrscheinlichkeit davon ausgehen kann, dass der **Restrukturierungsplan angenommen wird** und umgesetzt werden kann.[21] Für die Berücksichtigung einer gelungenen StaRUG-Restrukturierung bei der Begründung einer positiven Fortbestehensprognose ist richtigerweise allerdings nicht die Anzeige der Restrukturierungssache erforderlich.[22] Es genügt, wenn aus den Gesamtumständen angenommen werden kann, dass die Einleitung des StaRUG-Verfahrens rechtzeitig (spätestens unmittelbar vor Eintritt der Zahlungsunfähigkeit) möglich und die Umsetzung des erfolgversprechenden Restrukturierungsvorhabens überwiegend wahrscheinlich ist.[23] Die Geschäftsleitung sollte dies in geeigneter Weise anhand des jeweiligen Verhandlungsstandes dokumentieren. Eine **präventive Anzeige** ist denkbar, um von vornherein einer drohenden Kündigung zuvorzukommen. Von einem öffentlichen Verfahren kann in diesem Stadium abgesehen werden (vgl. § 84 Abs. 1 StaRUG). 21

Bei **börsennotierten AGs** sind jedoch stets auch die Ad-hoc-Pflichten aus Art. 17 ff. MAR[24] zu beachten. Dabei ist fraglich, ob bereits die Anzeige einer Restrukturierungssache ad-hoc-pflichtig ist.[25] Jedenfalls wenn mit der Kündigung des Kredits die Zahlungsunfähigkeit eintritt, ist dies bei einer börsennotierten AG zu veröffentlichen. Dann besteht allerdings die Gefahr, dass Lieferanten auf Vorkasse umstellen und die Sanierung möglicherweise aufgrund fehlender Arbeitsliquidität scheitert. Eine Stabilisierungsanordnung ist hingegen nicht geeignet, die Kündigung und Fälligstellung von Krediten durch einzelne Gläubiger zu verhindern (siehe dazu ausführlich § 41 Rz. 99 f. [*Brünkmans*]). 22

D. Strategische Bedeutung einer Stabilisierungsanordnung (§§ 49 ff. StaRUG)

Neben der bereits ausgeführten Fälligstellung durch Kreditkündigungen (siehe dazu Rz. 20) sind stets auch andere Gefahren zu beachten, welche auf dem Weg zur Annahme und ge- 23

21) AG Köln, Beschl. v. 9.2.2024 – 82 RES 1/24, Rz. 16, ZRI 2025, 318 = NZI 2025, 533; K. Schmidt-*K. Schmidt/Herchen*, InsO, § 19 Rz. 52; *Thole*, GmbHR 2022, R 52, R 53.

22) *Borries/Benning*, NZI 2025, 334, 335 (Urteilsanm.); *Desch*, BB 2020, 2498, 2499; K. Schmidt-*K. Schmidt/Herchen*, InsO, § 19 Rz. 52; **a. A.** *Thole*, GmbHR 2022, R 52, R 53; wohl auch AG Köln, Beschl. v. 9.2.2024 – 82 RES 1/24, Rz. 16, ZRI 2025, 318 = NZI 2025, 533; zur Einleitung innerhalb der Sechs-Wochen-Frist *Schönfelder*, NZI 2022, 49, 50.

23) *Borries/Benning*, NZI 2025, 334, 335 (Urteilsanm.).

24) Verordnung (EU) Nr. 596/2014 des Europäischen Parlaments und des Rates vom 16.4.2014 über Marktmissbrauch (Marktmissbrauchsverordnung) und zur Aufhebung der Richtlinie 2003/6/EG des Europäischen Parlaments und des Rates und der Richtlinien 2003/124/EG, 2003/125/EG und 2004/72/EG der Kommission (Market Abuse Regulation – MAR/MMVO), ABl. (EU) L 173/1 v. 12.6.2014.

25) Vgl. dazu etwa *Kührt*, BKR 2022, 502, 505; *Veil/Brüggemeier* in: Meyer/Veil/Rönnau, Hdb. zum Marktmissbrauchsrecht, § 10 Rz. 113.

richtlichen Bestätigung des Restrukturierungsplans die Sanierung durchkreuzen können. Insbesondere die **Vollstreckung in betriebsnotwendiges Anlagevermögen** oder die **Verwertung von Sicherheiten** an solchen Gegenständen können Sanierungsbemühungen verhindern. Das StaRUG will diese Gefahren durch das Instrument der Stabilisierungsanordnung (§§ 49 ff. StaRUG) eindämmen. Obwohl die Regelungen zur Stabilisierungsanordnung in den §§ 49 ff. StaRUG viel Raum einnehmen, hat dieses StaRUG-Instrument in der Praxis jedoch bisher wenig Anklang gefunden.[26] Dies lässt sich im Wesentlichen auch durch die **eingeschränkte Wirkungsreichweite** der Stabilisierungsanordnung begründen. Es handelt sich dabei gerade nicht um ein umfassendes Moratorium, mit dem Fälligkeiten von Forderungen oder Kreditkündigungen bis zur Bestätigung des Restrukturierungsplans vorübergehend außer Kraft gesetzt werden können.[27] So kann die **Stabilisierungsanordnung nicht verhindern**, dass eine Zahlungsunfähigkeit nach **§ 17 InsO** eintritt und der Schuldner nach § 32 Abs. 3 Satz 1 und § 42 Abs. 1 Satz 2 StaRUG zur **unverzüglichen Anzeige** verpflichtet ist.[28] Einer der wenigen praktischen Anwendungsfälle lag dem Beschluss des AG Hamburg vom 18.1.2022 zugrunde, in dem das Gericht trotz Mängeln im Restrukturierungsplan bei einem unternehmerisch tätigen Schuldner eine Stabilisierungsanordnung erlassen hat.[29] Der Stabilisierungsanordnung kommt daher eher untergeordnete strategische Bedeutung zu.

E. Auswahl der Planbetroffenen und Gruppenbildung

24 Wie beim Insolvenzplan kommt auch beim Restrukturierungsplan der Gruppenbildung eine besondere strategische Bedeutung zu. Für den Restrukturierungsplan als Instrument eines teilkollektiven Verfahrens stellt sich die vorgelagerte Frage, welche Gläubiger und Gesellschafter als Planbetroffene überhaupt in den Restrukturierungsplan einbezogen werden sollen.

25 Hier muss zunächst geprüft werden, ob es unter Beachtung der sachlichen Rechtfertigung einer möglichen Gruppenbildung (siehe dazu § 42 Rz. 21 [*Beck/Pechartschek*]) und aufgrund des Verhandlungsstandes möglich ist, dass der Restrukturierungsplan **in allen Gruppen mit der erforderlichen Mehrheit von 75 % angenommen werden kann**, ohne auf eine gruppenübergreifende Mehrheitsentscheidung (§§ 26 ff. StaRUG) zurückgreifen zu müssen. Eine – im Einzelfall im Ausgang ungewisse – komplexe Prüfung der Voraussetzungen der §§ 26, 27 StaRUG lässt sich in diesem Fall vermeiden.

26 Die **bisherige Praxis** hat indes gezeigt, dass **in den meisten Fällen ein Rückgriff auf eine gruppenübergreifende Mehrheitsentscheidung** (§§ 26 ff. StaRUG) **erforderlich** ist. Dies gilt insbesondere für Fälle, in denen der Restrukturierungsplan in die **Rechtsposition der Anteilsinhaber eingreift**. Bei einer Kapitalherabsetzung auf null verbunden mit einer Kapitalerhöhung durch Ausschluss des Bezugsrechts der Anteilsinhaber[30] (siehe § 54 Rz. 157 ff. [*Brünkmans*]) haben diese keinen Anreiz, dem Restrukturierungsplan zuzustimmen. Für die Umsetzung einer umfassenden Fremd- und Eigenkapitalrestrukturie-

26) So ist etwa der Beschluss des AG Hamburg, Beschl. v. 18.1.2022 – 61c RES 1/21, ZRI 2022, 234 = NZI 2022, 437 – der einzige abrufbare Anwendungsfall.

27) *Undritz*, ZRI 2024, 1012, 1014; *Prütting* in: Kübler/Bork/Prütting, HRI I, § 16 Rz. 2; *Thole*, ZIP 2020, 1985, 1995.

28) *Undritz*, ZRI 2024, 1012, 1014; Morgen-*Boss/Luttmann*, StaRUG, § 49 Rz. 4.

29) AG Hamburg, Beschl. v. 18.1.2022 – 61c RES 1/21, ZRI 2022, 234 = NZI 2022, 437, dazu auch Anm. *Mock*, NZI 2022, 434, 437.

30) AG Stuttgart, Beschl. v. 11.12.2024 – 6 RES 1243/24 (VARTA), ZRI 2025, 149, m. Anm. *Kümpel* = BeckRS 2024, 37304; AG Charlottenburg, Beschl. v. 4.1.2024 – 36s RES 6525/23 (Spark Networks), ZRI 2024, 512; AG Nürnberg, Beschl. v. 21.6.2023 – RES 397/23 (LEONI), ZRI 2023, 629 = NZI 2023, 881.

rung wird sich in der Regel ein Rückgriff auf eine gruppenübergreifende Mehrheitsentscheidung nicht vermeiden lassen. Dies gilt insbesondere bei börsennotierten AGs, aber auch bei Gesellschaften mit personalistischer Beteiligungsstruktur. Lediglich bei einer vom Mehrheitsgesellschafter positiv begleiteten Restrukturierung ist es denkbar, dass ein Eingriff in die Anteilsrechte ohne eine gruppenübergreifende Mehrheitsentscheidung in Betracht kommt.

Auch reine „Amend-and-Extend"-Pläne lassen sich **häufig ohne gruppenübergreifende Mehrheitsentscheidung** (§§ 26 ff. StaRUG) umsetzen, weil die Rechte der Anteilsinhaber häufig unberührt bleiben[31] und – unter den Voraussetzungen des § 28 Abs. 2 Nr. 2 StaRUG – auch unberührt bleiben dürfen (siehe § 54 Rz. 3 [*Brünkmans*]). Bei „Amend-and-Extend-Lösungen" kommt der Restrukturierungsplan nicht selten auch mit nur einer Gläubigergruppe aus, um etwa renitente Schuldscheingläubiger zur Stundung zu zwingen.[32] 27

Abgesehen von den gesetzlich in § 9 Abs. 1 StaRUG vorgesehenen Gruppen, können die Planbetroffenen nach Maßgabe wirtschaftlicher Interessen in weitere Gruppen unterteilt werden. § 9 Abs. 1 Satz 2 StaRUG verlangt in diesem Fall, dass die **Gruppen sachgerecht voneinander abgegrenzt werden** (siehe dazu ausführlich § 42 Rz. 21 [*Beck/Pechartschek*]). Bei der Bildung der Gruppen im Restrukturierungsplan steht dem Planersteller im Vergleich zum Insolvenzplan ein weiteres Ermessen zu.[33] 28

Taktisches Potential kommt auch den **gruppeninternen Forderungen** zu. Das gilt etwa für den Verlustausgleichsanspruch nach § 302 AktG, aber auch für sonstige gruppeninterne Forderungen, wie etwa Darlehensrückzahlungsansprüche aus einem Cashpool (siehe dazu ausführlich § 56 Rz. 85 [*Brünkmans*]). Abgesehen von Ansprüchen der Tochter gegen die Mutter und auch dem Verlustausgleichsanspruch aus § 302 AktG, wird es sich daher häufig um **nachrangige Restrukturierungsforderungen** handeln, für die nach § 9 Abs. 1 Nr. 3 StaRUG zwingend eine eigene Gruppe zu bilden ist. Zwar könnte man eine Bereinigung solch gruppeninterner Forderungen auch außerhalb eines Restrukturierungsplans umsetzen. Die **Einbeziehung** in den Restrukturierungsplan hat jedoch den positiven Effekt, dass sich die Bildung von einer oder gar zwei Gruppen gut begründen lassen, deren Stimmen bei der Abstimmung über den Restrukturierungsplan als sicher gelten. 29

F. Gerichtlicher oder außergerichtlicher Abstimmungstermin

Strategische Bedeutung hat auch die Wahl des Planabstimmungsverfahrens. Nach § 23 StaRUG steht dem Schuldner ein **Wahlrecht** zu, ob ein gerichtliches oder privatautonomes Planabstimmungsverfahren durchgeführt werden soll.[34] Die **privatautonom durchgeführte Abstimmung** hat den Vorteil, dass diese zeitig und ohne Verzögerung durchgeführt werden kann.[35] In diesem Rahmen führt der Schuldner den Vorsitz der Versamm- 30

31) S. etwa in den Fällen Branicks, AG Frankfurt/M., Beschl. v. 26.3.2024 – 810 RES 3/24 B (Branicks), ZRI 2024, 814 = BeckRS 2024, 6363; BayWa AG, Pressemitteilung v. 31.1.2025, abrufbar unter https://www.baywa.com/presseinformationen/00525_baywa_sichert_durchfinanzierung (Abrufdatum: 25.7.2025).

32) Vgl. AG Frankfurt/M., Beschl. v. 26.3.2024 – 810 RES 3/24 B (Branicks), ZRI 2024, 814 = BeckRS 2024, 6363.

33) AG Bremen, Beschl. v. 13.9.2024 – 531 RES 1/24, ZRI 2025, 92 = BeckRS 2024, 34422; AG Hamburg, Beschl. v. 12.4.2021 – 61a RES 1/21, juris Rz. 19 = ZRI 2021, 473; AG Karlsruhe, Beschl. v. 25.3.2022 – 102 REs 2/21, juris Rz. 45 = ZIP 2023, 651; *Stahlschmidt*, ZInsO 2021, 205, 207; Braun-*Böhm*, StaRUG, § 8 Rz. 1; Flöther-*Flöther/Tasma*, StaRUG, § 8 Rz. 6.

34) Jacoby/Thole-*Hofmann*, StaRUG, § 23 Rz. 1; Flöther-*Laroche*, StaRUG, § 23 Rz. 1; zur privatautonomen Gestaltung *Deppenkemper* in: MünchKomm-StaRUG, § 20 Rz. 2.

35) *Bernsau/Beyer*, BB 2022, 1090, 1094; Jacoby/Thole-*Hofmann*, StaRUG, § 23 Rz. 6.

lung selbst und hat dadurch verschiedene Möglichkeiten, auf den Verlauf einzuwirken.[36] Er behält in diesem Rahmen gewissermaßen das „Heft des Handelns" weiter in der Hand.[37] Weiterhin besteht bei einer privatautonomen Planabstimmung über § 20 Abs. 2 StaRUG die Möglichkeit einer elektronisch organisierten Versammlung und Abstimmung, die deutlich leichter umzusetzen ist als i. R. eines gerichtlichen Verfahrens (§ 38 Abs. 2 StaRUG, § 128a ZPO).[38] In diesem Rahmen **trägt der Schuldner die Verantwortung dafür, die technischen Voraussetzungen zu schaffen**, dass die Planbetroffenen durchgängig alle wesentlichen Vorgänge der Verhandlung wahrnehmen und sich wie ein anwesender Planbetroffener äußern und auch mit anderen Teilnehmern kommunizieren können.[39]

31 Aufgrund der Anforderungen der §§ 45, 46 StaRUG ist das **gerichtliche Verfahren aufwändiger** als eine privatautonome Abstimmung.[40] Die Gerichtsferne der privatautonomen Planabstimmung sorgt jedoch dafür, dass die gerichtliche Prüfung ein aufwändigeres und langwieriges Bestätigungsverfahren auslösen kann.[41] Häufig kann gerade die Einschaltung des Gerichts helfen, Probleme und Streitigkeiten zu vermeiden.[42] Der wesentliche Vorteil eines gerichtlichen Abstimmungsverfahrens liegt jedoch in der dadurch geschaffenen **Prozesssicherheit**. So können auch Fehler im Abstimmungsverfahren nach § 63 Abs. 1 Nr. 2, Abs. 3 StaRUG zu einer Versagung der Planbestätigung führen.[43] Etwaige Zweifel an der ordnungsgemäßen Annahme des Restrukturierungsplans gehen bei einem privatautonomen Abstimmungsverfahren zulasten des Schuldners (§ 63 Abs. 4 StaRUG).[44] So stellt die verfahrensrechtliche Sicherheit und Akzeptanz des Verfahrens unter den Planbetroffenen einen wesentlichen Vorteil der gerichtlichen Planabstimmung dar.[45]

32 Die privatautonome Planabstimmung kommt insbesondere dann in Betracht, wenn die **Anzahl der Planbeteiligten überschaubar** ist, **keine formalen Probleme**, bspw. hinsichtlich der ordnungsgemäßen Vertretung, und auch **keine Stimmrechtsstreitigkeiten** bestehen. Ein Verfahren mit einer Vielzahl von **(Klein-)Gläubigern** kann hingegen besser justizförmig im gerichtlichen Verfahren abgewickelt werden.[46]

33 Insbesondere bei vertraulichen Verfahren erscheint die privatautonome Planabstimmung zumindest als naheliegende Option, um die gerichtliche Einbindung so gering wie möglich zu halten.[47] Wählt der Schuldner die Option des öffentlichen Verfahrens i. S. von §§ 84 ff. StaRUG (bspw., da er ohnehin Ad-hoc-pflichtig ist oder auf eine Anerkennung der Planwirkungen nach der **EuInsVO** (siehe § 62 Rz. 81 [*Thole*]) angewiesen ist), wird

---

36) Morgen-*Tresselt*, StaRUG, § 20 Rz. 11; *Deppenkemper* in: MünchKomm-StaRUG, § 20 Rz. 2; Flöther-*Madaus*, StaRUG, § 20 Rz. 11; vgl. zu Planbetroffenenversammlung auch Braun-*Pehl*, StaRUG, § 20 Rz. 13.

37) Braun-*Pehl*, StaRUG, § 20 Rz. 13.

38) Jacoby/Thole-*Hofmann*, StaRUG, § 23 Rz. 6; keine Möglichkeit im gerichtlichen Verfahren nach *Bernsau/Beyer*, BB 2022, 1090, 1094.

39) Begr. RegE SanInsFoG z. StaRUG, BT-Drucks. 19/24181, S. 123; dazu auch Jacoby/Thole-*Hofmann*, StaRUG, § 20 Rz. 18; Römermann-*Hübler*, InsO/InsR, § 20 StaRUG Rz. 9.

40) Flöther-*Laroche*, StaRUG, § 23 Rz. 4.

41) Jacoby/Thole-*Hofmann*, StaRUG, § 20 Rz. 7.

42) Flöther-*Laroche*, StaRUG, § 23 Rz. 4; zum Streit über Stimmrechte *Spahlinger* in: BeckOK-StaRUG, § 23 Rz. 6.

43) Flöther-*Laroche*, StaRUG, § 23 Rz. 4; *Spahlinger* in: BeckOK-StaRUG, § 23 Rz. 5; Begr. RegE SanInsFoG z. StaRUG, BT-Drucks. 19/24181, S. 125.

44) *Spahlinger* in: BeckOK-StaRUG, § 23 Rz. 5; *Deppenkemper* in: MünchKomm-StaRUG, § 23 Rz. 8; *Cranshaw/Portisch*, ZInsO 2020, 2617, 2624.

45) Jacoby/Thole-*Hofmann*, StaRUG, § 23 Rz. 8.

46) Flöther-*Laroche*, StaRUG, § 23 Rz. 4.

47) *Zehlicke*, FD-InsR 2024, 809575 (Urteilsanm. z. AG Frankfurt/M., Beschl. v. 26.3.2024 – 810 RES 3/24 B [Branicks], ZRI 2024, 814 = BeckRS 2024, 6363).

es sich regelmäßig anbieten, auch die Variante des gerichtlichen Erörterungs- und Abstimmungstermins zu wählen, um spätere Streitigkeiten über das Plan-Abstimmungsergebnis zu vermeiden.

Maßgebliches Kriterium bei der Auswahl des Abstimmungsverfahrens ist nach alledem die Frage, ob aufgrund der Komplexität und Anzahl der Planbetroffenen ein Abstimmungsverfahren fehleranfällig sein wird. Ein privatautonomes Abstimmungsverfahren kommt dann in Betracht, wenn das Verfahren so gestaltet werden kann, dass keine Mängel auftreten, die zu einer Versagung der gerichtlichen Bestätigung führen können.[48] 34

G. Planbestätigung

Aus verhandlungstaktischen Gründen sollte der Planbestätigungsantrag **bereits zu einem sehr frühen Zeitpunkt** im Restrukturierungsverfahren gestellt werden.[49] Sofern die Voraussetzungen dafür vorliegen, kann das Gericht bereits im Anschluss an den Erörterungs- und Abstimmungstermin über die Planbestätigung entscheiden.[50] Dabei stehen dem Gericht drei Optionen zur Verfügung: Die Verkündung im Erörterungs- und Abstimmungstermin (§ 45 StaRUG), im Anhörungstermin (§ 61 StaRUG) oder in einem gesonderten Termin.[51] Das Gericht wird je nach Lage des Falls eine effektive Verfahrensform wählen. Bei „bedingten“ Restrukturierungsplänen scheidet eine frühzeitige Planbestätigung im Anschluss an den Erörterungs- und Abstimmungstermin regelmäßig aus.[52] So kann die Planbestätigung erst nach Eintritt der Bedingungen erfolgen (§ 62 StaRUG).[53] Dies schließt richtigerweise jedoch nicht aus, den Antrag auf Planbestätigung bereits vor Bedingungseintritt zu stellen.[54] 35

H. Rechtsmittel und Freigabeverfahren

Bestätigt das Gericht den Restrukturierungsplan, steht den **Planbetroffenen** die Möglichkeit einer **sofortigen Beschwerde** zu (§ 66 StaRUG) (siehe ausführlich § 52 Rz. 25 ff. [*Hirschberger*]). Legen Planbetroffene die sofortige Beschwerde ein, wird die **Rechtskraft** des Planbestätigungsbeschlusses damit **aufgeschoben**. Anders als beim Insolvenzplan treten **die Planwirkungen schon mit der gerichtlichen Bestätigung** und nicht erst mit der Rechtskraft ein (vgl. § 67 Abs. 1 StaRUG). Demnach lassen sich viele Sanierungsmaßnahmen nicht umsetzen, solange der Restrukturierungsplan noch „in der Schwebe hängt“. Die Strategie des Schuldners wird hier sein, möglichst schnell die Rechtskraft der Planbestätigungsbeschlusses herbeizuführen. 36

Im Rahmen der Zulässigkeit muss der Beschwerdeführer seine **Schlechterstellung glaubhaft machen** (§ 66 Abs. 2 Nr. 3 StaRUG). Das Beschwerdegericht muss dabei zu der Überzeugung gelangen, dass eine Schlechterstellung überwiegend wahrscheinlich erscheint (§ 294 ZPO i. V. m. § 38 Satz 1 StaRUG) (siehe ausführlich § 52 Rz. 25, § 21 Rz. 17 ff. [*Hirschberger*]).[55] 37

48) Vgl. auch *Deppenkemper* in: MünchKomm-StaRUG, § 23 Rz. 8 m. w. N.
49) *Jungmann* in: MünchKomm-StaRUG, § 62 Rz. 52.
50) *Vuia* in: MünchKomm-StaRUG, § 45 Rz. 49.
51) *Jungmann* in: MünchKomm-StaRUG, § 65 Rz. 13.
52) *Jungmann* in: MünchKomm-StaRUG, § 65 Rz. 19.
53) Jacoby/Thole-*Thole*, StaRUG, § 62 Rz. 5; Braun-*Fendel*, StaRUG, § 62 Rz. 1.
54) Flöther-*Laroche*, StaRUG, § 62 Rz. 5.
55) *Jungmann* in: MünchKomm-StaRUG, § 66 Rz. 85; LG Stuttgart, Beschl. v. 21.1.2025 – 1 T 12/24 (VARTA), ZRI 2025, 208, m. Anm. *Kümpel*.

In der Praxis scheitert die Beschwerde regelmäßig bereits an der Glaubhaftmachung einer Schlechterstellung.[56)]

38 Nach § 66 Abs. 5 StaRUG kann das Gericht die Beschwerde auf Antrag des Schuldners i. R. des Freigabeverfahrens **unverzüglich zurückweisen**. Zwar entfaltet die sofortige Beschwerde grundsätzlich keine aufschiebende Wirkung, jedoch kann der Antrag dazu führen, dass die sofortige Beschwerde unverzüglich zurückgewiesen wird, wenn die **alsbaldige Rechtskraft der Planbestätigung vorrangig erscheint**, weil die Nachteile einer Verzögerung des Planvollzugs überwiegen.[57)]

Praxishinweis

Der Schuldner sollte daher stets einen solchen Antrag nach § 66 Abs. 5 StaRUG sowie einen Antrag auf Zurückweisung der Beschwerde stellen. Dabei gilt jedoch grundsätzlich der **Vorrang des Antrags nach § 66 Abs. 5 StaRUG**. Wird ein solches Freigabeverfahren dadurch hinfällig, dass unverzüglich über die sofortige Beschwerde entschieden werden kann, geht die überwiegende Auffassung jedoch zutreffend davon aus, dass es einer Entscheidung nach § 66 Abs. 5 Satz 1 StaRUG gerade nicht bedarf.[58)] Dies gilt insbesondere dann, wenn die sofortige Beschwerde unzulässig ist (z. B. weil den Planbetroffenen die Glaubhaftmachung einer Schlechterstellung unmöglich ist).[59)] So argumentierte auch das LG Stuttgart im Fall „*VARTA*", dass die Unzulässigkeit der sofortigen Beschwerde dazu führt, dass das beantragte Verfahren hinfällig sei und es keiner gesonderten Entscheidung bedarf.[60)]

56) Vgl. LG Stuttgart, Beschl. v. 21.1.2025 – 1 T 12/24 (VARTA), juris Rz. 22 = ZRI 2025, 208, m. Anm. *Kümpel*; LG Stuttgart, Beschl. v. 14.1.2025 – 1 T 11/24, juris; LG Nürnberg-Fürth, Beschl. v. 17.7.2023 – 4 T 3814/23 (LEONI), ZRI 2023, 794 = NZI 2023, 966.

57) *Skauradszun* in: BeckOK-StaRUG, § 66 Rz. 63; Jacoby/Thole-*Spliedt*, StaRUG, § 66 Rz. 27, 28; *Jungmann* in: MünchKomm-StaRUG, § 66 Rz. 146.

58) Uhlenbruck-*Knof*, InsO, § 66 StaRUG Rz. 81; LG Dresden, Beschl. v. 1.7.2021 – 5 T 363/21, ZRI 2021, 868, m. Anm. *Skauradszun/Kümpel* = BeckRS 2021, 23099; a. A. *Jungmann*, NZI 2022, 353, 359.

59) LG Stuttgart, Beschl. v. 21.1.2025 – 1 T 12/24 (VARTA), juris Rz. 22 = ZRI 2025, 208, m. Anm. *Kümpel*; LG Dresden, Beschl. v. 1.7.2021 – 5 T 363/21, ZRI 2021, 868, m. Anm. *Skauradszun/Kümpel* = BeckRS 2021, 23099; *Skauradszun* in: BeckOK-StaRUG, § 66 Rz. 64; Jacoby/Thole-*Spliedt*, StaRUG, § 66 Rz. 29; Uhlenbruck-*Knof*, InsO, § 66 StaRUG Rz. 81.

60) LG Stuttgart, Beschl. v. 21.1.2025 – 1 T 12/24 (VARTA), juris Rz. 22 = ZRI 2025, 208, m. Anm. *Kümpel*.

§ 36
Die Beteiligten des Restrukturierungsplans im weiteren Sinne

Übersicht

Literatur: *Böcker*, Das ESUG in der praktischen Anwendung im Fall Suhrkamp, ZInsO 2015, 773; *Doeber/Krüger*, Die strategische Gestaltung von Restrukturierungsplänen, NZI 2021, 614; *Westermann*, Der „Suhrkamp"-Gesellschafter unter dem Schutzschirm der Gesellschaftsinsolvenz, NZG 2015, 134.

A. Überblick

1 Der **Restrukturierungsplan** kann in vielfältiger Weise Berührungspunkte mit zahlreichen Akteuren haben, wie dem Schuldner, den Gläubigern, den Gesellschaftsorganen, Beratern, Anteilsinhabern, Investoren, dem Restrukturierungsgericht oder dem Restrukturierungsbeauftragten. Ausgehend von dem abstrakten Begriff des **„Beteiligten"** werden die in Betracht kommenden Personengruppen dargestellt und ihre Einbeziehung in einen Restrukturierungsplan erläutert.

B. Die Beteiligten im weiteren Sinne

I. Beteiligtenbegriff

2 Orientiert man sich zunächst am Wortlaut des Gesetzes, wird der Begriff des „Beteiligten" u. a. in den §§ 13, 38, 73 Abs. 2, 77 oder 78 StaRUG[1] verwendet. Allerdings wird der „Beteiligte" im StaRUG nicht legaldefiniert. Das StaRUG spricht neben dem **Schuldner** vor allem von den **Planbetroffenen** (definiert in § 7 Abs. 1 StaRUG). Eine Besonderheit des Restrukturierungsplans ist es, dass es sich um ein teilkollektives[2] Verfahren handelt,

1) Gesetz über den Stabilisierungs- und Restrukturierungsrahmen für Unternehmen (Unternehmensstabilisierungs- und -restrukturierungsgesetz – StaRUG), v. 22.12.2020, BGBl. I 2020, 3256 (= Art. 1 des Gesetzes zur Fortentwicklung des Sanierungs- und Insolvenzrechts [Sanierungs- und Insolvenzrechtsfortentwicklungsgesetz – SanInsFoG], v. 22.12.2020, BGBl. I 2020, 3256).

2) *Doeber/Krüger*, NZI 2021, 614; *Berner/Werner* in: Kübler/Bork/Prütting, HRI I, § 20 Rz. 20.

so dass der Kreis der Beteiligten beim Restrukturierungsplan kleiner als beim Insolvenzplan ausfallen kann.

II. Materiell Beteiligte

3 Anknüpfungspunkt für den materiell Beteiligten ist die Vorschrift des **§ 7 StaRUG**, der für die Planbetroffenen darauf abstellt, wie die Rechtsstellung dieser Personen durch den Restrukturierungsplan geändert wird.

III. Formell Beteiligte

4 Hiervon zu unterscheiden sind formell Beteiligte, wie das **Restrukturierungsgericht** (§§ 23, 29, 34 StaRUG) und ggf. ein sog. **Restrukturierungsbeauftragter** (§ 73 StaRUG). Im Unterschied zu materiell Beteiligten wird nicht in deren Rechtsstellung eingegriffen.

IV. Freiwillig Beteiligte

5 Hinzutreten können noch weitere Personen, die sich freiwillig den Regelungen des Plans unterwerfen. Zu denken ist hierbei an **Inhaber von Rechten** an Gegenständen, die im Falle der Eröffnung eines Insolvenzverfahrens Aussonderungsrechte geltend machen können oder **Investoren**, aber auch **Gesellschafter** oder sonstige Dritte, die (zukünftig) in Rechtsbeziehung zum Schuldner und dessen Gläubigern stehen.[3)]

C. Einzelne Beteiligte

I. Beteiligte aufseiten des Schuldners

1. Schuldner

6 Aus § 29 Abs. 3 StaRUG ergibt sich, dass das StaRUG dem Schuldner frei wählbare Instrumente („Werkzeugkasten")[4)] an die Hand gibt, um das Sanierungsvorhaben voranzutreiben. Nach der gesetzlichen Konzeption kann nur der Schuldner, in § 2 Abs. 1 Nr. 1 StaRUG auch **„restrukturierungsfähige Person"** genannt, ein Restrukturierungsvorhaben, ein Planangebot (§ 17 Abs. 1 StaRUG) auf den Weg bringen. Er ist demnach eine zwangsweise beteiligte Person. Es soll dadurch ein Rechtsrahmen geschaffen werden, der auf der Basis eines von den Gläubigern mehrheitlich angenommenen Restrukturierungsplans eine insolvenzabwende Sanierung ermöglicht.[5)] Zu diesem Zweck können Rechtsverhältnisse auf Initiative des Schuldners gemäß § 2 StaRUG in einem Restrukturierungsplan gestaltet werden.

7 § 32 Abs. 1 StaRUG definiert zudem die Pflichten des Schuldners und hebt hervor, dass die Interessen der Gesamtheit der Gläubiger zu wahren sind.

2. Gesellschaftsorgane

8 Bei **juristischen Personen** tritt das jeweilige Organ für den Schuldner im Rechtsverkehr auf.

---

3) § 15 Abs. 4 StaRUG schützt die freiwillig Planunterworfenen durch deren Zustimmungserfordernis vergleichbar mit der Regelung des § 230 Abs. 3 InsO.

4) *Bork* in: Kübler/Bork/Prütting, HRI I, § 1 Rz. 2.

5) Vgl. Begr. RegE SanInsFoG z. StaRUG, BT-Drucks. 19/24181, S. 130 f.

a) Widerstreitende Interessen

Neben der gesetzlichen Vertretung des Schuldners verfolgt das Organ naturgemäß auch eigene Belange, etwa den eigenen Arbeitsplatz zu erhalten oder einer potentiellen Haftung zu entgehen. **Widerstreitende Interessen** zwischen der Gesellschaft und ihren Organen sind daher nicht ausgeschlossen. Ist der Geschäftsführer zugleich Gesellschafter können Gesellschafts- und Gläubigerinteressen kollidieren. 9

Ein solcher Interessenskonflikt tritt bspw. auch auf, wenn ein **geschäftsführender Gesellschafter** zur Absicherung eines Darlehens der Gesellschaft eine Sicherheit bei dem finanzierenden Kreditinstitut gestellt hat. 10

Wie beim Insolvenzplan können im Restrukturierungsplan **Eingriffe** in die Rechte von Gläubigern aus **gruppeninternen Drittsicherheiten** vorgesehen werden (vgl. § 9 Abs. 1 Satz 3 StaRUG). 11

b) Aufsichtsrat

Der Aufsichtsrat ist gemäß § 111 Abs. 1 AktG ein Kontrollorgan der Geschäftsführung. Im Zusammenhang mit der durch § 1 StaRUG eingeführten Pflicht zur **Krisenfrüherkennung** ergeben sich auch für die Aufsichtsorgane im Hinblick auf die Überwachung dieser Früherkennungsvorgaben weitergehende Pflichten. 12

Praxishinweis

Rein tatsächlich wird ein erfolgreiches Planverfahren bei einer damit einhergehenden veränderten Gesellschafterstruktur zu einer Neubesetzung des Aufsichtsrats führen.

3. Anteilsinhaber

Beim Restrukturierungsplan sind die Anteilsinhaber bzw. die an dem Schuldner beteiligten Personen regelmäßig beteiligt. Denn der Gesetzgeber hat – vergleichbar mit der Situation bei einem Insolvenzplan (§ 225a Abs. 1 und 3 InsO) – in § 2 Abs. 3 StaRUG vorgesehen, dass in einem Restrukturierungsplan die Anteils- und Mitgliedschaftsrechte der an einem Schuldner beteiligten Personen **gestaltet werden können.** So ist in § 7 Abs. 4 StaRUG ausdrücklich geregelt, dass **Restrukturierungsforderungen** in Anteils- und Mitgliedschaftsrechte umgewandelt werden können (sog. Debt-Equity-Swap). Insbesondere kann gemäß § 7 Abs. 4 Satz 3 in einem Restrukturierungsplan eine Kapitalherabsetzung oder -erhöhung, die Leistung von Sacheinlagen, den Ausschluss von Bezugsrechten oder die Zahlung von Abfindungen an ausscheidende an dem Schuldner beteiligten Personen geregelt werden.[6] Dabei können durch die **gruppenübergreifende Mehrheitsentscheidung** die Rechte der Gesellschafter mit ihren (nachrangigen) Gesellschafterforderungen auch gegen ihren Willen eingeschränkt werden. Auch insofern stellen sich vergleichbare Fragestellungen wie im *Suhrkamp-Fall*[7], die allerdings aufgrund der Neuheit der gesetzlichen Regelungen noch keine höchstrichterliche Klärung erfahren konnten. 13

Generell ist in Bezug auf die Anteilsinhaber für die rechtliche Einordnung von einzeln Fragestellungen stets zu bedenken, dass aufgrund der **gesetzlichen Befriedigungsreihenfolge**, u. a. in § 73 GmbHG oder § 199 InsO, die Gesellschafter erst bei einem Liquidati- 14

6) Vgl. AG Nürnberg, Beschl. v. 21.6.2023 – RES 397/23, ZRI 2023, 629, 630 = NZI 2023, 881.

7) Vgl. zu den Rechtsfragen in der Sache *Suhrkamp*: OLG Frankfurt/M., Beschl. v. 1.10.2013 – 5 U 145/13, ZIP 2013, 2018, 2020 = NZI 2013, 978, dazu EWiR 2013, 753 *(Bähr/Schwartz)*; *Böcker*, ZInsO 2015, 773, 780: „Das Insolvenzrecht hat Vorrang"; *Westermann*, NZG 2015, 134, 141: „Insolvenzrecht bricht Gesellschaftsrecht"; BVerfG, Beschl. v. 18.12.2014 – 2 BvR 1978/13, ZIP 2015, 80 ff. = NJW 2015, 465, dazu EWiR 2015, 49 *(Bähr)*.

onsüberschuss (im Insolvenzverfahren bei einem Überschuss nach Schlussverteilung, § 199 InsO) mit einem Erlös rechnen können. Dies bedeutet, dass in allen Konstellationen (unabhängig davon, ob dies in einem Insolvenz- oder StaRUG-Verfahren der Fall ist), in denen von Gläubigern Zugeständnisse gefordert werden, bspw. von den Gläubigern als zwingender Sanierungsbeitrag ein Teilverzicht auf ihre Forderungen verlangt wird, das **Eigenkapital aufgezehrt** ist. Die Gesellschaftsbeteiligung ist damit in dieser Situation grundsätzlich wirtschaftlich (ggf. vollständig) entwertet.[8)] Spätestens dann ist ein Interessenskonflikt zwischen Gesellschafter (Erhalt des Geschäftsanteils) und Geschäftsleiter (Pflicht zum Erhalt der Haftungsmasse für die Gläubiger u. a. aus §§ 1 Abs. 1, 32 Abs. 1 Satz 1 StaRUG) zu erwarten (siehe zur Thematik der Notwendigkeit eines zustimmenden Gesellschafterbeschlusses zur Anzeige eines Restrukturierungsvorhabens unten § 37 Rz. 7 ff. [*Beck/Pechartschek*]).[9)] **Anders** ist es nur, wenn von den Gläubigern kein Verzicht angestrebt wird, sondern lediglich ein Fall des § 28 Abs. 2 Nr. 2 StaRUG vorliegt, wonach der Restrukturierungsplan **nur geringfügige Eingriffe** in die Rechte der Gläubiger vorsieht, wie bspw. die Anpassung von Nebenbestimmungen, Aussetzung von Tilgungen für eine Zeit von weniger als 18 Monaten.

4. Berater

15 Für das Gelingen des Planvorhabens ist es entscheidend, dass sich der Schuldner, wenn er nicht selbst – wie in aller Regel – über die erforderlichen rechtlichen und planspezifischen Kenntnisse verfügt, umgehend sachkundig beraten lässt.[10)] Anderenfalls droht ein erheblicher Zeitverlust oder gar ein Scheitern des Restrukturierungsvorhabens.

16 In den Fällen, in denen eine **gerichtliche Einbindung** erfolgt (§§ 29 ff. StaRUG), normiert § 31 Abs. 2 StaRUG bestimmte **Unterlagen**, die der Anzeige des Restrukturierungsvorhabens beigefügt werden müssen, u. a.

- Restrukturierungsplan oder ein Restrukturierungskonzept,
- Darstellung des Stands von Verhandlungen mit Gläubigern,
- Darstellung der Vorkehrungen zur Erfüllung der gesetzlichen Vorgaben.

17 Insbesondere die Anfertigung dieser Unterlagen setzt regelmäßig die Einbindung von (branchenerfahrenen) Experten voraus. Eine solche **professionelle Vorbereitung** wird mit einer Kostenbelastung verbunden sein, dem Sanierungsvorhaben aber einen zeitlichen Vorteil bringen, die Umsetzungswahrscheinlichkeit und die Akzeptanz des Restrukturierungsplans bei den Planbetroffenen erhöhen. Den vom Schuldner ausgewählten Beratern kommt somit eine herausragende Rolle für den Erfolg des Restrukturierungsplans zu.

18 Dabei soll allerdings nicht unerwähnt bleiben, dass durch das StaRUG nun ausdrücklich gesetzlich geregelt ist, dass die bei der Erstellung des Jahresabschlusses tätigen Berater gemäß § 102 StaRUG ausdrücklich verpflichtet sind, den Mandaten (Schuldner) auf das Vorliegen eines **möglichen Insolvenzgrundes** nach den §§ 17bis 19 InsO **hinzuweisen**, wenn hierfür Anhaltspunkte offenkundig sind und die Berater annehmen müssen, dass dem Mandaten (Schuldner) die mögliche Insolvenzreife nicht bewusst ist. Dies stellt die Normierung der hierzu ergangenen Rechtsprechung des BGH[11)] dar.

---

8) *Girotto* in: Beck/Depré/Ampferl, Praxis der Sanierung und Insolvenz, § 1 Rz. 10.

9) *Girotto* in: Beck/Depré/Ampferl, Praxis der Sanierung und Insolvenz, § 1 Rz. 13.

10) *Berner/Werner* in: Kübler/Bork/Prütting, HRI I, § 18 Rz. 24.

11) Vgl. hierzu BGH, Urt. v. 26.1.2017 – IX ZR 285/14, ZIP 2017, 427 = NJW 2017, 1611, mit den darin entwickelten Warn- und Hinweispflichten bei der Jahresabschlusserstellung; vgl. auch Uhlenbruck-*Wegener*, InsO, § 102 StaRUG Rz. 1.

II. Beteiligte aufseiten der Gläubiger

19 Das Restrukturierungsplanverfahren ist – im Unterschied zum Insolvenzplanverfahren – ein **teilkollektives Verfahren**, das nicht alle Gläubiger des Schuldners betreffen muss.[12] Vielmehr kann der Schuldner unter strategischen Erwägungen vorschlagen, von welchen Gläubigern Sanierungsbeiträge gefordert werden.[13] Die Auswahl der Planbetroffenen hat gemäß § 8 Satz 1 StaRUG allerdings nach **sachgerechten Kriterien** zu erfolgen. Zur Abgrenzung von Missbrauchsfällen kann es daher erforderlich werden, darzulegen, weshalb die konkrete Auswahl einzelner Gläubiger als Planbetroffene i. S. von § 8 Abs. 1 Satz 1 StaRUG für die Erreichung des Sanierungsziels eine Rolle spielt.[14]

20 Darüber hinaus dient das Restrukturierungsplanverfahren unter der Voraussetzung der begründeten Aussicht der Sicher- oder Wiederherstellung der Bestandsfähigkeit des Schuldners (§ 14 StaRUG) vor allem der Restrukturierung des Schuldners. Die notwendige Beteiligung der Gläubiger kann entweder durch **Planangebot** und Annahme i. R. einer vertraglichen Vereinbarung[15] (§§ 17 ff. StaRUG) **oder im Abstimmungswege** (§§ 20 ff. StaRUG) erreicht werden.

21 Im Unterschied zum Insolvenzplan ist beim Restrukturierungsplan gemäß § 25 StaRUG grundsätzlich **pro Gruppe** eine **Mehrheit von 75 %** der gruppenangehörigen Gläubiger notwendig (Abwesenheit oder Enthaltung gilt demnach faktisch als nein)[16] so dass die Position der Gläubiger gestärkt ist. In § 32 Abs. 1 Satz 1 StaRUG ist die Wahrung der Gläubigerinteressen zudem ausdrücklich normiert.

22 Im Restrukturierungsplan sind gemäß § 9 Abs. 1 Satz 1 StaRUG bei der Festlegung der Rechte der Planbetroffenen Gruppen zu bilden, soweit **Planbetroffene mit unterschiedlicher Rechtsstellung** betroffen sind (siehe zur Gruppenbildung unten § 42 [*Beck/Pechartschek*]). Das Vorbild der entsprechenden Regelungen ist § 222 Abs. 1 InsO,[17] so dass grundsätzlich folgende Planbetroffene zu unterscheiden sind:

1. Inhaber von Absonderungsanwartschaften

23 Es sind nur solche Absonderungsanwartschaften einzubeziehen, in die der Restrukturierungsplan eingreift (§ 9 Abs. 1 Satz 2 Nr. 1 StaRUG).

2. Inhaber von (theoretisch) nicht nachrangigen Insolvenzforderungen

24 Dies sind die in einem späteren Insolvenzverfahren als nicht nachrangige Insolvenzgläubiger gemäß § 38 InsO einzustufenden Gläubiger; diese werden im Restrukturierungsplan als „einfache Restrukturierungsgläubiger" bezeichnet (§ 9 Abs. 1 Satz 2 Nr. 2 StaRUG).

3. Inhaber von (theoretisch) nachrangigen Insolvenzforderungen

25 Diese sog. nachrangigen Restrukturierungsgläubiger (§ 9 Abs. 1 Satz 2 Nr. 3 StaRUG) bilden ebenfalls eine obligatorische Gruppe, ggf. pro Rangklasse nochmals jeweils in eine eigene Gruppe unterteilt. Allerdings ist insofern auch auf die Sachgerechtigkeit der Aus-

12) *Berner/Werner* in: Kübler/Bork/Prütting, HRI I, § 20 Rz. 20.
13) *Berner/Werner* in: Kübler/Bork/Prütting, HRI I, § 20 Rz. 21.
14) Vgl. hierzu LG Düsseldorf, Beschl. v. 20.3.2025 – 314c T 3/25, ZInsO 2025, 959 m. w. N.
15) Vgl. zur Rechtsnatur dieses „Vergleichs-Vertrages" *Berner/Werner* in: Kübler/Bork/Prütting, HRI I, § 19 Rz. 6.
16) Vgl. Begr. RegE SanInsFoG z. StaRUG, BT-Drucks. 19/24181, S. 127; Uhlenbruck-*Knof*, InsO, § 25 StaRUG Rz. 14.
17) Uhlenbruck-*Steit/Bürk*, InsO, § 9 Rz. 9 m. w. N.

wahl als Planbetroffene zu achten, wenn durch die Rückzahlung von Gesellschafterdarlehen gegen eine gesellschaftsrechtliche Treuepflicht verstoßen werden könnte.[18)]

4. Inhaber von Anteils- und Mitgliedschaftsrechten

26 Sollen die Anteils- und Mitgliedschaftsrechte in einen Restrukturierungsplan einbezogen werden, ist für diese – vergleichbar mit der Situation beim Insolvenzplan – eine eigene Gruppe zu bilden (§ 9 Abs. 1 Satz 2 Nr. 4 StaRUG).

5. Inhaber von gruppeninternen Drittsicherheiten

27 Durch die Zuordnung der gruppeninternen Drittsicherheiten zu einer eigenen Plangruppe in § 9 Abs. 1 Satz 3 StaRUG spiegelt sich ausweislich der Gesetzesbegründung die unterschiedliche Wirkungsweise von Dritt- und Eigensicherheiten und die unterschiedliche wirtschaftliche Stellung der durch Dritt- und Eigensicherheiten begünstigten Gläubiger wieder.[19)]

6. (Neue) Finanzierungsgläubiger

28 Neue Finanzierungsgläubiger und deren neue Sicherheiten können – vgl. mit der Situation der Massegläubiger im Insolvenzplan – eine bevorzugte Stellung einnehmen, da deren Bereitschaft, auch in einem Restrukturierungsvorhaben weiterhin mit der Schuldnerin zusammenzuarbeiten, die Sanierung erst ermöglicht. In § 12 StaRUG werden Regelungen zur Zusage von Darlehen oder sonstigen Krediten zur Finanzierung der Restrukturierung ausdrücklich genannt.

29 In § 89 StaRUG wird daher diesen Finanzierungen auch ein **zusätzlicher Schutz vor etwaigen Anfechtungs- und Haftungsrisiken** gewährt.[20)] In § 90 StaRUG wird Rechtshandlungen, die im Vollzug eines rechtskräftig bestätigten Restrukturierungsplans erfolgen, eine Privilegierung erteilt: Eine spätere Insolvenzanfechtung ist in den Grenzen des § 90 StaRUG nur möglich, wenn die Planbestätigung durch unrichtige oder unvollständige Angaben herbeigeführt wurde und dies dem Anfechtungsgegner bekannt war. **Gesellschafterdarlehen** und gleichgestellte Finanzierungen sind hiervon gemäß § 90 Abs. 1 StaRUG ausgenommen.

30 Eine Zuteilung zu einer der in §§ 8 f. StaRUG genannten Gruppen der Planbetroffenen erfolgt naturgemäß nicht.

III. Restrukturierungsbeauftragter

31 Der Restrukturierungsbeauftragte ist eine mit dem StaRUG **neu** eingeführte Figur des deutschen Sanierungsrechts (§§ 73 ff. StaRUG). Er wird vom Restrukturierungsgericht in den nachfolgend genannten Fallgruppen **von Amts wegen** eingesetzt:

- Die geplante Restrukturierung sieht einen Eingriff in Rechte von **Verbrauchern, mittleren, kleinen oder Kleinstunternehmen** (§ 73 Abs. 1 Satz 1 Nr. 1 StaRUG) vor. Hierbei wird unterstellt, dass dem genannten Personenkreis in der Regel die Erfahrung fehlt bzw. diese nicht in der Lage sind, ihre Interessen und Rechte wirksam zur Geltung zu bringen.[21)]

18) Vgl. hierzu LG Düsseldorf, Beschl. v. 20.3.2025 – 314c T 3/25, ZInsO 2025, 959 m. w. N.

19) Vgl. Begr. RegE SanInsFoG z. StaRUG, BT-Drucks. 19/24181, S. 119.

20) Vgl. hierzu ausführlich: *Warneke/Braun* in: Kübler/Bork/Prütting, HRI I, § 3 Rz. 11 ff.

21) Vgl. Begr. RegE SanInsFoG z. StaRUG, BT-Drucks. 19/24181, S. 170.

- Der Schuldner beantragt eine **Stabilisierungsanordnung**, welche sich mit Ausnahme der nach § 4 ausgenommenen Forderungen gegen alle oder im Wesentlichen alle Gläubiger richten soll (§ 73 Abs. 1 Satz 1 Nr. 2 StaRUG). In einer solchen Situation wird angenommen, dass die wirtschaftlichen Schwierigkeiten, die den Anlass für die Restrukturierungssache bilden, schwerwiegender Natur sind, so dass eine neutrale Überwachungsinstanz als erforderlich angesehen wird.[22)]
- Der Restrukturierungsplan sieht die **Überwachung der Erfüllung** der den Gläubigern zustehenden Ansprüche vor (§ 73 Abs. 1 Satz 1 Nr. 3 StaRUG).

In den vorgenannten Fallgruppen kommt dem Restrukturierungsbeauftragten vor allem eine Überwachungsfunktion zu (§ 76 StaRUG). 32

Liegen die Voraussetzungen des § 73 StaRUG nicht vor, kann gemäß § 77 StaRUG **auf Antrag des Schuldners oder der Gläubiger** unter bestimmten Voraussetzungen ein (fakultativer) Restrukturierungsbeauftragter zur Förderung der Verhandlungen zwischen den Beteiligten bestellt werden. 33

Dem Restrukturierungsbeauftragten kann u. a. gemäß § 76 Abs. 2 Nr. 1 StaRUG die Entscheidung darüber zustehen, wie der Restrukturierungsplan zur **Abstimmung** gebracht werden soll. Soll dies nicht im gerichtlichen Verfahren erfolgen, leitet er die Versammlung der Planbetroffenen und dokumentiert die Abstimmung. 34

IV. Gläubigerbeirat

Der Gläubigerbeirat ist gemäß § 93 StaRUG ein **Unterstützungs- und Überwachungsorgan** i. R. des Restrukturierungsvorhabens. Er kann vom Restrukturierungsgericht eingesetzt werden, wenn die Forderungen aller Gläubiger durch einen Restrukturierungsplan gestaltet werden und die Restrukturierungssache **gesamtverfahrensartige Züge** aufweist. In einer solchen Situation soll eine Repräsentanz der im Verfahren präsenten und zu moderierenden Interessenlagen geschaffen werden.[23)] Dem Gläubigerbeirat kommt gemäß § 93 Abs. 2 StaRUG zudem ein **Vorschlagsrecht** hinsichtlich des Restrukturierungsbeauftragten zu. Der Gläubigerbeirat darf allerdings nicht mit einem Gläubigerausschuss in einem Insolvenzverfahren gleichgesetzt werden. Denn ihm kommt keine – vergleichbar mit §§ 276, 160 InsO – notwendige Mitwirkung bei besonders bedeutsamen Rechtshandlungen zu. 35

V. Restrukturierungsmoderator

Die Restrukturierungsmoderation ist ein Instrument zur einvernehmlichen Herbeiführung eines **Sanierungsvergleiches** zur Überwindung von wirtschaftlichen oder finanziellen Schwierigkeiten (§§ 94 ff. StaRUG). Ein **Restrukturierungsplan** ist in der Sanierungsmoderation **nicht vorgesehen.** 36

VI. Restrukturierungsgericht

Für Entscheidungen in Restrukturierungssachen ist gemäß § 34 StaRUG das Amtsgericht als Restrukturierungsgericht ausschließlich zuständig. Es erlässt Stabilisierungsanordnungen (§ 49 StaRUG) und wirkt bei den in § 29 StaRUG aufgezählten Instrumenten des Stabilisierungs- und Restrukturierungsrahmens mit. Hervorzuheben ist in diesem Zusammenhang u. a. die Durchführung eines **gerichtlichen Planabstimmungsverfahrens** 37

22) Vgl. Begr. RegE SanInsFoG z. StaRUG, BT-Drucks. 19/24181, S. 170.

23) *Gloeckner* in: Kübler/Bork/Prütting, HRI I, § 12 Rz. 6; *Girotto* in: Beck/Depré/Ampferl, Praxis der Sanierung und Insolvenz, § 1 Rz. 248.

(§ 29 Abs. 2 Nr. 1 StaRUG) sowie die **gerichtliche Bestätigung** eines Restrukturierungsplans, falls sich der Schuldner gemäß § 23 StaRUG für eine gerichtliche Planabstimmung entscheidet. In den §§ 60 ff. StaRUG ist zudem die Möglichkeit der gerichtlichen Planbestätigung geregelt.

38 Alternativ kann der Schuldner die Planabstimmung **außergerichtlich** im schriftlichen Verfahren (§ 17 StaRUG) oder i. R. einer Versammlung (§ 20 StaRUG) herbeiführen.[24] Eine gerichtliche Planbestätigung ist – was in der Praxis allerdings nur selten vorkommen wird – nach der gesetzlichen Konzeption eines möglichst gerichtsfernen Verfahrens gemäß § 60 StaRUG nicht zwingend erforderlich.[25]

VII. Investoren/Außenstehende

39 Der Investor oder sonstige neue Finanzierungspartner sind nicht zwangsweise Beteiligte i. S. der obigen Definition. Allerdings wird ihnen bei dem Planvorhaben eine entscheidende Rolle zukommen; denn deren Investitionsentscheidung wird vielfach über den Erfolg des Sanierungsprojektes entscheiden.

24) Uhlenbruck-*Schönen*, InsO, § 23 StaRUG Rz. 1.
25) Uhlenbruck-*Schönen*, InsO, § 23 StaRUG Rz. 1.

§ 37
Planinitiativrecht

Übersicht

Literatur: *Flöther/Wilke*, Neue Zugangshürde zum StaRUG – Der Gesellschafter als Sanierungsbremse?, ZRI 2023, 1029; *Mulert/Steiner*, Gesellschaftsrechtlich zulässige Regelungen im Insolvenz- und Restrukturierungsplan, NZG 2021, 673; *Rauhut*, Die Gesellschafter unter dem StaRUG, NZI Beilage z. Heft 5/2021, S. 52.

A. Allgemeines

Die Restrukturierungsrichtlinie[1] und die Evaluation des Gesetzes zur weiteren Erleichterung der Sanierung von Unternehmen vom 7.12.2011[2] waren der Anlass, das StaRUG und mit ihm das zentrale Instrument des Restrukturierungsplans zu konzipieren.[3] Nach Art. 4 Abs. 1 der Restrukturierungsrichtlinie wurde vorgegeben, dass gewährleistet sein muss, dass Schuldner Zugang zu einem präventivem Restrukturierungsrahmen haben, der es ihnen ermöglicht, sich zu restrukturieren, um eine Insolvenz abzuwenden und ihre Bestandsfähigkeit sicherzustellen, unbeschadet anderer Lösungen zur Abwendung einer Insolvenz, wodurch Arbeitsplätze geschützt werden und die Geschäftstätigkeit weitergeführt wird. 1

Dadurch, dass in StaRUG-Verfahren **noch keine Insolvenzantragspflicht bestehen darf** und somit ein frühes Krisenstadium gegeben sein sollte, sind die **Handlungsspielräume** der zuständigen Akteure nach der gesetzgeberischen Intention grundsätzlich größer als bei einem Insolvenzverfahren. Unter der Annahme eines größeren Handlungsspielraums kann somit frühzeitig damit begonnen werden, ein Sanierungskonzept zu erarbeiten und Finanzierungsfragen zu klären. Da es sich beim Restrukturierungsplanverfahren um ein **teilkollektives Verfahren** handelt,[4] kann gemäß den §§ 8 ff. StaRUG durch sachgerechte Kriterien eine gezielte Auswahl der in die Sanierung einbezogenen Forderungen und Rechte erfolgen. 2

Allerdings ist zu beachten, dass gemäß § 4 StaRUG **bestimmte Rechtsverhältnisse**, insbesondere Forderungen der Arbeitnehmer, von einer Gestaltung **ausgenommen** sind. Zudem gibt das StaRUG – anders als noch im RegE vorgesehen[5] – keine Möglichkeit in bestehende, **beidseits nicht erfüllte Verträge** einzugreifen. Die aus den §§ 103 ff. InsO 3

---

1) Richtlinie (EU) 2019/1023 des Europäischen Parlaments und des Rates v. 20.6.2019 über präventive Restrukturierungsrahmen, über Entschuldung und über Tätigkeitsverbote sowie über Maßnahmen zur Steigerung der Effizienz von Restrukturierungs-, Insolvenz- und Entschuldungsverfahren und zur Änderung der Richtlinie (EU) 2017/1132 (Richtlinie über Restrukturierung und Insolvenz) – Restrukturierungsrichtlinie, ABl. (EU) L 172/18 v. 26.6.2019.

2) Bericht der BReg über die Erfahrungen mit der Anwendung des Gesetzes zur weiteren Erleichterung der Sanierung von Unternehmen (ESUG), v. 11.10.2018, BT-Drucks. 19/4880.

3) Vgl. Begr. RegE SanInsFoG, BT-Drucks. 19/24181, S. 84.

4) *Berner/Werner* in: Kübler/Bork/Prütting, HRI I, § 20 Rz. 20.

5) Vgl. Begr. RegE SanInsFoG, BT-Drucks. 19/24181, S. 31.

bekannten Instrumente stehen somit nicht zur Verfügung. Es ist stets zu prüfen, ob neben einer reinen finanzwirtschaftlichen Sanierung auch **operative Maßnahmen** für eine erfolgreiche Sanierung notwendig sind. Wenn ja, ist ein StaRUG-Verfahren – falls keine diesbezügliche konsensuale Lösung gefunden wird – voraussichtlich nicht das geeignete Sanierungsinstrument. Es bliebe dann nur ein Insolvenzverfahren, ggf. in Eigenverwaltung. Konkret sind daher vor der Anzeige eines Restrukturierungsvorhabens mit dem Ziel der Umsetzung eines Restrukturierungsplans vor allem folgende Aspekte näher zu beleuchten:

- Überprüfung des tatsächlichen Krisenstadiums;
- Erarbeitung eines Sanierungskonzepts;
- Klärung des Finanzierungsbedarfs während und nach der Sanierung;
- Auswahl der „planbetroffenen" Gläubiger und Rechtsverhältnisse;
- Prüfung der Notwendigkeit der Anpassung von Verträgen.

4 In Bezug auf den richtigen **Zeitpunkt** der Anzeige des Restrukturierungsvorhabens sind die vorgenannten Punkte vor der Anzeige „abzuarbeiten", um etwaige Verzögerungen und etwaige Sanierungshindernisse noch rechtzeitig zu erkennen.

B. Vorlageberechtigung

5 Das StaRUG enthält im Unterschied zu § 218 InsO für das Insolvenzplanverfahren keine ausdrückliche Aussage zur Vorlageberechtigung. Aus Art. 4 Abs. 1 der Restrukturierungsrichtlinie und dem Zusammenhang mit den Regelungen des StaRUG, bspw. in den §§ 17, 19, 30 StaRUG, wird deutlich, dass nur der **Schuldner** vorlageberechtigt ist.[6)]

I. Schuldner als natürliche Person

6 Bei natürlichen Personen ist gemäß § 30 Abs. 1 Satz 1 StaRUG zu beachten, dass die Instrumente des Stabilisierungs- und Restrukturierungsrahmens nur von **unternehmerisch** tätigen Personen in Anspruch genommen werden können.

II. Schuldner als juristische Person und Personengesellschaften

1. Erfordernis Gesellschafterbeschluss

7 Handelt es sich bei dem Schuldner um eine **juristische Person**, stellt sich die Frage, in welchem Umfang Gesellschafter von der Geschäftsleitung für Verfahrenshandlungen in der Krisensituation, insbesondere vor der Anzeige einer Restrukturierungssache nach § 31 StaRUG, einbezogen werden müssen. Eine höchstrichterliche Rechtsprechung liegt hierzu bislang noch nicht vor.

8 Insbesondere ist zu klären, ob es bereits für die Einleitung des StaRUG-Verfahrens (Anzeige des Restrukturierungsvorhabens gemäß § 31 StaRUG) eines **Gesellschafter- oder Hauptversammlungsbeschlusses** bedarf.[7)] Fraglich ist zudem, ob eine ohne zustimmenden Gesellschafterbeschluss erfolgte Anzeige im **Außenverhältnis** unwirksam ist. Dies

---

6) Begr. RegE SanInsFoG z. StaRUG, BT-Drucks. 19/24181, S. 132; *Berner/Werner* in: Kübler/Bork/Prütting, HRI I, § 18 Rz. 1.

7) Vgl. zum Diskussionsstand auch: *Flöther/Wilke*, ZRI 2023, 1029 f.; Befürwortend: *Rauhut*, NZI Beilage z. Heft 5/2021, S. 52, 54; AG Hamburg, Beschl. v. 17.3.2023 – 61c RES 1/23, NZI 2023, 584 = ZRI 2023, 519; ablehnend OLG Stuttgart, Urt. v. 28.10.2024 – 20 U 30/24, ZRI 2024, 1076, 1080 = NZI 2025, 131; AG Nürnberg, Beschl. v. 21.6.2023 – RES 397/23, ZRI 2023, 629 = ZIP 2023, 2317; AG Dresden, Beschl. v.9.8.2023 – 572 RES 1/23, ZRI 2023, 835 = ZIP 2023, 2316; *Mulert/Steiner*, NZG 2021, 673, 676 f.

würde grundsätzlich nicht zur gesellschaftsrechtlichen Konzeption der Unbeschränkbarkeit der Vertretungsbefugnis der Geschäftsleitung[8] gemäß §§ 35 Abs. 1 Satz 1 GmbHG, §§ 78 Abs. 1, 82 Abs. 1 AktG im Außenverhältnis passen.

Insofern vertritt das **AG Hamburg**[9] die Auffassung, dass die Anzeige der Restrukturierungssache nach dem StaRUG einen **zustimmenden Gesellschafterbeschluss mit qualifizierter Mehrheit von 75 %** erfordere. Eine Anzeige der Restrukturierungssache ohne zustimmenden Beschluss sei wegen **fehlender Vertretungsmacht** des GmbH-Geschäftsführers unwirksam. Der Geschäftsführer würde nicht nur im Innenverhältnis gesellschaftsrechtswidrig handeln, sondern konnte nach den Grundsätzen des Missbrauchs der Vertretungsmacht die Schuldnerin im Außenverhältnis nicht wirksam vertreten. Auch sei die Situation nicht mit der überwiegend angenommenen fehlenden Notwendigkeit eines Gesellschafterbeschlusses zur wirksamen Stellung eines (fakultativen) Insolvenzantrages aufgrund drohender Zahlungsunfähigkeit vergleichbar.[10] Denn der den Geschäftsführer zum Insolvenzantrag wegen drohender Zahlungsunfähigkeit ermächtigende Gesellschafterbeschluss sei nicht Zulässigkeitsvoraussetzung des Antrags, weshalb sich das Gericht mit dieser Frage nicht von Amts wegen befassen dürfe.[11] 9

Demgegenüber vertritt das **AG Nürnberg**[12] bei einer AG, dass jedenfalls dann, wenn das Sanierungsvorhaben im Hinblick auf ein Insolvenzverfahren alternativlos sei, **kein Gesellschafterbeschluss** für das Ergreifen der Sanierungsmaßnahmen erforderlich sei. Dies wurde vom **OLG Stuttgart**[13] zuletzt bestätigt. Insbesondere sei die Rechtsprechung des BGH zu gänzlich anderen Sachverhalten („*Holzmann*"[14]; „*Gelatiene*"[15]), bei denen eine Beteiligung der Hauptversammlung für erforderlich gehalten werde, nicht anwendbar. Auch wenn i. R. des Restrukturierungsplans **Kapitalmaßnahmen** vorgesehen seien, hat der Gesetzgeber in § 7 Abs. 4 StaRUG ausdrücklich die Kapitalherabsetzung und den Ausschluss von Bezugsrechten als planmäßige Gestaltungsmöglichkeiten genannt. Die (qualifizierte) Zustimmung der Hauptversammlung bei eigener Betroffenheit durch die Kapitalherabsetzung und den Ausschluss der Bezugsrechte sei – jedenfalls in solchen Fällen – derart unwahrscheinlich, dass die Durchführung des gerichtlichen Bestätigungsverfahrens nahezu ausgeschlossen wäre und die Schuldnerin einzig den Weg der Insolvenz beschreiten könnte und müsste. Dieses Ergebnis stünde weder im Einklang mit der gesetzgeberischen Intention noch mit der ausdrücklichen Erwähnung der Gestaltungsmöglichkeiten in § 7 Abs. 4 StaRUG. Durch das StaRUG wurde explizit die Möglichkeit einer gläubiger (nicht!: aktionär)seits mehrheitsgestützten Sanierung eines Unternehmens geschaffen.[16] Der Schutz der Anteilseigner werde nach dem gesetzgeberischen Willen durch die diesbe- 10

8) *Stephan/Tieves* in: MünchKomm-GmbHG, § 35 Rz. 96; *Spindler* in: MünchKomm-AktG, § 78 Rz. 6.

9) AG Hamburg, Beschl. v. 17.3.2023 – 61c RES 1/23, NZI 2023, 584 = ZRI 2023, 519.

10) Insofern ist allerdings zu beachten, dass nach der überwiegenden Auffassung im Innenverhältnis ein zustimmender Gesellschafterbeschluss erforderlich ist, vgl. OLG München, Urt. v. 21.3.2013 – 23 U 3344/12, ZIP 2013, 1121, 1122 = NZI 2013, 542, dazu EWiR 2013, 483 *(Jakobs/Hoffmann)*; Noack/Servatius/Haas-*Haas*, GmbHG, § 60 Rz. 29; LG Frankfurt/M., Urt. v. 13.8.2013 – 3-09 O 78/13, ZInsO 2013, 1793, 1797 = ZIP 2013, 1720, dazu EWiR 2013, 581 *(v. Falkenhausen)*; *Schröder* in: HambKomm-InsR, § 18 InsO Rz. 17.

11) AG Hamburg, Beschl. v. 17.3.2023 – 61c RES 1/23, NZI 2023, 584, 585 = ZRI 2023, 519.

12) AG Nürnberg, Beschl. v. 21.6.2023 – RES 397/23, ZRI 2023, 629, 632 = ZIP 2023, 2317.

13) OLG Stuttgart, Urt. v. 28.10.2024 – 20 U 30/24; ZRI 2024, 1076, 1081 = NZI 202, 131.

14) BGH, Urt. v. 25.2.1982 – II ZR 174/80, NJW 1982, 1703 = ZIP 1982, 568.

15) BGH, Urt. v. 26.4.2004 – II ZR 155/02, BGHZ 159, 30 = NJW 2004, 1860.

16) AG Nürnberg, Beschl. v. 21.6.2023 – RES 397/23, ZRI 2023, 629, 632 = ZIP 2023, 2317.

züglich im StaRUG vorgesehenen **Rechtsmittelmöglichkeiten** gewährleistet (§§ 63 bis 66 StaRUG).[17)]

11 In eine **ähnliche Richtung** geht das **AG Dresden**[18)], das einen vorherigen Gesellschafterbeschluss zur Einleitung der Restrukturierungsanzeige nicht für erforderlich hält, da die Restrukturierungssache keine satzungsändernde Wirkung hat, wesentliche Unterschiede zur Insolvenzantragstellung bei drohender Zahlungsunfähigkeit nach § 18 InsO bestünden und die mit der Herbeiführung eines Gesellschafterbeschlusses verbundene Zeitverzögerung die gesetzgeberische Intension schneller Restrukturierung bei drohender Zahlungsunfähigkeit konterkarieren würde.[19)]

12 Das **OLG Stuttgart**[20)] führt aus, dass es zur Antragstellung nach dem StaRUG auch im Innenverhältnis der vorherigen Zustimmung der Gesellschafterversammlung jedenfalls dann nicht bedarf, wenn ein Restrukturierungsplan bzw. ein Restrukturierungsverfahren die einzige hinreichend erfolgversprechende Alternative zu einem Insolvenzverfahren ist. Jedenfalls in diesem Fall werden die Vorgaben des Gesellschaftsrechts und der satzungsmäßigen Regeln durch die die Willensbildung betreffenden Regelungen des StaRUG verdrängt.

13 Fraglich ist demnach, ob die Anzeige einer Restrukturierungssache sowie die gewählten Instrumente des StaRUG ein den Gesellschaftern zugeordnetes **Grundlagengeschäft**[21)] darstellen bzw. in die geschriebene oder ungeschriebene **Hauptversammlungskompetenz** fallen. Die Beantwortung der Frage der Notwendigkeit eines Gesellschafterbeschlusses, was nach dem AG Hamburg[22)] zumindest bei einer GmbH unter Berufung auf die Lehre des Missbrauchs der Vertretungsmacht[23)] sogar zu einer Unwirksamkeit der Anzeige der Restrukturierungssache im Außenverhältnis führen soll, ist durch eine Gewichtung der von der Geschäftsleitung jeweils zu wahrenden Interessenslage aufseiten der Gesellschafter und aufseiten der Gläubiger zu beantworten.

14 Dabei ist zu beachten, dass im Falle eines Restrukturierungsvorhabens nach dem StaRUG dieses nur eingeleitet werden kann, wenn noch kein zwingender Insolvenzgrund (Zahlungsunfähigkeit oder Überschuldung) vorliegt (u. a. §§ 14 Abs. 1, 29 Abs. 1 StaRUG). Es besteht grundsätzlich **keine ausdrückliche Pflicht zur Anzeige und Durchführung einer Restrukturierungssache.**[24)] Bei der Durchführung eines StaRUG-Verfahrens ist – anders als bei der Eröffnung eines Insolvenzverfahrens – außerdem zu beachten, das mit diesem Verfahren **keine zwingende Auflösung der Gesellschaft** verbunden ist (§ 60 Abs. 1 Nr. 4 GmbHG bzw. § 262 Abs. 1 Nr. 3 AktG), woraus (nicht unumstritten) abgeleitet wird, dass bei Stellung eines Insolvenzantrages wegen drohender Zahlungsunfähigkeit im Innenverhältnis ein zustimmender Gesellschafterbeschluss erforderlich sei.[25)] Mit einem StaRUG-Verfahren ist die Auflösung aber nicht verbunden. Als **Eintrittsschwelle** sehen die §§ 14 Abs. 1, 29 Abs. 1 StaRUG gleichwohl die drohende Zahlungsunfähigkeit vor. Deren Vorliegen ist auf einen Prognosezeitraum von bis zu 24 Monaten gemäß § 18

---

17) AG Nürnberg, Beschl. v. 21.6.2023 – RES 397/23, ZRI 2023, 629, 632 = ZIP 2023, 2317.

18) AG Dresden, Beschl. v.9.8.2023 – 572 RES 1/23, ZRI 2023, 835 = ZIP 2023, 2316.

19) AG Dresden, Beschl. v.9.8.2023 – 572 RES 1/23, ZRI 2023, 835 = ZIP 2023, 2316.

20) OLG Stuttgart, Urt. v. 28.10.2024 – 20 U 30/24; ZRI 2024, 1076, 1081 = NZI 2025, 131.

21) Vgl. zur Zuständigkeitsabgrenzung bei einer GmbH: *Liebscher* in: MünchKomm-GmbHG, § 46 Rz. 3, 311 ff. m. w. N.

22) AG Hamburg, Beschl. v. 17.3.2023 – 61c RES 1/23, NZI 2023, 584, 585 = ZRI 2023, 519.

23) Vgl. zum Missbrauch der Vertretungsmacht: *Stephan/Tieves* in: MünchKomm-GmbHG, § 37 Rz. 182 ff.; BGH, Urt. v. 8.1.2019 – II ZR 364/18, NZG 2019, 505 = ZIP 2019, 701.

24) *Rauhut*, NZI Beilage z. Heft 5/2021, S. 52, 53.

25) S. oben Fn. 10 m. w. N.

Abs. 2 Satz 2 InsO zu überprüfen. Nach § 1 Abs. 1 StaRUG, aber auch nach § 91 Abs. 2 AktG trifft die Geschäftsleitung – ausdrücklich normiert – eine ständige finanzielle Überwachungs- und eine entsprechende **Handlungspflicht** (auch „Solvenzüberwachungs- und Solvenzsicherungspflicht).[26] Nach den gesetzlichen Regelungen stehen dem Schuldner ab Feststellung der drohenden Zahlungsunfähigkeit die Instrumente des StaRUG sowie der InsO zur Verfügung. Zudem ergeben sich bspw. aus den gesellschafts- und wertpapierrechtlichen Vorschriften Informationspflichten.[27] Wurde demnach eine Handlungspflicht erkannt, ist es zunächst erforderlich, **den Gesellschaftern Gelegenheit zu geben**, den Bestand des Unternehmens durch entsprechende Finanzierungs- und außergerichtliche Sanierungsmaßnahmen zu erhalten. Es wird zudem darauf hingewiesen, dass gemäß Art. 19 lit. a der Restrukturierungsrichtlinie die Mitgliedstaaten sicherstellen sollen, dass von der Unternehmensleitung bei einer wahrscheinlichen Insolvenz u. a. die Interessen der Anteilsinhaber gebührend berücksichtigt werden.[28] Gleichzeitig sollen die Mitgliedstaaten gemäß Art. 12 Abs. 1, 2 Restrukturierungsrichtlinie sicherstellen, dass die Anteilsinhaber die Umsetzung eines Restrukturierungsplans nicht grundlos verhindern oder erschweren.

15 Hieraus kann gefolgert werden, dass im Falle der seitens der Geschäftsleitung vorgeschlagenen Anzeige eines Restrukturierungsvorhabens von den widersprechenden Gesellschaftern eine **aussichtsreiche Alternative** gefordert werden muss.[29] In ErwG 96 der Restrukturierungsrichtlinie wird ausgeführt, dass die Wirksamkeit des Prozesses der Annahme und Umsetzung eines Restrukturierungsplans nicht durch das Gesellschaftsrecht gefährdet werden solle. Aus diesen Vorgaben kann somit die grundsätzliche **gesetzgeberische Intention** geschlossen werden, dem Restrukturierungsrecht gegenüber dem Gesellschaftsrecht den Vorzug zu geben.

16 Schreitet die Krise nun fort, führt die Gesetzesbegründung aus, dass sich mit zunehmender Vertiefung der Krise im Stadium der drohenden Zahlungsunfähigkeit daher auch der Pflichtenkreis der Geschäftsleiter verdichten wird.[30] Hieraus folgt, dass in den Fällen, in denen der **Eintritt der drohenden Zahlungsunfähigkeit** bspw. erst am Ende des 24-monatigen Prognosezeitraumes liegen wird, eine größere Anzahl an Handlungsalternativen als zu Beginn des Prognosezeitraumes gegeben ist, da aufgrund der größeren zeitlichen Entfernung mehr Zeit für Verhandlungen mit Vertragspartnern, Gläubigern, Geldgebern, Gesellschaftern und potentiellen Investoren zur Verfügung steht. Anders ist die Situation allerdings in den ersten 12 Monaten des Prognosezeitraums, bei denen zur Vermeidung einer Insolvenzantragspflicht wegen Überschuldung eine positive Fortbestehensprognose (ggf. nur noch) über die mehrheitliche Unterstützung der Gläubiger zu einem Restrukturierungskonzept, das Gegenstand einer Restrukturierungssache ist, erreicht werden kann.[31] **Je näher also die Insolvenz gerückt ist**, desto weiter wird das Eigenkapital aufgezehrt, so dass ab diesem Moment die Gesellschafter von einer späteren Sanierung profitieren, allerdings durch die bereits erfolgte Entwertung ihrer Anteile von den Risiken nicht mehr darüber hinaus betroffen sind.[32] Spätestens ab diesem Moment überwiegen die **Gläubigerinteressen** die Interessen der Gesellschafter. Es kann dann der für die Annahme von

---

26) *Flöther/Wilke*, ZRI 2023, 1029, 1033.

27) Vgl. die Anzeigepflicht gegenüber Hauptversammlung und Gesellschafterversammlung § 92 Abs. 1 AktG oder § 49 Abs. 3 GmbHG bei bereits hälftigem Verlust des Grund- bzw. Stammkapitals.

28) Vgl. hierzu auch ErwG 71 der Restrukturierungsrichtlinie.

29) *Flöther/Wilke*, ZRI 2023, 1029, 1041.

30) Begr. RegE SanInsFoG, BT-Drucks. 19/24181, S. 105.

31) *Flöther/Wilke*, ZRI 2023, 1029, 1042.

32) *Flöther/Wilke*, ZRI 2023, 1029, 1041.

ungeschriebenen Hauptversammlungskompetenzen („*Holzmüller*" und „*Gelatine*") kein erheblicher Eingriff in Aktionärs- oder Gesellschafterrechte gegeben sein oder ein sog. Grundlagengeschäft angenommen werden. Eine trotz dieser Interessenslage geforderte obligatorische Zustimmung der Gesellschafter erscheint nicht mehr sach- und interessensgerecht.

17 Insofern fehlt bei einer GmbH **spätestens ab diesem Zeitpunkt** der Ansatzpunkt für den vom AG Hamburg[33] herangezogenen Missbrauch der Vertretungsmacht[34] des Geschäftsführers für die Unwirksamkeit im Außenverhältnis. Denn **aufgrund der „abgelaufenen" wirtschaftlichen Betroffenheit** kann keine interne Zuständigkeit beim Anteilsinhaber mehr gegeben sein.

Praxishinweis

Insofern darf auch die rein praktische Erwägung nicht vergessen werden, dass ein Geschäftsleiter Gefahr läuft, ohne konkrete Sanierungsaussichten (welcher Art auch immer) einen Eingehungsbetrug zu begehen, wenn sich aus der Liquiditätsplanung ergibt, dass langfristige Verträge nach den gegenwärtigen Erkenntnissen nicht eingehalten werden können.[35] Ein Nichthandeln der Gesellschafter würde diese Situation herbeiführen.

18 Das vom AG Nürnberg hierzu herangezogene Kriterium der **Alternativlosigkeit** eines Restrukturierungsvorhabens als einzige Möglichkeit der Vermeidung eines Insolvenzverfahrens erscheint daher als geeignetes Kriterium, um die Interessen der Gesellschafter und Gläubiger auszugleichen. Eine Zustimmung der Gesellschafter ist ab diesem Moment nicht (mehr) erforderlich.

19 Der **Schutz der Anteilseigner** wird dann **ausreichend** durch die im StaRUG vorgesehenen **Rechtsmittelmöglichkeiten mit Nachteilsausgleich** gewährleistet (§§ 63 ff. StaRUG). Eine konstitutiv notwendige Einbindung der Gesellschafter wäre eine unnötige Formalie und würde aufgrund der gesellschaftsrechtlich notwendigen Ladungsfristen sowie Beschlussanfechtungsmöglichkeiten eine unnötige Verzögerung des Sanierungsvorhabens bedeuten und dieses möglicherweise unmöglich machen.

2. Vertretungsbefugnis

20 Auch bei der Anzeige einer Restrukturierungssache stellt sich die Frage, welche Anforderungen bei **mehreren vertretungsberechtigten Mitgliedern** an die **Vertretungsbefugnis** zu stellen sind. Der Gesetzeswortlaut spricht in § 31 StaRUG nur von der Berechtigung des Schuldners. Konkretisierende Regelungen, wie bspw. in § 15 Abs. 1 oder § 18 Abs. 3 InsO enthält das StaRUG nicht. Es finden daher die allgemeinen gesellschaftsvertraglichen oder gesetzlichen Regelungen zur Vertretungsbefugnis Anwendung,[36] wonach bspw. gemäß § 35 Abs. 2 GmbHG bei der Bestellung von mehreren Geschäftsführern diese nur zur gemeinschaftlichen Vertretung der Gesellschaft befugt sind, wenn der Gesellschaftsvertrag nichts anderes bestimmt.

III. Gesellschafter

21 Die Gesellschafter haben im Restrukturierungsverfahren grundsätzlich **kein Initiativrecht**. Ist eine Gesellschaft **führungslos**, so kann sie keine Restrukturierungsanzeige er-

33) AG Hamburg, Beschl. v. 17.3.2023 – 61c RES 1/23, Rz. 5 ff., NZI 2023, 584 = ZRI 2023, 519.

34) Vgl. zum Missbrauch der Vertretungsmacht: *Stephan/Tieves* in: MünchKomm-GmbHG, § 37 Rz. 182 ff.

35) *Flöther/Wilke*, ZRI 2023, 1029, 1033.

36) Uhlenbruck-*Fritz*, InsO, § 31 StaRUG Rz. 8.

statten.[37] § 15 Abs. 1 Satz 2 InsO ist nicht analog anzuwenden, womit eine Anzeigeerstattung durch die Gesellschafter nicht in Betracht kommt.[38] Vielmehr haben die Gesellschafter selbst dafür Sorge zu tragen, dass ein organschaftlicher Vertreter durch Beschluss oder durch gerichtliche Notbestellung bestellt wird.[39]

IV. Restrukturierungsbeauftragter

Dem Restrukturierungsbeauftragten kommt **keine Vorlageberechtigung** zu. § 76 Sta- 22
RUG sieht u. a. lediglich vor, dass der Restrukturierungsbeauftragte den Schuldner und die Gläubiger bei der Ausarbeitung und Aushandlung des Restrukturierungskonzeptes und des auf ihm basierenden Plans unterstützt (§ 76 Abs. 2 Nr. 4 StaRUG) sowie dass zu der Erklärung nach § 14 Abs. 1 StaRUG Stellung genommen wird (§ 76 Abs. 4 StaRUG).

V. Gläubiger

Das StaRUG hat **nicht** von der in Art. 4 Abs. 8 der Restrukturierungsrichtlinie genannten 23
Möglichkeit Gebrauch gemacht, auch auf Antrag der Gläubiger oder Arbeitnehmervertreter einen Restrukturierungsrahmen zur Verfügung zu stellen. Nach der Gesetzesbegründung würde ein Drittantragsrecht den Stabilisierungs- und Restrukturierungsrahmen einem Insolvenzverfahren annähern und an dem Befund vorbeigehen, dass eine Sanierung kaum jemals Erfolg haben kann, wenn sie gegen den Willen des Schuldners durchgesetzt werden soll.[40]

Mangels einer förmlichen Gläubigerversammlung besteht auch nicht – entsprechend 24
§ 218 Abs. 2 InsO bei einem Insolvenzplanverfahren – die Möglichkeit, dass die Gläubiger den Auftrag zur Ausarbeitung eines Restrukturierungsplans erteilen.

37) Uhlenbruck-*Fritz*, InsO, § 31 StaRUG Rz. 8.
38) Begr. RegE SanInsFoG z. StaRUG, BT-Drucks. 19/24181, S. 107.
39) Uhlenbruck-*Fritz*, InsO, § 31 StaRUG Rz. 8.
40) Begr. RegE SanInsFoG z. StaRUG, BT-Drucks. 19/24181, S. 133.

§ 38
Bestandteile des Restrukturierungsplans

Übersicht

Literatur: *Brünkmans*, Reichweite der Rechtskraft von Insolvenz- und Restrukturierungsplänen, ZIP 2022, 1573; *Chrobok*, Unternehmensstabilisierungs- und Restrukturierungsgesetz: Der Restrukturierungsplan im StaRUG, BBP 2022, 186; *Hofmann*, Der Restrukturierungsplan im künftigen deutschen Restrukturierungsverfahren – Restrukturierungs- vs. Insolvenzplan?, NZI Beilage z. Heft 16–17/2019, S. 22; *Naujoks/Schönen*, Die Anpassung von Einzelbestimmungen in Finanzierungsverträgen nach dem StaRUG, ZRI 2021, 437; *Schelo*, Das Gesetz über den Stabilisierungs- und Restrukturierungsrahmen für Unternehmen (StaRUG), WM 2021, 513.

A. Einführung

Die Vorlage eines ordnungsgemäß verfassten Restrukturierungsplans ist Voraussetzung für die Inanspruchnahme verschiedener Instrumente des Stabilisierungs- und Restrukturierungsrahmens, insbesondere für die gerichtliche Planbestätigung, § 29 Abs. 2 Nr. 4 StaRUG. Durch die **gerichtliche Planbestätigung** erhält der Schuldner – ähnlich wie im Insolvenzplanverfahren – die Option, obstruierende Gläubiger oder Gesellschafter in ein Sanierungskonzept bzw. eine Sanierungsvereinbarung zu zwingen. 1

Die gesetzlichen Vorgaben über den **Aufbau und Inhalt** des Restrukturierungsplans sind **zwingend zu beachten**, denn bei Missachtung in wesentlichen Punkten ist zu erwarten, dass das Restrukturierungsgericht die Bestätigung des Restrukturierungsplans – ggf. nach Aufforderung zur Nachbesserung – von Amts wegen versagen wird (§ 63 Abs. 1 Nr. 2 StaRUG).[1] 2

Praxishinweis

Der gerichtlich noch zu bestätigende Restrukturierungsplan kann im Einzelfall auch nur als glaubhafte Eskalationsstufe „angedroht" und die Planbetroffenen zur freiwilligen Zustimmung bewogen werden. Vor diesem Hintergrund erscheint es sinnvoll, bereits frühzeitig die inhaltlich-formalen Voraussetzungen eines Restrukturierungsplans einzuhalten, auch wenn noch Hoffnungen auf eine vollkonsensuale Sanierung bestehen.[2]

B. (Gesetzliche) Vorgaben für die inhaltliche Ausgestaltung

Für die inhaltliche Ausgestaltung eines Restrukturierungsplans kann man als „Faustformel" heranziehen, dass der Gesetzgeber sich bzgl. Aufbau und inhaltlichen Vorgaben eng 3

1) Jacoby/Thole-*Brünkmans*, StaRUG, § 5 Rz. 19.

2) *Schelo*, WM 2021, 513, 514; vgl. i. E. Jacoby/Thole-*Brünkmans*, StaRUG, § 5 Rz. 6.

am Insolvenzplan orientiert hat. Die gesetzlichen Vorgaben zum Restrukturierungsplan **weichen nur im Einzelfall** von den Insolvenzplanregelungen **ab**, wo dies durch die Eigenheiten des Stabilisierungs- und Restrukturierungsrahmens geboten erscheint.[3)]

4 Die **Mindestbestandteile** eines Restrukturierungsplans ergeben sich auch aus § 5 StaRUG. Zunächst ist die für den Insolvenzplan (dort § 219 InsO) bekannte Untergliederung in einen darstellenden Teil, gestaltenden Teil und die Plananlagen zu beachten (§ 5 Satz 1 und Satz 3 StaRUG).

5 Während der darstellende Teil der Information der Planbetroffenen und des Restrukturierungsgerichts dient (**Informationsfunktion**), werden im gestaltenden Teil die Rechtswirkungen des Restrukturierungsplans (Forderungsverzichte, -stundungen etc.) unmittelbar geregelt (**Gestaltungs- und Vollzugsfunktion**); siehe zum Insolvenzplan § 5 Rz. 5, 14 f. [*Brünkmans*].[4)]

6 Neben dieser Grobgliederung des Restrukturierungsplans regelt § 5 Satz 2 StaRUG **konkrete inhaltliche Mindestvorgaben**, welche in der Anlage (zu § 5 Satz 2) zum StaRUG näher aufgeführt sind (siehe im Einzelnen zum darstellenden Teil § 39 Rz. 2, 11 ff. [*Brünkmans*]). Solche detaillierten inhaltlichen Vorgaben bestehen für den Insolvenzplan nicht. Dies lässt sich damit erklären, dass es sich beim Insolvenzplan um ein umfassendes Instrument abweichender Verfahrensgestaltung handelt, welches nicht zwingend auf Sanierung ausgerichtet sein muss. Der Insolvenzplan muss bspw. auf die unterschiedlichen Anwendungsbereiche reagieren. So weicht der Inhalt und das Informationsbedürfnis der Beteiligten bei einem verfahrensbegleitendem Insolvenzplan erheblich von einem „Sanierungsinsolvenzplan" ab. Anders liegt der Fall jedoch beim Restrukturierungsplan nach StaRUG. Da dieser stets auf eine Sanierung ausgerichtet ist, somit die beim Insolvenzplan gebotene inhaltliche Flexibilität nicht erforderlich ist, sind detailliertere inhaltliche Vorgaben sinnvoll. Darüber hinaus wollte der Gesetzgeber die detailreichen Maßgaben des Art. 8 Abs. 1 der Restrukturierungsrichtlinie[5)] über den Inhalt von Restrukturierungsplänen in nationales Recht umsetzen.

7 **Ausführliche Vorgaben** zur inhaltlichen Ausgestaltung eines Restrukturierungsplans enthalten im Übrigen die **§§ 6–16 StaRUG**. Für eine richtlinienkonforme Auslegung der inhaltlichen Vorgaben ist Art. 8 Abs. 1 der Restrukturierungsrichtlinie heranzuziehen.

C. Grundsätze für das Verfassen eines Restrukturierungsplans lege artis

8 Bei dem sorgfältigen Verfassen eines Restrukturierungsplans sind die bereits für den Insolvenzplan dargestellten Grundsätze zu beachten (siehe § 5 Rz. 16, § 7 Rz. 134 ff. [*Brünkmans*]).

9 Der Restrukturierungsplan sollte **übersichtlich, gut lesbar und klar verfasst** werden und dabei die gesetzlich vorgesehene Aufgliederung in einen darstellenden sowie gestaltenden Teil beachten.[6)]

---

3) Begr. RegE SanInsFoG z § 7 StaRUG, BT-Drucks. 19/24181, S. 115 f.; *Brünkmans*, ZIP 2022, 1573, 1582.

4) Jacoby/Thole-*Brünkmans*, StaRUG, § 5 Rz. 3; *Naujoks/Schönen*, ZRI 2021, 437, 445; *Chrobok*, BBP 2022, 186 ff.

5) Richtlinie (EU) 2019/1023 des Europäischen Parlaments und des Rates vom 20.6.2019 über präventive Restrukturierungsrahmen, über Entschuldung und über Tätigkeitsverbote sowie über Maßnahmen zur Steigerung der Effizienz von Restrukturierungs-, Insolvenz- und Entschuldungsverfahren und zur Änderung der Richtlinie (EU) 2017/1132 (Richtlinie über Restrukturierung und Insolvenz) – Restrukturierungsrichtlinie, ABl. (EU) L 172/18 v. 26.6.2019.

6) Jacoby/Thole-*Brünkmans*, StaRUG, § 5 Rz. 7; vgl. auch Flöther-*Tasma*, StaRUG, § 5 Rz. 2.

Wie beim Insolvenzplan sind die Anforderungen an die **Bestimmtheit bzw. Bestimmbarkeit der im Plan geregelten Rechtsänderungen** zu beachten (siehe zum Insolvenzplan § 5 Rz. 16, § 7 Rz. 135 f. [*Brünkmans*]). Eine Korrektur/Konkretisierung der Regelungen des gestaltenden Teils kann nicht erst durch den Beschluss des Restrukturierungsgerichts erfolgen.[7] 10

D. Aufbau und Gliederung des Restrukturierungsplans

1. Darstellender Teil

Der darstellende Teil beschreibt das Restrukturierungskonzept, das auf Grundlage des Plans und mit der Bewirkung der im gestaltenden Teil vorgesehenen Rechtsfolgen verwirklicht werden soll (siehe im Einzelnen § 39 Rz. 8 [*Brünkmans*]). Ebenfalls im darstellenden Teil zu erörtern und gesondert hervorzuheben (vgl. § 6 Abs. 1 Satz 3 StaRUG) sind **Maßnahmen**, die **nicht über** die im Restrukturierungsplan geregelten **Gestaltungswirkungen des Plans herbeigeführt** werden (siehe § 39 Rz. 25 [*Brünkmans*]). 11

2. Gestaltender Teil

Der gestaltende Teil regelt unmittelbar die Änderung der Rechtsstellung der Planbetroffenen, welche mit Bestätigung des Restrukturierungsplans[8] **unmittelbar für und gegen sie eintritt**. Dies gilt auch, wenn Planbetroffene im Einzelnen gegen den Plan gestimmt oder nicht an der Abstimmung teilgenommen haben (§ 67 Satz 1 StaRUG). Ohne eine gerichtliche Planbestätigung (§ 29 Abs. 2 Nr. 4 StaRUG) kann die Rechtsgestaltung gemäß §§ 17 ff. StaRUG nur nach den allgemeinen zivilrechtlichen Regeln über den Vertragsschluss (§§ 145 ff. BGB) erfolgen.[9] 12

3. Antrag

Der Restrukturierungsplan endet mit den Anträgen, d. h. in der Regel dem Antrag auf **Bestätigung** des Restrukturierungsplans durch das Gericht (§ 60 StaRUG). 13

4. Plananlagen

Schließlich folgen auf den Antrag die Plananlagen. Wie für den Insolvenzplan (siehe dort im Einzelnen § 13 Rz. 1 [*Brünkmans/Harmann*]) ist zwischen den gesetzlich zwingend vorgeschriebenen Pflichtanlagen i. S. von § 5 Satz 3 i. V. m. §§ 14, 15 StaRUG und den weiteren Anlagen zu unterscheiden. Siehe zu den Plananlagen ausführlich § 45 [*Brünkmans*]. 14

Pflichtanlagen sind: 15

- Die Vermögensübersicht,
- Ergebnis- und Finanzplanung (§ 14 Abs. 2 StaRUG),
- ggf. Fortführungserklärungen von persönlich haftenden Gesellschaftern (§ 15 Abs. 1 StaRUG),
- Zustimmungserklärungen von Gläubigern im Fall eines Debt-Equity-Swaps (§ 15 Abs. 2 StaRUG),

7) Begr. RegE SanInsFoG z § 7 StaRUG, BT-Drucks. 19/24181, S. 116.

8) Genauer: Mit Verkündung des Bestätigungsbeschlusses nach § 63 Abs. 1 und nicht entsprechend dem Insolvenzplan erst mit Rechtskraft der Bestätigung (vgl. § 254 Abs. 1 InsO).

9) Jacoby/Thole-*Brünkmans*, StaRUG, § 5 Rz. 11; vgl. auch Flöther-*Madaus*, StaRUG, § 17 Rz. 2.

- die Erklärung von Drittverpflichtungen (§ 15 Abs. 3 StaRUG),
- Zustimmungserklärungen verbundener Unternehmen bei gruppeninternen Drittsicherheiten (§ 15 Abs. 4 StaRUG).

16 Eine im Vergleich zum Insolvenzplan besondere Pflichtanlage ist die **Erklärung zur Bestandsfähigkeit** gemäß § 14 Abs. 1 StaRUG.[10)]

17 Die weiteren – gesetzlich **nicht ausdrücklich vorgeschriebenen Anlagen** – dienen lediglich der (zusätzlichen) **Information der Planbetroffenen.**

> **Praxishinweis**
>
> Nicht nur die Pflichtanlagen (siehe Rz. 15), sondern auch die sonstigen Anlagen können im Einzelfall ebenfalls **zwingend** dem Restrukturierungsplan beizufügen sein, wenn die Planbetroffenen ohne die konkrete Plananlage nicht in die Lage versetzt wird, sich ein umfassendes Bild über die Grundlagen und Auswirkungen des Plans zu verschaffen. Dazu gehören z. B. Vergleichsversionen umfassender Kreditdokumentationen.[11)]

E. Muster einer Plangliederung

18 Der Restrukturierungsplan kann wie folgt gegliedert werden:[12)]

1. Deckblatt

19 Das Deckblatt nennt die Schuldnerin mit Namen und Anschrift, sowie das zuständige Restrukturierungsgericht sowie ggf. das Aktenzeichen.

2. Zusammenfassung (Executive Summary)

20 Es hat sich als besonders anwenderfreundlich erwiesen, wenn eine Einführung und eine kurze Zusammenfassung i. S. einer Executive Summary dem darstellenden Teil vorangestellt wird. Diese enthält in der Regel:

- Identität des Schuldners: Firma/Name, Registergericht, Geburtsdatum, Adresse (ggf. bereits auf dem Deckblatt), vgl. Nr. 1 der Anlage zu § 5 Satz 2 StaRUG;
- Prozessgeschichte zum Restrukturierungsverfahren;
- Restrukturierungsgericht, Aktenzeichen;
- Name, Anschrift des Restrukturierungsbeauftragten, vgl. Nr. 6 der Anlage zu § 5 Satz 2 StaRUG;
- Stand der außergerichtlichen Vergleichsverhandlungen;
- Zusammenfassung der Ziele und Eckpunkte des Restrukturierungsplans.

3. Darstellender Teil

21 Aufbau des darstellenden Teils:

1. Darstellung des „Ist-Zustandes“

a) Rechtliche Verhältnisse des Schuldners

aa) Geschäftsführungs- und Vertretungsverhältnisse

---

10) Jacoby/Thole-*Brünkmans*, StaRUG, § 5 Rz. 16.

11) Jacoby/Thole-*Brünkmans*, StaRUG, § 5 Rz. 17.

12) In Anlehnung an Jacoby/Thole-*Brünkmans*, StaRUG, § 5 Rz. 18; vgl. auch Morgen-*Knapp/Wilde*, StaRUG, § 5 Rz. 32; Wolgast/Grauer-*Grauer*, StaRUG.online, § 5 Rz. 7; *Hofmann*, NZI Beilage z. Heft 16 – 17/2019, S. 22, 23; Braun-*Böhm*, StaRUG, § 5 Rz. 5.

bb) Gesellschafter, Stammkapital und sonstige Haftungsverhältnisse, z. B. Vertragskonzern

cc) Gegebenenfalls Einbindung in eine Unternehmensgruppe

dd) Steuerliche Verhältnisse, zuständiges Finanzamt, Steuernummer etc.

b) Wirtschaftliche Lage des Schuldners (vgl. Nr. 2 der Anlage zu § 5 Satz 2 StaRUG)

aa) Darstellung der wirtschaftlichen Situation des Schuldners

(1) Aktuelle Vermögenslage durch Gegenüberstellung von Vermögenswerten (einschließlich Bewertung) und Verbindlichkeiten des Schuldners

(2) Ertragslage

(3) Liquiditätslage, insbesondere Erläuterung, warum drohende Zahlungsunfähigkeit, § 18 InsO, vorliegt

bb) Ursachenanalyse zu den wirtschaftlichen Schwierigkeiten

cc) Stellung der Arbeitnehmer

2. Sanierungsmaßnahmen

a) Leistungswirtschaftliche Maßnahmen (außerhalb des Plans)

b) Im gestaltenden Teil vorgesehene Maßnahmen (insbesondere finanzwirtschaftliche Maßnahmen)

c) Gegebenenfalls weitere finanzwirtschaftliche Maßnahmen

3. Darstellung des „Soll-Zustandes" – Leitbild des sanierten Unternehmens

4. Darstellung der Planbetroffenen und begründete Auswahlentscheidung

a) Gläubiger

b) Anteilsinhaber

c) Gegebenenfalls gruppeninterne Drittsicherheiten

5. Darstellung der Gruppen unter Angabe der Stimmrechte sowie Kriterien für die Gruppeneinteilung (vgl. Nr. 4 der Anlage zu § 5 Satz 2 StaRUG)

6. Darstellung der nicht einbezogenen Gläubiger/Gesellschafter inkl. Erläuterung der Gründe für die Nichteinbeziehung (vgl. Nr. 5 der Anlage zu § 5 Satz 2 StaRUG)

7. Auswirkung des Restrukturierungsvorhabens auf die Planbetroffenen

8. Auswirkung des Restrukturierungsvorhabens auf die Arbeitnehmer und Darstellung der bisherigen Unterrichtung der Arbeitnehmervertretung (vgl. Nr. 7 der Anlage zu § 5 Satz 2 StaRUG)

9. Gegebenenfalls Darstellung der wirtschaftlichen Lage des verbundenen Unternehmens und Auswirkung des Restrukturierungsplans auf das verbundene Unternehmen (§ 2 Abs. 4 StaRUG), falls Restrukturierungsplan den Eingriff in gruppeninterne Drittsicherheiten vorsieht

10. Gegebenenfalls Darstellung der Gründe für die Erforderlichkeit einer neuen Finanzierung (vgl. Nr. 8 der Anlage zu § 5 Satz 2 StaRUG)

11. Eckpunkte der Vergleichsrechnung (§ 6 Abs. 2 StaRUG), ggf. i. V. m. Verweis auf Anlage

4. Gestaltender Teil

Aufbau des gestaltenden Teils: 22

1. Auswahl der Planbetroffenen

2. Gruppenbildung

3. Veränderung der Rechtsstellung der Planbetroffenen nach Gruppen

a) Gläubigergruppen

aa) Regelung von Verzichten, Stundungen, sonstigen Maßnahmen (§ 7 Abs. 1, 2, § 11 Satz 1 StaRUG) und Höhe (Befriedigungsquote) sowie Art und Zeitpunkt der Befriedigung

bb) Gegebenenfalls Änderung von Nebenbestimmungen (§ 7 Abs. 3 i. V. m. § 2 Abs. 2 StaRUG)

cc) Sonstige Gläubigerregelung, z. B. Übereignung von Vermögensgegenständen (§ 13 StaRUG)

b) Maßnahmen bzgl. Anteilsinhabern, insbesondere Regelung der Gesellschafterbeschlüsse und Einzelerklärungen (§ 7 Abs. 4 StaRUG)

c) Eingriff in gruppeninterne Drittsicherheiten (§ 7 Abs. 1 StaRUG)

d) Sonstige Planregelung, z. B. Übereignung von Vermögensgegenständen (§ 13 StaRUG)

4. Sonstiges

a) Neue Finanzierung (§ 2 StaRUG)

b) Anordnung Planüberwachung (§ 72 Abs. 1 StaRUG)

c) Planbedingung

d) Bereitstellung von Planmitteln (§ 64 Abs. 3 StaRUG)

5. Antrag

23 Gegebenenfalls Antrag auf gerichtliches Planabstimmungsverfahrens (§ 29 Abs. 2 Nr. 1 StaRUG) und/oder gerichtliche Planbestätigung (§ 29 Abs. 2 Nr. 4 StaRUG).

> **Praxishinweis**
>
> Inwieweit es sinnvoll ist, den Antrag auf Restrukturierungsmaßnahmen im Restrukturierungsplan aufzunehmen, hängt davon ab, in welchem Stadium des Verfahrens der Restrukturierungsplan beim Restrukturierungsgericht eingereicht wird.[13]

6. Plananlagen

24 Übersicht zu den Plananlagen:

1. Wirtschaftliche Vergleichsrechnung

2. Erklärung zur Bestandsfähigkeit (§ 14 Abs. 1 StaRUG)

3. Vermögensübersicht (§ 14 Abs. 2 Satz 1 StaRUG)

4. Plan-GuV sowie Liquiditätsplanung (§ 14 Abs. 2 Satz 2 und 3 StaRUG)

5. Gegebenenfalls Fortführungserklärung persönlich haftender Gesellschafter (§ 15 Abs. 1 StaRUG)

6. Gegebenenfalls Umwandlungserklärung der Gläubiger beim Debt-Equity- Swap (§ 15 Abs. 2 StaRUG)

7. Gegebenenfalls Verpflichtungserklärung gegenüber Gläubiger (Plangarantie) (§ 15 Abs. 3 StaRUG)

8. Gegebenenfalls Zustimmung verbundener Unternehmen (§ 2 Abs. 4 StaRUG)

9. Freiwillige Dritterklärungen

---

13) Vgl. Jacoby/Thole-*Brünkmans*, StaRUG, § 5 Rz. 14.

10. Sonstige Anlagen, die für das Informationsinteresse der Gläubiger erforderlich sind, z. B. Kreditverträge als Endfassung und ggf. Vergleichsversionen bei Änderungen von Nebenbestimmungen.

7. Stellungnahme des Restrukturierungsbeauftragten zum Restrukturierungsplan (§ 76 Abs. 4 Satz 2 StaRUG)

Schließlich muss die Stellungnahme des Restrukturierungsbeauftragten beigefügt werden. 25

§ 39
Darstellender Teil des Restrukturierungsplans, insbesondere Vergleichsrechnung

Übersicht

Literatur: *Arlt/Brägelmann/Ludwig*, Unbegrenzte Gestaltungsmöglichkeiten bei Konsortialverträgen und Kreditentscheidungen per Restrukturierungsplan?, ZInsO 2021, 1485; *Bernsau/Beyer*, Die praktische Anwendung der Regelungen des StaRUG in einem größeren Restrukturierungsverfahren, ZInsO 2021, 2533; *Distler*, Das Schlechterstellungsverbot gem. § 26 Abs. 1 Nr. 1 StaRUG in Theorie und Praxis, ZIP 2021, 1033; *Doebert/Krüger*, Die strategische Gestaltung von Restrukturierungsplänen, NZI 2021, 614; *Fiebig*, StaRUG – eine Auswertung erster praktischer Fälle, ZRI 2021, 561; *Girotto/Czernay*, Externer Sachverstand und betriebswirtschaftliche Expertise im Kontext des StaRUG, NZI Beilage z. Heft 5/2021, S. 66; *Grauer/Münzel*, Gerichtliche Bestätigung eines Restrukturierungsplans – Voraussetzungen für Schlechterstellung eines Planbetroffenen, NZI 2021, 893; *Gutmann/Hoffmann*, Aktuelle betriebswirtschaftliche Fragen in Krise und Insolvenz, NZI 2024, 653; *Harig/Harder*, Der IDW S 2 und das SanInsFoG: Neuer Standard für Insolvenzpläne, ZRI 2021, 67; *Hölzle*, Zur Reichweite der Kompetenzen des schwachen vorläufigen Insolvenzverwalters, ZIP 2011, 1889; *Naujoks/Schönen*, Die Anpassung von Einzelbestimmungen in Finanzierungsverträgen nach dem StaRUG, ZRI 2021, 437; *Ringelspacher/Fehl-Weileder*, Die Vergleichsrechnung: Streitfragen und Erfahrungen oder Business as usual, ZRI 2022, 210; *Skauradszun*, Grundfragen zum StaRUG – Ziele, Rechtsnatur, Rechtfertigung, Schutzinstrumente, KTS 2021, 1; *Spahlinger*, Gruppen, Stimmrechte und erforderliche Mehrheiten, NZI Beilage z. Heft 5/2021, S. 32; *Steffan/Oberg/Poppe*, SanInsFoG: Vom Grobkonzept zum Vollkonzept – Anforderungen an die betriebswirtschaftlichen Konzepte in Restrukturierungsplan, Eigenverwaltungsplanung und Insolvenzplan, ZIP 2021, 617; *Tan/Lambrecht*, Die Quotenvergleichsrechnung im Insolvenzplan als Instrument der Interessenverfolgung, NZI 2019, 249; *Thole*, Feststellung der drohenden Zahlungsunfähigkeit nach StaRUG – Gegenstände des Restrukturierungsplans, NZI 2021, 433; *Thole*, Der Entwurf des Unternehmensstabilisierungs- und -restrukturierungsgesetzes (StaRUG-RefE), ZIP 2020, 1985; *Tresselt/Rep/Kienast*, Zentrale Bedeutung der Vergleichsrechnung für den Erfolg des Planverfahrens und Empfehlungen zur Etablierung einer Best Practice, INDat-Report 02/2024, S. 13; *Westpfahl/Dittmar*, Die Behandlung gruppeninterner Sicherheiten im StaRUG, NZI Beilage z. Heft 5/2021, S. 46; *Ziegenhagen*, Sechs Monate StaRUG – Bewertung der ersten Rechtsprechung zur Anwendung des neuen Restrukturierungsgesetzes, ZInsO 2021, 2053.

A. Einführung

I. Allgemeine gesetzliche Anforderungen

1 Der darstellende Teil beschreibt die Grundlagen und die Auswirkungen des Restrukturierungsplans. Er hat alle für die Planbetroffenen und das Restrukturierungsgericht entscheidungserheblichen Angaben zu enthalten (§ 6 Satz 1 und 2 StaRUG)[1].

2 Inhaltliche Vorgaben für den darstellenden Teil finden sich im Gesetzestext im Wesentlichen in **§ 6 Abs. 1 StaRUG**, welcher sehr allgemein gehalten ist und sich im Wesentlichen darauf beschränkt, Zweck, Funktion und Zielrichtung des darstellenden Teils zu regeln (vgl. § 6 Abs. 1 StaRUG).[2] **§ 5 Satz 2 StaRUG** verweist jedoch zusätzlich auf eine Anlage zum StaRUG, welche für den Restrukturierungsplan weitere gesetzlich vorgegebene Mindestangaben regelt, die sich im Wesentlichen auf den Inhalt des darstellenden Teils beziehen. Hinzu kommt, dass das **BMJV** auf der Grundlage von § 16 StaRUG eine **Checkliste** für die Erstellung von Restrukturierungsplänen veröffentlich hat,[3] die allerdings nur eine unverbindliche Orientierungshilfe und – anders als die Anlage zu § 5 StaRUG – nicht als verbindliche Vorgabe zu verstehen ist.

3 Genauere Vorgaben zum Inhalt des darstellenden Teils sieht das Gesetz für die Vergleichsrechnung (vgl. § 6 Abs. 2 StaRUG) und Eingriffe in **gruppeninterne Drittsicherheiten** (§ 6 Abs. 3 StaRUG) vor. Dabei wird deutlich, dass der Gesetzgeber die Vergleichsrechnung als maßgebliches Instrument erachtet, welches die Rechtfertigung der zwangsweisen Eingriffe in die Rechte der Planbetroffenen belegen soll.

4 Werden die gesetzlichen Vorgaben aus § 6 oder der Anlage zu § 5 StaRUG bei der Abfassung des darstellenden Teils nicht beachtet, besteht die **Gefahr der Versagung der Planbestätigung** nach § 63 Abs. 1 Nr. 2 StaRUG durch das Restrukturierungsgericht. Die Prüfung des Restrukturierungsgerichts ist dabei auf eine **Schlüssigkeitsprüfung** der relevanten Annahmen und Prämissen und offensichtliche Mängel beschränkt (siehe auch § 48 Rz. 39 [*Laroche*]).[4]

1) Gesetz über den Stabilisierungs- und Restrukturierungsrahmen für Unternehmen (Unternehmensstabilisierungs- und -restrukturierungsgesetz – StaRUG), v. 22.12.2020, BGBl. I 2020, 3256 (= Art. 1 des Gesetzes zur Fortentwicklung des Sanierungs- und Insolvenzrechts [Sanierungs- und Insolvenzrechtsfortentwicklungsgesetz – SanInsFoG], v. 22.12.2020, BGBl. I 2020, 3256).

2) Jacoby/Thole-*Brünkmans*, StaRUG, § 6 Rz. 1.

3) Abrufbar unter https://www.bmjv.de/DE/themen/wirtschaft_finanzen/schulden_insolvenz/checkliste_16_StaRUG/Checkliste_StaRUG_node.html (Abrufdatum: 18.9.2025).

4) Flöther-*Tasma*, StaRUG, § 6 Rz. 29; Jacoby/Thole-*Brünkmans*, StaRUG, § 6 Rz. 74.

II. Funktionsgerechter Aufbau und Darstellung

Abgesehen von den unter I. genannten Vorgaben ist der Inhalt des darstellenden Teils **„maßgeschneidert“ an den konkreten Einzelfall** auszurichten. Der Planarchitekt hat sich von dem Ziel einer **bestmöglichen Informations- und Entscheidungsgrundlage für die Planbetroffenen** leiten lassen. Stets ist die Frage zu beantworten, welche Informationen ein kaufmännisch versierter Planbetroffener vernünftigerweise erwarten kann, um über die Annahme des Restrukturierungsplanes mit den dort vorgesehenen Sanierungsmaßnahmen entscheiden zu können.[5] 5

Art und Umfang der Darstellung hängen von der Größe des Unternehmens, der Zusammensetzung der Planbetroffenen, der Vermögenslage des Schuldners sowie der jeweiligen Sanierungsbeiträge der Planbetroffenen ab.[6] 6

Obwohl der Restrukturierungsplan zwingend auf die Sanierung des Unternehmens ausgerichtet ist, hat sich der Gesetzgeber gegen detailliertere Vorgaben für den darstellenden Teil des Restrukturierungsplans entschieden. 7

Auch verlangt das Gesetz keine zwingende Orientierung an dem IDW S 6. Es geht jedoch von einer **logischen Dreistufigkeit** von Sanierungskonzepten[7] aus: 8

- Zunächst wird der „Ist-Zustand“ (vgl. § 6 Abs. 1 Satz 1 Var. 1 StaRUG) nebst Vergangenheitsanalyse (Krisenursachenanalyse) (§ 6 Abs. 1 Satz 2 Var. 1 StaRUG) dargestellt;
- es folgt die Beschreibung der Sanierungsmaßnahmen (§ 6 Abs. 1 Satz 2 Var. 2 StaRUG) und schließlich
- die Darstellung des „Soll-Zustandes“ (Zielstruktur) nach Umsetzung der Sanierungsmaßnahmen, welche insbesondere die Auswirkungen der Sanierungsmaßnahmen auf die Planbetroffenen (§ 6 Abs. 1 Satz 1 Var. 1 und § 6 Abs. 2 StaRUG) enthalten.[8]

Da auch der IDW S 6 dieser dreistufigen Logik folgt und in der außergerichtlichen Restrukturierung ein anerkannter Standard ist, empfiehlt es sich, bei der Abfassung des darstellenden Teils sich daran zu orientieren, ergänzt um **die besondere Darstellung der Vergleichsrechnung** aus § 6 Abs. 2 StaRUG (siehe dazu Rz. 40 ff.).[9] Häufig ist das für die Umsetzung eines Planvorhabens notwendige Restrukturierungskonzept schon aufgrund eines vorausgegangenen verfahrenslosen, voll konsensualen Sanierungsversuchs als IDW S 6-Gutachten vorhanden.[10] 9

> **Praxishinweis**
>
> Allerdings ist stets die Besonderheit des Einzelfalls zu beachten. Insbesondere bei einer ausschließlich finanzwirtschaftlich geführten Restrukturierung ohne Anpassung des operativen Geschäftsbetriebs ist im Einzelfall zu prüfen, welche Vorgaben des IDW S 6 übernommen werden sollen.[11]

Stets muss der Restrukturierungsplan eine **integrierte Vermögens-, Ertrags- und Finanzplanung** enthalten, welche in die Anlagen zum Restrukturierungsplan (§ 14 Abs. 2 StaRUG) 10

---

5) Jacoby/Thole-*Brünkmans*, StaRUG, § 6 Rz. 1.

6) Morgen-*Knapp/Wilde*, StaRUG, § 6 Rz. 15; Jacoby/Thole-*Brünkmans*, StaRUG, § 6 Rz. 7.

7) Vgl. IDW, Anforderungen an Sanierungskonzepte (IDW S 6), Stand: 22.6.2023, IDW Life 12/2023, 1159 ff.

8) Jacoby/Thole-*Brünkmans*, StaRUG, § 6 Rz. 10.

9) Braun-*Böhm*, StaRUG, § 6 Rz. 5; *Harig/Harder*, ZRI 2021, 67, 74; Flöther-*Tasma*, StaRUG, § 6 Rz. 4; Jacoby/Thole-*Brünkmans*, StaRUG, § 6 Rz. 11; vgl. auch *Steffan/Oberg/Poppe* ZIP 2021, 617 ff.

10) *Girotto/Czernay*, NZI Beilage z. Heft 5/2021, S. 66, 68.

11) Vgl. Flöther-*Tasma*, StaRUG, § 6 Rz. 4; Jacoby/Thole-*Brünkmans*, StaRUG, § 6 Rz. 11.

ausgelagert werden kann. Es kann auch das **Sanierungsgutachten** als Anlage zum Restrukturierungsplan genommen werden, welches eine integrierte Vermögens-, Ertrags- und Finanzplanung enthält.

B. Einzelne Inhalte des darstellenden Teils

I. Darstellung des „Ist-Zustandes"

11 Nach § 6 Abs. 1 Satz 1 StaRUG sind die **Grundlagen** des Restrukturierungsplans zu beschreiben. Unter Grundlagen sind sowohl die rechtlichen als auch wirtschaftlichen Verhältnisse des Schuldners zu verstehen, die in der Anlage zu § 5 Satz 2 StaRUG weiter konkretisiert werden.

1. Rechtliche Verhältnisse des Schuldners (Nr. 1 der Anlage zu § 5 Satz 2 StaRUG)

12 Zu den rechtlichen Verhältnissen gehören insbesondere die unter Nr. 1 der Anlage zu § 5 Satz 2 StaRUG genannten Angaben (wobei stets die Einzelfallbetrachtung im Blick behalten werden muss)[12] über die **Identität des Schuldners**, namentlich: Firma oder Namen und Vornamen, Geburtsdatum, Registergericht und Registernummer, unter der der Schuldner in das Handelsregister eingetragen ist, **Geschäftszweig** oder Beschäftigung, gewerbliche Niederlassungen oder Wohnung des Schuldners und bei mehreren Niederlassungen die Hauptniederlassung.

13 Damit die Planbetroffenen einen Überblick über die **rechtlichen Verhältnisse** der Schuldnerin erhalten, sollten darüber hinaus der darstellende Teil des Restrukturierungsplans auch Angaben zu Organisation, Rechtsform, Gesellschafterstruktur, Beteiligungen, Vertretungsverhältnissen, Einbindung der Schuldnerin in einen Konzern, Geschäftsführung und steuerliche Basisinformationen enthalten.

2. Wirtschaftliche Lage des Schuldners (Nr. 2 der Anlage zu § 5 Satz 2 StaRUG)

14 Neben den rechtlichen sind auch und gerade die wirtschaftlichen Verhältnisse des Schuldners darzustellen. Anzugeben sind insbesondere die in Nr. 2 der Anlage zu § 5 Satz 2 StaRUG aufgeführten Verhältnisse.

a) Vermögenslage

15 Dazustellen ist zunächst die Vermögenslage. Dabei werden die Vermögensgegenstände einschließlich einer Bewertung **sämtlicher** (nicht nur den fälliger) **Verbindlichkeiten** des Schuldners gegenübergestellt (Nr. 2 der Anlage zu § 5 Satz 2 StaRUG). Die Darstellung der Vermögenslage soll den Planbetroffenen ermöglichen, sich einen Überblick über die Vermögenslage zu verschaffen, um beurteilen zu können, ob eine im Restrukturierungsplan vorgesehene Maßnahme angemessen ist.[13] Bei einer guten Vermögenslage wird ein planbetroffener Gläubiger kaum bereit sein, einem (Teil-)Erlass seiner Forderung zuzustimmen.

16 **Maßgeblicher Bewertungsstichtag** ist nach Nr. 2 der Anlage zu § 5 Satz 2 StaRUG der Zeitpunkt der Vorlage des Restrukturierungsplans. Dies leuchtet ein, da es an dieser Stelle im Restrukturierungsplan um die Beschreibung des Ist-Zustandes geht. Nicht zu verwechseln ist die Darstellung der aktuellen Vermögenslage nach Nr. 2 der Anlage zu § 5 Satz 2 StaRUG mit der nach § 14 Abs. 2 Satz 1 StaRUG zusätzlich gebotene **Vermögensübersicht**. Letztere stellt auf den Zeitpunkt des Wirksamwerdens des Restrukturierungsplans

12) Vgl. auch Art. 8 Abs. 1 lit. a der Restrukturierungsrichtlinie.

13) Jacoby/Thole-*Brünkmans*, StaRUG, § 5 Rz. 7.

ab (siehe dazu Rz. 10, 36). Die Vermögensübersicht nach § 14 StaRUG verfolgt allerdings auch einen anderen Zweck, nämlich dem Planbetroffenen die Wirkung des Restrukturierungsplans vor Augen zu führen.[14)]

b) Ertragslage

Wenn auch nicht ausdrücklich in § 6 oder der Anlage zu § 5 Satz 2 StaRUG erwähnt, ist selbstverständlich auch die Ertragslage der Schuldnerin darzustellen.[15)] Neben der aktuellen GuV ist mindestens über die beiden vorhergehenden Geschäftsjahre zu informieren, denn die in § 6 Abs. 2 Satz 2 StaRUG gebotene Krisenursachenanalyse kann nicht ohne die Analyse der Ertragslage, als wesentliche Erfolgskennzahl, vorgenommen werden. 17

c) Liquiditätslage, drohende Zahlungsunfähigkeit (§ 18 InsO)

Zu einer angemessenen Beschreibung der wirtschaftlichen Situation gehört schließlich – wenn auch nicht ausdrücklich in § 6 oder der Anlage zu § 5 Satz 2 StaRUG erwähnt – die Darstellung der Liquiditätslage. 18

Anzugeben ist der Liquiditätsstatus im **Zeitpunkt der Vorlage des Restrukturierungsplans**, eine kurzfristige Liquiditätsplanung (13-Wochen-Planung) sowie eine mittelfristige Liquiditätsplanung mit einem Planungshorizont von mindestens 24 Monaten. Die mittelfristige Liquiditätsplanung stellt die drohende Zahlungsunfähigkeit (§ 18 InsO) dar, somit eine wesentliche Voraussetzung für die Inanspruchnahme der Instrumente des Stabilisierungs- und Restrukturierungsrahmens (vgl. § 29 Abs. 1 StaRUG; vgl. zur gerichtlichen Prüfung § 63 Abs. 1 Nr. 1 StaRUG).[16)] 19

d) Position der Arbeitnehmer

Der Restrukturierungsplan muss auch die Position der Arbeitnehmer beschreiben. Die Ausführungen bei der Beschreibung des „Ist-Zustandes" haben sich (Nr. 2 der Anlage zu § 5, Art. 8 Abs. 1 lit. b der Restrukturierungsrichtlinie[17)]) auf die Gegenwart und Vergangenheit zu beschränken,[18)] wie etwa die Darstellung von bereits umgesetzten Sanierungsbeiträgen der Arbeitnehmer (Lohneinschnitte), die Beschreibung der gegenwärtigen Personalstruktur (Fachkräftemangel oder der Personalüberhang) etc.[19)] 20

e) Sonstige Angaben

Schließlich sind bei der Beschreibung des Ist-Zustandes der Schuldnerin alle wesentlichen **leistungswirtschaftlichen Verhältnisse** darzustellen. wie etwa die Vertriebs-, Beschaffungs-, Technologie-, Belegschafts-, Innovations- und Finanzierungspotentiale,[20)] unter- 21

14) Jacoby/Thole-*Brünkmans*, StaRUG, § 5 Rz. 7; Flöther-*Tasma*, StaRUG, Anlage zu § 5 Rz. 4.

15) Jacoby/Thole-*Brünkmans*, StaRUG, § 5 Rz. 14; *Fridgen* in: BeckOK-StaRUG, § 6 Rz. 27.

16) S. AG Köln, Beschl. v. 3.3.2021 – 83 RES 1/21, ZRI 2021, 377 = ZIP 2021, 806; Jacoby/Thole-*Brünkmans*, StaRUG, § 5 Rz. 10.

17) Richtlinie (EU) 2019/1023 des Europäischen Parlaments und des Rates v. 20.6.2019 über präventive Restrukturierungsrahmen, über Entschuldung und über Tätigkeitsverbote sowie über Maßnahmen zur Steigerung der Effizienz von Restrukturierungs-, Insolvenz- und Entschuldungsverfahren und zur Änderung der Richtlinie (EU) 2017/1132 (Richtlinie über Restrukturierung und Insolvenz) – Restrukturierungsrichtlinie, ABl. (EU) L 172/18 v. 26.6.2019.

18) Anders die Ausführungen nach Nr. 7 der Anlage zu § 5. Dort sind die zukünftigen Auswirkungen des Restrukturierungsvorhabens auf die Arbeitnehmer zu beschreiben, (s. Ausführungen dazu Rz. 38).

19) Jacoby/Thole-*Brünkmans*, StaRUG, § 5 Rz. 12.

20) IDW, Anforderungen an Sanierungskonzepte (IDW S 6), Stand: 22.6.2023, Rz. 58, IDW Life 12/2023, 1159 ff.

nehmerische und fachliche Kompetenz des Managements,[21] sowie der Stand der Digitalisierung.[22] Auch die systematisierte Betrachtung von Stärken & Schwächen, sowie Chancen & Risiken (sog. **SWOT-Analyse**) ist sinnvoll, um aus dieser Analyse geeignete strategische Optimierungsmaßnahmen abzuleiten.

3. Analyse der Krisenursachen (§ 6 Abs. 1 Satz 2 StaRUG)

22 Neben der deskriptiven Beschreibung der rechtlichen und wirtschaftlichen Lage verlangt § 6 Abs. 1 Satz 2 StaRUG die Darstellung der Krisenursachen. Die Planbetroffenen müssen erkennen können, wie es zur Unternehmenskrise, insbesondere zur drohenden Zahlungsunfähigkeit gekommen ist.[23]

23 Die Krisenursachen müssen **klar analysiert und möglichst konkret identifiziert** werden. Dabei kommt der Frage, ob die Unternehmenskrise allein aus der Finanzierungslast resultiert oder ob das Unternehmen leistungswirtschaftliche Schwächen hat und daher operativ nicht kostendeckend arbeitet, eine besondere Bedeutung zu, worauf der Restrukturierungsplan nach StaRUG im darstellenden Teil Antworten liefern muss.

II. Sanierungsmaßnahmen

1. Allgemeines

24 Nach § 6 Abs. 1 Satz 2, 3 StaRUG sind die zur Krisenbewältigung vorzunehmenden Maßnahmen anzugeben. Diese werden **aus dem Ergebnis der Krisenursachenanalyse und dem Leitbild des sanierten Unternehmens entwickelt.** Das Ziel ist, geeignete Sanierungsmaßnahmen zu identifizieren, welche die Ertragsfähigkeit und angemessene Eigenkapitalausstattung des Unternehmens und damit die Bestandsfähigkeit i. S. von § 14 StaRUG wiederherstellen oder dauerhaft erhalten zu können.[24]

2. Sanierungsmaßnahmen außerhalb des gestaltenden Teils

25 Sanierungsmaßnahmen, die nicht über den gestaltenden Teil des Restrukturierungsplans umgesetzt werden können oder sollen, sind im darstellenden Teil **gesondert hervorzuheben** (§ 6 Abs. 1 Satz 3 StaRUG). Es bietet sich an, diese voranzustellen. Nur so sind die Planbetroffenen zu einer sachgerechten ganzheitlichen Bewertung des Restrukturierungsplans in der Lage. Anzugeben sind typischerweise der Abbau von Arbeitsplätzen über einen Sozialplan, die Restrukturierung von Mietverträgen, Abschluss neuer Liefer- oder Kundenverträge etc.[25]

3. Im gestaltenden Teil vorgesehene Sanierungsmaßnahmen

26 Bei der Darstellung der im gestaltenden Teil vorgesehenen finanzwirtschaftlichen Maßnahmen sind zunächst die **Planbetroffenen** (Gläubiger, Anteilsinhaber sowie ggf. sowie gruppenbezogene Drittsicherungsgeber) zu benennen und deren **Auswahl** zu begründen (vgl. Nr. 3 der Anlage zu § 5 Satz 2 StaRUG; siehe nachfolgend Rz. 27 ff.). Es folgt die

21) IDW, Anforderungen an Sanierungskonzepte (IDW S 6), Stand: 22.6.2023, Rz. 58, IDW Life 12/2023, 1159 ff.

22) IDW, Anforderungen an Sanierungskonzepte (IDW S 6), Stand: 22.6.2023, Rz. 60, IDW Life 12/2023, 1159 ff.

23) S. AG Köln, Beschl. v. 3.3.2021 – 83 RES 1/21, ZRI 2021, 377 = ZIP 2021, 806; *Thole*, NZI 2021, 436; Jacoby/Thole-*Brünkmans*, StaRUG, § 6 Rz. 17.

24) Jacoby/Thole-*Brünkmans*, StaRUG, § 6 Rz. 18.

25) Jacoby/Thole-*Brünkmans*, StaRUG, § 6 Rz. 19.

Erörterung der **Sanierungsbeiträge** der Planbetroffenen (Forderungsverzichte, Stundungen, Rangrücktritte etc.; siehe unter Rz. 33 f.).

a) Planbetroffene und Gruppenbildung

Zunächst sind die Planbetroffenen anzugeben. Diese können im Restrukturierungsplan namentlich benannt oder durch hinreichend konkrete Bezeichnung der Forderungen oder Rechte beschrieben werden (Nr. 3 der Anlage zu § 5, vgl. auch Art. 8 Abs. 1 lit. c der Restrukturierungsrichtlinie). 27

Die Auswahl der Planbetroffenen hat für den Restrukturierungsplan als Instrument eines teilkollektiven Verfahrens **besondere Bedeutung**, weil dadurch festgelegt wird, welche Gläubiger des Schuldners überhaupt vom Restrukturierungsplan erfasst werden. 28

Der Planersteller sollte sich bemühen, die **Forderung** so **konkret** wie möglich zu beschreiben und den betroffenen Personenkreis zusätzlich durch ausdrückliche **namentliche Nennung** anzugeben. 29

> **Praxishinweis**
>
> Falls eine **namentliche Nennung nicht möglich oder praktikabel** ist, erfolgt die Bestimmung des betroffenen Personenkreises über die abstrakte Beschreibung der Forderung und sorgt so für die Bestimmbarkeit des betroffenen Personenkreises über die Forderungsinhaberschaft.[26]

Sieht der Restrukturierungsplan Eingriffe in **börsennotierten Aktien oder Anleihen** vor, erfolgt die Beschreibung des Planbetroffenenkreises in der Regel ausschließlich über die Beschreibung der Rechtsposition, in die eingegriffen wird.[27] 30

Aufgrund der Sachnähe zur Planbetroffenenauswahl bietet es sich an, unter den Sanierungsmaßnahmen auch die Gruppen unter **Angabe der Stimmrechte** sowie die **Kriterien für die Gruppeneinteilung** zu erläutern (siehe Art. 8 Abs. 1 lit. d Restrukturierungsrichtlinie). 31

Die **eigentliche Gruppenbildung** als Gestaltungsakt erfolgt hingegen im **gestaltenden Teil**. 32

b) Sanierungsbeiträge der Planbetroffenen

Es folgt die genaue Erörterung der Sanierungsbeiträge der Planbetroffenen (Forderungsverzichte, Stundungen, Rangrücktritte etc.). 33

An dieser Stelle des Restrukturierungsplans müssen die Planbetroffenen davon überzeugt werden, warum von ihnen im Vergleich zu den nicht einbezogenen Gläubigern und ggf. Anteilsinhabern ein Sanierungsbeitrag eingefordert wird. Eine sorgfältige Begründung ist nicht zuletzt deshalb geboten, weil die **sachgemäße Auswahlentscheidung** der Planbetroffenen der gerichtlichen Überprüfung durch das Restrukturierungsgericht unterliegt (siehe i. E. § 42 Rz. 3 ff. [*Beck/Pechartschek*]).[28] 34

4. Erörterung der nicht in den Restrukturierungsplan einbezogenen Gläubiger/Gesellschafter

Die Darstellung der Sanierungsmaßnahmen wird in der Regel abgerundet mit einer Begründung, warum andere Gläubiger/Gesellschafter **nicht im Restrukturierungsplan ein-** 35

---

26) Jacoby/Thole-*Brünkmans*, StaRUG, § 5 Rz. 16.

27) Morgen-*Knapp/Wilde*, StaRUG, § 5 Rz. 18; Flöther-*Tasma*, StaRUG, Anlage zu § 5 Satz 2 Rz. 8; Jacoby/Thole-*Brünkmans*, StaRUG, § 5 Rz. 16.

28) Jacoby/Thole-*Brünkmans*, StaRUG, § 6 Rz. 20.

bezogen wurden (siehe Nr. 5 der Anlage zu § 5 Satz 2, Art. 8 Abs. 1 lit. e der Restrukturierungsrichtlinie). Schließlich sollen die Planbetroffenen erfahren und nachvollziehen können, welche Parteien aus welchem Grund nicht in den Restrukturierungsplan einbezogen wurden. Damit soll den Planbetroffenen ermöglicht werden, die Angemessenheit der von ihnen geforderten Lastentragung beurteilen zu können.[29)]

III. Darstellung des „Soll-Zustandes"

1. Leitbild des sanierten Unternehmens

36 Schließlich wird das sanierte Unternehmen im „Soll-Zustand" beschrieben (Leitbild des sanierten Unternehmens). Die Zukunft des Unternehmens wird dabei maßgeblich von den **Auswirkungen der Sanierungsmaßnahmen** (Forderungsverzichte, Stundung etc.) bestimmt. Das Gesetz verlangt in diesem Zusammenhang ausdrücklich die Darstellung der Auswirkungen des Restrukturierungsplans auf die Planbetroffenen (vgl. § 6 Abs. 2 Satz 1 StaRUG) sowie die Auswirkung des Restrukturierungsvorhabens auf die **Beschäftigungsverhältnisse** (Nr. 7 der Anlage zu § 5 StaRUG). Die Aussichten der **Beseitigung der drohenden Zahlungsunfähigkeit** sowie der **Sicher- oder Wiederherstellung der Bestandsfähigkeit** des Unternehmens (§ 14 Abs. 1 StaRUG) kann in eine Plananlage ausgelagert werden. Gleiches gilt für die Darstellung der Vermögenslage nach Planbestätigung (§ 14 Abs. 2 Satz 1 StaRUG) sowie die Ertrags- und Liquiditätsplanung (§ 14 Abs. 2 Satz 2 und 3 StaRUG).

2. Auswirkung des Restrukturierungsvorhabens auf die Planbetroffenen (§ 6 Abs. 2 StaRUG)

37 Besondere Bedeutung kommt der Darstellung der Auswirkungen des Restrukturierungsplans auf die Planbetroffenen zu (vgl. § 6 Abs. 2 Satz 1 StaRUG). Dabei sind die wirtschaftlichen Auswirkungen des Restrukturierungsplans auf die Planbetroffenen, insbesondere Art, Zeitpunkt und Umfang (Quote) ihrer wirtschaftlichen Befriedigung zu erläutern.[30)] Hier ist auch die Vergleichsrechnung nach § 6 Abs. 2 Satz 2 StaRUG (siehe dazu ausführlich Rz. 40 ff.) zu referenzieren.

3. Auswirkung des Restrukturierungsvorhabens auf die Arbeitnehmer

38 Besonders gesetzlich geregelt ist die Darstellung der Auswirkungen des Restrukturierungsvorhabens auf die Arbeitnehmer. Nach Nr. 7 der Anlage zu § 5 StaRUG sowie Art. 8 Abs. 1 lit. g Ziff. iii und Ziff. iv der Restrukturierungsrichtlinie sind die Auswirkungen des Restrukturierungsvorhabens auf Beschäftigungsverhältnisse im Restrukturierungsplan anzugeben, insbesondere im Hinblick auf Entlassungen und Kurzarbeiterregelungen. Letztere sind keine abschließenden Beispiele. Vielmehr sind sämtliche Personalmaßnahmen anzugeben, solange diese Bestandteile des dem Restrukturierungsplan zugrunde liegenden Sanierungskonzeptes sind.[31)]

39 Ebenfalls anzugeben sind die **Modalitäten der Unterrichtung und Anhörung** der Arbeitnehmervertretung (Nr. 7 Halbs. 2 Anlage zu § 5 StaRUG). Es handelt sich dabei um eine „Kontrollinformation", denn Restrukturierungen mit erheblichen Auswirkungen auf die Personalstruktur können nach den allgemeinen arbeitsrechtlichen Regelungen nur mit einer angemessenen Einbindung der Arbeitnehmervertreter erreicht werden.[32)] Das StaRUG

29) Vgl. Morgen-*Knapp/Wilde*, StaRUG, § 5 Rz. 24; Jacoby/Thole-*Brünkmans*, StaRUG, § 5 Rz. 18.
30) Jacoby/Thole-*Brünkmans*, StaRUG, § 6 Rz. 21.
31) Jacoby/Thole-*Brünkmans*, StaRUG, § 5 Rz. 21.
32) Vgl. ErwG 10 der Restrukturierungsrichtlinie.

dispensiert diese arbeitsrechtlichen Regeln nicht (siehe i. E. § 61 Rz. 22 f., 114 [*Krings/ Sturme*]).

IV. Vergleichsrechnung (§ 6 Abs. 2 StaRUG)

1. Funktion

Die Auswirkungen des Restrukturierungsplans auf die Planbetroffenen werden in der Vergleichsrechnung besonders deutlich (§ 6 Abs. 2 StaRUG). Die Vergleichsrechnung setzt den Restrukturierungsplan nämlich in Beziehung zu weiteren (möglichen) Sanierungsoptionen. § 6 Abs. 2 Satz 1 StaRUG sieht die Vergleichsrechnung als **unmittelbaren Bestandteil des darstellenden Teils.** 40

Praxishinweis

Je nach Komplexität bietet es sich indes an, unmittelbar im darstellenden Teil lediglich eine Zusammenfassung aufzunehmen, die Detailrechnung jedoch in einer Anlage zum Restrukturierungsplan darzustellen.[33)]

Die Vergleichsrechnung muss die Planbetroffenen davon überzeugen, dass sie mit der Umsetzung des Restrukturierungsplans **besserstehen,** zumindest nicht schlechterstehen. Nur dann werden sie dem Restrukturierungsplan zustimmen. Die Belastbarkeit und Akzeptanz der Berechnung des **Alternativszenarios** setzt daher eine klar nachvollziehbare und transparente Darstellung voraus.[34)] 41

2. Das nächstbeste Alternativszenario als Vergleichsmaßstab

Die wichtigste Frage für eine ordnungsgemäße Vergleichsrechnung (wenn nicht sogar für die Annahmefähigkeit des Restrukturierungsplans überhaupt) ist der Vergleichsmaßstab, d. h. womit die Planquote verglichen wird. 42

Die **Restrukturierungsrichtlinie** (vgl. ErwG 48, 49) lässt den Mitgliedstaaten die Wahl, die Planbefriedigung generell mit einer Befriedigung im **Liquidationsszenario** zu vergleichen **oder** allgemein auf das **nächstbeste Alternativszenario** abzustellen.[35)] Der deutsche Gesetzgeber hat sich mit § 6 Abs. 2 StaRUG für einen Vergleich mit dem nächstbesten Alternativszenario entschieden.[36)] 43

Dies mag ein gerechtes Ergebnis und eine höhere Eingriffsintensität rechtfertigen, macht die Vergleichsrechnung in der praktischen Handhabung jedoch **komplizierter.** Im Ergebnis heißt dies, dass der Restrukturierungsplan die Befriedigungsaussichten im Falle dessen Wirksamwerdens (Szenario 1) mit den voraussichtlichen Befriedigungsaussichten ohne einen Restrukturierungsplan (Szenario 2) vergleichen muss.[37)] 44

Da die Auswirkungen des Restrukturierungsplans auf die „**Befriedigungsaussichten** der Planbetroffenen" darzustellen sind (vgl. § 6 Abs. 2 Satz 1 StaRUG), ist Vergleichsgegenstand **ausschließlich die wirtschaftliche Stellung** des jeweiligen Planbetroffenen, nicht die Rechtsstellung als solche.[38)] 45

33) Jacoby/Thole-*Brünkmans*, StaRUG, § 6 Rz. 25.

34) Vgl. *Girotto/Czernay*, NZI Beilage z. Heft 5/2021, S. 66, 68; Flöther-*Tasma*, StaRUG, § 6 Rz. 14; Jacoby/Thole-*Brünkmans*, StaRUG, § 6 Rz. 60.

35) ErwG 48, 49 der Restrukturierungsrichtlinie.

36) Begr. RegE SanInsFoG z. § 8 Abs. 2 StaRUG, BT-Drucks. 19/24181, S. 116.

37) Begr. RegE SanInsFoG z. § 8 Abs. 2 StaRUG, BT-Drucks. 19/24181, S. 116; s. a. Flöther/*Tasma*, § 6 Rz. 10; Jacoby/Thole-*Brünkmans*, StaRUG, § 6 Rz. 28.

38) Jacoby/Thole-*Brünkmans*, StaRUG, § 6 Rz. 28; *Parzinger/Knebel* in: MünchKomm-StaRUG, § 6 Rz. 66; *Fridgen* in: BeckOK-StaRUG, § 6 Rz. 51; *Doebert/Krüger*, NZI 2021, 614, 617 f.

3. Darstellung der Vergleichsrechnung im Restrukturierungsplan

a) Grundsätze und Bewertungsstichtag

46 Die Darstellung der Vergleichsrechnung erfolgt in **drei Stufen:**

- Zunächst sind die Befriedigungsaussichten der Planbetroffenen für den Fall des Inkrafttretens des Restrukturierungsplans zu erörtern und zu unterlegen (Planszenario).
- Im zweiten Schritt sind die Befriedigungsaussichten der Planbetroffenen ohne Restrukturierungsplan (Alternativszenario) festzulegen.
- Schließlich sind in einem dritten Schritt die beiden Szenarien miteinander zu vergleichen.[39]

47 **Bewertungsstichtag** für die Vergleichsrechnung ist der Zeitpunkt der Bestätigung des Restrukturierungsplans durch das Gericht.[40]

b) Planszenario (1. Schritt)

48 Die im Restrukturierungsplan für die Planbetroffenen vorgesehenen Befriedigungsquoten (Planszenario) müssen im Zeitpunkt der Planbestätigung mit **überwiegender Wahrscheinlichkeit realisierbar** sein.[41] Werden die Befriedigungsquoten im Planszenario über einen Investorenbeitrag finanziert **(Cash-out-Plan)**[42], liegt der Schwerpunkt der Darstellung in der Höhe und rechtlichen Absicherung dieses Investorenbeitrages. Bei einem **„Earn-out-Plan"** (siehe zur Unterscheidung Cash-out und Earn-out Plan zum Insolvenzplan § 2 Rz. 103 ff. [*Brünkmans*], bei dem die Befriedigung der Planbetroffenen über zukünftige Cashflows erfolgen, müssen das Sanierungskonzept und die dort vorgesehenen Liquiditätszuflüsse hinreichend robust sein, dass man von einer überwiegender Wahrscheinlichkeit der Zuflüsse an die Planbetroffenen ausgehen kann.[43] Sieht das Restrukturierungskonzept eine sog. **„Amend-and-Extend"-Lösung** – ggf. verbunden mit einem teilweisen Forderungserlass – vor, liegt der Schwerpunkt der Darstellung in der Refinanzierbarkeit am Ende des Sanierungszeitraums oder der Erfolgsaussicht eines Investorenprozesses und der Wahrscheinlichkeit der damit verbundenen Kreditablösung.

49 Sind im Restrukturierungsplan für die verschiedenen Gruppen der Planbetroffenen **unterschiedliche Leistungen** vorgesehen, erfolgt die Darstellung und Wahrscheinlichkeitsprognose jeweils **separat** und **gruppenbezogen.**[44]

c) Alternativszenario (2. Schritt)

aa) Das nächstbeste Alternativszenario

50 In einem zweiten Schritt sind die Befriedigungsaussichten der Planbetroffenen ohne Restrukturierungsplan (§ 6 Abs. 2 Satz 1 StaRUG) darzustellen. Ausweislich der Gesetzes-

---

39) Jacoby/Thole-*Brünkmans*, StaRUG, § 6 Rz. 29.

40) Flöther-*Tasma*, StaRUG, § 6 Rz. 13; Jacoby/Thole-*Brünkmans*, StaRUG, § 6 Rz. 58; Uhlenbruck-*Streit/Bürk*, InsO, § 6 StaRUG Rz. 118; Morgen-*Knapp/Wilde*, StaRUG § 6 Rz. 24; auf den Zeitpunkt der sog. Bindungswirkung abstellend *Parzinger/Knebel* in: MünchKomm-StaRUG, § 6 Rz. 87; vgl. zum Insolvenzplan Uhlenbruck-*Lüer/Streit*, InsO, § 220 Rz. 14; *Thies/Lieder* in: HambKomm-InsR, § 22 InsO Rz. 7.

41) *Spahlinger*, NZI Beilage z. Heft 5/2021, S. 32, 34; Flöther-*Tasma*, StaRUG, § 6 Rz. 14; *Skauradszun*, KTS 2021, 1, 64; Jacoby/Thole-*Brünkmans*, StaRUG, § 6 Rz. 30.

42) S. *Bernsau/Beyer*, ZInsO 2021, 2533 – in Sachen *eterna*, s. a. AG Hamburg, Beschl. v. 12.4.2021 – 61a RES 1/21, ZRI 2021, 473 = NZI 2021, 544; *Ziegenhagen*, ZInsO 2021, 2053, 2055.

43) Jacoby/Thole-*Brünkmans*, StaRUG, § 6 Rz. 30.

44) Jacoby/Thole-*Brünkmans*, StaRUG, § 6 Rz. 32.

materialien ist auf das **nächstbeste** Alternativszenario abzustellen.[45] Dabei kann es nur **ein** nächstbestes Alternativszenario geben.[46]

Anders als bei der Vergleichsrechnung des Insolvenzplans ist das Alternativszenario nicht automatisch die Regelabwicklung im Insolvenzverfahren, sondern das Alternativszenario ist zunächst **konkret zu finden und im darstellenden Teil zu begründen.** Als mögliche Alternativszenarien kommen nur solche Szenarien in Betracht, die der Schuldner im Fall des Scheiterns des Plans mit (zumindest) **überwiegender Wahrscheinlichkeit** auch **rechtlich und tatsächlich umsetzen könnte.**[47] Sind mehrere Alternativszenarien im Fall des Scheiterns des Restrukturierungsplans mit überwiegender Wahrscheinlichkeit umsetzbar, ist das für die Planbetroffenen wirtschaftlich beste Szenario das „nächstbeste Alternativszenario".[48] Da die Bestimmung des nächstbesten Alternativszenarios eine wesentliche Stellschraube für die Rechtfertigung der Planquote und Angreifbarkeit des Restrukturierungsplans ist, sollte im Restrukturierungsplan ausführlich begründet werden, warum der Planersteller das im Restrukturierungsplan angegebene Vergleichsszenario für überwiegend wahrscheinlich und als das beste Szenario ohne Plan sieht. Eine Vergleichsrechnung kann unschlüssig sein, wenn (irgend-)ein „möglicherweise" nächstbestes Szenario nicht miterwähnt wird.[49] 51

Für die anderen – grundsätzlich realisierbaren – **Szenarien genügt ein Hinweis,** dass man diese Alternativen geprüft hat und kurz begründet, warum die Befriedigungsaussichten unter dem bestmöglichen Alternativszenario liegen.[50] Vor dem Hintergrund der in § 6 Abs. 2 geregelten **Vermutung eines Fortführungsszenarios** ist ausnahmsweise eine umfangreichere Darstellung des zweitbesten Alternativszenarios erforderlich, wenn der Planersteller für das nächstbeste Alternativszenario auf die **Liquidation** (Zerschlagungswerte) des Unternehmens abstellt, während der Restrukturierungsplan jedoch ein Fortführungsszenario vorsieht.[51] Stellt der Restrukturierungsplan für das nächstbeste Alternativszenario auf die **Einzelverwertung** im Regelinsolvenzverfahren ab, sollte dargelegt werden, warum aus Sicht des Schuldners die üblicherweise in Betracht kommenden Alternativszenarien wie (1) „Fortführung ohne Restrukturierungsplan", (2) „Verkauf als fortgeführtes Unternehmen", (3) „Verkauf als fortgeführtes Unternehmen aus der Insolvenz" und (4) „Fortführung i. R. eines Insolvenzplanverfahrens" als nächstbestes Alternativszenario **nicht in Betracht kommen.**[52] 52

45) Begr. RegE SanInsFoG z. § 28 Abs. 1 Nr. 1 StaRUG, BT-Drucks. 19/24181, S. 128; vgl. auch *Spahlinger*, NZI Beilage z. Heft 5/2021, S. 32, 33; Morgen-*Knapp/Wilde*, StaRUG, § 6 Rz. 15; *Thole*, NZI 2021, 433, 436; *Proske*, EWiR 2021, 309 (Urteilsanm.); **a. A.** *Fridgen* in: BeckOK-StaRUG, § 6 Rz. 59 f.

46) *Spahlinger*, NZI Beilage z. Heft 5/2021, S. 32, 33; Morgen-*Knapp/Wilde*, StaRUG, § 6 Rz. 15; *Thole*, NZI 2021, 433 436; *Proske*, EWiR 2021, 309 (Urteilsanm.); Jacoby/Thole-*Brünkmans*, StaRUG, § 6 Rz. 35; **a. A.** *Fridgen* in: BeckOK-StaRUG, § 6 Rz. 59 f.; wohl auch AG Köln, Beschl. v. 3.3.2021 – 83 RES 1/21, ZRI 2021, 377 = ZIP 2021, 806, 807.

47) *Spahlinger*, NZI Beilage z. Heft 5/2021, S. 32, 33 f.; *Ringelspacher/Fehl-Weileder*, ZRI 2022, 210, 212; Morgen-*Knapp/Wilde*, StaRUG, § 6 Rz. 16; Jacoby/Thole-*Brünkmans*, StaRUG, § 6 Rz. 36.

48) *Spahlinger*, NZI Beilage z. Heft 5/2021, S. 32, 33 f.; Morgen-*Knapp/Wilde*, StaRUG, § 6 Rz. 17; Jacoby/Thole-*Brünkmans*, StaRUG, § 6 Rz. 37.

49) AG Köln, Beschl. v. 3.3.2021 – 83 RES 1/21, ZRI 2021, 377, 380 = ZIP 2021, 806, 808; AG Hannover, Beschl. v. 20.10.2023 – 951 RES 1/23 – 1, ZRI 2023, 962 = ZIP 2023, 2423; *Frind*, ZInsO 2025, 1078, 1078.

50) Jacoby/Thole-*Brünkmans*, StaRUG, § 6 Rz. 37; vgl. auch Flöther-*Tasma*, StaRUG, § 6 Rz. 14.

51) Jacoby/Thole-*Brünkmans*, StaRUG, § 6 Rz. 38.

52) *Ziegenhagen*, ZInsO 2021, 2053, 2056; Jacoby/Thole-*Brünkmans*, StaRUG, § 6 Rz. 39; vgl. auch *Ringelspacher/Fehl-Weileder*, ZRI 2022, 210, 212.

bb) Kategorisierung denkbarer Alternativszenarien

53 Die **meisten Fälle** seit Inkrafttreten des StaRUG stellen auf das **Insolvenzverfahren** als nächstbestes Alternativszenario ab. Ein Szenario außerhalb eines Insolvenzverfahrens kann nur dann ein mögliches nächstbestes Alternativszenario sein, wenn mit ihm die **Insolvenzgefahr** (drohende Zahlungsunfähigkeit) **mit überwiegender Wahrscheinlichkeit nachhaltig beseitigt** wird.[53)]

(1) Szenarien außerhalb des Insolvenzverfahrens

54 – **Alternativer Restrukturierungsplan?:** Ein alternativer Restrukturierungsplan ist richtigerweise nicht in der Lage, das nächstbestes Alternativszenario zu begründen.[54)] Dafür sprechen der Wortlaut von § 26 Abs. 1 Nr. 1 StaRUG und § 64 Abs. 1 Satz 1 StaRUG „ohne einen Plan", die Systematik zum Insolvenzplan[55)] und der Zweck des Restrukturierungsplans, wonach die Suche und Entscheidung über das wirtschaftliche Optimum der Mehrheit der Planbetroffenen im Vertrauen auf ihre Verhandlungsmacht überlassen werden soll.[56)] Einzelne, im Restrukturierungsplan enthaltene Sanierungsmaßnahmen oder Planregelungen werden vor diesem Hintergrund auch nicht auf ihre Erforderlichkeit zur nachhaltigen Beseitigung der drohenden Zahlungsunfähigkeit und Wiedererlangung der Bestandsfähigkeit hin überprüft.[57)] Hinreichend ist vielmehr, dass die konkrete Maßnahme dem Zweck der nachhaltigen Beseitigung der drohenden Zahlungsunfähigkeit und Wiedererlangung der Bestandsfähigkeit des Unternehmens dient.[58)] In der Praxis wird man in der Regel belegen können, dass die Planbetroffenen den konkret vorgelegten Restrukturierungsplan – und gerade nur diesen – unterstützen; die überwiegende Wahrscheinlichkeit der Annahmefähigkeit eines Alternativplans wird ein Planbetroffener dann kaum i. R. eines Minderheitenschutzantrags (§ 64 StaRUG) glaubhaft machen können.

55 – **Vollkonsensualer außergerichtlicher Sanierungsvergleich:** Dieser kommt zwar grundsätzlich als nächstbestes Alternativszenario in Betracht.[59)] Der Abschluss eines vollkonsensualen Sanierungsvergleichs müsste allerdings überwiegend wahrscheinlich sein

---

53) S. a. *Spahlinger*, NZI Beilage z. Heft 5/2021, S. 32, 34.

54) AG Köln, Beschl. v. 3.3.2021 – 83 RES 1/21, ZRI 2021, 377 = ZIP 2021, 806; AG Berlin-Charlottenburg, Beschl. v. 4.1.2024 – 36s RES 6525/23 (Spark Networks), ZRI 2024, 512 = NZI 2024, 225; *Spahlinger*, NZI Beilage z. Heft 5/2021, S. 32, 34; Seibt/Westpfahl-*Hölzle*, StaRUG, § 6 Rz. 29; Flöther-*Tasma*, StaRUG, § 6 Rz. 18; anders dagegen *Ringelspacher/Fehl-Weileder*, ZRI 2022, 210, 212 f. – Altnativplan sei zu berücksichtigen, wenn eine konkret abweichende Planlösung bereits diskutiert wurde und ihre Umsetzungswahrscheinlichkeit die 50 %-Marke übersteigt; wohl anders Uhlenbruck-*Streit/Bürk*, InsO, § 6 StaRUG Rz. 113.

55) Für den Insolvenzplan ist anerkannt, dass der Vergleich nicht zu einem Alternativplan zu erfolgen hat: LG Stade, Beschl. v. 29.12.2019 – 7 T 151/17, ZInsO 2018, 616 = NZI 2019, 31; LG Hamburg, Beschl. v. 10.12.2014 – 326 T 163/14, ZInsO 2015, 159; AG München, Beschl. v. 14.8.2018 – 1511 IN 2637/17, ZInsO 2018, 1925; *Ringelspacher/Fehl-Weileder*, ZRI 2022, 210, 212; *Skauradszun*, ZIP 2021, 1091; *Tan/Lambrecht*, NZI 2019, 249, 251; *Sinz* in: MünchKomm-InsO, § 251 Rz. 26; K. Schmidt-*Spliedt*, InsO, § 251 Rz. 6; *Geiwitz/v. Danckelmann* in: BeckOK-InsO, § 251 Rz. 9a; *Fiebig* in: HK-InsO, § 251 Rz. 7.

56) Jacoby/Thole-*Brünkmans*, StaRUG, § 6 Rz. 42; vgl. auch Flöther-*Tasma*, StaRUG, § 6 Rz. 18.

57) AG Köln, Beschl. v. 3.3.2021 – 83 RES 1/21, ZRI 2021, 377, 378, 380 = ZIP 2021, 806; *Ziegenhagen*, ZInsO 2021, 2053, 2054; *Thole*, NZI 2021, 436, 436 f.; *Naujoks/Schönen*, ZRI 2021, 437, 444; Jacoby/Thole-*Brünkmans*, StaRUG, § 6 Rz. 43; *Parzinger/Knebel* in: MünchKomm-StaRUG § 6 Rz. 177a; vgl. aber *Arlt/Brägelmann/Ludwig*, ZInsO 2021, 1485; Uhlenbruck-*Streit/Bürk*, InsO, § 6 StaRUG Rz. 113.

58) *Thole* NZI 2021, 436, 436 f.; *Naujoks/Schönen*, ZRI 2021, 437, 444; *Ziegenhagen*, ZInsO 2021, 2053, 2054; Jacoby/Thole-*Brünkmans*, StaRUG, § 6 Rz. 43; *Parzinger/Knebel* in: MünchKomm-StaRUG, § 6 Rz. 177a.

59) Vgl. LG Dresden, Beschl. v. 1.7.2021 – 5 T 363/21, Rz. 11, BeckRS 2021, 23099 = ZIP 2021, 2596; Flöther-*Tasma*, StaRUG, § 6 Rz. 21; Begr. RegE SanInsFoG z. StaRUG, BT-Drucks. 19/24181, S. 163.

(siehe oben Rz. 51), d. h. es müsste die Zustimmung sämtlicher Planbetroffener mit überwiegender Wahrscheinlichkeit angenommen werden können. Dies wird man in der Praxis nur selten annehmen können, z. B. wenn offensichtlich und eindeutig alle Planbetroffenen einem konsensualer Vergleich mit niedrigeren Sanierungsbeiträgen zugestimmt hätten und eine nachhaltige Sanierung (Bestandsfähigkeit) offensichtlich auch bei diesem geringen Eingriff erzielbar gewesen wäre.[60] In der Regel wird der Hinweis, dass außergerichtliche Sanierungsversuche gescheitert sind, reichen, insbesondere, wenn der Restrukturierungsplan dazu dient, das im Wesentlichen gleiche Sanierungskonzept gegen Einzelwiderstände über eine gerichtliche Planbestätigung (§ 29 Abs. 2 Nr. 4 StaRUG) umzusetzen.[61]

– **Verkauf des Unternehmens:** Der Verkauf des Unternehmens als Ganzes zu Fortfüh- 56
rungswerten kommt grundsätzlich als nächstbestes Alternativszenario in Betracht. Der Fortführungswert (Wert im Fall der Veräußerung des Unternehmens als Ganzes) kann durch einen „Markttest" i. R. eines M&A Prozesses ermittelt werden. Zwingend ist dies jedoch nicht (siehe § 55 Rz. 37 [*Brünkmans*]).[62] Das StaRUG kennt (anders als in der InsO, dort § 80 InsO) keinen Massebeschlag und damit verbundenen Verkaufsbefehl.[63] Der Fortführungswert kann auch auf der Grundlage anerkannter betriebswirtschaftlicher Bewertungsmethoden wie z. B. dem Cash-Flow-Verfahren, dem Ertragswertverfahren oder durch Heranziehung marktüblicher Multiples[64] ermittelt werden.[65]

Ein Verkauf des Unternehmens außerhalb des Insolvenzverfahrens wäre als nächstbestes Alternativszenario jedoch nur dann geeignet, wenn mit der Veräußerung die **drohende Zahlungsunfähigkeit** mit überwiegender Wahrscheinlichkeit **beseitigt** werden kann, d. h. im Ergebnis mit dem Veräußerungserlös sämtliche Verbindlichkeiten befriedigt werden können.[66] Da sich der Restrukturierungsschuldner im Zustand drohender Zahlungsunfähigkeit befindet, wird sich das nur selten erreichen lassen.

– **Liquidation (Zerschlagung):** Auf das Liquidationsszenario kann abgestellt werden, 57
wenn es sich dabei ausnahmsweise um das für die Befriedigung der Planbetroffenen beste Alternativszenario handelt.[67] Vor dem Hintergrund des § 6 Abs. 2 Satz 3 StaRUG hat der darstellende Teil des Restrukturierungsplans eine besonders fundierten Begründung, warum kein besseres, überwiegend wahrscheinlich umsetzbares Fortführungsszenario besteht, zu enthalten (siehe bereits Rz. 52). Die bloße Behauptung, es gäbe keine Kaufinteressenten, dürfte ohne Unterlegung nicht hinreichend sein.[68] Eine Liquidation außerhalb des Insolvenzverfahrens dürfte allerdings nur selten als Vergleichs-

60) Jacoby/Thole-*Brünkmans*, StaRUG, § 6 Rz. 44.
61) AG Hamburg, Beschl. v. 12.4.2021 – 61a RES 1/21, ZRI 2021, 473 = NZI 2021, 544; *Ziegenhagen*, ZInsO 2021, 2053, 2056.
62) *Parzinger/Knebel* in: MünchKomm-StaRUG, § 6 Rz. 148; Braun-*Böhm*, StaRUG, § 6 Rz. 23 f.; Morgen-*Knapp/Wilde*, StaRUG, § 6 Rz. 19; Flöther-*Tasma*, StaRUG, § 6 Rz. 22 f. m. w. N. zum Insolvenzplan; *Gutmann/Hoffmann*, NZI 2024, 653, 654; *Tresselt/Reps/Kienast*, INDat-Report 02/2024, S. 13; s. Diskussion zum Dual-Track-Verfahren für das Insolvenzplanverfahren auch oben § 2 Rz. 87 ff. [*Brünkmans*].
63) *Gutmann/Hoffmann*, NZI 2024, 653, 654; Tresselt/Reps/Kienast, INDat Report 02/2024, S. 13.
64) AG Köln, Beschl. v. 3.3.2021 – 83 RES 1/21, Rz. 28, ZRI 2021, 377 = ZIP 2021, 806; *Girotto/Czernay*, NZI Beilage z. Heft 5/2021, S. 66, 68; *Ringelspacher/Fehl-Weileder*, ZRI 2022, 210, 212.
65) Flöther-*Tasma*, StaRUG, § 6 Rz. 23; Morgen-*Knapp/Wilde*, StaRUG, § 6 Rz. 24; Jacoby/Thole-*Brünkmans*, StaRUG, § 6 Rz. 46.
66) *Bernsau/Beyer*, ZInsO 2021, 2533, 2537; Jacoby/Thole-*Brünkmans*, StaRUG, § 6 Rz. 46.
67) So die Wertung des Gesetzgebers in § 6 Abs. 2 Satz 3 StaRUG.
68) *Grauer/Münzel*, NZI 2021, 893, 896 (Anm. zu AG Dresden, Beschl. v. 7.6.2021 – 574 RES 2/21, ZInsO 2021, 1398 = NZI 2021, 893); Jacoby/Thole-*Brünkmans*, StaRUG, § 6 Rz. 48.

szenario in Betracht kommen, weil mit der Einzelverwertung sich in seltensten Fällen die drohende Zahlungsunfähigkeit abwenden ließe.

(2) Szenarien im Insolvenzverfahren

58 In den meisten Fällen wird die Verwertung des Unternehmens und Befriedigung der Planbetroffenen im Insolvenzverfahren das nächstbeste Alternativszenario sein,[69] da die Insolvenznähe in Form der drohenden Zahlungsunfähigkeit (§ 18 InsO) Voraussetzung ist, um überhaupt in den Anwendungsbereich des StaRUG zu kommen (vgl. §§ 29 Abs. 2, 51 Abs. 1 Satz 1 Nr. 3, 63 Abs. 1 Nr. 1 StaRUG). Eine Vermutung auf ein nächstbestes Alternativszenario außerhalb des Insolvenzverfahrens kann aus § 6 Abs. 2 Satz 2 und 3 StaRUG nicht geschlossen werden.[70]

Praxishinweis

Stützt der Restrukturierungsplan die drohende Zahlungsunfähigkeit im Wesentlichen auf die Rückzahlung eines Gesellschafterdarlehens, um dadurch das Insolvenzverfahren als Vergleichsmaßstab zu begründen, wird der Rückgriff auf das Insolvenzverfahren als nächstbestes Alternativszenario als unzulässig erachtet.[71]

59 Ist ohne den Restrukturierungsplan mit überwiegender Wahrscheinlichkeit mit dem Eintritt der Insolvenz zu rechnen, ist unter den umsetzbaren Verwertungsoptionen im Insolvenzverfahren (Insolvenzplan, übertragende Sanierung und Einzelverwertung) das **beste Verwertungsszenario** heranzuziehen.[72]

- **Insolvenzplan:** Eine Sanierung über einen Insolvenzplan ist stets eine Alternative und auch bereits bei drohender Zahlungsunfähigkeit möglich. Sieht der Restrukturierungsplan einen engen Planbetroffenenkreis vor (teilkollektives Verfahren), kann sich die Befriedigungsposition der Planbetroffenen durch die Einbeziehung aller Gläubiger (Insolvenzplan als vollkollektives Verfahren) verbessern. Ferner sind im Szenario Insolvenzplansanierung die Effekte des Insolvenzgeldes und ggf. die Möglichkeit, sich von verlustträchtigen Verträgen lösen zu können (Wahlrecht, § 103 InsO), zu berücksichtigen.[73] Diese Vorteile einer Insolvenzplanlösung sind mit den ggf. höheren Kosten für die Vergütung von Insolvenzverwalter/Sachwalter, aber insbesondere der durch das Insolvenzstigma verursachten indirekten Insolvenzkosten gegenüberzustellen.[74] Für die Bewertung der indirekten Insolvenzkosten ist dem Schuldner ein großer Beurteilungsspielraum zuzugestehen.[75]
- **Übertragenden Sanierung:** Da gemäß § 6 Abs. 2 Satz 2 StaRUG grundsätzlich Fortführungswerte anzusetzen sind, wenn der Plan eine Fortführung des Unternehmens vorsieht, ist die übertragende Sanierung im Insolvenzverfahren ein naheliegendes Alternativszenario. Die Durchführung eines Verkaufsprozesses ist nicht erforderlich. Es genügt eine anhand betriebswirtschaftlicher Methoden oder durch Markteinschätzung

69) Vgl. AG Nürnberg, Beschl. v. 21.6.2023 – RES 397/23 (Leoni), ZRI 2023, 629 = NZI 2023, 881; AG Stuttgart, Beschl. v. 11.12.2024 – 6 RES 1243/24 (SparkNetworks und VARTA AG), ZRI 2025, 149.

70) Jacoby/Thole-*Brünkmans*, StaRUG, § 6 Rz. 49; vgl. auch AG Hamburg, Beschl. 12.4.2021 – 61a RES 1/21, ZRI 2021, 473 = NZI 2021, 544.

71) *Grauer/Münzel*, NZI 2021, 893, 896 (Anm. zu AG Dresden, Beschl. v. 7.6.2021 – 574 RES 2/21, ZInsO 2021, 1398 = NZI 2021, 893).

72) Jacoby/Thole-*Brünkmans*, StaRUG, § 6 Rz. 51.

73) *Distler*, ZIP 2021, 1033, 1038; *Gutmann/Hoffmann*, NZI 2024, 653, 654; **a. A.** *Tresselt/Reps/Kienast*, INDat Report 02/2024, S. 13, die einen potentiellen Mehrwert zum Restrukturierungsplan ablehnen.

74) Flöther-*Tasma*, StaRUG, § 6 Rz. 19.

75) Jacoby/Thole-*Brünkmans*, StaRUG, § 6 Rz. 53.

eines erfahrenen M&A-Beraters gefundener Wert.[76] Es gelten die bereits oben (siehe Rz. 56) dargestellten Grundsätze.

- **Zerschlagung im Insolvenzverfahren:** Die Zerschlagung des Unternehmens im Wege der Einzelverwertung im Insolvenzverfahren kommt nur dann in Betracht, wenn die Einzelverwertung ausnahmsweise günstiger ist oder eine übertragende Sanierung sich nicht mit überwiegender Wahrscheinlichkeit realisieren lässt.[77]

d) Vergleich Planszenario mit Alternativszenario (3. Schritt)

In einem dritten Schritt sind die Befriedigungsaussichten im Planszenario mit den Befriedigungsaussichten im herausgearbeitetem nächstbesten Alternativszenario zu vergleichen. Ausschlaggebend ist **ausschließlich das wirtschaftliche Ergebnis** („Befriedigungsaussichten“) für die jeweiligen Planbetroffenen (nicht deren Rechtsstellung, siehe Rz. 45). Eine **Besserstellung** ist zwar **nicht rechtlich zwingend**, um einem Minderheitenschutzantrag Stand zu halten, denn § 64 StaRUG verlangt lediglich, dass der Planbetroffene nicht schlechtersteht als ohne den Plan. **Praktisch** ist eine wirtschaftlich bessere Befriedigungsaussicht indes geboten, weil in der Regel nur so die Planbetroffenen von der **Annahme des Restrukturierungsplans** überzeugt werden können.[78] 60

C. Darstellung besonderer Sachverhalte

Die unter B. ausgeführten Anforderungen an den Inhalt des Darstellenden Teils gelten grundsätzlich für alle Restrukturierungspläne, wobei die Schwerpunkte der Darstellung im Einzelfall variieren. Darüber hinaus werden besondere Erörterungen im darstellenden Teil des Restrukturierungsplans aufgezeigt, wenn dieser (I.) eine neue Finanzierung, (II.) eine Anpassung von Nebenbestimmungen oder (III.) Eingriffe in gruppeninterne Drittsicherheiten vorsieht. 61

I. Neue Finanzierung (§ 12 StaRUG)

Sieht der Restrukturierungsplan eine neue Finanzierung (§ 12 StaRUG) vor, sind nach Nr. 8 der Anlage zu § 5 StaRUG[79] die Gründe für die Erforderlichkeit der Finanzierung anzugeben (zur Definition neue Finanzierung siehe § 40 Rz. 159 [*Brünkmans*]). Zwar wird die maßgebliche Rechtsgestaltung, namentlich der Anfechtungsschutz nach § 90 Abs. 1 StaRUG, durch eine „Einstufungsregelung“ im gestaltenden Teil des Restrukturierungsplan erzeugt (siehe ausführlich unter § 40 Rz. 158 ff. [*Brünkmans*]). Die Auseinandersetzung mit der Erforderlichkeit der neuen Finanzierung hat jedoch im darstellenden Teil des Restrukturierungsplans stattzufinden.[80] 62

76) Flöther-*Tasma*, StaRUG, § 6 Rz. 19; *Bernsau/Beyer*, ZInsO 2021, 2533, 2537; Jacoby/Thole-*Brünkmans*, StaRUG, § 6 Rz. 55; vgl. aber strenger AG Hamburg, Beschl. 12.4.2021 – 61a RES 1/21, ZRI 2021, 473 = NZI 201, 577 – konkretes und verlässliches Alternativszenario; *Skauradszun*, KTS 2021, 1, 66.

77) Vgl. AG Dresden, Beschl. v. 7.6.2021 – 574 RES 2/21, ZInsO 2021, 1398 = NZI 2021, 893; Jacoby/Thole-*Brünkmans*, StaRUG, § 6 Rz. 56; kritisch *Grauer/Münzel*, NZI 2021, 893, 896.

78) *Distler*, ZIP 2021, 1033, 1039; *Spahlinger*, NZI Beilage z. Heft 5/2021, S. 32, 33; Jacoby/Thole-*Brünkmans*, StaRUG, § 6 Rz. 57; Braun-*Böhm*, StaRUG, § 6 Rz. 11 – „Befriedigungsaussichten der Planbetroffenen“; vgl. auch für den Insolvenzplan LG Traunstein, Beschl. v. 27.8.1999 – 4 T 2966/99, WM 2000, 680, 684 = NZI 1999, 461.

79) Vgl. Art. 8 Abs. 1 lit. g Ziff. vi der Restrukturierungsrichtlinie.

80) Begr. RegE SanInsFoG z. StaRUG, BT-Drucks. 19/24181, S. 120; Jacoby/Thole-*Brünkmans*, StaRUG, § 12 Rz. 19.

II. Anpassung von Kreditnebenbestimmungen

63 Im Einzelfall kann der Restrukturierungsplan die Anpassung von Nebenbestimmungen von Kreditverträgen vorsehen (siehe § 40 Rz. 156, § 41 Rz. 51 ff. [*Brünkmans*]). Während die rechtsgestaltende Änderung über eine Regelung im gestaltenden Teil erfolgt, sind im darstellenden Teil sowohl die ursprünglichen Regelungen als auch die vorzunehmenden Änderungen anzugeben. Gut veranschaulichen lässt sich dies über eine tabellarische Vergleichsversion Altvertrag/Neuvertrag oder einer Markupversion. Diese werden dem Restrukturierungsplan als Anlage beigefügt, während der darstellende Teil auf die entsprechenden Anlagen verweist.[81)]

III. Eingriffe in gruppeninterne Drittsicherheiten (§ 6 Abs. 3 StaRUG)

1. Allgemeine Grundsätze

64 §§ 2 Abs. 4, 7 Abs. 1 StaRUG ermöglichen Eingriffe in gruppeninterne Drittsicherheiten (siehe i. E. § 56 Rz. 30 ff. [*Brünkmans*]). Nach § 6 Abs. 3 StaRUG sind in diesem Fall im darstellenden Teil des Restrukturierungsplans auch die **Verhältnisse des die Sicherheit gewährenden verbundenen Unternehmens** und die Auswirkungen des Plans auf dieses Unternehmen darzustellen. Nur so kann der Planbetroffene einschätzen, ob er für den Eingriff in die gruppeninterne Drittensicherheit entschädigt wird (§ 2 Abs. 4 Satz 1 Halbs. 2 StaRUG).

65 Dem Planbetroffenen ist für einen Eingriff in sein Sicherungsrecht eine **Entschädigung** zu gewähren, soweit dieses werthaltig ist.[82)] Bezüglich der Höhe der Entschädigung ist die bei der Einzelrealisierung der Sicherheit zu erwartende Befriedigung des Sicherungsnehmers als Mindestkompensation anzusetzen (vgl. Schlechterstellungsverbot aus § 64 Abs. 1 StaRUG).[83)] Der darstellenden Teil des Restrukturierungsplans enthält somit für den Fall des Eingriffs in eine gruppeninterne Drittsicherheit eine separate Vergleichsrechnung für gruppenintern besicherte Restrukturierungsforderungen.[84)]

2. Besonderheiten nach Art der Sicherheit

66 Für **Personalsicherheiten** (Schuldbeitritt, Bürgschaft etc.) hängt der Wert der Sicherheit maßgeblich von der Solvenz des Drittsicherungsgebers ab. Der Wert einer Personalsicherheit und damit die Höhe der Kompensation für den Eingriff in die Personalsicherheit hängt – entsprechend einer Forderungsbewertung – von der Schuldendeckungsfähigkeit des Sicherungsgebers ab.[85)]

67 **Der Wert der dinglichen Sicherheiten** aus dem Vermögen des verbundenen Unternehmens richtet sich nach dem Wert des Sicherungsgegenstandes unter Berücksichtigung evtl. vorrangiger Sicherungsrechte und aller realistischen Verwertungsalternativen, die i. R. der Einzelvollstreckung oder im Insolvenzverfahren in Betracht kommen.[86)]

68 Erfolgt die Entschädigung in Form eines **Sicherheitentausches**, ist der Wert der Ersatzsicherheit darzustellen und mit der ursprünglichen Sicherheit zu vergleichen.[87)]

81) *Naujoks/Schönen*, ZRI 2021, 437, 445; Jacoby/Thole-*Brünkmans*, StaRUG, § 6 Rz. 66.

82) *Westpfahl/Dittmar*, NZI Beilage z. Heft 5/2021, S. 46; Jacoby/Thole-*Brünkmans*, StaRUG, § 6 Rz. 70.

83) *Thole*, ZIP 2020, 1985, 1987; Jacoby/Thole-*Brünkmans*, StaRUG, § 6 Rz. 70.

84) Jacoby/Thole-*Brünkmans*, StaRUG, § 6 Rz. 70.

85) Jacoby/Thole-*Brünkmans*, StaRUG, § 6 Rz. 71; Braun-*Esser*, StaRUG, § 2 Rz. 59; *Thole*, ZIP 2020, 1985, 1987.

86) *Brünkmans* in: Runkel/J. Schmidt, AHB Insolvenzrecht, § 4 Rz. 217; wohl weiter Braun-*Esser*, StaRUG, § 2 Rz. 59 – „alle Verwertungsalternativen".

87) Jacoby/Thole-*Brünkmans*, StaRUG, § 6 Rz. 73.

§ 40
Gestaltender Teil des Restrukturierungsplans

Übersicht

Literatur: *Blankenburg*, Probleme des Insolvenzplans in Kleinverfahren, ZInsO 2015, 1293; *Brünkmans*, Abfindungs- und Bewertungsfragen bei gesellschaftsrechtlichen Maßnahmen im Insolvenzplan, ZInsO 2017, 1401; *Eidenmüller*, Der Insolvenzplan als gesellschaftsrechtliches Universalwerkzeug, NJW 2014, 17; *Haas*, Mehr Gesellschaftsrecht im Insolvenzplanverfahren, NZG 2012, 961; *Heerma/Bergmann*, Zur vollstreckungsrechtlichen Zulässigkeit von sog. Gesamtabgeltungsklauseln in Insolvenzplänen, ZIP 2018, 949; *Hoegen/Kranz*, Neue Möglichkeiten der Konzernsanierung durch SanInsFoG und StaRUG, NZI 2021, 105; *Krafszyk*, Stundung und Prolongation als neue Finanzierung gem. § 12 StaRUG, ZRI 2021, 313; *Marotzke*, StaRUG oder InsO? Checkliste für sanierungswillige Schuldner, ZInsO 2022, 192; *Marotzke*, Die restrukturierungsrechtliche Plangestaltbarkeit von Darlehens-, Miet-, Pacht- und Lizenzverträgen, ZInsO 2021, 1099; *Marotzke*, Die restrukturierungsrechtliche Plangestaltbarkeit nicht fälliger und nicht auf Geld gerichteter Forderungen, ZInsO 2021, 643; *Martini/*

Horstkotte, Häufige Fehler bei der Aufstellung von Insolvenzplänen und der Durchführung von Insolvenzplanverfahren, ZInsO 2017, 1913; *Morgen/Arends/Schierhorn*, Sanierungsmittel der Wahl – Insolvenzplan nach InsO n. F. oder Restrukturierungsplan nach StaRUG?, ZRI 2021, 305; *Müller*, Reichweite der Vertretungsmacht des GmbH-Geschäftsführers bei der Veräußerung des gesamten Gesellschaftsvermögens, NZG 2019, 807; *Naujoks/Schönen*, Die Anpassung von Einzelbestimmungen in Finanzierungsverträgen nach dem StaRUG, ZRI 2021, 437; *Pfirrmann*, Änderung von Steuerbescheiden nach rechtskräftiger Bestätigung eines Insolvenzplanes, in: Festschrift für Dietmar Gosch, 2016, S. 321; *Thole*, Ausgewählte Fragen aus drei Jahren StaRUG, ZRI 2024, 1011; *Thole*, Ausgewählte Fragen aus drei Jahren StaRUG, ZRI 2024, 1006; *Tresselt/Reps*, Einheitliche Endfälligkeit als StaRUG-Planmaßnahme – gleiches Recht für alle oder doch nicht?, NZI 2025, 201; *Urlaub*, Fünf Praxisfälle für ein Restrukturierungsverfahren nach dem StaRUG, ZRI 2023, 997; *Völker*, Gleichbehandlung im StaRUG, ZRI 2024, 1098; *Weitbrecht*, § 254 Abs. 1, 3 InsO als abdingbares Recht? – Zur fehlenden Plantauglichkeit von „Erlöschensklauseln", ZIP 2019, 1849; *Westpfahl*, Wesentliche Elemente eines vorinsolvenzlichen Sanierungsregimes für Deutschland, ZRI 2020, 157; *Wilkens*, Der präventive Restrukturierungsrahmen, WM 2021, 573; *Zuleger*, Kreditsicherheiten nach dem StaRUG, NZI Beilage z. Heft 5/2021, S. 43.

A. Grundlagen, Funktion, Grenzen der inhaltlichen Ausgestaltung

I. Funktion: Unmittelbar (zwangsweise) Rechtsgestaltung

1 Der gestaltende Teil des Restrukturierungsplans legt die Rechtsänderungen der Planbetroffenen unmittelbar fest. Dies folgt aus § 7 StaRUG, welcher den Regelungen §§ 221, 223 und 225a InsO zum Insolvenzplan nachgebildet wurde.[1] Im Hinblick auf die Funktion des gestaltenden Teils kann daher im Wesentlichen auf die Ausführungen zum Insolvenzplan verwiesen werden (siehe zum Insolvenzplan § 7 Rz. 1 ff. [*Brünkmans*]). Wie der Insolvenzplan zeichnet sich auch der Restrukturierungsplan durch seine **unmittelbar rechtsgestaltende Funktion** aus, indem die im gestaltenden Teil aufgeführten Regelungen mit gerichtlicher Planbestätigung für und gegen die Planbetroffenen wirksam werden, auch wenn sie an der Abstimmung nicht teilgenommen oder gar gegen den Plan gestimmt haben (§ 67 Abs. 1 StaRUG).[2]

II. Ergänzung durch Wahlrechte mit Incentivierung

2 Dabei ist in der Praxis zwischen Regelungen, die unmittelbar über den Restrukturierungsplan rechtsgestaltend und zwangsweise auch gegen den Willen dissentierender Gläubiger umgesetzt werden können und im Restrukturierungsplan **aufgenommenen Wahlrechten** zu unterscheiden. Solche Wahlrechte werden im Restrukturierungsplan zwar „äußerlich" aufgenommen, verbunden mit einer Incentivierung, das Wahlrecht in eine bestimmte Richtung auszuüben. Die Verbindlichkeit der Regelung ist allerdings von der Annahme des Gläubigers durch Ausübung des Wahlrechts abhängig.

3 Seit Inkrafttreten des StaRUG[3] weisen insbesondere Restrukturierungspläne solche Regelungen auf, da die großen Fälle bisher **rein finanzwirtschaftliche Restrukturierungen** waren.[4] Bei finanzwirtschaftlichen Restrukturierungen werden Gläubiger häufig incentiviert, sich am Fresh Money zu beteiligen, indem sie am Old-Money über einen sog. „Elevator" eine höhere Befriedigungsquote erhalten sowie an Wertaufholungsinstrumente (sog. Value

1) Begr. RegE SanInsFoG z. StaRUG, BT-Drucks. 19/24181, S. 115 f.

2) Anders als für den Insolvenzplan kommt es auf die Rechtskraft des Planbestätigungsbeschluss nicht an.

3) Gesetz über den Stabilisierungs- und Restrukturierungsrahmen für Unternehmen (Unternehmensstabilisierungs- und -restrukturierungsgesetz – StaRUG), v. 22.12.2020, BGBl. I 2020, 3256 (= Art. 1 des Gesetzes zur Fortentwicklung des Sanierungs- und Insolvenzrechts [Sanierungs- und Insolvenzrechtsfortentwicklungsgesetz – SanInsFoG], v. 22.12.2020, BGBl. I 2020, 3256).

4) S. VARTA AG, AG Stuttgart, Beschl. v. 11.12.2024 – 6 RES 1243/24 (VARTA), ZRI 2025, 149, m. Anm. *Kümpel*; Leoni AG, AG Nürnberg, Beschl. v. 21.6.2023 – RES 397/23 (Leoni), ZRI 2023, 629 = NZI 2023, 881; Spark Network, AG Berlin-Charlottenburg, Beschl. v. 4.1.2024 – 36s RES 6525/23, ZRI 2024, 512 = ZIP 2024, 530; jüngst BayWa AG.

Profit Participation Rights – VPPN)[5] teilnehmen können. Aber selbst Gläubigern, die sich nicht an Fresh Money beteiligen wollen, wird in der Regel der Beitritt zu einem umfassenden Vertragswerk angeboten, welches eine Besicherung ihrer Forderung vorzieht. Die Regelungen zum gestaltenden Teil, welche technisch in der Regel als „Base-Agreement" aus einer Umgestaltung des bisherigen Kreditvertrages unter Beachtung von § 2 Abs. 1 und 2 StaRUG ausgestaltet sind, stellen somit in der Regel nur **Auffangregelungen** dar, falls Gläubiger das **Wahlrecht** zum Beitritt der neunen Kreditdokumentation **nicht ausüben** (siehe ausführlich Rz. 100 ff., § 41 Rz. 107 ff. [*Brünkmans*]).

III. Schritte bei der Ausgestaltung

4 Darüber hinaus bestehen Unterschiede zum Insolvenzplan darin, dass es sich beim StaRUG-Verfahren um ein sog. **teilkollektives Verfahren** handelt.[6] Über den Restrukturierungsplan werden nicht sämtliche Insolvenzforderungen erfasst. Vielmehr legt der Restrukturierungsplan im gestaltenden Teil fest, welche Gläubiger und/oder Anteilsinhaber überhaupt unter die Bestimmungen des gestaltenden Teils des Restrukturierungsplanes fallen. Bei der Prüfung der Zulässigkeit einer Planregelung im gestaltenden Teil ist wie folgt vorzugehen:

1. Im ersten Schritt muss es sich um **gestaltbare Rechtsverhältnisse** handeln. Welche Rechtsverhältnisse gestaltbar sind, ist aus §§ 2–4 StaRUG ersichtlich (siehe unter Rz. 5 ff.).
2. Im zweiten Schritt sind die jeweiligen **Planbetroffenen auszuwählen**. Dabei ist § 8 StaRUG zu beachten (siehe dazu § 42 Rz. 3 ff. [*Beck/Pechartscheck*]) – und die Planbetroffenen sind in Gruppen einzuteilen (siehe § 42 Rz. 7 ff. [*Beck/Pechartscheck*]).
3. Es muss der allgemeine Rahmen für die Ausgestaltung (z. B. Schlechterstellungsverbot) der Planregelung eingehalten werden (siehe unter Rz. 83 ff.).
4. Schließlich muss auch die **konkrete Art und Weise der Gestaltung** des planbetroffenen Rechtsverhältnisses zulässig sein, insbesondere mit §§ 7 Abs. 2 bis 4, 9, 10 StaRUG vereinbar sein (siehe unten Rz. 83 ff., 108 ff.).

B. Gestaltbare Rechtsverhältnisse

I. Überblick

5 Welche Rechtsverhältnisse durch den Restrukturierungsplan zwangsweise (§ 67 StaRUG) gestaltet werden können, wird in §§ 2–4 StaRUG geregelt. Das StaRUG orientiert sich auch im Hinblick auf die gestaltbaren Rechtsverhältnisse an dem Insolvenzplan.[7] **Gestaltbar** sind Forderungen gegen den Schuldner (§ 2 Abs. 1 Nr. 1 StaRUG) sowie Rechte an Gegenständen, die im Falle der Insolvenz zur Absonderung berechtigen würden (§ 2 Abs. 1 Nr. 2 StaRUG). Die Insolvenzforderungen des Insolvenzverfahrens heißen im StaRUG **„Restrukturierungsforderungen"** und Absonderungsrechte werden **„Absonderungsanwartschaften"** genannt.

6 Unterschiede in Bezug auf die gestaltbaren Rechtsverhältnisse bestehen zum Insolvenzplan jedoch im Hinblick auf **mehrseitige Rechtsverhältnisse**, wie z. B. Konsortialkreditverträge oder „mehrfache" Rechtsverhältnisse wie z. B. Schuldscheindarlehen. Anders als

---

5) Siehe VARTA (Ad hoc), AG Stuttgart, Beschl. v. 31.10.2024 – 6 RES 1243/24 (VARTA), ZRI 2025, 149, m. Anm. *Kümpel*; LEONI (Ad hoc) AG Nürnberg, Beschl. v. 21.6.2023 – RES 397/23 (Leoni), ZRI 2023, 629 = NZI 2023, 881.

6) Begr. RegE SanInsFoG z. StaRUG, BT-Drucks. 19/24181, S. 117.

7) Vgl. Begr. RegE SanInsFoG z. StaRUG, BT-Drucks. 19/24181, S. 109.

der Insolvenzplan[8] eröffnet das StaRUG (vgl. 2 Abs. 2 StaRUG) für solche mehrseitigen oder mehrfachen Rechtsverhältnisse die Möglichkeit, Einzelbestimmungen des betroffenen Rechtsverhältnisses zwangsweise zu ändern, wie z. B. die Änderung von Kreditauslagen oder Covenants. Damit soll Art. 2 Abs. 1 Nr. 1 der Restrukturierungsrichtlinie[9] umgesetzt werden, wonach auch „die Bedingungen der Verbindlichkeiten" von schuldnerischen Unternehmen einer Gestaltung mittels Restrukturierungsplan zugänglich sein sollen.[10]

Die Gestaltungsgegenstände (Forderung, Sicherheit und Nebenbestimmungen) werden in § 2 Abs. 4 StaRUG auch auf **gruppeninterne Drittsicherheiten** erstreckt (vgl. nunmehr auch §§ 217 Abs. 2, 223a, 238b InsO n. F. für den Insolvenzplan), um der Besicherungspraxis bei Konzernfinanzierungen in der Restrukturierungssituation Herr zu werden. 7

Ein Gleichlauf zum Insolvenzplan besteht im Hinblick auf die **Gestaltbarkeit von Anteils- und Mitgliedschaftsrechten.** Wie beim Insolvenzplan (§ 225a InsO) ist auch die Gestaltung von Anteils- und Mitgliedschaftsrechten (§ 2 Abs. 3 StaRUG) durch einen Restrukturierungsplan möglich. Die Möglichkeit einer zwangsweisen Gestaltung der Anteils- und Mitgliedschaftsrechte führt zu einem drohenden Kontrollverlust der Anteilsinhaber im Zeitpunkt der Anzeige des Restrukturierungsvorhabens (siehe ausführlich § 54 Rz. 14 [*Brünkmans*]). Für die Effektivität des Restrukturierungsplans als Instrument der Restrukturierung – zumindest auch – gegen den Willen der Anteilsinhaber kommt es daher maßgeblich auf die in Rechtsprechung und Literatur diskutierte Frage an, ob und unter welchen Voraussetzungen der **Geschäftsleiter** eine vorherige **Ermächtigung** der Anteilsinhaber benötigt, um die Restrukturierungssache anzeigen zu können (siehe dazu ausführlich § 54 Rz. 15 ff. [*Brünkmans*]). 8

Mit § 12 StaRUG wird zusätzlich die Möglichkeit eröffnet, neue Finanzierungen und ihre Besicherung im Restrukturierungsplan zu regeln. § 13 StaRUG ermöglicht – wie beim Insolvenzplan siehe § 7 Rz. 6, 15 [*Brünkmans*] – die Änderung der **sachenrechtlichen Verhältnisse** unmittelbar im Restrukturierungsplan zu regeln. 9

Während für den Insolvenzplan der Zeitpunkt der Eröffnung des Insolvenzverfahrens die maßgebliche Zäsur für die Frage der zwangsweisen Gestaltbarkeit darstellt, kommt es hingegen beim Restrukturierungsplan auf den **Zeitpunkt der Unterbreitung des Planangebotes** (§ 17 StaRUG), für den in der Praxis bedeutenden Fall einer Abstimmung im gerichtlichen Planabstimmungsverfahren ist der **Zeitpunkt der Antragsstellung** (§ 45 StaRUG) entscheidend (§ 2 Abs. 5 Satz 1 StaRUG). 10

Soweit der Schuldner zuvor eine **Stabilisierungsanordnung** (§ 49 StaRUG) erwirbt, wird der maßgebliche Zeitpunkt auf den Zeitpunkt der Erstanordnung vorverlagert (§ 2 Abs. 5 Satz 2 StaRUG). 11

II. Restrukturierungsforderungen (§ 2 Abs. 1 Nr. 1 StaRUG)

1. Überblick

Als durch den Restrukturierungsplan gestaltbares Rechtsverhältnis ist zunächst die Restrukturierungsforderung zu nennen. § 2 Abs. 1 Nr. 1 StaRUG definiert diese als solche 12

8) Zum Teil wird dies auch für den Insolvenzplan als Minus zum Forderungsverzicht angenommen, so Flöther-*Westpfahl/Dittmar*, StaRUG, § 2 Rz. 3; anders die h. M. *Eidenmüller* in: MünchKomm-InsO, § 217 Rz. 118 ff.; *Marotzke* in: HK-InsO, § 103 Rz. 208; *Morgen/Arends/Schierhorn* ZRI 2021, 305, 311.

9) Richtlinie (EU) 2019/1023 des Europäischen Parlaments und des Rates v. 20.6.2019 über präventive Restrukturierungsrahmen, über Entschuldung und über Tätigkeitsverbote sowie über Maßnahmen zur Steigerung der Effizienz von Restrukturierungs-, Insolvenz- und Entschuldungsverfahren und zur Änderung der Richtlinie (EU) 2017/1132 (Richtlinie über Restrukturierung und Insolvenz) – Restrukturierungsrichtlinie, ABl. (EU) L 172/18 v. 26.6.2019.

10) Seibt/Westpfahl-*Herding*/*Krafczyk*, StaRUG, § 2 Rz. 7; *Skauradszun* in: BeckOK-StaRUG, § 2 Rz. 26.

Forderungen, die gegen eine restrukturierungsfähige Person im maßgeblichen Zeitpunkt (§ 2 Abs. 5 StaRUG) begründet sind.

2. Voraussetzungen

a) Schuldner ist eine restrukturierungsfähige Person

13 Zunächst muss sich die Forderung gegen eine restrukturierungsfähige Person als Schuldner richten. Damit verweist § 2 Abs. 1 Nr. 1 StaRUG auf die Bestimmung zur **Restrukturierungsfähigkeit** in § 30 StaRUG. Restrukturierungsfähig sind grundsätzlich alle insolvenzfähigen Schuldner, d. h. alle juristischen Personen (z. B. GmbH, AG) und die teilrechtsfähigen Gesellschaften (oHG, KG, Außen-GbR)[11] (§ 11 InsO).

14 Abweichend von § 11 Abs. 1 InsO sind **natürliche Personen** nur restrukturierungsfähig, wenn und soweit sie unternehmerisch tätig sind. Eine Beteiligung an einer unternehmerisch tätigen GmbH reicht dafür nicht.[12] Folgerichtig sind Forderungen oder Absonderungsanwartschaften gegen eine natürliche Person nach § 4 Satz 2 StaRUG nicht über einen Restrukturierungsplan gestaltbar, wenn sie mit der unternehmerischen Tätigkeit in keinem Zusammenhang stehen.[13] Dies gilt auch für die Gestaltung u. a. einer Bürgschaftsforderung des Gesellschaftergeschäftsführers einer GmbH, selbst dann, wenn der Gesellschaftergeschäftsführer als Einzelkaufmann noch anderweitig unternehmerisch tätig ist, wenn die Bürgschaftsforderung in keinem Zusammenhang mit der einzelkaufmännischen Tätigkeit des Schuldners steht.[14] **Unternehmen der Finanzbranche** i. S. von § 1 Abs. 19 KWG kommen nach § 30 Abs. 2 StaRUG wegen spezieller Bankenrestrukturierungsgesetze nicht als Restrukturierungsschuldner in Betracht.

b) Forderung

15 Die Legaldefinition aus § 2 Abs. 1 Nr. 1 StaRUG erfasst dem Wortlaut nach jede Forderung als Restrukturierungsforderung. Unter Forderung versteht man das Recht, von einem anderen ein Tun oder Unterlassen in Gestalt einer „Leistung“ zu „fordern“.[15]

16 Damit verwendet das StaRUG im Vergleich zur Definition der Insolvenzforderung nach § 38 InsO einen **deutlich weiteren Begriff**. Aus der Gesetzesbegründung wird jedoch deutlich, dass der Gesetzgeber offensichtlich Vermögensansprüche i. S. von § 38 InsO vor Augen hat.[16] Dabei handelt es sich um Ansprüche, die **auf Zahlung einer Geldsumme gerichtet** sind und im Wege der Einzelzwangsvollstreckung aus dem Vermögen des Schuldners beigetrieben werden könnten.[17]

> **Praxishinweis**
>
> Entsprechend handelt es sich bei höchstpersönlichen Ansprüchen, Gestaltungsrechten (z. B. §§ 142, 323 Abs. 1, 626 BGB), Ansprüchen auf unvertretbare Handlungen sowie Unterlassungsansprüchen nicht um Restrukturierungsforderungen.[18]

---

11) *Kramer* in: BeckOK-StaRUG, § 30 Rz. 46; Jacoby/Thole-*Schluck-Amend*, StaRUG, § 30 Rz. 15; Uhlenbruck-*Fritz*, InsO, § 30 StaRUG Rz. 3.

12) AG Köln, Beschl. v. 14.3.2024 – 83 RES 1/24, ZRI 2024, 1156 = NZI 2025, 88.

13) Seibt/Westpfahl-*Herding/Krafczyk*, StaRUG, § 2 Rz. 22; Braun-*Esser*, StaRUG, § 2 Rz. 9; *Skauradszun* in: BeckOK-StaRUG, § 2 Rz. 30.

14) AG Köln, Beschl. v. 27.8.2024 – 84 RES 1/24, ZRI 2025, 597 = NZI 2025, 464.

15) Zu Begriff vgl. *Bachmann* in: MünchKomm-BGB § 241 Rz. 6 ff. m. w. N.

16) Begr. RegE SanInsFoG z. StaRUG, BT-Drucks. 19/24181, S. 111.

17) Uhlenbruck-*Sinz*, InsO, § 38 Rz. 10; *Lüdtke* in: HambKomm-InsR, § 38 InsO Rz. 13 f.; *Ehricke* in: MünchKomm-InsO, § 38 Rz. 14.

18) Flöther-*Westpfahl/Dittmar*, StaRUG, § 2 Rz. 8.

Für das StaRUG stellt sich daher die Frage, ob trotz des weiten Wortlauts in § 2 Abs. 1 Nr. 1 StaRUG Restrukturierungsforderungen nur Ansprüche darstellen, die von vornherein auf Geld gerichtet sind (Vermögensansprüche) oder ob auch solche Forderungen unter § 2 Abs. 1 Nr. 1 StaRUG fallen, die zwar nicht unmittelbar auf Geld gerichtet sind, jedoch in entsprechender Anwendung von §§ 45 Satz 1 Alt. 1, 46 InsO **in einen Geldanspruch umgewandelt werden können**, wie z. B. Ansprüche auf Leistung, Handlung, Verschaffung (Übereignung) von beweglichen oder unbeweglichen Gegenständen oder der Bestellung von Rechten daran.[19] Typische Vermögensansprüche sind Darlehensforderungen, Kaufpreisforderungen, Steuerforderungen, Schadensersatzansprüche, Miet- und Pachtforderungen, Leasingforderungen, etc. Die Gesetzesbegründung und das StaRUG schweigen zu dieser Frage.[20] 17

Zwar ist der Wortlaut des § 2 Abs. 1 Nr. 1 StaRUG denkbar weit gefasst und erfasst im Grundsatz alle Ansprüche, die auch von § 38 InsO erfasst sind.[21] Daraus wird von einigen Stimmen in der Literatur der Schluss gezogen, dass auch nicht auf Geld gerichtete Ansprüche dem Restrukturierungsplan unterworfen werden können,[22] zumindest, wenn sie in einen Geldbetrag umrechenbar sind.[23] Auch ist erwähnenswert, dass § 4 StaRUG nicht auf Geld gerichtete Forderungen aus dem durch § 2 Abs. 1 Nr. 1 StaRUG eröffneten Anwendungsbereich nicht explizit herausnimmt.[24] 18

Gegen eine Gestaltbarkeit durch Umrechnung entsprechend § 45 InsO lassen jedoch nicht von der Hand zu weisende Argumente anführen:[25] § 24 Abs. 2 Nr. 3 StaRUG sieht im Zusammenhang mit der Festsetzung der Stimmrechte eine Umrechnung nach § 45 InsO für Forderungen vor, die auf Geldbeträge unbestimmter Höhe gerichtet oder in ausländischer Währung oder einer Rechnungseinheit ausgedrückt sind. Nicht auf Geld gerichtete Forderungen werden in § 24 Abs. 2 Nr. 3 StaRUG hingegen nicht erwähnt, obwohl diese den in § 45 InsO an erster Stelle genannten Fall der Umrechnung in der Insolvenz darstellen.[26] Die Teilnahme solcher Forderungen an der Abstimmung über den Restrukturierungsplan scheint somit grundsätzlich nicht vorgesehen zu sein. Entsprechend ging der Gesetzgeber wohl davon aus, dass diese Ansprüche keiner Gestaltung unterliegen und damit auch eine „Umrechnungsformel“ für die Stimmrechte nicht erforderlich ist. 19

Zudem verfolgen das Insolvenz- und Restrukturierungsverfahren **unterschiedliche Zwecke**, sodass ein pauschaler Verweis auf die Situation im Insolvenzfahren nicht immer zu überzeugen vermag. Während das Insolvenzfahren nämlich auf die Liquidation des Schuldners unter Versilberung seines Vermögens und quotenmäßige Aufteilung auf dessen Gläubiger gerichtet ist (vgl. § 1 InsO), zielt das Restrukturierungsverfahren gerade auf die **Abwen-** 20

19) Vgl. *Erdmann* in: BeckOK-InsO, § 45 Rz. 6; Uhlenbruck-*Knof*, InsO, § 45 Rz. 3; Braun-*Bäuerle*, InsO, § 45 Rz. 4.

20) *Marotzke*, ZInsO 2021, 643, 645.

21) Für eine solches Verständnis auch Begr. RegE SanInsFoG z. StaRUG, BT-Drucks. 19/24181, S. 111, 125.

22) *Skauradszun* in: BeckOK-StaRUG, § 2 Rz. 28; Braun-*Esser*, StaRUG, § 28 Rz. 10; Flöther-*Westpfahl/Dittmar*, StaRUG, § 2 Rz. 8; Uhlenbruck-*Mock*, InsO, § 2 StaRUG Rz. 9; *Hölzle*, Praxisleitfaden SanInsFoG, S. 18 Rz. 11; *Barnert* in: Kübler/Prütting/Bork, HRI I, § 22 Rz. 18; *Marotzke*, ZInsO 2021, 643, 645; *Marotzke*, ZInsO 2021, 1099, 1109.

23) *Prusko* in: MünchKomm-StaRUG, § 2 Rz. 29; Römermann-*Rieger/Schmitz*, InsO/InsR, § 2 StaRUG Rz. 4; Morgen-*Knapp/Wilde*, StaRUG, § 2 Rz. 10; s. a. *Barnert* in: Kübler/Prütting/Bork, HRI I, § 22 Rz. 18.

24) Darauf berufend *Marotzke*, ZInsO 2021, 643, 645, der jedoch zugleich darlegt, dass § 4 StaRUG unvollständig sei.

25) Gegen eine Einbeziehung: Jacoby/Thole-*Hofmann*, StaRUG, § 2 Rz. 6; Wolgast/Grauer-*Doebert*, StaRUG.online, § 2 Rz. 16; kritisch jedenfalls Seibt/Westpfahl-*Herding/Krafczyk*, StaRUG, § 2 Rz. 25, wobei für eine Einbeziehung „im Einzelfall“ plädiert wird, ohne, dass dies näher erläutert wird.

26) Jacoby/Thole-*Hofmann*, StaRUG, § 2 Rz. 6; Wolgast/Grauer-*Doebert*, StaRUG.online, § 2 Rz. 16.

dung der Insolvenz durch Beseitigung der drohenden Zahlungsunfähigkeit i. S. des § 18 Abs. 2 Satz 1 InsO. Eine mit dem Insolvenzverfahren vergleichbare Notwendigkeit einer Umrechnung von Forderungen nach §§ 45, 46 InsO besteht damit im Restrukturierungsverfahren gerade nicht. Letztlich ist außerdem zweifelhaft, wie ohne gesetzliche Regelung eine Einbeziehung nicht auf Geld gerichteter Forderung ins Restrukturierungsverfahren erfolgen soll.[27] Vor diesem Hintergrund ist eine **Analogie** zu §§ 45 Satz 1 Alt. 1, 46 InsO mangels Planwidrigkeit der Regelungslücke und vergleichbarer Interessenlage **nicht überzeugend.** Letztlich wird die Frage durch die Rechtsprechung zu klären sein.

Praxishinweis

Für die praktische Relevanz dieser Frage ist allerdings stets § 3 Abs. 2 StaRUG zu beachten, wonach Restrukturierungsforderungen aus gegenseitigen Verträgen nur insoweit gestaltbar sind, als die dem anderen Teil **obliegende Leistung bereits erbracht** ist. Eine Forderung auf Werkleistung wäre – ungeachtet der ausgeführten Frage der Gestaltbarkeit nach § 2 Abs. 1 Nr. 1 StaRUG – ohnehin nach § 3 Abs. 2 StaRUG nur dann zu gestalten, wenn der Werkbesteller die Gegenleistung (Zahlung des Werklohns) bereits erbracht hat.

21 Auch wenn eine automatische Umwandlung in einen Geldanspruch – anders als im Insolvenzverfahren – beim StaRUG nicht erfolgt, können im maßgeblichen Zeitpunkt (siehe § 2 Abs. 2 StaRUG) in **Schadensersatz wegen Nichterfüllung** (§§ 280 Abs. 1, 3, 281 BGB) umgewandelte Verschaffungsansprüche selbstverständlich in einen Restrukturierungsplan einbezogen werden. Ein solches „Umwandlungsrecht" wird allerdings häufig nur dem Gläubiger, nicht jedoch dem Schuldner zustehen.

22 Forderungen, deren **Geldbeträge unbestimmt** sind (§ 45 Satz 1 Alt. 2 InsO) und Forderungen, die in **ausländischer Währung** oder in einer Rechnungseinheit ausgedrückt sind (§ 46 InsO) lassen sich hingegen als Restrukturierungsforderungen einstufen, wie aus § 24 Abs. 2 Nr. 3 und 4 StaRUG zu entnehmen ist. Schadensersatzansprüche, deren Höhe i. R. der Planerstellung und -abstimmung noch nicht absehbar sind, können daher in die Plangestaltung einbezogen werden.

c) Persönlicher Anspruch

23 Als Restrukturierungsforderung gestaltbar sind nur Ansprüche, für die der Schuldner mit seinem gesamten Vermögen einzustehen hat (persönlicher Anspruch).[28] In Abgrenzung dazu richten sich dingliche Ansprüche nur gegen einen bestimmten Gegenstand, wie z. B. aus- und absonderungsberechtigte oder durch eine Vormerkung gesicherte Gläubiger.[29]

d) Begründete Forderung im maßgeblichen Zeitpunkt (§ 2 Abs. 5 StaRUG)

24 Gestaltbar sind nur solche Forderungen, die im maßgeblichen Zeitpunkt (§ 2 Abs. 5 StaRUG) gegen den Schuldner begründet sind. Für die Abgrenzung ist auf die Diskussion zur Abgrenzung von Insolvenzforderungen (§ 38 InsO) zu Masseverbindlichkeiten im Insolvenzverfahren zurückzugreifen.[30] Entscheidend ist somit, ob der anspruchsbegründende Tatbestand vor dem nach § 2 Abs. 5 StaRUG maßgeblichen Zeitpunkt materiell-rechtlich abgeschlossen war.[31] Die Forderung muss demnach im maßgeblichen Zeitpunkt noch

27) Zweifelnd auch Seibt/Westpfahl-*Herding/Krafczyk*, StaRUG, § 2 Rz. 25.

28) Flöther-*Westpfahl/Dittmar*, StaRUG, § 2 Rz. 7.

29) Vgl. Uhlenbruck-*Sinz*, InsO § 38 Rz. 5; Braun-*Bäuerle*, InsO § 38 Rz. 1.

30) Begr. RegE SanInsFoG z. StaRUG, BT-Drucks. 19/24181, S. 111.

31) Zu § 38 InsO: BGH, Beschl. v. 7.4.2005 – IX ZB 195/03, NZI 2005, 403, 404 = ZVI 2005, 364; BGH, Beschl. v. 22.9.2011 – IX ZB 121/11, NZI 2011, 953, 954 = ZVI 2011, 408; *Ehricke/Behme* in: MünchKomm-InsO, § 38 Rz. 21 m. w. N.

nicht entstanden und auch noch nicht fällig sein. Vielmehr reicht aus, dass der „Schuldrechtsorganismus“ besteht, der die Grundlage des Anspruches darstellt.[32)]

Insoweit kann auf die ausführliche Rechtsprechung und Kommentarliteratur zur Abgrenzung zwischen Insolvenzforderungen (§ 38 InsO) und Masseverbindlichkeiten verwiesen werden (siehe ausführlich Rz. 74). Der **Zeitpunkt** für die relevante Zäsur ist anstelle der Eröffnung des Insolvenzverfahrens der **Antrag gemäß § 45 Abs. 1 StaRUG** auf Bestimmung eines Erörterungs- und Abstimmungstermin beim Gericht oder – in der Praxis selten – die **Unterbreitung des Planangebots** oder die (siehe zum maßgeblichen Zeitpunkt allgemein Rz. 74 ff.) **Stabilisierungsanordnung** (§ 2 Abs. 5 Satz 2 StaRUG) (zur Gestaltung von Kreditforderungen und Kreditbestimmungen siehe ausführlich § 41 [*Brünkmans*]). 25

e) Praktische Anwendungsfälle

aa) Kreditforderungen

Die Kreditforderung ist gewissermaßen der Prototyp einer Restrukturierungsforderung i. S. von § 2 Abs. 1 Nr. 1 StaRUG, da der Gesetzgeber den Restrukturierungsplan im Wesentlichen als Mittel zur Gestaltung von Finanzverbindlichkeiten sieht.[33)] Kreditforderungen sind insbesondere Rückzahlungsansprüche aus bilateralen Krediten, Konsortialkreditverträgen, Schuldverschreibungen Schuldscheindarlehen, aber auch konzerninternen Darlehen (Intercompany Loans). 26

Neben den Tilgungsansprüchen (Endfälligkeit oder Regeltilgungsplan) kommen auch **Zinszahlungsansprüche** als gestaltbare Restrukturierungsforderungen in Betracht, auch wenn sie im Zeitpunkt des § 2 Abs. 5 StaRUG noch nicht fällig oder bedingt sind (letzteres streitig, siehe § 41 Rz. 49 [*Brünkmans*]). 27

bb) Garantie- und Bürgschaftsforderungen

Garantie- oder Bürgschaftsforderungen (§ 765 Abs. 1 BGB) **gegen den Schuldner als Bürgen** sind Restrukturierungsforderungen und unterliegen der Gestaltungsbefugnis aus § 2 Abs. 1 Nr. 1 StaRUG. Gleiches gilt für Forderungen aus **anderen Kreditsicherheiten**, wie z. B. Schuldbeitritt oder durch den Schuldner abgegebene Garantie- oder Patronatserklärungen. Ihre Gestaltbarkeit als Restrukturierungsforderung folgt aus § 2 Abs. 1 Nr. 1 StaRUG, auf den Eintritt des Sicherungsfalles kommt es hingegen nicht an (vgl. § 3 Abs. 1 StaRUG).[34)] 28

In der **Restrukturierungssache des Hauptschuldners** ist die Gestaltung der Forderung gegen den Bürgen oder Garantiegeber nur möglich, wenn es sich dabei um eine **gruppeninterne Drittsicherheit** (§ 2 Abs. 4 StaRUG) handelt, z. B. bei einer Garantieerklärung der Mutter („Parent Guarantee“) in der Restrukturierungssache der Tochtergesellschaft. Umgekehrt ermöglicht § 2 Abs. 4 StaRUG jedoch **nicht**, über den **Restrukturierungsplan des Bürgen/Garantiegebers die Hauptschuld zu gestalten.** Von den Ansprüchen des Gläubigers gegen den Bürgen und Garantiegeber zu unterscheiden ist der **Rückgriffanspruch** derselben gegen den Hauptschuldner (siehe dazu nachfolgend Rz. 30 ff.). Vielmehr ist **ein paralleler Restrukturierungsplan auf Ebene der Tochtergesellschaft** für die Gestaltung der Kreditforderung erforderlich.[35)] 29

32) Flöther-*Westpfahl/Dittmar*, StaRUG, § 2 Rz. 9.

33) Begr. RegE SanInsFoG z. StaRUG, BT-Drucks. 19/24181, S. 110 ff.

34) Seibt/Westpfahl-*Herding/Krafczyk*, StaRUG, § 2 Rz. 34; *Wilkens*, WM 2021, 573, 576.

35) Seibt/Westpfahl-*Herding/Krafczyk*, StaRUG, § 2 Rz. 35.

cc) Rückgriffsanspruch

30 Den Bürgen oder Garanten des Schuldners steht ab dem Zeitpunkt der Begründung von Bürgschaften oder Garantieforderungen gegenüber dem Schuldner ein Regressanspruch aus §§ 675, 670, 774 Abs. 1 BGB oder konkret aus dem geschlossenen Kreditvertrag (Avalkreditvertrag) zu (siehe zum Avalkredit § 41 Rz. 78 [*Brünkmans*]). Solche Regressansprüche des Bürgen gegen den Schuldner aus §§ 675, 670, 774 Abs. 1 BGB können über den Restrukturierungsplan gestaltet werden.

Praxishinweis

Auf den Eintritt des Sicherungsfalls oder Inanspruchnahme der Sicherheit kommt es hingegen nicht an.[36] Ist der Sicherungsfall im maßgeblichen Zeitpunkt noch nicht eingetreten, handelt es sich um die Rechtsgestaltung einer aufschiebend bedingten Forderung, welche gemäß §§ 3 Abs. 1, 24 Abs. 2 Nr. 1 StaRUG der Gestaltung über den Restrukturierungsplan zugänglich ist.

31 § 44 InsO ist nach einer Entscheidung des AG Hamburg[37] i. R. eines Restrukturierungsverfahrens analog heranzuziehen mit der Folge, dass die Rückgriffsforderung eines Bürgen gegen den Schuldner nur dann in den Plan einbezogen werden kann, wenn und soweit die **Hauptverbindlichkeit nicht planbetroffen** ist. Bezieht der Schuldner in den Restrukturierungsplan die Hauptforderung mit ein, so darf er, soweit die Hauptforderung einbezogen ist, nicht auch noch die Regressforderung (z. B. aus §§ 774, 426 BGB) miteinbeziehen (§ 44 InsO analog)[38]. Oder anders ausgedrückt: Mitschuldner, Bürgen und andere Rückgriffsberechtigte unterliegen einer Regresssperre, soweit nicht der Inhaber der Restrukturierungsforderung von der auf ihn entfallenden Planquote etwas übriglässt.[39] Die Entscheidung, inwieweit eine Haupt- oder Regressforderung einbezogen wird, muss nach sachgerechten Kriterien erfolgen (§ 8 Satz 1 StaRUG), die im darstellenden Teil anzugeben und zu erläutern sind.[40]

Beispiel

Sieht der Restrukturierungsplan eine Quote von 50 % und einen Erlass i. H. von 50 % vor, dann gilt der Erlass i. H. von 50 % auch bezogen auf den Regressanspruch des Bürgen. Wird die Planquote an den Gläubiger ausgekehrt, ist damit auch 50 % der Bürgschaftsforderung getilgt. Zahlt der Bürge die restlichen 50 %, auf die der Gläubiger gegenüber dem Hauptschuldner verzichtet hat, so kann er nach § 67 Abs. 3 Satz 2 StaRUG diesen nicht mehr als Bürgenregress gegen den Restrukturierungsschuldner geltend machen. Zahlt der Bürge an den Gläubiger 100 %, geht die Hauptforderung gemäß § 362 Abs. 1, § 267 Abs. 1 BGB unter. Nunmehr kann der Bürge die Planquote i. H. von 50 % gegen den Restrukturierungsschuldner geltend machen. § 67 Abs. 3 Satz 2 StaRUG führt dazu, dass ein Restrukturierungsgläubiger im Einzelfall geneigt sein kann, großzügigeren Kürzungen seiner Restrukturierungsforderung im Restrukturierungsplan zuzustimmen und sich dann gleichwohl voll bei Mitschuldner oder Bürgen zu erholen.[41]

32 Die alleinige Einbeziehung der Regressforderung des Bürgen in den Restrukturierungsplan kommt insbesondere dann in Betracht, wenn die entsprechenden primären Gläubiger

---

36) Seibt/Westpfahl-*Herding/Krafczyk*, StaRUG, § 2 Rz. 38.

37) AG Hamburg, Beschl. v. 17.1.2022 – 61c RES 1/21, Rz. 21, ZRI 2022, 236 = ZVI 2022, 116.

38) AG Hamburg, Beschl. v. 17.1.2022 – 61c RES 1/21, Rz. 22, ZRI 2022, 236 = ZVI 2022, 116.

39) Uhlenbruck-*Streit/Bürk*, InsO, § 11 StaRUG Rz. 27.

40) AG Hamburg, Beschl. v. 17.1.2022 – 61c RES 1/21, Rz. 23, ZRI 2022, 236 = ZVI 2022, 116.

41) Uhlenbruck-*Streit/Bürk*, InsO, § 11 StaRUG Rz. 27; *Thies/Lieder* in: HambKomm-InsR, § 254 InsO Rz. 10.

aus „unternehmenspolitischen Gründen“ (z. B. wichtige Lieferanten in Ansehung der zukünftigen Vertrags- und Lieferbeziehung) nicht in den Plan einbezogen werden sollen.[42)]

Ähnlich wie der Regressanspruch des Sicherungsgebers gegen den Restrukturierungsschuldner sind **Ansprüche auf Barunterlegung** (Cash-Cover) infolge der Beendigung des Avalgeschäfts zu behandeln.[43)] Der Anspruch auf Barunterlegung kann entsprechend über den Restrukturierungsplan gestaltet werden. 33

Die **Bürgschafts- oder Garantieforderung des Restrukturierungsgläubigers** (z. B. Gläubiger gegen Bank) ist keine gegen den Schuldner gerichtete Forderung und kann im Restrukturierungsverfahren des Schuldners (für den Fall des Restrukturierungsverfahrens des Bürgen siehe Rz. 28) nur unter den Voraussetzungen des § 2 Abs. 4 StaRUG (gruppeninterne Drittsicherheiten) gestaltet werden. 34

dd) Dauerschuldverhältnisse

Die Gestaltbarkeit von Forderungen aus Dauerschuldverhältnissen (Miete, Pacht, Dienstverhältnissen) hängt maßgeblich davon ab, ob der jeweilige Anspruch regelmäßig in der Zeitperiode neu als **„Einzelanspruch“** entsteht oder aus einem einzigen, vor dem maßgeblichen Zeitpunkt (§ 2 Abs. 5 StaRUG) begründeten **„Stammrecht“** resultiert.[44)] Einzelansprüche können durch Restrukturierungspläne gestaltet werden, wenn sie zum maßgeblichen Zeitpunkt aus § 2 Abs. 5 StaRUG begründet wurden, also ihre Entstehung zu diesem Zeitpunkt nicht von neu zu erbringenden Gegenleistungen und folglich einem künftigen Tun oder Unterlassen des Schuldners und oder Gläubiger abhängt (vgl. § 3 Abs. 2 StaRUG).[45)] 35

Demgegenüber sind **Stammrechte** und weitere daraus resultierende Ansprüche in Anlehnung an § 38 InsO von § 2 Abs. 1 Nr. 1 StaRUG erfasst, wenn die betreffenden Gläubiger **ihre Gegenleistung** für die künftigen Ansprüche bereits vor dem maßgeblichen Zeitpunkt aus § 2 Abs. 5 StaRUG vollständig erbracht haben.[46)] 36

Aufgrund des klaren Wortlauts in § 3 Abs. 2 StaRUG „insoweit“ sind Ansprüche aus **zeitlich teilbaren Vertragsverhältnissen** aufteilbar in im maßgeblichen Zeitpunkt (§ 2 Abs. 5 StaRUG) bestehende und damit gestaltbare Ansprüche und zukünftige, nicht gestaltbare Ansprüche. Dabei kann auf die zu § 105 InsO entwickelten Grundsätze zurückgegriffen werden.[47)] So sind durch die Gebrauchsüberlassung des Mietobjekts vor dem maßgeblichen Zeitpunkt aus § 2 Abs. 5 StaRUG entstandene Ansprüche auf Entrichtung des vereinbarten Mietzinses aus dem Mietverhältnis (§ 535 Abs. 2 BGB) als begründete Restrukturierungsforderungen gestaltbar, nicht jedoch der Mietzinsanspruch für Gebrauchsüberlassungen nach dem Zeitpunkt aus § 2 Abs. 5 StaRUG. 37

ee) Schadensersatzansprüche

Vertragliche oder deliktische Schadensersatzansprüche können grundsätzlich als Restrukturierungsforderung i. S. von § 2 Abs. 1 Nr. 1 StaRUG gestaltet werden. Ausgenommen sind 38

42) Vgl. Seibt/Westpfahl-*Herding/Krafczyk*, StaRUG, § 2 Rz. 39.

43) *Najuoks/Schönen*, ZRI 2021, 437, 439; Seibt/Westpfahl-*Herding/Krafczyk*, StaRUG, § 2 Rz. 40.

44) Jacoby/Thole-*Hofmann*, StaRUG, § 2 Rz. 7; *Prusko* in: MünchKomm-StaRUG, § 2 Rz. 130 f.; Morgen-*Knapp/Wilde*, StaRUG, § 2 Rz. 2; K. Schmidt-*Thole*, InsO, § 38 Rz. 17.

45) Seibt/Westpfahl-*Herding/Krafczyk*, StaRUG, § 2 Rz. 41; *Prusko* in: MünchKomm-StaRUG, § 2 Rz. 130 f.; Flöther-*Westpfahl/Dittmar*, StaRUG, § 2 Rz. 10; *Skauradszun* in: BeckOK-StaRUG, § 2 Rz. 40; Jacoby/Thole-*Hofmann*, StaRUG, § 2 Rz. 7.

46) Seibt/Westpfahl-*Herding/Krafczyk*, StaRUG, § 2 Rz. 41.

47) Jacoby/Thole-*Hofmann*, StaRUG, § 3 Rz. 8; Morgen-*Knapp/Wilde*, StaRUG, § 3 Rz. 12; Braun-*Esser*, StaRUG, § 3 Rz. 9.

Schadensersatzansprüche aus vorsätzlich begangener unerlaubter Handlung (§ 4 Satz 1 Nr. 2 StaRUG) (siehe dazu Rz. 81). § 2 Abs. 2 StaRUG setzt voraus, dass das entsprechende vertragliche Schuldverhältnis vor dem Zeitpunkt aus § 2 Abs. 5 begründet wurde und die Schadensersatzpflicht auslösende Pflichtverletzung ebenfalls vor diesem Zeitpunkt liegt.[48] Für die deliktischen Schadensersatzansprüche muss der Eintritt der Rechtsgutsverletzung vor dem Zeitpunkt aus § 2 Abs. 5 StaRUG erfolgt sein.[49] Auf den Zeitpunkt des tatsächlichen Schadenseintritts kommt es hingegen nicht an.[50] Schadensersatzansprüche statt der Leistung (§§ 280 Abs. 1, 3, 281 BGB) unterliegen dann der Plangestaltung, wenn der Schuldner vor dem maßgeblichen Zeitpunkt aus § 2 Abs. 5 StaRUG eine ihm vertraglich obliegende Leistung ernsthaft und endgültig verweigert.[51]

ff) Streitige Restrukturierungsforderungen

39 Auch streitige Forderungen können über einen Restrukturierungsplan gestaltet werden. § 71 Abs. 1 StaRUG regelt in diesem Fall, dass der Schuldner die von ihm bestrittene Forderung als Restrukturierungsforderung in den Restrukturierungsplan aufnehmen kann, die Forderung im Bestätigungsverfahren jedoch bestreiten muss (vgl. §§ 70 Abs. 2 Satz 1, 71 Abs. 1 StaRUG), um den Titulierungseffekt des Restrukturierungsplans (§ 71 StaRUG) für diese streitige Forderung zu verhindern. Gläubiger einer streitigen Forderung müssen sich dann erst im Wege der Leistungsklage einen Titel verschaffen.

gg) Konzerninterne Verbindlichkeiten

40 Auch konzerninterne Verbindlichkeiten können über den Restrukturierungsplan gestaltet werden.[52] Handelt es sich um nachrangige Forderungen, verlangt bereits das Gesetz (§ 10 Abs. 1 Nr. 3 StaRUG) die Bildung einer separaten (Pflicht-)gruppe. Aber auch nicht nachrangige Forderungen, wie z. B. Ansprüche aus Lieferungen und Leistungen von Tochtergesellschaften oder Verlustausgleichsansprüche aus einem EAV (Ergebnisabführungsvertrag) (siehe nachfolgend Rz. 41, § 56 Rz. 136 ff. [*Brünkmans*]), werden in der Regel eine separate **Gruppenbildung** rechtfertigen. Ihre Einbeziehung hat durchaus strategische Bedeutung i. R. der gruppenübergreifenden Mehrheitsentscheidung.

hh) Verlustausgleichsanspruch (§ 302 AktG) sowie Anspruch auf Sicherheitenbestellung (§ 303 AktG)

41 Ebenfalls über einen Restrukturierungsplan gestaltbar sind Verlustausgleichsansprüche bei Bestehen eines Vertragskonzerns gemäß § 302 AktG sowie Ansprüche auf Sicherheitsleistung gemäß § 303 AktG im Fall der Beendigung des Vertragskonzerns (siehe dazu ausführlich § 56 Rz. 136 ff. [*Brünkmans*]).

ii) Steuerforderungen

42 Auch Steuerforderungen sind als Restrukturierungsforderungen i. S. von § 2 Abs. 1 Nr. 1 StaRUG über einen Restrukturierungsplan gestaltbar. Entscheidend für die Gestaltbarkeit ist, dass die Steuerforderung im relevanten Zeitpunkt (§ 2 Abs. 5 StaRUG) entstanden ist. Der den Steueranspruch begründende Tatbestand muss im maßgeblichen Zeitpunkt (§ 2

48) Seibt/Westpfahl-*Herding/Krafczyk*, StaRUG, § 2 Rz. 43.

49) Morgen-*Knapp/Wilde*, StaRUG, § 2 Rz. 16.

50) Morgen-*Knapp/Wilde*, StaRUG, § 2 Rz. 16; Jacoby/Thole-*Hofmann* StaRUG, § 2 Rz. 8; Römermann-*Rieger/Schmitz*, InsO/InsR, § 2 StaRUG Rz. 6.

51) Seibt/Westpfahl-*Herding/Krafczyk*, StaRUG, § 2 Rz. 44.

52) *Thole*, ZRI 2024, 1006, 1011.

Abs. 5 StaRUG) vollständig verwirklicht und damit abgeschlossen sein.[53] Auf den Zeitpunkt des Erlasses des Steuerbescheids kommt es hingegen nicht an. Für die im Einzelfall schwierige Abgrenzung bei den einzelnen Steuerarten kann auf die Diskussion zu Steuerforderungen als Insolvenzforderungen i. S. von § 38 InsO verwiesen werden (siehe auch § 60 Rz. 143 ff. [*Witfeld*]).[54]

Bei der Gestaltung von Steuerforderungen ist stets auf die Grenzen aus dem **europäischen Beihilferecht** zu achten, insbesondere hat sich die Gestaltung von Steuerforderungen am Private-Creditor-Test messen zu lassen (siehe dazu ausführlich § 8 Rz. 139 ff. [*Brünkmans*]).[55] 43
Auch Steuerforderungen eines ausländischen Fiskus können über das StaRUG gestaltet werden.[56]

jj) Forderungen aus staatlichen Förderprogrammen, insbesondere Corona-Hilfen

Auch staatliche Leistungen und entsprechende Forderungen der öffentlichen Hand (z. B. KfW-Finanzierungen und ähnliche staatliche Programme während der COVID-19-Pandemie) können über den Restrukturierungsplan gestaltet werden. Zu den Einschränkungen bei der Planbetroffenenauswahl und der Gruppenbildung siehe § 7 SanInsKG.[57] 44

kk) Beihilferückforderung

Der Anspruch auf Rückforderung staatlicher Beihilfen ist als Restrukturierungsforderung i. S. von § 2 Abs. 1 Nr. 1 StaRUG gestaltbar. Der Rückzahlungsanspruch dürfte bereits mit Gewährung der Subvention begründet sein, auf den Erlass eines Rückforderungsbescheids dürfte es nicht ankommen.[58] 45

Sollte eine europarechtlich rechtswidrig gewährte Beihilfeforderung planbetroffen sein, stellt sich allerdings die Frage, ob eine Beihilfeforderung überhaupt vor dem Hintergrund des europarechtlichen **effet-utile-Grundsatzes** über einen Restrukturierungsplan gestaltbar ist. Die für die Insolvenz geltenden strengen Ausnahmen (siehe § 8 Rz. 174 ff. [*Brünkmans*]) lassen sich wohl kaum im StaRUG-Verfahren verwirklichen. 46

ll) Sozialversicherungsbeiträge

Zwar sind gemäß § 4 Satz 1 Nr. 1 StaRUG Forderungen auf Arbeitslohn nicht über einen Restrukturierungsplan gestaltbar, wohl aber der Anspruch auf den Gesamtsozialversicherungsbeitrag einschließlich der Arbeitnehmeranteile.[59] 47

---

53) Zum StaRUG Seibt/Westpfahl-*Herding/Krafczyk*, StaRUG, § 2 Rz. 46; zur Einordnung als Insolvenzforderung nach § 38 InsO vgl. BFH, Beschl. v. 15.11.2018 – XI B 49/18, Rz. 13, NJW 2019, 951 = ZIP 2019, 427; BFH, Urt. v. 9.12.2010 – V R 22/10, Rz. 18, NZI 2011, 336 = ZIP 2011, 782; BFH, Beschl. v. 13.11.1986 – V R 59/79, ZIP 1987, 119, 120; zur Berücksichtigung von Steuerforderungen im Insolvenzverfahren vgl. auch *Holzer* in: KPB, InsO, § 38 Rz. 36 ff.

54) S. Uhlenbruck-*Sinz*, InsO, § 38 Rz. 67 ff.; *Ehricke/Behme* in: MünchKomm-InsO, § 38 Rz. 31; K. Schmidt-*Büteröwe*, InsO, § 38 Rz. 21 f.

55) Seibt/Westpfahl-*Herding/Krafczyk*, StaRUG, § 2 Rz. 47.

56) AG Karlsruhe, Beschl. v. 25.3.2022 – 102 RES 2/21, ZIP 2023, 651; *Thole*, ZRI 2024, 1006.

57) Jacoby/Thole-*Brünkmans*, StaRUG, § 9 Rz. 50.

58) S. mit Verweis auf OVG Berlin-Brandenburg, Urt. v. 2.4.2014 – OVG 6 B 16/12, ZInsO 2014, 1162 = ZIP 2014, 1845; Seibt/Westpfahl-*Herding/Krafczyk*, StaRUG, § 2 Rz. 49; zu § 38 InsO: K. Schmidt-*Bütteröwe*, InsO, § 38 Rz. 30; K. Schmidt-*Schmittmann*, InsO, Anh. SteuerR Rz. 92 ff.; *Kirchner* in: BeckOK-InsO, § 38 Rz. 29 ff.; *Ehricke/Behme* in: MünchKomm-InsO, § 38 Rz. 98 ff.

59) AG Hannover, Beschl. v. 27.2.2023 – 951 RES 1/23 – 1, ZRI 2023, 309 = NZI 2023, 425; *Thole*, ZRI 2024, 1006, 1007.

mm) Nicht erfasste Rechte und Forderungen

48 Vom Begriff Restrukturierungsforderung nicht erfasst sind: Gestaltungsrechte, z. B. das Recht zur Anfechtung (§ 142 Abs. 1 BGB), zur Kündigung (§ 626 BGB) oder zum Rücktritt (§ 323 Abs. 1 BGB).

3. Forderungen unbekannter Gläubiger

49 Es lassen sich auch Gruppen für unbekannte Gläubiger bilden. Allerdings ist stets darauf zu achten, dass nur solche Forderungen einbezogen werden dürfen, die im maßgeblichen Zeitpunkt des § 2 Abs. 5 StaRUG begründet sind. Künftige Forderungen sind nicht gestaltbar.[60)]

4. Nachrangige Forderungen

50 Grundsätzlich (§ 4 Satz 1 Nr. 3 StaRUG) sind auch solche Forderungen gestaltbar, die in einem Insolvenzverfahren gemäß § 39 Abs. 1 InsO oder aufgrund einer Rangrücktrittsvereinbarung nur nachrangig zu befriedigen wären. Da es sich auch bei nachrangigen Forderungen um Restrukturierungsforderungen i. S. von § 2 Abs. 1 Nr. 1 StaRUG handelt, gelten für die Gestaltbarkeit nachrangiger Forderungen keine Besonderheiten. Zu beachten ist, dass nachrangige Forderungen ohne **ausdrückliche Einbeziehung** in den Restrukturierungsplan unberührt bleiben, da es an einer **dem § 225 Abs. 1 InsO entsprechenden Vorschrift fehlt**. Gläubiger werden allerdings in der Regel zurückhaltend sein, einem Restrukturierungsplan zuzustimmen, der einen Forderungserlass vorsieht, wenn nachrangige Forderungen unangetastet bleiben. Sollte in einer Gläubigergruppe die Mehrheit nicht erreicht werden, lässt sich der Restrukturierungsplan wegen § 27 Abs. 1 Nr. 2 StaRUG (absolute Priorität) auch nicht im Wege einer gruppenübergreifenden Mehrheitsentscheidung durchsetzen. Zum Teil wird die Auswahl eines geschäftsführenden Gesellschafters als Planbetroffener i. S. von § 8 Abs. 1 Satz 1 StaRUG im Hinblick auf Gesellschafterdarlehen als nicht sachgerecht gewertet, mit der Begründung, die Treuepflichten des Gesellschafters stünden einer Rückforderung des Darlehens entgegen.[61)] Diese Auffassung überzeugt jedoch nicht, denn dann dürften Gesellschafterdarlehen praktisch nie in den Restrukturierungsplan einbezogen werden, obwohl der Gesetzgeber Gesellschafterdarlehen in § 9 Abs. 1 Satz 2 Nr. 3 StaRUG als Hauptanwendungsfalls nachrangiger Restrukturierungsforderungen ansieht. Ein Einbeziehungsverbot würde mangels einer § 225 InsO entsprechenden Regelung bedeuten, dass diese weiter fortbestünden, während vorrangige einfache Restrukturierungsgläubiger Eingriffe hinnehmen müssten.[62)] Dies würde der Planakzeptanz widersprechen und wäre schon mit dem Gedanken aus § 27 Abs. 1 Nr. 2 StaRUG unvereinbar.

III. Absonderungsanwartschaften

1. Absonderungsrechte und Absonderungsanwartschaften – Überblick

51 Auch Gegenstände des Vermögens des Schuldners, die im Falle der Eröffnung eines Insolvenzverfahrens zur Absonderung berechtigen würden, können über den Restrukturierungsplan gestaltet werden (§ 2 Abs. 1 Nr. 2 StaRUG). Das Gesetz spricht von Absonde-

60) *Thole*, ZRI 2024, 1006, 1011.

61) LG Düsseldorf, Beschl. v. 20.3.2025 – 314c T 3/25, NZI 2025, 513.

62) *Urlaub/Lägler*, NZI 2025, 513, 514 f. (Urteilsanm.).

rungs**anwartschaften**, weil ein Absonderungsrecht erst in einem Insolvenzverfahren entstehen würde.[63)]

52 Unter dem Begriff der Absonderung wird in §§ 49 ff. InsO die bevorzugte Befriedigung aus einem Gegenstand der Insolvenzmasse verstanden. Der Absonderungsgläubiger erhält auf sein Recht nicht bloß eine Insolvenzquote. Vielmehr steht ihm der Erlös aus der Verwertung des Gegenstands zur abgesonderten Befriedigung bis zur vollen Höhe seines Anspruches zu. Haftet der Schuldner dem Absonderungsberechtigten auch persönlich und reicht der Erlös nicht aus, um die persönliche Forderung vollständig zu befriedigen, kann der Gläubiger für den nicht befriedigten Teil seiner Forderung am Insolvenzverfahren teilnehmen und darauf die Insolvenzquote beanspruchen. Ergibt die Verwertung des Gegenstandes, an dem sich ein Absonderungsrecht befindet, einen Übererlös, so fällt dieser der Masse zu.[64)]

53 Das Absonderungsrecht ist **abzugrenzen von Aussonderungsrechten**. Unter Aussonderung (§ 47 InsO) versteht man die Geltendmachung der Nichtzugehörigkeit eines Gegenstandes zur Insolvenzmasse, d. h. Inanspruchnahme eines massefremden Rechts durch den **Rechteinhaber**.[65)] Wie für den Insolvenzplan (siehe § 3 Rz. 32 [*Beck/Pechartschek*], § 7 Rz. 33 [*Brünkmans*]) gilt auch für den Restrukturierungsplan, dass Aussonderungsrechte nicht durch einen Plan gestaltet werden können.[66)]

54 Als gestaltbare Absonderungsanwartschaften kommen in Betracht (nicht abschließend):

- Immobiliarsicherungsrechte (§ 49 InsO),
- die rechtsgeschäftlichen und gesetzlichen Mobiliarpfandrechte (§§ 50, 51 InsO),
- die Verlängerungs- und Erweiterungsformen des Eigentumsvorbehalts sowie bestimmte Zurückbehaltungsrechte,
- Pfandrechte an Geschäftsanteilen, IP-Rechten oder Kontoguthaben aufgrund individualvertraglicher Verpfändung[67)] oder aufgrund der AGB der Banken (vgl. Nr. 14 AGB Banken, Nr. 21 AGB Sparkassen).

55 Der **einfache Eigentumsvorbehalt** wird nach h. M.[68)] als Aussonderungsrecht i. S. von § 47 InsO eingestuft und unterliegt damit nicht der Plangestaltung.

56 Ist die Bestellung der Sicherheit im Insolvenzverfahren anfechtbar (§§ 129 ff. InsO), ändert dies die Gestaltbarkeit als Absonderungsanwartschaft nicht.[69)] Da **Anfechtungsansprüche** aus §§ 129 ff. InsO erst mit Eröffnung des Insolvenzverfahrens entstehen, besteht ein Bedürfnis, diese bereits im Restrukturierungsplan zu gestalten. Die Anfechtbarkeit ist dann aber bei der im Plan vorgesehenen Kompensation oder Ersatzsicherheit zu berücksichtigen, wenn die Insolvenz das nächstbeste Alternativszenario darstellt. Bei der Höhe der im Plan zu regelnden Abfindung für den Eingriff in das Sicherungsrecht kann die Anfechtbarkeit i. R. der Prüfung der Schlechterstellung (§§ 26 Abs. 1 Nr. 1, 64 StaRUG) berücksichtigt werden.

63) Flöther-*Westpfahl/Dittmar*, StaRUG, § 2 Rz. 23.

64) Uhlenbruck-*Hirte/Praß*, InsO, § 35 Rz. 195.

65) Uhlenbruck-*Brinkmann*, InsO, § 47 Rz. 2; *Ganter* in: MünchKomm-InsO, § 47 Rz. 12.

66) Begr. RegE SanInsFoG z. StaRUG, BT-Drucks. 19/24181, S. 111; Flöther-*Westpfahl/Dittmar*, StaRUG, § 2 Rz. 24.

67) *Prusko* in: MünchKomm-StaRUG, § 2 Rz. 47; Braun-*Esser*, StaRUG, § 2 Rz. 13.

68) BGH, Urt. v. 8.5.2014 - IX ZR 128/12, Rz. 13, ZInsO 2014, 1377 = NJW 2014, 2358; BGH, Urt. v. 27.3.2008 - IX ZR 220/05, Rz. 24, ZVI 2008, 249 = NZI 2008, 357; *Prütting* in: KPB, InsO, § 47 Rz. 31 f.; K. Schmidt-*Thole*, InsO, § 47 Rz. 29; *Haneke* in: BeckOK-InsO, § 47 Rz. 36; *Ganter* in: MünchKomm-InsO, § 47 Rz. 62.

69) Seibt/Westpfahl-*Herding/Krafczyk*, StaRUG, § 2 Rz. 94; *Prusko* in: MünchKomm-StaRUG, § 2 Rz. 111.

57 Nicht als Absonderungsanwartschaften gestaltbar sind gemäß § 2 Abs. 1 Nr. 2 StaRUG **Finanzsicherheiten** i. S. des § 1 Abs. 17 KWG sowie Sicherheiten, die dem Betreiber eines Systems nach § 1 Abs. 16 KWG zur Absicherung seiner Ansprüche aus dem System oder der Zentralbank eines Mitgliedstaates der EU oder der Europäischen Zentralbank gestellt wurden.

58 Zur Gestaltbarkeit von im Ausland belegenen Gegenständen siehe § 62 Rz. 80 ff. [*Thole*]; siehe auch § 56 Rz. 64 f., 115 ff. [*Brünkmans*].

2. Begründung des Anwartschaftsrechts im maßgeblichen Zeitpunkt (§ 2 Abs. 5 StaRUG)

59 Für die Gestaltbarkeit einer Absonderungsanwartschaft durch einen Restrukturierungsplan kommt es – wie für alle Rechtspositionen – darauf an, dass das Recht im maßgeblichen Zeitpunkt nach § 2 Abs. 5 StaRUG besteht (siehe allgemein Rz. 74 ff.). War das Sicherungsrecht im maßgeblichen **Zeitpunkt** nach § 2 Abs. 5 StaRUG bereits vollumfänglich entstanden, indem die Sicherungsabrede und Einräumung bzw. Übertragung des dinglichen Rechts abgeschlossen waren, kann die Planunterworfenheit bejaht werden.[70)]

60 Als Absonderungsanwartschaften kommen nur solche Rechte in Betracht, die an Gegenständen **des schuldnerischen Vermögens** bestehen, d. h. Sachen i. S. von § 90 BGB, aber auch Forderungen und Rechte wie immaterielle Güter (Marken und Patentrechte), Geschäftsanteile etc. (siehe zur Ausnahme bei gruppeninternen Drittsicherheiten i. S. von § 2 Abs. 4 StaRUG Rz. 73).[71)]

61 Es stellt sich ferner die Frage, ob bei der Bewertung der am schuldnerischen Vermögen bestehenden Rechte i. S. von § 2 Abs. 1 Nr. 2 StaRUG auch Rechte an **zukünftig noch zu erwerbenden Gegenständen** zu berücksichtigen sind. § 91 InsO hindert im Insolvenzverfahren den Erwerb künftiger Rechte.[72)] Paradebeispiel sind Forderungen, welche von einer Globalzession erfasst sind, aber erst nach Eröffnung des Insolvenzverfahrens entstehen. Wenn es im Insolvenzverfahren wegen **§ 91 InsO** gar nicht erst zur Entstehung der Sicherheit bzw. des Absonderungsrechts kommt, ist selbstredend die Gestaltung durch einen Plan nicht möglich. Daraus lässt sich allerdings nicht der Schluss ziehen, dass bereits als Sicherheit bestellte, aber erst zukünftig entstehende Gegenstände nicht der Plangestaltung unterliegen. Sinn und Zweck des § 91 InsO ist es, den **Abfluss von Vermögenswerten** nach Eröffnung des Insolvenzverfahrens zulasten der Gläubigergesamtheit **zu verhindern.** Dieser Abgrenzungszweck ist **auf §§ 2 Abs. 1 Nr. 2, Abs. 5 StaRUG nicht übertragbar.** Der Zweck des Restrukturierungsplans, eine umfassende, insolvenzverhindernde Entschuldung zu ermöglichen, verbietet vielmehr eine Anwendung des Rechtsgedanken aus § 91 InsO. Vor diesem Hintergrund ist es ausreichend, dass die **Sicherheitenbestellung und Sicherungsabrede vor dem maßgeblichen Zeitpunkt aus § 2 Abs. 5 StaRUG abgeschlossen** wurde.[73)]

---

70) Jacoby/Thole-*Hofmann*, StaRUG, § 2 Rz. 20.

71) Seibt/Westpfahl-*Herding/Krafczyk*, StaRUG, § 2 Rz. 89.

72) BGH, Urt. v. 5.1.1955 – IV ZR 154/54, NJW 1955. 544; BGH, Urt. v. 20.12.1988 – IX ZR 50/88, ZIP 1989, 171; BGH, Urt. v. 11.5.2006 – IX ZR 147/03, NZI 2006, 457 = ZIP 2004, 1608; BGH, Urt. v. 8.1.2009 – IX ZR 217/07, ZIP 2009, 380 = NJW-RR 2009, 755; BGH, Beschl. v. 18.2.2010 – IX ZR 61/09, ZVI 2010, 267 = NZI 2010, 343; BGH, Urt. v. 22.4.2010 – IX ZR 8/07, NZI 2010, 682 = ZInsO 2010, 1001; K. Schmidt-*Sternal*, InsO, § 91 Rz. 31.

73) Seibt/Westpfahl-*Herding/Krafczyk*, StaRUG, § 2 Rz. 101; Morgen-*Knapp/Wilde*, StaRUG, § 2 Rz. 36; Flöther-*Westpfahl/Dittmar*, StaRUG, § 2 Rz. 28; vgl. auch *Ganter* in: MünchKomm-InsO, Vor §§ 49–52 Rz. 35 m. w. N.

Vor diesem Zeitpunkt bestellte revolvierende Sicherheiten (z. B. Globalsession oder Raumsicherungsübereignung) können im Hinblick auf Absonderungsanwartschaften an Sicherungsgegenständen, welche erst nach dem relevanten Zeitpunkt entstehen oder in den Sicherungsraum eingebracht werden, über den Restrukturierungsplan gestaltet werden.[74] Wie bei der Frage der Anfechtbarkeit der Sicherheitenbestellung stellt die Erwerbssperre aus § 91 InsO zwar nicht die Plangestaltung i. S. von § 2 Abs. 1 Nr. 2 StaRUG infrage („ob" der Gestaltbarkeit), wohl aber ist § 91 InsO **beim Umfang und der Intensität der Gestaltung („wie") zu berücksichtigen.** Würde in der Insolvenz § 91 InsO greifen und ist die Insolvenz das bestmögliche Alternativszenario (§ 6 Abs. 2 StaRUG), dann kann eine entsprechend niedrige Planabfindung vor dem Hintergrund der §§ 64 Abs. 1, 26 Abs. 1 Nr. 1 StaRUG gerechtfertigt sein (siehe dazu bereits oben zur Anfechtung Rz. 56). 62

Praxishinweis

Die vorstehenden Ausführungen geltend entsprechend für Fälle, in denen nicht der Sicherungsgegenstand, sondern die gesicherte Forderung erst nach dem Zeitpunkt des § 2 Abs. 5 StaRUG entsteht. Auch in diesem Fall ist die Sicherheit gestaltbar, auch wenn die gesicherte Forderung erst in der Zukunft entsteht.[75]

3. Gruppenbildung, Stimmrechtverteilung bei Eingriff in Absonderungsanwartschaften

Gemäß § 9 Abs. 1 Satz 2 Nr. 1 StaRUG ist bei Engriffen in Absonderungsanwartschaften für die planbetroffenen Absonderungsanwartschaften zwingend eine eigene Gruppe zu bilden. Wenn die Planbetroffenen sowohl mit ihrem bestehenden Sicherungsrecht in der Gruppe der Absonderungsanwartschaftsberechtigten (§ 9 Abs. 1 Nr. 1 StaRUG) als auch mit ihrer gesicherten Forderung in der Gruppe der einfachen Restrukturierungsgläubiger an der Planabstimmung teilnehmen, ist die Stimmrechtsverteilung gemäß § 24 Abs. 3 Satz 1, 2 StaRUG zu beachten. Danach wird dem besicherten Gläubiger in der Gruppe von Restrukturierungsgläubigern nur insoweit ein Stimmrecht zugeschrieben, wie der Schuldner für die gesicherte Forderung auch persönlich haftet und der Inhaber der Absonderungsanwartschaft auf diese verzichtet oder mit einer abgesonderten Befriedigung ausfällt.[76] 63

4. Grenzen der Gestaltbarkeit von Absonderungsanwartschaften

Im Hinblick auf Absonderungsanwartschaften kommen eine Vielzahl von Gestaltungsoptionen in Betracht (siehe dazu ausführlich Rz. 153 f.): 64

Auch bei der Gestaltung von Absonderungsanwartschaften ist im Hinblick auf die **Durchsetzbarkeit des Restrukturierungsplans** (§§ 64 Abs. 1, 26 Abs. 1 Nr. StaRUG) darauf zu achten, dass die betroffenen Inhaber der Absonderungsanwartschaften nicht schlechtergestellt werden als ohne Plan (siehe auch § 43 Rz. 118 ff. [*J. Schmidt*], § 39 Rz. 42 ff. [*Brünkmans*]). Eine **Schlechterstellung** wird man annehmen können, wenn die im Plan vorgesehene Ersatzsicherheit oder Ablösesumme nicht dem Einzelverwertungswert der Sicherheiten (einschließlich der Zins- oder Nutzungsentschädigung vgl. §§ 169, 172 Abs. 1 InsO) entspricht. Eine Schlechterstellung kann auch dann vorliegen, wenn die Absonderungsanwartschaftsberechtigten einem erhöhten materiellen Kreditrisiko – z. B. im Fall einer Herabstufung im Sicherungsrang – ausgesetzt werden.[77] Maßgeblich für die Fest- 65

74) Seibt/Westpfahl-*Herding*/*Krafczyk*, StaRUG, § 2 Rz. 101.

75) *Prusko* in: MünchKomm-StaRUG, § 2 Rz. 87 ff.

76) Seibt/Westpfahl-*Herding*/*Krafczyk*, StaRUG, § 2 Rz. 86; *Denkhaus* in: Kübler/Prütting/Bork, HRI I, § 33 Rz. 151; Braun-*Herzig*, StaRUG, § 24 Rz. 26; Uhlenbruck-*Knof*, InsO, § 24 StaRUG Rz. 56 ff.

77) Seibt/Westpfahl-*Herding*/*Krafczyk*, StaRUG, § 2 Rz. 87.

stellung einer Schlechterstellung ist das nächstbeste **Alternativszenario** (siehe § 43 Rz. 94 ff. [*J. Schmidt*]). Die Anfechtbarkeit oder – falls unklar – das Anfechtungsrisiko ist in der Vergleichsrechnung zu berücksichtigen, wenn es sich beim nächstbesten Alternativszenario – wie in der Regel – um das Insolvenzszenario handelt. Die **Gestaltungsgrenzen** sind stets **überschritten**, wenn den Planbetroffenen neue Verpflichtungen auferlegt werden.

66 Bisher ungeklärt ist, inwieweit darüber hinaus **Nebenbestimmungen** in Sicherheitenverträgen über den Restrukturierungsplan gestaltet werden können.[78)]

IV. Gestaltbarkeit von Vertragsbedingungen

67 Die unmittelbare Gestaltung der Hauptforderung im Wege eines Erlasses, Stundung oder Umwandlung in Eigenkapital ist für eine effektive finanzwirtschaftliche Restrukturierung häufig nicht hinreichend. In der Regel besteht ein Bedürfnis, die der Hauptforderung zugrunde liegende Vertragsdokumentation an die veränderte Situation anzupassen. Eine solche Vertragsänderung wiederum bedarf jedoch grundsätzlich der Zustimmung sämtlicher Vertragspartner, was wiederum Obstruktionspotential eröffnet, welches das StaRUG zur Ermöglichung einer effektiven Restrukturierung einzudämmen beabsichtigt.

68 Vor diesem Hintergrund eröffnet § 2 Abs. 2 StaRUG die Möglichkeit, auch **vertragliche Einzelbestimmungen**, also solche Bestimmungen, die nicht nur Fälligkeit, Bestand und Höhe der Forderung betreffen, über eine Mehrheitsentscheidung durchzusetzen. Eine solche Ermächtigung in § 2 Abs. 2 StaRUG zur Änderung von Nebenbestimmungen war notwendig, weil für den Insolvenzplan die h. M. eine zwangsweise Änderung von Vertragsnebenbestimmungen nicht von der Ermächtigung aus § 217 InsO erfasst sieht (siehe zum Insolvenzplan § 7 Rz. 12, 23 ff., § 8 Rz. 334 [*Brünkmans*]). § 2 Abs. 2 StaRUG spricht von „Bedingungen und Nebenbestimmungen", dessen die zum Schuldner bestehende Kreditbeziehung unterliegt und nennt beispielhaft Verpflichtungen von Finanzzahlen-Relationen (Financial Covenants) und Verhaltenspflichten, z. B. keine weiteren Sicherheiten zu bestellen oder Kredite aufzunehmen (siehe ausführlich § 41 Rz. 51 ff. [*Brünkmans*]).[79)] Bedauerlicherweise erfasst § 2 Abs. 2 StaRUG als Ermächtigung für die Änderung von Nebenbestimmungen **nur mehrseitige** § 2 Abs. 2 Satz 1 StaRUG (z. B. Konsortialkreditverträge) und **mehrfache** § 2 Abs. 2 Satz 2 StaRUG (z. B. Schuldscheindarlehen) **Kreditverhältnisse**. Für die Frage, welche mehrseitigen oder mehrfachen Vertragsverhältnisse von § 2 Abs. 2 StaRUG erfasst sind, siehe ausführlich § 41 Rz. 57 ff. [*Brünkmans*].

69 Bei komplexen finanzwirtschaftlichen Sanierungen wird die Änderung von Bestimmungen von Kreditverträgen „an § 2 Abs. 2 StaRUG vorbei" **über Wahlrechte umgesetzt**, bei denen die Gläubiger für den (freiwilligen) Beitritt umfassend veränderter Kreditverträge optieren können und nicht selten über eine Besicherung oder andere Vorteile dazu incentiviert werden. Lediglich Gläubiger, die nicht für den Beitritt optieren, werden zwangsweise auf eine – in der Regel weniger vorteilhafte – durch den gestaltenden Teil abgeänderte Vertragsregelung verwiesen. Durch solche **Incentivierungsregelungen**, die freiwillig und damit **außerhalb des gestaltenden Teils des Restrukturierungsplans** erfolgen, können somit auch Einzelgläubiger, deren Forderungen nicht auf ein mehrseitiges oder mehrfaches

78) So etwa Flöther-*Westpfahl/Dittmar*, StaRUG, § 2 Rz. 35; **a. A.** wohl h. M. Seibt/Westpfahl-*Hölzle*, StaRUG, § 7 Rz. 67; *Hölzle* in: Bieg/Borchardt/Frind, Unternehmenssanierung und Betriebsfortführung, Teil 2, B. I. Rz. 8; Morgen-*Knapp/Wilde*, StaRUG, § 2 Rz. 3; Seibt/Westpfahl-*Herding/Krafczyk*, StaRUG, § 2 Rz. 181 und 8; Uhlenbruck-*Streit/Bürk*, StaRUG, § 7 Rz. 81; *Marotzke*, ZInsO 2022, 192, 195; *de Bruyn/Ehmke*, NZG 2021, 661, 668; *Morgen/Arends/Schierhorn*, ZRI 2021, 305, 311.

79) Begr. RegE SanInsFoG z. StaRUG, BT-Drucks. 19/24181, S. 111.

Vertragsverhältnis i. S. von § 2 Abs. 2 StaRUG beruhen, erfasst werden (siehe i. E. Rz. 2 ff., § 41 Rz. 109 [*Brünkmans*]).

V. Gesellschafter

Ist der Schuldner eine juristische Person oder eine Gesellschaft ohne Rechtspersönlichkeit, so können gemäß § 2 Abs. 3 StaRUG auch die Anteils- oder Mitgliedschaftsrechte der an dem Schuldner beteiligten Personen durch den Restrukturierungsplan gestaltet, sonstige gesellschaftsrechtlich zulässige Regelungen getroffen sowie Anteils und Mitgliedschaftsrechte übertragen werden. 70

Der Gesetzgeber hat sich somit trotz der im Gesetzgebungsverfahren geäußerten Kritik in der Literatur für die bereits zum Insolvenzplan (§§ 217 Satz 2, 225a InsO) seit dem ESUG bekannten weitgehenden Eingriffsbefugnisse entschieden.[80] Gerechtfertigt ist die Eingriffsmöglichkeit durch die drohende Zahlungsunfähigkeit als Zugangsvoraussetzung zum StaRUG. Außerdem stehen planbetroffene Anteilsinhaber solchen Eingriffen nicht schutzlos gegenüber, vielmehr könne jeder betroffene Anteilsinhaber die Planbestätigung mit dem Einwand verhindern, dass er durch den Plan schlechtergestellt werde, als er ohne ihn stünde (§ 64 Abs. 1 StaRUG).[81] 71

Beim **Umfang der Gestaltbarkeit** von Gesellschaftsrechten orientiert sich das StaRUG in den §§ 2 Abs. 3 und 7 Abs. 4 am insolvenzrechtlichen Vorbild (§§ 217 Satz 2, 225a InsO); siehe ausführlich § 54 Rz. 5 [*Brünkmans*]. Zu den bisher umstrittensten Fragen des StaRUG gehört, ob aufgrund der umfassenden Ermächtigung zum Eingriff in Gesellschaftsrechte, die vertretungsberechtigten Organe einer Gesellschaft vor der Anzeige einer Restrukturierungssache (§ 31 StaRUG) einen ermächtigenden Gesellschafterbeschluss benötigen (siehe dazu ausführlich § 54 Rz. 11 ff. [*Brünkmans*]). 72

VI. Gestaltung von Drittsicherheiten

Nach § 2 Abs. 4 kann der Restrukturierungsplan des Schuldners auch die Rechte der Gläubiger gestalten, die ihnen ein mit dem Schuldner **verbundenes Unternehmen** als Bürge, Mitschuldner oder aufgrund einer anderweitig übernommenen Haftung oder an Gegenständen des Vermögens gewährt hat. Maßgeblich für die Gestaltbarkeit von Drittsicherheiten über den Restrukturierungsplan ist nach § 2 Abs. 4 Satz 1 StaRUG allerdings, dass der Dritte im Verhältnis zum Schuldner als verbundenes Unternehmen i. S. von § 15 AktG zu werten ist (siehe dazu ausführlich § 54 Rz. 41 [*Brünkmans*]). Ansprüche der Gläubiger gegen außenstehende Sicherungsgeber können indes nicht durch den Restrukturierungsplan gestaltet werden (vgl. § 67 Abs. 3 Satz 1 StaRUG). Das Bedürfnis einer Gestaltung gruppeninterner Drittsicherheiten über einen Restrukturierungsplan bei einer finanziellen Restrukturierung folgt aus der Praxis einer zentralen Konzernfinanzierungen, indem häufig zentral von einer oder wenigen Konzerngesellschaften die Finanzierung der gesamten Gruppe aufgenommen wird und die anderen Gesellschaften im Wege des Schuldbeitritts die Finanzierung absichern[82] (siehe ausführlich dazu § 56 Rz. 19 ff. [*Brünkmans*]). 73

---

80) Begr. RegE SanInsFoG z. StaRUG, BT-Drucks. 19/24181, S. 113.

81) Begr. RegE SanInsFoG z. StaRUG, BT-Drucks. 19/24181, S. 113.

82) Flöther-*Westpfahl/Dittmar*, StaRUG, § 2 Rz. 64; *Hoegen/Kranz*, NZI 2021, 105, 107 f.; *Westpfahl/Dittmar*, NZI 2021 z. Heft 5/2021, S. 46 ff.

VII. Maßgeblicher Zeitpunkt

1. Grundsätze

74 Die Gestaltung der nach § 2 Abs. 1–4 StaRUG planunterworfenen Rechtsverhältnisse setzt voraus, dass das jeweilige Rechtsverhältnis im maßgeblichen Zeitpunkt **bereits bestand.** Der maßgebliche Zeitpunkt wird in § 2 Abs. 5 StaRUG näher definiert. Bei einer **außergerichtlichen Abstimmung** stellt das Gesetz auf den Zeitpunkt der Unterbreitung des Planangebots i. S. des § 17 StaRUG ab. Für den praxisrelevanteren Fall einer **gerichtlichen Abstimmung** kommt es hingegen auf den Zeitpunkt des Antrags auf Bestimmung eines gerichtlichen Abstimmungstermin (§ 45 StaRUG) an.[83] Im Fall einer **Stabilisierungsanordnung** kommt es nach § 2 Abs. 5 Satz 2 StaRUG auf den Zeitpunkt ihrer Erstanordnung an. Die in § 2 Abs. 5 StaRUG statuierte Zäsur, welche über die Plangestaltbarkeit entscheidet, ist mit der für das Insolvenzverfahren bekannten Abgrenzung von Insolvenzforderungen zu Masseverbindlichkeiten vergleichbar. Dahinter steht der Gedanke, dass zu diesem Zeitpunkt der Schuldner mit dem Zweck nach außen tritt, eine Planabstimmung durchzuführen.[84] Rechtinhaber, welche nach diesem Zeitpunkt die Rechtsgrundlage legen, müssen davon ausgehen dürfen, nicht von den Planregelungen betroffen zu sein.

75 Im maßgeblichen Zeitpunkt muss die Restrukturierungsforderung **noch nicht fällig** sein und bei einer aufschiebend bedingten Forderung kommt es nicht auf den **Bedingungseintritt** an (vgl. § 3 Abs. 1 StaRUG). Restrukturierungsforderungen (vgl. § 2 Abs. 1 Nr. 1 StaRUG) müssen vielmehr im maßgeblichen Zeitpunkt **„begründet"** sein. Für die Frage, wann eine Forderung begründet ist, kann auf die insolvenzrechtlichen Grundsätze zu § 38 InsO zurückgegriffen werden. Demnach wären alle Forderungen, deren schuldrechtliche Grundlage im maßgeblichen Zeitpunkt bereits entstanden ist, erfasst.[85] Entscheidend ist, ob die Rechtsgrundlage der Forderung bereits hinreichend gelegt ist.

76 Bei bedingten Restrukturierungsforderungen ist die Rechtsgrundlage bereits gelegt, sodass § 3 Abs. 1 StaRUG insoweit nur deklaratorische Bedeutung hat. Häufige Anwendungsbereiche für die Praxis sind Personalsicherheiten (Garantien und Bürgschaftsforderungen), welche objektiv noch vom ungewissen Eintritt des Garantiefalls abhängen.[86]

> **Praxishinweis**
>
> Bei den anzusetzenden Stimmrechten ist die Wahrscheinlichkeit des Bedingungseintritts (§ 24 Abs. 2 Nr. 1 StaRUG), z. B. die Wahrscheinlichkeit der Inanspruchnahme aus der Bürgschaft, zu beachten.

2. Restrukturierungsforderungen aus gegenseitigen Verträgen (§ 3 Abs. 3 StaRUG)

77 Restrukturierungsforderungen aus gegenseitigen Verträgen sind gemäß § 3 Abs. 2 StaRUG nur insoweit gestaltbar, als die dem Vertragspartner des Restrukturierungsschuldners **obliegende Leistung** zum Zeitpunkt aus § 2 Abs. 5 StaRUG **bereits erbracht** wurde. Die Vorleistung des Vertragspartners ist somit entscheidendes Kriterium für die Gestaltbarkeit von Forderungen aus einem gegenseitigen Vertrag. Nur im Fall der Vorleistung durch den Gläubiger hat dieser sich einem Kreditrisiko ausgesetzt (siehe im Zusammenhang mit der Gestaltung einer Kreditlinie § 41 Rz. 38 ff. [*Brünkmans*]).

83) Flöther-*Westpfahl/Dittmar*, StaRUG, § 2 Rz. 82.

84) Begr. RegE SanInsFoG z. StaRUG, BT-Drucks. 19/24181, S. 114.

85) Zu § 38 InsO *Kirchner* in: BeckOK-InsO, § 38 Rz. 20; K. Schmidt-*Büteröwe*, InsO, § 38 Rz. 15; Uhlenbruck-*Sinz*, InsO, § 38 Rz. 26 ff.; *Ehricke/Behme* in: MünchKomm-InsO, § 38 Rz. 20 f.; Braun-*Bäuerle*, InsO, § 38 Rz. 5; Römermann-*Andres*, InsO/InsR, § 38 InsO Rz. 13; Graf-Schlicker-*Bremen*, InsO, § 38 Rz. 16; Jaeger-*Eichel*, InsO, § 38 Rz. 90; *Ries* in: HK-InsO, § 38 Rz. 27.

86) Seibt/Westpfahl-*Herding/Krafczyk*, StaRUG, § 3 Rz. 4, 9.

Eingriffe in das vertragliche Synallagma hat der Gesetzgeber hingegen ausdrücklich abgelehnt.[87] 78

Praxishinweis
Für teilweise erfüllte gegenseitige Verträge gelten die Grundsätze der Teilbarkeit der Leistung aus § 105 InsO entsprechend.

VIII. Von der Plangestaltung ausgenommene Rechtsverhältnisse (§ 4 StaRUG)

Gemäß § 4 StaRUG werden bestimmte Rechtsverhältnisse der Gestaltung durch einen Restrukturierungsplan entzogen. Einer Gestaltung unzugänglich sind nach § 4 Satz 1 Nr. 1 StaRUG: 79

- Forderungen von Arbeitnehmern (Gehalt, Lohn, Schadensersatzforderungen gegen den Arbeitgeber, Urlaubsabgeltungsansprüche gemäß § 7 Abs. 4 BUrlG, Abfindungsansprüche etc.) sowie
- Rechte aus Zusagen auf betriebliche Altersversorgung.

Ein in der Praxis wichtiger Baustein einer Bilanzsanierung durch Eliminierung von Pensionsrückstellungen bleibt damit dem Insolvenzplanverfahren vorenthalten (§ 61 Rz. 20 f., 23, 87 [*Krings/Sturme*], § 8 Rz. 113 ff., 260 ff. [*Brünkmans*]).[88] 80

Forderungen aus vorsätzlich begangenen unerlaubten Handlungen sind gemäß § 4 Satz 1 Nr. 2 StaRUG ebenfalls planimmun. Dies gilt richtigerweise auch dann, wenn die Schuldnerin eine juristische Person ist.[89] Vereinzelnd wird ein Vergleich zu § 302 Nr. 1 InsO gezogen, wonach von der Restschuldbefreiung für natürliche Personen Ansprüche aus vorsätzlich unerlaubter Handlung ausgenommen sind. Auch wenn der Gesetzgeber sich – ausweislich der Gesetzesbegründung – bei der Regelung von § 4 Satz 1 Nr. 2 StaRUG an § 302 Nr. 1 InsO orientiert hat,[90] ist davon auszugehen, dass der Gesetzgeber bewusst den Anwendungsbereich nicht auf natürliche Personen beschränkt hat. Nach § 30 Abs. 1 Satz 2 StaRUG ist das StaRUG auf natürliche Personen nur im Hinblick auf eine (etwaige) unternehmerische Tätigkeit anwendbar. Vor diesem Hintergrund kann nicht angenommen werden, dass der Ausschlussgrund aus § 4 Satz 1 Nr. 2 StaRUG lediglich für einen Personenkreis gelten soll, der nur unter besonderen Bedingungen überhaupt Zugang zum StaRUG hat.[91] Die Anforderungen an den Gläubiger, sich auf eine vorsätzlich unerlaubte Handlung und damit den Ausschluss der Plangestaltbarkeit der Forderung zu berufen, entsprechen den Vorschriften des Insolvenzverfahrens §§ 174 ff. InsO. Der Gläubiger muss konkrete Tatsachen vorbringen, dass es sich um eine Forderung aus unerlaubter Handlung handelt.[92] Richtigerweise darf sich der Gläubiger nicht durch bloße Behauptungen unliebsamer Restrukturierungsplänen entziehen. Ein Gegenvortrag des Schuldners ist daher zu berücksichtigen.[93] 81

Die Eindämmung von **„Mass Tort Claims"**, d. h. eine Vielzahl von gegen Unternehmen gerichteten Schadensersatzforderungen, lässt sich somit auch bei juristischen Personen nicht über einen Restrukturierungsplan, sondern lediglich über das Insolvenzplanverfahren 82

87) Begr. RegE SanInsFoG z. StaRUG, BT-Drucks. 19/24181, S. 114.
88) Seibt/Westpfahl-*Herding/Krafczyk*, StaRUG, § 4 Rz. 7; *Westpfahl*, ZRI 2020, 157, 170.
89) AG Dresden, Beschl. v. 20.12.2024 – 571 RES 3/24, ZRI 2025, 89 = BeckRS 2024, 36705.
90) Begr. RegE SanInsFoG z. StaRUG, BT-Drucks. 19/24181, S. 115.
91) AG Dresden, Beschl. v. 20.12.2024 – 571 RES 3/24, ZRI 2025, 89 = BeckRS 2024, 36705.
92) AG Dresden, Beschl. v. 20.12.2024 – 571 RES 3/24, ZRI 2025, 89 = BeckRS 2024, 36705.
93) S. ausführlich *Kramer*, ZInsO 2025, 1245 f (Urteilsanm.).

erreichen.[94] Gleiches gilt für die Geltendmachung von **Verbindlichkeiten aus staatlichen Sanktionen** i. S. von § 39 Abs. 1 Nr. 3 InsO, d. h. Geldstrafen, Geldbußen, Ordnungsgelder und Zwangsgelder. Nach § 4 Satz 1 Nr. 3 StaRUG sind diese einer Gestaltung über den Restrukturierungsplan nicht zugänglich, d. h. es bleibt nur die Möglichkeit der Gestaltung im Insolvenzplanverfahren.

C. Grenzen bei der inhaltlichen Ausgestaltung der Planregelungen

I. Keine Verschlechterung der Planbetroffenen im Vergleich zum nächstbeste Alternativszenario

83 Wie im Insolvenzplan ist auch für den Restrukturierungsplan das Schlechterstellungsverbot eine wesentliche Grenze bei der inhaltlichen Ausgestaltung des Restrukturierungsplans. Die im gestaltenden Teil des Restrukturierungsplans vorgesehene Rechtsänderung darf die Planbetroffenen nicht schlechterstellen. Das Schlechterstellungsverbot folgt aus §§ 64 Abs. 1 Satz 1, 26 Abs. 1 Nr. 1 StaRUG und ist im Fall einer gruppenübergreifenden Mehrheitsentscheidung im Hinblick auf die Planbetroffenen der Gruppe, in der die erforderliche Mehrheit nicht erreicht wurde, vom Restrukturierungsgericht grundsätzlich von Amts wegen zu prüfen (vgl. aber § 63 Abs. 2 Satz 1 StaRUG). Anders als beim Insolvenzplan steht das Vergleichsszenario nicht von vornherein fest. Während für den Insolvenzplan die Planquote mit der voraussichtlich im Regelinsolvenzverfahren erreichbaren Quote verglichen wird, muss für den Restrukturierungsplan über das sog. **nächstbeste Alternativszenario** der relevante Vergleichsmaßstab zunächst bestimmt werden. Die **sorgfältige Bestimmung** des nächstbesten Alternativszenarios ist dabei von entscheidender Bedeutung (siehe dazu ausführlich § 39 Rz. 42 ff. [*Brünkmans*]). Ohne Beachtung des Schlechterstellungsverbotes besteht die Gefahr, dass der Restrukturierungsplan die erforderlichen **Mehrheiten** in den Gruppen **verfehlt**, vereinzelte Planbetroffene den Restrukturierungsplan über einen **Minderheitenschutzantrag** (§ 64 Abs. 1 Satz 1 StaRUG) zu Fall bringen werden oder das Gericht die **Planbestätigung** i. R. einer gruppenübergreifenden Mehrheitsentscheidung verweigert (§ 26 Abs. 1 Nr. 1 StaRUG).

II. Gleichbehandlungsgrundsatz

84 Bei der Ausgestaltung der Planregelungen ist auch stets der Gleichbehandlungsgrundsatz zu beachten, um den Restrukturierungsplan nicht vorneherein angreifbar zu machen. Zu unterscheiden ist dabei das gruppeninterne Gleichbehandlungsgebot (§ 10 StaRUG) und die gruppenübergreifende Gleichbehandlung (§ 27 Abs. 1 Nr. 3 StaRUG).

1. Gruppeninternes Gleichbehandlungsgebot

a) Formale Gleichbehandlung innerhalb einer Gruppe

85 Nach § 10 Abs. 1 StaRUG sind innerhalb einer Gruppe den Planbetroffenen stets gleiche Rechte anzubieten. Eine unterschiedliche Behandlung innerhalb einer Gruppe ist nur mit Zustimmung des jeweils benachteiligten Planbetroffenen möglich. Das gruppeninterne Gleichbehandlungsgebot aus § 10 StaRUG entspricht im Wesentlichen § 226 InsO.

86 Das **Restrukturierungsgericht** prüft die Einhaltung der gruppeninternen Gleichbehandlung i. R. der gerichtlichen Planbestätigung.[95] Grundsätzlich sind nur die zu einer Gruppe zusammengefassten Planbetroffenen gleichzubehandeln. Eine unterschiedliche Behandlung von Betroffenen, die **unterschiedlichen Gruppen** angehören ist hingegen möglich,

94) *Parzinger*, FD-InsR 2025, 801590 (Urteilsanm.).

95) Jacoby/Thole-*Brünkmans*, StaRUG, § 10 Rz. 20.

sodass mit der **Bildung einer Untergruppe** die Möglichkeit eröffnet wird, Planbetroffene mit gleicher Rangklasse unterschiedlich zu behandeln. Allerdings ist in diesem Fall das Gebot **gruppenübergreifender Gleichbehandlung** (h. A. wirtschaftliche Gleichbehandlung aller Planbetroffenen gleicher Rangklasse [§§ 26 Abs. 1 Nr. 2, 27 Abs. 1 Nr. 3 StaRUG]) zu beachten, falls der Restrukturierungsplan nur über eine gruppenübergreifende Mehrheitsentscheidung nach §§ 26 ff. StaRUG umsetzbar ist (siehe nachfolgend Rz. 97 ff.).

Richtigerweise kommt es bei der gruppeninternen Gleichbehandlung ausschließlich auf die rein **formale, nicht** hingegen auf die **wirtschaftliche Gleichbehandlung** an.[96] Der Wortlaut „gleiche Rechte" und der systematische Vergleich zu § 27 Abs. 1 Nr. 3 StaRUG sprechen für eine rein formale Betrachtung.[97] Der Regelungsgehalt muss für sämtliche Mitglieder der Gruppe (formal) identisch sein. Eine Ungleichbehandlung ist nur durch die Bildung von weiteren Untergruppen möglich, welche allerdings das **Kriterium der Sachgerechtigkeit** (§ 9 Abs. 2 Satz 1 StaRUG) erfüllen muss. Soweit nicht in sämtlichen Gläubigergruppen eine Zustimmung von mindestens 75 % erreicht wird, ist insbesondere auch das gruppenübergreifende Gleichbehandlungsgebot (§ 27 Abs. 1 Nr. 3 StaRUG) zu beachten.[98] 87

Der **gesellschaftsrechtliche Gleichbehandlungsgrundsatz** aus § 53a AktG wird im Fall des Eingriffs durch das vom StaRUG zur Verfügung gestellte, differenzierte System der Gleichbehandlung hingegen verdrängt.[99] Ist die formale Ungleichbehandlung von Anteilsinhabern vorgesehen, wenn etwa nicht sanierungswilligen Anteilsinhabern kein Bezugsrecht gewährt wird, ist für die Gruppe der Anteilsinhaber eine weitere fakultative Untergruppe zu bilden. Die Zulässigkeit einer solchen Differenzierung richtet sich nach dem Kriterium der Sachgerechtigkeit (§ 9 Abs. 2 Satz 3 StaRUG).[100] 88

b) Bezugspunkt der Gleichbehandlung (absolute oder relative Gleichbehandlung)

aa) Problemstellung

Unklar kann im Einzelfall der Bezugspunkt des formalen Gleichbehandlungsgebotes sein. Dabei stellt sich die Frage, ob § 10 StaRUG für das gruppeninterne Gleichbehandlungsgebot eine absolute oder relative Gleichbehandlung erfordert. Für die typischen Gestaltungsregelungen von Restrukturierungsforderungen, namentlich Forderungsverzichte oder Stundung/Prolongation, gestaltet sich die Einordnung unterschiedlich schwer. 89

bb) Bezugspunkt beim Forderungsverzicht

Für den Forderungsverzicht geht das Gesetz von einer **relativen Gleichbehandlung** aus, d. h. der Verzicht der Forderung erfolgt nicht i. H. eines gleichen Betrages (absolute Gleichbehandlung), sondern wird quotal gekürzt. Dies folgt schon unmittelbar aus dem Wortlaut von § 7 Abs. 2 Satz 1 StaRUG, wonach bei einem Eingriff in Forderungen und Absonderungsanwartschaften im Plan festgelegt werden muss, „um welchen *Bruchteil* diese gekürzt werden".[101] 90

96) Flöther-*Tasma*, StaRUG, § 10 Rz. 2; Jacoby/Thole-*Brünkmans*, StaRUG, § 10 Rz. 5; *Völker*, ZRI 2024, 1098, 1100; anders hingegen für eine wirtschaftliche Gleichbehandlung Morgen-*Kowalewski*/*Praß*, StaRUG, § 10 Rz. 9 ff., 12; vgl. Braun-Böhm, StaRUG, § 10 Rz. 3.

97) Jacoby/Thole-*Brünkmans*, StaRUG, § 10 Rz. 5.

98) *Völker*, ZRI 2024, 1098, 1100.

99) Jacoby/Thole-*Brünkmans*, StaRUG, § 10 Rz. 8 f.; s. zum Insolvenzplan: *Thole*, Gesellschaftsrechtliche Maßnahmen in der Insolvenz, Rz. 276; *Eidenmüller*, NJW 2014, 17, 18; *Haas*, NZG 2012, 961, 965.

100) Jacoby/Thole-*Brünkmans*, StaRUG, § 10 Rz. 9.

101) *Völker*, ZRI 2024, 1098, 1101.

cc) Bezugspunkt bei Stundung und Prolongation

91 Weniger klar ist die Frage des Bezugspunktes für eine gruppeninterne Gleichbehandlung für Prolongationen und Stundungen zu beantworten.

92 Zum Teil wird eine Gleichbehandlung innerhalb der Gruppe nur dann angenommen, wenn die Regelung über die **Fälligkeit** der Restrukturierungsforderung zum gleichen Zeitpunkt endet. Dies soll auch dann geltenden, wenn die in der Gruppe eingeordneten Restrukturierungsforderungen ursprünglich unterschiedliche (End-)Fälligkeiten haben.[102] Der Wortlaut von § 10 „gleiche Rechte anzubieten" stelle auf das Ergebnis der Regelung ab. Ein solches Wortlautverständnis ist allerdings nicht zwingend. Für eine Zeitpunktbetrachtung wird es häufig ein praktisches Bedürfnis geben, weil die Prolongation in der Regel einheitlich auf das Ende des im IDW S 6-Gutachten festgelegten Sanierungszeitraums ausgerichtet ist, an dessen Ende entweder eine ganzheitliche Refinanzierung oder der Verkauf des Unternehmens steht.

93 Andere stellen dennoch auf eine Zeitraumbetrachtung ab, d. h. die Regelung in der jeweiligen Gruppe muss danach einen **identischen Verlängerungszeitraum** und gerade nicht eine identische Endfälligkeit vorsehen, um dem gruppeninternen Gleichbehandlungsgebot aus § 10 Abs. 1 StaRUG zu genügen.[103] Als Begründung für eine Zeitraumbetrachtung wird auf den Wortlaut von § 7 Abs. 2 Satz 1 StaRUG abgestellt, wonach für Restrukturierungsforderungen oder Absonderungsanwartschaften im Plan festgelegt werden muss, „für welchen **Zeitraum** sie gestundet" werden.[104] Ein Rückgriff auf einen Diskussionsstand zum Insolvenzplan ist nicht möglich, weil dort Forderungen, soweit sie noch nicht fällig sind, gemäß § 41 InsO mit Eröffnung des Insolvenzverfahrens als fällig gelten. Da aufgrund dieser Fälligstellung die zu stundenden Forderungen zum gleichen Zeitpunkt (Rechtskraft des Insolvenzplans) starten, sind Zeitraum und Zeitpunkt beim Insolvenzplan stets identisch. Diese Effekte des Insolvenzverfahrens aus § 41 InsO können allerdings als Begründung für eine Zeitpunktbetrachtung nicht herangezogen werden, selbst wenn das nächstbeste Alternativszenario die Insolvenz sein sollte.[105] Richtigerweise kann der **Ausgangspunkt der Restrukturierungsforderung nicht unbeachtlich** bleiben. Neben dem Wortlaut von § 7 Abs. 2 StaRUG (siehe oben) legt auch die Restrukturierungsrichtlinie[106] eine Zeitraumbetrachtung nahe. Auch die Systematik zu § 28 Abs. 2 Nr. 2 StaRUG „Fälligkeit um nicht mehr als 18 Monate verschoben werden" spricht für eine Zeitraumbetrachtung.[107]

94 Auch wenn § 41 InsO auf das StaRUG nicht unmittelbar Anwendung findet, sollte jedoch bedacht werden, dass für die planbetroffenen Forderungen aufgrund der finanziellen

102) Morgen-*Kowalewski/Praß*, StaRUG, § 10 Rz. 14; vgl. auch *Thole*, ZRI 2024, 1006, 1011; *Völker*, ZRI 2024, 1098, 1101; i. Erg. auch *Tresselt/Reps*, NZI 2025, 201, 203 f., mit der Begründung, dass für die Gleichbehandlung zwar ein einheitlicher Verlängerungszeitraum erforderlich sei, dieser allerdings mit dem Wirksamwerden der Planregung als „wirtschaftlicher Neustart" beginnt; vgl. auch AG München, Beschl. v. 6.6.2025 – 1501 RES 337/25 (BayWa), ZRI 2025, 787. In den Entscheidungen AG Stuttgart, Beschl. v. 11.12.2024 – 6 RES 1243/24 (VARTA), ZRI 2025, 149, m. Anm. *Kümpel*; AG Frankfurt/M., Beschl. v. 26.3.2024 – 810 RES 3/24 B (Branicks), ZRI 2024, 814; AG Nürnberg, Beschl. v. 21.6.2023 – RES 397/23 (Leoni), ZRI 2023, 629 = NZI 2023, 881, so jedenfalls praktiziert.

103) So *Parzinger/Knebel* in: MünchKomm-StaRUG, § 10 Rz. 18; vgl. auch Flöther-*Tasma*, StaRUG, § 10 Rz. 2; Uhlenbruck-*Streit/Bürk*, InsO, § 10 StaRUG Rz. 14.

104) *Völker*, ZRI 2024, 1098, 1101; *Parzinger/Knebel* in: MünchKomm-StaRUG, § 10 Rz. 18.

105) So wohl im Fall Adler, EWCA (Court of Appeal) v. 23.1.2024 – EWCA Civ 24 – Re AGPS BondCo PLC; vgl. wie hier *Völker*, ZRI 2024, 1098, 1103; vgl. *Tresselt/Reps*, NZI 2025, 201, 203 f., die auf das Wirksamwerden der Planregung als „wirtschaftlicher Neustart" abstellen.

106) Art. 10 Abs. 1 lit. b der Restrukturierungsrichtlinie: „Gläubiger mit ausreichenden gemeinsamen Interesse in derselben Klasse werden gleich und im Verhältnis zu ihren Forderungen behandelt".

107) *Völker*, ZRI 2024, 1098, 1103.

Lage in der Regel **Kündigungsgründe** verwirklicht sein werden.[108] Der planbetroffene Gläubiger könnte die Forderung **jederzeit fälligstellen** und wird ggf. nur aufgrund eines Lock-up-Agreements oder einer Standstillvereinbarung bis zur Überführung in die Planregelung daran gehindert. In diesen Fällen setzt der einheitliche Stundungszeitraum auf einen einheitlichen Startpunkt auf, mit der Folge, dass auch die **Endfälligkeit** für sämtliche Forderungen, welche jederzeit fälliggestellt werden können, zum gleichen Zeitpunkt enden (zur Vereinbarkeit einer einheitlichen Zeitpunktregelung mit dem – nach h. M. wirtschaftlich zu verstehenden – gruppenübergreifenden Gleichbehandlungsgrundsatz aus § 26 Abs. 1 Nr. 2, § 27 Abs. 1 Nr. 3 StaRUG siehe Rz. 99).

Praxishinweis
Sollte im Einzelfall ausnahmsweise kein Kündigungsgrund bestehen, wäre eine separate Gruppe zu bilden, um dem Gleichbehandlungsgebot aus § 10 StaRUG gerecht zu werden.

dd) Bezugspunkt bei Zinssatzänderungen und Änderungen von Nebenbestimmungen

95 Für die Gestaltung von Zinsansprüchen (siehe dazu ausführlich § 41 Rz. 49 [*Brünkmans*]) gelten die Ausführungen entsprechend. Grundsätzlich gilt eine relative Zinsgestaltung innerhalb der Gruppe. Ist jedoch ein Kündigungsgrund verwirklicht, kann die Fortsetzung der Finanzierung an einen einheitlichen Zinssatz gekoppelt werden.

96 Für die Regelungen von Nebenbestimmungen ist zu beachten, dass eine „relative Änderung" von Nebenbestimmungen außerhalb von Financial Covenants, wie etwa Kreditauflagen kaum praktikabel ist. Eine Vereinheitlichung von Nebenbestimmungen innerhalb einer Gruppe ist daher möglich.[109]

2. Gruppenübergreifende Gleichbehandlung

97 Die Gruppenbildung muss sich über das **Kriterium der Sachgerechtigkeit** rechtfertigen lassen (§ 9 Abs. 2 Satz 2 StaRUG). Die Möglichkeit der Ungleichbehandlung innerhalb einer Rangklasse durch Bildung einer Untergruppe stößt im Hinblick auf den gruppenübergreifenden Gleichbehandlungsgrundsatz jedoch auf seine Grenzen. Der gruppenübergreifende Gleichbehandlungsgrundsatz greift allerdings nur dann, wenn **eine gruppenübergreifende Mehrheitsentscheidung zur Durchsetzung** des Restrukturierungsplans **erforderlich ist**, d. h. in einer Untergruppe nicht die nach § 25 Abs. 1 StaRUG erforderliche Mehrheit erreicht wird. In diesem Fall verlangt § 26 Abs. 1 Nr. 2, § 27 Abs. 1 Nr. 3 StaRUG die Gleichbehandlung aller Planbetroffenen gleicher Rangklasse. **Anders als beim gruppeninternen Gleichbehandlungsgrundsatz kommt es nur auf die wirtschaftliche Gleichbehandlung an.** Eine rechtliche Gleichbehandlung ist nicht erforderlich. Eine Ungleichbehandlung wird dabei jedoch stets im Verhältnis der Planbetroffenen und der nicht in den Plan einbezogenen Gläubiger oder Anteilsinhaber bestehen.[110]

98 Auch i. R. des wirtschaftlichen Gleichbehandlungsgebots nach § 26 Abs. 1 Nr. 2, § 27 Abs. 1 Nr. 3 StaRUG ist für den Forderungsverzicht im Ausgangspunkt der **relative Anteil des Kürzungsbetrages zur Gesamtforderung** entscheidend, nicht jedoch der neue Endbetrag der Forderung. Anders als bei der rechtlichen Gleichbehandlung aus § 10 Abs. 1 StaRUG innerhalb der Gruppe (siehe dazu Rz. 84 ff.) können im Restrukturierungsplan

108) Vgl. *Thole*, ZRI 2024, 1006, 1011, allerdings im Kontext der wirtschaftlich zu verstehenden gruppenübergreifenden Gleichbehandlung aus § 27 Abs. 1 Nr. 3 StaRUG.

109) *Völker*, ZRI 2024, 1098, 1101, 1103; Morgen-*Kowalewski/Praß*, StaRUG, § 10 Rz. 14.

110) Begr. RegE SanInsFoG z. StaRUG, BT-Drucks. 19/24181, S. 119.

dennoch unterschiedliche Verzichts- und Befriedigungsquoten vorgesehen werden, wenn diese Unterschiede durch andere wirtschaftliche Vorteile ausgeglichen werden.[111)]

99 Für die **Stundung/Prolongation** sowie für die **Zinsgestaltung** gelten die Ausführungen zu § 10 StaRUG (siehe oben Rz. 84 ff., 95 f.) entsprechend. Auch i. R. der wirtschaftlichen Betrachtungsweise nach § 26 Abs. 1 Nr. 2, § 27 Abs. 1 Nr. 3 StaRUG ist eine Fixierung auf einen **festen Fälligkeitszeitpunkt** im Restrukturierungsplan für sämtliche – ggf. in verschiedene Gruppen eingeteilte – Restrukturierungsforderungen trotz unterschiedlicher Ausgangsfälligkeiten möglich, wenn ein verwirklichtes Kündigungsrecht besteht. Wenn Gläubiger das Darlehen jederzeit kündigen könnten, ist die wirtschaftliche Belastung ungeachtet unterschiedlicher Ausgangsfälligkeiten identisch. Sollte ein Kündigungsgrund ausnahmsweise nicht vorliegen, kommen – insoweit anders als beim gruppeninternen Gleichbehandlungsgebot aus § 10 Abs. 1 StaRUG – andere Kompensationsmöglichkeiten in Betracht.

Praxishinweis

Ferner ist zu beachten, dass § 28 Abs. 1 StaRUG eine Abweichung vom gruppenübergreifenden Gleichbehandlungsgrundsatz im Einzelfall zulässt, dann nämlich, wenn eine abweichende Regelung nach Art der zu bewältigenden wirtschaftlichen Schwierigkeiten und nach den Umständen **sachgerecht** ist (§ 28 Abs. 1 Satz 1 StaRUG; vgl. aber Gegenausnahme Satz 2; siehe dazu § 49 Rz. 8 ff. [*Thole*]).

3. Optionen und Wahlrechte

100 Optionen und Wahlrechte spielen seit Inkrafttreten des StaRUG eine große Bedeutung für komplexe finanzwirtschaftliche Restrukturierungen, indem Planbeteiligte die Option erhalten, freiwillig einer Sanierungsvereinbarung oder Sanierungskreditvertrag (siehe unten Rz. 102) beizutreten.[112)] Es stellt sich die Frage, ob und inwieweit die Wahlrechte sich am gruppeninternen (§ 10 StaRUG) und gruppenübergreifenden (§ 27 Abs. 1 Nr. 3 StaRUG) Gleichbehandlungsgrundsatz messen lassen müssen.

101 Eine **formale Gleichbehandlung** der Planbetroffenen **innerhalb einer Gruppe** liegt auch dann vor, wenn die Planregelung den Planbetroffenen verschiedene Rechte i. S. einer Option gewährt,[113)] solange allen Mitgliedern der Gruppe **das gleiche Optionsrecht** gewährt wird (siehe zum Insolvenzplan § 8 Rz. 222 [*Brünkmans*]). Eine Wahloption ist dann zulässig, wenn der Plan eine Gestaltung vorsieht, die für alle Planbetroffenen gleichermaßen gilt, welche ihr Wahlrecht nicht ausüben.[114)] Bei Nichtausübung der Wahloption muss der Plan eine Basisvariante enthalten, die für alle Planbetroffenen gilt.[115)] Die Individuellen Auswirkungen, die sich im Falle eines Beitritts zu einer einheitlichen Sanierungsvereinbarung für den jeweiligen Beitretenden ergeben, sind nicht von Relevanz.[116)]

102 Für das **gruppeninterne Gleichbehandlungsgebot** ist zu beachten, dass dieses unmittelbar nur im Hinblick auf die **Regelung des gestaltenden** Teils gilt. „Angebote" an die Planbetroffenen **außerhalb des Restrukturierungsplans** sind hingegen **lediglich an § 10 Abs. 3 StaRUG zu messen**, d. h. sie müssen insbesondere dem Transparenzgebot entsprechen.

111) *Völker*, ZRI 2024, 1098, 1109.

112) Vgl. etwa AG Stuttgart, Beschl. v. 11.12.2024 – 6 RES 1243/24 (VARTA), ZRI 2025, 149, m. Anm. *Kümpel*; AG München, Beschl. v. 6.6.2025 – 1501 RES 337/25 (BayWa), ZRI 2025, 787.

113) AG Köln, Beschl. v. 3.3.2021 – 83 RES 1/21, ZRI 2021, 377, 379 = NZI 2021, 433; Jacoby/Thole-*Brünkmans*, StaRUG, § 10 Rz. 6.

114) AG München, Beschl. v. 6.6.2025 – 1501 RES 337/25 (BayWa), ZRI 2025, 787.

115) AG München, Beschl. v. 6.6.2025 – 1501 RES 337/25 (BayWa), ZRI 2025, 787.

116) AG München, Beschl. v. 6.6.2025 – 1501 RES 337/25 (BayWa), ZRI 2025, 787.

Praktische Bedeutung hat diese Differenzierung für die Frage, welche Gläubiger sich am Sanierungskredit (allgemein Fresh Money) beteiligen dürfen. Da mit der Bereitstellung von Fresh Money nicht selten hohe Zinsen und zusätzliche Wertaufholungsinstrumente (Besserungsschein oder VPPNs siehe Rz. 126 f.) verbunden sind, stellt sich die Frage, ob jedem planbetroffenen Gläubiger der Gruppe die **Möglichkeit** eröffnet werden muss, **sich** am Fresh Money **zu beteiligen**. Dies ist richtigerweise zu verneinen, allerdings bisher noch nicht abschließend geklärt. Auch wenn der Vorteil aus dem Sanierungskredit nicht unmittelbar aus der Plangestaltungsregelung resultiert, lässt sich das wirtschaftlich und faktisch nur schwer trennen.

Wird dennoch jedem Gläubiger das Wahlrecht zur Teilnahme am Sanierungskredit (New Money Fazilität) zugestanden, stellt sich eine weitere Verteilungsfrage, nämlich wie der Anteil verteilt wird, wenn **einige Gläubiger das Wahlrecht nicht ausüben**. Hier gibt es in der Praxis häufig Back-Stop-Lösungen, indem einige Gläubiger garantieren, in diesem Fall die Lücke zu schließen und den noch fehlenden Betrag aufzubringen. Für solche Back-Stop-Lösungen gilt richtigerweise erst recht nicht das Gleichbehandlungsgebot aus § 10, § 27 Abs. 1 Nr. 3 StaRUG. Für eine effektive Sanierung ist es unerlässlich, dass Finanzierer Anreize bekommen, den gesamten Fresh-Money-Bedarf im Wege eines Back-Stop-Modells zu garantieren. 103

III. Gestaltungsmissbrauch bei rein konzerninternen Gruppen?

In der Vergangenheit sind auch Pläne bekannt geworden, die ausschließlich Verbindlichkeiten konzernverbundener Unternehmen sowie Anteilseignern der Schuldnerin erfassen. Beispielhaft sei eine Restrukturierungssache beim AG Hamburg genannt. Der Restrukturierungsplan bestand dort aus drei Gruppen. Gruppe 1 (einfache Restrukturierungsgläubiger) wurde von den Tochtergesellschaften gebildet, Gruppe 2 (nachrangige Restrukturierungsgläubiger) durch Darlehen von Gesellschaftern und sonstigen nahestehenden Personen und Gruppe 3 durch die Anteilseigner.[117] 104

Damit eine gruppenübergreifende Mehrheitsentscheidung nach § 26 StaRUG bei fehlender Zustimmung der Gruppe 3 (Minderheitsgesellschafter ohne Bezugsrecht) herbeigeführt werden kann, ist eine **weitere Gruppe erforderlich**, in der weder ausschließlich Anteilsinhaber noch nachrangige Restrukturierungsgläubiger, abstimmen (vgl. § 26 Abs. 1 Nr. 3 StaRUG). Diese Voraussetzung lässt sich erfüllen, wenn Tochtergesellschaften Forderungen gegen Gesellschafter haben, die gestundet oder auf die teilweise verzichtet werden können. Außenstehende Dritte müssen in diesem Fall nicht erst in den Plan einbezogen werden.[118] Auch bei dieser rein konzerninternen Gläubigergruppe sind die **Anforderungen** an eine gruppenübergreifende Mehrheitsentscheidung nach § 26 StaRUG **formal erfüllt**. 105

Neben Forderungen von Tochtergesellschaften gegen die Schuldnerin – aus deren Perspektive somit Forderungen gegen Gesellschafter (Upstream-Darlehen) – kommen als **konzerninterne Forderungen**, die in den Rang des § 38 InsO eingruppiert werden können, folgende Ansprüche in Betracht: **Ansprüche aus Lieferungen und Leistungen** (solange sie nicht durch Stehenlassen als nachrangig qualifiziert werden) **oder Verlustausgleichsansprüche** aus § 302 AktG.[119] 106

Zum Teil wird darauf hingewiesen, dass eine solche ausschließlich „gruppeninterne" Gruppenbildung, mit der mittels des Restrukturierungsplans gesellschaftsrechtliche Verände- 107

117) AG Hamburg, Beschl. v. 12.4.2021 – 61a RES 1/21, ZRI 2024, 473 = NZI 2021, 544.

118) *Urlaub*, ZRI 2023, 997, 998.

119) *Thole*, ZRI 2024, 1011, 1012.

rungen (wie etwa dem Ausschluss unliebsamer Minderheitsgesellschafter) herbeigeführt werden sollen, den Anschein eines **Gestaltungsmissbrauchs** erwecken.[120] Ohne weitere Voraussetzungen kann dies jedoch nicht angenommen werden.

D. Typische Regelungsgegenstände im gestaltenden Teil des Restrukturierungsplans

I. Gemeinsamkeiten und Unterschiede zum Insolvenzplan

108 Der Gesetzgeber hat sich bei der Ausgestaltung des Restrukturierungsplans im Wesentlichen an den bewährten Vorschriften zum Insolvenzplan orientiert. Viele Fragen – insbesondere zu formellen und inhaltlichen Vorgaben an den gestaltenden Teil – lassen sich somit durch einen Blick auf die Vorschriften (§§ 217 ff., 221–228 InsO) und Diskussionen zum Insolvenzplan beantworten.

109 Was die typischen Regelungsgegenstände im gestaltenden Teil des Restrukturierungsplans angeht, steht – wie beim Insolvenzplan – auch beim Restrukturierungsplan der (teilweise) **Forderungserlass** (siehe Rz. 128 ff.), **Rangrücktritte** (siehe Rz. 140), **Forderungsstundungen** (siehe Rz. 129) etc. im Fokus. Besonderheiten im Vergleich zum Insolvenzplan ergeben sich daraus, dass das StaRUG als Instrument der finanzwirtschaftlichen Sanierung konzipiert wurde und die Praxis zeigt, dass der Restrukturierungsplan sich im Wesentlichen als rein finanzwirtschaftliches Sanierungsinstrument etabliert hat. Die sich aus § 2 Abs. 2 StaRUG nur für den Restrukturierungsplan – eine entsprechende Vorschrift enthalten die §§ 217 ff. InsO nicht – bestehende Möglichkeit, **vertragliche Nebenbestimmungen** zwangsweise über den gestaltenden Teil zu ändern, ermöglicht es, die bisherige Kreditvertragsdokumentation des „Old Money"[121] zu ändern. Daher enthält der gestaltende Teil zum Restrukturierungsplan **häufig umfassende „Basiskreditverträge"**[122], welche i. R. von § 2 Abs. 1 und 2 StaRUG Änderungen der Hauptforderung, Laufzeiten sowie Nebenbestimmungen (insbesondere Covenants) enthalten. Diese über den gestaltenden Teil zwangsweise veränderten Basisverträge dienen allerdings in der Regel nur als Auffangverträge, wenn Gläubiger nicht freiwillig einem – in der Regel für sie günstigeren – Sanierungsrahmen und Kreditvertrag beitreten (siehe zu Optionen/Wahrechten Rz. 2 f.).

II. Bestimmung der Planbetroffenen

110 Der Restrukturierungsplan muss zunächst festlegen, in wessen Rechte überhaupt eingegriffen werden soll. Dies erfolgt direkt oder indirekt über eine Regelung im gestaltenden Teil (§ 7 Abs. 1), während im darstellenden Teil anzugeben ist, nach welchen sachgerechten Kriterien die Auswahl der Planbetroffenen erfolgte, vgl. § 8 Satz 1 StaRUG (zur sachgerechten Auswahl der Planbetroffenen siehe ausführlich § 42 Rz. 3 ff. [*Beck/Pechartschek*]). Dadurch kommt zum Ausdruck, dass es sich beim StaRUG-Verfahren um ein teilkollektives Verfahren handelt.

111 Die Planbetroffenen werden über die Inhaberschaft ihrer Rechtspositionen definiert. Nur wer eine nach den §§ 2–4 StaRUG gestaltbare Rechtsposition hat, kann Planbetroffener werden. In Betracht kommen somit

- Inhaber von Restrukturierungsforderungen (§ 2 Abs. 1 Nr. 2),
- Absonderungsanwartschaften (§ 2 Abs. 1 Nr. 2),

120) Vgl. *Berner/Werner*, in: Kübler/Bork/Prütting, HRI I, § 17 Rz. 46, § 20 Rz. 42.

121) Für das Fresh Money (z. B. Sanierungskreditvertrag) ist dies selbstverständlich nicht möglich, weil die Hauptforderung wegen §§ 2 Abs. 5, 3 Abs. 2 StaRUG keine Restrukturierungsforderung ist.

122) Technisch erfolgt dies über einen Verweis im gestaltenden Teil des Restrukturierungsplans auf die zur Anlage genommenen geänderten Kreditverträge.

- Inhaber von Rechten aus gruppeninternen Drittsicherheiten (§ 2 Abs. 4) und
- von Anteils- oder Mitgliedschaftsrechten (§ 2 Abs. 3),

soweit deren Rechtspositionen in den Grenzen der §§ 2–4 StaRUG gestaltet werden können (siehe dazu oben Rz. 5 ff.).

Als mögliche Planbetroffene scheiden hingegen die Inhaber von Rechtspositionen aus, die nicht von dem Numerus clausus gestaltungsfähiger Rechtsverhältnisse (§ 2 StaRUG) erfasst oder gemäß § 4 StaRUG von diesen ausgenommen werden, wie z. B. aussonderungsberechtigte Gläubiger und Forderungen von Arbeitnehmern aus oder im Zusammenhang mit dem Arbeitsverhältnis. 112

Planbetroffener ist ferner nur derjenige, dessen Rechte durch den Restrukturierungsplan **unmittelbar gestaltet werden**. Eine lediglich mittelbare Betroffenheit begründet hingegen nicht die Stellung als Planbetroffener.[123] Ob eine unmittelbar (rechtliche) Gestaltung oder bloß (wirtschaftliche) Betroffenheit vorliegt, lässt sich an der **Finalität der Planregelung** messen. Wird in den Gehalt der betroffenen Rechtsposition (z. B. Höhe oder Fälligkeit einer Forderung, Kapital- oder Gewinnbeteiligung eines Anteilsrechts) unmittelbar eingegriffen, liegt eine Planbetroffenheit vor. 113

Für Anteilsinhaber ist die Grenze dann überschritten, wenn mittelbare Eingriffe so schwerwiegend sind, dass sie nach dem allgemeinen Gesellschaftsrecht als **Eingriff in die Mitgliedschaft selbst** angesehen werden und die Zustimmung der Versammlung der Anteilsinhaber erfordert, wie z. B. bei der Übertragung des (nahezu) gesamten Vermögens der Gesellschaft, nach der *Holzmüller- und Gelantine-Rechtsprechung*[124] aus § 49 Abs. 2 GmbHG oder § 179a AktG.[125] Die Anteilsinhaber sind in diesem Fall als unmittelbar Planbetroffene in den Restrukturierungsplan einzubeziehen.[126] Die Zustimmungsverweigerung der Gesellschafter – etwa bzgl. einer im Restrukturierungsplan vorgesehenen Übertragung des gesamten Vermögens auf eine Auffanggesellschaft (zur übertragenden Sanierung im Wege eines StaRUG-Plans siehe § 55 Rz. 29 ff. [*Brünkmans*]) – kann nach den Grundsätzen **gruppenübergreifender Mehrheitsentscheide** (§§ 26, 27 StaRUG) ersetzt werden. Haben die Geschäftsanteile im nächstbesten Alternativszenario noch einen Wert und sieht der Restrukturierungsplan keine angemessene Abfindung vor, kann der Anteilsinhaber sich über einen **Minderheitenschutzantrag** (§ 64 StaRUG) dagegen zur Wehr setzen. 114

III. Gruppenbildung

Auch die Aufteilung der Planbetroffenen in Gruppen erfolgt im gestaltenden Teil des Restrukturierungsplans (§ 9 StaRUG). Die Kriterien für die Gruppenbildung sind hingegen im darstellenden Teil auszuführen. Im Hinblick auf **Fresh Money** gilt weder der gruppeninterne Gleichbehandlungsgrundsatz aus § 10 StaRUG noch der gruppenübergreifende Gleichbehandlungsgrundsatz aus § 27 StaRUG, weil die Darlehensgewährung nicht mit einer Zwangswirkung des Plans verbunden ist.[127] Es gibt also keine Pflicht des Schuld- 115

123) Morgen-*Knapp/Wilde*, StaRUG, § 7 Rz. 5; Flöther-*Tasma*, StaRUG, § 7 Rz. 4; Jacoby/Thole-*Brünkmans*, StaRUG, § 7 Rz. 10.

124) BGH, Urt. v. 25.2.1982 – II ZR 174/80 (Holzmüller), NJW 1982, 1703 = ZIP 1982, 568; BGH, Urt. v. 26.4.2004 – II ZR 155/02 (Gelatine I), ZIP 2004, 993 = NJW 2004, 1860; BGH, Urt. v. 26.4.2004 – II ZR 154/02 (Gelatine II), ZIP 2004, 1001 = NZG 2004, 575.

125) BGH, Urt. v. 8.1.2019 – II ZR 364/18, Rz. 34 ff., ZfIR 2019, 391 = NZG 2019, 505; *Müller*, NZG 2019, 807, 808; *Harbarth* in: MünchKomm-GmbHG, § 53 Rz. 233.

126) Flöther-*Tasma*, StaRUG, § 7 Rz. 5; Jacoby/Thole-*Brünkmans*, StaRUG, § 7 Rz. 10.

127) So auch *Thole*, ZRI 2024, 1006, 1012.

ners, von allen planbetroffenen Gläubigern Darlehen anzunehmen (zur sachgerechten Gruppenbildung siehe ausführlich § 42 Rz. 7 ff. [*Beck/Pechartschek*]).

> **Praxishinweis**
>
> Die Einteilung in Gruppen kann dadurch erfolgen, dass der gestaltende Teil eine **abstrakt-generelle Beschreibung der Gruppe oder die ausdrückliche Nennung** (Name/Firma, Adresse sowie Grund und Höhe der Forderung) der Gruppenangehörigen vorsieht.[128] In der Praxis bietet sich eine **Kombination** aus Beidem an, indem eine abstrakte Definition mit dem Zusatz „insbesondere die im anliegenden Gruppenverzeichnis aufgeführten Gläubiger" aufgenommen wird.

IV. Rechtsstellung der Inhaber von Restrukturierungsforderungen (§ 7 Abs. 1 Satz 1 Alt. 1 StaRUG)

1. Überblick

116 Nach § 7 Abs. 1 Satz 1 StaRUG legt der gestaltende Teil des Restrukturierungsplan fest, wie die Rechtsstellung der Inhaber der Restrukturierungsforderungen geändert werden soll. § 7 Abs. 2 Satz 1 StaRUG nennt beispielhaft den Forderungsverzicht („um welchen Bruchteil diese [= Restrukturierungsforderung] gekürzt") und die Stundung („für welchen Zeitraum sie [= Restrukturierungsforderung] gestundet").

117 Diese **Eingriffsermächtigung** ist **von besonderer praktischer Bedeutung**, weil durch Forderungsverzicht und Stundung der Restrukturierungsplan seinem Zweck als effektives Mittel der finanzwirtschaftlichen Sanierung (Bilanzsanierung) gerecht wird und in nahezu jedem Restrukturierungsplan vorzufinden ist. Insbesondere **„Kürzungen" und „Stundungen"** (vgl. § 7 Abs. 2 StaRUG) sind in der Regel Kernbestandteil eines jeden Restrukturierungsplanes.[129] Allerdings treten in jüngster Zeit vermehrt reine „Gesellschafterpläne" in Erscheinung[130] (siehe auch § 54 Rz. 80 ff. [*Brünkmans*]).

118 Dem Wortlaut von § 7 Abs. 2 Satz 1 StaRUG „sonstige Regelung" ist zu entnehmen, dass der Forderungserlass und die Stundung nur ein – wenn auch praxisrelevanter – Anwendungsfall einer möglichen Forderungsgestaltung ist. Darüber hinaus können grundsätzlich **alle anderen denkbaren Forderungsgestaltungen** im gestaltenden Teil des Restrukturierungsplans unmittelbar mit dinglicher Wirkung (vgl. § 13 StaRUG), wie z. B. Forderungsabtretung, Novation, Rangrücktritt etc., geregelt werden.

119 Auch **Nebenbestimmungen** der relevanten Vertragsbeziehung können unter bestimmten Voraussetzungen durch den gestaltenden Teil geändert werden (siehe ausführlich dazu unter § 41 Rz. 51 ff. [*Brünkmans*]).

120 Die Gestaltung von Restrukturierungsforderungen stößt dort an seine Grenzen, wo den Planbetroffenen **neue Verpflichtungen** (neues Commitment) auferlegt werden. Beispielsweise kann die Vergabe neuer Kredite, aber auch die Aufrechterhaltung einer im maßgeblichen Zeitpunkt (§ 2 Abs. 5 StaRUG, siehe § 41 Rz. 39 ff. [*Brünkmans*]) noch nicht in Anspruch genommenen Kreditlinie nicht zwangsweise über einen Restrukturierungsplan geregelt werden. Vielmehr erfordert dies eine Regelung auf **freiwilliger Basis** der Kreditgeber (siehe ausführlich § 41 Rz. 108 [*Brünkmans*]).

---

128) Jacoby/Thole-*Brünkmans*, StaRUG, § 7 Rz. 11; *Fridgen* in: BeckOK-StaRUG, § 7 Rz. 13.

129) Jacoby/Thole-*Brünkmans*, StaRUG, § 7 Rz. 12.

130) S. AG München, Beschl. v. 15.2.2023 – 1507 RES 3229/22, ZRI 2023, 319 = ZIP 2023, 603; LG Hamburg, Beschl. v. 20.4.2023 – 304 T 15/23, ZRI 2023, 1025 = ZIP 2023, 2646; AG Dresden, Beschl. v. 27.11.2023 – 572 RES 1/23 (Softline), NJW-Spezial 2024, 311.

Die genannten Gestaltungsoptionen können auch für **streitige Forderungen** herangezogen werden, wobei im Hinblick auf die Vollstreckbarkeit solcher Forderungen aus dem Restrukturierungsplan **Besonderheiten im Planbestätigungsverfahren** bestehen (siehe ausführlich oben Rz. 39, § 53 Rz. 12 [*Madaus*], siehe auch § 48 Rz. 18 f. [*Laroche*]).[131] 121

2. Typische Planregelungen

a) Festlegung der Befriedigung der Restrukturierungsforderungen

aa) Grundlagen

Die Befriedigung der Inhaber von Restrukturierungsforderungen wird zwar weder in § 7 Abs. 1 StaRUG noch in § 7 Abs. 2 StaRUG als Regelungsgegenstand erwähnt, § 11 Abs. 1 StaRUG („[…] mit der im **gestaltenden Teil** vorgesehenen Befriedigung […]") geht jedoch wie selbstverständlich davon aus, dass die Befriedigung der planbetroffenen Gläubiger abschließend im Restrukturierungsplan geregelt wird (sog. **Planquote**). 122

Was die **Finanzierung der Planquote** angeht, haben sich für den Insolvenzplan in der Praxis zwei unterschiedliche Modelle herausgebildet: 123

- Beim sog. sog. **Cash-out-Plan** wird die im Plan vorgesehene Befriedigung der Altverbindlichkeiten durch einen Investor finanziert und die Zahlung der Planquote erfolgt unmittelbar nach Planbestätigung. Den Gläubigern wird somit „schnelles Geld" gegen einen (teilweisen) Forderungserlass (siehe dazu § 39 Rz. 48 [*Brünkmans*]) angeboten.
- Alternativ dazu erfolgt bei einem **Earn-out-Plan** die Befriedigung der Gläubiger aus zukünftig noch vom Restrukturierungsschuldner zu erwirtschaftenden Gewinnen bzw. aus freier Liquidität (siehe ausführlich zum Insolvenzplan § 2 Rz. 103 ff. [*Brünkmans*]).

Beide Modelle sind auch auf den Restrukturierungsplan übertragbar. Während beim Insolvenzplan der Cash-out-Plan häufig anzutreffen ist, dürften für den Restrukturierungsplan auch **Earn-out-Pläne** zur Wiederherstellung der Kapitaldienstfähigkeit interessant sein. Dies ist nicht zuletzt auf das **vergleichbar frühere Krisenstadium** (drohende Zahlungsunfähigkeit, keine Überschuldung oder Zahlungsunfähigkeit) und der in §§ 2 Abs. 2, 7 Abs. 3 StaRUG vorgesehenen Möglichkeit, die Kreditvertragsverhältnisse umfassend zu gestalten, zurückzuführen. Neben sog. **„Amend-and-Extend"-Lösungen**, bei denen Kreditlaufzeiten ohne Verzicht auf die Hauptforderung verlängert, Zins- und Nebenbestimmungen entsprechend angepasst werden,[132] haben sich reine **„Freeze-Pläne"** als effektives Gestaltungsmittel zur Bewältigung der Immobilienkrise erwiesen. Ziel eines solchen Restrukturierungsplans ist dabei, die Schulden einer Gesellschaft „einzufrieren", bis sich der Markt entspannt hat und eine Veräußerung der Gesellschaft in „stabilem Fahrwasser" möglich ist. 124

Die beim Insolvenzplan anzutreffenden Regelungen **dynamischer Planquoten** (siehe zum Insolvenzplan § 8 Rz. 15 ff. [*Brünkmans*]) können grundsätzlich auch im Restrukturierungsplan vorgesehen werden. Bei der Ausgestaltung ist jedoch darauf zu achten, dass als Mindestquote die Befriedigungsquote im nächstbesten Alternativszenario ohne Restrukturierungsplan gewährleistet ist.[133] Die i. R. des Insolvenzplans diskutierten Probleme im Hinblick auf Bestimmtheit und Vollstreckbarkeit (siehe § 8 Rz. 22 f. [*Brünkmans*]) gelten für den Restrukturierungsplan entsprechend. 125

131) Begr. RegE SanInsFoG z. StaRUG, BT-Drucks. 19/24181, S. 167.

132) S. AG Frankfurt/M., Beschl. v. 8.3.2024 – 810 RES 3/24 B (Branicks), abrufbar unter https://branicks.com/download/ir/starug/ladung.pdf (Abrufdatum: 25.7.2025).

133) Jacoby/Thole-*Brünkmans*, StaRUG, § 7 Rz. 18.

bb) Besserungskomponenten, insbesondere Besserungsschein und VPPN

126 Auch bei einem Besserungsschein steht die zu erhaltende Befriedigungsquote noch nicht endgültig fest. Vielmehr wird den Gläubigern neben einer Festquote zusätzlich eine weitere **Befriedigungsaussicht im Besserungsfall**, abhängig von der wirtschaftlichen Entwicklung des Unternehmens, in Aussicht gestellt. Der Besserungsschein kann ebenfalls im gestaltenden Teil des Restrukturierungsplans geregelt werden. Der dem Besserungsschein zugrunde liegende Forderungserlass (§ 397 Abs. 1 BGB) ist nach h. M. dann auflösend bedingt auf den Besserungsfall (siehe zum Insolvenzplan § 8 Rz. 37 f. [*Brünkmans*]). Der Restrukturierungsschuldner wird Wert darauf legen, dass trotz eines Besserungsscheines der Erlass tatsächlich eine Passivierungspflicht beseitigt.[134)]

127 Seit Inkrafttreten des StaRUG haben sich bei großen Restrukturierungsfällen neben Besserungsscheinen (siehe dazu Rz. 3 und § 41 Rz. 109 [*Brünkmans*]) auch sog. VPPN-Instrumente (Virtual Profit Participation Notes) als Wertaufholungsinstrumente etabliert.[135)]

b) Forderungserlass, Befreiung von restlichen Verbindlichkeiten

aa) Planregelung

128 Die in der Praxis bedeutendste Änderung der Rechtsstellung der Inhaber von Restrukturierungsforderungen ist der (teilweise) Erlass der Forderungen (vgl. § 7 StaRUG „[…] ist zu bestimmen, um welchen Bruchteil diese [= Forderung] gekürzt […]“ werden sollen. Ein solcher (teilweiser) Forderungserlass ist **typischer Planinhalt** des gestaltenden Teils des Restrukturierungsplans und effektives Mittel der Bilanzsanierung und Beseitigung der (Ver-)Überschuldung. Wie beim Insolvenzplan erfolgt die Verknüpfung zwischen Befriedigungsgestaltung und Forderungserlass über die **Auslegungshilfe in § 11 Satz 1 StaRUG** (beim Insolvenzplan § 227 Abs. 1 InsO). Danach wird der Schuldner mit der im gestaltenden Teil vorgesehenen Befriedigung der Gläubiger (Planquote) von seinen restlichen Verbindlichkeiten gegenüber diesen aus den in den Plan einbezogenen Restrukturierungsforderungen befreit, wenn im Restrukturierungsplan nichts anderes bestimmt ist. Die Auslegungsregel nach § 11 Satz 1 StaRUG bezieht sich nur auf die planbetroffenen Gläubiger, d. h. eine für den Insolvenzplan angenommene „Generalbereinigung“ für alle Insolvenzforderungen (vgl. § 254b InsO) findet gerade nicht statt.[136)] Da die finanzwirtschaftliche Sanierung (Bilanzsanierung) in der Regel das Hauptziel eine Restrukturierungsplans sein wird, sollte die **Enthaftung** im Restrukturierungsplan klar und ausdrücklich geregelt werden, ohne dass auf die Auslegungsregel zurückgegriffen werden muss.[137)]

bb) Unvollkommene Verbindlichkeit oder Erlass?

129 In der Rechtsfolge führt **§ 11 Satz 1 StaRUG** jedoch nicht zu einem Forderungserlass, sondern gemäß § 67 Abs. 4 StaRUG lediglich zu einer unvollkommenen Verbindlichkeit, d. h. eine Erfüllung der Verbindlichkeit kann zwar nicht mehr verlangt werden (Durchsetzungssperre), eine etwaige Leistung auf diese wäre aber nicht rechtsgrundlos.[138)] Wie für den Insolvenzplan gilt aber auch für den Restrukturierungsplan, dass richtigerweise

---

134) Vgl. Flöther-*Westpfahl/Dittmar*, StaRUG, § 2 Rz. 17.

135) S. z. B. VARTA (Ad hoc), AG Stuttgart, Beschl. v. 11.12.2024 – 6 RES 1243/24 (VARTA), ZRI 2025, 149, m. Anm. *Kümpel*; Leoni (Ad hoc), AG Nürnberg, Beschl. v. 21.6.2023 – RES 397/23 (Leoni), ZRI 2023, 629 = NZI 2023, 881.

136) S. ErwG 1 der Restrukturierungsrichtlinie; Morgen-*Knapp/Wilde*, StaRUG, § 11 Rz. 2; *Fridgen* in: BeckOK-StaRUG, § 11 Rz. 5.

137) Jacoby/Thole-*Brünkmans*, StaRUG, § 7 Rz. 24.

138) Jacoby/Thole-*Brünkmans*, StaRUG, § 11 Rz. 8; *Fridgen* in: BeckOK-StaRUG, § 11 Rz. 13; Uhlenbruck-*Streit/Bürk*, InsO, § 11 StaRUG Rz. 13 ff.; *Parzinger/Knebel* in: MünchKomm-StaRUG, § 11 Rz. 42 ff.

anstelle dieser gesetzlichen Rechtsfolge der gestaltende Teil **ausdrücklich einen Erlass i. S. von § 397 Abs. 1 BGB regeln kann** (streitig, siehe zum Insolvenzplan § 8 Rz. 80 ff. [*Brünkmans*]).[139] Wird ein Erlass geregelt, dann werden die Willenserklärungen von Restrukturierungsschuldner und Restrukturierungsgläubiger zum Abschluss eines verfügenden Erlassvertrages (§ 397 Abs. 1 BGB) mit Bestätigung des Restrukturierungsplans durch das Restrukturierungsgericht fingiert (§§ 67, 13 StaRUG). Die Auslegungsregel zur „Restschuldbefreiung" nach § 11 Satz 1 StaRUG stellt auf die gesetzlich in § 67 Abs. 1, 4 StaRUG vorgesehene Rechtsfolge ab, d. h. im Zweifel bleiben die Verbindlichkeiten als unvollkommene Verbindlichkeiten bzw. Naturalobligationen bestehen. Die Wirkung der Haftungsbefreiung setzt einen wirksamen Restrukturierungsplan voraus, d. h. außerhalb vollkonsensualer Planlösungen die **gerichtliche Bestätigung** des Restrukturierungsplans.

cc) Wiederaufleben der Restrukturierungsforderung

Gerät der Schuldner mit der Erfüllung des Restrukturierungsplans gegenüber einem Gläubiger erheblich in Rückstand, sieht § 69 Abs. 1 StaRUG vor, dass die im Plan gestundeten oder erlassenen Forderungen (§ 11 Satz 1 StaRUG) wieder aufleben und in voller Höhe vollstreckt oder aufgerechnet werden können. Mit Eröffnung des Insolvenzverfahrens über das Vermögen des Schuldners wird ein im Restrukturierungsplan geregelter Erlass hinfällig, wenn der Restrukturierungsplan noch nicht vollständig erfüllt worden ist (§ 69 Abs. 2 StaRUG). 130

dd) Zeitpunkt des Eintritts der Erlasswirkung

Der Zeitpunkt des Wirkungseintritts von § 1 StaRUG ist, wie für die korrespondierende Norm zum Insolvenzplan (§ 227 InsO), streitig. Nach einem Teil der Literatur tritt die Befreiung von der Restschuld erst mit Zahlung der Planquote ein. Die Befreiungswirkung bzgl. der Restverbindlichkeit tritt richtigerweise bereits mit Bestätigung[140] des Restrukturierungsplans und nicht erst mit Zahlung der Planquote ein.[141] Der Restrukturierungsplan kann allerdings ausdrücklich vorsehen, dass der Teilerlass unter der **aufschiebenden Bedingung der Erfüllung** der im Restrukturierungsplan vorgesehenen Befriedigungsquote steht. Auch die Wirkungen aus § 69 Abs. 1 StaRUG (Wiederaufleben erlassener Forderungen) können im Restrukturierungsplan abbedungen werden, allerdings nicht zum Nachteil des Schuldners (§ 69 Abs. 3 StaRUG). 131

ee) Weitere Rechtsfolgen des Forderungserlasses

(1) Fortbestehende Aufrechnungsbefugnis analog § 94 InsO?

Der BGH lässt für Aufrechnungslagen, die bereits vor Eröffnung des Insolvenzverfahrens bestanden, die Aufrechnung gegen eine Insolvenzforderung in voller Höhe zu. Die im Insolvenzplan vorgesehene Kürzung muss der aufrechnende Gläubiger nicht gegen sich gelten lassen.[142] Zur Begründung verweist der BGH auf den umfassenden Aufrechnungsschutz 132

139) Jacoby/Thole-*Brünkmans*, StaRUG, § 7 Rz. 24; Flöther-*Tasma*, StaRUG, § 11 Rz. 5; *Fridgen* in: BeckOK-StaRUG, § 11 Rz. 12; Morgen-*Knapp/Wilde*, StaRUG, § 11 Rz. 15; streitig für den Insolvenzplan, für die Regelbarkeit eines vollständigen Erlasses vgl. *Haas* in: HK-InsO, § 254 Rz. 4; *Spahlinger* in: KPB, InsO, § 254 Rz. 20; *Martini/Horstkotte*, ZInsO 2017, 1913, 1918; Uhlenbruck-*Lüer/Streit*, InsO, § 227 Rz. 13; dagegen: *Huber/Madaus* in: MünchKomm-InsO, § 254 Rz. 21; Jaeger-*Jaeger*, InsO, § 254 Rz. 44; *Weitbrecht*, ZIP 2019, 1849.

140) Genauer: Verkündung des Bestätigungsbeschlusses, anders beim Insolvenzplan dort erst mit Rechtskraft des Bestätigungsbeschlusses, s. § 254 Abs. 1 InsO.

141) So auch Braun-*Böhm*, StaRUG, § 11 Rz. 5; Morgen-*Knapp/Wilde*, StaRUG, § 11 Rz. 14; Flöther-*Tasma*, StaRUG, § 11 Rz. 3; *Fridgen* in: BeckOK-StaRUG, § 11 Rz. 25.

142) BGH, Urt. v. 19.5.2011 - X ZR 222/08, NZI 2011, 538, 540 = ZIP 2011, 1271.

für Aufrechnungen in Verfahrenslagen (§ 94 InsO). Die besseren Argumente sprechen allerdings für eine **volle Aufrechnungsbefugnis nur bis zur Planbestätigung** (siehe ausführlich zum Insolvenzplan § 8 Rz. 120 ff. [*Brünkmans*]). Jedenfalls für den Restrukturierungsplan passt die Übertragung des Gedankens aus § 94 InsO nicht, weil das StaRUG ein „Einfrieren von Aufrechnungslagen" entsprechend § 94 InsO gerade nicht vorsieht. Der Restrukturierungsgläubiger muss seine Aufrechnungslage daher rechtzeitig vor Planbestätigung durch Erklärung der Aufrechnung verwirklichen.[143)]

(2) Zwangsvollstreckung, Steuerfestsetzung

133 Sollte der andere Teil der Forderung nicht erlassen worden sein, sodass er nunmehr nur noch als Naturalobligation fortbesteht (siehe Rz. 129), ist die Zwangsvollstreckung unzulässig (§ 71 Abs. 4 StaRUG).[144)] Liegt für eine Restrukturierungsforderung bereits ein **Vollstreckungstitel** vor, kann mit Rechtskraft der Planbestätigung die Zwangsvollstreckung nicht mehr aus diesem Titel betrieben werden (§ 71 Abs. 4 StaRUG). Vielmehr tritt der rechtskräftig bestätigte Restrukturierungsplan an seine Stelle.

134 Wegen des Fortbestands der Restforderung als natürliche, unvollkommene Verbindlichkeit, ist das **Finanzamt** bei der Festsetzung von Steuerforderungen nicht auf die im Restrukturierungsplan vorgesehene Quote beschränkt.[145)] Die (teilweise) Befreiung von der Steuerverbindlichkeit wird aber i. R. des Steuererhebungsverfahren berücksichtigt (siehe i. E. § 60 Rz. 89 [*Witfeld*]).

ff) Nachrangige Restrukturierungsforderungen

135 Für nachrangige Restrukturierungsforderungen ist zu beachten, dass ohne eine ausdrückliche Regelung diese in voller Höhe fortbestehen. Eine für den Insolvenzplan geltende gesetzliche Regelung entsprechend § 225 Abs. 1 InsO, wonach Forderungen nachrangiger Gläubiger automatisch als erlassen gelten, sieht das StaRUG für den Restrukturierungsplan nicht vor.

gg) Sicherheiten

136 Dingliche Sicherheiten bestehen vor dem Hintergrund des Fortbestandes der Restforderung als nichterlassene, gleichwohl erfüllbare Naturalobligation (siehe Rz. 129) auch im Hinblick auf den erlassenen Teil fort, wenn sie nicht ebenfalls im Plan umgestaltet werden.[146)] Unberührt von den Planwirkungen (Teilerlass) bleiben auch Rechte gegen Drittsicherungsgeber (§ 67 Abs. 3 Satz 1 StaRUG). Allerdings wird durch § 67 Abs. 3 Satz 2 StaRUG der Regressanspruch des in Anspruch genommenen Sicherungsgebers gegen den Schuldner im gleichen Umfang gemindert wie die gesicherte Forderung.

143) *Fridgen* in: BeckOK-StaRUG, § 11 Rz. 32; Morgen-*Knapp/Wilde*, StaRUG, § 11 Rz. 10; Braun-*Böhm*, StaRUG, § 11 Rz. 3; Jacoby/Thole-*Brünkmans*, StaRUG, § 11 Rz. 10.

144) Morgen-*Knapp/Wilde*, StaRUG, § 11 Rz. 8.

145) BFH, Urt. v. 8.3.2022 – VI R 33/19, ZRI 2022, 652 = ZIP 2022, 1663; **a. A.** *Pfirrmann* in: FS Gosch, S. 321, 324.

146) Flöther-*Tasma*, StaRUG, § 11 Rz. 2; Jacoby/Thole-*Brünkmans*, StaRUG, § 11 Rz. 14; *Fridgen* in: BeckOK-StaRUG, § 11 Rz. 13 ff.; Uhlenbruck-*Streit/Bürk*, InsO, § 11 StaRUG Rz. 13 ff.; zum Insolvenzplan Uhlenbruck-*Lüer/Streit*, InsO, § 227 Rz. 7; Braun-*Braun/Frank*, InsO, § 227 Rz. 6; *Geiwitz/v. Danckelmann* in: BeckOK-InsO, § 227 Rz. 3; OVG Magdeburg, Beschl. v. 16.3.2021 – 4 M 140/20, ZVI 2021, 224 = BeckRS 2021, 6601.

hh) Haftungsbefreiung der persönlich haftenden Gesellschafter

137 Handelt es sich bei dem Schuldner um eine Gesellschaft ohne Rechtspersönlichkeit (GbR, oHG, KG) oder eine KGaA, greift mit der Zahlung der Planquote die Restschuldbefreiung im Zweifel auch auf die persönliche Haftung der Gesellschafter durch. Dies folgt nicht nur aus §§ 11 Satz 2, 67 Abs. 2 StaRUG, sondern bereits aus der Akzessorietät der Gesellschafterhaftung gemäß §§ 128, 161 HGB (siehe zum Insolvenzplan § 8 Rz. 94 [*Brünkmans*]).[147] Richtigerweise findet § 11 Satz 2 StaRUG auch auf bereits ausgeschiedene Gesellschafter Anwendung.

138 Wie aus § 67 Abs. 2 StaRUG ersichtlich, kann der Restrukturierungsplan eine abweichende Regelung enthalten. Enthält der Restrukturierungsplan eine Regelung zur Aufrechterhaltung der persönlichen Haftung der Gesellschafter, werden diesen die Einwände des § 129 HGB genommen.[148] Die Wirkung der §§ 11 Satz 2, 67 Abs. 2 StaRUG erstreckt sich indes nicht auf andere besondere Rechtsgründe, etwa einer persönlichen Bürgschaft des Gesellschafters. Bei einem zusätzlichen Schuldbeitritt oder einer Bürgschaft findet vielmehr § 67 Abs. 3 StaRUG Anwendung, d. h. die Rechte der Gläubiger gegen den Gesellschafter aus der Bürgschaft oder Schuldbeitritt werden durch die Gestaltung der Hauptschuld im Restrukturierungsplan nicht berührt.[149]

c) Stundungen

139 § 7 Abs. 2 StaRUG nennt die Stundung ausdrücklich als mögliche Regelung im gestaltenden Teil des Restrukturierungsplans. Entsprechend kann der Restrukturierungsplan die Fälligkeit der Restrukturierungsforderungen neu regeln. Das Hinausschieben der Endfälligkeit der Restrukturierungsforderung kann durch Änderung der Tilgungstabelle, Stundung der Darlehenszinsen, eine Anknüpfung der Fälligkeit an bestimmte Milestones oder eine teilweise oder vollständige Kapitalisierung der Zinsen (payment in kind, PIK)[150] erfolgen (siehe i. E. auch § 41 Rz. 43 ff. [*Brünkmans*]). Auch bei **unterschiedlichen Ausgangsfälligkeiten** ist die Regelung auf eine einheitliche Fälligkeit innerhalb der Gruppe mit § 10 Abs. 1 StaRUG jedenfalls dann vereinbar, wenn die betroffenen Restrukturierungsforderungen über ein (verwirklichtes außerordentliches) Kündigungsrecht von den Gläubigern jederzeit fälliggestellt werden könnten (siehe dazu ausführlich oben Rz. 94).

d) Rangrücktritt

140 Gewissermaßen als milderes Mittel zum Forderungserlass kann der Restrukturierungsplan auch einen (qualifizierten) Rangrücktritt[151] für Restrukturierungsforderungen vorsehen (siehe zum Insolvenzplan § 8 Rz. 103 [*Brünkmans*]).

e) Umwandlung in Eigenkapital

141 Auch die Umwandlung der Restrukturierungsforderung in Eigenkapital (sog. Debt-Equity-Swap) kann im gestaltenden Teil des Restrukturierungsplans geregelt werden. Dabei besteht der **Debt-Equity-Swap** aus mehreren Rechtsakten, die teilweise im Restrukturie-

147) Für die GbR §§ 128 ff. HGB analog, BGH, Urt. v. 17.10.2006 – XI ZR 19/05, NZG 2007, 140 = ZIP 2007, 64; BGH, Urt. v. 29.1.2001 – II ZR 331/00, ZIP 2001, 330 = NJW 2001, 1056.

148) Jacoby/Thole-*Spliedt*, StaRUG, § 67 Rz. 9.

149) Morgen-*Knapp/Wilde*, StaRUG, § 11 Rz. 18; Flöther-*Tasma*, StaRUG, § 11 Rz. 6; *Fridgen* in: BeckOK-StaRUG, § 11 Rz. 29; Jacoby/Thole-*Brünkmans*, StaRUG, § 11 Rz. 19.

150) Flöther-*Westpfahl/Dittmar*, StaRUG, § 2 Rz. 19.

151) Zu den Voraussetzungen s. BGH, Urt. v. 5.3.2015 – IX ZR 133/14, ZIP 2015, 638 = NZI 2015, 315, dazu EWiR 2015, 219 *(Bork)*.

rungsplan geregelt werden können, teilweise einer nicht planunterworfenen Individualerklärung bedürfen. Die Restrukturierungsforderungen werden i. R. einer Sachkapitalerhöhung durch Verzicht oder Abtretung eingebracht und wandeln sich in Eigenkapital in Form von Geschäftsanteilen um. Der Kapitalerhöhungsbeschluss und Forderungserlass bzw. Abtretung können im Restrukturierungsplan geregelt werden, nicht hingegen die Übernahme von Geschäftsanteilen durch Restrukturierungsgläubiger. Die Übernahme von Geschäftsanteilen einer GmbH oder Zeichnung von Aktien einer AG bedürfen der ausdrücklichen Zustimmung der wandlungsbereiten Gläubiger (vgl. §§ 7 Abs. 4 Satz 2, 15 Abs. 2 StaRUG) (siehe ausführlich § 54 Rz. 184 [*Brünkmans*]). Auch ein sog. **unechter** Debt-Equity-Swap (siehe zum Insolvenzplan § 30 Rz. 378 ff. [*Brünkmans*]) kann im Restrukturierungsplan geregelt werden.

142 In der Praxis wird die Sachkapitalerhöhung häufig von einer **Kapitalherabsetzung oder weiteren effektiven Kapitalmaßnahmen** wie einer Barkapitalerhöhung flankiert. Diese – wie alle sonstigen gesellschaftsrechtlichen Maßnahmen (siehe dazu ausführlich Rz. 157 und § 54 Rz. 157 ff. [*Brünkmans*]) – können selbstverständlich auch i. R. eines Debt-Equity-Swap im gestaltenden Teil des Restrukturierungsplans geregelt werden.

143 Gegenstand einer Planregelung kann auch die die Umwandlung der Restrukturierungsforderung in eigenkapitalähnliches Mezzanine (z. B. Genussrechte, stille Beteiligungen) sein (sog. **Debt-Mezzanine-Swap**); siehe ausführlich zum Insolvenzplan § 30 Rz. 374 ff. [*Brünkmans*]).

f) Forderungsabtretung

144 Abtretungen von Restrukturierungsforderungen, d. h. die **Abtretungserklärungen der Gläubiger**, können im gestaltenden Teil des Restrukturierungsplanes geregelt werden. Die Annahmeerklärung des nicht planbetroffenen Zessionars ist als Anlage zum Restrukturierungsplan beizufügen (vgl. zum Insolvenzplan § 7 Rz. 85, § 8 Rz. 195 [*Brünkmans*]).

145 Im Ergebnis können über die Regelung dieser Forderungsabtretung die Gläubiger zur Abgabe ihrer Forderung (freilich gegen Kompensation) gezwungen werden. Dadurch können die i. R. der Insolvenzplanpraxis bekannt gewordenen Gestaltungen, wonach Forderungen auf eine Zweckgesellschaft übertragen, von dort aus in Aktien umgewandelt und die Aktien zur Quotenzahlung abverkauft werden, auch im Restrukturierungsplan umgesetzt werden (siehe § 8 Rz. 192 ff. [*Brünkmans*]).

g) Schuldbefreiende Übernahme von Verbindlichkeiten (Debt-Push-up)

146 Ebenfalls im gestaltenden Teil eines Restrukturierungsplans grundsätzlich regelbar ist die schuldbefreiende Übernahme von Verbindlichkeiten des Restrukturierungsschuldners. Als Schuldübernehmer kommt in der Praxis **häufig der unmittelbare oder mittelbare Gesellschafter** in Betracht (sog. Debt-Push-up).[152] Die Tochtergesellschaft kann dadurch entlastet werden, während die Gläubiger dennoch an einer guten wirtschaftlichen Entwicklung partizipieren, bevor Dividenden an die Gesellschafter der Muttergesellschaft ausgeschüttet werden.[153] Der Schuldübernahmevertrag wird durch einen Vertrag zwischen Schuldübernehmer, Schuldner und den planbetroffenen Gläubigern geschlossen, wobei die **Zustimmungserklärung** der planbetroffenen Gläubiger durch eine Regelung im gestaltenden Teil des Restrukturierungsplans ersetzt wird. In dem Auswechseln des Schuldners wird zum Teil eine im Vergleich zur Änderung von Bestand, Höhe, Fälligkeit oder Rang der Forderung andere Gestaltungsqualität gesehen. Die Zulässigkeit solcher Plan-

152) Zu den Alternativen Gestaltungsmöglichkeiten, s. *Parzinger*, FD-InsR 2025, 803576.
153) Zu den Alternativen Gestaltungsmöglichkeiten, s. *Parzinger*, FD-InsR 2025, 803576.

gestaltungen wird daher zum Teil verneint.[154] Die befreiende Schuldübernahme im Restrukturierungsplan soll nach dieser Auffassung nur dann geregelt werden können, wenn **alle betroffenen Gläubiger** zustimmen.[155] Für etwaige Anleihegläubiger soll ein gemeinsamer Vertreter nach § 19 Abs. 3 und 6 SchVG allerdings berechtigt sein, die Zustimmung für alle Anleihegläubiger zu erteilen.[156] Das zum Teil herangezogene Argument der negativen Koalitionsvereinbarung[157] und der Verweis auf § 7 Abs. 4 Satz 2 StaRUG, wonach ein Debt-Equity-Swap nur mit Zustimmung des betroffenen Gläubiger möglich ist, überzeugt indes nicht. Bei Finanzverbindlichkeiten reduziert sich die Auswirkung eines Schuldnerwechsels für den Gläubiger in der Bonität des neuen Schuldners.[158] Dies ist nicht vergleichbar mit einem Wechsel von der Gläubigerstellung in die aktive Aktionärs- oder Gesellschafterstellung. Im Übrigen handelt es sich bei § 7 Abs. 4 Satz 2 StaRUG um eine Ausnahmevorschrift, die nur mit Vorsicht entsprechend herangezogen werden kann. Wenn schon der Restrukturierungsplan die Möglichkeit eines Totalverzichtes vorsieht, ist nicht einleuchtend, warum nicht eine Schuldüberleitung – im Einzelfall gegen einen obstruierenden Gläubiger – möglich sein soll. Richtigerweise ist eine solche schuldbefreiende Übernahme über einen Restrukturierungsplan **in den Grenzen der §§ 26 Abs. 1 Nr. 1, 64 StaRUG möglich**. Allerdings kommt der Bonität des Übernehmenden im Vergleich zum Restrukturierungsschuldner bei der Vergleichsrechnung eine wesentliche Bedeutung zu. Die Bonität kann dabei über eine im Restrukturierungsplan vorgesehene finanzielle Ausstattung abgesichert werden.[159] Resultiert die Schuld aus gegenseitigen Verträgen sind freilich die Grenzen aus § 3 Abs. 2 StaRUG (siehe dazu Rz. 152) zu beachten.[160]

h) Leistung an Quote statt und Nichtbargebote

Dem StaRUG liegt das Verständnis zugrunde, dass eine Befriedigung von Restrukturierungsforderungen auf der Grundlage des Restrukturierungsplans in Geld zu erfolgen hat. 147
Ob der Restrukturierungsplan eine ursprüngliche Geldzahlungspflicht durch andere Leistungen gegen den Willen der Restrukturierungsgläubiger vorsehen kann, ist streitig (siehe Streitstand zum Insolvenzplan § 8 Rz. 203 ff. [*Brünkmans*]). Dagegen wird auch für den Restrukturierungsplan §§ 7 Abs. 4 Satz 2, 15 Abs. 2 StaRUG (entspricht §§ 225a Abs. 2 Satz 2, 230 Abs. 2 InsO), der für den Debt-Equity-Swap eine ausdrückliche Zustimmung der von der Umwandlung betroffenen Restrukturierungsgläubiger verlangt, ins Feld geführt. Richtigerweise schützen §§ 7 Abs. 4 Satz 2, 15 Abs. 2 StaRUG jedoch allein die negative Vereinigungsfreiheit nach Art. 9 Abs. 1 GG und nicht darüber hinaus ein Recht auf Befriedigung in Geld (siehe ausführlich zum Insolvenzplan § 8 Rz. 208 [*Brünkmans*]).[161] Eine Leistung an Quote statt kann daher grundsätzlich im Restrukturierungsplan geregelt werden. Ob eine solche praktikabel ist, steht auf einem anderen Blatt. Die Leistungen müssen i. R. der **Vergleichsrechnung** bewertet werden, was nicht immer einfach ist.

---

154) Flöther-*Westpfahl/Dittmar*, StaRUG, § 2 Rz. 22; vgl. AG Köln, Beschl. v. 9.12.2024 – 82 RES 1/24, NZI 2025, 533.

155) AG Köln, Beschl. v. 9.12.2024 – 82 RES 1/24, Rz. 16, NZI 2025, 533, 533 = ZRI 2005, 318.

156) AG Köln, Beschl. v. 9.12.2024 – 82 RES 1/24, Rz. 16, NZI 2025, 533, 533 = ZRI 2005, 318.

157) AG Köln, Beschl. v. 9.12.2024 – 82 RES 1/24, Rz. 16, NZI 2025, 533, 533 = ZRI 2005, 318.

158) *Borries/Benning*, NZI 2025, 334, 335 (Urteilsanm.).

159) *Borries/Benning*, NZI 2025, 334, 335 (Urteilsanm.).

160) Flöther-*Westpfahl/Dittmar*, StaRUG, § 2 Rz. 22.

161) Morgen-*Knapp/Wilde*, StaRUG, § 15 Rz. 3; zum Insolvenzplan vgl. Braun-*Braun/Frank*, InsO, § 224 Rz. 2.

i) (Neu-)Besicherung von Restrukturierungsforderungen

148 Auch eine (Neu-)Besicherung von Restrukturierungsforderungen kommt als Planregelung in Betracht. Dazu gehören Personalsicherheiten (Garantien, Schuldbeitritt etc.) sowie dingliche Sicherheiten (Verpfändung von Geschäftsanteilen, Grundschulden, Sicherungsübereignung des beweglichen Anlage- und Vorratsvermögens, Globalzessionen, Verpfändung von Forderungen auf Auszahlung von Bankguthaben, Sicherungszessionen, Verpfändung von Marken oder Patentrechten etc.).[162] Die Restrukturierung von Finanzverbindlichkeiten sieht häufig vor, dass Restrukturierungsgläubiger zwar bereit sind, einen Teilverzicht zu erklären, im Gegenzug aber eine Besicherung des verbleibenden Forderungsteils verlangen.[163]

3. Gestaltung besonderer Restrukturierungsforderungen

a) Nachrangige Restrukturierungforderungen, insbesondere Gesellschafterdarlehen

149 Nachrangige Restrukturierungsforderungen unterliegen nur dann einer Gestaltung, wenn sie ausdrücklich in den Plan einbezogen werden. Einen automatischen vollständigen Verzicht, wie im Insolvenzplan nach § 225 Abs. 1 InsO vorgesehen, sieht das StaRUG nicht vor (siehe Rz. 50, 135). Dennoch wird ein **vollständiger Verzicht** auf nachrangige Forderungen notwendig sein, um dem Restrukturierungsplan eine Chance auf Annahme und Bestätigung zu geben (vgl. auch § 27 Abs. 1 Nr. 2 StaRUG, siehe Rz. 50).

b) Schuldverschreibungen

150 Auch Schuldverschreibungen (Anleihen) können als Restrukturierungsforderungen i. S. von § 2 Abs. 1 Nr. 1 StaRUG gestaltet werden (siehe oben Rz. 26). Nach Wahl des Schuldners können die entweder als Restrukturierungsforderungen auf der Grundlage des Restrukturierungsplans (vgl. § 19 Abs. 6 StaRUG) oder nach dem Verfahren gemäß dem SchVG (siehe ausführlich § 57 [*Thole*]) gestaltet werden.

c) Avalkredit

151 Ebenfalls als Restrukturierungsforderung gestaltbar ist der Aufwendungsersatzanspruch des Avalkreditgebers gegen den Schuldner nach §§ 675, 670 BGB, der Bürgenregressanspruch nach § 774 BGB sowie – bei Beendigung des Avalkreditvertrages – Ansprüche des Avalkreditgebers auf Barunterlegung (siehe oben Rz. 30).

V. Gestaltung von gegenseitigen Verträgen und Forderungen daraus

152 Forderungen aus gegenseitigen Verträgen sind nur gestaltbar, soweit der andere Teil seine Leistung bereits erbracht hat, § 3 Abs. 2 StaRUG (siehe Rz. 74). Eingriffe in das vertragliche Synallagma für vom Schuldner noch zu erbringende Leistungen sind nicht möglich. Für ein Mietverhältnis bedeutet dies, dass der Restrukturierungsplan zwar einen bestehenden Mietzahlungsrückstand gestalten, nicht aber die Miete für die Zukunft reduzieren kann.[164] Die im RegE zum StaRUG noch vorgesehene Vertragsbeendigung[165] ist nicht Gesetz geworden, sondern dem Insolvenzverfahren vorbehalten (z. B. §§ 103 Abs. 2, 109 Abs. 1 Satz 1 InsO).

---

162) Jacoby/Thole-*Brünkmans*, StaRUG, § 7 Rz. 34; Flöther-*Westpfahl/Dittmar*, StaRUG, § 2 Rz. 19.

163) Flöther-*Westpfahl/Dittmar*, StaRUG, § 2 Rz. 19.

164) *Wilkens*, WM 2021, 573, 576; Jacoby/Thole-*Brünkmans*, StaRUG, § 7 Rz. 40.

165) RegE SanInsFoG, BT-Drucks. 19/24181, S. 31 ff.

VI. Typische Planregelungen für Absonderungsanwartschaften (§ 7 Abs. 2 Satz 1 Alt. 2 StaRUG)

§ 7 Abs. 2 StaRUG führt beispielhaft auf, welche Gestaltungsregelungen für Absonderungsanwartschaften in Betracht kommen, namentlich Kürzungen um Bruchteile, Stundungen, Sicherheitentausch. Stets ist eine klare Regelung über das Schicksal des Absonderungsrecht geboten und der sachenrechtliche Bestimmtheitsgrundsatz einzuhalten. 153

Als Planregelungen kommen in Betracht: 154

- Die **Ablösung/Freigabe von Sicherheiten** gegen Zahlung einer Entschädigung: Rechtstechnisch erfolgt die Ablösung durch Regelung einer Freigabe- und Verzichtserklärung des Absonderungsanwartschaftsberechtigten sowie eines Abfindungsanspruchs, der wiederrum dem Verwertungserlös im nächstbesten Alternativszenario entspricht.[166] Der Entschädigungsbetrag wird auf die gesicherte Restrukturierungsforderung angerechnet.[167] Die für die Aufgabe der Sicherheit erforderlichen Erklärungen (z. B. §§ 929 ff. BGB) können im gestaltenden Teil des Restrukturierungsplan ebenfalls unmittelbar geregelt werden. Bei einer Sicherungsübereignung von Sachgesamtheiten kann ein Teilverzicht auch dadurch erfolgen, indem auf einzelne Zugriffsgegenstände verzichtet wird.[168]
- **Hinausschieben der Verwertungsreife:** Die Fälligkeit einer Restrukturierungsforderung kann auch durch die Verwertungsreife einer Absonderungsanwartschaft zeitlich hinausgeschoben werden.
- **Sicherheitentausch:** Es können über eine Planregelung Sicherheiten ausgetauscht, neue Sicherheiten bestellt oder die Verwertungsmodalität geändert werden (siehe zum Insolvenzplan § 8 Rz. 236 [*Brünkmans*]).[169] Die dinglichen Willenserklärungen (z. B. Rückübereignung Warenlager §§ 929 ff. BGB gegen Verpfändung von Anteilsrechten [§ 1274 Abs. 1 BGB i. V. m. § 15 GmbHG]) werden unmittelbar im Restrukturierungsplan geregelt. In der Vergleichsrechnung ist der Wert der von dem Austausch betroffenen Sicherheiten anzugeben.[170]
- **Änderung der Rangverhältnisse:** Rangverhältnisse können unmittelbar dinglich im Restrukturierungsplan geregelt werden (etwa durch entsprechende Anpassung der Intercreditor-Vereinbarung [§ 2 Abs. 2 Satz 3 StaRUG]).[171]
- **Sachenrechtliche Änderungen:** Diese können nach § 13 StaRUG unmittelbar im Restrukturierungsplan geregelt werden. Die Regelungsbefugnis beschränkt sich allerdings aus der Ersetzung der dinglichen Willenserklärung (siehe zum Insolvenzplan § 7 Rz. 15 [*Brünkmans*]). Sonstige Übertragungsakte, z. B. Besitzverschaffung nach § 929 BGB erfolgen nach allgemeinen Regeln. Enthält der Restrukturierungsplan für den Sicherungsgegenstand keine unmittelbar verfügende (vgl. §§ 67 Abs. 1, 68 Abs. 1 StaRUG) sachenrechtliche Regelung, besteht lediglich ein schuldrechtlicher Anspruch des Schuldners gegen den Absonderungsanwartschaftsberechtigten auf Vollzug (siehe § 8 Rz. 237 [*Brünkmans*]). Da § 69 StaRUG lediglich das Wiederaufleben von Restruktu-

166) Vgl. aber *Fridgen* in: BeckOK-StaRUG, § 7 Rz. 45.
167) Jacoby/Thole-*Brünkmans*, StaRUG, § 7 Rz. 48.
168) Flöther-*Westpfahl/Dittmar*, StaRUG, § 2 Rz. 29.
169) *Fridgen* in: BeckOK-StaRUG, § 7 Rz. 37; *Zuleger*, NZI Beilage z. Heft 5/2021, S. 43; Jacoby/Thole-*Brünkmans*, StaRUG, § 7 Rz. 51.
170) Flöther-*Westpfahl/Dittmar*, StaRUG, § 2 Rz. 31; Jacoby/Thole-*Brünkmans*, StaRUG, § 7 Rz. 51.
171) *Wilkens*, WM 2021, 573, 576; Jacoby/Thole-*Brünkmans*, StaRUG, § 7 Rz. 52.

rierungsforderungen im Fall der Nichterfüllung vorsieht, ist eine ausdrückliche Planregelung für das Wiederaufleben der Sicherheiten erforderlich.[172]

- **Gestaltung der gesicherten Forderungen:** Der Eingriff in die gesicherte Forderung und der Fortbestand der Forderung als Naturalobligation (§ 67 Abs. 1 und 4 StaRUG), lässt – auch akzessorische – Sicherungsrechte grundsätzlich fortbestehen (siehe dazu § 43 Rz. 49 ff. [*J. Schmidt*]). Regelt der Restrukturierungsplan indes in Abweichung von § 67 Abs. 1 und 4 StaRUG einen echten Teilerlass der Forderung nach § 397 BGB unter Abbedingung der genannten Rechtsfolgen (siehe dazu Rz. 129) erlöschen insoweit auch die akzessorischen Sicherheiten – wenn der Plan nicht ausdrücklich etwas anderes vorsieht – oder es entsteht nach Planbestätigung ein Rückübertragungsanspruch für nichtakzessorische Sicherheiten.[173] Mit der Regelung (Verschiebung) der Fälligkeit wird auch die Verwertungsreife der Sicherheit verschoben.[174]
- Auch die Umwandlung in Eigenkapital (Debt-Equity-Swap) kommt im Hinblick auf das Absonderungsrecht in Betracht.

VII. Rechte aus gruppeninternen Drittsicherheiten

155 Gestaltbar sind auch Sicherheiten, die durch ein mit dem Restrukturierungsschuldner verbundenes Unternehmen i. S. von § 15 AktG bestellt wurden (sog. gruppeninterne Drittsicherheiten, vgl. § 2 Abs. 4 StaRUG). Die Gestaltung für Personalsicherheiten erfolgt entsprechend der Gestaltung von Forderungen und für dingliche Sicherheiten entsprechend der Gestaltung von Absonderungsanwartschaften (vgl. § 7 Abs. 2 Satz 2 StaRUG). Zur Gestaltung gruppeninterner Drittsicherheiten siehe ausführlich § 56 Rz. 30 ff. [*Brünkmans*].

VIII. Gestaltung von Vertragsbedingungen (Nebenbestimmungen) (§ 7 Abs. 3 StaRUG)

156 Nach § 7 Abs. 3 und § 2 Abs. 2 StaRUG können für bestimmte mehrseitige (§ 2 Abs. 2 Satz 1 StaRUG) und mehrfache (§ 2 Abs. 2 Satz 2 StaRUG) Vertragsverhältnisse, wie z. B. dem Konsortialkreditvertrag oder Schuldscheindarlehen, auch vertragliche Einzel- und Nebenbestimmungen über einen Restrukturierungsplan geändert werden. Die Änderung von Vertragsbestimmungen durch Mehrheitsentscheidung ist aus dem Insolvenzplanrecht unbekannt und bisher nur im SchVG (dort § 5 Abs. 1 und 3 StaRUG) vorgesehen. Die Änderung von vertraglichen Nebenbestimmungen erfolgt gemäß § 7 Abs. 3 StaRUG ebenfalls durch eine entsprechende Regelung im gestaltenden Teil des Restrukturierungsplan (siehe ausführlich § 41 Rz. 51 ff. [*Brünkmans*]).

IX. Gesellschaftsrechtliche Maßnahmen (§§ 2 Abs. 3, 7 Abs. 4 StaRUG)

157 Von besonderer Bedeutung für die Restrukturierungspraxis ist die in §§ 2 Abs. 3, 7 Abs. 4 StaRUG vorgesehene Möglichkeit, die Anteils- oder Mitgliedschaftsrechte der an der schuldnerischen Gesellschaft beteiligten Personen durch einen Restrukturierungsplan zu gestalten. Die Gestaltung dieser Anteils- und Mitgliedschaftsrechte erfolgt durch Aufnahme einer gesellschafterbeschlussersetzenden Regelung im gestaltenden Teil des Restrukturierungsplans (vgl. § 7 Abs. 1 und Abs. 4 StaRUG). Zu den Voraussetzungen und in der Praxis gängigen Regelungen siehe § 54 Rz. 157 ff. [*Brünkmans*].

---

172) Flöther-*Tasma*, StaRUG, § 7 Rz. 17; Jacoby/Thole-*Brünkmans*, StaRUG, § 7 Rz. 53.

173) Jacoby/Thole-*Brünkmans*, StaRUG, § 7 Rz. 54; Flöther-*Westpfahl/Dittmar*, StaRUG, § 2 Rz. 30.

174) Flöther-*Westpfahl/Dittmar*, StaRUG, § 2 Rz. 29.

X. Neue Finanzierung (§ 12 StaRUG)

1. Neue Finanzierung als Planbestandteil

Neben der Restrukturierung der bestehenden Finanzverbindlichkeiten (Old Money) erfordert eine Restrukturierung in der Regel Liquidität (Fresh Money) für die Aufrechterhaltung des Geschäftsbetriebs und zur Finanzierung der Restrukturierungsmaßnahmen. 158

Nach § 12 StaRUG kann die Zusage von Darlehen oder sonstigen Krediten, die zur Finanzierung der Restrukturierung erforderlich sind, im Restrukturierungsplan geregelt werden. Auch wenn der Wortlaut von § 12 StaRUG „Regelung zur Zusage von Darlehen [...]" insoweit missverständlich ist, wird die **eigentliche Verpflichtungserklärung** (Darlehenszusage) nicht durch den gestaltenden Teil ersetzt, sondern die Finanzierungszusage (Kreditvertrag) des Kreditgebers erfolgt vielmehr auf der Grundlage eines gewöhnlichen nach den §§ 145 ff. BGB **abzuschließenden Kreditvertrages**. Die Aufnahme der Erklärung in den Restrukturierungsplan führt lediglich zum **Anfechtungsschutz** des § 90 StaRUG.[175] Im gestaltenden Teil geregelt wird somit lediglich die Einstufung einer bestimmten Darlehenszusage als neue Finanzierung i. S. von § 12 StaRUG, mit der damit verbundenen Auslösung der Rechtsfolge aus § 90 StaRUG.[176] Nicht erforderlich ist es, den gesamten Kreditvertrag unmittelbar im gestaltenden Teil zu regeln.[177] Es genügt, wenn die **Eckpunkte** wie Darlehenssumme, Laufzeit, Zinssatz, Besicherung etc. im gestaltenden Teil aufgenommen werden und die eigentlichen Kreditverträge dem Restrukturierungsplan als Anlage beigefügt werden. 159

Praxishinweis

Die Darlegung der Gründe, weshalb die Finanzierung für die Umsetzung des Plans erforderlich ist, erfolgt im darstellenden Teil.

Der Schuldner hat bei der Ausgestaltung grundsätzlich zwei Optionen, die Sanierungsfinanzierung vollständig außerhalb des Restrukturierungsplans auf Basis eines schlichten Kreditvertrages oder zusätzlich eine **entsprechende Ermächtigung im gestaltenden Teil** des Restrukturierungsplans zu regeln. Der Anfechtungsschutz aus § 90 Abs. 1 StaRUG folgt allerdings nur aus der zweiten Option.[178] Die Regelung der neuen Finanzierung im gestaltenden Teil des Restrukturierungsplans (§ 12 StaRUG) führt somit in der Rechtsfolge zum Anfechtungsausschluss des § 90 Abs. 1 StaRUG. Ein Anfechtungsschutz bezüglich der praxisrelevanten Besicherung des Sanierungskredits lässt sich allerdings auch durch **Einhaltung des Bargeschäftsprivilegs** nach § 142 InsO oder ein schlüssiges Sanierungskonzept, das im darstellenden Teil des Restrukturierungsplans in der Regel enthalten ist, erreichen.[179] 160

2. Neue Finanzierung i. S. von § 12 StaRUG

a) Darlehen oder sonstiger Kredit (§ 12 Satz 1 StaRUG)

Um über eine entsprechende Planregelung den Anfechtungsschutz aus § 90 Abs. 1 StaRUG auszulösen, muss die Finanzierungszusage unter den Begriff „neue Finanzierungszusage" 161

175) Seibt/Westpfahl-*Grell/Klockenbrink*, StaRUG; § 12 Rz. 66; *Bismarck/Schulz/Steiger* in: Bieg/Borchardt/Frind, Unternehmenssanierung und Betriebsfortführung, Teil 2, B. IX. Rz. 11.

176) Jacoby/Thole-*Brünkmans*, StaRUG, § 7 Rz. 168 ff.

177) S. a. Seibt/Westpfahl-*Grell/Klockenbrink*, StaRUG, § 12 Rz. 3.

178) Im Ergebnis auch *Fridgen* in: BeckOK-StaRUG, § 12 Rz. 46; vgl. *Bismarck/Schulz/Steiger* in: Bieg/Borchardt/Frind, Unternehmenssanierung und Betriebsfortführung, Teil 2, B. IX. Rz. 11; wohl auch Morgen-*Knapp/Wilde*, StaRUG, § 12 Rz. 18.

179) BGH, Urt. v. 14.6.2018 - IX ZR 22/15, NZI 2018, 840, 841 = ZIP 2018, 1794; BGH, Urt. v. 12.5.2016 - IX ZR 65/14, NZI 2016, 636, 637 = ZIP 2016, 1235; BGH, Urt. v. 16.10.2008 - IX ZR 183/06, NZI 2009, 171, 177 = ZIP 2009, 91.

i. S. von § 12 StaRUG fallen. Danach handelt es sich um eine „Zusage von Darlehen oder sonstigen Krediten", die zur Finanzierung der Restrukturierung auf der Grundlage des Plans „erforderlich" sind.

162 Darlehen sind Gelddarlehen i. S. von § 488 BGB, Sachdarlehen i. S. von § 607 BGB. Waren- und Lieferantenkredite, Leasing, Factoring, Avale, Akkreditivkredite, Anleihen etc.[180)]

163 Die Einordnung als neue Finanzierung i. S. von § 12 StaRUG erfordert nicht, dass der Kreditgeber aus dem Kreis der bestehenden Gläubiger stammt. Der Kreditgeber muss nicht selbst Planbetroffener sein, d. h. auch ein **Neugläubiger** kann eine neue Finanzierung i. S. von § 12 StaRUG gewähren.[181)]

164 Die **Prolongation** eines bestehenden Kredits, die **Stundung** einer Forderung, die Übernahme einer Bürgschaft oder Abgabe einer Garantie für Altverbindlichkeiten wird richtigerweise nicht als eine neue Finanzierung gewertet.[182)]

165 **Hybride Finanzierungsformen** (Wandeldarlehen, Genussrechte etc.) können als neue Finanzierung i. S. von § 12 StaRUG eingeordnet werden, wenn sie handelsrechtlich (handelsbilanziell) als Fremdkapital bewertet werden.[183)]

b) Besicherung

166 Als „neue Finanzierung" gilt gemäß § 12 Satz 2 StaRUG auch deren Besicherung. Hier liegt in der Praxis das **eigentliche Schutzbedürfnis vor einer Insolvenzanfechtung**. Die Rechtsfolge eines umfassenden Anfechtungsschutzes aus § 90 Abs. 1 StaRUG ist daher gerade im Hinblick auf die Besicherung sanierungsfördernd. Anfechtungsrisiken im Hinblick auf eine neue Finanzierung bestehen insbesondere für eine Neu- oder Nachbesicherung.[184)]

c) Materielle Voraussetzungen für die Einstufung als neue Finanzierung

167 Materielle Anforderungen an die Einstufung als neue Finanzierung formuliert § 12 StaRUG lediglich dahingehend, dass das Darlehen oder der Kredit dem Zweck der Finanzierung der Restrukturierung „erforderlich" ist, wobei dem Schuldner diesbezüglich ein großzügiger Beurteilungsspielraum zusteht. Dem vorgelagert muss die Finanzierung der Restrukturierung dienen. Nicht zwingend muss die Laufzeit der Finanzierung den gesamten Sanierungszeitraum als Laufzeit erfassen.[185)]

---

180) Morgen-*Knapp/Wilde*, StaRUG, § 12 Rz. 2; Jacoby/Thole-*Brünkmans*, StaRUG, § 12 Rz. 4; Seibt/Westpfahl-*Grell/Klockenbrink*, StaRUG; § 12 Rz. 35, auch ErwG 66 zur Restrukturierungsrichtlinie.

181) *Bismarck/Schulz/Steiger* in: Bieg/Borchardt/Frind, Unternehmenssanierung und Betriebsfortführung, Teil 2, B. IX. Rz. 8.

182) Flöther-*Tasma*, StaRUG, § 12 Rz. 7; Jacoby/Thole-*Brünkmans*, StaRUG, § 12 Rz. 5; Morgen-*Knapp/Wilde*, StaRUG, § 12 Rz. 7; Braun-*Tashiro*, StaRUG, § 12 Rz. 14; *Fridgen* in: BeckOK-StaRUG, § 12 Rz. 38; **a. A.** Pannen/Riedemann/Smid-*Smid*, StaRUG, § 12 Rz. 7; *Krafszyk*, ZRI 2021, 313, 315; *Bismarck/Schulz/Steiger* in: Bieg/Borchardt/Frind, Unternehmenssanierung und Betriebsfortführung, Teil 2, B. IX. Rz. 8; Seibt/Westpfahl-*Grell/Klockenbrink*, StaRUG, § 12 Rz. 42 ff.

183) Vgl. auch Flöther-*Tasma*, StaRUG, § 12 Rz. 6; Jacoby/Thole-*Brünkmans*, StaRUG, § 12 Rz. 6; zu den Abgrenzungskriterien s. *Reiner* in: MünchKomm-HGB, § 266 Rz. 97.

184) Flöther-*Tasma*, StaRUG, § 12 Rz. 10; *Fridgen* in: BeckOK-StaRUG, § 12 Rz. 19; Jacoby/Thole-*Brünkmans*, StaRUG, § 12 Rz. 8.

185) Morgen-*Knapp/Wilde*, StaRUG, § 12 Rz. 11; Jacoby/Thole-*Brünkmans*, StaRUG, § 12 Rz. 12; Morgen-*Bork*, Präventive Restrukturierung, Art. 17 Rz. 17 f.; wohl anders *Fridgen* in: BeckOK-StaRUG, § 12 Rz. 23 „der Zeitraum der Restrukturierungsfinanzierung muss andauern, bis die Restrukturierung nachhaltig erfolgt ist".

XI. Änderung sachenrechtlicher Verhältnisse (§ 13 StaRUG)

Die sachenrechtlichen Verhältnisse können gemäß § 13 StaRUG unmittelbar im Restrukturierungsplan geregelt werden (siehe zum Insolvenzplan [§ 228 InsO] § 7 Rz. 6 [*Brünkmans*]). Entgegen der Überschrift von § 13 StaRUG werden nicht nur Übereignungserklärungen nach §§ 929 ff. BGB, wie etwa die Aufhebung einer Sicherungsübereignung i. R. eines Sicherheitenaustausches erfasst. Vielmehr können im gestaltenden Teil sämtliche dinglichen Verfügungserklärungen geregelt werden, wie z. B. der Forderungserlass oder die unmittelbare Regelung von Abtretungserklärungen (§ 398 BGB). Die dinglichen Erklärungen der Planbetroffenen werden **unmittelbar im Restrukturierungsplan geregelt** und mit Bestätigung unter Wahrung der **allgemeinen Formvorschriften** gemäß § 68 Abs. 2 StaRUG ersetzt. Dingliche Erklärungen **außenstehender Dritter** sind als Anlage zum Restrukturierungsplan zu nehmen, wie z. B. die Erklärung des Zessionars bei einer Abtretungsregelung. Es gelten die Ausführungen zum Insolvenzplan (siehe § 7 Rz. 81 ff. [*Brünkmans*]) entsprechend. 168

Die von § 13 StaRUG eröffnete Möglichkeit der unmittelbaren Rechtsgestaltung dient der Effektivität des Restrukturierungsplans und verleiht der Mehrheitsentscheidung der Planbetroffenen die gebotene Durchschlagskraft.[186] 169

Als in der Praxis relevante dingliche Regelungen nach § 13 StaRUG kommen in Betracht: 170

- Forderungserlass (§ 397 BGB),
- Neuordnung der Sicherheitenarchitektur,
- Auflassungserklärung für ein Grundstück (§ 925 Abs. 1 Satz 3 BGB) sowie die dafür erforderlichen **Verfahrenserklärungen** (Eintragungsbewilligung nach § 19 GBO und Eintragungsantrag nach § 13 GBO).[187]

Bei der Formulierung der Planregelung ist der sachenrechtliche **Bestimmtheitsgrundsatz** nach den jeweils einschlägigen Vorschriften zu wahren, was vom Restrukturierungsgericht i. R. der Rechtsprüfung geprüft wird. Mit der Bestätigung des Restrukturierungsplans gelten die auf eine dingliche Rechtsänderung abzielenden Willenserklärungen als formgerecht abgegeben, vgl. §§ 67 Abs. 1, 68 Abs. 1 und 2 StaRUG. Eine über die Ersetzung der Willenserklärungen hinausgehende Gestaltungswirkung hat der Restrukturierungsplan nicht, d. h. erforderliche **Real- oder Publizitätsakte** sind nach allgemeinen Regeln umzusetzen (siehe zum Insolvenzplan ausführlich § 7 Rz. 15 [*Brünkmans*]).[188] 171

XII. Planüberwachung

Die Anordnung der Planüberwachung durch einen Restrukturierungsbeauftragten erfolgt gemäß § 72 Abs. 1 StaRUG durch eine entsprechende Regelung im gestaltenden Teil des Restrukturierungsplans. 172

XIII. Bedingter Restrukturierungsplan

Soweit Restrukturierungsmaßnahmen nicht über den gestaltenden Teil des Plans umgesetzt werden können oder sollen, können diese nach Maßgabe des § 62 StaRUG über einen „bedingten Restrukturierungsplan" mit dem Plan verknüpft werden. In diesem Fall wird der Restrukturierungsplan erst bestätigt, wenn die Maßnahmen verwirklicht wurden. Es gelten die Ausführungen und praktischen Anwendungsfälle zum Insolvenzplan entsprechend (siehe § 8 Rz. 404 ff. [*Brünkmans*]). 173

186) Jacoby/Thole-*Brünkmans*, StaRUG, § 13 Rz. 3.

187) Jacoby/Thole-*Brünkmans*, StaRUG, § 13 Rz. 7; *Fridgen* in: BeckOK-StaRUG, § 13 Rz. 29; Morgen-*Knapp/Wilde*, StaRUG, § 13 Rz. 9.

188) Jacoby/Thole-*Brünkmans*, StaRUG, § 13 Rz. 12.

174 Auch die Aufnahme einer **echten Planbedingung i. S. von § 158 BGB** ist möglich, insbesondere wenn zunächst die Annahme des Restrukturierungsplans ohne gerichtliche Bestätigung nach den §§ 17 ff. StaRUG erfolgen soll. Wie beim Insolvenzplan können einzelne Planregelungen, z. B. die Planregelung, oder der gesamte Restrukturierungsplan unter einer aufschiebenden Bedingung stehen (siehe § 8 Rz. 458 ff. [*Brünkmans*]).

XIV. Planmittel i. S. von § 64 Abs. 3 StaRUG

175 Auch die **Planmittel i. S. von § 64 Abs. 3 StaRUG** zur Vermeidung einer Schlechterstellung werden im gestaltenden Teil des Restrukturierungsplans geregelt (siehe zum Insolvenzplan § 8 Rz. 615 ff. [*Brünkmans*]).[189)]

XV. Abweichende Regelung zum Wiederaufleben, § 69 Abs. 3 StaRUG

176 Im gestaltenden Teil des Restrukturierungsplans können abweichende Regelungen zum gesetzlich vorgesehenen Wiederaufleben gestundeter und erlassener Forderungen im Fall unterbliebener oder verzögerter Planerfüllung geregelt werden (§ 69 Abs. 3 StaRUG).[190)]

E. Formelle Anforderungen an den gestaltenden Teil

177 Bei der Abfassung des gestaltenden Teils gelten die gleichen „handwerklichen Anforderungen" wie beim Insolvenzplan (siehe § 7 Rz. 134 [*Brünkmans*]). Für **dingliche Verfügungsgeschäfte** (wie Forderungserlasse, Übereignungsgeschäfte etc.) ist der sachenrechtliche Bestimmtheitsgrundsatz zu beachten.

178 Richtigerweise muss der Restrukturierungsplan allerdings nicht zwingend einen aus sich selbst heraus **vollstreckungsfähigen Inhalt** haben.[191)] Eine bestimmbare Planquote im Restrukturierungsplan reicht somit aus, sodass im Wege des qualifizierten Klauselerteilungsverfahrens nach § 726 ZPO die Erteilung einer Vollstreckungsklausel beantragt werden kann.[192)]

179 Die Regelungen im Restrukturierungsplan sind der **Auslegung** nach §§ 133, 157 BGB zugänglich, d. h. im Fall einer unklar formulierten Planregelung ist eine Auslegung des Gewollten möglich (siehe zum Insolvenzplan § 1 Rz. 13 [*Thole*]).

F. Wirkungen des gestaltenden Teils

180 Mit **Bestätigung des Restrukturierungsplans** treten die im gestaltenden Teil festgelegten Wirkungen ein. Der Plan entfaltet damit bereits mit Verkündung des Bestätigungsbeschlusses (§ 65 Abs. 1 StaRUG) Wirkung und nicht, wie beim Insolvenzplan, erst mit dessen Rechtskraft. Die im Restrukturierungsplan geregelten Willenserklärungen der Planbetroffenen gelten als formwirksam (§ 68 Abs. 2 StaRUG) abgegeben und zwar auch im Verhältnis zu den Planbetroffenen, die gegen den Plan gestimmt oder an der Abstimmung nicht teilgenommen.[193)]

181 Weist der gestaltende Teil nicht innerhalb einer angemessenen Frist behobene wesentliche **Mängel** auf, ist die Planbestätigung nach § 63 Abs. 1 Nr. 2 StaRUG zu versagen (siehe § 48 Rz. 36 [*Laroche*]).

---

189) Jacoby/Thole-*Brünkmans*, StaRUG, § 7 Rz. 175.

190) Jacoby/Thole-*Brünkmans*, StaRUG, § 7 Rz. 176.

191) So für den Insolvenzplan aber AG Hannover, Beschl. v. 30.9.2016 – 902 IN 607/14, ZIP 2016, 2081 = ZInsO 2016, 2093, dazu EWiR 2017, 23 *(Körner/Rendels)*; *Blankenburg*, ZInsO 2015, 1293, 1298; *Heerma/Bergmann*, ZIP 2018, 949, 950.

192) Vgl. K. Schmidt-*Spliedt*, InsO, § 257 Rz. 8; Uhlenbruck-*Lüer/Streit*, InsO, § 257 Rz. 16.

193) Jacoby/Thole-*Brünkmans*, StaRUG, § 7 Rz. 181.

§ 41
Gestaltung von Kreditverträgen und Forderungen aus Kreditverträgen

Übersicht

Literatur: *Arlt/Brägelmann/Ludwig*, Unbegrenzte Gestaltungsmöglichkeiten bei Konsortialverträgen und Kreditentscheidungen per Restrukturierungsplan?, ZInsO 2021, 1485; *Becher/Gößmann*, Die Änderungen der Allgemeinen Geschäftsbedingungen der privaten Banken, Sparkassen und Landesbanken, BKR 2002, 519; *Bitter*, Bedeutung des § 3 Abs. 2 StaRUG für Kreditverträge, ZInsO 2023, 65; *Bitter*, Bedeutung des § 3 Abs. 2 StaRUG für Kreditverträge, in: Festschrift für Markus Gehrlein zum 65. Geburtstag, 2022, S. 27; *Bork*, Neue Grundfragen des Restrukturierungsrechts, ZRI 2021, 345; *Brünkmans/Kalle*, Zulässigkeit und Grenzen der Gestaltung von Kreditverträgen im Restrukturierungsplan, ZIP 2025, 667; *de Bruyn/Ehmke*, StaRUG & InsO: Sanierungswerkzeuge des Restrukturierungs- und Insolvenzverfahrens, NZG 2021, 661; *Desch*, Der neue Stabilisierungs- und Restrukturierungsrahmen nach dem Regierungsentwurf StaRUG in der Praxis, BB 2020, 2498; *Fleischer*, Covenants und Kapitalersatz, ZIP 1998, 313; *Hess*, Kreditauflagen (Covenants) und Fusionskontrolle, ZIP 2010, 461; *Hopt*, Rechtspflichten der Kreditinstitute zur Kreditversorgung, Kreditbelassung und Sanierung von Unternehmen – Wirtschafts- und bankenrechtliche Überlegungen zum deutschen und französischen Recht, ZHR 143 (1979), 139; *Kalle*, Das Rechtsmissbrauchsverbot in Dogmatik und Praxis, 2023; Bonn (Diss.); *Kühne*, Kapitalersatz und Konsortialkredite – Insolvenzausfallrisiko für Konsortialführer und Konsorten, NZI 2007, 560; *Lwowski/Tetzlaff*, Verjährung der Aufwendungsersatzansprüche einer Bank aus einem „Avalkredit", WM 2000, 761; *Marotzke*, Die restrukturierungsrechtliche Plangestaltbarkeit von Darlehens-, Miet-, Pacht- und Lizenzverträgen, ZInsO 2021, 1099; *Mitlehner*, Zu Mobiliarsicherungsrechten und Mobiliarabsonderungsanwartschaften im Verfahren nach dem StaRUG, ZRI 2023, 429; *Morgen/Arends/Schierhorn*, Sanierungsmittel der Wahl – Insolvenzplan nach InsO n. F. oder Restrukturierungsplan nach StaRUG?, ZRI 2021, 305; *Naujoks/Schönen*, Die Anpassung von Einzelbestimmungen in Finanzierungsverträgen nach dem StaRUG, ZRI 2021, 437; *Radke*, Grundlagen des Kreditvertrags- und Kreditsicherungsrechts in der institutionellen Finanzierungspraxis, JA 2024, 766; *Renner/Schmidt*, Kollektiver Gläubigerschutz bei Covenants, ZHR 180 (2016), 522; *Röper/Denkhaus*, Finanzierungsoptionen im Restrukturierungsverfahren, ZRI 2021, 1043; *Schönfelder*, Kreditvertragliche Kündigungsrechte im StaRUG-Verfahren – Viel Lärm um nichts?, WM 2022, 361; *Schönfelder*, Konsortialkredite in der Plangestaltung nach dem StaRUG: Alles im Plan?, NZI 2023, 1; *Skauradszun/Kümpel*, Restrukturierungen von Schuldverschreibungen und weiteren Finanzierungsarrangements nach § 2 Abs. 2 StaRUG, WM 2021, 1122; *Theiselmann*, Teil 1 der Serie: „Corporate Finance Lösungen entlang der GmbH-Unternehmensbilanz", GmbH-StB 2012, 50; *Thole*, Zu den in einem Restrukturierungsplan gestaltbaren Rechtsverhältnissen, ZIP 2021, 806; *Thole*, Stabilisierung und vertragsrechtliche Wirkungen des StaRUG, ZRI 2021, 231; *Thole*, Der Entwurf des Unternehmensstabilisierungs- und -restrukturierungsgesetzes (StaRUG-RefE), ZIP 2020, 1985; *Vorpeil*, Der LMA-Mustervertrag für Kreditverträge – Firmenkreditverträge nach deutschem Recht und internationalem Standard, IWB 13/2018, 511; *Wehrhahn*, Unternehmensfinanzierung durch Schuldscheindarlehen, BKR 2012, 363; *Wilkens*, Der präventive Restrukturierungsrahmen, WM 2021, 573; *Wittig*, Financial Covenants im inländischen Kreditgeschäft, WM 1996, 1381.

A. Einführung

1 Bei der Frage, ob und inwieweit Kreditverträge über einen Restrukturierungsplan (und damit über eine gruppenübergreifende Mehrheitsentscheidung) geändert werden können, ist zwischen den aus den Kreditverträgen resultierenden **Forderungen** einerseits und den vertraglichen **Bestimmungen** andererseits zu unterscheiden. Diese Unterscheidung ist nicht zuletzt deshalb erforderlich, weil das StaRUG für beide Kategorien **unterschiedliche Ermächtigungsgrundlagen** mit jeweils unterschiedlichen Voraussetzungen vorsieht: Während Forderungen als Restrukturierungsforderungen nach § 2 Abs. 1 Nr. 1 StaRUG plangestaltbar sind, findet sich in § 2 Abs. 2 StaRUG die zentrale Ermächtigungsgrundlage für die Änderung vertraglicher Nebenbestimmungen.

Wie bei der außergerichtlichen Sanierung stellt die Gewährleistung der Durchfinanzierung des Sanierungskonzepts im Sanierungszeitraum einen wesentlichen Erfolgsfaktor für das Gelingen einer StaRUG-Sanierung dar. Hierfür sind Eingriffe in Forderungsrechte aus dem Kreditvertrag erforderlich, etwa Verlängerungen von Tilgungsbeträgen und Tilgungszeiträumen, Forderungsverzichte, Rangrücktritte sowie Anpassungen von – häufig komplexen – Vertragsregelungen,[1] etwa Kreditauflagen. 2

Die nachfolgenden Ausführungen beschränken sich auf Kreditverträge, welche dem Schuldner **Fremdkapital** zur Verfügung stellen. Fremdkapital zeichnet sich dadurch aus, dass es nur für eine bestimmte Zeit im Unternehmen verbleibt und gewinnunabhängig verzinst wird. Eigenkapital verbleibt hingegen dauerhaft im Unternehmen. Anstelle von Rückzahlungsansprüchen bestehen Ansprüche auf Gewinnanteile und über die Gesellschafterstellung ist der Eigenkapitalgeber an der Wertentwicklung und dem wirtschaftlichen Erfolg oder Misserfolg der Gesellschaft beteiligt.[2] Fremdkapital wird typischerweise von Banken oder Debt Fonds durch Kredite in Form von Darlehen oder alternativen Finanzierungsinstrumenten zur Verfügung gestellt. 3

Um sich potentielle Gegenstände einer Kreditgestaltung durch den Restrukturierungsplan zu verdeutlichen, soll nachfolgend ein kurzer Überblick über die zivilrechtliche Einordnung der gängigen Kreditvertragstypen und daraus typischerweise gespeisten Forderungen und Regelungen gegeben werden. 4

B. Grundlagen, zivilrechtliche Einordnung von Kreditverträgen

I. Einmaliger Verwendungszweck oder revolvierende Kreditlinie

1. Terminkredit (Tilgungsdarlehen)

Bei sog. Terminkreditlinien (Term Loan Facilities) wird Fremdkapital ausschließlich für **genau festgelegte Verwendungszwecke** (Verwendung für bestimmte Anschaffungen) zur Verfügung gestellt, etwa für die Finanzierung von **Investitionen** (Capex-Kreditlinie) oder **Akquisitionen** (Akquisitions-Kreditlinie). Die ausbezahlte Darlehensvaluta ist entweder als sog. Tilgungsdarlehen in regelmäßigen Raten oder in einem Betrag am Ende der Laufzeit (sog. Bullet Repayment) zurückzuzahlen. Anders als revolvierende Betriebsmittelkreditlinien können bei einem Terminkredit einmal zurückgezahlte Darlehensbeträge nicht erneut in Anspruch genommen („revalutiert") werden, da sich der Darlehenszweck mit der Anschaffung erledigt hat.[3] 5

2. Revolvierende Kreditlinie (Kontokorrentkredit)

Die revolvierende Betriebsmittelkreditlinie (Revolving Facilities) dient hingegen allgemein der **Deckung des Betriebsmittelbedarfs** eines Unternehmens, wie z. B. dem Kauf von Rohstoffen oder der Zahlung von Löhnen, Mieten und Steuern. Unzulässig ist die Verwendung hingegen in der Regel für den Schuldendienst, für Investitionen oder für den Erwerb von Unternehmen.[4] Die Betriebsmittelkreditlinie wird häufig als **Geldmarktdarlehen** in Anspruch genommen, d. h. die Kreditgeber refinanzieren sich am Geldmarkt für kurzfristig (Zinsperiode nach Wahl ein bis drei Monate) verfügbare Gelder. Ferner wird die Kreditlinie auf Basis eines **Referenzzinssatzes** (z. B. EURIBOR) zuzüglich einer 6

---

1) Verträge nach LMA-Standards umfassen häufig weit über 100 Seiten.

2) *Diem/Jahn*, Akquisitionsfinanzierung, § 1 Rz. 2 f.; *Eilers* in: Eilers/Gleske/Hüther/Knapp, Hdb. Unternehmensfinanzierung, Kap. 1 Rz. 2 f.; *Perridon/Steiner/Rathgeber*, Finanzwirtschaft der Unternehmung, S. 420.

3) *Kropf* in: Kümpel/Mülbert/Früh/Seyfried, Bankrecht und Kapitalmarktrecht, Rz. 6.176.

4) *Diem/Jahn*, Akquisitionsfinanzierung, § 5 Rz. 15.

Marge verzinst.[5] Die Geldmarktdarlehen sind jeweils am Ende einer Zinsperiode zurückzuzahlen. Allerdings hat der Kreditnehmer die Möglichkeit, den Betrag im Wege eines „Roll-Overs" erneut in Anspruch zu nehmen und das Darlehen zu **prolongieren**. Dies erleichtert den Parteien die Abwicklung, da diese darauf verzichten können, Geldbeträge hin und her zu buchen.[6]

7 Für **kleinere Beträge** erfolgt die Kreditgewährung in der Regel über ein bilaterales Kontokorrentdarlehen (§ 355 HGB), das auch auf Basis eines Konsortialkreditvertrages gewährt werden kann (sog. Abzweiglinie [Ancillary Line]).[7]

8 In der Regel sieht der Krediteröffnungsvertrag vor, dass der Betriebsmittelkredit während der Laufzeit der Kreditlinie **jederzeit zurückgezahlt und erneut beansprucht werden kann.**[8]

II. Geld- oder Haftungskredit (Avalkredit)

9 Beim Avalkredit erhält der Kreditnehmer keine Valuta ausbezahlt. Vielmehr erklärt sich der Kreditgeber gegenüber Dritten bereit, für die Schulden des Kreditnehmers mitzuhaften. Ein typisches Beispiel für einen Avalkredit stellt die **Bankbürgschaft** dar, bei der sich der Kreditgeber auf Verlangen des Kreditnehmers für dessen Verbindlichkeiten verbürgt.[9] Der Haftungsbeitritt des Kreditgebers wird durch eine Avalprovision vergütet.

10 Typologisch ist der Vertrag über die Begründung eines Avalkredits als **Geschäftsbesorgungsvertrag** i. S. von § 675 BGB zu qualifizieren.[10] Falls der Kreditgeber durch den Dritten in Anspruch genommen wird, steht ihm daher ein Rückgriffsanspruch gegen den Kreditnehmer aus §§ 675 Abs. 1, 670 BGB zu. Speziell bei der Avalbürgschaft ergibt sich eine weitere Regressmöglichkeit aus § 774 Abs. 1 BGB.[11]

11 Sobald ein vertraglicher oder gesetzlicher Kündigungsgrund vorliegt, kann der Avalkreditgeber vom Kreditnehmer verlangen, dass dieser eine Barunterlegung für das Aval bereitstellt.[12] Die Barunterlegung stellt eine Form der Rückabwicklung des Kredits dar. Alternativ kann der Kreditnehmer den Vertrag beenden, indem er die Avalurkunde zurückgibt oder auf anderem Weg sicherstellt, dass der Kreditgeber nicht mehr aus dem Aval haftet.[13]

III. Bilaterale oder multipolare Kreditverträge

12 Die vorgenannten Kreditformen (Terminkredite, Betriebsmittelkreditlinien oder Avalkredite) können Bestandteil eines bilateralen Kreditvertrages mit einem Kreditgeber oder auch

5) *Diem/Jahn*, Akquisitionsfinanzierung, § 5 Rz. 21; *Kropf* in: Kümpel/Mülbert/Früh/Seyfried, Bankrecht und Kapitalmarktrecht, Rz. 6.39.

6) *Kropf* in: Kümpel/Mülbert/Früh/Seyfried, Bankrecht und Kapitalmarktrecht, Rz. 6.176; *Walgenbach* in: Langenbucher/Bliesener/Spindler, Bankrechts-Kommentar, 16. Kap. Rz. 80, Fn. 448.

7) *Bono/Hüther/Josenhans* in: Eilers/Koffka/Mackensen/Paul/Josenhans, Private Equity, Kap. V Rz. 29; Seibt/Westpfahl-*Herding/Krafczyk*, StaRUG, § 2 Rz. 144; *Huber* in: Obermüller, Insolvenzrecht in der Bankpraxis, Rz. 5.1120; *Ingenhoven/Eisen* in: Hölters, Hdb. Unternehmenskauf, Rz. 4.119.

8) OLG Düsseldorf, Urt. v. 5.4.2012 – I-6 U 7/11, NJOZ 2012, 1971, 1974; *Diem/Jahn*, Akquisitionsfinanzierung, § 5 Rz. 19; *Kropf* in: Kümpel/Mülbert/Früh/Seyfried, Bankrecht und Kapitalmarktrecht, Rz. 6.43; Staudinger-*Mülbert*, BGB, § 488 Rz. 469.

9) *Berger* in: MünchKomm-BGB, Vor § 488 Rz. 48; *Kropf* in: Kümpel/Mülbert/Früh/Seyfried, Bankrecht und Kapitalmarktrecht, Rz. 6.178; *Ringelspacher* in: Thierhoff/Müller, Unternehmenssanierung, Rz. 762.

10) BGH, Urt. v. 19.9.1985 – IX ZR 16/85, BGHZ 95, 375, 380 f. = NJW 1986, 310; *Berger* in: MünchKomm-BGB, Vor § 488 Rz. 48; *Kropf* in: Kümpel/Mülbert/Früh/Seyfried, Bankrecht und Kapitalmarktrecht, Rz. 6.178; *Lwowski/Tetzlaff*, WM 2000, 761, 762; *Pamp* in: Ellenberger/Bunte, Bankrechts-Hdb., § 50 Rz. 38.

11) *Diem/Jahn*, Akquisitionsfinanzierung, § 5 Rz. 27.

12) *Diem/Jahn*, Akquisitionsfinanzierung, § 5 Rz. 28; *Naujoks/Schönen*, ZRI 2021, 437, 439.

13) *Diem/Jahn*, Akquisitionsfinanzierung, § 12 Rz. 9.

eines **Konsortialkreditvertrages** sein. Bei einem Konsortialkreditvertrag schließen sich mehrere Kreditgeber zusammen, um dem Kreditgeber gemeinsam ein Darlehen bereitzustellen.[14] Die Beteiligung mehrerer Kreditgeber bietet den Vorteil der Risikostreuung. Allerdings macht sie eine Abstimmung zwischen den Kreditgebern erforderlich, die mit einem hohen Aufwand verbunden sein kann. In der Praxis beschränkt sich der Anwendungsbereich der Konsortialkredite daher vornehmlich auf hohe Darlehenssummen.

Koordiniert wird das Konsortium durch den **Konsortialführer**, den die beteiligten Partner einvernehmlich bestimmen. Im Hinblick auf das Auftreten im Rechtsverkehr haben sich in der Praxis unterschiedliche Modelle entwickelt. Das **Innenkonsortium** tritt im Rechtsverkehr nicht als solches in Erscheinung. Der Konsortialführer tritt in eigenem Namen auf, handelt aber auf Rechnung des Konsortiums. Das **Außenkonsortium** ist demgegenüber auf die unmittelbare Teilnahme am Rechtsverkehr gerichtet. Bei diesem können sowohl der Konsortialführer als auch die Konsorten gegenüber Dritten im Namen des Konsortiums handeln.[15] 13

IV. Schuldscheindarlehen und Anleihen

Bei einer Anleihe handelt es sich um einen in der Regel **handelbaren Kredit** mit festgeschriebener Laufzeit, Verzinsung und Rückzahlung. Es handelt sich damit um ein sog. **zinsgetragenes Wertpapier**, wobei das Rechtsverhältnis zwischen dem Emittenten und den Anleihegläubigern im Wesentlichen über die Anleihebedingungen ausgestaltet wird. Im Übrigen gelten die §§ 793 ff. BGB betreffend Inhaberschuldverschreibungen.[16] 14

Schuldscheindarlehen sind anleiheähnliche, meist langfristige Kredite, die durch bilaterale Darlehensverträge i. S. der §§ 488 ff. BGB mit gleichlautenden Vertragsklauseln begründet werden. Für den Kredit wird ein **Schuldschein** als Beweisurkunde (§§ 371, 952 BGB) ausgestellt.[17] Schuldscheine werden oftmals durch ein als Arrangeur mandatiertes Kreditinstitut vermittelt, welches ggf. als Zahlstelle fungiert. 15

Bei Schuldscheindarlehen und Anleihen handelt es sich um **Terminkredite** mit einer festen Laufzeit und in der Regel endfälligen Tilgung.[18] Anleihebedingungen und Schuldscheindarlehen enthalten gegenüber den Kreditgebern in der Regel geringere Informationspflichten als Konsortialkreditverträge. 16

V. Krediteröffnungsvertrag und Darlehensvertrag

Für die Frage der Gestaltbarkeit von Rechtsverhältnissen aus Kreditverträgen im Wege des Restrukturierungsplans nach dem StaRUG ist zwischen dem Krediteröffnungsvertrag und dem Darlehensvertrag zu differenzieren: 17

– Der **Krediteröffnungsvertrag** ist ein Grund- und Rahmenvertrag, der zwar gesetzlich nicht geregelt, jedoch in Rechtsprechung und Literatur anerkannt ist.[19] Er verpflichtet den Kreditgeber zur Bereitstellung und Auszahlung des Kredits, wenn die Auszah-

---

14) *Ingenhoven/Eisen* in: Hölters, Hdb. Unternehmenskauf, Rz. 4.14.

15) *Einsele*, Bank- und Kapitalmarktrecht, § 4 Rz. 66; *Kühne*, NZI 2007, 560, 561; *Schaffelhuber/Sölch* in: MünchHdb. GesR, § 60 Rz. 10; *Schönfelder*, NZI 2023, 1, 2; *Schücking* in: Habersack/Mülbert/Schlitt, Unternehmensfinanzierung am Kapitalmarkt, Rz. 31.28 f.

16) *Habersack* in: MünchKomm-BGB, § 793 Rz. 10; *Ingenhoven/Eisen* in: Hölters, Hdb. Unternehmenskauf, Rz. 4.221, dort Fn. 330.

17) Seibt/Westpfahl-*Herding/Krafczyk*, StaRUG, § 2 Rz. 164.

18) *Theiselmann*, GmbHStB 2012, 50, 51; *Wehrhahn*, BKR 2012, 363, 366.

19) BGH, Urt. v. 22.1.2004 - IX ZR 39/03, BGHZ 157, 350, 355 = ZVI 2004, 188; *Berger* in: MünchKomm-BGB, Vor § 488 Rz. 61; Staudinger-*Mülbert*, BGB, § 488 Rz. 411; *Pamp* in: Ellenberger/Bunte, Bankrechts-Hdb., § 52 Rz. 1.

lungsvoraussetzungen vorliegen, den Kreditnehmer im Gegenzug zur Zahlung einer Provision (sog. Bereitstellungsprovision).[20] Die Pflicht zur Kreditgewährung erlischt mit Beendigung des Rahmenvertrages. Hierzu kommt es insbesondere durch Kündigung, ferner durch Zeitablauf oder Aufhebungsvertrag.[21]

– Der **Darlehensvertrag** verpflichtet den Kreditgeber, dem Kreditnehmer einen bestimmten Geldbetrag auszuzahlen und für die vereinbarte Laufzeit zu belassen. Der Kreditnehmer schuldet im Gegenzug die Verzinsung der Darlehensvaluta. Diese Pflichten stehen zueinander im Synallagma. Der Anspruch des Kreditgebers auf Rückzahlung der Darlehenssumme ist hingegen keine synallagmatische Pflicht.[22]

18 Zwischen dem **Krediteröffnungsvertrag** und den einzelnen Darlehensverträgen, die erst durch den Abruf der auf Basis des Krediteröffnungsvertrages bereitgestellten Darlehenssumme entstehen, ist nach der vorherrschenden **Trennungstheorie** strikt zu trennen.[23] Der Eröffnungsvertrag fungiert lediglich als **rechtliche Grundlage der einzelnen Darlehensverträge**. Abgewickelt werden die Verträge **unabhängig voneinander**. Dies bedeutet insbesondere, dass die Kündigung des Krediteröffnungsvertrages nicht automatisch auch zur Beendigung des Darlehensvertrags führt.[24]

19 Der Kreditnehmer begründet einen Darlehensvertrag, indem er dem Kreditgeber nach Maßgabe des Krediteröffnungsvertrages ein **Auszahlungs- bzw. Avalgesuch** übermittelt.[25] Hierbei handelt es sich um eine empfangsbedürftige Willenserklärung und um ein Gestaltungsrecht.[26] Der Krediteröffnungsvertrag regelt i. E. die Bedingungen für die Ziehung der Kredite, wobei es in der Regel genügt, wenn die Bedingungen vor der ersten Auszahlung eines Darlehens erfüllt sind.

20 Die **Laufzeiten** von Krediteröffnungsvertrag und Darlehensvertrag sind unabhängig voneinander. Die Laufzeit der Kreditlinie erstreckt sich in der Regel von der Unterzeichnung des Krediteröffnungsvertrags bis zum vereinbarten Laufzeitende oder bis zur Wirksamkeit einer Kündigung. Die Laufzeit der Darlehensverträge beginnt demgegenüber mit dem wirksamen Abruf und endet mit dem vereinbarten Rückzahlungstag.[27] Neben der Laufzeit der Kreditlinien ist die **Dauer derer Verfügbarkeit** zu beachten, also der Zeitraum, in dem der Kreditnehmer Kredite abrufen darf. Die Verfügbarkeitsdauer entspricht maximal der Laufzeit des Krediteröffnungsvertrags. Nach Ablauf der Verfügbarkeitsdauer darf der Kreditnehmer die bereits in Anspruch genommenen Darlehen bis zum Ende ihrer jeweiligen Laufzeit nutzen, jedoch keine neuen aufnehmen.[28]

---

20) Staudinger-*Mülbert*, BGB, § 488 Rz. 425, 429.

21) Näher zur Kündigung des Krediteröffnungsvertrags Staudinger-*Mülbert*, BGB, § 488 Rz. 434–438; *Pamp* in: Ellenberger/Bunte, Bankrechts-Hdb., § 52 Rz. 27–63.

22) *Diem/Jahn*, Akquisitionsfinanzierung, § 8 Rz. 8.

23) *Einsele*, Bank- und Kapitalmarktrecht, § 4 Rz. 7; *Erne* in: Claussen/Erne, Bank- und Kapitalmarktrecht, § 5 Rz. 13; *Hopt*, ZHR 143 (1979), 139, 160; *Kropf* in: Kümpel/Mülbert/Früh/Seyfried, Bankrecht und Kapitalmarktrecht, Rz. 6.8; *Pamp* in: Ellenberger/Bunte, Bankrechts-Hdb., § 52 Rz. 15.

24) *Pamp* in: Ellenberger/Bunte, Bankrechts-Hdb., § 52 Rz. 62.

25) *Diem/Jahn*, Akquisitionsfinanzierung, § 11 Rz. 1.

26) BGH, Urt. v. 22.1.2004 – IX ZR 39/03, BGHZ 157, 350, 355 = ZVI 2004, 188; *Diem/Jahn*, Akquisitionsfinanzierung, § 11 Rz. 4; Staudinger-*Mülbert*, BGB, § 488 Rz. 411, 413; *Pamp* in: Ellenberger/Bunte, Bankrechts-Hdb., § 52 Rz. 1; *Weber* in: MünchKomm-BGB, § 491 Rz. 41.

27) *Diem/Jahn*, Akquisitionsfinanzierung, § 12 Rz. 1.

28) *Diem/Jahn*, Akquisitionsfinanzierung, § 12 Rz. 4; *Kropf* in: Kümpel/Mülbert/Früh/Seyfried, Bankrecht und Kapitalmarktrecht, Rz. 6.8.

VI. Tilgungs- und Rückzahlungsformen

§ 488 Abs. 1 Satz 2 BGB verpflichtet den Darlehensnehmer zur Rückzahlung der Valuta. Ist das Darlehen befristet, geschieht dies spätestens am Ende seiner Laufzeit. Beim unbefristeten Darlehen erfolgt die Rückzahlung hingegen im Anschluss an die Kündigung durch eine Partei.[29] 21

Termindarlehen werden je nach Vereinbarung entweder anteilig durch Zahlung regelmäßig wiederkehrender Raten während der Laufzeit oder durch einmalige Zahlung am Ende der Laufzeit zurückgeführt (siehe oben Rz. 5). 22

Die auf Grundlage einer **Betriebsmittelkreditlinie** aufgenommenen Darlehen sind am Ende jeder Zinsperiode zurückzuzahlen. Liegt kein Kündigungsgrund vor, darf die Betriebsmittelkreditlinie indes erneut in Anspruch genommen werden. Erfolgt dies am selben Tag in derselben Währung durch denselben Kreditnehmer, wird der Rückzahlungsanspruch bis zur Höhe des fälligen Darlehens mit dem Auszahlungsanspruch verrechnet. Dies bezeichnet man als Rollover Loan.[30] 23

In den banküblichen Kreditverträgen ist unter bestimmten Voraussetzungen eine Pflicht des Kreditnehmers vorgesehen, Kredite vor dem vereinbarten Ende der Laufzeit zurückzuzahlen (sog. **Pflichtsondertilgung** oder Mandatory Prepayment), z. B. bei Veräußerung wesentlicher Vermögensgegenstände.[31] Die vorzeitige Tilgung eines Einzelkredits lässt die durch den Krediteröffnungsvertrag bereitgestellte Kreditlinie grundsätzlich unberührt. Vorzeitig zurückgezahlte **Termindarlehen** können nach dem Kreditvertrag regelmäßig nicht revalutiert werden. 24

VII. Zinszahlungspflicht und Bereitstellungsprovision

Unter Zins versteht die Rechtsprechung und h. M. die „nach der Laufzeit des Darlehens bemessene, gewinn- und umsatzunabhängige Vergütung für die Möglichkeit des Gebrauchs des auf Zeit überlassenen Kapitals".[32] Als **Gegenleistung** für die Überlassung des Kapitals auf Zeit besteht eine Zinszahlungspflicht erst ab dem Empfang der Darlehenssumme durch den Kreditnehmer.[33] Die Zinszahlungspflicht endet mit dem Ablauf des Tages, an dem der Kreditbetrag zurückbezahlt wird. Auch wenn die Darlehensvaluta vertragswidrig bei Fälligkeit nicht zurückgezahlt wird, endet die Pflicht zur Zahlung des vertraglich vereinbarten Zinses.[34] Für die Zeit danach kann der Kreditgeber mangels anderweitiger vertraglicher Regelung nur **Verzugszinsen** oder **Schadensersatz** verlangen, nicht aber die vertraglich vereinbarten Zinsen.[35] 25

Bereitstellungsprovisionen sind Entgelte für die Bereitstellung der Kreditlinien, d. h. das Recht, den Kredit während eines bestimmten Zeitraums jederzeit abzurufen.[36] 26

29) *Diem/Jahn*, Akquisitionsfinanzierung, § 12 Rz. 5.

30) *Diem/Jahn*, Akquisitionsfinanzierung, § 12 Rz. 9.

31) *Ingenhoven/Eisen* in: Hölters, Hdb. Unternehmenskauf, Rz. 4.124; *Kropf* in: Kümpel/Mülbert/Früh/Seyfried, Bankrecht und Kapitalmarktrecht, Rz. 6.187; *Walgenbach* in: Langenbucher/Bliesener/Spindler, Bankrechts-Kommentar, Kap. 16 Rz. 87.

32) BGH, Urt. v. 13.5.2014 – XI ZR 405/12, Rz. 43, ZVI 2015, 23 = ZIP 2014, 1266; *Diem/Jahn*, Akquisitionsfinanzierung, § 15 Rz. 2; Staudinger-*Freitag*, BGB, § 488 Rz. 181.

33) BGH, Urt. v. 21.2.1985 – III ZR 207/83, NJW 1985, 1831, 1832 = ZIP 1985, 673; *Berger* in: MünchKomm-BGB, § 488 Rz. 193; Staudinger-*Mülbert*, BGB, § 488 Rz. 185a.

34) *Diem/Jahn*, Akquisitionsfinanzierung, § 15 Rz. 5.

35) BGH, Urt. v. 18.3.2003 – XI ZR 202/02, BGHZ 154, 230, 234-239 = NJW 2003, 1801.

36) BGH, Urt. v. 12.12.1985 – III ZR 184/84, NJW-RR 1986, 467, 468 = ZIP 1986, 359.

VIII. Vertragsbestimmungen

27 Die weiteren Vertragsbestimmungen in Krediteröffnungsverträgen und Darlehensverträgen lassen sich im Wesentlichen unterteilen in Zusicherungen (Representations) und Kreditauflagen (Undertakings oder Covenants). Dabei handelt es sich um wesentliche Vertragsklauseln mit Änderungsbedarf in der Restrukturierung.

1. Zusicherungen (Representations)

28 Kreditverträge, insbesondere komplexe Konsortialkreditverträge, enthalten häufig Zusicherungen (Representations), d. h. die Erklärung der Kreditnehmer, dass bestimmte rechtliche, wirtschaftliche oder faktische Umstände zu bestimmten Zeitpunkten bei den Kreditnehmern, Garanten und ggf. ihren Tochtergesellschaften vorliegen bzw. nicht vorliegen.[37)]

Praxishinweis

Sollte sich die Erklärung als falsch erweisen, begründet dies ein (außerordentliches) Kündigungsrecht der Kreditgeber.[38)]

2. Kreditauflagen (Undertakings oder Covenants)

29 Kreditauflagen verpflichten Kreditnehmer und Garanten zu einem bestimmten Tun oder Unterlassen.[39)] Im Gegensatz zu den Zusicherungen, die sich jeweils nur auf Umstände im Zeitpunkt ihrer (ggf. wiederholten) Abgabe beziehen, sind Auflagen **zukunftsgerichtet**. Sie bleiben wirksam, solange Forderungen der Kreditgeber offen sind oder eine Kreditlinie eröffnet bleibt.[40)] Auflagen sollen **Kreditrisiken senken**, indem sie das unternehmerische Ermessen des Kreditnehmers beschränken und diesen (und ggf. dessen gesamte Gruppe) in die finanzielle Disziplin nehmen.[41)] Ferner dienen sie der frühzeitigen Erkennung wirtschaftlicher Fehlentwicklungen des Kreditnehmers.

30 Die **gängigen Auflagen** lassen sich im Wesentlichen in drei Bereiche einteilen:

- Verpflichtung zur Information über die wirtschaftliche Entwicklung des Kreditnehmers (Information Undertaking),
- Verpflichtung zur Einhaltung bestimmter Finanzkennzahlen und Bilanzrelationen (Financial Covenants)
- Verhaltensweisen, durch welche die Kreditgeber u. a. sicherstellen wollen, dass der erwirtschaftete Cashflow in ausreichendem Maße zur Bedienung der Kredite zur Verfügung gestellt wird (General Undertaking).

31 Folgende **Finanzinformation** sind häufig vorzulegen:

- ein geprüfter und uneingeschränkt testierter Konzernabschluss sowie Einzelabschlüsse für Kreditnehmer und Garanten für das abgelaufene Geschäftsjahr, Quartals- und Monatsberichte (Management Accounts),

---

37) S. z. B. LMA-Standard, vgl. dazu *Vorpeil*, IWB 13/2018, 511 ff.

38) *Diem/Jahn*, Akquisitionsfinanzierung, § 21 Rz. 2, 5; *Ingenhoven* in: Jesch/Striegel/Boxberger, Rechtshdb. Private Equity, § 15 Rz. 45.

39) *Diem/Jahn*, Akquisitionsfinanzierung, § 22 Rz. 1; *Ingenhoven* in: Jesch/Striegel/Boxberger, Rechtshdb. Private Equity, § 15 Rz. 46; *Ingenhoven/Eisen* in: Hölters, Hdb. Unternehmenskauf, Rz. 4.146; *Radke*, JA 2024, 766, 768; *Renner/Schmidt*, ZHR 180 (2016), 522, 527.

40) *Diem/Jahn*, Akquisitionsfinanzierung, § 22 Rz. 1.

41) *Fleischer*, ZIP 1998, 313, 314; *Hess*, ZIP 2010, 461; *Renner/Schmidt*, ZHR 180 (2016), 522, 525 f.; *Wittig*, WM 1996, 1381, 1382.

- eine Bestätigung der Einhaltung der Financial Covenants,
- eine Mittelfristplanung und
- eine Investitionsplanung.

Mit diesen Informationen kommt eine Bank ihrer gesetzlichen Verpflichtung aus § 18 **KWG** nach, sich die wirtschaftlichen Verhältnisse des Kreditnehmers offenlegen zu lassen und den Kredit während der gesamten Laufzeit zu überwachen. 32

Häufig wird die Einhaltung bestimmter Bilanzrelationen oder fester **Finanzkennzahlen** vereinbart, um krisenhafte Entwicklungen frühzeitig zu erkennen. Als Beispiel einer Finanzkennzahl sei genannt die **Leverage Ratio.** Sie zeigt das Verhältnis der Netto-Finanzverbindlichkeiten zum EBITDA. Übersteigt die Kennzahl ein bestimmtes Verhältnis, ist nicht mehr gewährleistet, dass der Kreditnehmer ausreichend Erträge für die Rückzahlung der Kredite erwirtschaftet.[42] Bei einer **Verletzung eines Financial Covenants** haben die Kreditgeber in der Regel das Recht, die Kredite zu kündigen. Sie gehen den allgemeiner formulierten Rechten der Kreditgeber zur Kündigung aus wichtigem Grund (§ 490 BGB, Nr. 19 Abs. 3 AGB-Banken) als speziellere Regelung vor, soweit die allgemeinen Kündigungsgründe nicht ausdrücklich vorbehalten bleiben.[43] 33

Im Hinblick auf die **allgemeinen Verhaltenspflichten**, die sicherstellen sollen, dass sich die tatsächlichen und (soweit beeinflussbar) rechtlichen Umstände, auf deren Grundlage die Kreditgeber ihre Kreditentscheidung getroffen haben nicht nachteilig verändern, kommen folgende Verpflichtungen in Betracht: 34

- Erhaltung von Liquidität und Vermögen des Kreditnehmers durch Beschränkung der Ausschüttung von Dividenden und anderer Leistungen an Gesellschafter des Kreditnehmers oder innerhalb der Gruppe;
- Erhaltung des Vermögens durch Verbot der Veräußerung von Vermögensgegenständen (ggf. verbunden mit einer Pflichtsondertilgung), durch Verpflichtung, keine neuen Sicherheiten zu stellen (Negative-Pledge), durch eine Pari-Passu-Verpflichtung oder durch das Verbot von Verschmelzungen bzw. Spaltungen nach dem UmwG.[44]

Verstößt der Kreditnehmer gegen eine Auflage, so sind die Kreditgeber grundsätzlich zur **Kündigung der Kredite** berechtigt. Gegebenenfalls ist der Kreditnehmer zusätzlich zum Schadensersatz wegen der Verletzung von Vertragspflichten verpflichtet. 35

IX. Sicherheiten durch andere Gruppengesellschaften

Kreditverträge (insbesondere Konsortialkreditverträge) werden nicht selten durch weitere Gruppengesellschaften abgesichert, etwa im Wege eines Schuldbeitritts o. Ä. Je nach Gruppenstruktur kann der Kreditvertrag auch weitere Gruppenmitglieder als Darlehensnehmer einbeziehen (siehe ausführlich § 56 Rz. 20 [*Brünkmans*]). 36

C. Zwangsweise Gestaltung von Kreditverträgen über einen Restrukturierungsplan

I. Überblick

Nachfolgend wird die generelle **Gestaltbarkeit** von Forderungen und Vertragsverhältnissen erörtert. Dabei wird zwischen der Gestaltung eines schlichten Darlehensverhältnisses, d. h. der Gestaltung des Darlehensrückzahlungsanspruchs sowie ggf. der Bestimmungen 37

---

42) *Diem/Jahn*, Akquisitionsfinanzierung, § 22 Rz. 41.

43) *Diem/Jahn*, Akquisitionsfinanzierung, § 22 Rz. 41; *Renner/Schmidt*, ZHR 180 (2016), 522, 528.

44) *Diem/Jahn*, Akquisitionsfinanzierung, § 22 Rz. 66 ff.; *Gesell/Seulen* in: Kessler, Unternehmensfinanzierung Mittelstand, § 5 Rz. 65; *Renner/Schmidt*, ZHR 180 (2016), 522, 540 f.

des Darlehensvertrages (siehe Rz. 38 ff.), und der Gestaltung eines Krediteröffnungsvertrages (siehe Rz. 81 ff.) differenziert. Neben den hier erörterten kreditvertragsspezifischen Besonderheiten müssen darüber hinaus auch die allgemeinen Voraussetzungen (siehe dazu § 40 Rz. 5 ff. [*Brünkmans*]) erfüllt sein.

II. Aus dem Darlehensvertrag resultierende Restrukturierungsforderungen und Einzelbestimmungen

1. Darlehensrückzahlungsanspruch, Tilgungsansprüche

a) Allgemeine Voraussetzungen für die Gestaltung

38 Zu den plangestaltbaren Restrukturierungsforderungen i. S. von § 2 Abs. 1 Nr. 1 StaRUG gehören insbesondere Forderungen, die aus Kreditverträgen mit dem Restrukturierungsschuldner resultieren. Hierunter fallen

- Darlehensrückzahlungsansprüche aus ausgereichten Tilgungsdarlehen (siehe Rz. 5) oder
- aus gezogenen Darlehen einer revolvierenden Betriebsmittelkreditlinie (siehe Rz. 6 ff.) und
- Rückzahlungsansprüche aus einer Kontokorrentkreditlinie.

39 Für die Gestaltbarkeit eines **Darlehensrückzahlungsanspruchs** aus einem Kreditverhältnis ist es von wesentlicher Bedeutung, ob das Darlehen im gemäß § 2 Abs. 5 StaRUG maßgeblichen Zeitpunkt **bereits valutiert**, d. h. an den Kreditnehmer ausgezahlt wurde. Maßgeblich ist in der Regel der Zeitpunkt des Antrags auf gerichtliche Planabstimmung. War die Darlehenssumme zu diesem Zeitpunkt bereits valutiert, ist der Darlehensrückzahlungsanspruch (§ 488 Abs. 1 Satz 2 BGB) gemäß § 2 Abs. 1 Nr. 1 StaRUG als Restrukturierungsforderung gestaltbar.[45] Für die Gestaltbarkeit kommt es nicht darauf an, ob der Anspruch im maßgeblichen Zeitpunkt entstanden oder gar fällig ist. Vielmehr genügt gemäß § 2 Abs. 5 StaRUG, dass der Anspruch durch Schaffung seiner schuldrechtlichen Grundlage gelegt worden ist (siehe hierzu ausführlich § 40 Rz. 74 ff. [*Brünkmans*]). Hierzu kommt es bei einem Darlehensrückzahlungsanspruch mit dem **Abschluss des Darlehensvertrages.**[46]

40 Wurde das Darlehen im maßgeblichen Zeitpunkt demgegenüber **noch nicht valutiert**, kommt eine Gestaltung der Darlehensrückzahlungsansprüche nach § 2 Abs. 1 Nr. 1 StaRUG nicht infrage.[47] Andernfalls wäre es möglich, dass der Restrukturierungsschuldner sich das Darlehen zunächst vollständig auszahlen lässt, um anschließend einen Teilerlass (z. B. i. H. von 50 %) gegen den Willen des Darlehensgebers umzusetzen, sodass er lediglich 50 % des Darlehens zurückzahlen müsste.[48] Ein solches Vorgehen schließt § 3 Abs. 2 StaRUG ausdrücklich aus. Hiernach sind Restrukturierungsforderungen aus gegenseitigen Verträgen nur insoweit gestaltbar, wie der **Gläubiger in Vorleistung gegangen ist.** Das StaRUG bietet also keine Grundlage, um Gläubiger zu zwingen, Leistungen zu erbringen, für die sie vermutlich allenfalls einen Bruchteil der ursprünglich vorgesehenen

45) *Bitter* in: FS Gehrlein, S. 27, 34 f.; *Bitter*, ZInsO 2023, 65, 68 f.; *Brünkmans/Kalle*, ZIP 2025, 667; Seibt/Westpfahl-*Herding/Krafczyk*, StaRUG, § 3 Rz. 14; Morgen-*Knapp/Wilde*, StaRUG, § 3 Rz. 11; *Marotzke*, ZInsO 2021, 1099, 1102; *Prusko* in: MünchKomm-StaRUG, § 3 Rz. 10, 18; *Schröder* in: HambKomm-RestruktR, § 3 StaRUG Rz. 7; *Skauradszun* in: BeckOK-StaRUG, § 3 Rz. 13; *Wilkens*, WM 2021, 573, 576; einschränkend *Schönfelder*, NZI 2023, 1, 4.

46) *Brünkmans/Kalle*, ZIP 2025, 667, 668.

47) *Bitter* in: FS Gehrlein, S. 27 ff.; Seibt/Westpfahl-*Herding/Krafczyk*, StaRUG, § 2 Rz. 33.

48) *Bitter* in: FS Gehrlein, S. 27 ff.

Gegenleistung erhalten.[49] Es belässt dem Kreditgeber, der das Darlehen noch nicht valutiert hat, also die Unsicherheitseinrede des § 321 Abs. 1 Satz 1 BGB, kraft derer er die Valutierung verweigern kann, wenn sich abzeichnet, dass der Kreditnehmer seine Verpflichtungen aus dem Kredit nicht wird erfüllen können.

Ausgeschlossen ist ferner die Gestaltung von Forderungen aus Darlehen, die erst **nach dem relevanten Zeitpunkt valutiert** worden sind. In dieser Konstellation ist der Darlehensgeber im maßgeblichen Zeitpunkt, der gemäß § 2 Abs. 5 StaRUG über die Gestaltbarkeit entscheidet, kein Insolvenzrisiko eingegangen, das es rechtfertigen würde, ihn in das Restrukturierungsverfahren einzubeziehen.[50] 41

b) Typische Gestaltungsregelungen

aa) (Teil-)erlass, Rangrücktritt

Typische Gestaltungsmaßnahme im Anwendungsbereich des § 2 Abs. 1 Nr. 1 StaRUG ist der **(Teil-)erlass** des Darlehensrückzahlungsanspruchs (siehe allgemein § 40 Rz. 128 ff. [*Brünkmans*]). 42

bb) Stundung und Prolongation

Auch das **zeitliche Hinausschieben der Fälligkeit** des Darlehensrückzahlungsanspruchs ist möglich (siehe allgemein § 40 Rz. 139 [*Brünkmans*]).[51] Erfasst sind richtigerweise sämtliche Formen des Hinausschiebens der Fälligkeit des Darlehensrückzahlungsanspruchs wie z. B. die Umstellung der Tilgungen von quartalsweisen auf halbjährliche Zahlungen und die Umwandlung von Ratentilgung auf Endfälligkeit aller Raten am Laufzeitende. 43

Die Fälligkeit lässt sich insbesondere durch Stundung oder durch Prolongation hinausschieben. Bei einer Stundung treffen die Parteien eine Vereinbarung, die dem Schuldner das Recht einräumt, gegen eine bestimmte Forderung die Einrede der fehlenden Fälligkeit zu erheben. Die **Prolongation** verschiebt demgegenüber das vollständige vertragliche Pflichtenprogramm.[52] 44

Der Rückzahlungsanspruch kann richtigerweise auch über die ursprünglich vereinbarte Laufzeit gestreckt werden. Dagegen wird zum Teil eingewandt, eine **Laufzeitverlängerung** gegen den Willen eines Darlehensgebers liefe faktisch auf eine gemäß §§ 2 Abs. 5, 3 Abs. 2 StaRUG unzulässige Neukreditierung hinaus, weil der Schuldner mit dem Auslaufen der Laufzeit sein Kapitalnutzungsrecht verliere.[53] Die Änderungen der Tilgungsstruktur oder der Fälligkeiten der Darlehensraten nur innerhalb der ursprünglichen Kreditlaufzeit zuzulassen, überzeugt jedoch nicht. Die Möglichkeit der Laufzeitverlängerung für ein valutiertes Darlehen ergibt sich bereits aus § 2 Abs. 1 Nr. 1 StaRUG. Eines Rückgriffs auf § 2 Abs. 2 StaRUG bedarf es hierfür nicht.[54] Zudem lassen sich weder § 2 Abs. 5 noch § 3 Abs. 2 StaRUG für den Vorwurf einer unzulässigen Neukreditierung ins Feld führen. Schließlich hat sich das **Kreditrisiko**, an das diese Vorschriften anknüpfen, **bereits** mit Auszahlung der Darlehenssumme **realisiert** (siehe Rz. 40). 45

---

49) Vgl. *Bitter*, ZInsO 2023, 65, 68; *Brünkmans/Kalle*, ZIP 2025, 667, 668; *de Bruyn/Ehmke*, NZG 2021, 661, 667.

50) *Bitter* in: FS Gehrlein, S. 27 ff.; Seibt/Westpfahl-*Herding/Krafczyk*, StaRUG, § 2 Rz. 33.

51) Vgl. *Wilkens*, WM 2021, 573, 576.

52) *Parzinger/Knebel* in: MünchKomm-StaRUG, § 12 Rz. 38 f.

53) *Schönfelder*, NZI 2023, 1, 4.

54) Wohl anders *Schönfelder*, NZI 2023, 1, 4.

46 Eine andere Frage ist, ob bei einer **revolvierenden Betriebsmittelkreditlinie oder einer Kontokorrentkreditlinie** diese überhaupt und wenn ja, in welcher Höhe und **wie lange zwangsweise gegen den Willen des Kreditgebers** offengehalten werden kann (siehe dazu ausführlich unten Rz. 86 ff.).

47 Vor allem bei der Gestaltung von Darlehensrückzahlungsansprüchen stellt sich die Frage, ob der **Gleichbehandlungsgrundsatz** aus § 10 Abs. 1 StaRUG es ermöglicht, die Endfälligkeit der Darlehen auf ein fixes Datum zu konzentrierten oder für die Wahrung des Gleichbehandlungsgrundsatzes es auf die Verschiebung einer gleichen zeitlichen Periode ankommt (siehe dazu ausführlich § 40 Rz. 91 ff. [*Brünkmans*]).

cc) Besicherung

48 Auch die **erstmalige** Besicherung einer Restrukturierungsforderung ist über den Restrukturierungsplan möglich. In der Praxis ist eine solche Besicherungsregelung in Fällen anzutreffen, in denen der Restrukturierungsplan zunächst einen Forderungserlass auf einen substantiellen Teil vorsieht und der stehengelassene Teil dann erstmalig besichert wird (siehe ausführlich § 40 Rz. 148 [*Brünkmans*]).

2. Zinsen

49 Auch Zinszahlungsansprüche sind als Restrukturierungsforderungen i. S. von § 2 Abs. 1 Nr. 1 StaRUG mittels eines Restrukturierungsplans gestaltbar. Dies gilt unstreitig für die im maßgeblichen Zeitpunkt bereits **aufgelaufenen** Zinsen.[55] Richtigerweise gilt dies jedoch auch für **zukünftige** Zinsansprüche.[56] Bei formaler Betrachtung scheint § 3 Abs. 2 StaRUG deren Gestaltung entgegenzustehen, weil der im maßgeblichen Zeitpunkt künftige Zins die Gegenleistung für die künftige Kapitalüberlassung darstellt, die zum maßgeblichen Zeitpunkt noch nicht erfolgt sein kann.[57] Den Ausschlag für die Gestaltbarkeit künftiger Zinsansprüche gibt jedoch, dass deren Gestaltung den **Schutzzweck des § 3 Abs. 2 StaRUG nicht berührt.** Diese Norm soll verhindern, dass der Gläubiger gezwungen wird, sehenden Auges ein erhebliches Ausfallrisiko auf sich zu nehmen. Ein Kreditgeber nimmt indes bereits durch die Valutierung des Darlehens das vollständige Ausfallrisiko auf sich, das die Zinsansprüche kompensieren sollen.[58]

50 Bei der Bestimmung des Stimmrechtes ist richtigerweise auf die Gesamtverzinsung in Anlehnung an § 46 InsO (wiederkehrende Leistung) abzustellen.[59]

> **Praxishinweis**
>
> Der Zinszahlungsanspruch als Restrukturierungsforderung kann gemäß § 2 Abs. 1 Nr. 1 StaRUG i. S. einer Zinsreduzierung oder auch als Zinskapitalisierung oder Payment in Kind (PIK) gestaltet werden.[60]

---

55) *Bitter*, ZInsO 2023, 65, 69; *Brünkmans/Kalle*, ZIP 2025, 667, 669; *Marotzke*, ZInsO 2021, 1099, 1104; Seibt/Westpfahl-*Herding/Krafczyk*, StaRUG, § 2 Rz. 32; *Skauradszun/Kümpel*, WM 2021, 1122, 1127.

56) AG München, Beschl. v. 6.6.2025 – 1501 RES 337/25 (BayWa), ZRI 2025, 787; *Brünkmans/Kalle*, ZIP 2025, 667, 669; Flöther-*Tasma*, StaRUG, § 9 Rz. 11; Seibt/Westpfahl-*Herding/Krafczyk*, StaRUG, § 2 Rz. 32, 203.

57) *Schönfelder*, NZI 2023, 1, 6.

58) Zutreffend *Bitter* in: FS Gehrlein, S. 27, 35; *Bitter*, ZInsO 2023, 65, 69; *Marotzke*, ZInsO 2021, 1099, 1104; vgl. auch AG München, Beschl. v. 6.6.2025 – 1501 RES 337/25 (BayWa), ZRI 2025, 787.

59) Seibt/Westpfahl-*Herding/Krafczyk*, StaRUG, § 2 Rz. 32 dort Fn. 75; vgl. *Deppenkemper* in: MünchKomm-StaRUG § 24 Rz. 32; **a. A.** Seibt/Westpfahl-*Westpfahl*, StaRUG, § 24 Rz. 6; *Girotto* in: Beck/Depré/Ampferl, Praxis der Sanierung und Insolvenz, § 1 Rz. 128; *Thole*, ZIP 2020, 1985, 1989.

60) Seibt/Westpfahl-*Herding/Krafczyk*, StaRUG, § 2 Rz. 68; Flöther-*Tasma*, StaRUG, § 2 Rz. 16; *Wilkens*, WM 2021, 573, 576.

3. Kreditnebenbestimmungen, Bedingungen und Einzelbestimmungen

a) Grundlagen

Nach §§ 2 Abs. 2, 7 Abs. 2 StaRUG sind auch **„Einzelbestimmungen"** (vgl. Satz 1) und **„Bedingungen"** (Satz 2 bezogen auf Schuldtitel) gestaltbar, allerdings beschränkt auf bestimmte Vertragsverhältnisse. Die Begründung zum RegE[61] spricht von **„Bedingungen und Nebenbestimmungen**, denen die zum Schuldner bestehende Kreditbeziehung unterliegt". 51

Ein Bedürfnis für die Änderung von Nebenbestimmungen sieht die Begründung zum RegE – im Unterschied zum Insolvenzplan (siehe dort § 7 Rz. 12, 23 ff., § 8 Rz. 334 [*Brünkmans*]) – darin, dass die nach § 2 Abs. 1 StaRUG der Gestaltung durch Restrukturierungsplan unterworfenen Forderungen anders als im Insolvenzverfahren „als Bestandteil eines an sich fortbestehenden und entsprechend seiner Bedingungen und Bestimmungen auch weiterhin durchzuführenden Rechtsverhältnisses betroffen" sind.[62] Im StaRUG-Verfahren geht es also um die **Gestaltung ungekündigter Darlehensverträge**, die evtl. auch nach Beendigung des StaRUG-Verfahrens fortbestehen sollen. Hierin kommt zum Ausdruck, dass der Restrukturierungsplan anders als der Insolvenzplan primär dazu dient, dem Schuldner die Teilhabe am Wirtschaftsverkehr wieder zu ermöglichen. § 2 Abs. 2 StaRUG ermöglicht somit anstelle der Gesamtfälligstellung (vgl. § 41 InsO) und der Abwicklung eine Anpassung fortbestehender Finanzierungsverträge als weniger einschneidendes Mittel im Vergleich zur Kürzung der davon beeinträchtigten Restrukturierungsforderungen und Absonderungsanwartschaften.[63] Die Abänderung entsprechender Bedingungen und Nebenbestimmungen kann in einer Restrukturierungssituation erforderlich werden, um zu verhindern, dass die gesamte Finanzierung im anschließenden Sanierungszeitraum fälliggestellt wird und der Schuldner in Insolvenz gerät.[64] 52

Zu den Nebenbestimmungen gehören **sämtliche Kreditauflagen**, d. h. insbesondere Informationspflichten (Information Undertakings), Financial Covenants, allgemeine Verhaltenspflichten (General Undertakings).[65] Im RegE werden auch die **Verlängerung der Fälligkeiten** und der **Ausschluss bestehender Kündigungsrechte** als Änderung von Nebenbestimmungen verstanden.[66] 53

Das StaRUG weicht an dieser Stelle von der InsO ab, weil die Gestaltung von Vertragsbeziehungen bzw. vertraglichen Neben-/Einzelbestimmungen durch einen **Insolvenzplan** von der (ganz) überwiegenden Auffassung abgelehnt wird.[67] Begründet wird dies durch eine fehlende Ermächtigung in der InsO, da § 217 Abs. 1 Satz 1, Abs. 2 InsO mit „Befriedigung der absonderungsberechtigten Gläubiger und der Insolvenzgläubiger" und „Haftung des Schuldners nach Verfahrensbeendigung" lediglich eine Ermächtigung für den Eingriff in das Stammrecht enthalte, nicht jedoch für die Änderung der Vertragsgrundlage.[68] Einer Änderung von Nebenbestimmungen des Kreditvertrages nahe kommen jedoch „Stundungsauflagen", wie z. B. die Regelung von Kündigungsgründen und Verhaltenspflich- 54

---

61) Begr. RegE SanInsFoG z. StaRUG, BT-Drucks. 19/24181, S. 111.

62) Begr. RegE SanInsFoG z. StaRUG, BT-Drucks. 19/24181, S. 112.

63) Seibt/Westpfahl-*Herding/Krafczyk*, StaRUG, § 2 Rz. 120.

64) Begr. RegE SanInsFoG z. StaRUG, BT-Drucks. 19/24181, S. 111 f.

65) Vgl. Begr. RegE SanInsFoG z. StaRUG, BT-Drucks. 19/24181, S. 111.

66) Begr. RegE SanInsFoG z. StaRUG, BT-Drucks. 19/24181, S. 112.

67) *Eidenmüller* in: MünchKomm-InsO, § 217 Rz. 108 f.; *Spahlinger* in: KPB, InsO, § 217 Rz. 33; *Smid/Rattunde/Martini*, Insolvenzplan, Rz. 8.48 f.; *Rendels/Zabel*, Insolvenzplan, Rz. 303.

68) *Eidenmüller* in: MünchKomm-InsO, § 217 Rz. 102; jedenfalls auf die Begründung von *Eidenmüller* verweisend *Morgen/Arends/Schierhorn*, ZRI 2021, 305, 311.

ten als Voraussetzung für die Stundung des Darlehensrückzahlungsanspruchs. Beim Insolvenzplan ist aufgrund der automatischen Fälligstellung (§ 41 InsO) und regelmäßigen Kündigung der Kreditverträge eine Gestaltung von Nebenbestimmungen nicht zielführend.[69]

55 Da § 2 Abs. 2 StaRUG die Gestaltung von Nebenbestimmungen für die dort aufgeführten **multilateralen Vertragsverhältnisse ausdrücklich** zulässt, stellt sich für den Restrukturierungsplan die Frage, ob § 2 Abs. 2 StaRUG über den Wortlaut hinaus auch auf **bilaterale Finanzierungsverträge** Anwendung findet. Dies wird von der wohl überwiegenden Auffassung verneint.[70] Zwar besteht ein Anwendungsbedürfnis auch für bilaterale Kreditverträge. Die Gesetzeshistorie lässt allerdings nicht auf eine planwidrige Regelungslücke schließen. Der anfängliche RefE zum StaRUG sah eine Einbeziehung bilateraler Finanzierungen vor. Später erfolgte die Verengung auf mehrseitige Verträge. Die Gesetzgebungsmaterialien geben hierfür keine Begründung. Auch wäre eine Einbeziehung bilateraler Verträge aus praktischer Sicht wünschenswert. Gleichwohl wird man jedoch von einer bewussten Entscheidung des Gesetzgebers ausgehen müssen, die einer Einbeziehung bilateraler Verträge im Wege der Rechtsfortbildung entgegensteht.[71]

56 Eine andere Frage ist, ob die Einbeziehung von **Einzelbestimmungen** in verschiedenen Verträgen, die zwar nicht vollständig gleichlautenden Bedingungen unterliegen, aber hinreichend **vergleichbar** sind, unter die Ermächtigung aus § 2 Abs. 2 Satz 2 StaRUG fallen[72] (siehe dazu Rz. 68 f.).

b) Voraussetzungen für die Gestaltung von Kreditnebenbestimmungen, Bedingungen und Einzelbestimmungen

aa) Besondere Rechtsverhältnisse i. S. von § 2 Abs. 2 StaRUG

(1) Mehrseitige Finanzierungsverträge

(a) Konsortialkreditverträge

57 Die Ermächtigung zur Änderung vertraglicher Nebenbestimmungen (§ 2 Abs. 2 StaRUG) beschränkt sich auf die dort in Fallgruppen näher definierten **mehrseitigen Rechtsverhältnisse.**

58 Erster Anwendungsfall sind zunächst Restrukturierungsforderungen oder Absonderungsanwartschaften, die auf einem mehrseitigen Rechtsverhältnis zwischen Schuldner und mehreren Gläubigern beruhen (§ 2 Abs. 2 Satz 1 StaRUG). Der Hauptanwendungsfall für diese Fallgruppe ist der Konsortialkreditvertrag in Form eines Kredit-Außenkonsortiums (siehe dazu Rz. 13).[73] **Nicht erfasst** sind hingegen **Kreditunterbeteiligungen.**

59 Da die Konsortialbestimmungen in der Regel nur für bestimmte Vertragspunkte eine Änderung über das Mehrheitsprinzip vorsehen, andere Vertragsbestimmungen hingegen nur einstimmig abänderbar bleiben, besitzt die Gestaltbarkeit von Nebenbestimmungen über einen Restrukturierungsplan gestützt auf § 2 Abs. 2 StaRUG auch für den Konsortialkre-

---

69) Flöther-*Westpfahl/Dittmar*, StaRUG, § 2 Rz. 3 und 35; jedenfalls das praktische Bedürfnis einer solchen Vertragsanpassung bejahend Morgen-*Knapp*, Präventive Restrukturierung, Art. 8 Rz. 49.

70) Seibt/Westpfahl-*Herding/Krafczyk*, StaRUG, § 2 Rz. 76 f.; *Prusko* in: MünchKomm-StaRUG, § 2 Rz. 56; Flöther-*Westpfahl/Dittmar*, StaRUG, § 2 Rz. 35; *Spahlinger/Schlott* in: Bieg/Borchardt/Frind, Unternehmensfortführung und Betriebsfortführung, Teil 2, B. II. Rz. 4; *Schönfelder*, NZI 2023, 1 ff.; *Naujoks/Schönen*, ZRI 2021, 437, 438 f.; so auch Morgen-*Knapp/Wilde/Tresselt*, StaRUG, § 2 Rz. 47 – jedoch mit der Einschränkung, „dass sich die Gestaltungsmöglichkeit *in erster Linie* auf mehrseitige Finanzierungsinstrumente bezieht"; **a. A.** Braun-*Esser*, StaRUG, § 2 Rz. 21.

71) *Brünkmans/Kalle*, ZIP 2025, 667, 669; *Naujoks/Schönen*, ZRI 2021, 437, 439; *Wilkens*, WM 2021, 573, 577.

72) Vgl. Flöther-*Westpfahl/Dittmar*, StaRUG, § 2 Rz. 35.

73) Begr. RegE SanInsFoG z. StaRUG, BT-Drucks. 19/24181, S. 111.

ditvertrag Bedeutung. Ferner kommt – jedenfalls theoretisch – beim Restrukturierungsplan eine Änderung **gegen den Willen sämtlicher Konsorten** über eine weite Gruppenbildung – und dadurch erlangte 75 %-Mehrheit der Mitglieder der Gruppe oder über eine gruppenübergreifende Mehrheitsentscheidung nach § 26 StaRUG – in Betracht.

Auch für die **Abzweiglinien** (Ancillary Facilities) lassen sich jedenfalls die vertraglichen Bestimmungen über einen Restrukturierungsplan ändern, welche die Bestimmungen aus dem Konsortialkreditvertrag umsetzen.[74] 60

(b) Sicherheitentreuhandverträge

Ein Sicherheitentreuhandvertrag, welcher Absonderungsanwartschaften gegenüber mehreren Sicherungsnehmern bündelt, ist ein mehrseitiges Rechtsverhältnis i. S. von § 2 Abs. 2 Satz 1 StaRUG. Die Vertragsbestimmungen einer solchen Sicherheitentreuhandvereinbarung können über den Restrukturierungsplan geändert werden.[75] 61

(c) Sanierungs- und Restrukturierungsrahmenvereinbarungen

Fraglich ist, ob auch **Nebenbestimmungen** in Sanierungsvereinbarungen über einen Restrukturierungsplan auf der Grundlage von § 2 Abs. 2 StaRUG geändert werden können. In Betracht kommt die Einordnung als mehrseitige Vereinbarung i. S. von § 2 Abs. 2 Satz 1 StaRUG oder als eine Gläubigervereinbarung i. S. von § 2 Abs. 2 Satz 3 StaRUG (siehe dazu unter Rz. 70 ff.). 62

Zu den Regelungsgegenständen einer Sanierungsvereinbarung gehören in der Regel Stillhalteregelungen, Regelungen zur Umsetzung des Restrukturierungskonzepts und Anpassungsregelungen zu den Finanzierungsverträgen. Bei Restrukturierungsrahmenvereinbarungen liegt der Schwerpunkt indes auf der **erstmaligen Zusammenführung mehrerer bilateraler Kreditfinanzierungen** verschiedener Gläubiger des Schuldners; häufig sind erstmals gemeinsame Nebenbestimmungen wie Financial Covenants oder General Undertakings enthalten. Die einer Restrukturierungsrahmenvereinbarung zugrunde liegenden Restrukturierungsforderungen werden in diesem Fall durch bilaterale Kreditvereinbarungen oder Konsortialkreditvereinbarungen als solche begründet, nicht etwa durch die **Restrukturierungsrahmenvereinbarung.**[76] Indem diese Forderungen durch eine Restrukturierungsvereinbarung miteinander verknüpft werden, lässt sich begrifflich davon sprechen, dass diese Forderungen auf der Rahmenvereinbarung beruhen. Es dürfte auch dem Sinn und Zweck der Regelung aus § 2 Abs. 2 Satz 1 StaRUG entsprechen, Restrukturierungsrahmenvereinbarungen unter diese zu subsumieren.[77] 63

Im Einzelfall lässt sich die Restrukturierungsrahmenvereinbarung auch gemäß § 2 Abs. 2 Satz 3 StaRUG als Gläubigervereinbarung abändern, da sie funktional einer solchen entsprechen kann (zum Begriff der Gläubigervereinbarung siehe Rz. 70 ff.).[78] 64

---

74) *Schönfelder*, NZI 2023, 1, 7; für eine vollständige Gestaltbarkeit von Abzweigungslinien Seibt/Westpfahl-*Herding/Krafczyk*, StaRUG, § 2 Rz. 146.

75) Seibt/Westpfahl-*Herding/Krafczyk*, StaRUG, § 2 Rz. 129; Morgen-*Knapp/Wilde/Tresselt*, StaRUG, § 2 Rz. 52.

76) Kritisch *Thole*, ZIP 2021, 806; wohl anders AG Köln, Beschl. v. 3.3.2021 – 83 RES 1/21, Rz. 11 ff., ZRI 2021, 377 = NZI 2021, 433, m. Anm. *Thole*.

77) Vgl. Seibt/Westpfahl-*Herding/Krafczyk*, StaRUG, § 2 Rz. 176.

78) Seibt/Westpfahl-*Herding/Krafczyk*, StaRUG, § 2 Rz. 132 f.

(2) Gleichlautende Bedingungen (§ 2 Abs. 2 Satz 2 StaRUG)

(a) Allgemeines

65 Gemäß § 2 Abs. 2 Satz 2 StaRUG können vertragliche Einzelbestimmungen auch für Schuldtitel i. S. des § 2 Abs. 1 Nr. 3 WpHG über den Restrukturierungsplan geändert werden. Gleiches gilt für die Bestimmungen aus Verträgen, die zu gleichlautenden Bedingungen mit einer Vielzahl von Gläubigern geschlossen wurden. Anders als die Fallgruppe zu § 2 Abs. 2 Satz 1 StaRUG zeichnen sich diese Kreditverträge nicht durch ihr mehrseitiges Vertragsverhältnis aus, sondern durch „gleichlautende Bedingungen" mehrerer bilateraler Rechtsverhältnisse mit verschiedenen Gläubigern.[79)]

(b) Schuldtitel i. S. von § 2 Abs. 1 Nr. 3 WpHG, insbesondere Anleihen

66 § 2 Abs. 2 Satz 2 Alt. 1 StaRUG verweist auf die in § 2 Abs. 1 Nr. 3 WpHG genannten Schuldtitel. **Hauptanwendungsbereich** dürfte die Änderung von Anleihebedingungen, insbesondere Kündigungsgründen, sein. Eine Änderung der **Anleihebedingungen** ermöglicht bereits § 5 SchVG. In der Konsequenz kann der Schuldner wählen, ob eine Restrukturierung der Anleihe isoliert nach dem SchVG erfolgen soll oder – unter Berücksichtigung der Regelungen des § 19 Abs. 1 bis 5 SchVG – i. R. des StaRUG (§ 19 Abs. 6 SchVG).[80)] Die Vor- und Nachteile einer Änderung der Anleihebedingungen über das SchVG oder über die Regelung im Restrukturierungsplan sind sorgfältig gegeneinander abzuwägen (siehe dazu ausführlich § 57 [*Thole*]).

(c) Verträge zu gleichlautenden Bedingungen (§ 2 Abs. 2 Satz 2 Alt. 2 StaRUG)

(aa) Schuldscheindarlehen

67 Über Schuldtitel i. S. von § 2 Abs. 1 Nr. 3 WpHG hinaus können über die zweite Variante (§ 2 Abs. 2 Satz 2 Alt. 2 StaRUG) auch Bedingungen in Verträgen angepasst werden, die zu gleichlautenden Bedingungen mit einer Vielzahl von Gläubigern geschlossen wurden. Gemeint sind insbesondere Schuldscheindarlehen (siehe dazu Rz. 14 ff.).[81)] Allerdings ist der Anwendungsfall nicht darauf beschränkt. Da Mehrheitsentscheidungen kraft vertraglicher Regelung für Schuldscheindarlehen in der Regel nicht bestehen, haben Schuldscheingläubiger im Restrukturierungsprozess typischerweise eine starke individuelle **Blockademacht** und nehmen im Sanierungsprozess nicht selten eine passive Rolle ein. Entsprechend bringt das StaRUG mit § 2 Abs. 2 Satz 2 StaRUG in Bezug auf Schuldscheindarlehen eine echte **Erleichterung** mit sich.

(bb) Hinreichend vergleichbare Verträge – zugleich zur Vielzahl von Gläubigern

68 Fraglich ist, ob § 2 Abs. 2 Satz 2 StaRUG auch in Fällen anwendbar ist, in denen der Schuldner mit verschiedenen Gläubigern eine **Vielzahl bilateraler Kreditverträge** abgeschlossen hat, die inhaltlich zwar nicht identisch sind, jedoch hinreichend ähnlich oder vergleichbar. Solche bilateralen Kreditverträge bestehen häufig aus einem Formular mit Ergänzungsfeldern, das auf die AGB-Banken als Auffangregelung verweist. In der Konsequenz liegen nicht selten im Wesentlichen gleichlautende Bedingungen vor.[82)]

79) Seibt/Westpfahl-*Herding/Krafczyk*, StaRUG, § 2 Rz. 156; Jacoby/Thole-*Hofmann*, StaRUG, § 2 Rz. 29; Flöther-*Westpfahl/Dittmar*, StaRUG, § 2 Rz. 45.

80) Flöther-*Westpfahl/Dittmar*, StaRUG, § 2 Rz. 48.

81) Begr. RegE SanInsFoG z. StaRUG, BT-Drucks. 19/24181, S. 111.

82) Vgl. Seibt/Westpfahl-*Herding/Krafczyk*, StaRUG, § 2 Rz. 168.

Unklar ist, ob auch diese Vereinbarungen **unter § 2 Abs. 2 Satz 2 StaRUG fallen.** Hiergegen spricht zunächst der Wortlaut der Norm, der „*gleich*lautende Bedingungen" voraussetzt. Gegen eine analoge Anwendung spricht ferner der Ausnahmecharakter des § 2 Abs. 2 StaRUG. Auch scheint zweifelhaft, ob eine planwidrige Regelungslücke vorliegt. Eine solche setzt voraus, dass sich die Nichteinbeziehung ähnlicher Verträge als Versehen des Gesetzgebers darstellt.[83] Die enumerativ formulierte Regelung des § 2 Abs. 2 StaRUG lässt jedoch den Eindruck entstehen, der Gesetzgeber habe bewusst nur die angesprochenen Fallgruppen des § 2 Abs. 2 Satz 1–3 StaRUG herausgegriffen und sich i. Ü. gegen eine Gestaltbarkeit entschieden. Aus teleologischer Perspektive wäre eine solche Aussage allerdings zweifelhaft. Es ist nicht sachgerecht, Gestaltungen aus § 2 Abs. 2 Satz 2 StaRUG auszuklammern, die zwar nicht gleich, jedoch möglicherweise sehr ähnlich lauten.[84] 69

(3) Gläubigervereinbarungen (Intercreditor Agreement)

Beruhen Restrukturierungsforderungen oder Absonderungsanwartschaften auf unterschiedlichen Rechtsverhältnissen und haben die Inhaber der Forderungen oder Anwartschaften untereinander und mit dem Schuldner Vereinbarungen über die Durchsetzung und das Rangverhältnis eine Erlösverteilung getroffen, sind nach § 2 Abs. 2 Satz 3 StaRUG auch die Bedingungen dieser Vereinbarung durch den Plan gestaltbar. 70

§ 2 Abs. 2 Satz 3 StaRUG ermöglicht im Wesentlichen die Gestaltung der Bedingungen von Gläubigervereinbarungen (Intercreditor Agreements), welche die **Durchsetzbarkeit** und das **Rangverhältnis** von Forderungen gegen den Schuldner untereinander regeln.[85] Die über das Intercreditor Agreement geregelten Restrukturierungsforderungen oder Absonderungsanwartschaften **müssen nicht auf einem mehrseitigen Rechtsverhältnis beruhen.** Allerdings verlangt der Wortlaut des § 2 Abs. 2 Satz 3 StaRUG nach überwiegender Auffassung eine Beteiligung des Schuldners an der betreffenden Gläubigervereinbarung.[86] 71

Neben den Regeln der Intercreditor Agreements lassen sich auf Basis von § 2 Abs. 2 Satz 3 StaRUG richtigerweise auch Restrukturierungsrahmenvereinbarungen und die dadurch überlagerten Bestimmungen der Einzelverträge abändern (siehe dazu bereits oben für die 1. Fallgruppe Rz. 62 ff.).[87] 72

c) Einzelbestimmungen, Bedingungen oder Nebenbestimmungen

§ 2 Abs. 2 Satz 1 StaRUG ermächtigt zu Änderungen von Einzelbestimmungen, Bedingungen oder Nebenbestimmungen. Diese können im Einzelfall die **Restrukturierungsforderungen** bzw. die wesentlichen zu erbringenden Leistungen **direkt oder indirekt betreffen**, wie z. B. Regelungen zur Darlehenstilgung oder Verzinsung.[88] In der Konsequenz ist die Abgrenzung zu § 2 Abs. 1 Nr. 1 i. V. m. § 7 Abs. 1 StaRUG häufig nicht 73

---

83) Grundlegend *Canaris*, Die Feststellung von Lücken im Gesetz, S. 16 ff.; ebenso BAG, Urt. v. 13.12.2006 – 10 AZR 674/05, Rz. 14, BAGE 120, 352 = BB 2007, 610; *Kalle*, Das Rechtsmissbrauchsverbot in Dogmatik und Praxis, S. 48; *Wank*, Juristische Methodenlehre, § 15 Rz. 49.

84) Eher offen für eine solche Gestaltung Seibt/Westpfahl-*Herding/Krafczyk*, StaRUG, § 2 Rz. 169; Flöther-*Westpfahl/Dittmar*, StaRUG, § 2 Rz. 35.

85) Begr. RegE SanInsFoG z. StaRUG, BT-Drucks. 19/24181, S. 112 f.

86) So auch Jacoby/Thole-*Hofmann*, StaRUG, § 2 Rz. 33; *Prusko* in: MünchKomm-StaRUG, § 2 Rz. 70; Römermann-*Rieger/Schmitz*, InsO/InsR, § 2 StaRUG Rz. 23; *Thole*, NZI 2021, 436, 437; das Erfordernis der Beteiligung des Schuldners ablehnend Braun-*Esser*, StaRUG, § 2 Rz. 27; *Girotto* in: Beck/Depré/Ampferl, Praxis der Sanierung und Insolvenz, § 1 Rz. 93 f.

87) Seibt/Westpfahl-*Herding/Krafczyk*, StaRUG, § 2 Rz. 132 f.

88) Seibt/Westpfahl-*Herding/Krafczyk*, StaRUG, § 2 Rz. 194.

einfach. Leistungsbezogene Abänderungen, wie z. B. Regelungen zur Darlehenstilgung und Fälligkeit, sind in der Regel schon ausdrücklich nach § 2 Abs. 1 Nr. 1 i. V. m. § 7 Abs. 1 StaRUG gerechtfertigt, da es sich im Wesentlichen um die **Gestaltung der Haupt- oder Zinsforderung** handelt.

74 Der Gesetzgeber hatte als auflagenbezogene Änderung nach § 2 Abs. 2 StaRUG insbesondere die **Anpassung der Finanzkennzahlen** (Financial Covenants) (siehe Rz. 29 ff.) an die tatsächliche Leistungsfähigkeit des Restrukturierungsschuldners im Blick.[89] Weiterhin lassen sich anpassen:

- Auszahlungsvoraussetzungen,
- Finanzierungszweck,
- Pflichttilgungsereignisse,
- Unterlassungspflichten (negative Pflichten)[90] bzw. allgemeine Verhaltenspflichten,
- Zustimmungsvorbehalte – z. B. für Umstrukturierungsmaßnahmen oder Devestitionen – (General Undertaking) und
- Kündigungsrechte.
- Ebenfalls zulässig ist die **Änderung des Verwendungszwecks** im Hinblick auf eine aufrechterhaltene Kreditlinie (siehe dazu Rz. 86 ff.).
- Auch die **Änderung der Rechtswahl** auf der Grundlage von § 2 Abs. 2 Satz 1 StaRUG ist denkbar.[91]
- Die Gestaltung der **Kreditlaufzeit** kann auch über § 2 Abs. 2 StaRUG erfolgen,[92] **nicht** jedoch das Hinausschieben der **Fälligkeit** des Rückzahlungsanspruchs. Letzteres betrifft die unmittelbare Gestaltung der Hauptforderung und bestimmt sich damit nach den allgemeinen Voraussetzungen für den Eingriff in Restrukturierungsforderungen (siehe Rz. 43 ff.) und nicht nach den Voraussetzungen für die Änderungen von Nebenbestimmungen (§ 7 Abs. 3 i. V. m. § 2 Abs. 2 StaRUG).[93]
- Gestaltung von Einzelbestimmungen eines **Intercreditor Agreements** (§ 2 Abs. 2 Satz 3 StaRUG).[94]
- Bestimmungen einer Abzweiglinie (Ancillary Facilities) oder Avalkreditbestimmungen sind insoweit gestaltbar, als sie im Konsortialkreditvertrag angelegt sind.[95]
- **Gegenstand und Anforderungen an eine Kreditgebermehrheitsentscheidung** können über den Restrukturierungsplan geregelt werden, z. B. die Absenkung der Mehrheitsschwellen (z. B. von 75 % auf 2/3-Mehrheit) oder die Ausweitung von Kreditgebermehrheitsentscheidungen auf neue Vertragsregelungen oder Maßnahmen.[96]

89) Begr. RegE SanInsFoG z. StaRUG, BT-Drucks. 19/24181, S. 111.

90) Begr. RegE SanInsFoG z. StaRUG, BT-Drucks. 19/24181, S. 112; Flöther-*Tasma*, StaRUG, § 7 Rz. 21; Jacoby/Thole-*Brünkmans*, StaRUG, § 7 Rz. 71.

91) Seibt/Westpfahl-*Herding/Krafczyk*, StaRUG, § 2 Rz. 75; *Skauradszun* in: BeckOK-StaRUG, § 2 Rz. 50; *Röper/Denkhaus*, ZRI 2021, 1043, 1044; Jacoby/Thole-*Brünkmans*, StaRUG, § 7 Rz. 72.

92) *Wilkens*, WM 2021, 573, 577; Flöther-*Tasma*, StaRUG, § 7 Rz. 21; vgl. auch Begr. RegE SanInsFoG z. StaRUG, BT-Drucks. 19/24181, S. 112.

93) Wohl anders Flöther-*Tasma*, StaRUG, § 7 Rz. 21; vgl. auch Begr. RegE SanInsFoG z. StaRUG, BT-Drucks. 19/24181, S. 112.

94) S. *Thole*, NZI 2021, 433, 437 (Urteilsanm.); Wolgast/Grauer-*Doebert*, StaRUG.online, § 2 Rz. 46; *Naujoks/Schönen*, ZRI 2021, 437, 443; Flöther-*Westphal/Dittmar*, StaRUG, § 2 Rz. 54; a. A. Braun-*Esser*, StaRUG, § 2 Rz. 27; *Wilkens*, WM 2021, 573, 577.

95) Kritisch *Naujoks/Schönen*, ZRI 2021, 437, 439.

96) *Naujoks/Schönen*, ZRI 2021, 437, 440; Jacoby/Thole-*Brünkmans*, StaRUG, § 7 Rz. 81; wohl auch *Wilkens*, WM 2021, 573, 578.

d) Grenzen der Gestaltung nach § 2 Abs. 2 StaRUG

aa) Abänderung bestehender und Einführung neuer Nebenbestimmungen

75 Gemäß § 7 Abs. 3 StaRUG ist im gestaltenden Teil vorzusehen, wie die Einzelbestimmungen und Bedingungen abgeändert werden sollen. Der Wortlaut des § 7 Abs. 3 StaRUG, wonach Bestimmungen „abgeändert" werden dürfen, suggeriert, dass eine bestehende Regelung als Anknüpfungspunkt für die Gestaltung notwendig ist. Die vollständige Neueinführung von Einzelbestimmungen und Bedingungen dürfte vor diesem Hintergrund problematisch sein. Mit neuen Einzelbestimmungen sind solche Regelungen gemeint, die thematisch in dem zu gestaltenden Rechtsverhältnis **bisher nicht enthalten** waren.[97] In der Praxis wird nicht selten schwierig sein, eine bloße Abänderung von einer Neugestaltung abzugrenzen. Ist die vorgesehene Bestimmung im bisherigen Vertrag thematisch angelegt, sollte dies für eine Gestaltbarkeit über den Restrukturierungsplan ausreichend sein.[98]

76 Eine **Beschränkung** der Änderungsbefugnis **auf typische Einzelbestimmungen** ist **abzulehnen.**[99] Auch die Erforderlichkeit der Änderungen ist weder im Gesetz noch in der Gesetzesbegründung angelegt.[100]

bb) Materielle Kreditentscheidung als Gestaltungsgrenze

77 In der Literatur wird der Rahmen der ursprünglich „materiellen Kreditentscheidung" als ungeschriebene Grenze für die Gestaltung von vertraglichen Einzelbestimmungen gemäß § 2 Abs. 2 StaRUG gefordert. Durch die zwangsweisen Änderungen von Einzelbestimmungen dürften keine neuen Verpflichtungen in Form von neuen Finanzierungen für die Restrukturierungsgläubiger eingeführt werden. Generell sei eine Grenze der Gestaltung dort erreicht, wo die Gestaltung die Grundlage der ursprünglichen kreditmateriellen Entscheidung gänzlich verlässt.[101] Die Änderung der Einzelbestimmungen dürfe im konkreten Fall den Restrukturierungsbeteiligten **kein neues Risiko aufzwingen.** Die Anpassung von Einzelbestimmungen und Bedingungen müsse sich als eine im Vergleich zum Eingriff in die Substanz der Forderung selbst weniger einschneidende Maßnahme erweisen.[102] Entscheidend sei die Frage, wann Abänderungen von Fälligkeiten, Kreditlaufzeiten, Kündigungsgründen, Financial Covenants sowie den darauf beruhenden Zinsgestaltungen etc. die Qualität einer von der ursprünglichen Finanzierungsentscheidung losgelösten eigenständigen Entscheidung einnehmen, die dem Betroffenen nicht zwangsweise auf Grundlage des § 2 Abs. 2 Satz 1 StaRUG aufgezwungen werden kann.

---

97) *Skauradszun* in: BeckOK-StaRUG, § 2 Rz. 80; Flöther-*Westpfahl/Dittmar*, StaRUG, § 2 Rz. 54.

98) Vgl. Jacoby/Thole-*Brünkmans*, StaRUG, § 7 Rz. 72; *Fridgen* in: BeckOK-StaRUG, § 7 Rz. 55; Seibt/Westpfahl-*Herding/Krafczyk*, StaRUG, § 2 Rz. 186; *Röper/Denkhaus*, ZRI 2021, 1041, 1044; *Skauradszun* in: BeckOK-StaRUG, § 2 Rz. 80; *Skauradszun/Kümpel*, WM 2021, 1122, 1125; Flöther-*Westpfahl/Dittmar*, StaRUG, § 2 Rz. 54; a. A. wohl Braun-*Esser*, StaRUG, § 2 Rz. 16 ff. und Pannen/Riedemann/Smid-*Riedemann*, StaRUG, § 2 Rz. 18 ff., welche von einer „Umgestaltung" sprechen.

99) AG Köln, Beschl. v. 3.3.2021 – 83 RES 1/21, Rz. 11 ff., ZRI 2021, 377 = NZI 2021, 433, m. Anm. *Thole*; Seibt/Westpfahl-*Herding/Krafczyk*, StaRUG, § 2 Rz. 215.

100) AG Köln, Beschl. v. 3.3.2021 – 83 RES 1/21, Rz. 11 ff., ZRI 2021, 377 = NZI 2021, 433; Seibt/Westpfahl-*Herding/Krafczyk*, StaRUG, § 2 Rz. 213 Fn. 417; *Naujocks/Schönen*, ZRI 2021, 437, 444; *Thole*, NZI 2021, 433, 436 (Urteilsanm.); Flöther-*Westpfahl/Dittmar*, StaRUG, § 2 Rz. 53.

101) Seibt/Westpfahl-*Herding/Krafczyk*, StaRUG, § 2 Rz. 208.

102) Seibt/Westpfahl-*Herding/Krafczyk*, StaRUG, § 2 Rz. 214.

Praxishinweis

Wann nach diesem Kriterium Gestaltungen sich i. R. der ursprünglichen Kreditentscheidung bewegen oder diese gänzlich verlassen und einer erstmaligen Kreditausreichung nahekommen,[103] dürfte indes schwer zu bestimmen sein. Inwieweit es neben den Grenzen aus § 2 Abs. 5 und § 3 Abs. 2 StaRUG (siehe dazu Rz. 39 ff.) eines weiteren Korrektivs bedarf, werden zukünftige Praxisfälle zeigen.

III. Avalkredite, Bürgenregress, Rückgriffsansprüche

78 Für Avalkredite gelten die obigen Ausführungen entsprechend. Soweit ein Avalkredit bereits im maßgeblichen Zeitpunkt ausgereicht wurde, kann der Restrukturierungsplan den Regressanspruch gegen den Hauptschuldner gestalten (siehe § 40 Rz. 30 ff. [*Brünkmans*]). Allerdings kann der entsprechende Avalkreditgeber nicht mittels Plangestaltung i. S. des § 2 Abs. 1, 2 StaRUG an der Kündigung der Avalkreditlinie gehindert oder zu einer Laufzeitverlängerung verpflichtet werden.[104]

IV. Parallelverpflichtungen (Parallel-Debt)

79 Sieht der Kreditvertrag die Einbindung eines **Sicherheitentreuhänders** (sog. Security Agent) vor, welcher die Sicherheiten treuhänderisch für die Kreditgeber hält, gibt jeder Kreditnehmer oder Garant gegenüber dem Sicherheiten-Treuhänder ein abstraktes Schuldversprechen gemäß §§ 780, 781 BGB i. H. der Summe aller jeweils gegen ihn ausstehenden Forderungen der Kreditgeber aus dem Kreditvertrag ab (sog. Parallel-Debt).

80 Wird die Hauptforderung aus dem Kreditvertrag durch den Restrukturierungsplan gestaltet, so wirkt sich diese Gestaltung über das vertraglich vereinbarte **Prinzip der Spiegelbildlichkeit** auch für die Parallel-Debt aus, indem Ansprüchen aus der Parallel-Debt vom Schuldner die Einrede aus der vertraglichen Spiegelbildlichkeit entgegengehalten werden kann. Darüber hinaus kann aber auch gleichzeitig die Parallel-Debt gestaltet werden.

V. Krediteröffnungsvertrag

1. Bedeutung

81 Bedarf nach einer Gestaltung des Krediteröffnungsvertrags besteht vor allem in Fällen, in denen die Gläubiger dem Schuldner während des Restrukturierungsverfahrens die Möglichkeit erhalten wollen, die **Kreditlinie aus einem revolvierenden Kredit** in Anspruch zu nehmen. Anders als die Eröffnung des Insolvenzverfahrens führt die Anzeige der Restrukturierungssache oder die Anordnung von Restrukturierungsinstrumenten nach § 29 Abs. 2 StaRUG nicht zur automatischen Beendigung laufender Kreditverhältnisse.[105] Allerdings kann es im Restrukturierungsverfahren dazu kommen, dass die **Befristung** eines Krediteröffnungsvertrags **ausläuft** oder dass der Vertrag gekündigt wird. Der plötzliche Wegfall der Kreditlinie kann – ungeachtet der Möglichkeit zur Gestaltung der einzelnen Kreditforderungen (siehe Rz. 38 ff.) – die Zahlungsfähigkeit des Schuldners gefährden und das Restrukturierungsvorhaben vereiteln. Um dies zu verhindern, bietet es sich an, den Krediteröffnungsvertrag als Ganzes zu prolongieren, um dem Kreditnehmer die Kreditlinie offenzuhalten.

---

103) Vgl. Seibt/Westpfahl-*Herding/Krafczyk*, StaRUG, § 2 Rz. 214.

104) *Schönfelder*, NZI 2023, 1, 6: Dies wäre mit §§ 2 Abs. 5, 3 Abs. 2 StaRUG nicht zu vereinbaren. Ist der Avalkredit „bis auf weiteres", also ohne konkrete Laufzeitvereinbarung gewährt worden, wäre er hingegen im Konsortialverhältnis grundsätzlich einer laufzeitbezogenen Plangestaltung nach § 2 Abs. 2 StaRUG zugänglich.

105) Begr. RegE SanInsFoG z. StaRUG, BT-Drucks. 19/24181, S. 112 f.

In der Regel empfiehlt es sich, eine Prolongation durch eine **einvernehmliche Lösung** mit den Kreditgebern zu erreichen. Falls eine solche jedoch nicht erzielt werden kann, stellt sich die Frage, ob man Kreditgeber durch Plangestaltung **zwingen kann**, zu dulden, dass das Darlehen nach einer Rückführung erneut vom Schuldner in Anspruch genommen werden kann. Ob eine solche Gestaltung zulässig ist, ist in der Rechtsprechung **noch ungeklärt** und im Schrifttum umstritten. 82

2. Gestaltung des Krediteröffnungsvertrags

Die Offenhaltung einer revolvierenden Kreditlinie unterscheidet sich strukturell im Vergleich zur Gestaltung von Tilgungsdarlehen dadurch, dass dort lediglich eine Verlängerung von Zahlungsfristen in Bezug auf einen bereits valutierten Betrag beabsichtigt ist. Es soll also kein neues Kapitalnutzungsrecht begründet werden. Bei der Offenhaltung der Kreditlinie wird hingegen nicht nur die Rückzahlung gestundet, sondern nach zwischenzeitlicher Kreditrückführung für die Zukunft das **Recht auf Abruf eines Kredits** (zukünftige Inanspruchnahme) aufrechterhalten (siehe Rz. 6). Den normativen Ansatzpunkt für die Prolongation eines Krediteröffnungsvertrags bietet § 2 Abs. 2 Satz 1 StaRUG. Ein Vorgehen nach § 2 Abs. 1 Nr. 1 StaRUG kommt bei Krediteröffnungsverträgen hingegen in aller Regel nicht infrage, da aus diesen keine gestaltbaren Forderungen erwachsen (siehe Rz. 17). 83

Da § 2 Abs. 2 StaRUG nur für die dort genannten **mehrseitigen oder mehrfachen Kreditverhältnisse** Anwendung findet (siehe i. E. Rz. 57 ff.), lassen sich lediglich solche Krediteröffnungsverträge gestalten, an denen auf Schuldner- oder Gläubigerseite mehrere Parteien beteiligt sind oder die auf gleichen (bzw. vergleichbaren, streitig, siehe Rz. 69) Kreditverträgen beruhen. In der Praxis dürfte diese Frage insbesondere den Konsortialkredit treffen, den der Gesetzgeber als typischen Anwendungsfall des § 2 Abs. 2 Satz 1 StaRUG ansieht.[106] Die zusätzliche Möglichkeit zur Gestaltung bilateraler Verträge wäre zwar aus praktischer Sicht wünschenswert, allerdings nach dem eindeutigen Gesetzeswortlaut der Vorschrift nur schwer zu begründen (siehe Rz. 55). 84

Ähnlich wie bei Terminkrediten (siehe Rz. 39 f.) besteht die Möglichkeit zur Gestaltung des Krediteröffnungsvertrags lediglich, soweit die sich aus diesem ergebende Kreditlinie im maßgeblichen Zeitpunkt **valutiert** worden ist. Anders als bei Terminkrediten folgt dies nicht aus § 3 Abs. 2 StaRUG, da diese Vorschrift ausweislich ihres Wortlauts lediglich auf Gestaltungen nach § 2 Abs. 1 StaRUG Anwendung findet.[107] Bei § 3 Abs. 2 StaRUG handelt es sich jedoch lediglich um eine von mehreren Vorschriften, in denen zum Ausdruck kommt, dass sich das StaRUG darauf beschränkt, den **status quo zu gestalten**, der zu Beginn des Restrukturierungsverfahrens feststeht. Durch Plangestaltungen kann also die Risikolage eingefroren werden, die im nach § 2 Abs. 5 StaRUG maßgeblichen Zeitpunkt bestanden hat. Das StaRUG ermächtigt hingegen nicht dazu, einzelnen Gläubigern zusätzliche Risiken aufzuzwingen.[108] Dies führt ggf. zur Aufspaltung des Krediteröffnungsvertrags auf einen angepassten und einen nicht angepassten Teil. 85

3. Verpflichtung zur Offenhaltung von revolvierenden Kreditlinien

a) Befristete Kreditlinien

Zur Aufrechterhaltung einer valutierten Kreditlinie bieten sich unterschiedliche Gestaltungen an. Welche im Einzelfall geeignet ist, richtet sich danach, wie die Kreditlinie recht- 86

106) Begr. RegE SanInsFoG z. StaRUG, BT-Drucks. 19/24181, S. 111.

107) *Schönfelder*, NZI 2023, 1, 4 f.

108) *Brünkmans/Kalle*, ZIP 2025, 667, 670.

lich ausgestaltet ist. Zu differenzieren ist insoweit zwischen befristeten und unbefristeten Kreditlinien.

87 Eine befristete Kreditlinie **erlischt automatisch**, sobald das Fristende überschritten wird. Um eine solche Linie zu verlängern, bedarf es daher einer **Verlegung des Fristendes.** Ob und inwiefern der Restrukturierungsplan eine solche Anpassung vornehmen kann, ist noch nicht abschließend geklärt. Der Wortlaut des § 2 Abs. 2 StaRUG spricht für die Zulässigkeit einer solchen Gestaltung, da es sich bei der Befristung um eine **Nebenbestimmung** handelt. Gegen deren Zulässigkeit werden jedoch vornehmlich systematische Bedenken erhoben:

88 Zum Teil wird die Zulässigkeit prolongierender Planbestimmungen mit dem Argument abgelehnt, diese setzten den Kreditgeber dem **Risiko einer Haftung nach § 826 BGB** aus.[109)] Hiernach haften Kreditgeber wegen eigennütziger Insolvenzverschleppung, wenn sie ihrem Schuldner zum Nachteil der übrigen Gläubiger Kredit gewähren, obwohl dieser nicht sanierungstauglich ist. Jedoch dürften die Voraussetzungen des § 826 BGB bei einer Kreditprolongation im Restrukturierungsplan in aller Regel nicht vorliegen. Das Restrukturierungsplanverfahren zeichnet sich durch einige Besonderheiten aus, die es in aller Regel ausschließen, den am Plan beteiligten Kreditgebern eine sittenwidrige Gläubigerschädigung vorzuwerfen.[110)] Zunächst ist zu berücksichtigen, dass Kreditgeber gemäß **§ 67 Abs. 1 Satz 2 StaRUG** verpflichtet sind, auch **gegen ihren Willen** die Bestimmungen des Plans zu befolgen. Daher handelt ein Kreditgeber, der aufgrund einer Plangestaltung die Kreditlinie offenhält, **gesetzestreu.** Es wäre widersprüchlich, die Befolgung einer gesetzlichen Pflicht als sittenwidrige Schädigung zu bewerten. Hinzu kommt, dass die Verpflichtung zur Kreditgewährung von den übrigen am Plan beteiligten Gläubigern angeordnet wird, deren Schutz die Haftung des Kreditgebers nach § 826 BGB dient. Überdies lässt sich dem am Restrukturierungsplan beteiligten Kreditgeber nur schwer vorwerfen, er hätte bewusst eine Sanierung unterstützt, die zum Scheitern verurteilt ist. Ist die Sanierung absehbar erfolglos, dürfte ein Restrukturierungsplan nicht zustande kommen. Schließlich setzt dieser zu seiner Wirksamkeit voraus, dass die Mehrheit der Gläubiger und das Restrukturierungsgericht dem Plan Erfolgsaussichten beimessen (vgl. § 63 Abs. 1 Nr. 2 i. V. m. § 14 Abs. 1 sowie § 63 Abs. 1 Nr. 3 StaRUG). Zu diesem Zweck erfolgt eine fundierte Prognose der Sanierungsfähigkeit des Schuldners, die sich in ihrem Detailgrad kaum von einem IDW S 6-Sanierungsgutachten unterscheidet.

89 Gegen die Zulässigkeit zwangsweiser Kreditprolongationen wird weiter eingewandt, ein solcher Zwang verstoße gegen das **Bankenaufsichtsrecht.**[111)] Insbesondere die MARisk und § 18 KWG verpflichten Banken dazu, Kreditentscheidungen von einer fundierten **Risikoanalyse** abhängig zu machen. Hierfür besteht kein Raum, wenn eine Bank gegen ihren Willen zur Kreditierung verpflichtet werden kann. Allerdings hält das **StaRUG** wie beschrieben **eigene Instrumente zur Risikobegrenzung** bereit, die ähnlich wie die MARisk und § 18 KWG verhindern sollen, dass bei der Sanierung unvernünftige Kreditrisiken eingegangen werden. Hinzu kommt, dass die bloße Prolongation eines bereits ausgereichten Kredits das Risiko des Kreditgebers nicht wesentlich verändert, da der ausgereichte Geldbetrag nicht etwa erhöht, sondern durch einen gleichwertigen Betrag ersetzt wird. Dies

109) *Bitter*, ZInsO 2023, 65, 73; *Schönfelder*, NZI 2023, 1, 5 f.

110) *Bismarck/Schulz/Steiger* in: Bieg/Borchardt/Frind, Unternehmenssanierung und Betriebsfortführung, Teil 2, B. IX. Rz. 23; *Brünkmans/Kalle*, ZIP 2025, 667, 671; *Fridgen* in: BeckOK-StaRUG, § 89 Rz. 29; *Henkel* in: HambKomm-RestruktR, § 89 StaRUG Rz. 26.

111) *Schönfelder*, NZI 2023, 1, 6; wohl auch *Arlt/Brägelmann/Ludwig*, ZInsO 2021, 1485, 1486; Braun-*Böhm*, StaRUG, § 7 Rz. 16; offengelassen von *Bitter*, ZInsO 2023, 65, 73; wohl anders Flöther-*Westpfahl/Dittmar*, StaRUG, § 2 Rz. 3; Seibt/Westpfahl-*Herding/Krafczyk*, StaRUG, § 2 Rz. 202 f.

hat zur Folge, dass die Regeln zur Erstoffenlegung i. S. von § 18 Abs. 1 Satz 1 KWG nicht zur Anwendung kommen.[112)]

Es zeigt sich, dass die Bedenken gegen die Zulässigkeit der Prolongation befristeter Kreditlinien nicht überzeugen. Daher kann das Fristende durch Plangestaltung nach hinten verschoben werden.[113)] 90

Ausgeschlossen ist eine solche Gestaltung jedoch bei Kreditlinien, die bereits vor dem nach § 2 Abs. 5 StaRUG maßgeblichen Zeitpunkt **abgelaufen** sind. Andernfalls würden bereits erloschene Leistungspflichten wiederaufleben und neue Kreditrisiken geschaffen werden. Dies wäre mit § 2 Abs. 5 StaRUG nicht zu vereinbaren.[114)] Ausgelaufene Kreditzusagen können nicht durch Plangestaltungen „revitalisiert" werden. Der Schuldner ist diesbezüglich auf eine freiwillig einzuräumende neue Finanzierung gemäß § 12 StaRUG angewiesen.[115)] 91

b) Unbefristete Kreditlinien

aa) Problemstellung

Ist die Kreditlinie nicht befristet, steht nicht zu befürchten, dass die Kreditlinie während des Restrukturierungsverfahrens von selbst erlischt. Allerdings besteht das Risiko, dass der Kreditgeber den Krediteröffnungsvertrag **aufkündigt**. Das gleiche Risiko gilt auch für befristete Krediteröffnungsverträge, denn jedenfalls bis zur Bestätigung des Restrukturierungsplans wird in der Regel ein Kündigungsgrund – etwa durch Covenants-Bruch – verwirklicht worden sein. 92

bb) Beschneidung des Kündigungsrechts durch eine Plangestaltung?

(1) Eingriff in vertragliche Kündigungsrechte

Für die Planbeteiligten stellt sich in dieser Konstellation die Frage, ob die Kündigungsrechte des Kreditgebers durch eine Plangestaltung beschnitten werden können. 93

§ 2 Abs. 2 Satz 1 StaRUG bietet auch hierfür seinem Wortlaut nach eine tragfähige Ermächtigungsgrundlage, da es sich bei Kündigungsrechten um **typische Nebenbestimmungen** handelt.[116)] Allerdings stehen Kreditgebern typischerweise mehrere Kündigungsrechte zur Verfügung, die zu verschieden sind, um sie pauschal für gestaltbar zu erklären. Daher ist die Gestaltbarkeit für die gängigen Kündigungsrechte **individuell zu bewerten**.[117)] 94

Eines der prominentesten **Kündigungsrechte** folgt aus § 19 Abs. 2 AGB-Banken. Hiernach sind Banken jederzeit zur Kündigung von Kreditverträgen befugt, die weder eine Laufzeit noch eine abweichende Kündigungsregelung enthalten. Es bestehen keine Bedenken, dieses Kündigungsrecht durch Plangestaltung auszuschließen. Allerdings findet dieses Kündigungsrecht vornehmlich in bilateralen Verträgen Verwendung, die von § 2 Abs. 2 Satz 1 StaRUG nicht erfasst werden. 95

In **Konsortialkreditverträgen** finden sich regelmäßig spezifischere Kündigungsrechte. Hierzu zählt insbesondere das Recht zur außerordentlichen Kündigung wegen einer **Ver-** 96

112) *Reher* in: Babayigit/Carl/Igl/Reher, Schlanke § 18 KWG-Prozesse, Rz. 358; Fischer/Schulte-Mattler-*Bock*, KWG/CRR, § 18 KWG Rz. 54.

113) *Brünkmans/Kalle*, ZIP 2025, 667, 671 f.

114) *Brünkmans/Kalle*, ZIP 2025, 667, 670; *Schönfelder*, NZI 2023, 1, 4 f.; vgl. auch Seibt/Westpfahl-*Herding/Krafczyk*, StaRUG, § 2 Rz. 15.

115) Seibt/Westpfahl-*Herding/Krafczyk*, StaRUG, § 2 Rz. 153.

116) Vgl. Begr. RegE SanInsFoG z. StaRUG, BT-Drucks. 19/24181, S. 112.

117) *Brünkmans/Kalle*, ZIP 2025, 667, 671 f.

letzung der Covenants. Dieses Kündigungsrecht ist in Restrukturierungsverfahren häufig tatbestandlich erfüllt, da Unternehmen, die nach § 29 Abs. 1 StaRUG Zugang zum StaRUG-Verfahren haben, häufig nicht imstande sind, ihre Covenants zu erfüllen. In der Konsequenz droht dem Schuldner die Kündigung des Darlehens, weil die Covenants als Teil des Krediteröffnungsvertrags mit der Planbestätigung grundsätzlich unberührt fortbestehen.[118] Der Restrukturierungsplan kann einer Kündigung wegen Covenants-Verletzung begegnen, indem er die Covenants **zugunsten des Schuldners modifiziert**, etwa durch Reduzierung des Zins- oder Schuldendienstdeckungsgrads; zweier typischer Covenants. § 2 Abs. 2 Satz 1 StaRUG erlaubt eine solche Gestaltung nach allgemeiner Auffassung.[119] Die Anpassung der Covenants stellt nach dem Willen des Gesetzgebers einen Hauptanwendungsfall des § 2 Abs. 2 Satz 1 StaRUG dar.[120]

(2) Eingriff in Kündigungsrecht aus § 490 BGB durch eine Plangestaltung?

97 Ein weiteres außerordentliches Kündigungsrecht folgt aus § 490 **Abs. 1 BGB**. Hiernach ist der Darlehensgeber zur Kündigung befugt, wenn die Rückzahlung des Darlehens aufgrund einer **Vermögensverschlechterung** des Schuldners gefährdet ist. Diese Vorschrift ist auf Krediteröffnungsverträge anwendbar, bei denen es sich um besondere Darlehensverträge handelt.[121] Zweifel an der Suspendierung dieses Kündigungsrechts durch einen Restrukturierungsplan weckt dessen hohe Bedeutung für Darlehensgeber. Die Vorschrift ist ein zentrales Instrument zur Risikosteuerung und besitzt Leitbildcharakter für den Darlehensvertrag.[122] Das StaRUG bekräftigt die Bedeutung des § 490 BGB, indem es diesen in **§ 55 StaRUG** von den Wirkungen der Stabilisierungsanordnung **freistellt**. Die Rechtsprechung hat sich bislang noch nicht zur Gestaltbarkeit des § 490 BGB geäußert.

98 Regelmäßig kann jedoch auf einen Eingriff in dieses Kündigungsrecht verzichtet werden, da die Tatbestandsvoraussetzungen des § 490 BGB nach Bestätigung des Restrukturierungsplans in aller Regel nicht vorliegen dürften. Schließlich ergeht die Bestätigung nur, wenn das Restrukturierungsgericht auf Grundlage der **Bestandsfähigkeitserklärung** (§ 14 StaRUG) davon ausgeht, dass das Unternehmen seine drohende Zahlungsunfähigkeit i. R. des Restrukturierungsverfahrens beseitigt. Geht das Gericht von einer Sanierung des Schuldners aus, wird es für den Kreditgeber kaum bzw. nur schwer möglich sein, zu begründen, dass die Rückzahlung des Darlehens gefährdet ist.[123]

(3) Eingriff in das Kündigungsrecht aus § 490 BGB durch eine Stabilisierungsanordnung?

99 Sein Bedrohungspotential entfaltet § 490 Abs. 1 BGB daher **im Stadium der Erarbeitung des Restrukturierungsplans**. In diesem Stadium bieten Plangestaltungen keinen Schutz. Hierfür hält das StaRUG mit der **Kündigungssperre** (§ 44 StaRUG) und der **Stabilisie-**

118) Seibt/Westpfahl-*Herding/Krafczyk*, StaRUG, § 2 Rz. 122.

119) *Bitter*, ZInsO 2023, 65, 66 f.; *Bork*, ZRI 2021, 345, 352; *Desch*, BB 2020, 2498, 2502; Braun-*Esser*, StaRUG, § 2 Rz. 20; Seibt/Westpfahl-*Herding/Krafczyk*, StaRUG, § 2 Rz. 195; *Prusko* in: MünchKomm-StaRUG, § 2 Rz. 59; Pannen/Riedemann/Smid-*Riedemann*, StaRUG, § 2 Rz. 20; Römermann-*Rieger/Schmitz*, InsO/InsR, § 2 StaRUG Rz. 17; *Thole*, ZIP 2020, 1985, 1988; Flöther-*Westpfahl/Dittmar*, StaRUG, § 2 Rz. 43; *Wilkens*, WM 2021, 573, 577.

120) Begr. RegE SanInsFoG z. StaRUG, BT-Drucks. 19/24181, S. 111 f.

121) *Pamp* in: Ellenberger/Bunte, Bankrechts-Hdb., § 52 Rz. 29; vgl. auch Seibt/Westpfahl-*Herding/Krafczyk*, StaRUG, § 2 Rz. 127.

122) *Becher/Gößmann*, BKR 2002, 519, 523; *Berger* in: MünchKomm-BGB, § 490 Rz. 22; *Brünkmans/Kalle*, ZIP 2025, 667, 673; *Diem* in: Diem/Jahn, Acquisition Finance Agreements in Germany, II. 28. Rz. 107; *Pamp* in: Ellenberger/Bunte, Bankrechts-Hdb., § 52 Rz. 29.

123) *Brünkmans/Kalle*, ZIP 2025, 667, 674.

rungsanordnung (§ 55 StaRUG) zwei Instrumente bereit. § 44 **StaRUG** findet jedoch tatbestandlich auf § 490 BGB keine Anwendung. Er setzt voraus, dass sich der Schuldner restrukturiert oder dass er Maßnahmen des StaRUG in Anspruch nimmt. Die Kündigung nach § 490 BGB hat jedoch einen anderen Bezugspunkt, indem sie wegen der Vermögensverschlechterung ausgesprochen wird. § 44 StaRUG beschneidet § 490 BGB daher lediglich dahingehend, dass die Vermögensverschlechterung nicht mit den in § 44 StaRUG genannten Situationen begründet werden kann.[124)]

Für die Stabilisierungsanordnung gilt im Ergebnis ähnliches. Diese suspendiert gemäß **§ 55 Abs. 1 StaRUG** Kündigungsrechte, die tatbestandlich einzig an einen Leistungsrückstand des Schuldners anknüpfen. Auf § 490 BGB trifft dies nicht zu, da dieser zukunftsgerichtet ist (drohender Zahlungsausfall). Nichts anderes ergibt sich aus § 55 Abs. 3 Satz 2 StaRUG, wonach die Stabilisierungsanordnung der Darlehenskündigung vor Valutierung nicht entgegensteht. Der Wortlaut der Norm suggeriert, dass die Stabilisierungsanordnung das Kündigungsrecht bei valutierten Darlehen beschränken kann.[125)] In diesem Sinne ist die Norm jedoch nicht zu verstehen, da sich der dritte Absatz insgesamt lediglich auf künftige Leistungspflichten der Gläubiger bezieht. Hinzu kommt, dass kein Anlass für eine Ungleichbehandlung von valutierten und nicht-valutierten Darlehen durch die Stabilisierungsanordnung besteht. Daher ist § 55 Abs. 3 Satz 2 StaRUG lediglich als Klarstellung zu verstehen, die keine Aussage über valutierte Darlehen trifft.[126)] In der Konsequenz kann die Kündigung wegen Vermögensverschlechterung auch **nicht durch Stabilisierungsanordnung beschränkt werden.** Gleiches gilt für die Möglichkeit einer Sistierung als Minus zur Kündigung. 100

Praxishinweis

Um **vor der Bestätigung des Restrukturierungsplans** eine Kündigung auszuschließen, ist der Schuldner daher auf einvernehmliche Regelungen mit dem Kreditgeber angewiesen, etwa eine Standstill- oder eine Lockup-Vereinbarung.

VI. Schuldbeitritt, Bürgschaft und Mitkreditnehmer

Wurden für einzelne Restrukturierungsforderungen Bürgschaften oder ein Schuldbeitritt Dritter erklärt, sind diese **grundsätzlich nicht** im Restrukturierungsplan des Kreditnehmers gestaltbar. Eine **Ausnahme** dafür sieht der § 2 Abs. 4 StaRUG für **gruppeninterne Drittsicherheiten** vor. Schuldbeitritt oder Bürgschaften von anderen Gruppengesellschaften können somit im Restrukturierungsplan des Kreditnehmers gestaltet werden (siehe dazu ausführlich § 40 Rz. 73, 155 sowie § 56 Rz. 30 ff. [*Brünkmans*]). Eine Gestaltung gestützt auf § 2 Abs. 4 StaRUG ist jedoch dann ausgeschlossen, wenn die anderen Gruppengesellschaften ebenfalls Kreditnehmer sind d. h. auch andere Gruppenmitglieder ziehungsberechtigt sind (siehe dazu ausführlich § 56 Rz. 44 [*Brünkmans*]). Gleiches gilt für außen- 101

124) *Brünkmans/Kalle*, ZIP 2025, 667, 674; *Schönfelder*, WM 2022, 361 f.

125) So *Bornheimer/Westkamp* in: Münch-AHB Insolvenz und Sanierung, § 30 Rz. 215; *Mitlehner*, ZRI 2023, 429, 437; *Prütting* in: Kübler/Bork/Prütting, HRI I, § 16 Rz. 49; Braun-*Riggert*, StaRUG, § 55 Rz. 10; Flöther-*Schönfelder*, StaRUG, § 55 Rz. 33 f.

126) Morgen-*Boss/Luttmann*, StaRUG, § 55 Rz. 13; *Brünkmans/Kalle*, ZIP 2025, 667, 675; Uhlenbruck-*Fritz*, InsO, § 55 StaRUG Rz. 41; *Hölzle* in: Bieg/Borchardt/Frind, Unternehmenssanierung und Betriebsfortführung, Teil 2, B. V. Rz. 84; Jacoby/Thole-*Jacoby*, StaRUG, § 55 Rz. 42; K. Schmidt/Uhlenbruck-*Kuder/Unverdorben*, Die GmbH in Krise, Restrukturierung und Insolvenz, Rz. 4.212; Wolgast/Grauer-*Mikolajczak*, StaRUG.online, § 55 Rz. 35; Seibt/Westpfahl-*Schönen/Bender*, StaRUG, § 55 Rz. 41; *Skauradszun* in: MünchKomm-StaRUG, § 55 Rz. 34 dort Fn. 53; *Thole*, ZRI 2021, 231, 237; *Undritz/Knof* in: HambKomm-RestruktR, § 55 StaRUG Rz. 24; auch der Gesetzesbegründung (Begr. RegE SanInsFoG z. StaRUG, BT-Drucks. 19/24181, S. 158) lässt sich kein Wille zur Differenzierung zwischen valutierten und nicht valutierten Darlehen entnehmen.

stehende Sicherungsgeber. In diesen Fällen muss eine Restrukturierung gegenüber Mitkreditnehmern und Drittsicherungsgebern konsensual oder über separate Restrukturierungspläne auf Ebene der Mitkreditnehmer und Drittsicherungsgeber erfolgen (siehe dazu ausführlich § 40 Rz. 73 sowie § 56 Rz. 41 [*Brünkmans*]).

VII. Schuldübernahme, Debt-Push-up

102 Zur Regelung einer Schuldübernahme, insbesondere die Überleitung von Finanzverbindlichkeiten von der Tochter- auf die Muttergesellschaft, siehe § 40 Rz. 146 [*Brünkmans*].

D. Kreditsicherheiten

103 Der gestaltende Teil des Restrukturierungsplans kann auch eine Restrukturierung bestehender oder Gewährung erstmaliger Kreditsicherheiten vorsehen. Für **dingliche Sicherheiten** aus dem Schuldnervermögen folgt dies aus §§ 2 Abs. 1 Nr. 1, 7 Abs. 2 StaRUG, welcher die Gestaltung von Absonderungsanwartschaften, d. h. Sicherungsrechte, die im Fall eines Insolvenzverfahrens zur Absonderung berechtigen würden, ermöglicht (siehe ausführlich § 40 Rz. 51 ff. und Rz. 153 f. [*Brünkmans*]). Unter den Voraussetzungen des § 2 Abs. 2 StaRUG sind auch Einzelbestimmungen in **Sicherheitenpoolverträgen** gestaltbar.

104 Für dingliche Drittsicherheiten, z. B. Grundschuld einer zum **Vermögen einer Tochtergesellschaft** der Schuldnerin gehörenden Immobilie, ist eine Gestaltung nur gegenüber verbundenen Unternehmen i. S. des § 15 AktG (gruppeninterne Drittsicherheiten, § 2 Abs. 5 StaRUG) möglich.

105 Gleiches gilt für **Personalsicherheiten** (Bürgschaften, Garantie etc.), d. h. § 2 Abs. 5 StaRUG ermächtigt nur zur Gestaltung von Bürgschafts- oder Garantieforderungen gegenüber verbundenen Unternehmen (siehe ausführlich § 40 Rz. 29 und § 56 Rz. 30 ff. [*Brünkmans*]). Dies gilt nicht, wenn das **verbundene Unternehmen** ebenfalls als Darlehensnehmer im Kreditvertrag einbezogen ist. In diesem Fall bedarf es einer konsensualen Lösung mit dem verbundenen Unternehmen oder eines eigenen Restrukturierungsplans auf der Ebene des verbundenen Unternehmens (siehe ausführlich § 56 Rz. 44 [*Brünkmans*]).

106 Der aus der Personalsicherheit oder einer dinglichen Drittsicherheit resultierende **Regressanspruch des Drittsicherungsgebers** gegen den Schuldner ist über den Restrukturierungsplan gestaltbar (siehe ausführlich § 40 Rz. 30 ff. und Rz. 151 [*Brünkmans*]).

E. Sanierungskredit (Fresh Money)

107 Die Möglichkeit einer zwangsweisen Gestaltung reicht im Grundsatz nur soweit, wie die Rechtsverhältnisse, Rechte und Forderungen bereits im maßgeblichen Zeitpunkt aus § 2 Abs. 5 begründet waren. Neue Verbindlichkeiten und Vertragsverhältnisse kann der Restrukturierungsplan nicht zwangsweise schaffen.[127)]

108 Die Zusage von Fresh Money kann vielmehr lediglich gemäß **§ 12 StaRUG** in den Restrukturierungsplan „aufgenommen werden", jedoch i. S. einer freiwilligen Darlehenszusage (zu den Rechtsfolgen im Fall der Einstufung als neue Finanzierung i. S. von § 12 StaRUG durch den gestaltenden Teil siehe § 40 Rz. 158 ff. [*Brünkmans*]). Die Verpflichtungserklärung kann als **Anlage zum Restrukturierungsplan** (§§ 15 Abs. 3, 71 Abs. 2 StaRUG) oder als Planbedingung (§ 62 StaRUG) aufgenommen werden (siehe § 40 Rz. 159 [*Brünkmans*]).

127) Seibt/Westpfahl-*Herding/Krafczyk*, StaRUG, § 2 Rz. 15.

Die Praxis arbeitet häufig mit **Wahlrechten und Incentivierungsmodellen**, d. h. die Gläubiger können frei darüber entscheiden, ob sie dem Sanierungskredit beitreten und damit Fresh Money zur Verfügung stellen, bekommen allerdings dafür finanzielle Anreize. In der Praxis häufig zu sehen ist, dass nur die Finanzgläubiger, welche Fresh Money zur Verfügung stellen, für das Old Money neben der Planquote eine Option auf Teilnahme an Wertaufholungsinstrumenten erhalten.[128] Zu den **Wertaufholungsinstrumenten** gehören der klassische Besserungsschein (siehe § 40 Rz. 126 f. [*Brünkmans*]) sowie komplexe Strukturen wie den „Virtual Profit Participation Notes" (VPPN). Als weiteren Anreiz für die Teilnahme am Fresh Money finden sich zusätzliche Befriedigungsquoten für das Old Money (sog. Elevator). 109

Sämtliche vorgenannten Anreizregelungen sind sowohl mit dem gruppeninternen (§ 10 Abs. 1 StaRUG) als auch mit dem gruppenübergreifenden (§ 27 Abs. 1 Nr. 3 StaRUG) Gleichbehandlungsgrundsatz vereinbar, jedenfalls solange **jedem Gläubiger** die Möglichkeit eröffnet wird, sich am Fresh Money zu beteiligen und damit in Genuss der Vorteile zu kommen (siehe § 40 Rz. 101 [*Brünkmans*]). 110

F. Verknüpfung Restrukturierungsplan und abzuändernder Kreditvertrag

In der Praxis hat sich bei Änderungen komplexer Vertragsbedingungen der **Regelungsverweis auf eine Anlage des gestaltenden Teils** bewährt. Dabei kann auf eine finale Clean Version des Vertrages, welche als Anlage dem Restrukturierungsplan beigefügt wird, als nach Wirksamkeit des Restrukturierungsplans geltende Fassung verwiesen werden.[129] 111

Mit **Bestätigung des Restrukturierungsplanes** tritt die Neufassung des Kreditvertrages mit den veränderten Vertragsbedingungen dann **in Kraft** (§ 67 StaRUG), der nur noch auf der Grundlage der neuen Vertragsbedingungen gekündigt werden kann.[130] 112

128) S. im Fall Leoni, AG Nürnberg, Beschl. v. 21.6.2023 – RES 397/23 (Leoni), ZRI 2023, 629 = NZI 2023, 881; Fall VARTA, AG Stuttgart, Beschl. v. 11.12.2024 – 6 RES 1243/24 (VARTA), ZRI 2025, 149, m. Anm. *Kümpel* = BeckRS 2024, 37304.

129) Ähnlich *Naujoks/Schönen*, ZRI 2021, 437, 445 f.; Jacoby/Thole-*Brünkmans*, StaRUG, § 7 Rz. 84.

130) Jacoby/Thole-*Brünkmans*, StaRUG, § 7 Rz. 85.

§ 42
Auswahl der Planbetroffenen und Gruppenbildung

Übersicht

A. Grundprinzipien

Ausweislich der Gesetzesbegründung ist § 222 Abs. 1 InsO das Vorbild für die Gruppenbildung beim Restrukturierungsplan.[1)] Es ist allerdings zu beachten, dass das StaRUG[2)] dem Planverfasser (Schuldner) darüber hinaus die Möglichkeit gibt, bereits im Vorfeld zu entscheiden, welche Planbetroffenen nach sachgerechten Kriterien gemäß § 8 Abs. 1 Satz 1 StaRUG ausgewählt werden. Die Gruppenbildung und damit die **Zuweisung der ausgewählten einzelnen Planbetroffenen zu einzelnen Gruppen** ist damit ein wesentlicher Baustein, um die notwendige qualifizierte Mehrheit für das Sanierungskonzept zu gewinnen. Sollte demnach eine angedachte (außergerichtliche) Sanierungslösung am Widerstand einzelner Beteiligter scheitern, eröffnet das StaRUG – ohne dass ein Insolvenzverfahren zur Durchführung eines Insolvenzplanverfahrens eingeleitet werden müsste – die Möglichkeit, diesen Widerstand zu überwinden. 1

Um Missbrauch zu vermeiden, ist in § 64 StaRUG der Minderheitenschutz geregelt. Denn die Mehrheitsentscheidung nach § 25 StaRUG ist möglicherweise keine ausreichende Legitimation dafür, dass einzelnen Beteiligten gegen ihren Willen Vermögenswerte entzogen werden.[3)] Werden diese Grenzen beachtet, also insbesondere die Vorgaben der §§ 8, 9 StaRUG, ist es dem Planverfasser möglich, die für den Restrukturierungsplan notwendige Auswahl der Planbetroffenen zu treffen und deren Einteilung in Gruppen vorzunehmen.[4)] 2

B. Auswahl der Planbetroffenen

Dadurch, dass es sich bei den Instrumenten des Stabilisierungs- und Restrukturierungsrahmens um ein **teilkollektives Verfahren** handelt, kann sich der Restrukturierungsplan gemäß § 8 StaRUG auf einzelne Gläubiger oder Gläubigergruppen konzentrieren.[5)] Dies 3

---

1) Begr. RegE SanInsFoG z. StaRUG, BT-Drucks. 19/24181, S. 118.

2) Gesetz über den Stabilisierungs- und Restrukturierungsrahmen für Unternehmen (Unternehmensstabilisierungs- und -restrukturierungsgesetz – StaRUG), v. 22.12.2020, BGBl. I 2020, 3256 (= Art. 1 des Gesetzes zur Fortentwicklung des Sanierungs- und Insolvenzrechts [Sanierungs- und Insolvenzrechtsfortentwicklungsgesetz – SanInsFoG], v. 22.12.2020, BGBl. I 2020, 3256).

3) Uhlenbruck-*Knof*, InsO, § 64 StaRUG Rz. 1 m. w. N.

4) AG Bremen, Beschl. v. 13.9.2024 – 531 RES 1/24, Rz. 9, ZRI 2025, 92 = NZI 2025, 84.

5) Begr. RegE SanInsFoG z. StaRUG, BT-Drucks. 19/24181, S. 117.

ist eine Besonderheit, die im Insolvenzplan keine Entsprechung findet.[6] Hinzu kommt, dass die in § 4 StaRUG genannten Rechtsverhältnisse im Restrukturierungsplan ohnehin nicht gestaltet werden dürfen. Hinsichtlich der übrigen Rechtsverhältnisse hat der Schuldner allerdings ein **Auswahlermessen** und kann entscheiden, von wem er einen Restrukturierungsbeitrag abverlangt.[7] Die Auswahl der Planbetroffenen muss allerdings gemäß § 8 Abs. 1 Satz 1 StaRUG nach **sachgerechten Kriterien** erfolgen.[8] Dabei gibt § 8 Abs. 1 Satz 2 StaRUG dem Schuldner eine Vorgabe, wann die Auswahl der Planbetroffenen sachgerecht ist:

- Dies ist der Fall, wenn die nicht einbezogenen Forderungen auch in einem Insolvenzverfahren **voraussichtlich vollständig erfüllt werden würden** (§ 8 Abs. 1 Satz 2 Nr. 1 StaRUG). Dies hat zur Folge, dass i. R. der gerichtlichen Planbestätigung nach den §§ 60 ff. StaRUG zu prüfen ist, ob einzelne ausgesparte Gläubiger tatsächlich voll befriedigt werden würden bzw. durch den Restrukturierungsplan bessergestellt werden.
- Ferner ist Sachgerechtigkeit gegeben, wenn in Anbetracht der zu bewältigenden wirtschaftlichen Schwierigkeiten des Schuldners und den Umständen des konkreten Einzelfalles ausschließlich **einzelne Rechtsverhältnisse**, insbesondere **„Finanzverbindlichkeiten"** gestaltet werden sollen (§ 8 Abs. 1 Satz 2 Nr. 2 StaRUG). Die Benennung der „Finanzverbindlichkeiten" im Gesetzeswortlaut schließt nicht aus, dass sich der Restrukturierungsplan auch auf andere Rechtsverhältnisse, wie bspw. Lieferantenverbindlichkeiten, konzentriert.[9] Es ist daher zulässig, eine eigene Gruppe für die Restrukturierungsgläubiger zu bilden, die ein Interesse an der Bestätigung des Restrukturierungsplans haben, weil sie weiterhin mit der Schuldnerin Geschäfte machen möchten. Dies gilt auch, wenn in diese Gruppe nur eine einzige Restrukturierungsgläubigerin eingeordnet wird.[10]
- Gemäß § 8 Abs. 1 Satz 2 Nr. 2 StaRUG ist auch die Aussparung von **Kleingläubigern**, Verbrauchern, Klein- oder Kleinstunternehmen oder mittleren Unternehmen sachgerecht (siehe zu den „Kleingläubigern" unten Rz. 20).[11]
- Sachgerechtigkeit liegt gemäß § 8 Abs. 1 Satz 2 Nr. 3 StaRUG ferner vor, wenn mit Ausnahme der in § 4 StaRUG ausgenommenen Rechtsverhältnisse **sämtliche Forderungen aller Gläubiger** einbezogen werden.

4 Die in § 8 Abs. 1 Satz 2 StaRUG genannte Aufzählung ist jedoch **nicht abschließend**, wie aus dem Wort „insbesondere" in § 8 Abs. 1 Satz 2 Nr. 2 StaRUG geschlossen werden kann.[12] Zusammenfassend können daher – abhängig vom Einzelfall – Anknüpfungspunkte für die sachgerechte Auswahl u. a. folgende Kriterien sein:[13]

- Forderungshöhe und Angemessenheit der Lastentragung im Verhältnis zur Gesamtforderungshöhe aller Gläubiger (z. B. Außerachtlassung von Kleingläubigern);
- Forderungsart (Beschränkung auf Finanzverbindlichkeiten);

---

6) Uhlenbruck-*Streit/Bürk*, InsO, § 8 StaRUG Rz. 8.

7) Begr. RegE SanInsFoG z. StaRUG, BT-Drucks. 19/24181, S. 117.

8) Vgl. hierzu LG Düsseldorf, Beschl. v. 20.3.2025 – 314c T 3/25, ZInsO 2025, 959.

9) Begr. RegE SanInsFoG z. StaRUG, BT-Drucks. 19/24181, S. 118.

10) AG Bremen, Beschl. v. 13.9.2024 – 531 RES 1/24, Rz. 10, ZRI 2025, 92 = NZI 2025, 84.

11) Vgl. zu der Einteilung der Größenklassen: *Barnert* in: Kübler/Bork/Prütting, HRI I, § 23 Rz. 46 ff.; Uhlenbruck-*Streit/Bürk*, InsO, § 8 StaRUG Rz. 107.

12) *Girotto* in: Beck/Depré/Ampferl, Praxis der Sanierung und Insolvenz, § 1 Rz. 118; Uhlenbruck-*Streit/Bürk*, InsO, § 8 StaRUG Rz. 110.

13) Begr. RegE SanInsFoG z. StaRUG, BT-Drucks. 19/24181, S. 117 f.; *Girotto* in: Beck/Depré/Ampferl, Praxis der Sanierung und Insolvenz, § 1 Rz. 117 ff.; Flöther-*Tasma*, StaRUG, § 8 Rz. 6.

- Höhe der zu erwartenden Befriedigung im theoretischen Insolvenzfall (z. B. 100 % bei vollständiger Besicherung);
- Relevanz für die Erreichung des Sanierungsziels.[14]

Die im Einzelfall einschlägigen sachgerechten **Kriterien** sind gemäß § 8 Abs. 1 Satz 1 StaRUG im **darstellenden Teil anzugeben und zu erläutern**. Hierdurch soll der Gefahr der missbräuchlichen Ausübung des Auswahlermessens vorgebeugt werden.[15] Nach der Gesetzesbegründung sei zwar anzunehmen, dass rational agierende Planbetroffene einer Planlösung nicht zustimmen würden, die ihnen Opfer abverlangt, die angesichts der Verschonung anderer, im Wesentlichen gleich situierter Gläubiger und Beteiligter unangemessen und ungerechtfertigt erscheinen.[16] Die Sicherstellung voller Transparenz hinsichtlich des Kreises der einbezogenen und der nicht einbezogenen Gläubiger durch den darstellenden Teil leiste damit einen wesentlichen Beitrag zur Verhinderung von Missbrauch. Darum sieht § 8 Satz 1 StaRUG vor, dass die Kriterien, die zur Abgrenzung der einbezogenen Gläubiger und der nicht einbezogenen Gläubiger herangezogen werden, zu erläutern und zu begründen sind.[17] Den Planbetroffenen soll es hiermit ermöglicht werden, nicht nur die Sachgerechtigkeit des dem Plan zugrunde liegenden Restrukturierungskonzepts, sondern auch die Sachgerechtigkeit und Angemessenheit der Lastentragung zu beurteilen.[18] Der § 8 Satz 1 StaRUG spiegelt somit den verfassungsrechtlich geltenden Grundsatz wider, dass Gleiches nicht ohne sachlichen Grund ungleich behandelt werden darf (Art. 3 GG).[19] Dies ist vom Schuldner im darstellenden Teil konkret und detailliert zu erläutern, um durch diese Transparenz die **Akzeptanz bei den Planbetroffenen zu steigern**. Auf diese Weise wird bei Einhaltung der gesetzlichen Vorgaben zudem dazu beitragen, dass eine diesbezügliche Vorprüfung gemäß § 46 Abs. 1 Satz 2 Nr. 1 StaRUG oder ein Planbestätigungsverfahren nach §§ 60 ff. StaRUG aus Sicht des Schuldners erfolgreich verläuft. 5

Die eigentliche rechtlich **bindende Auswahl** der Planbetroffenen erfolgt im **gestaltenden Teil** des Restrukturierungsplans.[20] 6

C. Gruppenbildung

I. Allgemeines

Gemäß § 9 StaRUG sind bei der „Festlegung der Rechte" der Beteiligten Gruppen zu bilden, soweit Beteiligte mit **unterschiedlicher Rechtsstellung** betroffen sind. Der Wortlaut von § 9 Abs. 1 Satz 1 StaRUG entspricht § 222 Abs. 1 Satz 1 InsO, so dass insofern grundsätzlich auf die diesbezügliche Kommentierung (siehe u. a. auch in diesem Handbuch § 9 [*Beck/Pechartscheck*]) verwiesen wird. 7

Auch beim Restrukturierungsplan ist die **Gruppeneinteilung** nicht personen-, sondern **rechtsbezogen**.[21] Dies hat zur Folge, dass ein Gläubiger mit einer besicherten Forderung in der Höhe des voraussichtlichen Ausfalls als „einfacher Restrukturierungsgläubiger" (§ 9 Abs. 1 Satz 2 Nr. 2 StaRUG) und mit dem Wert der Absonderungsanwartschaft als 8

14) Vgl. hierzu LG Düsseldorf, Beschl. v. 20.3.2025 – 314c T 3/25, ZInsO 2025, 959.

15) Begr. RegE SanInsFoG z. StaRUG, BT-Drucks. 19/24181, S. 117; *Barnert* in: Kübler/Bork/Prütting, HRI I, § 23 Rz. 57.

16) Begr. RegE SanInsFoG z. StaRUG, BT-Drucks. 19/24181, S. 117.

17) Vgl. hierzu LG Düsseldorf, Beschl. v. 20.3.2025 – 314c T 3/25, ZInsO 2025, 959.

18) Begr. RegE SanInsFoG z. StaRUG, BT-Drucks. 19/24181, S. 117.

19) *Barnert* in: Kübler/Bork/Prütting, HRI I, § 23 Rz. 58.

20) Uhlenbruck-*Streit/Bürk*, InsO, § 8 StaRUG Rz. 14.

21) *Girotto* in: Beck/Depré/Ampferl, Praxis der Sanierung und Insolvenz, § 1 Rz. 123.

„Inhaber einer Absonderungsanwartschaft" in jeweils unterschiedliche Gruppen einzuteilen ist. Dies gilt entsprechend für Gläubiger aus gruppeninternen Drittsicherheiten, so dass bspw. ein Finanzierungsgläubiger, zu dessen Gunsten eine Drittsicherheit aus einem Gruppenunternehmen besteht, mit dem Wert der Drittsicherheit in der besonderen Gruppe der „gruppeninternen Drittsicherheiten" (§ 9 Abs. 1 Satz 3 StaRUG) und mit der Ausfallforderung als „einfacher Restrukturierungsgläubiger" (§ 9 Abs. 1 Satz 2 Nr. 2 StaRUG) in verschiedene Gruppen einzuordnen ist.

Praxishinweis

Während die Kriterien der Gruppenbildung im darstellenden Teil (§ 6 StaRUG) zur Information der Planbetroffenen zu erläutern sind, erfolgt die eigentliche Gruppenbildung mit der Zuordnung der Planbetroffenen zu einzelnen Gruppen im gestaltenden Teil.[22)]

9 Auch beim Restrukturierungsplan sind – wie beim Insolvenzplan und abhängig vom Einzelfall – **Pflichtgruppen** (§ 9 Abs. 1 Satz 2 Nr. 1–4, Satz 3 und Abs. 2 Satz 4 StaRUG) zu bilden. Gemäß § 9 Abs. 2 Satz 1 StaRUG können auch **fakultative Gruppen** gebildet werden.[23)]

10 Hervorzuheben ist, dass gemäß § 10 Abs. 1 StaRUG grundsätzlich innerhalb jeder Gruppe allen Planbetroffenen **gleiche Rechte anzubieten** sind. Hiervon kann nur abgewichen werden, wenn eine **ausdrückliche Zustimmung** der Planbetroffenen vorliegt, zu deren Lasten die unterschiedliche Behandlung geht (§ 10 Abs. 2 Satz 1 StaRUG). Die entsprechende Zustimmungserklärung eines jeden belasteten Planbetroffenen ist dem Restrukturierungsplan **beizufügen** (§ 10 Abs. 2 Satz 2 StaRUG). Gleichzeitig legt § 10 Abs. 3 StaRUG fest (vergleichbar mit § 226 Abs. 3 InsO), dass jede Regelung des Schuldners oder eines **Dritten** mit einzelnen Planbetroffenen, durch die diesen ein Vorteil gewährt wird, der nicht im Plan vorgesehen ist, **nichtig** ist. Es soll ein **„Abkaufen"** des Stimmrechts verhindert werden.[24)]

II. Pflichtgruppen

11 Die Einteilung der Planbetroffenen in Gruppen leitet sich aus der **unterschiedlichen Rechtsstellung** der Planbetroffenen in einem theoretischen **späteren Insolvenzverfahren** ab.[25)] Ausgehend von dieser gesetzlichen Vorgabe müssen – sofern Rechtsverhältnisse zu solchen Planbetroffenen gestaltet werden sollen – gemäß § 9 Abs. 1 Satz 2 StaRUG folgende obligatorischen Gruppen gebildet werden:

- Inhaber von Absonderungsanwartschaften (§ 9 Abs. 1 Satz 2 Nr. 1 StaRUG);
- Inhaber von Forderungen, die im Fall der Eröffnung eines Insolvenzverfahrens als nicht nachrangige Insolvenzforderungen geltend zu machen wären, nebst darauf entfallender Zinsen und Säumniszuschläge (einfache Restrukturierungsgläubiger) (§ 9 Abs. 1 Satz 2 Nr. 2 StaRUG);
- Inhaber von Forderungen, die im Fall der Eröffnung der Eröffnung des Insolvenzverfahrens nach § 39 Abs. 1 Nr. 1, 4, 5 oder Abs. 2 InsO als nachrangige Forderungen anzumelden wären (nachrangige Restrukturierungsgläubiger), wobei für jede Rangklasse eine Gruppe zu bilden ist (§ 9 Abs. 1 Nr. 3 StaRUG);

22) Uhlenbruck-*Streit/Bürk*, InsO, § 7 StaRUG Rz. 31 m. w. N.

23) Begr. RegE SanInsFoG z. StaRUG, BT-Drucks. 19/24181, S. 119; *Girotto* in: Beck/Depré/Ampferl, Praxis der Sanierung und Insolvenz, § 1 Rz. 121.

24) Uhlenbruck-*Streit/Bürk*, InsO, § 10 StaRUG Rz. 42.

25) Flöther-*Tasma*, StaRUG, § 9 Rz. 1.

- Anteilsinhaber (§ 9 Abs. 1 Satz 2 Nr. 4 StaRUG);
- Gläubiger mit gruppeninternen Drittsicherheiten (§ 9 Abs. 1 Satz 3 StaRUG);
- Kleingläubiger (§ 9 Abs. 2 Satz 4 StaRUG).

1. Inhaber von Absonderungsanwartschaften

In diese Gruppe müssen die Gläubiger eingeteilt werden, zu deren Gunsten in einem theoretischen Insolvenzfall ein Absonderungsrecht nach den Vorschriften der §§ 49–51 InsO bestehen würde (§ 9 Abs. 1 Satz 2 Nr. 1 StaRUG). Gemäß § 2 Abs. 1 Nr. 2 StaRUG können die an Gegenständen des schuldnerischen Vermögens **bestehenden Rechte** gestaltet werden. Mögliche Fallgestaltungen sind bspw. 12

- der (teilweise) Verzicht auf das Recht an dem Sicherungsgegenstand,
- die (teilweise) Einschränkung der Verwertung in zeitlicher und betragsmäßiger Hinsicht,
- die Nutzung des Sicherungsgegenstandes,
- der Austausch des Sicherungsgegenstandes,
- die Bildung von Verwertungsgemeinschaften, wenn die Zuordnung zu einzelnen Berechtigten streitig ist (bspw. Lieferant aus verlängertem Eigentumsvorbehalt oder Bank aus der Kreditsicherungsvereinbarung) oder
- Umwandlung von Sicherungserlösen in Eigenkapital (Debt-Equitiy-Swap).[26]

Die Absonderungsanwartschaft muss allerdings gemäß § 2 Abs. 1 Nr. 2 StaRUG zu den in § 2 Abs. 5 Satz 1 StaRUG genannten Zeitpunkten schon **„bestehen"**. Der Entstehungstatbestand muss bereits vollendet sein; ein zuvor eingeleiteter, aber erst nach dem Zeitpunkt des § 2 Abs. 5 StaRUG abgeschlossener Erwerbsakt kann keine gestaltbare Erwerbsanwartschaft mehr begründen.[27] Restrukturierungsgläubiger, die über Absonderungsanwartschaften verfügen, sind nicht in die Gruppe der Absonderungsanwartschaftsberechtigten einzuordnen, wenn der Restrukturierungsplan nicht in die Absonderungsanwartschaftsrechte eingreift.[28] 13

> **Praxishinweis**
>
> Der Inhaber der Absonderungsanwartschaft und der Inhaber der zugrunde liegenden Restrukturierungsforderung müssen **nicht identisch** sein,[29] bspw. dann, wenn das Absonderungsgut Forderungen des Berechtigten an dem Absonderungsgut gegen einen Dritten absichert.

2. Einfache Restrukturierungsgläubiger

Zu dieser Gruppe zählen die Inhaber von ungesicherten nicht nachrangigen Forderungen, die in einem theoretischen Insolvenzverfahren als nicht nachrangige Insolvenzforderungen geltend zu machen wären, **zuzüglich der darauf entfallenden Zinsen und Säumniszuschläge** (§ 9 Abs. 1 Satz 2 Nr. 2 StaRUG). Dies stellt einen Unterschied zu den Regelungen der InsO dar, denn im Insolvenzverfahren wären die Zinsen und Säumniszuschläge ab dem Zeitpunkt der Verfahrenseröffnung gemäß § 39 Abs. 1 Satz 1 Nr. 1 InsO nachrangig. 14

26) Flöther-*Westpfahl/Dittmar*, StaRUG, § 2 Rz. 29 ff.
27) Flöther-*Westpfahl/Dittmar*, StaRUG, § 2 Rz. 27.
28) AG Bremen, Beschl. v. 13.9.2024 – 531 RES 1/24, Rz. 11, ZRI 2025, 92 = NZI 2025, 84.
29) *Barnert* in: Kübler/Bork/Prütting, HRI I, § 23 Rz. 29.

Praxishinweis

Zu beachten ist ferner, dass die Forderungen aus den in § 4 **StaRUG** genannten Rechtsverhältnissen, insbesondere aus Arbeitsverhältnissen, auch wenn sie in diese Rangklasse fallen würden, im Restrukturierungsplan nicht gestaltet werden dürfen.

3. Nachrangige Restrukturierungsgläubiger

15 In diese Gruppe fallen jene Gläubiger, die im Falle der Eröffnung eines Insolvenzverfahrens nachrangige Forderungen gemäß § 39 Abs. 1 Nr. 4 InsO (Forderungen auf unentgeltliche Leistung des Schuldners), § 39 Abs. 1 Nr. 5 InsO (Gesellschafterdarlehen und gleichgestellte Leistungen) sowie § 39 Abs. 2 InsO (vereinbarter Nachrang)[30] wären, wobei für jede Rangklasse eine Gruppe zu bilden ist (§ 9 Abs. 1 Satz 2 Nr. 3 StaRUG). Ausgenommen sind gemäß § 4 Satz 1 Nr. 3 StaRUG Forderungen, die im Falle eines Insolvenzverfahrens unter § 39 Abs. 1 Nr. 3 InsO (Geldstrafen, Geldbußen, etc.) fallen würden.

16 Hinsichtlich der Kosten der Verfahrensteilnahme enthält das StaRUG keine dem § 39 Abs. 1 Nr. 2 InsO entsprechende Vorschrift. Diese Kosten werden mangels anderslautender gesetzlicher Regelung – unabhängig vom Entstehungszeitpunkt – den einfachen Restrukturierungsforderungen zugeordnet.[31]

4. Gruppe der Inhaber von Anteils- oder Mitgliedschaftsrechten

17 Gemäß Art. 2 Abs. 1 Nr. 2 der Restrukturierungsrichtlinie[32] ist ein **Anteilsinhaber** eine Person, die eine Beteiligung an einem Schuldner oder an einem Unternehmen des Schuldners hält (§ 9 Abs. 1 Satz 2 Nr. 4 StaRUG). Für diesen Personenkreis ist eine eigene Gruppe zu bilden, wenn deren Anteils- oder Mitgliedschaftsrechte in den Insolvenzplan einbezogen werden sollen. Zu denken ist dabei u. a. an

- einen Kapitalschnitt,
- eine Anteilsübertragung,
- eine Einziehung der Anteile oder
- eine Umwandlung von Verbindlichkeiten in eine Unternehmensbeteiligung („Debt-Equity-Swap“).[33]

18 Werden die Anteilsinhaber nach sachgerechten Kriterien in unterschiedliche Gruppen eingeteilt, müssen sie nicht notwendigerweise gleichbehandelt und deren **Rechtsverhältnisse können unterschiedlich gestaltet werden** (siehe zur notwendigen Gleichbehandlung und ausnahmsweiser Abweichung nach § 10 StaRUG oben Rz. 10).[34]

5. Gläubiger mit gruppeninterne Drittsicherheiten

19 Die „Gläubiger mit gruppeninternen Drittsicherheiten“ werden in § 2 Abs. 4 StaRUG als Inhabern von Restrukturierungsforderungen definiert, die diese aus einer von einem ver-

30) Vgl. zu den möglichen Grenzen bei einem Verstoß gegen eine gesellschaftsrechtliche Treuepflicht durch die Gruppenbildung: LG Düsseldorf, Beschl. v. 20.3.2025 – 314c T 3/25, ZInsO 2025, 959.

31) Vgl. hierzu ausführlich Uhlenbruck-*Streit/Bürk*, InsO, § 9 StaRUG Rz. 35.

32) Richtlinie (EU) 2019/1023 des Europäischen Parlaments und des Rates v. 20.6.2019 über präventive Restrukturierungsrahmen, über Entschuldung und über Tätigkeitsverbote sowie über Maßnahmen zur Steigerung der Effizienz von Restrukturierungs-, Insolvenz- und Entschuldungsverfahren und zur Änderung der Richtlinie (EU) 2017/1132 (Richtlinie über Restrukturierung und Insolvenz) – Restrukturierungsrichtlinie, ABl. (EU) L 172/18 v. 26.6.2019.

33) Flöther-*Westpfahl/Dittmar*, StaRUG, § 2 Rz. 59.

34) ErwG 58 Satz 1 der Restrukturierungsrichtlinie; Uhlenbruck-*Streit/Bürk*, InsO, § 9 StaRUG Rz. 48.

bundenen Unternehmen i. S. des § 15 AktG als Bürge, Mitschuldner oder aufgrund einer anderweitig übernommenen Haftung erlangt haben oder die ihnen an Gegenständen des Vermögens dieses Unternehmens zustehen. Gemäß § 9 Abs. 1 Satz 3 StaRUG ist für diese Gläubiger im Falle der beabsichtigten Gestaltung ihrer Rechte eine eigene Gruppe zu bilden.

6. Gruppe der Kleingläubiger

Gemäß § 9 Abs. 2 Satz 4 StaRUG ist – falls deren Rechtsverhältnisse mit dem Schuldner zu gestalten sind – für die Gruppe der „Kleingläubiger" eine eigene Gruppe zu bilden. Nach der Vorstellung des Gesetzgebers soll durch die eigene Gruppe der Kleingläubiger verhindert werden, dass eine **Majorisierung durch Großgläubiger** innerhalb einer Gruppe erfolgt.[35] Dies insbesondere vor dem Hintergrund, dass es bei der Abstimmung über den Restrukturierungsplan gemäß § 25 Abs. 1 StaRUG nur auf die 75 %ige Summenmehrheit ankommt, ohne dass auch eine Kopfmehrheit erforderlich wäre. 20

Praxishinweis

„Kleingläubiger" werden im StaRUG allerdings nicht legaldefiniert. In der Gesetzesbegründung wird ausgeführt, dass es auf die Gläubigerstruktur im Einzelnen ankomme, nicht für alle Arten von Unternehmen gleichartige Kriterien aufgestellt und bspw. relative Kriterien (Anteil der Verbindlichkeiten gegenüber dem betreffenden Gläubiger an der Gesamtsumme aller Verbindlichkeiten des Schuldners) angesetzt werden können.[36]

III. Fakultative Gruppen

Diese Pflichtgruppen können – wie § 9 Abs. 2 Satz 1 StaRUG bestätigt – nach Maßgabe der jeweiligen wirtschaftlichen Interessen in weitere Gruppen unterteilt werden. Ausweislich der Gesetzesbegründung ist hierfür § 222 Abs. 2 InsO Vorbild,[37] so dass insofern auf die entsprechenden Ausführungen zum Insolvenzplan verwiesen wird (siehe § 9 [*Beck/Pecharteschek*]). Es sind demnach bei der Abgrenzung unterschiedliche wirtschaftliche Interessen maßgeblich. Gemäß § 9 Abs. 2 Satz 2 StaRUG findet auch insofern eine **Sachgerechtigkeitskontrolle** statt.[38] Im StaRUG ist nicht näher definiert, was mit einer sachgerechten Abgrenzung gemeint ist; in der Gesetzesbegründung wird hierzu auf § 222 Abs. 2 InsO verwiesen.[39] Es wird daher Bezug genommen auf die entsprechenden Ausführungen zum Insolvenzplan (siehe § 9 [*Beck/Pecharteschek*]). 21

Die **Abgrenzungskriterien** sind gemäß § 9 Abs. 2 Satz 3 StaRUG **im Plan anzugeben**, um den Planbetroffenen und – im Falle der gerichtlichen Planbestätigung – dem Restrukturierungsgericht eine Überprüfung zu ermöglichen.[40] 22

IV. Unbekannte Planbetroffene

Im Unterschied zum Insolvenzplan erstreckt sich der Restrukturierungsplan nicht automatisch auf alle Gläubiger; es handelt sich um ein teilkollektives Verfahren (siehe oben 23

35) Begr. RegE SanInsFoG z. StaRUG, BT-Drucks. 19/24181, S. 119.

36) Begr. RegE SanInsFoG z. StaRUG, BT-Drucks. 19/24181, S. 119; zu den Möglichkeiten der Einteilung der Gläubiger in die Kategorie „Kleingläubiger" vgl. auch: Uhlenbruck-*Streit/Bürk*, InsO, § 8 StaRUG Rz. 107.

37) Begr. RegE SanInsFoG z. StaRUG, BT-Drucks. 19/24181, S. 119.

38) Vgl. hierzu LG Düsseldorf, Beschl. v. 20.3.2025 – 314c T 3/25, ZInsO 2025, 959.

39) Begr. RegE SanInsFoG z. StaRUG, BT-Drucks. 19/24181, S. 119.

40) Begr. RegE SanInsFoG z. StaRUG, BT-Drucks. 19/24181, S. 119.

Rz. 3). Daher wird insofern vertreten, dass sich das aus dem Insolvenzplan bekannte Problem der „Nachzügler" nicht stellen könne.[41)]

24 Allerdings dürfte sich auch beim Restrukturierungsplan die Notwendigkeit ergeben, ggf. „unbekannte" Forderungen und Rechte in den Restrukturierungsplan einzubeziehen. Gemäß § 8 StaRUG hat eine Auswahl der Planbetroffenen stattzufinden. Ausweislich Art. 8 Abs. 1 lit. c der Restrukturierungsrichtlinie sind die betroffenen Parteien entweder **namentlich zu benennen oder** unter der Bezugnahme auf die **Schuldenkategorie zu beschreiben** und ihre unter den Restrukturierungsplan fallenden Forderungen zu benennen. Da sich gemäß § 8 Nr. 3 StaRUG der Restrukturierungsplan mit Ausnahme der in § 4 genannten Forderungen auf sämtliche Forderungen erstrecken kann, ist es daher möglich durch eine hinreichend konkrete Beschreibung der Forderungen oder Rechte auch etwaige „unbekannte" Planbetroffene in den Restrukturierungsplan einzubeziehen.[42)]

V. Beteiligung des Restrukturierungsbeauftragten bei der Gruppenbildung

25 Gemäß **§ 76 Abs. 2 Nr. 4 StaRUG** hat der von Amts wegen bestellte Restrukturierungsbeauftragte bei Vorliegen der Voraussetzungen nach § 73 Abs. 1 Nr. 1 oder Nr. 2 StaRUG (Restrukturierung der Rechte von Verbrauchern, mittleren, kleineren oder Kleinstunternehmen und/oder Beantragung von Stabilisierungsanordnungen, die gegen alle Gläubiger gerichtet sind) den Schuldnern und die Gläubiger bei der Ausarbeitung und Aushandlung des Restrukturierungskonzepts und des darauf basierenden Plans zu unterstützen. Diese **Pflichtaufgabe** wurde erst nachträglich durch Art. 12 des Gesetzes zur Einführung virtueller Hauptversammlungen von Aktiengesellschaften und Änderung genossenschafts- sowie insolvenz- und restrukturierungsrechtlicher Vorschriften vom 20.7.2022 eingeführt.[43)] Diese Tätigkeit geht allerdings nicht soweit, dass das Restrukturierungskonzept und der Restrukturierungsplan selbständig vom Restrukturierungsbeauftragten zu erstellen wäre.[44)] Von der Möglichkeit des Art. 9 Abs. 1 Satz 2 der Restrukturierungsrichtlinie, dem Restrukturierungsbeauftragten ein eigenständiges Planinitiativrecht zu gewähren (vergleichbar mit § 284 Abs. 1 InsO beim Sachwalter), hat der Gesetzgeber keinen Gebrauch gemacht.

> **Praxishinweis**
>
> Gemäß § 79 StaRUG gilt dieser Aufgabenzuschnitt auch für den fakultativen Restrukturierungsbeauftragten.

26 Die Vorschrift ergänzt und konkretisiert die unterstützende Aufgabe des fakultativen Restrukturierungsbeauftragten wie sie bereits in § 77 StaRUG angelegt ist. Auch der fakultative Restrukurierungsbeauftragte fördert hierdurch die Ausarbeitung und Aushandlung des Restrukturierungsplans, mithin das Herzstück des Restrukturierungsrahmens.[45)]

VI. Gläubigerbeirat

27 Gemäß § 93 Abs. 3 StaRUG **unterstützen** und überwachen die Mitglieder des Gläubigerbeirats den Schuldner bei seiner Geschäftsführung. Das Gesetz sieht allerdings keine aus-

41) *Thies* in: Bieg/Borchardt/Frind, Unternehmenssanierung und Betriebsfortführung, Rz. 12.

42) Uhlenbruck-*Streit/Bürk*, InsO, § 8 StaRUG Rz. 39.

43) Gesetz zur Einführung virtueller Hauptversammlungen von Aktiengesellschaften und Änderung genossenschafts- sowie insolvenz- und restrukturierungsrechtlicher Vorschriften (VirHVEG), v. 20.7.2022, BGBl. I 2022, 1166.

44) Uhlenbruck-*Mikolajczak/Penzlin*, InsO, § 76 StaRUG Rz. 54c.

45) Flöther-*Flöther/Wilke*, StaRUG, § 79 Rz. 3.

drückliche Mitwirkung im Zusammenhang mit einem Restrukturierungskonzept und einem darauf basierenden Plan vor, so dass diesem Organ keine besondere über die grundsätzliche überwachende Tätigkeit hinausgehende Aufgabe zukommt. Der Beirat kann allerdings zur Akzeptanz des Sanierungskonzeptes wertvolle Hilfestellung geben.

VII. Abstimmungsmethodik

Zur Annahme des Restrukturierungsplans ist erforderlich, dass in jeder Gruppe auf die dem Plan zustimmenden Gruppenmitglieder **mindestens drei Viertel der Stimmrechte in dieser Gruppe** entfallen (§ 25 StaRUG). Auf eine Kopfmehrheit kommt es nicht an. Eine **Enthaltung** wirkt dadurch wir eine ablehnende Stimmabgabe. Zeichnet sich ab, dass ein Restrukturierungskonzept nicht ohnehin von allen Planbetroffenen unterstützt wird, kann die Zustimmung erreicht werden, wenn etwaige voraussichtlich opponierende Gläubiger entweder 28

- in ihrer jeweiligen Gruppe überstimmt oder
- in einer Gruppe zusammengefasst werden, die dann durch die gruppenübergreifende Mehrheitsentscheidung in den engen Grenzen der §§ 26 bis 28 StaRUG überstimmt werden können.[46)]

Sofern die vorstehend genannten Grundsätze, insbesondere der sachgerechten Einteilung, beachtet werden,[47)] sind **strategische Maßnahmen** zur Herbeiführung der Zustimmung zum Restrukturierungsplan, also die Zuordnung bestimmter Planbetroffener zu einzelnen Gruppen oder die Bildung von fakultativen Gruppen **legitim.**[48)] Durch den Minderheitenschutz in § 64 StaRUG ist eine Wahrung der Rechte der ablehnenden Planbetroffenen gewährleistet. 29

D. Gerichtliche Kontrolle

Eine gerichtliche Planbestätigung ist – was in der Praxis allerdings nur selten vorkommen wird – nach der gesetzlichen Konzeption eines **möglichst gerichtsfernen Verfahrens** gemäß § 60 StaRUG grundsätzlich nicht zwingend erforderlich.[49)] Denn gemäß §§ 17 ff. StaRUG kann auch die Abstimmung über den Restrukturierungsplan außergerichtlich erfolgen. 30

Die Vorschrift des § 23 StaRUG gibt dem Schuldner allerdings die Möglichkeit eines gerichtlichen Planabstimmungsverfahrens, wonach gemäß § 45 StaRUG ein **Erörterungs- und Abstimmungstermin** und gemäß § 46 StaRUG auch ein **Vorprüfungstermin** stattfinden kann. Dabei ist gemäß § 46 Abs. 1 Satz 2 StaRUG u. a. 31

- die Auswahl der Planbetroffenen und die Einteilung der Planbetroffenen in Gruppen (§§ 8 und 9 StaRUG) sowie
- die Gewährung von Stimmrechten

zu überprüfen. Insofern kann zudem jede Fragestellung überprüft werden, die für eine spätere Bestätigung des Restrukturierungsplans erheblich ist (§ 46 Abs. 1 Satz 2 StaRUG).

Gemäß § 47 Satz 1 StaRUG kann auf Antrag des Schuldners, wenn der Restrukturierungsplan nicht in einem gerichtlichen Verfahren zur Abstimmung gebracht werden soll, eine **isolierte Vorprüfung** von einzelnen – mutmaßlich strittigen – für eine spätere Plan- 32

---

46) Flöther-*Westpfahl/Knapp*, StaRUG, § 25 Rz. 4.

47) Vgl. zu den Grenzen: LG Düsseldorf, Beschl. v. 20.3.2025 – 314c T 3/25, Rz. 10 u. a., ZInsO 2025, 959.

48) *Barnert* in: Kübler/Bork/Prütting, HRI I, § 23 Rz. 104.

49) Uhlenbruck-*Schönen*, InsO, § 23 StaRUG Rz. 1.

bestätigung erheblichen Fragen erfolgen. Prüfungsgegenstand ist gemäß § 47 Satz 3 StaRUG u. a.

- die Auswahl der Planbetroffenen und die Einteilung der Planbetroffenen in Gruppen (§§ 8 und 9 StaRUG) und
- die Gewährung von Stimmrechten.

33 Auch diese Vorprüfung ist allerdings nicht auf die vorstehend genannten Fragen beschränkt, sondern kann auch weitere für eine spätere Planbestätigung enthalten.[50)] Zu denken ist dabei an Fragestellungen, die sich bspw. das Verfahren der außergerichtlich erfolgten Planabstimmung gemäß §§ 17–22 StaRUG beziehen.[51)]

34 Schließlich wird i. R. der gerichtlichen Bestätigung u. a. des Restrukturierungsplans (§§ 60 ff. StaRUG), die Auswahl der Planbetroffenen und die Gruppenbildung überprüft (§ 63 Abs. 1 Nr. 2 StaRUG). Die rechtsfehlerhafte Auswahl der Planbetroffenen und der Gruppen der Planbetroffenen wird dabei regelmäßig einen **wesentlichen Mangel** des Restrukturierungsplans begründen, der einer gerichtlichen Planbestätigung entgegensteht.[52)]

50) Uhlenbruck-*Hoffmann*, InsO, § 47 StaRUG Rz. 3.

51) Uhlenbruck-*Hoffmann*, InsO, § 47 StaRUG Rz. 3.

52) Uhlenbruck-*Hoffmann*, InsO, § 63 StaRUG Rz. 15; AG Hamburg, Beschl. v. 17.1.2022 – 61c RES 1/21, ZRI 2022, 236 = ZIP 2022, 758.

§ 43
Absonderungsanwartschaften im Restrukturierungsplan

Übersicht

Literatur: *Bitter*, Das Verwertungsrecht des Insolvenzverwalters bei besitzlosen Rechten und bei einer (Doppel-)Treuhand am Sicherungsgut, ZIP 2015, 2249; *Cranshaw/Portisch*, Paradigmen des Unternehmensstabilisierungs- und -restrukturierungsgesetzes (StaRUG) nach dem Regierungsentwurf aus Gläubigersicht (Teil 1), ZInsO 2020, 2561; *Ganter*, Das Intercreditor Agreement im Normensystem der Insolvenzordnung, ZRI 2024, 323; *Ganter*, Betrachtungen zum Absonderungsrecht in der Insolvenz, NZI 2023, 441; *Ganter*, Das Sicherheitenpool-Syndrom und sein „Heilungsprozess", ZIP 2017, 2277; *Hoegen/Kranz*, Neue Möglichkeiten der Konzernsanierung durch SanInsFoG und StaRUG, NZI 2021, 105; *Horstkotte*, Der Insolvenzplan in der gerichtlichen Vorprüfung, ZInsO 2014, 1297; *Kamin*, Gesellschafter-Bürgschaften zwischen Privatinsolvenz und StaRUG – Die Bestimmung des Unternehmensbegriffs im StaRUG, ZVI 2025, 84; *Martini/Horstkotte*, Häufige Fehler bei der Aufstellung von Insolvenzplänen und der Durchführung von Insolvenzplanverfahren, ZInsO 2017, 1913; *Mitlehner*, Zu Mobiliarsicherungsrechten und Mobiliarabsonderungsanwartschaften im Verfahren nach dem StaRUG, ZRI 2023, 429; *Naujoks/Schönen*, Die Anpassung von Einzelbestimmungen in Finanzierungsverträgen nach dem StaRUG, ZRI 2021, 437; *Nicht*, Einstweilige Einstellung der Immobiliarzwangsvollstreckung aufgrund der Anordnung einer Vollstreckungssperre (§ 49 Abs. 1 Nr. 1 StaRUG), NZI 2023, 609; *Obermüller*, Leasing im Restrukturierungsverfahren, in: Festschrift für Markus Gehrlein zum 65. Geburtstag, 2022, S. 391; *Schäffler/Lägler*, Der Beschluss des Restrukturierungsgerichts Karlsruhe vom 25.3.2022 – 102 RES 2/21, ZIP 2023, 651 – Leitlinien zur Gestaltung von Restrukturierungsplänen nach dem Unternehmensstabilisierungs- und Restrukturierungsgesetz (StaRUG), ZIP 2023, 622; *Skauradszun/Böhning*, Die verfahrensrechtlichen Angriffs- und Verteidigungsmöglichkeiten im StaRUG-Beschwerdeverfahren, ZRI 2024, 1038; *Skauradszun/Kümpel*, Restrukturierungen von Schuldverschreibungen und weiteren Finanzierungsarrangements nach § 2 Abs. 2 StaRUG, WM 2021, 1122; *Thole*, Ausgewählte Fragen aus drei Jahren StaRUG, ZRI 2024, 1006; *Thole*, Konzernhaftungsansprüche in Insolvenz und Restrukturierung, ZRI 2024, 402; *Tresselt/Reps*, Einheitliche Endfälligkeit als StaRUG-Planmaßnahme – gleiches Recht für alle oder doch nicht?, NZI 2025, 201; *Völker*, Gleichbehandlung im StaRUG, ZRI 2024, 1098; *Westpfahl/Dittmar*, Die Behandlung gruppeninterner Sicherheiten im StaRUG, NZI Beilage z. Heft 5/2021, S. 46; *Westpfahl/Liedl*, Priorität im Restrukturierungsrecht, in: Festschrift für Markus Gehrlein zum 65. Geburtstag, 2022, S. 589; *Wilkens*, Der präventive Restrukturierungsrahmen – Eine Bestandsaufnahme aus Sicht der Finanzgläubiger, WM 2021, 573; *Zehlicke*, Grenzüberschreitende Eingriffe in Drittsicherheiten durch öffentliche Restrukturierungspläne, Teil 2: Dingliche Drittsicherheiten, ZRI 2023, 986.

A. Restrukturierungsplan und Absonderungsanwartschaften

I. Allgemeines

1 Typischerweise sind Gegenstände des restrukturierungsbedürftigen Unternehmens zu großen Teilen **mit Sicherungsrechten belastet**. Im Stadium der Krise werden Sicherungsgeber gewillt sein, Lieferantenbeziehungen und Kreditlinien zu kündigen, um ihre Sicherheiten möglichst noch vor Eröffnung eines Insolvenzverfahrens zu verwerten. Andere werden auf der Grundlage eines aussagekräftigen Restrukturierungskonzepts zu erheblichen Sanierungsbeiträgen bereit sein. So grundlegend dieser Befund auch scheint, eine erfolgreiche Restrukturierung ohne die Einbeziehung von Sicherungsrechten – zwangsweise oder konsensual – ist kaum möglich. Das Instrumentarium des Stabilisierungs- und Restrukturierungsgesetzes für Unternehmen (**StaRUG**)[1] hält mehrere Möglichkeiten bereit, Einfluss auf Sicherungsrechte zu nehmen. Dies sind im Wesentlichen

- die Gestaltung von Sicherungsrechten qua Restrukturierungsplan (§§ 2 ff. StaRUG) und
- die Stabilisierungsanordnung (§§ 29 Abs. 2 Nr. 3, 49 ff. StaRUG).

1) Gesetz über den Stabilisierungs- und Restrukturierungsrahmen für Unternehmen (Unternehmensstabilisierungs- und -restrukturierungsgesetz – StaRUG), v. 22.12.2020, BGBl. I 2020, 3256 (= Art. 1 des Gesetzes zur Fortentwicklung des Sanierungs- und Insolvenzrechts [Sanierungs- und Insolvenzrechtsfortentwicklungsgesetz – SanInsFoG], v. 22.12.2020, BGBl. I 2020, 3256).

2 Der Fokus einer jeden Restrukturierung dürfte auf den Gestaltungsmöglichkeiten des Restrukturierungsplans liegen, denen sich dieses Kapitel widmet. Dem insolvenzplanrechtlichen Verständnis folgend, erfasst der Begriff der „Gestaltung" gerade auch den zwangsweisen **Eingriff** in das Sicherungsrecht des Planunterworfenen. Wegen der vorinsolvenzlichen Implikationen werden die gestaltbaren Rechte im Kontext der Restrukturierung als **Absonderungsanwartschaften** bezeichnet (vgl. § 2 Abs. 1 Nr. 2 StaRUG).

3 Das StaRUG verfolgt einen modularen Ansatz. Es setzt sich aus verschiedenen Verfahrenshilfen zusammen, die der Schuldner beliebig kombinieren kann. Dazu gehören die Durchführung eines **gerichtlichen Planabstimmungsverfahrens** (§§ 29 Abs. 2 Nr. 1, 45 f. StaRUG), die **gerichtliche Vorprüfung** von Fragen, die für die Bestätigung des Restrukturierungsplans erheblich sind (§§ 29 Abs. 2 Nr. 2, 47 f. StaRUG), und die **gerichtliche Bestätigung eines Restrukturierungsplans** (§§ 29 Abs. 2 Nr. 4, 60 ff. StaRUG). Diese Instrumente nehmen den **Restrukturierungsplan** klar in den Fokus und differieren im Maß der gerichtlichen Einbindung. Auch die **Stabilisierungsanordnung** (§§ 29 Abs. 2 Nr. 3, 49 ff. StaRUG) steht in einem – jedenfalls mittelbaren – Zusammenhang mit dem Restrukturierungsplan, dient sie doch zur Vorbereitung und Absicherung desselben. Sämtlichen Verfahrenshilfen ist gemein, dass der Restrukturierungsschuldner sie bei drohender Zahlungsunfähigkeit in Anspruch nehmen kann.

4 Gesetzestechnisch erfolgt die Einbeziehung von Sicherungsrechten in den Restrukturierungsplan – und dem folgend die Unterwerfung ihrer Inhaber – durch die Aufnahme der Absonderungsanwartschaften in den Katalog der **gestaltbaren Rechtsverhältnisse** in § 2 StaRUG. Ausweislich der Gesetzesbegründung findet diese Einbeziehung ihre Rechtfertigung darin, dass Eingriffe nur zulässig sind, wenn die Rechteinhaber durch den Restrukturierungsplan **nicht schlechtergestellt** werden als ohne Plan, und dass die **drohende Zahlungsunfähigkeit** begrifflich für einen Zustand steht, in der die vollständige Befriedigung der Gläubiger jedenfalls gefährdet ist.[2] An die Gestaltung knüpft das Gesetz bestimmte Voraussetzungen (§§ 7 Abs. 1, Abs. 2, 8 Satz 1, 9 Abs. 1 Satz 2 Nr. 1, Abs. 2, 10 StaRUG), vor allem im Hinblick auf zwangsweise Eingriffe (§§ 26 Abs. 1 Nr. 1, Nr. 2, 27 Abs. 1 Nr. 3, 64 Abs. 1 StaRUG) und zeigt damit die den Sicherungsrechten zugewiesene besondere wirtschaftliche und rechtliche Bedeutung.

5 Wirtschaftlich betrachtet stellt die Gestaltung von Sicherungsrechten, insbesondere durch **Stundung und Prolongation**, einen wesentlichen Finanzierungsbeitrag aus dem Gläubigerkreis dar. Verbunden mit weiteren Maßnahmen kann sie dazu beitragen, die drohende Zahlungsunfähigkeit zu beseitigen und die Bestandsfähigkeit des Schuldners wiederherzustellen. Der rechtlichen Qualifizierung als neue Finanzierung i. S. von § 12 StaRUG bedarf es hier insoweit nicht, da Stundung und Prolongation das Bestehen eines Sicherungsrechts begrifflich voraussetzen und sich daher stets als **Gestaltung einer bestehenden Finanzierung** darstellen.

6 Anders als der Insolvenzplan (§§ 217 ff. InsO) ermöglicht der Restrukturierungsplan **teilkollektive Regelungen**. Die Unterwerfung nur bestimmter Gläubiger und Rechteinhaber, die für den Fall ihrer Unterwerfung als **Planbetroffene** bezeichnet werden, obliegt gemäß § 8 Satz 1 StaRUG einer sachgerechten Auswahl durch den planerstellenden Schuldner. Diesem obliegt über die Gestaltung einer Planregelung für Absonderungsanwartschaften hinaus die vorgelagerte Berichterstattung über die Existenz von Sicherungsrechten. Demgegenüber zielt das Insolvenzverfahren als Gesamtverfahren auf die Einbeziehung sämtlicher Gläubiger ab. Mit Blick auf die Inhaber von Sicherungsrechten relativiert sich diese Unterscheidung, da ihr Recht auf abgesonderte Befriedigung auch durch

2) Allg. Begr. RegE SanInsFoG, BT-Drucks. 19/24181, S. 90.

den Insolvenzplan nur **gestaltet werden kann, aber nicht** zwingend gestaltet werden **muss.** Dieses insolvenzrechtliche Verständnis von der Unberührtheit von Absonderungsrechten findet in der Vorschrift des § 223 Abs. 1 Satz 1 InsO seinen Ausdruck. In aller Konsequenz fehlt eine analoge Regelung im StaRUG. An ihre Stelle tritt das Konzept der Teilkollektivität.

7 Die **Anforderungen an die Gruppenbildung** (§ 9 Abs. 1 Satz 2 Nr. 1, Abs. 2 StaRUG) und die **gruppeninterne Gleichbehandlung** (§ 10 StaRUG), sowie – bei einem zwangsweisen Eingriff – das **Schlechterstellungsverbot** und das **gruppenübergreifende Gleichbehandlungsgebot** ähneln den Regelungen in §§ 217 ff. InsO nahezu vollständig. Angesichts dieser parallelen Struktur, aber auch mit Blick auf identische materielle Zugangshürden, spricht der Gesetzgeber von „funktionalen Übereinstimmungen".[3] Mit Blick auf das Kriterium der **sachgerechten Einbeziehung** (§ 8 Satz 1 StaRUG), für das es kein insolvenzrechtliches Pendant gibt, dürften die Voraussetzungen für eine (Nicht-)Einbeziehung von Sicherungsrechten in einen Restrukturierungsplan im Zweifel sogar strenger sein als in einem Insolvenzplan.

8 § 2 Abs. 2 StaRUG regelt weiter, dass **mehrseitige Finanzierungsarrangements** gestaltet werden können, die den Absonderungsanwartschaften zugrunde liegen. Dies umfasst **Konsortialfinanzierungen** (Satz 1) und **Intercreditor Agreements** (Satz 3). Letztere vermitteln den beteiligten Kreditgebern wirtschaftliche Rechte an einzelnen Sicherheiten, regeln deren relatives Rangverhältnis oder ermöglichen das Pooling zum Zweck der gemeinsamen Sicherheitenverwertung. So ist ein einheitliches Sicherungsrecht zwar dinglich unteilbar, kann aber doch nach Maßgabe des Intercreditor Agreements – je nach Herkunft und Ausgestaltung etwa über einen Security Agent oder Poolführer – schuldrechtlich **zugunsten mehrerer Kreditgeber aufgeteilt** werden.

> **Praxishinweis**
>
> Dinglicher Rechtsinhaber bleibt der Treuhänder, nicht die Kreditgeber, denen als Drittbegünstigte nur wirtschaftlich der Erlös zusteht. Zusätzliche Verkomplizierungen entstehen bei der Situation eines Parallel-Debt. Nicht zuletzt aufgrund dieser Vielgestaltigkeit erscheint eine **sorgfältige Sicherheitenanalyse** i. R. der Planerstellung unerlässlich.

9 Das Restrukturierungsrecht ist von dem Gedanken getragen, bestehende Finanzierungen aufrechtzuerhalten, und ermöglicht es vor diesem Hintergrund, **Einzelbestimmungen** der zugrunde liegenden Finanzierungsstrukturen zu verändern. So kann die Verlängerung einer Kreditlinie die Anpassung der Verwertungsmodalitäten oder eine Neuordnung des Sicherheitenpools erforderlich machen. § 2 Abs. 2 Satz 3 StaRUG trägt dem Rechnung, indem er bereits die materielle Inhaberschaft genügen lässt und eine Gestaltung innerhalb der einzelnen Rechtsbeziehungen erlaubt, ohne dass das Sicherungsrecht zwingend als solches gestaltet werden muss. **Punktuelle Eingriffe** in eine i. Ü. aufrechterhaltene Finanzierung wiegen dabei weniger schwer, können jedoch auch gegen den Willen einzelner Beteiligter und damit unter Abweichung von vertraglich geregelten Mehrheitserfordernissen vollzogen werden.

10 Der Übergang zwischen einer **bloßen Anpassung** vertraglicher Einzel- oder Nebenbestimmungen und einer **echten Gestaltung** i. S. eines Eingriffs ist dabei fließend. Eine kombinierte Planregelung, die sowohl das Sicherungsrecht als auch die vertragliche Bestimmung erfasst, dürfte sich vor diesem Hintergrund regelmäßig als zweckmäßig erweisen. Gerade mit Blick auf das **Beruhenserfordernis** empfiehlt sich eine gemeinsame Berücksichtigung innerhalb der Gruppe der Absonderungsanwartschaftsberechtigten, wenn und

3) Allg. Begr. RegE SanInsFoG, BT-Drucks. 19/24181, S. 90.

soweit die vertragliche Abänderung einen Eingriff in das Sicherungsrecht nach sich zieht. Ist eine solche Verknüpfung einmal hergestellt, können in den zugrunde liegenden Finanzierungsarrangements **auch überschießende Regelungen** getroffen werden.

Gemäß § 2 Abs. 4 Satz 1 StaRUG kann der Restrukturierungsplan auch die Rechte der Inhaber von Restrukturierungsforderungen gestalten, die diesen 11

- aus einer von einem verbundenen Unternehmen i. S. des § 15 AktG als Bürge, Mitschuldner oder aufgrund einer anderweitig übernommenen Haftung oder
- an Gegenständen des Vermögens dieses Unternehmens zustehen.

Diese **gruppeninternen Drittsicherheiten** unterscheiden sich von den Absonderungsanwartschaften insoweit, als die Sicherheit nicht aus dem Vermögen des Schuldners stammt, sondern aus dem Vermögen eines – konzernverbundenen – Dritten. Des Weiteren sind hier nicht nur **Realsicherheiten** („Rechte an Gegenständen"), sondern auch **Personalsicherheiten** („Rechte aufgrund einer anderweitig übernommenen Haftung") erfasst. Mit Blick auf gruppenübergreifend gestellte Sicherheiten erweitert dies die Gestaltungsspielräume des Planverfassers i. R. von Konzernsanierungen erheblich (vgl. Rz. 134 ff.). 12

II. Gestaltbare Rechtsverhältnisse

Den gebotenen Einstieg einer jeden Restrukturierungsplanung bietet **§ 2 StaRUG**, der die gestaltbaren Rechtsverhältnisse **mit abschließendem Charakter aufzählt.** Wie sein insolvenzrechtliches Pendant, § 217 InsO, bestimmt er, welche Rechte einer Planregelung unterworfen werden können. § 2 StaRUG begreift die **Plantauglichkeit** dabei gegenständlich. Er spricht von 13

- Restrukturierungsforderungen (§ 2 Abs. 1 Nr. 1 StaRUG),
- Absonderungsanwartschaften (§ 2 Abs. 1 Nr. 2 StaRUG),
- Bestimmungen in mehrseitigen Rechtsverhältnissen (§ 2 Abs. 2 StaRUG),
- Anteils- und Mitgliedschaftsrechten (§ 2 Abs. 3 StaRUG), und
- Forderungen aus gruppeninternen Drittsicherheiten (§ 2 Abs. 4 StaRUG).

§ 2 Abs. 5 StaRUG regelt für alle genannten Rechte die Frage des **maßgeblichen Zeitpunkts**. Voraussetzung ist, dass die Anwartschaft vor dem maßgeblichen Zeitpunkt **begründet worden ist** (siehe Rz. 27 ff.). Auch die an die Gestaltbarkeit von Restrukturierungsforderungen anknüpfenden Folgevorschriften der §§ 3 Abs. 2, 4 StaRUG wirken sich auf die Gestaltbarkeit von Absonderungsanwartschaften aus. Zwar muss der Anwartschaftsinhaber nicht zwingend Inhaber einer Restrukturierungsforderung gegen den Schuldner sein (siehe Rz. 24). Ist dies jedoch der Fall – und sichert die Anwartschaft eine Forderung, die gemäß §§ 3 Abs. 2, 4 StaRUG von vornherein **nicht plangestaltbar** ist – dürfte auch die Anwartschaft einer Gestaltung unzugänglich sein.[4] Hierfür spricht, dass nach § 4 StaRUG ausgenommene Forderungen auch nicht Gegenstand einer Stabilisierungsanordnung sein können (vgl. § 49 Abs. 2 Satz 1 StaRUG).[5] 14

4) Betreffend § 4 StaRUG vgl. *Mitlehner*, ZRI 2023, 429, 430 – unter Berufung auf den Zweck der Norm; zu den Hinweismöglichkeiten des Restrukturierungsgerichts vgl. AG Hannover, Beschl. v. 27.2.2023 – 951 RES 1/23, ZIP 2023, 1140 = NZI 2023, 425, m. Anm. *J. Schmidt/Breuer*.

5) Demgegenüber können nach § 3 Abs. 2 StaRUG ausgenommene Forderungen Gegenstand einer Stabilisierungsanordnung sein, vgl. *Skauradszun* in: BeckOK-StaRUG, § 49 Rz. 39.

III. Absonderungsanwartschaft (§ 2 Abs. 1 Nr. 2 StaRUG)

1. Begriff

15 Absonderungsanwartschaften definiert § 2 Abs. 1 Nr. 2 StaRUG als

> „[…] an Gegenständen des schuldnerischen Vermögens bestehende Rechte, die im Fall der Eröffnung eines Insolvenzverfahrens zur Absonderung berechtigen würden […].“

16 Der Vorgriff auf das Insolvenzrecht macht eine hypothetische Vergleichsbetrachtung[6] erforderlich, die danach fragt, ob das betroffene Recht im Fall der Eröffnung eines Insolvenzverfahrens zur Absonderung berechtigen, mithin **den Regelungen der §§ 49 ff. InsO** unterfallen würde. In der InsO wird Absonderung als die Geltendmachung eines Rechts verstanden, das dem Gläubiger eine vorrangige Befriedigung aus einem Gegenstand verschafft, der trotz seiner **haftungsrechtlichen Zuordnung zur schuldnerischen Insolvenzmasse** dem Absonderungsberechtigten wirtschaftlich zugeordnet ist.[7] Im vorinsolvenzlichen Bereich des Stabilisierungs- und Restrukturierungsrahmens wird ein solches Recht folgerichtig **als „Anwartschaft“ bezeichnet.**[8] Mit dieser Bezeichnung trägt der Gesetzgeber dem Umstand Rechnung, dass von einer Absonderung im insolvenzrechtlichen Sinne – also einer bevorzugten Befriedigung aus einem zur Insolvenzmasse gehörenden Gegenstand – noch nicht gesprochen werden kann, solange die Bedingung zur Entstehung des Absonderungsrechts – namentlich das Ereignis der Insolvenzeröffnung – noch nicht eingetreten ist. Allerdings darf der möglicherweise entstehende Eindruck, es handle sich um eine bloße Vorstufe zur eigentlichen Absonderung, nicht darüber hinwegtäuschen, dass der Eingriff in eine Anwartschaft mindestens genauso schwer wiegt wie der Eingriff in das Absonderungsrecht als solches.

17 **Absonderungsrechte** können, wie sich aus §§ 49 ff. InsO ergibt, nur an **Gegenständen** des schuldnerischen Vermögens entstehen. Erfasst sind

- zum einen körperliche Gegenstände, also unbewegliche (§ 49 InsO) und bewegliche (§§ 50, 51 Nr. 1 Alt. 1 InsO) Sachen, und
- zum anderen unkörperliche Gegenstände, also Forderungen und sonstige Vermögensrechte (§§ 50, 51 Nr. 1 Alt. 2 InsO). Als sonstige Vermögensrechte kommen Patent- und Markenrechte, Anteile an Unternehmen, aber auch Kryptowerte in Betracht.[9]

18 Werden solche Gegenstände **als Sicherheit** eingesetzt, so vermitteln sie ihrem Inhaber ein **Vorzugsrecht** aus der Sicherheitenverwertung. Im Insolvenzfall zeigt sich dies im Recht auf bevorzugte Befriedigung gemäß §§ 49 ff. InsO, wobei zusätzlich die Bestimmungen der §§ 165 ff. InsO zu berücksichtigen sind.

2. Erfasste Rechte

19 Zu den Sicherungsrechten an **unbeweglichen Sachen** – § 49 InsO spricht von Gegenständen, die gemäß §§ 864, 865 ZPO der Zwangsvollstreckung in das unbewegliche Vermögen unterliegen – zählen insbesondere die Grundpfandrechte, weil diese auf einem Grundstück lasten. Welche Ansprüche ein Recht auf Befriedigung aus dem Grundstück gewähren können, bestimmt das Gesetz über die Zwangsversteigerung und Zwangsverwaltung (ZVG), wie § 49 InsO durch eine Verweisung klarstellt.[10] So regelt **§ 10 ZVG**

---

6) Pannen/Riedemann/Smid-*Riedemann*, StaRUG, § 2 Rz. 7.

7) *Ganter*, NZI 2023, 441.

8) *Mitlehner*, ZRI 2023, 429, 430; kritisch *Prusko* in: MünchKomm-StaRUG, § 2 Rz. 39, 40 ff.; *Cranshaw/Portisch*, ZInsO 2020, 2561, 2566; *Mock* in: Kübler/Bork/Prütting, HRI I, § 24 Rz. 7.

9) *Skauradszun* in: BeckOK-StaRUG, § 2 Rz. 52 f.

10) *Ganter* in: MünchKomm-InsO, § 49 Rz. 3 – „doppelte Verweisung“.

nicht nur eine Rangfolge, sondern auch einen Kreis der **absonderungsberechtigten Gläubiger**, für deren Ansprüche das Grundstück haftet.[11)] Hierzu gehören

- wohnungseigentumsrechtliche Ansprüche,
- öffentliche Lasten des Grundstücks, und
- Ansprüche aus dinglichen Rechten.

Bewegliche Sachen können **verpfändet** (§ 50 InsO, §§ 1204 ff. BGB) oder **zur Sicherheit übereignet** (Sicherungsübereignung, § 51 Nr. 1 Alt. 1 InsO) werden. Auch **Forderungen und sonstige Rechte** lassen sich verpfänden (§ 50 InsO, §§ 1273 ff. BGB) oder zur Sicherheit abtreten (Sicherungsabtretung, § 51 Nr. 1 Alt. 2 InsO). Neben den vertraglich begründeten Pfandrechten sind auch **gesetzliche Pfandrechte**, z. B. das Vermieterpfandrecht (§ 562 BGB), oder durch Pfändung nach §§ 804, 829 ZPO erlangte Pfandrechte erfasst. Der Struktur des materiellen Kreditsicherungsrechts folgend, berechtigen die Verlängerungs- und Erweiterungsformen des **Eigentumsvorbehalts** ebenfalls zur Absonderung, wohingegen der einfache Eigentumsvorbehalt zur Aussonderung berechtigt und daher nicht als Absonderungsanwartschaft gestaltet werden kann. 20

Auch die nach § 51 InsO gleichgestellten **Sicherungs- und Zurückbehaltungsrechte** und der **Ersatzabsonderungsanspruch** analog § 48 InsO sind als Absonderungsanwartschaften plangestaltbar (siehe weiterführend § 10 Rz. 147 ff. [*J. Schmidt*]). 21

3. Keine Gestaltung von Personal- und Drittsicherheiten

Keine Absonderungsanwartschaften sind **Personalsicherheiten**, da diese kein Recht an einem **Vermögensgegenstand** des Restrukturierungsschuldners begründen, vielmehr das schuldnerische Vermögen insgesamt haftet.[12)] 22

Drittsicherheiten sind ebenfalls nicht gestaltbar, weil der Gegenstand nicht dem Vermögen des Schuldners, sondern dem **Vermögen eines Dritten** haftungsrechtlich zugeordnet ist. Die Planfestigkeit folgt in diesem Fall ergänzend aus § 67 Abs. 3 StaRUG. 23

Für die Qualifizierung als **planfeste Drittsicherheit** kommt es auf die **Perspektive des Schuldners** an. Aus dessen Perspektive muss der Sicherungsgegenstand dem Vermögen eines – personenverschiedenen – Dritten zugehörig sein. Stellt hingegen der Schuldner einen zu seinem Vermögen gehörigen Sicherungsgegenstand zur Sicherung einer **Verbindlichkeit eines Dritten** zur Verfügung, so ist diese Sicherheit als Absonderungsanwartschaft des Sicherungsnehmers gestaltbar. Die Forderung des Sicherungsnehmers selbst bleibt hiervon unberührt; sie richtet sich gegen einen vom Plan nicht betroffenen Dritten und fällt daher nicht in den Geltungsbereich des Restrukturierungsplans. In diesem Fall ist der Sicherungsnehmer Inhaber einer Absonderungsanwartschaft, nicht jedoch Inhaber einer Restrukturierungsforderung (arg. § 52 Satz 1 InsO). 24

4. Keine Gestaltung von Aussonderungsrechten

(Sicherungs-)Rechte, die im Insolvenzverfahren zur Aussonderung (§ 47 InsO) berechtigen würden, sind nicht plangestaltbar.[13)] Dies betrifft insbesondere den einfachen Eigen- 25

---

11) Depré-*Cranshaw*, ZVG, § 10 Rz. 3; BGH, Beschl. v. 12.2.2009 – IX ZB 112/06, Rz. 5, ZVI 2009, 205 = NZI 2009, 382.

12) Das AG Bremen, Beschl. v. 13.9.2024 – 531 RES 1/24, Rz. 18, ZRI 2025, 92 = NZI 2025, 84, verneint im Fall einer Bürgschaft das Vorliegen einer Absonderungsanwartschaft und stellt ergänzend auf die fehlende Schlechterstellung ab. Denn eine Bürgschaft könne sowohl im Planszenario (vgl. § 67 Abs. 3 StaRUG) als auch im Alternativszenario (§§ 43 Abs. 1, 254 Abs. 2 InsO) in voller Höhe in Anspruch genommen werden.

13) Begr. RegE SanInsFoG z. StaRUG, BT-Drucks. 19/24181, S. 108.

tumsvorbehalt und das Leasing.[14] Allerdings kann die Durchsetzung dieser Rechte nach § 49 Abs. 1 Nr. 2 StaRUG durch eine Stabilisierungsanordnung eingeschränkt werden. Dies setzt voraus, dass der Aussonderungsgegenstand zur Fortführung des schuldnerischen Unternehmens eingesetzt wird und dafür von erheblicher Bedeutung ist.

5. Bereichsausnahme für Finanzsicherheiten

26 Infolge der Bereichsausnahme des § 2 Abs. 1 Nr. 2 StaRUG a. E. handelt es sich bei Finanzsicherheiten i. S. von § 1 Abs. 17 KWG oder bei Sicherheiten zur Absicherung des Betreibers eines Systems nach § 1 Abs. 16 KWG oder bei Sicherheiten zugunsten der Zentralbank eines Mitgliedsstaats der EU bzw. zugunsten der Europäischen Zentralbank nicht um Absonderungsanwartschaften. Die Ausnahme folgt dem Vorbild des Insolvenzplanrechts (§ 223 Abs. 1 Satz 2 InsO) und setzt die Vorgaben der Finanzsicherheitenrichtlinie 2002/47/EG[15] und der Finalitätsrichtlinie 1998/26/EG[16] um.[17]

6. Maßgeblicher Zeitpunkt

27 Die Absonderungsanwartschaft muss zum maßgeblichen Zeitpunkt des § 2 Abs. 5 StaRUG begründet[18] sein. Später begründete Sicherungsrechte sind einer Gestaltung im Restrukturierungsplan nicht zugänglich. § 2 Abs. 5 StaRUG bildet damit die maßgebliche Zäsur für den Rechtserwerb, vergleichbar mit §§ 38, 91 InsO. Da es kein insolvenzeröffnendes Ereignis gibt, stellt § 2 Abs. 5 StaRUG auf **drei verschiedene Zeitpunkte** ab:

- auf die Einreichung des Planangebots nach § 17 StaRUG,
- im gerichtlichen Abstimmungsverfahren auf den Antrag nach § 45 StaRUG, und
- im Fall einer schon zuvor beantragten Stabilisierungsanordnung auf den Antrag nach § 49 StaRUG.

28 **Nicht maßgeblich** ist die **bloße Anzeige** des Restrukturierungsvorhabens. Ein Restrukturierungsplan, der auf die zwangsweise Gestaltung von Absonderungsanwartschaften abzielt, bedarf in aller Regel der gerichtlichen Bestätigung. Dies wiederum macht ein gerichtliches Abstimmungsverfahren zwar nicht zwingend, aber doch wahrscheinlich. Es wird damit typischerweise auf den zweitgenannten Zeitpunkt, den **Antrag nach § 45 StaRUG** ankommen.

29 Bei **mehraktigen Tatbeständen** kann der Zeitpunkt der Begründung des Rechtsverhältnisses, der sog. **Vornahmezeitpunkt**, Fragen aufwerfen. Je früher dieser liegt, desto mehr Sicherungsrechte fallen in den grundsätzlichen Anwendungsbereich des Restrukturierungsplans. Auf das spätere Entstehen des Sicherungsrechts kommt es nicht an.[19] Entscheidend ist vielmehr, dass von dem anspruchsbegründenden Tatbestand so viele Merkmale erfüllt sind, dass die Grundlage für die spätere Entstehung geschaffen ist und nicht mehr von einer weiteren Handlung des Schuldners abhängt. Dies ist in aller Regel mit

14) Weiterführend *Obermüller* in: FS Gehrlein, S. 391.

15) Richtlinie 2002/47/EG des Europäischen Parlaments und des Rates v. 6.6.2002 über Finanzsicherheiten (Finanzsicherheitenrichtlinie), ABl. (EU) L 168/43 v. 27.6.2002.

16) Richtlinie 98/26/EG des Europäischen Parlaments und des Rates v. 19.5.1998 über die Wirksamkeit von Abrechnungen in Zahlungs- sowie Wertpapierliefer- und -abrechnungssystemen (Finalitätsrichtlinie), ABl. (EG) L 166/45 v. 11.6.1998.

17) Begr. RegE SanInsFoG z. StaRUG, BT-Drucks. 19/24181, S. 110.

18) Begr. RegE SanInsFoG z. StaRUG, BT-Drucks. 19/24181 formuliert auf S. 111: „[…] die an dessen Vermögen begründeten Rechte".

19) Morgen-*Knapp/Wilde*, StaRUG, § 2 Rz. 36; Jacoby/Thole-*Hofmann*, StaRUG § 2 Rz. 20; Beispiele finden sich bei *Mitlehner*, ZRI 2023, 429, 432.

Vollendung des rechtsgeschäftlichen Bestellungsvorgangs oder Übertragungsaktes der Fall. § 91 InsO, der die nachträgliche Entstehung von Sicherheiten – bezogen auf den Zeitpunkt der Insolvenzeröffnung – verhindert, ist nicht (analog) anwendbar.

Bei **eintragungsbedürftigen Rechtsgeschäften** dürfte es – in Anlehnung an §§ 873 Abs. 2, 878 BGB – genügen, dass die auf Bestellung oder Übertragung gerichtete Willenserklärung des Schuldners für ihn bindend geworden ist. Unschädlich ist es, wenn das Grundpfandrecht zeitlich nach dem maßgeblichen Zeitpunkt eingetragen wird. 30

Bei **revolvierenden Globalsicherheiten** dürfte es ausreichen, dass der Sicherungsvertrag zum maßgeblichen Zeitpunkt geschlossen wurde. Keine Relevanz hat es, wenn ein Dritter den Sicherungsgegenstand erst nach diesem Zeitpunkt übereignet bzw. die antizipiert und sicherungshalber abgetretene Forderung erst nachträglich entsteht. In einem solchen Fall ist der Gegenstand zwar zum relevanten Zeitpunkt noch nicht existent oder dem Schuldner noch nicht materiell zugewiesen, der rechtsgeschäftliche Übertragungsakt ist jedoch in dem Sinne vollendet, als es für die Wirksamkeit der Sicherheitenbestellung nur noch der Entstehung bzw. Zuweisung des Sicherungsgegenstands bedarf. Sobald dies erfolgt, tritt die Sicherungswirkung automatisch ein, ohne dass es einer weiteren Handlung des Schuldners bedarf. 31

Auch die **zu sichernde Forderung** muss **weder fällig** sein **noch** muss eine **Bedingung bereits eingetreten** sein (vgl. § 3 Abs. 1 StaRUG, § 1204 Abs. 2 BGB). In beiden Fällen ist die Sicherheitenbestellung unmittelbar, d. h. noch vor Fälligkeits- oder Bedingungseintritt, vorgenommen. Dies muss konsequenterweise auch für die **Hypothek** gelten, obwohl nach § 1163 Abs. 1 Satz 1 BGB eine nicht zur Entstehung gelangte Forderung lediglich eine Eigentümergrundschuld begründen kann. Auch kann sich der Anwartschaftsinhaber bei der Frage des Vornahmezeitpunktes nicht auf die Einrede der Nichtvalutierung berufen. 32

Auch der Umstand, dass Sicherheiten im Fall der Insolvenzeröffnung der **Rückschlagsperre** (§ 88 InsO) oder der **Insolvenzanfechtung** (§§ 129 ff. InsO) unterliegen würden, ist für die Frage des Vornahmezeitpunktes irrelevant. Denn § 2 Abs. 5 StaRUG fordert nur eine im relevanten Zeitpunkt begründete, jedoch keine nach Insolvenzeröffnung hypothetisch durchsetzbare Anwartschaft.[20] In diese Richtung sind auch weder die Definition der Anwartschaft noch die hypothetische Vergleichsbetrachtung misszuverstehen, bei denen es sich um bloße Prüfüberlegungen handelt. Die genannten (Insolvenz-)Szenarien werden vielmehr **i. R. der Vergleichsrechnung zu berücksichtigen** sein und können auf diese Weise etwaige Hürden für die Gestaltung absenken (siehe Rz. 100). 33

IV. Insolvenzrechtliche Wertungen im Restrukturierungsverfahren

Wie gesehen (siehe Rz. 15 ff.), bildet die Begriffsbestimmung der §§ 49 ff. InsO den maßgeblichen Anknüpfungspunkt für die restrukturierungsrechtliche Einordnung als Absonderungsanwartschaft. Ähnlich geht der Gesetzgeber bei den Restrukturierungsforderungen vor; diese definiert er als Forderungen, die im Insolvenzverfahren nach § 38 InsO Insolvenzforderungen wären. Hieraus folgt der Ausgangsbefund, dass, sofern innerhalb des StaRUG auf genuin insolvenzrechtliche Überlegungen abgestellt werden soll, das Gesetz ausdrücklich dazu auffordert. 34

Insolvenzrechtliche Wertungen haben aber auch dort Relevanz, wo es auf die Insolvenz als maßgebliches **Alternativszenario** ankommt. Damit sind in der Vergleichsrechnung (§ 6 Abs. 2 StaRUG) etwaige Anfechtungsszenarien (§§ 129 ff. InsO), die Rückschlagsperre 35

20) *Prusko* in: MünchKomm-StaRUG, § 2 Rz. 111; Seibt/Westpfahl-*Herding*/*Krafczyk*, StaRUG, § 2 Rz. 94.

(§ 88 InsO) und sonderinsolvenzliche Verwertungsmodalitäten (§§ 165 ff. InsO) zu berücksichtigen, die die Wertgrenze im Restrukturierungsszenario beeinflussen können.

36 Eine Regelung zur **Fälligstellung** (§ 41 InsO) bzw. ein Äquivalent fehlt ebenfalls. Dies wirft Fragen der Gleichbehandlung auf, wenn Sicherungsrechte mit unterschiedlichen vertraglichen Endfälligkeiten „stehengelassen" und im Plan ein bestimmter **einheitlicher Endfälligkeitstermin** festgelegt werden soll.[21] Bejaht die h. A. die Zulässigkeit eines einheitlichen Endfälligkeitstermins, so ist dies im Wesentlichen von der Erwägung getragen, dass ein gescheitertes Restrukturierungsverfahren in aller Regel auf ein Insolvenzverfahren zurückfällt, in dem dann die insolvenzrechtlichen Vorschriften gelten würden (vgl. Rz. 86 ff.).

37 Besonderes Augenmerk gilt dem Verhältnis zwischen Sicherungsrecht und gesicherter Forderung. Typischerweise ist der **Sicherungsinhaber** zugleich **Insolvenz- bzw. Restrukturierungsgläubiger**. Diese **Doppelstellung** wird in der InsO dadurch aufgelöst, dass der Inhaber des Absonderungsrechts nur insoweit als Insolvenzgläubiger berücksichtigt wird, als er auf die abgesonderte Befriedigung verzichtet oder bei ihr ausgefallen ist. Insofern gilt der Vorrang der Sachhaftung (§ 52 Satz 2 InsO). Der StaRUG-Gesetzgeber dürfte keine Notwendigkeit für eine entsprechende Regelung gesehen haben. Die Regelung des § 52 Satz 2 InsO beschränkt den Anspruch auf Zuteilung der Quote bei der Verteilung auf den berechenbaren Ausfall (vgl. § 190 Abs. 1 Satz 1 InsO), der erst nach erfolgter Verwertung nachgewiesen werden kann. Aus der erfolgten Verwertung wird man den Ausfall im Restrukturierungsverfahren nicht ableiten können.

38 Bei der **Stimmrechtsfestsetzung** entfaltet die **Doppelstellung** hingegen Relevanz. Nach § 24 Abs. 3 StaRUG vermitteln gesicherte Forderungen in einer Gruppe von Restrukturierungsgläubigern nur insoweit ein Stimmrecht, wie der Schuldner für die gesicherten Forderungen auch persönlich haftet und der Inhaber der Absonderungsanwartschaft auf diese verzichtet oder mit einer abgesonderten Befriedigung ausfallen würde. Maßgeblich ist damit der Verwertungsfall. Weil aber eine Verwertung tatsächlich nicht zu erwarten ist, ist auf den **mutmaßlichen Ausfall** abzustellen.

B. Rechtsstellung des Absonderungsanwartschaftsberechtigten

I. Gesetzliche Anbindung des Absonderungsanwartschaftsberechtigten

39 Die Einbindung von Sicherungsrechten in den Restrukturierungsplan erfolgt durch Aufnahme der Absonderungsanwartschaften in den Katalog der gestaltbaren Rechtsverhältnisse in § 2 Abs. 1 Nr. 2 StaRUG. Von der Möglichkeit des Eingriffs (Plantauglichkeit) ist die konkret getroffene Regelung zu unterscheiden, wie sie in § 7 Abs. 1, Abs. 2 StaRUG beschrieben ist. Danach muss der **gestaltende Teil** des Restrukturierungsplans festlegen, wie die Rechtsstellung der Berechtigten durch den Plan geändert werden soll. Dies setzt eine detaillierte, dem sachenrechtlichen Bestimmtheitsgrundsatz genügende Regelung voraus. Es ist zu bestimmen, um welchen Bruchteil die Anwartschaft gekürzt, für welchen Zeitraum sie gestundet, wie sie gesichert und welchen sonstigen Regelungen sie unterworfen werden soll.

> **Praxishinweis**
>
> Die **eigentliche Rechtsänderung** vollzieht sich entweder im Wege der konsensualen Annahme des Restrukturierungsplans oder durch die Bestätigungsentscheidung des Restrukturierungsgerichts. Gemäß § 11 Satz 1 StaRUG wird der Schuldner spätestens mit Befriedigung der Anwartschaftsinhaber von seinen restlichen Verbindlichkeiten gegenüber diesen befreit, sofern der Plan nichts anderes bestimmt.

21) Hierzu *Tresselt/Reps*, NZI 2025, 201; *Völker*, ZRI 2024, 1098.

Gemäß § 9 Abs. 1 Satz 2 Nr. 1 StaRUG ist für die Inhaber von Absonderungsanwartschaften eine **eigene Gruppe zu bilden.** Das **Stimmrecht** innerhalb der Gruppe richtet sich gemäß § 24 Abs. 1 Nr. 2 StaRUG nach deren Wert. Außerdem vermitteln gesicherte Forderungen in einer Gruppe von Restrukturierungsgläubigern gemäß § 24 Abs. 3 StaRUG nur insoweit ein Stimmrecht, wie der Schuldner für die gesicherten Forderungen auch persönlich haftet und der Inhaber der Absonderungsanwartschaft auf diese verzichtet oder mit einer abgesonderten Befriedigung (mutmaßlich) ausfallen würde. 40

II. Teilkollektivität des Restrukturierungsverfahrens

Von den Regelungen des Restrukturierungsplans sind nur solche Gläubiger und Berechtigte betroffen, deren Forderungen und Rechte nach § 7 Abs. 1, Abs. 2 StaRUG in dem Plan geregelt sind. Solche Gläubiger und Berechtigte werden in § 7 Abs. 1 StaRUG als **„Planbetroffene"** legaldefiniert. Verwendet der Gesetzgeber diesen Begriff, so sind stets nur diejenigen Gläubiger und Berechtigten gemeint, die nach dem Willen des Planerstellers eine Regelung im Restrukturierungsplan erfahren haben. 41

Ob und inwieweit Sicherungsrechte gestaltet werden, überlässt daher § 8 Satz 1 StaRUG dem Planersteller, allerdings unter den **Vorbehalten der Sachgerechtigkeit und der Transparenz.** Die **Gründe** für die Einbeziehung sind im **darstellenden Teil** anzugeben. 42

Nach Anlage Nr. 3 (i. V. m. § 5 Satz 2 StaRUG) sind die Planbetroffenen entweder **namentlich** zu benennen **oder** unter **hinreichend konkreter Bezeichnung der Forderungen oder Rechte zu beschreiben.** Nach Nr. 4 sind die Gruppen zu benennen, sowie die auf die Forderungen und Rechte der Planbetroffenen entfallenden Stimmrechte. Außerdem sind nach Nr. 5 im Plan auch solche Gläubiger bzw. Rechteinhaber zu benennen, in deren Rechte **nicht eingegriffen** wird: 43

> „[…] Inhaber von Absonderungsanwartschaften […], die nicht in den Restrukturierungsplan einbezogen wurden, zusammen mit einer Erläuterung der Gründe für die unterbliebene Einbeziehung; eine Beschreibung unter Bezugnahme auf Kategorien gleichartiger […] Inhaber von Absonderungsanwartschaften […] genügt, wenn dadurch die Überprüfung der sachgerechten Abgrenzung nach § 8 nicht erschwert wird."

Das StaRUG enthält keine dem § 223 Abs. 1 InsO vergleichbare Vorschrift, wonach Absonderungsrechte vom Insolvenzplan nicht berührt werden, soweit dieser keine Regelung enthält (siehe zur dogmatischen Einordnung § 10 Rz. 48 ff. [*J. Schmidt*]). Nach der Vorstellung des StaRUG-Gesetzgebers ergibt sich die grundsätzliche Unberührtheit von Absonderungsanwartschaften bereits aus der Natur als teilkollektives Verfahren.[22] Aus demselben Grund fehlt in § 9 Abs. 1 Satz 2 Nr. 1 StaRUG – im Gegensatz zu § 222 Abs. 1 Satz 2 Nr. 1 InsO – eine Einschränkung dahingehend, dass für Inhaber von Absonderungsanwartschaften nur dann eine Gruppe zu bilden ist, wenn „durch den Plan in deren Rechte eingegriffen wird". 44

C. Eingriff in Absonderungsanwartschaften

Gemäß § 7 Abs. 2 StaRUG muss der Restrukturierungsplan bestimmen, um welchen Bruchteil Absonderungsanwartschaften gekürzt, für welchen Zeitraum sie gestundet, wie sie gesichert oder welchen sonstigen Regelungen sie unterworfen werden sollen. 45

Der Eingriff (neutral formuliert: die Gestaltung) kann im Restrukturierungsplan **auf vielfache Weise umgesetzt werden.** Typischerweise lassen sich drei Ebenen zu unterscheiden. Der Eingriff kann sich auf 46

– die Absonderungsanwartschaft selbst,

---

22) Begr. RegE SanInsFoG z. StaRUG, BT-Drucks. 19/24181, S. 117.

- die schuldrechtliche Sicherungsabrede, sowie
- die zugrunde liegende Restrukturierungsforderung

beziehen.[23)]

47 Vollzogen wird die Gestaltung mit deren (einstimmigen) Annahme im privatautonomen Verfahren nach §§ 17 ff. StaRUG. Ein (zwangsweiser) Eingriff kann allerdings nur aufgrund der §§ 60 ff. StaRUG durch gerichtliche Bestätigung vollzogen werden, weil erst diese die Überwindung obstruierender Betroffener ermöglicht.

I. „Konsensualer" Eingriff

48 Sofern Absonderungsanwartschaften **werthaltig sind**, sind Gestaltungen ohne Verstoß gegen das Schlechterstellungsverbot (§§ 26 Abs. 1 Nr. 1, 64 Abs. 1 StaRUG) kaum möglich. Absonderungsanwartschaftsberechtigten kommt daher ein hohes, im Vergleich zum Insolvenzplan ggf. erhöhtes **Störpotenzial** zu.[24)] Daher ist stellenweise – trotz des unzweifelhaften Zwangscharakters einer Gestaltung – von einem „konsensualen Eingriff" die Rede.[25)] Jedenfalls in dieser Pauschalität ist dies unzutreffend, weil Anwartschaftsinhaber einerseits nach § 26 Abs. 1 StaRUG in das gruppenübergreifende, und andererseits nach § 25 Abs. 1 StaRUG in das gruppeninterne Mehrheitssystem eingebunden sind und über die gerichtliche Planbestätigungsentscheidung gegen ihren Willen gezwungen werden können, eine Gestaltung ihres Rechts zu dulden. Der Restrukturierungsplan ist nicht nur ein Instrument zur konsensualen Bewältigung der schuldnerischen Krise, sondern dient gerade auch dazu, Hold-out-Positionen einzelner Beteiligter gegen deren Willen zu überwinden.

II. Mittelbarer Eingriff in die Absonderungsanwartschaft

49 Ob ein mittelbarer Eingriff in die Absonderungsanwartschaft allein durch die Gestaltung der **zugrunde liegenden Forderung** möglich ist, ist umstritten. Die Diskussion ähnelt derjenigen zum Insolvenzplan (siehe § 10 Rz. 65 ff. [*J. Schmidt*]). Das Meinungsspektrum erscheint indes für den Restrukturierungsplan differenzierter.

1. Akzessorietät zwischen Sicherungsrecht und Forderung

50 Im Ausgangspunkt fußt die Diskussion auf demselben Gedanken: Aus materiell-rechtlicher Perspektive hat die Einwirkung auf die gesicherte Forderung stets Auswirkungen auf das Sicherungsrecht. Bei **akzessorischen Sicherungsrechten** folgt dies aus den materiell-rechtlichen Bestimmungen des BGB. Bei **nicht-akzessorischen Sicherungsrechten** führt die Einwirkung auf die gesicherte Forderung zwar nicht unmittelbar zu einer Veränderung des Sicherungsrechts; die materiell-rechtliche Verknüpfung zwischen Forderung und Sicherungsrecht wird allerdings über die zugrunde liegende Sicherungsabrede hergestellt.

2. Akzessorietätsdurchbrechung statt mittelbaren Eingriffs

51 Eine nicht zu vernachlässigende Auffassung lehnt einen mittelbaren Planeingriff in Absonderungsanwartschaften ab.

---

23) *Parzinger/Knebel* in: MünchKomm-StaRUG, § 7 Rz. 83.

24) Seibt/Westpfahl-*Herding/Krafczyk*, StaRUG, § 2 Rz. 87; *Skauradszun* in: BeckOK-StaRUG, § 2 Rz. 63a.

25) Seibt/Westpfahl-*Hölzle*, StaRUG, § 7 Rz. 50; zum Insolvenzplan *Hölzle* in: Kübler/Bork/Prütting, HRI II, § 25 Rz. 14 ff.

Nach §§ 67 Abs. 1, Abs. 4, 11 Satz 1 StaRUG wird der Schuldner mit der im gestaltenden Teil vorgesehenen Befriedigung der Gläubiger von seinen restlichen Verbindlichkeiten aus den in den Plan einbezogenen Restrukturierungsforderungen und Absonderungsanwartschaften befreit. Die Parallelregelung in §§ 254 Abs. 1, Abs. 3, 227 InsO wird nach einhelliger Ansicht so interpretiert, dass diese Befreiungswirkung nicht als Erlass im eigentlichen Sinne zu verstehen ist. Vielmehr verliert die Forderung nur ihre Durchsetzbarkeit. In diesem Verständnis formuliert auch der BGH in ständiger Rechtsprechung, dass, soweit Insolvenzforderungen als erlassen gelten, diese nicht erlöschen, sondern als **unvollkommene Verbindlichkeiten** fortbestehen. Dies zugrunde legend, wird argumentiert, dass die als Naturalobligation fortbestehende Verbindlichkeit **Rechtsgrund für das Fortbestehen des Sicherungsrechts** sei.[26] 52

Weiter wird argumentiert, dass die Vorschrift des § 7 Abs. 1 StaRUG – ebenso wie § 223 Abs. 1 Satz 1 InsO – nicht nur klarstellend, sondern **rechtserhaltend** wirke. § 223 Abs. 1 Satz 1 InsO spreche davon, dass das Recht auf abgesonderte Befriedigung durch den Plan „nicht berührt" werde. Auch sei fraglich, ob eine i. S. des § 7 Abs. 2 StaRUG konkrete Regelung überhaupt noch denkbar sei, wenn nur die schuldrechtliche Forderung gestaltet werde. 53

Auch § 67 Abs. 3 StaRUG, der das Schicksal etwaiger **Drittsicherheiten** regelt, wird angeführt. Auch dieser würde davon sprechen, dass die Rechte der Restrukturierungsgläubiger aus einer solchen Sicherheit „nicht berührt" würden. Bei Drittsicherheiten stünde eine Akzessorietätsdurchbrechung außer Frage. Nichts anderes könne für Absonderungsanwartschaften gelten. 54

Hinzu tritt der **Schutzgedanke**: Würde ein mittelbarer Eingriff anerkannt, könnten Absonderungsanwartschaften ohne Beteiligung der Berechtigten gestaltet werden, da diese bei unklarer Planregelung weder im Abstimmungsverfahren beteiligt noch vor einer Schlechterstellung geschützt wären.[27] Das Gericht würde den Plan gleichwohl bestätigen, was gemäß § 67 Abs. 1 StaRUG eine umfassende Heilungswirkung auslösen und eine Gestaltung „am Anwartschaftsberechtigten vorbei" ermöglichen würde. 55

3. Restriktiver mittelbarer Eingriffsbegriff

Andere meinen, die Rechtsfolge des § 67 Abs. 1, Abs. 4, 11 Satz 1 StaRUG, wonach die Forderung als **unvollkommene Verbindlichkeit** fortbesteht, könne im Restrukturierungsplan ausdrücklich **abbedungen** werden.[28] Dies eröffne dem Planersteller eine **Wahlmöglichkeit.**[29] Die **bloße Gestaltung** der Forderung führe zur Rechtsfolge des § 67 Abs. 1, Abs. 4 StaRUG, mit der Konsequenz, dass die akzessorische Sicherheit fortbestehe (siehe schon Rz. 51 ff.). Die Regelung eines **ausdrücklichen Erlasses** i. S. von § 397 BGB bringe die Forderung hingegen zum Erlöschen, mit der Folge, dass auch die akzessorische Sicherheit erlösche. 56

---

26) Jacoby/Thole-*Brünkmans*, StaRUG, § 11 Rz. 14; Flöther-*Tasma*, StaRUG, § 11 Rz. 2; Uhlenbruck-*Streit/Bürk*, InsO, § 11 StaRUG Rz. 34 ff.; Seibt/Westpfahl-*Hölzle*, StaRUG, § 11 Rz. 14.

27) Seibt/Westpfahl-*Hölzle*, StaRUG, § 7 Rz. 49.

28) Jacoby/Thole-*Brünkmans*, StaRUG, § 7 Rz. 54, § 9 Rz. 13 a. E.; a. A. AG Köln, Beschl. v. 9.12.2024 – 82 RES 1/24, Rz. 11, NZI 2025, 333, 335 = ZRI 2025, 318; Uhlenbruck-*Streit/Bürk*, InsO, § 11 StaRUG Rz. 39.

29) Jacoby/Thole-*Brünkmans*, StaRUG, § 7 Rz. 54; zum Insolvenzplan: *Martini/Horstkotte*, ZInsO 2017, 1913, 1918; *Horstkotte*, ZInsO 2014, 1297, 1303 f.

4. Extensiver mittelbarer Eingriffsbegriff

57 Die **h. A.** befürwortet Planeingriffe allein durch die Gestaltung der schuldrechtlichen Forderung (siehe auch oben § 23 Rz. 32 [*Madaus*]).[30] Dies wird im Wesentlichen mit der oben beschriebenen materiell-rechtlichen Akzessorietät bzw. der in ihren Wirkungen vergleichbaren Sicherungsabrede begründet. Bei der so eröffneten Möglichkeit des mittelbaren Planeingriffs kann es der Planarchitekt unter Berufung auf die Akzessorietätswirkung bei der Gestaltung der gesicherten Restrukturierungsforderung belassen und auf diese Weise die Gestaltung der Absonderungsanwartschaft bewirken.

58 **Es bleibt das Gegenargument**, dass die zugrunde liegende Forderung nach §§ 67 Abs. 1, Abs. 4, 11 Satz 1 StaRUG als Rechtsgrund fortbesteht. Diese Argumentation wird bisweilen durch ein „argumentum a fortiori", insbesondere mit Blick auf das Verhältnis zwischen akzessorischen und nicht-akzessorischen Sicherungsrechten, zu entkräften versucht.[31] Bei nicht-akzessorischen Sicherheiten werde die Verknüpfung zwischen Forderung und Sicherung durch die Sicherungsabrede hergestellt. Bestehe die gesicherte Forderung zwar noch als Naturalobligation fort, müsse aber nicht mehr erfüllt werden, könne der Sicherungszweck nicht mehr greifen. Wenn auf Basis dieser Erwägung die Verknüpfung sogar bei nicht-akzessorischen Sicherungsrechten entfiele, dann müsse dies bei akzessorischen Sicherungsrechten, bei denen die Verknüpfung zur Forderung deutlich enger sei, erst recht gelten. Das Fortbestehen als Naturalobligation könne daher von vornherein keinen ausreichenden Rechtsgrund für das Bestehenbleiben des Sicherungsrechts bilden.

5. Stellungnahme

59 Richtigerweise wird man die materiell-rechtlichen Wirkungen der Akzessorietät bei der Gestaltung gesicherter Forderungen nicht in Abrede stellen können. Eine **mittelbare Gestaltung** ist daher **im Ausgangspunkt möglich**. Auch bildet die als Naturalobligation fortbestehende Verbindlichkeit keinen hinreichenden Rechtsgrund für das Sicherungsrecht. Denn eine Forderung, die zwar fortbesteht, aber auf Dauer nicht eingeklagt werden kann, kann einen Verwertungsfall, wie ihn die Sicherungsabrede voraussetzt, nicht auslösen. Entsprechendes muss für die akzessorische Verknüpfung gelten. **Ohne durchsetzbare Forderung ist die Sicherheit freizugeben.**

60 Eine mittelbare Gestaltung unterliegt allerdings Grenzen, die es im Einzelfall davon abhängig machen, ob

- der Planersteller die Anwartschaftsberechtigten im Plan hinreichend berücksichtigt hat (siehe hierzu Rz. 61 ff.), und
- er einen Eingriff durch den Plan beabsichtigt hat (siehe hierzu Rz. 64).

61 Das StaRUG ist von dem Verständnis getragen, dass nicht sämtliche Gläubiger in Restrukturierungsverfahren einbezogen werden müssen. Die Herstellung vollständiger **Transparenz hinsichtlich des Kreises der einbezogenen Gläubiger** durch den darstellenden

30) Seibt/Westpfahl-*Herding/Krafczyk*, StaRUG, § 2 Rz. 104; *Skauradszun* in: BeckOK-StaRUG, § 2 Rz. 63a; *Zehlicke*, ZRI 2023, 986, 989; Flöther-*Tasma*, StaRUG, § 7 Rz. 17; *Parzinger/Knebel* in: MünchKomm-StaRUG, § 7 Rz. 87 ff.; *Madaus* in: MünchKomm-StaRUG, § 67 Rz. 45; *Flöther-Westpfahl/Dittmar*, StaRUG, § 2 Rz. 29; *Martini* in: HambKomm-StaRUG, § 9 Rz. 16; *Mock* in: Kübler/Bork/Prütting, HRI I, § 24 Rz. 17; tendenziell AG Karlsruhe, Beschl. v. 25.3.2022 – 102 RES 2/21, Rz. 40, ZIP 2023, 651 = BeckRS 2022, 45096; zum Insolvenzplan *Fiebig* in: HK-InsO, § 222 Rz. 8, § 223 Rz. 7; *Eidenmüller* in: MünchKomm-InsO, § 222 Rz. 53, 56; Andres/Leithaus-*Andres*, InsO, § 223 Rz. 5; *Balthasar* in: Kübler/Bork/Prütting, HRI II, § 22 Rz. 27; *Weitbrecht*, Mittelbare Planeingriffe in Sicherungsrechte, S. 136; Uhlenbruck-*Lüer/Streit*, InsO, § 223 Rz. 7; Jaeger-*Jaeger*, InsO, § 222 Rz. 72; *Spahlinger* in: KPB, InsO, § 223 Rz. 12.

31) *Weitbrecht*, Mittelbare Planeingriffe in Sicherungsrechte, S. 92.

Teil ist daher von großer Bedeutung. Ergänzt durch die Anforderungen aus der Anlage zu § 5 Satz 2 StaRUG, wonach der Restrukturierungsplan auch die Inhaber der **nicht in den Plan einbezogenen Absonderungsanwartschaften** anzugeben und zudem eine Erläuterung der Gründe für die unterbliebene Einbeziehung zu enthalten hat, ist eine Regelung „am Absonderungsanwartschaftsberechtigten vorbei" kaum mehr möglich. Denn ein Restrukturierungsplan, der den Anwartschaftsberechtigten als nichtbetroffen darstellt, kann nicht zugleich in dessen Rechte eingreifen.

Praxishinweis

Aus diesem Grunde wird auch im Kontext der §§ 222 Abs. 1 Satz 2 Nr. 1, 223 InsO vorgeschlagen, dass **sämtliche Sicherungsrechte** im Insolvenzplan **dargestellt werden** sollten, auch wenn in diese nicht eingegriffen wird.

Eine weitere Grenze bildet § 8 Satz 1 StaRUG. Nach dieser Vorschrift hat die Auswahl der Planbetroffenen nach **sachgerechten Kriterien** zu erfolgen, die im darstellenden Teil des Plans anzugeben und zu erläutern sind. Entscheidet sich der Planverfasser also, von der Möglichkeit der §§ 2 Abs. 1 Nr. 2, 7 Abs. 1, Abs. 2 StaRUG Gebrauch zu machen und in Absonderungsanwartschaften einzugreifen, so muss er diese **Auswahlentscheidung** im Restrukturierungsplan **erläutern.** 62

Dem Planersteller obliegt es damit, gesicherte Restrukturierungsforderungen zu erkennen und transparent zu machen, dass auch das Sicherungsrecht betroffen ist, etwa durch parallele Regelungen in Bezug auf Sicherungsrecht und Forderung.[32] Nicht zuletzt kann der Planersteller durch erläuternde Klarstellungen sowohl im darstellenden als auch im gestaltenden Teil deutlich machen, dass in die Absonderungsanwartschaft eingegriffen werden soll. 63

Formulierungsbeispiel

„Es wird davon ausgegangen, dass die vorstehende Gestaltung der Restrukturierungsforderung aufgrund der Wirkungen der Akzessorietät bzw. der Sicherungsabrede unmittelbar auf das Sicherungsrecht durchschlägt. Der Planersteller hat dies berücksichtigt, indem er die betreffenden Rechteinhaber in der Gruppe der Absonderungsanwartschaftsberechtigten gemäß § 9 Abs. 1 Satz 2 Nr. 1 StaRUG aufgeführt hat."

Aus diesen Erwägungen ergibt sich ein **gestuftes System**, welches danach fragt, ob die im Restrukturierungsplan enthaltenen Regelungen hinreichende Anzeichen für einen Eingriff in die Absonderungsanwartschaft bieten. Diese Beurteilung richtet sich – sowohl vor als auch nach der Planbestätigung – nach den allgemeinen **Auslegungsgrundsätzen** der §§ 133, 157 BGB. Der Restrukturierungsplan muss nach objektiven Maßstäben erkennen lassen, dass der Planverfasser von den vorgesehenen Planwirkungen auch das Sicherungsrecht **erfasst sehen wollte.** Entscheidend ist dabei nicht allein das subjektive Verständnis der Parteien, sondern derjenige Vertragsinhalt, der ihm anhand objektiver Kriterien unter Berücksichtigung von Treu und Glauben zu entnehmen ist. **Unklarheiten** gehen dabei zulasten des planerstellenden Schuldners. 64

Bewusste Regelungen am Sicherungsinhaber vorbei, zuweilen als **„schweigende Restrukturierungspläne"** bezeichnet, sind allein aufgrund der Akzessorietätswirkungen nicht möglich. Daher muss der Restrukturierungsplan **hinreichende Anknüpfungstatsachen** enthalten, die es dem Sicherungsinhaber ermöglichen auf das Verfahren Einfluss zu nehmen: Entweder unmittelbar (durch gebührende Berücksichtigung der Rechteinhaber i. R. der Gruppenbildung und das hieraus folgende Teilnahmerecht am Erörterungs- und Abstimmungstermin) oder mittelbar (durch eindeutige Regelungen, die es dem Rechteinhaber 65

32) *Madaus* in: MünchKomm-StaRUG, § 67 Rz. 46.

zumindest ermöglichen, die Fehlerhaftigkeit zu monieren). Wird der Plan ohne diese Anknüpfungstatsachen bestätigt, so kann sich der Planersteller nach der Bestätigungsentscheidung nicht auf die Heilung etwaiger „Willensmängel" berufen. Dogmatisch stellt dies eine **greifbar gesetzeswidrige** und daher nicht bestätigungsfähige Planregelung dar. Erkennt das Gericht eine Eingriffsabsicht vor der Bestätigungsentscheidung, so darf es den Restrukturierungsplan wegen Inhaltsmängeln nicht bestätigen (§ 63 Abs. 1 Nr. 2 StaRUG) bzw. muss den Schuldner auf die Unklarheit hinweisen.

66 Mittel, mit denen die gewollte Wirkung verdeutlicht werden können, sind

- eine Darstellung einbezogener und nichteinbezogener Sicherungsrechte gemäß Anlage zu § 5 Satz 2 StaRUG,
- eine konkrete, sich auf das Sicherungsrecht beziehende Regelung gemäß § 7 Abs. 2 StaRUG,
- eine Darstellung der Gründe für die Einbeziehung bzw. Nichteinbeziehung gemäß § 8 Satz 1 StaRUG,
- eine gebührende Berücksichtigung des Absonderungsanwartschaftsberechtigten durch Bildung einer gesonderten Gruppe für gesicherte Forderungen nach § 9 Abs. 1 Satz 2 Nr. 1 StaRUG bzw. die Angabe von Gründen für eine unterbliebene Gruppenbildung.

III. Wirksamkeit des Eingriffs

67 Die Wirksamkeit des Eingriffs folgt wegen des modularen Charakters nach verschiedenen Regeln. Zunächst ist festzuhalten, dass – je nach Kategorisierung – vier Wege denkbar sind, die Wirkungen des Restrukturierungsplan und der getroffenen Regelungen zu erzielen. In Betracht kommen die

- versammlungslose Abstimmung durch Planangebot und Planannahme (§§ 17 ff. StaRUG), die
- außergerichtliche Abstimmung i. R. einer Versammlung der Planbetroffenen über einen vom Schuldner vorgelegten Restrukturierungsplan (§§ 17 ff., 20 StaRUG), die
- außergerichtliche Abstimmung mit anschließender gerichtlicher Bestätigung (§§ 29 Abs. 2 Nr. 4, 60 ff. StaRUG), und die
- Durchführung eines gerichtlichen Planabstimmungsverfahrens mit anschließender gerichtlicher Bestätigung (§§ 23 Abs. 1, 29 Abs. 2 Nr. 1, Nr. 4, 45 ff., 60 ff. StaRUG).

68 Die **versammlungslose Abstimmung** durch Planangebot und Planannahme (§§ 17 ff. StaRUG) erfolgt ausschließlich in den Handlungsformen des Privatrechts, was stets eine **konsensuale** Lösung erforderlich macht. In dieser Variante hat der Schuldner die Möglichkeit den Planbetroffenen einen Vertrag anzubieten, der in der Sache nichts anderes ist als der vollständige Restrukturierungsplan nebst Anlagen (vgl. § 17 Abs. 1 Satz 2 StaRUG). Aus dem Planangebot muss hervorgehen, mit welchen Forderungen oder Rechten der jeweilige Planbetroffene in den Restrukturierungsplan einbezogen ist, welchen Gruppen der Planbetroffene zugeordnet ist und welche Stimmrechte die ihm zustehenden Forderungen und Rechte gewähren. Die im gestaltenden Teil des Plans vorgesehenen Wirkungen treten unmittelbar ein, weil alle Parteien sie wollen.[33)]

69 Eine **gerichtliche Planbestätigung** (§§ 29 Abs. 2 Nr. 4, 60 ff. StaRUG) wird hingegen erforderlich, wenn nur ein einziger Planbetroffener gegen den Plan stimmt.[34)] Sie kann sich

33) Eine gerichtliche Planbestätigung wäre in diesem Fall nur optional.

34) Anders gewendet: 100 %ige Zustimmung erforderlich, AG Stuttgart, Beschl. v. 11.12.2024 – 6 RES 1243/24 (VARTA), ZRI 2025, 149, m. Anm. *Kümpel* = BeckRS 2024, 37304.

sowohl dem außergerichtlichen als auch dem gerichtlichen Planabstimmungsverfahren anschließen. Anders als bei § 254 Abs. 1 InsO kommt es nicht auf die Rechtskraft der Bestätigungsentscheidung an. Zum Eintritt der Rechtswirkungen muss daher die Beschwerdefrist des § 66 Abs. 1 StaRUG nicht abgewartet werden.

Zeitlich tritt die gestaltende Wirkung – also der **Vollzug** der im gestaltenden Teil gemäß § 7 Abs. 1, Abs. 2 StaRUG getroffenen Regelungen – gemäß § 67 Abs. 1 StaRUG **mit der gerichtlichen Planbestätigung**, konkret mit Verkündung des Planbestätigungsbeschlusses, ein. Rechtliche Wirkungen entfaltet der Plan gegenüber sämtlichen Planbetroffenen, also auch gegenüber Planbetroffenen, die gegen den Plan gestimmt oder an der Abstimmung nicht teilgenommen haben. In aller Regel werden Sicherungsrechte auf **dinglicher Ebene** gestaltet. § 13 StaRUG stellt klar, dass **Willenserklärungen**, durch die Rechte an Gegenständen übertragen, aufgehoben oder begründet werden, in den Plan aufgenommen werden können. Hinsichtlich der rechtsgeschäftlichen Aufhebung, Übertragung oder Bestellung eines Rechts werden die nach § 13 StaRUG in den Plan aufgenommenen Willenserklärungen zum einen nach § 67 Abs. 1 StaRUG als wirksam, zum anderen nach § 68 Abs. 1 StaRUG als in der vorgeschriebenen Form abgegeben behandelt.[35] Wird das Sicherungsrecht auf **schuldrechtlicher Ebene** geregelt, so werden die auf dingliche Rechtsänderung gerichteten Willenserklärungen nicht ersetzt, sondern müssen durch die Beteiligten **gesondert abgegeben werden**. Dies kann – mitunter auch bewusst – zu einer **zeitlichen Verzögerung** des eigentlichen Planvollzugs führen. § 90 StaRUG gewährt in beiden Konstellationen, also sowohl für den unmittelbaren Vollzug durch gestaltende Regelung („Regelungen eines rechtskräftig bestätigten Restrukturierungsplans"), als auch für den nachgelagerten Vollzug („Rechtshandlungen, die im Vollzug eines solchen Plans erfolgen") einen **Anfechtungsschutz** für Folgeinsolvenzverfahren. 70

Ergänzend enthält **§ 11 Satz 1 StaRUG** für die Kürzung von Absonderungsanwartschaften eine **Auslegungsregel** dahingehend, dass der Schuldner mit der im Plan vorgesehenen Befriedigung der Anwartschaftsinhaber von seinen restlichen Verbindlichkeiten gegenüber diesen befreit wird. Damit ist klargestellt, dass auf die Vollzugs- im Zweifel eine **Befreiungswirkung** folgt, sofern die Absonderungsanwartschaftsberechtigten mit dem im Plan vorgesehenen Teilbetrag ihres Absonderungsrechts befriedigt werden. Nichts anderes gilt i. R. des § 227 InsO, obwohl die Vorschrift keine parallele Regelung zu Absonderungsrechten enthält.[36] 71

IV. Anforderungen an den gestaltenden Teil

Ist das „Ob" eines Eingriffs geklärt, so stellt sich bei der Gestaltung im nächsten Schritt die Frage nach dem „Wie" des Eingriffs. Das Gesetz nennt in § 7 Abs. 2 StaRUG die 72

- Kürzung der Absonderungsanwartschaften um einen Bruchteil, die
- Stundung der Absonderungsanwartschaften, die
- Sicherung der Absonderungsanwartschaften, und die
- „sonstigen Regelungen".

1. Gesetzliche Vorgaben

§ 7 StaRUG regelt den gestaltenden Teil des Restrukturierungsplans. Entscheidet sich der Planersteller für die Gestaltung eines Rechtsverhältnisses, so hat der gestaltende Teil fest- 73

35) *Wilke* in: BeckOK-StaRUG, § 68 Rz. 4.

36) Begr. RegE SanInsFoG z. StaRUG, BT-Drucks. 19/24181, S. 120 – „eine an § 227 Absatz 1 InsO orientierte Auslegungsregel".

zulegen, wie die Rechtsstellung des Berechtigten durch den Plan geändert werden soll (§ 7 Abs. 1 StaRUG). Für die Absonderungsanwartschaftsberechtigten sind die Rechtsänderungen genau zu umschreiben. So muss der Restrukturierungsplan gemäß § 7 Abs. 2 StaRUG genau bestimmen, um welchen Bruchteil Absonderungsanwartschaften gekürzt, für welchen Zeitraum sie gestundet, wie sie gesichert oder welchen sonstigen Regelungen sie unterworfen werden sollen. Die Regelung ist damit Ausdruck des vollstreckungs- sowie sachenrechtlichen **Bestimmtheitsgebots**, das angesichts der Gestaltungskraft der gerichtlichen Planbestätigung auch für den Restrukturierungsplan Anwendung beansprucht. Flankiert wird die Vorschrift durch § 13 StaRUG, wonach die zur Änderung sachenrechtlicher Verhältnisse erforderlichen Willenserklärungen in den gestaltenden Teil des Restrukturierungsplans aufgenommen werden können.

2. Kürzung um einen Bruchteil

74 Dieses Regelbeispiel besitzt die **größte Eingriffsintensität**. Nicht nur die Kürzung „um einen Bruchteil" ist erfasst, sondern auch der gänzliche Verzicht (vgl. zum Insolvenzplan ausführlich § 10 Rz. 101 ff. [*J. Schmidt*]). Dies bedeutet für den Sicherungsinhaber, dass die Sicherheit an den Schuldner zurückfällt (Freigabe) und der vormalige Inhaber aus ihr keine Befriedigung mehr suchen kann.

75 Wenn das Gesetz eine **Form** für den Verzicht vorsieht, so muss diese gewahrt sein. Für den Verzicht auf eine Hypothek gelten die §§ 1168, 1175, 1178, 1183, 875 BGB, auf die Grundschuld findet die Vorschrift des § 1192 BGB, auf die Rentenschuld § 1199 BGB Anwendung. Den Verzicht auf ein Pfandrecht regeln die §§ 1253, 1255 BGB (an beweglichen Sachen) und die §§ 1276, 1278 BGB (an Rechten).

76 § 13 StaRUG sieht ausdrücklich vor, dass die Beteiligten die Änderung sachenrechtlicher Verhältnisse zum Gegenstand des Insolvenzplans machen können, so die rechtsgeschäftliche (Rück-)Übertragung oder Aufhebung von Grundpfandrechten, aber auch die Auflassung bei Grundstücksübertragungen. Die Festlegung im Restrukturierungsplan **ersetzt dann die notarielle Form** (§ 68 Abs. 1, Abs. 2 StaRUG, § 925 Abs. 1 Satz 3 BGB n. F.). Der Restrukturierungsplan kann jedoch keine konstitutiven Publizitätsakte, wie z. B. eine Eintragung im Grundbuch, ersetzen. Demnach wird der der Verzicht auf eine Grundschuld oder Hypothek erst mit **Eintragung im Grundbuch** wirksam.[37]

77 Darüber hinaus ist ein **Verzichtswille** notwendig. Wählt der Planverfasser diesen Kürzungsansatz, so muss sich der Absonderungsanwartschaftsberechtigte der Rechtswirkungen seines Verzichts bewusst sein.[38] Entsprechend der weiten Eingriffsdefinition bezieht sich dieses Regelbeispiel sowohl auf das Sicherungsrecht als auch die persönliche Forderung.[39] Der Verzicht auf ein Sicherungsrecht setzt außerdem nicht zwingend voraus, dass das Recht selbst nach den Vorschriften des bürgerlichen Rechts aufgegeben wird; ein **Verzicht auf den schuldrechtlichen Sicherungsanspruch** aus der Sicherungszweckerklärung kann unter Umständen ausreichen.[40] Eine Kürzung kann sich daher auf die

- Forderung (sog. mittelbarer Eingriff), die
- Sicherheit oder
- die Sicherungsabrede beziehen.

37) Zum Insolvenzplan *Breuer* in: MünchKomm-InsO, § 223 Rz. 12.

38) Uhlenbruck-*Brinkmann*, InsO, § 52 Rz. 24.

39) Seibt/Westpfahl-*Herding*/*Krafczyk*, StaRUG, § 2 Rz. 106.

40) BGH, Urt. v. 9.3.2017 – IX ZR 177/15, ZVI 2017, 234 = ZIP 2017, 686.

Die grundsätzliche Möglichkeit **mittelbarer Planeingriffe** durch Gestaltung (nur) der schuldrechtlichen Forderung entbindet dabei nicht von der Notwendigkeit hinreichender Bestimmtheit und Klarheit der betreffenden Planbestimmungen. So kann die notwendige Klarheit dadurch hergestellt werden, dass im gestaltenden Teil ein deklaratorischer Passus aufgenommen wird, dass der Planersteller auch Sicherungsrechte von der Gestaltungswirkung erfasst sieht. 78

Denn die **Reichweite der Gestaltungswirkung** bestimmt sich maßgebend anhand des Willens des Planerstellers, der durch Auslegung aus Sicht eines objektiven Betrachters zu ermitteln ist. Lässt der Restrukturierungsplan eine Eingriffsabsicht nicht erkennen, so kann ein mittelbarer Eingriff in das Sicherungsrecht nicht angenommen werden. Die weitreichenden (Heilungs-)Wirkungen der Planbestätigung helfen über das Auslegungsergebnis nicht hinweg (siehe Rz. 65). 79

Ist nach diesen Maßstäben eine Eingriffsabsicht feststellbar, so können gewisse Unklarheiten anhand von Auslegungshilfen überwunden werden. Wird etwa **nur auf einen Teil der Forderung verzichtet** und sichert das Absonderungsrecht wertmäßig nicht die ganze Forderung, ist der Teilverzicht als Verzicht auf den ungesicherten Teil der Forderung anzusehen. 80

3. Stundung für einen gewissen Zeitraum

Nach § 7 Abs. 2 StaRUG kommt auch die Stundung von Rechten für einen gewissen Zeitraum, also die **Verschiebung der Sicherheitenverwertung** in Betracht. Dann muss angeführt werden, „für welchen Zeitraum sie gestundet […] werden sollen". Eine Regelung kann sich 81

- auf die Absonderungsanwartschaft als solche oder
- auf die gesicherte Forderung beziehen.[41]

Sicherungsrecht und gesicherte Forderung **bedingen sich gegenseitig**. Eine Regelung, die nur die Absonderungsanwartschaft als solche betrifft, führt auch zur Gestaltung der gesicherten Forderung im selben Umfang.[42] Umgekehrt kann die Gestaltung der gesicherten Forderung einen (mittelbaren) Eingriff in die Absonderungsanwartschaft nach sich ziehen. Der Restrukturierungsplan kann z. B. vorsehen, dass eine durch Vermieterpfandrecht gesicherte Forderung zwei Wochen nach Rechtskraft der Planbestätigungsentscheidung beglichen wird (Fälligkeitsverschiebung).[43] In dieser Zeit darf auch das Pfandrecht nicht verwertet werden (Verwertungsverschiebung). Hinsichtlich der Stundung folgt dies aus der allgemeinen Überlegung, dass ein Sicherungsrecht nicht verwertet werden kann, solange der **Sicherungsfall** – Nichtleistung trotz Fälligkeit – **nicht eintreten kann**. 82

Wann eine **Fälligkeitsverschiebung** dem **Schlechterstellungsverbot** standhält, ist im Einzelfall schwer zu begründen. Es kann bspw. zu beachten sein, dass auch im maßgeblichen Alternativszenario das Insolvenzverfahren nicht sofort, sondern erst nach einer Weile eröffnet würde.[44] Mit Blick auf unbewegliche Gegenstände und deren Verwertung nach § 165 InsO, §§ 1 ff. ZVG durch Grundpfandgläubiger oder den Insolvenzverwalter sind längere Zeiträume berücksichtigungsfähig.[45] 83

---

41) Seibt/Westpfahl-*Herding/Krafczyk*, StaRUG, § 2 Rz. 107.

42) Seibt/Westpfahl-*Hölzle*, StaRUG, § 7 Rz. 49 m. Verweis auf BGH, Urt. v. 9.5.1980 – V ZR 89/79, NJW 1980, 2198 = WM 1980, 982.

43) So in einer Restrukturierungssache vor dem AG Karlsruhe, Beschl. v. 25.3.2022 – 102 RES 2/21, Rz. 40, ZIP 2023, 651 = BeckRS 2022, 45096, dazu *Schäffler/Lägler*, ZIP 2023, 622.

44) Jacoby/Thole-*Berner/Thole*, StaRUG, § 64 Rz. 27.

45) Vgl. *Skauradszun* in: BeckOK-StaRUG, § 3 Rz. 18a.

84 Das Stehenlassen des Sicherungsrechts ist vor allem auch eine Maßnahme der **Stabilisierung und hat als solche Finanzierungscharakter**. In einem Single-Asset-Restrukturierungsplan kann etwa die Verwertung eines Grundpfandrechts um eine gewisse Zeit gestundet werden, damit das Grundstück allein aufgrund des Zeitfaktors – verschont von etwaigen Vollstreckungsversuchen – einer besseren Verwertung zugeführt werden kann (vgl. den Restrukturierungsplan in § 67 [*Dellit*]). Während der Planausarbeitungsphase entspricht dieser Funktion die Stabilisierungsanordnung nach §§ 49 ff. StaRUG, sowie die darauf aufbauende Einstellungsmöglichkeit etwaiger Vollstreckungsmaßnahmen nach § 30g ZVG.

85 Der Gesetzgeber hat **bewusst darauf verzichtet**, Stundung und Prolongation als **neue Finanzierungen** i. S. von § 12 StaRUG **zu qualifizieren.**[46] Damit ist die wirtschaftliche Bedeutung von Stundungen als wesentlicher Finanzierungsbeitrag aus dem Gläubigerkreis keineswegs in Abrede gestellt. Bei der eigentlichen Neufinanzierung, also der erstmaligen Zusage von Darlehen und Krediten nebst deren Besicherung, besteht kein praktisches Bedürfnis nach einer weitergehenden Stundung. Der Gestaltungsbedarf im Hinblick auf Stundungen dürfte sich daher auf **bestehende Finanzierungen**, mithin auf zum maßgeblichen Zeitpunkt des § 2 Abs. 5 StaRUG begründete Forderungen und Sicherungsrechte, beschränken.

86 Mit Blick auf das **gruppeninterne Gleichbehandlungsgebot** (§ 10 Abs. 1 StaRUG) stellt sich vor allem bei Stundungen die Frage, ob den Anwartschaftsberechtigten innerhalb einer Gruppe durch den Schuldner „gleiche Rechte" angeboten worden sind. Konkret geht es darum, ob für Gläubigerforderungen mit unterschiedlichen vertraglichen Endfälligkeiten – und damit Absonderungsanwartschaften mit unterschiedlicher Verwertungsreife – ein **bestimmter einheitlicher Endfälligkeitstermin** („Stichtagslösung") festgelegt werden kann oder ob die vertraglichen Endfälligkeiten, jeweils bezogen auf die vertragliche Endfälligkeit, um einen **bestimmten einheitlichen Zeitraum** verlängert werden müssen („Zeitraumlösung"). Zwar betrifft dies in erster Linie die Gestaltung von Restrukturierungsforderungen, allerdings haben auch Sicherungsrechte eine „Fälligkeit", nämlich den **Zeitpunkt der frühestmöglichen Verwertung**, der in aller Regel mit der Fälligkeit der gesicherten Forderung verknüpft ist. Der Insolvenzplan bleibt von dieser Fragestellung verschont, weil Forderungen gemäß § 41 InsO mit Verfahrenseröffnung als fällig gelten.

87 Man kann nun argumentieren, dass das **maßgebliche Alternativszenario** als dasjenige Szenario, auf das der Schuldner zurückfällt, maßgeblich bleibt und eine Gegenüberstellung i. R. der Vergleichsrechnung nur möglich ist, wenn auf einen einheitlichen Endfälligkeitstermin abzustellen ist.[47] Anderseits lässt sich aus der Abwesenheit des § 41 InsO schlussfolgern, dass nur Zeitraumlösungen möglich sind.[48] Letzteres wird durch die Formulierung des § 7 Abs. 2 StaRUG gestützt, wonach der Restrukturierungsplan festlegen soll, „für welchen Zeitraum" Absonderungsanwartschaften gestundet werden, anstelle zu bestimmten, bis zu welchem Zeitpunkt sie gestundet werden. Richtigerweise ist § 10 Abs. 1 StaRUG in dem Sinne formal zu verstehen, dass auch ein **einheitlicher Endfälligkeitstermin ausrei-**

46) Noch im RefE wurden Stundung und Prolongation ausdrücklich als neue Finanzierungen qualifiziert. Begründet wurde dies damit, dass Stundung und Prolongation einer neuen Finanzierung wirtschaftlich entsprächen, vgl. Begr. RefE SanInsFoG z. § 14 StaRUG, S. 129, abrufbar unter https://www.bmj.de/SharedDocs/Gesetzgebungsverfahren/DE/2020_Fortentwicklung_Insolvenzrecht.html (Abrufdatum: 1.6.2025).

47) *Tresselt/Reps*, NZI 2025, 201, 203, **a. A.** *Völker*, ZRI 2024, 1098, 1104.

48) *Parzinger/Knebel* in: MünchKomm-StaRUG, § 10 Rz. 15 ff.; bei *Völker*, ZRI 2024, 1098, 1102, als „absolute Änderungsbetrachtung" bezeichnet.

chen kann.[49] Auch § 7 Abs. 2 StaRUG steht dem nicht entgegen, weil die Vorschrift zwar von einem Zeitraum spricht, nicht aber sagt, wie dieser Zeitraum zu ermitteln ist.[50]

4. Sicherung

Die Vorschrift des § 7 Abs. 2 StaRUG sieht, anders als ihr insolvenzrechtliches Pendant, auch die Sicherung der Absonderungsanwartschaft als Planregelung vor. Der Aspekt der Sicherung dürfte sich allerdings nur auf die Restrukturierungsforderung, die Absatz 2 ebenfalls adressiert, beziehen. Ob der Gesetzgeber hier ausdrücklich den Sicherheitentausch regeln wollte,[51] erscheint zweifelhaft, zumal sich dieser ohne Weiteres als „sonstige Regelung" subsummieren lässt. 88

5. Sonstige Eingriffe

Neben diesen gesetzlichen Regelbeispielen der quotalen Kürzung, Stundung und Sicherung ist es möglich, Anwartschaftsberechtigte sonstigen Regelungen zu unterwerfen. Die Wahl dieser ist nahezu beliebig. 89

Als „sonstige Regelung" ist vor allem der **Sicherheitentausch** von Bedeutung, d. h. die Ablösung einer Sicherheit unter gleichzeitiger Einräumung einer anderen Sicherheit durch den Schuldner. Die eingetauschte Sicherheit muss dabei nicht zwingend absonderungsfähig sein. Voraussetzung ist, dass die zusätzliche Sicherheitenbestellung durch den Schuldner und in Bezug auf eine zum maßgeblichen Zeitpunkt des § 2 Abs. 5 StaRUG begründete Forderung erfolgt. Auch die **Zahlung einer Ablösungssumme** kann genügen. Einem Gläubiger kann die Bestellung einer zusätzlichen Sicherheit nicht aufgezwungen werden. Bestellt ein Gläubiger eine Sicherheit **nach dem maßgeblichen Zeitpunkt**, so stellt dies eine **neue Finanzierung** i. S. von § 12 Satz 2 StaRUG dar und ist daher nur **konsensual** möglich. Auch eine Neuordnung der gesamten Sicherungsstruktur scheint möglich, wobei dies regelmäßig Gestaltungen nach § 2 Abs. 2 StaRUG erforderlich machen wird (siehe zur Abgrenzung Rz. 130) 90

D. Praktische Auswirkungen der Eingriffsabsicht auf die Plangestaltung

Macht der Restrukturierungsplan von der Möglichkeit des Eingriffs in Absonderungsanwartschaften in einer der beschriebenen Weisen Gebrauch, so hat dies unter verschiedenen Gesichtspunkten Auswirkungen auf die Plangestaltung. 91

I. Erhöhte Anforderungen an den darstellenden Teil

Die Absonderungsanwartschaften sind im darstellenden Teil anzugeben, um den Betroffenen und dem Gericht eine Beurteilung der Auswahlentscheidung (§ 8 StaRUG), der Gruppenbildung (§ 9 StaRUG), der Gleichbehandlung der Planbetroffenen (§ 10 StaRUG), und eine Beurteilung der Schlechterstellung (§§ 6 Abs. 2, 26, 64 StaRUG) zu ermöglichen. Der darstellende Teil hat die Grundsätze der **Vollständigkeit, Klarheit, Übersichtlichkeit und Richtigkeit** zu befolgen.[52] Anzugeben sind daher **sämtliche Sicherungsrechte** und deren jeweils Berechtigte einschließlich aller Treuhandverhältnisse; auch solche, die nicht betroffen sind.[53] 92

49) *Thole*, ZRI 2024, 1006, 1011; *Tresselt/Reps*, NZI 2025, 201, 203; AG München, Beschl. v. 6.6.2025 – 1501 RES 337/25 (BayWa), ZRI 2025, 787.

50) *Tresselt/Reps*, NZI 2025, 201, 203.

51) Jacoby/Thole-*Brünkmans*, StaRUG, § 7 Rz. 46.

52) *Parzinger/Knebel* in: MünchKomm-StaRUG, § 6 Rz. 16 ff.

53) *Mitlehner*, ZRI 2023, 429, 433.

93 Außerdem hat der Schuldner den **Verhandlungsstand** mit den Beteiligten darzustellen; dies ist allerdings nicht Ausfluss der Gestaltungsabsicht, sondern gemäß § 31 Abs. 2 Satz 1 Nr. 2 InsO formelle Voraussetzung der Restrukturierungsanzeige. Auch ohne dass Anwartschaftsinhaber in dieser Vorschrift konkret genannt werden, ist die Darstellung auch auf die mit diesen geführten Gespräche zu erstrecken.

II. Vergleichsrechnung: Wertbemessung und nächstbestes Alternativszenario

94 Im Rahmen der Planbestätigung wird die Schlechterstellung (§§ 26 Abs. 1 Nr. 1, 64 Abs. 1 StaRUG) überprüft, wobei sich das Gericht an der **Werthaltigkeit** des Sicherungsgegenstandes im nächstbesten Alternativszenario orientieren wird.

95 Diverse weitere Vorschriften erfordern eine Bewertung der Absonderungsanwartschaft, so ausdrücklich § 24 Abs. 1 Nr. 2 StaRUG, der das Stimmrecht an den Wert der Absonderungsanwartschaft koppelt.

96 Haftet der Restrukturierungsschuldner dem Absonderungsanwartschaftsberechtigten persönlich, so wird die Restrukturierungsforderung in **einen gesicherten und einen ungesicherten Teil** (den Ausfall) **aufgespalten**, wenn der Wert des Sicherungsgegenstandes hinter dem Nominalwert der Forderung zurückbleibt. Die Bemessung des (mutmaßlichen) Ausfalls erfordert zwingend die Bestimmung des Werts des Sicherungsgegenstands (§ 24 Abs. 3 StaRUG).

97 Der Wert des Sicherungsgegenstandes bestimmt sich grundsätzlich nach demjenigen Szenario, das der Vergleichsrechnung des Plans zugrunde gelegt wird (vgl. § 6 Abs. 2 StaRUG). Die Vergleichsbetrachtung setzt voraus, dass die **Befriedigungsaussichten „ohne Plan"** ermittelt werden. Dies geschieht durch Darstellung eines Bezugsszenarios, welches die Restrukturierungsrichtlinie und dem folgend die Gesetzesbegründung als das **nächstbeste Alternativszenario** bezeichnet. Als mögliche Alternativszenarien kommen nur solche Szenarien in Betracht, die der Schuldner im Fall des Scheiterns des Plans mit (zumindest) überwiegender Wahrscheinlichkeit rechtlich und tatsächlich umsetzen könnte.[54] Theoretische Szenarien bleiben unberücksichtigt. Die Literatur hat typische Alternativszenarien herausgearbeitet, die neben dem Planszenario in Betracht kommen sollen. In Betracht kommen insoweit insbesondere, aber nicht abschließend, die **Liquidation** oder die **übertragende Sanierung**, und zwar auch außerhalb des Insolvenzverfahrens. Alternative Restrukturierungspläne sind hingegen kein tauglicher Vergleichsmaßstab.

> **Praxishinweis**
>
> Dasjenige Szenario, das den Planbetroffenen die besten Befriedigungsaussichten verspricht, bildet die **Mindestgrenze für das Schlechterstellungsverbot**. Bei der Ermittlung der Befriedigungsaussichten ist die Vorschrift des § 6 Abs. 2 Satz 2 StaRUG zu beachten, nach der die Fortführung grundsätzlich zu unterstellen ist.

98 In der Regel dürfte es sich bei dem maßgeblichen Alternativszenario um ein Regelverfahren handeln, setzt die Inanspruchnahme von Verfahrenshilfen nach dem StaRUG doch stets drohende Zahlungsunfähigkeit voraus.[55] Entscheidend ist dann, welchen Verwertungserlös der Absonderungsberechtigte **in einem Insolvenzverfahren** mit hinreichender Wahrscheinlichkeit realisieren könnte. Dabei kommt es auch auf den voraussichtlichen **Zeitpunkt der wahrscheinlichen Verwertung** an. Die Bewertung ist als Prognoseentscheidung Zeitraum- und Risikodifferenzen ausgesetzt, was der Gesetzgeber dadurch berück-

---

54) Jacoby/Thole-*Brünkmans*, StaRUG, § 6 Rz. 36.

55) *Mitlehner*, ZRI 2023, 429, 434.

sichtigt, dass er von einer *voraussichtlichen* Schlechterstellung spricht (§ 26 Abs. 1 Nr. 1, 64 Abs. 1 StaRUG).

Im **hypothetischen Insolvenzszenario** sind die **Verwertungsmodalitäten** der §§ 165 ff. InsO zu beachten. Die Werthaltigkeit einer beweglichen Sicherheit kann sich also dadurch verringern, dass im Insolvenzverfahren Feststellungs- und Verwertungskosten (§§ 170 Abs. 1, 171 InsO) in Abzug zu bringen wären oder sich die Verwertung Schwierigkeiten ausgesetzt sähe. Bei der Bewertung unbeweglicher Sicherheiten wird es maßgeblich darauf ankommen, welche Erlöse sich bei einer Zwangsversteigerung (§ 165 InsO, §§ 1 ff. ZVG) oder einer freihändigen Verwertung durch den Insolvenzverwalter erzielen ließen. 99

Eine maßgebliche Erleichterung für die Restrukturierungspraxis dürfte die **Einbeziehung möglicher Anfechtungsszenarien** (§§ 129 ff. InsO) in die **Vergleichsrechnung** darstellen.[56] Zieht der Planersteller die Gestaltung anfechtbar erworbener Absonderungsanwartschaften in Betracht, ist das Anwartschaftsrecht im Bezugsszenario wegen der auf ihm lastenden Anfechtbarkeit nur mit einem geminderten Wert anzusetzen. In welchem Umfang sich der Wert des Sicherungsgegenstandes durch die Anfechtbarkeit verringert, ist Frage des Einzelfalls. Man wird sich an der **Erfolgswahrscheinlichkeit einer anfechtungsrechtlichen Geltendmachung orientieren** müssen. Richtigerweise dürfte eine Absonderungsanwartschaft, die sich der realistischen Gefahr der Anfechtbarkeit ausgesetzt sieht, **wertlos** sein. Überspitzt heißt das, dass anfechtbar erworbene Gegenstände i. R. der Vergleichsrechnung vollständig gekürzt werden können. Umso wichtiger ist die kritische Prüfung der Vergleichsrechnung, sowohl in Bezug auf das gewählte Bezugsszenario als auch auf die konkrete Wertbemessung. 100

Für unterschiedliche Gruppen können **unterschiedliche Alternativszenarien** vorteilhaft sein. Denkbar ist dies bei Restrukturierungsplänen, die einerseits Restrukturierungsforderungen und andererseits Absonderungsanwartschaften betreffen. Für § 6 Abs. 2 StaRUG kommt es aber gerade nicht darauf an, in welchem Szenario welcher Planbetroffene am besten stehen würde, sondern **welches Szenario am wahrscheinlichsten eingetreten wäre**, wenn der Schuldner das Restrukturierungsvorhaben nicht verfolgt hätte.[57] 101

Aus der Formulierung „das nächstbeste" folgt, dass es **nur ein Szenario** gibt, für das sich der Planersteller entscheiden muss.[58] Es ist daher weder für eine Gruppe von Anwartschaftsinhabern noch für jeden Anwartschaftsinhaber individuell ein jeweils eigenes Alternativszenario zu ermitteln. Ist das nächstbeste Alternativszenario beispielsweise dasjenige der Fortführung, bei gleichzeitiger Abstoßung unwesentlicher Betriebsgrundstücke, so ist für eine auf dem Grundstück lastende Grundschuld der Zerschlagungswert anzusetzen. In Ansehung der Grundschuld darf nicht ausnahmsweise ein anderes, sich möglicherweise widersprechendes Alternativszenario zugrunde gelegt werden, welches einen höheren Grundstückswert bringt, aber für die Gläubiger insgesamt nicht das nächstbeste Szenario ist. 102

Anderes gilt i. R. des **Minderheitenschutzes** nach § 64 StaRUG, und dem folgend bei der sofortigen Beschwerde nach § 66 StaRUG. In diesen Verfahren ist es dem Betroffenen nicht nur eröffnet, die Wertbemessung innerhalb des im Plan vorgesehenen Alternativszenarios anzugreifen; er kann darüber hinaus auch ein anderes, seiner Auffassung nach maßgeb- 103

56) Seibt/Westpfahl-*Herding/Krafczyk*, StaRUG, § 2 Rz. 95; dem folgend *Skauradszun* in: BeckOK-StaRUG, § 2 Rz. 63a; wohl auch *Mitlehner*, ZRI 2023, 429, 435, der Anfechtungsszenarien „zur Gruppenbildung" und bei der „Bewertung zur Beurteilung der Gleichbehandlung nach § 10 StaRUG" berücksichtigen will.

57) *Parzinger/Knebel* in: MünchKomm-StaRUG, § 6 Rz. 96 ff.

58) *Spahlinger* in: BeckOK-StaRUG, § 26 Rz. 19.

liches nächstbestes Alternativszenario darlegen und glaubhaft machen.[59] Hier erlangt das Schlechterstellungsverbot **erstmals eine individualisierte Bedeutung.**

> **Praxishinweis**
>
> Allerdings können vollständig widersprüchliche Szenarien auch i. R. der §§ 64, 66 StaRUG Zweifel an deren grundsätzlichen Realisierbarkeit aufwerfen. Dem Schuldner bleibt in solchen Fällen die Möglichkeit eröffnet, im Wege einer **Gegenglaubhaftmachung** das Vorbringen des widersprechenden Planbetroffenen zu entkräften, um auf „sein" Alternativszenario zurückzufallen.

III. Auswirkungen auf die Gruppenbildung

1. Existenz (zumindest) einer eigenen Gruppe für Absonderungsberechtigte

104 Liegt ein **Eingriff** in die Absonderungsanwartschaft vor, so ist für ihren Inhaber nach Maßgabe des § 9 Abs. 1 Satz 2 Nr. 1 StaRUG eine **eigenständige Gruppe** zu bilden. Die Bildung weitergehender Gruppen ist auf Basis des § 9 Abs. 2 StaRUG möglich, aber nicht zwingend (siehe hierzu Rz. 110 ff.). Die Gruppenbildung erfolgt strikt anhand der in § 9 Abs. 1 Satz 2 StaRUG abschließend aufgeführten **Rechtsstellungen**, sodass von einem **Differenzierungsgebot** gesprochen werden kann. Da die Gruppenbildung nicht personen-, sondern rechtebezogen erfolgt, sind durch Absonderungsanwartschaften gesicherte Restrukturierungsforderungen aufzuspalten in einen werthaltig gesicherten Teil und einen ungesicherten Teil. Der gesicherte Teil ist in der Gruppe der Anwartschaftsberechtigten abzubilden, der ungesicherte Teil in der Gruppe der einfachen Restrukturierungsgläubiger. Andernfalls entstünde eine **unzulässige Mischgruppe**, in der wirtschaftlich ungleiche Rechteinhaber nach § 10 Abs. 1 StaRUG gleichbehandelt werden müssten.

105 Indes hielt das AG Köln § 9 Abs. 1 StaRUG in einem Fall für nicht einschlägig, in dem Beteiligte zugleich als Inhaber von Restrukturierungsforderungen, von Absonderungsanwartschaften und von Rechten aus gruppeninternen Drittsicherheiten betroffen waren.[60] Nach Auffassung des Gerichts bestand in der zu entscheidenden Fallkonstellation ein „Differenzierungsverbot", dem zufolge die personenidentischen Gläubiger zwingend einer einheitlichen Gruppe zugeordnet werden müssten. Diese Entscheidung, die auf eine teleologische Reduktion des § 9 Abs. 1 StaRUG hinausläuft, sollte der ungerechtfertigten Verschiebung von Mehrheitsverhältnissen i. R. des § 26 StaRUG entgegenwirken. Diese Entscheidung stieß in der Literatur auf Kritik.[61] Es wurde beanstandet, dass das Gericht das gesetzlich vorgesehene Differenzierungsgebot in ein Differenzierungsverbot umgedeutet und hierdurch die Bildung einer **unzulässigen Mischgruppe** zugelassen habe. Zudem sei die teleologische Reduktion dogmatisch nicht zu rechtfertigen gewesen, weil § 24 Abs. 3 Satz 1 StaRUG bereits eine hinreichende Regelung zur Verhinderung doppelter Stimmabgaben enthalte.

106 Die Gruppenbildung gewährleistet die ordnungsgemäße **Berücksichtigung von Betroffenen mit verschiedener Rechtsstellung** im Restrukturierungsverfahren. Wegen seines teilkollektiven Charakters hat der Gesetzgeber eine Einschränkung auf solche Sicherungsnehmer, in deren Rechte durch den Plan auch tatsächlich eingegriffen wird (vgl. § 222 Abs. 1 Satz 2 Nr. 1 InsO), nicht für erforderlich erachtet. Die Erforderlichkeit der Gruppenbildung folgt aus der Auswahlentscheidung des Schuldners bzw. der damit einhergehenden Plan-

59) *Skauradszun/Böhning*, ZRI 2024, 1038, 1041.

60) AG Köln, Beschl. v. 3.3.2021 – 83 RES 1/21, Rz. 20 ff., NZI 2021, 433, 434, m. Anm. *Thole* = ZRI 2021, 377.

61) *Thole*, ZRI 2024, 1006, 1011; Jacoby/Thole-*Brünkmans*, StaRUG, § 9 Rz. 8; *Parzinger/Knebel* in: MünchKomm-StaRUG, § 9 Rz. 83.

betroffenheit. Unterbleibt eine Auswahl, muss auch keine Gruppe gebildet werden.[62] Wird die mit einem Sicherungsrecht verknüpfte Restrukturierungsforderung gestaltet, so hat der Planersteller **mittelbaren Planwirkungen** damit zu begegnen, dass er einen klarstellenden Hinweis aufnimmt, wonach Sicherungsrechte nicht berührt werden. Die Auswahlentscheidung ist im darstellenden Teil des Plans zu begründen (§ 8 Satz 1 StaRUG). Dem geht voraus, dass Anwartschaftsberechtigte, deren Rechte nicht gestaltet werden, im darstellenden Teil des Restrukturierungsplans bezeichnet werden müssen (vgl. auch Anlage Nr. 5 zu § 5 Satz 2 StaRUG).

Werden Sicherheiten durch einen **Sicherheitentreuhänder** gehalten – typischerweise in Form der doppelseitigen Treuhand – so sind einerseits der Treuhänder und andererseits die durch die Treuhand **materiell Begünstigten** in die Gruppe der Anwartschaftsinhaber aufzunehmen.[63] Sofern dem Treuhänder zusätzlich eine eigene Forderung eingeräumt wurde (Parallel-Debt), muss dieser erst recht als Gruppenmitglied Berücksichtigung finden.[64] 107

– Die Berücksichtigung des **Treuhänders** bei der Gruppenbildung folgt aus seiner **dinglichen Inhaberschaft** über das Sicherungsrecht.
– Der Treuhänder ist aber **auch dem Drittbegünstigten gegenüber verpflichtet**. Letzterer hat zwar kein Absonderungsrecht, ihm gebührt aber der Verwertungserlös, den er dadurch realisieren kann, dass er den Treuhänder auf Grundlage des Treuhandvertrages zur Verwertung anweist und der Treuhänder den Erlös an diesen auskehrt.[65] Diese Rechtsstellung genügt, um den Drittbegünstigten i. S. des § 9 Abs. 1 Satz 2 Nr. 1 StaRUG **als Anwartschaftsberechtigten aufzufassen.**

In sämtlichen Fällen ist auf der Ebene des Stimmrechts zu berücksichtigen, dass es **nicht zu Verdoppelungen des Stimmrechts kommt.**[66] In diesem Zusammenhang bietet sich die Heranziehung des Rechtsgedankens der Gesamtgläubigerschaft an. Ergänzend ergibt sich auch aus § 25 Abs. 2 StaRUG der Gedanke, dass mehrere Berechtigte, denen ein Recht gemeinschaftlich zusteht – in diesem Fall Treuhänder und Drittbegünstigter –, nur einmal über dieses Recht abstimmen dürfen.[67] Die **Letztentscheidungsbefugnis** dürfte regelmäßig beim **Drittbegünstigten** liegen, der den Treuhänder nach Maßgabe des Treuhandvertrages anweisen kann. 108

Zwischen den einzelnen Kreditgebern sind die **Stimmrechte nach der Höhe des Anteils zu bestimmen**, in dem das dem Treuhänder übertragene Sicherungsrecht ihre eigene Forderung absichert.[68] Sieht der **Sicherheitentreuhandvertrag** oder das Intercreditor Agreement **interne Mehrheitserfordernisse** vor, fragt sich weiter, ob diese Mehrheitserfordernisse auf die Planabstimmung und das dortige Mehrheitserfordernis von 75 % (vgl. § 25 Abs. 1 StaRUG) durchschlagen.[69] Eine Bindung an interne Mehrheitserfordernisse könnte aus § 25 Abs. 2 StaRUG folgen, wonach Gläubiger über ein einheitliches Recht nur 109

62) Zur Gestaltung einer kommunalen Abgabenforderung ohne korrespondierenden Eingriff in die Absonderungsanwartschaft aus § 10 Abs. 1 Nr. 3 ZVG vgl. AG Bremen, Beschl. v. 13.9.2024 – 531 RES 1/24, Rz. 11, ZRI 2025, 92 = NZI 2025, 84.

63) Morgen-*Kowalewski/Praß*, StaRUG, § 9 Rz. 34.

64) Weiterführend Morgen-*Kowalewski/Praß*, StaRUG, § 25 Rz. 49 f.

65) *Ganter*, ZIP 2017, 2277, 2279; *Bitter*, ZIP 2015, 2249, 2254, wonach der Drittbegünstigte nur „materiell", nicht aber „formal-rechtlich" Inhaber einer Sicherheit ist.

66) Seibt/Westpfahl-*Westpfahl*, StaRUG, § 25 Rz. 32.

67) Die entsprechende Heranziehung des § 25 Abs. 2 StaRUG ist indes nur auf diesen Gedanken beschränkt. Treuhänder und Drittbegünstigter müssen sich nicht, wie § 25 Abs. 2 StaRUG direkt vorschreiben würde, zwingend einigen, damit die Stimmabgabe wirksam ist.

68) In diese Richtung AG Köln, Beschl. v. 3.3.2021 – 83 RES 1/21, Rz. 21, NZI 2021, 433, 435, m. Anm. *Thole* = ZRI 2021, 377.

69) Morgen-*Kowalewski/Praß*, StaRUG, § 25 Rz. 55.

einheitlich abstimmen dürfen. Die Verknüpfung von Sicherungsrecht und Forderung macht jedoch deutlich, dass das vom Sicherheitentreuhänder gehaltene Recht jeweils **nur die dem jeweiligen Gläubiger zugewiesene Forderung** besichert.[70] Damit ist § 25 Abs. 2 StaRUG im Verhältnis zwischen den einzelnen Kreditgebern nicht anwendbar. Folglich sind interne Bindungen im Außenverhältnis nicht zu berücksichtigen. Solche Mehrheitserfordernisse dürften jedenfalls als Nebenbestimmungen gemäß § 2 Abs. 2 StaRUG gestaltbar sein. Diese Gestaltung wiederum an interne Bindungen zu knüpfen, würde dem Zweck des § 2 Abs. 2 StaRUG nicht gerecht, Vertragsänderung trotz Ablehnung einzelner Vertragspartner zu ermöglichen.

2. Differenzierungsmöglichkeit

110 Innerhalb von Beteiligten mit gleicher Rechtsstellung können nach Maßgabe des § 9 Abs. 2 Satz 1 StaRUG **weitere (Unter-)Gruppen** gebildet werden. Sie müssen sachgerecht voneinander abgegrenzt werden. Möglich ist etwa eine Unterscheidung anhand der Art des Absonderungsrechts (Mobiliar- und Immobiliarsicherheit) oder deren unterschiedlicher Werthaltigkeit. Letztere wird bspw. durch vertraglichen Rangvereinbarungen (Senior- und Junior-Debt) oder durch gesetzliche Rangfolgen (§§ 10, 11 ZVG, § 879 BGB) beeinflusst (vgl. den Restrukturierungsplan in § 67 [*Dellit*]). Die **Abgrenzungskriterien** sind gemäß § 9 Abs. 2 Satz 2 StaRUG im Plan **anzugeben**. Die Rechtsprechung tendiert dazu, bei der Bildung ein gegenüber § 222 InsO wesentlich weiteres Ermessen anzunehmen, auch betreffend strategischer Gestaltungsmöglichkeiten.[71] Auch ist es **nicht erforderlich**, dass die Gruppen **auch unterschiedlich behandelt werden**. Allerdings plausibilisiert eine unterschiedliche Behandlung zwischen den Gruppen die Sachgerechtigkeit der vorgenommenen Differenzierung. Die Grenze liegt dort, wo Planbetroffene trotz identischen wirtschaftlichen Interessen mit dem einzigen Ziel der Erreichung der Gruppenmehrheit in unterschiedliche Gruppen eingeteilt werden.

111 Kann die auf § 9 Abs. 2 StaRUG gestützte (Unter-)Gruppenbildung nicht sachgerecht begründet werden, dann verstößt sie gegen das **Differenzierungsverbot**. Der Umkehrschluss lässt sich aber nicht ziehen. Ebenso, wie es bei § 8 StaRUG nicht zwingend ist, bei Vorliegen sachgerechter Gründe eine Einbeziehung auch vorzunehmen, ist es nach § 9 Abs. 2 StaRUG **nicht zwingend**, weitergehende **Untergruppen zu bilden**, auch wenn die **wirtschaftlichen Interessen noch so unterschiedlich sind** und potenzielle sachgerechte Abgrenzungskriterien erkennbar vorliegen.[72]

E. Praktische Auswirkungen der Eingriffsabsicht auf das gerichtliche Verfahren

112 Aufgrund des modularen Charakters des vorinsolvenzlichen Stabilisierungs- und Restrukturierungsrahmens bestimmt sich das **Maß der gerichtlichen Einbindung** nach dem Willen des Schuldners. In Bezug auf den Restrukturierungsplan sehen drei Verfahrenshilfen, namentlich

– die Durchführung eines gerichtlichen Planabstimmungsverfahrens (§§ 29 Abs. 2 Nr. 1, 45 f. StaRUG),

70) Morgen-*Kowalewski/Praß*, StaRUG, § 25 Rz. 50.

71) AG Hamburg, Beschl. v. 12.4.2021 – 61a RES 1/21, Rz. 13, ZRI 2021, 473 = NZI 2021, 544; AG Karlsruhe, Beschl. v. 25.3.2022 – 102 RES 2/21, Rz. 45, ZIP 2023, 651 = BeckRS 2022, 45096; AG Bremen, Beschl. v. 13.9.2024 – 531 RES 1/24, Rz. 9, ZRI 2025, 92 = NZI 2025, 84; AG Halle (Saale), Beschl. v. 20.12.2024 – 58 RES 1/24, ZRI 2025, 313 = ZVI 2025, 98.

72) So erachtet AG Bremen, Beschl. v. 13.9.2024 – 531 RES 1/24, NZI 2025, 84, 85 f. = ZRI 2025, 92, die Nichtdifferenzierung zwischen öffentlich-rechtlichen und privaten Restrukturierungsforderungen für zulässig.

- die gerichtliche Vorprüfung von Fragen, die für die Bestätigung des Restrukturierungsplans erheblich sind (§§ 29 Abs. 2 Nr. 2, 47 f. StaRUG), und
- die gerichtliche Bestätigung eines Restrukturierungsplans (§§ 29 Abs. 2 Nr. 4, 60 ff. StaRUG)

eine gerichtliche Einbindung vor. Gemeinsam in Anspruch genommen, kommen sie dem eigenverwaltenden Insolvenzplanverfahren (§§ 217 ff. InsO) am nächsten.

I. Notwendigkeit der Ladung (§ 45 Abs. 3 StaRUG)

Gemäß § 45 Abs. 3 StaRUG sind die Planbetroffenen, sofern die gerichtliche Planbestätigung mit einer gerichtlichen Planabstimmung kombiniert wird (§§ 29 Abs. 2 Nr. 1, 45 f. StaRUG), zu dem Erörterungs- und Abstimmungstermin zu laden. Der Ladung ist der **vollständige Restrukturierungsplan nebst Anlagen** beizufügen. Die Ladung hat den Hinweis darauf zu enthalten, dass der Termin und die Abstimmung auch dann durchgeführt werden können, wenn nicht alle Planbetroffenen teilnehmen. Die **Ladungsfrist** beträgt mindestens 14 Tage. 113

II. Stimmrecht der Anwartschaftsberechtigten (§§ 24, 45 Abs. 4, 63 Abs. 4 StaRUG)

§ 24 Abs. 1 Nr. 2 StaRUG formuliert, dass sich das Stimmrecht bei Absonderungsanwartschaften „nach deren Wert“ richtet. Die Vorschrift ist von einer gerichtlichen Einbindung unabhängig. Nach § 24 Abs. 4 StaRUG kann grundsätzlich der Schuldner das Stimmrecht zuweisen, auch im Streitfall. Geht er den Weg des gerichtlichen Planabstimmungsverfahrens, legt das Gericht nach § 45 Abs. 4 Satz 2 StaRUG das Stimmrecht abschließend fest. Geht er (nur) den Weg der gerichtlichen Planbestätigung, legt das Gericht nach § 63 Abs. 4 Satz 2 StaRUG das Stimmrecht fest. 114

Haftet der **Absonderungsanwartschaftsberechtigte** dem Schuldner auch **persönlich**, ist er also zugleich Inhaber einer Restrukturierungsforderung, so ist der Betroffene – sofern in die Absonderungsanwartschaft *und* die gesicherte Forderung eingegriffen wird – **in beiden Gruppen zu berücksichtigen**. Unter Zugrundelegung des mittelbaren Eingriffsbegriffs genügt hier bereits die Gestaltung der gesicherten Forderung (siehe Rz. 49 ff.). 115

- Mit dem gesicherten Teil seiner Forderung ist der Betroffene in der Gruppe der Absonderungsanwartschaftsberechtigten zu berücksichtigen. Dort hat er volles Stimmrecht, welches sich an dem Wert der Sicherheit orientiert. Dies richtet sich nach dem nächstbesten Alternativszenario. Bei der Ermittlung dieses Szenarios ist die Fortführung des Unternehmens zu unterstellen (§ 6 Abs. 2 Satz 2 StaRUG) und damit im Grundsatz der Fortführungswert anzusetzen.[73)]
- In der Gruppe von Restrukturierungsgläubigern hat der Betroffene nur insoweit ein Stimmrecht, wie der Schuldner für die gesicherte Forderung auch persönlich haftet und der Inhaber der Absonderungsanwartschaft auf diese verzichtet oder mit einer abgesonderten Befriedigung ausfallen würde, vgl. § 24 Abs. 3 Satz 1 StaRUG. Auf diese Weise wird bewirkt, dass das Stimmgewicht des Gläubigers in beiden Abstimmungsgruppen zusammen nicht größer ist als der Nominalwert seiner Restrukturierungsforderung. Die Höhe des Ausfalls entspricht der Differenz aus dem Wert der gesicherten Forderung und dem Wert des Sicherungsgegenstands. Bei der Wertbemessung ist (wie bei § 24 Abs. 1 StaRUG) das nächstbeste Alternativszenario zugrunde zu legen.

73) Seibt/Westpfahl-*Westpfahl*, StaRUG, § 24 Rz. 10.

116 Halten mehrere Planbetroffene ein Sicherungsrecht **gemeinsam**, so ergibt sich, vorbehaltlich der Regelung des § 25 Abs. 2 StaRUG, der verhältnismäßige Anteil des einzelnen Planbetroffenen am Sicherungsrecht aus der Höhe der besicherten Forderung.

III. Gruppenübergreifende Mehrheitsentscheidung

117 § 26 Abs. 1 StaRUG sieht vor, dass die Zustimmung einer Gruppe, sofern die erforderliche Mehrheit nicht erreicht wurde, fingiert werden kann. Voraussetzung ist, dass die Mehrheit der abstimmenden Gruppen dem Plan zugestimmt hat und die übrigen Voraussetzungen vorliegen.

> **Praxishinweis**
>
> Die Voraussetzungen des § 26 Abs. 1 StaRUG, insbesondere das Schlechterstellungsverbot, gehören zum Prüfprogramm i. R. der **Planbestätigungsentscheidung** gemäß §§ 60 Abs. 1, 63 Abs. 1 Nr. 2 StaRUG. Eine gerichtliche Prüfung erfolgt jedoch nur dann, wenn eine gruppenübergreifende Mehrheitsentscheidung erforderlich ist, und dann auch ausschließlich im Hinblick auf diejenige Gruppe, deren Zustimmung ersetzt werden soll.

1. Schlechterstellungsverbot

118 Die gerichtliche Prüfung i. R. des Planbestätigungsantrags (§§ 60 Abs. 1, 63 Abs. 1 Nr. 2 StaRUG) hat **gruppenbezogen** zu erfolgen.[74] Nach welchem Vergleichsszenario dies zu erfolgen hat, ergibt sich aus der Vergleichsrechnung.[75] Abzustellen ist auf das nächstbeste Alternativszenario, wobei die Fortführung des Unternehmens zu unterstellen ist (vgl. § 6 Abs. 2 Satz 2 StaRUG). Die gerichtliche Prüfung erfolgt von Amts wegen, beschränkt sich aber auf die ablehnende Gruppe.

119 Wird Minderheitenschutzantrag gestellt, erfolgt eine gerichtliche Prüfung der **individuellen Schlechterstellung** (§ 64 Abs. 1, Abs. 2 StaRUG). Im Rahmen des Minderheitenschutzes kann der Anwartschaftsberechtigte

– entweder darlegen[76] und glaubhaft machen, dass das in der Vergleichsrechnung vorgesehene Alternativszenario nicht das für ihn[77] nächstbeste Alternativszenario ist, oder
– darlegen und glaubhaft machen, dass das vorgesehene nächstbeste Alternativszenario durch den Planersteller zwar korrekt ermittelt, jedoch die Wertermittlung falsch bzw. zu niedrig vorgenommen wurde. Letzteres kann er mit einem privat eingeholten Bewertungsgutachten glaubhaft machen.[78]

120 Diesem Muster folgt im Wesentlichen die **sofortige Beschwerde** (§ 66 StaRUG) mit dem Unterschied, dass i. R. des § 66 StaRUG im Hinblick auf das Erfordernis der Wesentlichkeit der Schlechterstellung höhere Anforderungen gelten.

2. Angemessene Beteiligung am Planwert: Absolute Priority Rule

121 Nach § 27 Abs. 1 Nr. 2 StaRUG kann die Zustimmung einer ablehnenden Gruppe nicht ersetzt werden, wenn ein in einem Insolvenzverfahren nachrangiger planbetroffener Gläubiger, der Schuldner oder eine am Schuldner beteiligte Person einen Wert erhält, der nicht durch eine Leistung in das Vermögen des Schuldners vollständig ausgeglichen wird

74) *Spahlinger* in: BeckOK-StaRUG, § 26 Rz. 10; Jacoby/Thole-*Jacoby*, StaRUG, § 26 Rz. 6, 10.

75) *Spahlinger* in: BeckOK-StaRUG, § 26 Rz. 12.

76) Das Gesetz spricht von Geltendmachung, was mit der Darlegung gleichzusetzen ist, vgl. AG Hannover, Beschl. v. 20.10.2023 – 951 RES 1/23 – 1, ZRI 2023, 962.

77) Zur Maßgeblichkeit des individuellen nächstbesten Alternativszenarios vgl. Rz. 103.

78) *Skauradszun/Böhning*, ZRI 2024, 1038, 1041 f.

(Gebot der Rangwahrung). Diesen Wert, also das Delta zwischen dem Wert ohne einen Plan und mit dem Plan, bezeichnet der Gesetzgeber den **Planwert**. Zusammen mit dem in Nr. 3 genannten Gleichbehandlungsgebot bildet das Gebot der Rangwahrung eine absolute Vorrangstellung vorrangiger Betroffener (Absolute Priority Rule). Beide Nummern dürfen nicht schematisch voneinander getrennt werden, sie betreffen **beide Rangfragen**, einmal **auf vertikaler** (Nr. 2), einmal **auf horizontaler Ebene** (Nr. 3). Dieser Befund spiegelt sich gesetzessystematisch in § 28 StaRUG wider, der die **Durchbrechung** der absoluten Priorität für beide Nummern regelt.

a) Gebot der Rangwahrung

Unklar ist, ob das von § 27 Abs. 1 Nr. 2 StaRUG angesprochene Rangverhältnis auch im **Verhältnis zwischen einfachen Restrukturierungsgläubigern und Absonderungsanwartschaftsberechtigten** gilt. Die h. M. zum Insolvenzplan sieht ein solches Rangverhältnis, wie es dem Verständnis der §§ 38 f. InsO zugrunde liegt, nicht als gegeben an. Denn Absonderungsrechte gewähren dem Rechteinhaber keine Vorrangstellung bei der Verteilung der Masse insgesamt, sondern nur einen Anspruch auf den Erlös aus dem konkreten Absonderungsgegenstand. Dem folgt die **h. M. zum Restrukturierungsplan**.[79] Vor dem Hintergrund der Hürde des Schlechterstellungsverbots ist eine weitergehende Begrenzung der Gestaltungsmöglichkeiten durch eine absolute Vorrangstellung absonderungsberechtigter Gläubiger praktisch kaum mehr umsetzbar. Ihre konsequente Anwendung liefe darauf hinaus, dass erst sämtlichen Absonderungsberechtigten eine vollständige Befriedigung angeboten werden müsste, bevor für die Restrukturierungsgläubiger überhaupt ein wirtschaftlicher Wert vorgesehen werden dürfte. Dies ist bereits bei einer Quote der Fall, die 1 % über der Quote im nächstbesten Alternativszenario liegt. 122

Weiter besteht Uneinigkeit darüber, ob § 27 Abs. 1 Nr. 2 StaRUG auf das **Rangverhältnis zwischen mehreren Absonderungsberechtigten** anwendbar ist. Derartige Rangverhältnisse ergeben sich aus vertraglichen Vereinbarungen, etwa wenn der Schuldner mit seinen Kreditgebern oder die Kreditgeber untereinander Intercreditor Agreements abschließen, die sog. **Wasserfallregelungen** vorsehen. Würde man die Anwendbarkeit des § 27 Abs. 1 Nr. 2 StaRUG in solchen Konstellationen bejahen, müsste ein erstrangiges Absonderungsrecht vollständig befriedigt werden, bevor einem nachrangigen Absonderungsrecht überhaupt ein wirtschaftlicher Wert zugewiesen werden könnte.[80] Dies ist als zu einschränkend abzulehnen. Relative Vereinbarungen schlagen nicht auf die insolvenzrechtliche Befriedigungsreihenfolge durch.[81] Im Insolvenzrecht dürfte dies als unbestritten gelten, weil die Rangordnung durch § 39 InsO absolut bestimmt wird. Ein Grund, Insolvenz- und Restrukturierungsrecht in diesem Punkt unterschiedlich zu behandeln, ist nicht ersichtlich,[82] denn die Parallelregelung des § 245 Abs. 2 Nr. 2 InsO diente dem Gesetzgeber hier ersichtlich als Vorbild. Aus der Unanwendbarkeit des § 27 Abs. 1 Nr. 2 StaRUG folgt indes nicht, dass erstrangige Absonderungsrechte überhaupt nicht mehr bevorzugt werden dürfen. Eine unterschiedliche Behandlung ist auf Grundlage einer sachgerechten Gruppenabgrenzung und bei Beachtung des Schlechterstellungsverbots möglich. Im Horizontalverhältnis gleichrangiger, aber aufgrund vertraglicher Vereinbarung unterschiedlich 123

79) Seibt/Westpfahl-*Westpfahl*, StaRUG, § 27 Rz. 27; *Spahlinger* in: BeckOK-StaRUG, § 27 Rz. 20; *Skauradszun* in: BeckOK-StaRUG, § 2 Rz. 7; *Denkhaus* in: Kübler/Bork/Prütting, HRI I, § 33 Rz. 33; Jacoby/Thole-*Jacoby*, StaRUG, § 27 Rz. 16; **a. A.** Morgen-*Kowalewski*/*Praß*, StaRUG, § 27 Rz. 34; *Herweg* in: MünchKomm-StaRUG, § 27 Rz. 23; *Völker*, ZRI 2024, 1098, 1111.

80) *Völker*, ZRI 2014, 1098, 1111.

81) *Ganter*, ZRI 2024, 323, 324.

82) *Spahlinger* in: BeckOK-StaRUG, § 27 Rz. 18; Morgen-*Kowalewski*/*Praß*, StaRUG, § 27 Rz. 33.

zu behandelnder Gläubigergruppen bemisst sich die angemessene Verteilung des Restrukturierungsmehrwertes nach § 27 Abs. 1 Nr. 3 StaRUG (siehe hierzu nachfolgend Rz. 124 ff.).

b) Gebot der gruppenübergreifenden Gleichbehandlung

124 Der gruppenübergreifende Gleichbehandlungsgrundsatz ist in § 27 Abs. 1 Nr. 3 StaRUG geregelt und sorgt dafür, dass Beteiligte desselben Ranges den durch den Restrukturierungsplan geschaffenen Mehrwert nicht vereinnahmen, während die ablehnende Gruppe auf den Wert des nächstbesten Alternativszenarios verwiesen wird. Es betrifft **gleichrangige (Unter-)Gruppen**, die auf Grundlage des § 9 Abs. 2 StaRUG gebildet wurden, mithin das Horizontalverhältnis.

125 Die **Höhe der Befriedigung** kann je nach Gruppenzugehörigkeit durchaus verschieden sein.[83] Dies folgt daraus, dass i. R. der Planbetroffenenauswahl sogar die vollständige Nichtberücksichtigung einzelner Anwartschaftsinhaber, während die Rechte anderer Anwartschaftsinhaber gestaltet werden, möglich ist.

126 Das gruppenübergreifende Gleichbehandlungsgebot ist **wirtschaftlich zu verstehen.** Die wirtschaftliche Betrachtungsweise betrifft gerade die **relativen Rangvereinbarungen** i. R. von Wasserfallregelungen, durch die eine Ungleichbehandlung vertraglich festgelegt wird. Wird Gläubigern, dies berücksichtigend, Unterschiedliches angeboten, so verstößt das nicht gegen das Gleichbehandlungsgebot,[84] ggf. ist dann sogar eine *formale* Ungleichbehandlung geboten, um eine *wirtschaftliche* Gleichbehandlung zu erreichen.[85]

127 Begreift man das Gleichbehandlungsgebot aus § 27 Abs. 1 Nr. 3 StaRUG hingegen strenger und verlangt eine **formale Gleichbehandlung**, kann eine wirtschaftliche Besserstellung vertraglich vorrangiger Gläubiger, also eine formale Ungleichbehandlung, jedenfalls über § 28 Abs. 1 StaRUG sachgerecht sein.[86] Der umgekehrte Fall ist ebenfalls denkbar. Wer, wie hier (siehe Rz. 126), eine **wirtschaftliche Gleichbehandlung** verlangt – was nach § 27 Abs. 1 Nr. 3 StaRUG eine formale Ungleichbehandlung erforderlich machen kann – kann über § 28 Abs. 1 StaRUG ausnahmsweise auch eine formale Gleichbehandlung, aber dafür eine wirtschaftliche Ungleichbehandlung rechtfertigen. Letzteres betrifft etwa den Fall, dass Juniorgläubiger trotz eines vertraglich vereinbarten Nachrangs einen wirtschaftlichen Wert erhalten sollen, ohne dass Seniorgläubiger vollständig befriedigt werden.

IV. (Gerichtliche) Absicherung der Planausarbeitungsphase

128 Gemäß §§ 29 Abs. 2 Nr. 3, 49 ff. StaRUG ordnet das Restrukturierungsgericht auf Antrag **Stabilisierungsmaßnahmen** in Form von Vollstreckungs- und Verwertungssperren an, soweit dies zur Wahrung der Aussichten auf die Verwirklichung des Restrukturierungsziels erforderlich ist. Regelmäßig wird eine Stabilisierung in Betracht kommen, wenn außergerichtliche Verhandlungen scheitern und ein Gläubiger die Vollstreckung seiner Forderung oder die Verwertung seiner Sicherheit ankündigt. Die **Vollstreckungssperre** führt zu einem zwangsweisen Stillstand des Vollstreckungsverfahrens. Diese gesetzliche Ermächtigung erfasst – anders als § 21 Abs. 2 Satz 1 Nr. 3 InsO – auch die Verfahren der

83) AG Stuttgart, Beschl. v. 11.12.2024 – 6 RES 1243/24 (VARTA), ZRI 2025, 149, 153, m. Anm. *Kümpel* = BeckRS 2024, 37304.

84) Anders gewendet: § 27 Abs. 1 Nr. 3 StaRUG gilt überhaupt nur, wenn nicht abweichende Abreden getroffen wurden, vgl. *Westpfahl/Liedl* in: FS Gehrlein, S. 589, 605.

85) Seibt/Westpfahl-*Westpfahl*, StaRUG, § 27 Rz. 54 „Sofern sich eine Gruppe von Planbetroffenen mit einer anderen Gruppe von gleichrangigen Planbetroffenen darauf verständigt hat, erst nachrangig befriedigt zu werden, muss sie sich daran festhalten lassen".

86) Seibt/Westpfahl-*Westpfahl*, StaRUG, § 27 Rz. 58; Flöther-*Knapp*, StaRUG, § 27 Rz. 13.

Zwangsversteigerung und Zwangsverwaltung nach §§ 1 ff. ZVG. Flankiert wird dies durch die Regelung des § 30g ZVG, wonach das Vollstreckungsgericht ein eingeleitetes Zwangsversteigerungsverfahren auf Antrag des Schuldners einstweilen einstellen muss.[87] Das Restrukturierungsverfahren ist also gerade mit Blick auf Single Asset Cases besser abgesichert als das Insolvenzplanverfahren, in dem eine Einstellung nach § 30d ZVG zu erwirken wäre. Die **Verwertungssperre** bewirkt wie eine im Restrukturierungsplan geregelte Stundung einen Verwertungsaufschub des Absonderungsrechts. Weitergehend sind hier **auch Aussonderungsrechte** erfasst, was verdeutlicht, dass die von der Stabilisierungsanordnung erfassten Rechte nicht unbedingt auch Betroffene des Restrukturierungsplans sein müssen. Letztlich wird es dem Schuldner aber auf die Herstellung **zeitlicher Kontinuität** ankommen. So kann die Verwertung des Sicherungsguts zunächst während der Planausarbeitungsphase unterbunden werden (§ 53 StaRUG erlaubt eine anfängliche Anordnung für drei Monate). Eine weitere Verwertungsbeschränkung kann sodann durch den bestätigten Restrukturierungsplan herbeigeführt werden.

F. Gestaltung von Nebenbestimmungen (§ 2 Abs. 2 StaRUG)

Beruhen Absonderungsanwartschaften auf mehrseitigen Rechtsverhältnissen zwischen dem Schuldner und mehreren Gläubigern, so sind nach § 2 Abs. 2 Satz 1 StaRUG auch die Einzelbestimmungen durch den Restrukturierungsplan gestaltbar. Dies betrifft insbesondere **Konsortialfinanzierungen** (§ 2 Abs. 2 Satz 1 StaRUG).[88] Solche werden insbesondere bei großvolumigen Finanzierungsprojekten eingesetzt, bei denen das Bedürfnis besteht, sich unter mehreren Kreditgebern zusammenzuschließen. Die Gesetzesbegründung ist von einem Erst-recht-Schluss getragen. Wenn die Anwartschaft als solche nach § 2 Abs. 1 Nr. 2 StaRUG gestaltet werden kann, besteht kein Grund, nicht auch die Nebenbestimmungen einer Gestaltung durch den Plan zugänglich zu machen.[89] Übermäßig restriktive Bedingungen sollen so gelockert und an die Restrukturierungssituation angepasst werden können. Als Beispiele für solche Einzelbestimmungen nennt der Gesetzgeber die Pflicht zur Einhaltung bestimmter Finanzkennzahlen-Relationen **(Covenants)** und die Pflicht zur **Unterlassung bestimmter Geschäftsführungs- und Finanzierungsmaßnahmen.**[90] 129

Die Verlängerung einer Kreditlinie kann die Anpassung der Sicherheitenverwertungsmodalitäten oder die Neuordnung der Sicherheitenpools nach § 2 Abs. 2 Satz 3 StaRUG erforderlich machen. Über die **Intercreditor-Vereinbarung** können sich mehrere Gläubigergruppen einen bestimmten Pool an Sicherheiten dergestalt teilen, dass die Erlöse unter einem sog. Wasserfall den unterschiedlichen Tranchen nacheinander zugeordnet werden. Entscheidend ist allein, „dass zwischen den Gläubigern eine Vereinbarung besteht, mit welcher diese die Wahrnehmung der gegenüber dem Schuldner bestehenden Rechte koordinieren." Zudem ist eine **Beteiligung des Schuldners gerade nicht erforderlich.**[91] Insoweit formuliert § 2 Abs. 2 Satz 3 StaRUG: „[…] haben die Inhaber der […] Anwartschaften untereinander […] Vereinbarungen über die Durchsetzung […] und das relative Rangverhältnis der aus der Durchsetzung resultierenden Erlöse getroffen, so sind auch die Bedingungen dieser Vereinbarung durch den Plan gestaltbar." Mit Blick auf diese Formulie- 130

87) Zum Verhältnis zwischen § 30g ZVG und § 49 Abs. 1 Nr. 1 StaRUG *Nicht*, NZI 2023, 609.
88) Weiterführend *Naujoks/Schönen*, ZRI 2021, 437.
89) Begr. RegE SanInsFoG z. StaRUG, BT-Drucks. 19/24181, S. 111.
90) Begr. RegE SanInsFoG z. StaRUG, BT-Drucks. 19/24181, S. 111 f.
91) Braun-*Eßer*, StaRUG, § 2 Rz. 27; *Wilkens*, WM 2021, 573, 577; *Fridgen* in: BeckOK-StaRUG, § 7 Rz. 55a; a. A. Jacoby/Thole-*Hofmann*, StaRUG, § 2 Rz. 33; *Thole*, NZI 433, 437 (Anm. zu AG Köln, Beschl. v. 3.3.2021 – 83 RES 1/21, NZI 2021, 433 = ZRI 2021, 377).

rung und den praktischen Befund, dass Interkreditorenvereinbarungen, wie es ihr Name suggeriert, häufig nur zwischen den Gläubigern abgeschlossen werden, muss der Schuldner nicht Vertragspartner sein. Es ist nur ein Bezug zu dem Schuldner, nicht jedoch seine Beteiligung an der Vereinbarung, erforderlich. Weil der Übergang zwischen einer bloßen Anpassung vertraglicher Einzel- und Nebenbestimmungen fließend ist, dürfte sich eine Verknüpfung von Planregelungen, die sowohl das Sicherungsrecht als auch dessen vertragliche Nebenbestimmung betreffen, regelmäßig als zweckmäßig erweisen, etwa i. R. von **„Amend-and-Extend"-Lösungen**, bei denen die Fälligkeit verschoben und zugleich die Bedingungen der Kreditvereinbarung angepasst werden.

131 Gerade aufgrund des Beruhenserfordernisses **empfiehlt sich eine gemeinsame Berücksichtigung innerhalb der Gruppe der Absonderungsanwartschaftsberechtigten**, wenn auf die vertragliche Abänderung ein Eingriff in das Sicherungsrecht folgt. Ist eine Verknüpfung einmal hergestellt, sind auch überschießende Regelungen denkbar. Nach Ansicht des AG Köln gibt es keine Beschränkung auf die für die Erreichung des Restrukturierungsziels zwingend erforderlichen Änderungen.[92] Außerdem ist die in § 3 StaRUG enthaltene Begrenzung, wonach die dem Gläubiger obliegende Leistung bereits erbracht sein muss – in dieser Konstellation dürfte dies in aller Regel die Auszahlung der Darlehensvaluta sein – auf Nebenbestimmungen nicht anwendbar, sodass auch mit Blick auf den nicht ausbezahlten Teil Vertragsanpassungen möglich sind.[93]

132 Auch mit Blick auf das Gestaltungsverbot aus § 3 Abs. 2 StaRUG kann es sich anbieten, statt der Restrukturierungsforderungen doch **jedenfalls die Nebenbestimmungen zu gestalten**, wenn in Bezug auf die Forderung die Gegenleistung bereits erbracht wurde. In der Gesetzesbegründung[94] heißt es insoweit ausdrücklich, dass Eingriffe in Vertragsverhältnisse „allein in Nebenbestimmungen" möglich seien.[95]

133 Ob der Planverfasser wirklich nur punktuell Einzelbestimmungen des Intercreditor Agreements anpasst und gemäß § 7 Abs. 3 StaRUG festlegt, oder schlicht ein neues, abgestimmtes Intercreditor Agreement vorlegt, dessen Inhalte sich teilweise ändern, teilweise überschneiden, ist insofern unerheblich. Außerdem ist dem Gesetz keine Begrenzung auf diejenigen Regelungskomplexe, die sich mit der Durchsetzung gegenüber dem Schuldner bestehenden Anwartschaften oder dem Rangverhältnis der aus der Durchsetzung resultierenden Erlöse befassen, zu entnehmen (weiterführend § 41 Rz. 51 ff. [*Brünkmans*]).[96]

G. Gruppeninterne Drittsicherheiten (§ 2 Abs. 4 StaRUG)

134 Gemäß §§ 2 Abs. 4, 7 Abs. 1, Abs. 2 StaRUG kann der Restrukturierungsplan gruppeninterne Drittsicherheiten gestalten. Der mit der Gestaltung einhergehende Rechtsverlust ist dem Restrukturierungsgläubiger zu entschädigen. Er wird dadurch geschützt, dass auch für ihn, in seiner Rolle als Sicherheiteninhaber, das Schlechterstellungsverbot gilt.

I. Einführung durch das SanInsFoG

135 Die Einführung der §§ 2 Abs. 4, 7 Abs. 1, Abs. 2 StaRUG dient der Erleichterung der **Restrukturierung von Konzernen.**[97] Der Gesetzgeber kommt damit dem praktischen Bedürfnis nach, in der Krise einzelner Gesellschaften einer Unternehmensgruppe **Domino-**

92) AG Köln, Beschl. v. 3.3.2021 – 83 RES 1/21, NZI 2021, 433, m. Anm. *Thole* = ZRI 2021, 377.

93) *Prusko* in: MünchKomm-StaRUG, § 2 Rz. 61.

94) Begr. RegE SanInsFoG z. StaRUG, BT-Drucks. 19/24181, S. 114.

95) *Skauradszun/Kümpel*, WM 2021, 1122, 1127 f.

96) Morgen-*Knapp/Wilde*, StaRUG, § 2 Rz. 60.

97) Begr. RegE SanInsFoG z. StaRUG, BT-Drucks. 19/24181, S. 113.

effekte zu vermeiden, die daraus resultieren, dass der Restrukturierungsgläubiger nicht nur auf den Schuldner, sondern auch auf das Vermögen oder die Person des Drittsicherheitengebers zugreift. Gerichtliche Beschlüsse, die auf eine Anwendung dieses Instruments schließen lassen, sind bislang rar gesät.[98] Im Übrigen, d. h. **außerhalb von Konzernsachverhalten** bleibt es bei dem Grundsatz, dass Sicherungsrechte, die von Dritten bestellt wurden, vom Restrukturierungsplan unberührt bleiben und damit planfest sind (§ 67 Abs. 3 StaRUG). Damit kann der Gläubiger weiterhin seine Rechte gegen Dritte durchsetzen, auch wenn die zugrunde liegende Forderung wirksam durch den Restrukturierungsplan des Schuldners gestaltet wurde.

II. Begriff

Gruppeninterne Drittsicherheiten sind gemäß der Legaldefinition des § 2 Abs. 4 Satz 1 StaRUG 136

> „[…] Rechte der Inhaber von Restrukturierungsforderungen […], die diesen aus einer von einem verbundenen Unternehmen im Sinne des § 15 des Aktiengesetzes als Bürge, Mitschuldner oder aufgrund einer anderweitig übernommenen Haftung oder an Gegenständen dieses Unternehmens zustehen […]".

1. Mithaftung Dritter für Forderungen von Restrukturierungsgläubigern

Erstens muss es sich bei dem Rechteinhaber, dessen Sicherungsrecht gestaltet wird, um einen **Restrukturierungsgläubiger** handeln. Auf Grundlage des § 2 Abs. 4 Satz 1 StaRUG gestaltet wird nicht eine Forderung des Restrukturierungsgläubigers – diese wird nach § 2 Abs. 1 Nr. 1 StaRUG gestaltet –, sondern dessen Recht, (zusätzlich) aus der Drittsicherheit Befriedigung bei einem mithaftenden Dritten zu suchen (vgl. der Rechtsgedanke des § 43 InsO). 137

2. Verbundenes Unternehmen

Zweitens setzt die Einordnung als gruppeninterne Drittsicherheit voraus, dass sie nicht durch den Schuldner selbst, sondern durch ein mit ihm **verbundenes Unternehmen** i. S. der §§ 15 ff. AktG bestellt wurde. Im Unterschied zu § 290 HGB muss die Sicherheit nicht durch die Obergesellschaft, sondern kann **auch durch die Tochter- oder Schwestergesellschaft** gestellt worden sein.[99] 138

Ungeachtet der systematischen Stellung im AktG sind die §§ 15 ff. AktG rechtsformneutral verfasst und beanspruchen – anders als die §§ 291 ff. AktG – Geltung für sämtliche Unternehmensrechtsträger. Die h. A. definiert den **Begriff des Unternehmens** anhand des Telos des Konzernrechts, der darin liegt, Konzerngefahren zu minimieren, die für Minderheitsgesellschafter mit dem Aufbau einer Unternehmensgruppe unter einheitlicher Leitung einhergehen. Nicht ausgeschlossen ist es danach, auch **natürliche Personen** in den Unternehmensbegriff einzuschließen. Ein relevanter Konzernkonflikt kann bei natürlichen Personen jedoch nur entstehen, wenn zwei Voraussetzungen erfüllt sind: Die Person muss erstens eine gewisse (wirtschaftliche) Zielsetzung verfolgen, zweitens muss sie an mindestens zwei Unternehmen maßgeblich beteiligt sein.[100] 139

---

98) AG Halle (Saale), Beschl. v. 20.12.2024 – 58 RES 1/24, ZRI 2025, 313 = ZVI 2025, 98; AG Stuttgart, Beschl. v. 11.12.2024 – 6 RES 1243/24, (VARTA), ZRI 2025, 149, m. Anm. *Kümpel* = BeckRS 2024, 37304 – Konsortialgläubiger mit ihren Garantieforderungen gegenüber verschiedenen Tochtergesellschaften der Restrukturierungsschuldnerin; AG Berlin-Charlottenburg, Beschl. v. 4.1.2024 – 36s RES 6525/23, (Spark Networks), ZRI 2024, 512 = ZIP 2024, 557, m. Anm. *Brünkmans*; AG Köln, Beschl. v. 3.3.2021 – 83 RES 1/21, NZI 2021, 433, m. Anm. *Thole* = ZRI 2021, 377 – ohne nähere Informationen zum „Wie" der Gestaltung.

99) So RegE SanInsFoG z. § 4 Abs. 4 StaRUG, BT-Drucks. 19/24181, S. 15.

100) BGH, Urt. v. 13.10.1977 – II ZR 123/76, BGHZ 69, 334 = NJW 1978, 104.

140 So in einer Restrukturierungssache vor dem **AG Halle (Saale)**: Als gruppeninterne Drittsicherheit war die Bürgschaft eines Gesellschafters des Restrukturierungsschuldners betroffen, wobei es sich bei dem Gesellschafter um eine natürliche Person handelte. Es war damit die Frage zu klären, ob nicht nur die Forderung des Restrukturierungsgläubigers, sondern auch dessen Recht, auf das Vermögen des Gesellschafters als Drittsicherheitengeber zuzugreifen (vgl. § 765 Abs. 1 BGB), qua Plan gestaltet werden konnte.[101] Das Gericht bejahte dies mit der Begründung, der Gesellschafter sei als Unternehmen i. S. des § 15 AktG anzusehen.

141 Bei Gesellschafterbürgschaften ist gleichwohl der **wirtschaftliche Hintergrund zu berücksichtigen**. Im Hinblick auf die geringe Höhe des gesetzlich vorgeschriebenen Stammkapitals fordern Investoren i. R. der Finanzierung des Geschäftsbetriebs der Gesellschaft regelmäßig Bürgschaften, die auch einen Zugriff auf das Privatvermögen des Gesellschafters ermöglichen. Sie führen de facto zu einer Durchbrechung der Trennung zwischen Gesellschafts- und Gesellschaftervermögen, ähnlich dem Prinzip der persönlichen Gesellschafterhaftung bei Personengesellschaften (vgl. § 721 BGB, §§ 128, 161 Abs. 2 HGB). Die Bürgschaftsgewährung ist hier regelmäßig nicht das Ergebnis eines Konzernkonflikts, **sondern allein persönlich motiviert**, um die Finanzierung der Gesellschaft zu ermöglichen. Die Vorschriften der §§ 43 Abs. 1, 254 Abs. 2 InsO und § 67 Abs. 3 StaRUG gehen gerade davon aus, dass Dritte in der Insolvenz ihr Recht behalten, gegen den Bürgen aus der Bürgschaftsverbindlichkeit Befriedigung zu suchen. Mit Blick auf die **persönliche Haftung** von Gesellschaftern von **Personengesellschaften** ist anerkannt, dass hier **keine Gestaltung möglich** ist.[102] Umso mehr ist im Restrukturierungsverfahren auf das Vorliegen eines Unternehmens i. S. des § 15 AktG zu achten, wenn eine gruppeninterne Drittsicherheit Gegenstand der Planregelung sein soll. Dass insoweit Gestaltungsspielräume bestehen können, verdeutlicht der Beschluss des AG Halle (Saale).

142 **Verbunden** sind Unternehmen auf vielfache Weise, hierzu gehören Unternehmen mit

- Mehrheitsbeteiligung (§ 16 AktG),
- abhängige und herrschende Unternehmen (§ 17 AktG),
- verbundene Unternehmen unter einheitlicher Leitung eines herrschenden Unternehmens (Konzernunternehmen i. S. von § 18 AktG) sowie auch
- wechselseitig beteiligte Unternehmen (§ 19 AktG).

143 Wegen des allumfassenden Begriffs bedarf es keines Konzerns im engeren Sinne. Auch **bedarf es keines Beherrschungs- und Gewinnabführungsvertrags.**

3. Erfasste Rechte

144 Drittens enthält die Definitionen Angaben zur Art der Sicherheit. Mit der Bürgschaft und dem Schuldbeitritt sind die **Personalsicherheiten** angesprochen. Erfasst sind sämtliche Formen der Mithaftung („[…] aufgrund einer anderweitig übernommenen Haftung […]“). Diese Formulierung ist weit. Relevant ist nur, dass die Haftung unmittelbar gegenüber dem Restrukturierungsgläubiger übernommen worden ist,[103] demzufolge

- Bürgschaft,
- Garantie,

101) AG Halle (Saale), Beschl. v. 20.12.2024 – 58 RES 1/24, ZRI 2025, 313 = ZVI 2025, 98; s. dazu *Kamin*, ZVI 2025, 84.

102) *Prusko* in: MünchKomm-StaRUG, § 2 Rz. 85.

103) Seibt/Westpfahl-*Herding*/*Krafczyk*, StaRUG, § 2 Rz. 243.

- Schuldbeitritt (auch kumulative Schuldübernahme genannt),
- harte, externe Patronatserklärung.

Die **externe Patronatserklärung** zeichnet sich dadurch aus, dass der Patron diese gegenüber einem oder mehreren Gläubigern des Protegés abgibt. In der Insolvenz des Protegés kann der Gläubiger den Patron i. H. seines entstandenen Schadens in Anspruch nehmen. Aus einer **internen Patronatserklärung** kann hingegen nur der Protegé seinen Ausstattungsanspruch gegen den Patron geltend machen. Letztere bezieht sich auf ein Zweipersonenverhältnis; eine Drittsicherheit liegt nicht vor.[104] 145

Als „Gegenstände des Vermögens dieses Unternehmens" sind sämtliche **Realsicherheiten** erfasst, die – wären sie an Gegenständen des Schuldners bestellt – als Absonderungsanwartschaften nach § 2 Abs. 1 Nr. 2 StaRUG gestaltbar wären. 146

Einen Sonderfall betrifft das Schicksal eines **Beherrschungs- und Gewinnabführungsvertrags** (vgl. § 291 Abs. 1 AktG) i. R. der **Restrukturierung der (abhängigen) Tochtergesellschaft.** In diesem Zusammenhang stellt sich die Frage, ob der Anspruch aus § 303 Abs. 1 AktG gegen das beherrschende Unternehmen als gruppeninterne Drittsicherheit nach § 2 Abs. 4 StaRUG im Restrukturierungsverfahren der Tochtergesellschaft gestaltbar ist. Nach § 303 Abs. 1 AktG ist das beherrschende Unternehmen („[…] der andere Vertragsteil […]") im Fall der Beendigung des Unternehmensvertrags verpflichtet, für bestimmte Verbindlichkeiten der Tochtergesellschaft Sicherheit zu leisten. Damit gewährt die Vorschrift Gläubigern der zu restrukturierenden Tochtergesellschaft einen **Anspruch auf Sicherheitsleistung** gegen die Muttergesellschaft. 147

Der Unternehmensvertrag endet zwar nicht automatisch mit Anzeige der Restrukturierungssache. Wird er jedoch durch **Kündigung** aufgehoben, dürfte der aus § 303 AktG folgende Anspruch – ein Anspruch, der dem Restrukturierungsgläubiger gegen das beherrschende Unternehmen „aufgrund einer anderweitig übernommenen Haftung" (vgl. § 2 Abs. 4 Satz 1 StaRUG) zusteht – plangestaltbar sein. Dass es sich lediglich um **einen** *Anspruch* auf Sicherheitsleistung und nicht um die Sicherheit als solche handelt, dürfte dem nicht entgegenstehen.[105] Denn die Grundlage für das Entstehen der Sicherheit dürfte bereits mit Abschluss des Unternehmensvertrags, d. h. *vor* dem maßgeblichen Zeitpunkt des § 2 Abs. 5 StaRUG angelegt gewesen sein (weiterführend § 56 Rz. 136 [*Brünkmans*]). 148

Dem Anspruch auf Sicherheitsleistung vorgelagert ist der **Verlustausgleichsanspruch** nach § 302 AktG. Dieser begründet die Pflicht der beherrschenden Gesellschaft, einen bei der abhängigen Gesellschaft entstandenen Jahresfehlbetrag auszugleichen. Im Restrukturierungsverfahren über das Vermögen der beherrschenden Gesellschaft stellt der Anspruch aus § 302 AktG eine **Restrukturierungsforderung** dar, die nach § 2 Abs. 1 Nr. 1 StaRUG gestaltet werden kann.[106] Eine Drittsicherheit, die ein Dreipersonenverhältnis voraussetzt, liegt hingegen nicht vor. Die Verlustausgleichansprüche entstehen zum Bilanzstichtag.[107] Auch hier kommt es auf den nach § 2 Abs. 5 StaRUG maßgeblichen Zeitpunkt an, wobei auch künftige, für den Rest des Geschäftsjahrs entstehende Verlust- 149

104) *Prusko* in: MünchKomm-StaRUG, § 2 Rz. 84.

105) *Thole*, ZRI 2024, 402, 408.

106) So offensichtlich geschehen im Restrukturierungsplan „VARTA", der Verlustausgleichsansprüche von Tochtergesellschaften nach § 302 AktG in einer eigenen Gruppe berücksichtigte und durch Planbestätigungsbeschluss des AG Stuttgart vom 11.12.2024 – 6 RES 1243/24 (VARTA), ZRI 2025, 149, m. Anm. *Kümpel* = BeckRS 2024, 37304, bestätigt wurde.

107) *Koch*, AktG, § 302 Rz. 13.

ausgleichsansprüche plangestaltbar sein dürften.[108)] Der Anspruch aus § 302 AktG steht dabei neben dem Anspruch aus § 303 AktG, was die gesetzliche Zuweisung an verschiedene Anspruchsinhaber – einerseits an die Gesellschaft, andererseits an deren Gläubiger – verdeutlicht.[109)]

III. Eingriff in gruppeninterne Drittsicherheiten

150 Das „Wie" des Eingriffs ist in § 7 Abs. 1, Abs. 2 Satz 2 StaRUG geregelt. Danach ist im gestaltenden Teil des Restrukturierungsplans zu bestimmen, **um welchen Bruchteil** die Sicherheit gekürzt, **für welchen Zeitraum** sie gestundet, **wie sie gesichert und welchen sonstigen Regelungen sie unterworfen werden soll.** Hinsichtlich der Art des Eingriffs gilt nichts anderes als für die Absonderungsanwartschaft. So zielt der Begriff der Kürzung in erster Linie auf die unmittelbare Einwirkung auf die Sicherheit. Stundung meint das Hinausschieben der Sicherheitenverwertung („Stehenlassen"). Als sonstige Regelungen kommen insbesondere Sicherheitenfreigabe, Sicherheitentausch, Rangänderung oder Poolbildung in Betracht.

1. Eingriff in den Regressanspruch

151 Hat ein Gläubiger bereits auf den Sicherungsgegenstand zugegriffen, entsteht aufseiten des Drittsicherheitengebers, d. h. dem verbundenen Unternehmen, ein Rückgriffsanspruch gegenüber dem Restrukturierungsschuldner (vgl. für die Bürgschaft §§ 774, 412, 401 BGB). In die Regressforderung des Dritten kann nach § 2 Abs. 4 StaRUG nicht eingegriffen werden, weil hier nicht die Mithaftung Dritter für Forderungen von Restrukturierungsgläubigern in Rede steht (siehe Rz. 137). Der Regressanspruch kann aber **gemäß § 2 Abs. 1 Nr. 1 StaRUG als Restrukturierungsforderung** gestaltet werden. Dann gilt § 44 InsO analog, d. h. es kann nicht gleichzeitig in Restrukturierungsforderung und die Regressforderung eingegriffen werden.[110)]

2. Mittelbarer Eingriff

152 Umstritten ist, ob die materiell-rechtliche Verknüpfung zwischen Sicherungsrecht und gesicherter Forderung auf den bestätigten Restrukturierungsplan durchschlägt. Mit der Folge, dass die Gestaltung *nur* der gesicherten Forderung, wegen der Akzessorietät gleichsam automatisch, einen mittelbaren Eingriff in die Drittsicherheit nach sich zieht.

- Eine Ansicht lässt einen Eingriff in die besicherte Forderung genügen.[111)]
- Die wohl h. A. lehnt die Figur des mittelbaren Eingriffs in Rechte aus gruppeninternen Drittsicherheiten ab.[112)] Dies folge aus § 67 Abs. 3 StaRUG, wonach die Rechte der Restrukturierungsgläubiger, Befriedigung aus der regulären Drittsicherheit zu suchen, durch den Restrukturierungsplan nicht berührt werden.

---

108) *Kümpel*, ZRI 2025, 149, 160 (Anm. zu AG Stuttgart, Beschl. v. 11.12.2024 – 6 RES 1243/24, (VARTA), ZRI 2025, 149 = BeckRS 2024, 37304); zur Einbeziehung unbekannter Planbetroffener AG Hannover, Beschl. v. 20.10.2023 – 951 RES 1/23 – 1, ZRI 2023, 962; AG Hannover, Beschl. v. 27.2.2023 – 951 RES 1/23, ZIP 2023, 1140 = NZI 2023, 425, m. Anm. *J. Schmidt/Breuer*.

109) *Thole*, ZRI 2024, 402, 405 f.

110) AG Hamburg, Beschl. v. 17.1.2022 – 61c RES 1/21, NZI 2022, 434, 435 = ZRI 2022, 236 = ZVI 2022, 116; gegen eine analoge Anwendung *Mitlehner*, ZRI 2023, 429, 434, der dennoch zu demselben Ergebnis gelangt, weil eine „doppelte Inanspruchnahme des Schuldners durch eine entsprechende Planregelung vermieden werden kann und muss". Im Fall der Doppelberücksichtigung greife § 25 Abs. 2 StaRUG, wonach Gläubiger und Drittsicherungsgeber ihr Stimmrecht nur gemeinschaftlich ausüben können.

111) Morgen-*Tresselt*, StaRUG, § 2 Rz. 125.

112) Jacoby/Thole-*Hofmann*, StaRUG, § 2 Rz. 60; *Thole*, ZRI 2024, 1006, 1011.

Vor dem Hintergrund der Parallelität von Eigen- und Drittsicherheiten sind gewichtige Gründe erforderlich, die es rechtfertigen, die Akzessorietät bei Eigensicherheiten (Absonderungsanwartschaften) anzuerkennen, und bei Drittsicherheiten zu durchbrechen. 153

Richtig ist, dass bei Nichtberücksichtigung von Rechteinhabern aus Drittsicherheiten noch weitreichendere Auswirkungen drohen als bei Nichtberücksichtigung von Rechteinhabern aus Eigensicherheiten. **Schweigende Restrukturierungpläne** würden Rechteinhaber nicht nur bei der Gruppenbildung, bei Teilnahme- und Abstimmungsrechten und dem Schutz durch das Schlechterstellungsverbot unberücksichtigt lassen, sondern auch bei der **angemessenen Entschädigung.** 154

Um etwaige Umgehungen zu vermeiden, sollten daher die unter Rz. 64 ff. dargestellten Maßstäbe gelten: Erkennt das Gericht eine Eingriffsabsicht, so darf es den Restrukturierungsplan wegen Inhaltsmängeln nicht bestätigen. Erkennt das Gericht keine Eingriffsabsicht und bestätigt den Restrukturierungsplan, so erfasst die Bestätigungswirkung gleichwohl nicht die Gestaltung eines Rechts aus der gruppeninternen Drittsicherheit. 155

IV. Praktische Auswirkungen der Eingriffsabsicht auf die Plangestaltung

1. Sachgerechte Einbeziehung

Die Einbeziehung hat gemäß § 8 Satz 1 StaRUG anhand von sachgerechten Kriterien zu erfolgen. 156

2. Anforderungen an den darstellenden Teil

Die Einbeziehung der Planbetroffenen ist im darstellenden Teil zu erläutern. Die Auswahlkriterien müssen transparent sein. Aus den Angaben muss sich ergeben, welche Forderungen gegen den Schuldner bestehen und wie diese gesichert sind. 157

Nach Nr. 3 der Anlage zu § 5 Satz 2 StaRUG gehört in den darstellenden Teil zum einen die Angabe der Planbetroffenen, deren Forderungen und Rechte im Restrukturierungsplan eine Regelung erfahren. Nach Nr. 5 der Anlage zu § 5 Satz 2 StaRUG müssen zum anderen auch diejenigen Absonderungsberechtigten angegeben werden, die nicht in den Restrukturierungsplan einbezogen werden. 158

Sieht der Restrukturierungsplan Eingriffe in die Rechte von Gläubigern aus gruppeninternen Drittsicherheiten vor, sind nach § 6 Abs. 3 StaRUG in den darstellenden Teil auch die Verhältnisse des **die Sicherheit gewährenden verbundenen Unternehmens** und die **Auswirkungen des Plans auf dieses Unternehmen** einzubeziehen. Insbesondere die Auswirkungen des Bezugsszenarios auf das konzernverbundene Unternehmen sind hier von Relevanz, da hieraus die Stellung des Sicherungsnehmers und daran anknüpfend die Werthaltigkeit der Sicherheit abgeleitet werden kann.[113)] 159

3. Auswirkungen auf die Gruppenbildung

Sieht der gestaltende Teil des Restrukturierungsplans Eingriffe in die Rechte von Gläubigern aus gruppeninternen Drittsicherheiten vor, sind gemäß § 9 Abs. 1 Satz 3 StaRUG für die davon betroffenen Gläubiger **eigenständige Gruppen** zu bilden. Die Zuordnung der gruppeninternen Drittsicherheiten zu einer eigenen Plangruppe spiegelt die unterschiedliche Wirkungsweise von Dritt- und Eigensicherheiten und die unterschiedliche wirtschaftliche Stellung der durch Dritt- und Eigensicherheiten begünstigten Gläubiger wider.[114)] Die sys- 160

113) Vgl. Begr. RegE SanInsFoG z. StaRUG, BT-Drucks. 19/24181, S. 116; *Fridgen* in: BeckOK-StaRUG, § 6 Rz. 95 ff.

114) Begr. RegE SanInsFoG z. StaRUG, BT-Drucks. 19/24181, S. 119.

tematische Stellung des Satzes 3 hinter der nummerischen Aufzählung der sonstigen Planbetroffenen ist im Grunde nicht begründbar, in der Parallelvorschrift ist die gruppeninterne Drittsicherheit schlicht Bestandteil des allgemeinen Katalogs unterschiedlicher Rechtsstellungen (§ 220 Abs. 1 Satz 2 Nr. 5 InsO). Eine **weitergehende Differenzierung** ist nach § 9 Abs. 2 StaRUG unter Berücksichtigung des Sachgerechtigkeitskriteriums möglich, so bspw. bei komplizierten Konzernverflechtungen.

161 Unklar ist die Lage, wenn im Restrukturierungsplan nicht nur in eine gruppeninterne Drittsicherheit, sondern auch in die **dadurch gesicherte Forderung desselben Gläubigers** eingegriffen wird. Unter Zugrundelegung des mittelbaren Eingriffs genügt bereits die Gestaltung einer Forderung, die durch das (akzessorische) Sicherungsrecht gesichert ist (siehe oben Rz. 152). Obschon die Figur des mittelbaren Eingriffs im Grundsatz anzuerkennen ist, werden die (Umgehungs-)Möglichkeiten des Planerstellers erheblich durch die erforderliche Auslegung begrenzt (siehe Rz. 64 ff.).

162 Nimmt somit der Betroffene einmal als Inhaber einer gruppeninternen Drittsicherheit und zugleich als Inhaber einer Restrukturierungsforderung am Restrukturierungsverfahren teil, so darf er in beiden Gruppen dennoch nur **ein Stimmgewicht** haben (weiterführend Rz. 174 f.).[115]

4. Angemessene Entschädigung

163 Nach § 2 Abs. 4 Satz 1 Halbs. 2 StaRUG ist der Eingriff angemessen zu entschädigen. Ein kompensationsloser Eingriff in Drittsicherheiten ist daher nicht möglich. Gemeint ist eine Kompensation für den Verlust, die der Restrukturierungsgläubiger dadurch erlitten hat, dass er keine Befriedigung aus der Drittsicherheit mehr suchen kann. Maßgeblich ist dabei der Wert der Sicherheit im **nächstbesten Alternativszenario**. Die Frage der angemessenen Entschädigung lässt sich auch haftungsrechtlich (§§ 249 ff. BGB) begreifen. Bei der Wertbemessung ergeben sich insoweit keine Besonderheiten: Denn der Wert, der dem Inhaber der Sicherheit als Ersatz für den Planeingriff in die Drittsicherheit zu leisten ist, ist gleichbedeutend mit dem Wert, den er ohne den Plan, d. h. im nächstbesten Alternativszenario, erhalten hätte. Dies entspricht der Differenzhypothese in § 249 Abs. 1 BGB („hat den Zustand herzustellen, der bestehen würde, wenn der zum Ersatz verpflichtende Umstand nicht eingetreten wäre"). Die Entschädigung ist nicht zwingend in Geld zu leisten. Auch die Stellung einer **Ersatzsicherheit** ist als Entschädigung denkbar.[116]

164 Wer die Entschädigung leisten darf, ist aufgrund er passiven Formulierung des § 2 Abs. 4 Satz 1 Halbs. 2 StaRUG („der Eingriff ist […] zu kompensieren") offen. Daher dürfte es unbeachtlich sein, wer die Entschädigung leistet. Dies liegt allerdings nicht primär an der passiven Formulierung, sondern folgt aus dem allgemeinen Grundsatz, dass Planbeiträge Dritter – deren Zustimmung vorausgesetzt – zulässig sind (bspw. Drittzahlungen zur Finanzierung der Insolvenzquote, § 15 Abs. 3 StaRUG). Es ist jedenfalls konstruierbar, dass der Schuldner formal die Entschädigung leistet, die ein Dritter ihm zur Verfügung gestellt hat (siehe auch § 56 Rz. 47 [*Brünkmans*]).

165 Ist niemand zur freiwilligen Entschädigung bereit, muss der Schuldner – dessen wirtschaftliche Lage ohnehin kritisch ist – die Kompensation allein tragen, obwohl der Drittsicherungsgeber durch die Entlassung aus der Haftung einen direkten Vorteil erhält.

---

115) Begr. RegE SanInsFoG z. StaRUG, BT-Drucks. 19/24181, S. 126.

116) So verstehen sich die Ausführungen des AG Halle (Saale), Beschl. v. 20.12.2024 – 58 RES 1/24, ZRI 2025, 313, 318 = ZVI 2025, 98: „Die Antragstellerin wird eine entsprechende Sicherheit stellen. Dass diese nicht ausreichend wäre, ist nicht eingewandt worden." Dies lässt unberücksichtigt, dass die Prüfung der Angemessenheit von Amts wegen zu erfolgen haben dürfte (vgl. die Verortung der Entschädigungsleistung in § 2 Abs. 4 Satz 1 Halbs. 2 StaRUG).

Die Höhe des Verlusts richtet sich nach dem Wert der Sicherheit bzw. der Werteinbuße, die der Sicherheiteninhaber durch die Kürzung, Stundung oder anderweitige Regelung erlitten hat. Das Gericht kann i. R. der Vorprüfung mit der Prüfung der Angemessenheit betraut werden. Nach § 73 Abs. 3 Nr. 2 StaRUG kann das Gericht auch einen **Restrukturierungsbeauftragten** als Sachverständigen einsetzen, damit dieser die Angemessenheit der Entschädigung überprüft. Bei der Wertbemessung kommt es darauf an, welche Werte der Sicherungsnehmer durch Verwertung der Sicherheit mit überwiegender Wahrscheinlichkeit tatsächlich realisieren könnte. Wie bei den Absonderungsrechten (Eigensicherheiten) ist dies nicht auf Basis des Planszenarios, sondern auf Basis des **nächstbesten Alternativszenarios** zu ermitteln. Dies folgt aus der Erwägung, dass in beiden Fällen eine wirtschaftliche Betroffenheit des jeweiligen Gläubigers durch einen Eingriff in das Sicherheitsrecht nur insoweit besteht, als im maßgeblichen Bezugsszenario aus der Verwertung der Sicherheit überhaupt eine Befriedigung zu erwarten gewesen wäre. Dies setzt eine Auseinandersetzung mit den Folgen des Alternativszenarios auf das konzernverbundene Unternehmen voraus (vgl. § 6 Abs. 3 StaRUG). 166

Bei **persönlichen Sicherheiten** (Bürgschaften, Schuldbeitritten, Garantien) dürfte der Nominalbetrag der Forderung als Kompensationsanspruch anzusetzen sein. Realisiert sich im maßgeblichen Alternativszenario der Domino-Effekt, wird das konzernverbundene Unternehmen also ebenfalls insolvent, so ist der Kompensationsanspruch auf die Insolvenzquote beschränkt. Bei **dinglichen Sicherheiten** dürfte sich der Anspruch nach dem Markt- bzw. Veräußerungswert bemessen. Realisiert sich hier der Domino-Effekt, so ist der Kompensationsanspruch auf den Liquidationswert beschränkt, sofern eine Fortführung aussichtslos ist.[117)] 167

Nichts anderes ist damit gemeint, dass es für die Bestimmung der Angemessenheit auf die **Werthaltigkeit** des Sicherungsrechts ankommen soll.[118)] Sicherungsrechte sind nur insoweit werthaltig, als sie in einem realistischen Alternativszenario auch zu einer Befriedigung des Restrukturierungsgläubigers führen. Wie stets ist das Alternativszenario ein mit überwiegender Wahrscheinlichkeit eintretendes Szenario, andernfalls stellt es bereits begrifflich keine Alternative zum Restrukturierungsplan dar. Theoretische Werte, die sich mit überwiegender Wahrscheinlichkeit gar nicht realisieren lassen, sind unmaßgeblich. 168

In der Gesetzesbegründung heißt es, dass die Werthaltigkeit der Sicherheit auch dadurch beeinträchtigt sein kann, dass aufgrund der kapitalerhaltungsrechtlichen Bindungen des Vermögens der volle Zugriff auf die Sicherheit ausgeschlossen ist, wie dies bei der sog. **Limitation Language** der Fall ist.[119)] Auch dies ist eine Frage des Alternativszenarios.[120)] 169

Nach § 26 Abs. 2 StaRUG ist eine gruppenübergreifende Mehrheitsentscheidung ohne eine angemessene Entschädigung nicht möglich. Inwiefern dieses Erfordernis über das das **Schlechterstellungsverbot** (§ 26 Abs. 1 Nr. 1 StaRUG) hinausgeht, ist unklar.[121)] Durch die erneute Aufnahme des Entschädigungserfordernisses in § 26 Abs. 2 StaRUG wird suggeriert, dass eine Gestaltung einerseits die Voraussetzung des Schlechterstellungsverbots erfüllen und anderseits am Entschädigungserfordernis scheitern kann. Weil es aber in beiden Fällen auf die Werthaltigkeit der Sicherheit im nächstbesten Alternativszenario ankommt, kann die Voraussetzung der angemessenen Entschädigung keine eigenständige 170

117) Stets Liquidationswert Morgen-*Tresselt*, StaRUG, § 2 Rz. 131.

118) Begr. RegE SanInsFoG z. StaRUG, BT-Drucks. 19/24181, S. 113.

119) Begr. RegE SanInsFoG z. StaRUG, BT-Drucks. 19/24181, S. 113.

120) So auch Morgen-*Tresselt*, StaRUG, § 2 Rz. 124.

121) So auch Morgen-*Tresselt*, StaRUG, § 2 Rz. 127.

Bedeutung haben.[122] Vielmehr kommt dem Entschädigungserfordernis bereits auf der **Tatbestandsebene** des § 2 StaRUG Bedeutung zu – also für jede Eingriffsgestaltung, und nicht erst im Fall einer gruppenübergreifenden Mehrheitsentscheidung nach § 26 StaRUG.

5. Zustimmung des verbundenen Unternehmens (§ 15 Abs. 4 StaRUG)

171 Nach § 15 Abs. 4 StaRUG ist dem Restrukturierungsplan die Zustimmung des verbundenen Unternehmens beizufügen. Der Zwangseingriff zielt auf das Recht des Restrukturierungsgläubigers, Befriedigung aus der Drittsicherheit zu suchen. Der Restrukturierungsgläubiger muss demnach nicht zustimmen. Warum das verbundene Unternehmen als Drittsicherungsgeber die Zustimmung verweigern sollte, ist schwer vorstellbar, zumal es durch den Eingriff in das Recht des Restrukturierungsgläubigers keinen Rechtsverlust erfährt.

Praxishinweis

Für den Fall der fehlenden Zustimmung des Drittsicherungsgebers ist daher in Erwägung zu ziehen, deren Geschäftsleiter wegen Pflichtverletzung auf Schadensersatz in Anspruch zu nehmen.[123]

V. Praktische Auswirkungen der Eingriffsabsicht auf das gerichtliche Verfahren

1. Notwendigkeit der Ladung (§ 45 Abs. 3 StaRUG)

172 Gemäß § 45 Abs. 3 StaRUG sind die Planbetroffenen zu dem Erörterungs- und Abstimmungstermin zu laden. Nach der Legaldefinition des § 7 Abs. 1 StaRUG gehören auch die Inhaber von Rechten aus gruppeninternen Drittsicherheiten zu den Planbetroffenen. Die Rechteinhaber werden typischerweise zugleich als Restrukturierungsgläubiger vom Plan betroffen sein. Aber auch im Hinblick auf die Ladung ist ein rechts- und nicht ein personenbezogenes Verständnis zu beachten, damit die Betroffenen umfassend informiert werden.

2. Stimmrecht

173 Nach § 24 Abs. 1 Nr. 2 StaRUG richtet sich das Stimmrecht bei gruppeninternen Drittsicherheiten nach deren Wert. Bei Stimmrechtsstreitigkeiten setzt das Gericht diesen Wert abschließend fest, wenn der Schuldner den Weg des gerichtlichen Planabstimmungsverfahrens oder den Weg der gerichtlichen Planabstimmung geht. Hinsichtlich der Bemessung gilt nichts anderes als für den Kompensationsanspruch (siehe Rz. 163 ff.).

174 Berücksichtigt man sowohl die gruppeninterne Drittsicherheit als auch die gesicherte Forderung in ihrer jeweiligen Gruppe gemäß § 9 StaRUG vollumfänglich bei der Stimmrechtsvergabe, so würde dem Planbetroffenen ein doppeltes Stimmgewicht zugewiesen werden. Dasselbe gilt für Inhaber von Absonderungsanwartschaften, denen der Schuldner auch persönlich haftet. Deshalb bestimmt § 24 Abs. 3 StaRUG sinngemäß, dass die gesicherte Forderung nur insoweit **ein Stimmrecht vermittelt, wie die gruppeninterne Drittsicherheit mit ihrem Wert dahinter zurückbleibt**, der besicherte Gläubiger also mit seiner Sicherheit ausfällt. Die Vorschrift adressiert neben den Absonderungsanwartschaften zunächst auch die gruppeninternen Drittsicherheiten, führt diesen Gedanken indes nicht zu Ende, indem sie nur davon spricht, dass der „Inhaber der Absonderungsanwartschaft […] mit einer abgesonderten Befriedigung" ausfallen müsse. Inhaber gruppeninternen Drittsicherheiten fallen aber nicht

122) Ähnlich Morgen-*Tresselt*, StaRUG, § 2 Rz. 128.
123) *Hoegen/Kranz*, NZI 2021, 105, 108.

mit einer abgesonderten Befriedigung aus, sondern mit ihrem Recht, aus der Sicherheit Befriedigung zu suchen.[124)]

Der mutmaßliche Ausfall ist der Teil der gesicherten Forderung, der nicht durch den Wert des Sicherungsgegenstandes abgedeckt ist. Er entspricht der Differenz zwischen der gesicherten Forderung und dem Wert der gruppeninternen Drittsicherheit. Der Wert der gruppeninternen Drittsicherheit bemisst sich nach deren Schicksal im nächstbesten Alternativszenario.[125)] 175

124) Hierbei dürfte es sich um ein Redaktionsversehen des Gesetzgebers handeln, vgl. *Spahlinger* in: BeckOK-StaRUG, § 24 Rz. 32.

125) So auch *Spahlinger* in: BeckOK-StaRUG, § 24 Rz. 33.

§ 44
Anfechtungsschutz für Planmaßnahmen beim Restrukturierungsplan

Übersicht

Literatur: *Bork*, Die Regelungen zur Insolvenzanfechtung im StaRUG, ZInsO 2020, 2177; *Hölzle/Curtze*, Eine Krise – Ein Verfahren! – Folgen eines vorangegangenen Restrukturierungsverfahrens nach StaRUG in der späteren Insolvenz, ZIP 2021, 1293; *Madaus*, Die (begrenzte) Insolvenzfestigkeit des Restrukturierungsplans, der Planleistungen sowie unterstützender Rechtshandlungen während der Restrukturierungssache, NZI Beilage z. Heft 5/2021, S. 35; *Schoppmeyer*, Sanierungsprivilegien im Insolvenzanfechtungsrecht nach dem StaRUG, ZIP 2021, 869.

A. Allgemeines

Eine Gestaltung von Anfechtungsansprüchen im Restrukturierungsplan ist schon deshalb 1
nicht möglich, weil die Insolvenzanfechtungsansprüche nach der Rechtsprechung erst originär mit Verfahrenseröffnung entstehen. Deshalb stellt sich die Frage nach der Disposition über Anfechtungsansprüche beim Restrukturierungsplan nicht (siehe dazu § 11 Rz. 8 ff. [*Thole*]).

Davon zu unterscheiden ist der Schutz vor einer späteren Anfechtung, der über § 89 und 2
§ 90 StaRUG begründet wird. Danach sind, namentlich über § 90 StaRUG, die Planregelungen selbst und die Planvollzugshandlungen grundsätzlich nicht anfechtbar.

Darüber hinaus sind nach § 89 StaRUG Rechtshandlungen während der Rechtshängigkeit 3
der Restrukturierungssache nicht ohne weiteres wegen einer Vorsatzanfechtung anfechtbar. Insofern hat die Restrukturierungssache jedenfalls keinen indiziellen Beweis und § 89 ist eine den § 133 InsO betreffende klarstellende Regelung.[1]

Umgekehrt ist die Zeit der Rechtshängigkeit der Restrukturierungssache bei den Anfech- 4
tungsfristen nicht einzurechnen (§ 91 StaRUG). Während der Restrukturierungssache liegen also die Anfechtungszeiträume „auf Eis".

Genuin den Restrukturierungsplan betrifft § 90 StaRUG. Die Vorschrift nennt mehrere 5
Voraussetzungen für einen umfassenden Anfechtungsschutz in einer etwaigen Folgeinsolvenz.

B. Voraussetzungen des Anfechtungsschutzes

I. Rechtskräftige Bestätigung des Plans

Der Anfechtungsschutz setzt jeweils eine rechtskräftige Bestätigung des Restrukturie- 6
rungsplans voraus. Die Freigabe nach § 66 Abs. 5 StaRUG kann insofern ausreichen.

1) Begr. RegE SanInsFoG, BT-Drucks. 19/24181, S. 181.

II. Schutz der Planregelungen und Planvollzugshandlungen

7 Geschützt vor einer Anfechtung werden dann die Regelungen des Plans, insbesondere aber auch die Planvollzugsmaßnahmen. Was Vollzugshandlungen sind, muss im Einzelnen ermittelt werden. Von vornherein nicht geschützt ist die Rückführung von nicht planbetroffenen Altforderungen, selbst wenn sie in die Liquiditätsplanung und in die Anlagen des Restrukturierungsplans aufgenommen worden sind. Es geht um den **Schutz der eigentlichen Planinhalte**. Laut der Begründung des Regierungsentwurfs zum StaRUG ist allerdings die **Rückzahlung eines Darlehens**, mithin die Rückzahlung der Neufinanzierung, nicht erfasst.[2] Damit wollte der Gesetzgeber vermeiden, dass es zu einer Diskussion darüber kommt, ob die zu einem späteren Zeitpunkt, etwa zwei oder drei Jahre nach der Planbestätigung, erfolgende Rückzahlung unter allen Umständen anfechtungsfest sein kann, etwa, wenn unter ganz unlauteren Voraussetzungen noch Rückzahlungen kurz vor der Folgeinsolvenz erfolgen.[3]

Praxishinweis

Außerdem kann ein Planvollzug nur insoweit vorliegen, wie der Vollzug noch **dem entspricht, was der Plan regelt**. Insofern muss eine Kongruenz mit dem Plan hergestellt sein.[4] Kleinere Abweichungen dürften aber unschädlich sein. Es ist aber auch nicht alles automatisch erlaubt, was in dem Finanzierungsvertrag vorgesehen ist. Entscheidend muss jeweils sein, ob sich die Rechtshandlung noch als Planvollzug darstellen lässt. Das ist bei einer Besicherung von Restrukturierungsforderungen oder einer späteren Sicherheitenverstärkung nicht der Fall.[5]

C. Rechtsfolge

8 Der Anfechtungsschutz greift sowohl für § 133 InsO als auch für sonstige Anfechtungstatbestände, nicht aber im Hinblick auf § 135 InsO. Demnach profitieren Gesellschafter in ihrer Eigenschaft als Gläubiger und (Neu-)Darlehensgeber nicht.

9 Der Schutz gilt **bis zur nachhaltigen Restrukturierung**. Gemeint ist dies richtigerweise in dem Sinne, dass zeitlich, nicht qualitativ abgegrenzt wird. Ist nachhaltig restrukturiert, greifen wieder die allgemeinen Regeln in einer dann späteren Folgeinsolvenz. Kommt es vor der nachhaltigen Restrukturierung zu einer Insolvenz, ist es unerheblich, warum die Insolvenzreife eingetreten ist; es bleibt bei dem Anfechtungsschutz.[6] Allerdings wird man annehmen können, dass der Anfechtungsschutz dann für künftige Rechtshandlung entfällt, wenn und sobald Klarheit darüber besteht, dass die Planerwartungen sich nicht erfüllen werden und die Restrukturierung gescheitert ist. Wann eine nachhaltige Restrukturierung erreicht, hat das Gesetz (bedauerlicherweise) nicht definiert. Als Indiz kann die Drei-Jahres-Frist des § 33 Abs. 2 Satz 3 StaRUG gelten, so dass die Restrukturierung als nachhaltig gilt, wenn innerhalb dieser Zeitperiode nicht die Insolvenz eintritt.

Praxishinweis

Der Anfechtungsschutz greift nicht, wenn die Bestätigung auf Grundlage **unrichtiger oder unvollständiger Angaben** Schuldners erfolgt und dem anderen Teil dies bekannt war. Dann ist ein Vertrauen auf den Anfechtungsschutz nicht gerechtfertigt.

---

2) Begr. RegE SanInsFoG, BT-Drucks. 19/24181, S. 182.

3) Jacoby/Thole-*Thole*, StaRUG, § 90 Rz. 9 ff. m. w. N. auch zur Gegenauffassung.

4) *Schoppmeyer*, ZIP 2021, 869, 879.

5) Flöther-*Hoegen/Herding*, StaRUG, § 90 Rz. 31.

6) Jacoby/Thole-*Thole*, StaRUG, § 90 Rz. 15 ff. m. w. N. A. A. *Schoppmeyer*, ZIP 2021, 869, 879.

D. Einschränkungen bei der Übertragung des wesentlichen Schuldnervermögens laut Plan

§ 90 Abs. 2 StaRUG enthält noch eine weitere Sonderregelung, die Fälle erfasst, in denen **im Restrukturierungsplan** als gestaltende Maßnahme eine Übertragung des gesamten Schuldnervermögens oder wesentlicher Teile des Schuldnervermögens vorgesehen ist. Sind die Voraussetzungen des § 90 Abs. 2 StaRUG nicht eingehalten, kann insoweit dann der Anfechtungsschutz nach § 90 Abs. 1 StaRUG verloren gehen. Es geht hier um Fälle eines **Asset Deals**. Wann das wesentliche Schuldnervermögen betroffen ist, ist fraglich. Die Begründung des Regierungsentwurfs spricht von dem beinahe gesamten schuldnerischen Vermögen.[7] Andere nennen bestimmte Prozentsätze zwischen 50 % und 80 %.[8] 10

In diesen Fällen ist entscheidend, dass die Erlösverteilung laut dem Restrukturierungsplan die **Interessen der nicht planbetroffenen Gläubiger** wahrt. Dies erfordert, dass sichergestellt wird, dass die Gläubiger, die nicht planbetroffenen sind, sich gegenüber den Planbetroffenen vorrangig aus der Gegenleistung befriedigen können, mithin aus dem Kaufpreis. Dieser Vorgang muss nicht zwingend in einer Sondermasse sichergestellt werden. Es muss aber sichergestellt sein, dass die planbetroffenen Gläubiger darauf keinen vorrangigen Zugriff haben.[9] § 90 Abs. 2 StaRUG verlangt keinen Zugriff auf die nicht im Plan übertragenen Vermögensreste. Im Einzelnen ist die Vorschrift eher dunkel und unklar strukturiert. 11

Praxishinweis

Enthält der Restrukturierungsplan einen weitgehenden Asset Deal, ist unbedingt darauf zu achten, dass die nicht planbetroffenen Gläubiger i. S. von § 90 Abs. 2 StaRUG geschützt werden, um den Anfechtungsschutz nicht zu gefährden. Insofern ist bspw. eine Treuhandlösung denkbar.

7) Begr. RegE SanInsFoG, BT-Drucks. 19/24181, S. 182.

8) Vgl. etwa Flöther-*Hoegen/Herding*, StaRUG, § 90 Rz. 42.

9) *Schoppmeyer*, ZIP 2021, 869, 880 f.

§ 45
Plananlagen beim Restrukturierungsplan

Übersicht

Literatur: *Balthasar*, Allgemeine Zugangsvoraussetzungen zu den Restrukturierungsinstrumenten, NZI-Beilage z. Heft 5/2021, S. 18; *Bernsau/Beyer*, Die praktische Anwendung der Regelungen des StaRUG in einem größeren Restrukturierungsverfahren, ZInsO 2021, 2533; *Brünkmans*, Sanierungstransaktionen in Insolvenzplänen – gilt die Formfiktion des § 254a InsO für Erklärungen Dritter?, ZIP 2015, 1052; *Desch*, Der neue Stabilisierungs- und Restrukturierungsrahmen nach dem Regierungsentwurf StaRUG in der Praxis, BB 2020, 2498; *Fiebig*, StaRUG – eine Auswertung der ersten praktischen Fälle, ZRI 2021, 561; *Gerig/Meller/Nientkewitz*, Wiederherstellung des Eigenkapitals als Anforderung einer nachhaltigen Sanierung, ZIP 2017, 2029; *Jungmann/Zündorf*, Die voraussichtliche Schlechterstellung überstimmter Minderheiten durch einen Restrukturierungsplan, ZRI 2022, 89; *Pluta/Konen*, Die Anzeige eines Restrukturierungsvorhabens (§ 33 StaRUG), SanB 2020, 149; *Proske/Streit*, Rettende Restrukturierung durch Rechtsrahmen? Lob und Kritik zum Regierungsentwurf des StaRUG, NZI 2020, 969; *Reiner*, Rechtliche Anforderungen an Sanierungskonzepte – zugleich Besprechung des Urteils des BGH vom 12.5.2016 = WM 2016, 1182 -, WM 2018, 993; *Sämisch*, Die unzureichende Sicherung der Bestandsfähigkeit nach dem SanInsFoG, ZInsO 2020, 2520; *Sax/Andersch/Philipp*, Aus aktuellem Anlass: Rechtliche Anforderungen an das bilanzielle Eigenkapital für eine nachhaltige Sanierung, ZIP 2017, 710; *Steffan/Oberg/Poppe*, SanInsFoG: Vom Grobkonzept zum Vollkonzept – Anforderungen an die betriebswirtschaftlichen Konzepte in Restrukturierungsplan, Eigenverwaltungsplanung und Insolvenzplan, ZIP 2021, 617; *Steffan/Solmecke*, Sanierungskonzepte auch für den Mittelstand, WPg 2017, 1415; *Thole*, Der Entwurf eines Unternehmensstabilisierungs- und -restrukturierungsgesetzes (StaRuG-RefE), ZIP 2020, 1985; *Thole*, Die Restrukturierung von Schuldverschreibungen im Insolvenzverfahren, ZIP 2014, 293; *Westpfahl*, Debt Equity Swap von Schuldverschreibungen in der Insolvenz, in: Festschrift für Bruno Kübler zum 70. Geburtstag, 2015, S. 773; *Weßling*, Bonitätsnachweis bei Einzahlungsverpflichtungen Dritter nach § 230 Abs. 3 InsO?, ZInsO 2020, 714.

A. Einleitung

Ähnlich wie der Insolvenzplan (siehe § 3 Rz. 2 ff. [*Brünkmans/Harmann*]) sieht auch das StaRUG[1] gesetzlich vorgeschriebene Anlagen zum Restrukturierungsplan (sog. **Pflicht-** 1

---

1) Gesetz über den Stabilisierungs- und Restrukturierungsrahmen für Unternehmen (Unternehmensstabilisierungs- und -restrukturierungsgesetz – StaRUG), v. 22.12.2020, BGBl. I 2020, 3256 (= Art. 1 des Gesetzes zur Fortentwicklung des Sanierungs- und Insolvenzrechts [Sanierungs- und Insolvenzrechtsfortentwicklungsgesetz - SanInsFoG], v. 22.12.2020, BGBl. I 2020, 3256).

anlagen) vor. Es handelt sich dabei im Wesentlichen um die Bestandsfähigkeitserklärung (§ 14 Abs. 1 StaRUG), die Vermögensübersicht sowie den Ergebnis- und Finanzplan (§ 14 Abs. 2 StaRUG).

2 Die Bestandsfähigkeits- und Zahlungsfähigkeitserklärung nach § 14 Abs. 1 StaRUG sowie die Vermögensübersicht und Planungsrechnung nach § 14 Abs. 2 StaRUG sind unausweichliche Bestandteile des Restrukturierungsplans und zwingend auch in der äußeren Form als separate Anlage – und nicht etwa im darstellenden Teil – dem Restrukturierungsplan beizufügen.[2] Eine Bezugnahme ist jedoch möglich und auch sinnvoll.

3 **Weitere Pflichtanlagen** sind in **§ 15 StaRUG** geregelt. Anders als in § 14 StaRUG sind sie nicht zwingende Bestandteile eines jeden Restrukturierungsplans. Enthält der Restrukturierungsplan jedoch bestimmte Regelungsinhalte, sind die dazugehörenden Erklärungen dem Restrukturierungsplan dann auch zwingend als Anlage beizufügen.

B. Pflichtanlagen

I. Bestandsfähigkeitserklärung (§ 14 Abs. 1 StaRUG)

1. Funktion der Bestandsfähigkeitserklärung, Aussteller

4 Dem Restrukturierungsplan ist eine begründete Erklärung über die Beseitigung der drohenden Zahlungsunfähigkeit und die Sicher- oder Wiederherstellung der Bestandsfähigkeit beizufügen (§ 14 Abs. 1 StaRUG). Diese Regelung setzt Art. 8 Abs. 1 lit. h Satz 1 der Restrukturierungsrichtlinie[3] um. Kann die Bestandsfähigkeit nicht abgebildet werden, ist die Planbestätigung gemäß § 63 Abs. 1 Nr. 2 StaRUG zu versagen.

5 Die Bestandsfähigkeitserklärung ist grundsätzlich vom **Schuldner bzw. den Vertretungsorganen** abzugeben, kann jedoch alternativ auch von einem Dritten, sinnvollerweise zur Steigerung der Überzeugungskraft durch einen Sachverständigen, abgegeben werden.[4] Der Markt wird ab einer gewissen Unternehmensgröße ein solches **Expertengutachten** erwarten und ein „Selbsttestat" des Restrukturierungsschuldners nicht für hinreichend erachten.[5]

6 Ist in der Restrukturierungssache ein **Restrukturierungsbeauftragter** von Amts wegen bestellt (§ 76 Abs. 4 Satz 1 StaRUG), hat dieser nach § 76 Abs. 4 StaRUG stets zu der Bestandsfähigkeitserklärung Stellung zu nehmen; erfolgt die Bestellung auf Antrag des Schuldners oder der Gläubiger nur dann, wenn dem Restrukturierungsbeauftragten diese Aufgabe auf Antrag gemäß § 77 Abs. 2 StaRUG zugewiesen wurde.

2. Kein „zweites Sanierungskonzept"

7 Dem Wortlaut aus § 14 Abs. 1 StaRUG nach setzt sich die Bestandsfähigkeitserklärung zusammen aus einer **Bestätigung** und einer **zusammenfassenden Stellungnahme**, die sich auf den Restrukturierungsplan (Entwurf) bezieht. Bei der zusammenfassenden Stel-

2) Jacoby/Thole-*Brünkmans*, StaRUG, § 14 Rz. 3.

3) Richtlinie (EU) 2019/1023 des Europäischen Parlaments und des Rates v. 20.6.2019 über präventive Restrukturierungsrahmen, über Entschuldung und über Tätigkeitsverbote sowie über Maßnahmen zur Steigerung der Effizienz von Restrukturierungs-, Insolvenz- und Entschuldungsverfahren und zur Änderung der Richtlinie (EU) 2017/1132 (Richtlinie über Restrukturierung und Insolvenz) – Restrukturierungsrichtlinie, ABl. (EU) L 172/18 v. 26.6.2019.

4) Morgen-*Wolf*, StaRUG, § 14 Rz. 18; *Fridgen* in: BeckOK-StaRUG, § 14 Rz. 16; Flöther-*Tasma*, StaRUG, § 14 Rz. 12; Braun-*Koch/Müller*, StaRUG, § 14 Rz. 12; Jacoby/Thole-*Brünkmans*, StaRUG, § 14 Rz. 4; *Parzinger/Knebel* in: MünchKomm-StaRUG, § 14 Rz. 1; Seibt/Westpfahl-*Hölzle/Schulenberg*, StaRUG, § 14 Rz. 1.

5) Vgl. Braun-*Koch/Müller*, StaRUG, § 14 Rz. 12; *Ellers/Friel* in: HambKomm-RestruktR, § 14 StaRUG Rz. 8; Jacoby/Thole-*Brünkmans*, StaRUG, § 14 Rz. 16.

lungnahme ist darauf zu achten, dass dies nicht in „ein zweites Sanierungskonzept" neben dem darstellenden Teil ausufert.[6] Vielmehr reicht eine **kurze Zusammenfassung** der Ausführungen zum darstellenden Teil, auf den in der Erklärung verwiesen werden kann, aus. Die **Beseitigung der drohenden Zahlungsunfähigkeit** und Sicher-/Wiederherstellung der Bestandsfähigkeit muss aus Sicht des Planadressaten schlüssig und überwiegend wahrscheinlich sein.[7]

3. Schlüssigkeitsprüfung durch das Gericht

Die Bestandsfähigkeitserklärung wird vom Restrukturierungsgericht auf Schlüssigkeit überprüft,[8] d. h. ob überhaupt eine Bestandsfähigkeitserklärung vorliegt, die dort getroffenen Aussagen denklogisch zueinander passen und, bei unterstellter Richtigkeit, zu einer Restrukturierung des Unternehmens führen. Eine Prüfung auf **Richtigkeit** der Angaben nimmt das Gericht nicht vor, solange keine Umstände bekannt sind, aus denen sich ergibt, dass das Sanierungskonzept nicht von den tatsächlichen Gegebenheiten ausgeht (vgl. § 63 Abs. 2 StaRUG).[9] Auch die **Wahrscheinlichkeitsprognose** des Planverfassers bzgl. künftiger Ereignisse im Planungszeitraum darf das Gericht grundsätzlich nicht durch eigene Erwägungen ersetzten.[10] 8

4. Anlagegegenstand

a) Beseitigung der drohenden Zahlungsunfähigkeit

Die Erklärung muss zunächst auf die Aussichten zur Beseitigung der drohenden Zahlungsunfähigkeit eingehen. Dabei ist Bezug zu nehmen auf die Darstellung der gegenwärtigen drohenden Zahlungsunfähigkeit i. S. von § 18 InsO (siehe dazu § 39 Rz. 36 [*Brünkmans*]) und die Fähigkeit der Sanierungsmaßnahmen, diese drohende Zahlungsunfähigkeit abzustellen, zusammenzufassen. Vor dem Hintergrund der nach § 18 InsO gebotenen 24-Monatsprognose und dem Gebot der nachhaltigen Beseitigung der drohenden Zahlungsunfähigkeit (vgl. § 29 Abs. 1 StaRUG) ist grundsätzlich ein Planungshorizont von mindestens 36 Monaten heranzuziehen.[11] 9

b) Bestandsfähigkeit

Nach § 14 Abs. 1 Alt. 2 StaRUG muss sich der Planersteller darüber hinaus auch zur Sicher- bzw. Wiederherstellung der Bestandsfähigkeit des Schuldners erklären. Unklar bleibt, was das Gesetz unter einer Bestandsfähigkeit versteht. Einigkeit herrscht nur insoweit, als die Wiederherstellung der Bestandsfähigkeit nicht lediglich als Beseitigung der 10

---

6) Jacoby/Thole-*Brünkmans*, StaRUG, § 14 Rz. 6; a. A. Morgen-*Wolf*, StaRUG, § 14 Rz. 17.

7) *Steffan/Oberg/Poppe*, ZIP 2021, 617, 625; Braun-*Koch/Müller*, StaRUG, § 14 Rz. 8; IDW, Anforderungen an Sanierungskonzepte (IDW S 6), Stand: 22.6.2023, Rz. 21, IDW Life 12/2023, 1159.

8) Flöther-*Tasman*, StaRUG, § 14 Rz. 16; *Fridgen* in: BeckOK-StaRUG, § 14 Rz. 18; Jacoby/Thole-*Brünkmans*, StaRUG, § 14 Rz. 35 f.; *Parzinger/Knebel* in: MünchKomm-StaRUG, § 14 Rz. 75; *Desch*, BB 2020, 2498, 2505; *Fiebig*, ZRI 2021, 561, 565; Flöther-*Laroche*, StaRUG, § 63 Rz. 22; *Hölzle*, Praxisleitfaden SanInsFoG, Rz. 40; *Thole*, ZIP 2020, 1985, 1989; *Sämisch*, ZInsO 2020, 2520, 2521; *Proske/Streit*, NZI 2020, 969, 974; a. A. Seibt/Westpfahl-*Parzinger/Lappe*, StaRUG, § 63 Rz. 49 f.

9) *Fiebig*, ZRI 2021, 561, 565; *Jungmann/Zündorf*, ZRI 2022, 89, 92; Jacoby/Thole-*Brünkmans*, StaRUG, § 14 Rz. 36.

10) Flöther-*Tasma*, StaRUG, § 14 Rz. 16; Jacoby/Thole-*Brünkmans*, StaRUG, § 14 Rz. 36.

11) *Balthasar*, NZI-Beilage z. Heft 5/2021, S. 18; Jacoby/Thole-*Brünkmans*, StaRUG, § 14 Rz. 30.

drohenden Zahlungsunfähigkeit i. S. von § 18 InsO oder Überschuldung (vgl. § 19 Abs. 2 InsO) gemeint sein kann.[12)]

11 Nach wohl überwiegender Auffassung ist die Bestandsfähigkeit **i. S. einer Sanierungsfähigkeit** nach der BGH-Rechtsprechung zu verstehen.[13)] Die Sanierungsfähigkeit setzt grundsätzlich die Wiederherstellung der **Rentabilität** der unternehmerischen Tätigkeit *am Ende des Sanierungszeitraums* voraus.[14)] Von einigen Autoren wird angenommen, eine Wiederherstellung der Rentabilität i. S. der BGH-Rechtsprechung werde erst dann erfüllt, wenn das Unternehmen eine angemessene i. S. einer **branchenüblichen Rendite** erwirtschaftet.[15)] Nach anderer Auffassung soll hingegen ein **ausgeglichenes Jahresergebnis** („schwarze Null") ausreichen.[16)] Sollte es im – seltenen – Einzelfall auf die Frage ankommen, wäre dies vorab mit dem Restrukturierungsgericht zu klären.

12 Darüber hinaus setzt die Annahme der Sanierungsfähigkeit die **Wiederherstellung des Eigenkapitals** voraus.[17)] Richtigerweise ist dabei auf das wirtschaftliche Eigenkapital abzustellen, sodass stille Reserven berücksichtigt werden können und qualifizierte Nachrangdarlehen bei der Bestimmung des (wirtschaftlichen) Eigenkapitals nicht als Verbindlichkeiten zu berücksichtigen sind.[18)]

5. Aufbau (Muster) einer Bestandsfähigkeitserklärung

a) Vorangestellte Aussage zur Zahlungs- und Bestandsfähigkeit

13 Die Zahlungs- und Bestandsfähigkeitserklärung nach § 14 Abs. 2 StaRUG sollte folgende vorangestellte Aussage enthalten:

> „Bei Wirksamwerden des Restrukturierungsplans ist die drohende Zahlungsunfähigkeit beseitigt und mit überwiegender Wahrscheinlichkeit die Bestandsfähigkeit des Schuldners sicher-/wiederhergestellt."[19)]

Praxishinweis

Wird die Bestandsfähigkeitserklärung von einem Gutachter abgegeben (siehe Rz. 5), bietet es sich an, **Aussagen über das Datenmaterial und Prüfungsgrundlagen** voranzustellen.[20)]

---

12) Flöther-*Tasma*, StaRUG, § 14 Rz. 4; *Fridgen* in: BeckOK-StaRUG, § 14 Rz. 30; Jacoby/Thole-*Brünkmans*, StaRUG, § 14 Rz. 11.

13) Flöther-*Tasma*, StaRUG, § 14 Rz. 6; Braun-*Koch/Müller*, StaRUG, § 14 Rz. 7; *Steffan/Oberg/Poppe*, ZIP 2021, 617, 619; *Pluta/Konen*, SanB 2020, 149, 152; *Ellers/Friel* in: HambKomm-RestruktR, § 14 StaRUG Rz. 14; *Parzinger/Knebel* in: MünchKomm-StaRUG, § 14 Rz. 37 ff.; kritisch *Fridgen* in: BeckOK-StaRUG, § 14 Rz. 28.

14) BGH, Urt. v. 12.5.2016 – IX ZR 65/14, Rz. 36, NZI 2016, 636 = ZInsO 2016, 1251; s. auch IDW, Anforderungen an Sanierungskonzepte (IDW S 6), Stand: 22.6.2023, Rz. 24, IDW Life 12/2023, 1159.

15) IDW, Anforderungen an Sanierungskonzepte (IDW S 6), Stand: 22.6.2023, Rz. 27, IDW Life 12/2023, 1159; *Steffan/Oberg/Poppe*, ZIP 2021, 617, 619.

16) *Fridgen* in: BeckOK-StaRUG, § 14 Rz. 28; *Ellers/Friel* in: HambKomm-RestruktR, § 14 StaRUG Rz. 20; Jacoby/Thole-*Brünkmans*, StaRUG, § 14 Rz. 13.

17) *Reiner*, WM 2018, 993, 998; IDW, Anforderungen an Sanierungskonzepte (IDW S 6), Stand: 22.6.2023, Rz. 27 f., IDW Life 12/2023, 1159; *Steffan/Oberg/Poppe*, ZIP 2021, 617, 619; vgl. BGH, Urt. v. 26.1.2017 – IX ZR 285/14, Rz. 3, 33 f., WM 2017, 383 = NJW 2017, 1611.

18) *Sax/Philipp/Andersch*, ZIP 2017, 710; *Ellers/Friel* in: HambKomm-RestruktR, § 14 StaRUG Rz. 20; *Pape/Opp*, Sanierungsgutachten, Rz. 808; vgl. IDW, Anforderungen an Sanierungskonzepte (IDW S 6), Stand: 22.6.2023, IDW Life 12/2023, 1159 Rz. 29 (nur in Ausnahmefällen könne auf das wirtschaftliche Eigenkapital abgestellt werden); Jacoby/Thole-*Brünkmans*, StaRUG, § 14 Rz. 14; a. A. *Steffan/Solmecke*, WPg 2017, 1415, *Gerig/Meller/Nientkewitz*, ZIP 2017, 2029.

19) Braun-*Koch/Müller*, StaRUG, § 14 Rz. 10; *Ellers/Friel* in: HambKomm-RestruktR, § 14 StaRUG Rz. 16; Jacoby/Thole-*Brünkmans*, StaRUG, § 14 Rz. 19 ff.

20) S. Beispiel bei Jacoby/Thole-*Brünkmans*, StaRUG, § 14 Rz. 16.

b) Begründung

Die Begründung kann wie folgt aufgebaut werden, wobei zur Vermeidung von Redundanzen großzügig auf die entsprechenden Passagen im Restrukturierungsplan und den übrigen Plananlagen verwiesen werden sollte:[21) 14

- Person des Erklärenden,
- falls die Erklärung von einem Gutachter abgegeben wird: Umfang der Beauftragung,
- Angabe des maßgeblichen Stichtages,
- zusammenfassende Einschätzung der Krisenursachen und der aktuellen Vermögens-, Ertrags-, und Finanzlage,
- Aussage zur Schlüssigkeit und Umsetzbarkeit des dem Restrukturierungsplan zugrundeliegenden Sanierungskonzepts,
- Auswirkungen der Umsetzung der Sanierungsmaßnahmen auf die Vermögens-, Ertrags- und Finanzlage,
- zusammenfassende Einschätzung (Maßstab überwiegende Wahrscheinlichkeit) zur Beseitigung der drohenden Zahlungsunfähigkeit durch den Plan sowie zur Wiederherstellung oder Sicherstellung der Bestandsfähigkeit des Restrukturierungsschuldners.

II. Vermögensübersicht, Ergebnis- und Finanzplanung (§ 14 Abs. 2 StaRUG)

1. Vermögensübersicht (§ 14 Abs. 2 Satz 1 StaRUG)

Dem Restrukturierungsplan ist gemäß § 14 Abs. 2 Satz 1 StaRUG eine Vermögensübersicht beizufügen, in der die Vermögensgegenstände und die Verbindlichkeiten zu **Fortführungswerten** im Zeitpunkt des Wirksamwerdens des Plans mit ihren Werten gegenübergestellt werden. Dadurch sollen die **Effekte des Restrukturierungsplans** auf die Kapital- und Finanzierungsstruktur dargestellt werden, damit sich die Planbetroffenen ein angemessenes Bild über die planbedingte Haftungsmasse machen können. Für die Aktivseite kann auf die Gliederung einer HGB- oder IFRS-Bilanz zurückgegriffen werden, denn diese ist in der Regel hinreichend, um sich ein Bild über die Vermögenssituation zu verschaffen. Auf der Passivseite sind die Wirkungen des Restrukturierungsplans einerseits für die Forderungen der Planbetroffenen nach Gruppen andererseits die nicht planbetroffenen Forderungen transparent und nachvollziehbar darzustellen.[22) 15

Eine über den Stichtag der Planbestätigung hinausgehende **Bilanzplanung** verlangt § 14 Abs. 2 StaRUG zwar nicht, ist als gängiger Bestandteil einer integrierten Business-Planung[23) aber zu empfehlen.[24) 16

Zum Umfang der gerichtlichen Überprüfung gelten die Ausführungen zur Bestandsfähigkeitserklärung (siehe Rz. 8) entsprechend. 17

2. Ertrags- und Finanzplanung (§ 14 Abs. 2 Satz 2 StaRUG)

Ferner ist dem Restrukturierungsplan zwingend eine Ertragsplanung (Plan GuV) sowie eine Finanzplanung (Liquiditätsplan) beizufügen (§ 14 Abs. 2 Satz 2 StaRUG). Als **Planungshorizont** gibt § 14 Abs. 2 Satz 2 StaRUG den gesamten Zeitraum an, der für die Befriedi- 18

---

21) Vgl. auch *Fridgen* in: BeckOK-StaRUG, § 14 Rz. 19.1; Braun-*Koch/Müller*, StaRUG, § 14 Rz. 10; Jacoby/Thole-*Brünkmans*, StaRUG, § 14 Rz. 21.

22) Morgen-*Wolf*, StaRUG, § 14 Rz. 34; Jacoby/Thole-*Brünkmans*, StaRUG, § 14 Rz. 26.

23) Vgl. IDW, Anforderungen an Sanierungskonzepte (IDW S 6), Stand: 22.6.2023, Rz. 74, 80, IDW Life 12/2023, 1159.

24) Jacoby/Thole-*Brünkmans*, StaRUG, § 14 Rz. 27.

gung der planbetroffenen Gläubiger vorgesehen ist. Dieser gesetzliche Mindestzeitraum geht bis zu dem nach dem Restrukturierungsplan vorgesehenen letzten Fälligkeitsdatum, sollte aber vor dem Hintergrund der nach § 14 Abs. 1 StaRUG stets auch darzulegenden nachhaltigen **Beseitigung der drohenden Zahlungsunfähigkeit** einen 36-Monatszeitraum vorsehen (siehe Rz. 9).[25] Jedenfalls für die ersten 24 Monate ab Planbestätigung bietet sich eine Darstellung auf Monatsbasis an, wobei im Einzelfall (Gefahr unerkannter Spitzen im Liquiditätsbedarf) eine Darstellung auf Wochenbasis zu erfolgen hat.

19 Die Pflicht zur Erstellung einer Vermögens-, Ertrags- und Finanzplanung besteht – anders als beim Insolvenzplan (vgl. § 229 InsO) – nicht nur für den eher praxisfernen Earn-out-Plan, sondern auch im Fall eines Cash-out-Restrukturierungsplans (siehe zur Einordnung § 13 Rz. 7 [*Brünkmans/Harmann*]).

20 Zum Umfang der gerichtlichen Überprüfung gelten die Ausführungen zur Bestandsfähigkeitserklärung (siehe Rz. 8) entsprechend.

III. Zustimmung zur Ungleichbehandlung innerhalb der Gruppe

21 Nach § 10 Abs. 1 StaRUG sind innerhalb jeder Gruppe allen Planbetroffenen gleiche Rechte anzubieten. Eine Ungleichbehandlung ist nach § 10 Abs. 2 StaRUG nur möglich, wenn der nachteilig Betroffene der unterschiedlichen Behandlung **zustimmt** (siehe ausführlich § 40 Rz. 85 [*Brünkmans*]). Die Zustimmungserklärung der nachteilig Planbetroffenen hat **schriftlich** zu erfolgen und ist nach § 10 Abs. 2 Satz 2 StaRUG dem Restrukturierungsplan als Anlage beizufügen.

IV. Weitere Pflichtanlagen nach § 15 StaRUG

1. Überblick

22 Das StaRUG regelt in § 15 StaRUG diverse Erklärungen, die aus Transparenzgründen zwingend dem Restrukturierungsplan (körperlich) als Anlage beigefügt werden müssen. § 15 StaRUG ist an § 230 InsO angelehnt (siehe i. E. dort § 13 Rz. 85 ff. [*Brünkmans/Harmann*]).

23 Da mit der physischen Verbindung dieser Erklärungen die tatsächlichen außerplanmäßigen Beiträge abgesichert werden sollen, sind grundsätzlich die **rechtsverbindlichen Willenserklärungen und nicht nur unverbindliche Entwurfsfassungen** bereits im Zeitpunkt der Abstimmung über den Restrukturierungsplan beizufügen, wobei diese unter die aufschiebende Bedingung der Bestätigung des Rechtsstrukturierungsplans gestellt werden können.[26]

24 Die Wirksamkeit der Erklärungen des § 15 StaRUG bestimmt sich nach den §§ 104 ff. BGB.[27] Im Zweifelsfall ist anzunehmen, dass sich der Erklärende bis zum Beginn der Planabstimmung einen **Widerruf oder Rücktritt** vorbehalten wollte, sodass entsprechende Rechte bis dahin wirksam ausübbar sind.[28]

---

25) Jacoby/Thole-*Brünkmans*, StaRUG, § 14 Rz. 30; im Ergebnis auch Braun-*Koch/Müller*, StaRUG, § 14 Rz. 21; Flöther-*Tasma*, StaRUG, § 14 Rz. 15; wohl anders *Fridgen* in: BeckOK-StaRUG, § 14 Rz. 50; *Parzinger/Knebel* in: MünchKomm-StaRUG, § 14 Rz. 59 ff.; Seibt/Westpfahl-*Hölzle/Schulenberg*, StaRUG, § 14 Rz. 36 ff.

26) Jacoby/Thole-*Brünkmans*, StaRUG, § 15 Rz. 2.

27) Morgen-*Knapp/Wilde*, StaRUG, § 15 Rz. 22.

28) Morgen-*Knapp/Wilde*, StaRUG, § 15 Rz. 23; **a. A.** *Fridgen* in: BeckOK-StaRUG, § 15 Rz. 41; vgl. zum Streitstand beim Insolvenzplan Römermann-*Ober*, InsO/InsR, § 320 InsO Rz. 12; *Eidenmüller* in: MünchKomm-InsO, § 230 Rz. 89 f.; Uhlenbruck-*Sinz*, InsO, § 230 Rz. 1; **a. A.** K. Schmidt-*Spliedt*, InsO, § 230 Rz. 9.

2. Fortführungserklärung persönlich haftender Gesellschafter

Nach § 15 Abs. 1 StaRUG haben persönlich haftende Gesellschafter die Bereitschaft zur Fortführung des Unternehmens auf Grundlage des Restrukturierungsplans **ausdrücklich zu erklären** und diese Erklärung als Anlage dem Restrukturierungsplan beizufügen. Die Regelung entspricht § 230 Abs. 1 Satz 2 InsO zum Insolvenzplan und verfolgt den gleichen Zweck, namentlich durch die **Fortführungserklärung** auch die Bereitschaft der **persönlich haftenden Gesellschafter zur Übernahme** der mit der Unternehmensfortführung verbunden persönlichen **unbeschränkten Haftung** zum Ausdruck zu bringen (siehe ausführlich zum Insolvenzplan § 13 Rz. 85, 88 [*Brünkmans/Harmann*]) 25

Anders als beim Insolvenzplan (dort § 230 Abs. 1 Satz 1 und Satz 3 InsO) ist eine Fortführungserklärung einer natürlichen Person als Schuldner für den Restrukturierungsplan entbehrlich, da anders als im Insolvenzplanverfahren dieser allein berechtigt ist, einen Restrukturierungsplan vorzulegen, womit die Fortführungsbereitschaft hinreichend zum Ausdruck kommt (Rechtsgedanke aus § 230 Satz 3 InsO).[29] Die Pflicht, dem Restrukturierungsplan eine Fortführungserklärung persönlich haftender Gesellschafter beizufügen, bezieht sich auf Gesellschaften ohne Rechtspersönlichkeit (siehe dazu ausführlich § 13 Rz. 88 [*Brünkmans/Harmann*]; § 30 Rz. 30 [*Brünkmans*]). 26

Die Erklärung ist nicht von den bisherigen persönlich haftenden Gesellschaftern, sondern von den **in Zukunft** – nach Bestätigung des Restrukturierungsplans – als persönlich haftende Gesellschafter vorgesehenen Personen abzugeben (siehe zum Insolvenzplan § 30 Rz. 31 ff. [*Brünkmans*]). Richtigerweise ist eine Fortführungserklärung nach § 15 Abs. 1 StaRUG auch dann erforderlich, wenn es sich bei dem persönlich haftenden Gesellschafter um eine juristische Person handelt. Mit den Erwägungen zum Insolvenzplan ist auch für den Restrukturierungsplan für eine teleologische Reduktion kein Raum (siehe § 13 Rz. 88 [*Brünkmans/Harmann*]; § 30 Rz. 30 [*Brünkmans*]). 27

Für den Inhalt der Fortführungserklärung gelten die Ausführungen zum Insolvenzplan (siehe § 30 Rz. 35 [*Brünkmans*]) entsprechend. 28

Aus dem Wortlaut von § 15 Abs. 1 StaRUG („ist dem Restrukturierungsplan […] beizufügen") folgt, dass die Fortführungserklärung zwingend dem Restrukturierungsplan **als Anlage** beizufügen ist. 29

3. Zustimmungserklärung zum Anteilserwerb

Sollen Gläubiger Anteils- oder Mitgliedschaftsrechte oder Beteiligungen an einer Gesellschaft übernehmen, so ist gemäß § 15 Abs. 2 StaRUG die Zustimmungserklärung eines jeden dieser Gläubiger dem Restrukturierungsplan beizufügen. Die von § 15 Abs. 2 StaRUG verlangte Zustimmungserklärung als Pflichtanlage ist vor dem Hintergrund von § 7 Abs. 4 Satz 2 StaRUG, wonach eine Umwandlung von Restrukturierungsforderungen in Anteils- oder Mitgliedschaftsrechte **gegen den Willen der Betroffenen** Gläubiger **ausgeschlossen** ist, folgerichtig. Die Vorschrift ist an § 230 Abs. 2 InsO angelehnt.[30] Wie beim Insolvenzplan dient sie der Absicherung der negativen Vereinigungsfreiheit aus Art. 9 GG (siehe § 8 Rz. 207 f., § 40 Rz. 147 [*Brünkmans*]). Allerdings kann richtigerweise aus § 15 30

---

29) Begr. RegE SanInsFoG z. StaRUG, BT-Drucks. 19/24181, S. 120; Jacoby/Thole-*Brünkmans*, StaRUG, § 15 Rz. 3.

30) Begr. RegE SanInsFoG z. StaRUG, BT-Drucks. 19/24181, S. 120.

Abs. 2 StaRUG nicht generell der Zweck abgeleitet werden, Gläubiger vor Nichtbargeboten, d. h. vor Befriedigungen durch andere Leistungen als Geldzahlungen, zu schützen.[31)]

31 Die Zustimmungspflicht aus § 15 Abs. 2 StaRUG ist sachlich anwendbar, wenn Gläubiger Anteils- oder Mitgliedschaftsrechte oder Beteiligungen an einer juristischen Person, einem nicht rechtsfähigen Verein oder einer Gesellschaft ohne Rechtspersönlichkeit übernehmen. Auf die Qualität oder den Rang der zu wandelnden Forderung (z. B. auch nachrangige Restrukturierungsforderungen und Absonderungsanwartschaften) kommt es nicht an.[32)] Nicht entscheidend ist, ob die Forderung der Gläubiger in Anteilsrechte **am Schuldner oder einer anderen Gesellschaft getauscht** werden. Auch wenn letzteres in der Praxis der Hauptanwendungsfall darstellt, erfasst § 15 Abs. 2 StaRUG auch eine im Restrukturierungsplan vorgesehene Umwandlung von Forderungen in Beteiligungen an einer Übernahme- oder Auffanggesellschaft (sog. Reverse-Debt-to-Equity-Swap), in Anteile an Tochtergesellschaften (sog. Debt-to-Asset-Swap) oder eine Beteiligung nur mittelbar erworben werden soll, etwa i. R. eines Nießbrauchs, einer Treuhand oder einer Innengesellschaft (siehe ausführlich zum Insolvenzplan § 30 Rz. 330 ff. [*Brünkmans*])

32 § 15 Abs. 2 StaRUG findet bei bloßer Gewährung einer **Wandlungsoption** hingegen keine Anwendung (siehe zum Insolvenzplan, § 30 Rz. 333 [*Brünkmans*]).

33 Vor dem Hintergrund des hier vertretenen Zwecks von § 15 Abs. 2 StaRUG – dem verfassungsrechtlich (Art. 9 GG) intendierten Schutz vor einer Zwangsbeteiligung an einem Verband (siehe oben Rz. 30) – findet für den Fall der Umwandlung einer Restrukturierungsforderung in **eigenkapitalähnliche Instrumente** (Mezzanine, Hybridkapital, stille Beteiligung, Gewinnrechte oder Nachrangdarlehen) § 15 Abs. 2 StaRUG richtigerweise **keine Anwendung**. Hybridkapital in Form von stillen Beteiligungen, Genussrechten oder Nachrangdarlehen stellen schlicht schuldvertragliche Rechtsbeziehungen dar und sind mit Anteils- oder Mitgliedschaftsrechten nicht vergleichbar. Eine Umwandlung von echtem Fremdkapital in Hybridkapital ist eine – auf der Grundlage eines Restrukturierungsplans grundsätzlich mögliche – Umgestaltung der planbetroffenen Forderung im Hinblick auf Laufzeit (Stundung), Rang und Befriedigungsvoraussetzungen.[33)]

34 Lediglich für **Anleihegläubiger** ist eine ausdrückliche Zustimmung eines jeden Gläubigers nicht erforderlich. Nach § 5 Abs. 3 Nr. 3 SchVG ersetzt ein Beschluss der Anleihegläubiger richtigerweise die Zustimmungserklärung nach § 15 Abs. 2 StaRUG. In diesem Fall wird der Mehrheitsbeschluss der Anteilsgläubigerversammlung dem Restrukturierungsplan als Anlage beigefügt.[34)] Andere Literaturmeinungen verlangen, dass die Anleihegläubiger nach § 19 Abs. 2 i. V. m. Abs. 6 SchVG zunächst einen gemeinsamen Vertreter bestellen und anweisen, die Zustimmung zu erklären, die dem Restrukturierungsplan beigefügt wird[35)] (siehe ausführlich § 57 [*Thole*]; zum Insolvenzplan § 30 Rz. 335 ff. [*Brünkmans*])

31) Wie hier: Jacoby/Thole-*Brünkmans*, StaRUG, § 15 Rz. 13; Uhlenbruck-*Streit/Bürk*, InsO, § 15 StaRUG Rz. 18; vgl. Auch *Eidenmüller* in: MünchKomm-InsO, § 230 Rz. 47; *Spahlinger* in: KPB, InsO, § 230 Rz. 2.; a. A. Morgen-*Knapp/Wilde*, StaRUG, § 15 Rz. 3, 12; Flöther-*Tasma*, StaRUG, § 15 Rz. 5; vgl. Römermann-*Ober*, InsO/InsR, § 230 InsO Rz. 7 f.; K. Schmidt-*Spliedt*, InsO, § 230 Rz. 5.

32) Jacoby/Thole-*Brünkmans*, StaRUG, § 15 Rz. 15; Morgen-*Knapp/Wilde*, StaRUG, § 15 Rz. 11.

33) Jacoby/Thole-*Brünkmans*, StaRUG, § 15 Rz. 18.

34) So Morgen-*Knapp/Wilde*, StaRUG, § 15 Rz. 13; Uhlenbruck-*Streit/Bürk*, InsO, § 15 StaRUG Rz. 22; zum Insolvenzplan s. a. *Eidenmüller* in: MünchKomm-InsO, § 230 Rz. 58; *Thies/Lieder* in: HambKomm-InsR, § 230 InsO Rz. 5; *Spahlinger* in: KPB, InsO, § 230 Rz. 7 f.; Uhlenbruck-*Sinz*, InsO, § 230 Rz. 4; Begr. RegE ESUG, BT-Drucks. 17/5712, S. 31.

35) So Flöther-*Tasma*, StaRUG, § 15 Rz. 7; Morgen-*Knapp/Wilde*, StaRUG, § 15 Rz. 13; *Parzinger/Knebel* in: MünchKomm-StaRUG, § 15 Rz. 68; zum Insolvenzplan s. a. *Thole*, ZIP 2014, 293, 300; *Westpfahl* in: FS Kübler, S. 773, 777; *Eidenmüller* in: MünchKomm-InsO, § 230 Rz. 58.

V. Dritterklärungen nach § 15 Abs. 3 StaRUG

Für den Fall, dass ein Dritter bei Bestätigung des Restrukturierungsplans Verpflichtungen gegenüber den Gläubigern übernommen hat, verlangt § 15 Abs. 3 StaRUG, die Erklärung des Dritten dem Restrukturierungsplan beizufügen. Die Regelung entspricht § 230 Abs. 3 InsO und verfolgt ebenfalls den Zweck, Restrukturierungsgläubiger über die genaue Tragweite der Verpflichtungen Dritter vollständig zu unterrichten.[36] 35

Dritte sind Personen, die nicht Schuldner oder Planbetroffene sind. Nicht selten sind Verwandte des Schuldners oder etwa die Muttergesellschaft zur Leistung eines Sanierungsbeitrages bereit.[37] 36

§ 71 Abs. 2 StaRUG verlangt, dass die Erklärung **rechtsverbindlich** ist, jedoch kann die Verpflichtung unter die **aufschiebende Bedingung** der Planbestätigung gestellt werden – insbesondere der Bestätigung des Restrukturierungsplans.[38] 37

Eine **Bonitätsprüfung** in Hinblick auf den erklärenden Dritten durch das Restrukturierungsgericht ist abzulehnen.[39] 38

Zieht man den Wortlaut von § 15 Abs. 3 StaRUG heran, wären nur Verpflichtungen unmittelbar gegenüber den Gläubigern als Pflichtanlage erfasst. Der eingeschränkte Adressatenkreis lässt sich durchaus im Kontext zu § 71 Abs. 2 StaRUG erklären, wonach Verpflichtungserklärungen gegenüber Gläubigern mit gerichtlicher Planbestätigung einen Vollstreckungstitel begründen. Entgegen der wohl überwiegenden Meinung zum Insolvenzplan sind **Erklärungen gegenüber anderen Beteiligten** als Gläubigern keine Pflichtanlagen i. S. von § 15 Abs. 3 StaRUG[40] (siehe zum Insolvenzplan § 13 Rz. 98 [*Brünkmans/Harmann*]). Die Formfiktion nach § 68 Abs. 3 StaRUG und die **Titulierungswirkung** nach § 71 Abs. 2 StaRUG greift daher richtigerweise nur für diesen engen Anwendungsbereich.[41] Eine Pflicht zur Beifügung einer Dritterklärung als Anlage zum Restrukturierungsplan lässt sich im Einzelfall auch aus § 6 StaRUG und dem Informationsbedürfnis der Gläubiger herleiten. 39

Praxishinweis

Bedeutung haben solche Dritterklärungen gegenüber dem Schuldner in der Praxis etwa für die Übernahmeerklärungen i. R. einer Kapitalerhöhung[42] oder die Zusage eines Massekredits.[43]

---

36) Jacoby/Thole-*Brünkmans*, StaRUG, § 15 Rz. 20; vgl. für den Insolvenzplan Begr. RegE z. § 274 InsO, BT-Drucks. 12/2443, S. 204; *Eidenmüller* in: MünchKomm-InsO, § 230 Rz. 2.

37) Jacoby/Thole-*Brünkmans*, StaRUG, § 15 Rz. 23; Flöther-*Tasma*, StaRUG, § 15 Rz. 8; *Parzinger/Knebel* in: MünchKomm-StaRUG, § 15 Rz. 74; für den Insolvenzplan Uhlenbruck-*Sinz*, InsO, § 230 Rz. 5; *Eidenmüller* in: MünchKomm-InsO, § 230 Rz. 75.

38) Jacoby/Thole-*Brünkmans*, StaRUG, § 15 Rz. 24; *Parzinger/Knebel* in: MünchKomm-StaRUG, § 15 Rz. 87; *Fridgen* in: BeckOK-StaRUG, § 15 Rz. 42.

39) Jacoby/Thole-*Brünkmans*, StaRUG, § 15 Rz. 25; Braun-*Böhm*, StaRUG, § 15 Rz. 8; vgl. auch *Thies* in: Bieg/Borchardt/Frind, Unternehmenssanierung und Betriebsfortführung, Teil 2, B. Rz. 75; zum Insolvenzplan *Spahlinger* in: KPB, InsO, § 230 Rz. 10; vgl. auch *Weßling*, ZInsO 2020, 714, 716 f.; **a. A.** LG Hamburg, Beschl. v. 18.11.2015 – 326 T 109/15, ZIP 2016, 335 = ZVI 2016, 155.

40) **A. A.** Flöther-*Tasma*, StaRUG, § 15 Rz. 8; Morgen-*Knapp/Wilde*, StaRUG, § 15 Rz. 17; kritisch Jacoby/Thole-*Brünkmans*, StaRUG, § 15 Rz. 26.

41) Jacoby/Thole-*Brünkmans*, StaRUG, § 15 Rz. 26.

42) Zum Restrukturierungsplan *Bernsau/Beyer*, ZInsO 2021, 2533, 2537; zum Insolvenzplan *Brünkmans*, ZIP 2015, 1052.

43) Jacoby/Thole-*Brünkmans*, StaRUG, § 15 Rz. 27.

VI. Eingriff in gruppeninterne Drittsicherheiten (§ 15 Abs. 4 StaRUG)

40 Sieht der Restrukturierungsplan einen Eingriff in gruppeninterne Drittsicherheiten vor, ist nach § 15 Abs. 4 StaRUG dem Restrukturierungsplan die **Zustimmungserklärung** des verbundenen Unternehmens beizufügen. Erfasst sind sämtliche Eingriffe in gruppeninterne Drittsicherheiten, auch wenn die nach § 2 Abs. 4 Satz 1 Halbs. 2 StaRUG gebotene angemessene Entschädigung nicht durch den konzernverbundenen Drittsicherungsgeber aufgebracht wird (siehe § 56 Rz. 50 [*Brünkmans*]).

VII. Versagung der Planbestätigung

41 Fehlt eine Erklärung nach § 15 Abs. 1–4 StaRUG oder stimmt der Inhalt in den maßgeblichen Punkten nicht mit den gesetzlichen Anforderungen überein, stellt dies einen **wesentlichen Mangel** i. S. des § 63 Abs. 1 Nr. 2 StaRUG dar. Sofern der Mangel nicht innerhalb einer vom Gericht zu bestimmenden angemessenen Frist behoben wird, ist die Planbestätigung durch das Restrukturierungsgericht zu versagen (§ 63 Abs. 1 Nr. 2 StaRUG).[44)]

44) Flöther-*Tasma*, StaRUG, § 15 Rz. 10; Morgen-*Knapp/Wilde*, StaRUG, § 15 Rz. 23; *Fridgen* in: BeckOK-StaRUG, § 15 Rz. 36; für den Insolvenzplan LG Hamburg, Beschl. v. 18.11.2015 – 326 T 109/15, ZIP 2016, 335 = ZVI 2016, 155; Römermann-*Ober*, InsO/InsR, § 230 InsO Rz. 14.

§ 46
Vorprüfung des Restrukturierungsplans

Übersicht

A. Vorprüfung als Instrument des Stabilisierungs- und Restrukturierungsrahmens nach § 29 Abs. 2 Nr. 2 StaRUG

1 Das Restrukturierungsverfahren nach dem StaRUG als schuldnergesteuertes Verfahren ist deutlich informeller ausgestaltet als das Insolvenzverfahren und gibt den Beteiligten mehr Möglichkeiten. Infolgedessen kennt das StaRUG eine zwingende formelle Vorprüfung mit Zurückweisungsrecht nicht. Möglich ist allerdings eine **unverbindliche Vorprüfung als Verfahrenshilfe** in einem Vorprüfungstermin nach § 46 StaRUG oder eine **Vorprüfung nach §§ 47, 48 StaRUG.**

2 Als Instrument des Stabilisierungs- und Restrukturierungsrahmens nach § 29 Abs. 2 Nr. 2 StaRUG erfolgt sie grundsätzlich (nur) auf **Antrag** des Schuldners, der auf eine Vorprüfung aber auch ohne weiteres verzichten kann.[1] Zur Klärung von Stimmrechten steht auch dem **Restrukturierungsbeauftragten** die Vorprüfung offen (§ 76 Abs. 2 Nr. 1 a. E. StaRUG). Wird ein gerichtliches Planabstimmungsverfahren durchgeführt, kann das **Gericht** auch von Amts wegen eine Vorprüfung vornehmen, wenn es diese für zweckmäßig hält (§ 46 Abs. 3 StaRUG).

3 Zu welchem **Zeitpunkt** im Verfahren eine gerichtliche Vorprüfung erfolgt, richtet sich im Wesentlichen nach der Entscheidung des Schuldners (bzw. gemäß § 76 Abs. 2 Nr. 2 StaRUG des Restrukturierungsbeauftragten) über die Art der Abstimmung über den Plan

- durch Angebot und Annahme (§§ 17 bis 19 InsO),
- durch Abstimmung i. R. einer Versammlung der Planbetroffenen (§ 20 InsO),
- oder durch gerichtliches Planabstimmungsverfahren (§ 23 StaRUG).

B. Vorprüfung bei gerichtlicher Planabstimmung

4 Falls der Schuldner für eine gerichtliche Planabstimmung nach § 45 StaRUG optiert, hat das Gericht auf Antrag des Schuldners einen **Vorprüfungstermin** nach § 46 StaRUG anzuberaumen. Die Ladungsfrist beträgt nach § 46 Abs. 1 Satz 4 StaRUG mindestens sieben Tage. Das Ergebnis der Vorprüfung ist in einem **Hinweis** zusammenzufassen (§ 46 Abs. 2 StaRUG). Aufgrund der Unverbindlichkeit des Hinweises kann durch die Vorprüfung Rechtssicherheit nur bedingt geschaffen werden.[2] Denn der Hinweisbeschluss entfaltet keine Bindungswirkung für die Bestätigungsentscheidung und ein Rechtsmittel ist nicht vorgesehen. Eine Überprüfung der Rechtsauffassung des Restrukturierungsgerichts durch das Obergericht ist deshalb nicht möglich.[3] Bei abweichender Rechtsauffassung bleibt

1) Vgl. Jacoby/Thole-*Schluck-Amend*, StaRUG, § 29 Rz. 12.

2) Jacoby/Thole-*Herchen*, StaRUG, § 46 Rz. 2 und § 47 Rz. 2, 3.

3) *Thole*, ZIP 2023, 563, 568 (Urteilsanm.).

den Beteiligten deshalb kein anderer Weg, als die Bestätigungsentscheidung des Restrukturierungsgerichts abzuwarten und diese im Wege der sofortigen Beschwerde nach § 66 StaRUG überprüfen zu lassen.

5 Dem modularen System des StaRUG entspricht es, dass der Schuldner den **Umfang** der Vorprüfung durch seinen Antrag bestimmen kann. Er kann sich auf die Prüfung einzelner Teile, etwas die richtige Auswahl der Planbetroffenen, das Stimmrecht oder auch die Frage, ob drohende Zahlungsunfähigkeit vorliegt, beschränken. Diese in § 46 Abs. 1 StaRUG genannten Beispiele sind nicht abschließend. Auch jede andere Frage, die für die Bestätigung des Plans **erheblich ist**, kann Gegenstand der Vorprüfung sein, somit auch der gesamte Plan. Voraussetzung der Vorprüfung ist aber, dass der Plan (im Wesentlichen) fertiggestellt ist. Bloße **Planfragmente** oder Vorentwürfe können der Vorprüfung nicht unterworfen werden. Der Schuldner kann allerdings nur den Gegenstand, nicht die Tiefe der Vorprüfung bestimmen. Die **Rechtsprüfung** ist umfassend, eine **Zweckmäßigkeitsprüfung** der Planregelungen ist nicht Prüfungsgegenstand.[4)]

6 Prüfungsgegenstand und Prüfungstiefe entsprechen den Maßstäben des Insolvenzplans, sodass insoweit auf die dortigen Ausführungen Bezug genommen werden kann. Dabei sind selbstverständlich die Besonderheiten des Verfahrens, etwa hinsichtlich der Gruppenbildung (§ 9 StaRUG)f oder der Möglichkeit, den Plan auf bestimmte Beteiligte zu beschränken (§ 8 StaRUG), sowie die nur eingeschränkte Gestaltbarkeit (§§ 2 bis 4 StaRUG) zu beachten.

Praxishinweis

Soweit zeitlich möglich, sollten Schuldner von dem Instrument der Vorprüfung Gebrauch machen, weil trotz fehlender Bindungswirkung für die Bestätigungsentscheidung **frühzeitig Klarheit** über die Rechtsauffassung des Gerichts hergestellt ist und die Beteiligten sich darauf einstellen können.[5)]

C. Vorprüfung von Amts wegen bei gerichtlicher Planabstimmung

7 Im Falle einer beantragten gerichtlichen Planabstimmung kann das Gericht auch von Amts wegen einen Vorprüfungstermin anberaumen, wenn es dies für zweckmäßig erachtet (§ 45 Abs. 3 StaRUG). Dies kommt insbesondere in Betracht, wenn das Gericht i. R. informeller Einbindung oder zur Vorbereitung des Termins den Plan bereits inhaltlich prüfen konnte und es auf Punkte gestoßen ist, die näher erläuterungsbedürftig oder missverständlich sind oder der Planbestätigung entgegenstehen könnten.

D. Vorprüfung bei privatautonomer Planentscheidung

8 Wählt der Schuldner eine privatautonome Art der Planentscheidung (Angebot und Annahme oder Abstimmung i. R. einer Versammlung der Planbetroffenen), so steht dem Schuldner auf seinen Antrag hin der Weg einer Vorprüfung nach den §§ 47, 48 StaRUG offen. Neben dem Schuldner ist auch der von Amts wegen bestellte **Restrukturierungsbeauftragte** berechtigt, einen Antrag auf Vorprüfung zu stellen, allerdings beschränkt auf die Klärung von **Stimmrechten** (§ 76 Abs. 2 Nr. 1 a. E. StaRUG).[6)]

9 Ein Anspruch auf einen mündlichen Vorprüfungstermin besteht in den Fällen der Vorprüfung nach §§ 46, 48 StaRUG nicht. Allerdings kann das Gericht von Amts wegen einen

4) Jacoby/Thole-*Herchen*, StaRUG, § 46 Rz. 11.

5) *Thole*, ZIP 2023, 563, 568 (Urteilsanm.).

6) Jacoby/Thole-*Herchen*, StaRUG, § 47 Rz. 11.

Anhörungstermin anberaumen, § 48 Abs. 2 Satz 2 StaRUG. Für die Ladung zu diesem Anhörungstermin gelten die § 45 Abs. 3 und § 46 Abs 1 Satz 4 StaRUG entsprechend.

Gegenstand der Vorprüfung können alle Gegenstände sein, die auch i. R. der Vorprüfung 10
nach § 46 StaRUG geprüft werden können, darüber hinaus auch Anforderungen, die an das Abstimmungsverfahren nach den §§ 17 bis 22 StaRUG zu stellen sind, also etwa Fragen hinsichtlich Ladung, Zustellung oder Stimmrechten. Voraussetzung ist allerdings eine **Erheblichkeit der Vorprüfungsfrage** für die Bestätigungsentscheidung.[7]

Zu beachten ist, dass die von der oder den Vorprüfungsfragen berührten Planbetroffenen 11
vom Gericht (schriftlich oder mündlich) **anzuhören** sind (§ 48 Abs. 1 StaRUG), bevor das Gericht seinen Hinweisbeschluss erlässt, der innerhalb von zwei Wochen nach Antragstellung bzw. nach dem Anhörungstermin ergehen soll (§ 48 Abs. 2. Satz 2 StaRUG).

E. Gerichtliche Vorprüfung aufgrund Verfahrensleitung

Teilweise wird vertreten, dass eine gerichtliche Vorprüfung auch ohne Antrag aufgrund 12
gerichtlicher Verfahrensleitung nach § 38 Satz 1 StaRUG, § 139 Abs. 1 ZPO möglich sei. Ebenso sei ein gerichtliches Vorgespräch entsprechend § 10a InsO zulässig.[8]

Es ist sicher zutreffend, dass das Gericht verfahrensleitende Hinweise geben kann und dies 13
im Einzelfall auch tun sollte. Gleichwohl ist aus systematischen Gründen Zurückhaltung geboten. Denn die Vorprüfung ist Instrument des Stabilisierungs- und Restrukturierungsrahmens nach § 29 Abs. 2 Nr. 2 StaRUG und deshalb im privatautnomen Abstimmungsverfahren nur auf Antrag des Schuldners vorzunehmen. Hinzu kommt, dass sie ggf. gesondert **gebührenpflichtig** ist, nämlich dann, wenn alle vier Instrumente des Stabilisierungs- und Restrukturierungsrahmens in Anspruch genommen werden. In diesem Fall erhöht sich die Gebühr nach 2511, 2512 KV GKG um 500 €. Diese gesetzgeberischen Wertungen dürfen durch eine Vorprüfung gestützt auf § 38 Satz 1 StaRUG, § 139 ZPO bzw. entsprechend § 10a InsO nicht umgangen werden. Gerichte sollten deshalb im Zweifel zurückhaltend sein und i. R. der Prozessleitung oder eines Vorgesprächs allenfalls auf einzelne Punkte hinweisen, ohne eine umfassende Vorprüfung vorzunehmen.[9]

7) Näher Jacoby/Thole-*Herchen*, StaRUG, § 47 Rz. 8.

8) In diesem Sinne AG Hamburg, Beschl. v. 17.1.2022 – 61c RES 1/21, ZRI 2022, 236 = ZVI 2022, 116.

9) Ähnlich Jacoby/Thole-*Herchen*, StaRUG, § 46 Rz. 7.

§ 47
Verfahren bis zur Erörterung des Restrukturierungsplans

Übersicht

A. Privatautonome Abstimmungsvarianten

1 Im Restrukturierungsverfahren nach dem StaRUG ist für den gesamten Verfahrensablauf von entscheidender Bedeutung, welche Bausteine des modularen Sanierungsverfahrens der Schuldner wählt. Sind die Beteiligten sich gänzlich einig, ist es möglich, das Verfahren ohne weitere Gerichtsbeteiligung zu beenden.

2 Dies gilt insbesondere, wenn der Schuldner eine **privatautonome Abstimmungsvariante** wählt, sei es durch Angebot und Annahme (§§ 17 bis 19 StaRUG), sei es durch Abstimmung i. R. einer Versammlung der Planbetroffenen (§ 20 StaRUG). Sofern der Schuldner in diesen Fällen keine gerichtliche Bestätigung des Plans nach den §§ 60 ff. StaRUG beantragt, läuft das Verfahren ohne weiteres sechs Monate nach der Anzeige des Restrukturierungsverfahrens aus (§ 31 Abs. 4 Nr. 4 StaRUG).

3 Dies ist möglich, da eine gerichtliche Bestätigung des Plans für seine Wirksamkeit nicht zwingend erforderlich ist (vgl. § 18 StaRUG). Lediglich wenn die Wirkungen des Plans auch auf **dissentierende oder schweigende Gläubiger erstreckt** werden soll oder dem Plan **besondere Wirkungen**, namentlich die Wahrung gesellschaftsrechtlicher oder sachenrechtlicher Formvorschriften (§ 68 StaRUG), und der Vollstreckungsschutz nach § 90 StaRUG, zugewiesen werden sollen, ist eine gerichtliche Bestätigung nach den §§ 60 ff. StaRUG, die Instrument des Stabilisierungs- und Restrukturierungsrahmens nach § 29 Abs. 2 Nr. 4 StaRUG ist, erforderlich.[1)]

4 Wegen der weiteren Einzelheiten des Abstimmungsverfahrens, insbesondere auch zur Vorbereitung und Durchführung, kann auf die Ausführungen in § 46 Rz. 4 ff. [*Laroche*] verwiesen werden.

B. Gerichtliche Planabstimmung

5 Falls der Schuldner gemäß § 23 StaRUG für eine gerichtliche Planabstimmung nach § 45 StaRUG, die nach § 29 Abs. 2 Nr. 1 StaRUG Instrument des Stabilisierungs- und Restrukturierungsrahmens ist, optioniert, wird das Abstimmungsverfahren unter **Leitung des Gerichts** geführt.

6 Gemäß § 45 Abs. 1 StaRUG bestimmt das Restrukturierungsgericht auf Antrag des Schuldners einen **Erörterungs- und Abstimmungstermin.** Der Termin und das weitere Vorgehen sind weitgehend dem Insolvenzplanverfahren nachempfunden, sodass auf die dortigen Ausführungen verwiesen werden kann.

7 Für die Anberaumung des gerichtlichen Erörterungs- und Abstimmungstermins ist eine **Ladungsfrist von mindestens 14 Tagen** zu beachten (§ 14 Abs. 2 Satz 1 StaRUG). Der Ladung ist der vollständige Restrukturierungsplan nebst Anlagen beizufügen (§ 45 Abs. 3 Satz 2 StaRUG). Die Ladung enthält den Hinweis darauf, dass der Termin und die Abstimmung auch dann durchgeführt werden können, wenn nicht alle Planbetroffenen teilnehmen. Das Gericht kann den Schuldner mit der Zustellung der Ladungen beauftragen.

---

1) Jacoby/Thole-*Hofmann*, StaRUG, § 18 Rz. 8, 9.

Diesem stehen allerdings dann nur die eingeschränkten **Zustellungsmöglichkeiten** nach den §§ 191 ff. ZPO zur Verfügung.

Praxishinweis

Soweit von Amts wegen ein **Restrukturierungsbeauftragter** bestellt wurde, ist es deshalb sinnvoller, diesen gemäß § 76 Abs. 6 StaRUG mit der Zustellung zu beauftragen, weil dann auch die vereinfachte Zustellung durch Aufgabe zur Post nach § 184 ZPO möglich ist. Ist ein fakultativer Restrukturierungsbeauftragter bestellt, kann nach § 77 Abs 3 StaRUG beantragt werden, diesem auch die Zustellungen zu übertragen, was vielfach sinnvoll sein dürfte.[2]

8 Auf das Verfahren finden im Übrigen die **§§ 239 bis 242 InsO entsprechende Anwendung.**[3] Es ist also

- eine Stimmliste zu führen (§ 239 InsO),
- die Änderung einzelner Regelungen des Plans aufgrund der Erörterung ist zulässig (§ 240 InsO),
- im Bedarfsfall kann der Abstimmungstermin vom Erörterungstermin getrennt als gesonderter Termin durchgeführt werden (§ 241 InsO), mit der Folge, dass dann auch schriftlich abgestimmt werden kann (§ 242 InsO).

9 Wegen der Einzelheiten siehe oben insbesondere § 15 Rz. 32 f., 45 [*Laroche*]. Zum Ablauf des Termins kann auf die Ausführungen in § 16 [*Laroche*] verwiesen werden.

2) Vgl. ausführlich Jacoby/Thole-*Herchen*, StaRUG, § 45 Rz. 8, 20.

3) Vgl. ausführlich Jacoby/Thole-*Herchen*, StaRUG, § 45 Rz. 39 ff.

§ 48
Erörterungs- und Abstimmungstermin, Mehrheiten und Planbestätigung

Übersicht

Literatur: *Neu/Ljumani*, Die gerichtliche Prüfungskompetenz des Schlechterstellungsverbots i. R. des § 63 Abs. 1 Nr. 2 StaRUG, ZInsO 2024, 1301.

A. Abstimmungsverfahren nach Wahl

1 Dem modularen Ansatz des StaRUG folgend hat der Schuldner die Möglichkeit, das Abstimmungsverfahren unterschiedlich auszugestalten, je nachdem, welche Art des Zustandekommens ihm im Einzelfall am sinnvollsten erscheint. Ein niederschwelliges, rein schriftliches Verfahren mit Angebot und Annahme (§§ 17 bis 19 StaRUG), ist ebenso möglich wie eine privatautonom organisierte Versammlung der Planbetroffenen (§ 20 StaRUG) oder ein Gerichtstermin nach §§ 45, 46 StaRUG.

2 Die **Wahl** des Abstimmungsverfahrens **obliegt dem Schuldner.** Ist ein **Restrukturierungsbeauftragter** von Amts wegen bestellt, steht diesem das Wahlrecht zu (§ 76 Abs. 2 Nr. 1 StaRUG). Er kann deshalb auch einen anderen Abstimmungsweg wählen, als vom Schuldner angedacht.[1] Dem fakultativen Restrukturierungsbeauftragten kann nach § 77 Abs. 2 i. V. m. § 6 Abs. 2 Nr. 1 StaRUG das Wahlrecht übertragen werden.

3 Als Richtlinie für die Wahl des Abstimmungsverfahrens kann gelten, dass in Verfahren mit wenigen Beteiligten und mit wenig Erörterungsbedarf sich das schriftliche Verfahren eher anbietet, während in komplexen Verfahren mit vielen Beteiligten und einer Reihe zu klärender Rechtsfragen (z. B. Stimmreche, Rechtsfolgen etc.) sich eher eine Abstimmung in einer Versammlung der Planbetroffenen oder ein Gerichtstermin anbieten. Hinsichtlich des Stimmrechts und der erforderlichen Mehrheiten gelten in allen Varianten die gleichen Regelungen der §§ 24 bis 28 StaRUG.

1) Jacoby/Thole-*Martini*, StaRUG, § 76 Rz. 13.

B. Privatautonome Planabstimmung (§§ 17 bis 22 StaRUG)

I. Abstimmung durch Angebot und Annahme (§§ 17 bis 19 StaRUG)

4 Am unbürokratischsten ist das Zustandekommen des Restrukturierungsplans durch Angebot und Annahme (§§ 17 bis 19 StaRUG). Der Schuldner kann den Planbetroffenen ein Angebot auf Abschluss eines Restrukturierungsplans vorlegen. Dem Angebot ist der **vollständige Plan** samt Anlagen und Darstellung der noch zu erwartenden **Kosten** des Restrukturierungsverfahrens beizufügen (§ 17 Abs. 1 Satz 2 StaRUG).

5 Es muss den Hinweis enthalten, dass im Falle gerichtlicher Planbestätigung der Plan auch gegenüber solchen Planbetroffenen wirksam wird, die das Angebot **nicht annehmen** (§ 17 Abs. 1 Satz 1 StaRUG). Hier ist § 18 StaRUG zu beachten, wonach im Zweifel anzunehmen ist, dass das Planangebot unter der Bedingung steht, dass sämtliche Planbetroffene zustimmen oder der Plan gerichtlich bestätigt wird (§ 18 StaRUG). Dabei gilt sowohl für das Angebot als auch auf die Annahme des Plans die **Schriftform**, soweit nichts anderes vereinbart wurde (§ 17 Abs. 4 StaRUG).

Praxishinweis

Der Verzicht auf die Schriftform, insbesondere die Vereinbarung der Textform, kann auch noch i. R. des Vertragsschlusses erfolgen.[2)]

6 Für die Annahme des Plans hat der Schuldner eine **Frist** zu setzen, die mindestens 14 Tage beträgt, aber kürzer sein kann, wenn dem Plan ein Restrukturierungskonzept zugrunde liegt, das allen Planbetroffenen seit mindestens 14 Tagen in Textform zugänglich gemacht ist (§ 19 StaRUG).

7 Die Planbetroffenen haben das Recht, die Abhaltung einer **Versammlung der Planbetroffenen** zur Erörterung des Plans zu verlangen, soweit der Schuldner nicht zuvor allen Betroffenen die Gelegenheit zur gemeinschaftlichen Erörterung des Plans oder des Sanierungskonzepts, das durch den Plan umgesetzt werden soll, gegeben hat (§ 17 Abs. 3 StaRUG). Das Initiativrecht zur Abhaltung einer Versammlung der Planbetroffenen besteht nur, soweit nicht zuvor allen Planbetroffenen die Gelegenheit zur gemeinschaftlichen Erörterung eröffnet wurde.[3)] Für die Versammlung gilt § 21 StaRUG. Die Einberufung des Erörterungstermins erfolgt schriftlich mit einer Frist von 14 Tagen. Eröffnet der Schuldner die Möglichkeit der elektronischen Teilnahme, verkürzt sich die Frist auf sieben Tage (§ 21 Abs. 2 StaRUG).

8 Der **Ablauf** richtet sich nach § 20 Abs. 3 StaRUG (siehe dazu sogleich unter Rz. 9–13). Findet die Versammlung erst nach Ablauf der Annahmefrist des § 19 StaRUG statt, verlängert sich die Erklärungsfrist bis zum Ablauf des Tages der Versammlung oder bis zu dem Termin, den der Schuldner bis zum Ende der Versammlung bestimmt. Hat ein Planbetroffener bereits vor Abhaltung der Versammlung eine Erklärung zum Planangebot abgegeben, so entfällt die Bindung an die Erklärung, wenn er sich innerhalb der Frist erneut erklärt (§ 21 Abs. 4 StaRUG).

II. Abstimmung i. R. einer Versammlung der Planbetroffenen (§§ 20 bis 22 StaRUG)

9 Kommt ein schriftliches Verfahren nicht in Betracht, etwa weil Erörterungsbedarf besteht oder die Zahl der Beteiligten groß ist, kann der Schuldner eine Versammlung der Planbetroffenen einberufen und den Plan dort zur Abstimmung stellen (§ 20 Abs. 1 StaRUG).

---

2) Flöther-*Madaus*, StaRUG, § 17 Rz. 13.

3) Flöther-*Madaus*, StaRUG, § 21 Rz. 3.

Das Recht zur Einberufung steht allein dem Schuldner zu.[4] Dies gilt auch, wenn dem Restrukturierungsbeauftragten nach § 76 Abs. 2 Nr. 1 StaRUG das Wahlrecht zusteht.[5] Die Einberufung erfolgt **schriftlich** mit einer Einberufungsfrist von 14 Tagen (§ 20 Abs. 1 Satz 2, 3 StaRUG). Räumt der Schuldner die Möglichkeit einer **elektronischen** Teilnahme ein, beträgt die Frist sieben Tage. Selbstverständlich ist der Einberufung der vollständige Restrukturierungsplan nebst Anlagen beizufügen (§ 20 Abs. 1 Satz 5 StaRUG.)

Den **Vorsitz** über die Versammlung führt der Schuldner (§ 20 Abs. 3 Satz 1 StaRUG), der 10
den Planbetroffenen auf Verlangen umfassend **Auskunft** über den Restrukturierungsplan und die für die sachgemäße Beurteilung des Plans relevanten Verhältnisse zu erteilen hat. Sind nach § 2 Abs. 4 Satz 1 StaRUG Forderungen **verbundener Unternehmen** Teil der Restrukturierung, gilt dies aus für die Verhältnisse jeder betroffenen Tochtergesellschaft (§ 20 Abs. 3 Satz 2 StaRUG). Soweit der Plan im Erörterungstermin inhaltlich in einzelnen Punkten geändert wird, kann bereits in der Versammlung über den **geänderten Plan** abgestimmt werden (§ 20 Abs. 4 StaRUG). Diese Regelung entspricht inhaltlich § 240 InsO.[6]

Eine Besonderheit ist, dass die Planbetroffenen das Recht haben, Änderungen des Plans 11
vorzuschlagen, die dem Schuldner allerdings mindestens einen Tag vor Beginn der Verhandlung in Textform zugänglich zu machen sind (§ 20 Abs. 3, 4 StaRUG).

Um das Verfahren möglichst flexibel gestalten zu können, kann das Plananbot eine elekt- 12
ronische Teilnahme und Ausübung sämtlicher oder einzelner im Wege elektronischer Kommunikation vorsehen (§ 20 Abs. 2 StaRUG), wie auch die **elektronische Stimmabgabe** und die Stimmabgabe ohne Anwesenheit am Versammlungsort bis zum Ende der Abstimmung zugelassen werden kann (§ 20 Abs. 5 Satz 2, 3 StaRUG). Gesetzlich vorgeschrieben ist lediglich die Abstimmung nach Gruppen (§ 20 Abs. 5 Satz 1 StaRUG). Im Übrigen legt der Schuldner selbst die **Modalitäten** der Abstimmung fest (§ 20 Abs. 5 Satz 2 StaRUG).

III. Feststellung der Mehrheiten und Abschluss des Abstimmungsverfahrens

Nach Ablauf der Annahmefrist oder nach Durchführung der Abstimmung sind der Ab- 13
lauf des Planannahmeverfahrens sowie das Ergebnis der Abstimmung unverzüglich schriftlich festzuhalten. Ist die Auswahl der Planbetroffenen, deren Einteilung in Gruppen oder die Zuweisung von Stimmrechten streitig geworden, ist dies in der **Dokumentation** zu vermerken (§ 22 Abs. 1 StaRUG). Die Dokumentation hat zeitnah zu erfolgen und ist den Planbetroffenen unverzüglich zugänglich zu machen (§ 22 Abs. 2 StaRUG).[7] Mit der Feststellung der Mehrheiten endet grundsätzlich das Abstimmungsverfahren i. R. der Versammlung der Planbetroffenen.

C. Gerichtliches Abstimmungsverfahren

Wählt der Schuldner bzw. nach § 67 Abs. 2 Nr. 1 StaRUG der Restrukturierungsbeauf- 14
tragte die gerichtliche Planabstimmung, ist ein Erörterungs- und Abstimmungstermin gemäß § 45 StaRUG zu bestimmen, der sich in seinem Ablauf kaum von dem des Insolvenzplanverfahrens unterscheidet. § 45 Abs. 4 Satz 1 StaRUG nimmt ausdrücklich auf die **Regelungen der §§ 239 bis 242 InsO** Bezug. Damit gelten insbesondere

- die verfahrensrechtlichen Regelungen zur Stimmliste (§ 239 InsO),

4) Flöther-*Madaus*, StaRUG, § 21 Rz. 3.
5) Jacoby/Thole-*Hofmann*, StaRUG, § 47 Rz. 4.
6) Flöther-*Madaus*, StaRUG, § 20 Rz. 14.
7) Flöther-*Madaus*, StaRUG, § 22 Rz. 8.

- zur Änderung des Plans (§ 240 InsO),
- zum gesonderten Abstimmungstermin (§ 241 InsO) und
- zur schriftlichen Abstimmung (§ 242 InsO) entsprechend.

15 Nicht ausdrücklich in Bezug genommen ist § 243 InsO, der eine **Abstimmung in Gruppen** vorschreibt. Gleichwohl dürfte es der pragmatischen Handhabung entsprechen, ebenso vorzugehen, da die Mehrheiten ebenfalls gruppenbezogen zu bestimmen sind (vgl. § 25 StaRUG) und § 20 Abs. 5 Satz 1 StaRUG diese Abstimmungsregel für die Abstimmung i. R. einer Versammlung der Planbetroffenen auch ausdrücklich vorsieht.

D. Stimmrecht und erforderliche Mehrheiten

16 Kein Unterscheid zwischen den verschiedenen Abstimmungsvarianten besteht hinsichtlich der Stimmrechte, der erforderlichen Mehrheiten, gruppenübergreifenden Mehrheitsentscheidungen und des Minderheitenschutzes. Über den Verweis in § 45 Abs. 4 Satz 1 StaRUG auf die §§ 24 bis 28 StaRUG ist insoweit ein Gleichklang zwischen gerichtlichen und privatautonomen Abstimmungsverfahren hergestellt.[8)]

> **Praxishinweis**
>
> Eine Ausnahme gilt nur für den Umgang mit streitigen Forderungen, der sich aus der unterschiedlichen Ausgestaltung des Verfahrens erklärt.

I. Stimmrecht

17 Die Höhe des zugewiesenen Stimmrechts richtet sich nach § 24 StaRUG und ist im Wesentlichen den Regeln des Insolvenzplans nachempfunden. Damit ist grundsätzlich der **Wert der Forderung oder des Sicherungsrechts** maßgeblich (§ 24 Abs 1 Nr. 1, 2 StaRUG), wobei §§ 41 Abs. 2, 45, 46 InsO entsprechend gelten (vgl. § 24 Abs. 2 Nr. 2, 3, 4 StaRUG). Bei bedingten Forderungen ist die Wahrscheinlichkeit des Bedingungseintritts zu berücksichtigen (§ 24 Abs. 2 Nr. 1 StaRUG). Auch für das Stimmrecht von Anteils- und Mitgliedschaftsrechten gelten dem Insolvenzplanverfahren vergleichbare Regelungen. Es kommt ausschließlich auf den Anteil am gezeichneten Kapital oder Vermögen des Schuldners an; Stimmrechtsbeschränkungen, Sonder- oder Mehrstimmrechte bleiben außer Betracht (§ 24 Abs. 1 Nr. 3 StaRUG). Wenngleich nicht im Gesetz ausdrücklich geregelt, gilt auch das insolvenzrechtliche **Verbot der Doppelanmeldung** nach § 44 InsO entsprechend.[9)]

18 Auch wenn die Regelungen über die Stimmrechte in allen Abstimmungsvarianten gleich sind, unterscheidet sich die **Behandlung streitiger Forderungen** zwischen den privatautonomen und dem gerichtlichen Abstimmungsverfahren. In den privatautonomen Abstimmungsvarianten nach §§ 17 bis 19 StaRUG (Angebot und Annahme) sowie nach § 20 StaRUG (Abstimmung i. R. einer Versammlung der Planbetroffenen) kann der Schuldner das Stimmrecht zugrunde legen, das er den Planbetroffenen zugewiesen hat (§ 24 Abs. 4 Satz 1 StaRUG). Der Schuldner hat in der Dokumentation der Abstimmung zu vermerken, dass, inwieweit und aus welchem Grund das Stimmrecht streitig ist (§ 24 Abs. 4 Satz 2 StaRUG). Um zu vermeiden, dass der Plan wegen Stimmrechtsstreitigkeiten scheitert, hat der Schuldner die Möglichkeit, das **Stimmrecht einer gerichtlichen Vorprüfung** unterziehen zu lassen (§ 46 Abs. 1 Nr. 2 StaRUG). Soweit ein Restrukturierungsbeauf-

---

8) Jacoby/Thole-*Herchen*, StaRUG, § 45 Rz. 40.

9) AG Hamburg, Hinweisbeschl. v. 17.1.2022 – 61c RES 1/21, ZRI 2022, 236 = ZVI 2022, 116.

tragter von Amts wegen bestellt wurde, steht auch diesem das Recht zu, einen Antrag auf gerichtliche Vorprüfung der Stimmrechte zu stellen (§ 76 Abs. 2 Nr. 1 a. E. StaRUG).[10)]

Erfolgt die Abstimmung hingegen nach § 45 StaRUG im **gerichtlichen Erörterungs- und Abstimmungstermin**, so gleicht das Procedere wiederum dem des Insolvenzplanverfahrens. Ist streitig, welches Stimmrecht einen Planbetroffenen zusteht, müssen die Beteiligten zunächst versuchen, eine Einigung herbeizuführen. Nur wenn dies nicht gelingt, legt das Gericht das Stimmrecht fest (§ 45 Abs 4 Satz 2 StaRUG).[11)] Die Stimmrechtsentscheidung beinhaltet kein Präjudiz über das Bestehen oder die Höhe der Forderung. Diese Fragen sind außerhalb des Restrukturierungsverfahrens zu klären.[12)] Die Entscheidung hat damit zunächst nur für die Abstimmung selbst Bedeutung, Allerdings ist nach § 70 Abs. 2 Satz 1 StaRUG ein Rückstand mit der Erfüllung des Restrukturierungsplans i. S. des § 69 Abs. 1 StaRUG nicht anzunehmen, wenn der Schuldner die Forderung bis zur endgültigen Feststellung in der Höhe berücksichtigt, die der Entscheidung über das Stimmrecht bei der Abstimmung über den Plan entspricht.[13)] Allerdings kann eine Entscheidung über die Höhe der vorläufig zu berücksichtigenden Forderung auf Antrag des Schuldners oder des Gläubigers auch noch nachträglich getroffen werden (§ 70 Abs. 2 Satz 2 StaRUG). 19

II. Erforderliche Mehrheiten

Bedeutsame Unterschiede zum Insolvenzplanverfahren bestehen bei den zur Annahme des Plans erforderlichen Mehrheiten **bei fehlender Einstimmigkeit**. Während im Insolvenzplanverfahren nach § 244 InsO auf die Kopf- und Summenmehrheit der abstimmenden Gläubiger bezogen auf die jeweilige Gruppe abgestellt wird, ist dies im Restrukturierungsverfahren grundlegend anders. Nach § 25 StaRUG ist erforderlich, dass die zustimmenden Gruppenmitglieder in jeder Gruppe mindestens **drei Viertel der Stimmrechte** auf sich vereinen. Auf eine Kopfmehrheit kommt es nicht an. Auf das doppelte Erfordernis von Kopf- und Summenmehrheit wurde ausdrücklich verzichtet, nicht zuletzt, da das Erfordernis der Kopfmehrheit gerade bei wenigen Planbetroffenen, etwa bei einer finanzwirtschaftlichen Sanierung, durch Aufspaltungen und Abtretungen von Forderungen leicht manipulierbar ist.[14)] 20

Andererseits ist die Hürde mit einer Zustimmungsquote von 75 %, bezogen auf alle Forderungen der Gruppe, deutlich höher als beim Insolvenzplan. Erschwerend kommt hinzu, dass durch das Abstellen auf die Stimmrechte eine **Enthaltung oder ein reines Passivbleiben** eines Gläubigers faktisch **die Wirkung einer Ablehnung** hat[15)] – ein weiterer wesentlicher Unterschied zum Insolvenzplanverfahren. Dort wird der sich enthaltende oder passiv bleibende Schuldner bei der Bestimmung der Mehrheitsverhältnisse nicht berücksichtigt. 21

Für eine **gruppenübergreifende Mehrheitsentscheidung** genügt bei zwei Gruppen die Zustimmung nur einer Gruppe (§ 326 Abs. 1 Nr. 3 StaRUG). Anders ist es im Insolvenzplanverfahren, in dem es für eine gruppenübergreifende Mehrheitsentscheidung stets der Gruppenmehrheit bedarf (§ 245 Abs. 1 Nr. 3 InsO). 22

---

10) Jacoby/Thole-*Herchen*, StaRUG, § 47 Rz. 11.
11) Jacoby/Thole-*Herchen*, StaRUG, § 45 Rz. 34.
12) Jacoby/Thole-*Herchen*, StaRUG, § 45 Rz. 34.
13) Jacoby/Thole-*Spliedt*, StaRUG, § 70 Rz. 3, 4.
14) Flöther-*Westpfahl/Knapp*, StaRUG, § 25 Rz. 3.
15) Jacoby/Thole-*Thole*, StaRUG, § 25 Rz. 1.

E. Annahme des Plans und Wirksamkeit

23 Ist der Plan einvernehmlich angenommen worden, ist er im Zweifel ohne weiteres zwischen den Beteiligten **wirksam** (§ 18 StaRUG), auch wenn keine gerichtliche Bestätigung des Plans erfolgt.[16] Dies ist ein wichtiger Unterschied zum Insolvenzplan, der für seine Wirksamkeit stets der gerichtlichen Bestätigung nach§ 248 Abs. 1 InsO bedarf. Allerdings kann die **gerichtliche Planbestätigung**, die nach § 29 Abs. 2 Nr. 4 StaRUG Instrument des Stabilisierungs- und Restrukturierungsrahmens ist, zur **Bedingung** für die Wirksamkeit des Plans gemacht werden. Hieran ist insbesondere dann zu denken, wenn dem Plan die besonderen Wirkungen der gerichtlichen Planbestätigung, etwa die Abgabe sachen- oder gesellschaftsrechtlicher Erklärungen (§ 68 StaRUG), die Titelfunktion des § 71 StaRUG oder der Anfechtungsschutz des § 90 StaRUG, zugesprochen werden sollen.

24 Ist der Plan **nicht von allen Betroffenen angenommen** worden, kommt es für das weitere Schicksal des Plans auf den Einzelfall an. Der Plan kann bestimmen, dass er in diesem Fall lediglich für die zustimmenden Beteiligten Wirksamkeit entfaltet (vgl. § 18 StaRUG). Sieht der Plan eine solche Regelung nicht vor, kann der Schuldner es hinnehmen, dass einzelne Gläubiger gegen den Plan gestimmt haben, mit der Folge, dass der Plan trotz mehrheitlicher Annahme gescheitert ist. Für die planautonomen Abstimmungsvarianten gilt dies über die Zweifelsregelung des § 18 StaRUG ausdrücklich.

25 Entsprechendes gilt aber auch im **gerichtlichen Abstimmungsverfahren**, auch wenn gemäß § 23 StaRUG in diesem Falle die Zweifelsregel des § 18 StaRUG keine Anwendung findet. Denn der Plan bleibt auslegungsbedürftig und -fähig. Finden sich im Plan keine anderweitigen Anhaltspunkte, wird man regelmäßig davon ausgehen dürfen, dass dieser nur dann Wirkung entfalten soll, wenn er für alle Planbetroffenen gleichermaßen gilt, um dem Grundsatz der Gläubigergleichbehandlung und etwaigen Pari-Passu-Klauseln gerecht zu werden.

26 Regelmäßig wird der Schuldner aber beantragen, die **fehlende Zustimmung durch Gerichtsbeschluss ersetzen** lassen. Hierzu ist erforderlich, dass der Schuldner einen Antrag auf gerichtliche Planbestätigung nach § 60 StaRUG stellt. Andere Beteiligte haben kein Antragsrecht.[17] Zu beachten ist, dass der Antrag der Zustimmung der **persönlichen haftenden Gesellschafter** bedarf, soweit in der Haftungskette natürliche Personen sind und der Plan diese nicht von der persönlichen Haftung befreit (§ 60 Abs. 2 StaRUG).[18] Erst durch die Bestätigung entfaltet der mehrheitlich angekommene Plan seine Wirkungen für und gegen alle Beteiligten, § 67 Abs. 1 StaRUG (siehe näher unten Rz. 12–18, 42–51),

F. Gerichtliche Planbestätigung (§ 60 StaRUG)

I. Voraussetzungen der Planbestätigung

27 Die gerichtliche Planbestätigung nach § 29 Abs. 2 Nr. 4 i. V. m. §§ 60 ff. StaRUG ist ein Herzstück des Stabilisierungs- und Restrukturierungsverfahrens.[19] An sie sind sowohl die Geltung des Plans auch für ablehnende oder schweigende Planbeteiligte geknüpft als auch die weiteren rechtsgestaltenden Wirkungen des Plans.

28 Die Planbestätigung **hat grundsätzlich zu erfolgen**, sofern die notwendigen Mehrheiten erreicht sind, erforderlichenfalls die Voraussetzungen einer gruppenübergreifenden Mehrheitsentscheidung vorliegen und der Minderheitenschutz des § 63 InsO nicht greift. Dies

---

16) Vgl. Jacoby/Thole-*Thole*, StaRUG, § 60 Rz. 1.

17) Jacoby/Thole-*Thole*, StaRUG, § 60 Rz. 4.

18) Ausführlich Jacoby/*Thole-Thole*, StaRUG, § 60 Rz. 12 ff.

19) Jacoby/Thole-*Berner*/*Thole*, StaRUG, § 63 Rz. 1.

ergibt sich mittelbar aus § 63 StaRUG, der die Gründe benennt, nach denen eine Planbestätigung (nur) zu versagen ist.[20] Vor der Planbestätigung kann das Gericht die Planbetroffenen **anhören** (§ 61 Satz 1 StaRUG). Sofern keine gerichtliche Planabstimmung erfolgt ist, ist vor der Bestätigungsentscheidung eine mündliche Anhörung mit einer Ladungsfrist von sieben Tagen verpflichtend (§ 61 Satz 2, 3 StaRUG i. V. m. § 45 Abs. 3, § 46 Abs. 1 Satz 4 StaRUG). Soweit der **Plan bedingt** ist, also vorsieht, dass vor der Bestätigung bestimmte Leistungen erbracht oder Maßnahmen verwirklicht werden sollen, erfolgt die Planbestätigung erst, wenn diese Voraussetzungen erfüllt sind (§ 62 StaRUG).

Eine **Bevorzugung eines im Insolvenzverfahren gleichrangigen Gläubigers** nach § 28 29
Abs. 1 StaRUG steht der Planbestätigung nicht entgegen, wenn dies nach der Art der zu bewältigenden wirtschaftlichen Schwierigkeiten und nach den Umständen sachgerecht ist. Kraft Gesetzes ist dies jedenfalls dann nicht der Fall ist, wenn auf die überstimmte Gruppe mehr als die Hälfte der Stimmrechte der betroffenen Rangklasse entfällt.

Zugunsten nachrangiger Gläubiger, insbesondere von Gesellschaftern und Anteilsinha- 30
bern (§ 28 Abs. 2 StaRUG), kann auch eine eng begrenzte **Durchbrechung der Regel der absoluten Priorität** angemessen sein und damit der Planbestätigung nicht entgegenstehen. Dies ist der Fall, wenn die Mitwirkung des Schuldners bzw. der an ihm beteiligten Person an der Fortführung zur Verwirklichung des Planwertes unerlässlich ist und die begünstigte Person sich im Plan zur **Mitwirkung** sowie zur Übertragung der wirtschaftlichen Werte auf die Gläubiger für den Fall verpflichtet, dass die Mitwirkung aus von ihr zu vertretenden Gründen vor Ablauf der für den Planvollzug vorgesehenen Frist, längstens fünf Jahren, endet (§ 28 Abs. 2 Nr. 1 StaRUG). Die Durchbrechung der Regel der absoluten Priorität ist ebenfalls angemessen, wenn die **Eingriffe** in die Rechte der Gläubiger **geringfügig** sind, insbesondere weil Rechte nicht gekürzt und **Fälligkeiten nicht um mehr als 18 Monate verschoben werden** (§ 28 Abs. 2 Nr. 2 StaRUG).

Auf Antrag eines Planbetroffenen ist auch der **Minderheitenschutz** des § 64 StaRUG, der 31
§ 251 InsO nachgebildet ist, Prüfungsgegenstand. In diesem Fall ist die Bestätigung zu versagen, wenn der Antragsteller durch den Restrukturierungsplan voraussichtlich schlechtergestellt wird als er ohne den Plan stünde (§ 64 Abs. 1 Satz 1 StaRUG). Allerdings sind an die Zulässigkeit eines **Minderheitenschutzantrags hohe Anforderungen** zu stellen. So muss der widersprechende Planbetroffene nicht nur gegen den Plan gestimmt haben, sondern bereits zuvor im Abstimmungsverfahren dem Plan widersprochen und geltend gemacht haben, dass er durch den Plan voraussichtlich schlechterstünde als ohne Plan (§ 64 Abs. 2 Satz 1 StaRUG). Sofern die Abstimmung im gerichtlichen Verfahren nach § 45 StaRUG erfolgt ist, ist die voraussichtliche Schlechterstellung bereits spätestens im Abstimmungstermin glaubhaft zu machen (§ 64 Abs. 2 Satz 2 StaRUG). Allerdings ist Voraussetzung, dass **in der Ladung zum Erörterungs- und Abstimmungstermin hierauf hingewiesen** wurde (§ 64 Abs. 4 Satz 3 StaRUG).

Ist über den Plan i. R. einer Versammlung der Planbetroffenen nach § 20 StaRUG abge- 32
stimmt worden, gelten die besonderen Antragsvoraussetzungen des § 64 Abs. 2 Satz 1 StaRUG nur, wenn **im Einberufungsschreiben** hierauf gesondert **hingewiesen** wurde. Sofern der Plan im schriftlichen Verfahren durch Angebot und Annahme (§§ 17 bis 19 StaRUG) zustande gekommen ist, muss der Hinweis im Planangebot enthalten sein (§ 64 Abs. 4 Satz 1 StaRUG).

Der Minderheitenschutzantrag ist nicht nur bei Fehlen der formalen Voraussetzungen 33
abzulehnen, sondern auch, wenn – trotz voraussichtlicher Schlechterstellung – der Plan Mittel für den Fall bereitstellt, dass die Schlechterstellung nachgewiesen wird, wobei die

20) Jacoby/Thole-*Berner/Thole*, StaRUG, § 63 Rz. 4.

Frage, ob eine Schlechterstellung tatsächlich vorliegt, im Verfahren nicht geprüft wird. Der Planbetroffene ist hier auf die **Geltendmachung eines Ausgleichsanspruchs außerhalb der Restrukturierungssache** verwiesen (§ 64 Abs. 3 Satz 2 StaRUG). Falls es zu keiner Einigung über die Höhe einer Ausgleichszahlung kommt, ist eine Ausgleichsklage als Leistungsklage vor den ordentlichen Gerichten zu erheben.[21] Zu beachten ist die ausschließliche Zuständigkeit des Gerichts, in dessen Bezirk das für die Restrukturierungssache zuständige Restrukturierungsgericht seinen Sitz hat, § 19b ZPO.

34 Nach § 63 Abs. 1 Nr. 1 StaRUG ist die Planbestätigung zu versagen, wenn der Schuldner nicht **mindestens drohend zahlungsunfähig** ist. Ein zwischenzeitlicher Eintritt der Zahlungsunfähigkeit steht der Bestätigung nicht entgegen,[22] auch wenn der Wortlaut zunächst anderes nahelegt. Denn aus § 39 Abs. 2 Nr. 1 StaRUG ergibt sich eindeutig, dass das Verfahren auch nach Eintritt der Zahlungsunfähigkeit weitergeführt werden kann. Es lässt sich – mit gleichem Ergebnis – aber auch vertreten, dass die Zahlungsunfähigkeit solange nicht eintritt bzw. beseitigt ist, wie das Restrukturierungsverfahren noch Aussicht auf Erfolg hat, insbesondere wenn bereits über den Plan abgestimmt wurde, weil nach ständiger Rechtsprechung Zahlungsunfähigkeit entfällt, wenn den Gläubigern ein Zuwarten nach den besonderen Umständen des Einzelfalles zumutbar ist.[23]

35 Ob die Feststellung der drohenden Zahlungsunfähigkeit die volle **richterliche Überzeugung** verlangt, die i. R. der Amtsermittlung nach § 39 Abs. 2 Satz 1 StaRUG zu bilden ist,[24] oder die Bestätigung nur dann zu versagen ist, wenn feststeht, dass keine drohende Zahlungsunfähigkeit vorliegt, mithin bei **bloßen Zweifeln** an der drohenden Zahlungsunfähigkeit die Bestätigung nicht versagt werden darf,[25] ist noch nicht abschließend geklärt. Während der Wortlaut eher für die zweite Auffassung spricht, streiten Sinn und Zweck der Einschränkung eher für die erste Auslegung. Denn die drohende Zahlungsunfähigkeit ist nicht nur materielle Eingangsvoraussetzung in das Verfahren, sondern ist Rechtfertigung für den Eingriff in die Eigentumsrechte der Gläubiger. Maßgeblicher Zeitpunkt ist der Tag der letzten mündlichen Verhandlung, bei gerichtlicher Planabstimmung also der Erörterungs- und Abstimmungstermin,[26] andernfalls der gerichtliche Anhörungstermin.

36 Die Planbestätigung ist nach § 63 Abs. 1 Nr. 2 StaRUG zu versagen, wenn die Vorschriften über den **Inhalt und die verfahrensmäßige Behandlung** des Restrukturierungsplans sowie über die Annahme des Plans durch die Planbetroffenen in einem wesentlichen Punkt nicht beachtet worden sind und der Schuldner den Mangel nicht beheben kann oder innerhalb einer angemessenen, vom Restrukturierungsgericht gesetzten Frist nicht behebt. Diese Vorschrift ist § 250 Nr. 1 InsO nachgebildet und entspricht ihr. Wegen Einzelheiten kann deshalb auf die Ausführungen in § 19 Rz. 12–18, 19–30 [*Thole*] verwiesen werden.

37 Eine Besonderheit besteht allerdings gemäß § 63 Abs. 2 StaRUG für den Fall, dass infolge einer unzutreffenden Bewertung des Unternehmens die **Voraussetzungen für eine gruppenübergreifende Mehrheitsentscheidung nach den §§ 26 bis 28 StaRUG nicht gegeben** sind. Auf diesen Mangel kann die Versagung der Bestätigung nur gestützt werden, wenn ein hierdurch benachteiligter Planbetroffener dies beantragt. Der Antrag auf Versagung der Bestätigung ist nur zulässig, wenn der Antragsteller dem Plan bereits im Ab-

21) Jacoby/Thole-*Berner*/*Thole*, StaRUG, § 64 Rz. 33 ff.

22) AG Dresden, Beschl. v. 7.6.2021 – 574 RES 2/21, NZI 2021, 893.

23) Vgl. BGH, Urt. v. 24.5.2005 – IX ZR 123/04, ZVI 2005, 408; Flöther-*Laroche*, StaRUG, § 63 Rz. 7.

24) AG Köln, Beschl. v. 3.3.3021 – 83 RES 1/21, Rz. 3, ZRI 2021, 377 = NZI 2021, 433.

25) In diesem Sinne *Thole*, NZI 2021, 436 (Urteilsanm.).

26) AG Köln, Beschl. v. 3.3.3021 – 83 RES 1/21, Rz. 9, ZRI 2021, 377 = NZI 2021, 433.

stimmungsverfahren widersprochen hat. Ist die Abstimmung außerhalb eines gerichtlichen Abstimmungstermins erfolgt, so gilt dies nur dann, wenn in dem Planangebot oder, sofern eine Versammlung der Planbetroffenen stattgefunden hat, in dem Einberufungsschreiben zu der Versammlung auf die Erforderlichkeit des Widerspruchs und die Folgen eines unterbliebenen Widerspruchs gesondert hingewiesen worden ist (§ 63 Abs. 2 Satz 3 StaRUG). Mit dieser nachträglich mit Wirkung ab dem 27.7.2022 eingeführten Regelung[27)] wird eine entsprechende Vorgabe des Art. 14 Abs. 1 lit. b der Restrukturierungsrichtlinie[28)] in nationales Recht umgesetzt.[29)] Bereits vor Einfügung der Neuregelung war i. R. richtlinienkonformer Auslegung der Prüfungsmaßstab der Gerichte in gleichem Umfang beschränkt, auch wenn sich dies nicht unmittelbar aus dem Wortlaut des StaRUG erschlossen hat.[30)]

Die Planbestätigung ist nach § 63 Abs. 1 Nr. 3 StaRUG zu versagen, wenn die **Ansprüche**, die den Planbetroffenen durch den gestaltenden Teil des Plans zugewiesen werden, und die durch den Plan nicht berührten Ansprüche der übrigen Gläubiger **offensichtlich nicht erfüllt werden können.** Diese Regelung ist § 231 Abs. 1 Nr. 3 InsO nachgebildet, die bei vergleichbaren Tatbeständen eine Zurückweisung des Insolvenzplans im Vorprüfungsverfahren vorsieht. Da im Verfahren nach dem StaRUG keine Zurückweisung im Vorprüfungsverfahren erfolgt, ist diese Prüfung konsequenterweise auf den Zeitpunkt der Planbestätigung verschoben worden. Sie ist insoweit modifiziert, als dass auch die Erfüllung der Ansprüche der nicht vom Plan nicht betroffenen Gläubiger mit in den Blick genommen werden muss. Dies ist konsequent und der Möglichkeit, den Plan auf bestimmte Betroffene zu beschränken, geschuldet. Es hat insoweit also eine Prüfung der wirtschaftlichen Annahmen durch das Gericht zu erfolgen, allerdings in einem reduzierten Maßstab, der sich, wie aus dem Insolvenzplanverfahren bekannt, auf eine Schlüssigkeitsprüfung beschränkt.[31)] 38

Nach § 63 Abs. 4 StaRUG ist die Bestätigung auch zu versagen, wenn der Restrukturierungsplan eine neue Finanzierung vorsieht, aber das dem Plan zugrunde liegende **Restrukturierungskonzept unschlüssig** ist oder wenn Umstände bekannt sind, aus denen sich ergibt, dass das Konzept **nicht von den tatsächlichen Gegebenheiten** ausgeht **oder keine begründete Aussicht auf Erfolg** vermittelt. Dieser Versagungsgrund dürfte im Wesentlichen deklaratorischen Charakter haben, da die Prüfungen bereits i. R. des § 63 Abs. 1 Nr. 2 StaRUG (Vorschriften über den Inhalt des Plans), insbesondere von § 6 StaRUG (darstellender Teil), § 14 Abs. 1 StaRUG (Erklärung über die Bestandsfähigkeit) sowie i. R. des § 63 Abs. 1 Nr. 3 StaRUG vorzunehmen sind.[32)] Allerdings ist für den Fall des § 63 Abs. 4 StaRUG ausdrücklich die **Möglichkeit einer sachverständigen Prüfung** durch den vom Amts wegen bestellten Restrukturierungsbeauftragten eröffnet (§ 73 Abs. 3 Nr. 1 StaRUG). Diese Regelung dürfte gleichwohl eine sachverständige Prüfung durch das Ge- 39

---

27) Art. 12 des VirHVEG v. 20.7.2022, BGBl. I 2022, 1166.

28) Richtlinie (EU) 2019/1023 des Europäischen Parlaments und des Rates v. 20.6.2019 über präventive Restrukturierungsrahmen, über Entschuldung und über Tätigkeitsverbote sowie über Maßnahmen zur Steigerung der Effizienz von Restrukturierungs-, Insolvenz- und Entschuldungsverfahren und zur Änderung der Richtlinie (EU) 2017/1132 (Richtlinie über Restrukturierung und Insolvenz) – Restrukturierungsrichtlinie, ABl. (EU) L 172/18 v. 26.6.2019.

29) Beschlussempfehlung und Bericht des RA z. Gesetz zur Einführung virtueller Hauptversammlungen von Aktiengesellschaften und Änderung weiterer Vorschriften, BT-Drucks. 20/2653, S. 36 f.

30) AG Hannover, Beschl. v. 20.10.2023 – 951 RES 1/23, ZInsO 2023, 2414 = ZIP 2023, 2423; *Neu/Ljumani*, ZInsO 2024, 1301.

31) AG Köln, Beschl. v. 3.3.3021 – 83 RES 1/21, Rz. 29, ZRI 2021, 377 = NZI 2021, 433.

32) Ebenso Jacoby/Thole-*Berner/Thole*, StaRUG, § 63 Rz. 42.

richt in den anderen Fällen, insbesondere auf Grundlage der Amtsermittlungspflicht des § 39 Abs. 1 Satz 2 StaRUG, nicht ausschließen.

40 Schließlich ist der Plan in Entsprechung und Nachbildung von § 250 Nr. 2 InsO im Falle des **unlauteren Zustandekommens**, insbesondere durch **Begünstigung eines Beteiligten**, zu versagen (§ 63 Abs. 5 StaRUG). Die Regelung soll missbräuchlichen Praktiken im Zuge der Planverhandlungen und der Planabstimmung entgegenwirken.[33)]

II. Wirkung des Plans im Verhältnis zu allen Planbetroffenen

41 Gemäß § 67 Abs. 1 StaRUG treten im Falle der gerichtlichen Planbestätigung die **Wirkungen** des Plans **auch** im Verhältnis zu solchen Planbetroffenen ein, **die gegen den Plan gestimmt** haben oder die trotz ordnungsgemäßer Beteiligung am Abstimmungsverfahren **nicht an der Abstimmung teilgenommen** haben. Der Restrukturierungsplan kann ohne weiteres bestimmt, dass er nur für die zustimmenden Planbetroffenen gelten soll. Regelmäßig dürfte aber davon auszugehen sein, dass eine Wirkung im Verhältnis zu allen Planbetroffenen, auch schweigenden oder gegen den Plan stimmenden, gewollt ist (vgl. § 18 StaRUG). Dies ist (nur) über die gerichtliche Planbestätigung zu erreichen.

III. Rechtsgestaltende Wirkung des Plans aufgrund Planbestätigung

1. Formwirksamkeit von Willenserklärungen und Beschlüssen (§ 68 StaRUG)

42 Neben der Funktion der Wirkungserstreckung auf schweigende und ablehnende Planbetroffene zeitigt die Planbestätigung weitere wichtige Wirkungen, die in § 68 StaRUG geregelt sind, Die Norm ist § 254a InsO nachgebildet und entspricht ihm weitgehend.

43 Nach § 68 Abs. 1 StaRUG gelten die im gerichtlich bestätigten Restrukturierungsplan abgegebenen **Willenserklärungen** der Planbetroffenen und des Schuldners zur Begründung, Änderung, Übertragung oder Aufhebung von **Rechten an Gegenständen** oder zur **Abtretung von Geschäftsanteilen** an einer Gesellschaft als in der vorgeschriebenen Form abgegeben. Die Willenserklärungen müssen in den gestaltenden Teil des Plans aufgenommen sein.[34)] Erforderliche Umsetzungsakte, wie Grundbucheintrag, Besitzübertragung oder Registereintragen, werden nicht ersetzt und bleiben erforderlich.[35)]

44 Ebenso gelten die in den gerichtlich bestätigten Plan aufgenommenen **Beschlüsse** und sonstigen Willenserklärungen als **in der vorgeschriebenen Form abgegeben.** Gesellschaftsrechtlich erforderliche Ladungen, Bekanntmachungen und sonstige Maßnahmen zur Vorbereitung von Beschlüssen der Planbetroffenen gelten als in der vorgeschriebenen Form bewirkt (§ 68 Abs. 2 StaRUG).

45 Schließlich gilt nach § 68 Abs. 2 StaRUG entsprechendes für in den gerichtlich bestätigten Plan aufgenommene Verpflichtungserklärungen, die einer Maßnahme nach § 68 Abs. 1 oder 2 StaRUG zugrunde liegen.

2. Plan als Vollstreckungstitel und Grundlage für Restschuldbefreiung

46 Der rechtskräftig bestätigte Plan ist ein **Vollstreckungstitel**, aus dem wie aus einem vollstreckbaren Urteil die Zwangsvollstreckung betrieben werden kann (§ 71 StaRUG).[36)]

33) AG Köln, Beschl. v. 3.3.3021 – 83 RES 1/21, Rz. 34, ZRI 2021, 377 = NZI 2021, 433.

34) Flöther-*Hoffmann*/*Braun*, StaRUG, § 68 Rz. 2; Jacoby/Thole-*Spliedt*, StaRUG, § 68 Rz. 5.

35) Flöther-*Hoffmann*/*Braun*, StaRUG, § 68 Rz. 2; Jacoby/Thole-*Spliedt*, StaRUG, § 68 Rz. 6.

36) Ausführlich Flöther-*Naumann*, StaRUG, § 71 Rz. 2 ff.; Jacoby/Thole-*Spliedt*, StaRUG, § 71 Rz. 2 ff.

Der Schuldner wird durch den bestätigten Plan gegenüber Mitschuldnern, Bürgen oder sonstigen Rückgriffsberechtigten befreit wie gegenüber den Gläubigern. Die Forderungen werden damit in **Naturalobligationen** umgewandelt (§ 67 Abs. 3 Satz 2, Abs. 4 StaRUG).[37] In Verbindung mit § 11 StaRUG, der bestimmt, dass der Schuldner mit der im gestaltenden Teil vorgesehenen Befriedigung der Gläubiger von seinen restlichen Verbindlichkeiten gegenüber diesen aus den in den Plan einbezogenen Restrukturierungsforderungen und Absonderungsanwartschaften befreit wird, erlangt der Schuldner mit Erfüllung des bestätigten Plans auch eine **Restschuldbefreiung.**[38] 47

3. Anfechtungsschutz (§ 90 StaRUG)

Ebenfalls an die Planbestätigung geknüpft ist der besondere **Anfechtungsschutz** des § 90 StaRUG.[39] Nach Absatz 1 dieser Vorschrift sind Regelungen eines rechtskräftig bestätigten Restrukturierungsplans und Rechtshandlungen, die im Vollzug eines solchen Plans erfolgen, bis zur nachhaltigen Restrukturierung einer Anfechtung nur zugänglich, wenn die Bestätigung auf der Grundlage unrichtiger oder unvollständiger Angaben des Schuldners erfolgte und dem anderen Teil dies bekannt war. Eine Ausnahme gilt für Forderungen im Rang des § 39 Abs. 1 Nr. 5 InsO und Sicherheitsleistungen, die nach § 135 InsO oder den §§ 6 und 6a AnfG anfechtbar sind, 48

Für den Fall, dass der gestaltende Teil des Restrukturierungsplans die Übertragung des **gesamten schuldnerischen Vermögens oder wesentlicher Teile** davon vorsieht, gilt der besondere Schutz von § 90 Abs. 1 StaRUG allerdings nur, soweit sichergestellt wird, dass die Gläubiger, die nicht planbetroffen sind, sich gegenüber den Planbetroffenen vorrangig aus der dem Wert des Gegenstands der Übertragung angemessenen Gegenleistung befriedigen können. 49

Zu beachten ist auch die besondere Bestimmung zur Fristberechnung in § 91 StaRUG, wonach die Zeit der Rechtshängigkeit der Restrukturierungssache nicht in die Fristen nach §§ 3 bis 6a AnfG sowie der §§ 88, 130 bis 136 InsO einzurechnen ist. Die Anfechtungsfristen verlängern sich also um die Dauer des Restrukturierungsverfahrens.[40] 50

4. Planbestätigung in der Sanierungsmoderation nach §§ 94 ff. StaRUG

Der besondere, in § 90 StaRUG geregelte **Anfechtungsschutz** gilt gemäß § 97 Abs. 3 StaRUG auch **für einen Sanierungsvergleich**, der i. R. einer Sanierungsmoderation geschlossen wurde, sofern das Gericht auf Antrag des Schuldners den Sanierungsvergleich gerichtlich bestätigt. Die Bestätigung ist grundsätzlich auszusprechen,[41] und (nur) zu versagen, wenn der Vergleich nicht schlüssig ist oder nicht von den tatsächlichen Gegebenheiten ausgeht (§ 97 Abs. 1 Nr. 1 StaRUG) oder keine vernünftige Aussicht auf Erfolg hat (§ 97 Abs. 1 Nr. 2 StaRUG). Zu diesen Voraussetzungen (Schlüssigkeit, Ausgehen von den tatsächlichen Verhältnissen, vernünftige Erfolgsaussicht) hat der Sanierungsmoderator vor der Bestätigungsentscheidung Stellung zu nehmen (§ 97 Abs. 3 StaRUG). 51

---

37) Flöther-*Hoffmann/Braun*, StaRUG, § 67 Rz. 20; Jacoby/Thole-*Brünkmans*, StaRUG, § 11 Rz. 8; Jacoby/Thole-*Spliedt*, StaRUG, § 67 Rz. 17.

38) Jacoby/Thole-*Brünkmans*, StaRUG, § 11 Rz. 8.

39) Ausführlich Jacoby/Thole-*Thole*, StaRUG, § 90 Rz. 13 ff.

40) Flöther-*Hoegen/Herding*, StaRUG, § 91 Rz. 3.

41) Jacoby/Thole-*Ehret*, StaRUG, § 97 Rz. 20.

§ 49
Das Obstruktionsverbot und die sog. gruppenübergreifende Mehrheitsentscheidung beim Restrukturierungsplan (§§ 26–28 StaRUG)

Übersicht

Literatur: *Thole*, Gesellschafterpläne im StaRUG, ZIP 2023, 563.

A. Grundlagen

1 Beim Restrukturierungsplan ist das Obstruktionsverbot, ohne als solches bezeichnet zu sein, in § 26 StaRUG umgesetzt worden. Die Regelung entspricht weitgehend, aber nicht vollständig den Vorgaben des § 245 Abs. 1 InsO.[1] § 26 Abs. 2 entspricht § 245 Abs. 2a InsO. § 26 StaRUG ermöglicht es insbesondere in Abweichung von § 245 Abs. 1 InsO, dass bei nur zwei Gruppen die Zustimmung der anderen Gruppe genügt, was der Vorgabe der Restrukturierungsrichtlinie[2] entspricht. Stets ist vorausgesetzt, dass die zustimmende(n) Gruppe(n) nicht ausschließlich durch Anteilsinhaber und nachrangige Restrukturierungsgläubiger gebildet werden (§ 26 Abs. 1 Halbs. 2 StaRUG). Ungeklärt ist allerdings, ob bei **reinen Gesellschafterplänen** mit zwei Gruppen von Gesellschaftern diese Vorgabe ebenfalls gilt und folglich das Obstruktionsverbot ausscheidet; das AG München hat dem Wortlaut entsprechend eine Anwendung des Obstruktionsverbots insoweit versagt.[3]

2 Davon unabhängig und ebenfalls abweichend von § 245 InsO lässt § 28 StaRUG eine Durchbrechung des Grundsatzes der absoluten Priorität zu. Die angemessene Beteiligung i. S. des § 26 Abs. 1 Nr. 2 StaRUG, die § 245 Abs. 1 Nr. 2, Abs. 2 InsO entspricht, wird in §§ 27, 28 StaRUG näher definiert. Der Gesetzgeber hat zwar die absolute Priorität zur Grundlage gemacht, aber in § 28 StaRUG eine Durchbrechung ermöglicht.

B. Gruppenübergreifende Mehrheitsentscheidung nach § 26 StaRUG (Cross-Class-Cram-down)

3 Für die gruppenübergreifende Mehrheitsentscheidung gelten folgende Voraussetzungen:

I. Schlechterstellungsverbot (§ 26 Abs. 1 Nr. 1 StaRUG)

4 Für das Schlechterstellungsverbot gelten vergleichbare Maßstäbe wie beim Insolvenzplan. Allerdings muss das „nächstbeste Alternativszenario“ angelegt werden. Ohnehin sind si-

1) Jacoby/Thole-*Jacoby*, StaRUG, § 26 Rz. 1.

2) Richtlinie (EU) 2019/1023 des Europäischen Parlaments und des Rates v. 20.6.2019 über präventive Restrukturierungsrahmen, über Entschuldung und über Tätigkeitsverbote sowie über Maßnahmen zur Steigerung der Effizienz von Restrukturierungs-, Insolvenz- und Entschuldungsverfahren und zur Änderung der Richtlinie (EU) 2017/1132 (Richtlinie über Restrukturierung und Insolvenz) – Restrukturierungsrichtlinie, ABl. (EU) L 172/18 v. 26.6.2019.

3) AG München, Beschl. v. 15.2.2023 – 1507 RES 3229/22, ZIP 2023, 603 = ZRI 2023, 319; anders aber *Thole*, ZIP 2023, 563, 564 ff.

tuative Unterschiede zum Insolvenzplan zu berücksichtigen. So stellt sich stärker noch als im Insolvenzverfahren die Frage, was die **Situation ohne Plan** ist. Das betrifft die Vergleichsrechnung. Denn insoweit gilt gemäß § 6 Abs. 2 Satz 2 StaRUG, dass grundsätzlich von der Fortführung auszugehen ist (siehe zur Vergleichsrechnung näher § 39 Rz. 40 ff. [*Brünkmans*]). Es darf daher nicht schematisch von einem Zerschlagungsszenario ausgegangen werden;[4] wenn auf das Fehlen von Erwerbsangeboten hingewiesen wird, wäre zu prüfen, ob es überhaupt schon eine transparente Marktansprache gab; ansonsten kommt es auf betriebswirtschaftliche Bewertungen an. In praxi wird trotz allem das Insolvenzverfahren das häufigste Alternativszenario sein. Es stellen sich gleiche Fragen wie beim Insolvenzplan; Kaufangebote Dritter sind als alleiniges Kriterium wenig hilfreich. Alternative Restrukturierungspläne müssen nicht berechnet werden.[5]

II. Angemessene Beteiligung (§ 26 Abs. 1 Nr. 2 StaRUG) und Durchbrechungen der absoluten Priorität

5 Die Gruppe, deren Zustimmung ersetzt werden soll, muss **angemessen am Planmehrwert beteiligt** sein. Das entspricht weitgehend § 245 Abs. 1 Nr. 2 InsO. Näher definiert ist die Frage in §§ 27, 28 StaRUG. Als Grundsatz gilt die absolute Priorität. Das bedeutet, dass nach § 27 StaRUG grundsätzlich die Rangfolge zählt, wie sie im Insolvenzverfahren bestünde. Bei Gleichrang im Insolvenzverfahren darf kein planbetroffener Gläubiger bessergestellt werden (§ 27 Abs. 1 Nr. 3 StaRUG) und kein nachrangiger Gläubiger einen nicht vollständig ausgeglichenen Wert erhalten (§ 27 Abs. 1 Nr. 2 StaRUG) oder im Falle des Anteilseigners behalten.

6 Problematisch ist der Vergleich auch im Hinblick auf den **Planmehrwert** unter § 27 Abs. 1 Nr. 2 StaRUG, der sich gerade aus dem Vergleich mit der Situation ohne Plan ergibt. Dies entspricht § 245 Abs. 1 Nr. 2 InsO. Bei einer Zustimmungsersetzung zulasten einer Gruppe von Anteilseignern gilt § 27 Abs. 2 Nr. 2 StaRUG, nicht § 27 Abs. 1 StaRUG. Die Regelung des § 27 Abs. 2 Nr. 2 StaRUG hat § 245 Abs. 3 Nr. 2 InsO zum Vorbild, weicht aber aus ungeklärten Gründen im Wortlaut von diesem Vorbild ab. In § 245 Abs. 3 Nr. 2 InsO heißt es, dass kein Anteilsinhaber, der ohne einen Plan den Anteilsinhabern der Gruppe gleichgestellt wäre, „bessergestellt" werden soll als diese. In § 245 Abs. 2 Nr. 2 InsO wird demgegenüber wie bei § 27 Abs. 1 Nr. 2 StaRUG formuliert, dass der Anteilsinhaber einen „wirtschaftlichen Wert erhält". Nicht abschließend geklärt ist, ob sich aus diesem unterschiedlichen Wortlaut Folgerungen ergeben. Vereinzelt wird angenommen, § 27 Abs. 2 Nr. 2 StaRUG sei im Ausgangspunkt beim Wort zu nehmen – der Gesellschafter dürfe also rein gar nichts behalten.[6] Allerdings könne dann eine teleologische Einschränkung für bestimmte Fallkonstellationen erforderlich sein, namentlich bei Wertlosigkeit des Anteils (ex ante).[7] Wohl überwiegend wird demgegenüber allerdings anerkannt, dass der unterschiedliche Wortlaut keine sachliche Abweichung zu § 245 Abs. 2 Nr. 3 InsO bedeutet. Demnach soll die Norm den Gleichbehandlungsgrundsatz des Gesellschaftsrechts (vgl. § 53a AktG) verwirklichen.[8] Bei der Anwendung des § 27

4) Jacoby/Thole-*Jacoby*, StaRUG, § 26 Rz. 18; LG Dresden, Beschl. v. 1.7.2021 – 5 T 363/21, ZIP 2021, 2596, 2597 = ZRI 2021, 868; anders noch die Vorinstanz AG Dresden, Beschl. v. 7.6.2021 – 574 RES 2/21, Rz. 15, NZI 2021, 893, 894.

5) *Thole*, NZI 2021, 436, 437 (Urteilsanm.); AG Köln, Beschl. v. 3.3.2021 – 83 RES 1/21, Rz. 32, NZI 2021, 433, 435 = ZRI 2021, 377; ausführlich Jacoby/Thole-*Berner*/*Thole*, StaRUG, § 64 Rz. 25 m. w. N. auch zur Gegenansicht.

6) So wohl, vorbehaltlich des § 28 StaRUG: Jacoby/Thole-*Jacoby*, StaRUG, § 27 Rz. 28.

7) Wolgast/Grauer-*Hansen*, StaRUG, § 27 Rz. 23 f.

8) Seibt/Westpfahl-*Westpfahl*, StaRUG, § 27 Rz. 66; Braun-*Herzig*, StaRUG, § 27 Rz. 15; *Spahlinger* in: BeckOK-StaRUG, § 27 Rz. 27.

Abs. 2 Nr. 2 StaRUG sei zu fragen, ob eine wirtschaftliche **Besserstellung trotz gleicher Interessenlagen** vorliegt.[9] Das AG München hat in einem Fall, der einen Kapitalschnitt auf null vorsah, in seinem Hinweisbeschluss vom 15.2.2023 entschieden, bei einem alle Aktionäre treffenden Kapitalschnitt mit vollständigem Bezugsrechtsausschluss, bei dem sodann ein Gesellschafter einen Darlehensanspruch als Einlage gegen neue Anteile einbringen sollte, werde kein wirtschaftlicher Wert behalten.[10]

Dass schon das Behalten der **Anteilseignerstellung** der Erhalt eines wirtschaftlichen Werts darstellt, ist zwar zu verneinen, aber in der Regel wird dieses Behalten mit einem höheren wirtschaftlichen Wert der Beteiligung verbunden sein, was genügen könnte. Freilich ist die Frage unklar ebenso wie bei § 245 Abs. 1 Nr. 2 InsO (siehe dazu § 17 Rz. 42 ff. [*Thole*]). Das Erhalten bzw. Behalten von wirtschaftlichen Werten kann aber durch eine **Leistung in das Schuldnervermögen** vollständig ausgeglichen werden, das gilt auch bei § 27 Abs. 2 Nr. 2 StaRUG. Bei einem Kapitalschnitt auf null und Bezugsrechtsausschluss und alleinigem Bezugsrecht eines Altaktionärs ist dies in der Regel gewährleistet, der Entschuldungseffekt, der später dem Altaktionär in seiner Rolle als Neuerwerber zugutekommt, beruht auf der Querverteilung durch die zustimmenden Gläubiger und ist nicht zu berücksichtigen.[11] 7

Die Kompensation kann ein **Bewertungsproblem bei Sach- oder Arbeitsleistungen** aufwerfen. Soweit keine Kompensation erfolgt, kann über § 28 StaRUG dennoch das Obstruktionsverbot in bestimmten Fällen greifen. 8

Die **relative Priorität** greift nach § 28 StaRUG. So kann nach § 28 Abs. 1 StaRUG von dem Gleichrang planbetroffener Gläubiger abgewichen werden, wenn dies nach Art der zu bewältigenden wirtschaftlichen Schwierigkeiten und nach den Umständen sachgerecht ist. Dies trägt der Semi-Kollektivität und dem Umstand Rechnung, dass der Restrukturierungsplan von vornherein auf bestimmte Planbetroffene begrenzt ist, die nach eben diesen Kriterien von den nicht planbetroffenen Gläubigern abgegrenzt werden (§ 8 StaRUG). 9

Eine weitere Ausnahme von der absoluten Priorität enthält § 28 Abs. 2 StaRUG. Das betrifft Fälle, in denen ein Anteilseigner (ohne Leistung eines vollständigen Ausgleichs) am Unternehmensvermögen **beteiligt bleibt**, also bei entsprechender Wertsteigerung einen wirtschaftlichen Wert behält, aber dennoch Eingriffe in die Rechte der Gläubiger auch ohne deren Zustimmung möglich sein sollen. Das gilt namentlich für Fälle, in denen die weitere Mitwirkung des Schuldners bzw. der Gesellschafter an der Fortführung unerlässlich ist (§ 28 Abs. 2 Nr. 1 StaRUG), etwa wenn der Gründungsgesellschafter „das Herz und Hirn" des Unternehmens ist und mit seinem Ausscheiden die Fortführungsperspektive nicht gegeben wäre. 10

III. Zustimmung der Mehrheit der abstimmenden Gruppen (§ 26 Abs. 1 Nr. 3 StaRUG)

Grundsätzlich ist die Zustimmung der Mehrheit der abstimmenden Gruppen erforderlich. Bei Zwei-Gruppen-Plänen kann aber auch die Zustimmung einer Gruppe genügen, vorbehaltlich der weiteren Voraussetzungen wie dem Schlechterstellungsverbot. Stets ist vorausgesetzt, dass die zustimmende(n) Gruppe(n) nicht ausschließlich durch Anteilsinhaber und nachrangige Restrukturierungsgläubiger gebildet werden; § 26 Abs. 1 Halbs. 2 StaRUG. **Ungeklärt** ist allerdings, ob **bei reinen Gesellschafterplänen** mit zwei Gruppen 11

---

9) Morgen-*Kowalewski/Praß*, StaRUG, § 27 Rz. 74; *Spahlinger* in: BeckOK-StaRUG, § 27 Rz. 27; Uhlenbruck-*Knof*, StaRUG, § 27 Rz. 42; **a. A.** Wolgast/Grauer-*Hansen*, StaRUG, § 27 Rz. 23.

10) AG München, Beschl. v. 15.2.2023 – 1507 RES 3229/22, ZIP 2023, 603 = ZRI 2023, 319.

11) Im Ergebnis ebenso AG München, Beschl. v. 15.2.2023 – 1507 RES 3229/22, ZIP 2023, 603, 604 = ZRI 2023, 319.

von Gesellschaftern diese Vorgabe ebenfalls gilt und folglich das Obstruktionsverbot ausscheidet; das AG München hat dem Wortlaut entsprechend eine Anwendung des Obstruktionsverbots insoweit versagt.[12)]

C. Inhaber von Drittsicherungsrechten

12 Zu den Eingriffen in Rechte der Drittsicherungsnehmer siehe schon oben § 17 Rz. 40 ff. [*Thole*].

12) AG München, Beschl. v. 15.2.2023 – 1507 RES 3229/22, ZIP 2023, 603 = ZRI 2023, 319; anders aber *Thole*, ZIP 2023, 563, 564 ff.

§ 50
Bestätigung des Restrukturierungsplans

Übersicht

A. Allgemeines

1 Die Bestätigung des Restrukturierungsplans ist dann erforderlich, wenn **nicht alle Planbetroffenen zugestimmt haben**. Mittels der Planbestätigung kann die Wirkung der Plangestaltung auch gegenüber den der Abstimmung ferngebliebenen oder den opponierenden Planbetroffenen hergestellt werden (§ 67 Abs. 1 Satz 1 und 2 StaRUG).

2 Das **Bestätigungsverfahren** ist in den §§ 60 ff. StaRUG geregelt. Es folgt jedenfalls in der grundsätzlichen Struktur den Regelungsvorgaben des Insolvenzplans. Nach § 63 StaRUG kann unter bestimmten Voraussetzungen die Planbestätigung **versagt** werden. Insofern ist das Bestätigungsverfahren genauso wie das Verfahren beim Insolvenzplan (§ 250 InsO) negativ aufgehängt, in dem nicht positive Bestätigungsvoraussetzungen normiert werden, sondern Versagungsgründe.[1)]

B. Prüfung durch das Gericht

3 Die Prüfung durch das Restrukturierungsgericht entspricht weitgehend der Prüfung, wie sie auch bei einem Insolvenzplan vorgenommen würde. Nach § 63 Abs. 1 Nr. 2 StaRUG gehört zu den **Versagungsgründen** insbesondere die Nichteinhaltung der Vorschriften über den Inhalt und die verfahrensmäßige Behandlung des Restrukturierungsplanes sowie über die Annahme des Plans. Nach § 63 Abs. 1 Nr. 3 StaRUG ist auch die offensichtliche Nichterfüllbarkeit der Planansprüche zu prüfen.

4 Daneben tritt als ein besonderer, im Insolvenzplan nicht in gleicher Weise gespiegelter Fall, nämlich die Frage nach der drohenden Zahlungsunfähigkeit des Schuldners. § 63 Abs. 1 Nr. 1 StaRUG fragt danach, ob der Schuldner nicht drohend zahlungsunfähig ist. Dies bezieht sich nicht auf die Prüfung einer bereits eingetretenen Insolvenzreife, die systematisch in anderem Kontext relevant wird, nämlich bei der Aufhebung der Restrukturierungssache nach § 33 Abs. 2 Nr. 1 StaRUG. Es geht vielmehr um die mögliche, zu frühzeitige Initiierung eines Restrukturierungsplanes noch vor der drohenden Zahlungsunfähigkeit.[2)]

> **Praxishinweis**
>
> Entgegen dem AG Köln[3)] muss das Gericht allerdings nicht überzeugt sein, dass die Schuldnerin drohend zahlungsunfähig ist. Die Bestätigung des Plans darf nur versagt werden, wenn das Gericht überzeugt ist, dass die Schuldnerin nicht drohend zahlungsunfähig ist. Insofern stehen **Zweifel** an der drohenden Zahlungsunfähigkeit der Bestätigung nicht zwingend entgegen.[4)]

---

1) Jacoby/Thole-*Berner*/*Thole*, StaRUG, § 63 Rz. 4.
2) *Jungmann* in: MünchKomm-StaRUG, § 63 Rz. 18.
3) AG Köln, Beschl. v. 3.3.2021 – 83 RES 1/21, ZRI 2021, 377 = NZI 2021, 433.
4) *Thole*, NZI 2021, 436 (Urteilsanm.); näher zum Prüfungsmaßstab Jacoby/Thole-*Berner*/*Thole*, StaRUG, § 63 Rz. 9.

I. Annahme des Plans

5 Das Gericht prüft zunächst die Annahme des Plans. Die Prüfung **unterscheidet** danach, ob das Planabstimmungsverfahren **gerichtlich oder privatautonom** von der Schuldnerin durchgeführt wurde. Bei einer privatautonomen Planabstimmung sind **zusätzliche Dokumentationsanforderungen** zu erfüllen, wie sich aus § 60 Abs. 1 Satz 3 StaRUG ergibt. In diesem Fall gehen Zweifel an der ordnungsgemäßen Annahme des Restrukturierungsplans zulasten des Schuldners (§ 63 Abs. 4 StaRUG).

6 In allen Fällen ist für die **Frage der Mehrheiten** auf die Regelungen in §§ 24 ff. StaRUG zurückzugreifen. § 24 StaRUG regelt das Stimmrecht, § 25 StaRUG setzt die erforderlichen Mehrheiten fest. Grundsätzlich ist vorausgesetzt, dass vorbehaltlich des Obstruktionsverbotes bzw. des Cross-Class-Cram-down, in jeder Abstimmungsgruppe die erforderliche Mehrheit von drei Vierteln der Stimmrechte erzielt wurde. Für Planbetroffene, denen eine Forderung oder ein Recht **gemeinschaftlich zusteht**, gilt nach § 25 Abs. 2 StaRUG eine dem § 244 Abs. 2 InsO entsprechende Regelung. Anders als beim Insolvenzplan ist beim Restrukturierungsplan die **Kopfmehrheit nicht maßgebend**. Siehe näher dazu § 48 Rz. 20 ff. [*Laroche*].

7 Vor der Planbestätigung kommt nach § 61 StaRUG eine **mögliche Anhörung** der Planbetroffenen durch das Gericht in Betracht. Zwingend vorzunehmen ist die Anhörung nur, wenn die Abstimmung im privatautonomen Modus und damit ohne vorherige Gerichtsbeteiligung erfolgt ist. Was die weiteren Versagungsgründe angeht, siehe § 51 [*Thole*].

II. Planbedingungen

8 Bei Planbedingungen gilt im Wesentlichen das gleiche wie bei § 249 InsO. Das Gericht hat den Eintritt der Planbedingung zu prüfen (§ 62 StaRUG). Siehe dazu § 18 Rz. 8 ff. [*Thole*].

C. Entscheidung durch Beschluss

9 Die Entscheidung ergeht durch Beschluss. **Anders als beim Insolvenzplan** treten die Wirkungen des Plans bereits mit diesem Beschluss ein (§ 67 Abs. 1 Satz 1 StaRUG), soweit nicht der Plan selbst seine Wirksamkeit erst für die Rechtskraft vorsieht. Das vorgesehene **Rechtsmittel**, die sofortige Beschwerde nach § 66 StaRUG, hat grundsätzlich keine aufschiebende Wirkung. Allerdings kann auf Antrag des Beschwerdeführers das Gericht die aufschiebende Wirkung der Beschwerde anordnen (§ 66 Abs. 4 StaRUG). Demgegenüber kann wiederum auch eine sofortige Freigabe nach § 66 Abs. 5 StaRUG erfolgen. Das entspricht insofern dann § 253 Abs. 4 InsO.

D. Kein Ermessen des Gerichts

10 Ebenso wie beim Insolvenzplan hat das Gericht kein Ermessen, ob es den Plan bestätigen möchte. Davon zu unterscheiden sind naturgemäß die wesensgemäßen Unsicherheiten bei der Beurteilung der einzelnen Versagungsgründe des § 63 StaRUG, etwa bei der Beurteilung der drohenden Zahlungsunfähigkeit (§ 63 Abs. 1 Nr. 1 StaRUG) oder bei der Erfüllbarkeit der Ansprüche (§ 63 Abs. 1 Nr. 3 StaRUG).

E. Entscheidung bei Nichtannahme des Restrukturierungsplans

11 Bei (bloßer) Nichtannahme des Plans ist ebenso wenig wie beim Insolvenzplan eine ausdrückliche (letztlich dann deklaratorische) Entscheidung des Gerichts vorgesehen. Es kann aber dann die Restrukturierungssache aufgehoben werden. Davon zu unterscheiden ist die **Versagung** der Bestätigung. Dagegen könnte der Schuldner sofortige Beschwerde nach

§ 66 Abs. 1 Satz 3 StaRUG einlegen. Wird die Versagung rechtskräftig, endet nach § 31 Abs. 4 Nr. 2 StaRUG die Rechtshängigkeit.

Der beim Insolvenzplan mögliche Fall einer Vorlage mehrerer Pläne ist in der Restrukturierungssache nur theoretisch denkbar, da es dem Schuldner obliegt, welcher Plan zur Abstimmung gestellt wird. Ein Planvorlagerecht von Gläubigern ist nicht vorgesehen.[5] 12

F. Verhältnis zur registerrechtlichen Prüfung

Für das Verhältnis der registerrechtlichen Prüfung zum Restrukturierungsplan gelten die Ausführungen beim Insolvenzplan entsprechend. Ebenso wenig wie beim Insolvenzplan hat das Registergericht eine eigene Prüfungsbefugnis.[6] Die Frage ist allerdings dort umstritten (§ 18 Rz. 31 [*Thole*]). 13

G. Planwirkungen

Die nach § 67 Abs. 1 Satz 1 StaRUG bereits mit dem Beschluss über die Bestätigung und (vorbehaltlich des § 66 Abs. 4 StaRUG) **nicht erst bei dessen Rechtskraft eintretenden Planwirkungen** sind bei § 53 [*Madaus*] beschrieben. Soweit der Plan selbst Wirkungen erst für die Rechtskraft der Bestätigung vorsieht, gilt selbstverständlich diese Vorgabe des Plans, trotz § 67 Abs. 1 Satz 1 StaRUG. 14

5) Jacoby/Thole-*Hofmann*, StaRUG, § 17 Rz. 5.

6) *Madaus* in: MünchKomm-StaRUG, § 68 Rz. 29 f. m. w. N.

§ 51
Versagung der Planbestätigung beim Restrukturierungsplan (§ 63 StaRUG)

Übersicht

Literatur: *Baschnagel*, Restructuring Support Agreements, 2023; *Marotzke*, Die Justiziabilität von Restrukturierungsplänen, dargestellt am Beispiel planbasierter Übergriffe auf nicht plangestaltbare Rechtspositionen, ZInsO 2021, 2540; *Ringelspacher/Fehl-Weileder*, Die Vergleichsrechnung: Streitfragen und Erfahrungen oder Business as usual, ZRI 2022, 210; *Spahlinger*, Gruppen, Stimmrechte und erforderliche Mehrheiten, NZI Beilage z. Heft 1/2021, S. 32; *Spahlinger*, Die Rolle der Gesellschaft im Restrukturierungsverfahren, NZI Beilage z. Heft 16–17/2019, S. 69; *Steffan/Oberg/Poppe*, SanInsFoG: Vom Grobkonzept zum Vollkonzept – Anforderungen an die betriebswirtschaftlichen Konzepte in Restrukturierungsplan, Eigenverwaltungsplanung und Insolvenzplan, ZIP 2021, 617; *Thole*, Der Entwurf des Unternehmensstabilisierungs- und -restrukturierungsgesetzes (StaRUG-RefE), ZIP 2020, 1985; *Vallender*, Aufgaben und Befugnisse des Restrukturierungsgerichts nach dem Gesetz über den Stabilisierungs- und Restrukturierungsrahmen für Unternehmen (Teil 2), ZInsO 2020, 2677; *Vallender*, Das Sanierungs- und Insolvenzrechtsfortentwicklungsgesetz (SanInsFoG), MDR 2021, 201; *Westpfahl/Dittmar*, Die Behandlung gruppeninterner Sicherheiten im StaRUG, NZI Beilage z. Heft 1/2021, S. 46; *Ziegenhagen*, Sechs Monate StaRUG Bewertung der ersten Rechtsprechung zur Anwendung des neuen Restrukturierungsgesetzes, ZInsO 2021, 2053.

A. Allgemeines und Unterschiede zum Insolvenzplan

1 Beim Insolvenzplan ist das Verfahren der Planbestätigung zweistufig aufgebaut. Es beginnt mit der Vorprüfung nach § 231 InsO, die dann in die eigentliche Bestätigungsentscheidung mündet. Beim Restrukturierungsplan sieht das StaRUG keine eigentliche **Vorprüfung** i. S. von § 231 InsO vor. Möglich ist es allerdings, dass der Restrukturierungsplan i. R. einer Vorprüfung nach § 46 StaRUG überprüft wird. Insofern liegt die Initiative aber beim Schuldner, der dieses Instrument des Vorprüfungstermins **eigenständig beantragen** muss und das Gericht sodann im Hinblick auf konkretisierte Einzelfragen um seine Einschätzung bitten kann. Gegenstand der Vorprüfung nach § 46 StaRUG ist also nicht der Plan als solcher.[1] Denkbar ist allerdings auch eine Vorprüfung von Amts wegen (§ 46 Abs. 3 StaRUG).

2 Das Gericht trifft wie beim Insolvenzplan eine **Amtsermittlungspflicht** nach § 39 StaRUG. Allerdings kann sich aus dem spezifischen Versagungsgrund eine eingeschränkte Prüfungskompetenz ergeben, etwa mit Blick auf die Prüfung der Erklärung nach § 14 Abs. 1 StaRUG.[2] Siehe näher § 45 Rz. 8 [*Brünkmans*].

1) Jacoby/Thole-*Herchen*, StaRUG, § 46 Rz. 9.

2) Dazu Jacoby/Thole-*Berner/Thole*, StaRUG, § 63 Rz. 24 ff.; *Jungmann* in: MünchKomm-StaRUG, § 63 Rz. 46 ff.

B. Fehlende drohende Zahlungsunfähigkeit

3 Wenn der Schuldner nicht drohend zahlungsunfähig ist, ist die Bestätigung des Plans nach § 63 Abs. 1 Nr. 1 StaRUG zu versagen. Das betrifft den Fall der zu vorzeitigen Einleitung der Restrukturierungssache. Das Gericht kann die drohende Zahlungsunfähigkeit **mithilfe eines Sachverständigen oder des Restrukturierungsbeauftragten überprüfen.** Zu beachten ist aber, dass entgegen dem AG Köln[3] eine Versagung der Planbestätigung nur in Betracht kommt, wenn das Gericht davon überzeugt ist, dass keine drohende Zahlungsunfähigkeit vorliegt. Die volle positive Überzeugung von der drohenden Zahlungsunfähigkeit ist nicht erforderlich.

Praxishinweis

Für die i. R. der Prüfung erforderliche **Zukunftsprognose** darf zudem nicht ein Vollbeweis im strengen Sinne angesetzt werden, da einer Prognose Unsicherheiten immanent sind. Die drohende Zahlungsunfähigkeit darf grundsätzlich nicht mit der Erwägung verneint werden, Gläubiger oder Dritte werden sich außergerichtlich schon noch bewegen und Sanierungsbeiträgen zustimmen. Anderenfalls käme man leicht in einen Zirkelschluss und der Anwendungsbereich des StaRUG wäre nie eröffnet.[4]

C. Verstoß gegen Vorschriften über den Inhalt des Plans

4 Die Vorschrift des § 63 Abs. 1 Nr. 2 StaRUG ist am § 250 Nr. 1 InsO angelehnt. Insofern kann weitgehend auf die Darstellung zum Insolvenzplan (siehe § 19 Rz. 12 [*Thole*]) verwiesen werden.

I. Restrukturierungswidrigkeit

5 Es gelten aber einige Abweichungen. So kann eine „Insolvenzzweckwidrigkeit" naturgemäß nicht geprüft werden. Eine Kategorie der Restrukturierungszweckwidrigkeit ist bisher nicht entwickelt worden.[5] Man wird aber davon ausgehen können, dass ein allgemeiner Missbrauchsvorbehalt auch im StaRUG Platz greift, wenn ganz evident gegen Ziele des StaRUG verstoßen wird. Das können aber nur absolute Ausnahmefälle sein.

II. Mängel im darstellenden Teil

6 Mängel im darstellenden Teil und bei der Vergleichsrechnung können zur Bestätigungsversagung führen. Es gelten die Vorgaben von § 6 StaRUG.

III. Mängel der Gruppenbildung und der Gleichbehandlung sowie der Auswahl der Planbetroffenen

7 Auch Mängel bei der Gruppenbildung und bezüglich der Gleichbehandlung in der Gruppe sind bestätigungsrelevant. Insofern greifen die Vorgaben von §§ 9 und 10 StaRUG. Da das StaRUG-Verfahren und die Restrukturierungssache nur ein teilkollektives Verfahren darstellen, ist abweichend zum Insolvenzplan auch die Vorgabe von § 8 StaRUG zu prüfen ist, wonach eine sachgerechte Auswahl der Planbetroffenen erfolgen muss. Was die Gruppenbildung selbst angeht, darf sich das Restrukturierungsgericht nicht zum Besserwisser aufschwingen, sondern es hat wie beim Insolvenzplan lediglich die Sachgerechtigkeit der vom Planersteller angelegten Kriterien für die Gruppenbildung zu prüfen. Es gilt die

---

3) AG Köln, Beschl. v. 3.3.2021 – 83 RES 1/21, ZRI 2021, 377 = NZI 2021, 433.

4) Näher Jacoby/Thole-*Berner/Thole*, StaRUG, § 63 Rz. 9 f.

5) Vgl. aber im Kontext der Sperrwirkung des StaRUG gegenüber gesellschaftsrechtlichen Maßnahmen der Anteilseigner etwa *Spahlinger*, NZI Beilage z. Heft 16 – 17/2019, S. 69, 70.

grundsätzliche **Gestaltungsfreiheit des Planerstellers**! Eine Gruppenbildung darf – jedenfalls im Grundsatz – auch das strategische Ziel verfolgen, den Zugang zur gruppenübergreifenden Mehrheitsentscheidung zu schaffen.

Es ist möglich, sich auf die **Pflichtgruppen** des §§ 9 Abs. 1 StaRUG zu beschränken. Eine 8
weitere Unterteilung in die fakultativen Gruppen nach § 9 Abs. 2 StaRUG kann erfolgen. Dies bleibt dem Planersteller vorbehaltlich der Untergruppe für Kleingläubiger (§ 9 Abs. 2 Satz 2 StaRUG) überlassen; lediglich muss dann innerhalb der Gruppen das Gleichbehandlungsgebot des § 10 StaRUG gewahrt werden. Wenn die **Betroffenen** allesamt **in verschiedenen Funktionen beteiligt** und keine außenstehenden weiteren Betroffenen vorhanden sind, bleibt es gleichwohl bei der Einteilung in die Pflichtgruppen des § 9 Abs. 1 StaRUG. Das gilt etwa, wenn Banken sowohl als Restrukturierungsgläubiger als auch als Absonderungsanwartschaftsberechtigte und als Drittsicherungsnehmer betroffen sind.

Praxishinweis

Entgegen dem AG Köln[6] muss auch dann in die drei Gruppen unterteilt werden. Es ist ohne weiteres denkbar, dass einzelne Beteiligte dem Plan in der einen Funktion ablehnen und ihm in der anderen zustimmen.

IV. Insolvenzstraftaten

Die beim Insolvenzplan gebotene Aufnahme von möglichen vorangegangenen Insolvenz- 9
straftaten (siehe § 19 Rz. 17 [*Thole*]) wird schon mangels Strafbarkeit aus tatsächlichen Gründen beim Restrukturierungsplan keine Rolle spielen.

V. Gesellschaftsrechtliche Maßnahmen

Im Restrukturierungsplan können nach §§ 2 Abs. 3, 7 Abs. 4 StaRUG genauso wie bei 10
§ 225a InsO gesellschaftsrechtliche Maßnahmen vorgesehen werden. Insofern kann auf die Darstellung zum Insolvenzplan verwiesen werden.

Besonderheiten können auftreten mit Blick auf die Frage, ob der von den Gesellschaftern 11
gehaltenen **Anteil wertlos** ist, was entscheidend davon abhängen dürfte, wie das nächstbeste Alternativszenario beschaffen ist.

D. Verstoß gegen Verfahrensvorschriften

Nach § 63 Abs. 1 Nr. 2 Alt. 2 StaRUG ist auch die verfahrensmäßige Behandlung des Re- 12
strukturierungsplans zu prüfen. Es gilt das *ausschließliche* und alleinige **Planvorlagerecht** des Schuldners.

Hinsichtlich des Verfahrens kommt insbesondere ein Verstoß gegen die Modalitäten bei 13
der **privatautonomen Planabstimmung** nach §§ 17 ff. StaRUG in Betracht. Insoweit gehen nach § 63 Abs. 3 Satz 1 StaRUG Zweifel zulasten des Schuldners. Das betrifft etwa die in § 17 StaRUG vorgesehenen **Hinweispflichten**. Auch muss dem Planangebot der vollständige **Restrukturierungsplan** nebst Anlagen und eine Darstellung zu den Kosten beigefügt werden (§ 17 Abs. 1 Satz 2 StaRUG). Auch die weiteren formalen Voraussetzungen von § 17 Abs. 2, Abs. 3 und Abs. 4 StaRUG sind insofern zu überprüfen. Auch die gewährte **Annahmefrist** nach § 19 StaRUG und die **Modalitäten der Abstimmung** nach § 20 StaRUG gehören zu den verfahrensmäßigen Vorgaben, genauso wie die Modalitäten der möglichen bloßen **Erörterung** des Restrukturierungsplans nach § 21 StaRUG. Auch die **Dokumentationspflicht** des § 22 StaRUG ist Gegenstand der Prüfung.

6) AG Köln, Beschl. v. 3.3.2021 – 83 RES 1/21, ZRI 2021, 377 = NZI 2021, 433.

> **Praxishinweis**
>
> Problematisch kann insbesondere die **Stimmrechtsfestsetzung** sein. Dabei sind die Vorgaben der §§ 24 ff. StaRUG zu beachten.[7)]

14 **Planänderungen** sind auch bei einem Restrukturierungsplan denkbar. Eine eigenständige Vorschrift wie § 240 InsO findet sich nicht; im gerichtlichen Abstimmungsverfahren ist § 240 InsO über § 45 Abs. 4 Satz 1 StaRUG anwendbar. Bei privatautonomer Abstimmung gelten § 20 Abs. 4, Abs. 3 Satz 3 und 4 StaRUG. Es gelten letztlich entsprechende Maßstäbe wie beim Insolvenzplan (siehe dazu § 19 Rz. 27 [*Thole*]).

> **Praxishinweis**
>
> Theoretisch denkbar sind auch **Mängel des gerichtlichen Abstimmungsverfahrens** (wobei dann an eine Amtshaftung zu denken wäre, wenn das Gericht diese Mängel verursacht hat und dies zur Planversagung führt)[8)].

E. Verstoß gegen Vorschriften über die Annahme des Plans

15 Mit den Besonderheiten der unterschiedlichen Mehrheiten und beim Obstruktionsverbot gelten insofern vergleichbare Regelungen wie beim Insolvenzplan (siehe dazu § 19 Rz. 31 [*Thole*]).

F. Nachbesserung des Plans

16 In allen Fällen des § 63 Abs. 1 Nr. 2 StaRUG kann ein Mangel innerhalb einer angemessenen vom Restrukturierungsgericht gesetzten Frist behoben werden, wie sich aus § 63 Abs. 1 Nr. 2 letzter Halbs. StaRUG ergibt. Siehe dazu schon § 19 Rz. 35 [*Thole*].

G. Wesentlichkeit des Mangels bei § 63 Abs. 1 Nr. 2 StaRUG

17 Nach § 63 Abs. 1 Nr. 2 sind Mängel nur dann relevant, wenn sie einen wesentlichen Punkt betreffen. Für die Wesentlichkeit gelten insofern vergleichbare Maßstäbe wie beim Insolvenzplan (siehe dazu § 19 Rz. 33 [*Thole*]).

H. Unlautere Herbeiführung des Restrukturierungsplans

18 Die Regelung des § 63 Abs. 5 StaRUG entspricht § 250 Abs. 3 InsO. Auf die Darstellung wird verwiesen (siehe dazu § 19 Rz. 37 [*Thole*]).

I. Prüfung der Erfüllbarkeit der im Plan zugewiesenen Ansprüche

19 Nach § 63 Abs. 1 Nr. 3 ist zu prüfen, ob die im Plan zugewiesenen Ansprüche offensichtlich nicht erfüllt werden können. Der Prüfungsmaßstab des Gerichts ist insofern beschränkt auf ganz **evidente Fälle**, in denen eine Aussicht auf Planerfüllung fehlt. Ist schon erkennbar, dass die drohende Zahlungsunfähigkeit durch den Plan nicht beseitigt werden wird, ist die Bestätigung schon nach § 63 Abs. 1 Nr. 2 i. V. m. § 14 Abs. 1 StaRUG zu versagen.[9)]

---

7) Dazu Jacoby/Thole-*Berner/Thole*, StaRUG, § 63 Rz. 29 und Rz. 45.

8) Jacoby/Thole-*Berner/Thole*, StaRUG, § 63 Rz. 27.

9) Flöther-*Laroche*, StaRUG, § 63 Rz. 20.

J. Weitere Besonderheiten

Eine Besonderheit gegenüber dem Insolvenzplan gilt bei § 63 Abs. 3 StaRUG. Sieht der Restrukturierungsplan eine **Neufinanzierung** vor, ist die Bestätigung zu versagen, wenn das dem Plan zugrunde liegende Restrukturierungskonzept unschlüssig ist oder wenn Umstände bekannt sind, aus denen sich ergibt, dass das Konzept nicht von den tatsächlichen Gegebenheiten ausgeht oder keine begründete Aussicht auf Erfolg vermittelt. Für die neue Finanzierung gilt § 12 StaRUG. Das Gericht ist auf eine Schlüssigkeitsprüfung beschränkt. Entscheidend ist, ob mit der neuen Finanzierung unter den Prämissen des Plans das Restrukturierungsziel erreicht werden kann. Letztlich ist dies schon Teil der Prüfung der Plausibilität und Schlüssigkeit des Sanierungskonzepts bei der Bestandsfähigkeit. Insbesondere ist die Frage nach der Nachhaltigkeit der angestrebten Sanierung zu stellen.[10) 20

10) Jacoby/Thole-*Berner/Thole*, StaRUG § 63 Rz. 43.

§ 52
Minderheitenschutz und sofortige Beschwerde (§§ 64, 66 StaRUG)

Übersicht

Literatur: *Bönold/Kaul*, Zulässigkeit und Begründetheit eines Minderheitenschutzantrags und Planbestätigungsantrags im Restrukturierungsverfahren, NZI 2024, 159; *Jungmann*, Die Konsequenzen einer erfolgreichen sofortigen Beschwerde gegen die Planbestätigungsentscheidung des Restrukturierungsgerichts, ZIP 2022, 253; *Jungmann/Zündorf*, Die voraussichtliche Schlechterstellung überstimmter Minderheiten durch einen Restrukturierungsplan – Konzeptionelle Wege zur Prüfung der „Begründetheit" eines Versagungsantrags i. S. v. § 64 StaRUG, ZRI 2022, 89; *Ringelspacher/Fehl-Weileder*, Die Vergleichsrechnung: Streitfragen und Erfahrungen oder Business as usual, ZRI 2022, 210; *Spahlinger*, Der Restrukturierungsplan – Rechtsmittel und Rechtskraft, NZI Beilage z. Heft 5/2017, S. 27; *Thole*, Der Entwurf des Unternehmensstabilisierungs- und Restrukturierungsgesetzes (StaRUG-RefE), ZIP 2020, 1985; *Urlaub*, Fünf Praxisfälle für ein Restrukturierungsverfahren nach dem StaRUG, ZRI 2023, 997.

A. Einführung/Normzweck

Der den Minderheitenschutz regelnde § 64 StaRUG basiert auf den Vorgaben des Art. 14 Abs. 1 und 3 der Restrukturierungsrichtlinie.[1] Dort stellt der Verordnungsgeber sicher, dass denjenigen Planbetroffenen, die den Plan abgelehnt haben, eine gerichtliche (oder behördliche) Beanstandungsmöglichkeit offensteht. Materiell knüpft die Richtlinie sowohl an einen Verstoß gegen das Kriterium des **Gläubigerinteresses** (Art. 2 Abs. 1 Nr. 6 der Restrukturierungsrichtlinie) als auch gegen die Vorgaben über den Cross-Class-Cram-down (Art. 11 Abs. 1 lit. b Ziff. ii der Restrukturierungsrichtlinie) an. In § 64 StaRUG hat dagegen nur der Aspekt des Gläubigerinteresses Eingang gefunden. Der deutsche Gesetzgeber hat eine Prüfung der Voraussetzungen des Cross-Class-Cram-down separat als eine von Amts wegen zu berücksichtigende Voraussetzung in dem für gruppenübergreifende Mehrheitsentscheidungen maßgeblichen § 26 Abs. 1 Nr. 1 StaRUG angelegt.[2] Bei der Gestaltung von § 64 StaRUG hat sich der Gesetzgeber weitestgehend an der **Parallel-** 1

1) Richtlinie (EU) 2019/1023 des Europäischen Parlaments und des Rates v. 20.6.2019 über präventive Restrukturierungsrahmen, über Entschuldung und über Tätigkeitsverbote sowie über Maßnahmen zur Steigerung der Effizienz von Restrukturierungs-, Insolvenz- und Entschuldungsverfahren und zur Änderung der Richtlinie (EU) 2017/1132 (Richtlinie über Restrukturierung und Insolvenz) – Restrukturierungsrichtlinie, ABl. (EU) L 172/18 v. 26.6.2019.

2) Flöther-*Knapp*, StaRUG, § 64 Rz. 3; s. zur Frage der damit verbundenen Richtlinienwidrigkeit *Bönold/Kaul*, NZI 2024, 159, 161 ff.

norm des § 251 InsO zum Insolvenzplanverfahren orientiert.[3] Die Zielrichtungen der Vorschriften, einen belastbaren Schutz des einzelnen Gläubigers vor übergebührlichen Sonderopfern der unterliegenden Minderheit, sei es im Fall eines Cross-Class-Cramdown oder innerhalb der eigenen zustimmenden Gruppe, zu gewährleisten, decken sich.[4]

2 § 66 StaRUG regelt die sofortige Beschwerde gegen Restrukturierungspläne und beruht auf Art. 16 der Restrukturierungsrichtlinie. Die Norm ist – wie im Schrifttum angeregt wurde – in weiten Teilen an **§ 253 InsO** anlehnt.[5] Ähnlich wie im Insolvenzplanverfahren soll § 66 StaRUG neben der Planbestätigungsprüfung nach § 63 StaRUG und dem Minderheitenschutzantrag nach § 64 StaRUG einen zusätzlichen nachgelagerten Rechtsschutz gewährleisten.[6] Der Richtliniengeber hat sich bewusst dafür entschieden, zwar durch §§ 38, 40 StaRUG i. V. m. § 572 Abs. 1 ZPO und § 72 GVG einen **Devolutiveffekt** der sofortigen Beschwerde vorzusehen, einen Suspensiveffekt aber nur fakultativ und insoweit anzuordnen, als dieser zur Wahrung der Interessen einer Partei notwendig und angemessen ist.[7]

3 Vor dem Hintergrund der Ähnlichkeit zwischen § 64 StaRUG und § 251 InsO werden im Folgenden hauptsächlich die Besonderheiten der §§ 64, 66 StaRUG dargestellt. Im Übrigen lassen sich die Ausführungen zu den Parallelnormen der InsO in § 20 und § 21 [*Hirschberger*] entsprechend heranziehen.

B. Antrag auf Versagung der Planbestätigung (§ 64 StaRUG)

I. Zulässigkeit des Antrags/Antragsvoraussetzungen

1. Zuständigkeit

4 Während sich die Frage nach der Zuständigkeit für einen Antrag gemäß § 251 InsO im gerichtlichen Insolvenzplanverfahren schon faktisch kaum stellt, ist die gerichtliche Beteiligung in einem Restrukturierungsverfahren, auch wenn ein Restrukturierungsverfahren in Eigenregie des Schuldners die absolute Ausnahme bleiben dürfte, keine Selbstverständlichkeit. Gemeint ist der Fall, in dem der Schuldner ein **eigenständiges Planabstimmungsverfahren** durchführt. In dieser Konstellation wird erwogen, ob der Antrag gemäß § 64 StaRUG, abgesehen von dem jedenfalls nach §§ 34 f. StaRUG zuständigen Restrukturierungsgericht,[8] auch gegenüber dem Schuldner und/oder dem Restrukturierungsbeauftragten gestellt werden kann.[9]

5 § 64 Abs. 2 StaRUG (siehe dazu im Folgenden Rz. 12 ff. und 15 ff.) sieht in Satz 1 für das Abstimmungsverfahren in Eigenregie des Schuldners ausdrücklich vor, dass der Minderheitenschutzantrag nur dann zulässig ist, wenn der Antragsteller neben dem **Widerspruch** gegen den Plan auch geltend gemacht hat, dass er durch den Plan voraussichtlich schlechtergestellt wird. Diese beiden Voraussetzungen für eine Verteidigung gegen den Restrukturierungsplan sind also unmittelbar **gegenüber dem Schuldner oder**, sofern ein solcher bestellt wurde, dem **Restrukturierungsbeauftragten** als Abstimmungsleiter zu erklären.

---

3) Begr. RegE SanInsFoG z. StaRUG, BT-Drucks. 19/24181, S. 162 ff.; Morgen-*Langer/Wolf*, StaRUG, § 64 Rz. 15.

4) Vgl. Flöther-*Knapp*, StaRUG, § 64 Rz. 1; Morgen-*Langer/Wolf*, StaRUG, § 64 Rz. 1 f.

5) Begr. RegE SanInsFoG z. StaRUG, BT-Drucks. 19/24181, S. 164; vgl. Morgen-*Hirschberger*, Präventive Restrukturierung, Art. 16 Rz. 46; *Spahlinger*, NZI Beilage z. Heft 5/2017, S. 27, 29; *Skauradszun* in: BeckOK-StaRUG, § 66 Rz. 4.

6) S. mit Hinweis auf die damit verbundene Verzögerungsgefahr *Jungmann* in: MünchKomm-StaRUG, § 66 Rz. 2.

7) Uhlenbruck-*Knof*, InsO, § 66 StaRUG Rz. 8.

8) Jacoby/Thole-*Berner/Thole*, StaRUG, § 64 Rz. 5.

9) Morgen-*Langer/Wolf*, StaRUG, § 64 Rz. 22.

Dies ändert allerdings nichts daran, dass der eigentliche **Antrag** nach § 64 Abs. 1 StaRUG richtigerweise **nur bei dem zuständigen Restrukturierungsgericht** gestellt werden kann.[10)]

Dass der Widerspruch und die Geltendmachung der voraussichtlichen Schlechterstellung gegenüber dem Schuldner oder dem Restrukturierungsbeauftragten zu erklären sind, während der Antrag auf Versagung der Planbestätigung nur gegenüber dem Restrukturierungsgericht möglich ist, erklärt sich anhand der jeweiligen **Funktionen** dieser Handlungen. Es geht bei den in § 64 Abs. 2 StaRUG normierten Zulässigkeitshürden zum einen ganz wesentlich darum, einen substanziellen Behauptungs- und Darlegungsgrad bis zur gerichtlichen Befassung zu etablieren,[11)] zum anderen aber auch darum, dem Schuldner etwaigen Widerstand gegen sein Planvorhaben unmittelbar offenzulegen, um – möglicherweise sogar im Termin – darauf reagieren zu können.[12)] Im Fokus steht weder eine Konzentration der verschiedenen Antragsmodalitäten noch eine Abkehr von der Entscheidungszuständigkeit des Restrukturierungsgerichts. 6

2. Antragsberechtigung

§ 251 InsO sieht für den Minderheitenschutz gegen Insolvenzpläne eine Antragsberechtigung für Gläubiger oder, wenn der Schuldner keine natürliche Person ist, einer am Schuldner beteiligten Person vor. Demgegenüber stellt § 64 StaRUG auf **„Planbetroffene"** ab, die „gegen den Restrukturierungsplan gestimmt" haben, sodass es einerseits darauf ankommt, ob der Plan die jeweilige Rechtsposition der Betroffenen i. S. von § 7 Abs. 1 StaRUG gestaltet.[13)] Eine mittelbare Betroffenheit durch den Plan genügt nicht.[14)] 7

Andererseits **kann** ausweislich des Wortlauts **nur der ablehnend votierende Planbetroffene** einen zulässigen Antrag stellen.[15)] Daraus resultiert die Frage, welche Konsequenzen dies für einen zwar (unmittelbar) planbetroffenen Gläubiger oder Anteilseigner hat, dem allerdings zu Unrecht kein Stimmrecht eingeräumt wurde. Nach der überzeugenden und herrschenden Auffassung in der Literatur kann dem Planbetroffenen in einem solchen Fall der Zugang zum Minderheitenschutz (und gleichermaßen der Zugang zur sofortigen Beschwerde nach § 66 StaRUG) nicht verwehrt sein, sodass § 64 Abs. 2 Nr. 2 StaRUG richtigerweise teleologisch zu reduzieren ist.[16)] Die Stimmberechtigung ist sodann gerichtlich mitzuüberprüfen.[17)] 8

Umstritten und gerichtlich nicht geklärt ist bis dato außerdem, ob es ausreicht, wenn der stimmrechtslose Antragsteller nur einen Widerspruch eingelegt hat,[18)] oder ob er darüber hinaus seine **Ablehnung hinsichtlich der Stimmrechtsfestsetzung** zum Ausdruck bringen muss.[19)] Zu berücksichtigen ist dabei, dass es sich bei der Antragsberechtigung um einen 9

10) So auch Jacoby/Thole-*Berner/Thole*, StaRUG, § 64 Rz. 5; *Jungmann* in: MünchKomm-StaRUG, § 64 Rz. 37; a. A. Morgen-*Langer/Wolf*, StaRUG, § 64 Rz. 22.

11) Jacoby/Thole-*Berner/Thole*, StaRUG, § 64 Rz. 5.

12) *Skauradszun* in: BeckOK-StaRUG, § 64 Rz. 50; *Bönold/Kaul*, NZI 2024, 159, 161; a. A. *Jungmann* in: MünchKomm-StaRUG, § 64 Rz. 88.

13) Flöther-*Knapp*, StaRUG, § 64 Rz. 6; Morgen-*Langer/Wolf*, StaRUG, § 64 Rz. 28.

14) *Thole*, ZIP 2020, 1985, 1997; Jacoby/Thole-*Berner/Thole*, StaRUG, § 64 Rz. 4.

15) Morgen-*Langer/Wolf*, StaRUG, § 64 Rz. 28; nach *Skauradszun* soll das Erfordernis der ablehnenden Stimmabgabe eine Frage des Rechtsschutzbedürfnisses sein, *Skauradszun* in: BeckOK-StaRUG, § 64 Rz. 43; i. R. von § 26 Abs. 1 Nr. 3 StaRUG gilt auch die Nicht-Teilnahme als Abstimmung, *Urlaub*, ZRI 2023, 997, 1002.

16) *Jungmann* in: MünchKomm-StaRUG, § 64 Rz. 88; *Skauradszun* in: BeckOK-StaRUG, § 66 Rz. 17; Morgen-*Blankenburg*, StaRUG, § 66 Rz. 23; ähnlich wohl Morgen-*Langer/Wolf*, StaRUG, § 64 Rz. 28.

17) *Jungmann* in: MünchKomm-StaRUG, § 64 Rz. 55.

18) So Morgen-*Blankenburg*, StaRUG, § 66 Rz. 23.

19) *Skauradszun* in: BeckOK-StaRUG, § 66 Rz. 17.

Teil der Zulässigkeit des Antrags handelt. Für die gerichtliche Zulässigkeitsprüfung gilt der **Beibringungsgrundsatz.** Das Gericht wird also nicht selbst ermitteln, ob einem Antragsteller, der – in Ermangelung eines Stimmrechts – nicht als ablehnend Abstimmender im Protokoll aufgeführt wird, möglicherweise zu Unrecht kein Stimmrecht gewährt wurde, sodass er an der Abstimmung gehindert war. Vor diesem Hintergrund mag es zwar mit Blick auf die teleologische Reduktion nicht unbedingt notwendig sein, die Ablehnung der Stimmrechtsfestsetzung im Termin zum Ausdruck zu bringen. Für die von dem Gericht zu prüfende Zulässigkeit des Antrags müssen die erforderlichen Tatsachen allerdings davon ungeachtet hinreichend von dem Antragsteller vorgetragen werden. Ein besonderes Schutzbedürfnis seitens des Planvorlegenden, welches eine besondere Äußerung im Termin verlangen würde, besteht in Ansehung des Widerspruchs und der Glaubhaftmachung einer voraussichtlichen Schlechterstellung nicht.

Praxishinweis

Dem Rechtsschutzsuchenden, dem zu Unrecht kein Stimmrecht gewährt wurde, ist in der Praxis aus Gründen der Vorsicht anzuraten, noch im Abstimmungstermin zusätzlich zu dem Widerspruch gegen den Plan auch seine ablehnende Stimme zumindest protokollieren zu lassen.

3. Antragsfrist

10 Aus ähnlichen Gründen wie bei § 251 InsO (siehe dazu § 20 Rz. 14 f. [*Hirschberger*]) kann der Antrag nach § 64 Abs. 1 StaRUG frühestens **nach der Abstimmung** gestellt werden; dies untermauert der Wortlaut von § 64 Abs. 1 Satz 1 StaRUG zusätzlich.[20)]

11 Für die auch im Restrukturierungsverfahren aufgekommene Frage nach dem spätestmöglichen Zeitpunkt der Antragstellung sowohl im Falle eines gerichtlichen Planabstimmungsverfahrens als auch bei einer Abstimmung in Eigenregie des Schuldners sind die bereits dargestellten Argumente zum Insolvenzplanverfahren (siehe dazu § 20 Rz. 18 [*Hirschberger*]) übertragbar.[21)] Im letztgenannten Fall, der freilich eine Besonderheit des StaRUG darstellt, ist eine Antragstellung bis zur Beendigung des durch § 61 Satz 2 StaRUG vorgeschriebenen mündlichen Anhörungstermins zulässig.[22)] Einer längeren als bis zur Beendigung des Anhörungstermins laufenden Frist bedarf es zum Schutz des Antragstellers nicht, sodass auch aus Gründen der Verfahrensbeschleunigung das Ende des gerichtlichen Anhörungstermins bei einem vom Schuldner durchgeführten Abstimmungsverfahren die zeitliche Schranke für einen Antrag nach § 64 Abs. 1 StaRUG darstellt.

4. Widerspruch des Antragstellers

12 Anders als §§ 251 Abs. 1 Nr. 1, 253 Abs. 2 Nr. 1 InsO verlangt § 64 StaRUG nicht, dass der Widerspruch des Antragstellers „schriftlich oder zu Protokoll" erklärt wurde. Eine besondere **Form** für den Widerspruch ist damit zumindest im gerichtlichen Verfahren **nicht vorgeschrieben.** Daraus wird zu Recht geschlossen, dass der Widerspruch gemäß § 64 Abs. 2 StaRUG insbesondere auch **zu Protokoll der Geschäftsstelle** erklärt werden kann.[23)]

---

20) Flöther-*Knapp*, StaRUG, § 64 Rz. 12; Jacoby/Thole-*Berner/Thole*, StaRUG, § 64 Rz. 6; Uhlenbruck-*Knof*, InsO, § 64 StaRUG Rz. 11.

21) So auch *Jungmann* in: MünchKomm-StaRUG, § 64 Rz. 40 ff.; *Skauradszun* in: BeckOK-StaRUG, § 64 Rz. 57b; **a. A.** Jacoby/Thole-*Berner/Thole*, StaRUG, § 64 Rz. 6.

22) Flöther-*Knapp*, StaRUG, § 64 Rz. 14; so wohl auch Morgen-*Langer/Wolf*, StaRUG, § 64 Rz. 26; **a. A.** Jacoby/Thole-*Berner/Thole*, StaRUG, § 64 Rz. 6; Uhlenbruck-*Knof*, InsO, § 64 StaRUG Rz. 12.

23) Morgen-*Langer/Wolf*, StaRUG, § 64 Rz. 30.

Praxishinweis
Rein vorsorglich und aus Gründen der Dokumentation sollte sich der Antragsteller nach Möglichkeit an den strengeren Vorgaben des § 251 Abs. 1 Nr. 1 InsO orientieren.

Wenn die Abstimmung über den Restrukturierungsplan in Eigenregie des Schuldners durchgeführt wird, ist der Widerspruch im Falle eines gemäß § 17 Abs. 4 Satz 1 StaRUG schriftlichen Planangebots auch **schriftlich bis zum Ende der Annahmefrist** nach § 19 StaRUG zu erklären.[24] Bei einer Versammlung nach § 20 StaRUG muss der Widerspruch entsprechend dem gerichtlichen Verfahren während des Abstimmungstermins vorgebracht und nach § 22 StaRUG dokumentiert werden.[25] 13

Anders als bei der sofortigen Beschwerde gegen die Bestätigung eines Restrukturierungsplans (vgl. § 66 Abs. 3 StaRUG) und beim Antrag auf Versagung der Bestätigung eines Insolvenzplans (vgl. § 253 Abs. 3 InsO) sieht § 64 StaRUG für einen entsprechenden Antrag gegen einen Restrukturierungsplan **keine Ausnahme von dem Zulässigkeitserfordernis des Widerspruchs**, wenn auf die Notwendigkeit des Widerspruchs und der Ablehnung des Plans nicht besonders hingewiesen wurde. Die Ausnahmen in § 64 Abs. 4 StaRUG beziehen sich nur auf das Erfordernis der Geltendmachung der voraussichtlichen Schlechterstellung. Die Literatur vermutet insofern ein Redaktionsversehen und befürwortet richtigerweise eine entsprechende teleologische Auslegung von § 64 Abs. 4 StaRUG.[26] 14

5. Glaubhaftmachung der voraussichtlichen Schlechterstellung

Die letzte und regelmäßig entscheidende Hürde der Zulässigkeit des Antrags gemäß § 64 Abs. 1 Satz 1 StaRUG stellt die Geltend- bzw. Glaubhaftmachung der voraussichtlichen Schlechterstellung des Antragstellers durch den Plan dar (§ 64 Abs. 2 StaRUG). Dieses Erfordernis entspricht weitestgehend demjenigen des § 251 Abs. 2 InsO. 15

Auffällig ist, dass die Regelung in Absatz 2 für die außergerichtliche Abstimmung über den Plan die Geltendmachung der voraussichtlichen Schlechterstellung verlangt, während im gerichtlichen Erörterungs- und Abstimmungstermin – gleichlaufend mit § 251 Abs. 2 InsO – die Glaubhaftmachung erforderlich ist. Zu dieser Differenzierung werden in der Literatur verschiedene Erklärungsansätze vertreten. Richtigerweise ist der Begriff der Glaubhaftmachung im gerichtlichen Verfahren ein Resultat des nur dort einschlägigen § 294 ZPO, wobei sich aus den unterschiedlichen Formulierungen in der Sache keine inhaltlichen Abweichungen ergeben dürften.[27] Auch i. R. des § 64 Abs. 2 Satz 1 StaRUG bedarf es einer **substantiierten Darlegung** der Schlechterstellung,[28] sodass – wenngleich § 294 ZPO nicht unmittelbar gilt – auf die weitestgehend übertragbaren Ausführungen zur Glaubhaftmachung in (§ 20 Rz. 29 ff. [*Hirschberger*]) verwiesen werden kann. 16

24) Uhlenbruck-*Knof*, InsO, § 64 StaRUG Rz. 15.

25) *Skauradszun* in: BeckOK-StaRUG, § 64 Rz. 46 f.; Uhlenbruck-*Knof*, InsO, § StaRUG 64 Rz. 16, 18.

26) Morgen-*Langer/Wolf*, StaRUG, § 64 Rz. 33; so auch Jacoby/Thole-*Berner/Thole*, StaRUG, § 64 Rz. 13.

27) Vgl. Flöther-*Knapp*, StaRUG, § 64 Rz. 14; Uhlenbruck-*Knof*, InsO, § 64 StaRUG Rz. 20; *Bönold/Kaul*, NZI 2024, 159, 160 f.; ähnlich Jacoby/Thole-*Berner/Thole*, StaRUG, § 64 Rz. 13; *Jungmann* in: MünchKomm-StaRUG, § 64 Rz. 91; **a. A.** *Skauradszun* in: BeckOK-StaRUG, § 64 Rz. 47.

28) Jacoby/Thole-*Berner/Thole*, StaRUG, § 64 Rz. 13; *Jungmann* in: MünchKomm-StaRUG, § 64 Rz. 91; entgegen dem AG Hannover, Beschl. v. 20.10.2023 – 951 RES 1/23, ZInsO 2023, 2414, bedarf es im Falle eines gerichtlichen Abstimmungsverfahrens aber nur einer Glaubhaftmachung, nicht auch einer Geltendmachung, vgl. auch *Bönold/Kaul*, NZI 2024, 159, 160 f.

17 Neben der Schlechterstellung ist auch die Darlegung erforderlich, dass – sofern vorgesehen – die Mittel gemäß § 64 Abs. 3 StaRUG nicht zum Ausgleich der Schlechterstellung ausreichen.[29)]

II. Begründetheit des Antrags

18 Wenn durch den Restrukturierungsplan keine ausreichenden Mittel für den Fall einer Schlechterstellung bereitgestellt werden (vgl. § 64 Abs. 3 StaRUG), ist der Antrag begründet, wenn der Antragsteller durch den Restrukturierungsplan voraussichtlich schlechter gestellt wird als er ohne den Plan stünde.

1. Vergleichsszenario

19 Die Begründetheitsprüfung unterscheidet sich von der nach § 251 InsO insofern, als dass nach § 251 InsO das Regelinsolvenzverfahren (ohne „einen" Plan) als maßgebliches Vergleichsszenario heranzuziehen ist (siehe dazu § 20 Rz. 36 ff. [*Hirschberger*]). Nach § 64 Abs. 1 Satz 1 StaRUG ist dagegen – auch im Gegensatz zu § 26 Abs. 1 Nr. 1 StaRUG[30)] – das Vergleichsszenario ohne „den" Plan zu betrachten.

20 Ausweislich der Gesetzesbegründung ist auch in § 64 Abs. 1 Satz 1 StaRUG das **nächstbeste Alternativszenario** gemeint.[31)] Damit legt die Vorschrift im Ausgangspunkt weder die Vermutung eines Liquidations- oder eines Fortführungsszenarios nahe, noch wird ein alternatives Szenario ausgeschlossen, welches ebenfalls einen Restrukturierungsplan beinhaltet.[32)] Vielmehr obliegt es dem Gericht auf Grundlage des Vorbringens des Antragstellers zu ermitteln, welches Szenario das Nächstbeste ist.[33)] Dabei darf es – auch wenn die Vorschrift dies nicht ausdrücklich benennt – nicht jedes Szenario ungeachtet der Eintrittswahrscheinlichkeit berücksichtigen. Im ersten Schritt ist das Gericht also gehalten, die Eintrittswahrscheinlichkeit der Szenarien zu bewerten, wobei das Insolvenz- bzw. Liquidationsszenario die Untergrenze abbildet.[34)] Nur, wenn das von dem Antragsteller ausreichend dargelegte Alternativszenario – ohne den Plan – zumindest überwiegend wahrscheinlich ist,[35)] kann im zweiten Schritt eine Überprüfung der Schlechterstellung im Vergleich zu diesem Szenario erfolgen.

2. Prüfungsmaßstab des Gerichts

21 Ähnlich wie die Frage nach der Geltung des Amtsermittlungsgrundsatzes im Insolvenzplanverfahren ist auch die Frage nach der gerichtlichen Ermittlung ex officio bei § 64 StaRUG umstritten.[36)] Richtigerweise gilt auch i. R. von § 64 StaRUG der **Amtsermittlungsgrundsatz** des § 39 Abs. 1 StaRUG.[37)] Insbesondere der Regelung zum Minderheitenschutz lassen

---

29) LG Dresden, Beschl. v. 1.7.2021 – 5 T 363/21, ZRI 2021, 868 = ZIP 2021, 2596; Uhlenbruck-*Knof*, InsO, § 64 StaRUG Rz. 26; Jacoby/Thole-*Berner/Thole*, StaRUG, § 64 Rz. 14.

30) S. dazu ausführlich Morgen-*Kowalewski/Praß*, StaRUG, § 26 Rz. 28.

31) Begr. RegE SanInsFoG z. StaRUG, BT-Drucks. 19/24181, S. 128.

32) Vgl. Morgen-*Langer/Wolf*, StaRUG, § 64 Rz. 44.

33) S. zu den möglichen Szenarien ausführlich *Skauradszun* in: BeckOK-StaRUG, § 64 Rz. 16 ff.; *Jungmann* in: MünchKomm-StaRUG, § 64 Rz. 172 ff.

34) Vgl. Morgen-*Langer/Wolf*, StaRUG, § 64 Rz. 4.

35) *Skauradszun* in: BeckOK-StaRUG, § 64 Rz. 18; *Jungmann/Zündorf*, ZRI 2022, 89, 97; *Ringelspacher/Fehl-Weileder*, ZRI 2022, 210, 212 – „Wahrscheinlichkeit von mehr als 50 %"; AG Hamburg, Beschl. v. 12.4.2021 – 61 a RES 1/21, NZI 2021, 544, 545 („verlässliches Alternativszenario").

36) S. zu den jeweiligen Argumenten ausführlich *Skauradszun* in: BeckOK-StaRUG, § 64 Rz. 62.

37) So auch Jacoby/Thole-*Berner/Thole*, StaRUG, § 64 Rz. 18; *Jungmann* in: MünchKomm-StaRUG, § 64 Rz. 253; mit erheblichen Einschränkungen Flöther-*Knapp*, StaRUG, § 64 Rz. 33; a. A. *Skauradszun* in: BeckOK-StaRUG, § 64 Rz. 68.

sich keine Hinweise entnehmen, aus denen sich ableiten ließe, dass dieser Verfahrensgrundsatz bei der Prüfung der Schlechterstellung per se suspendiert wäre. Vielmehr stellt § 64 StaRUG eine wesentliche Säule des Schutzkonzepts der einzelnen Planbeteiligten dar, bei der Ausnahmen und Beschränkungen der Verfahrensgrundsätze des § 39 StaRUG einer besonderen Begründung bedürfen.

Der Anwendbarkeit des Amtsermittlungsgrundsatzes lässt sich nicht entgegenhalten, dass 22 die zu Recht befürwortete Begrenzung auf vom Antragsteller hinreichend vorgetragene Tatsachen den Amtsermittlungsgrundsatz insgesamt ad absurdum führe. Wenn etwa die vom Antragsteller vorgebrachten Tatsachen, beispielhaft mit Blick auf die vom Planersteller dargelegten Liquidationswerte, derart von dem Restrukturierungsplan abweichen, dass eine Schlechterstellung möglich erscheint, so muss das Gericht von sich aus in der Lage sein, die relevanten Tatsachen selbst zu ermitteln. Dabei ist es auch nicht an lediglich präsente Beweismittel gebunden;[38] durch die daraus resultierende Beweiseinschränkung des Antragstellers und ein stets zu seinen Lasten ausfallendes non liquet[39] würde eine unangemessene Benachteiligung entstehen. Schließlich hat der Gesetzgeber in § 73 Abs. 3 Nr. 1 StaRUG ausdrücklich den Restrukturierungsbeauftragten als **Gutachter** für die Prüfung des § 64 Abs. 1 StaRUG vorgesehen.[40]

Der gerichtliche Entschluss zur Vornahme von Amtsermittlungen unterliegt genauso einem 23 **Beurteilungsspielraum**, wie die Auswahl und der Umfang der Ermittlungsmaßnahme im gerichtlichen Ermessen stehen.[41] Im Rahmen der Ermessensentscheidung ist stets auch eine Prüfung der **Verhältnismäßigkeit** vorzunehmen und der erfolgreiche Abschluss des Restrukturierungsverfahrens mit den Rechten und Rechtsgütern des Antragstellers abzuwägen. Es ist dem Gericht – gerade mit Blick auf den Beschleunigungsgrundsatz – nicht gestattet, Ermittlungen „ins Blaue" hinein durchzuführen oder eine Restrukturierung wegen einer zu umfangreichen Ermittlung zu gefährden, die möglicherweise auf wenig naheliegenden Vermutungen beruht. Im Rahmen von § 64 StaRUG werden der Beurteilungsspielraum und das Ermessen des Gerichts bereits dadurch eingeschränkt, dass die Umstände, welche schließlich zur Schlechterstellung führen sollen, vom **Antragsteller geltend- bzw. glaubhaft gemacht** werden müssen. Deswegen ist es dem Gericht nicht erlaubt, nach eigenem Dafürhalten einen Restrukturierungsplan oder Teile davon einem Sachverständigen zur Prüfung vorzulegen, wenn der Antragsteller diese Aspekte nicht belastbar benannt hat. Für darüberhinausgehende pauschale Beschränkungen des Amtsermittlungsgrundsatzes fehlen die Notwendigkeit und die normativen Anknüpfungspunkte.[42]

3. Wertminderungen der Anwartschaft (§ 64 Abs. 1 Satz 2 StaRUG)

§ 64 Abs. 1 Satz 2 StaRUG schützt Inhaber von Absonderungsanwartschaften, die der 24 Schuldner durch eine Vollstreckungs- oder Verwertungssperre gemäß § 49 Abs. 1 Nr. 1 und/oder Nr. 2 StaRUG an der Verwertung ihrer Anwartschaft gehindert hat und deren Anwartschaft sich dadurch währenddessen im Wert gemindert hat: Bei der Bestimmung

38) So aber Flöther-*Knapp*, StaRUG, § 64 Rz. 33.

39) Jacoby/Thole-*Berner/Thole*, StaRUG, § 64 Rz. 19.

40) Ähnlich *Jungmann* in: MünchKomm-StaRUG, § 64 Rz. 259; s. dazu Braun-*Fendel*, StaRUG, § 64 Rz. 29.

41) BGH, Beschl. v. 1.12.2011 – IX ZB 232/10, NZI 2012, 151, 152; vgl. zu § 5 InsO K. Schmidt-*Stephan*, InsO, § 5 Rz. 2; *Ganter/Bruns* in: MünchKomm-InsO, § 5 Rz. 21; die Frage nach dem Umfang der Ermittlungen richtigerweise i. R. des gerichtlichen Ermessens verortend auch Jacoby/Thole-*Berner/Thole*, StaRUG, § 64 Rz. 18.

42) S. dazu auch *Jungmann* in: MünchKomm-StaRUG, § 64 Rz. 253; Jacoby/Thole-*Berner/Thole*, StaRUG, § 64 Rz. 18.

der Stellung des Berechtigten „ohne Plan" i. R. der Vergleichsbetrachtung bleiben diese Wertminderungen grundsätzlich unberücksichtigt. Die **Ausnahme** vom Grundsatz gilt, wenn die Wertminderung auch ohne die Anordnung eingetreten wäre. Die Regelung zielt darauf ab, Wertminderungen nicht zulasten des von der Sperre Betroffenen gehen zu lassen, es sei denn, die Sperre war nicht kausal für die Wertminderung.[43)]

C. Sofortige Beschwerde (§ 66 StaRUG)

I. Zulässigkeit und Begründetheit der sofortigen Beschwerde

25 Die Zulässigkeit der sofortigen Beschwerde gegen den Beschluss, durch den der Restrukturierungsplan bestätigt wird, gleicht der gegen die Bestätigung des Insolvenzplans. Im Gegensatz zu § 251 InsO differenziert § 66 Abs. 1 StaRUG aber schon im Wortlaut bei der Antragsberechtigung danach, ob es sich bei dem Beschwerdeführer um den Schuldner oder einen Planbetroffenen i. S. von § 7 Abs. 1 StaRUG handelt. Dem **Schuldner** steht die sofortige Beschwerde nur zu, wenn die Bestätigung des Restrukturierungsplans **abgelehnt** worden ist. Wenn der Restrukturierungsplan **bestätigt** wird, steht dagegen **jedem Planbetroffenen** die sofortige Beschwerde zu. Aus § 64 Abs. 2 i. V. m. Abs. 1 StaRUG ergibt sich, dass die in Absatz 2 genannten Zulässigkeitsvoraussetzungen der formalen Beschwer nicht für den Schuldner gelten. Diese Differenzierung erklärt sich damit, dass ein Restrukturierungsplan – anders als ein Insolvenzplan – nur vom Schuldner initiiert werden kann.[44)]

26 Hinsichtlich der Antragsberechtigung im Falle der **unrechtmäßigen Stimmrechtsversagung** und den weiteren Voraussetzungen von § 66 Abs. 2 StaRUG kann auf das oben zum Minderheitenschutzantrag gemäß § 64 StaRUG Ausgeführte verwiesen werden (siehe Rz. 8).

27 Die Begründetheit der sofortigen Beschwerde verlangt – wie der BGH bereits zu § 253 InsO entschieden hat – nach einer **umfassenden Prüfung** desjenigen Prüfungskatalogs, der auch Gegenstand der Planbestätigung ist.[45)]

II. Suspensiveffekt und Anordnung der aufschiebenden Wirkung (§ 66 Abs. 4 StaRUG)

28 Ein bedeutsamer Unterschied zu § 253 InsO ergibt sich mit Blick auf den Suspensiveffekt des § 66 StaRUG. Der Insolvenzplan entfaltet gemäß § 254 Abs. 1 InsO erst Wirkung, wenn er rechtskräftig wird. Deshalb kommt der sofortigen Beschwerde gemäß § 253 InsO mittelbare aufschiebende Wirkung zu. Dem kann der Insolvenzverwalter oder der eigenverwaltende Schuldner durch das Freigabeverfahren nach § 253 Abs. 4 Satz 1 InsO entgehen (siehe dazu § 21 Rz. 35, 45 [*Hirschberger*]).

29 Demgegenüber treten nach § 67 Abs. 1 StaRUG die **Wirkungen** des Restrukturierungsplans **bereits mit dessen Bestätigung** ein. Es bleibt dabei, dass gemäß § 38 StaRUG i. V. m. § 570 Abs. 1 ZPO keine aufschiebende Wirkung von der sofortigen Beschwerde nach § 66 StaRUG ausgeht.[46)]

---

43) *Jungmann* in: MünchKomm-StaRUG, § 64 Rz. 168.

44) Begr. RegE SanInsFoG z. StaRUG, BT-Drucks. 19/24181, S. 164; Morgen-*Blankenburg*, StaRUG, § 66 Rz. 6 ff.

45) BGH, Beschl. v. 17.7.2014 – IX ZB 13/14, NZI 2014, 751, 754 f.; *Jungmann* in: MünchKomm-StaRUG, § 66 Rz. 86 f.; Uhlenbruck-*Knof*, StaRUG, § 66 Rz. 26; *Skauradszun* in: BeckOK-StaRUG, § 66 Rz. 46.

46) *Jungmann* in: MünchKomm-StaRUG, § 66 Rz. 18.

Eine **Ausnahme** davon hat der Gesetzgeber in § 66 Abs. 4 StaRUG vorgesehen. Danach kann der Beschwerdeführer bei dem Restrukturierungsgericht[47] die aufschiebende Wirkung seiner sofortigen Beschwerde **beantragen**. Die gerichtliche Anordnung der aufschiebenden Wirkung gilt allerdings nur **ex nunc**.[48] Voraussetzung für diese Anordnung ist, dass dem Beschwerdeführer durch den Planvollzug „schwerwiegende, insbesondere nicht rückgängig zu machende Nachteile" entstehen, die „außer Verhältnis zu den Vorteilen des sofortigen Planvollzugs" stehen. Aufseiten des Beschwerdeführers beinhaltet das Gesetz die Konkretisierung, wonach solchen Nachteilen, die irreversibel sind, besonderes Gewicht beizumessen ist. In der Literatur wird zu Recht befürwortet, dass wirtschaftlich kompensierbare Nachteile grundsätzlich nicht darunterfallen.[49] Überdies ist zu berücksichtigen, dass schon der Richtliniengeber in Art. 16 Abs. 3 Abs. 1 der Restrukturierungsrichtlinie aus Gründen der Verfahrensbeschleunigung im Grundsatz keine aufschiebende Wirkung der sofortigen Beschwerde vorgesehen hat. Vor diesem Hintergrund sind die Hürden für eine ausnahmsweise Anordnung hoch anzusetzen.[50] Richtigerweise werden angesichts der Vorteile des Planvollzugs für die Mehrheit der Planbetroffenen nur solche Nachteile des Beschwerdeführers ausreichend ins Gewicht fallen, welche die wirtschaftliche Existenz des Beschwerdeführers bedrohen.[51] 30

III. Freigabeverfahren (§ 66 Abs. 5 StaRUG)

Das aus § 253 Abs. 4 InsO bekannte Freigabeverfahren (siehe zu den entsprechenden Einzelheiten § 21 Rz. 52 ff. [*Hirschberger*]) hat der Gesetzgeber in § 66 Abs. 5 StaRUG nahezu wortgleich übernommen. In der Literatur wird dieses Instrument des Restrukturierungsverfahrens zu Recht kritisiert.[52] Wie zuvor dargestellt, entfaltet die sofortige Beschwerde nach § 66 Abs. 1 StaRUG gerade keine aufschiebende Wirkung; die Planwirkungen treten gemäß § 67 Abs. 1 StaRUG mit der Bestätigung des Restrukturierungsplans ein. Der Anwendungsbereich des § 66 Abs. 5 StaRUG ist daher im Wesentlichen auf etwaige **seltene Planregelungen** beschränkt, welche der **Rechtskraft des Plans** bedürfen.[53] 31

Da die Anforderungen des Antrags auf Anordnung der aufschiebenden Wirkung gemäß § 66 Abs. 4 StaRUG höher sind als diejenigen des § 66 Abs. 5 StaRUG, besteht auch keine Notwendigkeit Letzteren als „Gegenantrag" vorzubringen; „schwerwiegende" Nachteile werden in Absatz 5 gerade nicht verlangt. Zum Zwecke schnellstmöglicher **Rechtsklarheit** bleibt dem Schuldner der Antrag nach § 66 Abs. 5 StaRUG aber unbenommen. 32

---

47) Morgen-*Blankenburg*, StaRUG, § 66 Rz. 38; *Skauradszun* in: BeckOK-StaRUG, § 66 Rz. 61.

48) *Jungmann* in: MünchKomm-StaRUG, § 66 Rz. 128; *Jungmann*, ZIP 2022, 253, 254 ff.

49) Uhlenbruck-*Knof*, InsO, § 66 StaRUG Rz. 62.

50) Braun-*Fendel*, StaRUG, § 66 Rz. 12, mit Hinweis auf die auch im Vergleich zu § 570 ZPO deutlich höheren Anordnungsvoraussetzungen.

51) *Jungmann* in: MünchKomm-StaRUG, § 66 Rz. 119.

52) S. dazu ausführlich *Jungmann* in: MünchKomm-StaRUG, § 66 Rz. 147; Uhlenbruck-*Knof*, InsO, § 66 StaRUG Rz. 66.

53) *Jungmann* in: MünchKomm-StaRUG, § 66 Rz. 150.

§ 53
Wirkungen des bestätigten Restrukturierungsplans

Übersicht

Literatur: *Madaus*, Insolvenzrechtliche Prinzipien für Restrukturierungshilfen? – Eine kritische Betrachtung der dogmatischen Grundannahme des StaRUG, in: Festschrift für Reinhard Singer, 2021, S. 415; *Madaus*, Möglichkeiten und Grenzen einer Reform der Rechtsmittel gegen den Beschluss über die Insolvenzplanbestätigung, NZI 2010, 430; *Marotzke*, Einfluss des StaRUG auf Geschäftsbesorgungsverhältnisse und Vollmachten, ZInsO 2021, 353.

A. Besonderheiten des Restrukturierungsplans

Die Regelungen der §§ 254 bis 257 und 260 InsO dienten offensichtlich als Vorbild für die Regelungen zum Eintritt der Planwirkungen beim Restrukturierungsplan in den **§§ 67 bis 72 StaRUG**. Die Struktur der Normen findet sich bis in die Wortgleichheit der Überschriften wieder. Diese Ähnlichkeiten dürfen aber nicht den Blick darauf verstellen, dass sich die Wirkungen des Restrukturierungsplans in wichtigen Details durchaus von den Wirkungen eines Insolvenzplans unterscheiden. Dies folgt im Kern aus dem Umstand, dass ein Planverfahren nur im Insolvenzrecht von einem umfassenden Regelinsolvenzverfahren begleitet wird, das neben den allgemeinen Insolvenzwirkungen auch eine Prüfung und ggf. Feststellung der planbetroffenen Forderungen umfasst. Der **präventive Restrukturierungsrahmen** ist demgegenüber **modular** konzipiert. Der Restrukturierungsplan wird so nur punktuell von allgemeinen Wirkungen der Anzeige einer Restrukturierungssache unterstützt (vgl. §§ 42 bis 44 StaRUG), kann ansonsten aber nur eigenständig Wirkungen erzeugen. 1

B. Zeitpunkt des Wirkungseintritts

Die Regelung zum Eintritt der materiell-rechtlichen Wirkungen des gestaltenden Teils des Restrukturierungsplans findet sich in § 67 Abs. 1 Satz 1 StaRUG. In Abweichung zur Regelung in § 254 Abs. 1 InsO wird der Zeitpunkt des Wirkungseintritts **auf den Moment der Planbestätigung vorverlegt**. Die Rechtskraft des bestätigenden Beschlusses muss nicht abgewartet werden. Der StaRUG-Gesetzgeber begründet diese unterschiedliche Handhabung mit den Vorgaben der Restrukturierungsrichtlinie, die in der Tat in Art. 16 Abs. 3 Unterabs. 2 etwaigen Rechtsmitteln keine aufschiebende Wirkung zuweist.[1] Diese – wegen § 570 Abs. 1 ZPO auch im Zivilprozess geltende – Regel hätte man ohne weiteres auch für § 254 Abs. 1 InsO übernehmen können (und sollen).[2] Sie findet sich nun leider allein in § 67 StaRUG. 2

Die Wirkungen des Restrukturierungsplans treten damit bereits mit der **Verkündung des Bestätigungsbeschlusses** (§ 65 Abs. 1 StaRUG) ein. Auf die Zustellung des Beschlusses kommt es nicht an, da auch die Rechtsmittelfrist an die Verkündung anknüpft (§ 40 Abs. 2 StaRUG). Auch der Zeitpunkt der öffentlichen Bekanntmachung in öffentlichen 3

---

1) Begr. RegE SanInsFoG z. § 74 StaRUG-E (§ 67 StaRUG), BT-Drucks. 19/24181, S. 165.

2) Der Vorschlag findet sich schon bei *Madaus*, NZI 2010, 430.

Restrukturierungssachen ist aus diesem Grund unerheblich. Allein im Ausnahmefall der **Anordnung einer aufschiebenden Wirkung** (§ 66 Abs. 4 StaRUG) verschiebt sich der Wirkungseintritt auf den Moment des Eintritts der Rechtskraft der Beschwerdeentscheidung (§ 40 Abs. 3 StaRUG), sodass bei Zulassung der Rechtsbeschwerde der Ausgang des Rechtsbeschwerdeverfahrens abzuwarten wäre.

4 Soweit Wirkungen der Planbestätigung auf die **materielle Rechtskraft** zurückzuführen sind, können diese erst mit Eintritt der Rechtskraft eintreten. § 67 Abs. 6 StaRUG stellt diesen Umstand klar, indem angeordnet wird, dass die aus der Rechtskraft folgende Präklusion von Einwendungen **(Heilungswirkung)** für Verfahrensfehler und Willensmängel erst im Moment der Rechtskraft der Planbestätigung eintritt.

C. Gestaltungswirkung

5 In seiner Gestaltungswirkung unterscheidet sich der Restrukturierungsplan insoweit grundsätzlich vom Insolvenzplan, als dass er sich weder verfahrensrechtlich noch materiell an alle Beteiligten richtet. Während also der Insolvenzplan insbesondere die Insolvenzgläubiger kollektiv erfasst und bindet, selbst wenn er ihre Rechte unberührt lässt (§ 237 Abs. 2 InsO), beschränkt sich die Wirkung des Restrukturierungsplans von vornherein auf die im Plan ausgewählten **Planbetroffenen** (§ 8 StaRUG). Nur für diesen Kreis legt der gestaltende Teil des Restrukturierungsplans Rechtsänderungen fest, die dann nach § 67 Abs. 1 Satz 1 StaRUG eintreten. Satz 2 dieser Regelung stellt dann nach dem Vorbild des § 254b InsO klar, dass dieser Wirkungseintritt auch Planbetroffene erfasst, die dem Plan widersprachen (**opponierende** Planbetroffene) oder im Verfahren passiv blieben (**passive** Planbetroffene). Soweit das Restrukturierungsverfahren auch unwissende Planbetroffene erfassen soll, wird dies die Beteiligung eines Verfahrenspflegers erfordern.[3]

I. Restrukturierungsforderungen

6 Die Gestaltungsmacht des Restrukturierungsplans erfasst vor allem **Forderungen**, die gegen eine restrukturierungsfähige Person (Schuldner) **im nach § 2 Abs. 5 StaRUG maßgeblichen Zeitpunkt** begründet sind (Restrukturierungsforderungen). Der StaRUG-Gesetzgeber versuchte hier wie auch in der begrenzenden Regelung des § 3 Abs. 2 StaRUG, die Unterscheidung von Insolvenz- und Masseforderung nachzuvollziehen und die Plandispositivität auf erstere zu begrenzen. Überzeugen kann dies schon im Ansatz nicht.[4]

7 Sieht der gestaltende Teil einen **(Teil-)Erlass** von Restrukturierungsforderungen vor, so ist wie beim Insolvenzplan (siehe § 23 Rz. 14 [*Madaus*]) zu beachten, dass diese Plangestaltung nicht zu einem materiell-rechtlichen Erlöschen der Forderung führt, sondern lediglich zum Wegfall der Durchsetzbarkeit **(Naturalobligation)**.[5] Die Gesamtforderung bleibt gem. § 67 Abs. 4 StaRUG insbesondere Rechtsgrund zum Behaltendürfen einer Mehrleistung. Auch ein **Wiederaufleben** unbefriedigt bleibender Forderungsanteile ist nach § 69 StaRUG möglich; diese Regelung entspricht nahezu vollständig dem Regelungsvorbild in § 255 InsO (siehe § 23 Rz. 16 ff. [*Madaus*]).

II. Rechte gesicherter Gläubiger

8 Die Regelungen zu Planwirkungen auf Sicherungsrechte folgen dem Vorbild des Insolvenzplanrechts (siehe § 23 Rz. 27 ff. [*Madaus*]). **§ 67 Abs. 3 StaRUG** garantiert nach dem Vorbild des § 254 Abs. 2 InsO den Zugriff auf Sicherungsrechte auch für den Fall der Re-

3) *Madaus* in: MünchKomm-StaRUG, § 67 Rz. 18.

4) *Marotzke*, ZInsO 2021, 353; auch *Madaus* in: FS Singer, S. 415, 419.

5) Begr. RegE SanInsFoG z. § 74 StaRUG-E (§ 67 StaRUG), BT-Drucks. 19/24181, S. 166.

duzierung der gesicherten Forderung, es sei denn, der Plan sieht in seinem gestaltenden Teil etwas anderes vor. Dabei darf der Restrukturierungsplan (wie der Insolvenzplan) sowohl Sicherungsrechte am **Schuldnervermögen** (§ 2 Abs. 1 Nr. 2 StaRUG – Absonderungsanwartschaften) als auch – in begrenztem Umfang – an **Drittvermögen** (§ 2 Abs. 4 StaRUG – gruppeninterne Drittsicherheiten) beinhalten. Hinzu kommen Anpassungen in den begleitenden Vertragsverhältnissen in den Grenzen des § 2 Abs. 2 StaRUG – eine Regelungsbefugnis, die dem Insolvenzplan fehlt.

III. Rechte des Schuldners und seiner Anteilseigner

Der **Schuldner** ist als einziger Planvorlageberechtigter (Planangebot, § 17 StaRUG) **stets** 9
auch selbst an den Plan gebunden; einer Regelung wie in § 247 InsO bedarf es hierzu nicht.

Bei Schuldnergesellschaften erlaubt § 2 Abs. 3 StaRUG nach dem Vorbild der §§ 217 10
Abs. 1 Satz 2, 225a InsO Planeingriffe in **Anteils- und Mitgliedschaftsrechte** sowie sonstige gesellschaftsrechtlich zulässige Regelungen. Der Kreis der Planbetroffenen wird dann entsprechend erweitert.

D. Vollstreckungswirkung

Der Insolvenzplan bildet nur gemeinsam mit dem Tabelleneintrag einen Vollstreckungsti- 11
tel (siehe § 23 Rz. 56 f. [*Madaus*]). Eine solche Forderungstabelle wird in der Restrukturierungssache nicht erstellt. Zwar hat der Schuldner dem Anhang zum Restrukturierungsplan eine Vermögensübersicht inklusive der Passivseite beizufügen (§ 14 Abs. 2 StaRUG). Die dort eingetragenen Forderungen sind aber weder angemeldet noch geprüft oder festgestellt worden. Der StaRUG-Gesetzgeber hat eine Vollstreckbarkeit dennoch für zweckmäßig gehalten und in § 71 Abs. 1 StaRUG auf **Forderungen** beschränkt, die durch den Plan **aufrechterhalten** werden und zwischen Schuldner und Gläubiger **nicht streitig** sind. § 71 Abs. 2 StaRUG übernimmt zudem die Regelung des § 257 Abs. 2 InsO (siehe § 23 Rz. 58 [*Madaus*]) und erlaubt die Vollstreckung von Leistungsversprechen durch **Plangaranten**.

Eine Vollstreckung aus dem Plan scheidet nach § 71 Abs. 1 StaRUG für diejenigen Re- 12
strukturierungsgläubiger aus, deren Restrukturierungsforderungen **„im Bestätigungsbeschluss" als bestritten ausgewiesen** sind. In Anlehnung an das Erfordernis eines Bestreitens im Prüfungstermin des Insolvenzverfahrens muss also auch hier das Bestreiten gerichtlich protokolliert sein. Dies kann in den Gründen des Bestätigungsbeschlusses erfolgen, etwa im Wege des Entscheidens eines Stimmrechtsstreits. Es genügt aber auch der Vermerk in der **Abstimmungsdokumentation** (§§ 22 Abs. 1 Satz 2, 24 Abs. 4 StaRUG).[6] Der bloße Vermerk im Plan dürfte nicht ausreichen.[7] Auch ein nur teilweises Bestreiten (der Höhe nach) ist möglich.

E. Fiktionswirkung

Hinsichtlich der Fiktionswirkung des Plans ergeben sich **keine Unterschiede zum Insol-** 13
venzplan. § 68 StaRUG übernimmt insofern die Regelungen in § 254a InsO (siehe dazu schon § 23 Rz. 59 ff. [*Madaus*]). Es finden sich wieder eine **Form- und Abgabefiktion**, nicht aber eine Zugangsfiktion für Willenserklärungen und gesellschaftsrechtliche Beschlüsse. Diese wirkt auch für die Anpassung von Rechtsverhältnissen nach § 2 Abs. 2 StaRUG.

6) *Madaus* in: MünchKomm-StaRUG, § 71 Rz. 12 f.

7) So aber Jacoby/Thole-*Spliedt*, StaRUG, § 71 Rz. 4.

14 **Vollzugsakte** sind durch den Schuldner und seine Bevollmächtigten nach allgemeinen Regeln vorzunehmen. Eine Umsetzungskompetenz des Restrukturierungsbeauftragten nach dem Vorbild des § 254a Abs. 2 Satz 3 InsO fehlt. Soweit Eintragungen ins Handelsregister vorzunehmen sind, gelten die Ausführungen zu den Prüfungskompetenzen der beteiligten Gerichte (siehe § 23 Rz. 86 ff. [*Madaus*]) entsprechend.

§ 54
Gesellschaftsrechtliche Regelungen im Restrukturierungsplan

Übersicht

Literatur: *Baumert*, Restrukturierungsrecht trifft auf Prozess- und Gesellschaftsrecht, NZI 2023, 952; *Bayer*, Anzeige des Restrukturierungsvorhabens durch GmbH-Geschäftsführer nur bei Zustimmung der Gesellschafterversammlung mit qualifizierter Mehrheit, GmbHR 2023, 916; *Bernsau/Beyer*, Sanieren mit dem StaRUG: Von der Regelung einer finanziellen Schieflage bis zur Durchsetzung eines Gesellschafterwechsels – ein Praxisbericht, BB 2022, 1090; *Bitter*, Geschäftsleiterhaftung in der Insolvenz – Alles neu durch SanInsFoG und StaRUG, ZIP 2021, 321; *Bönold/Kaul*, Zulässigkeit und Begründetheit eines Minderheitenschutzantrags und Planbestätigungsantrags im Restrukturierungsverfahren, NZI 2024, 159; *Brinkmann*, Die Solvenzsicherungs- und Krisenaufklärungspflicht der Geschäftsleiter, ZRI 2024, 781; *Brinkmann*, Die Solvenzsicherungspflicht der juristischen Person nach dem StaRUG, KTS 2021, 303; *Brinkmann*, Wege aus der Insolvenz eines Unternehmens – oder: Die Gesellschafter als Sanierungshindernis, WM 2011, 97; *Brünkmans*, Rechtliche Möglichkeiten und Grenzen von Umwandlungen im Insolvenzplanverfahren, ZInsO 2014, 2533; *Brünkmans*, Umwandlungsmaßnahmen auf der Grundlage eines Restrukturierungsplans nach § 7 Abs. 4 S. 5 StaRUG, ZInsO

2024, 433; *Brünkmans*, Geschäftsleiterpflichten und Geschäftsleiterhaftung nach dem StaRUG und SanInsFoG – Nachtrag zu ZInsO 2021, 1 ff., ZInsO 2021, 125; *Brünkmans*, Geschäftsleiterpflichten und Geschäftsleiterhaftung nach dem StaRUG und SanInsFoG, ZInsO 2021, 1; *Brünkmans/Uebele*, Rechtsschutz gegen missbräuchliche Insolvenzanträge und insolvenzzweckwidrige Insolvenzpläne, ZInsO 2014, 265; *Dahl/Taras*, Keine Einschränkung des § 26 StaRUG bei reinem Gesellschafterplan, NJW-Spezial 2023, 278; *Decker*, Beurkundungspflicht des Zustimmungsbeschlusses bei der Übertragung des gesamten Vermögens einer GmbH?, NZG 2018, 447; *Distler*, Das Schlechterstellungsverbot gem. § 26 Abs. 1 Nr. 1 StaRUG in Theorie und Praxis, ZIP 2021, 1033; *Ebbinghaus/Kleemann*, Prospektfreiheit von Bezugsrechtsemissionen, NZG 2019, 441; *Eckert/Holze/Ippen*, StaRUG aus dem Gleichgewicht?, NZI 2021, 153; *Flöther/Wilke*, Neue Zugangshürde zum StaRUG – Der Gesellschafter als Sanierungsbremse, ZRI 2023, 1029; *Frind*, Zur „StaRUG-Evaluation" – Sanieren um welchen Preis? Welche Änderungen sind notwendig?, ZRI 2025, 445; *Frind*, Ist „Waffengleichheit" zwischen den Planbetroffenen im StaRUG-Verfahren notwendig und herstellbar, ZRI 2024, 410; *Frind*, Das „plötzliche" StaRUG-Verfahren – Probleme und Verwendungsgrenzen, ZInsO 2021, 1093; *Gehrlein*, Rechte der Gesellschafter im Restrukturierungsverfahren, BB 2022, 1096; *Gehrlein*, Das Gesetz über den Stabilisierungs- und Restrukturierungsrahmen für Unternehmen (StaRUG) – ein Überblick, BB 2021, 66; *Greif-Werner*, Umwandlungen im Insolvenzplanverfahren, 2018, Köln (Diss.); *Grub*, Die angemessene Zahlungsquote im Insolvenzplan, in: Festschrift für Wilhelm Uhlenbruck zum 70. Geburtstag, 2000, S. 501; *Heckschen/Strnad*, Aktuelle Entwicklungstendenzen des Gesellschaftsrechts (Teil 1), GWR 2021, 175; *Heckschen/Weitbrecht*, Aktuelle Probleme der Umwandlung in der Krise, ZIP 2021, 179; *Herding/Krafczyk*, Die Einbeziehung der Anteilseigner bei der Anzeige des Restrukturierungsvorhabens im „kritischen" und „idealen" Restrukturierungsfenster, ZRI 2023, 750; *Hölzle/Kahlert*, Der sog. Sanierungserlass ist tot – Es lebe die Ausgliederung, ZIP 2017, 510; *Jungmann/Zündorf*, Die voraussichtliche Schlechterstellung überstimmter Minderheiten durch einen Restrukturierungsplan, ZRI 2022, 89; *Kahlert/Gehrke*, ESUG macht es möglich: Ausgliederung statt Asset Deal im Insolvenzplanverfahren, DStR 2013, 975; *Kaul*, Das gruppenbezogene Schlechterstellungsverbot im StaRUG – Kriterium des Gläubigerinteresses oder zusätzliche nationale Voraussetzung?, NZI 2024, 521; *Kowalewski/Klockenbrink/Meier*, Sanierungsverantwortung und Kompetenzgefüge bei der Einleitung von StaRUG-Verfahren, ZRI 2024, 1089; *Kümpel*, Mehrstimmrechtsaktien im Stabilisierungs- und Restrukturierungsrahmen, AG 2024, 426; *Leinekugel*, Kein Gesellschafterbeschluss für Einleitung von Restrukturierungsverfahren als einzig erfolgsversprechende Alternative zu Insolvenzverfahren erforderlich, ZIP 2024, 2864; *Mock*, Das Finanzierungsrecht der Gesellschafter und die drohende Zahlungsunfähigkeit (§ 18 InsO), ZRI 2024, 1026; *Mock*, (Einseitige) Bezugsrechtsgewährung in Restrukturierungsplänen – Restrukturierungsübernahmerecht ante portas?, NZG 2024, 769; *Morgen*, Das Überkompensationsverbot nach § 26 Abs. 1 Nr. 2, § 27 Abs. 1 Nr. 1 bzw. § 27 Abs. 2 Nr. 1 StaRUG beim Debt-Equity-Swap, ZRI 2024, 986; *Mulert/Steiner*, Gesellschaftsrechtlich zulässige Regelungen im Insolvenz- und Restrukturierungsplan, NZG 2021, 673; *Müller*, Die Umsetzung der EU-Richtlinie über präventive Restrukturierungsrahmen, ZIP 2020, 2253; *Müller*, Reichweite der Vertretungsmacht des GmbH-Geschäftsführers bei der Veräußerung des gesamten Gesellschaftsvermögens, NZG 2019, 807; *Priester*, Umwandlung im Insolvenzplan und gesellschaftsrechtliche Treuepflicht, in: Festschrift für Bruno M. Kübler zum 70. Geburtstag, 2015, S. 557, *Priester*, „Squeeze out" durch Herabsetzung des Stammkapitals auf Null?, DNotZ 2003, 592; *Proske*, Rettende Restrukturierung durch Rechtsrahmen? Lob und Kritik zum Regierungsentwurf des StaRUG, NZI 2020, 969; *Punkte/Klemens*, Kompetenzstreit in der GmbH – Wer ist zuständig, wenn Gesellschaftsvertrag und Gesetz schweigen, NZG 2021, 594; *Rauhut*, Die Gesellschafter unter dem StaRUG, NZI-Beilage z. Heft 5/2021, S. 52; *Redenius-Hövermann/Strenger*, Restrukturierung mittels StaRUG – Die Leoni-„Blaupause" verlangt größere Ausgewogenheit für alle Stakeholder – die gesellschaftsrechtliche Perspektive, AG 2025, 152; *Reger/Stenzel*, Der Kapitalschnitt auf Null als Mittel zu Sanierung von Unternehmen – Gesellschaftsrechtliche, börsenzulassungsrechtliche und kapitalmarktrechtliche Konsequenzen, NZG 2009, 1210; *Rendels/Zabel/Körner*, Nur drohend zahlungsunfähig oder überschuldet? – Anforderungen an die Fortbestehensprognose nach SanInsFoG, ZRI 2021, 653; *Reuter*, Praxisorientierte Impulse zu Kernfragen der Krise (DAV, Bericht 1 Insolvenzrechtstag 2025), INDat-Report 04/2025, S. 50, 56; *Sander*, Die Pflichten des GmbH-Geschäftsführers in Krise und Insolvenz nach dem SanInsFoG, ZHR 188 (2024), 8; *Schäfer*, Keine exklusive Geschäftsleiter-Kompetenz zur Einleitung eines StaRUG-Verfahrens, ZRI 2024, 881; *Schäfer*, Zur Einbeziehung der Gesellschafter in ein vorinsolvenzliches Restrukturierungsverfahren nach dem Regierungsentwurf eines „StaRUG", ZIP 2020, 2164; *Schäfer*, Gesellschafterrechte im Insolvenzplanverfahren – kritische Anmerkungen zum ESUG-Bericht, ZIP 2019, 1305; *Schmidt, K.*, Schöne neue Sanierungswelt: Die Gläubiger okkupieren die Burg!, ZIP 2012, 2085; *Schmidt, K.*, Debt-to-Equity-Swap bei der (GmbH & Co-) Kommanditgesellschaft, ZGR 2012, 566; *Schmidt, K.*, Gläubigerschutz bei Umstrukturierungen, ZGR 1993, 366; *Scholz*, Die Krisenpflichten von Geschäftsleitern nach Inkrafttreten des StaRUG, ZIP 2021, 219; *Schröder/Berner*, Die Ausgliederung eines einzelkaufmännischen Unternehmens im Insolvenzplanverfahren: Rechtliche Grundlagen und Praxisbericht, NZI 2017, 837; *Seibt*, Sanierungsgesellschaftsrecht: Mitgliedschaftliche Treuepflicht und Grenzen der Stimmrechtsausübung in der Aktiengesellschaft, ZIP 2014, 1909; *Seibt/Bulgrin*, Entwurf zum Unternehmensstabilisierungs- und Restrukturierungsgesetz (StaRUG) – Kritische Anlage aus gesellschaftsrechtlicher Sicht, DB 2020, 2226; *Seibt/Harf*, StaRUG-Verfahrenseingang: Gesellschafterbeschluss und Treuepflichten – Zugleich Besprechung zu OLG Stuttgart, Beschl. v. 21.8.2024 – 20 U 30/24, ZIP 2024, 2309; *Sikora*, Sanierungs- und Finanzierungsmaßnahmen in Fortbestehensprognosen, NWB-Sanieren 2023, 196; *Simon/Brünkmans*, Die Ausgliederung von sanierungswürdigen Betriebsteilen mithilfe des Insolvenzplanverfahrens nach ESUG: Verdrängt die Gläubigerautonomie den institutionalisierten Gläubigerschutz des Umwandlungsgesetzes?, ZIP 2014, 657; *Simon/Merkelbach*, Gesellschaftsrechtliche Strukturmaßnahmen im Insolvenzplanverfahren nach dem ESUG, NZG 2012, 121; *Skauradszun/Amort*, Krisenfrüherkennung und -management, Organkompetenzen und die Frage nach der Restrukturierungsverschleppungshaftung, DB 2021, 1317; *Skauradszun/Harnack*, Prüfungsumfang des Restrukturierungsrechts bei Anzeigen und Aufhebungen nach §§ 31, 33 StaRUG, DZWIR 2023, 511; *Skauradszun/Harnack*, Restrukturierungswidrige Beschlüsse, ZGR 2023, 71; *Streit/Kuthe/Büssemaker*, Restrukturierungsverfahren: keine Erforderlichkeit eines Hauptversammlungsbeschlusses, Zulässigkeit eines Bezugsrechtsausschlusses, Konkretisierung des Gleichbehandlungsgebots, AG 2023, R228; *Thole*, Ausgewählte Fragen aus drei Jahren StaRUG, ZRI 2024, 1006; *Thole*, Gesellschafterpläne im StaRUG, ZIP 2023, 563; *Thole*, Neuerungen des IDW S 11 bei der Beurteilung von Insolvenzeröffnungsgründen, GmbHR 2022, R52; *Thole*, Die Geschäftsleiterhaftung im StaRUG und nach § 15b InsO n. F., BB 2021, 1347; *Thole*, Der Entwurf des Unternehmensstabilisierungs- und -restrukturierungsgesetzes (StaRUG-RefE), ZIP 2020, 1985; *Tresselt/Reps*, Praxisfragen der Vorbereitung des Erörterungs- und Abstimmungstermins (EAT) in der öffentlichen Verfahrensvariante des StaRUG, ZIP 2023, 2657; *Völker*, Gleichbehandlung im StaRUG, ZRI 2024, 1098; *Wilhelm/Richter/Hoffmann*, Gesetz über den Stabilisierungs- und Restrukturierungsrahmen: Neue Optionen zur vorinsolvenzlichen Sanierung, DB 2021, 381; *Wünsche/Schüler*, Finanzielle Sanierung: Eine Bestandsaufnahme von Maßnahmen und Ergebnissen, Corporate Finance (CF), 2025, 105; *Zehlicke/Krafczyk*, Aufhebung der von einem Geschäftsführer ohne Vertretungsmacht gestellten Restrukturierungsanzeige, ZRI 2023, 519; *Ziegenhagen*, Gesellschaftsrecht versus Restrukturierungsrecht gemäß StaRUG in der Unternehmenskrise, ZInsO 2025, 337.

A. Überblick

I. Ermächtigungsgrundlage und praktische Bedeutung der Einbeziehung der Anteilsinhaber in den Restrukturierungsplan

1 Nach § 2 Abs. 3 StaRUG[1)] können auch die Anteils- oder Mitgliedschaftsrechte der an der schuldnerischen Gesellschaft beteiligten Personen durch den Restrukturierungsplan gestaltet werden. Hiervon zu unterscheiden ist die Gestaltung der vom Schuldner gehaltenen Anteile.

2 Damit ermächtigt § 2 Abs. 3 StaRUG die Anteilsinhaber der schuldnerischen Gesellschaft als **Planbetroffene** in den Restrukturierungsplan einzubeziehen. Zwingend ist die Einbeziehung der Anteilsinhaber jedoch nicht.[2)] Sie bleibt vielmehr dem **Gestaltungsermessen** des Schuldners vorbehalten. Die Annahmefähigkeit des Restrukturierungsplans in den Gläubigergruppen hängt jedoch nicht selten von Sanierungsbeiträgen der Gesellschafter und mithin von ihrer Einbeziehung als Planbetroffene ab.

3 Auch ein **„Cram-down"** einer Gläubigergruppe durch eine gruppenübergreifende Mehrheitsentscheidung nach §§ 26 Abs. 1, 27 Abs. 1 Nr. 2 StaRUG (absolute Priority Rule) ist nur möglich, wenn in die **Rechte der Gesellschafter eingegriffen wird** und ihnen kein Vermögenswert mehr verbleibt, es sei denn, dieser wird durch Leistungen in das Vermögen des Schuldners ausgeglichen. Vor diesem Hintergrund sehen die meisten bisher bekannt gewordenen StaRUG-Fälle die Einbeziehung der Anteilsinhaber vor.[3)] Gerade bei börsen-

1) Gesetz über den Stabilisierungs- und Restrukturierungsrahmen für Unternehmen (Unternehmensstabilisierungs- und -restrukturierungsgesetz – StaRUG), v. 22.12.2020, BGBl. I 2020, 3256 (= Art. 1 des Gesetzes zur Fortentwicklung des Sanierungs- und Insolvenzrechts [Sanierungs- und Insolvenzrechtsfortentwicklungsgesetz – SanInsFoG], v. 22.12.2020, BGBl. I 2020, 3256).

2) Vgl. AG Köln, Beschl. v. 3.3.2021 – 83 RES 1/21, ZRI 2021, 377 = NZI 2021, 433, m. Anm. *Thole*.

3) AG Berlin-Charlottenburg, Beschl. v. 4.1.2024 – 36s RES 6225/23 (Spark Networks), ZRI 2024, 512 = ZIP 2024, 557, m. Anm. *Brünkmans*; AG Dresden, Beschl. v. 27.11.2023 – 572 RES 1/23 (Softline), NJW-Spezial 2024, 311 = BeckRS 2023, 39347; AG Nürnberg, Beschl. v. 21.6.2023 – RES 397/23 (Leoni), ZRI 2023, 629 = NZI 2023, 881; AG Hamburg, Beschl. v. 12.4.2021 – 61a RES 1/21, ZRI 2021, 473 = NZI 2021, 544; OLG Stuttgart, Urt. v. 28.10.2024 – 20 U 30/24, ZRI 2024, 1076 = NZI 2025, 131; s. auch jüngst AG Stuttgart in der Sache Varta AG, AG Stuttgart, Beschl. v. 11.12.2024 – 6 RES 1243/24 (VARTA), ZRI 2025, 149.

notierten AGs, bei denen eine aktive Einbindung und „Abfragen" von Sanierungs- und Finanzierungsbeiträgen kaum möglich ist, hat sich die **Umsetzung eines Kapitalschnitts unter Mitwirkung eines Planinvestors** bewährt.[4] Lediglich Restrukturierungspläne, die marginale Eingriffe in die Position der Gläubiger vorsehen, wie etwa die bloße Verschiebung von Fälligkeiten ohne Forderungsverzichte („Amend-and-Extend"), sehen in der Regel keinen Eingriff in die Anteilsrechte vor.[5] Für solche Fälle, die zum Teil auch als „StaRUG-light"[6] bezeichnet werden, ist wegen § 28 Abs. 2 Nr. 2 StaRUG auch bei einer ablehnenden Gläubigergruppe ein Cram-down möglich.

4 In der Praxis sind auch **reine „Gesellschafterpläne"** zu beobachten.[7] Dies gilt insbesondere im Kontext reiner Gesellschafterfinanzierungen, die etwa bei Start-ups nicht selten anzutreffen sind.

II. Rechtstechnische Einbeziehung der Anteilsinhaber

5 Wie beim Insolvenzplan erfolgt die Gestaltung von Anteils- und Mitgliedschaftsrechten durch Aufnahme einer entsprechenden Regelung in den **gestaltenden Teil** des Restrukturierungsplans (siehe § 29 Rz. 10 f. [*Brünkmans*]). § 7 Abs. 4 StaRUG orientiert sich dabei an § 225a InsO zum Insolvenzplanrecht und verweist in Teilen auf diese Vorschrift. Rechtstechnisch erfolgt die Einbeziehung der Anteilsinhaber, indem die Beschlüsse und sonstigen Willenserklärungen der planbetroffenen Anteilsinhaber im Restrukturierungsplan aufgenommen werden und mit der gerichtlichen Planbestätigung als in der vorgeschriebenen Form abgegeben fingiert werden (vgl. § 68 Abs. 2 StaRUG). Auch insoweit folgt der Restrukturierungsplan dem insolvenzplanrechtlichen Vorbild (siehe § 29 Rz. 161 ff. [*Brünkmans*]).

III. Zweck der Einbeziehung der Anteilsrechte: Auflösung von Blockaden der Anteilsinhaber

6 Mit der Möglichkeit der Einbeziehung der Anteilsrechte sollen die potentiellen Blockadehaltungen der Anteilsinhaber hinsichtlich der Durchführung von Sanierungsmaßnahmen zurückgedrängt werden. Dies erfordert stets den **Rückgriff auf eine gruppenübergreifende Mehrheitsentscheidung**, § 26 StaRUG (siehe dazu ausführlich unter Rz. 106 ff.). Wie in der Insolvenz (siehe § 29 Rz. 9, siehe aber § 29 Rz. 52 [*Brünkmans*]) werden auch in einer Restrukturierungssituation mit Eintritt der drohenden Zahlungsunfähigkeit die Anteilsrechte in der Regel keinen Wert mehr haben, jedenfalls wenn die Insolvenz das einzige wahrscheinliche Alternativszenario darstellt. In diesen Fällen werden Gläubiger nur bei substantiellen Sanierungsbeiträgen der Gesellschafter diese noch in der Gesellschaft belassen wollen. Ist eine solche Bereitschaft nicht ersichtlich oder nicht umsetzbar, **droht der kompensationslose Entzug der Anteilsrechte**. Dass die Gruppe der Anteilsinhaber in diesem Fall gegen den Plan stimmen, liegt auf der Hand.

---

4) AG Berlin-Charlottenburg, Beschl. v. 4.1.2024 – 36s RES 6525/23 (Spark Networks), ZRI 2024, 512 = ZIP 2024, 557, m. Anm. *Brünkmans*; AG Stuttgart, Beschl. v. 11.12.2024 – 6 RES 1243/24 (VARTA), ZRI 2025, 149; AG Nürnberg, Beschl. v. 21.6.2023 – RES 397/23, (Leoni), ZRI 2023, 629 = NZI 2023, 881.

5) Vgl. im Fall Branicks, AG Frankfurt/M., Urt. v. 26.3.2024 – 810 RES 3/24 (Branicks), ZRI 2024, 814 = BeckRS 2024, 6363; *Zehlicke*, FD-InsR 2024, 809575 (Urteilsanm.); vgl. auch BayWa, AG München, Beschl. v. 6.6.2025 – 1501 RES 337/25 (BayWa), ZRI 2025, 787.

6) S. Pressemitteilung der BayWa v. 31.1.2025, abrufbar unter https://www.baywa.com/presseinformationen/00525_baywa_sichert_durchfinanzierung (Abrufdatum: 26.7.2025).

7) AG Dresden, Beschl. v. 9.8.2023 – 572 RES 1/23 (Softline), ZRI 2023, 835, dazu EWiR 2023, 728 (*Paulus*); AG München, Beschl. v. 15.2.2023 – 1507 RES 3229/22, ZRI 2023, 319 = ZIP 2023, 603.

Für die Anteilsinhaber ist stets eine **eigene Gruppe** zu bilden, wenn sie als Planbetroffene in den Restrukturierungsplan einbezogen werden (§ 9 Abs. 1 Satz 2 Nr. 4 StaRUG) (siehe Rz. 74). Der Restrukturierungsplan ist in der Gruppe der Anteilsinhaber jedoch erst angenommen, wenn die Anteilsinhaber mit 75 % des Nennkapitals dem Restrukturierungsplan zugestimmt haben. 7

Anders als beim Insolvenzplan (dort einfache Mehrheit, siehe § 16 Rz. 54 [*Laroche*]) ist für die restrukturierungsbedeutenden Strukturmaßnahmen (Kapitalerhöhung, -herabsetzung [siehe Rz. 157 ff.], Umwandlung nach UmwG [siehe Rz. 196 ff.] etc.) eine den gesellschaftsrechtlichen Normen (§§ 179 Abs. 2 Satz 1, 182 Abs. 1 Satz 1 AktG, § 53 Abs. 2 Satz 1 GmbHG, z. B. § 39 UmwG) entsprechende **qualifizierte Mehrheit erforderlich.**[8] Das StaRUG bietet sich somit – insoweit anders als beim Insolvenzplan – nicht zum Aufbrechen von obstruierenden Gesellschafterminderheiten an, indem von einem geringeren Mehrheitserfordernis Gebrauch gemacht wird. 8

Ähnlich wie beim Obstruktionsverbot im Insolvenzplan kann über eine gruppenübergreifende Mehrheitsentscheidung (§ 26 StaRUG) allerdings der Widerstand der Anteilsinhaber gebrochen werden. Liegen die Voraussetzungen für eine gruppenübergreifenden Mehrheitsentscheidung vor, insbesondere dass die Anteilsinhaber voraussichtlich **nicht schlechterstehen als ohne den Restrukturierungsplan** (§ 26 Abs. 1 Nr. 1), kann die gesellschaftsrechtliche Regelung (z. B. Kapitalschnitt) umgesetzt werden, **selbst wenn alle Anteilsinhaber gegen den Restrukturierungsplan gestimmt haben**[9] (zu den Voraussetzungen einer gruppenübergreifenden Mehrheitsentscheidung spezifisch gegen die Gruppe der Anteilsinhaber siehe Rz. 108 ff.). 9

Diese Möglichkeit der gruppenübergreifenden Mehrheitsentscheidung gegen die Anteilsinhaber ist in der Literatur vereinzelt auf Kritik gestoßen. Als Begründung wurde eingewandt, der Zugang zum StaRUG-Restrukturierungsplan setze lediglich drohende Zahlungsunfähigkeit (§ 18 InsO) voraus und schließe im Gegenteil einen Zustand materieller Insolvenzreife (Zahlungsunfähigkeit, § 17 InsO oder Überschuldung, § 19 InsO) aus (vgl. § 33 StaRUG). Bei dieser Ausgangslage könne nicht typischerweise von einer vollständigen Entwertung der Anteilsrechte ausgegangen werden.[10] Die Gesetzesbegründung zum StaRUG hat sich mit dieser Kritik auseinandergesetzt[11] und sich dennoch für die Möglichkeit eines umfassenden Eingriffs in die Anteilsrechte entschieden. Der – auch verfassungsrechtlich gebotene (siehe § 29 Rz. 34 ff. [*Brünkmans*]) – Schutz der Anteilsrechte für den Fall, dass die Anteilsrechte noch einen Wert enthalten, hat über die Gewährleistung einer hinreichenden Kompensation der Anteilsinhaber zu erfolgen[12] (zum Prinzip „Dulden und Liquidieren" vgl. siehe § 58 Rz. 10 ff. [*Brünkmans/Harmann/Clev*]). Verfahrensrechtlich wird dies über das **Schlechterstellungsverbot** (§ 26 Abs. 1 Nr. 1 StaRUG) und den **Minderheitenschutz** (§ 64 StaRUG) abgesichert. 10

8) Jacoby/Thole-*Brünkmans*, StaRUG, § 7 Rz. 89.

9) So geschehen in der Sache Spark Networks, AG Berlin-Charlottenburg, Beschl. v. 4.1.2024 – 36s RES 6525/23, (Spark Networks), ZRI 2024, 512 = ZIP 2024, 557, m. Anm. *Brünkmans*; AG Stuttgart, Beschl. v. 11.12.2024 – 6 RES 1243/24 (VARTA), ZRI 2025, 149; AG Nürnberg, Beschl. v. 21.6.2023 – RES 397/23 (Leoni), ZRI 2023, 629 = NZI 2023, 881.

10) *Schäfer*, ZIP 2020, 2164, 2168; *Müller*, ZIP 2020, 2253, 2255; vgl. auch *Wilhelm/Hoffmann/Richter*, DB 2021, 381, 383; *Proske/Streit*, NZI 2020, 969, 970.

11) S. Begr. RegE SanInsFoG z. § 4 Abs. 3 StaRUG, BT-Drucks. 19/24181, S. 113.

12) Jacoby/Thole-*Brünkmans*, StaRUG, § 7 Rz. 90.

B. Zustimmungserfordernis der Gesellschafter beim Weg in das StaRUG?

I. Bedeutung für die Restrukturierungspraxis

11 Die oben ausgeführte Möglichkeit eines Cram-down der Anteilsinhaber wäre im Ergebnis ein „zahnloser Tiger", wenn die vertretungsberechtigten Organe – dem Restrukturierungsplan vorgelagert – für die Anzeige des Restrukturierungsvorhabens nach § 31 Abs. 1 StaRUG (siehe § 34 Rz. 3 ff. [*Thole*]) eine vorherige Ermächtigung durch die Anteilsinhaber benötigten.

II. Anzeige der Restrukturierungssache (§ 31 StaRUG)

12 Voraussetzung für die Inanspruchnahme der Instrumente des Stabilisierungs- und Restrukturierungsrahmens ist die Anzeige des Restrukturierungsvorhabens beim Restrukturierungsgericht (§ 31 Abs. 1 StaRUG). Die gerichtliche Bestätigung eines Restrukturierungsplans (§ 29 Abs. 2 Nr. 4 StaRUG), mit der gegen Widerstände dissentierender Gläubiger oder Anteilsinhaber die Wirksamkeit des Restrukturierungsplans herbeigeführt werden kann (siehe Rz. 9), erfordert als **Vorstufe**, dass die Restrukturierungssache beim Restrukturierungsgericht angezeigt wird. Über das **Instrument der Planbestätigung** (§ 29 Abs. 2 Nr. 4 StaRUG, §§ 60 ff. StaRUG) und bei einem entsprechenden Antrag beim Restrukturierungsgericht (§ 60 Abs. 1 StaRUG) nach Anzeige der Restrukturierungssache kann eine gruppenübergreifende Mehrheitsentscheidung (§ 26 StaRUG) herbeigeführt werden. Die unten (siehe Rz. 157 ff.) aufgeführten Maßnahmen – z. B. ein Kapitalschnitt mit Bezugsrechtsausschluss – lassen sich über das Instrument der Planbestätigung auch gegen die Stimmen der Anteilsinhaber durchsetzen.

III. Wirkung der Anzeige der Restrukturierungssache

13 Ab dem Moment der Anzeige trifft den **Schuldner** das **Pflichtenprogramm des § 32 StaRUG**, d. h. der Schuldner hat die Restrukturierungssache mit der Sorgfalt eines ordentlichen und gewissenhaften Sanierungsgeschäftsführers zu betreiben und dabei die Interessen der Gesamtheit der Gläubiger zu wahren. Teil der Verhaltenspflicht des § 32 Abs. 1 Satz 1 StaRUG ist auch die Pflicht, die **Restrukturierung** tatsächlich **zu betreiben.**[13] Die gleiche Pflicht trifft über § 43 Abs. 1 Satz 1 StaRUG auch die **Geschäftsleiter**. Im Fokus ihres Handels steht somit spätestens ab Anzeige des Restrukturierungsverfahrens die Wahrung der Interessen der Gesamtheit der Gläubiger.

IV. Ermächtigungsbeschluss der Gesellschafterversammlung/Hauptversammlung?

1. Hintergrund

14 Da mit der Anzeige der Restrukturierungssache der Weg zu den StaRUG-Restrukturierungsinstrumenten, insbesondere der gerichtlichen Planbestätigung (§ 29 Abs. 2 Nr. 4, 60 ff. StaRUG) und gruppenübergreifende Mehrheitsentscheidung (§ 26 StaRUG) eröffnet wird und die Pflichtenbindung nunmehr eindeutig auf die Gesamtheit der Gläubiger ausgerichtet ist (siehe aber Rz. 13), stellt sich die Frage, ob die vertretungsberechtigte Geschäftsleitung nur dann berechtigt ist, die Restrukturierungssache beim Restrukturierungsgericht anzuzeigen, wenn diese dazu vorab durch die **Gesellschafterversammlung oder Hauptversammlung** ermächtigt wurde. Diese Frage ist **gegenwärtig die wohl umstrittenste Frage** im StaRUG. Entsprechend wird in der Praxis erwogen, Standstill- und Lock-up-

13) Jacoby/Thole-*Schluck-Amend*, StaRUG, § 32 Rz. 11.

Agreements entsprechende Vorratsbeschlüsse der Anteilsinhaber für die Anzeige der Restrukturierungssache vorzuhalten.[14)]

Bei der **Bewertung und Einordnung** sind folgende Parameter zu beachten: 15

- Handelt es sich bei dem Restrukturierungsschuldner um eine AG oder eine GmbH?
- In welchem Krisenzeitfenster befindet sich der Restrukturierungsschuldner?
- Bejaht man eine Zustimmungspflicht, stellt sich die Frage, ob für die Zustimmung eine einfache Mehrheit oder qualifizierte 75 %-Mehrheit (§§ 47 Abs. 1, 53 Abs. 1 Satz 1 GmbHG) erforderlich ist.
- Hat eine etwaige Zustimmungspflicht Außenwirkung, d. h. kann das Restrukturierungsgericht die Restrukturierungssache zurückweisen, wenn kein ermächtigender Gesellschafterbeschluss/Hauptversammlungsbeschluss vorliegt?

2. Zustimmungspflicht der Anteilsinhaber

a) GmbH

aa) Streitstand

(1) Auffassung: Zustimmung der Gesellschafterversammlung erforderlich

16 Die bisher **wohl überwiegende Auffassung** in Rechtsprechung und Literatur geht bei der GmbH grundsätzlich von einer **vorherigen Zustimmungspflicht** der Gesellschafterversammlung aus.[15)] Da das Restrukturierungsverfahren sowohl im Innen- als auch im Außenverhältnis bedeutende Auswirkungen hat – bspw. der in der Restrukturierungssache eintretende Shift of Duties[16)] sowie die bereits erwähnte Möglichkeit der Umsetzung von Strukturmaßnahmen gegen den Willen der Anteilseigner über eine gruppenübergreifende Mehrheitsentscheidung (§ 26 StaRUG) – seien die Grundsätze zur Stellung eines fakultativen Insolvenzantrags übertragbar.[17)]

17 **Zum Teil** wird ein Gesellschafterbeschluss mit **einfacher Mehrheit**[18)] für ausreichend erachtet, andere wiederum verlangen einen Beschluss mit **satzungsändernder Mehrheit** (75 %)[19)]. Teilweise wird eine **qualifizierte Mehrheit** für abdingbar erachtet, wenn die Gesellschafter selbst gar nicht in den Restrukturierungsplan einbezogen werden sollen.[20)]

14) Vgl. *Herding/Krafczyk*, ZRI 2023, 750, 758.

15) AG Hamburg, Beschl. v. 17.3.2023 – 61c RES 1/23, Rz. 3 ff., ZRI 2023, 519 = NZI 2023, 584, m. Anm. *Mock*; LG Hamburg, Beschl. v. 20.4.2023 – 304 T 15/23, Rz. 23 ff., ZRI 2023, 1025 = BeckRS 2023, 18626; *Bayer*, GmbHR 2023, 916, 918 f.; *Harig*, EWiR 2023, 406, 407 (Urteilsanm.); LG Berlin, Beschl. v. 31.5.2023 – 100 O 18/23, ZRI 2023, 833, 834 = ZIP 2023, 1910; *Gehrlein*, BB 2022, 1096, 1097; *Rauhut*, NZI Beilage z. Heft 5/2021, S. 52, 54; Jacoby/Thole-*Schluck-Amend*, StaRUG, § 31 Rz. 6; *Schluck-Amend* in: Münch-AHB GmbHR, § 23 Rz. 129; Römermann-*Utsch*, InsO/InsR, § 31 StaRUG Rz. 9; Seibt/Westpfahl-*Westpfahl*, StaRUG § 17 Rz. 36 f.; *Herding/Krafczyk*, ZRI 2023, 750, 757, 759; Seibt/Westpfahl-*Herding/Krafczyk*, StaRUG, § 29 Rz. 45. Ähnlich *Seibt/Harf*, ZIP 2024, 2309, 2311; *Schäfer*, ZRI 2024, 881 ff.; *Leinekugel*, ZIP 2024, 2864; LG Charlottenburg, Beschl. v. 31.7.2023 – 36f RES 1604/23, ZRI 2023, 836 = ZIP 2023, 2008 – Nachholung eines fehlenden Gesellschafterbeschlusses im Restrukturierungsverfahren. Für die GmbH: Altmeppen-*Altmeppen*, GmbHG, Anh. § 60 Rz. 141; *Stephan/Tieves* in: MünchKomm-GmbHG, § 37 Rz. 153; *Eckert/Holze/Ippen*, NZI 2021, 153, 157.

16) *Thole*, BB 2021, 1347, 1350; Flöther-*Hoffmann/Braun*, StaRUG, § 29 Rz. 14; Römermann-*Utsch*, InsO/InsR, § 31 StaRUG Rz. 9.

17) *Thole*, BB 2021, 1347, 1350; Römermann-*Utsch*, InsO/InsR, § 31 StaRUG Rz. 9.

18) *Rauhut*, NZI Beilage z. Heft 5/2021, S. 52, 54.

19) *Gehrlein*, BB 2022, 1096, 1097; *Seibt/Bulgrin*, DB 2020, 2226, 2236; *Ziegenhagen*, ZInsO 2025, 337, 338.

20) *Schäfer*, ZRI 2024, 881, 885; *Seibt/Harf*, ZIP 2024, 2309, 2313; *Spahlinger* in: BeckOK-StaRUG, § 17 Rz. 31a; wohl auch Seibt/Westpfahl-*Herding/Krafczyk*, StaRUG, § 29 Rz. 46. Jedenfalls für die AG: *Seibt/Bulgrin*, DB 2020, 2226, 2236.

(2) Auffassung: Kein Gesellschafterbeschluss erforderlich

18 Die Gegenauffassung lehnt mit unterschiedlichen Begründungen hingegen eine Zustimmungspflicht generell ab.[21)] Zum Teil wird darauf abgestellt, dass die Restrukturierungsanzeige **keine satzungsändernde Wirkung** habe, wesentliche Unterschiede zur Insolvenzantragsstellung bei drohender Zahlungsunfähigkeit bestünden und die damit verbundene Zeitverzögerung die gesetzgeberische Intention schneller Restrukturierungen konterkarieren würde.[22)] Andererseits wird auf das durch ein Beschlusserfordernis entstehende **Blockadepotenzial** der Anteilsinhaber abgestellt, das der europäische Gesetzgeber gerade hätte verhindern wollen (vgl. Art. 12, 19 lit. a Restrukturierungsrichtlinie[23)]).[24)] Zudem führe die Anzeige eines Restrukturierungsvorhabens nicht zur Auflösung der Gesellschaft und das StaRUG biete mit den in §§ 63 ff. StaRUG vorgesehenen **Rechtsschutzmöglichkeiten** ausreichende systemimmanente Schutzmechanismen.[25)]

(3) Wohl h. A.: „Alternativlosigkeitsformel“

19 Die sich **allmählich durchsetzende Auffassung** in Rechtsprechung und Literatur verfolgt einen **vermittelnden Ansatz.** Eine vorherige Zustimmung der Gesellschafterversammlung sei jedenfalls dann entbehrlich, wenn ein Restrukturierungsplan bzw. -verfahren die einzige hinreichend erfolgsversprechende **Alternative** zu einem Insolvenzverfahren und die Insolvenz nicht im Interesse des Unternehmens und seiner Gläubiger ist.[26)] Maßgeblich für das Absehen von einem Gesellschafterbeschluss sind nach diesem Ansatz die Auswirkungen einer **ansonsten eintretenden Insolvenz.**[27)] Diese Alternativlosigkeitsformel hat sich mittlerweile in Rechtsprechung und Literatur zunehmend gefestigt. Mit der jüngsten Entscheidung des OLG Stuttgart[28)] hat zum ersten Mal ein OLG zu dieser Frage Stellung bezogen und einen Gesellschafterbeschluss (im dortigen Fall handelte es sich um eine GmbH & Co. KG) für nicht erforderlich erachtet. Für die Einleitung eines StaRUG-Verfahrens bedürfe es **auch**

21) AG Dresden, Beschl. v. 9.8.2023 – 572 RES 1/23 (Softline), ZRI 2023, 835, 835; *Skauradszun/Harnack*, DZWIR 2023, 511, 513 ff.; *Streit/Kuthe/Büssemaker*, AG 2023, R 228, R 229; *Paulus*, EWiR 2023, 728, 729 (Urteilsanm.); Morgen-*Tresselt*, StaRUG, § 17 Rz. 11; für die AG *Koch*, AktG, § 119 Rz. 24a.

22) AG Dresden, Beschl. v. 9.8.2023 – 572 RES 1/23 (Softline), ZRI 2023, 835.

23) Richtlinie (EU) 2019/1023 des Europäischen Parlaments und des Rates v. 20.6.2019 über präventive Restrukturierungsrahmen, über Entschuldung und über Tätigkeitsverbote sowie über Maßnahmen zur Steigerung der Effizienz von Restrukturierungs-, Insolvenz- und Entschuldungsverfahren und zur Änderung der Richtlinie (EU) 2017/1132 (Richtlinie über Restrukturierung und Insolvenz) – Restrukturierungsrichtlinie, ABl. (EU) L 172/18 v. 26.6.2019.

24) OLG Stuttgart, Beschl. v. 21.8.2024 – 20 U 30/24, Rz. 100, ZRI 2024, 802 = NZI 2024, 832; AG Nürnberg, Beschl. v. 21.6.2023 – RES 397/23 (Leoni), Rz. 77, ZRI 2023, 629 = NZI 2023, 881; *Skauradszun/Harnack*, DZWIR 2023, 511, 513.

25) OLG Stuttgart, Beschl. v. 21.8.2024 – 20 U 30/24, Rz. 104, ZRI 2024, 802 = NZI 2024, 832; *Skauradszun/Harnack*, DZWIR 2023, 511, 514 m. w. N.; *Streit/Kuthe/Büssemaker*, AG 2023, R 228, R 229.

26) OLG Stuttgart, Urt. v. 28.10.2024 – 20 U 30/24, ZRI 2024, 1076 = NZI 2025, 131; für die AG: AG München, Beschl. v. 6.6.2025 – 1501 RES 337/25 (BayWa), ZRI 2025, 787; AG Stuttgart, Beschl. v. 31.10.2024 – 6 RES 1243/24 (VARTA), ZRI 2025, 149, m. Anm. *Kümpel*; AG Nürnberg, Beschl. v. 21.6.2023 – RES 397/23 (Leoni), Rz. 61, ZRI 2023, 629 = NZI 2023, 881; *Skauradszun/Harnack*, ZGR 2023, 71, 90; *Parzinger*, FD-InsR 2024, 818137 (Urteilsanm.); *Kowalewski/Klockenbrink/Meier*, ZRI 2024, 1089; *Streit/Kuthe/Büssemaker* AG 2023, R 228, R 229; *Spahlinger* in: BeckOK-StaRUG, § 17 Rz. 31a; *Herding/Krafczyk*, ZRI 2023, 750, 751, die diese Auffassung als h. M. betrachten; *Ziegenhagen*, ZInsO 2025, 337, 341; Uhlenbruck-*Schönen*, InsO, § 17 StaRUG Rz. 23; *Brinkmann*, EWiR 2023, 663, 664 (Urteilsanm.), der jedoch bei einer AG weiterhin die Befassung des Aufsichtsrats als erforderlich ansieht; *Graf-Schlicker* in: Kübler/Bork/Prütting, HRI I, § 31 Rz. 12. A. A. Seibt/Westpfahl-*Westpfahl*, StaRUG, § 17 Rz. 39.

27) OLG Stuttgart, Urt. v. 28.10.2024 – 20 U 30/24, ZRI 2024, 1076 = NZI 2025, 131; für die AG: AG München, Beschl. v. 6.6.2025 – 1501 RES 337/25 (BayWa), ZRI 2025, 787; AG Stuttgart, Beschl. v. 31.10.2024 – 6 RES 1243/24 (VARTA), ZRI 2025, 149, m. Anm. *Kümpel*; AG Nürnberg, Beschl. v. 21.6.2023 – RES 397/23 (Leoni), Rz. 61, ZRI 2023, 629 = NZI 2023, 881; *Herding*/Krafczyk, ZRI 2023, 750, 752.

28) OLG Stuttgart, Urt. v. 28.10.2024 – 20 U 30/24, ZRI 2024, 1076 = NZI 2025, 131.

bei Personengesellschaften (selbst im Innenverhältnis) jedenfalls dann keines vorherigen Gesellschafterbeschlusses, wenn ein Restrukturierungsverfahren die einzige hinreichend erfolgversprechende Alternative zu einem Insolvenzverfahren ist. In diesem Fall wäre ein ablehnender Gesellschafterbeschluss oder eine entgegenstehende Weisung der Gesellschafter unbeachtlich.[29] Wie auch die Entscheidung des AG Nürnberg[30] in der Sache *Leoni* lässt auch das OLG Stuttgart die Frage offen, ob außerhalb einer festgestellten Alternativlosigkeit ein Gesellschafterbeschluss erforderlich ist.

(4) Auffassung: Gesellschafterbeschluss erforderlich, Auflösung von Blockaden über gesellschaftsrechtliche Treuepflicht

20 In Reaktion auf die Entscheidung des OLG Stuttgart wird vereinzelnd – vornehmlich im gesellschaftsrechtlichen Schrifttum versucht, das Problem obstruierender Gesellschafter beim Weg in das StaRUG-Verfahren über die gesellschaftsrechtlichen Treuepflichten und tradierten Ansätzen i. R. des Beschlussmängelrechts zu lösen.[31] Anders als bei dem originär restrukturierungsrechtlichen Ansatz der „Alternativlosigkeitsformel" ist bei der Lösung über die gesellschaftsrechtliche Treuepflicht der Gesellschafterbeschluss nicht per se abdingbar, sondern lediglich **etwaige „Nein"-Stimmen unbeachtlich oder als „Ja-Stimmen" zu fingieren.**[32] Die Alternativlosigkeit der Restrukturierung führt nach diesem Ansatz nicht zur Abdingbarkeit des Gesellschafterbeschlusses, sondern dient lediglich als Begründungsansatz dafür, dass die Verweigerung der Zustimmung im Einzelfall **als treuwidrig gewertet** werden kann. Der Versammlungsleiter ist dann berechtigt und verpflichtet, die treuwidrig abgegebenen Stimmen unberücksichtigt zu lassen oder als Zustimmung zu werten, sodass der Gesellschafterbeschluss zur Einleitung des StaRUG-Verfahrens zustande kommt und der blockierende Gesellschafter auf den Weg der **Beschlussmängelklage** zu verweisen ist.[33] Nur in extrem gelagerten Einzelfällen soll auf eine formelle Beschlussfassung verzichtet werden können[34] bzw. im Fall **einer AG** die Kompetenz von der Hauptversammlung auf den Aufsichtsrat[35] übergehen.

bb) Stellungnahme

(1) Keine einschränkende Regelung im StaRUG

21 Bei der Klärung einer Zustimmungspflicht der Anteilsinhaber ist im Ausgangspunkt zu beachten, dass das StaRUG die Rolle der Anteilsinhaber beim Weg in das StaRUG – im Ergebnis die Anzeige der Restrukturierungssache beim Restrukturierungsgericht – nicht regelt. Insbesondere hat der Gesetzgeber eine Regelung entsprechend § 276a InsO[36] für die Eigenverwaltung nicht aufgegriffen, wonach der Einfluss des Aufsichtsrates, der Gesellschafterversammlung oder entsprechender Organe auf die Geschäftsleitung während des (vorläufigen) Eigenverwaltungsverfahrens abgeschnitten wird. Vor diesem Hintergrund ist die Antwort auf die Frage, ob vor Anzeige des Restrukturierungsvorhabens beim Restrukturierungsgericht die Geschäftsführer einen zustimmenden Gesellschafterbeschluss benö-

---

29) OLG Stuttgart, Beschl. v. 21.8.2024 – 20 U 30/24, Rz. 61, 94, 99, ZRI 2024, 802 = NZI 2024, 832.

30) AG Nürnberg, Beschl. v. 21.6.2023 – RES 397/23 (Leoni), ZRI 2023, 629 = NZI 2023, 881.

31) *Seibt/Harf*, ZIP 2024, 2309; *Schäfer*, ZRI 2024, 881, 883; *Leinekugel*, ZIP 2024, 2864, 2865.

32) S. ausführlich *Seibt/Harf*, ZIP 2024, 2309, 2316.

33) *Seibt/Harf*, ZIP 2024, 2309, 2316.

34) *Seibt/Harf*, ZIP 2024, 2309, 2316, nennen beispielhaft die Verzögerung durch Abwesenheit und Nichterreichung von Beschlussquoren.

35) *Seibt/Harf*, ZIP 2024, 2309, 2312.

36) Der noch im RegE enthaltene „Shift of Duties" bereits mit Eintritt der drohenden Zahlungsunfähigkeit wurde gestrichen, vgl. Bericht d. Ausschusses R/V z. RegE SanInsFoG, BT-Drucks. 19/25353, S. 6.

tigen, im ersten Schritt durch das Gesellschaftsrecht zu beantworten und ggf. in einem zweiten Schritt die Frage zu stellen, ob eine Korrektur i. S. einer teleologischen Reduktion erforderlich ist.

(2) Zustimmungspflicht nach allgemeinem Gesellschaftsrecht?

22 Die Anzeige der Restrukturierungssache entfaltet keine satzungsändernde Wirkung. Mit der Anzeige wird auch noch nicht unmittelbar in die Rechte der Gesellschafter eingegriffen, denn diese Wirkung erfolgt **erst mit der Bestätigung** des Restrukturierungsplans nach vorheriger Annahme in den Gruppen durch die Beteiligtenversammlung. Auch muss mit der Anzeige – je nach Restrukturierungskonzept – auch nicht zwingend ein zukünftiger Eingriff in die Anteilsrechte verbunden sein.[37)] Allerdings treten die oben unter III. (siehe Rz. 13) dargestellten Wirkungen ein, insbesondere die Ausrichtung der Geschäftsleiterpflichten auf die Interessen der Gesamtheit der Gläubiger (§ 43 Abs. 1 StaRUG).

23 Im Recht der **GmbH** ist allgemein anerkannt, dass bei grundlegenden Maßnahmen und Entscheidungen die Geschäftsführer einer GmbH die Zustimmung der Gesellschafterversammlung einholen müssen.[38)] Nach der Grundregel des § 47 Abs. 1 GmbHG bedarf dieser Gesellschafterbeschluss einer **einfachen Mehrheit**.[39)] Ein verbreiteter Teil geht davon aus, dass der Gesellschafterbeschluss, wenn er eine Maßnahme betrifft, die im Aktienrecht von den Grundsätzen der *Holzmüller/Gelatine-Rechtsprechung* erfasst wäre, auch bei der GmbH einer Dreiviertel-Mehrheit bedarf, da diese Grundsätze ebenso im GmbH-Recht anzuwenden seien.[40)]

24 Vor dem Hintergrund der oben (siehe Rz. 13) aufgezeigten Wirkungen einer Restrukturierungsanzeige wird man diese als **wesentliche Entscheidung** einordnen müssen, sodass nach allgemeinen Kriterien die Geschäftsführer vor der Anzeige des Restrukturierungsvorhabens einen Ermächtigungsbeschluss der Gesellschafterversammlung benötigen. Die Zustimmung erst dann zu verlangen, wenn ein Restrukturierungsplan mit entsprechenden Eingriffen in die Rechte der Anteilsinhaber vorgelegt wird, würde die Wirkung und Bedeutung der Restrukturierungsanzeige nicht hinreichend erfassen. Im Übrigen wäre dies mit **§ 26 StaRUG** kaum vereinbar, denn bezogen auf die Abstimmung über eine Maßnahme sieht das StaRUG ja gerade die Möglichkeit vor, sich über die **Zustimmung einzelner Gruppen hinwegzusetzen.**

---

37) *Flöther/Wilke*, ZRI 2023, 1029, 1036; AG Dresden, Beschl. v. 9.8.2023 – 572 RES 1/23 (Softline), ZRI 2023, 835; *Brünkmans*, ZInsO 2021, 125, 127.

38) *Bayer/J. Schmidt* in: BeckOGK-GmbH-Recht, § 37 GmbHG Rz. 39; Habersack/Casper/Löbbe-*Paefgen*, GmbHG, § 37 Rz. 19; Lutter/Hommelhoff-*Kleindiek*, GmbHG, § 37 Rz. 10; Scholz-*U. H. Schneider/S. H. Schneider*, GmbHG, § 37 Rz. 34; *Stephan/Tieves* in: MünchKomm-GmbHG, § 37 Rz. 64, 68.

39) *Bayer/J. Schmidt* in: BeckOGK-GmbH-Recht, § 37 GmbHG Rz. 39; Scholz-*U. H. Schneider/S. H. Schneider*, GmbHG, § 37 Rz. 34.

40) OLG Köln, Urt. v. 17.1.1996 – 5 U 255/93, DB 1996, 1713; *Bayer/J. Schmidt* in: BeckOGK-GmbH-Recht, § 37 GmbHG Rz. 43; Henssler/Strohn-*Verse*, GesR, Anh. § 13 GmbHG Rz. 42, 95; *Liebscher* in: MünchKomm-GmbHG, Anh. § 13 Rz. 1134; Noack/Servatius/Haas-*Beurskens*, GmbHG, Konzernrecht Rz. 57; Habersack/Casper/Löbbe-*Hüffer/Schäfer*, GmbHG, § 47 Rz. 18; Scholz-*U. H. Schneider/S. H. Schneider*, GmbHG, § 37 Rz. 79, Fußn. 149; *Emmerich* in: Emmerich/Habersack, Konzernrecht, § 7 Rz. 8; *Vogt* in: Beck'sches Hdb. GmbH, § 21 Rz. 295, 297; *Decker*, NZG 2018, 447, 449. **A. A.** Altmeppen-*Altmeppen*, GmbHG, Anh. § 13 Rz. 160; *Punte/Klemens*, NZG 2021, 594, 596.

(3) Teleologische Reduktion und richtlinienkonforme Auslegung

Zum Teil wird das Erfordernis eines ermächtigenden Gesellschafterbeschlusses mit dem Verweis auf eine Überlagerung durch § 26 Abs. 1 StaRUG oder §§ 63–66 StaRUG verneint.[41] Die §§ 27 Abs. 1 Nr. 2 und § 28 Abs. 2 StaRUG regeln, dass die Gesellschafter in einer Situation, in der auch die in der Insolvenz vorrangigen Gläubiger Zugeständnisse machen müssen, keinen Wert erhalten dürfen, bevor die Gläubiger nicht vollständig befriedigt sind.[42] Würde das StaRUG-Verfahren nun von dieser Gruppe einseitig verhindert werden können, würde diese Grundsatzentscheidung für einen **absoluten Vorrang der Gläubiger** im StaRUG-Verfahren unterlaufen.[43] Das StaRUG sehe ein **ausgewogenes, umfassendes Rechtsschutzsystem auch zum Schutz der Gesellschafter** vor (§§ 26 ff., 64, 66 StaRUG).[44] Dieses Argument kann allerdings auch als Zirkelschluss verstanden werden. Es geht um die Frage, ob die Wirkung der Restrukturierungsanzeige es gebietet, einen vorherigen Gesellschafterbeschluss zu treffen. Aus dem Umstand, dass es diese Wirkung gibt, lässt sich nur schwer ein undifferenzierter Ausschluss des Zustimmungsvorbehaltes begründen.[45] 25

Zu beachten ist aber, dass nach § 1 Abs. 1 Satz 1 StaRUG, die zur Geschäftsführung berufenen Organe einer juristischen Person, wenn sie **bestandsgefährdende Entwicklungen** erkennen, geeignete **Gegenmaßnahmen zu ergreifen haben.** Diese Sanierungspflicht oder Pflicht zur konkreten Krisenreaktion[46] hat ungeachtet der im Gesetzgebungsverfahren erfolgten Streichung eines „Shift of Duties" zumindest auch eine dem Gläubigerschutz dienende Funktion.[47] Die Ausrichtung der Sanierungspflicht auf die Interessen der Gläubiger ist jedenfalls mit Eintritt der drohenden Zahlungsunfähigkeit (wahrscheinliche Insolvenz)[48] nach der Restrukturierungsrichtlinie geboten. Art. 19 lit. a der Restrukturierungsrichtlinie verlangt bei einer wahrscheinlichen Insolvenz, dass die Mitgliedstaaten sicherstellen, dass die Unternehmensleitung mindestens die Interessen der Gläubiger, Anteilsinhaber und sonstiger Interessenträger gebührend berücksichtigt. Dabei ist **keinem Interessenträger** – auch nicht dem Anteilsinhaber – **Vorrang zu gewähren.**[49] 26

Da der deutsche Gesetzgeber für die wahrscheinliche Insolvenz an die drohende Zahlungsunfähigkeit anknüpft, **wären** diese Vorgaben aus Art. 19 lit. a der Restrukturierungsrichtlinie im deutschen Recht **nicht hinreichend umgesetzt,** wenn man die Wahrung der Gläubigerinteressen ausschließlich davon abhängig machen würde, dass die Geschäftsleiter die Restrukturierungssache rechtshängig machen (§§ 32, 43 StaRUG).[50] 27

---

41) Vgl. AG Nürnberg, Beschl. v. 21.6.2023 – RES 397/23, (Leoni), Rz. 67, ZRI 2023, 629 = NZI 2023, 881; *Kowalewski/Klockenbrink/Meier*, ZRI 2024, 1089; OLG Stuttgart, Beschl. v. 21.8.2024 – 20 U 30/24, Rz. 101, ZRI 2024, 802 = NZI 2024, 832; *Kümpel*, AG 2024, 426, 429; *Spahlinger* in: BeckOK-StaRUG, § 17 Rz. 32.

42) *Kowalewski/Klockenbrink/Meier*, ZRI 2024, 1089.

43) *Kowalewski/Klockenbrink/Meier*, ZRI 2024, 1089.

44) OLG Stuttgart, Beschl. v. 21.8.2024 – 20 U 30/24, Rz. 101, ZRI 2024, 802 = NZI 2024, 832.

45) Vgl. auch *Herding/Krafczyk*, ZRI 2023, 750, 754.

46) Vgl. Jacoby/Thole-*Thole*, StaRUG, § 1 Rz. 19; Flöther-*Goetker*, StaRUG, § 1 Rz. 45; Morgen-*Gerig*, StaRUG, § 1 Rz. 19; *Brünkmans*, ZInsO 2021, 1, 3; *Brinkmann*, KTS 2021, 303, 308 – mit dem Fokus auf eine Solvenzsicherungspflicht.

47) *Bitter*, ZIP 2021, 321, 322; *Brinkmann*, KTS 2021, 303, 313; *Gehrlein*, BB 2021, 66, 67; Jacoby/Thole-*Thole*, StaRUG, § 1 Rz. 35; Pannen/Riedemann/Smid-*Weitzmann*, StaRUG, § 1 Rz. 26 f.

48) Die Wertungen des Art. 19 lit. a der Restrukturierungsrichtlinie sind bei der Auslegung von nationalen Vorschriften erst bei einer wahrscheinlichen Insolvenz zugrunde zu legen, nach deutscher Umsetzung also ab Eintritt der drohenden Zahlungsunfähigkeit, *Skauradszun/Harnack*, ZGR 2023, 71, 76.

49) *Koch*, AktG, § 92 Rz. 22 ff.; *Skauradszun/Amort*, DB 2021, 1317, 1322; *Corno* in: Paulus/Dammann, European Preventive Restructuring, Art. 19 Rz. 26.

50) Instruktiv *Brinkmann*, KTS 2021, 303, 308; jetzt auch OLG Stuttgart, Beschl. v. 21.8.2024 – 20 U 30/24, Rz. 102, 109, ZRI 2024, 802 = NZI 2024, 832.

28 Ferner verlangt Art. 12 Abs. 1 der Restrukturierungsrichtlinie, dass die Mitgliedstaaten gewährleisten, dass „die Anteilsinhaber die Annahme und Bestätigung eines Restrukturierungsplans nicht **grundlos** verhindern oder erschweren dürfen".

29 Die Beachtung der Interessen der Gläubiger durch die Geschäftsleitung wird noch einmal durch ErwG 71 der Restrukturierungsrichtlinie verstärkt. Dort heißt es:

> „Wenn dem Schuldner die Insolvenz droht, kommt es auch darauf an, die **berechtigten Interessen der Gläubiger vor Managemententscheidungen zu schützen**, die sich auf die Zusammensetzung des Schuldnervermögens auswirken können, insbesondere wenn diese Entscheidungen eine weitere Wertminderung des Vermögens bewirken könnten, dass für Restrukturierungsmaßnahmen oder für die Verteilung an die Gläubiger zur Verfügung steht." (Hervorhebung durch d. Verf.)

30 Die Geschäftsleiter müssen spätestens mit **Eintritt der drohenden Zahlungsunfähigkeit**, die Interessen der Anteilsinhaber und Gläubiger gleichermaßen in Blick nehmen und haben grundsätzlich auf einen Ausgleich dieser Interessen hinzuwirken.[51] In einem frühen Krisenstadium sind diese **beiden Interessen häufig gleichlaufend**.[52] Bei **fortschreitender Krise** gehen die Sanierungsinteressen der Gläubiger und Anteilsinhaber dagegen häufig auseinander. In dieser Phase stehen die **Gläubigerinteressen im Vordergrund**. Weder mit den Vorgaben aus Art. 19 lit. a der Restrukturierungsrichtlinie noch mit der Sanierungspflicht aus § 1 StaRUG wäre es vereinbar, wenn die Gesellschafter ein Restrukturierungsplanvorhaben **grundlos verhindern könnten**, obwohl das Planvorhaben offensichtlich im bestmöglichen Gläubigerinteresse zu sein scheint und die Anteilsinhaber aufgrund fortgeschrittener Krise bereits „aus dem Geld sind".[53]

(4) Gesellschaftsrechtliche Treuepflichten bieten keinen hinreichenden Gläubigerschutz

31 Wie oben (siehe Rz. 20) ausgeführt, wurde jüngst vorgeschlagen, das gesellschaftsrechtlich zwingende Beschlusserfordernis grundsätzlich aufrechtzuerhalten. Die Alternativlosigkeit der Initiierung einer StaRUG-Anzeige als ein Kriterium für den Verstoß gegen die gesellschaftsrechtliche Treupflicht zu werten. Die Alternativlosigkeit der StaRUG-Sanierung führe nicht zur Abdingbarkeit des Gesellschafterbeschlusses, sondern lasse im Einzelfall lediglich die „Nein-Stimmen" als treuwidrig werten, mit der Folge, dass der Gesellschafterbeschluss zur Einleitung des StaRUG-Verfahrens nach allgemeinen gesellschaftsrechtlichen Regeln zustande kommt und der **blockierende Gesellschafter** auf den Weg der **Beschlussmängelklage** zu verweisen ist.[54] Dies sei der dogmatisch sauberere Weg und sichere die strukturierte Willensbildung, die Auseinandersetzung der Gesellschafter mit der „besten Sanierungslösung" und eine adäquate gerichtliche Überprüfung im Rahmen der dann eingreifenden Beschlussmängelklagen ab.[55]

32 Richtigerweise können die Treuepflichten ergänzend herangezogen werden, sie sind indes **für die Auflösung von Blockaden** im kritischen Sanierungszeitfenster (siehe Rz. 38 ff.) **ungeeignet**. Die Entscheidungen *Girmes*[56], *Sanieren oder Ausscheiden*[57] stützen sich im Wesentlichen auf horizontale Treuepflicht der Gesellschafter untereinander. Die gerade im kri-

51) Vgl. *Brinkmann*, KTS 2021, 303, 323.

52) S. *Brünkmans*, ZInsO 2021, 1, 3.

53) Vgl. *Brinkmann*, KTS 2021, 303, 324; *Flöther/Wilke*, ZRI 2023, 1029, 1041; OLG Stuttgart, Beschl. v. 21.8.2024 – 20 U 30/24, Rz. 102, 109, ZRI 2024, 802 = NZI 2024, 832.

54) *Seibt/Harf*, ZIP 2024, 2309, 2316; vgl. auch *Schäfer*, ZRI 2024, 881, 883.

55) *Seibt/Harf*, ZIP 2024, 2309, 2310.

56) BGH, Urt. v. 20.3.1995 – II ZR 205/94, ZIP 1995, 819 = NJW 1995, 1739.

57) BGH, Urt. v. 9.6.2015 – II ZR 420/13, ZIP 2025, 1626 = NJW 2015, 2882.

tischen Sanierungszeitfenster in der Praxis anzutreffende „Totalblockade der Gesellschafter“[58] kann damit nicht aufgelöst werden.[59] Ein von den Gesellschaftern **losgelöstes Eigeninteresse der Gesellschaft**, gegen das die Gesellschafter kollektiv verstoßen können, wird von der Rechtsprechung gerade **nicht anerkannt**.[60] Vielmehr sieht die Rechtsprechung die Treuepflichten als Mittel zur Auflösung von **Minderheitsblockaden** gegen den Mehrheitswillen.[61] Ferner **stehen** die **Treuepflichten** nach Auffassung des BGH[62] **zur Disposition der Gesellschafter** und können über entsprechende Satzungsregelung – z. B. keine Einleitung eines StaRUG-Verfahrens ohne Zustimmung aller Gesellschafter – ausgeschlossen werden. Wie aus § 1 StaRUG und den Anforderungen der EU-Richtlinie ersichtlich (siehe Rz. 30), ist das Gesellschafterinteresse gegenüber einer Solvenzsicherung im Gläubigerinteresse[63] nachrangig. Die gesellschaftsrechtlichen Treuepflichten können daher allenfalls in einem frühen Stadium ergänzend herangezogen werden, verdrängen das Bedürfnis nach einer originär restrukturierungsrechtlich begründeten Auflösung der Gesellschafterblockade gegen die Restrukturierungsanzeige im Fall der Alternativlosigkeit indes nicht.[64]

(5) Typisierter Vorrang der Gläubigerinteressen

(a) Kriterium der Alternativlosigkeit

33 Vor dem Hintergrund der obigen Ausführungen (siehe Rz. 25 ff.) ist die **Ablehnung des Restrukturierungskonzepts** durch die Gesellschafterversammlung für die Geschäftsführer jedenfalls dann **unbeachtlich** und ein vorheriger Gesellschafterbeschluss für die Anzeige des Restrukturierungsvorhabens nicht erforderlich, wenn dieses die **einzige erfolgversprechende** (überwiegende Wahrscheinlichkeit) **Möglichkeit zur Beseitigung der Insolvenzgründe** ist und das Sanierungskonzept die Interessen der Gläubiger besser befriedigt als das Insolvenzverfahren.[65] Damit die Geschäftsleitung davon ausgehen kann, dass das vorgeschlagene Restrukturierungskonzept tatsächlich alternativlos ist, ist den Gesellschaftern vorab die Chance zu geben, der Gesellschaft Alternativen aufzuzeigen. Die Gesellschafter sollten stets die Möglichkeit haben, ein **gesellschafterfinanziertes Sanierungskonzept** – etwa im Wege eines Kapitalschnitts unter Wahrung des Bezugsrechts – vorzuschlagen.

34 Verhindern kann ein solches Gesellschafteralternativkonzept die Anzeige der Restrukturierungssache allerdings nur, wenn es mit überwiegender Wahrscheinlichkeit umsetzbar ist und die Interessen der Gläubiger in Bezug auf **Befriedigungshöhe und Sicherheitsgrad in gleicher Weise** gewahrt werden. Dafür wird man in der Regel eine Finanzierungszusage der Gesellschafter verlangen, welche der Höhe nach eine vollständige Ablösung bzw. im „Gläubigerplan“ vorgesehene Ablösung abbildet. Eine Alternativlosigkeit erst dann anzunehmen, wenn den Anteilsinhabern die Möglichkeit einer Beschlussfassung gewährt wird, in der sich die Weigerung der weiteren Unterstützung durch die Gesellschafter zeigt, ginge

---

58) Insoweit ist der Sachverhalt in OLG Stuttgart, Urt. v. 28.10.2024 – 20 U 30/24, ZRI 2024, 1076 = NZI 2025, 131, untypisch, weil die Blockade dort nur von einem Gesellschafter ausging.

59) So auch *Kowalewski/Klockenbrink/Meier*, ZRI 2024, 1089, 1097.

60) BGH, Urt. v. 28.9.1992 – II ZR 299/91, ZIP 1992, 1734 = NJW 1993, 193; *Koch*, AktG, § 53a Rz. 19.

61) BGH, Urt. v. 20.3.1995 – II ZR 205/94, ZIP 1995, 819 = NJW 1995, 1739; kritisch *Seibt*, ZIP 2014, 1909, 1914.

62) BGH, Urt. v. 9.6.2015 – II ZR 420/13, ZIP 2025, 1626 = NJW 2015, 2882; s. a. *Koch*, AktG, § 53a Rz. 19.

63) Vgl. *Brinkmann*, ZRI 2024, 781, 784 – § 1 schütze das Interesse der Allgemeinheit und die Pflicht der Geschäftsführer stünden nicht zur Disposition der Gesellschafter, sodass sie nicht durch Satzung oder Vertrag eingeschränkt oder modifiziert werden kann.

64) So auch *Kowalewski/Klockenbrink/Meier*, ZRI 2024, 1089, 1097.

65) OLG Stuttgart, Beschl. v. 21.8.2024 – 20 U 30/24, Rz. 109, ZRI 2024, 802 = NZI 2024, 832, AG Nürnberg, Beschl. v. 21.6.2023 – RES 397/23 (Leoni), ZRI 2023, 629 = NZI 2023, 881 – „Alternativlos“; *Flöther/Wilke*, ZRI 2023, 1029, 1041.

jedoch zu weit. Solange eine Vollablösung der Finanzverbindlichkeiten durch die Gesellschafter nicht zu erwarten ist, ist von einer Alternativlosigkeit auszugehen, wenn nach den Finanzierungsverträgen ein Kündigungsgrund vorliegt und die Gläubiger klar zum Ausdruck gebracht haben, eine Sanierung unter Verbleib der Altgesellschafter nicht mitzutragen.

35 Von einer **Alternativlosigkeit** des Restrukturierungsplans ist ferner auch dann auszugehen, wenn die **Gefahr einer Kündigung der Darlehen** oder einer **Stillhalte- oder Lock-up-Vereinbarung** besteht, d. h. im Ergebnis die wesentlichen Gläubiger ihr Stillhalten von der Umsetzung des Restrukturierungskonzepts abhängig machen. In Anbetracht der gravierenden Folgen, die eine Kündigung der Kreditverträge oder einer Lock-up-Vereinbarung mit sich bringt, ist dem Schuldner nicht zumutbar, abzuwarten, ob sich eine entsprechende Mehrheit unter den Finanzierungsgebern findet, um das Kündigungsrecht auszuüben.[66)]

36 Das Konzept der Alternativlosigkeit ist mit der Entscheidung des **OLG Stuttgart**[67)] nunmehr auch für die GmbH & Co. KG und die GmbH anerkannt.

(b) Ideales Sanierungszeitfenster

37 Die Frage der Alternativlosigkeit hängt maßgeblich davon ab, in welchem Sanierungszeitfenster sich das Unternehmen befindet. Ist der Schuldner zwar drohend zahlungsunfähig, weil die Durchfinanzierung i. R. der 24-Monatspronose (§ 18 InsO) nicht gewährleistet ist, jedoch ist für die nächsten zwölf Monate nicht mit einer Zahlungsunfähigkeit zu rechnen und damit eine positive Fortbestehensprognose zur Vermeidung der Überschuldung (§ 19 InsO) gegeben (ideales Sanierungszeitfenster)[68)], ist die Alternativlosigkeit allenfalls im Einzelfall begründbar. Der **zeitliche Druck**, dass ohne Anzeige der Restrukturierungssache die **positive Fortbestehensprognose wegfällt**[69)], und damit die Überschuldung (§ 19 InsO) eintritt und der Weg in das Insolvenzverfahren unausweichlich ist, ist hier nicht gegeben. Die Prüfung alternativer Sanierungslösungen kann hier jedenfalls nicht mit dem Verweis auf das sich unmittelbar schließende Zeitfenster abgelehnt werden. Dieser Zustand liegt häufig in statischen Krisen vor, bei denen die drohende Zahlungsunfähigkeit im Wesentlichen von der Refinanzierung endfälliger Darlehen abhängt. Liegt das Refinanzierungsereignis in den Monaten 13 bis 24, kommt es auf eine positive Fortbestehensprognose zur Vermeidung der insolvenzrechtlichen Überschuldung nicht an.[70)] In diesem Stadium wird man in der Regel nicht davon ausgehen können, dass das Restrukturierungskonzept (mit überwiegender Wahrscheinlichkeit) alternativlos ist.[71)]

Praxishinweis

Ausgeschlossen ist eine Alternativlosigkeit auch in diesem Stadium jedoch nicht, etwa wenn aufgrund der offensichtlichen finanziellen Situation der Gesellschafter diese eine Ablösung der fällig werdenden Finanzverbindlichkeiten nicht aufbringen können. Die Geschäftsleiter sind in diesem Fall gut beraten, vor Anzeige der Restrukturierungssache die Alternativlosigkeit zum Zwecke ihrer Entlastung sorgfältig zu dokumentieren.[72)]

---

66) OLG Stuttgart, Beschl. v. 21.8.2024 – 20 U 30/24, ZRI 2024, 802 = NZI 2024, 832.

67) OLG Stuttgart, Beschl. v. 21.8.2024 – 20 U 30/24, ZRI 2024, 802 = NZI 2024, 832.

68) S. Unterscheidung bei *Herding/Krafczyk*, ZRI 2023, 750, 751.

69) Richtigerweise hängt die Aufrechterhaltung der Fortbestehensprognose nicht von der Anzeige der Restrukturierungssache ab, wie hier *Rendels/Zabel/Körner*, ZRI 2021, 653, 664 f.; *Flöther/Wilke*, ZRI 2023, 1029, 1041 f.; a. A. *Thole*, GmbHR 2022, R 52, R 53; nunmehr aber offengelassen *Thole*, ZRI 2024, 1006, 1008 f.

70) *Herding/Krafczyk*, ZRI 2023, 750, 751.

71) *Flöther/Wilke*, ZRI 2023, 1029, 1041.

72) *Sikora*, NWB-Sanieren 2023, 196 ff.; *Flöther/Wilke*, ZRI 2023, 1029, 1042.

(c) Kritisches Sanierungszeitfenster

Befindet sich das Unternehmen hingegen im kritischen Sanierungszeitfenster, tritt die Zahlungsunfähigkeit ohne Refinanzierungs- bzw. Restrukturierungsmaßnahmen bereits innerhalb der nächsten zwölf Monate ab dem Betrachtungszeitpunkt ein.[73] 38

Praktisch kommt das etwa in Betracht, wenn innerhalb des Zwölf-Monats-Zeitraums eine Refinanzierung ansteht, bereits Kündigungsgründe in den Finanzierungsdokumenten verwirklicht wurden und die Kündigung ggf. angedroht oder Milestones einer Stillhalte- oder Lock-up-Vereinbarung bereits „gerissen" wurden. 39

In solchen Situationen hängt sowohl die Fortbestehensprognose als auch die Frage der Alternativlosigkeit im Wesentlichen von der **Positionierung der Finanzgläubiger** ab. Bringen diese – außerhalb reiner Verhandlungstaktik – glaubhaft zum Ausdruck, dass sie lediglich ein bestimmtes Sanierungskonzept unterstützen, andernfalls weder stillhalten noch einen Alternativplan unterstützen werden, ist die Alternativlosigkeit zu bejahen.[74] 40

In diesem Fall liegt nicht nur eine drohende Zahlungsunfähigkeit vor, die den Einstieg in das StaRUG überhaupt erst ermöglicht. Vielmehr ist die geplante Anzeige[75] der Restrukturierungssache vor dem Hintergrund der §§ 29 Abs. 1, 31 Abs. 1, 33 Abs. 2 Nr. 1 StaRUG zusätzlich erforderlich, **um überhaupt eine positive Fortbestehensprognose begründen zu können,**[76] weil eine vollkonsensuale Sanierung nicht möglich ist. 41

Mittels verbindlicher Unterstützungserklärungen der Finanzierungsgläubiger oder einem „Lock-up-Agreement", kann die voraussichtliche Annahme des Restrukturierungsplans – ggf. unter Zuhilfenahme von § 26 StaRUG – i. R. der Fortbestehensprognose als überwiegend wahrscheinlich (§ 19 Abs. 2 InsO) eingeschätzt werden.[77] 42

Richtigerweise ist in diesem kritischen Sanierungszeitfenster dem Geschäftsführer eine **Vermutung für eine Alternativlosigkeit** der Anzeige der Restrukturierungssache **zuzugestehen.**[78] Ein **Gesellschafterbeschluss** vor Anzeige der Restrukturierungssache ist in diesem Zeitfenster in der Regel **nicht erforderlich.**[79] 43

Der Geschäftsleiter ist jedoch gut beraten, bei der Bewertung der Alternativlosigkeit nicht nur mit Vermutungen zu arbeiten, sondern sorgfältig zu **dokumentieren,** dass 44

- die mehrheitliche Unterstützung einer StaRUG-Sanierung durch die Gläubiger vorliegt,
- diese die einzig mit überwiegender Wahrscheinlichkeit verbliebende Alternative zum Insolvenzantrag ist und
- das Insolvenzverfahren nicht den Gläubigerinteressen entspricht und die Geschäftsanteile der Gesellschafter im Insolvenzverfahren nachweisbar wertlos und diese damit „aus dem Geld" sind.[80]

---

73) *Flöther/Wilke*, ZRI 2023, 1029, 1042.

74) Vgl. *Herding/Krafczyk*, ZRI 2023, 750, 758 – „Finanzierer haben wesentlichen Hebel in der Hand"; *Parzinger*, FD-InsR 2024, 818137 (Urteilsanm.); vgl. auch OLG Stuttgart, Beschl. v. 21.8.2024 – 20 U 30/24, Rz. 114, ZRI 2024, 802 = NZI 2024, 832.

75) Richtigerweise hängt die Aufrechterhaltung der Fortbestehensprognose nicht von der Anzeige der Restrukturierungssache ab, so aber *Thole*, GmbHR 2022, R 52, R 53; wie hier *Rendels/Zabel/Körner*, ZRI 2021, 653, 664 f.; *Flöther/Wilke*, ZRI 2023, 1029, 1041 f.

76) Vgl. Begr. RegE SanInsFoG z. StaRUG, BT-Drucks. 19/24181, S. 131 ff.

77) Vgl. *Herding/Krafczyk*, ZRI 2023, 750, 751.

78) AG Nürnberg, Beschl. v. 21.6.2023 – RES 397/23 (Leoni), ZRI 2023, 629 = NZI 2023, 881; *Flöther/Wilke*, ZRI 2023, 1029, 1042; *Herding/Krafczyk*, ZRI 2023, 750, 751; OLG Stuttgart, Beschl. v. 21.8.2024 – 20 U 30/24, Rz. 61, 94, 99, ZRI 2024, 802 = NZI 2024, 832.

79) AG Nürnberg, Beschl. v. 21.6.2023 – RES 397/23 (Leoni), ZRI 2023, 629 = NZI 2023, 881; *Flöther/Wilke*, ZRI 2023, 1029, 1042; *Herding/Krafczyk*, ZRI 2023, 750, 751; *Brinkmann*, EWiR 2023, 597, 598 (Urteilsanm.).

80) Vgl. *Flöther/Wilke*, ZRI 2023, 1029, 1042.

b) Aktiengesellschaft (AG)

aa) Streitstand

45 Auch bei der AG ist die Frage, ob der Vorstand vor der Anzeige des Restrukturierungsvorhabens einen Zustimmungsbeschluss der Hauptversammlung einholen muss, umstritten. Ein Teil der Literatur will diese Fälle wie den Insolvenzantrag wegen drohender Zahlungsunfähigkeit behandeln und verlangt daher einen Hauptversammlungsbeschluss.[81] Zum Teil wird die Zuständigkeit der Hauptversammlung aufgrund der aktienrechtlichen Besonderheiten generell abgelehnt.[82] Eine differenzierte Auffassung stellt auch auf die Alternativlosigkeitsformel (siehe zur GmbH Rz. 19) ab und hält einen Hauptversammlungsbeschluss jedenfalls dann für überflüssig, wenn sie zur Vermeidung der Insolvenz alternativlos ist (siehe oben Rz. 19, 33 ff.).[83]

bb) Stellungnahme

46 Vertreter des Treuepflichten-Ansatzes (siehe oben Rz. 20) halten einen Hauptversammlungsbeschluss für erforderlich, wenn die Restrukturierungsanzeige als **Grundlagengeschäft** zu werten ist, was immer der Fall sein soll, wenn der Restrukturierungsplan **Eingriffe in Gesellschaftsrechte** vorsieht.[84] Andernfalls liege die Zuständigkeit beim Vorstand (§ 76 Abs. 1 AktG). In Eilfällen, in denen die außerordentliche Hauptversammlung aufgrund der einzuhaltenden Ladungsfristen nicht möglich ist, könne die **Zustimmung des Aufsichtsrats** die Zustimmung der Hauptversammlung ersetzen.[85]

47 Richtigerweise ist auch bei der AG ein Hauptversammlungsbeschluss für die Anzeige des Restrukturierungsvorhabens jedenfalls dann **nicht erforderlich**, wenn dies die **einzige erfolgversprechende Möglichkeit** (Maßstab: überwiegende Wahrscheinlichkeit) zur Beseitigung der Insolvenzgründe ist und das Sanierungskonzept die Interessen der Gläubiger besser befriedigt als das Insolvenzverfahren.[86] Bei einer solchen Alternativlosigkeit ist die Begründung zur GmbH (siehe oben Rz. 21 ff.) im Wesentlichen auf die AG übertragbar. Besonderheiten bestehen im Hinblick auf eine **alternative Gesellschafterfinanzierung** (siehe Rz. 33 f.), welche sich bei einer börsennotierten AG aufgrund des damit verbundenen Streubesitzes schwer abbilden lässt. Eine Bezugsrechtsemission verbunden mit einem Wertpapierprospekt lässt sich im kritischen Sanierungszeitraum aufgrund des Zeitdrucks und offenen Ausgangs (testierter Jahresabschluss?) sowie allgemeiner Fragen kaum umsetzen.

48 Im idealen Sanierungszeitfenster (12–24 Monate) lässt sich die Alternativlosigkeit nur in seltenen Fällen darstellen (siehe oben Rz. 37). **Außerhalb des kritischen Sanierungszeitfensters** wäre ein Hauptversammlungsbeschluss allenfalls dann entbehrlich, wenn man nach umfassender Analyse der Erfolgsaussichten einer Bezugsrechtsemission, von Verhandlungen i. R. eines Private Placement oder gar der Durchführung eines Markttests zu der Einschätzung gelangen muss, dass der Restrukturierungsplan die einzige erfolgsversprechende

---

81) *Gehrlein*, BB 2022, 1096, 1097; vgl. auch LG Charlottenburg, Beschl. v. 31.7.2023 – 36f RES 1604/23, ZRI 2023, 836 = ZIP 2023, 2008.

82) *Brinkmann*, KTS 2021, 303, 319; Flöther-*Hoffmann/Braun*, StaRUG, § 29 Rz. 15; Jacoby/Thole-*Thole*, StaRUG, § 1 Rz. 33; *Koch*, AktG, § 92 Rz. 28; *Brünkmans*, ZInsO 2021, 125, 127.

83) AG Nürnberg, Beschl. v. 21.6.2023 – RES 397/23 (Leoni), ZRI 2023, 629 = NZI 2023, 881; *Skauradszun/Harnack*, ZGR 2023, 71, 90; *Streit/Kuthe/Büssemaker*, AG 2023, R 228, R 229.

84) *Seibt/Harf*, ZIP 2024, 2309, 2312.

85) *Seibt/Harf*, ZIP 2024, 2309, 2312.

86) AG München, Beschl. v. 6.6.2025 – 1501 RES 337/25 (BayWa), ZRI 2025, 787; AG Stuttgart, Beschl. v. 31.10.2024 – 6 RES 1243/24 (VARTA), ZRI 2025, 149, m. Anm. *Kümpel*; AG Nürnberg, Beschl. v. 21.6.2023 – RES 397/23 (Leoni), ZRI 2023, 629 = NZI 2023, 881 – „Alternativlos"; *Flöther/Wilke*, ZRI 2023, 1029, 1041.

Möglichkeit der Abwendung einer Insolvenz darstellt und der **Restrukturierungsplan die Interessen der Gläubiger daher besser befriedigt** als ein Insolvenzverfahren.[87)]

3. Außenwirkung und gerichtliche Überprüfung

Ungeachtet der Frage, ob und unter welchen Voraussetzungen die vertretungsberechtigten Organe einer Gesellschaft vor der Anzeige einer Restrukturierungssache (§ 31 StaRUG) im Innenverhältnis einer Ermächtigung der Gesellschafterversammlung oder Hauptversammlung bedürfen (siehe dazu Rz. 16 ff.), stellt sich als Folgefrage, **welche Auswirkung eine unterlassene Ermächtigung** auf das Restrukturierungsverfahren **hat**, wenn das vertretungsberechtigte Organ dennoch eine Anzeige vornimmt. 49

Das **AG Hamburg** hat in einer Entscheidung unter Verweis auf die Rechtsfigur des **Missbrauchs der Vertretungsmacht** eine Außenwirkung der Verletzung der internen Zustimmungspflicht der Gesellschafterversammlung bejaht, wenn 50

- das jeweilige Vertretungsorgan die interne Zustimmungsordnung verletzt hat und
- das Restrukturierungsgericht (wegen seiner Amtsermittlungspflicht aus § 31 StaRUG) weiß oder es sich diesem aufdrängen musste, dass das Vertretungsorgan seine im Innenverhältnis gezogenen Grenzen der Vertretung überschritten hat.[88)]

Diese Auffassung **überzeugt jedoch nicht.**[89)] Der Missbrauch der Vertretungsmacht ist nicht bereits dann zu bejahen, wenn der Vertreter seine im Innerverhältnis zum Vertretenen gesetzten Schranken missachtet, sondern erst dann, **wenn sich der Dritte entgegen Treu und Glauben auf die Wirksamkeit der Vertretungshandlung beruft.**[90)] Ein solcher Missbrauch kann bei der Anzeige der Restrukturierungssache nach § 31 Abs. 3 StaRUG nicht gegeben sein, da die Anzeige nach § 31 Abs. 3 StaRUG eine Bewirkungshandlung ist, welche unmittelbar die Rechtshängigkeit herbeiführt.[91)] Zum Teil wird sogar vertreten, das Restrukturierungsgericht müsse i. R. der Zulässigkeitsprüfung der Anzeige (§ 31 StaRUG) gemäß § 39 Abs. 2 StaRUG auf die Vorlage eines mit ausreichender Mehrheit gefassten Gesellschafterbeschlusses drängen.[92)] § 31 Abs. 2 Nr. 2 StaRUG verlange bei einer Restrukturierungsanzeige die Darlegung des **Verhandlungsstandes mit den Beteiligten** und bei „unzureichenden Verhandlungen" mit den Gesellschaftern sei die Restrukturierungssache als unzulässig abzuweisen.[93)] Dagegen spricht jedoch, dass **§ 31 Abs. 2 Nr. 2 StaRUG lediglich** eine **Angabepflicht**, nicht jedoch eine Verhandlungspflicht und schon gar nicht 51

---

87) Vgl. AG Charlottenburg, Beschl. v. 4.1.2024 – 36s RES 6525/23 (Spark Networks), ZRI 2024, 512 = ZIP 2024, 557, m. Anm. *Brünkmans*.

88) AG Hamburg, Beschl. v. 17.3.2023 – 61c RES 1/23, Rz. 3 ff., ZRI 2023, 519 = NZI 2023, 584; LG Hamburg, Beschl. v. 20.4.2023 – 304 T 15/23, Rz. 23 ff., ZRI 2023, 1025 = BeckRS 2023, 18626; zustimmend *Bayer*, GmbHR 2023, 916, 918 f.; *Harig*, EWiR 2023, 406, 407 (Urteilsanm.); ablehnend *Mock*, NZI 2023, 584, 585 (Urteilsanm.); *Zehlicke/Krafczyk*, ZRI 2023, 519, 520 ff.; *Baumert*, NZI 2023, 952, 954; *Baumert*, FD-InsR 2023, 458448 (Urteilsanm.); *Kramer* in: BeckOK-StaRUG, § 31 Rz. 31a; grundsätzlich gegen eine Wirkung im Außenverhältnis vgl. Uhlenbruck-*Fritz*, InsO, § 31 StaRUG Rz. 8; *Fritz* in: MünchKomm-StaRUG, § 31 Rz. 16; Jacoby/Thole-*Schluck-Amend*, StaRUG, § 31 Rz. 6.

89) So auch *Baumert*, FD-InsR 2023, 458448 (Urteilsanm.); *Zehlicke/Krafczyk*, ZRI 2023, 519, 522; *Bayer* GmbHR 2023, 916, 918 f.; vgl. auch *Ziegenhagen*, ZInsO 2025, 337, 339.

90) S. zu den Voraussetzungen der Rechtsfigur des Missbrauchs der Vertretungsmacht *Diekmann* in: MünchHdb. GesR, Bd. 3, § 44 Rz. 49 ff. m. w. N.

91) *Baumert*, NZI 2023, 952, 954; *Baumert*, FD-InsR 2023, 458448 (Urteilsanm.); vgl. auch *Zehlicke/Krafczyk*, ZRI 2023, 519, 522.

92) *Schäfer*, ZRI 2024, 881, 886; *Frind*, ZRI 2024, 410, 414.

93) *Frind*, ZRI 2024, 410, 414.

einen vom Gericht zu überprüfenden Umfang und Intensität von Verhandlungen mit den Planbetroffenen vorschreibt.[94)]

V. Schlussfolgerungen für die Praxis

1. Abgewogene Entscheidung des Geschäftsleiters

52 Liegt eine **drohende Zahlungsunfähigkeit** vor und tritt Zahlungsunfähigkeit ohne Maßnahmen **innerhalb der nächsten zwölf Monate** ein (kritisches Sanierungszeitfenster, siehe Rz. 38 ff.), hat der Geschäftsleiter zu klären, ob die Umsetzung des Sanierungskonzepts im Wege einer Restrukturierungsanzeige zur Verhinderung eines Insolvenzantrags alternativlos ist und der Restrukturierungsplan dem Gläubigerinteresse entspricht. Dies wird in der Regel der Fall sein. Vor Anzeige der Restrukturierungssache sollte eine **Gesellschafterversammlung** anberaumt werden, in welcher die Gesellschafter die Möglichkeit haben, **Alternativen** vorzustellen. Hier wird es ohne eine verbindliche Finanzierungszusage häufig an einer überwiegenden Wahrscheinlichkeit der von den Gesellschaftern präsentierten Alternative fehlen.[95)] Gehen die Gläubiger den Weg des von der Gesellschaftermehrheit getragenen Alternativkonzepts nicht mit und besteht eine Endfälligkeit oder ein Kündigungsgrund für die Finanzierungsverträge, können die **Gesellschafter das Gläubigerkonzept nur durch ihre Vollablösung verhindern.**

53 Stellt sich die Anzeige der Restrukturierungssache als **alternativlos** dar (siehe Rz. 33 ff., 47 f.), kann der Geschäftsleiter die Restrukturierungssache **ohne die Zustimmung der Gesellschafterversammlung** beim Restrukturierungsgericht anzeigen.

54 Im **idealen Sanierungszeitfenster** (Zahlungsunfähigkeit innerhalb der nächsten 12–24 Monate (siehe Rz. 37) ist die Darstellung und Dokumentation der Alternativlosigkeit für den Geschäftsleiter deutlich anspruchsvoller (siehe oben Rz. 37). Ein Restrukturierungsplan, welcher den vollständigen Verlust der Anteilsrechte vorsieht, wird sich allenfalls nach **intensiver Befassung durch die Gesellschafterversammlung und Diskussion** von alternativen Planfinanzierungen mit den Gesellschaftern rechtfertigen lassen. Der Zeitdruck hängt dabei maßgeblich davon ab, ob der Übergang in das kritische Restrukturierungsfenster unmittelbar bevorsteht (z. B. 13 Monate bis zur Zahlungsunfähigkeit).

> **Praxishinweis**
>
> Im idealen Sanierungszeitfenster ist für den Geschäftsführer besondere Vorsicht geboten, wenn er ohne einen ermächtigenden Beschluss der Anteilsinhaber die Restrukturierungssache beim Restrukturierungsgericht anzeigen möchte.[96)]

2. Durchsetzung eines Zustimmungserfordernisses

55 Ist zu befürchten, dass der Geschäftsleiter die Restrukturierungsache **ohne Beschluss** der Gesellschafterversammlung/Hauptversammlung anzeigt, können Gesellschafter/Aktionäre im Wege einer **einstweiligen Verfügung** die Anzeige einer Restrukturierungssache zu verhindern versuchen.[97)] Der **Anordnungsgrund** gemäß § 935 ZPO wird in der Regel in den Wirkungen einer Anzeige des Restrukturierungsvorhabens (siehe Rz. 13) liegen. Für den

94) So richtigerweise *Thole*, ZRI 2024, 1006, 1007; vgl. auch *Ziegenhagen*, ZInsO 2025, 337, 339; a. A. *Frind*, ZRI 2024, 410, 414.

95) Zur Notwendigkeit einer rechtsverbindlichen Finanzierungszusage der Gesellschafter vgl. BGH, Urt. v. 13.7.2021 – II ZR 84/20 (Air Berlin), Rz. 73 ff., ZRI 2021, 712 = ZIP 2021, 1643.

96) Vgl. auch *Herding/Krafczyk*, ZRI 2023, 750.

97) *Flöther/Wilke*, ZRI 2023, 1029; LG Berlin, Beschl. v. 31.5.2023 – 100 O 18/23, ZRI 2023, 833, 834 = ZIP 2023, 1910; s. a. im Fall OLG Stuttgart, Beschl. v. 21.8.2024 – 20 U 30/24, ZRI 2024, 802 = NZI 2024, 832.

Anordnungsanspruch nach § 935 ZPO muss glaubhaft gemacht werden, dass die Anzeige der Restrukturierungssache unmittelbar bevorsteht und bisher kein Gesellschafterbeschluss vorliegt. Der Geschäftsführer kann i. R. seiner Gegenglaubhaftmachung dann darstellen, dass die Anzeige der Restrukturierungssache alternativlos ist. Wurde die Restrukturierungssache bereits angezeigt, richtet sich das Antragsbegehren darauf, es der Gesellschaft zu untersagen, das Restrukturierungsverfahren ohne Gesellschafterbeschluss weiterzuführen.[98)]

3. Weisung der Gesellschafterversammlung

Eine etwaige **Unterlassungsanweisung** der Gesellschafterversammlung (§ 37 Abs. 1 GmbHG) wäre für den Geschäftsführer unbeachtlich (nichtig), wenn eine drohende Zahlungsunfähigkeit sowie die weiteren Voraussetzungen der Alternativlosigkeit (siehe Rz. 33 ff., 47 f.) vorliegen.[99)] Die Weisung würde die Interessen der Gläubiger nicht hinreichend wahren und damit **gegen § 1 Abs. 2 Satz 2 StaRUG** i. V. m. einer richtlinienkonformen Auslegung (Art. 12 und Art. 19 lit. a der Restrukturierungsrichtlinie) **verstoßen.**[100)] Unterlässt der Geschäftsleiter die Anzeige der Restrukturierungssache, würde er sich einer **Schadensersatzpflicht** nach § 43 GmbHG i. V. m. § 1 Satz 2 StaRUG aussetzen. Die Weisung würde entsprechend § 43 Abs. 3 Satz 3 GmbHG keine haftungsrechtlich privilegierende Wirkung zugunsten der Geschäftsführer entfalten (siehe auch Rz. 60).[101)] 56

Eine Weisung der Gesellschafterversammlung (§ 37 Abs. 1 GmbHG) gegenüber dem Geschäftsführer zur **Rücknahme der bereits erfolgten Restrukturierungsanzeige** ist schon aufgrund der dann vom Gesetz (§§ 32, 43 StaRUG) ausdrücklich vorgesehenen Ausrichtung auf die Gläubigerinteressen nur dann vom Geschäftsführer zu beachten, wenn die Rücknahme **ausnahmsweise im Interesse der Gläubiger liegt.**[102)] Dann wäre der Geschäftsführer aber schon von sich aus zur Rücknahme der Restrukturierungsanzeige verpflichtet. 57

4. Abberufung des Geschäftsleiters

Auch wenn im Fall der Alternativlosigkeit (siehe dazu Rz. 33 ff., 47 f.) der Geschäftsführer die Restrukturierungssache grundsätzlich ohne einen vorherigen Gesellschafterbeschluss im Innenverhältnis beim Restrukturierungsgericht anzeigen kann, bleibt es den Gesellschaftern unbenommen, den Geschäftsführer abzuberufen und den neu eingesetzten Geschäftsführer zu einem Unterlassen oder gar einer Rücknahme der Anzeige zu bewegen.[103)] Das StaRUG stellt – anders als § 276a InsO für die Eigenverwaltung – gerade **keine Vorschrift** zur Verfügung, die **die Personalkompetenz der Gesellschafterversammlung** (§§ 45, 46 Nr. 5 GmbHG) **einschränken.** 58

Zwar ist der Geschäftsführer durchaus in der Lage, die Anzeige nach § 31 Abs. 4 Nr. 1 StaRUG ohne weiteres zurückzunehmen. Allerdings würde er sich in diesem Fall gemäß 59

98) LG Berlin, Beschl. v. 31.5.2023 – 100 O 18/23, ZRI 2023, 833, 834 = ZIP 2023, 1910; vgl. für den Fall, dass der Ermächtigungsbeschluss angegriffen wird, weil Gegenstimmen wegen Treuwidrigkeit nicht mitgezählt wurden, OLG Stuttgart, Urt. v. 28.10.2024 – 20 U 30/24, Rz. 84 ff., ZRI 2024, 1076 = NZI 2025, 131.

99) *Brinkmann*, KTS 2021, 303, 322; *Brinkmann*, ZRI 2024, 781, 784; *Flöther/Wilke*, ZRI 2023, 1029, 1042.

100) Vgl. *Skauradszun/Harnack*, ZGR 2023, 71, 79, der von „restrukturierungswidrigen Gesellschafterbeschlüssen" spricht; *Gehrlein*, BB 2022, 1096, 1097 ff.; *Kramer* in: BeckOK-StaRUG, § 32 Rz. 6a; Flöther-*Goetker*, StaRUG, § 43 Rz. 28.

101) *Brinkmann*, KTS 2021, 303, 322; vgl. auch *Herding/Krafczyk*, ZRI 2023, 750, 751 – „kein Recht auf Verweigerung der Anzeige".

102) *Flöther/Wilke*, ZRI 2023, 1029, 1043; Morgen-*Demisch/Schwencke*, StaRUG, § 43 Rz. 83.

103) *Flöther/Wilke*, ZRI 2023, 1029, 1038; *Herding/Krafczyk*, ZRI 2023, 750, 751; *Brinkmann*, KTS 2021, 303, 323.

§ 43 StaRUG einem erheblichen Haftungsrisiko aussetzen, wenn die Interessen der Gläubiger nur durch die Umsetzung des Restrukturierungsplans gewahrt würden.[104)]

5. Organhaftung

a) Restrukturierungsanzeige alternativlos

60 Liegen die Voraussetzungen einer Alternativlosigkeit (siehe Rz. 33 ff., 47 f.) vor, kann eine Pflichtverletzung der Geschäftsführung nicht durch die Anzeige der Restrukturierungssache ohne – oder gar entgegen einer – Weisung der Gesellschafterversammlung begründet werden.[105)] Umgekehrt liegt ein Verstoß gegen § 43 GmbHG i. V. m. § 1 Satz 2 StaRUG Art. 12 und Art. 19 lit. a der Restrukturierungsrichtlinie vor, wenn der Geschäftsleiter die Weisung befolgt und eine Restrukturierungsanzeige unterlässt. Über die vorgenannte Sanierungsverschleppungshaftung können die Gesellschafter gemäß § 43 Abs. 3 Satz 2 und 3 GmbHG analog nicht disponieren.[106)]

b) Restrukturierungsanzeige nicht zwingend

61 Ist die Alternativlosigkeit (siehe Rz. 33 ff., 47 f.) hingegen nicht gegeben, liegt in der Restrukturierungsanzeige ohne Gesellschafterbeschluss oder gar trotz entgegenstehender Weisung eine Pflichtverletzung der Geschäftsführer vor. Die Begründung eines Schadensersatzanspruchs gegen die Geschäftsleiter hängt indes von komplexen Fragen der haftungsbegründenden und haftungsausfüllenden Kausalität ab.[107)]

6. Aufsichtsrat

62 Bei der AG stellt sich die Frage, ob der Vorstand vor der Anzeige der Restrukturierungssache einen Beschluss des Aufsichtsrates benötigt.

63 Der Aufsichtsrat ist zunächst nach § 90 Abs. 1 Satz 3 AktG und § 1 Abs. 1 Satz 3 StaRUG über die beabsichtigte Anzeige der Restrukturierungssache **zu unterrichten**. Er kann diese dann ggf. durch Ad-hoc-Zustimmungsvorbehalt nach § 111 Abs. 4 Satz 2 AktG unterbinden.[108)] Eine Zustimmungsverweigerung stellt eine – nach §§ 116, 93 Abs. 2 AktG haftungsbewährte – Pflichtverletzung dar, wenn die Anzeige der Restrukturierungssache alternativlos ist (siehe oben Rz. 33 ff., 47 f.). Der Vorstand kann bei einer **missbräuchlichen Zustimmungsverweigerung** richtigerweise den ablehnenden Beschluss des Aufsichtsrates unbeachtet lassen, sofern der in § 111 Abs. 4 Satz 3 AktG vorgegebenen Weg eines „Overrulings" über die Hauptversammlung in zeitlicher Hinsicht nicht möglich ist.[109)]

C. Handlungsoptionen der Gesellschafter nach Anzeige der Reststrukturierungssache (§ 31 StaRUG), insbesondere Einberufungsverlangen (§ 122 AktG), Sonderprüfung (§§ 142 ff. AktG) und konkurrierende Kapitalerhöhungsbeschlüsse

64 Das Einberufungsverlangen einer Aktionärsminderheit nach § 122 AktG als Reaktion auf die Anzeige der Restrukturierungssache durch den Vorstand[110)] ist grundsätzlich möglich.

104) *Brinkmann*, KTS 2021, 303, 323; *Brünkmans*, ZInsO 2021, 125, 127.

105) *Flöther/Wilke*, ZRI 2023, 1029, 1042; *Mock*, NZI 2023, 584, 586 (Urteilsanm.); *Herding/Krafczyk*, ZRI 2023, 750, 756.

106) *Brinkmann*, ZRI 2024, 781, 785; vgl. auch *Sander*, ZHR 188 (2024), 8, 35 ff.

107) Vgl. auch *Herding/Krafczyk*, ZRI 2023, 750, 756.

108) *Koch*, AktG, § 92 Rz. 28; *Brinkmann*, KTS 2021, 303, 318 f.; *Scholz*, ZIP 2021, 219, 226; *Seibt/Harf*, ZIP 2024, 2309, 2312 f.

109) Für eine generelle Vorlagepflicht *Brinkmann*, KTS 2021, 303, 318; *Koch*, AktG, § 92 Rz. 28.

110) Vgl. *Thole*, ZRI 2024, 1006, 1007 – mit Verweis auf einen Fall des AG Landshut, der in einem Insolvenzantrag mündete.

Eine Eindämmung der Einflussnahme der Hauptversammlung wie in § 276a InsO für die Eigenverwaltung vorgesehen, kennt das StaRUG nicht. Allerdings müssen auch in dieser besonderen Situation zunächst die **aktienrechtlichen Voraussetzungen** erfüllt sein. Das gilt insbesondere auch für das Verlangen der Aktionärsminderheit nach § 122 Abs. 2 AktG, bestimmte Punkte auf die Tagesordnung zu setzen.[111)]

Die Bestellung eines **Sonderprüfers** nach §§ 142 ff. AktG als Tagesordnungspunkt ist problematisch, wenn das Restrukturierungsgericht in der Restrukturierungssache einen **Restrukturierungsbeauftragten** bestellt hat. Kompetenzkonflikte zwischen Sonderprüfer und Restrukturierungsbeauftragten wären vorprogrammiert. Daher sind Prüfungsgegenstände, die sich auf die laufende Restrukturierungssache beziehen unzulässig.[112)] 65

Eine **Kapitalerhöhung** gemäß §§ 182 f. AktG bleibt auch während der Anhängigkeit der Restrukturierungssache möglich. Wie beim Insolvenzplan (siehe § 29 Rz. 14 ff. [*Brünkmans*]) ist auch für den Restrukturierungsplan streitig, ob die Einberufung der Hauptversammlung noch möglich ist, wenn die **Kapitalerhöhung inhaltlich im Widerspruch zum Restrukturierungsplan** steht. Dies wäre etwa denkbar, wenn die Hauptversammlung eine Barkapitalerhöhung anstrebt, der Restrukturierungsplan jedoch einen Debt-to-Equity-Swap vorsieht.[113)] Wie beim Insolvenzplan wird im Schrifttum auch für den Restrukturierungsplan eine Sperre für eine Kapitalerhöhung durch die Hauptversammlung angenommen, wenn die Restrukturierungssache angezeigt wurde oder ein Antrag auf gerichtliche Planabstimmung (§ 45 StaRUG) gestellt wurde.[114)] Solange ein Restrukturierungsplan **vom Restrukturierungsgericht noch nicht bestätigt wurde**, muss es den Gesellschaftern richtigerweise möglich sein, die drohende Zahlungsunfähigkeit der Gesellschaft durch geeignete Kapitalmaßnahmen nachhaltig zu beseitigen. Die nachhaltige Beseitigung der drohenden Zahlungsunfähigkeit und Sicher- oder Wiederherstellung der Bestandsfähigkeit der Schuldnerin durch die Kapitalmaßnahme ist allerdings eine **darzulegende Voraussetzung**, um Missbrauchsgefahren, die dadurch entstehen, dass durch vorgeschobene oder ineffektive Kapitalmaßnahmen die StaRUG-Restrukturierung gestört wird, zu vermeiden.[115)] 66

D. Rechtlicher Rahmen für die Einbeziehung der Anteilsinhaber als Planbetroffene

I. Materiell-rechtliche Anforderungen an gesellschaftsrechtliche Planregelungen

1. Einbeziehung der Anteilsinhaber als Planbetroffene §§ 8, 9 Abs. 1 Nr. 4 StaRUG

§ 2 Abs. 3 StaRUG ist eine Ermächtigungsgrundlage, über einen Restrukturierungsplan Anteils- und Mitgliedschaftsrechte zu gestalten. Grundvoraussetzung für die Gestaltung von Anteilrechten ist zunächst die ausdrückliche **Einbeziehung der Anteilsinhaber als Planbetroffene** in den Restrukturierungsplan (§§ 8, 9 Abs. 1 Nr. 4 StaRUG). Dies folgt allgemein aus dem Charakter eines teilkollektiven Verfahrens. Werden die Anteilsinhaber nicht in den Plan einbezogen, bleiben deren Anteils- und Mitgliedschaftsrechte somit unberührt. Eine Pflicht des Schuldners die Anteilsinhaber in den Restrukturierungsplan einzubeziehen, besteht nicht (siehe ausführlich Rz. 2 f.). 67

111) *Thole*, ZRI 2024, 1006, 1007.

112) *Thole*, ZRI 2024, 1006, 1007.

113) *Brünkmans* in: HK-InsO, § 276a Rz. 15 – zum Insolvenzplan.

114) Vgl. *Thole*, ZRI 2024, 1006, 1007; zum Insolvenzplan s. a. *Sax*, NZI 2018, 538, 542 f. (Urteilsanm.).

115) *Brünkmans* in: HK-InsO, § 276a Rz. 15 – zum Insolvenzplan.

2. Anteilsrechte als finaler Eingriffsgegenstand

a) Abgrenzung Anteilsrechte und abtrennbare Rechte

68 Die besonderen Vorschriften über die Gestaltung von Anteils- und Mitgliedschaftsrechten im Restrukturierungsplan (vgl. § 7 Abs. 1 und Abs. 4 StaRUG) sind nur anwendbar, wenn die zu gestaltende Rechtsposition untrennbar mit den Anteils- und Mitgliedschaftsrechten verbundenen ist. **Vom Anteil oder der Mitgliedschaft abtrennbare Rechte**, wie z. B. Ansprüche aus Gewinnverwendungsbeschlüssen,[116)] sind hingegen nach den Vorschriften über Restrukturierungsforderungen zu gestalten.[117)]

69 Der Anwendungsbereich und Gestaltungsspielraum von § 7 Abs. 4 StaRUG entspricht weitgehend § 225a InsO.[118)] Erfasst werden Anteile aus Kapital- und Personengesellschaften, Inhaber von Genossenschaftsanteilen und Komplementäre ohne Kapitalanteil, aber auch Vereinsmitgliedschaften.[119)]

b) Finalität

70 Der Anteilsinhaber ist nur dann Planbetroffener, wenn durch den Restrukturierungsplan **unmittelbar final** in seine Rechtsposition eingegriffen werden soll. Eine lediglich mittelbare Betroffenheit macht den Anteilsinhaber nicht zum Planbetroffenen (siehe allgemein § 40 Rz. 113 [*Brünkmans*]).

71 Die Finalität der Planregelung – und damit Planbetroffenheit – ist zu bejahen, wenn über die Planregelung unmittelbar in den Gehalt eines Anteilsrechts (z. B. Kapital- oder Gewinnbeteiligung eines Anteilsrechts) eingegriffen wird.[120)]

c) Mittelbarer Eingriff kraft *Holzmüller/Gelatine*-Grundsätze

72 Über finale Eingriffe in das jeweilige Anteilsrecht hinaus können die Anteilsinhaber auch dann planbetroffen werden, wenn eine mittelbare Beeinträchtigung in Form einer **wirtschaftlichen Entwertung** so schwerwiegend ist, dass sie nach dem allgemeinen Gesellschaftsrecht als Eingriff in die Mitgliedschaft selbst angesehen wird. Folge einer solchen relevanten unmittelbaren Beeinträchtigung ist, dass die Anteilsinhaber an der Planabstimmung zu beteiligen sind. Für die Übertragung des (nahezu) gesamten Vermögens folgt dies für die AG aus § 179a AktG oder den Grundsätzen der *Holzmüller/Gelatine-Rechtsprechung*.[121)] Für die GmbH gilt entsprechendes für besonders bedeutsame Geschäfte (§ 49 Abs. 2 GmbHG).[122)]

73 Sieht der gestaltende Teil des Restrukturierungsplans eine übertragende Sanierung durch Übertragung des **gesamten schuldnerischen Vermögens oder eines wesentlichen Teils** davon vor, sind die Anteilsinhaber als unmittelbar Planbetroffene in den Restrukturierungsplan einzubeziehen.[123)] Wie aus § 90 Abs. 2 StaRUG ersichtlich, kann der Restrukturierungs-

116) Vgl. ausdrücklich für die AG: OLG München, Urt. v. 17.9.2014 – 7 U 3876/13, LS 1, AG 2014, 864 = ZIP 2014, 1980; ebenso zur GmbH *Ekkenga* in: MünchKomm-GmbHG, § 29 Rz. 118.

117) Jacoby/Thole-*Brünkmans*, StaRUG, § 7 Rz. 91; *Fridgen* in: BeckOK-StaRUG, § 7 Rz. 63.

118) Begr. RegE SanInsFoG z. StaRUG, BT-Drucks.19/24181, S. 117.

119) Wolgast/Grauer-*Grauer*, StaRUG.online, § 7 Rz. 25; Jacoby/Thole-*Brünkmans*, StaRUG, § 7 Rz. 92; vgl. zum Insolvenzplan K. Schmidt-*Spliedt*, InsO, § 225a Rz. 15 f.

120) Jacoby/Thole-*Brünkmans*, StaRUG, § 7 Rz. 93.

121) BGH, Urt. v. 25.2.1982 – II ZR 174/80 (Holzmüller), ZIP 1982, 568 = NJW 1982, 1703; BGH, Urt. v. 26.4.2004 – II ZR 155/02 (Gelatine I), ZIP 2004, 993 = NZG 2004, 571; BGH, Urt. v. 26.4.2004 – II ZR 154/02, ZIP 2004, 1001 = NZG 2004, 575.

122) BGH, Urt. v. 8.1.2019 – II ZR 364/18, Rz. 34 ff., NZG 2019, 505 = NJW 2019, 1512; *Müller*, NZG 2019, 807, 808; *Harbarth* in: MünchKomm-GmbHG, § 53 Rz. 233.

123) Flöther-*Tasma*, StaRUG, § 7 Rz. 5; Jacoby/Thole-*Brünkmans*, StaRUG, § 7 Rz. 167.

plan auch die Grundlage für eine übertragende Sanierung sein. Unsachgemäße Blockaden der Gesellschafter können über eine **gruppenübergreifende Mehrheitsentscheidung** (§ 26 StaRUG) überwunden werden, wobei umgekehrt der **Schutz der Anteilsinhaber** vor einer Unterwertveräußerung über das Schlechterstellungsverbot (§ 26 Abs. 1 Nr. 1 StaRUG) und den Minderheitenschutz (§ 64 StaRUG) erfolgt.

3. Gruppenbildung

Sieht der Restrukturierungsplan Eingriffe in die Rechte der Anteilsinhaber vor, ist nach § 9 Abs. 1 Nr. 4 StaRUG zwingend eine Gruppe der Inhaber von Anteils- und Mitgliedschaftsrechten zu bilden. Bei der Gruppenbildung für die Anteilsinhaber stellt sich häufig die Frage, ob es gerechtfertigt ist, die Gruppe der Anteilsinhaber in **zwei Untergruppen** aufzuteilen. Eine solche Aufteilung der Gruppen der Anteilsinhaber in Untergruppen ist nach § 9 Abs. 2 StaRUG möglich, wenn eine sachgerechte Aufteilung anhand wirtschaftlicher Interessen erfolgt.[124] 74

Eine Aufteilung in Untergruppen ist zwingend, wenn den Anteilsinhabern in dem Restrukturierungsplan **unterschiedliche Rechte** angeboten werden. Das kann etwa dann der Fall sein, wenn ein Altgesellschafter sich vorab bereit erklärt hat, eine Kapitalerhöhung zu finanzieren und der Restrukturierungsplan den Bezugsrechtsauschluss nur für die anderen Anteilsinhaber vorsieht. In diesem Fall ist allerdings in besonderer Weise auf die Rechtfertigung des Bezugsrechtsausschlusses zu achten (siehe i. E. unten Rz. 118, 175 ff., 179). Die zwingende Bildung einer Untergruppe folgt bereits daraus, dass innerhalb derselben Gruppe von Planbetroffenen gleiche Rechte anzubieten sind (siehe dazu ausführlich § 40 Rz. 85 ff. [*Brünkmans*], § 42 Rz. 7 ff. [*Beck/Pechartschek*]). 75

Häufig anzutreffen ist die Untergliederung in **fortführungswillige und fortführungsunwillige** Gesellschafter. Die Bereitschaft, eigene Sanierungsbeiträge zu leisten, ist als sachgerechtes Abgrenzungskriterium grundsätzlich geeignet, eigene fakultative Untergruppen für die anteilseigener i. S. von § 9 Abs. 2 Satz 2 StaRUG zu bilden.[125] Sanierungsbeiträge, deren Erbringung von einem Gesellschafter belastbar und zeitnah in Aussicht gestellt werden, können als Unterscheidungskriterium herangezogen werden.[126] Dies gilt insbesondere für einen Mehrheitsaktionär, welcher – anders als die namentlich größtenteils nicht einmal bekannten und nur teilweise durch einen gemeinsamen Ansprechpartner vertretenen Kleinaktionäre – als sanierungswillig und – infolge der Einbringung eines belastbaren Sanierungsbeitrags – als fähig zur Sanierungsleistung gilt.[127] 76

Anknüpfungspunkt für die Gruppenbildung darf **allerdings nicht das Abstimmungsverhalten** als solches bei der Planannahme i. S. der „Gruppe der Planbefürworter"[128] sein, auch wenn der Fortführungswille durchaus im Abstimmungsverhalten zum Ausdruck kommt. Restrukturierungspläne sehen dabei häufig eine abstrakt generelle Gruppeneinteilung vor, indem Anteilsinhaber, welche eine Eigenkapitalverpflichtungserklärung bis zu einer bestimmten Frist abgegeben haben, in eine separate Gruppe der sanierungswilligen Anteilsinhaber eingeteilt werden. Dagegen ist nichts einzuwenden. 77

---

124) AG Nürnberg, Beschl. v. 21.6.2023 – RES 397/23 (Leoni), ZRI 2023, 629 = NZI 2023, 881.

125) AG München, Beschl. v. 15.2.2023 – 1507 RES 3229/22, Rz. 11 juris, ZRI 2023, 319 = ZIP 2023, 603; AG Stuttgart, Beschl. v. 11.12.2024 – 6 RES 1243/24 (VARTA), Rz. 57 f., ZRI 2025, 149, m. Anm. *Kümpel* = BeckRS 2024, 37304.

126) AG Stuttgart, Beschl. v. 11.12.2024 – 6 RES 1243/24 (VARTA), Rz. 57, ZRI 2025, 149, m. Anm. *Kümpel* = BeckRS 2024, 37304.

127) AG Stuttgart, Beschl. v. 11.12.2024 – 6 RES 1243/24 (VARTA), Rz. 57, ZRI 2025, 149, m. Anm. *Kümpel* = BeckRS 2024, 37304.

128) AG München, Beschl. v. 15.2.2023 – 1507 RES 3229/22, Rz. 11 juris, ZRI 2023, 319 = ZIP 2023, 603.

78 Auch eine Anknüpfung an **verschiedene Arten der Beteiligung** (Vorzugsaktionäre), unterschiedliche **Haftungspflichten** (Nachschüsse oder Verlust eines Gesellschafterdarlehens) ist zulässig.[129)]

79 Auch die Einteilung in die Gruppe der Anteilsinhaber, die zur Zeichnung von Anteilen i. R. einer **Kapitalerhöhung** zugelassen werden und eine weitere Gruppe der sonstigen Anteilsinhaber, für die ein im Restrukturierungsplan geregelter **Bezugsrechtsausschluss** gilt, ist zulässig.[130)] Eine andere Frage ist, ob ein Bezugsrechtsausschluss im StaRUG-Verfahren gerechtfertigt werden muss und wenn ja unter welchen Voraussetzungen (siehe dazu Rz. 175 ff.).

4. Zulässigkeit reiner Gesellschafterpläne?

80 In der Praxis treten auch reine Gesellschafterpläne in Erscheinung.[131)] Deren **Zulässigkeit** ist allerdings **noch nicht abschließend geklärt.**[132)] Eine gewisse Grundskepsis für reine Gesellschafterpläne ist verständlich, weil in diesen Fällen die Frage im Raum steht, ob das StaRUG letztlich nur dazu instrumentalisiert wird, einen Gesellschafterstreit einseitig zugunsten einer Gesellschaftergruppe unter Missachtung der gesellschaftsrechtlich erforderlichen Voraussetzungen und Abstimmungsmehrheiten aufzulösen. Ähnliche Diskussionen sind aus den Anfängen des ESUG bekannt.[133)] Für die Zulässigkeit reiner Gesellschafterpläne spricht, dass manche Unternehmen sich eben ausschließlich über Gesellschafter finanzieren, wie z. B. Start-up-Unternehmen, die sich häufig durch reine Gesellschafterfinanzierungsrunden (Eigenkapital, sonstige Zahlung in die Kapitalrücklage, Agio, Gesellschafterdarlehen, Wandlungsdarlehen etc.) auszeichnen. Würde man zwingend eine Gläubiger- oder gar Drittgläubigergruppe verlangen, würden „Gläubiger-Alibigruppen" entstehen, die sich gerade nicht aus Finanzgläubigern, sondern allenfalls aus Kleingläubigern zusammensetzen. Letzteres würde das StaRUG-Verfahren wiederum unnötig komplexer machen (vgl. zum zwingenden Restrukturierungsbeauftragten in diesem Fall § 73 Abs. 1 StaRUG).

81 Weder aus dem Gesetz und den Gesetzesmaterialien noch aus der Restrukturierungsrichtlinie lässt sich ableiten, dass „Nur-Gesellschafterpläne" nicht statthaft sind.[134)] Allerdings ist bei reinen Gesellschafterplänen bei der Anzeige des Restrukturierungsvorhabens (§ 31 StaRUG) und bei der Bestätigung des Restrukturierungsplans (§ 63 Abs. 1 Nr. 1 StaRUG) darauf zu achten, dass **tatsächlich eine drohende Zahlungsunfähigkeit vorliegt**, um eine missbräuchliche Instrumentalisierung des StaRUG-Verfahrens zur einseitigen „Lösung" eines Gesellschafterstreits zu vermeiden. Bei der Prüfung der drohenden Zahlungsunfähigkeit ist auch zu beachten, dass Gesellschafter i. R. ihrer gesellschaftsrechtlichen Treuepflicht **Gesellschafterdarlehen** nicht ohne Einschränkung fälligstellen dürfen. Sollte etwa die Kündigung eines Gesellschafterdarlehens im Einzelfall gegen die Treuepflichten verstoßen, dann ist die Fälligkeit dieses Darlehens bei der Prüfung der drohenden Zahlungsunfähigkeit nicht zu berücksichtigen, weil die Treuepflichtverletzung eine Einwendung begründet, welche die (insolvenzrechtliche) Fälligkeit suspendiert.[135)]

129) *Thole*, ZIP 2023, 563, 567; *Haneke* in: Kübler/Bork/Prütting, HRI II, § 24 Rz. 100.

130) Kritisch *Mock*, ZRI 2024, 1026, 1028.

131) AG Dresden, Beschl. v. 9.8.2023 – 572 RES 1/23 (Softline), ZRI 2023, 835; eine Gruppe der Aktionäre AG München, Beschl. v. 15.2.2023 – 1507 RES 3229/22, ZRI 2023, 319 = ZIP 2023, 603.

132) *Thole*, ZIP 2023, 563; *Thole*, ZRI 2024, 1006, 1007; *Bernsau/Beyer*, BB 2022, 1090, 1093.

133) Vgl. der Fall Suhrkamp, BGH, Beschl. v. 17.7.2014 – IX ZB 13/14, ZIP 2014, 1442; AG Charlottenburg, Beschl. v. 9.2.2015 – HRB 153203 B, NZI 2015, 415; *Brünkmans/Uebele*, ZInsO 2014, 265; *Thole*, Gesellschaftsrechtliche Maßnahmen in der Insolvenz, Kap. E Rz. 285a.

134) *Thole*, ZIP 2023, 563, 567.

135) *Brünkmans/Uebele*, ZInsO 2014, 265.

Der Restrukturierungsplan kommt insbesondere dann als Instrument zur Beilegung von Gesellschafterstreitigkeiten in Betracht, wenn die Streitigkeiten eine **Bestandsgefährdung** für die Gesellschaft **bedeutet**.[136] Die Bestandsgefährdung erfordert dann aber gerade die daraus resultierende drohende Zahlungsunfähigkeit. Ein gewöhnlicher Gesellschafterstreit, der i. R. der zeitlichen Koordinaten des IDW S 6 eine Stakeholder Krise darstellt,[137] ist nicht hinreichend. 82

5. Gesellschaftsrechtlich zulässige Planregelungen

Nach § 7 Abs. 4 Satz 5 StaRUG kann im Restrukturierungsplan jede Regelung getroffen werden, die gesellschaftsrechtlich zulässig ist. Dadurch wird der Restrukturierungsplan einerseits umfassend für gesellschaftsrechtliche Maßnahmen geöffnet, andererseits wird für die inhaltliche Ausgestaltung grundsätzlich die **Einhaltung des jeweils einschlägigen Gesellschaftsrechts** verlangt (siehe zum Insolvenzplan § 29 Rz. 57 ff. [*Brünkmans*]). 83

Allerdings gilt auch für den Restrukturierungsplan, dass es zu einer **Überlagerung und Verdrängung** einzelner Normen des Gesellschaftsrechts kommen kann. So werden die gesellschaftsrechtlichen Regelungen zur Beschlussfassung (§§ 47, 48, 49, 51 GmbHG, §§ 121 ff., 133 ff. AktG) durch **besondere Regelungen im StaRUG** (§§ 24 Abs. 1 Nr. 3, 45 StaRUG, § 241 Abs. 2 InsO i. V. m. § 45 Abs. 4 Satz 1, § 68 Abs. 2 StaRUG) verdrängt.[138] Der gesellschaftsrechtliche Minderheitenschutz der Anteilsinhaber wird durch den Minderheitenschutz aus § 64 StaRUG abgelöst. Auch hier gilt, wie auch sonst bei der Anwendung des StaRUG, dass Auslegungsergebnisse zur entsprechenden Parallelnorm zum Insolvenzplan nicht unreflektiert auf den Restrukturierungsplan übertragen werden dürfen. So kommt bspw. eine umfassende teleologische Reduktion der Mithaft des übernehmenden Rechtsträgers nach § 133 UmwG anders als beim Insolvenzplan, für den Restrukturierungsplan grundsätzlich nicht in Betracht (siehe dazu ausführlich Rz. 231 ff.). 84

Regelungen, die ausschließlich dem **Schutz der Altgesellschafter** dienen, **finden keine Anwendung**, da das StaRUG es ermöglicht, den Gesellschaftern über einen Restrukturierungsplan sämtliche Anteile – ggf. gegen Kompensation – zu entziehen.[139] Bei Kapitalmaßnahmen sind jedoch die für die Rechtsform des Schuldners einschlägigen **Kapitalaufbringungs- und Kapitalerhaltungsvorschriften** zu beachten, weil sie im Wesentlichen zukünftige Gläubiger der Gesellschaft schützen.[140] Die für den Insolvenzplan geltenden Grundsätze (siehe ausführlich § 29 Rz. 57 ff. [*Brünkmans*]) sind grundsätzlich entsprechend heranzuziehen, wenn nicht der Charakter des StaRUG als teilkollektives Verfahren ausnahmsweise eine andere Beurteilung erfordert. 85

6. Gleichbehandlungsgrundsatz

Der gesellschaftsrechtliche Gleichbehandlungsgrundsatz (§ 53a AktG) wird durch den besonderen Gleichbehandlungsgrundsatz **innerhalb der jeweiligen Gruppe** der Planbetroffenen (§ 10 StaRUG) sowie dem (wirtschaftlichen) Gleichbehandlungsgebot **innerhalb der gleichen Rangklasse** (vorliegend Anteilseigner) verdrängt.[141] 86

Eine (rechtliche) Ungleichbehandlung kann durch die **Bildung einer Untergruppe** i. S. von § 10 Abs. 2 StaRUG erreicht werden. Mit der Bildung einer Untergruppe wird erreicht, dass 87

---

136) *Thole*, ZIP 2023, 563, 564; *Thole*, ZRI 2024, 1006, 1007; *Bernsau/Beyer*, BB 2022, 1090, 1093.

137) S. IDW, Anforderungen an Sanierungskonzepte (IDW S 6), Stand: 22.6.2023, IDW Life 12/2023, 1159 ff.

138) Wolgast/Grauer-*Grauer*, StaRUG.online, § 7 Rz. 33; Jacoby/Thole-*Brünkmans*, StaRUG, § 7 Rz. 95.

139) Jacoby/Thole-*Brünkmans*, StaRUG, § 7 Rz. 95.

140) Wolgast/Grauer-*Grauer*, StaRUG.online, § 7 Rz. 34; Jacoby/Thole-*Brünkmans*, StaRUG, § 7 Rz. 95.

141) *Völker*, ZRI 2024, 1098, 1117.

das gruppeninterne Gleichbehandlungsgebot für eine ungleiche Behandlung der Anteilseigner nicht mehr im Weg steht. Die Bildung einer Untergruppe bedarf jedoch einer sachlichen Rechtfertigung, wodurch im Ergebnis ein Schutz ähnlich dem gesellschaftsrechtlichen Gleichbehandlungsgrundsatz, welcher ebenfalls keine strikte ausnahmslose Gleichbehandlung verlangt, gewährleistet ist. (es gelten die Ausführungen zum Insolvenzplan, siehe § 29 Rz. 59 [*Brünkmans*]).[142)]

88 Ein wirtschaftliches Gleichbehandlungsgebot innerhalb der „Rangklasse" der **Anteilsinhaber** folgt richtigerweise aus § 27 Abs. 2 Nr. 2 StaRUG. Der insoweit missverständliche Wortlaut ist auf ein Redaktionsversehen zurückzuführen. Gemeint ist vielmehr ein **Besserstellungsverbot** und somit horizontales Gleichbehandlungsgebot der Anteilsinhaber (siehe Rz. 139). Wie beim horizontalen Gleichbehandlungsgebot bezüglich der Gläubiger (§ 27 Abs. 1 Nr. 3 StaRUG) ist auch für die Anteilsinhaber (§ 27 Abs. 2 Nr. 2 StaRUG) eine **wirtschaftliche Betrachtung maßgeblich.** Wird einzelnen Anteilsinhabern ein Bezugsrecht eingeräumt, während die zu überstimmenden Anteilsinhaber dieses Recht nicht erhalten, liegt ein Verstoß gegen den horizontalen Gleichbehandlungsgrundsatz nicht vor, wenn der Wert der neu zu leistenden Einlage dem Wert der neu erhaltenen Anteile entspricht und ein etwaiger Wertzuwachs nicht anderweitig kompensiert wird.

Praxishinweis

Ob die neuen Anteile vom Altgesellschafter direkt oder von einem mit ihm **verbundenen Unternehmen** gezeichnet werden, ist unbeachtlich, denn das Gebot wirtschaftlicher Gleichbehandlung aus § 27 Abs. 2 Nr. 2 StaRUG kann nicht durch gesellschaftsrechtliche Gestaltungen umgangen werden.

7. Gesellschaftsrechtlichen Treuepflichten

89 Die gesellschaftsrechtlichen Treuepflichten werden durch den **Minderheitenschutz** (§ 61 StaRUG) und das **Gleichbehandlungsgebot** (§ 10 StaRUG) verdrängt (siehe zum Insolvenzplan § 29 Rz. 84 [*Brünkmans*]) und sind i. R. der Rechtsmäßigkeitsprüfung des Restrukturierungsplans gemäß § 63 StaRUG daher nicht zu prüfen. Die Verweigerung der Gesellschafter, eine Restrukturierungsanzeige nach § 31 StaRUG (Weg ins StaRUG-Verfahren) zu unterstützen, kann indes gegen die gesellschaftsrechtlichen Treuepflichten verstoßen und nach den allgemeinen gesellschaftsrechtlichen Regelungen behandelt werden (siehe Rz. 31 f.).

8. Schlechterstellungsverbot

90 Bei der Ausgestaltung der gesellschaftsrechtlichen Regelungen im Restrukturierungsplan ist das aus dem Minderheitenschutz (§ 64 StaRUG) und der gruppenübergreifenden Mehrheitsentscheidung (§ 26 Abs. 1 Nr. 1 StaRUG) resultierende Schlechterstellungsverbot zu beachten. Andernfalls ist damit zu rechnen, dass das Restrukturierungsgericht den Restrukturierungsplan nicht bestätigt (zur Frage, ob dies analog § 63 Abs. 2 StaRUG nur auf Antrag eines Planbetroffenen erfolgen kann, siehe Rz. 110) oder dieser über einen Minderheitenschutzantrag zu Fall gebracht wird.

91 Nach dem Schlechterstellungsverbot dürfen die Anteilsinhaber durch den Restrukturierungsplan nicht schlechtergestellt werden **als sie im nächstbesten Alternativszenario** (siehe dazu unter § 39 Rz. 51 ff. [*Brünkmans*]) ohne den Plan stünden (§ 26 Ab. 1 Nr. 1, § 64 Abs. 1 StaRUG). Ist das Insolvenzverfahren ohne Restrukturierungsplan unvermeidbar, kommt

142) *Koch*, AktG, § 53a Rz. 8; Hölters/Weber-*Mayer/Albrecht v. Kolke*, AktG, § 53a Rz. 11.

es auf den Anteil der Gesellschafter am etwaigen Überschuss bei der Schlussverteilung (§ 199 InsO) an (siehe Rz. 250).[143)]

9. Zweckmäßigkeit und Erforderlichkeit der gesellschaftsrechtlichen Planregelung?

Die gesellschaftsrechtliche Maßnahme **muss zweckmäßig sein**, d. h. dem Sanierungszweck 92
dienen. Ob die Sanierung des Schuldners auch ohne die gesellschaftsrechtliche Maßnahme erreicht werden kann, die Maßnahme also **erforderlich** ist, um den Zweck der Sanierung zu erreichen, ist abgesehen von klaren Missbrauchsfällen hingegen **keine Voraussetzung.**[144)]

II. Besonderheiten im Verfahren bei der Einbeziehung der Anteilsinhaber

1. Überblick

Werden die Anteilsinhaber in den Restrukturierungsplan einbezogen (siehe oben Rz. 2 ff.), 93
findet das im Gesellschaftsrecht für die **Beschlussfassung** geregelte Verfahren (§§ 47 ff. GmbHG, §§ 121 ff. AktG) keine Anwendung. Wie beim Insolvenzplanverfahren (siehe § 29 Rz. 59 ff. [*Brünkmans*]) erfolgt die Beschlussfassung vielmehr einheitlich mit den weiteren Planbetroffenen i. R. der Abstimmung über den Restrukturierungsplan. Die Anteilsinhaber bilden dabei nur eine oder ggf. mehrere Gruppen (§ 9 Abs. 1 Nr. 4 StaRUG) neben den verschiedenen Gläubigergruppen. Entscheidend ist daher allein die formell ordnungsgemäße Durchführung des Restrukturierungsplanverfahrens. Das StaRUG stellt dafür zwei Optionen zur Verfügung, namentlich

- den gerichtlichen Erörterungs- und Abstimmungstermin (§§ 23, 45 f. StaRUG) oder
- eine vom Schuldner nach den Vorschriften der §§ 17 ff. StaRUG selbst organisierte Planabstimmung.

2. Ort der Versammlung

Erfolgt die Beschlussfassung über den Restrukturierungsplan nach den §§ 17 ff. StaRUG, 94
d. h. vom Schuldner organisiert und geleitet (§ 20 StaRUG), liegt auch die Wahl des Versammlungsortes beim Schuldner.[145)] Bei der Auswahl des Versammlungsortes ist darauf zu achten, dass dieser für die geplante Versammlung geeignet ist, am Versammlungsort also genügend räumliche Kapazität vorhanden ist, um eine geordnete Versammlung zu ermöglichen und den nichtöffentlichen Charakter der Versammlung zu wahren. Der Ort sollte verkehrsüblich und angemessen erreichbar sein.[146)] Gemäß § 20 Abs. 2 StaRUG kann der Schuldner den Planbetroffenen auch die **elektronische Teilnahme** ermöglichen (siehe ausführlich § 48 Rz. 12 [*Laroche*]).

Wählt der Schuldner einen gerichtlichen Erörterungs- und Abstimmungstermin, ist dieser 95
an der Gerichtsstelle abzuhalten (§ 38 Satz 1 StaRUG i. V. m. § 219 Abs. 1 ZPO). Sollten die Räumlichkeiten dort nicht ausreichen, ist auf andere (angemietete) Räumlichkeiten auszuweichen.[147)] Gerade bei großen Verfahren werden häufig Säle in Tagungshotels angemietet. Entsprechend § 38 Satz 1 StaRUG i. V. m. § 128a ZPO kann das Gericht einzelnen oder allen Beteiligten eine virtuelle Teilnahme gestatten (siehe auch § 48 Rz. 14 f. [*Laroche*]).[148)]

143) Jacoby/Thole-*Brünkmans*, StaRUG, § 7 Rz. 97.

144) Jacoby/Thole-*Brünkmans*, StaRUG, § 7 Rz. 96; *Mulert/Steiner*, NZG 2021, 673, 676; vgl. allgemein AG Köln, Beschl. v. 3.3.2021 – 83 RES 1/21, ZRI 2021, 377 = NZI 2021, 433, m. Anm. *Thole*.

145) Flöther-*Madaus*, StaRUG, § 20 Rz. 8; Thole/Jacoby-*Hofmann*, StaRUG, § 20 Rz. 17; *Deppenkemper* in: MünchKomm-StaRUG, § 20 Rz. 31 – „*soll* auf Seiten des Schuldners stattfinden".

146) *Deppenkemper* in: MünchKomm-StaRUG, § 20 Rz. 31.

147) *Vuia* in: MünchKomm-StaRUG, § 45 Rz. 23.

148) Uhlenbruck-*Hoffmann*, InsO, § 45 StaRUG Rz. 8; Jacoby/Thole-*Herchen*, StaRUG, § 45 Rz. 39.

3. Besonderheiten bei der Einberufung von Anteilsinhabern bzgl. Form und Frist

96 An die Stelle der Einberufung der Hauptversammlung oder Gesellschafterversammlung tritt die Einberufung der **Versammlung der Planbetroffenen** (§ 20 StaRUG) **oder der Erörterungs- und Abstimmungstermin** (§ 45 StaRUG).[149] Die **Form und Fristen** der Ladung richten sich ausschließlich nach § 20 StaRUG oder §§ 23, 45 StaRUG, je nach Wahl des Abstimmungsverfahrens (siehe oben Rz. 93). Die gesellschaftsrechtlichen oder satzungsmäßigen Form- oder Fristvorschriften finden keine Anwendung. Gesellschaftsrechtlich erforderliche Ladungen, Bekanntmachungen und sonstige Maßnahmen zur Vorbereitung von Beschlüssen der Planbetroffenen gelten als in der vorgeschriebenen Form bewirkt (§ 68 Abs. 2 Satz 2 StaRUG).

97 Die Planbetroffenen sind bei einer **vom Schuldner organisierten** Planbetroffenenversammlung durch den Schuldner gemäß § 20 Abs. 1 Satz 2 StaRUG schriftlich i. S. des § 126 BGB zur Abstimmungsversammlung zu laden. Die **Einberufungsfrist** beträgt 14 Tage (§ 20 Abs. 1 Satz 3 StaRUG), wodurch den Planbetroffenen eine hinreichende inhaltliche Befassung mit dem Restrukturierungsplan ermöglicht und eine Überrumplung vermieden werden soll.[150] Bei diesen Einberufungsfristen handelt es sich um Mindestfristen. Der Schuldner kann und muss ggf. (siehe unter Rz. 98) längere Fristen wählen.[151]

98 Für den **gerichtlichen Erörterungs- und Abstimmungstermin** regelt § 45 Abs. 3 Satz 1 StaRUG die Ladungsmodalitäten. Um den Planbetroffenen die Vorbereitung auf den Erörterungs- und Abstimmungstermin zu ermöglichen, ist der Ladung eine Abschrift des Antrags des Schuldners und der Restrukturierungsplan nebst Anlagen beizufügen.[152] Die **Ladungsfrist** beträgt gemäß § 45 Abs. 1 Satz 2 StaRUG 14 Tage. Dies ist als Mindestfrist zu verstehen.[153] Bei der Fristbemessung ist zu beachten, dass der Planbetroffene in die Lage versetzt werden muss, die grundlegenden Plannahmen zumindest auf Schlüssigkeit und Belastbarkeit zu überprüfen (siehe auch § 47 Rz. 7 ff. [*Laroche*]).[154] Bei der Bestimmung der angemessenen Frist ist jedoch die **grundsätzliche Eilbedürftigkeit** des Restrukturierungsverfahrens zu berücksichtigen.[155] Daher scheidet die vereinzelt anzutreffende Forderung, sich bei der Bestimmung einer angemessenen Ladungsfrist an den aktienrechtlichen Mindestladungsfristen für die Hauptversammlung von 30 Tagen (§ 123 AktG) zu orientieren, aus. Dies gilt auch dann, wenn es sich bei der Schuldnerin um eine börsennotierte AG handelt und der Restrukturierungsplan den Eingriff in die Aktionärsstellung vorsieht.[156] Die gesetzliche Regelung in § 45 Abs. 1 Satz 2 StaRUG ist eindeutig und mangels einer planwidrigen Regelungslücke ist § 123 AktG nicht heranzuziehen. Eine kürze Einberufungsfrist im Vergleich zur Hauptversammlung ist auch gerechtfertigt, weil gemäß § 133 AktG in der Hauptversammlung ein Beschluss bereits mit der Mehrheit der abgegebenen Stimmen getroffen wird, während im StaRUG nach § 25 Abs. 1 StaRUG eine nicht anwesende Stimme automatisch als Ablehnung des Restrukturierungsplans gewertet wird. Zur Zustellung siehe § 47 Rz. 7 ff. [*Laroche*].

149) Jacoby/Thole-*Brünkmans*, StaRUG, § 7 Rz. 98.

150) Begr. RegE SanInsFoG z. StaRUG, BT-Drucks. 19/24181, S. 123; Uhlenbruck-*Schönen*, InsO, § 20 StaRUG Rz. 14; *Graf-Schlicker* in: Kübler/Bork/Prütting, HRI I, § 31 Rz. 43.

151) Jacoby/Thole-*Hofmann*, StaRUG, § 20 Rz. 6; Uhlenbruck-*Schönen*, InsO, § 20 StaRUG, Rz. 14 ff.

152) *Vuia* in: MünchKomm-StaRUG, § 45 Rz. 21.

153) Uhlenbruck-*Hoffmann*, InsO, § 45 StaRUG Rz. 9.

154) *Frind*, ZInsO 2021, 1093 ff.; Jacoby/Thole-*Herchen*, StaRUG, § 45 Rz. 16.

155) Jacoby/Thole-*Herchen*, StaRUG, § 45 Rz. 16; AG Stuttgart, Beschl. v. 11.12.2024 – 6 RES 1243/24 (VARTA), Rz. 45, ZRI 2025, 149, m. Anm. *Kümpel* = BeckRS 2024, 37304.

156) AG Stuttgart, Beschl. v. 11.12.2024 – 6 RES 1243/24 (VARTA), Rz. 45, ZRI 2025, 149, m. Anm. *Kümpel* = BeckRS 2024, 37304.

Für **öffentliche Restrukturierungssachen** nach §§ 84 ff. StaRUG sieht § 85 Abs. 2 Satz 1 StaRUG eine **Zustellungserleichterung** für die Zustellung von Ladungen zu Terminen (§§ 45, 46, 48 und 61 StaRUG) gegenüber Aktionären, Kommanditaktionären (§ 278 AktG) und Inhabern von Schuldverschreibungen (§ 793 BGB) vor, indem eine Einzelzustellung durch die öffentliche Bekanntmachung nach § 86 Abs. 1 Satz 1 StaRUG ersetzt werden kann.[157] Auf eine Börsennotierung kommt es für diese Zustellungserleichterungen nicht an. Die zuvor Genannten müssen das Vorliegen etwaiger Veröffentlichungen selbstständig überprüfen.[158] Das Gericht kann jedoch eine Zustellung anordnen, wenn es dies im konkreten Einzelfall für geboten erachtet.[159] 99

Handelt es sich bei dem Schuldner um eine börsennotierte AG i. S. von § 3 Abs. 2 AktG, findet § 121 Abs. 4a AktG entsprechend Anwendung (§ 85 Abs. 4 Satz 3 StaRUG). § 45 Abs. 3 StaRUG wird in diesem Fall durch § 121 Abs. 4a AktG ersetzt.[160] Demnach hat das Restrukturierungsgericht für die öffentliche Bekanntmachung die **Angaben nach §§ 84, 85 StaRUG** solchen Medien zuzuleiten, bei denen von einer Verbreitung der Informationen in der gesamten EU ausgegangen werden kann, wie z. B. der Internetseite des Bundesanzeigers.[161] 100

Gesetzlich nicht geregelt ist, wie im Falle einer öffentlichen Bekanntmachung nach § 85 Abs. 2 StaRUG mit dem grundsätzlich **beizufügenden Restrukturierungsplan** nebst Anlagen umzugehen ist. Eine Pflicht zur Zuleitung des Restrukturierungsplan nebst Anlagen würde dem Sinn und Zweck des § 85 Abs. 2 StaRUG entgegenlaufen und dessen Wirkung entkräften.[162] Eine öffentliche Bekanntmachung des Restrukturierungsplan nebst Anlagen ist ebenfalls nicht sachgerecht, da sensible Informationen der Allgemeinheit zugänglich gemacht werden könnten.[163] Zur Lösung dieses Problems wird eine analoge Anwendung des § 235 Abs. 2 Satz 2, Abs. 3, Satz 5 Halbs. 2 InsO vorgeschlagen,[164] da der Gesetzgeber die Parallelnorm des § 235 InsO vor Augen hatte, aber auf § 235 Abs. 2 Satz 2, Abs. 3 Satz 5 Halbs. 2 InsO nicht explizit Bezug genommen hat.[165] Demnach wäre in der öffentlichen Bekanntmachung darauf hinzuweisen, dass eine Zusammenfassung des Restrukturierungsplans auf der **Internetseite des Schuldners** veröffentlich worden ist und der gesamte Restrukturierungsplan nebst Anlagen zur **Einsicht** in den Räumen des Restrukturierungsgerichts bereitliegt.[166] 101

Praxishinweis

Denkbar ist auch, den Aktionären den Restrukturierungsplan nebst sämtlichen Anlagen, gegen Nachweis der Aktionärseigenschaft zum **Download** über die Homepage der Gesellschaft bereitzustellen.[167]

157) AG Nürnberg, Beschl. v. 21.6.2023 – RES 397/23 (Leoni), Rz. 56 ff., ZRI 2023, 629 = NZI 2023, 881; Uhlenbruck-*Borries*, InsO, § 85 StaRUG Rz. 18; *Skauradszun* in: BeckOK-StaRUG, § 85 Rz. 18.

158) *Skauradszun* in: BeckOK-StaRUG, § 85 Rz. 19.

159) Uhlenbruck-*Borries*, InsO, § 85 StaRUG Rz. 18; *Skauradszun* in: BeckOK-StaRUG, § 85 Rz. 18.

160) AG Stuttgart, Beschl. v. 11.12.2024 – 6 RES 1243/24 (VARTA), Rz. 44, ZRI 2025, 149, m. Anm. *Kümpel* = BeckRS 2024, 37304.

161) *Skauradszun* in: BeckOK-StaRUG, § 85 Rz. 21; Uhlenbruck-*Borries*, InsO, § 85 StaRUG Rz. 19; Seibt/Westpfahl-*Palenker*, StaRUG, § 85 Rz. 31.

162) *Skauradszun* in: BeckOK-StaRUG, 85 Rz. 24.

163) *Skauradszun* in: BeckOK-StaRUG, § 85 Rz. 24; *Tresselt/Reps*, ZIP 2023, 2657, 2663.

164) *Tresselt/Reps*, ZIP 2023, 2657, 2663 f.; *Skauradszun* in: BeckOK-StaRUG, § 85 Rz. 24.

165) Begr. RegE SanInsFoG z. StaRUG, BT-Drucks. 19/24181, S. 179.

166) Ausführlich dazu *Tresselt/Reps*, ZIP 2023, 2657, 2663 f.

167) Vgl. AG Stuttgart, Beschl. v. 11.12.2024 – 6 RES 1243/24 (VARTA), Rz. 44, ZRI 2025, 149, m. Anm. Kümpel = BeckRS 2024, 37304.

4. Abstimmung, Stimmrecht, Form der Beschlussfassung

102 Das Stimmrecht der Anteilsinhaber richtet sich nach dem Anteil am gezeichneten Kapital oder Vermögen des Schuldners (§ 24 Abs. 1 Nr. 3 StaRUG), wobei Stimmrechtsbeschränkungen, Sonder- oder Mehrstimmrechte nicht berücksichtigt werden.[168)]

103 Dies gilt für die – seit dem am 15.12.2023 in Kraft getretenen Zukunftsfinanzierungsgesetz auch bei der AG wieder zulässigen – **Mehrstimmrechtsaktien.** Die restrukturierungsrechtlichen Bestimmungen setzen sich gegenüber den aktienrechtlichen Bestimmungen als **lex specialis** durch. Der Restrukturierungsplan kann daher bei Mehrstimmrechten zur Verdrängung aktienrechtlicher Mehrheitserfordernisse genutzt werden. Auch das Zustimmungserfordernis des Mehrstimmberechtigten aus § 179 Abs. 3 Satz 1 AktG besteht bei einer im Restrukturierungsplan vorgesehenen Satzungsänderung nicht. Wenn bereits ein kompensationsloses Ausscheiden von Aktionären gegen deren Willen zulässig ist, muss erst recht die **Aufhebung bzw. Beschränkung** von Mehrstimmrechten gegen deren Willen möglich sein (siehe dazu auch zum Insolvenzplan § 29 Rz. 122 [*Brünkmans*]). Ist streitig, welches Stimmrecht das Anteils- oder Mitgliedschaftsrecht einem Planbetroffenen gewährt und lässt sich darüber keine Einigung zwischen den Beteiligten erzielen, legt das Gericht das Stimmrecht fest, § 45 Abs. 4 Satz 2 StaRUG (siehe dazu allgemein § 48 Rz. 18 f. [*Laroche*]).

104 Der Restrukturierungsplan ist innerhalb der Gruppe der Anteilsinhaber angenommen, wenn **75 % der Stimmrechte** zustimmen (§ 25 Abs. 1 StaRUG). Dies entspricht der **qualifizierten Mehrheit**, welche bereits nach dem Gesellschaftsrecht für die restrukturierungsrelevanten Strukturmaßnahmen wie Kapitalherabsetzung (§§ 58 ff. GmbHG, §§ 222 ff. AktG), Kapitalerhöhung (§§ 55 ff. GmbHG, §§ 182 ff. AktG) oder Maßnahmen nach dem Umwandlungsgesetz (§§ 4 ff., 123 ff., 190 ff. UmwG), erforderlich ist. Anders als beim Insolvenzplan (siehe dort § 29 Rz. 117 [*Brünkmans*]) reicht die einfache Mehrheit nicht aus. Vor diesem Hintergrund wird bei einer Einbeziehung der Anteilsinhaber in den Restrukturierungsplan noch häufiger als beim Insolvenzplan die Annahme nur über eine gruppenübergreifende Mehrheitsentscheidung nach § 26 StaRUG möglich sein (siehe dazu Rz. 106 ff.).

105 Eine nach dem Gesellschaftsrecht erforderliche notarielle **Beurkundung** – etwa für einen Kapitalerhöhungsbeschluss (§ 53 Abs. 2 GmbHG) – ist im Fall einer Bestätigung des Restrukturierungsplans durch das Restrukturierungsgericht (§§ 60 ff. StaRUG), nicht erforderlich. Vielmehr gelten die in den Restrukturierungsplan aufgenommenen Beschlüsse und sonstigen Willenserklärungen **als in vorgeschriebener Form abgegeben** (§ 68 Abs. 2 Satz 1 StaRUG).

III. Gruppenübergreifende Mehrheitsentscheidung (§§ 26 ff. StaRUG)

1. Einführung

106 Werden die Anteilsinhaber in das Restrukturierungskonzept eingebunden, so stehen in der Regel gesellschaftsrechtliche Maßnahmen zur Diskussion, welche im Ergebnis ein vollständiges Hinausdrängen der Anteilsinhaber zur Folge haben.[169)] Gläubiger sind häufig nur dann bereit einen Sanierungsbeitrag zu leisten, wenn die Anteilsinhaber entweder aus der Gesellschaft **ausscheiden oder einen maßgeblichen Sanierungsbeitrag leisten.** In dieser Gemengelage und vor dem Hintergrund des drohenden Verlustes der Anteilsrechte wird fast immer eine gruppenübergreifende Mehrheitsentscheidung nach § 26 StaRUG (sog. Cross-

168) Jacoby/Thole-*Brünkmans*, StaRUG, § 7 Rz. 98.

169) AG Nürnberg, Beschl. v. 21.6.2023 – RES 397/23 (Leoni), ZRI 2023, 629 = NZI 2023, 881; AG Berlin-Charlottenburg, Beschl. v. 4.1.2024 – 36s RES 6525/23 (Spark Networks), ZRI 2024, 512 = ZIP 2024, 557, m. Anm. *Brünkmans*; AG München, Beschl. v. 21.10.2021 – 1542 RES 2180/21 (Eterna), NZI 2022, 31.

class-Cram-down) erforderlich sein, um dem Restrukturierungsplan Geltung zu verschaffen. Letzteres hat sich vier Jahre nach Inkrafttreten des StaRUG insbesondere als **Standard** bei der Restrukturierung börsennotierter AGs erwiesen.[170)]

Nachfolgend sollen ausschließlich spezifische Probleme einer gruppenübergreifenden Mehrheitsentscheidung zulasten der Gruppe der Anteilsinhaber erörtert werden. Im Übrigen ist auf die allgemeinen Ausführungen zu gruppenübergreifenden Mehrheitsentscheidung (siehe § 49 [*Thole*]) zu verweisen. 107

2. Voraussetzungen einer gruppenübergreifenden Mehrheitsentscheidung gegen die ablehnenden Anteilsinhaber (§ 26 StaRUG)

a) Überblick tatbestandliche Voraussetzung

Wird für die Gruppe der Anteilsinhaber die nach § 25 StaRUG erforderliche Mehrheit nicht erreicht, gilt nach § 26 Abs. 1 StaRUG die Zustimmung dieser Gruppe dennoch als erteilt, wenn 108

- die Anteilsinhaber durch den Restrukturierungsplan voraussichtlich nicht schlechtergestellt werden, als sie ohne einen Plan stünden (siehe dazu Rz. 109 ff.),
- sie angemessen an dem wirtschaftlichen Wert beteiligt werden, der auf der Grundlage des Plans den Planbetroffenen zufließen soll (siehe dazu Rz. 122 ff.) und
- die Mehrheit der abstimmenden Gruppen dem Plan mit den erforderlichen Mehrheiten zugestimmt hat (siehe ausführlich Rz. 143 ff.).

b) Keine Schlechterstellung der betroffenen Gruppe (§ 26 Abs. 1 Nr. 1 StaRUG)

aa) Funktion und Bedeutung des Schlechterstellungsverbot

Die Einhaltung des Schlechterstellungsverbot aus § 26 Abs. 1 Nr. 1 StaRUG ist die wichtigste Voraussetzung für eine gruppenübergreifenden Mehrheitsentscheidung. Es verschafft Zwangseingriffen über den Restrukturierungsplan die erforderliche Legitimation, denn solange gewährleistet ist, dass die Anteilsinhaber voraussichtlich nicht schlechterstehen, als sie ohne einen Restrukturierungsplan stünden, kann der Zwangseingriff materiell gerechtfertigt werden. Das Schlechterstellungsverbot gilt auch i. R. des Minderheitenschutzes gemäß § 64 StaRUG d. h. **jeder einzelne Planbetroffene** kann das Schlechterstellungsverbot i. R. eines **Minderheitenschutzantrages** durchsetzen. Ist eine gruppenübergreifende Mehrheitsentscheidung für die Planbestätigung erforderlich, hat das **Restrukturierungsgericht** das Schlechterstellungsverbot grundsätzlich unabhängig von einer Geltendmachung durch einen Planbetroffenen von Amts wegen zu prüfen.[171)] 109

Die vollumfassende amtswegige Prüfung des Schlechterstellungsverbotes wurde allerdings durch die **nachträgliche Einführung des § 63 Abs. 2 StaRUG**[172)] stark eingeschränkt. Danach werden **unzutreffende Bewertungen** des Unternehmens als Vorfrage für die Voraussetzungen einer gruppenübergreifenden Mehrheitsentscheidung nach den §§ 26 bis 28 StaRUG nur noch geprüft, wenn dies von einem hierdurch benachteiligten Planbetroffenen 110

---

170) Vgl. AG Stuttgart, Beschl. v. 11.12.2024 – 6 RES 1243/24 (VARTA), ZRI 2025, 149; AG Nürnberg, Beschl. v. 21.6.2023 – RES 397/23 (Leoni), ZRI 2023, 629 = NZI 2023, 881; AG Berlin-Charlottenburg, Beschl. v. 4.1.2024 – 36s RES 6525/23, (Spark Networks), ZRI 2024, 512 = ZIP 2024, 557, m. Anm. *Brünkmans*.

171) Seibt/Westpfahl-*Westpfahl*, StaRUG, § 26 Rz. 19; Flöther-*Knapp*, StaRUG, § 26 Rz. 8; *Spahlinger* in: BeckOK-StaRUG, § 26 Rz. 1a, 9 ff.

172) Gesetz zur Einführung virtueller Hauptversammlungen von Aktiengesellschaften und Änderung genossenschafts- sowie insolvenz- und restrukturierungsrechtlicher Vorschriften, v. 20.7.2022, BGBl. I 2022, 1166, vgl. dort Art. 12.

beantragt wird. Der Antrag ist nur zulässig, wenn der Antragsteller dem Plan bereits im Abstimmungsverfahren widersprochen hat (§ 63 Abs. 2 Satz 2 StaRUG). Diese Vorschrift wurde nachträglich eingefügt, um eine hinreichende Umsetzung der Restrukturierungsrichtlinie zu gewährleisten.[173)]

Praxishinweis

Nach einer Entscheidung des **AG Hannover** ist das Schlechterstellungsverbot aus § 26 Abs. 1 Nr. 1StaRUG im Wege einer richtlinienkonformen Auslegung allgemein nur nach **diesbezüglicher Beanstandung eines Planbetroffenen** vom Restrukturierungsgericht zu überprüfen.[174)] Die Entscheidung ist auf **Kritik** gestoßen.[175)] Da nicht absehbar ist, ob sich Gerichte in künftigen Entscheidungen der Sichtweise des AG Hannover anschließen, wird empfohlen, bis dahin neben dem Minderheitenschutzantrag nach § 64 Abs. 1 StaRUG auch eine **gruppenbezogene Schlechterstellung** analog § 63 Abs. 2 explizit bereits im Abstimmungsverfahren zu beanstanden.[176)] Trotz der verfahrensrechtlichen Unterschiede liegt § 64 Abs. 1 StaRUG und § 26 Abs. 1 Nr. 1 StaRUG ein einheitliches Verständnis des Schlechterstellungsverbots zugrunde.[177)]

bb) Vergleichsszenario

(1) Nächstbestes Alternativszenario

111 Die im Restrukturierungsplan vorgesehene Stellung der Anteilsinhaber ist mit ihrer Stellung ohne einen Restrukturierungsplan zu vergleichen. Wie für alle Planbetroffenen ist auch für die Anteilsinhaber das nächstbeste Alternativszenario ohne Restrukturierungsplan maßgeblich (siehe § 39 Rz. 42 ff. [*Brünkmans*]). Die Bestimmung des nächstbesten Alternativszenarios ist in der Praxis häufig nicht einfach, weil unterschiedliche Szenarien für die jeweiligen Gruppen vorteilhafter bzw. ungünstiger sein können.[178)] Wie dem Wortlaut aus § 26 Abs. 1 Nr. 1 StaRUG zu entnehmen, kommt es auf das Szenario **„ohne Plan"** an, d. h. der Einwand, mit einem alternativen Restrukturierungsplan stünde die planbetroffene Gruppe (der Anteilsinhaber) besser, greift nicht. Ein **Anspruch auf einen „besseren" Restrukturierungsplan besteht nicht.**[179)]

112 Von den mit zumindest überwiegender Wahrscheinlichkeit rechtlich und tatsächlich umsetzbaren Alternativszenarien muss **das beste Szenario zum Vergleich** herangezogen werden (siehe § 39 Rz. 50 ff. [*Brünkmans*]). Sowohl bei der Bewertung, ob es sich beim Alternativszenario um das Nächstbeste handelt als auch beim Vergleich dieses Szenarios zum Restrukturierungsplan kommt es auf eine **wirtschaftliche Betrachtungsweise** an.[180)] Die **Liquidation** in der Regelinsolvenz ist als Alternativszenario **keinesfalls zwingend**, vielmehr kommen

– ein vollkonsensualer Restrukturierungsplan,

173) Beschlussfassung und Bericht d. RA z. Gesetz zur Einführung virtueller Hauptversammlungen, BT-Drucks. 20/2653, S. 25 und S. 39 f.

174) AG Hannover, Beschl. v. 20.10.2023 – 951 RES 1/23-1, ZRI 2023, 962 = BeckRS 2023, 30652; *Spahlinger* in: BeckOK-StaRUG, § 26 Rz. 5; **a. A.** *Kaul*, NZI 2024, 521.

175) *Bönold/Kaul*, NZI 2024, 159, 163.

176) *Bönold/Kaul*, NZI 2024, 159, 163; *Zehlicke*, FD-InsR 2023, 820090 (Urteilsanm.).

177) *Denkhaus* in: Kübler/Bork/Prütting, HRI I, § 33 Rz. 61; Uhlenbruck-*Knof*, InsO, § 26 StaRUG Rz. 14; Morgen-*Langer/Wolf*, StaRUG, § 64 Rz. 43.

178) Seibt/Westpfahl-*Westpfahl*, StaRUG, § 26 Rz. 24.

179) AG Köln, Beschl. v. 3.3.2021 – 83 RES 1/21, ZRI 2021, 377 = NZI 2021, 433, m. Anm. *Thole*; AG Hannover, Beschl. v. 20.10.2023 – 951 RES 1/23-1, ZRI 2023, 962, 973 = BeckRS 2023, 30652; *Herweg* in: MünchKomm-StaRUG, § 26 Rz. 27; Morgen-*Kowalewski/Praß*, StaRUG, § 26 Rz. 28; Jacoby/Thole-*Brünkmans*, StaRUG, § 6 Rz. 42; *Skauradszun* in: BeckOK-StaRUG, § 64 Rz. 19; *Spahlinger* in: BeckOK-StaRUG, § 26 Rz. 14; Seibt/Westpfahl-*Westpfahl*, StaRUG, § 26 Rz. 25.

180) Jacoby/Thole-*Brünkmans*, StaRUG, § 6 Rz. 28; Seibt/Westpfahl-*Westpfahl*, StaRUG, § 26 Rz. 33; Morgen-*Kowalewski/Praß*, StaRUG, § 26 Rz. 30; Braun-*Herzig*, StaRUG, § 26 Rz. 11.

- ein Unternehmensverkauf,
- eine Liquidation und
- i. R. eines Insolvenzverfahrens ein Insolvenzplan,
- eine übertragende Sanierung und
- eine Liquidation durch Einzelverwertung in Betracht (siehe § 39 Rz. 54 ff. [*Brünkmans*]).[181]

Maßgeblicher Zeitpunkt ist derjenige der gerichtlichen Entscheidung, in der Regel somit der Zeitpunkt der Entscheidung über die beantragte Planbestätigung (siehe § 39 Rz. 47 [*Brünkmans*]). Unterlegt wird dieser Vergleich mit der **Vergleichsrechnung** gemäß § 6 Abs. 2 StaRUG. 113

(2) Unternehmensverkauf

Meistens wird in der Praxis neben der Liquidation im Regelinsolvenzverfahren der Verkauf des Unternehmens außerhalb oder innerhalb eines Insolvenzverfahrens als Alternativszenario Bedeutung haben.[182] Da Restrukturierungsbemühungen auf der Grundlage eines Restrukturierungsplans üblicherweise erst spät stattfinden, nämlich wenn **vollkonsensuale Sanierungsbemühungen sich als aussichtlos erweisen**, wird der Verkauf in der Insolvenz nicht selten schon deshalb das nächstbeste alternative Szenario sein. Bei einer solchen Ausgangssituation ist es in der Regel nicht überwiegend wahrscheinlich, dass die Insolvenz ohne Restrukturierungsplan überhaupt noch vermieden werden kann. Es dürfen der Umsetzung des Alternativszenarios **keine rechtlichen und tatsächlichen Hindernisse** entgegenstehen, z. B. wenn mit einer freiwilligen Freigabe der Sicherheiten nicht zu rechnen ist. Ein **rationales Verhalten der Beteiligten** kann jedoch grundsätzlich angenommen werden, sofern nicht entgegenstehende Informationen vorliegen.[183] 114

Neben einer unvermeidbaren Insolvenz bei Scheitern des Restrukturierungsplans kommt der **Asset Deal** aus dem Insolvenzverfahren im Einzelfall auch schon deshalb als das – im Vergleich zum Asset Deal außerhalb der Insolvenz – bessere Alternativszenario in Betracht, weil der **Verkauf aus der Insolvenz** aus Käufersicht **erhebliche Vorteile bietet**, z. B. fehlende Anfechtungsrisiken, Möglichkeit der Ausübung des Wahlrechts aus § 103 InsO, Verabschiedung eines gedeckelten Sozialplans etc. Auch wenn ein **Verkaufsprozess vor der Insolvenz** ohne relevante Angebote endete, kann daraus nicht zwingend gefolgt werden, dass auch ein Verkauf des Unternehmens im Insolvenzverfahren als nächstbestes Alternativszenario nicht Betracht kommt.[184] Stets ist darzustellen, warum das Unternehmen selbst bei Nutzung der Instrumente der InsO nicht verkauft werden kann.[185] Dennoch sollten keine überspannten Anforderungen an die Ermittlung und den Nachweis des nächstbesten Alternativszenarios gestellt werden.[186] 115

Zur Absicherung des nächstbesten Alternativszenario bietet sich die **Durchführung eines strukturierten Verkaufsprozess** an (sog. Dual Track), da konkrete Angebote in der Regel 116

181) AG Hamburg, Beschl. v. 12.4.2021 – 61a RES 1/21, Rz. 13 juris, ZRI 2021, 473 = NZI 2021, 544; AG Hannover, Beschl. v. 20.10.2023 – 951 RES 1/23-1, ZRI 2023, 962, 968 = BeckRS 2023, 30652; *Distler*, ZIP 2021, 1033, 1037; *Herweg* in: MünchKomm-StaRUG, § 26 Rz. 28; Braun-*Herzig*, StaRUG, § 26 Rz. 5, 10; Jacoby/Thole-*Jacoby*, StaRUG, § 26 Rz. 13; *Jungmann/Zündorf*, ZRI 2022, 89, 94.

182) Seibt/Westpfahl-*Westpfahl*, StaRUG, § 26 Rz. 28.

183) Flöther-*Knapp*, StaRUG, § 26 Rz. 17; Seibt/Westpfahl-*Westpfahl*, StaRUG, § 26 Rz. 36.

184) Vgl. aber AG Berlin-Charlottenburg, Beschl. v. 4.1.2024 – 36s RES 6525/23, (Spark Networks), ZRI 2024, 512 = ZIP 2024, 557, m. Anm. *Brünkmans*.

185) Morgen-*Kowalewski/Praß*, StaRUG, § 26 Rz. 45; Seibt/Westpfahl-*Westpfahl*, StaRUG, § 26 Rz. 31.

186) So h. M.: Jacoby/Thole-Brünkmans, StaRUG, § 6 Rz. 35 ff.; Seibt/Westpfahl-*Westpfahl*, StaRUG, § 26 Rz. 31; Morgen-*Kowalewski/Praß*, StaRUG, § 26 Rz. 37.

eine höhere Autorität als theoretische Bewertungsgutachten haben.[187] Das beste realisierbare Angebot ist dann als nächstbestes Alternativszenario anzusetzen. Werden keine realisierbaren Angebote abgegeben, ist § 6 Abs. 2 Satz 2 StaRUG widerlegt und es können **Zerschlagungswerte** im Regelinsolvenzverfahren angesetzt werden (§ 6 Abs. 2 Satz 3 StaRUG). Ein vorheriger Verkaufsprozesses kann aber auch nachteilige Effekte haben, etwa indem Ressourcen im Unternehmen gebunden werden, die für Sanierung benötigt werden.[188] Eine gesetzliche Pflicht zur vorherigen Durchführung eines Dual-Track-Verkaufsprozesses besteht daher nicht.[189]

117 Häufig wird sich die Frage jedoch praktisch gar nicht stellen, weil wegen der drohenden Insolvenz **nicht mehr genügend Zeit** für die Durchführung eines halbwegs verlässlichen Verkaufsprozesses verbleibt.[190] Der **Fortführungswert** des Unternehmens kann in diesem Fall nur anhand anerkannter betriebswirtschaftlicher Methoden ermittelt werden, wie z. B. dem Ertragswertverfahren oder dem Discounted-Cashflow-Verfahren.

(3) Gesellschafterlösungen, insbesondere Bezugsrechtsemissionen als Alternativszenario

118 Im Zusammenhang mit dem vollständigen Herausdrängen der Anteilsinhaber im Wege eines Kapitalschnitts kommt als nächstbestes Alternativszenario neben dem Verkauf des Unternehmens auch die Restrukturierung unter Einbeziehung der Anteilsinhaber (z. B. Bezugsrechtsemission) in Betracht. Bei dem in der Praxis häufig anzutreffenden **Kapitalschnitt** steht nicht selten der Vorwurf im Raum, den Anteilsinhabern würde der Zukunftserfolgswert ihrer Beteiligung ungerechtfertigterweise genommen.[191] Bei näherer Betrachtung scheitert eine **Bezugsrechtsemission** häufig daran, dass sie nicht (mehr) mit hinreichender Erfolgswahrscheinlichkeit umsetzbar ist. Dies gilt für eine in Streubesitz befindliche AG verstärkter als für eine personalistisch strukturierte GmbH. Bei einer Vielzahl von Aktionären wird es schwierig sein, eine verlässliche Sanierungsfinanzierung zu erhalten.[192] Bei börsennotierten AGs kann der **Zeitdruck** der entscheidende Faktor dafür sein, warum sich eine Gesellschafterlösung nicht mit überwiegender Wahrscheinlichkeit realisieren lässt und damit als nächstbestes Alternativszenario ausscheidet. Auch Bezugsrechtsemissionen sind öffentliche Angebote i. S. des § 2 Nr. 2 WpPG i. V. m. Art. 2 lit. d EU-ProspektVO,[193] sodass eine – in der Regel zeitaufwändige – **Prospektpflicht** besteht.[194]

187) Seibt/Westpfahl-*Westpfahl*, StaRUG, § 26 Rz. 37.

188) Seibt/Westpfahl-*Westpfahl*, StaRUG, § 26 Rz. 37.

189) Jacoby/Thole-*Brünkmans*, StaRUG, § 6 Rz. 46; Seibt/Westpfahl-*Westpfahl*, StaRUG, § 26 Rz. 39; Morgen-*Kowalewski/Praß*, StaRUG, § 26 Rz. 50; Uhlenbruck-*Streit/Bürk*, InsO, § 6 StaRUG Rz. 112; Braun-*Böhm*, StaRUG, § 6 Rz. 23 f.

190) Seibt/Westpfahl-*Westpfahl*, StaRUG, § 26 Rz. 39.

191) Vorwürfe rund um Leoni AG, AG Nürnberg, Beschl. v. 21.6.2023 – RES 397/23 (Leoni), ZRI 2023, 629 = NZI 2023, 881; Pressemitteilung des DSW v. 18.4.2023, abrufbar unter https://www.dsw-info.de/presse/archiv-pressemitteilungen/pressemitteilungen-2023/dsw-ruft-leoni-aktionaere-zum-widerstand-auf/ (Abrufdatum: 26.7.2025).

192) Vgl. AG Stuttgart, Beschl. v. 11.12.2024 – 6 RES 1243/24 (VARTA), Rz. 57 ff., ZRI 2025, 149, m. Anm. *Kümpel* = BeckRS 2024, 37304.

193) BaFin, Prospektpflicht, v. 15.11.2023, II. 3.; *Singhof* in: MünchKomm-HGB, Bd. 6, Teil 2: Emissionsgeschäft Rz. 37; *Seiler* in: BeckOGK-Aktienrecht, § 221 AktG Rz. 53; *Oulds* in: Kümpel/Mülbert/Früh/Seyfried, Bankrecht und Kapitalmarktrecht, Rz. 15.705; *Assmann/Kumpan* in: Assmann/Schütze/Buck-Heeb, Hdb. Kapitalanlagerecht, § 5 Rz. 125; *Scholz* in: MünchHdb. GesR, Bd. 4, § 57 Rz. 202; *Ebbinghaus/Kleemann*, NZG 2019, 441, 442.

194) Vgl. AG Berlin-Charlottenburg, Beschl. v. 4.1.2024 – 36s RES 6525/23, (Spark Networks), ZRI 2024, 512 = ZIP 2024, 557, m. Anm. *Brünkmans*.

Neben einer prospektpflichtigen Bezugsrechtsemmission ist bei **börsennotierten** Gesellschaften auch die **Durchführung eines „Private Placement" in Betracht zu ziehen.** Das Private Placement hat den Vorteil einer potenziell **kürzeren Umsetzungsdauer** (kein Prospekterfordernis).[195] Da mangels Prospektpflicht typischerweise keine umfassende Due Diligence erfolgt und keine Haftungsgaranten für die aufbereiteten Unternehmensinformationen einstehen, sind Investoren gerade in einer Krisensituation nicht selten zurückhaltend.[196] Im Restrukturierungsplan sollten zur Unterlegung des Alternativszenarios dennoch Bemühungen des Managements dargestellt werden (Investorengespräche) und warum diese gescheitert sind. 119

Praxishinweis

Eine andere Frage ist, ob die Organe der Gesellschaft nicht frühzeitiger nach Lösungen unter Einbeziehung der Anteilsinhaber hätten suchen müssen (siehe oben Rz. 26). Dies wirft zwar die Frage etwaiger Organhaftungsansprüche auf, ändert jedoch nichts an dem Umstand, dass eine Bezugsrechtsemission nicht (mehr) zulässig ist

Eine Lösung unter Wahrung eines Bezugsrechts kann bereits daran scheitern, dass wesentliche Gläubiger ihren Sanierungsbeitrag **von einem Anteilswechsel oder gar eigenem Anteilserwerb**[197] **abhängig machen.** In diesem Fall wäre eine Sanierung nur denkbar, wenn die Anteilsinhaber Fresh Money sowie ggf. den Betrag für eine vollständige Ablösung der Finanzgläubiger zur Verfügung stellen. Ein **Investorenprozess** sollte jedoch **auch für die Anteilsinhaber** geöffnet werden und ihr Angebot ggf. in die Bewertung des Alternativszenarios einfließen.[198] 120

(4) Keine Gewährleistung künftiger Werte

Das Schlechterstellungsverbot schützt die Planbetroffenen somit lediglich vor einer Schlechterstellung im Alternativszenario. Künftige Werte (Upside) werden nur geschützt, solange sich diese im relevanten (mit überwiegender Wahrscheinlichkeit außerhalb eines Restrukturierungsplans verwirklichbaren) Alternativszenario generieren lassen.[199] Mit anderen Worten reicht der Schutz über das Schlechterstellungsverbot **nur so weit, wie das relevante Alternativszenario.** Lassen sich keine guten Alternativen abbilden, fällt der Schutz über das Schlechterstellungsverbot entsprechend niedrig aus. Seine Legitimität erhält dieser Ansatz des Gesetzgebers durch die Einstiegsvoraussetzung der drohenden Zahlungsunfähigkeit. In diesem Zusammenhang wird die Pflicht der Organe, schon frühzeitig die drohende Zahlungsunfähigkeit abzuwenden (§ 1 StaRUG), deutlich. 121

c) Angemessene Beteiligung am wirtschaftlichen Wert des Restrukturierungsplans (§ 26 Abs. 1 Nr. 2 StaRUG)

aa) Bedeutung für den „Cram-down" der Anteilsinhaber

§ 26 Abs. 1 Nr. 2 StaRUG verlangt die angemessene Beteiligung der Mitglieder der zu überstimmenden Gruppe an dem wirtschaftlichen Wert, der den Planbetroffenen auf Grundlage des Plans zufließen soll (Planwert). Für die Gruppe der Anteilsinhaber konkretisiert 122

195) Masch-Barner/Schäfer-*Meyer*, Hdb. börsennotierte AG, Rz. 7.85, 7.86a; Eilers/Gleske/Hüther/Knapp-*König/van Aerssen*, Unternehmensfinanzierung, Teil B: Eigenkapitalfinanzierung Rz. 169.

196) Eilers/Gleske/Hüther/Knapp-*König/van Aerssen*, Unternehmensfinanzierung, Teil B: Eigenkapitalfinanzierung Rz. 170.

197) S. AG Berlin-Charlottenburg, Beschl. v. 4.1.2024 – 36s RES 6525/23 (Spark Networks), ZRI 2024, 512 = ZIP 2024, 557, m. Anm. *Brünkmans*.

198) *Parzinger*, FD-InsR 2024, 803065 (Urteilsanm.).

199) S. a. *Parzinger*, FD-InsR 2024, 803065 (Urteilsanm.).

§ 27 Abs. 2 StaRUG die **angemessene Beteiligung am Planwert** (siehe allgemein § 49 Rz. 5 ff. [*Thole*]). Eine angemessene Beteiligung am Planwert liegt demnach vor, wenn nach dem Restrukturierungsplan

- kein planbetroffener Gläubiger wirtschaftliche Werte erhält, die den vollen Betrag seines Anspruchs übersteigen (§ 27 Abs. 2 Nr. 1 StaRUG) und
- vorbehaltlich des § 28 Abs. 2 Nr. 1 StaRUG keine an dem Schuldner beteiligten Person, die ohne den Plan den Mitgliedern der Gruppe gleichgestellt wäre, einen wirtschaftlichen Wert behält (§ 27 Abs. 2 Nr. 2 StaRUG).

bb) Überbefriedigungsverbot (§ 27 Abs. 2 Nr. 1 StaRUG)

(1) Funktion, Überblick

123 Nach der in § 27 StaRUG geregelten Grundregel der absoluten Priorität ist der Mehrwert im Grundsatz zunächst in Gänze dem Gläubiger zuzuordnen (§ 27 Abs. 1 Nr. 2 StaRUG). Diese vorrangige Allokation des Planwertes auf die Gläubiger findet jedoch ihre Grenze im Verbot der Überkompensation (§ 27 Abs. 1 Nr. 1 StaRUG, für die Anteilsinhaber § 27 Abs. 2 Nr. 2 StaRUG).[200)]

124 Eine gruppenübergreifende Mehrheitsentscheidung gegen die Gruppe der Anteilsinhaber setzt daher voraus, dass kein planbetroffener Gläubiger wirtschaftliche Werte erhält, die den **vollen Betrag seines Anspruchs übersteigen** (§ 27 Abs. 2 Nr. 1 StaRUG). § 27 Abs. 2 Nr. 1 StaRUG entspricht dem Überbefriedigungsverbot eines Gläubigers nach § 27 Abs. 1 Nr. 1 StaRUG.[201)]

125 Die bisherigen StaRUG Fälle haben gezeigt, dass ein **Eingriff in die Rechte** der Anteilsinhaber (Kapitalschnitt) auf Gläubigerseite häufig mit erheblichen Forderungsverzichten verbunden ist. Die Gefahr einer Überbefriedigung scheidet in diesem Fall von vorneherein aus.

126 Das Überbefriedigungsverbot kann in der Praxis jedoch dann eine Rolle spielen, wenn Gläubiger durch einen **Tausch ihrer Forderung** in Anteilsrechte befriedigt werden (Debt-to-Equity-Swap, siehe dazu i. E. unten Rz. 130 ff.). In diesen Fällen entstehen **komplexe Bewertungsfragen,** denn erst die Quantifizierung der Befriedigung ermöglicht es, die Frage einer Überbefriedigung zu beantworten. Gleiches kann bei einem Forderungsverzicht gegen Besserungsschein oder sonstigen komplexen Wertaufhebungsinstrumenten (siehe Rz. 136) entstehen.

127 Dem Überbefriedigungsverbot liegt die gesetzgeberische Wertung zugrunde, dass keine Gruppe von Planbetroffenen Eingriffe in Rechtspositionen hinnehmen muss, während eine andere Gruppe mehr als den vollen Betrag ihres Anspruchs erhält. Durch dieses strikte Verbot sollen **Vermögensmanipulationen zum Nachteil anderer Planbetroffener verhindert** werden.[202)] Auch die Restrukturierungsrichtlinie mahnt an, dass der Restrukturierungsplan nicht als Mittel zur Bevorteilung einzelner Gläubiger missbraucht werden darf (vgl. Art. 11 Abs. 1 Unterabs. 1 lit. d Restrukturierungsrichtlinie).

128 Der Wert dessen, was ein anderer planbetroffener Gläubiger erhält, darf jedoch nicht den Betrag seines Anspruchs übersteigen.[203)] Die **eingeschränkten Realisierungschancen**

---

200) *Morgen*, ZRI 2024, 986.

201) *Denkhaus* in: Kübler/Bork/Prütting, HRI I, § 33 Rz. 109; Jacoby/Thole-*Jacoby*, StaRUG, § 27 Rz. 26; Uhlenbruck-*Knof*, InsO, § 27 StaRUG Rz. 41; *Spahlinger* in: BeckOK-StaRUG, § 27 Rz. 26.

202) Seibt/Westpfahl-*Westpfahl*, StaRUG, § 27 Rz. 17; *Grub* in: FS Uhlenbruck, S. 501, 514.

203) Jacoby/Thole-*Jacoby*, StaRUG, § 27 Rz. 11; *Spahlinger* in: BeckOK-StaRUG, § 27 Rz. 9.

sind jedoch bei der Bewertung des vom Gläubiger Erlangten jeweils **miteinzupreisen.**[204] Dies gilt im Grundsatz auch, wenn den Gläubigern eine Besserungskomponente gewährt wurde.[205] Allerdings ist in diesem Fall das Realisierungsrisiko und eine Verzinsung miteinzupreisen.

Das Gericht prüft das Überbefriedigungsgebot i. R. der **Planbestätigung** (§ 63 Abs. 1 Nr. 2 StaRUG) **von Amts wegen** unter den Voraussetzungen einer gruppenübergreifenden Mehrheitsentscheidung (§ 26 f. StaRUG). Liegt der Mangel in einer unzutreffenden Unternehmensbewertung begründet, kann die Planbestätigung gemäß § 63 Abs. 2 Satz 1 StaRUG jedoch nur versagt werden, wenn ein **benachteiligter Planbetroffener dies beantragt**. Der Amtsermittlungsgrundsatz wird insoweit aufgehoben.[206] 129

(2) Typische Konstellationen bei Eingriffen in Rechte der Anteilsinhaber

(a) Debt-to-Equity-Swap

Beim Debt-to-Equity-Swap wandelt der Gläubiger seine Forderung gegen den Schuldner in Anteilsrechte um, indem er i. R. einer Sachkapitalerhöhung unter Ausschluss des Bezugsrechts der Anteilsinhaber seine Forderung durch Verzicht oder Abtretung einlegt (siehe i. E. Rz. 181 ff.). Der Gläubiger erwirbt somit anstelle seiner Forderung Anteile am Schuldner. Für die Frage, ob in diesem Fall ein Verstoß gegen das **Verbot der Überkompensation** vorliegt, ist die **Bewertung der erworbenen Anteile** erforderlich. Maßgeblicher Bewertungszeitpunkt ist die gerichtliche Entscheidung über die Planbestätigung.[207] 130

Dabei kommt es auf den tatsächlich realisierbaren Wert an, der allerdings – insoweit anders als beim Schlechterstellungsverbot – **nicht durch das nächstbeste Alternativszenario bestimmt** wird.[208] Dieser Wert hat den mit den Beteiligungen für den Anteilsinhaber verbunden **Chancen und Risiken** Rechnung zu tragen und wird in der Regel dem Kaufpreis entsprechen, den ein fremder Dritter für die Beteiligung (ohne Gewährleistung) zahlen würde. Ein solcher fiktiver Kaufpreis lässt sich allerdings nicht über einen Verkaufsprozesses am Markt austesten. Der Wert der Beteiligung ist daher **anhand anerkannte Bewertungsmethoden** zu ermitteln.[209] Dabei stellt sich die Frage, auf welche Bewertungsmethode abzustellen ist. Zum Teil wird ein bilanzieller Bewertungsansatz vertreten. Entscheidend sei, inwieweit durch *Mehr*verzichte und Beiträge anderer Gruppen für die Fortführungsbilanz ein positives Eigenkapital (Vermögen abzüglich Verbindlichkeiten) geschaffen werde.[210] 131

Die überwiegende Auffassung stellt richtigerweise auf eine Unternehmensbewertung anhand des **Discounted Cashflows** oder der **Ertragswertmethode** nach dem Barwert künftiger Einzahlungsüberschüsse und dem daraus berechneten Equity Value ab.[211] 132

---

204) *Brünkmans*, ZIP 2024, 557 (Urteilsanm.); Jacoby/Thole-*Jacoby*, StaRUG, § 27 Rz. 11; Flöther-*Knapp*, StaRUG, § 27 Rz. 5; Morgen-*Kowalewski/Praß*, StaRUG, § 27 Rz. 25; Seibt/Westpfahl-*Westpfahl*, StaRUG, § 27 Rz. 18; wohl anders AG Charlottenburg, Beschl. v. 4.1.2024 – 36s RES 6525/23 (Spark Networks), ZIP 2024, 530; *Denkhaus* in: Kübler/Bork/Prütting, HRI I, § 34 Rz. 84 ff.

205) So etwa im Fall AG Nürnberg, Beschl. v. 21.6.2023 – RES 397/23 (Leoni), ZRI 2023, 629 = NZI 2023, 881.

206) *Morgen*, ZRI 2024, 986, 990.

207) Seibt/Westpfahl-*Westpfahl*, StaRUG, § 27 Rz. 23; Jacoby/Thole-*Jacoby*, StaRUG, § 27 Rz. 10; Morgen-*Kowalewski/Praß*, StaRUG, § 27 Rz. 28; *Spahlinger* in: BeckOK-StaRUG, § 27 Rz. 10; *Morgen*, ZRI 2024, 986, 987 f.; vgl. auch AG Charlottenburg, Beschl. v. 4.1.2024 – 36s RES 6525/23 (Spark Networks), Rz. 4, ZRI 2024, 512 = ZIP 2024, 557 – „aktuelle Verhältnisse"; *Brünkmans*, ZIP 2024, 557 (Urteilsanm.).

208) Wohl anders Seibt/Westpfahl-*Westpfahl*, StaRUG, § 27 Rz. 23.

209) Seibt/Westpfahl-*Westpfahl*, StaRUG, § 27 Rz. 23; Seibt/Westpfahl-*Westpfahl*, StaRUG, § 27 Rz. 23; Jacoby/Thole-*Jacoby*, StaRUG, § 27 Rz. 10; Morgen- *Kowalewski/Praß*, StaRUG, § 27 Rz. 28.

210) Morgen-*Kowalewski/Praß*, StaRUG, § 27 Rz. 58; vgl. zum Insolvenzplan Uhlenbruck-*Lüer/Streit*, InsO, § 245 Rz. 29.

211) *Herweg* in: MünchKomm-StaRUG, § 27 Rz. 39; Seibt/Westpfahl-*Westpfahl*, StaRUG, § 27 Rz. 37.

133 Die im Restrukturierungsplan vorgesehenen finanzwirtschaftlichen sowie operativen Maßnahmen sind im Kontext des Überbefriedigungsverbots aus § 27 Abs. 1 Nr. 1 StaRUG der Bewertung zugrunde zu legen (Post-Restructuring).[212] Zu berücksichtigen sind auch **zukünftige**, für die Bewertung relevante **Entwicklungen**, wenn sie im maßgeblichen Zeitpunkt (Planbestätigung) **hinreichend wahrscheinlich** sind.[213] Eine spätere potenzielle, aber im Bestätigungszeitpunkt unsichere Wertsteigerung bei erfolgreicher Sanierung ist bei der Bewertung **mit allen Chancen und Risiken einzupreisen.**[214] Bei den aus der Unternehmensplanung abgeleiteten künftig zu erwartenden Zahlungen ist die Sanierungssituation zu berücksichtigen. Dabei muss nicht zwingend auf das IDW S 6-Gutachten abgestellt werden, weil der Maßstab der überwiegenden Wahrscheinlichkeit für die zu erwartenden Zahlungsströme bei der Bewertung eines Risikoinvestments häufig nicht passt. Gleiches gilt für den anzuwendenden **Diskontierungszinssatz.** Hier sind die typischen Renditeerwartungen eines Kriseninvestors zu berücksichtigen, die daraus herrühren, dass es sich bei der Investition in ein Krisenunternehmen typischerweise um eine spekulative Anlage handelt.[215]

134 Wird der Mehrwert über **Besserungskomponenten** (z. B. klassischer Besserungsschein oder VPPN-Instrumente) bereits zugunsten der Gläubiger abgeschöpft, ist der zur Abschöpfung vorgesehene Teil von dem wirtschaftlich dem Anteilsinhaber (möglicherweise) zufließenden Wert **abzuziehen.** Da es in § 27 StaRUG um eine angemessene Beteiligung am „Planwert“ geht, sind besondere wertsteigernde Umstände, die nicht aus der Sphäre des Schuldners oder der Planbetroffenen, sondern allein aus der Person bzw. Sphäre des neuen Anteilsinhaber stammen (wie z. B. Synergie-Effekte, die nur von ihm realisiert werden können) nicht zu berücksichtigen (zur Bewertung siehe auch Rz. 186 ff.).[216]

135 Auch **sonstige Vorteile außerhalb des Plans** sind grundsätzlich nicht ausgleichspflichtig (siehe § 17 Rz. 33 [*Thole*]). Dies gilt insbesondere für operative Maßnahmen, wenn sie im Plan überhaupt nicht abbildbar wären, wie etwa Eingriffen in Verträge[217] oder Übernahme eines verlustträchtigen Geschäfts i. R. eines Investor-Carve-out.

(b) Wandlungsoption und Besserungsschein

136 Erfolgt die Umwandlung der Forderung in Eigenkapital noch nicht im Restrukturierungsplan, sieht dieser vielmehr lediglich eine Wandlungsoption vor, kommt es auf den Wert der Option im Zeitpunkt der Planbestätigung an. Für die Frage der Überbefriedigung nach § 27 Abs. 2 Nr. 1 StaRUG unbeachtlich ist hingegen der tatsächliche Wert der Anteile im Zeitpunkt der Ausübung der Wandlungsoption.[218] Diese Grundsätze gelten auch für im Plan vorgesehene Besserungs- und Wertaufhebungsinstrumente (siehe auch Rz. 134 f.).

212) Seibt/Westpfahl-*Westpfahl*, StaRUG, § 27 Rz. 23; Jacoby/Thole-*Jacoby*, StaRUG, § 27 Rz. 12; Morgen-*Kowalewski/Praß*, StaRUG, § 27 Rz. 28; *Brünkmans*, ZIP 2024, 557 (Urteilsanm.); a. A. *Denkhaus* in: Kübler/Bork/Prütting, HRI I, § 34 Rz. 84 ff.; unklar, aber tendenziell auf Pre-Restructuring-Szenario abstellend AG Berlin-Charlottenburg, Beschl. v. 4.1.2024 – 36s RES 6525/23 (Spark Networks), ZRI 2024, 512 = ZIP 2024, 557; für den Insolvenzplan auf Pre-Restructuring Szenario abstellend s. oben § 17 Rz. 45 [*Thole*].

213) Wie hier: Seibt/Westpfahl-*Westpfahl*, StaRUG, § 27 Rz. 24; vgl. aber Morgen-*Kowalewski/Praß*, StaRUG, § 27 Rz. 28, der zwischen dem aktuellen Unternehmenswert und dem sich rechnerisch am Ende des prognostizierten Sanierungszeitraums ergebene Unternehmenswert unterscheidet.

214) Tendenziell zurückhaltender: Morgen-*Kowalewski/Praß*, StaRUG, § 27 Rz. 28.

215) *Morgen*, ZRI 2024, 986.

216) *Spahlinger* in: BeckOK-StaRUG, § 27 Rz. 11; Jacoby/Thole-*Jacoby*, StaRUG, § 27 Rz. 12; Morgen-*Kowalewski/Praß*, StaRUG, § 27 Rz. 28.

217) Seibt/Westpfahl-*Westpfahl*, StaRUG, § 27 Rz. 37.

218) Vgl. Seibt/Westpfahl-*Westpfahl*, StaRUG, § 27 Rz. 21.

(c) Gläubiger als Investor einer Barkapitalerhöhung

Die Praxis zeigt, dass Gläubiger ihre Anteile am Schuldner häufig nicht über einen klassischen Debt-to-Equity-Swap, sondern wie außenstehende Drittinvestoren über eine Barkapitalerhöhung erwerben. Die Bareinlage (inklusiv Agio u. a.) dient dann der **Liquiditätsversorgung** (Fresh Money) zur Gewährleistung der zukünftigen Durchfinanzierung.[219] 137

Richtigerweise findet das **Überbefriedigungsverbotes** aus § 27 Abs. 2 Nr. 1 StaRUG auf eine solche Konstellation **keine Anwendung.** Im Anwendungsbereich des § 27 Abs. 2 Nr. 1 StaRUG muss sich der Vorteil für den Gläubiger aus der Befriedigung der Forderung gegen den Schuldner ergeben.[220] Dies kommt beim klassischen Debt-to-Equity-Swap in Betracht, weil der Gläubiger die Forderung als Sacheinlage eingebringt und die Aktien als „Befriedigungssurrogat" für seine Forderung erhält.[221] Erwirbt der Gläubiger die Anteile hingegen i. R. einer Barkapitalerhöhung, verbunden mit der Bereitstellung von Fresh Money in Form weitere Eigenkapitaleinlagen und Nachrangdarlehen, resultiert ein **etwaiger Wertzuwachs** beim Gläubiger gerade **durch diese neue Investitionsentscheidung** und nicht über die Befriedigung einer „alten Forderung".[222] 138

(3) Absolute Priorität (§ 27 Abs. 2 Nr. 1 StaRUG): Kein Wert für nachranginge Gläubiger oder Anteilsinhaber?

§ 27 Abs. 2 Nr. 2 StaRUG verbietet dem Wortlaut nach – vorbehaltlich des § 28 Abs. 2 Nr. 1 StaRUG –, dass gleichgestellte Anteilsinhaber einen wirtschaftlichen Wert behalten. Dem Wortlaut nach scheint § 27 Abs. 2 Nr. 2 den eigentlich vertikal wirkenden Grundsatz der absoluten Priorität (vgl. § 27 Abs. 1 Nr. 2 StaRUG) ohne erkennbaren sachlichen Grund und auch ohne Vorbild zum Insolvenzplan auf horizontaler Ebene übertragen zu wollen.[223] Die Norm weicht insoweit von der insolvenzrechtlichen Parallelnorm des § 245 Abs. 3 Nr. 2 InsO ab, obwohl sie nach der Gesetzesbegründung daran angelehnt ist.[224] § 245 Abs. 3 Nr. 2 InsO **verbietet allerdings nur die Besserstellung gleichgestellter Anteilsinhaber.** Nach dem Wortlaut des § 27 Abs. 2 Nr. 2 StaRUG würde die Zustimmungsfiktion schon dann scheitern, wenn eine Gruppe von zustimmenden Anteilsinhabern einen wirtschaftlichen Wert behält, auch wenn diese Gruppe im Ergebnis zur ablehnenden Gruppe der Anteilsinhaber schlechtergestellt wäre.[225] 139

Richtigerweise ist § 27 Abs. 2 Nr. 2 StaRUG daher als eine **unglückliche Formulierung des Gleichbehandlungsgebotes** anzusehen.[226] Wenn der Restrukturierungsplan eine gesellschaftsrechtliche Planregelung enthält und ein Anteilsinhaber einen Wert behält, andere hingegen nicht, dann ist dies mit dem Gleichbehandlungsgrundsatz nicht vereinbar. Dafür spricht auch, dass ausweislich der Gesetzesbegründung die Regelung an § 245 Abs. 3 Nr. 2 InsO angelehnt werden sollte. Entscheidend ist aber – wie bei § 245 Abs. 3 Nr. 2 InsO – 140

219) Vgl. AG Charlottenburg, Beschl. v. 4.1.2024 – 36s RES 6525/23 (Spark Networks), ZRI 2024, 512 = ZIP 2024, 557, m. Anm. *Brünkmans.*

220) S. zum Insolvenzplan K. Schmidt-*Spliedt*, InsO, § 245 Rz. 20.

221) *Brünkmans*, ZIP 2024, 557 (Urteilsanm.).

222) *Brünkmans*, ZIP 2024, 557 (Urteilsanm.).

223) *Völker*, ZRI 2024, 1098, 1115.

224) Begr. RegE SanInsFoG z. StaRUG, BT-Drucks. 19/24181, S. 129.

225) Seibt/Westpfahl-*Westpfahl*, StaRUG, § 27 Rz. 64; *Spahlinger* in: BeckOK-StaRUG, § 27 Rz. 27.

226) So auch Seibt/Westpfahl-*Westpfahl*, StaRUG, § 27 Rz. 64; *Spahlinger* in: BeckOK-StaRUG, § 27 Rz. 27; *Thole*, ZRI 2024, 1006, 1010; vgl. auch AG München, Beschl. v. 15.2.2023 – 1507 RES 3229/22, Rz. 8 juris, ZRI 2023, 319 = ZIP 2023, 603 – Schutzzweck der Norm sei auf Gleichbehandlung ausgelegt; strenger am Wortlaut orientiert hingegen Jacoby/Thole-*Jacoby*, StaRUG, § 27 Rz. 27.

eine wirtschaftliche[227)] Gleichbehandlung der Anteilsinhaber. Ist für eine Gruppe der Anteilsinhaber ein Eingriff (z. B. Anteilsübertragung) vorgesehen, für die andere hingegen nicht, so wäre ggf. im Restrukturierungsplan eine **Wertkompensation** zu regeln, damit alle Anteilsinhaber **wirtschaftlich gleichgestellt** werden.

141 Eine solche Kompensation wäre vor dem Hintergrund des § 27 Abs. 1 Nr. 2 StaRUG **nicht möglich**, wenn auch in die **Rechte der Gläubiger eingegriffen wird** und für eine Gläubigergruppe eine gruppenübergreifende Mehrheitsentscheidung erforderlich ist. Da dieser **Konstruktionsfehler** aus § 27 Abs. 2 Nr. 2 StaRUG – „horizontale absolute Priorität statt Gleichbehandlung" – sich bei den Ausnahmetatatbeständen in § 28 Abs. 2 Nr. 1 StaRUG fortsetzt, findet vielmehr § 28 Abs. 1 Satz 1 StaRUG Anwendung. Hiernach ist eine **Ungleichbehandlung ausnahmsweise zulässig**, wenn sie „nach Art der zu bewältigen wirtschaftlichen Schwierigkeiten und nach den Umständen sachgerecht ist".[228)] Selbst eine wirtschaftliche Ungleichbehandlung der Anteilsinhaber kann daher über § 28 Abs. 1 StaRUG in engen Ausnahefällen gerechtfertigt sein.

142 Nach einem Beschluss des **AG München** liegt **von vornherein kein Verstoß gegen § 27 Abs. 2 Nr. 2 StaRUG** vor, wenn zunächst alle Geschäftsanteile im Wege eines Kapitalschnitts durch eine Kapitalherabsetzung auf null „vernichtet" werden. In diesem Fall behalte der fortführungswillige Gesellschafter nichts. Die im Rahmen der Kapitalerhöhung erworbenen Anteile „behält" er nicht, sondern **„erwirbt" sie neu.**[229)] Diese formale Betrachtung wirft allerdings Fragen auf, weil sie die – nach dem hier vertretenen Verständnis einer Gleichbehandlung – **wirtschaftliche Gleichbehandlung nicht vollends erfasst.** Wird das Bezugsrecht zugelassen, dann ist bereits darin eine wirtschaftliche Gleichbehandlung zu sehen, da jeder Gesellschafter die Option hat, einen etwaigen inneren Wert zu generieren.[230)] Wird das Bezugsrecht hingegen ausgeschlossen und nur einzelne Anteilsinhaber zur Übernahme zugelassen,[231)] ist auf die in der freiwilligen Einbringung (Bareinlage oder geswapte Forderung) liegende Kompensation des erlangten wirtschaftlichen Wertes abzustellen.[232)] Der zeichnende Altgesellschafter erlangt neue Anteile zu einer angemessenen wirtschaftlichen Gegenleistung, während die nicht zeichnungsberechtigten Anteilsinhaber leer ausgehen. **Gleicht der Wert der Gegenleistung nicht den Wert der erworbenen Anteile aus,** kann ein Verstoß gegen § 27 Abs. 2 Nr. 2 StaRUG vorliegen. Bei der Bewertung der Anteile als Gegenleistung zur Wahrung des Gleichbehandlungsgebotes aus § 27 Abs. 2 Nr. 2 StaRUG sind anerkannte Bewertungsmethoden (DCF- oder Ertragswertmethode) heranzuziehen, wobei das in einer Eigenkapitalsanierungsfinanzierung steckende erhebliche Ri-

227) Streitig, so *Geiwitz/v. Danckelmann* in: BeckOK-InsO, § 245 Rz. 18; K. Schmidt-*Spliedt*, InsO, § 245 Rz. 35; a. A. *Fiebig* in: HK-InsO, § 245 Rz. 31; Braun-*Braun/Frank*, InsO, § 245 Rz. 41; Uhlenbruck-*Lüer/Streit*, InsO, § 245 Rz. 37; *Pleister* in: KPB, InsO, § 245 Rz. 29.

228) S. ausführlich *Völker*, ZRI 2024, 1098, 1115.

229) AG München, Beschl. v. 15.2.2023 – 1507 RES 3229/22, Rz. 8 juris, ZRI 2023, 319 = ZIP 2023, 603; s. aber auch AG Stuttgart, Beschl. v. 11.12.2024 – 6 RES 1243/24 (VARTA), Rz. 79, ZRI 2025, 149, m. Anm. *Kümpel* = BeckRS 2024, 37304; AG Charlottenburg, Beschl. v. 4.1.2024 – 36s 6525/23 (Spark Networks), ZRI 2024, 512 = ZIP 2024, 557, m. Anm. *Brünkmans*; *Ziegenhagen*, ZInsO 2025, 337, 342; kritisch *Thole*, ZIP 2023, 563, 567, der eher auf die in der Einbringung des Darlehensanspruch liegende Kompensation abstellt.

230) Vgl. hilfsweise Erwägungen AG München, Beschl. v. 15.2.2023 – 1507 RES 3229/22, Rz. 8 juris, ZRI 2023, 319 = ZIP 2023, 603.

231) S. etwa bei AG Nürnberg, Beschl. v. 21.6.2023 – RES 397/23 (Leoni), ZRI 2023, 629, 632 f. = NZI 2023, 881.

232) S. a. *Thole*, ZIP 2023, 563, 567.

siko angemessen zu berücksichtigen ist (zur Frage der Bewertung der erhaltenen Anteile siehe Rz. 130 ff.).[233]

d) Zustimmung durch Mehrheit der abstimmenden Gruppen (§ 26 Abs. 1 Nr. 3 StaRUG)

aa) Einfache Gruppenmehrheit grundsätzlich ausreichend

§ 26 Abs. 1 Nr. 3 StaRUG verlangt für eine gruppenübergreifende Mehrheitsentscheidung, dass die Mehrheit der abstimmenden Gruppen mit der nach § 25 StaRUG erforderlichen Mehrheit dem Plan zugestimmt hat. Anders als bei einem Insolvenzplan ist bei einem Restrukturierungsplan auch ein „Zwei-Gruppen-Plan" möglich (§ 26 Abs. 1 Nr. 3 Halbs. 2 StaRUG).[234] In diesem Fall genügt die Zustimmung der anderen Gruppe. 143

bb) Verbot der Mehrheitsentscheidung durch nachrangige Gruppen (§ 26 Abs. 1 Nr. 3 Halbs. 3 StaRUG)

(1) Grundsätze

Bei der einfachen Gruppenmehrheit kommt es grundsätzlich nicht darauf an, um welche Gruppe es sich bei der zustimmenden Gruppe handelt. Allerdings verlangt § 26 Abs. 1 Nr. 3 Halbs. 3 StaRUG, dass die zustimmenden Gruppen **nicht ausschließlich aus Anteilsinhabern oder nachrangigen Restrukturierungsgläubigern gebildet** sind. Es muss wenigstens eine Gruppe zugestimmt haben, deren Gläubiger auch im Insolvenzfall „im Geld"– also Inhaber von Absonderungsanwartschaften oder einfache Restrukturierungsgläubiger – sind.[235] 144

(2) Mehrheitserfordernisse bei reinen Gesellschafterplänen

Fraglich ist, ob § 26 Abs. 1 Nr. 3 Halbs. 3 StaRUG auch dann Anwendung findet, wenn es sich bei dem Restrukturierungsplan um einen reinen Gesellschafterplan (siehe zur Zulässigkeit solcher Pläne Rz. 80 ff.) aus **zwei Gesellschaftergruppen** handelt. § 26 Abs. 1 Nr. 3 Halbs. 3 StaRUG, welcher verlangt, dass die zustimmenden Gruppen nicht ausschließlich durch Anteilsinhaber oder nachrangige Restrukturierungsgläubiger gebildet sein dürfen, würde eine gruppenübergreifende Mehrheitsentscheidung bei reinen Gesellschafterplänen im Ergebnis verbieten. Zum Teil wird in der Literatur eine teleologische Reduktion erwogen, mit der Begründung, dass bei reinen Gesellschafterplänen ein Überstimmen von Gläubigern nicht zu befürchten sei.[236] Sinn und Zweck von § 26 Abs. 1 Nr. 3 Halbs. 3 StaRUG sei es aber zu verhindern, dass Stakeholder, die bei einer Liquidation sowieso keinen Wert erhalten hätten („out of money"), andere Stakeholder im Wege einer gruppenübergreifenden Mehrheitsentscheidung überstimmen können.[237] Die Konstellation der Gleichrangigkeit aller am Plan beteiligten Gruppen (z. B. nur zwei Gruppen von Anteilsinhabern) habe der Gesetzgeber übersehen. 145

233) Vgl. aber AG Stuttgart, Beschl. v. 11.12.2024 – 6 RES 1243/24 (VARTA), Rz. 80, ZRI 2025, 149, m. Anm. *Kümpel* = BeckRS 2024, 37304 – „Allein die künftige Ertragschance aus der künftigen Zeichnung stellt keinen Wertbehalt im Sinne dieser Norm [§ 27 Abs. 2 Nr. 2 StaRUG] dar".

234) ErwG 54, Art. 11 Abs. 1 lit. b Ziff. ii der Restrukturierungsrichtlinie; Jacoby/Thole-*Jacoby*, StaRUG, § 26 Rz. 24; Uhlenbruck-*Knof*, InsO, § 26 StaRUG Rz. 30.

235) *Herweg* in: MünchKomm-StaRUG, § 26 Rz. 45; Flöther-*Knapp*, StaRUG, § 26 Rz. 25; Uhlenbruck-*Knof*, InsO, § 26 StaRUG Rz. 31; Morgen-*Kowalewski/Praß*, StaRUG, § 26 Rz. 67.

236) *Thole*, ZIP 2023, 563, 566. A. A. AG München, Beschl. v. 15.2.2023 – 1507 RES 3229/22, Rz. 2 juris, ZRI 2023, 319 = ZIP 2023, 603; *Spahlinger* in: BeckOK-StaRUG, § 26 Rz. 28; *Dahl/Taras*, NJW-Spezial 2023, 278, 279.

237) Morgen-*Kowalewski/Praß*, StaRUG, § 26 Rz. 67.

146 Das AG München **lehnt eine teleologische Reduktion** mit Verweis auf ErwG 54 sowie Art. 11 Abs. 1 Unterabs. 1 lit. b der Restrukturierungsrichtlinie **ab**. Zweck der Norm sei, dass keine Gruppe, deren Position keinen Geldwert hat als einzig zustimmende Gruppe eine andere Gruppe – gleichrangig oder nicht – überstimmen könne.[238)] Lehnt man eine teleologische Reduktion von § 26 Abs. 1 Nr. 3 Halbs. 3 StaRUG bei reinen Gesellschafterplänen ab, hieße dies gleichzeitig das „Aus“ reiner Gesellschafterpläne, denn ohne das Instrumentarium einer gruppenübergreifenden Mehrheitsentscheidung dürfte ein Restrukturierungsplan aufgrund der nach § 25 StaRUG erforderlichen 75 %-Mehrheit wenig attraktiv sein.[239)] Allenfalls für die Aushebelung von Stimmrechtsbeschränkungen, Sonder- oder Mehrstimmrechten (vgl. § 24 Abs. 1 Nr. 3 StaRUG) (siehe dazu Rz. 102 ff.) könnte ein reiner Gesellschafterplan ggf. noch Sinn ergeben.

147 Letztlich kommt in den Entscheidungsgründen des AG München die – durchaus berechtigte – Sorge zum Ausdruck, bei einer telelogischen Reduktion des § 26 Abs. 1 Nr. 3 Halbs. 3 StaRUG könnten (Kleinst-)Gesellschafter unter Mithilfe der Geschäftsführung die Mehrheit der Gesellschafter über einen Restrukturierungsplan aus der Gesellschaft drängen.[240)]

E. Gesellschafts- und anteilsbezogene Wirkungen des bestätigten Restrukturierungsplans

I. Fiktion der formgerechten Beschlussfassung

148 Wie beim Insolvenzplan (siehe § 29 Rz. 161 ff. [*Brünkmans*]) werden durch gesellschaftsrechtliche Regelungen im Restrukturierungsplan die Beschlüsse der Anteilsinhaber oder anteilsbezogene Einzelerklärungen derselben mit der Bestätigung des Restrukturierungsplans **als formwirksam fingiert** (§§ 67, 68 Abs. 2 Satz 1 StaRUG). Dem vorgelagert gelten auch gesellschaftsrechtlich erforderliche Ladungen, Bekanntmachungen und sonstige Maßnahmen zur Vorbereitung von Beschlüssen der Planbetroffenen Anteilsinhaber als in der vorgeschriebenen Form bewirkt, § 68 Abs. 2 Satz 2 StaRUG (siehe oben Rz. 96).

149 Die vorgenannten Wirkungen gelten selbst für den Fall, dass sämtliche Anteilsinhaber gegen den Restrukturierungsplan gestimmt haben, wenn die Voraussetzungen für eine gruppenübergreifende Mehrheitsentscheidung (§§ 26 ff. StaRUG) vorliegen (siehe dazu Rz. 106 ff.).

150 Diese Ersetzung der Gesellschafterbeschlüsse und Einzelerklärungen durch eine Regelung im gestaltenden Teil des Restrukturierungsplans tritt jedoch nur dann ein, wenn der Restrukturierungsplan vom Restrukturierungsgericht gemäß §§ 60 ff. StaRUG bestätigt wird.[241)] Soll der Restrukturierungsplan **ohne die gerichtliche Planbestätigung** umgesetzt werden, sind die gesellschaftsrechtlichen Verfahrens-, Form und Mehrheitserfordernisse zu berücksichtigen, z. B. indem der Restrukturierungsplan eine aufschiebenden Bedingung enthält und die Gesellschafter nach den allgemeinen gesellschaftsrechtlichen Regelungen den Beschluss (z. B. Kapitalerhöhungsbeschluss) fassen (siehe auch zum Insolvenzplan § 29 Rz. 162 [*Brünkmans*]).

II. Besondere Rechtsfolgen bei gesellschaftsrechtlichen Planregelungen

1. Kündigungssperre (§ 225a Abs. 4 InsO i. V. m. § 7 Abs. 4 Satz 6 StaRUG)

151 § 7 Abs. 4 Satz 6 StaRUG verweist auf § 225a Abs. 4 InsO. Wie für den Insolvenzplan werden Kündigungs- und Rücktrittsrechte, welche bei Umsetzung einer gesellschaftsrechtlichen

238) AG München, Beschl. v. 15.2.2023 – 1507 RES 3229/22, Rz. 2, 4 juris, ZRI 2023, 319 = ZIP 2023, 603; zustimmend: *Meyer-Löwy*, EWiR 2023, 343 (Urteilsanm.). Kritisch *Thole*, ZIP 2023, 563, 564 ff.
239) S. aber AG Dresden, Beschl. v. 9.8.2023 – 572 RES 1/23 (Softline), ZRI 2023, 835.
240) AG München, Beschl. v. 15.2.2023 – 1507 RES 3229/22, Rz. 5 juris, ZRI 2023, 319 = ZIP 2023, 603.
241) Jacoby/Thole-*Brünkmans*, StaRUG, § 7 Rz. 161.

Maßnahme im Restrukturierungsplan nach den einschlägigen vertraglichen Bestimmungen eigentlich ausgelöst würden, gesperrt. Der Hauptanwendungsfall sind die häufig in **Dauerschuldverträgen** (Liefer-, Lizenz-, Nutzungsüberlassungs- und Finanzierungsverträgen, aber auch Vorstandsanstellungsverträge) enthaltenen sog. „Change-of-Control-Klauseln". Findet ein Kontrollwechsel aufgrund einer im Restrukturierungsplan vorgesehenen Änderung der Anteilsverhältnisse statt, ist eine Kündigung trotz eines im Vertrag geregelten Kündigungsrechts gemäß § 225a Abs. 4 InsO i. V. m. § 7 Abs. 4 Satz 6 StaRUG ausgeschlossen. Es gelten die Ausführungen zum Insolvenzplan (siehe § 29 Rz. 184 ff. [*Brünkmans*]) entsprechend.

2. Austrittsrecht und Beschränkung des Abfindungsanspruchs nach § 225a Abs. 5 i. V. m. § 7 Abs. 4 Satz 6 StaRUG

Werden die Anteile über den Restrukturierungsplan entzogen, ist der Wert einer etwaigen Abfindung anhand des nächstbesten Alternativszenarios zu ermitteln. Sollten die Anteile unter Beachtung des Grundsatzes absoluter Priorität der Gläubiger (§ 27 Abs. 1 Nr. 2 StaRUG) im nächstbesten Alternativszenario noch einen Wert haben, ordnet § 225a Abs. 5 i. V. m. § 7 Abs. 4 Satz 6 StaRUG für den freiwilligen Austritt des Anteilsinhaber an, dass für die Berechnung der Abfindung **zwingend Liquidationswerte anzusetzen** sind (siehe ausführlich unten Rz. 254). 152

F. Prüfungsumfang und Prüfungstiefe des Registergerichts

I. Anmeldung der Maßnahme zum Handelsregister

Die gesellschaftsrechtliche Regelung ersetzt lediglich die nach dem Gesellschaftsrecht erforderliche Beschlussfassung der Gesellschafter oder ggf. Einzelerklärungen (siehe Rz. 148), nicht jedoch die Anmeldung und Eintragung zum Handelsregister, wenn das Gesellschaftsrecht für die entsprechende Maßnahme (z. B. Satzungsänderung, Kapitalerhöhung) die Eintragung in das Handelsregister verlangt. Die **vertretungsberechtigten Organe** sind nach allgemeinen gesellschaftsrechtlichen Grundsätzen berechtigt, die im Restrukturierungsplan vorgesehenen gesellschaftsrechtlichen Maßnahmen zum Handelsregister anzumelden. Eine Anmeldungsbefugnis des Restrukturierungsbeauftragten besteht hingegen nicht.[242] 153

II. Prüfung durch das Registergericht

Da die im Restrukturierungsplan geregelten gesellschaftsrechtlichen Strukturmaßahmen nach den allgemeinen gesellschaftsrechtlichen Grundsätzen der Eintragung in das Handelsregister bedürfen (siehe oben Rz. 153), stellt sich die Frage, ob und in welchem Umfang das Registergericht neben dem Restrukturierungsgericht die entsprechenden Planmaßnahmen überprüft. Die für den Insolvenzplan – teilweise umstrittenen – Grundsätze (siehe § 29 Rz. 178 ff. [*Brünkmans*]) lassen sich auf den Restrukturierungsplan übertragen. 154

Bevor das Restrukturierungsgericht den Restrukturierungsplan bestätigt, hat es diesen umfassend zu prüfen. Maßstab der Prüfung ist das gesamte zwingende Recht einschließlich der gesellschaftsrechtlichen Regelungen (siehe § 48 Rz. 27 ff. [*Laroche*]).[243] Der gerichtliche Prüfungsumfang **erstreckt sich allerdings lediglich auf die Rechtsmäßigkeit des Restrukturierungsplans**, nicht jedoch dessen wirtschaftliche Zweckmäßigkeit.[244] 155

242) *Mulert/Steiner*, NZG, 2021, 673, 682.

243) AG Nürnberg, Beschl. v. 21.6.2023 – RES 397/23 (Leoni), Rz. 52, ZRI 2023, 629 = NZI 2023, 881; Flöther-*Laroche*, StaRUG, § 63 Rz. 11; Morgen-*Brackmann/Langer*, StaRUG, § 63 Rz. 34; Jacoby/Thole-*Brünkmans*, StaRUG, § 7 Rz. 166.

244) AG Nürnberg, Beschl. v. 21.6.2023 – RES 397/23 (Leoni), ZRI 2023, 629 = NZI 2023, 881.

156 Bezüglich der Abgrenzung zur Prüfungskompetenz des Restrukturierungsgerichts ist richtigerweise zu differenzieren: In Bezug auf die unmittelbare Planregelung (z. B. Rechtmäßigkeit der Kapitalerhöhung), welche bereits vom Restrukturierungsgericht auf ihre Rechtsmäßigkeit überprüft werden muss, ist das Registergericht an die Entscheidung des Restrukturierungsgerichts gebunden und hat diesbezüglich nur noch eine **auf schwerwiegende und offensichtliche Fehler eingeschränkte Prüfungskompetenz**[245)] (siehe zum Insolvenzplan § 29 Rz. 179 [*Brünkmans*]). Für die nicht vom Restrukturierungsplan erfassten, **sonstigen Umsetzungsakte** (z. B. Rechtmäßigkeit der Übernahmeerklärung i. R. einer Kapitalerhöhung) besteht hingegen die **vollumfängliche Prüfungskompetenz** des Registergerichts (siehe zum Insolvenzplan § 29 Rz. 181 [*Brünkmans*]).

G. Einzelne gesellschaftsrechtliche Maßnahmen

I. Kapitalmaßnahmen, insbesondere Kapitalherabsetzung und Kapitalerhöhung (§ 7 Abs. 4 Satz 3 StaRUG)

1. Bedeutung für die Sanierungspraxis

157 Wie bereits für den Insolvenzplan kristallisiert sich auch für den Restrukturierungsplan der **Kapitalschnitt als Hauptanwendungsfall** gesellschaftsrechtlicher Maßnahmen heraus.[246)] Dabei handelt es sich um eine Kapitalerhöhung verbunden mit einer vorherigen Kapitalherabsetzung. Die bisherigen, teilweise öffentlichkeitswirksamen Fälle[247)] sehen in den meisten Fällen den **Einstieg eines Investors** durch eine **effektive Barkapitalerhöhung** vor, nachdem eine logische Sekunde vorher durch eine **Kapitalherabsetzung auf null** sämtliche Geschäftsanteile vernichtet und die Altgesellschafter damit herausgedrängt wurden. Für eine börsennotierte AG endet mit Eintragung der Kapitalherabsetzung in das Handelsregister die Börsennotierung. Dem liegt häufig ein sog. „Cash-out-Plan" zugrunde, d. h. die i. R. der Barkapitalerhöhung (ggf. als Agio) zur Verfügung gestellten Barmittel werden zumindest auch dafür verwendet, dass die nach einem Schuldenschnitt gekürzten Verbindlichkeiten vom Investor – ggf. nur zum Teil – abgelöst werden (Bilanzbereinigung der Passivseite). Mit Zahlung der durch die Barkapitalerhöhung finanzierten Planquote verzichten die planbetroffenen Restrukturierungsgläubiger auf den Rest der Forderung und die Gesellschaft ist entschuldet. Diese Bedeutung des Kapitalschnitts zeichnete sich für den Insolvenzplan bereits kurz nach Einführung des § 225a InsO durch das ESUG ab (siehe zum Insolvenzplan, § 29 Rz. 139 ff., § 32 Rz. 29 ff., § 63 [*Brünkmans*]).

158 Dem vorinsolvenzlichen Stadium geschuldet sieht der Restrukturierungsplan im Unterschied zum Cash-out-Insolvenzplan häufig auch eine Struktur vor, bei der der Kapitalschnitt und die damit verbundene Kapitalerhöhung **lediglich die Sanierung finanziert**. Die Rückforderung der (nach teilweisem Erlass) stehengelassenen Finanzverbindlichkeiten erfolgt

---

245) Wie hier *Pleister/Raschke* in: Kübler/Bork/Prütting, HRI I, § 37 Rz. 81; Flöther-*Hoffmann/Braun*, StaRUG, § 68 Rz. 6; *Wilke* in: BeckOK-StaRUG, § 68 Rz. 9; Braun-*Bauch*, StaRUG, § 68 Rz. 6; Morgen-*Backes/Arends*, StaRUG, § 68 Rz. 61 ff.; *Madaus* in: MünchKomm-StaRUG, § 68 Rz. 29 f.; Seibt/Westpfahl-*Sattler*, StaRUG, § 68 Rz. 17; *Schluck-Amend* in: K. Schmidt/Uhlenbruck, Die GmbH in Krise, Restrukturierung und Insolvenz, § 10 Rz. 10.233; Jacoby/Thole-*Brünkmans*, StaRUG, § 7 Rz. 166; a. A. Uhlenbruck-*Mock*, InsO, § 68 StaRUG Rz. 6.

246) Kritisch *Mock*, NZG 2024, 769: Über den Kapitalschnitt im Restrukturierungsrecht werde das StaRUG zum „Restrukturierungsübernahmerecht" ohne hinreichenden Schutz der Aktionäre.

247) AG Nürnberg, Beschl. v. 21.6.2023 – RES 397/23 (Leoni), ZRI 2023, 629 = NZI 2023, 881; AG München, Beschl. v. 21.10.2021 – 1542 RES 2180/21 (Eterna), NZI 2022, 31; AG Charlottenburg, Beschl. v. 4.1.2024 – 36s RES 6525/23 (Spark Networks), ZRI 2024, 512 = ZIP 2024, 557, m. Anm. *Brünkmans*; AG Dresden, Beschl. v. 9.8.2023 – 572 RES 1/23 (Softline), ZRI 2023, 835, dazu EWiR 2023, 728 (*Paulus*); vgl. auch AG Stuttgart, Beschl. v. 11.12.2024 – 6 RES 1243/24 (VARTA), ZRI 2025, 149; anders lediglich im Fall BayWa, AG München, Beschl. v. 6.6.2025 – 1501 RES 337/25 (BayWa), ZRI 2025, 787.

dann nicht, wie etwa beim Cash-out-Plan über den Eigenkapitalinvestor und seine Einlage. Vielmehr werden die Finanzverbindlichkeiten bei dieser Transaktionsstruktur **am Ende des Sanierungszeitraums** über einen Exit nach Durchführung eines Investorenprozesses oder eine Refinanzierung **zurückgeführt.**[248] In diesem werden Teilverzichte mit „Amend-and-Extend“-Lösungen (siehe dazu ausführlich § 40 Rz. 124 [*Brünkmans*]) kombiniert.

Wird das Bezugsrecht der Altgesellschafter ausgeschlossen und ein **außenstehender Dritter** zur Übernahme der Geschäftsanteile zugelassen, stellt die Barkapitalerhöhung verbunden mit einer vorherigen Kapitalherabsetzung eine **Alternative zum Anteilserwerb** (Share Deal) dar (ausführlich zum Insolvenzplan § 32 Rz. 29 [*Brünkmans*]). 159

2. Kapitalherabsetzung (§ 7 Abs. 4 Satz 3 Var. 1 StaRUG)

Da in Restrukturierungsfällen häufig das Stammkapital aufgezehrt ist, erfolgt eine Herabsetzung des nominellen Stammkapitals zum Ausgleich von Wertminderungen oder sonstigen Verlusten in Form der vereinfachten Kapitalherabsetzung nach den §§ 58a ff. GmbHG, §§ 229 f. AktG[249] (siehe zum Insolvenzplan § 30 Rz. 73 ff., 109 ff. [*Brünkmans*]). In § 7 Abs. 4 Satz 3 StaRUG ist die Durchführung einer Kapitalherabsetzung auf null mittels Restrukturierungsplan ausdrücklich als Möglichkeit der Plangestaltung vorgesehen.[250] Durch die Kapitalherabsetzung wird zwar in das Recht des Inhabers eines Anteils- oder Mitgliedschaftsrecht und damit auch in seine grundrechtlich geschützte Position als Eigentümer (Art. 14 GG) eingegriffen. Allerdings handelt es sich eine **zulässige Inhalts- und Schrankenbestimmung der Eigentumsgarantie** aus Art. 14 GG.[251] Auch die im Restrukturierungsplan geregelte Kapitalherabsetzung erfordert die Einhaltung der §§ 58a ff. GmbHG, §§ 229 f. AktG. Die Ausführungen zum Insolvenzplan, insbesondere im Hinblick auf etwaig aufzulösende Gewinnrücklagen (siehe zum Insolvenzplan § 30 Rz. 76, 112 [*Brünkmans*]) gelten entsprechend. 160

Es ist **unerheblich**, auf welchen **Ursachen** der Verlust beruht, z. B. auf Wertminderungen von Gegenständen des Anlage- oder Umlaufvermögens. Auch der Wegfall der Fortführungsprognose (Going Concern) dürfte (Pre-Restructuring) zu einem Wertverlust durch Wertminderung der Assets und zu drohenden Verlusten (§ 249 Abs. 1 HGB) führen. Es reicht aus, dass sich der Verlust aus einer Zwischenbilanz ergibt. 161

Spätestens mit Wegfall der handelsrechtlichen Fortführungsprognose wird allerdings aufgrund der Wertminderung das **Eigenkapital in der Regel aufgebraucht** sein. Dabei ist zu beachten, dass die Beseitigung der Verluste durch andere im Zusammenhang mit der Kapitalherabsetzung beabsichtigten Maßnahmen **bei der Wertbetrachtung nicht berücksichtigt** werden. Anders jedoch für die insolvenzrechtliche Fortbestehensprognose nach § 19 InsO, bei der die im Restrukturierungsplan vorgesehenen Maßnahmen berücksichtigt werden können. 162

Der Nachweis des Verlustes des Stammkapitals kann durch den **letzten Jahresabschluss** verbunden mit der nach Nr. 2 Anlage zu § 5 Satz 2 StaRUG zusammen mit dem Restrukturierungsplan vorzulegenden Bilanz erbracht werden. 163

---

248) AG Nürnberg, Beschl. v. 21.6.2023 – RES 397/23 (Leoni), ZRI 2023, 629 = NZI 2023, 881; AG Stuttgart, Beschl. v. 11.12.2024 – 6 RES 1243/24 (VARTA), ZRI 2025, 149.

249) AG Nürnberg, Beschl. v. 21.6.2023 – RES 397/23 (Leoni), ZRI 2023, 629 = NZI 2023, 881; AG Stuttgart, Beschl. v. 11.12.2024 – 6 RES 1243/24 (Varta), ZRI 2025, 149.

250) AG Stuttgart, Beschl. v. 11.12.2024 – 6 RES 1243/24 (VARTA), Rz. 64, ZRI 2025, 149, m. Anm. *Kümpel* = BeckRS 2024, 37304.

251) AG Stuttgart, Beschl. v. 11.12.2024 – 6 RES 1243/24 (VARTA), Rz. 64, ZRI 2025, 149, m. Anm. *Kümpel* = BeckRS 2024, 37304.

164 Eine Kapitalherabsetzung auf null ist zulässig, wenn der **Mindestbetrag** aus § 5 GmbHG i. H. von 25.000 € (50.000 € für die AG, § 7 AktG) durch eine Kapitalerhöhung **wieder erreicht wird**, die zugleich mit der Kapitalherabsetzung beschlossen und innerhalb von drei Monaten zusammen mit der Kapitalherabsetzung im Handelsregister eingetragen wird (§ 58a Abs. 4 Satz 1 GmbHG; vgl. zur AG § 228 Abs. 1 AktG). Der Mindestnennbetrag darf in diesem Fall nur **durch eine Barkapitalerhöhung**, nicht hingegen durch eine Sachkapitalerhöhung, aufgebracht werden (vgl. § 58a Abs. 4 Satz 1 GmbHG, § 228 Abs. 1 Halbs. 2 AktG).

165 Bezüglich der inhaltlichen Ausgestaltung und den formalen Anforderungen (Angabe von Zweck, Anpassung der Nennwerte der Geschäftsanteile etc.) der Beschlussregelung im Restrukturierungsplan kann auf die Ausführungen zum Insolvenzplan verwiesen werden (siehe § 30 Rz. 85 ff., 122 f. [*Brünkmans*])

166 Mit **Eintragung in das Handelsregister** wird die Kapitalherabsetzung **wirksam** (§ 54 Abs. 3 GmbHG, § 181 Abs. 3 AktG) und eine etwaige Börsennotierung endet (siehe Rz. 157). Zur Handelsregisteranmeldung und Prüfung der Kapitalherabsetzung durch Restrukturierungsgericht und ggf. Registergericht siehe Rz. 153 ff.

3. Kapitalerhöhung (§ 7 Abs. 4 Satz 3 Var. 2 StaRUG)

a) Barkapitalerhöhung

167 Die Kapitalerhöhung wird in § 7 Abs. 4 Satz 3 StaRUG ausdrücklich als eine im gestaltenden Teil des Restrukturierungsplans regelbare gesellschaftsrechtliche Maßnahmen erwähnt. Auch für den Restrukturierungsplan nach StaRUG steht die Barkapitalerhöhung in der Regel im Kontext einer vorherigen Kapitalherabsetzung (sog. Kapitalschnitt) (siehe Rz. 157).

168 Die Barkapitalerhöhung besteht aus folgenden **Umsetzungsschritten** (siehe ausführlich zum Insolvenzplan § 30 Rz. 145 ff., 212 ff. [*Brünkmans*]):

1. Satzungsändernder Kapitalerhöhungsbeschluss unter Festlegung des Nennwertes der neuen Geschäftsanteile;
2. ggf. Bezugsrechtsausschluss;
3. Beschluss für die Zulassung bestimmter Personen zur Übernahme des erhöhten Kapitals;
4. Übernahmeerklärung bzgl. der neuen Geschäftsanteile durch die zugelassenen Personen;
5. Leistung der Einlage;
6. Anmeldung der Kapitalerhöhung zum Handelsregister und Eintragung.

169 Im gestaltenden Teil des Restrukturierungsplans werden die **Beschlüsse** (1.) und (2.) geregelt. Es gelten die Grundsätze zum Insolvenzplan entsprechend (siehe dazu § 30 Rz. 145 ff. [*Brünkmans*]) Die notariell zu beglaubigende **Übernahmeerklärung** (3.) hat die übernehmende Person nach den allgemeinen Grundsätzen abzugeben. Mit ihrer rechtsverbindlichen Abgabe entsteht die Verpflichtung zur Leistung der Bareinlage. Bezüglich der Einzelheiten kann auf die Ausführungen zum Insolvenzplan, siehe § 30 Rz. 164 ff. [*Brünkmans*], verwiesen werden, die für den Restrukturierungsplan entsprechend gelten.

170 Die **Leistung der Einlage und Anmeldung der Kapitalerhöhung** zum Handelsregister erfolgt hingegen nach den allgemeinen gesellschaftsrechtlichen Grundsätzen (siehe Rz. 153).

171 Das Restrukturierungsgericht prüft die im Restrukturierungsplan geregelten Kapitalerhöhungsbeschlüsse und sonstigen Annexbeschlüsse (oben 1. und 2.), insbesondere den recht-

lich notwendigen Inhalt der Kapitalerhöhungsregelung.[252] Nach den hier auch für den Insolvenzplan vertretenen Grundsätzen prüft das Registergericht den Kapitalerhöhungsbeschluss nur i. R. einer Evidenzprüfung auf schwerwiegende und offensichtliche Fehler. Ob die Übernahmeerklärung und die Leistung der Einlagen ordnungsgemäß erbracht wurden, wird hingegen vom Registergericht uneingeschränkt überprüft (siehe Rz. 153 ff.; zum Insolvenzplan § 30 Rz. 182 f. [*Brünkmans*]).

Mit Eintragung der (Durchführung der) Kapitalerhöhung in das Handelsregister wird diese wirksam (§ 54 Abs. 3 GmbHG, §§ 181 Abs. 3, 189 AktG) und der Übernehmende erwirbt automatisch die neuen Geschäftsanteile. 172

b) Sachkapitalerhöhung

Bei einer Sachkapitalerhöhung über einen Restrukturierungsplan gelten im Wesentlichen die Ausführungen zur Barkapitalerhöhung entsprechend. Folgende **Besonderheiten** sind zu beachten: 173

- Der Kapitalerhöhungsbeschluss muss den Gegenstand der (einlagefähigen)[253] Sacheinlage (§ 56 GmbHG) vollständig und genau bezeichnen und der korrespondierende Nennbetrag des Geschäftsanteils ist anzugeben (vgl. zum Insolvenzplan, insbesondere bei übersteigendem Wert der Sacheinlage, § 30 Rz. 192 f. [*Brünkmans*]).
- Anstelle eines Sachkapitalerhöhungsberichts kann sich eine zusammenfassende Erläuterung über die Werthaltigkeit im darstellenden Teil des Restrukturierungsplans anbieten ggf. mit weiteren Ausführungen in Anlehnung an einen Sachkapitalerhöhungsbericht als Anlage (vgl. zum Insolvenzplan § 30 Rz. 194 f. [*Brünkmans*]). Für die AG ist die Sacheinlageprüfung nach § 183 Abs. 3 Satz 1 AktG zu beachten (vgl. zum Insolvenzplan § 30 Rz. 257 ff. [*Brünkmans*]).

Als möglichen Regelungsgegenstand im Restrukturierungsplan erwähnt § 7 Abs. 4 Satz 3 StaRUG ausdrücklich die Leistung von Sacheinlagen. Während die Übernahmeerklärung (siehe Rz. 169) die schuldrechtliche Verpflichtung des Inferenten zur Leistung der Sacheinlage begründet, erfolgt die Leistung der Sacheinlage mit **separatem dinglichen Verfügungsvertrag** (z. B. §§ 929 ff. BGB [bewegliche Sachen], §§ 873, 925 BGB [Grundstücke], § 398 BGB [Forderungen oder Geschäftsanteile, § 15 Abs. 1 GmbHG]). Im Restrukturierungsplan kann im gestaltenden Teil die **Verfügungserklärung** des Schuldners formwirksam ersetzt werden. Für die dingliche Erklärung des Inferenten gelten hingegen die allgemeinen Grundsätze (vgl. zum Insolvenzplan § 30 Rz. 203 [*Brünkmans*]). 174

4. Bezugsrechtsausschluss

In einer Sanierung lässt sich eine Kapitalerhöhung häufig effektiv nur über einen Bezugsrechtsausschluss umsetzen. Nur so kann dem Unternehmen frisches Geld durch einen außenstehenden Investor zugeführt werden, welches die Altgesellschafter selbst nicht mehr aufbringen können. § 7 Abs. 4 Satz 3 Var. 3 StaRUG sieht die Möglichkeit einer Regelung eines Bezugsrechtsausschlusses im Restrukturierungsplan ausdrücklich vor.[254] 175

---

252) Jacoby/Thole-*Brünkmans*, StaRUG, § 7 Rz. 122.

253) Vgl. *Ziemons* in: BeckOK-GmbHG, § 56 Rz. 9 ff.; *Lieder* in: MünchKomm-GmbHG, § 56 Rz. 13 ff.; Altmeppen-*Altmeppen*, GmbHG, § 56 Rz. 4 ff.

254) AG Stuttgart, Beschl. v. 11.12.2024 – 6 RES 1243/24 (VARTA), Rz. 65, ZRI 2025, 149, m. Anm. *Kümpel* = BeckRS 2024, 37304.

176 Für einen Bezugsrechtsausschluss im Restrukturierungsplan stellt sich die Frage, ob der Bezugsrechtsausschluss nach den allgemeinen Grundsätzen sachlich gerechtfertigt[255)] sein muss oder das zum Insolvenzplan vorherrschende Verständnis einer allenfalls eingeschränkten sachlichen Rechtfertigung (siehe § 30 Rz. 276 ff. [*Brünkmans*]) Anwendung findet. Die wohl h. M. in Rechtsprechung[256)] und Literatur[257)] hält mit ähnlicher Begründung wie zum Insolvenzplan eine **sachliche Rechtfertigung für nicht erforderlich**. Als Begründung wird auf die drohende Zahlungsunfähigkeit als Einstiegsvoraussetzung für das StaRUG verwiesen. Der Schuldner könne grundsätzlich auch ein Insolvenzverfahren initiieren, in dem Eingriffe in die Rechte der Anteilsinhaber über einen Kapitalschnitt mit Bezugsrechtsausschluss möglich sei.[258)]

177 Diesem Ansatz wird neuerdings insbesondere von *Mock*[259)] dezidiert widersprochen. Nach dieser Auffassung hat i. R. von § 7 Abs. 4 Satz 3 StaRUG eine **identische Prüfung wie bei § 186 Abs. 3 AktG** zu erfolgen, d. h. der Bezugsrechtsausschluss muss nach allgemeinen Kriterien sachlich gerechtfertigt sein. Danach ist der Ausschluss des Bezugsrechts nur möglich, wenn er einem Zweck dient, der im Interesse der AG liegt, zur Erreichung des beabsichtigten Zwecks geeignet und überdies erforderlich sowie verhältnismäßig ist. Ferner liege eine zur Versagung der Planbestätigung führende Unlauterkeit i. S. von § 63 Abs. 5 StaRUG vor, wenn bei der Gewährung eines einseitigen Bezugsrechts zugunsten eines Aktionärs sämtliche anderen Aktionäre ohne Abfindung ausscheiden müssen.[260)] Ferner läge in diesen Fällen ein Verstoß gegen den Gleichbehandlungsgrundsatz (Art. 3 Abs. 1 GG und § 53a AktG) vor.[261)]

178 Die **Ausführungen überzeugen am Ende nicht**. Allerdings wird man die von der h. A. angenommene Einschränkung oder gar Verneinung des Bezugsrechts nur dann annehmen können, wenn als **nächstbestes Alternativszenario** (siehe dazu oben § 39 Rz. 50 ff. [*Brünkmans*]) das Insolvenzverfahren mit hinreichender Sicherheit feststeht.[262)] Dies gilt aufgrund der drohenden Zahlungsunfähigkeit auch für einen Bezugsrechtsausschluss bei vorheriger Kapitalherabsetzung auf null (siehe ausführlich § 30 Rz. 285 f. [*Brünkmans*]), wenn eine solche zur sonst drohenden Insolvenz alternativlos ist und die Gesellschafter in der Insolvenz keinen Wert erhielten.[263)]

179 Sollte die Insolvenz nicht das nächstbeste Alternativszenario sein, wird das **Sanierungserfordernis** jedoch in der Regel einen **Bezugsrechtsausschluss rechtfertigen**, wie dies bereits auch für außergerichtliche Sanierungskapitalerhöhungen anerkannt ist (siehe zum Insol-

---

255) Zweckverfolgung im Interesse der Gesellschaft, Erforderlichkeit und Verhältnismäßigkeit, vgl. ständige Rspr. BGH, Urt. v. 13.3.1978 – II ZR 142/76, NJW 1978, 1316; BGH, Urt. v. 9.11.1992 – II ZR 230/91, NJW 1993, 400.

256) Vgl. etwa AG Stuttgart, Beschl. v. 11.12.2024 – 6 RES 1243/24 (VARTA), Rz. 65, ZRI 2025, 149, m. Anm. *Kümpel* = BeckRS 2024, 37304; AG Charlottenburg, Beschl. v. 4.1.2024 – 36s RES 6525/23 (Spark Networks), ZRI 2024, 512 = ZIP 2024, 557, m. Anm. *Brünkmans*.

257) *Bernsau/Beyer*, BB 2022, 1090, 1092; Jacoby/Thole-*Brünkmans*, StaRUG, § 7 Rz. 132; Uhlenbruck-*Streit/Bürk*, InsO, § 7 StaRUG Rz. 104; Römermann-*Leichtle/Gaballo-Rieg*, InsO/InsR, § 7 StaRUG Rz. 27; *Fridgen* in: BeckOK-StaRUG, § 7 Rz. 73; Flöther-*Tasma*, StaRUG, § 7 Rz. 30; Morgen-*Tresselt*, StaRUG, § 7 Rz. 38 f.; Seibt/Westpfahl-*Seibt*, StaRUG, § 7 Rz. 97; *Seibt/Bulgrin*, DB 2020, 2226, 2235; **a. A.** zum Insolvenzplan *Simon/Merkelbach*, NZG 2012, 121, 125 f.; *Schäfer*, ZIP 2019, 1305, 1309; *Brinkmann*, WM 2011, 97, 101.

258) Flöther-*Tasma*, StaRUG, § 7 Rz. 30.

259) *Mock*, NZG 2024, 769 ff.; *Mock*, ZRI 2024, 1026; im Ergebnis ebenso *Ristelhuber*, NZI 2025, 713.

260) *Mock*, NZG 2024, 769, 771.

261) *Mock*, ZRI 2024, 1026, 1028.

262) Jacoby/Thole-*Brünkmans*, StaRUG, § 7 Rz. 132.

263) AG Berlin-Charlottenburg, Beschl. v. 4.1.2024 – 36s RES 6525/23 (Spark Networks), ZRI 2024, 512 = ZIP 2024, 557, m. Anm. *Brünkmans*.

venzplan § 30 Rz. 282 ff. [*Brünkmans*]). Die strengen Maßstäbe für einen Bezugsrechtsausschluss im Kontext einer vorherigen Kapitalherabsetzung auf null[264] (siehe zum Insolvenzplan § 30 Rz. 285 f. [*Brünkmans*]) sind jedoch richtigerweise nicht einzuhalten. Das StaRUG ist darauf angelegt, Zwangseingriffe zuzulassen und bei einer verbleibenden Werthaltigkeit der Anteile, im Restrukturierungsplan eine Kompensation zu gewähren („dulde und liquidiere"), vgl. § 7 Abs. 4 Satz 3 StaRUG.[265]

> **Praxishinweis**
>
> In der Praxis sollten bis zur höchstrichterlichen Klärung dieser Frage im darstellenden Teil des Restrukturierungsplan **Ausführungen zur sachlichen Rechtfertigung** eines Bezugsrechtsausschlusses aufgenommen werden.

Der Bezugsrechtsausschluss wird gegenwärtig auch i. R. der **StaRUG-Evaluation**[266] kontrovers diskutiert.[267] De lege lata wird die Regelung eines nicht entziehbaren Bezugsrechts der Minderheitsaktionäre für eine Beteiligungsquote von nicht mehr als 24,9 % vorgeschlagen.[268] **24,9 %** der i. R. der Kapitalerhöhung geschaffenen Anteile würden nach diesem Konzept **für die Minderheitsgesellschafter** gewissermaßen **„geparkt"**. Diese haben dann die Möglichkeit zum gleichen Preis wie ein Großaktionär entsprechend ihrer früheren Beteiligungsquote an der Kapitalerhöhung für die „geparkten neuen Anteile" teilzunehmen.[269] Dieser Ansatz überzeugt im Ergebnis nicht und löst bei börsennotierten AG nicht das zeitliche Problem einer Bezugsrechtsemission, insbesondere vor dem Hintergrund einer Prospektpflicht. Steht die drohende Zahlungsunfähigkeit mit hinreichender Sicherheit fest, ist auch kein Grund ersichtlich, es den übrigen Planbetroffenen und einem potenziellen Investor zu versagen, darüber zu entscheiden, unter welchen Bedingungen sie eine Sanierung mittragen oder nicht. Dazu gehört auch die **zukünftige Anteilsstruktur**. Gegenüber neuen Investoren soll der Anteil von 24,9 % zwar nicht abschreckend wirken, weil damit offensichtlich eine Sperrminorität verhindert wird. Allerdings kann sowohl eine fortbestehende Börsennotierung als auch ein fortbestehender Streubesitz für einen Investor abschreckende Wirkung haben. Sinnvolle Sanierungsoptionen werden durch ein **solch starres Modell** von vorherein verhindert. 180

II. Debt-Equity-Swap

1. Ablauf unter Einbeziehung eines Restrukturierungsplans

Als Prototyp einer gesellschaftsrechtlichen Maßnahme im Restrukturierungsplan sieht § 7 Abs. 4 Satz 1 StaRUG die Umwandlung von Fremd- in Eigenkapital (Debt-Equity-Swap) vor. In der Praxis spielt der Debt-to-Equity-Swap jedoch eine im Vergleich zum Kapitalschnitt inklusive Barkapitalerhöhung deutlich geringere Rolle.[270] Bei einem Debt-Equity- 181

---

264) Ein Bezugsrechtsausschluss soll danach nur dann gerechtfertigt sein, wenn (1) dieser zur Sanierung der Gesellschaft erforderlich ist, (2) eine Alternative ausscheidet und (3) die erfolgreiche Sanierung bei Ausschluss des Bezugsrechts gewährleistet ist sowie (4) die völlige Wertlosigkeit der bestehenden Beteiligungen zweifelsfrei feststeht, vgl. *Krieger* in: MünchHdb. GesR, § 60 Rz. 16; *Priester*, DNotZ 2003, 592, 598; *Koch*, AktG, § 228 Rz. 2a; *Reger/Stenzel*, NZG 2009, 1210, 1211; gegen die Möglichkeit des Bezugsrechtsausschlusses bei einer Kapitalherabsetzung auf null jedenfalls bei personalistischer Struktur vgl. K. Schmidt, ZIP 2012, 2085, 2086; K. Schmidt, ZGR 2012, 566, 578.

265) Jacoby/Thole-*Brünkmans*, StaRUG, § 7 Rz. 132.

266) Gegenwärtig führt das BMJ eine Gesetzesevaluation durch, s. dazu *Frind*, ZRI 2025, 445.

267) S. *Reuter*, Praxisorientierte Impulse zu Kernfragen der Krise (DAV, Bericht 1 Insolvenzrechtstag 2025), INDat-Report 04/2025, S. 50, 56.

268) *Redenius-Hövermann/Strenger*, AG 2025, 152, 157.

269) *Redenius-Hövermann/Strenger*, AG 2025, 152, 157.

270) S. empirische Studie von *Wünsche/Schüler*, Corporate Finance (CF), 2025, 105, 108.

Swap erfolgt die Umwandlung nach den allgemeinen gesellschaftsrechtlichen Grundsätzen im Wege einer Sachkapitalerhöhung (§§ 183 f. AktG, § 56 GmbHG). Die Einbringung der Sacheinlage wird entweder durch Erlass der Forderung gegen den Schuldner oder Abtretung derselben und der damit verbunden Konfusion umgesetzt (siehe zum Insolvenzplan § 30 Rz. 309 [*Brünkmans*]).

182 Auch beim Restrukturierungsplan gilt für den Debt-Equity-Swap folgender **Ablaufplan:**

1. Gegebenenfalls vorherige Kapitalherabsetzung;
2. Kapitalerhöhung sowie Ausschluss der Bezugsrechte der Altgesellschafter und Zulassung wandelbereiter Gläubiger;
3. Übernahme der neuen Anteile durch den wandelbereiten Gläubiger;
4. Leistung der Sacheinlagen im Wege des Forderungserlasses (Alternative: Abtretung an den Schuldner und dadurch eintretende Konfusion);
5. Anmeldung der Sachkapitalerhöhung zum Handelsregister:
6. Eintragung der Sachkapitalerhöhung in das Handelsregister.

183 Unmittelbarer Regelungsgegenstand des **Restrukturierungsplans** sind dabei die **Schritte 1. und 2.** Der Kapitalherabsetzungs- und Kapitalerhöhungsbeschluss werden unter Einbeziehung der Anteilsinhaber als Planbetroffene (§§ 2 Abs. 4, 8, 9 Abs. 1 Nr. 4 StaRUG) im gestaltenden Teil des Restrukturierungsplans geregelt und mit Bestätigung des Plans durch das Restrukturierungsgericht als formwirksam fingiert (siehe oben Rz. 148). Gleiches gilt für den **Bezugsrechtsausschluss.** Die für den Insolvenzplan geltenden Grundsätze sind für den Restrukturierungsplan entsprechend anzuwenden (siehe § 30 Rz. 314 ff. [*Brünkmans*]).

184 Für die **Übernahme der neuen Anteile** (Schritt 3) ist jedoch die **ausdrückliche Zustimmung** des wandelungsbereiten Gläubigers erforderlich. § 7 Abs. 4 Satz 2 StaRUG stellt nämlich klar, dass eine Umwandlung der Forderung in Eigenkapital nicht gegen den Willen des Forderungsinhabers erfolgen kann. Nach § 15 Abs. 2 StaRUG ist vom zugelassenen Gläubiger daher die Zustimmung zur Übernahme der neuen Anteile **dem Restrukturierungsplan beizufügen.** Dies entspricht der Rechtslage zum Insolvenzplan (§§ 225a Abs. 2 Satz 2, 230 Abs. 2 InsO, siehe zum Insolvenzplan § 30 Rz. 328 ff. [*Brünkmans*]). Auch im Kontext eines Restrukturierungsplans ließe sich die Umwandlung gegen den Willen der Gläubiger vor dem Hintergrund der negativen Vereinigungsfreiheit aus Art. 9 Abs. 1 GG nur schwer begründen (siehe zum Insolvenzplan § 30 Rz. 329 [*Brünkmans*]).[271] Zu den Besonderheiten eines Debt-to-Equity Swaps bei Schuldverschreibungen (siehe § 30 Rz. 336 ff. [*Brünkmans*]).

185 Für die Inhaber der umzuwandelnden Restrukturierungsforderungen ist eine **gesonderte Gläubigergruppe** zu bilden.[272]

2. Bewertung der umzuwandelnden Forderung

186 § 67 Abs. 5 StaRUG schließt die gewöhnlich geltende Differenzhaftung (vgl. § 19 Abs. 4 GmbHG, § 27 Abs. 3 AktG) gegen den Einleger bei einem im Restrukturierungsplan geregelten Debt-Equity-Swap aus. Allerdings gilt der Grundsatz der realen Kapitalaufbringung uneingeschränkt auch für den StaRUG-Restrukturierungsplan.

187 Das Restrukturierungsgericht kann den Restrukturierungsplan daher nur dann bestätigen, wenn die Forderung richtig und genau bewertet wird.[273] Nach der h. M. ist allgemein für die **Forderungsbewertung** auf die **Schuldendeckungsfähigkeit** abzustellen. Eine Forde-

271) Jacoby/Thole-*Brünkmans*, StaRUG, § 7 Rz. 107.

272) Wolgast/Grauer-*Grauer*, StaRUG.online, § 7 Rz. 30; Jacoby/Thole-*Brünkmans*, StaRUG, § 7 Rz. 109.

273) Flöther-*Tasma*, StaRUG, § 7 Rz. 32; *Fridgen* in: BeckOK-StaRUG, § 7 Rz. 75.

rung ist danach nur insoweit zum Nennwert einlagefähig, als sie fällig, liquide und vollwertig ist (siehe ausführlich § 58 Rz. 114 [*Brünkmans/Harmann/Clev*]). Die Schuldendeckungsfähigkeit als Maßstab der Forderungsbewertung gilt grundsätzlich auch bei einem Debt-Equity-Swap über einen Restrukturierungsplan.

Richtigerweise können die **Wirkungen** des Restrukturierungsplans **bei der Bewertung** der Forderung i. R. der Kapitalaufbringung **berücksichtigt** werden.[274] Dies gilt für den Insolvenzplan (siehe ausführlich § 58 Rz. 125 [*Brünkmans/Harmann/Clev*]) und erst recht für den per se auf Sanierung ausgerichteten Restrukturierungsplan. Entscheidend ist somit die Quote der zu wandelnden Forderung, welche sich aus der Fähigkeit des Unternehmens, mit dem operativen Geschäft zukünftig Zahlungsströme (Cashflows) zu generieren, ergibt. Diese sind entsprechend der **DCF-Methode** (Bewertung mit zukünftigen Einnahmeüberschüssen) auf den Bewertungsstichtag mit einem entsprechend risikoadjustierten Zinssatz zu diskontieren (siehe § 58 Rz. 125 [*Brünkmans/Harmann/Clev*]). Bei der Prognose der Einnahmeüberschüsse ist auf die Ergebnis- und Finanzplanung nach § 14 StaRUG abzustellen.[275] 188

III. Übertragung von Anteils- oder Mitgliedschaftsrechten (§ 7 Abs. 4 Satz 4 StaRUG)

Der gestaltende Teil des Restrukturierungsplans kann auch eine Übertragung der Anteils- oder Mitgliedschaftsrechte an der Schuldnerin an einen **Investor oder sonstigen Dritten** vorsehen (vgl. § 7 Abs. 4 Satz 4 StaRUG). Es gelten die Ausführungen zum Insolvenzplan (§ 30 Rz. 400 ff. [*Brünkmans*]) entsprechend. Die Regelung der Übertragung von Anteilsrechten bedarf grundsätzlich **keiner besonderen materiellen Rechtfertigung**, insbesondere muss diese nicht zwingend für die Restrukturierung erforderlich sein.[276] 189

Eine Übertragung der Anteils- oder Mitgliedschaftsrechte durch eine Planregelung kommt insbesondere dann in Betracht, wenn ein **Ausscheiden der Altgesellschafter für das Gelingen** der Sanierung **notwendig erscheint**, aber die bestehenden Verluste für eine vereinfachte Kapitalherabsetzung auf null (siehe Rz. 160 ff.) nicht ausreichen.[277] Eine **Abfindung** der Altgesellschafter richtet sich in diesem Fall nach allgemeinen Bewertungsgrundsätzen für den Anteilsentzug (siehe § 58 Rz. 14 ff. [*Brünkmans/Harmann/Clev*]). § 225a Abs. 5 InsO i. V. m. § 7 Abs. 4 Satz 6 findet keine Anwendung, da die dort geregelten Bewertungsgrundsätze lediglich für den freiwilligen Austritt gelten (siehe oben Rz. 152 und § 58 Rz. 74 ff. [*Brünkmans/Harmann/Clev*]). 190

Rechtstechnisch erfolgt die Übertragung der Anteilsrechte durch die Regelung der Abtretungserklärungen und ggf. der schuldrechtliche Verpflichtungserklärungen im gestaltenden Teil des Restrukturierungsplans (siehe zum Insolvenzplan § 30 Rz. 402 ff. [*Brünkmans*]). Über die reine Übertragung der Geschäftsanteile **hinausgehende Verpflichtungen** der Altgesellschafter – etwa Garantien oder Freistellungsverpflichtungen – können hingegen nicht im Restrukturierungsplan aufgenommen werden (siehe zum Insolvenzplan § 30 Rz. 403 [*Brünkmans*]). 191

Mit **Bestätigung** des Restrukturierungsplans wird die formwirksame Abgabe der Abtretungserklärung der Anteilsinhaber der Schuldnerin fingiert (§ 68 Abs. 2 StaRUG). Die **Erklärung des Erwerbers** hat hingegen nach allgemeinen zivilrechtlichen Grundsätzen unter Wahrung der Formvorschriften, insbesondere **Beurkundung** bei GmbH-Geschäftsanteilen 192

274) Jacoby/Thole-*Brünkmans*, StaRUG, § 7 Rz. 106.
275) Jacoby/Thole-*Brünkmans*, StaRUG, § 7 Rz. 106.
276) Vgl. allgemein AG Köln, Beschl. v. 3.3.2021 – 83 RES 1/21, ZRI 2021, 377 = NZI 2021, 433, m. Anm. *Thole*; *Thole*, ZIP 2020, 1985; Jacoby/Thole-*Brünkmans*, StaRUG, § 7 Rz. 145.
277) *Bernsau/Beyer* BB 2022, 1090, 1092.

(§ 15 Abs. 3 GmbHG), zu erfolgen (siehe zur umstrittenen Frage, ob die Formfiktion für Dritterklärungen durch Aufnahme als Plananlage erreicht werden kann § 7 Rz. 129 [*Brünkmans*]).

193 Bei der **Übertragung von Aktien** hängt die Übertragung von der **Art der Aktien** (Inhaber- oder Namensaktien), Art der Verwahrung und Form der Verbriefung ab (siehe § 30 Rz. 406 ff. [*Brünkmans*]).

194 Handelt es sich bei der Schuldnerin um eine **Personengesellschaft**, kann auch für diese die Abtretungserklärung im Restrukturierungsplan geregelt werden. Sollte der **Gesellschaftsvertrag keine Ermächtigung** zur Übertragung der Anteile vorsehen, kann die Ermächtigung durch eine entsprechende Regelung im Restrukturierungsplan **ersetzt werden.** In der Gesellschaft verbleibende persönlich haftende Gesellschafter müssen allerdings nach § 15 Abs. 1 StaRUG ihre ausdrückliche Fortführungsbereitschaft erklärt haben (siehe zum Insolvenzplan § 30 Rz. 26 ff. [*Brünkmans*]).

IV. Asset Deal (*„Holzmüller-Beschlüsse"*)

195 § 90 Abs. 2 StaRUG ist zu entnehmen, dass der Restrukturierungsplan auch die Übertragung von Unternehmensteilen oder gar des gesamten Unternehmens im Wege eines Asset Deals enthalten kann. Der gestaltende Teil des Restrukturierungsplans regelt in diesem Fall die erforderlichen dinglichen Übertragungserklärungen. Sollten sämtliche oder wesentliche Vermögensgegenstände der Schuldnerin übertragen werden, ist nach den allgemeinen gesellschaftsrechtlichen Grundsätzen die Zustimmung der Anteilsinhaberversammlungen erforderlich (siehe Rz. 23). Diese *„Holzmüller-Beschlüsse"* können im gestaltenden Teil des Restrukturierungsplans aufgenommen und bei Ablehnung der Anteilsinhaber durch eine gruppenübergreifende Mehrheitsentscheidung (§§ 26 ff. StaRUG) ersetzt werden.[278)]

V. Umwandlungsmaßnahmen nach dem UmwG

1. Überblick

196 Umwandlungsmaßnahmen nach dem UmwG haben für die Restrukturierungspraxis eine nicht zu unterschätzende Bedeutung. Neben Verschmelzungen (§§ 2 ff. UmwG) in Form von Liquidations- oder Sanierungsfusionen[279)] spielen insbesondere Spaltungen (§§ 123 ff. UmwG) und Ausgliederungen (§§ 152 ff. UmwG) eine wichtige Rolle. Mit der Abspaltung/Ausgliederung können veräußerungsfähige Betriebsteile separiert und die Vorteile der Gesamtrechtsnachfolge bei der Vorbereitung eines Unternehmensverkaufs genutzt werden (siehe § 30 Rz. 484 f. [*Brünkmans*]).[280)]

197 Für den Insolvenzplan hat sich schon früh nach Inkrafttreten des ESUG herausgestellt, dass sich auch über einen Insolvenzplan Umwandlungsmaßnahmen, insbesondere Ausgliederungen und Spaltungen, effektiv umsetzen lassen (siehe ausführlich zum Insolvenzplan

278) Jacoby/Thole-*Brünkmans*, StaRUG, § 7 Rz. 159; Flöther-*Tasma*, StaRUG, § 7 Rz. 5.

279) S. dazu *Brünkmans* in: MünchHdb. GesR, Bd. 8, § 45 Rz. 2 ff.; *Heckschen* in: Reul/Heckschen/Wienberg, Insolvenzrecht in der Gestaltungspraxis, § 4 Rz. 504; *K. Schmidt* in: K. Schmidt/Uhlenbruck, Die GmbH in Krise, Restrukturierung und Insolvenz, § 6 Rz. 6.246; *Madaus* in: Kübler/Bork/Prütting, HRI II, § 28 Rz. 14.

280) S. dazu *Brünkmans* in: MünchHdb. GesR, Bd. 8, § 45 Rz. 32; *Grell/Praß* in: Bieg/Borchardt/Frind, Unternehmenssanierung und Betriebsfortführung, Teil 2, A. I. Rz. 109; *Heckschen* in: Reul/Heckschen/Wienberg, Insolvenzrecht in der Gestaltungspraxis, § 4 Rz. 502; *K. Schmidt* in: K. Schmidt/Uhlenbruck, Die GmbH in Krise, Restrukturierung und Insolvenz, § 6 Rz. 6.246; *Madaus* in: Kübler/Bork/Prütting, HRI II, § 28 Rz. 14, 103; *Thies* in: Bieg/Borchardt/Frind, Unternehmenssanierung und Betriebsfortführung, Teil 2, B. VII. Rz. 29.

§ 30 Rz. 484 ff. [*Brünkmans*]). Fälle wie z. B. *Löwe Opta*[281], *Senvion*[282] oder *Suhrkamp*[283] belegen die Praxistauglichkeit von Umwandlungen über einen Insolvenzplan.

Mit Inkrafttreten des SanInsFoG stellt sich die Frage, ob auch der Restrukturierungsplan nach §§ 5 ff. StaRUG ähnlich geeignet ist, Umwandlungsmaßnahmen effektiv umzusetzen.[284] Wie allgemein ist auch bei der Beantwortung dieser Frage im Besonderen darauf zu achten, die Erkenntnisse aus dem Insolvenzplan nicht eins zu eins auf den StaRUG-Restrukturierungsplan zu übertragen. Vielmehr sind die **Besonderheiten des Restrukturierungsplans**, insbesondere sein Charakter als teilkollektives Verfahrensinstrument zu beachten.[285] 198

2. Umwandlungen auf der Grundlage eines Restrukturierungsplans

a) Rolle des Restrukturierungsplans bei Umwandlungen

Nach § 7 Abs. 4 Satz 5 StaRUG kann im gestaltenden Teil eines Restrukturierungsplans jede Regelung getroffen werden, **die gesellschaftsrechtlich zulässig ist**. Daraus folgt, dass auch der Restrukturierungsplan nach StaRUG Umwandlungsmaßnahmen nach dem UmwG im gestaltenden Teil des Restrukturierungsplans regeln kann, denn das Umwandlungsrecht ist Teil des Gesellschaftsrechts.[286] In Betracht kommen 199

- Verschmelzungen,
- Spaltungen,
- Ausgliederungen oder
- Formwechsel.

Wie beim Insolvenzplan ist auch bei der Regelung einer Umwandlungsmaßnahme im Restrukturierungsplan genau zu differenzieren, welche Rechtsakte von welchem der beteiligten Rechtsträger über eine Regelung im gestaltenden Teil des Restrukturierungsplans erfolgen und welche nach den allgemeinen Vorschriften zum Umwandlungsgesetz durchgeführt werden müssen.[287] Eine Verschmelzung, Spaltung oder Ausgliederung nach dem UmwG lässt sich im Wesentlichen in **drei Schritte** aufteilen, namentlich: 200

1. der Abschluss eines Verschmelzungs-, Spaltungs- oder Ausgliederungsvertrages zwischen dem übertragenden und übernehmenden Rechtsträger,
2. die Zustimmungsbeschlüsse der beteiligten Rechtsträger und
3. die Anmeldung und Eintragung der Umwandlungsmaßnahme in die Handelsregister.

Bedeutung hat der Restrukturierungsplan im Hinblick auf die **Zustimmungsbeschlüsse der beteiligten Rechtsträger** (2.). Der Restrukturierungsplan kann durch die Aufnahme entsprechender Regelungen im gestaltenden Teil die nach §§ 13, 125, 193 UmwG erforderlichen 201

---

281) Loewe Opta GmbH, AG Coburg – Az. IN 259/13.

282) Senvion GmbH, AG Hamburg – Az. 67g IN 113/19.

283) Suhrkamp Verlag GmbH & Co. KG, AG Charlottenburg – Az. 36s IN 2196/13.

284) Dazu ausführlich *Brünkmans*, ZInsO 2024, 433.

285) *Brünkmans*, ZInsO 2024, 433, 433; Jacoby/Thole-*Brünkmans*, StaRUG, § 7 Rz. 158; vgl. auch Morgen-*Tresselt*, StaRUG, § 7 Rz. 74.

286) S. Jacoby/Thole-*Brünkmans*, StaRUG, § 7 Rz. 147; *Fridgen* in: BeckOK-StaRUG, § 7 Rz. 89; *Heckschen* in: Reul/Heckschen/Wienberg, Insolvenzrecht in der Gestaltungspraxis, § 4 Rz. 625a; *Heckschen/Weitbrecht*, ZIP 2021, 179, 185; *Heckschen/Strnad*, GWR 2021, 175, 177; Lutter-*Kühne/Schildt*, UmwG, Anh. I Rz. 1a; *Mulert/Steiner*, NZG 2021, 673, 680; *Parzinger/Knebel* in: MünchKomm-StaRUG, § 7 Rz. 122; Seibt/Westpfahl-*Seibt*, StaRUG, § 7 Rz. 108; Pannen/Riedemann/Smid-*Smid*, StaRUG, § 7 Rz. 30 ff.; Uhlenbruck-*Streit/Bürk*, InsO, § 7 StaRUG Rz. 139; Flöther-*Tasma*, StaRUG, § 7 Rz. 35; Morgen-*Tresselt*, StaRUG, § 7 Rz. 63.

287) *Brünkmans*, ZInsO 2024, 433, 436; Jacoby/Thole-*Brünkmans*, StaRUG, § 7 Rz. 148.

Zustimmungsbeschlüsse der Anteilsinhaber ersetzen (siehe ausführlich zum Insolvenzplan § 30 Rz. 502 ff. [*Brünkmans*]). **Selbst wenn sämtliche Anteilsinhaber** die Umwandlungsmaßnahme **ablehnen**, wird der Zustimmungsbeschluss der Anteilsinhaber des Restrukturierungsschuldners durch die entsprechende Planregelung ersetzt, wenn das Restrukturierungsgericht auf der Grundlage einer gruppenübergreifenden Mehrheitsentscheidung (§ 26 StaRUG) den Restrukturierungsplan bestätigt.[288)]

202 Ebenfalls im Restrukturierungsplan regeln lassen sich eine ggf. **erforderliche Kapitalerhöhung** (vgl. §§ 7 Abs. 4 Satz 3, 68 Abs. 1 StaRUG, §§ 55, 69 UmwG, §§ 55 ff. GmbHG, §§ 182 ff. AktG) **oder Individualerklärungen** (z. B. Verzicht auf Anteile am übernehmenden Rechtsträger, § 68 Abs. 1 Satz 3 Halbs. 1 UmwG); siehe ausführlich zum Insolvenzplan § 30 Rz. 502 [*Brünkmans*].

b) § 3 Abs. 3 UmwG und § 14 StaRUG als Zulässigkeitshindernis?

203 Die Anzeige der Restrukturierungssache führt nicht zur Auflösung des Rechtsträgers, sodass § 3 Abs. 3 UmwG der Umwandlung keine Grenzen setzt. Der Restrukturierungsschuldner kann daher sowohl **als übertragender als auch als übernehmender Rechtsträger** am Umwandlungsvorgang teilnehmen (siehe zur Diskussion beim Insolvenzplan § 30 Rz. 487 ff. [*Brünkmans*]).[289)]

204 Der Zweck eines Restrukturierungsplanes die Sicher- bzw. Wiederherstellung der Bestandsfähigkeit des Schuldners (§ 14 Abs. 1 StaRUG) steht der Zulässigkeit von Umwandlungsmaßnahmen nicht im Weg.[290)] Die **Wahrung der Bestandsfähigkeit** setzt nicht voraus, dass der Restrukturierungsplan den dauerhaften Bestand des Rechtsträgers zum Ziel hat; Ziel ist vielmehr die Schaffung eines bestandsfähigen Unternehmens, welches nachhaltig in der Lage ist, seine Gläubiger zu befriedigen.[291)] Der **Fortbestand des Unternehmens oder Unternehmensteils** kraft (partieller) Gesamtrechtsnachfolge in dem übernehmenden Rechtsträger oder in mehreren übernehmenden Rechtsträgern ist für die Ausrichtung des Restrukturierungsplans auf die Sicher- bzw. Wiederherstellung der Bestandsfähigkeit i. S. von § 14 Abs. 1 StaRUG **hinreichend**.[292)] Die Erforderlichkeit der im Restrukturierungsplan vorgesehenen Umwandlungsmaßnahme zur Erreichung der Restrukturierungsziele aus § 14 Abs. 1 StaRUG ist hingegen irrelevant.[293)]

3. Umwandlungsmaßnahmen

a) Verschmelzung

205 Bei einer Verschmelzung über einen Restrukturierungsplan ist folgendes zu beachten:

aa) Abschluss des Verschmelzungsvertrages

206 Erforderlich ist der Abschluss eines Verschmelzungsvertrages zwischen den beteiligten Rechtsträgern gemäß § 13 UmwG, welcher den jeweils vorgesehenen Mindestinhalt ent-

---

288) *Brünkmans*, ZInsO 2024, 433, 436; *Brünkmans* in: MünchHdb. GesR, Bd. 8, § 45 Rz. 173.

289) *Brünkmans* in: MünchHdb. GesR, Bd. 8, § 45 Rz. 174; *Brünkmans*, ZInsO 2024, 433, 437.

290) Morgen-*Tresselt*, StaRUG, § 7 Rz. 67.

291) *Brünkmans*, ZInsO 2024, 433, 437; *Brünkmans* in: MünchHdb. GesR, Bd. 8, § 45 Rz. 175; zum Unternehmens- statt Rechtsträgerbezug des StaRUG/EU-Richtlinien s. *Parzinger*/*Knebel* in: MünchKomm-StaRUG, § 14 Rz. 16 f.

292) *Brünkmans*, ZInsO 2024, 433, 437.

293) S. allgemein AG Köln, Beschl. v. 3.3.2021 – 83 RES 1/21, Rz. 12 juris, ZRI 2021, 377 = NZI 2021, 433; AG Hannover, Beschl. v. 20.10.2023 – RES 1/23-1, ZRI 2023, 962, 973 = BeckRS 2023, 30652; Jacoby/Thole-*Brünkmans*, StaRUG, § 7 Rz. 96; Seibt/Westpfahl-*Parzinger*/*Lappe*, StaRUG, § 63 Rz. 42; *Thole*, NZI 2021, 433, 436 (Urteilsanm.); wohl auch Uhlenbruck-*Streit*/*Bürk*, InsO, § 7 StaRUG Rz. 130.

halten muss (vgl. §§ 5, 29 Abs. 1 Satz 1, 35–37, (ggf. §§ 46, 56 UmwG).[294] Hier ergeben sich zur Verschmelzung außerhalb des Restrukturierungsplans keine Besonderheiten.

bb) Zuleitung an den Betriebsrat (§ 5 Abs. 3 UmwG)

Der Verschmelzungsvertrag oder sein Entwurf ist spätestens einen Monat vor der Gesellschafterversammlung/Hauptversammlung, die gemäß § 13 Abs. 1 UmwG über die Zustimmung zu dem Vertrag beschließen soll, dem zuständigen Betriebsrat zuzuleiten (§ 5 Abs. 3 UmwG). Anders als beim Insolvenzplan (dort §§ 218 Abs. 3, 232 Abs. 1 Nr. 1, 235 Abs. 3 Satz 1, 2 InsO) (siehe auch § 30 Rz. 557 ff. [*Brünkmans*]) ist bei der Aufstellung und dem Einreichen des Restrukturierungsplans im StaRUG die Einbindung des Betriebsrats nicht vorgesehen. Eine Überlagerung von § 5 Abs. 3 UmwG durch eine restrukturierungsrechtliche Beteiligung des Betriebsrates am Restrukturierungsplan scheidet somit aus.[295] Der **Entwurf des Verschmelzungsvertrags** ist gemäß § 5 Abs. 3 UmwG spätestens einen Monat vor dem Erörterungs- und Abstimmungstermin dem Betriebsrat des Restrukturierungsschuldners zu übersenden, welcher nach den allgemeinen Grundsätzen zwar nicht auf die Übersendung, wohl aber auf die Einhaltung der Frist verzichten kann.[296] Aufgrund der Eilbedürftigkeit des StaRUG-Verfahren wird ein solcher Verzicht auf die Frist in der Regel notwendig sein. 207

cc) Umwandlungsbericht, Prüfung und Prüfungsbericht

Enthält der Restrukturierungsplan alle Angaben, welche üblicherweise in einen nach dem allgemeinen Umwandlungsrecht (§ 8 UmwG) anzufertigenden Umwandlungsbericht aufzunehmen sind, kann auf einen Umwandlungsbericht verzichtet werden (siehe zum Insolvenzplan § 30 Rz. 635 [*Brünkmans*]).[297] In der Praxis bietet es sich dennoch an, einen Umwandlungsbericht als **Anlage zum Restrukturierungsplan** zu nehmen, um das Verfahren zur Registereintragung zu erleichtern. Die bei einer AG nach § 60 UmwG durchzuführende Umwandlungsprüfung ist für den Schuldner des Restrukturierungsplans hingegen entbehrlich (siehe zum Insolvenzplan § 30 Rz. 548 ff. [*Brünkmans*]). 208

dd) Unterrichtung der Anteilsinhaber

Werden die Anteilsinhaber als Planbetroffene nach § 9 Abs. 1 Nr. 4 StaRUG in den Restrukturierungsplan einbezogen, ist die nach § 47 UmwG vorgesehene Übersendung des Verschmelzungsvertrages mit der Einberufung der Gesellschafterversammlung überflüssig. Gleiches gilt für die Auslegung der Jahresabschlüsse etc. (§ 49 Abs. 2 UmwG). Dies folgt unmittelbar aus § 68 Abs. 2 Satz 2 StaRUG.[298] Eine gleichlautende Regelung findet sich in § 254a Abs. 2 InsO für den Insolvenzplan (siehe zum Insolvenzplan § 30 Rz. 553 ff. [*Brünkmans*]).[299] 209

ee) Umwandlungsbeschlüsse

Der Umwandlungsbeschluss der **Anteilsinhaber des Schuldners** kann durch eine Regelung im gestaltenden Teil des Restrukturierungsplans ersetzt werden, sofern die Anteilsinhaber 210

294) *Brünkmans* InsO 2024, 433, 437.

295) Ausführlich *Brünkmans*, ZInsO 2024, 433, 437; *Brünkmans* in: MünchHdb. GesR, Bd. 8, § 45 Rz. 187.

296) OLG Naumburg, Beschl. v. 17.3.2003 – 7 Wx 6/02, GmbHR 2003, 1433 = BZG 2004, 734; *Hohenstatt/Schram* in: KölnKomm-UmwG, § 5 Rz. 256.

297) Morgen-*Tresselt*, StaRUG, § 7 Rz. 66; vieles spricht dafür, dass die Erstellung eines Umwandlungsberichts bereits nach § 68 Abs. 2 Satz 2 StaRUG als Maßnahme zur Vorbereitung von Beschlüssen entbehrlich ist, vgl. zum Insolvenzplan § 254a Abs. 2 Satz 2 InsO.

298) Vgl. allgemein Jacoby/Thole-*Spliedt*, StaRUG, § 68 Rz. 7; Flöther-*Hoffmann/Braun*, StaRUG, § 68 Rz. 5.

299) *Brünkmans*, ZInsO 2024, 433, 438.

als Planbetroffene gemäß § 9 Abs. 1 Nr. 4 StaRUG in den Plan einbezogen werden. Die gesellschaftsrechtlichen Einberufungsvorschriften sowie die erforderliche notarielle Form des Beschlusses sind gemäß § 68 Abs. 2 Satz 2 StaRUG dann entbehrlich (siehe zum Insolvenzplan § 30 Rz. 561 ff. [*Brünkmans*]).

211 Die vorgenannten Grundsätze gelten auch für eine **flankierende Kapitalerhöhung** (vgl. §§ 7 Abs. 4 Satz 3, 68 Abs. 1 StaRUG, §§ 55, 69 UmwG, §§ 55 ff. GmbHG, §§ 182 ff. AktG). Auch etwaige Individualerklärungen (z. B. Verzicht auf Anteile am übernehmenden Rechtsträger, § 68 Abs. 1 Satz 3 Halbs. 1 UmwG) lassen sich durch eine Planregelung ersetzen (siehe zum Insolvenzplan § 30 Rz. 534 f. [*Brünkmans*]).[300]

212 Der Umwandlungsbeschluss für den **nicht im Restrukturierungsverfahren befindlichen Rechtsträger** ist nach allgemeinen umwandlungs- und gesellschaftsrechtlichen Vorschriften durchzuführen.[301]

ff) Anteilsgewährung

213 Für den Restrukturierungsschuldner als übertragender Rechtsträger wird aufgrund der angespannten Vermögens- Ertrags- und Liquiditätslage die Aufnahme einer Regelung zum **Verzicht auf Anteilsgewährung** am übernehmenden Rechtsträger (§§ 54 Abs. 1 Satz 3, 68 Abs. 1 Satz 3 UmwG) häufig geboten sein. Die §§ 54 Abs. 1 Satz 3, 68 Abs. 1 Satz 3 UmwG sehen einen solchen Verzicht auf Anteilsgewährung in Abweichung vom umwandlungsrechtlichen Grundsatz der Mitgliedschaftsperpetuierung vor. Die in §§ 54 Abs. 1 Satz 3, 68 Abs. 1 Satz 3 UmwG für solche Fälle vorgesehenen **Verzichtserklärungen** der Anteilsinhaber des Schuldners können im gestaltenden Teil des Restrukturierungsplans aufgenommen und mit gerichtlicher Bestätigung des Restrukturierungsplans ersetzt werden (zum Insolvenzplan siehe § 30 Rz. 535 [*Brünkmans*]). Voraussetzung dafür ist freilich, dass die **Anteilsinhaber als Planbetroffene** gemäß § 9 Abs. 1 Nr. 4 StaRUG in den Restrukturierungsplan **einbezogen sind**. Sollten die Anteile im nächstbesten Alternativszenario noch einen Wert haben, hat der Restrukturierungsplan eine angemessene Abfindung vorzusehen.[302]

gg) Anmeldung zum Handelsregister, Prüfungskompetenz des Registergerichts

214 Die Umwandlung ist zum Handelsregister der beteiligten Rechtsträger anzumelden (§ 16 UmwG). Zu der Prüfungskompetenz des Registergerichts siehe oben unter Rz. 154 f.

hh) Vollzug der Umwandlung

215 Das Vermögen des übertragenden Rechtsträgers geht mit Eintragung der Umwandlung im Handelsregister des übernehmenden Rechtsträgers auf diesen über (§ 20 Abs. 1 Nr. 1 UmwG). Gleiches gilt für die Verbindlichkeiten, wobei für den Restrukturierungsschuldner als übertragenden Rechtsträger die Verbindlichkeiten der Planbetroffenen lediglich in der im Restrukturierungsplan vorgesehenen Höhe auf den übernehmenden Rechtsträger übergehen.[303]

ii) Anspruch auf Sicherheitsleistung (§ 22 UmwG)

216 Die Gläubiger der an der Verschmelzung beteiligten Rechtsträger können innerhalb einer Frist von sechs Monaten Sicherheit verlangen, wenn sie glaubhaft machen, dass durch die Verschmelzung die Erfüllung ihrer Forderung gefährdet wird (vgl. § 22 Abs. 1 UmwG).

300) *Brünkmans*, ZInsO 2024, 433, 438.

301) *Brünkmans*, ZInsO 2024, 433, 438.

302) *Brünkmans*, ZInsO 2024, 433, 438; *Brünkmans* in: MünchHdb. GesR, Bd. 8, § 45 Rz. 192.

303) *Brünkmans*, ZInsO 2024, 433, 438.

Gegen den Restrukturierungsschuldner können richtigerweise **nur nicht planbetroffene Gläubiger** einen auf § 22 Abs. 1 UmwG gestützten Anspruch auf Sicherheitsleistung geltend machen. Für planbetroffene Gläubiger verdrängen die spezielleren Regeln des StaRUG (Minderheitenschutz bei Schlechterstellung, § 63 Abs. 1 StaRUG) § 22 UmwG.[304] Liegt dem Restrukturierungsplan ein valides Sanierungskonzept zur Beseitigung der drohenden Zahlungsunfähigkeit und Bestandssicherung (§ 14 StaRUG) zugrunde, dürfte es Gläubigern allerdings in der Regel nicht gelingen, die tatbestandlichen Voraussetzungen aus § 22 Abs. 1 Satz 2 UmwG „Gefährdung ihrer Befriedigungsaussichten durch Verschmelzung" glaubhaft zu machen.[305] 217

jj) Anfechtungsschutz nach § 90 Abs. 1 StaRUG?

Schlägt der Restrukturierungsplan fehl, besteht bei Umwandlungsmaßnahmen in der Krise die Gefahr, dass diese im Wege der **Insolvenzanfechtung** zurückabgewickelt werden. Als anfechtbare Rechtshandlungen kommen grundsätzlich die Zustimmungsbeschlüsse der Anteilsinhaber (§ 13 UmwG), Abschlusserklärungen zum Verschmelzungsvertrag oder die Handelsregisteranmeldungen in Betracht.[306] 218

Wurde der **Umwandlungsbeschluss im Restrukturierungsplan** geregelt, erhält dieser über § 90 Abs. 1 StaRUG jedoch **unmittelbaren Anfechtungsschutz**. Danach sind Regelungen eines rechtskräftig bestätigten Restrukturierungsplans und Rechtshandlungen, die im Vollzug eines solchen Plans erfolgen, anfechtungsrechtlich privilegiert.[307] Der Abschluss des Umwandlungsvertrages für die im Restrukturierungsplan vorgesehene Umwandlungsmaßnahme, die entsprechende Handelsregisteranmeldung und sonstige Rechtshandlungen zur Umsetzung der Umwandlungsmaßnahme dienen dem Vollzug des Restrukturierungsplans und werden über die 2. Alt. aus § 90 Abs. 1 Satz 1 StaRUG („Vollzug") anfechtungsrechtlich privilegiert.[308] 219

Handelt es sich bei dem **Schuldner** um den **übertragenden Rechtsträger**, stellt sich jedenfalls bei einer Verschmelzung oder Abspaltung wesentlicher Vermögensteile die Frage, ob die Ausnahme vom Anfechtungsschutz in § 90 Abs. 2 StaRUG zu beachten ist. Dies ist richtigerweise bereits im Hinblick auf den Wortlaut zweifelhaft, weil bei einer Verschmelzung oder Spaltung der **gestaltende Teil** des Restrukturierungsplan nicht unmittelbar die Übertragung des Vermögens bewirkt, sondern die Vermögensübertragung vielmehr **ipso iure mit Eintragung der Umwandlung** in das Handelsregister erfolgt (siehe nur §§ 20 Abs. 1 Nr. 1, 122 Abs. 2, 131 Abs. 1 Nr. 1, 202 Abs. 1 Nr. 1 UmwG).[309] Gegen die Anwendung von § 90 Abs. 2 StaRUG auf Verschmelzungen oder Spaltungen spricht ferner der Sinn und Zweck. Die dem Ausnahmetatbestand in § 90 Abs. 2 StaRUG zugrunde liegende Gefahr des Abflusses eines Veräußerungserlöses zulasten der nicht planbetroffenen Gläubiger besteht hier gerade nicht.[310] 220

b) Spaltung/Ausgliederung

Bei einer Spaltung/Ausgliederung über einen Restrukturierungsplan ist folgendes zu beachten: 221

---

304) So auch Morgen-*Tresselt*, StaRUG, § 7 Rz. 72.
305) *Brünkmans*, ZInsO 2024, 433, 441.
306) *Brünkmans*, ZInsO 2024, 433, 440; *Brünkmans* in: MünchHdb. GesR, Bd. 8, § 45 Rz. 89 ff.
307) *Brünkmans*, ZInsO 2024, 433, 440.
308) S. dazu Jacoby/Thole-*Thole*, StaRUG, § 90 Rz. 15 f.
309) *Brünkmans*, ZInsO 2024, 433, 440.
310) S. ausführlich *Brünkmans*, ZInsO 2024, 433, 441.

aa) **Abschluss des Spaltungsvertrages**

222 Über § 125 UmwG sind die Vorschriften über die Verschmelzung – soweit sich nichts anderes aus den §§ 123 ff. UmwG ergibt – entsprechend anzuwenden, sodass auf die Ausführungen zuvor, siehe Rz. 206, verwiesen werden kann. Für den Mindestinhalt ist § 126 UmwG (ggf. i. V. m. §§ 135 Abs. 1, 136 UmwG) zu beachten.

bb) **Zuleitung an den Betriebsrat (§§ 5 Abs. 3, 126 Abs. 3 UmwG)**

223 Über §§ 125 Abs. 1, 126 Abs. 3 UmwG sind auch die Regeln über die Zuleitung an den Betriebsrat zu beachten. Eine teleologische Reduktion scheidet mangels anderweitiger Einbindung des Betriebsrates in das StaRUG-Verfahren aus (siehe dazu oben unter Rz. 207).

cc) **Umwandlungsbericht, Prüfung und Prüfungsbericht**

224 Auf den Spaltungsbericht kann jedenfalls dann verzichtet werden, wenn im darstellenden Teil die wesentlichen Informationen aufgenommen wurden (siehe dazu Rz. 208). Eine Spaltungs-/Ausgliederungsprüfung ist nicht erforderlich (siehe dazu Rz. 208 a. E.).

dd) **Unterrichtung der Anteilsinhaber**

225 Die Pflicht zur Übersendung des Spaltungs- und Ausgliederungsvertrages mit Einberufung der Gesellschafterversammlung (§ 47 i. V. m § 125 Abs. 1 UmwG) ist nach § 68 Abs. 2 Satz 2 StaRUG entbehrlich (siehe dazu oben Rz. 209).

ee) **Umwandlungsbeschluss**

226 Der Spaltungs- und Ausgliederungsbeschluss des Restrukturierungsschuldners wird über eine Regelung im Restrukturierungsplan ersetzt (dazu siehe die Ausführungen zum Umwandlungsbeschluss bei einer Verschmelzung Rz. 210 f.). Für die nicht im StaRUG-Verfahren befindlichen Rechtsträger (in der Regel der übernehmende Rechtsträger) gelten die allgemeinen Grundsätze.

ff) **Anteilsgewährung**

227 Es gelten die Ausführungen zur Anteilsgewährung bei einer Verschmelzung, siehe unter Rz. 213, entsprechend.

gg) **Anmeldung zum Handelsregister, Prüfungskompetenz des Registergerichts**

228 Die vertretungsberechtigten Organe haben die Spaltung/Ausgliederung zum Handelsregister der beteiligten Rechtsträger anzumelden (§§ 16, 125, 129 UmwG). Bei der Anmeldung der Abspaltung oder Ausgliederung zur Eintragung in das Handelsregister des Sitzes einer übertragenden GmbH haben nach § 140 UmwG deren Geschäftsführer auch zu erklären, dass die durch Gesetz und Gesellschaftsvertrag vorgesehenen Voraussetzungen für die Gründung dieser Gesellschaft unter Berücksichtigung der Abspaltung oder der Ausgliederung im Zeitpunkt der Anmeldung vorliegen (zu den Besonderheiten bei der Anmeldung zum Handelsregister und der Abgrenzung der Prüfungskompetenz von Register- und Restrukturierungsgericht siehe Rz. 153 ff.).

hh) **Vollzug der Spaltung/Umwandlung**

229 Das Vermögen einschließlich der Verbindlichkeiten des übertragenden Rechtsträgers geht – entsprechend der im Spaltungsvertrag vorgesehene Zuordnung – mit Eintragung der Umwandlung im Handelsregister des übernehmenden Rechtsträgers auf diesen über (§§ 20

Abs. 1 Nr. 1, 131 Nr. 1 UmwG) (siehe auch die Ausführungen zur Verschmelzung unter Rz. 215).[311)]

ii) Gläubigerschutz

(1) § 25 HGB,§ 613a Abs. 2 BGB, § 75 AO

230 § 25 HGB findet über den Verweis in § 133 Abs. 1 Satz 2 UmwG auf Spaltungen/Ausgliederungen Anwendung. Der übernehmende Rechtsträger haftet im Fall der **Firmenfortführung** für alle im Betrieb des Handelsgeschäfts begründeten Verbindlichkeiten des übertragenden Rechtsträgers. Eine beim Erwerb eines Handelsgeschäftes aus dem Insolvenzverfahren von der h. M. angenommen **teleologische Reduktion**[312)] (siehe § 30 Rz. 512 ff. [*Brünkmans*]) **scheidet richtigerweise aus**, da beim Restrukturierungsplan noch kein Zustand materieller Insolvenzreife vorliegt und auch keine Verwertungspflicht eines Insolvenzverwalters, welche durch eine Haftung aus § 25 HGB konterkariert werden könnte, besteht.[313)] **Auch § 613a Abs. 2 BGB sowie § 75 AO finden** – anders als im Insolvenzverfahren[314)] – **Anwendung.** Eine teleologische Reduktion scheidet aufgrund der beschränkten Wirkung des StaRUG als teilkollektives Restrukturierungsverfahren aus.[315)]

(2) Nachhaftung bei Spaltungen (§ 133 UmwG)

231 Nach § 133 UmwG haften alle an der Spaltung beteiligten Rechtsträger, d. h. sowohl übernehmende als auch übertragende Rechtsträger, für Altverbindlichkeiten des übertragenden Rechtsträgers gesamtschuldnerisch. Umgekehrt findet eine gesamtschuldnerische Haftung für Altverbindlichkeiten der übernehmenden Rechtsträger nicht statt, obwohl sich im Einzelfall deren Bonität durch die Spaltung verschlechtern kann. Dem Gläubiger des übernehmenden Rechtsträgers steht lediglich das Instrument der Sicherheitsleistung nach §§ 125, 22 UmwG zur Verfügung.[316)]

232 Die h. M. in der Literatur **zum Insolvenzplan** will § 133 UmwG teleologisch reduzieren (siehe zum Insolvenzplan § 30 Rz. 516 ff. [*Brünkmans*]).[317)] Wesentliches Argument für eine teleologische Reduktion im Insolvenzplanverfahren ist, dass der haftungsrechtliche Bestandsschutz der Gläubiger bei einer Spaltung in diesem Fall nicht erforderlich ist, weil die Gläubiger selbst über die Annahme des Insolvenzplans entscheiden und im Übrigen über §§ 251, 245 Abs. 1 InsO auch ein Individualschutz der Gläubiger vor schädlicher Vermögensverlagerung besteht. Ferner hätte eine uneingeschränkte Anwendung von § 133 UmwG zur Folge, dass der übernehmende Rechtsträger für sämtliche Verbindlichkeiten des insolventen Rechtsträgers haftet. Damit würden sinnvolle Verwertungslösungen zugunsten einer

311) *Brünkmans*, ZInsO 2024, 433, 438.

312) BGH, Vers.-Urt. v. 23.10.2013 – VIII ZR 423/12, Rz. 17, NZG 2014, 511, 513 = NZI 2014, 81; BGH, Urt. v. 3.12.2019 – II ZR 457/18, Rz. 9, NZG 2020, 318, 319 = ZRI 2020, 125.

313) Vgl. Argumentation des BGH zum Insolvenzverfahren BGH, Vers.-Urt. v. 23.10.2013 – VIII ZR 423/12, Rz. 17, NZG 2014, 511, 513 = NZI 2014, 81; BGH, Urt. v. 3.12.2019 – II ZR 457/18, Rz. 9, NZG 2020, 318, 319 = ZRI 2020, 125.

314) S. dort BAG, Urt. v. 17.1.1980 – 3 AZR 160/79, ZIP 1980, 117 = NJW 1980, 1124; vgl. § 75 AO.

315) *Brünkmans*, ZInsO 2024, 433, 442; a. A. *Moser* in: BeckOGK-Handelsrecht, § 25 HGB Rz. 42.

316) *Simon* in: KölnKomm-UmwG, § 133 Rz. 1; Lutter-*Schwab*, UmwG, § 133 Rz. 90 f.; *K. Schmidt*, ZGR 1993, 366, 381 ff.

317) *Brünkmans*, ZInsO 2014, 2533, 2552; *Greif-Werner*, Umwandlungen im Insolvenzplanverfahren, S. 268 ff.; *Heckschen/Weitbrecht*, ZIP 2021, 179, 184; *Kahlert/Gehrke*, DStR 2013, 975, 977 f.; *Schröder/Berner*, NZI 2017, 837, 840 f.; *Hölzle/Kahlert*, ZIP 2017, 510, 513 f.; *Spahlinger* in: KPB-InsO, § 225a Rz. 84; K. Schmidt-*Spliedt*, InsO, § 225a Rz. 49; *Simon/Brünkmans*, ZIP 2014, 657, 664 f.; *Thole*, Gesellschaftsrechtliche Maßnahmen in der Insolvenz, Rz. 359; a. A. *Priester* in: FS Kübler, S. 557, 559 f.; *Eidenmüller* in: MünchKomm-InsO, § 225a Rz. 100.

bestmöglichen Befriedigung der Gläubiger, die nur über Spaltungs- oder Ausgliederungsmaßnahmen erreicht werden können, verhindert (siehe zum Insolvenzplan § 30 Rz. 519 [*Brünkmans*]).[318]

233 **Zum Restrukturierungsplan** wird in der Literatur ebenfalls eine teleologische Reduktion angenommen.[319] Eine umfassende teleologische Reduktion ist jedoch abzulehnen, weil das Sanierungsverfahren nach dem StaRUG nur ein teilkollektives Verfahren ist, das eben nicht sämtliche Gläubiger im Abstimmungsprozess einbezieht und Rechtsschutz über einen Minderheitenschutzantrag (§ 64 StaRUG) gewährt.[320] Eine umfassende teleologische Reduktion käme daher nur dann in Betracht, wenn **ausnahmsweise alle Gläubiger** in den Restrukturierungsplan **einbezogen werden**. Anderenfalls bezieht sich die teleologische Reduktion nur auf planbetroffene Restrukturierungsforderungen (§§ 2 Abs. 1 Nr. 1, 7 Abs. 1, 8 StaRUG).[321]

234 Eine Gestaltung der gesamtschuldnerischen Haftung bzgl. der planbetroffenen Gläubiger durch eine Planregelung im gestaltenden Teil des Restrukturierungsplans könnte an § 2 Abs. 5 StaRUG scheitern, **weil der Anspruch** aus § 133 UmwG **im maßgeblichen Zeitpunkt noch nicht entstanden** ist und dieser sich **auch gegen einen Dritten richtet**, was außerhalb des Sonderfalls einer gruppeninternen Drittsicherheit unzulässig ist.[322]

235 Selbst wenn man eine teleologische Reduktion auch für planbetroffene Gläubiger verneint (siehe oben Rz. 233), hat ein im Restrukturierungsplan geregelter Forderungserlass der planbetroffenen Gläubiger auch Wirkung gegenüber der gesamtschuldnerischen Haftung des übernehmenden Rechtsträgers aus § 133 UmwG. Der **übernehmende Rechtsträger haftet** daher von vornherein **nur in Höhe der durch den Restrukturierungsplan gekürzten Forderung.**[323]

c) Formwechsel

aa) Inhalt einer Planregelung

236 Der Beschluss der Anteilsinhaber zum Formwechsel des formwechselnden Rechtsträgers (§ 193 UmwG) kann im Restrukturierungsplan aufgenommen werden. Die beschlussersetzende Regelung im Restrukturierungsplan muss den nach § 194 UmwG **gebotenen Inhalt** enthalten (§ 194 Abs. 1 Nr. 1–3 UmwG) (siehe zum Insolvenzplan § 30 Rz. 628 [*Brünkmans*]).[324]

bb) Zuleitung an den Betriebsrat

237 Der Entwurf des Formwechselbeschlusses ist spätestens einen Monat vor dem Tage des Erörterungs- und Abstimmungstermins dem zuständigen Betriebsrat des formwechselnden Rechtsträgers zuzuleiten (§ 194 Abs. 2 UmwG).[325] Eine teleologische Reduktion

---

318) *Brünkmans*, ZInsO 2024, 433, 442.

319) *Heckschen/Weitbrecht*, ZIP 2021, 179, 185; Lutter-*Schwab*, UmwG, § 133 Rz. 170; *Thies* in: Bieg/Borchardt/Frind, Unternehmenssanierung und Betriebsfortführung, Teil 2, B. VII. Rz. 29; *Mulert/Steiner*, NZG 2021, 673, 681; einschränkend Morgen-*Tresselt*, StaRUG, § 7 Rz. 74.

320) Jacoby/Thole-*Brünkmans*, StaRUG, § 7 Rz. 157; vgl. aber *Heckschen/Weitbrecht*, ZIP 2021, 179, 185.

321) *Brünkmans*, ZInsO 2024, 433, 442.

322) *Brünkmans*, ZInsO 2024, 433, 443.

323) Jacoby/Thole-*Brünkmans*, StaRUG, § 7 Rz. 157; *Brünkmans*, ZInsO 2024, 433, 443; *Brünkmans* in: MünchHdb. GesR, Bd. 8, § 45 Rz. 205. Ausführlich zum Insolvenzplan, *Greif-Werner*, Umwandlungen im Insolvenzplanverfahren, S. 253 ff., 277; *Simon/Brünkmans*, ZIP 2014, 657, 664.

324) *Brünkmans*, ZInsO 2024, 433, 442.

325) *Brünkmans*, ZInsO 2024, 433, 442.

kommt – anders als beim Insolvenzplan – nicht in Betracht, da der Betriebsrat **bei der Aufstellung** des Restrukturierungsplans **nicht eingebunden ist** (siehe oben Rz. 207).

Anstelle des gesamten Restrukturierungsplans reichen die **Auszüge aus dem Beschlusstext** des gestaltenden Teils sowie ggf. Erläuterungen betreffend den Formwechsel im darstellenden Teil aus. Die Vorlage eines vollständigen Restrukturierungsplans an den Betriebsrat nebst Anlagen ist daher nicht erforderlich, wohl aber die Beschlussauszüge.[326] 238

cc) Formwechselbericht (§ 192 UmwG)

Der gemäß § 192 UmwG anzufertigende Formwechselbericht ist jedenfalls dann entbehrlich, wenn der Restrukturierungsplan selbst alle Angaben enthält, die üblicherweise in einen Umwandlungsbericht aufzunehmen sind (siehe zum Insolvenzplan § 30 Rz. 635 [*Brünkmans*]).[327] In der Praxis bietet es sich an, diesen als Anlage zum Restrukturierungsplan zu nehmen, um das Verfahren zur Registereintragung zu erleichtern. 239

dd) Einhaltung der Gründungsvorschriften

Auch wenn der Formwechsel Bestandteil des Restrukturierungsplans ist, sind die Gründungsvorschriften einzuhalten (vgl. § 197 UmwG).[328] 240

ee) Anmeldung zum Handelsregister, Prüfungskompetenz des Registergerichts

Die Wirkungen des Formwechsels greifen erst, wenn der Formwechsel in das Handelsregister eingetragen wird (§ 202 UmwG). Dies gilt auch dann, wenn der Formwechselbeschluss im Restrukturierungsplan geregelt ist. Nach Bestätigung des Restrukturierungsplans ist der Formwechsel somit zur Eintragung in das Handelsregister anzumelden (siehe zum Insolvenzplan § 30 Rz. 635 [*Brünkmans*]). Zur Prüfungskompetenz des Restrukturierungsgerichts und des Registergerichts siehe Rz. 154 f. 241

4. Abfindungsangebot beim Wechsel der Rechtsform (§ 29 UmwG)

Im Fall eines Formwechsels in eine andere Rechtsform, ist dem widersprechenden Anteilsinhaber ein Abfindungsangebot für den Austritt zu machen (§ 29 i. V. m. § 207 UmwG).[329] Gleiches gilt für eine Verschmelzung, Auf-/Abspaltung auf einen Rechtsträger anderer Rechtsform (§ 29 UmwG i. V m. § 125 UmwG). 242

Bei einer entsprechenden Umwandlungsmaßnahme im Restrukturierungsplan richtet sich der Abfindungsanspruch des ausscheidenden Gesellschafters nach § 7 Abs. 4 Satz 6 StaRUG i. V. m. § 225a Abs. 5 Satz 1 InsO. Die Höhe des Abfindungsanspruchs richtet sich nach Liquidationswerten (siehe ausführlich Rz. 254). 243

Erklärungen der Anteilsinhaber über den Verzicht einer Abfindung können als Individualerklärungen im gestaltenden Teil des Restrukturierungsplan auch gegen den Willen der Anteilsinhaber geregelt werden.[330] Eine solche Verzichtsregelung im Restrukturierungsplan hält allerdings nur dann stand, wenn die Anteile im nächstbesten Alternativszenario keinen Wert mehr hätten. Nach § 7 Abs. 4 Satz 6 StaRUG i. V. m. § 225a Abs. 5 Satz 2 und 3 InsO 244

326) *Brünkmans*, ZInsO 2024, 433, 439.

327) Morgen-*Tresselt*, StaRUG, § 7 Rz. 66; vertretbar ist auch, dass die Erstellung eines Umwandlungsberichts bereits nach § 68 Abs. 2 Satz 2 StaRUG als Maßnahme zur Vorbereitung von Beschlüssen entbehrlich ist, vgl. zum Insolvenzplan § 254a Abs. 2 Satz 2 InsO.

328) *Brünkmans*, ZInsO 2024, 433, 439.

329) *Brünkmans*, ZInsO 2024, 433, 439.

330) *Brünkmans*, ZInsO 2024, 433, 443; Semler/Stengel/Leonard-*Kalls*, UmwG, § 207 Rz. 7.

kann der Restrukturierungsplan eine Stundung der Abfindung über einen Zeitraum von bis zu drei Jahren vorsehen.

VI. Sonstige, gesellschaftsrechtlich zulässige Regelungen (§ 7 Abs. 4 Satz 5 StaRUG)

245 Auch wenn § 7 Abs. 4 Satz 1–4 StaRUG gesellschaftsrechtliche Maßnahmen ausdrücklich aufführt, ist diese Auflistung nicht als abschließend zu verstehen, denn § 7 Abs. 4 Satz 5 StaRUG stellt klar, dass darüber hinaus jede Reglung getroffen werden kann, die gesellschaftsrechtlich zulässig ist. Damit findet das für den Insolvenzplan geltende weite Verständnis (siehe § 29 Rz. 57 ff. [*Brünkmans*]) Anwendung.

246 Es kommen weitere praxisrelevante gesellschaftsrechtliche Maßnahmen in Betracht, für die auf die Ausführungen zum Insolvenzplan verwiesen werden kann:

- **Pfandrechtsbestellung** an Geschäftsanteilen (siehe § 30 Rz. 442 [*Brünkmans*]);
- **Ausschluss von Gesellschaftern, Einziehung von Geschäftsanteilen:** Wie für den Insolvenzplan ist auch bei einem Ausschluss/einer Einziehung von Geschäftsanteilen über den Restrukturierungsplan keine Satzungsermächtigung erforderlich (streitig, siehe § 30 Rz. 443 ff. [*Brünkmans*]);
- schlichte Satzungsänderungen (vgl. § 30 Rz. 39 ff. [*Brünkmans*]).

H. Abfindungen für ausscheidende Gesellschafter (§ 7 Abs. 4 Satz 3 Var. 4, Abs. 4 Satz 6 StaRUG i. V. m. § 225a Abs. 5 InsO)

I. Abfindungsanlässe

247 Nach § 7 Abs. 4 Satz 3 StaRUG kann der Plan die Zahlung von Abfindungen an ausscheidende Anteilsinhaber vorsehen. Wie der Insolvenzplan folgt auch der Restrukturierungsplan dem Prinzip „dulde und liquidiere" (siehe zum Insolvenzplan § 58 Rz. 10 ff. [*Brünkmans/Harmann/Clev*]), d. h. in die Anteils- und Mitgliedschaftsrechte der Gesellschafter kann über den Restrukturierungsplan – auch gegen den Willen sämtlicher Gesellschafter – eingegriffen werden, allerdings nur, wenn der Restrukturierungsplan bei verbleibender Werthaltigkeit der Anteile eine Kompensation vorsieht.[331)]

248 Eine Abfindung kommt in Betracht bei einem **Anteilsentzug**, etwa durch eine Übertragung von Anteilen (siehe dazu Rz. 189 ff.) oder einer Kapitalherabsetzung mit Bezugsrechtsausschluss (siehe dazu Rz. 157 ff.). Ohne eine angemessene Abfindung bei Eingriffen in **werthaltige** Anteilsrechte sind weder die Voraussetzungen für eine gruppenübergreifende Mehrheitsentscheidung (§ 26 Abs. 1 Nr. 1 StaRUG) erfüllt, noch ist der Restrukturierungsplan vor dem Hintergrund eines potenziellen Minderheitenschutzantrages (§ 64 StaRUG) bestandsfähig (siehe Rz. 10).

II. Bewertungsmaßstab bei Anteilsentzug

249 Im Ausgangspunkt wird der Bewertungsmaßstab durch das nächstbeste Alternativszenario ohne Restrukturierungsplan ermittelt. Hauptsächlicher Anwendungsfall ist der Ausschluss des Anteilsinhabers durch Regelung einer Kapitalherabsetzung auf null mit anschließender Kapitalerhöhung unter Bezugsrechtsausschluss (siehe Rz. 157 ff.) sowie die Regelung der Anteilsübertragung (siehe Rz. 189 ff.) im Restrukturierungsplan.

250 Für die Bewertung der Abfindung maßgeblich ist das **überwiegend wahrscheinlich zu realisierende nächstbeste Alternativszenario** (siehe dazu Rz. 111 ff.). Sieht der Restrukturierungsplan eine Fortführung des Unternehmens vor, sind in der Regel **Fortführungs-**

331) S. a. Morgen-*Tresselt*, StaRUG, § 7 Rz. 28; *Bernsau/Beyer*, BB 2022, 1090, 1091.

werte anzusetzen (§ 6 Abs. 2 Satz 2 StaRUG), es sei denn, ein Verkauf des Unternehmens oder eine anderweitige Fortführung ist aussichtslos. Die bisherige Praxis zeigt, dass vor dem Hintergrund einer drohenden Zahlungsunfähigkeit sich in den meisten Fällen das **Insolvenzverfahren** als nächstbestes Alternativszenario begründen lässt.[332] Dem Anteilsinhaber ist in diesem Fall mindestens eine Abfindung i. H. einer fiktiven Erlösverteilung nach § 199 InsO zu gewähren. Dies wird **in der Regel null** sein.

Darüber hinaus kommt eine Abfindung der Anteilsinhaber i. R. einer gruppenübergreifen- 251 den Mehrheitsentscheidung (§ 26 StaRUG) gegen eine Gläubigergruppe nur dann in Betracht, wenn der Restrukturierungsplan die **vollständige Befriedigung der Gläubiger** vorsieht (§ 27 Abs. 1 Nr. 2 StaRUG). Dies wird in der Praxis selten der Fall sein.

Ist das Unternehmen mit den auf der Grundlage des Stichtagsprinzips bereits angelegten Sa- 252 nierungsmaßnahmen in der Lage, Ertragsüberschüsse oder Zahlungsströme bei vollständiger Befriedigung der Gläubiger zu generieren, ist im Einzelfall zu prüfen, ob der im Wege der Ertragswertmethode/DCF-Methode ermittelte Anteilswert (Fortführungswert) **über dem Liquidationswert liegt**. Der Fortführungswert wird auf der Grundlage des Restrukturierungsplans ermittelt, wobei nur die im Zeitpunkt der Annahme des Restrukturierungsplans bereits eingeleiteten oder hinreichend konkretisierten Maßnahmen zu berücksichtigen sind (vgl. zum Insolvenzplan § 58 Rz. 63 ff. [*Brünkmans/Harmann/Clev*]).[333] **Bewertungsstichtag** ist der Zeitpunkt der Bestätigung des Restrukturierungsplans (vgl. zum Insolvenzplan § 58 Rz. 54 [*Brünkmans/Harmann/Clev*]).

III. Bewertungsmaßstab bei freiwilligem Austritt aus der Gesellschaft

Sieht der Restrukturierungsplan zwar keine Entziehung der Anteilsrechte vor, werden diese 253 allerdings durch eine Planregelung derart gestaltet, dass dem Anteilsinhaber nach allgemeinen Gesellschaftsrecht ein Austrittsrecht zusteht, enthält § 7 Abs. 4 Satz 6 StaRUG durch den Verweis auf § 225a Abs. 5 InsO **besondere Abfindungsregelungen** (siehe zum Insolvenzplan § 58 Rz. 9 [*Brünkmans/Harmann/Clev*]). Beispiele für ein solches Austrittsrecht sind § 207 UmwG oder wesentliche Veränderungen der Gesellschafterstruktur in einer personalistischen GmbH.

Macht der Anteilsinhaber in diesem Fall von seinem Austrittsrecht Gebrauch, sind nach 254 § 225a Abs. 5 InsO i. V. m. § 7 Abs. 4 Satz 6 StaRUG als Bewertungsmaßstab für den Abfindungsanspruch **Liquidationswerte** heranzuziehen (siehe zum Insolvenzplan § 58 Rz. 9 [*Brünkmans/Harmann/Clev*]). Nach § 225a Abs. 5 Satz 2 InsO i. V. m. § 7 Abs. 4 Satz 6 StaRUG kann im Fall eines freiwilligen Austritts der Abfindungsanspruch gegen Verzinsung über einen Zeitraum von bis zu drei Jahren gestundet werden.

---

332) S. AG Hannover, Beschl. v. 20.10.2023 – 951 RES 1/23-1, ZRI 2023, 962 = BeckRS 2023, 30652; AG München, Beschl. v. 15.2.2023 – 1507 RES 3229/22, ZRI 2023, 319 = ZIP 2023, 603; AG Dresden, Beschl. v. 7.6.2021 – 574 RES 2/21, NZI 2021, 893 = ZInsO 2021, 1398; AG Hamburg, Beschl. v. 12.4.2021 – 61a RES 1/21, Rz. 7, ZRI 2021, 473 = NZI 2021, 544; AG Berlin-Charlottenburg, Beschl. v. 4.1.2024 – 36s RES 6525/23 (Spark Networks), ZRI 2024, 512 = ZIP 2024, 557, m. Anm. *Brünkmans*; AG Stuttgart, Beschl. v. 11.12.2024 – 6 RES 1243/24 (VARTA), ZRI 2025, 149; AG Nürnberg, Beschl. v. 21.06.2023 – RES 397/23 (Leoni), ZRI 2023, 629 = NZI 2023, 881.

333) Jacoby/Thole-*Brünkmans*, StaRUG, § 7 Rz. 137.

§ 55
Unternehmenstransaktionen und Restrukturierungsplan

Übersicht

Literatur: *Mock*, (Einseitige) Bezugsrechtsgewährung in Restrukturierungsplänen – Restrukturierungsübernahmerecht ante portas?, NZG 2024, 769.

A. Einführung

Der StaRUG-Restrukturierungsplan hat im Kontext der Unternehmensakquisition zunächst die allgemeine Bedeutung als Mittel der Unternehmenssanierung. Durch den Restrukturierungsplan – und die darin geregelten Sanierungsmaßnahmen wie Forderungserlasse zur Gewährleistung angemessener Schuldentragfähigkeit (Debt Capacity) – wird das Unternehmen für Investoren überhaupt erst interessant. Allerdings beschränkt sich die Aufgabe des Restrukturierungsplans nicht nur darin, „die Braut hübsch zu machen", sondern der Restrukturierungsplan kann im gestaltenden Teil die Unternehmensakquisition selbst, d. h. die **Überleitung des Unternehmens auf einen Investor, regeln.** Schon kurz nach Inkrafttreten des StaRUG[1] stellte sich der Restrukturierungsplan – in Anlehnung an die für den Insolvenzplan bereits bestehende „Common Practice" (siehe ausführlich § 32 Rz. 2 f. und § 2 Rz. 103 ff. [*Brünkmans*]) – als effektives Instrument einer Unternehmensakquisition heraus. 1

1) Gesetz über den Stabilisierungs- und Restrukturierungsrahmen für Unternehmen (Unternehmensstabilisierungs- und -restrukturierungsgesetz – StaRUG), v. 22.12.2020, BGBl. I 2020, 3256 (= Art. 1 des Gesetzes zur Fortentwicklung des Sanierungs- und Insolvenzrechts [Sanierungs- und Insolvenzrechtsfortentwicklungsgesetz – SanInsFoG], v. 22.12.2020, BGBl. I 2020, 3256).

2 Dabei steht ein im Restrukturierungsplan geregelter **Kapitalschnitt** im Fokus (zum Kapitalschnitt im Restrukturierungsplan siehe ausführlich § 54 Rz. 157 ff. [*Brünkmans*]). Der Kapitalschnitt besteht aus einer Kapitalherabsetzung auf null mit anschließender Kapitalerhöhung, verbunden mit einem Bezugsrechtsausschluss und Zulassung eines Investors zur Zeichnung neuer, mit der Kapitalerhöhung geschaffener Anteile. Der Kapitalschnitt war auch das Akquisitionsvehikel in den öffentlich kontrovers diskutierten Fällen *Leoni*[2)], *Spark Networks*[3)] und *VARTA*[4)]. Beeindruckend und gewissermaßen als Zeichen der Anerkennung des StaRUG in der Sanierungspraxis ist, dass es sich in den genannten Fällen um große, kapitalmarktorientierte Unternehmen handelt. Eine effektive Fremd- und Eigenkapitalrestrukturierung lässt sich durch den Restrukturierungsplan auch für solche Unternehmen umsetzen. Kritiker sprechen vom StaRUG auch als **„Restrukturierungsübernahmerecht“**.[5)]

3 Neben dem aus den genannten spektakulären Fällen bekannt gewordenen Kapitalschnitt kann der Restrukturierungsplan auch die **Übertragung bestehender Anteile am Schuldner** regeln, etwa um nicht verkaufswillige Gesellschafter gegen ihren Willen zur Anteilsübertragung zu zwingen (siehe Rz. 8 ff.).

4 Ferner kann für die Umsetzung anderer Transaktionsstrukturen der Restrukturierungsplan im Einzelfall eingesetzt werden, wie z. B.

- für eine **„Loan-to-own-Strategie“** durch Regelung eines Debt-to-Equity-Swaps (siehe § 54 Rz. 181 ff. [*Brünkmans*]),
- der Vorbereitung eine Unternehmensverkaufs über **einen Carve-out** durch eine im Restrukturierungsplan geregelte Ausgliederung oder Spaltung (siehe § 54 Rz. 221 ff. [*Brünkmans*]), aber auch
- zur anfechtungssicheren Umsetzung eines **Asset Deals** (siehe dazu unten Rz. 29 ff.).

B. Share Deal

I. Überblick

5 Wie beim Insolvenzplan, kommt für die Umsetzung eines Share Deals über einen Restrukturierungsplan die Übertragung der bestehenden Geschäftsanteile der Altgesellschafter sowie der Erwerb neuer Geschäftsanteile i. R. einer Kapitalerhöhung in Betracht (siehe § 32 Rz. 14 ff. [*Brünkmans*]).

II. Erwerb der Geschäftsanteile der Altgesellschafter

1. Synchroner Restrukturierungsplan zum Anteilskauf- und Übertragungsvertrag (Share-Deal-Struktur 1)

6 In dieser Struktur dient der Restrukturierungsplan lediglich der finanzwirtschaftlichen Restrukturierung des Fremdkapitals. Der Einstieg eines Investors wird auf der Grundlage eines „gewöhnlichen“ Anteilskauf- und Übertragungsvertrages umgesetzt. Wie beim Insolvenzplan ist die **rechtskräftige Bestätigung** des Restrukturierungsplans im Anteilskauf- und Übertragungsvertrag als **Vollzugsbedingung** vorgesehen.

---

2) AG Nürnberg, Beschl. v. 21.6.2023 – RES 397/23 (Leoni), ZRI 2023, 629 = NZI 2023, 881.

3) AG Berlin-Charlottenburg, Beschl. v. 4.1.2024 – 36s RES 6525/23 (Spark Networks), ZRI 2024, 512 = ZIP 2024, 557.

4) AG Berlin-Charlottenburg, Beschl. v. 4.1.2024 – 36s RES 6525/23 (Spark Networks), ZRI 2024, 512 = ZIP 2024, 557.

5) *Mock*, NZG 2024, 769.

Für den Regelungsgehalt des Anteilskauf- und Übertragungsvertrages und des Restrukturierungsplans gelten die Ausführungen zum Insolvenzplan (siehe § 32 Rz. 18 ff. [*Brünkmans*]) entsprechend. 7

2. Unmittelbare Anteilsübertragung durch Regelung im Restrukturierungsplan (Share-Deal-Struktur 2)

a) § 7 Abs. 4 Satz 4 StaRUG

Die Anteilsübertragung kann auch **im gestaltenden Teil** des Restrukturierungsplans **unmittelbar** geregelt werden. § 7 Abs. 4 Satz 4 StaRUG sieht dies ausdrücklich vor. Dabei kommt eine unmittelbare Übertragung **auf den Investor** in Betracht, wobei dafür in der Regel der Kapitalschnitt (Share-Deal-Struktur 3) die vorzugswürdigere Variante ist (siehe dazu ausführlich Rz. 17 ff.). Bedeutung hat die Regelung der Übertragung der Anteile jedoch für die Fälle, in denen die Geschäftsanteile während des Sanierungszeitraums in einer doppelnützigen Sanierungstreuhand gehalten werden sollen. In diesem Fall kann der Restrukturierungsplan neben der finanzwirtschaftlichen Restrukturierung auch die **Übertragung der Geschäftsanteile auf die doppelnützige Treuhand** regeln. Da genau die Überführung der Geschäftsanteile oftmals ein „Störhebel" der Gesellschafter darstellt, kann der Restrukturierungsplan insoweit die Anteile auch gegen den Willen einzelner Gesellschafter in die Sanierungstreuhand überführen. 8

Die Bestätigung des Restrukturierungsplans durch das Restrukturierungsgericht nach §§ 60 ff. StaRUG ist dabei das Mittel im Restrukturierungswerkzeugkasten des StaRUG, welches über die §§ 67 ff. StaRUG die zwangsweise Übertragungswirkung erzeugt. 9

b) Ermächtigung

Ein Antrag auf Planbestätigung nach § 60 StaRUG setzt aber als **vorgelagerten Schritt** voraus, dass der Schuldner sein Restrukturierungsvorhaben beim Restrukturierungsgericht **anzeigt** (§ 31 StaRUG). Dabei ist jedoch stets zu beachten und sorgfältig zu prüfen, **ob** vor der Anzeige des Restrukturierungsvorhabens die vertretungsberechtigten Organe (Geschäftsführer/Vorstand) eine **Ermächtigung** der Gesellschafterversammlung bzw. Hauptversammlung **erforderlich** ist. Nach der von einer Vielzahl von Gerichten und auch hier vertretenen Alternativlosigkeitsformel, bedarf es eines ermächtigenden Gesellschafter- oder Hauptversammlungsbeschlusses nicht, wenn der vorzulegende Restrukturierungsplan alternativlos ist, um eine für die Gläubiger nachteiligere Insolvenz des Schuldners abzuwenden (siehe dazu ausführlich § 54 Rz. 33 ff., 47 [*Brünkmans*]). **Außerhalb dieses kritischen Sanierungszeitfensters** wird allerdings ein ermächtigender Gesellschafterbeschluss in der Regel erforderlich sein, sodass in diesem Sanierungsstadium der Restrukturierungsplan lediglich zur Auflösung von Blockaden von Minderheitsgesellschaftern geeignet ist (siehe dazu ausführlich § 54 Rz. 37, 48 [*Brünkmans*]). 10

c) Regelungsgehalt des Restrukturierungsplans

Der Restrukturierungsplan regelt bei dieser Share-Deal-Struktur 2 unmittelbar die Anteilsübertragung und ersetzt somit die sonst erforderlichen Abtretungs- und Übertragungserklärungen (vgl. Share-Deal-Struktur 1). Es gelten die Ausführungen zum Insolvenzplan (siehe § 32 Rz. 20 f. [*Brünkmans*]) entsprechend. 11

d) Regelungsgehalt der Investorenvereinbarung

Weitere Regelungen, insbesondere Verpflichtungen und ggf. Garantieerklärungen der Altgesellschafter, können nur in einer **konsensualen Investorenvereinbarung** und nicht im Re- 12 strukturierungsplan geregelt werden. Für den Regelungsgehalt der Investorenvereinbarung gelten die Ausführungen zum Insolvenzplan (siehe § 32 Rz. 22 f. [*Brünkmans*]) entsprechend.

e) Besondere Rechtsfolgen bei der Anteilsübertragung durch den Restrukturierungsplan

13 Eine lastenfreie Übertragung der Geschäftsanteile ist richtigerweise nur möglich, wenn der **Pfandrechtsgläubiger** gleichzeitig auch ein Gläubiger der Schuldnerin ist und die Pfandrechte an den Geschäftsanteilen die Forderung gegen die Schuldnerin absichern (siehe zum Insolvenzplan, § 32 Rz. 24 f. [*Brünkmans*]). Neben § 7 Abs. 4 Satz 4, § 2 Abs. 3 StaRUG ermächtigen auch § 7 Abs. 2 Satz 2, § 2 Abs. 4 StaRUG einen solchen Eingriff in Pfandrechte an Geschäftsanteilen der Schuldnerin, wenn der Gesellschafter die **Voraussetzungen eines verbundenen Unternehmens** i. S. von § 15 AktG erfüllt (zu gruppeninternen Drittsicherheiten siehe § 56 Rz. 30 ff. [*Brünkmans*]).

14 Die Haftung des Erwerbers wegen **nicht erbrachter Einlageleistung** (§ 16 Abs. 2 GmbHG) sowie die Einstandspflichten aus §§ 24, 31 GmbHG bestehen hingegen wie beim Insolvenzplan fort (siehe zum Insolvenzplan, § 32 Rz. 26 [*Brünkmans*]).

15 Wesentlicher Vorteil einer im Restrukturierungsplan geregelten Anteilsübertragung ist, dass richtigerweise eine **Anfechtung in der Insolvenz des Altgesellschafters** nach §§ 132, 133 und 134 InsO wegen der Gestaltungswirkung des Planbestätigungsbeschlusses (§ 67 StaRUG) bereits mangels Rechtshandlung des Altgesellschafters **ausscheidet** (siehe zum Insolvenzplan, § 32 Rz. 27 [*Brünkmans*]). Bei einer Anteilsübertragung durch den Restrukturierungsplan kommt der Anfechtungsschutz aus § 90 Abs. 1 StaRUG hinzu.

16 Auch eine **Börsennotierung** wird von einer Aktienübertragung im Restrukturierungsplan nicht berührt (siehe zum Insolvenzplan, § 32 Rz. 28 [*Brünkmans*]).

III. Unternehmensakquisition durch einen im Restrukturierungsplan geregelten Kapitalschnitt (Share-Deal-Struktur 3)

1. Regelungsgehalt im Restrukturierungsplan

17 In den meisten bisher bekannten Restrukturierungsfällen seit Inkrafttreten des StaRUG erfolgte der Erwerb des Unternehmens durch einen Investor über einen im Restrukturierungsplan geregelten Kapitalschnitt (siehe oben Rz. 2). Zu den Vor- und Nachteilen eines Anteilserwerbs durch Kapitalschnitt anstelle einer Anteilsübertragung siehe zum Insolvenzplan § 32 Rz. 47 f. [*Brünkmans*].

18 Der Kapitalschnitt setzt sich aus einer **Kapitalherabsetzung auf null** (Schritt 1) **und** anschließenden **Kapitalerhöhung unter Ausschluss des Bezugsrechts** der Altgesellschafter (Schritt 2) zusammen. Sowohl der außerhalb des Restrukturierungsplan erforderliche Kapitalherabsetzungsbeschluss sowie der Kapitalerhöhungsbeschluss der Gesellschafterversammlung/Hauptversammlung wird durch eine entsprechende Regelung im Restrukturierungsplan **ersetzt** (siehe § 54 Rz. 169 [*Brünkmans*]). Es gelten die Ausführungen zum Insolvenzplan (siehe § 32 Rz. 29 [*Brünkmans*]) entsprechend.

2. Rechtsfolgen einem Erwerb durch Kapitalschnitt

19 Bei der Share-Deal-Struktur 3 erlöschen aufgrund der Kapitalherabsetzung auf null und damit verbundenen Vernichtung der alten Geschäftsanteile auch etwaige Pfandrechte an den Geschäftsanteilen, sodass der Investor die neuen **Anteile lastenfrei erwirbt** (siehe zum Insolvenzplan § 32 Rz. 30 [*Brünkmans*]). Eine Insolvenzanfechtung der neu erworbenen Anteile scheidet aus; zur Haftungsnachfolge (§ 16 Abs. 2 GmbHG) und Ausfallhaftung (§ 24

GmbHG) gelten die Ausführungen zum Insolvenzplan (siehe § 32 Rz. 31 [*Brünkmans*]) entsprechend.

20 Entsprechendes gilt für Aktien an einer AG. Im Fall einer Börsennotierung erlischt bei einer Kapitalherabsetzung auf null und der damit verbundenen Vernichtung der börsennotierten Aktien die Börsennotierung automatisch (siehe zum Insolvenzplan § 32 Rz. 32 [*Brünkmans*]). Für die neuen Aktien ist eine **erneute Börsenzulassung** erforderlich.

3. Investorenvereinbarung

21 Zur Absicherung der Unternehmensakquisition sowohl für den Investor als auch den Schuldner ist ein Restrukturierungsplan als solcher nicht hinreichend. Zur Absicherung der Transaktion ist der Abschluss einer Investorenvereinbarung zwischen dem Schuldner und den Investoren erforderlich. Die zum Insolvenzplan entwickelte Common Practice (siehe § 32 Rz. 33 ff. [*Brünkmans*]) wurde für den StaRUG-Restrukturierungsplan im Wesentlichen übernommen. Der Investor verpflichtet sich in der Investorenvereinbarung im Wesentlichen zur Aufbringung der **Einlagenleistungen**, insbesondere der Bar- oder Sacheinlage nebst Agio (siehe zum Insolvenzplan § 32 Rz. 37 ff. [*Brünkmans*]). Der Schuldner verpflichtet sich hingegen zur **Vorlage** eines bestimmten, mit dem Investor **abgestimmten Restrukturierungsplan** und entsprechende **Anträge beim Restrukturierungsgericht** zu stellen (siehe zum Insolvenzplan § 32 Rz. 33 ff. [*Brünkmans*]). Die **rechtskräftige Bestätigung** des Restrukturierungsplans ist Vollzugsbedingung für die Einlagenleistung des Investors (siehe zum Insolvenzplan § 32 Rz. 42 [*Brünkmans*]). Ferner kann die Investorenvereinbarung **Garantien und Verpflichtungen** enthalten (siehe zum Insolvenzplan § 32 Rz. 43 f. [*Brünkmans*]).

22 Da die Restrukturierung nach dem StaRUG in der Regel **auf** eine umfassende **Neustrukturierung der Kreditverhältnisse ausgerichtet** ist (siehe § 41 Rz. 2 [*Brünkmans*]), sieht die Investorenvereinbarung zum StaRUG-Restrukturierungsplan häufig auch den Abschluss neuer Kreditverträge, welche frisches Geld zur Verfügung stellen, als Vollzugsvoraussetzungen vor. Idealerweise sind die Kreditverträge mit Abschluss der Investorenvereinbarung bereits ausgehandelt, sodass sie **als Anlage der Investorenvereinbarung** beigefügt werden können. Eine alternative Praxis hat sich insoweit entwickelt, das lediglich die **Eckpunkte einer zukünftigen Kreditfinanzierung** in Form von Term Sheets zur Anlage des Restrukturierungsplans genommen werden.

23 Der **Vollzug des Anteilserwerbs** durch den Investor erfolgt hingegen durch Eintragung der Kapitalerhöhung nach rechtskräftiger Bestätigung des Restrukturierungsplans (siehe § 54 Rz. 172 [*Brünkmans*], siehe auch zum Insolvenzplan § 32 Rz. 46 [*Brünkmans*]).

IV. Kapitalmarkt- und aktienrechtliche Pflichten durch Beteiligungswechsel

24 Auch wenn der Beteiligungswechsel bei einer (börsennotierten) AG auf der Grundlage eines Restrukturierungsplans erfolgt, finden sowohl die aktienrechtlichen (§ 20 AktG) als auch kapitalmarktrechtlichen (§§ 33 ff. WpHG) **Mitteilungs- und Bekanntmachungspflichten** Anwendung.

> **Praxishinweis**
>
> Die kapitalmarktrechtlichen Meldepflichten aus §§ 33 ff. WpHG entfallen jedoch, wenn aufgrund eines vorherigen Kapitalschnitts auf null die Börsennotierung endet (siehe zum Insolvenzplan § 32 Rz. 49 [*Brünkmans*]).

25 Erfolgt der Kontrollerwerb über eine Regelung im Restrukturierungsplan, sprechen die gleichen Gründe wie beim Insolvenzplan für eine **teleologische Reduktion von § 35 WpÜG**.

Eine im Restrukturierungsplan geregelte Aktienübertragung (Share-Deal-Struktur 2) oder Kapitalerhöhung (Share-Deal-Struktur 3) führt im Fall des Kontrollerwerbs richtigerweise nicht zu einer Angebotspflicht des Erwerbers (siehe zum Insolvenzplan § 32 Rz. 52 ff. [*Brünkmans*]). Bei einer vorherigen Kapitalherabsetzung auf null folgt dies bereits daraus, dass im Zeitpunkt des Kontrollerwerbs keine Börsennotierung mehr vorliegt, weil die Börsennotierung vor Kontrollerwerb endet.

26 Auch der **Abschluss der Investorenvereinbarung** (in der Regel vor der Kapitalherabsetzung und damit vor dem Ende der Börsennotierung) führt in der Regel noch nicht zur einem Kontrollerwerb i. S. von § 29 Abs. 2 i. V. m. § 30 Abs. 2 WpÜG. Auch wenn ein bestehender – und auch nach Vollzug der Transaktion verbleibender – Altaktionär in die Investorenvereinbarung als Co-Investor einbezogen wird, **führt dies nicht zu einer Angebotspflicht des Neuinvestors.** Die Aktien des Altaktionärs werden in diesem Fall dem Neuinvestor nicht nach § 30 Abs. 2 WpÜG zugerechnet, denn die Vereinbarung ist – wenn überhaupt – auf ein **Abstimmungsverhalten im Erörterungs- und Abstimmungstermin** (§§ 45 ff. StaRUG) und nicht auf ein Abstimmungsverhalten in der Hauptversammlung (vgl. § 30 Abs. 1 Satz 2 Alt. 1 WpÜG) ausgerichtet. Eine Verständigung „über die Ausübung von Stimmrechten" bezieht sich auf die Ausübung von Stimmrechten in der Hauptversammlung der Zielgesellschaft bzw. des Emittenten.[6)]

27 **Gegen eine Ausdehnung** von § 30 Abs. 2 Satz 2 Alt. 1 WpÜG bzw. § 34 Abs. 2 Satz 2 Alt. 1 WpHG **auf eine Planbetroffenenversammlung** gemäß StaRUG spricht die grundsätzlich andere Funktion und der abweichende Ablauf der Planbetroffenenversammlung im Vergleich zur Hauptversammlung. Die Hauptversammlung dient dazu, dass die Aktionäre durch ihr Stimmrecht Einfluss auf die Gesellschaft nehmen können, insbesondere durch Personalentscheidungen (§ 119 Abs. 1 Nr. 1 AktG) und die Entscheidung über die Verwendung des Bilanzgewinns (§ 119 Abs. 1 Nr. 2 AktG). Diese Lenkungsmöglichkeit ist i. R. der Planbetroffenenversammlung aufgrund des dortigen Abstimmungsmodus (§§ 24 ff. StaRUG) deutlich schwächer ausgeprägt, da die Aktionäre dort **lediglich eine Gruppe** von Planbetroffenen bilden, welche über eine gruppenübergreifende Mehrheitsentscheidung (§ 26 StaRUG) im Ergebnis **überstimmt werden können.**

28 Außerdem kann i. R. der Planbetroffenenversammlung **nur über die Zustimmung zum Restrukturierungsplan** abgestimmt werden. Während ein Großaktionär i. R. der Hauptversammlung die Führung des Unternehmens langfristig prägen kann, sind die Möglichkeiten zur Einflussnahme durch den Restrukturierungsplan deutlich enger und punktueller.[7)] Auch liegt **keine Verständigung über die Ausrichtung der Zielgesellschaft** i. S. von § 30 Abs. 1 Satz 2 Alt. 2 WpÜG vor, wenn der Restrukturierungsplan eine Kapitalherabsetzung auf null vorsieht. Sollte eine Verständigung über eine dauerhafte und erhebliche Änderung der unternehmerischen Ausrichtung der Zielgesellschaft vorliegen, dann allenfalls für den Zeitpunkt, nachdem die Börsennotierung endet.

---

6) Vgl. Bericht d. FA z. Risikobegrenzungsgesetz, BT-Drucks. 16/9821, S. 12; BaFin, Emittentenleitfaden Modul B, v. 30.10.2018, S. 27, abrufbar unter https://www.bafin.de/SharedDocs/Downloads/DE/Leitfaden/WA/dl_emittentenleitfaden_modul_B.pdf?__blob=publicationFile&v=5 (Abrufdatum: 27.7.2025).

7) Vgl. auch Allg. Begr. RegE SanInsFoG, BT-Drucks. 19/24181, S. 84.

> **Praxishinweis**
>
> Es empfiehlt sich, Einzelheiten mit der **BaFin** abzustimmen. Sollten im Einzelfall Zweifel bestehen, ob die Pflichten aus § 35 WpÜG bestehen, empfiehlt es sich bei der BaFin hilfsweise einen Antrag auf Befreiung von der Angebotspflicht gemäß § 37 Satz 2 WpÜG i. V. m. § 9 Satz 1 Nr. 3 WpÜG-AngebotsVO zu stellen. Die Voraussetzung für eine Sanierungsbefreiung dürften in der Regel gegeben sein (siehe i. E. zum Insolvenzplan § 32 Rz. 55 [*Brünkmans*]).

C. Asset Deal

I. Möglichkeit eines Asset Deals über einen Restrukturierungsplan

Zwar steht die Rechtsträgersanierung im Fokus des StaRUG-Restrukturierungsplans. § 90 Abs. 2 StaRUG geht jedoch wie selbstverständlich davon aus, dass der gestaltende Teil eines Restrukturierungsplans auch die Übertragung des gesamten schuldnerischen Vermögens oder wesentlicher Teile davon vorsehen kann. Das Verständnis, dass auch eine übertragende Sanierung im Wege eines Asset Deals Gegenstand eines Restrukturierungsplans sein kann, wird durch Art. 2 Abs. 1 Nr. 1 der Restrukturierungsrichtlinie[8] bestärkt. 29

II. Vorteile zum gewöhnlichen Kauf- und Übertragungsvertrag

Da der Asset Deal – anders als der Share Deal – auch außerhalb des Restrukturierungsplans unmittelbar durch den Schuldner durch schlichten Abschluss eines Kauf- und Übertragungsvertrages mit dem Investor umgesetzt werden kann, stellt sich die Frage, ob für die Umsetzung eines Asset Deals über das relativ komplexe StaRUG- Restrukturierungsverfahren in der Praxis überhaupt ein Bedürfnis besteht. Folgende **Vorteile** zu einer gewöhnlichen übertragenden Sanierung durch Abschluss eines Kauf- und Übertragungsvertrages können im Einzelfall bestehen: 30

- In Kombination mit einer Entschuldung des Verkäufers kann eine – häufig wertmindernde – Veräußerung im Insolvenzverfahren vermieden werden.
- § 90 Abs. 1 StaRUG bietet dem Erwerber einen **zusätzlichen Anfechtungsschutz**, falls der Verkäufer nach Veräußerung doch noch in die Insolvenz fällt (siehe dazu unten Rz. 34 ff.).
- Da für die Übertragung des gesamten oder wesentlichen Teils des Unternehmens die vertretungsberechtigten Organe der Schuldnerin im Innenverhältnis die Zustimmungen der Hauptversammlung oder Gesellschafterversammlung benötigen (siehe dazu § 54 Rz. 72 [*Brünkmans*]), kann die **Verweigerungshaltung** der (einzelner) Gesellschafter durch eine beschlussersetzende Regelung im Restrukturierungsplan **überwunden werden** (siehe ausführlich unten Rz. 33).
- Durch die Regelung des Asset Deals im Restrukturierungsplan werden **sämtliche Formerfordernisse gewahrt**, d. h. insbesondere für die Übertragung von Grundstücken und Anteilen an Tochtergesellschaften ist keine notarielle Beurkundung erforderlich (§ 68 Abs. 1 StaRUG).

---

8) Richtlinie (EU) 2019/1023 des Europäischen Parlaments und des Rates v. 20.6.2019 über präventive Restrukturierungsrahmen, über Entschuldung und über Tätigkeitsverbote sowie über Maßnahmen zur Steigerung der Effizienz von Restrukturierungs-, Insolvenz- und Entschuldungsverfahren und zur Änderung der Richtlinie (EU) 2017/1132 (Richtlinie über Restrukturierung und Insolvenz) – Restrukturierungsrichtlinie, ABl. (EU) L 172/18 v. 26.6.2019.

III. Besonderheiten des Asset Deals für den gestaltenden Teil des Restrukturierungsplans

1. Regelung der dinglichen Übertragungserklärungen

31 Der gestaltende Teil des Restrukturierungsplans enthält in diesem Fall die dingliche Übertragungserklärungen für die Übertragung der Vermögensgegenstände durch den Schuldner. **§ 13 StaRUG** stellt dafür die hinreichende Ermächtigungsgrundlage zur Verfügung. Die Annahmeerklärung des Investors oder des Investorenvehikels erfolgt in diesem Fall nach allgemeinen Vorschriften und ist idealerweise als Anlage zum Restrukturierungsplan (§ 15 StaRUG) beizufügen.

2. Regelung des Zustimmungsbeschlusses

32 Anders als beim Insolvenzplanverfahren werden § 179a AktG sowie die *Holzmüller/Gelatine*-Grundsätze im StaRUG-Verfahren nicht verdrängt.[9] Für die Übertragung des Unternehmens als Ganzes oder eines wesentlichen Teils ist somit **grundsätzlich ein ermächtigender Hauptversammlungsbeschluss** erforderlich. Entsprechendes gilt grundsätzlich auch für die GmbH (siehe ausführlich § 54 Rz. 72 [*Brünkmans*]).

33 Der Zustimmungsbeschluss kann jedoch als gesellschaftsrechtliche Regelung i. S. von § 7 Abs. 4 Satz 5 StaRUG im gestaltenden Teil des Restrukturierungsplan aufgenommen werden und bei Widerstand der Anteilsinhaber unter den Voraussetzungen einer **gruppenübergreifende Mehrheitsentscheidung** gemäß §§ 26 ff. StaRUG ersetzt werden[10] (siehe auch § 54 Rz. 73, § 40 Rz. 114 [*Brünkmans*]).

IV. Haftung- und Anfechtungsprivilegierung beim Planvollzug

34 Werden die dinglichen Übertragungserklärungen im Restrukturierungsplan aufgenommen, stehen diese unter dem in § 90 Abs. 1 StaRUG vorgesehenen Anfechtungsschutz. Die in der Krise eines Schuldners für den Asset Deal gefährlichen Anfechtungstatbestände aus §§ 133, 134 InsO finden dann keine Anwendung (sog. Safe-Habour-Regelung), es sei denn die Bestätigung des Restrukturierungsplans erfolgte auf der Grundlage unrichtiger oder unvollständiger Angaben und dem Erwerber war dies bekannt.

35 Bei Übertragung des gesamten (oder des wesentlichen Teils) des schuldnerischen Vermögens besteht nach § 90 Abs. 2 StaRUG der Anfechtungsschutz allerdings nur, wenn sichergestellt wird, dass die **nicht planbetroffenen Gläubiger** vorrangig gegenüber den Planbetroffenen aus dem Übertragungserlös befriedigt werden können.

36 Im Übrigen gelten die allgemeinen Grundsätze zur Anfechtungsprivilegierung, d. h. die Anfechtungsprivilegierung der BGH-Rechtsprechung für Rechtshandlungen auf der Grundlage eines Sanierungskonzepts[11] finden parallel zu § 90 StaRUG Anwendung. Bei einem sorgfältig erstellten darstellenden Teil des Restrukturierungsplans nebst **Bestandsfähigkeitserklärung** (§ 15 Abs. 1 StaRUG) wird man einen Gläubigerbenachteiligungsvorsatz nach § 133 InsO, jedenfalls die Kenntnis des Investors als Anfechtungsgegner, verneinen können. Auch die Grundsätze des **Bargeschäftsprivilegs** (§ 142 InsO) können im Einzelfall bei einer Übertragung mittels Restrukturierungsplan greifen. Echte praktische Bedeutung kommt § 90 Abs. 1 StaRUG vor diesem Hintergrund für die Anfechtung nach § 134 InsO bei **(teilweiser) Unentgeltlichkeit** zu. Diskussionen oder Rechtsstreitigkeiten über

9) S. Flöther-*Tasma*, StaRUG, § 7 Rz. 36; Jacoby/Thole-*Brünkmans*, StaRUG, § 7 Rz. 93, 167.

10) Jacoby/Thole-*Brünkmans*, StaRUG, § 7 Rz. 93.

11) BGH, Urt. v. 6.5.2021 – IX ZR 72/20, ZRI 2021, 645 = NZI 2021, 720; BGH, Urt. v. 3.3.2022 – IX ZR 78/20, ZRI 2022, 267 = NZI 2022, 385; BGH, Urt. v. 23.6.2022 – IX ZR 75/21, ZRI 2022, 677 = NZI 2022, 777.

die Angemessenheit des Kaufpreises im Nachhinein bleiben dem Investor bei einem im Restrukturierungsplan geregelten Asset Deal erspart.

D. Vergleichsrechnung als Treiber eines M&A-Prozesses

Aus dem Insolvenzplanverfahren ist bekannt, dass ein M&A-Prozess nicht zwingend immer 37 mit dem Ziel der Veräußerung des Unternehmens aufgesetzt wird, sondern nicht selten nur zur Absicherung der Vergleichsrechnung einer Sanierung unter Einbeziehung der Altgesellschafter dient (sog. **Dual-Track-Verkaufsprozess**). Inwieweit ein solcher Dual-Track-Verkaufsprozess für die Darstellung einer validen Vergleichsrechnung erforderlich ist, ist für den Insolvenzplan umstritten (siehe § 2 Rz. 87 ff. [*Brünkmans*]). Für den Restrukturierungsplan stellt sich ebenfalls die Frage, ob ein solcher Dual-Track-Verkaufsprozess erforderlich ist, um das nächstbeste Alternativszenario und die entsprechenden Wertansätze eines solchen Szenarios substantiiert darlegen zu können. Auch wenn ein Markttest im Einzelfall genauere Werte findet, ist richtigerweise die Substitution eines M&A-Prozesses durch eine **valide Unternehmensbewertung** im Einzelfall möglich (siehe § 39 Rz. 56, § 54 Rz. 116 f. [*Brünkmans*], § 58 Rz. 181 [*Brünkmans/Harmann/Clev*]).

§ 56
Der Restrukturierungsplan in der Konzernrestrukturierung

Übersicht

Literatur: *Brünkmans*, Geschäftsleiterpflichten und Geschäftsleiterhaftung nach dem StaRUG und SanInsFoG – Nachtrag zu ZInsO 2021, 1 ff., ZInsO 2021, 125; *Brünkmans*, Geschäftsleiterpflichten und Geschäftsleiterhaftung nach dem StaRUG und SanInsFoG, ZInsO 2021, 1; *Brünkmans*, Das neue Konzerninsolvenzrecht, DK 2017, 518; *Brünkmans*, Entwurf eines Gesetzes zur Erleichterung der Bewältigung von Konzerninsolvenzen: Kritische Analyse und Anregungen aus der Praxis, ZIP 2013, 193; *Cranshaw/Portisch*, Paradigmen des Unternehmensstabilisierungs- und -restrukturierungsgesetzes (StaRUG) nach dem Regierungsentwurf aus Gläubigersicht (Teil 2), ZInsO 2020, 2617; *Forster*, Überlegungen zur Bildung von Rückstellungen für drohende Verluste aus Gewinnabführungsverträgen, in: Festschrift für Walter Stimpel zum 68. Geburtstag, 1985, S. 759; *Freudenberg*, Der Fortbestand des Beherrschungs- und Gewinnabführungsvertrags in der Insolvenz der Konzernobergesellschaft, ZIP 2009, 2037; *Gehrlein/Thüsing*, Ne bis in idem: Zur Sperrwirkung der Verlustausgleichspflicht im Hinblick auf Zahlungsansprüche von Gläubigern gegen die herrschende Gesellschaft, ZIP 2024, 2109; *Hoegen/Kranz*, Neue Möglichkeiten der Konzernsanierung durch SanInsFoG und StaRUG, NZI 2021, 105; *Kahlert/Schumann*, Einbeziehung von in- und ausländischen Steuerforderungen in einen Restrukturierungsplan oder Sanierungsvergleich, DStR 2021, 2741; *Kaubisch/Riewe/Hilpert*, Is there a Dutch way? – Möglichkeiten und Grenzen der Vertragsbeendigung für deutsche Unternehmen durch Anwendung des niederländischen WHOA, SanB 2021, 13; *Keller*, Rechtsverkehr in Insolvenzsachen mit Großbritannien, ZInsO 2022, 733; *Klöckner*, Ausfallhaftung der Obergesellschaft bei Beendigung eines Beherrschungs- oder Gewinnabführungsvertrags, ZIP 2011, 1454; *Kreuz*, Weisungsrecht im Hinblick auf die Zustimmung zu einem reduzierten Verlustausgleich im Rahmen eines Restrukturierungsvorhabens, ZIP 2023, 1673; *Kusterer*, Passivierung von Drohverlustrückstellungen bei Gewinnabführungsverträgen, DStR 1996, 114; *Madaus*, Verlustausgleichsansprüche im Vertragskonzern – Zur Zulässigkeit des Stillhaltens bis zur Regelung in einem Restrukturierungsplan, DB 2024, 849; *Morgen/Arends/Schierhorn*, Sanierungsmittel der Wahl – Insolvenzplan nach InsO n. F. oder Restrukturierungsplan nach StaRUG, ZRI 2021, 305; *Paulus*, Das neue internationale Insolvenzrecht der USA, NZI 2005, 439; *Paulus/Bähr/Hackländer*, Konzernweite Restrukturierungen – Hilft das StaRUG?, ZIP 2021, 1085; *Rechtmann*, Eingriffe in Kreditforderungen und Kreditsicherheiten im Rahmen des StaRUG, WM 2021, 520; *Sax/Berkner/Saed*, Anerkennungsmöglichkeiten des englischen Part 26A-Restrukturierungsplans in Deutschland post Brexit, NZI 2021, 517; *Schlöder/Parzinger/Knebel*, Der Restrukturierungsplan nach dem StaRUG im Lichte grenzüberschreitender Restrukturierungen – praxistaugliches Anerkennungsregime oder ein Fall für die obersten Gerichte, ZIP 2021, 1041; *Schmidt, J.*, Präventiver Restrukturierungsrahmen: Internationale Zuständigkeit, Anerkennung und anwendbares Recht, ZInsO 2021, 654; *Skauradszun/Kümpel/Nijnens*, Zur (richtigen) Anwendung des Art. 102c EGInsO auf präventive Restrukturierungsrahmen, NZI 2023, 481; *Steiger/Schulz*, § 302 III 3 AktG als Sanierungshindernis bei insolvenzlichen Sanierungen mittels Insolvenzplan?, NZI 2016, 335; *Tashiro*, Das StaRUG im Vergleich zum Restructuring Plan – dem neuen „Super-Scheme“, NZI Beilage z. Heft 5/2021, S. 77; *Thole*, Konzernhaftungsansprüche in Insolvenz und Restrukturierung, ZRI 2024, 402; *Thole*, Vertrauliche Restrukturierungsverfahren: Internationale Zuständigkeit, anwendbares Recht und Anerkennung, ZIP 2021, 2153; *Thole*, Der Entwurf des Unternehmensstabilisierungs- und -restrukturierungsgesetzes

(StaRUG-RefE), ZIP 2020, 1985; *Thole*, Ansprüche des Pensions-Sicherungs-Vereins nach § 303 AktG gegen die ehemals beherrschende Gesellschaft eines Vertragskonzerns nach Insolvenzeröffnung, ZIP 2020, 389; *Trendelenburg*, Der Gewinnabführungs- und Beherrschungsvertrag in der Krise der Obergesellschaft, NJW 2002, 647; *Wandt*, Das Stillhalteabkommen im Vertragskonzern – Vom aktienrechtlichen Problem zur insolvenzrechtlichen Lösung, NZG 2024, 824; *Westpfahl/Dittmar*, Die Behandlung gruppeninterner Sicherheiten im StaRUG, NZI Beilage z. Heft 5/2021, S. 46; *Wilkens*, Der präventive Restrukturierungsrahmen, WM 2021, 573; *Zehlicke*, Grenzüberschreitende Eingriffe in Drittsicherheiten durch öffentliche Restrukturierungspläne (Teil 2): Dingliche Drittsicherheiten, ZRI 2023, 986; *Zehlicke*, Grenzüberschreitende Eingriffe in Drittsicherheiten durch öffentliche Restrukturierungspläne (Teil 1): Schuldrechtliche Drittsicherheiten, ZRI 2023, 933; *Zeidler*, Ausgewählte Probleme des GmbH-Vertragskonzernrechts, NZG 1999, 692.

A. Der Konzern im Restrukturierungsverfahren nach StaRUG

I. Wirtschaftliche Einheit und rechtliche Vielfalt auch im StaRUG-Verfahren

1 Ein Konzern zeichnet sich durch die juristische Eigenständigkeit der Einzelgesellschaften einerseits und einer mehr oder weniger intensiven engen wirtschaftlichen, finanziellen[1)] und organisatorischen Verflechtung andererseits aus (wirtschaftliche Einheit bei rechtlicher Vielfalt).[2)]

2 Wie beim Insolvenzplan liegt auch für den Restrukturierungsplan der Fokus auf der rechtlichen Vielfalt. Der Restrukturierungsplan, der in der Restrukturierungssache des Restrukturierungsschuldners vorgelegt wird, kann lediglich die **Rechtsverhältnisse** (Restrukturierungsforderungen, Absonderungsanwartschaften und Anteilsrechte) **des jeweiligen Restrukturierungsschuldners** gestalten und nicht die Rechtsverhältnisse einer anderen Konzerngesellschaft.

3 Soweit ein **Konzerngesamtsanierungskonzept** unter Zuhilfenahme der Instrumente des StaRUG (vgl. § 29 Abs. 2 StaRUG) umgesetzt werden soll, ist somit im Grundsatz für jede Gruppengesellschaft **ein eigener Restrukturierungsplan** in einem jeweils vorgeschalteten Restrukturierungsverfahren (vgl. §§ 2, 30 StaRUG) vorzulegen. Auch die **Voraussetzungen** für eine Planbestätigung (z. B. drohende Zahlungsunfähigkeit, § 63 Abs. 1 Nr. 1 StaRUG) sind **isoliert zu prüfen** (siehe zum Insolvenzplan bereits § 33 Rz. 3 ff. [*Brünkmans*]).

4 Die wirtschaftliche Einheit und damit verbundene Herausforderungen einer Konzernsanierung werden von der **Restrukturierungsrichtlinie**[3)] zwar erkannt,[4)] allerdings greifen die Regelungen des **StaRUG**[5)] und der zugrunde liegenden Restrukturierungsrichtlinie das Konzernphänomen **nur punktuell** auf. Konzernbezogene Regelungen im StaRUG beschränken sich im Wesentlichen auf die Regelung

– eines Konzerngerichtstandes (§ 37 StaRUG) und

1) Hier ist insbesondere die finanzielle Verflechtung über Cashpool-Systeme zu nennen, aus welcher sich Intercompany-Ansprüche ergeben können, die sich über viele Jahre aufbauen können und die Bilanz einzelner Konzerngesellschaften belasten.

2) *Emmerich* in: Emmerich/Habersack, Aktien- und GmbH-Konzernrecht, § 18 AktG Rz. 5.

3) Richtlinie (EU) 2019/1023 des Europäischen Parlaments und des Rates v. 20.6.2019 über präventive Restrukturierungsrahmen, über Entschuldung und über Tätigkeitsverbote sowie über Maßnahmen zur Steigerung der Effizienz von Restrukturierungs-, Insolvenz- und Entschuldungsverfahren und zur Änderung der Richtlinie (EU) 2017/1132 (Richtlinie über Restrukturierung und Insolvenz) – Restrukturierungsrichtlinie, ABl. (EU) L 172/18 v. 26.6.2019.

4) ErwG 7, 15, 24 der Restrukturierungsrichtlinie.

5) Gesetz über den Stabilisierungs- und Restrukturierungsrahmen für Unternehmen (Unternehmensstabilisierungs- und -restrukturierungsgesetz – StaRUG), v. 22.12.2020, BGBl. I 2020, 3256 (= Art. 1 des Gesetzes zur Fortentwicklung des Sanierungs- und Insolvenzrechts [Sanierungs- und Insolvenzrechtsfortentwicklungsgesetz – SanInsFoG], v. 22.12.2020, BGBl. I 2020, 3256).

- der Gestaltung gruppeninterner Drittsicherheiten (§§ 2 Abs. 4, 6 Abs. 3, 7 Abs. 1 und 2, 9 Abs. 1 Satz 3, 24 Abs. 1 und 3 StaRUG) im Restrukturierungsplan sowie
- der Durchsetzungssperre gruppeninterner Drittsicherheiten über eine Stabilisierungsanordnung (§ 49 Abs. 3 StaRUG).

5 Den punktuellen Regelungen im StaRUG liegt dabei **keine einheitliche Definition der Unternehmensgruppe** zugrunde. Während die Regelungen zum Restrukturierungsplan und der Stabilisierungsanordnung auf den aktienrechtlichen Begriff des verbundenen Unternehmens aus § 15 AktG zurückgreifen (vgl. § 2 Abs. 4 StaRUG), verweist der Gruppengerichtstand aus § 37 StaRUG auf die Definition der Unternehmensgruppe aus § 3e InsO.

6 Einen konsolidierten Restrukturierungsplan in dem Sinne, dass über einen leitenden Restrukturierungsplan in Forderungen gegen sämtliche Gruppengesellschaften umfassend eingegriffen werden kann,[6] hat der Gesetzgeber hingegen nicht eingeführt. Vielmehr verfolgt § 2 Abs. 4 StaRUG ein dazu **abgeschwächtes Modell**, indem der Restrukturierungsplan zwar rechtsgestaltende Regelungen für Gruppengesellschaften vorsehen kann, allerdings **nur bezogen auf von der Gruppengesellschaft gewährte Sicherheiten.** Da es eine gruppenübergreifende Mehrheitsentscheidung nur auf Ebene der Einzelgesellschaften, nicht aber i. R. einer Konzern-Betrachtung gibt, besteht bei einer Konzern-Restrukturierung die Gefahr „obstruierender Einzelgesellschaftsgläubiger".[7]

II. Konzernleitungsmacht im Restrukturierungsverfahren

1. Wirkung der Restrukturierungsanzeige

7 Für die Frage, inwieweit ein Gesamtsanierungskonzept entwickelt und dieses in den einzelnen Verfahren durch Einbringung aufeinander abgestimmter Restrukturierungspläne umgesetzt werden kann, ist der Fortbestand der Konzernleitungsmacht („ob") und der Umfang bzw. etwaige Einschränkungen („wie") eine wichtige Vorfrage. Bezüglich des Schicksals der **Konzernleitungsmacht** im Restrukturierungsverfahren nach StaRUG ist wie im Insolvenzverfahren zwischen Ober- und Untergesellschaft zu differenzieren.

2. Untergesellschaft

a) Fortbestand der Weisungsrechte gegenüber der Untergesellschaft

8 Anders als im Insolvenzverfahren geht mit der Inanspruchnahme von Restrukturierungshilfen nach dem StaRUG **kein Übergang der Verwaltungs- und Verfügungsbefugnis** auf einen Verwalter einher. Das Verfahren wird vielmehr vom Schuldner – und bei juristischen Personen von seinen Organen – betrieben. Der ggf. einzusetzende Restrukturierungsbeauftragte hat allenfalls eine **überwachende Funktion** und seine Stellung führt somit grds. nicht zu Friktionen in der Konzernleitungsmacht.

9 Eine dem § 276a InsO entsprechende Vorschrift, wonach der Aufsichtsrat oder die Gesellschafterversammlung in der (vorläufigen) Eigenverwaltung keinen Einfluss mehr auf die Geschäftsführung des Schuldners ausüben können, sieht das StaRUG nicht vor. Die **Obergesellschaft** kann daher grundsätzlich über ihre **Mehrheitsbeteiligung** das Weisungsrecht aus § 37 GmbHG in der Gesellschafterversammlung ausüben.[8]

---

6) S. zum US-Amerikanischen Phänomen der „substantive consolidation" ausführlich *Brünkmans*, Die Koordinierung von Insolvenzverfahren konzernverbundenen Unternehmen, S. 93 ff.

7) S. zum Gruppenobstruktionsverbot *Eidenmüller* in: MünchKomm-InsO, Vor §§ 217 Rz. 41; *Brünkmans*, ZIP 2013, 193; *Brünkmans*, DK 2017, 518, 519 ff.; *Eidenmüller/Frobenius* in: MünchKomm-InsO, § 269h Rz. 9.

8) *Brünkmans* in: Runkel/J. Schmidt, AHB Insolvenzrecht, § 4 Rz. 201.

10 Auch ein **Beherrschungsvertrag** und das daraus resultierende Weisungsrecht nach § 308 AktG bleibt mit Anzeige der Restrukturierungssache für die Untergesellschaft im Grundsatz bestehen. Für die zum Insolvenzverfahren zum Teil vertretene automatische Beendigung[9)] des Beherrschungsvertrages besteht kein Anlass.[10)]

b) Gläubigerinteressen der Untergesellschaft als Grenze des Weisungsrechts

11 Allerdings weist das StaRUG dem gesellschaftsrechtlichen Weisungsrecht im Hinblick auf die zunehmend relevanten Gläubigerinteressen Grenzen auf. Mit zunehmender Krise modifizieren sich die Organpflichten der betroffenen Gesellschaften. Zunächst löst die Unternehmenskrise nach § 1 StaRUG eine **Sanierungspflicht** der Geschäftsleiter aus, über die die Gesellschafterversammlung nicht vollends disponieren kann.[11)] Diese Sanierungspflicht schützt die Anteilsinhaber und Gläubiger vor dem Hintergrund von Art. 19 lit. b der Restrukturierungsrichtlinie jedenfalls mit Eintritt der drohenden Zahlungsunfähigkeit gleichermaßen (siehe § 54 Rz. 26 [*Brünkmans*]). Je weiter die **Krise fortschreitet**, desto mehr steht der Schutz der Gläubigerinteressen im Fokus. Ist eine bestimmte Maßnahme zum Schutz der Gläubiger alternativlos, kann das Weisungsrecht aus § 37 GmbHG die Geschäftsleiter nicht von der Umsetzung der Maßnahme abhalten. Dies gilt insbesondere im Hinblick auf die **Anzeige der Restrukturierungssache** selbst (siehe ausführlich § 54 Rz. 33 ff. [*Brünkmans*]).

12 Diese Einschränkung durch die Gläubigerinteressen wird verstärkt sobald die Geschäftsführungsorgane das Restrukturierungsvorhaben angezeigt haben. In diesem Fall weisen die §§ 32 Abs. 1, 43 StaRUG der **Konzernleitungsmacht** der Obergesellschaft erste Grenzen auf. Schuldner und Geschäftsführer haben namentlich nach dieser Vorschrift die Restrukturierungssache mit der Sorgfalt eines ordentlichen und gewissenhaften Sanierungsgeschäftsführers zu betreiben und dabei die **Interessen der Gesamtheit der Gläubiger zu wahren**. Mit Anzeige der Restrukturierungssache beim Restrukturierungsgericht findet ein sog. **„Shift of Duties"** statt, d. h. die Tochtergesellschaft und deren Geschäftsführer müssen nunmehr ihr Handeln an der Gesamtheit der Gläubiger der **betroffenen Tochtergesellschaft** ausrichten. Eine entgegenstehende Weisung der Gesellschafterversammlung oder gestützt auf § 308 AktG im Fall eines Beherrschungsvertrages ist **unbeachtlich**.

13 Eine spezielle Grenze für das Weisungsrecht der Gesellschafterversammlung ist ferner in den **Kapitalschutzvorschriften** aus §§ 30, 31 GmbHG zu finden. Weisungen, die gegen diese Grundsätze verstoßen, dürfen von der Geschäftsführung ebenfalls nicht umgesetzt werden (vgl. § 43 Abs. 3 Satz 2 GmbHG). Gleiches gilt **für existenzvernichtende Weisungen**.[12)]

14 Die Konzernleitungsmacht bleibt somit in der Restrukturierungssache der Untergesellschaft bestehen, stößt aber inhaltlich durch die Ausrichtung der Geschäftsleiterpflicht auf die Interessen der Gesamtheit der Gläubiger **spätestens mit Anzeige** der Restrukturierungssache an ihre Grenzen.[13)]

---

9) *Emmerich* in: Emmerich/Habersack, Aktien- und GmbH-Konzernrecht, § 297 AktG Rz. 52 ff.; *Koch*, AktG, § 297 Rz. 22a; *Veil/Walla* in: BeckOGK-Aktienrecht, § 297 AktG Rz. 37 ff.; *Krieger* in: MünchHdb. GesR, Bd. 4, § 67 Rz. 207; *Thole*, ZIP 2020, 389, 390; **a. A.** *Freudenberg*, ZIP 2009, 2037, 2039; *Trendelenburg*, NJW 2002, 647, 649; Uhlenbruck-*Hirte*, InsO, § 11 Rz. 398 – für die Insolvenz der Untergesellschaft.

10) So auch *Prusko* in: Kübler/Bork/Prütting, HRI I, § 41 Rz. 59; *Thole*, ZRI 2024, 402, 407.

11) Vgl. *Brünkmans*, ZInsO 2021, 1, 2 f.; *Brünkmans*, ZInsO 2021, 125.

12) *Kreuz*, ZIP 2023, 1673, 1678.

13) *Brünkmans* in: Runkel/J. Schmidt, AHB Insolvenzrecht, § 4 Rz. 202; *Prusko* in: Kübler/Bork/Prütting, HRI I, § 41 Rz. 59 f.; *Knittel* in: Schneider/Linkert/v. Buchwaldt, Hdb. z. neuen Sanierungsrecht, Rz. 1806 ff.; *Hoegen/Kranz*, NZI 2021, 105 ff.; *Brünkmans*, ZInsO 2021, 125, 127.

Mit „Gesamtheit der Gläubiger" in §§ 32, 43 StaRUG sind die **Gläubiger des betroffenen Rechtsträgers** gemeint. Eine Ausweitung des Pflichtenkreises auf weitere Gläubiger im Konzern ist dem StaRUG hingegen nicht zu entnehmen.[14] 15

c) Einflussnahme auf den Inhalt des Restrukturierungsplans

Die Geschäftsführer der Untergesellschaft können unter Einhaltung ihrer Pflichten aus §§ 43 Abs. 1, 32 StaRUG nur einen Restrukturierungsplan einreichen, der stets auch einen eigenen Vorteil der Untergesellschaft (Gläubiger der Untergesellschaft) an den Sanierungsmaßnahmen darstellen kann. Diese vorgezeichneten Grenzen werden bei Upstream-Sicherheiten durch Untergesellschaften deutlich. Soll eine im **Restrukturierungsplan der Obergesellschaft** vorgesehene neue Finanzierung (§ 12 StaRUG) von der Untergesellschaft besichert werden, können die Geschäftsführer der Tochter-GmbH unter Berufung auf §§ 43 Abs. 1 Satz 1, 32 StaRUG einwenden, dass mit der Bestellung der Sicherheiten der Gesamtheit der Gläubiger ihrer Gesellschaft Haftungsmasse entzogen wird, wenn ansonsten der Tochtergesellschaft bzw. deren Gläubigern keine Vorteile zufließen sollen.[15] Die Interessen der Gesamtheit der Gläubiger der Tochtergesellschaft i. S. von § 43 Abs. 1 StaRUG sind jedenfalls in **zentral-funktional integrierten Konzernen** (siehe Rz. 19 ff., zum Insolvenzplan § 33 Rz. 42 [*Brünkmans*]) in der Regel gewahrt, wenn aufgrund des Scheiterns des Restrukturierungsplans auf Ebene der Muttergesellschaft auch die Existenz der Tochtergesellschaft gefährdet wird.[16] Bei **dezentralen Konzernstrukturen**, bei denen die Tochtergesellschaften weitgehend eigenständig operieren und die wirtschaftlichen und finanziellen Verflechtungen nur gering ausgeprägt sind, muss dies indes nicht zwingend der Fall sein. 16

3. Anzeige einer Restrukturierungssache auf Ebene der Obergesellschaft

Die Anzeige der Restrukturierungssache auf Ebene der Obergesellschaft hat im faktischen Konzern – wie im Insolvenzfall auch – **grundsätzlich keine Auswirkung auf** die **Konzernleitungsmacht**. Das Weisungsrecht aus § 37 GmbHG bleibt bestehen. Die Geschäftsleitungsorgane der Obergesellschaft sind mit der Anzeige nach §§ 32, 43 StaRUG den Interessen der „Gesamtheit der Gläubiger" der Obergesellschaft verpflichtet. Auch hier ist eine Ausweitung des Pflichtenkreises auf weitere Gläubiger im Konzern dem StaRUG nicht zu entnehmen (siehe oben Rz. 15). 17

Im **Vertragskonzern** führt die Anzeige der Restrukturierungssache auf Ebene der Obergesellschaft nicht zu einer Beendigung des Beherrschungsvertrages. Die zur Konkursordnung ergangene Rechtsprechung[17] und für das Insolvenzverfahren überwiegende Auffassung, dass Unternehmensverträge durch die Eröffnung des Insolvenzverfahrens beendet werden,[18] ist **auf das Restrukturierungsverfahren nicht übertragbar.**[19] Zu einer – wie in der BGH-Entscheidung angenommenen – Änderung des Gesellschaftszwecks der herrschenden Obergesellschaft (Abwicklung statt Fortführung) kommt es durch die Anzeige der Re- 18

14) So auch *Prusko* in: Kübler/Bork/Prütting, HRI I, § 41 Rz. 48.

15) *Hoegen/Kranz*, NZI 2021, 105, 106; *Brünkmans* in: Runkel/J. Schmidt, AHB Insolvenzrecht, § 4 Rz. 203.

16) *Hoegen/Kranz*, NZI 2021, 105, 107; *Kreuz*, ZIP 2023, 1673, 1674.

17) BGH, Urt. v. 14.12.1987 – II ZR 170/87 („Familienheim"), NJW 1988, 1326 = ZIP 1988, 229.

18) *Emmerich* in: Emmerich/Habersack, Aktien- und GmbH-Konzernrecht, § 297 AktG Rz. 52 ff.; *Koch*, AktG, § 297 Rz. 22a; *Veil/Walla* in: BeckOGK-Aktienrecht, § 297 AktG Rz. 37 ff.; *Krieger* in: MünchHdb. GesR, Bd. 4, § 67 Rz. 207; *Thole*, ZIP 2020, 389, 390; **a. A.** *Freudenberg*, ZIP 2009, 2037, 2039; *Trendelenburg*, NJW 2002, 647, 649; Uhlenbruck-*Hirte*, InsO, § 11 Rz. 398 – für die Insolvenz der Untergesellschaft.

19) So (zum StaRUG) im Ergebnis auch *Prusko* in: Kübler/Bork/Prütting, HRI I, § 41 Rz. 60; *Thole*, ZRI 2024, 402, 407.

strukturierungssache nicht. Solange es Anlass zum Zweifel gibt, dass die Obergesellschaft in der Lage sein wird, den **korrespondierenden Verlustausgleichsanspruch** aus § 302 AktG zu begleichen, können die Organe der Untergesellschaft die Umsetzung der Weisung nach § 308 AktG verweigern, wenn diese für die Untergesellschaft schädlich ist.[20] Dies gilt erst Recht, wenn auch für die Untergesellschaft eine Restrukturierungssache anhängig ist.[21] Auch wenn die Obergesellschaft über die Konzernleitungsmacht Einfluss auf die Vorlage eines bestimmten Restrukturierungsplans nehmen kann, verbleibt selbstverständlich die Letztentscheidung über die Annahme des Restrukturierungsplans bei den Planbetroffenen.

III. Gesamtsanierungskonzepte

1. Zentral organisierte und funktional integrierte Konzerne als Sanierungsherausforderung

19 Auch wenn das StaRUG nur limitiert Sanierungsinstrumente zur Verfügung stellt, die über den einzelnen Rechtsträger hinausgreifen, ist insbesondere bei funktional integrierten und zentral organisierten Konzernen eine **konzernweite Sanierung ökonomisch sinnvoll** und in der Regel wertoptimierend. Da das StaRUG nach dem Willen des Gesetzgebers[22] insbesondere Mechanismen für eine optimale **finanzwirtschaftliche Restrukturierung**[23] bereitstellen möchte, wird der Schwerpunkt eines Konzerngesamtsanierungskonzepts in der Restrukturierung der **zentralen Konzernfinanzierung** liegen. In stark integrierten Konzernen wird die Finanzierung regelmäßig zentral auf der Ebene der Obergesellschaft oder über spezielle Finanzvehikel in der Gruppe (Finanzierungsgesellschaft) aufgenommen.[24] Die Finanzierung erfolgt auf der Fremdkapitalseite in der Regel durch verschiedene Finanzierungsinstrumente wie Konsortialkredite, Schuldscheine oder Anleihen. Der **Konsortialkreditvertrag** unterliegt vor dem Hintergrund des führenden LMA-Standards **nicht selten dem englischem Recht**, Anleihen dem deutschen oder New Yorker Recht und für Schuldscheindarlehen ist typischerweise deutsches Recht vereinbart.[25]

20 **Gesichert** werden zentrale Finanzierungen in der Regel durch Schuldbeitritte, Garantien und oder Sachsicherheiten weiterer Konzerngesellschaften der Gruppe (Up-, Cross-, sowie Downstream-Drittsicherheiten zugunsten der Finanzierer) sowie durch Verpfändung der Anteile an diversen Konzerngesellschaften.[26]

21 Die im Außenverhältnis zentral durch die Konzernfinanzierungsgesellschaft aufgenommene Finanzierung wird über einen **konzernweiten Cash-Pool** oder sonstige Gesellschafterdarlehen **intern weitergereicht**. Dadurch entsteht nicht selten ein hoher Anteil von konzerninternen Verbindlichkeiten, welche ebenfalls über den Restrukturierungsplan gestaltet werden müssen (siehe dazu i. E. unten Rz. 85 f., 144).

22 Gerade in mittelständischen Konzernen sind aber **auch dezentrale, häufig historisch gewachsene Finanzierungsstrukturen** vorzufinden, welche sich durch bilaterale Kreditverträge auf Ebene der Einzelgesellschaften auszeichnen, welche nur vereinzelt durch Garan-

---

20) Streitig wie bei *Kreuz*, ZIP 2023, 1673, 1676 ff.; *Servatius* in: BeckOK-GmbHG, Systematische Darstellung, Konzernrecht, Rz. 186; *Emmerich* in: Emmerich/Habersack, Konzernrecht, § 32 Rz. 35a; Michalski/Heidinger/Leible/J. Schmidt-*Servatius*, GmbHG, Systematische Darstellung 4 Rz. 143; **a. A.** *Altmeppen* in: MünchKomm-AktG, § 302 Rz. 40 f.; *Steiger/Schulz*, NZI 2016, 335, 336.

21) Vgl. auch *Prusko* in: Kübler/Bork/Prütting, HRI I, § 41 Rz. 60.

22) S. RegE SanInsFoG, v. 9.11.2020, BT-Drucks. 19/24181.

23) Für eine effektive leistungswirtschaftliche Sanierung fehlen insbesondere die im Insolvenzverfahren vorhandenen Eingriffsmöglichkeiten in gegenseitige Verträge (§ 103 InsO) sowie Arbeitnehmerrechte (§§ 121 ff. InsO).

24) Vgl. *Keller* in: Lutter/Bayer, Holding-Hdb., § 4 Rz. 4.88.

25) *Prusko* in: Kübler/Bork/Prütting, HRI I, § 34 Rz. 17.

26) *Prusko* in: Kübler/Bork/Prütting, HRI I, § 34 Rz. 17.

tien oder Sachsicherheiten der Obergesellschaft oder anderer Konzerngesellschaften abgesichert werden.[27)]

2. Entwicklung eines Konzerngesamtsanierungskonzepts

Bei der Entwicklung eines Konzerngesamtsanierungskonzepts sind die **rechtlichen, wirtschaftlichen und finanziellen Verflechtungen** zu analysieren. Dabei sollten schon frühzeitig die **Befriedigungsaussichten der Gläubiger** im Fall einer Einzelverwertung untersucht und dargestellt werden (**Entity-Stand-Alone-Ansatz**). Dadurch können Gläubiger bereits frühzeitig von einem Sanierungsbeitrag und der Unterstützung eines konzernweiten Sanierungskonzepts überzeugt werden. Die schlüssige Simulation einer Befriedigung auf Basis des Entity-Stand-Alone-Ansatzes hat dingliche Sicherheiten bzw. Absonderungsrechte, Mitverpflichtungen für Gruppengesellschaften – ggf. beschränkt durch die sog. Limitation Language –, konzerninterne Forderungen und Verbindlichkeiten unter Berücksichtigung ihres Ranges (§ 39 Abs. 1 Nr. 5 InsO) etc. zu berücksichtigen. Auf der Aktivseite der jeweiligen Einzelgesellschaft kommt es auf eine valide Unternehmensbewertung „stand alone" an, die ggf. – wenn auch nicht zwingend – über einen M&A-Prozess abgesichert werden kann. 23

Die Erkenntnisse und Darstellungen bezogen auf die Einzelgesellschaft fließen schließlich in die Vergleichsrechnung des Restrukturierungsplans ein, denn als **nächstbestes Alternativszenario** (siehe allgemein § 39 Rz. 42 ff. [*Brünkmans*]) kommt in der Regel nur die Einzelverwertung im Insolvenzverfahren außerhalb des Konzernverbundes in Betracht. Ferner bildet die Berechnung nach dem Entity-Stand-Alone-Ansatz die Grundlage einer nach §§ 2 Abs. 4 Satz 1, 26 Abs. 2 StaRUG vorgesehenen angemessenen Entschädigung, falls die Restrukturierung der Obergesellschaft durch Eingriffe in gruppeninterne Sicherheiten erfolgen soll (siehe i. E. nachfolgend Rz. 30 ff.). 24

3. Optionen für die Umsetzung eines Konzerngesamtsanierungskonzepts im StaRUG-Verfahren

Aufgrund der vorgenannten wirtschaftlichen und finanziellen Verflechtung der einzelnen Konzerngesellschaften liegt die Herausforderung bei der Entstehung und Umsetzung einer Konzerngesamtsanierungsstrategie in der **inhaltlichen Abstimmung der Restrukturierungspläne**. Das StaRUG stellt bis auf den Gruppengerichtstand (§ 37 StaRUG) – anders als das Insolvenzverfahren (dort §§ 269a ff. InsO) – keine umfassenden Koordinationsmechanismen zur Absicherung der inhaltlichen Abstimmung zur Verfügung. Hintergrund dieser Abstinenz ist, dass – anders als im Insolvenzverfahren – die **Konzernleitungsmacht** auch bei Anzeige der Restrukturierungssache zwar eingeschränkt, aber **grundsätzlich noch intakt** ist (siehe Rz. 8 ff.). Eine Abstimmung der Restrukturierungspläne in den Grenzen der singulären Gläubigerinteressen ist daher über die Konzernleitungsmacht möglich (siehe ausführlich Rz. 96). 25

Da das StaRUG auf die finanzwirtschaftliche Restrukturierung von Finanzverbindlichkeiten ausgerichtet ist, liegt die Herausforderung in der Konzernrestrukturierung entsprechend in der **Gestaltung konzernverflochtener Finanzierungen** (siehe ausführlich Rz. 83 ff.). Eine solche finanzwirtschaftliche Restrukturierung einer Unternehmensgruppe kann 26

– über einen Restrukturierungsplan auf Ebene der Finanzierungsgesellschaft[28)] erfolgen, wobei weitere Gruppengesellschaften in diesen Restrukturierungsplan einbezogen wer-

27) Vgl. auch Seibt/Westpfahl-*Herding/Krafczyk*, StaRUG, § 2 Rz. 237.

28) Das kann die Muttergesellschaft oder eine separate Finanzierungsgesellschaft sein.

den können, soweit die Gestaltung gruppeninterner Drittsicherheiten betroffen ist (**Option 1**) oder

- durch koordinierte parallele Restrukturierungspläne auf Ebene der Finanzierungsgesellschaft sowie Restrukturierungspläne auf Ebene weiterer Gruppengesellschaften (**Option 2**).

27 Welche Option als gangbarer Weg in Betracht kommt, hängt davon ab, ob die **Option 1** für eine effektive Konzernrestrukturierung hinreichend ist. Idealerweise kann die Restrukturierung über einen Restrukturierungsplan unter Heranziehung der in § 2 Abs. 4 StaRUG vorgesehenen partiellen Durchbrechung des Rechtsträgerprinzips umgesetzt werden, weil damit ineffiziente Parallelverfahren vermieden werden können.

28 Die Gestaltungserstreckung aus § 2 Abs. 4 StaRUG ist allerdings **auf gruppeninterne Drittsicherheiten beschränkt** und stößt an ihre Grenzen, wo die Gruppengesellschaften nicht nur Drittsicherungsgeber für die zentrale Finanzierung, sondern auch **Darlehensnehmer im Außenverhältnis** zu den Finanzierern sind (siehe Rz. 44). Sollen umfangreiche Kreditverhältnisse über verschiedene Gesellschaften hinweg koordiniert werden, kommt lediglich **Option 2** (mehrere aufeinander abgestimmte Restrukturierungspläne) in Betracht.

29 Für beide Optionen können bei einer umfassenden Restrukturierung einer zentralen Konzernfinanzierung ggf. weitere Individualerklärungen einzelner Gläubiger – etwa bezüglich einer neuen Finanzierung i. S. von § 12 StaRUG – erforderlich sein, die mit dem Restrukturierungsplan über eine **Anlage oder Bedingung** verknüpft werden können.

B. Einbeziehung gruppeninterner Drittsicherheiten (Option 1)

I. Überblick

30 Der Restrukturierungsplan kann gemäß § 2 Abs. 4 Satz 1 StaRUG auch gruppeninterne Drittsicherheiten gestalten. Dabei handelt es sich um Sicherheiten, die nicht vom Restrukturierungsschuldner selbst, sondern von einem mit ihm verbundenen Unternehmen (§ 15 AktG) für die Absicherung von Restrukturierungsforderungen gegen den Restrukturierungsschuldner gestellt wurden. Es handelt sich – in Abgrenzung zu § 2 Abs. 1 Nr. 2 StaRUG – daher gerade nicht um gegenüber dem Restrukturierungsschuldner bestehende (Eigen-)Sicherheiten.

31 Die Regelung wurde mit dem SanInsFoG auch für den Insolvenzplan in den §§ 217 Abs. 2, 223a, 238b InsO übernommen (siehe dort § 33 Rz. 82 [*Brünkmans*]). Ohne die Gestaltbarkeit von gruppeninternen Drittsicherheiten wäre entweder eine konsensuale Einigung mit den Sicherungsnehmern hinsichtlich der (Nicht-)Inanspruchnahme der Drittsicherheiten oder zur zwangsweisen Durchsetzung ein weiteres Restrukturierungsverfahren auf der Ebene des Drittsicherungsgebers (siehe Option 2, Rz. 72 ff.) erforderlich.

II. Besonderheiten für den Darstellenden Teil

1. Darstellung der Verhältnisse und der Auswirkungen des Plans auf den gruppeninternen Drittsicherungsgeber (§ 6 Abs. 3 StaRUG)

32 Sieht der Restrukturierungsplan die Gestaltung von gruppeninternen Drittsicherheiten vor, sind gemäß § 6 Abs. 3 StaRUG im darstellenden Teil die Verhältnisse des die Sicherheit gewährenden verbundenen Unternehmens und die Auswirkungen des Plans auf dieses Unternehmen auszuführen. Dadurch soll dem gesicherten Gläubiger eine Beurteilung der Werthaltigkeit der Sicherheit und Angemessenheit der im Plan vorgesehenen Entschädigung

(vgl. § 2 Abs. 4 Satz 1 StaRUG) ermöglicht werden.[29] Der Schwerpunkt der Darstellung hängt von der **Art der Entschädigung des Drittsicherungsnehmers** ab:

- Im Fall eines Sicherheitentausches oder einer Sicherheitenprolongation sind die Auswirkungen des Restrukturierungsplans auf das die Sicherheit gewährende verbundene Unternehmen von großer Bedeutung. Jedenfalls für Personalsicherheiten sollte der Restrukturierungsplan auch eine integrierte Vermögens-, Ertrags- und Finanzplanung des verbundenen Unternehmens auf Stand-Alone Basis enthalten.
- Bei dinglichen Sicherheiten kommt es auf die Wertentwicklung des Sicherungsgegenstandes an, welche ebenfalls darzustellen wäre.

2. Darstellung und Herleitung der Angemessenheit der Entschädigung i. S. von § 2 Abs. 4 Satz 1 StaRUG

a) Allgemeine Grundsätze

33 Für Eingriffe in gruppeninterne Drittsicherheiten hat der Restrukturierungsplan eine angemessene Entschädigung anzubieten. Dies folgt unmittelbar aus § 2 Abs. 4 Satz 1 StaRUG, i. Ü. aber auch aus dem Schlechterstellungsverbot (§§ 64, 26 Abs. 1 Nr. 1 StaRUG).[30] Während die Entschädigung selbst **entweder im gestaltenden Teil** des Restrukturierungsplanes **oder durch eine Verpflichtungserklärung als Anlage** zum Restrukturierungsplan geregelt wird (siehe Rz. 47), hat der **darstellende Teil** dem Drittsicherungsnehmer die **Angemessenheit der Entschädigung** „vorzurechnen".

34 Bei der Frage der Angemessenheit der Entschädigung kommt es auf die Verwertung der Sicherheit **im nächstbesten Alternativszenario** (siehe § 39 Rz. 65 [*Brünkmans*]) an. Maßgeblicher **Zeitpunkt** ist die Unterbreitung des Planangebots an die Planbetroffenen gemäß § 2 Abs. 5 Halbs. 1 StaRUG[31] bzw. im Fall der gerichtlichen Durchführung des Abstimmungsverfahrens die Stellung des Antrags auf Festlegung eines Erörterungs- und Abstimmungstermins gemäß § 45 StaRUG.[32] Da der Restrukturierungsplan beim Restrukturierungsschuldner zur Stabilisierung desselben erforderlich ist, wird nicht selten der Zusammenbruch des gesamten Konzerns und damit auch die Insolvenz des Drittsicherungsgebers zu unterstellen sein. Rechtliche Hindernisse bei der Geltendmachung der Sicherheit im nächstbesten Alternativszenario, wie etwaige Verwertungsbeschränkungen, Gegenrechte, Anfechtungsrisiken oder Einwendungen aufgrund einer **Limitation Language** sind bei der Frage der Angemessenheit der Entschädigung **zu berücksichtigen**.[33] Kann der Verwertung der Sicherheit im nächstbesten Alternativszenario kein Wert zugemessen werden, ist keine Entschädigung zu zahlen.

35 Sieht der Restrukturierungsplan für eine bestehende Finanzierung eine Fälligkeitsverschiebung i. R. einer sog. **Amend-and-Extend-Lösung** vor und sollen die bisherigen gruppeninternen Drittsicherheiten mit einbezogen werden, liegt der Nachteil des gruppenbesicherten Gläubigers in einem späteren Zufluss des Verwertungserlöses aus der Sicherheit. Die

29) Begr. RegE SanInsFoG z. StaRUG, BT-Drucks. 19/24181, S. 116; Jacoby/Thole-*Brünkmans*, StaRUG, § 6 Rz. 68.

30) *Thole*, ZIP 2020, 1985, 1987; *Westpfahl/Dittmar*, NZI Beilage z. Heft 5/2021, S. 46, 48; Jacoby/Thole-*Brünkmans*, StaRUG, § 6 Rz. 70.

31) Seibt/Westpfahl-*Westpfahl*, StaRUG, § 24 Rz. 9; Uhlenbruck-*Knof*, InsO, § 24 StaRUG Rz. 11; Morgen-*Tresselt*, StaRUG, § 24 Rz. 5.

32) Uhlenbruck-*Knof*, InsO, § 24 StaRUG Rz. 11.

33) Seibt/Westpfahl-*Herding/Krafczyk*, StaRUG, § 2 Rz. 254; *Desch*, Das neue Restrukturierungsrecht, § 3 Rz. 13; s. a. *Cranshaw/Portisch*, ZInsO 2020, 2617, 2622; Braun-*Esser*, StaRUG, § 2 Rz. 60; *Skauradszun* in: BeckOK-StaRUG, § 2 Rz. 104.

Entschädigung hat in diesem Fall in Form einer zusätzlichen **Verzinsung** der Darlehensschuld zu erfolgen.[34)]

36 Wie ausführlich die Verhältnisse der Drittsicherungsgeberin und die Auswirkungen des Plans darzustellen sind, hängt von der **wirtschaftlichen Bedeutung der Drittsicherheit** für den Sicherungsnehmer ab.[35)] Als Untergrenze für die Entschädigungshöhe ist auf die Einzelrealisierung der Sicherheit und die daraus zu erwartende Befriedigung des Sicherungsnehmers abzustellen.[36)] Das Restrukturierungsgericht kann den Restrukturierungsbeauftragten mit der Prüfung der Angemessenheit der Entschädigung beauftragen (§ 73 Abs. 3 Nr. 2 StaRUG).

> **Praxishinweis**
> Im darstellenden Teil des Restrukturierungsplans ist daher eine **separate Vergleichsrechnung** für Restrukturierungsforderungen, die mit gruppeninternen Drittsicherheiten besichert sind, anzusetzen.[37)] Bewertungen aus der Vorbereitungsphase, z. B. Ausarbeitungen zum Entity Priority Modelling, können dafür herangezogen werden.

37 Die Art der Darstellung hängt maßgeblich davon ab, ob es sich bei den gruppeninternen Drittsicherheiten um Personalsicherheiten oder dingliche Sicherheiten handelt:

b) Personalsicherheiten

38 Die Höhe der Entschädigung wird bei Personalsicherheiten im Wesentlichen durch die **Solvenz** des Drittsicherungsgebers sowie das **vorhandene Deckungsvermögen** beim Drittsicherungsgeber bestimmt. Mit dinglichen Sicherheiten zugunsten anderer Gläubiger wertausschöpfend belastetes Vermögen ist dabei nicht zu berücksichtigen.[38)] Im Ergebnis ist eine Forderungsbewertung nach Maßgabe der Schuldendeckungsfähigkeit darzustellen, die maßgeblich von der Vermögens-, Ertrags- und Finanzlage der Gruppengesellschaft abhängt.[39)] Ein substantieller Eingriff in eine Personalsicherheit einer anderen Gruppengesellschaft wird in der Regel nur dann gerechtfertigt sein, wenn auch dieses Unternehmen wirtschaftlich nicht in der Lage ist, die Personalsicherheit zu bedienen.[40)]

c) Dingliche Sicherheiten

39 Für die Bestimmung einer angemessenen Entschädigung eines Eingriffs in dingliche Sicherheiten aus dem Vermögen der Gruppengesellschaften ist der **Wert** des Sicherungsgegenstandes unter Berücksichtigung eventuell vorrangiger **Sicherungsrechte** maßgeblich. Entscheidend ist der tatsächliche Wert, nicht der Buchwert. Der Wert für Pfandrechte an Geschäftsanteilen ist anhand einer Unternehmensbewertung zu bestimmen.[41)]

40 Erfolgt die Entschädigung in Form eines **Sicherheitentausches** (siehe auch § 40 Rz. 154 [*Brünkmans*], § 43 Rz. 90 [*J. Schmidt*]), ist der Wert der Ersatzsicherheit zu bestimmen

34) Seibt/Westpfahl-*Herding/Krafczyk*, StaRUG, § 2 Rz. 257.

35) Jacoby/Thole-*Brünkmans*, StaRUG, § 6 Rz. 70.

36) *Thole*, ZIP 2020, 1985, 1987; Jacoby/Thole-*Brünkmans*, StaRUG, § 6 Rz. 70; *Brünkmans* in: Runkel/J. Schmidt, AHB Insolvenzrecht, § 4 Rz. 217.

37) *Thole*, ZIP 2020, 1985, 1987; *Westpfahl/Dittmar*, NZI Beilage z. Heft 5/2021, S. 46, 48; Jacoby/Thole-*Brünkmans*, StaRUG, § 6 Rz. 70.

38) Braun-*Esser*, StaRUG, § 2 Rz. 59; *Thole*, ZIP 2020, 1985, 1987; Jacoby/Thole-*Brünkmans*, StaRUG, § 6 Rz. 71.

39) Jacoby/Thole-*Brünkmans*, StaRUG, § 6 Rz. 71.

40) Braun-*Böhm*, StaRUG, § 6 Rz. 29; Jacoby/Thole-*Brünkmans*, StaRUG, § 6 Rz. 71.

41) Jacoby/Thole-*Brünkmans*, StaRUG, § 6 Rz. 72.

und mit der ursprünglichen Sicherheit zu vergleichen.[42] Der Sicherheitentausch ist **liquiditätsschonend**, weil die Auflösung der alten Sicherheit gegen „unbare" Entschädigung („an Ablösezahlung statt") erfolgt.[43] Dies kommt insbesondere in Betracht, wenn die Finanzierung i. R. einer sog. Amend-and-Extend-Lösung fortgeführt wird.

III. Gestaltender Teil

1. Voraussetzungen für eine Gestaltung gruppeninterner Drittsicherheiten (§ 2 Abs. 4 Satz 1 Halbs. 1 StaRUG)

a) Vorliegen einer gruppeninternen Drittsicherheit i. S. von § 2 Abs. 4 StaRUG

aa) Eingriffsadressat: Verbundenes Unternehmen

Auf der Grundlage von § 2 Abs. 4 Satz 1 Halbs. 1 StaRUG sind Drittsicherheiten nur gestaltbar, wenn sie als **gruppenintern** eingestuft werden können. § 2 Abs. 4 Satz 1 StaRUG verweist auf die Definition von § 15 AktG. **Adressat des Eingriffs** kann somit nur ein mit dem Schuldner verbundenes Unternehmen i. S. von § 15 AktG sein, welches eine Sicherheit für eine Verbindlichkeit des Schuldners gewährt hat. Erfasst sind verbundene Unternehmen jeglicher Art, insbesondere Mutter-, Tochter-, Enkel- oder Schwestergesellschaften des Schuldners (Up-, Down- und Sidestream-Drittsicherheiten), inländische sowie (EU)-ausländische Gesellschaften.[44] Eine gruppeninterne Drittsicherheit i. S. von § 2 Abs. 4 Satz 1 StaRUG kann auch dann vorliegen, wenn es sich um die Bürgschaft eines Gesellschafters als natürliche Person handelt.[45] § 2 Abs. 4 StaRUG verweist auf verbundene Unternehmen i. S. von § 15 AktG. Eine Unternehmenseigenschaft i. S. von § 15 AktG liegt nach der konzernrechtlichen Rechtsprechung vor, wenn „anderweitige wirtschaftliche Interessen außerhalb der Gesellschaft bestehen", die die Besorgnis begründen, dass sie zu einer nachteiligen Behandlung der Gesellschaft führen können.[46] Gesellschafter können insbesondere dann als Unternehmer angesehen werden, wenn sie neben Anteilen an der schuldnerischen Gesellschaft an weiteren Gesellschaften beteiligt sind. Das kann auch die Besitzgesellschaft sein, der das schuldnerische Betriebsgrundstück gehört.[47] 41

Hat der Drittsicherungsgeber seinen COMI **im (EU-)Ausland** und sind die Drittsicherheiten nicht in Deutschland belegen, können sich komplexe Fragen der internationalen Anerkennung ergeben (siehe Rz. 64 f.). 42

bb) Eingriffsgegenstand: Drittsicherheit

Gegenstand des Eingriffs können nach § 2 Abs. 4 StaRUG sämtliche Personal- und Realsicherheiten sein. Als Personalsicherheiten kommen insbesondere Bürgschaften (§ 765 BGB), Garantien, externe Patronatserklärungen und Schuldbeitritte in Betracht. In der Praxis bedeutende Realsicherheiten sind Immobiliarsicherheiten (Grundschulden, Hypothek), gesetzliche Mobiliarpfandrechte, verlängerter oder erweiterter Eigentumsvorbehalt 43

42) Jacoby/Thole-*Brünkmans*, StaRUG, § 6 Rz. 73.

43) Seibt/Westpfahl-*Herding/Krafczyk*, StaRUG, § 2 Rz. 258.

44) Jacoby/Thole-*Brünkmans*, StaRUG, § 6 Rz. 67; Braun-*Esser*, StaRUG, § 2 Rz. 39; *Skauradszun* in: BeckOK-StaRUG, § 2 Rz. 101.

45) AG Halle (Saale), Beschl. v. 20.12.2024 – 58 RES 1/24, ZInsO 2025, 1071, 1075, m. Anm. *Frind* = ZRI 2025, 313.

46) BGH, Urt. v. 13.10.1977 – II ZR 123/76, BGHZ 69, 334; AG Halle (Saale), Beschl. v. 20.12.2024 – 58 RES 1/24, ZInsO 2025, 1071, 1075 = ZRI 2025, 313.

47) AG Halle (Saale), Beschl. v. 20.12.2024 – 58 RES 1/24, ZInsO 2025, 1071, 1075, m. Anm. *Frind* = ZRI 2025, 313.

und bestimmte Zurückbehaltungsrechte.[48] **Nicht erfasst** sind hingegen reine Nutzungsrechte oder Vollrechte, die zur Aussonderung berechtigen.[49]

44 Ein Eingriff gestützt auf § 2 Abs. 4 StaRUG kommt jedoch nicht in Betracht, wenn das verbundene Unternehmen nicht nur der Schuld beigetreten ist, sondern zusammen mit dem Restrukturierungsschuldner **Mitkreditnehmer** eines Kreditvertrages ist, d. h. gegenüber dem Kreditgeber berechtigt ist – ggf. begrenzt auf einen bestimmten Betrag – selbst den Kredit in Anspruch zu nehmen.[50] Eine Gestaltung der Mitkreditnehmerposition ist **nur konsensual** oder durch einen parallelen Restrukturierungsplan auf Ebene des Mitkreditnehmers (Option 2, siehe Rz. 72 ff.) möglich.

cc) Maßgeblicher Zeitpunkt

45 Lediglich gruppeninterne Drittsicherheiten, die im nach § 2 Abs. 5 StaRUG maßgeblichen Zeitpunkt bestanden bzw. begründet waren, unterliegen der Gestaltung über den Restrukturierungsplan.

b) Angemessene Entschädigung

46 Nach § 2 Abs. 4 Satz 1 Halbs. 2 StaRUG ist der Eingriff in gruppeninterne Drittsicherheiten nur zulässig, wenn dieser durch eine angemessene (§ 6 StaRUG) Entschädigung kompensiert wird. Zur Höhe einer angemessenen Entschädigung siehe oben unter Rz. 34 f.

47 Die Entschädigung muss unmittelbar **im Restrukturierungsplan** vorgesehen und näher **geregelt** werden.[51] § 2 Abs. 4 StaRUG lässt offen, wer die angemessene Entschädigung aufzubringen hat. Nach der Gesetzesbegründung ist die Entschädigung **aus dem Vermögen des Schuldners** zu leisten.[52] Der Sinn und Zweck der Norm spricht allerdings dafür, dass die Entschädigung **auch vom Sicherungsgeber oder einem Dritten** aufgebracht werden kann.[53] Die Entschädigung ist dann über eine freiwillige Verpflichtungserklärung des Drittsicherungsgebers abzusichern, welche als Anlage zum Restrukturierungsplan genommen wird (§ 15 Abs. 3 StaRUG). Die Abgabe einer entsprechenden Verpflichtungserklärung des verbundenen Unternehmens kann ggf. über die Konzernleitungsmacht (siehe oben Rz. 8 ff.) in den Grenzen der §§ 30, 31 GmbHG abgesichert werden.

c) Gruppenbildung

48 Im Fall des Eingriffs in gruppeninterne Drittsicherheiten ist für die betroffenen Gläubiger eine eigenständige Gruppe zu bilden (§ 9 Abs. 1 Satz 3 StaRUG).

49 Das Stimmrecht innerhalb der Gruppe richtet sich nach dem Wert (siehe dazu Rz. 56) der gruppeninternen Drittsicherheit (§ 24 Abs. 1 Nr. 2 Alt. 2 StaRUG). Für die besicherte Forderung besteht ein Stimmrecht nur insoweit, als die Drittsicherheit die gesicherte Forde-

---

48) Flöther-*Westpfahl/Dittmar*, StaRUG, § 2 Rz. 70; Jacoby/Thole-*Brünkmans*, StaRUG, § 6 Rz. 69 ff.

49) Seibt/Westpfahl-*Herding/Krafczyk*, StaRUG, § 2 Rz. 243.

50) *Wilkens*, WM 2021, 573, 578; Seibt/Westpfahl-*Herding/Krafczyk*, StaRUG, § 2 Rz. 251; *Fridgen* in: BeckOK-StaRUG, § 7 Rz. 52a; Jacoby/Thole-*Brünkmans*, StaRUG, § 7 Rz. 58; vgl. auch *Parzinger/Knebel* in: MünchKomm-StaRUG, § 7 Rz. 105.

51) Vgl. Flöther-*Tasma*, StaRUG, § 7 Rz. 20; Jacoby/Thole-*Brünkmans*, StaRUG, § 6 Rz. 69; Seibt/Westpfahl-*Hölzle*, StaRUG, § 6 Rz. 37; **a. A.** wohl *Parzinger/Knebel* in: MünchKomm-StaRUG, § 6 Rz. 188.

52) Begr. RegE SanInsFoG z. StaRUG, BT-Drucks. 19/24181, S. 113.

53) Für eine Entschädigung ausschließlich durch den Schuldner: *Desch*, Das neue Restrukturierungsrecht, § 3 Rz. 14; Flöther-*Westpfahl/Dittmar*, StaRUG, § 2 Rz. 78; wohl auch *Hoegen/Kranz*, NZI 2021, 105, 108; wie hier *Paulus/Bähr/Hackländer*, ZIP 2021, 1085, 1088; *Morgen/Arends/Schierhorn*, ZRI 2021, 305, 310; Jacoby/Thole-*Brünkmans*, StaRUG, § 7 Rz. 61; Braun-*Esser*, StaRUG, § 2 Rz. 62; Morgen-*Tresselt*, StaRUG, § 2 Rz. 36; wohl auch *Parzinger/Knebel* in: MünchKomm-StaRUG, § 6 Rz. 188.

rung wertmäßig nicht deckt, d. h. in beiden Gruppen zusammen kann das Stimmgewicht höchstens dem Nominalbetrag der Forderung entsprechen.[54)]

d) Zustimmung des verbundenen Unternehmens

Ferner hat das verbundene Unternehmen seine Zustimmung zum Eingriff zu erklären, welche gemäß § 15 Abs. 4 StaRUG dem Restrukturierungsplan als Anlage beizufügen ist. Auch diese Zustimmungserklärung kann unter Beachtung der oben ausgeführten Grenzen (siehe Rz. 12 ff.) über die Konzernleitungsmacht abgesichert werden.[55)] 50

e) Drohende Zahlungsunfähigkeit des Drittsicherungsgebers?

Die drohende Zahlungsunfähigkeit ist eine wesentliche Voraussetzung für die Inanspruch- 51
nahme der in § 29 Abs. 2 StaRUG aufgeführten Restrukturierungsinstrumente (vgl. § 29 Abs. 1, 63 Abs. 1 Nr. 1 StaRUG). Das gilt insbesondere für die hier relevante gerichtliche Planbestätigung (§ 29 Abs. 2 Nr. 4 StaRUG), wodurch der Restrukturierungsplan seine Wirkung auch im Verhältnis zu Planbetroffenen, die gegen den Plan gestimmt haben oder die an der Abstimmung nicht teilgenommen haben, entfaltet. Bei dem betroffenen verbundenen Unternehmen muss eine drohende Zahlungsunfähigkeit hingegen nicht zwingend vorliegen, um den Eingriff in die Sicherheit zu rechtfertigen.[56)]

2. Mögliche Plangestaltungen in der Praxis

a) Dingliche Sicherheiten

Nach § 7 Abs. 2 Satz 2 StaRUG gelten die Grundsätze für die Gestaltung von Restruktu- 52
rierungsforderungen und Absonderungsanwartschaften aus § 7 Abs. 2 Satz 1 StaRUG entsprechend für die Gestaltung von gruppeninternen Drittsicherheiten (dazu § 40 Rz. 155 [*Brünkmans*], § 43 Rz. 150 ff. [*J. Schmidt*]). Im Hinblick auf die Gestaltung von dinglichen gruppeninternen Drittsicherheiten kommen daher insbesondere in Betracht:

- der (teilweise) Verzicht auf das Sicherungsrecht,
- die zeitlich beschränkte Aussetzung der Verwertung,
- Sicherheitentausch.

b) Personalsicherheiten

Da es sich bei Personalsicherheiten um Eventualforderungen handelt, finden die für Re- 53
strukturierungsforderungen (§§ 7 Abs. 2 Satz 1, 3 Abs. 1 Nr. 1 StaRUG) aufgeführten Gestaltungsmöglichkeiten entsprechende Anwendung (siehe dazu § 40 Rz. 155, 122 ff. [*Brünkmans*]). Insbesondere folgende Gestaltungen kommen bei Personalsicherheiten in Betracht:[57)]

- (teilweiser) Erlass der Forderung,
- Rangrücktritt,
- Umwandlung in Eigenkapital,

54) Begr. RegE SanInsFoG z. StaRUG, BT-Drucks. 19/24181, S. 126; Jacoby/Thole-*Brünkmans*, StaRUG, § 9 Rz. 23.

55) So auch *Hoegen/Kranz*, NZI 2021, 105, 108.

56) *Hoegen/Kranz*, NZI 2021, 105, 107; *Rechtmann*, WM 2021, 520; Jacoby/Thole-*Brünkmans*, StaRUG, § 7 Rz. 65.

57) Flöther-*Westpfahl/Dittmar*, StaRUG, § 2 Rz. 73; Morgen-*Tresselt*, StaRUG, § 2 Rz. 125; Jacoby/Thole-*Brünkmans*, StaRUG, § 7 Rz. 66.

- Stundung,
- Besserungs- oder Nachrangregelungen[58].

c) Änderung von Nebenbestimmungen?

54 Nicht abschließend geklärt ist die Frage, ob die Änderung von Nebenbestimmungen (§ 2 Abs. 2 StaRUG) auch **Wirkungen gegenüber verbundenen Unternehmen** im Hinblick auf gruppeninterne Drittsicherheiten entfaltet. Der Wortlaut von § 2 Abs. 2 StaRUG erfasst gruppeninterne Drittsicherheiten zwar nicht unmittelbar. Allerdings wäre es mit dem gesetzgeberischen Ziel einer effektiven Einbeziehung von gruppeninternen Drittsicherheiten nicht vereinbar, wenn Nebenbestimmungen in den Drittsicherungsverträgen nicht über den Restrukturierungsplan gestaltbar wären. Selbstverständlich müssen in diesem Fall die übrigen Voraussetzungen aus § 2 Abs. 2 StaRUG vorliegen.[59]

IV. Besonderheiten bei der Planabstimmung – Stimmrechte gruppeninterner Drittsicherungsnehmer

1. Stimmrecht in der Gruppe der gruppeninternen Drittsicherheiten

55 Die Inhaber gruppeninterner Drittsicherheiten sind als Planbetroffene jeweils einer separaten Abstimmungsgruppe zuzuordnen (§ 9 Abs. 1 Satz 3 StaRUG).

56 Gemäß § 24 Abs. 1 Nr. 2 StaRUG sind gruppeninterne Drittsicherheiten bei der Festlegung des Stimmrechts jeweils **mit ihrem Wert** zu berücksichtigen. Abzustellen ist auf den Betrag, der bei einer Verwertung der Sicherheit mit überwiegender Wahrscheinlichkeit erzielt werden würde.[60] Dabei ist der Fortführungswert anzusetzen.[61] Bei bestehenden Zweifeln des Schuldners an der Richtigkeit des ermittelten Werts und damit an der Stimmrechtsverteilung kann ein **Antrag auf Vorprüfung** beim Restrukturierungsgericht gemäß §§ 46 Abs. 1 Satz 2 Nr. 2, 47 StaRUG gestellt werden.[62]

2. Stimmrecht in der Gruppe der Inhaber einer Restrukturierungsforderung

57 Ist der gruppenintern drittbesicherte Planbetroffene zugleich Inhaber einer normalen Restrukturierungsforderung i. S. des § 2 Abs. 1 Nr. 1 StaRUG, ist er sowohl der Gruppe der gruppeninternen Drittsicherheiten (§ 9 Abs. 1 Satz 2 StaRUG), als **auch der Gruppe der Restrukturierungsforderungen** (§ 9 Abs. 1 Satz 1 Nr. 2 StaRUG) **zuzuordnen.**[63]

58 In beiden Abstimmungsgruppen muss das Stimmrecht festgesetzt werden. Dieser Fall wird von – dem an § 237 Abs. 1 Satz 2 InsO angelehnten[64] – § 24 Abs. 3 StaRUG geregelt.[65]

---

58) Seibt/Westpfahl-*Herding*/*Krafczyk*, StaRUG, § 2 Rz. 248.

59) Vgl. i. E. auch *Prusko* in: Kübler/Bork/Prütting, HRI I, § 41 Rz. 76.

60) *Spahlinger* in: BeckOK-StaRUG, § 24 Rz. 15; Uhlenbruck-*Knof*, InsO, § 24 StaRUG Rz. 13; Jacoby/Thole-*Thole*, StaRUG, § 24 Rz. 3; Flöther-*Westpfahl*/*Knapp*, StaRUG, § 24 Rz. 4; *Denkhaus* in: Kübler/Bork/Prütting, HRI I, § 33 Rz. 129; Braun-*Herzig*, StaRUG, § 24 Rz. 8.

61) Flöther-*Westpfahl*/*Knapp*, StaRUG, § 24 Rz. 5; Uhlenbruck-*Knof*, InsO, § 24 StaRUG Rz. 14; Jacoby/Thole-*Thole*, StaRUG, § 24 Rz. 3.

62) Morgen-*Tresselt*, StaRUG, § 24 Rz. 16; Uhlenbruck-*Knof*, InsO, § 24 StaRUG Rz. 16.

63) Uhlenbruck-*Knof*, InsO, § 24 StaRUG Rz. 56.

64) Begr. RegE SanInsFoG z. StaRUG, BT-Drucks. 19/24181, S. 126; *Spahlinger* in: BeckOK-StaRUG, § 24 Rz. 31; Flöther-*Westpfahl*/*Knapp*, StaRUG, § 24 Rz. 18; Braun-*Herzig*, StaRUG, § 24 Rz. 9; *Denkhaus* in: Kübler/Bork/Prütting, HRI I, § 33 Rz. 130.

65) Jacoby/Thole-*Thole*, StaRUG, § 24 Rz. 15; Uhlenbruck-*Knof*, InsO, § 24 StaRUG Rz. 56.

Das Stimmrecht wird **aufgespalten.**[66] Die Anwendung des § 24 Abs. 3 StaRUG erfordert nicht, dass eine Gestaltung der Drittsicherheit durch den Plan vorgesehen ist.[67]

Würde nunmehr sowohl die gruppeninterne Drittsicherheit als auch die gesicherte Forderung in ihrer jeweiligen Gruppe vollumfänglich bei der Stimmrechtsvergabe berücksichtigt werden, so würde dem Planbetroffenen unbilliger Weise ein „doppeltes Stimmgewicht" zugewiesen werden.[68] Daher bestimmt § 24 Abs. 3 Satz 1 StaRUG, dass die gesicherte Forderung **nur insoweit ein Stimmrecht vermittelt,** wie die gruppeninterne Drittsicherheit mit ihrem Wert dahinter zurückbleibt, der besicherte Gläubiger also mit seiner Sicherheit ausfällt.[69] 59

In der Gruppe der gruppeninternen Drittsicherheiten kommt somit der volle Wert nach § 24 Abs. 1 Nr. 2 StaRUG zum Tragen, wohingegen sich das Stimmrecht in der Gruppe der Inhaber von Restrukturierungsforderungen nach dem **nach Abzug des Werts der Drittsicherheit** verbleibenden Forderungsbetrag richtet.[70] Durch einen Verzicht kann der Gläubiger wieder mit dem vollen Nominalwert seiner Forderung in einer der Gruppen für Restrukturierungsgläubiger abstimmen.[71] 60

In der Folge ist das Stimmgewicht des Gläubigers in beiden Abstimmungsgruppen zusammen nicht größer als der Nominalwert seiner Restrukturierungsforderung.[72] Der Nominalbetrag der gesicherten Forderung stellt die Obergrenze dar.[73] Die **Berechnung** des Ausfalls erfolgt durch Subtraktion des Werts der jeweiligen Sicherheit von dem Nominalbetrag der jeweiligen Forderung.[74] 61

Nicht von § 24 Abs. 3 StaRUG geregelt, ist der Fall, dass die gruppeninterne Drittsicherheit den Nominalbetrag der Restrukturierungsforderung **übersteigt.**[75] Der Wert der einzelnen Sicherheit kann aber nicht über den Wert der Restrukturierungsforderung hinausgehen, weil die Wertbemessung der Sicherheit am realisierbaren Wert zu orientieren ist, der höchstens dem Nominalwert der Forderung entsprechen kann.[76] 62

V. Planwirkungen

1. Allgemeine Wirkungen

Mit Bestätigung des Restrukturierungsplans durch das Restrukturierungsgericht treten die für gruppeninterne Drittsicherheiten vorgesehenen Gestaltungen unmittelbar in Kraft (§ 67 63

66) Flöther-*Westpfahl/Knapp*, StaRUG, § 24 Rz. 4; Jacoby/Thole-*Thole*, StaRUG, § 24 Rz. 4; Braun-*Herzig*, StaRUG, § 24 Rz. 9; *Denkhaus* in: Kübler/Bork/Prütting, HRI I, § 33 Rz. 130.

67) Uhlenbruck-*Knof*, InsO, § 24 StaRUG Rz. 61.

68) Uhlenbruck-*Knof*, InsO, § 24 StaRUG Rz. 57; *Spahlinger* in: BeckOK-StaRUG, § 24 Rz. 31; *Deppenkemper* in: MünchKomm-StaRUG, § 24 Rz. 53; Morgen-*Tresselt*, StaRUG, § 24 Rz. 12.

69) Begr. RegE SanInsFoG z. StaRUG, BT-Drucks. 19/24181, S. 126; Flöther-*Westpfahl/Knapp*, StaRUG, § 24 Rz. 20; Uhlenbruck-*Knof*, InsO, § 24 StaRUG Rz. 57; *Deppenkemper* in: MünchKomm-StaRUG, § 24 Rz. 55; Pannen/Riedemann/Smid-*Smid*, StaRUG, § 24 Rz. 8.

70) Begr. RegE SanInsFoG z. StaRUG, BT-Drucks. 19/24181, S. 126; *Spahlinger* in: BeckOK-StaRUG, § 24 Rz. 32b; *Schluck-Amend* in: K. Schmidt/Uhlenbruck, Die GmbH in Krise, Restrukturierung und Insolvenz, § 10 Rz. 10.104; *Hölzle*, Praxisleitfaden SanInsFoG, § 24 StaRUG Rz. 16.

71) *Spahlinger* in: BeckOK-StaRUG, § 24 Rz. 32b; Jacoby/Thole-*Thole*, StaRUG, § 24 Rz. 15; Uhlenbruck-*Knof*, InsO, § 24 StaRUG Rz. 60; *Denkhaus* in: Kübler/Bork/Prütting, HRI I, § 33 Rz. 130.

72) Begr. RegE SanInsFoG z. StaRUG, BT-Drucks. 19/24181, S. 126; *Spahlinger* in: BeckOK-StaRUG, § 24 Rz. 32; Uhlenbruck-*Knof*, InsO, § 24 StaRUG Rz. 57; Flöther-*Westpfahl/Knapp*, StaRUG, § 24 Rz. 20; Morgen-*Tresselt*, StaRUG, § 24 Rz. 12.

73) Jacoby/Thole-*Thole*, StaRUG, § 24 Rz. 16; Uhlenbruck-*Knof*, InsO, § 24 StaRUG Rz. 59; Flöther-*Westpfahl/Knapp*, StaRUG, § 24 Rz. 21.

74) Uhlenbruck-*Knof*, InsO, § 24 StaRUG Rz. 62; *Spahlinger* in: BeckOK-StaRUG, § 24 Rz. 33.

75) Jacoby/Thole-*Thole*, StaRUG, § 24 Rz. 16; Uhlenbruck-*Knof*, InsO, § 24 StaRUG Rz. 59.

76) Jacoby/Thole-*Thole*, StaRUG, § 24 Rz. 16.

StaRUG). Es gelten die Ausführungen zum gestaltenden Teil entsprechend (siehe § 40 Rz. 180 f. [*Brünkmans*]).

2. Drittsicherheit im Ausland belegen

64 Hat der Drittsicherungsgeber seinen COMI nicht in Deutschland oder liegen die in den Plan einbezogenen dinglichen Drittsicherheiten nicht in Deutschland, stellt sich die im Einzelfall komplexe Frage, ob der grenzüberschreitende Wirkungsanspruch des Restrukturierungsplans am ausländischen Belegenheitsort der Sicherheit entsprechende **Anerkennung findet** (siehe ausführlich Rz. 112 ff.).

65 Sollte die Anerkennung im Belegenheitsstaat im Einzelfall problematisch sein (siehe i. E. unten Rz. 115 ff.), wird für Konsortialfinanzierungen als praktische Lösung des Problems vorgeschlagen, die üblicherweise bei 100 % liegenden Zustimmungserfordernisse für Sicherheitenfreigaben mittels einer nach § 2 Abs. 2 StaRUG zulässigen **Vertragsumgestaltung** (siehe dazu § 41 Rz. 51 ff. [*Brünkmans*]) abzusenken und die **Freigabe sodann außerhalb des Plans** mit planunterstützender Mehrheit der Konsorten umzusetzen.[77]

VI. Rechtsschutz des gruppeninternen Drittsicherungsnehmers

66 Stellt der Restrukturierungsplan keine angemessene Entschädigung für den Eingriff in die gruppeninterne Drittsicherheit zur Verfügung, liegt ein Verstoß gegen § 2 Abs. 4 StaRUG vor, sodass der Restrukturierungsplan vom Restrukturierungsgericht nach § 63 Abs. 1 Nr. 2 StaRUG zurückzuweisen ist.[78] Darüber hinaus können einzelne Sicherungsnehmer sich auf das Schlechterstellungsverbot berufen (§ 64 Abs. 1, § 26 Abs. 1 Nr. 1 StaRUG).[79]

VII. Stabilisierungsanordnungen in der Vorbereitungsphase (§ 49 Abs. 3 StaRUG)

1. Durchsetzungssperre gegenüber Drittsicherungsgebern

67 Die Möglichkeit der Einbeziehung gruppeninterner Drittsicherheiten in den Restrukturierungsplan wird durch § 49 Abs. 3 StaRUG abgesichert.

68 Um zu vermeiden, dass einzelne Gläubiger durch Vollstreckung aus der Drittsicherheit in das Vermögen einzelner Tochtergesellschaften das Bemühen um eine konzernweite Sanierung torpedieren, hat der Gesetzgeber in § 49 Abs. 3 StaRUG die Stabilisierungsanordnung auch für gruppeninterne Drittsicherheiten i. S. von § 2 Abs. 4 StaRUG geöffnet. Während der **Planvorbereitung** kann das Restrukturierungsgericht somit eine **Vollstreckungssperre** (§ 49 Abs. 1 Nr. 1 StaRUG) oder eine Verwertungssperre (§ 49 Abs. 1 Nr. 2 StaRUG) auch bezogen auf gruppeninterne Drittsicherheiten anordnen. Bei zentral-funktional integrierten Konzernen besteht die Gefahr, dass mit der Einzelzwangsvollstreckung einzelner Gläubiger in das Vermögen einzelner Konzerngesellschaften der Gesamtkonzern in sich zusammenbricht. Dies kann durch eine frühzeitige Vollstreckungsuntersagung (§ 49 Abs. 1 Nr. 1 StaRUG) verhindert werden.

69 Die Stabilisierungsanordnung bezogen auf gruppeninterne Drittsicherheiten **setzt nicht voraus**, dass der **Sicherungsgeber** selbst **drohend zahlungsunfähig oder insolvenzreif** ist.[80]

---

77) S. *Wilkens*, WM 2021, 573, 578.

78) Uhlenbruck-*Mock*, InsO, § 2 StaRUG Rz. 40; Jacoby/Thole-*Hofmann*, StaRUG, § 2 Rz. 66; *Prusko* in: MünchKomm-StaRUG, § 2 Rz. 93. **A. A.** zum Insolvenzplan K. Schmidt-*Spliedt*, InsO, § 223a Rz. 6 f.

79) Seibt/Westpfahl-*Herding/Krafczyk*, StaRUG, § 2 Rz. 239.

80) Morgen-*Boss/Luttmann*, StaRUG, § 49 Rz. 65; *Vallender* in: K. Schmidt/Uhlenbruck, Die GmbH in Krise, Restrukturierung und Insolvenz, § 10 Rz. 10.185.

Liegt die drohende Zahlungsunfähigkeit des Sicherungsgebers nicht vor, wird vertreten, dass eine **Negativprüfung** i. S. von § 51 Abs. 1 Nr. 4 StaRUG nicht hinreichend ist, das Gericht vielmehr positiv davon überzeugt sein muss, dass die Anordnung im Gesamtgläubigerinteresse erforderlich ist und die betroffenen Gläubiger einen angemessenen Ausgleich erhalten.[81)] 70

2. Besonderheiten bei im Ausland belegenen dinglichen Drittsicherheiten

§ 49 Abs. 3 StaRUG verweist (mittelbar) auch auf § 15 AktG, der auch (EU-)ausländische Gesellschaften erfasst.[82)] Einer Verwertungssperre hinsichtlich im Ausland belegener dinglicher Drittsicherheiten könnte aber **Art. 8 Abs. 1 EuInsVO entgegenstehen.** Nach Art. 8 Abs. 1 EuInsVO bleiben dingliche Gläubigerrechte an im Ausland belegenen Gegenständen von dem in einem anderen Mitgliedstaat durchgeführten Verfahren grundsätzlich unberührt. Es wird bezweifelt, ob dies jedenfalls auch dann gelten kann, wenn der Mitgliedstaat, in dem der Gegenstand belegen ist, ein **vergleichbares Verfahren** mit einem vergleichbaren Eingriffsrecht kennt.[83)] 71

C. Einreichung koordinierter Restrukturierungspläne (Option 2)

I. Überblick

Wie bereits an anderer Stelle dargelegt, verfolgt das StaRUG – abgesehen von Eingriffen in gruppeninterne Drittsicherheiten (§ 2 Abs. 4 StaRUG; siehe Rz. 30 ff.) – auch für die Bewältigung von Konzernrestrukturierungen im Grundsatz einen **rechtsträgerbezogenen Ansatz.** Geht der konzernweite Gestaltungsbedarf über Sicherheiten verbundener Unternehmen hinaus[84)] und ist eine konsensuale Restrukturierung aufgrund der Vielzahl oder des Widerstandes vereinzelter Gläubiger nicht möglich, sind aufeinander abgestimmte Restrukturierungspläne der betroffenen konzernverbundenen Unternehmen einzubringen. In entsprechender Anzahl sind für die betroffenen Konzerngesellschaften **Erörterungs- und Abstimmungstermine zu organisieren und die gerichtliche Planbestätigung zu koordinieren.** Im Einzelfall kann ein Bedürfnis bestehen bereits zu einem frühen Zeitpunkt Fragen, die für die Bestätigung des Restrukturierungsplans erheblich sind, im Wege der Vorprüfung i. S. von § 29 Abs. 2 Nr. 2 StaRUG, klären zu lassen. 72

Für die Umsetzung einer Konzerngesamtsanierungsstrategie bedarf es einer **inhaltlichen Abstimmung der einzelnen Restrukturierungspläne** (siehe zum Insolvenzplan bereits § 33 Rz. 8 ff. [*Brünkmans*]), denn diese setzen das Konzerngesamtsanierungskonzept als Einzelbaustein auf Ebene der einzelnen Konzerngesellschaften um. Um dies zu gewährleisten, bedarf es zunächst einiger Überlegungen: Was ist im Restrukturierungsplan der einzelnen Konzerngesellschaft darzustellen und zu regeln? Ferner sind auch die **einzelnen Verfahrensschritte** aufeinander abzustimmen: 73

- Wann erfolgt die Anzeige der Restrukturierungssache für betroffene verbundene Unternehmen beim Restrukturierungsgericht?
- Bis wann müssen welche Vorprüfungsfragen (§ 29 Abs. 2 Nr. 2 StaRUG) für welche Gesellschaften geklärt werden?

---

81) Flöther-*Hoegen/Kranz*, StaRUG, Anh. D Rz. 49i; *Hoegen/Kranz*, NZI 2021, 105, 108. Kritisch auch Seibt/Westpfahl-*Herding/Krafczyk*, StaRUG, § 2 Rz. 241.

82) Morgen-*Boss/Luttmann*, StaRUG, § 49 Rz. 63.

83) *Westpfahl/Dittmar*, NZI Beilage z. Heft 5/2021, S. 46; Morgen-*Boss/Luttmann*, StaRUG, § 49 Rz. 63.

84) Ein solches Bedürfnis kann bereits dann bestehen, wenn die einzelnen mit dem Restrukturierungsschuldner verbundenen Unternehmen nicht nur im Wege des Schuldbeitritts, Mithaft oder Garantie, sondern als Mitdarlehensnehmer in den Kreditvertrag einbezogen wurden, s. o. Rz. 44.

– Sind Stabilisierungsanordnungen (§ 49 StaRUG) in den einzelnen Verfahren erforderlich, damit die Konzerngesamtsanierungsstrategie durch Einzelvollstreckungen nicht torpediert wird?
– Wie werden die einzelnen Erörterungs- und Abstimmungstermine – möglichst zeitnah hintereinander – terminiert?

74 Für die Annahme der Restrukturierungspläne ist jeweils ein **separater Erörterungs- und Abstimmungstermin** (§§ 45, 29 Abs. 2 Nr. 1 StaRUG) für jede Konzerngesellschaft anzuberaumen. In welcher **Reihenfolge** erfolgen die **Planbestätigungen** durch das (die) Gericht(e). Auch die Bestätigung des Restrukturierungsplans durch das Restrukturierungsgericht (§§ 45, 29 Abs. 2 Nr. 1 StaRUG) erfolgt für jede einzelne Konzerngesellschaft separat.

75 Zusammengefasst lässt sich somit feststellen, dass für eine Konzernsanierung über mehrere Restrukturierungpläne einzelner Konzerngesellschaften ein hoher Bedarf an inhaltlicher und verfahrensmäßiger Abstimmung besteht. Während nachfolgend unter II. die inhaltliche Abstimmung näher erläutert werden soll, wird unter III. (siehe Rz. 92 ff.) näher erörtert, wie die inhaltliche Abstimmung der Restrukturierungspläne gewährleistet und rechtlich abgesichert werden kann.

II. Inhaltliche Abstimmung der Restrukturierungspläne

1. Darstellender Teil

76 Nachfolgend sollen lediglich die Besonderheiten des Darstellenden Teils im Restrukturierungsplan einer in eine konzernweite Sanierung eingebundenen Konzerngesellschaft dargestellt werden. Im Übrigen wird auf die Ausführungen im Kapitel darstellender Teil allgemein (siehe § 39 Rz. 11 ff. [*Brünkmans*]) und zum Konzern im Insolvenzplanverfahren (siehe § 33 Rz. 13 ff. [*Brünkmans*]) verwiesen.

a) Konzerngesamtplan

77 Der darstellende Teil hat die Grundlagen und Auswirkungen des Restrukturierungsplans zu beschreiben (§ 6 Abs. 1 Satz 1 StaRUG) und alle Angaben zu enthalten, die für die Entscheidung der Planbetroffenen über die Zustimmung zum Plan erheblich sind (§ 6 Abs. 1 Satz 2 StaRUG).

78 Diese allgemeine gesetzliche Anforderung an den darstellenden Teil bedeutet bei einer konzernweiten Sanierung, dass **im singulären Restrukturierungsplan** der jeweiligen Konzerngesellschaft **das Konzerngesamtsanierungskonzept** vorab **beschrieben wird.** Ohne Einbettung der im gestaltenden Teil des Restrukturierungsplans der Einzelgesellschaft vorgesehenen Maßnahmen in den konzernweiten Gesamtkontext wird es den Gläubigern kaum möglich sein, über die Annahme des Restrukturierungsplans entscheiden zu können. Dies gilt insbesondere dann, wenn die einzelnen Konzerngesellschaften inhomogene Gläubigergruppen vorweisen und die Befriedigung der Gläubiger aus zukünftigen Liquiditätszuflüssen finanziert werden soll. Auch sog. Amend-and-Extend-Lösungen (siehe dazu oben Rz. 35) bauen letztlich darauf auf, dass der Konzern insgesamt durch die in Angriff genommenen Sanierungsmaßnahmen stabilisiert wird. Damit die planbetroffenen Gläubiger bewerten können, ob eine im Restrukturierungsplan vorgesehene Kreditprolongation das Problem tatsächlich löst und nicht nur hinausschiebt, ist die Darstellung des Konzernsachverhaltes vorab – jedenfalls bei zentral-funktional integrierten Konzernen – zwingend erforderlich. Dem Gläubiger muss eine Entscheidungsgrundlage präsentiert werden, die es ihm ermöglicht die Vor- und Nachteile der vorgeschlagenen konzernweiten Sanierung mit einer reinen rechtsträgerbezogenen Lösung abzuwägen.

Darzustellen sind hier in der Regel: 79

- Übersicht und Beschreibung der Unternehmensgruppe,
- Zusammenfassung des Konzerngesamtsanierungsplans als „Masterplan" (siehe dazu oben Rz. 23 f.).
- Die konsolidierte Vermögens-, Ertrags- und Finanzplanung. Da § 14 Abs. 2 StaRUG eine Einzelbetrachtung der konkreten Gesellschaft erfordert, wäre auch denkbar, hier nur eine kurze Zusammenfassung aufzuführen und die eigentliche konsolidierte sowie entity-basierte Vermögens-, Ertrags- und Finanzplanung in eine Anlage zum Restrukturierungsplan auszulagern.

b) Verflechtung der jeweiligen Gesellschaft im Konzern

Die konzerninternen Verflechtungen, insbesondere in Bezug auf die betroffene Konzerngesellschaft, sind ebenfalls darzustellen (siehe zum Insolvenzplan § 33 Rz. 18 [*Brünkmans*]). Das betrifft insbesondere konzerninterne Forderungen und Verbindlichkeiten sowie deren Historie (Cashpool-Forderungen?). 80

c) Vergleichsrechnung

Im Rahmen der Konzernsanierung über mehrere Restrukturierungspläne kommt der Vergleichsrechnung eine hohe Bedeutung zu. Zu den nach § 6 Abs. 2 StaRUG im darstellenden Teil auszuführenden **Alternativszenarien** (siehe ausführlich § 39 Rz. 50 ff. [*Brünkmans*]) ist stets und umfassend die Stellung und die Befriedigungsaussichten einer bestmöglichen **Einzelverwertungsstrategie** (siehe Rz. 23) darzustellen. Die Planbetroffenen müssen abwägen können, ob sie sich auf eine Konzernsanierung einlassen oder die Konzernverbindungslinien durch eine angestrebte Einzelverwertung kappen wollen. 81

2. Gestaltender Teil

a) Rechtsträgerbezogenheit des gestaltenden Teils

Anders als der darstellende Teil nimmt der gestaltende Teil ausschließlich die rechtsträgerbezogene Perspektive ein (siehe zum Insolvenzplan § 33 Rz. 21 [*Brünkmans*]). 82

b) Gestaltung von Intercompany-Forderungen

In den Restrukturierungsplänen der einzelnen Konzerngesellschaften ist die angemessene Gestaltung von Intercompany-Forderungen zu berücksichtigen, weil andernfalls die Bestätigungsfähigkeit der Restrukturierungspläne infrage steht (§ 27 Abs. 1 Nr. 2 StaRUG). 83

aa) Verbindlichkeiten der Untergesellschaft gegenüber der Obergesellschaft oder einem verbundenen Unternehmen

Im **Restrukturierungsplan der Tochtergesellschaften** (Untergesellschaften) ist darauf zu achten, dass Verbindlichkeiten gegenüber der Obergesellschaft oder einem anderen konzernverbundenen Unternehmen **nachrangig** sind, wenn es sich um Darlehen oder diesen wirtschaftlich entsprechenden Verbindlichkeiten handelt (§ 39 Abs. 1 Nr. 5 InsO). Einen automatischen Erlass nachrangiger Forderungen, wie ihn § 225 Abs. 1 InsO vorsieht (siehe § 33 Rz. 30, § 7 Rz. 32 [*Brünkmans*]), kennt das StaRUG nicht. Vielmehr sind nachrangige Gesellschafterdarlehen i. S. von § 39 Abs. 1 Nr. 5 InsO ausdrücklich als planbetroffen einzubeziehen, um diese zu gestalten. Der Restrukturierungsplan wird dabei in der Regel einen **vollständigen Erlass** dieser nachrangigen Forderungen vorsehen. Dies gilt insbesondere, wenn im Hinblick auf eine Gläubigergruppe der Restrukturierungsplan nur durch eine 84 gruppenübergreifende Mehrheitsentscheidung nach § 26 StaRUG durchsetzbar ist, weil andernfalls eine Planbestätigung am Grundsatz der absoluten Priorität (§§ 26 Abs. 1 Nr. 2, 27 Abs. 1 Nr. 2 StaRUG (siehe dazu § 49 Rz. 5 ff. [*Thole*]) scheitern wird. Für einen vollständigen Forderungserlass ist zwingend eine separate Gruppe der „Intercompany-Forderung im Rang des § 9 Abs. 1 Nr. 3 StaRUG" zu bilden, um eine Gestaltung – ggf. vollständigen Erlass dieser Forderungen – zu erreichen.

bb) Verbindlichkeiten der Obergesellschaft gegenüber der Untergesellschaft

85 Forderungen der Tochtergesellschaften (Untergesellschaft) gegen die Mutter (Obergesellschaft) sind in der Restrukturierungssache der Mutter (Obergesellschaft) **einfache Restrukturierungsforderungen** (§§ 2 Abs. 1 Nr. 1, 9 Abs. 1 Nr. 2 StaRUG). Die Tochtergesellschaften treten damit als gleichberechtigte Gläubiger von Restrukturierungsforderungen auf. Solche Forderungen können bspw. aus einem positiven Saldo der jeweiligen Tochtergesellschaft im Konzern-Cashpool oder aus einem Verlustausgleichsanspruch nach § 302 AktG (siehe dazu Rz. 136 ff.) im Vertragskonzern resultieren.

86 Anders als in der umgekehrten Konstellation (Verbindlichkeiten der Untergesellschaft, siehe oben Rz. 84) ist die Bildung einer separaten Gruppe „Intercompany-Forderung im Rang des § 9 Abs. 1 Nr. 2 StaRUG" nicht zwingend erforderlich. Aus taktischen Gründen **kann** eine **separate Gruppenbildung sinnvoll sein**, weil die Zustimmung dieser Gruppe in der Regel sicher ist und i. R. von § 26 Abs. 1 Nr. 3 StaRUG eine gewisse Planungssicherheit verschafft. Die Geschäftsleiter der Tochtergesellschaften können nämlich in den Grenzen zulässiger Konzernleitungsmacht (siehe Rz. 8 ff.) von der Obergesellschaft zur Zustimmung des Restrukturierungsplans als Intercompany-Gläubiger angewiesen werden. Dies gilt grundsätzlich auch dann, wenn auch für die Untergesellschaft die Restrukturierungssache angezeigt wurde und ggf. ein eigener Restrukturierungsplan verabschiedet werden soll, solange die Gläubigerinteressen der Tochtergesellschaft beachtet werden (siehe Rz. 11 ff.), was bejaht werden kann, solange die Gläubiger der Untergesellschaft nicht schlechtergestellt werden als im nächstbesten Alternativszenario.

87 Handelt es sich bei dem zu gestaltenden Anspruch der Untergesellschaft gegen die Obergesellschaft um den **Verlustausgleichsanspruch aus § 302 AktG**, ist zu beachten, dass nach § 302 Abs. 3 Satz 1 AktG dieser unter normalen Umständen erst drei Jahre nach beendetem Unternehmensvertrag mittels Verzichts oder Vergleichs gestaltet werden kann. Nach § 302 Abs. 3 Satz 2 AktG lässt das Gesetz – wie für den Insolvenzplan – jedoch auch eine Gestaltung über einen Restrukturierungsplan zu (für die Gestaltung des Verlustausgleichsanspruchs im Restrukturierungsplan der Obergesellschaft, siehe ausführlich Rz. 141 ff.). Die Untergesellschaft wird damit in die Lage versetzt, einen Sanierungsbeitrag für die Restrukturierung der Obergesellschaft zu leisten.[85)]

c) Absolute Priorität in der Konzernsanierung

88 Die Obergesellschaft hat sowohl im Hinblick auf etwaige Intercompany-Forderungen gegen die Untergesellschaft (siehe oben Rz. 84) als auch im Hinblick auf ihre Anteilsrechte an der Untergesellschaft eine nachrangige Stellung i. S. von § 27 Abs. 1 Nr. 2 StaRUG. Nach dem aus § 27 Abs. 1 Nr. 2 StaRUG resultierenden Prinzip der absoluten Priorität darf die Obergesellschaft erst dann mit ihren Forderungen oder Anteilen am Gesellschaftswert partizipieren, wenn die **vorrangigen Gläubiger vollständig bedient sind**. Der Grundsatz der absoluten Priorität führt in der Konzernsanierung zu Schwierigkeiten, denn sollte eine gruppenübergreifende Mehrheitsentscheidung erforderlich sein, um eine Gläubigergruppe

85) Begr. RegE SanInsFoG z. AktG, BR-Drucks. 619/20, S. 258.

der Untergesellschaft in einen Restrukturierungsplan zu zwingen, darf die Obergesellschaft die Anteile nicht mehr behalten. Nur selten wird sich die Wertlosigkeit der Anteile „Post-Restructuring" darstellen können (zu den Ausnahmen siehe § 49 Rz. 9 f. [*Thole*]). Entsprechend ist darauf zu achten, dass die **Obergesellschaft** einen **Wertausgleich** in das Vermögen des Restrukturierungsschuldners nach der sog. New-Value-Exception-Doktrin (vgl. Wortlaut in § 27 Abs. 1 Nr. 2 StaRUG: „nicht durch Leistung in das Vermögen des Schuldners vollständig ausgeglichen") leistet.

Der **Begriff der Leistung** ist richtigerweise weit zu verstehen (siehe auch § 49 Rz. 7 ff. [*Thole*]). In Betracht kommen nicht nur echte Kapitalerhöhungen – etwa i. R. eines Kapitalschnitts –, sondern auch Zahlungen in die Kapitalrücklage oder ggf. auch Nachrangdarlehen, solange die Leistung in das Vermögen der Untergesellschaft fließt.[86] Im Einzelfall ist zu prüfen, ob eine **Durchbrechung** der absoluten Priorität gemäß § 28 Abs. 2 Nr. 1 StaRUG in Betracht kommt. Auch wenn die Gesetzesbegründung es nahelegt, dass der Gesetzgeber den „geschäftsführenden Anteilsinhaber" vor Augen hatte[87] ist richtigerweise jedoch nicht ausgeschlossen, dass entsprechend spezielles Knowhow oder andere besondere Fähigkeiten der Obergesellschaft, die nicht unmittelbar bewertet werden können, als qualifizierte Umstände gewertet werden können, die im (engen) Einzelfall eine Durchbrechung der absoluten Priorität rechtfertigen.[88] 89

3. Neue Finanzierung (§ 12 StaRUG)

Eine neue Finanzierung i. S. von § 12 StaRUG kann nicht zwangsweise gegen den betroffenen Gläubiger umgesetzt werden. Das gilt auch für die Erweiterung einer bestehenden oder Inanspruchnahme einer noch offenen Kreditlinie (siehe dazu § 41 Rz. 85 [*Brünkmans*]). Die **Einbindung** der betroffenen Kreditgeber hat vielmehr **durch Individualerklärung** zu erfolgen. Gleiches gilt für den Sicherungsgeber, wenn die neue Finanzierung besichert werden sollen. 90

4. Verknüpfung über Planbedingungen

Wie beim Insolvenzplan können die Restrukturierungspläne über eine aufschiebende Bedingung (§ 158 BGB) oder in einer festgelegten Bestätigungsreihenfolge (§ 62 StaRUG) aufeinander abgestimmt werden (siehe zum Insolvenzplan § 33 Rz. 31 [*Brünkmans*]). 91

III. Gewährleistung der inhaltlichen Abstimmung der Restrukturierungspläne und der Restrukturierungsverfahren

1. Einheitlicher Restrukturierungsgerichtsstand

a) Vorteile eines „zentralen Restrukturierungsgerichts"

Koordinierte, inhaltlich aufeinander abgestimmte Restrukturierungspläne in den einzelnen Restrukturierungsverfahren der Konzerngesellschaften lassen sich deutlich effektiver umsetzen, wenn jeweils das gleiche Restrukturierungsgericht für die Restrukturierungssachen der einzelnen Konzerngesellschaften zuständig ist. Neben der inhaltlichen Abstimmung 92

86) Der Ausgleich kann in Form von Geld- oder Sachleistungen erfolgen: *Spahlinger* in: BeckOK-StaRUG, § 27 Rz. 17; Wolgast/Grauer-*Hansen*, StaRUG.online, § 27 Rz. 16; Uhlenbruck-*Knof*, InsO,§ 27 StaRUG Rz. 33; Seibt/Westpfahl-*Westpfahl*, StaRUG § 27 Rz. 42; Flöther-*Knapp*, StaRUG, § 27 Rz. 16; Jacoby/Thole-*Jacoby*, StaRUG § 27 Rz. 22 – auch Arbeitsleistung; *Herweg* in: MünchKomm-StaRUG § 27 Rz. 54 – ablehnend jedoch bzgl. Arbeitsleistung, vgl. Rz. 51; kritisch gegenüber Sachleistungen Morgen-*Kowalewski/Praß*, StaRUG, § 27 Rz. 58 – „nur in Ausnahmefällen [...], wenn die Bewertung zweifelsfrei gelingt".

87) Begr. RegE SanInsFoG z. StaRUG, BT-Drucks. 19/24181, S. 127 ff.

88) So auch *Prusko* in: Kübler/Bork/Prütting, HRI I, § 41 Rz. 85; Braun-*Herzig*, StaRUG, § 28 Rz. 10.

bestehen die Vorteile auch bei der **Koordinierung der Restrukturierungsverfahren**, wie z. B. einheitliche Ergebnisse bei der **Vorprüfung** (§ 29 Abs. 2 Nr. 2 StaRUG), **effektive Terminierung** des Erörterungs- und Abstimmungstermins sowie der gerichtlichen Planbestätigung. Es gelten die zum Insolvenzplan bereits dargestellten Vorteile einer einheitlichen gerichtlichen Zuständigkeit entsprechend (siehe § 33 Rz. 38 f. [*Brünkmans*]).

b) Voraussetzung für die Begründung eines Gruppen-Gerichtsstands

93 § 37 StaRUG eröffnet die Möglichkeit der Konzentration sämtlicher Restrukturierungsangelegenheiten einer Unternehmensgruppe bei einem Restrukturierungsgericht. Wie man dem Verweis in § 37 StaRUG entnehmen kann, gelten im Wesentlichen die insolvenzverfahrensrechtlichen Bestimmungen zum Gruppen-Gerichtsstand (§§ 3a ff. InsO, s. dazu § 33 Rz. 40 f. [*Brünkmans*]). Der Gruppengerichtsstand wird auf Antrag eines gruppenzugehörigen Schuldners begründet (§ 37 Abs. 1 StaRUG). Unter welchen **Voraussetzungen** eine Gesellschaft zu einer Unternehmensgruppe gehört bestimmt sich nach **§ 3e InsO**, auf den § 37 Abs. 1 StaRUG verweist.

94 Ausweislich des Wortlautes in § 37 Abs. 1 StaRUG reicht die Anzeige der Restrukturierungssache nach § 31 StaRUG nicht aus, um bei diesem Gericht einen Gruppen-Gerichtsstand zu begründen. Vielmehr setzt § 37 Abs. 1 StaRUG voraus, dass ein Schuldner, der einer Unternehmensgruppe nach § 3e InsO angehört, einen **zulässigen Antrag** in einer Restrukturierungssache gestellt hat. Es genügt daher nicht, wenn der Schuldner das Restrukturierungsvorhaben angezeigt hat, vielmehr muss der Schuldner Instrumente des Stabilisierungs- und Restrukturierungsrahmens gemäß § 29 StaRUG durch einen zulässigen Antrag in Anspruch genommen haben.[89] Hintergrund dieser Regelung ist, dass die gerichtliche Prüfung der eigenen Zuständigkeit erst bei der Inanspruchnahme eines Instruments durch den Schuldner erfolgt und die Begründung des Gruppen-Gerichtsstands erst möglich sein soll, wenn die **Zuständigkeit geklärt** ist.[90]

> **Praxishinweis**
>
> Um frühzeitig einen Gruppen-Gerichtsstand begründen zu können und nicht erst zum Antrag auf einen gerichtlichen Erörterungs- und Abstimmungstermin (§ 45 Abs. 1 StaRUG) oder gar zum Antrag auf gerichtliche Planbestätigung (§ 60 StaRUG), sollte im Einzelfall erwogen werden, bereits frühzeitig einen Antrag auf gerichtliche Vorprüfung (§§ 47f. StaRUG) zu stellen.[91]

95 Im Übrigen gelten über den Verweis in § 37 StaRUG auf die Vorschriften zum Gruppen-Gerichtsstand der InsO (siehe dazu § 33 Rz. 40 f. [*Brünkmans*]) diese entsprechend. Ein für Gruppen-Folgeverfahren zuständiges Restrukturierungsgericht kann sich gemäß § 37 Abs. 3 StaRUG auf Antrag des Schuldners auch für Insolvenzverfahren innerhalb der Unternehmensgruppe für zuständig erklären. Damit kann eine hybride Konzernsanierung

---

89) Begr. RegE SanInsFoG z. StaRUG, BT-Drucks. 19/24181, S. 142, 166; *Hoegen/Kranz*, NZI 2021, 105, 108; Morgen-*Blankenburg*, StaRUG, § 37 Rz. 5; Braun-*Baumert*, StaRUG, § 37 Rz. 2; Pannen/Riedemann/Smid-*Pannen*, StaRUG, § 37 Rz. 14; Jacoby/Thole-*Schluck-Amend*, StaRUG, § 37 Rz. 4; *Hochdorfer/Biendl* in: Desch, Das neues Restrukturierungsrecht, § 2 Rz. 42; Seibt/Westpfahl-*Deppenkemper*, StaRUG, § 37 Rz. 37; Uhlenbruck-*Zipperer*, InsO, § 37 StaRUG Rz. 1; *Kramer* in: BeckOK-StaRUG, § 37 Rz. 23; kritisch Flöther-*Laroche*, StaRUG, § 37 Rz. 3; **a. A.** *Vuia* in: MünchKomm-StaRUG, § 37 Rz. 30.

90) Begr. RegE SanInsFoG z. StaRUG, BT-Drucks. 19/24181, S. 166; *Hoegen/Kranz*, NZI 2021, 105, 108; Morgen-*Blankenburg*, StaRUG, § 37 Rz. 5; Braun-*Baumert*, StaRUG, § 37 Rz. 2; Pannen/Riedemann/Smid-*Pannen*, StaRUG, § 37 Rz. 14; Jacoby/Thole-*Schluck-Amend*, StaRUG, § 37 Rz. 4; *Hochdorfer/Biendl* in: Desch, Das neues Restrukturierungsrecht, § 2 Rz. 42; Seibt/Westpfahl-*Deppenkemper*, StaRUG, § 37 Rz. 37; Uhlenbruck-*Zipperer*, InsO, § 37 StaRUG Rz. 1; *Kramer* in: BeckOK-StaRUG, § 37 Rz. 23.

91) Vgl. auch *Prusko* in: Kübler/Bork/Prütting, HRI I, § 41 Rz. 60.

über Insolvenzpläne und Restrukturierungspläne für unterschiedliche verbundene Unternehmen zentral bei einem Gericht durchgeführt werden.

2. Erhalt der Konzernleitungsmacht

Für die inhaltliche Abstimmung der Restrukturierungspläne i. S. eines Gesamtsanierungs- 96
konzeptes (siehe oben Rz. 19 ff.) kommt es maßgeblich darauf an, dass sich die einzelnen Planinitiatoren abstimmen. Vor dem Hintergrund, dass es sich beim StaRUG um ein **schuldnergetriebenes Verfahren** im vorinsolvenzlichen Zeitraum handelt, ist die Koordination für Restrukturierungspläne im Konzern deutlich einfacher zu bewerkstelligen als im Insolvenzverfahren. Grund dafür ist, dass weder ein Insolvenzverwalter bestellt noch aus sonstigen Gründen die Konzernleitungsmacht mit Restrukturierungsanzeige beendet wird (siehe dazu oben Rz. 7 ff.). Die Geschäftsführer der Untergesellschaften können sogar angewiesen werden, einen Restrukturierungsplan bestimmten Inhalts einzubringen, solange dieser die Gläubigerinteressen der Untergesellschaft wahrt. Letzteres wird stets der Fall sein, wenn der Restrukturierungsplan eine höhere Befriedigungsquote ausweist als die für den Entity-Stand-Alone-Ansatz errechnete Quote (siehe oben Rz. 23).

3. Kooperations- und Koordinationsvorschriften

Kooperations- und Koordinationsvorschriften entsprechend §§ 269a ff. InsO (siehe dazu § 33 97
Rz. 54 ff. [*Brünkmans*]) regelt das StaRUG nicht. Auch ist für den **Gläubigerbeirat** (§ 93 StaRUG) kein dem Gruppen-Gläubigerausschuss (§ 269c InsO) vergleichbares „Konzerngläubigergremium" vorgesehen. Da der Schuldner im Restrukturierungsverfahren die Verwaltungs- und Verfügungsbefugnis über sein Vermögen behält und die Konzernleitungsmacht – wenn auch eingeschränkt über das Gläubigergesamtinteresse der jeweiligen Gesellschaft – aufrechterhalten bleibt, ist diese Abstinenz verständlich.

4. Bestellung eines personenidentischen Restrukturierungsbeauftragten

Im Einzelfall kann es für eine effiziente Verfahrensabwicklung geboten sein, für die einzel- 98
nen Restrukturierungsverfahren einen personenidentischen Restrukturierungsbeauftragten zu bestellen. Zwar sieht das StaRUG – anders als die InsO unter § 56b – eine solche Vorgehensweise nicht ausdrücklich vor. Dennoch dürfte die Einsetzung derselben Person als Restrukturierungsbeauftragter in einem Gruppen-Folgeverfahren zulässig sein.[92)]

Die Bestellung derselben Person in mehreren Verfahren allein dürfte die **Unabhängigkeit** 99
des Restrukturierungsbeauftragten nach § 74 Abs. 1 StaRUG nicht infrage stellen. Das Gesetz selbst mutet es dem Restrukturierungsbeauftragten bspw. zu, die Angemessenheit der Entschädigung bei Eingriffen in gruppeninterne Drittsicherheiten zu überprüfen. Sollten sich im Einzelfall erhebliche **Interessenskonflikte** auftun, hat das **Restrukturierungsgericht** abzuwägen zwischen der Verfahrenseffizienz und den Gefahren, die aus etwaigen Interessenskonflikten resultieren.

D. Grenzüberschreitende Sachverhalte

I. Internationale Aspekte der Konzernsanierung

Da Konzerne häufig grenzüberschreitend agieren, sind bei der Konzernsanierung stets 100
auch internationale Aspekte zu beachten. Im Fokus stehen dabei die internationale Zu-

92) *Hoegen/Kranz*, NZI 2021, 105, 108; *Brünkmans* in: Runkel/J. Schmidt, AHB Insolvenzrecht, § 4 Rz. 207; *Prusko* in: Kübler/Bork/Prütting, HRI I, § 41 Rz. 65.

ständigkeit, die Gewährleistung einer Verfahrenskonzentration oder jedenfalls Verfahrenskoordination und die Anerkennung von konzernspezifischen Planregelungen.

101 Der Restrukturierungsplan nach StaRUG kann dabei die Führungsrolle in der grenzüberschreitenden Restrukturierung einnehmen („Outbound-Perspektive") oder umgekehrt, die Umsetzung eines ausländischen Masterplans flankieren („Inbound-Perspektive"). Für die Eignung des StaRUG bzgl. internationaler Konzernsanierungen kommt es maßgeblich darauf an, ob das Verfahren auf Antrag des Schuldners als **öffentliches Verfahren** (§§ 84 ff. StaRUG) geführt wird, weil in diesem Fall die **EuInsVO** (vgl. Art. 1 Abs. 1 i. V. m. Anhang A EuInsVO) **Anwendung findet.**

II. Zuständigkeitskonzentration

1. Internationaler Konzerngerichtsstand?

a) Bedeutung

102 Für eine effektive Sanierung des Gesamtkonzerns ist die zentrale Bearbeitung der Restrukturierungsfälle durch dasselbe Restrukturierungsgericht **von hoher Bedeutung**, um eine verfahrensmäßige und inhaltliche Abstimmung der Restrukturierungspläne der einzelnen Konzerngesellschaften zu erreichen. Es gelten die Ausführungen zum nationalen Gruppen-Gerichtsstand (siehe Rz. 92 ff. und zum Insolvenzplan § 33 Rz. 105 ff. [*Brünkmans*]) entsprechend.

103 Neben der **funktionalen Zentralisierung** wird im internationalen Kontext mit dem Bestreben einer einheitlichen gerichtlichen Zuständigkeit für sämtliche Konzerngesellschaften aufgrund des lex-fori-Prinzips damit jedoch gleichzeitig eine „zentrale Sanierungsrechtsordnung" geschaffen.

104 Ferner stellen sich Fragen der **Verfahrensanerkennung**: Werden die im Restrukturierungsplan für die ausländische Konzerngesellschaft vorgesehenen Rechtsgestaltungen – insbesondere vor dem Hintergrund einer durch großzügige konzernspezifische Auslegung geschaffenen internationalen Zuständigkeit – im relevanten Ausland auch anerkannt?

b) Öffentliche Restrukturierungssache

105 Die EuInsVO ist anwendbar, wenn die Restrukturierungssache auf Antrag des Schuldners als öffentliches Verfahren nach §§ 84 ff. StaRUG geführt wird, denn die öffentliche Restrukturierungssache ist durch Verordnung (EU) 2021/2260[93] in Anhang A zur EuInsVO als „Insolvenzverfahren" i. S. von Art. 2 Nr. 4 EuInsVO aufgenommen.

106 Die **internationale Zuständigkeit** richtet sich in diesem Fall nach **Art. 3 EuInsVO**, d. h. die Gerichte des Mitgliedstaats sind zuständig, in dessen Hoheitsgebiet der Schuldner den Mittelpunkt seiner hauptsächlichen Interessen hat **(COMI-Prinzip)**.[94]

107 Mit der internationalen Zuständigkeit gilt dann auch gemäß Art. 7 Abs. 1 EuInsVO, dass die Regeln des StaRUG als lex fori concursus auch in allen anderen EU-Mitgliedstaaten gelten, **vorbehaltlich** der Ausnahme in **Art. 8 EuInsVO**.[95]

---

93) Verordnung (EU) 2021/2260 des Europäischen Parlaments und des Rates vom 15.12.2021 zur Änderung der Verordnung (EU) 2015/848 über Insolvenzverfahren im Hinblick auf die Ersetzung der Anhänge A und B, ABl. (EU) L 455/4 v. 20.12.2021.

94) *Thole*, ZIP 2021, 2153; Seibt/Westpfahl-*Deppenkemper*, StaRUG, § 35 Rz. 34; *Skauradszun* in: BeckOK-StaRUG, § 84 Rz. 22; Flöther-*Laroche*, StaRUG, § 35 Rz. 5; *Vuia* in: MünchKomm-StaRUG, § 35 Rz. 44; *Schlöder/Parzinger/Knebel*, ZIP 2021, 1041; *J. Schmidt*, ZInsO 2021, 654, 656; *Denkhaus/v. Kaltenborn-Stachau* in: HambKomm-RestruktR, § 35 StaRUG Rz. 20.

95) *Brägelmann* in: Schneider/Linkert/v. Buchwaldt, Hdb. z. neuen Sanierungsrecht, S. 374.

Der Weg, über die Veröffentlichung in den Anwendungsbereich der EuInsVO zu gelangen, hat neben dem Rückgriff auf das bekannte und bewährte COMI-Prinzip den Vorteil einer (automatischen) **Anerkennungssicherheit** der gerichtlichen Entscheidungen nach Art. 19 und Art. 32 EuInsVO.[96] 108

Einen „europäischen Gruppen-Gerichtsstand" regelt die EuInsVO allerdings nicht.[97] Auch 109
§ 37 StaRUG, welcher auf § 3e InsO verweist, setzt voraus, dass die betroffenen Gruppengesellschaften jeweils den Mittelpunkt ihrer hauptsächlichen Interessen in Deutschland haben. Ein internationaler Gruppen-Gerichtsstand kann dadurch nicht geschaffen werden. Somit kann für öffentliche Restrukturierungssachen eine **zentrale internationale Zuständigkeit deutscher Restrukturierungsgerichte** für mehrere (ausländische) Gruppengesellschaften nur dann begründet werden, wenn diese Gruppengesellschaften ihren **COMI in Deutschland** haben. Bei einem zentralen Konzernaufbau kann im Einzelfall der Mittelpunkt der hauptsächlichen Interessen (COMI) für den Gläubiger erkennbar nicht am Ort der Inkorporation, sondern am Ort der Konzernzentrale am tatsächlichen Sitz der Konzernmutter liegen. Es gelten die Grundsätze zum Insolvenzplan entsprechend (siehe § 33 Rz. 108 [*Brünkmans*]).

c) Stilles Verfahren

Stellt der Schuldner keinen Antrag nach § 84 Abs. 1 StaRUG, das Verfahren öffentlich zu 110
führen, findet die **EuInsVO hingegen keine Anwendung**. Die EuGVVO[98] findet richtigerweise im Hinblick auf die Bereichsausnahme des Art. 1 Abs. 2 lit. b EuGVVO („ähnliche Verfahren") keine Anwendung.[99] Das StaRUG selbst enthält keine Regelung zur internationalen Zuständigkeit. Vielmehr ist die bestehende Regelungslücke durch eine **analoge Anwendung des § 35 StaRUG** zu schließen (siehe ausführlich § 62 Rz. 76 [*Thole*]).[100] Demnach sind inländische Restrukturierungsgerichte zuständig, wenn der Schuldner im Inland seinen **allgemeinen Gerichtsstand** oder einen davon abweichenden **Mittelpunkt seiner wirtschaftlichen Tätigkeit** hat. Hat er zwar seinen allgemeinen Gerichtsstand im Inland, befindet sich aber der Mittelpunkt seiner wirtschaftlichen Betätigung im Ausland, sind die inländischen Restrukturierungsgerichte international nicht zuständig.[101]

Da der Mittelpunkt der wirtschaftlichen Tätigkeit im Wesentlichen dem COMI-Prinzip 111
der EuInsVO entspricht, kommt bei **zentralfunktional integrierten Konzernen** in Betracht, die internationale Zuständigkeit ausländischer Tochtergesellschaften in Deutschland zu

96) *Thole*, ZIP 2021, 2153.

97) Flöther-*Hoegen/Kranz*, StaRUG, Anh. D Rz. 16.

98) Verordnung (EU) Nr. 1215/2012 des Europäischen Parlaments und des Rates vom 12.12.2012 über die gerichtliche Zuständigkeit und die Anerkennung und Vollstreckung von Entscheidungen in Zivil- und Handelssachen, ABl. (EU) L 351/1 v.20.12.2012.

99) So *Thole*, ZIP 2021, 2153, 2154; *Cranshaw/Kühne* in: Beck/Depré/Ampferl, Praxis der Sanierung und Insolvenz, § 32 Rz. 127; Uhlenbruck-*Borries*, InsO, Vor §§ 84 ff. StaRUG Rz. 8; *Paulus/Bähr/Hackländer*, ZIP 2021, 1085, 1089 f.; *Schlöder/Parzinger/Knebel*, ZIP 2021, 1041, 1045; *Kahlert/Schumann*, DStR 2021, 2741, 2748; Hopt/Seibt-*Schwarz*, Schuldverschreibungsrecht, Kap. 15 Rz. 15.101; **a. A.** *Madaus* in: MünchKomm-StaRUG, § 84 Rz. 101 ff.; *Skauradszun* in: BeckOK-StaRUG, § 84 Rz. 63; *J. Schmidt*, ZInsO 2021, 654, 657; offengelassen *Prusko* in: Kübler/Bork/Prütting, HRI I, § 42 Rz. 30; Musielak/Voit-*Stadtler/Krüger*, ZPO, Art. 1 EuGVVO Rz. 6.

100) *Thole*, ZIP 2021, 2153, 2157; *Prusko* in: Kübler/Bork/Prütting, HRI I, § 42 Rz. 11 f.; Seibt/Westpfahl-*Deppenkemper*, StaRUG, § 35 Rz. 35; *Vuia* in: MünchKomm-StaRUG, § 35 Rz. 47; Morgen-*Blankenburg*, StaRUG, § 35 Rz. 27; *Schlöder/Parzinger/Knebel*, ZIP 2021, 1041, 1047; Pannen/Riedemann/Smid-*Riedemann*, StaRUG, Vor §§ 84–88 Rz. 8; *Kahlert/Schumann*, DStR 2021, 2741, 2749; *Denkhaus/v. Kaltenborn-Stachau* in: HambKomm-RestruktR, § 35 StaRUG Rz. 22; *Schinkel* in: HambKomm-RestruktR, § 84 StaRUG Rz. 55. Tendenziell auch AG Karlsruhe, Beschl. v. 25.3.2022 – 102 RES 2/21, ZIP 2023, 651, 653.

101) *Vuia* in: MünchKomm-StaRUG, § 35 Rz. 45.

verorten. Anders als im Anwendungsbereich der EuInsVO ist mit der Annahme der Zuständigkeit jedoch **nicht automatisch** die **Anerkennung** der gerichtlichen Entscheidung und damit der Plangestaltung (siehe oben Rz. 108) verbunden. Zwar ist das COMI-Prinzip international weit verbreitet. Da in Konzernkonstellationen die Annahme des COMI der Tochtergesellschaften am Ort der Konzernzentrale nur selten eindeutig ist, besteht daher die Gefahr, dass i. R. der Anerkennungsprüfung des jeweiligen Staates die **internationale Zuständigkeit** und damit die Anerkennung der Planwirkungen **verneint wird**.

> **Praxishinweis**
> Da die „stillen Restrukturierungsverfahren" außerhalb des Anwendungsbereichs der EuInsVO liegen, ist eine „extensive konzernspezifische COMI-Auslegung" für die zentrale Bewältigung konzernweiter Restrukturierungen wegen der vorgenannten Unsicherheiten bei der Anerkennung **nicht zielführend**.

III. Internationale Anerkennung der Planwirkungen

1. Bedeutung für die Konzernsanierung

112 Im Rahmen der Konzernsanierung stellt sich sowohl bei einer internationalen Zuständigkeitskonzentration (siehe Rz. 102 ff.) als auch bei einer Kombination von Restrukturierungsinstrumenten verschiedener Jurisdiktion die Frage der Anerkennung der Plangestaltungen in Deutschland und im Ausland. Der Anerkennungsfähigkeit der vorgesehenen Plangestaltung in den relevanten Rechtsordnungen kommt dabei eine zentrale Bedeutung zu. Bestehen ernsthafte Zweifel, dass in den betroffenen Rechtsordnungen die im Restrukturierungsplan vorgesehenen Gestaltungen Anerkennung finden, scheitert das Konzernsanierungskonzept.

2. Öffentliche Restrukturierungssache

a) Anerkennung im EU-Ausland

aa) Grundsatz der Anerkennung (Art. 19, 32 EuInsVO)

113 Die Anerkennung der Bestätigung des Restrukturierungsplans und ihrer Wirkungen innerhalb der EuInsVO-Staaten (EU-Staaten mit Ausnahme von Dänemark) erfolgt über Art. 19 und 32 EuInsVO[102)] (siehe ausführlich § 62 Rz. 82 [*Thole*]).

114 Nach **Art. 32 Abs. 1 EuInsVO** sind die unmittelbaren Gestaltungswirkungen der Planbestätigung anzuerkennen. Davon erfasst sind die im gestaltenden Teil des Restrukturierungsplans festgelegten Wirkungen für und gegen alle Beteiligten einschließlich der ferngebliebenen Gläubiger oder Anteilsinhaber (§§ 67, 68 StaRUG), wie z. B. Forderungskürzungen (auch bei Forderungen, die eigentlich einem anderen Forderungsstatut unterliegen), Stundungen, der Verlust von Gesellschaftsanteilen oder deren Übertragung bzw. die Abgabe von Willenserklärungen (§ 68 StaRUG). Insoweit sind auch „gesellschaftsrechtliche Regelungen" wie etwa Kapitalerhöhungsbeschlüsse erfasst, selbst wenn die Insolvenzschuldnerin keine deutsche Gesellschaft ist.[103)]

bb) Sonderfall: im EU-Ausland belegene Sicherheiten (Art. 8 EuInsVO)

115 Sieht der Restrukturierungsplan den Eingriff in Absonderungsanwartschaften (§ 2 Abs. 1 Nr. 2 StaRUG) vor und liegt das betroffene schuldnerische Vermögen im EU-Ausland,

102) *J. Schmidt*, ZInsO 2021, 654, 656.

103) *Thole* in: MünchKomm-InsO, Art. 32 EuInsVO Rz. 9; K. Schmidt-*Brinkmann*, InsO, Art. 32 EuInsVO Rz. 9.

stellt sich die Frage, inwieweit die Rechtsgestaltung der betroffenen Sicherheit vor dem Hintergrund von Art. 8 EuInsVO vom Belegenheitsstaat anerkannt wird.

Nach Art. 8 Abs. 1 EuInsVO wird das dingliche Recht eines Gläubigers oder eines Dritten an körperlichen oder unkörperlichen, beweglichen oder unbeweglichen Gegenständen des Schuldners, die sich zum Zeitpunkt der Eröffnung des Insolvenzverfahrens im Hoheitsgebiet eines anderen Mitgliedstaats befinden, von der Eröffnung des Verfahrens nicht berührt. **Art. 8 EuInsVO sperrt dabei grundsätzlich auch die Rechtsgestaltung von Sicherheiten an im Ausland** belegenen Vermögensgegenständen durch einen Insolvenzplan oder Restrukturierungsplan.[104] 116

Im Kontext der konzernweiten Restrukturierung von Finanzverbindlichkeiten ist diese Einschränkung insbesondere im Hinblick auf **Pfandrechte** an ausländischen Bankguthaben sowie Geschäftsanteilen zu beachten. Gelöst werden kann das Anerkennungsproblem unter Umständen durch die Regelung **rein schuldrechtlich wirkender Verpflichtungen des Sicherungsnehmers** im Restrukturierungsplan oder durch die Inanspruchnahme eines **Sekundärrestrukturierungsverfahrens** (siehe dazu ausführlich Rz. 122 ff.). 117

cc) Sonderfall: Anerkennung von Gestaltungen für gruppeninterne Drittsicherheiten

(1) Erstreckung der Eingriffsbefugnis auf ausländische verbundene Unternehmen?

Für den **Drittsicherungsgeber** verlangt § 2 Abs. 4 StaRUG[105] nicht, dass der Mittelpunkt hauptsächlicher Interessen des Drittsicherungsgebers in Deutschland liegt.[106] Es genügt somit, dass der Restrukturierungsschuldner seinen **Mittelpunkt hauptsächlicher Interessen in Deutschland** hat und es sich bei dem Drittsicherungsgeber um ein **verbundenes Unternehmen** i. S. des § 15 AktG handelt. Unter dem Begriff verbundene Unternehmen fallen unstreitig auch ausländische Unternehmen.[107] 118

(2) Anerkennung von Eingriffen in Drittsicherheiten

Da es sich im Fall eines öffentlichen Verfahrens bei dem Eingriff in gruppeninterne Drittsicherheiten um Wirkungen eines Hauptinsolvenzverfahrens i. S. der EuInsVO handelt, sind die Planwirkungen nach Art. 20, 32 EuInsVO im anderen EU-Staat anzuerkennen[108] (zu den Grenzen bei dinglichen Sicherheiten nachfolgend Rz. 120 f.). 119

(3) Gestaltungssperre nach Art. 8 EuInsVO für im EU-Ausland belegene dingliche Drittsicherheiten?

Bei im Ausland belegenen **dinglichen** Drittsicherheiten stellt sich jedoch die Frage, ob und inwieweit Art. 8 EuInsVO, wonach dingliche Gläubigerrechte an im Ausland belegenen Gegenständen grundsätzlich unberührt bleiben, Anwendung findet.[109] Die **überwiegende Auffassung bejaht die Anwendung von Art. 8 EuInsVO** auch im Hinblick auf Plangestal- 120

---

104) *Zehlicke*, ZRI 2023, 986, 987 ff.; Braun-*Ehret*, InsO, Art. 8 VO (EU) 2015/848 Rz. 18.

105) S. a. § 217 Abs. 2 InsO n. F.

106) *Brünkmans* in: Runkel/J. Schmidt, AHB Insolvenzrecht, § 4 Rz. 228.

107) Spindler/Stilz-*Schall*, AktG, § 15 Rz. 10, 55, Vorbem. Rz. 32; *Emmerich* in: Emmerich/Habersack, Aktien- und GmbH-Konzernrecht, § 15 AktG Rz. 5; Henssler/Strohn-*Keßler*, GesR, § 15 AktG Rz. 1; Bürgers/Körber/Lieder-*Fett*, AktG, § 15 Rz. 4.

108) *Hoegen/Kranz*, NZI 2021, 105; Flöther-*Westpfahl/Dittmar*, StaRUG, § 2 Rz. 69; *Paulus/Bähr/Hackländer*, ZIP 2021, 1085, 1089; *Westpfahl/Dittmar*, NZI Beilage z. Heft 5/2021, S. 46; s. a. Römermann-*Rieger/Schmitz*, InsO/InsR, § 2 StaRUG Rz. 39; Ausführlich *Zehlicke*, ZRI 2023, 933.

109) *Westpfahl/Dittmar*, NZI Beilage z. Heft 5/2021, S. 46; s. aber den allgemeinen Diskussionsstand zur Frage, ob Art. 8 EuInsVO als eine Sach- oder Kollisionsnorm einzustufen ist: *Dornblüth* in: HK-InsO, Art. 8 EuInsVO Rz. 8.

tungen für gruppeninterne Drittsicherheiten, die im EU-Ausland belegene Gegenstände betreffen.[110] Die **Gegenansicht** argumentiert dahingehend, dass sich Art. 8 EuInsVO dem Wortlaut nach **nur auf dingliche Gegenstände des Schuldners beziehe**, nicht hingegen auf Drittsicherheiten.[111]

121 Gestalterisch lässt sich diese Rechtsunsicherheit entweder mit der Aufnahme einer rein **schuldrechtlichen Verpflichtung** zur Freigabe der Sicherheit im Restrukturierungsplan oder der Initiierung eines – allerdings in der Regel aufwendigen – **Sekundärrestrukturierungsverfahren** (siehe dazu nachfolgend Rz. 122 ff.) ausräumen.

(4) Sekundärrestrukturierungsverfahren

122 Da öffentliche Restrukturierungsachen in den Anwendungsbereich der EuInsVO fallen (siehe Rz. 105), stellt sich die Frage, ob damit auch die Möglichkeit eines Sekundärrestrukturierungsverfahrens nach den Art. 34 ff. EuInsVO eröffnet ist, wenn der Schuldner dort eine Niederlassung hat (Art. 3 Abs. 2 EuInsVO). Die wohl **h. M.** geht von der Zulässigkeit eines solchen Sekundärverfahrens aus.[112] Der deutsche Gesetzgeber scheint dies ebenfalls für möglich zu halten, da in § 84 Abs. 2 Satz 1 Nr. 2 StaRUG von den Restrukturierungsgerichten in Deutschland verlangt wird, in der ersten Entscheidung anzugeben, ob die **Zuständigkeit auf Art. 3 Abs. 1 oder Abs. 2 EuInsVO beruht.**[113]

123 Bisher fehlt es jedoch an Konturen, wie genau ein solches Sekundärrestrukturierungsverfahren aussehen soll und welche Wirkungen ein solches Verfahren hat. Für den Insolvenzplan wird vorgeschlagen, die in einem Sekundärverfahrensplan vorgesehenen Forderungseingriffe aufgrund der nur territorialen Wirkung des Sekundärverfahrens gemäß Art. 3 Abs. 2 Satz 2, 34 Satz 3 EuInsVO **als Vollstreckungshindernisse** in Form einer vollstreckungsbeschränkenden Vereinbarung zu deuten, die nur territorial begrenzt wirken.[114]

124 Selbstverständlich muss der Restrukturierungsplan im Sekundärverfahren mit dem Restrukturierungsplan im Hauptverfahren abgestimmt werden.

b) Anerkennung in anderen Staaten, insbesondere USA, UK u. a.

125 Anders als das deutsche autonome Recht, welches gemäß § 343 InsO ausländische Verfahren ohne weitere Entscheidung anerkennt,[115] ist in anderen Ländern häufig eine ausdrückliche Anerkennungsentscheidung erforderlich.[116] Zu nennen sind hier insbesondere

---

110) *Prusko* in: MünchKomm-StaRUG, § 2 Rz. 116; Flöther-*Hoegen/Kranz*, StaRUG, Anh. D Rz. 49; Uhlenbruck-*Mock*, InsO, § 2 StaRUG Rz. 37; *Zehlicke*, ZRI 2023, 986, 994; *Pleister/Theusinger* in: Kübler/Bork/Prütting, HRI II, § 44 Rz. 38; *Thies* in: Bieg/Borchardt/Frind, Unternehmenssanierung und Betriebsfortführung, Teil 2, B. VII. Rz. 32; wohl auch Morgen-*Abel/Herbst*, StaRUG, Anh. § 86 Rz. 141 f.; Seibt/Westpfahl-*Herding/Krafczyk*, StaRUG, § 2 Rz. 274, 284.

111) Flöther-*Westphahl/Dittmar*, StaRUG, § 2 Rz. 69; *Schlöder/Parzinger/Knebel*, ZIP 2021, 1041, 1042.

112) *Skauradszun* in: BeckOK-StaRUG, § 84 Rz. 51; Seibt/Westpfahl-*Mankowksi*, StaRUG, Anh. § 88 Rz. 66; *Skauradszun* in: Kübler/Bork/Prütting, HRI I, § 14 Rz. 79; *Madaus* in: MünchKomm-StaRUG, § 84 Rz. 22; Braun-*Tashiro*, StaRUG, § 84 Rz. 15, 17; *Dammann* in: Paulus/Dammann, European Preventive Restructuring, Art. 1 Rz. 75 ff.; *J. Schmidt*, ZInsO 2021, 654, 656; *Skauradszun/Kümpel/Nijnens*, NZI 2023, 481, 483, 485; wohl auch *Thole*, ZIP 2021, 2153; wohl anders Morgen-*Blankenburg*, StaRUG, § 88 Rz. 7, 12; jedenfalls für öffentliche Verfahren: *Keller*, ZInsO 2022, 733, 738; kritisch *Schlöder/Parzinger/Knebel*, ZIP 2021, 1041, 1042.

113) *Skauradszun* in: BeckOK-StaRUG, § 84 Rz. 51.

114) K. Schmidt-*Brinkmann*, InsO, Art. 47 EuInsVO Rz. 2.

115) *Thole* in: MünchKomm-InsO, § 343 Rz. 1; Andres/Leithaus-*Dahl*, InsO, § 343 Rz. 2; *Paulus* in: KPB, InsO, § 343 Rz. 2.

116) Vgl. Andres/Leithaus-*Dahl*, InsO, § 335 Rz. 19; *Paulus* in: KPB, InsO, § 335 Rz. 22 ff.; *Pleister/Theusinger* in: Kübler/Bork/Prütting, HRI II, § 44 Rz. 44; *Pannen* in: Runkel/J. Schmidt, AHB Insolvenzrecht, § 20 Rz. 529.

UK (Cross-Border Insolvency Regulations 2006, CBRI) und die USA (Verfahren nach Chapter 15). Beide Länder orientieren sich an dem UNCITRAL Model Law on Cross Border Insolvency (1997).[117)] Da **Verträge von Finanzinstrumenten** nicht selten **eine englische oder US-amerikanische (New York) Rechtswahl** enthalten, stellt sich bei der Frage der Anerkennung der Planwirkungen in diesen Ländern auch die Frage, ob und unter welchen Voraussetzungen diese Länder die Gestaltung „ihrer Finanzinstrumente" durch einen ausländischen Restrukturierungsplan anerkennen (siehe dazu § 62 Rz. 82 f. [*Thole*]).

3. Stilles Verfahren

a) Anerkennung nach den jeweiligen nationalen Anerkennungsregeln

Außerhalb des Anwendungsbereiches der EuInsVO, d. h. aus deutscher Perspektive im Fall eines nicht-öffentlichen Restrukturierungsverfahrens, ist die Anerkennung auch in einem anderen EU-Mitgliedstaat anhand der jeweiligen nationalen Anerkennungsregeln zu prüfen. Hier besteht die Gefahr, dass die Gerichte im anderen Mitgliedstaat die Zuständigkeit für den StaRUG-Plan anhand des **Spiegelbildprinzips** (siehe nachfolgend Rz. 127) i. R. der Anerkennung überprüfen und ggf. anders werten. 126

Für den umgekehrten Fall (**Inbound-Restrukturierung**) wird außerhalb des Anwendungsbereiches der EuInsVO für die Anerkennung eines ausländischen Restrukturierungsplans entweder auf § 343 InsO[118)] oder § 328 ZPO[119)] abgestellt (siehe § 62 Rz. 85 [*Thole*]). Für beide Anerkennungsnormen ist die Anerkennungszuständigkeit nach dem sog. Spiegelbildprinzip zu prüfen, d. h. ob das ausländische Planbestätigungsgericht seine Zuständigkeit auch dann hätte annehmen dürfen, wenn es die deutschen Zuständigkeitsgründe angewendet hätte.[120)] 127

Allerdings ist das **deutsche Recht häufig strenger** als manche andere Rechtsordnungen, weil nach § 35 StaRUG die Zuständigkeit für ein präventives Restrukturierungsverfahren nur begründet werden kann, wenn der Schuldner seinen COMI im Inland hat.[121)] Eine „sufficent connection" wie etwa in UK oder den Niederlanden reicht für das StaRUG gerade nicht aus (siehe § 62 Rz. 76 [*Thole*]). 128

b) Gruppeninterne Drittsicherheiten

Auch die Anerkennung der Gestaltungswirkung des Restrukturierungsplans im Hinblick auf gruppeninterne Drittsicherheiten (§ 2 Abs. 4 Satz 1 Halbs. 2 StaRUG) hängt von den nationalen Anerkennungsregeln ab. Hier kann es ggf. zu **Konflikten mit dem ordre-public-Vorbehalt** kommen.[122)] Die US-Amerikanischen Gerichte sind tendenziell „Third-Party-Release"-Wirkungen im Anerkennungsverfahren nach Chapter 15 aufgeschlossen.[123)] 129

---

117) *Paulus* in: KPB, InsO, § 335 Rz. 26, 26a; *Paulus*, NZI 2005, 439, 439; *Schillig* in: BeckOK-InsO, Internationales Insolvenzrecht – England Rz. 177 ff.; *Lürken/Egger/Hiemer* in: Jesch/Striegel/Boxberger, Rechtshdb. Private Equity, § 195; *Pleister/Theusinger* in: Kübler/Bork/Prütting, HRI II, § 44 Rz. 44.

118) Flöther-*Sax*, StaRUG, Anh. F, Rz. 64 ff.; *Thole*, ZIP 2021, 2153, 2156; *Tashiro*, NZI Beilage z. Heft 5/2021, S. 77, 79; *Kaubisch/Riewe/Hilpert*, SanB 2021, 13, 17 f.

119) *Swierczok* in: HK-InsO, § 335 Rz. 14; Morgen-*Abel/Herbst*, StaRUG, Anh. § 86 Rz. 45; *Schlöder/Parzinger/Knebel*, ZIP 2021, 1041, 1047.

120) *Thole* ZIP 2021, 2153, 2157; Uhlenbruck-*Zipperer*, InsO, Vor §§ 35 ff. StaRUG Rz. 30; Hopt/Seibt-*Schwarz*, Schuldverschreibungsrecht, Kap. 15 Rz. 15.129.

121) Vgl. Seibt/Westpfahl-*Deppenkemper*, StaRUG, § 35 Rz. 8; Jacoby/Thole-*Schluck-Amend*, StaRUG, § 35 Rz. 3; Flöther-*Laroche*, StaRUG, § 35 Rz. 3; *Thole*, ZIP 2021, 2153, 2157.

122) *Thole*, ZIP 2021, 2153; zum ordre-public-Vorbehalt als allgemeine Voraussetzung der Anerkennung auch Hopt/Seibt-*Schwarz*, Schuldverschreibungsrecht, Kap. 15 Rz. 15.137; *Sax/Berkner/Saed*, NZI 2021, 517, 519.

123) Vgl. zur Anerkennung eines Third Party Release unter einem englischen Scheme of Arrangement in den USA *Prusko* in: Kübler/Bork/Prütting, HRI I, § 42 Rz. 62 m. w. N.

IV. Optionen für die Restrukturierung eines internationalen Konzerns über das StaRUG als führendes Verfahren (Outbound-Perspektive)

1. Gruppeninterne Drittsicherheiten (Option 1)

130 Soll die Sanierung eines internationalen Konzerns durch das StaRUG als führendes Verfahren erreicht werden (sog. Outbound-Perspektive), ist zunächst zu prüfen, ob der **Gestaltungsbedarf** auf Ebene der (ausländischen) verbundenen Unternehmen sich auf gruppeninterne Drittsicherheiten i. S. von § 2 Abs. 4 StaRUG beschränkt. Ein Rückgriff auf § 2 Abs. 4 StaRUG ist nicht hinreichend, wenn die verbundenen Unternehmen **Mitdarlehensnehmer und nicht nur Sicherungsgeber** sind oder sonst eine Gestaltung weitere Verbindlichkeiten auf Ebene des verbundenen Unternehmens erforderlich sind.

131 Wird die Restrukturierungssache als öffentliches Verfahren (§§ 84 ff. StaRUG) geführt, ist die Anerkennung der Gestaltungswirkung des Restrukturierungsplans in den anderen Mitgliedstaaten – auch im Hinblick auf gruppeninterne Drittsicherheiten – über Art. 20, 32 EuInsVO gewährleistet. Sollte es sich dabei um **dingliche Sicherheiten** handeln, sind vor dem Hintergrund von Art. 8 EuInsVO alternative Gestaltungselemente (siehe Rz. 121) einzubauen. Option 1 kommt an seine Grenzen, wenn weitere **Nicht-EU-Rechtsordnungen betroffen** sind und dort die Anerkennung von Gestaltungen gruppeninterner Drittsicherheiten fraglich ist (siehe Rz. 125).

2. Koordinierte Restrukturierungspläne (Option 2)

132 Sollte eine Zentralisierung der Verfahren durch die Begründung eines COMI in Deutschland für sämtliche Konzerngesellschaften (etwa am COMI der Konzernzentrale (siehe Rz. 109) nicht möglich sein, wären **separate Restrukturierungspläne** nach den jeweiligen einschlägigen Rechtsordnungen einzureichen.

133 Inwieweit die einzelnen Restrukturierungspläne auf der Grundlage der Konzernleitungsmacht initiiert und umgesetzt werden können, hängt vom Gesellschaftsrecht und Restrukturierungsrecht des betroffenen Mitgliedstaates ab. Soweit es die betroffenen Rechtsordnungen zulassen, können die Restrukturierungspläne durch **entsprechende aufschiebende Bedingungen miteinander verknüpft werden**, um ein isoliertes Inkrafttreten zu vermeiden (siehe allgemein Rz. 91).

134 Wird die Restrukturierungssache öffentlich i. S. von §§ 84 ff. StaRUG geführt, ist der Anwendungsbereich der EuInsVO eröffnet und damit sind auch die **besonderen Vorschriften zur Unternehmensgruppe aus Art. 56–77 EuInsVO** anwendbar.[124)] In der Praxis grenzüberschreitender Konzerninsolvenzen spielen diese Mechanismen jedoch keine große Bedeutung. Insgesamt ist die Praxistauglichkeit des EU-Koordinationsverfahrens sehr fraglich. Inwieweit sie für die **Koordinierung von StaRUG-Restrukturierungsplänen** mit entsprechenden EU-ausländischen Plänen geeignet sein können, muss sich noch zeigen. **Denkbar wären folgende Anwendungen:**

- **Kooperation der Restrukturierungsbeauftragten:** Die in Art. 56 EuInsVO geregelte Zusammenarbeit und Kommunikation der Verwalter bezieht auch den Restrukturierungsbeauftragten und im EU-Ausland vergleichbare Funktionen (vgl. Art. 2 Nr. 5 Ziff. v EuInsVO).
- **Zusammenarbeit und Kommunikation der Gerichte:** Art. 57 EuInsVO findet auf das Restrukturierungsgericht und das Justizorgan des anderen Mitgliedstaates Anwendung.

124) *Prusko* in: Kübler/Bork/Prütting, HRI I, § 42 Rz. 68.

- Für die **Gerichte und ggf. Restrukturierungsbeauftragte** können **Kooperationen** bei der zeitlichen Abstimmung von Stabilisierungsmaßnahmen (§ 49 StaRUG), Erörterungs- und Abstimmungsterminen sowie Planbestätigung hilfreich sein.
- Theoretisch denkbar ist auch die **Durchführung eines Koordinationsverfahrens nach Art. 61 ff. EuInsVO**. In der Praxis wird aufgrund der häufig fortbestehenden Konzernleitungsmacht (siehe Rz. 7 ff. und im internationalen Kontext Rz. 133) kein Bedürfnis für das relativ komplizierte und bürokratische Koordinationsverfahren bestehen, welches die Bestellung eines Koordinators zur Folge hat. Allenfalls das Recht des Koordinators aus Art. 72 Abs. 2 lit. e EuInsVO, die vorübergehende Aussetzung eines – sich aus dem Konzern abkoppelnden – Restrukturierungsverfahrens zu beantragen, könnte im Einzelfall interessant sein.[125)]

V. Restrukturierung eines internationalen Konzerns über ein führendes ausländisches Sanierungsverfahren (Inbound-Perspektive)

Erfolgt die Restrukturierung eines internationalen Konzerns über ein führendes ausländisches Sanierungsverfahren (sog. Inbound-Perspektive), kommt es aus deutscher Sicht im Wesentlichen auf die Anerkennungsfähigkeit des ausländischen Verfahrens in Deutschland an (siehe dazu § 62 Rz. 84 f. [*Thole*]). 135

E. Besonderheiten im Vertragskonzern, insbesondere Gestaltung von Verbindlichkeiten aus § 302 und § 303 AktG

I. Einführung

Im Vertragskonzern stellen sich für den Beherrschungsvertrag besondere Fragen hinsichtlich der **Aufrechterhaltung des Weisungsrechtes der Obergesellschaft** gegenüber den Geschäftsleitungsorganen der Untergesellschaft (§ 308 AktG) nach Anzeige des Restrukturierungsvorhabens (siehe dazu Rz. 137 ff.). Für den Beherrschungs- und Gewinnabführungsvertrag gleichermaßen stellt sich die Frage, inwieweit über den Restrukturierungsplan der Obergesellschaft der **Verlustausgleichsanspruch** der Untergesellschaft aus § 302 AktG (siehe Rz. 140 ff.) und der Anspruch der Gläubiger der Untergesellschaft auf **Sicherheitsleistung** aus § 303 AktG (siehe Rz. 148 ff.) gestaltet werden kann. 136

II. Keine Beendigung oder automatische Suspendierung des Beherrschungs- und Gewinnabführungsvertrages

Anders als die (noch) überwiegende Auffassung im Fall der Eröffnung eines Insolvenzverfahrens[126)] führt weder die Anzeige eines Restrukturierungsvorhabens noch die Vorlage oder Bestätigung eines Restrukturierungsplans zur automatischen Beendigung des Beherrschungs- und/oder Gewinnabführungsvertrages. Die für die automatische Beendigung im Insolvenzverfahren sprechenden Gründe, insbesondere die Auflösung der insolventen Gesellschaft, greifen für das StaRUG nicht.[127)] 137

125) Vgl. *Prusko* in: Kübler/Bork/Prütting, HRI I, § 42 Rz. 68.

126) Vgl. BGH, Urt. v. 14.12.1987 – II ZR 170/87 (Familienheim), NJW 1988, 1326 = ZIP 1988, 229 – zur KO; so auch zur InsO *Emmerich* in: Emmerich/Habersack, Konzernrecht, § 297 AktG Rz. 52 ff.; *Altmeppen* in: MünchKomm-AktG, § 297 Rz. 116 ff.; *Koch*, AktG, § 297 Rz. 22; *Austmann* in: MünchHdb. GesR, Bd. 4, § 71 Rz. 207; *Veil/Walla* in: BeckOK-AktG, § 297 Rz. 39; *Thole*, ZIP 2020, 389 f.; *Thole*, ZRI 2024, 402, 403; **a. A.** *Koppensteiner* in: KölnKomm-AktG, § 297 Rz. 47 f.; *Trendelenburg*, NJW 2002, 647, 649 f.; *Zeidler*, NZG 1999, 692, 696 f.

127) *Thole*, ZRI 2024, 402, 403; *Prusko* in: Kübler/Bork/Prütting, HRI I, § 41 Rz. 59; vgl. auch *Hoegen/Kranz*, NZI 2021, 105, 106.

138 Im Fall eines Beherrschungsvertrages **bleibt das Weisungsrecht** aus § 308 Abs. 1 AktG bei der Anzeige des Restrukturierungsvorhabens auf Ebene der Obergesellschaft **grundsätzlich bestehen.** Erfolgt die **Anzeige (auch) für die Untergesellschaft**, findet zwar keine generelle Suspendierung der Leitungsmacht statt. Allerdings haben die Geschäftsleiter der Untergesellschaft die **Grenzen der §§ 32, 43 StaRUG** (Wahrung der Interessen der Gläubiger der Untergesellschaft) zu beachten,[128)] sodass Weisungen, die dagegen verstoßen, nicht umgesetzt werden dürfen (siehe dazu bereits oben Rz. 12). Dies gilt insbesondere dann, wenn der Verlustausgleichsanspruch aus § 302 AktG aufgrund der finanziellen Situation der Obergesellschaft nicht hinreichend abgesichert ist. Eine dem § 276a InsO entsprechende Norm, welche die Geschäftsführer der Untergesellschaft vom gesellschaftsrechtlichen Einfluss befreit, besteht für das StaRUG gerade nicht.

139 Allerdings dürfte der Beherrschungs- und Gewinnabführungsvertrag mit Anzeige des Restrukturierungsvorhabens in der Regel nach § 297 Abs. 1 AktG **außerordentlich kündbar** sein.[129)] Gegebenenfalls kommt eine **(hilfsweise) Aufhebung** des Beherrschungs- und Gewinnabführungsvertrages in Betracht, soweit dies im Hinblick auf die steuerlichen Folgen vertretbar erscheint. Die meisten Beherrschungs- und Gewinnabführungsverträge sehen ein ordentliches Kündigungsrecht zum Jahresende vor, wobei auch hier stets zu prüfen ist, inwieweit eine vorzeitige Beendigung steuerschädlich ist.

III. Gestaltung von Verlustausgleichsansprüchen nach § 302 AktG durch den Restrukturierungsplan

1. Überblick

140 Auch der Verlustausgleichsanspruch nach § 302 AktG kann über einen Restrukturierungsplan gestaltet werden. Ihre Einbeziehung hat durchaus strategische Bedeutung i. R. der gruppenübergreifenden Mehrheitsentscheidung. Der Anspruch auf Ausgleich eines Jahresfehlbetrages entsteht nach h. A. am **Jahresabschlussstichtag** der abhängigen Gesellschaft, nicht erst mit der Feststellung des Jahresabschlusses.[130)]

2. Restrukturierungssache der Obergesellschaft

a) Einbeziehung des Verlustausgleichsanspruchs im Restrukturierungsplan

141 In der Restrukturierungssache der Obergesellschaft kann die Untergesellschaft mit ihrem Verlustausgleichsanspruch aus § 302 AktG vom Restrukturierungsplan als Planbetroffene erfasst werden. Für die Untergesellschaft(en) kann dann eine eigene Gruppe gebildet werden, was häufig strategisch sinnvoll ist. Da die Forderung der Untergesellschaft nicht nachrangig i. S. des § 39 Abs. 1 Nr. 5 InsO ist, greift auch nicht die absolute Priorität und sie wird bei der Berechnung der zustimmenden Gruppen nicht von § 26 Abs. 1 Nr. 3 letzter Halbs. StaRUG erfasst.

142 Für die Einordnung als gestaltbare Restrukturierungsforderung kommt es darauf an, ob die zu gestaltenden Verlustausgleichsansprüche **im maßgeblichen Zeitpunkt** (§ 2 Abs. 5 StaRUG) i. S. von § 2 Abs. 1 Nr. 1 StaRUG **bereits „begründet" sind.** Dabei kann auf die Grundsätze zur Abgrenzung von Insolvenzforderungen (§ 38 InsO) zu Masseverbindlichkeiten (§ 55 InsO) (siehe dazu § 40 Rz. 24 [*Brünkmans*]) zurückgegriffen werden. Nur die schuldrechtliche Grundlage des Anspruchs muss schon vor Eröffnung des Insolvenzverfahrens entstanden sein; unerheblich sei, ob die Forderung selbst schon entstanden oder

128) So *Thole*, ZRI 2024, 402, 403.

129) *Thole*, ZRI 2024, 402, 403.

130) BGH, Urt. v. 14.2.2005 – II ZR 361/02, NZG 2005, 481, 482 = ZIP 2005, 854; *Madaus*, DB 2024, 849, 850; *Koch*, AktG, § 302 Rz. 13; *Altmeppen* in: MünchKomm-AktG, § 302 Rz. 74.

fällig ist.[131] Der Verlustausgleichsanspruch für das Jahr 2024 ist daher bereits dann „begründet", wenn das Geschäftsjahr noch läuft und der Anspruch aktienrechtlich erst zum Ende des Geschäftsjahres entstehen mag.

In der Literatur zu § 302 AktG wird darauf hingewiesen, dass zwar nach § 302 Abs. 1 AktG nur zu bestimmten Abrechnungstagen, eben grundsätzlich zum Bilanzstichtag, klagbare Zahlungsanspruche entstehen, **bilanzrechtlich aber ein „schwebendes Geschäft"** vorliegt, das Rückstellungen bei der ausgleichspflichtigen Gesellschaft erlaubt und dazu ggf. verpflichtet.[132] Zum Teil wird in § 302 AktG eine aufschiebend bedingte Verpflichtung gesehen. Die Gestaltbarkeit ergibt sich dann bereits aus § 3 Abs. 1 StaRUG, wonach ein bedingter Anspruch bereits vor Eintritt der Bedingung gestaltbar ist. Bereits der erste Tag des begonnenen Jahres trägt zu dem Verlust (oder Gewinn) am Ende des Jahres bei. Außerdem ist der „Schuldrechtsorganismus" bereits im maßgeblichen Zeitpunkt (§ 2 Abs. 5 StaRUG) gelegt. Dass die **Ansprüche der Höhe nach noch offen** sind, steht der Plangestaltbarkeit nicht entgegen. Insofern handelt es sich dann um eine der Höhe nach ungewisse und damit streitige Verbindlichkeit i. S. des § 70 Abs. 1 StaRUG. 143

Auch eine **Aufrechnung** des Verlustausgleichsanspruchs der Untergesellschaft gegen die Obergesellschaft mit einem Gegenanspruch der Obergesellschaft gegen die Untergesellschaft (in der Praxis häufig Darlehensrückzahlungsansprüche aus der Cashpool-Anbindung der Untergesellschaft) ist **zulässig.** Im gestaltenden Teil des Restrukturierungsplans können grundsätzlich sämtliche **Erfüllungssurrogate** geregelt werden (siehe § 40 Rz. 147 [*Brünkmans*]). Eine solche Aufrechnung ist auch mit § 27 Abs. 1 Nr. 3 StaRUG im Fall einer gruppenübergreifenden Mehrheitsentscheidung vereinbar, wenn der Verlustausgleichsanspruch in voller Höhe **zum Nominalwert verrechnet** würde. Die Aufrechnung ist als Erfüllungssurrogat in diesem Fall keine Besserstellung mit gleichrangigen Insolvenzgläubigern, weil gemäß § 94 InsO auch im Insolvenzverfahren eine Aufrechnung der Untergesellschaft als Insolvenzgläubigerin ungeachtet der Werthaltigkeit der Insolvenzforderung möglich wäre. 144

b) Stillhaltevereinbarung bis zur Bestätigung des Restrukturierungsplans?

Nach der Rechtsprechung des BGH wird der Verlustausgleichsanspruch im Zeitpunkt seiner Entstehung, d. h. zum Bilanzstichtag (z. B. 31.12 2024) fällig.[133] Fraglich ist, ob auch eine **insolvenzrechtliche Fälligkeit i. S. des § 17 Abs. 2 InsO** zu diesem Zeitpunkt gegeben ist, d. h. ob der Verlustausgleichsanspruch bereits als ernsthaft eingefordert gilt.[134] Dann würde in einer konzernweiten finanziellen Krise mit Ablauf des Bilanzstichtages **häufig die Zahlungsunfähigkeit der Obergesellschaft eintreten** und damit eine Restrukturierung der Obergesellschaft nach StaRUG wegen eingetretener Zahlungsunfähigkeit unmöglich, wenn nicht bereits vor Ablauf des Bilanzstichtages für die Obergesellschaft das Restrukturierungsvorhaben angezeigt wurde (§ 31 StaRUG). Erfolgt die Anzeige des Restrukturierungsvorhabens noch rechtzeitig vor Ablauf des Bilanzstichtages, muss das Restrukturierungsgericht gemäß § 33 Abs. 2 Nr. 1 StaRUG anhand der Erfolgsaussichten der Plannahme entscheiden, ob die Restrukturierungssache aufrechterhalten oder aufgehoben wird. 145

131) BGH, Beschl. v. 22.9.2011 – IX ZB 121/11, ZVI 2011, 408 = NZI 2011, 953; K. Schmidt-*Büteröwe*, InsO, § 38 Rz. 14 f.; Uhlenbruck-*Sinz*, InsO, § 38 Rz. 26; *Kirchner* in: BeckOK-InsO, § 38 Rz. 20.

132) *Koppensteiner* in: KölnKomm-AktG, § 302 Rz. 15; *Forster* in: FS Stimpel, S. 759, 762 ff. anknüpfend an BFH, Urt. v. 9.9.1958 – I 324/56 U, BStBl. III 1958, S. 432; *Kusterer*, DStR 1996, 114, 116 ff.

133) *Madaus*, DB 2024, 849, 850, Fußn. 14.

134) *Madaus*, DB 2024, 849, 851.

146 Vor diesem Hintergrund besteht ein Bedürfnis, **über eine Stillhalteerklärung der Untergesellschaft die (drohende) Fälligkeit zu beseitigen.** Eine solche Stillhalteerklärung könnte jedoch in Konflikt mit dem **Verzichts- und Vergleichsverbot aus § 302 Abs. 3 AktG** geraten, welches nach überwiegender Auffassung auch Stundungen erfassen soll[135], welche bei Verletzung der Norm nach § 130 BGB nichtig ist.[136] Für die insolvenzrechtliche Fälligkeit ist die Vereinbarkeit mit gesellschaftsrechtlichen Vorgaben und auch mit § 303 AktG ohne Belang.[137] Eine Stillhaltevereinbarung soll aber möglich sein für den Zeitraum, um die ordnungsgemäße Aufstellung und Feststellung des Jahresabschlusses zu ermöglichen, solange der Jahresabschluss nicht unvertretbar verzögert wird.[138] Nach *Madaus* ist ein Stillhalteabkommen ebenfalls zulässig, um Verhandlungen über einen Restrukturierungsplan zu ermöglichen.[139] Das Vergleichsverbot aus § 302 Abs. 3 AktG greife erst dann, wenn die Verhandlungen über den Restrukturierungsplan scheitern.[140] Diese Auffassung ist i. S. einer teleologischen Reduktion des § 302 Abs. 3 Satz 1 AktG überzeugend, weil häufig nur so die in § 302 Abs. 3 Satz 2 Alt. 3 AktG vorgesehene Gestaltung über einen Restrukturierungsplan überhaupt möglich ist.

3. Restrukturierungssache der Untergesellschaft

147 Ebenfalls erwogen wird, ob bei einer Restrukturierungssache der Untergesellschaft aufgrund des Shift of Duties zugunsten der Gläubigerinteressen (§ 32 Abs. 1 StaRUG) § 302 Abs. 3 AktG teleologisch zu reduzieren ist. Dies mag für den Insolvenzverwalter der Untergesellschaft überzeugen, nicht jedoch bei einer Restrukturierungsanzeige der Untergesellschaft, da der Verlustausgleichsanspruch aus § 302 AktG weder Bestandteil einer – im StaRUG nicht bestehenden – Masse ist, noch der Geschäftsführer eine vergleichbare unabhängige Position innehat.[141]

IV. Gestaltung der Ansprüche auf Sicherheitsleitung (§ 303 AktG)

1. Beendigung des Beherrschungs- und Gewinnabführungsvertrages

148 Endet der Beherrschungs- und Gewinnabführungsvertrag, haben die Gläubiger der Untergesellschaft einen Anspruch auf Sicherheitsleistung gegen die Obergesellschaft (siehe i. E. unten Rz. 152 ff.). In diesem Fall stellt sich die Frage, ob und in welchem Umfang diese Ansprüche auf Sicherheitsleistung über den Restrukturierungsplan gestaltet werden können.

a) Beendigung des Beherrschungs- und Gewinnabführungsvertrages häufig Teil eines „Ringfencing-Konzepts"

149 Ziel einer Restrukturierung ist nicht selten auch die Umsetzung eines sog. Ringfencing-Konzepts, indem einzelne Konzernbereiche **haftungsrechtlich unabhängig von der Ge-**

135) OLG München, Urt. v. 25.10.2022 – 7 U 1785/18, ZRI 2023, 78, 80 = ZInsO 2023, 44; *Koch*, AktG, § 302 Rz. 25; *Altmeppen* in: MünchKomm-AktG, § 302 Rz. 75.

136) *Madaus*, DB 2024, 849, 851.

137) OLG Frankfurt/M., Urt. v. 17.1.2018 – 4 U 4/17, DB 2018, 373 = ZIP 2018, 488; OLG Düsseldorf, Urt. v. 20.12.2018 – 10 U 70/18, NZI 2019, 757, 758 f. = ZIP 2019, 2122; *Wandt*, NZG 2024, 824, 827.

138) *Madaus*, DB 2024, 849, 851; *Altmeppen* in: MünchKomm-AktG, § 302 Rz. 86; *Austmann* in: MünchHdb. GesR, Bd. 4, § 71 Rz. 76; Hölters/Weber-*Deilmann*, AktG, § 302 Rz. 25; *Emmerich* in: Emmerich/Habersack, Konzernrecht, § 302 AktG Rz. 43.

139) *Madaus*, DB 2024, 849, 856.

140) *Madaus*, DB 2024, 849, 856; ähnlich *Wandt*, NZG 2024, 824, 827, solange die Stillhalteerklärung vom Vorstand der abhängigen Gesellschaft jederzeit zurückgenommen werden können.

141) Offengelassen von *Thole*, ZRI 2024, 402, 409.

samtgruppe aufgestellt werden sollen. Voraussetzung dafür ist zunächst die Zuordnung bestimmter Bereiche auf jeweils separate Rechtsträger. Nicht selten wird historisch bedingt oder aufgrund von Nachlässigkeiten im Tagesgeschäft die klare betriebswirtschaftliche Trennung bzw. Zuordnung der Ressourcen zum jeweiligen Rechtsträger nicht eingehalten. Eine schwerwiegende **Auflösung dieser Haftungstrennung** ist der **Abschluss eines Beherrschungs- und Gewinnabführungsvertrages.** Der Verlustausgleichsanspruch aus § 302 AktG führt im Ergebnis zu einer Auflösung der Haftungstrennung und einem „Totaldurchgriff" auf die Obergesellschaft. Die Beendigung des Beherrschungs- und Gewinnabführungsvertrages ist daher eine wesentliche Maßnahme zur Umsetzung eines Ringfencing-Konzepts.

> **Praxishinweis**
> Die Vorteile einer (insbesondere von Banken häufig geforderten) Haftungsabschottung sind mit den nicht selten damit verbundenen steuerlichen Nachteilen abzuwägen.

b) Keine automatische Beendigung des Beherrschungs- und Gewinnabführungsvertrages mit Anzeige des Restrukturierungsvorhabens

150 Anders als die (noch) überwiegende Auffassung im Fall der Eröffnung eines Insolvenzverfahrens[142] führt weder die Anzeige eines Restrukturierungsvorhabens noch die Vorlage oder Bestätigung eines Restrukturierungsplans zur automatischen Beendigung des Beherrschungs- und Gewinnabführungsvertrages. Die für die automatische Beendigung im Insolvenzverfahren sprechenden Gründe, insbesondere die Auflösung der insolventen Gesellschaft, greift für das StaRUG nicht.[143] Auch findet nach Anzeige der Restrukturierungssache keine Suspendierung der Leitungsmacht statt, die Geschäftsleiter der Untergesellschaft sind in den Grenzen der §§ 32, 43 StaRUG (Wahrung der Gläubigerinteressen) weisungsunterworfen (siehe dazu Rz. 137 ff.).

151 Allerdings dürfte der Beherrschungs- und Gewinnabführungsvertrag nach § 297 Abs. 1 AktG außerordentlich **kündbar** sein.[144] Gegebenenfalls kommt eine (hilfsweise) **Aufhebung** des Beherrschungs- und Gewinnabführungsvertrages in Betracht, soweit dies im Hinblick auf die steuerlichen Folgen vertretbar erscheint. Die meisten Beherrschungs- und Gewinnabführungsverträge sehen ein ordentliches Kündigungsrecht zum Jahresende vor, wobei auch hier stets zu prüfen ist, inwieweit dies steuerschädlich ist.

2. Anspruch auf Sicherheitsleistung § 303 AktG

a) Entstehen des Anspruchs

152 Mit Beendigung eines Beherrschungs- oder Gewinnabführungsvertrages haben die Gläubiger der Untergesellschaft, deren Forderung begründet worden sind, bevor die Eintragung der Beendigung des Vertrags in das Handelsregister nach § 10 HGB bekannt gemacht worden ist, gegen die Obergesellschaft einen Anspruch auf Sicherheitsleistung. Der Anspruch ist **binnen sechs Monaten nach der Bekanntmachung der Eintragung** geltend zu

142) Vgl. BGH, Urt. v. 14.12.1987 – II ZR 170/87 (Familienheim), NJW 1988, 1326 = ZIP 1988, 229 – zur KO; so auch zur InsO *Emmerich* in: Emmerich/Habersack, Konzernrecht, § 297 AktG Rz. 52 ff.; *Altmeppen* in: MünchKomm-AktG, § 297 Rz. 116 ff.; *Koch*, AktG, § 297 Rz. 22; *Austmann* in: MünchHdb. GesR, Bd. 4, § 71 Rz. 207; *Veil/Walla* in: BeckOK-AktG, § 297 Rz. 39; *Thole*, ZIP 2020, 389, 389 f.; *Thole*, ZRI 2024, 402, 403; **a. A.** *Koppensteiner* in: KölnKomm-AktG, § 297 Rz. 47 f.; *Trendelenburg*, NJW 2002, 647, 649 f.; *Zeidler* NZG 1999, 692, 696 f.

143) *Thole*, ZRI 2024, 402, 403; *Prusko* in: Kübler/Bork/Prütting, HRI I, § 41 Rz. 59; vgl. auch *Hoegen/Kranz*, NZI 2021, 105, 106.

144) *Thole*, ZRI 2024, 402, 403.

machen. Er kann auch (nach Wahl der Obergesellschaft) durch Stellung einer **Bürgschaft** oder eines **Schuldbeitritts der Obergesellschaft** erfüllt werden.[145] § 303 AktG dient dem Schutz der Gläubiger i. S. eines Konzernausgangsschutzes.[146] Mit Eröffnung des Insolvenzverfahrens über das Vermögen der Tochtergesellschaft entsteht nach h. M. ein direkter **Zahlungsanspruch der Gläubiger** gegen die Obergesellschaft.[147]

153 Durch diesen Anspruch der Gläubiger der Untergesellschaft auf Sicherheitsleistung gegen die Obergesellschaft „schwappen die Verbindlichkeiten der Untergesellschaft auf die Obergesellschaft hoch". Dies schafft – insbesondere im Verhältnis von operativen Gesellschaften zu Holding-Gesellschaften – mit Beendigung des Beherrschungs- und Gewinnabführungsvertrages eine **komplexe Gläubigerstruktur** auf Ebene der Obergesellschaft.

b) Gestaltungsregelung bzgl. Ansprüchen aus § 303 AktG im Restrukturierungsplan

aa) Restrukturierungsplan auf Ebene der Obergesellschaft

(1) Begründet im maßgeblichen Zeitpunkt (§ 2 Abs. 5, Abs. 1 Nr. 1 StaRUG)

(a) Begründetheit des Sicherungsanspruchs aus § 303 Abs. 1 AktG

154 Eine Gestaltbarkeit des Sicherungsanspruchs aus § 303 Abs. 1 AktG in einem Restrukturierungsplan setzt voraus, dass dieser im maßgeblichen Zeitpunkt (§ 2 Abs. 5 StaRUG, in der Regel Antrag auf Erörterungs- und Abstimmungstermin, siehe dazu § 40 Rz. 74 [*Brünkmans*]) i. S. des § 2 Abs. 1 Nr. 1 StaRUG **begründet** ist. Für die Beantwortung dieser Frage kann auf die Abgrenzungskriterien zu § 38 InsO zurückgegriffen werden. Der zu gestaltende Anspruch muss zumindest schon **in seinem Wesenskern** (ggf. nur aufschiebend bedingt) „entstanden" sein, d. h. die Grundlagen des Schuldrechtsverhältnisses, aus dem sich der Anspruch ergibt, bereits vorhanden sein[148] (siehe dazu ausführlich § 40 Rz. 75 f. [Brünkmans]).

155 Richtigerweise entsteht der mit § 303 Abs. 1 AktG verbundene Anspruch bereits **mit dem Abschluss des Unternehmensvertrags**, denn bereits bei Abschluss des Unternehmensvertrags steht fest, dass im Fall der späteren Beendigung ein Sicherungsanspruch der Gläubiger der abhängigen Gesellschaft entsteht. Die Vorteile eines Unternehmensvertrags erhält die Obergesellschaft nur mit der „Gegenleistung" einer späteren Sicherheitsleistung für den Fall eines Konzernaustritts. Vor diesem Hintergrund wird auch für das Insolvenzverfahren der Anspruch auf Sicherheitsleistung im Insolvenzverfahren der Obergesellschaft als Insolvenzforderung i. S. von § 38 InsO eingeordnet.[149]

156 Auf eine Kündigung oder Aufhebung des Beherrschungs- und Gewinnabführungsvertrages sowie Geltendmachung des Anspruchs auf Sicherheitsleistung im relevanten Zeitpunkt (§ 2 Abs. 5 StaRUG) kommt es nicht an, denn nach § 3 Abs. 1 StaRUG sind auch betagte und aufschiebend bedingte Forderungen gestaltbar.

---

145) *Koch*, AktG, § 303 Rz. 1; *Altmeppen* in: MünchKomm-AktG, § 303 Rz. 2; *Emmerich* in: Emmerich/Habersack, Aktien- und GmbH-Konzernrecht, § 303 AktG Rz. 21.

146) *Hirte* in: GroßKomm-AktG, § 303 Rz. 2.

147) *Koch*, AktG, § 303 Rz. 7; *Altmeppen* in: MünchKomm-AktG, § 303 Rz. 45 ff.; Hölters/Weber-*Deilmann*, AktG, § 303 Rz. 15; *Veil/Walla* in: BeckOGK-Aktienrecht, § 303 AktG Rz. 23 ff.; *Gehrlein/Thüsing*, ZIP 2024, 2109, 2013 ff.

148) BGH, Beschl. v. 13.10.2011 – IX ZB 80/10, Rz. 7, NZI 2012, 24 = Rpfleger 2012, 171; BGH, Beschl. v. 22.9.2011 – IX ZB 121/11, ZVI 2011, 408 = NZI 2011, 953; *Ries* in: HK-InsO, § 38 Rz. 27; K. Schmidt-*Büteröwe*, InsO, § 38 Rz. 14 f.; Uhlenbruck-*Sinz*, InsO, § 38 Rz. 26; *Kirchner* in: BeckOK-InsO, § 38 Rz. 20.

149) *Klöckner*, ZIP 2011, 1454, 1457.

Im Ergebnis sind **Ansprüche auf Sicherheitsleistung** gegen die Obergesellschaft nach § 303 AktG **gestaltbar**, auch wenn im relevanten Zeitpunkt (§ 2 Abs. 5 StaRUG) der Beherrschungs- und Gewinnabführungsvertrag bestand, aber noch nicht beendet wurde. 157

(b) Begründetheit der zu besichernden Forderung gegen die Untergesellschaft

Wird der Beherrschungs- und Gewinnabführungsvertrag nach dem relevanten Zeitpunkt beendet, stellt sich allerdings die Frage, ob nur solche Gläubiger der Untergesellschaft Anspruch auf Sicherheitsleistung gegen die Obergesellschaft verlangen können, deren Forderungen gegen die Obergesellschaft im Zeitpunkt des § 2 Abs. 5 StaRUG bereits entstanden waren. Dies wird man bejahen müssen. 158

(c) Ergebnis

Im Ergebnis ist zwar die Beendigung des Beherrschungs- und Gewinnabführungsvertrages vor dem Zeitpunkt des § 2 Abs. 5 StaRUG für die Einordnung des Anspruchs auf Sicherheitsleistung (§ 303 AktG) als Restrukturierungsforderung unerheblich. Allerdings muss die Forderung gegen die Untergesellschaft bereits im relevanten Zeitpunkt tatbestandlich i. S. des § 303 AktG begründet, d. h. deren Entstehungsgrund gelegt sein. 159

(2) Anspruchshöhe und Stimmrechte der Sicherungsgläubiger

Für die Höhe des Anspruchs auf Sicherheitsleistung nach § 303 AktG ist im Zweifel die **Nominalforderung** gegenüber der Untergesellschaft **einschließlich etwaiger Zinsen** maßgebend.[150] Für die Ermittlung der Stimmrechte der Gläubiger eines Anspruchs auf Sicherheitsleitung ist auf § 24 Abs. 2 Nr. 1 StaRUG zurückzugreifen.[151] Danach ist der Nominalwert mit der Wahrscheinlichkeit zu gewichten, mit der im Fall der aufschiebenden Bedingung das Entstehen der Forderung angenommen werden kann.[152] Übertragen auf den Anspruch aus § 303 AktG heißt das, dass die **Wahrscheinlichkeit des Eintritts des Sicherungsfalles** auf Ebene der Untergesellschaft die **Höhe des Stimmrechtes bestimmt.** Diese kann bei einem validen Konzerngesamtsanierungskonzept durchaus gering sein. 160

Etwas anderes gilt freilich, wenn auch **auf Ebene der Untergesellschaft** eine **Restrukturierungssache anhängig** ist und der von der Obergesellschaft zu besichernde Anspruch ebenfalls gestaltet werden soll. Wird über das Vermögen der Untergesellschaft das Insolvenzverfahren eröffnet, wird aus § 303 AktG ein vollständiger Zahlungsanspruch, d. h. § 24 Abs. 2 Nr. 1 StaRUG findet keine Anwendung. Vielmehr ist in diesem Fall der volle Nominalwert als Stimmrecht anzusetzen. 161

bb) Restrukturierungsplan auf Ebene der Untergesellschaft

Für die Restrukturierungssache auf Ebene der Untergesellschaft kann der Anspruch auf Sicherheitsleistung aus § 303 AktG gegen die Obergesellschaft im Restrukturierungsplan der Untergesellschaft lediglich als gruppeninterne Drittsicherheit i. S. von § 2 Abs. 4 StaRUG gestaltet werden.[153] 162

---

150) *Emmerich* in: Emmerich/Habersack, Aktien- und GmbH-Konzernrecht, § 303 AktG Rz. 12.

151) Vgl. für die Bürgschaft Seibt/Westpfahl-*Herding*/*Krafczyk*, StaRUG, § 2 Rz. 34, § 3 Rz. 9.

152) Begr. RegE SanInsFoG z. StaRUG, BT-Drucks. 19/24181, S. 126; Morgen-*Tresselt*, StaRUG, § 24 Rz. 8; Uhlenbruck-*Knof*, InsO, § 24 StaRUG Rz. 30; *Deppenkemper* in: MünchKomm-StaRUG, § 24 Rz. 16.

153) *Thole*, ZRI 2024, 402, 408.

151 Vgl. auch [illegible] StaRUG, § 24 Rz. [illegible]

153 [illegible] ZIP 2021, [illegible]

Teil 3
Relevante Einzelaspekte zum Insolvenzplan und Restrukturierungsplan

§ 57
Schuldverschreibungen, insbesondere Anleihen im Insolvenzplan

Übersicht

Literatur: *Ampferl*, Das Stimmrecht des gemeinsamen Vertreters der Anleihegläubiger im Insolvenzverfahren, in: Festschrift für Bruno M. Kübler, 2015, S. 11; *Becker/Pospiech*, Die Prospektpflicht beim Debt-to-Equity-Swap von Anleihen, NJW-Spezial 2014, 591; *Cahn/Hutter/Kaulamo/Meyer/Weiß*, Regelungsvorschläge zu ausgewählten Rechtsfragen bei Debt-to-Equity Swaps von Anleihen, WM 2014, 1309; *Cranshaw*, Internationalisierung und Modernisierung – Bemerkungen zum geltenden und zum Referentenentwurf eines neuen Schuldverschreibungsgesetzes (SchVG), BKR 2008, 504; *Ehlers*, Insolvenzplanverfahren – die Alternative, DStR 2010, 2523; *Fischer*, Die Rechtsstellung der Anleihegläubiger in Krise und Insolvenz des Emittenten, WM 2018, 1529; *Florstedt*, Neue Wege zur Sanierung ohne Insolvenz, ZIP 2014, 1513; *Hölzle/Thole/Beyß*, Die verfahrensrechtliche Stellung von Anleihegläubigern und dem gemeinsamen Vertreter in der Insolvenz des Emittenten, KTS 2017, 471; *Kessler/Rühle*, Die Restrukturierung von Anleihen in Zeiten des SchVG 2009, BB 2014, 907; *Kuder/Obermüller*, Insolvenzrechtliche Aspekte des neuen Schuldverschreibungsgesetzes, ZInsO 2009, 2025; *Lürken*, Das StaRUG aus schuldverschreibungsrechtlicher Sicht, ZIP 2021, 1305; *Lürken*, LG Frankfurt/M.: Geltung des SchVG nur bei uneingeschränkter Anwendbarkeit deutschen Rechts auf die Schuldverschreibungen, GWR 2011, 546; *Skauradszun/Kümpel*, Restrukturierungen von Schuldverschreibungen und weiteren Finanzierungsarrangements nach § 2 Abs. 2 StaRUG, WM 2021, 1122; *Thole*, Aktuelle Rechtsfragen der Restrukturierung von Anleihen, insbesondere im Insolvenzverfahren und unter dem StaRUG, ZHR 186 (2022), 213; *Thole*, Anwendbares Recht und verfahrensrechtliche Anerkennung bei der Restrukturierung von Auslandsanleihen deutscher Emittenten, in: Festschrift für Rolf A. Schütze, 2015, S. 603; *Thole*, Der Debt-Equity-Swap bei der Restrukturierung von Anleihen, ZIP 2014, 2365; *Thole*, Die Restrukturierung von Schuldverschreibungen im Insolvenzverfahren, ZIP 2014, 293; *Weckler*, Zur Frage der Änderung der Anleihebedingungen einer vor dem 5.8.2009 im Ausland ausgegebenen Schuldverschreibung, NZI 2012, 480.

A. Besonderheiten der Anleihenrestrukturierung

Hat die Insolvenzschuldnerin Anleihen oder sonstige Schuldverschreibungen begeben, so 1
entwickelt sich der Insolvenzplan für solche Fälle zunehmend zu dem präferierten Restrukturierungsinstrument. In diesem Abschnitt wird auf die Besonderheiten der Anleihenrestrukturierung mittels Insolvenzplans eingegangen; wegen der zahlreichen allgemeinen Fragen

von Anleihen in der Insolvenz wird auf die Literatur verwiesen.[1] Auf den **Restrukturierungsplan** nach dem StaRUG wird unten (siehe Rz. 34 ff.) eingegangen.

2 Die Besonderheiten bei der Einbeziehung von Anleihenforderungen liegen zunächst bei den zu beachtenden **Rechtsquellen**. Neben den Regeln der InsO ist insbesondere das SchVG von 2009 zu berücksichtigen (siehe sogleich Rz. 4). Bei Anleihen, die vor dem 5.8.2009 ausgegeben worden waren, kann ggf. das SchVG 1899 anwendbar sein. In diesem Fall ist aber ein sog. Opt-in-Beschluss mit qualifizierter Mehrheit in das neue Recht des SchVG 2009 möglich, § 24 Abs. 2 SchVG.

3 Über das SchVG kann insbesondere auch zwangsweise ein Debt-Equity-Swap erreicht werden, was im Insolvenzplan nach allgemeinen Regeln gerade nicht ohne Zustimmung des betroffenen Gläubigers möglich wäre (§ 225a Abs. 2 Satz 2, 230 Abs. 2 InsO); in der Praxis wird hier aber ohnedies von einem Erwerbsrechte-Modell Gebrauch gemacht (siehe Rz. 25). Als Besonderheit ist außerdem zu berücksichtigen, dass ein gemeinsamer Vertreter der Anleihegläubiger bestellt werden kann, wofür nach Insolvenzeröffnung das Insolvenzgericht eine Versammlung der Anleihegläubiger einzuberufen hat, wenn ein gemeinsamer Vertreter nicht schon vor Verfahrenseröffnung bestellt war (§ 19 Abs. 2 SchVG). Da der **gemeinsame Vertreter** regelmäßig über eine erhebliche Stimmmacht im Insolvenzplanverfahren verfügen wird, weil er häufig die größte Gläubigergruppe repräsentiert, hat der gemeinsame Vertreter ein entsprechendes Einflusspotential (zum Zusammenspiel mit dem Verwalter siehe noch Rz. 32).

B. Anwendungsbereich des SchVG

4 Das SchVG ist in seinem Anwendungsbereich auf Anleihen beschränkt, die **nach deutschem Recht** begeben worden sind (§ 1 SchVG).[2] Auf den Sitz des Emittenten kommt es anders als unter dem SchVG 1899 nicht mehr an; das SchVG ist auch dann anwendbar, wenn z. B. eine niederländische Zweckgesellschaft die Anleihe emittiert hat. Diese Gesellschaft, über die eine deutsche Gesellschaft die Anleihe platziert hat, kann ggf. ihren COMI i. S. des Art. 3 EuInsVO in Deutschland haben und dann im deutschen Insolvenzverfahren Insolvenzschuldnerin sein. Außerdem ist es denkbar, dass sich Forderungen der Anleihegläubiger gegen die deutsche Holding richten, weil diese die Anleihe garantiert oder anderweitig besichert hat. Dann ist die Anleihenforderung im Ergebnis auch aus Sicht der deutschen Gesellschaft, die nicht selbst Emittentin i. S. des SchVG ist, eine eigene Verbindlichkeit.

C. Einbeziehung ausländischer Anleihen in das Planverfahren

5 Die Möglichkeiten der InsO, über ein Planverfahren Anleihenforderungen zu modifizieren, sind aber **nicht auf den Anwendungsbereich des SchVG beschränkt**. Daher können auch nach ausländischem Recht begebene Anleihen im deutschen Insolvenzverfahren restrukturiert werden. Im Insolvenz(plan)verfahren werden sämtliche Verbindlichkeiten des Schuldners einschließlich der Anleihenforderungen nach den insolvenzverfahrensrechtlichen Vorgaben erfasst. Das gilt auch dann, wenn im Ausland bereits eine andersartige Änderung

1) *Wilkens/Schaumann/Zenker*, Anleihen in Restrukturierung und Insolvenz; *Lürken/Ruf* in: Theiselmann, Hdb. Restrukturierungsrecht, Kap. 4; *Kuder/Obermüller*, ZInsO 2009, 2025; *Thole*, ZIP 2014, 293; *Fischer*, WM 2018, 1529.

2) Zur Anwendbarkeit einer „deutschen" Nachrangklausel bei Begebung nach niederländischem Recht LG Frankfurt/M., Beschl. v. 27.10.2011 – 3-05 O 60/11, ZIP 2011, 2306 = NZG 2012, 23, dazu EWiR 2012, 61 *(Armbrüster)*. Vgl. auch OLG Frankfurt/M., Beschl. v. 27.3.2012 – 5 AktG 3/11, ZIP 2012, 725 = NZI 2012, 477 ff., dazu EWiR 2012, 259 *(Paulus)*. Kritisch mit Recht *Weckler*, NZI 2012, 480; *Lürken*, GWR 2011, 546.

der Anleihebedingungen beschlossen wurde. Das ausländische Recht beschränkt nicht die insolvenzrechtliche Gestaltungsmacht der nach Art. 7 EuInsVO zur Anwendung berufenen lex fori concursus. Anders ist dies nur, wenn etwa dingliche Rechte betroffen werden, die unter den tatbestandlich eher engen Art. 8 EuInsVO fallen und damit vom Insolvenzverfahren in Deutschland nicht berührt werden.[3)]

Anders liegen die Dinge auch, wenn das deutsche Verfahren ein bloßes Sekundärverfahren i. S. des Art. 3 Abs. 2 EuInsVO ist und in diesem Sekundärverfahren ein Plan entwickelt worden ist. Dann gilt über Art. 47 Abs. 2 EuInsVO i. V. m. Art. 102c § 15 EGInsO, der zum Schutz des Hauptverfahrens verlangt, dass sämtliche Gläubiger in dem Sekundärverfahren dem Plan zugestimmt haben müssen.[4)] Auf dieser Grundlage sind grundsätzlich auch **ausländische Gläubiger** an die im deutschen Insolvenzverfahren vorgenommene Restrukturierung gebunden, auch wenn die Anleihe ausländischem Recht unterliegt; entscheidend ist insofern allein, dass das deutsche Verfahren wegen Art. 3 EuInsVO eröffnet werden durfte. Daher gilt auch für § 254b InsO (siehe dazu § 23 Rz. 9 [*Madaus*]) nichts anderes. Die Regel sieht vor, dass auch **unbekannte Gläubiger** und solche, die ihre Forderungen nicht angemeldet haben, an den Insolvenzplan gebunden sind. Das ist eine insolvenzrechtliche Regelung, die nach ihrem Sinn und Zweck alle Gläubiger binden muss, die ihre Forderungen hätten anmelden können. Dazu gehören aber auch die Schuldverschreibungsgläubiger, selbst wenn die jeweilige Schuldverschreibung für sich genommen ausländischem Recht untersteht. Die Regelung ist insolvenzrechtlich zu qualifizieren und fällt unter das nach Art. 7 EuInsVO berufene Insolvenzstatut, weil sie von dem (autonom auszulegenden) Begriff „für das Insolvenzverfahren und seine Wirkungen“ erfasst ist.[5)] 6

D. Gruppenbildung

Die Anleihegläubiger können bezogen auf die einzelne Anleihe zweckmäßigerweise eine **eigene Gruppe** i. S. des § 222 Abs. 2 InsO bilden. Zwingend ist das aber nicht.[6)] Es ist auch denkbar, dass Anleihegläubiger verschiedener von der Insolvenzschuldnerin emittierter Anleihen in derselben Gruppe erfasst werden. Insoweit gilt – anders als nach dem SchVG, das strikt nach der Inhaltsgleichheit der Anleihe unterscheidet (§ 1 SchVG) – **kein Aggregationsverbot** für die Gruppenbildung. Allerdings kann es zweckmäßig sein, für jede Anleihe i. S. des SchVG auch eine eigene Gruppe zu bilden; insbesondere deshalb, weil sonst ggf. die Gefahr besteht, dass das Insolvenzgericht vom Fehlen gleichartiger wirtschaftlicher Interessen i. S. des § 220 Abs. 2 SchVG ausgeht. 7

Wenn § 19 Abs. 4 SchVG sodann vorsieht, dass den Schuldverschreibungsgläubigern im Plan gleiche Rechte anzubieten sind, ist dies eine nicht ausschließlich deklaratorische,[7)] wohl aber weitgehend bedeutungslose Ergänzung zu § 226 InsO und § 245 Abs. 2 Nr. 3 InsO. Das Gleichbehandlungsgebot des § 19 Abs. 4 SchVG gilt jeweils für die jeweilige Anleihe i. S. des § 1 SchVG, bedeutet also nicht, dass auch bei verschiedenen Anleihen gleiche Rechte anzubieten wären. Sind allerdings Gläubiger verschiedener Anleihen in derselben Gruppe zusammengefasst, gilt ohnehin schon § 226 InsO. Sind Anleihegläubiger derselben Anleihe in verschiedenen Gruppen aufgeteilt, was wegen § 220 Abs. 2 InsO aber schwierig zu begründen ist, greift gruppenübergreifend § 19 Abs. 4 SchVG ein. Kommt es auf das Obstruktionsverbot an, gilt § 245 Abs. 2 Nr. 3 InsO und das Gleichbehandlungsgebot 8

3) *Thole* in: FS Schütze, S. 603, 608.

4) *Thole* in: FS Schütze, S. 603, 608.

5) *Thole* in: FS Schütze, S. 603, 608.

6) K. Schmidt-*Spliedt*, InsO, § 222 Rz. 17; *Fiebig* in: HK-InsO, § 222 Rz. 14.

7) So *Cranshaw*, BKR 2008, 504, 510.

auch dann, wenn die Gläubiger der jeweiligen Schuldverschreibung ausnahmsweise in unterschiedlichen Gruppen eingeordnet sind.[8)]

E. Abstimmungsmodus

9 Der Abstimmungsmodus folgt den Regeln der §§ 235 ff., 244 InsO.[9)] Es gelten allgemeine Regeln. Fraglich ist allein, wie sich die Stimmmacht des etwa bestellten gemeinsamen Vertreters darstellt, wenn es bei § 244 InsO für die Mehrheit in der Gruppe auf die Kopf- und Summenmehrheit ankommt. Das ist besonders dann relevant, wenn sich die Anleihegläubiger mit anderen Insolvenzgläubigern in derselben Gruppe befinden. Der gemeinsame Vertreter kann nur **einheitlich** abstimmen.[10)] Die bisher h. M. geht zu Unrecht davon aus, dass hinsichtlich der Kopfmehrheit auf die Zahl der vertretenen Anleihegläubiger abzustellen ist.[11)]

F. Modelle der Restrukturierung

I. Eingriffe in die Rechtsstellung der Anleihegläubiger

10 Über den gestaltenden Teil kann in die Rechtsstellung der Anleihegläubiger eingegriffen werden, da sie Insolvenzgläubiger sind. Dabei kommt es nicht darauf an, ob bei der Emission der Anleihe von der sog. Ermächtigungslösung des § 5 SchVG 2009 Gebrauch gemacht wurde, d. h. ob die Anleihe grundsätzlich eine Änderung der Anleihebedingungen vorsieht.[12)] Insofern gilt nichts anderes als bei sonstigen Forderungen. Handelt es sich um eine **Nachranganleihe,** sind die Anleihegläubiger nachrangige Insolvenzgläubiger und nach § 225 InsO zu behandeln.

II. Insbesondere: Debt-Equity-Swap

11 In Theorie und Praxis entwickeln sich derzeit verschiedene Modelle der Restrukturierung. Im Vordergrund steht dabei der Debt-Equity-Swap (siehe dazu allgemein § 30 Rz. 306 ff. [*Brünkmans*]), der aber typischerweise nicht als automatischer, zwangsweiser Debt-Equity-Swap erfolgen soll, sondern dadurch, dass die Anleihegläubiger ihre Forderungen in Erwerbsrechte tauschen, die sie dann nach eigener Entscheidung ausüben können. Im Einzelnen sind drei wesentliche Modelle zu erkennen,

- das Swap-Modell nach dem SchVG entweder vor oder während des laufenden Insolvenzverfahrens,
- das „gemischte" Modell mit Planbedingung und
- das reine Insolvenzplanmodell.

12 Letzteres ist in der Regel die vorzugswürdige Variante.

1. Swap nach dem SchVG ohne Insolvenzplan

a) Im vorinsolvenzlichen Stadium

13 Im vorinsolvenzlichen Stadium kann gemäß § 5 Abs. 3 Satz 1 Nr. 5 SchVG von den Gläubigern der jeweiligen Anleihe mit qualifizierter Mehrheit ein für alle betroffenen Gläubiger

8) *Thole*, ZIP 2014, 2365, 2371.

9) *Lürken*/Ruf in: Theiselmann, Hdb. Restrukturierungsrecht, Kap. 4 Rz. 182 f.

10) *Ampferl* in: FS Kübler, S. 11, 16.

11) *Lürken/Ruf* in: Theiselmann, Hdb. Restrukturierungsrecht, Kap. 4 Rz. 183; **a. A.** und wie hier *Ampferl* in: FS Kübler, S. 11, 20; *Hölzle/Thole/Beyß*, KTS 2017, 471, 484.

12) *Wilkens/Schaumann/Zenker*, Anleihen in Restrukturierung und Insolvenz, Rz. 606.

verbindlicher Beschluss über die Umwandlung der Schuldverschreibungen in Gesellschaftsanteile gefasst werden, wenn in den Anleihebedingungen die Möglichkeit von Mehrheitsbeschlüssen und Änderungen der Anleihebedingungen vorgesehen ist. Bei § 5 Abs. 3 Satz 1 Nr. 5 SchVG hatte der Gesetzgeber eine automatische Zwangsumwandlung in Anteile und Aktien vor Augen. Das im SchVG verankerte Mehrheitsprinzip lässt folglich den Swap auch gegen den Willen der bei der Beschlussfassung unterlegenen Gläubiger zu.

Dementsprechend ist es auch möglich, vorinsolvenzlich – wie z. B. im Fall *Solarworld*[13] – 14
über das SchVG mit Bindung der bei der Abstimmung unterlegenen Gläubiger zu beschließen, dass die Anleihenforderungen in Erwerbsrechte getauscht werden, die aufgrund einer von der späteren Insolvenzschulderin vorgenommenen Kapitalerhöhung geschaffen werden und von der Abwicklungsstelle übernommen und ausgegeben werden.[14] Die Erwerbsrechte können dann in Anteile an der Schuldnerin getauscht werden, im Falle der Nichtausübung an einen Dritten veräußert und der Erlös an die Anleihegläubiger ausgekehrt werden.

Problematisch ist in diesem „insolvenzfreien" Verfahren die Frage, welche Maßstäbe für 15
den angebotenen **Barausgleich** bzw. die Bewertung des Erwerbsrechts bzw. des Anteils bestehen.[15] Insbesondere ist der **Rechtsschutz** der Gläubiger problematisch, weil insoweit die Anfechtungsklage nach § 20 SchVG aufschiebende Wirkung hat, sofern nicht ein Freigabeverfahren nach § 20 Abs. 3 Satz 2 SchVG durchlaufen werden kann.

b) Parallel zum laufenden Insolvenzverfahren

Fraglich ist, ob während eines laufenden Insolvenzverfahrens entsprechend verfahren wer- 16
den kann. Hier sind **zwei Varianten** denkbar, nämlich

- ein Beschluss nach § 5 SchVG im eben beschriebenen Sinne unter erforderlicher Zustimmung der Emittentin, d. h. des Insolvenzverwalters,[16] oder
- mit gleichzeitigem Kapitalschnitt/Kapitalerhöhungsbeschluss durch die Gesellschafterversammlung außerhalb des Planverfahrens, vorausgesetzt, die Gesellschafter sind dazu bereit.

In der zweiten Variante wird die Kapitalmaßnahme zur Verhinderung der Obstruktion der 17
Altgesellschafter in den Plan aufgenommen und der SchVG-Beschluss zur Planbedingung i. S. des § 249 InsO gemacht (siehe unten Rz. 19).

Die erste Variante ist nicht grundsätzlich ausgeschlossen, weil nach wohl überwiegender 18
Auffassung während des Insolvenzverfahrens „interne" Beschlüsse der Anleihegläubiger nach den Regeln des SchVG möglich bleiben.[17] Allerdings ist das Problem insoweit der Vorrang des Insolvenzrechts, der in § 19 Abs. 1 SchVG zum Ausdruck kommt. Denn die Anleihegläubiger dürfen nicht in das Insolvenzverfahren hineinwirken, weil sie sich die in Gesamtheit der Insolvenzgläubiger und folglich die insolvenzverfahrensrechtlichen Regelungen einpassen müssen.[18] Daher ist fraglich, ob der **Insolvenzverwalter** einem Beschluss der Anleihegläubiger, der zunächst allenfalls interne Bedeutung für die Anleihegläubiger hätte (Abtretung an eine Abwicklungsstelle), **zustimmen** dürfte, wenn im Insolvenzverfahren und namentlich in einem Insolvenzplan eine andere Lösung angedacht ist. Denn

13) *Florstedt*, ZIP 2014, 1513, 1514.
14) *Thole*, ZIP 2014, 2365, 2366.
15) *Thole*, ZIP 2014, 2365, 2367.
16) Die Zustimmung des Emittenten ist bei § 5 SchVG stets erforderlich.
17) *Thole*, ZIP 2014, 293, 297 f. m. Nachw.
18) *Thole*, ZIP 2014, 293, 298.

die Anleihegläubiger dürfen insoweit, was man der Wertung des § 19 Abs. 1 SchVG entnehmen kann, nicht der Sanierung im Insolvenzverfahren vorgreifen, insbesondere, wenn ein Insolvenzplan zur Abstimmung gestellt wird, der selbst eine Kapitalerhöhung vorsieht und bspw. einen Anteilserwerb nur durch Gläubiger vorsieht, die nicht Anleihegläubiger waren.

2. Gemischtes Modell: Beschluss nach SchVG und Planbedingung

19 Dieses Problem wird verhindert, wenn die notwendigen Kapitalmaßnahmen im Insolvenzplan vorgesehen werden, der SchVG-Beschluss aber außerhalb des Planverfahrens erfolgt und dann über eine Planbedingung i. S. des § 249 InsO mit dem Plan verknüpft wird. Dann kann der Plan nur bestätigt werden, wenn die Maßnahmen nach dem SchVG getroffen wurden. Dies könnte wie folgt aussehen:

20 **Abb. 1: Gemischtes Modell**

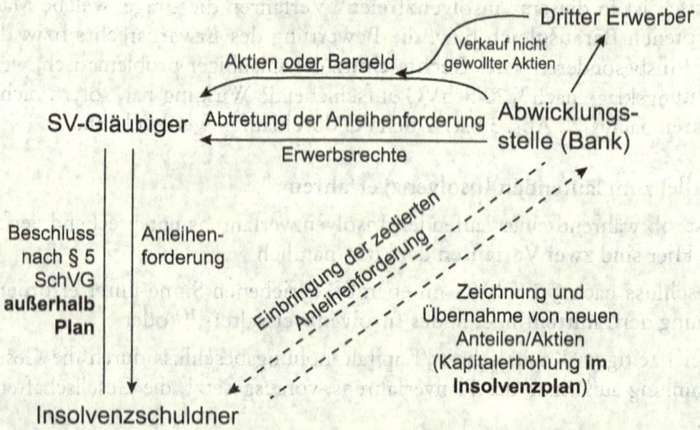

21 Problematisch ist es nur, wenn man implizieren wollte, die Anleihegläubiger müssten bei dem beschriebenen Vorgehen gar nicht mehr am Planverfahren beteiligt werden, weil nicht in ihre Rechte eingegriffen werde.[19] Davon wäre richtigerweise dann auszugehen, wenn die Anleihegläubiger bereits vor der Abstimmung im Planverfahren ihre Forderungen auf die Abwicklungsstelle übertragen und sie in schuldrechtliche Erwerbsrechte gegenüber dieser Stelle tauschen, so dass sie ihre Gläubigerstellung gegenüber dem Emittenten verlieren. Dazu werden die Anleihegläubiger aber kaum bereit sein, weil sie dann das Risiko des Scheiterns des Plans trügen.[20] Vielmehr werden die Anleihegläubiger ihre Forderungen nur **aufschiebend bedingt übertragen**, nämlich mit der Maßgabe, dass gemäß dem Insolvenzplan eine Kapitalerhöhung etc. vorgesehen wird und die Abwicklungsstelle eingesetzt und die Forderungen entsprechend eingebracht werden. Die Anleihegläubiger stehen daher bei Abstimmung über den Plan noch in einer Gläubigerstellung gegenüber dem Emittenten. Man kann allenfalls fragen, ob es an einem Rechtseingriff fehlt, wenn und weil der eigentliche **Rechtseingriff** in dem Beschluss nach dem SchVG liegt. Davon wäre dann auszugehen, wenn dieser Beschluss eine unmittelbare Gestaltungskraft aufwiese und Wirkungen im Außenverhältnis hätte. Gerade daran fehlt es indessen, so dass der eigentliche Eingriff in die Gläubigerstellung erst durch den Plan erfolgen kann. Die Planregelungen schaffen die

19) Nicht ganz deutlich *Kessler/Rühle*, BB 2014, 907, 913.

20) Näher *Thole*, ZIP 2014, 2365, 2368.

Grundlage für die Ausgleichsmechanismen, so dass es durchaus gewagt wäre, anzunehmen, durch den Plan als solchen werde in Bezug auf die Anleihegläubiger nicht von den Vorschriften des Regelverfahrens abgewichen. Die Verzahnung des internen Beschlusses mit dem Plan über eine Planbedingung ist damit nicht nur möglich, sondern im Ergebnis auch erforderlich.

Das schließt nicht aus, einzelne (Anleihe-)Gläubigergruppen auch ganz aus dem Plan und der Abstimmung herauszuhalten, wenn und weil man nicht in ihre Rechte eingreift (Cram-up)[21]. Das betrifft Fälle, in denen einzelne Gruppen voll befriedigt werden. Selbst diese Remedur dürfte aber nur dann unproblematisch sein, solange kein Fall des § 217 InsO vorliegt, also in Bezug auf die jeweilige Gruppe in dem Plan keine materiellen Regelungen oder aber keine Regelungen getroffen werden, die von den Vorschriften des Regelverfahrens abweichen; dies kann indessen u. U. schon bei einer Stundung der Forderung über den Zeitpunkt der Verfahrensaufhebung hinaus der Fall sein (§ 224 InsO).[22] 22

Zudem bedeutet dies, dass die Anleihegläubiger noch mitstimmen und folglich nach § 251 InsO auch zum Minderheitenschutzantrag berechtigt sind, insbesondere also geltend machen könnten, der Wert des Erwerbsrechts sei geringer als die im Regelverfahren zu erwartende Quote. Darüber hinaus führt das gemischte Modell zu **Unsicherheiten im Zusammenspiel der anwendbaren Regelungen** des SchVG und der InsO.[23] 23

III. Reines Planmodell

Letztlich bedarf es einer Verknüpfung mit einem gesonderten Beschluss nach dem SchVG nicht. Während der echte, zwangsweise Debt-Equity-Swap an § 225a Abs. 2 Satz 2 InsO scheitern könnte, solange ein Beschluss nach dem SchVG fehlt, ist dies bei einem freiwilligen Debt-Equity-Swap, der folglich nur den Umtausch der Forderung in ein Erwerbsrecht beinhaltet, gerade nicht der Fall. Da zudem die Anleihegläubiger bei lediglich aufschiebend bedingter Übertragung ihrer Forderungen ohnehin nicht aus dem Planverfahren herausgehalten werden können, ist zweifelhaft, ob dasselbe Ergebnis nicht besser unmittelbar im Insolvenzverfahren erreicht werden kann. 24

Im rein insolvenzrechtlichen Modell wird im Planinhalt auch die Abtretung an Abwicklungsstelle sowie der Barausgleich etc. vorgesehen, Zudem können naturgemäß auch anderen Gruppen als den Anleihegläubigern Erwerbsrechte angeboten werden, die dann in Aktien bzw. Anteile eingelöst werden können. Der Abstimmungsmodus folgt dann ausschließlich dem § 244 InsO; für die Beschlussfähigkeit genügt bereits ein einziger stimmberechtigter Gläubiger insgesamt.[24] 25

21) Davon scheint auch im Fall *IVG* Gebrauch gemacht worden zu sein, s. http://www.manager-magazin.de/immobilien/artikel/insolvenzplan-ivg-immobilien-ag-a-957211.html (Abrufdatum: 16.7.2025).

22) Vgl. auch Uhlenbruck-*Lüer/Streit*, InsO, § 221 Rz. 3.

23) Näher *Thole*, ZIP 2014, 2365, 2369 f.

24) Vgl. nur *Ehlers*, DStR 2010, 2523, 2527.

26 **Abb. 2: Reines Planmodell**

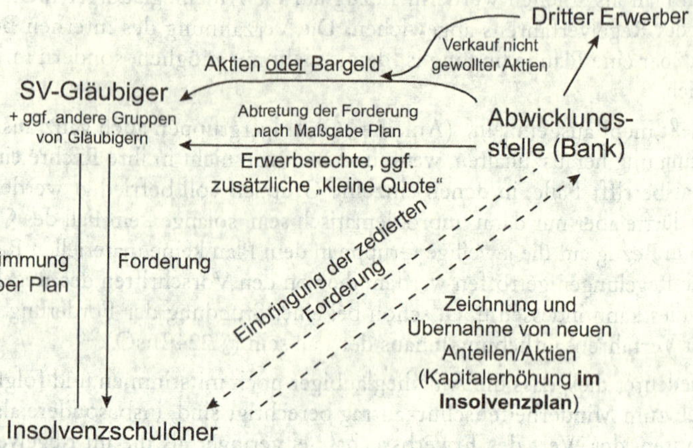

27 Allerdings scheint in der Praxis eine Unsicherheit darüber zu bestehen, ob sich ein Ausgleichsmodell dergestalt realisieren lässt, dass diejenigen Gläubiger, die ihr Erwerbsrecht nicht ausüben, einen Barausgleich erhalten können, der aus dem Handel der Bezugsrechte bzw. aus dem **Handel mit den nicht genutzten Anteilen** und damit nicht unmittelbar aus der Masse gespeist ist.[25)]

28 Tatsächlich bestehen gegen einen derartigen **Barausgleich keine Bedenken.** Das Schlechterstellungsverbot nach § 251 Abs. 1 Nr. 2 InsO ist eingehalten, solange der dem Gläubiger zufließende Wert der hypothetischen Quote entspricht. Dabei kann es auch nicht darauf ankommen, dass die gleichrangigen Gläubiger im Ergebnis Unterschiedliches erhalten, weil ein Teil der Gläubiger Anteilseigner wird, während der andere einen Barausgleich erhält. Dies ist allein eine Folge der Ausübung des Erwerbsrechts, das allen Gläubigern mit dem jeweils gleichen wirtschaftlichen Wert angeboten wird. Ein Verstoß gegen § 226 InsO und § 19 Abs. 4 SchVG liegt darin nicht.

Praxishinweis

Allenfalls kommt beim Angebot eines Wandlungsincentives eine Besserstellung i. S. des § 245 Abs. 2 Nr. 3 InsO in Betracht. Das wird aber nur bedeutsam, wenn es um das Obstruktionsverbot geht. Grundsätzlich wird man aber in Wandlungsincentives keine Besserstellung erkennen, wenn es hier lediglich um Wahlrechte geht.

IV. Prospektpflicht

29 Ungeklärt ist bei einem Debt-Equity-Swap, ob eine Prospektpflicht nach § 3 Abs. 1 WpPG besteht. Im Schrifttum ist die Frage umstritten.[26)] Die BaFin scheint aber in ihrer Praxis auf einem Prospekt zu bestehen. Für den Swap im Insolvenzplan kann man auf das **Urteil des EuGH** vom 17.9.2014 verweisen, in dem der EuGH entschieden hat, dass Art. 3 Abs. 1 der Richtlinie 2003/71/EG in der durch die Richtlinie 2008/11/EG geänderten Fassung dahin auszulegen ist, dass die Pflicht zur Veröffentlichung eines Prospekts vor jedwedem öffent-

25) Dazu bereits *Thole*, ZIP 2014, 2365, 2370.

26) Gegen eine Pflicht *Cahn/Hutter/Kaulamo/Meyer/Weiß*, WM 2014, 1309, 1313; *Bliesener/Schneider* in: Langenbucher/Bliesener/Spindler, Bankrechts-Kommentar, Kap. 17, § 5 Rz. 26; Schwark/Zimmer-*Heidelbach*, Kapitalmarktrechts-Kommentar, § 2 Rz. 25; *Röh* in: BeckOGK-ZivilR, § 5 SchVG Rz. 50 f.; für eine Pflicht *Becker/Pospiech*, NJW-Spezial 2014, 591; *Friedl/Schmiedbleicher* in: FK-SchVG, § 5 Rz. 58 ff.

lichen Angebot von Wertpapieren nicht für eine Zwangsversteigerung von Wertpapieren gilt.[27] Denn die Zwangsversteigerung erfolge in einem staatlichen Vollstreckungsverfahren und daher nicht im eigentlichen Sinne freiwillig wie in den Normalfällen einer Prospektpflicht. Zudem betont der Gerichtshof, dass die Pflicht zur Veröffentlichung eines Prospekts vor einer Zwangsversteigerung von Wertpapieren die Ziele des Zwangsvollstreckungsverfahrens beeinträchtigen könnte, zu denen eine rasche und wirksame Befriedigung des Gläubigers gehört.[28] Die Erfüllung einer solchen Verpflichtung würde nach Auffassung des EuGH nicht nur die Zwangsversteigerung und mithin die Befriedigung des Gläubigers verzögern, sondern sie würde auch Kosten der Prospekterstellung generieren, die vom Erlös dieses Verkaufs abzuziehen wären, was die Aussichten des Gläubigers auf Rückzahlung einschränken könnte. Was im EuGH-Urteil die Zwangsversteigerung ist, kann für ein Insolvenzplanverfahren nicht anders sein.[29] Leider scheint sich diese Erkenntnis aber bei der BaFin bisher nicht durchgesetzt zu haben. Es gibt aber bestimmte Befreiungstatbestände. Jeweils wäre frühzeitig das Gespräch mit der BaFin zu suchen.

G. Sonstige Fragestellungen

I. Besicherte Anleihen

Handelt es sich um eine vom Emittenten selbst besicherte Anleihe, können die Anleihegläubiger auch zugleich **Absonderungsberechtigte** sein. Je nach Inhalt der angestrebten Maßnahme ist dies bei der Gruppenbildung zu beachten, weil die Anleihegläubiger dann sowohl in ihrer Eigenschaft als Insolvenzgläubiger als auch in ihrer Eigenschaft als Absonderungsberechtigte betroffen sind. Im Insolvenzplan kann auch bei von Dritten oder dem Emittenten gegebenen Sicherheiten vorgesehen werden, dass sie durch andere Sicherheiten oder eine andere Art bevorzugter Befriedigung ersetzt werden; es gelten die allgemeinen Maßgaben des § 223 Abs. 2 InsO und naturgemäß auch das Schlechterstellungsverbot. Bei **Drittsicherheiten** ist zu differenzieren. Stets bedarf es zur Änderung der Sicherheit der Zustimmung des Dritten. Die Änderung der zwischen Anleihegläubigern und dem Sicherungsgeber bestehenden Sicherungsabrede, die Teil der Anleihebedingungen ist, könnte prima facie bei Zustimmung des Sicherungsgebers eigentlich ebenfalls im Plan erfolgen (wie bei § 22 SchVG), insoweit stimmten anders als § 22 SchVG alle Beteiligten ab, denn es handelt sich letztlich um eine Modifikation der Anleihenforderung und damit um einen Eingriff in das Recht der Insolvenzgläubiger. Fraglich ist aber, wie sich dies zu § 254 Abs. 2 InsO verhält, denn danach werden durch den Plan die Rechte gegen Bürgen oder Garantiegeber oder sonst Mithaftende nicht berührt. Man könnte fragen, ob § 254 Abs. 2 InsO eine Planregelbarkeit dennoch erlaubt, wenn doch die Anleihe selbst das Mehrheitsprinzip auch in Bezug auf solche Drittsicherheiten zulässt, so dass die Bindung an die Mehrheit ex ante für den Anleihegläubiger stets bestand. Andererseits hat das Insolvenzrecht grundsätzlich Vorrang, und § 254 Abs. 2 InsO will gerade die Drittsicherheiten aus dem Plan ausnehmen, um zu verhindern, dass der jeweilige Gläubiger wegen des Verlusts der Sicherheit nicht dem Plan zustimmt. Daher dürfte § 254 Abs. 2 InsO weiterhin beachtlich sein. Die Änderung der Drittsicherheit könnte dann außerhalb des Plans nach den Regeln des § 22 SchVG erfolgen. 30

Ist die Sicherungsabrede zwischen Insolvenzschuldnerin und Sicherungsgeber zugunsten der Anleihegläubiger aber als **Vertrag zugunsten Dritter** erfolgt, also außerhalb der Anleihebedingungen, kann die Änderung bereits durch Einigung über deren Änderung zwi- 31

27) EuGH, Urt. v. 17.9.2014 – Rs. C-441/12, ZIP 2014, 2342, dazu EWiR 2015, 301 *(Krüger)*.

28) EuGH, Urt. v. 17.9.2014 – Rs. C-441/12, Rz. 40, ZIP 2014, 2342.

29) *Thole*, ZIP 2014, 2365, 2373.

schen Insolvenzverwalter und Sicherungsgeber erfolgen; dann ist aber nach allgemeinen zivilrechtlichen Maßstäben wegen des Sicherungszwecks die Zustimmung der Anleihegläubiger erforderlich.[30] Diese Zustimmung kann richtigerweise ebenfalls durch die Beteiligtenversammlung im Insolvenzplan erfolgen, denn die Anleihegläubiger sind insoweit zwar nicht Absonderungsberechtigte, weil die Sicherheit nicht das Schuldnervermögen betrifft, wohl aber ist die Zustimmung zur Änderung der Sicherungsabrede letztlich ein Minus zur vollständigen Kürzung der Insolvenzforderung der Anleihegläubiger und damit planregelbar. Stets muss aber das **Gleichbehandlungsgebot** des § 226 InsO und des § 19 Abs. 4 SchVG beachtet werden und – vor allem im Falle eines Rechtsbehelfs – das Schlechterstellungsverbot. Im Regelverfahren wäre eine Änderung der nicht bereits in die Anleihebedingungen aufgenommenen Sicherungsabrede nur über § 22 SchVG möglich gewesen, also mit qualifizierter Mehrheit gerade der Gläubiger der jeweiligen Schuldverschreibung.

II. Zusammenarbeit mit dem gemeinsamen Vertreter

32 Der Debt-Equity-Swap hat bei der Anleihenrestrukturierung deshalb eine hohe Bedeutung, weil institutionelle Investoren versuchen, auf diese Weise günstig in das Kapital einzurücken. Zu beachten ist, dass ein Aufkaufen von Forderungen zum Zwecke des Erwerbs von Stimmmacht und Verfolgung einer Strategie, die ins Equity hineinführt, nach der Rechtsprechung des BGH ggf. gegen § 250 Nr. 2 InsO verstoßen kann (siehe dazu § 19 Rz. 41 [*Thole*]).[31]

33 Allerdings kann schon eine **geringe Stimmmacht** genügen, um den Gang des Planverfahrens oder der Restrukturierung nach SchVG zu dominieren. Schließlich kann ein gewünschter gemeinsamer Vertreter gewählt werden, der zwar verpflichtet ist, die Interessen der Gesamtheit der Anleihegläubiger zu vertreten und deshalb mitunter eine Liquidation anraten müsste, ggf. aber geneigt sein wird, die Interessen der institutionellen Investoren zu bedienen und einen Debt-Equity-Swap auch dort anzustreben, wo dies nicht zwingend mit Vorteilen für die kleineren Anleihegläubiger verbunden ist. Darin kann je nach Lage der Dinge eine **Pflichtverletzung des gemeinsamen Vertreters** liegen.

Praxishinweis

Ist ein Debt-Equity-Swap aus Sicht der Insolvenzverwaltung nicht der vorzugswürdige Weg oder bietet die übertragende Sanierung an einen außenstehenden Erwerber oder eine sonstige Plangestaltung ein besseres Ergebnis für die Gesamtheit der Insolvenzgläubiger, muss der Insolvenzverwalter ggf. dem Druck der institutionellen Anleihegläubiger und des gemeinsamen Vertreters standhalten.

H. Schuldverschreibungen im Restrukturierungsplan

I. Allgemeines

34 Nicht nur im Insolvenzplanverfahren, sondern auch im Restrukturierungsverfahren nach dem StaRUG und mithin bei einem Restrukturierungsplan können Schuldverschreibungen einbezogen werden. Das ist in § 2 Abs. 2 Satz 2 StaRUG auch ausdrücklich bestätigt, denn danach können sogar **über die ausstehenden Forderungen hinaus** die **Einzelbestimmungen** bei Wertpapierhandelstiteln wie Inhaberschuldverschreibungen gestaltet werden, mithin die Anleihebedingungen.

35 Es stellen sich ähnliche Fragen wie bei einem Insolvenzplan. Der Gesetzgeber hat das Verhältnis zwischen dem SchVG und dem StaRUG nur rudimentär geregelt. Es stellen sich

30) Preuße/Vogel-*Evenkamp/Preuße*, SchVG, § 22 Rz. 10.

31) BGH, Beschl. v. 3.3.2005 – IX ZB 153/04, ZIP 2005, 719, dazu EWiR 2005, 547 *(Bähr/Landry)*.

daher ähnliche Abgrenzungsfragen, was den Vorrang des Restrukturierungsrechts vor dem Schuldverschreibungsrechtlich angeht.[32] In § 19 Abs. 6 SchVG heißt es:

> „Bezieht ein Schuldner Forderungen aus Schuldverschreibungen in ein Instrument des Stabilisierungs- und Restrukturierungsrahmens nach dem Unternehmensstabilisierungs- und -restrukturierungsgesetz ein, gelten die vorstehenden Absätze entsprechend."

Die Regelungssystematik des § 19 Abs. 6 SchVG entspricht der Situation wie beim Insolvenzplan und dem Insolvenzverfahren. Insbesondere hat der gemeinsame Vertreter der Anleihegläubiger die ausschließliche Befugnis, die Forderungen geltend zu machen (§ 19 Abs. 3 SchVG).[33] 36

Bei richtigem Verständnis kann ein Restrukturierungsplan auch dann in die Anleiheforderungen nach den Maßstäben des StaRUG eingreifen, wenn **Mehrheitsbeschlüsse** mangels Ermächtigung i. S. des § 5 SchVG in den Anleihebedingungen **nicht vorgesehen** sind.[34] Davon geht auch der Gesetzgeber aus.[35] Erst recht gilt dies für die Bestellung eines gemeinsamen Vertreters. Es gilt nichts anderes als im Insolvenzverfahren (siehe dazu § 19 Abs. 2 SchVG). 37

Ist die **Ermächtigung in den Anleihebedingungen** erfolgt, sind gleichwohl in den Situationen des § 19 Abs. 6 SchVG nach Rechtshängigkeit bindende, für die Restrukturierungssache maßgebliche Beschlüsse der Gläubiger über § 5 SchVG grundsätzlich ausgeschlossen (zumal die Änderung der Anleihebedingungen ohnehin die Zustimmung des Schuldners voraussetzt). Eine Verknüpfung über eine **Restrukturierungsplanbedingung** (§ 62 StaRUG) bleibt ausnahmsweise zulässig, sofern der Beschluss der Anleihegläubiger außerhalb des Rahmens des StaRUG gefasst wird. 38

Praxishinweis

Der Vorrang des StaRUG greift nur insoweit, als die Anleiheforderungen gerade in das Instrument des StaRUG einbezogen werden sollen, wie § 19 Abs. 6 SchVG selbst formuliert.

II. Ausländische Anleihen

Auch Forderungen und mithin Schuldverschreibungen, die einem anderen als dem deutschen Recht unterliegen, können in den Restrukturierungsplan einbezogen werden. In diesem Fall gilt allerdings nicht das SchVG, wohl aber bleibt es bei den allgemeinen Regeln des StaRUG. Es gilt nichts anderes als beim Insolvenzplan (siehe oben Rz. 5). 39

III. Gruppenbildung

Bei der Gruppenbildung gilt die allgemeine Maßgabe des § 9 StaRUG. Es ist nicht zwingend, die Anleihegläubiger in eine **gesonderte Gruppe** einzugliedern, dies wird aber regelmäßig opportun sein. Innerhalb der Gruppe ist nämlich das Gleichbehandlungsgebot zu wahren, § 19 Abs. 4 SchVG und § 10 StaRUG. 40

Praxishinweis

Es können mehrere Anleihen in denselben Restrukturierungsplan aufgenommen werden. Theoretisch ist es denkbar, dass die einzelnen Anleihen dann in derselben Gruppe behandelt werden. Dem steht nicht entgegen, dass das SchVG die Anleihen jeweils einzeln betrachtet. In der Regel wird es sich allerdings anbieten, eigenständige Anleihen auch in eigenständige Gruppen einzufassen, weil innerhalb der Gruppe dieselben Rechte anzubieten sind und in der Regel die Notwendigkeit besteht, die Bedingungen der einzelnen Anleihen jeweils abweichend voneinander zu gestalten.

32) Dazu näher *Thole*, ZHR 186 (2022), 213, 238 ff.
33) *Thole*, ZHR 186 (2022), 213, 238; Hopt/Seibt-*Knapp*, Schuldverschreibungsrecht, § 19 SchVG Rz. 160.
34) *Thole*, ZHR 186 (2022), 213, 238.
35) Begr. RegE SanInsFoG, BT-Drucks. 19/24181, S. 112.

IV. Gemeinsamer Vertreter

41 Auch in der Restrukturierungssache kann ein gemeinsamer Vertreter bestellt werden (§ 19 Abs. 6 i. V. m. Abs. 2 SchVG); siehe zum Insolvenzplan oben Rz. 32. Der gewählte gemeinsame Vertreter könnte auch einer Ungleichbehandlung i. S. von § 10 Abs. 2 StaRUG zustimmen. Der gemeinsame Vertreter wird mit **einfacher Mehrheit** gewählt.[36] Richtigerweise wird man hier entweder § 76 InsO anwenden müssen (über § 19 Abs. 1 SchVG) oder die Regelung der einfachen Mehrheit des § 5 Abs. 4 Satz 1 SchVG. § 25 SchVG gilt ebenso wenig wie § 5 Abs. 4 Satz 2 SchVG. Näheres – auch zur Beschlusskontrolle, die richtigerweise analog § 78 InsO eingreift, ist andernorts ausgeführt.[37]

42 Der gemeinsame Vertreter übt die exklusive **Vertretungsberechtigung** für die Anleihegläubiger aus. Er kann insofern bei der Abstimmung über den Restrukturierungsplan Änderungen der Anleihebedingungen zustimmen und damit die 75 %-Mehrheit der Stimmrechte in der Gruppe (§ 25 StaRUG) sichern. Anders formuliert **übt der gemeinsame Vertreter die volle 100 %ige Stimmmacht** der Stimmrechte der Anleihegläubiger **aus, obwohl er selbst nur mit 50 %iger Mehrheit gewählt werden muss.** Das ist aber in der Systematik des StaRUG und des SchVG angelegt. Denn die Anleihegläubiger sollen gemäß den Wertungen des Insolvenz- und Restrukturierungsrechts mit einer Stimme sprechen.

Praxishinweis

Man kann nicht sagen, dass dann die Wahl des gemeinsamen Vertreters innerhalb der Anleihegläubiger einer qualifizierten Mehrheit bedürfte, denn insofern fehlt es an einer gesetzlichen Festlegung. Die **Anwendung der einfachen Mehrheitsregel führt nicht zu einer Umgehung der im SchVG vorgesehenen qualifizierten Mehrheitserfordernisse**; es handelt sich um unterschiedliche Ausgangslagen. Die Restrukturierung der Anleiheforderungen ist wie beim Insolvenzplan in die gesamte Restrukturierungsplanung eingebettet. Das StaRUG mit seinen eigenen Voraussetzungen und den flankierenden Vorgaben wie dem Schlechterstellungsgebot bietet einen hinreichenden Schutz der Anleihegläubiger.[38]

V. Modelle der Restrukturierung im Restrukturierungsplan

43 Für den Inhalt des Restrukturierungsplans gelten dieselben Überlegungen wie beim Insolvenzplan (siehe oben Rz. 10 ff.). Es kommt auch ein *echter*, zwangsweiser Debt-Equity-Swap in Betracht. Zwar verlangt § 7 Abs. 4 Satz 2 StaRUG die Zustimmung, aber ein vorheriger Wandlungsbeschluss über § 5 Abs. 3 Nr. 5 SchVG steht dem gleich.[39]

44 Für **konzerninterne Drittsicherheiten** besteht die Möglichkeit, sie in den Plan einzubeziehen und die Drittsicherungsgeberin von der Einstandspflicht zu befreien (§ 2 Abs. 4 StaRUG).

---

36) *Thole*, ZHR 186 (2022), 213, 241 ff.; *Lürken*, ZIP 2021, 1305, 1309; *Skauradszun/Kümpel*, WM 2021, 1122, 1125; a. A. (Mehrheitserfordernis des § 25 StaRUG) Hopt/Seibt-*Knapp*, Schuldverschreibungsrecht, § 19 SchVG Rz. 152 f.; *Knof* in: HambKomm-InsR, Anhang III Rz. 129.

37) *Thole*, ZHR 186 (2022), 213, 241 ff.

38) *Thole*, ZHR 186 (2022), 213, 244.

39) Jacoby/Thole-*Brünkmans*, StaRUG, § 15 Rz. 20.

§ 58
Bewertungsfragen im Insolvenzplan und im Restrukturierungsplan

Übersicht

Literatur: *Altmeppen*, Zur Rechtsstellung der Gläubiger im Konkurs gestern und heute, in: Festschrift für Peter Hommelhoff, S. 1; *Arnold*, Nennwertanrechnung beim Debt Equity Swap – Paradigmenwechsel durch das ESUG und die Aktienrechtsnovelle 2012?, in: Festschrift für Michael Hoffmann-Becking, 2013, S. 29; *Balz*, Sanierung von Unternehmen oder von Unternehmensträgern? Zur Stellung der Eigentümer in einem künftigen Reorganisationsverfahren, Köln 1986; *Bayer*, Informationsrechte bei der Verschmelzung von Aktiengesellschaften, AG 1988, 323; *Brinkmann*, Wege aus der Insolvenz eines Unternehmens – oder: Die Gesellschafter als Sanierungshindernis, WM 2011, 97; *Brüning*, Gesellschafter und Insolvenzplan: Eine Untersuchung ihrer Stellung in der Reorganisation insolventer Gesellschaften im Insolvenzplanverfahren (§§ 217 ff. InsO), Erfurt 2006 (Diss.); *Brünkmans*, Abfindungs- und Bewertungsfragen bei gesellschaftsrechtlichen Maßnahmen im Insolvenzplan, ZInsO 2017, 1401; *Brünkmans*, Rechtliche Möglichkeiten und Grenzen von Umwandlungen im Insolvenzplanverfahren, ZInsO 2014, 2533; *Brünkmans/Uebele*, Rechtsschutz gegen missbräuchliche Insolvenzanträge und insolvenzzweckwidrige Insolvenzpläne?, ZInsO 2014, 265; *Cahn/Simon/Theiselmann*, Debt Equity Swap zum Nennwert!, DB 2010, 1629; *Cahn/Simon/Theiselmann*, Forderungen gegen die Gesellschaft als Sacheinlage?, CFL 2010, 238; *Decher/Voland*, Kapitalschnitt und Bezugsrechtsausschluss im Insolvenzplan – Kalte Enteignung oder Konsequenz des ESUG?, ZIP 2013, 103; *Distler*,

Das Schlechterstellungsverbot gem § 26 Abs 1 Nr 1 StaRUG in Theorie und Praxis, ZIP 2021, 1033; *Eckert/Harig*, Zur Bewertung von Sicherheiten beim Debt Equity Swap nach § 225a InsO im Insolvenzplanverfahren, ZInsO 2012, 2318; *Eidenmüller/Engert*, Reformperspektiven einer Umwandlung von Fremd- in Eigenkapital (Debt-Equity-Swap) im Insolvenzplanverfahren, ZIP 2009, 541; *Ekkenga*, Nennwertanrechnung beim Debt Equity Swap!, DB 2012, 331; *Fuhst*, Das neue Insolvenzrecht – Ein Überblick, DStR 2012, 418; *Gleißner*, Börsenkurs und „wahrer Wert" in Abfindungsfällen – Aktien- versus Unternehmensbewertung, Anwendbarkeit des CAPM und Ertragsrisiko, WPg 2015, 72; *Groß*, Die Umwandlung von Forderungen gegen eine notleidende GmbH in Gesellschaftskapital, GmbHR 1983, 290; *Haas*, Mehr Gesellschaftsrecht im Insolvenzplanverfahren – Die Einbeziehung der Anteilsrechte in das Insolvenzverfahren, NZG 2012, 961; *Habersack*, Die Akzessorietät – Strukturprinzip der europäischen Zivilrechte und eines künftigen europäischen Grundpfandrechts, JZ 1997, 857; *Habersack/Weber*, Die Einlageforderung als Gegenstand von Aufrechnung, Abtretung, Verpfändung und Pfändung, ZGR 2014, 509; *Hachmeister/Ruthardt/Lampenius*, Unternehmensbewertung im Spiegel der neueren gesellschaftsrechtlichen Rechtsprechung, WPg, 2011, 519; *Hennrichs*, Zur Kapitalaufbringung und Existenzvernichtungshaftung in sog. Aschenputtel-Konstellationen, in: Festschrift für Uwe H. Schneider, 2011, S. 489; *Hoffmann-Becking*, Das neue Verschmelzungsrecht in der Praxis, in: Festschrift für Hans-Joachim Fleck, 1988, S. 105; *Hölzle*, Unternehmensumwandlung in Krise, Sanierung und Insolvenz, FR 2006, 447; *Horstkotte/Martini*, Die Einbeziehung der Anteilseigner in den Insolvenzplan nach ESUG, ZInsO 2012, 557; *Hüttemann*, Rechtliche Vorgaben für ein Bewertungskonzept, WPg 2007, 812; *Hüttemann*, Vorbelastungshaftung, Vorbelastungsbilanz und Unternehmensbewertung, in: Festschrift für Ulrich Huber, 2006, S. 757; *Jungmann/Zündorf*, Die voraussichtliche Schlechterstellung überstimmter Minderheiten durch einen Restrukturierungsplan, ZRI 2022, 89; *Karollus*, Die Umwandlung von Geldkrediten in Grundkapital – eine verdeckte Sacheinlage?, ZIP 1994, 589; *Kleindiek*, Debt-Equity-Swap im Insolvenzplanverfahren, in: Festschrift für Peter Hommelhoff, 2012, S. 543; *Lettl*, Akzessorietät contra Sicherungszweck – Rechtsfragen bei der Gestaltung von Bürgschaftserklärungen, WM 2000, 1316; *Maier-Reimer*, Debt Equity Swap, in: VGR, Gesellschaftsrecht in der Diskussion 2011, 2012, S. 107; *Medicus*, Durchblick – Die Akzessorietät im Zivilrecht, JuS 1971, 497; *Meyer/Degener*, Debt-Equity-Swap nach dem RegE-ESUG, BB 2011, 846; *Mock*, Der Anwendungsbereich des Ausgleichsanspruchs nach § 255 Abs. 4 AktG – ein unlösbares Puzzle?, AG 2024 797; *Morgen*, Das Überkompensationsverbot nach § 26 Abs. 1 Nr. 2, § 27 Abs. 1 Nr. 1 bzw. § 27 Abs. 2 Nr. 1 StaRUG beim Debt-Equity-Swap, ZRI 2024, 986; *Müller, G.*, Zur Umwandlung von Geldkrediten in Grundkapital fallierender Gesellschaften – Besprechung der Entscheidung BGHZ 125, 141, ZGR 1995, 327; *Müller, H. F.*, Gesellschaftsrechtliche Regelungen im Insolvenzplan, KTS 2012, 419; *Müller, H. F.*, Der Verband in der Insolvenz, 2002; *Peemöller*, Grundsätze der Unternehmensbewertung – Anmerkungen zum Standard IDW S 1, DStR 2001, 1401; *Piltz*, Die Unternehmensbewertung in der Rechtsprechung, 1994; *Pleister/Kindler*, Kapitalmaßnahmen in der Insolvenz börsennotierter Gesellschaften, ZIP 2010, 503; *Priester*, Debt-Equity-Swap zum Nennwert?, DB 2010, 1445; *Priester*, Wertgleiche Deckung statt Bardepot?, ZIP 1994, 599; *Priester*, Kapitalaufbringung, in: Festschrift 100 Jahre GmbH-Gesetz, 1992, S. 159; *Priester*, Die GmbH-Novelle – Überblick und Schwerpunkte aus notarieller Sicht, DNotZ 1980, 515; *Sassenrath*, Der Eingriff in Anteilseignerrechte durch den Insolvenzplan – Ein Beitrag zur Reform des Insolvenzrechts, ZIP 2003, 1517; *Schäfer*, Suhrkamp und die Folgen – Konsequenzen aus dem vorläufigen Abschluss des Suhrkamp-Insolvenzverfahrens, ZIP 2015, 1208; *Schäfer/Wüstemann*, Unternehmensbewertung, Kapitalmaßnahmen und Insolvenzplan, ZIP 2014, 1757; *Schmidt, K.*, Schöne neue Sanierungswelt: Die Gläubiger okkupieren die Burg! – Recht und Realität der ESUG-Reform, ZIP 2012, 2085; *Schmidt, K.*, Gesellschaftsrecht und Insolvenzrecht im ESUG-Entwurf, BB 2011, 1603; *Schmidt, M./Schlitt*, Debt Equity Swap – Eine attraktive Form der Restrukturierung?, Der Konzern 2009, 279; *Schmidt-Preuß*, Entschädigungspflicht für den Verlust von Anteilseigentum in der Insolvenz, NJW 2016, 1269; *Simon*, Der Debt Equity Swap nach dem Gesetz zur weiteren Erleichterung der Sanierung von Unternehmen (ESUG), CFL 2010, 448; *Simon/Merkelbach*, Gesellschaftsrechtliche Strukturmaßnahmen im Insolvenzplanverfahren nach dem ESUG, NZG 2012, 121; *Spliedt*, Debt-Equity-Swap und weitere Strukturänderungen nach dem ESUG, GmbHR 2012, 462; *Stein/Fischer*, Umfang der Sacheinlageprüfung bei höherem Ausgabebetrag, ZIP 2014, 1362; *Urlaub*, Notwendige Änderungen im Gesetz zur weiteren Erleichterung der Sanierung von Unternehmen (ESUG) zur Verhinderung von Missbräuchen, ZIP 2011, 1040; *Verse*, Anteilseigner im Insolvenzverfahren, Überlegungen zur Reform des Insolvenzplanverfahrens aus gesellschaftsrechtlicher Sicht, ZGR 2010, 299; *Weber/Schneider*, Die nach dem Gesetz zur weiteren Erleichterung der Sanierung von Unternehmen (ESUG) vorgesehene Umwandlung von Forderungen in Anteils- bzw. Mitgliedschaftsrechte (Debt-Equity-Swap), ZInsO 2012, 374.

A. Stellung der Unternehmensbewertung im Insolvenzplanverfahren

1 Die Unternehmensbewertung wird gemeinhin als „Begegnungsfach" zwischen Wirtschaftswissenschaftlern und Juristen verstanden.[1] Dies gilt für Bewertungsthemen im Zusammenhang mit dem Insolvenzplanverfahren im besonderen Maße, da diese durch verfahrensspezifische Grundprinzipien wie dem Minderheitenschutz (§ 251 InsO) und dem Obstruktionsverbot (§ 245 InsO) maßgeblich vorbestimmt sind (siehe dazu unten Rz. 16, 25 ff.).

2 Im vorliegenden Kapitel werden Kriterien zur Ermittlung des Wertes eines auf der Grundlage eines Insolvenzplanes zu sanierenden Unternehmens dargestellt. Durch die Einführung des § 225a InsO, der im gestaltenden Teil des Insolvenzplanes jede Regelung erlaubt, die gesellschaftsrechtlich zulässig ist, stellen sich in vielfältiger Weise Fragen der Unternehmens- und Anteilsbewertung.[2] Dabei ist zwischen dem unmittelbaren Bewertungsgegenstand und dem Bewertungsanlass zu differenzieren.

3 Für das Insolvenzplanverfahren bedeutende **unmittelbare Bewertungsgegenstände** sind insbesondere der **Wert der Geschäftsanteile** der Altgesellschafter, die an der zu sanierenden Gesellschaft ausscheiden und der **Wert der Gläubigerforderungen.** Beide Werte werden vom Unternehmenswert abgeleitet. Siehe Rz. 14 ff. und Rz. 78 ff. sowie Rz. 97 ff.

4 **Anlass für die Ermittlung** des Wertes der **Geschäftsanteile der Altgesellschafter** besteht immer dann, wenn über den Insolvenzplan in die Rechtsstellung der Altgesellschafter eingegriffen werden soll. Aus § 251 InsO folgt, dass in diesem Fall der Restwert der Geschäftsanteile zu ermitteln und im Insolvenzplan ggf. eine Abfindung bereitzustellen ist.

5 **Anlass für die Bewertung der Gläubigerforderungen** besteht hingegen, wenn der Insolvenzplan einen Debt-Equity-Swap vorsieht. Dieser erfolgt auch im Insolvenzplanverfahren nach h. A. nach den Regeln einer Kapitalerhöhung gegen Sacheinlage (siehe dazu § 30 Rz. 306 ff. [*Brünkmans*]). In diesem Rahmen ist nach h. M. der Wert der Sacheinlage, d. h. der Forderung, zu ermitteln.[3]

6 Ferner können **komplexe Bewertungen** erforderlich sein, um zu prüfen, ob Anteilsinhaber bessergestellt werden § 245 Abs. 3 Nr. 2 InsO, eine Überkompensation stattfindet (§ 245 Abs. 2 Nr. 1) oder ein Verstoß gegen die absolute Priorität vorliegt bzw. die vorgesehene Kompensation ein vollständig ausgeglichener wirtschaftlicher Wert darstellt (§ 245 Abs. 2 Nr. 2 InsO). Mit Inkrafttreten des StaRUG stellen sich ähnliche Bewertungsfragen im Hinblick auf den Restrukturierungsplan (vgl. §§ 26, 27, 28 StaRUG).

B. Bewertung von Geschäftsanteilen

I. Bewertungsanlässe

7 Anlass zur Bewertung der Geschäftsanteile der Altgesellschafter besteht immer dann, wenn über eine Regelung im Insolvenzplan in deren Gesellschafterstellung eingegriffen wird und dies unmittelbar oder mittelbar zum Ausscheiden des Gesellschafters führt. Die Rechtfertigung des Zwangseingriffs erfolgt über eine hinreichend hohe Abfindung.[4] Bei den Bewertungsanlässen für die Bestimmung einer Abfindung der Altgesellschafter auf-

---

1) *Großfeld*, Recht der Unternehmensbewertung, Rz. 140.

2) *Schäfer/Wüstemann*, ZIP 2014, 1757, 1758.

3) *Simon/Merkelbach*, NZG 2012, 121, 123; *Thole*, Gesellschaftsrechtliche Maßnahmen in der Insolvenz, Rz. 327; *Urlaub*, ZIP 2011, 1040, 1044; *H. F. Müller*, KTS 2012, 419, 445 f.; anders hingegen die Vertreter der Nennwertthese, s. dazu ausführlich unten Rz. 100 ff.

4) Begr. RegE ESUG, BT-Drucks. 17/5712, S. 35; vgl. auch das BVerfG, Beschl. v. 30.5.2007 – 1 BvR 390/04, ZIP 2007, 1261 = NJW 2007, 3268, dazu EWiR 2007, 449 *(v. d. Linden/Ogorek)*, zum „Squeeze-out", wonach Minderheitsaktionäre als reine Kapitalanleger Umstrukturierungen und sogar einen vollständigen Ausschluss hinnehmen müssen, sofern sie nur angemessen entschädigt werden.

grund von Insolvenzplanregelungen ist zwischen dem unmittelbaren Entzug der Geschäftsanteile durch Planregelung und sonstigen Eingriffen in die Position der Altgesellschafter, welche deren freiwilligen Austritt aus der Gesellschaft rechtfertigen, zu differenzieren

1. Anteilsentzug

Die praktisch wichtigsten Fälle des unmittelbaren Ausscheidens werden insbesondere der Verlust der Geschäftsanteile der Altgesellschafter durch eine im gestaltenden Teil des Insolvenzplans geregelte Kapitalherabsetzung oder die zwangsweise Übertragung der Geschäftsanteile auf einen Dritten (vgl. § 225a Abs. 3 InsO) sein (siehe dazu § 30 Rz. 62 ff., 400 ff. [*Brünkmans*]). Beide Maßnahmen können zu einem vollständigen Verlust der Geschäftsanteile führen, sodass sich die Frage stellt, ob der Insolvenzplan in diesem Fall eine Regelung über eine angemessene Abfindung der Anteilsinhaber enthalten muss (siehe dazu unten Rz. 10 ff.). 8

2. Austrittsberechtigende Gestaltung der Beteiligungen

Abfindungs- und Bewertungsfragen stellen sich jedoch nicht nur bei einem unmittelbaren Entzug der Geschäftsanteile, sondern vielmehr u. U. auch bei sonstigen im Insolvenzplan geregelten Eingriffen in die Gesellschafterposition des Altgesellschafters, wenn der Eingriff eine Maßnahme darstellt, die nach allgemeinen gesellschaftsrechtlichen Grundsätzen zum Austritt berechtigt und der Altgesellschafter auch von seinem Austrittsrecht Gebrauch macht (vgl. § 225a Abs. 5 InsO).[5] Die Umwandlung einer GmbH & Co. KG in eine AG[6] als solche löst keinen Abfindungsanspruch aus. Erst wenn der Aktionär als Reaktion auf eine formwechselnde Planregelung von seinem nach § 207 UmwG bestehenden Austrittsrecht Gebrauch macht, welches durch den Insolvenzplan i. Ü. nicht abbedungen werden kann,[7] steht diesem unter den in § 225a Abs. 5 InsO geregelten Voraussetzungen ein Abfindungsanspruch zu Liquidationswerten zu (siehe dazu Rz. 74 ff.). 9

II. Das Prinzip „Dulde und Liquidiere"

Über eine Regelung im gestaltenden Teil des Insolvenzplans kann in die Geschäftsanteile der Altgesellschafter i. R. des Insolvenzverfahrenszwecks grundsätzlich uneingeschränkt, d. h. bis zum vollständigen Hinausdrängen eingegriffen werden. Siehe dazu § 29 Rz. 34 ff. [*Brünkmans*]. 10

Der Gesetzgeber ging davon aus, dass eine Einschränkung oder der Verlust des Mitgliedschaftsrechts im Insolvenzplanverfahrens unbedenklich sei, weil der Anteilsinhaber nach Eröffnung eines Insolvenzverfahrens, das ohne den Plan zu einer Abwicklung und damit Löschung des insolventen Rechtsträgers im Register führt, ohnehin nicht mehr mit dem Erhalt seines Anteils- und Mitgliedschaftsrechts rechnen kann.[8] Dem im Einzelfall mög- 11

---

5) Tatbestandliche Voraussetzungen des § 225a Abs. 5 InsO sind, dass eine Maßnahme nach § 225a Abs. 2 und Abs. 3 InsO bei einer juristischen Person oder einer Gesellschaft ohne Rechtspersönlichkeit vorliegt, diese Maßnahme ein Austrittsrecht für eine am Schuldner beteiligte Person aus wichtigem Grund begründet und das von diesem Austrittsrecht Gebrauch gemacht wird, *Eidenmüller* in: MünchKomm-InsO, § 225a Rz. 115. Ob die Maßnahme ein entsprechendes Austrittsrecht aus wichtigem Grund begründet, ist eine Frage des anwendbaren Gesellschaftsrechts, *Eidenmüller* in: MünchKomm-InsO, § 225a Rz. 116; so auch K. Schmidt-*Spliedt*, InsO, § 225a Rz. 43; anders *Haas*, NZG 2012, 961, 965 f.; *H. F. Müller*, KTS 2012, 419, 425, die eine Verdrängung des gesellschaftsrechtlichen Austrittsrechts durch das Insolvenzrecht annehmen, s. dazu ausführlich § 30 Rz. 479 ff. [*Brünkmans*]).

6) So im Fall *Suhrkamp*, vgl. *Brünkmans/Uebele*, ZInsO 2014, 265 f.

7) S. dazu, *Brünkmans*, ZInsO 2014, 2533, 2548; s. dazu § 30 Rz. 629 ff. [*Brünkmans*]).

8) Begr. RegE ESUG, BT-Drucks. 17/5712, S. 35.

licherweise fortbestehenden restlichen Vermögenswert des Anteils- oder Mitgliedschaftsrechts sei durch einen Ausgleich im Insolvenzplan Rechnung zu tragen.[9]

12 Nach Eröffnung eines Insolvenzverfahrens, das ohne einen Insolvenzplan zur Abwicklung des Rechtsträgers und zu dessen Löschung im Register führt, beschränke sich die **schützenswerte Rechtsposition des Anteilsinhabers** auf den **restlichen Vermögenswert**, der dem Anteils- oder Mitgliedschaftsrecht auch im Insolvenzverfahren teilweise noch zukommt. Dass der Inhaber diesen Wert nicht gegen seinen Willen verliert, werde durch die Mitwirkung im Verfahren und den erwähnten Minderheitenschutz garantiert.[10] Der Verlust der Geschäftsanteile ist der Besonderheit des Insolvenzverfahrens geschuldet. Die Gläubigerversammlung könnte im Berichtstermin jederzeit die Zerschlagung des Unternehmens beschließen.

13 Der Gesetzgeber folgt daher für das Insolvenzplanverfahren dem Prinzip „dulde und liquidiere". Gesellschafter müssen i. R. des Insolvenzverfahrenszwecks den Eingriff in ihre Geschäftsanteile bis hin zum vollständigen Hinausdrängen hinnehmen.[11] Sollten die Geschäftsanteile noch einen Wert haben, so ist den Gesellschaftern Wertersatz in Form einer Abfindung zu leisten.[12] Entscheidende Frage ist dabei, unter welchen Voraussetzungen welcher Bewertungsmaßstab für die Berechnung der Abfindung heranzuziehen ist.

III. Bewertungsmaßstäbe im Insolvenzplanverfahren

1. Bewertungsmaßstab bei Anteilsentzug

14 Eine ausdrückliche Reglung zum Bewertungsmaßstab für Abfindungen findet sich lediglich in **§ 225a Abs. 5 Satz 1 InsO im Fall des freiwilligen Austritts** des Gesellschafters aufgrund einer gesellschaftsrechtlichen Planregelung (siehe ausführlich unten Rz. 74 ff.). Für die praktisch bedeutenderen Fälle der unmittelbaren Entziehung der Geschäftsanteile **gegen den Willen des Altgesellschafters** enthält die InsO hingegen **keine ausdrückliche Abfindungsregel**. Hintergrund dafür ist, dass der ESUG-Gesetzgeber die Abfindung der Anteilsinhaber rechtstechnisch über die Einbeziehung des seit Inkrafttreten der InsO schon für die Gläubiger bekannten Minderheitenschutzes und Obstruktionsverbots regeln wollte.[13]

a) Liquidationswert – Anteil am Schlussverteilungsüberschuss in einem fiktiven Regelinsolvenzverfahren

15 Sowohl aus dem Minderheitenschutz aus § 251 InsO als auch dem Obstruktionsverbot aus § 245 InsO lässt sich als Mindestabfindung der Anteil am Schlussverteilungsüberschuss in einem fiktiven Regelinsolvenzverfahren (§ 199 InsO) als besondere Form des Liquidationswertes ableiten.

aa) § 251 InsO Garantie des Anteils am Schlussverteilungsüberschusses i. S. von § 199 InsO

16 Im Hinblick auf den Eingriff in die Geschäftsanteile der Altgesellschafter erfolgt der Individualschutz eines jeden Altgesellschafters über § 251 InsO, dem sog. „Minderheiten-

9) Begr. RegE ESUG, BT-Drucks. 17/5712, S. 35.

10) Begr. RegE ESUG, BT-Drucks. 17/5712, S. 18.

11) Zu den Einschränkungen bei einem Insolvenzantrag wegen bloß drohender Zahlungsunfähigkeit s. § 29 Rz. 48 ff., 52 [*Brünkmans*].

12) So im Ergebnis auch *Pühl*, Der Debt Equity Swap im Insolvenzplanverfahren, Rz. 843; *Schmidt-Preuß*, NJW 2016, 1269, 1272.

13) Begr. RegE ESUG, BT-Drucks. 17/5712, S. 34, 35; *Brünkmans*, ZInsO 2017, 1401, 1402.

schutz". Den Schutz des einzelnen Gesellschafters vor einer kompensationslosen Entziehung seiner Geschäftsanteile hat der ESUG-Gesetzgeber unmittelbar an den für Gläubiger bestehenden Minderheitenschutz gekoppelt,[14] welcher im Ergebnis gewähren soll, dass kein Gläubiger (nunmehr auch Anteilsinhaber) über eine wie auch immer geartete Insolvenzplanlösung schlechtergestellt wird als er im Regelinsolvenzverfahren ohne Insolvenzplan stünde. Den Gesellschaftern wird damit durch die Einbeziehung in § 251 Abs. 1 InsO eine besondere Form des Liquidationswertes zugestanden, namentlich der Anteil am Schlussverteilungsüberschuss in einem fiktiven Regelinsolvenzverfahren (§ 199 InsO).

bb) Berechnung des Schlussverteilungsüberschusses in einem fiktiven Regelinsolvenzverfahren

(1) Berechnung über die Vergleichsrechnung

Insoweit bestehen keine Besonderheiten zur in jedem Insolvenzplan enthaltenen Vergleichsrechnung (zur Vergleichsrechnung allgemein siehe ausführlich § 13 Rz. 112 ff. [*Brünkmans/Harmann*]), d. h. neben dem erwarteten Veräußerungserlös sind die mutmaßlichen Verfahrenskosten, (aufoktroyierte) Masseverbindlichkeiten wie Auslauflöhne, Auslaufmieten und Steuern zu berechnen und in Abzug zu bringen.[15] Führt die Vergleichsrechnung zu dem Ergebnis, dass unter Berücksichtigung der Verteilungsränge im Regelverfahren, §§ 38, 39, 199 InsO, den Anteilsinhabern noch ein Liquidationserlös zustünde, muss für die Anteilsinhaber im gestaltenden Teil des Insolvenzplanes eine Abfindung geregelt werden, die mindestens ihrem Anteil an diesem Schlussverteilungsüberschuss in einem fiktiven Regelinsolvenzverfahren entspricht. Dies wird jedoch nur in den seltenen Fällen gegeben sein, etwa wenn die Gesellschaft zum Zeitpunkt der Antragstellung lediglich (drohend) zahlungsunfähig war. Ist die Gesellschaft nach § 19 InsO überschuldet, wird ein Schlussverteilungsüberschuss regelmäßig nicht bestehen. Naturgemäße Unsicherheiten bei der Berechnung des Schlussverteilungsüberschusses in einem fiktiven Regelinsolvenzverfahren stellen jedoch nicht die Bestätigungsfähigkeit des Insolvenzplans in Frage, wenn im gestaltenden Teil des Insolvenzplans zusätzlich Mittel für den Fall bereitgestellt werden, dass ein Beteiligter (Anteilseigner) eine Schlechterstellung im ordentlichen Rechtsweg nachweist (vgl. § 251 Abs. 3 InsO).[16] 17

(2) Voraussetzung für den Ansatz von Fortführungswerten

Der Anteil am Schlussverteilungsüberschuss in einem fiktiven Regelinsolvenzverfahren ist der regelverfahrensspezifische Liquidationswert. Dabei ist der Liquidationswert nicht zwingend auch der Zerschlagungswert.[17] Im Regelverfahren ist namentlich die Zerschlagung des Unternehmens und Verwertung der Einzelvermögensgegenstände nicht die einzige Verwertungsoption. Insbesondere die Generierung von Verbundwerten durch Veräußerung des Unternehmens oder eines Teils desselben (übertragende Sanierung) ist stets vom Insolvenzverwalter (bzw. vom eigenverwaltenden Schuldner) i. R. seiner Pflicht zur bestmöglichen Masseverwertung zu prüfen. Zu beachten ist insoweit, dass bei einer übertragenden Sanierung insbesondere keine Stilllegungskosten und sonstige Liquidationskosten 18

---

14) Begr. RegE ESUG, BT-Drucks. 17/5712, S. 34; *Brünkmans*, ZInsO 2017, 1401, 1402.

15) Vgl. *Horstkotte/Martini*, ZInsO 2012, 557, 562.

16) S. AG Düsseldorf, Beschl. v. 18.10.2012 – 501 IN 84/12 (Pfleiderer), bei *Decher/Voland*, ZIP 2013, 103, 104.

17) Scholz-*Bitter*, GmbHG, § 19 InsO Rz. 53; Uhlenbruck-*Mock*, InsO, § 19 Rz. 130 f.; Römermann-*Mönning*, InsR/InsO, § 19 InsO Rz. 27; Der Zerschlagungswert setzt sich aus der Summe der Werte der Einzelvermögensgegenstände zusammen, s. dazu ausführlich, Scholz-*Bitter*, GmbHG, § 19 InsO Rz. 10 ff.

anfallen[18] und dadurch nicht nur ggf. höhere Vermögenswerte, sondern auch ein niedrigerer Schuldenstand zu berücksichtigen ist. Kommt eine übertragende Sanierung realistischerweise in Betracht, ist ein entsprechender Verbundwert i. R. der Vergleichsrechnung anzusetzen.

19 Die InsO äußerst sich in § 220 Abs. 2 Satz 3 und Satz 4 seit Inkrafttreten des SanInsFoG (1.1.2021) erstmals hierzu und regelt nunmehr:

> „[…] [3]Sieht der Plan eine Fortführung des Unternehmens vor, ist für die Ermittlung der voraussichtlichen Befriedigung ohne Plan in der Regel zu unterstellen, dass das Unternehmen fortgeführt wird. [4]Dies gilt nicht, wenn ein Verkauf des Unternehmens oder eine anderweitige Fortführung aussichtslos ist."

20 Eine Aufnahme der übertragenden Sanierung als Verwertungsoption bzw. Vergleichsmaßstab muss daher zwingend erfolgen, wenn es konkrete Kaufinteressenten gibt.[19] Es genügt dabei nicht, wenn der Erwerbsinteressent das Unternehmen i. R. eines Alternativplanes erwerben möchte, da der Vergleich nur zum Regelverfahren, nicht aber zu einem Alternativplan anzustellen ist (siehe dazu bereits Rz. 15 ff.).[20]

21 Welche Qualität das Kaufinteresse haben muss, um in der Vergleichsrechnung Berücksichtigung zu finden, ist umstritten. Nach h. A. sind Gesamtveräußerungswerte in der Vergleichsrechnung nur dann anzusetzen, wenn ein **konkretes und verbindliches Angebot** hierfür bei Planeinreichung vorlag und im Beurteilungszeitraum noch vorliegt.[21] Indikative Angebote oder abstrakte Übertragungs- und Gesamtverkaufsmöglichkeiten sind hingegen nicht zu berücksichtigen.[22] Andere halten es wiederum mit dem Prognosecharakter der Vergleichsrechnung unvereinbar, wenn Gesamtkaufpreisangebote von Investoren nur bei Rechtsverbindlichkeit den Vergleichsmaßstab begründen würden.[23] Für den Ansatz in der Vergleichsrechnung und den Nachweis einer Schlechterstellung genüge bereits die Glaubhaftmachung (etwa durch ein Sachverständigengutachten), dass eine übertragende Sanierung möglich sei.[24] Hängt die Fortführung des Unternehmens an der Person des Schuldners oder Gesellschafter-Geschäftsführers, können nachvollziehbar nur Zerschlagungswerte angesetzt werden.[25]

22 Einer der umstrittensten Fragen seit Inkrafttreten des ESUG ist, ob der eigenverwaltende Schuldner oder Insolvenzverwalter verpflichtet ist, einen strukturierten M&A-Prozess durchzuführen, um konkrete und verbindliche Angebote für die Veräußerung des Unternehmens hereinzuholen (siehe dazu § 2 Rz. 87 ff. [*Brünkmans*]).

---

18) Vgl. dazu *Dellit/Titze* in: Bork/Hölzle, Hdb. Insolvenzrecht, Kap. 13 Rz. 120.

19) Die Darlegung dessen genügt nach allg. A., um i. R. des Schlechterstellungsvergleichs nach §§ 245, 251 InsO berücksichtigt zu werden, vgl. *Sinz* in: MünchKomm-InsO, § 251 Rz. 26; K. Schmidt-*Spliedt*, InsO, § 251 Rz. 9; *Pleister* in: KPB, InsO, § 245 Rz. 21; *Dellit/Titze* in: Bork/Hölzle, Hdb. Insolvenzrecht, Kap. 13 Rz. 118 f.

20) LG Hamburg, Beschl. v. 10.12.2014 – 326 T 163/14, ZInsO 2015, 159, 161; K. Schmidt-*Spliedt*, InsO, § 251 Rz. 6.

21) LG Stade, Beschl. v. 29.12.2017 – 7 T 151/17, ZInsO 2018, 614, 616; *Becker* in: Kübler/Bork/Prütting, HRI II, § 36 Rz. 23; Römermann-*Rühle*, InsR/InsO, § 245 InsO Rz. 10; Braun-*Braun/Frank*, InsO, § 245 Rz. 3; *Pleister* in: KPB, InsO, § 245 Rz. 9, 10; Uhlenbruck-*Streit*, InsO, § 245 Rz. 15; *Sinz* in: MünchKomm-InsO, § 251 Rz. 26; *Dellit/Titze* in: Bork/Hölzle, Hdb. Insolvenzrecht, Kap. 13 Rz. 119; vgl. auch LG Berlin, Beschl. v. 20.10.2014 – 51 T 696/14 (Suhrkamp), DZWIR 2015, 35, 37 = ZIP 2014, 2197, dazu EWiR 2015, 23 *(Leib/Rendels)*.

22) LG Stade, Beschl. v. 29.12.2017 – 7 T 151/17, ZInsO 2018, 614, 616.

23) *J. Schmidt* in: Kübler/Bork/Prütting, HRI II, § 29 Rz. 146 f.; seit dem SanInsFoG wohl auch *Thies* in: HambKomm-InsR, § 220 InsO Rz. 7.

24) K. Schmidt-*Spliedt*, InsO, § 251 Rz. 9.

25) AG Cuxhaven, Beschl. v. 14.9.2017 – 12 IN 168/16, ZInsO 2017, 2128, 2128.

Die Diskussion in §§ 245, 251 InsO entspricht derjenigen bei der allgemeinen Unternehmensbewertung und der Aktivierung des Firmenwerts im Überschuldungsstatus. Der Ansatz eines Geschäftswertes ist dort nur zulässig, wenn greifbare Aussichten bestehen, Unternehmensbestandteile zu veräußern und dabei einen über den – auf der Aktivseite ohnehin bereits zu berücksichtigten – Substanzwert hinausgehenden Erlös zu erzielen.[26] Es müssen dabei konkrete Verkaufsmöglichkeiten nachgewiesen werden.[27] 23

Vor dem Hintergrund dieser Unklarheit, die zudem obergerichtlich noch nicht entschieden ist, sollte der Planersteller sich ernsthaft mit der Frage auseinandersetzen, ob eine Veräußerung im Wege der übertragenden Sanierung grundsätzlich möglich ist und wenn ja, welcher Kaufpreis hierfür realistischerweise zu erwarten wäre. Dies mag es im Einzelfall erforderlich machen, neben dem Insolvenzplanverfahren parallel die Veräußerung des Unternehmens zu versuchen („Dual-Track"; siehe ausführlich § 2 Rz. 87 ff. [*Brünkmans*]).[28] Häufig wird bereits vor Eröffnung des Insolvenzverfahrens ein M&A-Prozess stattgefunden haben, der ggf. nach Eröffnung des Verfahrens durch den Insolvenzverwalter fortgeführt wurde und/oder parallel zum Planverfahren fortgeführt wird. Aus diesem können wertbildende Faktoren und eine Einschätzung des Unternehmenswerts entnommen werden. Allerdings sollte hierbei beachtet werden, dass die Eröffnung des Insolvenzverfahrens bisweilen dazu führen kann, dass das Unternehmen nicht mehr oder nur noch mit erheblichen Preisabschlägen veräußert werden könnte. 24

cc) Besonderheiten beim Obstruktionsverbot (§ 245 InsO)

Sollte die Mehrheit der Anteilsinhaber im Erörterungs- und Abstimmungstermin gegen den Insolvenzplan gestimmt haben, kann die Bestätigung des Insolvenzplanes nur noch erfolgen, wenn neben den weiteren in § 245 InsO aufgezählten Voraussetzungen (siehe dazu § 17 Rz. 4 ff. [*Thole*]) die Gruppe der Anteilseigner durch den Insolvenzplan voraussichtlich nicht schlechtergestellt wird, als sie ohne einen Plan stünde (§ 245 Abs. 1 Nr. 1 InsO). Damit ist nicht die Stellung der Anteilsinhaber zu einem Alternativplan gemeint, sondern der Vergleich zum Regelverfahren, welches auf Liquidation des Rechtsträgers gerichtet ist. 25

Wie bei § 251 InsO ist den Anteilsinhabern als „Mindestabfindung" ihr Anteil am Schlussverteilungsüberschuss in einem fiktiven Regelinsolvenzverfahren aus § 199 InsO zu gewähren. Der Bewertungsmaßstab und die Bewertungsmethode ist damit identisch zu § 251 InsO. 26

Sollte die Ersetzung der Zustimmung der Gruppe der Anteilsinhaber durch das Insolvenzgericht erforderlich sein, ist aber die möglichst exakte Berechnung des Schlussverteilungsüberschusses in einem fiktiven Regelinsolvenzverfahren von noch größerer strategischer Bedeutung wie beim Minderheitenschutzantrag aus § 251 InsO. Anders als i. R. des Minderheitenschutzes nach § 251 InsO ist die **Angemessenheit der Abfindung** i. R. des Obstruktionsverbotes (§ 245 InsO) vom Insolvenzgericht **von Amts wegen zu prüfen** und bei einem „Non-Liquet" die Bestätigung des Insolvenzplanes mangels hinreichender 27

26) OLG Celle, Urt. v. 5.12.2001 – 9 U 204/01, NZG 2002, 730 f.; OLG Frankfurt/M., Urt. v. 25.10.2000 – 17 U 63/99, NZG 2001, 173, 173; Scholz-*Bitter*, GmbHG, § 19 InsO Rz. 58 m. w. N.; Noack/Servatius/Haas-*Haas*, GmbHG, § 19 InsO Rz. 43; IDW, Beurteilung des Vorliegens von Insolvenzeröffnungsgründen (IDW S 11), Stand: 13.12.2023, Rz. 84, IDW Life 7–8/2024, 673 ff.; IDW, Sanierung und Insolvenz, Kap. C Rz. 130.

27) OLG Frankfurt/M., Urt. v. 25.10.2000 – 17 U 63/99, NZG 2001, 173, 173; Nickert/Lamberti-*Nickert*, Überschuldungs- und Zahlungsunfähigkeitsprüfung, S. 156; Lutter/Hommelhoff-*Kleindiek*, GmbHG, § 15a InsO Rz. 46; IDW, Beurteilung des Vorliegens von Insolvenzeröffnungsgründen (IDW S 11), Stand: 13.12.2023, Rz. 84, IDW Life 7–8/2024, 673 ff.; IDW, Sanierung und Insolvenz, Kap. C Rz. 130; *Hölzle*, FR 2006, 447, 449, dort Fn. 44.

28) Vgl. dazu auch *Pleister* in: KPB, InsO, § 245 Rz. 7.

Abfindungsregelung zu versagen.[29] Ist zu erwarten, dass die Gruppe der Anteilsinhaber den Insolvenzplan nicht mehrheitlich annimmt, ist bei der Berechnung des Schlussverteilungsüberschusses in einem fiktiven Regelinsolvenzverfahren aus § 199 InsO somit besondere Sorgfalt geboten. Eine **Feinjustierung durch die Ausgleichsmittel i. S. von § 251 Abs. 3 InsO** ist im Anwendungsbereich des Obstruktionsverbotes **nicht möglich,**[30] so dass die Bestätigung des Insolvenzplanes zu versagen ist, wenn die im gestaltenden Teil den Anteilsinhabern zugewiesenen Abfindungsansprüche unter dem Schlussverteilungsüberschuss in einem fiktiven Regelinsolvenzverfahren aus § 199 InsO liegen. Der Verweis auf einen im Insolvenzplan geregelten „Abfindungstopf" und die Geltendmachung der Abfindung im ordentlichen Rechtsweg (vgl. § 251 Abs. 3 InsO) ist i. R. der Prüfung nach § 245 Abs. 1 Nr. 1 InsO nicht möglich.

b) Insolvenzplanspezifischer Fortführungswert

aa) Unzulänglichkeiten der Bewertung nach Anteil am Schlussverteilungsüberschuss

28 Der Verweis auf den Anteil am Schlussverteilungsüberschuss in einem fiktiven Regelinsolvenzverfahren kann im Einzelfall zu unbilligen Ergebnissen führen. Dies gilt insbesondere dann, wenn im Unternehmen noch ein Fortführungswert steckt, dieser aber mittels einer übertragenden Sanierung nicht realisiert werden kann, etwa weil das Unternehmen aufgrund seiner Zusammensetzung[31] nicht übertragbar ist. Im Rahmen der Vergleichsrechnung sind in diesem Fall Zerschlagungswerte anzusetzen, weil eine übertragende Sanierung rechtlich nicht möglich ist.

29 Vor dem Hintergrund ist zweifelhaft, ob die Berechnung des Anteilswertes gemessen am Schlussverteilungsüberschuss in einem fiktiven Regelinsolvenzverfahren abschließend ist.[32] Dies gilt insbesondere deshalb, weil den Gesellschaftern ein Bestandschutz über das Bezugsrecht im Insolvenzplan nur unter sehr eingeschränkten Voraussetzungen gewährt wird. Siehe dazu oben Rz. 10 ff. und § 30 Rz. 276 ff. [*Brünkmans*].

30 Hinzu kommt, dass die Feststellung von Wertminderungen i. R. der Kapitalherabsetzung (vgl. § 58a Abs. 1 GmbHG) anhand der Handelsbilanz und damit ohne Auflösung stiller Reserven und dem Ansatz eines Geschäftswertes erfolgt (siehe dazu § 30 Rz. 73 ff. [*Brünkmans*]). Die Voraussetzungen für eine Kapitalherabsetzung auf null und damit für ein vollständiges Hinausdrängen der Altgesellschafter aus der Gesellschaft sind daher häufig aufgrund eines negativen Eigenkapitals in der Handelsbilanz gegeben, ohne dass diese die tatsächlichen Werte wiedergibt.

31 Fällt die Berechnung der Abfindung nach Maßgabe der Vergleichsrechnung negativ aus, stellt sich die Frage, ob den Anteilsinhabern aus den nach der Fortführungshypothese des Insolvenzplans bei erfolgreicher Sanierung entstehenden künftigen Erträgen[33] dennoch eine Abfindung zusteht.[34]

---

29) Vgl. Braun-*Braun/Frank*, InsO, § 245 Rz. 4, 47; K. Schmidt-*Spliedt*, InsO, § 245 Rz. 39, 43; *Thies* in: HambKomm-InsR, § 245 InsO Rz. 8.

30) So richtigerweise K. Schmidt-*Spliedt*, InsO, § 245 Rz. 15. Anders hingegen *Becker* in: Kübler/Bork/Prütting, HRI II, § 36 Rz. 92, 95; *Jaffé* in: FK-InsO, § 245 Rz. 43 ff.

31) Etwa bei einer Vielzahl von Vertragsverhältnissen, nicht übertragbarer Genehmigungen etc., s. dazu ausführlich § 32 Rz. 5 ff. [*Brünkmans*].

32) So aber *Kleindiek* in: FS Hommelhoff, S. 543, 558.

33) *K. Schmidt*, ZIP 2012, 2085, 2087.

34) *Eidenmüller* in: MünchKomm-InsO, § 225a Rz. 47; *Gleißner*, WPg 2015, 72. Grundsätzlich verlangt die Rspr. einheitlich für alle gesetzlichen Bewertungsanlässe eine Abfindung zum „wahren Wert", ohne allerdings deutlich zu sagen, was sich genau hinter dem Begriff des „wahren Wertes" verbirgt, *Hüttemann*, WPg 2007, 812, 814.

32 Nach der Rechtsprechung des BVerfG ist der Entzug der Geschäftsanteile nur dann verfassungsrechtlich gerechtfertigt, wenn eine „volle Entschädigung" zu Verkehrswerten gewährleistet ist.[35] Dabei hat das BVerfG **das Ertragswertverfahren**, wonach am Bewertungsstichtag die künftigen Erträge aufsummiert und sodann abdiskontiert werden (siehe dazu ausführlich Rz. 39 ff.), als **gängige Methode zur Ermittlung des Verkehrswertes** akzeptiert.[36] Einfachgesetzlich wird ein solcher Abfindungsanspruch teilweise auf § 255 Abs. 4 AktG (analog) i. V. m. § 225a Abs. 3 InsO gestützt.[37] In Fällen klarer Überschuldung mögen die Geschäftsanteile typischerweise keinen Wert mehr haben. Dennoch können im Einzelfall Umstände vorliegen, die bei mittel- oder langfristiger Betrachtung eine positive Fortbestehensprognose rechtfertigen, weil das Unternehmen in absehbarer Zeit mit einer gewissen Wahrscheinlichkeit wieder positive Erträge erwirtschaftet.[38] Vor dem Hintergrund ist eine eingeschränkte Abfindung der Altgesellschafter nach Maßgabe des Vergleiches im Regelverfahren zwar in den meisten Fällen hinreichend, jedoch nicht ausnahmslos abschließend.

> **Praxishinweis**
>
> Bei der Frage, ob den Anteilsinhabern wegen der Eingriffe in ihre Rechte eine Abfindung zusteht, darf nicht ausschließlich auf die Vergleichsrechnung abgestellt werden. Stets ist – zumindest gedanklich – zu prüfen, ob unter Heranziehung von Ertragswert oder sonstigen zukunftsbezogenen Methoden unter Berücksichtigung der nachfolgend noch darzustellenden (insolvenzplanspezifischen) Besonderheiten die Anteile ausnahmsweise noch einen Fortführungswert haben könnten.
>
> Die Intensität dieser Prüfung hängt davon ab, ob Indizien für einen insolvenzplanspezifischen Fortführungswert vorliegen (siehe Rz. 71).

bb) Berechnung des insolvenzplanspezifischen Fortführungswertes

(1) Maßgeblichkeit des Zukunftserfolgswertes

(a) Überblick

33 Aus finanzwirtschaftlicher Sicht bestimmt sich der Wert eines Unternehmens durch den Barwert der mit dem Eigentum an dem Unternehmen verbundenen Netto-Zuflüsse an die Unternehmenseigner. Demnach wird der Wert des Unternehmens allein aus seiner Ertragskraft, d. h. seiner Eigenschaft, finanzielle Überschüsse für die Unternehmenseigner zu erwirtschaften, abgeleitet.[39]

34 Technisch ergibt sich der Unternehmenswert aus den mit dem risikoadjustierten Kapitalisierungszinssatz auf den Bewertungsstichtag diskontierten prognostizierten finanziellen Überschüssen, die bei Fortführung des Unternehmens und Veräußerung etwaigen nicht betriebsnotwendigen Vermögens erwirtschaftet werden:[40]

35) BVerfG, Beschl. v. 27.4.1999 – 1 BvR 1613/94 (DAT/Altana), BVerfGE, 100, 289, 305 = ZIP 1999, 1436, dazu EWiR 1999, 751 *(Neye)*.

36) BVerfG, Beschl. v. 27.4.1999 – 1 BvR 1613/94 (DAT/Altana), BVerfGE 100, 289, 307 ff. = ZIP 1999, 1436.

37) *Mock*, AG 2024, 797, 802 f.

38) Vgl. *Schmidt-Preuß*, NJW 2016, 1269, 1273. Im Ergebnis bleibe nur ein vergleichsweiser schmaler Korridor, da es bei einer positiven Fortbestehensprognose mit der – höher angesiedelten – hinreichenden Erfolgswahrscheinlichkeit schon an der Überschuldung fehle. Allerdings sei es verfassungsrechtlich geboten, nicht zu hohe Anforderungen an die Ertragsprognose zu stellen.

39) IDW, Grundsätze zur Durchführung von Unternehmensbewertungen (IDW S 1 i. d. F. 2008), Stand: 4.7.2016, Rz. 5, WPg Supplement 3/2008, 68 ff., IDW Life 8/2016, 731.

40) IDW, Bewertung und Transaktionsberatung, Kap. A Rz. 110.

$$UW = \sum_{t=1}^{\infty} \frac{F\ddot{U}_t^{bV}}{(1+i)^t} + \sum_{t=1}^{\infty} \frac{F\ddot{U}_t^{nbV}}{(1+i)^t}$$

$F\ddot{U}_t^{bV}$ = Finanzielle Überschüsse aus dem betriebsnotwendigen Vermögen
$F\ddot{U}_t^{nbV}$ = Finanzielle Überschüsse aus dem nicht-betriebsnotwendigen Vermögen
i = Kapitalisierungszinssatz
t = Periodenindex

35 Der auf diese Weise ermittelte Unternehmenswert wird auch als **Zukunftserfolgswert** oder **Fortführungswert** bezeichnet und ist für die Bewertung von Unternehmen allgemein anerkannt.[41)]

36 Dabei ist zu beachten, dass der Zukunftserfolg nicht nur vom Unternehmen, sondern auch vom subjektiven Nutzen des jeweiligen Eigentümers abhängt.[42)] Die individuelle Wertschätzung des Eigentümers steht der Ermittlung eines objektiven („*richtigen*" oder „*wahren*") Wertes an sich entgegen.[43)] Gleichwohl besteht in der Praxis die Notwendigkeit einen annährend „*wahren*", „*wirklichen*" Unternehmenswert zu ermitteln.[44)] Um einen solchen objektiven Unternehmenswert zu ermitteln, sind zur Wertableitung Annahmen und Typisierungen zu treffen. Die wesentlichen Kriterien für die Bestimmung des objektiven Unternehmenswertes sind im IDW S 1 niedergelegt:

37 **Wesentliche Bestimmungskriterien des objektivierten Unternehmenswertes gemäß IDW S1**

Tz.	Kriterium
29	Fortführung des Unternehmenswertes auf Basis des bestehenden Unternehmenskonzeptes
32	Bewertung der am Bewertungsstichtag vorhandenen Ertragskraft
32	Berücksichtigung bereits eingeleiteter Maßnahmen
34	Berücksichtigung bereits eingeleiteter oder im bisherigen Unternehmenskonzept dokumentierter unechter Synergien
31	Typisierung eines inländischen Anteilseigners
31	Die natürliche Person ist unbeschränkt steuerpflichtig
43 u. 47	Der Einkommensteuersatz einschließlich Kirchensteuer und Solidaritätszuschlag wird bei Einzelunternehmen und Gesellschaftern von Personengesellschaftern mit dem typisierten Satz von 35 % bzw. einer sachgerechten Typisierung angenommen.
127	Der Basiszinssatz zur Ableitung des Kalkulationsszinssatzes wird auf der Grundlage der aktuellen Zinsstrukturkurve bestimmt
118 u. 135	Die Risikoprämie kann anhand des CAPM oder Tax-CAPM bestimmt werden

Quelle: In Anlehnung an *Wollny*, Der objektivierte Unternehmenswert, 2010, S. 69 ff.

41) *Ballwieser/Hachmeister*, Unternehmensbewertung, S. 73–75; *Hachmeister/Ruthardt/Lampenius*, WPg 2011, 519, 522 m. w. N.
42) IDW, Bewertung und Transaktionsberatung, Kap. A Rz. 8.
43) *Wollny*, Der objektivierte Unternehmenswert, S. 41; *Ballwieser/Hachmeister*, Unternehmensbewertung, S. 4.
44) Widmann/Mayer-*Mayer*, Umwandlungsrecht, § 5 UmwG Rz. 95; *Kohl* in: Fleischer/Hüttemann, Rechtshdb. Unternehmensbewertung, § 30 Rz. 11; IDW, Anforderungen an Insolvenzpläne (IDW S 2), Stand: 20.3.2024, Rz. 37, IDW Life 07/08.2024, 656 ff.

Im Rahmen der Krise und Insolvenz bzw. im Insolvenzplan sind grundsätzlich keine Gründe erkennbar, die gegen die Anwendung dieser Grundsätze sprechen. Entsprechend sind die methodischen Grundsätze des IDW S 1 i. d. F. 2008 zu beachten.[45] 38

(b) Ermittlung der zukünftigen finanziellen Überschüsse

Der Unternehmenswert ergibt sich grundsätzlich aus den finanziellen Überschüssen, die bei Fortführung des Unternehmens und Veräußerung etwaigen nicht betriebsnotwendigen Vermögens erwirtschaftet werden (Zukunftserfolgswert).[46] Zu den gängigsten Verfahren für die Bestimmung dieses Zukunftserfolgswertes zählen das **Ertragswertverfahren** und das **DCF-Verfahren (Discounted-Cashflow-Verfahren).**[47] Beide Verfahren beruhen auf dem **Kapitalwertkalkül** und damit auf den gleichen konzeptionellen Grundlagen.[48] Während sich beim Ertragswertverfahren der Unternehmenswert durch Diskontierung der den Unternehmenseignern künftig zufließenden finanziellen Überschüssen des verschuldeten Unternehmens ergibt **(Nettobewertungsverfahren)**[49], leitet sich der Unternehmenswert nach dem DCF-Verfahren aus der Diskontierung von erwarteten zukünftigen Zahlungen (Cashflows) an die Kapitalgeber, d. h. eines fiktiv unverschuldeten Unternehmens **(Bruttobewertungsverfahren)**, ab.[50] 39

Insbesondere bei der Berechnung des insolvenzplanspezifischen Fortführungswertes bietet sich häufig das DCF-Verfahren in der Ausgestaltung als Bruttoverfahren an. Der Vorteil der **Bruttoverfahren** (WACC- und APV-Verfahren) besteht in einer **höheren Transparenz** gegenüber dem Nettoverfahren.[51] Im Rahmen der Bruttoverfahren werden die diskontierten Cashflows des operativen Geschäfts (Wert des operativen Geschäfts) den Schulden unmittelbar gegenübergestellt. Deckt der Wert des operativen Geschäfts die Schulden, ergibt sich ein positiver Wert des Eigenkapitals und umgekehrt. 40

Aktiva	Passiva
Wert des operativen Geschäfts	Nettoschuldenpositionen
	Eigenkapital

Auf diese Weise kann neben eines **Schuldendeckungsgrades** (Debt-Cover-Ratio), insbesondere die Höhe eines im Insolvenzplan umzusetzenden Schuldenschnitts abgeleitet bzw. besser beurteilt werden. Ferner können die Wertbeiträge aus dem operativen Geschäft und aus Steuervorteilen transparent gemacht werden.[52] 41

(c) Diskontierung auf Basis des Kapitalisierungszinssatzes

Der Unternehmenswert wird durch Diskontierung der künftigen finanziellen Überschüsse auf den Bewertungsstichtag ermittelt. Vor dem Hintergrund, dass es sich bei dem Unter- 42

---

45) IDW, Anforderungen an Insolvenzpläne (IDW S 2), Stand: 20.3.2024, Rz. 37, IDW Life 07/08.2024, 656 ff.

46) IDW, Grundsätze zur Durchführung von Unternehmensbewertungen (IDW S 1 i. d. F. 2008), Stand: 4.7.2016, Rz. 5, WPg Supplement 3/2008, 68 ff., IDW Life 8/2016, 731.

47) *Peemöller/Kunowski* in: Peemöller, Praxishdb. Unternehmensbewertung, Kap. 3, S. 337; *Brünkmans*, ZInsO 2017, 1401, 1403.

48) IDW, Bewertung und Transaktionsberatung, Kap. A Rz. 125.

49) *Jonas* in: Fleischer/Hüttemann, Rechtshdb. Unternehmensbewertung, § 3 Rz. 34.

50) IDW, Grundsätze zur Durchführung von Unternehmensbewertungen (IDW S 1 i. d. F. 2008), Stand: 4.7.2016, Rz. 124, WPg Supplement 3/2008, 68 ff., IDW Life 8/2016, 731.; *Jonas* in: Fleischer/Hüttemann, Rechtshdb. Unternehmensbewertung, § 3 Rz. 35.

51) *Wieland-Blöse* in: Fleischer/Hüttemann, Rechtshdb. Unternehmensbewertung, § 34 Rz. 11.

52) *Wieland-Blöse* in: Fleischer/Hüttemann, Rechtshdb. Unternehmensbewertung, § 34 Rz. 12.

nehmenswert um einen Zukunftserfolgswert handelt, können die zukünftigen finanziellen Überschüsse nicht mit Sicherheit prognostiziert werden. Die Übernahme dieser Unsicherheit stellt für die Eigenkapitalgeber ein Risiko dar, welches durch Risikoprämien abgegolten wird. Die marktgerechte Ableitung des im Kapitalisierungszinssatz enthaltenen Risikozuschlags stellt eine bestmögliche Schätzung dar und erfolgt in der Praxis durch das sog. **CAPM (Capital-Asset-Pricing-Model)** bzw. das **Tax-CAPM (Tax-Capital-Asset-Pricing-Model)**.[53)]

43 Nach dem CAPM ergibt sich der **Eigenkapitalkostensatz** aus einem **risikofreien Basiszinssatz** und einem **Risikozuschlag**. Der Risikozuschlag setzt sich aus einer **Marktrisikoprämie** und einem **Beta-Faktor** zusammen. Im Rahmen der Krise und Insolvenz können sich für die Ableitung der Eigenkapitalkosten Besonderheiten ergeben, die es ggf. zu beachten gilt. Dies betrifft weniger den Basiszinssatz sowie die Marktrisikoprämie, als vielmehr die Ableitung des Betafaktors.

44 Der **Betafaktor** ist Ausdruck des unternehmensindividuellen Risikozuschlags und unterteilt sich in das **operative Risiko** und das **Kapitalstrukturrisiko**.

45 Das operative Risiko des Unternehmens ändert sich i. R. der Sanierung und Restrukturierung regelmäßig. Häufig werden Sanierungsmaßnahmen entwickelt und umgesetzt, sodass sich das operative Risiko des krisengeschüttelten Unternehmens von dem durch den Insolvenzplan sanierten Unternehmens verbessert und mit dem operativen Risiko der Vergangenheit nicht mehr vergleichbar ist.[54)] Dies gilt umso mehr für börsennotierte Gesellschaften.

46 Für die Schätzung des zukünftigen operativen Risikos ist daher auf das **operative Risiko des sanierten Unternehmens** abzustellen. Dieses ergibt sich regelmäßig auf Basis des im **darstellenden Teil** des Insolvenzplans entwickelten bzw. verarbeiteten **Sanierungskonzeptes**. Ziel des Sanierungskonzeptes ist es, die Sanierungsfähigkeit des Unternehmens zu prüfen und darzustellen. Die **Sanierungsfähigkeit** ist u. a. dann gegeben, wenn es dem Unternehmen gelingt, in einem überschaubaren Betrachtungszeitraum eine Marktstellung zu erlangen, die ihm eine nachhaltige und branchenübliche Rendite bei einer angemessenen Eigenkapitalausstattung ermöglicht und es daher wieder attraktiv für Kapitalgeber macht **(Renditefähigkeit)**.[55)]

47 In der Folge spricht vieles dafür, speziell für die Bewertung von Unternehmen im Insolvenzplan auf Unternehmen einer **Peergroup** abzustellen, die vergleichbar sind, mit dem neu ausgerichteten Unternehmen.

Praxishinweis

Für die Schätzung des Kapitalstrukturrisikos ist folgende Besonderheit zu beachten: Grundsätzlich ist das Kapitalstrukturrisiko des im Einzelfall zu bewertenden Unternehmens zu berücksichtigen. Allerdings zeichnen sich insolvente Unternehmen regelmäßig durch eine hohe Verschuldung aus.[56)] Sofern der Insolvenzplan keine Anpassung an eine marktübliche Kapitalstruktur vorsieht,[57)] kann es sachgerecht sein, anstelle der konkret im Insolvenzplan vorgesehenen Kapitalstruktur auf die Kapitalstruktur der Peer Group abzustellen.[58)]

53) IDW, Grundsätze zur Durchführung von Unternehmensbewertungen (IDW S 1 i. d. F. 2008), Stand: 4.7.2016, Rz. 92, WPg Supplement 3/2008, 68 ff., IDW Life 8/2016, 731.

54) In Anlehnung an: *Wieland-Blöse* in: Fleischer/Hüttemann, Rechtshdb. Unternehmensbewertung, § 34 Rz. 25 ff.

55) IDW, Anforderungen an Sanierungskonzepte (IDW S 6), Stand: 22.6.2023, Rz. 24 ff., IDW Life 12/2023, 1159 ff.

56) *Wieland-Blöse* in: Fleischer/Hüttemann, Rechtshdb. Unternehmensbewertung, § 34 Rz. 29.

57) Wird die Kapitalstruktur durch im Insolvenzplan vorgesehene Forderungserlasse angepasst, ist eine Abfindung der Altgesellschaft aufgrund der absoluten Vorrangregel der Gläubiger ausgeschlossen, s. dazu ausführlich unten Rz. 48 ff.

58) *Wieland-Blöse* in: Fleischer/Hüttemann, Rechtshdb. Unternehmensbewertung, § 34 Rz. 30.

(2) Beachtung des Grundsatzes der vorrangigen Befriedigung der Gläubiger

Ist der Zukunftserfolgswert des sich im Insolvenzverfahren befindenden Unternehmens 48 höher als der Liquidationswert, steht den Anteilsinhabern schon nach allgemeinen Grundsätzen nicht unmittelbar der Fortführungswert zu. Auch i. R. der am Ertragswert- oder Zufluss orientierten Bewertungsmethoden kommt es darauf an, ob die vorhandenen Vermögenswerte ausreichen, um die Gläubiger **vollständig** zu befriedigen. Ist dies nicht möglich, so sind die Anteile wertlos.[59] Eine Abfindung für Altanteilseigner kommt nach der absoluten Vorrangregel (vgl. § 245 Abs. 3 Nr. 1 InsO, § 199 InsO) nur dann in Betracht, wenn die Forderungen aller Insolvenzgläubiger in voller Höhe befriedigt werden.[60]

Wenn der Insolvenzplan nicht ausnahmsweise die Befriedigung der Gläubiger in voller 49 Höhe vorsieht, haben die Anteile der Altgesellschafter auch unter Zugrundelegung des Fortführungswertes aus der Planperspektive keinen Vermögenswert.[61] Im Ergebnis ist somit für die Frage der Werthaltigkeit zu prüfen, ob die Gläubiger zu 100 % befriedigt werden können und darüber hinaus noch ein zusätzlicher Wert verbleibt. Nur bei einer solchen 100 %igen Befriedigung der Gläubiger könnten die Anteile noch einen Fortführungswert haben und die Regelung einer Abfindung für Altgesellschafter im Insolvenzplan zwingend geboten sein.[62] Dann stellt sich allerdings die Frage, ob bei der Berechnung der zukünftigen Erträge oder Zahlungszuflüsse die im Insolvenzplan vorgesehenen Sanierungsmaßnahmen zu berücksichtigen sind (siehe nachfolgend Rz. 63 ff.).

(3) Bewertungsstichtag bei Anteilsentziehung durch Insolvenzplan

Werte sind zeitabhängig und stets auf ein bestimmtes Datum (Bewertungsstichtag) zu 50 ermitteln.[63] Der Bewertungsstichtag legt fest, ab wann Überschüsse den bisherigen Anteilseignern und ab wann den neuen Anteilseignern zuzurechnen sind.[64] Entscheidend sind Lage und Erwartung am Stichtag.[65]

Dieser Bewertungsstichtag wird häufig durch Gesetz vorgegeben, wie etwa der Zeitpunkt 51 des Ausscheidens des Gesellschafters (§ 738 Abs. 1 BGB a. F.; nunmehr § 728 Abs. 1 Satz 1 i. V. m. § 723 Abs. 3 BGB) bei der Berechnung des Abfindungsanspruchs, der Zeitpunkt der Beschlussfassung der Hauptversammlung bei der Berechnung der Abfindung des außenstehenden Aktionärs bzgl. eines Beherrschungs- und Gewinnabführungsvertrags (§§ 305 Abs. 3 Satz 2 AktG), dem Übertragen von Aktien gegen Barabfindung bei einem Squeeze-out (§ 327b Abs. 1 Satz 1 AktG) oder dem Zeitpunkt der Beschlussfassung über die Verschmelzung (§ 30 UmwG).

Im Fall einer Anteilsentziehung durch das Insolvenzplanverfahren fehlt es jedoch an einer 52 konkreten gesetzlichen Festlegung des Bewertungsstichtages. Nach allgemeinen Grundsätzen muss in diesem Fall der Bewertungsstichtag **adäquat zum Anlass und Zweck der Bewertung** ausgelegt werden.[66]

59) *Schäfer/Wüstemann*, ZIP 2014, 1757, 1762; *Pühl*, Der Debt Equity Swap im Insolvenzplanverfahren, Rz. 708; *H. F. Müller*, Der Verband in der Insolvenz.

60) *Pühl*, Der Debt Equity Swap im Insolvenzplanverfahren, Rz. 708.

61) Begr. RegE ESUG, BT-Drucks. 17/5712, S. 32; *Schäfer/Wüstemann*, ZIP 2014, 1757, 1762.

62) *Pühl*, Der Debt Equity Swap im Insolvenzplanverfahren, Rz. 708.

63) OLG Stuttgart, Beschl. v. 1.10.2003 – 4 W 34/93, AG 2004, 43, 45 = ZIP 2004, 712; *Großfeld*, Recht der Unternehmensbewertung, Rz. 262; IDW, Bewertung und Transaktionsberatung, Kap. A Rz. 73; IDW, Grundsätze zur Durchführung von Unternehmensbewertungen (IDW S 1 i. d. F. 2008), Stand: 4.7.2016, Rz. 22, WPg Supplement 3/2008, 68 ff., IDW Life 8/2016, 731.

64) *Großfeld*, Recht der Unternehmensbewertung, Rz. 263; *Peemöller*, DStR 2001, 1401, 1402.

65) BFH, Urt. v. 19.10.2005 - XI R 64/04, NZG 2006, 359; *Großfeld*, Recht der Unternehmensbewertung, Rz. 263; vgl. auch *Peemöller*, DStR 2001, 1401, 1402.

66) IDW, Bewertung und Transaktionsberatung, Kap. A Rz. 73.

53 Zum Teil wird im Insolvenzplanverfahren als Anknüpfungspunkt auf den Zeitpunkt der Verfahrenseröffnung[67] oder Antragsstellung[68] abgestellt. Dies hätte zur Folge, dass solche Sanierungsmaßnahmen, die erst durch den Insolvenzverwalter, Gläubiger oder Dritte während des Insolvenzverfahrens ermöglicht werden, keine Berücksichtigung bei der Bewertung der Geschäftsanteile finden.[69] Nach h. A. zum Restrukturierungsplan ist der Fortführungswert zum Zeitpunkt der gerichtlichen Entscheidung zu bestimmen (siehe Rz. 189).[70]

54 Richtigerweise ist als Bewertungsstichtag auf den **Zeitpunkt des Abstimmungstermins** abzustellen.[71] Die Auffassung, welche die zwischen Insolvenzeröffnung und Abstimmung durch entsprechende Sanierungsmaßnahmen des Insolvenzverwalters erfolgten Wertsteigerungen ausblenden möchte, verkennt, dass es im Ergebnis um die **Wertverteilung zwischen neuem Gesellschafter und Altgesellschafter** geht und nicht um die Wertverteilung zwischen Gläubiger und Altgesellschafter. Vor dem Hintergrund der oben dargestellten Vorrangregel (siehe Rz. 48 ff.) kann es einen solchen Verteilungskampf nicht geben. Die Gläubiger erhalten immer 100 % ihrer Forderung, bevor den Altgesellschaftern eine Abfindung gewährt werden kann. Mehr als die volle Befriedigung ihrer Forderung darf den Gläubigern nicht zulasten der Altgesellschafter gewährt werden (vgl. § 245 Abs. 3 Nr. 1 InsO).

55 Geht es im Ergebnis somit um die Wertverteilung zwischen Alt- und Neugesellschafter, ist als Bewertungsstichtag grundsätzlich auf den **Eintritt des neuen Gesellschafters abzustellen.** Dies wäre der Zeitpunkt der rechtskräftigen Bestätigung des Insolvenzplanes, da erst zu diesem Zeitpunkt die Altgesellschafter aus der Gesellschaft ausscheiden und der Abfindungsanspruch entsteht. Aus **Gründen der Praktikabilität** ist jedoch **bereits auf den Zeitpunkt der Annahme des Insolvenzplanes** durch die Beteiligtenversammlung im Abstimmungstermin (§ 235 InsO) abzustellen.

56 So ist zu berücksichtigen, dass auch die gesetzlichen Regelungen für die Bemessung von Abfindungen grundsätzlich auf die Verhältnisse der Gesellschaft **im Zeitpunkt der Beschlussfassung** über die der Abfindung zugrunde liegenden Maßnahme – nicht erst auf den Zeitpunkt der **Erlangung der Wirksamkeit dieser Maßnahme** – abstellen (vgl. § 30 Abs. 1 Satz 1 UmwG, §§ 305 Abs. 3 Satz 2, 320b Abs. 1 Satz 5, 327b AktG).[72] Gleiches gilt nach der h. M. auch für die Bestimmung des nicht gesetzlich geregelten Bewertungsstichtages bei der Festlegung des Umtauschverhältnisses der Anteile bei Verschmelzungen.[73] Bewertungsstichtag ist danach der Tag an dem der Zustimmungsbeschluss zum Verschmelzungsvertrag durch die Gesellschafterversammlung des übertragenden Rechtsträgers gefasst, nicht erst der Tag an dem die Verschmelzung wirksam wurde. Dies wird damit begründet, dass bereits zu diesem Zeitpunkt die Anteilsinhaber entscheiden müssen, ob sie das Umtauschverhältnis für angemessen erachten und dementsprechend über die Zustim-

67) *Balz*, Sanierung von Unternehmen oder von Unternehmensträgern, S. 61; *Brüning*, Gesellschafter und Insolvenzplan, S. 221; wohl auch, *Pühl*, Der Debt Equity Swap im Insolvenzplanverfahren, Rz. 737.

68) *Sassenrath*, ZIP 2003, 1517, 1529.

69) S. a. *Pühl*, Der Debt Equity Swap im Insolvenzplanverfahren, Rz. 723.

70) So jedenfalls zum Überkompensationsverbot (§ 27 Abs. 1 Nr. 1, Abs. 2 Nr. 1 StaRUG) i. R. eines Debt-Equity-Swaps *Spahlinger* in: BeckOK-StaRUG, § 27 Rz. 10; Seibt/Westpfahl-*Westpfahl*, StaRUG, § 27 Rz. 23; Morgen-*Kowalewski/Praß*, StaRUG, § 27 Rz. 28; *Morgen*, ZRI 2024, 986, 987 f.; vgl. auch AG Charlottenburg, Beschl. v. 4.1.2024 – 36s RES 6525/23 (Spark Networks), Rz. 4, ZRI 2024, 512 = ZIP 2024, 557, m. Anm. *Brünkmans* – „aktuelle Verhältnisse".

71) So auch *Eidenmüller*, Unternehmenssanierung zwischen Markt und Gesetz, S. 90.

72) Anders aber bei dem Ausscheiden eines Gesellschafters aus der GbR (§ 728 Abs. 1 BGB), vgl. *Schäfer* in: MünchKomm-BGB, § 728 Rz. 16.

73) IDW, Bewertung und Transaktionsberatung, Kap. C Rz. 81; Widmann/Mayer-*Wälzholz*, Umwandlungsrecht, § 30 UmwG Rz. 9; Kallmeyer-*Oppenhoff*, UmwG, § 8 Rz. 21; Semler/Stengel/Leonard-*Schröer/Greitemann*, UmwG, § 5 Rz. 59; *Bayer*, AG 1988, 323, 329; *Hoffmann-Becking* in: FS Fleck, S. 105, 116 f.; a. A. Lutter-*Drygala*, UmwG, § 5 Rz. 32.

mung zum Verschmelzungsvertrag beschließen.[74] Grundlage für ihre Entscheidung kann daher nur eine zeitnahe Bewertung sein.[75]

Diese Argumentation kann auch auf das Insolvenzplanverfahren übertragen werden. So 57 muss der **maßgebliche Bewertungsstichtag zur Bemessung von Abfindungen** i. R. des Ausscheidens von Gesellschaftern gegen deren Willen (§ 225a Abs. 3 InsO) der **Abstimmungstermin** gemäß § 235 InsO sein, da bereits zu diesem Zeitpunkt die am Insolvenzplan beteiligten Gruppen über den Insolvenzplan abstimmen. In der Folge brauchen die beteiligten Gruppen ebenfalls eine **angemessene und zeitnahe Entscheidungsgrundlage.** Aufgrund von etwaig geregelten Planbestätigungsvoraussetzungen (§ 249 InsO; siehe dazu § 8 Rz. 408 ff. [*Brünkmans*]) kann der Eintritt der Rechtskraft aber teilweise erst mit deutlicher zeitlicher Verzögerung vom Abstimmungstermin eintreten. Zu dem hängt der Eintritt der Rechtskraft von dem schwer vorhersehbaren Umstand ab, ob ein Beteiligter sofortige Beschwerde gegen den Insolvenzplan erhoben hat, sodass beim Abstimmungstermin der Tag der rechtskräftigen Bestätigung sich nicht einmal abschätzen lässt.

Praxishinweis

Nach der hier vertretenen Auffassung kann es daher nicht auf den Zeitpunkt des Eintritts der Rechtskraft der gerichtlichen Bestätigung des Insolvenzplanes ankommen. Bewertungsstichtag muss bereits der Zeitpunkt der **Annahme des Insolvenzplanes** durch die Beteiligtenversammlung im Abstimmungstermin sein.

(4) Sanierungskonzept des Insolvenzplanes als Bewertungsgrundlage?

(a) Stichtagsprinzips und Wurzeltheorie

Die Bewertung eines Unternehmens stützt sich auf die am Bewertungsstichtag vorhande- 58 ne Ertragskraft. Maßgeblich sind die an diesem Stichtag vorhandenen Erfolgsfaktoren.[76] Mögliche, aber noch nicht eingeleitete Maßnahmen, wie etwa Erweiterungsinvestitionen und Desinvestitionen oder andere noch nicht im Unternehmenskonzept dokumentierte Maßnahmen sowie die daraus vermutlich resultierenden finanziellen Überschüsse sind bei der Ermittlung des objektiven Unternehmenswertes grundsätzlich unbeachtlich.[77]

Das Stichtagsprinzip spiegelt jedoch nur eine genaue Abgrenzung für die Zurechnung zu 59 Alt- und Neugesellschafter vor, die es in Wirklichkeit nicht gibt. *Großfeld* spricht veranschaulichend von einen „fließenden Strom, dessen Dynamik sich nicht scharf erfassen lässt"; stets komme es zu „gleitenden Übergängen zwischen heute und morgen".[78]

Vor dem Hintergrund hat die Rechtsprechung[79] die sog. Wurzeltheorie entwickelt. Danach 60 sind alle **Maßnahmen,** die **auf Basis des bisherigen Unternehmenskonzeptes** zum Bewertungsstichtag **in ihrem Kern bereits angelegt und absehbar sind, zu berücksichtigen.**[80]

74) Widmann/Mayer-*Mayer*, Umwandlungsrecht, § 5 UmwG Rz. 131; IDW, Bewertung und Transaktionsberatung, Kap. C Rz. 146; wohl auch Semler/Stengel/Leonard-*Schröer/Greitemann*, UmwG, § 5 Rz. 59.

75) IDW, Bewertung und Transaktionsberatung, Kap. C Rz. 146.

76) IDW, Bewertung und Transaktionsberatung, Kap. A Rz. 266.

77) IDW, Bewertung und Transaktionsberatung, Kap. A Rz. 266.

78) *Großfeld*, Recht der Unternehmensbewertung, Rz. 268.

79) BGH, Beschl. v. 4.3.1998 – II ZB 5/97, NZG 1998, 379, 380 = ZIP 1998, 690; OLG Stuttgart, Beschl. v. 16.2.2007 – 20 W 25/05, NZG 2007, 478, 479 = ZIP 2007, 250; OLG Stuttgart, Beschl. v. 19.3.2008 – 20 W 3/06, AG 2008, 510, 514 = ZIP 2008, 2020; OLG Stuttgart, Beschl. v. 1.10.2003 – 4 W 34/93, AG 2004, 43, 44 = ZIP 2004, 712.

80) BGH, Beschl. v. 4.3.1998 – II ZB 5/97, NZG 1998, 379, 380 = ZIP 1998, 690; OLG Stuttgart, Beschl. v. 16.2.2007 – 20 W 25/05, NZG 2007, 478, 479 = ZIP 2007, 250; OLG Stuttgart, Beschl. v. 19.3.2008 – 20 W 3/06, AG 2008, 510, 514 = ZIP 2008, 2020; OLG Stuttgart, Beschl. v. 1.10.2003 – 4 W 34/93, AG 2004, 43, 44 = ZIP 2004, 712.

(b) Fortführung des Unternehmens auf Basis des bestehenden Unternehmenskonzeptes und der vorhandenen Ertragskraft

61 Die konzeptionelle Grundlage des **objektivierten Unternehmenswertes** geht von einer Fortführung des Unternehmens auf **Basis des bestehenden Unternehmenskonzeptes** und der am Bewertungsstichtag **vorhandenen Ertragskraft** aus.[81] Dabei handelt es sich jedoch nicht um eine Bewertung auf Basis bisheriger Ertragsverhältnisse. Vielmehr erfolgt die Bewertung unter Berücksichtigung aller realistischen Zukunftserwartungen i. R. von Marktchancen, -risiken und finanziellen Möglichkeiten des Unternehmens sowie sonstiger Einflussfaktoren.[82] Dabei stellt die Ertragskraft der Vergangenheit eine wichtige Schätzgrundlage dar, soweit nicht Abweichungen hiervon für die Zukunft wahrscheinlich sind.[83]

62 Aus diesem Grundverständnis heraus ergibt sich das Problem im Insolvenzplan, dass ein objektivierter Unternehmenswert auf Basis der am Bewertungsstichtag vorhandenen Ertragskraft zunächst nicht möglich erscheint, da **das am Bewertungsstichtag bestehende Unternehmenskonzept gerade nicht funktioniert hat.**

(c) Berücksichtigung bereits eingeleiteter oder hinreichend konkretisierter Sanierungsmaßnahmen

63 Gleichwohl wird i. R. eines Insolvenzplans **im darstellenden Teil** die Restrukturierung des Unternehmens dargestellt. Die **Restrukturierung** des Unternehmens erfolgt dabei regelmäßig auf Basis eines Sanierungskonzeptes, indem ausführlich **rechtliche, organisatorische, leistungswirtschaftliche und finanzwirtschaftliche Sanierungsmaßnahmen** erarbeitet und dargestellt werden (siehe dazu § 6 Rz. 137 ff. [*Harmann*]). Im Rahmen des zugrunde liegenden Sanierungskonzeptes werden diese zunächst qualitativ dargestellten Maßnahmen quantifiziert und in einer integrierten Planungsrechnung verarbeitet. Teilweise sind diese Maßnahmen zumindest in ihren Anfängen bereits umgesetzt. Vor diesem Hintergrund verfügt das Unternehmen über eine „bedingt vorhandene" Ertragskraft.

64 Die Bewertung eines Unternehmens erfolgt grundsätzlich auf Basis der am Bewertungsstichtag vorhandenen Ertragskraft. In der Folge kommt der **Abgrenzung** der **vorhandenen** sowie **realisierbaren Ertragskraft** große Bedeutung zu. Diese ergibt sich aus den zum Bewertungsstichtag **vorhandenen Erfolgsfaktoren.**[84]

65 Mögliche, aber noch nicht eingeleitete Maßnahmen (z. B. Erweiterungsinvestitionen oder Desinvestitionen) oder andere, noch nicht im Unternehmenskonzept dokumentierte Maßnahmen sowie die daraus vermutlich resultierenden finanziellen Überschüsse sind deshalb bei der Ermittlung objektivierter Unternehmenswerte unbeachtlich.[85] Nur solche Erfolgschancen aus Maßnahmen, die zum Bewertungsstichtag bereits eingeleitet oder im Unternehmenskonzept dokumentiert sind, sind zu berücksichtigen.[86]

66 Für die Anwendung der **Wurzeltheorie** auf die Bewertung der Anteilsrechte am Unternehmen, welches durch einen Insolvenzplan saniert werden soll, besteht indes die Besonderheit zu anderen gängigen Bewertungsanlässen, dass das bestehende Unternehmens-

81) IDW, Grundsätze zur Durchführung von Unternehmensbewertungen (IDW S 1 i. d. F. 2008), Stand: 4.7.2016, Rz. 32, WPg Supplement 3/2008, 68 ff., IDW Life 8/2016, 731.

82) IDW, Grundsätze zur Durchführung von Unternehmensbewertungen (IDW S 1 i. d. F. 2008), Stand: 4.7.2016, Rz. 29, WPg Supplement 3/2008, 68 ff., IDW Life 8/2016, 731.

83) *Piltz*, Die Unternehmensbewertung in der Rechtsprechung, S. 150.

84) IDW, Bewertung und Transaktionsberatung, Kap. A Tz. 266.

85) IDW, Grundsätze zur Durchführung von Unternehmensbewertungen (IDW S 1 i. d. F. 2008), Stand: 4.7.2016, Rz. 32, WPg Supplement 3/2008, 68 ff., IDW Life 8/2016, 731.

86) IDW, Grundsätze zur Durchführung von Unternehmensbewertungen (IDW S 1 i. d. F. 2008), Stand: 4.7.2016, Rz. 32, WPg Supplement 3/2008, 68 ff., IDW Life 8/2016, 731.

konzept in der Regel nicht funktioniert hat und durch ein Sanierungskonzept ersetzt, jedenfalls modifiziert wird. Das Sanierungskonzept und die dort beschriebenen **Sanierungsmaßnahmen** werden jedoch regelmäßig vom **neuen Anteilseigner initiiert und finanziert.** Für Abfindungsregelungen im Insolvenzplan bzgl. ausscheidender Gesellschafter stellt sich somit die Frage, welche im Insolvenzplan vorgesehenen Sanierungsmaßnahmen bei der Berechnung der zukünftigen Erträge des Unternehmens berücksichtigt werden dürfen.

Auch für diese Frage ist das bereits dargestellte Stichtagsprinzip unter Berücksichtigung der Wurzeltheorie maßgeblich. Demnach sind zum Bewertungsstichtag, d. h. Annahme des Insolvenzplanes im Erörterungs- und Abstimmungstermin,[87] bereits eingeleitete oder konkretisierte Maßnahmen zu berücksichtigen. Daraus folgt: 67

- **Leistungswirtschaftliche Sanierungsmaßnahmen**, die nach dem Bewertungsstichtag umgesetzt werden sind grundsätzlich nicht zu berücksichtigen, es sei denn das Wertschöpfungspotential dieser Sanierungsmaßnahme lag bereits zum Bewertungsstichtag vor.
  - **Beispiel:** Maßnahmen zur Kostensenkung, die bereits zum Bewertungsstichtag hätten umgesetzt werden können oder dessen Umsetzungspotential bereits vorlag, sind zu berücksichtigen, wie etwa der Abbau von Personalüberhängen. Diese Maßnahmen sind bei der Berechnung der Abfindungen der Altgesellschafter zu berücksichtigen.
  - **Gegenbeispiel:** Der Sanierungsplan sieht mittel- bis langfristig die Erschließung neuer Märkte durch ein neu zu entwickelndes Produkt vor. Das daraus resultierende Wertschöpfungspotential steht nicht dem Altgesellschafter zu und ist somit bei der Berechnung einer Abfindung nicht zu berücksichtigen.
- **Finanzwirtschaftliche Sanierungsmaßnahmen:**
  - Die Zuführung von frischem Geld zur Finanzierung des operativen Geschäfts ist für die Bewertung des operativen Geschäfts grundsätzlich unerheblich (Bruttoverfahren). Freilich werden die Finanzmittel nominal in Abzug gebracht.
  - Für die Bestimmung eines Abfindungsanspruches des Altgesellschafters kann es auf einen Forderungserlass grundsätzlich nicht ankommen, denn vor dem Hintergrund der absoluten Vorrangregel aus § 245 Abs. 2 Nr. 2 InsO darf der Insolvenzplan grundsätzlich keine Abfindungsansprüche für die (nachrangigen) Altgesellschafter vorsehen, solange für die (vorrangigen) Insolvenzgläubiger der Insolvenzplan keine vollständige Befriedigung vorsieht. Außerhalb des Obstruktionsverbotes ist jedoch denkbar, dass der Insolvenzplan dennoch eine Abfindung für den Altgesellschafter vorsieht, wenn sämtliche Gläubigergruppen dem mehrheitlich zustimmen. Eine rechtliche Pflicht zur Abfindung des Altgesellschafters besteht indes nicht.

cc) Börsenkurses bei der Anteilsbewertung?

Das BVerfG hat in dem *DAT/Altana*-Beschluss entschieden, dass es mit Art. 14 GG unvereinbar sei, wenn bei der Ermittlung des Wertes der Unternehmensbeteiligung i. R. von § 305 AktG der Kurswert der Aktie völlig außer Betracht bleibt.[88] Aus dem Grundsatz der vollen Entschädigung folge vielmehr, dass keine niedrigere Barabfindung als der Börsenkurs festgelegt werden dürfe. 68

87) Zum Erörterungs- und Abstimmungstermin als für den Insolvenzplan maßgeblichen Bewertungsstichtag s. oben Rz. 50 ff.

88) BVerfG, Beschl. v. 27.4.1999 – 1 BvR 1613/94 (DAT/Altana), BVerfGE 100, 289 = ZIP 1999, 1436.

69 Richtigerweise finden diese Grundsätze nicht für die Anteilswertberechnung bei Entzug der Anteile im Insolvenzplan Anwendung.[89)] Das BVerfG begründet die Orientierung am Börsenkurs in seiner Rechtsprechung mit der freien Desinvestitionsmöglichkeit des Aktionärs.[90)] Es lässt eine Ausnahme von dieser Orientierung aber zu, wenn dieser ausnahmsweise nicht den Verkehrswert der Aktie widerspiegelt.[91)] Ein solcher Ausnahmetatbestand liegt auch in der Insolvenz der börsennotierten AG vor.[92)] Zwar weisen die Aktien börsennotierter Gesellschaften auch während des Insolvenzverfahrens häufig noch Kurswerte im niedrigen einstelligen Cent-Bereich auf. Allerdings ist dieser Börsenkurs zumeist nur durch einen verbleibenden Spekulationswert zu erklären, der in einer Wette auf die Beteiligung an einem Sanierungskonzept oder auch auf einer erhofften Nuisance-Value beruhen dürfte. Dieser Nuisance-Value oder Spekulationswert ist jedoch nicht von Art. 14 GG geschützt.[93)]

c) Praktische Vorgehensweise für die Bestimmung der Abfindung bei Anteilsentzug

aa) Zweistufige Prüfung

70 Grundsätzlich berechnet sich die Abfindung des Altgesellschafters bei Anteilsentzug nach dem Anteil am Schlussverteilungsüberschuss im fiktiven Regelinsolvenzverfahren. Dabei wird zwingend die Liquidation des Rechtsträgers, nicht aber die Zerschlagung des Unternehmens, unterstellt (Liquidationswert). Ein Firmenwert (Goodwill) ist anzusetzen, wenn ein Verkauf des Unternehmens im Wege der übertragenden Sanierung möglich ist (siehe ausführlich oben Rz. 18 ff.). Der auf diesem Wege ermittelte Liquidationswert bildet die Untergrenze für die Abfindung zwangsweise entzogener Anteile.

71 Ist das Unternehmen mit den berücksichtigungsfähigen Sanierungsmaßnahmen[94)] in der Lage, Ertragsüberschüsse oder Zahlungsströme bei **vollständiger Befriedigung der Gläubiger** zu generieren, ist im Einzelfall zu prüfen, ob der im Wege der Ertragswertmethode/DCF-Methode ermittelte Anteilswert (Fortführungswert) über dem Liquidationswert liegt.[95)] Der Fortführungswert wird auf der Grundlage des Insolvenzplanes ermittelt, wobei nur die im Zeitpunkt der Annahme des Insolvenzplanes bereits eingeleiteten oder hinreichend konkretisierten Maßnahmen zu berücksichtigen sind (siehe ausführlich oben Rz. 63 ff.).

> **Praxishinweis**
> Bei den meisten Insolvenzplänen wird eine Abfindung auf Basis der Ertragswertmethode oder DCF-Verfahren daran scheitern, dass eine vollständige Befriedigung der Gläubiger auch unter Beachtung der berücksichtigungsfähigen Sanierungsmaßnahmen nicht nachgewiesen werden kann. Zwingend ausgeschlossen ist dies jedoch nicht.[96)] Anhaltspunkte für einen ggf. noch vorhandenen Fortführungswert können insbesondere die fehlende Überschuldung sein, wenn also das Verfahren nur aufgrund von (drohender) Zahlungsunfähigkeit eröffnet wurde.[97)] Der auf diese Weise ermittelte Unternehmenswert abzüglich des Nominalwertes der Fremdverbindlichkeiten steht den Altgesellschaftern zu.

---

89) So auch *Pühl*, Der Debt Equity Swap im Insolvenzplanverfahren, Rz. 743; *Spliedt*, GmbHR 2012, 462; *Pleister/Kindler*, ZIP 2010, 503, 507; *Decher/Voland*, ZIP 2013, 103, 111; *Verse*, ZGR 2010, 299, 311 f.; **anders** *Sassenrath*, ZIP 2003, 1517, 1529.

90) BVerfG, Beschl. v. 27.4.1999 – 1 BvR 1613/94 (DAT/Altana), BVerfGE 100, 289 = ZIP 1999, 1436, 1440.

91) BVerfG, Beschl. v. 27.4.1999 – 1 BvR 1613/94 (DAT/Altana), BVerfGE 100, 289 = ZIP 1999, 1436, 1441.

92) *Pühl*, Der Debt Equity Swap im Insolvenzplanverfahren, Rz. 744.

93) So auch *Pühl*, Der Debt Equity Swap im Insolvenzplanverfahren, Rz. 744.

94) Zur Bestimmung von berücksichtigungsfähigen Sanierungsmaßnahmen auf der Grundlage des Stichtagsprinzips und der Wurzeltheorie s. ausführlich Rz. 58 ff.

95) Vgl. auch *Pühl*, Der Debt Equity Swap im Insolvenzplanverfahren, Rz. 746, der von „Mißbrauchskontrolle" spricht.

96) Vgl. z. B. im Fall *Suhrkamp GmbH & Co. KG*, AG Charlottenburg [Insolvenzgericht] – 36s IN 2196/13: Stundung um drei Monate.

97) *Pühl*, Der Debt Equity Swap im Insolvenzplanverfahren, Rz. 746.

bb) Beispiel

72 Die hier vertretenen Grundsätze für die Berechnung eines Fortführungswertes der Geschäftsanteile der Altgesellschafter soll durch nachfolgendes Beispiel veranschaulicht werden.

> **Sachverhalt:** Ein Unternehmen wird zahlungsunfähig. Grund für die Zahlungsunfähigkeit war der kurzfristige Ausfall eines Großkunden und die hohe Zinsbelastung der bisherigen Finanzierung. Da das Unternehmen auf Basis einer rechtsträgerbezogenen öffentlich-rechtlichen Genehmigung betrieben wird, kann das Unternehmen ohne Insolvenzplan lediglich zerschlagen werden. Die Bilanz enthält im hohen Maße handelsbilanziell nicht aktivierungsfähige Güter, wie z. B. selbst geschaffene immaterielle Vermögensgegenstände des Anlagevermögens (§ 248 HGB). Die Handelsbilanz weist ein negatives Eigenkapital aus. Gesamtverbindlichkeiten i. H. von 10 Mio. € stehen bilanzierungsfähigem Vermögen i. H. von 8 Mio. € gegenüber.
>
> Ein Investor ist gegen Übernahme sämtlicher Beteiligungen an der Zielgesellschaft bereit, alle Gläubiger mit einer 100 %igen Quote i. R. eines sog. Cash-out-Planes abzulösen. Der Insolvenzverwalter erarbeitet einen entsprechenden Insolvenzplan, welcher die Kapitalherabsetzung auf null, eine Barkapitalerhöhung unter Ausschluss des Bezugsrechts der Altgesellschafter i. H. von 1 Mio. € zzgl. 11 Mio. € Agio (Investorenbeitrag insgesamt 12 Mio. €) vorsieht. Zur Übernahme der i. R. der Kapitalerhöhung neu geschaffenen Geschäftsanteile wird der Investor I zugelassen. Das Geschäftsmodell ist grundsätzlich stabil. Eine leistungswirtschaftliche Sanierung des Unternehmens sieht der Insolvenzplan daher nicht vor. Der auf den Stichtag berechnete Fortführungswert beträgt 13 Mio. €. Dafür ist eine Working Capital Finanzierung i. H. von 2 Mio. € erforderlich, die aus dem Investorenbeitrag finanziert wird. Der Insolvenzverwalter hat unmittelbar nach Eröffnung des Insolvenzverfahrens mit dem Großkunden eine Vereinbarung über einen Zahlungsplan abgeschlossen.

Rechtsstellung der Altgesellschafter: 73

- **Zulässigkeit der Entziehung der Geschäftsanteile durch Kapitalschnitt?:**

  Die Kapitalherabsetzung auf null kann im Insolvenzplan geregelt werden. Bei der Zulässigkeit nach § 58a GmbHG, § 229 AktG wird auf die handelsbilanziellen Werte abgestellt.[98] Dies gilt grundsätzlich auch im Insolvenzplan (siehe dazu § 30 Rz. 73 ff. [*Brünkmans*]).[99] Der Bezugsrechtsausschluss ist zulässig. Eine besondere Rechtfertigung ist nicht erforderlich (siehe dazu § 30 Rz. 276 ff. [*Brünkmans*]). Der Investor hat sein Engagement i. Ü. von einer hundertprozentigen Beteiligung abhängig gemacht.

- **Abfindung:**

  Eine Berechnung der Abfindung zu Liquidationswerten i. R. von § 251 InsO würde dazu führen, dass die Altgesellschafter keine Abfindung erhalten. Im vorliegenden Beispiel wäre im Regelverfahren lediglich die Zerschlagung des Unternehmens und Einzelverwertung möglich. Bei der Einzelverwertung würden die Altgesellschafter im Range des § 199 InsO leer ausgehen.

  Dennoch stünde nach der hier vertretenen Auffassung der Fortführungswert (Zukunftserfolgswert) unter Beachtung des Vorrangprinzips der Gläubiger grundsätzlich den Altgesellschaftern zu. Der Investor führt das ursprüngliche Unternehmenskonzept lediglich fort. Die Berechnung des Fortführungswertes erfolgt zum Stichtag der Abstimmung über den Insolvenzplan und dieser beträgt 13 Mio. €.[100] Unter Abzug der durch den Insolvenzplan abgelösten Schulden 10 Mio. €, den Verfahrenskosten

98) Scholz-*Priester*, GmbHG, § 58a Rz. 13; *J. Vetter* in: MünchKomm-GmbHG, § 58a Rz. 13; Lutter/Hommelhoff-*Lutter*, GmbHG, § 58a Rz. 11; Noack/Servatius/Haas-*Kersting*, GmbHG, § 58a Rz. 15; *Koch*, AktG, § 229 Rz. 7; *Oechsler* in: MünchKomm-AktG, § 229 Rz. 21 f.

99) Anders *Schäfer/Wüstemann*, ZIP 2014, 1757, 1758.

100) Der Finanzbeitrag des neuen Gesellschafters i. H. von 2 Mio. € wird nach dem Stichtagsprinzip herausgerechnet.

i. H. von 250.000 € und der Working Capital Finanzierung i. H. von 2 Mio. € steht den Altgesellschaftern in diesem Fall ein Abfindungsanspruch i. H. von 750.000 € zu.

2. Bewertungsmaßstab für Abfindung bei Austritt (§ 225a Abs. 5 Satz 1 InsO)

74 Im Falle des Austritts des Gesellschafters, welcher durch eine gesellschaftsrechtliche Planregelung nach § 225a Abs. 2 oder Abs. 3 InsO veranlasst wurde, regelt § 225a Abs. 5 Satz 1 InsO ausdrücklich den Bewertungsmaßstab für die Berechnung von Abfindungsansprüchen. Der Austritt unterscheidet sich dabei vom Anteilsentzug insoweit, dass der Anteilsinhaber grundsätzlich freiwillig ausscheidet, ein Eingriff in die Anteilsrechte durch eine Planregelung jedoch Anlass für den Austritt ist (siehe ausführlich § 30 Rz. 479 ff. [*Brünkmans*]). In § 225a Abs. 5 Satz 1 InsO heißt es:

> „Stellt eine Maßnahme nach Abs. 2 oder 3 für eine am Schuldner beteiligte Person einen wichtigen Grund zum Austritt aus der juristischen Person oder Gesellschaft ohne Rechtspersönlichkeit dar und wird von diesem Austrittsrecht Gebrauch gemacht, so ist für die Bestimmung der Höhe eines etwaigen Abfindungsanspruches die Vermögenslage maßgeblich, die sich bei **einer Abwicklung des Schuldners** eingestellt hätte." (Hervorhebung durch den Verf.).

75 Mit Abwicklung des Schuldners ist die Liquidation des Rechtsträgers im Regelverfahren gemeint.[101] Dies muss nicht zwingend die Zerschlagung des Unternehmens sein. Vielmehr ist auf die prognostiziert bestmögliche Verwertung im Regelverfahren abzustellen, somit auch auf die Veräußerung des gesamten Unternehmens, wenn eine Fortführung durch einen Dritten i. R. einer übertragenden Sanierung möglich ist.[102] Es gelten die für die Bestimmung des Liquidationswertes bei der Anteilsentziehung maßgeblichen Grundsätze entsprechend (siehe oben Rz. 15 ff.). Die realistischen Chancen auf Generierung eines höheren Fortführungswertes über eine Veräußerung des Unternehmens sind ggf. über ein sog. Dual-Track-Verfahren zu eruieren (siehe dazu § 2 Rz. 90 ff. [*Brünkmans*]).

76 Anders als bei der Anteilsentziehung ist bei der Ermittlung des Abfindungsanspruchs aus § 225a Abs. 5 InsO nicht der Mehrwert zu berücksichtigen, den die Anteilsrechte aufgrund der durch den Insolvenzplan ermöglichten Fortführung erfahren.[103] § 225a Abs. 5 InsO schließt den austretenden Gesellschafter durch die künftige Fortführung nach Plansanierung geschaffenen Sanierungsmehrwert aus. Er verliert damit die Chance, an einer Werterholung zu partizipieren.[104] Dadurch sollen Bewertungsschwierigkeiten und Transaktionskosten vermieden werden, welche im Einzelfall mit der Bestimmung des Anteils des ausscheidenden Gesellschafters am potentiellen Sanierungserfolg verbunden sein können.[105]

77 Da der Anteilsinhaber in diesem Fall nicht hinausgedrängt wird, sondern sich freiwillig für den Austritt entscheidet, ist die Beschränkung des Abfindungsanspruchs auch verfassungsrechtlich unbedenklich.[106] Der austretende Gesellschafter leistet nicht nur keinen aktiven Sanierungsbeitrag, sondern nimmt durch den Austritt seinen noch vorhandenen Beteiligungswert vom Sanierungsrisiko aus.[107] Der austretende Gesellschafter kann sich nicht einerseits auf Maßnahmen nach Absatz 2 oder Absatz 3 als Grund für den Austritt

101) Vgl. Uhlenbruck-*Hirte*, InsO, § 225a Rz. 52; *Eidenmüller* in: MünchKomm-InsO, § 225a Rz. 117.

102) *Schäfer/Wüstemann*, ZIP 2014, 1757, 1759; K. Schmidt-*Spliedt*, InsO, § 225a Rz. 57.

103) K. Schmidt-*Spliedt*, InsO, § 225a Rz. 57; Braun-*Braun/Frank*, InsO, § 225a Rz. 30; *Spahlinger* in: KPB, InsO, § 225a Rz. 95.

104) K. Schmidt-*Spliedt*, InsO, § 225a Rz. 57; *Spahlinger* in: KPB, InsO, § 225a Rz. 95.

105) *Eidenmüller* in: MünchKomm-InsO, § 225a Rz. 118.

106) *Eidenmüller* in: MünchKomm-InsO, 225a Rz. 119; K. Schmidt-*Spliedt*, InsO, § 225a Rz. 57.

107) *Schäfer/Wüstemann*, ZIP 2014, 1757, 1759.

berufen, andererseits gleichzeitig geltend machen, am Erfolg des von ihm abgelehnten Sanierungsplanes zu partizipieren.[108)]

> **Praxishinweis**
>
> Steht dem Austretenden eine Abfindung zu gemäß § 225 Abs. 5 Satz 1 InsO, kann der Abfindungsanspruch bis zu drei Jahre gestundet werden (vgl. § 225a Abs. 5 Satz 2 InsO). Siehe dazu § 30 Rz. 479 ff. [*Brünkmans*].

IV. Rechtsbehelfe zur Geltendmachung von Abfindungsansprüchen

Für die Bestimmung der Rechtsbehelfe für die Geltendmachung von Abfindungsansprüchen der Altgesellschafter im Fall der Entziehung der Geschäftsanteile ist zwischen der Geltendmachung des Liquidationswertes und des Fortführungswertes zu differenzieren: 78

1. Geltendmachung des Liquidationswertes

Im Fall der Anteilsentziehung durch eine Insolvenzplanregelung kann der Gesellschafter den Liquidationswert des Anteils als Mindestabfindung über den Minderheitenschutzantrag aus § 251 InsO geltend machen. Für die Zulässigkeit des Minderheitenschutzantrages hat er glaubhaft zu machen, dass der Insolvenzplan den Entzug seines Geschäftsanteils vorsieht, ihm im fiktiven Regelinsolvenzverfahren nach § 199 InsO noch ein Anteil am Schlussverteilungsüberschuss zustehen würde und der Insolvenzplan ihm nicht mindestens in dieser Höhe einen Abfindungsanspruch gewährt. Es gelten die allgemeinen Grundsätze. Der Antragsteller hat insbesondere die Prämissen der Vergleichsrechnung des Insolvenzplanes zu erschüttern (siehe dazu § 20 Rz. 35 ff. [*Hirschberger*] sowie § 13 Rz. 112 ff. [*Brünkmans/Harmann*]). 79

Enthält der Insolvenzplan eine Regelung, welche den Anteilsinhaber zum Austritt berechtigt, kann dieser geltend machen, dass der Insolvenzplan keine Abfindung zu Liquidationswerten unter den weiteren Voraussetzungen des § 225a Abs. 5 InsO bereithält. Der Anteilsinhaber hat in diesem Fall glaubhaft zu machen, dass der Insolvenzplan eine Regelung enthält, die ihn grundsätzlich zum Austritt aus der Gesellschaft berechtigt. Auf die Ausübung des Austrittsrechts des Antragstellers kommt es nicht an, da das Austrittsrecht erst mit Rechtskraft des Insolvenzplanes entsteht. Siehe ausführlich § 30 Rz. 479 ff. [*Brünkmans*]. 80

Wird eine entsprechende Mehrheit in der Gruppe der Anteilsinhaber nicht gefunden, hat das Insolvenzgericht dies bereits i. R. des Obstruktionsverbotes nach § 245 Abs. 1 Nr. 1 InsO zu prüfen. 81

Darüber hinaus ist eine sofortige Beschwerde gegen den Planbestätigungsbeschluss gemäß § 253 InsO möglich. Nach der Rechtsprechung des BGH ist ein Minderheitenschutzantrag i. S. von § 251 InsO keine Voraussetzung für die sofortige Beschwerde gegen die Planbestätigung gemäß § 253 InsO (siehe dazu § 21 Rz. 16 [*Hirschberger*]).[109)] Ausreichend ist, dass der Altgesellschafter gegen den Insolvenzplan stimmt und Widerspruch zu Protokoll gibt. 82

Die Zulässigkeit des Minderheitenschutzantrages (§ 251 InsO) als auch der sofortigen Beschwerde (§ 253 InsO) setzt die Glaubhaftmachung der Schlechterstellung voraus. 83

Für den Fall, dass der Insolvenzplan einen Abfindungstopf nach § 251 Abs. 3 Satz 1 InsO vorsieht, ist eine Leistungsklage im ordentlichen Rechtsweg zu erheben (§ 251 Abs. 3 Satz 2 InsO). Einzelheiten siehe § 20 Rz. 71 ff. [*Hirschberger*]. 84

108) *Eidenmüller* in: MünchKomm-InsO, § 225a Rz. 120.

109) BGH, Urt. v. 17.7.2014 - IX ZB 13/14 (Suhrkamp), ZIP 2014, 1442, dazu EWiR 2014, 521 *(Madaus)*.

2. Geltendmachung des insolvenzplanspezifischen Fortführungswertes

85 Sowohl Minderheitenschutzantrag als auch sofortige Beschwerde setzen voraus, dass der Antragsteller glaubhaft macht, dass er durch den Insolvenzplan voraussichtlich (wesentlich) schlechtergestellt wird, als er ohne einen Insolvenzplan stünde. Nach h. A. ist Vergleichsmaßstab für eine Schlechterstellung der Vergleich mit dem Ergebnis der Regelverwertung, d. h. ohne Insolvenzplan.[110] Besteht aber ausnahmsweise auch ein – verfassungsrechtlich gebotener – Anspruch des Altgesellschafters auf Abfindung nach insolvenzplanspezifischen Fortführungswerten (siehe Rz. 28 ff.), ist es zur Wahrung eines effektiven Rechtsschutzes ebenfalls verfassungsrechtlich geboten, dem Altgesellschafter die Möglichkeit zuzugestehen, die fehlende oder unzureichende Abfindung zu Fortführungswerten im Insolvenzplan über den Minderheitenschutzantrag oder die sofortige Beschwerde geltend zu machen.[111] Sieht der Insolvenzplan einen Ausgleichstopf vor, kann auch der insolvenzplanspezifische Fortführungswert im Wege der Leistungsklage im ordentlichen Rechtsweg geltend gemacht werden (§ 251 Abs. 3 Satz 2 InsO).

86 Macht der Altgesellschafter den insolvenzplanspezifischen Fortführungswert i. R. des Minderheitenschutzantrages (§ 251 InsO), der sofortigen Beschwerde (§ 253 InsO) gegen den Insolvenzplan oder der Leistungsklage i. S. von § 251 Abs. 3 Satz 2 InsO geltend, hat er die Werthaltigkeit seiner Geschäftsanteile nach den oben dargelegten Bewertungsgrundsätzen (siehe Rz. 33 ff.) glaubhaft zu machen.

87 Wird eine entsprechende Mehrheit in der Gruppe der Anteilsinhaber nicht gefunden, hat das Insolvenzgericht i. R. des Obstruktionsverbotes nach § 245 Abs. 1 Nr. 1 InsO von Amts wegen zu prüfen, ob – ggf. über den Liquidationswert hinaus – der Insolvenzplan zwingend eine Abfindung nach insolvenzplanspezifischem Fortführungswert bereitstellen muss. Die Prüfung hat dahingehend zu erfolgen, ob Anhaltspunkte für einen ggf. noch vorhandenen Fortführungswert bestehen. Anhaltspunkte bestehen etwa bei der fehlenden Überschuldung der Gesellschaft im Zeitpunkt der Verfahrenseröffnung oder bei Gewährung einer (nahezu) 100 %igen Befriedigungsquote der Gläubiger im Insolvenzplan (siehe oben Rz. 48 f.).

C. Bewertung der Forderung beim Debt-to-Equity-Swap

I. Grundlagen

88 Eine mit der Einführung des ESUG eng verbundene finanzwirtschaftliche Sanierungsmaßnahme ist die Einbringung von Forderungen gegen das Schuldnerunternehmen gegen Gewährung von Geschäftsanteilen (sog. Debt-Equity-Swap). Dadurch wird das Unternehmen entschuldet, durch den Wegfall von Zins- und Tilgungsleistungen ggf. die Zahlungsunfähigkeit beseitigt und mit dem Wechsel der Gläubiger in die Eigenkapitalgeberposition erhalten diese die Möglichkeit, an einer erfolgreichen Restrukturierung zu partizipieren (Besserungsgedanke).[112]

89 In rechtlicher Hinsicht wird der Debt-Equity-Swap als **besondere Form der Sachkapitalerhöhung** verstanden.[113] Die für Sacheinlagen geltenden Offenlegungs- und Bewertungs-

110) BGH, Urt. v. 17.7.2014 – IX ZB 13/14 (Suhrkamp), Rz. 41, ZIP 2014, 1442; LG Hamburg, Beschl. v. 10.12.2014 – 326 T 163/14, ZInsO 2015, 159; *Haas* in: HK-InsO, § 251 Rz. 7; K. Schmidt-*Spliedt*, InsO, § 251 Rz. 7; *Sinz* in: MünchKomm-InsO, § 251 Rz. 26; kritisch *C. Schäfer*, ZIP 2015, 1208, 1211.

111) In diesem Sinne wohl auch *Schäfer*, ZIP 2015, 1208, 1211; vgl. auch *Pühl*, Der Debt Equity Swap im Insolvenzplanverfahren, Rz. 712.

112) *Priester*, DB 2010, 1445; *Schmidt/Schlitt*, Der Konzern 2009, 279, 280.

113) BGH, Beschl. v. 4.3.1996 – II ZB 8/95, BGHZ 132, 141, 143 = ZIP 1996, 668; *Schwandter* in: MünchKomm-GmbHG, § 5 Rz. 141; Scholz-*Tebben*, GmbHG, § 56 Rz. 13 f.

vorschriften sind entsprechend einzuhalten. Die Forderung wird dabei durch Forderungserlass oder durch Abtretung an das Schuldnerunternehmen und dadurch ausgelöste Konfusion eingebracht (siehe dazu § 30 Rz. 306 ff. [*Brünkmans*]). Die Gläubiger erhalten anstelle ihrer Forderung i. R. der Sachkapitalerhöhung neu geschaffene Anteile am Schuldnerunternehmen.

Die Einordnung als Sachkapitalerhöhung folgt unmittelbar aus dem Kapitalgesellschaftsrecht. Danach sind alle Einlagen, die nicht durch Einzahlung des Ausgabebetrages (§ 27 Abs. 1 Satz 1 AktG), also durch Leistung eines anderen Gegenstands als Geld zu leisten sind, als Sacheinlage zu behandeln.[114)] Die Schwierigkeit besteht dabei darin, dass sich die Umwandlung von Fremd- in Eigenkapital von allen anderen Formen der Bar- und Sachkapitalerhöhung grundlegend unterscheidet: Während ansonsten der Gesellschaft Aktivvermögen zufließt, führt der Debt-Equity-Swap zu einem **reinen Passivtausch, bei dem Fremd- zu Eigenkapital wird,**[115)] eine Zuführung von Aktivvermögen jedoch nicht erfolgt.[116)] 90

Kardinalfrage bei der Umsetzung eines Debt-Equity-Swap ist, zu welchem Wert die Forderung i. R. der Sachkapitalerhöhung eingebracht werden kann. 91

Dies gilt auch für die Umsetzung eines Debt-Equity-Swap im Wege des Insolvenzplanverfahrens.[117)] Zwar ist die Differenzhaftung des Inferenten im Fall einer Überbewertung der Forderung gemäß § 254 Abs. 4 InsO ausdrücklich ausgeschlossen.[118)] Mit dem Ausschluss der Differenzhaftung ist jedoch nicht auch das Verbot der Unter-Pari-Emission (§ 34 AktG, für GmbH analog) im Insolvenzplanverfahren außer Kraft gesetzt. Der **Kapitalschutz** wird vielmehr auf die **präventive Kontrolle durch das Gericht konzentriert.**[119)] Mit dem Außerkraftsetzen des Repressivschutzes der Differenzhaftung steigt entsprechend die Bedeutung des Präventivschutzes i. R. der gerichtlichen Prüfung. Die Vorschriften über die Sachkapitalerhöhung und damit die aus § 184 Abs. 3 AktG resultierende Werthaltigkeitsprüfung findet damit grundsätzlich Anwendung.[120)] 92

Damit die im Insolvenzplan geregelte Kapitalerhöhung gesellschaftsrechtlich zulässig und das Insolvenzgericht den Insolvenzplan entsprechend bestätigen kann, ist i. R. der Sacheinlageprüfung der Wert der Sacheinlage zu ermitteln (siehe dazu ausführlich § 30 Rz. 209, 268 ff., 353 [*Brünkmans*]). Der Wert der einzubringenden Forderung gegen das Unternehmen muss den geringsten Ausgabebetrag der dafür zu gewährenden Anteile erreichen. Eine gegen dieses Verbot der Unter-Pari-Emission verstoßende Planregelung führt dazu, dass die im Plan vorgesehene Maßnahme nicht gesellschaftsrechtlich zulässig ist (§ 225a Abs. 3 InsO) und das Insolvenzgericht den Insolvenzplan wegen Verstoßes gegen die Vorschriften über den Inhalt des Insolvenzplanes nicht bestätigen darf (§ 250 Abs. 1 Nr. 1 InsO). 93

---

114) *Lieder* in: MünchKomm-GmbHG, § 56 Rz. 4; Scholz-*Tebben*, GmbHG, § 56 Rz. 4; *Koch*, AktG, § 183 Rz. 2; *Arnold* in: FS Hoffmann-Becking, S. 29, 30.

115) *Arnold* in: FS Hoffmann-Becking, S. 29, 39.

116) *Arnold* in: FS Hoffmann-Becking, S. 29, 39.

117) Zur technischen Umsetzung und Regelungsgestand im gestaltenden Teil des Insolvenzplanes s. ausführlich § 30 Rz. 306 ff. [*Brünkmans*].

118) Trotz Ausschlusses der Differenzhaftung für den Inferenten bleiben jedoch die allgemeinen Haftungsrisiken des Insolvenzverwalters oder Geschäftsführers bei einer Überbewertung der Forderung bestehen, s. dazu ausführlich § 30 Rz. 357 ff. [*Brünkmans*].

119) *Arnold* in: FS Hoffmann-Becking, S. 29, 36; *K. Schmidt*, BB 2011, 1603, 1609.

120) Für die Vertreter der Nennwertthese sind die Sacheinlagevorschriften i. R. eines Debt-Equity-Swap jedoch teleologisch auf die Bestimmungen über die Offenlegung des Einlegers und des Einlegungsgegenstandes (Forderung) zu reduzieren, vgl. *Meyer/Degener*, BB 2011, 846, 849; s. dazu unten Rz. 100 ff.

94 Das Umtauschverhältnis Forderung gegen Nennkapital i. R. des Debt-Equity-Swap kann vor dem Hintergrund vom Planarchitekten nicht frei bestimmt oder mit den Beteiligten der Sanierung ausgehandelt werden.

95 Als **normative Leitplanken für die Bestimmung des Umtauschverhältnisses** kommen in Betracht:

- Der den §§ 56, 56a, 57 Abs. 2 und 3, 57a GmbHG, §§ 183, 184 Abs. 3, 185 Abs. 1 Satz 3, § 188 Abs. 2 und Abs. 3 Nr. 2 AktG zu entnehmende **Grundsatz der realen Kapitalaufbringung**, welcher durch die Werthaltigkeitsprüfung der Sacheinlage i. R. der Sachkapitalerhöhung gewährleistet wird. Dieser schützt nach h. M. die (zukünftigen) Gläubiger der Kapitalgesellschaft.[121)]
- Der Schutz der Altgesellschafter vor Verwässerung ihrer Geschäftsanteile.
- Der **Gläubigergleichbehandlungsgrundsatz**, wenn – wie in der Praxis meistens der Fall – nicht sämtliche Insolvenzgläubiger ihre Forderungen i. R. eines Debt-Equity-Swap umwandeln.
- Das **Verbot der übermäßigen Befriedigung** nach § 245 Abs. 2 Nr. 1 InsO. Der Wert der erworbenen Beteiligung darf nicht höher sein als der Nennwert der Forderung.

96 Nachfolgend sollen diese normativen Leitplanken für das Umtauschverhältnis näher beleuchtet werden. Ihre Anwendung für die Wertfindung in der Praxis wird unter Rz. 170 f. dargestellt.

II. Normative Leitplanken für die Forderungsbewertung und Festlegung des Umtauschverhältnisses beim Debt-Equity-Swap im Insolvenzplanverfahren

1. Grundsatz der realen Kapitalaufbringung

a) Zweck der Werthaltigkeitsprüfung: Schutz der zukünftigen Gläubiger

97 Aus der Einordnung des Debt-Equity-Swap als Sachkapitalerhöhung folgt der Grundsatz der realen Kapitalaufbringung. Der Wert des einzulegenden Gegenstandes (Sacheinlage) muss dem geringsten Ausgabebetrag (§ 9 Abs. 1 AktG) der hierfür gewährten Aktien oder Geschäftsanteile entsprechen. Bei der AG hat die Prüfung des Wertes der Sacheinlage stets durch unabhängige, sachverständige Prüfer zu erfolgen (§§ 33 Abs. 2 Nr. 4, Abs. 4 und 5, 34, 183 Abs. 3, 194 Abs. 4, 205 Abs. 5 AktG), deren Prüfungsbericht beim Registergericht einzureichen ist.[122)] Das GmbHG sieht hingegen lediglich einen Sachgründungsbericht der Gründer bei einer Sachgründung (§ 5 Abs. 4 Satz 2 GmbHG), nicht jedoch einen Sachkapitalerhöhungsbericht bei einer Sachkapitalerhöhung vor.[123)] Dem Registerrichter wird allerdings das Recht zugebilligt, im Einzelfall einen solchen Bericht, mindestens aber eine entsprechende Darlegung zu verlangen.[124)] Wurde die Sacheinlage

121) *Schwaiger* in: Beck'sches Hdb. GmbH, § 2 Rz. 116; *Servatius* in: BeckOGK-Aktienrecht, § 183 AktG Rz. 60.3, 56 (m. Fn. 150); K. Schmidt/Lutter-*Veil*, AktG, § 183 Rz. 1, § 184 Rz. 11; *Priester*, DB 2010, 1445, 1447; *Priester* in: FS 100 Jahre GmbHG, S. 159, 167; *Cahn/Simon/Theiselmann*, CFL 2010, 238, 242. Der Schutz der bestehenden Gläubiger erfolgt im Insolvenzplanverfahren bereits durch die Regeln der InsO über das Insolvenzplanverfahren. Zum Streitstand und den Besonderheiten im Insolvenzplanverfahren s. unten Rz. 151 f.

122) Zu den Prüfungskompetenzen von Insolvenzgericht und Registergericht s. ausführlich § 29 Rz. 98 ff., 148, 178 ff. [*Brünkmans*] sowie § 14 [*Laroche*].

123) So die h. M., Scholz-*Tebben*, GmbHG, § 56 Rz. 38 f.; *Lieder* in: MünchKomm-GmbHG, § 56 Rz. 130 f.; Michalski/Heidinger/Leible/J. Schmidt-*Ziemons*, GmbHG, § 56 Rz. 28; nach a. A. besteht eine Pflicht zur Erstellung eines Sachkapitalerhöhungsbericht: OLG Stuttgart, Beschl. v. 19.1.1982 – 8 W 295/81, BB 1982, 398; *Altmeppen*, GmbHG, § 56 Rz. 10; *Priester*, DNotZ 1980, 515, 526.

124) Scholz-*Tebben*, GmbHG, § 56 Rz. 39; *Lieder* in: MünchKomm-GmbHG, § 56 Rz. 112; Michalski/Heidinger/Leible/J. Schmidt-*Ziemons*, GmbHG, § 56 Rz. 29.

überbewertet und trotz der präventiven Werthaltigkeitsprüfung im Handelsregister eingetragen, muss der betroffene Gesellschafter im Grundsatz repressiv die Wertdifferenz zwischen Sachwert zum Zeitpunkt der Anmeldung und Nennbetrag der Anteile in bar ausgleichen (§§ 9 Abs. 1 Satz 1, 56 Abs. 2 GmbHG). Diese sog. Differenzhaftung ist nach § 254 Abs. 4 InsO für den im Insolvenzplan geregelten Debt-Equity-Swap kraft Gesetzes ausgeschlossen.[125)] **Maßgeblicher Zeitpunkt** für die Werthaltigkeit der Sacheinlage ist nach h. M. der Zeitpunkt der **Anmeldung der Kapitalerhöhung** zum Handelsregister.[126)]

Die Werthaltigkeitsprüfung bezweckt i. R. der Sachkapitalerhöhung nach h. M. ausschließ- 98
lich den **Gläubigerschutz**.[127)] Insbesondere im Aktienrecht wird teilweise vertreten, dass die Werthaltigkeitsprüfung auch die **Altgesellschafter vor einer Verwässerung** ihrer Beteiligungen durch unzulängliche Beitragsleistungen von Mitgesellschaftern oder Neugesellschaftern schützen soll.[128)] Dem wird von der h. M. entgegengehalten, dass Gesellschafter, die sich gegen eine (vermeintliche) Überbewertung von Sacheinlagen und die daraus resultierende Verwässerung ihrer Beteiligungen wehren wollen, gegen den Kapitalerhöhungsbeschluss stimmen, oder ihr Anfechtungsrecht (bei der GmbH) bzw. ihren nach § 255 Abs. 4 AktG zustehenden Ausgleichsanspruch (so bei der AG seit Inkrafttreten des ZuFinG I)[129)] geltend machen können.[130)] Inwieweit der h. M. gefolgt wird, kann für die Sachkapitalerhöhung auf der Grundlage eines Insolvenzplanes offenbleiben. Für die **Altgesellschafter** besteht **im Insolvenzplan ohnehin kein Bestandsschutz**, sondern allenfalls ein Entschädigungsanspruch. Siehe ausführlich Rz. 10 ff. und zur Ausnahme bei lediglich drohender Zahlungsunfähigkeit § 29 Rz. 57 ff. [*Brünkmans*].

Festzuhalten bleibt somit, dass der primäre Zweck ordnungsgemäßer Nennkapitalauf- 99
bringung der Schutz der (künftigen) Gläubiger ist. Dabei geht es um den Schutz der zukünftigen Gläubiger nach Eintragung der Kapitalerhöhung in das Handelsregister.[131)]

b) Nennwertthese: Gläubigerschutz durch Publizität gewahrt

Zum Teil wird vertreten, dass bei einem Debt-Equity-Swap eine Bestimmung des Wertes 100
der Sacheinlage und eine entsprechende Werthaltigkeitsprüfung der Forderung nicht erforderlich seien. Vielmehr sei die Einlage zum Nennwert der Forderung möglich.[132)] Wird eine Forderung i. R. einer Kapitalerhöhung eingelegt, seien die **Sacheinlagebestimmun-**

125) Zu den sonstigen Haftungsgefahren bei Überbewertung der Sacheinlage s. § 30 Rz. 357 ff. [*Brünkmans*].

126) *Miller* in: BeckOK-GmbHG, § 57a Rz. 27; Noack/Servatius/Haas-*Servatius*, GmbHG, § 57a Rz. 12; Michalski/Heidinger/Leible/J. Schmidt-*Ziemons*, GmbHG, § 57a Rz. 13; *Koch*, AktG, § 183 Rz. 21; a. A. K. Schmidt/Lutter-*Veil*, AktG, § 184 Rz. 11; *Servatius* in: BeckOGK-Aktienrecht, § 183 AktG Rz. 59.

127) *Cahn/Simon/Theiselmann*, CFL 2010, 238, 242; *Priester*, DB 2010, 1445, 1447; *Priester* in: FS 100 Jahre GmbHG, S. 159, 167; so zu den Kapitalaufbringungsvorschriften allgemein *Schwaiger* in: Beck'sches Hdb. GmbH, § 2 Rz. 116; in der aktienrechtlichen Literatur *Servatius* in: BeckOGK-Aktienrecht, § 183 AktG Rz. 60.3, 56; wohl auch in: K. Schmidt/Lutter-*Veil*, AktG, § 184 Rz. 11, im Unterschied zu § 183 Rz. 25 ff.

128) Für das Aktienrecht *Stein/Fischer*, ZIP 2014, 1362, 1364; *Koch*, AktG, § 184 Rz. 6, § 183 Rz. 1, 16; für das GmbH Recht etwa *Priester*, DB 2010, 1445, 1447.

129) Gesetz zur Finanzierung von zukunftssichernden Investitionen (Zukunftsfinanzierungsgesetz – ZuFinG I), v. 11.12.2023, BGBl. I 2023, Nr. 354.

130) Vgl. zur alten Rechtslage *Servatius* in: BeckOGK-Aktienrecht, § 183 AktG Rz. 60.3; *Cahn/Simon/Theiselmann*, CFL 2010, 238, 242.

131) *Priester*, DB 2010, 1445, 1447; im Insolvenzplanverfahren erfolgt der Schutz der bestehenden Gläubiger durch die Regeln der InsO über das Insolvenzplanverfahren.

132) *Cahn/Simon/Theiselmann*, CFL 2010, S. 238; *Cahn/Simon/Theiselmann*, DB 2010, 1629, 1631 f.; *Maier-Reimer* in: VGR, Gesellschaftsrecht in der Diskussion 2011, S. 107, 113 ff.; *Spliedt*, GmbHR 2012, 462, 464; K. Schmidt-*Spliedt*, InsO, § 225a Rz. 23; *Hölzle* in: Kübler/Bork/Prütting, HRI II, § 26 Rz. 26 ff.; *Karollus*, ZIP 1994, 589, 595 f.

gen (§§ 56, 19, 5 GmbHG; §§ 27, 183 AktG) **im Wege teleologischer Reduktion auf die Regelungen über die Offenlegung beschränkt.** Eine Bewertung der Forderung ist nach dieser sog. Nennwertthese nicht erforderlich.[133)]

101 Der Schutz der zukünftigen Gläubiger soll nach dieser Auffassung über die vorgeschriebene Offenlegung[134)] der Sacheinlage erfolgen, nicht aber durch die bei der gewöhnlichen Sachkapitalerhöhung (§ 5 Abs. 4 GmbHG, §§ 27, 34 AktG) vorgeschriebene Werthaltigkeitsprüfung. Die Vertreter der Nennwertthese sehen in einem Vollwertigkeitserfordernis eine undifferenzierte Anwendung der für die Einbringung von Forderungen gegen Dritte geltenden Grundsätze. Anders als bei der Einbringung von Forderungen gegen Dritte wird bei der Einbringung von Forderungen gegen die Gesellschaft das Aktivvermögen der Gesellschaft nicht vermehrt. Beim Debt-Equity-Swap gehe es hingegen um eine Reduzierung der Passiva.[135)] Maßgeblich sei deshalb nicht die bilanzielle Auswirkung der Einlageleistung beim Inferenten, sondern bei der Gesellschaft.[136)]

102 Für den maßgeblichen Zweck des Kapitalaufbringungsprinzips – Gläubigerschutz – seien eine Abweichung vom Nennwertprinzip und die Beachtung eines Vollwertigkeitserfordernisses bei der Einbringung von Forderungen gegen die Gesellschaft nicht erforderlich.[137)] Im Gegenteil sei die **Einbringung zum Nennwert für die Gläubiger vorteilhafter**, weil durch die Einbringung einer Forderung gegen die Gesellschaft der betreffende Gläubiger als Konkurrent der übrigen Gläubiger um das Vermögen der Gesellschaft ausscheide.[138)] Für die verbleibenden Gläubiger könne dies nur vorteilhaft sein, denn ihre Befriedigungsaussichten stiegen damit.[139)]

103 Diese Argumente überzeugen indes nicht. Dass für die verbleibenden Gläubiger die Nennwerteinbringung vorteilhafter sei, stimmt in der Sache nicht. Auch die Einbringung zum tatsächlichen Verkehrswert führt zu einem vollständigen Erlass der Forderung i. H. des Nennwertes und damit zur vollständigen Eliminierung der Forderung, allerdings zum Preis eines niedrigeren Nennkapitals.

104 Ein **entscheidendes Argument gegen die Nennwertthese** tritt hervor, wenn man sich auf den oben herausgearbeiteten Zweck des Kapitalaufbringungsprinzips besinnt. Es geht um den **Schutz der Neugläubiger**. Eine kategorische Einbringung zum Nennwert ist mit diesem Schutzzweck nicht zu vereinbaren.[140)] Die Einbringung zum Nennwert kann nämlich im Einzelfall ein **verzerrtes Bild über die Finanzausstattung** der Gesellschaft erzeugen.[141)] Im schlimmsten Fall führt dies zu einer Aufblähung der Bilanz, die Kapitalziffer würde zu einer Phantasiezahl werden, der kein entsprechendes Verlustdeckungspotential gegenübersteht.[142)]

---

133) *Cahn/Simon/Theiselmann*, CFL 2010, 238, 238 ff.

134) So muss der Einlagegenstand im Kapitalerhöhungsbeschluss präzise bezeichnet werden; vgl. *Verse* in: MünchKomm-AktG, § 183 Rz. 41 m. w. N.; *Lieder* in: MünchKomm-GmbHG, § 56 Rz. 38 m. w. N. Der Kapitalerhöhungsbeschluss wird wiederum beim Handelsregister hinterlegt.

135) *Cahn/Simon/Theiselmann*, CFL 2010, 238, 243: Bei einem Debt-Equity-Swap handele es sich um einen rein buchungstechnischen Vorgang, in dem das Eigenkapital gegen Verbindlichkeiten gebucht wird und nicht – wie bei der gewöhnlichen Sachkapitalerhöhung – um die Erhöhung einer Aktivposition.

136) *Cahn/Simon/Theiselmann*, CFL 2010, 238, 243.

137) *Cahn/Simon/Theiselmann*, CFL 2010, 238, 244.

138) *Cahn/Simon/Theiselmann*, CFL 2010, 238, 244.

139) *Cahn/Simon/Theiselmann*, CFL 2010, 238, 244.

140) Vgl. auch *Brinkmann*, WM 2011, 97, 101, dort Fn. 40; *Meyer/Degener*, BB 2011, 846, 849.

141) *Pühl*, Der Debt Equity Swap im Insolvenzplanverfahren, Rz. 805; *Brünkmans*, ZInsO 2017, 1401, 1406.

142) *Arnold* in: FS Hoffmann-Becking, S. 29, 30, 38; *Priester*, DB 2010, 1445, 1448; *Pühl*, Der Debt Equity Swap im Insolvenzplanverfahren, Rz. 900.

Wird die Verbindlichkeit in Nennkapital umgewandelt, sehen künftige Gläubiger[143)] eine erhöhte Haftkapitalziffer und damit ein entsprechendes Verlustdeckungspotential, von dem sie annehmen dürfen, dass es ordnungsgemäß aufgebracht wurde.[144)] Diese Gefahr der „Täuschung des Rechtsverkehrs" wird nicht mit dem Verweis auf die Publizität der Kapitalmaßnahme eingedämmt.[145)] Gläubigern umständliche Erwägungen und Nachforschungen über Hintergründe der Kapitalerhöhung aufzubürden, wird dem Verkehrsschutz nicht gerecht.[146)]

Die Einbringung zum tatsächlichen Forderungswert ist hingegen grundsätzlich geeignet, eine die tatsächliche Finanzverfassung der Gesellschaft verzerrende, zu hohe Ausweisung des Nominalkapitals zu verhindern.[147)] Das Vertrauen des Geschäftsverkehrs in die Stammkapitalziffer und in das Prinzip der realen Kapitalaufbringung wird gewahrt. 105

Maßgeblich ist nicht zuletzt, dass für den vorliegend im Fokus stehenden Debt-Equity-Swap im Insolvenzplanverfahren der **ESUG-Gesetzgeber von der Notwendigkeit einer Bewertung der Forderung ausging** und sich damit eindeutig für das Vollwertigkeitsprinzip ausgesprochen hat.[148)] Zwar wurde zur Förderung der Sanierung und Umsetzung eines Debt-Equity-Swap im Insolvenzplanverfahren kraft Gesetzes (§ 254 Abs. 4 InsO) die Differenzhaftung als repressives Instrument der realen Kapitalaufbringung abgeschafft.[149)] Mit dem gleichzeitigen Festhalten am Vollwertigkeitsprinzip steigt indes die Bedeutung des präventiven Instruments der realen Kapitalaufbringung, namentlich die Werthaltigkeitsprüfung durch Insolvenz- und ggf. Registergericht (siehe dazu § 30 Rz. 209, 268 ff., 353 [*Brünkmans*]). Selbst Vertreter der Nennwertthese halten aufgrund dieser eindeutigen Stellungnahme des ESUG-Gesetzgebers die uneingeschränkte Umwandlung zum Nennwert nur außerhalb des Insolvenzplanverfahrens, nicht jedoch für den hier im Fokus stehenden Debt-Equity-Swap im Insolvenzplan für möglich.[150)] 106

Es bleibt somit festzuhalten, dass jedenfalls beim Debt-Equity-Swap im Insolvenzplanverfahren stets der Verkehrswert der Forderung zu ermitteln ist und die Forderung nur i. H. dieses Verkehrswertes eingelegt werden kann. Eine generelle Einbringung zum Nennwert scheidet daher im Insolvenzplanverfahren in jeder Hinsicht aus. 107

143) Vorteile für den Schutz der (zukünftigen) Gläubiger sieht die Nennwertthese in der fehlenden Ausschüttungsfähigkeit. Ohne Anrechnung zum Nennwert wäre der nicht werthaltige Teil der Forderung entweder in die Kapitalrücklage (§ 272 Abs. 2 Nr. 4 HGB) oder als Ertrag über die GuV zu verbuchen. Dadurch würde das zukünftige Ausschüttungspotential erhöht werden (*Cahn/Simon/Theiselmann*, CFL 2010, 238, 245). Dem wird jedoch zu Recht entgegnet, dass dies in Krise und Insolvenz – um diese Fälle geht es, denn andernfalls wäre die Forderung ohnehin vollständig werthaltig – aufgrund aufgelaufener Verluste nicht zur Ausschüttbarkeit, sondern lediglich dazu führe, dass aufgelaufene Verlust gemindert werden (*Priester*, DB 2010, 1445, 1449).

144) *Priester*, DB 2010, 1445, 1448.

145) So *Cahn/Simon/Theiselmann*, CFL 2010, 238, 246: Die Offenlegung des Gegenstandes der Einlage informiere aktuelle und potentielle Gläubiger hinreichend darüber, dass kein Vermögen zugeführt wurde, sondern lediglich ein Passivtausch stattgefunden hat.

146) So auch *Thole*, Gesellschaftsrechtliche Maßnahmen in der Insolvenz, Rz. 333; *Altmeppen* in: FS Hommelhoff, S. 1, 14.

147) So auch *Pühl*, Der Debt Equity Swap im Insolvenzplanverfahren, Rz. 805; *Priester*, DB 2010, 1445, 1448.

148) Begr. RegE ESUG, BT-Drucks. 17/5712, S. 31 f.

149) S. *Thole*, Gesellschaftsrechtliche Maßnahmen in der Insolvenz, Rz. 333: Mit § 254 Abs. 4 InsO wurde nur die Differenzhaftung, nicht jedoch das Prinzip der realen Kapitalaufbringung außer Kraft gesetzt.

150) So *Cahn/Simon/Theiselmann*, DB 2012, 501, 503 f.; *Simon/Merkelbach*, NZG 2012, 121, 123; für die Anwendung der Nennwertthese auch im Insolvenzplanverfahren hingegen *Maier-Reimer* in: VGR, Gesellschaftsrecht in der Diskussion 2011, S. 107, 113 ff.; vgl. *Hölzle* in: Kübler/Bork/Prütting, HRI II, § 26 Rz. 91; *Spliedt*, GmbHR 2012, 462, 464; K. Schmidt-*Spliedt*, InsO, § 225a Rz. 24.

c) Bewertungsmaßstab i. R. der herrschenden Meinung (Vollwertigkeitserfordernis)

108 Steht mit der h. M. die Notwendigkeit der Ermittlung des tatsächlichen Wertes der Forderung als Höchstgrenze für die Umwandlung in Nennkapital fest, stellt sich Frage, nach welchen Bewertungsmaßstäben der Wert der Forderung zu ermitteln ist. Hier stehen sich Neutralisierungsthese einerseits und das Schuldendeckungsprinzip andererseits gegenüber.

aa) Neutralisierungsthese

109 Neuerdings wird in der Literatur die sog. Neutralisierungsthese vertreten.[151] Danach kann eine Forderung i. R. eines Debt-Equity-Swap nur in der Höhe in Nennkapital umgewandelt werden, soweit durch sie entsprechendes, bislang **durch die Verbindlichkeit gleichsam „neutralisiertes" Aktivvermögen freigesetzt** wird. Die Aktiva müssen nicht nur sämtliche Verbindlichkeiten unter Einschluss der einzubringenden, sondern auch alle sonstigen Fremdkapitalposten abdecken.[152] Dieser Ansatz sei zwingend erforderlich, damit die Umwandlung einer Verbindlichkeit mit der Zuführung neuen Aktivvermögens gleichgestellt werde.

110 Wonach sich das „Freisetzen" des Vermögens bemisst, wird innerhalb der Neutralisierungsthese unterschiedlich betrachtet. Teilweise wird auf **handelsbilanzielle Werte** abgestellt.[153] Andere stellen wiederum auf den **insolvenzrechtlichen Überschuldungsstatus** ab, sodass stille Reserven zu berücksichtigen sind.[154]

111 Die Neutralisierungsthese als Bewertungsmaßstab überzeugt jedoch nicht. Das Erfordernis der Freisetzung von Aktivvermögen findet sich weder im Gesetz,[155] noch ist dieses im Lichte des Zwecks der Kapitalaufbringung erforderlich.

112 Zwar ist richtig, dass der Debt-Equity-Swap erst den Effekt einer Kapitalerhöhung erhält, indem durch die Umwandlung von Fremd- in Eigenkapital Vermögenswerte auf der Aktivseite von ihrer Zwecksetzung als Schuldendeckungsmasse befreit werden.[156] Nicht überzeugend ist indes, diesen Befreiungseffekt auf den Betrag zu beschränken, um den nach der Forderungsumwandlung die Aktiva der Gesellschaft deren Passiva übersteigen. Dies hätte im Ergebnis zur Folge, dass die Gläubiger, die sich mit ihren Forderungen an der Kapitalerhöhung beteiligen, letztlich verpflichtet sind, zugunsten der übrigen Gläubiger den gesamten nicht durch Eigenkapital gedeckten Fehlbetrag auszugleichen.[157] Dadurch wird der **Kapitalaufbringungsschutz** jedoch **überspannt**. Außerhalb der vorliegenden Diskussion ist allgemein anerkannt, dass der mit der Kapitalerhöhung zugeführte Gegenstand (etwa auch Bareinlage) dem Nennwert der neu geschaffenen Geschäftsanteile und dem Erhöhungsbetrag der Stammkapitalziffer entsprechen muss. Nicht erforderlich ist hingegen, dass im Zeitpunkt der Anmeldung die Gesellschaft über ein Nettovermögen i. H. des Erhöhungsbetrages verfügen muss.[158]

151) *Priester*, DB 2010, 1445, 1448; *Ekkenga*, DB 2012, 331, 336.

152) *Priester*, DB 2010, 1445, 1448.

153) So *Ekkenga*, DB 2012, 331, 336.

154) *Priester*, DB 2010, 1445, 1445.

155) S. a. *Cahn/Simon/Theiselmann*, CFL 2010, 238, 246.

156) S. *Arnold* in: FS Hoffmann-Becking, S. 29, 39.

157) S. *Arnold* in: FS Hoffmann-Becking, S. 29, 41, der darauf hinweist, dass nach der Neutralisierungsthese ein Debt-Equity-Swap stets scheitern würde, wenn nur Forderungen i. H. des nicht durch Eigenkapital gedeckten Fehlbetrages umgewandelt werden und damit allein die entstandene Überschuldung beseitigt werden soll, denn es würde in diesem Fall kein Aktivvermögen freigesetzt.

158) BGH, Urt. v. 18.3.2002 – II ZR 363/00, NJW 2002, 1716, 1717 f. = ZIP 2002, 799; Noack/Servatius/Haas-*Servatius*, GmbHG, § 57 Rz. 11; *Priester*, ZIP 1994, 599, 603.

Ist die Gesellschaft überschuldet, stehen den Verbindlichkeiten keine Aktiva in gleicher Höhe, sondern nur entsprechend ihrer Befriedigungsquote gegenüber. Folglich werden durch die Umwandlung einer Forderung in Eigenkapital **Aktiva i. H. der Schuldendeckungsquote freigesetzt.**[159] Richtigerweise kommt es beim Debt-Equity-Swap einer überschuldeten Gesellschaft somit auf die **Befriedigungsquote ihres Nennwertes** an. Genau in dieser Höhe wird der Gesellschaft unter wirtschaftlicher Betrachtung[160] Vermögen zugeführt. Die umgewandelten Forderungen sind i. H. der Befriedigungsquote objektiv werthaltig.[161] 113

bb) Schuldendeckungsfähigkeit (Befriedigungsquote)

(1) Rechtsprechung außerhalb des Insolvenzplanverfahrens

Auch die bisherige Rechtsprechung außerhalb des Insolvenzplanverfahrens und ein Großteil der Literatur stellen auf die Schuldendeckungsfähigkeit ab. Eine Forderung ist danach nur insoweit zum Nennwert einlagefähig, als sie **fällig, liquide** und **wirtschaftlich vollwertig** ist:[162] 114

- **Fällig:** Die Fälligkeit einer Forderung bestimmt sich nach allgemeinen Regeln (§ 271 BGB). Sofern die Forderung nicht fällig ist, hat eine Abzinsung vom Zeitpunkt der Fälligkeit auf den Zeitpunkt der Bewertung zu erfolgen.[163]
- **Liquide:** Liquide ist eine Forderung, wenn sie nach Grund und Höhe unbestritten ist und ihr keine Einreden oder Einwendungen der Gesellschaft entgegenstehen.[164] Entscheidend ist dabei, ob objektiv Zweifel an der Existenz oder Durchsetzbarkeit der Forderung bestehen.[165]
- **Vollwertig:** Eine gegen die Gesellschaft bestehende Forderung ist nach der Rechtsprechung des BGH nicht vollwertig, wenn das Gesellschaftsvermögen im Zeitpunkt der Befriedigung dieser Forderung nicht ausreicht, um alle fälligen Forderungen ihrer Gläubiger zu erfüllen. In diesem Fall sind alle Gläubigerforderungen in ihrem Wert gemindert; eine einzelne Forderung könnte nur auf Kosten der anderen Gläubigerforderungen vollständig befriedigt werden.[166]

Ist die Gesellschaft im maßgeblichen Zeitpunkt überschuldet, ist die Forderung offensichtlich nicht vollwertig. Ob die Gesellschaft in dem maßgebenden Zeitpunkt überschuldet war, ist nach der Rechtsprechung des BGH anhand eines Vermögensstatus der Gesellschaft (Überschuldungsbilanz) festzustellen, in dem ihre Vermögenswerte mit den 115

159) *Arnold* in: FS Hoffmann-Becking, S. 29, 41.

160) Diese Betrachtung lässt auch die Gläubigergleichbehandlung und damit Quotendeckung zu, s. dazu Rz. 151 ff.

161) *Arnold* in: FS Hoffmann-Becking, S. 29, 41.

162) RG, Urt. v. 29.2.1908 – I 193/07, RGZ 68, 121, 122; RG, Urt. v. 4.12.1931 – II 135/31, RGZ 134, 262, 268 f.; BGH, Urt. v. 26.3.1984 – II ZR 14/84, BGHZ 90, 370, 373 = ZIP 1984, 698; BGH, Urt. v. 15.1.1990 – II ZR 164/88, BGHZ 110, 47, 60 = ZIP 1990, 156; BGH, Urt. v. 18.2.1991 – II ZR 104/90, BGHZ 113, 335, 341 f. = ZIP 1991, 511; BGH, Urt. v. 21.2.1994 – II ZR 60/93, BGHZ 125, 141, 146 = ZIP 1994, 701; s. a. *Pentz* in: MünchKomm-AktG, § 27 Rz. 29; K. Schmidt/Lutter-*Bayer*, AktG, § 27 Rz. 20; Scholz-*Veil*, GmbHG § 5 Rz. 46; *Katzenstein* in: BeckOGK-Aktienrecht, § 27 AktG Rz. 30.

163) *Habersack/Weber*, ZGR 2014, 509, 522.

164) RG, Urt. v. 20.10.1914 – II 219/14, RGZ 85, 351, 354; Lutter/Hommelhoff-*Bayer*, GmbHG, § 19 Rz. 28, 33 f.; Michalski/Heidinger/Leible/J. Schmidt-*Ebbing*, GmbHG, § 19 Rz. 90; Henssler/Strohn-*Verse*, GesR, § 19 GmbHG Rz. 26a.

165) Michalski/Heidinger/Leible/J. Schmidt-*Ebbing*, GmbHG, § 19 Rz. 90; Henssler/Strohn-*Verse*, GesR, § 19 GmbHG Rz. 26a.

166) BGH, Urt. v. 21.2.1994 – II ZR 60/93, Rz. 13 f., BGHZ 125, 141 = ZIP 1994, 701; BGH, Urt. v. 26.3.1984 – II ZR 14/84, Rz. 11, BGHZ 90, 370 = ZIP 1984, 698.

Verkehrs- oder Liquidationswerten ausgewiesen sind. Etwa vorhandene stille Reserven sind demnach zu berücksichtigen.[167)]

116 Seit Wiedereinführung des (modifizierten zweistufigen) Überschuldungsbegriffes ist eine Forderung richtigerweise nur dann als vollwertig zu betrachten, wenn der unter Liquidationsszenario aufgestellte Überschuldungsstatus entweder eine Deckung aufweist oder i. R. einer Fortbestehensprognose die vollständige Rückführung der Forderung im Fälligkeitszeitpunkt nachgewiesen werden kann.[168)] Gewisse Wertabschläge sind denkbar, wenn mangels Liquidität die Forderung im Fälligkeitszeitpunkt nicht bedient werden kann, allerdings hinreichend Vermögen vorhanden ist, um die Forderung nach Vermögensverwertung zu befriedigen.

(2) Bestimmung der Schuldendeckungsfähigkeit und Befriedigungsquote beim Debt-Equity-Swap im Insolvenzplan

117 Die Schuldendeckungsfähigkeit als Maßstab der Forderungsbewertung gilt grundsätzlich auch bei einem Debt-Equity-Swap im Insolvenzplanverfahren.[169)] Besonderheiten zu der Diskussion außerhalb des Insolvenzplanverfahrens bestehen insoweit, als die Eröffnung des Insolvenzverfahrens die Frage aufwirft, welches Verwertungs- und Befriedigungsszenario für die Bestimmung der Schuldendeckungsfähigkeit der Gesellschaft maßgeblich ist. Kommt es darauf an, welche Befriedigung der wandelnde Gläubiger in einem Regelverfahren erhalten hätte? Oder ist die Planperspektive zu berücksichtigen und damit auf das Befriedigungspotential nach rechtskräftiger Bestätigung des Insolvenzplans und Umsetzung der im Insolvenzplan vorgesehenen Sanierungsmaßnahmen abzustellen?

(a) Befriedigungsquote im Regelverfahren

118 Zum Teil wird vertreten, dass die für die Wertbemessung der Forderung maßgebliche Deckungsfähigkeit durch die Gesellschaft sich nach der hypothetischen Befriedigung im Regelverfahren richtet. Entscheidend sei die **Befriedigungsquote im Liquidationsszenario** des (laufenden) Insolvenzverfahrens, d. h. die Quote, die sich im Regelverfahren voraussichtlich erzielen ließe.[170)] Nur was im Regelinsolvenzverfahren verwertbar sei, fließe in die Ermittlung der Deckungsquote mit ein. Wie i. R. der Vergleichsrechnung nach § 251 InsO[171)] ist ein noch vorhandener Geschäfts- oder Firmenwert der Gesellschaft nur dann in die Berechnung mit einzubeziehen, wenn konkrete Anhaltpunkte für die Möglichkeit einer entgeltlichen Verwertung des Geschäftsbetriebs ohne Plansanierung im Regelverfahren bestünden.[172)] Mit dem Verweis auf die potentielle Schuldendeckungsfähigkeit im Regelverfahren geht gleichzeitig die **Maßgeblichkeit der tatsächlichen Werte statt der Buchwerte** einher. Stille Reserven sind zu berücksichtigen.[173)]

---

167) BGH, Urt. v. 21.2.1994 – II ZR 60/93, Rz. 13, BGHZ 125, 141 = ZIP 1994, 701; *Schwandtner* in: MünchKomm-GmbHG, § 19 Rz. 102.

168) Tendenziell anders, *Schwandtner* in: MünchKomm-GmbHG, § 19 Rz. 103, bei der Frage der Vollwertigkeit komme es darauf an, ob bei rechtzeitiger *Abwicklung* noch alle Gläubiger vollständig aus dem Gesellschaftsvermögen hätten befriedigt werden können.

169) Zu den abweichenden Konzepten der Nennwertthese und des Neutralisierungskonzepts s. Rz. 100 ff., 109 ff.

170) *Kleindiek* in: FS Hommelhoff, S. 543, 555; *Arnold* in: FS Hoffmann-Becking, S. 29, 42; *Fuhst*, DStR 2012, 418, 423.

171) S. ausführlich oben Rz. 17 ff. und § 13 Rz. 112 ff. [*Brünkmans/Harmann*].

172) *Kleindiek* in: FS Hommelhoff, S. 543, 558; *Altmeppen* in: FS-Hommelhoff, S. 1, 15 f.

173) *Altmeppen* in: FS Hommelhoff, S. 16; *Arnold* in: FS Hoffmann-Becking, S. 29, 41; G. *Müller*, ZGR 1995, 327, 335 f.; *Groß*, GmbHR 1983, 290, 294.

Für die Berechnung der Schuldendeckungsquote im Regelverfahren kann auf das bestehende Datenmaterial der Vermögensübersicht nach §§ 151 ff. InsO und daraus abgeleiteten Vergleichsrechnung zurückgegriffen werden.[174)] 119

(b) Zukünftige Zahlungsströme (am Cashflow orientierte Ansätze)

Andere orientieren sich bei der Ermittlung der Schuldendeckungsfähigkeit einer im Insolvenzplanverfahren umzuwandelnden Forderung an die Fähigkeit der Gesellschaft, zukünftig Zahlungsströme (Cashflows) für die Tilgung der Schulden zu generieren.[175)] 120

Die Befriedigungsplanquote im Fall einer Liquidation im Regelverfahren dient nach diesem Ansatz lediglich als Untergrenze. Darüber hinaus sei eine Umwandlung i. H. der Befriedigungsquote im **Fortführungsszenario unter Fortführungsprämisse** (hier: Fortführungsquote genannt) möglich. 121

Die Fortführungsquote einer Forderung ergibt sich aus der Fähigkeit des Unternehmens mit dem operativen Geschäft zukünftig Zahlungsströme (Cashflows) zu generieren. Diese sind auf den Bewertungsstichtag mit einem entsprechenden risikoadjustierten Zinssatz zu diskontieren (Bewertung mit zukünftigen Einnahmeüberschüssen).[176)] Dieser Ansatz zur Forderungsbewertung entspricht einer klassischen DCF-Ermittlung und damit gängigen Methode der Unternehmensbewertung (siehe ausführlich Rz. 39 f.). Ausgangspunkt für die Bestimmung der Schuldendeckungsfähigkeit könnte die Liquiditätsplanung nach § 229 Satz 2 InsO sein, die bei einem sog. Earn-out-Plan ohnehin zwingend zu erstellen ist.[177)] 122

Wie bei der Bewertung der Geschäftsanteile stellt sich auch bei der Bewertung der Forderung zu Fortführungswerten die Frage, ob die im Insolvenzplan vorgesehenen Sanierungseffekte bei der Berechnung der zukünftigen Cashflows zur Tilgung der Forderung zu berücksichtigen sind (siehe ausführlich Rz. 132 ff.). 123

(c) Stellungnahme

(aa) Bewertungsstichtag

Gegen eine Bewertung gemessen an den zukünftigen Einnahmeüberschüssen wird das Stichtagsprinzip genannt.[178)] Danach hat eine Bewertung der Forderung auf den Stichtag der Anmeldung der Kapitalerhöhung zum Handelsregister zu erfolgen (siehe oben Rz. 97). Dem Stichtagsprinzip stünde eine zukunftsbezogene Betrachtung bei Unterstellung einer erfolgreichen Sanierung im Wege, weil eine erfolgreiche Sanierung erst noch durch den Wegfall der Verbindlichkeiten und in der Regel begleitende leistungswirtschaftliche Sanierungsmaßnahmen realisiert werden muss.[179)] 124

Dieser Einwand überzeugt jedenfalls bei einem im Insolvenzplan geregelten Debt-Equity-Swap nicht. Maßgeblich ist die **objektive Mehrung** des Gesellschaftsvermögens der Kapitalgesellschaft.[180)] Im Zeitpunkt der Anmeldung der Kapitalerhöhung zum Handelsregister ist der Fortführungsweg bereits beschritten und die Liquidation wurde vermieden.[181)] 125

---

174) So *Pühl*, Der Debt Equity Swap im Insolvenzplanverfahren, Rz. 863.

175) *Weber/Schneider*, ZInsO 2012, 374, 378; *Horstkotte/Martini*, ZInsO 2012, 557, 563, dort Fn. 47; vgl. auch *Eidenmüller/Engert*, ZIP 2009, 541, 543; *K. Schmidt*, ZIP 2012, 2085, 2087.

176) *Weber/Schneider*, ZInsO 2012, 374, 378.

177) S. a. *Pühl*, Der Debt Equity Swap im Insolvenzplanverfahren, Rz. 866.

178) *Simon*, CFL 2010, 448, 451 f.; *Kleindiek* in: FS Hommelhoff, S. 543, 555.

179) *Simon*, CFL 2010, 448, 451 f.; *Kleindiek* in: FS Hommelhoff, S. 543, 555.

180) *Fleischer* in: Fleischer/Hüttemann, Rechtshdb. Unternehmensbewertung, § 24 Rz. 52; *Hennrichs* in: FS U. H. Schneider, S. 489, 492.

181) Vgl. *Wieland-Blöse* in: Fleischer/Hüttemann, Rechtshdb. Unternehmensbewertung, § 31 Rz. 69.

Die finanzwirtschaftlichen Sanierungsmaßnahmen in Form eines (teilweisen) Erlasses der übrigen, nicht einzulegenden Insolvenzforderungen treten mit Rechtskraft des Insolvenzplanes ein. Von reinen Sanierungshoffnungswerten kann daher nicht die Rede sein, denn die Anmeldung der Kapitalerhöhung setzt einen rechtskräftig bestätigten Insolvenzplan voraus, weil in diesem auch der Kapitalerhöhungsbeschluss geregelt ist. Da der Insolvenzplan in seinem gestaltenden Teil ein finanzwirtschaftliches Gesamtsanierungspaket enthält, können dessen Wirkungen auch bei der Bewertung der Forderung i. R. der Kapitalaufbringung berücksichtigt werden.[182] Die Berücksichtigung dieser finanzwirtschaftlichen Sanierungseffekte des gestaltenden Teils des Insolvenzplanes ist im Vergleich zu einer Schuldendeckung im Regelverfahren nicht selten fundierter. Ob Fortführungswerte im hypothetischen Regelverfahren angesetzt werden können, hängt letztlich von der häufig schwer zu beurteilenden Prognose ab, ob eine übertragende Sanierung dort möglich wäre und welcher Erlös dadurch hätte erzielt werden können.[183] Die im gestaltenden Teil des Insolvenzplanes vorgesehenen Effekte liegen im Zeitpunkt der Anmeldung der Kapitalerhöhung zum Handelsregister hingegen in der Regel vor. Die Gesellschaft ist in diesem Zeitpunkt bereits entschuldet, jedenfalls tritt der Entschuldungseffekt mit Aufhebung des Insolvenzverfahrens mit hinreichender Sicherheit ein.[184] Das Abstellen auf die fiktive Befriedigungsquote im Regelverfahren ist daher nur vermeintlich einfacher.[185]

126 Darüber hinaus würde auch die Berücksichtigung **zukünftiger** leistungswirtschaftlicher Sanierungsmaßnahmen bei der Ermittlung der zukünftigen Schuldendeckungsfähigkeit nicht im Widerspruch zum Stichtagsprinzip stehen. Die Bewertung hat bei Sacheinlagen aus der subjektiven Sicht der die Sacheinlage aufnehmenden Gesellschaft zu erfolgen.[186] Andernfalls wären auch Unternehmen oder sonstige Sachgesamtheiten einer Bewertung nicht zugänglich und auch nicht einlagefähig, weil auch zu deren Bewertung immer eine Prognose notwendig ist.[187] Hier ist aber allgemein anerkannt, dass bei Unternehmen als Sacheinlage eine Bewertung des eingebrachten Unternehmens nach der Ertragswertmethode[188] oder DCF-Verfahren[189] erfolgen kann. Da i. R. einer Plansanierung die Tilgung der Forderung in der Regel in der Zukunft liegt, kommt es somit auf die künftige Leistungsfähigkeit an, welche neben den „finanzwirtschaftlichen Sofortmaßnahmen" auch von den sich in der Zukunft auswirkenden Sanierungsmaßnahmen abhängt.[190]

(bb) Diskriminierung anderer Gläubiger?

127 Möglicherweise führt die Berücksichtigung der Sanierungsmaßnahmen, insbesondere der im gestaltenden Teil enthaltenen (teilweisen) Forderungserlasse, zu einer Benachteiligung

182) S. a. *Pühl*, Der Debt Equity Swap im Insolvenzplanverfahren, Rz. 897; anders *Simon*, CFL 2010, 448, 451.

183) Zum Dual Track s. ausführlich § 2 Rz. 90 ff. [*Brünkmans*].

184) So etwa, wenn der teilweise Forderungserlass unter einer aufschiebenden Bedingung steht, s. dazu § 8 Rz. 408 f. [*Brünkmans*]). Ohne Beseitigung der Überschuldung dürfte das Insolvenzgericht das Insolvenzverfahren nicht aufheben.

185) *Pühl*, Der Debt Equity Swap im Insolvenzplanverfahren, Rz. 901.

186) *Wieland-Blöse* in: Fleischer/Hüttemann, Rechtshdb. Unternehmensbewertung, § 31 Rz. 69; IDW, WP-Handbuch 2014, Bd. II, Kap. G Rz. 131.

187) *Weber/Schneider*, ZInsO 2012, 374, 378.

188) *Fleischer* in: Fleischer/Hüttemann, Rechtshdb. Unternehmensbewertung, § 24 Rz. 52; Noack/Servatius/Haas-*Servatius*, GmbHG, § 5 Rz. 37; Henssler/Strohn-*Schäfer*, GesR, § 9 GmbHG Rz. 6; *Hüttemann* in: FS Huber, S. 757, 764; Scholz-*Veil*, GmbHG, § 5 Rz. 37.

189) LG Freiburg, Urt. v. 20.2.2009 – 12 T 1/09, GmbHR 2009, 1106 = Rpfleger 2009, 386; *Fleischer* in: Fleischer/Hüttemann, Rechtshdb. Unternehmensbewertung, § 24 Rz. 52; Noack/Servatius/Haas-*Servatius*, GmbHG, § 5 Rz. 37.

190) *Weber/Schneider*, ZInsO 2012, 374, 379; vgl. auch *Pühl*, Der Debt Equity Swap im Insolvenzplanverfahren, Rz. 901.

der anderen Gläubiger. Zunächst ist zu beachten, dass auch den anderen Gläubigern in der Regel über die Gewährung einer höheren Quote als im Regelverfahren ein Teil des Fortführungswertes zugewendet wird.[191] Allerdings sieht der gestaltende Teil des Insolvenzplanes für einfache Insolvenzgläubiger in der Regel den Erlass eines – häufig wesentlichen – Teils ihrer Forderung vor. Die Einbringung der umzuwandelnden Forderung unter Berücksichtigung dieser Erlasse und der zukünftigen Leistungsfähigkeit der Gesellschaft könnte indes die anderen Gläubiger diskriminieren.

Dieser Einwand betrifft bei näherer Betrachtung jedoch nicht die Frage der ordnungsgemäßen Kapitalaufbringung, sondern die der **Gläubigergleichbehandlung** im Insolvenzplanverfahren. Diese wird nicht über das Kapitalaufbringungsprinzip, sondern über die einschlägigen Vorschriften des Insolvenzplanverfahrens geschützt. Im Insolvenzplanverfahren gilt der Gläubigergleichbehandlungsgrundsatz gerade nur innerhalb der Gläubigergruppe (§ 226 InsO) und ist darüber hinaus lediglich im Anwendungsbereich des Obstruktionsverbotes zu berücksichtigen (siehe unten Rz. 151 ff.). 128

(cc) § 254 Abs. 4 InsO nur bei Maßgeblichkeit von Fortführungswerten sinnvoll

Für die umfassende Berücksichtigung zukünftiger Zahlungszuflüsse bei der Forderungsbewertung spricht i. Ü. auch der Ausschluss der Differenzhaftung nach § 254 Abs. 4 InsO. Mit Ausschluss der Differenzhaftung sollen Prognoseunsicherheiten über zukünftige Zahlungsmittelzuflüsse und Sanierungserfolge nicht zulasten des Inferenten gehen. Eine Forderungsbewertung ohne Berücksichtigung zukünftiger Prognosen würde den Ausschluss der Differenzhaftung nicht erfordern.[192] Auch ging der Gesetzgeber davon aus, dass in der Regel zur Bestimmung des Wertes der Forderung ein externes Gutachten einzuholen sei.[193] Für den alternativen Bewertungsansatz einer voraussichtlichen Deckungsquote im Regelinsolvenzverfahren bedarf es keines besonderen Gutachtens.[194] Diese ist stets mit äußerster Sorgfalt i. R. der Vergleichsrechnung des Insolvenzplanes vom Planersteller darzustellen (siehe zur Vergleichsrechnung § 13 Rz. 112 ff. [*Brünkmans/Harmann*]). 129

(dd) Förderung der Sanierung

Die **Schuldendeckungsfähigkeit** der Forderung an der Fortführungsquote zu bemessen entspricht auch dem Zweck des ESUG, der Erleichterung von Sanierungen für Unternehmen. Für Gläubiger könnte der Debt-Equity-Swap als im Einzelfall maßgebliche Sanierungsmaßnahme unattraktiv sein, weil sie hiermit einen geringen Anteil am Unternehmen erhalten würden.[195] Dies gilt insbesondere, wenn der Insolvenzplan neben dem Debt-Equity-Swap auch eine liquiditätsgenerierende Barkapitalerhöhung vorsieht. Bei der Zuweisung des Nennkapitals den umwandlungsbereiten Gläubiger von vornherein auf die Schuldeckungsquote im Regelverfahren zu verweisen, wäre eine unangemessene Chancen-Risiko-Verteilung. 130

Dabei ist zu berücksichtigen, dass es auch bei der Sachkapitalerhöhung zulässig ist, den Einlagegegenstand zu einem niedrigeren Wert in das gezeichnete Kapital umzuwandeln, um ggf. einen überschießenden Teil der Kapitalrücklage zuzuweisen.[196] Dies kann unter dem Gesichtspunkt der Gläubigergleichbehandlung im Einzelfall sogar geboten sein (siehe dazu unten Rz. 151 ff.). 131

---

191) *Pühl*, Der Debt Equity Swap im Insolvenzplanverfahren, Rz. 885.

192) *Weber/Schneider*, ZInsO 2012, 372, 379; *Pühl*, Der Debt Equity Swap im Insolvenzplanverfahren, Rz. 882.

193) Begr. RegE ESUG, BT-Drucks. 17/5712, S. 31 f.

194) So aber *Kleindiek* in: FS Hommelhoff, S. 543, 557.

195) S. a. *Pühl*, Der Debt Equity Swap im Insolvenzplanverfahren, Rz. 894.

196) *Weber/Schneider*, ZInsO 2012, 374, 379.

(d) Berücksichtigung von Sanierungsmaßnahmen bei der Ermittlung der Schuldendeckungsfähigkeit (Fortführungsquote)

132 Wird der Wert einer Forderung anhand der zukünftigen Schuldendeckungsfähigkeit auf Grundlage der Planperspektive ermittelt, stellt sich die Frage, ob sämtliche Maßnahmen bei der Berechnung der zukünftigen Cashflows zu berücksichtigen sind und welche Forderungen bei der Frage der Schuldendeckungsfähigkeit zu beachten sind. Teilweise wird der Forderungsbestand vor Umwandlung über den Debt-Equity-Swap für maßgeblich erachtet.[197)] Richtigerweise kommt es für die Werthaltigkeit i. R. des Kapitalaufbringungsprinzips auf die objektive Leistungsfähigkeit der Gesellschaft zum Bewertungsstichtag – vorliegend Anmeldung der Kapitalerhöhung zum Handelsregister – an. Zu diesem Zeitpunkt liegt bereits zwingend ein rechtskräftig bestätigter Insolvenzplan vor, weil anderenfalls auch keine beschlussersetzende Regelung zur Kapitalerhöhung vorläge. Diese muss aber im Zeitpunkt der Anmeldung der Kapitalerhöhung zum Handelsregister zwingend vorliegen (siehe dazu § 30 Rz. 146, 179 [*Brünkmans*]). Bei der Ermittlung der Schuldendeckungsfähigkeit können daher die sonstigen Insolvenzforderungen entsprechend der Planquoten **unter Beachtung der im Insolvenzplan geregelten Forderungserlasse** angesetzt werden. Im gestaltenden Teil des Insolvenzplanes vorgesehene Maßnahmen können daher grundsätzlich berücksichtigt werden.[198)]

133 Richtigerweise sind auch sämtliche im Sanierungskonzept des Insolvenzplanes zugrunde gelegten **leistungswirtschaftlichen Sanierungsmaßnahmen** zu berücksichtigen, wenn deren Umsetzung zum Bewertungsstichtag – Anmeldung der Kapitalerhöhung zum Handelsregister – hinreichend wahrscheinlich ist.[199)] Gleiches gilt für zukünftige finanzwirtschaftliche Maßnahmen.[200)] Dazu gehören auch die durch den Insolvenzverwalter oder Eigenverwalter im Insolvenzverfahren bereits umgesetzten leistungswirtschaftlichen Sanierungsmaßnahmen.[201)] Eine solche Bewertung anhand der Fortführungsquote mag häufig im Ergebnis zur Einlegung zum Nennwert führen. Zwingend ist dies jedoch nicht.[202)]

(e) Berechnungsformel

134 Der Bewertungsmaßstab für den Wert der einzubringenden Forderung basiert auf der Fähigkeit des Schuldnerunternehmens seine Forderungen grundsätzlich bedienen zu können. Dies ist dann der Fall, wenn die vom Unternehmen generierten barwertigen Cashflows unter Berücksichtigung eines risikoadjustieren Kapitalkostensatzes den Nennwert der Schulden deckt. Die Beurteilung der Werthaltigkeit erfolgt damit auf Basis eines DCF-Kalküls. Der Marktwert des Gesamtunternehmens (Entity Value) ergibt sich damit wie folgt:

$$\text{Gesamtunternehmenswert (Enity Value)} = \frac{\text{Free Cash Flows}}{\text{WACC}}$$

197) *Weber/Schneider*, ZInsO 2012, 374, 379.

198) S. a. *Pühl*, Der Debt Equity Swap im Insolvenzplanverfahren, Rz. 896.

199) Im Ergebnis auch *Weber/Schneider*, ZInsO 2012, 374, 379.

200) Wohl anders *Pühl*, Der Debt Equity Swap im Insolvenzplanverfahren, Rz. 900, allerdings wohl nicht aus Gründen der objektiven Leistungsfähigkeit, sondern aufgrund der Verteilungsgerechtigkeit, s. dazu unten Rz. 151 ff.

201) **Anders** *Pühl*, Der Debt Equity Swap im Insolvenzplanverfahren, Rz. 899, mit der Begründung, diese Maßnahmen müsste allen Gläubigern und nicht nur den umwandelnden zugutekommen. Dies ist allerdings keine Frage der objektiven Werthaltigkeit, sondern der Verteilungsgerechtigkeit zwischen den Gläubigern, welche insolvenzrechtlich über den Gleichbehandlungsgrundsatz und nicht über das Kapitalaufbringungsprinzip zu beantworten ist, s. dazu unten Rz. 151 ff.

202) So aber *Kleindiek* in: FS Hommelhoff, S. 543, 555.

Der Wert des Gesamtunternehmens ergibt sich aus dem Barwert mit einem risikoadjus- 135
tierten und gewichteten Kapitalkostensatz (WACC) auf den Bewertungsstichtag (Anmeldung der Kapitalerhöhung zum Handelsregister; siehe oben Rz. 97, 124) diskontierten Cashflows. Das Risiko der Schuldendeckung in der Zukunft ist durch den risikoorientierten Kapitalisierungszinssatz abgebildet.

Free Cashflow: 136

=	Ergebnis vor Steuern und Zinsen (EBIT)
–	adjustierte Steuern (Steuern bei fiktiver Eigenfinanzierung)
=	Net Operating Profit Less Adjusted Taxes (NOPLAT)
+	Abschreibungen
+/–	andere zahlungsunwirksame Aufwendungen/Erträge
–	Investitionen
+/–	Verminderung/Erhöhung Working Capital
=	Free Cashflow

WACC:

$$WACC = \frac{EK}{EK+FK} x\, r_{EK} + \frac{FK}{EK+FK} x(1-s) x\, r_{FK}$$

EK	=	Marktwert des Eigenkapitals
FK	=	Marktwert des Fremdkapitals
r_{ER}	=	Eigenkapitalkosten
r_{FR}	=	Fremdkapitalkosten
s	=	Unternehmenssteuersatz

Der sich auf dieser Basis ergebende Schuldendeckungsgrad berechnet sich wie folgt: 137

$$\text{Schuldendeckungsgrad} = \frac{\text{Unternehmenswert (Wert des operativen Geschäfts)}}{\text{Nominalwert der Schulden}}.$$

(f) Berechnungsbeispiel

Unter Berücksichtigung des hier vertretenen Bewertungsmaßstabes anhand der Schul- 138
dendeckungsfähigkeit im Fortführungsszenario ergibt sich folgendes Bild (Beispiel).

Die handelsrechtliche Bilanz vor Berücksichtigung des Debt-Equity-Swap und nach Be- 139
rücksichtigung aller anderen finanzwirtschaftlichen und leistungswirtschaftlichen Maßnahmen stellt sich wie folgt dar:

140 **Handelsbilanz zum Bewertungsstichtag vor DES und nach allen finanzwirtschaftlichen und leistungswirtschaftlichen Maßnahmen**

AKTVA		PASSIVA	
Vermögen	1.000.000	Gezeichnetes Kapital	200.000
	(ohne stille Reserven)	Verlustvorträge	–400.000
		Summe Eigenkapital	–200.000
		Verbindlichkeiten I	600.000
		Verbindlichkeiten II	600.000
Summe	1.000.000	Summe	1.000.000

Hinweis: Aus Vereinfachungsgründen wird das neg. Eigenkapital nicht auf der Aktivseite unter dem Posten „Nicht durch Eigenkapital gedeckter Fehlbetrag" ausgewiesen, sondern bleibt auf der Passivseite mit einem negativen Vorzeichen stehen.

141 **Neustrukturierung des Vermögens (Wert des operativen Geschäfts) und der Schulden zur Ableitung des Schuldendeckungsgrades**

AKTVA		PASSIVA	
Gesamtunternehmenswert inkl. stille Reserven		Verbindlichkeiten I	600.000
(ermittelt auf Basis eines DCF-Kalküls)	1.100.000	Verbindlichkeiten II	600.000
Summe	1.100.000	Summe	1.200.000

Schuldendeckungsgrad = Marktwert des operativen Geschäfts/Nominalwert der Verbindlichkeiten

Schuldendeckungsgrad = 1.100.000/1.200.000 = 91,7 %

142 Im Rahmen des Insolvenzplans wird vereinbart, dass der Gläubiger der Verbindlichkeiten I mit seinen Forderungen durch einen Debt-Equity-Swap in das Eigenkapital wechselt. Im Rahmen einer liquiditätsbezogenen Betrachtung ergibt sich auf Basis einer Unternehmensbewertung auf Basis des DCF-Kalküls folgendes Bild:

143 Regelmäßig verbunden mit einer Kapitalerhöhung ist eine vorab durchzuführende Kapitalherabsetzung auf null. Danach ergibt sich folgendes Bild:

Handelsbilanz zum Bewertungsstichtag nach Kapitalherabsetzung 144

AKTVA			PASSIVA
Vermögen	1.000.000	Gezeichnetes Kapital	0
		Verlustvorträge	–200.000
		Summe Eigenkapital	–200.000
		Verbindlichkeiten I	600.000
		Verbindlichkeiten II	600.000
Summe	1.000.000	Summe	1.000.000

Der auf Basis einer DCF-Bewertung ermittelte Gesamtunternehmenswert beläuft sich auf 1.100.000 GE. Der Schuldendeckungsgrad ergibt sich zur Gegenüberstellung des Marktwertes des Gesamtunternehmens und des Nominalwertes der Schulden i. H. von 1.200.000 GE. In der Folge kann der Gläubiger der Verbindlichkeiten I i. H. von 91,7 % bzw. 550.000 GE durch Kapitalerhöhung in das Eigenkapital wechseln. Der darüber hinausgehende Betrag von 8,3 % bzw. 50.000 GE wird in die Rücklage eingestellt oder ergebniswirksam aufgelöst. 145

Die handelsrechtliche Bilanz nach einem Debt-Equity-Swap und weiteren finanzwirtschaftlichen und leistungswirtschaftlichen Maßnahmen stellt sich im Anschluss daran wie folgt dar: 146

Handelsbilanz zum Bewertungsstichtag nach DES und nach allen finanzwirtschaftlichen und leistungswirtschaftlichen Maßnahmen 147

AKTVA			PASSIVA
Vermögen	1.000.000	Gezeichnetes Kapital	550.000
		Verlustvorträge	–150.000
		Summe Eigenkapital	400.000
		Verbindlichkeiten I	0
		Verbindlichkeiten II	600.000
Summe	1.000.000	Summe	1.000.000

(g) Die Funktion des Marktwertes

Der Marktwert einer Forderung kann grundsätzlich einen guten Indikator für die Deckungsfähigkeit einer Forderung darstellen. Gleichwohl gleicht die Diskussion um die Wertableitung zu Marktwerten der Diskussion um die Bewertung von Unternehmen auf Basis von Multiplikatoren. Wenn ein belastbarer Wert existiert, der auf Basis eines **transparenten und liquiden Marktes** für **vergleichbare Forderungen** abgeleitet werden kann, kann dieser Wert im Grundsatz für eine Bewertung der Forderung herangezogen werden. 148

149 Dies dürfte sich allerdings in der Praxis als schwierig erweisen, denn häufig sind beobachtbare Preise durch eine Illiquidität im Markt geprägt, etwaige Transaktionspreise nicht oder nicht vollständig transparent und beobachtbar oder die zu bewertende Forderung und deren Konditionen im Hinblick auf Zinssatz, Laufzeit, Besicherung und Bonität des Schuldners sowie der Branche nicht vergleichbar. Dabei ist zu beachten, dass nach dem hier vertretenen Ansatz bei der Forderungsbewertung die Fortführungsperspektive unter Berücksichtigung der im gestaltenden Teil des Insolvenzplanes enthaltenen Schuldenerlasse zu berücksichtigen ist. Dies ist bei der Suche nach vergleichbaren Marktwerten zu berücksichtigen.

Praxishinweis

Sollte ein belastbarer Marktpreis für eine vergleichbare Forderung der Gesellschaft existieren, so kann dieser zur Plausibilisierung des i. R. der liquiditätsorientierten Bewertungsmethode gefundenen Wertes herangezogen werden. Hiervon wird in der Praxis in der Form von Wertbandbreiten häufig Gebrauch gemacht.

(h) Prüfung durch Insolvenzgericht und Registergericht

150 Die zutreffende Bewertung der Forderung wird vom Insolvenzgericht und ggf. Registergericht i. R. der Sacheinlagenprüfung überprüft. Die Überbewertung von Sacheinlagen ist gerade vor dem Hintergrund des Kapitalaufbringungsgrundsatzes gesellschaftsrechtlich unzulässig i. S. von §°225a Abs. 3 InsO, sodass der Insolvenzplan wegen Verstoßes gegen § 250 Nr. 1 InsO vom Insolvenzgericht nicht bestätigt werden darf. Siehe dazu auch § 29 Rz. 98 ff., 148 [*Brünkmans*].[203] Wird der Insolvenzplan trotz eines offensichtlichen und schwerwiegenden Bewertungsfehlers[204] vom Insolvenzgericht bestätigt, so darf das Registergericht die Kapitalmaßnahme nicht eintragen.[205]

2. Gläubigergleichbehandlung, Verbot der Überbefriedigung

a) Gläubigergleichbehandlung (§§ 226, 245 Abs. 2 Nr. 3 InsO)

151 Neben dem Kapitalaufbringungsprinzip, welches dem Schutz der zukünftigen Gläubiger dient und damit auf die objektive Leistungsfähigkeit der Gesellschaft in der Zukunft ausgerichtet ist, sind als weitere normative Leitplanken der Forderungsbewertung der Gläubigergleichbehandlungsgrundsatz zu beachten. Ein Insolvenzplan, welcher den Debt-Equity-Swap nur für einen bestimmten Teil der Gläubiger zulässt, wird im Ergebnis nicht nur eine rechtliche, sondern auch wirtschaftliche Ungleichbehandlung vorsehen, weil der Wert der durch die Umwandlung geschaffenen Beteiligung kaum mit der Befriedigungsquote der übrigen Gläubiger verglichen werden kann. Es ist jedoch zu beachten, dass der Gläubigergleichbehandlungsgrundsatz im Insolvenzplanverfahren nur innerhalb der Gruppe (vgl. § 226 InsO) gilt und die Bildung einer separaten Gruppe der wandelnden Gläubiger in der Regel gerechtfertigt sein wird (dazu § 29 Rz. 78 f. [*Brünkmans*]).

152 Findet der Insolvenzplan nicht die mehrheitliche Zustimmung innerhalb der Gruppen (§ 244 InsO), ist die Bestätigung des Insolvenzplanes i. R. des Obstruktionsverbotes (§ 245 Abs. 2 Nr. 3 InsO) durch das Gericht nur möglich, wenn sämtliche Gläubiger gleichen Ranges mindestens wirtschaftlich gleichgestellt werden (streitig, siehe dazu ausführlich § 17 Rz. 7 ff. [*Thole*]). Eine Ungleichbehandlung läge vor, wenn der Wert der durch die Um-

203) *Kleindiek* in: FS Hommelhoff, S. 543, 560; s. a. *Thole*, Gesellschaftsrechtliche Maßnahmen in der Insolvenz, Rz. 334.

204) Zu den Prüfungsmaßstäben und den Kompetenzabgrenzungen zwischen Insolvenzgericht und Registergericht s. § 29 Rz. 98 ff., 148, 178 ff. [*Brünkmans*].

205) *Kleindiek* in: FS Hommelhoff, S. 543, 561.

wandlung der Forderungen geschaffenen Beteiligung an der Gesellschaft höher ist als die den nichtwandelnden Gläubigern gewährte Befriedigungsquote.[206] Ein genauer Wertvergleich dürfte schwierig sein. Im Zweifel sind Wertabschläge bei der umzuwandelnden Beteiligung zu machen. Auch das in der Praxis häufig anzutreffende **Optionsmodell** vermeidet den Wertvergleich, weil die Gläubiger frei entscheiden können, ob sie ihre Forderung in Anteile umwandeln oder sich für eine Befriedigungsquote entscheiden. Zum Optionsmodell siehe § 29 Rz. 82 f. [*Brünkmans*].

b) Verbot der Überbefriedigung (§ 245 Abs. 2 Nr. 2, Abs. 3 Nr. 1 InsO)

Wird der Insolvenzplan nicht durch alle Gruppen mehrheitlich angenommen, gilt das Verbot 153 der Überbefriedigung (§ 245 Abs. 2 Nr. 2, Abs. 3 Nr. 1 InsO). Danach darf kein Gläubiger über den Nominalwert seiner Forderung befriedigt werden. Der tatsächliche Wert der Beteiligung darf daher nicht über dem Nominalbetrag der jeweiligen Forderung liegen.

3. Verwässerung der Anteilsinhaber

a) Altanteilsinhaber

Neben der Wahrung der Kapitalaufbringung[207] und dem insolvenzplanspezifischen Gläu- 154 bigergleichbehandlungsgrundsatz ist bei der Frage, in welcher Höhe die Forderung in Nennkapital getauscht werden kann, als weitere Grenze die Verwässerung der Beteiligung der bisherigen Anteilseigner denkbar.[208] Gesellschafter, die sich gegen eine Überbewertung von Sacheinlagen und die daraus resultierende Verwässerung ihrer Beteiligungen zur Wehr setzen wollen, können gegen den Kapitalerhöhungsbeschluss stimmen und ihn anfechten (GmbH) bzw. ihren Ausgleichsanspruch nach § 255 Abs. 4 AktG geltend machen (AG) und auf diesem Wege eine unabhängige Überprüfung des Werteverhältnisses herbeiführen.[209]

In der Insolvenz werden jedoch in der Regel die Voraussetzungen für eine **Kapitalherab- 155 setzung auf null** gegeben sein.[210] Weil für die Kapitalherabsetzung auf null die Buchwerte der Handelsbilanz[211] entscheidend sind, können die Geschäftsanteile in diesem Fall dennoch einen Restwert haben.[212] Dies führt im Insolvenzplan – abgesehen von Insolvenzanträgen wegen ausschließlich drohender Zahlungsunfähigkeit[213] – allerdings lediglich zu einem Abfindungsanspruch der Altgesellschafter und nicht zu einem Bestandschutz.[214] Eine mögliche Verwässerung ist daher in der Regel lediglich bei der Festlegung eines Abfindungsanspruches zu berücksichtigen, falls die Beteiligungen der Altgesellschafter ausnahmsweise noch einen Wert haben.

206) Vgl. K. Schmidt-*Spliedt*, InsO, § 245 Rz. 31.

207) Zum Zweck des Schutzes der zukünftigen Gläubiger, s. oben Rz. 97 ff.

208) BGH, Urt. v. 15.1.1990 – II ZR 164/88, BGHZ 110, 47, 62 = ZIP 1990, 156; *Pühl*, Der Debt Equity Swap im Insolvenzplanverfahren, Rz. 785.

209) Vgl. zur alten Rechtslage *Cahn/Simon/Theiselmann*, CFL 2010, 238, 242; vgl. auch *Priester*, DB 2010, 1445, 1450.

210) *Cahn/Simon/Theiselmann*, CFl 2010, 238, 246; *Maier-Reimer* in: VGR, Gesellschaftsrecht in der Diskussion 2011, S. 107, 132; *Pühl*, Der Debt Equity Swap im Insolvenzplanverfahren, Rz. 787.

211) S. dazu § 30 Rz. 78 [*Brünkmans*].

212) Zur Berechnung dieses Residualwertes s. oben Rz. 28 ff.

213) Zum Bestandsschutz aufgrund verfassungskonformer Auslegung bei Anträgen wegen ausschließlich drohender Zahlungsunfähigkeit s. dazu § 29 Rz. 51 ff. [*Brünkmans*].

214) Im Ergebnis wie hier *Pühl*, Der Debt Equity Swap im Insolvenzplanverfahren, Rz. 843.

b) Konkurrierende Neuanteilsinhaber aus paralleler Barkapitalerhöhung

156 Die Bewertung der eingebrachten Forderungen ist allerdings bezogen auf weitere neue Anteilsinhaber von Relevanz, wenn sich auch Anteilseigner durch Bareinlagen an der Sanierung beteiligen. In diesem Fall müssten die umgewandelten Forderungen „im Verhältnis zu den neuen Einlagen der Gesellschafter" bewertet werden.[215] Hier wird eingewandt, den Gesellschaftern, welche die Barkapitalerhöhung vornehmen, drohe eine Verwässerung ihrer Anteile, wenn Gläubiger ihre Forderung zu einem überhöhten Wert in Eigenkapital umwandeln können.[216] Ein solcher gesetzlicher **„Verwässserungsschutz"** besteht jedoch auch außerhalb des Insolvenzplanverfahrens nicht gegenüber gleichzeitig zeichnenden Inferenten. Die Werterelation bei einer gleichzeitigen Sach- und Barkapitalerhöhung ist das Ergebnis freier Verhandlungen.[217] Bei der Festlegung der Werterelation können auf Grundsätze der Verteilungsgerechtigkeit zurückgegriffen werden, indem etwa gewisse vom Barkapitalgeber finanzierte Sanierungseffekte bei der Bestimmung des für die Sacheinlage gewährten Nennkapitals herausgerechnet werden. Für die Wahrung des gesetzlichen Kapitalaufbringungsprinzips ist dies jedoch nicht erforderlich (siehe oben Rz. 97 ff.).

III. Bewertung von besicherten Forderungen

157 Fraglich ist, wie besicherte Forderungen zu bewerten sind. Gesicherte Gläubiger sind aufgrund ihrer starken Position im Insolvenzverfahren häufig nicht an einer Umwandlung ihrer Forderung in Eigenkapital i. R. eines Debt-Equity-Swap interessiert. Je nach Art und Wert der Sicherheit kann im Einzelfall jedoch auch für den gesicherten Gläubiger ein Interesse an einem Debt-Equity-Swap bestehen. Dies ist häufig dann der Fall, wenn sich das Sicherungsgut isoliert schwer verwerten lässt, wie etwa bei einer Sicherungsübereignung speziell angefertigter Maschinen.[218]

158 Auch für die Bewertung der besicherten Forderung ist zu unterscheiden, welchen Wert der Kapitalaufbringungsgrundsatz verlangt und welcher Wert vor dem Hintergrund der insolvenzrechtlichen Vorgaben zu beachten ist (siehe zu Forderungen allgemein oben Rz. 97 ff.).

159 Ausgangspunkt für die Bewertung der Forderung ist nach dem auch hier vertretenen Ansatz die Schuldendeckungsfähigkeit der Gesellschaft (siehe oben Rz. 114 ff.).[219] Für besicherte Forderungen ist zwischen dinglichen Sicherheiten aus dem Vermögen der Gesellschaft und Drittsicherheiten zu differenzieren.

1. Dingliche Sicherheiten gegenüber der Gesellschaft

160 Wird die besicherte Forderung i. R. eines Debt-Equity-Swap durch Erlass oder Abtretung eingebracht, so geht dem Gläubiger damit das Sicherungsrecht an den dinglichen Sicherheiten der Gesellschaft verloren.[220] Die Gesellschaft erhält im Gegenzug das Eigentum[221] oder die Entlastung des Gegenstandes[222] und damit das wirtschaftliche Eigentum zurück.

---

215) *Arnold* in: FS Hoffmann-Becking, S. 29, 37.

216) *Arnold* in: FS Hoffmann-Becking, S. 29, 38.

217) Vgl. *Wieland-Blöse* in: Fleischer/Hüttemann, Rechtshdb. Unternehmensbewertung, § 31 Rz. 68.

218) *Pühl*, Der Debt Equity Swap im Insolvenzplanverfahren, Rz. 869; *Horstkotte/Martini*, ZInsO 2012, 557, 558.

219) Für besicherte Forderungen ausdrücklich *Eckert/Harig*, ZInsO 2012, 2318, 2319.

220) Bei akzessorischen Sicherheiten folgt dies bereits automatisch mit dem Untergang der Forderung durch Erlass oder abtretungsbedingter Konfusion, vgl. *Habersack* in: MünchKomm-BGB, § 765 Rz. 64; *Schärtl* in: BeckOK-BGB, § 1204 Rz. 1.2; *Medicus*, JuS 1971, 497 ff.; *Lettl*, WM 2000, 1316 ff.; *Habersack*, JZ 1997, 857, 860 ff.

221) So etwa bei der Sicherungsübereignung.

222) So etwa bei Aufgabe einer Grundschuld oder eines Pfandrechtes.

a) Kapitalaufbringungsprinzip

Nach dem Kapitalaufbringungsprinzip kann eine durch Grundpfandrechte gesicherte Forderung dann i. H. des Wertes der Sicherheit, maximal i. H. des Nominalwertes der gesicherten Forderung eingebracht werden, weil in dieser Höhe der Sicherungsgegenstand als Haftungsgrundlage für Verbindlichkeiten frei wird.[223] 161

Wie beim Debt-Equity-Swap ungesicherter Forderungen stellt sich beim Debt-Equity-Swap besicherter Forderungen die Frage, ob für die Schuldendeckungsfähigkeit auf das Liquidationsszenario oder das Fortführungsszenario abgestellt werden kann, also die Planperspektive entscheidend ist. 162

Stellt man auf das Liquidationsszenario ab, würde der Wert der Forderung sich bestimmen nach der Befriedigung des besicherten Gläubigers im Regelverfahren. Die gesicherte Forderung könnte in diesem Fall nur in der Höhe des im Regelverfahren erwarteten Absonderungserlöses eingebracht werden, da sie mit dem ungesicherten Teil Insolvenzgläubiger sind.[224] Anzusetzen ist in diesem Fall der Wert der Sicherheit, wie er im Regelverfahren realisiert werden kann.[225] Dabei ist nicht zwingend der Zerschlagungswert anzusetzen. Vielmehr können Fortführungswerte angesetzt werden, wenn die Möglichkeit einer übertragenden Sanierung im Regelverfahren unterstellt werden kann (siehe oben Rz. 118 f.). In beiden Fällen ist vom ermittelten Wert die Feststellungs- und Verwertungspauschale (§ 171 InsO) i. H. von 9 % abzuziehen.[226] 163

Als **Mindestwert** kann die dinglich **gesicherte Forderung** daher i. H. des **Liquidationswertes abzüglich der Feststellungs- und Verwertungspauschale zuzüglich der Quotenerwartung für die Ausfallforderung** eingelegt werden. 164

Sieht der Insolvenzplan – wie in den meisten Fällen – eine Fortführung vor, kann nach dem hier vertretenen Ansatz die Planperspektive bei der Forderungsbewertung berücksichtigt werden. Für Sicherheiten können in diesem Fall ebenfalls Fortführungswerte angesetzt werden. Dies gilt auch dann, wenn im Regelverfahren lediglich eine Zerschlagung möglich wäre. Zum maßgeblichen Bewertungsstichtag der Anmeldung der Kapitalerhöhung zum Handelsregister liegt bereits ein rechtskräftig bestätigter Insolvenzplan mit Fortführungskonzept vor (siehe oben Rz. 124 ff.). Der Ansatz zum Fortführungswert für die Sicherheit ist daher nur konsequent. Dies gilt selbst dann, wenn eine Einzelverwertung des Sicherungsgegenstandes – nur diese gibt das Sicherungsrecht her! – in einem Fortführungsszenario nur zu Zerschlagungswerten möglich wäre. 165

Bei einem **Fortführungsszenario** kann die dinglich gesicherte Forderung daher i. H. des **Fortführungswertes des Sicherungsgegenstandes zuzüglich der Quotenerwartung** für die Ausfallforderung unter Berücksichtigung der Fortführung zu Planprämissen (siehe ausführlich oben Rz. 132 ff.) eingelegt werden. Selbstredend ist von diesem Fortführungswert auch **keine Feststellungs- und Verwertungspauschale** abzuziehen. 166

b) Verbot der Überbefriedigung und Gebot der Gleichbehandlung (§§ 245 Abs. 2 Nr. 1, 245 Abs. 2 Nr. 3 InsO)

Findet der Insolvenzplan nicht die mehrheitliche Zustimmung innerhalb der Gruppen (§ 244 InsO), ist die Bestätigung des Insolvenzplanes durch das Gericht nur bei Beach- 167

223) Vgl. *Gross*, GmbHR 1983, 290, 293.

224) *Pühl*, Der Debt Equity Swap im Insolvenzplanverfahren, Rz. 870.

225) Zu der Herangehensweise bei der Bewertung der Sicherheit Globalzession, s. *Eckert/Harig*, ZInsO 2012, 2318 ff.

226) *Pühl*, Der Debt Equity Swap im Insolvenzplanverfahren, Rz. 869.

tung des Verbotes der Überbefriedigung möglich (§ 245 Abs. 2 Nr. 1 InsO). Danach ist zu beachten, dass der Wert der von den jeweiligen Gläubigern erlangten Anteile den Nominalbetrag der gesicherten Forderung nicht übersteigt (siehe dazu oben Rz. 153).

168 Ferner darf der Wert der gewährten Geschäftsanteile den Wert der Sicherheit plus Ausfallforderung nicht übersteigen. Bei der Bewertung der Sicherheiten der verschiedenen absonderungsberechtigten Gläubiger sind vor dem Hintergrund des Gleichbehandlungsgebotes (§ 245 Abs. 2 Nr. 3 InsO) die gleichen Wertmaßstäbe anzuwenden.

2. Drittsicherheiten

169 Die Freigabe für die Forderung bestellter Drittsicherheiten hat keine Auswirkung auf die Vermögenslage, sondern ist für die Gesellschaft **bilanzneutral**. Sie wirkt sich lediglich auf die Haftungs- und Vermögenslage des Drittsicherungsgebers aus. Die Freigabe von Drittsicherheiten ist damit bei der Bewertung der Forderung unbeachtlich.

IV. Bewertung von Masseverbindlichkeiten

170 Nach der herrschenden, auch hier vertretenen Auffassung kommt es für die Bewertung von Forderungen i. R. des Grundsatzes der realen Kapitalaufbringung auf die Schuldendeckungsfähigkeit/Befriedigungsquote an (siehe Rz. 114 ff.). In der Regel sind Masseverbindlichkeiten zum Nominalwert anzusetzen, weil Massegläubiger aufgrund ihres Vorranges (vgl. §§ 53, 55 InsO) mit einer vollständigen Befriedigung rechnen können. Anders als bei Insolvenzforderungen wird auch eine volle Werthaltigkeit zu bejahen sein, wenn man auf die Befriedigung im Regelverfahren (siehe dazu Rz. 118) abstellt.

V. Bewertung von nachrangigen Insolvenzforderungen (§ 39 InsO)

171 Stellt man bei der Frage der Schuldendeckungsfähigkeit auf die Befriedigung im Regelverfahren ab (siehe Rz. 118), wären nachrangige Forderungen in der Regel mangels Werthaltigkeit nicht einlagefähig. Stellt man hingegen auf das Fortführungsszenario unter Beachtung der im Insolvenzplan enthaltenen Sanierungsmaßnahmen ab, ist eine Einlage der nachrangigen Forderung im Hinblick auf das Kapitalaufbringungsprinzip durchaus möglich. Sieht der Insolvenzplan jedoch für die einfachen Insolvenzgläubiger keine hundertprozentige Befriedigung vor und ist in den Gruppen der nicht nachrangigen Insolvenzforderungen eine Mehrheit nicht zu erreichen, kann der Insolvenzplan bei einem Debt-Equity-Swap zugunsten nachrangiger Insolvenzgläubiger wegen § 245 Abs. 2 Nr. 2 InsO vom Insolvenzgericht nicht bestätigt werden.

VI. Praktische Vorgehensweise bei der Bestimmung des Umtauschverhältnisses

172 Obere normative Grenze für die Festlegung des Umtauschverhältnisses von Forderung und Nennkapital bilden das Kapitalaufbringungsprinzip, der Gläubigergleichbehandlungsgrundsatz und das Verbot der Überbefriedigung. Letztere sind zwingend nur zu beachten, wenn die Annahme des Insolvenzplanes nur über das Obstruktionsverbot möglich ist, d. h. wenn der Insolvenzplan nicht in allen Gruppen mehrheitlich angenommen wurde.

173 Wurde der Insolvenzplan in den Gruppen mehrheitlich angenommen – wie in der Praxis meistens –, besteht somit lediglich das Kapitalaufbringungsprinzip als normative Grenze für die Festlegung des Umtauschverhältnisses. Nach dem hier vertretenen Ansatz lässt sich eine Bewertung unter Zugrundelegung der zukünftigen Schuldendeckungsfähigkeit (Fortführungswert nach Planperspektive) sowohl für ungesicherte als auch gesicherter Forderungen abbilden (siehe dazu oben Rz. 132 ff., 161 ff.).

Dabei ist zu beachten, dass die Sachkapitalerhöhung so gestaltet werden kann, dass die Ausgabe der Anteile zu einem deutlich geringen Ausgabebetrag erfolgt und ein darüber hinaus gehender Wert der Sacheinlage als Agio gestaltet wird.[227)] Die Sacheinlageprüfung unter dem Gesichtspunkt der Kapitalaufbringung beschränkt sich dann auf diesen Wert und nicht den darüber hinausgehenden. Es kann daher durchaus auch auf den die Schuldendeckung im Regelverfahren abbildenden Wert als Untergrenze abstellt werden und zu diesem Wert eingelegt werden. 174

Praxishinweis

Dann ist die Sacheinlageprüfung auf diesen Betrag fokussiert und die möglicherweise aufwendige Ermittlung der zukünftigen Schuldendeckungsfähigkeit nach Planprämisse nicht erforderlich.

Was die Verteilung des i. R. der Kapitalerhöhung neu geschaffenen gezeichneten Kapitals anbelangt, ist dies in der Regel ohnehin das Ergebnis von stattfindenden Verhandlungen und Gesprächen.[228)] Hier können die oben dargestellten Kriterien Aufschluss über die objektive Verteilungsgerechtigkeit geben (siehe Rz. 156). Allerdings können die Kapitalgeber ihr Beteiligungsverhältnis bis zu der Grenze des Forderungswertes zu Fortführungswerten frei bestimmen. 175

D. Besonderheiten beim StaRUG-Restrukturierungsplan

Mit Inkrafttreten des StaRUG stellen sich ähnliche Bewertungsfragen im Hinblick auf den Restrukturierungsplan (vgl. §§ 26, 27, 28 StaRUG). 176

I. Bewertung von Anteilen

Wie der Insolvenzplan folgt auch der Restrukturierungsplan dem Prinzip „dulde und liquidiere" (siehe zum Insolvenzplan Rz. 10 ff.), d. h. ein Eingriff in die Anteils- und Mitgliedschaftsrechte der Gesellschafter kann auch gegen den Willen einzelner oder sämtlicher Gesellschafter erfolgen. Sofern die Anteile noch einen Wert haben, ist der Eingriff durch eine Abfindung zu kompensieren (siehe auch § 54 Rz. 246 ff. [*Brünkmans*]). 177

1. Bewertungsmaßstab bei Anteilsentzug

a) Wert der Anteile im nächstbesten Alternativszenario

Aus dem Minderheitenschutz (§§ 64, 66 StaRUG) sowie den Voraussetzungen für eine gruppenübergreifende Mehrheitsentscheidung (§ 26 Abs. 1 Nr. 1 StaRUG) ergibt sich, dass der Anteilsinhaber durch den Restrukturierungsplan nicht schlechtergestellt werden darf, als er ohne den Plan stünde (siehe zum Insolvenzplan Rz. 14 ff.). 178

Untergrenze einer Abfindung ist damit der Wert der Anteile im nächstbesten Alternativszenario. Anders als beim Insolvenzplan, bei dem ein Vergleich (nur) zum Regelinsolvenzverfahren (Zerschlagungswerte oder übertragende Sanierung) in Betracht kommt, sind die **Alternativszenarien** zu einem Restrukturierungsplan vielfältiger. Abzustellen ist auf das **überwiegend wahrscheinlich** (rechtlich und tatsächlich) **zu realisierende nächstbeste Al-** 179

227) *Wieland-Blöse* in: Fleischer/Hüttemann, Rechtshdb. Unternehmensbewertung, § 31 Rz. 67; dies gilt uneingeschränkt für die GmbH. Bei der AG ist umstritten, ob das korporationsrechtliche Agio von der gerichtlichen Prüfung umfasst wird, so jedenfalls *Verse* in: MünchKomm-AktG, § 184 Rz. 40; *Koch*, AktG, § 184 Rz. 6; a. A. K. Schmidt/Lutter-*Veil*, § 184 Rz. 11; *Servatius* in: BeckOGK-Aktienrecht, § 183 AktG Rz. 60. Jedenfalls wäre auch im Aktienrecht die Gestaltung als schuldrechtliches Agio möglich.

228) So auch *Wieland-Blöse* in: Fleischer/Hüttemann, Rechtshdb. Unternehmensbewertung, § 31 Rz. 68.

ternativszenario (siehe dazu § 54 Rz. 111 ff., § 39 Rz. 42 ff., 50 [*Brünkmans*]). Ein Anspruch auf einen „besseren" Plan besteht nach herrschender Auffassung hingegen nicht (siehe zum Insolvenzplan Rz. 20).[229] Als Alternativszenario kommen insoweit

- ein vollkonsensualer Restrukturierungsplan außerhalb eines StaRUG-Verfahrens,
- ein Unternehmensverkauf,
- eine Liquidation und
- i. R. eines Insolvenzverfahrens ein Insolvenzplan,
- eine übertragende Sanierung und
- eine Liquidation durch Einzelverwertung

in Betracht.[230]

180 Sieht der Restrukturierungsplan wie in aller Regel eine **Unternehmensfortführung** vor, sind nach § 6 Abs. 2 Satz 2 StaRUG auch im Alternativszenario Fortführungswerte anzusetzen, es sei denn, ein **Verkauf des Unternehmens** oder eine anderweitige Fortführung ist aussichtslos (§ 6 Abs. 2 Satz 3 StaRUG). In der Praxis spielt neben der Liquidation meistens der Verkauf des Unternehmens außerhalb oder – noch relevanter – innerhalb eines Insolvenzverfahrens als nächstbestes Alternativszenario eine Rolle. Letzteres wird gegenüber einem Verkauf außerhalb eines Insolvenzverfahrens häufig schon deshalb das nächstbeste Alternativszenario sein, da sich eine Insolvenz ohne Restrukturierungsplan aufgrund der bereits fortgeschrittenen Krise nicht mehr (mit überwiegender Wahrscheinlichkeit) vermeiden lässt.[231] Daneben kann im Einzelfall auf die mit einem Verkauf aus der Insolvenz verbundenen Vorteilen für den Käufer (Wahlrecht nach § 103 InsO, keine Anfechtungsrisiken etc.) abgestellt werden (siehe ausführlich zum Ganzen § 54 Rz. 114 ff. [*Brünkmans*]).

181 Zwar kann zur Absicherung des nächstbesten Alternativszenarios ein **strukturierter Verkaufsprozess** (sog. Dual Track) durchgeführt werden. Eine Pflicht zur Durchführung eines Dual-Track-Verkaufsprozesses besteht hingegen nach h. A. nicht (siehe § 54 Rz. 116 f. [*Brünkmans*]; in der Tendenz anders jedoch beim Insolvenzplan, siehe Rz. 22 ff.).[232] Wurde ein verlässlicher Verkaufsprozess nicht durchgeführt, ist der Fortführungswert anhand anerkannter betriebswirtschaftlicher Methoden zu ermitteln, wie z. B. dem Ertragswertverfahren oder dem Discounted-Cashflow-Verfahren (vgl. IDW S 1) (siehe zu den Bewertungsverfahren Rz. 33 ff.). Sofern im Einzelfall – außerhalb eines verlässlichen Verkaufsprozesses – ein (überwiegend wahrscheinlich) realisierbares Kaufangebot vorliegen sollte, ist aber mindestens dieses als nächstbestes Alternativszenario zugrunde zu legen, es sei denn, es richtet sich (ausschließlich) auf den Erwerb i. R. eines alternativen Restrukturierungsplans (siehe zum Insolvenzplan Rz. 20).

---

229) AG Köln, Beschl. v. 3.3.2021 – 83 RES 1/21, ZRI 2021, 377 = NZI 2021, 433, m. Anm. *Thole*; AG Hannover, Beschl. v. 20.10.2023 – 951 RES 1/23-1, ZRI 2023, 962, 973 = BeckRS 2023, 30652; *Herweg* in: MünchKomm-StaRUG, § 26 Rz. 27; Morgen-*Kowalewski/Praß*, StaRUG, § 26 Rz. 28; Jacoby/Thole-*Brünkmans*, StaRUG, § 6 Rz. 42; *Skauradszun* in: BeckOK-StaRUG, § 64 Rz. 19; *Spahlinger* in: BeckOK-StaRUG, § 26 Rz. 14; Seibt/Westpfahl-*Westpfahl*, StaRUG, § 26 Rz. 25, a. A. Flöther/Knapp, StaRUG, § 26 Rz. 17.

230) AG Hamburg, Beschl. v. 12.4.2021 – 61a RES 1/21, Rz. 13 juris, ZRI 2021, 473 = NZI 2021, 544; AG Hannover, Beschl. v. 20.10.2023 – 951 RES 1/23-1, ZRI 2023, 962, 968 = BeckRS 2023, 30652; *Distler*, ZIP 2021, 1033, 1037; *Herweg* in: MünchKomm-StaRUG, § 26 Rz. 28; Braun-*Herzig*, StaRUG, § 26 Rz. 5, 10; Jacoby/Thole-*Jacoby*, StaRUG, § 26 Rz. 13; *Jungmann/Zündorf*, ZRI 2022, 89, 94.

231) Seibt/Westpfahl-*Westpfahl*, StaRUG, § 26 Rz. 28.

232) Jacoby/Thole-*Brünkmans*, StaRUG, § 6 Rz. 46; Seibt/Westpfahl-*Westpfahl*, StaRUG, § 26 Rz. 39; Morgen-*Kowalewski/Praß*, StaRUG, § 26 Rz. 50; Uhlenbruck-*Streit/Bürk*, InsO, § 6 StaRUG Rz. 112; Braun-*Böhm*, StaRUG, § 6 Rz. 23 f.

In der Praxis lässt sich häufig ein **Insolvenzverfahren** als das nächstbestes Alternativszenario begründen.[233] Da die Anteilsinhaber bei einer fiktiven Erlösverteilung an letzter Stelle stehen (§ 199 InsO), wird die mindestens zu gewährende Abfindung dann **in aller Regel null** sein (siehe zum Insolvenzplan Rz. 17). 182

Maßgeblicher Beurteilungszeitpunkt ist nach h. A. der Zeitpunkt der gerichtlichen Entscheidung, d. h. in der Regel der Entscheidung über die Planbestätigung (siehe § 39 Rz. 47 [*Brünkmans*]).[234] 183

b) Planbezogener Fortführungswert?

Es gelten die Grundsätze zum Insolvenzplan entsprechend (siehe Rz. 28 ff.): Maßgeblich ist der Fortführungswert, der auf der Grundlage des Restrukturierungsplans (Post-Restructuring-Szenario) und der berücksichtigungsfähigen Sanierungsmaßnahmen (siehe Rz. 58 ff.) ermittelt wird. Davon abzuziehen sind die Investorenbeiträge (Einlagen) zur Finanzierung des Sanierungskonzepts. 184

Aufgrund der **absoluten Priorität** (vgl. § 27 Abs. 1 Nr. 2 StaRUG, § 245 Abs. 2 Nr. 2, § 199 InsO) steht der planbezogene Fortführungswert den Anteilsinhabern nicht zu, solange er nicht für eine vollständige Befriedigung der Gläubiger ausreicht. Restrukturierungspläne, welche in die Anteilsrechte eingreifen, wie etwa durch einen Kapitalschnitt, sehen in der Regel einen erheblichen **Forderungsverzicht** der Gläubiger vor. Regelmäßig wird daher kein den Anteilsinhabern zustehender Wert verbleiben. Enthält der Restrukturierungsplan auf Gläubigerebene reine Amend-and-Extend-Beiträge und regelt der Restrukturierungsplan eine Kapitalerhöhung unter Bezugsrechtsausschluss, ist indes bei der Festlegung der Ausgabebeträge darauf zu achten, dass den Anteilsinhabern ein im Wege der Ertragswertmethode/DCF-Methode (siehe Rz. 33 ff.) ermittelter planbezogener **Fortführungswert** nicht entzogen wird. Ob ein solcher Plan unter den Voraussetzungen des § 28 Abs. 2 Nr. 2 StaRUG auch gegen den Willen einer Gläubigergruppe durchgesetzt werden kann, ist fraglich, da der Gesetzeswortlaut in § 28 Abs. 2 StaRUG nur den Fall privilegiert, dass die Anteilsinhaber „beteiligt bleib[en]". Die Fortführung der Anteilsinhaberschaft ist für die Gläubiger auch eher hinnehmbar als eine Abfindungszahlung, die grundsätzlich zulasten des Unternehmensvermögens und damit des Haftungsfonds der Gläubiger geht. 185

Folgt man der h. A. zum maßgeblichen Beurteilungszeitpunkt bei §§ 26, 27 StaRUG (siehe dazu Rz. 183, 189, lässt sich aus Gründen der Konsistenz auch hier auf den Zeitpunkt der Planbestätigung abstellen. Überzeugender ist es jedoch, jedenfalls für den Fortführungswert (siehe dazu Rz. 189 f.) den Zeitpunkt der Abstimmung durch die Planbetroffenenversammlung zugrunde zu legen (siehe Rz. 54 ff.). 186

---

233) S. AG Hannover, Beschl. v. 20.10.2023 – 951 RES 1/23-1, ZRI 2023, 962 = BeckRS 2023, 30652; AG München, Beschl. v. 15.2.2023 – 1507 RES 3229/22, ZRI 2023, 319 = ZIP 2023, 603; AG Dresden, Beschl. v. 7.6.2021 – 574 RES 2/21, NZI 2021, 893 = ZInsO 2021, 1398; AG Hamburg, Beschl. v. 12.4.2021 – 61a RES 1/21, Rz. 7, ZRI 2021, 473 = NZI 2021, 544; AG Berlin-Charlottenburg, Beschl. v. 4.1.2024 – 36s RES 6525/23 (Spark Networks), ZRI 2024, 512 = ZIP 2024, 557, m. Anm. *Brünkmans*; AG Stuttgart, Beschl. v. 11.12.2024 – 6 RES 1243/24 (VARTA), ZRI 2025, 149, m. Anm. *Kümpel* = BeckRS 2024, 37304; AG Nürnberg, Beschl. v. 21.6.2023 – RES 397/23 (Leoni), ZRI 2023, 629 = NZI 2023, 881.

234) LG Stuttgart, Beschl. v. 21.1.2025 – 1 T 12/24 (VARTA), ZIP 2025, 458, 460 = ZRI 2025, 208; AG Stuttgart, Beschl. v. 11.12.2024 – 6 RES 1243/24 (VARTA), ZRI 2024, 149, 151, m. Anm. *Kümpel* = BeckRS 2024, 37304; AG Hannover, Beschl. v. 20.10.2023 – 951 RES 1/23, ZIP 2023, 2423, 2430; *Spahlinger* in: BeckOK-StaRUG, § 26 Rz. 25; *Herweg* in: MünchKomm-StaRUG, § 26 Rz. 27.

2. Bewertungsmaßstab bei freiwilligem Austritt

187 Hat der Anteilsinhaber infolge des Restrukturierungsplans nach allgemeinem Gesellschaftsrecht ein Austrittsrecht aus wichtigem Grund und macht hiervon Gebrauch, bemisst sich der Abfindungsanspruch anhand des **Liquidationswerts** (§ 225a Abs. 5 InsO i. V. m. § 7 Abs. 4 Satz 6 StaRUG). Insoweit gelten die Ausführungen zum Insolvenzplan entsprechend (siehe Rz. 74 ff.).

II. Bewertung von Forderungen beim Debt-to-Equity Swap

1. Grundsatz der realen Kapitalaufbringung

188 Auch für einen im Restrukturierungsplan geregelten Debt-to-Equity Swap verlangt das Prinzip der realen Kapitalaufbringung, dass die Einbringung der Forderung nur bis zur Höhe des Verkehrswertes möglich ist. Die Nennwertthese (siehe zum Insolvenzplan Rz. 100 ff.) ist auch hier abzulehnen. Für den Restrukturierungsplan als ein vorinsolvenzliches, auf Fortführung des Unternehmens gerichtetes Verfahren wird man im Vergleich zum Insolvenzplan (siehe Rz. 114 ff.) erst Recht auf die Schuldendeckungsfähigkeit aus der Fortführungsperspektive (Fortführungsquote) abstellen können.

2. Gläubigergleichbehandlung; Verbot der Überbefriedigung

189 Es gelten die Ausführungen zum Insolvenzplan (siehe Rz. 151 ff.) entsprechend. Für die Beurteilung, ob der Debt-to-Equity-Swap zu einer wirtschaftlichen Ungleichbehandlung der Gläubiger (§ 27 Abs. 1 Nr. 3 StaRUG) oder einem Verstoß gegen das Überbefriedigungsverbot (§ 27 Abs. 1 Nr. 1, Abs. 2 Nr. 1 StaRUG) führt, ist grundsätzlich eine **Bewertung der** für die Umwandlung der Forderung **erhaltenen Anteile** erforderlich. Bewertungsstichtag ist wiederum der Zeitpunkt der gerichtlichen Planbestätigung (siehe aber auch Rz. 186).[235]

190 Nach h. A. ist der Anteilswert auch hier richtigerweise anhand des Discounted-Cashflow-Verfahrens oder der Ertragswertmethode (siehe Rz. 33 ff.) zu bestimmen.[236] Maßgeblich ist der Fortführungswert bei Durchführung des Restrukturierungsplans, d. h. unter Berücksichtigung der finanzwirtschaftlichen und operativen Sanierungsmaßnahmen (Post-Restructuring)[237] (siehe Rz. 58 ff. und § 54 Rz. 130 ff. [*Brünkmans*]). Die mit der Sanierungssituation verbundenen erhöhten Planungsunsicherheiten (z. B. über den Erfolg und die Auswirkungen einzelner Sanierungsmaßnahmen) können bei den Erwartungswerten der künftigen finanziellen Überschüsse berücksichtigt werden.[238] Insoweit erscheinen

235) Seibt/Westpfahl-*Westpfahl*, StaRUG, § 27 Rz. 23; Jacoby/Thole-*Jacoby*, StaRUG, § 27 Rz. 10; Morgen-*Kowalski/Praß*, StaRUG, § 27 Rz. 28; *Spahlinger* in: BeckOK-StaRUG, § 27 Rz. 10; *Morgen*, ZRI 2024, 986, 987 f.; vgl. auch AG Charlottenburg, Beschl. v. 4.1.2024 – 36s RES 6525/23 (Spark Networks), Rz. 4, ZRI 2024, 512 = ZIP 2024, 557 – „aktuelle Verhältnisse"; *Brünkmans*, ZIP 2024, 557 (Urteilsanm.).

236) *Herweg* in: MünchKomm-StaRUG, § 27 Rz. 39; Seibt/Westpfahl-*Westpfahl*, StaRUG, § 27 Rz. 37; **a. A.** bilanzielle Betrachtungsweise jedenfalls bei § 27 Abs. 1 Nr. 2 StaRUG: Morgen-*Kowalewski/Praß*, StaRUG, § 27 Rz. 58; Braun-*Herzig*, StaRUG, § 27 Rz. 9.

237) Seibt/Westpfahl-*Westpfahl*, StaRUG, § 27 Rz. 23; Jacoby/Thole-*Jacoby*, StaRUG, § 27 Rz. 12; Morgen-*Kowalewski/Praß*, StaRUG, § 27 Rz. 28; *Brünkmans*, ZIP 2024, 557 (Urteilsanm.); **a. A.** *Denkhaus* in: Kübler/Bork/Prütting, HRI I,§ 34 Rz. 84 ff.; unklar, aber tendenziell auf Pre-Restructuring-Szenario abstellend AG Berlin-Charlottenburg, Beschl. v. 4.1.2024 – 36s RES 6525/23 (Spark Networks), ZRI 2024, 512 = ZIP 2024, 557; für den Insolvenzplan auf Pre-Restructuring Szenario abstellend s. oben § 17 Rz. 45 [*Thole*].

238) IDW Bewertungshinweis, Berücksichtigung des Verschuldungsgrads bei der Bewertung von Unternehmen (IDW BewH 5.011), Stand: 6.9.2023, Rz. 45, 64, 68 f., IDW Life 10/2023, 1010 ff. (Korr. IDW Life 11/2023, 1094 f.); *Wieland-Blöse* in: Fleischer/Hüttemann, Rechtshdb. Unternehmensbewertung, Rz. 34.19.

auch Abweichungen vom S 6-Gutachten gerechtfertigt, soweit diesem nicht Erwartungswerte, sondern als überwiegend wahrscheinlich beurteilte Ereignisse zugrunde liegen.[239] Zudem ist regelmäßig das mit der Investition in ein Krisenunternehmen verbundene **Ausfallrisiko** (Scheitern der Sanierung) wertmindernd einzupreisen; und zwar über geringere Erwartungswerte der finanziellen Überschüsse oder über einen höheren Diskontierungszinssatz.[240] **Werterhöhende Umstände** aus der Sphäre des Anteilsinhabers (z. B. Synergien, Beendigung von für das Unternehmen nachteiligen Verträgen) sind **nicht** anzusetzen.[241]

Wie im Insolvenzplan lässt sich eine wirtschaftliche Ungleichbehandlung der Gläubiger (§ 27 Abs. 1 Nr. 3 StaRUG) durch das **Optionsmodell** auch ohne Wertvergleich (siehe Rz. 152) vermeiden.[242] Auch im Optionsmodell ist aber bei einer gruppenübergreifenden Mehrheitsentscheidung darauf zu achten, dass der Anteilswert nicht den Nennbetrag der Forderung übersteigt (§ 27 Abs. 1 Nr. 1, Abs. 2 Nr. 1 StaRUG). 191

3. Verwässerung der Anteilsinhaber

Der gesellschaftsrechtliche Verwässerungsschutz der bisherigen Anteilsinhaber bei Überbewertung der einzulegenden Forderung (siehe zum Insolvenzplan Rz. 154 f.) findet gleichermaßen auch im Restrukturierungsplan Anwendung. In der Praxis geht ein Debt-to-Equity-Swap jedoch in der Regel mit einer vorherigen Kapitalherabsetzung auf null einher, sodass eine mögliche „Verwässerung“ allenfalls über einen Anspruch auf den planbezogenen Fortführungswert (siehe oben Rz. 184 ff.) zu kompensieren wäre. Mit Blick auf andere an der Kapitalerhöhung teilnehmende Anteilsinhaber besteht von vornherein kein gesetzlicher Verwässerungsschutz (siehe Rz. 156). 192

III. Bewertung besicherter Forderungen

Die Bewertung besicherter Forderungen i. R. eines Debt-to-Equity-Swaps im Restrukturierungsplan folgt denselben Grundsätzen wie im Insolvenzplan (siehe Rz. 157 ff.). Richtigerweise kann die durch dingliche Sicherheiten am Schuldnervermögen gesicherte Forderung unter Wahrung des Kapitalaufbringungsprinzips i. H. des Fortführungswerts des Sicherungsgegenstands zuzüglich der Fortführungsquote der Ausfallforderung eingelegt werden, maximal jedoch bis zur Höhe des Nennbetrags (siehe zum Insolvenzplan Rz. 166). **Drittsicherheiten** sind für die Gesellschaft hingegen bilanzneutral und daher für die Bewertung i. R. des Kapitalaufbringungsprinzips unbeachtlich (siehe zum Insolvenzplan Rz. 169); das gilt gleichermaßen auch für gruppeninterne Drittsicherheiten. 193

Wird der Plan nicht in allen Gruppen mit der erforderlichen Mehrheit angenommen, sind die Voraussetzungen der §§ 26, 27 StaRUG (insbesondere Gläubigergleichbehandlung und Überbefriedigungsverbot) jeweils separat mit Blick auf die Umwandlung der Absonderungsanwartschaft bzw. gruppeninternen Drittsicherheit und der Ausfallforderung zu prüfen. 194

---

239) Ähnlich *Morgen*, ZRI 2024, 986, 988 f.

240) Vgl. generell zur Berücksichtigung eines Ausfallrisikos jetzt: IDW Bewertungshinweis, Berücksichtigung des Verschuldungsgrads bei der Bewertung von Unternehmen (IDW BewH 5.011), Stand: 6.9.2023, Rz. 45, 64, 68 f., IDW Life 10/2023, 1010 ff. (Korr. IDW Life 11/2023, 1094 f.); *Wieland-Blöse* in: Fleischer/Hüttemann, Rechtshdb. Unternehmensbewertung, Rz. 34.19 ff., 34.27 ff.; ähnlich *Morgen*, ZRI 2024, 986, 988 f. – Berücksichtigung der „spekulativen Anlage“ im Diskontierungszinssatz.

241) *Spahlinger* in: BeckOK-StaRUG, § 27 Rz. 11; Jacoby/Thole-*Jacoby*, StaRUG, § 27 Rz. 12; Morgen-*Kowalewski*/*Praß*, StaRUG, § 27 Rz. 28; Seibt/Westpfahl-*Westpfahl*, StaRUG, § 27 Rz. 24.

242) *Spahlinger* in BeckOK-StaRUG, § 27 Rz. 22; Morgen-*Kowalewski*/*Praß*, StaRUG, § 27 Rz. 63; **a. A.** Seibt/Westpfahl-*Westpfahl*, StaRUG, § 27 Rz. 61.

IV. Bewertung von „nachrangigen" Restrukturierungsforderungen

195 Ähnlich dem Insolvenzplan sind Restrukturierungsforderungen, die in einem Insolvenzverfahren nachrangig wären (§ 39 InsO), grundsätzlich einlagefähig, da auf ihren Fortführungswert und nicht auf das Alternativszenario (etwa eine Liquidation im Insolvenzverfahren) abzustellen ist. Ein Debt-to-Equity-Swap zugunsten „nachrangiger" Forderungen scheidet jedoch aufgrund der **absoluten Prioritätsregel** (§ 27 Abs. 2 Nr. 2 StaRUG) aus, wenn eine Gruppe vorrangiger Gläubiger dem Plan nicht zustimmt (siehe zum Insolvenzplan Rz. 171). Die Durchbrechung der absoluten Priorität in § 28 Abs. 2 StaRUG kann hierüber nicht hinweghelfen, da sie nach der Gesetzesbegründung gerade **nicht für Gesellschafterdarlehen** (§ 39 Abs. 1 Nr. 5 InsO) gilt.[243)]

243) Begr. RegE SanInsFoG z. StaRUG, BT-Drucks. 19/24181, S. 130; kritisch *Spahlinger* in: BeckOK-StaRUG, § 28 Rz. 25 ff.

§ 59
Besonderheiten bei der Rechnungslegung im Insolvenzplanverfahren und Restrukturierungsplanverfahren

Übersicht

Literatur: *Pink/Fluhme*, Handelsrechtliche Offenlegungspflichten des Insolvenzverwalters und Sanktionsmaßnahmen bei deren Verletzung, ZInsO 2008, 817.

A. Grundlagen

Für das Verständnis der Rechnungslegung im Insolvenzverfahren ist von zentraler Bedeutung, dass zwischen zwei Rechnungslegungskreisen zu differenzieren ist.[1] Der eine Rechnungslegungskreis erstreckt sich auf die handels- und steuerrechtlichen Rechnungslegungspflichten, die weiterhin unabhängig von der Insolvenz fortbestehen (§ 155 Abs. 1 Satz 1 InsO).[2] Neben diesen sog. „externen" Rechnungslegungspflichten treten insolvenzrechtliche, sog. „interne" Rechnungslegungspflichten (zweiter Rechnungslegungskreis).[3] Diese insolvenzrechtlichen Rechnungspflichten ersetzen somit nicht die handels- und steuerrechtlichen Rechnungslegungspflichten, sondern sie ergänzen diese. 1

Im Zentrum der handels- und steuerrechtlichen Rechnungslegung stehen die Dokumentationsfunktion, die Rechenschaftsfunktion sowie die Kapitalerhaltungsfunktion.[4] Demgegenüber steht im Fokus der insolvenzrechtlichen Rechnungslegung die fiduziarische Rechenschaftslegung des Insolvenzverwalters als Treuhänder fremden Vermögens.[5] In der Folge ist das Ziel der externen Rechnungslegung primär in der Information der Öffentlichkeit, d. h. potentieller Erwerber, Kreditgeber, Lieferanten, Abnehmer und dem Fiskus zu sehen, während die interne Rechnungslegung primär der Information der Gläubiger, dem Schuldner selbst und dem Insolvenzgericht dient.[6] 2

1) *Denkhaus* in: HambKomm-InsR, § 155 InsO Rz. 2.
2) Begr. RegE InsO z. § 174, BT-Drucks. 12/2443.
3) *Buth/Hermanns*, Restrukturierung, Sanierung, Insolvenz, § 45 Rz. 1.
4) *Baetge/Kirsch/Thiele*, Bilanzen, S. 82 ff.
5) *Denkhaus* in: HambKomm-InsR, § 155 InsO Rz. 4.
6) IDW, Externe (handelsrechtliche) Rechnungslegung im Insolvenzverfahren (IDW RH HFA 1.012), Stand: 6.12.2018, Rz. 3, IDW Life 11/2015, 610 ff., IDW Life 1/2019, 74 f.

3 Das Insolvenzplanverfahren lässt die Verpflichtung zur externen und internen Rechnungslegung im Grundsatz unberührt. Gleichwohl ergeben sich teilweise Besonderheiten.

B. Handelsrechtliche (externe) Rechnungslegung im Insolvenzplan

4 Die Verpflichtung zur handelsrechtlichen Rechnungslegung stellt eine öffentlich-rechtliche Verpflichtung des Insolvenzschuldners dar und ergibt sich aus §§ 238 ff. HGB und §§ 140 ff. AO i. V. m. § 155 Abs. 1 Satz 1 InsO sowie aus der Rechtsprechung.[7]

5 Nach § 238 Abs. 1 Satz 1 HGB besteht die Pflicht zur handelsrechtlichen Rechnungslegung, wenn der Schuldner ein Kaufmann i. S. der §§ 1 ff. HGB ist.[8] Er ist verantwortlich dafür, die Geschäftsvorfälle, also die Einnahmen und Ausgaben des Geschäftsbetriebes, mitsamt der Belege unter Beachtung der Grundsätze ordnungsgemäßer Buchführung (GoB) zu erfassen.[9] Die GoB sind:[10]

- der Grundsatz der Klarheit und Übersichtlichkeit (§ 238 Abs. 1 Satz 2, 3; § 243 Abs. 2 HGB)
- der Grundsatz der Vollständigkeit (§ 246 Abs. 1 HGB)
- das Stichtagsprinzip (§ 242 Abs. 1, 2 HGB)
- Verrechnungsverbot (§ 246 Abs. 2 Satz 1 HGB)
- Grundsatz der Einzelbewertung (§ 252 Abs. 1 Nr. 3)
- Grundsatz der Stetigkeit (§§ 246 Abs. 3, 252 Abs. 1 Nr. 6 HGB)

6 Die Buchführung muss insgesamt nach § 238 Abs. 1 Satz 2 HGB so gestaltet sein, dass sie einem sachverständigen Dritten innerhalb angemessener Zeit einen Überblick über die Geschäftsvorfälle und über die Lage des Unternehmens vermitteln kann.

7 Der **Insolvenzverwalter** hat die Handelsbücher des Schuldners (§ 238 HGB) fortzuführen, auf den Zeitpunkt der Verfahrenseröffnung eine handelsrechtliche Eröffnungsbilanz aufzustellen und für den Schluss eines jeden Geschäftsjahres eine Bilanz und eine Gewinn- und Verlustrechnung aufzustellen (§ 242 HGB).[11] Bei Kapital- und Personenhandelsgesellschaften i. S. des § 264a Abs. 1 HGB ist außerdem nach § 264 Abs. 1 Satz 1 HGB der Jahresabschluss um den Anhang (§§ 284 ff. HGB) und den Lagebericht (§ 289 HGB) zu erweitern. Für kleine Kapitalgesellschaften gelten gewisse Erleichterungen.[12] Im Hinblick auf den **Insolvenzplan** ergeben sich daraus keine Abweichungen.[13]

Praxishinweis

Der Insolvenzverwalter erfüllt diese Pflichten für den Insolvenzschuldner in Bezug auf die Insolvenzmasse. Hierzu zählt z. B. nicht das steuerliche Sonderbetriebsvermögen.

7) RFH v. 22.6.1938 – VI 687/37, RStBl. 1938, 669; RFH v. 5.3.1940 – I 44/40, RStBl. 1940, 715, 716; BFH, Urt. v. 8.6.1972 – IV R 129/66, BStBl. II 1972, 784; BGH, Urt. v. 29.5.1979 – VI ZR 104/78, ZIP 1980, 25.

8) Zu Einzelheiten s. *Kliem/Lewe* in: Beck'scher BilKomm, § 238 HGB Rz. 43 ff.

9) *Buth/Hermanns*, Restrukturierung, Sanierung, Insolvenz, § 45 Rz. 32.

10) Vgl. *Justenhoven/Usinger* in: Beck'scher BilKomm, § 243 HGB Rz. 31.

11) IDW, Externe (handelsrechtliche) Rechnungslegung im Insolvenzverfahren (IDW RH HFA 1.012), Stand: 6.12.2018, Rz. 7, IDW Life 11/2015, 610 ff., IDW Life 1/2019, 74 f.

12) *Buth/Hermanns*, Restrukturierung, Sanierung, Insolvenz, § 45 Rz. 35.

13) Bezüglich der allgemeinen Anforderungen an die (externen) handelsrechtlichen Rechnungslegungspflichten wird insbesondere auf IDW, Externe (handelsrechtliche) Rechnungslegung im Insolvenzverfahren (IDW RH HFA 1.012), Stand: 6.12.2018, IDW Life 11/2015, 610 ff., IDW Life 1/2019, 74 f. verwiesen.

8 Soweit die handels- und steuerlichen Buchführungspflichten für den Zeitraum vor Insolvenzeröffnung bislang **nicht erfüllt wurden**, erstrecken sich die Rechnungslegungspflichten für den Insolvenzverwalter – und im Fall der Eigenverwaltung für den Schuldner – auch auf diesen Zeitraum.[14]

I. Neues Geschäftsjahr und Schlussbilanz der werbenden Gesellschaft

9 Nach § 155 Abs. 2 Satz 1 InsO beginnt mit der Eröffnung des Insolvenzverfahrens ein **neues Geschäftsjahr**. Das neue Geschäftsjahr dauert ab Insolvenzeröffnung i. V. m. § 240 Abs. 2 Satz 2 HGB höchstens zwölf Monate. Sofern die Eröffnung des Insolvenzverfahrens nicht zufällig auf das Ende eines Geschäftsjahres fällt, handelt es sich bei dem Geschäftsjahr bis zum Tag der Insolvenzeröffnung um ein Rumpfgeschäftsjahr.

10 Ausgehend davon ist für den Zeitraum vom letzten Bilanzstichtag bis zum Tag vor der Eröffnung des Insolvenzverfahrens ist ein Jahresabschluss, bestehend aus Bilanz, Gewinn- und Verlustrechnung (und ggf. Anhang) aufzustellen. Sofern die Pflicht zur Erstellung eines Lageberichtes besteht, ist dieser entsprechend nachzukommen. Dies ergibt sich aus den **allgemeinen Rechnungslegungsgrundsätzen** der §§ 238, 242 Abs. 1 Satz 1 und 264 HGB.

11 Der Jahresabschluss (und ggf. Lagebericht) ist auf Basis der allgemeinen Rechnungslegungsvorschriften zu erstellen. In der Folge greifen die Grundsätze ordnungsgemäßer Buchführung. Die Ansatz-, Bewertungs- und Ausweisvorschriften nach §§ 246 ff. HGB gelten weiterhin.

12 Im Hinblick auf den **Insolvenzplan** ist die Annahme der Fortführung der Gesellschaft **(Going-Concern)** von zentraler Bedeutung. Grundsätzlich greifen auch im Insolvenzplanverfahren die allgemeinen handelsrechtlichen Grundsätze.[15] Danach ist zunächst von einer Fortführung des Unternehmens auszugehen (Grundsatzvermutung des § 252 Abs. 1 Nr. 2 HGB), es sei denn, dass dieser Annahme tatsächliche[16] oder rechtliche Gegebenheiten entgegenstehen.[17]

13 Das Vorliegen eines Insolvenzgrundes bzw. die Eröffnung eines Insolvenzverfahrens stellen zwar grundsätzlich eine solche tatsächliche bzw. rechtliche Gegebenheit dar.[18] Jedoch führt dies allein nicht zu einer Abkehr von der Going-Concern-Prämisse. Maßgeblich ist, dass i. R. des **§ 252 Abs. 1 Nr. 2 HGB auf die Fortführung der Unternehmenstätigkeit abzustellen ist**, die **§§ 17 ff. InsO dagegen auf den Rechtsträger bezogen** sind.[19] Ist die Fortführung der Unternehmenstätigkeit auch nach Eröffnung des Insolvenzverfahrens zu erwarten, so bleibt es bei der Annahme von Fortführungswerten i. S. des § 252 Abs. 1 Nr. 2 HGB. Dies ist z. B. der Fall, wenn ein glaubhafter Fortführungsinsolvenzplan vorliegt, eine übertragende Sanierung innerhalb des Prognosezeitraums angestrebt wird oder anzunehmen ist, dass die Unternehmenstätigkeit auch nach Eröffnung des Insolvenzverfahrens jedenfalls innerhalb des Prognosezeitraums fortgeführt wird.[20] Die bloße vorübergehende Fortführung der Unternehmenstätigkeit genügt dagegen nicht.[21] Vom Grundsatz des § 252

14) IDW, Externe (handelsrechtliche) Rechnungslegung im Insolvenzverfahren (IDW RH HFA 1.012), Stand: 6.12.2018, Rz. 5, IDW Life 11/2015, 610 ff., IDW Life 1/2019, 74 f.

15) IDW, Externe (handelsrechtliche) Rechnungslegung im Insolvenzverfahren (IDW RH HFA 1.012), Stand: 6.12.2018, Rz. 15, IDW Life 11/2015, 610 ff., IDW Life 1/2019, 74 f.

16) S. hierzu Auflistung bei IDW, Die Beurteilung der Fortführung der Unternehmenstätigkeit im Rahmen der Abschlussprüfung (IDW PS 270 n. F.), Stand: 29.10.2021, Rz. A5, IDW Life 12/2021, 1264 ff.

17) *Kliem/Büssow* in: Beck'scher BilKomm, § 252 Rz. 14.

18) BGH, Urt. v. 26.1.2017 – IX ZR 285/14, Rz. 26, BGHZ 213, 374 = DStR 2017, 956.

19) BGH, Urt. v. 26.1.2017 – IX ZR 285/14, Rz. 26, BGHZ 213, 374 = DStR 2017, 956; *Kliem/Büssow* in: Beck'scher BilKomm, § 252 Rz. 23.

20) BGH, Urt. v. 26.1.2017 – IX ZR 285/14, Rz. 27, BGHZ 213, 374 = DStR 2017, 956.

21) BGH, Urt. v. 26.1.2017 – IX ZR 285/14, Rz. 28, BGHZ 213, 374 = DStR 2017, 956.

Abs. 1 Nr. 2 HGB darf erst dann abgewichen werden, wenn es objektiv fehlerhaft wäre, von der Unternehmensfortführung auszugehen.[22] Es muss hierfür also **feststehen**, dass die der Fortführung entgegenstehende Tatsache dazu führt, dass der Geschäftsbetrieb stillgelegt wird oder innerhalb des Prognosezeitraums stillgelegt werden muss. In diesem Fall ist im Jahresabschluss von Liquidationswerten auszugehen.[23] Denkbar wäre ein solcher Fall im Hinblick auf einen sog. **Prepackaged Plan**, der das Ziel der sofortigen Liquidation verfolgt.

14 Der weit überwiegende Teil der Insolvenzpläne hat jedoch eine Sanierung des Rechtsträgers bzw. eine übertragende Sanierung, verbunden mit einer späteren Abwicklung des Rechtsträgers zum Gegenstand. Insofern dürfte der Insolvenzeröffnungszeitpunkt gerade i. R. von Insolvenzplänen regelmäßig nicht mit dem Zeitpunkt des Liquidationsbeginns identisch sein.[24] Vor diesem Hintergrund ist davon auszugehen, dass insbesondere bei Insolvenzplänen die Annahme der Unternehmensfortführung sachgerecht ist (Regelvermutung).[25]

II. Handelsrechtliche Eröffnungsbilanz und handelsrechtliche Jahresabschlüsse während des Insolvenzverfahrens

15 Auf den **Tag der Eröffnung** des Insolvenzverfahrens ist eine handelsrechtliche Eröffnungsbilanz aufzustellen.[26] Die Pflicht zur Aufstellung der Eröffnungsbilanz ergibt sich aus § 155 Abs. 1 i. V. m. Abs. 2 InsO. Der Grundsatz des Bilanzzusammenhangs nach § 252 Abs. 1 Nr. 1 HGB erfordert, die Ansätze der Schlussbilanz der werbenden Gesellschaft zu übernehmen. Insofern ist die handelsrechtliche Eröffnungsbilanz mit der Schlussbilanz identisch.[27]

16 Darüber hinaus ist der Insolvenzverwalter verpflichtet, zum Ende eines jeden Geschäftsjahres einen **Jahresabschluss** und ggf. einen Lagebericht zu erstellen.

17 Die Gültigkeit dieser allgemeinen Grundsätze hat auch im **Insolvenzplanverfahren** unverändert Bestand.

18 Dabei ist zu jedem Geschäftsjahresende eine **Bilanz, Gewinn- und Verlustrechnung** aufzustellen. Für Kapital- und Personenhandelsgesellschaften i. S. des § 264a Abs. 2 HGB ist zusätzlich ggf. ein Anhang und Lagebericht erforderlich. Die **Feststellung** des Jahresabschlusses obliegt der Gesellschafterversammlung.

19 Bei der **Bewertung der Bilanzposten** ist stets zu prüfen, ob die Going-Concern-Prämisse weiterhin Gültigkeit hat. Sofern der **Wegfall der Going-Concern-Prämisse** bis zum Zeitpunkt der Aufstellung des Jahresabschlusses bekannt wird, ist dies bei der Bewertung der Bilanzposten zu berücksichtigen. Dies gilt nicht nur für einen nach dem Abschlussstichtag gefassten Liquidationsbeschluss oder gestellten Insolvenzantrag, der grundsätzlich zu einer Aufgabe der Going-Concern-Prämisse führt, sondern auch in den Fällen, in denen das Ereignis nach dem Abschlussstichtag nicht eine am Abschlussstichtag bereits latent vorhan-

22) *Pföhler/Seidler* BB 2021, 299, 300.

23) BGH, Urt. v. 26.1.2017 – IX ZR 285/14, Rz. 25, BGHZ 213, 374 = DStR 2017, 956; *Buth/Hermanns*, Restrukturierung, Sanierung, Insolvenz, § 44 Rz. 6.

24) In Anlehnung an *Sinz* in: Uhlenbruck, InsO, § 155 Rz. 12.

25) BGH, Urt. v. 26.1.2017 – IX ZR 285/14, Rz. 25 ff., insb. Rz. 27, BGHZ 213, 374 = DStR 2017, 956. IDW, Externe (handelsrechtliche) Rechnungslegung im Insolvenzverfahren (IDW RH HFA 1.012), Stand: 6.12.2018, Rz. 15, IDW Life 11/2015, 610 ff., IDW Life 1/2019, 74 f.

26) Begr. RegE InsO z. § 174, BT-Drucks. 12/2443, S. 172; IDW, Externe (handelsrechtliche) Rechnungslegung im Insolvenzverfahren (IDW RH HFA 1.012), Stand: 6.12.2018, Rz. 16, IDW Life 11/2015, 610 ff., IDW Life 1/2019, 74 f.

27) *Boochs/Nickel* in: FK-InsO, § 155 Rz. 59; IDW, Externe (handelsrechtliche) Rechnungslegung im Insolvenzverfahren (IDW RH HFA 1.012), Stand: 6.12.2018, Rz. 18, IDW Life 11/2015, 610 ff., IDW Life 1/2019, 74 f.

dene Situation offenlegt. Hierzu dürfte z. B. ein nach dem Abschlussstichtag vereinbarter Asset Deal zählen, dessen Abschluss vor der Aufstellung des Jahresabschlusses bekannt wird.

Praxishinweis

Die verfahrensspezifischen und operativen Herausforderungen einer Insolvenz wirken sich in der Praxis regelmäßig auch auf die Aufstellung der Jahresabschlüsse aus. In der Folge ist zu beobachten, dass die Aufstellung der Jahresabschlüsse nicht zeitnah zum Bilanzstichtag, sondern vielmehr zum Teil erst deutlich versetzt erfolgt. Dieser Umstand kann dazu führen, dass trotz der Fortführung der Unternehmenstätigkeit über den gesamten Insolvenzzeitraum, die in diesen Zeitraum fallenden Jahresabschlüsse unter dem **Wegfall der Prämisse** der Unternehmensfortführung aufzustellen sind, wenn am **Ende dieses Zeitraums** z. B. ein Asset Deal in Kombination mit einem Liquidationsplan steht. Die Entscheidung über die Liquidation der Gesellschaft **wirkt trotz der Fortführung** der Unternehmenstätigkeit in jeden **noch offenen Jahresabschluss hinein.** Die Einschätzung über die Prämisse der Fortführung der Unternehmenstätigkeit darf sich in einem solchen Fall nicht auf die i. d. R. nächsten 12 Monate beschränken, wenn im Zeitpunkt der Aufstellung – unabhängig vom Bilanzstichtag – feststeht, dass die Unternehmenstätigkeit eingestellt wird.

20 Die Rechnungslegung einer werbenden Gesellschaft ist in Bezug auf Ansatz und Bewertung von Vermögensgegenständen und Schulden geprägt durch den **Grundsatz der periodengerechten Gewinnermittlung**. Mit dem Wegfall der Fortführungsannahme tritt dieser Grundgedanke in den Hintergrund. Der Fokus der Rechnungslegung zielt ab diesem Zeitpunkt primär auf die **Feststellung** des zum **Abschlussstichtag** vorhandenen **Reinvermögens** ab. Daraus folgt, dass nur noch bis zum Zeitpunkt der Beendigung des Geschäftsbetriebs verwertbare Vermögensgegenstände zu aktivieren und neben den bislang zu passivierenden Schulden auch solche Verpflichtungen zu berücksichtigen sind, die **durch die Abkehr von der Going-Concern-Prämisse verursacht** wurden. Die Bewertung der Vermögensgegenstände hat unter Veräußerungsgesichtspunkten zu erfolgen.

21 Insolvenzspezifische Besonderheiten ergeben sich insbesondere aus den folgenden Sachverhalten:

1. Anfechtungsansprüche

22 Nach §§ 129 ff. InsO wird dem Insolvenzverwalter/Sachwalter ermöglicht, etwaige ungerechtfertigte Vermögensverschiebungen, durch die die Insolvenzmasse innerhalb spezifischer Zeiträume verkürzt wurde, anzufechten. Hierzu bedarf es der Eröffnung des Insolvenzverfahrens. In der Folge sind etwaige Ansprüche auf den Zeitpunkt der Insolvenzeröffnung in der handelsrechtlichen Schlussbilanz entsprechend aufzunehmen. **Gegenläufig** ist auch ein Anspruch des Anfechtungsgegners zu passivieren, da der Anspruch des Anfechtungsgegners entsprechend wieder auflebt (§ 144 InsO).

2. Haftungsansprüche

23 Sofern Haftungsansprüche durch den Insolvenzverwalter bzw. Sachwalter festgestellt und geltend gemacht werden, sind diese entsprechend zu aktivieren.

3. Verfahrenskosten

24 Die Kosten für das Insolvenzverfahren sind grundsätzlich als **Rückstellung** zu passivieren. Hierzu zählen u. a.

- die Kosten der Verfahrenseröffnung, bestehend aus Gutachterkosten, Gerichtskosten, Auslagen, Kosten für Sachwalter/Insolvenzverwalter sowie
- Kosten, die nach der Verfahrenseröffnung entstehen (u. a. Gerichtskosten, Honorar des Insolvenzverwalters/Sachwalters, Kosten des Gläubigerausschusses etc.).

4. Vorsteuerberichtigungsansprüche

25 Regelmäßig bestehen gegen den Schuldner Forderungen, für die der Schuldner den Vorsteuerabzug geltend gemacht hat. Diese Forderungen gegen den Schuldner werden über § 17 Abs. 2 Nr. 1 UStG wegen Uneinbringlichkeit korrigiert. Der Insolvenzverwalter/die Eigenverwaltung hat den zuvor geltend gemachten Vorsteuerabzug entsprechend zu **korrigieren** und eine **Rückstellung** für etwaige Steuerkorrekturen zu berücksichtigen.

26 Sieht der Insolvenzplan vor, dass **Teile des Geschäftsbetriebs eingestellt** oder veräußert werden, so sind die korrespondierenden Vermögensgegenstände zu Liquidationswerten zu bewerten. Darüber hinaus sind damit im Zusammenhang stehende Aufwendungen als Rückstellung zu bilanzieren.

III. Handelsrechtliche Schlussbilanz

27 Mit **Beendigung des Insolvenzplanverfahrens** durch Einstellung oder Aufhebung nach Insolvenzplanbestätigung schließt das letzte Geschäftsjahr in der Insolvenz ab. Damit beginnt ein neues Geschäftsjahr, ohne dass dies im Gesetz zum Ausdruck gebracht wurde.[28] Der Insolvenzverwalter muss eine handelsrechtliche Schlussbilanz, eine Gewinn- und Verlustrechnung sowie für Kapitalgesellschaften und Personenhandelsgesellschaften i. S. des § 264a Abs. 1 HGB ggf. zusätzlich einen Anhang sowie einen Lagebericht nach § 242 bzw. § 264 HGB aufstellen.[29] Die Schlussbilanz umfasst den Zeitraum zwischen dem Schluss des letzten regulären Geschäftsjahres und dem Tag des Beschlusses über die Aufhebung des Insolvenzplanverfahrens.[30] Hierbei dürfte es sich regelmäßig ebenfalls um ein Rumpfgeschäftsjahr handeln.

28 Mit Beendigung des Insolvenzplanverfahrens erfolgt eine **automatische Rückkehr** zum ursprünglichen Geschäftsjahresrhythmus.[31] Daraus ergibt sich ggf. ein weiteres Rumpfgeschäftsjahr.

29 Hat der Insolvenzplan das Ziel der **Liquidation des Rechtsträgers** oder scheitert das Zustandekommen des Insolvenzplans, erfolgt die Bilanzierung unter der Abkehr von der Annahme der Fortführung des Unternehmens.[32] Die Schlussbilanz markiert damit den Zeitpunkt, zu dem die werbende Gesellschaft endgültig aufgegeben wird.[33]

IV. Prüfung, Offenlegung

30 Die nach § 316 HGB kodifizierte **Pflicht zur Prüfung**[34] des Jahresabschlusses und des Lageberichtes von nicht kleinen Kapitalgesellschaften i. S. des § 267 Abs. 1 HGB sowie ihnen gleichgestellten Personengesellschaften i. S. des § 264a HGB hat auch im Insolvenzplanverfahren ihren Bestand (§ 155 Abs. 3 InsO).[35] Hat keine Prüfung stattgefunden, kann

---

28) Römermann-*Andres*, InsR/InsO, § 155 InsO Rz. 42.

29) Begr. RegE InsO z. § 174, BT-Drucks. 12/2443, S. 172.

30) Analog: IDW, Externe (handelsrechtliche) Rechnungslegung im Insolvenzverfahren (IDW RH HFA 1.012), Stand: 6.12.2018, Rz. 28, IDW Life 11/2015, 610 ff., IDW Life 1/2019, 74 f.; BGH, Beschl. v. 15.7.2010 – IX ZB 229/07, Rz. 5, ZIP 2010, 1610 = NZI 2010, 741.

31) IDW, Externe (handelsrechtliche) Rechnungslegung im Insolvenzverfahren (IDW RH HFA 1.012), Stand: 6.12.2018, Rz. 11, IDW Life 11/2015, 610 ff., IDW Life 1/2019, 74 f.

32) BGH, Urt. v. 26.1.2017 – IX ZR 285/14, Rz. 25, BGHZ 213, 374 = DStR 2017, 956.

33) Deubert/Förschle/Störk-*Förschle/Weisang*, Sonderbilanzen, Kap. R Rz. 87.

34) Zur allgemeinen Prüfungspflicht in der Insolvenz ausführlich: Deubert/Förschle/Störk-*Förschle/Weisang*, Sonderbilanzen, Kap. R Rz. 65 ff.

35) *Kübler* in: KPB, InsO, § 155 Rz. 63; IDW, Externe (handelsrechtliche) Rechnungslegung im Insolvenzverfahren (IDW RH HFA 1.012), Stand: 6.12.2018, Rz. 38, IDW Life 11/2015, 610 ff., IDW Life 1/2019, 74 f.

der Jahresabschluss nach § 316 Abs. 1 Satz 2 HGB nicht festgestellt werden. Im Hinblick auf etwaige Erleichterung besteht nach den allgemeinen Grundsätzen die Möglichkeit für den Insolvenzverwalter, eine Befreiung von der Pflicht zur Prüfung des Jahresabschlusses durch den Abschlussprüfer zu beantragen. Dies ergibt sich aus § 270 Abs. 3 AktG und § 71 Abs. 3 GmbHG, die für den Fall der Abwicklung eine Befreiung von der Prüfung vorsehen können, wenn die Verhältnisse der Gesellschaft überschaubar sind und eine Prüfung im Interesse der Gläubiger und Gesellschafter nicht geboten erscheint.[36)] Dies kann nach Auffassung des IDW insbesondere zum Ende der Abwicklung sachgerecht sein, wenn der größte Teil der Vermögensgegenstände verwertet ist.[37)] Im Fall des Insolvenzplans, der regelmäßig das Ziel einer Unternehmensfortführung vorsieht, erscheint dagegen eine Befreiung von Prüfungspflicht nicht sachgerecht.[38)]

Nach §§ 325 ff. HGB sind Kapitalgesellschaften und ihnen gleichgestellte Personenhandelsgesellschaften zur **Offenlegung** verpflichtet.[39)] Das Informationsinteresse gleicht hier dem Informationsinteresse der Stakeholder bei einer werbenden Gesellschaft. In der Folge gelten im Insolvenzplanverfahren analog zur Prüfungspflicht für die Offenlegung der handelsrechtlichen Jahres- und Konzernabschlüsse sowie ggf. der Lageberichte bzw. Konzernlageberichte in der Regelinsolvenz die allgemeinen Grundsätze.[40)] 31

C. Insolvenzspezifische (interne) Rechnungslegung im Insolvenzplan

Im Rahmen der Verwaltung fremden Vermögens ergibt sich für den Verwalter des fremden Vermögens die Pflicht, über seine Tätigkeit Rechenschaft abzulegen. Dieser Grundsatz gilt auch für den Insolvenzverwalter. Mit der internen Rechnungslegung nach Maßgabe der entsprechenden Bestimmungen der InsO erfüllt der Insolvenzverwalter seine eigenen Rechenschaftspflichten. 32

> **Praxishinweis**
>
> Die Vorschriften beziehen sich im Grundsatz auf den Insolvenzverwalter. Im Fall der Eigenverwaltung tritt an die Stelle des Insolvenzverwalters der Schuldner.

Der folgenden Übersicht können wesentliche insolvenzrechtliche Rechenwerke im Zeitablauf entnommen werden, die im Folgenden näher erläutert werden. 33

36) OLG München, Beschl. v. 9.1.2008 – 31 Wx 66/07, ZIP 2008, 219 = NZI 2008, 263; IDW, Externe (handelsrechtliche) Rechnungslegung im Insolvenzverfahren (IDW RH HFA 1.012), Stand: 6.12.2018, Rz. 42, IDW Life 11/2015, 610 ff., IDW Life 1/2019, 74 f.

37) IDW, Externe (handelsrechtliche) Rechnungslegung im Insolvenzverfahren (IDW RH HFA 1.012), Stand: 6.12.2018, Rz. 43, IDW Life 11/2015, 610 ff., IDW Life 1/2019, 74 f.

38) In Anlehnung an IDW, Externe (handelsrechtliche) Rechnungslegung im Insolvenzverfahren (IDW RH HFA 1.012), Stand: 6.12.2018, Rz. 44, IDW Life 11/2015, 610 ff., IDW Life 1/2019, 74 f.

39) Zur allgemeinen Offenlegungspflicht in der Insolvenz ausführlich: Deubert/Förschle/Störk-*Förschle/Weisang*, Sonderbilanzen, Kap. R Rz. 65 ff.

40) Ausführlich dazu: IDW, Externe (handelsrechtliche) Rechnungslegung im Insolvenzverfahren (IDW RH HFA 1.012), Stand: 6.12.2018, Rz. 38 ff., IDW Life 11/2015, 610 ff., IDW Life 1/2019, 74 f.; *Pink/Fluhme*, ZInsO 2008, 817.

34 **Überblick über insolvenzrechtliche Rechenwerke im Zeitablauf**

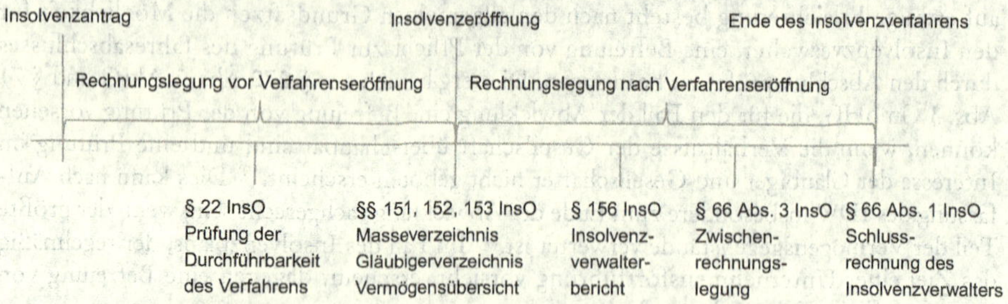

I. Allgemeine Aufgaben und Ziele

35 Das primäre Ziel der insolvenzspezifischen Rechnungslegung besteht in der Gewährung von Informationen für die Verfahrensbeteiligten.[41)] Weitere zentrale Aufgaben und Ziele sind:[42)]

- Dokumentation von Masseverwaltung und Masseverwertung,
- Dokumentation der Vermögensverhältnisse des Schuldners,
- Kontrolle der Tätigkeit des Insolvenzverwalters durch das Insolvenzgericht und einen Gläubigerausschuss,
- Information über den Massebestand zur Vorbereitung der Entscheidung über die Einstellung des Verfahrens mangels Masse,
- Information über die erwartete Insolvenzquote,
- Gewährleistung einer ordnungsgemäßen Verteilung der Insolvenzmasse.

36 Zu den Verfahrensbeteiligten zählen neben den Gläubigern vor allem das Insolvenzgericht, der Schuldner aber auch der Insolvenzverwalter.

37 Die **Bestandsaufnahme** des Insolvenzverwalters in Form des **Masseverzeichnisses** sowie des **Gläubigerverzeichnisses** ist die Basis für die **Darstellung der Vermögenslage** des Schuldnerunternehmens und damit eine wesentliche Entscheidungsgrundlage für die Adressaten. Auf dieser Basis sollen die **Gläubiger** einen Einblick in die wirtschaftliche Lage des Unternehmens, die vom Insolvenzverwalter ergriffenen oder angedachten Maßnahmen sowie die voraussichtliche Insolvenzquote erhalten. Durch die Offenlegung dieser Informationen kann jeder Gläubiger sich ein eigenes Bild verschaffen und eine sachgerechte Entscheidung über die Sanierung des Schuldnerunternehmens treffen.

38 Ferner dient die interne Rechnungslegung auch der **Kontrolle** des Verwalters durch den Gläubigerausschuss.

39 Für das **Gericht** ergibt sich die Pflicht der Prüfung über die Abwicklungstätigkeit des Verwalters. Dabei geht es weniger um die Prüfung des wirtschaftlichen Erfolgs der Verwertungstätigkeit, als vielmehr um die Prüfung der Vollständigkeit der Verwertung (§ 196 InsO).

40 Der **Schuldner** erhält ebenfalls einen Einblick in die aufbereitete wirtschaftliche Lage des Unternehmens.

41 Im Hinblick auf den **Insolvenzplan** bestehen für die interne Rechnungslegung **teilweise Besonderheiten**, die im Folgenden dargestellt werden.

---

41) *Jaffé* in: MünchKomm-InsO, Vorb.§§ 151 – 155 Rz. 4 – 9.

42) IDW, Insolvenzspezifische Rechnungslegung im Insolvenzverfahren (RH HFA 1.011), Stand: 13.6.2008, Rz. 4, FN-IDW 8/2008, 321 ff.

II. Masseverzeichnis (§ 151 InsO), Gläubigerverzeichnis (§ 152 InsO), Vermögensübersicht (§ 153 InsO)

Nach § 151 Abs. 1 InsO hat der Insolvenzverwalter auf den Zeitpunkt der Eröffnung des Insolvenzverfahrens ein Verzeichnis über die Insolvenzmasse zu erstellen. Bei der Eigenverwaltung ist das Verzeichnis der Massegegenstände (**Masseverzeichnis**) durch den Schuldner zu erstellen (§ 281 Abs. 1 InsO).[43)] Mit der Verpflichtung zur Aufstellung des Masseverzeichnisses verfolgt der Gesetzgeber im Wesentlichen zwei Ziele: 42

- Zum einen soll der Gläubigerversammlung, die gemäß § 157 InsO über Fortführung oder Stilllegung des schuldnerischen Unternehmens zu entscheiden hat, eine fundierte Entscheidungsgrundlage gegeben werden.[44)] Dies wird dadurch erreicht, dass den Verfahrensbeteiligten ein Überblick über das vollständige Aktivvermögen des Schuldners gegeben wird.
- Zum anderen soll die Tätigkeit des Insolvenzverwalters für das Insolvenzgericht sowie den Gläubigerausschuss transparent gemacht werden.[45)]

Korrespondierend zum Verzeichnis der Massegegenstände nach § 151 InsO ist auf den Zeitpunkt der Eröffnung des Insolvenzverfahrens auch ein **Gläubigerverzeichnis** zu erstellen. Darin sind die Verbindlichkeiten des Insolvenzschuldners und die Sicherheiten einzeln und übersichtlich darzustellen. Das Gläubigerverzeichnis soll ein erstes vollständiges Bild über die Belastung des Vermögens vermitteln.[46)] 43

Auf den Zeitpunkt der Eröffnung des Insolvenzverfahrens hat der Insolvenzverwalter darüber hinaus eine **Vermögensübersicht** nach § 153 InsO aufzustellen. Diese – auch als interne Eröffnungsbilanz des Insolvenzverfahrens bezeichnete Übersicht – baut auf dem Masseverzeichnis (§ 151 InsO) sowie dem Gläubigerverzeichnis (§ 152 InsO) auf. Sie stellt damit eine Gegenüberstellung des insolvenzbefangenen Vermögens zu den Verbindlichkeiten des Schuldners dar. Auf diese Weise soll den Gläubigern ein schneller und gesicherter Überblick über die tatsächlichen wirtschaftlichen Verhältnisse des Schuldners verschafft und zugleich eine Einschätzung über eine etwaige Ausschüttungsquote ermöglicht werden. Darüber hinaus dient die Vermögensübersicht den Verfahrensbeteiligten auch für eine Plausibilisierung bzw. Prüfung der späteren Schlussrechnung.[47)] 44

Im Hinblick auf die **Bewertung** der Vermögenswerte und Schulden verweist § 153 Abs. 1 Satz 3 InsO auf die Bewertung der Vermögenswerte im Masseverzeichnis nach § 151 Abs. 2 InsO. Danach sind die Vermögenswerte zu Fortführungswerten und Liquidationswerten anzugeben.[48)] Die Bewertung der Schulden ist in der InsO nicht geregelt. Sachgerecht erscheint daher die Bewertung zum Nennwert. Sonstige Masseverbindlichkeiten i. S. des § 55 InsO sind nach vernünftiger kaufmännischer Beurteilung zu schätzen. 45

In Bezug auf das Masseverzeichnis, das Gläubigerverzeichnis und die Vermögensübersicht bestehen keine abweichenden Regelungsmöglichkeiten, in denen die Aufstellung und 46

---

43) Zum Masseverzeichnis ausführlich: Deubert/Förschle/Störk-*Förschle/Weisang*, Sonderbilanzen, Kap. R Rz. 13 ff.

44) *Voigt-Salus* in: Mohrbutter/Ringstmeier, Hdb. Insolvenzverwaltung, Kap. 23 Rz. 60.

45) Braun-*Haffa*, InsO, § 151 Rz. 1.

46) Zum Gläubigerverzeichnis ausführlich: *Jarchow* in: HambKomm-InsR, § 152 InsO Rz. 4; Deubert/Förschle/Störk-*Förschle/Weisang*, Sonderbilanzen, Kap. R Rz. 15.; IDW, Insolvenzspezifische Rechnungslegung im Insolvenzverfahren (RH HFA 1.011), Stand: 13.6.2008, Rz. 13, FN-IDW 8/2008, 321 ff.; *Depré* in: HK-InsO, § 152 Rz. 1.

47) Zur Vermögensübersicht ausführlich: Deubert/Förschle/Störk-*Förschle/Weisang*, Sonderbilanzen, Kap. R Rz. 16 ff.; IDW, Insolvenzspezifische Rechnungslegung im Insolvenzverfahren (RH HFA 1.011), Stand: 13.6.2008, Rz. 13, FN-IDW 8/2008, 321 ff.

48) *Jarchow* in: HambKomm-InsR, § 151 InsO Rz. 15.

Gestaltung disponibel der Gläubigerautonomie unterstellt werden. Dies ist darauf zurückzuführen, dass die Verzeichnisse den Verfahrensbeteiligten als Entscheidungsgrundlage über die Annahme des Insolvenzplans und damit der Fortführung oder Nicht-Fortführung dienen. Darüber hinaus folgt die Aufstellungspflicht schon daraus, dass diese im Zeitpunkt der Beschlussfassung über den Insolvenzplan (Erörterungs- und Abstimmungstermin, § 235 InsO, bereits vom Verwalter aufzustellen sind, § 154 InsO).

47 Im **Insolvenzplanverfahren** dient die Vermögensübersicht insbesondere als Informationsgrundlage.[49] Sofern das Ziel des Insolvenzplans die Sanierung des Rechtsträgers zum Inhalt hat (Regelfall), ergibt sich für den Verwalter daraus die Verpflichtung, für jeden Vermögensgegenstand grundsätzlich die Fortführungs- und Zerschlagungswerte anzugeben.[50] Erst auf dieser Basis kann im **Berichtstermin** (§ 157 InsO) durch die Gläubigerversammlung über das Verfahrensziel sachgerecht entschieden werden.

48 Der **Liquidationswert** eines Vermögensgegenstandes leitet sich aus dem voraussichtlichen Verkaufserlös i. R. einer Einzelveräußerung ab.[51] Sofern Sachgesamtheiten (Unternehmensteile) veräußert werden können, ist dies entsprechend zu berücksichtigen. Korrespondierend dazu sind etwaige Ertragsteuerbelastungen aus der Veräußerung in Ansatz zu bringen.

49 Die inhaltliche Bestimmung des **Fortführungswertes** wird in der Literatur an unterschiedlichen Konzepten intensiv diskutiert. Ausgehend von der Fortführung des Buchwertes[52] erstreckt sich die Diskussion über den steuerlichen Teilwertbegriff des § 6b EStG[53], den Substanzwert bzw. den Wiederbeschaffungswert[54] bis hin zum Ertragswert[55].

50 Das IDW hat den Fortführungswert als den Wert beschrieben, den ein Erwerber des gesamten Unternehmens i. R. eines Gesamtkaufpreises auf der Basis eines konkreten Fortführungs- oder Sanierungskonzeptes für den einzelnen Vermögensgegenstand zu zahlen bereit wäre.[56] Diese Vorgehensweise setzt eine Unternehmensbewertung nach **IDW S 1** sowie eine darauf aufbauende Wertaufteilung auf die einzelnen Vermögensgegenstände voraus.

51 Das Problem dürfte in der Praxis regelmäßig darin bestehen, dass in dem frühen Verfahrensstadium unmittelbar nach der Insolvenzeröffnung noch keine konkreten Vorstellungen über den weiteren Fortgang des Unternehmens bestehen. Damit fehlt es an einer belastbaren Grundlage für die Ableitung einer Planungsrechnung und damit einhergehend an belastbaren Fortführungswerten. Insofern wird es in der Praxis regelmäßig darauf hinauslaufen, dass zum Berichtstermin die Wiederbeschaffungswerte geschätzt und in Ansatz gebracht werden.[57] Für den Fall, dass bereits mit Antragstellung ein sog. **Prepackaged Plan**

---

49) IDW, Bestandsaufnahme im Insolvenzverfahren (IDW RH HFA 1.010), Stand: 13.6.2008, Rz. 58, FN-IDW 8/2008, 309 ff.

50) IDW, Bestandsaufnahme im Insolvenzverfahren (IDW RH HFA 1.010), Stand: 13.6.2008, Rz. 32, FN-IDW 8/2008, 309 ff.

51) *Voigt-Salus* in: Mohrbutter/Ringstmeier/Meyer, Hdb. Insolvenzverwaltung, Kap. 23 Rz. 62; IDW, Grundsätze zur Durchführung von Unternehmensbewertungen (IDW S 1 i. d. F. 2008), Stand: 4.7.2016, Rz. 141, WPg Supplement 3/2008, 68 ff., IDW Life 8/2016, 731; Förschle/Deubert/Störk-*Förschle/Weisang*, Sonderbilanzen, Kap. R Rz. 14.

52) Römermann-*Andres*, InsR/InsO, § 151 InsO Rz. 14.

53) *Wipperfürth* in: KPB, InsO, § 151 Rz. 28.

54) Braun-*Haffa*, InsO, § 151 Rz. 10.

55) *Voigt-Salus* in: Mohrbutter/Ringstmeier/Meyer, Hdb. Insolvenzverwaltung, Kap. 23 Rz. 69 ff.

56) IDW, Bestandsaufnahme im Insolvenzverfahren (IDW RH HFA 1.010), Stand: 13.6.2008, Rz. 37, FN-IDW 8/2008, 309 ff.

57) *Zabel* in: Kübler/Bork/Prütting, HRI II, § 23 Rz. 63; Deubert/Förschle/Störk-*Förschle/Weisang*, Sonderbilanzen, Kap. R Rz. 14.

vorliegt oder bis zur Aufstellung der Vermögensübersicht ein Insolvenzplan erarbeitet worden ist, erscheint die Bewertung der Vermögensgegenstände unter Berücksichtigung eines Geschäfts- und Firmenwertes auf Basis einer Unternehmensbewertung nach IDW S 1 sachgerecht. Vor diesem Hintergrund kann es im Einzelfall ratsam sein, i. R. von Insolvenzplänen, in denen eine Fortführung des schuldnerischen Unternehmens angedacht ist, einen sachverständigen Wirtschaftsprüfer mit einer Unternehmensbewertung zu beauftragen.[58)]

Auf die Angabe der Fortführungswerte kann freilich verzichtet werden, wenn der Insolvenzplan eine Liquidation zum Ziel hat und eine Unternehmensfortführung aus objektiven Gründen nicht in Betracht kommt.[59)] 52

III. Insolvenzverwalterbericht (§ 156 InsO)

Im Berichtstermin hat der Insolvenzverwalter nach § 156 Abs. 1 InsO über die wirtschaftliche Lage des Schuldnerunternehmens, die Aussichten über die Fortführung bzw. einen Insolvenzplan zu berichten. Ferner ist über Krisenursachen, die Unternehmensstrukturen sowie weitere wesentliche Sachverhalte zu berichten. Es handelt sich dabei zwar nicht um ein Rechenwerk im engeren Sinn, gleichwohl zählt es zur internen Rechenschaftspflicht des Insolvenzverwalters. 53

Für den Insolvenzverwalter besteht erst nach Beauftragung durch die Gläubigerversammlung die Pflicht zur Erarbeitung eines Insolvenzplans (§§ 157 Satz 2, 218 Abs. 2 InsO). Zum Berichtstermin kann daher nur über die **Möglichkeiten eines Insolvenzplans** und etwaiger Konsequenzen in groben Zügen berichtet werden.[60)] Hat der Schuldner seinerseits schon einen Insolvenzplan erstellt (**„Prepackaged Plan"**), ist dieser im Berichtstermin für eine sachgerechte Entscheidungsfindung vorzustellen.[61)] Bestehen konkrete Absichten einen Insolvenzplan mit dem Ziel der **Liquidation** der Gesellschaft zu erarbeiten, hat der Insolvenzverwalter auf diesen einzugehen, wenn ausnahmsweise ein Liquidationsplan denkbar erscheint.[62)] 54

IV. Zwischenrechnungslegung (§ 66 Abs. 3 InsO)

Nach § 66 Abs. 3 InsO hat die Gläubigerversammlung das Recht, Zwischenrechnungen vom Insolvenzverwalter zu erhalten. Darüber hinaus können das Insolvenzgericht, der Gläubigerausschuss oder die Gläubigerversammlung nach §§ 58 Abs. 1 Satz 2, 69, 79 Satz 1 InsO jederzeit einzelne Auskünfte oder einen Bericht über den Verfahrensstand und die Geschäftsführung vom Insolvenzverwalter verlangen. 55

Primär soll mit der Zwischenrechnungslegung der **Verlauf** des Insolvenzverfahrens **dokumentiert** und ein Einblick in die Verwertung der Masse und die getroffenen Maßnahmen des Insolvenzverwalters ermöglicht werden.[63)] 56

58) *Jaffé* in: MünchKomm-InsO, § 151 Rz. 15.

59) IDW, Bestandsaufnahme im Insolvenzverfahren (IDW RH HFA 1.010), Stand: 13.6.2008, Rz. 32, FN-IDW 8/2008, 309 ff.

60) *Janssen* in: MünchKomm-InsO, § 156 Rz. 34.

61) K. Schmidt-*Jungmann*, InsO, § 156 Rz. 16.

62) K. Schmidt-*Jungmann*, InsO, § 156 Rz. 16; Römermann-*Balthasar*, InsR/InsO, § 156 InsO Rz. 25.

63) Zu den Anforderungen an die Zwischenberichterstattung ausführlich: u. a. K. Schmidt-*Rigol*, InsO, § 66; Deubert/Förschle/Störk-*Förschle/Weisang*, Sonderbilanzen, Kap. R Rz. 30; *Weitzmann* in: HambKomm-InsR, § 66 InsO.

V. Schlussrechnung (§ 66 Abs. 1 InsO)

57 Nach § 66 Abs. 1 InsO hat der Insolvenzverwalter bei Beendigung seines Amtes gegenüber der Gläubigerversammlung in der Form einer Schlussrechnung Rechenschaft über seine gesamte Tätigkeit abzulegen.[64] Die Schlussrechnung dient dabei auch als Prüfungsgrundlage für die Entscheidung über die Schlussverteilung nach § 197 InsO.

58 Die Erstellung einer Schlussrechnung ist grundsätzlich gesetzlich vorgeschrieben (§ 66 Abs. 1 InsO). Nach der mit dem SanInsFoG in einen eigenen Absatz 4 verschobenen Norm kann im Insolvenzplan eine von der allgemeinen Rechnungslegungspflicht des Verwalters abweichende Regelung getroffen werden.[65] Siehe dazu ausführlich § 8 Rz. 658 ff. [*Brünkmans*].

D. Rechnungslegung im Restrukturierungsplanverfahren

59 Im Rahmen eines Stabilisierungs- und Restrukturierungsverfahrens (StaRUG)[66] bestehen die handelsrechtlichen Rechnungslegungspflichten unverändert fort. Das Geschäftsjahr wird – im Gegensatz zum Insolvenzverfahren – nicht tangiert. Ebenso bestehen keine expliziten – wie im Insolvenzverfahren (internen) Rechnungslegungspflichten gegenüber Gläubigern und dem Gericht. Gleichwohl ergeben sich implizite Rechnungslegungspflichten aus dem Verfahren.

60 Die Rechnungslegung des Unternehmens ist **Basis für eine sachgerechte Entscheidungsfindung**. Sie ist Grundlage für die Dokumentation der Einhaltung der Verfahrensvoraussetzungen sowie Startgröße für die Unternehmensplanung. Sie findet Berücksichtigung bei Erstellung der **Anlagen:**

- Erklärung nach § 13 Abs. 1 StaRUG,
- Vermögensübersicht und
- Ergebnis- und Finanzplan nach § 14 Abs. 2 StaRUG.

61 In der Folge muss die Rechnungslegung auf dem aktuellen Stand sein, um für die Entscheidungsträger einen detaillierten und transparenten Einblick in die **wirtschaftliche Situation** des Unternehmens zu schaffen und somit eine Beurteilung der **Auswirkungen des Restrukturierungsplans** zu ermöglichen. Insbesondere dürfte die Darstellung der Änderungen der Unternehmensstruktur und die Auswirkungen des Restrukturierungsplans von zentraler Bedeutung sein.

---

64) Zu den Anforderungen an die Schlussrechnung ausführlich: u. a. K. Schmidt-*Rigol*, InsO, § 66; Deubert/Förschle/Störk-*Förschle/Weisang*, Sonderbilanzen, Kap. R Rz. 30; *Weitzmann* in: HambKomm-InsR, § 66 InsO.

65) K. Schmidt-*Rigol*, InsO, § 66 Rz. 32.

66) Gesetz über den Stabilisierungs- und Restrukturierungsrahmen für Unternehmen (Unternehmensstabilisierungs- und -restrukturierungsgesetz – StaRUG), v. 22.12.2020, BGBl. I 2020, 3256 (= Art. 1 des Gesetzes zur Fortentwicklung des Sanierungs- und Insolvenzrechts [Sanierungs- und Insolvenzrechtsfortentwicklungsgesetz – SanInsFoG], v. 22.12.2020, BGBl. I 2020, 3256).

§ 60
Steuerliche Auswirkungen von Sanierungsmaßnahmen

Übersicht

Literatur: *Adam*, Die doppelte Berichtigung der Umsatzsteuer bei Eröffnung des Insolvenzverfahrens, UR 2020, 492; *Arbeitskreis Steuern und Revision im BWA eV*, A Never-Ending Story: Der Begriff des(selben) Geschäftsbetriebs i. S. des § 8d KStG – Systematische Literaturauswertung und Diskussion praktischer Fälle, DStR 2017, 2457; *Becker*, Die Anmeldung und Prüfung von Steuerforderungen im Insolvenzverfahren, DStR 2016, 919; *Bös*, Die Besteuerung von Sanierungsgewinnen – Voraussetzungen und Rechtsfolgen, KSI 2019, 257; *Braun/Kopp*, § 8d KStG aus der Sicht von Start-ups – Analyse der Schädlichkeit eines Pivots, DStR 2019, 1422; *Brünkmans*, Reichweite der Rechtskraft von Insolvenz- und Restrukturierungsplänen, ZIP 2022, 1573; *Busch*, Grundzüge des Insolvenzsteuerrechts, StB 2021, 128; *v. d. Bussche*, Steuerliche Aspekte der präventiven Restrukturierungsrichtlinie, SanB 2020, 106; *Cordewener*, EU-Beihilfenrecht und Steuern, StbJb. 2018/2019, S. 311; *Dahl/Taras*, Einsichtsrecht bei vom Verfahren unabhängigen Ansprüchen, NJW-Spezial 2022, 53; *Desens*, Die Steuerfreiheit des Sanierungsertrags im Rechtsformvergleich, BB 2023, 2263 (Teil I), BB 2023, 2326 (Teil II); *Desens*, Die neue Besteuerung von Sanierungserträgen, FR 2017, 981; *Eilers/Tiemann*, Alles geklärt bei der Steuerfreiheit von Sanierungserträgen? – Warum der Gesetzgeber nachbessern muss, Ubg 2020, 190; *Eilers/Walter-Yadegardjam*, Die wirtschaftlichen Folgen der COVID-19-Pandemie: Eine Bewährungsprobe für das deutsche Sanierungssteuerrecht, FR 2020, 481; *Eisolt/Wolters*, Steuerrechtliche Aspekte des StaRUG, ZInsO 2021, 1058; *Fischer*, Steuerrechtliche Implikationen des StaRUG, NZI Beilage z. Heft 5/2021, S. 69; *Förster/Hechtner*, Neue gesetzliche Rahmenbedingungen im Sanierungssteuerrecht, DB 2019, 10;

Förster/Hechtner, Steuerbefreiung von Sanierungsgewinnen gem. §§ 3a, 3c Abs. 4 EStG, DB 2017, 1536; *Förster/von Cölln*, Die Neuregelung des § 8d KStG beim schädlichen Beteiligungserwerb, DStR 2017, 8; *Frind*, Insolvenzliche Eigenverwaltung und öffentlich-rechtliche Forderungen: Zahlen oder nicht?, GmbHR 2015, 128; *Fuhrmann/Potsch*, Disquotale Einlagen und verdeckte Gewinnausschüttungen im Schenkungsteuerrecht, NZG 2012, 681; *Geiwitz* in: Sanierung und Insolvenz, Rechnungslegung und Beratung in der Unternehmenskrise, 2022, Kapitel F (Steuerliche Aspekte bei der Sanierung und in der Insolvenz von Unternehmen); *Gläser/Kosik*, Das Restrukturierungsverfahren aus steuerlicher Sicht – Scheitert die Sanierung am steuerpflichtigen Sanierungsertrag?, Sanieren 2021, 232; *Gragert*, Steuerliche Behandlung von Sanierungsgewinnen, NWB 2013, 2141; *Grau/Pohlmann/Radunz*, Erste Praxiserfahrungen mit dem StaRUG, NZI 2021, 522; *Hageböke/Hasbach*, Nochmals: Zur gewerbesteuerlichen Zuständigkeit der Finanzbehörden beim Sanierungserlass, FR 2016, 1018; *Harder*, Steuerzahlungen in vorläufigen Insolvenzverfahren in Eigenverwaltung, NZI 2015, 162; *Hasbach*, Steuerfreistellung von Sanierungserträgen bei „Alt-Fällen“ – Ein Anwendungsfall von § 175 Abs. 1 Satz 1 Nr. 2 AO, DB 2019, 871; *Hasbach/Oesterwinter/Fahje*, Steuerfreistellung von Sanierungserträgen i. R. einer ertragsteuerlichen Organschaft, DB 2020, 1249; *Heinrich*, § 15b VIII InsO – Beschränkte Auflösung einer Pflichtenkollision?, NZI 2021, 258; *Herzig/Liekenbrock*, Überlegungen zur Beseitigung von steuerlichen Sanierungshindernissen – Ein Beitrag zur steuerlichen Flankierung der geplanten Insolvenzrechtsreform, Ubg 2013, 313; *Hey*, Steuerbefreiung für Sanierungsgewinne und EU-Beihilferecht, FR 2017, 453; *Hinz*, Sanierungserträge: § 3a EStG – eine unzulässige Beihilfe?, FR 2022, 1021; *Hobelsberger*, Umsatzsteuerpflicht und -haftung in der vorläufigen Eigenverwaltung, DStR 2013, 2545; *Hölzle*, Die Sanierung des Insolvenzsteuerrechts – oder: Die Besteuerung von Sanierungsgewinnen, ZIP 2020, 301; *Hölzle/Kahlert*, Der sog. Sanierungserlass ist tot – Es lebe die Ausgliederung, ZIP 2017, 510; *Jagolski*, Materiellrechtliche und gleichheitsrechtliche Aspekte der steuerlichen Begünstigung von Sanierungserträgen gemäß § 3a EStG, 2023 (Diss.); *Kahlert*, Krisenbewältigung und Steuerrecht – Steuervorteile bei Restrukturierungsplan und Sanierungsvergleich, NWB 2023, 681; *Kahlert*, „Sanierungsabsicht der Gläubiger" bei einem Schuldenerlass in einem Insolvenz- oder Restrukturierungsplan, NWB 2022, 3394; *Kahlert*, „Sanierungsabsicht der Gläubiger“ bei einem Schuldenerlass in einem Insolvenz- oder Restrukturierungsplan, NWB 2022, 356; *Kahlert*, Erste und zweite Berichtigung von Umsatzsteuer und Vorsteuer im (vorläufigen) Insolvenzverfahren nach dem SanInsFoG, DStR 2021, 1505; *Kahlert*, Sanierung im Insolvenzverfahren, WPg 2021, 321; *Kahlert*, Löst ein Forderungsverzicht zu Sanierungszwecken nach § 7 Abs. 8 ErbStG Schenkungsteuer aus?, DStR 2012, 1208; *Kahlert/Kayser/Bornemann*, Perspektiven für eine kohärente und praxisgerechte Verzahnung von Steuerrecht und Insolvenzrecht, 2020; *Kahlert/Schmidt, A.*, Die neue Steuerfreiheit des Sanierungsertrags – Fragen und Antworten, DStR 2017, 1897; *Kahlert/Schumann*, Einbeziehung von in- und ausländischen Steuerforderungen in einen Restrukturierungsplan oder Sanierungsvergleich, DStR 2021, 2741; *Keilbach*, Die Doppelberichtigung der Umsatzsteuer gem. § 17 UStG nach der Neufassung des § 55 IV InsO i. d. F. des SanInsFoG, NZI 2022, 256; *Kießling*, Einkommensbesteuerung in der insolventen Personengesellschaft, (Diss.) Berlin 2018; *Kontny/Schwahn*, § 3a EStG – Sanierungsgewinne in der Praxis, StBJb 2020/2021, S. 669; *Kruth*, § 55 Abs. 4 InsO n. F. – Ist die steuerliche Privilegierung der Eigenverwaltung tatsächlich entfallen?, MwStR 2021, 449; *Kümpel*, Der Stabilisierungs- und Restrukturierungsrahmen im Lichte des europäischen Beihilferechts, ZRI 2023, 233; *Lampe/Breuer/Hotze*, Erfahrungen mit § 3a EStG i. R. eines Insolvenzplanverfahrens unter Einholung einer verbindlichen Auskunft, DStR 2018, 173; *Licht*, EU-Beihilferecht und Unternehmensbesteuerung, (Diss.) Saarbrücken 2020; *Maile*, SchenkSt beim Forderungsverzicht im Sanierungsfall?, DB 2012, 1952; *Meliß*, Die Einkommensbesteuerung von Personengesellschaften in der Insolvenz, ZRI 2022, 249; *Meliß*, Einkommensbesteuerung von Personengesellschaften in der Insolvenz, (Diss.) 2021; *Meyer*, Insolvenzrecht und Steuerrecht, in: Festschrift 100 Jahre Steuerrechtsprechung in Deutschland (1918–2018), 2018, S. 659; *Mocker*, Der Staat als Umsatzsteuergläubiger im Insolvenzverfahren, (Diss.) 2021; *Möhlenkamp*, Steuerfreie Sanierungsgewinne, EU-Beihilfenverbot und Wettbewerb, ZIP 2018, 1907; *Möhlenbrock/Gragert*, Reform der Besteuerung von Sanierungsgewinnen/-erträgen, FR 2017, 994; *Neumann/Stimpel*, Verlustabzugsbeschränkung/Sanierungsmaßnahmen, Die Sanierungsklausel in § 8c KStG – erste Überlegungen, Der Konzern 2009, 409; *Palm*, Konzeptionelle und steuerliche Probleme einer Sanierung im Insolvenzplanverfahren, (Diss.) Saarbrücken 2015; *Pfirrmann*, Änderung von Steuerbescheiden nach rechtskräftiger Bestätigung eines Insolvenzplanes, in: Festschrift für Dietmar Gosch, 2016, S. 321; *Piekenbrock*, Grenzüberschreitende Restrukturierungsverfahren, in: Festschrift Markus Gehrlein, 2022, S. 455; *Schmittmann/Dannemann*, Massesicherungs- versus Steuernachzahlungspflicht im Schutzschirmverfahren, ZIP 2014, 1405; *Schulte/Petschulat*, Die subjektive Seite der disquotalen Einlage im Schenkungsteuerrecht – § 7 Abs. 8 ErbStG, BB 2013, 47; *Schumann*, Ist § 15b Abs. 8 InsO rückwirkend anwendbar?, ZInsO 2022, 8; *Schumann*, Pflichtenkollision zwischen Steuerzahlerpflicht und Restrukturierungssicherungspflicht?, ZInsO 2021, 1309; *Seer*, Insolvenz, Sanierung und Ertragsteuern – verfassungs- und europarechtliche Überlegungen, FR 2014, 721; *Seer*, Abschlussbericht der Kommission zur Harmonisierung von Insolvenz- und Steuerrecht, ZIP 2014 Beilage z. Heft 42/2014 und DStR-Beihefter 2014 Nr. 42, S. 117; *Seer*, Der sog. Sanierungserlass vom 27.3.2003 als Rechtsgrundlage für Maßnahmen aus sachlichen Billigkeitsgründen, FR 2010, 306; *Sistermann/Beutel*, Unternehmenssanierungen nach der Grundsatzentscheidung des Großen Senats des BFH, DStR 2017, 1065; *Skauradszun*, Welchen Rang hat der Fiskus im präventiven

Restruktuierungsrahmen?, Ubg 2020, 161; *Skauradszun*, Die praktische Konkordanz bei der Steuerfreiheit von Sanierungserträgen anhand §§ 3a, 3c EStG, 7b GewStG nF, ZIP 2018, 1901; *Skauradszun/Kwauka*, Anpassungsbedarf beim Abzugsverbot des § 3c Abs. 4 EStG aufgrund der EU-Restrukturierungsrichtlinie, DStR 2020, 953; *Skuratovski*, Steuerversicherung: Ein neues Instrument zum effektiven Management von Steuerrisiken, BB 2021, 2395; *Smid*, Restschuldbefreiung, Stundung und Erlass von Forderungen im Insolvenzplan und Restrukturierungsplan (Teil B), KSI 2020, 112; *Sonnleitner/Strotkemper*, Steuerfreiheit von Sanierungsgewinnen: Quo vadis? – Zum Vorlagebeschluss des X. Senats des BFH vom 25.3.2015 – X R 23/13, BB 2015, 2395; *Sonnleiter/Winkelhog*, Unternehmen saniert, Geschäftsführer pleite?, BB 2015, 88; *Suchanek/Herbst*, Die Sanierungsklausel des § 8c Abs. 1a KStG, Ubg 2009, 525; *Tresselt/Kienast*, „Nachzüglerforderungen" der Finanzverwaltung im Insolvenzplanverfahren – Besprechung des BFH-Urteils vom 8.3.2022 – VI R 33/19, DZWIR 2023, 218, DZWIR 2023, 191; *Uhländer*, Rückwirkender Ansatz des Sanierungsertrags aufgrund einer Restschuldbefreiung auf den Zeitpunkt der Betriebsaufgabe – Vertrauensschutz nach Maßgabe des BMF-Schreibens vom 8.4.2022 (DB 2022, S. 1039), DB 2022, 1923; *Uhländer*, Steuervollzug in der Restrukturierung, Sanierung und Insolvenz, DB 2021, 1027; *Uhländer*, Markante Rechtsänderungen im Sanierungs- und Insolvenzsteuerrecht 2021, DB 2021, 16; *Uhländer*, Die Besteuerung von Sanierungsgewinnen im „Stresstest", DB 2018, 854; *Viskorf/Haag*, Schenkungsteuer bei Leistungen an Kapitalgesellschaften – Zum gleichlautenden Erlass der obersten Finanzbehörden der Länder vom 14.3.2012 unter besonderer Berücksichtigung von Sanierungsfällen, DStR 2012, 1166; *Wäger*, Kongruente Umsatzbesteuerung im Insolvenzfall, DStR 2021, 825; *Waza*, Umsatzsteuerliche Anwendungsfragen zu § 55 Abs. 4 InsO bei der vorläufigen Eigenverwaltung, USt direkt digital 4/2022, S. 15; *de Weerth*, Sanierungsklausel, Sanierungserlass und ihre Nachfolgeregelungen – Neues vom Gesetzgeber, ZInsO 2018, 2131; *de Weerth*, Sanierungsklausel, Sanierungserlass und anderer Steuererleichterungen im Fokus des EU-Beihilferechts, DStR 2014, 2485; *Weiss*, Die gesetzliche Neuregelung des Sanierungssteuerrechts, StuB 2017, 581; *Witfeld*, Steuerfreiheit von Sanierungserträgen (§ 3a EStG, § 7b GewStG), WPg 2025, 446; *Witfeld*, Aktuelle Steuerrechtsfragen in Krise und Insolvenz, NZI 2024, 813; *Witfeld*, Aktuelle Steuerrechtsfragen in Krise und Insolvenz, NZI 2023, 955, NZI 2023, 813, NZI 2023, 488, NZI 2023, 252, NZI 2022, 768, NZI 2022, 261, NZI 2021, 665; *Witfeld*, Die Neufassung von § 55 Abs. 4 InsO durch das SanInsFoG – Systematische Neuordnung eines Fiskusprivilegs im Insolvenzsteuerrecht?, ZRI 2021, 173; *Witfeld*, Das Umsatzsteuerverfahren und die Insolvenz, (Diss.) Bochum 2016; *Witfeld/Dannemann*, Steuerrechtliche Haftung des Geschäftsführers unter Berücksichtigung von § 15b Abs. 8 InsO, NZI 2021, 905; *Wollring/Passecker*, Umsatzsteuerliche Auswirkungen von Restrukturierungsplänen, ZRI 2022, 308.

A. Einführung

I. Verhältnis von InsO und StaRUG zum Steuerrecht

1 Insolvenzrecht und Steuerrecht sind (nach wie vor) nicht gesetzlich harmonisiert (zum StaRUG siehe Rz. 4).[1] Als normativer **Anknüpfungspunkt** für das Verhältnis der beiden Rechtsgebiete lässt sich im Weiteren **§ 251 Abs. 2 Satz 1 AO** heranziehen, wonach die Vorschriften der InsO „unberührt bleiben". Die in der AO verortete Regelung kann als „Schlüsselvorschrift" qualifiziert werden. Allerdings kann sich hieraus der Grundsatz „Insolvenzrecht geht vor Steuerrecht" nicht pauschal ableiten lassen. Vielmehr ist bei der Rechtsfindung nach dem jeweiligen Anwendungsfall zu unterscheiden. Dabei kann der Vorrang des Insolvenzrechts ohnehin nur in **steuerverfahrensrechtlicher Hinsicht** Geltung entfalten. Auf das materielle Steuerrecht hat er keine Auswirkungen.[2] Aufgrund der unterschiedlichen Regelungsziele sind **Zielkonflikte zwischen Insolvenzrecht und Steuerrecht** regelmäßig unvermeidbar.[3] Denn im Insolvenzrecht geht es um die Gleichbehandlung von (privaten wie öffentlich-rechtlichen) Gläubigern in einer wirtschaftlichen „Mangelsituation" (vgl. § 1 Satz 1 InsO), wohingegen das Steuerrecht darauf ausgerichtet ist, Steuerschulden

1) Vgl. stellvertretend Bestandsaufnahme und Bestrebungen zur Harmonisierung von Insolvenz- und Steuerrecht in: *Seer*, ZIP 2014 Beilage z. Heft 42/2014 und DStR-Beihefter 2014 Nr. 42, S. 117.

2) Vgl. dazu näher *Sonnleitner* in: Sonnleitner/Witfeld, Insolvenz- und Sanierungssteuerrecht, Kap. 1 Rz. 10 ff. m. w. N. Der Ursprung des Grundsatzes liegt in der Judikatur des Großen Senats des Reichsfinanzhofs, RFH, Beschl. v. 25.10.1926 – GrS 1/26, RFHE 19, 355, 356. Seine schlagwortartige Prägnanz verlieh ihm *Liebisch*, VJSchrStFR 1929, 212, 213.

3) Zu den dogmatischen Grundlagen im Verhältnis von Insolvenzrecht und Steuerrecht vgl. bspw. *Meyer* in: FS 100 Jahre Steuerrechtsprechung in Deutschland, S. 659 ff.

stets in voller Höhe zu erheben (Prinzip der Gleichmäßigkeit der Besteuerung, vgl. Art. 3 Abs. 1 GG, § 85 Satz 1 AO).

Die **Schnittstelle von Insolvenz- und Steuerrecht** hat durch zahlreiche Entscheidungen des **BFH** insbesondere in den vergangenen 15 Jahren immer stärker an Konturen gewonnen. Bisweilen lässt sich das „**Insolvenzsteuerrecht**" mangels gesetzlicher Regelungen und mit Blick auf die umfassende **kasuistische Rechtsprechung** als „Case-Law" bezeichnen. Die Rechtsprechung des BFH ist in weiten Teilen wegen ihrer ungerechtfertigten Auswirkungen **zugunsten des Fiskus** zu kritisieren. Dort geht es bspw. um Fragen 2

- der Abgrenzung von Insolvenzforderungen (§ 38 InsO) und Masseverbindlichkeiten (§ 55 Abs. 1, Abs. 2, Abs. 4 InsO),
- der Anwendbarkeit von insolvenzrechtlichen Aufrechnungsverboten (§§ 94 ff. InsO),
- der (etwaigen) Fortführung von ertrag- und umsatzsteuerlichen Organschaften,
- der Steuerfreiheit von Sanierungserträgen (§ 3a EStG, § 7b GewStG) und hieraus resultierender Folgefragen,
- der Geltendmachung und Gewährleistung von steuerlichen Verlusten, der steuerlichen Haftung (§§ 69, 73, 75 AO) und
- den (steuer-)verfahrensrechtlichen Auswirkungen von Insolvenzplänen (nachträgliche Inanspruchnahme des Schuldners und der Organe für Steuerschulden).

Die Finanzverwaltung veröffentlicht zudem regelmäßig **Verwaltungsvorschriften,**[4] in denen Handlungsanweisungen an die zuständigen Finanzbehörden niedergelegt sind und die zu einer Selbstbindung der Verwaltung führen (vgl. Art. 3 Abs. 1 GG). Die Gerichte sind an Verwaltungsvorschriften allerdings nicht gebunden. Für die Praxis ist die Kenntnis der **Verwaltungsauffassung** auch in Insolvenzplanverfahren von wesentlicher Bedeutung, um die Beurteilung durch die Finanzverwaltung zu antizipieren und davon ausgehend das weitere Vorgehen zu wählen. 3

Das durch das Gesetz zur Fortentwicklung des Sanierungs- und Insolvenzrechts **(SanInsFoG)**[5] mit Wirkung vom 1.1.2021 eingeführte Unternehmensstabilisierungs- und -restrukturierungsgesetz **(StaRUG)**[6] ist ebenso wenig mit dem Steuerrecht harmonisiert wie das Insolvenzrecht. Der Gesetzgeber hat im StaRUG lediglich vereinzelt (in § 50 Abs. 3 Nr. 1 StaRUG) auf das Steuerschuldverhältnis Bezug genommen, den Versuch einer Abstimmung der beiden Rechtsgebiete hat er nicht vorgenommen. Erst mit dem Gesetz zur Modernisierung der Entlastung von Abzugsteuern und der Bescheinigung von Kapitalertragsteuer (AbzStEntModG) vom 2.6.2021[7] wurde in § 251 Abs. 2 Satz 2 AO als „Schlüsselnorm des Insolvenzsteuerrechts" (siehe Rz. 1) ein Verweis auf die Vollstreckung aus dem Restrukturierungsplan nach § 71 StaRUG aufgenommen. Dadurch sollte sichergestellt werden, dass auch die Finanzbehörde berechtigt ist, aus einem bestätigten Restrukturierungsplan im Verwaltungswege zu vollstrecken.[8] In Anbetracht der Vielzahl von durch das 4

---

4) Etwa BMF-Schreiben (zur Aktualisierung des AEAO, UStAE), Erlasse, OFD-Verfügungen etc.

5) Gesetz zur Fortentwicklung des Sanierungs- und Insolvenzrechts (Sanierungs- und Insolvenzrechtsfortentwicklungsgesetz – SanInsFoG), v. 22.12.2020, BGBl. I 2020, 3256.

6) Vgl. Gesetz über den Stabilisierungs- und Restrukturierungsrahmen für Unternehmen (Unternehmensstabilisierungs- und -restrukturierungsgesetz – StaRUG), v. 22.12.2020, BGBl. I 2020, 3256 (= Art. 1 des Gesetzes zur Fortentwicklung des Sanierungs- und Insolvenzrechts [Sanierungs- und Insolvenzrechtsfortentwicklungsgesetz – SanInsFoG], v. 22.12.2020, BGBl. I 2020, 3256).

7) Vgl. Gesetz zur Modernisierung der Entlastung von Abzugsteuern und der Bescheinigung der Kapitalertragsteuer (Abzugsteuerentlastungsmodernisierungsgesetz – AbzStEntModG), v. 2.6.2021, BGBl. I 2021, 1259, 1272 (Art. 6 Nr. 9).

8) Vgl. Begr. RegE AbzStEntModG, BT-Drucks. 19/27632, S. 87 – zu § 78 StaRUG-E, vgl. insofern auch Beschlussempfehlung und Bericht d. FA z. AbzStEntModG, BT-Drucks. 19/28925, S. 88.

StaRUG veranlassten steuerlichen Fragestellungen wären Ausführungen des Gesetzgebers aus Sicht der Praxis begrüßenswert gewesen. „Anlehnungen" an die für das „Insolvenzsteuerrecht" ergangene Judikatur lassen sich nach hier vertretener Auffassung eher selten vornehmen. Das folgt aus den **grundlegenden Unterschieden zwischen** einem **Restrukturierungsverfahren** nach dem StaRUG **und** einem **Insolvenzverfahren.** Wesentlich ist hierbei im Kern insbesondere, dass es sich bei einem Restrukturierungsverfahren gerade nicht um ein Kollektivverfahren handelt, sondern es dem Schuldner überlassen ist, welchen oder welche Gläubiger in den Restrukturierungsplan einbezogen werden. Insofern gilt nach dem StaRUG kein „genereller", sondern ein „partieller" Gläubigergleichbehandlungsgrundsatz.[9] Das ist auch im Besteuerungsverfahren zu beachten.

5 Ungeachtet der **mangelnden Harmonisierung** des Steuerrechts mit der InsO einerseits und dem StaRUG andererseits hat der Gesetzgeber (mittlerweile) einige **praxisrelevante „Spezialfälle"** geregelt. Hierzu zählt etwa **§ 55 Abs. 4 InsO**, der ursprünglich durch das Haushaltsbegleitgesetz 2011[10] eingeführt und mit Wirkung vom 1.1.2021 durch das SanInsFoG dahingehend modifiziert wurde, dass steuerliche Masseverbindlichkeiten nunmehr (i) auch im vorläufigen Eigenverwaltungsverfahren begründet werden („zeitlicher Anwendungsbereich"), und sich (ii) die masseverbindlichkeitsbegründende Wirkung „nur" noch auf die enumerativ in § 55 Abs. 4 Satz 1 (Umsatzsteuer) und Satz 2 Nr. 1 bis 4 InsO (sonstige Ein- und Ausfuhrabgaben, bundesgesetzlich geregelte Verbrauchsteuern, die Luftverkehr- und die Kraftfahrzeugsteuer und die Lohnsteuer) aufgezählten Steuerarten bezieht („sachlicher Anwendungsbereich").[11] Außerdem hat der Gesetzgeber – ebenfalls mit dem SanInsFoG – § 15b Abs. 8 InsO kodifiziert, der unter den dort genannten Voraussetzungen für die Geschäftsleiter einen Vorrang der Massesicherungspflicht vor der Steuerzahlungspflicht und infolgedessen einen „partiellen" Haftungsausschluss des **§ 69 AO** (persönliche Haftung) statuiert (zur Haftung siehe Rz. 105 ff.).

6 Schließlich finden sich im (materiellen) Steuerrecht spezielle Vorschriften, die regelmäßig in Insolvenz- und Restrukturierungsverfahren zum Tragen kommen. Hierzu zählen allen voran **§ 3a EStG, § 7b GewStG**, die die Steuerfreiheit von Sanierungserträgen regeln (siehe dazu Rz. 14 ff.).[12]

II. Praktische Auswirkungen des Steuerrechts in Sanierungssituationen

7 Das Steuerrecht ist in Sanierungssituationen stets von Relevanz. Ein großes Augenmerk liegt in jedem Insolvenz- und Restrukturierungsplanverfahren auf der Frage, zu welchen Auswirkungen (Buch-)Gewinne aus dem Wegfall von Verbindlichkeiten beim Schuldnerunternehmen führen. Hierbei stehen die ertragsteuerliche Behandlung von Sanierungserträgen (vgl. § 3a EStG, § 7b GewStG) sowie die umsatzsteuerlichen Folgen häufig im Fokus. Denn falls die Sanierungsmaßnahmen zu liquiditätswirksamen Steuerlasten führen, ist der Sanierungserfolg gefährdet, nicht selten unmöglich. Darüber hinaus geht es regelmäßig um eine Vielzahl von weiteren Fragestellungen (für das Insolvenzplanverfahren u. a.:

- Abgrenzung von Insolvenzforderungen und Masseverbindlichkeiten;
- insolvenzrechtliche Aufrechnungsverbote;
- Erhalt und Nutzung steuerlicher Verlustvorträge;

9) Vgl. *Witfeld/Sonnleitner* in: Sonnleitner/Witfeld, Insolvenz- und Sanierungssteuerrecht, Kap. 9 Rz. 68.

10) Vgl. Haushaltsbegleitgesetz 2011 (HBeglG 2011), v. 9.12.2010, BGBl. I 2010, 1885, 1893 (Art. 3 Nr. 2).

11) Vgl. zur Genese und der Anwendung der Vorschrift *Witfeld*, ZRI 2021, 173 ff. m. w. N.

12) Darüber hinaus gibt es eine Vielzahl von Vorschriften des materiellen Steuerrechts, die typischerweise in Insolvenz- und StaRUG-Verfahren Anwendung finden, allerdings nicht „unmittelbar" und für gewöhnlich in „Planverfahren" relevant sind.

- Verletzung von umwandlungssteuerrechtlichen Sperrfristen; Grunderwerbsteuerschulden, die aus Anteilseignerwechseln resultieren;[13)]
- die Auskehr von Steuererstattungen bzw. -vergütungsbeträgen, ggf. unter Fortführung anhängiger Einspruchs- oder Gerichtsverfahren etc.).

Zum Teil werden steuerliche Aspekte in der Praxis mangels rechtzeitiger Kenntnis nicht **in der Zeit bis zur Planbestätigung** berücksichtigt (etwa Masseverbindlichkeiten, die das Finanzamt erst nach Planbestätigung festsetzt und für die keine Rückstellung gebildet wurde). 8

Praxishinweis

Streitige Steuerthemen können auch erst **nach Planbestätigung** auftreten, sofern sie etwa in steuerlichen Haftungsverfahren oder i. R. von Betriebsprüfungen „sichtbar" werden. Steuerrisiken und -potenziale sollten daher möglichst frühzeitig mitgedacht werden, um eine steueroptimale Vorgehensweise sicherzustellen und eine nachhaltige Sanierung nicht zu gefährden.

In **Insolvenzplanverfahren** sind die Finanzbehörden (in der Regel Finanzamt, Gemeinde(n), ggf. auch Hauptzollamt), entweder als Gläubiger von Steuerforderungen (Insolvenzgläubiger oder Massegläubiger) oder – seltener – als Schuldner (etwa von Vorsteuervergütungs- oder Erstattungsansprüchen nach § 37 Abs. 2 AO) **„unmittelbar"** am Insolvenzverfahren beteiligt. Abhängig von der jeweiligen Verfahrenssituation (siehe Rz. 80 ff.) können Finanzämter verschiedene Maßnahmen ergreifen (u. a. Steuerbescheide und Betriebsprüfungsanordnungen erlassen, „bloße" Berechnungsmitteilungen übermitteln, Tabellenfeststellungen betreiben, Abrechnungsbescheide nach § 218 Abs. 2 AO erlassen etc.). Darüber hinaus sind Finanzbehörden stets **„mittelbar"** am Insolvenzverfahren beteiligt, soweit i. R. des Insolvenzplans Maßnahmen getroffen werden, die Steuertatbestände auslösen und damit Auswirkungen auf die steuerliche Situation des Schuldners haben. 9

In **Restrukturierungsplanverfahren** nach dem StaRUG ist die Stellung der Finanzverwaltung als Restrukturierungsgläubiger – anders als regelmäßig im Insolvenzplanverfahren als Inhaber einer Insolvenzforderung nach § 38 InsO – nicht zwingend. Insofern kann es durchaus vorkommen (was in der Praxis in der ganz überwiegenden Anzahl der Fälle zu beobachten ist), dass eine Finanzbehörde von einem Restrukturierungsverfahren nach dem StaRUG nicht „in eigener Person" betroffen ist (keine „unmittelbare Betroffenheit"). Dann bleibt es dabei, dass die Auswirkungen von Maßnahmen i. R. des Restrukturierungsplanverfahrens steuerlich zu beurteilen und von der Finanzverwaltung zu verbescheiden sind. Insofern ist das Finanzamt jedenfalls mittelbar „betroffen", etwa bei der Steuerbefreiung von Sanierungserträgen aus einem (Teil-)Verzicht im Restrukturierungsplan. Das zeigt, dass die steuerliche Situation bei der Durchführung eines Restrukturierungsverfahrens nach dem StaRUG zu berücksichtigen ist.[14)] 10

Praxishinweis

In Sanierungsfällen ist ein **kooperatives Verhältnis** zur Finanzverwaltung von Vorteil, das bestenfalls schon in der Zeit vor der Krise bestand. In der Regel müssen in kurzer Zeit tragfähige und planungssichere Lösungen erarbeitet werden, an die sich die beteiligten Finanzbehörden auch bei Zusagen gebunden sehen sollen, die nicht in Form einer verbindlichen Auskunft nach § 89 Abs. 2 AO erfolgen (siehe Rz. 98 ff.). Eine möglichst frühzeitige Kontaktaufnahme mit der Finanzverwaltung ist dabei insbesondere in umfangreichen Sachverhalten empfehlenswert.

13) Für einen Fall der Grunderwerbsteuer, die als Masseverbindlichkeit zu qualifizieren war, vgl. FG Düsseldorf, Urt. v. 12.8.2021 – 11 K 2335/19 GE, AO, ZIP 2021, 2141 = NZI 2021, 1072 – Anteilsübertragung gemäß Insolvenzplan (n. rkr., Az. d. BFH: II R 50/21); eine Veröffentlichung der Entscheidungsgründe wird noch in 2025 erwartet.

14) Vgl. näher *Witfeld/Sonnleitner* in: Sonnleitner/Witfeld, Insolvenz- und Sanierungssteuerrecht, Kap. 9 Rz. 69.

III. Gegenstand des Kapitels

11 Gegenstand des vorliegenden Kapitels ist ein Überblick zu den steuerlichen Auswirkungen von Maßnahmen im Insolvenz- und Restrukturierungsplan. Es handelt sich um ausgewählte Fragestellungen, die typischerweise in den genannten Sanierungssituationen von Relevanz sind. Steuerliche Aspekte der Sanierung außerhalb des Insolvenz- oder Restrukturierungsplanverfahrens werden nicht behandelt. Ebenso wenig hat das Kapitel den Anspruch, eine vollständige Einführung über das Insolvenz- oder Restrukturierungssteuerrecht zu geben.[15] Mit Blick auf den so umrissenen Gegenstand des Kapitels werden bewusst Schwerpunkte gesetzt und manche Aspekte nur knapp oder überhaupt nicht behandelt. Rechtsprechung, Verwaltungsauffassung und Literatur zum Insolvenz- und Sanierungssteuerrecht haben mittlerweile einen beachtlichen Umfang angenommen – es ist nicht das Ziel, vorliegend das entsprechende „Case-Law" (siehe Rz. 1) und die Quellenlage vollständig abzubilden.

12 Bei der Schilderung der steuerlichen Rechtslage wird, soweit nichts anderes deutlich gemacht wird, von der Situation einer zu sanierenden **Kapitalgesellschaft** in Form einer GmbH ausgegangen. Es geht also um die **Sanierung der Gesellschaft, nicht der Gesellschafter.** Die steuerlichen Auswirkungen auf der Ebene der Gesellschafter (natürliche Personen, Kapitalgesellschaften, Personengesellschaften) werden außer Betracht gelassen. Das gilt bspw. für die Nutzung steuerlicher Verluste auf Gesellschafterebene aus dem Verzicht auf oder das Stehenlassen von Darlehensforderungen oder im Zusammenhang mit der Inanspruchnahme aus Bürgschaften.[16]

13 Nicht Teil des vorliegenden Kapitels zu den steuerlichen Auswirkungen von Sanierungsmaßnahmen ist die **Behandlung von Personengesellschaften.** Diese werden in steuerlicher Hinsicht „transparent" behandelt; ihre Besteuerung weicht in mehrfacher Hinsicht von derjenigen der Kapitalgesellschaften (sog. „Trennungsprinzip") ab. Sofern Personengesellschaften gewerblich tätig oder gewerblich geprägt sind, qualifizieren sie als Mitunternehmerschaften (vgl. § 15 Abs. 1 Satz 1 Nr. 2 Satz 1, Abs. 2, Abs. 3 EStG). Die Abweichungen bei der Besteuerung von Kapital- und Personengesellschaften (etwa eine GmbH & Co. KG) sind auch im Insolvenz- oder Restrukturierungsplanverfahren zu beachten. Das gilt insbesondere im Zusammenhang mit dem Verzicht auf (Gesellschafter)Forderungen[17] sowie dem Auseinanderfallen der Steuerschuldnereigenschaft bei Einkommen- bzw. Körperschaftsteuer (Gesellschafter) und der Gewerbesteuer (Gesellschaft) und der Frage nach einem „insolvenzfesten" Steuerentnahmerecht.[18]

15) Vgl. diesbezüglich etwa *Frotscher*, Besteuerung bei Insolvenz; *Kahlert*, Restrukturierungssteuerrecht, 2022; *Kahlert/Kayser/Bornemann*, Perspektiven für eine kohärente und praxisgerechte Verzahnung von Steuerrecht und Insolvenzrecht, 2020; *Roth*, Insolvenzsteuerrecht; *Sonnleitner/Witfeld*, Insolvenz- und Sanierungssteuerrecht; *Waza/Uhländer/Schmittmann*, Insolvenzen und Steuern; vgl. ferner *Frotscher/Schulze* in: Gottwald/Haas, InsR-Hdb., Kap. XI Steuerrecht.

16) Vgl. etwa *Witfeld*, NZI 2023, 955, 956 m. w. N.

17) Vgl. zum Verzicht durch Gesellschafter Herrmann/Heuer/Raupach-*Tiede*, EStG/KStG, § 15 EStG, Rz. 453 m. w. N.; L. Schmidt-*Wacker*, EStG, § 15 Rz. 550; vgl. auch BFH, Urt. v. 16.11.2023 – IV R 28/20, BStBl. II 2024, 258; zum Verzicht bei Personengesellschaften generell vgl. ausführlich *Desens*, BB 2023, 2263 (Teil I – mit Grafiken), BB 2023, 2326 ff. (Teil II).

18) Vgl. dazu ausführlich *Melíß*, ZRI 2022, 249 ff. – Insolvenz der Personengesellschaft; *Witfeld*, NZI 2023, 813, 818; generell zur Ertragsteuer bei Insolvenz der Personengesellschaft vgl. *Kießling*, Einkommensbesteuerung in der insolventen Personengesellschaft, passim; *Melíß*, Einkommensbesteuerung von Personengesellschaften in der Insolvenz, passim. In diesem Zusammenhang kann sich – abhängig von den Gegebenheiten des Einzelfalls – u. a. die Frage nach einem „insolvenzfesten" Steuerentnahmerecht stellen, vgl. dazu etwa *Fischer* in: Westermann/Wertenbruch, HdB. Personengesellschaften, § 11 Rz. 1536.

B. Sanierungsmaßnahmen im Insolvenzplan

I. Schuldenerlass

1. Ertragsteuerliche Auswirkungen

a) Genese und Überblick zu § 3a EStG, § 7b GewStG

Die gesetzlich normierte Steuerfreiheit der Sanierungserträge nach § 3a EStG, § 7b GewStG 14 geht auf eine lange und abwechslungsreiche Geschichte zurück. Schon der Reichsfinanzhof hatte das richterliche Institut eines steuerfreien Sanierungsgewinns aus Billigkeitsgründen entwickelt.[19] Später folgten verschiedene Maßnahmen des Gesetzgebers. Vor der Einführung der aktuell geltenden gesetzlichen Regelung konnte sich die Praxis in Insolvenzplanverfahren (wie auch bei außergerichtlichen Sanierungsmaßnahmen) auf das BMF-Schreiben vom 27.3.2003 (sog. **„Sanierungserlass"** der Finanzverwaltung) berufen.[20] „Technisch" erfolgte die Freistellung des Sanierungsgewinns unter Geltung des Sanierungserlasses in einem mehrstufigen Verfahren nach der Abgabenordnung basierend auf sachlichen Billigkeitsgründen (vgl. §§ 163, 227 AO).[21] Nach langer Rechtsunsicherheit hat der **Große Senat des BFH** den Sanierungserlass letztlich wegen eines Verstoßes gegen den Grundsatz der Gesetzmäßigkeit der Verwaltung durch Beschluss vom 28.11.2016 als **rechtswidrig** beurteilt.[22]

Als Reaktion auf die Rechtsprechung des Großen Senats des BFH hat der Gesetzgeber die 15 steuerliche Behandlung von Sanierungserträgen mit der **Einführung der § 3a EStG, § 7b GewStG** durch das Gesetz gegen schädliche Steuerpraktiken im Zusammenhang mit Rechteüberlassungen[23] vom 27.6.2017 auf ein neues Fundament gestellt. Der Gesetzgeber hatte das Inkrafttreten der Vorschriften von einem Beschluss der EU-Kommission abhängig gemacht, wonach die Neuregelungen entweder keine staatlichen Beihilfen i. S. von Art. 107 Abs. 1 AEUV oder mit dem Binnenmarkt vereinbare Beihilfen darstellen (sog. „Inkrafttretensvorbehalt").[24] Die EU-Kommission qualifizierte die Neuregelung am 20.7.2018 durch einen sog. „Comfort Letter" als Altbeihilfe (vgl. Art. 108 Abs. 1 AEUV) und billigte das Inkrafttreten, verzichtete aber auf einen förmlichen Beschluss. Der Gesetzgeber hat den Inkrafttretensvorbehalt daher mit dem sog. „JStG 2018" vom 11.12.2018 aufgehoben und die gesetzliche Neuregelung in Kraft gesetzt. In der Literatur hat sich bislang keine einheitliche Auffassung dazu herausgebildet, ob § 3a EStG im Ergebnis als unionrechtswidrige Beihilfe qualifiziert.[25] Festzuhalten ist aber, dass die Norm von Anfang an unter **„Beihilfever-**

---

19) Vgl. RFH, Urt. v. 5.2.1929 – I A 394/27, RStBl. 1929, 228, 229 f. In seiner früheren Rspr. hatte der RFH entsprechende Sanierungsgewinne als nicht steuerpflichtig beurteilt, weil sie nicht durch die Erwerbstätigkeit des Steuerpflichtigen veranlasst gewesen seien (vgl. RFH, Urt. v. 30.6.1927 – VI A 297/27, RStBl. 1927, 197; RFH, Urt. v. 12.12.1928 – VI A 1499/28, RStBl. 1929, 86). Zur Historie ausführlich stellvertretend *Seer*, FR 2014, 721, 725; ferner Beschlussempfehlung und Bericht d. FA z. Gesetz gegen schädliche Steuerpraktiken, BT-Drucks. 18/12128, S. 30 a. E.

20) Vgl. BMF-Schreiben v. 27.3.2003 – IV A 6 – S 2140 – 8/03, BStBl. I 2003, 240, ergänzt durch BMF-Schreiben v. 22.12.2009 – IV C 6 – S 2140/07/10001 – 01, BStBl. I 2010, 18.

21) Vgl. BMF-Schreiben v. 27.3.2003 – IV A 6 – S 2140 – 8/03, Tz. 8, BStBl. I 2003, 240: Die entsprechende Steuer wurde auf Antrag des Steuerpflichtigen nach § 163 AO abweichend festgesetzt und nach § 222 AO mit dem Ziel des späteren Erlasses (§ 227 AO) zunächst unter Widerrufsvorbehalt ab Fälligkeit gestundet. Verluste waren ohne Einschränkungen zu verrechnen.

22) Vgl. Großer Senat BFH, Beschl. v. 28.11.2016 – GrS 1/15, BStBl. II 2017, 393.

23) Gesetz gegen schädliche Steuerpraktiken im Zusammenhang mit Rechteüberlassungen, v. 27.6.2017, BGBl. I 2017, 2074.

24) Art. 6 Abs. 2 des Gesetzes gegen schädliche Steuerpraktiken im Zusammenhang mit Rechteüberlassungen v. 4.7.2017, BGBl. I 2017, 2074, 2079 = BStBl. I 2017, 1202, 1207, sog. Lizenzschrankengesetz.

25) Vgl. ausführlich *Hinz*, FR 2022, 1021 ff. Gegen die Annahme einer Beihilfe (mangels Selektivität) etwa *Desens*, FR 2017, 981, 982 f.; *Hey*, FR 2017, 453, 455 ff.; *Kußmaul/Licht*, DB 2017, 1797; *Licht*, EU-Beihilferecht und Unternehmensbesteuerung, S. 396 ff.; *Sonnleitner/Witfeld* in: Sonnleitner/Witfeld, Insolvenz- und Sanierungssteuerrecht, Kap. 10 Rz. 21; krit. dagegen *Cordewener*, StbJb 2018/2019, S. 311, 372 ff.; Herrmann/Heuer/Raupach-*Hallerbach*, EStG/KStG, § 3a EStG Rz. 6.

dacht" stand. Die Folgen einer etwaigen Unionsrechtswidrigkeit sind für die Praxis enorm. In diesem Zusammenhang stellt sich auch die Frage, ob und auf welche Weise die Beihilfeeigenschaft zukünftig überhaupt zur (gerichtlichen) Überprüfung gestellt werden könnte.[26] Für den Fall einer „negativen" gerichtlichen Entscheidung in der Zukunft stellte sich für bereits verwirklichte Sachverhalte die Frage, wie hiermit umzugehen wäre. Diesbezüglich ist nach hier vertretener Auffassung unter Berücksichtigung der Rechtsprechung des EuG[27] **Vertrauensschutz** zugunsten des sanierten Unternehmens zu gewähren.[28] Die gesetzliche Regelung des § 3a EStG wäre daher allenfalls mit Wirkung für die Zukunft aufzuheben bzw. zu ändern.[29]

16 Die Vorschriften zu steuerfreien Sanierungserträgen sind auf Fälle anzuwenden, in denen die **Schulden ganz oder teilweise nach dem 8.2.2017** (Tag der Veröffentlichung des Beschlusses BFH GrS 1/15) **erlassen** wurden bzw. werden (vgl. § 52 Abs. 4a Satz 1 EStG, § 26 Abs. 2c GewStG, sog. „Neufälle"). Sofern der Schuldenerlass vor dem 9.2.2017 (endgültig) vollzogen wurde (sog. „Altfälle") sieht § 52 Abs. 4a Satz 3 EStG die Möglichkeit vor, dass auf Antrag des Steuerpflichtigen § 3a EStG auch in diesen Fällen anzuwenden ist. Denn der Sanierungserlass ist auch für Altfälle nicht mehr anwendbar. Ein entsprechender Antrag ist entsprechend der jüngeren Rechtsprechung des BFH richtigerweise als rückwirkendes Ereignis nach § 175 Abs. 1 Satz 1 Nr. 2 AO zu qualifizieren,[30] womit eine etwaige eingetretene Bestandskraft des steuerlichen Festsetzungsverfahrens durchbrochen werden kann.

Praxishinweis

§ 3a EStG gilt gemäß § 8 **Abs. 1 KStG** auch für die Gewinnermittlung der im vorliegenden Kapitel im Vordergrund stehenden Rechtsform der **GmbH**. Darüber hinaus enthält § 7b GewStG Regelungen, die die Besonderheiten bei der Ermittlung des Gewerbeertrags berücksichtigen. Durch die Normierung der § 3a EStG, § 7b GewStG ist die noch unter Geltung des Sanierungserlasses erforderliche (Einzel-)Abstimmung mit verschiedenen Gemeinden zum **Erlass der Gewerbesteuer** im Billigkeitsverfahren (§§ 163, 227 AO) entfallen.

26) Ein „selbständiges Tätigwerden" der EU-Kommission ist in Anbetracht des Comfort Letters eher unwahrscheinlich. Damit bleibt zunächst die Möglichkeit, dass der Wettbewerber eines unter Anwendung von § 3a EStG, § 7b GewStG sanierten Unternehmens im Wege der sog. Konkurrentenklage das Vorliegen einer unionsrechtswidrigen Beihilfe rügt. Außerdem könnte zwischen dem sanierten Unternehmen als Steuerpflichtigem und der Finanzverwaltung Streit über die konkrete Anwendung der Steuerbefreiung bestehen, der nach dem Einspruchsverfahren in ein finanzgerichtliches Verfahren mündet. Ein FG oder der BFH könnte dann „von Amts wegen" die Prüfung der Beihilfeeigenschaft vornehmen, was in ein Vorabentscheidungsersuchen nach Art. 267 AEUV an den EuGH münden kann. Vgl. dazu auch *Cordewener*, StbJb 2018/2019, S. 311, 375; *Hinz*, FR 2022, 1021, 1029.

27) Vgl. etwa EuG v. 19.9.2018 – T-68/15 (HH Ferrries/Kommission), juris (engl. Fassung), ECLI:EU:T:2018:563, Rz. 306 ff.

28) Vgl. auch *Witfeld*, NZI 2023, 488.

29) Vgl. etwa Brandis/Heuermann-*Krumm*, EStG, § 3a Rz. 10; Kirchhof/Seer-*Seer*, EStG, § 3a Rz. 8; *Sonnleitner/Witfeld* in: Sonnleitner/Witfeld, Insolvenz- und Sanierungssteuerrecht, Kap. 10 Rz. 21; a. A. Herrmann/Heuer/Raupach-*Hallerbach*, EStG/KStG, § 3a EStG Rz. 6; *Möhlenkamp*, ZIP 2018, 1907, 1914.

30) Vgl. BFH, Urt. v. 10.10.2024 – IV R 1/22, BStBl. II 2025, 294. In der Rechtsprechung der FG zuvor noch umstr., wie hier für die Qualifikation als rückwirkendes Ereignis FG Münster, Urt. v. 4.9.2023 – 9 K 3511/20 F, juris, Rz. 29 ff. (n. rkr.; Az. d. BFH: IV R 23/23); eine Veröffentlichung der Entscheidungsgründe wird noch in 2025 erwartet; ablehnend FG Baden Württemberg, Urt. v. 16.11.2021 – 8 K 1367/20, EFG 2022, 545, sowie 8 K 1362/20, EFG 2022, 1180 (Parallelentscheidung, Vorinstanz zu BFH IV R 1/11, IV R 2/22); offengelassen FG Rheinland Pfalz, Urt. v. 30.3.2021 – 5 K 1689/20, ZRI 2021, 549 = ZIP 2021, 1773). Aus der Lit. wie hier *Hasbach*, DB 2019, 871, 874; *Bleschick* in: BeckOK-EStG, § 3a Rz. 39; Fuhrmann/Kraeusel/Schiffers-*Feldgen*, 360° EStG, § 3a Rz. 3; Brandis/Heuermann-*Krumm*, EStG, § 3a Rz. 4; Kirchhof/Seer-*Seer*, EStG, § 3a Rz. 6a; *Reddig*, HFR 2021, 437, 439 (Urteilsanm.); a. A. *Förster/Hechtner*, DB 2019, 10, 12; *Kanzler*, NWB 2021, 1367, 1369 (Urteilsanm.).

b) Insolvenzsteuerrechtliche Qualifikation der Steuerforderungen

Sofern i. R. eines Insolvenzplans Maßnahmen getroffen werden, die zu steuerlichen Auswirkungen führen, sind die entsprechenden Steuerforderungen als **Masseverbindlichkeiten** nach § 55 Abs. 1 Nr. 1 InsO zu qualifizieren.[31] Das gilt insbesondere für Ertragsteuerschulden, die aus im Insolvenzplan enthaltenen Forderungsverzichten resultieren. Der BFH hat insofern entscheiden, dass es sich bei der Körperschaftsteuer, die auf einen Sanierungsertrag aus einem Insolvenzplan entfällt, nicht um eine Insolvenzforderung (§ 38 InsO) handelt.[32] 17

c) Voraussetzungen eines steuerfreien Sanierungsertrags (§ 3a Abs. 1 Satz 1 EStG)

aa) Einführung

Nach § 3a Abs. 1 Satz 1 EStG sind Betriebsvermögensmehrungen oder Betriebseinnahmen aus einem Schuldenerlass zum Zwecke einer unternehmensbezogenen Sanierung i. S. des § 3a Abs. 2 EStG steuerfrei. Der BFH hat sich erstmalig mit Beschluss vom 27.11.2020 zur Steuerfreiheit von Sanierungserträgen gemäß § 3a EStG geäußert.[33] Die Entscheidung war für die Praxis von großer Bedeutung. Denn der BFH hat dort ausdrücklich klargestellt, dass die Tatbestandsmerkmale einer „unternehmensbezogenen Sanierung" i. S. des § 3a Abs. 1, 2 EStG nach der Vorstellung des Gesetzgebers[34] vollständig denjenigen des (rechtswidrigen) Sanierungserlasses vom 27.3.2003 entsprechen. Der BFH hat dies in seinem (zweiten) Beschluss vom 9.8.2024 bestätigt.[35] Außerdem hat der BFH i. S. einer „juristischen Brücke" klargestellt, dass sich die Voraussetzungen des Sanierungserlasses wiederum aus den vom BFH aufgestellten Rechtsgrundsätzen zur Auslegung der im Jahr 1997 aufgehobenen Steuerbefreiungsvorschrift des § 3 Nr. 66 EStG a. F. ableiten. Die Rechtsprechung des BFH und die Auffassung in der Literatur stimmt damit im Ergebnis darin überein, dass für die Auslegung von § 3a Abs. 1 Satz 1 i. V. m. Abs. 2 EStG auf die früheren Rechtsprechungsleitlinien zurückzugreifen ist.[36] Insofern sollte der Rechtsanwender weiterhin (auch) die ältere Rechtsprechung bei seiner Argumentation berücksichtigen können bzw. müssen. 18

Die Finanzverwaltung hat bislang **keine Verwaltungsvorschrift** zur Auslegung und Anwendung der § 3a EStG, § 7b GewStG veröffentlicht. Insbesondere liegt aktuell kein BMF-Schreiben vor.) Nicht zuletzt aus diesem Grund bestehen derzeit Rechtsunsicherheiten, die im Einzelfall durch die **Einholung einer** (gebührenpflichtigen) **verbindlichen Auskunft** nach § 89 Abs. 2 AO (siehe Rz. 98 ff.) beseitigt werden können. Damit sind auch Änderungen der Rechtsauffassung aufseiten der Finanzverwaltung nach Durchführung der Sanierungsmaßnahmen (etwa i. R. einer nach der Sanierung durchgeführten Betriebsprüfung) ausgeschlossen. Denn eine erteilte verbindliche Auskunft entfaltet Bindungswirkung für die Zukunft. 19

---

31) Vgl. etwa *Kahlert* in: Kübler/Bork/Prütting, HRI II, § 47 Rz. 280 ff.

32) Vgl. BFH, Beschl. v. 15.11.2018 – XI B 49/18, BFH/NV 2019, 208 = juris, Rz. 18. Die gegen den Beschluss gerichtete Verfassungsbeschwerde wurde gemäß §§ 93a, 93b BVerfGG nicht zur Entscheidung angenommen, vgl. BVerfG v. 17.7.2019 – 2 BvR 457/19.

33) BFH, Beschl. v. 27.11.2020 – X B 63/20, ZRI 2021, 727 (NZB); vorgehend FG Hamburg, Urt. v. 12.6.2020 – 5 K 160/17, juris. Der Fall des BFH hatte kein Insolvenzverfahren, sondern einen außergerichtlichen Forderungserlass zum Gegenstand.

34) Vgl. Beschlussempfehlung und Bericht d. FA z. Gesetz gegen schädliche Steuerpraktiken, BT-Drucks. 18/12128, S. 31.

35) Vgl. BFH, Beschl. v. 9.8.2024 – X B 94/23, Rz. 20, BStBl. II 2025, 145 = ZRI 2024, 769 (NZB).

36) Vgl. BFH, Beschl. v. 9.8.2024 – X B 94/23, LS 1, BStBl. II 2025, 145 = ZRI 2024, 769 (NZB); BFH, Beschl. v. 27.11.2020 – X B 63/20, Rz. 7, ZRI 2021, 727 (NZB).

bb) Schuldenerlass

20 § 3a Abs. 1 Satz 1 EStG definiert durch einen Klammerzusatz Betriebsvermögensmehrungen oder Betriebseinnahmen aus einem Schuldenerlass zum Zwecke einer unternehmensbezogenen Sanierung als **„Sanierungsertrag"**. Ein Sanierungsertrag ist die betrieblich veranlasste Erhöhung des Betriebsvermögens, die dadurch entsteht, dass Schulden zum Zweck der Sanierung durch die vorhandenen Gläubiger ganz oder teilweise erlassen werden. Auch Betriebsvermögensmehrungen aufgrund von **Forderungsverzichten i. R. eines Insolvenzplanverfahrens (§§ 217 ff. InsO)**, das nicht auf die Zerschlagung des Unternehmens ausgerichtet ist, qualifizieren als Sanierungsertrag.[37] Gemäß § 227 Abs. 1 InsO wird der Schuldner mit der im gestaltenden Teil vorgesehenen Befriedigung der Insolvenzgläubiger von seinen restlichen Verbindlichkeiten gegenüber diesen Gläubigern befreit, sofern im Insolvenzplan nichts anderes bestimmt ist. Zur ausdrücklichen Motivlage des Gesetzgebers und der Beurteilung als „Sanierungsertrag" bei „reinen Planverzichten" vgl. BT-Drucks. 18/12128, S. 31:

> „Steuerbegünstigt sind auch Betriebsvermögensmehrungen aufgrund von Forderungsverzichten im Rahmen eines Insolvenzplanverfahrens (§§ 217 ff. InsO), das nicht auf die Zerschlagung des Unternehmens ausgerichtet ist."

21 Die Einbeziehung der Befreiung nach § 227 Abs. 1 InsO ist insofern bemerkenswert, als die Verbindlichkeiten des Insolvenzschuldners nach der Rechtsprechung des BGH insoweit nicht erlöschen, sondern nur noch als „unvollkommene Verbindlichkeiten" (sog. Naturalobligationen) fortbestehen, deren Erfüllung möglich ist, aber nicht erzwungen werden kann.[38] Soweit der Insolvenzplan einen **materiell-rechtlichen Erlass** (vgl. § 397 BGB) vorsieht, folgt der Forderungsverzicht ungeachtet von § 227 Abs. 1 InsO aus diesem Umstand.[39] Ob ein Schuldenerlass i. S. des § 3a Abs. 1 Satz 1 EStG vorliegt und die daraus resultierende Betriebsvermögensmehrung (unter den weiteren Voraussetzungen) steuerfrei ist, ist aber nicht nach zivilrechtlichen, sondern **nach bilanzsteuerrechtlichen Kriterien zu entscheiden.**[40] Abzustellen ist auf die Entlastung der Passivseite, die in steuerrechtlicher Hinsicht zu einer (bilanziellen) Betriebsvermögensmehrung und infolgedessen zu einer Erhöhung des Gewinns i. S. der §§ 4 Abs. 1, 5 Abs. 1 EStG führt.[41] Diese liegt auch bei Forderungsverzichten im Insolvenzplan vor. Zum Debt-Equity-Swap siehe Rz. 73 ff.

cc) Unternehmensbezogene Sanierung (§ 3a Abs. 2 EStG)

22 Darüber hinaus ist wesentliche Voraussetzung für die Steuerfreiheit eines Sanierungsertrags, dass der Schuldenerlass zum Zwecke einer unternehmensbezogenen Sanierung erfolgt. Eine unternehmensbezogene Sanierung liegt ausweislich der Legaldefinition in § 3a Abs. 2 EStG vor, wenn der Steuerpflichtige für den Zeitpunkt des Schuldenerlasses die Sanierungsbedürftigkeit und die Sanierungsfähigkeit des Unternehmens, die Sanierungseignung des betrieblich begründeten Schuldenerlasses und die Sanierungsabsicht der Gläubiger nachweist (siehe hierzu Rz. 24 ff.). Das Gesetz verlangt keine Kongruenz/Identität des zu sanierenden Unternehmens mit dem sanierten Unternehmen. Das Merkmal der „Unternehmensbezogenheit" in § 3a Abs. 2 EStG kann also allenfalls dazu dienen, Sanierungen, bei welchen die unternehmerische Tätigkeit anschließend überhaupt nicht fortgeführt wird,

37) Aus der Lit. unter Darlegung etwaiger Zweifelsfragen vgl. stellvertretend *Kahlert* in: Kübler/Bork/Prütting, HRI II, § 47 Rz. 193 ff.

38) Vgl. stellvertretend BGH, Urt. v. 19.5.2011 – IX ZR 222/08, Rz. 8, ZIP 2011, 1271; BFH, Urt. v. 8.3.2022 – VI R 33/19, BStBl. II 2023, 98 = juris, Rz. 25.

39) Vgl. stellvertretend *Kahlert* in: Kübler/Bork/Prütting, HRI II, § 47 Rz. 194.

40) Sog. erweitertes steuerrechtliches Verständnis eines „Schuldenerlasses", vgl. stellvertretend Kirchhof/Seer-*Seer*, EStG, § 3a Rz. 29.

41) Vgl. Kirchhof/Seer-*Seer*, EStG, § 3a Rz. 29; *Sonnleitner/Witfeld* in: Sonnleitner/Witfeld, Insolvenz- und Sanierungssteuerrecht, Kap. 10 Rz. 26 jew. m. w. N.

vom Anwendungsbereich des § 3a EStG auszunehmen.[42] Die materiellen Tatbestandsvoraussetzungen müssen gleichzeitig **im Zeitpunkt des Schuldenerlasses vorliegen.**

In **Abgrenzung** zu einer unternehme*ns*bezogenen Sanierung gemäß § 3a Abs. 2 EStG steht die unternehme*r*bezogene Sanierung gemäß § 3a Abs. 5 EStG, die nur in den dort aufgezählten Fällen (Erträge aus einer nach §§ 286 ff. InsO erteilten Restschuldbefreiung, Schuldenerlass aufgrund eines außergerichtlichen Schuldenbereinigungsplans zur Vermeidung eines Verbraucherinsolvenzverfahrens nach den §§ 304 ff. der InsO oder aufgrund eines Schuldenbereinigungsplans, dem in einem Verbraucherinsolvenzverfahren zugestimmt oder diese Zustimmung durch das Gericht ersetzt wurde) begünstigt ist. Dazu zählt bspw. der problematische Fall einer (steuerlich rückwirkenden) Betriebsaufgabe durch einen Einzelunternehmer, bei der es im Ergebnis zu Steuernachzahlungen kommen kann.[43] 23

(1) Sanierungsbedürftigkeit des Unternehmens

Ausgangspunkt der Sanierungsbedürftigkeit eines Unternehmens ist, dass das zu sanierende Unternehmen in wirtschaftliche Schwierigkeiten geraten ist. Sofern das Unternehmen ohne die Sanierung nicht fortgeführt werden kann, ist die Sanierungsbedürftigkeit anzunehmen. Grundsätzlich ist dies anhand der Umstände des Einzelfalls im Zeitpunkt des Schuldenerlasses zu prüfen und eine **Prognoseentscheidung** anzustellen. Hierbei ist die Ertrags- und die Finanzlage, vor allem hinsichtlich des Verhältnisses der liquiden Mittel zur Höhe der Schuldenlast und der Gesamtleistungsfähigkeit des Unternehmens zu berücksichtigen.[44] Jedenfalls dann, wenn ein Insolvenzantragsgrund vorliegt, liegt auch die Sanierungsbedürftigkeit vor.[45] Das gilt richtigerweise nicht nur bei Zahlungsunfähigkeit (§ 17 InsO) und Überschuldung (§ 19 InsO), sondern auch bei drohender Zahlungsunfähigkeit (§ 18 InsO)[46] und mithin generell in Insolvenzverfahren.[47] Infolgedessen sollte unter Berücksichtigung der insolvenzrechtlichen Wertungen auch eine **„strategische Insolvenz“** (i. R. eines Schutzschirmverfahrens nach § 270d InsO) zur Annahme der Sanierungsbedürftigkeit führen, ohne dass hier noch eine weitere Prüfung von Einzelfallumständen zu fordern ist.[48] Dafür spricht nach hier vertretener Auffassung insbesondere, dass die InsO durch die Voraussetzungen in den Vorschriften über die Insolvenzantragsgründe im Wege einer gesetzlichen Typisierung regelt, wann ein Unternehmen sanierungsbedürftig ist. In der Praxis ist die Sanierungsbedürftigkeit bei Insolvenzplanverfahren regelmäßig unproblematisch; sie kann durch den darstellenden Teil des Insolvenzplans und/oder durch ein Gutachten ausreichend nachgewiesen werden.[49] 24

42) Vgl. FG Münster, Urt. v. 10.12.2024 – 15 K 2520/19 F, LS 3, EFG 2025, 302 = NZI 2025, 256 (n. rkr.; auf die NZB wurde das Urteil aufgehoben und die Sache zur anderweitigen Verhandlung und Entscheidung zurückverwiesen, s. BFH, Beschl. v. 26.8.2025 – IV B 4/25, n. v.).

43) Vgl. in diesem Zusammenhang zur jüngeren Entwicklung in der Rspr. des BFH (zuletzt BFH, Urt. v. 6.4.2022 – X R 28/19, BStBl. II 2023, 341 = ZRI 2023, 21 = ZVI 2023, 170) stellvertretend ausführlich *Uhländer*, DB 2022, 1923; *Witfeld*, NZI 2023, 252, 257 ff.

44) Vgl. BFH, Urt. v. 14.3.1990 – I R 64/85, BStBl. II 1990, 810; BFH, Urt. v. 22.4.1998 – XI R 48/95, BFH/NV 1998, 1214; vgl. BFH, Urt. v. 12.12.2013 – X R 39/10, Rz. 19, BStBl. II 2014, 572.

45) Vgl. FG Münster, Urt. v. 4.9.2023 – 9 K 3511/20 F, juris, Rz. 34; Brandis/Heuermann-*Krumm*, EStG, § 3a Rz. 24. A. A. etwa Korn-*Bodden*, EStG, § 3a Rz. 47.1, abzustellen sei auf „Umstand der Unternehmenskrise“.

46) Vgl. FG Münster, Beschl. v. 7.2.2022 – 9 V 2784/21 F, juris, Rz. 43. Auch eine „allgemeine Kreditunwürdigkeit“ sollte m. E. für die Annahme einer Sanierungsbedürftigkeit ausreichen.

47) Vgl. *Witfeld*, WPg 2025, 446, 449.

48) Umstr.; a. A. *Bleschick* in: BeckOK-EStG, § 3a Rz. 285; Kanzler/Kraft/Bäuml/Marx/Hechtner-*Kanzler*, EStG, § 3a Rz. 112.

49) Vgl. insofern auch die Vermutungsregel in BMF-Schreiben v. 27.3.2003 – IV A 6 – S 2140 – 8/08, Tz. 4 Satz 2, BStBl. I 2003, 240. Für die Annahme einer Vermutungswirkung unter Geltung des § 3a EStG vgl. etwa *Eilers/Walter-Yadegardjam*, FR 2020, 481, 483.

(2) Sanierungsfähigkeit des Unternehmens

25 Sanierungsfähigkeit liegt vor, wenn das Unternehmen durch den Schuldenerlass sowie ggf. durch weitere Sanierungsmaßnahmen wieder ertragsfähig werden kann.[50] Dabei ist ein **objektiver Maßstab aus der ex-ante-Perspektive** anzulegen. Es dürfte nicht darauf ankommen, dass das Unternehmen eine aktive bzw. werbende Geschäftstätigkeit ausübt, sodass auch Holdinggesellschaften sanierungsfähig sein können.[51] Abzustellen ist insbesondere auf die Ertragslage und die Höhe des Betriebsvermögens vor und nach der Sanierung, auf die Kapitalverzinsung durch die Erträge des Unternehmens und darauf, ob das Unternehmen die Zins- und Tilgungsleistungen für die verbliebenen Verbindlichkeiten aus den voraussichtlich positiven Zahlungsüberschüssen der künftigen Geschäftstätigkeit leisten kann.[52]

26 Nach der hier vertretenen Auffassung ist es unschädlich für das Tatbestandsmerkmal der „Sanierungsfähigkeit", sofern im Zuge der operativen Sanierungsmaßnahmen ein oder mehrere Geschäftsbereiche des Schuldners abgewickelt werden; insofern sollte eine **rechtsträgerbezogene Perspektive** gelten. Die Sanierungsfähigkeit ergibt sich regelmäßig aus dem Insolvenzplan oder einem Gutachten (nach den Grundsätzen des IDW S 6). Darüber hinaus sollte bereits das Vorliegen eines Insolvenzplans zu einer Vermutungswirkung für die Sanierungsfähigkeit des Unternehmens führen.[53]

(3) Sanierungseignung des betrieblich begründeten Schuldenerlasses

27 Der betrieblich begründete Schuldenerlass muss geeignet sein, das Unternehmen zu sanieren, d. h. den Sanierungserfolg zu ermöglichen (siehe zum Erlass von Gesellschafterverbindlichkeiten und den insoweit bestehenden Abgrenzungsfragen noch Rz. 35 ff.). Das sanierungsbedürftige Unternehmen soll vor dem Zusammenbruch bewahrt und wieder ertragsfähig werden.[54] Sanierungseignung bedeutet nach der Rechtsprechung, dass das Unternehmen im Zeitpunkt des Erlasses als zukünftig lebensfähig angesehen werden konnte.[55] Hierfür kann es neben Schuldenerlassen in einem Insolvenzplan auch zu weiteren Sanierungsmaßnahmen kommen. Nach Ansicht des BFH ist ein wesentliches Indiz für das Bestehen der Sanierungseignung das Vorliegen eines nachvollziehbaren und prüfbaren Sanierungskonzepts. Aber auch der rückblickend erfolgreiche Abschluss einer Sanierung kann als Indiz herangezogen werden. Umgekehrt ist aber das rückblickend festgestellte Fehlen eines Sanierungserfolgs kein zwingendes Indiz gegen die Annahme, dass im Zeitpunkt des Forderungsverzichts eine Sanierungseignung gegeben war.[56] Ein „Schriftformerfordernis" wird von § 3a Abs. 2 EStG nicht vorausgesetzt.[57] Ungeachtet dessen ist in der Praxis eine ausreichende schriftliche Dokumentation empfehlenswert.

---

50) Vgl. BFH, Urt. v. 25.2.1972 – VIII R 30/66, BStBl. II 1972, 531 = juris, Rz. 14; BFH, Urt. v. 12.3.1970 – IV R 39/69, BStBl. II. 1970, 518 = juris, Rz. 4.

51) BFH, Urt. v. 22.4.1998 – I R 135/97, LS 1, BFH/NV 1999, 23; Korn-*Bodden*, EStG, § 3a Rz. 52. Die Finanzverwaltung stellt die Rspr. zu Holdinggesellschaften i. R. der Anwendung des § 3a EStG zunehmend infrage.

52) Vgl. FG Münster, Urt. v. 4.9.2023 – 9 K 3511/20 F, juris, Rz. 39.

53) Vgl. *Desens*, FR 2017, 981, 984; *Eilers/Tiemann*, Ubg 2020, 190, 191; *Eilers/Schwahn*, Sanierungssteuerrecht, Rz. 2.47; *Sistermann/Beutel*, DStR 2017, 1065, 1066; *Witfeld*, WPg 2025, 446, 449.

54) BFH, Urt. v. 22.1.1985 – VIII R 37/84, LS, BStBl. II 1985, 501 – zu § 3 Nr. 66 EStG a. F. Die frühere Rspr. zu § 3 Nr. 66 EStG a. F. ist auch auf § 3a EStG zuwenden, vgl. BFH, Beschl. v. 27.11.2020 – X B 63/20, Rz. 7, ZRI 2021, 727.

55) Vgl. BFH, Urt. v. 16.5.2002 – IV R 11/01, BStBl. II 2002, 854 = juris, Rz. 17.

56) Vgl. BFH, Beschl. v. 9.8.2024 – X B 94/23, LS 2, BStBl. II 2025, 145 = ZRI 2024, 769 (NZB).

57) Vgl. BFH, Beschl. v. 9.8.2024 – X B 94/23, Rz. 23, BStBl. II 2025, 145 = ZRI 2024, 769 (NZB).

Die Sanierungseignung scheidet regelmäßig aus, wenn das Unternehmen im Zeitpunkt des Schuldenerlasses seine werbende Tätigkeit eingestellt hat.[58] Systematisch betreffen die Merkmale der Sanierungsfähigkeit des Unternehmens und der Sanierungseignung des Schuldenerlasses dieselbe Frage, allerdings mit unterschiedlichen Bezugspunkten. In der Rechtsprechung des BFH werden die Kriterien regelmäßig gemeinsam geprüft. Denn eine Maßnahme kann nur dann zur Unternehmenssanierung geeignet sein, wenn das Unternehmen überhaupt sanierungsfähig ist. Die Sanierungsfähigkeit ist damit systematisch eine **Vorfrage** der Sanierungseignung.[59] 28

Ob die Sanierungsmaßnahmen im Ergebnis zu einer (nachhaltigen) Sanierung führen, kann naturgemäß nur prognostiziert werden. Maßgeblich für diese **Prognoseentscheidung** ist, ob die Sanierung im Zeitpunkt des Schuldenerlasses möglich ist (vgl. auch den Wortlaut von § 3a Abs. 2 EStG: „[...] für den Zeitpunkt des Schuldenerlasses"). Insofern sind nur solche Maßnahmen ungeeignet, die von vornherein erkennbar nicht ausreichen, das wirtschaftliche Überleben des Schuldners sicherzustellen. Daraus folgt auch, dass nachträglich eingetretene Umstände, die das Gelingen einer langfristigen Sanierung verhindern, nicht zu einer abweichenden Beurteilung führen können.[60] Bei einem Insolvenzplan lässt sich regelmäßig auch die Sanierungseignung aus dem darstellenden Teil (Finanzplanung) entnehmen.[61] 29

(4) Sanierungsabsicht der Gläubiger

An die Sanierungsabsicht der Gläubiger sind **keine strengen Anforderungen** zu stellen.[62] Die Sanierungsabsicht wird zum Teil generell vermutet, wenn der Schuldner sanierungsbedürftig ist und der Erlass geeignet war, die Sanierung herbeizuführen.[63] Inhaltlich ist die Rechtsprechung der verschieden Senate des BFH zur Auslegung des Merkmals „Sanierungsabsicht" **nicht in jeder Hinsicht einheitlich**, wie auch der BFH in seiner, soweit ersichtlich, ersten Entscheidung zu § 3a EStG vom 27.11.2020 ausdrücklich näher dargelegt hat.[64] Nach der eher weiten und nach hier vertretener Auffassung maßgeblichen Sichtweise des BFH ist es für die Annahme einer Sanierungsabsicht ausreichend, wenn neben selbstnützigen Motiven des Gläubigers – wie z. B. der Rettung zumindest eines Teils der Forderung oder des Erhalts der Geschäftsverbindung – die Absicht zur Sanierung des Unter- 30

58) Vgl. BFH, Urt. v. 31.1.1992 – IV R 84/89, BFH/NV 1991, 821 = juris, OS 1. Auch wenn die Gesellschaft vor dem Schuldenerlass ihre werbende Tätigkeit nicht (vollständig) eingestellt hatte, war nach dem BFH § 3 Nr. 66 EStG a. F. nicht anwendbar, wenn Voraussetzung für den Schuldenerlass die Veräußerung des einzigen Komplexes von Wirtschaftsgütern (im Streitfall: Grundstücke) war, der eine Teilnahme am wirtschaftlichen Verkehr ermöglichte. Im Streitfall bestand die Gesellschaft (GmbH & Co. KG) nur noch als Firmenmantel und nahm eine erneute wirtschaftliche Aktivität erst acht Monate nach der Veräußerung der Wirtschaftsgüter auf.

59) Vgl. Brandis/Heuermann-*Krumm*, EStG, § 3a Rz. 25; Korn-*Bodden*, EStG, § 3a Rz. 54.

60) BFH, Urt. v. 19.3.1993 - III R 79/91, BFH/NV 1993, 536 = juris, unter 3.– zu § 3 Nr. 66 EStG a. F.

61) Vgl. auch Brandis/Heuermann-*Krumm*, EStG, § 3a Rz. 25; Kirchhof/Seer-*Seer*, EStG, § 3a Rz. 22; *Sonnleitner/Witfeld* in: Sonnleitner/Witfeld, Insolvenz- und Sanierungssteuerrecht, Kap. 10 Rz. 35; *Witfeld*, WPg 2025, 446, 449.

62) Vgl. BFH, Urt. v. 26.2.1988 – III R 257/84, BFH/NV 1989, 436 = juris, OS 1 – zu § 3 Nr. 66 EStG a. F.; FG Münster, Urt. v. 4.9.2023 – 9 K 3511/20 F, juris, Rz. 42; *Bleschick* in: BeckOK-EStG, § 3a Rz. 237; Brandis/Heuermann-*Krumm*, EStG, § 3a Rz. 26; Kirchhof/Seer-*Seer*, EStG, § 3a Rz. 27.

63) Vgl. FG Münster, Urt. v. 4.9.2023 – 9 K 3511/20 F, juris, Rz. 42; *Bleschick* in: BeckOK-EStG, § 3a, Rz. 237; Brandis/Heuermann-*Krumm*, EStG, § 3a Rz. 26.

64) Vgl. dazu näher unter Auswertung früherer Rspr. BFH, Beschl. v. 27.11.2020 – X B 63/20, Rz. 8, ZRI 2021, 727.

nehmens i. S. eines fremdnützigen Motivs lediglich „mitentscheidend“ ist.[65] Es ist insofern also unschädlich, wenn es dem Gläubiger „auch“ darauf ankommt, einen Teil seiner Forderung (i. H. der Insolvenzquote) zu „retten“. Demgegenüber steht die – vornehmlich vom VIII. Senat des BFH vertretene – eher enge Sichtweise. Diese hält dominierende selbstnützige Motive insoweit für schädlich und fordert stattdessen, dass die Sanierung des Schuldners aus der Perspektive des Gläubigers „entscheidend ins Gewicht fällt“[66] oder zumindest „maßgeblich mitbeabsichtigt“ ist.[67] Die Abgrenzungsmaßstäbe sind fließend und von Kasuistik geprägt.[68]

31 Falls sich mehrere Gläubiger an dem Schuldenerlass beteiligen (sog. **Gläubigerakkord**) ist die Sanierungsabsicht nach der Rechtsprechung des BFH im Falle der Unternehmensfortführung zu vermuten (**Vermutungsregel**).[69] Die Vermutung gilt angesichts der Einbeziehung aller Insolvenzgläubiger nach hier vertretener Auffassung mithin auch im Insolvenzplanverfahren. In der Praxis sollte das Vorliegen der Sanierungsabsicht aller Gläubiger gleichwohl ausdrücklich im Insolvenzplan dokumentiert werden, etwa in der Präambel oder der Klausel über die Verzichte. Es sollte deutlich der Wille erkennbar sein, dass die Gläubiger in fremdnütziger Sanierungsabsicht handeln, um dies gegenüber den zuständigen Finanzbehörden darzulegen. Wenn (nur) ein einzelner Gläubiger im Zusammenhang mit einer Sanierung auf eine Forderung ganz oder teilweise verzichtet, ist eine Sanierungsabsicht nicht zu vermuten. Der BFH hat in diesem Zusammenhang nochmals herausgestellt, dass dem Tatbestandsmerkmal „Sanierungsabsicht der Gläubiger“ i. R. des § 3a Abs. 2 EStG eine eigenständige Relevanz zukommt.[70]

32 Schon der Beschluss des BFH vom 27.11.2020[71] hat dazu geführt, dass das Merkmal der Sanierungsabsicht in der Literatur verstärkt diskutiert wird.[72] Das gilt insbesondere für den Fall, in dem die **Zustimmung eines Gläubigers durch Mehrheitsentscheidung** „ersetzt“ wird. Insofern stellt sich die Frage, ob die Sanierungsabsicht auch hinsichtlich dieses Verzichts vorliegt, weil die mangelnde Sanierungsabsicht (dieses Gläubigers) offen zutage tritt. Richtigerweise ist auf die Sanierungsabsicht des Gläubigerkollektivs abzustellen, die in der Planbestätigung einheitlich zum Ausdruck kommt. Der Gesetzgeber hat mit § 3a Abs. 2 EStG u. a. an die Auslegung des sog. „Sanierungserlasses“ (siehe Rz. 14 ff.) angeknüpft. Nach dem Sanierungserlass waren Schuldenerlasse in Insolvenzplanverfahren stets

65) Stellvertretend BFH, Urt. v. 26.11.1980 – I R 52/77, unter I. 2., BStBl. II 1981, 181; BFH, Urt. v. 10.4.2003 – IV R 63/01, unter 2., BStBl. II 2004, 9 = ZVI 2003, 515; BFH, Urt. v. 12.10.2005 – X R 20/03, unter II. 2. c); BFH/NV 2006, 713, jew. m. w. N. Vgl. dazu *Witfeld*, WPg 2025, 446, 450.

66) Vgl. BFH, Beschl. v. 27.11.2020 – X B 63/20, Rz. 8, ZRI 2021, 727 – mit Verweis auf BFH, Urt. v. 28.2.1989 – VIII R 303/84, BStBl. II 1989, 711.

67) Vgl. BFH, Beschl. v. 27.11.2020 – X B 63/20, Rz. 8, ZRI 2021, 727 – mit Verweis auf BFH, Urt. v. 19.0.1993 – VIII R 61/92, BFH/NV 1994, 790 = juris, Rz. 29.

68) Dabei ist auch zu berücksichtigen, dass es Gläubigern im Wirtschaftsleben als Teil eines Motivbündels i. R. einer Sanierung naturgemäß „auch“ darum geht, ihre entstandenen Forderungen zumindest teilweise zu realisieren (vgl. auch FG Münster, Urt. v. 4.9.2023 – 9 K 3511/20 F, juris, Rz. 42). Kern der Diskussion i. R. der Sanierungsabsicht ist daher stets, anhand welcher Abgrenzungskriterien diese näher zu bestimmen ist.

69) Vgl. BFH, Urt. v. 14.3.1990 – I R 64/85, LS 2, BStBl. II 1990, 810 – zu § 3 Nr. 66 EStG a. F. Die frühere Rspr. zu § 3 Nr. 66 EStG a. F. ist auch auf § 3a EStG zuwenden, vgl. BFH, Beschl. v. 27.11.2020 – X B 63/20, Rz. 7, ZRI 2021, 727. Vgl. auch Brandis/Heuermann-*Krumm*, EStG, § 3a Rz. 26; Herrmann/Heuer/Raupach-*Hallerbach*, EStG/KStG, § 3a EStG Rz. 30; Kirchhof/Seer-*Seer*, EStG, § 3a Rz. 27. Schon der RFH ist davon ausgegangen, dass eine Sanierung ohne Weiteres angenommen werden kann, wenn die Gläubiger eines Unternehmens durch allgemeinen Akkord auf ihre Forderungen ganz oder teilweise verzichten, vgl. RFH, Urt. v. 2.3.1937 – I A 305/36, LS 2, RFHE 41, 111.

70) Vgl. BFH, Beschl. v. 9.8.2024 – X B 94/23, LS 3, Rz. 26, BStBl. II 2025, 145 = ZRI 2024, 769 (NZB).

71) BFH, Beschl. v. 27.11.2020 – X B 63/20, ZRI 2021, 727.

72) *Kahlert*, NWB 2022, 356 ff.

als sog. „Sanierungsgewinn" einzustufen. Dabei hat sich die insolvenzrechtliche Ausgangslage seither nicht verändert; auch vor Einführung von § 3a EStG hat es Insolvenzplanverfahren gegeben, in denen die Zustimmung einzelner Gläubiger als erteilt galt oder ersetzt wurde. In einem Insolvenzplanverfahren (Gesamtvollstreckungsrecht; die Planwirkungen betreffen alle Beteiligten, vgl. § 254 Abs. 1 InsO) ist für die Auslegung der Sanierungsabsicht auf die **„Kollektiventscheidung der Gläubiger"** und nicht auf den jeweiligen einzelnen Gläubiger abzustellen.[73] Der gerichtlich bestätigte Insolvenzplan in einem Sanierungsverfahren (das also nicht auf die Zerschlagung des Unternehmens ausgerichtet ist) qualifiziert als unwiderlegliches Beweisanzeigen für die Sanierungsabsicht.[74]

(5) Nachweis durch den Steuerpflichtigen

§ 3a Abs. 2 EStG sieht ausdrücklich vor, dass der Steuerpflichtige hinsichtlich aller materiellen Voraussetzungen den **Nachweis für den Zeitpunkt des Schuldenerlasses** zu erbringen hat. Der Steuerpflichtige hat, wie in jedem Besteuerungsverfahren, nach § 90 AO mitzuwirken. Regelmäßig ist der Insolvenzplan die wesentliche Dokumentationsgrundlage und sollte daher auch im Vorgriff auf die dem Insolvenzplan nachlaufende Steuererklärung sowie eine etwaige Betriebsprüfung ausreichende Hinweise zur Darlegung der Tatbestandsvoraussetzung von § 3a Abs. 2 EStG beinhalten.[75] 33

Das Gesetz enthält kein Antragserfordernis für die Anwendung von § 3a EStG. In der Literatur wird im Zusammenhang mit der Nachweispflicht diskutiert, ob § 3a EStG ein **„faktisches Wahlrecht"** zur Anwendung der Vorschrift beinhaltet, von dem man durch „Beibringung" oder „Zurückbehaltung" der Nachweise Gebrauch machen könnte.[76] 34

Praxishinweis

Ein Wahlrecht ist nach hier vertretener Auffassung **kritisch zu beurteilen**, insbesondere in Insolvenzplanverfahren. Insofern sind die mit einer Steuerfreiheit einhergehenden (nachteiligen) Rechtsfolgen (zwingende Ausübung von Wahlrechten, Hebung stiller Lasten, Betriebsausgabenabzugsverbot nach § 3c Abs. 4 EStG) nicht vom Willen des Steuerpflichtigen abhängig. Es sollte im Vorgriff geprüft werden, welche Folgen sich aus der Annahme eines Sanierungsertrags ergeben („Schattenveranlagung").

dd) Ausgewählte Einzelfragen

(1) Erlass von Gesellschafterverbindlichkeiten

Besondere Aufmerksamkeit bei der steuerlichen Begleitung eines Insolvenzplans verlangen **Gesellschafterverbindlichkeiten** (bspw. aus der Schuldnerin gewährten Gesellschafterdarlehen). Das gilt auch und insbesondere bei dem Erlass von Intercompany-Darlehen im Konzern. Denn Voraussetzung für einen steuerbegünstigten Sanierungsertrag ist, dass der Schuldenerlass *betrieblich* begründet ist (vgl. § 3a Abs. 2 EStG). In Abgrenzung hierzu 35

73) Vgl. *Denkhaus/Ziegenhagen* in: Denkhaus/Ziegenhagen, Unternehmenskauf in Krise und Insolvenz, Rz. 1060; *Lenger-Bauchowitz*, NZI 2021, 591, 592 (Urteilsanm.); *Witfeld*, NZI 2021, 665, 666.

74) Vgl. eingehend *Kahlert*, NWB 2022, 356, 362 ff.; *Kahlert* in: Kübler/Bork/Prütting, HRI II, § 47 Rz. 199 a. E.; aus der Rspr. vgl. BFH, Urt. v. 17.11.2004 – I R 11/04, LS 1, BFH/NV 2005, 1027: Sanierungsabsicht ist „grundsätzlich zu unterstellen" wenn sich mehrere Gläubiger eines sanierungsbedürftigen Schuldners an einem Schuldenerlass beteiligen.

75) Vgl. auch etwa *Busch*, StB 2021, 128, 137.

76) Für ein „faktisches Wahlrecht" *Bleschick* in: BeckOK-EStG, § 3a Rz. 238; *Desens*, FR 2017, 981, 984; *Förster/Hechtner*, DB 2017, 1536, 1539 – „implizites Wahlrecht"; Herrmann/Heuer/Raupach-*Hallerbach*, EStG/KStG, § 3a EStG Rz. 31; *Kanzler*, NWB 2021, 1311, 1312; Kirchhof/Seer-*Seer*, EStG, § 3a Rz. 28; **a. A.** Kirchhof/Söhn/Mellinghoff-*Kobor*, EStG, § 3a Rz. C 52 (ausführlich); L. Schmidt-*Levedag*, EStG, § 3a Rz. 29.

stehen Schuldenerlasse, die **durch das Gesellschaftsverhältnis veranlasst** sind. Als Differenzierungsmaßstab wird auf die Grundsätze zur verdeckten Einlage (§ 8 Abs. 3 Satz 3 KStG) zurückgegriffen. Das entspricht dem Vernehmen nach auch der Verwaltungsauffassung. Insofern dürfte maßgeblich danach zu fragen sein, ob und inwieweit von einem oder mehreren Gesellschaftern ein Sanierungsbeitrag erbracht worden ist, den auch die übrigen Gläubiger geleistet haben. Entsprechend der allgemeinen Grundsätze zur verdeckten Einlage ist eine Veranlassung durch das Gesellschaftsverhältnis nur dann gegeben, wenn ein Nichtgesellschafter bei Anwendung der Sorgfalt eines ordentlichen Kaufmanns den Vermögensvorteil der Gesellschaft nicht eingeräumt hätte, was grundsätzlich durch **Fremdvergleich** festzustellen ist.[77)] Auch die betriebliche Begründung ist von der Insolvenzschuldnerin nachzuweisen (vgl. § 3a Abs. 2 EStG a. E.; zur Möglichkeit der Rechts- und Planungssicherheit durch verbindliche Auskunft siehe Rz. 98 ff.). Das Merkmal der „betrieblichen Begründung" steht in engem Zusammenhang mit dem Merkmal der Sanierungsabsicht.[78)]

36 Vor der Frage, nach welchen „tatsächlichen" Kriterien die Differenzierung vorzunehmen ist (siehe dazu Rz. 39 f.), ist in rechtlicher Hinsicht zu beantworten, ob die Unterscheidung („betrieblich" vs. „durch das Gesellschaftsverhältnis" veranlasst) hinsichtlich des Erlasses der jeweiligen Gesellschafterverbindlichkeit „dem Grunde nach" oder „der Höhe nach" und damit ggf. nur anteilig vorzunehmen ist („Prüfungsmaßstab").

- Sofern man auf die Gesellschafterverbindlichkeit bzw. deren Erlass **„dem Grunde nach"** abstellt, folgt daraus die (Nicht-)Anwendbarkeit von § 3a EStG i. S. eines „Alles oder Nichts". Es gilt der Gedanke des „einheitlichen Wirtschaftsguts". Folgt man diesem Ansatz, so würde die Gesellschafterverbindlichkeit im Falle eines betrieblich begründeten Schuldenerlasses unter den weiteren Voraussetzungen „automatisch" mit ihrem Nennwert, also in voller Höhe, steuerfrei sein. (Nur) Im Fall einer Veranlassung durch das Gesellschaftsverhältnis „dem Grunde nach", müsste man eine Aufteilung des Nennwerts nach werthaltigem und nicht werthaltigem Teil der Forderung vornehmen (zu den Folgen siehe nachstehend).
- Sofern man auf die Gesellschafterverbindlichkeit bzw. deren Erlass **„der Höhe nach"** abstellt und damit eine Aufteilung vornimmt, wäre entsprechend der allgemeinen steuerlichen Einlagegrundsätze[79)] wie folgt zu unterscheiden:
  - Soweit der Erlass auf die Gesellschafterverbindlichkeit betrieblich begründet ist, ist der Anwendungsbereich von § 3a EStG eröffnet und es läge unter den weiteren Voraussetzungen (siehe oben Rz. 24 ff.) ein steuerfreier Sanierungsertrag vor.
  - Soweit dagegen der Erlass durch das Gesellschaftsverhältnis veranlasst ist, ist eine Steuerfreiheit als Sanierungsertrag i. S. des § 3a Abs. 1 Satz 1 EStG ausgeschlossen.
    - Nur soweit dieser Teil der Forderung **werthaltig** ist,[80)] ist die bei der Gesellschaft durch den Verzicht eintretende bilanzielle Vermögensmehrung durch den Abzug einer verdeckten Einlage (außerbilanziell) nach § 8 Abs. 3 Satz 3

77) Vgl. R 8.9 Abs. 3 Satz 2 KStR. Vgl. aus der Literatur stellvertretend *Sonnleitner/Witfeld* in: Sonnleitner/Witfeld, Insolvenz- und Sanierungssteuerrecht, Kap. 10 Rz. 35; jüngst dazu *Ekkenga*, DStR 2025, 929, 932 ff.

78) Vgl. Brandis/Heuermann-*Krumm*, EStG, § 3a Rz. 27.

79) Vgl. grundlegend Großer Senat BFH, Urt. v. 9.6.1997 – GrS 1/94, BStBl. II 1998, 307 = ZIP 1998, 471.

80) Zur Bewertung der verdeckten Einlage vgl. stellvertretend Rödder/Herlinghaus/Neumann-*Neumann*, KStG, § 8 Rz. 1391 ff. (a. a. O., auch zur Berücksichtigung eines Konzernrückhalts bei der Bewertung einer verdeckten Einlage).

KStG zu neutralisieren. Es kommt also insofern („auf anderem Weg") nicht zu einem steuerpflichtigen Gewinn.

– Soweit die Forderung indes **nicht werthaltig** und durch das Gesellschaftsverhältnis veranlasst ist, kann der Gewinn nicht durch Berücksichtigung einer verdeckten Einlage kompensiert werden.

In diesem Zusammenhang wird vertreten, dass es sich im Ergebnis bei dem werthaltigen Teil der erlassenen Schuld um eine **durch das Gesellschaftsverhältnis** begründete Vermögensmehrung handelt, die mithin nach Einlagegrundsätzen außer Ansatz bleibt, und bei dem nicht werthaltigen Teil um eine **betrieblich begründete Vermögensmehrung**, die mithin als Sanierungsertrag steuerfrei zu stellen ist,[81] womit es grundsätzlich zu keinen „Buchgewinnen" kommt.

Die **Finanzverwaltung** hat jedenfalls unter Geltung des Sanierungserlasses die Auffassung vertreten, dass der **Verzicht eines Gesellschafters „als Ganzes" zu beurteilten** ist, d. h. eine Aufteilung in einen „gesellschaftsrechtlich" (für den werthaltigen Teil der Forderung) und einen „betrieblich" (für den nicht werthaltigen Teil der Forderung) veranlassten Teil nicht möglich ist.[82] Das dürfte auch unter Geltung von § 3a EStG der Verwaltungsauffassung entsprechen,[83] obgleich eine bundesweit einheitliche Handhabung derzeit mangels eines BMF-Schreibens nicht sichergestellt ist. Im Schrifttum ist die Frage umstritten.[84] Das FG Köln hat sich in einer Entscheidung vom 16.6.2016 unter Geltung des Sanierungserlasses der Auffassung der Finanzverwaltung angeschlossen.[85] 37

Nach hier vertretener Auffassung dürfte in der Praxis grundsätzlich **von einer Abgrenzung „dem Grunde nach" auszugehen** sein, womit für die Frage der Anwendbarkeit von § 3a EStG auf die Gesellschafterverbindlichkeit „als Ganzes" abzustellen ist. Damit ist für die gesamte Verbindlichkeit danach zu fragen, ob der Schuldenerlass betrieblich begründet oder durch das Gesellschaftsverhältnis veranlasst ist. Denn der Gesetzgeber hat bei der Einführung von § 3a Abs. 2 EStG darauf hingewiesen, dass die Voraussetzungen denen des bisherigen Sanierungserlasses entsprechen,[86] die auf Basis des Sanierungserlasses „geltende Rechtslage" also ausdrücklich in seinen Willen zur Einführung von § 3a EStG aufgenommen. Außerdem lässt sich aus der Gesetzesbegründung durchaus schlussfolgern, dass eine Aufteilung bei der Frage, ob ein Schuldenerlass „dem Grunde nach" betrieblich be- 38

81) Vgl. *Förster*, DStR 2023, 1041, 1044 – für einen Fall des außergerichtlichen Forderungsverzichts.

82) Vgl. FM Schleswig-Holstein v. 25.1.2013 (aktualisiert am 16.4.2014) – VI 3011-S 2741-108, FMNR0df550013 = juris, a. E. Vgl. auch OFD Frankfurt/M., Vfg. v. 24.7.2013 – S 2140 A-4-St 213, FMNR087310018 (außer Kraft): „Vielmehr ist der Verzicht als Ganzes zu sehen und deshalb nur einheitlich als betrieblich oder gesellschaftsrechtlich veranlasst zu beurteilen."

83) Vgl. Dötsch/Pung/Möhlenbrock-*Lang*, Die Körperschaftsteuer, § 8b KStG Teil B Rz. 51.

84) Für eine Beurteilung „als Ganzes" vgl. stellvertretend *Desens*, FR 2017, 981, 983; Dötsch/Pung/Möhlenbrock-*Pung*, Die Körperschaftsteuer, § 8b KStG Rz. 280; *Kahlert/A. Schmidt*, DStR 2017, 1897, 1900 f.; *Kahlert* in: Kübler/Bork/Prütting, HRI II, § 47 Rz. 204 ff.; L. Schmidt-*Levedag*, EStG, § 3a Rz. 26; dagegen stellvertretend ausführlich *Hageböke/Hasbach*, FR 2016, 1018, 1030.

85) FG Köln, Urt. v. 16.6.2016 – 13 K 984/11, EFG 2016, 1756 = juris, Rz. 112 ff. Der BFH ist in der Revision (BFH, Beschl. v. 11.7.2018 – XI R 33/16, BStBl. II 2019, 258) auf diesen Aspekt nicht näher eingegangen.

86) Vgl. Beschlussempfehlung und Bericht d. FA z. Gesetz gegen schädliche Steuerpraktiken, BT-Drucks. 18/12128, S. 31.

gründet oder durch das Gesellschaftsverhältnis veranlasst ist, nicht vorzunehmen sein dürfte.[87)]

39 **Entscheidend** für die Praxis ist, nach **welchen „tatsächlichen" Kriterien der Fremdvergleich** i. R. des jeweiligen Insolvenzplanverfahrens vorzunehmen ist. Insofern haben sich noch keine klaren Abgrenzungskriterien herausgebildet. Auch die Finanzverwaltung hat ihre Sichtweise i. R. der Auslegung von § 3a Abs. 2 EStG bislang nicht (etwa in einem BMF-Schreiben) veröffentlicht. Generell ist unter Berücksichtigung der Rechtsprechung des BFH bei dem Verzicht eines Gesellschafters eine Veranlassung im Gesellschaftsverhältnis (nur) zu vermuten, wenn sich fremde Gläubiger nicht an der Sanierung beteiligen.[88)] Dies korrespondiert mit der Gesetzesbegründung zu § 3a EStG, wonach eine Betriebsvermögensmehrung regelmäßig durch das Gesellschaftsverhältnis veranlasst ist, „wenn Forderungsverzichte nahezu ausschließlich durch Gesellschafter ausgesprochen werden".[89)]

40 Daraus folgt m. E., dass bei der Beteiligung mehrerer („fremder") Gläubiger neben den Gesellschaftern an einer Sanierung generell **von einem betrieblich begründeten Schuldenerlass auszugehen** ist (Handeln im „Gläubigerakkord"). Das dürfte auch der früheren Verwaltungsauffassung entsprechen.[90)] Da i. R. eines Insolvenzplanverfahrens – anders als im Falle einer außergerichtlichen Sanierung oder eines Restrukturierungsplans nach dem StaRUG – stets alle Gläubiger (insbesondere mittels Forderungsverzicht) Sanierungsbeiträge leisten (Gesamtvollstreckungsrecht), sollte in diesen Fällen auch hinsichtlich der Gesellschafterverbindlichkeiten grundsätzlich von einem betrieblich begründeten Schuldenerlass auszugehen sein. Insofern sollte auch nicht mehr danach zu fragen sein, ob die Sanierungsbeiträge der Gesellschafter bei wirtschaftlicher Betrachtung über diejenigen der übrigen Gläubiger hinausgehen (etwa bei Quoteninkongruenz).[91)]

41 In Teilen der **Literatur** findet sich allerdings die Auffassung, dass der Verzicht auf eine kraft Gesetzes **nachrangige Gesellschafterforderung** (§ 39 InsO) generell durch das Gesellschaftsverhältnis veranlasst ist und die Anwendbarkeit des § 3a EStG ausschließt.[92)] Das soll nach einer starken Auffassung in der Literatur auch für solche Verbindlichkeiten gelten, für die ein **Rangrücktritt** erklärt worden ist.[93)] Die Annahme einer gesellschaftsrechtlichen „Veranlassung" und der damit einhergehenden Nichtanwendbarkeit von § 3a EStG ist in

87) Vgl. Stellungnahme d. BRat z. RegE Gesetz gegen schädliche Steuerpraktiken, v. 10.3.2017, BR-Drucks. 59/17 (B), S. 15; Stellungnahme d. BRat und Gegenäußerung d. BReg z. Entwurf eines Gesetzes gegen schädliche Steuerpraktiken, v. 15.3.2017, BT-Drucks. 18/11531, S. 6: „Ein betrieblich veranlasster Sanierungsgewinn liegt insbesondere dann nicht vor, *wenn* die Betriebsvermögensmehrung durch das Gesellschaftsverhältnis veranlasst ist." (Hervorh. durch d. Verf.). Hätte der Gesetzgeber bei der Anwendbarkeit von § 3a EStG „dem Grunde nach" eine Aufteilung vornehmen wollen, hätte sich der Begriff „soweit" angeboten.

88) Vgl. BFH, Urt. v. 29.7.1997 – VIII R 57/94, BStBl. II 1998, 652 = juris, Rz. 32.

89) Vgl. Vgl. Stellungnahme d. BRat z. Gesetzentwurf der BReg gegen schädliche Steuerpraktiken, v. 10.3.2017, BR-Drucks. 59/17 (B), S. 15.

90) Vgl. FM Schleswig-Holstein v. 25.1.2013 (aktualisiert am 16.4.2014) – VI 3011-S 2741-108, FMNR0df550013 = juris. A. A. evtl. Dötsch/Pung/Möhlenbrock-*Lang*, Die Körperschaftsteuer, § 8b KStG Teil B Rz. 51 m. Bsp. (allerdings unklar, ob sich dies auch auf den Fall des Insolvenzplanverfahrens oder nur auf außergerichtliche Sanierungsmaßnahmen beschränkt).

91) Str., vgl. *Witfeld*, WPg 2025, 446, 450 f.; differenzierend nach Sanierungsbeiträgen Brandis/Heuermann-*Krumm*, EStG, § 3a Rz. 27; Kirchhof/Seer-*Seer*, EStG, § 3a Rz. 24. In der Praxis spielt es häufig eine Rolle, ob die Gesellschafter in derselben Höhe wie die übrigen Gläubiger oder überproportional verzichten. Das kann zu Erörterungsbedarf mit der Finanzverwaltung führen.

92) Vgl. Brandis/Heuermann-*Krumm*, EStG, § 3a Rz. 28; Kirchhof/Seer-*Seer*, EStG, § 3a Rz. 24 a. E.; wohl auch Herrmann/Heuer/Raupach-*Hallerbach*, EStG/KStG, § 3a EStG Rz. 29 a. E.; **a. A.** zu Recht *Kahlert* in: Kübler/Bork/Prütting, HRI II, § 47 Rz. 208; L. Schmidt-*Levedag*, EStG, § 3a Rz. 25.

93) Vgl. Brandis/Heuermann-*Krumm*, EStG, § 3a Rz. 29; L. Schmidt-*Levedag*, EStG, § 3a Rz. 25; Kirchhof/Seer-*Seer*, EStG, § 3a Rz. 24 a. E.

beiden Fällen nach hier vertretener Auffassung abzulehnen,[94] aber derzeit ungeklärt (zur Möglichkeit der verbindlichen Auskunft siehe Rz. 98 ff.).

(2) **Übertragende Sanierung**

Ob die Tatbestandsvoraussetzungen einer unternehmensbezogenen Sanierung in § 3a Abs. 2 EStG auch in den Fällen der sog. „übertragenden Sanierung" vorliegen, ist derzeit ungeklärt. Zumindest in einem Urteil vom 24.4.1986 ging der BFH zu § 3 Nr. 66 EStG a. F. davon aus, dass auch eine übertragende Sanierung die Voraussetzungen eines steuerfreien Sanierungsgewinns erfülle.[95] Zu § 3a EStG liegt bislang **keine Rechtsprechung** vor. Die frühere Regelung in § 3 Nr. 66 EStG a. F. verlangte lediglich, dass Schulden zum Zweck der Sanierung erlassen werden, aber nicht, dass die Sanierung beim bisherigen Unternehmensträger erfolgt, dem der Schuldenerlass gewährt wurde. Der Gesetzgeber mag zwar ausschließlich von einer Sanierung ausgegangen sein, die beim **„bisherigen" Unternehmensträger** erreicht werden sollte. Der wirtschaftspolitische Zweck von § 3 Nr. 66 EStG erfordert nach der Rechtsprechung des BFH die Anwendung der Steuerfreiheit aber **auch in Fällen der übertragenden Sanierung.** Denn nach dem BFH ist es das Ziel der Steuerfreiheit, **das Unternehmen** als lebenden Organismus und als Quelle von Einkünften zu erhalten. Daher sei es unschädlich, dass der Schuldenerlass der untergehenden Altgesellschaft gewährt wird, sofern dies in der Absicht erfolgt, dadurch den Übergang des notleidenden Unternehmens (d. h. den Geschäftsbetrieb) auf eine Nachfolgegesellschaft zu ermöglichen und dessen Gesundung herbeizuführen. Zu einer Sanierung kann es auf diesem Wege nur kommen, wenn die Gläubiger der Ausgliederung des Geschäftsbetriebs zustimmen und sich mit einer Verwertung der der Altgesellschaft verbliebenen Vermögenswerte begnügen.[96] Nach dem BFH ist kein Grund dafür ersichtlich, eine übertragende Sanierung nicht zu begünstigen und die Beteiligten auf den Weg der fortführenden Sanierung zu drängen, bei dem das Unternehmen dem wirtschaftlich vorbelasteten bisherigen Rechtsträger verbleibt. 42

Die Finanzverwaltung hatte die Rechtsprechung des BFH in den – mittlerweile unanwendbaren (siehe Rz. 14 f.) – sog. „Sanierungserlass" übernommen und insofern die Auffassung vertreten, dass von einem betrieblichen Interesse auch auszugehen sei, soweit der Schuldenerlass erforderlich ist, um das Nachfolgeunternehmen (Auffanggesellschaft) von der Inanspruchnahme für Schulden des Vorgängerunternehmens freizustellen (z. B. wegen § 25 Abs. 1 HGB).[97] Nach der Auffassung der Finanzverwaltung zum Sanierungserlass war von einem betrieblichen Interesse regelmäßig nur dann auszugehen, wenn das zu übernehmende Unternehmen (Auffanggesellschaft) zum Zweck der Fortführung des notleidenden Unternehmens neu gegründet wird;[98] auf dieser Grundlage sind Übertragungen auf bestehende Rechtsträger schädlich. 43

Nach der Rechtsprechung des **BFH** ist für die Auslegung von § 3a Abs. 1 Satz 1 i. V. m. Abs. 2 EStG auf die zu § 3 Nr. 66 EStG a. F. ergangenen Rechtsprechungsleitlinien zu- 44

94) Vgl. *Witfeld*, WPg 2025, 446, 450 f.; ferner *Sonnleitner/Witfeld* in: Sonnleitner/Witfeld, Insolvenz- und Sanierungssteuerrecht, Kap. 10 Rz. 29. Soweit dort (nur) beispielhaft auf einen Rangrücktritt verwiesen wird, der ggf. eine Veranlassung im Gesellschaftsverhältnis begründet, folgt daraus nichts anderes. Für die Annahme einer Veranlassung im Gesellschaftsverhältnis braucht es weitere Umstände.

95) Vgl. BFH, Urt. v. 24.4.1986 – IV R 282/84, BStBl. II 1986, 672 = juris, LS 2.

96) Vgl. BFH, Urt. v. 24.4.1986 – IV R 282/84, BStBl. II 1986, 672 = juris, Rz. 16. Die Gläubiger müssten ggf. darauf verzichten, die künftigen Erträge des Unternehmens etwa unter Hinweis auf § 25 Abs. 1 Satz 1 HGB zu beanspruchen.

97) Vgl. BMF-Schreiben v. 27.3.2003 – IV A 6 – S 2410 – 8/03, Tz. 2 Satz 3, BStBl. I 2003, 240.

98) Vgl. OFD Niedersachsen v. 12.7.2017, S 2140-8-St 244, Tz. 2.1., FMNR498370017.

rückzugreifen.[99] Davon ausgehend spricht viel dafür, dass die **frühere Rechtsprechung des BFH zur übertragenden Sanierung** (siehe vorstehend Rz. 42) auch bei Sanierungsmaßnahmen im Anwendungsbereich von § 3a EStG **gilt.**[100] Dementsprechend können auch sog. übertragende Sanierungen grundsätzlich die Voraussetzungen einer unternehmensbezogenen Sanierung (§ 3a Abs. 2 EStG) erfüllen. Das gilt auch in den Fällen, in denen nur Teile des Geschäftsbetriebs auf einen anderen Rechtsträger übertragen und dort fortgeführt werden. In den Anwendungsbereich einzubeziehen sind nach hier vertretener Auffassung sowohl Übertragungen im Wege der **Einzelrechtsnachfolge** (Verkauf des Unternehmens im Wege eines „Asset Deals") als auch im Wege der **Gesamtrechtsnachfolge** nach dem UmwG (Spaltung, Ausgliederung).[101]

Praxishinweis

In der Praxis besteht mangels derzeit veröffentlichter Verwaltungsauffassung Rechtsunsicherheit, sodass in den Fällen einer übertragenden Sanierung die Einholung einer verbindlichen Auskunft (§ 89 Abs. 2 AO; siehe Rz. 98 ff.) zu erwägen und zur Erlangung von Rechts- und Planungssicherheit obligatorisch ist.

(3) Antrag auf Anwendung von § 3a EStG als rückwirkendes Ereignis (§ 175 Abs. 1 Satz 1 Nr. 2 AO)

45 Neben den materiell-rechtlichen Voraussetzungen von § 3a EStG kann in sog. **Altfällen** (Schuldenerlass vor dem 9.2.2017) die jeweilige steuerverfahrensrechtliche Situation für die Steuerfreiheit von Sanierungserträgen von Relevanz sein. Das gilt insbesondere in Fällen (ggf. immer noch) laufender Rechtsbehelfsverfahren. In Altfällen gilt zu prüfen, ob von dem antragsabhängigen Wahlrecht des § 52 Abs. 4a Satz 3 EStG bzw. § 36 Abs. 2c Satz 3 GewStG (jeweils i. d. F. vom 11.12.2018) Gebrauch und damit die Anwendung von § 3a EStG, § 7b GewStG geltend gemacht werden kann. Soweit eine Steuerfreiheit bislang auf der Grundlage des – rechtswidrigen – sog. „Sanierungserlasses"[102] (Erlass nach §§ 163, 227 AO; siehe Rz. 14) begehrt wurde, kann dieser nach der Entscheidung des Großen Senats des BFH vom 28.11.2016 i. R. einer gerichtlichen oder behördlichen Entscheidung nicht mehr als Grundlage herangezogen werden. Allerdings können „mittlerweile" die Einkommen-/Körperschaftsteuer*festsetzungen* oder etwaige Bescheide über eine gesonderte *Feststellung* (vgl. § 3a Abs. 4 EStG) verfahrensrechtlich in Bestandskraft erwachsen und damit nicht mehr „änderbar" sein.[103]

46 Nach der zutreffenden Auffassung des BFH ist die Anwendung von § 3a EStG, § 7b GewStG auch nach Ablauf steuerlicher Verjährungsfristen (vgl. §§ 169 ff. AO) durch die Anwendung von § 175 Abs. 1 Satz 1 Nr. 2 AO bei **Ausübung des Wahlrechts** zu errei-

99) Vgl. BFH, Beschl. v. 27.11.2020 – X B 63/20, Rz. 7, ZRI 2021, 727; BFH, Beschl. v. 9.8.2024 – X B 94/23, LS 1, BStBl. II 2025, 145 = ZRI 2024, 769 (NZB).

100) Vgl. u. a. *Denkhaus/Ziegenhagen* in: Denkhaus/Ziegenhagen, Unternehmenskauf in Krise und Insolvenz, Rz. 1044; *Hölzle*, ZIP 2020, 301, 305; *Hölzle/Kahlert*, ZIP 2017, 510; Morgen-*Mayer*, StaRUG, Teil C. Sanierungssteuerrecht Rz. 14.

101) Vgl. dazu auch *Krumm* in: Jahrbuch FAStR, 2023, S. 744 ff.

102) Vgl. BMF-Schreiben v. 27.3.2003 – IV A 6 – S 2140 – 8/08, BStBl. I 2003, 240; siehe näher Rz. 14.

103) Der Antrag auf „Steuerfreiheit" des Sanierungsgewinns auf der Grundlage des sog. Sanierungserlasses führt nicht zur Hemmung der Bestandskraft einer Steuerfestsetzung bzw. Steuerfeststellung. Zur Relevanz des steuerlichen Verfahrensrechts und der „richtigen" Antragstellung in jenen Fällen vgl. FG Rheinland-Pfalz, Urt. v. 30.3.2021 – 5 K 1689/20, OS 1, ZRI 2021, 549 = ZIP 2021, 1773; FG Münster, Urt. v. 14.9.2022 – 13 K 1306/20 AO, EFG 2022, 1883; *Witfeld*, NZI 2021, 665, 666.

chen.[104] Denn ein entsprechender Antrag ist nicht nur „bloße Verfahrenshandlung“, sondern verfahrensrechtlich als rückwirkendes Ereignis zu qualifizieren.[105]

d) Rechtsfolgen der Steuerfreiheit von Sanierungserträgen

47 Nach § 3a Abs. 1 Satz 1 EStG sind Sanierungserträge steuerfrei. Die Norm entfaltet ihre Rechtsfolgen i. R. der steuerlichen Gewinnermittlung, d. h. in verfahrensrechtlicher Hinsicht im **Festsetzungsverfahren**. Gleichzeitig sieht das Gesetz vor, dass steuerliche Wahlrechte zwingend gewinnmindernd ausgeübt und stille Lasten und anderweitiges Steuerminderungspotenzial aufgelöst werden müssen (§ 3a Abs. 1 Satz 2 und 3, Abs. 3 EStG, § 3c Abs. 4 EStG). Der Steuerpflichtige „bezahlt“ damit die Steuerfreiheit des Sanierungsertrags mit dem Verlust der im Sanierungszeitpunkt bestehenden „Tax Assets“.[106] Die Beteiligten des Sanierungsverfahrens sollten die diesbezüglichen Folgen (siehe dazu sogleich Rz. 48) möglichst vor Durchführung der Maßnahmen antizipieren und ggf. eine steuerliche „Schattenveranlagung“ durchführen.

aa) Hebung stiller Lasten/zwingende Ausübung von Ansatzwahlrechten (§ 3a Abs. 1 Satz 2 f. EStG)

48 Sofern Betriebsvermögensmehrungen oder Betriebseinnahmen aus einem Schuldenerlass nach § 3a Abs. 1 Satz 1 EStG steuerfrei sind, muss der Steuerpflichtige steuerliche **Wahlrechte** in dem Jahr, in dem ein Sanierungsertrag erzielt wird (Sanierungsjahr) und im Folgejahr im zu sanierenden Unternehmen **zwingend gewinnmindernd ausüben** (vgl. § 3a Abs. 1 Satz 2 EStG). Insbesondere ist nach § 3a Abs. 1 Satz 3 EStG der **niedrigere Teilwert**, der nach § 6 Abs. 1 Nr. 1 Satz 2 und Nr. 2 Satz 2 EStG angesetzt werden kann, im Sanierungsjahr und im Folgejahr anzusetzen. Auf diese Weise hat der Gesetzgeber sichergestellt, dass in der steuerlichen Gewinnermittlung das größtmögliche Verlustausgleichsvolumen zur Verfügung steht, mit dem der Sanierungsertrag zur Vermeidung einer Doppelbegünstigung zu verrechnen ist.[107] Es ist derzeit ungeklärt und in der Literatur umstritten, ob die Ausübung der Wahlrechte auf die Höhe des Sanierungsertrags **begrenzt** ist.[108] Nach hier vertretener Auffassung folgt jedenfalls aus einer teleologischen Reduktion von § 3a Abs. 1 Satz 2 f. EStG, dass die Pflicht zur Hebung stiller Lasten nicht über den Betrag hinausgehen darf, den der Gesetzgeber steuerfrei stellt („kommunizierende Röhren“). Etwas anderes wäre auch mit dem Prinzip der Besteuerung nach der wirtschaftlichen Leistungsfähigkeit nicht vereinbar (vgl. Art. 3 Abs. 1 GG); insofern ist eine entsprechende Begrenzung vorzunehmen.[109]

---

104) Vgl. BFH, Urt. v. 10.10.2024 – IV R 1/22, BStBl. II 2025, 294. Vgl. ferner Fn. 30.

105) Bis zum Urteil des BFH umstritten. Wie hier ausführlich *Hasbach*, DB 2019, 871, 874; ferner *Bleschick* in: BeckOK-EStG, § 3a Rz. 39; Fuhrmann/Kraeusel/Schiffers-*Feldgen*, 360° EStG, § 3a Rz. 3; Brandis/Heuermann-*Krumm*, EStG, § 3a Rz. 4; Kirchhof/Seer-*Seer*, EStG, § 3a Rz. 6a; *Reddig*, HFR 2021, 437, 439 (Urteilsanm.); *Uhländer*, DB 2022, 1923, 1927; **a. A.** *Förster/Hechtner*, DB 2019, 10, 12; Herrmann/Heuer/Raupach-*Hallerbach*, EStG/KStG, § 3a EStG Rz. 9; *Kanzler*, NWB 2021, 1367, 1369 (Urteilsanm.).

106) Morgen-*Mayer*, StaRUG, Teil C. Sanierungssteuerrecht Rz. 24.

107) Vgl. Beschlussempfehlung und Bericht d. FA z. Gesetz gegen schädliche Steuerpraktiken, BT-Drucks. 18/12128, S. 31.

108) Gegen eine Begrenzung *Desens*, FR 2017, 981, 989; Herrmann/Heuer/Raupach-*Hallerbach*, EStG/KStG, § 3a EStG Rz. 17; Kirchhof/Söhn/Mellinghoff-*Kobor*, EStG, § 3a Rz. B 80; für eine Begrenzung *Förster/Hechtner*, DB 2017, 1536, 1543; Brandis/Heuermann-*Krumm*, EStG, § 3a Rz. 34; Kirchhof/Seer-*Seer*, EStG, § 3a Rz. 28.

109) Vgl. dazu auch *Sonnleitner/Witfeld* in: Sonnleitner/Witfeld, Insolvenz- und Sanierungssteuerrecht, Kap. 10 Rz. 40.

49 Die steuerlichen Wahlrechte können bilanzieller wie außerbilanzieller Natur sein. § 3a Abs. 1 Satz 2 EStG benennt die auszuübenden Wahlrechte nicht im Einzelnen. Der Gesetzgeber hat also von einer Aufzählung abgesehen und sich auf ein Regelbeispiel in § 3a Abs. 1 Satz 3 EStG (Teilwert-AfA) beschränkt. Es handelt sich letztlich um alle gesetzlichen gewinnermittlungsbezogenen Wahlrechte, wozu insbesondere

- die Bildung von Ausgleichsposten gemäß § 4g EStG,
- die Ertragsverteilung gemäß § 5 Abs. 7 EStG,
- die Teilwert-AfA gemäß § 6 Abs. 1 Nr. 1 Satz 2, Nr. 2 Satz 2 EStG (vgl. § 3a Abs. 1 Satz 3 EStG),
- die Vorratsbewertung gemäß § 6 Abs. 1 Nr. 2a EStG,
- die Sofort- und Poolabschreibung gemäß § 6 Abs. 2, Abs. 2a EStG,
- die Ausübung von Wahlrechten hinsichtlich der AfA-Methode,
- Wahlrechte gemäß §§ 7a ff. EStG und
- die Sonder-AfA gemäß § 7g Abs. 5, Abs. 6 EStG gehören.

50 Darüber hinaus ist die Wahlrechtsausübung in einer Vielzahl von Fällen umstritten, insbesondere zur **Übertragung stiller Reserven** gemäß § 6b EStG und zum Abzug eines **Investitionsabzugsbetrags** gemäß § 7g EStG.[110] Schließlich ist derzeit ungeklärt, ob Teilwert-Abschreibungen (vgl. § 3a Abs. 1 Satz 3 EStG) auf **Beteiligungen an Kapitalgesellschaften** vorzunehmen sind, obwohl diese wegen § 8b Abs. 3 Satz 2 KStG (i. V. m. KStR 7.1 Abs. 1 – außerbilanzielle Kürzung) in steuerlicher Hinsicht nicht gewinnwirksam sind. Eine Teilwert-Abschreibung auf Beteiligungen ist richtigerweise nicht vorzunehmen, weil der Wortlaut der Norm unter Verweis auf den Sinn und Zweck von § 3a Abs. 1 Satz 2 EStG teleologisch zu reduzieren ist. Denn eine „Doppelbegünstigung" kann insofern nicht eintreten.[111]

bb) Untergang von Verlustverrechnungspotenzialen (§ 3a Abs. 3 EStG)

51 Im Kern regelt § 3a Abs. 3 EStG den Untergang von Verlustverrechnungspotenzialen im Fall von steuerfreien Sanierungserträgen. Denn eine „bloße" Steuerbefreiung des Sanierungsertrags ohne weitere (negative) steuerliche Rechtsfolgen hätte ausweislich der Gesetzesbegründung eine sachlich nicht gerechtfertigte Doppelbegünstigung zur Folge.[112] Bei der **Steuerplanung im Zusammenhang mit einem Sanierungsertrag** sind also auch die Effekte aus dem in § 3a Abs. 3 EStG geregelten Mechanismus zu berücksichtigen. Methodisch ist insoweit in einem ***ersten*** **Schritt** der (im Ergebnis steuerfrei zu stellende) Sanierungsertrag um nicht abziehbare Beträge nach § 3c Abs. 4 EStG aus dem Veranlagungszeitraum vor dem Sanierungsjahr und im Sanierungsjahr (Betriebsausgabenabzugsverbot) zu mindern, vgl. § 3a Abs. 3 Satz 1 EStG. Die auf diese Weise ermittelte Rechengröße („ge-

110) Vgl. zu alledem *Sonnleitner/Witfeld* in: Sonnleitner/Witfeld, Insolvenz- und Sanierungssteuerrecht, Kap. 10 Rz. 41.

111) So auch *Förster/Hechtner*, DB 2017, 1536, 1543; *Kahlert/A. Schmidt*, DStR 2017, 1897, 1902; Kirchhof/Seer-*Seer*, EStG, § 3a Rz. 17; L. Schmidt-*Levedag*, EStG, § 3a Rz. 34; Kirchhof/Kulosa/Ratschow-*Bleschick*, BeckOK-EStG, § 3a Rz. 256; *Weiss*, StuB 2017, 581, 584; **a. A.** Herrmann/Heuer/Raupach-*Hallerbach*, EStG/KStG, § 3a EStG Rz. 19; Kirchhof/Söhn/Mellinghoff-*Kobor*, EStG, § 3a Rz. B 71; Brandis/Heuermann-*Krumm*, EStG, § 3a Rz. 34a.

112) Vgl. Beschlussempfehlung und Bericht d. FA z. Gesetz gegen schädliche Steuerpraktiken, BT-Drucks. 18/12128, S. 31. Die Kürzung des Sanierungsgewinns um nicht abziehbare Aufwendungen einerseits sowie um Verlustverrechnungspotenziale andererseits war zumindest dem Grunde nach bereits im Sanierungserlass vorgesehen (vgl. BMF-Schreiben v. 27.3.2003 – IV A 6 – S 2140 – 8/08, Tz. 5 und 8, BStBl. I 2003, 240). Allerdings hat der Gesetzgeber mit der Einführung von § 3a EStG den „Katalog" erheblich ausgebaut und differenziert.

minderter Sanierungsertrag") reduziert sich im ***zweiten* Schritt** um weitere Positionen, die in § 3a Abs. 3 Satz 2 Nr. 1 bis 13 EStG aufgezählt sind und in der dort festgelegten Reihenfolge zu durchlaufen sind, wobei der Betrag nacheinander mindert[113])

- den aufgrund einer **Verpflichtungsübertragung i. S. des § 4f Abs. 1 Satz 1 EStG** in den dem Wirtschaftsjahr der Übertragung nachfolgenden 14 Jahren verteilt abziehbaren Aufwand des zu sanierenden Unternehmens, es sein denn, der Aufwand ist gemäß § 4f Abs. 1 Satz 7 EStG auf einen Rechtsnachfolger übergegangen, der die Verpflichtung übernommen hat und insoweit der Regelung des § 5 Abs. 7 EStG unterliegt (§ 3a Abs. 3 Nr. 1 EStG);
- den nach **§ 15a EStG ausgleichsfähigen oder verrechenbaren Verlust** des Unternehmers (Mitunternehmers) des zu sanierenden Unternehmens des **Sanierungsjahrs** (§ 3a Abs. 3 Nr. 2 EStG);
- den zum Ende des dem Sanierungsjahr vorangegangenen Wirtschaftsjahrs nach **§ 15a EStG festgestellten verrechenbaren Verlust** des Unternehmers (Mitunternehmers) des zu sanierenden Unternehmens (§ 3a Abs. 3 Nr. 3 EStG);
- den nach **§ 15b EStG ausgleichsfähigen oder verrechenbaren Verlust** derselben Einkunftsquelle des Unternehmers (Mitunternehmers) **des Sanierungsjahrs;** bei der Verlustermittlung bleibt der Sanierungsertrag unberücksichtigt (§ 3a Abs. 3 Nr. 4 EStG);
- den zum Ende des dem Sanierungsjahr vorangegangenen Jahres nach **§ 15b EStG festgestellten verrechenbaren Verlust** derselben Einkunftsquelle des Unternehmers (Mitunternehmers) (§ 3a Abs. 3 Nr. 5 EStG);
- den nach § 15 Abs. 4 EStG ausgleichsfähigen oder nicht abziehbaren Verlust des zu sanierenden Unternehmens des Sanierungsjahrs (§ 3a Abs. 3 Nr. 6 EStG);
- den **zum Ende des dem Sanierungsjahr vorangegangenen Jahres** nach § 15 Abs. 4 EStG festgestellten i. V. m. § 10d Abs. 4 EStG **verbleibenden Verlustvortrag**, soweit er auf das zu sanierende Unternehmen entfällt (§ 3a Abs. 3 Nr. 7 EStG);
- den **Verlust des Sanierungsjahrs** des zu sanierenden Unternehmens (§ 3a Abs. 3 Nr. 8 EStG);
- den **ausgleichsfähigen Verlust** aus allen Einkunftsarten des Veranlagungszeitraums, in dem das Sanierungsjahr endet (§ 3a Abs. 3 Nr. 9 EStG);
- **im Sanierungsjahr** ungeachtet des § 10d Abs. 2 EStG den nach § 10d Abs. 4 EStG zum Ende des Vorjahres **gesondert festgestellten Verlustvortrag** (§ 3a Abs. 3 Nr. 10 EStG);
- in der nachfolgenden Reihenfolge den **zum Ende des Vorjahres festgestellten und den im Sanierungsjahr entstehenden verrechenbaren Verlust** oder die negativen Einkünfte nach § 15a EStG, nach § 15b EStG anderer Einkunftsquellen, nach § 15 Abs. 4 EStG anderer Betriebe und Mitunternehmeranteile, nach § 2a EStG, nach § 2b EStG, nach § 23 Abs. 3 Satz 7 und 8 EStG, nach sonstigen Vorschriften (§ 3a Abs. 3 Nr. 11 EStG);
- ungeachtet der Beträge des § 10d Abs. 1 Satz 1 EStG die negativen Einkünfte nach § 10d Abs. 1 Satz 1 EStG des Folgejahrs und die negativen Einkünfte nach § 10d Abs. 1 Satz 2 EStG des zweiten Folgejahrs. Ein Verlustrücktrag nach § 10d Abs. 1 Satz 1 und 2 EStG ist nur möglich, soweit die Beträge nach § 10d Abs. 1 Satz 1 und 2 EStG durch den verbleibenden Sanierungsertrag i. S. des Satzes 4 nicht überschritten werden (§ 3a Abs. 3 Nr. 12 EStG);

113) Vgl. dazu auch *Bleschick* in: BeckOK-EStG, § 3a Rz. 322.

- **den zum Ende des Vorjahres festgestellten und den im Sanierungsjahr** entstehenden **Zinsvortrag** nach § 4h Abs. 1 Satz 5 EStG sowie den **EBITDA-Vortrag** nach § 4h Abs. 1 Satz 3 EStG[114] (§ 3a Abs. 3 Nr. 13 EStG).

52 Im *dritten* **Schritt** erfolgt gemäß § 3a Abs. 3 Satz 3 EStG eine weitere Reduktion des im zweiten Schritt nach § 3a Abs. 3 Satz 2 EStG gekürzten Sanierungsertrags (siehe vorstehend), sofern „der Höhe nach" noch ein Sanierungsertrag übrig ist. Mit anderen Worten erfolgt die weitere Kürzung eines Sanierungsertrags im dritten Schritt nur, wenn der geminderte Sanierungsertrag i. S. des § 3a Abs. 3 Satz 1 EStG (erster Schritt) die Beträge i. S. des § 3a Abs. 3 Satz 2 EStG (zweiter Schritt) übersteigt. Der dritte Schritt in § 3a Abs. 3 Satz 3 EStG hat zur Folge, dass sich nach Maßgabe des § 3a Abs. 3 Satz 2 EStG auch der verteilt abziehbare Aufwand, Verlust, negative Einkünfte, Zinsvorträge oder EBITDA-Vorträge einer dem zu sanierenden Unternehmen **nahestehenden Person** mindern. Die Regelung soll ausweislich der Gesetzesbegründung der Verhinderung missbräuchlicher Steuergestaltungen dienen.[115] Andernfalls könnten Steuerpflichtige durch Gestaltungen Verlustverrechnungspotenzial sichern, indem das zu sanierende Unternehmen (einschließlich der später erlassenen Schulden) vor einem Schuldenerlass auf einen anderen Rechtsträger (z. B. durch Einbringung nach §§ 20 ff. UmwStG) übertragen wird.

53 Gemäß § 3a Abs. 3 Satz 4 EStG ist der sich nach den Sätzen 2 und 3 ergebende Betrag **der verbleibende Sanierungsertrag**. (Nur) Dieser Betrag ist im Ergebnis (wegen der erfolgten Kürzungen wirtschaftlich, nicht aber „technisch")[116] **steuerfrei**. Die Steuerfreistellung des „ungekürzten" Sanierungsertrags nach § 3a Abs. 1 Satz 1 EStG erfolgt durch eine außerbilanzielle Korrektur.[117] Darüber hinaus regelt § 3a Abs. 3 Satz 5 EStG, dass die nach § 3a Abs. 3 Satz 2 und Satz 3 EStG (Schritte zwei und drei) mindernden Beträge in Form der **Verlustverrechnungsmöglichkeiten** endgültig **außer Ansatz bleiben**. Sie nehmen gemäß § 3a Abs. 3 Satz 5 EStG auch nicht mehr an den entsprechenden verfahrensrechtlichen Feststellungen der verrechenbaren Verluste, verbleibenden Verlustvorträge und sonstigen Feststellungen teil. Letztlich gehen die Verlustverrechnungsmöglichkeiten i. H. der mindernden Beträge endgültig verloren.[118]

cc) Betriebsausgabenabzugsverbot für Sanierungsaufwendungen (§ 3c Abs. 4 EStG)

54 § 3c Abs. 4 EStG enthält ein Betriebsausgabenabzugsverbot für sog. Sanierungsaufwendungen.[119] Soweit Betriebsvermögensminderungen oder Betriebsausgaben in unmittelbarem wirtschaftlichem Zusammenhang mit einem Sanierungsertrag stehen, dürfen diese nicht als Betriebsausgabe abgezogen werden. Hierzu zählen insbesondere Zahlungen auf **Besserungsscheine und Kosten der Sanierung**, wozu alle Aufwendungen zählen, die unmittelbar der Erlangung von Sanierungsbeiträgen der Gläubiger dienen (z. B. Kosten für den Sanierungsplan und die Sanierungsberatung).[120] Außerdem zählen zu den nicht abzugsfähigen Kosten die Aufwendungen für das Sanierungsgutachten und die Sanierungsbera-

114) Die Minderung des EBITDA-Vortrags des Sanierungsjahrs und der EBITDA-Vorträge aus vorangegangenen Wirtschaftsjahren erfolgt in ihrer zeitlichen Reihenfolge (vgl. § 3a Abs. 3 Satz 2 Nr. 13 Satz 2 EStG).

115) Vgl. Beschlussempfehlung und Bericht d. FA z. Gesetz gegen schädliche Steuerpraktiken, BT-Drucks. 18/12128, S. 32.

116) Vgl. Herrmann/Heuer/Raupach-*Hallerbach*, EStG/KStG, § 3a EStG Rz. 46; Bordewin/Brandt-*Bös*, EStG, § 3a Rz. 297.

117) Vgl. Brandis/Heuermann-*Krumm*, EStG, § 3a Rz. 32.

118) Vgl. *Bleschick* in: BeckOK-EStG, § 3a Rz. 540; Kirchhof/Seer-*Seer*, EStG, § 3a Rz. 34.

119) Generell und mit guten Gründen kritisch gegenüber dem Betriebsausgabenabzugsverbot unter Verweis auf die EU-Restrukturierungsrichtlinie vgl. *Skauradszun/Kwauka*, DStR 2020, 953 ff.

120) Vgl. Beschlussempfehlung und Bericht d. FA z. Gesetz gegen schädliche Steuerpraktiken, BT-Drucks. 18/12128, S. 33.

tung, Rechtsanwaltskosten, Gerichtskosten oder sonstige Gutachterkosten.[121] Die Aufwendungen dürfen unabhängig davon, ob sie vor, nach oder im Jahr der Entstehung des Sanierungsertrags anfallen, steuerlich nicht abgezogen werden. Sofern die Aufwendungen bereits in einem der Sanierung vorangegangenen Veranlagungszeitraum steuermindernd abgezogen worden sind, ist der entsprechende Steuer- oder Feststellungsbescheid zu ändern (vgl. § 3c Abs. 4 Satz 5 EStG).[122] Nur falls und soweit kein verbleibender Sanierungsertrag mehr vorhanden ist, sind die Aufwendungen gemäß § 3c Abs. 4 Satz 4 EStG abzugsfähig.

2. Umsatzsteuerliche Auswirkungen

Soweit den vom Insolvenzplan erfassten Insolvenzforderungen umsatzsteuerpflichtige **(Eingangs-)Leistungen an den Insolvenzschuldner** zugrunde lagen (etwa Lieferantenforderungen, rückständige Mieten bei Option nach § 9 UStG), stellt sich die Frage, welche umsatzsteuerlichen Auswirkungen ein Schuldenerlass diesbezüglich hat. Das gilt insbesondere für die Durchführung einer **Vorsteuerberichtigung** nach § 17 Abs. 1 Satz 2, Abs. 2 Nr. 1 UStG wegen sog. tatsächlicher Uneinbringlichkeit. Sofern diese Berichtigung insolvenzsteuerrechtlich als Masseverbindlichkeit zu qualifizieren wäre, wäre diese nicht von den Wirkungen des Insolvenzplans erfasst. Im Ergebnis ist allerdings festzuhalten, dass es im Zeitpunkt des Schuldenerlasses in einem Insolvenzplanverfahren nicht zu einer Vorsteuerberichtigung kommt, da diese schon vorher zu erfolgen hat und **als Insolvenzforderung qualifiziert**. Die Sanierung wird also nicht durch eine „plötzliche" Umsatzsteuerschuld belastet. Dies begründet sich wie folgt: 55

- Nach der Verwaltungsauffassung werden die Entgeltforderungen aus Lieferungen und sonstigen Leistungen, die vor Insolvenzeröffnung an den späteren Insolvenzschuldner erbracht wurden, in **Regelinsolvenzverfahren** im Augenblick der Bestellung eines vorläufigen Insolvenzverwalters, spätestens aber mit Eröffnung des Insolvenzverfahrens, unbeschadet einer möglichen Insolvenzquote in voller Höhe i. S. des § 17 Abs. 2 Nr. 1 UStG uneinbringlich.[123] Richtigerweise liegt mit der Rechtsprechung des BFH[124] und bei einer wirtschaftlichen Betrachtung bereits mit der Bestellung eines vorläufigen Insolvenzverwalters **tatsächliche Uneinbringlichkeit** vor. Zu diesem Zeitpunkt ist der Vorsteuerabzug beim Leistungsempfänger (hier: dem zu sanierenden Unternehmen) nach § 17 Abs. 1 Satz 2 UStG zu berichtigen. Ob ein schwacher (mit allgemeinem Zustimmungsvorbehalt), halbstarker oder starker vorläufiger Insolvenzverwalter bestellt wird, ist unerheblich. Die aus der Vorsteuerberichtigung resultierende Umsatzsteuerschuld qualifiziert als Insolvenzforderung nach § 38 InsO. Die Anwendung von § 55 Abs. 4 InsO kommt nicht in Betracht.
- Auch in **Eigenverwaltungsverfahren** ist hinsichtlich der steuerpflichtigen (Eingangs-) Leistungen an den Insolvenzschuldner eine Vorsteuerberichtigung wegen tatsächlicher Uneinbringlichkeit nach § 17 Abs. 1 Satz 2, Abs. 2 Nr. 1 UStG vorzunehmen. Nach der – insoweit zutreffenden – Verwaltungsauffassung im **BMF-Schreiben vom 11.1.2022** zur Neufassung von § 55 Abs. 4 InsO (siehe Rz. 5) erfolgt dies bereits auf den Zeitpunkt der Anordnung der vorläufigen Eigenverwaltung. Denn bei objektiver Betrachtung ist

121) Vgl. *Denkhaus/Ziegenhagen* in: Denkhaus/Ziegenhagen, Unternehmenskauf in Krise und Insolvenz, Rz. 1075.

122) Vgl. Beschlussempfehlung und Bericht d. FA z. Gesetz gegen schädliche Steuerpraktiken, BT-Drucks. 18/12128, S. 33.

123) Vgl. UStAE 17.1 Abs. 16 Satz 1.

124) Für den vorläufigen Insolvenzverwalter mit Zustimmungsvorbehalt und Recht zum Forderungseinzug hat sich der BFH, Urt. v. 24.9.2014 – V R 48/13, Rz. 30, BStBl. II 2014, 506, positioniert. Vgl. zuvor bereits BFH, Urt. v. 8.8.2013 – V R 18/13, Rz. 42, BStBl. II 2017, 543.

damit zu rechnen, dass der Leistende die Entgeltforderung ganz oder teilweise jedenfalls auf absehbare Zeit rechtlich oder tatsächlich nicht mehr durchsetzen kann.[125] Auch hier qualifiziert die aus der Vorsteuerberichtigung resultierende Umsatzsteuerschuld als Insolvenzforderung nach § 38 InsO. Die Anwendung von § 55 Abs. 4 InsO kommt nicht in Betracht.

3. Schenkungsteuerliche Auswirkungen

56 Gemäß § 7 Abs. 8 Satz 1 ErbStG gilt als Schenkung auch die **Werterhöhung von Anteilen** an einer Kapitalgesellschaft, die eine an der Gesellschaft unmittelbar oder mittelbar beteiligte natürliche Person oder Stiftung (Bedachte) durch die Leistung einer anderen Person (Zuwendender) an die Gesellschaft erlangt. Die Finanzverwaltung qualifiziert **disquotale Forderungsverzichte** von Gesellschaftern zugunsten der Gesellschaft dem Grunde nach als gemäß § 7 Abs. 8 Satz 1 ErbStG schenkungsteuerbar,[126] die Literatur ist richtigerweise gegenteiliger Auffassung.[127] Das ergibt eine nach Genese und Telos erfolgte Auslegung von § 7 Abs. 8 Satz 1 ErbStG. Denn der Gesetzgeber hat der Norm einen Missbrauchsvermeidungscharakter beigemessen, der bei Situationen des Verzichts auf (teilweise) wertlose Forderungen nicht einschlägig ist. Außerdem ist im Wege einer teleologischen Reduktion eine Bereicherungsabsicht des Verzichtenden zugunsten der (Mit -)Gesellschafter der Kapitalgesellschaft zu verlangen.[128] Das gilt bei Zuwendungen zwischen Kapitalgesellschaften schon ausweislich des Wortlauts von § 7 Abs. 8 Satz 2 ErbStG, wonach die Bereicherungsabsicht ein steuerbegründendes Tatbestandsmerkmal ist.[129] Die vorstehend skizzierte Diskussion wird vorwiegend bei außergerichtlichen Sanierungsmaßnahmen geführt.

57 Werden Gesellschafterverbindlichkeiten durch einen Insolvenzplan gekürzt, so **scheidet eine Schenkungsteuerpflicht** nach hier vertretener Auffassung „erst recht" **aus.** Dies ergibt sich daraus, dass die materiellen Wirkungen eines im gestaltenden Teil des Insolvenzplans vorgesehenen Forderungsverzichts mit dessen rechtskräftiger Bestätigung durch das Insolvenzgericht und damit ohne Zutun des Gesellschafters eintreten.[130]

II. Gesellschaftsrechtliche Maßnahmen

1. Steuerliche Verluste

58 Für gewöhnlich bestehen bei den Insolvenzschuldnern zu Beginn des Insolvenzverfahrens steuerliche Verlustvorträge und – abhängig vom Zeitpunkt der Insolvenzeröffnung – Verluste aus dem laufenden Geschäftsjahr. Steuerliche Verluste stellen „Steuerminderungspotential" für die Zukunft dar. Sofern das insolvenzschuldnerische Unternehmen durch einen Insolvenzplan rechtsträgererhaltend saniert wird und zukünftig Gewinne erwirtschaftet, können

125) Vgl. BMF-Schreiben v. 11.1.2022 – IV A 3 – S 0550/21/10001 :001, Tz. 24 Abs. 3, BStBl. I 2022, 116 – unter Verweis auf BFH, Urt. v. 20.7.2006 – V R 13/04, BStBl. II 2007, 22, 25, Abschn. 17.1. Abs. 5 Satz 2 UStAE.

126) R E 7.5 Abs. 11 Satz 9 ErbStR. Zur Möglichkeit von Zusatzabreden, die eine Vermögensverschiebung verhindern vgl. R E 7.5 Abs. 11 Satz 13 f. ErbStR.

127) Vgl. etwa *Kahlert/A. Schmidt*, DStR 2012, 1208; *Kahlert* in: Kübler/Bork/Prütting, HRI II, § 47 Rz. 221 f.

128) Vgl. *Fuhrmann/Potsch*, NZG 2012, 681, 685; *Kahlert/A. Schmidt*, DStR 2012, 1208, 1211; *Maile*, DB 2012, 1952, 1953; *Schulte/Petschulat*, BB 2013, 471, 474; dagegen zurückhaltend unter Verweis auf Gesetzesbegründung und Wortlaut *Viskorf/Haag*, DStR 2012, 1166, 1169, die eine Steuerbarkeit aber jedenfalls dann verneinen, wenn ein Darlehen tatsächlich wertlos war. Nach der Verwaltungsauffassung können auch Leistungen gesellschaftsfremder Dritter an die Kapitalgesellschaft grundsätzlich den Tatbestand des § 7 Abs. 8 Satz 1 ErbStG erfüllen.

129) Vgl. v. Oertzen/Loose/Stalleiken-*Loose*, ErbStG, § 7 Rz. 579. Zum Verzicht zwischen Gesellschaftern vgl. BFH, Urt. v. 19.6.2024 – II R 40/21, BStBl. II 2025, 412.

130) Vgl. bereits *Kahlert/A. Schmidt*, DStR 2012, 1208, 1211; ferner *Sonnleitner/Witfeld* in: Sonnleitner/Witfeld, Insolvenz- und Sanierungssteuerrecht, Kap. 10 Rz. 147.

die Verluste unter Berücksichtigung der sog. **Mindestbesteuerung** (§ 10d Abs. 2 EStG)[131] grundsätzlich mit Gewinnen zukünftiger Geschäftsjahre verrechnet werden (sog. **überperiodischer Verlustausgleich**). In verfahrensrechtlicher Hinsicht wird der verbleibende Verlustvortrag am Schluss des jeweiligen Veranlagungszeitraums festgestellt (vgl. § 10d Abs. 4 EStG).

Es ist allerdings im jeweiligen Einzelfall zu prüfen, ob steuerliche **Verluste** nach Durchführung der Sanierungsmaßnahmen **überhaupt noch bestehen**. Denn soweit Sanierungserträge nach § 3a Abs. 1 Satz 1 EStG steuerfrei sind, werden *insbesondere* der Verlust des Sanierungsjahr des zu sanierenden Unternehmen (vgl. § 3a Abs. 3 Satz 2 Nr. 8 EStG), der ausgleichsfähige Verlust aus allen Einkunftsarten des Veranlagungszeitraums, in dem das Sanierungsjahr endet (vgl. § 3a Abs. 3 Satz 2 Nr. 9 EStG) sowie der nach § 10d Abs. 4 EStG zum Ende des Vorjahrs gesondert festgestellte Verlustvortrag gekürzt (vgl. § 3a Abs. 3 Satz 2 Nr. 10 EStG). Es kommt also zu einer **„Wechselwirkung" zwischen § 3a EStG und steuerlichen Verlusten** dergestalt, dass der Sanierungsertrag zunächst das (gesamte) steuerliche Verlustpotential aufzehrt.[132] Das bedeutet auch, dass sich Fragen nach einem Verlusterhalt und der späteren Nutzung nur für Fälle stellen, in denen „nach" einer Anwendung von § 3a EStG auf Sanierungserträge noch Verluste „übrig" sind. Bei solchen Ausgangslagen gilt es auch im Fall von **Veränderungen in der Beteiligungsstruktur** die verbleibenden steuerlichen Verluste zu erhalten (siehe Rz. 60 f.). 59

a) Untergang von Verlusten (§ 8c Abs. 1 KStG)

Sofern nach einer Schuldenbereinigung noch Verluste „übrig" sind (siehe Rz. 59), haben diese im Falle eines (Teil-)Übernahmeszenarios (etwa Investoreneinstieg oder Veräußerung) für Erwerber einen wirtschaftlichen Wert. Falls aber innerhalb von fünf Jahren mittelbar oder unmittelbar **mehr als 50 % des gezeichneten Kapitals**, der Mitgliedschaftsrechte, der Beteiligungsrechte oder der Stimmrechte an einer Körperschaft **an einen Erwerber** oder diesem nahe stehende Personen **übertragen werden** oder ein vergleichbarer Sachverhalt vorliegt, handelt es sich steuerlich um einen sog. **schädlichen Beteiligungserwerb** nach § 8c Abs. 1 Satz 1 KStG mit der Folge eines vollständigen Verlustuntergangs. Als „ein" Erwerber gilt auch eine Gruppe von Erwerbern mit gleichgerichteten Interessen (sog. „Erwerbergruppe", vgl. § 8c Abs. 1 Satz 2 KStG). Dabei steht einer Kapitalerhöhung die Übertragung des gezeichneten Kapitals gleich, soweit sie zu einer Veränderung der Beteiligungsquoten am Kapital der Körperschaft führt (vgl. § 8c Abs. 1 Satz 3 KStG). 60

Praxishinweis

Die Regelung wird seit ihrer Einführung in **verfassungsrechtlicher** Hinsicht kritisch gesehen.[133] Der BFH hatte mit Beschluss vom 12.4.2023 in einem Einzelfall Verlustfeststellungsbescheide (KSt und GewSt) von der Vollziehung ausgesetzt, in denen Verluste nach einem schädlichen Beteiligungserwerb vom Finanzamt gekürzt wurden.[134] Die Finanzverwaltung hat mit einem sog. „Nichtanwendungserlass" reagiert.[135]

131) Das BVerfG hat § 10d Abs. 2 Satz 1 EStG i. d. F. vom 22.12.2003 und § 10a Satz 2 GewStG i. d. F. vom 23.12.2003 für verfassungskonform gehalten (Vgl. BVerfG, Beschl. v. 23.7.2025 – 2 BvL 19/14, BB 2025, 1877). Zuvor hatte der BFH dem BVerfG die Frage der Verfassungsmäßigkeit der sog. Mindestbesteuerung zur Prüfung vorgelegt (vgl. BFH, Beschl. v. 26.2.2014 – I R 59/12, BStBl. II 2014, 1016 = ZIP 2014, 70).

132) Das entspricht inhaltlich grundsätzlich der früheren Anwendung nach dem Sanierungserlass (vgl. BMF-Schreiben v. 27.3.2003 – IV A 6 – S 2140 – 8/08, Tz. 8, BStBl. I 2003, 240.

133) Es ist seit jeher umstritten, ob § 8c Abs. 1 Satz 1 KStG verfassungsgemäß ist. Das FG Hamburg hat mit Beschl. v. 29.8.2017 – 2 K 245/17, BB 2017, 2581, das BVerfG mit einer konkreten Normenkontrolle (Art. 100 GG) angerufen. Das Verfahren ist – nach wie vor – unter dem Aktenzeichen 2 BvL 19/17 beim BVerfG anhängig.

134) Vgl. BFH, Beschl. v. 12.4.2023 – I B 74/22 (AdV), LS, BB 2023, 2081.

135) Vgl. BMF v. 20.11.2024 – – IV C 2 – S 2745-a/19/10002 :009, BStBl. I 2024, 1640.

61 Wendet man § 8c Abs. 1 Satz 1 KStG an, sind die bis zum schädlichen Beteiligungserwerb nicht ausgeglichenen oder abgezogenen negativen Einkünfte (nicht genutzte Verluste) vollständig nicht mehr abziehbar. Es stellt sich daher die Frage, ob und unter welchen Voraussetzungen steuerliche Verluste im Fall von **Veränderungen in der Beteiligungsstruktur** erhalten werden können.

b) Möglichkeiten zum Erhalt von Verlusten

aa) Sanierungsklausel (§ 8c Abs. 1a KStG)

62 Eine Möglichkeit zum Erhalt von Verlusten ist die Anwendung der sog. **Sanierungsklausel** (§ 8c Abs. 1a KStG; zum fortführungsgebundenen Verlustvortrag nach § 8d KStG siehe Rz. 70 f.).[136)] Sofern der schädliche Beteiligungserwerb nämlich „zum Zweck der Sanierung des Geschäftsbetriebs" einer Körperschaft erfolgt, ist dieser unbeachtlich (d. h. die steuerlichen Verluste gehen nicht unter).[137)] Nach § 8c Abs. 1a Satz 2 KStG ist eine Sanierung eine Maßnahme, die darauf gerichtet ist, die Zahlungsunfähigkeit oder Überschuldung zu verhindern oder zu beseitigen und zugleich die wesentlichen Betriebsstrukturen zu erhalten. Seit der Entscheidung des EuGH vom 28.6.2018 ist geklärt, dass die Sanierungsklausel – entgegen eines Beschlusses der EU-Kommission[138)] – nicht als unionsrechtswidrige Beihilfe zu qualifizieren ist.[139)] Nach § 34 Abs. 6 Satz 3 KStG ist § 8c Abs. 1a KStG rückwirkend auf den Veranlagungszeitraum 2008 und auf Anteilsübertragungen nach dem 31.12.2007 anwendbar.

Praxishinweis

Für die Praxis gilt derzeit (noch) die **Verfügung der OFD Nordrhein-Westfalen vom 20.12.2018**[140)], weil sie wichtige Anhaltspunkte zur Anwendung der Sanierungsklausel (aus Verwaltungssicht) beinhaltet. Allerdings hat das BMF jüngst am 24.3.2025 den **Entwurf eines BMF-Schreibens** zur Sanierungsklausel des § 8c Abs. 1a KStG[141)] veröffentlicht, das die OFD-Verfügung nach Finalisierung „ablösen" wird. Für die Falllösung ist das finale BMF-Schreiben zugrunde zu legen, das bei Drucklegung noch nicht veröffentlicht wurde und ggf. noch Abweichungen zur Entwurfsfassung beinhalten kann.[142)]

(1) Finaler Zusammenhang zwischen Erwerb und Sanierung

63 Der Erwerb der Beteiligung muss mit der Motivation erfolgen, den Geschäftsbetrieb zu sanieren („zum Zweck der Sanierung"). Eine der Voraussetzungen von § 8c Abs. 1a KStG ist also die Sanierungsabsicht, d. h. ein **subjektives Element**. Zum Nachweis der Sanierungsabsicht ist auf objektive Umstände zurückzugreifen, wobei regelmäßig die Vorlage eines Sanierungskonzepts ausreichend sein wird. Die Sanierungsabsicht ist zu unterstellen, sofern eine der in § 8c Abs. 1a Satz 3 aufgezählten Maßnahmen zum Erhalt der wesentlichen Be-

---

136) Darüber hinaus können die sog. Stille-Reserven-Klausel (§ 8c Abs. 1 Satz 5 KStG) und ggf. die sog. Konzernklausel (§ 8c Abs. 1 Satz 4 KStG) zum (teilweisen) Erhalt von Verlusten führen.

137) Die Sanierungsklausel ist tatbestandlich an das Sanierungsprivileg i. S. des § 39 Abs. 4 Satz 2 InsO angelehnt, vgl. Beschlussempfehlung und Bericht des FA z. RegE Bürgerentlastungsgesetz Krankenversicherung, BT-Drucks. 16/13429, S. 50.

138) EU-Kommission, Beschl. 2011/527/EU v. 26.1.2011 – K(2011) 275, ABl. (EU) L 235/26 v. 10.9.2011.

139) EuGH, Urt. v. 28.6.2018 – Rs. C-203/16 P (Andres Insolvenz Heitkamp BauHolding), ABl. (EU) C 294/2 v. 20.8.2018 = ZIP 2018, 1345.

140) Vgl. OFD NRW, Vfg. v. 20.12.2018 (zuletzt aktualisiert am 22.5.2020) – S 2745 a-2015/0011-St 135, juris.

141) Vgl. BMF-Schreiben, Entwurf v. 24.3.2025 (abrufbar auf der Homepage des BMF).

142) Aus diesem Grund wird nachfolgend auf die Rz. der Entwurfsfassung des BMF-Schreibens verwiesen. Ob die Inhalte identisch sind, ist mit der finalen Fassung abzugleichen. Zu Anmerkungen hinsichtlich des BMF-Schreiben, Entwurfs s. *Witfeld*, NZI 2025, 499, 504 f.

triebsstrukturen umgesetzt wird.[143] Außerdem ist sie nach zutreffender Auffassung der Finanzverwaltung zu vermuten, wenn die Körperschaft sanierungsfähig und sanierungsbedürftig ist und die Maßnahmen geeignet sind, die Sanierung herbeizuführen (dazu sogleich). Es kommt nicht darauf an, ob die Sanierung alleiniger Zweck des Erwerbs ist.[144]

(2) Verhinderung oder Beseitigung der Zahlungsunfähigkeit oder Überschuldung

Die Gesellschaft muss **sanierungsbedürftig und sanierungsfähig** sein. Außerdem müssen die zu ergreifenden Maßnahmen objektiv geeignet sein, die Gesellschaft aus der Krise zu führen.[145] Sanierungsbedürftigkeit liegt vor, wenn hinsichtlich der zu sanierenden Gesellschaft Zahlungsunfähigkeit oder Überschuldung droht oder bereits eingetreten ist. Die Sanierungsbedürftigkeit muss zum Zeitpunkt des Beteiligungserwerbs gegeben sein; andernfalls ist der Anwendungsbereich von § 8c Abs. 1a KStG nicht eröffnet.[146] Sanierungsfähig ist die Verlustkörperschaft, wenn objektiv betrachtet die Möglichkeit besteht, die Zahlungsunfähigkeit oder Überschuldung zu verhindern oder zu beseitigen. Insofern ist auch die positive Aussicht auf Fortführung des Geschäftsbetriebs erforderlich.[147] 64

Die Maßnahmen des Erwerbers müssen objektiv dazu geeignet sein, die Sanierung auch tatsächlich herbeizuführen, wobei der Sanierungserfolg nicht tatsächlich eintreten muss.[148] Um als **sanierungsgeeignet** angesehen werden zu können, muss die Maßnahme mit dem Erwerb im sachlichen und zeitlichen Zusammenhang stehen. Seitens der Finanzverwaltung wird die Vermutung aufgestellt, dass nur Sanierungsmaßnahmen innerhalb eines Jahres nach dem (schädlichem) Beteiligungserwerb einen Erwerb zum Zweck der Sanierung darstellen.[149] Die Körperschaft trägt die **objektive Beweislast** für das Vorliegen der Sanierungsvoraussetzungen. Zum Nachweis eignet sich grundsätzlich ein Sanierungsplan, der den Anforderungen eines Gutachtens nach IDW S 6 genügt; zwingend ist dieser aber nicht.[150] Im Fall eines Insolvenzplans (§§ 217 ff. InsO) geht die Finanzverwaltung richtigerweise davon aus, dass dieser als Nachweis ausreichend ist, jedenfalls sofern der Beteiligungserwerb eine Teilmaßnahme des Sanierungsplans ist.[151] 65

(3) Erhaltung der wesentlichen Betriebsstrukturen

Kernaussage von § 8c Abs. 1a Satz 2 f. KStG ist, dass sich die Verlustgesellschaft die „Rettung" der Verluste durch die Erhaltung der wesentlichen Betriebsstrukturen verdienen muss. Die Erhaltung wesentlicher Betriebsstrukturen setzt voraus, dass **mindestens eine** 66

143) Vgl. Herrmann/Heuer/Raupach-*Suchanek*, EStG/KStG, § 8c KStG Rz. 74 (Stand: 11/2021).
144) Vgl. BMF-Schreiben, Entwurf v. 24.3.2025, Rz. 6.
145) Vgl. etwa Rödder/Herlinghaus/Neumann-*Grave*, KStG, § 8c Rz. 311.
146) Vgl. Rödder/Herlinghaus/Neumann-*Grave*, KStG, § 8c Rz. 312, 314 m. w. N.; ferner BMF-Schreiben, Entwurf v. 24.3.2025, Rz. 10 ff.
147) Vgl. Rödder/Herlinghaus/Neumann-*Grave*, KStG, § 8c Rz. 317.
148) Vgl. OFD NRW, Vfg. v. 20.12.2018 (zuletzt aktualisiert am 22.5.2020) – S 2745 a-2015/0011-St 135, Tz. 5 f., juris; BMF-Schreiben, Entwurf v. 24.3.2025, Rz. 2.
149) Vgl. OFD NRW, Vfg. v. 20.12.2018 (zuletzt aktualisiert am 22.5.2020) – S 2745 a-2015/0011-St 135, Tz. 7, juris; BMF-Schreiben, Entwurf v. 24.3.2025, Rz. 15.
150) Vgl. OFD NRW, Vfg. v. 20.12.2018 (zuletzt aktualisiert am 22.5.2020) – S 2745 a-2015/0011-St 135, Tz. 5, juris; Vgl. BMF-Schreiben, Entwurf v. 24.3.2025, Rz. 9.
151) Vgl. BMF-Schreiben, Entwurf v. 24.3.2025, Rz. 8.

der drei abschließend aufgezählten **Voraussetzungen** von § 8c Abs. 1a Satz 3 KStG erfüllt ist,[152] d. h. dass

- Die Körperschaft eine geschlossene Betriebsvereinbarung (insb. Tarifvertrag, Sozialplan) mit einer Arbeitsplatzregelung befolgt, oder
- die maßgebende Lohnsumme nicht unterschritten wird, oder
- der Körperschaft innerhalb von zwölf Monaten nach dem Beteiligungserwerb durch Einlagen Betriebsvermögen in einer gesetzlich bestimmten Mindesthöhe zugeführt werden (mindestens 25 % des in der Steuerbilanz zum Schluss des dem Beteiligungserwerb vorangegangenen Wirtschaftsjahres enthaltenen Aktivvermögens zu Buchwerten).[153]

67 Die Erhaltung der wesentlichen Betriebsstrukturen muss auch in der **Zeit nach dem (schädlichen) Beteiligungserwerb** „beibehalten" bleiben. Erfüllt die Körperschaft keinen Tatbestand nach § 8c Abs. 1a Satz 3 KStG mehr, liegt ein rückwirkendes Ereignis nach § 175 Abs. 1 Satz 1 Nr. 2 AO vor mit der Folge, dass die grundsätzlich erhaltenen Verluste rückwirkend entfallen. Welche inhaltlichen Anforderungen an das zukünftige Verhalten des Steuerpflichtigen zu stellen sind, richtet sich nach dem jeweiligen Tatbestand (siehe Spiegelstriche 1–3 oben).[154]

(4) Kein Ausschluss von der Sanierungsklausel

68 Gemäß § 8c Abs. 1a Satz 4 KStG liegt keine Sanierung vor, wenn die Gesellschaft ihren Geschäftsbetrieb im Zeitpunkt des schädlichen Beteiligungserwerbs bereits im Wesentlichen **eingestellt** hatte. Ob eine „Einstellung im Wesentlichen" gegeben ist, ist **einzelfallbezogen** zu prüfen,[155] was Gestaltungs- und Argumentationsspielräume eröffnet.[156]

69 Außerdem liegt keine Sanierung vor, sofern innerhalb von fünf Jahren nach dem Beteiligungserwerb ein **Branchenwechsel** erfolgt. Die bis zum schädlichen Beteiligungserwerb nicht genutzten Verluste gehen in diesem Fall – sofern vor dem Branchenwechsel von einem Anwendungsfall der Sanierungsklausel ausgegangen worden ist – rückwirkend unter (§ 175 Abs. 1 Satz 1 Nr. 2 AO).[157] Ein sanierungsschädlicher Branchenwechsel ist anzunehmen, wenn die Gesellschaft ihre bisherige werbende Tätigkeit nach dem Beteiligungserwerb einstellt und anschließend unter Einsatz von anderen personellen und sachlichen Ressourcen eine neue werbende Tätigkeit aufnimmt.[158] Sofern es aber im Zusammenhang mit der Sanierung bloß zu – auch tiefgreifenden – Veränderungen in der Art der werbenden Tätig-

152) Vgl. OFD NRW, Vfg. v. 20.12.2018 (zuletzt aktualisiert am 22.5.2020) – S 2745 a-2015/0011-St 135, Tz. 12, juris; BMF-Schreiben, Entwurf v. 24.3.2025, Rz. 21. Eine anderweitige Tatbestandsverwirklichung ist ausgeschlossen. Vgl. auch *R. Neumann/Stimpel*, Der Konzern 2009, 409, 412; *Suchanek/Herbst*, Ubg 2009, 525, 529; Herrmann/Heuer/Raupach-*Suchanek*, EStG/KStG, § 8c KStG Rz. 81 (Stand: 11/2021).

153) Wegen der vielfältigen Einzelheiten zu den Alternativen vgl. etwa ausführlich BMF-Schreiben, Entwurf v. 24.3.2025, Rz. 23 ff.; OFD NRW, Vfg. v. 20.12.2018 (zuletzt aktualisiert am 22.5.2020) – S 2745 a-2015/0011-St 135, Tz. 13 ff., juris; Herrmann/Heuer/Raupach-*Suchanek*, EStG/KStG, § 8c KStG Rz. 82 ff. m. w. N. (Stand: 11/2021); *Witfeld/Sonnleitner* in: Sonnleitner/Witfeld, Insolvenz- und Sanierungssteuerrecht, Kap. 10 Rz. 109 ff.

154) Zu den Details vgl. BMF-Schreiben, Entwurf v. 24.3.2025, Rz. 57 ff.

155) Vgl. OFD NRW, Vfg. v. 20.12.2018 (zuletzt aktualisiert am 22.5.2020) – S 2745 a-2015/0011-St 135, Tz. 31, juris; nach dem BMF-Schreiben, Entwurf v. 24.3.2025, Rz. 77, kann etwa von der Einstellung des Geschäftsbetriebs grundsätzlich ausgegangen werden, wenn sich der Umsatz im Vergleich zur bisherigen Tätigkeit um mehr als 90 % reduziert.

156) Vgl. Rödder/Herlinghaus/Neumann-*Grave*, KStG, § 8c Rz. 367.

157) Vgl. OFD NRW, Vfg. v. 20.12.2018 (zuletzt aktualisiert am 22.5.2020) – S 2745 a-2015/0011-St 135, Tz. 32, juris; BMF-Schreiben, Entwurf v. 24.3.2025, Rz. 75.

158) Vgl. Herrmann/Heuer/Raupach-*Suchanek*, EStG/KStG, § 8c KStG Rz. 94 m. w. N. (Stand: 11/2021).

keit kommt, die Tätigkeit aber ihrem Grunde nach fortgesetzt wird, ist ein (schädlicher) Branchenwechsel ausgeschlossen.[159] Demgemäß stellt ein Strukturwandel keinen schädlichen Branchenwechsel dar.[160]

bb) Fortführungsgebundener Verlustvortrag (§ 8d KStG)

§ 8d KStG sieht mit dem fortführungsgebundenen Verlustvortrag eine weitere Möglichkeit (u. a. neben § 8c Abs. 1a KStG, siehe oben Rz. 62 ff.) vor, steuerliche Verluste zu erhalten. Nach § 8d Abs. 1 Satz 1 KStG gehen die Verluste im Falle eines schädlichen Beteiligungserwerbs (siehe Rz. 60) nicht unter, wenn die Gesellschaft seit ihrer Gründung oder zumindest seit dem Beginn des dritten Veranlagungszeitraums vor dem Veranlagungszeitraum des Beteiligungserwerbs, ausschließlich **denselben Geschäftsbetrieb** unterhält. Außerdem darf in diesem Zeitraum bis zum Schluss des Veranlagungszeitraums des schädlichen Beteiligungserwerbs kein sog. „schädliches Ereignis" i. S. von § 8d Abs. 2 KStG stattgefunden haben. Es kommt allerdings nicht zum Verlusterhalt in Form eines fortführungsgebundenen Verlustvortrags, 70

- für Verluste aus der Zeit vor einer Einstellung oder Ruhendstellung des Geschäftsbetriebs oder
- wenn die Körperschaft zu Beginn des dritten Veranlagungszeitraums vor dem Veranlagungszeitraum des Beteiligungserwerbs Organträger oder an einer Mitunternehmerschaft beteiligt ist (vgl. § 8d Abs. 1 Satz 1 KStG).

Die Einzelheiten sind vielschichtig und i. E. umstritten. Für die Durchführung von Sanierungen ist u. a. von Relevanz, dass – auch nur kurzfristige – Veränderungen im Betriebsablauf (insbesondere Einstellung und Ruhendstellung des Geschäftsbetriebs, Veränderung des Zwecks des Geschäftsbetriebs, vgl. die schädlichen Ereignisse in § 8d Abs. 2 KStG) die Erlangung eines fortführungsgebundenen Verlustvortrags ausschließen können. Daher sollte in passenden Fällen möglichst frühzeitig § 8d KStG in den Sanierungsprozess einbezogen werden. 71

Die Anwendung von § 8d KStG setzt insbesondere voraus, dass die Körperschaft sowohl vor als auch nach dem schädlichen Beteiligungserwerb **„denselben Geschäftsbetrieb"** unterhält und dieser nicht eingestellt wurde bzw. wird. Die Finanzverwaltung hat **mit BMF-Schreiben vom 18.3.2021**[161] ausführlich zum fortführungsgebundenen Verlustvortrag nach § 8d KStG Stellung genommen hat. Das BMF-Schreiben enthält auch Erläuterungen zur Definition des Geschäftsbetriebs (§ 8d Abs. 1 Satz 3 f. KStG) und hält u. a. fest, dass der „wesentliche Kern der Betätigung" maßgeblich sei und es bedingt durch das jeweilige Geschäftsmodell auch zu unschädlichen Veränderungen der qualitativen Merkmale kommen könne. Im Einzelnen bestehen zwar – nach wie vor – Abgrenzungsschwierigkeiten. Das BMF-Schreiben gibt aber wertvolle Hinweise zur Verwaltungssicht. Von Relevanz ist insofern auch, dass die Finanzverwaltung die Anwendung von § 8d KStG insgesamt versagt, wenn die Körperschaft über **mehrere Geschäftsbetriebe** verfügt. Insofern wird in der Praxis versucht, mittels einer weiten Auslegung auch in „kritischen" Sachverhalten von „lediglich" einem (einzigen) Geschäftsbetrieb auszugehen. 72

159) Vgl. Rödder/Herlinghaus/Neumann-*Grave*, KStG, § 8c Rz. 371 m. w. N.

160) BMF-Schreiben, Entwurf v. 24.3.2025, Rz. 80, unter Verweis auf die Maßgaben in Rz. 32 des BMF-Schreibens v. 18.3.2021 – IV C 2 – S 2745-b/19/10002 :002, BStBl. I 2021, 363 – zu § 8d KStG.

161) Vgl. BMF-Schreiben v. 18.3.2021 – IV C 2 – S 2745-b/19/10002 :002, BStBl. I 2021, 363.

> **Praxishinweis**
>
> Darüber hinaus ist es in Sanierungsszenarien nicht ausgeschlossen, Veränderungen am betrieblichen Organismus vorzunehmen, sofern sie nicht zu einer Veränderung des Geschäftsmodells in erheblichem Ausmaß führen. Die Einholung einer verbindlichen Auskunft (siehe Rz. 98 ff.) ist zur Erlangung steuerlicher Planungssicherheit stets zu erwägen.

2. Debt-Equity-Swap

73 Im Falle eines Debt-Equity-Swaps werden die Gläubigerforderungen in Anteils- oder Mitgliedschaftsrechte an der Schuldnergesellschaft umgewandelt. Typischerweise erfolgt die Umwandlung von Fremd- in Eigenkapital im Wege einer Kapitalerhöhung (ggf. nach vorangegangener Kapitalherabsetzung) bei anschließender Einlage der Forderung in die Schuldnergesellschaft. § 225a Abs. 2 Satz 1 InsO sieht ausdrücklich vor, dass ein Debt-Equity-Swap auch durch einen **Insolvenzplan** erfolgen kann.

74 In steuerlicher Hinsicht handelt es sich um einen **tauschähnlichen Vorgang.**[162] Die steuerlichen Wirkungen auf Ebene der Schuldnergesellschaft hängen davon ab, inwieweit die eingelegte Forderung **werthaltig** war.

- Der werthaltige Teil der Forderung ist bei der Schuldnergesellschaft im Ergebnis erfolgsneutral, da der durch den Untergang der Verbindlichkeit (Konfusion, ggf. Erlassvertrag) bei der Schuldnergesellschaft ausgelöste Buchgewinn insoweit außerbilanziell zu kürzen ist (vgl. § 8 Abs. 3 Satz 3 KStG – verdeckte Einlage).
- Der nicht werthaltige Teil ist dagegen bei der Schuldnergesellschaft erfolgswirksam und führt damit grundsätzlich zu einem steuerpflichtigen Gewinn.

75 Unter Geltung des Sanierungserlasses vertrat die Finanzverwaltung die Auffassung, dass Fälle von Debt-Equity-Swaps i. R. eines Insolvenzplanverfahrens (vgl. § 225a Abs. 2 Satz 1 InsO) als steuerfreier Sanierungsgewinn behandelt werden können.[163] Die ganz herrschende Literatur folgt dem auch unter Geltung von § 3a EStG und vertritt, dass es sich um einen privilegierten Schuldenerlass handelt, soweit mit dem Erlöschen der Verbindlichkeit aus einer nicht mehr werthaltigen Forderung beim Schuldnerunternehmen ein Ertrag entsteht.[164] Hierbei wird nicht immer danach unterschieden, ob die Verbindlichkeit wegen eingetretener Konfusion nach Abtretung der Forderung an das Schuldnerunternehmen (§ 398 BGB) oder auf Grundlage eines Erlassvertrags (§ 397 BGB) beim Schuldnerunternehmen auszubuchen ist. Nach der Gesetzesbegründung des Bundesrates zu § 3a EStG liegt ein **Konfusionsgewinn** außerhalb des Anwendungsbereichs der Vorschrift.[165] Daher dürfte es dem Willen des Gesetzgebers entsprechen, sog. Konfusionsgewinne nicht als (steuer-

162) Vgl. etwa *Herzig/Liekenbrock*, Ubg 2013, 313, 322.

163) Vgl. OFD Frankfurt/M., Vfg. v. 24.1.2018 – S 2140 A-4-St 213, FMNR087310018, unter „Gewinne aus Dept-to-Equity-Swap-Gestaltungen", wobei die Finanzverwaltung wohl von einem Debt-Equity-Swap ausgeht, der nicht zu einem Konfusionsgewinn führt, sondern bei dem die Verbindlichkeit erlassen wird, vgl. stellvertretend OFD Frankfurt/M., Vfg. v. 24.1.2018 – S 2140 A-4-St 213, FMNR087310018 – „Sachkapitalerhöhung in Form eines Schuldenerlasses".

164) *Bleschick* in: BeckOK-EStG, § 3a Rz. 202; *Eilers/Schwahn*, Sanierungssteuerrecht, Rz. 3.93; *Jagolski*, Materiell-rechtliche und gleichheitsrechtliche Aspekte der steuerlichen Begünstigung von Sanierungserträgen gemäß § 3a EStG, S. 179; *Kahlert* in: Kübler/Bork/Prütting, HRI II, § 47 Rz. 200 f.; L. Schmidt-*Levedag*, EStG, § 3a Rz. 16; Brandis/Heuermann-*Krumm*, EStG, § 3a Rz. 20; Kirchhof/Seer-*Seer*, EStG, § 3a Rz. 29; Herrmann/Heuer/Raupach-*Hallerbach*, EStG/KStG, § 3a Rz. 13; Kanzler/Kraft/Bäuml/-Marx/Hechtner-*Kanzler*, EStG, § 3a Rz. 85 – „Umwandlung einer Gläubigerforderung"; *Desens*, FR 2017, 981, 983; *Sistermann/Beutel*, DStR 2017, 1065, 1066.

165) Vgl. Stellungnahme d. BRat z. RegE Gesetz gegen schädliche Steuerpraktiken im Zusammenhang mit Rechteüberlassungen, v. 10.3.2017, BR-Drucks. 59/17 (B), S. 15, mit Verweis auf BFH, Urt. v. 14.10.1987 – I R 381/83, BFH/NV 1989, 141. In Beschlussempfehlung und Bericht d. FA z. Gesetz gegen schädliche Steuerpraktiken, BT-Drucks. 18/12128, findet sich die Aussage zu Konfusionsgewinnen nicht (mehr).

freie) Sanierungserträge zu qualifizieren. Das dürfte inhaltsgleich mit der Auffassung der Finanzverwaltung sein.[166] Steuersystematisch nachvollziehbar ist das nicht, weil § 3a EStG m. E. jeden bilanzsteuerrechtlichen Buchgewinn erfassen sollte, ungeachtet aus welchem zivilrechtlichen Rechtsgrund dieser resultiert.

Praxishinweis

Rechtsprechung oder ein BMF-Schreiben liegen derzeit nicht vor; insofern besteht also gewisse Rechtsunsicherheit. In der Praxis sollten Debt-Equity-Swaps aus steuerlicher Sicht bis zur Klärung der skizzierten Rechtsfrage grundsätzlich so ausgestaltet werden, dass das Erlöschen der Verbindlichkeit auf einen Erlass zurückgeht.

3. Umwandlungen

In einem Insolvenzplan können auch Maßnahmen nach dem UmwG geregelt werden, die ggf. dem UmwStG unterliegen (u. a. Spaltungen nach § 15 UmwStG und Einbringungen/Ausgliederungen nach § 20 UmwStG). Ob und inwieweit die Maßnahmen steuerneutral durchgeführt werden können, ist in Abhängigkeit der Umwandlungsmaßnahmen in steuerlicher Hinsicht zu prüfen. Bei der Analyse der Optionen ist nicht nur zu berücksichtigen, die neue Struktur möglichst steuerneutral zu etablieren. Es sollte auch mit Blick auf etwaige zukünftige Umstrukturierungen beachtet werden, dass Maßnahmen zum Teil auch zu **steuerlichen Sperrfristen** führen, deren Verletzung Steuertatbestände auslösen (vgl. etwa § 15 UmwStG (Spaltung): fünf Jahre (sog. Nachspaltungsveräußerungssperre), § 22 UmwStG (Einbringung): sieben Jahre mit ratierlicher „Abschmelzregelung" für jedes seit dem Einbringungszeitpunkt abgelaufene Zeitjahr, vgl. § 22 Abs. 1 Satz 3 UmwStG). Auch ein späteres bewusstes „Auslösen" von Sperrfristen kann steuerplanerisch ggf. Sinn ergeben. 76

III. Verfahrensrechtliche Aspekte

1. Geltendmachung von Steuerforderungen durch das Finanzamt

a) Vorab: Rechnungslegung

Die Körperschaftsteuer ist eine sog. Jahressteuer, der Veranlagungszeitraum ist jeweils das Kalenderjahr, vgl. § 7 Abs. 3 Satz 1 und Satz 2 KStG. Entsprechendes gilt über § 14 Satz 2 GewStG für die Gewerbesteuer.[167] Mit der Eröffnung des Insolvenzverfahrens beginnt handelsrechtlich ein neues (zwölfmonatiges) Geschäftsjahr (vgl. § 155 Abs. 2 Satz 1 InsO, etwa am 1.7.).[168] Es kommt also zur Bildung eines *ersten* Rumpf-Geschäftsjahres für die Zeit vom Beginn des Wirtschaftsjahres bis zur Insolvenzeröffnung (etwa 1.1.–30.6.).[169] Dies muss in steuerlicher Hinsicht nach § 4a Abs. 1 Satz 2 Nr. 2 Satz 2 EStG bzw. § 7 Abs. 4 Satz 3 KStG im **Einvernehmen** mit dem Finanzamt erfolgen. Eine Nichterteilung des Einvernehmens im Falle der Insolvenzeröffnung ist nach der Gesetzesbegründung in der Regel 77

166) Vgl. *Kontny* in: Kontny/Schwahn, StBJb 2020/2021, S. 669, 690.

167) Zu den Besonderheiten der Gewerbesteuer in der Insolvenz vgl. im Allg. Wendt/Suchanek/Möllmann/-Heinemann-*Schulze*, GewStG, Anh. 2 – Gewerbesteuer bei Insolvenz; u. a. Wendt/Suchanek/Möllmann/-Heinemann-*Schulze*, GewStG, Rz. 20 ff. – zum besonderen Ermittlungszeitraum nach § 16 GewStDV.

168) Ausführlich zu Rechnungslegungspflichten *Sonnleitner* in: Sonnleitner/Witfeld, Insolvenz- und Sanierungssteuerrecht, Kap. 8 Rz. 1 ff.

169) Vgl. auch IDW Rechnungslegungshinweis, Externe (handelsrechtliche) Rechnungslegung im Insolvenzverfahren (RH HFA 1.012), Stand: 6.12.2018, IDW Life 1/2019, 74 f., Rz. 12. Zu einem Rumpf-Wirtschaftsjahr kommt es nur dann, wenn es weniger als zwölf Monate hat, also insbesondere im Regelfall des kalenderjahrgleichen Wirtschaftsjahres (1.1.–31.12.) bei einer unterjährigen Insolvenzeröffnung (etwa 1.7.).

ermessensgerecht.[170] Nach Auffassung des IDW ist das Einvernehmen des Finanzamts sogar nicht erforderlich.[171]

78 Regelmäßig kommt es zur Bildung eines *zweiten* Rumpf-Wirtschaftsjahres. Insofern ist umstritten, ob eine **„Rückkehr" zum satzungsmäßigen Geschäftsjahr** (häufig 1.1.–31.12.) automatisch[172] erfolgt oder ob es dafür eines Hauptversammlungs- oder Gesellschafterbeschlusses bedarf und somit letztlich ein Wahlrecht[173] besteht. Nach Auffassung des IDW greift bei Unternehmensfortführungen automatisch wieder die Regelung der Satzung, sodass es zu einer Rückkehr zum ursprünglichen Geschäftsjahr kommt.[174] In diesem Fall ist ein zweites Rumpf-Geschäftsjahr für die Zeit von der Insolvenzeröffnung bis zum Ablauf des satzungsmäßigen Geschäftsjahres zu bilden (1.7.–31.12.). Sofern das satzungsmäßige Geschäftsjahr mit dem Kalenderjahr übereinstimmt, wird insofern – abweichend von § 4a Abs. 1 Satz 2 Nr. 2 Satz 2 EStG bzw. § 7 Abs. 4 Satz 3 KStG – die Zustimmung des Finanzamts als entbehrlich beurteilt.[175]

79 Gegebenenfalls kommt es bei Fortführung des Unternehmens auch zur Bildung *eines dritten* Rumpf-Wirtschaftsjahres. Das kommt in Insolvenzplanverfahren (in Eigenverwaltung) in Betracht, wenn sowohl die Eröffnung als auch die Aufhebung des Insolvenzverfahrens in demselben Kalenderjahr erfolgt und die Phase des eröffneten Verfahrens ein zweites Rumpf-Wirtschaftsjahr bildet (in Fortführung des beispielhaft genannten Daten etwa ein Insolvenzverfahren im Zeitraum 1.7.–31.10.).[176] Das dritte Rumpf-Wirtschaftsjahr beginnt in diesem Fall am 1.11. und endet mit Ablauf des satzungsmäßigen Geschäftsjahres (in der Regel am 31.12.).[177]

b) Im Rahmen des (laufenden) Insolvenzverfahrens

80 Mit der Insolvenzeröffnung verliert der Insolvenzschuldner im Regelverfahren (auch) in steuerlicher Hinsicht die Verwaltungs- und Verfügungsbefugnis über sein Vermögen; diese geht auf den Insolvenzverwalter über (vgl. § 80 Abs. 1 InsO). Mit der Eröffnung des Insolvenzverfahrens gehen daher auch sämtliche steuerlichen Rechte und Pflichten auf den Insolvenzverwalter über (vgl. §§ 34, 35 AO). Anders ist das zu beurteilen, falls das Insolvenzgericht die Eigenverwaltung (§§ 270 ff. InsO) anordnet. In diesem Fall verbleiben die steuerlichen Rechte und Pflichten grundsätzlich beim Insolvenzschuldner. Auf die Entstehung von Ansprüchen aus dem Steuerschuldverhältnis (§§ 37 f. AO) hat die Insolvenzeröffnung zunächst keine Auswirkungen. Demgegenüber richtet sich deren Geltendmachung und Durchsetzung fortan nach den Vorschriften der InsO (vgl. § 251 Abs. 2 Satz 1 AO).

---

170) Vgl. Begr. RegE InsO, BT-Drucks. 12/2443, S. 172 re.Sp.

171) Vgl. IDW Rechnungslegungshinweis, Externe (handelsrechtliche) Rechnungslegung im Insolvenzverfahren (RH HFA 1.012), Stand: 6.12.2018, IDW Life 1/2019, 74 f., Rz. 25.

172) *Kübler* in: KPB, InsO, § 155 Rz. 28 m. w. N.

173) *Jaffe* in: MünchKomm-InsO, § 155 Rz. 18.

174) Vgl. IDW Rechnungslegungshinweis, Externe (handelsrechtliche) Rechnungslegung im Insolvenzverfahren (RH HFA 1.012), Stand: 6.12.2018, IDW Life 1/2019, 74 f., Rz. 11; vgl. aber BGH, Beschl. v. 14.10.2014 – II ZB 20/13, Rz. 18, ZIP 2015, 88, offengelassen, ob Gesellschafterbeschluss bei Fortführung des Unternehmens erforderlich ist, um zur satzungsmäßigen Regelung zurückzukehren.

175) *v. Bodungen* in: BeckOK-InsO, § 155 Rz. 35.

176) Vgl. IDW Rechnungslegungshinweis, Externe (handelsrechtliche) Rechnungslegung im Insolvenzverfahren (RH HFA 1.012), Stand: 6.12.2018, IDW Life 1/2019, 74 f., Rz. 26 ff.

177) Vgl. IDW Rechnungslegungshinweis, Externe (handelsrechtliche) Rechnungslegung im Insolvenzverfahren (RH HFA 1.012), Stand: 6.12.2018, IDW Life 1/2019, 74 f., Rz. 50 i. V. m. Rz. 11. Offengelassen allerdings von BGH, Beschl. v. 14.10.2014 – II ZB 20/13, Rz. 18, ZIP 2015, 88, wonach auch das Erfordernis eines Gesellschafterbeschlusses in Betracht kommen soll, um zum satzungsmäßigen Geschäftsjahr zurückzukehren.

Praxishinweis

In der Praxis ist der **AEAO zu § 251 (Verwaltungsvorschrift)**[178] für verfahrensrechtliche Fragen auf dem Gebiet des Insolvenzsteuerrechts eine wichtige Erkenntnisquelle.

aa) Insolvenzforderungen

81 Im Zeitraum von der Eröffnung bis zur Aufhebung des Insolvenzverfahrens darf das Finanzamt keine (belastenden) Steuerbescheide über Steuerforderungen erlassen, die als **Insolvenzforderung** (**§ 38 InsO**) zu qualifizieren sind. Für die Abgrenzung zwischen Insolvenzforderungen und Masseverbindlichkeiten stellt die (sehr kasuistische) Rechtsprechung des BFH im Wesentlichen darauf ab, ob und wann ein Besteuerungstatbestand seiner Art und Höhe nach verwirklicht und damit insolvenzrechtlich begründet ist, was sich ausschließlich nach steuerrechtlichen Grundsätzen richtet.[179] Welche Anforderungen i. E. an die vollständige Tatbestandsverwirklichung zu stellen sind, richtet sich nach den jeweiligen Vorschriften des Steuerrechts, nicht aber nach dem Insolvenzrecht.[180] Für die **Abgrenzung im Einzelfall** ist die jeweilige Steuerart und die jeweilige steuerliche Gewinnermittlung für die insolvenzsteuerrechtliche Qualifikation der Steuerschuld entscheidend. Auf die Entstehung oder die Fälligkeit der Steuerforderung kommt es ebenso wenig an wie auf den Erlass eines Steuerbescheids. Im Allgemeinen führt die Rechtsprechung des BFH dazu, dass Insolvenzforderungen vermehrt zu Masseverbindlichkeiten zugunsten des Fiskus aufgewertet werden.[181]

82 Die Insolvenzeröffnung führt zur Unterbrechung des Steuerfestsetzungsverfahrens, § 240 ZPO analog.[182] Damit einher geht, dass die Finanzämter Ansprüche aus dem Steuerschuldverhältnis weder selbst titulieren noch vollstrecken dürfen (vgl. §§ 87, 89 InsO). Falls das Finanzamt gleichwohl einen belastenden **Steuerbescheid** erlässt, ist dieser gemäß §§ 125 Abs. 1, 124 Abs. 3 AO **nichtig**.[183] Das Finanzamt hat Steuerforderungen – entsprechend jedem anderen privaten oder öffentlich-rechtlichen Gläubiger – zur Insolvenztabelle anzumelden, was regelmäßig unter Verwendung von (informatorischen) **Berechnungsmitteilungen** erfolgt. Steuerschulden, die insolvenzsteuerrechtlich als Insolvenzforderungen zu qualifizieren sind, nehmen an den **Planwirkungen** teil. Das gilt auch für entsprechende Änderungsbescheide zulasten des Insolvenzschuldners. Zur Beseitigung eines etwaigen

---

178) Verwaltungsvorschriften binden (lediglich) die Finanzverwaltung (sog. Grundsatz der Selbstbindung der Verwaltung, vgl. Art. 3 Abs. 1 GG). Gerichte sind an Verwaltungsvorschriften dagegen nicht gebunden. Sofern die Finanzverwaltung zum Nachteil des Steuerpflichtigen eine rechtlich unzutreffende Verwaltungsvorschrift anwendet, ist gerichtlicher Rechtsschutz möglich und geboten.

179) Vgl. exemplarisch für die Einkommensteuer BFH, Urt. v. 16.5.2013 – IV R 23/11, BStBl. II 2013, 759 = juris, Rz. 19. Der BGH stellt dagegen – anders als die Rspr. des BFH – zu Recht darauf ab, wann die schuldrechtliche Grundlage des Anspruchs gelegt ist. Das war in der Praxis lange Zeit gleichbedeutend damit, wann der Lebenssachverhalt („die Besteuerungsgrundlage"), der zur Entstehung des Steueranspruchs führte, verwirklicht wurde (vgl. *Witfeld* in: Mohrbutter/Ringstmeier/Meyer, Hdb. Insolvenzverwaltung, Kap. 31 Rz. 3 f.).

180) Vgl. exemplarisch für die Umsatzsteuer BFH, Urt. v. 9.12.2010 – V R 22/10, Rz. 18, BStBl. II 2011, 996 (sog. „Dezember-Rspr.").

181) Die Rspr. des BFH ist größtenteils abzulehnen. Das gilt insbesondere für die Rspr. des BFH zur Umsatzsteuer in der Insolvenz, die zu einem durch Rechtsfortbildung eingeführten Fiskusprivileg führt, vgl. näher *Sonnleitner* in: Sonnleitner/Witfeld, Insolvenz- und Sanierungssteuerrecht, Kap. 5 Rz. 20 ff.

182) AEAO zu § 251, Tz. 4.1.2 Abs. 1.

183) BFH, Urt. v. 2.7.1997 – I R 11/97, BStBl. II 1998, 428; BFH, Urt. v. 18.12.2002 – I R 33/01, BStBl. II 2003, 630; BFH, Urt. v. 24.8.2004 – VIII R 14/02, BStBl. II 2005, 246; BFH. Urt. v. 10.10.2008 – I R 41/07, BFH/NV 2009, 719. Aus der Literatur etwa Tipke/Kruse-*Loose*, AO/FGO, § 251 AO Rz. 44; Hübschmann/Hepp/Spitaler-*Rozek*, AO/FGO, § 125 AO Rz. 66.

Rechtsscheins kann die Feststellung der Nichtigkeit gemäß § 125 Abs. 5 AO beantragt oder eine Nichtigkeitsfeststellungsklage gemäß § 41 FGO vor dem FG erhoben werden.

83 Wird einer Forderung **widersprochen**, kommt es nach § 178 Abs. 1 Satz 1 InsO nicht zur Feststellung der Forderung zur Tabelle.[184] Sodann ist entscheidend, ob für die jeweilige Steuerforderung bereits vor der Insolvenzeröffnung ein Bescheid erlassen worden ist, es sich mithin um eine (i) noch nicht oder (ii) bereits titulierte Steuerforderung handelt, die womöglich (iii) durch Ablauf der Einspruchsfrist formell oder unabhängig davon materiell bestandskräftig ist. Die erforderlichen Schritte richten sich nach dem jeweiligen Verfahrensstadium und dem Begehren des Bestreitenden.[185] Sofern bislang kein Steuerbescheid vorliegt, muss das Finanzamt im Bestreitensfall analog §§ 179, 185 InsO die Steuerforderung mittels Feststellungsbescheid nach § 251 Abs. 3 AO verfolgen, um die Forderungsfeststellung erreichen zu können.

84 Ungeachtet dessen ist der **Erlass von nicht belastenden Steuerbescheiden** (Erstattungen, Steuermessbeträgen, Nullbescheiden) zulässig. Entscheidend ist, dass den Bescheiden die abstrakte Eignung fehlt, sich auf anzumeldende Steuerforderungen im Rang des § 38 InsO auszuwirken (z. B. über einen Verlustvortrag nach § 10d EStG).[186] Letztlich kommt es i. R. der Abgrenzung darauf an, ob das Leistungsgebot im Steuerbescheid (vgl. § 254 Abs. 1 Satz 1 AO) eine Zahllast beinhaltet.[187]

bb) Masseverbindlichkeiten

85 Soweit Steuerforderungen als Masseverbindlichkeiten zu qualifizieren sind (vgl. § 55 Abs. 1, Abs. 2, Abs. 4 InsO), kann die Finanzverwaltung diese i. R. des laufenden Insolvenzverfahrens durch Steuerbescheid geltend machen. Die entsprechenden Steuerlasten sind i. R. der üblichen Fälligkeiten zu entrichten. Als **Rechtsbehelf** stehen der Einspruch und ggf. die Klage zur Verfügung. Das gilt nicht nur in den Fällen, in denen Einwendungen gegen die Höhe der Steuer (materielles Steuerrecht) geltend gemacht werden, sondern auch dann, wenn die von der Finanzverwaltung vorgenommene insolvenzsteuerrechtliche Qualifikation als Masseverbindlichkeit (und nicht als Insolvenzforderung nach § 38 InsO) unzutreffend ist.

86 Der Gesetzgeber hat das **in § 55 Abs. 4 InsO** geregelte Fiskusprivileg[188] für das vorläufige Insolvenzverfahren durch das SanInsFoG mit Wirkung vom 1.1.2021[189] dahingehend modifiziert,[190] dass steuerliche Masseverbindlichkeiten nunmehr (i) auch im vorläufigen Eigenverwaltungsverfahren begründet werden („zeitlicher Anwendungsbereich), sich (ii) die masseverbindlichkeitsbegründende Wirkung indes „nur" noch auf die enumerativ in § 55 Abs. 4 Satz 1 (Umsatzsteuer) und Satz 2 Nr. 1 bis 4 InsO (sonstige Ein- und Ausfuhrabgaben, bundesgesetzlich geregelte Verbrauchsteuern, die Luftverkehr- und die Kraftfahrzeugsteuer und die Lohnsteuer) aufgezählten Steuerarten bezieht („sachlicher Anwendungs-

184) Einen Überblick über die Anmeldung und Prüfung von Forderungen im Insolvenzverfahren aus Verwaltungssicht gibt der Erlass des FM Sachsen-Anhalt, Erlass v. 16.8.2023 – 44-S 0550-74, AO-Kartei ST § 251 AO Karte 1.

185) Vgl. *Witfeld* in: Mohrbutter/Ringstmeier/Meyer, Hdb. Insolvenzverwaltung, Kap. 9 Rz. 9; ferner AEAO zu § 251 Tz. 5.3.1 ff.; *Becker*, DStR 2016, 919 ff.

186) Vgl. AEAO zu § 251, Tz. 4.3.1 Abs. 2 Satz 1.

187) Vgl. BFH, Urt. v. 5.4.2022 – IX R 27/18, LS 1, Rz. 24, BStBl. II 2022, 703 = ZRI 2022, 775 = ZVI 2022, 393; *Witfeld*, NZI 2019, 181 (Anm. zur Vorinstanz, FG Düsseldorf, Urt. v. 4.10.2018 – 11 K 1921/16 E, ZIP 2018, 2430).

188) Ursprünglich durch Art. 3 Nr. 2 des Haushaltsbegleitgesetzes 2011, v. 15.12.2010, BGBl. I 2010, 1885, 1893, eingeführt.

189) Vgl. Anwendungsregel in Art. 103m EGInsO.

190) Vgl. zur Genese und der Anwendung *Witfeld*, ZRI 2021, 173 ff. m. w. N.

bereich“). Die Finanzverwaltung hat mit dem BMF-Schreiben vom 11.1.2022 die Verwaltungsauffassung zur Anwendung von § 55 Abs. 4 InsO veröffentlicht.[191)]

Ob und in welcher Höhe Masseverbindlichkeiten vorliegen, hängt insbesondere von der Art der jeweiligen Steuer sowie der Phase des Insolvenzverfahrens ab, in der die Steuerschuld begründet worden ist. Für die Ertragsteuern (Einkommensteuer, Körperschafsteuer, Gewerbesteuer) gelten andere Voraussetzungen als bspw. für die Umsatzsteuer und die Lohnsteuer oder sonstigen Steuerarten (etwa Grunderwerbsteuer, Energie- und Stromsteuer, Biersteuer etc.), die ebenfalls in Insolvenzverfahren relevant sein können.[192)] Außerdem kommt es darauf an, ob das Insolvenzverfahren ggf. in Eigenverwaltung geführt wird. 87

Praxishinweis

Für steuerliche Masseverbindlichkeiten, die i. R. der Vorbereitung des Insolvenzplans bis zu dessen Vorlage (vgl. § 218 Abs. 1 InsO) festgesetzt wurden, sollten entsprechende Rückstellungen gebildet werden. Insofern sind als Rückstellungen nicht nur bis dato „unerkannte“ Steuerschulden aufzunehmen, sondern auch solche Steuerschulden zu antizipieren, die erst durch die Planbestätigung entstehen.[193)] Denn auch bei diesen Steuerschulden handelt es sich um Masseverbindlichkeiten (§ 55 Abs. 1 Nr. 1 InsO).[194)]

c) Nach Aufhebung des Insolvenzverfahrens

aa) Erstmalige Festsetzung von Steuerforderungen

(1) Insolvenzforderungen

Nach der Rechtsprechung des BFH **erlöschen Steuerschulden nicht** i. S. des § 47 AO, wenn der Insolvenzplan einen (Teil-)Erlass der Ansprüche vorsieht.[195)] Die Steuerschulden (ob 88

191) Vgl. BMF-Schreiben v. 11.1.2022 – IV A 3 – S 0550/21/10001 :001, BStBl. I 2022, 116 (gilt für Insolvenzverfahren, deren Eröffnung ab dem 1.1.2021 beantragt wird und ersetzt insofern das frühere BMF-Schreiben v. 20.5.2015 – IV A 3 – S 0550/10/10020-05, BStBl. I 2015, 476 – zu § 55 Abs. 4 InsO a. F.). Das BMF-Schreiben qualifiziert als sog. Innenrecht der Verwaltung und bindet daher nicht die Finanzgerichte. Die Überarbeitungen der Finanzverwaltung sind ihrem Umfang nach eher überschaubar, ihrem Inhalt nach aber vor allem hinsichtlich der Umsatzsteuer in der vorläufigen Eigenverwaltung richtungsweisend. Denn ausweislich des BMF-Schreibens soll die Umsatzsteuerschuld aus solchen Lieferungen und Leistungen als Masseverbindlichkeit gemäß § 55 Abs. 4 Satz 1 InsO n. F. zu qualifizieren sein, die bereits vor der Bestellung eines vorläufigen Sachwalters ausgeführt wurden, sofern die hierauf entfallenden Forderungen vom eigenverwaltenden Schuldner nach Bestellung eines vorläufigen Sachwalters vereinnahmt werden (vgl. BMF-Schreiben v. 11.1.2022 – IV A 3 – S 0550/21/10001 :001, Tz. 17, 19, 21, BStBl. I 2022, 116; sog. Einzug von „Altforderungen“). Die entscheidende Frage ist insofern, ob die sog. Doppelberichtigungs-Rspr. des BFH auch in der vorläufigen Eigenverwaltung Anwendung findet, also insbesondere eine „rechtliche Uneinbringlichkeit“ (§ 17 Abs. 2 Satz 1 Nr. 1 UStG) im Zeitpunkt der Bestellung eines vorläufigen Sachwalters vorliegt. Dies ist nach hier vertretener Auffassung (entgegen dem BMF-Schreiben) abzulehnen mit der Folge der Begründung von Insolvenzforderungen nach § 38 InsO (vgl. i. E. *Sonnleitner* in: Sonnleitner/Witfeld, Insolvenz- und Sanierungssteuerrecht, Kap. 5 Rz. 150 ff. m. w. N.; *Witfeld*, NZI 2022, 261, 262 f.; ferner *Keilbach*, NZI 2022, 256, 260; *Kruth*, MwStR 2021, 449, 453; a. A. ausführlich *Kahlert* DStR 2021, 1505. In der Literatur wird darauf hingewiesen, dass es „offen“ sei, ob die Sichtweise der Finanzverwaltung von der Rspr. gehalten wird (vgl. *Waza*, USt direkt digital 4/2022, S. 15 unter III. 2.; vgl. auch *Wäger*, DStR 2021, 825, 828, evtl. mit Zweifeln an der rechtlichen Uneinbringlichkeit, sofern keine Anordnung nach § 270c Abs. 3 Satz 2 InsO vorliegt).

192) Die Abgrenzung zwischen Insolvenzforderungen (§ 38 InsO) und Masseverbindlichkeiten (§ 55 Abs. 1, Abs. 2, Abs. 4 InsO) ist stark durch die Kasuistik des BFH geprägt, kann i. E. komplex sein und ist im Weiteren nicht Gegenstand dieses Kapitels.

193) Die Fälle, in denen es zur Entstehung von Steuerschulden über die „normalen“ Steuerschulden hinaus (u. a. Umsatz- und Lohnsteuer) kommen kann, sind vielgestaltig. Für einen Fall der Grunderwerbsteuer, die als Masseverbindlichkeit zu qualifizieren war, vgl. etwa FG Düsseldorf, Urt. v. 12.8.2021 – 11 K 2335/19 GE, AO, ZIP 2021, 2141 = NZI 2021, 1072 – Anteilsübertragung gemäß Insolvenzplan (n. rkr., Az. d. BFH: II R 50/21); eine Veröffentlichung der Entscheidungsgründe wird noch in 2025 erwartet.

194) Vgl. BFH, Beschl. v. 15.11.2018 – XI B 49/18, BFH/NV 2019, 208 = juris, LS.

195) Vgl. BFH, Beschl. v. 15.5.2013 – VII R 2/12, Rz. 13, ZIP 2013, 1732 = BeckRS 2013, 95854; BFH, Beschl. v. 15.11.2018 - XI B 49/18, BFH/NV 2019, 208 = juris, Rz. 18; aus der Literatur bspw. *Waza/Uhländer/Schmittmann*, Insolvenzen und Steuern, Rz. 1105.

im Zeitpunkt der Planerstellung/-bestätigung „bekannt oder unbekannt“, d. h. unabhängig von einer Anmeldung zur Insolvenztabelle) sind also in steuerlicher Hinsicht nicht „weg“, sondern bestehen auch nach Aufhebung des Insolvenzverfahrens als „natürliche, unvollkommene Verbindlichkeiten“ (sog. **„Naturalobligation“**) fort. Die Wirkungen des Insolvenzplans berühren nicht den Bestand der Steuerforderung als solchen, sondern nur deren Durchsetzbarkeit.[196] Ihre Erfüllung ist zwar möglich, kann aber nicht erzwungen werden.[197] Der BFH hat seine frühere Rechtsprechung mit **Urteil vom 8.3.2022** bestätigt.[198] Dort hatte das Finanzamt eine Steuerforderung (Lohnsteuer) nicht zur Insolvenztabelle angemeldet, sondern einen Haftungs- und Nachforderungsbescheid (vgl. § 42d EStG) als Nachzügler innerhalb der Frist des § 259b InsO erlassen. Die rechtlichen Erwägungen des BFH sind von grundlegender Natur und gelten für alle Steuerarten, sind also über die Lohnsteuer hinaus von Relevanz.[199] Die Finanzverwaltung hat das Urteil zum Anlass genommen, den **AEAO zu § 251, Nr. 11 Abs. 5**, zu überarbeiten, der nun wie folgt lautet:

> „[1]Soweit auf Steuerforderungen, die Gegenstand des Insolvenzplans sind, verzichtet wurde, werden diese mit Bestätigung des Plans zu unvollkommenen Forderungen. [2]Sie sind zwar erfüllbar, können aber grundsätzlich gegen den Schuldner nicht mehr geltend gemacht werden. [3]Die Steuerforderungen erlöschen i. S. d. § 47 AO auch dann nicht mit der Zustimmung zu einem Insolvenzplan, wenn der Plan einen (Teil-)Erlass der Ansprüche vorsieht (BFH-Urteil vom 8.3.2022, VI R 33/19, BStBl. 2023 II S. 98). [4]Die Möglichkeit der Inanspruchnahme Dritter im Wege der Haftung bleibt bestehen, soweit nicht ein Haftungsausschluss nach § 227 Abs. 2 InsO in Betracht kommt.“

89 Das Finanzamt kann Steuerschulden in Form von Insolvenzforderungen (§ 38 InsO) also auch nach Aufhebung eines Insolvenzverfahrens innerhalb der Frist des § 259b InsO **in voller Höhe durch Bescheid festsetzen** (vgl. §§ 155 ff. AO: Festsetzungsverfahren), soweit sie nicht bereits zur Insolvenztabelle angemeldet und ggf. durch Bescheid nach § 251 Abs. 3 AO festgestellt worden waren, d. h. also regelmäßig bei erstmaligem Bescheiderlass. Das Finanzamt ist bei der Festsetzung sog. Nachzüglerforderungen gegenüber dem Schuldner also der Höhe nach nicht auf die Insolvenzquote beschränkt. In welcher Höhe das Finanzamt seine Forderungen gegen den (früheren) Schuldner im Ergebnis durchsetzen kann, ist m. E. „erst“ im **Erhebungsverfahren** (vgl. §§ 218 ff. AO) zu berücksichtigen, das dem Festsetzungsverfahren nachgelagert ist.[200] Es besteht also keine „Festsetzungssperre“ (auch nicht i. H. der über die Planquote hinausgehenden Steuerschulden).[201] Zu den Wirkungen des Insolvenzplans im Erhebungsverfahren hat der BFH in seinem Urteil vom

196) A. A. *Tresselt/Kienast*, DZWIR 2023, 191, 193 f., die überdies u. a. vorschlagen, einen expliziten Erlass (§ 397 BGB) im Insolvenzplan zu regeln, um ein Erlöschen der Steuerforderung herbeizuführen. Ein solcher „echter Erlass“ würde betreffend Steuerforderungen m. E. den Vorschriften der §§ 163, 227 AO unterliegen, was einen entsprechenden Verwaltungsakt der handelnden Finanzbehörde(n) voraussetzte und nur in diesem Fall zu einem „echten“ Erlöschen i. S. des § 47 AO führen würde. Ein „echter Erlass“ ist von der Verwaltungsauffassung zur Zustimmung zu Insolvenzplänen durch Finanzbehörden nicht vorgesehen, vgl. Abschn. 61 Abs. 6 Satz 3 VollStrA.

197) Vgl. BGH, Urt. v. 19.5.2011 – IX ZR 222/08, Rz. 8, ZIP 2011, 1271.

198) Vgl. BFH, Urt. v. 8.3.2022 – VI R 33/19, BStBl. II 2023, 98 = juris, LS 1 – ohne erkennbare Analyse des Insolvenzplans dahingehend, ob ggf. ein materiell-rechtlicher Erlass vereinbart war. Zur Einordnung vgl. *Tresselt/Kienast*, DZWIR 2023, 191 ff.; *Witfeld*, NZI 2022, 768. Der BFH hat die höchst umstrittene Frage nach einer Heilung (unzulässiger) materiell-rechtlicher Präklusionsklauseln durch die rechtskräftige Bestätigung eines Insolvenzplans ausdrücklich offengelassen (vgl. BFH, Urt. v. 8.3.2022 – VI R 33/19, BStBl. II 2023, 98 = juris, Rz. 33 – mit Darstellung des Streitstands in der Lit.; vgl. zur Reichweite der Rechtskraft von Insolvenz- und Restrukturierungsplänen *Brünkmans*, ZIP 2022, 1573).

199) Vgl. *Witfeld*, NZI 2023, 252, 254.

200) So auch *Geserich* in: jurisPR-SteuerR 30/2022, Anm. 2 unter D (Urteilsanm.). A. A. *Tresselt/Kienast*, DZWIR 2023, 191, 193 – Vollstreckungsverfahren.

201) A. A. *Pfirrmann* in: FS Gosch, S. 321, 324; *Sonnleitner* in: Sonnleitner/Witfeld, Insolvenz- und Sanierungssteuerrecht, Kap. 3 Rz. 325, 328.

8.3.2022 (siehe Rz. 88) aus verfahrensrechtlichen Gründen nichts ausgeführt; auch der AEAO ist insofern unergiebig. Nach hier vertretener Auffassung kann das Finanzamt nur die **(fiktive) Quote** gegen den (früheren) Schuldner durchsetzen, die die Planrechnung bei rechtzeitiger Forderungsanmeldung ergeben hätte. Das gilt auch dann, wenn der Plan eine feste Quote vorsieht (sog. „hypothetische Quotenberechnung").[202]

(2) Masseverbindlichkeiten

Masseverbindlichkeiten werden von den Wirkungen eines Insolvenzplans grundsätzlich nicht erfasst. Denn Massegläubiger sind nach den gesetzlichen Regelungen keine Beteiligten des Insolvenzplanverfahrens. Daher ermöglicht die Aufstellung eines Insolvenzplans auch keine von den Vorschriften der InsO über Massegläubiger abweichenden Regelungen.[203] Sofern nach der Aufhebung des Insolvenzplanverfahrens Steuerschulden, die als Masseverbindlichkeiten qualifizieren, noch offen sind, kann das Finanzamt das Unternehmen (Steuerschuldner) insoweit durch **Steuerbescheid** (Festsetzung und Leistungsgebot) in Anspruch nehmen. Nach der Aufhebung des Insolvenzverfahrens gibt es keine vermögensrechtlich verselbständigte Masse mehr (§ 35 InsO); der Schuldner erhält mit der Aufhebung des Insolvenzverfahrens das Recht zurück, über die Insolvenzmasse frei zu verfügen (vgl. § 259 Abs. 1 Satz 2 InsO). Außerdem findet eine Nachtragsverteilung (§ 203 InsO) wegen vom Insolvenzverwalter nicht erfüllter Masseverbindlichkeiten nicht statt.[204] Vgl. dazu AEAO zu § 251, Tz. 14 Abs. 3 (Hervorh. durch d. Verf.): 90

> „Steuerbescheide sind grundsätzlich an den Steuerpflichtigen zu richten und diesem bekannt zu geben. Aus diesem Grund ist für das Jahr der Insolvenzaufhebung z. B. nur eine Einkommensteuerfestsetzung durchzuführen, in der sowohl der Massezeitraum wie auch der Zeitraum nach Abschluss des Verfahrens zusammengefasst werden. Der Schuldner ist auch hinsichtlich der nach Eröffnung des Insolvenzverfahrens begründeten Steuerforderungen weiterhin Steuerschuldner (vgl. BFH-Beschluss vom 23.8.1993, V B 135/91, BFH/NV 1994 S. 186). Somit können die **während des Bestehens des Insolvenzverfahrens begründeten** Steuerschulden **nach Aufhebung** des Insolvenzverfahrens gegenüber dem Steuerpflichtigen **geltend gemacht und auch vollstreckt werden** (vgl. BFH-Urteil vom 28.11.2017, VII R 1/16, BStBl. 2018 II S. 457). In Fällen der angeordneten oder vorbehaltenen Nachtragsverteilung ist, soweit es zu einer Einkommensteuererstattung für die (ehemalige) Insolvenzmasse kommt, der (vormalige) Insolvenzverwalter Bekanntgabeadressat der Steuerbescheide (vgl. BFH-Urteil vom 16.12.2021, VI R 41/18, a. a. O.)."

Derzeit ungeklärt ist, ob und auf welche Weise die **Nachhaftung** des Insolvenzschuldners auf solche Gegenstände beschränkt werden kann, auf die sich die (frühere) Verwaltungs- und Verfügungsbefugnis des Insolvenzverwalters bezog.[205] Für ein Insolvenzplanverfahren in Eigenverwaltung stellt sich die Frage entsprechend. Der BFH hat es bislang offengelassen, ob eine gegenständliche Beschränkung der Nachhaftung in Form einer „Vollstreckungseinrede" auf Antrag des Steuerpflichtigen i. R. des Abrechnungs- bzw. Vollstreckungsverfahrens zu gewähren ist.[206] 91

---

202) Vgl. *Dahl/Taras*, NJW-Spezial 2022, 503; *Geserich*, jurisPR-SteuerR 30/2022 (Urteilsanm.); *Sonnleitner* in: Sonnleitner/Witfeld, Insolvenz- und Sanierungssteuerrecht, Kap. 3 Rz. 325; *Witfeld*, NZI 2023, 252, 255. Rspr. liegt hierzu, soweit ersichtlich, bislang nicht vor.

203) Vgl. BFH, Urt. v. 23.10.2018 – VII R 13/17, LS 1, BStBl. II 2019, 126 = ZVI 2019, 231 – anders im Fall der angezeigten Masseunzulänglichkeit gemäß § 210a InsO.

204) Vgl. BFH, Urt. v. 2.4.2019 – IX R 21/17, Rz. 19, BStBl. II 2019, 481.

205) Ablehnend die Verwaltungsauffassung in AEAO zu § 251, Nr. 14 Abs. 3 Satz 4.

206) Vgl. BFH, Urt. v. 2.4.2019 – IX R 21/17, Rz. 24 f., BStBl. II 2019, 481. Vgl. auch FG Düsseldorf, Beschl. v. 25.3.2020 – 11 V 3249/19 A(AO), ZInsO 2020, 1134 = juris, Rz. 45 ff.

bb) Änderung von zuvor bereits festgesetzten oder festgestellten Steuerforderungen

(1) Insolvenzforderungen

92 Bei Unternehmen kommt es regelmäßig – ungeachtet einer Insolvenz – zur Änderung der ursprünglich vom Finanzamt erlassenen Steuerbescheide. Häufig erfolgt die Änderung nach der Aufhebung des Insolvenzverfahrens im Nachgang zur Durchführung einer Betriebsprüfung. Es ist in diesen Fällen fraglich, ob das Finanzamt die frühere Steuerfestsetzung zu Ungunsten des Steuerpflichtigen ändern darf (d. h. die „Nachforderung" erheben darf), soweit sich diese auf Steuerschulden bezieht, die als Insolvenzforderungen qualifizieren. Das Ergebnis hängt von der steuerverfahrensrechtlichen Ausgangslage im jeweiligen Einzelfall ab. Die Finanzverwaltung hat ihre Auffassung in AEAO zu § 251, Nr. 14 Abs. 7 ff. niedergelegt, der auszugsweise wie folgt lautet:

> „[…] Änderungen von zur Insolvenztabelle angemeldeten und festgestellten Steuerforderungen, denen der Insolvenzschuldner nicht widersprochen hat oder dessen Widerspruch beseitigt worden ist, sind nach Aufhebung des Insolvenzverfahrens nur möglich, wenn die Voraussetzungen für eine Änderung der festgestellten Forderung nach §§ 130, 131 AO vorliegen. […]
>
> [1]Zur Insolvenztabelle angemeldete, nicht titulierte Forderungen, für die keine Feststellung erfolgt ist, können nach Aufhebung des Insolvenzverfahrens gegenüber dem Steuerpflichtigen unter Beachtung der Ablaufhemmung nach § 171 Abs. 13 AO erstmals geltend gemacht werden (z. B. zum Zwecke der Aufrechnung). […]
>
> [1]Nach rechtskräftiger Bestätigung eines Insolvenzplans ist eine Änderung einer vorinsolvenzlich erfolgten Steuerfestsetzung nicht mehr möglich (BFH-Urteil vom 22.10.2014, I R 39/13, BStBl. 2015 II S. 577). [2]Im Planverfahren nicht angemeldete Forderungen dürfen innerhalb der Frist des § 259b InsO mittels Bescheid geltend gemacht werden (BFH-Urteil vom 8.3.2022, VI R 33/19, BStBl. 2023 II S. 98)."

(2) Masseverbindlichkeiten

93 Soweit die Steuerforderungen als Masseverbindlichkeiten qualifizieren, unterliegen Änderungen durch die Finanzverwaltung nach Aufhebung des Insolvenzplanverfahrens keinen insolvenzrechtlichen Einschränkungen. Es gelten die allgemeinen Vorschriften der Abgabenordnung zur Korrektur von Steuerbescheiden (vgl. § 129, §§ 164 f., §§ 172 f. AO), wobei Fragen der Festsetzungsverjährung (vgl. §§ 169 ff. AO) ebenfalls zu berücksichtigen sind.

2. Steuerliche Pflichtenstellung der Beteiligten

a) Regelinsolvenz

94 Der Insolvenzverwalter hat ab Insolvenzeröffnung als Vermögensverwalter i. S. des § 34 Abs. 3 AO die steuerlichen Pflichten zu erfüllen, die ohne Eröffnung des Insolvenzverfahrens den Insolvenzschuldner treffen würden. Der Pflichtenkreis des Insolvenzverwalters umfasst insbesondere Buchführungs-, Aufzeichnungs-, Steuerklärungs-, Berichtigungs-, Auskunfts-, Anzeige- und Nachweis- sowie Zahlungspflichten. Gleiches gilt für den starken vorläufigen Insolvenzverwalter mit Verfügungsbefugnis (§§ 21 Abs. 2 Nr. 2 Alt. 1, 22 Abs. 1 Satz 1 InsO). Der halbstarke vorläufige Insolvenzverwalter mit entsprechender Einzelermächtigung kann jeweils nur insoweit Vermögensverwalter sein, wie sich Rechtsfolgen aus der Einzelermächtigung ergeben (etwa § 55 Abs. 2 (analog), Abs. 4 InsO). Der schwache vorläufige Insolvenzverwalter ist kein Vermögensverwalter i. S. des § 34 Abs. 3 AO, da keinerlei Verwaltungs- und Verfügungsbefugnis auf ihn übergeht.

b) Eigenverwaltung

95 Weder auf den vorläufigen Sachwalter noch auf den Sachwalter geht eine steuerliche Pflichtenstellung über. Er ist nach hier vertretener Auffassung weder Vermögensverwalter i. S. des

§ 34 Abs. 3 AO noch Verfügungsberechtigter i. S. des § 35 AO. Der BFH hat allerdings mit Urteil vom 20.2.2024[207)] für einen „Altfall“ (Streitjahre 2014, 2016) entschieden, dass ein vorläufiger Sachwalter unter bestimmten Voraussetzungen (Kassenführungsbefugnis, Anderkonto) als Verfügungsberechtigter nach § 35 AO zu qualifizieren ist mit der Folge, dass er Adressat der persönlichen Haftung aus § 69 AO sein kann. Das Urteil ist kritisch zu sehen. In praktischer Hinsicht sind die Auswirkungen auf das Haftungsrisiko (vorläufiger) Sachwalter in aktuellen Fällen ohnehin regelmäßig gering; jedenfalls aber sind sie beherrschbar.[208)]

3. Zustimmung des Finanzamts zu einem Insolvenzplan

Die Zustimmung des Finanzamts zu einem Insolvenzplan steht im **Ermessen** der Finanzverwaltung. Nach der Verwaltungsauffassung sind für die Erteilung der Zustimmung weitgehend **wirtschaftliche Gesichtspunkte maßgeblich**. Eine Zustimmung kommt danach regelmäßig nicht in Betracht, wenn (i) aufgrund des bisherigen Verhaltens nicht mit der ordnungsgemäßen Erfüllung steuerlicher Pflichten zu rechnen ist, (ii) die Planvereinbarungen voraussichtlich nicht eingehalten werden oder (iii) die Vollstreckungsbehörde durch den Insolvenzplan schlechter gestellt wäre, als sie bei Fortführung des Insolvenzverfahrens stünde.[209)] Soweit auf Steuerforderungen verzichtet wurde, werden diese zu sog. unvollkommenen Forderungen, die gegenüber dem Schuldner nicht mehr geltend gemacht werden können **(Vollstreckungs- und Aufrechnungsverbot)**;[210)] sie erlöschen nicht nach § 47 AO (siehe näher Rz. 88). Etwaige Haftungsschuldner können vorbehaltlich § 227 Abs. 2 InsO weiterhin in Anspruch genommen werden (zur steuerlichen Haftung siehe Rz. 120 ff.).[211)] 96

Rechtlich problematisch ist es, (auch) bezüglich Steuerforderungen einen **Erlassvertrag** (§ 397 BGB) in den Insolvenzplan aufzunehmen. Grund hierfür ist, dass ein Steuergläubiger (Finanzamt) aus öffentlich-rechtlichen Gründen (Vertragsformverbot) Steuerschulden grundsätzlich nur durch Verwaltungsakt (Erlass nach § 227 AO) regeln darf.[212)] Die Zustimmung der Finanzbehörde zum Insolvenzplan kann im Wege der Leistungsklage vor den FG gemäß § 40 Abs. 1 FGO erstritten werden. Mittels eines Antrags auf einstweilige Anordnung nach § 114 FGO ist auch einstweiliger Rechtsschutz möglich. Das FG überprüft in diesem Verfahren auch die Ermessensentscheidung des Finanzamts.[213)] 97

4. Verbindliche Auskunft (§ 89 Abs. 2 AO)

In der Praxis ist es üblich, die steuerlichen Folgen von Sanierungsmaßnahmen (nicht nur, aber insbesondere die Steuerneutralität gemäß § 3a EStG, § 7b GewStG) im Vorhinein durch die Einholung einer (gebührenpflichtigen) verbindlichen Auskunft nach § 89 Abs. 2 AO abzusichern.[214)] Das gilt vor allem in größeren Fällen. Insbesondere in Anbetracht eines fehlenden BMF-Schreibens besteht derzeit regelmäßig auch in Insolvenzplanverfahren ge- 98

207) Vgl. BFH, Urt. v. 20.2.2024 – VII R 16/21, BStBl. II 2024, 624 = ZRI 2024, 647. Anders noch die Vorinstanz FG Düsseldorf, Urt. v. 12.3.2021 – 14 K 3658/16 H(L), ZIP 2021, 1410.

208) Vgl. näher *Witfeld*, NZI 2024, 813 f.

209) Vgl. Abschn. 61 Abs. 4 VollStrA.

210) Vgl. BFH, Urt. v. 8.3.2022 – VI R 33/19, BStBl. II 2023, 98 = juris, Rz. 33, OS 2; Abschn. 61 Abs. 6 Satz 3 VollStrA; AEAO zu § 251, Tz. 11 Abs. 5.

211) Vgl. Abschn. 61 Abs. 6 Satz 4 VollStrA; AEAO zu § 251, Tz. 11 Abs. 5.

212) Vgl. dazu näher *Smid*, KSI 2020, 112, 113; allg. zum Vertragsformverbot im Erlassverfahren Hübschmann/Hepp/Spitaler-*Wernsmann*, AO/FGO, § 78 AO Rz. 168.

213) Vgl. *Schmittmann* in: Waza/Uhländer/Schmittmann, Insolvenzen und Steuern, Rz. 1096.

214) Vgl. *Lampe/Breuer/Hotze*, DStR 2018, 173 ff.; Morgen-*Mayer*, StaRUG, Teil C. Sanierungssteuerrecht Rz. 21 f. In Mehrpersonenkonstellationen liegt ggf. ein einheitliches Auskunftsersuchen nach § 89 Abs. 2, Abs. 3 Satz 2 AO vor.

wisse Rechtsunsicherheit bei der Anwendung von § 3a EStG, § 7b GewStG. Bei der Erstellung eines Antrags auf Erteilung einer verbindlichen Auskunft sind einige **formelle Voraussetzungen** zu beachten (vgl. insbesondere § 1 Abs. 1 StAuskV, u. a. umfassende Darlegung des Sachverhalts, Darlegung des besonderen steuerlichen Interesses des Antragstellers, ausführliche Darlegung des Rechtsproblems mit eingehender Begründung des eigenen Rechtsstandpunktes des Antragstellers, die Formulierung konkreter Rechtsfragen). Diese sollten sorgfältig eingehalten werden, um Verzögerungen im Auskunftsprozess zu vermeiden.

99 Abhängig vom Einzelfall sind neben den Tatbestandsvoraussetzungen einer „unternehmensbezogenen Sanierung“ i. S. des § 3a Abs. 2 EStG noch **weitere Rechtsfragen** in einem Auskunftsverfahren zu klären, die von steuerlicher und ökonomischer Relevanz sind. Hierzu gehört etwa die konkrete Anwendung von § 3a Abs. 3 EStG (siehe Rz. 51 ff.) sowie die „Rettung“ von steuerlichen Verlustvorträgen, die das Unternehmen zukünftig zur Minderung der Steuerlast einsetzen kann. Mit einer verbindlichen Auskunft kann in steuerlicher Hinsicht **Planungssicherheit („Tax Certainty“)** erreicht werden. Außerdem sind bspw. „Änderungen“ der Rechtsauffassung aufseiten der Finanzverwaltung nach Durchführung der Sanierungsmaßnahmen (etwa i. R. einer erst nach der Sanierung durchgeführten Betriebsprüfung) ausgeschlossen.

Praxishinweis

In einem **Insolvenzplanverfahren** kann die (positive) Erteilung einer verbindlichen Auskunft als Bedingung für die Bestätigung des Insolvenzplans (§ 249 InsO) aufgenommen werden.[215)]

100 Die praktischen Erfahrungen zeigen, dass die Finanzverwaltung in Auskunftsverfahren regelmäßig sehr kooperativ agiert und verbindliche Auskünfte vergleichsweise kurzfristig und innerhalb der im jeweiligen Sanierungsverfahren erforderlichen zeitlichen „Leitplanken“[216)] erteilt. Dabei sind die Kommunikation und der Prozess mit dem oder den zuständigen Finanzämtern von besonderer Relevanz. Es ist ratsam, die Finanzverwaltung **möglichst früh** in den Sanierungsprozess einzubeziehen und die voraussichtlich durchzuführenden Maßnahmen zu beschreiben. In Anbetracht der „Dynamik“ der Planerstellung können der Finanzverwaltung – nach vorheriger Absprache – auch vorab **Entwürfe eines (Teil-) Auskunftsantrags** übermittelt werden, um Rechtsfragen mit Streitpotential möglichst früh zu adressieren und zu klären. Außerdem wird auf diese Weise erfahrungsgemäß die Zeit zwischen der Einreichung des (finalen) Auskunftsantrags und der Erteilung der verbindlichen Auskunft verkürzt. In der finalen Fassung des Auskunftsantrags sollte darauf geachtet werden, den Sachverhalt möglichst umfassend zu beschreiben (auch unter Verweis auf einen beigefügten Insolvenzplan).

101 Der ernsthaft geplante und noch nicht verwirklichte **Sachverhalt** ist im Auskunftsantrag **ausführlich und vollständig** darzulegen (vgl. § 1 Abs. 1 Nr. 2 StAuskV). Die Erteilung einer verbindlichen Auskunft ist ausgeschlossen, wenn die im Antrag „abgefragten“ Sanie-

215) Vgl. auch den Hinweis in Ziff. 2.4 (Gestaltender Teil) der als Anlage 1 zum IDW S 2 (IDW, Anforderungen an Insolvenzpläne (IDW S 2), Stand: 20.3.2024, IDW Life 2024, 656 ff.) beigefügten Mustergliederung eines Insolvenzplans.

216) Der Steuerpflichtige hat allerdings keinen (justitiablen) Anspruch auf „fristgerechte“ Auskunftserteilung. Gemäß § 89 Abs. 2 Satz 4 AO soll über den Antrag auf Erteilung einer verbindlichen Auskunft innerhalb von sechs Monaten ab Eingang des Antrags entschieden werden; kann die Finanzbehörde nicht innerhalb dieser Frist über den Antrag entscheiden, ist dies dem Antragsteller unter Angabe der Gründe mitzuteilen.

rungsmaßnahmen zu diesem Zeitpunkt bereits verwirklicht sind.[217] Dabei ist es unschädlich, wenn bereits mit vorbereitenden Maßnahmen begonnen wurde, solange der dem Auskunftsantrag zugrunde gelegte Sachverhalt (im Wesentlichen) noch nicht verwirklicht wurde.[218] Eine verbindliche Auskunft ist nur dann bindend, wenn der später verwirklichte Sachverhalt von dem der Auskunft zugrunde gelegten Sachverhalt **nicht oder nur unwesentlich abweicht** (vgl. § 2 Abs. 1 Satz 1 StAuskV, sog. „Sachverhaltsidentität").

> **Praxishinweis**
>
> Soweit eine verbindliche Auskunft nicht in Betracht kommt, können Steuerrisiken im Zusammenhang mit § 3a EStG ggf. auch über eine „Steuerversicherung" abgedeckt werden.[219]

Die verbindliche Auskunft ist **gebührenpflichtig** (vgl. § 89 Abs. 3 bis 7 AO). Generell gilt, dass sich die Gebühr nach dem Wert berechnet, den die verbindliche Auskunft für den Antragsteller hat **(Gegenstandswert)**. Maßgebend für die Bestimmung des Gegenstandswerts ist die steuerliche Auswirkung des dargelegten Sachverhalts. Die steuerliche Auswirkung ist in der Weise zu ermitteln, dass der Steuerbetrag, der bei Anwendung der vom Antragsteller vorgetragenen Rechtsauffassung entstehen würde, dem Steuerbetrag gegenüberzustellen ist, der entstehen würde, wenn das Finanzamt eine entgegengesetzte Rechtsauffassung vertreten würde.[220] Bei der Ermittlung des Gegenstandswerts ist u. a. die Verlustverrechnung zu berücksichtigen (einschließlich der sog. „Mindestbesteuerung" nach § 10d Abs. 2 EStG), was regelmäßig zu einer Reduktion der Gebühr führt. Steuerliche Auswirkungen, die sich mittelbar i. R. der Sanierungsmaßnahmen ergeben können, die jedoch nicht selbst zum Gegenstand des Antrags gemacht worden sind, werden bei Bemessung des Gegenstandswerts nicht berücksichtigt. 102

Außerdem sind **Annexsteuern** (Kirchensteuer, Solidaritätszuschlag) nicht in die Ermittlung des Gegenstandswerts einzubeziehen.[221] Gemäß § 89 Abs. 5 Satz 1 AO wird die Gebühr in entsprechender Anwendung des § 34 GKG mit einem **Gebührensatz** von 1,0 erhoben. Eine Zeitgebühr (§ 89 Abs. 6 AO) kommt nur in – eng begrenzten – Ausnahmefällen in Betracht. Das Finanzamt kann auf die Gebühr auch ganz oder teilweise verzichten (vgl. § 89 Abs. 7 Satz 1 AO). 103

IV. Steuerliche Haftung

1. Überblick

Die Insolvenz einer Gesellschaft geht regelmäßig mit Steuerausfällen einher. Um diese zu begrenzen, ist das Finanzamt verpflichtet, steuerliche Haftungsansprüche nach §§ 69 ff. AO von Amts wegen zu prüfen und ggf. durch Haftungsbescheid gemäß §§ 191 Abs. 1, 219 Satz 1 AO durchzusetzen. 104

217) Vgl. AEAO zu § 89, Tz. 3.5.2. Satz 1. Über Rechtsfragen, die sich aus einem bereits abgeschlossenen Sachverhalt ergeben, ist ausschließlich i. R. des Veranlagungs- oder Feststellungsverfahrens zu entscheiden. Das gilt nach der Auffassung der Finanzverwaltung auch dann, wenn der Sachverhalt zwar erst nach Antragstellung, aber vor der Entscheidung über den Antrag verwirklicht wird (vgl. AEAO zu § 89, Tz. 3.5.2. Satz 2 und 3).

218) Vgl. AEAO zu § 89, Tz. 3.4.2. Satz 2.

219) Vgl. zur Steuerversicherung betr. § 3a EStG *Skuratovski*, BB 2021, 2395, 2397.

220) Vgl. AEAO zu § 89, Tz. 4.2.2.; vgl. zu Gebühren bei verbindlichen Auskünften ferner ausführlich OFD Karlsruhe, Vfg. v. 28.4.2023 – S 0224, FMNR202300779.

221) Vgl. AEAO zu § 89, Tz. 4.2.2. Abs. 3.

a) § 69 AO (Haftung der Vertreter)

105 Die Haftung nach § 69 AO hat Schadensersatzcharakter und setzt neben einer schuldhaften Pflichtverletzung des Geschäftsführers eine kausale Verknüpfung mit dem Schaden voraus. Der steuerliche Pflichtenkreis ist weit und umfasst neben der Pflicht zur Entrichtung von Steuern insbesondere die steuerliche Erklärungs- und Berichtigungspflicht. Außerdem gilt grundsätzlich die sog. **Mittelvorsorgepflicht**, wonach der Geschäftsführer verpflichtet ist, die liquiden Mittel auch schon vor Fälligkeit der Steuerzahlung so zu verwalten, dass die Steuern zum Fälligkeitszeitpunkt rechtzeitig abgeführt werden können.[222)]

106 In Insolvenzfällen begründen die Finanzbehörden (nach Durchführung eines Anhörungsverfahrens) die **Pflichtverletzung** regelmäßig mit der nicht (fristgerecht) erfolgten Steuerzahlung oder einer unterlassenen Mittelvorsorge. In diesen Fällen muss zunächst analysiert werden, welche steuerverfahrensrechtlichen Pflichten zu welchem Zeitpunkt bestanden und ob diese womöglich bereits von den insolvenzrechtlichen Massesicherungspflichten überlagert wurden. Durch die Einführung des sog. **partiellen Haftungsausschlusses** in **§ 15b Abs. 8 InsO** durch das SanInsFoG hat das steuerliche Haftungsrisiko für Geschäftsführer entsprechend der gesetzgeberischen Intention in Insolvenzfällen erkennbar abgenommen (siehe näher Rz. 109 ff.).[223)] Allerdings ist zu beobachten, dass Finanzbehörden die Anwendbarkeit der Vorschrift bisweilen bezweifeln oder zur Begründung einer persönlichen Haftung an steuerliche Pflichten (etwa Erklärungs- und Berichtigungspflichten)[224)] anknüpfen, die von § 15b Abs. 8 InsO nicht erfasst sind. Häufig wird auch vonseiten der Finanzämter versucht, die Verletzung einer Mittelvorsorgepflicht zu begründen.

107 Der Geschäftsführer handelt **schuldhaft**, sofern er die steuerlichen Pflichten vorsätzlich oder grob fahrlässig verletzt. Er kann sich nicht auf „wirtschaftliche Schwierigkeiten" oder auf die „Sicherung des Unternehmens und/oder der Arbeitsplätze" berufen. Die Nichtzahlung von Steuern zu den jeweiligen Fälligkeitsterminen begründet nach der ständigen Rechtsprechung des BFH **regelmäßig eine zumindest grob fahrlässige Pflichtverletzung.**[225)] Auch die Möglichkeit einer späteren Insolvenzanfechtung lässt die Haftung des Geschäftsführers nicht entfallen. Denn der BFH lehnt die Berücksichtigung hypothetischer Kausalverläufe im Hinblick auf Funktion und Schutzzweck von § 69 AO ab. Außerdem gelten nach der Rechtsprechung des BFH in der Krise der Gesellschaft erhöhte Pflichten des Geschäftsführers. Auch auf eine schriftlich fixierte Aufgabenverteilung innerhalb der Geschäftsführung kann sich der einzelne Geschäftsführer zu seinen Gunsten in der Krise nicht (mehr) berufen.[226)]

108 Der Haftungsanspruch gegenüber dem Geschäftsführer aus § 69 AO ist in materiell-rechtlicher Hinsicht akzessorisch zur Steuerschuld der Gesellschaft (**„Akzessorietät der Haftungsschuld"**). Die Steuerschuld muss also entstanden und darf noch nicht erloschen sein (vgl. § 47 AO). In verfahrensrechtlicher Hinsicht besteht dagegen keine Akzessorietät. In der Folge kann das Finanzamt unabhängig von einer Steuerfestsetzung einen Haftungsbescheid erlassen oder korrigieren. In der Praxis kann und sollte der Geschäftsführer als (potentieller) Haftungsschuldner auch Einwendungen gegen die Steuerschuld der zu sanierenden Gesellschaft erheben, soweit diese materiell-rechtlich fehlerhaft ist und aus Sicht des Finanzamts nicht in voller Höhe befriedigt wird. Insofern ist besonders auf § 166 AO

222) Vgl. BFH, Urt. v. 29.8.2023 – VII R 47/20, BFH/NV 2024, 69 = juris, Rz. 36 ff.; Tipke/Kruse-*Loose*, AO/FGO, § 69 AO Rz. 12.

223) Vgl. dazu insg. *Witfeld/Dannemann*, NZI 2021, 905 ff.

224) Vgl. exemplarisch FG München, Urt. v. 10.3.2021 – 3 K 1123/19, EFG 2021, 997.

225) Vgl. stellvertretend BFH, Urt. v. 22.10.2019 – VII R 30/18, Rz. 24, ZIP 2020, 911 = NZI 2020, 585.

226) Vgl. BFH, Urt. v. 22.10.2019 – VII R 30/18, Rz. 37, ZIP 2020, 911 = NZI 2020, 585; *Sonnleitner* in: Sonnleitner/Witfeld, Insolvenz- und Sanierungssteuerrecht, Kap. 3 Rz. 238 m. w. N.

(**„Drittwirkung der Steuerfestsetzung“**) Acht zu geben. Auf der Grundlage dieses steuerverfahrensrechtlichen Mechanismus kann der Geschäftsführer de facto präkludiert sein, sofern er sich gegen die Steuerschuld nicht mit den hierfür erforderlichen Mitteln (Einspruch, Widerspruch zur Tabellenanmeldung) wehrt, obwohl er dies hätte tun können.[227]

> **Praxishinweis**
>
> Eine Haftungsabwehr sollte regelmäßig mit der Prüfung der Hauptschuld (Steuerschulden, ggf. Haftungsschulden für KapESt, Zinsen, Säumniszuschläge etc.) beginnen („Stufe 0“).

109 Mit dem zum 1.1.2021 in Kraft getretenen Gesetz zur Fortentwicklung des Sanierungs- und Insolvenzrechts (**SanInsFoG**)[228] wurde § 15b InsO neu eingeführt. **§ 15b Abs. 8 InsO** enthält nun auch eine ausdrückliche Regelung, mit der die **Kollision zwischen Massesicherungspflicht und Steuerzahlungspflicht** für die Zeit vor der Eröffnung des Insolvenzverfahrens zugunsten der Massesicherungspflicht **aufgelöst** wird. Nach dem ausdrücklichen Willen des Gesetzgebers sollen auf diese Weise die „Haftungsfallen“ unter Geltung des früheren Rechts beseitigt werden, in die vor allem „schlecht beratene Geschäftsführer“ geraten sind.[229] Die Norm ist als partieller Haftungsausschluss i. R. der steuerlichen Haftung nach § 69 AO zu qualifizieren. Ihre Wirkung ist sowohl in zeitlicher wie in sachlicher Hinsicht begrenzt. Die Voraussetzungen sind derzeit noch konturlos;[230] allgemeingültige Linien in der Praxis der Finanzverwaltung haben sich bislang nicht herausgebildet. Entgegen einer stellenweise vernommenen Auffassung sind die Finanzbehörden und die FG verpflichtet, § 15b Abs. 8 InsO anzuwenden.[231]

110 Nach § 15b Abs. 8 Satz 1 InsO liegt eine Verletzung steuerrechtlicher Zahlungspflichten nicht vor, wenn zwischen dem Eintritt der Zahlungsunfähigkeit nach § 17 InsO oder der Überschuldung nach § 19 InsO („Insolvenzreife") und der Entscheidung des Insolvenzgerichts über den Insolvenzantrag Ansprüche aus dem Steuerschuldverhältnis nicht oder nicht rechtzeitig erfüllt werden, sofern die Antragspflichtigen ihren **Verpflichtungen nach § 15a InsO** nachkommen (insofern **„Vorrang zugunsten der Massesicherungspflicht“**). Die Mitglieder der Geschäftsleitung müssen also im Falle der Zahlungsunfähigkeit oder der Überschuldung ohne schuldhaftes Zögern einen Insolvenzantrag stellen, wobei dies „richtig“ und „rechtzeitig“, d. h. spätestens drei Wochen nach Eintritt der Zahlungsunfähigkeit (§ 15a Abs. 1 Satz 2 Alt. 1 InsO) und sechs Wochen nach Eintritt der Überschuldung (§ 15a Abs. 1 Satz 2 Alt. 2 InsO) zu erfolgen hat.

111 In diesem Zusammenhang ist derzeit für das steuerliche Haftungsverfahren bspw. ungeklärt, wie sich eine **inhaltlich nicht „richtige“ Insolvenzantragstellung** auswirkt, also welchen Grad an Vollständigkeit und Richtigkeit der Antrag aufzuweisen hat.[232] Für die drohende Zahlungsunfähigkeit (§ 18 InsO) gilt § 15b Abs. 8 InsO entsprechend ihres Sinn und Zwecks nicht. Die entlastende Wirkung beginnt mit dem Vorliegen von Zahlungsunfähigkeit oder Überschuldung und bei ordnungsgemäßer Antragstellung. Infolgedessen sind

227) Vgl. näher *Witfeld/Dannemann*, NZI 2021, 905, 906.

228) Gesetz zur Fortentwicklung des Sanierungs- und Insolvenzrechts (Sanierungs- und Insolvenzrechtsfortentwicklungsgesetz – SanInsFoG), v. 22.12.2020, BGBl. I 2020, 3256; der Gesetzgeber hat i. R. von Art. 36 MoPeG (BGBl. I 2021, 3436, 3452) klargestellt, dass § 15b InsO i. d. F. des SanInsFoG erstmals auf Zahlungen anzuwenden ist, die nach dem 31.12.2020 vorgenommen wurden. Zur zeitlichen Anwendbarkeit vgl. ausführlich Begr. *Schumann*, ZInsO 2022, 8 ff.

229) Vgl. Bericht d. Ausschusses R/V z. RegE SanInsFoG, BT-Drucks. 19/25353, S. 11 f., mit umf. Ausführungen zur früheren Rechtslage; vgl. ferner *Kahlert*, WPg 2021, 321, 325.

230) Vgl. *Heinrich*, NZI 2021, 258, 262.

231) Vgl. näher *Witfeld/Dannemann*, NZI 2021, 905, 910.

232) Vgl. *Sonnleitner* in: Sonnleitner/Witfeld, Insolvenz- und Sanierungssteuerrecht, Kap. 3 Rz. 226; *Witfeld/Dannemann*, NZI 2021, 905, 909.

frühere Zeiträume nicht privilegiert. Sofern – entgegen der Verpflichtung nach § 15a InsO – ein Insolvenzantrag **zu spät gestellt** wird, gilt § 15b Abs. 8 Satz 1 InsO nur für die nach Bestellung eines vorläufigen Insolvenzverwalters oder Anordnung der vorläufigen Eigenverwaltung[233] fällig werdenden Ansprüche aus dem Steuerschuldverhältnis (vgl. § 15b Abs. 8 Satz 2 InsO). Wird das **Insolvenzverfahren nicht eröffnet** und ist dies auf eine Pflichtverletzung der Antragspflichtigen zurückzuführen, greift die Haftungsprivilegierung überhaupt nicht (§ 15b Abs. 8 Satz 3 InsO).

b) § 73 AO (Haftung bei Organschaft)

112 Bei Fällen mit Organschaftsbezug sind Haftungsansprüche nach § 73 AO von Relevanz. Das gilt in krisenbehafteten Situationen vor allem für die **umsatzsteuerliche** Organschaft nach § 2 Abs. 2 Nr. 2 UStG, seltener für die ertragsteuerliche Organschaft.[234] Das Finanzamt prüft regelmäßig den Erlass von Haftungsbescheiden gegen Organgesellschaften (Haftungsschuldner) sofern Steuerschulden gegen den Organträger (Steuerschuldner) infolge eines Insolvenzplans nicht oder nicht vollumfänglich durchgesetzt werden können.[235] Der Haftungstatbestand gilt auch für mehrstufige **ertragsteuerliche** Organschaften, vgl. § 73 Satz 2 AO.[236] Es handelt sich dabei um eine zur Haftung der anderen Organgesellschaft nach § 73 Satz 1 AO akzessorische Mithaftung der nachgelagerten Organgesellschaft. Auf die tatsächliche Inanspruchnahme der nach § 73 Satz 1 AO haftenden Organgesellschaft durch Haftungsbescheid kommt es für die Haftung der nachgelagerten Organgesellschaft nach Satz 2 nicht an.[237]

113 **Aus Sicht der Organgesellschaft** ist zu klären, welchen (zeitlichen und sachlichen) Umfang der Haftungsanspruch nach § 73 AO hat. Denn sie haftet nach § 73 Satz 1 AO „nur"

> „[…] für solche Steuern des Organträgers, für welche die Organschaft zwischen ihnen steuerlich von Bedeutung ist".

114 Sinn und Zweck von § 73 AO ist es, die steuerlichen Risiken auszugleichen, die mit der Verlagerung der steuerlichen Rechtszuständigkeit auf den Organträger verbunden sind. Durch den haftungsrechtlichen Zugriff auf das Vermögen der Organgesellschaft sollen bei Zahlungsunfähigkeit des Organträgers nach der Rechtsprechung des BFH Steuerausfälle vermieden werden, die infolge von Vermögensverlagerungen innerhalb des Organkreises entstehen könnten.[238]

115 Für die **Bestimmung des Haftungsumfangs in zeitlicher Hinsicht** kommt es nicht auf steuerliche Entstehungszeitpunkte an (etwa nach § 13 Abs. 1 Nr. 1 lit. a UStG, sog. Soll-

---

233) Seit der Neufassung von § 55 Abs. 4 InsO durch das SanInsFoG m. W. v. 1.1.2021 gilt dieses „Fiskusprivileg" auch in der vorläufigen Eigenverwaltung. Damit erübrigen sich nunmehr die in der Praxis vorgekommenen „Ausweichgestaltungen" (etwa „Zahle und fechte an"), wie der Gesetzgeber selbst feststellt, vgl. ausführlich zur Genese von § 15b Abs. 8 InsO den Bericht d. Ausschusses R/V z. RegE SanInsFoG, BT-Drucks. 19/25353, S. 11 ff.

234) Vgl. zur ertragsteuerlichen Organschaft BFH, Urt. v. 2.11.2022 – I R 29/19, BStBl. II 2023, 405 = ZRI 2023, 149; aus der Lit. etwa *Petersen/Epler* in: Sonnleitner/Witfeld, Insolvenz- und Sanierungssteuerrecht, Kap. 4 Rz. 207 ff. Vgl. ferner in zivilrechtlicher Hinsicht OLG Düsseldorf, Beschl. v. 19.7.2021 – I-3 Wx 152/20, ZIP 2021, 2546 – keine automatische Beendigung eines Beherrschungs- und Gewinnabführungsvertrags bei Eigenverwaltung.

235) Vgl. etwa OFD Frankfurt/M., Vfg. v. 6.9.2023 – S 7105 A-21-St 110.2, Tz. 5, FMNR202301644.

236) Nach der Rspr. des BFH hat § 73 Satz 2 AO für die umsatzsteuerliche Organschaft keine Bedeutung, weil es eine mehrstufige umsatzsteuerliche Organschaft „in diesem Sinne" nicht gibt, vgl. BFH, Urt. v. 5.4.2022 – VII R 18/21, Rz. 29, BStBl. II 2023, 3 = ZRI 2022, 875.

237) Vgl. Gesetz zur weiteren steuerlichen Förderung der Elektromobilität und zur Änderung weiterer steuerlicher Vorschriften, v. 12.12.2019, BT-Drucks. 19/13436, 189; AEAO zu § 73 Tz. 2 Abs. 2; *Specker* in: BeckOK-AO, § 73 Rz. 71 ff.

238) Vgl. BFH, Urt. v. 5.4.2022 – VII R 18/21, Rz. 24, BStBl. II 2023, 3 = ZRI 2022, 875.

Versteuerung: Entstehung „erst“ mit Ablauf des Voranmeldungszeitraums).[239] Der BFH hat sich ausdrücklich von der bis dato im Schrifttum vertretenen Auffassung[240] abgegrenzt, wonach die Haftung der Organgesellschaft für Steuern des Organträgers nur solche Steuern umfasst, die während der Dauer des Organschaftsverhältnisses entstanden sind. Vielmehr dürfte für die umsatzsteuerliche Organschaft nun danach zu fragen sein, ob der jeweilige Umsatz vor oder nach der Beendigung der Organschaft verwirklicht wurde. Der AEAO zu § 73, Tz. 3.2, formuliert diesbezüglich, dass die Steuern „während der zeitlichen Dauer der Organschaft verursacht worden sein“ müssen. Das dürfte inhaltlich mit der Rechtsprechung des BFH sowie der hier vertretenen Auffassung übereinstimmen. Auf die Festsetzung oder Fälligkeit der Steuern kommt es dabei ohnehin nicht an.

Außerdem ist in **sachlicher Hinsicht** für die Bestimmung des Haftungsumfangs zu prüfen, welcher Rechtsträger (Organträger „oben“ oder Organgesellschaft(en) „unten“) die Besteuerungsgrundlagen verwirklicht hat, aus der die – nicht durchsetzbare – Steuerschuld des (früheren) Organträgers resultiert. Dabei ist es umstritten, ob **die „Verteilung“ der Haftungsansprüche** auf Organträger und Organgesellschaft(en) bereits auf Tatbestandsebene von § 73 Satz 1 AO oder „erst“ auf Rechtsfolgenseite (Ermessen, vgl. § 5 AO i. V. m. § 191 Abs. 1 Satz 1 AO) erfolgt.[241] Die Finanzverwaltung begrenzt die Haftung i. R. des Ermessens grundsätzlich auf den Verursachungsbeitrag der Organgesellschaft.[242] 116

Bei der **ertragsteuerlichen** Organschaft ist es nach der Verwaltungsauffassung ermessensgerecht, den Verursachungsbeitrag für die rückständige Steuer des Organträgers nach dem Verhältnis des zugerechneten positiven Einkommens der Organgesellschaft (originäres Organeinkommen) zu der Summe der gesamten zugerechneten positiven Organeinkommen des Organkreises eines Veranlagungszeitraums zu bestimmen. 117

Für den Fall der **umsatzsteuerlichen** Organschaft ist es ermessensgerecht, den Verursachungsbeitrag nach der auf den Außenumsätzen der Organgesellschaft beruhenden Umsatzsteuer abzüglich der bei der Organgesellschaft anfallenden Vorsteuer zu bestimmen.[243] 118

c) § 75 AO (Haftung des Betriebsübernehmers)

Gemäß § 75 Abs. 1 Satz 1 AO haftet der Erwerber eines Unternehmens oder eines Unternehmensteils (in der Regel „Asset Deal“) für Steuern, bei denen sich die Steuerpflicht auf den Betrieb des Unternehmens gründet (sog. Betriebssteuern),[244] sowie für Steuerabzugsbeträge. Dabei müssen die Steuern seit dem Beginn des letzten, vor der Übereignung liegenden Kalenderjahrs entstanden sein und bis zum Ablauf von einem Jahr nach Anmeldung des Betriebs durch den Erwerber festgesetzt oder angemeldet werden. Der Erwerber haftet nur, wenn er alle wesentlichen Grundlagen des Unternehmens oder des Teilbetriebs übernimmt, was einzelfallbezogen zu überprüfen ist.[245] Dabei beschränkt sich die Haftung auf den Bestand des übernommenen Vermögens. Unabhängig davon ist die **Haftung ausgeschlossen,** sofern der **Erwerb „aus einer Insolvenzmasse“** erfolgt (vgl. § 75 Abs. 2 AO). Davon umfasst ist jedenfalls die Übertragung nach Insolvenzeröffnung. Ob und in welchen 119

239) BFH, Urt. v. 5.4.2022 – VII R 18/21, Rz. 27, BStBl. II 2023, 3 = ZRI 2022, 875.

240) Vgl. etwa Klein-*Rüsken*, AO, § 73 Rz 6; Koenig-*Kratzsch*, AO, § 73 Rz. 8 m. w. N.

241) Vgl. zum Streitstand stellvertretend *Specker* in: BeckOK-AO, § 73 Rz. 71 ff.

242) Vgl. AEAO zu § 73 Tz. 3.1.

243) Vgl. AEAO zu § 73 Tz. 3.1.1 und 3.1.2.

244) Vgl. zur Aufzählung von Betriebssteuern AEAO zu § 75, Tz. 4.1 – hierzu zählen insb. USt, LSt, GewSt, KapESt, Abzugsbeträge nach §§ 48, 50a EStG; u. a. nicht ESt und KSt, ErbSt, GrESt, KfZ-Steuer.

245) Vgl. stv. Koenig-*Kratzsch*, AO, § 75 Rz. 24.

Fällen auch der Erwerb i. R. des vorläufigen Insolvenzverfahrens unter den Haftungsausschluss fällt, ist derzeit ungeklärt.[246)]

2. Inanspruchnahme Dritter nach Durchführung eines Insolvenzplanverfahrens

120 Die Finanzverwaltung kann Haftungsschuldner (vgl. §§ 69 ff. AO) nach Durchführung eines Insolvenzplanverfahrens grundsätzlich auch für solche Steuerschulden durch Haftungsbescheid (vgl. §§ 191 Abs. 1, 219 AO) in Anspruch nehmen, die als Insolvenzforderungen nach § 38 InsO zu qualifizieren und damit von den im Insolvenzplan erklärten Forderungsverzichten umfasst sind.[247)] Grund hierfür ist nach der Rechtsprechung des BFH u. a., dass **§ 254 InsO** (Wirkungen des Insolvenzplans) nicht im Verhältnis zum Haftungsschuldner, sondern **nur zwischen den Planbeteiligten** gilt.[248)] Außerdem führt der Insolvenzplan nicht zum Erlöschen der Steuerforderung nach § 47 AO (siehe näher Rz. 88). Schließlich entspricht es der gegenwärtigen Rechtsprechung des BFH, dass einer Inanspruchnahme der – auch im Steuerrecht anerkannte – Grundsatz von „Treu und Glauben" nicht entgegengehalten werden kann, obwohl das Finanzamt dem Insolvenzplan und damit dem „Schuldenschnitt" zugestimmt hat.[249)]

Praxishinweis

Das Ergebnis mag aus insolvenzrechtlicher Sicht überraschen und ist überdies nicht frei von Zweifeln. Aus insolvenzsteuerrechtlicher Perspektive ist es aber zumindest auf der Grundlage der Rechtsprechung konsequent. Ungeachtet dessen kommt im Zuge laufender Sanierungsbemühungen wie auch i. R. der Abwehrberatung zur „Entlastung" der Geschäftsleiter und der damit einhergehenden Planungssicherheit ein Antrag auf Erteilung eines sog. **Haftungsfreistellungsbescheids** (vgl. § 155 Abs. 1 Satz 3 AO analog)[250)] in Betracht.

121 Als **Haftungsschuldner** kommen insbesondere die (ehemaligen) **Organe** (§ 69 AO) des zwischenzeitlich durch Insolvenzplan sanierten Unternehmens in Betracht. Potentiell Haftende sind darüber hinaus (ehemalige) Organgesellschaften (§ 73 AO). Die verschiedenen Haftungstatbestände nach der AO haben unterschiedliche materielle Voraussetzungen, die das Finanzamt i. E. darzulegen hat; darüber hinaus darf die Inanspruchnahme durch Haftungsbescheid nicht ermessensfehlerhaft sein. Steuerliche Haftung ist stets akzessorisch, d. h. es muss eine (unerfüllte) Steuerschuld bestehen. Insofern ist in der Abwehrberatung auch Augenmerk darauf zu legen, ob die vom Finanzamt verfolgte Steuerschuld überhaupt rechtmäßig ist, bevor zu den spezifischen Voraussetzungen des jeweiligen Haftungstatbestands Stellung genommen wird. Dabei ist in verfahrensrechtlicher Hinsicht besonders auf die sog. **Drittwirkung der Steuerfestsetzung** (vgl. § 166 AO) hinzuweisen, die dazu führen kann, dass Haftungsschuldner mit Einwendungen gegen die Steuerschuld („Hauptschuld") präkludiert sind (siehe Rz. 108).

---

246) Vgl. zum Meinungsstand etwa Tipke/Kruse-*Loose*, AO/FGO, § 75 AO Rz. 37, wonach der Unternehmenserwerb vom vorläufigen Insolvenzverwalter richtigerweise ebenfalls zum Haftungsausschluss führen soll.

247) Vgl. AEAO zu § 251, Tz. 11 Abs. 5; Abschn. 61 Abs. 6 Satz 3 ff. VollstrA. Es müssen ungeachtet dessen die Tatbestandsvoraussetzungen des jeweiligen Haftungstatbestands vorliegen, wofür die Finanzverwaltung die Feststellungslast trägt, vgl. stellvertretend Koenig-*Kratzsch*, AO, § 69 Rz. 148.

248) Vgl. BFH, Beschl. v. 15.5.2013 – VII R 2/12, ZIP 2013, 1372 = BeckRS 2013, 95854. Die dem Beschluss nachgehende Verfassungsbeschwerde wurde nicht zur Entscheidung angenommen, vgl. BVerfG, Beschl. v. 12.2.2014 – 1 BvR 2368/13.

249) Vgl. BFH, Beschl. v. 15.5.2013 – VII R 2/12, Rz. 16, ZIP 2013, 1372 = BeckRS 2013, 95854.

250) Vgl. Tipke/Kruse-*Loose*, AO/FGO, § 155 AO Rz. 10 und § 191 AO Rz. 116 – ohne Bezug zu Insolvenzplanverfahren.

Außerdem muss das **Ermessen** beim Erlass eines Haftungsbescheids nach §§ 191 Abs. 1 Satz 1, 219 AO i. V. m. § 5 AO ordnungsgemäß ausgeübt werden. Im Fall einer Haftung nach § 69 AO ist darüber hinaus der partielle Haftungsausschluss aus § 15b Abs. 8 InsO zu berücksichtigen (siehe Rz. 109 ff.). Gegebenenfalls können bereits i. R. eines Insolvenzplanverfahrens Abstimmungen mit den Finanzbehörden getroffen werden, die im Ergebnis eine der Sanierung nachlaufende Inanspruchnahme des Geschäftsführers für solche Steuerschulden ausschließt, auf die keine Insolvenzquote gezahlt wird. 122

C. Sanierungsmaßnahmen im Restrukturierungsplan

I. Schuldenerlass

Entsprechend einem Insolvenzplanverfahren kann eine Finanzbehörde oder eine Gemeinde (hinsichtlich der Gewerbesteuer) auf zwei Arten von den Wirkungen eines Restrukturierungsplans betroffen sein. Eventuell ist der Steuergläubiger mit einem Anspruch aus dem Steuerschuldverhältnis i. S. des § 37 AO selbst Restrukturierungsgläubiger (sog. **„unmittelbare Betroffenheit"**), was in der bisherigen Praxis nur ganz vereinzelt vorgekommen ist. In diesem Fall geht es um verfahrensrechtliche Aspekte, die insbesondere im Zusammenhang mit der Geltendmachung von Steuerforderungen durch das Finanzamt stehen (siehe Rz. 140 ff.). Regelmäßig aber werden durch zivilrechtliche Restrukturierungsmaßnahme „innerhalb" des Restrukturierungsplans Steuerforderungen entstehen (insbesondere infolge von Schuldenerlassen), die zu steuerfreien Sanierungserträgen i. S. von § 3a EStG, § 7b GewStG führen können (sog. **„mittelbare Betroffenheit"**, siehe Rz. 124 ff.). Außerdem kommt es zu umsatzsteuerlichen Auswirkungen (siehe Rz. 131 ff.). 123

1. Ertragsteuerliche Auswirkungen

a) Einführung

Der gestaltende Teil eines Restrukturierungsplans kann verschiedene bilanzielle Restrukturierungsmaßnahmen enthalten. In Betracht kommt etwa ein (teilweiser) Verzicht (ggf. gegen Besserungsschein) auf Restrukturierungsforderungen.[251] Sofern im Restrukturierungsplan nichts anderes bestimmt ist, wird der Schuldner mit der im gestaltenden Teil vorgesehenen Befriedigung der Gläubiger von seinen restlichen Verbindlichkeiten aus den in den Plan einbezogenen Restrukturierungsforderungen und Absonderungsanwartschaften befreit (vgl. § 11 Satz 1 StaRUG). In diesem Fall werden die Verbindlichkeiten zu sog. „Naturalobligationen" in Form von unvollkommenen Verbindlichkeiten (im Zusammenhang mit einem Insolvenzplan siehe Rz. 88).[252] Die Auswahl an zivilrechtlichen Sanierungsinstrumenten ist vielfältig. Die genannten Maßnahmen führen zu **(steuer-)bilanziellen Auswirkungen**, da die jeweils betroffene Verbindlichkeit beim Schuldner in der entsprechenden Höhe ertragswirksam auszubuchen ist. Steuerlich kommt es zu einem „Buchgewinn", der die steuerliche Bemessungsgrundlage erhöht und mithin zu einer Steuerschuld führt (soweit keine (werthaltige) Einlage vorliegt). Der Buchgewinn entsteht erst aufgrund bzw. infolge eines Restrukturierungsplans. Daher kann die **Steuerschuld auf Sanierungserträge nicht** ihrerseits (auch) **Gegenstand des Restrukturierungsplans** sein.[253] Denn die Steuerschuld ist 124

251) Daneben sind Rangrücktritte denkbar, für die das Passivierungsverbot aus § 5 Abs. 2a EStG greift (sog. „gescheiterte" Rangrücktritte). Außerdem können Debt-Equity-Swaps (hinsichtlich des nicht mehr werthaltigen Teils) als Schuldenerlass i. S. des § 3a Abs. 1 Satz 1 EStG qualifiziert werden.

252) Vgl. stellvertretend *Fridgen* in: BeckOK-StaRUG, § 11 Rz. 13; Pannen/Riedemann/Smid-*Smid*, StaRUG, § 11 Rz. 7 ff., 10 ff.; *Witfeld/Sonnleitner* in: Sonnleitner/Witfeld, Insolvenz- und Sanierungssteuerrecht, Kap. 9 Rz. 97.

253) Vgl. Jacoby/Thole-*Hofmann*, StaRUG, § 2 Rz. 11; *Kahlert*, NWB 2023, 681, 690; Uhlenbruck-*Mock*, InsO, § 2 StaRUG Rz. 13; *Skauradszun* in: BeckOK-StaRUG, § 2 Rz. 47.

nach einem Ereignis gemäß § 2 Abs. 5 StaRUG (Unterbreitung des Planangebots, Zeitpunkt der Antragstellung bei gerichtlichem Planabstimmungsverfahren oder Stabilisierungsanordnung) begründet.[254)] Insofern ist es für den Sanierungserfolg von wesentlicher Bedeutung, ob der Buchgewinn als steuerfreier Sanierungsertrag gemäß § 3a Abs. 1 Satz 1 EStG i. V. m. § 8 Abs. 1 KStG, § 7b GewStG qualifiziert.

125 Die im Restrukturierungsplan enthaltenen Maßnahmen sollten i. E. auf ihre steuerlichen Folgen geprüft werden. Wegen derzeit bestehender Rechtsunsicherheiten wird die **Einholung einer verbindlichen Auskunft** im Vorhinein in vielen Fällen zu empfehlen sein,[255)] um auch in steuerlicher Hinsicht **Rechts- und Planungssicherheit** zu erlangen („Tax Certainty") und eine unerkannte oder unerwünschte Steuerschuld zu vermeiden, die eventuell erst im Nachgang zur Durchführung der Sanierungsmaßnahmen von der Finanzverwaltung (etwa infolge einer Betriebsprüfung) durchgesetzt wird. Insofern gelten die Ausführungen oben (siehe bei Rz. 98) entsprechend (einschließlich der in zeitlicher Hinsicht zu beachtenden Aspekte).

Praxishinweis

Wie bei einem Insolvenzplan kann auch i. R. eines Restrukturierungsplans die Erteilung einer positiven verbindlichen Auskunft als Planbedingung (vgl. § 62 StaRUG) aufgenommen werden.[256)]

b) Anwendbarkeit von § 3a EStG, § 7b GewStG (steuerfreie Sanierungserträge)

126 Der Gesetzgeber hat in der Begründung zur Einführung von § 3a EStG ausdrücklich auf den „Richtlinienvorschlag der EU-Kommission vom 22. November 2016 (COM(2016)723 final über präventive Restrukturierungsrahmen" Bezug genommen.[257)] Insbesondere mit Blick hierauf ist es – soweit ersichtlich – einhellige Auffassung, dass § 3a EStG, § 7b GewStG grundsätzlich auch bei Buchgewinnen i. R. eines Restrukturierungsplans nach dem StaRUG zur Anwendung kommen.[258)]

127 Ob die Tatbestandsvoraussetzungen der **unternehmensbezogenen Sanierung** i. S. des § 3a Abs. 2 EStG vorliegen, ist im Einzelfall zu prüfen. Eine unternehmensbezogene Sanierung liegt vor, wenn der Steuerpflichtige auf den Zeitpunkt des Schuldenerlasses (i) die Sanierungsbedürftigkeit und (ii) die Sanierungsfähigkeit des Unternehmens, (iii) die Sanierungseignung des betrieblich begründeten Schuldenerlasses und (iv) die Sanierungsabsicht der Gläubiger nachweist (§ 3a Abs. 2 EStG; siehe dazu näher Rz. 22 ff.).

254) Vgl. *Witfeld/Sonnleitner* in: Sonnleitner/Witfeld, Insolvenz- und Sanierungssteuerrecht, Kap. 9 Rz. 105.

255) Vgl. etwa Seibt/Westphal-*Ruoff/Franz*, StaRUG, Anh. Steuerrecht Rz. 1.

256) Vgl. etwa AG Hamburg, Beschl. v. 12.4.2021 – 61a RES 1/21, ZIP 2021, 1354, 1355 = ZRI 2021, 473; dazu auch *Grau/Pohlmann/Radunz*, NZI 2021, 522, 526; *Gläser/Kosik*, Sanieren 2021, 232, 233. Vgl. ferner den Hinweis auf die Einholung einer verbindlichen Auskunft als Planbedingung in der Checkliste des BMJ nach § 16 StaRUG, S. 23 unter C. V. 4. (Stand: 14.7.2022), abrufbar unter https://www.bmj.de/SharedDocs/Downloads/DE/Themen/Nav_Themen/2022_Checkliste_Unternehmensstabilisierungs_und_restrukturierungsgesetzes_StaRUG.pdf?__blob=publicationFile&v=3 (Abrufdatum: 25.7.2025).

257) Vgl. Beschlussempfehlung und Bericht d. FA z. Gesetz gegen schädliche Steuerpraktiken, BT-Drucks. 18/12128, S. 31.

258) Vgl. etwa *v. d. Bussche*, SanB 2020, 106; *Fischer*, NZI Beilage z. Heft 5/2021, S. 69, 71; Herrmann/Heuer/Raupach-*Hallerbach*, EStG/KStG, § 3a EStG Rz. 13; *Kahlert/Kayser/Bornemann*, Perspektiven für eine kohärente und praxisgerechte Verzahnung von Steuerrecht und Insolvenzrecht, Rz. 631; *Skauradszun* in: BeckOK-StaRUG, § 2 Rz. 46 ff.; *Skauradszun*, Ubg 2020, 161, 162; *Skauradszun/Kwauka*, DStR 2020, 953, 954 f.; *Uhländer*, DB 2021, 16, 19; *Uhländer* in: Kübler/Bork/Prütting, HRI I, § 44 Rz. 148; *Witfeld/Sonnleitner* in: Sonnleitner/Witfeld, Insolvenz- und Sanierungssteuerrecht, Kap. 9 Rz. 106; *Witfeld*, WPg 2025, 446, 448.

Falls die Voraussetzungen für die Aufstellung eines Restrukturierungsplans nach dem StaRUG vorliegen, ist das Unternehmen regelmäßig **sanierungsbedürftig.**[259)] Denn hierfür reicht insbesondere die drohende Zahlungsunfähigkeit nach § 18 Abs. 2 InsO i. V. m. § 29 Abs. 1 StaRUG aus. Die Merkmale der **Sanierungsfähigkeit** und der **Sanierungseignung** stehen in einem untrennbaren Zusammenhang. Sie ergeben sich aus dem darstellenden Teil des Restrukturierungsplans und der Erklärung zur Bestandsfähigkeit des Schuldners i. S. des § 14 Abs. 1 StaRUG. Die Sanierungsfähigkeit muss auf Basis betriebswirtschaftlicher Prognosen dokumentiert werden (positive Fortführungsprognose auf Basis der umzusetzenden Sanierungsmaßnahmen).[260)] Die vorstehenden Merkmale ergeben sich regelmäßig auch aus einem Sanierungsgutachten (nach den Grundsätzen des IDW S 6), auf das gegenüber den Finanzbehörden verwiesen werden kann. Außerdem folgt nach der hier vertretenen Auffassung auch aus der **Bestätigung des Restrukturierungsplans,** dass der Schuldenerlass sanierungsgeeignet i. S. des § 3a Abs. 2 EStG ist. Schließlich sollte bei einem auf Erhalt des Unternehmens ausgerichteten Restrukturierungsplan auch die Sanierungsabsicht der Restrukturierungsgläubiger bzw. des „Teilkollektivs" der Gläubiger regelmäßig unterstellt werden können.[261)] Das sollte auch, dann gelten, wenn einzelne Gläubiger überstimmt werden; insofern ist auf die **Sanierungsabsicht des „Teilkollektivs"** der in den Restrukturierungsplan einbezogenen Gläubiger abzustellen (siehe Rz. 30 ff.).[262)] 128

Praxishinweis

Es bietet sich an, im Restrukturierungsplan ausreichende Dokumentationsvorsorge für die Tatbestandsvoraussetzungen von § 3a Abs. 2 EStG zu betreiben. Finanzgerichtliche Rechtsprechung oder eine (veröffentlichte) Verwaltungsauffassung zur Steuerfreiheit von Sanierungserträgen im Zusammenhang mit einem Restrukturierungsplan liegen, soweit ersichtlich, derzeit nicht vor. Ein Sanierungsgutachten (nach den Grundsätzen des IDW S 6) ist regelmäßig hilfreich und zur Nachweisführung gegenüber den Finanzbehörden empfehlenswert.

Soweit im Restrukturierungsplan auf **Forderungen von Gesellschaftern** verzichtet wird, gelten die Ausführungen zur Frage der „betrieblichen Begründung" des Schuldenerlasses i. R. eines Insolvenzplans (siehe bei Rz. 35 ff.) für den Restrukturierungsplan sinngemäß. Falls neben den Gesellschaftern auch weitere Gläubiger **proportional oder sogar überproportional** auf Ihre Forderungen verzichten, sind die Schuldenerlasse der Gesellschafter-Gläubiger ebenfalls i. S. des § 3a Abs. 2 EStG betrieblich begründet. Falls aber die Sanierungsbeiträge der Gesellschafter-Gläubiger über diejenigen der übrigen Gläubiger hinausgehen (was regelmäßig der Fall ist), kann das hinsichtlich der Gesellschafterverbindlichkeit für eine „Veranlassung im Gesellschaftsverhältnis" sprechen mit der Folge, dass insoweit keine steuerfreien Sanierungserträge vorliegen. Nach hier vertretener Auffassung kann die „Quote" des Verzichts im Ergebnis keinen Unterschied machen, solange es sich um einen Gläubigerakkord handelt. Diese Rechtsfrage ist derzeit allerdings i. E. ungeklärt und streitanfällig, sodass sie im Vorhinein mit der Finanzverwaltung verbindlich abgestimmt werden sollte (verbindliche Auskunft, siehe dazu Rz. 125). 129

259) Vgl. *Maschlanka/Mauel* in: Schneider/Linkert/v. Buchwaldt, Hdb. zum neuen Sanierungsrecht, Rz. 1299; ferner zur drohenden Zahlungsunfähigkeit BFH, Urt. v. 14.3.1990 – I R 129/85, LS 1, BStBl. II 1990, 955 = ZIP 1991, 1083; *Bleschick* in: BeckOK-EStG, § 3a Rz. 285; Kirchhof/Seer-*Seer*, EStG, § 3a Rz. 20.

260) *Denkhaus/Ziegenhagen* in: Denkhaus/Ziegenhagen, Unternehmenskauf in Krise und Insolvenz, Rz. 1053.

261) Vgl. *Bleschick* in: BeckOK-EStG, § 3a Rz. 238 – „(gewichtiges) Indiz"; Kirchhof/Seer-*Seer*, EStG, § 3a Rz. 27. Weitgehender *Kahlert*, NWB 2022, 3394, 3404 – „Unwiderlegliche Beweisanzeigen für die Erfüllung des Tatbestandsmerkmals in § 3a Abs. 2 EStG". Insgesamt sind an das Vorliegen der Sanierungsabsicht keine strengen Anforderungen zu stellen (s. oben Rz. 30 ff.).

262) Vgl. Kirchhof/Seer-*Seer*, EStG, § 3a Rz. 27.

Praxishinweis

Insbesondere bei der Sanierung von Konzernen mit mehreren von finanzwirtschaftlichen Maßnahmen betroffenen Gesellschaften gibt es eine Vielzahl steuerlicher Implikationen zu beachten. Das gilt bspw. bei dem **Verzicht auf Intercompany-Darlehen** (siehe dazu Rz. 35, 129). Darüber hinaus ist besonderes Augenmerk auf ertragsteuerliche Organschaften zu legen. Es ist zum Teil zu beobachten, dass der (jeweilige) Gewinnabführungsvertrag nicht tatsächlich durchgeführt, d. h. etwa ein Verlustübernahmeanspruch vom Organträger nicht erfüllt worden ist (vgl. § 14 Abs. 1 Nr. 3 Satz 1 Halbs. 2 KStG). Nach einer in der Praxis von der Finanzverwaltung vertretenen Auffassung muss die Erfüllung zeitnah erfolgen (innerhalb von drei bis zwölf Monaten, wohl erst nach Erstellung des Jahresabschlusses der Organgesellschaft)[263], andernfalls scheitert die Organschaft (ggf. mit Rückwirkung). Anstatt der Erfüllung durch Zahlung ist grundsätzlich auch die Umwandlung in ein Darlehen möglich, sofern es werthaltig ist (Novation). Gerade bei einem zu bereinigenden Intercompany-Darlehen, dessen Rückgewähranspruch sich gegen die Organgesellschaft richtet, kann bei bislang unerfülltem Verlustausgleichsanspruch eine Aufrechnung möglich sein, sofern der Gegenanspruch werthaltig ist (was in der Praxis auch in Sanierungsfällen argumentiert werden kann). Es sollten alle kritischen steuerlichen Themen „gesammelt" und idealiter i. R. eines einheitlichen Auskunftsantrags beim Finanzamt abgefragt werden. Schließlich ist bei Organschaftsfällen und Sanierungserträgen § 15 Satz 1 Nr. 1a KStG zu beachten.

c) Rechtsfolgen der Steuerfreiheit von Sanierungserträgen

130 Wegen der Rechtsfolgen der Steuerfreiheit von Sanierungserträgen gelten die Ausführungen zum Insolvenzplan sinngemäß (siehe bei Rz. 47 ff.).

2. Umsatzsteuerliche Auswirkungen

a) Ausgangsumsätze

131 Soweit Umsätze bereits **vor einem in § 2 Abs. 5 StaRUG genannten Zeitpunkt** (Unterbreitung des Planangebots, Zeitpunkt der Antragstellung bei gerichtlichem Planabstimmungsverfahren oder Stabilisierungsanordnung) ausgeführt wurden, hat der Schuldner keine *erste* Berichtigung wegen „rechtlicher" Uneinbringlichkeit gemäß § 17 Abs. 2 Nr. 1 UStG vorzunehmen. Die Grundsätze der sog. „Dezember-Rechtsprechung" des BFH (oder auch sog. „Doppelberichtigungsrechtsprechung")[264] finden im Restrukturierungsverfahren nach dem StaRUG keine Anwendung.[265] Insofern liegt eine **Abweichung** zur Rechtslage i. R. eines Insolvenzverfahrens vor.[266]

b) Eingangsumsätze

aa) Entstehung einer Vorsteuerberichtigung (§ 17 Abs. 1 Satz 2 i. V. m. § 17 Abs. 2 Nr. 1 UStG)

132 Der Schuldner kann sowohl vor als auch nach einem in § 2 Abs. 5 StaRUG genannten Zeitpunkt (Unterbreitung des Planangebots, Zeitpunkt der Antragstellung bei gerichtlichem

---

263) I. E. hoch umstritten, vgl. nur Rödder/Herlinghaus/Neumann-*Rödder/Liekenbrock*, KStG, § 14 Rz. 321; *Ebber* in: BeckOK-KStG, § 14 Rz. 425.

264) Begründet durch BFH, Urt. v. 9.12.2010 – V R 22/10, BStBl. II 2011, 996 – „Soll-Versteuerung"; fortgeführt und erweitert durch BFH, Urt. v. 24.11.2011 – V R 13/11, BStBl. II 2012, 298 = ZVI 2012, 20 – „Abkürzung des Besteuerungszeitraums"; BFH, Urt. v. 24.9.2014 – V R 48/13, BStBl. II 2015, 506 – „Anwendung von § 55 Abs. 4 InsO"; BFH, Urt. v. 1.3.2016 – XI R 21/14, BStBl. II 2016, 756 – „starker vorläufiger Insolvenzverwalter"; BFH, Beschl. v. 6.9.2016 – V B 52/16, BFH/NV 2017, 67 – „Bestätigung der Doppelberichtigungs-Rspr."; BFH, Urt. v. 27.9.2018 – V R 45/16, BStBl. II 2019, 356 – „eröffnetes Eigenverwaltungsverfahren". Zur grundlegenden Kritik an der Doppelberichtigungs-Rspr. vgl. etwa *Witfeld*, Das Umsatzsteuerverfahren und die Insolvenz, S. 224 ff.; *Mocker*, Der Staat als Umsatzsteuergläubiger im Insolvenzverfahren, S. 241 ff.; ferner aus Periodika in jüngerer Zeit etwa *Adam*, UR 2020, 492 ff.

265) So auch *Eisolt/Wolters*, ZInsO 2021, 1058, 1062.

266) Vgl. näher *Witfeld/Sonnleitner* in: Sonnleitner/Witfeld, Insolvenz- und Sanierungssteuerrecht, Kap. 9 Rz. 117 ff.

Planabstimmungsverfahren oder Stabilisierungsanordnung) Eingangsumsätze bezogen haben und im laufenden Sanierungsverfahren weiterhin beziehen. Diesbezüglich kann er unter den Voraussetzungen von § 15 UStG einen **Vorsteuerabzug** geltend machen (im Fall von steuerpflichtigen Lieferungen und sonstigen Leistungen). Sofern ein Vorsteuerabzug bereits vor einem der genannten Zeitpunkte erfolgt ist, können im Zusammenhang mit dem Restrukturierungsverfahren (steuererhöhende) **Vorsteuerberichtigungen** erforderlich sein. Denn soweit der Schuldner das Entgelt noch nicht gezahlt hat, kann (tatsächliche) Uneinbringlichkeit gemäß § 17 Abs. 1 Satz 2 i. V. m. § 17 Abs. 2 Nr. 1 UStG vorliegen. Als Anknüpfungspunkt für eine Vorsteuerberichtigung bei steuerpflichtigen Umsätzen kommen drei Zeitpunkte in Betracht:

(1) Drohende Zahlungsunfähigkeit (§ 29 Abs. 1 StaRUG) und Anzeige des Restrukturierungsvorhabens (§ 31 StaRUG)

Nach der hier vertretenen Auffassung dürfte zu diesem Zeitpunkt keine **Uneinbringlichkeit** nach § 17 Abs. 2 Nr. 1 UStG vorliegen.[267] Denn nach der Rechtsprechung des BFH[268] führt allenfalls die Zahlungsunfähigkeit zur Annahme einer Uneinbringlichkeit, nicht hingegen die „lediglich" drohende Zahlungsunfähigkeit.[269] 133

(2) Stabilisierungsanordnung (§ 49 Abs. 1 Nr. 1 StaRUG)

Soweit das Restrukturierungsgericht hinsichtlich bestimmter Gläubiger eine Stabilisierungsanordnung in Form einer **Vollstreckungssperre** anordnet, sind Maßnahmen der Zwangsvollstreckung gegen den Schuldner untersagt bzw. einstweilen einzustellen (vgl. § 49 Abs. 1 Nr. 1 StaRUG). Der jeweilige Gläubiger ist also zumindest zeitweise nicht mehr in der Lage, seinen Anspruch gegen den Schuldner durchzusetzen. Nach der hier vertretenen Auffassung dürfte eine **Vorsteuerberichtigung** mit der Folge einer entsprechenden Erhöhung der Umsatzsteuerschuld durchzuführen sein.[270] Das gilt jedenfalls insoweit, wie die erfassten Forderungen von einem später bestätigten Restrukturierungsplan erfasst sind. Denn Forderungen sind nach der Rechtsprechung des BFH grundsätzlich dann uneinbringlich, wenn sie der Schuldner (Leistungsempfänger) nicht erfüllt und bei objektiver Betrachtung damit zu rechnen ist, dass der Gläubiger (leistender Unternehmer) die Entgeltforderung (ganz oder teilweise) jedenfalls **auf absehbare Zeit** nicht durchsetzen kann.[271] In diesem Fall dürfte es zumindest im Ergebnis unerheblich sein, dass die Stabilisierungsanordnung nicht „auf Dauer" angeordnet werden kann, sondern maximal acht Monate betragen darf (vgl. § 53 Abs. 3 Satz 1 StaRUG). In der finanzgerichtlichen Rechtsprechung ist der Fall des StaRUG, soweit ersichtlich, bislang nicht behandelt und eine veröffentliche Verwaltungsauffassung liegt derzeit nicht vor. 134

(3) Restrukturierungsplan

Sofern Gläubiger in einem Restrukturierungsplan auf Verbindlichkeiten verzichten, für die der Schuldner Vorsteuer gezogen hat, ist beim Schuldner entsprechend der Höhe des Verzichts eine (steuererhöhende) Vorsteuerberichtigung vorzunehmen (§ 17 Abs. 1 Satz 2 135

---

267) So auch Seibt/Westphal-*Ruoff/Franz*, StaRUG, Anh. Steuerrecht Rz. 10.

268) Vgl. BFH, Urt. v. 8.8.2013 – V R 18/13, Rz. 40, BStBl. II 2017, 543.

269) Vgl. Flöther-*Denkhaus/v. d. Bussche*, StaRUG, Anh. C Rz. 25; *Witfeld/Sonnleitner* in: Sonnleitner/Witfeld, Insolvenz- und Sanierungssteuerrecht, Kap. 9 Rz. 122.

270) Ebenso *Eisolt/Wolters*, ZInsO 2021, 1058, 1062; *v. d. Bussche*, SanB 2020, 106, 107; **a. A.** *Wollring/Passecker*, ZRI 2022, 308, 314.

271) Vgl. BFH, Beschl. v. 10.3.1983 – V B 46/80, BStBl. II 1983, 389; BFH, Urt. v. 22.4.2004 – V R 72/03, BStBl. II 2004, 684; BFH, Urt. v. 20.7.2006 – V R 13/04, BStBl. II 2007, 22.

i. V. m. § 17 Abs. 2 Nr. 1 UStG). Denn insoweit liegt (tatsächliche) Uneinbringlichkeit vor.[272] Falls und soweit bereits eine Stabilisierungsanordnung vorlag, hatte die Berichtigung nach hier vertretener Auffassung (siehe Rz. 134) schon zu diesem Zeitpunkt zu erfolgen; sie ist nicht „doppelt" durchzuführen.

bb) Vorsteuerberichtigung als Teil des Restrukturierungsplans?

136 Soweit im Restrukturierungsplan auf Forderungen verzichtet wird, denen umsatzsteuerpflichtige Leistungen zugrunde liegen, führt dies beim Schuldner regelmäßig zu (umsatzsteuererhöhenden) Vorsteuerberichtigungen. Die Vorsteuerberichtigung ist für den Voranmeldungszeitraum (in der Regel monatlich) vorzunehmen, in dem die tatsächliche Uneinbringlichkeit eintritt (zu den verschiedenen Zeitpunkten siehe Rz. 133 ff.). Das heißt, dass die aus der Vorsteuerberichtigung resultierende Umsatzsteuerschuld grundsätzlich[273] vom Schuldner am zehnten Tag nach Ablauf des Voranmeldungszeitraums zu entrichten ist (bei Dauerfristverlängerung einen Monat später), nachdem eine Stabilisierungsanordnung vorlag oder der Restrukturierungsplan bestätigt wurde.

137 Die aus der beschriebenen Vorsteuerberichtigung resultierende Umsatzsteuerschuld kann grundsätzlich nicht Teil des Restrukturierungsplans und eines damit einhergehenden Verzichts sein (zur grundsätzlich möglichen Qualifikation von Ansprüchen aus dem Steuerschuldverhältnis als gestaltbares Rechtsverhältnis i. S. des § 2 StaRUG siehe Rz. 140 ff.).[274] Denn sie ist (insoweit) **keine Restrukturierungsforderung gemäß § 2 Abs. 1 Nr. 1 StaRUG**, da sie nach hier vertretener Auffassung nicht vor einem der in § 2 Abs. 5 StaRUG genannten Zeitpunkte begründet worden sein kann (zur Auslegung der „Begründetheit" i. S. des § 2 Abs. 1 Nr. 1 StaRUG siehe Rz. 145 ff.). Die Voraussetzungen der Vorsteuerberichtigung(en) entstehen eine „logischen Sekunde" **nach Eintritt der Gestaltungswirkungen** des Restrukturierungsplans (vgl. § 67 StaRUG). Für die Annahme, dass die steuerrechtlichen Voraussetzungen aus § 17 Abs. 1 Satz 2 i. V. m. § 17 Abs. 2 Nr. 1 UStG schon vorher vorliegen und zu einer entsprechenden „Begründetheit" führen können, fehlt es an einem (zivilrechtlichen) Anknüpfungspunkt. Die Annahme einer **bedingten Restrukturierungsforderung** i. S. des § 3 Abs. 1 StaRUG ist nach hier vertretener Auffassung ungeachtet der Frage nach der Bezifferung der Umsatzsteuerforderung ebenfalls nicht möglich.[275]

138 In den Fällen, in denen bereits vor der Bestätigung des Restrukturierungsplans eine Vollstreckungssperre nach § 49 Abs. 1 Nr. 1 StaRUG angeordnet worden ist **(Stabilisierungsanordnung)**, dürfte nichts anderes gelten. Auch in diesem Fall kann die Vorsteuerberichtigung also nicht Teil des Restrukturierungsplans sein.[276] Denn für die Frage, wann der Vorsteuerberichtigungsanspruch begründet ist, ist auf den Zeitpunkt der Erstanord-

---

272) Vgl. *Witfeld/Sonnleitner* in: Sonnleitner/Witfeld, Insolvenz- und Sanierungssteuerrecht, Kap. 9 Rz. 126.

273) Ausnahme insbesondere bei gewährter Dauerfristverlängerung, vgl. § 46 UStDV.

274) Vgl. *Eisolt/Wolters*, ZInsO 2021, 1058, 1059; *v. d. Bussche*, SanB 2020, 106, 107; *Kahlert/Kayser/Bornemann*, Perspektiven für eine kohärente und praxisgerechte Verzahnung von Steuerrecht und Insolvenzrecht, Rz. 637; Seibt/Westphal-*Ruoff/Franz*, StaRUG, Anh. Steuerrecht Rz. 10; *Witfeld/Sonnleitner* in: Sonnleitner/Witfeld, Insolvenz- und Sanierungssteuerrecht, Kap. 9 Rz. 137.

275) **A. A.** *Wollring/Passecker*, ZRI 2022, 308, 314. Auch eine Anlehnung an die Fallgruppe der „noch nicht entstandenen Steuerforderungen" i. R. von § 191 InsO (vgl. dazu etwa *Kebekus/Schwarzer* in: MünchKomm-InsO, § 191 Rz. 7) ist nicht möglich, da der Vorsteuerberichtigungsanspruch noch nicht vor dem Eintritt der Gestaltungswirkungen des Restrukturierungsplans begründet ist.

276) Umstr., wie hier wohl auch *Maschlanka/Mauel* in: Schneider/Linkert/v. Buchwaldt, Hdb. zum neuen Sanierungsrecht, Rz. 1305. **A. A.** Flöther-*Denkhaus/v. d. Bussche*, StaRUG, Anh. C Rz. 25 – Vorsteuerberichtigung kann vom Restrukturierungsplan erfasst sein, sofern die Steuerforderung zum Zeitpunkt der Vorlage des Restrukturierungsplans bereits der Höhe nach bestimmbar ist oder festgesetzt wurde; *v. d. Bussche*, SanB 2020, 106, 107; tendenziell wohl auch *Prusko* in: MünchKomm-StaRUG, § 2 Rz. 136. Offen Seibt/Westphal-*Ruoff/Franz*, StaRUG, Anh. Steuerrecht Rz. 32.

nung der Stabilisierungsanordnung abzustellen (vgl. § 2 Abs. 5 Satz 2 StaRUG).[277] Stellt man sich vor, dass die Kaufpreisforderung eines Gläubigers von der Vollstreckungssperre erfasst ist, dürfte die Vorsteuerberichtigung der Stabilisierungsanordnung des Restrukturierungsgerichts (eine „logische Sekunde" später) nachfolgen (siehe Rz. 134). Das heißt auch, dass die entsprechende Umsatzsteuerforderung aus der Vorsteuerberichtigung erst nach dem maßgeblichen Zeitpunkt in § 2 Abs. 5 Satz 1 f. StaRUG begründet worden ist.[278]

Ein **Billigkeitserlass** (vgl. §§ 163, 227 AO) hinsichtlich der durch Vorsteuerberichtigung ausgelösten Umsatzsteuerforderung dürfte regelmäßig nicht in Betracht kommen.[279] Ob und unter welchen Voraussetzungen eine Vorsteuerberichtigung auch vorzunehmen ist, falls der Zahlungsanspruch des Gläubigers vor einem Zeitpunkt gemäß § 2 Abs. 5 StaRUG in ein Darlehen umgewandelt wird, ist derzeit in der Rechtsprechung nicht geklärt.[280] Ob eine **Novation** die Vorsteuerberichtigung und eine damit einhergehende Umsatzsteuerzahllast verhindern kann, sollte wegen bestehender Rechtsunsicherheiten durch verbindliche Auskunft (siehe oben Rz. 125) im Vorhinein mit der Finanzverwaltung abgestimmt werden. 139

II. Verfahrensrechtliche Aspekte

1. Geltendmachung von Steuerforderungen durch das Finanzamt

a) Keine Unterbrechung des Besteuerungsverfahrens durch das StaRUG

Während eines Restrukturierungsverfahrens richtet sich die Festsetzung von Steueransprüchen nach den allgemeinen Grundsätzen.[281] Anders als bei Insolvenzverfahren kommt es bei Verfahren nach dem StaRUG **nicht zu einer generellen Unterbrechung des Besteuerungsverfahrens;**[282] insbesondere findet § 240 ZPO (analog) keine Anwendung. Das Finanzamt darf also bspw. (weiterhin) belastende Steuerbescheide gegenüber dem Schuldner bekannt geben oder frühere Steuerbescheide ändern (zu den Auswirkungen einer Stabilisierungsanordnung nach § 49 Abs. 1 Nr. 1 StaRUG siehe sogleich). Außerdem kommt es im Restrukturierungsverfahren nach dem StaRUG mangels eigenständiger Vermögensmassen nicht zu einer Trennung von Unternehmensteilen, womit u. a. die Erteilung einer neuen Steuernummer nicht erforderlich ist.[283] Schließlich kennt das StaRUG keine dem § 171 Abs. 13 AO (Ablaufhemmung bei Tabellenanmeldung einer noch nicht festgesetzten Steuer im Insolvenzverfahren) vergleichbare Vorschrift. 140

b) Auswirkungen einer Stabilisierungsanordnung (49 Abs. 1 Nr. 1 StaRUG)

Die Auswirkungen einer Stabilisierungsanordnung nach § 49 Abs. 1 Nr. 1 StaRUG (**„Vollstreckungssperre"**) auf das Besteuerungsverfahren sind derzeit i. E. ungeklärt. Die finanzgerichtliche Rechtsprechung sowie die Verwaltungsauffassung zu § 80 Abs. 1, §§ 87, 89 141

---

277) Vgl. dazu generell Seibt/Westphal-*Herding/Krafczyk*, StaRUG, § 2 Rz. 263, 267; *Skauradszun* in: BeckOK-StaRUG, § 2 Rz. 115 f.

278) Vgl. zu alledem bereits *Witfeld/Sonnleitner* in: Sonnleitner/Witfeld, Insolvenz- und Sanierungssteuerrecht, Kap. 9 Rz. 136 m. w. N.

279) Vgl. Seibt/Westphal-*Ruoff/Franz*, StaRUG, Anh. Steuerrecht Rz. 10.

280) Vgl. hierzu bereits *Kahlert/Kayser/Bornemann*, Perspektiven für eine kohärente und praxisgerechte Verzahnung von Steuerrecht und Insolvenzrecht, Rz. 609; ferner *Witfeld/Sonnleitner* in: Sonnleitner/Witfeld, Insolvenz- und Sanierungssteuerrecht, Kap. 9 Rz. 125; außerdem *Meyer* in: BeckOK-UStG, § 17 Rz. 77.15 m. w. N. aus der Rspr. des BFH (BFH, Urt. v. 13.1.2005 – V R 21/04, BFH/NV 2005, 928) sowie der Finanzgerichte (FG Hamburg, Beschl. v. 2.9.2013 – 2 V 119/13, juris; FG Köln, Urt. v. 14.11.2013 – 15 K 2659/10, EFG 2014, 601; FG München, Beschl. v. 7.10.2008 – 14 V 2772/08, juris).

281) Vgl. *Uhländer* in: Kübler/Bork/Prütting, HRI I, § 44 Rz. 4 ff.

282) Vgl. *Uhländer*, DB 2021, 1027, 1031.

283) Vgl. *Witfeld/Sonnleitner* in: Sonnleitner/Witfeld, Insolvenz- und Sanierungssteuerrecht, Kap. 9 Rz. 71 f.

InsO sind nicht übertragbar. Eine Vollstreckungssperre kann auch Steuerforderungen umfassen, da diese nicht gemäß § 49 Abs. 2, § 4 StaRUG ausgenommen sind (zur Qualifikation von Steuerforderungen als „Restrukturierungsforderungen“ siehe Rz. 143 ff.).[284] Falls eine **Finanzbehörde Adressat der Vollstreckungssperre** ist, dürfte dies zum Wegfall der Vollstreckungsvoraussetzungen nach § 257 Abs. 1 Nr. 1 AO i. V. m. § 251 Abs. 1 Satz 1 AO führen. Steuerbescheide können daher zwar noch erlassen, aber nicht mehr vollstreckt werden. Mit anderen Worten greift die Vollstreckungssperre in steuerverfahrensrechtlicher Hinsicht (erst) auf Ebene des Vollstreckungsverfahrens nach §§ 249 ff. AO. Sofern die Finanzbehörde gleichwohl vollstreckt, ist dies rechtswidrig, aber nicht gemäß § 125 AO nichtig. Die Überprüfung von finanzbehördlichen Maßnahmen kann durch Einspruch erfolgen.[285]

142 Es ist derzeit ungeklärt, ob die Vollstreckungssperre nach § 49 Abs. 1 Nr. 1 InsO aus Sicht der Finanzbehörden „automatisch“ zu einem **Aufrechnungsverbot** führt oder das Gericht zur Anordnung befugt ist.[286] Nach hier vertretener Auffassung dürfte ein Aufrechnungsverbot jedenfalls nicht von Gesetzes wegen bestehen.[287] Allerdings ist die Aufrechnung unzulässig, sobald die Wirkungen des Restrukturierungsplans (siehe Rz. 96 f.) eintreten.

c) Qualifikation von Steuerforderungen als „Restrukturierungsforderungen“

aa) Anwendungsbereich

143 Auch öffentlich-rechtliche Steuerforderungen fallen grundsätzlich in den Anwendungsbereich der „Restrukturierungsforderungen“ i. S. des § 2 Abs. 1 Nr. 1 StaRUG. Das ist zwar derzeit in der finanzgerichtlichen Rechtsprechung nicht geklärt, entspricht aber richtigerweise der ganz herrschenden Auffassung in der Literatur.[288] Der Steuergläubiger kann damit als „einfacher Restrukturierungsgläubiger“ (vgl. § 9 Abs. 1 Nr. 2 StaRUG) in den Restrukturierungsplan einbezogen werden. Dabei hat die Auswahl der Finanzbehörden als Planbetroffener nach sachgerechten Kriterien zu erfolgen (vgl. § 8 StaRUG). Auch Steuerforderungen einer ausländischen Finanzbehörde können durch den Restrukturierungsplan gestaltet werden.[289] Hierfür spricht eine Vielzahl von Argumenten, insbesondere ein Umkehrschluss aus § 4 StaRUG, wonach Steuerforderungen nicht von den „ausgenommenen Rechtsverhältnissen“ erfasst sind. Darüber hinaus geht der Gesetzgeber in § 251 Abs. 2 Satz 2 AO i. V. m. § 71 StaRUG selbst davon aus, dass die Finanzbehörden befugt sind, gegen den Schuldner im Verwaltungswege zu vollstrecken. Das entspricht dem Beispiel in

284) Das gilt nach hier vertretener Auffassung auch für die LSt. Soweit der Fiskus damit argumentierte, dass die LSt-Haftungsschuld des Arbeitgebers (vgl. § 42d EStG) wegen § 49 Abs. 1, Abs. 2 i. V. m. § 4 Satz 1 Nr. 1 StaRUG nicht von der Vollstreckungssperre erfasst sein können, ist dem nicht zu folgen. Vgl. dazu auch Flöther-*Denkhaus/v. d. Bussche*, StaRUG, Anh. C Rz. 49 ff.

285) Vgl. *Witfeld/Sonnleitner* in: Sonnleitner/Witfeld, Insolvenz- und Sanierungssteuerrecht, Kap. 9 Rz. 75.

286) Vgl. *Fischer*, NZI Beilage z. Heft 5/2021, S. 69, 70; *Eisolt/Wolters*, ZInsO 2021, 1058, 1059.

287) Vgl. Seibt/Westphal-*Ruoff/Franz*, StaRUG, Anh. Steuerrecht Rz. 52. Vgl. *Witfeld/Sonnleitner* in: Sonnleitner/Witfeld, Insolvenz- und Sanierungssteuerrecht, Kap. 9 Rz. 75.

288) Vgl. dazu ausf. *Skauradszun* in: BeckOK-StaRUG, § 2 Rz. 41; ferner etwa *Skauradszun*, Ubg 2020, 161, 163; *Kahlert/Kayser/Bornemann*, Perspektiven für eine kohärente und praxisgerechte Verzahnung von Steuerrecht und Insolvenzrecht, Rz. 625 ff.; *Prusko* in: MünchKomm-StaRUG, § 2 Rz. 136; Seibt/Westphal-*Ruoff/Franz*, StaRUG, Anh. Steuerrecht Rz. 5; *Witfeld/Sonnleitner* in: Sonnleitner/Witfeld, Insolvenz- und Sanierungssteuerrecht, Kap. 9 Rz. 97, 127; überdies *Fischer*, NZI Beilage z. Heft 5/2021, S. 69, 71; Flöther-*Westpfahl/Dittmar*, StaRUG, § 2 Rz. 11; *Uhländer*, DB 2021, 1027, 1031; *Uhländer* in: Kübler/Bork/Prütting, HRI I, § 44 Rz. 4 ff.

289) Vgl. AG Karlsruhe, Beschl. v. 25.3.2022 – 102 Res 2/21, ZIP 2023, 651, 654 = juris, Rz. 36; *Piekenbrock* in: FS Gehrlein, S. 455, unter V. 1.; *Prusko* in: MünchKomm-StaRUG, § 2 Rz. 138; *Kahlert/Schumann*, DStR 2021, 2741, 2750; *Skauradszun* in: BeckOK-StaRUG, § 2 Rz. 41; *Wilke* in: BeckOK-StaRUG, § 71 Rz. 18.1.

der Gesetzesbegründung zu § 77 Abs. 1 StaRUG („Streitige Forderungen und Ausfallforderungen"), in dem eine Steuerforderung Gegenstand des Restrukturierungsplans ist.[290)]

Es ist nach hier vertretener Auffassung **keine steuerartenspezifische Differenzierung** vorzunehmen. Das heißt, es können alle Steuern i. S. des § 3 Abs. 1 AO in den Restrukturierungsplan einbezogen werden. Das gilt mit Blick auf § 4 Satz 1 Nr. 1 StaRUG auch für **Lohnsteuerhaftungsschulden** gegen den Arbeitgeber (vgl. § 42d EStG).[291)] 144

bb) „Begründetheit" von Steuerforderungen

Soweit die Steuerschuld vor einem Ereignis nach § 2 Abs. 5 StaRUG (Unterbreitung des Planangebots, Zeitpunkt der Antragstellung bei gerichtlichem Planabstimmungsverfahren oder Stabilisierungsanordnung) „begründet"[292)] ist, kann sie als Restrukturierungsforderung Gegenstand eines Restrukturierungsplans sein (siehe Rz. 143). Die Formulierung „begründet" ist angelehnt an § 38 InsO. Nach der Gesetzesbegründung zu § 2 Abs. 1 Nr. 1 StaRUG soll bei der Auslegung auf die Grundsätze zurückgegriffen werden, nach denen sich die Begründetheit i. S. des § 38 InsO richtet, vgl. BT-Drucks. 19/24181, S. 111 (zu § 4 StaRUG-E): 145

> „Nach Absatz 1 Nummer 1 sind Forderungen gestaltbar, die zum maßgeblichen Zeitpunkt begründet sind. Für die Frage der Begründung der Forderung ist auf die Grundsätze zurückzugreifen, nach denen sich die Begründetheit im Sinne des § 38 InsO richtet. Daher sind alle Forderungen gestaltbar, die im Fall der Eröffnung eines Insolvenzverfahrens als Insolvenzforderung geltend gemacht werden könnten. […]"

Das vorweggeschickt, kann bei der „Begründetheit" der Steuerforderungen und damit deren Qualifikation als „Restrukturierungsforderung" nach hier vertretener Auffassung auf die BFH-Rechtsprechung zur Abgrenzung von Insolvenzforderungen und Masseverbindlichkeiten zurückgegriffen werden (überblicksweise siehe Rz. 81). Danach ist es nicht relevant, ob die Steuerforderung bereits nach steuerrechtlichen Maßstäben entstanden (vgl. § 38 AO) oder fällig ist. Maßgeblich ist allein, wann der **Rechtsgrund** für den Steueranspruch **gelegt** wurde. Wann das i. E. der Fall ist, hängt von der jeweiligen Steuerart und der Gewinnermittlungsart ab. Die Rechtsprechung des BFH ist an dieser Stelle kasuistisch. Das StaRUG kennt keine den §§ 254 Abs. 1, 254b Var. 1 InsO vergleichbare Regelung; daher sind vom Restrukturierungsplan nicht erfasste Steuerforderungen von dessen Wirkungen nicht betroffen. Zur Abgrenzung und Bestimmung der Steuerforderungen i. R. des Restrukturierungsplans gilt im Überblick Folgendes: 146

(1) Ertragsteuer

Hinsichtlich der Ertragsteuern (ESt, KSt und GewSt) dürfte für die Frage, ob eine Restrukturierungsforderung vorliegt, regelmäßig auf die Verwirklichung des Geschäftsvorfalls und den entsprechenden Bilanzansatz abzustellen sein (bei Gewinnermittlung durch Bilanzierung, vgl. § 4 Abs. 1, § 5 Abs. 1 EStG). Das heißt auch, dass Steuerforderungen, die **aus Maßnahmen im Restrukturierungsplan resultieren** (etwa wegen der Ausbuchung von Verbindlichkeiten), nicht von den Wirkungen eines Restrukturierungsplans umfasst sind, da sie nicht vor einem Ereignis nach § 2 Abs. 5 StaRUG begründet sein können (zur vergleichbaren Fragestellung i. R. des Insolvenzplans siehe Rz. 17). 147

---

290) Vgl. Begr. RegE SanInsFoG z. StaRUG, BT-Drucks. 19/24181, S. 167.

291) So auch Seibt/Westphal-*Ruoff/Franz*, StaRUG, Anh. Steuerrecht Rz. 6.

292) Vgl. die Legaldefinition der Restrukturierungsforderungen in § 2 Abs. 1 Nr. 1 StaRUG: „Auf der Grundlage eines Restrukturierungsplans können gestaltet werden: 1. Forderungen, die gegen eine restrukturierungsfähige Person (Schuldner) *begründet* sind (Restrukturierungsforderungen), […]" (Hervorh. durch d. Verf.).

148 Bislang liegt weder Rechtsprechung noch Verwaltungsauffassung dazu vor, wie Ertragsteuerforderungen i. E. **der Höhe nach abzugrenzen** sind. Nach hier vertretener Auffassung kann Gegenstand des Restrukturierungsplans jedenfalls eine Steuerforderung sein, für die bereits ein Steuerbescheid bekannt gegeben wurde, d. h. die Steuerforderung bereits vom Finanzamt festgesetzt worden ist. Außerdem sollte es auch ausreichen, wenn für ein bereits abgelaufenes Wirtschaftsjahr die Steuererklärung bereits erstellt und abgegeben wurde. Sofern das Wirtschaftsjahr abgelaufen ist, ohne dass die Steuererklärung bereits erstellt oder abgegeben wurde, dürfte im Ergebnis nichts anderes gelten, sofern die entsprechende Ertragsteuerschuld überhaupt bezifferbar ist („Forderungsbezeichnung").

Praxishinweis

Wesentlich ist, dass die Mindestangaben nach Nr. 3 der Anlage zu § 5 Satz 2 StaRUG erfüllt werden, d. h. die betroffenen Forderungen benannt werden.[293)] Denn der Restrukturierungsplan soll Grundlage einer Vollstreckung sein können (vgl. § 71 StaRUG). Gegebenenfalls ist bei Ermittlung der Steuerschuld ein Schätzungsaufschlag in Betracht zu ziehen.

149 Fraglich ist, ob auch Ertragsteuerschulden für **bislang nicht abgelaufene Wirtschaftsjahre** in den Restrukturierungsplan einbezogen werden können oder ggf. ein Rumpf-Wirtschaftsjahr gebildet werden müsste (was das Einvernehmen das Finanzamt voraussetzt, vgl. § 7 Abs. 4 Satz 3 KStG, § 4 Abs. 1 Satz 2 Nr. 2 EStG). Das StaRUG lässt beide Möglichkeiten zu.[294)] Sofern es zu **Abweichungen im Nachgang zu einem Restrukturierungsplan** zwischen der Steuerfestsetzung und der Höhe der angesetzten Restrukturierungsforderung kommt (etwa infolge von Betriebsprüfungen) gelten die Ausführungen zur Änderung von Steuerbescheiden entsprechend (siehe Rz. 154 ff.).

(2) Umsatzsteuer

150 Die sog. „Doppelberichtigungs-Rechtsprechung" des BFH findet im Restrukturierungsverfahren nach dem StaRUG keine Anwendung (siehe Rz. 131). Bei Ausgangsumsätzen, die der Soll-Versteuerung unterliegen (vgl. § 13 Abs. 1 Nr. 1 lit. a Satz 1 UStG), ist für die Frage, ob eine Restrukturierungsforderung vorliegt, grundsätzlich auf den **Zeitpunkt der Leistungserbringung** abzustellen. Allerdings lässt sich „die" Umsatzsteuerschuld erst nach Verrechnung aller in einem Besteuerungszeitraum verwirklichten unselbständigen Besteuerungsgrundlagen und nach Ablauf eines Voranmeldungszeitraums bestimmen (vgl. § 16 Abs. 2 UStG). Erst dann steht fest, ob eine Zahllast oder (im Falle eines sog. Vorsteuerüberhangs) ein Guthaben vorliegt. Rechtsprechung oder eine veröffentlichte Verwaltungsauffassung liegen hierzu bislang nicht vor.

151 Gegenstand eines Restrukturierungsplans kann jedenfalls eine Umsatzsteuerschuld sein, für die **bereits ein Steuerbescheid bekannt gegeben** bzw. eine Umsatzsteuervoranmeldung/-erklärung abgegeben worden ist (vgl. § 167 Abs. 1 Satz 1; § 168 AO). Darüber hinaus kann nach hier vertretener Auffassung auch eine Umsatzsteuerschuld in den Restrukturierungsplan einbezogen werden, für die **noch kein Steuerbescheid** bekannt gegeben bzw. noch keine Umsatzsteuervoranmeldung/-erklärung abgegeben wurde, sofern der Voranmeldungs- bzw. Besteuerungszeitraum bereits abgelaufen ist. Das gilt bspw. für den Monat vor dem Zeitpunkt nach § 2 Abs. 5 StaRUG (Unterbreitung des Planangebots, Zeitpunkt der Antragstellung bei gerichtlichem Planabstimmungsverfahren oder Stabilisierungsanordnung) bei einem Unternehmer mit gewährter **Dauerfristverlängerung**. Wesentlich ist, dass der

293) Vgl. Jacoby/Thole-*Brünkmans*, StaRUG, § 5 (Anlage) Rz. 16; Morgen-*Knapp/Wilde*, StaRUG, § 5 Rz. 18.

294) Vgl. zu alledem *Witfeld/Sonnleitner* in: Sonnleitner/Witfeld, Insolvenz- und Sanierungssteuerrecht, Kap. 9 Rz. 100 ff.

Besteuerungszeitraum hinreichend bestimmt und die darauf entfallende Umsatzsteuerschuld bereits bezifferbar ist, um den **Mindestangaben** nach Nr. 3 der Anlage zu § 5 Satz 2 StaRUG nachzukommen, die sich aus einem Restrukturierungsplan ergebenden Maßnahmen (insbesondere einen Verzicht) quantifizieren zu können und die Vollstreckung aus dem Plan (vgl. § 71 StaRUG) zu ermöglichen (siehe Rz. 148). Sofern bei Planerstellung geschätzt wird, ist ein „Sicherheitsaufschlag" zu erwägen.

Fraglich ist, ob auch Umsatzsteuerschulden in einen Restrukturierungsplan einbezogen werden können, sofern der **Voranmeldungs- bzw. Besteuerungszeitraum noch nicht abgelaufen** ist. Jedenfalls das StaRUG (insb. die §§ 6 f. StaRUG) steht dem nicht entgegen. Letztlich müsste eine „Schattenverrechnung" nach § 16 Abs. 2 UStG auf einen abgekürzten Voranmeldungs- bzw. Besteuerungszeitraum vorgenommen werden (etwa auf den 15. eines Monats).[295] Das wird häufig an der Praktikabilität scheitern, wäre rechtlich aber denkbar. Sofern es zu **Abweichungen im Nachgang** zu einem Restrukturierungsplan zwischen der Steuerfestsetzung und der Höhe der angesetzten Restrukturierungsforderung kommt (etwa infolge von Betriebsprüfungen) gelten die Ausführungen zur Änderung von Steuerbescheiden entsprechend (siehe Rz. 154 ff.). 152

d) Wirkungen des Restrukturierungsplans

Falls und soweit im Restrukturierungsplan nichts Abweichendes geregelt ist, werden die dort gestalteten Steuerforderungen nach hier vertretener Auffassung „nur" zu sog. unvollkommenen, rechtlich nicht durchsetzbaren Forderungen (sog. **„Naturalobligation"**).[296] Die Steuerforderungen erlöschen nicht i. S. des § 47 AO. Die im gestaltenden Teil des Restrukturierungsplans festgelegten Wirkungen treten mit dessen Bestätigung ein (vgl. § 67 Abs. 1 Satz 1 KStG). Insofern gelten die Ausführungen zu den Wirkungen eines Insolvenzplans sinngemäß (siehe Rz. 88). Das führt dazu, dass Haftungsschuldner weiterhin in Anspruch genommen werden können; auch das entspricht der Situation in einem Insolvenzplanverfahren. Die Finanzverwaltung kann gemäß § 251 Abs. 2 Satz 2 AO i. V. m. § 71 Abs. 1 StaRUG die in einem rechtskräftig bestätigten Restrukturierungsplan enthaltenen Steuerforderungen im Verwaltungswege vollstrecken. Soweit bereits ein Steuerbescheid für die im Restrukturierungsplan enthaltene Steuer bekannt gegeben worden ist, sollte der rechtskräftig bestätigte Restrukturierungsplan an dessen Stelle treten (vgl. § 71 Abs. 4 StaRUG).[297] 153

Häufig kommt es nach einer erstmaligen Steuerfestsetzung durch Steuerbescheid (§ 155 AO) zum **Erlass von Änderungsbescheiden** (etwa infolge von Betriebsprüfungen, der Umsetzung von Grundlagenbescheiden, Berichtigungen von Steuererklärungen etc.). Das kann auch zu Änderungen der Höhe derjenigen Restrukturierungsforderung des Steuergläubigers führen, wie sie im Restrukturierungsplan beziffert ist. In der Gesetzesbegründung zu § 70 Abs. 1 StaRUG („Streitige Forderungen und Ausfallforderungen") findet sich diesbezüglich der Hinweis, dass der Restrukturierungsplan zwar verbindlich festlege, welchen Gestaltungen eine Forderung unterworfen wird, sich diese Wirkung aber nicht auf den Bestand und die Höhe der Forderung vor der Gestaltung bezieht („vorgelagerter Prüfungsschritt": Bestehen einer Forderung). Die Begründung hierfür ist, dass es im Restrukturie- 154

295) Vgl. zu alledem *Witfeld/Sonnleitner* in: Sonnleitner/Witfeld, Insolvenz- und Sanierungssteuerrecht, Kap. 9 Rz. 132 ff.

296) Vgl. *Fridgen* in: BeckOK-StaRUG, § 11 Rz. 15; *Witfeld/Sonnleitner* in: Sonnleitner/Witfeld, Insolvenz- und Sanierungssteuerrecht, Kap. 9 Rz. 93, 127; vgl. ferner im Allg. (ohne Bezug zu Steuerforderungen) Jacoby/Thole-*Brünkmans*, StaRUG, § 11 Rz. 8; AG Hannover, Beschl. v. 14.3.2023 – 951 RES 1/23 – 1, ZIP 2023, 1201, 1204 = juris, Rz. 21.

297) Vgl. Seibt/Westphal-*Ruoff/Franz*, StaRUG, Anh. Steuerrecht Rz. 49.

rungsverfahren nach dem StaRUG **keinen der Forderungsanmeldung und Tabellenfeststellung im Insolvenzverfahren vergleichbaren Mechanismus** gibt.

155 Die Gestaltungswirkungen des Restrukturierungsplans beziehen sich nur auf den vom Schuldner angesetzten Betrag einer einbezogenen Forderung. Die Annahme und Bestätigung des Plans hindert den Gläubiger einer einbezogenen Forderung also nicht, einen **über den im Plan angesetzten Wert** hinausgehenden Forderungsbetrag ungekürzt und ohne Einschränkungen durch den Plan gegen den Schuldner geltend zu machen.[298)] Damit sollen nach der Gesetzesbegründung u. a. Manipulationen durch den Schuldner verhindert werden, z. B. durch einen bewusst zu niedrigen Ansatz einer Steuerforderung mit dem Ziel, dass das Finanzamt zunächst überstimmt werden kann, dann aber auf die nach einer späteren Betriebsprüfung höher festgesetzten Steuern eine entsprechend erhöhte Forderungskürzung hinnehmen muss.[299)] Insofern sollte bei einer (schätzweisen) Ermittlung einer Steuerforderung sorgfältig vorgegangen werden und der Ansatz im Restrukturierungsplan ggf. unter Berücksichtigung eines **„Sicherheitsaufschlags"** vorgenommen werden. Dabei ist es zu erwägen, ggf. in Abstimmung mit dem Finanzamt, die Besteuerungsgrundlagen zu benennen und diese ausreichend zu belegen und zu dokumentieren.

156 Sofern nach Bestätigung des Restrukturierungsplans deutlich wird, dass die **Steuerforderung geringer** war, als sie im Plan angesetzt wurde, sind die Gestaltungswirkungen nach der Gesetzesbegründung nur auf den geringeren Betrag zu beziehen. Vgl. dazu BT-Drucks. 19/24181, S. 167 (zu § 77 StaRUG-E; Hervorh. durch d. Verf.).

> „Dies ist beispielsweise der Fall, wenn eine Steuerforderung im Plan entsprechend einer bestehenden Festsetzung unter dem **Vorbehalt der Nachprüfung** mit einem Betrag von 10.000 Euro angesetzt und durch Plangestaltung um 20 % gekürzt wird, und später im Rahmen einer Änderung der Steuerfestsetzung nach § 164 Absatz 2 der Abgabenordnung die Steuerforderung (vor Kürzung) auf 6.000 Euro herabgesetzt wird. In diesem Fall ist die Kürzung um 20 % auf die niedrigere Festsetzung in Höhe von. 6.000 Euro zu beziehen und beläuft sich somit auf nur 1.200 Euro, sodass der Schuldner noch 4.800 Euro zu zahlen hat."

e) Vereinbarkeit der Einbeziehung von Steuerforderungen in den Restrukturierungsplan mit dem Unionsrecht

157 Ob die Zustimmung eines Finanzamts zum Restrukturierungsplan, der Steuerforderungen enthält, mit dem **Beihilfeverbot** des Art. 107 Abs. 1 AEUV vereinbar ist, ist derzeit ungeklärt. Entscheidend dürfte die Frage nach einer selektiven Begünstigung des Schuldners durch den Fiskus sein. Den Prüfungsmaßstab bildet der sog. Private Creditor-Test, wonach vor allem danach zu fragen ist, ob ein privater Gläubiger unter vergleichbaren Umständen und Alternativszenarien ebenfalls auf seine Forderung verzichtet hätte.[300)] Hierbei wird insbesondere danach zu fragen sein, ob die Durchführung eines Insolvenzverfahrens für den Fiskus bei einer umfassenden Betrachtung die bessere Variante ist. Insofern sind die Umstände des Einzelfalls zu prüfen.[301)] Grundsätzlich ist der (teilweise) Erlass von Steuerforderungen i. R. eines Restrukturierungsplans und damit in den vom StaRUG vorgegebenen Regularien nach hier vertretener Auffassung möglich.[302)] Das dürfte der Auffassung der Finanzverwaltung entsprechen, da die Finanzämter nicht die (verwaltungsinterne) Zu-

298) Vgl. Begr. RegE SanInsFoG z. StaRUG, BT-Drucks. 19/24181, S. 167.

299) Vgl. Begr. RegE SanInsFoG z. StaRUG, BT-Drucks. 19/24181, S. 167.

300) Vgl. dazu ausführlich *Kümpel*, ZRI 2023, 233 ff.

301) Vgl. etwa *Eisolt/Wolters*, ZInsO 2021, 1058, 1060; *Prusko* in: MünchKomm-StaRUG, § 2 Rz. 139.

302) So auch Seibt/Westphal-*Ruoff/Franz*, StaRUG, Anh. Steuerrecht Rz. 27 m. w. N.

stimmung des BMF einholen müssen, wenn diese einem Restrukturierungsplan zustimmen wollen.[303)]

Nach der hier vertretenen Auffassung steht das Unionsrecht einem (Teil-)Verzicht des Finanzamts auch nicht entgegen soweit **Umsatzsteuerforderungen** betroffen sind.[304)] Das gilt sowohl für das Primärrecht wie für die Mehrwertsteuersystemrichtlinie als Sekundärrecht. Der EuGH hat in der Rechtssache *Degano Trasporti* im hier interessierenden Zusammenhang für ein Vergleichsverfahren nach italienischem Recht das Folgende festgehalten: 158

> „Die Zulassung einer teilweisen Befriedigung einer Mehrwertsteuerforderung durch ein insolventes Unternehmen im Rahmen eines Vergleichsverfahrens, das keinen allgemeinen und undifferenzierten Verzicht auf die Erhebung der Mehrwertsteuer darstellt, widerspricht nämlich nicht der Verpflichtung der Mitgliedstaaten, die Erhebung der gesamten in ihrem Hoheitsgebiet geschuldeten Mehrwertsteuer sowie eine wirksame Erhebung der Eigenmittel der Union zu gewährleisten."[305)] (Hervorh. durch d. Verf.)

Ausgehend davon sind die Voraussetzungen des EuGH bei einem Restrukturierungsverfahren nach dem StaRUG erfüllt. Insbesondere handelt es sich hierbei um ein geordnetes und zugleich gerichtlich begleitetes Verfahren, bei dem die – nach sachgerechten Kriterien ausgewählten (vgl. § 8 StaRUG) – Restrukturierungsgläubiger einschließlich des Fiskus gemeinsam auf einen Teil ihrer Forderungen verzichten. Darüber hinaus sorgt die anzustellende Vergleichsrechnung nach § 6 Abs. 2 StaRUG dafür, dass die Befriedigungsszenarien des Fiskus einander gegenübergestellt werden. 159

2. Steuerliche Pflichtenstellung der Beteiligten

a) Restrukturierungsbeauftragter

aa) Bestellung von Amts wegen (§§ 73 ff. StaRUG)

Für die **steuerverfahrensrechtliche Rechtsstellung** des Restrukturierungsbeauftragten „von Amts wegen" ist dessen rechtliches **Aufgabenspektrum aus § 76 StaRUG von Relevanz.**[306)] Im Fall einer Stabilisierungsanordnung prüft der Restrukturierungsbeauftragte fortlaufend, ob die Anordnungsvoraussetzungen fortbestehen und ob ggf. ein Aufhebungsgrund vorliegt (siehe § 42 Rz. 25 [*Beck/Pechartschek*]). Aus dem „Aufgaben- und Befugnisbündel" nach dem StaRUG folgt nach hier vertretener Auffassung **keine steuerrechtliche Pflichtenstellung des Restrukturierungsbeauftragten** für die steuerlichen Belange des Schuldners. Insbesondere ist der Restrukturierungsbeauftragte grundsätzlich kein Vermögensverwalter i. S. des § 34 Abs. 3 AO (zu einer möglichen Ausnahme siehe Rz. 161). Ebenso wenig ist er Verfügungsberechtigter i. S. von § 35 AO.[307)] Damit trifft die steuerliche Pflichtenstellung i. R. eines Restrukturierungsverfahrens nach dem StaRUG (weiterhin) **allein die gesetzlichen Vertreter des Schuldners** (siehe Rz. 163).[308)] 160

Allerdings wird – abweichend vom vorstehenden Grundsatz – in der Literatur auf eine mögliche steuerliche Pflichtenstellung des **von Amts wegen bestellten** Restrukturierungsbeauftragten für den Fall des § 76 Abs. 2 Nr. 2 Buchst. b StaRUG (gesonderte **Übertragung der Kassenführung**) aufmerksam gemacht. In diesem Fall komme der Restrukturierungs- 161

303) Vgl. BMF-Schreiben v. 5.7.2023 – IV D 1 – S 0336/20/10004 :003, unter II. 1., BStBl. I 2023, 1467.

304) Zum „Ausfall" von Umsatzsteuer in der Insolvenz unter Berücksichtigung des Beihilfenrechts vgl. *Witfeld*, Das Umsatzsteuerverfahren und die Insolvenz, S. 65 ff.

305) Vgl. EuGH, Urt. v. 7.4.2016 – Rs. C 546/14 (Degano Trasporti), LS 2, ECLI:EU:C:2016:206.

306) So auch *Uhländer* DB 2021, 1027, 1028.

307) Sofern er nicht über die „typischen" Aufgaben und Befugnisse hinaus für den Schuldner tätig wird (etwa als „faktischer Geschäftsführer", was in der Regel nicht vorkommen wird).

308) Vgl. dazu näher *Witfeld/Sonnleitner* in: Sonnleitner/Witfeld, Insolvenz- und Sanierungssteuerrecht, Kap. 9 Rz. 78 ff.

beauftragte als Steuer*entrichtungs*pflichtiger gemäß § 34 Abs. 1 Satz 2 AO i. V. m. § 34 Abs. 3 AO in Betracht.[309)]

> **Praxishinweis**
>
> Die Fragestellung erinnert in steuerlicher Hinsicht an die Pflichtenstellung des Sachwalters mit Kassenführungsbefugnis (vgl. § 275 Abs. 2 InsO, siehe Rz. 95). In der Praxis sollte dies sowohl bei der **„Ausgestaltung" der Bestellung** als auch bei der Tätigkeit des Restrukturierungsbeauftragten in Anbetracht der weitreichenden (haftungsbewehrten) steuerlichen Pflichten Beachtung finden. Nach hier vertretener Auffassung trifft den Restrukturierungsbeauftragten auch bei einer gesonderten Übertragung der Kassenführung keine steuerliche Pflichtenstellung. Hierfür ist u. a. anzuführen, dass es zu keiner Beschränkung der Verwaltungsbefugnisse des Schuldners im Außenverhältnis kommt; der Restrukturierungsbeauftragte übt lediglich eine Überwachungsfunktion aus.[310)]

bb) Bestellung auf Antrag (§§ 77 ff. StaRUG)

162 Gemäß § 77 Abs. 1 StaRUG bestellt das Restrukturierungsgericht auf Antrag einen „fakultativen Restrukturierungsbeauftragten" (zu dessen Aufgaben (siehe § 42 Rz. 26 [*Beck/Pechartschek*]). Nach der hier vertretenen Auffassung ist (auch) der fakultative Restrukturierungsbeauftragte weder Vermögensverwalter i. S. des § 34 Abs. 3 i. V. m. § 34 Abs. 1 AO noch Verfügungsberechtigter i. S. des § 35 AO. Das zeigt sich auch an § 79 StaRUG, wonach er lediglich eine beratende Funktion hat.[311)]

b) Gesetzliche Vertreter

163 Anders als ein Insolvenzverfahren führt das Sanierungsverfahren nach dem StaRUG weder zu einer Unterbrechung des Steuerverfahrens noch zu einer (temporären) Einschränkung der steuerlichen Pflichten des Schuldners. Das gilt auch für den Fall einer Stabilisierungsanordnung nach § 49 Abs. 1 Nr. 1 StaRUG, da diese „nur" die Wirkung einer Vollstreckungssperre hat (siehe Rz. 141 f.). Insofern gelten die allgemeinen Grundsätze nach der Abgabenordnung. Die **steuerliche Pflichtenstellung** der gesetzlichen Vertreter des Schuldners gilt also auch in Sanierungsverfahren nach dem StaRUG **uneingeschränkt**. Sie sind insbesondere (neben den übrigen steuerlichen Pflichten, wie bspw. Abgabe und Berichtigung von Steuererklärungen) dazu verpflichtet, dass die Steuern aus den Mitteln entrichtet werden, die sie verwalten (§ 34 Abs. 1 Satz 2 AO; **„Steuerentrichtungspflicht"**). Insofern ist keine Differenzierung nach Steuerschulden aus Zeiträumen vor der Unterbreitung des Planangebots (§ 17 StaRUG), der Antragstellung (§ 45 StaRUG) oder einer Stabilisierungsanordnung (§ 49 StaRUG) und Steuern aus Zeiträumen danach vorzunehmen.[312)]

III. Steuerliche Haftung aus § 69 AO (Haftung der Vertreter)

164 Der steuerliche Pflichtenkreis des Schuldners bzw. seiner gesetzlichen Vertreter ist in einem Sanierungsverfahren nach dem StaRUG unverändert (siehe Rz. 163). Anders als in einem (vorläufigen) Insolvenzverfahren werden die steuerlichen Pflichten also nicht eingeschränkt;

309) Vgl. *Uhländer*, DB 2021, 1027, 1029, der den Pflichtenkreis auf die Steuerentrichtungspflicht begrenzt; für die übrigen steuerlichen Pflichten (etwa Steuererklärungspflichten) seien – nach wie vor – der Schuldner bzw. dessen Organe verantwortlich; ferner *Uhländer* in: Kübler/Bork/Prütting, HRI I, § 44 Rz. 2. Eine steuerliche Pflichtenstellung andeutend auch *Fischer*, NZI Beilage z. Heft 5/2021, S. 69, 70; a. A. Tipke/Kruse-*Loose*, AO/FGO, § 251 AO Rz. 119d.

310) Vgl. i. E. *Witfeld/Sonnleitner* in: Sonnleitner/Witfeld, Insolvenz- und Sanierungssteuerrecht, Kap. 9 Rz. 82.

311) *Fischer*, NZI Beilage z. Heft 5/2021, S. 69, 70.

312) Die aus der InsO bekannten Abgrenzungskategorien zwischen Insolvenzforderungen (§ 38 InsO) und Masseverbindlichkeiten (§ 55 InsO) können in diesem Zusammenhang auch nicht „entsprechend" herangezogen werden.

auch eine Massesicherungspflicht gibt es nicht. Ebenso wenig greift der „partielle Haftungsausschluss“ des § 15b Abs. 8 InsO, da dessen Anwendungsbereich „erst“[313] bei Zahlungsunfähigkeit (§ 17 InsO) oder Überschuldung (§ 19 InsO) eröffnet ist. Insofern können die **gesetzlichen Vertreter des Schuldners** dem Grunde nach (bei Vorliegen der Voraussetzungen) für die Verletzung von steuerlichen Pflichten **persönlich durch Haftungsbescheid in Anspruch** genommen werden (vgl. §§ 69, 191 Abs. 1 AO).

Im Antrag auf eine **Stabilisierungsanordnung** hat der Schuldner u. a. zu erklären, ob und inwieweit er sich mit Ansprüchen aus dem Steuerschuldverhältnis (aus dem Zeitraum vor Antragstellung) in Verzug befindet (§ 50 Abs. 3 Nr. 1 StaRUG). Dabei ist es nach hier vertretener Auffassung möglich, dass sich eine Stabilisierungsanordnung in Form einer Vollstreckungssperre (§ 49 Abs. 1 Nr. 1 StaRUG) auch auf Ansprüche aus dem Steuerschuldverhältnis „mit näher bestimmtem“ Inhalt bezieht (vgl. § 50 Abs. 1 StaRUG). In diesem Fall darf der Steuergläubiger (Finanzamt oder Gemeinde) seine titulierten Steuerforderungen (Steuerbescheid/-voranmeldung) nicht mehr gegen den Schuldner im Wege der Verwaltungsvollstreckung durchsetzen (siehe Rz. 141 f.). Nach der hier vertretenen Auffassung ist die Vollstreckungssperre ihrer Rechtsnatur nach als **„Einstellung der Vollstreckung“** i. S. von § 257 Abs. 1 Nr. 1 AO zu bewerten.[314] Dieser Umstand lässt die steuerliche Pflichtverletzung in Form der „Nichtentrichtung“ von Steuerschulden **aber nicht (rückwirkend) entfallen.**[315] Falls sich eine Vollstreckungssperre auf Steuerschulden bezieht, sollte in der Praxis im Vorhinein eine Abstimmung mit der Finanzverwaltung erfolgen, um kooperative Lösungen zu finden und eine – dem StaRUG widersprechende – „faktische Zahlungspflicht“ zu vermeiden. 165

Soweit **Steuerschulden i. R. eines Restrukturierungsplans** ganz oder teilweise **„erlassen“** werden, kommt eine Inanspruchnahme durch steuerliche Haftung (ebenfalls) in Betracht. Wie auch bei dem „Verzicht“ i. R. eines Insolvenzplans, werden die Steuerforderungen „nur“ zu sog. unvollkommenen, rechtlich nicht durchsetzbaren Forderungen (sofern in dem Restrukturierungsplan nichts Abweichendes bestimmt ist). Es handelt sich also aus der Sicht des Schuldners um eine erfüllbare, jedoch nicht erzwingbare Naturalobligation (siehe Rz. 153 ff.). Auf dieser Grundlage erlischt die steuerliche Hauptschuld indes nicht i. S. von § 47 AO[316], womit die Möglichkeit der Haftungsinanspruchnahme gemäß § 191 Abs. 1 AO i. V. m. § 69 AO durch das Finanzamt bestehen bleibt.[317] Ungeachtet des (Nicht-)Vorliegens der übrigen Tatbestandsvoraussetzungen für eine steuerliche Haftung nach § 69 AO (insb. Pflichtverletzung, Verschulden, Kausalität), lässt sich das Risiko einer Haftungsinanspruchnahme entweder durch einen „echten“ Erlass der Steuerforderungen nach §§ 163, 227 AO (Akzessorietät der Haftungsschuld für die Steuerschuld als Hauptschuld) oder die Erteilung einer Haftungsfreistellung für die handelnden Organe vermei- 166

313) Die Antragspflichten nach § 15a Abs. 1 bis 3 InsO ruhen gemäß § 42 Abs. 1 Satz 1 StaRUG während der Rechtshängigkeit (siehe hierzu oben Rz. 34).

314) Vgl. *Witfeld/Sonnleitner* in: Sonnleitner/Witfeld, Insolvenz- und Sanierungssteuerrecht, Kap. 9 Rz. 90.

315) Hübschmann/Hepp/Spitaler-*Boeker*, AO/FGO, § 69 AO Rz. 40 – für den „Vollstreckungsaufschub“.

316) Tendenziell auch *Kahlert/Kayser/Bornemann*, Perspektiven für eine kohärente und praxisgerechte Verzahnung von Steuerrecht und Insolvenzrecht, Rz. 621.

317) So auch *Fridgen* in: BeckOK-StaRUG, § 11 Rz. 15 – allerdings nur für die Zeit nach Abschluss des Verfahrens; *Schumann*, ZInsO 2021, 1309, 1310; vgl. hierzu auch BFH, Beschl. v. 15.5.2013 – VII R 2/12, Rz. 13 ff., ZIP 2013, 1732 = BeckRS 2013, 95854 – für ein Insolvenzplanverfahren.

den. Derzeit ist unklar, wie mit dieser Situation bei einem Verfahren nach dem StaRUG umzugehen ist.[318)]

167 Ungeklärt ist derzeit auch die Situation, sofern das Restrukturierungsgericht einen **Restrukturierungsbeauftragten nach § 76 Abs. 2 Nr. 2 lit. b StaRUG** (gesonderte Kassenführungsbefugnis) bestellt. Fraglich ist, ob sich die Geschäftsführung in diesem Fall von einer Haftung nach § 69 AO „exkulpieren" kann. Allerdings sind die gesetzlichen Vertreter zumindest in rechtlicher Hinsicht nicht daran gehindert, Steuerzahlungen vorzunehmen. Der steuerliche Pflichtenkreis (Ebene „Pflichtverletzung" i. R. von § 69 AO) dürfte daher nicht entfallen.[319)] Es bleibt abzuwarten, ob bei Nichtzahlung von Steuern in diesen Fällen eventuell ein schuldhaftes Handeln des Organs abzulehnen sein könnte, weil es an einer individuellen Vorwerfbarkeit mangelt (Ebene „Verschulden" i. R. von § 69 AO).[320)]

168 Darüber hinaus ist es nach hier vertretener Auffassung für § 69 AO grundsätzlich unerheblich, falls ein **Restrukturierungsbeauftragter nach § 76 Abs. 2 Nr. 3 StaRUG** (Anzeigepflicht und Zustimmungsvorbehalt) bestellt wird.[321)] Denn die Vorschrift entfaltet ihrem Wortlaut nach nur Anwendung auf „Zahlungen außerhalb des gewöhnlichen Geschäftsbetriebs". In aller Regel dürften Zahlungen im Zusammenhang mit dem Steuerschuldverhältnis aber als solche des gewöhnlichen Geschäftsbetriebs zu qualifizieren sein.[322)] Etwas anderes könnte aber gelten, falls ein Restrukturierungsgericht einen Zustimmungsvorbehalt ausdrücklich für die Zahlung von Steuern und steuerliche Nebenleistungen i. S. des § 3 AO anordnet. In diesem Fall sprechen gute Gründe dafür, ein Verschulden i. S. des § 69 Satz 1 AO abzulehnen; in der Rechtsprechung ist das ungeklärt.

---

318) Nach hier vertretener Auffassung scheidet der Erlass eines Haftungsbescheids im Ergebnis aus. Denn es ist nicht sachgerecht, wenn der Fiskus sich hinsichtlich der durch den Restrukturierungsplan gekürzten Steuerschulden bei den gesetzlichen Vertretern schadlos hält. In diesem Fall stünde er besser als andere Gläubiger. Vgl. zu § 69 AO im Sanierungsverfahren nach dem StaRUG (auf Grundlage der Restrukturierungsrichtlinie) auch *Skauradszun* Ubg 2020, 161, 165, der gegen eine Inhaftungnahme der Organe plädiert (arg.: Gläubigergleichbehandlungsgrundsatz).

319) Vgl. für die vorläufige Eigenverwaltung FG Münster, Urt. v. 16.5.2018 –7 K 783/17, NZI 2018, 762 (NZB als unbegründet [ohne Begründung] zurückgewiesen, vgl. BFH, Beschl. v. 4.6.2019 – VII B 101/18). Das entspricht der Rspr. des BFH zum vorläufigen Insolvenzverwalter mit Zustimmungsvorbehalt, der ebenfalls den steuerlichen Pflichtenkreis nicht entfallen lässt (vgl. aus jüngerer Zeit BFH, Urt. v. 22.10.2019 – VII R 30/18, ZIP 2020, 911 = NZI 2020, 585).

320) Vgl. dazu *Witfeld/Sonnleitner* in: Sonnleitner/Witfeld, Insolvenz- und Sanierungssteuerrecht, Kap. 9 Rz. 91.

321) Dagegen bezeichnet *Schumann*, ZInsO 2021, 1309, 1311, die Bestellung eines Restrukturierungsbeauftragten gemäß § 76 Abs. 2 Nr. 3 StaRUG („Zustimmungsvorbehalt"/„Zustimmungsverweigerung") als einen eventuellen Ausweg für die Geschäftsleiter (m. näherer Begründung).

322) *Fischer*, NZI Beilage z. Heft 5/2021, S. 69, 70.

§ 61
Arbeits- und sozialrechtliche Maßnahmen im Insolvenzplanverfahren und im Restrukturierungsplan

Übersicht

Literatur: *Annuß*, Die Betriebsänderung in der Insolvenz, NZI 1999, 344; *Berscheid*, Arbeitsverhältnisse in Krise und Insolvenz – Insolvenzarbeitsrecht, in: Kölner Schrift zur Insolvenzordnung, 3. Aufl. 2009, Kap. 34, S. 1081; *Berscheid*, Das Insolvenzarbeitsrecht im Insolvenzplanverfahren und in der Eigenverwaltung, in: Festschrift für Hans-Peter Kirchhof, 2003, S. 27; *Berscheid*, Beteiligung des Betriebsrats im Eröffnungsverfahren, nach Verfahrenseröffnung und im Insolvenzplanverfahren, ZInsO 1999, 27; *Bremer*, Insolvenzplan: Fortführung betrieblicher Altersversorgung durch den Arbeitgeber – Praktische Erfahrungen aus Sicht des PSVaG, DB 2011, 875; *Brünkmans*, Präklusions- und Ausschlussklauseln in Insolvenzplänen, ZInsO 2016, 245; *Chardon/Flitsch*, Die Rechtsstellung des Pensions-Sicherungs-Verein aG im Insolvenzplanverfahren, DZWIR 2004, 485; *Eisemann*, Sozialplan „zero"?, NZA 2019, 81; *Frank/Heinrich*, Insolvenzgeldansprüche von Arbeitnehmern nach einem gerichtlich bestätigten Insolvenzplan – Divergenzen zwischen Sozial- und Insolvenzrecht, NZI 2011, 569; *Frind*, Die Grenze zwischen Gestaltung und Manipulation im Insolvenzplanverfahren, NZI 2007, 374; *Gaul/Otto*, Das Spiel über die Bande – Der Wechsel in Beschäftigungsgesellschaften zur Vermeidung von § 613a BGB, ZIP 2006, 644; *Giese/Jungbauer*, Arbeitsrechtliche Implikationen des vorinsolvenzlichen Sanierungsverfahrens nach der Restrukturierungsrichtlinie und dem StaRUG-Regierungsentwurf, BB 2020, 2679; *Hunold*, Insolvenzgeld und Insolvenzgeldvorfinanzierung als Sanierungsinstrument, NZI 2015, 785; *Jaffé*, Insolvenzplan versus außergerichtliche Sanierung, in: Kölner Schrift zur Insolvenzordnung, 3. Aufl. 2009, Kap. 23, S. 743; *Kaltmeyer*, Der Insolvenzplan als Sanierungsmittel des Schuldners – Unter Berücksichtigung des EGInsOÄndG v. 19.12.1998 (Teil 1), ZInsO 1999, 255; *Kolbe*, Arbeitnehmer-Mitbestimmung im vorläufigen Gläubigerausschuss, NZI 2015, 400; *Lakies*, Insolvenzanfechtung von Lohnzahlungen, ArbRAktuell 2014, 553; *Lakies*, Die Vergütungsansprüche der Arbeitnehmer in der Insolvenz, NZA 2001, 521; *Leister/Fischer*, Arbeitsrechtliche Empfehlungen für eine Umstrukturierung mittels einer Beschäftigungs- und Qualifizierungsgesellschaft in der Insolvenz, ZInsO 2009, 985; *Lunk/Hildebrand*, GmbH Geschäftsführer und Massenentlassungen, NZA 2016, 129; *Mückl*, Aktuelle Entwicklungen bei der Insolvenzanfechtung von Lohnzahlungen, GWR 2014, 427; *Mückl/Krings*, Rettung des durch den vorläufigen Insolvenzverwalter abgeschlossenen Interessenausgleichs mit Namensliste, ZIP 2012, 106; *Niering*, Sozialplanansprüche als Stolperstein im Insolvenzplan, NZI 2010, 285; *Oberhofer*, Insolvenzplan und Arbeitsrecht, ZInsO 1999, 439; *Paul*, Rechtsprechungsübersicht zum Insolvenzplanverfahren 2016, ZInsO 2017, 747; *Preis/Sagan*, Der GmbH-Geschäftsführer in der arbeits- und diskriminierungsrechtlichen Rechtsprechung des EuGH, BGH und BAG, ZGR 2013, 26; *Rein/Koch*, Rechtsprechung zu sozialrechtlichen Fragestellungen im Insolvenzverfahren im Jahre 2013, NZS 2014, 841; *Rieger*, Verpflichtungen aus betrieblicher Altersversorgung in Insolvenzplänen, NZI 2013, 671; *Saegon*, Zwischenstand zum Richtlinienentwurf der Kommission über einen präventiven Restrukturierungsrahmen: Gläubiger- und Arbeitnehmerschutz sollen gestärkt werden!, NZI 2018, 787; *Schmädicke*, Sozialauswahl bei der Veräußererkündigung nach Erwerberkonzept, NZA 2014, 515; *Sessig/Fischer*, Sozialplan und Sozialplanforderungen im Insolvenzverfahren, ZInsO 2010, 561; *Stahlschmidt*, Der Insolvenzplan lebt! – Die Rechtsprechung der letzten Jahre zur gerichtlichen Vorprüfung des Insolvenzplans, ZInsO 2018, 494; *Wißmann*, Probleme bei der Umsetzung der EG Richtlinie über Massenentlassungen in deutsches Recht, RdA 1998, 221.

A. Einführung*)

1 Zu hohe Personalkosten, ein hoher Krankenstand und eine unausgewogene Altersstruktur machen zahlreichen Unternehmen über lange Jahre zu schaffen, bis schließlich weitere Faktoren hinzutreten und die Insolvenz unausweichlich ist. Der mit einer Insolvenz angestoßene Sanierungsprozess ist auch aus arbeitsrechtlicher Sicht attraktiv. So hält der dritte Teil der InsO ab Eröffnung des Insolvenzverfahrens einige Sonderregelungen und Modifikationen des außerinsolvenzlichen Arbeitsrechts bereit. Das sog. **Insolvenzarbeitsrecht** zeichnet

*) Für ihre Unterstützung bei der Ausarbeitung der 3. Auflage dieses Kapitels bedanken wir uns bei *Frau Wiss. Mit. Mara Wellens.*

sich in besonderem Maße durch eine Abwägung unterschiedlicher – und teils sich auch widersprechender – Interessen, nämlich derjenigen der Arbeitnehmer einerseits und der Steigerung der Überlebenschancen des Unternehmens andererseits, aus.

Mündet ein Insolvenzverfahren in ein Insolvenzplanverfahren, stellt sich die Frage, ob die für eine Sanierung erforderlichen arbeitsrechtlichen Maßnahmen unmittelbar im Insolvenzplan umgesetzt werden können. Gemäß § 217 Satz 1 InsO können in einem Insolvenzplan die Befriedigung der absonderungsberechtigten Gläubiger und der Insolvenzgläubiger, die Verwertung der Insolvenzmasse und deren Verteilung an die Beteiligten sowie die Verfahrensabwicklung und die Haftung des Schuldners nach der Beendigung des Insolvenzverfahrens abweichend von den Vorschriften der InsO geregelt werden.[1] Bereits aus dem Wortlaut folgen damit Einschränkungen der **Gestaltungsfreiheit des Planverfassers.** So beschränkt sich die Vorschrift zum einen auf einen bestimmten Gläubigerkreis und einen bestimmten Regelungsgegenstand. Aus dem Wortlaut folgt zum anderen zwingend, dass das Insolvenzplanverfahren keinerlei „gestalterischen Freifahrtschein“ enthält, da nur die normierten Abweichungen von der InsO für zulässig erklärt werden. Im Übrigen gelten zwingend die Bestimmungen der maßgeblichen Gesetze. In diesem Kapitel sind das Individualarbeitsrecht, insbesondere das Kündigungsschutzrecht, sowie das kollektive Arbeitsrecht von Relevanz. 2

Die Regelung des § 217 InsO verdeutlicht die **„Janusköpfigkeit“ des Insolvenzplans,** indem sie sich zum einen auf bisher aufgelaufene Verbindlichkeiten (samt Sicherheiten) bezieht, zum anderen bei der Befriedigung, Verwertung und der Haftung des Schuldners Regelungen für die Gegenwart und die Zukunft zulässt.[2] 3

I. Die Bedeutung des Arbeits- und Sozialrechts in der Insolvenz

Das Arbeitsverhältnis in der Insolvenz zeichnet sich in besonderem Maße dadurch aus, dass es durch die Insolvenzverfahrenseröffnung unberührt bleibt (§ 108 Abs. 1 Satz 1, Alt. 2 InsO).[3] Die Interessenlage der Arbeitnehmer unterscheidet sich auch aus diesem Grund wesentlich von der anderer Verfahrensbeteiligter. Arbeitnehmer unterfallen einem besonderen Schutz, wenngleich jener Schutz der Existenzsicherung des schuldnerischen Unternehmens in der Praxis oftmals weichen muss.[4] 4

Der **Insolvenzverwalter**[5] tritt mit Übergang der Verwaltungs- und Verfügungsbefugnis (§ 80 InsO) – und damit folglich in aller Regel[6] mit Eröffnung des Insolvenzverfahrens – in die **Arbeitgeberstellung** ein. Eine Rechtsnachfolge ist hiermit nicht verbunden.[7] Ungeachtet der Befugnisse des Insolvenzverwalters im Insolvenzeröffnungsverfahren kommen die Vorschriften des Insolvenzarbeitsrechts erst ab Insolvenzeröffnung zur Anwendung.[8] Die betriebsverfassungsrechtlichen Organe bleiben in ihrem Bestand von der Insolvenz- 5

---

1) Zur Gegenüberstellung der Sanierung mittels Insolvenzplan und der außergerichtlichen Sanierung: *Jaffé* in: Kölner Schrift, Kap. 23, S. 743.

2) Vgl. *Oberhofer*, ZInsO 1999, 439.

3) § 108 Abs. 1 Satz 1 Alt. 1 InsO ordnet explizit an, dass Dienstverhältnisse mit Wirkung für die Insolvenzmasse fortbestehen.

4) Zu den geplanten Anpassungen der Arbeitnehmerrechte in der Insolvenz im Zuge des sog. präventiven Restrukturierungsrahmens vgl. *Seagon*, NZI 2018, 787.

5) Gemäß § 279 InsO kommen die §§ 103 – 128 InsO auch im eröffneten Eigenverwaltungsverfahren zur Anwendung mit der Maßgabe, dass der Schuldner an die Stelle des Insolvenzverwalters tritt. Aus Gründen der Vereinfachung wird in diesem Kapitel nur von dem Insolvenzverwalter gesprochen; sämtliche Inhalte lassen sich auf das Verfahren in Eigenverwaltung übertragen.

6) Anders nur im Falle eines sog. starken vorläufigen Insolvenzverwalters (§§ 21, 22 InsO) bzw. bei Vorliegen einer entsprechenden Einzelermächtigung.

7) Uhlenbruck-*Mock*, InsO, § 80 Rz. 147.

8) Gemeint sind die §§ 108, 113, 120 – 128 InsO.

eröffnung ebenso unberührt wie die mit dem Einzel-, Gesamt- oder Konzernbetriebsrat[9] abgeschlossenen Vereinbarungen. Um der besonderen Situation eines in die Insolvenz geratenen Unternehmens Rechnung zu tragen, stellt die InsO dem Insolvenzverwalter eine Reihe verschiedener Instrumentarien zur Verfügung, um notwendige Anpassungen in der Betriebsorganisation und Kostenstruktur des schuldnerischen Unternehmens in der gebotenen Kürze der Zeit umzusetzen.[10]

6 Diese Optionen – einschließlich der durch die InsO modifizierten arbeitsrechtlichen Instrumentarien[11] – stehen dem Insolvenzverwalter auch dann zur Verfügung, wenn das Insolvenzverfahren in dem **Abschluss eines Insolvenzplans** mündet. So läuft die gewählte Verfahrensart[12] neben der Erstellung und Abstimmung über den Insolvenzplan bis zur Aufhebung des Verfahrens weiter.

7 Neben die beschriebenen Befugnisse des Insolvenzverwalters treten zahlreiche „weiche Maßnahmen", die in Zeiten der akuten Krise durchaus geeignet sein können, einen **Liquiditätspuffer** zu verschaffen. Hierzu zählen insbesondere die Aussetzung und Aufhebung freiwilliger, die Insolvenzmasse belastender Betriebsvereinbarungen und der Bezug von Insolvenzgeld.[13] Der Insolvenzverwalter hat in der eröffneten Insolvenz die Möglichkeit, in arbeitsrechtlicher Hinsicht privilegiert und zeitoptimierend zu handeln.

8 Die Sanierung von Unternehmen würde – ein Insolvenzplanverfahren vorausgesetzt – allerdings in noch größerem Maß erheblich vereinfacht, wenn arbeitsrechtliche Maßnahmen lediglich in den Insolvenzplan aufgenommen werden müssten und mit Rechtskraft des Planes automatisch umgesetzt würden. Dies würde indes fundamentale Grundsätze des Arbeitsrechts ins Gegenteil verkehren.[14] Ungeachtet der einzuhaltenden Formerfordernisse ist die Rechtskraft der Bestätigung eines Insolvenzplanes bspw. nicht mit derjenigen eines gerichtlichen Urteils gleichzusetzen.

9 Als Beispiel sei § 613a BGB genannt, der nicht selten über den Erfolg oder Misserfolg einer Sanierung entscheidet. Auch diese Norm steht in einem Insolvenzplan nicht zur **Disposition**; so kann weder § 613a Abs. 4 Satz 1 BGB durch einen Insolvenzplan außer Kraft gesetzt werden,[15] noch kann ein Insolvenzplan die Unterrichtung der Arbeitnehmer vom Betriebsübergang ersetzen. Die Möglichkeit, insbesondere individualarbeitsrechtliche Maßnahmen mittels Insolvenzplans durchzuführen, bleibt dem Insolvenzverwalter also verwehrt (siehe hierzu ausführlich Rz. 42 ff.). Gleiches gilt bzgl. der Regelungen zur Durchführung von Massenentlassungen (§§ 17, 18 KSchG); auch diese gelten unverändert im Insolvenzplanverfahren.[16]

---

9) Nachfolgend vereinheitlichend nur „Betriebsrat" genannt.

10) In diesem Zusammenhang sind § 120 InsO (Sonderkündigungsrecht für belastende Betriebsvereinbarungen) sowie die Modifikationen betriebsverfassungsrechtlicher Rahmenbedingungen in den §§ 121 – 124 InsO zu nennen.

11) Vgl. hierzu allgemein: *Berscheid* in: Kölner Schrift, Kap. 34 S. 1081; *Arens/Brand*, Das arbeitsrechtliche Mandat, § 1; *Lakies*, Das Arbeitsverhältnis in der Insolvenz; *Mückl*, Arbeitsrecht in Krise und Insolvenz; *Regh/Fanselow/Jakubowski/Kreplin*, Beck'sches Mandats-Hdb. ArbR in der Insolvenz.

12) Gemeint sind Regelinsolvenzverfahren und Eigenverwaltung.

13) *Gossak* in: Kübler/Bork/Prütting, HRI II, § 46 Rz. 39 f.

14) Zu denken ist insbesondere an das Schriftformerfordernis für (Änderungs-)Kündigungen, Zugangserfordernisse und die erforderliche Wahrung der Beteiligungsrechte der betriebsverfassungsrechtlichen Gremien.

15) *Smid/Rattunde/Martini*, Insolvenzplan, Kap. 8 Rz. 8.31.

16) *Berscheid* in: Kölner Schrift, Kap. 34 Rz. 92, S. 1081.

Praxishinweis

Aus § 119 InsO, wonach Vereinbarungen, die *im Voraus* die Anwendung der §§ 103 bis 118 InsO ausschließen, unwirksam sind, kann nicht geschlossen werden, dass in einem Insolvenzplan *nachträglich* von den Regelungen der §§ 103 bis 118 InsO abgewichen werden kann.[17)]

Macht der Insolvenzverwalter von seinen arbeitsrechtlichen Befugnissen Gebrauch und nimmt Personalanpassungsmaßnahmen (außerhalb des Insolvenzplans) vor, sind diese im **darstellenden Teil** des Insolvenzplans zu benennen. Entsprechendes gilt, wenn es zum Einsatz einer sog. Beschäftigungs- und Qualifizierungsgesellschaft kommt. Auch sollten die wirtschaftlichen Ergebnisse abgeschlossener Sozialpläne und Interessenausgleiche dargestellt werden; gleiches gilt für das Zustandekommen dieser Vereinbarungen sowie für die verwendeten Auswahlkriterien.[18)] 10

Dass arbeitsrechtliche Maßnahmen bereits vor Einreichung eines Insolvenzplans zwischen den Betriebsparteien verhandelt und mit Insolvenzeröffnung unmittelbar abgeschlossen und umgesetzt werden, ist keine Seltenheit und sowohl in zeitlicher als auch in wirtschaftlicher Hinsicht sinnvoll. Dem Insolvenzplan liegt in diesem Fall das in personeller Hinsicht bereits umstrukturierte Unternehmen des Schuldners zugrunde.[19)] 11

Mit **Aufhebung des Insolvenzverfahrens** (§ 258 InsO) erlangt der Schuldner die Arbeitgeberposition zurück. Die Besonderheiten des Insolvenzarbeitsrechts sind nicht mehr anwendbar; es gelten wieder die allgemeinen Kündigungsregelungen, insbesondere die gesetzlichen Kündigungsfristen bzw. individual- bzw. tarifvertragliche Vereinbarungen. 12

Im Falle einer **erneuten Insolvenzantragstellung** und der darauffolgenden Insolvenzeröffnung verliert der Schuldner abermals seine Arbeitgeberposition und die Vorschriften des Insolvenzarbeitsrechts kommen wieder zur Anwendung. Zu den Voraussetzungen der Entstehung eines erneuten Anspruchs auf Insolvenzgeld siehe unten Rz. 102 ff. 13

II. Die Stellung des Arbeitnehmers in der Insolvenz des Arbeitgebers

Ungeachtet der **eingeschränkten arbeitsrechtlichen Gestaltungsmöglichkeiten** (siehe unter Rz. 42 ff.) handelt es sich bei dem – weit gefassten – Begriff des „Arbeitsrechts" um ein im Insolvenzplan gewichtiges Thema. So ist die Rolle des Arbeitnehmers in der Insolvenz seines Arbeitgebers vielschichtig. Zum einen bleibt sein Arbeitsverhältnis von der Insolvenz grundsätzlich unangetastet (§ 108 InsO) und seine Arbeitsleistung ist – insbesondere bei Leistungsträgern – eines der Kernelemente, auf dem die geplante Sanierung aufbaut. Es gilt also, „wichtige" Arbeitnehmer, bspw. durch die Vereinbarung von Halteprämien,[20)] zu halten. Auf der anderen Seite sind in aller Regel umfangreiche Personalanpassungsmaßnahmen unerlässlich. Da wie dargestellt (siehe unter Rz. 5 ff.) eine Durchführung der erforderlichen arbeitsrechtlichen Maßnahmen durch den Insolvenzplan im Wesentlichen nicht möglich ist, wird der Insolvenzverwalter diese parallel zu der Erstellung und Ver- 14

17) Ebenso *Berscheid* in: FS Kirchhof, S. 27, 31 m. w. N.

18) *Geiwitz* in: Buth/Hermanns, Restrukturierung, Sanierung, Insolvenz, § 30 Rz. 55.

19) Abschluss von Interessenausgleich und Sozialplan erfolgen durch den Insolvenzverwalter bzw. im Eigenverwaltungsverfahren durch den Schuldner mit Zustimmung des Sachwalters. Sofern eingesetzt, ist im Hinblick auf § 160 Abs. 1 InsO auch die Zustimmung des Gläubigerausschusses, andernfalls die der Gläubigerversammlung, zu dem Sozialplan einzuholen. Ein verbindlicher Spruch der Einigungsstelle hingegen ist nicht genehmigungspflichtig.

20) Halteprämien sind (reine) Masseverbindlichkeiten, wenn der Stichtag für die unerwünschte Eigenkündigung nach Insolvenzeröffnung liegt und sich die Prämie nicht (zumindest anteilig) auch auf Leistungen des Arbeitnehmers aus der Zeit vor Insolvenzeröffnung bezieht (BAG, Urt. v. 12.9.2013 – 6 AZR 980/11, ZIP 2014, 37 = BeckRS 2013, 74786).

handlung des Insolvenzplanes durchführen müssen und ggf. als Planbedingung i. S. des § 249 InsO ausgestalten (siehe hierzu die ausführliche Darstellung unter Rz. 57 ff.).

15 Ebenso wie der Insolvenzverwalter, hat **auch der Arbeitnehmer** im eröffneten Insolvenzverfahren das Recht, sein Arbeitsverhältnis mit einer gemäß § 113 Satz 2 InsO auf maximal drei Monate zum Monatsende begrenzten Kündigungsfrist zu beenden.

16 Von der Insolvenz betroffen ist der Arbeitnehmer häufig aber auch **als Gläubiger** seines Arbeitgebers. Regelungen betreffend die Befriedigung der Arbeitnehmer sind im Insolvenzplan – ebenso wie der Eingriff in Ansprüche sonstiger Insolvenzgläubiger – grundsätzlich zulässig. Demnach kann ein Insolvenzplan in die persönlichen Insolvenzforderungen der Arbeitnehmer gemäß §§ 217, 254 Abs. 1 InsO eingreifen.

17 Sofern es in dem schuldnerischen Unternehmen betriebsverfassungsrechtliche Gremien gibt, kommen diesen im Hinblick auf das Insolvenzplanverfahren ebenfalls **Sonderrechte** zu (siehe unter Rz. 74 ff.).

III. Insolvenzgeld und betriebliche Altersvorsorge

18 Zwei weitere Themenkomplexe sind von großer Relevanz. Zum einen das Insolvenzgeld und dessen etwaige Vorfinanzierung (§§ 165 ff. SGB III)[21], zum anderen die Einstandspflicht des Pensions-Sicherungs-Vereins auf Gegenseitigkeit (PSVaG) für Ansprüche des Arbeitnehmers aus betrieblicher Altersvorsorge (§§ 7 ff. BetrAVG).[22] Sowohl das Insolvenzgeld als auch die Insolvenzsicherung von Ansprüchen aus betrieblicher Altersversorgung bezwecken den Schutz des Arbeitnehmers in der Insolvenz des Arbeitgebers.[23] Die Gewährung von Insolvenzgeld bildet zudem regelmäßig einen wesentlichen Baustein der erfolgreichen Sanierung des schuldnerischen Unternehmens. Beiden Themen kommt i. R. der Erstellung eines Insolvenzplans erhebliche Bedeutung zu.

19 Bereits mit Stellung des **Antrags auf Insolvenzgeld** geht der Anspruch des Arbeitnehmers auf Arbeitsentgelt gemäß § 169 SGB III auf die Bundesagentur für Arbeit über. Den entsprechenden Anspruch kann die Bundesagentur für Arbeit als einfache Insolvenzforderung i. S. des § 38 InsO nach Eröffnung des Insolvenzverfahrens zur Insolvenztabelle anmelden.[24] Eine privilegierte Haftung der Insolvenzmasse wird nicht begründet. Der Insolvenzverwalter profitiert von einem erheblichen Liquiditätszuwachs innerhalb des dreimonatigen Insolvenzgeldzeitraums. Damit kann das Insolvenzgeld zum Erfolg einer Sanierung entscheidend beitragen. So kann die über das Insolvenzgeld „von außen"[25] generierte Liquidität bspw. den Pool für Abfindungszahlungen oder eine attraktive Sozialplandotierung erhöhen.

20 Die **Ansprüche des Arbeitnehmers aus betrieblicher Altersvorsorge** werden in der Insolvenz des Arbeitgebers durch ein besonderes Sicherungssystem aufgefangen (siehe dazu detailliert Rz. 87 ff.). Mit Eintritt des Sicherungsfalls wird der PSVaG Schuldner des be-

21) Vgl. zu den Voraussetzungen des Anspruchs auf Insolvenzgeld und der Möglichkeit der Insolvenzgeldvorfinanzierung ausführlich und m. w. N.: *Zwanziger*, Arbeitsrecht der InsO, § 108 Rz. 70 ff.

22) Vgl. hierzu die ausführliche Darstellung von *Rieger*, NZI 2013, 671 ff.

23) Knickrehm/Kreikebohm/Waltermann-*Kallert*, Sozialrecht, § 165 SGB III Rz. 2; *Steinmeyer* in: ErfK, § 7 BetrAVG Rz. 1.

24) Knickrehm/Kreikebohm/Waltermann-*Kallert*, Sozialrecht, § 169 SGB III Rz. 1.

25) Hierbei handelt es sich um einen „deutschen Sonderweg", der aber keine europarechtswidrige Staatsbeihilfe darstellt, vgl. *Hunold*, NZI 2015, 785, 786; ausführlich zum Insolvenzgeld m. w. N. vgl. *Röger*, Insolvenzarbeitsrecht, § 4 Rz. 3 ff.

rechtigten Arbeitnehmers.[26] Nach § 7 Abs. 1 Satz 1 und Satz 4 BetrAVG lösen folgende Fälle eine Einstandspflicht des PSVaG aus:

- Die Eröffnung des Insolvenzverfahrens über das Vermögen des Arbeitgebers;
- die Abweisung des Insolvenzantrags mangels Masse;
- der außergerichtliche Vergleich des Arbeitgebers mit seinen Gläubigern zur Abwendung eines Insolvenzverfahrens, wenn ihm der PSVaG zustimmt;
- die vollständige Beendigung der Betriebstätigkeit im Geltungsbereich des BetrAVG, wenn ein Antrag auf Eröffnung des Insolvenzverfahrens nicht gestellt worden ist und ein Insolvenzverfahren offensichtlich mangels Masse nicht in Betracht kommt.

Infolge der Einstandspflicht findet ein **Forderungs- und Vermögensübergang** auf den PSVaG statt (§ 9 BetrAVG). Hiervon umfasst sind sowohl die Ansprüche des berechtigten Arbeitnehmers auf Leistungen der betrieblichen Altersversorgung, die den Anspruch gegen den PSVaG begründen (§ 9 Abs. 2 BetrAVG) als auch das noch vorhandene Vermögen – einschließlich der Verbindlichkeiten – einer etwaigen Unterstützungskasse (§ 9 Abs. 3 BetrAVG). Durch den Forderungsübergang wird der PSVaG zum Insolvenzgläubiger des Schuldners und ist zur Anmeldung seiner Forderung zur Insolvenztabelle berechtigt. 21

IV. Die Stellung der Arbeitnehmervertretung und des Arbeitnehmers im StaRUG-Verfahren

Der deutsche Gesetzgeber hat sich gegen eine Aufnahme spezifischer Beteiligungsrechte der Arbeitnehmervertretungsorgane für den Bereich der präventiven Sanierung in das StaRUG[27] entschieden. Gemäß § 92 StaRUG bleiben die Verpflichtungen des Schuldners gegenüber den Arbeitnehmervertretungsorganen und deren Beteiligungsrechte nach dem BetrVG **von den Regelungen des StaRUG unberührt. Einzig** ein Beteiligungsrecht wurde explizit begründet – hierbei handelt es sich um den **Gläubigerbeirat** gemäß § 93 StaRUG, dem nach § 93 Abs. 1 Satz 2 StaRUG i. V. m §§ 21 Abs. 2 Satz 1 Nr. 1a, 67 Abs. 2 Satz 2 InsO ein **Vertreter der Arbeitnehmer** angehören soll. 22

Gemäß § 4 Abs. 1 Nr. 1 StaRUG sind Forderungen der Arbeitnehmer im Zusammenhang mit ihrem Arbeitsverhältnis, einschließlich der Ansprüche aus betrieblicher Altersversorgung, **von einem Eingriff durch einen Restrukturierungsplan ausgeschlossen.** Der Gesetzgeber macht damit von dem Vorbehalt in Art. 1 Abs. 5a Restrukturierungsrichtlinie[28] Gebrauch und betont im Zuge dessen, dass Maßnahmen zur Restrukturierung, die die Arbeitnehmer betreffen, nach wie vor mithilfe des etablierten arbeitsrechtlichen Rahmens, sowohl auf kollektiver als auch auf individueller Ebene, gehandhabt werden sollen.[29] 23

---

26) Vgl. hierzu die ausführlichere Darstellung von *Arens/Brand*, Arbeits- und Sozialrecht in der Insolvenz, § 5 Rz. 11; zur Begrenzung der Einstandspflicht bei hohen Ansprüchen aus betrieblicher Altersversorgung s. § 7 Abs. 3 BetrAVG.

27) Gesetz über den Stabilisierungs- und Restrukturierungsrahmen für Unternehmen (Unternehmensstabilisierungs- und -restrukturierungsgesetz – StaRUG), v. 22.12.2020, BGBl. I 2020, 3256 (= Art. 1 des Gesetzes zur Fortentwicklung des Sanierungs- und Insolvenzrechts [Sanierungs- und Insolvenzrechtsfortentwicklungsgesetz – SanInsFoG], v. 22.12.2020, BGBl. I 2020, 3256).

28) Richtlinie (EU) 2019/1023 des Europäischen Parlaments und des Rates v. 20.6.2019 über präventive Restrukturierungsrahmen, über Entschuldung und über Tätigkeitsverbote sowie über Maßnahmen zur Steigerung der Effizienz von Restrukturierungs-, Insolvenz- und Entschuldungsverfahren und zur Änderung der Richtlinie (EU) 2017/1132 (Richtlinie über Restrukturierung und Insolvenz) – Restrukturierungsrichtlinie, ABl. (EU) L 172/18 v. 26.6.2019.

29) Uhlenbruck-*Streit/Bürk*, StaRuG, § 8 Rz. 87.

B. Der Arbeitnehmer als Gläubiger im Insolvenzplanverfahren

24 Unzweifelhaft wirkt sich jeder Insolvenzplan als Sanierungsinstrument zumindest mittelbar auf die bei dem Schuldner beschäftigten Arbeitnehmer aus. Nimmt ein Arbeitnehmer die Rolle eines Insolvenzgläubigers ein, ist er sogar unmittelbar am **Insolvenzplan beteiligt.**

25 Ansprüche des Arbeitnehmers aus der Zeit vor Eröffnung des Insolvenzverfahrens sind einfache **Insolvenzforderungen** (§ 38 InsO). Hierzu zählen – besonders relevant vor dem Hintergrund der Rechtsprechung von BAG und BGH[30)] – auch Forderungen von Arbeitnehmern, die nach erfolgter Anfechtung und Rückzahlung wiederaufleben.[31)] Praktische Relevanz kommt auch vor Insolvenzeröffnung nicht gezahlten Abfindungen aus Aufhebungsverträgen zu.[32)] Mit diesen Forderungen ist der Arbeitnehmer als Insolvenzgläubiger am Insolvenzplanverfahren beteiligt;[33)] die Ansprüche unterliegen der grundsätzlichen Gestaltungsmöglichkeit durch den Insolvenzplan (§ 221 InsO). Durch einen Insolvenzplan kann gemäß §§ 217, 254 Abs. 1 InsO[34)] in Insolvenzforderungen von Arbeitnehmern eingegriffen werden; möglich sind Zwangseingriffe in Insolvenzforderungen von Arbeitnehmern in dem von § 224 InsO vorgesehenen Umfang. Masseforderungen des Arbeitnehmers sind – sofern keine Masseunzulänglichkeit vorliegt – hingegen dem Anwendungsbereich des § 217 InsO entzogen.

I. Klassifizierung von Arbeitnehmerforderungen

26 Maßgeblich für die **Einordnung**, ob der Anspruch des Arbeitnehmers auf Arbeitsentgelt eine einfache **Insolvenzforderung oder eine Masseverbindlichkeit** darstellt, ist nicht der Zeitpunkt der Fälligkeit der Forderung, sondern derjenige der Anspruchsentstehung.[35)] Gleiches gilt für Ansprüche auf Nachteilsausgleich gemäß § 113 BetrVG, die einfache Insolvenzforderungen sind, wenn mit der Durchführung der betreffenden Betriebsänderung bereits vor Insolvenzeröffnung begonnen wurde und nur dann Masseverbindlichkeiten sind, wenn die Maßnahmen nach Verfahrenseröffnung umgesetzt wurden.[36)] Um Masseverbindlichkeiten handelt es sich auch bei Vergütungsansprüchen der Arbeitnehmer gegen den starken vorläufigen Insolvenzverwalter gemäß §§ 22 Abs. 1, 21 Abs. 2 Nr. 2 Alt. 1 InsO und bei Urlaubsabgeltungsansprüchen, wenn das Arbeitsverhältnis erst nach Insolvenzeröffnung endet. Arbeitnehmerforderungen für die Zeit nach Insolvenzeröffnung sind gemäß §§ 108 Abs. 2, 55 Abs. 1 Nr. 2 Alt. 2 InsO ohnehin als Masseverbindlichkeiten einzuordnen, hierzu zählen gemäß § 123 Abs. 2 Satz 1 InsO auch Forderungen aus einem Insolvenzsozialplan.

27 Einen Sonderfall stellt der sog. **Verfrühungsschaden** nach § 113 Satz 3 InsO dar, der kraft Gesetzes als einfache Insolvenzforderung qualifiziert ist und mit Zugang des Kündigungsschreibens fällig wird.[37)]

---

30) Die Rspr. von BAG und BGH divergiert diesbezüglich: BAG, Urt. v. 29.1.2014 – 6 AZR 345/12, BAGE 147, 172 = ZVI 2014, 307, dazu EWiR 2014, 291 *(Huber)*; demgegenüber BGH, Urt. v. 10.7.2014 – IX ZR 192/13, BGHZ 202, 59 = ZVI 2014, 458, dazu EWiR 2014, 561 *(Ries)*; zum Streitstand ausführlich: *Mückl*, GWR 2014, 427 ff.; *Lakies*, ArbRAktuell 2014, 553 ff.

31) Zur Anfechtbarkeit von Entgeltzahlungen vgl. auch *Röger*, Insolvenzarbeitsrecht, § 5 Rz. 612 ff. m. w. N.

32) *Müller-Glöge* in: ErfK, Einf. InsO Rz. 47 m. w. N.

33) Vgl. §§ 38, 222 Abs. 3 Satz 1 InsO.

34) Zum Rechtsstreit betreffend die Wirkung von § 254 InsO: *Eidenmüller* in: MünchKomm-InsO, § 221 Rz. 98 insbesondere m. Fn. 150; *Zwanziger*, Arbeitsrecht der InsO, Einf. Rz. 278.

35) Vgl. zu den einzelnen Forderungen ausführlich nur *Bertram/Künzl* in: Gottwald/Haas, InsR-Hdb., § 107 Rz. 20 ff., 37 ff., und *Röger*, Insolvenzarbeitsrecht, § 3 Rz. 85.

36) *Lakies*, NZA 2001, 521, 522; *Bertram/Künzl* in: Gottwald/Haas, InsR-Hdb., § 107 Rz. 80 ff.

37) LAG Düsseldorf, Urt. v. 3.7.2014 – 5 Sa 225/14, NZI 2014, 913, 916.

II. Gruppenbildung

Die **Einteilung der am Insolvenzplan Beteiligten** in verschiedene Gruppen ist im Hinblick auf die Vorschriften betreffend die Abstimmung über den Plan (insbesondere §§ 243 ff. InsO) und somit für das erfolgreiche Zustandekommen des Insolvenzplans von enormer Bedeutung (zu den allgemeinen Grundsätzen der Gruppenbildung im Insolvenzplan siehe die Darstellung bei § 9 [*Beck/Pechartscheck*]). Die Gruppenbildung ist nicht zuletzt ein Gestaltungsmittel, welches es dem Planverfasser ermöglicht, durch eine taktisch kluge Einteilung sowohl auf das Abstimmungsverhalten der Beteiligten als auch auf eine etwaige Obstruktionsentscheidung Einfluss zu nehmen.[38] Gleichzeitig trägt die strategische Einteilung der Gläubiger in Gruppen dazu bei, eine (zulässige) Ungleichbehandlung der Beteiligten zu ermöglichen.[39] 28

Praxishinweis

Die rechtzeitige Beteiligung der relevanten Gläubigergruppen ist dringend zu empfehlen. Durch eine geschickte Eingruppierung der Gläubiger lässt sich mit hoher Wahrscheinlichkeit eine Annahme des Insolvenzplans erreichen.

1. Anwendungsbereich und Charakter des § 222 Abs. 3 Satz 1 InsO

Gemäß § 222 Abs. 3 Satz 1 InsO sollen[40] die Arbeitnehmer eine **besondere Gruppe** bilden, wenn sie als Insolvenzgläubiger mit nicht unerheblichen Forderungen am Insolvenzverfahren beteiligt sind. Durch die Verwendung des Begriffs „sollen" wird deutlich, dass es sich bei der Arbeitnehmergruppenbildung um den gesetzlich angeordneten Regelfall handelt, von dem nur abgewichen werden kann, sofern ausnahmsweise besondere Umstände ein anderes Vorgehen gebieten.[41] Ausnahmen von diesem Grundsatz sind zu machen, sofern die wichtigsten insolvenzbezogenen Interessen der Arbeitnehmer mit denen anderer Beteiligter offensichtlich übereinstimmen.[42] Sieht der Planverfasser von der Bildung einer besonderen Arbeitnehmergruppe ab, sind die Gründe analog § 222 Abs. 2 Satz 3 InsO darzulegen.[43] 29

Die Regelung des § 222 Abs. 3 Satz 1 InsO spiegelt den Leitgedanken wider, dass sich die **Interessenlage der Arbeitnehmer** grundsätzlich von derjenigen anderer Gläubiger unterscheidet, zumal regelmäßig erst im eröffneten Insolvenzverfahren Personalabbaumaßnahmen umgesetzt werden.[44] Anerkannt ist die Möglichkeit, die Arbeitnehmer in einer Gruppe mit der Bundesagentur für Arbeit zusammenzufassen.[45] 30

38) Andres/Leithaus-*Andres*, InsO, § 222 Rz. 1; zu den rechtlichen Bedenken bei der Aufspaltung der Gläubigergruppen ausführlich: *Kaltmeyer*, ZInsO 1999, 255, 258 ff.

39) *Smid/Rattunde/Martini*, Insolvenzplan, Kap. 12 Rz. 12.1.

40) In der Begr. RegE InsO heißt es demgegenüber „ist […] eine besondere Gruppe der Arbeitnehmer zu bilden", BT-Drucks. 12/2443, S. 200; zu den verfassungsrechtlichen Bedenken *Eidenmüller* in: MünchKomm-InsO, § 222 Rz. 126 f.

41) H. M., sog. Soll-Vorschrift mit bindender Wirkung, vgl. nur Andres/Leithaus-*Andres*, InsO, § 222 Rz. 12; Uhlenbruck-*Lüer*/Streit, InsO, § 222 Rz. 9, 20; *Eidenmüller* in: MünchKomm-InsO, § 222 Rz. 132; a. A. Römermann-*Rühle*, InsO/InsR, § 222 InsO Rz. 8.

42) Vgl. *Eidenmüller* in: MünchKomm-InsO, § 222 Rz. 127, der davon ausgeht, dass in diesem Fall eine differenzierte Gruppenbildung sogar unzulässig ist.

43) *Eidenmüller* in: MünchKomm-InsO, § 222 Rz. 132.

44) Vgl. Begr. RegE InsO, BT-Drucks. 12/2443, S. 200.

45) BGH, Beschl. v. 7.5.2015 – IX ZB 75/14, ZIP 2015, 1346 = ZInsO 2015, 1398.

2. Arbeitnehmerqualität

31 § 222 Abs. 3 Satz 1 InsO stellt eine **Spezialregelung** zu § 222 Abs. 2 Satz 1 und Satz 2 InsO dar, indem der Grundsatz der fakultativen Gruppenbildung durchbrochen wird und die Überprüfung der Übereinstimmung der gleichartigen wirtschaftlichen Interessen[46] innerhalb der Arbeitnehmerschaft überflüssig werden.[47] Wird eine besondere Gruppe für Arbeitnehmer gebildet, bestehen keine rechtlichen Bedenken hinsichtlich der Gruppeneinteilung. Der Gesetzgeber hat mit § 222 Abs. 3 Satz 1 InsO gleichförmige wirtschaftliche Interessenlagen erfasst und typisiert, so dass eine sachgerechte Abgrenzung gegeben ist. Mit Blick auf die oben dargestellte ratio der Vorschrift sowie den Charakter der Norm als lex specialis zu § 222 Abs. 2 Satz 1 und Satz 2 InsO ist je nach Einzelfall die Feststellung zu treffen, ob die wirtschaftlichen Interessen der betroffenen Arbeitnehmer und arbeitnehmerähnlichen Mitarbeiter gleichgerichtet sind und auch arbeitnehmerähnliche Mitarbeiter[48] in die Gruppe der Arbeitnehmer einzubeziehen sind.[49]

3. Stellung als Insolvenzgläubiger

32 Es erfolgt keine Einbeziehung von Masseverbindlichkeiten von Arbeitnehmern gemäß § 55 Abs. 1 Nr. 2, Abs. 2 InsO oder § 123 Abs. 2 Satz 1 InsO in den Insolvenzplan.[50] Zu berücksichtigen sind hier vielmehr neben dem primären Anspruch des Arbeitnehmers auf Arbeitsentgelt Abfindungsforderungen aus aufgelaufenen Zeitkonten, rückständige Urlaubsgelder, der gemäß § 113 Satz 3 InsO durch die vorzeitige Kündigung des Insolvenzverwalters entstandene Schadensersatzanspruch (sog. Verfrühungsschaden)[51], Ansprüche auf Nachteilsausgleich gemäß § 113 Abs. 3 BetrVG[52] sowie sonstige tarifvertragliche Sonderleistungen, auf die ein Anspruch vor Insolvenzeröffnung begründet wurde.

4. Nicht unerhebliche Forderungen

33 Die Bildung einer Arbeitnehmergruppe ist nur für den Fall vorgesehen, dass die Forderungen der Arbeitnehmer nicht „unerheblich" sind. Eine Legaldefinition dieses unbestimmten Rechtsbegriffes existiert nicht. Auch eine pauschale Aussage darüber, ab Erreichen welches Schwellenwertes die Forderungen der Arbeitnehmer als nicht unerheblich zu qualifizieren sind, lässt sich nicht treffen.[53] Eine Ansicht stellt unter Zugrundelegung der Einkommens- und Vermögensverhältnisse auf die subjektive Betroffenheit der Arbeitnehmer ab.[54] Nach

46) Vgl. hierzu zuletzt BGH, Beschl. v. 7.5.2015 – IX ZB 75/14, ZIP 2015, 1346 = ZInsO 2015, 1398, dazu EWiR 2015, 483 *(Spliedt)*.

47) *Eidenmüller* in: MünchKomm-InsO, § 222 Rz. 124.

48) Zum Begriff der arbeitnehmerähnlichen Person Schaub/Koch-*Koch*, Arbeitsrecht von A–Z; vgl. auch die Definition in § 12a TVG. Beispielhaft zu nennen sind: Nicht angestellte Künstler und Musiker, freie Fernseh-/Rundfunkmitarbeiter, freie Journalisten, Heimarbeiter, Einfirmen-Handelsvertreter.

49) Ebenso Römermann-*Braun*, InsO/InsR, § 222 InsO Rz. 88.

50) *Eidenmüller* in: MünchKomm-InsO, § 222 Rz. 128; anders nur im Falle des § 210a InsO, hier ist entgegen dem ausdrücklichen Wortlaut des § 222 Abs. 3 Satz 1 InsO auch eine Gruppe der Arbeitnehmer als Massegläubiger denkbar und ggf. sogar angezeigt.

51) Vgl. den eindeutigen Wortlaut des § 113 Satz 3 InsO sowie *Caspers* in: MünchKomm-InsO, § 113 Rz. 31.

52) *Koch* in: Schaub, Arbeitsrechts-Hdb., § 246 Rz. 16.

53) So aber das LAG Düsseldorf, Urt. v. 15.9.2011 – 11 Sa 591/11, ZIP 2011, 2487 m. w. N., dazu EWiR 2012, 151 *(Bähr/Höpker)*, welches von einer nicht unerheblichen Forderung bei einer Überschreitung von 500 € ausgeht.

54) LG Mühlhausen, Beschl. v. 17.9.2007 – 2 T 190/06, NZI 2007, 724, 725; *Eidenmüller* in: MünchKomm-InsO, § 222 Rz. 129 m. w. N.; *Rendels/Zabel*, Insolvenzplan, S. 72 Rz. 212; *Smid/Rattunde/Martini*, Insolvenzplan, Kap. 12 Rz. 12.20.

der Gegenansicht wird der Maßstab durch das Einkommen und den Anteil der betroffenen Arbeitnehmer im Verhältnis zur Arbeitnehmerschaft insgesamt gebildet.[55)]

Mit Blick auf die besondere Schutzwürdigkeit der Arbeitnehmer kann sich die **Erheblichkeit der Forderungen** nicht relativ zu der Gesamtsumme der Insolvenzgläubigerforderungen im Verfahren bestimmen.[56)] Dies würde den von § 222 Abs. 3 Satz 1 InsO verfolgten Zweck unterlaufen. 34

Praxishinweis

Ab jedenfalls 10 % des Jahresarbeitseinkommens ist davon auszugehen, dass es sich um eine nicht unerhebliche Forderung eines Arbeitnehmers i. S. der Norm handelt.[57)]

Entsprechend der Formulierung in § 222 Abs. 3 Satz 1 InsO reicht die **Betroffenheit „eines" Arbeitnehmers** unterdessen nicht aus. Ab welchem Schwellenwert die Arbeitnehmer als Kollektiv mit nicht unerheblichen Forderungen beteiligt sind, lässt sich wiederum nicht pauschal sagen. Zum Teil wird es als ausreichend angesehen, wenn *einige Arbeitnehmer* der Gruppe betroffen sind.[58)] Diese Aussage ist unterdessen mit Blick auf die gewünschte Rechtssicherheit zu vage. Die Tatsache, dass einzelne Arbeitnehmer nur unerheblich betroffen sind, soll den wesentlich Betroffenen nicht die prägende Wirkung für die Gruppenbildung nehmen. 35

Praxishinweis

Von einer erheblichen Beteiligung der Arbeitnehmerschaft ist auszugehen, wenn die Forderungen 10 % des Jahreseinkommens von zumindest 25 % der Arbeitnehmer darstellen.[59)]

Fehlt es an einer nicht unerheblichen Forderung, so finden die allgemeinen Regeln Anwendung. Die Gruppenbildung richtet sich dann nach § 222 Abs. 1 und Abs. 2 InsO. 36

5. Bildung mehrerer Arbeitnehmergruppen als Gestaltungsmöglichkeit im Insolvenzplan

Im Anwendungsbereich des § 222 Abs. 2 InsO ist die Möglichkeit, durch die **Ausdifferenzierung von Beteiligten** mit gleichartigen wirtschaftlichen Interessen, eine Mehrheit der zustimmenden Gruppen zu erreichen, allgemein anerkannt.[60)] Dies ist auch im Hinblick auf Arbeitnehmergruppen möglich.[61)] Das Gleichbehandlungsgebot des § 226 Abs. 1 InsO gebietet lediglich eine Gleichbehandlung der Beteiligten innerhalb einer Gruppe. Hierbei sind die folgenden Grundsätze zu beachten: Die Arbeitnehmer innerhalb der zu bildenden Gruppe müssen gleichartige wirtschaftliche Interessen teilen (§ 222 Abs. 3 Satz 1 InsO), die Gruppen müssen sachgerecht voneinander abgegrenzt (Satz 2) und die Kriterien für die Abgrenzung hinreichend im Plan dokumentiert werden (Satz 3).[62)] 37

55) *Thies* in: HambKomm-InsR, § 222 InsO Rz. 26.

56) *Rendels/Zabel*, Insolvenzplan, S. 72 Rz. 212; *Smid/Rattunde/Martini*, Insolvenzplan, Kap. 12 Rz. 12.20.

57) *Eidenmüller* in: MünchKomm-InsO, § 222 Rz. 129.

58) *Eidenmüller* in: MünchKomm-InsO, § 222 Rz. 129.

59) *Thies* in: HambKomm-InsR, § 222 InsO Rz. 26; *Hermann* in: Göpfert/Schöne, Hdb. ArbR in Restrukturierung und Insolvenz, § 18 Rz. 106.

60) S. dazu *Frind*, NZI 2007, 374, 375.

61) Zustimmend *Rendels/Zabel*, Insolvenzplan, S. 71 Rz. 206; *Eidenmüller* in: MünchKomm-InsO, § 222 Rz. 127, der sogar davon ausgeht, dass § 222 Abs. 3 InsO verfassungskonform dahingehend auszulegen ist, dass bei offensichtlicher Interessendivergenz mehrere Arbeitnehmergruppen gebildet werden müssen; *Römermann-Rühle*, InsO/InsR, § 222 InsO Rz. 24 (nur noch rudimentär); Uhlenbruck-*Lüer/Streit*, InsO, § 222 Rz. 25.

62) So auch *Eidenmüller* in: MünchKomm-InsO, § 222 Rz. 133.

Praxishinweis

Eine Differenzierung von Arbeitnehmern bietet sich in den folgenden Fällen an:
- zwischen im Unternehmen verbleibenden Arbeitnehmern und solchen, die aus dem Unternehmen ausscheiden[63] und
- zwischen solchen Arbeitnehmern, die einen Sanierungsbeitrag leisten und solchen, die dies nicht tun.[64]

III. Mitwirkung im Abstimmungs- und Erörterungstermin

38 Auch aufgrund der zulässigen Einwirkung auf die Rechte der Arbeitnehmer durch Regelung im Insolvenzplan, ist ihre **Beteiligung** im Insolvenzverfahren von essentieller Bedeutung. Die gemäß § 217 InsO beteiligten Arbeitnehmer stimmen mit über den Insolvenzplan ab.

39 Gemäß § 243 InsO stimmt jede Gruppe der stimmberechtigten Beteiligten gesondert über den Insolvenzplan ab. § 244 InsO stellt die erforderlichen Mehrheiten für die Annahme des Insolvenzplanes auf. In *jeder* Gruppe ist danach erforderlich, dass die Mehrheit der abstimmenden Gläubiger dem Plan zustimmt und die Summe der Ansprüche der zustimmenden Gläubiger mehr als die Hälfte der Summe der Ansprüche der abstimmenden Gläubiger beträgt (siehe hierzu ausführlich § 9 [*Beck/Pechartscheck*]). Auch hier zeigt sich noch einmal die Praxisrelevanz der Gruppeneinteilung durch den Planersteller.

IV. Mitwirkung im (vorläufigen) Gläubigerausschuss

40 § 67 Abs. 2 Satz 2 InsO schreibt vor, dass dem Gläubigerausschuss ein Vertreter der Arbeitnehmer angehören soll, wobei diese Regelung mitbestimmungsrechtlich zu bewerten und damit als Muss-Vorschrift zu qualifizieren ist.[65] Arbeitnehmer sind Regelmitglied im Gläubigerausschuss, wobei in der Regel der Vorsitzende des Betriebsrats diesen Platz besetzt;[66] einen Anspruch auf dieses Amt hat er aber nicht. Auch Gewerkschaftsmitglieder kommen, bspw. als Arbeitnehmervertreter, für den Gläubigerausschuss in Betracht.

Praxishinweis

Übernimmt der Betriebsratsvorsitzende das Amt des Gläubigerausschussmitglieds ist er darauf hinzuweisen, dass er in seiner Funktion als Gläubigerausschussmitglied die Interessen der Gläubigergesamtheit und nicht etwa nur die Interessen der von ihm – je nach betriebsverfassungsrechtlicher Struktur – repräsentierten Arbeitnehmer wahrnimmt. Die Trennung dieser unterschiedlichen Ämter wird insbesondere dann relevant, wenn der Betriebsrat zeitgleich bereits mit dem Arbeitgeber über Interessenausgleich und Sozialplan verhandelt.

41 Die Mitgliedschaft im Gläubigerausschuss ermöglicht es den Arbeitnehmern, Einfluss auf die Ausgestaltung des Insolvenzplanes zu nehmen. Der Gläubigerausschuss ist per Gesetz zur Mitwirkung bei der Aufstellung des Planes berufen, § 218 Abs. 3 InsO. Gemäß § 232 Abs. 1 Nr. 1 InsO leitet das Insolvenzgericht dem Gläubigerausschuss den Insolvenzplan zur Stellungnahme weiter. Der Gläubigerausschuss wirkt ferner bei der Planüberwachung

63) *Eidenmüller* in: MünchKomm-InsO, § 222 Rz. 133; *Haneke* in: Kübler/Bork/Prütting, HRI II, § 24 Rz. 85 ff.

64) LAG Niedersachsen, Urt. v. 1.6.2010 – 11 Sa 1658/09, NZI 2011, 156 f. Eine Differenzierung zwischen Arbeitnehmern, die ein Angebot zur Fortsetzung des Arbeitsverhältnisses mit geänderten Arbeitsverträgen angenommen haben und solchen, die es abgelehnt haben, verstößt weder gegen den arbeitsrechtlichen Gleichbehandlungsgrundsatz noch gegen das Maßregelungsverbot des § 612a BGB.

65) *Kolbe*, NZI 2015, 400, 401.

66) *Hermann* in: Göpfert/Schöne, Hdb. ArbR in Restrukturierung und Insolvenz, § 18 Rz. 98.

mit, §§ 261, 262 InsO. Für den vorläufigen Gläubigerausschuss gilt die Regelung des § 67 Abs. 2 InsO entsprechend (§ 21 Abs. 2 Nr. 1a InsO).

C. Umsetzung arbeitsrechtlicher Maßnahmen im Insolvenzplan

I. Beschränkter Spielraum

Wie dargestellt (siehe unter Rz. 1 ff.), kann ein Insolvenzplan nicht die Umsetzung insbe- 42
sondere individualarbeitsrechtlicher Maßnahmen ersetzen. Dennoch kann sich der Insolvenzverwalter im Insolvenzplan gewisse Erleichterungen zunutze machen.

1. Änderung von Arbeitsverträgen und Arbeitsbedingungen

Es ist dem Insolvenzverwalter nicht möglich, in dem Insolvenzplan bestehende Arbeits- 43
verträge und Arbeitsbedingungen für die Zukunft zu ändern. Erforderlich ist stets die schriftlich dokumentierte Zustimmung des Arbeitnehmers.

Praxishinweis

Eine Änderung der Arbeitsbedingungen[67] „im Insolvenzplan" für die Zukunft ist nach h. M.[68] nur möglich, sofern:

- diese individualvertraglich ausgehandelt wurde,
- der Arbeitnehmer der Änderung zugestimmt hat,
- die Zustimmung dem Insolvenzplan als Anlage beigefügt wurde,
- die in Rede stehenden Änderungen zur Disposition des Erklärenden stand und
- die Änderung einen Bezug zu dem Ziel des Insolvenzverfahrens aufweist.

2. Verkürzen von Kündigungsfristen

Von den durch § 622 BGB aufgestellten **Kündigungsfristen** kann nur unter den Voraus- 44
setzungen des § 622 Abs. 4 und Abs. 5 BGB abgewichen werden. Bezüglich der weiteren Wirksamkeitsvoraussetzungen der Verkürzung von Kündigungsfristen qua Regelung im Insolvenzplan gilt das oben (siehe Rz. 43) zu den Zulässigkeitsvoraussetzungen der Änderung bestehender Arbeitsbedingungen Gesagte.

Praxishinweis

In einem Insolvenzplan können kürzere Kündigungsfristen und Kündigungstermine als in § 622 BGB vorgesehen, vereinbart werden. Eine solche Regelung bedarf aber zusätzlich zu den oben (siehe Rz. 43) aufgeführten Wirksamkeitsvoraussetzungen der Zustimmung der Tarifvertragsparteien, sofern relevant.[69]

3. Verzicht auf tarifvertraglich oder durch Betriebsvereinbarung begründete Rechte

Ein **Verzicht des Arbeitnehmers auf entstandene tarifliche Rechte** ist gemäß § 4 Abs. 4 45
Satz 1 TVG nur in einem von den Tarifvertragsparteien gebilligten Vergleich zulässig. § 4

---

67) Keine **Dispositionsfreiheit** besteht, soweit es sich um eine tarifvertragliche Bestimmung handelt und der Schuldner der Tarifbindung gemäß § 3 Abs. 1 TVG unterliegt oder der Tarifvertrag gemäß § 5 TVG für allgemeinverbindlich erklärt wurde. Auch kann der Schuldner sich der Tarifgebundenheit nicht im Wege des Austritts entledigen, § 3 Abs. 3 TVG, vgl. *Smid/Rattunde/Martini*, Insolvenzplan, Kap. 8 Rz. 8.30.

68) *Eidenmüller* in: MünchKomm-InsO, §§ 221 Rz. 98 f., 217 Rz. 158 ff – Einschlägigkeit nicht eindeutig; für die Lohnsenkung: *Smid/Rattunde/Martini*, Insolvenzplan, Kap. 8 Rz. 8.30.

69) *Berscheid* in: FS Kirchhof, S. 27, 32.

Abs. 4 Satz 1 TVG wird nicht durch das Insolvenzarbeitsrecht eingeschränkt und entfaltet damit volle Wirkung auch im Insolvenzplanverfahren. Stellt ein Insolvenzplan unterdessen wirtschaftlich das sicher, was auch im regulären Verfahren zu erwarten wäre, liegt kein Verzicht i. S. der Norm vor.[70)]

46 Selbiges gilt auch für die den Arbeitnehmern durch Betriebsvereinbarungen eingeräumten Rechte. Ein Verzicht ist nach § 77 Abs. 4 Satz 2 BetrVG nur mit Zustimmung des Betriebsrates zulässig.

> **Praxishinweis**
>
> Steht die verweigerte Erklärung der Tarifvertragsparteien oder des Betriebsrates einer erfolgreichen Sanierung entgegen, kann der Verzicht durch das Insolvenzgericht ersetzt werden.[71)]

4. Sozialplan

47 Die allgemeinen Grundsätze über den Inhalt von **Sozialplänen** erfahren durch §§ 123, 124 InsO deutliche Modifizierungen. Während § 124 InsO speziell i. R. von Insolvenzplänen keine bedeutende Rolle spielt, ist die Bedeutung von § 123 InsO im Insolvenzplanverfahren erheblich.[72)]

a) Sozialplanvolumen im Insolvenzplan

48 Das **Volumen von Sozialplänen**, die nach Insolvenzeröffnung aufgestellt werden, erfährt durch § 123 InsO Begrenzungen in absoluter und relativer Höhe.[73)] Während die absolute Obergrenze des § 123 Abs. 1 InsO auch im Insolvenzplan zu beachten ist,[74)] greift die in § 123 Abs. 2 Satz 2 InsO normierte relative Obergrenze in diesem Fall ausdrücklich nicht. Es ist den Betriebsparteien jedoch unbenommen, die Anwendbarkeit der relativen Obergrenze auch für den Fall der Vorlage eines Insolvenzplans zu vereinbaren.[75)]

aa) Die absolute Obergrenze

49 § 123 Abs. 1 InsO begrenzt das Sozialplanvolumen nach Insolvenzeröffnung auf bis zu zweieinhalb Bruttomonatsverdienste (§ 10 Abs. 3 KSchG) der von der Entlassung betroffenen Arbeitnehmer[76)] **(absolute Obergrenze)**. Werden innerhalb eines Insolvenzverfahrens mehrere Sozialpläne verabschiedet, sind die Volumina zu addieren.[77)] Die Einhaltung der absoluten Grenze schließt nicht aus, dass die Sozialplanabfindungen von Arbeitnehmern im Einzelfall unter- bzw. oberhalb von zweieinhalb Monatsverdiensten liegen (Rechtsgedanke des § 112 Abs. 5 BetrVG).[78)] Entscheidend ist, dass die Grenze bei Gesamtbetrachtung

70) *Zwanziger*, Arbeitsrecht der InsO, S. 115 Rz. 314.

71) *Berscheid* in: FS Kirchhof, S. 27, 38.

72) Zum Sozialplan in der Insolvenz grundlegend m. w. N. und mit Muster: *Röger*, Insolvenzarbeitsrecht, § 5 Rz. 132 ff.

73) Zum Regelungsgehalt des § 123 InsO: *Zwanziger*, Arbeitsrecht der InsO, § 123 Rz. 1 ff.

74) Nicht unumstritten; zum Streitstand: *Göpfert/Dachner* in: KPB, InsO, §§ 123, 124 Rz. 79; Uhlenbruck-*Zobel*, InsO, §§ 123, 124 Rz. 42; Römermann-*Hamacher*, InsO/InsR, § 123 InsO Rz. 12; a. A. *Zwanziger*, Arbeitsrecht der InsO, § 123 Rz. 4.

75) *Niering*, NZI 2010, 285, 288; *Eisemann*, NZA 2019, 81, 84, der das Zustandekommen eines Null-Sozialplans i. R. eines Insolvenzplanverfahrens nur für den Fall der Masseunzulänglichkeit für möglich hält.

76) Von einer Entlassung sind alle Arbeitnehmer betroffen, die ihren Arbeitsplatz infolge der Betriebsänderung durch arbeitgeberseitige Veranlassung verlieren.

77) *Linck* in: HK-InsO, § 123 Rz. 11.

78) Begr. RegE InsO, BT-Drucks. 12/2443, S. 154; *Röger*, Insolvenzarbeitsrecht, § 5 Rz. 151 ff.

gewahrt wird.[79] Da auch die dreiseitige Vereinbarung beim Übergang in eine Transfergesellschaft u. a. eine Beendigung des Arbeitsverhältnisses mit dem bisherigen Arbeitgeber beinhaltet, unterfällt auch der Transfersozialplan den Begrenzungen des § 123 InsO. Zeitpunkt für die Bemessung des Monatsverdienstes ist grundsätzlich der Monat, in dem das Arbeitsverhältnis endet (§ 10 Abs. 3 KSchG). Da dieser Zeitpunkt aber regelmäßig in der Zukunft liegt oder ein Entlassungsdatum noch gar nicht feststeht, ist nach zutreffender Ansicht für die meisten Arbeitnehmer eine prognostische Entscheidung zu treffen.[80]

bb) Die relative Obergrenze

Nach § 123 Abs. 2 Satz 2 InsO darf für die Berichtigung von Sozialplanforderungen nicht mehr als ein Drittel der Masse verwendet werden, die ohne einen Sozialplan für die Verteilung an die Insolvenzgläubiger zur Verfügung stünde (**relative Obergrenze**). Die relative Grenze gilt auch dann, wenn in einem Insolvenzverfahren zeitlich nacheinander mehrere Sozialpläne aufgestellt werden.[81] Zunächst muss die **fiktive Verteilungsmasse** ermittelt werden, d. h. diejenige Masse, die den Gläubigern nach Abzug der Aus- und Absonderungsrechte, der Aufrechnungen sowie der Verfahrenskosten und Masseverbindlichkeiten verbleibt.[82] Ein Drittel der zur Verfügung stehenden fiktiven Verteilungsmasse darf dann zur Berichtigung der Ansprüche aus dem Sozialplan verwendet werden. 50

Praxishinweis

Beläuft sich das Sozialplanvolumen auf 300.000 €, die fiktive Verteilungsmasse auf 150.000 €, dürfen im Ergebnis nicht mehr als 50.000 € für die Berichtigung von Sozialplanforderungen verwendet werden (= 1/3 der Verteilungsmasse), § 123 Abs. 2 Satz 2 InsO. Gemäß § 123 Abs. 2 Satz 3 InsO sind die Forderungen anteilig (im Verhältnis 50.000 € zu 300.000 €), d. h. auf ein Sechstel zu kürzen. Erhält ein Arbeitnehmer laut Sozialplan eine Abfindung von 12.000 € ist diese auf ein Sechstel, also auf 2.000 €, zu kürzen.

Aus § 123 Abs. 2 Satz 2 InsO folgt ausdrücklich, dass die relative Obergrenze im Falle eines Insolvenzplans nicht zur Anwendung kommt. Schwierigkeiten, die zulasten der aus dem Sozialplan anspruchsberechtigten Arbeitnehmer gehen können, bereitet dieser Ausnahmetatbestand im Falle des Zustandekommens sog. **„Null-Pläne“** oder **„Promille-Pläne“**.[83] In Konstellationen dieser Art kann der Wegfall der relativen Grenze des § 123 Abs. 2 Satz 2 InsO eine Schlechterstellung der anspruchsberechtigten Arbeitnehmer im Vergleich zur Durchführung eines Regelinsolvenzverfahrens ohne Insolvenzplan haben.[84] 51

cc) Folgen einer Überschreitung der Obergrenzen

Wird die relative Obergrenze des Sozialplanvolumens überschritten, sieht § 123 Abs. 2 Satz 3 InsO die **anteilige Kürzung** der Sozialplanforderungen vor. 52

Ein Übersteigen der absoluten Obergrenze führt dem Grunde nach zur Rechtswidrigkeit und zieht damit die Nichtigkeit des Sozialplans nach § 134 BGB nach sich.[85] Welche Konsequenzen diese Feststellung im Detail hat, wird indes nicht einheitlich beurteilt.[86] 53

79) *Ahrendt* in: Schaub, Arbeitsrechts-Hdb., § 244 Rz. 110.

80) *Annuß*, NZI 1999, 344, 349; zur Möglichkeit einer rein abstrakten Betrachtung vgl. *Zwanziger*, Arbeitsrecht der InsO, § 123 Rz. 28 ff.

81) *Ahrendt* in: Schaub, Arbeitsrechts-Hdb., § 244 Rz. 110; *Zwanziger*, Arbeitsrecht der InsO, § 123 Rz. 25.

82) *Linck* in: HK-InsO, § 123 Rz. 23.

83) Vgl. hierzu ausführlich *Niering*, NZI 2010, 285, 286.

84) *Niering*, NZI 2010, 285, 287.

85) Jaeger-*Giesen*, InsO, § 123 Rz. 61; *Zwanziger*, Arbeitsrecht der InsO, § 123 Rz. 37.

86) *Sessig/Fischer*, ZInsO 2010, 561, 562 f.

Ob auch bei Fehlen einer Nachbesserungsklausel eine **Umdeutung des unwirksamen Sozialplans** unter Heranziehung des § 140 BGB zulässig ist und es somit zu einer anteiligen Kürzung des Sozialplanvolumens kommt, muss für den Einzelfall beurteilt werden. Eine geltungserhaltende Reduktion i. S. einer anteiligen Kürzung ist indes nicht zwingend – wohl aber im Regelfall[87] das gewünschte Ergebnis. Jedenfalls für den Fall, dass lediglich eine geringe Überschreitung vorliegt und der Sozialplan klare Verteilungsgrundsätze aufstellt, kommt eine anteilige Kürzung über § 140 BGB infrage.[88]

Praxishinweis

Die Nichtigkeit und die damit verbundene vorzunehmende neue Verhandlung des Sozialplans lassen sich durch Verwendung eines **Punktesystems** oder einer **Nachbesserungsklausel** vermeiden.[89]

b) Zeitpunkt des Abschlusses des Sozialplans

54 Hinsichtlich der Frage, in welchem Stadium des Insolvenzverfahrens ein Sozialplan abgeschlossen werden sollte, gibt es keine einheitliche Antwort. Erfahrungsgemäß steigt die Wahrscheinlichkeit, dass die Gläubiger einen Insolvenzplan annehmen, wenn in einem möglichst frühen Stadium die „wirtschaftlichen Eckdaten" geklärt sind. Dies spricht gegen die Aufnahme des Sozialplanabschlusses als Planbedingung i. S. des § 249 InsO (siehe hierzu ausführlich Rz. 57 ff.).

Praxishinweis

Auch die Gläubiger des Schuldners erhalten auf Wunsch Einblick in den Insolvenzplan und dessen Anlagen.[90] Fehlt die entsprechende Zustimmung der von den Personalanpassungen betroffenen Arbeitnehmer, ist darauf zu achten, dass personenbezogene Daten **anonymisiert** werden.[91]

55 Gelingt es den Beteiligten, einen **Sozialplan vor Insolvenzplanerstellung** zu vereinbaren bzw. eine Entscheidung der Einigungsstelle herbeizuführen, hat dies für die Gläubiger den Vorteil, dass sie die entsprechenden Sozialplanlasten in ihre Entscheidungsfindung zur Abstimmung über den Insolvenzplan einfließen lassen können. Zudem wird das Gesamtverfahren masseschonend beschleunigt, wenn der Insolvenzverwalter von seiner frühestmöglichen Gelegenheit zur Kündigung von Arbeitsverhältnissen Gebrauch macht.

Praxishinweis

Dieses Vorgehen ist auch dann möglich, wenn ein Insolvenzplan unmittelbar nach Insolvenzeröffnung zur Abstimmung gestellt wird. So ist es ratsam, dass der Schuldner selbst – mit Zustimmung des vorläufigen Insolvenzverwalters – die Verhandlungen über Interessenausgleich und Sozialplan bereits im Insolvenzantragsverfahren so weit voranbringt, dass die Dokumente unmittelbar nach Insolvenzeröffnung von dem Insolvenzverwalter unterzeichnet werden können.[92]

---

87) *Zwanziger*, Arbeitsrecht der InsO, § 123 Rz. 37.

88) *Linck* in: HK-InsO, § 123 Rz. 20.

89) *Linck* in: HK-InsO, § 123 Rz. 16, 19; *Ahrendt* in: Schaub, Arbeitsrechts-Hdb., § 244 Rz. 110.

90) *Ganter/Bruns* in: MünchKomm-InsO, § 4 Rz. 72.

91) *Geiwitz/v. Danckelmann* in: Kübler/Bork/Prütting, HRI II, § 21 Rz. 39.

92) Zur Möglichkeit der Genehmigung eines von einem vorläufigen Insolvenzverwalter bereits abgeschlossenen Interessenausgleichs nach Verfahrenseröffnung, vgl. *Mückl/Krings*, ZIP 2012, 106. Die Genehmigung eines bereits vor Verfahrenseröffnung abgeschlossenen Sozialplans ist rechtlich nicht möglich. Zur Beteiligung des Gläubigerausschusses bzw. der Gläubigerversammlung s. Fn. 19.

c) Wegfall der Geschäftsgrundlage

Wird ein Sozialplan in der sicheren Erwartung eines Insolvenzplans abgeschlossen und kommt dieser Insolvenzplan im weiteren Verlauf nicht zustande, kann dies einen Fall des Wegfalls der Geschäftsgrundlage[93] darstellen.[94] Sofern der Insolvenzplan nicht zustande kommt, muss der Sozialplan gemäß den Grundsätzen des Wegfalls der Geschäftsgrundlage an die neuen Umstände angepasst werden,[95] wobei die Arbeitnehmer keinen Vertrauensschutz hinsichtlich bereits entstandener Ansprüche unter dem Sozialplan genießen. Der Sozialplan darf auch zum Nachteil der Arbeitnehmer angepasst werden.[96] 56

Praxishinweis

Um Rechtsunsicherheiten zu vermeiden, wird empfohlen, den Sozialplan mit der aufschiebenden Bedingung der Annahme und Bestätigung des Insolvenzplans zu verbinden.[97] Diese Vorgehensweise ist in der Theorie richtig, in der Praxis aber nicht durchsetzbar, da der Betriebsrat in aller Regel die Unterzeichnung des Interessenausgleichs verweigern wird, wenn der Sozialplan mit einer aufschiebenden Bedingung versehen wird.

II. Planbedingungen

Dass ein Insolvenzplan nicht bedingungsfeindlich ist, wird durch § 249 InsO klargestellt. 57
Tatsächlich öffnet die Norm das Tor für eine **Einbeziehung Dritter** in den Insolvenzplan dergestalt, dass das Wirksamwerden des Insolvenzplans von deren Mitwirkung abhängig gemacht werden kann.[98] Erst dann, wenn die Leistungen erbracht bzw. die Maßnahmen umgesetzt worden sind, bestätigt das Insolvenzgericht den Insolvenzplan. Im Sinne einer zügigen Abwicklung des Insolvenzplanverfahrens kann das Insolvenzgericht eine Frist zur Erfüllung der Planbedingungen setzen. Dieses Vorgehen birgt indes das (theoretische) Risiko, dass der Bedingungseintritt nicht innerhalb der gesetzten Frist herbeigeführt wird und das Gericht sodann die Bestätigung des Insolvenzplans versagt.[99] Dabei ist ausgeschlossen, dass die Leistung des Dritten auch im Falle einer Ablehnung des Insolvenzplans in Anspruch genommen bzw. die entsprechende Maßnahme durchgeführt werden kann. Die Mitwirkungshandlung des Dritten entfaltet nur im Falle der Wirksamkeit des Insolvenzplans Wirkung.[100]

Im Hinblick auf Themen mit gesellschaftsrechtlichem Bezug hat § 249 InsO seit Einführung des § 225a InsO an Bedeutung verloren. Nunmehr können **Regelungen mit gesellschaftsrechtlichem Bezug** unmittelbar Einzug in den Insolvenzplan finden; entsprechender Bedingungen bedarf es nicht mehr. 58

Praxishinweis

Ein wesentlicher Nachteil der Einbeziehung von Planbedingungen in einen Insolvenzplan ist die damit verbundene Ungewissheit für die Planbeteiligten, ob die vereinbarten Bedingungen tatsächlich eintreten. Gegebenenfalls hat diese Ungewissheit Auswirkungen auf das Abstimmungsverhalten innerhalb der Gläubigergruppen.

---

93) Zur Anwendbarkeit der Grundsätze über den Wegfall der Geschäftsgrundlage auf den Sozialplan: BAG, Urt. v. 28.8.1996 – 10 AZR 886/95, BAGE 84, 62 = ZIP 1997, 83; *Caspers* in: MünchKomm-InsO, § 123 Rz. 57.

94) Jaeger-*Giesen*, InsO, § 123 Rz. 57; *Caspers* in: MünchKomm-InsO, § 123 Rz. 76 f.

95) Jaeger-*Giesen*, InsO, § 123 Rz. 57; *Caspers* in: MünchKomm-InsO, § 123 Rz. 57, 77.

96) BAG, Beschl. v. 10.8.1994 – 10 ABR 61/93, NZA 1995, 314.

97) *Caspers* in: MünchKomm-InsO, § 123 Rz. 77.

98) *Sinz* in: MünchKomm-InsO, § 249 Rz. 2.

99) *Oberhofer*, ZInsO 1999, 439, 443.

100) *Sinz* in: MünchKomm-InsO, § 249 Rz. 2.

1. Leistungen

59 Der Begriff der „Leistungen" in § 249 InsO ist weit zu fassen. Häufig hängt die Durchführung eines Insolvenzplans davon ab, dass von dritter Seite Liquidität oder Sicherheiten bereitgestellt werden. Zu den „Leistungen" zählen folglich bspw. die Übernahme von Bürgschaften, die Bestellung dinglicher Sicherheiten und das Bereitstellen neuer Kredite.[101]

2. Andere Maßnahmen

60 Der Gesetzeswortlaut ist eindeutig. Neben Leistungen kann die Wirksamkeit eines Insolvenzplans auch von „anderen Maßnahmen" abhängig gemacht werden. Während dieser Variante angesichts des § 225a Abs. 3 InsO hinsichtlich gesellschaftsrechtlicher Themen nur noch eine sehr geringe Bedeutung zukommt, verhält sich dies im Verhältnis zu arbeitsrechtlichen Themen grundsätzlich anders.

61 Das Zustandekommen des Insolvenzplans kann von der Umsetzung folgender Maßnahmen abhängig gemacht werden:

- Abschluss von (Sanierungs-)Betriebsvereinbarungen,
- Abschluss eines Sanierungstarifvertrags (Haustarifvertrag),
- Abschluss von (Ergänzungs-)Tarifverträgen,
- Vereinbarung von Erwerberkonzepten,
- Maßnahmen personalpolitischer Art (z. B. Austausch der Geschäftsführer, Vorstände)[102],
- Abschluss von Interessenausgleich und Sozialplan,
- Einsatz einer Beschäftigungs- und Qualifizierungsgesellschaft.

Praxishinweis

Gangbar ist zudem der umgekehrte Weg. So können (Sanierungs-)Vereinbarungen unter der aufschiebenden Bedingung geschlossen werden, dass ein Insolvenzplan bestimmten Inhalts bestätigt wird (zur Anwendung der Grundsätze über den Wegfall der Geschäftsgrundlage bei Scheitern des Insolvenzplanes siehe Rz. 50 f.).[103] Dann handelt es sich indes um keinen Fall des § 249 InsO.[104]

a) Sanierungstarifvertrag

62 Grundsätzlich denkbar ist es, den Abschluss eines Sanierungstarifvertrags i. S. eines Haustarifvertrags als **Planbedingung** i. S. des § 249 InsO vorzusehen. Aus wirtschaftlicher Sicht sinnvoll ist die mit der Umsetzung eines Sanierungstarifvertrags mögliche Reduzierung des Gehaltniveaus im schuldnerischen Unternehmen.

63 Allerdings zeigt das Arbeitsrecht dem Insolvenzverwalter an dieser Stelle Grenzen auf. So werden **Sanierungstarifverträge** (ebenso wie Sanierungsbetriebsvereinbarungen) nur wirksam, wenn sie unter Beachtung der entsprechenden Normen des TVG bzw. des BetrVG zustande gekommen sind.[105] Auch ist der Abschluss eines Sanierungstarifvertrags ebenso wie die Koppelung i. S. des § 249 InsO nicht erzwingbar. Zum anderen sind allgemeinübliche arbeitsvertragliche Klauseln – dynamische oder statische Verweisungen – Hinderungsgründe, sofern Verweise auf einen Flächentarifvertrag vorgesehen sind. Dies liegt darin be-

---

101) *Sinz* in: MünchKomm-InsO, § 249 Rz. 8 ff.

102) *Sinz* in: MünchKomm-InsO, § 249 Rz. 20.

103) *Zwanziger*, Arbeitsrecht der InsO, Einführung Rz. 317.

104) *Oberhofer*, ZInsO 1999, 439, 443.

105) Pletke/Schrader/Siebert/Thoms/Klagges/Teubert, Rechtshandbuch Flexible Arbeit, Rz. 663.

gründet, dass – wie dargestellt – mittels Insolvenzplans nicht in Individualarbeitsverträge eingegriffen werden kann.[106] Ein weiterer Hinderungsgrund wäre ein – sofern mit der Gewerkschaft abgeschlossen – bestehender Flächentarifvertrag.[107]

b) Betriebsvereinbarungen

64 Das Zustandekommen von Betriebsvereinbarungen kann zur Bedingung eines Insolvenzplans gemacht werden.[108]

c) Erwerberkonzept

65 Ausgehend davon, dass § 613a Abs. 4 Satz 1 InsO die Beendigungskündigung aufgrund eines Betriebs(teil)übergangs verbietet, liegt in Konstellationen, in denen ein Dritter das Unternehmen erwerben möchte, die Vereinbarung eines sog. Erwerberkonzepts nahe.[109] Auf Grundlage eines Erwerberkonzepts ist es dem Insolvenzverwalter möglich, betriebsbedingte Kündigungen „für den Erwerber" auszusprechen, ohne dass das Kündigungsverbot des § 613a Abs. 4 Satz 1 BGB eingreift.[110]

Praxishinweis

Einem Erwerberkonzept muss entnommen werden können, aufgrund

- welcher unternehmerischer Entscheidung,
- welche Arbeitsplätze,
- wann wegfallen.[111]

66 Zudem sind sämtliche sonstigen Wirksamkeitsvoraussetzungen einer betriebsbedingten Kündigung zu beachten, d. h. im Anwendungsbereich des KSchG darf es keine Möglichkeit zur Weiterbeschäftigung der betroffenen Arbeitnehmer geben und es ist eine Sozialauswahl durchzuführen.[112] Im Rahmen der übertragenden Sanierung wird den Vorgaben hinsichtlich einer möglichst detaillierten Darstellung des Erwerberkonzepts entsprochen, indem das Erwerberkonzept (als Anlage) zum Bestandteil des Unternehmenskaufvertrages erklärt wird.[113]

67 Es kann aber auch durchaus sinnvoll sein, die Vereinbarung eines Erwerberkonzepts zur **Planbedingung** zu machen. Dies insbesondere vor dem Hintergrund, dass der potentielle Erwerber, der nicht selten die übertragende Sanierung nahezu allein finanziert, Rechtssicherheit wünscht. Zudem ist es empfehlenswert, das Erwerberkonzept zur **Anlage des Insolvenzplans** zu machen.

d) Interessenausgleich und Sozialplan

68 Löst die Sanierung des Schuldners eine **Betriebsänderung** i. S. des § 111 BetrVG aus, wird – im Insolvenzantragsverfahren der Schuldner mit Zustimmung des vorläufigen Insolvenz-

106) *Hermann* in: Göpfert/Schöne, Hdb. ArbR in Restrukturierung und Insolvenz, § 18 Rz. 22.
107) *Hermann* in: Göpfert/Schöne, Hdb. ArbR in Restrukturierung und Insolvenz, § 18 Rz. 22.
108) *Gossak* in: Kübler/Bork/Prütting, HRI II, § 46 Rz. 109.
109) Vgl. statt vieler hierzu ausführlich: *Röger*, Insolvenzarbeitsrecht, § 8 Rz. 217 ff.
110) BAG, Urt. v. 20.3.2003 – 8 AZR 97/02, ZIP 2003, 1671, dazu EWiR 2003, 909 *(Schnitker/Grau)*.
111) Zum Erwerberkonzept ausführlich und m. w. N.: *Röger*, Insolvenzarbeitsrecht, § 8 Rz. 217 ff.
112) *Schmädicke*, NZA 2014, 515.
113) *Hermann* in: Göpfert/Schöne, Hdb. ArbR in Restrukturierung und Insolvenz, § 17 Rz. 57; hier ist allerdings auf die Anonymisierung der Arbeitnehmerdaten zu achten.

verwalters – der Insolvenzverwalter mit dem zuständigen betriebsverfassungsrechtlichen Gremium in Verhandlungen über einen Interessenausgleich eintreten. Abgesehen von den insolvenzrechtlichen Modifikationen, die auch im Regelinsolvenzverfahren Wirkung entfalten (§§ 122, 125 InsO), bietet der Insolvenzplan an dieser Stelle keine weiteren Erleichterungen. Zu den Besonderheiten eines im eröffneten Insolvenzverfahren abgeschlossenen Sozialplans siehe Rz. 47 ff.

69 Sowohl das Zustandekommen eines **Interessenausgleichs**, als auch eines **Sozialplans** können zu Planbedingungen gemacht werden. Es ist jedoch zu beachten, dass der Abschluss eines Interessenausgleichs nicht erzwingbar und für die Wirksamkeit betriebsbedingter Kündigungen auch nicht zwingend erforderlich ist (vgl. § 113 Abs. 3 BetrVG).[114] Insbesondere im Falle des Setzens einer Frist für die Erfüllung von Planbedingungen sind diese Umstände zu bedenken.

e) Beschäftigungs- und Qualifizierungsgesellschaft

70 Der Einsatz einer Beschäftigungs- und Qualifizierungsgesellschaft ist geeignet, die unmittelbaren Auswirkungen von Personalabbaumaßnahmen – innerhalb und außerhalb einer Insolvenz – dergestalt abzumildern, dass den betroffenen Arbeitnehmern statt unmittelbarer Arbeitslosigkeit für einen begrenzten Zeitraum[115] eine am Arbeitsmarkt orientierte Beschäftigung mit Weiterbildungsmöglichkeiten angeboten wird.[116] Die **Finanzierung** einer Beschäftigungs- und Qualifizierungsgesellschaft ist häufig ein wesentlicher Punkt in den Verhandlungen anlässlich einer geplanten übertragenden Sanierung. Während sich der Insolvenzverwalter einen möglichst sozialverträglichen Personalabbau bei Erzielung eines guten Kaufpreises für die Assets des Schuldners erhofft, wünscht sich der Erwerber ein vor Übernahme des Geschäftsbetriebs „maßgeschneidertes" Unternehmen. Vor einiger Zeit galt der Einsatz einer Beschäftigungs- und Qualifizierungsgesellschaft auch als probates Mittel, die Wirkungen des § 613a BGB zu „vermeiden" (sog. Spiel über die Bande).[117] Dies ist in Anbetracht der hierzu zwischenzeitlich ergangenen höchstrichterlichen Rechtsprechung indes nicht mehr Erfolg versprechend.[118]

III. Ausschlussfristen

71 So genannte **materielle Präklusionsregelungen**, bei deren Versäumnis Gläubiger von nicht angemeldeten Forderungen auch im Hinblick auf die im Insolvenzplan vereinbarte Quote ausgeschlossen werden, sind unwirksam, sofern sie die Wirkung der einschlägigen Verjährungsvorschriften (hier: § 259b InsO) übersteigen.[119]

72 Zulässig ist hingegen die Vereinbarung rein **verfahrensmäßiger Ausschlussfristen**, die lediglich regeln, dass Forderungen nach einem Stichtag von der Verteilung der in dem In-

114) Zu der insolvenzrechtlichen Einordnung von Nachteilsausgleichsansprüchen s. Rz. 26.

115) Vgl. dazu *Leister/Fischer*, ZInsO 2009, 985, 986.

116) *Röger*, Insolvenzarbeitsrecht, § 8 Rz. 350 ff.; *Schrader/Straube*, Insolvenzarbeitsrecht, Kap. XII Rz. 79 ff.; *Leister/Fischer*, ZInsO 2009, 985.

117) BAG, Urt. v. 18.8.2005 – 8 AZR 523/04, BAGE 115, 340 = ZIP 2006, 148, dazu EWiR 2006, 197 *(Lindemann)*; ausführlich hierzu *Gaul/Otto*, ZIP 2006, 644 ff.

118) BAG, Urt. v. 25.10.2012 – 8 AZR 572/11, BB 2012, 2815.

119) BGH, Beschl. v. 7.5.2015 – IX ZB 75/14, ZIP 2015, 1346 = ZInsO 2015, 1398; weitergehend: unter Einbeziehung angemeldeter, aber bestrittener Forderungen bei nicht rechtzeitiger Erhebung der Feststellungsklage, *Brünkmans*, ZInsO 2016, 245; Nachzügler haben bei unwirksamer Präklusionsregelung Anspruch auf die fiktive Planquote, § 254b InsO (hierzu auch *Paul*, ZInsO 2017, 747, 750).

solvenzplan vorgesehenen Ausschüttung sowie von weiteren in den §§ 255 ff. InsO vorgesehenen prozessualen Wirkungen ausgeschlossen sind.[120)]

Rein verfahrensmäßige Ausschlussfristen in einem Insolvenzplan erfassen auch den Anspruch von Arbeitnehmern auf den sog. **Verfrühungsschaden,**[121)] einen Schadensersatzanspruch, der entsteht, wenn der Insolvenzverwalter Gebrauch von der auf maximal drei Monate zum Monatsende begrenzten Kündigungsfrist nach § 113 Satz 2 InsO macht, die originäre Kündigungsfrist aber länger gewesen wäre (§ 113 Satz 3 InsO). 73

> **Praxishinweis**
>
> Wie lang eine verfahrensmäßige Ausschlussfrist in einem Insolvenzplan bemessen werden muss, lässt sich nicht pauschal sagen. Ausschlussfristen von einem Monat werden von der Rechtsprechung jedoch als zulässig gewertet.[122)]

D. Beteiligung des Betriebsrats im Insolvenzplanverfahren

Die Position des Betriebsrats bleibt durch die Insolvenzeröffnung unberührt (siehe Rz. 5 ff.). Diesem Umstand Rechnung tragend, sind die insolvenzverfahrensspezifischen **Beteiligungsrechte des Betriebsrats** vielfältig. Beispielsweise ist im Berichtstermin u. a. dem Betriebsrat Gelegenheit zu geben, Stellung zum Bericht des Insolvenzverwalters zu nehmen (§ 158 InsO). Ferner kommt dem Betriebsrat ein Mitwirkungsrecht bei der Aufstellung des Insolvenzplans durch den Insolvenzverwalter zu (§ 218 Abs. 3 InsO) und es besteht ein Recht auf Stellungnahme zum Insolvenzplan (§ 232 Abs. 1 Nr. 1 InsO). 74

I. Mitwirkung des Betriebsrates bei der Aufstellung des Insolvenzplans durch den Insolvenzverwalter (§ 218 Abs. 3 InsO)

1. Anwendungsbereich

Zur Mitwirkung bei der **Aufstellung des Insolvenzplans durch den Insolvenzverwalter**[123)] ist neben dem Gläubigerausschuss, dem Sprecherausschuss der leitenden Angestellten sowie dem Schuldner gemäß § 218 Abs. 3 InsO auch der Betriebsrat berufen. Danach wirkt der Betriebsrat beratend mit. Zweck der Mitwirkung (des Betriebsrates) ist es, die Akzeptanzchancen des Insolvenzplans zu erhöhen.[124)] Bei Vorliegen der Voraussetzungen des § 80 Abs. 3 BetrVG ist der Betriebsrat berechtigt, nach näherer Vereinbarung mit dem Insolvenzverwalter, Sachverständige hinzuzuziehen. 75

> **Praxishinweis**
>
> Die rechtzeitige Einbindung des Betriebsrats in die Erstellung des Insolvenzplans sorgt für Transparenz. Gleichzeitig ist, gerade wenn ein Insolvenzplan unter großem Zeitdruck vorbereitet wird, genau abzuwägen, in welchem Stadium der Entwicklung dem Betriebsrat Gelegenheit zur Mitwirkung gegeben wird.

120) BAG, Urt. v. 19.11.2015 – 6 AZR 559/14, ZVI 2016, 144 = ZInsO 2016, 220; *Brünkmans*, ZInsO 2016, 245, 247; *Stahlschmidt*, ZInsO 2018, 494, 497.

121) LAG Düsseldorf, Urt. v. 3.7.2014 – 5 Sa 225/14, ZIP 2014, 1988.

122) LAG Düsseldorf, Urt. v. 3.7.2014 – 5 Sa 225/14, ZIP 2014, 1988.

123) Erfasst sind sowohl sog. derivative Verwalterpläne (d. h. Insolvenzpläne, die der Insolvenzverwalter im Auftrag der Gläubigerversammlung aufstellt) als auch sog. originäre Verwalterpläne; *Eidenmüller* in: MünchKomm-InsO, § 218 Rz. 38.

124) *Eidenmüller* in: MünchKomm-InsO, § 218 Rz. 37; dem Mitwirkungsinteresse kann freilich das Erfordernis an einer zügigen Planerstellung entgegenstehen, vgl. *Jaffé* in: FK-InsO, § 218 Rz. 51.

76 Nicht anwendbar ist § 218 Abs. 3 InsO auf einen vom Schuldner vorbereiteten und vorgelegten Insolvenzplan.[125)]

2. Inhalt und Art der Mitwirkung

77 Aus der in § 218 Abs. 3 InsO normierten Mitwirkung bei der Planaufstellung ergeben sich **Rechte** und Pflichten des Insolvenzverwalters sowie der zur Mitwirkung berufenen Personen und Vertreterorgane.[126)] Der Insolvenzverwalter kommt seiner **Informationspflicht** nach, indem er den in § 218 Abs. 3 InsO genannten Personenkreis über seine Absicht zur Planaufstellung, die für dessen Inhalt wesentlichen Tatsachengrundlagen sowie über ggf. bereits angestellte Vorüberlegungen hinreichend informiert.[127)] Ob eine **Mitwirkungspflicht** oder lediglich ein **Beratungs- bzw. Informationsrecht** des Betriebsrats besteht, ist nicht abschließend geklärt.[128)] Letztlich kommt dieser Fragestellung lediglich theoretische Bedeutung zu. Erfüllt der Insolvenzverwalter (schriftlich) seine Pflicht zur Beteiligung des Betriebsrats und lehnt der Betriebsrat dieses Angebot ab, entstehen dem Insolvenzverwalter hieraus im weiteren Verfahrensverlauf keine Nachteile. Ein Berufen des Betriebsrats darauf, nicht beteiligt worden zu sein, wäre treuwidrig.[129)] Ob die Beachtung der Mitwirkungsrechte nach § 128 Abs. 3 InsO Gegenstand der gerichtlichen Vorprüfung gemäß § 231 InsO ist, ist umstritten (siehe dazu Rz. 80).

78 Bei der Mitwirkung des Betriebsrates handelt es sich um eine über die bloße Anhörung hinausgehende Beteiligung in der Weise, dass der Betriebsrat **substantiiert zu dem Planvorhaben sowie den tatsächlichen Grundlagen Stellung** beziehen darf.[130)]

79 Zwecks Durchsetzung ihrer Beteiligungsrechte im Falle einer Verweigerung von Mitwirkungsrechten ist es den Berechtigten möglich, auf die Ergreifung von Aufsichtsmaßnahmen des Insolvenzgerichts gemäß § 58 InsO hinzuwirken.[131)]

a) Rechtsfolgen eines Pflichtenverstoßes des Insolvenzverwalters

80 Verletzt der Insolvenzverwalter das Mitwirkungsrecht des Betriebsrates nach § 218 Abs. 3 InsO, ist der Insolvenzplan durch das Insolvenzgericht grundsätzlich gemäß § 231 Abs. 1 Satz 1 Nr. 1 InsO **von Amts wegen zurückzuweisen**, sofern der Insolvenzverwalter den Mangel nicht beheben kann oder innerhalb einer von Gericht gesetzten Frist nicht behebt.[132)] Ob der Mangel der ordnungsgemäßen Beteiligung geheilt werden kann, ist umstritten.[133)] Da Mitwirkungsrechte, die Einfluss auf den Inhalt des Insolvenzplans haben können, in diesem Verfahrensstadium nicht mehr nachgeholt werden können, sprechen die besseren

125) *Eidenmüller* in: MünchKomm-InsO, § 218 Rz. 41 m. w. N.; begründet wird diese Auffassung mit dem Hinweis auf das Fehlen einer (planwidrigen) Regelungslücke, da § 284 InsO eine abschließende Regelung zur Planerstellung durch den Schuldner trifft.

126) Zur dogmatischen Ausgestaltung der Mitwirkung als Recht bzw. Pflicht: *Eidenmüller* in: MünchKomm-InsO, § 218 Rz. 45 ff.

127) *Eidenmüller* in: MünchKomm-InsO, § 218 Rz. 51.

128) Vgl. zur Darstellung des Streitstandes *Eidenmüller* in: MünchKomm-InsO, § 218 Rz. 48 f.

129) *Stahlschmidt*, ZInsO 2018, 494, 496 m. w. N.

130) Andres/Leithaus-*Andres*, InsO, § 218 Rz. 8.

131) *Zwanziger*, Arbeitsrecht der InsO, Einf. Rz. 310.

132) Ebenso: *Haas* in: HK-InsO, § 231 Rz. 5; Andres/Leithaus-*Andres*, InsO, § 218 Rz. 9; **a. A.** Braun-*Braun/Frank*, InsO, § 218 Rz. 10; Uhlenbruck-*Lüer/Streit*, InsO, § 218 Rz. 14; *Zwanziger*, Arbeitsrecht der InsO, Einf. Rz. 311.

133) Vgl. zum Meinungsstand die Darstellung von *Breuer* in: MünchKomm-InsO, § 231 Rz. 10.

Argumente gegen eine Behebbarkeit des Mangels. Etwas anderes gilt, wenn der Betriebsrat den Insolvenzplan genehmigt.[134)]

b) Kosten des Mitwirkungsverfahrens

Die InsO sieht für die zur Mitwirkung Berufenen **keine gesonderte Vergütung** vor.[135)] Für die Mitglieder des Betriebsrats gelten die Vergütungs- und Entschädigungsregelungen der §§ 37, 40 BetrVG.[136)] 81

II. Beteiligung des Betriebsrats durch das Insolvenzgericht

1. Zuleitung des Insolvenzplans und Gelegenheit zur Stellungnahme

Gemäß § 232 Abs. 1 Nr. 1 InsO ist der Insolvenzplan durch das Insolvenzgericht zwingend an den Gläubigerausschuss, den Betriebsrat und dem Sprecherausschuss der leitenden Angestellten zur **Stellungnahme** zuzuleiten, sofern dieser nicht zurückgewiesen wurde. 82

Gleichzeitig bestimmt das Insolvenzgericht eine Frist für die Abgabe der Stellungnahme, § 232 Abs. 3 Satz 1 InsO. 83

2. Abstimmungs- und Erörterungstermin

Neben der **öffentlichen Bekanntmachung** nach § 235 Abs. 2 Satz 1 InsO schreibt § 235 Abs. 3 Satz 1 InsO die **besondere Ladung** für den genannten Personenkreis vor. Damit geht das Recht einher, sich im Abstimmungs- und Erörterungstermin auch äußern zu können.[137)] Versäumt das Insolvenzgericht die besondere Ladung und sind die zur Stellungnahme Berechtigten dadurch an der Teilnahme am Erörterungs- und Abstimmungstermin verhindert, kann die Beteiligung durch Gegenvorstellung durchgesetzt werden.[138)] Die förmliche Ladung ist nicht Voraussetzung der Teilnahme.[139)] Unter Umständen ist der Abstimmungs- und Erörterungstermin zu vertagen.[140)] 84

3. Keine obligatorische Anhörung des Betriebsrates vor Planbestätigung

Nach § 248 Abs. 2 InsO soll das Insolvenzgericht vor der Entscheidung über die Bestätigung des Insolvenzplans den Insolvenzverwalter, den Gläubigerausschuss (sofern bestellt) und den Schuldner hören. Eine Anhörung des Betriebsrats ist nicht vorgesehen. 85

134) *Breuer* in: MünchKomm-InsO, § 231 Rz. 10.

135) *Eidenmüller* in: MünchKomm-InsO, § 218 Rz. 64; Andres/Leithaus-*Andres*, InsO, § 218 Rz. 8; in der Begr RegE InsO heißt es, dass „diese Mitwirkung keine besonderen Vergütungs- und Entschädigungsansprüche auslöst", BT-Drucks. 12/2443, S. 196.

136) Begr. RegE InsO, BT-Drucks. 12/2443, S. 196; *Eidenmüller* in MünchKomm-InsO, § 218 Rz. 64; *Jaffé* in: FK-InsO, § 218 Rz. 52.

137) *Zwanziger*, Arbeitsrecht der InsO, Einf. Rz. 308.

138) *Zwanziger*, Arbeitsrecht der InsO, Einf. Rz. 310.

139) *Zwanziger*, Arbeitsrecht der InsO, Einf. Rz. 310.

140) *Zwanziger*, Arbeitsrecht der InsO, Einf. Rz. 310.

Praxishinweis

Anerkannt ist, dass das Insolvenzgericht den Betriebsrat trotz fehlender gesetzlicher Anordnung anhören kann.[141] Eine Anhörung durch das Gericht erscheint insbesondere geboten, sofern der Insolvenzplan eine Betriebsänderung gemäß §§ 111, 112a Abs. 1 BetrVG vorsieht.

4. Rechtsfolgen eines Pflichtenverstoßes des Insolvenzgerichts

86 Versäumt das Insolvenzgericht die Beteiligung des Betriebsrats, ist die Bestätigung des Insolvenzplanes gemäß § 250 Nr. 1 InsO von Amts wegen zu versagen. Gegen den Beschluss, durch den der Insolvenzplan bestätigt oder durch den die Bestätigung versagt wird, steht den zu beteiligenden Gremien kein Rechtsmittel zu, § 253 InsO.[142]

E. Die Stellung des PSVaG im Insolvenzplanverfahren

87 Die Rolle des PSVaG im Insolvenzverfahren ist vielfältig (siehe hierzu einleitend Rz. 18 ff.).[143] Der PSVaG ist zunächst **gesetzlicher Zwangsgläubiger,**[144] der seine Ansprüche im Insolvenzverfahren als unbedingte Forderung geltend macht, § 46 Satz 2 i. V. m. Satz 1 InsO, § 9 Abs. 2 Satz 3 BetrAVG. Regelmäßig zählt er zu den größten Gläubigern des Verfahrens und wird als solcher im Falle der Einsetzung eines (vorläufigen) Gläubigerausschusses als Institution berücksichtigt (vgl. § 67 Abs. 2 Satz 1 InsO). Bezüglich der Stellung des PSVaG im Insolvenzplanverfahren sind verschiedene Szenarien zu unterscheiden. So enthält das BetrAVG für das Insolvenzplanverfahren in § 7 Abs. 4 und Abs. 5, § 9 Abs. 4 BetrAVG Sonderregelungen, die im Falle der Fortführung des Betriebs gleichsam die Fortführung der betrieblichen Altersversorgung durch den Arbeitgeber vorsehen.

I. Stärkung der Rechte des PSVaG im Insolvenzverfahren

88 An gleich mehreren Stellen stärkt das BetrAVG die Rechte des PSVaG als gesetzlicher Zwangsgläubiger. So steht dem PSVaG nach § 9 Abs. 5 BetrAVG ein **Recht zur sofortigen Beschwerde** (§§ 567 ff. ZPO) gegen den Insolvenzeröffnungsbeschluss zu. Dieses Privileg, das i. Ü. nach § 34 Abs. 2 InsO nur dem Schuldner zusteht, ist gerechtfertigt durch die mit Insolvenzeröffnung auf den PSVaG übergehende Versorgungslast.[145]

89 Um der besonderen Bedeutung des PSVaG im Insolvenzplanverfahren Rechnung zu tragen, ordnet § 9 Abs. 4 Satz 1 BetrAVG an, dass in einem Insolvenzplan, der die Fortführung des Unternehmens oder eines Betriebs vorsieht, für den Träger der Insolvenzsicherung eine **besondere Gruppe** gebildet werden *kann*.

---

141) Für eine Anhörung des Betriebsrates in Fällen, in denen der Insolvenzplan eine Interessenausgleich- und Sozialplanpflichtigkeit nach sich zieht, vgl. *Berscheid*, ZInsO 1999, 27, 29, der dies in das Ermessen des Gerichts stellt; ebenso vgl. in diesem Zusammenhang auch *Berscheid* in: FS Kirchhof, S. 27, 40, der an dieser Stelle eine entsprechende Gesetzesänderung nahelegt; weitergehend *Jaffé* in: FK-InsO, § 248 Rz. 8, 9 „ist anzuhören"; **a. A.** Römermann-*Rühle*, InsO/InsR, § 248 InsO Rz. 8; *Sinz* in: MünchKomm-InsO, § 248 Rz. 13.

142) *Zwanziger*, Arbeitsrecht der InsO, Einf. Rz. 312.

143) *Chardon/Flitsch*, DZWIR 2004, 485 ff.

144) *Hermann* in: Göpfert/Schöne, Hdb. ArbR in Restrukturierung und Insolvenz, § 18 Rz. 145; *Bremer*, DB 2011, 875.

145) Blomeyer/Rolfs/Otto-*Rolfs*, BetrAVG, § 9 Rz. 106.

Praxishinweis

Entgegen dem Wortlaut handelt es sich hierbei jedenfalls im Falle der Fortführung des schuldnerischen Unternehmens um eine **Sollvorschrift,**[146)] von der nur in begründeten Ausnahmefällen abgewichen werden kann.[147)] Auf die Bildung einer eigenen Gruppe für den PSVaG sollte daher nur ausnahmsweise verzichtet werden. Für den PSVaG hat dies den Vorteil, dass er dem Insolvenzplan seine Zustimmung verweigern kann, ohne dem (gemischten Gläubigergruppen immanenten) Risiko ausgesetzt zu sein, überstimmt zu werden.

II. Weitere Gestaltungsmöglichkeiten im Insolvenzplanverfahren

Unter Einbeziehung von § 217 InsO ist es zulässig, auch die Rechtsstellung des PSVaG im Insolvenzplan abweichend von den Vorschriften der InsO zu regeln. Als Beispiel wird die Möglichkeit, den gesetzlichen Forderungsübergang nicht in Form einer Quotenzahlung, sondern ganz oder teilweise durch Rückübertragung von Versorgungsverpflichtungen auf den Schuldner auszugleichen, genannt.[148)] Abhängig davon, mit welchem Ziel das Insolvenzplanverfahren durchgeführt wird, stehen dem Planverfasser in Bezug auf den PSVaG weitere Gestaltungsmöglichkeiten offen. Im Falle der Fortführung des Betriebs auf Basis eines Insolvenzplans billigt das Gesetz eine **Aufteilung der Versorgungsverpflichtungen** zwischen dem das Unternehmen fortführenden Arbeitgeber (oder dem sonstigen Träger der Versorgung) und dem PSVaG. Beweggrund für die Aufteilung ist in erster Linie die Liquiditätsersparnis auf Arbeitgeberseite.[149)] Entsprechende Regelungen finden sich in § 7 Abs. 4 Sätze 2, 3 BetrAVG. 90

Praxishinweis

Die Aufteilung der Ansprüche aus betrieblicher Altersversorgung zwischen dem Arbeitgeber und dem PSVaG stellt für den Planersteller eine wertvolle Gestaltungsalternative zu dem in § 7 Abs. 1 Satz 1 BetrAVG geregelten Volleintritt durch den PSVaG dar.[150)]

Mit Blick auf den Wortlaut der Norm ergeben sich die nachfolgend beschriebenen Möglichkeiten, eine Aufteilung der Ansprüche aus betrieblicher Altersversorgung vorzunehmen. 91

1. Vertikale „quotale" Aufteilung der Versorgungsverpflichtungen zwischen Arbeitgeber und PSVaG

§ 7 Abs. 4 Satz 2 BetrAVG regelt die Möglichkeit der sog. quotalen Aufteilung von Versorgungsansprüchen im Insolvenzplan.[151)] Wird in einem Insolvenzverfahren ein Insolvenzplan bestätigt, verringert sich der Anspruch auf Leistungen gegen den Träger der Insolvenzsicherung insoweit, wie der Arbeitgeber oder sonstige Träger der Versorgung nach dem Insolvenzplan einen Teil der Leistung selbst zu erbringen hat. Die Wahl des konkreten Gestaltungsmittels hängt entscheidend von der wirtschaftlichen Perspektive des schuldnerischen Unternehmens ab. 92

146) *Hermann* in: Göpfert/Schöne, Hdb. ArbR in Restrukturierung und Insolvenz, § 18 Rz. 145, unter Verweis auf *Berenz*, Gesetzesmaterialien zum Betriebsrentengesetz, S. 286; ebenso: *Rendels/Zabel*, Insolvenzplan, S. 77 Rz. 225 ff.; **a. A.** *Steinmeyer* in: ErfK, § 9 BetrAVG Rz. 16, aber keine Argumentation mit Wortlaut.

147) Höfer/de Groot/Küpper/Reich-*Höfer*, Betriebsrentenrecht, § 9 Rz. 85 – für den Fall der Liquidation des Unternehmens.

148) *Hermann* in: Göpfert/Schöne, Hdb. ArbR in Restrukturierung und Insolvenz, § 18 Rz. 129.

149) *Bremer*, DB 2011, 875, 876.

150) *Bremer*, DB 2011, 875, 877.

151) Zum Sonderfall der Entgeltumwandlung vgl. *Bremer*, DB 2011, 875, 877.

93 Erscheinungsformen der quotalen Aufteilung sind bspw.:[152)]

- Prozentuale Aufteilung (zeitlich unbeschränkte Aufteilung der Verpflichtungen zwischen Arbeitgeber und PSVaG);
- Aufteilung nach Empfängerkreisen (Beispiel: Fortführung von Anwartschaften obliegt dem Arbeitgeber; PSVaG übernimmt hingegen die aktuellen Pensionsverpflichtungen);
- Aufteilung nach Durchführungswegen;
- Aufteilung nach Rechtsgrundlagen;
- Aufteilung unter Berücksichtigung von Absicherungen und Versorgungsverpflichtungen;
- zeitliche Aufteilung.

2. Horizontale „zeitliche" Aufteilung

94 Die sog. zeitliche Aufteilung findet ihre Grundlage in § 7 Abs. 4 Satz 3 BetrAVG. Hier übernimmt der PSVaG die Leistungen der betrieblichen Altersversorgung für einen bestimmten Zeitraum. Einer vorgelagerten Leistungsphase des PSVaG folgt die Leistung durch den Arbeitgeber selbst bzw. durch den sonstigen Träger der Versorgung. Zeitgleich entfällt der Anspruch der Versorgungsempfänger gegen den PSVaG. Die Dauer der Leistungsphase des PSVaG richtet sich nach der individuell vorgesehenen „Quotenhöhe".[153)] Diese Art der Aufteilung verhilft dem fortführenden Arbeitgeber zu zusätzlicher Liquidität und stellt damit einen wichtigen Sanierungsbeitrag dar.[154)]

95 Für den PSVaG birgt die horizontale Aufteilung ein Risiko, wenn die vom Insolvenzplan erwartete Sanierung misslingt und das zunächst fortgeführte Unternehmen in einem anschließenden Insolvenzverfahren liquidiert wird. In diesem Fall haftet der PSVaG über den zunächst vereinbarten Zeitpunkt zeitlich unbegrenzt in voller Höhe.[155)] Sofern im Insolvenzplan nicht ausgeschlossen, kommt es im Falle einer Folgeinsolvenz innerhalb der nächsten drei Jahre jedoch zur Anwendung des § 9 Abs. 4 Satz 2 BetrAVG. Siehe hierzu die Darstellung unter Rz. 101.

3. Kombinationsmöglichkeit

96 Vertikale und horizontale Aufteilung der Ansprüche aus betrieblicher Altersversorgung zwischen Arbeitgeber und PSVaG lassen sich kombinieren.[156)] Eine Aufteilung der Ansprüche kann auch neben eine Quotenzahlung an den PSVaG treten.[157)]

4. Anwendbarkeit des § 7 Abs. 4 Satz 2 und 3 BetrAVG beim übertragenden Insolvenzplan

97 Unmittelbare Anwendung findet § 7 Abs. 4 Satz 2 und Satz 3 BetrAVG nur im Falle der Sanierung des Unternehmens zu Fortführungszwecken bei Erhalt des Rechtsträgers. Dies folgt bereits daraus, dass es im Falle der übertragenden Sanierung an einem Schuldner fehlt, der neben den PSVaG tritt. So ist die von der Rechtsprechung zu § 613a BGB entwickelte Haftungsbeschränkung im Falle des Unternehmenskaufs aus der Insolvenz[158)] für den Er-

152) Nach *Bremer*, DB 2011, 875, 876.

153) *Bremer*, DB 2011, 875, 876.

154) *Hermann* in: Göpfert/Schöne, Hdb. ArbR in Restrukturierung und Insolvenz, § 18 Rz. 132.

155) *Langohr-Plato*, Betriebliche Altersversorgung, Rz. 853.

156) *Bremer*, DB 2011, 875, 877.

157) *Bremer*, DB 2011, 875, 877.

158) Vgl. nur BAG, Urt. v. 19.5.2005 – 3 AZR 649/03, ZIP 2005, 1706, dazu EWiR 2005, 855 *(Richter)*.

werber besonders reizvoll. Der Erwerber schuldet im Versorgungsfall ausschließlich die bei ihm entstandenen Versorgungsansprüche, zuzüglich des Teils der Anwartschaften, welche die im Wege des Betriebsübergangs auf ihn übergegangenen Arbeitnehmer seit Insolvenzeröffnung erworben haben.

Ist der Erwerber bereit, entgegen seiner Haftungsverpflichtung eine Aufteilung entsprechend § 7 Abs. 4 Satz 2 und 3 BetrAVG zu finden, ist es den Parteien unbenommen, eine solche Vereinbarung zu treffen. 98

5. Besserungsklausel

Gemäß § 7 Abs. 4 Satz 5 BetrAVG *soll* im Insolvenzplan vorgesehen werden, dass bei einer **nachhaltigen Besserung** der wirtschaftlichen Lage des Arbeitgebers die vom Träger der Insolvenzsicherung zu erbringenden Leistungen ganz oder zum Teil vom Arbeitgeber oder sonstigen Träger der Versorgung wieder übernommen werden. Eine nachträgliche Verbesserung der wirtschaftlichen Lage führt demnach grundsätzlich zu einer Wiederübernahme der Pensionslasten durch den Arbeitgeber. Der PSVaG erhält damit die Möglichkeit, seine Leistungen zu einem späteren Zeitpunkt einzustellen.[159)] Die Ausgestaltung als **Sollvorschrift** verdeutlicht, dass im Insolvenzplan auf eine Besserungsklausel nur in begründeten Ausnahmefällen verzichtet werden darf.[160)] Enthält ein Insolvenzplan keine Besserungsklausel, welche das Erlöschen oder zumindest eine Modifikation der Beistandspflicht zugunsten des PSVaG beinhaltet, ist der Insolvenzplan grundsätzlich **von Amts wegen** gemäß § 231 Abs. 1 Satz 1 InsO durch das Insolvenzgericht zurückzuweisen.[161)] Bei Vorliegen einer übertragenden Sanierung greift § 7 Abs. 4 Satz 5 BetrAVG nicht.[162)] Im Rahmen eines übertragenden Insolvenzplanes wird der Geschäftsbetrieb gerade nicht unter Beibehaltung des Rechtsträgers saniert, sondern es erfolgt eine Übertragung auf einen anderen (neu zu gründenden) Rechtsträger.[163)] 99

Praxishinweis

Kerngedanke einer Besserungsklausel ist die Übernahme bestimmter Verpflichtungen aus betrieblicher Altersversorgung durch den Arbeitgeber nach Eintritt bestimmter, im Insolvenzplan zu definierender Bedingungen.[164)] Zur Vermeidung späterer streitiger Auseinandersetzungen ist es entscheidend, die betreffenden Bedingungen klar zu benennen; dasselbe gilt für die Art des Nachweises, der für den Bedingungseintritt erbracht werden muss.

F. Das Misslingen der Sanierung

Nicht selten kommt es vor, dass die Sanierung eines schuldnerischen Unternehmens mittels Insolvenzplans misslingt und es nach Aufhebung des Insolvenzverfahrens ohne wesentliche zeitliche Zäsur zur Stellung eines zweiten Insolvenzantrags kommt. Aus Arbeitnehmerperspektive stellt sich in diesem Fall die Frage, ob ein abermaliger Anspruch auf Insolvenzgeld besteht (siehe dazu unter Rz. 102 ff.). Völlig anders hingegen ist die Sichtweise des PSVaG auf eine sog. **Folgeinsolvenz.** 100

159) *Steinmeyer* in: ErfK, § 7 BetrAVG Rz. 48.
160) *Bremer*, DB 2011, 875, 878.
161) *Steinmeyer* in: ErfK, § 7 BetrAVG Rz. 48.
162) *Hermann* in: Göpfert/Schöne, Hdb. ArbR in Restrukturierung und Insolvenz, § 18 Rz. 134 ff.
163) *Hermann* in: Göpfert/Schöne, Hdb. ArbR in Restrukturierung und Insolvenz, § 18 Rz. 134 ff.
164) *Bremer*, DB 2011, 875, 878.

I. Wiederauflebensklausel

101 Unter Bezugnahme auf die in § 9 Abs. 4 Satz 2 BetrAVG normierte sog. Wiederauflebensklausel kann der PSVaG – in Abweichung von § 255 InsO –, sollte es **innerhalb von drei Jahren** nach Aufhebung des Insolvenzverfahrens[165] zu einem neuen Antrag auf Insolvenzeröffnung kommen, in diesem zweiten Insolvenzverfahren **Erstattung** der von ihm bereits erbrachten Leistungen als Insolvenzgläubiger verlangen. Die Dauer der Frist wurde in Anlehnung an die Regelung über die Aufhebung der Planüberwachung (§ 268 Abs. 1 Nr. 2 InsO) gewählt.[166] Nach Ablauf der Drei-Jahres-Frist steht dem PSVaG dieses Privileg nicht mehr zu.

Praxishinweis

Die Wiederauflebensklausel des § 9 Abs. 4 Satz 2 BetrAVG ist dispositiv und kann daher im Insolvenzplan (ganz oder teilweise) abbedungen werden.[167]

II. Insolvenzgeldanspruch bei Folgeinsolvenz

102 Die Frage, ob im Falle einer Folgeinsolvenz ein abermaliger Anspruch auf Insolvenzgeld besteht, ist – wenn im „ersten" Insolvenzverfahren ein **Insolvenzplan rechtskräftig bestätigt** und das Insolvenzverfahren daraufhin aufgehoben wurde – von erheblicher praktischer Bedeutung. Üblicherweise ist es in diesen Konstellationen so, dass nach rechtskräftiger Bestätigung des Insolvenzplans und Aufhebung des Insolvenzverfahrens die Planüberwachung (§ 260 InsO) angeordnet wurde. Innerhalb dieses Überwachungszeitraums kommt es sodann zur abermaligen Insolvenzantragstellung.

1. Andauernde Zahlungsunfähigkeit als Ausschlusskriterium

103 Das BSG hat sich in der Vergangenheit mit verschiedenen Szenarien einer Folgeinsolvenz nach Aufhebung eines Insolvenzplanverfahrens befasst.[168] Es entspricht der ständigen Rechtsprechung des BSG, dass ein (abermaliger) Anspruch auf Insolvenzgeld nicht entsteht, solange die auf dem ersten Insolvenzereignis beruhende Zahlungsunfähigkeit andauert. Das erste Insolvenzereignis entfaltet somit eine zeitlich begrenzte Sperrwirkung.[169] Dass die Zahlungsunfähigkeit das erste Insolvenzereignis überdauert, ist trotz rechtskräftiger Bestätigung eines Insolvenzplans und Aufhebung des Insolvenzverfahrens möglich. Von **andauernder Zahlungsunfähigkeit** ist so lange auszugehen, wie der Schuldner wegen eines nicht nur vorübergehenden Mangels an Zahlungsmitteln nicht in der Lage ist, seine fälligen Geldschulden im Allgemeinen [dauerhaft] zu erfüllen.[170]

---

165) Das Insolvenzverfahren wird – vorbehaltlich abweichender Regelungen – nach § 258 Abs. 1 InsO aufgehoben, sobald die Bestätigung des Insolvenzplans durch das Insolvenzgericht rechtskräftig ist. Der Zeitpunkt der Wirksamkeit der Aufhebung ist nach § 9 Abs. 1 Satz 3 InsO zu bestimmen.

166) *Steinmeyer* in: ErfK, § 9 BetrAVG Rz. 16.

167) Uhlenbruck-*Lüer/Streit*, InsO, § 255 Rz. 13.

168) BSG, Urt. v. 21.11.2002 – B 11 AL 35/02 R, BSGE 90, 157 = ZIP 2003, 445; BSG, Urt. v. 29.5.2008 – B 11a AL 57/06 R, BSGE 100, 282 = ZIP 2008, 1989; BSG, Urt. v. 6.12.2012 – B 11 AL 11/11 R, BSGE 112, 235 = ZIP 2013, 795.

169) S. dazu: *Frank/Heinrich*, NZI 2011, 569, 570, 573.

170) BSG, Urt. v. 6.12.2012 – B 11 AL 11/11 R, BSGE 112, 235 = ZIP 2013, 795; LSG Sachsen, Urt. v. 13.2.2014 – L 3 AL 141/08, NZI 2014, 513, m. Anm. *Krings*; BSG, Urt. v. 21.11.2002 – B 11 AL 35/02 R, BSGE 90, 157 = ZIP 2003, 445, und BSG, Urt. v. 29.5.2008 – B 11a AL 57/06 R, BSGE 90, 157 = ZIP 2008, 1989; kritisch dazu *Frank/Heinrich*, NZI 2011, 569, 571.

Praxishinweis

Dass der Betrieb fortgeführt wird und die laufenden Verbindlichkeiten beglichen werden, genügt nach Ansicht des BSG nicht für ein Ende der Zahlungsunfähigkeit. Ebenso kann aus der Bestätigung eines Insolvenzplans und der Aufhebung des Insolvenzverfahrens nicht die Beseitigung des Insolvenzfalls geschlossen werden.171)

Für die Annahme **wiedererlangter Zahlungsfähigkeit** genügt es nicht, wenn der Arbeitgeber die Betriebstätigkeit fortführt und die laufenden Verbindlichkeiten, wie insbesondere die Lohnansprüche, befriedigt. Konnte der Schuldner die ihm nach dem Insolvenzplan aufgegebene Quote leisten, hat er aber bis zur Eröffnung des zweiten Insolvenzverfahrens zu keinem Zeitpunkt die Fähigkeit wiedererlangt, die fälligen Geldschulden im Allgemeinen zu erfüllen, bleibt es bei der Sperrwirkung des ersten Insolvenzereignisses.172) Ob der Schuldner seine Zahlungsfähigkeit wiedererlangt hat, und damit ein neues Insolvenzereignis vorliegt, ist also stets im Einzelfall zu beurteilen, wobei die Gesamtumstände zu würdigen sind. Die Bestätigung des Insolvenzplans unter Aufhebung des Insolvenzverfahrens rechtfertigt alleine – auch mit Blick auf die mit der Einführung des Insolvenzplanverfahrens verfolgte Zielsetzungen – keine erneute Inanspruchnahme des Insolvenzgeldes.173) Die Schutzbedürftigkeit der Arbeitnehmer rechtfertigt keine andere Beurteilung. Der Gesetzgeber verfolgt mit den §§ 165 ff SGB III nicht die Ziele der InsO, sondern begründet eine Sicherung bestimmter Lohnforderungen im Falle der Insolvenz des Arbeitgebers.174) 104

Praxishinweis

Der Anspruch auf Insolvenzgeld entsteht jedenfalls dann neu, wenn seit Aufhebung des Insolvenzverfahrens drei Jahre verstrichen sind. Hier kann eine Parallele zu § 268 Abs. 1 Nr. 2 InsO gezogen werden.

2. Keine Anordnung der Planüberwachung

Die vorstehend beschriebenen Grundsätze kommen auch dann zur Anwendung, wenn keine **Überwachung der Planerfüllung** stattfindet.175) Auch dann bleibt es bei der Sperrwirkung des ersten Insolvenzereignisses. Der Gesetzgeber hat sich im Zuge der Reformierung des SGB III dagegen entschieden, den Anwendungsbereich des Insolvenzgeldes zu erweitern. § 165 SGB III ist nahezu wortgleich mit der Vorgängerregelung § 183 SGB III.176) 105

3. Sonderfälle

Der mit der Rechtsprechung des BSG einhergehende Widerspruch zu den Bemühungen der Bundesregierung, die Sanierungschancen von Unternehmen, insbesondere durch eine Reform des Insolvenzplanverfahrens, zu stärken, sind nicht von der Hand zu weisen. Arbeitnehmer sehen sich dem Risiko ausgesetzt, bei einem Scheitern der Sanierung mit ihren Forderungen auf Arbeitsentgelt weitestgehend auszufallen. Gerade der Erhalt der Beleg- 106

171) BSG, Urt. v. 21.11.2002 – B 11 AL 35/02 R, BSGE 90, 157, 159 = ZIP 2003, 445; BSG, Urt. v. 6.12.2012 – B 11 AL 11/11 R, BSGE 112, 235 = ZIP 2013, 795; a. A. wohl das SG Karlsruhe, Urt. v. 8.5.2012 – S 16 AL 4404/10, NZS 2012, 916, das eine europarechtskonforme Auslegung vornimmt.

172) BSG, Urt. v. 17.3.2015 – 11 AL 9/14 R, ZIP 2015, 1402.

173) Vgl. die Gegenäußerung der Bundesregierung zum RegE eines Gesetzes zur Verbesserung der Eingliederungschancen am Arbeitsmarkt, BT-Drucks. 17/6853, S. 18; so auch *Mückl*, Arbeitsrecht in Krise und Insolvenz, S. 238 Rz. 918 ff.

174) BSG, Urt. v. 17.3.2015 – 11 AL 9/14 R, ZIP 2015, 1402.

175) BSG, Urt. v. 6.12.2012 – B 11 AL 11/11 R, BSGE 112, 235 = ZIP 2013, 795.

176) Gagel-*Peters-Lange*, SGB II/SGB III, § 165 SGB III Rz. 5; zu den Änderungen gegenüber dem AFG: Begr. Gesetzentwurf AFRG, BT-Drucks. 13/4941, S. 188.

schaft, insbesondere der Leistungsträger und Spezialisten in einem Unternehmen, ist unterdessen zumeist wesentliche Voraussetzung für die erfolgreiche (abermalige) Sanierung.[177)]

107 Die vorstehend beschriebenen Grundsätze setzen stets voraus, dass die betreffenden Arbeitnehmer, ausgelöst durch das erste Insolvenzereignis, bereits Insolvenzgeld bezogen haben. Arbeitnehmer, denen in der ersten Insolvenz bereits ein Insolvenzgeldanspruch bindend zuerkannt wurde und deren Arbeitgeber die Zahlungsfähigkeit bis zum zweiten Insolvenzantrag nicht wiedererlangte, können sich indes nicht auf § 165 Abs. 3 SGB III berufen, wenn sie darauf vertraut haben, ein neues Insolvenzereignis sei eingetreten und deshalb ihre Arbeitsleistung weiter erbracht haben.[178)] Arbeitnehmer, die ihre Stelle erst nach Aufhebung des ersten Insolvenzverfahrens angetreten haben[179)] und aus diesem Grund in der „ersten Runde" kein Insolvenzgeld bezogen hatten, haben in der Folgeinsolvenz unter Bezugnahme von § 165 Abs. 3 SGB III einen entsprechenden Anspruch. Auf diese Weise wird dem Schutzzweck des Instituts „Insolvenzgeld" Rechnung getragen.

4. Lösungsansatz

108 Für die Frage nach dem Bestehen eines Insolvenzgeldanspruchs im Falle der Folgeinsolvenz ist es unerheblich, dass die betreffenden Arbeitnehmer schon einmal Insolvenzgeld bezogen haben. Entscheidend ist allein, dass das schuldnerische Unternehmen seine Zahlungsfähigkeit zwischen dem ersten und zweiten Insolvenzereignis wiedererlangt hat.

109 Vor diesem Hintergrund ist darüber nachzudenken, ob nicht die Übertragung des Geschäftsbetriebs des Schuldners auf einen **neuen Rechtsträger** im Vorfeld der Beantragung von Insolvenzgeld eine Möglichkeit ist, die Lohnforderungen der Arbeitnehmer abzusichern.[180)] Gelingt dies, erhöhen sich die Chancen einer erfolgreichen Sanierung erheblich. So tritt neben die Liquiditätsersparnis durch die Inanspruchnahme von Insolvenzgeld der „weiche Faktor" motivierter Arbeitnehmer.

Praxishinweis

Für die Beantwortung der Frage, ob eine Identität der Arbeitgeber besteht, ist demnach nur auf die formelle Rechtslage abzustellen, d. h. maßgeblich ist allein, ob ein Betriebsinhaberwechsel stattgefunden hat.[181)] Die Arbeitsverhältnisse mit dem bisherigen Betriebsinhaber werden mit dem Betriebsübergang nach § 613a BGB beendet.[182)] Bevor dieser Weg gewählt wird, sollte in jedem Fall eine verbindliche Abstimmung mit der zuständigen Bundesagentur für Arbeit erfolgen.

---

177) Vgl. Stellungnahme des Bundesrates zum RegE eines Gesetzes zur Verbesserung der Eingliederungschancen am Arbeitsmarkt, BT-Drucks. 17/6853, S. 3.

178) LSG NRW, Urt. v. 6.9.2006 – L 12 AL 19/06, BeckRS 2006, 44501.

179) Allerdings wird ein Anspruch des Arbeitnehmers auf Zahlung von Insolvenzgeld auch dann begründet, wenn er erst nach Insolvenzantragstellung, aber noch vor Insolvenzeröffnung, mit Zustimmung des vorläufigen Insolvenzverwalters und in Kenntnis des Insolvenzantrages ein Arbeitsverhältnis mit dem insolventen Arbeitgeber begründet. § 165 Abs. 3 SGB III gilt in diesen Fällen weder unmittelbar noch analog (LSG Sachsen, Urt. v. 18.12.2014 – L 3 AL 13/13, NZI 2015, 522; LSG Baden-Württemberg, Urt. v. 6.2.2009 – L 8 AL 4096/06, ZIP 2009, 777; SG Kassel, Urt. v. 7.11.2012 – S 7 AL 43/12, NZS 2013, 356; hierzu: *Koch/Rein*, NZS 2014, 841).

180) Zu der damals geltenden Regelung des § 141b AFG mit Blick auf den Schutzzweck der Gewährung von Konkursausfallgeld: BSG, Urt. v. 28.6.1983 – 10 Rar 26/81, BSGE 55, 195 = ZIP 1983, 1224. In diesem Fall entschied das BSG, dass die Insolvenz des früheren Betriebsinhabers bei späterer Insolvenz des Betriebsübernehmers erneute Ansprüche auf Konkursgeld selbst dann nicht ausschließt, wenn einzelne Gesellschafter des Betriebsübernehmers mit Gesellschaftern des früheren Inhabers identisch sind. Frühere Insolvenzereignisse, die einen anderen Arbeitgeber, wenn auch den gleichen Betrieb, betroffen haben, sollen außer Acht bleiben; Gagel-*Peters-Lange*, SGB II/SGB III, § 165 SGB III Rz. 24; Hauck/Noftz-Voelzke, SGB III, § 165 Rz. 50; ausführlich dazu: *Wroblewski* in: Däubler/Wroblewski, Insolvenzhandbuch, S. 473 ff.

181) Hauck/Noftz-*Voelzke*, SGB III, § 165 Rz. 50.

182) *Ahrendt/Koch* in: Schaub, Arbeitsrechts-Hdb., § 118 Rz. 1.

G. Der Restrukturierungsplan

I. Nicht restrukturierungsfähige Forderungen

Gemäß § 4 Satz 1 Nr. 1 StaRUG sind Forderungen von Arbeitnehmern aus oder in Zusammenhang mit dem Arbeitsverhältnis, einschließlich der Rechte aus Zusagen auf betriebliche Altersversorgung, der **Gestaltung durch einen Restrukturierungsplan nicht zugänglich**. Das bedeutet, dass die Gestaltung von individualvertraglichen, betrieblichen, tarifvertraglichen oder gesetzlichen Ansprüchen ausgeschlossen ist. Nicht gestaltbar sind bspw. Ansprüche auf die Zahlung des vereinbarten Arbeitslohns gemäß § 611a Abs. 2 BGB, einschließlich sämtlicher damit verbundener Provisionen, Zulagen, Urlaubsabgeltungsansprüche gemäß § 7 Abs. 4 BUrlG und Abfindungsansprüche gemäß § 1a sowie den §§ 9 und 10 KSchG. Dies betrifft sowohl individuelle Vertragsansprüche als auch Regelungen aus Tarifverträgen. Der Ausschluss gilt gleichermaßen für Haupt- und Nebenansprüche, einschließlich Schadensersatzforderungen, weshalb auch Zinsansprüche von dieser Regelung erfasst werden.[183] 110

Hintergrund dieser Herausnahme aus den Gestaltungsmöglichkeiten eines Restrukturierungsplans war die Annahme des Gesetzgebers, dass Unternehmen, die sogar Schwierigkeiten haben, ihre Verpflichtungen (sowohl Primär- als auch Sekundäransprüche; d. h. Lohnzahlung, einschließlich Sachbezügen, Provisionen, Tantiemen, Gratifikationen, Boni, Zulagen etc., aber auch Schadens- und Aufwendungsersatzansprüche aus dem laufenden oder beendeten Arbeitsverhältnis[184] gegenüber den Arbeitnehmern zu erfüllen, in aller Regel derart vertieft in der Krise sind, dass sich eine Restrukturierung mittels des Restrukturierungsplans nicht angemessen bewältigen lässt.[185] 111

Nicht von § 4 Satz 1 Nr. 1 StaRUG ausgenommen sind hingegen **Forderungen der Sozialversicherungsträger** für den Arbeitnehmeranteil und **Lohnsteuerforderungen** des Finanzamts.[186] 112

Zur **Definition des Begriffs „Arbeitnehmer"** greift die h. M. im Schrifttum auf den **unionsrechtlichen Arbeitnehmerbegriff** zurück.[187] Der unionsrechtliche Arbeitnehmerbegriff i. S. von Art. 1 Abs. 1 lit. a der Massenentlassungsrichtlinie[188], der innerhalb der Unionsrechtsordnung autonom und einheitlich ausgelegt werden muss, ist tendenziell weiter als der nationale Arbeitnehmerbegriff und kann bspw. auch Ansprüche eines Fremdgeschäftsführers erfassen, wenn dieser tatsächlich einem Arbeitnehmer entspricht. Auch bei Anwendung des unionsrechtlichen Arbeitnehmerbegriffs bleibt es allerdings dabei, dass ein Geschäftsführer mit bestimmendem Einfluss auf die Gesellschafterversammlung, der eine Beteiligung an der Gesellschaft von mindestens 50 % der Anteile oder eine Sperrminorität hält, nicht als Arbeitnehmer anzusehen ist.[189] Die Anwendung eines europäischen Arbeitnehmerbegriffs ist dem nationalen Arbeitsrecht auch nicht etwa fremd. So kommt auch i. R. des § 17 KSchG der unionsrechtliche Arbeitnehmerbegriff zur Anwendung.[190] 113

---

183) *Prusko* in: MünchKomm-StaRUG, § 4 Rz. 9; *Skauradszun* in: BeckOK-StaRUG, § 4 Rz. 6.

184) Jacoby/Thole-*Hofmann*, StaRUG, § 4 Rz. 3.

185) Begr. RegE SanInsFoG z. StaRUG, BT-Drucks. 19/24181, S. 114.

186) *Skauradszun* in: BeckOK-StaRUG, § 4 Rz. 6 m. w. N.

187) Morgen-*Röger*, StaRUG, § 4 Rz. 18; Uhlenbruck-*Mock*, InsO, § 4 StaRUG Rz. 5; Jacoby/Thole-*Hofmann*, StaRUG, § 4 Rz. 7; a. A. *Prusko* in: MünchKomm-StaRUG, § 4 Rz. 9.

188) Richtlinie 98/59/EG des Rates v. 20.7.1998 zur Angleichung der Rechtsvorschriften der Mitgliedstaaten über Massenentlassungen (Massenentlassungsrichtlinie), ABl. (EU) L 225/16 v. 12.8.1998.

189) *Spelge* in: MünchHdb. ArbR, § 121 Rz. 39; *Lunk/Hildebrand*, NZA 2016, 129, 135; *Preis/Sagan*, ZGR 2013, 26, 43, 58.

190) EuGH, Urt. v. 9.7.2015 – Rs. C-229/14 (*Balkaya*), Rz. 33, NZA 2015, 861 = ZIP 2015, 1555; so schon *Spelge* in: MünchHdb. ArbR, § 121 Rz. 38; *Kiel* in: ErfK, § 17 KSchG Rz. 8; *Wißmann*, RdA 1998, 221, 223.

Praxishinweis

Neben aktuell beschäftigten Arbeitnehmern sind auch **ehemalige Arbeitnehmer** von der Herausnahme in § 4 Satz 1 Nr. 1 StarRUG erfasst, sofern deren Forderungen sachlich aus oder im Zusammenhang mit dem Arbeitsverhältnis herrühren.[191]

114 Obwohl Ansprüche von Arbeitnehmern aus oder im Zusammenhang mit dem Arbeitsverhältnis unveränderlich sind, erfordert die **Konzeption des Restrukturierungsplans** die **Berücksichtigung bestimmter Aspekte** im Hinblick auf die Arbeitnehmer. So sollte der Restrukturierungsplan dennoch gemäß den Vorgaben der Anlage zu § 5 Satz 2 bestimmte **Informationen** bereitstellen. Dazu gehören Angaben zur Position der Arbeitnehmer (wie in Nr. 2 der Anlage festgelegt) sowie Informationen über die Auswirkungen des Restrukturierungsvorhabens auf die Beschäftigungsverhältnisse, Entlassungen, Kurzarbeiterregelungen und die Modalitäten für die Unterrichtung und Anhörung der Arbeitnehmervertretung (wie in Nr. 7 der Anlage gefordert).[192]

II. Arbeitsrechtliche Maßnahmen

115 Die arbeitsrechtlichen Modifikationen der InsO kommen im Restrukturierungsplan nicht – auch nicht analog – zur Anwendung. Die entsprechenden Normen können weder außerhalb des Restrukturierungsplans noch innerhalb eines Restrukturierungsplans herangezogen werden.

116 Auch können durch einen Restrukturierungsplan **keine Betriebsvereinbarungen** i. S. von § 77 BetrVG **gestaltet** werden.[193] Ein Restrukturierungsplan bietet für die Um- und Durchsetzung solcher Maßnahmen keine Hilfe.[194]

117 Arbeitsrechtliche Maßnahmen sind anlässlich eines Restrukturierungsplans selbstverständlich **dennoch zulässig**, müssen aber unter Beachtung der allgemeinen kollektiv- und individualarbeitsrechtlichen Vorgaben vorgenommen werden.[195] Der Zulässigkeit solcher Maßnahmen steht es auch nicht etwa entgegen, dass sie im Ergebnis regelmäßig zu einer Gestaltung von Forderungen und Rechten von Arbeitnehmern führen.[196] Um eine **Verzahnung der Sanierungswirkungen** des Restrukturierungsplans mit erforderlichen Personalmaßnahmen zu erreichen und so die Sanierung des Unternehmens zu ermöglichen, kann die **Vereinbarung** von Personalmaßnahmen mit Arbeitnehmern oder Arbeitnehmervertretungsorganen sowie ihr erfolgreicher Abschluss (und auch ihre Umsetzung) ebenso wie i. R. eines Insolvenzplans zur Voraussetzung (**Planbedingung** gemäß § 62 StaRUG) für die Gestaltungswirkung des Restrukturierungsplans erhoben werden.[197] Zu diesen Maßnahmen gehören neben dem Abschluss von **Sanierungstarifverträgen** und **Betriebsvereinbarungen** insbesondere auch Interessenausgleich und Sozialplan (letzterer ohne die Begrenzung des § 123 InsO).

118 Im Fall von personalwirtschaftlichen Restrukturierungsmaßnahmen im Kontext einer **übertragenden Sanierung** wird die durch die Rechtsprechung des BAG entwickelte Haftungsbeschränkung für den neuen Betriebsinhaber, die bei einer übertragenden Sanierung aus

191) Jacoby/Thole-*Hofmann*, StaRUG, § 4 Rz. 6.
192) *Skauradszun* in: BeckOK-StaRUG, § 4 Rz. 6b.
193) *Skauradszun* in: BeckOK-StaRUG, § 4 Rz. 6.
194) Begr. RegE SanInsFoG z. StaRUG, BT-Drucks. 19/24181, S. 115.
195) Braun-*Esser*, StaRUG, § 4 Rz. 4; Morgen-*Röger*, StaRUG, § 4 Rz. 31.
196) Morgen-*Röger*, StaRUG, § 4 Rz. 31.
197) Morgen-*Röger*, StaRUG, § 4 Rz. 32.

der Insolvenz resultiert, nicht angewendet, sofern es sich um eine übertragende Sanierung i. R. eines Restrukturierungsplans handelt.[198)]

> **Praxishinweis**
>
> Die Frage, ob und in welchem Umfang personalwirtschaftliche Maßnahmen ergriffen wurden oder geplant sind, ist in dem des **gestaltenden Teils des Restrukturierungsplans** zu beantwortet. Dies folgt aus der **Anlage zu § 5 Satz 2** StaRUG, in der unter Nr. 7 festgelegt ist, dass der Restrukturierungsplan zwingend Angaben zu den Auswirkungen des Restrukturierungsvorhabens auf die Beschäftigungsverhältnisse, Entlassungen, Kurzarbeiterregelungen und die Modalitäten der Unterrichtung und Anhörung der Arbeitnehmervertretung enthalten muss.[199)]

III. Insolvenzgeld und betriebliche Altersvorsorge

1. Insolvenzgeld

Arbeitnehmer, deren Arbeitgeber sich in einem StaRUG-Verfahren befindet, haben **keinen** 119 **Anspruch** auf Insolvenzgeld. Dies folgt bereits daraus, dass die Anzeige des Restrukturierungsvorhabens (§ 31 Abs. 1 StaRUG) nicht als den Anspruch begründendes „Insolvenzereignis" in der Aufzählung des § 165 Abs. 1 Satz 2 SGB III genannt wird. Eine analoge Anwendung der entsprechenden Vorschriften des SGB III scheitert bereits daran, dass sich der Gesetzgeber ausdrücklich mit der Frage nach dem Insolvenzgeld beschäftigt hat und in der Gesetzesbegründung ausführt, dass in einem Restrukturierungsplan nicht auf Insolvenzgeld zurückgegriffen werden kann.[200)] In der Folge muss das mittels des StaRUG-Verfahrens zu sanierende Unternehmen somit grundsätzlich in der Lage sein, die Arbeitsentgelte der Arbeitnehmer inklusive Sozialversicherungsbeiträgen für die Dauer des Restrukturierungsverfahrens zu tragen.

2. Betriebliche Altersvorsorge

Gemäß § 4 Satz 1 Nr. 1 StaRUG sind Forderungen von Arbeitnehmern aus oder in Zu- 120 sammenhang mit dem Arbeitsverhältnis, einschließlich der Rechte aus Zusagen auf betriebliche Altersversorgung der Gestaltung durch einen Restrukturierungsplan nicht zugänglich.

Es existiert **keine Insolvenzsicherung** durch den PSVaG nach §§ 7 ff. BetrAVG. § 7 Abs. 1 121 BetrAVG regelt den Umfang des Versicherungsschutzes und setzt in verschiedenen Varianten voraus, dass über das Vermögen des Arbeitgebers oder über seinen Nachlass das Insolvenzverfahren eröffnet worden ist. Die Rechtshängigkeit der Restrukturierungssache (§ 31 Abs. 3 StaRUG) ist der Eröffnung eines Insolvenzverfahrens nicht gleichzustellen.[201)]

198) Morgen-*Röger*, StaRUG, § 4 Rz. 33; *Giese/Jungbauer*, BB 2020, 2679, 2680.

199) Jacoby/Thole-*Hofmann*, StaRUG, § 4 Rz. 17.

200) Begr. RegE SanInsFoG z. StaRUG, BT-Drucks. 19/24181, S. 115.

201) *Skauradszun* in: BeckOK-StaRUG, § 4 Rz. 9.

§ 62
Insolvenz- und Restrukturierungsplan im Internationalen Privat- und Prozessrecht

Übersicht

Literatur: *Dammann/Müller*, Erste Anwendung der Interedil-Rechtsprechung des EuGH zum COMI im Coeur Défense-Urteil der Cour d'appel von Versailles vom 19.1.2012, NZI 2012, 643; *Eidenmüller*, Der nationale und der internationale Insolvenzverwaltungsvertrag, ZZP 114 (2001), 3; *Fehrenbach*, Kapitalmaßnahmen im grenzüberschreitenden Reorganisationsverfahren, ZIP 2014, 2485; *Fehrenbach*, Die Rechtsprechung des EuGH zur Europäischen Insolvenzverordnung: Der Mittelpunkt der hauptsächlichen Interessen und andere Entwicklungen im Europäischen Insolvenzrecht, ZEuP 2013, 353; *Gottwald*, Grenzüberschreitende Insolvenzen, 1996; *Grasmann*, Das Erlöschen von Insolvenzforderungen nach Schuld- oder Insolvenzstatut?, in: Festschrift für Zentaro Kitagawa, 1992, S. 117; *Haas*, Insolvenzrechtliche Annexverfahren und internationale Zuständigkeit, ZIP 2013, 2381; *Hirte*, Die Limited zwischen Gesellschafts- und Kapitalmarktrecht – Gestaltungsspielräume oder der Platz zwischen zwei Stühlen?, in: Festschrift für Hans-Joachim Priester, 2007, S. 221; *Kübler*, Der Mittelpunkt der hauptsächlichen Interessen nach Art. 3. Abs. 1 EuInsVO, in: Festschrift für Walter Gerhardt, 2004, S. 527; *Kuntz*, Kollisionsrechtliche Probleme der Restrukturierung von Kapitalgesellschaften im Insolvenzplanverfahren in der Europäischen Union, Insbesondere der Debt-to-Equity-Swap, ZGR 2014, 649; *Martini*, Inländische Insolvenzverfahren mit schuldnerischem Vermögen in der Schweiz, DZWIR 2007, 227; *Oberhammer*, Von der EuInsVO zum europäischen Insolvenzrecht, KTS 2009, 27; *Piekenbrock*, Das ESUG – fit für Europa?, NZI 2012, 905; *Reinhart*, Sanierungsverfahren im internationalen Insolvenzrecht, 1995; *Reuß*, Europäisches Insolvenzrecht 3.0 oder doch nur Version 1.1?, EuZW 2013, 165; *Rüfner*, Neues internationales Insolvenzrecht in den USA, ZIP 2005, 1859; *Schmidt, J.*, Präventiver Restrukturierungsrahmen: Internationale Zuständigkeit, Anerkennung und anwendbares Recht, ZInsO 2021, 654; *Schütze*, Deutsch-amerikanische Urteilsanerkennung, 1992; *Schwarz*, Die Anerkennung des englischen Part 26A-Restructuring Plan-Verfahrens in Deutschland, ZRI 2023, 478; *Shuster*, The Trust Indenture Act And International Debt Restructurings, 14 Abi L. Rev. 431; *Skauradszun*, Die Restrukturierungsrichtlinie und das „verschwitzte" internationale Zivilverfahrensrecht, ZIP 2019, 1501; *Thole*, Zur Anerkennungsfähigkeit eines englischen Part 26A-Restrukturierungsplans in Deutschland, ZRI 2024, 790; *Thole*, Vertrauliche Restrukturierungsverfahren: Internationale Zuständigkeit, anwendbares Recht und Anerkennung, ZIP 2021, 2153; *Thole*, Lehren aus dem Fall NIKI, ZIP 2018, 401; *Thole*, Anwendbares Recht und verfahrensrechtliche Anerkennung bei der Restrukturierung von Auslandsanleihen deutscher Emittenten, in: Festschrift für Rolf A. Schütze, 2015, S. 603; *Thole*, Das neue Konzerninsolvenzrecht in Deutschland und Europa, KTS 2014, 351; *Thole*, Sanierung mittels Scheme of Arrangement im Blickwinkel des Internationalen Privat- und Verfahrensrechts, Zugleich ein Beitrag zur internationalen Reichweite des Schutzschirmverfahrens (§ 270b InsO n. F.) und von Mehrheitsbeschlüssen nach SchVG, ZGR 2013, 109; *Thole*, Gläubigerschutz durch Insolvenzrecht, 2010; *Thole*, Vis attractiva concursus europaei? Die internationale Zuständigkeit für insolvenzbezogene Annexverfahren zwischen EuInsVO, EuGVVO und autonomem Recht, ZEuP 2010, 904; *Thole*, Das COMI-Prinzip und andere Grundfragen des Europäischen Insolvenzrechts, ZEuP 2007, 1137; *Thole/Dueñas*, Some Observations on the New Group Coordination Procedure of the Reformed European Insolvency Regulation, International Insolvency Review (IIR), Vol. 24 (2015), 214; *Weller*, Die Verlegung des Center of Main Interest von Deutschland nach England, ZGR 2008, 835; *Werner*, Der Insolvenzplan im Anwendungsbereich der europäischen Insolvenzverordnung, 2010.

A. Überblick

1 Fragen des internationalen Privat- und Prozessrechts treten bei Insolvenzplänen in verschiedenen Konstellationen auf. Ihnen ist gemein, dass jeweils ein grenzüberschreitender Sachverhalt gegeben ist. Zu unterscheiden ist grundlegend die Frage **der internationalen Zuständigkeit** für eine gerichtliche Entscheidung von der Frage des anwendbaren Rechts, also des für die jeweilige Sachfrage maßgeblichen Rechts. Die internationale Zuständigkeit betrifft die Frage, die Gerichte welchen Staats eine Zuständigkeit für die Entscheidung in Anspruch nehmen dürfen. Zuständigkeit und **anwendbares Recht** müssen nicht gleichlaufen. So kann ein deutsches Insolvenzgericht gezwungen sein, Aspekte der zu treffenden Entscheidung nach ausländischem (Gesellschafts-)Recht zu beurteilen (siehe unten Rz. 19). Welches Recht anwendbar ist, entscheidet das angerufene Gericht nach seiner lex fori, d. h. dem eigenen Kollisionsrecht, das aber in Europa weitgehend vereinheitlicht ist. Von der international-privatrechtlichen Beurteilung ist noch abzugrenzen die **verfahrensrechtliche Anerkennung** einer gerichtlichen Entscheidung, die in einem anderen (Mitglieds-)Staat ergangen ist. Das kann die Eröffnungsentscheidung, die gerichtliche Bestätigung eines Insolvenzplans, die Entscheidung über eine Annexklage oder eine sonstige im Zusammenhang mit dem oder während des Insolvenzplanverfahrens ergangene Entscheidung sein. Die verfahrensrechtliche Anerkennung bedeutet, dass die Entscheidungswirkungen der Gerichtsentscheidung gerade unabhängig vom anwendbaren Recht auf das Inland erstreckt werden (sog. **Wirkungserstreckung**), siehe dazu unten Rz. 43 ff. Der **Restrukturierungsplan** wird unten (siehe Rz. 72 ff.) gesondert betrachtet.

B. Rechtsquellen

I. In Betracht kommende Regelungen

2 Die in diesem Kapitel zu beleuchtenden Fragen sind anhand verschiedener einschlägiger Rechtsquellen zu beantworten. Als jeweils einschlägige Rechtsquellen kommen u. a. in Betracht

- die Europäische Insolvenzverordnung (EuInsVO), die mit Inkrafttreten zum 26.6.2017 in Gestalt der Verordnung (EU) 2015/848 umfassend novelliert worden ist[1)] und die Fassung der Verordnung (EG) Nr. 1346/2000) ablöst[2)];

1) Verordnung (EU) 2015/848 des Europäischen Parlaments und des Rates v. 20.5.2015 über Insolvenzverfahren (Neufassung) – EuInsVO, ABl. (EU) L 141/19 v. 5.6.2015.

2) Verordnung (EG) Nr. 1346/2000 des Rates v. 29.5.2000 über Insolvenzverfahren – EuInsVO a. F., ABl. (EG) L 160/1 v. 30.6.2000.

- die InsO (insbesondere §§ 335 ff. InsO) und ggf. die EGInsO (insbesondere Art. 102c § 15 EGInsO);
- ggf. die Verordnung über die gerichtliche Zuständigkeit und die Anerkennung und Vollstreckung von Entscheidungen in Zivil- und Handelssachen (EuGVVO) bzw. Brüssel Ia-VO;[3)]
- die Rom-Verordnungen;[4)]
- ggf. allgemeine Regeln des deutschen Kollisionsrechts sowie z. B. Art. 43 EGBGB.

II. Vorrang des Unionsrechts vor dem autonomen Recht

Zu beachten ist, dass das vereinheitliche Unionsrecht Vorrang vor dem autonomen nationalen Recht hat. Das bedeutet u. a., dass die §§ 335 ff. InsO weitgehend durch die Regeln der EuInsVO **verdrängt** werden.[5)] Die §§ 335 ff. InsO finden grundsätzlich nur insoweit Anwendung, als es um **Beziehungen zu Drittstaaten** geht und das Insolvenzverfahren in einem Drittstaat eröffnet worden ist. Für die Beziehungen von in einem Mitgliedstaat eröffneten Verfahren zu anderen Mitgliedstaaten gilt dagegen die EuInsVO. Art. 3 EuInsVO ist hinsichtlich der Eröffnungszuständigkeit auch dann anwendbar, wenn über eine Drittstaatengesellschaft, die in Deutschland ihren Mittelpunkt der hauptsächlichen Interessen (COMI) hat, in Deutschland ein Insolvenz(plan)verfahren eröffnet werden soll.[6)] Für das anwendbare Recht gilt dann ebenfalls Art. 7 EuInsVO. 3

C. Internationale Zuständigkeit für die Eröffnung des Insolvenz(plan)verfahrens

I. Das COMI-Prinzip

Ausgangspunkt der Zuständigkeitsfragen ist Art. 3 EuInsVO. Daraus ergibt sich für die von der Verordnung gebundenen Mitgliedstaaten (außer Dänemark) die internationale Zuständigkeit für die Eröffnungsentscheidung. Deutsche Gerichte sind für die Eröffnung eines Insolvenzverfahrens international zuständig, wenn die jeweilige Gesellschaft bzw. der jeweilige Schuldner den Mittelpunkt der hauptsächlichen Interessen (COMI) in Deutschland hat. Was ein Insolvenzverfahren ist, wird in Anhang A der EuInsVO verbindlich vorgegeben (siehe dazu gleich Rz. 10). Maßgeblich ist der Zeitpunkt der Antragstellung.[7)] Art. 3 EuInsVO unterscheidet insoweit nicht nach der Rechtsform der jeweiligen Gesellschaft. Dementsprechend können auch ausländische Gesellschaften einschließlich von Gesellschaften aus Drittstaaten, die nicht Mitglied der EU sind, ihren COMI in Deutschland haben. Wie der COMI i. E. bestimmt wird, ist Gegenstand einer noch immer andauernden Diskussion und in der Rechtsprechung des EuGH noch nicht vollständig ausgeformt. Maßgeblich sind insbesondere die Entscheidungen des EuGH in den Rs. *Eurofood* und *Interedil*. Stets ist eine **Gesamtbetrachtung** anzustellen. 4

---

3) Verordnung (EU) Nr. 1215/2012 des Europäischen Parlaments und des Rates v. 12.12.2012 über die gerichtliche Zuständigkeit und die Anerkennung und Vollstreckung von Entscheidungen in Zivil- und Handelssachen (Neufassung), ABl. (EU) Nr. L 351/1 v. 20.12.2012.

4) Insbesondere die Rom I- und Rom II-VO.

5) *Thole* in: MünchKomm-InsO, § 343 Rz. 8.

6) *Thole*, Gläubigerschutz durch Insolvenzrecht, S. 767; vgl. aber auch AG Ludwigsburg, Beschl. v. 20.7.2006 – 1 IN 536/05-s, Rz. 20 ff., ZIP 2006, 1507, 1509, dazu EWiR 2007, 207 *(Kleinschmidt)*: Danach kann über eine in Serbien inkorporierte Kapitalgesellschaft in Deutschland auf der Grundlage der §§ 3, 11 InsO ein Verfahren eröffnet werden.

7) EuGH, Urt. v. 17.1.2006 – Rs. C-1/04 (Staubitz-Schreiber), Rz. 24 ff., Slg. 2006, I-701, 728 f. = ECLI:EU:C:2006:39; BGH, Beschl. v. 8.3.2012 – IX ZB 178/11, dazu EWiR 2012, 315 *(Paulus)* – zu Art. 3 Abs. 2 EuInsVO; K. Schmidt-*Brinkmann*, InsO, Art. 3 EuInsVO Rz. 6.

5 In der Rs. *Interedil* formuliert der EuGH, zu den bei einer solchen Gesamtbetrachtung zu berücksichtigenden Faktoren gehörten

> „[…] u. a. alle Orte, an denen die Schuldnergesellschaft eine wirtschaftliche Tätigkeit ausübt, und alle Orte, an denen sie Vermögenswerte besitzt, sofern diese Orte für Dritte erkennbar sind […]".[8)]

6 Allerdings reiche die Belegenheit von Vermögenswerten als solche nicht aus. Der EuGH geht **mehrstufig** vor.[9)] Er geht von der Vermutung des Art. 3 Abs. 1 Satz 2 EuInsVO für den satzungsmäßigen Sitz aus. Wenn sich die Hauptverwaltung einer Gesellschaft am Ort ihres satzungsmäßigen Sitzes befinde,

> „[…] das heißt dort ihre Geschäftsführung sitzt und diese von dort aus die Geschicke der Gesellschaft lenkt und nach außen erkennbar auftritt […]",

habe es nach der Systematik der Verordnung für die Zuständigkeitsbestimmung keine Bedeutung, wo sich die wesentlichen Vermögenswerte oder Betriebsstätten der Gesellschaft befinden.[10)] Der EuGH betont insoweit die weitgehende Kongruenz des COMI mit dem effektiven Verwaltungssitz.[11)]

7 Wenn sich allerdings die Hauptverwaltung nicht am Satzungssitz befindet, also Verwaltungs- und Satzungssitz auseinanderfallen, müsse im Wege einer **Gesamtbetrachtung** unter der Maßgabe der Gläubigerperspektive weiter geprüft werden, wo sich der Mittelpunkt der hauptsächlichen Interessen befinde.[12)] In diesem Fall ist die Hauptverwaltung nicht der alleinige Anknüpfungspunkt, sondern kann unter Einbeziehung der Gläubigerbeziehungen davon abweichen. Insoweit ergeben sich keine Besonderheiten für das Planverfahren. Wegen der Einzelheiten zum COMI wird daher auf die Spezialliteratur verwiesen.[13)]

II. Sekundärverfahren

8 Die Eröffnung eines Sekundärverfahrens hängt davon ab, ob eine **Niederlassung** in dem Staat des angerufenen Gerichts belegen ist, Art. 3 Abs. 2 EuInsVO. Beim Sekundärverfahren bleiben die Wirkungen des Verfahrens und folglich auch eines Insolvenzplans auf das Vermögen im Staat des Sekundärverfahrens beschränkt. Nicht zu verwechseln sind Sekundärverfahren mit eigenständigen Hauptinsolvenzverfahren über Konzerntochtergesellschaften. Letztere sind für sich genommen keine Niederlassung der Konzernmutter, sondern können als selbständige juristische Personen oder Gesellschaften eigenständig Subjekt eines Insolvenzverfahrens sein.[14)]

9 Deutsche Gerichte können bei einem in einem anderen Mitgliedstaat geführten Insolvenzverfahren über Art. 3 Abs. 2 EuInsVO, bei einem in einem Drittstaat geführten Insolvenzverfahren über § 354 InsO in Deutschland ein Sekundärverfahren eröffnen, dessen Wirkungen auf **das in Deutschland belegene Vermögen** beschränkt ist. Dafür stellt

8) EuGH, Urt. v. 20.10.2011 – Rs. C-396/09 (Interedil Srl, i. L./Fallimento Interedil Srl, Intesa Gestione Crediti SpA), Rz. 46, Slg. 2011, I-09915= ECLI:EU:C:2011:671 = ZIP 2011, 2153, dazu EWiR 2011, 745 *(Paulus)*.

9) Dazu *Thole* in: MünchKomm-InsO, Art. 3 EuInsVO Rz. 17 ff.

10) EuGH, Urt. v. 20.10.2011 – Rs. C-396/09 (Interedil Srl, i. L./Fallimento Interedil Srl, Intesa Gestione Crediti SpA), Rz. 69, Slg. 2011, I-09915 = ECLI:EU:C:2011:671 = ZIP 2011, 2153.

11) EuGH, Urt. v. 24.3.2022 – Rs. C-723/20 (Galapagos BidCo). Dazu auch *Thole* in: MünchKomm-InsO, Art. 3 EuInsVO Rz. 17 ff.

12) EuGH, Urt. v. 20.10.2011 – Rs. C-396/09 (Interedil Srl, i. L./Fallimento Interedil Srl, Intesa Gestione Crediti SpA), Rz. 70, Slg. 2011, I-09915 = ECLI:EU:C:2011:671 = ZIP 2011, 2153.

13) *Kindler* in: MünchKomm-BGB, Art. 3 EuInsVO Rz. 18 ff.; *Kübler* in: FS Gerhardt, S. 527 ff.; *Oberhammer*, KTS 2009, 27, 30 ff.; *Thole*, ZEuP 2007, 1137, 1144 f.; *Dammann/Müller*, NZI 2012, 643, 644 f.; *Fehrenbach*, ZEuP 2013, 353, 354 ff.; *Reuß*, EuZW 2013, 165, 166 f.; *Thole*, ZIP 2018, 401.

14) K. Schmidt-*Brinkmann*, InsO, Art. 2 EuInsVO Rz. 26; kritisch *Paulus*, EuInsVO, Art. 2 Rz. 64.

Art. 2 Nr. 10 EuInsVO eine eigene Definition auf, nach der eine Niederlassung jeden Tätigkeitsort bezeichnet, an dem der Schuldner einer wirtschaftlichen Aktivität von nicht vorübergehender Art nachgeht, die den Einsatz von Personal und Vermögenswerten erfordert. Seit der Neufassung der EuInsVO gilt nach dem zweiten Halbsatz von Art. 2 Nr. 10 EuInsVO zudem, dass der Schuldner der Aktivität auch in den letzten drei Monaten vor Eröffnung des Hauptinsolvenzverfahrens nachgegangen sein kann.

III. Insolvenzplanverfahren und andere Sanierungsverfahren

Was das deutsche Insolvenzplanverfahren angeht, so beinhaltet die Nennung des Insolvenzverfahrens in Anhang A zur EuInsVO auch das Planverfahren als dessen integralen Bestandteil. Einer eigenen gerichtlichen Eröffnungsentscheidung bedarf es insoweit ohnedies nicht. Bei den im Planverfahren ergehenden Entscheidungen handelt es sich um Entscheidungen zur Durchführung oder Beendigung des Insolvenzverfahrens oder um einen gerichtlich bestätigten Vergleich; daher siehe die Ausführungen sogleich unter Rz. 12 ff. Das Planverfahren kann sowohl bei einem in Deutschland geführten Hauptinsolvenzverfahren als auch bei hier geführten Sekundärverfahren (beschränkt auf das Territorialvermögen) durchgeführt werden. Damit kommt es auch für ausländische Gesellschaften, die ihren COMI oder ihre Niederlassung in Deutschland haben, in Betracht. 10

In Anhang A sind aus den anderen Mitgliedstaaten verschiedenen Sanierungs- und Planverfahren genannt. Die Reform der EuInsVO hat dazu die Definition in Art. 1 EuInsVO dergestalt geändert, dass auch sog. hybride bzw. vorinsolvenzliche Sanierungs- und Insolvenzabwendungsverfahren erfasst sind. Entscheidend ist stets die **Nennung in Anhang A.** Dem deutschen Insolvenzplanverfahren im weiteren Sinne vergleichbar und von der EuInsVO erfasst, sind bspw. das französische Sauvegarde-Verfahren und das Redressement Judiciaire oder das italienische Accordo di Ristrutturazione und das Concordato Preventivo. Das englische Scheme-of-Arrangement war aber schon vor dem „Brexit" nicht einbezogen. Die Eröffnungszuständigkeit richtet sich daher beim Scheme-of-Arrangement nicht nach der EuInsVO; zur Anerkennungsfrage siehe unten Rz. 43. Besondere Probleme werfen **Restrukturierungspläne** nach der Richtlinie 2019/1023 vom 20.6.2019 über **präventive Restrukturierungsrahmen** (Restrukturierungsrichtlinie) auf.[15] Die durch die Mitgliedstaaten geschaffenen Restrukturierungsverfahren können der EuInsVO unterstellt sein, zwingend ist das nicht (siehe dazu unten Rz. 72 ff.). 11

D. Internationale Zuständigkeit für Durchführungs-, Neben- und Beendigungsentscheidungen

Auch für die im Zuge des Insolvenzplanverfahrens vom Gericht zu treffenden (Neben-)Entscheidungen ist mit der internationalen Zuständigkeit für die Eröffnung des Insolvenzverfahrens (insgesamt) auch die internationale Zuständigkeit für die im Planverfahren zu treffenden Entscheidungen (Zurückweisung nach § 231 InsO, Stimmrechtsentscheidungen, gerichtliche Bestätigung etc.) verbunden, ebenso wie für die Entscheidungen zur Beendigung und Aufhebung des Insolvenzverfahrens. Insofern besteht eine direkte Zuständigkeitsregel; ein Umweg über die lex fori concursus und das nach Art. 7 EuInsVO anwendbare Recht des Eröffnungsstaats ist nicht notwendig.[16] Daraus folgt, dass die ge- 12

15) Richtlinie (EU) 2019/1023 des Europäischen Parlaments und des Rates v. 20.6.2019 über präventive Restrukturierungsrahmen, über Entschuldung und über Tätigkeitsverbote sowie über Maßnahmen zur Steigerung der Effizienz von Restrukturierungs-, Insolvenz- und Entschuldungsverfahren und zur Änderung der Richtlinie (EU) 2017/1132 (Richtlinie über Restrukturierung und Insolvenz) – Restrukturierungsrichtlinie, ABl. (EU) L 172/18 v. 26.6.2019.

16) *Thole* in: MünchKomm-InsO, Art. 3 EuInsVO Rz. 97.

richtliche Bestätigung ohne weiteres im Verfahren nach § 248 InsO erfolgen kann, sofern das Verfahren in Deutschland eröffnet wurde.

13 Handelt es sich um ein **Sekundärverfahren**, ist auf Ebene des materiellen Rechts Art. 102c § 15 EGInsO zu berücksichtigen; Entsprechendes gilt bei einem Hauptverfahren in einem Drittstaat über § 355 Abs. 2 InsO. Sieht ein Insolvenzplan eine **Stundung**, einen **Erlass** oder sonstige Einschränkungen der Rechte der Gläubiger vor, so darf er vom Insolvenzgericht nur bestätigt werden, wenn alle betroffenen Gläubiger dem Plan zugestimmt haben. Die Vorschrift will erreichen, dass bei einem Insolvenzplan in einem Sekundärverfahren die Rechte ausländischer Gläubiger nur insoweit beeinträchtigt werden, als das in Deutschland belegene Vermögen betroffen ist. Das ergibt sich aus dem mit Art. 102c § 15 EGInsO ergänzten Art. 47 Abs. 2 EuInsVO. Der deutsche Gesetzgeber hat aber keine Unterscheidung danach vorgenommen, ob die Stundung oder der Erlass das deutsche Vermögen betrifft; dies wäre auch kaum möglich, weil Forderungen ja keine körperliche Existenz haben. Daher ist stets die **Zustimmung aller einzelnen Gläubiger** (nicht nur der Gruppen) erforderlich, wenn in einem Sekundärverfahren ein Plan aufgestellt wird, der die Rechte der Gläubiger beeinträchtigt; eine Ersetzung der Zustimmung kommt nicht in Betracht. Art. 102c § 15 Satz 2 EGInsO enthält aber eine Ausnahme für Absonderungsberechtigte.

14 Diese Vorgabe macht einen Plan im Sekundärverfahren **unpraktisch** und nur denkbar im Hinblick auf den Umgang mit einzelnen Vermögensgegenständen.[17] Die genannten Regelungen gelten allerdings richtigerweise nicht für einen sog. einheitlichen, aus dem Hauptverfahren herrührenden Insolvenzplan, der für alle eröffneten Verfahren zur Abstimmung oder Bestätigung gestellt wird und der daher auch das gesamte Vermögen des Schuldners berücksichtigt.[18] Wird ein solcher **einheitlicher Insolvenzplan** aus einem in einem anderen Mitgliedstaat geführten Hauptverfahren im deutschen Sekundärverfahren zur Abstimmung gestellt, können zwar ggf. die InsO vorgesehenen Abstimmungsregeln greifen, die jedoch für den Fall eines einheitlichen Insolvenzplans zu modifizieren sind.[19]

E. Internationale Zuständigkeit für Annexentscheidungen

15 Die EuInsVO enthielt **bis zur Reform zum 26.6.2017 keine eigene Zuständigkeitsregel** für sog. insolvenztypische Annexklagen. Nur die Anerkennung war in Art. 25 Abs. 1 Unterabs. 2 EuInsVO a. F. (Art. 32 Abs. 1 Unterabs. 2 EuInsVO) geregelt. Annexentscheidungen sind Entscheidungen in Verfahren, die typischerweise mit der Insolvenz und dem Insolvenzverfahren verknüpft sind, aber doch als eigenständige Prozesse und Rechtsstreitigkeiten geführt werden. Art. 32 Abs. 1 Unterabs. 2 EuInsVO spricht von Entscheidungen, die im engen Zusammenhang mit dem Konkursverfahren stehen und unmittelbar aus ihm hervorgehen.[20] Diese Formel geht auf eine Entscheidung des EuGH von 1979 zurück.[21]

16 Der Reformgesetzgeber hat für die Zuständigkeit die schon bisher vom EuGH in der *Deko Marty*-Entscheidung vertretene Lösung, Art. 3 EuInsVO und das COMI-Prinzip auch auf die Annexklagen anzuwenden, mit **Art. 6 EuInsVO kodifiziert**. Die Gerichte des Insolvenzeröffnungsstaats sind damit auch grundsätzlich (vorbehaltlich Art. 6 Abs. 2 EuInsVO) für die Annexklagen zuständig. Unklar bleibt damit weiterhin, wann von einer Annexklage in

---

17) K. Schmidt-*Brinkmann*, InsO, Art. 102 § 9 EGInsO Rz. 2.

18) Ebenso *Schuster* in: FK-InsO, Art. 102c § 15 EGInsO Rz. 4; a. A. Pannen-*Frind*, EuInsVO, Art. 102 § 9 EGInsO Rz. 4 f.

19) Vgl. i. E. *Reinhart*, Sanierungsverfahren im internationalen Insolvenzrecht, S. 309 sowie S. 324 f., m. konkreten Vorschlägen zur Gesetzesänderung.

20) EuGH, Urt. v. 22.2.1979 – Rs. C-133/78 (Gourdain/Nadler), Slg. 1979, 733, 744 = ECLI:EU:C:1979:49. Näher zur Vorgeschichte *Thole*, Gläubigerschutz durch Insolvenzrecht, S. 905 ff.

21) EuGH, Urt. v. 22.2.1979 – Rs. C-133/78 (Gourdain/Nadler), Slg. 1979, 733, 744 = ECLI:EU:C:1979:49.

diesem Sinne auszugehen ist, wann mithin die **Streitigkeit im engen Zusammenhang mit dem Insolvenzverfahren steht und unmittelbar aus ihm hervorgeht.** Diese Diskussion ist ebenso wie die Rechtsprechung im Fluss; auf Einzelheiten ist hier nicht einzugehen.[22)]

Praxishinweis

Zu bejahen ist der enge Zusammenhang insbesondere bei Anfechtungsklagen, soweit der Anspruch nicht an einen Dritten abgetreten worden ist.[23)] Auch die Geschäftsführerhaftung nach § 64 GmbHG a. F. ist nach einem Urteil des EuGH als insolvenzrechtlich anzusehen und unterfällt daher Art. 6 EuInsVO.[24)] Ebenso erfasst ist eine deliktische Schadensersatzklage gegen Gläubigerausschussmitglieder wegen der Abstimmung über einen Insolvenz- oder Sanierungsplan[25)] oder die Tabellenfeststellungsklage.[26)] Fehlt es an einer insolvenztypischen Annexzuständigkeit, richtet sich die internationale Zuständigkeit vor Gerichten der Mitgliedstaaten primär nach der EuGVVO/Brüssel Ia-VO.

Für das Insolvenzplanverfahren kommt es in der Regel nicht auf die Zuständigkeit für Annexentscheidungen an, weil **die internationale Zuständigkeit für die gerichtliche Bestätigungsentscheidung** bereits von der Eröffnungszuständigkeit bzw. der Zuständigkeit für Durchführungsentscheidungen abgedeckt ist. Die Zuständigkeit für Annexklagen kann aber hinsichtlich des Planinhalts eine mittelbare Bedeutung haben. So ist zu beachten, dass die im Planinhalt genannten, der Masseanreicherung dienenden Klagen, die noch rechtshängig gemacht werden sollen, ggf. von der Annexzuständigkeit umfasst sind, ggf. aber auch nicht. Im letztgenannten Fall ist unter Umständen – je nach Gerichtsstand der EuGVVO – die Klage außerhalb des Insolvenzeröffnungsstaats zu erheben. 17

Rechtsbehelfe gegen die gerichtliche Bestätigungsentscheidung folgen der EuInsVO und sind mithin diejenigen der lex fori concursus, in Deutschland folglich §§ 251, 253 InsO. Das gilt auch dann, wenn in dem deutschen Insolvenzplan über eine in einer ausländischen Rechtsform inkorporierte, in Deutschland mit ihrem COMI ansässige Gesellschaft eine gesellschaftsrechtliche Maßnahme vorgesehen ist. Nach Art. 24 Nr. 2 EuGVVO sind zwar für Verfahren, welche die Gültigkeit, die Nichtigkeit oder die Auflösung einer Gesellschaft oder juristischen Person oder die Gültigkeit der Beschlüsse ihrer Organe zum Gegenstand haben, die Gerichte des Mitgliedstaats zuständig, in dessen Hoheitsgebiet die Gesellschaft oder juristische Person ihren Sitz hat. Dieser Sitz, der nach dem Internationalen Privatrecht des angerufenen Gerichts und damit auch von der Entscheidung zwischen Gründungstheorie oder Sitztheorie beeinflusst wird, kann vom COMI abweichen. Obwohl im Insolvenzplan die Beteiligtenversammlung nur an die Stelle der Gesellschafterversammlung tritt, wird Art. 24 Nr. 2 EuGVVO insoweit aber verdrängt, weil die EuGVVO wegen des Vorrangs der EuInsVO (Art. 1 Abs. 2 lit. b EuGVVO) nicht anwendbar ist. 18

22) Vgl. *Haas*, ZIP 2013, 2381; *Fehrenbach*, ZEuP 2013, 353; *Thole*, ZEuP 2010, 904, 917 ff.

23) EuGH, Urt. v. 12.2.2009 – Rs. C-339/07 (Christopher Seagon/Deko Marty Belgium NV), Slg. 2009, I-767 ff. = ECLI:EU:C:2009:83 = ZIP 2009, 427, dazu EWiR 2009, 411 *(Müller)*; ebenso BGH, Urt. v. 19.5.2009 – IX ZR 39/06, ZIP 2009, 1287 = NJW 2009, 2215, dazu EWiR 2009, 505 *(Riedemann)*; OLG Naumburg, Urt. v. 6.10.2010 – 5 U 73/10, ZIP 2011, 677, 678, dazu EWiR 2011, 709 *(Knof)*. Vgl. aber zur Abtretung EuGH, Urt. v. 19.4.2012 – Rs. C-213/10 (F-Tex SIA/Lietuvos-Anglijos UAB „Jadecloud-Vilma"), ECLI:EU:C:2012:215 = ZIP 2012, 1049, dazu EWiR 2012, 383 *(Brinkmann)*.

24) EuGH, Urt. v. 4.12.2014 – Rs. C-295/13 (H gegen H.K.), ECLI:EU:C:2014:2410= ZIP 2015, 196, dazu EWiR 2015, 93 *(Mankowski)*.

25) EuGH, Urt. v. 20.12.2017 – Rs. C-649/16 (Valach), ECLI:EU:C:2017:986 = ZIP 2018, 185.

26) EuGH, Urt. v. 18.9.2019 – Rs. C-47/18 (Riel), Rz. 32, NZI 2019, 861 = EuZW 2019, 879.

F. Anwendbares Recht

I. Ausgangspunkt: lex fori concursus (Art. 7 EuInsVO)

19 Von der Frage der internationalen Zuständigkeit zu trennen ist die Frage, welches Recht jeweils auf die in Rede stehende **Sachfrage** anzuwenden ist. Dies ist eine Frage des Internationalen Privatrechts. Ausgangspunkt ist insoweit Art. 7 EuInsVO, der für „das Insolvenzverfahren und seine Wirkungen", also das Insolvenzstatut, die lex fori concursus beruft, also das Recht des Insolvenzeröffnungsstaats. Es kommt folglich zu einem weitgehenden **Gleichlauf zwischen Eröffnungszuständigkeit und anwendbarem Recht**. Nach Art. 7 Abs. 2 Satz 2 lit. j EuInsVO gehören zum Insolvenzstatut auch die Voraussetzungen und die Wirkungen der Beendigung des Insolvenzverfahrens, insbesondere durch Vergleich. Mit der Formulierung „Vergleich" wird gerade auf Sanierungspläne abgezielt.[27] Anders formuliert bleibt es auch in einem deutschen Insolvenzplanverfahren dabei, dass sich das Verfahren und seine Wirkungen grundsätzlich nach dem deutschen Recht richten. Daher gibt es im Ausgangspunkt insoweit keine Besonderheiten. Für das **Planverfahren** gilt die lex fori concursus.

II. Qualifikation als „Insolvenzverfahren und seine Wirkungen"

20 Das führt allerdings dann zu der Frage der **Reichweite**, welche Materien noch zum (Plan-)Verfahren in diesem Sinne gehören. Das ist eine Frage der Qualifikation. Nur soweit die jeweilige Sachmaterie und Sachfrage als insolvenzrechtlich qualifiziert werden kann, gilt Art. 7 EuInsVO und ist folglich im deutschen Verfahren auch deutsches (Insolvenz-)Recht anwendbar. Soweit bspw. gesellschaftsrechtlich qualifiziert wird, gelten die Grundsätze des Gesellschaftskollisionsrechts, die in der Regel das Recht des Gründungsstaats zur Anwendung berufen (was bei ausländischen Rechtsformen folglich zu einer Abweichung führt). Bei vertraglicher Qualifikation gilt z. B. das Kollisionsrecht der Rom I-VO.

> **Praxishinweis**
>
> Die Qualifikation darf nicht schematisch danach erfolgen, ob eine Regelung in der InsO oder einem gesellschaftsrechtlichen Gesetz zu finden ist. Es muss eine funktionelle Betrachtung vorgenommen werden.[28]

III. Einzelne Sachmaterien

21 Im Einzelnen kann die Frage nach dem anwendbaren Recht nur **einzelfallabhängig** entschieden werden.

1. Verfahrensfragen im Insolvenzplanverfahren

22 Über das Verfahren des Insolvenzplans bzw. des Sanierungsplans entscheidet das Insolvenzstatut. Das betrifft zunächst Fragen der Vorlageberechtigung, die gerichtliche Beteiligung, Anhörungsrechte etc.

23 Das Insolvenzrecht entscheidet über den Rang der Forderungen (Art. 7 Abs. 2 Satz 2. lit. i EuInsVO). Insbesondere ist auch § 39 Abs. 1 Nr. 5 InsO insolvenzrechtlich zu qualifizieren und damit auch für ausländische Gesellschaften maßgeblich.[29]

24 Dass auch im Ausland ansässige Gläubiger im deutschen Planverfahren abstimmungsberechtigt sind, ergibt sich bereits aus dem universalen Geltungsanspruch des deutschen In-

27) Uhlenbruck-*Knof*, InsO, Art. 7 EuInsVO Rz. 88.

28) *Kindler* in: MünchKomm-BGB, Art. 7 EuInsVO Rz. 4.

29) BGH, Urt. v. 21.7.2011 – IX ZR 185/10, ZIP 2011, 1775, dazu EWiR 2011, 643 *(Bork)*.

solvenzverfahrens und der Geltung deutschen Rechts für die Frage, welche Gläubiger teilnehmen dürfen (Art. 7 Abs. 2 Satz 2. lit. g EuInsVO). Auch Forderungen, die sich nach einem anderen Recht als deutschem Recht richten, sind zur Teilnahme am Verfahren berechtigt. Daher ist nur der Bestand der Forderung eine Frage des auf die Forderungsentstehung anwendbaren Rechts, nicht aber das verfahrensrechtliche Teilnahmerecht im Insolvenzverfahren. Das auf die Forderung anwendbare Recht (Forderungsstatut) hängt von der jeweiligen Forderung ab. Bei Ansprüchen aus Verträgen gilt im Wesentlichen die Rom I-VO, bei Ansprüchen aus gesetzlichen Schuldverhältnissen die Rom II-VO. Im deutschen Insolvenzverfahren können demnach **sämtliche Verbindlichkeiten** des Schuldners restrukturiert werden;[30)] der Bestand der Forderung nach dem anwendbaren Forderungsstatut ist insoweit eine selbständig anzuknüpfende[31)] Vorfrage.

Bei einem deutschen Insolvenzplanverfahren entscheidet auch das deutsche Insolvenzrecht darüber, welche Gläubiger stimmberechtigt sind (§§ 237, 238, 238a InsO). Diese Frage ist insolvenzrechtlich zu qualifizieren, weil es um die kollektive Haftungsverwirklichung und die Gläubiger-Gläubiger-Beziehung geht. Das bedeutet, dass in einem deutschen Insolvenzplanverfahren über eine irische Gesellschaft die absonderungsberechtigten Gläubiger auch dann teilnahmeberechtigt sind, wenn sie es bei einem irischen CVA nicht wären.[32)] Außerdem entscheidet das Insolvenzstatut auch über die entsprechenden Mehrheitsverhältnisse (§ 244 InsO). Das gilt gleichermaßen unbeschadet etwaiger höherer Erfordernisse nach dem Gesellschaftsstatut. 25

Das Problem besteht dann allein darin, dass unklar ist, ob die beschlossene Maßnahme sich auch gesellschaftsrechtlich durchsetzen kann, was für die Zeit nach Aufhebung des Insolvenzverfahrens und ggf. für die Umsetzung der Maßnahmen im **ausländischen Handelsregister** etc. von Bedeutung ist. Das ist aber primär eine Frage der Anerkennung der gerichtlichen Bestätigung des Plans (siehe dazu unten Rz. 43) und des § 225a InsO (siehe Rz. 28 ff.). 26

2. Forderungsmodifikationen

Wird in dem Insolvenzplan ein Teilerlass einer Forderung vorgesehen, ist fraglich, ob die Zulässigkeit einer solchen Forderungsmodifikation nach dem deutschen Insolvenzrecht überhaupt genügt, falls das **Forderungsstatut** bspw. die Zustimmung des individuellen Gläubigers verlangt. Teilweise wird angenommen, die Anforderungen an den Erlass seien nach dem Forderungsstatut zu beurteilen; dafür spreche auch Art. 12 Abs. 1 lit. d Rom I-VO, der nämlich das Erlöschen einer Forderung dem Vertragsstatut unterstellt.[33)] Das hat den praktischen Nachteil, dass die Frage, ob und inwieweit in einem Kollektivverfahren ein Erlass vorgesehen werden kann, soweit er nicht auf einer individuellen Zustimmung beruht, dem jeweiligen Forderungsstatut unterliegt, was bei einem international agierendem Schuldner mit vielen Gläubigern oft voneinander abweicht. Vor allem besagt Art. 7 Abs. 2 Satz 2 lit. k EuInsO, dass die Gläubigerrechte nach Verfahrensbeendigung ebenfalls dem Insolvenzrecht unterliegen, was für eine **insolvenzrechtliche Qualifikation** der eigentli- 27

30) Zu ausländischen Anleiheverbindlichkeiten eines deutschen Schuldners s. *Thole* in: FS Schütze, S. 603, 606 ff.

31) Der bekannte Streit, ob Vorfragen selbständig nach der lex fori anzuknüpfen sind oder unselbständig, d. h. nach dem Kollisionsrecht des Rechts, das auf die Hauptfrage anwendbar ist (lex causae), spielt in der Regel keine Rolle, denn lex fori ist vor deutschen Gerichten ja deutsches Recht und die lex causae ist hier gleichfalls das (Insolvenz-)Recht, das dann insoweit gleichfalls das Forderungsstatut beruft.

32) Differenzierend wohl *Kuntz*, ZGR 2014, 649, 665 f.

33) *Grasmann* in: FS Kitagawa, S. 117, 122 ff.; *Werner*, Der Insolvenzplan im Anwendungsbereich der europäischen Insolvenzverordnung, S. 164 ff.

chen Forderungsmodifikation spricht; darin liegt ja auch ein Sinn des Planverfahrens. Dass folglich die Forderung auch über eine Mehrheitsentscheidung modifiziert werden kann, ist im deutschen Verfahren nach deutschem Recht zu beurteilen und zu bejahen; ohnedies dürfte dies in anderen Staaten kaum anders sein.[34]

3. Einbeziehung der Anteilseigner

28 Man kann fragen, ob die Einbeziehung von Anteilseignern in das Insolvenzverfahren überhaupt **insolvenzrechtlich** zu qualifizieren ist,[35] so dass Gesellschafter und Anteilseigner bei einem deutschem Insolvenzverfahren einbezogen werden können, auch wenn es sich um eine ausländische Gesellschaftsform handelt und die Gesellschafter nach dem anwendbaren Gesellschaftsstatut keine Abstimmungsmacht hätten. Die Frage ist zu bejahen, weil es auch insoweit um die genuin verfahrensrechtliche Frage geht, welche Personen teilnahmeberechtigt sein sollen. Dass auch die Gesellschafter von dem Insolvenzverfahren betroffen sein können, ergibt sich schon daraus, dass das Insolvenzverfahren auch zur endgültigen Beseitigung des Anteils führen kann. Es geht um die Verteilungsordnung und die Zuordnung der Gesellschafter zu nach-nachrangigen Gläubiger und damit um eine Rangfrage (Art. 7 Abs. 2 Satz 2 lit. i EuInsVO). Letztlich geht es zunächst nur um die verfahrensrechtliche Stellung. Daran ändert sich nichts dadurch, dass das Insolvenzplanverfahren partiell an die Stelle des gesellschaftsrechtlichen Liquidationsverfahrens tritt.

29 Der **Umfang des Stimmrechts** richtet sich stets nach § 238a InsO. Lediglich die Vorfrage, in welcher Höhe eine Beteiligung am gezeichneten Kapital besteht und welches dieses gezeichnete Kapital ist, ist nach den Maßstäben des Gesellschaftsstatuts zu beantworten.

a) Abgrenzung von Gesellschafts- und Insolvenzstatut bei gesellschaftsrechtlichen Maßnahmen

30 Eine weitaus schwierigere Frage ist die Frage nach dem Inhalt des Plans und der Abgrenzung von Gesellschafts- und Insolvenzstatut bei der Beurteilung einzelner Planmaßnahmen. Auch insoweit hilft nur ein **abgestuftes Vorgehen**. Die Frage, welche Maßnahmen generell-abstrakt in einem Insolvenzverfahren zulässig sind, beantwortet das Insolvenzstatut und im deutschen Verfahren folglich § 225a InsO. § 225a Abs. 2 und 3 InsO gelten rechtsformneutral. Insoweit regelt Art. 7 EuInsVO richtigerweise auch, dass das Recht des Insolvenzeröffnungsstaats auf die Zulässigkeit insolvenzbedingter Eingriffe in Mitgliedschaftsrechte anwendbar ist. Das steht damit im Einklang, dass die Zweite Gesellschaftsrechtliche Richtlinie insolvenzbedingte Eingriff unberührt lässst.[36] Dafür spricht, dass das COMI-Prinzip der EuInsVO bereits dem Umstand Rechnung trägt, dass die Gesellschaft aus Gründen der kollektiven Haftungsverwirklichung abweichend vom Gesellschaftssitz am

---

34) So im Ergebnis auch BGH, Urt. v. 14.11.1996 – IX ZR 339/95 (Norsk Data), BGHZ 134, 79 = ZIP 1997, 39.

35) *Fehrenbach*, ZIP 2014, 2485, 2490.

36) *Piekenbrock*, NZI 2012, 905, 911; Zweite Richtlinie 77/91/EWG des Rates v. 13.12.1976 zur Koordinierung der Schutzbestimmungen, die in den Mitgliedstaaten den Gesellschaften im Sinne des Artikels 58 Absatz 2 des Vertrages im Interesse der Gesellschafter sowie Dritter für die Gründung der Aktiengesellschaft sowie für die Erhaltung und Änderung ihres Kapitals vorgeschrieben sind, um diese Bestimmungen gleichwertig zu gestalten (Zweite Richtlinie), ABl. (EWG) Nr. L 26/1; aufgehoben durch Richtlinie 2012/30/EU des Europäischen Parlaments und des Rates v. 25.10.2012 zur Koordinierung der Schutzbestimmungen, die in den Mitgliedstaaten den Gesellschaften im Sinne des Artikels 54 Absatz 2 des Vertrages über die Arbeitsweise der Europäischen Union im Interesse der Gesellschafter sowie Dritter für die Gründung der Aktiengesellschaft sowie für die Erhaltung und Änderung ihres Kapitals vorgeschrieben sind, um diese Bestimmungen gleichwertig zu gestalten (Kapitalrichtlinie, Zweite Gesellschaftsrechtsrichtlinie), ABl. (EU) Nr. L 315/74 v. 14.11.2012.

COMI insolvenzpflichtig sein soll; und darauf können sich auch die Gesellschafter einstellen.

31 Schwieriger ist, ob die **konkreten Voraussetzungen** für eine Kapitalmaßnahme nach dem Insolvenzstatut beurteilt werden können. Teilweise wird angenommen, dass Maßnahmen wie Kapitalschnitt und Kapitalerhöhung gesellschaftsrechtlich zu qualifizieren seien.[37] Das würde bedeuten, dass eine spanische Gesellschaft in einem deutschen Verfahren die Voraussetzungen des spanischen Rechts einhalten müsste, eine deutsche Gesellschaft in einem spanischen Insolvenzverfahren aber an das deutsche Gesellschaftsrecht gebunden wäre.

32 Indes wird dabei nicht hinreichend berücksichtigt, dass diese Maßnahmen durchaus Teil des Insolvenzverfahrens sein können und daher über Art. 7 EuInsVO erfasst sein könnten. Aus Sicht des deutschen Insolvenzverfahrens muss im Ausgangspunkt § 225a Abs. 3 InsO maßgeblich sein.[38] Danach sind alle Maßnahmen statthaft, die gesellschaftsrechtlich zulässig sind. Über die gesellschaftsrechtliche Zulässigkeit besteht im deutschen Recht Streit (siehe auch § 29 Rz. 57 ff. [*Brünkmans*]).[39] Geht man davon aus, dass das gesellschaftsrechtliche Verfahren nicht einzuhalten ist und nur zwingendes Gesellschaftsrecht zu beachten ist, stellt sich die Frage, ob diese verbleibenden zwingenden Vorgaben gesellschaftsrechtlich zu qualifizieren sind. Davon ist auszugehen, weil die gesellschaftsrechtliche Zulässigkeit eben nur **rechtsformspezifisch** beurteilt werden kann. Im Grunde ist die Abgrenzung so vorzunehmen wie bei einer deutschen Gesellschaft, § 225a Abs. 3 InsO markiert die Grenze.[40] Etwaige **Zustimmungserfordernisse** nach dem ausländischen Gründungsrecht sind unbeachtlich, weil diese Zustimmungserfordernisse als Verfahrensvorgaben gerade durch das Insolvenzverfahren überlagert werden. Die Beschlussfassungsvorgaben werden durch § 254 Abs. 2 InsO ersetzt. Nach dem Gesellschaftsstatut richtet sich aber der eigentliche strukturelle Vorgang, wenn mithin die Gesellschaftsstruktur geändert wird.

33 Werden etwa im Insolvenzplan **Kapitalanteile** der Gesellschafter an einen Dritten (Investor) **übertragen**, so regelt das deutsche Insolvenzrecht nur die Zulässigkeit (§ 225a Abs. 2 InsO) und das Beschlussverfahren. Es überwindet aber nicht die Pflicht zur Registrierung nach dem Gesellschaftsstatut (siehe ja auch § 254a Abs. 2 Satz 3 InsO) und es überwindet auch nicht zwingende materielle Schranken des Gesellschaftsstatuts. Das Gesellschaftsstatut beurteilt daher, ob die Übertragung von Anteilen an einen einzigen Investor zum Wegfall der Rechtsform führt (bspw. mangels Zulässigkeit einer Ein-Mann-Gesellschaft).

34 Für die **Form der Übertragung** gilt das Formstatut. Das Insolvenzstatut regelt aber, ob das Verfahren und die Planbestätigung eine bestimmte Form voraussetzen. Das führt im deutschen Verfahren zu § 254 Abs. 1 InsO, der so zu verstehen ist, dass er auch etwaige Formerfordernisse, die nach ausländischem Formrecht zu erfüllen wären, dispensiert.

b) Beispiel: Debt-Equity-Swap

35 Die Abgrenzung kann am Debt-Equity-Swap verdeutlicht werden. Hier bringt der Gläubiger seine Forderung als Einlageleistung ein; erforderlich ist ein Kapitalschnitt und die entsprechende Kapitalerhöhung, die nach deutschem Verständnis eine Kapitalerhöhung gegen Sacheinlage darstellt; nach englischem Recht aber eher als Kapitalerhöhung gegen Bareinlage („cash consideration") angesehen würde.[41] Indes ist diese Frage gerade eine

37) *Weller*, ZGR 2008, 835, 843 f.

38) *Fehrenbach*, ZIP 2014, 2485, 2490.

39) Dazu *Thole*, Gesellschaftsrechtliche Maßnahmen in der Insolvenz, Rz. 232 ff.

40) *Fehrenbach*, ZIP 2014, 2485, 2490.

41) *Piekenbrock*, NZI 2012, 905, 911 f.

Frage des Gesellschaftsstatuts.[42] Auch die Frage, wie die Einlage zu bewerten ist, folgt dem Gesellschaftsstatut; ebenso wie die Haftung wegen Überbewertung. § 254 Abs. 4 InsO ist gesellschaftsrechtlich zu qualifizieren und folglich nur auf „deutsche" Gesellschaften anwendbar.[43] Im Übrigen bleibt aber deutsches Insolvenzrecht im deutschen Insolvenzverfahren anwendbar, d. h. insbesondere kann die Freiwilligkeitsregel der §§ 225a Abs. 2 Satz 2, 230 Abs. 2 InsO nicht ausgehebelt werden.

36 Wird ein Debt-Equity-Swap als **freiwilliges Modell** vorgesehen, d. h. die Gläubiger erhalten für ihre Forderungen nur Erwerbsrechte, die bei einer Abwicklungsstelle eingelöst werden können, so ist für die sich aus den Erwerbsrechten ergebenden schuldrechtlichen Ansprüche gegen die Abwicklungsstelle das Schuldstatut maßgeblich (ohne Art. 6 Rom I-VO); die Zulässigkeit, Erwerbsrechte zu schaffen, ergibt sich aus dem Insolvenzstatut und folglich aus § 217 InsO. Der Anspruch auf Auskehr einer Quotenzahlung (bei Nichtwahrnehmung des Erwerbsrechts oder auch sonst) ergibt sich aus dem Insolvenzplan; insoweit gilt ebenfalls Art. 7 EuInsVO mit dem Verweis auf das Recht des Insolvenzeröffnungsstaats.

c) Unechter Debt-Equity-Swap bzw. Anteilsübertragungen

37 Soweit im Insolvenzplan eine Pflicht zur zwangsweisen Anteilsübertragung vorgesehen ist, gilt selbst dann, wenn eine Gegenleistung vorgesehen ist, nicht die Rom I-VO, was schon wegen der Rechtswahlmöglichkeit sonst problematisch wäre.[44] Es handelt sich nicht um einen gewöhnlichen Vertrag, sondern die entsprechende Pflicht ist eine Wirkung des Insolvenzverfahrens i. S. des Art. 7 EuInsVO. Das **dingliche Rechtsgeschäft** ist demgegenüber nach dem Recht zu beurteilen, nach dem es auch sonst zu beurteilen ist, d. h. nach dem Gesellschaftsstatut,[45] weil der Insolvenzplan keine anderen Maßstäbe für die Anteilsübertragung statuiert und statuieren darf.

38 Fraglich ist dann, ob etwaige **Formerfordernisse** eingehalten werden müssen, wenn das Gesellschaftsstatut nicht deutsches Recht ist, denn andernfalls gilt jedenfalls § 254a Abs. 2 und 3 InsO. Danach gelten die Formerfordernisse für die Anteilsübertragung und die Verpflichtungserklärungen als erfüllt. Da die Vorschrift der Effektivität des Insolvenzverfahrens dient, ist sie richtigerweise insolvenzrechtlich zu qualifizieren. Demgegenüber ist es aber eine eigenständige Frage, welche gesellschaftsrechtlichen Erfordernisse dies sind. Das ist eine Frage des Gesellschaftsstatuts bzw. des nach Art. 11 Rom I-VO berufenen Rechts. Bestätigt dann aber das deutsche Insolvenzgericht den Plan gerade wegen der Dispenswirkungen des § 254a Abs. 2 und 3 InsO, so ist die Planbestätigung verfahrensrechtlich anzuerkennen (siehe unten Rz. 48).

d) Bezugsrechtsausschluss

39 § 225a Abs. 2 Satz 3 InsO erlaubt es, einen Bezugsrechtsausschluss für Altgesellschafter im Insolvenzplan vorzusehen.[46] Insoweit ist schon sachrechtlich für das deutsche Recht ungeklärt, ob damit zugleich die Voraussetzungen des Gesellschaftsrechts dispensiert werden, oder ob weiterhin eine materielle Rechtfertigung erforderlich ist.[47] Auch insoweit ist zunächst vom **Insolvenzstatut** auszugehen. Soweit das Insolvenzstatut selbst auf das Gesellschaftsrecht verweist, also die materiellen Voraussetzungen gerade nicht ent-

42) *Piekenbrock*, NZI 2012, 905, 911 f.; *Kuntz*, ZGR 2014, 649, 673.

43) *Fehrenbach*, ZIP 2014, 2485, 2490.

44) *Kuntz*, ZGR 2014, 649, 685.

45) *Kindler* in: MünchKomm-BGB, IntGesR Rz. 589.

46) Zum Bezugsrechtsausschluss in der Limited *Hirte* in: FS Priester, S. 221, 227 ff.

47) *Thole*, Gesellschaftsrechtliche Maßnahmen in der Insolvenz, Rz. 314 ff.

behrlich sind, dürften diese Voraussetzungen gesellschaftsrechtlich zu qualifizieren sein, so dass das Gesellschaftsstatut zu befragen ist.[48)]

e) Planbedingungen

Das Insolvenzstatut entscheidet auch über die Möglichkeit einer Verknüpfung mit Planbedingungen, für das deutsche Recht siehe § 249 InsO. Die Planbedingungen als solche können einem ausländischen Recht unterliegen. Soll etwa eine Genehmigung eingeholt werden, ist dies eigenständig anzuknüpfen ebenso wie etwaige Massedarlehen o. Ä. m. 40

4. Sachenrechtliche Vorgänge im Insolvenzplan

Sachenrechtliche Vorgänge, die Rechte an einer Sache betreffen, beurteilen sich nach deutschem Kollisionsrecht gemäß Art. 43 EGBGB. Das betrifft für das Insolvenzverfahren insbesondere die Entstehung dinglicher Rechte an Sachen (nicht Forderungen) und folglich die Frage der **Aus- und Absonderungsrechte**. Zu beachten ist allerdings, dass dingliche Rechte, die sich zum Zeitpunkt der Eröffnung in einem anderen Mitgliedstaat als dem Eröffnungsstaat befinden, vom Insolvenzverfahren nicht berührt werden, Art. 8 EuInsVO. Soweit es um die Teilnahmeberechtigung von Absonderungsberechtigten im Planverfahren geht, richtet sich der Bestand des Absonderungsrechts bei Rechten an einer Sache nach dem Sachenrechtsstatut, bei sonstigen Absonderungsrechten wie z. B. der Sicherungsabtretung nach dem Abtretungsstatut; dass das entstandene Recht ein Absonderungsrecht ist, entscheidet aber im deutschen Insolvenzverfahren das deutsche Insolvenzrecht über Art. 7 EuInsVO i. V. m. §§ 49 ff. InsO. 41

Soweit es um Eingriffe in die Rechte der Absonderungsberechtigten geht, ist zu unterscheiden: Eine Modifikation der gesicherten Forderung ist nach dem Insolvenzstatut zu beurteilen (siehe oben Rz. 27); dem Sachenrechtsstatut kann es dagegen unterliegen, wenn die mit dem Absonderungsrecht belastete Sache verwertet bzw. übertragen wird; meist wird dies ohnehin nicht selbst Bestandteil des Plans sein. Allerdings ist auch der Verzicht auf ein Sicherungsrecht (Pfandrecht etc.) nach Art. 43 EGBGB zu beurteilen; er erfordert also die Formen, die nach der lex rei sitae dafür verlangt sind. 42

G. Verfahrensrechtliche Anerkennung der Planbestätigung

I. Grundlagen

Auf Fragen des anwendbaren Rechts kommt es im Bereich der verfahrensrechtlichen Anerkennung grundsätzlich nicht an bzw. soweit die verfahrensrechtliche Anerkennung reicht, muss nicht ermittelt werden, welches das anwendbare Recht ist. Verfahrensrechtliche Anerkennung meint, dass die Wirkungen einer im Ausland ergangenen gerichtlichen Entscheidung im Inland beachtlich sind, wobei insoweit im europäischen Prozessrecht grundsätzlich die Theorie der **Wirkungserstreckung** gilt.[49)] Das bedeutet, dass die Wirkungen, so wie sie die Entscheidung ursprünglich hat, auf das Inland erstreckt werden, und nicht etwa die Wirkungen in Kategorien des Anerkennungsstaats übersetzt und diesen den vergleichbaren Instituten des Anerkennungsstaats gleichgestellt werden, demnach keine sog. Gleichstellungslehre.[50)] Die Wirkungen werden folglich weitmöglichst so be- 43

48) So auch *Kuntz*, ZGR 2014, 649, 679.

49) EuGH, Urt. v. 4.2.1988 – Rs. C-145/86 (Hoffmann), Rz. 11, Slg. 1988, 645 = ECLI:EU:C:1988:61 = NJW 1989, 663, 664; BGH, Beschl. v. 12.12.2007 – IV ZR 20/07, FamRZ 2008, 400; *Kropholler/v. Hein*, Hdb. EuZPR, Vor Art. 33 EuGVVO Rz. 9; Stein/Jonas-*Koller*, ZPO, Art. 36 EuGVVO Rz. 18.

50) *Gottwald*, Grenzüberschreitende Insolvenzen, S. 25.

achtet, wie sie der Entscheidung beigemessen sind, und zwar auch dann, wenn sie über die Wirkungen hinausgehen, die eine gerichtliche Entscheidung im Inland hätte.

44 Im Fall einer Anerkennung kommt es im Umfang der Anerkennung auf das Internationale Privatrecht letztlich mehr an. Denn die Wirkungen der Entscheidung werden vom Anerkennungsstaat unabhängig davon hingenommen, welches Recht nach dem Internationalen Privatrecht (IPR) des Anerkennungsstaats auf den jeweiligen Sachverhalt bzw. die jeweilige Wirkung anwendbar wäre. Demnach liegt anders gesprochen in der verfahrensrechtlichen Anerkennung bereits die (versteckte) kollisionsrechtliche Aussage, dass sich die Wirkungen nach der lex fori, also nach dem Recht des Gerichtsstaats richten und eben nicht nach dem Recht des Anerkennungsstaats, selbst wenn der Anerkennungsstaat, wenn seine Gerichte angerufen worden wäre, ein anderes Recht für maßgeblich erachtet hätte als das vom Ausgangsgericht angewendete.

45 Auf dieser Grundlage sind **zwei Fälle zu unterscheiden.** Zunächst geht es zum einen um die Anerkennung einer gerichtlichen Bestätigung eines Insolvenzplans nach § 248 InsO im Ausland und zum anderen um die Anerkennung von Bestätigungsentscheidungen zu Sanierungsplänen bzw. Sanierungsverfahren, die im Ausland durchlaufen wurden.

46 Grundlagen der Anerkennung können sowohl in der EuInsVO liegen als auch im autonomen Recht. Insoweit ist nämlich zu unterscheiden, ob das Insolvenzverfahren in einem Mitgliedstaat geführt wird. Nur dann gilt für die Anerkennung innerhalb anderer Mitgliedstaaten die EuInsVO mit den Regelungen in den Art. 19 ff. EuInsVO. Geht es um die Anerkennung eines Sanierungsplans aus einem in einem Drittstaat geführten Insolvenzplan, ist für die verfahrensrechtliche Anerkennung § 343 Abs. 2 InsO einschlägig. Das autonome Recht des Anerkennungsstaats ist auch einschlägig, wenn Pläne aus Mitgliedstaaten in einem Drittstaat anerkannt werden sollen. Auf dieser Grundlage ist wie folgt zu unterscheiden.

II. Anerkennung eines deutschen Insolvenzplans in anderen Mitgliedstaaten

47 Die Wirkungen des Insolvenzplans werden grundsätzlich in anderen Mitgliedstaaten anerkannt. Dies ergibt sich aus Art. 32 Abs. 1 Unterabs. 2 EuInsVO, der die Anerkennung der Eröffnungsentscheidung nach Art. 19 EuInsVO ergänzt. Insofern sind im Zusammenspiel dieser Vorgaben **mehrere Fragen** auseinanderzuhalten.[51)] Die erste Frage betrifft die generelle Anerkennung der Eröffnung des jeweiligen Sanierungsverfahrens nach Maßgabe des Art. 19 EuInsVO. Dies hängt im Ausgangspunkt davon ab, ob das Verfahren in Anhang A genannt ist, was bspw. auf das italienische Concordato Preventivo und für das neue Recht auch auf das italienische Accordo di Ristrutturazione, nicht aber auf die französische Conciliation zutrifft. In den letztgenannten Fällen käme allenfalls eine Anerkennung nach der EuGVVO, nach autonomen Recht oder eine rein materiell-rechtliche, kollisionsrechtliche „Anerkennung" in Betracht. Ein deutsches Insolvenzplanverfahren ist integraler Bestandteil des in Anhang A genannten Insolvenzverfahrens und insoweit ohne weiteres in die damit verbundenen Anerkennungswirkungen einbezogen.

48 Die zweite Frage gilt dann der **Reichweite des Art. 32 EuInsVO.** Man kann die gerichtliche Planbestätigung nach § 248 InsO zwar nicht als Beendigungsentscheidung ansehen, weil die **Planbestätigung** noch nicht zur Beendigung führt, sondern dafür der eigenständige Aufhebungsbeschluss nach § 258 InsO verlangt ist; nur dieser ist Beendigungsentscheidung nach Art. 32 Abs. 1 EuInsVO. Die Planbestätigung ist aber als „gerichtlich bestätigter Vergleich" zu verstehen, und Entsprechendes gilt für ausländische Sanierungspläne mit gerichtlicher Bestätigung. Daraus folgt, dass der Plan in anderen Mitgliedstaaten

51) *Thole* in: MünchKomm-InsO, Art. 17 EuInsVO Rz. 6 f.

ohne weiteres anzuerkennen ist, wenn er nicht den ordre public des Anerkennungsstaats verletzt, Art. 33 EuInsVO.

Fraglich ist allerdings, welche **Reichweite** die Wirkungen des Insolvenzplans haben. Hier ist wohl davon auszugehen, dass nach dem Grundsatz der Wirkungserstreckung nicht nur die eigentliche verfahrensrechtliche Wirkung (der Plan tritt in Kraft und ist bindend), sondern auch der **materiell-rechtliche Inhalt**, also der Inhalt der Wirkungen i. S. des § 254 InsO, anzuerkennen ist, so dass diese Wirkungen unabhängig davon anzuerkennen sind, welches Recht nach Maßgabe des IPR des Anerkennungsstaats anwendbar wäre. Dagegen könnte freilich sprechen, dass die EuInsVO selbst für bestimmte materielle Fragen eine eigene Kollisionsregel in Art. 7 EuInsVO enthält. Dennoch erscheint es möglich, zumindest die Anerkennungspflicht auf die *unmittelbaren* Gestaltungswirkungen der Entscheidung zu erweitern, aber auch zu beschränken. Bloße Tatbestandswirkungen sind nicht Teil der verfahrensrechtlichen Anerkennung.[52) 49

Für Art. 32 Abs. 1 EuInsVO ergibt sich, wenn man dem folgt, dass die Anerkennung der Planbestätigung als Wirkungserstreckung die unmittelbaren Gestaltungswirkungen umfasst, die nach Maßgabe des Insolvenzstatuts mit der gerichtlichen **Bestätigung des Insolvenzplans** verbunden sind.[53)] Die unmittelbaren Gestaltungswirkungen der Planbestätigung sind daher dann verfahrensrechtlich bereits nach Art. 32 Abs. 1 EuInsVO anzuerkennen, unabhängig vom Kollisionsrecht. 50

Das wird im noch überschaubaren Schrifttum nicht hinreichend gewürdigt.[54)] Dort wird die Frage bei Art. 7 EuInsVO verortet. Das ist zwar für die **Abgrenzung von Insolvenzstatut und Gesellschaftsstatut bei Kapitalmaßnahmen** in einem solchen Plan richtig, erschöpft die Anerkennungsproblematik aber gerade nicht, wenn solche Maßnahmen unreflektiert und umfänglich auf der Grundlage der jeweiligen lex fori concursus unabhängig vom Personalstatut der Insolvenzschuldnerin vorgenommen wurden. Das kann an § 254 InsO exemplifiziert werden. Mit der Planbestätigung treten die im gestaltenden Teil festgelegten **Wirkungen für und gegen alle Beteiligten** einschließlich der ferngebliebenen Gläubiger (§ 254b InsO) ein. Das ist in anderen Mitgliedstaaten anzuerkennen, mithin Forderungskürzungen (auch bei Forderungen, die eigentlich einem anderen Forderungsstatut unterliegen), Stundungen, die Abgabe von Willenserklärungen (§ 254a InsO) u. A. m. Etwa erforderliche Registereintragungen (vgl. § 254a Abs. 2 Satz 3 InsO) müssen allerdings noch bewirkt werden; bei einer ausländischen Gesellschaft also ggf. in einem etwaigen Heimatregister – auch insoweit dürfte der Gründungsstaat aber die Planbestätigung und deren Wirkungen nicht in Frage stellen. 51

Fraglich ist, ob insoweit auch (vermeintlich) „gesellschaftsrechtliche" Wirkungen erfasst sind, oder ob dies nur auf materiell-rechtlicher Grundlage, d. h. auf der Grundlage des Gesellschaftsstatuts erfolgen kann. Das ist problematisch, wenn die Insolvenzschuldnerin im deutschen Insolvenzverfahren **keine deutsche Rechtsform** hat. Für Art. 32 EuInsVO kommt es darauf aber nicht an. Hat das Gericht den Plan bestätigt (ob zu Recht oder zu Unrecht), tritt die Anerkennungspflicht im eben beschriebenen Umfang ein, solange der Beschluss noch wirksam ist. Das gilt etwa, wenn das deutsche Gericht einen Plan bestätigt hat, der hinsichtlich einer irischen Gesellschaft Kapitalmaßnahmen vorsieht, ohne dass das Gründungsrecht eingehalten wurde.[55)] Es kann allenfalls sein, dass der Anerkennungs- 52

52) *Thole* in: MünchKomm-InsO, Art. 7 EuInsVO Rz. 3 ff.

53) *Thole* in: MünchKomm-InsO, Art. 25 EuInsVO Rz. 8b.

54) *Kuntz*, ZGR 2014, 649; *Fehrenbach*, ZIP 2014, 2485, die beide auf Art. 4 EuInsVO a. F. abstellen. Unklar auch *Pleister/Theusinger* in: Kübler/Bork/Prütting, HRI II, § 44 Rz. 40.

55) Im Ergebnis auch *Pleister/Theusinger* in: Kübler/Bork/Prütting, HRI II, § 41 Rz. 41.

staat in einem solchen Fall den **ordre public** für verletzt ansieht. Ein Verstoß gegen die Niederlassungsfreiheit ist grundsätzlich nicht anzunehmen.

53 Eine vorgelagerte, rein sachrechtliche Frage ist, ob das (deutsche) Insolvenzgericht einen Plan bestätigen darf, der Kapitalmaßnahmen enthält, die eine nach ausländischem Recht gegründete Insolvenzschuldnerin betreffen, wenn das **ausländische Gründungsstatut nicht beachtet** wurde. Nur das ist eine Frage der Abgrenzung von Gesellschafts- und Insolvenzstatut, wie sie eben entfaltet wurde (siehe Rz. 30). Soweit gesellschaftsrechtlich zu qualifizieren ist, ist das Gesellschaftsstatut maßgeblich, also hinsichtlich der gesellschaftsrechtlichen Zulässigkeit i. S. des § 225a Abs. 3 InsO.

III. Anerkennung eines deutschen Insolvenzplans in Drittstaaten

54 Nicht umfassend gesichert ist die Anerkennung eines Insolvenzplans bzw. der gerichtlichen Bestätigungsentscheidung in Drittstaaten, da diese an die Pflicht zur automatischen Anerkennung nach der EuInsVO naturgemäß nicht gebunden sind. Insoweit gilt dann das autonome Recht des jeweiligen Anerkennungsstaats. Das kann u. U. dazu führen, dass z. B. eine Forderungskürzung, die im Insolvenzplan vorgesehen ist, in einem Drittstaat nicht anerkannt wird, bspw. bei einer Forderung, deren Forderungsstatut jenes des Drittstaats ist. Diese Gefahr ist bei Erstellung des Insolvenzplans vor allem dann zu prüfen, wenn **wichtige Gläubiger aus dem Drittstaat** stammen oder Forderungen vorhanden sind, deren Statut ein drittstaatliches ist.

55 Für die **Anerkennung in den USA** ist Chapter 15 des Bankruptcy Code über „ancillary and other cross-border cases" maßgeblich.[56)] Der deutsche Insolvenzverwalter kann über eine „application for recognition" nach 11 U.S.C. § 1515 die Anerkennung des deutschen Insolvenzverfahrens und auch des Insolvenzplans betreiben. Außerdem möglich ist nach 11 U.S.C. § 1507 die Bitte um „assistance" an die US-Gerichte, wenn es dem Verwalter bspw. darum geht, die Planerfüllung sicherzustellen. Darüber hinaus würde auch auf der Grundlage des Konzepts der „Comity" eine Anerkennung der Wirkungen des Insolvenzplans weiterhin möglich bleiben.[57)] Nicht ausgeschlossen ist, dass ein US-Gericht die „public policy exception" des 11 U.S.C. § 1506 heranzieht und in der im Insolvenzplan vorgesehenen Modifikation von Forderungen, die US-Recht unterliegen, eine Verletzung des ordre public erkennen mag. Indes ist das deutsche Planverfahren gerade ähnlich wie jenes des Chapter 11 ausgestaltet, so dass kaum ersichtlich ist, dass fundamentale Rechtsprinzipien des US-Rechts verletzt sind.[58)]

IV. Anerkennung eines ausländischen Plans bzw. Sanierungsvergleichs aus einem Mitgliedstaat in Deutschland

56 Im umgekehrten Fall einer gerichtlichen Bestätigung eines ausländischen Sanierungsplans nach Maßgabe eines ausländischen Insolvenzverfahrens in Deutschland und vor deutschen Gerichten und Behörden ist in gleicher Weise zu prüfen.

57 Hier sind die Art. 19 ff. EuInsVO gleichermaßen einschlägig. Zunächst ist also zu fragen, ob das Verfahren in einem Mitgliedstaat geführt wird. Sodann ist zu fragen, ob es sich um ein Insolvenzverfahren i. S. des Anhangs A handelt.

---

56) Dazu *Rüfner*, ZIP 2005, 1859 ff. Allgemein zur Urteilsanerkennung in den USA *Schütze*, Deutsch-amerikanische Urteilsanerkennung; s. zum Folgenden bereits *Thole* in: FS Schütze, S. 603, 611.

57) *Shuster*, 14 Abi L. Rev. 431, 451 ff., 458 ff. (2006) m. Nachw. zum Zusammenspiel mit dem TIA; vgl. auch Canada Southern Ry. Co. v. Gebhard, 109 U.S. 527, 527 (1883).

58) Dazu bereits *Thole* in: FS Schütze, S. 603, 611; vgl. *Shuster*, 14 Abi L. Rev. 431, 467 (2006); Cunard Steamship Co. Ltd. v. Salen Reefer Services AB, 773 F.2d 452, 457 (2d Cir. 1985).

Liegt ein Plan aus einem Insolvenzverfahren in diesem Sinne vor, dann ist die Planbestätigung je nach Ausgestaltung entweder als Beendigungsentscheidung oder als gerichtlich bestätigter Vergleich über Art. 32 EuInsVO anzuerkennen. Das gilt vor allem auch für die darin enthaltenen **Forderungskürzungen**. Das verletzt auch nicht deshalb den deutschen ordre public, wenn und weil andere Mehrheitserfordernisse vorgesehen sind. Der ordre public kann nach den dazu zu beachtenden Grundsätzen nur ultima ratio sein. Auch die Zuständigkeitsannahme des COMI kann grundsätzlich nicht überprüft werden.[59] 58

Wiederum gilt für die **Reichweite der Anerkennung der Planwirkungen**, dass diejenigen verfahrensrechtlichen und materiell-rechtlichen Wirkungen, die unmittelbarer Bestandteil des Beschlusses sind, anzuerkennen sind. Dazu gehören auch die Wirkungen hinsichtlich gesellschaftsrechtlicher Maßnahmen, wenn z. B. mit der Planbestätigung eine Kapitalherabsetzung verbunden ist, wiederum mit der Grenze des ordre public nach Art. 33 EuInsVO. Dieser wäre bspw. verletzt, wenn die Anerkennung dazu führen würde, eine im ausländischen Insolvenzverfahren vorgenommene Restrukturierung hinsichtlich einer deutschen Gesellschaft anerkennen zu müssen, die zu einer Rechtsform führt, die es im deutschen Recht nicht gibt. Ein ordre-public-Verstoß ergibt sich auch nicht daraus, dass Forderungen, die deutschem Recht unterliegen, modifiziert werden; das ist mit dem Insolvenzrecht und damit dem von Art. 7 EuInsVO berufenen Insolvenzstatut fast zwangsläufig verbunden. 59

Handelt es sich nicht um ein Insolvenzverfahren, gilt für die verfahrensrechtliche Anerkennung in der Regel die EuGVVO. Auch insoweit wird auf die Literatur verwiesen.[60] 60

V. Anerkennung eines ausländischen Plans bzw. Sanierungsvergleichs aus einem Drittstaat in Deutschland

Liegt ein „Insolvenzplan" aus einem in einem Drittstaat geführten Insolvenzverfahren vor, ist für die Anerkennung in Deutschland § 343 InsO maßgeblich. Allerdings gilt insoweit eine Besonderheit gegenüber Art. 20 EuInsVO und Art. 32 EuInsVO. In allen Fällen greift die uneingeschränkte Wirkungserstreckung.[61] Indes sind Annexentscheidungen nicht von § 343 Abs. 2 InsO erfasst (anders als bei Art. 32 Abs. 1 Unterabs. 2 EuInsVO). Für die von § 343 Abs. 2 InsO nicht erfassten insolvenztypischen Annexentscheidungen gelten daher die Regeln des § 328 ZPO und die dort mehrheitlich vertretene Kumulationstheorie,[62] nach der die anzuerkennenden Wirkungen der Entscheidung über die Annexstreitigkeit nicht weiter reichen dürfen als vergleichbare des deutschen Rechts. 61

Anzuwenden ist § 343 InsO z. B. beim **Schweizer Insolvenzverfahren.**[63] Der BGH hat auch das Schweizerische Nachlassinsolvenzverfahren als Insolvenzverfahren i. S. des § 343 InsO eingeordnet. Das Nachlassverfahren nach Art. 293 ff. des schweizerischen Bundesgesetzes über Schuldbeitreibung und Konkurs (SchKG) ist zwar von dem dort ebenfalls geregelten Konkursverfahren zu unterscheiden. Dennoch ist es ein „Insolvenzverfahren" i. S. des § 343 Abs. 1 InsO.[64] Auf dieser Grundlage ist auch die Erlöschenswirkung nach 62

59) K. Schmidt-*Brinkmann*, InsO, Art. 33 EuInsVO Rz. 8.

60) Nachweise bei *Thole*, ZGR 2013, 109, 134 ff. Zur Problematik im Zusammenhang mit präventiven Restrukturierungsverfahren *Thole* in: MünchKomm-InsO, § 343 Rz. 14, 19.

61) *Schack*, IZVR, Rz. 1217.

62) Zöller-*Geimer*, ZPO, § 328 Rz. 22. Vgl. Kropholler-*Martiny*, Hdb. IZVR, Bd. III/1, Rz. 362 ff.; *Geimer*, IZPR, Rz. 2776 ff., 2780; Stein/Jonas-*Roth*, ZPO, § 328 Rz. 7 f.

63) BGH, Urt. v. 27.5.1993 – IX ZR 254/92, BGHZ 122, 373, 375 = ZIP 1993, 1074, m. Anm. *Paulus*, ZEuP 1994, 301; zur Anerkennung deutscher Verfahren in der Schweiz *Martini*, DZWIR 2007, 227.

64) BGH, Vers.-Urt. v. 20.12.2011 – VI ZR 14/11, Rz. 33 f., ZInsO 2012, 878, 881 = ZIP 2012, 1527; OLG München, Zwischenurt. v. 22.12.2010 – 20 U 3526/10, ZInsO 2011, 866, 868.

Art. 303 SchKG verfahrensrechtlich anzuerkennen, die auch Ansprüche gegen Organe miterfassen kann.[65)]

63 Auch das US-amerikanische Chapter 11-Verfahren ist ein Insolvenzverfahren in diesem Sinne.[66)] Gleiches gilt für einen norwegischen Zwangsvergleich[67)] und das brasilianische Sanierungsverfahren.[68)] Auch das dänische Insolvenzverfahren ist nach §§ 343 ff. InsO anzuerkennen.[69)] Ein (griechisches) Sonderliquidationsverfahren für öffentliche Unternehmen kann (soweit die EuInsVO nicht greift) erfasst sein.[70)]

64 Seit dem Brexit ist auch **Großbritannien** ein Drittstaat. Die Anerkennung britischer Insolvenzverfahren folgt daher § 343 InsO. Auch der neue Part 26A **Restructuring Plan** ist anerkennungsrechtlich nach § 343 InsO zu behandeln, siehe dazu unten Rz. 85.

65 Eine **Relevanz für den ordre public** kann gegeben sein, wenn Mindestanforderungen an rechtsstaatliche Grundsätze nicht gewahrt sind oder erkennbar ein sachfernes Insolvenzverfahren zum Zwecke einer interessengetriebenen Restrukturierung gewählt wurde.

> **Beispiel (fiktiv)**
>
> Deutsche Gesellschaft firmiert sich zu einer Gesellschaft nach dem Recht eines Pazifik-Inselstaats um, durchläuft dort ein schlankes Insolvenzverfahren ohne nennenswerte Gläubigerbeteiligung und will die Anerkennung der Forderungskürzungen für Forderungen erreichen, die dem deutschen Recht unterliegen.

H. Sonderfälle

I. Pläne aus Sekundärverfahren

66 Für Pläne aus Sekundärverfahren gelten hinsichtlich des Kollisionsrechts und der verfahrensrechtlichen Anerkennung letztlich vergleichbare Maßstäbe. Es ist lediglich zu beachten, dass sich der Plan nur auf die dem Sekundärverfahren unterlegene Masse bezieht (Art. 20 Abs. 2 Satz 1 EuInsVO) und die Anerkennungsgrenze des Art. 20 Abs. 2 Satz 2 EuInsVO, Art. 47 Abs. 2 EuInsVO i. V. m. Art. 102c EGInsO § 15 einzuhalten ist (siehe oben Rz. 13).

II. Besonderheiten bei der Restrukturierung von Anleihen

67 Handelt es sich bei wesentlichen Verbindlichkeiten des Schuldners um Forderungen aus einer Anleihe, die nach ausländischem Recht begeben wurde, ändert dies nichts daran, dass im deutschen Insolvenzverfahren restrukturiert werden kann. Auch eine Anerkennung des Insolvenzplans in den USA ist möglich.[71)]

III. Konzernsachverhalte, Gruppen-Koordination

68 Bei Konzernsachverhalten kann die Ermittlung des anwendbaren Rechts ggf. schwierig sein. Für die konzerninternen Beziehungen gelten im Ausgangspunkt **allgemeine Regeln.** Entsprechendes gilt auch im Insolvenzverfahren.

65) BGH, Urt. v. 24.6.2014 – VI ZR 315/13, ZIP 2014, 1997, dazu EWiR 2014, 667 *(Mankowski)*.

66) BGH, Zwischenurt. v. 13.10.2009 – X ZR 79/06, ZIP 2009, 2217, dazu EWiR 2009, 781 *(Rendels/Körner)*.

67) BGH, Urt. v. 14.11.1996 – IX ZR 339/95 (Norsk Data), Rz. 16 ff., BGHZ 134, 79 = ZIP 1997, 39, 42.

68) LAG Hessen, Urt. v. 4.8.2011 – 5 Sa 1548/10, ZInsO 2012, 1333 = BeckRS 2012, 69431.

69) OLG Frankfurt/M., Beschl. v. 24.1.2005 – 20 W 527/04, NJOZ 2005, 2532, 2533 – zu § 353 InsO.

70) BAG, Urt. v. 13.12.2012 – 6 AZR 608/11, Rz. 94, DB 2013, 1421 = BeckRS 2013, 67590.

71) Näher *Thole* in: FS Schütze, S. 603, 608 ff.

Praxishinweis

Ob im Insolvenzverfahren der Konzerngesellschaft X ein Anspruch der Konzerngesellschaft Y Aussonderungskraft hat, entscheidet die lex fori concursus im Verfahren X. Ob der Anspruch besteht oder noch besteht, kann vom Insolvenzrecht des Verfahrens Y beeinflusst sein; etwa ob in diesem Verfahren Anfechtungsansprüche gegen X bestehen, richtet sich dann nach dem Insolvenzrecht Y; die Aussonderungskraft des Anfechtungsanspruchs im Verfahren X aber, wie bemerkt, nach dem Insolvenzstatut X. Letztlich muss man sich die Konzerngesellschaften als selbständige Einheiten denken, was sie rechtlich gesehen ja auch sind.

Bei den Insolvenzplänen gelten im Grundsatz gleichfalls eigenständige Maßstäbe. Einen Insolvenzplan, der automatisch alle Verfahren erfasst, gibt es nicht (siehe dazu § 33 Rz. 8 [*Brünkmans*]). Soweit daher in den **Einzelverfahren abgestimmte Pläne** vorgelegt werden, ergeben sich IPR-rechtlich keine Besonderheiten. 69

Für die Mitwirkungsrechte eines Einzelverwalters in dem jeweils anderen Verfahren nach Art. 60 EuInsVO gilt das Insolvenzrecht des Verfahrens, in dem die Rechte geltend gemacht werden sollen. Für die Pflicht zur Zusammenarbeit, die auch den Abschluss von Protokollen und Insolvenzverwalterverträgen und Vereinbarungen beinhalten kann, nach Art. 56 EuInsVO sind jeweils die Zulässigkeitsschranken aller beteiligten Verfahren und folglich aller leges fori concursus zu berücksichtigen. Auch die prozessualen Wirkungen der Vereinbarungen *im Insolvenzverfahren* sind danach zu bemessen.[72] Wird *aus* dem Vertrag von einer Masse gegen die andere geklagt, z. B. auf Schadensersatz oder Erfüllung einer dadurch begründeten Pflicht, ist fraglich, welchem Recht der Anspruch unterliegt, weil potentiell im internationalen Fall die Rechtsordnungen aller beteiligten Verwalter maßgeblich sein könnten. Insoweit wird man die Rom I-VO anwenden können und in Ermangelung eines gewählten Rechts Art. 4 Abs. 1 Rom I-VO.[73] 70

Ein **Gruppen-Koordinationsplan**, wie in Art. 72 EuInsVO vorsieht und der ohnehin nur Vorschlagscharakter hat, muss sich, soweit die EuInsVO keine Vorgaben macht, nach dem (Verfahrens-)Recht des Gruppen-Koordinationsgerichts richten; dafür spricht auch die Verweisung in Art. 77 Abs. 5 EuInsVO auf die Anfechtung der Kostenverteilung nach dem Recht des Gruppen-Koordinationsgerichts. Davon zu unterscheiden ist, dass die vorgeschlagenen Maßnahmen sich natürlich an dem orientieren müssen, was für die Maßnahmen i. E. gilt. In einem in Irland geführten Gruppen-Koordinationsverfahren darf eine Verwertungsmaßnahme hinsichtlich der deutschen Konzerngesellschaft, die mit dem insoweit maßgeblichen deutschen Recht in diesem Einzelverfahren nicht vereinbar ist, zwar vorgeschlagen werden, aber das wäre ersichtlich sinn-, weil aussichtslos. Bei Streitigkeiten, die genuin das Gruppen-Koordinationsverfahren betreffen, ist eine Annexzuständigkeit im Staat des Gruppen-Koordinationsgerichts zu erwägen.[74] 71

I. Der Restrukturierungsplan im Internationalen Privat- und Prozessrecht

I. Allgemeines

Im Hinblick auf Restrukturierungspläne erweist sich das internationale Privat- und Prozessrecht nach Maßgabe der Restrukturierungsrichtlinie als besonders komplex und schwierig. Die Darstellung beschränkt sich auf die Grundzüge und Besonderheiten. 72

Was zunächst die **Rechtsquellen** angeht, ist die Situation regelmäßig einfach, wenn es sich um eine **öffentliche Restrukturierungssache** (§§ 84 ff. StaRUG) handelt. Dann gelten im Wesentlichen die Ausführungen wie beim Insolvenzplan, denn die öffentliche Restruktu- 73

72) Wohl anders vor der EuInsVO-Reform *Eidenmüller*, ZZP 114 (2001), 3, 30: lex fori.

73) Im Ergebnis auch *Eidenmüller*, ZZP 114 (2001), 3, 30 f.

74) *Thole*, KTS 2014, 351, 376; *Thole/Dueñas*, IIR, Vol. 24 (2015), 214.

rierungssache wird in Anhang A der EuInsVO genannt und folgt damit den dort maßgeblichen Regelungen für die internationale Zuständigkeit, das anwendbare Recht und die Anerkennung der Planbestätigung. In diesem Sinne werden öffentliche Restrukturierungssachen und Restrukturierungspläne, obwohl letztlich insolvenzvermeidend, mit Blick auf die internationalen Fragen wie ein Insolvenzverfahren und als Insolvenzverfahren behandelt.

74 Demgegenüber ist die Rechtslage bei einem **vertraulichen Restrukturierungsverfahren** höchst unklar, weil der europäische Gesetzgeber dazu keine Regelungen getroffen hat. Das gilt für das vertrauliche StaRUG-Verfahren, aber in gleicher Weise für die vertraulich geführte und nicht von Anhang A der EuInsVO erfasste Restrukturierungsverfahren anderer Mitgliedstaaten der EU.

II. Internationale Zuständigkeit

75 Die internationale Zuständigkeit für die von Anhang A der EuInsVO erfassten öffentliche Restrukturierungssachen richtet sich nach Art. 3 EuInsVO. Es gilt also das COMI Prinzip.

76 **Vertrauliche** Restrukturierungssachen werden dagegen nicht von der EuInsVO erfasst. Der deutsche Gesetzgeber hat aber in **§ 35 StaRUG** die örtliche Zuständigkeit an den COMI des Schuldners geknüpft. Diese Regelung ist doppelfunktionell auch auf die internationale Zuständigkeit anzuwenden. Demgemäß üben deutsche Gerichte ihre Zuständigkeit international nur aus, wenn der Schuldner sein COMI in Deutschland hat. (Das hat auch Bedeutung für das sog. Spiegelbildprinzip unter § 343 Abs. 1 Nr. 1 InsO, wenn es um Anerkennung von nicht am COMI geführten Restrukturierungsverfahren anderer Staaten geht.)

III. Anwendbares Recht

77 Im Hinblick auf von der EuInsVO erfasste Restrukturierungssachen gelten die dort dafür maßgeblichen Regelungen des Art. 7 EuInsVO und die Sonderregeln in Art. 8–18 EuInsVO. Demgemäß richtet sich der Restrukturierungsplan nach dem deutschen Recht als der „lex fori concursus“, wenn und weil die StaRUG-Restrukturierung bei deutschen Gerichten am COMI angezeigt und durchgeführt wird.

78 Bei den vertraulichen Restrukturierungssachen ist mit der Zuständigkeit deutscher Gerichte zugleich auch die Geltung der Regelung des StaRUG i. Ü. verbunden. Das lässt sich über den verfahrensrechtlichen allgemeinen lex-fori-Grundsatz begründen,[75] oder aber mit dem lex fori concursus-Grundsatz. Im Ergebnis gelten hier vergleichbare Maßstäbe wie beim Insolvenzplan.

79 Jeweils zu unterscheiden von der Maßgeblichkeit der einschlägigen Verfahrensregeln für den Restrukturierungsplan sind etwaige **Vorfragen.** Das gilt etwa für das Statut der einbezogenen Schuldverschreibungen oder das Gesellschaftsstatut, das insofern abweichend sein kann. Selbstverständlich können auch ausländische Forderungen, die eigentlich einem anderen Recht unterliegen, im StaRUG-Rahmen gestaltet werden. Das betrifft auch **Steuerforderungen** des ausländischen Fiskus (ebenso wie heimische Steuerforderungen!).[76]

75) *Thole*, ZIP 2021, 2153, 2157.

76) AG Karlsruhe, Beschl. v. 25.3.2022 – 102 RES 2/21, ZIP 2023, 651, 654.

IV. Verfahrensrechtliche Anerkennung

Davon zu unterscheiden ist jeweils die Anerkennung der Planbestätigung in den anderen Staaten, die am schwierigsten zu beantworten ist. 80

Was **öffentliche** Restrukturierungssachen angeht, ist dies allerdings **unproblematisch.** Andere Mitgliedstaaten haben eine deutsche Planbestätigung über Art. 19 EuInsVO grundsätzlich anzuerkennen. Umgekehrt hat Deutschland die in den anderen Mitgliedstaaten erfolgten Planbestätigungen für dort durchgeführte, von Anhang A der EuInsVO erfasste Restrukturierungsverfahren und -pläne anzuerkennen. 81

Außerhalb der EuInsVO und damit in vertraulichen Restrukturierungsverfahren gibt es keine unionsweit geltende Vorschrift für die Anerkennung. Es wird allerdings zum Teil angenommen, es gelte die Brüssel Ia-Verordnung/EuGVVO.[77] Die Argumentation, wenn die EuInsVO ausscheide, müsse zwingend zur Lückenfüllung die Brüssel Ia-Verordnung eingreifen, ist aber nicht überzeugend.[78] 82

Vielmehr befindet man sich im Anwendungsbereich des **autonomen, nicht harmonisierten Rechts**, sodass man auf das autonome Anerkennungsrecht zurückfallen muss. Demgemäß werden Planbestätigungsentscheidungen zu vertraulichen Restrukturierungssachen des StaRUG in anderen Mitgliedstaaten nach den dort geltenden nationalen Anerkennungsregeln anerkannt, wobei es dann von dem jeweiligen nationalen Recht abhängt, welche Anforderungen an die Anerkennung gestellt werden. Im Zweifel wird hier die Frage zu klären sein, welche **Rechtsnatur** dem vertraulichen Restrukturierungsplan im Hinblick auf die anwendbaren Anerkennungsregeln beigemessen wird. 83

Umgekehrt ist die Anerkennung vertraulich geführter Restrukturierungsplan **Verfahren anderer Mitgliedstaaten in Deutschland** nicht explizit geregelt. Eine Anwendung der EuInsVO kommt naturgemäß nicht in Betracht. Letztlich bleibt es im autonomen Recht daher eine Frage des § 343 InsO und/oder des § 328 ZPO, da in Deutschland keine Anerkennungsregeln für Restrukturierungspläne anderer Mitgliedstaaten eingeführt worden sind. Es spricht viel dafür, dass das ausländische Restrukturierungsverfahren häufig (und abhängig von der Ausgestaltung) als Insolvenzverfahren i. S. von § 343 InsO für Zwecke der Anerkennung qualifiziert wird.[79] 84

Es kommt auch die Anerkennung **drittstaatlicher Restrukturierungsverfahren** in Betracht. Das gilt etwa für das englische Part 26A-Verfahren (Restructuring Plan). Hier kann eine Anerkennung nach § 343 InsO in Betracht kommen,[80] wie auch die englischen Gerichte selbst mittlerweile anerkennen.[81] Beim klassischen Solvent Scheme of Arrangement wird dagegen eher eine Anerkennung über § 328 ZPO naheliegen.[82] Die in englischen Gerichten praktizierte *Gibbs-Regel* steht der Anerkennung nicht entgegen.[83] Das gilt auch dann, wenn man in Deutschland unter § 328 Abs. 1 Nr. 5 ZPO die Frage der Gegenseitigkeit prüfen wollte. Die *Gibbs-Regel* wendet sich nur dagegen, dass englischem Recht unterliegende Forderungen außerhalb Englands restrukturiert werden; sie ist inhaltlich 85

77) *J. Schmidt*, ZInsO 2021, 654, 657; *Skauradszun*, ZIP 2019, 1501, 1504; *Madaus* in: MünchKomm-StaRUG, § 84 Rz. 98 ff.

78) *Thole*, ZIP 2021, 2153, 2155.

79) *Thole*, ZIP 2021, 2153, 2156 f.; Seibt/Westpfahl-*Deppenkemper*, StaRUG, § 35 Rz. 35.

80) In der Tendenz (wohl) auch *Schwarz*, ZRI 2023, 478, 478 ff.

81) In the matter of AGPS BondCo [2023] EWHC 916 (Ch); Project Lietzenburger Straße HoldCo S.à.r.l. EWHC (Chancery Division) v. 4.3.2024 – [2024] EWHC 468 (Ch), ZRI 2024, 667; EWHC (Chancery Division) v. 7.3.2024 – [2024] EWHC 563 (Ch), BeckRS 2024, 10260. Zum Ganzen *Thole*, ZRI 2024, 790.

82) *Thole*, ZIP 2021, 2153, 2161.

83) Zweifelnd *Schwarz*, ZRI 2023, 478, 481.

beschränkt.[84] Zu beachten ist, dass dann, wenn man nicht von einem Insolvenzverfahren ausgeht, auch das Haager Gerichtsstandsübereinkommen von 2005 und das Haager Anerkennungs- und Vollstreckungsübereinkommen von 2019 einschlägig sein können.

84) RE Antony Gibbs & Sons v. Société Industrielle et Commerciale des Métaux [1890] 25 Q.B.D. 399 (CA); jüngst in RE OJSC International Bank of Azerbaijan [2018] EWCA Civ 2802 bestätigt.

Teil 4
Musterpläne

§ 63
Muster für einen Cash-out-Insolvenzplan mit gesellschaftsrechtlichen Regelungen (Kapitalschnitt)

Insolvenzplan

In dem Insolvenzverfahren über das Vermögen der

Muster GmbH

Rheinhafenstr. 300, 53113 Bonn

Amtsgericht Bonn, 67a IN 1/16

vertreten durch den Geschäftsführer

eingereicht durch die Schuldnerin

im Rahmen der angeordneten Eigenverwaltung gemäß §§ 270 ff. InsO

Inhaltsverzeichnis

A. *Einführung*

Über das Vermögen der **Muster GmbH**, Rheinhafenstr. 300, 53113 Bonn (nachfolgend **„Schuldnerin“** oder **„Gesellschaft“**), hat das Amtsgericht Bonn mit Beschluss vom 1.2.2024 aufgrund des Eigenantrages vom 15.11.2024 das Insolvenzverfahren in Eigenverwaltung eröffnet (67a IN 1/16). Die Schuldnerin, vertreten durch den Geschäftsführer Max Muster, legt den vorliegenden Insolvenzplan auf der Grundlage von § 218 Abs. 1 InsO dem Insolvenzgericht vor.

Die Schuldnerin hat diesen Insolvenzplan im Wesentlichen im Rahmen des vorläufigen Eigenverwaltungsverfahren (§§ 270b, 270c InsO) erarbeitet. Der Insolvenzplan wurde mit dem Sachwalter in diesem Verfahren Dr. Karl Korrekt, Domstraße 21, 50001 Köln (**„Sachwalter“**), abgestimmt.[1)]

Dem Insolvenzplan und dem im darstellenden Teil näher beschriebenen Sanierungskonzept liegen die (teilweise vorläufigen) Jahresabschlüsse für die Geschäftsjahre 2025–2026, die laufenden Daten der Finanzbuchhaltung für das Geschäftsjahr 2024 sowie die integrierte Unternehmensplanung für die Geschäftsjahre 2025–2026 vor. Die vom Institut der Wirtschaftsprüfer Deutschland e. V. formulierten Grundsätze hinsichtlich der Anforderungen an Insolvenzpläne (IDW S 2) wurden berücksichtigt. Das dem Insolvenzplan zugrunde liegende Sanierungskonzept wurde in Anlehnung an den Standard IDW S 6 erstellt. Der Geschäftsführer hat am 22.1.2025 gegenüber dem vorläufigen Sach-

---

1) Der Leser ist zu Beginn in die Grunddaten des Insolvenzverfahrens einzuführen, s. § 5 Rz. 3 f. [*Brünkmans*].

walter und der Müller Meyer Schmidt Rechtsanwälte Wirtschaftsprüfer Steuerberater Partnerschaft mbB eine Vollständigkeitserklärung in schriftlicher Form abgegeben.[2)]

B. Ziele, Eckpunkte und Aufbau des Insolvenzplans[3)]

Nach § 1 Satz 1 InsO kann in einem Insolvenzplan nach §§ 217 ff. InsO die Verwertung-, Erlösverteilung und Befriedigung der Gläubiger abweichend vom Regelverfahren, insbesondere zum Erhalt des Unternehmens geregelt werden.

Der vorliegende Insolvenzplan setzt das im darstellenden Teil (siehe unter C.) näher ausgeführte leistungs- und finanzwirtschaftliche Sanierungskonzept um. Die Insolvenzgründe der Zahlungsunfähigkeit (§ 17 InsO) und Überschuldung (§ 19 InsO) werden mit rechtskräftiger Bestätigung des Insolvenzplanes bei der Schuldnerin beseitigt und das Unternehmen nachhaltig saniert.[4)]

Die bereits im Eröffnungsverfahren eingeleiteten und teilweise bereits umgesetzten leistungswirtschaftlichen Maßnahmen werden im Insolvenzverfahren fortgesetzt. Der Schwerpunkt des vorliegenden Insolvenzplanes liegt hingegen in der finanzwirtschaftlichen Sanierung durch eine umfassende Entschuldung und Rekapitalisierung der Schuldnerin durch erhebliche Finanzierungsbeiträge des Eigenkapitalinvestors, der Investment AG (nachfolgend **„Investor“**).

Nachfolgend werden zunächst die wesentlichen Eckpunkte dieses Insolvenzplans dargestellt und erläutert. Die nach § 219 InsO zwingenden Bestandteile eines Insolvenzplanes, namentlich der darstellende Teil (§ 220 InsO) und der gestaltende Teil (§ 221 InsO) werden unter C. und D. ausgeführt.

I. Beteiligte und Wirkungen des Insolvenzplanverfahrens

Der vorliegende Insolvenzplan regelt die Befriedigung des absonderungsberechtigten Gläubigers und der Insolvenzgläubiger, die Verwertung der Insolvenzmasse und deren Verteilung abweichend von den Vorschriften der Insolvenzordnung (§ 217 Satz 1 InsO). Ferner werden die Gesellschafter der Schuldnerin in den Insolvenzplan einbezogen (§ 217 Satz 2 InsO). Aussonderungsrechte – etwa aus einfachem Eigentumsvorbehalt – werden durch diesen Insolvenzplan nicht erfasst.[5)] Vielmehr erfolgt im Einzelfall eine Ablösung der aussonderungsberechtigten Gläubiger auf individualvertraglicher Basis.

Beteiligte des vorliegenden Insolvenzplanes sind somit alle Insolvenzgläubiger und absonderungsberechtigten Gläubiger, soweit im gestaltendenden Teil des Insolvenzplanes (siehe D. II. 1. und III. 1.) in ihre Rechte eingegriffen wird, sowie die Gesellschafter der Schuldnerin. Insolvenzgläubiger sind gemäß § 38 InsO alle Gläubiger, die einen bei der Eröffnung des Insolvenzverfahrens am 1.2.2025 begründeten Vermögensanspruch gegen die Schuldnerin haben. Vermögensansprüche in diesem Sinne sind z. B. ungesicherte Darlehensrückzahlungsansprüche von Banken, offene Lieferantenforderungen, Forderungen von Dienstleistern, Kreditversicherern und Arbeitnehmern. Bereits im Zeitpunkt der Eröffnung des Insolvenzverfahrens begründete Steuerforderungen des Fiskus werden ebenfalls als Insolvenzforderungen qualifiziert.

Die Insolvenzgläubiger erhalten auf der Grundlage dieses Insolvenzplanes eine feste Befriedigungsquote von 20 % ihrer festgestellten Forderung. Ferner erhalten die Insolvenzgläubiger eine Quotenoption von bis zu 8 % im Rahmen eines Besserungsscheins. Der über diese Quote hinausgehende Teil der Forderungen wird erlassen.

---

2) Die Einhaltung/Orientierung an Berufsstandards, Abgabe einer Vollständigkeitserklärung sollte zur Vertrauensbildung offengelegt werden.

3) Wenn auch nicht gesetzlich zwingend (vgl. § 219 InsO), sollte dem darstellenden und gestaltenden Teil des Insolvenzplans eine kurze Zusammenfassung im Sinne einer „Executive Summary“ vorangestellt werden. Im Einzelfall bietet es sich an, diese Zusammenfassung auch der Ladung zum Erörterungs- und Abstimmungstermin beizufügen, § 235 Abs. 3 Satz 2 InsO.

4) Die Beseitigung der Insolvenzgründe ist ungeschriebene Voraussetzung für die Aufhebung des Insolvenzverfahrens nach § 258 InsO, s. dazu § 8 Rz. 463 [*Brünkmans*]. Zur nachhaltigen Sanierung s. ausführlich *Frind*, ZInsO 2015, 2359, 2361 ff.

5) Bei Aussonderungsrechten handelt es sich nicht um eine zwangsweise planunterworfene Rechtsposition, s. § 7 Rz. 23 ff. [*Brünkmans*].

Die Forderungen nachrangiger Insolvenzgläubiger, dazu gehören vorliegend insbesondere Ansprüche aus mit der Schuldnerin abgeschlossenen stillen Beteiligungen, gelten nach § 225 Abs. 1 InsO als erlassen.

Von den vorbezeichneten Wirkungen des Insolvenzplanes, insbesondere der Erlass des die Quote übersteigenden Teils der Insolvenzforderung, werden nach §§ 254, 254b InsO insbesondere auch die Beteiligten erfasst, die dem Insolvenzplan widersprochen oder sich überhaupt nicht am Insolvenzplanverfahren beteiligt haben. Für Insolvenzgläubiger gelten die Wirkungen auch dann, wenn sie ihre Forderungen nicht oder verspätet angemeldet haben (§ 254b InsO) oder gänzlich unbekannt waren.[6] Solche sog. „Nachzügler" können die Planquote jedoch nur innerhalb der einjährigen Sonderverjährungsfrist aus § 259b InsO geltend machen.[7]

II. *Ziel des Insolvenzplans*

Ziel des Insolvenzplans ist die leistungs- und finanzwirtschaftliche Sanierung der Schuldnerin.

Leistungswirtschaftlich werden die bereits eingeleiteten Maßnahmen fortgesetzt, insbesondere eine Reduzierung des Personalbestandes, die Konzentration der Kosten für Forschung und Entwicklung auf Kernprodukte, der Aufbau von effizienten Vertriebsstrukturen und der Verkauf nicht betriebsnotwendigen Vermögens. Diese Maßnahmen werden voraussichtlich zu einer Umsatzsteigerung führen, sodass im Februar 2026 die Schuldnerin wahrscheinlich wieder ertragfähig sein wird. Eine ausführliche Beschreibung der Sanierungsmaßnahmen erfolgt unter C. VIII. des Insolvenzplans.

Finanzwirtschaftlich erfolgt auf der Grundlage dieses Insolvenzplanes eine vollständige Entschuldung der Schuldnerin. Die Insolvenzgläubiger erhalten eine unmittelbar nach rechtskräftiger Bestätigung des Insolvenzplanverfahrens zu zahlende feste Quote i. H. von 20 % mit einer zusätzlichen Besserungskomponente i. H. von bis zu 8 %. Die feste Quotenzahlung wird vom Investor finanziert und im Rahmen einer Barkapitalerhöhung nach vorheriger Kapitalherabsetzung auf null als Einlageleistung nebst Agio erbracht. Die Besserungskomponente wird aus dem Verkauf nicht betriebsnotwendigen Vermögens und den Jahresüberschüssen der nachfolgenden Geschäftsjahre finanziert.

Durch die im Insolvenzplan geregelte Kapitalherabsetzung auf null scheiden sämtliche Altgesellschafter aus der Gesellschaft aus. Unter Ausschluss des Bezugsrechtes der Altgesellschafter wird der Investor nach Eintragung der Kapitalerhöhung in das Handelsregister alleiniger Gesellschafter der Schuldnerin.

Aus der Einlagenleistung nebst Agio werden zunächst die Kosten des Insolvenzverfahrens und die verbleibenden Masseverbindlichkeiten erbracht, anschließend erfolgt die Auszahlung der festen Quote.[8] Der Investor wird im Übrigen die notwendige Liquidität über weitere Kapitaleinlagen zur Verfügung stellen, um die Sanierung nach rechtskräftiger Bestätigung des Insolvenzplans und Aufhebung des Insolvenzverfahrens fortzusetzen.

III. *Wirtschaftliche Hintergründe/Sanierungskonzept*

1. *Gegenstand des Unternehmens der Schuldnerin*

[…]

2. *Ursachen für Krise und Insolvenz*

[…]

3. *Zukunftsfähigkeit des Geschäftsmodells nach Sanierung*

Auf der Grundlage des durch die Sanierung angepassten Geschäftsmodells wird das Unternehmen mittelfristig ertragfähig sein.

[…]

---

6) S. dazu ausführlich § 23 [*Madaus*].

7) S. dazu ausführlich § 23 [*Madaus*].

8) Zum sog. Cash-out-Plan ausführlich § 2 Rz. 103 f. [*Brünkmans*].

Die Schuldnerin geht davon aus, dass sie in den Jahren 2025 bis 2026 Umsätze von ca. 14 Mio. € (2025) und 17 Mio. € (2026) erzielen wird. Die Schuldnerin rechnet für 2016 noch mit einem Jahresfehlbetrag von 400.000 €, im Jahre 2026 hingegen mit einem Gewinn i. H. von 300.000 €. Der „Break Even" erfolgt voraussichtlich im Februar 2026 (siehe ausführlich im darstellenden Teil und in den Anlagen).

4. *Kernsanierungsmaßnahmen*

Als Kernsanierungsmaßnahmen lassen sich ausführen:

- Konzentration auf das Kerngeschäft, insbesondere bei den Ausgaben für Forschung und Entwicklung,
- Abbau von Arbeitsplätzen in nicht marktfähigen Bereichen,
- Verkauf für das Kerngeschäft nicht betriebsnotwendigen Vermögens, insbesondere der Beteiligung an der X-GmbH,
- umfassende Entschuldung, Rekapitalisierung und Finanzierung der Schuldnerin durch den Investor.

IV. *Art und Höhe der Befriedigung der Gläubiger*

1. *Befriedigung der Gläubiger*

Die Befriedigung der Insolvenzgläubiger erfolgt unmittelbar im Anschluss an die rechtskräftige Bestätigung des Insolvenzplanes aus Mitteln einer Kapitalerhöhung durch Einlage nebst Agio des Investors. Zusätzlich erhalten die Insolvenzgläubiger eine Quote im Rahmen eines Besserungsscheines aus dem Veräußerungserlös für die Veräußerung der Geschäftsanteile an der X-GmbH und dem erwirtschafteten Jahresüberschuss der nachfolgenden Geschäftsjahre.

Für die nachrangigen Insolvenzgläubiger, dazu gehören insbesondere die stillen Beteiligungen, gilt § 225 Abs. 1 InsO. Danach gelten ihre Forderungen als erlassen.

2. *Zahlung einer Quote*

Nach dem Insolvenzplan sollen die einfachen Insolvenzgläubiger (§ 38 InsO) eine feste Quote von 20 % erhalten. Den Rest der Forderung erlassen die Gläubiger. Aus dem Besserungsschein können die Gläubiger eine zusätzliche Quote i. H. von bis zu 8 % innerhalb der nächsten drei Jahre generieren.

Bereits die feste Quote von 20 % liegt deutlich über der in einer Regelabwicklung zu erwartenden Quote von höchstens 10 %. Ferner erfolgt die Befriedigung i. H. der festen Quote voraussichtlich zeitlich unmittelbar nach der rechtskräftigen Bestätigung des Insolvenzplanes.

3. *Sicherung der Erfüllung des Insolvenzplans*

Der Insolvenzplan enthält Planbestätigungsvoraussetzungen im Sinne von § 249 InsO. Damit soll sichergestellt werden, dass der Insolvenzplan auch nach Annahme durch die Gläubigerversammlung erst wirksam wird, wenn alle für eine erfolgreiche Umsetzung des Plankonzepts notwendigen Voraussetzungen vorliegen.

Die Erfüllung des Insolvenzplans nach Aufhebung des Insolvenzverfahrens, insbesondere in Bezug auf den Besserungsschein, wird durch den Sachwalter für einen Zeitraum von drei Jahren nach Aufhebung des Insolvenzverfahrens überwacht.

V. *Vorteile Insolvenzplan gegenüber der Regelabwicklung/Planrisiken*

Der vorliegende Insolvenzplan gewährt den Gläubigern im Vergleich zur Regelabwicklung eine deutlich höhere Befriedigungsquote und eine zeitlich frühere Befriedigung. In einer Regelabwicklung könnten die Gläubiger frühestens in voraussichtlich zwei Jahren – also 2027 – mit einer Schlussverteilung, d. h. einer Erlösauskehr auf ihre Forderungen rechnen. Dieser Insolvenzplan sieht dagegen vor, dass die Insolvenzgläubiger voraussichtlich bereits im dritten Quartal 2025 befriedigt werden.

Der Verkauf des Unternehmens im Wege eines Asset Deals lässt sich vorliegend wegen schwer übertragbarer Vermögensgegenstände, betriebsnotwendiger rechtsträgerbezogener öffentlich-rechtlicher Genehmigungen nicht durchführen und scheidet daher als Alternative zum Insolvenzplan aus.

Die Liquidation und Einstellung des Geschäftsbetriebes des schuldnerischen Unternehmens würde zu erheblichen Auslaufkosten (z. B. Personalabbau, Abbaukosten für die Produktion etc.) und Schadensersatzansprüchen wegen Nichterfüllung von Verträgen führen. Das Umlaufvermögen hat im Fall einer Einstellung des Geschäftsbetriebes lediglich Schrottwert. Das Sachanlagevermögen ist weitestgehend durch Absonderungsrechte aufgrund von Sicherungsübereignungen belastet. Nach der in **Anlage C. X. 1. b)** durchgeführten Berechnung würde im Fall einer Zerschlagung die nicht gesicherten Gläubiger eine Quote i. H. von maximal 10 % erhalten. Die Quote aus dem vorliegenden Insolvenzplan ist deutlich höher.

Da die Insolvenzgläubiger vorab aus dem Beitrag des Investors im Rahmen einer Kapitalerhöhung befriedigt werden (sog. „Cash-out-Plan"), nehmen die Insolvenzgläubiger im Hinblick auf die feste Quote i. H. von 20 % nicht an den Risiken der Sanierung Teil. Dieses Risiko wird ausschließlich vom Investor getragen.

Die Gläubiger nehmen über die Besserungsabrede allerdings an den Chancen der Sanierung in Höhe von bis zu 8 % teil.

C. Darstellender Teil

I. Verfahrensdaten und bisheriger Verfahrensablauf

Datum Insolvenzantrag	15.11.2024
Antragsgrund	Zahlungsunfähigkeit
Insolvenzgericht	Amtsgericht Bonn
Aktenzeichen	67a IN 1/16
Art des Eröffnungsverfahrens	Vorläufige Eigenverwaltung (§ 270a InsO)
Datum Eröffnungsverfahren	17.11.2024
Sachwalter	Dr. Karl Korrekt Domstraße 21 50001 Köln durch das Insolvenzgericht beauftragt, als Sachverständiger zu prüfen, ob ein Eröffnungsgrund vorliegt und welche Aussichten für eine Fortführung des Unternehmens der Schuldnerin bestehen und kurzfristig eine Stellungnahme abzugeben, ob Nachteile für die Gläubiger durch die Anordnung der vorläufigen Eigenverwaltung gegeben sind oder Hinderungsgründe bestehen.
Sicherungsmaßnahmen	Das Insolvenzgericht hat angeordnet, dass Maßnahmen der Zwangsvollstreckung gegen die Schuldnerin, soweit nicht unbewegliche Gegenstände betroffen sind, untersagt bzw. einstweilen eingestellt werden (§ 21 Abs. 2 Nr. 3 InsO).
Verfahrenseröffnung	1.2.2025: Verfahrenseröffnung in Eigenverwaltung.

II. Basisinformationen über das Unternehmen

Die derzeit gültigen gesellschaftsrechtlichen Verhältnisse der Schuldnerin lassen sich wie folgt zusammenfassen:

Firma	Muster GmbH
Satzungsmäßiger Sitz	Bonn
Geschäftsanschrift; Ort an dem die Verwaltung geführt wird	Rheinhafenstr. 300, 53113 Bonn
Handelsregister	Amtsgericht Bonn, HRB 12345 Zweigniederlassung: Amtsgericht München, HRB 23456

Unternehmensgegenstand […]

Geschäftsführer Max Muster

Stammkapital 50.000 € eingeteilt in 50.000 Geschäftsanteile mit einem Nennbetrag von je 1 €

Anteilsinhaber

Gesellschafter	Nr. des Geschäftsanteils	Beteiligungsquote (gerundet)
A	1–10.000	20 %
B	10.001–20.000	20 %
C	20.001–50.000	60 %

Stille Gesellschafter

Stiller Gesellschafter	Art der stillen Beteiligung	Summe in €
A	Atypisch EK, § 39 Abs. 2 InsO	5.200.000
B	Atypisch EK, § 39 Abs. 2 InsO	1.000.000
C	Typisch FK, § 39 Abs. 2 InsO	500.000

Wesentliche Rechtsstreitigkeiten

Gegenwärtig sind folgende Klagen gegen die Schuldnerin rechtshängig:

[…]

Steuerliche Verhältnisse

Finanzamt Bonn
Steinstraße 10
53113 Bonn
Steuernummer: 723/746/82647

III. Unternehmensgeschichte und Entwicklung

[…]

IV. Finanzwirtschaftliche Entwicklung

Die Entwicklung der Vermögens- und Ertragslage lässt sich wie folgt darstellen:

	2022	2023	2024
Aktiva			
A. Anlagevermögen	2.614.917,83	2.734.917,98	2.934.389,92
I. Sachanlagen	1.370.560,71	1.570.560,86	1.650.032,80
II. Finanzanlagen	1.244.357,12	1.164.357,12	1.284.357,12
B. Umlaufvermögen	6.657.415,09	7.763.715,08	9.882.674,78
C. nicht durch Eigenkapital gedeckter Fehlbetrag	2.782.816,56	4.128.181,11	4.706.718,99
Passiva			
A. Eigenkapital	5.300.000,00	5.450.000,00	6.500.000,00
I. Gezeichnetes Kapital	50.000,00	50.000,00	50.000,00
II. Atypisch stille Einlagen	5.000.000,00	5.200.000,00	6.200.000,00
III. Kapitalrücklage	250.000,00	250.000,00	250.000,00
IV. Verlustvortrag	6.937.198,67	8.082.816,56	9.428.331,11
V. Jahresfehlbetrag	1.145.617,89	1.345.514,55	1.628.537,88

	2022	2023	2024
B. Verbindlichkeiten	12.055.149,48	14.626.814,17	17.523.783,69
1. Verbindlichkeiten gegenüber Kreditinstituten	1.365.673,15	2.067.367,56	3.647.389,67
2. Verbindlichkeiten aus Lieferung und Leistungen	7.126.738,16	7.387.178,83	8.573.123,90
3. Sonstige Verbindlichkeiten	3.562.738,17	5.172.267,78	5.303.270,12
GuV			
Umsatz	10.165.357,18	10.704.360,41	11.033.857,47
EBITDA	–645.237,49	–709.221,45	–887.129,52

Die HGB-Bilanz zum 31.12.2022, 2023 und 2024 ist als Anlage C. IV. beigefügt.

V. Insolvenzgründe

1. Insolvenzgründe

a) Zahlungsunfähigkeit

Die Zahlungsunfähigkeit der Schuldnerin liegt vor. Im Zeitpunkt der Eröffnung des Insolvenzverfahrens verfügte die Schuldnerin über liquide Mittel i. H. von 400.000 €. Dem standen fällige Verbindlichkeiten i. H. von 1.700.000 € gegenüber.

b) Überschuldung

Die Schuldnerin ist überschuldet. Die Überschuldungsbilanz zum 1.2.2025 ist als Anlage C. V. 1. b) beigefügt.

2. Nicht durch Eigenkapital gedeckter Fehlbetrag

Die handelsrechtliche Bilanz zum 31.12.2024 (Anlage C. IV.) weist einen nicht durch Eigenkapital gedeckten Fehbetrag i. H. von 4.706.718,99 € aus. Die ausgewiesenen Verluste können nicht durch Rücklagen ausgeglichen werden. Wie aus der Überschuldungsbilanz zum 1.2.2025 Anlage C. V. 1. b) und der handelsrechtlichen Bilanz für das Rumpfgeschäftsjahr zum 31.1.2025 ersichtlich, hat sich der nicht durch Eigenkapital gedeckte Fehlbetrag seit dem 31.12.2024 im Wesentlichen nicht geändert.

3. Analyse von Krisen- und Insolvenzursachen

Die Ergebnisentwicklung der Geschäftsjahre ab 2022 bis 2024 ist maßgeblich davon geprägt, dass die Umsatzerlöse in diesen Geschäftsjahren trotz einer Steigerung deutlich hinter den Erwartungen zurück geblieben sind, während gleichzeitig die Kosten stiegen. Diese Ergebniskrise ist auf eine nicht hinreichend ertragsorientierte Strategie und fehlende Fokussierung auf Kernprodukte zurückzuführen. Im Einzelnen:

a) Strategiekrise

[…]

b) Operative Krise

Die unter a) aufgezeichnete Strategiekrise führte operativ zu Absatzschwierigkeiten der einzelnen Muster Produkte, sodass der Umsatz die aufgezeichneten hohen Kosten für Forschung- und Entwicklung nicht auffangen konnte und die Schuldnerin daher hohe Verluste erwirtschaftete.

Die Absatzschwierigkeiten bezogen auf die einzelnen Produkte lassen sich wie folgt beschreiben:

[…]

c) Liquiditätskrise

Die Schuldnerin wurde in der Vergangenheit durch die Gesellschafter, die Hausbank und stille Gesellschafter finanziert. […]

Die Hausbank X war nicht mehr bereit, den Liquiditätsbedarf durch Erhöhung der Kreditlinie bereitzustellen. Am 3.11.2024 kam es zu einer Unterdeckung im Liquiditätsstatus. Zunächst aussichtsreiche Verhandlungen des Geschäftsführers mit den Gesellschaftern und den stillen Gesellschaftern über einen Nachschuss sind am 12.11.2024 überraschend gescheitert, so dass wegen Zahlungsunfähigkeit der Schuldnerin Insolvenzantrag zu stellen war.

VI. Fortführung des Geschäftsbetriebes seit Insolvenzantrag

Der Geschäftsbetrieb wird seit dem Beschluss des Amtsgerichts Bonn über die vorläufige Eigenverwaltung vom 17.11.2024 durch den einzigen Geschäftsführer Max Muster und der Aufsicht von Rechtsanwalt Dr. Karl Korrekt als vorläufigen Sachwalter fortgeführt. Der Geschäftsführer wird für insolvenzrechtliche Fragen von Rechtsanwalt Dr. Meyer-Mutter beraten.

Für die Arbeitnehmer wurde die Insolvenzgeldvorfinanzierung bei der Bundesagentur für Arbeit beantragt und mit Schreiben vom 20.11.2024 bewilligt. Die Vorfinanzierung erfolgt über die SXY-Bank. Durch den vom Investor zur Verfügung gestellten Massekredit verfügt die Schuldnerin über hinreichend Liquidität, um den Betrieb bis zur Beendigung des Insolvenzverfahrens voraussichtlich zum 31.11.2025 fortzuführen.

Bisher wurden im Eröffnungsverfahren bereits folgende Sanierungsmaßnahmen umgesetzt bzw. eingeleitet:

Abbau von Arbeitsplätzen […].

Des Weiteren wurde als kostenreduzierende Maßnahmen bereits einige Dauerschuldverhältnisse beendet, wie etwa […].

VII. Leitbild und Zielstruktur des sanierten Unternehmens

[…]

VIII. Sanierungsmaßnahmen

Die angestrebten Sanierungsmaßnahmen erstrecken sich ausgehend von den Krisenstadien und Krisenursachen im Wesentlichen auf folgende Punkte:

1. Leistungswirtschaftliche Sanierungsmaßnahmen

[…]

2. Finanzwirtschaftliche Sanierungsmaßnahmen

Die finanzwirtschaftliche Sanierung erfolgt unmittelbar durch den Insolvenzplan, indem die Insolvenzgläubiger den die Quote i. H. von 20 % übersteigenden Teil der Forderung erlassen. Dadurch wird die Schuldnerin umfassend entschuldet. Dies dient gleichzeitig der mittel- und langfristigen Sicherung der Zahlungsfähigkeit der Schuldnerin nach Aufhebung des Insolvenzverfahrens. Der unmittelbare Liquiditätsbedarf wird durch eine Barkapitalerhöhung auf 150.000 € zzgl. Agio i. H. von 2.250.000 € mit Einwerbung von Eigen- und Fremdkapital i. H. von insgesamt 2,4 Mio. € erfolgen. Aus diesem Eigenkapitalbeitrag des Investors wird auch die quotale Befriedigung der einfachen Insolvenzgläubiger finanziert.

IX. Ergebnis der Sanierungsmaßnahmen

Mit den zuvor skizzierten Maßnahmen soll der Break-even auf Ertrags- und Liquiditätsebene bis zum Februar 2026 erreicht werden. Einzelheiten über die Entwicklung der Ertrags,- Finanz- und Vermögensplanung ergeben sich aus der anliegenden Plan-GUV **(Anlage IX. 1.)** der Plan-Liquiditätsplanung

(Anlage IX. 2.) und der Plan-Bilanz (Anlage IX. 3.).[9] Mit Inkrafttreten des Insolvenzplanes erfolgte eine umfassende Entschuldung und Rekapitalisierung der Schuldnerin.

X. *Vergleich zur Befriedigung im Regelinsolvenzverfahren*[10]

Der vorliegende Insolvenzplan gewährt den Gläubigern im Vergleich zur Regelabwicklung eine deutlich höhere Befriedigungsquote und eine zeitlich frühere Befriedigung. In einer Regelabwicklung könnten die Gläubiger frühestens in voraussichtlich zwei Jahren – also 2027 – mit einer Schlussverteilung, d. h. einer Erlösauskehr auf ihre Forderungen rechnen. Dieser Insolvenzplan sieht dagegen vor, dass die Insolvenzgläubiger voraussichtlich im dritten Quartal 2025 befriedigt werden.

1. *Alternativen zum Insolvenzplan*

Der Verkauf des Unternehmens im Wege eines Asset Deals lässt sich vorliegend nicht durchführen und scheidet als Alternative zum Insolvenzplan aus. Die Einzelverwertung der Vermögensgegenstände nach Einstellung des Geschäftsbetriebs würde zu einer deutlich geringeren Quote führen. Im Einzelnen:

a) *Übertragende Sanierung/Asset Deal*

Bereits vor Insolvenzantragstellung und im Rahmen der vorläufigen Eigenverwaltung wurden durch die Schuldnerin potentiell in Frage kommende Erwerber angesprochen.

Es hat sich herausgestellt, dass die übertragende Sanierung aus folgenden Gründen nicht erfolgsversprechend ist:

- Potentielle Käufer schrecken vor der notwendigen Anschubfinanzierung ab.
- Für die Fortführung des Unternehmens sind rechtsträgerbezogene öffentlich-rechtliche Genehmigungen erforderlich, wie etwa […]. Im Rahmen eines Asset Deals wären diese Genehmigungen neu zu beantragen. Dabei ist ungewiss, ob und unter welchen – möglicherweise nachteiligen – Auflagen die Genehmigungen erteilt werden. Selbst wenn die Erwerbergesellschaft die erforderlichen Genehmigungen erhalten würde, könnte dies aufgrund zeitlicher Verzögerung nur mit einer zeitweisen Betriebsstilllegung erfolgen.
- Im Rahmen einer übertragenden Sanierung wären Lieferverträge und sonstige Dauerschuldverhältnisse auf die neue Gesellschaft zu übertragen.
- Insbesondere bestehen günstige Rahmenverträge für […]. Da die Vertragsüberleitung auf eine neue Gesellschaft rechtlich nur mit Zustimmung des anderen Vertragsteils möglich ist, besteht die Gefahr, dass die Vertragspartner die Gunst der Stunde nutzen und versuchen werden, sich für die Zustimmung zur Übertragung der Verträge günstigere Konditionen zu Lasten der Insolvenzmasse versprechen zu lassen.
- Für die Geschäftsräume in Bonn konnte nach Verhandlungen mit dem Vermieter die Miete vor dem Insolvenzantrag deutlich reduziert werden, welche bei einer Neuverhandlung mit einer Erwerbergesellschaft wieder in Frage gestellt werden könnte.
- Die für die Betriebsfortführung notwendigen Patente, Gebrauchs- und Geschmacksmuster sowie Marken liegen nicht bei der Schuldnerin, sondern bei der Muster Marken S.A., eine nicht von der Schuldnerin beherrschte Gesellschaft Luxemburgischen Rechts. Käufer würden den Erwerb des

---

9) Sowohl Ergebnis- und Finanzplan als auch Vermögensübersicht sind nach § 229 Satz 1 InsO nur dann zwingend beizufügen, wenn die Gläubiger aus den Erträgen des vom Schuldner oder von einem Dritten fortgeführten Unternehmens befriedigt werden (sog. Earn-out-Plan, s. dazu ausführlich § 2 Rz. 103 f. [*Brünkmans*]). Für den vorliegenden Musterplan in der Form eines Cash-out-Plans ist dies rechtlich nicht geboten. Im Einzelfall können diese Anlagen jedoch auch für einen Cash-out-Plan sinnvoll sein, um die nachhaltige Sanierung nach Beendigung des Insolvenzverfahrens darzustellen. Auch wenn der Insolvenzplan – wie vorliegend – einen nicht unerheblichen Besserungsschein enthält, ist eine entsprechende Planung geboten.

10) Zur Vergleichsrechnung, s. ausführlich § 13 Rz. 112 ff. [*Brünkmans/Harmann*].

Unternehmens vom Abschluss eines langfristigen Lizenzvertrages mit der Muster Marken S.A. abhängig machen. Dies würde den Verhandlungsprozess verlängern und erschweren.

– Der Markt- und Imageschaden ist bei einer übertragenden Sanierung höher, insbesondere vor dem Hintergrund der besonderen Bedeutung des US-amerikanischen Marktes für das Unternehmen der Schuldnerin. Für den US-amerikanischen Markt sendet eine Sanierung über einen Insolvenzplan aufgrund der Ähnlichkeiten zum Reorganisationsverfahren nach Chapter 11 US Bankruptcy Code positive Signale und Vertrauen in den Fortbestand des Unternehmens.

Insgesamt ist zum gegenwärtigen Zeitpunkt davon auszugehen, dass kurzfristig kein Käufer für das Unternehmen gefunden wird, dessen potentieller Kaufpreis zu einer höheren Gläubigerbefriedigung führen würde.

b) Einstellung des Geschäftsbetriebs

Die Einstellung des Geschäftsbetriebes des schuldnerischen Unternehmens würde zu erheblichen Auslaufkosten (z. B. Personalabbau, Abbaukosten für die Produktion etc.) und Schadensersatzansprüchen wegen Nichterfüllung von Verträgen führen. Das Umlaufvermögen hat im Fall einer Einstellung des Geschäftsbetriebes lediglich Schrottwert. Das Sachanlagevermögen ist weitestgehend durch **Absonderungsrechte** aufgrund von Sicherungsübereignungen belastet. Deren Bestellung wird zwar vom Sachwalter für anfechtbar befunden, allerdings könnte ein Rechtsstreit über die Anfechtbarkeit der Sicherheitenbestellung die Befriedigung der Insolvenzgläubiger hinauszögern. Nach der in Anlage C. X. 1. b) durchgeführten Berechnung würde im Fall einer Zerschlagung die nicht gesicherten Gläubiger eine Quote i. H. von höchstens 10 % erhalten. Die Quote aus dem vorliegenden Insolvenzplan ist deutlich höher.

c) Befriedigungsquote der Gläubiger ohne Insolvenzplan

Da die übertragende Sanierung aus den unter C. X. 1. a) dargestellten Gründen nicht realisierbar ist, ist für den nach § 251 Abs. 1 InsO im Rahmen des Minderheitenschutzes durchzuführenden Vergleich der Gläubigerbefriedigung ohne Insolvenzplan auf die Zerschlagung und Einstellung des Geschäftsbetriebes abzustellen. In diesem Fall würden die einfachen Insolvenzgläubiger eine Befriedigungsquote i. H. von maximal 10 % erhalten. Die genaue Befriedigungsquote im Regelverfahren ist der Anlage C. X. 1. b) zu diesem Insolvenzplan zu entnehmen.

2. Planrisiken

Da die Insolvenzgläubiger vorab aus dem Beitrag des Investors im Rahmen einer Kapitalerhöhung befriedigt werden (sog. „Cash-out-Plan"), nehmen die Insolvenzgläubiger im Hinblick auf die feste Planquote in Höhe von 20 % nicht an den Risiken der Sanierung Teil. Dieses Risiko wird vielmehr vom Investor getragen. Lediglich die Besserungskomponente i. H. von bis zu 8 % hängt von der erfolgreichen Sanierung des Unternehmens und dem Erlös aus dem Verkauf der Beteiligungen an der X-GmbH ab.

XI. Gruppenbildung

1. Grundsätze der Gruppenbildung

Für die Festlegung der Rechte der Beteiligten im Insolvenzplan sind Gruppen zu bilden. Nach welchen Grundsätzen die Gruppen zu bilden sind, bestimmt § 222 InsO.

Gemäß § 222 Abs. 1 InsO sind zwingend separate Gruppen zu bilden für

– absonderungsberechtigte Gläubiger, wenn durch den Plan in deren Rechte eingegriffen wird,
– (nicht nachrangige) Insolvenzgläubiger,
– nachrangige Insolvenzgläubiger, soweit deren Forderungen nicht nach § 225 InsO als erlassen gelten sollen und
– die am Schuldner beteiligten Personen, wenn deren Anteils- oder Mitgliedschaftsrechte in den Plan einbezogen werden.

Gemäß § 222 Abs. 2 InsO können aus Gläubigern mit gleicher Rechtsstellung Gruppen gebildet werden, in denen Gläubiger mit gleichartigen wirtschaftlichen Interessen – sachgerecht voneinander abgegrenzt – zusammengefasst werden.

Gemäß § 222 Abs. 3 InsO soll eine besondere Gruppe für Arbeitnehmer gebildet werden, wenn diese mit nicht unerheblichen Forderungen beteiligt sind. Das Kriterium der *„nicht unerheblichen Forderungen"* liegt vor, wenn

- die den Arbeitnehmern zustehenden Insolvenzforderungen mehr als 10 % ihres Jahreseinkommens ausmachen (vgl. *Eidenmüller* in: MünchKomm-InsO, § 222 Rz. 129; *Thies* in: HambKomm-InsO, § 222 Rz. 28; *Spahlinger* in: KPB, InsO, § 222 Rz. 46),
- dieses Kriterium bei mehr als 25–35 % der Arbeitnehmer erfüllt ist (*Thies* in: HambKomm-InsO, § 222 Rz. 28; *Spahlinger* in: KPB, InsO, § 222 Rz. 46; K. Schmidt-*Spliedt*, InsO, § 222 Rz. 21).

Die Gruppenbildung erfolgt dabei nicht personenbezogen, sondern rechtebezogen. Maßgeblich für die Zuordnung ist somit, welche Rechte ein Gläubiger beansprucht. So kann eine bestimmte Person z. B. Inhaber eines Absonderungsrechts, Gläubiger einer nicht nachrangigen Insolvenzforderung und Gläubiger einer nachrangigen Insolvenzforderung sein. In diesem Fall sind die jeweiligen Rechte dieser Person in drei unterschiedliche Gruppen einzuordnen (vgl. *Eidenmüller* in: MünchKomm-InsO, § 222 Rz. 28). Unzulässig ist es, Gläubiger unterschiedlicher Rechtsstellungen in einer Gruppe zusammenzufassen (BGH, Beschl. v. 7.7.2005 – IX ZB 266/04, ZIP 2005, 1648 = NZI 2005, 619).

2. *Beteiligte Gläubiger*

Im Insolvenzverfahren über das Vermögen der Schuldnerin haben die Gläubiger die aus der anliegenden Tabelle ersichtlichen Forderungen: <u>Anlage C. IX. 2.</u> – Gläubigerliste.

3. *Darstellung der Gruppen und ihrer Abgrenzungsmerkmale*

Im Hinblick auf die dargestellten gesetzlichen Vorgaben und die beteiligten Gläubiger sieht der vorliegende Insolvenzplan die Bildung der nachfolgenden Gläubigergruppen vor:

- absonderungsberechtigte Gläubiger,
- ungesicherte und nicht nachrangige Insolvenzgläubiger,
- Anteilsinhaber,

Von der Bildung einer eigenen Gruppe für Arbeitnehmer nach § 222 Abs. 3 Satz 1 InsO wird abgesehen, weil höchstens acht Arbeitnehmer offene Forderungen haben und es sich dabei überwiegend um geringfügige Forderungen handelt.

Die Gruppenbildung mit gestaltender Wirkung erfolgt entsprechend § 222 InsO im Gestaltenden Teil des Insolvenzplanes. Nachfolgend wird die Gruppenbildung beschrieben und erläutert:

a) Gruppe 1: Absonderungsberechtigter Gläubiger

Die Gruppe umfasst ausschließlich die Bank X als einzige absonderungsberechtigte Gläubigerin aufgrund der Sicherungsübereignung des Sachanlagevermögens zur Sicherung des Sanierungsdarlehens vom 21./23.3.2024.

Die Bildung dieser Gruppe ist bereits nach § 222 Abs. 1 Satz 2 Nr. 1 InsO zwingend.

Aussonderungsrechte – etwa aus einfachem Eigentumsvorbehalt – werden durch diesen Insolvenzplan nicht erfasst. Vielmehr erfolgt im Einzelfall eine Ablösung auf individualvertraglicher Basis.

Im Insolvenzplan wird bestimmt, dass die Gläubiger der Gruppe 1 mit rechtskräftiger Bestätigung des Insolvenzplanes auf ihre Absonderungsrechte und auf etwaige Ansprüche wegen Verzögerung der Verwertung (insbesondere aus § 169 InsO) und Benutzung der Sicherungsgegenstände (insbesondere § 172 InsO) gegen Einmalzahlung eines Betrages i. H. von 300.000 € verzichten.

b) Gruppe 2: Sonstige ungesicherte und nicht nachrangige Insolvenzgläubiger

Diese Gruppe ist – wie ausgeführt – durch § 222 Abs. 1 Satz 2 Nr. 2 InsO vorgeschrieben. Es handelt sich hierbei um alle Gläubiger, die eine nicht nachrangige Insolvenzforderung haben.

Im Insolvenzplan soll vorgesehen werden, dass die Gläubiger der Gruppe 2 eine feste Quote von 20 % auf den Betrag ihrer festgestellten Insolvenzforderung (§ 38 InsO) erhalten. Die Insolvenzforderung im Übrigen und alle weiteren zum Zeitpunkt der Eröffnung des Insolvenzverfahrens begründeten Forderungen sowie alle Nebenforderungen (wie z. B. Zinsen, Nebenleitungen und Kosten) werden durch die Gläubiger der Gruppe 2 erlassen.

Die feste Quote ist in einer Rate fällig, allerdings erst nachdem der Investor die Einlage, aus welcher die Quotenzahlung finanziert werden soll, erbracht hat. Frühestens ist die feste Quote zwei Monate nach rechtskräftiger Bestätigung des Insolvenzplanes fällig. Erbringt der Investor die Einlage nicht, wird die feste Quote in jedem Fall spätestens sechs Monate nach Aufhebung des Insolvenzverfahrens fällig.

Dieser Erlass steht unter der einer auflösenden Bedingung einer Besserungsabrede dahingehend, dass die Schuldnerin 25 % des Jahresüberschusses der folgenden Geschäftsjahre an die Gläubiger der Gruppe 2 leistet und 50 % aus dem Verkauf der Beteiligung an der X-GmbH als weitere zusätzliche Quote an die Gläubiger der Gruppe 2 ausschüttet. Die zusätzliche Quote aus den vorgenannten Besserungsanlässen beträgt jedoch maximal 8 %.

c) Gruppe 3: Anteilsinhaber

Der Gruppe 3 gehören die Gesellschafter der Schuldnerin an.

Die Anteils- und Mitgliedschaftsrechte sämtlicher Anteilsinhaber werden in den Insolvenzplan einbezogen. Die Bildung einer gesonderten Gruppe für Anteilsinhaber ist in § 222 Abs. 1 Satz 2 Nr. 4 InsO vorgeschrieben.

Gemäß § 225a Abs. 3 InsO kann im Insolvenzplan jede Regelung getroffen werden, die gesellschaftsrechtlich zulässig ist. Zulässig ist insbesondere eine Kapitalherabsetzung und Kapitalerhöhung, § 225a Abs. 2 Satz 3 InsO. Zulässig ist auch eine nominelle Kapitalherabsetzung auf 0 € (§ 58a Abs. 4 GmbHG) sofern im Wege einer gleichzeitigen Barkapitalerhöhung jedenfalls der Mindeststammkapitalbetrag i. H. von 25.000 € wieder erreicht wird (vgl. *Brünkmans*, ZIP 2014, 1857, 1861).

Zulässig ist somit eine Kapitalmaßnahme, bei der zunächst das Stammkapital auf 0 € herabgesetzt und sodann wieder auf mindestens 25.000 € erhöht wird. Folge dieser Kapitalmaßnahme ist, dass die alten Geschäftsanteile durch die Kapitalherabsetzung auf 0 € untergehen und neue Geschäftsanteile geschaffen werden.

Eine vereinfachte Kapitalherabsetzung setzt voraus, dass

- sie einen zulässigen Zweck (§ 58a Abs. 1 GmbHG) verfolgt,
- ein Verlust i. H. des Herabsetzungsbetrages besteht oder droht und
- Rücklagen und Gewinnvortrag zuvor aufgelöst wurden (§ 58a Abs. 2 GmbHG).

Die vereinfachte Kapitalherabsetzung muss dazu dienen, Wertminderungen oder sonstige Verluste nach Auflösung der Kapital- und Gewinnrücklagen auszugleichen (§ 58a Abs. 1 und Abs. 2 GmbHG). Demnach ist die vereinfachte Kapitalherabsetzung zulässig, wenn die Aktiva aufgrund von Verlusten nach Abzug der Verbindlichkeiten, Rückstellungen, Rechnungsabgrenzungsposten (§ 266 Abs. 3 D HGB), Sonderposten mit Rücklagenanteil (§§ 273, 247 Abs. 3 HGB) sowie der Rücklage für eigene Anteile (§ 272 Abs. 4, § 266 Abs. 3 A Abs. 3 Nr. 3 HGB) einen Betrag i. H. des neuen (herabgesetzten) Stammkapitals + 10 % nicht überschreiten (Noack/Servatius/Haas-*Kersting*, GmbHG, § 58a Rz. 7). Vorliegend weist die Schuldnerin zum 31.12.2024 einen nicht durch Eigenkapital gedeckten Fehlbetrag von 4.706.718,99 € aus, welcher auf erhebliche Verluste zurückzuführen ist und weder durch Rücklagen oder Gewinnvortrag ausgeglichen werden kann. Wie aus der Überschuldungsbilanz zum 1.2.2025 Anlage C. V. 1. b) und der handelsrechtlichen Bilanz für das Rumpfgeschäftsjahr zum 31.1.2025 ersichtlich, hat sich der nicht durch Eigenkapital gedeckte Fehlbetrag seit dem 31.12.2024 nicht geändert. Die Rücklagen können die aufgelaufenen Verluste nicht ausgleichen.

Rücklagen werden mit dem vorliegenden Insolvenzplan vor der Kapitalherabsetzung aufgelöst.

Der Insolvenzplan bestimmt, dass das Stammkapital der Schuldnerin von 50.000 € auf 0 € im Wege der vereinfachten Kapitalherabsetzung reduziert wird. Zugleich wird die Erhöhung des Stammkapitals durch Bareinlage auf 150.000 € bestimmt. Die neu gebildete Einlage übernimmt der Investor. Zusätzlich wird ein Agio i. H. von 2.250.000 € festgelegt. Anlage C. XI. 3. c): Entwurf einer Übernahmeerklärung.

Der Investor ist zur Übernahme der Einlage jedoch nur bereit, wenn das zuständige Betriebsstättenfinanzamt eine verbindliche Auskunft erteilt, dass die Voraussetzungen für einen Sanierungsertrag (§ 3a Abs. 1 EStG) vorliegen.

d) Keine weiteren Gläubigergruppen

Weitere Gläubigergruppen sind nicht zu bilden. Insbesondere ist keine Gruppe für nachrangige Gläubiger, etwa für Ansprüche aus den stillen Beteiligungen, zu bilden. Diese nehmen ohnehin mangels Aufforderung zur Forderungsanmeldung nicht am Verfahren teil (§ 174 Abs. 3 InsO). Nachrangige Forderungen gehen somit gemäß § 225 Abs. 1 InsO unter.

XII. Weitere Regelungen des Insolvenzplanes

1. Fortsetzung der Gesellschaft

Der Insolvenzplan sieht gemäß § 225a Abs. 3 InsO i. V. m. § 60 Abs. 1 Nr. 4 GmbHG die Fortsetzung der Gesellschaft mit Wirkung auf den Zeitpunkt der Aufhebung des Insolvenzverfahrens vor, da nach Durchführung der im Insolvenzplan vorgesehenen Maßnahmen die durch die Eröffnung des Insolvenzverfahrens eingeleitete Abwicklung der Gesellschaft beendet wird und diese zu ihrer werbenden Tätigkeit zurückkehrt.

2. Planbestätigungsvoraussetzungen im Sinne von § 249 Satz 1 InsO

Die Bestätigung des Insolvenzplans steht unter Planbestätigungsvoraussetzungen im Sinne von § 249 Satz 1 InsO.

Die gerichtliche Bestätigung des Insolvenzplans setzt daher voraus, dass dem Insolvenzgericht angezeigt wird, dass die Voraussetzungen erfüllt sind. Die Voraussetzungen müssen spätestens innerhalb von sechs Monaten nach Annahme des Insolvenzplanes durch die Gläubigerversammlung erfüllt sein. Die Schuldnerin ist jedoch mit Zustimmung des Sachwalters berechtigt, gegenüber dem Insolvenzgericht auf sämtliche oder einzelne Planbestätigungsvoraussetzungen zu verzichten. Im Falle der Aufhebung der Eigenverwaltung erfolgt die Erklärung des Verzichts durch den Insolvenzverwalter.

Folgende Planbestätigungsvoraussetzungen sieht der Insolvenzplan vor:

Verbindliche Auskunft durch das Finanzamt Bonn zur Steuerfreiheit des aus der Umsetzung des Insolvenzplans folgendem Sanierungsgewinns.

3. Planüberwachung

Die Erfüllung des Insolvenzplans wird gemäß §§ 284 Abs. 2, 260 InsO durch den Sachwalter überwacht.

4. Ausschlussfrist Nachzügler

Es gelten die gesetzlichen Regelungen, insbesondere die §§ 259a, 259b InsO.

5. Kein Wiederaufleben

Ein Wiederaufleben von Forderungen wird ausgeschlossen, § 255 Abs. 3 Satz 1 InsO.

6. *Verfahrensmäßige Ausschlussklausel*

Der Insolvenzplan enthält eine sog. verfahrensmäßige Ausschlussklausel für Nachzüglerforderungen, d. h. nicht (rechtzeitig) angemeldete Forderungen und bestrittene, nicht (rechtzeitig) feststellungsklageweise geltend gemachte Forderungen.[11] Diese Nachzüglerforderungen werden von der Verteilung der im Insolvenzplan vorgesehenen Quote und sonstigen in § 255 ff. InsO geregelten Wirkungen der Eintragung der Forderung in die Insolvenztabelle ausgeschlossen. Die Rechtsprechung hat zuletzt die Zulässigkeit solcher verfahrensmäßiger Ausschlussklauseln bestätigt (BAG, Urt. v. 19.11.2015 – 6 AZR 559/14, ZIP 2016, 178, mit Anm. *Brünkmans*, ZInsO 2016, 245 ff.)

Der materielle Bestand der Nachzüglerforderung wird durch die verfahrensmäßige Ausschlussklausel hingegen nicht berührt. Nachzüglerforderungen werden entsprechend der Regelungen im gestaltenden Teil des Insolvenzplanes in gleicher Höhe erlassen wie angemeldete und in die Insolvenztabelle eingetragene Forderungen. Für Nachzüglerforderungen ist jedoch die Sonderverjährungsfrist aus § 259b InsO zu beachten.

7. *Scheitern des Insolvenzplans*

Der Insolvenzplan ist (vorbehaltlich etwaiger Verlängerungen der Fristen) gescheitert, wenn:

– die in diesem Insolvenzplan vorgesehenen Planbestätigungsvoraussetzungen nicht bis zum 31.8.2025 vorliegen, es sei denn, es wurde zuvor wirksam auf sie verzichtet; oder
– der Planbestätigungsbeschluss nicht bis zum 31.1.2026 rechtskräftig geworden ist.

Die Schuldnerin ist berechtigt, alle oder einzelne Fristen mit Zustimmung des Sachwalters durch Mitteilung an das Insolvenzgericht zu verlängern. Im Falle der Aufhebung der Eigenverwaltung erfolgt die Erklärung durch den Insolvenzverwalter.

D. *Gestaltender Teil*

I. *Vom Insolvenzplan erfasste Insolvenzforderungen*

Für die Leistung der in diesem Insolvenzplan vorgesehenen Quote ist grundsätzlich der Stand der Insolvenztabelle über die angemeldeten Forderungen zum Ausschüttungszeitpunkt maßgeblich. Der im gestaltenden Teil geregelte Erlass gilt für sämtliche Forderungen, d. h. insbesondere auch für Forderungen, die nicht in der Insolvenztabelle aufgenommen wurden. Bei hinreichendem Nachweis der Begründetheit solcher Nachzüglerforderungen können diese vom Schuldner dennoch entsprechend der Regelungen dieses Insolvenzplans befriedigt werden.

II. *Gruppenbildung*

Es werden gemäß § 222 InsO drei Gruppen gebildet:

1. *Gruppe 1: Absonderungsberechtigte Gläubiger*

Die Gruppe 1 betrifft ausschließlich die Bank X als einzige absonderungsberechtigte Gläubigerin aufgrund der Sicherungsübereignung des Sachanlagevermögens zur Sicherung des Sanierungsdarlehens vom 23./24.3.2024.

Der Wert des Absonderungsgutes des Investors beläuft sich auf ca. 1.500.000 €. Zwischen dem Sachwalter und der Bank X ist streitig, ob die Bestellung der Sicherheiten im Rahmen der oben genannten Sicherungsübereignung anfechtbar nach §§ 129 ff. InsO ist.

2. *Gruppe 2: Sonstige ungesicherte und nicht nachrangige Insolvenzgläubiger*

In Gruppe 2 sind alle nicht nachrangigen Insolvenzforderungen einzuordnen.

Die Gruppe 2 umfasst damit insbesondere die in Anlage C. XI. 2. benannten Gläubiger, deren Forderungen sich insgesamt auf 17.325.943,17 € belaufen.

---

11) S. dazu ausführlich § 8 Rz. 537 ff. [*Brünkmans*].

3. Gruppe 3: Anteilsinhaber

Der Gruppe 3 gehören ausschließlich die folgenden Anteilsinhaber an.

Gesellschafter	Nr. des Geschäftsanteils	Nennbetrag	Beteiligungsquote (gerundet)
A	1 – 10.000	10.000	20 %
B	10.001 – 20.000	10.000	20 %
C	20.001 – 50.000	30.000	60 %

III. Veränderung der Rechtsstellung der Beteiligten

1. Gruppe 1: Absonderungsberechtigte Gläubiger

Der Gläubiger der Gruppe 1 verzichtet mit Rechtskraft des Insolvenzplanes vollständig auf ihre Absonderungsrechte und auf etwaige Ansprüche wegen Verzögerung der Verwertung (insbesondere aus § 169 InsO) und Benutzung der Sicherungsgegenstände (insbesondere § 172 InsO) gegen Zahlung eines einmaligen Betrages i. H. von 300.000 €.

Der Gläubiger der Gruppe 1 übereignet hiermit das in **Anlage D. III. 1.** ausgewiesene Sicherungseigentum auf die Schuldnerin zurück (§§ 929 ff. BGB).[12)]

2. Gruppe 2: Sonstige ungesicherte und nicht nachrangige Insolvenzgläubiger

Die Gläubiger der Gruppe 2 erhalten eine Quote von 20 % auf den Betrag ihrer festgestellten Insolvenzforderung (§ 38 InsO) (**„Festquote"**).

Im Übrigen sind die Insolvenzforderungen und alle weiteren zum Zeitpunkt der Eröffnung des Insolvenzverfahrens begründeten Forderungen sowie alle Nebenforderungen (wie z. B. Zinsen, Nebenleitungen und Kosten) erlassen (§ 397 BGB).[13)].

Die Festquote ist in einer Rate fällig und zwar einen Monat nach Leistung der Einlage durch den Investor, frühestens jedoch zwei Monate nach rechtskräftiger Bestätigung des Insolvenzplanes. Die Festquote ist unabhängig von der Leistung der Einlage spätestens sechs Monate nach Aufhebung des Insolvenzverfahrens (§ 258 Abs. 1 InsO) fällig.

Soweit die Schuldnerin beginnend mit den ersten beiden Geschäftsjahren nach Aufhebung des Insolvenzverfahrens einen Jahresüberschuss erzielt, wird die Schuldnerin einen Betrag i. H. von 25 % dieses Jahresüberschusses an die Gläubiger der Gruppe 2 leisten (**„Quote Besserungsschein"**).

Für die Ermittlung des Jahresüberschusses maßgeblich ist der mit dem Bericht des Wirtschaftsprüfers vorzulegende Jahresabschluss der Schuldnerin. Die Quote Besserungsschein wird bei der Ermittlung des Jahresüberschusses nicht berücksichtigt. Die Zahlung dieser Quote Besserungsschein ist innerhalb von zehn Bankarbeitstagen nach Erteilung des Bestätigungsvermerks des Abschlussprüfers zur Zahlung fällig, es sei denn die maximale Zusatzquote wurde bereits erreicht.

Die Schuldnerin wird in den nächsten zwei Jahren die Geschäftsanteile an der X-GmbH zum bestmöglichen Verkauf anbieten. Der Erlös aus dem Verkauf der Beteiligung an der X-GmbH wird an die Gläubiger der Gruppe 2 zu 50 % als weitere zusätzliche Quote ausgeschüttet (**„Quote Beteiligungsverkauf"**). Die Quote Besserungsschein und die Quote Beteiligungsverkauf zusammen betragen insgesamt maximal 8 % (**„Maximale Zusatzquote"**). Die Quote Beteiligungsverkauf wird innerhalb von zehn Bankarbeitstagen nach Eingang des Erlöses aus dem Verkauf der Beteiligung an der X-GmbH fällig, es sei denn die Maximale Zusatzquote wurde bereits erreicht.

3. Gruppe 3: Anteilsinhaber

Die Gesellschafter treffen die in diesem Insolvenzplan enthaltenen Gesellschafterbeschlüsse und Kapitalmaßnahmen der Schuldnerin (siehe dazu nachfolgend D. IV.).

12) Zur Differenzierung der Regelung des Absonderungsrechts und des dinglichen Vollzugs, s. § 8 Rz. 233 ff. [*Brünkmans*].

13) Zum Forderungserlass s. ausführlich § 8 Rz. 79 ff. [*Brünkmans*]

IV. *Gesellschaftsrechtliche Beschlüsse*

1. *Fortsetzung der Gesellschaft*

Die infolge der Eröffnung des Insolvenzverfahrens über ihr Vermögen gemäß § 60 Abs. 1 Nr. 4 GmbHG aufgelöste Gesellschaft wird gemäß § 225a Abs. 3 InsO i. V. m. § 60 Abs. 1 Nr. 4 GmbHG mit Wirkung auf den Zeitpunkt der Aufhebung des Insolvenzverfahrens fortgesetzt.[14)]

2. *Kapitalherabsetzungen*

Das Stammkapital der Gesellschaft i. H. von 50.000 €, eingeteilt in 50.000 Geschäftsanteile, wird in vereinfachter Form nach den Vorschriften der §§ 58a ff. GmbHG um 50.000 € auf 0 € herabgesetzt. Die Kapitalherabsetzung hat den Zweck, i. H. von 50.000 € Wertminderungen auszugleichen und sonstige Verluste zu decken.[15)]

3. *Kapitalerhöhung*

Zugleich wird das auf 0 € herabgesetzte Stammkapital um insgesamt 150.000 € auf 150.000 € durch Ausgabe von 150.000 neuen Geschäftsanteilen im Nennbetrag von je 1 € gegen eine sofort fällige Bareinlage von 16 € pro neuem Geschäftsanteil erhöht. Das neben der Stammeinlage zu leistende Agio beträgt daher 2.250.000 €. Die neuen Geschäftsanteile tragen die Nummern 1 – 150.000.[16)]

Das Bezugsrecht der Altgesellschafter wird ausgeschlossen. Zur Übernahme der Geschäftsanteile wird zugelassen:

Investment AG mit Sitz in Frankfurt am Main

Geschäftsanschrift:

[…]

Der Geschäftsführer der Schuldnerin wird ermächtigt, die Übernahmevereinbarung für die Schuldnerin abzuschließen.

4. *Änderung der Satzung*

In Anpassung an die Beschlussfassung unter Nr. 3 erhält § 4 (Stammkapital) des Gesellschaftsvertrages der Schuldnerin mit Wirksamwerden der Kapitalerhöhung folgende Fassung:

„Das Stammkapital der Gesellschaft beträgt 150.000 € (in Worten: Euro einhundertfünfzig tausend)."

V. *Planbestätigungsvoraussetzungen im Sinne von § 249 Satz 1 InsO*

Die Bestätigung des Insolvenzplans setzt die Erfüllung der folgenden Planbestätigungsvoraussetzungen gemäß § 249 Satz 1 InsO voraus. Die Schuldnerin mit Zustimmung des Sachwalters (oder im Falle der Aufhebung der Eigenverwaltung des Insolvenzverwalters) ist durch schriftliche Anzeige beim Insolvenzgericht berechtigt, ganz oder teilweise auf die nachstehenden Planbestätigungsvoraussetzungen Nrn. 1 bis 2 zu verzichten.

1. *Verbindliche Auskunft der Finanzverwaltung*

Verbindliche Auskunft durch das Finanzamt Bonn-Mitte, welche die Steuerfreiheit der Sanierungsgewinne aus der Umsetzung dieses Insolvenzplans bestätigt.[17)]

---

14) Zum Fortsetzungsbeschluss im Insolvenzplanverfahren s. ausführlich § 30 Rz. 4 ff. [*Brünkmans*].

15) Zur Kapitalherabsetzung s. ausführlich § 30 Rz. 69 ff. [*Brünkmans*].

16) Zur Kapitalerhöhung s. ausführlich § 30 Rz. 139 ff. [*Brünkmans*].

17) Zu den Voraussetzungen der Steuerfreiheit der Sanierungsgewinne nach § 3a Abs. 1 EStG s. § 60 Rz. 18 ff. [*Wittfeld*].

2. *Regelung zur Erfüllung der Planbestätigungsvoraussetzungen*

Die in diesem Insolvenzplan vorgesehenen Planbestätigungsvoraussetzungen sollen spätestens innerhalb von sechs Monaten nach Annahme des Insolvenzplanes durch die Gläubigerversammlung erfüllt sein, es sei denn, es wurde zuvor wirksam auf sie verzichtet. Die Planbestätigungsvoraussetzungen gelten als erfüllt, wenn der Sachwalter (oder im Falle der Aufhebung der Eigenverwaltung der Insolvenzverwalter) die Erfüllung der jeweils genannten Voraussetzungen dem Insolvenzgericht anzeigt.

VI. *Auflösende Bedingung für den Fall der Masseunzulänglichkeit*

Der Insolvenzplan steht unter der auflösenden Bedingung (**§ 158 Abs. 2 BGB**) des Eintritts der Masseunzulänglichkeit (**§ 208 Abs. 1 InsO**) bis zur Aufhebung des Insolvenzverfahrens (§ 258 InsO).[18]

VII. *Planüberwachung*

Die Erfüllung des Insolvenzplans wird gemäß §§ 284 Abs. 2, 260 InsO durch den Sachwalter (bzw. im Falle der Aufhebung der Eigenverwaltung durch den Insolvenzverwalter) überwacht (**„Planüberwacher“**). Die Überwachung endet mit der Erfüllung sämtlicher Zahlungen entsprechend den Regelungen des Insolvenzplans, spätestens jedoch drei Jahre nach Aufhebung des Insolvenzverfahrens.

VIII. *Allgemeine Regelungen*

1. *Aufhebung des Insolvenzverfahrens*

Die Aufhebung des Insolvenzverfahrens nach Rechtskraft der gerichtlichen Bestätigung dieses Insolvenzplans (§ 258 Abs. 1 InsO) soll – soweit möglich – mit Wirkung zum Ende des Monats, in dem die Voraussetzungen für die Aufhebung des Insolvenzverfahrens über das Vermögen der Schuldnerin vorliegen, erfolgen.[19]

2. *Nachrangige Insolvenzforderungen*

Nachrangige Insolvenzforderungen gelten nach § 225 Abs. 1 InsO als erlassen, soweit für diese kein insolvenzfestes Absonderungsrecht besteht.[20]

3. *Rechte der Absonderungsberechtigten und der Gläubiger mit Drittsicherheiten*

Soweit der Insolvenzplan keine andere Regelung trifft, bleiben die Rechte der absonderungsberechtigten Gläubiger unberührt (§ 223 Abs. 1 Satz 1 InsO).

Die Rechte der Insolvenzgläubiger gegen Mitschuldner und Bürgen des Schuldners sowie die Rechte dieser Gläubiger an Gegenständen, die nicht zu Insolvenzmasse gehören, werden durch den Insolvenzplan, insbesondere die Abtretung, nicht berührt (§ 254 Abs. 2 InsO).[21]

4. *Verjährung nicht angemeldeter Forderungen*

Es gelten die gesetzlichen Regelungen, insbesondere die §§ 259a, 259b InsO.[22]

5. *Kein Wiederaufleben*

Das Wiederaufleben von Forderungen wird ausgeschlossen, § 255 Abs. 3 InsO.[23]

---

18) S. dazu ausführlich § 12 Rz. 15 [*Brünkmans*].

19) Zur Regelung der Aufhebung des Insolvenzverfahrens s. § 8 Rz. 519 ff. [*Brünkmans*].

20) S. dazu ausführlich § 8 Rz. 76 ff. [*Brünkmans*].

21) S. dazu ausführlich § 8 Rz. 268 f. [*Brünkmans*].

22) S. dazu ausführlich § 8 Rz. 546 [*Brünkmans*].

23) Zum Ausschluss von § 255 Abs. 3 InsO ausführlich § 8 Rz. 608 ff. [*Brünkmans*].

6. *Verfahrensmäßige Ausschlussklausel*

[…], [siehe Musterklausel in § 8 Rz. 599 [*Brünkmans*]]

7. *Bereitstellung von Mitteln gemäß § 251 Abs. 3 InsO*

[…], [siehe Musterklausel in § 8 Rz. 649 [*Brünkmans*]]

8. *Regelung zu gegenseitigen Verträgen*

Die Erfüllung von gegenseitigen, von keiner Seite vollständig erfüllten Verträgen im Sinne von § 103 InsO, für die die Schuldnerin bzw. der Insolvenzverwalter bis zum Zeitpunkt der Rechtskraft des Insolvenzplans keine Erfüllungswahl getroffen hat, kann nicht verlangt werden.[24)]

9. *Bevollmächtigung*

Der Sachwalter, bzw. im Falle der Aufhebung der Eigenverwaltung der Insolvenzverwalter, und der Planüberwacher werden bevollmächtigt, die zur Umsetzung des Insolvenzplans notwendigen Maßnahmen zu ergreifen und offensichtliche Fehler des Insolvenzplans zu berichtigen, § 221 Satz 2 InsO. Sie werden ausdrücklich auch bevollmächtigt, die unter D. IV. getroffenen Beschlüsse auf Grund eines entsprechenden Hinweises oder einer Zwischenverfügung des zuständigen Registergerichts so abzuändern, dass eine Umsetzung und Eintragung ermöglicht wird.[25)]

10. *Regelung zur Schlussrechnungslegung*

Abweichend von § 66 Abs. 1 Satz 1 InsO wird auf die Schlussrechnungslegung verzichtet. Ein Schlusstermin findet nicht statt.[26)]

IX. *Antrag*

In meiner Eigenschaft als Geschäftsführer der Muster GmbH beantrage ich, im Abstimmungstermin über eine abweichende Regelung gemäß §§ 1, 217 InsO wie folgt zu beschließen:

„Die Beteiligten stimmen den im gestaltenden Teil des Insolvenzplans enthaltenen Regelungen zu.“

Unterschriften

Für die Muster GmbH:

____

Name: Max Muster

Position: Geschäftsführer

Datum: 15.2.2025

---

24) S. dazu ausführlich § 8 Rz. 327 ff. [*Brünkmans*].

25) S. dazu ausführlich § 8 Rz. 650 ff. [*Brünkmans*].

26) S. dazu ausführlich § 8 Rz. 658 ff. [*Brünkmans*].

E. Anlagenverzeichnis

Anlage IX. 1.	*Plan-GUV*
Anlage IX. 2.	*Plan-Liquiditätsplanung*
Anlage IX. 3.	*Planbilanz*
Anlage C. X. 1. b)	*Quotenvergleich mit Regelverfahren (§ 251 Abs. 1 InsO)*
Anlage C. IV.	*HGB-Bilanz zum 31.12.2022, 2023, 2024*
Anlage C. V. 1. b)	*Überschuldungsbilanz zum 1.2.2025*
Anlage C. XI. 2.	*Aufstellung der in Gruppe 2 erfassten Insolvenzgläubiger und ihrer Forderungen*
Anlage C. XI. 3. c)	*Entwurf einer Übernahmeerklärung*
Anlage D. III. 1.	*Auflistung des Sicherungseigentums*

§ 64
Muster für einen Earn-out-Insolvenzplan nach § 229 InsO

Insolvenzplan
im Insolvenzverfahren über das Vermögen der

Earn-out-GmbH

[Adresse]

vertreten durch […][1]

Amtsgericht […]

– Insolvenzgericht –

[…] IN […]/[…]

vorgelegt von

[…][1] als Insolvenzverwalter

[*alt.* von der Earn-out-GmbH, vertreten durch die Geschäftsführer][2]

Inhaltsverzeichnis

1) Die mit […] in diesem Musterplan gekennzeichneten Textabschnitte sind fallbezogen zu ergänzen.

2) Eine der Alternativen ist abhängig davon zu löschen, ob Eigenverwaltung oder Regelverwaltung angeordnet ist. Dies gilt auch für weitere in diesem Musterplan vorgesehenen Alternativformulierungen, gekennzeichnet durch „*alt.*“.

A. Darstellender Teil

I. Zusammenfassung des Plans[3]

1. Planinitiative

Dieser Insolvenzplan wird vom Insolvenzverwalter der Earn-out-GmbH [*alt.* von der Earn-out-GmbH, vertreten durch die Geschäftsführer in Abstimmung mit dem Sachwalter][4] (nachfolgend auch „Gesellschaft" genannt) vorgelegt.

2. Ziele

Ziel des Insolvenzplans ist die bestmögliche Befriedigung der Gläubiger durch eine finanzwirtschaftliche Reorganisation der Gesellschaft. Deren planbegleitende noch im Insolvenzverfahren zu beginnende leistungswirtschaftliche Sanierung (siehe A. III. 2., insbesondere deren Konzentration auf das Kerngeschäft, Produktbereinigung, Produktionsoptimierung und Personalreduzierung) führt prog-

3) Neben dem Insolvenzplan im Volltext empfiehlt sich ein Kurzüberblick über dessen Inhalt, auf dessen Grundlage den Beteiligten eine Entscheidung über den Insolvenzplan möglich ist. Dieser Kurzüberblick ist nicht zu verwechseln mit der Zusammenfassung des Insolvenzplans, dessen Zustellung das Insolvenzgericht gemäß § 235 Abs. 3 Satz 2 InsO anordnen kann.

4) Zum Initiativrecht s. § 218 InsO; bei angeordneter Eigenverwaltung empfiehlt sich bei einem schuldnerinitiierten Insolvenzplan die Abstimmung mit dem Sachwalter vor Einreichung des Insolvenzplans bzw. bei Regelverwaltung mit dem Insolvenzverwalter.

nostisch zu einem positiven Cash Flow, aus dem die Gläubiger nach Aufhebung des Insolvenzverfahrens zusätzliche Planquoten erhalten und der die Gesellschaft nachhaltig zukunftsfähig macht.

Gesellschaftsrechtliche Maßnahmen sind nicht vorgesehen.[5)]

3. *Regelungsansatz*

Dies soll dadurch geschehen, dass

- der Geschäftsbereich [1][6)] der Gesellschaft aufrechterhalten bleibt,
- der Geschäftsbereich [2] einschließlich des dortigen Vermögens und der zugehörigen Arbeitnehmer planbegleitend aufgrund eines bereits abgeschlossenen Kaufvertrages an einen Investor übertragen wird;
- das betriebsnotwendige Anlage- und Umlaufvermögen des Geschäftsbereichs [1] erhalten bleibt;[7)]
- die Absonderungsrechte der A-Bank am beweglichen Sachanlagevermögen des Geschäftsbereichs [1] in 20 Raten über fünf Jahre abgegolten werden;[8)]
- die Absonderungsrechte der A-Bank an Vorräten des Geschäftsbereichs [1] in zwei Raten über zwei Kalenderjahresquartale abgegolten werden;
- die nicht nachrangigen Insolvenzgläubiger gemäß § 38 InsO Planquoten wie folgt erhalten:
  - i. H. von fix […] % aus der freien liquiden Insolvenzmasse unter Berücksichtigung einer operativen, betriebsnotwendigen Liquiditätsreserve unmittelbar nach Wirksamwerden des Insolvenzplans (**„Planquote Masse“**);
  - i. H. von fix […] % aus dem nach Aufhebung des Insolvenzverfahrens fortgeführten Geschäftsbetrieb eine Quote in **acht** gleichen Raten je Kalenderjahresquartal (**„Planquote Earn-out-fix“**);
  - eine gestaffelte Quote von […] % bis […] % als Besserungsschein, abhängig vom Erfolg der Betriebsfortführung nach Aufhebung des Insolvenzverfahrens durch Einmalzahlung in ca. 2,5 Jahren (**„Planquote Earn-out-variabel“**)

  und ihre Insolvenzforderungen im Übrigen erlassen;
- die Planquote somit zu einem erheblichen Teil aus künftigen Erträgen der Gesellschaft finanziert wird.[9)]

Dieser Insolvenzplan sieht Eingriffe in die Rechte der Insolvenzgläubiger und der A-Bank als Absonderungsgläubigerin vor.

4. *Besserstellung der Gläubiger durch den Insolvenzplan*

Die A-Bank erhält eine Abgeltung auf ihre Sicherungsrechte oberhalb des Zerschlagungswerts des Sicherungsguts. Die nicht nachrangigen Insolvenzgläubiger erhalten prognostisch im Falle eines Insolvenzplans alternativ zur Zerschlagung mindestens eine um […] % erhöhte Quote.

---

5) Auch der Earn-out-Plan kann gesellschaftsrechtliche Maßnahmen vorsehen.

6) Die Geschäftsbereiche sind fallbezogen konkret zu bezeichnen. Zu Zwecken der besseren Verständlichkeit werden die beiden Geschäftsbereiche mit den Nr. 1 und 2 dargestellt.

7) Anders wird eine Betriebsfortführung nicht darstellbar sein.

8) Für diesen Musterplan wird davon ausgegangen, dass für die erfolgreiche Sanierung das Absonderungsrecht abzulösen ist. Ob und welche Eingriffe der Plan in die Rechte der Absonderungsgläubiger vorzusehen hat, ist vom Einzelfall abhängig.

9) Die besondere Herausforderung beim Earn-out-Plan besteht häufig darin, den Geschäftsbetrieb nachhaltig ertragsfähig zu machen, um hinreichende Liquidität nicht nur für das operative Geschäft und zwingende Investitionen, sondern auch für die Planquote sowie die Ablösung von Sicherungsrechten zu generieren. Das gilt nicht bei einer singulären Insolvenzursache (etwa einer einzelnen Schadensersatzforderung) und operativ gesundem Geschäftsbetrieb.

Diese hohe Quote ist insbesondere möglich, da durch den Insolvenzplan eine Betriebseinstellung sowie die Zerschlagung des Unternehmens einschließlich eines vollständigen und teuren Arbeitsplatzabbaus vermieden werden und die Gläubiger Fortführungswerte der Gesellschaft realisieren.

5. *Stellungnahmen zum Insolvenzplan*

Der Gläubigerausschuss, der Betriebsrat sowie die Geschäftsführer [*alt.* der Insolvenzverwalter/*alt.* der Sachwalter][10] haben zum Insolvenzplan die als **Anlagen 1 bis 3** beigefügten (positiven) Stellungnahmen abgegeben.[11] Damit ist die Einholung von nochmaligen Stellungnahmen zum Insolvenzplan gemäß § 232 InsO entbehrlich.

II. Wesentliche Unternehmens- und Verfahrensinformationen

1. Datenpool

a) Unternehmensbezogene Daten

Firma	[...]
Firma (vormals)	[...]
Handelsregister	[...]
Sitz	[...]
Errichtung	[...]
Gründung (Eintragung in das Handelsregister)	[...]
Unternehmensgegenstand	[...]
Geschäftsführung	[...]
Stammkapital	[...]
Gesellschafter	[...]
Finanzamt	[...]
Steuernummer der Masse	[...]
Steuerberater/Wirtschaftsprüfer	[...]
Abschlussprüfer	[...]
Anzahl der Arbeitnehmer	[...]
Betriebsrat	[...]
Tarifvertrag	[...]

b) Verfahrensbezogene Daten

Datum des Insolvenzantrags	[...]
Insolvenzgericht und Aktenzeichen	[...]
Datum der Anordnung der vorläufigen Insolvenzverwaltung [*alt.* vorläufigen Sachwaltung]	[...]
vorläufiger Insolvenzverwalter [*alt.* vorläufiger Sachwalter]	[...]
Datum der Eröffnung des Insolvenzverfahrens	[...]

10) Wird der Insolvenzplan nicht zurückgewiesen, so leitet das Insolvenzgericht ihn gemäß § 232 Abs. 1 InsO zur Stellungnahme zu: Erstens dem Gläubigerausschuss, wenn ein solcher bestellt ist, dem Betriebsrat und dem Sprecherausschuss der leitenden Angestellten; Zweitens dem Schuldner, wenn der Insolvenzverwalter den Plan vorgelegt hat; Drittens dem Verwalter, wenn der Schuldner den Plan vorgelegt hat. Werden bereits dem Plan die Zustimmungen dieser Beteiligten beigefügt, ist eine gesonderte Stellungnahme entbehrlich, was das Verfahren beschleunigt.

11) Eine Zustimmung des Gläubigerausschusses zum Insolvenzplan ist nicht gesetzlich vorgeschrieben, allerdings ist dessen positives Votum ein wichtiges Signal für die übrigen Gläubiger und das Insolvenzgericht.

Verfahrensart (Regelverwaltung/Eigenverwaltung)	[…]
Insolvenzgrund	Drohende Zahlungsunfähigkeit
Insolvenzverwalter [*alt.* Sachwalter]	[…]
Mitglieder des Gläubigerausschusses	[…]

2. *Unternehmensgegenstand*

Unternehmensgegenstand der [mittelgroßen Kapitalgesellschaft] im Sinne von § 267 Abs. 2 HGB mit Sitz in […] ist[…].

3. *Rechtliche Verhältnisse*

a) *Gesellschaftsrechtliche Verhältnisse/Firma*

Die Gesellschaft wurde am […] als […] gegründet. Gründungsgesellschafter waren:

Gesellschafter	Geschäftsanteil
[Gesellschafter 1]	[…]
[Gesellschafter 1]	[…]

Diese verkauften und traten ihre Geschäftsanteile am […] an […] ab, so dass sich die Beteiligung an der Gesellschaft aktuell wie folgt darstellt:

Gesellschafter	Geschäftsanteil
[Gesellschafter 3]	[…]
[Gesellschafter 4]	[…]

Mit Beschluss vom […] firmierte die Gesellschaft in Earn-out-GmbH um.

b) *Vertretung*

Geschäftsführer der Gesellschaft sind aktuell […]. Prokuristen sind nicht bestellt.

c) *Arbeitnehmer*

Die Gesellschaft beschäftigt derzeit […] Arbeitnehmer. Es ist ein Betriebsrat gewählt.

Die Vergütung der Beschäftigten erfolgt nach Tarifvertrag […]. Die Gesellschaft hat […] Betriebsvereinbarungen geschlossen: […].

Die Alterssicherung im Unternehmen ist wie folgt ausgestaltet: […].

Die Alterssicherung ging mit Eröffnung des Insolvenzverfahrens über das Vermögen der Gesellschaft auf den Pensionssicherungsverein a. G. (nachfolgend nur PSVaG) über.

d) *Steuerliche Verhältnisse*

Das Finanzamt […] führt die Gesellschaft unter der Steuer-Nr. […] und die Masse unter der Steuernummer […].

Die Jahressteuererklärungen sind bis einschließlich […] abgegeben.

e) *Außenrechtsverhältnisse*

Der Geschäftsbetrieb der Gesellschaft erfolgt in zwei von der […] gemieteten Immobilien in […]. Die Gesellschaft hat für diese Immobilie die betriebsnotwendigen Versorgungsverträge abgeschossen.

Die Gesellschaft hat zudem die für ein Unternehmen mit ihrem Unternehmensgegenstand typischen Verträge mit Kunden und Lieferanten abgeschlossen. Zu ihren Kunden gehören etwa […]. Dienstleistungen nimmt die Gesellschaft wie folgt in Anspruch: […].

f) Finanzierung

Die Lieferanten kreditieren die Gesellschaft mit den branchenüblichen Zahlungszielen von durchschnittlich […] Tagen und haben hierfür überwiegend durch die Gesellschaft akzeptierte AGB vereinbart, die auch Eigentumsvorbehaltsrechte beinhalten.

Die Gesellschaft hat ihr bewegliches Sachanlagevermögen über die A-Bank darlehensweise finanziert. Die A-Bank hat der der Gesellschaft zudem eine Kontokorrentlinie gewährt. Sämtliche Darlehen sind gekündigt.

Weiteres bewegliches Sachanlagevermögen nutzt die Gesellschaft auf der Basis von Mietkauf- sowie Leasingverträgen. Die Leasingverträge sowie Mietkaufverträge waren bei Eröffnung des Insolvenzverfahrens ungekündigt.

g) Rechtsstreite

Die Gesellschaft führt derzeit keine Aktivprozesse. Passiv ist sie an folgenden Rechtsstreiten beteiligt, in denen es ausschließlich um vor Eröffnung des Insolvenzverfahrens entstandene Ansprüche geht, mithin um Insolvenzforderungen: […]. Diese Zivilprozesse sind mit Eröffnung des Insolvenzverfahrens gemäß § 240 ZPO unterbrochen.

4. Wirtschaftliche Entwicklung vor Insolvenzantragstellung/Krisen- und Ursachenanalyse

Die geprüften Jahresabschlüsse für die Jahre […] bis […] und der vorläufige und ungeprüfte Jahresabschluss […] weisen folgende wirtschaftliche Entwicklung aus:

Geschäftsjahr	**[…]**	**[…]**	**[…]**	**[…]**	**[…]**
	in T€	**in T€**	**in T€**	**in T€**	**in T€**
Umsatzerlöse					
Sonstige betriebliche Erträge					
Andere aktivierte Eigenleistungen					
Bestandsveränderung					
Betriebserträge gesamt					
Material					
Bezogene Leistungen					
Rohergebnis					
Personal					
Abschreibungen					
Sonstiger betrieblicher Aufwand					
Betriebsergebnis					
Erträge aus Finanzanlagen					
Zinsen und ähnliche Erträge					
Abschreibungen auf Finanzanlagen					
Zinsen und ähnliche Aufwendungen					
Ergebnis der gewöhnlichen Geschäftstätigkeit					
Außerordentliche Erträge					
Außerordentliche Aufwendungen					
Steuern vom Einkommen Ertrag					
Sonstige Steuern					
Jahresüberschuss/-fehlbetrag					

Die Bilanzen, Anlage 4 entwickelten sich wie folgt:

Geschäftsjahr	[…] in T€	[…] in T€	[…] in T€	[…] in T€	[…] in T€
Aktiva					
Immaterielles Vermögen					
Grundstücke					
Maschinen/technische Anlagen					
Andere Anlagen/Betriebs- und Geschäftsausstattung					
Geleistete Anzahlungen, Anlagen im Bau					
Beteiligungen					
Roh-/Hilfs-/Betriebsstoffe					
Unfertige Erzeugnisse					
Fertigerzeugnisse					
Geleistete Anzahlungen					
Forderungen aus Lieferung und Leistung					
Forderungen gegenüber Gesellschaftern					
Sonstiges Vermögen					
Wertpapiere					
Kasse/Bank/Schecks					
Rechnungsabgrenzungsposten					
Aktive latente Steuern					
Sonstige Aktiva					
Aktiva gesamt					
Passiva					
Gezeichnetes Kapital					
Kapitalrücklage					
Gewinnrücklagen					
Gewinnvortrag					
Jahresüberschuss					
Sonderposten mit Rücklagenanteil					
Steuerrückstellungen					
Sonstige Rückstellungen					
Verbindlichkeiten Kreditinstitute					
Erhaltene Anzahlungen					
Verbindlichkeiten aus Lieferung und Leistung					
Verbindlichkeiten verbundene Unternehmen					
Sonstige Verbindlichkeiten					
Rechnungsabgrenzungsposten					
Passiva gesamt					

Ausweislich der Daten […][12].

Aus den Daten, die nicht zwischen Geschäftsbereich [1] und [2] trennen, wird deutlich, dass sich die Gesamtumsätze der Gesellschaft im Betrachtungszeitraum bis einschließlich […] positiv entwickelten, wobei anfänglich eine sprunghafte Umsatzsteigerung (über […] % von […] auf […]) zu verzeichnen war.

Der anwachsende Geschäftsumfang der Gesellschaft manifestiert sich auch in der Erhöhung der Bilanzsumme aufgrund der Aktivierung von Maschinen und Anlagen, die sich in einem Zeitraum von lediglich […] Jahren ([…] zu […]) [verdoppelte]. Die Anschaffung der Maschinen/technischen Anlagen, überwiegend für den Geschäftsbereich [2] ging einher mit einer deutlichen Erhöhung der Verpflichtungen gegenüber Kreditinstituten, was die fremdkapitalbasierende Finanzierung des Maschinenparks abbildet.

In den Jahren […] und […] verlagerte im Geschäftsbereich [2] der wichtigste Kunde einen Teil seiner Aufträge auf Wettbewerber der Gesellschaft. Zwar gelang die teilweise Kompensation durch Aufträge neuer Kunden, allerdings deutlich zulasten des Ertrags.

Der hierfür in zu einem wesentlichen Teil verantwortliche starke Anstieg des Materialeinsatzes im Jahresvergleich […]/[…] ist auf die infolge der Kompensationsmaßnahmen veränderte Kunden- und Auftragsstruktur zurückzuführen. So war beispielsweise mit dem Auslaufen von Bestandsaufträgen und dem Beginn von Neuaufträgen ein Wechsel des Rohmaterials von […] hin zu dem kostenintensiveren […] verbunden.

Die Verluste im operativen Geschäftsbetrieb ab dem Jahr […] sind auch darauf zurückzuführen, dass das Neugeschäft nicht nur mit den üblichen Anlaufverlusten verbunden war, sondern, anders als die auslaufenden Bestandsaufträge, nicht profitabel war. Teilweise war insoweit auch, nicht zuletzt aufgrund von Fehlkalkulationen, eine erhebliche Kostenunterdeckung unter Vollkostenansatz zu verzeichnen.

Hinzu kam bezüglich des Neugeschäfts im Jahr […] eine mehrmonatige Ausschussproduktion für einen Kunden, da sich herausstellte, dass von der Gesellschaft gefertigte Komponenten nicht den vertraglichen Anforderungen entsprachen und daher von diesem (berechtigt) nicht abgenommen wurden, so dass insoweit lediglich noch Schrottwerte mit erheblichem Abschreibungsbedarf auf zuvor aktivierte Vorräte realisiert werden konnten.

Der Geschäftsbereich [1] ist gekennzeichnet durch einen seit Jahren leicht ansteigenden Umsatz bei gleichzeitig überproportional steigendem Aufwand, mit zuletzt negativem Ergebnis. Das Produktsortiment ist sehr umfangreich, was eine häufige Umstellung der Maschinen mit erheblichen Umrustzeiten erforderlich macht. Zudem wurde es in diesem Bereich nach der Durchführung von Automatisierungen unterlassen, den Personalbestand hinreichend anzupassen. Einzelne Aufträge der Gesellschaft sind defizitär. Die Annahme der Aufträge erfolgte mit dem bislang nicht erreichten Ziel, Ineffizienzen zu beseitigen, um die Aufträge profitabel zu gestalten.

Spätestens die Veränderung der Auftragsstruktur Geschäftsbereich [2] führte zu einer operativen Krise, die aufgrund der hohen Kapitallast in nur wenigen Monaten zu einer Liquiditätskrise führte, die sich durch die Nichtabnahme und Bezahlung von Fertigerzeugnissen durch einen Kunden (siehe oben Ausschussproduktion) verschärfte. Die Gesellschaft war bei Stellung des Insolvenzantrags aufgrund von Verkürzungen von Zahlungszielen durch Kunden (noch) nicht zahlungsunfähig. Die Zahlungsunfähigkeit drohte, weil die Gesellschaft Bestellungen ausgelöst hatte, die sie bei Fälligkeit prognostisch nicht bezahlen konnte und die Verkürzung der Zahlungsziele durch die Kunden nur temporär war.[13]

---

12) Die GuV und die Bilanzentwicklung sollten hier erläutert werden. Auf Besonderheiten, etwa relevante Wertberichtigungen ist gesondert einzugehen.

13) Die Darstellung umfasst lediglich die die Analyse der internen Unternehmensverhältnisse, die Feststellung des Krisenstadiums und die Analyse der Krisenursachen. Diese sollte ergänzt werden um die Analyse der Branche und des Umfeldes, eine SWOT-Analyse, die Darstellung der Benchmark, Aussagen zur Liquiditäts- und Kapitalsituation sowie Fortführung des Unternehmens ergänzt werden, s. a. IDW S 6 IDW, Anforderungen an Sanierungskonzepte (IDW S 6), Stand: 22.6.2023, IDW Life 12/2023, 1159 ff.

III. Ergebnis für die Beteiligten im Rahmen des Insolvenzplans (Quoten)

1. Leitbild der sanierten Gesellschaft

Die Gesellschaft setzt ihre Geschäftstätigkeit nach Umsetzung der Sanierungsmaßnahmen in ihrem Kerngeschäftsbereich [1] fort und verkauft den nicht als Kerngeschäft identifizierten Geschäftsbereich [2] an einen Investor.

2. Restrukturierung

Die zur Umsetzung des Leitbildes erforderlichen Maßnahmen werden unter dem Schutz eines Insolvenzverfahrens ausgehend vom aktuellen Krisenstadium[14] durch einen Insolvenzplan sowie planbegleitend umgesetzt.[15]

a) Restrukturierung während des Insolvenzverfahrens/planbegleitende Restrukturierung

aa) Finanzwirtschaftliche Maßnahmen

(1) Sicherung der betriebsnotwendigen Liquidität

Liquiditätsseitig wirkte sich positiv aus, dass Zahlungen auf Altforderungen einschließlich Darlehenstilgungen nach Insolvenzantragstellung nicht mehr geleistet und die Arbeitsentgelte im Insolvenzgeldzeitraum vom […] bis […] nicht gezahlt wurden. Die Arbeitnehmer erhielten stattdessen vorfinanziertes Insolvenzgeld, so dass sie motiviert blieben.

(2) Ablösung von Aus- und Absonderungsrechten außerhalb des Insolvenzplans

Für mit einfachen Eigentumsvorbehalten belasteten Vorratsbestand (Aussonderungsrechte) wurde nach Eröffnung des Insolvenzverfahrens entweder Erfüllung des Vertrages gemäß § 107 Abs. 1 InsO verlangt und Zahlung geleistet oder aber dieser wurde an die Eigentümer zurückgegeben.

Absonderungsrechte der Lieferanten am Warenbestand (etwa erweiterte Eigentumsvorbehalte und Verarbeitungsvorbehalte von Lieferanten) sowie an den Forderungen aus Lieferung und Leistung (verlängerte Eigentumsvorbehalte von Lieferanten) wurden während des Insolvenzverfahrens nahezu vollständig abgelöst. Die noch offenen Ansprüche werden kurzfristig noch während des Insolvenzverfahrens erledigt, so dass ein Eingriff in solche Rechte durch den Insolvenzplan nicht erforderlich ist.

Die zwar nicht den vorrangigen Sicherungsrechten der Lieferanten, aber der A-Bank unterliegenden Vorräte sowie Forderungen aus Lieferung und Leistung (Absonderungsrechte) wurden während des Insolvenzverfahrens abzüglich eines über den gesetzlichen Vorschriften hinaus vereinbarten Kostenbeitrags i. H. von […] € abgelöst, soweit diese liquidiert wurden. Das betrifft solche Vorräte und Forderungen, die bis zur Insolvenzantragstellung entstanden sind bzw. werthaltig gemacht wurden. Für die Zeit ab Insolvenzantragstellung hat das Kreditinstitut auf seine diesbezüglichen Sicherungsrechte im Vorgriff auf potentielle Anfechtungsansprüche gemäß § 130 Abs. 1 Nr. 2 InsO (Sicherung nach dem Insolvenzantrag und Kenntnis der Gläubigerin vom Insolvenzantrag) noch im Insolvenzantragsverfahren verzichtet. Die Verzichtserklärung der A-Bank ist als **Anlage 6** beigefügt.

Im Kaufvertag für den Geschäftsbereich [2] ist für die dortigen bereits einige Monate alten Vorräte, die den Absonderungsrechten der A-Bank unterliegen, wegen deren eingeschränkter Verwendungsmöglichkeit ein Abschlag von […] % vorgesehen. Der hieraus der A-Bank zustehende Anteil (Kaufpreis abzüglich Kostenbeitrag) wird dieser noch während des Insolvenzverfahrens zufließen. Für die weiteren den Absonderungsrechten der A-Bank unterliegenden Vorräte und deren Behandlung durch den Insolvenzplan wird auf A. III. 4. b), bb) verwiesen.

---

14) Vgl. IDW, Anforderungen an Sanierungskonzepte (IDW S 6), Stand: 22.6.2023, IDW Life 12/2023, 1159 ff.

15) Im darstellenden Teil eines Earn-out-Plans muss umfassend anlehnend an IDW S 6 (IDW, Anforderungen an Sanierungskonzepte (IDW S 6), Stand: 22.6.2023, IDW Life 12/2023, 1159 ff.) insbesondere zu den Krisenursachen und den daraus abgeleiteten Sanierungsmaßnahmen berichtet werden, da die plangemäßen Zahlungen an die Gläubiger vom wirtschaftlichen Erfolg der Gesellschaft abhängig sind.

Den zugunsten der A-Bank absonderungsbelasteten Forderungen stehen nach derzeitigem Kenntnisstand begründete Einwendungen gegenüber, so dass deren Realisierung fraglich ist. Ein Eingriff in die von der Globalzession erfassten Forderungen (entstanden bzw. werthaltig gemacht bis zur Insolvenzantragstellung) durch den Insolvenzplan ist nicht vorgesehen. Ein- und Auszahlungen hieraus sind in der Finanzplanung (siehe A. III. 5. c)–e)) nicht berücksichtigt. Sollten entgegen der Prognose Einzahlungen erfolgen, sind die Sicherungsrechte der A-Bank zu beachten.

Parallel zum Insolvenzplan erfolgt im Zusammenhang mit der Übertragung des Geschäftsbereichs [2] an den Investor auch der Verkauf des zugehörigen beweglichen Sachanlagevermögens. Die Auskehr der diesbezüglichen Erlöse an die A-Bank auf deren Absonderungsrechte erfolgt [abzüglich der Kostenbeiträge][16] noch im Insolvenzverfahren. Ein diesbezüglicher Eingriff in die Absonderungsrechte der A-Bank durch den Insolvenzplan ist daher entbehrlich.

bb) Leistungswirtschaftliche Maßnahmen

Der defizitäre Geschäftsbereich [2] (nicht zum Kerngeschäft gehörend) wird einschließlich aller dort beschäftigten Arbeitnehmer und des betriebsnotwendigen Anlage- und Vorratsvermögens für […] € planbegleitend an die […] übertragen. Der Kaufvertrag ist unterzeichnet.[17] Der Kaufpreis wird voraussichtlich am […] gezahlt. Nach Ablösung von Absonderungsrechten verbleibt zur Verteilung an die Gläubiger voraussichtlich ein Betrag von […] €.

Den zum Kerngeschäft gehörenden Geschäftsbereich [1] führt die Gesellschaft fort.

Dessen Kunden und das Produktsortiment wurden umfassend analysiert. Auf der Basis dieser Analyse fanden Verhandlungen mit den Kunden statt, für die die Gesellschaft defizitäre Aufträge bearbeitete. Soweit einzelne Kunden nicht zu Preisanpassungen bereit waren, wurde die Geschäftsbeziehung beendet. Zudem fand eine Bereinigung des Produktsortiments statt. Im Zusammenhang mit der hieraus folgenden teilweisen Neuorganisation der Produktion werden […] Arbeitnehmer abgebaut.[18] Ein Interessenausgleich mit Namensliste und ein Sozialplan sind abschließend verhandelt. Die Personalmaßnahmen werden planbegleitend umgesetzt.

Die im Insolvenzverfahren begonnenen und teilweise abgeschlossenen[19] leistungswirtschaftlichen Sanierungsmaßnahmen werden nach Aufhebung des Insolvenzverfahrens fortgesetzt. Dies betrifft insbesondere den Abschluss der Implementierung eines neuen vernetzten Warenwirtschaftssystems.

Weitere Maßnahmen sind: […][20]

cc) Außenrechtsverhältnisse

Nicht betriebsnotwendige Verträge, insbesondere […] wurden nach Eröffnung des Insolvenzverfahrens beendet.

---

16) Im Fall einer angeordneten Eigenverwaltung werden Feststellungskostenbeiträge gemäß § 282 Satz 2 InsO nicht erhoben. Als Kosten der Verwertung können nur die tatsächlich entstandenen, für die Verwertung erforderlichen Kosten und der Umsatzsteuerbetrag angesetzt werden, nicht aber eine Pauschale, § 282 Satz 3 InsO.

17) Bei dem Verkauf eines Geschäftsbetriebs ist § 160 Abs. 1, Abs. 2 Nr. 1 InsO zu beachten: Für Rechtshandlungen, die für das Insolvenzverfahren von besonderer Bedeutung sind, ist die Zustimmung des Gläubigerausschusses erforderlich bzw. soweit ein solcher nicht bestellt ist, der Gläubigerversammlung einzuholen, insbesondere, wenn das Unternehmen oder ein Betrieb, das Warenlager im Ganzen, ein unbeweglicher Gegenstand aus freier Hand, die Beteiligung des Schuldners an einem anderen Unternehmen, die der Herstellung einer dauernden Verbindung zu diesem Unternehmen dienen soll, oder das Recht auf den Bezug wiederkehrender Einkünfte veräußert werden soll.

18) Damit werden planbegleitend erhebliche Vorteile des Insolvenzverfahrens genutzt. Beispielsweise verkürzt sich die Kündigungsfrist der Arbeitnehmer im Insolvenzverfahren auf maximal drei Monate zum Monatsende (§ 113 Satz 2 InsO). Zudem sind die Sozialplanansprüche auf maximal 2,5 Monatsverdienste begrenzt (§ 123 Abs. 1 InsO).

19) Die zumindest begonnene Umsetzung von Sanierungsmaßnahmen erhöht die Wahrscheinlichkeit einer Zustimmung der Gläubiger zum Insolvenzplan.

20) Ein als Anlage beizufügendes Sanierungskonzept kann hier zusammengefasst werden.

Für betriebsnotwendiges bewegliches Sachanlagevermögen wurden, soweit geleast oder durch Mietkauf erworben, nach Eröffnung des Insolvenzverfahrens Vereinbarungen zur modifizierten Fortführung der Leasing- und Mietkaufverträge mit Sonderkündigungsmöglichkeiten getroffen.

Die den Geschäftsbereich [2] betreffenden Verträge werden vorbehaltlich der Zustimmung der Vertragspartner durch dessen Käufer übernommen. Dies betrifft insbesondere den Mietvertrag für das Grundstück, in dem der Geschäftsbereich [2] betrieben wird. Die Zustimmung des Vermieters liegt vor.

Sonstige Verträge wurden uneingeschränkt fortgeführt.

dd) *Rechtsstreite*

Die Aufnahme von Rechtsstreiten (Passivprozesse, siehe oben A. II. 3. g)) durch den Insolvenzverwalter [*alt.* die Gesellschaft] ist nicht vorgesehen. Deren Aufnahme bleibt aber den Gläubigern vorbehalten, soweit keine Feststellung von deren Insolvenzforderungen zur Insolvenztabelle erfolgt.

Insolvenzspezifische und gesellschaftsrechtliche Ansprüche bestehen nach aktueller Kenntnis nicht. Die bisherigen Ermittlungen ergaben, dass der Insolvenzantrag vor Eintritt zwingender Insolvenzantragsgründe (Überschuldung und Zahlungsunfähigkeit) gestellt wurde. Hinweise auf Sachverhalte, die eine Vorsatzanfechtung gemäß § 133 InsO begründen, wurden nicht gefunden.

ee) *Investorensuche*

Bereits im Insolvenzantragsverfahren wurde intensiv und strukturiert nach Investoren gesucht, die entweder im Rahmen eines Insolvenzplans die Geschäftsanteile an der sanierten Gesellschaft oder deren betriebsnotwendige Vermögensgegenstände (übertragende Sanierung) übernehmen sollten. Hierzu wurden […] Investoren angesprochen. Lediglich für den Geschäftsbereich [2] konnte […] als Käufer gefunden werden, der als Bestbietender aus dem M&A-Prozess hervorging. Für den Geschäftsbereich [1] war die Investorensuche nicht erfolgreich, auch deshalb, weil dieser in der Vergangenheit defizitäre Geschäftsbetrieb zu einem Teil von Aufträgen etwa aus […] abhängig ist, für die besonders aufwändige Zertifizierungen erforderlich sind, die nicht ohne Weiteres auf einen anderen Rechtsträger übertragbar sind. Zudem liegen betriebsnotwendige IP-Rechte bei der Muttergesellschaft, die diese nicht auf einen Dritten zu übertragen bereit ist.

b) *Restrukturierung durch den Insolvenzplan*

aa) *Finanzwirtschaftliche Restrukturierung*

Die finanzwirtschaftliche Sanierung erfolgt durch die insolvenzplangemäß vorgesehenen Teilerlasse der Gläubiger gegenüber der Gesellschaft mit Wirksamwerden des Insolvenzplans und Ablösung der Sicherungsrechte.

Die Teilerlasse führen zu einer deutlichen Stärkung des Eigenkapitals, siehe Bilanzplanung vom Stichtag bis […], **Anlage 5**.

bb) *Künftige Finanzierung*

Die Verpflichtungen aus diesem Insolvenzplan werden, soweit die **„Planquote Earn-out-fix"** sowie **„Planquote Earn-out-variabel"** betroffen sind, durch die Gläubiger über einen Zeitraum von acht Kalenderjahresquartalen gestundet. Diese finanzieren die Gesellschaft damit temporär fort.

Die Gesellschaft wird weiter temporär durch die A-Bank hinsichtlich der Ablösung von Sicherungsrechten über fünf Jahre sowie eine neue Kontokorrentlinie i. H. von […] € finanziert (Details siehe A. III. 5. d)). Die Zustimmung der A-Bank zu diesem Insolvenzplan und zum Kontokorrentdarlehen ist als **Anlage 6** beigefügt.

Schließlich wird die Gesellschaft durch die Leasinggeber, Mietverkäufer und Lieferanten finanziert, deren Verträge über die Aufhebung des Insolvenzverfahrens hinaus fortdauern.

cc) Gesellschaftsrechtliche Maßnahmen

Gesellschaftsrechtliche Maßnahmen sieht dieser Insolvenzplan nicht vor.[21)]

3. Gruppenbildung

a) Allgemeines

Bei der Festlegung der Rechte der Beteiligten im Insolvenzplan sind Gruppen zu bilden, soweit Beteiligte mit unterschiedlicher Rechtsstellung betroffen sind. Es ist gemäß § 222 Abs. 1 InsO zu unterscheiden zwischen

- absonderungsberechtigten Gläubigern (§§ 49 ff. InsO), wenn durch den Plan in deren Rechte eingegriffen wird (§ 222 Abs. 1 Satz 2 Nr. 1 InsO),
- den nicht nachrangigen Insolvenzgläubigern, § 38 InsO, (§ 222 Abs. 1 Satz 2 Nr. 2 InsO),
- den einzelnen Rangklassen der nachrangigen Insolvenzgläubiger (§ 39 InsO), soweit deren Forderungen nicht nach § 225 InsO als erlassen gelten sollen (§ 222 Abs. 1 Satz 2 Nr. 3 InsO),
- den an der Gesellschaft beteiligten Personen, wenn deren Anteils- oder Mitgliedschaftsrechte in den Plan einbezogen werden, § 222 Abs. 1 Satz 2 Nr. 4 InsO und
- den Inhabern von Rechten aus gruppeninternen Drittsicherheiten (§ 222 Abs. 1 Satz 2 Nr. 5 InsO).

Für den PSVaG ist gemäß § 9 Abs. 4 Satz 1 BetrAVG eine Gruppe zu bilden, sofern er auf die Gruppenbildung nicht verzichtet.

Die Arbeitnehmer sollen eine besondere Gruppe bilden, wenn sie als Insolvenzgläubiger mit nicht unerheblichen Forderungen beteiligt sind.

b) Einteilung der Gläubiger in Gruppen

Die Beteiligten am Insolvenzplan werden in folgende Gruppen eingeteilt:[22)]

Gruppe 1	A-Bank mit ihren Absonderungsrechten am beweglichen Sachanlagevermögen sowie an den Vorräten
Gruppe 2	PSVaG
Gruppe 3	Nicht nachrangige Insolvenzgläubiger mit Insolvenzforderungen gemäß § 38 InsO, nachfolgend nur „sonstige Insolvenzgläubiger“

Dem Insolvenzplan ist als <u>Anlage 7</u> das Verzeichnis aller bekannten Insolvenzgläubiger der Gesellschaft einschließlich ihrer Zuordnung zu den gebildeten Gruppen beigefügt.

c) Erläuterung der Gruppenbildung

Die Gruppenbildung erfolgt nach folgenden Kriterien:

- Gemäß § 222 Abs. 1 Nr. 1 InsO sind für die zur abgesonderten Befriedigung berechtigten Gläubiger Gruppen zu bilden, sofern durch den Plan in deren Rechte eingegriffen wird. Der Insolvenzplan sieht die Ablösung der Absonderungsrechte der A-Bank am beweglichen Sachanlagevermögen sowie an Vorräten unterhalb der Fortführungswerte vor und damit einen Eingriff in deren Absonderungsrechte. Für die A-Bank mit ihren Absonderungsrechten wird daher die Gruppe 1 gebildet. Soweit diese Gruppe mit ihren Sicherungsrechten ausfällt, nimmt sie in Gruppe 3 an der Verteilung teil.
- Bei der Gesellschaft bestehen die Altersversorgungsverträge […], für die Ansprüche und Anwartschaften aus betrieblicher Altersversorgung gemäß § 9 Abs. 2 BetrAVG auf den PSVaG über-

21) Zu möglichen gesellschaftsrechtlichen Maßnahmen in Insolvenzplänen siehe § 30 Rz. 1 ff. [*Brünkmans*] sowie § 63 [*Brünkmans*].

22) Es sollte eine ungerade Zahl an Gruppen gebildet werden, da die (ggf. erforderliche) Ersetzung der Zustimmung einer obstruierenden Gruppe durch das Insolvenzgericht nur möglich ist, wenn die Mehrheit der abstimmenden Gruppen für den Plan gestimmt hat.

gehen. Gemäß § 9 Abs. 4 Satz 1 BetrAVG ist für den PSVaG daher eine Gruppe zwingend zu bilden. Ein Verzicht des PSVaG hierauf liegt nicht vor.

- Weiter ist zwingend gemäß § 222 Abs. 1 Nr. 2 InsO eine Gruppe der nicht nachrangigen Insolvenzgläubiger gemäß § 38 InsO zu bilden. Dem wurde mit Bildung der Gruppe 3 (sonstige Insolvenzgläubiger) Rechnung getragen. Gemäß § 222 Abs. 2 Satz 1 InsO können weitere Gruppen für Gläubiger mit Forderungen im Rang des § 38 InsO gebildet werden, in denen Gläubiger mit gleichartigen wirtschaftlichen Interessen zusammengefasst werden. Hiervon wird kein Gebrauch gemacht.
- Arbeitnehmer sind nur mit unerheblichen Forderungen beteiligt, sodass eine gesonderte Gruppe für diese Gläubiger nicht zu bilden war.
- Die Bildung von Gruppen für die nachrangigen Insolvenzforderungen in den Rängen des § 39 Abs. 1 Nr. 1 bis 4, Abs. 2 InsO ist entbehrlich, da deren Forderungen gemäß § 225 Abs. 1 InsO als erlassen gelten, § 222 Abs. 1 Satz 2 Nr. 3 InsO. Zur Anmeldung solcher Forderungen hat das Insolvenzgericht nicht aufgefordert.
- Gemäß § 222 Abs. 1 Nr. 4 InsO sind für die an der Gesellschaft beteiligten Personen Gruppen zu bilden, sofern durch den Plan in deren Rechte eingegriffen wird. Da dies nicht der Fall ist, ist eine entsprechende Gruppenbildung entbehrlich.
- Der Plan greift in Rechte aus gruppeninternen Drittsicherheiten nicht ein, so dass die Bildung einer Gruppe für diese entbehrlich ist.

4. *Behandlung der Beteiligten*

a) *Aussonderungsgläubiger*

Rechte von Aussonderungsgläubigern (§ 47 InsO) werden durch den Insolvenzplan nicht berührt.[23] Für den Geschäftsbereich [1] werden die aktuell bestehenden Leasing- und Mietkaufverträge für Maschinen und Anlagen sowie Fahrzeuge ebenso fortgeführt, wie der Mietvertrag für die Betriebsimmobilie.

b) *Absonderungsgläubiger*

Die A-Bank ist durch Einzel- und Raumsicherungsübereignung vom […] am beweglichen Sachanlagevermögen, durch Raumsicherungsübereignung vom […] an den Vorräten, die vor Insolvenzantragstellung in die Sicherungsräume eingebracht bzw. werthaltig gemacht wurden sowie durch Globalzession vom […] am Forderungsbestand, der vor Insolvenzantragstellung entstanden ist (siehe oben A. III. 2. a), aa), (2)) absonderungsberechtigt. Vermieterpfandrechte treten aufgrund Vereinbarung hinter die Sicherungsrechte der A-Bank zurück.

aa) *Bewegliches Sachanlagevermögen*

Ausweislich des Wertgutachtens der […] vom […], Anlage 8 beträgt der Fortführungswert des beweglichen Sachanlagevermögens […] € und der Zerschlagungswert […] €.

Für die Absonderungsrechte der A-Bank an dem, dem Geschäftsbereich [1] zuzuordnenden, beweglichen Sachanlagevermögen (siehe Positionen […] bis […] des Wertgutachtens, Anlage 8) sieht dieser Insolvenzplan ab dem dritten vollen Kalenderjahresquartal nach Aufhebung des Insolvenzverfahrens eine Ablösung i. H. von […] € über fünf Jahre zuzüglich Zinsen i. H. von […] über Euribor ab Wirksamwerden des Insolvenzplans vor.

bb) *Vorräte und Forderungen*

Vorräte und Forderungen sind zugunsten der A-Bank absonderungsbelastet, soweit das Sicherungsrecht vor Insolvenzantragstellung entstanden ist oder werthaltig gemacht wurde. Die werthaltigen Vorräte wurden während der bisherigen Betriebsfortführung weitgehend verbraucht und die daran

23) Ein Eingriff in die Rechte von Aussonderungsgläubigern durch den Insolvenzplan wäre auch unzulässig.

bestehenden Absonderungsrechte durch Zahlung abgelöst. Die aktuell noch vorhandenen, dem Geschäftsbereich [1] zuzuordnenden und den Absonderungsrechten der A-Bank unterliegenden Vorräte sind aufgrund ihres Alters nur eingeschränkt verwertbar. Diese Vorräte sind in der Buchhaltung mit […] € erfasst und werden mit einem Abschlag von […] % abgelöst. Plangemäß erfolgt die Ablösung in [zwei] Raten i. H. von insgesamt […] € zuzüglich Zinsen ab Wirksamwerden des Insolvenzplans i. H. von […] über Euribor (§ 4 Nr. 1 lit. b, Nr. 2 lit. b Gestaltender Teil des Insolvenzplans).

In die Absonderungsrechte der A-Bank am Forderungsbestand greift dieser Insolvenzplan nicht ein (siehe oben A. III. 2. a), aa), (2)). Sollten weitere Forderungen realisiert werden, hat die Gesellschaft die Erlöse an die A-Bank auszukehren.

c) Massegläubiger gemäß § 53 InsO

Die Befriedigung der Massegläubiger richtet sich nach §§ 53, 54, 55, 258 Abs. 2 InsO. Prognostisch können die Verpflichtungen gemäß § 258 Abs. 2 InsO erfüllt werden, vgl. Vermögensstatus, Passiva, Anlage 9 sowie Liquiditätsplanung bis zur prognostischen Aufhebung des Insolvenzverfahrens, Anlage 10. Eingriffe in die die Rechte von Massegläubigern gemäß § 53 InsO sind durch diesen Insolvenzplan nicht vorgesehen und wären auch unzulässig, da kein Fall des § 210 InsO vorliegt.

d) Insolvenzgläubiger mit Insolvenzforderungen gemäß § 38 InsO der Gruppe 3 (sonstige Insolvenzgläubiger)

Die Befriedigung der sonstigen Insolvenzgläubiger, mit Ausnahme des PSVaG, erfolgt als **„Planquote Masse"**, **„Planquote Earn-out-fix"** und **„Planquote Earn-out-variabel"**. Mit Wirksamwerden des Insolvenzplans gelten die Forderungen der sonstigen Insolvenzgläubiger als erlassen.

aa) „Planquote Masse"

Die **„Planquote Masse"** beträgt

[…] %.

Dieser Betrag wird aus bei Wirksamwerden des Insolvenzplans vorhandener liquider Insolvenzmasse an die Gläubiger gezahlt.[24)] Hierzu wurden die derzeit vorhandenen liquiden Mittel um die bis zum Wirksamwerden des Insolvenzplans (**„Stichtag"**) zu erwartenden Einnahmen und Ausgaben, unter Berücksichtigung der Erlöse aus dem Verkauf des Geschäftsbereichs [2], der Kosten für die Sanierung (etwa aus Sozialplan und Kündigungslöhnen), der Ablösung von Absonderungsrechten und der Betriebsfortführung im Allgemeinen unter kaufmännischen Vorsichtsgesichtspunkten fortgeschrieben. Von der am **„Stichtag"** prognostisch vorhanden Liquidität wurden sodann alle sonstigen vorrangig zu befriedigenden Verbindlichkeiten (§§ 53, 258 Abs. 2 InsO) und eine die weitere Fortführung des Unternehmens gewährleistende operative Liquiditätsreserve i. H. von […] € abgesetzt. Im Ergebnis kann auf die sonstigen Insolvenzgläubiger ein Betrag i. H. von […] € verteilt werden. Im Verhältnis zu den buchhalterisch erfassten Insolvenzforderungen i. H. von […] € ergibt sich die oben dargestellte Quote.[25)] Die Liquiditätsplanung bis zur prognostizierten Aufhebung des Insolvenzverfahrens ist Anlage 10 zu entnehmen.[26)]

---

24) Die Auszahlung der „Planquote Masse" verhindert, dass ein Schuldner oder eine an diesem beteiligte Person einen Wert erhält, vgl. § 245 Abs. 2 Nr. 2 InsO. Eine solche Planquote in nicht erforderlich, wenn eine freie liquide Masse am Ende des Insolvenzverfahrens prognostisch nicht oder nur in geringer Höhe vorhanden ist.

25) S. zur Planquotenbildung auch § 26 Rz. 46 ff. [*Dellit*].

26) Zum Detailierungsgrad der Planung und der diesbezüglichen Darstellung im Insolvenzplan muss abgewogen werden zwischen dem Interesse der Gläubiger an einer umfassenden Information als Entscheidungsgrundlage für oder gegen den Insolvenzplan gemäß § 220 Abs. 2 InsO sowie einem ggf. zumindest partiell bestehenden Interesse der Gesellschaft, Geschäftsgeheimnisse nicht ihren Gläubigern preiszugeben. Gegebenenfalls kann den Gläubigern vor diesem Hintergrund lediglich eine Zusammenfassung des wesentlichen Inhalts des Insolvenzplans zugestellt werden, vgl. §§ 235 Abs. 3 Satz 2, 252 Abs. 2 Satz 1 InsO.

Die **„Planquote Masse"** wird noch vor Aufhebung des Insolvenzverfahrens durch den Insolvenzverwalter [*alt.* die Gesellschaft] verteilt. Details können § 6 Nr. 3 des Gestaltenden Teils dieses Insolvenzplans entnommen werden.

bb) „Planquote Earn-out-fix"

Eine weitere Quote i. H. von fix

[...] %,

die **„Planquote Earn-out-fix"** wird in [...] gleichen Raten zum jeweiligen Quartalsende über einen Zeitraum von [2] Jahren durch die Gesellschaft, erstmals zum Ende des ersten vollen Kalenderjahresquartals nach Aufhebung des Insolvenzverfahrens ausgezahlt. Details können § 6 Nr. 4 des Gestaltenden Teils dieses Insolvenzplans entnommen werden.

Diese Planquote gewährleistet zusammen mit der **„Planquote Masse"** eine Besserstellung der Gläubiger durch den Insolvenzplan gegenüber der Regelabwicklung. Sie ist als fixer Betrag ausgestaltet, um den Gläubigern Planungssicherheit hinsichtlich der Höhe zu geben und um den Vorteil des Insolvenzplans deutlich zu machen.

Die Höhe dieser Planquote insgesamt und der einzelnen hierauf zu zahlenden Raten berücksichtigt die wirtschaftliche Leistungsfähigkeit der sanierten Gesellschaft. Die zugrunde liegende konservative betriebswirtschaftliche Planung ist unter A. III. 5. c)–e) erläutert.

cc) „Planquote Earn-out-variabel"

Für den Fall, dass die Gesellschaft bessere Ergebnisse erzielt, als es die Finanzplanung für die Zeit ab Wirksamwerden des Insolvenzplans abbildet (vgl. A. III. 5. c)–e)), also nach Aufhebung des Insolvenzverfahrens besonders erfolgreich ist, ist eine weitere Planquote, die **„Planquote Earn-out-variabel"** vorgesehen. Dieser Besserungsschein wird anhand des EBIT (Gewinn vor Zinsen und Steuern) auf der Basis der geprüften Jahresabschlüsse der Jahre [...] und [...] ermittelt, berücksichtigt prognostische Steuerlasten und kommt am 31.7. des auf das Jahr [...] folgenden Jahres zur Auszahlung. Die **„Planquote Earn-out-variabel"** beträgt

- bei einem kumulierten EBIT der Jahre [...] und [...] abzüglich der für diese Jahre geleisteten **„Planquote Earn-out-fix"** bis [...] € [...] %,
- bei einem kumulierten EBIT der Jahre [...] und [...] abzüglich der für diese Jahre geleisteten **„Planquote Earn-out-fix"** bis [...] € [...] %,
- bei einem kumulierten EBIT der Jahre [...] und [...] abzüglich der für diese Jahre geleisteten **„Planquote Earn-out-fix"** bis [...] € [...] %.

Weitere Details können § 6 Nr. 5 des Gestaltenden Teils dieses Insolvenzplans entnommen werden.

dd) Planquote gesamt

Die Gesamtausschüttung für die Gläubiger der Gruppe 3 (sonstige Insolvenzgläubiger) beläuft sich demzufolge auf

[...] %.

zuzüglich einer derzeit ungewissen **„Planquote Earn-out-variabel"**.

e) PSVaG

Gemäß § 7 Abs. 4 Satz 5 BetrAVG soll in einem Insolvenzplan vorgesehen werden, dass bei einer nachhaltigen Besserung der wirtschaftlichen Lage des Arbeitgebers die vom PSVaG zu erbringenden Leistungen ganz oder zum Teil vom Arbeitgeber oder sonstigen Träger der Versorgung übernommen werden (Besserungsklausel). Dies erfolgt durch diesen Insolvenzplan (vgl. § 5) mit der Rechtskraft der Bestätigung des Insolvenzplans unter Rückwirkung zum Stichtag der Insolvenzeröffnung. Der PSVaG nimmt nicht an der Verteilung der Planquote teil.

f) Nachrangige Insolvenzgläubiger gemäß § 39 InsO

Die Forderungen nachrangiger Insolvenzgläubiger gemäß § 39 InsO gelten nach Maßgabe des § 225 Abs. 1 InsO, da der Insolvenzplan keine abweichende Regelung trifft, als erlassen. Eine Zahlung erfolgt auf solche Forderungen plangemäß nicht.

g) Inhaber der Anteile an der Gesellschaft

Für die bisherigen Anteilsinhaber an der Gesellschaft sieht dieser Insolvenzplan keine Zahlung vor, da schon die hierzu vorrangig berechtigten Insolvenzgläubiger im Rang des § 38 InsO keine Vollbefriedigung erhalten, die Anteile daher wertlos sind (vgl. § 199 InsO).

h) Minderheitenschutz

Für Beteiligte, die nachweisen, dass der Plan sie schlechterstellt, als sie ohne Plan stünden, wird eine Rückstellung i. H. von […] € nach näherer Maßgabe von § 7 dieses Insolvenzplans gebildet.[27)]

5. Erläuterung des Vermögensstatus und der Finanzplanung

a) Allgemeines

Im Rahmen des Insolvenzplans erhalten die Insolvenzgläubiger ihre Befriedigung zu einem wesentlichen Teil nicht durch den Verkauf bzw. die Verwertung der Vermögensgegenstände, sondern aus den erzielten Liquiditätsüberschüssen des auch nach Wirksamwerden des Insolvenzplans fortzuführenden Geschäftsbetriebs (Geschäftsbereich I) sowie aus bei Wirksamwerden des Insolvenzplans vorhandener freier liquider Insolvenzmasse.

Daher sind dem Insolvenzplan eine integrierte Finanzplanung sowie ein Vermögensstatus beigefügt, § 229 InsO, die nachfolgend erläutert werden.

b) Vermögensstatus

„Stichtag" dieses Insolvenzplans ist der Tag der Rechtskraft der gerichtlichen Bestätigung des Insolvenzplans. Zu diesem Stichtag, der auf den […] prognostiziert wird, ist der als Anlage 9 beigefügte Vermögensstatus erstellt. Dieser wird nachfolgend erläutert: […].

c) Ertrags- und Cashflow-Planung

Die Ertragsplanung (ergänzt um die Cashflow-Planung) vom Stichtag bis […] (Anlage 11) bildet die Umsätze der Gesellschaft und deren Aufwand ab. Hierbei wurden folgende Prämissen zugrunde gelegt: […].

Die positiven Erträge werden möglich aufgrund der begonnenen und kurzfristig abzuschließenden leistungswirtschaftlichen Sanierungsmaßnahmen (siehe oben A. III. 2.), die zu einem nachhaltigen positiven Cashflow beitragen.

d) Liquiditätsplanung

In der Liquiditätsplanung vom Stichtag bis […] (Anlage 12) werden die Einzahlungen, abgeleitet aus der Ertragsplanung entsprechend der erwarteten Zahlungsziele und die Ausgaben entsprechend den Fälligkeiten in Monatsschreiben dargestellt.

Im Einzelnen: […].

27) BGH, Beschl. 20.7.2017 – IX ZB 13/16, Rz. 16, ZVI 2018, 21 = NZI 2017, 751: Soll die durch einen Insolvenzplan verursachte Schlechterstellung eines Beteiligten mittels einer Kompensationsregelung ausgeglichen werden, muss die Finanzierung der zum Ausgleich vorgesehenen Mittel gesichert sein und durch diese zusätzlichen Mittel ein vollständiger Ausgleich der Schlechterstellung eindeutig erreicht werden können. Begr. RegE ESUG z. § 251 Abs. 3 InsO, BT-Drucks. 17/5712, S. 35: Die Finanzierung der Mittel muss „durch eine Rücklage, eine Bankbürgschaft oder in ähnlicher Weise gesichert" sein.

Der Liquiditätsplanung, die auf den Stichtag aufsetzt und lediglich mit der operativen Liquiditätsreserve startet, ist zu entnehmen, dass die Gesellschaft neben den Auszahlungen im operativen Geschäft sowohl die **„Planquote Earn-out-fix"**, als auch die Abgeltung der Sicherungsrechte der A-Bank zu den jeweiligen Fälligkeiten zu leisten vermag (siehe Zeilen […]). Zudem enthält die Planung die Finanzplanung gemäß § 258 Abs. 2 Satz 2 InsO, die allerdings vor Aufhebung des Insolvenzverfahrens nochmals aktualisiert werden wird.

Die finanzielle Leistungsfähigkeit der Gesellschaft hinsichtlich der **„Planquote Earn-out-variabel"** kann den ebenfalls der Anlage 12 zu entnehmenden Varianten der Liquiditätsplanung vom Stichtag bis […] entnommen werden.

e) Bilanzplanung

Anhand der Bilanzplanung vom Stichtag bis […] **(Anlage 5)** ist die wirtschaftliche Gesundung der Gesellschaft nachvollziehbar. Im Einzelnen: […].

6. *Planüberwachung*

Gemäß §§ 260 ff. InsO wird die Erfüllung des Planes überwacht, da die Gläubiger aus künftigen Erträgen befriedigt werden sollen.

7. *Insolvenzrechtliche Rechnungslegung*

Die Gläubiger verzichten mit diesem Insolvenzplan auf die Rechnungslegung gemäß § 66 Abs. 1 InsO, da eine fortlaufende Kassenprüfung erfolgt, § 66 Abs. 4 InsO.

8. *Steuerliche Auswirkung des Plans*

Die in diesem Insolvenzplan vorgesehenen Schuldenerlasse der Gläubiger führen zu Betriebsvermögensmehrungen. Der hierdurch entstehende Sanierungsertrag unterliegt grundsätzlich der Körperschaft-/Gewerbesteuerpflicht. Unter den Voraussetzungen, dass die Schuldenerlasse zum Zwecke einer unternehmensbezogenen Sanierung im Sinne des § 3a Abs. 1 Satz 1, 2 EStG i. V. m. § 8 KStG, § 7b GewStG erfolgen, ist der Sanierungsertrag jedoch körperschaft- und gewerbesteuerfrei.

Die Voraussetzungen einer unternehmensbezogenen Sanierung i. S. des § 3a Abs. 2 EStG liegen vor, wenn der Steuerpflichtige für den Zeitpunkt des Schuldenerlasses die Sanierungsbedürftigkeit und die Sanierungsfähigkeit des Unternehmens, die Sanierungseignung des betrieblich begründeten Schuldenerlasses und die Sanierungsabsicht der Gläubiger nachweist. Dies ist vorliegend der Fall: […][28].

Der gemäß § 3a Abs. 3 Satz 1 i. V. m. § 3c Abs. 4 EStG zunächst geminderte und nach Maßgabe des § 3a Abs. 3 Sätze 2 bis 4 EStG ermittelte, verbleibende Sanierungsertrag beläuft sich auf ca. […] €. Die darauf entfallende Körperschaftsteuer – und Gewerbesteuer – würde insgesamt ca. […] € betragen […][29], entsteht aber nach den obigen Ausführungen nicht.

Die Sanierung durch diesen Insolvenzplan wird demzufolge nicht durch eine Steuerlast infolge des Sanierungsertrags gefährdet.

IV. Verfahrensleitende Maßnahmen[30]

[…]

28) Ist auszuführen.

29) Berechnung ist auszuführen, ggf. in Anlage.

30) In Betracht kommen etwa die Übertragung von Teilen der Insolvenzmasse auf einen Treuhänder, der die Verteilung an die Gläubiger übernimmt sowie Regelungen zu Voraussetzungen der Aufhebung des Insolvenzverfahrens und zur wirtschaftlichen Wirkung des Plans.

V. *Ergebnis für die Beteiligten bei Ablehnung des Insolvenzplans/Liquidation der Gesellschaft*

1. *Allgemeines*

Würde das Insolvenzverfahren als Regelinsolvenzverfahren fortgesetzt, müsste der nach Übertragung des Geschäftsbereichs [2] verbleibende Geschäftsbetrieb (Geschäftsbereich [1]) der Gesellschaft eingestellt werden. Die intensiven Bemühungen um einen Investor für diesen Geschäftsbereich waren nicht erfolgreich (siehe oben A. III. 2. a), ee)). Die Muttergesellschaft, die betriebsnotwendige IP-Rechte, insbesondere die Patente […] hält, ist zudem nicht bereit, diese der Gesellschaft künftig in einem andauernden Insolvenzverfahren zur Verfügung zu stellen. Daher erfolgt die Bewertung der Vermögensgegenstände im Rahmen der Regelabwicklung unter Zerschlagungsgesichtspunkten.

2. *Im Regelverfahren zu verteilendes Vermögen und Quote*

a) *Aktiva*

Unter Zerschlagungsgesichtspunkten sind folgende Vermögensgegenstände zum „Stichtag" aktivierbar, vgl. Vermögensstatus, Anlage 9:

Vermögensgegenstände	Verkehrswert	davon Fremdrechte	davon freie Masse	Bemerkungen
Immaterielle Vermögenswerte/ Goodwill	[…]	[…]	[…]	[…]
Technische Anlagen und Maschinen	[…]	[…]	[…]	[…]
Betriebs- und Geschäftsausstattung	[…]	[…]	[…]	[…]
Fahrzeuge	[…]	[…]	[…]	[…]
Roh-/Hilfs-/Betriebsstoffe	[…]	[…]	[…]	[…]
Unfertige Erzeugnisse/angearbeitete Leistungen	[…]	[…]	[…]	[…]
Fertigerzeugnisse	[…]	[…]	[…]	[…]
Forderungen aus Lieferungen und Leistungen	[…]	[…]	[…]	[…]
Sonstiges Vermögen	[…]	[…]	[…]	[…]
Gesamt	[…]	[…]	[…]	[…]

Verteilbar an die Massegläubiger gemäß §§ 54, 55 InsO und an die Insolvenzgläubiger gemäß § 38 InsO ist im Rahmen des Regelinsolvenzverfahrens die freie Masse. Diese beträgt prognostisch […] €.

b) *Passiva und Regelabwicklungsquote*

Im Fall der Zerschlagung der Gesellschaft und der weiteren Abwicklung im Regelinsolvenzverfahren sind nachfolgend dargestellte Kosten des Verfahrens und sonstige Masseverbindlichkeiten gemäß §§ 54, 55 InsO i. H. von voraussichtlich […] € zu begleichen: Im Einzelnen:

- […]
- […].

Hierin sind Stilllegungskosten des Geschäftsbereichs [1] im Rang des § 55 InsO enthalten. Die als Anlage 13 beigefügte Ausproduktionsplanung, der die Stilllegungskosten zu entnehmen sind, berücksichtigt eine geordnete Stilllegung des Geschäftsbereichs [1] über einen Zeitraum von vier Monaten. Hierbei wird zugunsten der Gläubiger unterstellt, dass die Vorräte weitgehend aufgebraucht werden können und die Arbeitnehmer bis zur Beendigung ihrer Arbeitsverhältnisse nach ausgesprochener Kündigung dem Unternehmen zur Verfügung stehen. Dies ist indes keineswegs sicher.

Hinzu kommen Schadensersatzansprüche wegen der Nichterfüllung von Verträgen im Rang des § 55 InsO i. H. von geschätzt [...] €.[31)] Im Einzelnen:

- [...]
- [...].

Die freie Insolvenzmasse i. H. von prognostiziert [...] € vermindert sich um diese vorrangig zu berücksichtigenden Beträge auf [...] €. Im Verhältnis zu den in der Buchhaltung erfassten Insolvenzforderungen im Rang des § 38 InsO ([...] €) ergibt sich rechnerisch eine Quote von [...] % (siehe auch Vermögensstatus/Passiva, Anlage 9).

VI. *Vergleich Insolvenzplan und Regelabwicklung*

1. *Besserstellung durch den Insolvenzplan*

Der Insolvenzplan gewährleistet ausweislich der nachfolgenden Vergleichsbetrachtung, dass die Gläubiger durch den Insolvenzplan deutlich bessergestellt werden, als sie ohne diesen stünden.

a) Absonderungsgläubiger, Gruppe 1 (A-Bank)

Die A-Bank würde im Fall der Fortsetzung der Regelabwicklung im Zusammenhang mit ihren Sicherungsrechten am beweglichen Sachanlagevermögen, den Vorräten und den Forderungen zusätzlich zu den Erlösen aus dem Verkauf des Teilgeschäftsbetriebs [...] lediglich Zerschlagungswerte realisieren. Diese belaufen sich auf [...] €. Demgegenüber erhält sie im Insolvenzplan [...] €. Zudem erhält sie auf ihren Ausfall eine Quote i. H. von [...] %, während sie im Fall der Fortsetzung der Regelabwicklung nur eine Quote von [...] € [...] % erhalten würde. Eine Schlechterstellung durch den Insolvenzplan ist daher ausgeschlossen:

	Regelabwicklung	Insolvenzplan	Verbesserung durch Insolvenzplan
Absonderungsrechte bewegliches Sachanlagevermögen aus Verwertung des Teilgeschäftsbetriebs [2]	[...]	[...]	[...]
Absonderungsrechte Vorräte aus Verwertung des Teilgeschäftsbetriebs [2]	[...]	[...]	[...]
Absonderungsrechte weiteres bewegliches Sachanlagevermögen	[...]	[...]	[...]
Absonderungsrechte weitere Vorräte	[...]	[...]	[...]
Absonderungsrechte Forderungen	[...]	[...]	[...]
Absonderungsrechte gesamt	[...]	[...]	[...]
Insolvenzforderungen der A-Bank gesamt	[...]	[...]	[...]
Ausfall	[...]	[...]	[...]
Insolvenzforderungen aller Gläubiger gemäß Buchhaltung	[...]	[...]	[...]
Quotenzahlung auf den Ausfall	[...]	[...]	[...]
Zahlung gesamt	[...]	[...]	[...]

31) Für die Einordnung der Schadensersatzansprüche in den Rang des § 55 InsO kommt es darauf an, ob nach Eröffnung des Insolvenzverfahrens ausdrücklich oder konkludent Erfüllung gemäß § 103 Abs. 1 InsO gewählt wurde. Ist das nicht der Fall, sind solche Ansprüche Insolvenzforderungen im Rang des § 38 InsO. S. zur Wirkung von Erklärungen gemäß § 103 InsO auch § 24 Rz. 25 ff. [*Dellit*].

b) Gläubiger der Gruppe 2 (PSVaG)

Der PSVaG wäre im Fall der Regelabwicklung vollständig für die betriebliche Altersvorsorge einstandspflichtig. Der Plan verhindert diese Einstandspflicht. Der PSVaG erfährt durch diesen Insolvenzplan die im Gesetz als Grundsatz vorgesehene gesonderte Behandlung (siehe oben A. III. 4. e)) und ist hierdurch bessergestellt.

c) Gläubiger der Gruppe 3 (sonstige Insolvenzgläubiger)

Die Insolvenzgläubiger der Gruppe 3 (sonstige Insolvenzgläubiger mit Insolvenzforderungen gemäß § 38 InsO) erhalten prognostisch im Falle eines Insolvenzplans alternativ zur Zerschlagung mindestens eine um […] % erhöhte Quote.[32)]

Quote Insolvenzplan	Quote Regelabwicklung	Quotenverbesserung durch Insolvenzplan
[…] %	[…] %	[…] %

Zudem erhalten diese Gläubiger die Quote deutlich früher, als dies bei Fortsetzung der Regelabwicklung möglich wäre.[33)] Die Dauer der Regelabwicklung ist mit mindestens drei Jahren zu prognostizieren.

2. Angemessene wirtschaftliche Beteiligung der Beteiligten

Der Insolvenzplan beteiligt die Beteiligten auch angemessen am wirtschaftlichen Wert, da insbesondere kein anderer Beteiligter wirtschaftliche Werte erhält, die den vollen Betrag eines Anspruchs auch nur erreichen, weder ein Beteiligter, der ohne Plan im Nachrang zu befriedigen wäre, noch die Gesellschaft einen wirtschaftlichen Wert erhält und kein Beteiligter, der ohne einen Plan gleichrangig mit den Beteiligten der Gruppen zu befriedigen wäre, bessergestellt wird als diese Beteiligten.

3. Risiken des Insolvenzplans

Da die Gläubiger zu einem wesentlichen Teil (**„Planquote Earn-out-fix“** und **„Planquote Earn-out-variabel“**) aus künftigen Erträgen der Betriebsfortführung befriedigt werden sollen, tragen diese das Risiko des wirtschaftlichen Misserfolgs der Gesellschaft mit.

B. Gestaltender Teil

Nachfolgend wird festgelegt, wie die Rechtsstellung der Beteiligten durch den Plan geändert werden soll.[34)]

I. Erhalt des Unternehmens

§ 1 Fortführung des Unternehmens

Die Gläubiger stimmen der Fortführung des Geschäftsbetriebs der Gesellschaft zu.

---

32) Der Plan sollte die Beteiligten besserstellen, um die erforderlichen Mehrheiten zur Planannahme zu gewährleisten. Bei Erstellung eines Earn-out-Plans ist zunächst die Quote im Rahmen des der Regelabwicklung zu ermitteln und sodann zu prüfen, welche Mittel das Unternehmen generieren muss, um diese Besserstellung zu erreichen. Ist das Unternehmen prognostisch nicht hinreichend leistungsfähig und kann es durch Sanierungsmaßnahmen auch nicht entsprechend ausgerichtet werden, ist ein Earn-out-Plan grundsätzlich nicht möglich.

33) In der Vergleichsrechnung zur Regelabwicklung können die Quoten der Regelabwicklung abgezinst dargestellt werden, da die Liquidation sämtlicher Vermögensgegenstände regelmäßig längere Zeit in Anspruch nimmt. Eventuelle Zinsen auf Guthaben der Insolvenzmasse sind allerdings ebenso zu berücksichtigen.

34) Gesellschaftsrechtliche Maßnahmen sieht dieser Insolvenzplan nicht vor. Würde der Insolvenzplan Anteils- oder Mitgliedschaftsrechte der an der Gesellschaft beteiligten Personen einbeziehen, wären diese zwingend zu beteiligen (Gruppenbildung), vgl. § 222 Abs. 1 Satz 2 Nr. 4 InsO. Zum Fortsetzungsbeschluss, der auch in den Insolvenzplan aufgenommen werden kann, s. § 24 Rz. 65 f. [*Dellit*].

II. *Planbedingungen*

§ 2 Aufschiebende Bedingungen

(1) Der Insolvenzplan steht gemäß § 249 InsO unter der folgenden aufschiebenden Bedingung: […].[35)]

(2) Auf die Bedingungen kann durch den Planersteller verzichtet werden.[36)]

III. *Gruppenbildung*

§ 3 Gruppenbildung

Die Beteiligten am Insolvenzplan werden in folgende Gruppen eingeteilt:

Gruppe 1	A-Bank mit ihren Absonderungsrechten am beweglichen Sachanlagevermögen sowie an den Vorräten
Gruppe 2	PSVaG
Gruppe 3	Nicht nachrangige Insolvenzgläubiger mit Insolvenzforderungen gemäß § 38 InsO, nachfolgend nur „sonstige Insolvenzgläubiger"

IV. *Plangestaltung für die Gläubiger*

§ 4 Plangestaltung für die Gläubigerin der Gruppe 1 (Absonderungsgläubigerin A-Bank)

(1) Abgeltung

(a) Die Absonderungsrechte der A-Bank am beweglichen Sachanlagevermögen der Gesellschaft aufgrund des Sicherungsübereignungsvertrages vom […] sowie deren weitere hieran bestehenden Sicherungsrechte werden durch Zahlung i. H. von […] € abgegolten.

(b) Die Absonderungsrechte der A-Bank an den Vorräten (Roh- Hilfs- und Betriebsstoffe, unfertige Erzeugnisse und Fertigerzeugnisse) der Gesellschaft aufgrund des Raumsicherungsübereignungsvertrages vom […] sowie deren weiteren hieran bestehenden Sicherungsrechten werden durch Zahlung i. H. von […] € abgegolten.

(2) Fälligkeit

(a) Die Abgeltung gemäß § 4 Nr. 1 lit. a ist in […] gleichen Raten zuzüglich Zinsen ab Wirksamwerden des Insolvenzplans i. H. von […] % über Euribor am letzten Werktag in […] eines jeden Kalenderjahresquartals, erstmals im dritten[37)] vollen Kalenderjahresquartal nach Aufhebung des Insolvenzverfahrens zur Zahlung fällig.

(b) Die Abgeltung gemäß § 4 Nr. 1 lit. b ist in […] gleichen Raten zuzüglich Zinsen ab Wirksamwerden des Insolvenzplans i. H. von […] % über Euribor am letzten Werktag in […] eines jeden Kalenderjahresquartals, erstmals im ersten vollen Kalenderjahresquartal nach Aufhebung des Insolvenzverfahrens, zur Zahlung fällig.

(3) Verzicht auf dingliche Rechte

Die Gläubigerin dieser Gruppe erklärt der dies annehmenden Gesellschaft, unter der aufschiebenden Bedingung der vollständigen Erfüllung ihrer Abgeltungsansprüche gemäß § 4 Abs. 1 des Gestaltenden Teils dieses Insolvenzplans, hiermit den Verzicht auf sämtliche dingliche Rechte,

35) Hier könnte etwa zur Vermeidung körperschaft- und gewerbesteuerlicher Belastungen eine aufschiebende Bedingung formuliert werden, die sicherstellt, dass keine schädlichen Steuerwirkungen vom Insolvenzplan ausgehen, s. oben A. III. 8.

36) Eine Regelung zum Verzicht auf aufschiebende Bedingungen durch den Planersteller muss auf Fälle beschränkt werden, bei denen dieser Verzicht nicht zur Nichterfüllbarkeit des Plans führt und nicht die Aufhebung des Insolvenzverfahrens verhindert.

37) Die Zahlung beginnt nach dem Ende der Abgeltung für die Vorräte, um die Gesellschaft finanziell nicht zu überfordern.

die ihr am beweglichen Sachanlagevermögen und den Vorräten der Gesellschaft zustehen.[38] Sie verpflichtet sich, nach Eintritt der jeweiligen Bedingung, sämtliche hierfür noch erforderliche Willenserklärungen in der gesetzlich vorgeschriebenen Form abzugeben.

(4) Ausfall

In Höhe ihres Ausfalls mit nicht nachrangigen Insolvenzforderungen nimmt die A-Bank als Gläubigerin an der Gruppe 3 (sonstige Insolvenzgläubiger) teil.

§ 5 Plangestaltung für den PSVaG (Gruppe 2)

Die Gesellschaft übernimmt mit Rückwirkung zum Stichtag der Insolvenzeröffnung und mit Rechtskraft der Planbestätigung die Fortführung der insolvenzgeschützten betrieblichen Altersversorgungsanwartschaften gegenüber allen Versorgungsberechtigten gemäß Stichtagsgutachten vom [...], welches u. a. Grundlage für die Forderungskorrektur des PSVaG ist. Der PSVaG verzichtet mit Rechtskraft der Planbestätigung insoweit auf die ihm zustehenden Forderungen. Der Insolvenzverwalter/die Gesellschaft nimmt den Verzicht bereits jetzt, aufschiebend bedingt auf die Rechtskraft der Planbestätigung an. Etwaige auf den PSVaG übergehende Sicherungs- oder Vermögensrechte gehen zum Zeitpunkt der Rechtskraft der Planbestätigung wieder auf die Gesellschaft über. Der PSVaG nimmt an der Verteilung der Planquote nicht teil.

§ 6 Plangestaltung (Quote) für die Gläubiger der Gruppe 3 (sonstige Insolvenzgläubiger)

(1) „Planquote"

An die gemäß die gemäß § 6 Nr. 2 planquotenberechtigten Insolvenzgläubiger erfolgt durch diesen Insolvenzplan eine Befriedigung i. H. der **„Planquote"**, die sich zusammensetzt aus

(a) der **„Planquote Masse"** gemäß § 6 Nr. 3;

(b) der **„Planquote Earn-out-fix"** gemäß § 6 Nr. 4 und

(c) der „Planquote Earn-out-variabel" gemäß § 6 Nr. 5.

(2) Berechtigung an der **„Planquote"**

(a) An der **„Planquote"** sind ausschließlich die Insolvenzforderungen der Insolvenzgläubiger der Gruppe 3 (sonstige Insolvenzgläubiger) berechtigt, die zur Insolvenztabelle angemeldet und (einfach) festgestellt sind oder deren Berechtigung an der Planquote außerhalb des Insolvenzverfahrens rechtskräftig tituliert, durch Anerkenntnis der Gesellschaft oder durch Vergleich zwischen Gesellschaft und jeweiligem Gläubiger feststeht.

(b) Ein Insolvenzgläubiger, dessen Insolvenzforderung im Zeitpunkt der Rechtskraft der gerichtlichen Bestätigung des Insolvenzplans teilweise oder vollständig bestritten ist, hat spätestens innerhalb einer Ausschlussfrist von zwei Wochen nach Rechtskraft des den Insolvenzplan bestätigenden gerichtlichen Beschlusses gegenüber dem Insolvenzverwalter [*alt.* der Gesellschaft und dem Sachwalter] nachzuweisen, dass und für welchen Betrag gemäß § 180 Abs. 1 Satz 2 InsO die Feststellungsklage erhoben oder das Verfahren gemäß § 180 Abs. 2 InsO in einem früher anhängigen Rechtsstreit aufgenommen ist, anderenfalls nimmt er an der Verteilung gemäß diesem Insolvenzplan nicht teil.[39] § 6 Nr. 2 lit. b Satz 1 gilt entsprechend, sofern die Feststellung durch einen Verwaltungsakt erfolgt und der Insolvenzverwalter [*alt.* das Organ und der Sachwalter] nicht in der Frist gemäß § 6 Nr. 2 lit. b Satz 1 Rechtsmittel einlegt.

38) Die aufschiebende Bedingung stellt sicher, dass die Gläubigerin ihre dinglichen Rechte erst mit Befriedigung ihrer Ansprüche aufgibt, was insbesondere auch Bedeutung bei einem Scheitern des Insolvenzplans hat. In diesem Fall leben gemäß § 255 InsO zwar die Forderungen wieder auf, ohne entsprechende Regelung aber nicht die dinglichen Sicherheiten (siehe § 25 Rz. 4; § 26 Rz. 73 [*Dellit*]).

39) Im Insolvenzplan zulässig regelbar ist bei unterlassener rechtzeitiger Feststellungsklage nur die Verteilung aus dem Insolvenzplan. Hiervon zu unterscheiden ist die unzulässige materielle Präklusion des Gläubigers mit seiner Forderung (s. hierzu oben § 26 Rz. 57 ff. [*Dellit*].

(c) Die Berechtigung an der **„Planquote"** der Insolvenzforderung eines Insolvenzgläubigers, die nicht bis zum Abstimmungstermin über diesen Insolvenzplan gemäß § 235 Abs. 1 InsO angemeldet wurde („Nachzügler"), ist außerhalb des Insolvenzverfahrens zu klären.[40)]

(3) **„Planquote Masse"**

Auf die gemäß § 6 Nr. 2 planquotenberechtigten Forderungen erfolgt die Befriedigung durch die **„Planquote Masse"** i. H. von [...] %. Die Auszahlung leistet der Insolvenzverwalter [*alt.* die Gesellschaft] und ist fällig zwei Wochen nach

(a) Wirksamwerden des Insolvenzplans und

(b) Zugang des Rechtskraftvermerkes über die gerichtliche Bestätigung des Insolvenzplans bei dem Insolvenzverwalter [*alt.* bei der Gesellschaft]. Die **„Planquote Masse"** ist bis zur Fälligkeit zinslos gestundet.

(4) **„Planquote Earn-out-fix"**

Auf die gemäß § 6 Nr. 2 planquotenberechtigten Forderungen erfolgt zudem die Befriedigung durch die „Planquote Earn-out-fix" i. H. von [...] %. Die Auszahlung leistet die Gesellschaft und ist fällig über [...] Kalenderjahresquartale i. H. von jeweils 1/[...] der „Planquote Earn-out-fix" am letzten Werktag eines jeden Kalenderjahresquartals, erstmals in dem auf die Aufhebung des Insolvenzverfahrens folgenden Kalenderjahresquartal. Die **„Planquote Earn-out-fix"** ist bis zur Fälligkeit zinslos gestundet.

(5) **„Planquote Earn-out-variabel"**

(a) Auf die gemäß § 6 Nr. 2 planquotenberechtigten Forderungen erfolgt für die ersten beiden vollständigen Kalenderjahre nach Aufhebung des Insolvenzverfahrens bei Vorliegen der Voraussetzungen und in der in § 6 Nr. 5 lit. b festgelegten Höhe auf die **„Planquote Earn-out-variabel"** eine weitere Befriedigung. Die Auszahlung leistet die Gesellschaft und ist fällig am [...] des Jahres, das auf das letzte für die **„Planquote Earn-out-variabel"** gemäß § 6 Nr. 5 lit. a Satz 1 relevante Kalenderjahr folgt. Die **„Planquote Earn-out-variabel"** ist bis zur Fälligkeit zinslos gestundet.

(b) Die „Planquote Earn-out-variabel" beträgt

(aa) bei einem kumulierten EBIT der Jahre [...] und [...] abzüglich der für diese Jahre geleisteten **„Planquote Earn-out-fix"** bis [...] € [...] %,

(bb) bei einem kumulierten EBIT der Jahre [...] und [...] abzüglich der für diese Jahre geleisteten **„Planquote Earn-out-fix"** bis [...] € [...] %,

(cc) bei einem kumulierten EBIT der Jahre [...] und abzüglich der für diese Jahre geleisteten **„Planquote Earn-out-fix"** bis [...] € [...] %.

Das EBIT ist auf der Basis geprüfter Jahresabschlüsse zu ermitteln.

(6) Die Insolvenzforderungen der Insolvenzgläubiger der Gruppe 3 (sonstige Insolvenzgläubiger) gelten mit Wirksamwerden des Insolvenzplans der Gesellschaft als erlassen, § 227 InsO. Die Verpflichtungen der Gesellschaft aus diesem Insolvenzplan bleiben hiervon unberührt.

40) Der Ausschluss von nicht am Verfahren teilnehmenden Insolvenzforderungen an der Verteilung durch den Insolvenzplan ist unzulässig, vgl. BGH, Beschl. v. 7.5.2015 – IX ZB 75/14, ZIP 2015, 1346 = NJW 2015, 2660. Allerdings verjährt die Forderung eines Insolvenzgläubigers, die nicht bis zum Abstimmungstermin angemeldet worden ist, gemäß § 259b InsO in einem Jahr. Die Verjährungsfrist beginnt, wenn die Forderung fällig und der Beschluss rechtskräftig ist, durch den der Insolvenzplan bestätigt wurde. § 259b Abs. 1 und 2 InsO sind nur anzuwenden, wenn dadurch die Verjährung einer Forderung früher vollendet wird als bei Anwendung der ansonsten geltenden Verjährungsvorschriften. Die Verjährung einer Forderung eines Insolvenzgläubigers ist gehemmt, solange wegen Vollstreckungsschutzes nach § 259a InsO nicht vollstreckt werden darf. Die Hemmung endet drei Monate nach Beendigung des Vollstreckungsschutzes, s. a. § 27 Rz. 22 [*Dellit*].

V. Minderheitenschutz

§ 7 Minderheitenschutz

Für den Fall, dass ein Beteiligter nachweist, dass er durch den Plan schlechter gestellt ist, als er ohne diesen stünde (§§ 251 Abs. 3, 253 Abs. 2 Nr. 3 InsO) stellt die Gesellschaft Mittel i. H. von […] €, die **„Mittel Minderheitenschutz"** bereit und bildet in dieser Höhe in der Bilanz eine Rückstellung, die **„Rückstellung** Minderheitenschutz".

VI. Regelungen für die Zeit nach Aufhebung des Insolvenzverfahrens

§ 8 Aktivlegitimation für Anfechtungsprozesse

Dieser Insolvenzplan sieht die Fortführung anhängiger Rechtsstreite, der die Insolvenzanfechtung zum Gegenstand hat, § 259 Abs. 3 InsO durch den Insolvenzverwalter [*alt.* Sachwalter] nicht vor.

§ 9 Planüberwachung[41]

(1) Die Erfüllung des Planes wird gemäß §§ 260 ff. InsO durch den (ehemaligen) Insolvenzverwalter [*alt.* Sachwalter] überwacht.

(2) Während der Planüberwachung hat die Gesellschaft dem (ehemaligen) Insolvenzverwalter [*alt.* Sachwalter] Auskunft über ihre finanziellen und wirtschaftlichen Verhältnisse zu geben. Hierzu gehört insbesondere die monatliche Übergabe der (fortgeschriebenen) Finanzplanung, des Soll-/Ist-Vergleichs der GuV, der Liquiditätsplanung und der Kontoauszüge in Kopie sowie unverzüglich nach Fertigstellung der Jahresabschlüsse in Kopie.

(3) Die Überwachung endet, wenn die Gesellschaft die Verpflichtungen gemäß diesem Insolvenzplan gegenüber den Gläubigern der gebildeten Gruppen vollständig erfüllt und dies nachgewiesen hat, spätestens indes, wenn drei Jahre seit der Aufhebung des Verfahrens verstrichen sind.

(4) Die Überwachung der Erfüllung des Insolvenzplans wird gesondert vergütet.

§ 10 Berichtspflicht des ehemaligen Insolvenzverwalters [*alt.* Sachwalters]

Der ehemalige Insolvenzverwalter [*alt.* Sachwalter] hat dem Insolvenzgericht jährlich und nach vollständiger Erfüllung der Ansprüche aus diesem Insolvenzplan abschließend zu berichten.

VII. Sonstige Regelungen

§ 11 Wirksamwerden des Insolvenzplans

Der Insolvenzplan tritt mit der Rechtskraft seiner gerichtlichen Bestätigung gemäß § 248 Abs. 1 InsO in Kraft.

§ 12 Wiederaufleben von Insolvenzforderungen/Verzug[42]

Abweichend von § 255 InsO wird die Stundung oder der Erlass von Forderungen für die Gläubiger nicht sofort hinfällig, wenn die Gesellschaft mit der Erfüllung des Plans erheblich in Rückstand gerät. Die Gesellschaft hat stattdessen Verzugszinsen i. H. von 5 % über dem Basiszinssatz zu bezahlen. Erfüllt die erheblich in Rückstand geratene Gesellschaft ihre Verpflichtungen aus dem gestaltenden Teil des Insolvenzplans auch nach einer weiteren schriftlichen Mahnung mit Fristsetzung und Androhung der Rechtsfolgen innerhalb einer Frist von drei Wochen nicht, treten die Rechtsfolgen des § 255 InsO ein. Mahnungen sind auch jeweils an den (ehemaligen) Insolvenzverwalter [alt. Sachwalter] zuzustellen. Für den Lauf der Fristen ist der Tag des späteren Zugangs entscheidend.

§ 13 Rechnungslegung des Insolvenzverwalters [*alt.* der Gesellschaft]

Der Insolvenzverwalter [*alt.* die Gesellschaft] hat bei der Beendigung des Insolvenzverfahrens seines Amtes nicht einer Gläubigerversammlung Rechnung zu legen (§ 66 Abs. 1 Satz 2 InsO).

§ 14 Offensichtliche Fehler des Insolvenzplans

Der Planersteller ist berechtigt, offensichtliche Fehler des Insolvenzplans zu berichtigen.

---

41) S. § 26 Rz. 1 ff. [*Dellit*].

42) S. § 26 Rz. 62 ff. [*Dellit*].

§ 15 Sonstiges[43)]

[…].

Unterschrift

____

[Planersteller]

C. *Anlagenverzeichnis*[44)]

Anlage 1	*Stellungnahme des Gläubigerausschusses zum Insolvenzplan*
Anlage 2	*Stellungnahme der Gesellschaft [alt. des Insolvenzverwalters/alt. des Sachwalters] zum Insolvenzplan*
Anlage 3	*Stellungnahme des Betriebsrats zum Insolvenzplan*
Anlage 4	*Bilanzen der Jahre […] bis […]*
Anlage 5	*Bilanzplanung zum Stichtag bis […]*
Anlage 6	*Erklärungen der A-Bank: Zustimmung zum Insolvenzplan, Bestätigung der Ausreichung eines Kontokorrentkredits, Verzicht auf Sicherungsrechte ab Insolvenzantragstellung*
Anlage 7	*Verzeichnis der Beteiligten*
Anlage 8	*Wertgutachten der […] vom […] des beweglichen Sachanlagevermögens*
Anlage 9	*Vermögensstatus*
Anlage 10	*Liquiditätsplanung bis zur prognostizierten Aufhebung des Insolvenzverfahrens*
Anlage 11	*Ertrags- und Cash-Flow-Planung Bilanzplanung vom Stichtag bis […]*
Anlage 12	*Liquiditätsplanung Bilanzplanung vom Stichtag bis […]*
Anlage 13	*Ausproduktionsplanung*

43) Eine Salvatorische Klausel könnte wie folgt formuliert sein: „Sollte eine Bestimmung des gestaltenden Teils des Insolvenzplans teilweise unwirksam oder undurchführbar sein oder sollte sich eine Lücke herausstellen, soll hierdurch die Gültigkeit der übrigen Bestimmungen nicht berührt werden. Anstelle der unwirksamen oder undurchführbaren Bestimmungen oder zur Ausfüllung der Lücke gilt eine angemessene Regelung, die, soweit rechtlich zulässig dem am nächsten kommt, was die Gläubigergemeinschaft gewollt hat oder nach Sinn und Zweck des Insolvenzplans gewollt hätte, falls sie den Punkt bedacht hätte." Solche Klauseln sind in Insolvenzplänen unzulässig, BGH, Beschl. v. 7.5.2015 – IX ZB 75/14, ZIP 2015, 1346 = NJW 2015, 2660.

44) Diesem Musterplan ist lediglich Anlage 9 beigefügt.

Anlage 9: Vermögenstatus

Insolvenzplan Earn Out GmbH										
A	B	C	D	E	F	G	H	I	J	K
	Vermögensstatus Aktiva in € zum [Stichtag]	Buchhaltung	Plan	Liquidation	Kosten Plan	Kosten Liquidation	Aus- oder Absonderung Plan	Aus- oder Absonderung Liquidation	Freie Masse Plan	Freie Masse Liquidation
1	Immaterielle Vermögensgegenstände									
2	Grundstücke									
3	Sachanlagevermögen beweglich									
4	Beteiligungen									
5	Ausleihungen an verbundene Unternehmen									
6	Roh-/Hilfs-/Betriebsstoffe									
7	Unfertige Erzeugnisse									
8	Fertigerzeugnisse									
9	Forderungen aus Lieferung und Leistung									
10	sonstige Vermögensgegenstände									
11	Kasse									
12	Bank									
13	Haftung Gesellschafter									
14	Patronatserklärung									
15	Anfechtungsansprüche									
16	Aktive Rechnungsabgrenzungsposten									
17	*Planzuschuss*									
18	**Summe Aktiva (ohne Erinnerungswerte)**									

A	B	C	D	E	F	G	H	I	J	K	L
	Vermögensstatus Passiva in € zum [Stichtag]	Buchhaltung	Gesamtverbindlichkeiten Plan	Gesamtverbindlichkeiten Regelabwicklung	Absonderungsrechte Plan	Absonderungsrechte Regelabwicklung	Masse Passiva Plan	Masse Passiva Regelabwicklung	Insolvenzforderung Plan	Insolvenzforderungen Regelabwicklung	Passiva bei Wirksamwerden des Plans
1	Kosten und Auslagen des Insolvenzgerichts										
2	Kosten und Auslagen des Insolvenzverwalters [*alt.* des Sachwalters] und des vorläufigen Insolvenzverwalters [*alt.* vorläufigen Sachwalters]										
3	Kosten und Auslagen des Gläubigerausschusses und des vorläufigen Gläubigerausschusses										
4	Sonstige Masseverbindlichkeiten										
5	Masseverbindlichkeiten Stilllegung (Ausproduktion)										
6	Rückstellung Prozesskosten										
7	Rückstellung Minderheitenschutz										
8	Insolvenzforderungen										
9	**Summe Passiva**										

Quotenberechnung Regelabwicklung

1	Freie Masse Regelabwicklung (Vermögensstatus Aktiva K18)
2	Masseverbindlichkeiten/-rückstellungen bei Regelabwicklung (Vermögensstatus Passiva I9)
3	An nicht nachrangige Insolvenzgläubiger im Rang des § 38 InsO verteilbare Insolvenzmasse in € (Differenz aus Zeilen I und II)
4	Insolvenzforderungen gemäß Buchhaltung/Rückstellungen abzüglich Befriedigung der Absonderungsrechte
5	An nicht nachrangige Insolvenzgläubiger verteilbare Regelabwicklungsquote in % (Quotient aus Zeilen III und IV)

§ 65
Muster für einen Schuldenbereinigungsplan für natürliche Person/Freiberufler

Insolvenzplan

In dem Insolvenzverfahren über das Vermögen des
Dr. med. Carsten Blömkes
Diekerstraße 25, 42329 Wuppertal
Amtsgericht Wuppertal, 145 IN 122/23

Der Schuldner legt gemäß § 218 Abs. 1 Satz 1 InsO in Absprache, Abstimmung und inhaltlicher Zustimmung des Insolvenzverwalters, den nachfolgenden Insolvenzplan zur Prüfung, Erörterung und Abstimmung vor.

Inhaltsverzeichnis

Literatur: *Brünkmans*, Präklusions- und Ausschlussklauseln in Insolvenzplänen, ZInsO 2016, 245.

A. *Einführung*

Herr Carsten Blömkes (nachstehend Schuldner) hat am 3.4.2023 die Eröffnung eines Insolvenzverfahrens beim Amtsgericht Wuppertal (145 IN 122/23) beantragt. Das Amtsgericht hat den Planverfasser mit Beschluss vom 5.4.2023 zum Gutachter und vorläufigen Insolvenzverwalter (§ 21 Abs. 2 Nr. 2 Alt. 2 InsO) eingesetzt. Auf das Gutachten vom 29.5.2023 hin wurde das Insolvenzverfahren am 3.6.2023 eröffnet. Mit Beschluss vom gleichen Tage wurde der Planverfasser zum Insolvenzverwalter eingesetzt.

Am 30.8.2023 fand die Gläubigerversammlung statt. Auf der Grundlage des Berichts vom 12.9.2023 beschlossen die Gläubiger u. a. die Fortführung des Praxisbetriebs, d. h. die Fortsetzung der durch den Planverfasser seit Antragstellung verantworteten Betriebsfortführung. Der Praxisbetrieb wird in Erfüllung dieses Beschlusses der Gläubigerversammlung bis zum heutigen Tage uneingeschränkt fortgeführt.

Mit der Verabschiedung des Plans soll dem Schuldner eine sofortige Restschuldbefreiung ermöglicht und den Gläubigern eine verbesserte Befriedigung verschafft werden.[1)]

Nunmehr legt der Planverfasser in Abstimmung mit dem Schuldner den folgenden Insolvenzplan zur Erörterung und Abstimmung vor.

B. *Ziel des Insolvenzplans*

Der vorliegende Plan dient der bestmöglichen Befriedigung der Insolvenzgläubiger unter gleichzeitiger Wiederherstellung geordneter Vermögensverhältnisse des Schuldners. Mit der Aufhebung des Insolvenzverfahrens nach Bestätigung des Insolvenzplans soll

– dem Schuldner eine vorzeitige Entschuldung und
– den Gläubigern eine verbesserte und
– insbesondere gesichertere und frühere Befriedigung ermöglicht werden.

Wesentliches Ziel des Insolvenzplans ist es mithin, dem Schuldner die eigenständige Führung seiner Praxis unter Erhalt der Berufserlaubnis wieder zu ermöglichen.

1) Nach BGH, Beschl. v. 19.5.2022 – IX ZB 6/21, ZRI 2022, 644 = NZI 2022, 743, ist es für die Entschuldung qua Insolvenzplan nicht erforderlich, dass der Schuldner einen Antrag auf Erteilung der Restschuldbefreiung nach den §§ 286 ff. InsO gestellt hat bzw. noch stellen kann. Ob ein solcher Antrag gestellt wurde, gehört neben den Angaben zum derzeitigen Stand des Restschuldbefreiungsverfahrens zu den notwendigen Informationen des darstellenden Teils. Eine andere Frage ist die, ob mit rechtskräftiger Planbestätigung ein Restschuldbefreiungsantrag unzulässig wird oder beide Instrumente kumulativ in Anspruch genommen werden können (für die Zulässigkeit eines solchen Antrags: AG Göttingen, Beschl. v. 11.12.2020 – 74 IN 76/18, ZVI 2021, 236= NZI 2021, 283; dagegen: AG Leipzig, Beschl. v. 24.11.2023 – 403 IK 748/20, NZI 2024, 328).

C. *Grundlage und Leitbild des Insolvenzplans*

Die wesentliche Grundlage für die Plansanierung und die Erreichung der hiermit verbundenen Ziele ist die

- nunmehr bald zweijährige Fortführung der Praxis durch den Planverfasser,
- in diesem Zuge herbeigeführte Konsolidierung, Sanierung und Optimierung sowie
- Verwertung des nicht betriebsnotwendigen Immobilienvermögens sowie
- Veräußerung des privat bewohnten Einfamilienhauses.

Hierdurch konnte die Vermögenssphäre des Schuldners auf den zentralen Wert seiner selbständigen Tätigkeit reduziert und diese optimiert werden.

Diese wiederhergestellte Ertragsstärke ist für die Gläubiger nur so lange ein Wert, wie der Schuldner gesund, motiviert und zur Ausübung der selbständigen Tätigkeit in dem geschaffenen Rahmen bereit bleibt. Für die Dauer der bereits zweijährigen Fortführung in der Insolvenz hat der Schuldner uneingeschränkt mitgewirkt, obgleich seine Tätigkeit – in Anlehnung an die gesetzlichen Bestimmungen zur Pfändbarkeit von Arbeitsentgelt – nur mit einer Unterhaltszahlung von 3.000 € vergütet worden ist.

Dieser rechtliche und wirtschaftliche Rahmen erscheint nicht geeignet für die gesamte Verfahrensdauer. Es bedarf gezielter Anreize für den Schuldner, durch deren Einsatz die Gläubiger bessergestellt werden als bei Aufgabe der Selbständigkeit und Fortsetzung der Tätigkeit i. R. eines Angestelltenverhältnisses. Der Schuldner wiederum muss bei Fortsetzung der zeitintensiveren und risikoreicheren Selbständigkeit die Möglichkeit haben, über weitergehende finanzielle Mittel zu verfügen als bei Ausübung einer Angestelltentätigkeit oder Ausübung einer Selbständigkeit i. R. der Freigabe unter der „Last" der Obliegenheiten nach § 295a InsO.

Diesen rechtlichen und wirtschaftlichen Rahmen soll der vorliegende Insolvenzplan schaffen, indem er

- die gegenüber der Regelabwicklung vorzeitige (frühere) Ausschüttung der Erlöse aus den Grundstücksveräußerungen und der Fortführung ermöglicht und
- eine Einmalzahlung eines „Dritten" in einer Höhe vorsieht, die etwaigen hypothetischen pfändbaren Lohnbezügen entspricht.

Die Insolvenzgläubiger erhalten eine unmittelbar nach rechtskräftiger Bestätigung des Insolvenzplanverfahrens zu zahlende feste Quote i. H. von 15 %. Diese feste Quotenzahlung wird aus den erwähnten Fortführungs- und Verwertungserlösen und Drittmitteln i. H. von 30.000 € finanziert. Eine Quote, die in einem Regelinsolvenzverfahren bei Abwägung aller Chancen und Risiken nach Ansicht des Planverfassers nicht erzielbar ist (vgl. Nr. V zur Vergleichsrechnung).

D. *Darstellender Teil*

I. *Verfahrensdaten und bisheriger Verfahrensablauf*

Datum Insolvenzantrag	3.4.2023
Antragsgrund	Zahlungsunfähigkeit
Insolvenzgericht Aktenzeichen	Amtsgericht Wuppertal 145 IN 122/23
Datum Eröffnungsverfahren	3.6.2023
Insolvenzverwalter	Dr. Karl Korrekt Domstraße 21 50001 Köln
Sicherungsmaßnahmen	Das Insolvenzgericht hat angeordnet, dass Maßnahmen der Zwangsvollstreckung gegen den Schuldner, soweit nicht unbewegliche Gegenstände betroffen sind, untersagt bzw. einstweilen eingestellt werden (§ 21 Abs. 2 Nr. 3 InsO).

II. Basisinformationen über die Praxis

Firma/Name	Dr. med. Carsten Blömkes
Praxissitz	Maximilianstraße 9 42329 Wuppertal
Rechtsform Unternehmensgegenstand	Natürliche Person/Freiberufler Allgemeinmediziner
Steuerberater	Muster Steuerberater Musterstraße 1 11111 Musterstadt
Stand der Buchhaltung	Aktuell
Finanzamt/Steuernummer	Finanzamt Wuppertal 159/8970/0205
Zuständige Ärztekammer	Ärztekammer Nordrhein Tersteegenstr. 9 40474 Düsseldorf

III. Entwicklung vor/nach Antragstellung und wirtschaftliche Lage

1. Persönliche und rechtliche Verhältnisse

a) Persönliche Verhältnisse

Der Schuldner wurde geboren am 23.5.1969. Er ist verheiratet. Aus einer früheren Ehe sind zwei Kinder hervorgegangen, die sich noch in der Ausbildung befinden und denen der Schuldner unterhaltspflichtig ist. Die vom Schuldner betriebene Arztpraxis darf als klassische Allgemeinmedizinerpraxis bezeichnet werden. Der Patientenstamm beruht nahezu vollständig auf Kassenpatienten. Den Anteil privat versicherter Patienten schätzt der Schuldner auf 5 %. Seine Praxisräumlichkeiten befinden sich unter der Geschäftsanschrift Maximilianstraße 9, 42329 Wuppertal.

b) Grundbesitz

Der Schuldner verfügte bei Insolvenzantragstellung über folgende – mittlerweile veräußerte – Grundbesitzpositionen:

– Alleineigentum an einer Gebäude- und Freifläche in […].

Diese Grundbesitzpositionen sind nach Verfahrenseröffnung veräußert worden. Massezugehöriger Grundbesitz existiert nicht mehr.

c) Besondere Dauerschuldverhältnisse

Dauerschuldverhältnisse existieren in erster Linie im Zusammenhang mit der Fortführung des Praxisbetriebs. Hierzu zählt der Planverfasser insbesondere den Mietvertrag über die Praxisräumlichkeiten in der Maximilianstraße 9, 42329 Wuppertal, die mit der Nutzung dieser Mieträumlichkeit verbundenen Versorgungs- und auch Versicherungsverträge sowie die Arbeitsverträge mit den in der Praxis beschäftigten Mitarbeiterinnen. Leasingverträge existieren für einzelne Gegenstände des Anlagevermögens.

Eine Geschäftsbeziehung bzw. ein Dauerschuldverhältnis besteht weiterhin mit der Deutsche Bank AG. Diese ist Hausbank des Schuldners und ist sowohl mit einem laufenden Kontokorrentkredit zur Finanzierung der Praxistätigkeit als auch verschiedenen Immobiliendarlehen beteiligt.

2. Wirtschaftliche Verhältnisse

Der Schuldner ist als Allgemeinmediziner in Wuppertal niedergelassen.

a) Wirtschaftliche Entwicklung vor Antragstellung

Ausweislich der eingesehenen Jahresabschlussdaten sowie der kumulierten Werte der letzten betriebswirtschaftlichen Auswertungen für die vergangenen 3 Jahre zeigt sich für diesen Betrachtungszeitraum folgende Ergebnisentwicklung

1.9.2020 – 31.12.2020	22.258,59 €
1.1.2021 – 31.12.2021	71.426,00 €
1.1.2022 – 31.12.2022	55.252,49 €

b) Ursachen für die wirtschaftliche Entwicklung und Vorliegen der Zahlungsunfähigkeit

Die Ursachen der wirtschaftlichen Situation liegen vor allem im privaten Bereich, insbesondere einem überdimensionierten Einfamilienhaus.

So überforderten die durch den Bau seines Privathauses (2010) begründeten Darlehensverbindlichkeiten gegenüber der Deutsche Bank AG mit den vereinbarten Zins- und Tilgungsleistungen den Schuldner. Diese Ermittlungen schließen Krisenursachen im Praxisbetrieb indes nicht aus: Neben der allgemein schwierigen Marktsituation ist der Schuldner vom Wegfall (bzw. der Insolvenz) zahlreicher Betriebe betroffen, in denen er als Betriebsarzt tätig war. Weiter stellt die Patientenstruktur (5 % Privatpatientenanteil) eine Schwierigkeit dar. Den mit der Gesundheitsreform verbundenen Umsatzeinbruch schätzt der Schuldner auf knapp 20 %.

3. Maßnahmen und Rechtshandlungen des (vorläufigen) Insolvenzverwalters im Zusammenhang mit dem Praxisbetrieb

Als (vorläufiger) Insolvenzverwalter hat der Planverfasser zunächst kurz- und im Laufe der Monate sodann langfristig die Rahmenbedingungen für eine Fortführung des Praxisbetriebs geschaffen. Hierzu gehörte insbesondere die Fortsetzung des Mietverhältnisses über die Praxisräumlichkeiten, die zwischenzeitlich gekündigt waren. Weiterhin hat der Planverfasser die Insolvenzgeldzahlungen abgewickelt und mit Unterstützung des diesseitigen Steuerberaters die Buchhaltung neu organisiert.

Nach Verfahrenseröffnung wurde ein Arbeitsverhältnis gekündigt, nachdem die Nutzungstiefe einer existierenden Praxissoftware erhöht und gewisse Teilarbeiten auf den ohnehin beteiligten Steuerberater übertragen werden konnten. Nach der Sicherstellung der Fortsetzung des Mietvertrages im Antragsverfahren konnte im eröffneten Verfahren ein reduzierter Mietzins und ein Staffelmietzins, abgeleitet aus der Unternehmensplanung, vereinbart werden. In vertrieblicher Sicht wurde die Anzahl der Notdienste durch Ansprache von Kollegen erhöht. Zur Rückgewinnung der historisch bedeutsamen Einsätze als Betriebsarzt wurde der Markt mit Hilfe der ortsansässigen IHK analysiert und strukturiert angegangen, u. a. i. R. einer Mailingaktion.

4. Veräußerung des Grundbesitzes

Nach Verfahrenseröffnung wurde das Einfamilienhaus veräußert. Wegen der Einzelheiten verweist der Planverfasser auf den Bericht zur Gläubigerversammlung vom 30.8.2023.

5. Maßnahmen zur Vorbereitung der Plansanierung

Über zahlreiche Gespräche mit der Schuldnerin hinaus wurden den Insolvenzgläubigern im Vorfeld der Vorlage des Insolvenzplans dessen wesentliche Rahmenbedingungen des Insolvenzplans bekannt gemacht.

Ebenso wurde i. R. dieser Korrespondenz die grundsätzliche Bereitschaft, einem Insolvenzplan im Allgemeinen zu den skizzierten Rahmenbedingungen im Besonderen in einem gerichtlichen Abstimmungstermin zuzustimmen. Diese Bereitschaft wurde von zahlreichen Gläubigern ausdrücklich erklärt. Eine Ablehnung ist – soweit ersichtlich – von keinem Gläubiger erklärt worden.

IV. *Auswirkungen des Insolvenzplans und Gruppenbildung*

1. *Grundsätze der Gruppenbildung*

Für die Festlegung der Rechte der Beteiligten im Insolvenzplan sind Gruppen zu bilden. Nach welchen Grundsätzen die Gruppen zu bilden sind, bestimmt § 222 InsO.

Gemäß § 222 Abs. 1 InsO sind in Insolvenzverfahren über das Vermögen natürlicher Personen zwingend separate Gruppen zu bilden für

- absonderungsberechtigte Gläubiger, wenn durch den Plan in deren Rechte eingegriffen wird,
- (nicht nachrangige) Insolvenzgläubiger und
- nachrangige Insolvenzgläubiger, soweit deren Forderungen nicht nach § 225 InsO als erlassen gelten sollen.

Gemäß § 222 Abs. 2 InsO können aus Gläubigern mit gleicher Rechtsstellung Gruppen gebildet werden, in denen Gläubiger mit gleichartigen wirtschaftlichen Interessen – sachgerecht voneinander abgegrenzt – zusammengefasst werden. Gemäß § 222 Abs. 3 InsO soll eine besondere Gruppe für Arbeitnehmer gebildet werden, wenn diese mit nicht unerheblichen Forderungen beteiligt sind.

2. *Beteiligte Gläubiger*

Am Insolvenzverfahren sind ausweislich des als **Anlage 2** beigefügten (vorläufigen) Schlussverzeichnisses 21 Gläubiger beteiligt. Das Volumen der angemeldeten, festgestellten, bestrittenen und zurückgenommenen Forderungen stellt sich folgendermaßen dar:

Angemeldet	702.227,45 €
Festgestellt	297.682,59 €
Festgestellt für den Ausfall	0,00 €
Bestritten	1.293,99 €
Zurückgenommen	403.250,87 €

Mit Rücksicht darauf, dass drei Gläubiger ihre jeweilige Forderungsanmeldung vollständig zurückgenommen haben, verteilt sich das Volumen der zur Insolvenztabelle festgestellten Forderungen von insgesamt 297.682,59 € auf 18 Gläubiger (vgl. hierzu Anlage 2).

3. *Darstellung der Gruppen und ihrer Abgrenzungsmerkmale*

Im Hinblick auf die dargestellten gesetzlichen Vorgaben und die beteiligten Gläubiger sieht der vorliegende Insolvenzplan die Bildung der nachfolgenden Gläubigergruppen vor:

- Absonderungsberechtigte Gläubiger (a)
- Institutionelle Gläubiger (b)
- Ungesicherte und nicht nachrangige Insolvenzgläubiger (c)

a) *Gruppe 1: Absonderungsberechtigter Gläubiger*

Die 1. Gruppe stellt sich folgendermaßen dar:

1. Gruppe: Vermieter	2.055,80 €
Erbengemeinschaft nach Dr. Werner Feldsburg (Vermieter)	2.055,80 €

Die Bildung der 1. Gruppe („Absonderungsberechtigte Gläubiger") erklärt sich durch eine isolierte Erfassung des aufgrund des Vermieterpfandrechts zur Absonderung berechtigten Vermieters und des durch den Insolvenzplan beabsichtigten Eingriffs in das Absonderungsrecht.

Die Bildung dieser Gruppe ist nach § 222 Abs. 1 Satz 2 Nr. 1 InsO zwingend.

Im Insolvenzplan wird bestimmt, dass die Gläubiger der Gruppe 1 mit rechtskräftiger Bestätigung des Insolvenzplanes auf ihre Absonderungsrechte und auf etwaige Ansprüche wegen Verzögerung der Verwertung (insbesondere aus § 169 InsO) und Benutzung der Sicherungsgegenstände (insbesondere § 172 InsO) gegen Einmalzahlung eines Betrages i. H. von 1.000 € verzichten.[2)]

Weitere Absonderungsberechtigte existieren nicht. Insbesondere ist die beteiligte Sparkasse nicht zur Absonderung berechtigt, da die bestehenden Sicherheiten verwertet und die Erlöse abgerechnet sind. Die Sparkasse ist daher nur noch i. H. des ungesicherten Ausfalls beteiligt und insoweit der 3. Gruppe zuzuordnen.

b) Gruppe 2: Institutionelle Gläubiger

2. Gruppe: Öffentliche Stellen (insbesondere Arbeitsamt, Finanzamt, Krankenkassen)	18.292,24 €
Finanzamt	5.759,38 €
BKK	2.216,32 €
Berufsgenossenschaft	105,25 €
Ärztekammer	286,50 €
Krankenkasse I	2.135,28 €
Deutsche Rentenversicherung	222,20 €
Krankenkasse II	433,57 €
Agentur für Arbeit	6.113,57 €
Stadt V.	635,58 €
Stadt L.	384,59 €

Die 2. Gruppe umfasst die öffentlichen Gläubiger. Für diese ist die Bildung einer eigenen Gruppe als sachgerechtes Kriterium i. S. von § 222 Abs. 1 InsO anerkannt, denn sie entstehen auf gesetzlicher Grundlage, sind der Parteidisposition nur sehr eingeschränkt zugänglich, werden öffentlich-rechtlich verfolgt und festgesetzt und sind nicht Ausdruck kaufmännischen Handelns (vgl. BGH v. 7.5.2015 – IX ZB 75/14, ZIP 2015, 1346; auch *Eidenmüller* in: MünchKomm-InsO, § 222 Rz. 90 m. w. N.).[3)]

Im Insolvenzplan soll vorgesehen werden, dass die Gläubiger der Gruppe 2 eine feste Quote von 15 % auf den Betrag ihrer festgestellten Insolvenzforderung (§ 38 InsO) erhalten. Die Insolvenzforderung i. Ü. und alle weiteren zum Zeitpunkt der Eröffnung des Insolvenzverfahrens begründeten Forderungen sowie alle Nebenforderungen (wie z. B. Zinsen, Nebenleitungen und Kosten) werden durch die Gläubiger der Gruppe 2 erlassen. Die feste Quote ist in einer Rate zwei Monate nach Verfahrensaufhebung fällig.

c) Gruppe 3: Sonstige ungesicherte und nicht nachrangige Insolvenzgläubiger

3. Gruppe: Sonstige ungesicherte und nicht nachrangige Insolvenzgläubiger	277.334,55 €
Sparkasse	272.758,79 €
ISG	150,87 €

2) S. dazu ausführlich E. „Gestaltender Teil".

3) Sollen unterschiedliche Gruppen für Gläubiger öffentlich-rechtlicher Forderungen gebildet werden, muss der Plan konkret erklären, warum die weitergehende Differenzierung vorgenommen wird, vgl. AG Köln, Beschl. v. 6.12.2023 – 75 IN 486/17, ZVI 2024, 182 = NZI 2024, 324. Im konkreten Fall hatte der Planvorlegende für die Finanzverwaltung eine Ein-Personen-Gruppe gebildet und auf Aufrechnungsmöglichkeiten verwiesen, die zu einer „abweichenden Interessenlage des Finanzamts" führten. Hierin sah das AG Köln eine unsachgemäße Differenzierung, die allein dazu diente, von der Rechtsfolge des § 245 InsO zu profitieren. Ein weiteres Beispiel unsachgemäßer Gruppenbildung erkennt das AG Köln (Beschl. v. 6.4.2016 – 74 IN 45/15, NZI 2016, 537) in der Zuordnung einer privaten Krankenversicherung zur Gruppe der öffentlichen Gläubiger.

Stadtwerke V.	187,92 €
GLC med. Geräte Handel GmbH	60,43 €
Institut für Reisemedizin	78,56 €
Laborgemeinschaft E./O.	1.240,06 €
Rechtsanwalt	2.857,92 €

Diese 3. Gruppe ist – wie ausgeführt – durch § 222 Abs. 1 Satz 2 Nr. 2 InsO gesetzlich vorgeschrieben. Es handelt sich hierbei um alle Gläubiger, die eine nicht nachrangige Insolvenzforderung haben.[4)]

Im Insolvenzplan soll vorgesehen werden, dass die Gläubiger der Gruppe 3 eine feste Quote von 15 % auf den Betrag ihrer festgestellten Insolvenzforderung (§ 38 InsO) erhalten. Die Insolvenzforderung i. Ü. und alle weiteren zum Zeitpunkt der Eröffnung des Insolvenzverfahrens begründeten Forderungen sowie alle Nebenforderungen (wie z. B. Zinsen, Nebenleitungen und Kosten) werden durch die Gläubiger der Gruppe 3 erlassen. Die feste Quote ist in einer Rate zwei Monate nach Verfahrensaufhebung fällig.

d) *Keine weiteren Gläubigergruppen*

Von der Bildung einer eigenen Gruppe für Arbeitnehmer nach § 222 Abs. 3 Satz 1 InsO wird abgesehen, weil höchstens acht Arbeitnehmer offene Forderungen haben und es sich dabei überwiegend um geringfügige Forderungen handelt.

Wie ausgeführt existieren auch keine weiteren Absonderungsberechtigten, in deren Rechte eingegriffen wird. Aussonderungsrechte – etwa aus einfachem Eigentumsvorbehalt – werden durch diesen Insolvenzplan nicht erfasst. Vielmehr erfolgt im Einzelfall eine Ablösung auf individualvertraglicher Basis.

V. *Vergleichsrechnung: Gegenüberstellung von Planquote und Befriedigung im Regelinsolvenzverfahren*

Nach § 220 Abs. 2 Satz 2 InsO enthält der darstellende Teil insbesondere eine Vergleichsrechnung, in der die Auswirkungen des Plans auf die voraussichtliche Befriedigung der Gläubiger dargestellt werden. Sie ist Grundlage für die Entscheidung der Beteiligten über die Annahme des Plans und für eine etwaige Anwendung des Obstruktionsverbots sowie den Minderheitenschutz. Dies macht eine geordnete Gegenüberstellung von Plan- und Bezugsszenario erforderlich. Wegen des Prognosecharakters der Vergleichsrechnung kommen nur Szenarien in Betracht, die mit mindestens überwiegender Wahrscheinlichkeit auch rechtlich und tatsächlich umgesetzt werden können. Gibt es mehrere Alternativszenarien, die mit überwiegender Wahrscheinlichkeit umgesetzt werden können, ist das für die Beteiligten bestmögliche Szenario maßgeblich (sog. nächstbestes Alternativszenario).

1. *Denkbare Verwertungs- und Abwicklungsalternativen*

Es gibt drei denkbare Verwertungs- und Abwicklungsalternativen:

- Fortführung des Praxisbetriebs durch den Planverfasser (2.).
- Der Praxisbetrieb kommt wegen Betriebsaufgabe zum Erliegen (3.).
- Der Praxisbetrieb wird i. R. des vorliegenden Insolvenzplans fortgeführt und saniert (4.).

---

4) Exkurs: Gläubiger mit Forderungen aus vorsätzlich begangenen unerlaubten Handlungen (§ 302 InsO) können in eine eigene Gruppe eingeteilt werden (müssen aber nicht) (vgl. AG Köln, Beschl. v. 14.11.2017 – 73 IN 173/15, ZVI 2018, 241 = NZI 2018, 108). Eine Besserstellung von Gläubigern mit Forderungen aus vorsätzlicher unerlaubter Handlung im Plan ist nach folgender Gestaltung möglich und zulässig: Im Rahmen der Gruppenbildung kann der Planersteller die Gläubiger mit Forderungen aus vorsätzlicher unerlaubter Handlung in eine eigene Gruppe einteilen und diesen eine höhere Quote anbieten, wenn alle anderen Gruppen (jeweils mit Kopf- und Summenmehrheit) tatsächlich zustimmen, weil es dann auf das Obstruktionsverbot nach § 245 Abs. 2 Nr. 3 InsO nicht ankommt, vgl. Uhlenbruck-*Lüer/Streit*, InsO, § 222 Rz. 30.

2. *Praxisfortführung durch den Insolvenzverwalter*

Im Rahmen der – grundsätzlich zu unterstellenden, vgl. § 220 Abs. 2 Satz 3 InsO – Fortführung stellt sich die voraussichtliche Befriedigung der Gläubiger wie folgt dar:

Der Praxisbetrieb wurde im Antragsverfahren und eröffneten Verfahren fortgeführt. Auch wenn eine Fortführung nicht zwingend mit der Beendigung der Laufzeit der Abtretungserklärung einhergeht, ist eine Orientierung hieran geboten. Der Fortführungszeitraum würde sich daher bis 1.8.2026 erstrecken. Der Einfachheit halber prognostiziert der Planverfasser den zu erwartenden Fortführungsüberschuss auf der Grundlage des Überschusses aus den Jahren 2020 bis 2022. Die entsprechenden Zahlen stellen sich unter Bezugnahme auf die Anlagen folgendermaßen dar:

1.9.2020 – 31.12.2020	22.258,59 €
1.1.2021 – 31.12.2021	71.426,00 €
1.1.2022 – 31.12.2022	55.252,49 €

Für diesen Betrachtungszeitraum (1.9.2020–31.12.2022) von insgesamt 28 Monaten errechnen sich Überschüsse (vor Steuern) von insgesamt 148.937,08 €. Hieraus errechnet sich ein Monatsdurchschnitt von ca. 5.300 €. Für den Fall einer Betriebsfortführung errechnen sich nach dieser Maßgabe bis zum 1.8.2026 Überschüsse aus der Fortführung in einer Größenordnung von aufgerundet 200.000 €. Als Jahresdurchschnitt habe ich gerundet 63.000 € angesetzt.

Dieser prognostizierte Überschuss aus der Praxisfortführung kann indes nicht als Einnahme für die freie Insolvenzmasse eingeplant werden.

Für die Ermittlung dieses Betrages sind weiterhin Rückstellungen für Steuerzahlungen und die Tätigkeitsvergütung zu bilden. Weiterhin sind die Pfändungsfreigrenzen zu berücksichtigen. In diesem Zusammenhang ist der Planverfasser von zwei Unterhaltspflichten ausgegangen, d. h. ist die ebenfalls insolvente Ehefrau nicht als unterhaltsberechtigte Person angesetzt. Die Unterhaltspflichten bestehen bis Laufzeitende.[5)]

Hieraus ergibt sich folgende Berechnung:

	3 Jahre	Jährlich	Monatlich
Jahresergebnis vor Steuern	200.000,00 €	63.000,00 €	5.300,00 €
./. Steuerrückstellung	60.000,00 €	20.000,00 €	1.700,00 €
Zwischensumme Jahresergebnis nach Steuern	140.000,00 €	43.000,0 €	3.600,00 €
./. Krankenversicherungssumme	18.000,00 €	6.000,00 €	500,00 €
./. Rentenversicherungsbeitrag	32.400,00 €	10.800,00 €	900,00 €
Zwischensumme Nettoeinkommen Schuldner	89.600,00 €	26.200,00 €	2.200,00 €
./. Unpfändbarer Pfändbarer Betrag bei zwei Unterhaltspflichtigen	70.992,00 €	23.664,00 €	1.972,00 €
Pfändbarer Überschuss	**18.608,00 €**	**2.536,00 €**	**228,00 €**

5) Gemäß dem neu eingefügten § 245a Satz 1 InsO ist im Zweifel davon auszugehen, dass die Einkommens-, Vermögens- und Familienverhältnisse des Schuldners, die zum Zeitpunkt der Abstimmung über den Insolvenzplan vorherrschten, für die Dauer des Verfahrens und der Abtretungsfrist maßgeblich bleiben. Vor der Einführung des § 245a InsO ist verlangt worden, dass die konkrete Dauer bestehender Unterhaltsverpflichtungen in die Vergleichsrechnung einbezogen werden müsse, gerade weil die gegenwärtige Situation nicht zwangsläufig unverändert bliebe (vgl. LG Hamburg, Beschl. v. 18.11.2015 – 326 T 109/15, ZVI 2016, 155 = ZIP 2016, 335). Seit der Neuregelung dürfte das Fehlen entsprechender Angaben nicht mehr ohne weiteres zur Zurückweisung des Plans führen. Empfehlenswert sind Angaben dennoch. So kommt die Vermutung des § 245a InsO nur zum Tragen, wenn nicht schon entsprechende Änderungen abschbar sind. Außerdem steht es den Gläubigern offen, Änderungsmöglichkeiten vorzutragen und dadurch die Vermutung des § 245a InsO zu widerlegen.

Für die Verwertung des Anlagevermögens nach einer dreijährigen Praxisfortführung setzt der Planverfasser keinen gesonderten Wert an, da bereits zum Zeitpunkt der Insolvenzeröffnung lediglich ein Wert von 1.000 € angesetzt wurde und dieser bei Abschluss des Regelverfahrens im Jahre 2026 zweifelsohne nicht mehr erzielt wird.

3. *Stilllegung des Praxisbetriebs*

Für die Fortführung des Praxisbetriebs ist der Insolvenzverwalter auf die Mitwirkung des Schuldners angewiesen. Bereits die Praxisfortführung bis zum Stichtag war vom Wohlwollen und der Einsatzkraft des Schuldners getragen. Der Planverfasser rechnet aufgrund der psychischen Belastung nicht damit, dass der Schuldner i. R. eines Regelinsolvenzverfahrens die Selbständigkeit über das Jahr 2025 hinaus aufrechterhalten würde.

Mit der Konsequenz, dass der Insolvenzverwalter die Praxis stilllegen und i. R. der jeweils maßgeblichen auslaufenden Kündigungsfrist liquidieren müsste.

Hiernach bliebe abzuwarten, inwieweit dem Schuldner die Aufnahme eines Angestelltenverhältnisses gelingt und dieses die Erzielung pfändbarer Einkünfte ermöglicht. Der Planverfasser rechnet aufgrund des Alters und der psychischen Verfassung nicht ernsthaft mit der Aufnahme einer Angestelltentätigkeit. Wahrscheinlicher ist ein vorzeitiger Ruhestand.

Selbst wenn man bei wohlwollender Betrachtung die Aufnahme einer Angestelltentätigkeit unterstellt, so errechnet sich kein pfändbarer Überschuss. Denn in diesem Stilllegungsszenario würde die Ehefrau des Schuldners ihre Anstellung verlieren. Mit der Konsequenz, dass sie als Unterhaltsberechtigte zu berücksichtigen wäre. Dies wiederum würde den monatlichen Pfändungsschutzbetrag von 1.972 € auf 2.094,27 € erhöhen. Es errechnen sich pfändbare Lohnanteile i. H. von:

Pfändbarer Überschuss	3.780,00 €	1.260,00 €	105,00 €

Für die Verwertung des beweglichen Anlagevermögens setzt der Planverfasser keinen gesonderten Wert an, da die entsprechenden Gegenstände unter Berücksichtigung der entstehenden Verwertungs-, Räumungs- und Entsorgungskosten kaum relevant sind. Zusätzlich besteht eine Belastung mit dem Vermieterpfandrecht.

4. *Fortführung im Rahmen des Insolvenzplans*

Zuletzt bleibt das Szenario „Fortführung i. R. eines Insolvenzplans". Dieses beruht auf zwei wesentlichen Elementen:

- Dritte haben sich zur Bereitstellung von 30.000 € bereiterklärt.
- Von der vorzeitigen Beendigung des Insolvenzverfahrens mittels Insolvenzplan verspricht sich der Schuldner eine psychische Befreiung, die ihm die Fortführung des Praxisbetriebs möglich machen wird, ohne dass hieraus indes Einnahmen der Insolvenzmasse zustehen werden.

5. *Vergleichende Gegenüberstellung und Bewertung der in Betracht kommenden Verwertungsalternativen/Schlechterstellungsverbot (§ 251 InsO)*

Gemäß § 251 Abs. 1 Nr. 2 InsO ist die Bestätigung des Insolvenzplans auf Antrag zu versagen, wenn ein Gläubiger durch den Plan voraussichtlich schlechtergestellt wird, als er ohne einen Plan stünde. Dies ist vorliegend aus folgenden Gründen nicht der Fall:

- Maßgeblich ist die Gegenüberstellung der wirtschaftlichen Ergebnisse der denkbaren Abwicklungsszenarien, wobei die Fortführung grundsätzlich zu unterstellen ist.
- Im Rahmen dieser hat eine Risikobetrachtung stattzufinden. Bei rein wirtschaftlicher Betrachtung stellen sich folgende Szenarien gegenüber:
  - Bei Fortsetzung der Betriebsfortführung durch die Insolvenzverwaltung ist ein Reinerlös für die freie Masse von ca. 18.000 € zu erwarten.

- Für den Fall der sofortigen Praxisschließung dürften die Befriedigungsaussichten der Gläubiger aus den beschriebenen Gründen wesentlich schlechter sein. Im Rahmen der angestellten Prognose ist mit einem Reinerlös von 3.780 € aus pfändbaren Lohnanteilen zu rechnen, vorausgesetzt dem Schuldner gelingt die Aufnahme einer Angestelltentätigkeit.
- Für den Fall der Plansanierung stehen der Insolvenzmasse zwar keine Fortführungserlöse zu, dies wird jedoch kompensiert durch den Finanzierungsbetrag eines Dritten i. H. von 30.000 €.

Mit Rücksicht darauf, dass es sich hierbei um Prognoseentscheidungen handelt, findet eine wertende Betrachtung statt. Vor diesem Hintergrund sind über diese rein wirtschaftliche Betrachtung hinaus folgende Umstände wertend zu berücksichtigen:

- Der Finanzierungsbetrag des Dritten ist mit einer wirksamen Zahlungsverpflichtung (vgl. die entsprechende Erklärung gemäß Anlage 3) unterlegt und mithin eine sichere – und vor allem schnelle und damit unter Zinsgesichtspunkten wirtschaftlich noch einmal attraktivere – Einnahme.
- Der prognostizierte Fortführungserlös ist demgegenüber der Unsicherheit der gesundheitlichen Situation des Schuldners ausgesetzt. Dieser vermittelt glaubhaft bereits zum heutigen Zeitpunkt den Eindruck, als könne die Praxisfortführung keinesfalls mittel- oder gar langfristig geplant werden. Die rückläufigen Umsätze bestätigen dies.
- Über diese tatsächlichen Risiken hinaus besteht das rechtliche Risiko, dass der Schuldner bereicherungsrechtliche Ansprüche gegenüber der Insolvenzmasse für die unverjährte Vergangenheit geltend macht, da er die Ansicht vertritt, weniger als den gesetzlichen Pfändungsbetrag ausgekehrt bekommen zu haben.

6. *Vergleich der Abwicklungsszenarien*

Vor diesem Hintergrund sind die Befriedigungsaussichten für die Gläubiger bei Plansanierung besser, da über die erwirtschafteten Verwertungs- und Fortführungserlöse hinaus mit einer höheren Befriedigung zu rechnen ist. Gesicherten und kurzfristig verteilungsfähigen Drittmitteln i. H. von 30.000 € steht eine unsichere Erlöserwartung i. H. von 18.000 €, zahlbar in vier Jahren gegenüber. Diese – auf dem Einmalbetrag aufbauende – Argumentation gilt für die Gläubiger der Gruppen 2 und 3, nicht jedoch für die Gruppe 1.

Soweit die Ergebnisse der alternativen Abwicklungsszenarien für den Gläubiger der Gruppe 1 gegenüberzustellen sind, ergibt sich die fehlende Schlechterstellung aus der angenommenen Wertlosigkeit des Absonderungsguts nach einer Betriebsfortführung zum einen und dem fehlenden Verwertungsfall zum anderen. Der Insolvenzverwalter wird angesichts der Betriebsnotwendigkeit keine Verwertung nach § 166 Abs. 1 InsO anstrengen, so dass der absonderungsberechtigte Gläubiger allenfalls über Zinszahlungen nach § 169 InsO geschützt wäre. Diese jedoch erreichen nicht den Einmalbetrag des Insolvenzplans.

Im Stilllegungsfall stehen der Planregelung („Abgeltung durch Einmalbetrag i. H. von 1.000 €") rechnerische Liquidationswerte i. H. von 3.000 € gegenüber. Die gesicherte Forderung beläuft sich indes lediglich auf 2.055,80 €, so dass das Sicherungsrecht lediglich in dieser Höhe valutiert. Es ist im Regelverfahren indes nicht ohne Weiteres durchsetzbar. Das Verwertungsrecht obliegt dem Insolvenzverwalter nach § 166 Abs. 1 InsO. Allein er ist zur freihändigen Verwertung berechtigt. Die ermittelten Liquidationswerte unterliegen der Prämisse der freihändigen Verwertung und lassen Demontage und Ausbaukosten unberücksichtigt. Die zentralen Vermögensgegenstände (ca. 1.500 €) sind nur durch Demontage und Ausbau realisierbar. Im Rahmen einer vom Vermieter anzustrengenden öffentlichen Pfandversteigerung ist angesichts dessen sowie entstehender Kosten nicht mit einem Erlös in der Höhe des Planbeitrags zu rechnen.

Der vorliegende Insolvenzplan gewährt den Gläubigern damit im Vergleich zur Regelabwicklung eine deutlich höhere Befriedigungsquote und eine zeitlich frühere Befriedigung.

E. Gestaltender Teil

I. Gruppenbildung

Entsprechend der Ausführungen im Gestaltenden Teil sieht der vorliegende Insolvenzplan folgende Gruppenbildung vor:

Gruppe 1: Vermieter

Gruppe 2: Institutionelle Gläubiger

Gruppe 3: Sonstige ungesicherte und nicht nachrangige Insolvenzgläubiger

An dem Insolvenzplanverfahren nehmen Forderungen i. H. von insgesamt 297.682,59 € teil. In die Rechtsposition der Gläubiger dieser Forderungen wird nach Maßgabe der folgenden Regelungen eingegriffen.

II. Veränderungen der Rechtsstellung der Gläubiger

1. Gruppe 1

Der Gläubiger der Gruppe 1 verzichtet mit Rechtskraft des Insolvenzplanes vollständig auf sein Absonderungsrecht und auf etwaige Ansprüche wegen Verzögerung der Verwertung (insbesondere aus § 169 InsO) und Benutzung der Sicherungsgegenstände (insbesondere § 172 InsO) gegen Zahlung eines einmaligen Betrages i. H. von 1.000 €. Die Zahlung dieses Einmalbetrages ist fällig zwei Monate nach Verfahrensaufhebung.

2. Gruppe 2

Die Gläubiger der Gruppe 2 erhalten eine Quote von 15 % auf den Betrag ihrer festgestellten Insolvenzforderung (§ 38 InsO) („Festquote").

Im Übrigen sind die Insolvenzforderungen und alle weiteren zum Zeitpunkt der Eröffnung des Insolvenzverfahrens begründeten Forderungen sowie alle Nebenforderungen (wie z. B. Zinsen, Nebenleitungen und Kosten) erlassen (§ 397 BGB). Die Festquote ist fällig in einer Rate, zwei Monate nach Verfahrensaufhebung.

3. Gruppe 3

Die Gläubiger der Gruppe 3 erhalten eine Quote von 15 % auf den Betrag ihrer festgestellten Insolvenzforderung (§ 38 InsO) („Festquote").

Im Übrigen sind die Insolvenzforderungen und alle weiteren zum Zeitpunkt der Eröffnung des Insolvenzverfahrens begründeten Forderungen sowie alle Nebenforderungen (wie z. B. Zinsen, Nebenleitungen und Kosten) erlassen (§ 397 BGB). Die Festquote ist fällig in einer Rate, zwei Monate nach Verfahrensaufhebung.

III. Allgemeine Regelungen

1. Vom Insolvenzplan erfasste Insolvenzforderungen

Für die Leistung der in diesem Insolvenzplan vorgesehenen Quote ist grundsätzlich der Stand der Insolvenztabelle über die angemeldeten Forderungen zum Ausschüttungszeitpunkt maßgeblich.

Mit der Rechtskraft der Bestätigung des Insolvenzplans treten diese Quotenberechtigung wie auch die weiteren im gestaltenden Teil festgelegten Wirkungen für und gegen alle Beteiligten ein (§ 254 Abs. 1 InsO). Dies gilt insbesondere auch für solche Insolvenzgläubiger, die ihre Forderungen nicht angemeldet haben. Für diese gelten ergänzend die Planregelungen gemäß nachstehender Ziff. 6.

2. *Masseverbindlichkeiten*

Vor Befriedigung der Insolvenzgläubiger, und zwar noch vor Aufhebung des Insolvenzverfahrens (§ 258 Abs. 2 InsO) werden aus der verwalteten Masse vorab befriedigt:

- Die Gerichtskosten und die gerichtlichen Auslagen für das Insolvenzverfahren gemäß § 54 InsO,
- die Kosten des vorläufigen Insolvenzverwalters, einschließlich seiner Vergütung und Auslagen, auch soweit sie erst durch die Durchführung dieses Plans anfallen werden gemäß § 54 InsO,
- die Kosten des Insolvenzverwalters, einschließlich seiner Vergütung und Auslagen, auch soweit sie erst durch die Durchführung dieses Plans anfallen werden gemäß § 54 InsO sowie
- die sonstigen Masseverbindlichkeiten (§ 55 InsO).

Der Insolvenzverwalter wird vom Schuldner ermächtigt, die hierfür erforderlichen Zahlungen an die Massegläubiger aus dem erwirtschafteten Massebestand sowie dem Planbeitrag zu veranlassen.

3. *Aufhebung des Insolvenzverfahrens*

Die Aufhebung des Insolvenzverfahrens nach Rechtskraft der gerichtlichen Bestätigung dieses Insolvenzplans (§ 258 Abs. 1 InsO) soll soweit möglich mit Wirkung zum Ende des Monats, in dem die Voraussetzungen für die Aufhebung des Insolvenzverfahrens über das Vermögen der Schuldnerin vorliegen, erfolgen.

4. *Nachrangige Insolvenzforderungen*

Nachrangige Insolvenzforderungen gelten nach § 225 Abs. 1 InsO als erlassen.

5. *Rechte der Absonderungsberechtigten und der Gläubiger mit Drittsicherheiten*

Soweit der Insolvenzplan keine andere Regelung trifft, bleiben die Rechte der absonderungsberechtigten Gläubiger unberührt (§ 223 Abs. 1 Satz 1 InsO). Gleiches gilt für die Rechte von Inhabern von gruppeninternen Drittsicherheiten (vgl. §§ 217 Abs. 2, 223a InsO), weil dieser Insolvenzplan in solche Drittsicherheiten ausdrücklich nicht eingreift.

Die Rechte der Insolvenzgläubiger gegen Mitschuldner und Bürgen des Schuldners sowie die Rechte dieser Gläubiger an Gegenständen, die nicht zu Insolvenzmasse gehören, werden durch den Insolvenzplan, insbesondere die Abtretung, nicht berührt (§ 254 Abs. 2 InsO).

6. *Verjährung nicht angemeldeter Forderungen*

Es gelten die gesetzlichen Regelungen, insbesondere die §§ 259a, 259b InsO.

7. *Kein Wiederaufleben*

Das Wiederaufleben von Forderungen wird ausgeschlossen, § 255 Abs. 3 InsO.

8. *Verfahrensmäßige Ausschlussklausel*

Der Insolvenzplan enthält eine sog. verfahrensmäßige Ausschlussklausel für Nachzüglerforderungen, d. h. nicht (rechtzeitig) angemeldete Forderungen und bestrittene, nicht (rechtzeitig) feststellungsklageweise geltend gemachte Forderungen. Diese Nachzüglerforderungen werden von der Verteilung der im Insolvenzplan vorgesehenen Quote ausgeschlossen und sonstigen in §§ 255 ff. InsO geregelten Wirkungen der Eintragung der Forderung in die Insolvenztabelle ausgeschlossen. Die Rechtsprechung hat zuletzt die Zulässigkeit solcher verfahrensmäßiger Ausschlussklauseln bestätigt (BAG, Urt. v. 19.11.2015 – 6 AZR 559/14, ZVI 2016, 144 = ZIP 2016, 178; ausführlich *Brünkmans*, ZInsO 2016, 245 ff.).

Der materielle Bestand der Nachzüglerforderung wird durch die verfahrensmäßige Ausschlussklausel hingegen nicht berührt. Nachzüglerforderungen werden entsprechend der Regelungen im gestaltenden Teil des Insolvenzplanes in gleicher Höhe erlassen wie angemeldete und in die Insolvenztabelle eingetragene Forderungen. Für Nachzüglerforderungen ist jedoch die Sonderverjährungsfrist aus § 259b InsO zu beachten.

9. *Regelung zu gegenseitigen Verträgen*

Die Erfüllung von gegenseitigen, von keiner Seite vollständig erfüllten Verträgen i. S. von § 103 InsO, für die der Schuldner bzw. der Insolvenzverwalter bis zum Zeitpunkt der Rechtskraft des Insolvenzplans keine Erfüllungswahl getroffen hat, kann nicht verlangt werden.

10. *Bevollmächtigung*

Der Insolvenzverwalter und der Planüberwacher werden bevollmächtigt, die zur Umsetzung des Insolvenzplans notwendigen Maßnahmen zu ergreifen und offensichtliche Fehler des Insolvenzplans zu berichtigen, § 221 Satz 2 InsO.

11. *Regelung zur Schlussrechnungslegung*

Abweichend von § 66 Abs. 1 InsO wird auf die Schlussrechnungslegung verzichtet, § 66 Abs. 4 InsO. Ein Schlusstermin findet nicht statt, § 66 Abs. 4 InsO.

IV. *Planbedingungen*

Die Bestätigung des Insolvenzplans steht unter keiner Bedingung i. S. des § 249 Satz 1 InsO. Die im Plan vorgesehenen Verzichtsleistungen der Gläubiger führen bei dem Schuldner zu Buchgewinnen, die grundsätzlich zu einem steuerpflichtigen Ertrag führen. In § 3a EStG i. V. m. § 8 KStG wird geregelt, dass Erträge aus unternehmensbezogenen Sanierungen steuerbefreit sind. Im Rahmen eines Insolvenzplanverfahrens werden die Voraussetzungen des § 3a Abs. 2 EstG, namentlich Sanierungsbedürftigkeit und Sanierungsfähigkeit des Unternehmens sowie die die Sanierungsabsicht der verzichtenden Gläubiger, regelmäßig erfüllt. Einer Planbedingung bedarf es daher nicht.

V. *Planüberwachung*

Die Erfüllung des Insolvenzplans wird gemäß §§ 284 Abs. 2, 260 InsO durch den Insolvenzverwalter überwacht. Die Überwachung endet mit der Erfüllung sämtlicher Zahlungen entsprechend den Regelungen des Insolvenzplans, spätestens jedoch drei Jahre nach Aufhebung des Insolvenzverfahrens.

VI. *Erklärungen zum Insolvenzplan*

1. *Schuldner*

Der Schuldner stimmt gemäß der als Anlage 4 beigefügten Erklärung dem Insolvenzplan zu (§ 230 Abs. 1 InsO).

Ebenso ermächtigt der Schuldner gemäß dieser als Anlage 4 beigefügten Erklärung den Insolvenzverwalter, die an die Massegläubiger und nach Verfahrensaufhebung auch die zur Auszahlung der Planquote erforderlichen Zahlungen zu veranlassen.

2. *Erklärungen Dritter*

Der Insolvenzplan beruht ganz wesentlich auf der finanziellen Unterstützung des Schwagers des Schuldners. Die entsprechende Zahlungsverpflichtung ist dem Insolvenzplan als Anlage 3 beigefügt.[6)]

6) Nach BGH, Beschl. v. 22.6.2023 – IX ZB 15/21, ZRI 2023, 664 = ZVI 2023, 364, braucht die beigefügte Zahlungszusage keinen gesonderten Liquiditäts- bzw. Bonitätsnachweis des Drittmittelgebers zu enthalten. In der Praxis ist zu beachten, dass die Gläubiger ihre Entscheidung über den Plan von der Liquidität des Drittmittelgebers abhängig machen werden, weshalb sich entsprechende Angaben im Plan anbieten werden.

VII. Plananlagen

Dem Insolvenzplan liegen folgende Anlagen bei:

Anlage 1	*Betriebswirtschaftliche Auswertungen zum 31.12.2020, 31.12.2021, 31.12.2022 und zum 31.8.2023*
Anlage 2	*(Vorläufiges) Schlussverzeichnis*
Anlage 3	*Finanzierungsbestätigung Dr. Rejmanowski*
Anlage 4	*Schuldnererklärung*

Weitergehende Anlagen – insbesondere die Vorlage einer Planbilanz bzw. einer Plan-Gewinn- und Verlustrechnung – sind nicht erforderlich, da die Planquote nicht durch zukünftige Erträge aus der Praxisfortführung erwirtschaftet wird, sondern auf dem Massebestand sowie einem Finanzierungsbeitrag Dritter beruht.

VIII. Antrag

Hiermit wird beantragt, im Abstimmungstermin über eine abweichende Regelung gemäß §§ 1, 217 InsO wie folgt zu beschließen:

„Die Beteiligten stimmen den im gestaltenden Teil des Insolvenzplans enthaltenen Regelungen zu."

Unterschrift

____

Dr. Karl Korrekt
– als Insolvenzverwalter –
Domstraße 21
50001 Köln
Datum: 15.7.2023

§ 66
Muster für einen Restrukturierungsplan einer AG (Gruppen-Holding)

Mit Gestaltung von Konsortialkredit, Schuldscheindarlehen und gesellschaftsrechtlichen Maßnahmen (Kapitalschnitt)

Restrukturierungsplan
in der [öffentlichen] Restrukturierungssache der

Muster-AG

vertreten durch [...]

mit Sitz in [...] eingetragen im Handelsregister des Amtsgerichts [...] unter HRB [...]

Amtsgericht [...]
– Restrukturierungsgericht –
Az. [...]

Planverfasser: [...]

Inhaltsverzeichnis

Definitionen

Investor	wie auf S. […] definiert
Darlehensverbindlichkeiten	wie auf S. […] definiert
Garantieforderungen	wie auf S. […] definiert
Gesellschaft	wie auf S. […] definiert
Muster-Gruppe	wie auf S. […] definiert
Sanierungszeitraum	wie auf S. […] definiert
Schuldnerin	wie auf S. […] definiert
Schuldscheinverbindlichkeiten	wie auf S. […] definiert
[…]	[…]

A. *Vorbemerkungen*

Der Restrukturierungsplan wird von der Muster-AG mit Sitz in […], eingetragen im Handelsregister des Amtsgerichts […] unter der Nummer HRB […], mit der Geschäftsanschrift […] (nachfolgend **„Schuldnerin“** oder **„Gesellschaft“**) vorgelegt.

Als wesentliche Ziele des Restrukturierungsplans sind zu nennen:

- die bestmögliche Befriedigung der planbetroffenen Gläubiger;
- die finanzwirtschaftliche Sanierung zur notwendigen Entschuldung und Stärkung des Eigenkapitals; sowie
- die Abwendung einer Insolvenz durch nachhaltige Beseitigung der drohenden Zahlungsunfähigkeit, die Sicherstellung der Durchfinanzierung und die Wiederherstellung der Rentabilität der Gesellschaft.

Zusätzlich werden außerhalb des StaRUG-Verfahrens leistungswirtschaftliche Sanierungsmaßnahmen auf Grundlage eines Restrukturierungskonzepts durchgeführt.

Das dem Restrukturierungsplan zugrunde liegende Restrukturierungskonzept wurde durch einen unabhängigen Sanierungsgutachter – Müller Meyer Schmidt Rechtsanwälte Wirtschaftsprüfer Steuerberater Partnerschaft mbB – in Anlehnung an den Standard IDW S 6 und unter Berücksichtigung der höchstrichterlichen Rechtsprechung validiert. Das Restrukturierungskonzept sieht Maßnahmen innerhalb und außerhalb des Restrukturierungsplans vor. Die Sanierungsfähigkeit der Schuldnerin sowie die Durchfinanzierung im Sanierungszeitraum bis zum 31.12.2028 („**Sanierungszeitraum**") werden durch das Restrukturierungskonzept ausweislich der als **Anlage 1** beigefügten Bestandsfähigkeitserklärung bestätigt.

Die Finanzierung der Muster-Gruppe erfolgt gegenwärtig über einen durch Garantien der Tochtergesellschaften besicherten Konsortialkredit. Unter dem Konsortialkredit wurden der Schuldnerin insgesamt Kreditmittel i. H. von 200 Mio. € zur Verfügung gestellt („**Darlehensverbindlichkeiten**"). Garantiegeber sind die Muster-Vertriebs GmbH, die Muster-System GmbH und die Muster-Services GmbH, die vollumfänglich für die Darlehensverbindlichkeiten der Schuldnerin aus dem Konsortialkreditvertrag haften („**Garantieforderungen**"). Zusätzlich finanziert sich die Muster-Gruppe über diverse Schuldscheindarlehen i. H. von 150 Mio. € („**Schuldscheinverbindlichkeiten**").

Wesentliche Bestandteile des Restrukturierungskonzepts sind überblicksartig:

(1) eine Umstrukturierung des operativen Geschäftsbetriebs durch Umsetzung von Kostensenkungsprogrammen für den Bereich Personal- und Mietkosten;

(2) ein Teilforderungserlass der Darlehensverbindlichkeiten und Schuldscheinverbindlichkeiten der Muster-Gruppe i. H. von 50 %;

(3) für die verbleibenden Darlehens- und Schuldscheinverbindlichkeiten erfolgt eine Anpassung der Finanzierungsverträge mit hinausgeschobenem Tilgungsplan nach Abschluss des StaRUG-Verfahrens;

(4) eine vereinfachte Kapitalherabsetzung auf null mit anschließender Kapitalerhöhung um 50.000 € zzgl. schuldrechtlichem Baragio i. H. von weiteren 20 Mio. € unter Bezugsrechtsausschluss der bisherigen Aktionäre; und

(5) eine Liquiditätszufuhr in Gesamthöhe von mehr als 20 Mio. € durch die Super-Senior-Finanzierung.

Die Restrukturierungsmaßnahmen (2) bis (4) werden durch den vorliegenden Restrukturierungsplan umgesetzt. Die Restrukturierungsmaßnahme (5) steht unter der aufschiebenden Bedingung der rechtskräftigen Bestätigung des Restrukturierungsplans durch das Restrukturierungsgericht und dem Vollzug der unter (4) beschriebenen Kapitalmaßnahmen.

Zur Zeichnung und Übernahme der neuen Aktien zugelassen werden soll ausschließlich die Investment AG mit mit Sitz in […] („**Investor**").

Die Schuldnerin sowie auch ihre Tochtergesellschaften, die Muster-Vertriebs GmbH, die Muster-System GmbH und die Muster-Services GmbH (die Schuldnerin und ihre Tochtergesellschaften zusammen auch „**Muster-Gruppe**"), müssten ohne Umsetzung der unter dem Restrukturierungsplan vorgesehenen finanzwirtschaftlichen Maßnahmen und der außerhalb des Restrukturierungsplans vorgesehenen leistungswirtschaftlichen Maßnahmen unverzüglich einen Insolvenzantrag wegen Überschuldung stellen.[1] Ein Insolvenzverfahren hätte erhebliche negative Auswirkungen auf das operative

1) Zur Insolvenz als nächstbestes Alternativszenario, s. oben § 54 Rz. 111 ff. [*Brünkmans*].

Geschäft der Schuldnerin bzw. ihrer Tochtergesellschaften. Darüber hinaus hätte ein Insolvenzverfahren voraussichtlich einen hohen Reputationsverlust bei den Kunden zur Folge, mit dem auch erhebliche Wertverluste einhergehen würden. Selbst wenn der Betrieb in einem alternativen Insolvenzverfahren fortgeführt werden könnte und ein Verkauf des Unternehmens im Wege einer übertragenden Sanierung (Asset Deal) gelingen sollte,[2] wäre nicht mit einem Erlös für die Altaktionäre gemäß § 199 InsO angesichts der hohen Verschuldung der Schuldnerin zu rechnen. Die planbetroffenen Gläubiger würden in einem Insolvenzverfahren lediglich eine Quote i. H. von [...] erlangen, somit deutlich unter der auf der Grundlage dieses Restrukturierungsplans angebotenen Quote liegen. Eine alternative Verwertung bietet daher deutlich geringere Befriedigungsaussichten als im Fall der Fortführung des Unternehmens der Schuldnerin unter Umsetzung der im Restrukturierungsplan vorgesehenen Maßnahmen.

Nach dem diesem Restrukturierungsplan zugrunde liegenden Restrukturierungskonzept hängt die Sanierungsfähigkeit der hoch verschuldeten Schuldnerin maßgeblich davon ab, dass die Schuldenlast der Muster-Gruppe insgesamt signifikant reduziert wird. Dies erfordert einen Schuldenschnitt, zu dessen Umsetzung die Schuldnerin auf die Unterstützung der planbetroffenen Finanzgläubiger angewiesen ist. Die Verhandlungsergebnisse zwischen den planbetroffenen Finanzgläubigern, dem Investor sowie der Schuldnerin wurden in dem vorliegenden Restrukturierungskonzept berücksichtigt.

Die planbetroffenen Finanzgläubiger haben im Laufe der Verhandlungen gegenüber der Schuldnerin vermehrt zum Ausdruck gebracht, dass sie zur (weiteren) Unterstützung der Muster-Gruppe – insbesondere durch den erforderlichen, umfangreichen Forderungserlass – nur unter der Voraussetzung bereit sind, dass dem Investor die Möglichkeit eingeräumt wird, im Rahmen des Kapitalschnitts sämtliche Anteile an der Schuldnerin zu übernehmen.

Dieser Restrukturierungsplan wird allein von der Schuldnerin vorgelegt. Die Muster-Vertriebs GmbH, die Muster-System GmbH und die Muster-Services GmbH werden jedoch ebenfalls durch diesen Restrukturierungsplan begünstigt, indem die Garantieforderungen der planbetroffenen Gläubiger als sog. gruppeninterne Drittsicherheiten (§ 2 Abs. 4 Satz 1 StaRUG) unter dem vorliegenden Restrukturierungsplan gestaltet werden.

B. Darstellender Teil

I. Rechtliche Verhältnisse der Schuldnerin

1. Firma und Geschäftssitz

Die Schuldnerin hat die Rechtsform einer Aktiengesellschaft (AG) und führt die Firma

Muster-AG.

Satzungsgemäßer Sitz der Schuldnerin ist [...]. Ihre Hauptverwaltung befindet sich in der [...].

2. Unternehmensgegenstand

Unternehmensgegenstand der Schuldnerin ist gemäß § 3 der Satzung das Halten und Verwalten eigenen Vermögens, insbesondere Beteiligungen an anderen Unternehmen.

3. Handelsregister

Die Schuldnerin ist im Handelsregister des Amtsgerichts [...] unter HRB [...] eingetragen.

4. Grundkapital

Das Grundkapital der Schuldnerin beträgt 5 Mio. €. Es ist in 5 Mio. auf den Inhaber lautende Stückaktien eingeteilt.

2) S. dazu oben § 32 Rz. 5 ff. [*Brünkmans*].

5. *Vorstand und Vertretungsverhältnisse*

Vorstandsmitglieder sind

- Herr Max Muster, Berlin, geb. am […],
- Herr Karl Müller, Bonn, geb. am […],
- Herr Martin Schmidt, Köln, geb. am […].

Ist nur ein Vorstandsmitglied bestellt, so vertritt es die Gesellschaft allein. Sind mehrere Vorstandsmitglieder bestellt, so wird die Gesellschaft durch zwei Vorstandsmitglieder oder durch ein Vorstandsmitglied gemeinsam mit einem Prokuristen vertreten.

6. *Aufsichtsrat*

Dem Aufsichtsrat gehören die nachfolgenden Mitglieder an:

- […].
- […].
- […].

7. *Aktionärsstruktur*

Von den 5 Mio. auf den Inhaber lautenden Stückaktien werden 2 Mio. von der Muster-Beteiligungs GmbH gehalten. Dies entspricht einem Anteil i. H. von 40 % am Grundkapital. Weitere 2,5 Mio. auf den Inhaber lautende Stückaktien werden von der Muster-Invest-SE gehalten, was einem Anteil i. H. von 50 % am Grundkapital entspricht. Die übrigen 500.000 auf den Inhaber lautenden Stückaktien befinden sich im Streubesitz. Dies entspricht einem Anteil i. H. von 10 % am Grundkapital.

8. *Gruppenstruktur*

Die Schuldnerin ist Teil der Muster-Gruppe. Die Gruppenstruktur lässt sich dem nachfolgenden Schaubild entnehmen:

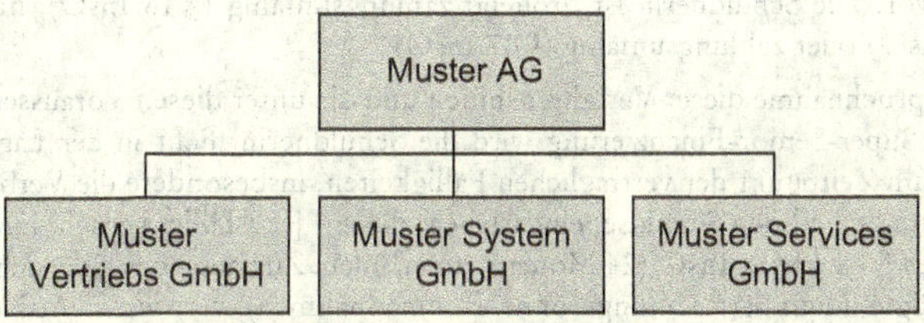

Die Schuldnerin fungiert als Holdinggesellschaft und erbringt in dieser Rolle – neben dem Halten der Anteile an den Tochtergesellschaften – vorwiegend administrative Dienstleistungen innerhalb der Muster-Gruppe.

Die operativ tätigen Tochtergesellschaften der Muster-Gruppe, an denen die Schuldnerin jeweils zu 100 % beteiligt ist, sind:

- die **Muster-Vertriebs GmbH**, eingetragen im Handelsregister des Amtsgerichts […] unter der Nummer HRB […], mit Geschäftsanschrift […];
- die **Muster-System GmbH**, eingetragen im Handelsregister des Amtsgerichts […] unter der Nummer HRB […], mit Geschäftsanschrift […]; und
- die **Muster-Services GmbH**, eingetragen im Handelsregister des Amtsgerichts […] unter der Nummer HRB […], mit Geschäftsanschrift […].

9. Finanzierungsstruktur

Die Muster-Gruppe finanziert sich hauptsächlich über einen Konsortialkredit i. H. von 200 Mio. € und diverse Schuldscheindarlehen i. H. von insgesamt 150 Mio. €.

a) Verbindlichkeiten aus dem Konsortialkredit

Eine Übersicht der Darlehensverbindlichkeiten der Schuldnerin aus dem Konsortialkredit ist als Anlage 2 beigefügt. Diese sind durch Garantien der Tochtergesellschaften (Muster-Vertriebs GmbH, Muster-System GmbH und Muster-Services GmbH) vollumfänglich besichert.

b) Verbindlichkeiten aus Schuldscheinen

Eine Übersicht der Schuldscheinverbindlichkeiten der Schuldnerin aus den Schuldscheinen ist als Anlage 3 beigefügt.

II. Verfahrensdaten und Zugangsvoraussetzungen (§ 29 StaRUG)

1. Restrukturierungsverfahren

Die Anzeige des Restrukturierungsvorhabens erfolgte beim Amtsgericht […] – Restrukturierungsgericht –. Die Restrukturierungssache wird unter dem Aktenzeichen […] geführt.

Das Amtsgericht […] – Restrukturierungsgericht – hat mit Beschluss vom 1.2.2025

Dr. Karl Korrekt

[…]

zum Restrukturierungsbeauftragten bestellt.

2. Zugangsvoraussetzungen nach § 29 StaRUG

Die Schuldnerin kann die Verfahrenshilfen des Stabilisierungs- und Restrukturierungsrahmens in Anspruch nehmen. Die Zugangsvoraussetzungen zum Restrukturierungsverfahren gemäß § 29 Abs. 1 StaRUG liegen vor. Die Schuldnerin ist drohend zahlungsunfähig (§ 18 InsO), nicht jedoch überschuldet (§ 19 InsO) oder zahlungsunfähig (§ 17 InsO).

Ohne eine Inanspruchnahme dieser Verfahrenshilfen und die unter diesen Voraussetzungen zur Verfügung gestellte Super-Senior-Finanzierung wird die Schuldnerin nicht in der Lage sein, ihre Verbindlichkeiten zum Zeitpunkt der vertraglichen Fälligkeiten, insbesondere die Verbindlichkeiten aus dem Konsortialkredit und den Schuldscheindarlehen, die am […] fällig werden, innerhalb des Prognosezeitraums des § 18 Abs. 2 InsO (24 Monate) zu erfüllen. Zur besseren Übersicht wird auf die als Anlage 4 beigefügte Liquiditätsplanung (ohne Planmaßnahmen) verwiesen. Aus der als Anlage 4 beigefügten Liquiditätsplanung ist ersichtlich, dass die liquiden Mittel der Schuldnerin die fälligen Verbindlichkeiten ohne Umsetzung der Planmaßnahmen spätestens zum […] nicht mehr decken.

Die Schuldnerin trifft derzeit auch keine Insolvenzantragspflicht. Es liegt weder eine Zahlungsunfähigkeit im Sinne des § 17 InsO noch eine Überschuldung im Sinne des § 19 InsO vor. Zum Nachweis der nicht vorliegenden Zahlungsunfähigkeit ist der als Anlage 5 beigefügte Liquiditätsstatus zum Zeitpunkt der Planvorlage beigefügt. Die liquiden Mittel übersteigen die fälligen Verbindlichkeiten um ca. […] €.

Es liegt auch keine insolvenzrechtliche Überschuldung der Schuldnerin im Sinne von § 19 InsO vor. Die Schuldnerin verfügt unter Berücksichtigung der Maßnahmen des Restrukturierungsplans über eine positive Fortbestehensprognose. Die Wirkungen des Restrukturierungsverfahrens dürfen nach dem Willen des Gesetzgebers in die Prüfung der Fortbestehensprognose einbezogen werden. Ein Zustandekommen des Restrukturierungsplans und seine plangemäße Umsetzung sind nach Einschätzung der Schuldnerin überwiegend wahrscheinlich, da der Restrukturierungsplan im Wesentlichen auf den Verhandlungsergebnissen zwischen den planbetroffenen Finanzgläubigern, dem Investor und der Schuldnerin beruht. Die planbetroffenen Finanzgläubiger sowie auch ein Teil der Aktionäre haben ihre Unterstützung im Rahmen eines Lock-up-Agreements zugesagt.

Nach Einschätzung des Vorstands der Schuldnerin ist die Beseitigung der drohenden Zahlungsunfähigkeit durch die Umsetzung der Restrukturierungsmaßnahmen überwiegend wahrscheinlich. In diesem Zusammenhang wird auf die als Anlage 1 beigefügte Erklärung zur Bestandsfähigkeit gemäß § 14 Abs. 1 StaRUG verwiesen.

III. Wirtschaftliche Lage der Schuldnerin

1. Vermögenslage

a) Aktuelle Vermögenslage

Dem Restrukturierungsplan ist als Anlage 6 eine Übersicht über das Vermögen und die Verbindlichkeiten beigefügt. Die Bewertung ergibt sich aus einer Zwischenbilanz der Schuldnerin zum […].

b) Zukünftige Vermögens-, Ertrags- und Finanzlage mit Restrukturierungsplan

Durch die im Restrukturierungsplan vorgesehenen Forderungsverzichte wird die Schuldenlast deutlich reduziert. Die Vermögenslage wird darüber hinaus durch die Eigenkapitaleinlage nebst Agio des Investors gestärkt. Schließlich zielt das Restrukturierungskonzept darauf ab, die Muster-Gruppe durch Umsatzwachstum sowie verbesserte Gewinnspannen, EBITDA, Cashflow und eine allgemeine Stabilisierung der Muster-Gruppe zu stärken. Die geplanten Ziele des Restrukturierungskonzepts sind nachfolgend dargestellt: […].

c) Zukünftige Vermögens-, Ertrags- und Finanzlage ohne Restrukturierungsplan

Ohne den Restrukturierungsplan und die Super-Senior-Finanzierung würde die Muster-Gruppe nicht genügend Liquidität generieren, um ihre fällig werdenden Verbindlichkeiten zu bedienen. Die Schuldnerin wäre zeitnah zahlungsunfähig (§ 17 InsO) und überschuldet (§ 19 InsO) und müsste unverzüglich einen Insolvenzantrag stellen. Schon allein der Zinsaufwand würde dazu führen, dass die Schuldnerin und die Muster-Gruppe dauerhaft Verluste erwirtschaften.

2. Wirtschaftliche Situation und Analyse der Krisenursachen

Die Schuldnerin ist die Holdinggesellschaft der Muster-Gruppe und übt im Wesentlichen Holdingfunktionen aus. Die wesentlichen Umsätze werden auf Ebene der Tochtergesellschaften generiert. Die wichtigsten Tochtergesellschaften sind die Muster-Services GmbH, die Muster-Vertriebs GmbH und die Muster-System GmbH.

Die Schuldnerin befindet sich derzeit in einer Ergebnis- und Liquiditätskrise. Bis zum Jahr 2022 befand sich die Schuldnerin in einem starken Umsatzwachstum. Seit dem Geschäftsjahr 2023 sind die Umsätze und das Ergebnis der Muster-Gruppe allerdings rückläufig. Die Hauptursache für den Rücklauf sieht die Muster-Gruppe in Fehlinvestitionen aufgrund falscher Wachstumserwartungen, die im Wesentlichen fremdfinanziert wurden.

Um eine dauerhafte Schuldentragfähigkeit zu erreichen, ist neben einer operativen Sanierung auch eine Entschuldung der Schuldnerin erforderlich. Das Sanierungsgutachten weist ferner einen Finanzierungsbedarf der Schuldnerin für „frisches Geld" i. H. von 40 Mio. € aus.

Der Vorstand der Schuldnerin geht davon aus, dass der Muster-Gruppe nach Überwindung der Ergebnis- und Liquiditätskrise die Rückkehr zu positiven Ergebnissen gelingen wird.

IV. Arbeitnehmer

Die Schuldnerin beschäftigt 30 Arbeitnehmer. Weitere 2.000 Arbeitnehmer sind bei den Tochtergesellschaften der Schuldnerin beschäftigt. […].

V. Angaben zu verbundenen Unternehmen (Eingriff in gruppeninterne Drittsicherheiten)

Von den Regelungen des Restrukturierungsplans sind auch unmittelbar die Muster-Vertriebs GmbH, die Muster-System GmbH und die Muster-Services GmbH in ihrer Eigenschaft als Garanten für die Darlehensverbindlichkeiten betroffen. Durch den vorgesehenen Teilverzicht der Konsortialkreditgeber i. H. von […] € werden auch die vorgenannten Gesellschaften der Muster-Gruppe von ihren Darlehensverbindlichkeiten unter dem Konsortialkredit befreit. Im Einzelnen:

1. Muster-Vertriebs GmbH

Die MusterVertriebs GmbH ist als operative Tochtergesellschaft für den Vertrieb zuständig. Die wirtschaftlichen Verhältnisse lassen sich der als **Anlage 6a** beigefügten Bilanz entnehmen.

2. Muster-System GmbH

Die Muster-System GmbH ist als operative Tochtergesellschaft für die Systempflege zuständig. Die wirtschaftlichen Verhältnisse lassen sich der als **Anlage 6b** beigefügten Bilanz entnehmen.

3. Muster-Services GmbH

Die Muster-Services GmbH ist als operative Tochtergesellschaft für den Kundenservice zuständig. Die wirtschaftlichen Verhältnisse lassen sich der als **Anlage 6c** beigefügten Bilanz entnehmen.

VI. Restrukturierungsmaßnahmen

Das zugrunde liegende Restrukturierungskonzept beinhaltet sowohl finanzwirtschaftliche Restrukturierungsmaßnahmen auf Grundlage des Restrukturierungsplans als auch leistungswirtschaftliche Restrukturierungsmaßnahmen, die außerhalb des Restrukturierungsplans umgesetzt werden. Das Restrukturierungskonzept wurde nach Maßgabe des Standard IDW S 6 und unter Berücksichtigung der höchstrichterlichen Rechtsprechung durch einen unabhängigen Sanierungsgutachter – Müller Meyer Schmidt Rechtsanwälte Wirtschaftsprüfer Steuerberater Partnerschaft mbB – validiert.

1. Leistungswirtschaftliche Maßnahmen (außerhalb des Restrukturierungsplans)

Neben den finanzwirtschaftlichen Maßnahmen gemäß dem gestaltenden Teil des Restrukturierungsplans (dazu unter 2.) erfolgt eine Sanierung des operativen Geschäftsbetriebs gemäß dem Restrukturierungskonzept. Zentrale Elemente des Restrukturierungskonzepts auf operativer Ebene sind […].

Hiermit ist auch eine signifikante Reduzierung der Arbeitnehmer in der Muster-Gruppe verbunden. Das Restrukturierungskonzept wird es der Muster-Gruppe ermöglichen, die Zahl der Mitarbeiter von ca. 2.030 auf 1.500 zu reduzieren. Hierzu hat der Vorstand der Schuldnerin bereits erste Gespräche mit den Arbeitnehmervertretern geführt.

2. Finanzwirtschaftliche Maßnahmen gemäß dem gestaltenden Teil des Restrukturierungsplans

Hinsichtlich der durch diesen Restrukturierungsplan vorgesehenen Maßnahmen auf finanzwirtschaftlicher Ebene ist zwischen Maßnahmen auf Fremdkapitalseite und Maßnahmen auf Eigenkapitalseite zu unterscheiden. Der Investor hat insbesondere einen Schuldenschnitt auf Fremdkapitalseite sowie einen Kapitalschnitt nebst Bezugsrechtsausschluss der Aktionäre der Gesellschaft auf Eigenkapitalseite zur Voraussetzung für seine Finanzierungsbeiträge gemacht. Auch die planbetroffenen Finanzgläubiger haben einen Kapitalschnitt auf Eigenkapitalseite und die Umsetzung des Restrukturierungskonzepts zur Bedingung für die Unterstützung des Restrukturierungsvorhabens gemacht.

a) Maßnahmen auf Fremdkapitalseite

Die Schuldnerin soll mit Blick auf die Darlehensverbindlichkeiten und die Schuldscheinverbindlichkeiten i. H. von 50 % entschuldet werden. Die Entschuldung wird durch einen Teilverzicht der planbetroffenen Finanzgläubiger gegenüber der Schuldnerin herbeigeführt. Hierdurch wird die Schuldenlast unmittelbar reduziert.

aa) Teilforderungserlass der Darlehensverbindlichkeiten

Die Schuldnerin hat mit den in der **Anlage 7** aufgeführten Konsortialkreditgebern am 7.8.2022 einen Konsortialkreditvertrag über 200 Mio. € abgeschlossen. Die Muster-Vertriebs GmbH, die Muster-

System GmbH sowie die Muster-Services GmbH haben die gesamtschuldnerische Garantenhaftung für die Darlehensverbindlichkeiten der Schuldnerin aus dem Konsortialkreditvertrag übernommen.

Die Konsortialkreditgeber sind bereit, den werthaltig besicherten Teil ihrer Kredite während des Sanierungszeitraums zu stunden und auf den nicht werthaltigen Teil ihrer Forderungen i. H. von […] € (d. h. […] % der Gesamtforderungen) zu verzichten.

bb) Teilforderungserlass der Schuldscheinverbindlichkeiten

Ferner hat die Gesellschaft am 9.11.2023 mit der Z-Bank einen Schuldscheindarlehensvertrag über 150 Mio. € abgeschlossen. Nach der Emission wurden die Rückzahlungsansprüche an einzelne Darlehensgeber abgetreten. Eine Liste der aktuellen Schuldscheingläubiger ist als Anlage 8 beigefügt.

Die Schuldscheingläubiger sind bereit, auf den nicht werthaltigen Teil ihrer Forderungen i. H. von […] (d. h. […] % der Gesamtforderungen) zu verzichten. In der restlichen Höhe bleiben die Forderungen bestehen und werden bis zum Ende des Sanierungszeitraums gestundet.

cc) Super-Senior-Kredit

Darüber hinaus soll der Gesellschaft Liquidität im Wege eines neuen Darlehens i. H. von 20 Mio. € zur Verfügung gestellt werden („**Super-Senior-Kredit**"), welches jedoch nur ausgereicht wird, wenn dieser Restrukturierungsplan rechtskräftig geworden ist, die Kapitalerhöhung in das Handelsregister eingetragen wurde und der Finanzierungsbeitrag des Investors erbracht wurde. Die Möglichkeit, sich an dem Super-Senior-Kredit zu beteiligen, soll im Rahmen dieses Restrukturierungsplans allen planbetroffenen Finanzgläubigern (Konsortialkreditgeber und Schuldscheingläubiger) durch Ausübung eines Wahlrechts eingeräumt werden. Das Wahlrecht können die planbetroffenen Finanzierungsgläubiger längstens bis zum Ablauf von fünf Bankarbeitstagen nach Ende des Erörterungs- und Abstimmungstermins ausüben. Die Ausübung des Wahlrechts ist schriftlich gegenüber der Schuldnerin und dem Restrukturierungsbeauftragten zu erklären.

Wird das Wahlrecht ausgeübt, ist der jeweilige planbetroffene Finanzgläubiger verpflichtet, den Super-Senior-Kreditvertrag innerhalb von drei weiteren Bankarbeitstagen nach Ausübung des Wahlrechts zu unterzeichnen.

b) Maßnahmen auf Eigenkapitalseite

Der Restrukturierungsplan sieht vor, dass der Investor durch einen Kapitalschnitt unter Ausschluss des Bezugsrechts der Altaktionäre alleiniger Aktionär der Schuldnerin wird.

aa) Vereinfachte Kapitalherabsetzung auf null

Der Restrukturierungsplan regelt zunächst eine Kapitalherabsetzung auf null, bei der das Grundkapital der Schuldnerin von gegenwärtig 5 Mio. € um 5 Mio. € auf 0 € herabgesetzt wird.[3)] Die Kapitalherabsetzung soll nach den Vorschriften über die vereinfachte Kapitalherabsetzung erfolgen (§§ 229 ff. AktG).

Die Voraussetzungen der §§ 229 ff. AktG für eine vereinfachte Kapitalherabsetzung liegen vor. Die Kapitalherabsetzung verfolgt den Zweck, die in der als Anlage 6 beigefügten Vermögensübersicht ausgewiesenen Verluste zu decken. Die Rücklagen sind aufgelöst, Gewinnvorträge sind nicht vorhanden; das Eigenkapital ist negativ. Das wird auch aus der als Anlage 9 beigefügten, nach den Rechnungslegungsvorgaben des Handelsgesetzbuchs (HGB) erstellten Pro-Forma-Einzelbilanz der Schuldnerin zum 31.12.2024 ersichtlich.

bb) Unmittelbare Kapitalerhöhung auf 50.000 €

Unmittelbar an die Kapitalherabsetzung auf null schließt sich eine Kapitalerhöhung unter Bezugsrechtsausschluss der Altaktionäre an. Hierzu soll das Grundkapital der Schuldnerin von 0 € durch Ausgabe von 50.000 neuen auf den Inhaber lautenden Stückaktien mit einem anteiligen Betrag am

3) S. oben zur Kapitalherabsetzung auf null § 54 Rz. 157 ff. [*Brünkmans*].

Grundkapital von je 1 € gegen Bareinlagen auf 50.000 € erhöht werden.[4] Der Ausgabebetrag für jede neue Stückaktie beträgt 1 € je auszugebender Aktie. Mithin beträgt der Gesamtausgabetrag für sämtliche neuen Aktien 50.000 €.

Zur Zeichnung der neuen Aktien wird ausschließlich der Investor zugelassen. Der Investor hat sich gemäß der als **Anlage 10** beigefügten Erklärung nach § 15 Abs. 3 StaRUG verpflichtet, die neuen Aktien zu zeichnen und die Bareinlage i. H. von 50.000 € auf die neuen Aktien zu erbringen. Ferner hat er sich im Rahmen der als **Anlage 10** beigefügten Erklärung gegenüber der Schuldnerin vertraglich verpflichtet, eine zusätzliche Leistung in Form eines schuldrechtlichen Baragios mittels einer anderen Zuzahlung in die Kapitalrücklage gemäß § 272 Abs. 2 Nr. 4 HGB i. H. von 20 Mio. € zu erbringen.

Der Ausschluss des gesetzlichen Bezugsrechts der Altaktionäre ist zulässig.[5] Die Zulässigkeit dieses Bezugsrechtsausschlusses folgt bereits aus § 7 Abs. 4 Satz 3 StaRUG, wonach der Restrukturierungsplan insbesondere den Ausschluss von Bezugsrechten vorsehen kann. Daher bedarf es nach überwiegender Meinung im Schrifttum im Einklang mit der herrschenden Meinung zum Insolvenzplanrecht in einem Restrukturierungsplan keiner gesonderten sachlichen Rechtfertigung des Bezugsrechtsausschlusses. Die restrukturierungsrechtlichen Schutzmechanismen des StaRUG verdrängen insoweit die gesellschaftsrechtlichen Wertungen und Vorgaben (statt vieler *Brünkmans* in: Jacoby/Thole, StaRUG, 1. Aufl. 2023, § 7 Rz. 131 ff.; *Seibt* in: Seibt/Westpfahl, 2023, § 7 Rz. 97 m. w. N.; *Tresselt* in: Morgen, StaRUG, 2. Aufl. 2022, § 7 R. 38 f. m. w. N.; *Mulert/Steiner*, NZG 2021, 673, 677; *Tasma* in: Flöther, StaRUG, 1. Aufl. 2021, § 7 Rz. 30).

Der Ausschluss des gesetzlichen Bezugsrechts der planbetroffenen Anteilsinhaber ist jedoch auch unter Zugrundelegung der gesellschaftsrechtlichen Vorgaben der höchstrichterlichen Rechtsprechung sachlich gerechtfertigt, da er einen legitimen Zweck verfolgt und zur Erreichung des legitimen Zwecks geeignet, erforderlich und angemessen ist.

Eine Kapitalerhöhung gegen Bezugsrecht wäre nicht geeignet gewesen, die für die Sanierung der Schuldnerin erforderlichen Mittel aufzubringen. Aufgrund der Einräumung der Bezugsrechte zugunsten des Investors leistet dieser als Sanierungsbeitrag die erforderliche Bareinlage und ein schuldrechtliches Agio i. H. von 20 Mio. €. Die planbetroffenen Finanzgläubiger haben ebenfalls ihre Zustimmung zum Restrukturierungsplan und die Erbringung ihrer Sanierungsbeiträge davon abhängig gemacht, dass allein der Investor zur Zeichnung und Übernahme der neuen Aktien berechtigt ist. […].

Die in diesem Restrukturierungsplan vorgesehene Sanierung ist für die Schuldnerin alternativlos. Denn es war weder möglich, eine Lösung mit den Altaktionären zu finden, noch rechtzeitig eine anderweitige (Fremd-)Finanzierung zu erhalten. […].

Nach Durchführung der Kapitalmaßnahmen ist der Investor Alleinaktionär der Schuldnerin. Sämtliche Altaktionäre scheiden durch den Kapitalschnitt vollständig als Aktionäre der Schuldnerin aus.

3. *Auswirkungen auf die Tochtergesellschaften*

Insbesondere die Tochtergesellschaften der Muster-Gruppe, die gesamtschuldnerisch (zusammen mit der Schuldnerin) für die Darlehensverbindlichkeiten aus dem Konsortialkredit haften, werden durch den vorliegenden Restrukturierungsplan begünstigt, da die Konsortialkreditgeber auf den nicht werthaltigen Teil ihrer Forderungen verzichten und die Sicherheiten insoweit freigegeben werden.

VII. *Darstellung der Planbetroffenen und Begründung der Auswahlentscheidung*

1. *Übersicht der Planbetroffenen*

Planbetroffene Finanzgläubiger sind die folgenden Gläubiger:

- […].
- […].

4) S. zur Barkapitalerhöhung oben § 54 Rz. 167 ff. [*Brünkmans*].

5) S. zum Bezugsrechtsausschluss oben § 54 Rz. 175 ff. [*Brünkmans*].

– […].
– […].

Planbetroffene Anteilsinhaber sind die folgenden Aktionäre der Schuldnerin:

– Muster-Beteiligungs GmbH
– Muster-Invest-SE
– […].
– […].
– […].
– […].

2. *Auswahl der Planbetroffenen*

Die Auswahl der Planbetroffenen hat nach sachgerechten Kriterien zu erfolgen (§ 8 Satz 1 StaRUG). Dabei hat der Schuldner ein weites Ermessen, welche Planbetroffenen er auswählt. Es dürfen an die Auswahl keine zu hohen Anforderungen gestellt werden. Die Auswahl ist sachgerecht, wenn die in der Auswahl angelegte Differenzierung nach der Art der zu bewältigenden wirtschaftlichen Schwierigkeiten des Schuldners und den Umständen angemessen erscheint, insbesondere, wenn ausschließlich Finanzverbindlichkeiten und die zu deren Sicherung bestellten Sicherheiten gestaltet werden (§ 8 Satz 2 Nr. 2 StaRUG). Forderungen von Kleingläubigern, insbesondere Verbrauchern, Klein- und Kleinstunternehmen oder mittleren Unternehmen, bleiben vom Restrukturierungsplan unberührt.[6]

In den vorliegenden Restrukturierungsplan werden ausschließlich die planbetroffenen Finanzgläubiger als Gläubiger von Finanzverbindlichkeiten der Schuldnerin sowie die planbetroffenen Aktionäre einbezogen.

Nicht in den Restrukturierungsplan einbezogen werden die Gläubiger in Bezug auf den operativen Geschäftsbetrieb der Schuldnerin, wie Lieferanten und Dienstleister. Dies dient vorrangig dem Schutz des operativen Geschäftsbetriebs. […].

Die Gruppen werden im gestaltenden Teil dieses Restrukturierungsplans nach Maßgabe von § 9 StaRUG gebildet. Die Unterteilung in Gruppen ist dabei abhängig von der jeweiligen Rechtsstellung der Planbetroffenen. Für die Zwecke der Planabstimmung werden die Planbetroffenen in fünf Gruppen eingeteilt. Zu den einzelnen Gruppen:

a) Gruppe 1: Gläubiger mit Rechten aus gruppeninternen Drittsicherheiten

Planbetroffene der Gruppe 1 sind die planbetroffenen Finanzgläubiger als Inhaber von gruppeninternen Drittsicherheiten. Die Tochtergesellschaften der Schuldnerin haben die gesamtschuldnerische Haftung für Verbindlichkeiten der Schuldnerin aus dem Konsortialkreditvertrag übernommen. Für die Inhaber der Garantieforderungen ist gemäß § 9 Abs. 1 Satz 3 StaRUG eine eigene Gruppe zu bilden, da es sich um gruppeninterne Drittsicherheiten handelt. Die planbetroffenen Finanzgläubiger der Gruppe 1 haben sich im Rahmen eines Lock-up-Agreements verpflichtet, dem Restrukturierungsplan zuzustimmen. Von einer Zustimmung von mehr als 75 % der erfassten Forderungen der planbetroffenen Finanzgläubiger der Gruppe 1 ist daher auszugehen.

b) Gruppe 2: Konsortialkreditgeber als einfache Restrukturierungsgläubiger

Planbetroffene der Gruppe 2 sind die planbetroffenen Finanzgläubiger als Konsortialkreditgeber mit ihren einfachen Restrukturierungsforderungen aus dem Konsortialkreditvertrag i. H. von 200 Mio. € Für diese Gläubiger ist nach § 9 Abs. 1 Satz 2 Nr. 2 StaRUG eine eigene Gruppe zu bilden. Die planbetroffenen Finanzgläubiger der Gruppe 2 haben sich im Rahmen eines Lock-up-Agreements ver-

6) S. dazu oben § 39 Rz. 35 [*Brünkmans*].

pflichtet, dem Restrukturierungsplan zuzustimmen. Von einer Zustimmung von mehr als 75 % der erfassten Forderungen der planbetroffenen Finanzgläubiger der Gruppe 2 ist daher auszugehen.

c) Gruppe 3: Schuldscheindarlehensgläubiger als einfache Restrukturierungsgläubiger

Planbetroffene der Gruppe 3 sind die planbetroffenen Finanzgläubiger als Schuldscheindarlehensgeber mit ihren einfachen Restrukturierungsforderungen i. H. von insgesamt 150 Mio. € Die Bildung von zwei unterschiedlichen Gruppen für die Gläubiger der Gruppe 2 (Konsortialkreditgeber) und die der Gruppe 3 (Schuldscheindarlehensgläubiger) ist zulässig. Nach § 9 Abs. 2 StaRUG kann nach den maßgeblichen wirtschaftlichen Interessen unterschieden werden. Aufgrund der unterschiedlichen Forderungsarten und der unterschiedlichen Sicherheitenpositionen ist ein unterschiedliches wirtschaftliches Interesse gegeben. […].

d) Gruppe 4: Nachrangige Gesellschafterdarlehen

Planbetroffene der Gruppe 4 sind planbetroffene Aktionäre (Muster-Beteiligungs GmbH und Muster-Invest SE) mit ihren nachrangigen Forderungen aus Gesellschafterdarlehen. Es handelt sich dabei um folgende Forderungen:

- […].
- […].
- […].

Bezüglich dieser Forderungen ist gemäß § 9 Abs. 1 Satz 2 Nr. 3 StaRUG zwingend eine gesonderte Gruppe zu bilden. Von einer Zustimmung von mehr als 75 % der erfassten Forderungen der Gläubiger der Gruppe 4 ist auszugehen.

e) Gruppe 5: Aktionäre der Schuldnerin

Die Aktionäre der Schuldnerin werden in Gruppe 5 eingruppiert (§ 9 Abs. 1 Satz 2 Nr. 4 StaRUG).[7)]

3. Restrukturierungsbeiträge der einzelnen Gruppen

Die Gruppe 1 der Planbetroffenen wird den folgenden Restrukturierungsbeitrag erbringen:

> Die Garantieforderungen der planbetroffenen Finanzgläubiger der Gruppe 1 gegenüber den Garanten werden auf […] % ihrer Nominalforderungen gekürzt, bis zum 31.12.2028 gestundet und hinsichtlich der Vertragsbedingungen wie folgt angepasst: […]. Im Übrigen verzichten die planbetroffenen Finanzgläubiger der Gruppe 1 auf ihre Garantieforderungen gegenüber den Garanten.

Die Gruppe 2 der Planbetroffenen wird folgenden Restrukturierungsbeitrag erbringen:

> Die Forderungen der planbetroffenen Finanzgläubiger der Gruppe 2 werden auf […] % ihrer Nominalforderungen aus dem Konsortialkreditvertrag gekürzt, bis zum 31.12.2028 gestundet und hinsichtlich der Vertragsbedingungen wie folgt angepasst: […]. Im Übrigen verzichten die planbetroffenen Finanzgläubiger der Gruppe 2 auf ihre Forderungen aus dem Konsortialkreditvertrag.

Die Gruppe 3 der Planbetroffenen wird folgenden Restrukturierungsbeitrag erbringen:

> Die Forderungen der planbetroffenen Finanzgläubiger der Gruppe 3 werden auf […] % ihrer Nominalforderungen gekürzt, bis zum 31.12.2028 gestundet und hinsichtlich der Vertragsbedingungen wie folgt angepasst: […]. Im Übrigen verzichten die planbetroffenen Finanzgläubiger der Gruppe 3 auf ihre Forderungen aus den Schuldscheindarlehensverträgen.

Die Gruppe 4 der Planbetroffenen wird folgenden Restrukturierungsbeitrag erbringen:

> Die Forderungen der Gläubiger der Gruppe 4 werden vollständig erlassen.

---

7) S. zur Gruppenbildung auch § 54 Rz. 74 ff. [*Brünkmans*].

Die Gruppe 5 der Planbetroffenen wird folgenden Restrukturierungsbeitrag erbringen:

Die Aktionäre in Gruppe 5 werden nach dem Kapitalschnitt aus der Gesellschaft ausscheiden.[8)]

4. Stimmrechte nach Gruppen

Zur Annahme des Restrukturierungsplans ist grundsätzlich erforderlich, dass in jeder Gruppe auf die dem Restrukturierungsplan zustimmenden Gruppenmitglieder mindestens drei Viertel der Stimmrechte in dieser Gruppe entfallen (§ 25 Abs. 1 StaRUG). Welches Stimmrecht den Planbetroffenen in den jeweiligen Gruppen zusteht, richtet sich nach § 24 StaRUG. Die einzelnen Stimmrechte ergeben sich aus Anlage 11.

a) Gruppe 1: Gläubiger mit Rechten aus gruppeninternen Drittsicherheiten

Die Stimmrechte der planbetroffenen Finanzgläubiger der Gruppe 1 folgen aus § 24 Abs. 1 Nr. 2 StaRUG und richten sich daher nach dem werthaltigen Teil ihrer Garantieforderungen als gruppeninterne Drittsicherheiten. In der Gruppe 1 sind [...] € an Stimmrechten vertreten.

b) Gruppe 2: Konsortialkreditgeber als einfache Restrukturierungsgläubiger

Die Stimmrechte der planbetroffenen Finanzgläubiger der Gruppe 2 richten sich gemäß § 24 Abs. 1 Nr. 1 StaRUG grundsätzlich nach dem Nominalbetrag der in den Restrukturierungsplan einbezogenen Restrukturierungsforderungen. Die Forderungen der Gläubiger der Gruppe 2 sind jedoch insgesamt durch Garantien gesichert. Ausweislich der Vergleichsrechnung würden die Forderungen der planbetroffenen Finanzgläubiger der Gruppe 1 aus den Garantien im Insolvenzfall der Gesellschaft mit [...] % bedient werden. Die Gläubiger der Gruppe 2 haben daher lediglich im Hinblick auf ihre Ausfallforderungen i. H. von [...] % des Nominalbetrages ihrer Restrukturierungsforderungen ein Stimmrecht gemäß § 24 Abs. 3 Satz 1 StaRUG. In der Gruppe 2 sind demnach [...] € an Stimmrechten versammelt.

c) Gruppe 3: Schuldscheindarlehensgläubiger als einfache Restrukturierungsgläubiger

Die Stimmrechte der planbetroffenen Finanzierungsgläubiger der Gruppe 3 bestimmen sich gemäß § 24 Abs. 1 Nr. 1 StaRUG jeweils nach dem Nominalbetrag der in den Restrukturierungsplan einbezogenen Restrukturierungsforderungen. In der Gruppe 3 sind [...] € an Stimmrechten versammelt.

d) Gruppe 4: Nachrangige Gesellschafterdarlehen

Das Stimmrecht der Gläubiger der Gruppe 4 bestimmt sich gemäß § 24 Abs. 1 Nr. 1 StaRUG jeweils nach dem Nominalbetrag der in den Restrukturierungsplan einbezogenen Restrukturierungsforderungen. In der Gruppe 4 sind [...] € an Stimmrechten versammelt.

e) Gruppe 5: Aktionäre der Schuldnerin

Den planbetroffenen Aktionären der Gruppe 5 steht gemäß § 24 Abs. 1 Nr. 3 StaRUG jeweils ein Stimmrecht pro 1 € Aktie zu.

VIII. Vergleichsrechnung (§ 6 Abs. 2 StaRUG)

Dem Restrukturierungsplan ist als Anlage 12 eine von Müller Meyer Schmidt Rechtsanwälte Wirtschaftsprüfer Steuerberater Partnerschaft mbB erstellte Vergleichsrechnung beigefügt, in der die Auswirkungen zu den Befriedigungsaussichten mit und ohne Restrukturierungsplan dargestellt sind.[9)]

Das einzig in Betracht kommende Alternativszenario ist vorliegend die Insolvenz der Schuldnerin. Werden die innerhalb und außerhalb des Restrukturierungsplans vorgesehenen Maßnahmen nicht umgesetzt, die allesamt von der Zustimmung der planbetroffenen Finanzgläubiger und dem Eigen-

8) S. dazu oben § 54 Rz. 157 ff. [*Brünkmans*].

9) S. zur Vergleichsrechnung oben § 39 Rz. 40 ff. [*Brünkmans*].

kapitalbeitrag des Investors abhängen, wäre die Schuldnerin ausweislich der als Anlage 4 beigefügten Liquiditätsplanung zum […] zahlungsunfähig und bereits jetzt überschuldet, da die positive Fortbestehensprognose wegfallen würde. Eine anderweitige Lösung ohne die planbetroffenen Finanzgläubiger und den Investor besteht nicht. Eine Refinanzierung oder eine sonstige Aufnahme von Fremdkapital kamen aufgrund der wirtschaftlichen Situation der Schuldnerin nicht in Betracht. Etwaige Bemühungen der Schuldnerin blieben ohne Erfolg. Auch die Tochtergesellschaften müssten einen Insolvenzantrag stellen, da die Finanzierung dieser durch die Schuldnerin im Falle einer Insolvenz nicht mehr sichergestellt werden könnte.

Auch die Aktionäre werden durch den vorliegenden Restrukturierungsplan nicht schlechtergestellt als im Insolvenzszenario. Im einzig in Betracht kommenden Vergleichsszenario einer Insolvenz erhielten diese voraussichtlich ebenso keine Erlöse. Die planbetroffenen Finanzgläubiger und ein Teil der Aktionäre haben im Vorfeld bereits selbst abgewogen, welches die für sie wirtschaftlich sinnvollste Alternative und haben sich dazu entschieden, den vorliegenden Restrukturierungsplan zu unterstützen.

IX. *Bestandsfähigkeitserklärung; Ergebnis- und Finanzplan*

Bei einer Umsetzung der in diesem Restrukturierungsplan vorgesehenen Maßnahmen kann die drohende Zahlungsunfähigkeit der Schuldnerin beseitigt und die Bestandsfähigkeit der Schuldnerin sichergestellt werden (§ 14 Abs. 1 StaRUG). In diesem Zusammenhang wird auf die als Anlage 1 beigefügte Erklärung zur Bestandsfähigkeit gemäß § 14 Abs. 1 StaRUG verwiesen.

Ferner wird diesem Restrukturierungsplan als Anlage 13 eine Vermögensübersicht sowie als Anlage 14 ein Ergebnis- und Finanzplan beigefügt (§ 14 Abs. 2 StaRUG). Die Durchfinanzierung und Bestandsfähigkeit der Schuldnerin hängen maßgeblich von ihren Tochtergesellschaften ab. Daher ist diesem Restrukturierungsplan eine Vermögensübersicht und ein Ergebnis- und Liquiditätsplan auf Ebene der Muster-Gruppe beigefügt, aus der sich mittelbar auch die entsprechenden Zahlen für die Schuldnerin ergeben.

C. *Gestaltender Teil*

I. *Gruppenbildung*

Nach Maßgabe des § 9 StaRUG sieht der Restrukturierungsplan insgesamt die fünf nachfolgenden Gruppen mit Planbetroffenen vor:

- **Gruppe 1: Gläubiger mit gruppeninternen Drittsicherheiten**

  Planbetroffene der Gruppe 1 sind die Konsortialkreditgeber mit ihren Garantieforderungen gegen die Tochtergesellschaften als gruppeninterne Drittsicherheiten.

- **Gruppe 2: Konsortialkreditgeber als einfache Restrukturierungsgläubiger**

  Planbetroffene der Gruppe 2 sind die Konsortialkreditgeber mit ihren einfachen Restrukturierungsforderungen gegen die Schuldnerin.

- **Gruppe 3: Schuldscheindarlehensgläubiger als einfache Restrukturierungsgläubiger**

  Planbetroffene der Gruppe 3 sind die Schuldscheindarlehensgeber mit ihren einfachen Restrukturierungsforderungen gegen die Schuldnerin.

- **Gruppe 4: Nachrangige Gesellschafterdarlehen**

  Planbetroffene der Gruppe 4 sind die Aktionäre (Muster-Beteiligungs GmbH und Muster-Invest SE) mit ihren nachrangigen Forderungen gegen die Schuldnerin.

- **Gruppe 5: Aktionäre der Schuldnerin**

  Planbetroffene der Gruppe 5 sind die Aktionäre der Schuldnerin.

II. Veränderung der Rechtsstellung der Planbetroffenen nach Gruppen

Mit Wirksamkeit dieses Restrukturierungsplans werden die Forderungen beziehungsweise Anteils- und Mitgliedschaftsrechte der Planbetroffenen den folgenden Rechtsgestaltungen unterworfen:

1. Gläubiger der Gruppe 1

Die Garantieforderungen der planbetroffenen Finanzgläubiger der Gruppe 1 gegenüber den Garanten als Gesamtschuldner werden auf einen Betrag i. H. von [...] % ihrer Nominalforderung gekürzt, bis zum Ende des Sanierungszeitraums (31.12.2028) gestundet und hinsichtlich der Vertragsbedingungen wie folgt angepasst: [...]. Im Übrigen verzichten die planbetroffenen Finanzgläubiger der Gruppe 1 auf ihre Garantieforderungen gegenüber den Garanten. Die Zustimmungserklärungen der Tochtergesellschaften werden als Anlage 15 beigefügt.

2. Gläubiger der Gruppe 2

Um die im Restrukturierungskonzept dargestellte notwendige Entschuldung der Gesellschaft zu erreichen, wird die Schuldnerin von den nicht werthaltigen Forderungen der Konsortialkreditgeber befreit. Zu diesem Zweck werden die Forderungen der planbetroffenen Finanzgläubiger der Gruppe 2 um den Betrag der nicht werthaltigen Forderungen i. H. von [...] % im Sinne von § 7 Abs. 2 Satz 1 Var. 1 StaRUG gekürzt, hinsichtlich des werthaltigen Teils bis zum Ende des Sanierungszeitraums (31.12.2028) gestundet und die Vertragsbedingungen wie folgt angepasst: [...]. Die Kürzung erfolgt durch Erlasserklärung der planbetroffenen Finanzgläubiger der Gruppe 2, welche die Schuldnerin jeweils annimmt.

3. Gläubiger der Gruppe 3

Um die im Restrukturierungskonzept dargestellte notwendige Entschuldung der Gesellschaft zu erreichen, wird die Schuldnerin von den nicht werthaltigen Forderungen der Schuldscheingläubiger befreit. Zu diesem Zweck werden die Forderungen der planbetroffenen Gläubiger der Gruppe 3 um den Betrag der nicht werthaltigen Forderungen i. H. von [...] % im Sinne von § 7 Abs. 2 Satz 1 Var. 1 StaRUG gekürzt, hinsichtlich des werthaltigen Teils bis zum Ende des Sanierungszeitraums (31.12.2028) gestundet und die Vertragsbedingungen wie folgt angepasst: [...]. Die Kürzung erfolgt durch Erlasserklärung der planbetroffenen Finanzgläubiger der Gruppe 3, welche die Schuldnerin jeweils annimmt.

4. Gläubiger der Gruppe 4

Die Gläubiger der Gruppe 4 verzichten auf ihre nachrangigen Forderungen aus Gesellschafterdarlehen. Der Verzicht erfolgt durch Erlasserklärung der Gläubiger der Gruppe 4, welche die Schuldnerin jeweils annimmt.

5. Aktionäre der Gruppe 5

Die planbetroffenen Aktionäre in Gruppe 5 stimmen den nachfolgend unter III. geregelten gesellschaftsrechtlichen Maßnahmen zu und scheiden als Aktionäre der Schuldnerin aus.

III. Gesellschaftsrechtliche Maßnahmen

Es werden die nachfolgenden, einen Beschluss der Hauptversammlung der Gesellschaft ersetzenden Regelungen getroffen. Die in den Restrukturierungsplan aufgenommenen Beschlüsse gelten als in der vorgeschriebenen Form gefasst und gesellschaftsrechtlich erforderliche Ladungen, Bekanntmachungen und sonstige Maßnahmen zur Vorbereitung von Beschlüssen als in der vorgeschriebenen Form bewirkt (§§ 67 Abs. 1, 68 Abs. 2 StaRUG).

1. *Kapitalherabsetzung auf null*

Das Grundkapital der Gesellschaft i. H. von 5 Mio. €, eingeteilt in 5 Mio. auf den Inhaber lautende Stückaktien mit einem anteiligen Betrag am Grundkapital von je 1 €, wird von 5 Mio. € um 5 Mio. € auf 0 € herabgesetzt. Die Herabsetzung erfolgt in Form einer vereinfachten Kapitalherabsetzung gemäß §§ 229 ff. AktG zu dem Zweck, Wertminderungen auszugleichen und sonstige Verluste zu decken.

2. *Kapitalerhöhung auf 50.000 €*

Das auf 0 € herabgesetzte Grundkapital der Gesellschaft wird gegen Bareinlagen um 50.000 € auf 50.000 € erhöht. Die Kapitalerhöhung erfolgt durch Ausgabe von 50.000 neuen, auf den Inhaber lautende Stückaktien mit einem anteiligen Betrag am Grundkapital von je 1 €.

Das gesetzliche Bezugsrecht der Aktionäre der Gesellschaft ist ausgeschlossen. Zur Zeichnung der 50.000 neuen Aktien wird ausschließlich die

Investment AG, eingetragen im Handelsregister des Amtsgerichts […]
unter HRB […], […]

zugelassen.

Der Ausgabebetrag für jede neue Stückaktie mit einem anteiligen Betrag am Grundkapital von 1 € beträgt 1 € je auszugebender Aktie. Der Gesamtausgabebetrag für sämtliche 50.000 neuen Aktien beträgt mithin 50.000 €.

Die Bareinlage i. H. von 50.000 € für die 50.000 zum geringsten Ausgabebetrag von je 1 € je neuer Aktie für die zu zeichnenden und zu übernehmenden neuen Aktien ist vom Investor in voller Höhe auf ein von der Gesellschaft zu benennendes Konto zu leisten.

Zusätzlich leistet der Investor auf die zu zeichnenden und zu übernehmenden neuen Aktien einen Betrag i. H. von 20 Mio. € als Barleistung im Wege eines schuldrechtlichen Baragios als andere Zuzahlung in die Kapitalrücklage der Gesellschaft (§ 272 Abs. 2 Nr. 4 HGB).

Die neuen Aktien sind ab dem Beginn des Geschäftsjahres gewinnbezugsberechtigt, für das bei Eintragung der Durchführung der Kapitalerhöhung in das Handelsregister noch nicht über die Gewinnverwendung beschlossen worden ist.

Der Vorstand wird ermächtigt, mit Zustimmung des Aufsichtsrats die weiteren Einzelheiten der Kapitalherabsetzung und -erhöhung sowie ihrer Durchführung festzulegen.

3. *Satzungsänderungen*

§ 4 Abs. 1 und Abs. 2 der Satzung der Gesellschaft wird wie folgt neu gefasst:

§ 4 Grundkapital

(1) Das Grundkapital der Gesellschaft beträgt 50.000 € (in Worten: fünfzigtausend Euro).

(2) Das Grundkapital ist eingeteilt in 50.000 auf den Inhaber lautende Stückaktien.

4. *Anmeldung zum Handelsregister*

Der Vorstand und – soweit erforderlich – der Aufsichtsrat der Gesellschaft werden die Herabsetzung des Grundkapitals, die Erhöhung des Grundkapitals und jeweils ihre Durchführung sowie die Satzungsänderung unverzüglich zur Eintragung in das Handelsregister der Gesellschaft anmelden, wenn und soweit sie eingetreten sind.[10)]

10) S. dazu oben § 54 Rz. 153 ff. [*Brünkmans*].

IV. Allgemeine Regelungen

1. Bereitstellung von Mitteln gemäß § 64 Abs. 3 StaRUG

Für den Fall, dass ein Planbetroffener nachweist, dass er durch den Restrukturierungsplan voraussichtlich schlechtergestellt wird, als er ohne den Restrukturierungsplan stünde, werden gemäß § 64 Abs. 3 StaRUG Mittel i. H. von 100.000 € durch Hinterlegung auf einem Sonderkonto der Schuldnerin bereitgestellt. Die Schuldnerin ist berechtigt, nicht jedoch verpflichtet, den hinterlegten Betrag zu erhöhen, falls das Restrukturierungsgericht dies für erforderlich hält, um eine Entscheidung zugunsten der Schuldnerin zu treffen.

2. Regelung gemäß § 69 Abs. 3 StaRUG

Die Regelungen des § 69 Abs. 1 und 2 StaRUG finden keine Anwendung.

3. Offensichtliche Fehler

Die Schuldnerin wird bevollmächtigt, offensichtliche Fehler des Restrukturierungsplans zu berichtigen.

4. Salvatorische Klausel

Sollte eine Bestimmung dieses Restrukturierungsplans unwirksam sein oder werden, so berührt dies die Wirksamkeit der übrigen Bestimmungen nicht. Die unwirksame Bestimmung ist durch eine wirksame zu ersetzen, die inhaltlich dem Gewollten möglichst weitgehend entspricht. Gleiches gilt für eine Lücke.

5. Planabstimmungsverfahren; keine Planüberwachung

Die Abstimmung über den Restrukturierungsplan wird im Wege eines gerichtlichen Planabstimmungsverfahrens gemäß §§ 23, 45 StaRUG durchgeführt. Eine Planüberwachung ist nicht vorgesehen. Mit Eintragung der Kapitalmaßnahmen in das Handelsregister ist der Restrukturierungsplan vollzogen.

D. Anlagenverzeichnis

Anlage 1	*Erklärung zur Bestandsfähigkeit gemäß § 14 Abs. 1 StaRUG*
Anlage 2	*Übersicht Darlehensverbindlichkeiten*
Anlage 3	*Übersicht Schuldscheinverbindlichkeiten*
Anlage 4	*Liquiditätsplanung*
Anlage 5	*Liquiditätsstatus*
Anlage 6	*Aktuelle Vermögensübersicht*
Anlage 6a	*Bilanz Muster-Vertriebs GmbH*
Anlage 6b	*Bilanz Muster-System GmbH*
Anlage 6c	*Bilanz Muster-Services GmbH*
Anlage 7	*Liste Konsortialkreditgeber*
Anlage 8	*Liste Schuldscheingläubiger*
Anlage 9	*Pro-Forma Einzelbilanz zum 31.12.2024*
Anlage 10	*Erklärung nach § 15 Abs. 3 StaRUG Investor*
Anlage 11	*Liste Stimmrechte*
Anlage 12	*Vergleichsrechnung*

Anlage 13	*Vermögensübersicht (§ 14 Abs. 2 StaRUG)*
Anlage 14	*Ergebnis- und Finanzplan (§ 14 Abs. 2 StaRUG)*
Anlage 15	*Zustimmungserklärungen Tochtergesellschaften (§ 15 Abs. 4 StaRUG)*
Anlage […]	*(Ggf. sonstige Anlagen, z. B. geänderte Kreditverträge, Lock-up Agreement etc.)*

Unterschrift

____

[Planersteller]

§ 67
Muster für einen Restrukturierungsplan einer GmbH (Immobiliengesellschaft)

Mit Gestaltung der Absonderungsrechte und Gesellschafterdarlehen (ohne gesellschaftsrechtliche Maßnahmen)[1)]

Restrukturierungsplan

in der Restrukturierungssache der

Restru-GmbH

[Adresse]

vertreten durch […][2)]

Amtsgericht […]

– Restrukturierungsgericht –

Az. […][3)]

Planverfasser: […]

Inhaltsverzeichnis

1) Dieser Musterplan enthält die wesentlichen Strukturen eines Restrukturierungsplans. Zur besseren Verständlichkeit orientiert er sich inhaltlich an einem Praxisfall und führt teilweise Inhalte und Zahlen aus, ohne diese zu vertiefen. Hierbei werden, um die Struktur von Restrukturierungsplänen möglichst vollständig abzubilden, auch (überflüssige) Überschriften gebildet, zu denen Inhalte mangels Musterfallrelevanz nicht folgen.

2) Die mit […] in diesem Musterplan gekennzeichneten Textabschnitte sind fallbezogen zu ergänzen.

3) Die Benennung des Restrukturierungsgerichts und des Aktenzeichens setzt voraus, dass die Restrukturierungssache bereits angezeigt ist (§ 31 Abs. 1 StaRUG).

A. Zusammenfassung des Plans

I. Ausgangslage

1. Allgemeine Beschreibung des Unternehmens

Die O-GmbH, Geschäftssitz: [Straße, Ort], eingetragen im Handelsregister des Amtsgerichts […], HRB […] (nachfolgend „**Gesellschaft**"), ist eine Objektgesellschaft.

Sie ist Eigentümerin eines rd. […] qm großen Grundstücks in [Ort, Straße], eingetragen im Grundbuch von Musterstatt, Blatt [1], Flurstücke [1 und 2] (nachfolgend „**Immobilie**").

Die Gesellschaft hat die Immobilie mit einem Bürogebäude mit einer Bruttogeschossfläche von […] qm bebaut. Ein vollständiger Mieterausbau ist auf ca. […] qm (entspricht ca. 35 %) erfolgt. Die restlichen Mietbereiche befinden müssen noch endausgebaut werden. Die Allgemeinflächen sind weitestgehend ausgebaut. Die Immobilie ist derzeit nicht vermietet.

Die Kosten für den Erwerb und den Bau der Immobilie beliefen sich bislang auf insgesamt rd. 49 Mio. € Die Kosten wurden durch die A-Bank i. H. von 29.000.000 €, die B-Bank i. H. von 15.000.000 € sowie den Gesellschafter der Gesellschaft, […] (nachfolgend der „**Gesellschafter**") i. H. von 5.000.000 € über – derzeit nicht fällige – Darlehen finanziert (Valuten jeweils zum 31.3.[Jahr 1]). Zugunsten der A-Bank sowie der B-Bank (nachrangig zur A-Bank) wurden Grundschulden in das Grundbuch, betreffend die Immobilie, eingetragen.

2. *Allgemeine Beschreibung der Krise*

Das von der Gesellschaft auf ihrem Grundstück errichtete Bürogebäude ist entgegen der ursprünglichen Planung noch nicht fertiggestellt und dessen Baukosten liegen über dem Budget. Parallel hat sich der Markt für Büroimmobilien grundlegend geändert. Unternehmen haben Investitionen und strategische Entscheidungen, wie die Anmietung neuer Büroflächen, aufgrund der rezessiven wirtschaftlichen Entwicklung in der Bundesrepublik Deutschland zurückgestellt. Parallel hierzu hat sich der Bedarf an Bürofläche aufgrund des Trends zum Home-Office verringert.

Infolgedessen hat die Gesellschaft noch keine Büroflächen vermietet und die Immobilie nicht wie geplant verkauft. Dies wäre aber erforderlich gewesen, um die am 31.3.[Jahr 1] i. H. von 49.000.000 € zur Rückzahlung fällig werdenden Darlehen der A-Bank, der B-Bank sowie des Gesellschafters zu refinanzieren. Mangels Finanzierungsalternative tritt zu diesem Zeitpunkt Zahlungsunfähigkeit ein.

II. *Ziele dieses Restrukturierungsplans*

Ziele dieses Restrukturierungsplans (nachfolgend der „**Plan**") sind

- die bestmögliche Befriedigung der Planbetroffenen durch Realisierung von Fortführungswerten sowie Meidung eines Insolvenz- und/oder Zwangsvollstreckungsverfahrens und
- Sicherung des Fortbestandes der Gesellschaft.

III. *Übersicht Planbetroffene*

Planbetroffen sind:

- die A-Bank mit ihren Forderungen aus Darlehen und Absonderungsanwartschaften,
- die B-Bank mit ihren Forderungen aus Darlehen und Absonderungsanwartschaften,
- der Gesellschafter mit seinen Forderungen aus Gesellschafterdarlehen.

IV. *Regelungsansatz und -struktur*

Dieser Plan ist ein rein finanzwirtschaftlicher Sanierungsplan. Planbetroffene sind ausschließlich Finanzierungsgläubiger (siehe zusammenfassend A. V.). Das in A. II. formulierte Ziel soll durch Prolongation und Tilgungsaussetzung der bestehenden Finanzierungen für einen Zeitraum von 18 Monaten, mithin bis zum 30.9.[Jahr 2] erreicht werden, um der Gesellschaft die Refinanzierung ihrer Finanzverbindlichkeiten zu ermöglichen.

Der Plan sieht vor, dass die Planbetroffenen ihre Rückforderungen aus den ausgereichten und zum 31.3.[Jahr 1] fällig werdenden Darlehen für einen Zeitraum vom 18 Monaten stunden. Zudem verzichten die an der Immobilie gesicherten Planbetroffenen in diesem Zeitraum auf deren Verwertung.

Nicht vorgesehen sind Verzichtserklärungen der Planbetroffenen auf ihre Forderungen gegen die Gesellschaft.

Details sind B. V. 2. zu entnehmen.

V. *Ergebnisse für Planbetroffene bei Annahme des Plans im Vergleich zur Alternative*

In der Vergleichsrechnung in B. VII. des darstellenden Teils dieses Plans wird dargelegt, dass die Planbetroffenen durch den Plan im Vergleich zur Liquidation der Gesellschaft im Rahmen eines Insolvenzverfahrens prognostisch bessergestellt werden, als sie ohne den Plan stünden. Ohne den Plan würde die Gesellschaft spätestens mit Eintritt der Zahlungsunfähigkeit am 31.3.[Jahr 1] einen Insolvenzantrag stellen müssen, was, wie dieser Plan noch zeigen wird, prognostisch zur Liquidation der Gesellschaft führt.

In diesem Fall würde es im Rahmen eines Insolvenzverfahrens bestenfalls zu einer freihändigen Verwertung der Immobilie kommen, ggf. aber auch zu einer Zwangsvollstreckung mit voraussichtlich jeweils schlechteren Erlösen.

Ausweislich des vorliegenden, im Auftrag der Gesellschaft für die Immobilie erstellten Bewertungsgutachtens (nachfolgend das „**Immobilienbewertungsgutachten**", **Anlage A. V.**) der renommierten und auf Be- sowie Verwertung von Grundstücken spezialisierten [...] könnte die Immobilie bei einer kurzfristigen freihändigen Verwertung im Rahmen eines Insolvenzverfahrens für 27.000.000 € verkauft oder für 24.000.000 € versteigert werden.

Wäre der bessere der beiden vorgenannten Werte, nämlich 27.000.000 € erzielbar, könnte die A-Bank als Inhaberin einer vorrangigen Absonderungsanwartschaft an der Immobilie mit ihrer Forderung i. H. von 29.000.000 € (Stand 31.3.[Jahr 1]) keine Vollbefriedigung auf ihre Absonderungsanwartschaft erhalten. Auf ihre Absonderungsanwartschaften sowie ihre Quote auf den Ausfall[4] (nicht nachrangige, unbesicherte Insolvenzforderung) würden zu diesem Datum insgesamt 27.075.727 € entfallen (Einzelheiten siehe B. VII. 2. d)).

Die B-Bank würde in diesem Fall mit ihrer Grundschuld an der Immobilie vollständig ausfallen, da schon die A-Bank auf ihre vorrangige Absonderungsanwartschaft an der Immobilie keine Vollbefriedigung erhält. Auf ihren Ausfall (nicht nachrangige, unbesicherte Insolvenzforderung) würden 500.398 € entfallen (Einzelheiten siehe B. VII. 2. d)).

Der Gesellschafter würde auf seine bei Eröffnung eines Insolvenzverfahrens nachrangigen Forderungen aus Gesellschafterdarlehen keine Quote erhalten (Einzelheiten siehe B. VII. 2.).

Demgegenüber bleiben den Inhabern von Absonderungsanwartschaften ihre Ansprüche aufgrund der Realisierung von Fortführungswerten für die Immobilie mit Annahme des Plans in voller Höhe erhalten (Einzelheiten siehe B VII. 1.). Sie haben lediglich eine Stundung und Laufzeitverlängerung der Finanzierungen um 18 Mon. zu gewähren. Auch der Gesellschafter erleidet keinen Totalausfall.

VI. *Stellungnahmen zum Plan*

Der Restrukturierungsbeauftragte hat zum Plan die als **Anlage A. VI.** beigefügte (positive) Stellungnahme abgegeben.[5]

4) Der Ausfall ist die nach Verwertung der Sicherheiten verbleibende Forderung eines Gläubigers. Diese ist unbesichert und vorliegend als nicht nachrangige Insolvenzforderung gemäß § 38 InsO zu qualifizieren.

5) Der Restrukturierungsbeauftragte hat die Aufgabe, den Schuldner und die Gläubiger bei der Ausarbeitung und Aushandlung des Restrukturierungskonzepts und des auf ihm basierenden Plans zu unterstützen (§ 76 Abs. 2 Nr. 4 StaRUG). Auch der fakultative Restrukturierungsbeauftragte unterstützt den Schuldner und die Gläubiger bei der Ausarbeitung und Aushandlung des Restrukturierungskonzepts und des auf ihm basierenden Plans (§ 79 StaRUG).

B. *Darstellender Teil*

I. *Wesentliche Unternehmens- und Verfahrensinformationen*[6)]

1. *Datenpool*

a) *Unternehmensbezogene Daten*

Firma	[…]
Firma (vormals)	[…]
Handelsregister	[…]
Sitz	[…]
Errichtung	[…]
Gründung (Eintragung in das Handelsregister)	[…]
Unternehmensgegenstand	[…]
Geschäftsführung	[…]
Stammkapital	[…]
Gesellschafter	[…]
Finanzamt	[…]
Steuernummer	[…]
Steuerberater/Wirtschaftsprüfer	[…]
Abschlussprüfer	[…]
Anzahl der Arbeitnehmer	[…]
Betriebsrat	[…]
Tarifvertrag	[…]

b) *Verfahrensbezogene Daten*

Datum der Restrukturierungsanzeige	[…]
Restrukturierungsgericht und Aktenzeichen	[…]

6) Notwendige Angaben im Restrukturierungsplan gemäß Anlage zu § 5 Satz 2 StaRUG (Fundstelle: BGBl. I 2020, 3280): Neben den sich aus den §§ 5 bis 15 StaRUG ergebenden Angaben hat der Restrukturierungsplan mindestens die folgenden Angaben zu enthalten:
1. Firma oder Namen und Vornamen, Geburtsdatum, Registergericht und Registernummer, unter der der Schuldner in das Handelsregister eingetragen ist, Geschäftszweig oder Beschäftigung, gewerbliche Niederlassungen oder Wohnung des Schuldners und bei mehreren Niederlassungen die Hauptniederlassung;
2. die Vermögenswerte und Verbindlichkeiten des Schuldners zum Zeitpunkt der Vorlage des Restrukturierungsplans, einschließlich einer Bewertung der Vermögenswerte, eine Beschreibung der wirtschaftlichen Situation des Schuldners und der Position der Arbeitnehmer sowie eine Beschreibung der Ursachen und des Umfangs der wirtschaftlichen Schwierigkeiten des Schuldners;
3. die Planbetroffenen, die entweder namentlich zu benennen oder unter hinreichend konkreter Bezeichnung der Forderungen oder Rechte zu beschreiben sind;
4. die Gruppen, in welche die Planbetroffenen für die Zwecke der Annahme des Restrukturierungsplans unterteilt wurden, und die auf deren Forderungen und Rechte entfallenden Stimmrechte;
5. die Gläubiger, Inhaber von Absonderungsanwartschaften sowie Inhaber von Anteils- oder Mitgliedschaftsrechten, die nicht in den Restrukturierungsplan einbezogen wurden, zusammen mit einer Erläuterung der Gründe für die unterbliebene Einbeziehung; eine Beschreibung unter Bezugnahme auf Kategorien gleichartiger Gläubiger, Inhaber von Absonderungsanwartschaften sowie Inhaber von Anteils- oder Mitgliedschaftsrechten genügt, wenn dadurch die Überprüfung der sachgerechten Abgrenzung nach § 8 StaRUG nicht erschwert wird;
6. Name und Anschrift des Restrukturierungsbeauftragten, sofern ein solcher bestellt ist;
7. die Auswirkungen des Restrukturierungsvorhabens auf die Beschäftigungsverhältnisse sowie Entlassungen und Kurzarbeiterregelungen und die Modalitäten der Unterrichtung und Anhörung der Arbeitnehmervertretung;
8. sofern der Restrukturierungsplan eine neue Finanzierung (§ 12 StaRUG) vorsieht, die Gründe für die Erforderlichkeit dieser Finanzierung.

Angaben zu Verfahrenshilfen und den hierzu ergangenen gerichtlichen Entscheidungen	[…]
Restrukturierungsbeauftragter	[…]
Sanierungsmoderator	[…]

2. Unternehmensgegenstand

Gegenstand des Unternehmens der O-GmbH ist das Erwerben und Halten sowie der Handel mit Grundstücken. Tatsächlich hat sie die Immobilie erworben, bebaut und beabsichtigt deren Vermietung und Verkauf.

3. Rechtliche Verhältnisse

a) Gesellschaftsrechtliche Verhältnisse/Firma/Einbindung in Unternehmensgruppe

Die Gesellschaft wurde durch Gesellschaftsvertrag vom […] als […] GmbH mit Sitz in […] errichtet und am […] im Handelsregister des Amtsgerichts […] unter der Nummer HRB […] eingetragen. Gründungsgesellschafter waren:

Gesellschafter	Geschäftsanteil
[…]	[…]
[…]	[…]

Diese verkauften und traten ihre Geschäftsanteile am […] an […] ab, so dass sich die Beteiligung an der Gesellschaft aktuell wie folgt darstellt:

Gesellschafter	Geschäftsanteil
[…]	[…]

Mit Beschluss vom […] firmierte die Gesellschaft in […] GmbH um. Sitzänderungen wurden nicht vorgenommen.

Die Gesellschaft ist nicht Teil einer Unternehmensgruppe.

b) Vertretung

Alleinvertretungsberechtigte Geschäftsführer der Gesellschaft mit der Befugnis Rechtsgeschäfte mit sich selbst oder als Vertreter Dritter abzuschließen sind aktuell […]. Prokuristen sind nicht bestellt.

c) Arbeitnehmer und Arbeitnehmervertretung[7)]

Die Gesellschaft beschäftigt derzeit […] Arbeitnehmer. Es ist kein Betriebsrat gewählt.[8)]

Die Vergütung der Beschäftigten erfolgt nicht nach Tarifvertrag […].

Die Alterssicherung im Unternehmen ist wie folgt ausgestaltet: […].

d) Steuerliche Verhältnisse

Das Finanzamt […] führt die Gesellschaft unter der Steuer-Nr. […].

Die Jahressteuererklärungen sind bis einschließlich […] abgegeben.

Die Finanzbuchhaltung der Gesellschaft wird durch die […] erstellt.

Die Gesellschaft kommt ihren Offenlegungspflichten nach §§ 325 ff. HGB nach. Der Jahresabschluss für das Geschäftsjahr […] wurde durch […] erstellt.

---

7) Der Restrukturierungsplan muss gemäß Nr. 2 der Anlage zu § 5 Satz 2 StaRUG Angaben zur Position der Arbeitnehmer enthalten.

8) Sofern ein Betriebsrat besteht, sollte zu Betriebsvereinbarungen ausgeführt werden.

Es liegt keine umsatzsteuerliche oder ertragssteuerliche Organschaft vor.

e) Außenrechtsverhältnisse

Die Gesellschaft hat die für eine Objektgesellschaft betriebsnotwendigen Verträge abgeschossen. Verträge bestehen insbesondere mit Maklern, einem Generalunternehmen und Versorgern.

f) Rechtsstreite

Aktuell sind weder Aktiv- noch Passivprozesse rechtshängig.

II. Wirtschaftliche Verhältnisse[9)]

1. Finanzierungsstruktur

Die Kosten für den Erwerb und den Bau der Immobilie beliefen sich bislang auf insgesamt rd. 49 Mio. €. Die Kosten wurden durch Darlehen der A-Bank und der B-Bank sowie Gesellschafterdar-

---

9) Vgl. BMJV, Checkliste für Restrukturierungspläne gemäß § 16 StaRUG (Stand: 14.7.2022), Allg. Hinweise, 2. Absatz: „Restrukturierungspläne dienen der Sanierung von Unternehmen. Sie müssen auf einen nachhaltigen Sanierungserfolg ausgerichtet sein (vgl. § 14 Absatz 1, § 29 Absatz 1 StaRUG). Eine nachhaltige Sanierung setzt voraus, dass die Krisenursachen identifiziert und bewältigt werden. Oftmals wirken eine Vielzahl teils unternehmensexterner, teils unternehmensinterner Wirkfaktoren zusammen, die als solche zu identifizieren und in ihren Wechselwirkungen zu bestimmen sind. In Betracht zu ziehen ist stets, dass finanzielle Schwierigkeiten Folge tieferliegender Schwierigkeiten sein können, die in der operativen Aufstellung des Unternehmens oder gar im Geschäftsmodell angelegt sind. In einem solchen Fall werden finanzwirtschaftliche Maßnahmen, die sich auf der Grundlage eines Restrukturierungsplans umsetzen lassen, nicht ohne weiteres ausreichen, um einen nachhaltigen Sanierungserfolg zu erzielen."

Unter B. III. 1.: „Gemäß § 6 Abs. 1 Satz 2 StaRUG und Nr. 2 der Anlage zu § 5 Satz 2 StaRUG muss der Restrukturierungsplan eine Beschreibung der wirtschaftlichen Situation des Schuldners sowie eine Beschreibung der Ursachen und des Umfangs der wirtschaftlichen Schwierigkeiten des Schuldners enthalten. Die Beschreibung der krisenhaften wirtschaftlichen Situation des Schuldners, die im Zuge der Restrukturierung bewältigt werden soll, stellt ein unverzichtbares Element für die Vermittlung eines angemessenen Verständnisses des Restrukturierungsplans und dessen Regelungen im gestaltenden Teil dar. Ihren Ausgangspunkt wird eine solche in der Regel bei der Umschreibung des Geschäftsmodells nehmen, d. h. der Wertschöpfungsmechanismen, mit denen das Unternehmen seine Erträge erzielt bzw. vor dem Eintritt der Krise noch erzielt hat oder erzielen wollte. Hierzu bedarf es auch der Beschreibung der relevanten Umsätze, Aufwendungen und Erträge. Auch bedarf es in aller Regel der Darstellung der Finanzierungsquellen und der für die Sicherstellung der Aufrechterhaltung der Finanzierungsstrukturen erforderlichen Zahlungsströme. Zur Darstellung der Finanzierungsquellen kann es sich anbieten, einen sogenannten Bankenspiegel beizufügen, in dem die Darlehen, Leasinggeschäfte und andere Kredite mit ihren jeweiligen Konditionen (kreditierter Betrag, Zinssatz, Laufzeit, Ablauf der Zinsvereinbarung, Tilgungsbestimmungen, Besicherung) aufgenommen sind. Zur Beschreibung der gegenwärtigen krisenhaften Situation, der Ursachen und des Umfangs der wirtschaftlichen Schwierigkeiten kann sich eine von dieser Beschreibung des Geschäftsmodells ausgehende Darstellung der Entwicklungen und Faktoren empfehlen, die sich negativ auf das Funktionieren des Geschäftsmodells und seiner Finanzierung ausgewirkt haben und die sich in der Regel auch an der Entwicklung der einschlägigen Rechnungslegungsposten (Umsätze, Aufwendungen und Kosten, Erträge) ablesen lassen. Im Rahmen einer umfassenden Ursachenanalyse können dann die Faktoren und Treiber benannt werden, auf welche sich die Störungen der planmäßigen Wertschöpfungsmechanismen zurückführen lassen. Erforderlich ist eine umfassende Analyse der relevanten Faktoren. Diese können unternehmensspezifisch oder aber auch auf externe Faktoren und Entwicklungen zurückzuführen sein. Unternehmensexterne Ursachen können in Veränderungen auf den relevanten Beschaffungs- und Absatzmärkten oder insgesamt im Geschäftsumfeld liegen. Unternehmensspezifische Ursachen können in der Unternehmenssteuerung, Fehlinvestitionen oder der Verwirklichung von Finanzierungs- oder Geschäftsrisiken liegen, wie z. B. im Verlust eines für die Fortführung wesentlichen Vertrages oder Rechtsstreitigkeiten. Nicht selten werden verschiedene Ursachen zur krisenhaften Situation geführt haben, die zudem untereinander in Wechselwirkung stehen. Gefordert ist insgesamt eine Darstellung und Analyse der krisenhaften Situation des Schuldners, die den Anlass für die angestrebte Restrukturierung darstellt und die ein Urteil darüber erlaubt, ob und unter welchen Voraussetzungen die in dem Restrukturierungsplan vorgesehenen Maßnahmen – ggf. zusammen mit außerhalb des Plans verfolgten Restrukturierungsmaßnahmen – geeignet sind, die Krise zu bewältigen. Eine Gewinn-und Verlustrechnung ist in der Regel geeignet, die quantitativen Ausmaße der wirtschaftlichen Situation ausgehend von den Umsatz- und Ertragszahlen zu veranschaulichen."

lehen des Gesellschafters der Gesellschaft finanziert. Zugunsten der A-Bank sowie der B-Bank (nachrangig zur A-Bank) bestehen Grundschulden an der Immobilie.

Im Einzelnen:

Die Gesellschaft hat mit der A-Bank am […] einen Darlehensvertrag geschlossen. Das Darlehen valutiert, nachdem es nicht in voller Höhe abgerufen wurde, inklusive Zinsen per 31.3.[Jahr 1] i. H. von 29.000.000 € und ist am 31.3.[Jahr 1] zur Rückzahlung endfällig.

Folgende Sicherheiten wurden der A-Bank von der Gesellschaft zur Verfügung gestellt:

- eine in Abt. III lfd. Nr. 1 des Grundbuchs von Musterstadt, Blatt [1] Flurstück [1] eingetragene Buchgrundschuld i. H. von 42 Mio. € mit 16 % Jahreszinsen;
- Abtretung von Ansprüchen aus dem Verkauf der Immobilie durch Erklärung vom […];
- Abtretung von Ansprüchen aus Versicherungsverträgen durch Erklärung vom […];
- Abtretung von Ansprüchen aus Werkverträgen durch Erklärung vom […];
- Abtretung von Ansprüchen aus Miet- und Pachtverträgen durch Erklärung vom […].

Die Gesellschaft hat mit der B-Bank am […] einen Darlehensvertrag geschlossen. Das Darlehen valutiert inklusive Zinsen per 31.3.[Jahr 1] i. H. von 15.000.000 € und ist am 31.3.[Jahr 1] zur Rückzahlung endfällig.

Folgende Sicherheiten wurden der B-Bank von der Gesellschaft zur Verfügung gestellt:

- eine in Abt. III lfd. Nr. 2 des Grundbuchs von Musterstadt, Blatt [1] Flurstück [1] eingetragene Buchgrundschuld i. H. von 29 Mio. € mit 18 % Jahreszinsen;
- Abtretung von Rückgewähransprüchen gegen A-Bank durch Vereinbarung vom […].

Der Gesellschafter hat der Gesellschaft ein Gesellschafterdarlehen ausgereicht, das inklusive Zinsen per 31.3.[Jahr 1] i. H. von 5.000.000 € valutiert und am 31.3.[Jahr 1] zur Rückzahlung fällig ist. Er hat hinsichtlich seines Gesellschafterdarlehens den Rangrücktritt hinter den Rang des Darlehens der B-Bank mit Vertrag vom […] erklärt.

2. *Wirtschaftliche Entwicklung*

Die Gesellschaft ist eine reine Objektgesellschaft, die die Immobilie – noch unbebaut – gekauft hat, dessen Eigentümerin sie zwischenzeitlich geworden ist.

Sie hat auf der Immobilie ein modernes und hohen Ansprüchen genügendes Bürogebäude mit […] Tiefgaragenstellplätzen errichtet. Die Bruttogeschossfläche beläuft sich insgesamt auf […] qm. Die Allgemeinflächen sind weitestgehend ausgebaut. Ein vollständiger Mieterausbau ist auf ca. […] qm (ca. 35 %) erfolgt. Die restlichen Mietbereiche befinden sich im veredelten Rohbau. Ausführlich ist zur Projektentwicklung bis zum aktuellen Stand im Immobilienbewertungsgutachten (Anlage A. V.) ausgeführt.

Die Immobilie ist derzeit nicht vermietet.

Für die Beurteilung der wirtschaftlichen Entwicklung der Gesellschaft liegen die vom Steuerberater der Gesellschaft, […], erstellten Jahresabschlüsse für die Geschäftsjahre […] bis […] sowie eine Betriebswirtschaftliche Auswertung nebst Summen- und Saldenlisten per 31.12.[Jahr 0] sowie […] vor. Ausweislich derer stellt sich die wirtschaftliche Entwicklung wie folgt dar:

Gewinn- und Verlustrechnung/Geschäftsjahr	**[…]** **in T€**	**[…]** **in T€**	**[…]** **in T€**	**[…]** **in T€**
Umsatzerlöse				
Sonstige betriebliche Erträge				
Andere aktivierte Eigenleistungen				
Bestandsveränderung				
Betriebserträge gesamt				

Material				
Bezogene Leistungen				
Rohergebnis				
Personal				
Abschreibungen				
Sonstiger betrieblicher Aufwand				
Betriebsergebnis				
Erträge aus Finanzanlagen				
Zinsen und ähnliche Erträge				
Abschreibungen auf Finanzanlagen				
Zinsen und ähnliche Aufwendungen				
Ergebnis der gewöhnlichen Geschäftstätigkeit				
Außerordentliche Erträge				
Außerordentliche Aufwendungen				
Steuern vom Einkommen Ertrag				
Sonstige Steuern				
Jahresüberschuss/-fehlbetrag				

Bilanz/Geschäftsjahr	**[…]**	**[…]**	**[…]**	**[…]**
	in T€	**in T€**	**in T€**	**in T€**
Aktiva				
Immaterielles Vermögen				
Grundstücke				
Maschinen/technische Anlagen				
Andere Anlagen/Betriebs- und Geschäftsausstattung				
Geleistete Anzahlungen, Anlagen im Bau				
Beteiligungen				
Roh-/Hilfs-/Betriebsstoffe				
Unfertige Erzeugnisse				
Fertigerzeugnisse				
Geleistete Anzahlungen				
Forderungen aus Lieferung und Leistung				
Forderungen gegenüber Gesellschaftern				
Sonstiges Vermögen				
Wertpapiere				
Kasse/Bank/Schecks				
Rechnungsabgrenzungsposten				
Aktive latente Steuern				
Sonstige Aktiva				
Aktiva gesamt				

Passiva				
Gezeichnetes Kapital				
Kapitalrücklage				
Gewinnrücklagen				
Gewinnvortrag				
Jahresüberschuss				
Sonderposten mit Rücklagenanteil				
Steuerrückstellungen				
Sonstige Rückstellungen				
Verbindlichkeiten Kreditinstitute				
Erhaltene Anzahlungen				
Verbindlichkeiten aus Lieferung und Leistung				
Verbindlichkeiten verbundene Unternehmen				
Sonstige Verbindlichkeiten				
Rechnungsabgrenzungsposten				
Passiva gesamt				

Als Objektgesellschaft soll die Gesellschaft Umsatzerlöse aus Mieteinnahmen erzielen.

Der aktuelle Aufwand ergibt sich in erster Linie aus der Unterhaltung der Immobilie, Promotionskosten sowie Zinsen. Mangels Vermietung erlöst die Gesellschaft aktuell keine Umsätze und wirtschaftet mit erheblichem Verlust.

Die Finanzierungsstruktur der Gesellschaft war auf den Verkauf der Immobilie bis Ende [Jahr 0] ausgerichtet. Bis zu diesem Zeitpunkt sollte das Bürogebäude final ausgebaut, ein hoher Vermietungsstand erreicht und der Verkauf abgeschlossen sein. Allerdings verzögert sich die Fertigstellung des Objekts erheblich. Ungeachtet der umfassenden Bemühungen, auch durch Makler, zum Verkauf der Immobilie konnten Kaufinteressenten, die bereit gewesen wären, einen hinreichenden Kaufpreis zu bezahlen, bislang nicht eingeworben werden. Dies ist insbesondere auf den Ausbau- sowie Vermietungsstand zurückzuführen. Es gibt zwar Mietinteressenten sowohl für die ausgebauten als auch die noch auszubauenden Mietflächen, allerdings haben diese ihre Entscheidung zum Abschluss von Mietverträgen zuletzt verschoben.

Bei Fälligkeit (31.3.[Jahr 1]) wird die Gesellschaft daher nicht in der Lage sein, die Darlehen der A-Bank, B-Bank und des Gesellschafters zurückzuzahlen.

Dies würde zur Zahlungsunfähigkeit der Gesellschaft führen. Zur Meidung dieser Zahlungsunfähigkeit legt die Gesellschaft diesen Plan vor.

3. *Krisen- und Ursachenanalyse*[10)]

Die Krise der Gesellschaft ist zum Einen darauf zurückzuführen, dass sich die Errichtung des Bürogebäudes auf der Immobilie verzögert hat und die Baukosten über dem Budget lagen.

Zum Anderen haben Unternehmen neue Investitionen und strategische Entscheidungen, wie die Anmietung neuer Büroflächen, aufgrund der rezessiven wirtschaftlichen Entwicklung in der Bundesrepublik Deutschland und […] zurückgestellt.

Die aus Sicht der Unternehmen unsichere weitere Entwicklung bei der Nutzung von Heimarbeitsplätzen (Home-Offices) haben diesen Effekt weiter verstärkt. Der Markt für Büroimmobilien gestaltet sich in Deutschland im Allgemeinen und in […] im Besonderen derzeit sehr schwierig. Der Büroimmobilienmarkt in […] entwickelte sich in den Jahren […] und […] rückläufig (siehe Immobilien-

10) S. § 6 Abs. 1 Satz 2 StaRUG und Nr. 2 der Anlage zu § 5 Satz 2 StaRUG zu den Mindestanforderungen zu unternehmens- und krisenbezogenen Angaben im Restrukturierungsplan.

bewertungsgutachten, Anlage A. V.). Der dortige Flächenumsatz sank im Vergleich zum Vorjahr um […] %.

Eine umfangreiche Darstellung der Krisenursachen kann dem S 6-Gutachten (Definition siehe B. III. 1. sowie Anlage B. III. 1.), entnommen werden.

Vor diesem Hintergrund ist es der Gesellschaft nicht wie geplant gelungen, rechtzeitig vor deren Fälligkeit einen zur Refinanzierung der ausgereichten Darlehen hinreichenden Vermietungsstand zu erreichen oder die Immobilie zu verwerten.

Mangels Mietern wurde der weitere finale Ausbau des Bürogebäudes, der auf die Bedürfnisse der jeweiligen Mieter abgestimmt werden soll, zurückgestellt. Ausgebaut sind bislang lediglich ca. 35 %. Vor diesem Hintergrund ist auch ein Teil des Darlehens der A-Bank nicht abgerufen und steht künftig nicht mehr zur Verfügung.

Es ist absehbar, dass die Refinanzierung der am 31.3.[Jahr 1] zur Rückzahlung fälligen Darlehen nicht sichergestellt werden kann.

Nachdem die A-Bank die Prolongation des von ihr an die Gesellschaft ausgereichten Darlehens abgelehnt hat, haben die Geschäftsführer der Gesellschaft zur Vermeidung eines bei Eintritt der Zahlungsunfähigkeit unvermeidlichen Insolvenzverfahrens das Restrukturierungsverfahren eingeleitet.

III. Krisenbezogene Informationen

1. Krisenstadium/keine Insolvenzreife

Die Gesellschaft hat ein auf Restrukturierungsfälle spezialisiertes Beratungsunternehmen, die […] (nachfolgend die **„Sanierungsberaterin"**) mit der Erstellung der Betriebswirtschaftlichen Analysen und Planungsrechnungen für die Durchführung der Restrukturierung beauftragt. Das umfassende IDW S 6-Gutachten und die Planrechnungen liegen diesem Plan als **Anlage B. III. 1.** bei (nachfolgend das **„S 6-Gutachten"**).

a) Keine Zahlungsunfähigkeit

Gemäß § 17 Abs. 2 InsO liegt eine Zahlungsunfähigkeit dann vor, wenn der Schuldner nicht in der Lage ist, die fälligen Zahlungspflichten zu erfüllen. Die Sanierungsberaterin hat aufgrund ihrer Ermittlungen im S 6-Gutachten festgestellt, dass die Gesellschaft derzeit in der Lage ist, ihren fortlaufenden Zahlungsverpflichtungen nachzukommen. Fälligen Verbindlichkeiten rd. […] T € steht per […] eine frei verfügbare Liquidität i. H. von rd. […] T € gegenüber. Details können dem S 6-Gutachten, Seite […] **Anlage B. III. 1.**, entnommen werden. Demnach liegt keine Zahlungsunfähigkeit im Sinne des § 17 Abs. 2 Satz 1 InsO vor.

b) Keine Überschuldung

Gemäß § 19 Abs. 2 Satz 1 InsO liegt eine Überschuldung vor, wenn das Vermögen eines Schuldners die bestehenden Verbindlichkeiten nicht mehr deckt, es sei denn, die Fortführung des Unternehmens ist in den nächsten 12 Monaten nach den Umständen überwiegend wahrscheinlich.

Ausweislich des S 6-Gutachtens, Seite […] **Anlage B. III. 1.**, ist die ist die Fortführungsprognose positiv und die Gesellschaft insolvenzrechtlich nicht überschuldet.[11)]

11) AG Köln, Beschl. v. 9.12.2024 – 82 RES 1/24, ZRI 2025, 318 = NZI 2025, 333: Eine bestehende Überschuldung i. S. des § 19 InsO kann mit Anzeige des Restrukturierungsvorhabens beseitigt werden, wenn dieses eine überwiegende Aussicht auf Erfolg hat. In einem solchen Fall kann der Schuldnerin eine positive Fortführungsprognose gestellt werden; Begr. RegE SanInsFoG z. § 35 StaRUG, BT-Drucks. 19/24181, S. 139; *J. Schmidt* in: HambKomm-RestruktR, § 33 StaRUG Rz. 31: Bei der Frage, ob Überschuldung i. S. des § 19 InsO eingetreten ist, sind nach dem Willen des Gesetzgebers i. R. der Fortbestehensprognose (§ 19 Abs. 2 InsO) auch die Aussichten auf die Verwirklichung des Restrukturierungsziels zu berücksichtigen. Vermitteln die Aussichten auf die Verwirklichung des Restrukturierungsziels hingegen eine, wenn auch auf den erfolgreichen Abschluss der Restrukturierungssache bedingte, positive Fortbestehensprognose, liegt eine Überschuldung nicht vor und die Restrukturierungssache kann weiterbetrieben werden.

c) Drohende Zahlungsunfähigkeit

Gemäß § 18 Abs. 2 InsO ist ein Schuldner drohend zahlungsunfähig, wenn er voraussichtlich nicht in der Lage sein wird, die bestehenden Zahlungspflichten im Zeitraum der Fälligkeit zu erfüllen. In aller Regel ist ein Prognosezeitraum von 24 Monaten zugrunde zu legen.

Die Darlehen der A-Bank, der B-Bank und des Gesellschafters sind am 31.3.[Jahr 1], mithin binnen 24 Monaten zur Rückzahlung fällig. Die Gesellschaft wird an diesem Tag ausweislich der Liquiditätsplanung im S 6-Gutachten, Seite [...]**Anlage B. III. 1.**, nicht in der Lage sein, den dann insgesamt fällig werdenden Betrag i. H. von insgesamt 49.000.000 € zu leisten, so dass aktuell gemäß § 18 Abs. 2 InsO eine drohende Zahlungsunfähigkeit der Gesellschaft vorliegt.

2. Bisheriger Verfahrensverlauf und Stabilisierungsmaßnahmen[12)]

Die Gesellschaft hat mit Schreiben vom [...] die Restrukturierungssache bei dem Amtsgericht [...] – Restrukturierungsgericht – angezeigt. Die Restruktierungssache wird unter dem Az. [...] geführt.

Das Amtsgericht [...] – Restrukturierungsgericht – hat [...], kanzleiansässig: [...], durch Beschluss vom [...] zum Restrukturierungsbeauftragen bestellt.

Gerichtliche Stabilisierungsmaßnahmen nach §§ 49 ff. StaRUG wurden bislang nicht beantragt.

IV. Planbetroffene und Gruppenbildung

1. Identität und Auswahl der Planbetroffenen

Die Auswahl der Planbetroffenen hat gemäß § 8 Satz 1 StaRUG nach sachgerechten Kriterien zu erfolgen, die im darstellenden Teil des Plans anzugeben und zu erläutern sind. Die Auswahl ist gemäß § 8 Satz 2 Nr. 2 StaRUG insbesondere dann sachgerecht, wenn die in der Auswahl angelegte Differenzierung nach der Art der zu bewältigenden wirtschaftlichen Schwierigkeiten des Schuldners und den Umständen angemessen erscheint, insbesondere wenn ausschließlich Finanzverbindlichkeiten und die zu deren Sicherung bestellten Sicherheiten gestaltet werden.

Dieser Plan gestaltet ausschließlich Verbindlichkeiten aus Darlehen, mithin Finanzverbindlichkeiten. Es werden ausschließlich Finanzierungsgläubiger einbezogen, die zur finanziellen Stabilisierung der Gesellschaft einer Stundung aller Tilgungsleistungen und einer Laufzeitverlängerung der Darlehen um 18 Monate im Plan zustimmen sollen.

Die A-Bank und B-Bank haben als Hauptgläubiger der Gesellschaft Darlehen zur Verfügung gestellt, um den Erwerb der Immobilie sowie den Bau eines Bürogebäudes zu finanzieren. Beide Kreditinsti-

---

12) Vgl. BMJV, Checkliste für Restrukturierungspläne gemäß § 16 StaRUG (Stand: 14.7.2022), unter B. II. 3. und 4.: „3. Der Schuldner kann, wenn die Restrukturierungssache infolge ihrer Anzeige (§ 31 Absatz 1 StaRUG) rechtshängig geworden ist, Verfahrenshilfen zur Verwirklichung des Restrukturierungsvorhabens in Anspruch nehmen (vgl. § 29 StaRUG). Der Schuldner kann, bevor er den Restrukturierungsplan zur Abstimmung stellt, die gerichtliche Vorprüfung von Fragen beantragen, die für die Bestätigung des Restrukturierungsplans erheblich sind (§§ 29 Absatz 2 Nr. 2, 46 f. StaRUG). Zudem kann der Schuldner die gerichtliche Anordnung von Regelungen zur Einschränkung von Maßnahmen der individuellen Rechtsdurchsetzung beantragen (§§ 29 Absatz 2 Nr. 3, 49 StaRUG). Des Weiteren kann der Schuldner eine gerichtliche Planabstimmung (§§ 29 Absatz 2 Nr. 1, 45 StaRUG) sowie eine gerichtliche Planbestätigung (§§ 29 Absatz 2 Nr. 4, 60 StaRUG) beantragen. Wenn Verfahrenshilfen vor der Vorlage des Restrukturierungsplans beantragt oder in Anspruch genommen wurden, sollte dies im Plan dargelegt werden, wenn und soweit es für die Planbetroffenen eine relevante Information darstellen könnte. Angaben, die für die Entscheidung der von dem Plan betroffenen Beteiligten über die Zustimmung oder Ablehnung des Plans sowie dessen gerichtliche Bestätigung erheblich sind, müssen zwingend aufgenommen werden (§ 6 Absatz 1 Satz 2 StaRUG). Dies gilt in aller Regel für das Ergebnis einer gerichtlichen Vorprüfung. Ggf. kann es sich anbieten, Angaben zum Ergebnis einer gerichtlichen Vorprüfung zu machen und das Vorprüfungsergebnis dem Restrukturierungsplan als Anlage beizufügen.

4. [...] Wenn der Vorlage des Restrukturierungsplans eine Sanierungsmoderation vorangegangen ist, in deren Rahmen ein vom Gericht bestellter Sanierungsmoderator in vermittelnder Rolle die Sanierungsbemühungen des Schuldners unterstützt hat (vgl. §§ 94 ff. StaRUG), sollte auch dies in der Regel im Restrukturierungsplan dargestellt werden."

tute sind Planbetroffene, da von ihnen wesentliche Planbeiträge zur finanziellen Stabilisierung und Restrukturierung der Gesellschaft erforderlich sind.

Auch der Gesellschafter hat ein Darlehen an die Gesellschaft ausgereicht. Hierbei handelt es sich ebenfalls um Finanzverbindlichkeiten. Er ist Planbeteiligter, weil auch dessen Stundung für die Stabilisierung und Restrukturierung der Gesellschaft zwingend erforderlich ist.

Weitere Finanzverbindlichkeiten hat die Gesellschaft nicht. Durch die Stundung der Rückzahlung der drei am 31.3.[Jahr 1] fälligen Darlehen wird die drohende Zahlungsunfähigkeit der Gesellschaft beseitigt.

Sonstige Verbindlichkeiten, die insbesondere aus der Verwaltung der Immobilie resultieren, bestehen nur in geringer Höhe und sind derzeit nicht fällig. Die Einbeziehung dieser Gläubiger in den Plan ist schon deshalb entbehrlich, da hieraus wesentliche Sanierungsbeiträge nicht resultieren würden. Die weitere Leistungserbringung dieser Gläubiger ist zudem erforderlich, um die Verwaltung und künftige Vermietung der Immobilie zu gewährleisten. Hierfür ist die weitere fortlaufende Zahlung von deren Verbindlichkeiten erforderlich.

2. *Kommunikation mit den Planbetroffenen*

Die Verhandlungen mit der A-Bank über eine Prolongation der Darlehens- und Zinsforderungen über den 31.3.[Jahr 1] hinaus sind vor Anzeige der Restruktierungssache gescheitert. Die A-Bank hat eine Prolongation für zweimal 12 Monate unter anderem davon abhängig gemacht, dass der Gesellschafter der Gesellschaft weitere Eigenmittel von 1,5 Mio. € für je 12 Monate (insgesamt 3 Mio. €) zur Verfügung stellt und hiermit eine teilweise Tilgung des von ihr ausgereichten Darlehens erfolgt.

Der Gesellschafter hat erklärt, dass er hierzu nicht bereit ist. Die Gesellschaft hat nach Abstimmung mit ihrem Gesellschafter ein Gegenangebot unterbreitet, wonach der Gesellschafter gegen Prolongation des Darlehens über 24 Monate der Gesellschaft weitere Mittel von 2 Mio. € zur Verfügung stellt und diese zum weiteren Ausbau der Büroimmobilie verwendet werden. Dies hat die A-Bank abgelehnt und bestand auf den Sondertilgungen.

Es kann daher nicht davon ausgegangen werden, dass eine Prolongation des Darlehens mit der A-Bank vereinbart werden kann.

Die B-Bank, mit der auch verhandelt wurde, hat sich mit dem Vorschlag der Gesellschaft einverstanden erklärt und war zur Prolongation ihres Darlehens um 24 Monate bereit, indes nur, wenn alle Finanzgläubiger prolongieren, was nicht verhandelt werden konnte. Sie unterstützt das Sanierungskonzept der Gesellschaft sowie das Restrukturierungsverfahren.

Auch der Gesellschafter mit seinem Darlehen unterstützt das Sanierungskonzept der Gesellschaft sowie das Restrukturierungsverfahren und ist zu den erforderlichen Prolongationen bereit.

3. *Einteilung der Planbetroffenen in Gruppen*

a) *Allgemeine Grundsätze der Gruppenbildung*

Bei der Festlegung der Rechte der Planbetroffenen im Plan sind gemäß § 9 Abs. 1 StaRUG Gruppen zu bilden, soweit Planbetroffene mit unterschiedlicher Rechtsstellung betroffen sind. Es ist zu unterscheiden zwischen

1. den Inhabern von Absonderungsanwartschaften,
2. den Inhabern von Forderungen, die im Fall der Eröffnung eines Insolvenzverfahrens als nicht nachrangige Insolvenzforderungen geltend zu machen wären, nebst darauf entfallender Zinsen und Säumniszuschläge (einfache Restrukturierungsgläubiger),
3. den Inhabern von Forderungen, die im Fall der Eröffnung eines Insolvenzverfahrens nach § 39 Abs. 1 Nr. 4, 5 oder Abs. 2 InsO als nachrangige Insolvenzforderungen anzumelden wären (nachrangige Restrukturierungsgläubiger), wobei für jede Rangklasse eine Gruppe zu bilden ist, und
4. den Inhabern von Anteils- oder Mitgliedschaftsrechten.

Sieht der gestaltende Teil des Plans Eingriffe in die Rechte von Gläubigern aus gruppeninternen Drittsicherheiten vor, bilden die davon betroffenen Gläubiger eigenständige Gruppen.

Die Gruppen können gemäß § 9 Abs. 2 StaRUG nach Maßgabe wirtschaftlicher Interessen in weitere Gruppen unterteilt werden. Sie müssen sachgerecht voneinander abgegrenzt werden. Die Kriterien für die Abgrenzung sind im Plan anzugeben. Kleingläubiger sind im Rahmen der nach § 9 Abs. 1 StaRUG zu bildenden Gruppen zu eigenständigen Gruppen zusammenzufassen.

b) Gruppenbildung

Der Plan sieht vor, dass für die Planbetroffenen die folgenden Gruppen gebildet werden:

Gruppe 1: Inhaber von Absonderungsanwartschaften aufgrund erstrangiger Grundschuld an der Immobilie

Gruppe 2: Inhaber von Absonderungsanwartschaften aufgrund zweitrangiger Grundschuld an der Immobilie

Gruppe 3: Nachrangige Restrukturierungsgläubiger

Dem Plan ist als **Anlage B. IV. 3. b)** das Verzeichnis der Planbetroffenen einschließlich ihrer Zuordnung zu den gebildeten Gruppen beigefügt.

c) Erläuterung der Gruppenbildung

Die **Gruppe 1** besteht aus der A-Bank als Inhaberin von Absonderungsanwartschaften aufgrund erstrangiger Grundschuld an der Immobilie. Die A-Bank erklärt eine Stundung sämtlicher über die Absonderungsanwartschaften gesicherten, fälligen und fällig werdenden Darlehensforderungen aus dem Darlehensvertrag vom […], einschließlich Zinsforderungen und sämtlicher ggf. weiterer Forderungen gegen die Gesellschaft bis zum 30.9.[Jahr 2] sowie einen Verzicht auf die Verwertung der ihnen eingeräumten Sicherheiten bis zum 30.9.[Jahr 2]. Gemäß § 9 Abs. 1 Satz 2 Nr. 1 StaRUG ist daher für Inhaber von Absonderungsanwartschaften eine eigene Gruppe zu bilden.

Die **Gruppe 2** besteht aus der B-Bank als Inhaberin von Absonderungsanwartschaften aufgrund zweitrangiger Grundschuld an der Immobilie. Die B-Bank erklärt eine Stundung sämtlicher über die Absonderungsanwartschaften gesicherten, fälligen und fällig werdenden Darlehensforderungen aus dem Darlehensvertrag vom […], einschließlich Zinsforderungen und sämtlicher ggf. weiterer Forderungen gegen die Gesellschaft bis zum 30.9.[Jahr 2] sowie einen Verzicht auf die Verwertung der ihnen eingeräumten Sicherheiten bis zum 30.9.[Jahr 2]. Gemäß § 9 Abs. 1 Satz 2 Nr. 1 StaRUG ist daher für Inhaber von Absonderungsanwartschaften eine eigene Gruppe zu bilden.

Nach § 9 Abs. 2 Satz 1 StaRUG können die nach § 9 Abs. 1 StaRUG zu bildenden Pflichtgruppen nach Maßgabe wirtschaftlicher Interessen in weitere Gruppen unterteilt werden. Dies setzt nach § 9 Abs. 2 Satz 2 StaRUG voraus, dass die zu bildenden Gruppen sachgerecht voneinander abgegrenzt werden können.

Sowohl die A-Bank als auch die B-Bank sind Gläubiger mit Absonderungsanwartschaften, die in unterschiedliche Gruppen eingeteilt werden. Eine Abgrenzung ist gerechtfertigt, weil sowohl die A-Bank als auch die B-Bank zwar im Wesentlichen über die Immobilie gesichert sind, die beiden Banken allerdings

- unterschiedliche Rangstellungen bezüglich ihrer Absonderungsanwartschaften an der Immobilie einnehmen,
- die wirtschaftlichen Interessen unterschiedlich sind und
- die Gesellschaft der A-Bank über Grundschulden an der Immobilie hinaus weitere Sicherheiten eingeräumt hat, insbesondere eine Abtretung von Mietzinsen aus (künftigen) Vermietungen.

Die A-Bank ist erstrangig an der Immobilie besichert, die B-Bank hierzu lediglich nachrangig.

Bei der Gruppenbildung im Rahmen eines Plans sind zudem die wichtigsten restrukturierungsbezogenen wirtschaftlichen Interessen heranzuziehen. Die wirtschaftlichen Interessen werden während einer Restrukturierung insbesondere durch die Werthaltigkeit der in Rede stehenden Forderungen bestimmt. Konkret sind wirtschaftliche Vor- oder Nachteile für einen Planbetroffenen, die sich aus dem Ziel des Planerstellers ergeben, insbesondere, wenn ein Absonderungsgläubiger nur aus einem erzielten Fortführungswert eine Befriedigung erwarten kann,[13)] ebenfalls ein Abgrenzungskriterium bei der Gruppenbildung. Die Einteilung der B-Bank als Inhaberin einer Absonderungsanwartschaft in eine eigenständige Gruppe ist daher auch sachgerecht, weil diese als nachrangig grundpfandrechtlich besicherte Gläubigerin andere wirtschaftliche Interessen im Sinne von § 9 Abs. 2 Satz 1 StaRUG verfolgt. Im Fall einer Liquidation würde sie mit ihren Sicherheiten an der Immobilie vollständig ausfallen, während sie bei Durchführung der Sanierung prognostisch Vollbefriedigung hieraus erhält. Die A-Bank hat bei Liquidation aufgrund ihrer erstrangigen Befriedigung aus der Immobilie und ihrem daraus folgenden kleineren Ausfall wirtschaftlich ein deutlich geringeres Ausfallrisiko als die B-Bank und somit auch ein geringeres wirtschaftliches Interesse an einer finanziellen Stabilisierung der Gesellschaft und Verwertung der Immobilie im Rahmen eines Fortführungsszenarios.

Schließlich verfügt die A-Bank neben den Sicherheiten an der Immobilie über weitere von der Gesellschaft ausgereichte Sicherheiten. Ihr wurden die Mietforderungen sowie die Ansprüche aus dem Verkauf der Immobilie abgetreten. Über diese Sicherheiten verfügt die B-Bank nicht.

All dies rechtfertigt die Zuordnung der A-Bank und der B-Bank in je eine Gruppe.

Die **Gruppe 3** besteht aus dem Gesellschafter. Dessen Forderung aus dem gewährten Darlehen wäre im Fall der Eröffnung eines Insolvenzverfahrens eine nachrangige Insolvenzforderung gemäß § 39 Abs. 1 Nr. 5 InsO. Für den Gesellschafter mit seinem Gesellschafterdarlehen ist daher gemäß § 9 Abs. 1 Satz 2 Nr. 3 StaRUG eine eigene Gruppe zu bilden.

4. *Stimmrechte*

Zur Feststellung, ob der Plan von den Planbetroffenen angenommen ist, sind zunächst deren Stimmrechte zu ermitteln. Diese sind gemäß Nr. 4 der Anlage zu § 5 Satz 2 StaRUG im Plan anzugeben.

In einem Insolvenzverfahren ist der Wert des Absonderungsrechts bei Fortführung des Unternehmens nach dem Fortführungswert des Sicherungsgegenstandes zu bestimmen.[14)] Dies kann auf das Restrukturierungsverfahren übertragen werden. Die Stimmrechte aus Absonderungsrechten bzw. -anwartschaften richten sich im Insolvenzverfahren nach § 237 Abs. 1 Satz 2 InsO und im Restrukturierungsverfahren nach § 24 Abs. 3 StaRUG. Die beiden Vorschriften enthalten übereinstimmende Regelungen.[15)] Demnach sind auch bei einem Plan, der ein Fortführungsszenario abbildet, für die Bestimmung der Stimmrechte die Fortführungswerte anzusetzen.[16)]

Da der Plan die Fortführung der Gesellschaft vorsieht, bestimmen sich die Stimmrechte der A-Bank (Gruppe 1) und der B-Bank (Gruppe 2) nach dem Wert der Absonderungsanwartschaft an der Immobilie der Gesellschaft unter Fortführungsgesichtspunkten. Der Fortführungswert der Immobilie beläuft sich ausweislich des Immobilienbewertungsgutachtens auf 50.000.000 € (siehe **Anlage A. V.**). Der Wert der Absonderungsanwartschaft übersteigt somit die Forderung der A-Bank (29.000.000 €) und der B-Bank (15.000.000 €).

Da die Absonderungsanwartschaft auf den Nominalwert der Forderung beschränkt ist, steht der A-Bank in der **Gruppe 1** nach § 24 Abs. 1 Nr. 2 StaRUG ein Stimmrecht i. H. von 29.000.000 € zu (Nominalforderung einschließlich Zinsen per 31.3.[Jahr 1]).

---

13) S. oben § 9 Rz. 44 [*Beck/Pechartscheck*].

14) BGH, Beschl. v. 7.7.2005 – IX ZB 266/04, NZI 2005, 619, 621 = ZVI 2005, 604; *Lüer/Streit* in: Uhlenbruck, InsO, § 222 Rz. 16; *Geiwitz/v. Danckelmann* in: BeckOK-InsR, § 222 InsO Rz. 12; *Thies/Lieder* in: HambKomm-InsO, § 237 Rz. 10.

15) Begr. RegE SanInsFoG z. § 26 StaRUG, BT-Drucks. 19/24181, S. 126.

16) *Deppenkemper* in: MünchKomm-StaRUG, § 24 Rz. 51; Flöther-*Westpfahl/Knapp*, StaRUG, § 24 Rz. 5, die auch auf die Übertragbarkeit der Rechtslage zur InsO verweisen; Jacoby/Thole-*Brünkmans*, StaRUG, § 9 Rz. 17.

Sie ist nicht (zusätzlich) einer Gruppe der einfachen Restrukturierungsgläubiger gemäß § 24 Abs. 3 Satz 1 StaRUG zuzuordnen, weil sie weder auf ihre Absonderungsanwartschaft verzichtet noch einen Ausfall erleiden wird.[17)]

Für die B-Bank in der **Gruppe 2** verbleibt nach Befriedigung der A-Bank gemäß § 24 Abs. 1 Nr. 2 StaRUG (50.000.000 € minus 29.000.000 €) ein den Nominalwert der über die Immobilie gesicherten Forderung übersteigender Restwert i. H. von 21.000.000 €. Da die Absonderungsanwartschaft auf den Nominalwert der Forderung beschränkt ist, steht der B-Bank in der Gruppe 2 nach § 24 Abs. 1 Nr. 2 StaRUG ein Stimmrecht i. H. von 15.000.000 € zu (Nominalforderung einschließlich Zinsen per 31.3.[Jahr 1]).

Sie ist nicht (zusätzlich) einer Gruppe der einfachen Restrukturierungsgläubiger gemäß § 24 Abs. 3 Satz 1 StaRUG zuzuordnen, weil sie weder auf ihre Absonderungsanwartschaft verzichtet noch einen Ausfall erleiden wird.

Dem Gläubiger der **Gruppe 3** steht nach § 24 Abs. 1 Nr. 1 StaRUG ein Stimmrecht i. H. der Nominalforderungen zu. Dieses beläuft sich auf 5.000.000 €.

V. *Restrukturierungsmaßnahmen*[18)]

1. *Leitbild der sanierten Gesellschaft*

Die Gesellschaft erhält aufgrund der Prolongation der Darlehen die zur Vermietung sowie Veräußerung der Immobilie in einem Fortführungsszenario erforderliche Zeit, so dass ein hinreichender Kaufpreis erzielt werden kann, der prognostisch zur Vollbefriedigung der im Fall eines Insolvenzverfahrens nicht nachrangigen Gläubiger führt.

2. *Restrukturierung durch den Plan*

Durch die in diesem rein finanzwirtschaftlich orientierten Plan vorgesehenen Maßnahmen[19)] soll erreicht werden, dass ein Wertverlust infolge eines kurzfristigen freihändigen Verkaufs in einem Insolvenzverfahren und/oder einer Zwangsversteigerung verhindert wird und stattdessen die Immobilie in einem Fortführungsszenario veräußert werden kann. Hierfür ist es erforderlich, dass der Gesellschaft die Finanzverbindlichkeiten der Planbetroffenen für 18 Monate gestundet werden.

---

17) Vgl. dazu auch Begr. RegE SanInsFoG z. § 26 StaRUG, BT-Drucks. 19/24181, S. 126.

18) Gemäß § 6 Abs. 1 Satz 2 StaRUG muss der darstellende Teil des Restrukturierungsplans u. a. zu den zur Krisenbewältigung vorzunehmenden Maßnahmen ausführen. Hier sind die Maßnahmen zur Bewältigung der Krise zu beschreiben. Der Restrukturierungsplan kann lediglich finanzwirtschaftliche und gesellschaftsrechtliche Maßnahmen regeln. Leistungswirtschaftliche Maßnahmen, wie etwa in der Insolvenzordnung für ein Insolvenzverfahren vorgesehen, sind im Restrukturierungsplan oder begleitend zu diesem nicht gestaltbar. So sind – anders als im Insolvenzverfahren – im Restrukturierungsverfahren keine Sonderkündigungsfristen für Miet- und Pachtverhältnisse (§ 109 InsO) oder Arbeitsverhältnisse (§ 113 InsO) vorgesehen, es kann nicht die Nichterfüllung von Verträgen gewählt werden (§ 103 InsO), Aufträge und Verträge erlöschen nicht (§§ 115, 116 InsO) und Insolvenzgeld kommt nicht zur Auszahlung. Einer Gestaltung durch einen Restrukturierungsplan sind zudem unzugänglich: Forderungen von Arbeitnehmern aus oder im Zusammenhang mit dem Arbeitsverhältnis, einschließlich der Rechte aus Zusagen auf betriebliche Altersversorgung, Forderungen aus vorsätzlich begangenen unerlaubten Handlungen und Forderungen nach § 39 Abs. 1 Nr. 3 InsO, § 4 StaRUG. Restrukturierungsforderungen aus gegenseitigen Verträgen sind nur insoweit gestaltbar, als die dem anderen Teil obliegende Leistung bereits erbracht ist (§ 3 Abs. 2 StaRUG).

19) Auf der Grundlage eines Restrukturierungsplans können gemäß § 2 Abs. 1 StaRUG gestaltet werden 1. Forderungen, die gegen eine restrukturierungsfähige Person (Schuldner) begründet sind (Restrukturierungsforderungen), und

2. die an Gegenständen des schuldnerischen Vermögens bestehenden Rechte, die im Fall der Eröffnung eines Insolvenzverfahrens zur Absonderung berechtigen würden, es sei denn, es handelt sich bei ihnen um Finanzsicherheiten i. S. des § 1 Abs. 17 KWG oder um Sicherheiten, die dem Betreiber eines Systems nach § 1 Abs. 16 KWG zur Absicherung seiner Ansprüche aus dem System oder der Zentralbank eines Mitgliedstaats der EU oder der EZB gestellt wurden (Absonderungsanwartschaften). S. auch weitergehend § 2 Abs. 2 StaRUG.

Die Immobilie ist am Immobilienmarkt in […] gut positioniert. Der Neubau entspricht den hohen Anforderungen an Nachhaltigkeit und moderne Arbeitsbedingungen. Die Immobilie befindet sich in einer zentrumsnahen B-Lage (vgl. Markt- und Standortanalyse im Immobilienbewertungsgutachten, **Anlage A. V.**).

Die Gesellschaft setzt mit Unterstützung eines bereits beauftragen Maklers die bereits laufenden aussichtsreichen Gespräche über den Abschluss von Mietverträgen fort (vgl. Bestätigung der […], **Anlage B. V. 2.**). Aufgrund der unsicheren Wirtschaftslage zögern die Interessenten allerdings die Entscheidung für einen Umzug in die Immobilie derzeit noch hinaus, so dass für den Abschluss von Mietverträgen weitere Zeit benötigt wird. Durch den Abschluss von Mietverträgen im Zeitverlauf erhöht sich der Wert der Immobilie, so dass die Sicherheiten der Inhaber von Absonderungsanwartschaften werthaltiger werden.

Parallel erfolgt der weitere Mieterausbau, der ursprünglich über bislang nicht abgerufene Darlehensteile der A-Bank finanziert werden sollte. Diese Mittel werden nicht mehr zur Verfügung stehen, da ein rechtzeitiger (zweckgebundener) Abruf nicht mehr möglich ist und der Auszahlungsanspruch bei Nichtinanspruchnahme bis zum 31.3.[Jahr 1] erlischt. Der Plan vermag die Ausreichung nicht abgerufener Darlehensteile auch nicht gegen den Willen der A-Bank zu regeln, so dass der weitere Objektausbau alternativ finanziert werden muss (siehe hierzu B. V. 3.).

Die im Plan vorgesehenen Stundungen und weitere Maßnahmen beheben die Krisenursachen, indem bei fortbestehender Liquidität ein weiterer Ausbau und Vermietungen erfolgen, die den Leerstand in dem Objekt beseitigen und den Wert der Immobilie erhöhen. Der Wert unter Liquidationsgesichtspunkten wurde mit (bestenfalls) 27.000.000 € sowie unter Fortführungsgesichtspunkten mit 50.000.000 € gutachterlich ermittelt, woraus sich eine Werterhöhung von 23.000.000 € ergibt.

Einen vollständigen oder teilweisen Verzicht der Planbetroffenen auf ihre Forderungen gegen die Gesellschaft sieht dieser Plan nicht vor.

Der Plan sieht demnach nur geringfügige Eingriffe im Sinne des § 28 Abs. 2 Nr. 2 StaRUG in die Rechte der Planbetroffenen vor.[20)]

a) Konkrete Restrukturierungsmaßnahmen

Dieser Plan beschränkt sich auf die nachfolgend dargestellten finanzwirtschaftlichen Maßnahmen. Gesellschaftsrechtliche und/oder (planbegleitende) leistungswirtschaftliche Maßnahmen regelt er nicht.

b) Gruppenbezogene Auswirkungen auf die Planbeteiligten

Der Plan sieht konkret vor, dass die A-Bank (Gruppe 1) und die B-Bank (Gruppe 2) als Inhaber von Absonderungsanwartschaften eine Stundung ihrer sämtlichen fälligen und fällig werdenden Forderungen einschließlich Zinsforderungen und Nebenforderungen aus den Darlehensverträgen und eine Verlängerung von deren Laufzeit für 18 Monate, mithin bis einschließlich zum 30.9.[Jahr 2] erklären. Ferner verzichten die A-Bank und B-Bank bis zum 30.9.[Jahr 2] auf die Verwertung der ihnen eingeräumten Sicherheiten sowie auf die Ausübung eines Kündigungsrechts, das auf Umständen beruht, die vor der Bestätigung des Plans eingetreten sind.

Der Gesellschafter (Gruppe 3) erklärt mit diesem Plan eine Stundung sämtlicher fälliger und fällig werdender Forderungen, einschließlich Zinsforderungen und Nebenforderungen für einen Zeitraum von 18 Monaten, mithin bis einschließlich zum 30.9.[Jahr 2]. Er verzichtet bis zu diesem Datum zu-

20) Das hat Bedeutung für die Durchbrechung der absoluten Priorität: Gemäß § 28 Abs. 2 Nr. 2 StaRUG steht es einer angemessenen Beteiligung einer Gruppe von planbetroffenen Gläubigern am Planwert nicht entgegen, wenn der Schuldner oder eine an dem Schuldner beteiligte Person entgegen § 27 Abs. 1 Nr. 2 StaRUG am Unternehmensvermögen beteiligt bleibt, sofern die Eingriffe in die Rechte der Gläubiger geringfügig sind, insbesondere, weil die Rechte nicht gekürzt werden und deren Fälligkeiten um nicht mehr als 18 Monate verschoben werden. Dies hat Bedeutung, wenn die in einer Gruppe die nach § 25 StaRUG erforderliche Mehrheit nicht erreicht wird und die Zustimmung dieser Gruppe zum Plan durch das Restrukturierungsgericht ersetzt werden muss (vgl. § 26 StaRUG, gruppenübergreifende Mehrheitsentscheidung).

dem auf die Ausübung eines Kündigungsrechts, das auf Umständen beruht, die vor der Bestätigung des Plans eingetreten sind.

c) Gesellschaftsrechtliche Maßnahmen

Gesellschaftsrechtliche Maßnahmen sieht dieser Plan nicht vor.

3. Restrukturierung außerhalb des Plans[21)]

Der Gesellschafter hat sich verpflichtet, die für den Ausbau erforderlichen Mittel i. H. von 2.000.000 € der Gesellschaft darlehensweise zur Verfügung zu stellen. Diesem Plan ist als **Anlage B. V. 3.** die auf die Rechtskraft der gerichtlichen Bestätigung dieses Plans aufschiebend bedingte Erklärung des Gesellschafters zur Ausreichung eines Darlehens in dieser Höhe sowie sein diesbezüglicher qualifizierter Rangrücktritt beigefügt. Diese Mittel sind erforderlich, um den weiteren Ausbau des Objekts zu finanzieren. Der **Anlage B. V. 3.** ist auch der Nachweis seiner Leistungsfähigkeit zu entnehmen.

Der Gesellschafter hat zudem einen qualifizierten Rangrücktritt hinsichtlich des Teils seiner durch diesen Plan betroffenen Forderungen erklärt, die prognostisch nicht befriedigt werden können, **Anlage B. V. 3.**

4. Neue Finanzierung gemäß § 12 StaRUG mit Gründen für deren Erforderlichkeit

Neue Finanzierungen gemäß § 12 StaRUG regelt dieser Plan nicht.[22)]

5. Auswirkung auf Arbeitnehmer

Dieser Plan hat keine Auswirkungen auf Arbeitnehmer.[23)]

6. Auswirkungen auf verbundene Unternehmen

Die Gesellschaft ist nicht Teil einer Unternehmensgruppe, so dass dieser Plan keine Auswirkungen auf verbundene Unternehmen haben kann.[24)]

21) Gemäß § 6 Abs. 1 Satz 3 StaRUG sind Restrukturierungsmaßnahmen, die nicht über den gestaltenden Teil des Plans umgesetzt werden können oder sollen, im darstellenden Teil gesondert hervorzuheben, weswegen hierfür im Plan ein gesonderter Gliederungspunkt vorgesehen ist. Zudem sind ggf. erforderliche Willenserklärungen oder Verträge als Anlage beizufügen. Ist eine Maßnahme von herausragender Bedeutung für das Sanierungskonzept noch nicht umgesetzt, muss die Aufnahme einer aufschiebenden Bedingung gemäß § 62 StaRUG in den gestaltenden Teil des Plans geprüft werden.

22) In den Restrukturierungsplan können gemäß § 12 StaRUG Regelungen zur Zusage von Darlehen oder sonstigen Krediten aufgenommen werden, die zur Finanzierung der Restrukturierung auf der Grundlage des Plans erforderlich sind (neue Finanzierung). Als neue Finanzierung gilt auch deren Besicherung. Dies führt zu einer Privilegierung der Darlehen gemäß § 90 Abs. 1 StaRUG.

23) Der Restrukturierungsplan hat die Auswirkungen des Restrukturierungsvorhabens auf die Beschäftigungsverhältnisse sowie Entlassungen und Kurzarbeiterregelungen und die Modalitäten der Unterrichtung und Anhörung der Arbeitnehmervertretung sowie eine Beschreibung der Position der Arbeitnehmer zu enthalten, Nr. 2 der Anlage zu § 5 Satz 2 StaRUG.

24) Ist der Schuldner Teil einer Unternehmensgruppe, bedarf es hierzu allgemeiner Angaben (insbesondere zur Struktur der Gruppe sowie rechtlichen und wirtschaftlichen Verbindungen. Sieht der Restrukturierungsplan Eingriffe in die Rechte von Gläubigern aus gruppeninternen Drittsicherheiten (§ 2 Abs. 4 StaRUG) vor, sind in die Darstellung auch die Verhältnisse des die Sicherheit gewährenden verbundenen Unternehmens und die Auswirkungen des Plans auf dieses Unternehmen einzubeziehen (§ 6 Abs. 3 StaRUG).

7. *Steuerrechtliche Auswirkungen*

Der Plan sieht keinen Forderungsverzicht vor. Ein Sanierungsgewinn wird durch den Plan daher nicht erwartet.[25)]

8. *Auswirkungen auf die Finanzplanung*

Die Auswirkungen der in diesem Plan vorgesehenen Maßnahmen können dem im S 6-Gutachten, Seite […]**Anlage B. III. 1.**, enthaltenen Ergebnis- und Finanzplan gemäß § 14 Abs. 2 StaRUG entnommen werden. Demnach […].

9. *Ergebnis der Restrukturierungsmaßnahmen/Überwindung der Krise*

Im Ergebnis kann durch die Stundung der Forderungen der Finanzierungsgläubiger sowie den Verzicht auf eine kurzfristige Verwertung der Immobilie die Krise überwunden werden und prognostisch eine Verwertung zu Fortführungswerten erfolgen. Hierdurch kommt es zur Vollbefriedigung der Planbetroffenen, soweit sie nicht einen qualifizierten Rangrücktritt erklären.

VI. *Restrukturierungsbeiträge der Gruppen/Planzahlung*

Die Restrukturierungsbeiträge sind B. V. 2. b) zu entnehmen. Erlasse sind nicht vorgesehen, ebenso keine Zahlungen aufgrund dieses Plans. Die Planbetroffenen der Gruppen 1 und 2 erhalten bei Durchführung dieses Plans prognostisch Vollbefriedigung zum Zeitpunkt der durch diesen Plan bestimmten Fälligkeit. Der Gesellschafter (Gruppe 3) erhält bei zum Zeitpunkt der durch diesen Plan bestimmten Fälligkeit Teilbefriedigung.

VII. *Vergleich der Befriedigungsaussichten mit und ohne Plan*

1. *Befriedigung mit Plan/Erläuterung des Vermögensstatus*[26)]

a) *Aktiva bei Plandurchführung*

Die Vermögensgegenstände werden in der diesem Plan als **Anlage B. VII. 1. a)** beigefügten Vermögensübersicht unter Fortführungsgesichtspunkten dargestellt (vgl. § 13 Abs. 2 StaRUG), also mit dem Wert, der ihnen im Rahmen der Durchführung dieses Plans zugemessen wird. Dieser Wert wird zum 31.3.[Jahr 1] (nachfolgend der „**Stichtag**") dargestellt. Im Einzelnen:

---

25) Sofern der Plan Schuldenerlasse regelt, muss zum Sanierungsertrag und den steuerlichen Auswirkungen ausgeführt werden. Schuldenerlasse der Gläubiger führen zu Betriebsvermögensmehrungen. Der hierdurch entstehende Sanierungsertrag unterliegt grundsätzlich der Einkommen-/Körperschaft-/Gewerbesteuerpflicht. Unter den Voraussetzungen, dass die Schuldenerlasse zum Zwecke einer unternehmensbezogenen Sanierung i. S. des § 3a Abs. 1 Satz 1, 2 EStG i. V. m. § 8 KStG, § 7b GewStG erfolgen, ist der Sanierungsertrag jedoch körperschaft- und gewerbesteuerfrei. Die Voraussetzungen einer unternehmensbezogenen Sanierung i. S. des § 3a Abs. 2 EStG liegen vor, wenn der Steuerpflichtige für den Zeitpunkt des Schuldenerlasses die Sanierungsbedürftigkeit und die Sanierungsfähigkeit des Unternehmens, die Sanierungseignung des betrieblich begründeten Schuldenerlasses und die Sanierungsabsicht der Gläubiger nachweist. Dies wird regelmäßig durch den Restrukturierungsplan erfolgen.

26) Vgl. BMJV, Checkliste für Restrukturierungspläne gemäß § 16 StaRUG (Stand: 14.7.2022), unter B. III. 2.: „Gemäß Nr. 2 der Anlage zu § 5 Satz 2 StaRUG muss der Restrukturierungsplan die Vermögenswerte und Verbindlichkeiten des Schuldners zum Zeitpunkt der Vorlage des Restrukturierungsplans, einschließlich einer Bewertung der Vermögenswerte, enthalten. Für die Darstellung der Vermögenssituation ist eine Aufstellung der Vermögenswerte und Verbindlichkeiten zum Zeitpunkt der Planvorlage erforderlich. Als Ausgangspunkt für diese Aufstellung kann auf die Bilanz des Unternehmens zurückgegriffen werden, sofern eine solche vorliegt. Allerdings ist eine Aktualisierung bzw. Prognose auf den Zeitpunkt der Planvorlage erforderlich. Zudem sind Wertanpassungen erforderlich, wenn bilanzierte Werte nicht den tatsächlichen Werten entsprechen. Dies gilt etwa für eine aktuelle Bewertung des Anlage- und Umlaufvermögens, insbesondere auch eines etwaigen Warenlagers, für die Aufdeckung stiller Reserven sowie für eine realistische Bewertung des Forderungsbestandes, auch hinsichtlich der Realisierbarkeit der Forderungen."

Vermögensgegenstände	Verkehrswert/ Fortführung	davon Fremd-rechte	davon frei ver-fügbar	Bemerkungen
Immaterielle Vermögens-werte/Goodwill	0 €	0 €	0 €	nicht aktiviert
Grundbesitz	50.000.000 €	44.000.000 €	6.000.000 €	1
Beteiligungen	0 €	0 €	0 €	nicht vorhanden
Betriebs- und Geschäftsaus-stattung	20.000 €	0 €	20.000 €	2
Fahrzeuge	0 €	0 €	0 €	nicht vorhanden
Waren	0 €	0 €	0 €	nicht vorhanden
Forderungen aus Lieferun-gen und Leistungen	0 €	0 €	0 €	nicht vorhanden
Konto- und Barguthaben	495.000 €	0 €	495.000 €	3
Sonstiges Vermögen	0 €	0 €	0 €	nicht vorhanden
Gesamt	**50.515.000 €**	**44.000.000 €**	**6.515.000 €**	

(1) Die Gesellschaft ist Eigentümerin der Immobilie. Ausweislich des Immobilienbewertungsgutachtens (Anlage A. V.) beträgt der Verkehrswert der Immobilie bei einer Veräußerung im Rahmen eines stabilisierten Verkaufsprozesses unter Fortführungsgesichtspunkten prognostisch 50.000.000 €. In Abt. II sind folgende Rechte eingetragen: […]. In Abt. III des Grundbuchs von Musterstadt, Blatt [1] Flurstück [1] sind folgende Belastungen eingetragen: lfd. Nr. 1 Buchgrundschuld zugunsten A-Bank i. H. von 42 Mio. € mit 16 % Jahreszinsen, eingetragen am […] sowie lfd. Nr. 2 Buchgrundschuld zugunsten B-Bank i. H. von 29 Mio. € mit 18 % Jahreszinsen, eingetragen am […].

(2) Der Fortführungswert der Betriebs- und Geschäftsausstattung der Gesellschaft, bestehend insbesondere aus einer Büroeinrichtung, wurde durch ein auf Be- und Verwertung spezialisiertes Unternehmen, die […] ermittelt.

(3) Die Gesellschaft führt bei der C-Bank Geschäftskonten mit Guthaben i. H. von 495.000 € über die sie frei verfügen kann. Eine Barkasse führt die Gesellschaft nicht. Mietkautionskonten sind nicht eingerichtet.

b) Passiva bei Plandurchführung

Die Verbindlichkeiten der Gesellschaft gegenüber der A-Bank aus dem mit dieser abgeschlossenen Darlehensvertrag belaufen sich per 31.3.[Jahr 1] auf 29.000.000 € einschließlich Zinsen.

Die Verbindlichkeiten der Gesellschaft gegenüber B-Bank aus dem mit dieser abgeschlossenen Darlehensvertrag belaufen per 31.3.[Jahr 1] auf 15.000.000 € einschließlich Zinsen.

Aus der Verwaltung der Immobilie der Gesellschaft bestehen insgesamt Verbindlichkeiten i. H. von 25.000 €, im Einzelnen: […].[27)]

Die Verbindlichkeiten der Gesellschaft gegenüber dem Gesellschafter aus dem mit diesem abgeschlossenen Darlehensvertrag belaufen sich per 31.3.[Jahr 1] auf insgesamt auf 5.000.000 € einschließlich Zinsen.

c) Ergebnis bei Plandurchführung

Das Aktivvermögen ist bei Plandurchführung wie folgt zu verteilen:

27) Verbindlichkeiten im Zusammenhang mit der Verwaltung der Immobilie können vorliegend etwa solche aus Marketing, Strom- und Gas, Reinigung, Gebäudemanagement, Hausverwaltung, Bürodienstleistungen, Maklercourtage sein.

Vorab ist der Erlös aus der Verwertung der Immobilie i. H. von 50.000.000 € an die Gläubiger mit Absonderungsanwartschaften zu verteilen:

Verkaufserlös der Immobilie (Fortführung)	50.000.000 €	
Absonderungsanwartschaft Rang 1 per 31.3.[Jahr 1]/A-Bank	29.000.000 €	
verbleibender Erlös		*21.000.000 €*
Absonderungsanwartschaft Rang 2 per 31.3.[Jahr 1]/B-Bank	15.000.000 €	
verbleibender Erlös aus Verwertung Immobilie nach Befriedigung der Absonderungsanwartschaften an der Immobilie		*6.000.000 €*
sonstige Aktiva (siehe oben B. VII. 1. a))	*515.000 €*	
Ausfall A-Bank, B-Bank	– €	
Verbindlichkeiten nach Vollbefriedigung der A-Bank und der B-Bank (ohne Gesellschafterdarlehen)	25.000 €	
verbleibende frei verfügbare Aktiva		*6.490.000 €*
Gesellschafterdarlehen	5.000.000 €	
verbleibende frei verfügbare Aktiva (etwa zur Tilgung neu aufgenommener Darlehen)		*1.490.000 €*

Alle Gläubiger erhalten im Rahmen dieses Plans prognostisch Vollbefriedigung. Es verbleibt ein Übererlös.

Die Forderungen der A-Bank, der B-Bank und des Gesellschafters werden sich aufgrund der verzinslichen Stundungen durch weiter auflaufende Zinsen bis zum 30.9.[Jahr 2] erhöhen. Unter D. I. (Erklärung zur Bestandsfähigkeit, § 14 Abs. 1 StaRUG) wird zur Befriedigung der Gläubiger zu diesem Zeitpunkt (Fälligkeit der Rückzahlung) ausgeführt.

d) Finanzierung der Befriedigung

Die Befriedigung aufgrund dieses Plans erfolgt bei – für die Planbeteiligten durch diesen Plan modifizierter – jeweiliger Fälligkeit. Die Befriedigung der Planbeteiligten gelingt durch die Verwertung der Immobilie.

2. Befriedigung ohne Plan

a) Ermittlung des nächstbesten Alternativszenarios

Jeder Plan hat in seinem Darstellenden Teil gemäß § 6 Abs. 2 Satz 1 StaRUG eine Vergleichsrechnung zu enthalten, in der die Auswirkungen des Plans auf die Befriedigungsaussichten der Planbetroffenen dargestellt werden.

Konkret sind die Auswirkungen auf die Planbetroffenen im Falle des Wirksamwerdens des Plans mit dem nächstbesten Alternativszenario zu vergleichen, wenn es nicht zu einer Annahme des Plans durch die Planbetroffenen kommt.

Sieht der Plan eine Fortführung des Unternehmens vor, ist für die Ermittlung der Befriedigungsaussichten ohne Plan gemäß § 6 Abs. 2 Satz 2 StaRUG zu unterstellen, dass das Unternehmen fortgeführt wird. Dies gilt gemäß § 6 Abs. 2 Satz 3 StaRUG nur dann nicht, wenn ein Verkauf des Unternehmens oder eine anderweitige Fortführung aussichtslos ist.

Ohne diesen Plan würde die Gesellschaft zum 31.3.[Jahr 1] zahlungsunfähig werden und müsste Insolvenzantrag stellen. Die zu deren Meidung erforderliche Verwertung der Immobilie vor diesem Datum ist aufgrund der Kürze der zur Verfügung stehenden Zeit und mangels gegenwärtigen Kaufinteressenten nicht möglich. Zudem wäre der Verkaufserlös bei einem Verkauf unter hohem Zeitdruck prognostisch nicht ausreichend, um die Verbindlichkeiten gegenüber den Finanzgläubigern zu befriedigen (vgl. S 6-Gutachten, **Anlage B. III. 1.**).

Daher verbleibt alternativ zum Plan nur eine Verwertung innerhalb eines Insolvenzverfahrens oder ein Insolvenzplan.

Ein Insolvenzplan erscheint ohne weitere Investitionen in den Ausbau des auf der Immobilie stehenden Bürogebäudes und aufgrund derzeit fehlender Mieteinnahmen nicht machbar. Die für die Investitionen erforderlichen Mittel stehen in einem Insolvenzverfahren nicht zur Verfügung.

Ohne Insolvenzplan kann die Immobilie im Insolvenzverfahren nur freihändig verwertet oder zwangsversteigert werden.

Im Immobilienbewertungsgutachten (Anlage A. V.) sind die beiden Alternativen der Verwertung der Immobilie im Insolvenzverfahren im Auftrag der Gesellschaft berechnet:

Wert im Insolvenzverfahren/ freihändige Verwertung	Wert im Insolvenzverfahren/ Zwangsversteigerung
27.000.000 €	24.000.000 €

Da die beste Alternative zu diesem Plan die freihändige Verwertung und nicht die Zwangsversteigerung ist, wird ein Wert von 27.000.000 € für die weiteren Berechnung zugrunde gelegt. Es ist davon auszugehen, dass die Gläubigerversammlung bzw. ein Gläubigerausschuss wegen der Vorteilhaftigkeit die Zustimmung hierzu erteilen würde (§ 160 Abs. 2 Nr. 1 InsO).

Das Szenario der freihändigen Verwertung unterstellt allerdings, dass die B-Bank als nachrangige Grundpfandrechtsgläubigerin eine Löschungsbewilligung erteilt. Da sie in diesem Szenario keine Befriedigung aus ihrem nachrangigen Grundpfandrecht erhält, könnte sie zur Meidung eines langwierigen Rechtsstreits eine Lästigkeitsprämie zulasten der A-Bank fordern. Dies könnte bei Nichteinigung dazu führen, dass doch eine Zwangsversteigerung durchgeführt werden muss. Zugunsten der Planbeteiligten wird aber unterstellt, dass sich A-Bank und B-Bank hierzu verständigen würden, so dass es mit der freihändigen Verwertung bei der besten Alternative zu diesem Plan bleibt.

b) *Aktiva bei bester Alternative*

Nachstehende Aktiva sind im dem Liquidationsszenario zu unterstellen:

Vermögensgegenstände	Verkehrswert/ Fortführung	davon Fremdrechte	davon frei verfügbar	Bemerkungen
Immaterielle Vermögenswerte/Goodwill	0 €	0 €	0 €	nicht aktiviert
Grundbesitz	27.000.000 €	27.000.000 €	270.000 €	1
Beteiligungen	0 €	0 €	0 €	nicht vorhanden
Betriebs- und Geschäftsausstattung	5.000 €	0 €	5.000 €	2
Fahrzeuge	0 €	0 €	0 €	nicht vorhanden
Waren	0 €	0 €	0 €	nicht vorhanden
Forderungen aus Lieferungen und Leistungen	0 €	0 €	0 €	nicht vorhanden
Konto- und Barguthaben	495.000 €	0 €	495.000 €	3
Sonstiges Vermögen	0 €	0 €	0 €	nicht vorhanden
Gesamt	**27.500.000 €**	**27.000.000 €**	**770.000 €**	

(1) Im Unterschied zum Fortführungsszenario beträgt der Wert der Immobilie im Liquidationsszenario lediglich 27.000.000 € (vgl. Immobilienbewertungsgutachten Anlage A. V.). Im Fall einer freihändigen Verwertung wird die Insolvenzmasse einen Massebeitrag erhalten, der vorliegend mit 1 % des erwarteten Erlöses für die Immobilie unterstellt wird.

(2) Der Zerschlagungswert der Betriebs- und Geschäftsausstattung der Gesellschaft, bestehend insbesondere aus einer Büroeinrichtung, wurde durch ein auf Be- und Verwertung spezialisiertes

Unternehmen, die [...] ermittelt. Diese Betriebs- und Geschäftsausstattung unterliegt nicht dem Grundschuldhaftungsverband (vgl. §§ 1120, 1192 Abs. 1, 97 Abs. 1 BGB), weil sie sich nicht in dem Bürogebäude auf der Immobilie befindet.

(3) Die Gesellschaft führt bei der C-Bank Geschäftskonten mit Guthaben i. H. von 495.000 €, über die sie frei verfügen kann. Eine Barkasse führt die Gesellschaft nicht. Mietkautionskonten sind nicht eingerichtet.

Verteilbar an Gläubiger im Rahmen des Regelinsolvenzverfahrens sind die frei verfügbaren Mittel (freie Masse). Diese beträgt prognostisch 770.000 €.

c) ***Passiva bei bester Alternative***

Der freien Masse sind zur Feststellung der Quotenaussicht für die Insolvenzgläubiger gemäß § 38 InsO und der nachrangigen Insolvenzgläubiger gemäß § 39 InsO die Kosten des Insolvenzverfahrens (§ 54 InsO, Rang 1), und die sonstigen Masseverbindlichkeiten (§ 55 InsO, Rang 2) gegenüberzustellen.

	Betrag
Verteilbarer Betrag freie Masse	*770.000,00 €*

Kosten des Verfahrens (§ 54 InsO)	**Betrag**	**Anmerkung**
Gerichtskosten	20.506 €	
Vorläufiger Insolvenzverwalter	29.345 €	siehe (1)
Insolvenzverwalter	63.190 €	
gesamt	**113.041 €**	siehe (2)

Verbleibt zur Verteilung an die weiteren Gläubiger	*656.959 €*

Sonstige Massegläubiger (§ 55 InsO)	**Betrag**	**Anmerkung**
[...]	80.000 €	siehe (3)

	Betrag	**Anmerkung**
Verbleibt zur Verteilung an die weiteren Gläubiger	*576.959 €*	

(1) [...][28]

(2) Die detaillierte Berechnung der Kosten des Verfahrens gemäß § 54 InsO kann Anlage B. VII. 2. c) entnommen werden.

(3) Sonstige Masseverbindlichkeiten (§ 55 InsO) werden in der nachfolgend einzeln dargestellten Höhe geschätzt: [...].[29]

Erheblichen Einfluss auf die Verbindlichkeiten im Rang des § 38 InsO haben der Ausfall der A-Bank sowie der B-Bank mit ihrer Befriedigung aus den Absonderungsanwartschaften. Dieser Ausfall ermittelt sich, ausgehend vom Wert der Immobilie im Rahmen der freihändigen Verwertung i. H. von 27.000.000 € (siehe B. VII. 2. a)) sowie Anlage A. V.) wie folgt:

28) Es wird unterstellt, dass sich der vorläufige Insolvenzverwalter nicht gemäß § 11 Abs. 1 Satz 1 InsVV in erheblichem Umfang mit der Immobilie befasst hat, anderenfalls wäre die Vergütung deutlich höher.

29) Das können etwa (nach Eröffnung des Insolvenzverfahrens entstandene) Kosten für Steuerberater, Buchhalter, Verwaltung der Immobilie und Steuern sein. Hierunter sind auch Personalabbau- und sonstige Kosten zu fassen, die bei Schließung des Geschäftsbetriebs entstehen.

Bank	Gesicherte Darlehens-valuta	Absonderungs-anwartschaft an Immobilie	Masseanteil bei freihändigem Verkauf (1 %)	Ausfall	Wert Immobilie
					27.000.000 €
A-Bank	29.000.000 €	27.000.000 €	270.000 €	2.270.000 €	
B-Bank	15.000.000 €	0 €		15.000.000 €	

Hierbei sind die Rangklassen der Grundschulden berücksichtigt. Den Erlös aus der Verwertung der Immobilie erhält erstrangig die A-Bank zur Ablösung von deren Grundschulden bis zur Höhe ihrer gesicherten Darlehensvaluta.

Da das über die Absonderungsanwartschaft gesicherte Darlehen der A-Bank den Wert der Immobilie übersteigt, verbleibt für die hierzu nachrangige B-Bank kein Betrag zur Verteilung auf deren Grundschulden.[30] Die B-Bank fällt vollständig mit ihren Sicherheiten aus.

d) *Ergebnis der besten Alternative*

Unter Berücksichtigung des Ausfalls der A-Bank und der B-Bank sind Insolvenzforderungen (§ 38 InsO) wie folgt zu berücksichtigen und es ergibt sich die nachfolgend dargestellte Quote:

		Anmerkung
Verbleibt zur Verteilung an die weiteren Gläubiger	*576.959 €*	siehe Abschnitt B. VII. 2. c)

Gläubiger gemäß § 38 InsO	**Betrag**	**Quote**	**Quote**
A-Bank mit ihrem Ausfall	2.270.000 €	3,34 %	75.727 €
B-Bank mit ihrem Ausfall	15.000.000 €	3,34 %	500.398 €
Sonstige Gläubiger gemäß § 38 InsO	25.000 €	3,34 %	834 €
Gesamt	**17.295.000 €**	**3,34 %**	**576.959 €**

Diese Quote ist den Erlösen aus der Verwertung der Absonderungsanwartschaften hinzuzurechnen, so dass es im Fall der Liquidation zu folgender Gesamtverteilung kommt:

Gläubiger	**Forderung**	**Befriedigung Absonderung**	**Quote auf Insolvenzforderung (§ 38 InsO)**	**Gesamt-befriedigung**
A-Bank Gesamtbefrie-digung	29.000.000 €	27.000.000 €	75.727 €	27.075.727 €
B-Bank Gesamtbefrie-digung	15.000.000 €	0 €	500.398 €	500.398 €
Sonstige Gläubiger gemäß § 38 InsO	25.000 €	0 €	834 €	834 €
Gesamt	**44.025.000 €**	**27.000.000 €**	**576.959 €**	**27.576.959 €**

Eine Verteilung an nachrangige Gläubiger in den Rangklassen des § 39 InsO erfolgt nicht, da die Forderungen im Rang des § 38 InsO bereits nicht vollständig befriedigt werden können.

30) Für diesen Musterplan nicht berücksichtigt sind eventuelle Lästigkeitsprämien, die zur Ablösung eines nachrangigen Grundpfandrechtsgläubigers gezahlt werden.

3. *Vergleichsrechnung/Besserstellung*

Der Plan gewährleistet ausweislich der nachfolgenden Vergleichsbetrachtung, dass die Planbetroffenen durch den Plan bessergestellt werden, als sie ohne diesen stünden:

Gläubiger	Befriedigung gesamt Zerschlagung	Befriedigung gesamt Fortführung	Besserstellung durch Plan
A-Bank	27.075.727 €	29.000.000 €	1.924.273 €
B-Bank	500.398 €	15.000.000 €	14.499.602 €
Gesellschafter	0 €	5.000.000 €	5.000.000 €

Mit den im Plan vorgesehenen Regelungen werden die Planbetroffenen demzufolge bessergestellt als in dem Alternativszenario eines Insolvenzverfahrens.

VIII. *Erläuterung weiterer Regelungen des gestaltenden Teils des Plans*

1. *Haftung des Schuldners und persönlich haftender Gesellschafter*

Ist im Restrukturierungsplan nichts anderes bestimmt, wird der Schuldner mit der im gestaltenden Teil vorgesehenen Befriedigung der Gläubiger von seinen restlichen Verbindlichkeiten gegenüber diesen aus den in den Plan einbezogenen Restrukturierungsforderungen und Absonderungsanwartschaften befreit (§ 11 Satz 1 StaRUG). Handelt es sich bei dem Schuldner um eine rechtsfähige Personengesellschaft oder eine Kommanditgesellschaft auf Aktien, so gilt § 11 Satz 1 StaRUG entsprechend für die persönliche Haftung der unbeschränkt haftenden Gesellschafter (§ 11 Satz 2 StaRUG).

Der Plan sieht weder eine vollständige noch eine teilweise Befreiung der Gesellschaft von ihren Verbindlichkeiten vor.

2. *Minderheitenschutz*

Auf Antrag eines Planbetroffenen, der gegen den Restrukturierungsplan gestimmt hat, ist die Bestätigung des Plans zu versagen, wenn der Antragsteller durch den Restrukturierungsplan voraussichtlich schlechter gestellt wird als er ohne den Plan stünde (§ 64 Abs. 1 Satz 1 StaRUG). Der (zulässige) Antrag nach § 64 Abs. 1 StaRUG ist abzuweisen, wenn im gestaltenden Teil des Restrukturierungsplans Mittel für den Fall bereitgestellt werden, dass ein Planbetroffener eine Schlechterstellung nachweist (§ 64 Abs. 3 Satz 1 StaRUG). Ob der Antragsteller einen Ausgleich aus diesen Mitteln erhält, ist außerhalb der Restrukturierungssache zu klären (§ 64 Abs. 3 Satz 2 StaRUG).

Ausweislich des Vergleichs der Befriedigungsaussichten der Planbetroffenen im Falle der Liquidation der Gesellschaft mit denen bei Durchführung dieses Plans (siehe B. VII. 3.) werden die Planbetroffenen durch die Annahme des Plans nicht schlechter gestellt, als sie bei dem nächstbesten Alternativszenario stehen würden.

Gleichwohl wird die Gesellschaft aus ihren freien Mitteln vor dem Erörterungs- und Abstimmungstermin einen Betrag i. H. von […] € gemäß § 64 Abs. 3 StaRUG sowie § 66 Abs. 2 Nr. 3 StaRUG bereitstellen.

3. *Planüberwachung*

Der Plan sieht nur geringfügige Eingriffe im Sinne des § 28 Abs. 2 Nr. 2 StaRUG in die Rechte der Planbetroffenen vor. Eine Planüberwachung ist daher nicht vorgesehen.

4. *Neufinanzierung*

In den Restrukturierungsplan können gemäß § 12 StaRUG Regelungen zur Zusage von Darlehen oder sonstigen Krediten aufgenommen werden, die zur Finanzierung der Restrukturierung auf der Grundlage des Plans erforderlich sind (neue Finanzierung).[31] Dieser Plan sieht zwar die Zuführung weiterer Darlehen durch den Gesellschafter vor, dies erfolgt allerdings außerhalb des Plans.

---

31) Vgl. BMJV. Checkliste für Restrukturierungspläne gemäß § 16 StaRUG (Stand: 14.7.2022), unter B. IV. 2.: „Möglicherweise ist für die Umsetzung des Restrukturierungsvorhabens ein Darlehen oder ein sonstiger Kredit erforderlich. Wenn entsprechende Regelungen in den Restrukturierungsplan aufgenommen werden, handelt es sich um eine neue Finanzierung im Sinne von § 12 StaRUG. Gemäß § 12 Satz 2 StaRUG gilt auch die Besicherung einer neuen Finanzierung als neue Finanzierung. Gemäß Nummer 8 der Anlage zu § 5 Satz 2 StaRUG muss der Restrukturierungsplan, sofern er eine neue Finanzierung im Sinne von § 12 StaRUG vorsieht, die Gründe für die Erforderlichkeit dieser Finanzierung angeben."

5. *Änderung sachenrechtlicher Verhältnisse*

Änderungen sachenrechtlicher Verhältnisse sieht dieser Plan nicht vor.

IX. *Annahme und gerichtliche Bestätigung des Plans*

Die Bestimmungen eines Restrukturierungsplans können nur wirksam werden, wenn der Plan gemäß §§ 17 ff. StaRUG oder §§ 45 f. StaRUG mit den erforderlichen Mehrheiten der von ihm betroffenen Beteiligten (§§ 25 ff. StaRUG) angenommen wird. Da dieser die gerichtliche Bestätigung des Plans vorsieht, ist dessen gerichtliche Bestätigung weitere Wirksamkeitsvoraussetzung (§§ 60 ff. StaRUG).

C. *Gestaltender Teil*

Nachfolgend wird festgelegt, wie die Rechtsstellung der Planbetroffenen durch den Plan geändert werden soll.

I. *Planbedingungen*

§ 1 Aufschiebende Bedingungen

Der Plan steht unter keinen aufschiebenden Bedingungen.[32)]

II. *Gruppenbildung*

§ 2 Gruppenbildung

Die Beteiligten am Plan werden in folgende Gruppen eingeteilt:

Gruppe 1: Inhaber von Absonderungsanwartschaften aufgrund erstrangiger Grundschuld an der Immobilie

Gruppe 2: Inhaber von Absonderungsanwartschaften aufgrund zweitrangiger Grundschuld an der Immobilie

Gruppe 3: Nachrangige Restrukturierungsgläubiger

Die Begründung für die Gruppeneinteilung und die Auswahl der Planbetroffenen ist in dem darstellenden Teil unter B. IV. 3. dargelegt. Auf die dortigen Ausführungen wird verwiesen.

III. *Gruppenbezogene Plangestaltungen für die Planbetroffenen/Änderung der Rechtsstellung*

§ 3 Plangestaltung für Inhaber von Absonderungsanwartschaften an der Immobilie

Die Inhaber von Absonderungsanwartschaften an der Immobilie (Gruppen 1 und 2) erklären

(i) die Stundung sämtlicher fälliger und fällig werdender Rückzahlungs-, Zins- und sämtlicher ggf. weiterer Forderungen gegen die Gesellschaft aus den mit der Gesellschaft geschlossenen Darlehensverträgen unter Fortgeltung der jeweiligen Darlehensverträge bis zum 30.9.[Jahr 2];

32) Vgl. BMJV. Checkliste für Restrukturierungspläne gemäß § 16 StaRUG (Stand: 14.7.2022), unter C. V. 4.: „Gemäß § 62 StaRUG kann im Restrukturierungsplan vorgesehen werden, dass vor der Bestätigung des Plans bestimmte Leistungen erbracht oder andere Maßnahmen verwirklicht werden sollen. Da die Umstände, die für die Aufnahme einer Planbedingung ausschlaggebend sind, sich nachträglich ändern können, kommen in einem solchen Fall auch Regelungen in Betracht, die vorsorglich einen Verzicht auf den Bedingungseintritt ermöglichen; in diesem Fall sind die Voraussetzungen und die weiteren Einzelheiten eines solchen Verzichts festzulegen. Ob die Aufnahme von Planbedingungen erfolgen sollte oder sogar muss, hängt von dem konkreten Einzelfall ab. Die Verankerung einer Bedingung kommt stets in Betracht, wenn die Folgen des Plans nicht unabhängig von der weiteren Entwicklung gelten sollen, sondern nur dann, wenn bestimmte Voraussetzungen vorliegen, deren Eintritt noch nicht gesichert erscheint. Dies kann die Gewährung eines Kredits sein, eine verbindliche Auskunft des Finanzamts betreffend eine bestimmte Art der steuerlichen Behandlung der planbasierten Maßnahmen oder der Vollzug von Restrukturierungsmaßnahmen, die außerhalb des Plans umzusetzen sind (z. B. Maßnahmen der personalwirtschaftlichen Restrukturierung).“

(ii) den Verzicht auf die Verwertung der diesen an der Immobilie eingeräumten Sicherheiten bis zum 30.9.[Jahr 2] sowie

(iii) den Verzicht auf die Ausübung eines Kündigungsrechts zu einem Datum, das vor dem 30.9.[Jahr 2] liegt, sofern dieses nicht auf Umständen beruht, die vor der rechtskräftigen Bestätigung des Plans eingetreten sind. Die Gesellschaft nimmt die Erklärungen der Inhaber von Absonderungsanwartschaften an der Immobilie an.

§ 4 Plangestaltung für nicht nachrangige Restrukturierungsforderungen

Einfache (nicht nachrangige) Restrukturierungsforderungen sind von diesem Plan nicht betroffen.

§ 5 Plangestaltung für nachrangige Restrukturierungsforderungen

Der Planbetroffene mit nachrangigen Restrukturierungsforderungen (Gruppe 3) erklärt

(i) die Stundung sämtlicher fälliger und fällig werdender Rückzahlungs-, Zins- und sämtlicher ggf. weiterer Forderungen gegen die Gesellschaft aus den mit der Gesellschaft geschlossenen Darlehensverträgen unter Fortgeltung der jeweiligen Darlehensverträge bis zum 30.9.[Jahr 2] sowie

(ii) den Verzicht auf die Ausübung eines Kündigungsrechts zu einem Datum, das vor dem 30.9.[Jahr 2] liegt, sofern dieses nicht auf Umständen beruht, die vor der rechtskräftigen Bestätigung des Plans eingetreten sind. Die Gesellschaft nimmt die Erklärungen des Planbetroffenen mit nachrangigen Restrukturierungsforderungen an.

§ 6 Gestaltung von Nebenbestimmungen in kollektiven Finanzierungsarrangements

Nebenbestimmungen in kollektiven Finanzierungsarrangements sind von diesem Plan nicht betroffen.

§ 7 Anteils- oder Mitgliedschaftsrechte

Anteils- oder Mitgliedschaftsrechte sind von diesem Plan nicht betroffen.[33)]

§ 8 Eingriff in gruppeninterne Drittsicherheiten

Eingriffe in gruppeninterne Drittsicherheiten sieht dieser Plan nicht vor.

33) Vgl. BMJV. Checkliste für Restrukturierungspläne gemäß § 16 StaRUG (Stand: 14.7.2022), Allg. Hinweise, 4. Absatz: „Handelt es sich bei dem Unternehmensträger um eine juristische Person oder eine Gesellschaft ohne Rechtspersönlichkeit, können auch die Anteils- und Mitgliedschaftsrechte der an dem Unternehmensträger beteiligten Personen gestaltet werden, insbesondere können Kapitalmaßnahmen wie Kapitalerhöhungen (ggf. nach vorheriger Kapitalherabsetzung und Ausschluss des Bezugsrechts der Alt-Inhaber der Anteils- oder Mitgliedschaftsrechte) durchgeführt werden." Unter C. II. 3.: „Soll die Rechtsstellung der Inhaber von Anteils- oder Mitgliedschaftsrechten (wie z. B. der Gesellschafter eines als Gesellschaft mit beschränkter Haftung verfassten Schuldners) gestaltet werden (§ 2 Absatz 3 StaRUG), ist festzulegen, wie diese Rechte geändert werden sollen. Neben einer Gestaltung dieser Rechte ist auch deren Übertragung statthaft (§ 2 Absatz 3, § 7 Absatz 4 Satz 4 StaRUG). Eine besondere Form der Gestaltung von Restrukturierungsforderungen und der damit bewirkten Eingriffe in die Anteils- oder Mitgliedschaftsrechte stellt die Umwandlung von Forderungen in Anteils- oder Mitgliedschaftsrechte dar (§ 7 Absatz 4 Satz 1 StaRUG). Die hierfür erforderlichen gesellschaftsrechtlichen Beschlüsse (Kapitalerhöhung, ggf. nach vorheriger Kapitalherabsetzung und Ausschluss des Bezugsrechts der Alt-Inhaber der Anteils- oder Mitgliedschaftsrechte) sind in diesem Fall in den Plan aufzunehmen."

IV. Erklärungen zur Änderung sachenrechtlicher Verhältnisse

Änderungen sachenrechtlicher Verhältnisse sieht dieser Plan nicht vor.[34)]

V. Sonstige gesellschaftsrechtliche Maßnahmen

Gesellschaftsrechtliche Maßnahmen sieht dieser Plan nicht vor.[35)]

VI. Minderheitenschutz

§ 9 Minderheitenschutz

Für den Fall, dass ein Planbetroffener nachweist, dass er durch den Plan schlechter gestellt ist, als er ohne diesen stünde, stellt die Gesellschaft Mittel i. H. von […] € bereit (§ 64 Abs. 3 Satz 1 StaRUG) und bildet in dieser Höhe in der Bilanz eine Rückstellung.

VII. Planüberwachung

Eine Planüberwachung gemäß § 72 StaRUG sieht der Plan nicht vor.[36)]

34) Vgl. BMJV, Checkliste für Restrukturierungspläne gemäß § 16 StaRUG (Stand: 14.7.2022), unter C. IV.: „Sollen Rechte an Gegenständen begründet, geändert, übertragen oder aufgehoben werden, können die dafür erforderlichen Willenserklärungen der Beteiligten gemäß § 13 Satz 1 StaRUG in den gestaltenden Teil des Restrukturierungsplans aufgenommen werden. Sind im Grundbuch eingetragene Rechte an einem Grundstück oder an eingetragenen Rechten betroffen, so sind diese Rechte unter Beachtung des § 28 der Grundbuchordnung genau zu bezeichnen (§ 13 Satz 2 StaRUG). Sind Rechte, die im Schiffsregister, im Schiffsbauregister oder im Register für Pfandrechte an Luftfahrzeugen eingetragen sind, betroffen, sind diese ebenfalls genau zu bezeichnen (§ 13 Satz 3 StaRUG). Die Aufnahme in den Plan lässt ansonsten bestehende Formerfordernisse (wie z. B. eine notarielle Beurkundung) entfallen, sofern der Plan angenommen und gerichtlich bestätigt wird (§ 68 Absatz 1 StaRUG). Für die Rechtsänderung erforderliche rechtstatsächliche Vollzugsakte, wie Besitzübertragungen oder Registereintragungen, werden durch die Aufnahme der Willenserklärungen in den Plan nicht ersetzt. Sie müssen außerhalb des Plans vorgenommen werden. Wenn eine Willenserklärung des Schuldners aufgenommen wird, wird die Erklärung in der Regel als eigenständiger Punkt in den Plan aufgenommen werden. Bei Willenserklärungen von Planbetroffenen werden diese ggf. auch in die Regelungen der Plangestaltung für die entsprechende Gruppe aufgenommen werden können. Im Restrukturierungsplan kann beispielsweise ein Verzicht auf Sicherheiten erklärt werden, eine Bestellung von Grundschulden erfolgen oder eine Sicherungsübereignung vorgesehen werden. Die Aufnahme entsprechender Erklärungen in den Plan und die damit einhergehende Formerleichterung kann gegenüber einem Vollzug außerhalb des Plans Zeit- und Kostenersparnisse ermöglichen."

35) Vgl. BMJV, Checkliste für Restrukturierungspläne gemäß § 16 StaRUG (Stand: 14.7.2022), unter C. III.: „Wenn der Schuldner eine juristische Person oder eine Gesellschaft ohne Rechtspersönlichkeit ist, können im Restrukturierungsplan auch sonstige gesellschaftsrechtlich zulässige Regelungen getroffen werden. Die Aufnahme einer entsprechenden Regelung in den Restrukturierungsplan ersetzt dann die andernfalls erforderliche Beschlussfassung der Anteilseigner- oder Mitgliederversammlung. Sofern der Plan angenommen und gerichtlich bestätigt wird, gelten aufgenommene Beschlüsse der Planbetroffenen und des Schuldners, als formgerecht zustande gekommen und gesellschaftsrechtlich erforderlichen Ladungen, Bekanntmachungen und sonstige Maßnahmen zur Vorbereitung von Beschlüssen der Planbetroffenen gelten als in der vorgeschriebenen Form bewirkt (vgl. § 68 Absatz 2 StaRUG). Die Aufnahme in den Plan ersetzt nur die Beschlussfassung; etwaig erforderliche Anmeldungen und Eintragungen bei einem gerichtlichen Register, namentlich dem Handels-, Genossenschafts-, Partnerschafts- oder Vereinsregister, sind dann mit dem rechtskräftigen Plan zu veranlassen. Als sonstige gesellschaftsrechtlich zulässige Regelungen kommen z. B. Umwandlungsmaßnahmen nach dem Umwandlungsgesetz, Änderungen des Gesellschaftsvertrags bzw. der Satzung und binnenorganisatorische Beschlüsse, wie die Bestellung oder Abbestellung von Gesellschaftsorganen, in Betracht."

36) Im gestaltenden Teil des Restrukturierungsplans kann vorgesehen werden, dass die Erfüllung der den Gläubigern nach dem gestaltenden Teil zustehenden Ansprüche überwacht wird (§ 72 Abs. 1, 2 StaRUG). Die Überwachung kann längstens für einen Zeitraum von drei Jahren vorgesehen werden (§ 72 Abs. 4 Nr. 2 StaRUG und ist einem Restrukturierungsbeauftragten zu übertragen (§ 72 Abs. 2 StaRUG).

VIII. Sonstige Regelungen

1. Haftung des Schuldners und persönlich haftender Gesellschafter

Die Gesellschaft hat keine persönlich haftenden Gesellschafter.

§ 10 Haftung des Schuldners

Die Gesellschaft wird durch den Plan weder vollständig noch teilweise von restlichen Verbindlichkeiten gegenüber ihren Gläubigern aus den in den Plan einbezogenen Restrukturierungsforderungen und Absonderungsanwartschaften befreit.

2. Neufinanzierung

Eine Neufinanzierung gemäß § 12 StaRUG sieht der Plan nicht vor.[37)]

3. Inkrafttreten

§ 11 Inkrafttreten

Mit der Rechtskraft der Bestätigung des Restrukturierungsplans durch das Restrukturierungsgericht treten die im gestaltenden Teil festgelegten Wirkungen ein (§ 67 Abs. 1 Satz 1 StaRUG). Dies gilt auch im Verhältnis zu Planbetroffenen, die gegen den Plan gestimmt haben oder die an der Abstimmung nicht teilgenommen haben, obgleich sie ordnungsgemäß an dem Abstimmungsverfahren beteiligt worden sind (§ 67 Abs. 1 Satz 2 StaRUG).

4. Wiederaufleben gestundeter oder erlassener Forderungen

Der Plan sieht zum Wiederaufleben gestundeter oder erlassener Forderungen keine von § 69 StaRUG abweichenden Regelungen vor.[38)]

D. Erklärungen und Plananlagen

I. Erklärung zur Bestandsfähigkeit (§ 14 Abs. 1 StaRUG)

Als Anlage D. I. ist dem Plan eine begründete Erklärung nach § 14 Abs. 1 StaRUG zu den Aussichten beigefügt, dass die drohende Zahlungsunfähigkeit der Gesellschaft durch den Plan beseitigt wird und dass die Bestandsfähigkeit der Gesellschaft sicher- oder wiederhergestellt wird.

Die Gesellschaft wird ausweislich dessen aufgrund der prognostisch erfolgten Verwertung der Immobilie in der Lage sein, am 30.9.[Jahr 2] seine dann fälligen Verbindlichkeiten einschließlich der bis zu diesem Zeitpunkt weiter auflaufenden Zinsen zu bezahlen. Nachfolgend erfolgt eine zusammenfassende Darstellung:

37) Vgl. BMJV, Checkliste für Restrukturierungspläne gemäß § 16 StaRUG (Stand: 14.7.2022), unter C. V. 2.: „Gemäß § 12 Satz 1 StaRUG können Regelungen zur Zusage von Darlehen oder sonstigen Krediten, die zur Finanzierung der Restrukturierung auf der Grundlage des Plans erforderlich sind, als sog. neue Finanzierung in den Restrukturierungsplan aufgenommen werden. Die Regelungen zu einer sog. neuen Finanzierung sind in den gestaltenden Teil des Plans aufzunehmen. Der konkrete Regelungsort ist gesetzlich nicht vorgegeben, sondern folgt aus der konkreten Plangestaltung. Abhängig von der konkreten Plangestaltung können die Regelungen zu einer neuen Finanzierung ein eigenständiger Punkt, Teil der Plangestaltung für die Gruppen oder Teil einer Planbedingung sein."

38) Die durch den Restrukturierungsplan gestundeten oder erlassenen Forderungen leben wieder auf, wenn der Schuldner mit der Erfüllung des Plans erheblich in Rückstand gerät § 69 Abs. 1 StaRUG oder über sein Vermögen ein Insolvenzverfahren eröffnet wird § 69 Abs. 2 StaRUG. Im Plan können aber gemäß § 69 Abs. 3 StaRUG hierzu abweichende Regelungen getroffen werden.

Verkaufserlös der Immobilie (Fortführung)	50.000.000 €		
Absonderungsanwartschaft Rang 1 per 31.3.[Jahr 1]/A-Bank		29.000.000 €	
A-Bank (Zinsen für 18 Monate)		1.087.500 €	
Verbleibender Erlös			*19.912.500 €*
Absonderungsanwartschaft Rang 2 per 31.3.[Jahr 1]/B-Bank		15.000.000 €	
B-Bank (Zinsen für 18 Monate)		675.000 €	
verbleibender Erlös aus der Immobilie nach Befriedigung der Absonderungs-anwartschaften			*4.237.500 €*
sonstige Aktiva (siehe oben Abschnitt B. Ziffer VII.1.a)	515.000 €		
Ausfall A-Bank, B-Bank			– €
Passiva nach Vollbefriedigung der A-Bank und der B-Bank exklusive Gesellschafter-darlehen		25.000 €	
verbleibende frei verfügbare Aktiva			*4.727.500 €*
Gesellschafterdarlehen (neues Darlehen zur Fertigstellung des Bürogebäudes)		2.000.000 €	
Gesellschafterdarlehen (Neufinanzierung) Zinsen		90.000 €	
Zwischenergebnis			*2.637.500 €*
Gesellschafterdarlehen		5.000.000 €	
Gesellschafterdarlehen (Zinsen für 18 Monate)		225.000 €	
Zwischenergebnis			*– 2.587.500 €*
qualifizierter Rangrücktritt Gesellschafter		2.587.500 €	
Ergebnis			**– €**

II. Ergebnis- und Finanzplan (§ 14 Abs. 2 StaRUG)

Dem als Anlage D. IV. beigefügten Ergebnis- und Finanzplan nach § 14 Abs. 2 Satz 2 StaRUG ist zu entnehmen, welche Aufwendungen und Erträge für den Zeitraum bis zum 30.9.[Jahr 2] zu erwarten sind und durch welche Abfolge von Einnahmen und Ausgaben die Zahlungsfähigkeit des Unternehmens während dieses Zeitraums gewährleistet wird. Dabei sind nach § 14 Abs. 2 Satz 3 StaRUG neben den Restrukturierungsforderungen auch die vom Plan unberührt bleibenden Forderungen sowie die künftig nach dem Plan zu begründenden Forderungen berücksichtigt.

III. Sonstige Anlagen[39)]

Anlage A. V. *Immobilienbewertungsgutachten*

Anlage A. VI. *Stellungnahme des Restrukturierungsbeauftragten*

Anlage B. III. 1. *IDW-S 6-Gutachten*

Anlage B. IV. 3. b) *Verzeichnis der Planbetroffenen*

39) Sonstige Anlagen sind diesem Musterplan nicht beigefügt.

Anlage B. V. 2. *Bestätigung des Maklers*

Anlage B. V. 3. *Verpflichtung des Gesellschafters zur Ausreichung eines Darlehens, Nachweis der Leistungsfähigkeit sowie teilweiser qualifizierter Rangrücktritt*

Anlage B. VII. 1. a) *Vermögensübersicht*

Anlage B. VII. 2. c) *Kosten des Verfahrens*

Anlagen […][40)]

Unterschrift

____

[Planersteller]

40) Weitere Anlagen sind dem Plan beizufügen, wenn dieser entsprechende Regelungen enthält oder aber nicht im Plan geregelte oder regelbare Voraussetzungen hat. Dies können etwa sein: Verpflichtungserklärung Dritter (§ 15 Abs. 3 StaRUG); Zustimmung von unterschiedlich behandelten Planbetroffenen (§ 10 Abs. 2 Satz 2 StaRUG); Zustimmung zur Übernahme von Anteils- oder Mitgliedschaftsrechten (§ 15 Abs. 2 StaRUG); Erklärung zur Fortführungsbereitschaft der designierten persönlich haftenden Gesellschafter (§ 15 Abs. 1 StaRUG); Zustimmung verbundener Unternehmen, wenn von ihnen gestellte Sicherheiten in den Plan einbezogen werden (§ 15 Abs. 4 StaRUG).

Stichwortverzeichnis

F